全国人民代表大会
——年　鉴——

【2019年卷】

中国民主法制出版社

图书在版编目(CIP)数据

全国人民代表大会年鉴. 2019年卷/宋锐主编. —
北京:中国民主法制出版社, 2022.11
ISBN 978-7-5162-2988-0

Ⅰ.①全… Ⅱ.①宋… Ⅲ.①全国人民代表大会—
2019—年鉴 Ⅳ.①D622-54

中国版本图书馆CIP数据核字(2022)第202943号

责任编辑 陈 偲 封面设计 聂 强

书名/全国人民代表大会年鉴 **2019** 年卷
QUANGUO RENMIN DAIBIAO DAHUI NIANJIAN 2019 NIAN JUAN
作者/宋 锐 主编

出版·发行/中国民主法制出版社
地址/北京市丰台区右安门外玉林里7号(100069)
电话/(010)63055259(总编室) 83910658 63056573(人大系统发行)
传真/(010)63055259
开本/16开 880毫米×1230毫米
印张/89.5 **字数**/2548千字
版本/2022年11月第1版 2022年11月第1次印刷
印刷/河北松源印刷有限公司

书号/ISBN 978-7-5162-2988-0
定价/400.00元

《全国人民代表大会年鉴》
编辑委员会

《全国人民代表大会年鉴》
编　辑　部

主　编：宋　锐

副主编：陈　勇　金晴中　黄朝椿

成　员：万其刚　翟　炜　田　威　赵　燕
施祖军　秦　蓁　李晓霞　王海冰
焦艳璐　庄泽林　杨　轶　程　旭
关德录　臧珊珊　谢　甦　王靖祺
程志强　杨　毅　雷　珉　陈芳芳

目　录

第一编　第十三届全国人民代表大会第二次会议

第二编 常委会工作安排和会议议程日程

一、常委会工作安排

二、常委会会议议程日程

第三编　委员长讲话

附:在国内执法检查和调研座谈时的新闻通稿

第四编　立法工作

一、法律及有关法律问题和重大问题的决定

二、省级人大立法工作交流会

三、全国地方立法工作座谈会

第五编　批准公约和条约

第六编 监督工作

一、听取和审议专项工作报告

二、审查和批准决算，听取和审议计划、预算执行情况和审计工作报告

三、检查法律实施情况

四、规范性文件备案审查

五、特别行政区报送备案的法律目录

第七编　人事任免

第八编　代表工作

一、代表议案审议

二、代表建议办理

三、代表资格审查

第九编　对外交往

一、委员长国内外事活动

二、委员长出国访问

三、对外定期交流机制

四、发表的谈话、声明

第十编　专门委员会工作

第十一编　常委会重要活动

一、纪念地方人大设立常委会40周年座谈会

二、深入学习贯彻习近平总书记关于坚持和完善人民代表大会制度的重要思想加强和改进人大代表工作交流会

三、制度建设

四、副委员长和秘书长讲话及有关文稿

五、李鹏同志讣告、生平

第十二编　大事记

第十三届全国人民代表大会第二次会议

在第十三届全国人民代表大会第二次会议上的讲话

（2019年3月15日）

全国人大常委会委员长　栗战书

各位代表：

第十三届全国人民代表大会第二次会议已经圆满完成各项议程。

会议认为，过去的一年，以习近平同志为核心的党中央团结带领全国各族人民砥砺奋进、攻坚克难，各方面工作取得新成就，会议对此高度评价。会议充分发扬民主，严格依法办事，审议批准了政府工作报告和其他报告。各位代表忠实履职，反映人民意志，展示了良好风貌。这是一次民主、团结、求实、奋进的大会。我们要勇于担当、扎实工作，确保完成大会确定的各项目标任务。

会议审议通过的外商投资法，是一部新时代推动高水平对外开放的基础性法律。我们要深入学习、全面贯彻，以高水平对外开放推动经济高质量发展。

各位代表！

中国特色社会主义进入新时代，对做好人大工作提出了新的更高要求。人大及其常委会要坚持以习近平新时代中国特色社会主义思想为指导，深入学习贯彻习近平总书记关于坚持和完善人民代表大会制度的重要思想，坚持党的领导、人民当家作主、依法治国有机统一，围绕党和国家工作大局认真履行宪法法律赋予的职责，不辜负党和人民的信任与重托。

各位代表！

中华民族正处在伟大复兴的关键时期。我们要更加紧密地团结在以习近平同志为核心的党中央周围，高举中国特色社会主义伟大旗帜，增强“四个意识”，坚定“四个自信”，做到“两个维护”，牢记使命，开拓进取，为全面建成小康社会收官打下决定性基础，以优异成绩庆祝中华人民共和国成立70周年！

中华人民共和国主席令

第二十六号

《中华人民共和国外商投资法》已由中华人民共和国第十三届全国人民代表大会第二次会议于2019年3月15日通过，现予公布，自2020年1月1日起施行。

中华人民共和国主席　习近平

2019年3月15日

中华人民共和国外商投资法

（2019年3月15日第十三届全国人民代表大会第二次会议通过）

目　　录

第一章　总　　则

第一条　为了进一步扩大对外开放，积极促进外商投资，保护外商投资合法权益，规范外商投资管理，推动形成全面开放新格局，促进社会主义市场经济健康发展，根据宪法，制定本法。

第二条　在中华人民共和国境内(以下简称中国境内)的外商投资，适用本法。

本法所称外商投资，是指外国的自然人、企业或者其他组织(以下称外国投资者)直接或者间接在中国境内进行的投资活动，包括下列情形：

(一)外国投资者单独或者与其他投资者共同在中国境内设立外商投资企业；

(二)外国投资者取得中国境内企业的股份、股权、财产份额或者其他类似权益；

(三)外国投资者单独或者与其他投资者共同在中国境内投资新建项目；

(四)法律、行政法规或者国务院规定的其他方式的投资。

本法所称外商投资企业，是指全部或者部分由外国投资者投资，依照中国法律在中国境内经登记注册设立的企业。

第三条　国家坚持对外开放的基本国策，鼓励外国投资者依法在中国境内投资。

国家实行高水平投资自由化便利化政策，建立和完善外商投资促进机制，营造稳定、透明、可预期和公平竞争的市场环境。

第四条　国家对外商投资实行准入前国民待遇加负面清单管理制度。

前款所称准入前国民待遇，是指在投资准入阶段给予外国投资者及其投资不低于本国投资者及其投资的待遇；所称负面清单，是指国家规定在特定领域对外商投资实施的准入特别管理措施。国家对负面清单之外的外商投资，给予国民待遇。

负面清单由国务院发布或者批准发布。

中华人民共和国缔结或者参加的国际条约、协定对外国投资者准入待遇有更优惠规定的，可以按照相关规定执行。

第五条　国家依法保护外国投资者在中国境内的投资、收益和其他合法权益。

第六条　在中国境内进行投资活动的外国投资者、外商投资企业，应当遵守中国法律法规，不得危害中国国家安全、损害社会公共利益。

第七条　国务院商务主管部门、投资主管部门按照职责分工，开展外商投资促进、保护和管理工作；国务院其他有关部门在各自职责范围内，负责外商投资促进、保护和管理的相关工作。

县级以上地方人民政府有关部门依照法律法规和本级人民政府确定的职责分工，开展外商投资促进、保护和管理工作。

第八条　外商投资企业职工依法建立工会组织，开展工会活动，维护职工的合法权益。外商投资企业应当为本企业工会提供必要的活动条件。

第二章　投资促进

第九条　外商投资企业依法平等适用国家支持企业发展的各项政策。

第十条　制定与外商投资有关的法律、法规、规章，应当采取适当方式征求外商投资企业的意见和建议。

与外商投资有关的规范性文件、裁判文书等，应当依法及时公布。

第十一条　国家建立健全外商投资服务体系，为外国投资者和外商投资企业提供法律法规、政策措施、投资项目信息等方面的咨询和服务。

第十二条　国家与其他国家和地区、国际组织建立多边、双边投资促进合作机制，加强投资领域的国际交流与合作。

第十三条　国家根据需要，设立特殊经济区域，或者在部分地区实行外商投资试验性政策措施，促进外商投资，扩大对外开放。

第十四条　国家根据国民经济和社会发展需要，鼓励和引导外国投资者在特定行业、领域、地区投资。外国投资者、外商投资企业可以依照法律、行政法规或者国务院的规定享受优惠待遇。

第十五条　国家保障外商投资企业依法平等参与标准制定工作，强化标准制定的信息公开和社会监督。

国家制定的强制性标准平等适用于外商投资企业。

第十六条　国家保障外商投资企业依法通过公平竞争参与政府采购活动。政府采购依法对外商投资企业在中国境内生产的产品、提供的服务平等对待。

第十七条　外商投资企业可以依法通过公开发行股票、公司债券等证券和其他方式进行融资。

第十八条　县级以上地方人民政府可以根据法律、行政法规、地方性法规的规定，在法定权限内制定外商投资促进和便利化政策措施。

第十九条　各级人民政府及其有关部门应当按照便利、高效、透明的原则，简化办事程序，提高办事效率，优化政务服务，进一步提高外商投资服务水平。

有关主管部门应当编制和公布外商投资指引，为外国投资者和外商投资企业提供服务和便利。

第三章　投资保护

第二十条　国家对外国投资者的投资不实行征收。

在特殊情况下，国家为了公共利益的需要，可以依照法律规定对外国投资者的投资实行征收或者征用。征收、征用应当依照法定程序进行，并及时给予公平、合理的补偿。

第二十一条　外国投资者在中国境内的出资、利润、资本收益、资产处置所得、知识产权许可使用费、依法获得的补偿或者赔偿、清算所得等，可以依法以人民币或者外汇自由汇入、汇出。

第二十二条　国家保护外国投资者和外商投资企业的知识产权，保护知识产权权利人和相关权利人的合法权益；对知识产权侵权行为，严格依法追究法律责任。

国家鼓励在外商投资过程中基于自愿原则和商业规则开展技术合作。技术合作的条件由投资各方遵循公平原则平等协商确定。行政机关及其工作人员不得利用行政手段强制转让技术。

第二十三条　行政机关及其工作人员对于履行职责过程中知悉的外国投资者、外商投资企业的商业秘密，应当依法予以保密，不得泄露或者非法向他人提供。

第二十四条　各级人民政府及其有关部门制定涉及外商投资的规范性文件，应当符合法律法规的规定；没有法律、行政法规依据的，不得减损外商投资企业的合法权益或者增加其义务，不得设置市场准入和退出条件，不得干预外商投资企业的正常生产经营活动。

第二十五条　地方各级人民政府及其有关部门应当履行向外国投资者、外商投资企业依法作出的政策承诺以及依法订立的各类合同。

因国家利益、社会公共利益需要改变政策承诺、合同约定的，应当依照法定权限和程序进行，并依法对外国投资者、外商投资企业因此受到的损失予以补偿。

第二十六条　国家建立外商投资企业投诉工作机制，及时处理外商投资企业或者其投资者反映的问题，协调完善相关政策措施。

外商投资企业或者其投资者认为行政机关及其工作人员的行政行为侵犯其合法权益的，可以通过外商投资企业投诉工作机制申请协调解决。

外商投资企业或者其投资者认为行政机关及其工作人员的行政行为侵犯其合法权益的，除依照前款规定通过外商投资企业投诉工作机制申请协调解决外，还可以依法申请行政复议、提起行政诉讼。

第二十七条　外商投资企业可以依法成立和自愿参加商会、协会。商会、协会依照法律法规和章程的规定开展相关活动，维护会员的合法权益。

第四章　投资管理

第二十八条　外商投资准入负面清单规定禁止投资的领域，外国投资者不得投资。

外商投资准入负面清单规定限制投资的领域，外国投资者进行投资应当符合负面清单规定的条件。

外商投资准入负面清单以外的领域，按照内外资一致的原则实施管理。

第二十九条　外商投资需要办理投资项目核准、备案的，按照国家有关规定执行。

第三十条　外国投资者在依法需要取得许可的行业、领域进行投资的，应当依法办理相关许可手续。

有关主管部门应当按照与内资一致的条件和程序，审核外国投资者的许可申请，法律、行政法规另有规定的除外。

第三十一条　外商投资企业的组织形式、组织机构及其活动准则，适用《中华人民共和国公司法》、《中华人民共和国合伙企业法》等法律的规定。

第三十二条　外商投资企业开展生产经营活动，应当遵守法律、行政法规有关劳动保护、社会保险的规定，依照法律、行政法规和国家有关规定办理税收、会计、外汇等事宜，并接受相关主管部门依法实施的监督检查。

第三十三条　外国投资者并购中国境内企业或者以其他方式参与经营者集中的，应当依照《中华人民共和国反垄断法》的规定接受经营者集中审查。

第三十四条　国家建立外商投资信息报告制度。外国投资者或者外商投资企业应当通过企业登记系统以及企业信用信息公示系统向商务主管部门报送投资信息。

外商投资信息报告的内容和范围按照确有必要的原则确定；通过部门信息共享能够获得的投资信息，不得再行要求报送。

第三十五条　国家建立外商投资安全审查制度，对影响或者可能影响国家安全的外商投资进行安全审查。

依法作出的安全审查决定为最终决定。

第五章　法律责任

第三十六条　外国投资者投资外商投资准入负面清单规定禁止投资的领域的，由有关主管部门责令停止投资活动，限期处分股份、资产或者采取其他必要措施，恢复到实施投资前的状态；有违法所得的，没收违法所得。

外国投资者的投资活动违反外商投资准入负面清单规定的限制性准入特别管理措施的，由有关主管部门责令限期改正，采取必要措施满足准入特别管理措施的要求；逾期不改正的，依照前款规定处理。

外国投资者的投资活动违反外商投资准入负面清单规定的，除依照前两款规定处理外，还应当依法承担相应的法律责任。

第三十七条　外国投资者、外商投资企业违反本法规定，未按照外商投资信息报告制度的要求报送投资信息的，由商务主管部门责令限期改正；逾期不改正的，处十万元以上五十万元以下的罚款。

第三十八条　对外国投资者、外商投资企业违反法律、法规的行为，由有关部门依法查处，并按照国家有关规定纳入信用信息系统。

第三十九条　行政机关工作人员在外商投资促进、保护和管理工作中滥用职权、玩忽职守、徇私舞弊的，或者泄露、非法向他人提供履行职责过程中知悉的商业秘密的，依法给予处分；构成犯罪的，依法追究刑事责任。

第六章　附　　则

第四十条　任何国家或者地区在投资方面对中华人民共和国采取歧视性的禁止、限制或者其他类似措施的，中华人民共和国可以根据实际情况对该国家或者该地区采取相应的措施。

第四十一条　对外国投资者在中国境内投资银行业、证券业、保险业等金融行业，或者在证券市场、外汇市场等金融市场进行投资的管理，国家另有规定的，依照其规定。

第四十二条　本法自 2020 年 1 月 1 日起施行。《中华人民共和国中外合资经营企业法》、《中华人民共和国外资企业法》、《中华人民共和国中外合作经营企业法》同时废止。

本法施行前依照《中华人民共和国中外合资经营企业法》、《中华人民共和国外资企业法》、《中华人民共和国中外合作经营企业法》设立的外商投资企业，在本法施行后五年内可以继续保留原企业组织形式等。具体实施办法由国务院规定。

关于《中华人民共和国外商投资法（草案）》的说明

——2019 年 3 月 8 日在第十三届全国人民代表大会第二次会议上

全国人大常委会副委员长　王　晨

各位代表：

我受全国人大常委会委托，作关于《中华人民共和国外商投资法（草案）》的说明。

一、制定外商投资法的重要意义

（一）制定外商投资法，是贯彻落实党中央扩大对外开放、促进外商投资决策部署的重要举措

党的十八大以来，以习近平同志为核心的党中央在扩大对外开放、促进外商投资方面作出了一系列重要决策部署，强调中国开放的大门不会关闭，只会越开越大。习近平总书记在庆祝改革开放 40 周年大会上发表重要讲话，发出了新时代改革开放再出发、继续把改革开放推向前进的宣言书和动员令。在新的历史起点上，我们必须坚定贯彻新发展理念，坚持对外开放的基本国策，继续实行积极主动的开放政策，推动形成全面开放新格局。

积极吸引和利用外商投资，是我国扩大对外开放和构建开放型经济新体制的重要内容，必须有健

全的法治保障。总结改革开放40年我国外商投资法律制度的实践经验，适应新形势新要求，外商投资法确立了我国新型外商投资法律制度的基本框架，确定了我国对外开放、促进外商投资的基本国策和大政方针，对外商投资的准入、促进、保护、管理等作出了统一规定，是我国外商投资领域新的基础性法律，是对我国外商投资法律制度的完善和创新。通过制定和实施外商投资法，坚定实行高水平投资自由化便利化政策，保护外商投资合法权益，营造法治化、国际化、便利化营商环境，以高水平对外开放推动经济高质量发展，充分彰显了新时代我国进一步扩大对外开放、积极促进外商投资的决心和信心。

（二）制定外商投资法，是我国外商投资法律制度与时俱进、完善发展的客观要求

法治建设与改革开放紧密结合、协调推进、相互促进，是我国改革开放、社会主义现代化建设和法治建设取得成功的重要原因。中国的对外开放立法是从外商投资立法起步和发展起来的。1978年12月，邓小平同志就明确提出制定外国人投资法。1979年7月改革开放新时期第一批出台的7部法律，就包括中外合资经营企业法，标志着中国打开大门引进外资、实行对外开放，具有重大政治和法律意义。1980年8月，全国人大常委会批准《广东省经济特区条例》。1986年和1988年，全国人民代表大会又先后制定了外资企业法和中外合作经营企业法，国务院、有关部门和地方陆续制定了一大批有关外商投资的实施性、配套性法规和规章。上述“外资三法”，为外商投资企业在我国发展创造了良好法治环境，对推动改革开放伟大历史进程发挥了重要作用。

进入新世纪后，为适应加入世界贸易组织的需要，全国人大及其常委会对“外资三法”作出部分修改，删除了法律中要求外商投资企业在境内优先采购、实现外汇收支平衡、出口实绩等规定。2007年，全国人民代表大会通过企业所得税法，实现了内外资企业所得税制统一。党的十八大以后，根据全面深化改革、扩大对外开放的需要，全国人大常委会于2013年、2014年两次作出决定，授权在有关自由贸易试验区内暂时调整“外资三法”关于外商投资企业审批等规定，试行准入前国民待遇加负面清单管理方式。2016年，根据自由贸易试验区取得的可复制推广的经验，全国人大常委会对“外资三法”作出修改，在法律中确立外商投资企业实行准入前国民待遇加负面清单管理制度，将自由贸易试验区的改革试点经验推广到全国。

40年来，外商投资企业对于促进经济持续发展、扩大对外贸易、优化产业结构、增加社会就业、培育市场主体、健全市场机制，都发挥了积极作用，“外资三法”为我国外商投资企业提供了有力的法治保障。同时，我们也要看到，在新的形势下，“外资三法”已难以适应新时代改革开放实践的需要。“外资三法”主要规范外商投资企业的组织形式、组织机构和生产经营活动准则，随着社会主义市场经济体制和中国特色社会主义法律体系的建立和不断完善，“外资三法”的相关规范已逐步为公司法、合伙企业法、民法总则、物权法、合同法等市场主体和市场交易方面的法律所涵盖；同时，新形势下全面加强对外商投资的促进和保护、进一步规范外商投资管理的要求，也大大超出了“外资三法”的调整范围。适应新时代改革开放的需要，推动外商投资法律制度与时俱进、完善发展，迫切需要在总结我国吸引外商投资实践经验的基础上，制定一部新的外商投资基础性法律取代“外资三法”，并配合制定相应的具体法规、规章，以更加全面完善的外商投资法律制度，促进、保障和规范外商投资活动，提高外资工作法治化水平，促进国家治理体系和治理能力现代化，推动全面依法治国战略深入实施。

（三）制定外商投资法，是促进社会主义市场经济健康发展、实现经济高质量发展的客观要求

中国特色社会主义进入新时代，我国经济已由高速增长阶段转向高质量发展阶段。过去40年中国经济发展是在开放条件下取得的，未来中国经济实现高质量发展也必须在更加开放条件下进行。党的十九大明确提出，实行高水平的贸易和投资自由化便利化政策，全面实行准入前国民待遇加负面清单管理制度，大幅度放宽市场准入，扩大服务业对外开放，保护外商投资合法权益；凡是在我国境内注册的企业，都要一视同仁、平等对待。改革开放40年给我们的重要启示就是：开放带来进步，封闭必然落后。我国发展仍处于并将长期处于重要战略机遇期，我国与其他国家开放合作、互利共赢的空间十分广阔。面向未来，我国经济要实现高质量发展，就必须抓住机遇、用好机遇，以扩大开放推动改革、带动创新、促进发展。

习近平总书记在阐述新发展理念时指出：“开放发展注重的是解决发展内外联动问题。”外商投资法着眼于增强发展的内外联动性，明确规定了多项促进内外资企业规则统一、促进公平竞争方面的内容。一是外商投资企业依法平等适用国家支持

企业发展的各项政策；二是国家保障外商投资企业依法平等参与标准制定工作，国家制定的强制性标准平等适用于外商投资企业；三是国家保障外商投资企业依法通过公平竞争参与政府采购活动，政府采购依法对外商投资企业在中国境内生产的产品平等对待；四是外商投资过程中技术合作的条件由投资各方遵循公平原则平等协商确定，行政机关及其工作人员不得利用行政手段强制转让技术；五是外商投资准入负面清单以外的领域，按照内外资一致的原则实施管理；六是有关主管部门应当按照与内资一致的条件和程序，审核外国投资者的许可申请，法律、行政法规另有规定的除外。这些促进内外资企业规则统一的规定，有利于贯彻一视同仁、平等对待的原则，营造稳定、透明、可预期和公平竞争的市场环境，也有利于我国各类企业平等参与，在全面开放新格局中实现更高水平、更高质量的发展。

二、外商投资法草案起草过程和总体要求

党的十八届三中、四中全会和党中央关于构建开放型经济新体制的决策部署，对完善涉外法律法规体系、统一内外资法律、制定新的外商投资基础性法律提出了明确要求。全国人大常委会高度重视外商投资立法工作，全国人大常委会立法规划和 2018 年立法工作计划明确提出制定外商投资法。按照党中央决策部署和中央全面依法治国委员会工作要求，国务院有关部门经过认真调研、征求意见和论证协调，拟订了外商投资法草案。2018 年 12 月，国务院将外商投资法草案提请全国人大常委会审议。

2018 年 12 月下旬召开的十三届全国人大常委会第七次会议对外商投资法草案进行了初次审议。之后，全国人大宪法和法律委员会、常委会法制工作委员会通过多种方式广泛征求地方、部门、研究机构的意见，召开座谈会听取外国商会协会、外商投资企业的意见，通过中国人大网公布草案征求社会公众的意见。各方面普遍赞同制定外商投资法，认为这是完善涉外法律法规体系、促进外商投资、扩大对外开放、营造法治化国际化便利化营商环境的重要举措，有利于推动形成对外开放新格局。宪法和法律委员会、法制工作委员会会同国务院有关部门根据常委会审议意见和各方面的意见，经认真研究后，对外商投资法草案作了修改完善。2019 年 1 月 29 日至 30 日召开的十三届全国人大常委会第八次会议对草案进行了第二次审议，并决定由全国人大常委会将外商投资法草案提请十三届全国人大二次会议审议。全国人大常委会办公厅及时将外商投资法草案印发全国人大代表，部署组织全国人大代表研读讨论外商投资法草案工作，征求代表意见。2 月 25 日，宪法和法律委员会召开会议，根据常委会第八次会议的审议意见、代表研读讨论中提出的意见和各方面的意见，对草案作了进一步修改完善；认为经过全国人大常委会两次审议和广泛征求意见，草案充分吸收各方面的意见建议，已经比较成熟，形成了提请本次会议审议的《中华人民共和国外商投资法（草案）》。

在外商投资法立法过程中，我们认真学习领会习近平新时代中国特色社会主义思想特别是习近平总书记关于扩大对外开放的重要论述，坚决贯彻落实党中央关于加快统一内外资法律法规、制定新的外商投资基础性法律的要求，深刻认识改革开放 40 年来我国坚定不移实行对外开放、以开放促改革促发展促创新取得的巨大成就和宝贵经验；深刻认识在新的历史起点上坚持对外开放基本国策、坚持互利共赢开放战略的重大意义；准确把握和全面贯彻外商投资立法的总体要求，努力通过制定外商投资法，充分彰显新时代中国进一步扩大对外开放、积极促进外商投资、保护外商投资合法权益的决心和信心，坚持以改革创新精神推动外商投资法律制度与时俱进、完善发展。

根据新时代改革开放新的形势和要求，制定外商投资法的指导思想是：高举中国特色社会主义伟大旗帜，以习近平新时代中国特色社会主义思想为指导，深入贯彻落实党的十九大和十九届二中、三中全会精神，适应推动形成全面开放新格局、构建开放型经济新体制的新形势新要求，坚持对外开放基本国策，坚持市场化、法治化、国际化的改革方向，创新外商投资管理制度，确立新时代外商投资法律制度基本框架，为推动高水平对外开放提供有力法治保障，促进社会主义市场经济健康发展。

贯彻上述指导思想，外商投资立法着重遵循和体现以下重要原则：

（一）突出积极扩大对外开放和促进外商投资的主基调。制定外商投资法，就是要在新的历史条件下通过国家立法表明将改革开放进行到底的决心和意志，展现新时代中国积极的对外开放姿态，顺应时代发展潮流，体现推动新一轮高水平对外开放、营造国际一流营商环境的精神和要求，使这部

法律成为一部外商投资的促进法、保护法。

（二）坚持外商投资基础性法律的定位。外商投资法是新形势下国家关于外商投资活动全面的、基本的法律规范，是外商投资领域起龙头作用、具有统领性质的法律。因此，这部法律重点是确立外商投资准入、促进、保护、管理等方面的基本制度框架和规则，建立起新时代我国外商投资法律制度的“四梁八柱”。

（三）坚持中国特色和国际规则相衔接。草案立足于我国当前的发展阶段和利用外资工作的实际需要，对外商投资的准入、促进、保护、管理等作出有针对性的规定；同时注意与国际通行的经贸规则、营商环境相衔接，努力构建既符合我国基本国情和实际又顺应国际通行规则、惯常做法的外商投资法律制度。

（四）坚持内外资一致。外商投资在准入后享受国民待遇，国家对内资和外资的监督管理，适用相同的法律制度和规则。继续按照市场化、法治化、国际化的改革方向，在行政审批改革、加强产权平等保护等方面完善相关法律制度，努力打造内外资公平竞争的市场环境，依靠改善投资环境吸引更多外商投资。

三、外商投资法草案的主要内容

草案分为6章，包括总则、投资促进、投资保护、投资管理、法律责任、附则，共41条，对新的外商投资法律制度作出了基本的、明确的规定。

（一）关于外商投资的界定

草案对外商投资进行了界定，即外国的自然人、企业或者其他组织直接或者间接在中国境内进行的投资活动，包括以下四类具体情形：一是外国投资者单独或者与其他投资者共同在中国境内设立外商投资企业；二是外国投资者取得中国境内企业的股份、股权、财产份额或者其他类似权益；三是外国投资者单独或者与其他投资者共同在中国境内投资新建项目；四是法律、行政法规或者国务院规定的其他方式的投资。

同时，考虑到金融行业同其他行业和领域相比具有特殊性，草案规定，对外国投资者在中国境内投资银行、证券、保险等金融行业，或者在证券市场、外汇市场等金融市场进行投资的管理，国家另有规定的，依照其规定。

（二）关于外商投资促进

为了积极促进外商投资，草案在总则一章中规定，国家坚持对外开放的基本国策，鼓励外国投资者依法在中国境内投资；国家实行高水平投资自由化便利化政策，建立和完善外商投资促进机制，营造稳定、透明、可预期和公平竞争的市场环境。同时，设“投资促进”专章，主要包括以下内容：

一是提高外商投资政策的透明度。草案规定：制定与外商投资有关的法律、法规、规章，应当采取适当方式征求外商投资企业的意见和建议；与外商投资有关的规范性文件、裁判文书等，应当依法及时公布。

二是保障外商投资企业平等参与市场竞争。草案第九条、第十五条、第十六条、第十七条等都体现了外商投资企业平等参与、内外资规则一致的精神。

三是加强外商投资服务。草案规定：国家建立健全外商投资服务体系，为外国投资者和外商投资企业提供法律法规、政策措施、投资项目信息等方面的咨询和服务；各级人民政府及其有关部门应当按照便利、高效、透明的原则，进一步提高外商投资服务水平。

四是依法依规鼓励和引导外商投资。草案规定：国家根据需要，设立特殊经济区域，或者在部分地区实行外商投资试验性政策措施，促进外商投资，扩大对外开放；国家根据国民经济和社会发展需要，鼓励和引导外国投资者在特定行业、领域、地区投资，并可以依照法律、行政法规或者国务院的规定给予优惠；县级以上地方人民政府可以根据法律、行政法规、地方性法规的规定，在法定权限内制定外商投资促进和便利化政策措施。

（三）关于外商投资保护

为了加强对外商投资合法权益的保护，草案在总则一章中规定，国家依法保护外国投资者在中国境内的投资、收益和其他合法权益。同时，设“投资保护”专章，主要包括以下内容：

一是加强对外商投资企业的产权保护。草案规定：国家对外国投资者的投资不实行征收；在特殊情况下，国家为了公共利益的需要，可以依照法律规定对外国投资者的投资实行征收或者征用，征收、征用应当依照法定程序进行，并及时给予公平、合理的补偿。外国投资者在中国境内的出资、利润、资本收益、资产处置所得、知识产权许可使用费、依法获得的补偿或者赔偿、清算所得等，可以依法以人民币或者外汇自由汇入、汇出。国家保护外国投资者和外商投资企业的知识产权，鼓励基于自愿原则和商业规则开展技术合作。

二是强化对制定涉及外商投资规范性文件的约束。草案规定:政府及其有关部门制定涉及外商投资的规范性文件,应当符合法律法规的规定;没有法律、行政法规依据的,不得减损外商投资企业的合法权益或者增加其义务,不得设置市场准入和退出条件,不得干预外商投资企业的正常生产经营活动。

三是促使地方政府守约践诺。草案规定:地方各级人民政府及其有关部门应当履行向外国投资者、外商投资企业依法作出的政策承诺以及依法订立的各类合同;因国家利益、社会公共利益需要改变政策承诺、合同约定的,应当依照法定权限和程序进行,并依法对外国投资者、外商投资企业因此受到的损失予以补偿。

四是建立外商投资企业投诉工作机制。草案规定:国家建立外商投资企业投诉工作机制,协调完善外商投资企业投诉工作中的重大政策措施,及时处理外商投资企业或者其投资者反映的问题;外商投资企业或者其投资者认为行政机关及其工作人员的行政行为侵犯其合法权益的,可以通过外商投资企业投诉工作机制申请解决。

(四)关于外商投资管理

草案在总则一章中明确规定,国家对外商投资实行准入前国民待遇加负面清单管理制度,并进一步规定:所称准入前国民待遇,是指在投资准入阶段给予外国投资者及其投资不低于本国投资者及其投资的待遇;所称负面清单,是指国家规定在特定领域对外商投资实施的准入特别管理措施;国家对负面清单之外的外商投资,给予国民待遇。负面清单由国务院发布或者批准发布。中华人民共和国缔结或者参加的国际条约、协定对外国投资者准入待遇有更优惠规定的,可以按照相关规定执行。根据我国有关实践和需要,草案规定:负面清单规定禁止投资的领域,外国投资者不得投资;负面清单规定限制投资的领域,外国投资者进行投资应当符合负面清单规定的条件。同时,草案还对外商投资管理作出了一些指引性、衔接性规定:

一是明确按照内外资一致的原则对外商投资实施监督管理。草案规定:外商投资需要办理投资项目核准、备案的,按照国家有关规定执行;外国投资者在依法需要取得许可的行业、领域进行投资的,应当依法办理相关许可手续;外商投资企业的组织形式、组织机构,适用公司法、合伙企业法等法律的规定;外商投资企业开展生产经营活动,应当依照有关法律、行政法规和国家有关规定办理税收、会计、外汇等事宜,并接受有关主管部门依法实施的监督检查;外国投资者并购中国境内企业或者以其他方式参与经营者集中的,应当依照反垄断法的规定接受经营者集中审查。

二是建立健全外商投资信息报告制度。草案规定:外国投资者或者外商投资企业应当通过企业登记系统以及企业信用信息公示系统向商务主管部门报送投资信息;外商投资信息报告的内容和范围按照确有必要的原则确定,通过部门信息共享能够获得的投资信息,不得再行要求报送。

三是对外商投资安全审查制度作了原则规定。草案规定:国家对影响或者可能影响国家安全的外商投资进行安全审查;依法作出的安全审查决定为最终决定。

《中华人民共和国外商投资法(草案)》和以上说明,请审议。

第十三届全国人民代表大会宪法和法律委员会关于《中华人民共和国外商投资法(草案)》审议结果的报告

(2019年3月12日第十三届全国人民代表大会第二次会议主席团第二次会议通过)

十三届全国人大二次会议主席团:

3月10日,各代表团全体会议、小组会议审议了外商投资法草案。代表们普遍赞成制定外商投资法,一致认为,制定外商投资法是贯彻落实以习近平同志为核心的党中央扩大对外开放,促进外商投资,推动形成全面开放新格局,构建开放型经济新体制决策部署的重要举措,彰显了党和国家坚定不移推动对外开放的鲜明立场,充分展现了党和国家把新时代改革开放继续推向前进的坚定意志和坚强决心,意义重大,影响深远。代表们一致认为,草案以习近平新时代中国特色社会主义思想为指导,总结改革开放40年利用外资工作的实践经验,凸显扩大对外开放、促进外商投资的主基调,立足于外商投资基础性法律的定位,兼顾中国特色与国际规则,坚持内外资一致的原则,妥善处理扩大开放和防范风险的关系,必将为新时代扩大对外开放、促进外商投资、保护外商投资合法权益、营造国际一流营商环境提供有力的法治保障。

代表们认为,外商投资法立法过程中,认真贯彻了科学立法、民主立法、依法立法的要求。国务院及其有关部门加紧研究和起草工作,及时将外商投资法草案提请全国人大常委会审议。全国人大常委会两次审议外商投资法草案,及时组织全国人大代表进行认真研读讨论,采取多种形式广泛征求意见,并积极回应各方关切;根据常委会审议意见、代表研读意见和各方面的意见,对草案反复修改,不断调整完善。草案符合党中央有关决策部署的要求,充分吸收了各方面的意见和建议,框架合理、内容得当、语言精练,已经成熟,建议提请本次会议审议通过。在充分肯定外商投资法草案的同时,代表们又提出了一些修改意见建议。总的看,这些意见建议都是积极的、完善性的,有的属于细化制度、完善配套规定的意见,有的属于对具体法律执行的工作要求,多数意见在草案起草和审议过程中都进行过反复研究,可以通过制定配套规定予以细化,或在实践中不断总结经验,逐步完善。宪法和法律委员会于3月11日召开会议,对草案进行了认真审议,对代表提出的修改意见逐条研究。全国人大财政经济委员会、国家发展和改革委员会、司法部、商务部有关负责同志列席了会议。根据各代表团的审议意见和有关方面的意见,对草案进行了修改完善,主要是:

一、有些代表提出,政府采购的范围既包括产品,也包括服务。草案第十六条仅规定政府采购依法对外商投资企业在中国境内生产的产品平等对待,是否包括服务,不够明确,建议研究修改。宪法和法律委员会经研究,建议采纳这一意见,将相关规定修改为“政府采购依法对外商投资企业在中国境内生产的产品、提供的服务平等对待”。

二、有些代表建议按照“放管服”改革的要求,在草案第十九条第一款中对政府及其有关部门提高外商投资服务水平作出更加具体明确的规定。宪法和法律委员会经研究,建议将这一款修改为:各级人民政府及其有关部门应当按照便利、高效、透明的原则,简化办事程序,提高办事效率,优化政务服务,进一步提高外商投资服务水平。

三、有些代表建议对草案第二十二条知识产权保护的规定进一步予以完善,强化责任追究。宪法和法律委员会经研究,建议将相关规定修改为:国家保护外国投资者和外商投资企业的知识产权,保护知识产权权利人和相关权利人的合法权益;对知识产权侵权行为,严格依法追究法律责任。

四、有些代表提出,行政机关及其工作人员对在履行职责过程中知悉的外国投资者、外商投资企业的商业秘密应当保密,建议增加相关规定。宪法和法律委员会经研究,建议增加一条规定:行政机关及其工作人员对于履行职责过程中知悉的外国投资者、外商投资企业的商业秘密,应当依法予以保密,不得泄露或者非法向他人提供。同时对行政机关工作人员违反保密义务的法律责任作了规定。

五、草案第二十六条规定,外国投资者、外商投资企业可以依法成立和自愿参加商会、协会。有些代表提出,目前涉外商会、协会都是由外商投资企业组成,草案的上述表述不够准确,建议研究修改。宪法和法律委员会经研究,建议删除这一条中的“外国投资者”。

六、草案第三十条规定,外商投资企业的组织形式、组织机构,适用公司法、合伙企业法等法律的规定。有些代表提出,公司法、合伙企业法等市场主体法律,既规范企业的组织形式、组织机构,还规范企业的行为。草案的上述规定不够全面,建议补充完善。宪法和法律委员会经研究,建议将这一条修改为:外商投资企业的组织形式、组织机构及其活动准则,适用《中华人民共和国公司法》、《中华人民共和国合伙企业法》等法律的规定。

七、草案第四十一条第二款规定,本法施行前依照“外资三法”设立的外商投资企业,在本法施行后五年内可以继续保留原企业组织形式。有些代表提出,外商投资企业组织形式的调整,涉及面广,影响大,应当对相关工作做出妥善安排,避免对外商投资企业正常生产经营活动造成不必要的干扰。建议参照以往做法,授权国务院制定外商投资企业过渡的具体实施办法。宪法和法律委员会经研究,建议采纳上述意见,在这一款中增加规定:具体实施办法由国务院规定。

八、关于本法的实施日期,宪法和法律委员会经征求国务院有关部门意见,建议确定为2020年1

月 1 日。

有两个问题需要说明：

一是港澳台投资法律适用问题。草案对这一问题未作规定，一些代表建议增加相关规定予以明确。此前，宪法和法律委员会曾会同有关方面对这一问题进行了反复研究，认为：港澳台地区属于中国的一部分，港澳台投资在性质上不属于外国投资；同时，港澳台地区属于单独关税区，港澳同胞到内地投资、台湾同胞到大陆投资不完全等同于境内投资，属于特殊国内投资。国家对港澳台投资一直实行特殊的政策和管理，并在国务院行政法规、部门规章和有关规范性文件中规定，对港澳台投资，参照或者比照适用有关外商投资的规定；对台湾同胞投资，国家还专门制定了台湾同胞投资保护法。同时，国家还对内地与港澳台地区在经贸方面作出特殊安排。在外商投资法中不对港澳台投资法律适用问题作出明确规定，继续由国务院行政法规、部门规章和有关规范性文件来明确参照或者比照适用外商投资的有关规定，是适当的、可行的。不会改变、也不会影响多年来行之有效的制度安排和实际运作，不会因此对港澳台投资造成任何妨碍或者限制。

二是关于外商投资法的配套规定问题。在审议中，一些代表提出，外商投资法是关于外商投资新的基础性法律，为确保有效实施，建议尽快出台配套规定。宪法和法律委员会经同有关方面研究后认为：外商投资法确立了外商投资法律制度的基本框架和规则。从草案具体内容看，有不同情况。有的规定可以直接执行，如不得利用行政手段强制转让技术等；有的规定属于指引性、衔接性规定，可以按照内外资一致的原则，依据相关法律法规规定执行；有的制度已经制定了配套的、具体的规定，如外商投资准入负面清单等；也有一些新设立的制度，如外商投资企业投诉工作机制、外商投资信息报告制度等，需要制定相关配套规定予以细化。宪法和法律委员会建议国务院及其有关部门，抓紧研究起草外商投资法相关配套法规、规章和规范性文件，明确可操作、可执行的具体规范，做到与本法同步施行，确保外商投资法出台后及时落地实施，保障利用外资工作顺利进行。

此外，根据代表们的审议意见，还对草案作了一些文字修改。

草案修改稿已按上述意见作了修改，宪法和法律委员会建议经主席团审议通过后，印发各代表团审议。

外商投资法草案修改稿和以上报告，请审议。

第十三届全国人民代表大会
宪法和法律委员会
2019 年 3 月 12 日

第十三届全国人民代表大会宪法和法律委员会关于《中华人民共和国外商投资法(草案修改稿)》修改意见的报告

（2019 年 3 月 14 日第十三届全国人民代表大会第二次会议主席团第三次会议通过）

十三届全国人大二次会议主席团：

3 月 12 日下午，各代表团对外商投资法草案修改稿进行了审议。代表们一致赞成草案修改稿，赞成对草案的各项修改。普遍认为，草案修改稿在认真研究并充分吸收代表们提出意见的基础上，作了进一步的修改完善；对未采纳的意见和建议积极予以回应，并在宪法法律委的审议结果报告中作出说明和解释；审议过程充分发扬了民主，广泛凝聚了共识。草案内容已经成熟，一致赞成提请本次会议表决通过。有的代表还提出了一些修改意见。宪法和法律委员会于 3 月 13 日召开会议，对草案修改稿进行认真审议，对代表提出的修改意见逐条研究。全国人大财政经济委员会、国家发展和改革委员会、司法部、商务部有关负责同志列席了会议。宪法和法律委员会认为，草案修改稿是可行的，同时，根据各代表团的审议意见，提出以下修改建议：

有的代表建议，在相关条款中进一步明确外商投资企业保护职工合法权益的内容。宪法和法律委员会经研究，建议采纳上述意见，在草案修改稿第三十二条中增加规定，外商投资企业应当“遵守法律、行政法规有关劳动保护、社会保险的规定”。

此外，根据代表们的审议意见，还对草案修改稿作了个别文字修改。

草案建议表决稿已按上述意见作了修改，建议经主席团审议通过后，提请本次会议表决。

外商投资法草案建议表决稿和以上报告，请审议。

第十三届全国人民代表大会
宪法和法律委员会
2019年3月14日

附件：

关于《中华人民共和国外商投资法(草案)》的说明

——2018年12月23日在第十三届全国人民代表大会常务委员会第七次会议上

委员长、各位副委员长、秘书长、各位委员：

我受国务院委托，现对《中华人民共和国外商投资法(草案)》作说明。

党中央、国务院高度重视外资基础性法律制定工作。习近平总书记指出，要加快出台外商投资法规，完善公开、透明的涉外法律体系，全面深入实施准入前国民待遇加负面清单管理制度，营造国际一流营商环境。李克强总理强调，要重塑外商投资市场准入、政策支撑、服务保障体系，加快推进涉及外商投资的三个法律合并成一个基础性法律。韩正、胡春华等国务院领导同志提出工作要求。

改革开放以来，我国形成了以中外合资经营企业法、外资企业法、中外合作经营企业法(以下统称外资三法)为主的外商投资法律制度体系，为扩大对外开放、积极利用外资提供了有效法律保障。截至2018年10月，我国外商投资企业累计近95万家，实际利用外资累计超过2.1万亿美元，外商投资已成为推动我国经济社会发展的重要力量。近年来，我国对外开放和利用外资面临新的形势，党中央、国务院作出了实行高水平的贸易和投资自由化便利化政策，全面实行准入前国民待遇加负面清单管理制度，大幅度放宽市场准入，推动形成全面开放新格局的决策部署。早期制定的外资三法已难以适应构建开放型经济新体制的需要，亟需在总结实践经验的基础上，制定统一的外资基础性法律，为新形势下进一步扩大对外开放、积极有效利用外资提供更加有力的法治保障。

党的十八届三中、四中全会对统一内外资法律、完善涉外法律法规体系提出明确要求，制定外资基础性法律列入《全国人大常委会2018年立法工作计划》。为贯彻落实党中央、国务院决策部署，商务部、国家发展改革委、司法部经征求中央财办、外交部、财政部、人民银行等72个中央有关单位以及地方人民政府等方面的意见，起草形成了《中华人民共和国外商投资法(草案)》(以下简称草案)。草案已经国务院同意。现说明如下：

一、草案总体思路

基于外商投资法作为外资领域基础性法律的性质和定位，草案起草遵循以下思路：

一是深入贯彻落实党中央、国务院关于扩大对外开放的决策部署，总结改革开放40年来利用外资工作的实践经验，依法巩固外资管理改革创新的成果。

二是立足于推动形成全面开放新格局，突出扩大对外开放和积极利用外资的主基调，侧重于投资促进和投资保护，鲜明展现我国坚定不移推动新一轮高水平对外开放的原则和立场。

三是统筹扩大开放和防范风险的关系，确立外商投资管理所必需的相应制度，做好与相关法律、行政法规的衔接，力求放能放得开、管能管得住。

四是准确把握外资基础性法律的定位，着重于确立外商投资基本制度框架，既适应当前实际需要，也为进一步深化改革留有空间。

二、草案的主要内容

(一)关于外商投资的定义和情形。

草案规定，外商投资是指外国的自然人、企业和其他组织(以下称外国投资者)直接或者间接在中国境内进行的投资活动，包括外国投资者单独或者与其他投资者共同在中国境内投资新建项目、设立外商投资企业或者增加投资，外国投资者通过并购方式取得中国境内企业的股份、股权、财产份额或者其他类似权益，以及外国投资者通过法律、行政法规或者国务院规定的其他方式在中国境内投资（第二条）。

（二）关于投资促进。

为积极促进外商投资，草案在原则规定国家实行高水平投资自由化便利化政策，建立和完善外商投资促进机制，营造稳定、透明、可预期的投资环境（第三条）的同时，主要从五个方面作了规定：一是明确对外商投资实行准入前国民待遇加负面清单管理制度（第四条）。二是明确国家支持企业发展的各项政策同等适用于外商投资企业；制定与外商投资有关的法律、法规、规章应当听取外商投资企业的意见和建议，与外商投资有关的规范性文件、司法判决应当依法及时公布；国家建立健全外商投资服务体系，为外国投资者和外商投资企业提供法律法规、政策措施、投资项目信息等方面的咨询和服务（第九条至第十一条）。三是明确外商投资企业平等参与标准化工作和政府采购活动，标准制定应当强化信息公开和社会监督，强制性标准平等适用于外商投资企业，政府采购依法对外商投资企业在中国境内生产的产品平等对待（第十五条、第十六条）。四是明确外商投资企业可以依法通过公开发行股票、公司债券等证券以及其他方式进行融资（第十七条）。五是明确地方各级人民政府可以在法定权限内制定外商投资促进政策，各级人民政府及其有关部门应当进一步提高外商投资服务水平（第十八条、第十九条）。

（三）关于投资保护。

为加强对外商投资合法权益的保护，草案从四个方面作了规定：一是加强对外商投资企业的产权保护。规定国家对外商投资不实行征收，根据社会公共利益需要实行征收的，应当依照法定程序进行，并给予公平、合理的补偿（第二十条）；外国投资者在中国境内的出资、利润、资本收益等可以依法以人民币或者外汇自由转出（第二十一条）；国家依法保护外国投资者和外商投资企业的知识产权，鼓励基于自愿原则和商业规则开展技术合作，技术合作条件由投资各方协商确定，不得利用行政手段强制转让技术（第二十二条）。二是强化对涉及外商投资规范性文件制定的约束。规定政府及其有关部门制定涉及外商投资的规范性文件应当符合法律法规，不得违法减损外商投资企业合法权益或者增加其义务，不得违法设置市场准入和退出条件、违法干预或者影响外商投资企业的正常生产经营活动（第二十三条）。三是促使地方政府守约践诺。规定地方各级人民政府及其有关部门应当严格履行依法作出的政策承诺和依法订立的各类合同；因国家利益、公共利益需要改变政府承诺和合同约定的，应当严格依照法定权限和程序进行，并对外国投资者、外商投资企业因此受到的损失予以补偿（第二十四条）。四是完善外商投资企业投诉维权机制。规定国家建立外商投资企业投诉工作机制，协调完善外商投资企业投诉工作中的重大政策措施，及时解决外商投资企业反映的问题；外国投资者、外商投资企业可以依法成立和自愿参加商会、协会，维护自身合法权益（第二十五条、第二十六条）。

（四）关于投资管理。

草案作了四个方面的规定：一是为落实准入前国民待遇加负面清单管理制度，规定负面清单规定禁止投资的领域，外国投资者不得投资；限制投资的领域，外国投资者进行投资应当符合规定的条件；负面清单以外的领域按照内外资一致的原则实施管理（第二十七条）。二是与有关法律法规相衔接，规定外商投资项目的核准、备案按照国家有关规定执行；外国投资者投资依法需要取得许可的行业、领域应当办理相关许可手续；外商投资企业的登记以及税收、会计、外汇等事宜依照有关法律、行政法规和国家有关规定办理（第二十八条、第二十九条、第三十条）。三是规定国家建立外商投资信息报告制度，信息报告的内容和范围按照确有必要、严格控制的原则确定，外国投资者或者外商投资企业通过企业登记系统和企业信用信息公示系统向商务主管部门报送投资信息，通过部门信息共享能够获得的投资信息不得再行要求报送（第三十一条）。四是为维护国家安全，对外商投资安全审查制度作了原则规定，并明确安全审查决定为最终决定（第三十三条）。

草案和以上说明是否妥当，请予审议。

全国人民代表大会宪法和法律委员会关于《中华人民共和国外商投资法(草案)》修改情况的汇报

——2019 年 1 月 29 日在第十三届全国人民代表大会常务委员会第八次会议上

全国人大宪法和法律委员会主任委员　李　飞

全国人民代表大会常务委员会:

常委会第七次会议对外商投资法草案进行了初次审议。会后,法制工作委员会将草案印发各省、自治区、直辖市和中央有关部门及部分高等院校、研究机构征求意见,在中国人大网全文公布草案征求社会公众意见,目前仍在进行之中,宪法和法律委员会、财政经济委员会、法制工作委员会联合召开座谈会,听取中央有关部门、企业协会、专家对草案的意见;法制工作委员会还召开座谈会,听取部分外国商会、外商投资企业的意见;并就草案的有关问题与财政经济委员会、司法部、国家发展改革委、商务部交换意见,共同研究。各方面普遍赞同制定外商投资法,认为这是完善涉外法律法规体系、促进外商投资、扩大对外开放、完善法治化国际化便利化营商环境的重要举措,有利于推动形成对外开放新格局。同时,有关方面也提出了一些完善性、建设性的意见和建议。宪法和法律委员会于 1 月 10 日召开会议,根据常委会组成人员的审议意见和各方面意见,对草案进行了逐条审议。财政经济委员会、司法部、国家发展改革委、商务部的有关负责同志列席了会议。1 月 18 日,宪法和法律委员会召开会议,再次进行了审议。现将外商投资法草案主要问题的修改情况汇报如下:

一、有的常委委员和有关方面提出,2018 年十三届全国人大一次会议通过的宪法修正案将“坚持互利共赢开放战略”载入国家根本法,宪法第十八条对我国保护外商投资作出了基本规定,建议在草案第一条立法目的中,增加“根据宪法,制定本法”的规定。宪法和法律委员会经研究,建议采纳这一意见。(草案二次审议稿第一条)

二、有的常委委员提出,党的十九大报告明确提出,全面实行准入前国民待遇加负面清单管理制度,草案第四条对此作了规定,但还不够清晰、充分,建议作进一步修改完善。宪法和法律委员会经研究,建议将草案第四条修改完善后分为以下四款表述:“国家对外商投资实行准入前国民待遇加负面清单管理制度。”“前款所称准入前国民待遇,是指在企业设立、取得、扩大等阶段给予外国投资者及其投资不低于本国投资者及其投资的待遇;所称负面清单,是指国家规定在特定领域对外商投资实施的准入特别管理措施。国家对负面清单之外的外商投资,给予国民待遇。”“负面清单由国务院发布或者批准发布。”“中华人民共和国缔结或者参加的国际条约、协定对外国投资者待遇另有规定的,从其规定。”(草案二次审议稿第四条)

三、有的常委会组成人员和有关方面提出,外商投资立法要充分考虑扩大对外开放、吸引外商投资的需要,体现党的十九大报告提出的“凡是在我国境内注册的企业,都要一视同仁、平等对待”的精神,建议对草案相关规定进行修改完善。宪法和法律委员会经研究,建议在草案已有规定的基础上作以下修改完善:一是将第九条“除法律、行政法规另有规定外,国家支持企业发展的各项政策同等适用于外商投资企业”的规定,修改为“外商投资企业依法同等适用国家支持企业发展的各项政策”;二是将第十四条中“采取优惠措施,鼓励和引导外国投资者在特定行业、领域、地区投资”的规定,修改为“鼓励和引导外国投资者在特定行业、领域、地区投资,并可以依照法律、行政法规或者国务院的规定给予优惠”。(草案二次审议稿第九条、第十四条)

四、有的常委委员和部门提出,草案第十三条第一款中规定的“特定区域”和第二款中规定的“特殊经济区域”,含义不够清楚,建议进一步明确。宪法和法律委员会经研究认为,这两个区域的概念有交叉,有关方面理解不完全一致,两款的内容又较为接近,据此,建议将两款合并,表述为:“国家根据需要,设立特殊经济区域,或者在部分地区实行外商投资试验政策措施,促进外商投资,扩大对外开

放。”(草案二次审议稿第十三条)

五、有的常委委员建议按照宪法关于征收、征用的规定,对草案第二十条外商投资征收的规定进行修改完善。宪法和法律委员会经研究,建议将相关规定修改为“国家对外国投资者的投资不实行征收”;“在特殊情况下,国家为了公共利益的需要,可以依照法律规定对外国投资者的投资实行征收或者征用。征收、征用应当依照法定程序进行,并及时给予公平、合理的补偿”。(草案二次审议稿第二十条)

六、有的常委委员和有关方面提出,外商投资法施行后,现行的中外合资经营企业法、外资企业法、中外合作经营企业法相应废止,新设立的外商投资企业应当依照公司法、合伙企业法登记设立为有限责任公司、股份有限公司或者合伙企业,其组织形式和组织机构适用公司法、合伙企业法,建议在草案中对此予以明确。宪法和法律委员会经研究,建议增加一条规定:外商投资企业的组织形式、组织机构,适用《中华人民共和国公司法》、《中华人民共和国合伙企业法》的规定。(草案二次审议稿第三十条)

七、有的常委会组成人员提出,为维护公平竞争的市场环境,建议增加外商投资并购反垄断审查的规定。宪法和法律委员会经研究,建议增加一条规定:外国投资者并购中国境内企业或者以其他方式参与经营者集中的,应当依照《中华人民共和国反垄断法》的规定接受经营者集中审查。(草案二次审议稿第三十二条)

八、有的意见提出,草案规定了外商投资信息报告制度,但对外国投资者、外商投资企业未按要求报送投资信息,如何处罚,未作规定,建议明确。宪法和法律委员会经研究,建议增加一条规定:外国投资者、外商投资企业违反本法规定,未按照外商投资信息报告制度的要求报送投资信息的,由商务主管部门责令限期改正;逾期不改正的,处十万元以上五十万元以下的罚款。(草案二次审议稿第三十六条)

此外,还对草案作了一些文字修改。

草案二次审议稿已按上述意见作了修改,宪法和法律委员会建议,草案经本次常委会会议审议后,由常委会提请十三届全国人大二次会议审议。

草案二次审议稿和以上汇报是否妥当,请审议。

全国人民代表大会宪法和法律委员会

2019 年 1 月 29 日

中华人民共和国外商投资法(草案)

(二次审议稿)

目 录

第一章 总 则

第一条 为了进一步扩大对外开放,积极促进外商投资,保护外商投资合法权益,推动形成全面开放新格局,促进社会主义市场经济健康发展,根据宪法,制定本法。

第二条 在中华人民共和国境内(以下简称中国境内)的外商投资,适用本法。

本法所称外商投资,是指外国的自然人、企业或者其他组织(以下称外国投资者)直接或者间接在中国境内进行的投资活动,包括下列情形:

(一)外国投资者单独或者与其他投资者共同在中国境内设立外商投资企业;

(二)外国投资者取得中国境内企业的股份、股权、财产份额或者其他类似权益;

(三)外国投资者单独或者与其他投资者共同在中国境内投资新建项目;

(四)法律、行政法规或者国务院规定的其他方式的投资。

本法所称外商投资企业,是指全部或者部分由外国投资者投资,依照中国法律在中国境内经登记注册设立的企业。

第三条　国家坚持对外开放基本国策，鼓励外国投资者依法在中国境内投资。

国家实行高水平投资自由化便利化政策，建立和完善外商投资促进机制，营造稳定、透明、可预期和公平竞争的市场环境。

第四条　国家对外商投资实行准入前国民待遇加负面清单管理制度。

前款所称准入前国民待遇，是指在企业设立、取得、扩大等阶段给予外国投资者及其投资不低于本国投资者及其投资的待遇；所称负面清单，是指国家规定在特定领域对外商投资实施的准入特别管理措施。国家对负面清单之外的外商投资，给予国民待遇。

负面清单由国务院发布或者批准发布。

中华人民共和国缔结或者参加的国际条约、协定对外国投资者待遇另有规定的，从其规定。

第五条　国家依法保护外国投资者在中国境内的投资、收益和其他合法权益。

第六条　在中国境内进行投资活动的外国投资者、外商投资企业，应当遵守中国法律法规，不得危害中国国家安全、损害社会公共利益。

第七条　国务院商务主管部门、投资主管部门按照职责分工，开展外商投资促进、保护和管理工作；国务院有关部门在各自职责范围内，负责外商投资促进、保护和管理的相关工作。

县级以上地方人民政府有关部门依照法律法规和本级人民政府确定的职责分工，开展外商投资促进、保护和管理工作。

第八条　外商投资企业职工依法建立工会组织，开展工会活动，维护职工的合法权益。外商投资企业应当为本企业工会提供必要的活动条件。

第二章　投资促进

第九条　外商投资企业依法同等适用国家支持企业发展的各项政策。

第十条　制定与外商投资有关的法律、法规、规章，应当采取适当方式征求外商投资企业的意见和建议。

与外商投资有关的规范性文件、裁判文书等，应当依法及时公布。

第十一条　国家建立健全外商投资服务体系，为外国投资者和外商投资企业提供法律法规、政策措施、投资项目信息等方面的咨询和服务。

第十二条　国家与其他国家和地区、国际组织建立多双边投资促进合作机制，加强投资领域的国际交流与合作。

第十三条　国家根据需要，设立特殊经济区域，或者在部分地区实行外商投资试验政策措施，促进外商投资，扩大对外开放。

第十四条　国家根据国民经济和社会发展需要，鼓励和引导外国投资者在特定行业、领域、地区投资，并可以依照法律、行政法规或者国务院的规定给予优惠。

第十五条　外商投资企业平等参与标准化工作，标准制定应当强化信息公开和社会监督。

国家制定的强制性标准平等适用于外商投资企业。

第十六条　国家保障外商投资企业依法通过公平竞争参与政府采购活动。政府采购依法对外商投资企业在中国境内生产的产品平等对待。

第十七条　外商投资企业可以依法通过公开发行股票、公司债券等证券以及其他方式进行融资。

第十八条　地方各级人民政府可以在法定权限内制定外商投资促进政策。

第十九条　各级人民政府及其有关部门应当按照便利、高效、透明的原则，进一步提高外商投资服务水平。

有关主管部门应当编制和公布外商投资指引，为外国投资者和外商投资企业提供服务和便利。

第三章　投资保护

第二十条　国家对外国投资者的投资不实行征收。

在特殊情况下，国家为了公共利益的需要，可以依照法律规定对外国投资者的投资实行征收或者征用。征收、征用应当依照法定程序进行，并及时给予公平、合理的补偿。

第二十一条　外国投资者在中国境内的出资、利润、资本收益、资产处置所得、知识产权许可使用费、依法获得的补偿或者赔偿等，可以依法以人民币或者外汇自由汇入或者汇出。

第二十二条　国家保护外国投资者和外商投资企业的知识产权，保护知识产权权利人和相关权利人的合法权益，鼓励基于自愿原则和商业规则开展技术合作。

外商投资过程中技术合作的条件由投资各方遵循公平原则平等协商确定，行政机关及其工作人员不得利用行政手段强制转让技术。

第二十三条 各级人民政府及其有关部门制定涉及外商投资的规范性文件,应当符合法律法规的规定;没有法律、行政法规依据的,不得减损外商投资企业的合法权益或者增加其义务,不得设置市场准入和退出条件、干预外商投资企业的正常生产经营活动。

第二十四条 地方各级人民政府及其有关部门应当履行向外国投资者、外商投资企业依法作出的政策承诺以及依法订立的各类合同。

因国家利益、社会公共利益需要改变政策承诺、合同约定的,应当依照法定权限和程序进行,并依法对外国投资者、外商投资企业因此受到的损失予以补偿。

第二十五条 国家建立外商投资企业投诉工作机制,协调完善外商投资企业投诉工作中的重大政策措施,及时处理外商投资企业反映的问题。

外商投资企业认为行政机关及其工作人员的行政行为侵犯其合法权益的,可以通过外商投资企业投诉工作机制申请解决。

第二十六条 外国投资者、外商投资企业可以依法成立和自愿参加商会、协会。商会、协会依照法律法规和章程的规定开展相关活动,维护会员的合法权益。

第四章 投资管理

第二十七条 外商投资准入负面清单规定禁止投资的领域,外国投资者不得投资。

外商投资准入负面清单规定限制投资的领域,外国投资者进行投资应当符合负面清单规定的条件。

外商投资准入负面清单以外的领域,按照内外资一致的原则实施管理。

第二十八条 外商投资需要办理投资项目核准、备案的,按照国家有关规定执行。

第二十九条 外国投资者在依法需要取得许可的行业、领域进行投资的,应当依法办理相关许可手续。

有关主管部门应当按照与内资一致的条件和程序,审核外国投资者的许可申请,法律、行政法规另有规定的除外。

第三十条 外商投资企业的组织形式、组织机构,适用《中华人民共和国公司法》、《中华人民共和国合伙企业法》的规定。

第三十一条 外商投资企业开展生产经营活动,应当依照有关法律、行政法规和国家有关规定办理税收、会计、外汇等事宜,并接受有关主管部门依法实施的监督检查。

第三十二条 外国投资者并购中国境内企业或者以其他方式参与经营者集中的,应当依照《中华人民共和国反垄断法》的规定接受经营者集中审查。

第三十三条 国家建立外商投资信息报告制度。外国投资者或者外商投资企业通过企业登记系统以及企业信用信息公示系统向商务主管部门报送投资信息。

外商投资信息报告的内容和范围按照确有必要的原则确定;通过部门信息共享能够获得的投资信息,不得再行要求报送。

第三十四条 国家建立外商投资安全审查制度,对影响或者可能影响国家安全的外商投资进行安全审查。

依法作出的安全审查决定为最终决定。

第五章 法律责任

第三十五条 外国投资者投资外商投资准入负面清单规定禁止投资的领域的,由有关主管部门责令停止投资活动,限期处分股份、资产或者采取其他必要措施,恢复到实施投资前的状态;有违法所得的,没收违法所得。

外国投资者的投资活动违反外商投资准入负面清单规定的限制性准入特别管理措施的,由有关主管部门责令改正,采取必要措施满足准入特别管理措施的要求;拒不改正的,依照前款规定处理。

第三十六条 外国投资者、外商投资企业违反本法规定,未按照外商投资信息报告制度的要求报送投资信息的,由商务主管部门责令限期改正;逾期不改正的,处十万元以上五十万元以下的罚款。

第三十七条 对外国投资者、外商投资企业违反法律、法规的行为,由有关部门依法查处,并按照国家有关规定纳入有关信用信息系统。

第三十八条 政府有关部门工作人员在外商投资促进、保护和管理工作中滥用职权、玩忽职守、徇私舞弊的,依法给予处分;构成犯罪的,依法追究刑事责任。

第六章 附 则

第三十九条 任何国家或者地区在投资方面

对中华人民共和国采取歧视性的禁止、限制或者其他类似措施的，中华人民共和国可以根据实际情况对该国家或者该地区采取相应的措施。

第四十条　对外国投资者在中国境内投资银行、证券、保险等金融行业，或者在证券市场、外汇市场等金融市场进行投资的管理，国家另有规定的，依照其规定。

第四十一条　本法自　　年　月　日起施行。《中华人民共和国中外合资经营企业法》、《中华人民共和国外资企业法》、《中华人民共和国中外合作经营企业法》同时废止。

本法施行前依照《中华人民共和国中外合资经营企业法》、《中华人民共和国外资企业法》、《中华人民共和国中外合作经营企业法》设立的外商投资企业，在本法施行后五年内可以继续保留原企业组织形式。

第十三届全国人民代表大会第二次会议关于政府工作报告的决议

（2019 年 3 月 15 日第十三届全国人民代表大会第二次会议通过）

第十三届全国人民代表大会第二次会议听取和审议了国务院总理李克强所作的政府工作报告。会议充分肯定国务院过去一年的工作，同意报告提出的 2019 年经济社会发展总体要求、政策取向、目标任务和重点工作，决定批准这个报告。

会议号召，全国各族人民更加紧密地团结在以习近平同志为核心的党中央周围，高举中国特色社会主义伟大旗帜，以习近平新时代中国特色社会主义思想为指导，全面贯彻党的十九大和十九届二中、三中全会精神，统筹推进“五位一体”总体布局，协调推进“四个全面”战略布局，坚持稳中求进工作总基调，坚持新发展理念，坚持推动高质量发展，坚持以供给侧结构性改革为主线，坚持深化市场化改革、扩大高水平开放，加快建设现代化经济体系，继续打好三大攻坚战，着力激发市场主体活力，创新和完善宏观调控，统筹推进稳增长、促改革、调结构、惠民生、防风险、保稳定工作，保持经济运行在合理区间，增强人民群众的获得感、幸福感、安全感，坚定信心，迎难而上，开拓进取，团结奋斗，保持经济持续健康发展和社会大局稳定，为全面建成小康社会收官打下决定性基础，以优异成绩庆祝中华人民共和国成立 70 周年！

政府工作报告

——2019 年 3 月 5 日在第十三届全国人民代表大会第二次会议上

国务院总理　李克强

各位代表：

现在，我代表国务院，向大会报告政府工作，请予审议，并请全国政协委员提出意见。

一、2018 年工作回顾

过去一年是全面贯彻党的十九大精神开局之年，是本届政府依法履职第一年。我国发展面临多年少有的国内外复杂严峻形势，经济出现新的下行压力。在以习近平同志为核心的党中央坚强领导下，全国各族人民以习近平新时代中国特色社会主义思想为指导，砥砺奋进，攻坚克难，完成全年经济社会发展主要目标任务，决胜全面建成小康社会又取得新的重大进展。

——经济运行保持在合理区间。国内生产总值增长 6.6%，总量突破 90 万亿元。经济增速与用电、货运等实物量指标相匹配。居民消费价格上涨 2.1%。国际收支基本平衡。城镇新增就业 1361 万人、调查失业率稳定在 5% 左右的较低水平。近 14 亿人口的发展中大国，实现了比较充分就业。

——经济结构不断优化。消费拉动经济增长

作用进一步增强。服务业对经济增长贡献率接近60%,高技术产业、装备制造业增速明显快于一般工业,农业再获丰收。单位国内生产总值能耗下降3.1%。质量和效益继续提升。

——发展新动能快速成长。嫦娥四号等一批重大科技创新成果相继问世。新兴产业蓬勃发展,传统产业加快转型升级。大众创业万众创新深入推进,日均新设企业超过1.8万户,市场主体总量超过1亿户。新动能正在深刻改变生产生活方式、塑造中国发展新优势。

——改革开放取得新突破。国务院及地方政府机构改革顺利实施。重点领域改革迈出新的步伐,市场准入负面清单制度全面实行,简政放权、放管结合、优化服务改革力度加大,营商环境国际排名大幅上升。对外开放全方位扩大,共建"一带一路"取得重要进展。首届中国国际进口博览会成功举办,海南自贸试验区启动建设。货物进出口总额超过30万亿元,实际使用外资1383亿美元、稳居发展中国家首位。

——三大攻坚战开局良好。防范化解重大风险,宏观杠杆率趋于稳定,金融运行总体平稳。精准脱贫有力推进,农村贫困人口减少1386万,易地扶贫搬迁280万人。污染防治得到加强,细颗粒物($PM_{2.5}$)浓度继续下降,生态文明建设成效显著。

——人民生活持续改善。居民人均可支配收入实际增长6.5%。提高个人所得税起征点,设立6项专项附加扣除。加大基本养老、基本医疗等保障力度,资助各类学校家庭困难学生近1亿人次。棚户区住房改造620多万套,农村危房改造190万户。城乡居民生活水平又有新提高。

我们隆重庆祝改革开放40周年,深刻总结改革开放的伟大成就和宝贵经验,郑重宣示在新时代将改革开放进行到底的坚定决心,激励全国各族人民接续奋斗,再创新的历史伟业。

回顾过去一年,成绩来之不易。我们面对的是深刻变化的外部环境。经济全球化遭遇波折,多边主义受到冲击,国际金融市场震荡,特别是中美经贸摩擦给一些企业生产经营、市场预期带来不利影响。我们面对的是经济转型阵痛凸显的严峻挑战。新老矛盾交织,周期性、结构性问题叠加,经济运行稳中有变、变中有忧。我们面对的是两难多难问题增多的复杂局面。实现稳增长、防风险等多重目标,完成经济社会发展等多项任务,处理好当前与长远等多种关系,政策抉择和工作推进的难度明显加大。经过全国上下共同努力,我国经济发展在高基数上总体平稳、稳中有进,社会大局保持稳定。这再次表明,在中国共产党领导下,中国人民有战胜任何艰难险阻的勇气、智慧和力量,中国的发展没有过不去的坎。

一年来,我们深入贯彻以习近平同志为核心的党中央决策部署,坚持稳中求进工作总基调,统筹稳增长、促改革、调结构、惠民生、防风险,稳妥应对中美经贸摩擦,着力稳就业、稳金融、稳外贸、稳外资、稳投资、稳预期,主要做了以下工作。

一是创新和完善宏观调控,经济保持平稳运行。面对新情况新变化,我们坚持不搞"大水漫灌"式强刺激,保持宏观政策连续性稳定性,在区间调控基础上加强定向、相机调控,主动预调、微调。坚持实施积极的财政政策,着力减税降费、补短板调结构。下调增值税税率,扩大享受税收优惠小微企业范围,出台鼓励研发创新等税收政策。全年为企业和个人减税降费约1.3万亿元。优化财政支出结构,盘活财政存量资金,重点领域支出得到保障。坚持实施稳健的货币政策,引导金融支持实体经济。针对融资难融资贵问题,先后4次降低存款准备金率,多措并举缓解民营和小微企业资金紧张状况,融资成本上升势头得到初步遏制。及时应对股市、债市异常波动,人民币汇率基本稳定,外汇储备保持在3万亿美元以上。

二是扎实打好三大攻坚战,重点任务取得积极进展。制定并有序实施三大攻坚战三年行动方案。稳步推进结构性去杠杆,稳妥处置金融领域风险,防控地方政府债务风险,改革完善房地产市场调控机制。深入推进精准脱贫,加强扶贫力量,加大资金投入,强化社会帮扶,贫困地区自我发展能力稳步提高。全面开展蓝天、碧水、净土保卫战。优化能源和运输结构。稳妥推进北方地区"煤改气""煤改电"。全面建立河长制、湖长制。化肥农药使用量实现双下降。加强生态环保督查执法。积极应对气候变化。

三是深化供给侧结构性改革,实体经济活力不断释放。加大"破、立、降"力度。推进钢铁、煤炭行业市场化去产能。实施稳投资举措,制造业投资、民间投资增速明显回升。出台促进居民消费政策。全面推进"互联网+",运用新技术新模式改造传统产业。深入推进简政减税减费。取消一批行政许可事项,"证照分离"改革在全国推开,企业开办时间大幅压缩,工业生产许可证种类压减三分之一以上。"双随机、一公开"监管全面实施。清理规范各类涉企收费,推动降低用能、用网和物流等成本。

深化"互联网+政务服务"，各地探索推广一批有特色的改革举措，企业和群众办事便利度不断提高。

四是深入实施创新驱动发展战略，创新能力和效率进一步提升。大力优化创新生态，调动各类创新主体积极性。深化科技管理体制改革，推进关键核心技术攻关，加强重大科技基础设施、科技创新中心等建设。强化企业技术创新主体地位，将提高研发费用加计扣除比例政策扩大至所有企业。制定支持双创深入发展的政策措施。技术合同成交额增长30%以上。科技进步贡献率提高到58.5%。

五是加大改革开放力度，发展动力继续增强。深化国资国企改革，国有企业优化重组、提质增效取得新进展。针对民营企业发展遇到的困难和问题，千方百计帮助解忧纾困。推进财税体制改革，预算绩效管理改革全面启动。改革金融监管体制，完善利率、汇率市场化形成机制。农业农村、社会事业、生态环保等领域改革不断深化。推出对外开放一系列重大举措。共建"一带一路"引领效应持续释放，同沿线国家的合作机制不断健全，经贸合作和人文交流加快推进。出台稳外贸政策，货物通关时间压缩一半以上。下调部分商品进口关税，关税总水平由9.8%降至7.5%。新设一批跨境电商综合试验区。复制推广自贸试验区改革经验。大幅压缩外资准入负面清单，扩大金融、汽车等行业开放，一批重大外资项目落地，新设外资企业增长近70%。

六是统筹城乡区域发展，良性互动格局加快形成。乡村振兴战略有力实施，粮食总产量保持在1.3万亿斤以上。新型城镇化扎实推进，近1400万农业转移人口在城镇落户。推进西部开发、东北振兴、中部崛起、东部率先发展，出台一批改革创新举措。京津冀协同发展取得明显进展，长江经济带生态优先、绿色发展格局不断巩固。粤港澳大湾区规划建设迈出实质性步伐，港珠澳大桥建成通车。加大对革命老区、民族地区、边疆地区、贫困地区改革发展支持力度。新增高速铁路运营里程4100公里，新建改建高速公路6000多公里、农村公路30多万公里。城乡区域发展协调性持续增强。

七是坚持在发展中保障和改善民生，改革发展成果更多更公平惠及人民群众。针对外部环境变化给就业带来的影响，及时出台稳就业举措。大力推动义务教育教师工资待遇政策落实，加强乡村小规模学校和乡镇寄宿制学校建设，促进高等教育内涵式发展。建立企业职工基本养老保险基金中央调剂制度，提高退休人员基本养老金，城乡居民基础养老金最低标准从每月70元提高到88元。继续提高优抚、低保等标准，残疾人"两项补贴"惠及所有符合条件人员。加强退役军人服务管理工作，维护退役军人合法权益。深化医疗、医保、医药联动改革。稳步推进分级诊疗。提高居民基本医保补助标准和大病保险报销比例。加快新药审评审批改革，17种抗癌药大幅降价并纳入国家医保目录。加快推进文化惠民工程，持续加强基层公共文化服务。全民健身蓬勃开展，体育健儿在国际大赛上再创佳绩。

八是推进法治政府建设和治理创新，保持社会和谐稳定。提请全国人大常委会审议法律议案18件，制定修订行政法规37部。改革调整政府机构设置和职能配置。深入开展国务院大督查，推动改革发展政策和部署落实。发挥审计监督作用。改革完善城乡基层治理。创新信访工作方式。改革和加强应急管理，及时有效应对重大自然灾害，生产安全事故总量和重特大事故数量继续下降。加强食品药品安全监管，严厉查处长春长生公司等问题疫苗案件。健全国家安全体系。强化社会治安综合治理，开展扫黑除恶专项斗争，依法打击各类违法犯罪，平安中国建设取得新进展。

认真贯彻党中央全面从严治党战略部署，加强党风廉政建设。推进"两学一做"学习教育常态化制度化。严格落实中央八项规定及其实施细则精神，坚定不移纠正"四风"。严肃查处各类违法违规行为，惩处腐败分子，反腐败斗争取得压倒性胜利。

过去一年，中国特色大国外交取得新成就。成功举办博鳌亚洲论坛年会、上合组织青岛峰会、中非合作论坛北京峰会等重大主场外交活动。习近平主席等国家领导人出访多国，出席亚太经合组织领导人非正式会议、二十国集团领导人峰会、金砖国家领导人会晤、亚欧首脑会议、东亚合作领导人系列会议等重大活动。同主要大国关系总体稳定，同周边国家关系全面发展，同发展中国家团结合作纽带更加牢固。推动构建新型国际关系，推动构建人类命运共同体。坚定维护国家主权、安全、发展利益。经济外交、人文交流成果丰硕。中国致力于促进世界和平与发展，作出了世人共睹的重要贡献。

各位代表！

过去一年取得的成绩，是以习近平同志为核心的党中央坚强领导的结果，是习近平新时代中国特色社会主义思想科学指引的结果，是全党全军全国各族人民团结奋斗的结果。我代表国务院，向全国各族人民，向各民主党派、各人民团体和各界人士，表示诚挚感谢！向香港特别行政区同胞、澳门特别行政区同胞、台湾同胞和海外侨胞，表示诚挚感谢！向关心和支持中国现代化建设的各国政府、国际组织和各国朋友，表示诚挚感谢！

思危方能居安。在充分肯定成绩的同时，要清醒看到我国发展面临的问题和挑战。世界经济增速放缓，保护主义、单边主义加剧，国际大宗商品价格大幅波动，不稳定不确定因素明显增加，外部输入性风险上升。国内经济下行压力加大，消费增速减慢，有效投资增长乏力。实体经济困难较多，民营和小微企业融资难融资贵问题尚未有效缓解，营商环境与市场主体期待还有较大差距。自主创新能力不强，关键核心技术短板问题凸显。一些地方财政收支矛盾较大。金融等领域风险隐患依然不少。深度贫困地区脱贫攻坚困难较多。生态保护和污染防治任务仍然繁重。在教育、医疗、养老、住房、食品药品安全、收入分配等方面，群众还有不少不满意的地方。去年还发生了多起公共安全事件和重大生产安全事故，教训极其深刻。政府工作存在不足，一些改革发展举措落实不到位，形式主义、官僚主义仍然突出，督查检查考核过多过频、重留痕轻实绩，加重基层负担。少数干部懒政怠政。一些领域腐败问题仍然多发。我们一定要直面问题和挑战，勇于担当，恪尽职守，竭尽全力做好工作，决不辜负人民期待！

二、2019 年经济社会发展总体要求和政策取向

今年是新中国成立 70 周年，是全面建成小康社会、实现第一个百年奋斗目标的关键之年。做好政府工作，要在以习近平同志为核心的党中央坚强领导下，以习近平新时代中国特色社会主义思想为指导，全面贯彻党的十九大和十九届二中、三中全会精神，统筹推进“五位一体”总体布局，协调推进“四个全面”战略布局，坚持稳中求进工作总基调，坚持新发展理念，坚持推动高质量发展，坚持以供给侧结构性改革为主线，坚持深化市场化改革、扩大高水平开放，加快建设现代化经济体系，继续打好三大攻坚战，着力激发微观主体活力，创新和完善宏观调控，统筹推进稳增长、促改革、调结构、惠民生、防风险、保稳定工作，保持经济运行在合理区间，进一步稳就业、稳金融、稳外贸、稳外资、稳投资、稳预期，提振市场信心，增强人民群众获得感、幸福感、安全感，保持经济持续健康发展和社会大局稳定，为全面建成小康社会收官打下决定性基础，以优异成绩庆祝中华人民共和国成立 70 周年。

综合分析国内外形势，今年我国发展面临的环境更复杂更严峻，可以预料和难以预料的风险挑战更多更大，要做好打硬仗的充分准备。困难不容低估，信心不可动摇，干劲不能松懈。我国发展仍处于重要战略机遇期，拥有足够的韧性、巨大的潜力和不断迸发的创新活力，人民群众追求美好生活的愿望十分强烈。我们有战胜各种困难挑战的坚定意志和能力，经济长期向好趋势没有也不会改变。

今年经济社会发展的主要预期目标是：国内生产总值增长 6%—6.5%；城镇新增就业 1100 万人以上，城镇调查失业率 5.5% 左右，城镇登记失业率 4.5% 以内；居民消费价格涨幅 3% 左右；国际收支基本平衡，进出口稳中提质；宏观杠杆率基本稳定，金融财政风险有效防控；农村贫困人口减少 1000 万以上，居民收入增长与经济增长基本同步；生态环境进一步改善，单位国内生产总值能耗下降 3% 左右，主要污染物排放量继续下降。上述主要预期目标，体现了推动高质量发展要求，符合我国发展实际，与全面建成小康社会目标相衔接，是积极稳妥的。实现这些目标，需要付出艰苦努力。

要正确把握宏观政策取向，继续实施积极的财政政策和稳健的货币政策，实施就业优先政策，加强政策协调配合，确保经济运行在合理区间，促进经济社会持续健康发展。

积极的财政政策要加力提效。今年赤字率拟按 2.8% 安排，比去年预算高 0.2 个百分点；财政赤字 2.76 万亿元，其中中央财政赤字 1.83 万亿元，地方财政赤字 9300 亿元。适度提高赤字率，综合考虑了财政收支、专项债券发行等因素，也考虑为应对今后可能出现的风险留出政策空间。今年财政支出超过 23 万亿元，增长 6.5%。中央对地方均衡性转移支付增长 10.9%。改革完善县级基本财力保障机制，缓解困难地区财政运转压力，决不让基本民生保障出问题。

稳健的货币政策要松紧适度。广义货币 M_2 和社会融资规模增速要与国内生产总值名义增速相匹配，以更好满足经济运行保持在合理区间的需要。在实际执行中，既要把好货币供给总闸门，不搞“大水漫灌”，又要灵活运用多种货币政策工具，疏通货币政策传导渠道，保持流动性合理充裕，有效缓解实体经济特别是民营和小微企业融资难融资贵问题，防范化解金融风险。深化利率市场化改

革，降低实际利率水平。完善汇率形成机制，保持人民币汇率在合理均衡水平上的基本稳定。

就业优先政策要全面发力。就业是民生之本、财富之源。今年首次将就业优先政策置于宏观政策层面，旨在强化各方面重视就业、支持就业的导向。当前和今后一个时期，我国就业总量压力不减、结构性矛盾凸显，新的影响因素还在增加，必须把就业摆在更加突出位置。稳增长首要是为保就业。今年城镇新增就业要在实现预期目标的基础上，力争达到近几年的实际规模，既保障城镇劳动力就业，也为农业富余劳动力转移就业留出空间。只要就业稳、收入增，我们就更有底气。

要继续坚持以供给侧结构性改革为主线，在"巩固、增强、提升、畅通"八个字上下功夫。更多采取改革的办法，更多运用市场化、法治化手段，巩固"三去一降一补"成果，增强微观主体活力，提升产业链水平，畅通国民经济循环，推动经济高质量发展。

要继续打好三大攻坚战，精准发力、务求实效。防范化解重大风险要强化底线思维，坚持结构性去杠杆，防范金融市场异常波动，稳妥处理地方政府债务风险，防控输入性风险。精准脱贫要坚持现行标准，聚焦深度贫困地区和特殊贫困群体，加大攻坚力度，提高脱贫质量。污染防治要聚焦打赢蓝天保卫战等重点任务，统筹兼顾、标本兼治，使生态环境质量持续改善。

做好今年政府工作，要注重把握好以下关系。一要统筹好国内与国际的关系，凝心聚力办好自己的事。我国仍处于并将长期处于社会主义初级阶段，仍是世界最大发展中国家。发展是解决我国一切问题的基础和关键，必须牢牢扭住经济建设这个中心，毫不动摇坚持发展是硬道理、发展应该是科学发展和高质量发展的战略思想，不断解放和发展社会生产力。在国际形势复杂多变的背景下，我们要保持战略定力，按确定的目标和部署推进工作，更好利用国际国内两个市场两种资源，敢于应对挑战，善于化危为机，牢牢把握发展主动权。二要平衡好稳增长与防风险的关系，确保经济持续健康发展。长期积累的诸多风险隐患必须加以化解，但要遵循规律，讲究方式方法，按照坚定、可控、有序、适度要求，在发展中逐步化解，坚决避免发生系统性、区域性风险。在当前经济下行压力加大情况下，出台政策和工作举措要有利于稳预期、稳增长、调结构，防控风险要把握好节奏和力度，防止紧缩效应叠加放大，决不能让经济运行滑出合理区间。同时，也不能只顾眼前，采取损害长期发展的短期强刺激政策，产生新的风险隐患。三要处理好政府与市场的关系，依靠改革开放激发市场主体活力。只要市场主体有活力，就能增强内生发展动力、顶住经济下行压力。要大力推进改革开放，加快建立统一开放、竞争有序的现代市场体系，放宽市场准入，加强公正监管，打造法治化、国际化、便利化的营商环境，让各类市场主体更加活跃。从根本上说，市场活力和社会创造力源于亿万人民积极性的发挥。要坚持以人民为中心的发展思想，尽力而为、量力而行，切实保障基本民生，推动解决重点民生问题，促进社会公平正义，让人民过上好日子。中国人民勤劳智慧，具有无限的创新创造潜能，只要充分释放出来，中国的发展就一定会有更为广阔空间。

三、2019年政府工作任务

今年经济社会发展任务重、挑战多、要求高。我们要突出重点、把握关键，扎实做好各项工作。

（一）继续创新和完善宏观调控，确保经济运行在合理区间。坚持以市场化改革的思路和办法破解发展难题，发挥好宏观政策逆周期调节作用，丰富和灵活运用财政、货币、就业政策工具，增强调控前瞻性、针对性和有效性，为经济平稳运行创造条件。

实施更大规模的减税。普惠性减税与结构性减税并举，重点降低制造业和小微企业税收负担。深化增值税改革，将制造业等行业现行16%的税率降至13%，将交通运输业、建筑业等行业现行10%的税率降至9%，确保主要行业税负明显降低；保持6%一档的税率不变，但通过采取对生产、生活性服务业增加税收抵扣等配套措施，确保所有行业税负只减不增，继续向推进税率三档并两档、税制简化方向迈进。抓好年初出台的小微企业普惠性减税政策落实。这次减税，着眼"放水养鱼"、增强发展后劲并考虑财政可持续，是减轻企业负担、激发市场活力的重大举措，是完善税制、优化收入分配格局的重要改革，是宏观政策支持稳增长、保就业、调结构的重大抉择。

明显降低企业社保缴费负担。下调城镇职工基本养老保险单位缴费比例，各地可降至16%。稳定现行征缴方式，各地在征收体制改革过程中不得采取增加小微企业实际缴费负担的做法，不得自行对历史欠费进行集中清缴。继续执行阶段性降低失业和工伤保险费率政策。今年务必使企业特别是小微企业社保缴费负担有实质性下降。加快推进养老保险省级统筹改革,继续提高企业职工基本养老保险基金中央调剂比例、划转部分国有资本充实社保基金。我们既要减轻企业缴费负担,又要保障职工社保待遇不受影响、养老金合理增长并按时足额发放,使社保基金可持续、企业与职工同受益。

确保减税降费落实到位。减税降费直击当前市场主体的痛点和难点,是既公平又有效率的政策。全年减轻企业税收和社保缴费负担近 2 万亿元。这会给各级财政带来很大压力。为支持企业减负,各级政府要过紧日子,想方设法筹集资金。中央财政要开源节流,增加特定国有金融机构和央企上缴利润,一般性支出压减 5% 以上、“三公”经费再压减 3% 左右,长期沉淀资金一律收回。地方政府也要主动挖潜,大力优化支出结构,多渠道盘活各类资金和资产。我们要切实让市场主体特别是小微企业有明显减税降费感受,坚决兑现对企业和社会的承诺,困难再多也一定要把这件大事办成办好。

着力缓解企业融资难融资贵问题。改革完善货币信贷投放机制,适时运用存款准备金率、利率等数量和价格手段,引导金融机构扩大信贷投放、降低贷款成本,精准有效支持实体经济,不能让资金空转或脱实向虚。加大对中小银行定向降准力度,释放的资金全部用于民营和小微企业贷款。支持大型商业银行多渠道补充资本,增强信贷投放能力,鼓励增加制造业中长期贷款和信用贷款。今年国有大型商业银行小微企业贷款要增长 30% 以上。清理规范银行及中介服务收费。完善金融机构内部考核机制,激励加强普惠金融服务,切实使中小微企业融资紧张状况有明显改善,综合融资成本必须有明显降低。

有效发挥地方政府债券作用。今年拟安排地方政府专项债券 2.15 万亿元,比去年增加 8000 亿元,为重点项目建设提供资金支持,也为更好防范化解地方政府债务风险创造条件。合理扩大专项债券使用范围。继续发行一定数量的地方政府置换债券,减轻地方利息负担。鼓励采取市场化方式,妥善解决融资平台到期债务问题,不能搞“半拉子”工程。

多管齐下稳定和扩大就业。扎实做好高校毕业生、退役军人、农民工等重点群体就业工作,加强对城镇各类就业困难人员的就业帮扶。对招用农村贫困人口、城镇登记失业半年以上人员的各类企业,三年内给予定额税费减免。加强对灵活就业、新就业形态的支持。坚决防止和纠正就业中的性别和身份歧视。实施职业技能提升行动,从失业保险基金结余中拿出 1000 亿元,用于 1500 万人次以上的职工技能提升和转岗转业培训。健全技术工人职业发展机制和政策。加快发展现代职业教育,既有利于缓解当前就业压力,也是解决高技能人才短缺的战略之举。改革完善高职院校考试招生办法,鼓励更多应届高中毕业生和退役军人、下岗职工、农民工等报考,今年大规模扩招 100 万人。扩大高职院校奖助学金覆盖面、提高补助标准,加快学历证书和职业技能等级证书互通衔接。改革高职院校办学体制,加强师资队伍建设,提高办学质量。引导一批普通本科高校转为应用型大学。中央财政大幅增加对高职院校的投入,地方财政也要加强支持。设立中等职业教育国家奖学金。支持企业和社会力量兴办职业教育,加快产教融合实训基地建设。我们要以现代职业教育的大改革大发展,加快培养国家发展急需的各类技术技能人才,让更多青年凭借一技之长实现人生价值,让三百六十行人才荟萃、繁星璀璨。

(二)激发市场主体活力,着力优化营商环境。我国有上亿市场主体,而且还在不断增加。把市场主体的活跃度保持住、提上去,是促进经济平稳增长的关键所在。要深化“放管服”改革,降低制度性交易成本,下硬功夫打造好发展软环境。

以简审批优服务便利投资兴业。市场配置资源是最有效率的形式。要进一步缩减市场准入负面清单,推动“非禁即入”普遍落实。政府要坚决把不该管的事项交给市场,最大限度减少对资源的直接配置,审批事项应减尽减,确需审批的要简化流程和环节,让企业多用时间跑市场、少费功夫跑审批。今年,要对所有涉企经营许可事项实行“证照分离”改革,使企业更便捷拿到营业执照并尽快正常运营,坚决克服“准入不准营”的现象;在全国推开工程建设项目审批制度改革,使全流程审批时间大幅缩短。继续压缩专利审查和商标注册时间。推行网上审批和服务,抓紧建成全国一体化在线政务服务平台,加快实现一网通办、异地可办,使更多事项不见面办理,确需到现场办的要“一窗受理、限时办结”“最多跑一次”。持续开展“减证便民”改革行动,不能让繁琐证明来回折腾企业和群众。建立政务服务“好差评”制度,服务绩效由企业和群众来评判。政府部门做好服务是本分,服务不好是失职。

以公正监管促进公平竞争。公平竞争是市场经济的核心,公正监管是公平竞争的保障。改革完善公平竞争审查和公正监管制度，加快清理妨碍统一市场和公平竞争的各种规定和做法。政简易从。规则越简约透明，监管越有力有效。国家层面重在制定统一的监管规则和标准，地方政府要把主要力量放在公正监管上。推进"双随机、一公开"跨部门联合监管，推行信用监管和"互联网+监管"改革，优化环保、消防、税务、市场监管等执法方式，对违法者依法严惩、对守法者无事不扰。深化综合行政执法改革，清理规范行政处罚事项，坚决治理多头检查、重复检查。对监管者也要强监管、立规矩，决不允许搞选择性执法、任性执法，决不允许刁难企业和群众。依法打击制售假冒伪劣商品等违法行为，让严重违法者付出付不起的代价。完善失信联合惩戒机制，促进各类市场主体守法诚信经营。用公正监管管出公平、管出效率、管出活力。

以改革推动降低涉企收费。深化电力市场化改革，清理电价附加收费，降低制造业用电成本，一般工商业平均电价再降低10%。深化收费公路制度改革，推动降低过路过桥费用，治理对客货运车辆不合理审批和乱收费、乱罚款。两年内基本取消全国高速公路省界收费站，实现不停车快捷收费，减少拥堵、便利群众。取消或降低一批铁路、港口收费。专项治理中介服务收费。继续清理规范行政事业性收费。加快收费清单"一张网"建设，让收费公开透明，让乱收费无处藏身。

（三）坚持创新引领发展，培育壮大新动能。发挥我国人力人才资源丰富、国内市场巨大等综合优势，改革创新科技研发和产业化应用机制，大力培育专业精神，促进新旧动能接续转换。

推动传统产业改造提升。围绕推动制造业高质量发展，强化工业基础和技术创新能力，促进先进制造业和现代服务业融合发展，加快建设制造强国。打造工业互联网平台，拓展"智能+"，为制造业转型升级赋能。支持企业加快技术改造和设备更新，将固定资产加速折旧优惠政策扩大至全部制造业领域。强化质量基础支撑，推动标准与国际先进水平对接，提升产品和服务品质，让更多国内外用户选择中国制造、中国服务。

促进新兴产业加快发展。深化大数据、人工智能等研发应用，培育新一代信息技术、高端装备、生物医药、新能源汽车、新材料等新兴产业集群，壮大数字经济。坚持包容审慎监管，支持新业态新模式发展，促进平台经济、共享经济健康成长。加快在各行业各领域推进"互联网+"。持续推动网络提速降费。开展城市千兆宽带入户示范，改造提升远程教育、远程医疗网络，推动移动网络扩容升级，让用户切实感受到网速更快更稳定。今年中小企业宽带平均资费再降低15%，移动网络流量平均资费再降低20%以上，在全国实行"携号转网"，规范套餐设置，使降费实实在在、消费者明明白白。

提升科技支撑能力。加大基础研究和应用基础研究支持力度，强化原始创新，加强关键核心技术攻关。抓紧布局国家实验室，重组国家重点实验室体系。完善重大科技项目组织管理。健全以企业为主体的产学研一体化创新机制，支持企业牵头实施重大科技项目。加快建设科技创新资源开放共享平台，强化对中小企业的技术创新服务。扩大国际创新合作。全面加强知识产权保护，健全知识产权侵权惩罚性赔偿制度，促进发明创造和转化运用。科技创新本质上是人的创造性活动。要充分尊重和信任科研人员，赋予创新团队和领军人才更大的人财物支配权和技术路线决策权。进一步提高基础研究项目间接经费占比，开展项目经费使用"包干制"改革试点，不设科目比例限制，由科研团队自主决定使用。完善科技成果评价机制。要在推动科技体制改革举措落地见效上下功夫，决不能让改革政策停留在口头上、纸面上。大力简除烦苛，使科研人员潜心向学、创新突破。加强科研伦理和学风建设，惩戒学术不端，力戒浮躁之风。我国有世界上最大规模的科技人才队伍，营造良好的科研生态，就一定能够迎来各类英才竞现、创新成果泉涌的生动局面。

进一步把大众创业万众创新引向深入。鼓励更多社会主体创新创业，拓展经济社会发展空间，加强全方位服务，发挥双创示范基地带动作用。强化普惠性支持，落实好小规模纳税人增值税起征点从月销售额3万元提高到10万元等税收优惠政策。改革完善金融支持机制，设立科创板并试点注册制，鼓励发行双创金融债券，扩大知识产权质押融资，支持发展创业投资。改革完善人才培养、使用、评价机制，优化归国留学人员和外籍人才服务。把面向市场需求和弘扬人文精神结合起来，善聚善用各类人才，中国创新一定能更好发展，为人类文明进步作出应有贡献。

（四）促进形成强大国内市场，持续释放内需潜力。充分发挥消费的基础作用、投资的关键作用，稳定国内有效需求，为经济平稳运行提供有力支撑。

推动消费稳定增长。多措并举促进城乡居民增收，增强消费能力。落实好新修订的个人所得税法，使符合减税政策的约8000万纳税人应享尽享。

要顺应消费需求的新变化,多渠道增加优质产品和服务供给,加快破除民间资本进入的堵点。我国60岁以上人口已达2.5亿。要大力发展养老特别是社区养老服务业,对在社区提供日间照料、康复护理、助餐助行等服务的机构给予税费减免、资金支持、水电气热价格优惠等扶持,新建居住区应配套建设社区养老服务设施,加强农村养老服务设施建设,改革完善医养结合政策,扩大长期护理保险制度试点,让老年人拥有幸福的晚年,后来人就有可期的未来。婴幼儿照护事关千家万户。要针对实施全面两孩政策后的新情况,加快发展多种形式的婴幼儿照护服务,支持社会力量兴办托育服务机构,加强儿童安全保障。促进家政服务业提质扩容。发展全域旅游,壮大旅游产业。稳定汽车消费,继续执行新能源汽车购置优惠政策,推动充电、加氢等设施建设。发展消费新业态新模式,促进线上线下消费融合发展,培育消费新增长点。健全农村流通网络,支持电商和快递发展。加强消费者权益保护,让群众放心消费、便利消费。

合理扩大有效投资。紧扣国家发展战略,加快实施一批重点项目。完成铁路投资8000亿元、公路水运投资1.8万亿元,再开工一批重大水利工程,加快川藏铁路规划建设,加大城际交通、物流、市政、灾害防治、民用和通用航空等基础设施投资力度,加强新一代信息基础设施建设。今年中央预算内投资安排5776亿元,比去年增加400亿元。创新项目融资方式,适当降低基础设施等项目资本金比例,用好开发性金融工具,吸引更多民间资本参与重点领域项目建设。落实民间投资支持政策,有序推进政府和社会资本合作。改革完善招投标制度。政府要带头讲诚信守契约,决不能“新官不理旧账”,对拖欠企业的款项年底前要清偿一半以上,决不允许增加新的拖欠。

(五)对标全面建成小康社会任务,扎实推进脱贫攻坚和乡村振兴。坚持农业农村优先发展,加强脱贫攻坚与乡村振兴统筹衔接,确保如期实现脱贫攻坚目标、农民生活达到全面小康水平。

打好精准脱贫攻坚战。重点解决实现“两不愁三保障”面临的突出问题,加大“三区三州”等深度贫困地区脱贫攻坚力度,加强基础设施建设,落实对特殊贫困人口的保障措施。脱贫致富离不开产业支撑,要大力扶持贫困地区发展特色优势产业。开展贫困地区控辍保学专项行动、明显降低辍学率,继续增加重点高校专项招收农村和贫困地区学生人数,用好教育这个阻断贫困代际传递的治本之策。基本完成“十三五”易地扶贫搬迁规划建设任务,加强后续扶持。对摘帽县和脱贫人口的扶持政策要保持一段时间,巩固脱贫成果。完善考核监督,用好中央脱贫攻坚专项巡视成果。越是到脱贫攻坚的关键阶段,越要抓实抓细各项工作,确保脱贫有实效、可持续、经得起历史检验。

抓好农业特别是粮食生产。近14亿中国人的饭碗,必须牢牢端在自己手上。要稳定粮食产量,优化品种结构。加强农田水利建设,新增高标准农田8000万亩以上。稳定生猪等畜禽生产,做好非洲猪瘟等疫病防控。加快农业科技改革创新,大力发展现代种业,加强先进实用技术推广,实施地理标志农产品保护工程,推进农业全程机械化。培育家庭农场、农民合作社等新型经营主体,加强面向小农户的社会化服务,发展多种形式规模经营。扶持主产区发展农产品精深加工。支持返乡入乡创业创新,推动一二三产业融合发展,壮大县域经济。务工收入是农民增收的大头。要根治拖欠农民工工资问题,抓紧制定专门行政法规,确保付出辛劳和汗水的农民工按时拿到应有的报酬。

扎实推进乡村建设。科学编制和实施建设规划,大力改善生产生活条件。加快实施农村饮水安全巩固提升工程,今明两年要解决好饮水困难人口的饮水安全问题,提高6000万农村人口供水保障水平。完成新一轮农村电网升级改造。新建改建农村公路20万公里。继续推进农村危房改造。因地制宜开展农村人居环境整治,推进“厕所革命”、垃圾污水治理,建设美丽乡村。

全面深化农村改革。推广农村土地征收、集体经营性建设用地入市、宅基地制度改革试点成果。深化集体产权、集体林权、国有林区林场、农垦、供销社等改革。改革完善农业支持保护体系,健全粮食价格市场化形成机制,扩大政策性农业保险改革试点,创新和加强农村金融服务。持续深化农村改革,广袤乡村必将焕发新的生机活力。

(六)促进区域协调发展,提高新型城镇化质量。围绕解决发展不平衡不充分问题,改革完善相关机制和政策,促进基本公共服务均等化,推动区域优势互补、城乡融合发展。

优化区域发展格局。制定西部开发开放新的政策措施,西部地区企业所得税优惠等政策到期后继续执行。落实和完善促进东北全面振兴、中部地区崛起、东部率先发展的改革创新举措。京津冀协同发展重在疏解北京非首都功能,高标准建设雄安新区。落实粤港澳大湾区发展规划纲要,促进规则衔接,推动生产要素流动和人员往来便利化。将长三角区域一体化发展上升为国家战略,编制实施发展规划纲要。长江经济带发展要坚持上中下游协同,加强生态保护修复和综合交通运输体系建设,打造高质量发展经济带。支持资源型地区经济转型。加快补齐革命老区、民族地区、边疆地区、贫困地区发展短板。大力发展蓝色经济,保护海洋环境,建设海洋强国。

深入推进新型城镇化。坚持以中心城市引领城市群发展。抓好农业转移人口落户,推动城镇基本公共服务覆盖常住人口。更好解决群众住房问题,落实城市主体责任,改革完善住房市场体系和保障体系,促进房地产市场平稳健康发展。继续推进保障性住房建设和城镇棚户区改造,保障困难群体基本居住需求。继续推进地下综合管廊建设。城镇老旧小区量大面广,要大力进行改造提升,更新水电路气等配套设施,支持加装电梯和无障碍环境建设,健全便民市场、便利店、步行街、停车场等生活服务设施。新型城镇化要处处体现以人为核心,提高柔性化治理、精细化服务水平,让城市更加宜居,更具包容和人文关怀。

(七)加强污染防治和生态建设,大力推动绿色发展。绿色发展是构建现代化经济体系的必然要求,是解决污染问题的根本之策。要改革完善相关制度,协同推动高质量发展与生态环境保护。

持续推进污染防治。巩固扩大蓝天保卫战成果,今年二氧化硫、氮氧化物排放量要下降3%,重点地区细颗粒物($PM_{2.5}$)浓度继续下降。持续开展京津冀及周边、长三角、汾渭平原大气污染治理攻坚,加强工业、燃煤、机动车三大污染源治理。做好北方地区清洁取暖工作,确保群众温暖过冬。强化水、土壤污染防治,今年化学需氧量、氨氮排放量要下降2%。加快治理黑臭水体,防治农业面源污染,推进重点流域和近岸海域综合整治。加强固体废弃物和城市垃圾分类处置,促进减量化、资源化、无害化。加强污染防治重大科技攻关。企业作为污染防治主体,必须依法履行环保责任。改革创新环境治理方式,对企业既依法依规监管,又重视合理诉求、加强帮扶指导,对需要达标整改的给予合理过渡期,避免处置措施简单粗暴、一关了之。企业有内在动力和外部压力,污染防治一定能取得更大成效。

壮大绿色环保产业。坚持源头治理,加快火电、钢铁行业超低排放改造,实施重污染行业达标排放改造。调整优化能源结构。推进煤炭清洁化利用。健全天然气产供储销体系。大力发展可再生能源,加快解决风、光、水电消纳问题。加大城市污水管网和处理设施建设力度。促进资源节约集约和循环利用,推广绿色建筑、绿色快递包装。改革完善环境经济政策,健全排污权交易制度,加快发展绿色金融,培育一批专业化环保骨干企业,提升绿色发展能力。

加强生态系统保护修复。推进山水林田湖草生态保护修复工程试点,持续抓好国土绿化,加强荒漠化、石漠化、水土流失治理。加大生物多样性保护力度。继续开展退耕还林还草还湿。深化国家公园体制改革。健全生态补偿机制。绿色发展人人有责,贵在行动、成在坚持。我们要共同努力,让人民群众享有美丽宜居环境。

(八)深化重点领域改革,加快完善市场机制。聚焦突出矛盾和关键环节,推动相关改革深化,健全与高质量发展相适应的体制机制,把市场活力和社会创造力充分释放出来。

加快国资国企改革。加强和完善国有资产监管,推进国有资本投资、运营公司改革试点,促进国有资产保值增值。积极稳妥推进混合所有制改革。完善公司治理结构,健全市场化经营机制,建立职业经理人等制度。依法处置"僵尸企业"。深化电力、油气、铁路等领域改革,自然垄断行业要根据不同行业特点实行网运分开,将竞争性业务全面推向市场。国有企业要通过改革创新、强身健体,不断增强发展活力和核心竞争力。

下大气力优化民营经济发展环境。坚持"两个毫不动摇",鼓励、支持、引导非公有制经济发展。按照竞争中性原则,在要素获取、准入许可、经营运行、政府采购和招投标等方面,对各类所有制企业平等对待。构建亲清新型政商关系,健全政企沟通机制,激发企业家精神,促进民营经济发展升级。保护产权必须坚定不移,对侵权行为要依法惩处,对错案冤案要有错必纠。要努力打造良好营商环境,让企业家安心搞经营、放心办企业。

深化财税金融体制改革。加大预算公开改革力度,全面实施预算绩效管理。深化中央与地方财政事权和支出责任划分改革,推进中央与地方收入划分改革。完善转移支付制度。健全地方税体系,稳步推进房地产税立法。规范地方政府举债融资机制。以服务实体经济为导向,改革优化金融体系结构,发展民营银行和社区银行。改革完善资本市场基础制度,促进多层次资本市场健康稳定发展,提高直接融资特别是股权融资比重。

增强保险业风险保障功能。加强金融风险监测预警和化解处置。我国财政金融体系总体稳健,可运用的政策工具多,我们有能力守住不发生系统性风险的底线。

(九)推动全方位对外开放,培育国际经济合作和竞争新优势。进一步拓展开放领域、优化开放布局,继续推动商品和要素流动型开放,更加注重规则等制度型开放,以高水平开放带动改革全面深化。

促进外贸稳中提质。推动出口市场多元化。扩大出口信用保险覆盖面。改革完善跨境电商等新业态扶持政策。推动服务贸易创新发展,引导加工贸易转型升级、向中西部转移,发挥好综合保税区作用。优化进口结构,积极扩大进口。办好第二届中国国际进口博览会。加快提升通关便利化水平。

加大吸引外资力度。进一步放宽市场准入,缩减外资准入负面清单,允许更多领域实行外资独资经营。落实金融等行业改革开放举措,完善债券市场开放政策。加快与国际通行经贸规则对接,提高政策透明度和执行一致性,营造内外资企业一视同仁、公平竞争的公正市场环境。加强外商合法权益保护。赋予自贸试验区更大改革创新自主权,增设上海自贸试验区新片区,推进海南自贸试验区建设、探索建设中国特色自由贸易港。支持国家级经开区、高新区、新区开展自贸试验区相关改革试点,增强辐射带动作用,打造改革开放新高地。中国投资环境一定会越来越好,各国企业在华发展机遇一定会越来越多。

推动共建"一带一路"。坚持共商共建共享,遵循市场原则和国际通行规则,发挥企业主体作用,推动基础设施互联互通,加强国际产能合作,拓展第三方市场合作。办好第二届"一带一路"国际合作高峰论坛。推动对外投资合作健康有序发展。

促进贸易和投资自由化便利化。中国坚定维护经济全球化和自由贸易,积极参与世贸组织改革。加快构建高标准自贸区网络,推进区域全面经济伙伴关系协定、中日韩自贸区、中欧投资协定谈判,继续推动中美经贸磋商。中国秉持互利合作、共赢发展,一贯主张通过平等协商解决贸易争端。我们对作出的承诺认真履行,对自身合法权益坚决维护。

(十)加快发展社会事业,更好保障和改善民生。今年财政收支平衡压力加大,但基本民生投入确保只增不减。支持社会力量增加非基本公共服务供给,满足群众多层次、多样化需求。

发展更加公平更有质量的教育。深化教育教学改革。推进城乡义务教育一体化发展,加快改善乡村学校办学条件,加强乡村教师队伍建设,抓紧解决城镇学校"大班额"问题,保障进城务工人员随迁子女教育,发展"互联网 + 教育",促进优质资源共享。多渠道扩大学前教育供给,无论是公办还是民办幼儿园,只要符合安全标准、收费合理、家长放心,政府都要支持。推进高中阶段教育普及,办好民族教育、特殊教育、继续教育,依法支持民办教育发展。持续抓好义务教育教师工资待遇落实。推进一流大学和一流学科建设,支持中西部建设有特色、高水平大学。今年财力虽然很紧张,国家财政性教育经费占国内生产总值比例继续保持在 4% 以上,中央财政教育支出安排超过 1 万亿元。我们要切实把宝贵的资金用好,努力办好人民满意的教育,托起明天的希望。

保障基本医疗卫生服务。继续提高城乡居民基本医保和大病保险保障水平,居民医保人均财政补助标准增加 30 元,一半用于大病保险。降低并统一大病保险起付线,报销比例由 50% 提高到 60%,进一步减轻大病患者、困难群众医疗负担。加强重大疾病防治。我国受癌症困扰的家庭以千万计,要实施癌症防治行动,推进预防筛查、早诊早治和科研攻关,着力缓解民生的痛点。做好常见慢性病防治,把高血压、糖尿病等门诊用药纳入医保报销。加快儿童药物研发。加强罕见病用药保障。深化医保支付方式改革,优化医保支出结构。抓紧落实和完善跨省异地就医直接结算政策,尽快使异地就医患者在所有定点医院能持卡看病、即时结算,切实便利流动人口和随迁老人。完善药品集中采购和使用机制。深化公立医院综合改革。促进社会办医。发展"互联网 + 医疗健康",加快建立远程医疗服务体系,加强基层医疗卫生机构能力建设和医护人员培养,提升分级诊疗和家庭医生签约服务质量。坚持预防为主,将新增基本公共卫生服务财政补助经费全部用于村和社区,务必让基层群众受益。抓好传染病、地方病、青少年近视防治。完善生育配套政策,加强妇幼保健服务。支持中医药事业传承创新发展。加强健康教育和健康管理。药品疫苗攸关生命安全,必须强化全程监管,对违法者要严惩不贷,对失职渎职者要严肃查办,坚决守住人民群众生命健康的防线。

完善社会保障制度和政策。推进多层次养老保障体系建设。继续提高退休人员基本养老金。落实退役军人待遇保障,完善退役士兵基本养老、基本医疗保险接续政策。适当提高城乡低保、专项救助等标准，加强困境儿童保障。加大城镇困难职工脱困力度。提升残疾预防和康复服务水平。我们要尽力为群众救急解困、雪中送炭，基本民生的底线要坚决兜牢。

丰富人民群众精神文化生活。培育和践行社会主义核心价值观，广泛开展群众性精神文明创建活动，大力弘扬奋斗精神、科学精神、劳模精神、工匠精神，汇聚起向上向善的强大力量。加快构建中国特色哲学社会科学。加强互联网内容建设。繁荣文艺创作，发展新闻出版、广播影视和档案等事业。加强文物保护利用和非物质文化遗产传承。推动文化事业和文化产业改革发展，提升基层公共文化服务能力。倡导全民阅读，推进学习型社会建设。深化中外人文交流。广泛开展全民健身活动。扎实做好2020年奥运会、残奥会备战工作，精心筹办北京冬奥会、冬残奥会，办好第七届世界军人运动会。人民群众身心健康，社会就充满活力，国家就繁荣兴旺。

加强和创新社会治理。推动社会治理重心向基层下移，推广促进社会和谐的“枫桥经验”，构建城乡社区治理新格局。引导支持社会组织、人道救助、志愿服务和慈善事业健康发展。健全社会信用体系。保障妇女、儿童、老人、残疾人合法权益。改进信访工作，依法及时解决群众合理诉求。加强社会心理服务。健全国家应急体系，提高防灾减灾救灾能力。加强安全生产，防范遏制重特大事故。做好地震、气象、水文、地质、测绘等工作。健全公共法律服务体系，深化普法宣传教育。加强国家安全能力建设。完善立体化社会治安防控体系，深入推进扫黑除恶专项斗争，依法惩治盗抢骗黄赌毒等违法犯罪活动，打击非法集资、传销等经济犯罪，整治侵犯公民个人信息等突出问题，坚决守护好人民群众的平安生活。

各位代表！

新的形势和任务，对政府工作提出了新的更高要求。各级政府要树牢“四个意识”，坚定“四个自信”，坚决做到“两个维护”，自觉在思想上政治上行动上同以习近平同志为核心的党中央保持高度一致，落实全面从严治党要求，勇于自我革命，深入推进简政放权，加快转职能、提效能，增强政府公信力和执行力，更好满足人民对美好生活的新期待。

坚持依法全面履职。深入贯彻全面依法治国基本方略，严格遵守宪法法律，把政府活动全面纳入法治轨道。各级政府要依法接受同级人大及其常委会的监督，自觉接受人民政协的民主监督，主动接受社会和舆论监督，让权力在阳光下运行。政府干的，都应是人民盼的。要坚持科学、民主、依法决策，认真听取人大代表、政协委员意见，听取民主党派、工商联、无党派人士和各人民团体意见，听取社会公众和企业意见，使各项政策符合基本国情和客观实际，更接地气、更合民意。全面推进政务公开。支持工会、共青团、妇联等群团组织更好发挥作用。全面落实行政执法责任制和问责制，对一切违法违规的行为都要坚决查处，对一切执法不公正不文明的现象都要坚决整治，对所有行政不作为的人员都要坚决追责。

深入推进党风廉政建设。扎实开展“不忘初心、牢记使命”主题教育。认真贯彻落实中央八项规定及其实施细则精神，持之以恒纠治“四风”。加强廉洁政府建设，一体推进不敢腐、不能腐、不想腐。强化审计监督。政府工作人员要自觉接受法律监督、监察监督和人民监督。衡量政绩最终是看结果。各级政府要坚决反对和整治一切形式主义、官僚主义，让干部从文山会海、迎评迎检、材料报表中解脱出来，把精力用在解决实际问题上。压减和规范督查检查考核事项，实施“互联网＋督查”。减少开会和发文数量，今年国务院及其部门要带头大幅精简会议、坚决把文件压减三分之一以上。

切实强化责任担当。中国改革发展的巨大成就，是广大干部群众筚路蓝缕、千辛万苦干出来的。实现“两个一百年”奋斗目标，成就中国人民的幸福与追求，还得长期不懈地干。为政以公，行胜于言。各级政府及其工作人员要求真务实、力戒浮华，以推动改革发展的成果说话，以干事创业的实绩交卷。健全激励约束机制和尽职免责机制，营造干部愿干事、敢干事、能干成事的环境。更好发挥中央和地方两个积极性，尊重基层和群众首创精神，为地方大胆探索提供激励、留足空间。广大干部要树立强烈的事业心和进取心，事不避难、义不逃责，埋头苦干、结合实际创造性地干，努力干出无愧于人民的新业绩，干出中国发展的新辉煌。

各位代表！

我们要坚持和完善民族区域自治制度，全面贯彻党的民族政策，深化民族团结进步教育，铸牢中华民族共同体意识，促进各民族和睦相处、和衷共济、和谐发展。加大对民族地区和人口较少民族发展的支持，深入实施兴边富民行动，同心协力建设56个民族共同团结奋斗、共同繁荣发展的美好家园。

我们要全面贯彻党的宗教工作基本方针，坚持我国宗教的中国化方向，依法管理宗教事务，发挥宗教界人士和信教群众在促进经济社会发展中的积极作用。

我们要认真落实侨务政策，保障海外侨胞和归侨侨眷合法权益，改善和加强服务，发挥好他们的独特优势和重要作用，画好海内外中华儿女的最大同心圆，汇聚起共创辉煌的澎湃力量。

各位代表！

过去一年，国防和军队建设扎实推进，强军事业展现许多新气象新作为。新的一年，要继续以党在新时代的强军目标为引领，牢固确立习近平强军思想在国防和军队建设中的指导地位，深入推进政治建军、改革强军、科技兴军、依法治军。坚持党对军队绝对领导的根本原则和制度，全面深入贯彻军委主席负责制。贯彻新时代军事战略方针，提高实战化军事训练水平，坚决维护国家主权、安全、发展利益。继续深化国防和军队改革，建立健全中国特色社会主义军事政策制度体系。加强和完善国防教育、国防动员体系建设，增强全民国防意识。深入实施军民融合发展战略，加快国防科技创新步伐。各级政府要大力关心支持国防和军队建设，深入开展“双拥”活动，让军政军民团结之树根深叶茂、永葆常青。

各位代表！

我们要继续全面准确贯彻“一国两制”、“港人治港”、“澳人治澳”、高度自治的方针，严格依照宪法和基本法办事。全力支持香港、澳门特别行政区政府和行政长官依法施政。支持港澳抓住共建“一带一路”和粤港澳大湾区建设的重大机遇，更好发挥自身优势，全面深化与内地互利合作。我们坚信，香港、澳门一定能与祖国内地同发展共进步、一定能保持长期繁荣稳定。

我们要坚持对台工作大政方针。全面贯彻落实习近平总书记在《告台湾同胞书》发表 40 周年纪念会上的重要讲话精神，坚持一个中国原则和“九二共识”，推动两岸关系和平发展、推进祖国和平统一进程。坚决反对和遏制“台独”分裂图谋和行径，坚决维护国家主权和领土完整。深化两岸融合发展，持续扩大两岸经济文化交流合作。两岸同胞同根相系、同命相连，应携手共创共享全体中国人的美好未来。

各位代表！

当今世界面临百年未有之大变局。我们将坚定不移走和平发展道路、奉行互利共赢的开放战略，坚定维护多边主义和以联合国为核心的国际体系。积极参与全球治理体系的改革完善，坚定维护开放型世界经济，推动构建人类命运共同体。加强与主要大国沟通对话与协调合作，深化同周边国家关系，拓展与发展中国家互利合作。积极为妥善应对全球性挑战和解决地区热点问题提供更多中国建设性方案。中国愿与各国携手合作、同舟共济，为促进世界持久和平与共同发展作出新的贡献。

各位代表！

奋斗创造历史，实干成就未来。我们要更加紧密地团结在以习近平同志为核心的党中央周围，高举中国特色社会主义伟大旗帜，以习近平新时代中国特色社会主义思想为指导，迎难而上，开拓进取，以经济社会发展的优异成绩迎接中华人民共和国成立 70 周年，为决胜全面建成小康社会、夺取新时代中国特色社会主义伟大胜利，为把我国建设成为富强民主文明和谐美丽的社会主义现代化强国、实现中华民族伟大复兴的中国梦不懈奋斗！

第十三届全国人民代表大会第二次会议关于 2018 年国民经济和社会发展计划执行情况与 2019 年国民经济和社会发展计划的决议

（2019 年 3 月 15 日第十三届全国人民代表大会第二次会议通过）

第十三届全国人民代表大会第二次会议审查了国务院提出的《关于 2018 年国民经济和社会发展计划执行情况与 2019 年国民经济和社会发展计划草案的报告》及 2019 年国民经济和社会发展计划草案，同意全国人民代表大会财政经济委员会的审查结果报告。会议决定，批准《关于 2018 年国民经济和社会发展计划执行情况与 2019 年国民经济和社会发展计划草案的报告》，批准 2019 年国民经济和社会发展计划。

关于 2018 年国民经济和社会发展计划执行情况与 2019 年国民经济和社会发展计划草案的报告

——2019 年 3 月 5 日在第十三届全国人民代表大会第二次会议上

国家发展和改革委员会

各位代表：

受国务院委托，现将 2018 年国民经济和社会发展计划执行情况与 2019 年国民经济和社会发展计划草案提请十三届全国人大二次会议审议，并请全国政协各位委员提出意见。

一、2018 年国民经济和社会发展计划执行情况

2018 年，面对错综复杂的国际环境和艰巨繁重的国内改革发展稳定任务，在以习近平同志为核心的党中央坚强领导下，各地区各部门以习近平新时代中国特色社会主义思想为指导，深入贯彻党的十九大和十九届二中、三中全会精神，增强“四个意识”，坚定“四个自信”，做到“两个维护”，按照党中央、国务院决策部署，统筹推进“五位一体”总体布局，协调推进“四个全面”战略布局，坚持稳中求进工作总基调，贯彻新发展理念，落实高质量发展要求，以供给侧结构性改革为主线，认真执行十三届全国人大一次会议审议批准的《政府工作报告》、2018 年国民经济和社会发展计划，落实全国人大财政经济委员会的审查意见、十三届全国人大常委会第七次会议对“十三五”规划《纲要》实施中期评估报告的审议意见等，大力推进市场化改革、高水平开放，大力推进现代化经济体系建设，坚决打好防范化解重大风险、精准脱贫、污染防治三大攻坚战，有效应对外部环境深刻变化，统筹稳增长、促改革、调结构、惠民生、防风险，着力做好稳就业、稳金融、稳外贸、稳外资、稳投资、稳预期工作，经济保持总体平稳、稳中有进，全年经济社会发展主要目标任务较好完成，计划执行情况总体良好。

（一）着力创新和完善宏观调控，经济运行保持在合理区间。更好发挥国家发展规划的战略导向作用，保持宏观经济政策的连续性和稳定性，坚决不搞“大水漫灌”式强刺激，在区间调控的基础上加强定向调控、精准调控、相机调控，主动预调微调、强化政策协同、做好预期管理，稳妥应对中美经贸摩擦，保持了经济平稳健康发展。

一是宏观调控目标较好完成。国内生产总值达到 90.03 万亿元，增长 6.6%，符合预期目标。实施更加积极的就业政策，建立完善稳就业应急机制，创新创业带动就业的作用进一步增强，全年城镇新增就业 1361 万人，全国城镇调查失业率稳定在 5% 左右的较低水平。加强价格监测分析预警调控，做好市场保供稳价工作，全年居民消费价格温和上涨 2.1%。国际收支基本平衡，外汇储备稳定在 3 万亿美元以上。

二是财政金融运行基本平稳。积极的财政政策聚力增效，减税降费力度进一步加大，财政支出结构持续优化，有力保障民生等重点领域资金需求。全国一般公共预算收入 18.34 万亿元，增长 6.2%；全国一般公共预算支出 22.09 万亿元，增长 8.7%；财政赤字 2.38 万亿元，与预算持平。稳健的货币政策保持中性，通过差别化准备金、差异化信贷等政策，引导资金更多投向民营企业和小微企业等实体经济。国家融资担保基金设立运作。年末广义货币（M_2）余额增长 8.1%。

三是投资补短板力度持续加大。充分发挥中央预算内投资对优化供给结构的引导带动作用，建立加大基础设施领域补短板力度协调机制，加强重大项目储备，统筹推进重大基础设施规划建设，铁路营业里程超过 13.1 万公里，其中高速铁路超过 2.9 万公里；高速公路总里程达到 14.3 万公里。促进民间投资持续健康发展，在铁路、民航、油气、电信等领域向民间资本推出一批有吸引力的项目，规范有序推广政府和社会资本合作（PPP）模式。固定资产投资（不含农户）增长 5.9%，其中民间投资增长 8.7%。投资结构持续优化，高技术制造业、装备制造业投资分别增长 16.1% 和 11.1%。

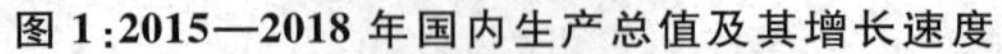
图 1:2015—2018 年国内生产总值及其增长速度

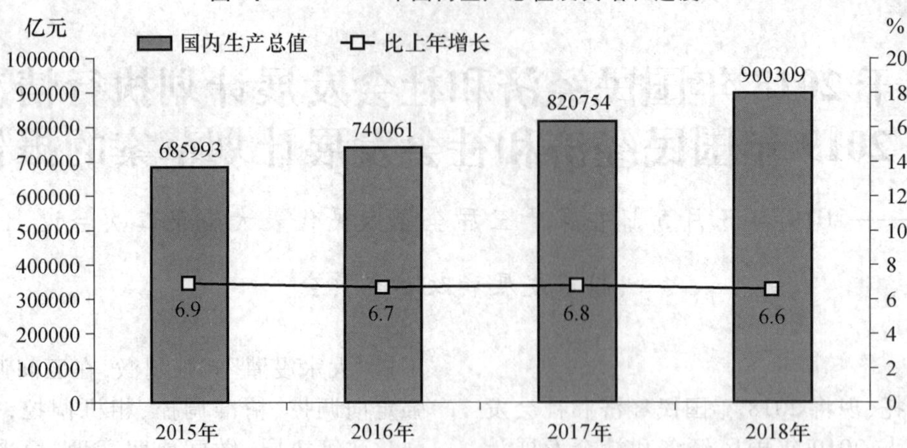

数据来源:国家统计局

图 2:2015—2018 年城镇新增就业人数

数据来源:人力资源社会保障部

图 3:2015—2018 年消费和投资对经济增长的贡献率

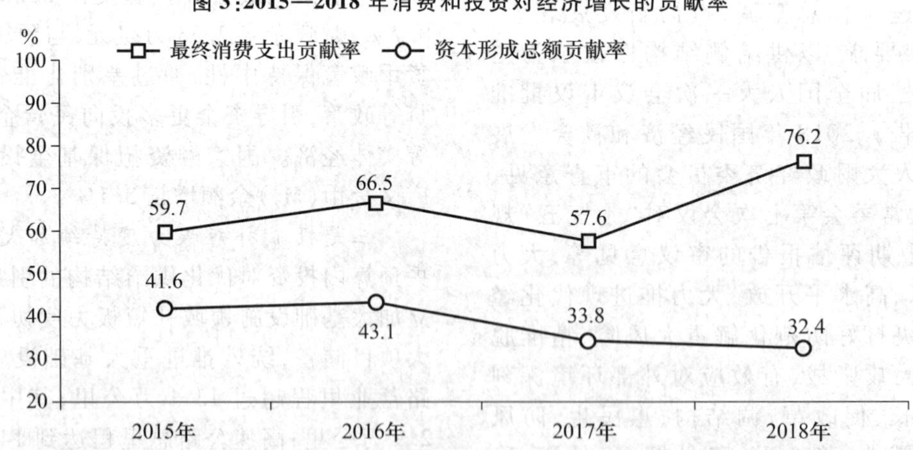

数据来源:国家统计局

四是消费提质扩容积极推进。完善促进消费体制机制进一步激发居民消费潜力的若干意见和三年实施方案出台实施,放心消费创新活动深入推进,消费环境持续优化。降低药品、汽车、日用消费品等进口关税,调整完善新能源汽车推广应用财政补贴政策。加快提升新型信息产品供给体系质量,信息消费保持快速增长。海南省建设国际旅游消费中心的实施方案、促进乡村旅游发展提质升级行动方案(2018 年—2020 年)印发实施,引导城乡居民扩大文化消费试点工作持续推进,上千家重点国有景区门票价格下降,全国家政培训提升行动启动,相关领域消费潜力进一步释放,全年社会消费品零售总额增长9%。消费对经济增长拉动作用增强,最终消费支出贡献率提高到76.2%。

专栏1:重点领域消费提质扩容

支持新能源汽车消费	◊ 调整优化新能源汽车补贴政策,对符合标准的节能、新能源汽车享受车船税优惠政策,加强城市停车场和新能源汽车充电、加氢等设施建设,鼓励高性能新能源汽车应用。
创新发展文化消费	◊ 深化电影发行放映机制改革,加快发展数字出版等新兴数字内容产业,稳步推进一批国家级重点文化设施建设项目,延续动漫产业增值税优惠政策,免征图书批发、零售环节增值税。经营性文化事业单位转制为企业和支持文化企业发展两个规定确定的优惠政策再延5年。
加速升级旅游消费	◊ 促进全域旅游发展,研究推进横琴国际休闲旅游岛建设,在旅游领域推广政府和社会资本合作模式,开展休闲农业和乡村旅游升级行动。
培育发展健康消费	◊ 开展医疗旅游先行区、健康产业创新示范区等建设,在卫生健康领域启动探索适合国情的科技创新制度、模式、运行、评价机制。
全面提升养老消费	◊ 启动全国家政培训提升行动,加强实训基地建设组合投融资支持,推动全面放开养老服务市场。
大力促进体育消费	◊ 支持自行车、击剑、马拉松等运动产业发展,加强少数民族传统体育基地建设,启动实施百万公里健身步道工程。
大力发展绿色消费	◊ 积极建立绿色产品多元化供给体系,丰富节能节水产品、资源再生产品、环境保护产品等绿色消费品生产,加大相关标准标识认证制度实施力度,推动绿色流通发展,完善绿色产品标准体系。

(二)供给侧结构性改革深入推进,高质量发展取得积极进展。着力进行推动高质量发展的顶层设计,制定实施推动高质量发展的意见,推动高质量发展的制度体系逐步建立。扎实推进供给侧结构性改革,以“破、立、降”为主攻方向,持续改善供给结构,发展质量效益稳步提升。

一是去产能工作扎实开展。结构性去产能、系统性优产能持续推进,压减粗钢产能3500万吨以上、退出煤炭落后产能2.7亿吨,均提前两年完成“十三五”目标任务,一大批“散乱污”企业出清,工业产能利用率处在较高水平。进一步做好“僵尸企业”及去产能企业债务处置工作,稳妥推进去产能职工安置,转岗再就业工作平稳有序进行。

二是振兴实体经济迈出新步伐。制造强国建设持续推进,工业增加值突破30万亿元。促进首台(套)重大技术装备示范应用的意见印发实施,关键核心技术攻关加快开展。增强制造业核心竞争力三年行动计划(2018—2020年)、工业互联网发展行动计划(2018—2020年)深入实施,推动互联网、大数据、人工智能和实体经济深度融合,推进工业互联网+智能制造集成应用示范,轨道交通、高端医疗器械、工业机器人等制造业重点领域关键技术加快突破并实现产业化。新一轮技术改造升级工程组织实施,高端装备、智能制造、新材料等重点领域技术改造加快推进。质量强国战略深入实施,标准质量品牌建设持续加强。国家物流枢纽布局和建设规划印发实施。服务业创新发展大纲深入落实,服务质量提升专项行动加快推进,服务业综合改革试点深入开展。

图4:2015—2018年三次产业增加值占国内生产总值比重

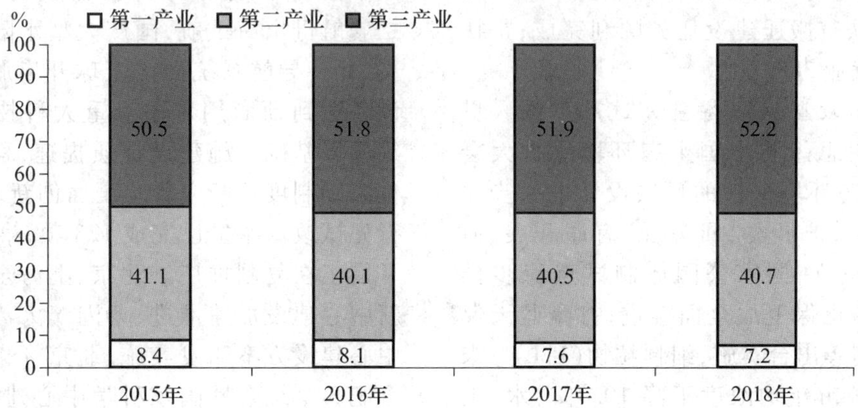

数据来源:国家统计局

备注:因四舍五入的原因,存在总计与分项合计不等的情况。

三是降成本工作持续推进。大力实施减税降费，全年为企业和个人减负约1.3万亿元。制造业等行业增值税税率从17%降至16%，交通运输、邮政、建筑、基础电信服务等行业及农产品等货物的增值税税率从11%降至10%，提高小规模纳税人年销售额标准，研发费用加计扣除比例提高到75%的政策扩大至所有企业，金融机构免征增值税贷款单户授信额度提高到1000万元。降低、停征一批行政事业性收费和政府性基金。延长阶段性降低社会保险费率和企业住房公积金缴存比例政策期限，清理规范经营服务性收费。大力推动降低用能、物流等成本，市场化交易电量比重进一步提高，全国一般工商业电价平均降低10%的目标超额完成，对挂车减半征收车辆购置税，扩大高速公路差异化收费试点。

（三）扎实打好三大攻坚战，重点任务取得积极进展。制定三大攻坚战行动方案，依法依规有序实施，金融治理效果明显，脱贫攻坚完成年度目标，生态环境状况明显好转。

一是重大风险总体可控。宏观杠杆率过快增长势头得到有效遏制，金融市场总体平稳，人民币汇率保持合理稳定，市场约束逐步增强，审慎经营理念得到强化，金融监管制度进一步完善，金融乱象整治取得阶段性成效。稳步推进外债登记制管理改革，有效防范外债风险。重点城市新建商品住宅销售价格上涨态势基本得到控制，因地制宜调整完善棚户区改造的货币化安置政策。

二是精准扶贫精准脱贫有力推进。进一步加大对“三区三州”等深度贫困地区和特殊贫困群体的帮扶力度，易地扶贫搬迁、以工代赈等重点任务扎实推进，产业、就业、教育、健康、生态、金融、网络、文化和旅游等扶贫工作持续深化，贫困地区自我发展能力不断增强。农村贫困人口脱贫1386万人，280万人易地扶贫搬迁建设任务顺利完成，帮扶贫困劳动力实现就业388万人。

三是污染防治攻坚战取得重大进展。深入贯彻习近平生态文明思想和全国生态环境保护大会精神，全面加强生态环境保护的顶层设计进一步完善，中央生态环境保护督察“回头看”有序开展，河长制湖长制全面建立，国家公园体制试点稳步推进。蓝天、碧水、净土保卫战全面推进，打赢蓝天保卫战三年行动计划等出台实施，细颗粒物（$PM_{2.5}$）未达标地级及以上城市年均浓度下降10.4%，水、土壤污染防治行动深入开展，主要污染物排放总量和单位国内生产总值二氧化碳排放量进一步下降。坚定不移推进禁止洋垃圾入境，全国固体废物进口总量比上年减少46.5%。加快推进垃圾分类处理。初步划定京津冀等15个省份生态保护红线，山西等16个省份基本形成划定方案。深化生态环境保护综合行政执法改革的指导意见印发实施。重大生态保护修复工程有序推进。实施退耕还林还草1238万亩，实施草原围栏、退化草原改良等退牧还草工程3700多万亩。加强滨海湿地保护、严格管控围填海。市场化、多元化生态保护补偿机制建设积极推进，创新和完善促进绿色发展价格机制的意见出台实施。北方地区冬季清洁取暖工作稳妥推进，天然气产供储销体系建设取得积极进展。重点地区煤炭消费减量替代持续推进，用能权交易试点启动实施，提前两年完成燃煤电厂超低排放和节能改造总量目标任务，清洁能源消纳长效机制建设和运行调节加强，弃电量和弃电率实现“双降”，单位国内生产总值能耗下降3.1%。全国碳排放权交易市场建设稳步推进。推动联合国气候变化大会取得积极成果，为《巴黎协定》实施细则的通过发挥重要作用。

（四）全面实施创新驱动发展战略，创新创业活力持续释放。强化创新第一动力作用，科技体制改革取得实质性突破，国家创新体系效能大幅提升，高技术产业和战略性新兴产业实现较快发展，“互联网+”行动深入推进，新动能培育取得积极进展，创新创业水平进一步提高，创新型国家建设迈出新步伐。

一是科技实力和创新能力不断提升。全国研究与试验发展经费投入强度达到2.18%，科技进步贡献率预计提高到58.5%。基础研究进一步加强，首次在半导体量子点体系中实现三量子比特逻辑门，首次发现铁基超导体中的马约拉纳束缚态，首次人工创建单条染色体真核细胞。一批重大科技成果涌现，嫦娥四号探测器成功着陆月球背面，第二艘航母出海试航，国产大型水陆两栖飞机水上首飞，北斗导航系统面向全球开启服务，5G技术系统设备达到预商用水平。重大科技、民用空间、信息等领域基础设施建设提质提速，科研管理机制和评价激励制度不断完善。全面创新改革试验169项先行先试改革举措已完成123项，第二批共23项改革举措正在复制推广。北京、上海全球影响力科技创新中心建设加速推进，粤港澳大湾区国际科技创新中心建设方案印发实施，北京怀柔、上海张江、安徽合肥3个综合性国家科学中心建设进展顺利，海南省创新驱动发展战略实施方案出台实施。国家级新区、开发区和20个国家自主创新示范区、168个国家高新区的引领作用增强，高速列车、新能源汽车等国家技术创新中心建设深入推进。国家产业创新中心工作指引出台实施，先进计算、先进存储、生物育种等3个国家产业创新中心加快建设。企业技术创新主体地位不断提高，新认定111家国家企业技术中心。

图5：2015—2018年科技进步贡献率

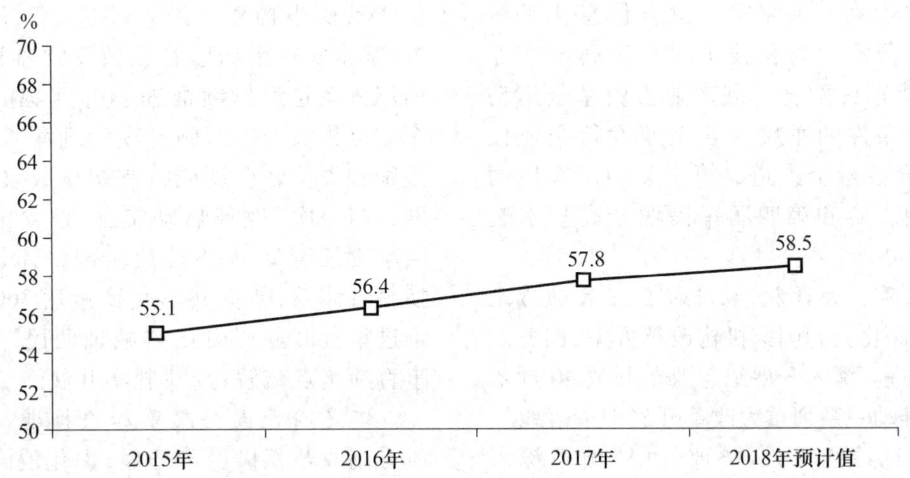

数据来源：科技部

二是大众创业万众创新纵深推进。推动创新创业高质量发展打造“双创”升级版的意见出台实施，制造业“双创”平台培育三年行动计划深入推进，确定150个制造业“双创”平台试点示范项目。6500多家众创空间服务创业团队40万家，创业就业人数超过140万人。1824家星创天地培训农村创业人才4.9万人次，孵化企业2.3万家。加强“双创”示范基地建设和小微企业创业创新示范基地建设，建立完善国家创新创业政策信息服务网，成功举办2018年全国“双创”活动周和“创响中国”系列活动。国家新兴产业创业投资引导基金有效运转，新投资企业超过1200家。全年新登记注册企业增长10.3%，平均每天新设1.84万户。

图6：2015—2018年全国日均新登记企业数

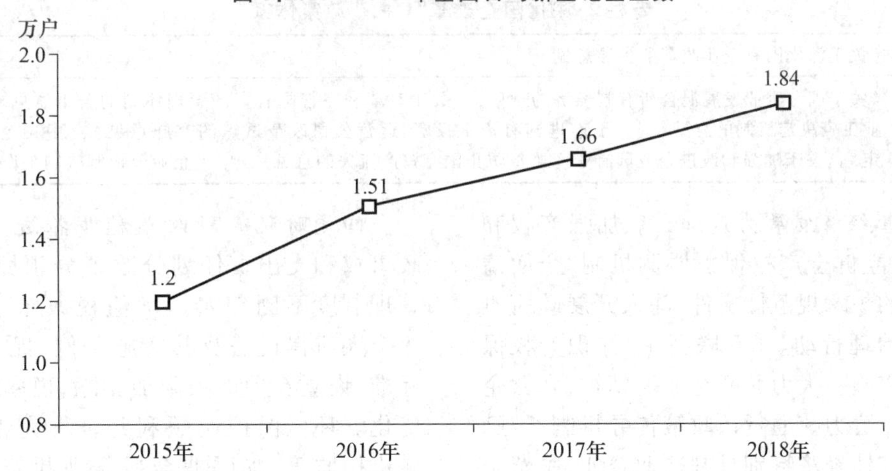

数据来源：国家市场监管总局

三是新兴产业蓬勃发展。全面落实“十三五”国家战略性新兴产业发展规划，推动战略性产业集群发展，“互联网+”、新一代信息基础设施、人工智能创新发展、生物产业倍增、民用空间基础设施等重大工程加速推进。规模以上高技术制造业增加值增长11.7%，快于全部规模以上工业增速。电子商务法正式公布，引导和规范数字经济、共享经济等新业态健康发展的政策文件陆续出台，对新业态新模式的包容审慎监管进一步完善，智能零售、产能共享等新热点持续涌现，全年实物商品网上零售额增长25.4%，占社会消费品零售总额比例达18.4%，比上年提高3.4个百分点。京津冀、贵州等

8 个国家大数据综合试验区加快建设。

四是军民融合发展战略扎实推进。国家军民融合创新示范区启动建设。科技军民融合重点专项与军民科技协同创新平台启动，军民融合重大示范项目建设进展顺利。国家军民融合信息化平台建设有力推进。国家国防科技工业军民融合产业投资基金、国家级军民融合发展产业投资基金启动运行。支持符合条件的军民融合企业发行企业债券，拓宽军民融合投融资渠道。第三届中国军民两用技术创新应用大赛和第四届军民融合高技术装备成果展成功举办。

（五）深化改革扩大开放，经济社会发展动力进一步激发。按照深化党和国家机构改革方案，国务院机构改革有序推进。深入开展纪念改革开放 40 周年系列庆祝活动，推动一系列重大改革开放举措落地。

一是营商环境持续优化。“放管服”改革深入推进。全面实施全国统一的市场准入负面清单制度，市场准入负面清单（2018 年版）发布，清单以外的行业、领域、业务等各类市场主体皆可依法平等进入。取消汽车投资项目核准等一批行政许可事项，大幅压缩企业开办时间，副省级以上城市和省会城市企业开办时间压缩至 8.5 个工作日以内。“证照分离”改革在全国推开，全面实施全国统一“二十四证合一”改革。工业产品生产许可证制度改革加快推进，产品种类由 38 类降至 24 类。在北京等 15 个城市和浙江省开展工程建设项目审批制度改革试点。世界银行公布的我国营商环境全球排名由 2017 年第 78 位大幅跃升至第 46 位。在 22 个城市开展中国营商环境试评价，中国营商环境评价体系初步构建。深入推进“双随机、一公开”监管，基本实现市场监管领域日常监管全覆盖。社会信用体系建设持续推进，电信诈骗、偷逃骗税等 19 个重点领域失信问题专项治理深入开展，守信联合激励和失信联合惩戒机制初显成效。政务服务“一网一门一次”改革启动实施，建立国务院部门数据共享责任清单，基本建成全国一体化的数据共享交换平台体系，数据共享交换量达 360 亿条次。深入推进审批服务便民化，“减证便民”行动和“群众办事百项堵点疏解行动”扎实开展。

二是国资国企改革加快推进。国有企业混合所有制改革积极稳步开展，深化混合所有制改革试点有关政策出台实施，三批 50 家混合所有制改革试点梯次推进并取得重要阶段性成效。改革国有企业工资决定机制的意见、推进国有资本投资、运营公司改革试点的实施意见出台，深化国企改革“1 + N”政策体系搭建完成。加强国有企业资产负债约束的指导意见印发实施，国有企业资产负债约束机制初步建立。中国特色现代国有企业制度进一步完善，有效制衡的法人治理结构和灵活高效的市场化经营机制加快建立。

专栏 2：深化国企改革“1 + N”政策体系

1 个主文件	◊《关于深化国有企业改革的指导意见》
配套文件	◊《关于国有企业发展混合所有制经济的意见》、《关于改革和完善国有资产管理体制的若干意见》、《关于改革国有企业工资决定机制的意见》、《关于推进国有资本投资、运营公司改革试点的实施意见》、《中央企业领导人员管理规定》、《关于加强和改进企业国有资产监督防止国有资产流失的意见》、《中央企业公司制改制工作实施方案》等。

三是支持民营经济发展力度加大。加强产权和知识产权保护，建立健全产权保护协调机制，全面清理涉及产权保护的规章规范性文件，深入开展政府机构失信问题专项治理行动。“互联网 +”知识产权保护工作方案出台实施。大力弘扬企业家精神，私营企业暂行条例废止。着力疏通货币政策传导机制，鼓励金融机构扩大对实体经济特别是制造业企业、民营企业、小微企业的信贷投放。设立民营企业债券融资支持工具，以市场化方式帮助企业缓解融资难问题。

四是财税金融改革稳步推进。中央与地方财政事权和支出责任划分改革分领域推进，预算绩效管理制度不断完善。增值税改革进一步深化。修改个人所得税法及其实施条例，提高基本减除费用标准，设立 6 项专项附加扣除，税率结构进一步调整优化。环境保护税顺利开征。完善系统重要性金融机构监管、加强非金融企业投资金融机构监管、完善国有金融资本管理等政策文件出台实施。有序推动民营银行发展，17 家民营银行获批开业。

专栏 3：投融资、价格和重点行业改革

投融资体制改革	◊ 进一步精简投资审批事项，消除制约投资决策自主权的制度性束缚，激发社会投资活力。进一步规范投资项目审批、备案程序，起草完善告知性备案制度的文件。建立健全投资发展趋势监测机制，强化信息引导服务，完善投资间接调控手段。进一步完善投资在线监测机制，强化事中事后监管，依法规范各类投资活动。进一步推动工程咨询行业改革，加快工程咨询行业资信体系建设，强化行业监管，完善投资社会服务体系。

续表

重点领域价格改革	◊ 理顺居民用气门站价格,完善价格机制,从严控制非居民用气季节性调价幅度。继续推进跨省跨区专项输配电价改革,促进电力资源合理配置和电力市场化交易。推进陆上风电、海上风电和集中式光伏电站通过竞争配置项目确定上网电价的机制,降低光伏电站标杆上网电价和分布式光伏度电补贴标准,降低跨省跨区清洁能源外送增量输配电价。开展2017年度农业水价综合改革工作绩效评价,印发《关于加大力度推进农业水价综合改革工作的通知》,截至2018年末,累计改革实施面积突破1.3亿亩。合理调整稻谷、小麦最低收购价,进一步增强政策弹性,回归最低收购价政策托底功能。
电力体制改革	◊ 推进增量配电业务改革,开展增量配电第三批试点,出台《关于进一步推进增量配电改革的通知》,前三批320个试点项目基本实现地级以上城市全覆盖。稳步推进电力中长期交易市场机制建设,京津唐、蒙西等23个地区的电力中长期交易规则(细则)已印发实施,启动东北、华北、福建、山西等14个电力辅助服务市场。推进电力交易机构独立,对电力交易中心进行股份制改造。加快电力现货市场建设,推动8个电力现货市场试点。
石油天然气体制改革	◊ 推进石油天然气管网运营机制改革,推动油气干线管道独立。深化勘查开采体制改革,进一步探索向社会资本出让常规油气区块探矿权。加快天然气价格改革,实现居民用气基准门站价格与非居民用气并轨。加快天然气产供储销体系建设,保障天然气平稳供应。

五是共建“一带一路”取得新进展。推进“一带一路”建设工作5周年座谈会召开,为推动“一带一路”建设走深走实明确了方向。围绕重点方向重点国别,巩固共建意愿、推动规划对接,已累计同150多个国家和国际组织签署171份政府间合作文件。国际产能合作稳步推进,境外经贸合作区产业集聚效应增强,与法国、日本、新加坡等10多个国家签署第三方市场合作文件,中老、中泰铁路和中阿(联酋)“一带一路”产能合作园区等重点项目取得实质性进展,雅万高铁全面开工,瓜达尔港等重点港口项目进展顺利,中欧班列提质增效工作取得重要进展,累计开行超过1.3万列,回程率提高近20个百分点。“一带一路”沿线国家航空互联互通水平显著提高,新开航线106条。“一带一路”国际科学组织联盟成立,推动与东盟、南亚、阿拉伯国家、中亚、中东欧5个区域共建技术转移平台,推动与菲律宾、印尼等8个国家共建科技园区。中非合作论坛北京峰会取得圆满成功和丰硕成果。数字丝绸之路建设稳步推进,已与16个国家签署合作谅解备忘录,“丝路电商”全球布局步伐加快,与17个国家签署合作协议。

专栏4:共建“一带一路”进展

促进政策沟通	◊ 共建“一带一路”倡议及其核心理念写入联合国等重要国际机制成果文件。政府间合作文件签署范围自亚欧大陆拓展至非洲、拉美和加勒比地区、南太平洋地区。
加强设施联通	◊ “陆海天网”四位一体互联互通体系建设稳步推进,中吉乌国际道路运输正式通车。中缅原油管道正式投入使用,中俄原油管道复线工程建成。中欧班列到达境外15个国家49个城市。民航387条航线通达33个沿线国家。
加快贸易畅通	◊ 与沿线国家货物贸易累计超过7万亿美元,在沿线国家合作建设了82个境外经贸合作区,累计投资超过300亿美元,入区企业近4000家。双向投资不断扩大,2018年对沿线国家非金融类直接投资156.4亿美元,增长8.9%,累计新签对外承包工程合同额超过5000亿美元。
推动资金融通	◊ 金融合作与机制建设持续强化,共有11家中资银行在27个沿线国家设立了71家一级机构。与非洲开发银行、泛美开发银行、欧洲复兴开发银行等多边开发银行开展联合融资合作。人民币国际化稳步推进,已在7个沿线国家和地区建立了人民币清算安排,人民币跨境支付系统覆盖41个沿线国家和地区。
深化民心相通	◊ 已与60多个沿线国家签订了文化合作协定,确定了300多个文化交流执行计划,在沿线国家建设了17个海外中国文化中心。在沿线国家举办境外办学机构和项目85个。

六是贸易强国建设扎实推进。首届中国国际进口博览会成功举办,向全世界宣示了我国主动开放市场、推动经济全球化的决心。区域全面经济伙伴关系协定谈判加速推进,与新加坡签署自贸协定升级版,与毛里求斯完成自贸协定谈判,累计已与25个国家和地区达成17个自贸协定,多双边经贸合作进一步深化。出台53项措施支持自贸试验区深化改革创新,在全国范围内复制推广30项自贸试验区改革试点经验。海南全岛自贸试验区启动建设,探索建设中国特色自由贸易港。新设一批跨境电子商务综合试验区,完善跨境电商零售进口监管和税收政策,扩大市场采购贸易试点范围,跨境电子商务、市场采购贸易等新业态新模式蓬勃发展。关税总水平由9.8%下调至7.5%,积极扩大进口促进对外贸易平衡发展。多元化市场不断拓展,全年货物贸易进出口总额达30.51万亿元,增长9.7%。

图 7:2015—2018 年货物进出口总额

数据来源:海关总署

七是利用外资环境不断优化。全面放宽市场准入,2018 年版全国和自贸试验区两个外资准入负面清单发布,特别管理措施分别压减至 48 条、45 条,金融领域对外开放稳步推进。在全国推行外资企业设立商务备案与工商登记"一口办理",积极推进在产业政策、科技政策、政府采购、资质许可、标准制定等方面平等对待内外资企业,开发区改革和创新发展不断深化,外商投资环境持续优化。全年外商直接投资达 1350 亿美元,增长 3%。

八是对外投资平稳有序发展。企业境外投资管理办法、对外投资备案(核准)报告暂行办法正式施行,全口径、全过程管理不断完善,对外投资行业结构进一步优化,主要流向租赁和商务服务业、制造业等。发布企业境外经营合规管理指引,企业合规意识有所增强。引导对外投融资基金健康发展,企业"走出去"融资渠道进一步拓宽。全年非金融类境外直接投资达到 1205 亿美元。

(六)大力实施乡村振兴战略,农业农村发展新动能加快培育。乡村振兴战略规划(2018—2022 年)出台实施,28 个省级乡村振兴战略规划已印发,其他省(区、市)已基本完成规划编制工作,多规合一的村庄规划编制部署推进,乡村振兴的制度框架和政策体系逐步建立,乡村振兴阶段性重点工作全面展开。

一是农业基础进一步夯实。粮食总产量保持在 1.3 万亿斤以上。新增高效节水灌溉面积 2158 万亩,新增高标准农田 8000 多万亩,完成 9 亿多亩粮食生产功能区和重要农产品生产保护区划定任务。深入实施现代化种业提升工程,高标准建设国家南繁科研育种基地,加快推动粮油、蔬菜、水果等农作物种子种苗基地建设。172 项重大水利工程累计开工 133 项,在建投资规模超过 1 万亿元。全年完成营造林 2.34 亿亩。开展"农业质量年"行动,加快推进质量兴农、绿色兴农、品牌强农,主要农产品质量安全监测合格率保持在 97% 以上,化肥、农药使用量均下降。

二是农村一二三产业融合发展取得积极进展。认定农村产业融合发展示范园 100 家,启动创建现代农业产业园 62 个、农业产业强镇 254 个。深入实施主要农作物生产全程机械化推进行动。大力发展智慧农业,农业生产、经营、管理、服务数字化水平进一步提升。农村新产业新业态加快培育。

三是农业农村改革稳步推进。完善稻谷、小麦最低收购价政策制度。健全玉米和大豆市场化收购加补贴机制。农村土地征收、集体经营性建设用地入市、宅基地制度改革试点工作有序推进。宅基地和农房确权登记发证加快实施,土地承包权确权登记颁证工作基本完成,承包地已确权面积 14.8 亿亩,超过二轮家庭承包地(账面)面积。建立健全进城落户农民土地承包权、宅基地使用权、集体收益分配权维护和自愿有偿退出机制,在 3 个省、50 个地市、150 个县启动第三批农村集体产权制度改革试点。全国已有超过 15 万个农村集体组织完成改革,共确认集体成员 2 亿多人。集体林权制度改革进一步深化。

四是美丽宜居乡村建设步伐加快。农村人居环境整治三年行动全面启动。农村突出环境问题综合治理试点示范和农村生活污水治理示范有序开展。农村生活垃圾治理覆盖面进一步扩大,厕所革命积极推进。农村饮水安全巩固提升工程加快实施,农村自来水普及率进一步提升。农村公路建设加快推进。农村机井通电、小城镇中心村农网改造升级、贫困村通动力电等顺利完成。开展电信普遍服务试点、“宽带乡村”、“百兆乡村”示范工程，新一代信息基础设施建设工程加快推进。农村基层综合性文化服务中心建设有序推进。

（七）统筹推动区域协调发展，空间发展格局更趋优化。发挥各地区比较优势，努力缩小区域发展差距，大力推进新型城镇化建设，区域发展的协同性、联动性、整体性进一步增强。

一是进一步促进区域协调发展。建立更加有效的区域协调发展新机制的意见出台实施。推动西部地区进一步开发开放，新开工交通、能源等重点工程 28 项，总投资 4825 亿元。东北地区营商环境建设、民营经济发展、与东部对口合作等取得新突破，老工业城市和资源型地区转型稳步推进，城区老工业区、独立工矿区改造搬迁和采煤沉陷区综合治理持续实施。先进制造业在中部地区合理布局提速，汉江、淮河生态经济带发展规划以及湘南湘西承接产业转移示范区总体方案出台实施。东部地区新动能加快培育壮大，组织开展山东新旧动能转换综合试验区建设。革命老区、民族地区、边疆地区、贫困地区加快发展，交通、水利、能源、通信、物流等重大基础设施建设扎实推进，对口支援深入开展，支持新疆、西藏和四省藏区经济社会发展政策措施进一步完善。海洋经济发展示范区启动建设，海洋强国建设加快推进。国家级新区、临空经济示范区、综合配套改革试验区等功能平台的示范引领作用不断增强。沿边重点开发开放试验区建设稳步推进，形成了一批可复制可推广经验。

二是重大区域发展战略有力推进。以疏解北京非首都功能为“牛鼻子”，推动京津冀协同发展取得明显进展，河北雄安新区规划纲要、支持河北雄安新区全面深化改革和扩大开放的指导意见、河北雄安新区总体规划（2018—2035 年）出台实施，北京城市副中心规划建设提速，京雄城际铁路开工建设，北京大兴国际机场建设和运营筹备工作全面推进。长江经济带共抓大保护格局进一步巩固，国土空间规划编制工作启动，“三水共治”、河湖清“四乱”专项行动扎实推进，1361 座非法码头专项整治全面完成，长江干流断面水质优良比例明显提高。综合立体交通走廊建设加快推进，沿江高铁规划建设、省际待贯通路段建设提速、长江深水航道建设及干线港口铁水联运取得积极进展。粤港澳大湾区发展规划纲要发布实施，重点项目建设全面启动，港珠澳大桥正式开通运营，一系列便利港澳居民在内地发展的政策举措落地见效。支持海南全面深化改革开放的指导意见出台实施。长江三角洲区域一体化发展规划纲要启动编制。

专栏 5：长江经济带发展

推动生态环境保护	◊ 围绕水污染治理、水生态修复、水资源保护“三水共治”，扎实推进城镇污水垃圾处理、化工污染治理、船舶污染治理、农业面源污染治理以及尾矿库治理“4+1”工程。2018 年长江经济带水质断面优良（Ⅰ—Ⅲ类）比例为 79.3%，较 2017 年提高 5.4 个百分点；劣Ⅴ类水质比例为 1.9%，较 2017 年下降 1.1 个百分点。
建设综合交通走廊	◊ 着力推进航道区段标准、船舶标准、港口码头管理、通关管理“四个统一”建设，南京以下 12.5 米深水航道建成试运行，武汉至安庆 6 米水深航道整治工程开工建设，武汉至洋山 1140 标准箱江海直达标准船下水首航，规划新建成都、重庆至上海沿江高铁通道，12 个长江干线港口铁水联运设施联通项目前期工作进展顺利。
推动创新绿色发展	◊ 大力实施长江三角洲、长江中游、成渝城市群发展规划，促进沿江大中小城市和小城镇协调发展，积极推进上海崇明、江西九江、湖北武汉、三峡库区、湖南洞庭湖绿色发展。

三是新型城镇化质量有效提升。农业转移人口进城落户更加便捷，大中城市落户政策持续放宽，居住证制度全覆盖目标基本实现，全国常住人口城镇化率达 59.58%，户籍人口城镇化率达 43.37%，比上年末分别提高 1.6 个百分点和 1.02 个百分点。一批跨省（区、市）城市群规划出台实施，各地城市群建设全面推进，现代化都市圈加快培育发展。

（八）着力保障和改善民生，发展成果更多更公平惠及人民群众。坚持以人民为中心的发展思想，紧紧围绕人民群众普遍关心的突出问题，推动一大批惠民举措落细落实。

一是稳定就业有序推进。做好当前和今后一个时期促进就业工作的若干意见、推行终身职业技能培训制度的意见出台实施。公共就业创业服务持续加强，援企稳岗力度加大，支持农民工等人员返乡创业试点工作持续推进。高校毕业生就业创业促进计划等深入实施。制定出台推进全方位公共就业服务指导意见，“互联网 + 公共就业服务”全面推进。人力资源市场暂行条例发布实施，人力资源市场体系逐步健全。

二是社会保障制度日益完善。企业职工基本养老保险基金中央调剂制度正式实施，城乡居民基本养老保险待遇确定和基础养老金正常调整机制建立。统一社保费征收管理机构工作稳步推进，社保费征收管理制度进一步规范。整合城乡居民基本医疗保险制度持续推进。养老保险覆盖人数已超过9.42亿人,基本医疗保险覆盖人数已超过13.44亿人。国家跨省异地就医结算平台进一步完善,跨省定点医疗机构实现县级行政区全覆盖,外出农民工、外来就业创业人员全部纳入覆盖范围,异地就医直接结算累计达152.6万人次。生育保险与职工医保合并实施试点稳步推进。失业保险“保生活、防失业、促就业”功能不断完善。农民工参加工伤保险政策进一步健全。低保制度不断完善,城乡低保实现全覆盖且保障水平持续提高。退役士兵就业安置进一步加强,带病回乡退伍军人、参战参试退役人员等优抚对象生活补助标准提高。社会福利服务体系建设加强,社会救助综合改革试点有序开展。城镇保障性安居工程建设扎实推进,城镇棚户区住房改造开工达626万套,公租房新增分配100万套,大中城市住房租赁市场加快培育。农村危房改造190万户。

图 8:2015—2018 年常住人口城镇化率和户籍人口城镇化率

数据来源:国家统计局、国家发展改革委等

三是基本公共服务标准体系加快构建。建立健全基本公共服务标准体系的指导意见出台实施,基本公共服务省级清单实现全覆盖。教育现代化推进、全民健康保障、文化旅游提升、公共体育普及、社会服务兜底五大公共服务工程大力推进。九年义务教育巩固率达94.2%,高中阶段教育毛入学率达88.8%,财政性教育经费支出占国内生产总值比例继续超过4%。“互联网+医疗健康”快速发展,公立医院综合改革继续深化,国家基本药物制度进一步完善,药品集中采购和使用试点稳妥推进,境外上市新药审评审批加快,进口抗癌药全部实现零关税,17种抗癌药大幅降价并纳入医保报销目录,疫苗药品安全问题加快解决。每千人口医疗卫生机构床位数预计达6.05张。加强文物保护利用改革的若干意见印发实施,各类遗产资源保护状态得到有效改善。大运河文化保护传承利用规划纲要编制完成。公共文化设施免费开放工作持续开展,百万公里健身步道工程实施方案出台,新增体育场地8.2万个。社会兜底保障加强,困难残疾人生活补贴制度惠及940万人,1164万重度残疾人享受护理补贴。孤儿保障制度惠及39.8万孤儿,为全国残疾孤儿实施医疗康复。持续开展孕期优生优育服务,妇女关爱服务体系不断健全。公共法律服务体系继续完善。全年出生人口1523万人,年末总人口达13.95亿人,人口自然增长率为3.81‰。

专栏 6:基本公共服务

公共教育	◊ 教育现代化推进工程加快实施。巩固城乡统一、重在农村的义务教育经费保障机制,引导和支持地方全面改善贫困地区义务教育薄弱学校基本办学条件,全面加强乡村小规模学校和乡镇寄宿制学校建设,印发实施学前教育深化改革规范发展的若干意见,推进学前教育普及普惠安全优质发展,出台中小学生减负措施,规范校外培训机构发展,进一步提升高中阶段教育普及水平。
医疗卫生	◊ 继续推进健康中国建设,落实国家基本公共卫生服务项目,深化“三医联动”改革,推进医联体建设和家庭医生签约服务,推动中医药传承创新。
社会服务	◊ 制定加强和改进临时救助工作的意见。指导各地调整低保标准,加强农村低保标准与扶贫标准有效衔接。部署开展农村低保专项治理,继续开展困难群众救助工作绩效评价。持续推进养老服务质量建设专项行动。

续表

文化体育	◊ 建立健全基本公共文化服务标准体系，推进县级文化馆图书馆总分馆制建设，广泛开展全民阅读活动，加强广播电视无线发射台站基础设施建设，改善少数民族语言文字出版能力。增加全民运动健身场所设施及相关服务供给，推动体育场馆免费或低收费开放，促进全民健身和全民健康深度融合。
残疾人服务	◊ 城镇新增11.4万残疾人就业。实施精准康复行动，为781.3万残疾人提供康复服务，为271.1万残疾人提供辅助器具适配服务。落实新修订的残疾人教育条例和第二期特殊教育提升计划（2017—2020年），"一人一案"解决适龄残疾儿童入学安置问题。

总的来看，2018年经济社会发展主要目标任务较好完成，三大攻坚战开局良好，供给侧结构性改革深入推进，改革开放力度加大，人民生活持续改善，保持了经济平稳健康发展和社会大局稳定，朝着实现全面建成小康社会的目标迈出了新的步伐。在极为错综复杂的国内外形势下，我国经济社会发展取得这样的成绩来之不易，需要倍加珍惜。这是以习近平同志为核心的党中央举旗定向、谋篇布局、坚强领导的结果，是习近平新时代中国特色社会主义思想全面引领、科学指导、成功实践的结果，是全党全国各族人民团结一心、砥砺前行、真抓实干的结果。

从2018年经济社会发展情况看，经济增长、就业、价格总水平、国际收支平衡等主要指标保持在合理区间，创新驱动、资源节约、生态保护、社会保障等反映高质量发展的指标进一步改善，19个约束性指标中，18个指标完成全年目标，万元国内生产总值用水量下降指标完成情况与全年目标存在差距。该指标2018年计划目标为下降5.2%，初步统计数为下降5.1%，低于计划目标0.1个百分点。主要原因是，2018年全国降水量下降使得地表水资源总量减少约800亿立方米，部分地区受干旱影响，农业从河流抽取的灌溉用水量增加；南水北调工程向华北地区进行生态补水，全国生态用水量较2017年有较大增加，综合因素使得万元国内生产总值用水量降幅低于全年目标0.1个百分点。

46个预期性指标中，44个指标运行情况符合或好于年度预期目标，但社会融资规模存量增长率和城镇居民人均可支配收入指标实际运行值与预期值存在一定差距。**关于社会融资规模存量增长率，**该指标2018年预期目标为"与2017年实际增速基本持平"，2017年末社会融资规模存量增长13.4%，2018年末实际增长9.8%，与预期目标存在一定差距。为了给供给侧结构性改革营造适宜的货币金融环境，在对实体经济提供稳定融资支持的同时，主动采取了规范地方政府隐性债务以及合理控制投向房地产、环评不达标企业、产能过剩等领域的资金和抑制资金脱实向虚、减少资金空转等措施，社会融资规模存量增长率虽低于预期目标，但与名义GDP增长基本匹配。**关于城镇居民人均可支配收入增速，**该指标2018年预期目标为"与经济增长基本同步"，2018年GDP增长6.6%，城镇居民人均可支配收入实际增长5.6%，与预期目标存在一定差距。主要是受经济下行压力加大、实体经济特别是小微企业困难增多、部分行业企业利润有所下滑等影响，工资性收入等增长放缓，使得全国城镇居民人均可支配收入增速低于预期目标。

同时，我们也清醒认识到，经济运行总体平稳、稳中有进，但稳中有变、变中有忧。**从国际形势看，**世界大变局加速深刻演变，全球动荡源和风险点增多，我国外部环境复杂严峻。世界经济虽有望延续复苏态势，但保护主义、单边主义加剧，主要发达经济体货币政策调整的外溢效应持续显现，部分新兴经济体面临的风险增多，国际大宗商品价格波动加剧，地缘政治风险累积发酵，全球经济贸易增速趋缓。**从国内形势看，**一是经济面临下行压力。内需增长放缓，基础设施、制造业、房地产开发等领域投资保持平稳增长的难度加大。受居民增收困难较多、汽车等传统消费放缓等因素影响，消费稳定增长面临挑战。二是农业农村基础仍然薄弱。农业科技水平仍待提升，农村基本公共服务供给和基础设施建设仍然滞后，农民增收渠道有待拓宽。三是实体经济面临困难增多。民营企业特别是小微企业融资难融资贵问题尚未有效解决，存在对民营企业惜贷压贷甚至直接抽贷断贷的现象，能源、原材料、人工、用地等成本较高，企业盈利空间受到挤压。营商环境有待进一步优化，公平竞争的市场机制尚不完善，产权和知识产权保护仍不充分，亲清新型政商关系仍不健全。四是高质量发展的短板制约仍待突破。重大原创性科技成果不多，一些关键核心技术受制于人，科技成果转化效率不高。产业结构还需进一步优化，发展新动能仍然不足。部分地区能源资源约束趋紧，生态环境问题依然突出。五是区域分化态势仍在持续。中西部一些地区结构调整难度较大，一些地区要素吸引力较弱，人才等优质要素资源外流比较严重，发展困难可能会增加。六是重点领域风险压力较大。外部环境不确定性可能通过贸易、跨境资本流动、大宗商品市场等渠道，加大我国输入性风险，国内股市、债市、汇市、互联网金融和房地产的风险隐患不容忽视。七是社会民生领域还存在不少问题挑战。部分省份就业结构性矛盾显现，居民持续增收制约因素增多，教育、医疗、养老等公共服务供给不足，人口老龄化程度不断加深。同时，我们在工作中还存在一些不足，有的政策制定的前瞻性、针对性、有效性还不够，没有充分考虑企业的适应程度问题；有的政策部门间统筹协调有待加强，有的改革举措和政策落实效果不彰，有的专项规划和项目建设需要及时启动；有的地方在政策执行过程中存在简单化、“一刀切”的问题。

对上述问题，我们将高度重视，既要增强忧患意识、坚持底线思维，抓住主要矛盾，有针对性地加以解决，有效防范各类风险连锁联动、叠加传导；又要紧扣社会主要矛盾的变化，全面用好我国发展的重要战略机遇期，保持战略定力、坚定必胜信心，化挑战为机遇、变压力为动力，加快推动经济高质量发展。

二、2019年经济社会发展总体要求、主要目标和政策取向

2019年是新中国成立70周年，是全面建成小康社会、实现第一个百年奋斗目标的关键之年，做好经济社会发展工作至关重要。

（一）总体要求。

2019年，要在以习近平同志为核心的党中央坚强领导下，以习近平新时代中国特色社会主义思想为指导，全面贯彻党的十九大和十九届二中、三中全会精神，统筹推进“五位一体”总体布局，协调推进“四个全面”战略布局，坚持稳中求进工作总基调，坚持新发展理念，坚持推动高质量发展，坚持以供给侧结构性改革为主线，坚持深化市场化改革、扩大高水平开放，加快建设现代化经济体系，继续打好三大攻坚战，着力激发微观主体活力，创新和完善宏观调控，统筹推进稳增长、促改革、调结构、惠民生、防风险、保稳定工作，保持经济运行在合理区间，进一步稳就业、稳金融、稳外贸、稳外资、稳投资、稳预期，提振市场信心，增强人民群众获得感、幸福感、安全感，保持经济持续健康发展和社会大局稳定，为全面建成小康社会收官打下决定性基础，以优异成绩庆祝中华人民共和国成立70周年。

在具体工作中，必须牢牢把握中央经济工作会议精神，深刻把握重要战略机遇新内涵，切实做到**“五个坚定不移”**。**一是坚定不移以供给侧结构性改革为主线**。更多采取改革的办法，更多运用市场化、法治化手段，在“巩固、增强、提升、畅通”八个字上下功夫，着力提高供给体系质量。**二是坚定不移推动高质量发展**。有效发挥高质量发展指标体系的导向作用，加快建设现代化经济体系，加大实施创新驱动发展战略力度，深入推进军民融合发展，扎扎实实抓好政策落实，久久为功增强发展韧性。**三是坚定不移促进形成强大国内市场**。紧扣社会主要矛盾变化，通过扎实推进高质量发展、深化供给侧结构性改革，不断释放和满足国内市场需求，促进提升中长期发展潜力，推动经济持续健康发展。**四是坚定不移打好三大攻坚战**。着眼全面建成小康社会全局目标，坚持底线思维，抓住主要矛盾，精准施策，攻坚克难，确保如期完成任务，切实增强群众获得感。**五是坚定不移深化市场化改革扩大高水平开放**。制定出台实施一批既利当前、更利长远的改革开放举措，大力增强市场主体活力，充分调动社会各方面积极性、主动性、创造性。

同时，着力把握好三个关系。**一是统筹好国内与国际的关系**，既重视应对外部变化，更注重立足国内发展，敢于应对挑战，善于化危为机，着力办好自己的事，稳妥有序解决好国内长期积累的体制性结构性矛盾；**二是平衡好稳增长与防风险的关系**，在稳定经济增长、推动高质量发展中应对挑战、化解风险，继续保持宏观政策的连续性稳定性，把握好防风险的节奏和力度，避免形成不利于稳预期、稳增长、调结构的叠加效应，确保经济运行在合理区间；**三是处理好政府与市场的关系**，更多运用改革创新的办法发挥市场在资源配置中的决定性作用，更好发挥政府作用，增强宏观政策的稳定性、有效性，进一步激发微观主体活力、增强内生动力。

（二）主要预期目标。

按照上述总体要求和工作思路，综合考虑需要和可能，提出2019年经济社会发展主要预期目标：

——经济增长保持在合理区间。国内生产总值增长预期目标为6%—6.5%。**主要考虑**：一是充分估计经济运行中的不稳定不确定因素，按照实事求是的原则，适当调整经济增长预期目标。同时，考虑到经济增速的季节波动，采用区间式预期目标增加弹性。二是保持合理的经济增长速度，目的是满足新增就业的需要，并为推动高质量发展、深化供给侧结构性改革、打好三大攻坚战提供必要的宏

观环境，有利于稳定市场预期。三是这一预期目标与当前我国经济增长潜力相符，与今年一、二、三次产业增长预期目标相匹配，三次产业稳定增长可以为经济保持中高速增长提供有力支撑。

——经济发展质量和效益不断提升。着力巩固“三去一降一补”成果，宏观杠杆率基本稳定，财政金融风险有效防控；全员劳动生产率增长6.3%，科技进步贡献率达到59.2%，研究与试验发展经费投入强度达到2.2%；全国常住人口城镇化率达到60.6%，户籍人口城镇化率达到44.4%；生态环境进一步改善，细颗粒物（$PM_{2.5}$）未达标地级及以上城市浓度下降2%，单位国内生产总值能耗降低3%左右，单位国内生产总值二氧化碳排放量下降3.6%左右，主要污染物排放量继续下降；城乡居民收入增长与经济增长基本同步，社会保障覆盖面进一步扩大，教育、卫生、文化、养老等基本公共服务均等化水平进一步提高。更加重视这些反映质量、效益和结构的指标，主要考虑是坚持新发展理念，坚持以人民为中心的发展思想，按照质量第一、效益优先的原则，更好体现高质量发展在供给、需求、投入产出、分配、宏观经济循环等方面的特征，不断提高人民群众的获得感和幸福感。

——就业形势总体稳定。城镇新增就业预期目标为1100万人以上；全国城镇调查失业率和城镇登记失业率预期目标分别为5.5%左右和4.5%以内。**关于城镇新增就业总量**：既包含了2019年新成长劳动力在城镇的就业需求，也为去产能职工安置、失业人员再就业、农村劳动力转移就业留有一定空间。从经济基本面和经济增长对就业的吸纳能力看，6%—6.5%的经济增速能够实现新增就业岗位目标。**关于失业率**：将全国城镇调查失业率控制在5.5%左右，主要是考虑到进出口国际经济环境不确定影响和高校毕业生增加等因素，较好体现稳就业的决心以及实施就业优先、强化就业保障的政策导向。从全国城镇登记失业率看，近年来一直保持在4%左右，按4.5%以内考虑，主要是考虑到数据的季节性波动，适当留有余地。同时，从全年来看，争取更好结果，把失业率控制在相对较低水平。

——价格总水平基本稳定。居民消费价格涨幅预期目标为3%左右。**主要考虑**：从翘尾因素看，2019年居民消费价格中的翘尾因素约为0.7个百分点。从新涨价因素看，受非洲猪瘟疫情等影响，一些食品价格可能上涨；服务价格可能保持涨势，进口大宗商品价格上行的可能性依然存在。

——国际收支保持基本平衡。进出口稳中提质。**主要考虑**：从必要性看，在风险挑战增多情况下，保持国际收支基本平衡和合理规模外汇储备，有利于稳定经济金融和市场预期。从可行性看，2019年全球经济贸易增长态势仍有望延续，我国将举办第二届“一带一路”国际合作高峰论坛和第二届中国国际进口博览会，都有利于进出口稳定增长。同时，考虑到单边主义、贸易保护主义对我国进出口的影响，特别是中美经贸摩擦的不确定性因素，要在稳定外贸基本盘的前提下，促进贸易结构优化、质量提升。

（三）主要政策取向。

宏观政策要强化逆周期调节，继续实施积极的财政政策和稳健的货币政策，适时预调微调。结构性政策要强化体制机制建设，坚持向改革要动力，深化国资国企、财税金融、土地、市场准入、社会管理等领域改革。社会政策要强化兜底保障功能，实施就业优先政策，确保群众基本生活底线，寓管理于服务之中。

——积极的财政政策要加力提效。2019年财政赤字率拟按2.8%安排，比上年预算高0.2个百分点；财政赤字2.76万亿元，比上年预算增加3800亿元；同时，较大幅度增加地方政府专项债券规模。实施更大规模的减税降费，深化增值税改革、实质性降低增值税税率，全面实施修改后的个人所得税法及其实施条例，明显降低企业社保缴费负担。调整优化财政支出结构，一般性支出压减5%以上、“三公”经费再压减3%左右，切实保障重点支出，发挥好财政资金精准补短板和民生兜底作用，增加对脱贫攻坚、“三农”、结构调整、科技创新、生态环保、民生等领域投入。更好发挥转移支付作用，继续较大幅度增加中央对地方转移支付，改革完善县级基本财力保障机制，增强困难地区和基层政府保基本民生能力。

——稳健的货币政策要松紧适度。广义货币（M_2）和社会融资规模增速与国内生产总值名义增速相匹配，与2018年实际增速基本持平，以更好满足经济运行保持在合理区间的需要。灵活运用多种货币政策工具组合，保持流动性合理充裕和市场利率水平合理稳定。改善货币政策传导机制，加强货币政策与金融监管等协调配合，深化利率市场化改革，提高直接融资比重，有效缓解实体经济特别是制造业企业和小微企业、民营企业融资难融资贵问题。进一步完善汇率形成机制，增强人民币汇率弹性，加强跨境资本流动监管，保持人民币汇率在合理均衡水平上的基本稳定。着力保持股市、债市、汇市稳定并及时应对异常波动，防范化解金融风险隐患。

——就业优先政策要全面发力。把稳定和促进就业作为经济社会发展的优先目标，完善就业促进政策体系，更好发挥大众创业、万众创新对扩大就业的支撑作用。促进就业容量大的服务业和部分劳动密集型产业发展，支持民营企业、中小微企业更好发挥就业主渠道作用，促进高校毕业生、退役军人、下岗职工、农民工等群体就业，大规模开展职业技能培训，加大对灵活就业、新就业形态的支持，加强全方位公共就业服务，努力在推动经济高质量发展中实现更高质量和更充分就业。

——强化政策统筹协调。进一步做好顶层设计，增强政策的连续性、稳定性和协同性，把握好政策出台的时机和力度，发挥国家发展规划的战略导向作用，更加注重年度国民经济和社会发展计划与“十三五”规划《纲要》实施的衔接，健全财政、货币、产业、区域等经济政策协调机制，探索建立宏观经济政策评估机制，防止出现政策不协调不配套，避免政策效应出现负向叠加、反向对冲等情况。**产业政策**要坚持普惠化、功能性，加强对优化供给结构、提高供给质量的支持。强化竞争政策的基础性地位，着眼于使市场在资源配置中起决定性作用和更好发挥政府作用，加强公平竞争审查和反垄断、反不正当竞争执法，规范政府行为，打破行政垄断和地方保护，优化和完善技术、环保、质量、安全等标准，降低市场准入门槛，完善产权制度和市场退出制度，营造公平竞争的制度环境，进一步构建和完善全国统一大市场，鼓励中小企业加快成长。**区域政策**要加快落实区域协调发展战略，因地制宜、分类指导，发挥比较优势，引导要素有序流动，健全区域合作机制和市场一体化发展机制。加快构建城乡融合发展体制机制和政策体系。完善农业转移人口市民化政策体系，推动农民工及随迁家属平等享受城镇基本公共服务，在人口转移和城乡建设中激发内需潜力。

三、2019 年国民经济和社会发展计划的主要任务

2019 年，要以习近平新时代中国特色社会主义思想为指导，全面贯彻党的十九大和十九届二中、三中全会精神，按照党中央、国务院决策部署，深入落实中央经济工作会议精神和《政府工作报告》部署要求，着力做好八方面工作。

（一）着力深化供给侧结构性改革。按照“巩固、增强、提升、畅通”八字方针，巩固“三去一降一补”成果，增强微观主体活力，提升产业链水平，畅通国民经济循环，有效缓解企业困难，厚植实体经济发展根基。

一是推动制造业高质量发展。制定实施大力推动制造业高质量发展的部署方案，培育发展先进制造业集群。继续推进结构性去产能，健全各方面责任共担和损失分担机制，稳步推进企业优胜劣汰，加快处置“僵尸企业”，制定退出实施办法。将降低企业杠杆率与企业兼并重组、产业整合有机结合，稳妥做好去产能职工分流安置工作。

二是推进先进制造业与现代服务业深度融合。出台实施深化新一代信息技术与制造业融合发展的指导意见，推动工业互联网创新发展与智能制造、电子商务有机结合、互促共进，积极推动传统制造业加速向数字化、网络化、智能化发展，推进制造业物流业融合发展。制定出台服务业高质量发展行动纲要，深入开展服务业综合改革试点。

三是更大力度降成本。坚持普惠性减税和结构性减税相结合，对小微企业、科技型初创企业实施普惠性税收减免。启动环境保护、节能节水项目和资源综合利用企业所得税优惠目录修订工作。清理规范经营服务性收费。发挥好国家融资担保基金作用，落实好小微企业融资担保降成本奖补机制。推动公共信用信息、金融信用信息共享，创新基于信用的小微企业、“三农”融资模式。大力推广集装化运输，持续推进多式联运示范工程，着力打通公铁水联运衔接的“最后一公里”，切实降低物流成本。

四是加力支持民营企业发展。坚持“两个毫不动摇”，鼓励、支持、引导非公有制经济继续发展壮大，大力营造公平竞争的市场环境和法治化制度环境。持续加强产权保护，强化政务诚信建设，开展产权保护领域政务失信专项治理行动，推动各地解决一批企业和群众反映强烈的产权纠纷问题。建立健全企业家参与涉企政策制定机制，着力构建亲清新型政商关系，切实将激发和保护企业家精神各项政策落到实处。出台支持民营企业改革发展的意见。依法保护民营企业权益，有力保护企业家人身安全和财产安全，让民营企业安心放心。深入开展清理拖欠民营企业、中小企业账款专项行动，继续清理规范工程建设领域保证金。发挥各类金融机构优势，完善民营企业信用评级制度，鼓励银行

向民营企业发放中长期贷款，推动债券品种创新，扩大优质企业债发行规模，实施好民营企业债券融资支持工具，研究并推动设立民营企业股权融资支持工具，多渠道破解融资难融资贵问题。推进守信激励创新，探索拓展“信易 +”服务项目，实现信用惠民便企。对排斥限制民营企业招投标问题开展专项整治。

五是深化农业供给侧结构性改革。毫不放松抓好粮食生产，全面落实粮食安全省长责任制，深入推进优质粮食工程，确保粮食播种面积稳定在16.5亿亩。全面完成粮食生产功能区和重要农产品生产保护区划定，加强农田水利建设，新增高标准农田8000万亩以上。优化品种结构，大力发展紧缺和绿色优质农产品生产，推进农业由增产导向转向提质导向。稳步推进耕地轮作休耕制度试点。实施质量兴农战略规划，建设质量兴农政策、评价、考核和工作体系。持续推进农业绿色发展，推进建设农业绿色发展先行区。加快农业科技改革创新，大力发展现代种业，加强先进适用技术推广，实施地理标志农产品保护工程，推进农业全程机械化。加快构建乡村产业体系，深入推进农村一二三产业融合发展，壮大县域经济。创新发展乡村特色产业和新型服务业，支持特色农产品优势区、现代农业产业园、农业产业强镇建设，大力培育发展农业产业化国家重点龙头企业，积极培育家庭农场、农民合作社等新型农业经营主体，加快培育发展农村新产业新业态。完善稻谷和小麦最低收购价政策，完善玉米和大豆生产者补贴政策，进一步提高大豆补贴标准，多途径扩大大豆种植面积。扩大政策性农业保险改革试点，创新和加强农村金融服务。毫不松懈做好非洲猪瘟防控工作，稳定畜禽产品生产供应。健全化肥、农药等重要农资储备制度。加快建立符合国际规则的新型农业支持保护政策体系。

（二）促进形成强大国内市场。坚持办好自己的事，着眼更好满足人民日益增长的美好生活需要，大力培育发展国内市场，实现经济良性循环和供需动态平衡。

一是加快传统产业改造提升。制定加快传统产业改造提升促进形成强大国内市场的实施意见，修订产业结构调整指导目录。强化创新、土地、人才等要素保障，为制造业企业技术改造和转型升级提供中长期资金供给。加强重大技术装备补短板，推动首台（套）装备示范应用。加强质量和品牌建设，强化标准引领，着力提升产品品质。改造提升重大产业基地，培育发展现代产业集群。组织实施新一轮技术改造升级工程，运用互联网、大数据、人工智能等新技术和先进适用绿色工艺、技术、装备改造传统产业，促进传统产业安全、绿色、集聚、高效发展。

二是大力培育新兴产业。优化新业态新模式的监管体制，深化新兴产业政银企合作，在新一代信息技术、高端装备、生物技术、新材料等重点领域，优先培育和大力发展一批战略性新兴产业集群。加快建立数字经济政策体系，制定实施新时期“互联网 +”行动，实施数字经济、“互联网 +”重大工程，建设人工智能创新应用先导区，持续推进大数据综合试验区建设。加快5G商用步伐和IPv6规模部署，加强人工智能、工业互联网、物联网等新型基础设施建设和融合应用。研究制定新时期“宽带中国”战略，加强新一代信息基础设施建设。研究制定生物经济发展战略纲要和促进生物产业发展的若干政策，深入实施生物产业倍增工程，促进生物技术和信息技术融合发展。加大通用航空产业发展步伐。

三是聚焦关键领域促进有效投资。制定基础设施高质量发展实施方案，推进落实保持基础设施领域补短板力度有关举措。安排中央预算内投资5776亿元，比上年增加400亿元。调整优化中央预算内投资结构，重点用于“三农”建设、重大基础设施建设、创新驱动和结构调整、保障性安居工程、社会事业和社会治理、节能环保与生态建设等方面。加大对在建项目的资金保障，鼓励地方政府盘活存量财政资金，重点用于在建基础设施项目，防止出现“半拉子”工程。建立健全吸引民间资本投资重点领域长效机制，引导民营企业参与国家重大战略和补短板项目建设。鼓励民间资本采取混合所有制、投标联合体等多种方式参与PPP项目。加快推动川藏铁路、沿江高铁、北煤南运通道体系、跨区输电通道、西南水电等重大项目的规划建设，支持京津冀、长江三角洲、粤港澳大湾区、山东半岛、北部湾等重点城市群加快推进城际铁路、市域（郊）铁路规划建设，抓好三峡库区后续工程建设，抓紧推进三峡枢纽水运新通道和葛洲坝航运扩能工程等重大项目前期工作，规划建设西部陆海新通道，加快建设天然气管网设施互联互通“全国一张网”。推进枢纽机场新建、迁建和改扩建工程，有序建设支线机场和通用机场，加快推进北京大兴国际机场建设和运营筹备工作，确保9月底前建成投运。大力推进综合客运枢纽、物流枢纽建设，制定国家物流枢纽网络建设实施方案，支持集疏港铁路等建设，打通运输"最后一公里"。

四是积极培育消费惠民新增长点。研究制定居民增收三年行动方案。落实好个人所得税基本减除费用标准和6个专项附加扣除政策,深入推进城乡居民增收试点工作,推动实施技能人才、新型职业农民、科研人员等重点群体增收激励计划,完善事业单位岗位绩效工资制度,进一步增强居民消费能力。制定出台促进汽车、家电等热点产品消费的措施,畅通城乡双向联动销售渠道,开展品牌消费、品质消费"双品网购节"系列活动,挖掘农村网购和乡村旅游消费潜力。实施质量强国战略,推动产品和服务质量提升。开展打击假冒伪劣三年行动,净化市场消费环境。深入实施"同线同标同质"工程,加强重要商品质量追溯体系建设,改造提升重点城市步行街,吸引高端商品和服务等境外消费回流。推动各类应用电子产品智能化升级,进一步扩大和升级信息消费。创新激励政策,强化市场监管,扩大绿色消费。加快教育、育幼、养老、家政、医疗、文化、旅游等服务业发展。丰富文化和旅游产品及服务供给,创新业态和消费模式。研究制定健康产业发展行动纲要,加大体育消费设施建设力度。落实带薪年休假制度。出台实施大力发展老年人照护服务的政策措施,开展家政服务标准化试点示范建设,加大家政人员培训力度。推进海南国际旅游消费中心、平潭国际旅游岛和横琴国际休闲旅游岛建设,组织实施"三区三州"等深度贫困地区旅游基础设施改造升级行动计划(2018—2020年)。加强重点旅游景区快速交通、步行道、停车场等基础设施和公共服务设施建设,规范主题公园健康发展,支持邮轮、旅居车等消费发展。研究制定促进东北地区寒地冰雪经济发展的指导意见。实施社会办医疗机构跨部门联合审批。

专栏7:消费新增长点

文化旅游提质升级	◊ 推动建设重点旅游区和国家级重点文化项目,强化优秀传统文化保护传承。继续实施文化旅游提升工程,支持公共文化服务设施、国家文化和自然遗产保护利用设施、旅游基础设施和公共服务设施建设。
养老产业加快发展	◊ 通过城企合作发展普惠养老服务,开展城企联动普惠养老专项行动。开展应对人口老龄化工作综合创新试点。持续开展养老院服务质量建设专项行动。对在社区提供日间照料、康复护理、助餐助行等服务的机构给予税费减免、资金支持、水电气热价格优惠等扶持。加强农村养老设施建设。
体育产业创新发展	◊ 加大体育服务设施建设,狠抓社会足球场地、全民健身中心等公共体育服务设施建设。推进各地做好中国足球中长期发展规划、足球场地设施建设规划的贯彻落实。
家政服务提质扩容	◊ 加快落实家政服务提质扩容政策措施,推动地方制定具体实施意见或细则。深入推进家政培训提升行动。
信息消费扩大升级	◊ 推动新型信息消费示范城市、新型信息消费示范项目建设,支持有条件的地方和企业建设信息消费体验中心,开展信息消费体验周、技能培训等活动。

五是切实稳定市场预期。积极主动加强重大政策解读,创新宣传手段,及时向各类市场主体精准解读政策精神。及时妥善化解可能影响预期的重大风险隐患,密切关注舆情走势,及时回应社会关切,强化重特大突发事件应急处置。做好第四次全国经济普查数据采集、发布和解读工作。密切跟踪分析重要商品市场供需和价格变化,做好市场保供和物价稳定工作,加强产供储销运调节,严厉打击囤积居奇、哄抬物价等不法行为。

(三)坚决打好三大攻坚战。针对突出问题,集中力量、分类推进、精准施策,打好重点战役,全力攻坚、务求实效。

一是打好防范化解重大风险攻坚战。坚决贯彻总体国家安全观,健全维护国家经济安全的体制机制,强化重大风险监测研判预警,守住不发生系统性风险的底线。坚持结构性去杠杆基本思路,把握好节奏和力度,推动市场化债转股签约项目尽快落地,加强国有企业资产负债约束,建立企业债务风险监测、预警体系。加强对股市、债市、汇市资金流动和风险的监管与处置,防范金融市场异常波动和共振。完善资本市场基本制度,加强互联网金融等领域监管,有序化解影子银行风险。弥补监管制度短板,尽快出台金融控股公司监管办法。稳妥处理地方政府债务风险,坚决遏制地方政府隐性债务增量、有序推进存量化解,支持融资平台公司市场化转型。坚持房子是用来住的、不是用来炒的定位,稳妥实施房地产市场平稳健康发展长效机制方案,落实城市主体责任制,稳地价、稳房价、稳预期,坚决防范化解房地产市场风险。坚持租购并举,完善住房市场体系和住房保障体系,努力解决城镇中低收入居民和新市民住房问题。改革住房公积金制度。在人口净流入的大中城市加快发展住房租赁市场特别是长期租赁市场。

二是打好精准脱贫攻坚战。扎实推进打赢脱贫攻坚战三年行动，集中力量支持“三区三州”等深度贫困地区和特殊贫困群体脱贫攻坚，重点解决好实现“两不愁三保障”面临的突出问题。深入实施产业、就业、生态、教育、健康、社会保障等扶贫，实施残疾人脱贫行动。进一步落实脱贫攻坚责任制，完善脱贫攻坚考核监督评估机制。研究建立促进困难群众稳定脱贫和防范返贫的长效机制，减少和防止贫困人口返贫。对摘帽后的贫困县通过实施乡村振兴战略，巩固脱贫成果、提升发展水平。研究解决收入水平略高于建档立卡贫困户的群体缺乏政策支持等新问题。全年再减少农村贫困人口1000万人以上，基本完成“十三五”易地扶贫搬迁规划建设任务。

三是打好污染防治攻坚战。坚守阵地、巩固成果，不放宽放松，更不走回头路，协同推进经济高质量发展和生态环境高水平保护。聚焦打赢蓝天保卫战、柴油货车污染治理、城市黑臭水体治理、长江保护修复、渤海综合治理、农业农村污染治理、水源地保护等七大战役，加大工作和投入力度。加强污染防治重大科技攻关。改革创新环境治理方式，制定构建政府为主导、企业为主体、社会组织和公众共同参与的环境治理体系的意见，落实企业污染防治主体责任和环保责任。深入推进生态环境保护督察，帮助企业制定环境治理解决方案。推进钢铁行业超低排放改造，持续稳步推进煤电超低排放和节能改造，促进煤电高效、清洁、高质量发展。优化调整货物运输结构，提升煤炭、矿石、焦炭等大宗货物铁路、水路运输比例。实施城市污水处理提质增效三年行动，全面推进城市生活垃圾分类工作，研究制定进一步加强塑料污染防治的意见。组织实施“无废城市”建设试点和废铅蓄电池污染防治行动。大力推进能源节约和高效利用，促进重点地区煤炭消费减量替代和清洁高效利用。有效推进北方地区冬季清洁取暖，集中资源推进京津冀及周边地区、汾渭平原散煤治理。加强天然气产供储销体系建设，按照“以气定改”原则有序实施煤改气等措施。支持清洁能源多元化应用，提高可再生能源占能源消费比重，建立可再生能源电力消纳利用长效机制。加强生态系统保护和修复，加强荒漠化、石漠化等治理。加大生物多样性保护力度。继续开展退耕还林还草还湿。全面开展生态保护红线勘界定标，建设生态保护红线监管平台。完善多元化的横向生态补偿机制。推进大规模国土绿化，提升森林、草原、湿地等生态系统质量，深化国家公园体制改革。深入实施河长制湖长制，持续推进重点流域综合治理。严格管控围填海。建立健全绿色生产、消费的法律制度和政策体系，研究制定建立健全绿色低碳循环发展经济体系的指导意见，推进资源循环利用基地建设。实施国家节水行动，提高水资源管理水平和利用效率。推广绿色建筑、绿色快递包装。加快构建市场导向的绿色技术创新体系，发布绿色产业指导目录（2019 年版），推动绿色高效制冷。改革完善环境经济政策，健全排污权交易制度，大力发展绿色金融。积极推广合同能源管理、合同节水管理、环境污染第三方治理模式，加快实施绿色制造工程，促进节能环保等绿色产业发展。开展绿色生活创建行动。实施应对气候变化国家战略，加快完善全国碳市场制度体系，积极参与全球气候治理。

（四）加快建设创新型国家。落实创新驱动发展战略，提高大众创业、万众创新水平，促进军民协同创新，全面提升创新能力和效率。

一是加强国家创新体系建设。研究谋划新一轮全面创新改革试验。持续推进科技体制改革，抓好赋予科研机构和人员更大自主权有关政策的贯彻落实。改革科技创新成果的科学、技术、经济等价值评价制度，推动科研成果加快转化。建立健全以创新、质量、贡献为导向的科技人才评价激励体系。编制新一轮国家中长期科技发展规划。加大对基础研究的稳定持续投入。加快实施国家科技重大专项和科技创新 2030—重大项目。构建开放、协同、高效的共性技术研发平台，加快健全需求为导向、企业为主体的产学研一体化创新机制。大力支持民营企业开展原始创新，支持龙头企业包括民营高技术企业牵头重大科技项目，强化企业、科研院所和高校的创新资源整合共享。加强工业强基工程协同攻关，推进产业链上下游一条龙示范应用。抓紧布局国家实验室，重组国家重点实验室体系。完善重大科技项目组织管理。加强国家产业创新中心建设，支持新一批国家自主创新示范区建设，在关键领域新布局建设若干国家制造业创新中心。加快建立京津冀协同创新共同体，支持北京、上海科技创新中心建设，支持北京怀柔、上海张江、安徽合肥 3 个综合性国家科学中心建设，以科技创新支撑长江经济带发展、长江三角洲区域一体化发展战略，研究和大力支持建设粤港澳大湾区国际科技创新中心并布局建设综合性国家科学中心。

二是持续推进创新创业高质量发展。加快落

实“双创”升级版重点任务。进一步优化创新创业环境,推动落实各项创业扶持政策,健全公共服务体系,积极发展创业孵化基地等各类载体,打造展示交流和资源共享平台。全面加强知识产权保护,建立覆盖知识产权交易、评估等方面的服务体系,健全知识产权侵权惩罚性赔偿制度。进一步完善支持创业投资发展的相关政策,鼓励发行双创专项金融债券、双创孵化专项债券等。推动国家新兴产业创业投资引导基金高效运营,构建新兴领域创业投资联盟。办好2019年全国“双创”活动周。

三是扎实推进军民融合深度发展。深入推进军民融合重大示范项目和军民融合创新示范区建设,推动军民融合产业发展,充分发挥军民融合对培育壮大经济发展新动能的重要支撑作用。采取强有力的措施深入开展经济建设项目贯彻国防要求试点,实现共建共享共用。健全军民融合体制机制,破除“民参军”壁垒,加大“军转民”力度。健全军地两用人才培养机制,畅通军地人才双向流动渠道。深入推进国防军工生产能力建设,进一步优化国民经济动员布局。推动军民融合综合性立法。持续深化军工企业混合所有制改革试点。强化军民科技成果双向转化应用。融合拓展国家军民融合公共服务平台功能。

(五)持续深化重点领域改革。全面贯彻落实习近平总书记在庆祝改革开放40周年大会上的重要讲话精神,持续强化改革牵引作用,以增强微观主体活力为重点,推动经济体制改革走深走实。

一是深化“放管服”改革。加快完善中国营商环境评价体系,健全评价分析系统,在直辖市、计划单列市、部分省会城市和地级市开展营商环境试评价,推动全国范围营商环境实现较大幅度改善,降低制度性交易成本。持续推动市场准入负面清单制度全面实施,建立健全清单动态调整机制,不断完善清单信息公开机制,推动“非禁即入”普遍落实。再推动取消一批行政许可等事项,加快清理各类变相审批和许可,压减规范行政处罚事项,大幅压缩工程建设项目审批时间,压缩开办企业、注册商标、登记财产、获得电力、跨境贸易等事项的办理环节、时限和成本,进一步清理规范各类行政审批中介服务事项,全面推开行业协会商会与行政机关脱钩改革,打造法治化、国际化、便利化的营商环境。深化商事制度改革,积极推进“证照分离”改革全覆盖,深入推行企业注销便利化改革,继续压缩专利审查和商标注册时间。加快健全以“双随机、一公开”为基本手段、以重点监管为补充、以信用监管为基础的新型监管机制,在市场监管领域推进跨部门“双随机、一公开”监管,加强反垄断和反不正当竞争执法。大力推动“互联网+政务服务”,加快“数字政府”建设,抓紧建成全国一体化在线政务服务平台,加快实现一网通办、异地可办。出台国家政务信息系统管理办法,建立完善国家政务信息系统清单管理机制。

二是推进国资国企改革。扎实推进国企改革“1+N”政策文件落实落地和各项改革试点经验成果的推广应用,出台改革国有资本授权经营体制方案,深化综合性改革,建立职业经理人等制度,培育世界一流企业。推进重要领域混合所有制改革,完善员工持股等配套政策,加快推进一般竞争性领域国有企业混合所有制改革,积极推动民营企业参与国有企业改革。坚持做强做优做大国有资本,推动国有经济战略性重组和布局优化,加快实现从管企业向管资本转变,改组成立一批国有资本投资公司,组建一批国有资本运营公司,推动国有资本投资、运营公司试点取得更大成效。研究扩大国有资本经营预算实施范围,提高国有资本经营预算调入一般公共预算的比例。继续分批推动划转部分国有资本充实社保基金。深入推进国有企业工资决定机制改革。

三是深化重点行业改革。深化石油天然气体制改革,组建国家石油天然气管网公司,实现管输和销售分开。放开油气勘查开采准入限制,积极吸引社会资本加大油气勘查开采力度。深化电力体制改革,推动交易机构独立规范运行,加快推进电力市场化交易,稳步推进电力现货市场建设试点,扩大增量配电业务改革试点。在加强成本监审调查基础上,深入推进第二个监管周期输配电价改革,继续推进石油、天然气、交通运输等重点领域价格改革。深化邮政和烟草体制改革。

四是优化要素市场化配置。制定关于完善要素市场化配置的意见,健全要素市场准入、监管、退出制度。深入推进人力资源市场建设,促进人力资源自由有序流动。完善投融资体制机制,加快投融资服务引导转型,持续规范简化投资审批,深化企业投资项目承诺制改革。扩大国有土地有偿使用范围,深化工业用地市场化配置改革试点,推进工业用地一级市场多种方式出让和二级市场有序流转,进一步深入推进农村集体经营性建设用地入市。推进公共资源交易平台整合共享。深化技术要素市场化配置,探索职务科技成果产权制度改革。推进数据信息要素市场化配置,完善个人信息授权和大数据交易制度。

五是深化财税金融体制改革。制定应急救援、自然资源等领域中央与地方财政事权和支出责任划分改革方案。健全地方税体系，推进中央和地方收入划分改革，全面实施预算绩效管理。深化增值税改革，逐步建立期末留抵退税制度。在上海证券交易所设立科创板并试点注册制，健全上市公司股份回购制度，进一步完善上市公司现金分红和退出机制。健全货币政策和宏观审慎政策双支柱调控框架，将更多金融活动、金融市场、金融机构和金融基础设施纳入宏观审慎政策框架。完善全口径外债和跨境资本监管体系。改革完善地方金融监管体制，坚决打击非法金融机构和非法金融活动。

（六）推进更高水平对外开放。扎实推进共建“一带一路”，在更深层次、更宽领域、以更大力度推进全方位高水平开放。

一是深入推进“一带一路”国际合作。办好第二届“一带一路”国际合作高峰论坛。加强我国与沿线国家的发展规划对接。以基础设施等重大项目建设和产能合作为重点，解决好金融支撑、投资环境、风险管控、安全保障等关键问题，加强文化交流与人才合作，确保更多合作成果落地。深入推进数字丝绸之路建设合作，推动中国—东盟智慧城市网络合作。高质量建设境外经贸合作区、产能合作园区等平台。推动中欧班列高质量发展，加快“丝路电商”全球布局。务实推进与法国、德国、日本、新加坡等国家第三方市场合作和创新合作，积极推进与太平洋岛国的经贸、旅游等务实合作。加快沿边开发开放步伐，推动沿边重点开发开放试验区和跨境经济合作区建设。支持东北地区打造我国向北开放的重要窗口和东北亚地区合作的中心枢纽。

二是着力稳外贸。进一步压缩整体通关时间，降低进出口合规成本，大力推进“经认证的经营者”(AEO)国际互认合作，提升贸易便利化水平。加大对出口信用保险保单融资、出口退税账户质押融资等政策支持力度，推动出口市场多元化。办好第二届中国国际进口博览会，增加先进技术设备、关键零部件以及短缺的能源资源、农产品进口，促进对外贸易平衡发展。优化进出口结构，巩固传统竞争优势，加快培育以技术、标准、品牌、质量、服务为核心的综合竞争优势，促进服务贸易创新发展，加快服务外包转型升级，积极发展跨境电商，推动外贸向质量效益型转变。

三是加大吸引外资力度。出台实施外商投资法，缩减外商投资准入负面清单，全面清理取消负面清单以外领域针对外资设置的准入限制。稳步推进金融业开放，吸引更多长期资金流入，有效发挥国际长期资本的作用。制定鼓励外商投资产业目录，扩大鼓励外商投资范围，吸引跨国公司来华投资并设立生产研发基地。健全外资项目服务机制，推动一批规模大、示范性强的重点项目落地。完善外资安全审查机制。稳步推进外债登记制管理改革，提升监管水平。推进国家级经开区、高新区等各类开发区创新提升，增强辐射带动作用。研究出台推动自贸试验区进一步扩大开放和创新发展的改革措施。增设上海自贸试验区新片区，将支持自贸试验区及全面创新改革试验区的出入境政策措施推广至全国。深入落实支持海南全面深化改革开放的各项政策举措，高质量建设全岛自贸试验区，探索建设中国特色自由贸易港。

四是促进对外投资平稳健康发展。加快制定境外投资条例，完善境外投资服务和监管。推动企业加强合规管理，规范企业境外经营秩序，实行守信联合激励和失信联合惩戒。加强“走出去”公共服务平台建设，建立部门间信息统一归集和共享机制。推进安全风险防范体系建设，全面提高境外安全保障和应对风险能力。

五是积极参与国际经贸规则变革完善。积极发展全球伙伴关系，充分利用国际平台加强政策协调，扩大同各国的利益交汇点。积极参与世界贸易组织改革，坚定维护多边贸易体制，主动参与多边贸易规则制定，推动构建公正、合理、透明的国际经贸规则体系，维护支持贸易投资自由化便利化的合作方向。落实阿根廷中美元首会晤共识，稳妥推动中美经贸磋商。推动早日达成区域全面经济伙伴关系协定，加快中欧投资协定谈判和中日韩自由贸易区谈判进程。

（七）促进城乡区域协调发展。围绕解决发展不平衡不充分问题，推动乡村振兴和区域发展重大战略落地见效，着力提升新型城镇化质量，缩小城乡区域发展差距。

一是持续推进乡村振兴战略。落实农业农村优先发展总方针，积极推动乡村振兴战略规划(2018—2022年)各项任务落地。加快编制村庄规划，推进农村基础设施和公共服务提挡升级，健全多元投入机制，促进路水电气信等城乡基础设施一体规划、互联互通，推动公共服务向农村延伸、社会事业向农村覆盖。大力支持农村饮水安全巩固提升等工程建设。抓好农村人居环境整治三年行动，重点推进“厕所革命”，做好农村生活垃圾污水治理，推动垃圾分类和资源化利用，建设美丽乡村。加快推进农村水土流失综合治理，实施生态清洁小流域建设。完善县乡村物流基础设施网络，加强农产品物流骨干网络和冷链物流体系建设，促进重要市政设施城乡共用。实施村庄基础设施建设工程，新建改建农村公路 20 万公里。全面深化农村改革，深化农村土地征收制度改革，稳慎推进农村宅基地制度改革，推进房地一体的农村集体建设用地和宅基地使用权确权登记颁证，加快盘活利用闲置宅基地和闲置农房，推进农村集体产权制度改革。深化农垦改革发展。

二是扎实推进以人为核心的新型城镇化。建立健全城乡融合发展体制机制和政策体系，推进城乡融合发展。推动落实 1 亿非户籍人口在城市落户目标，加快推进户籍制度改革，推进租赁房屋的常住人口在城市公共户口落户。加快城市群一体化体制机制建设，增强中心城市辐射带动力，加强交通设施联通，优化产业布局。持续提升城市品质，推进城区老工业区、城镇人口密集区危险化学品生产企业等搬迁改造，有序推动城市老旧小区改造，支持加装电梯和无障碍环境建设，积极打造新型智慧城市，推进地下综合管廊、海绵城市和城市排水防涝设施建设。规范有序建设特色小镇。加快建立多元可持续的城镇化资金保障机制。

三是着力推动区域协调发展。制定西部开发开放新的政策措施，推进西部大开发形成新格局，推动西部地区生态环境、营商环境、开放环境、创新环境明显改善。支持东北地区深化改革创新推动高质量发展，加快落实优化营商环境、深化国企改革、促进民营经济发展等政策举措。支持中部地区发挥优势，夯实制造业基础，有力有序承接国内外产业转移。支持中西部和东北地区建设科技成果转移转化示范区。推进实施淮河生态经济带发展规划。加大力度支持革命老区、民族地区、边疆地区、贫困地区加快发展，深入实施兴边富民行动，积极促进资源型地区经济转型发展。推动国家级新区高质量发展，积极推动和支持临空经济示范区、自主创新示范区等平台建设。制定坚持陆海统筹、加快建设海洋强国政策及规划，推动海洋经济高质量发展。

四是深入实施国家重大区域战略。促进京津冀协同发展，积极稳妥有序推进北京非首都功能疏解，出台实施雄安新区相关规划及改革开放配套实施方案，推进交通、生态、公共服务等基础设施项目建设，持续推动北京城市副中心建设，建好首都水源涵养功能区与生态环境支撑区。深入推动长江经济带发展，按照统筹山水林田湖草系统治理的思路，扎实推进"三水共治"和生态环境治理"4 + 1"工程，发挥铁路、公路、水运各自优势整体设计综合运输体系。将长江三角洲区域一体化发展上升为国家战略，制定实施发展规划纲要。编制粤港澳大湾区产业发展、基础设施、生态环境等专项规划，支持深圳前海、广州南沙、珠海横琴等粤港澳合作发展平台建设。

（八）切实保障和改善民生。坚持以人民为中心的发展思想，突出保基本兜底线，精心做好各项民生工作，实施好更具有普惠性和可持续性的社会政策。

一是扎实做好就业优先工作。加强对美贸易重点企业用工监测，完善风险应对预案，落实好受影响企业的援企稳岗等措施。扎实做好高校毕业生、退役军人、农民工等重点群体就业工作，加强对城镇各类就业困难人员的就业帮扶。深入实施高校毕业生就业创业促进计划和基层成长计划，启动实施三年百万青年见习计划。加强对灵活就业、新就业形态的支持，鼓励各地加快建设创业孵化载体，深入推进返乡创业试点示范。不断健全职业技能培训制度，加快推行终身职业技能培训制度。健全技术工人职业发展机制。组织实施公共职业技能培训基础平台建设行动方案。加快产教融合实训基地建设。大力弘扬工匠精神，积极推行企业新型学徒制。推进农民工职业技能提升计划等专项培训。继续实施阶段性降低失业保险费率政策，实质性扩大失业保险基金稳就业支出，全面落实失业保险基金稳岗返还政策。实施职业技能提升行动，从失业保险基金结余中拿出 1000 亿元，用于 1500 万人次以上的职工技能提升和转岗转业培训。支持困难企业开展职工在岗培训，加强失业人员职业技能培训或创业培训。对招用农村贫困人口、城镇登记失业半年以上人员的各类企业，三年内给予定额税费减免。加大对残疾人等就业困难人群帮扶力度，确保零就业家庭动态清零。

二是进一步完善社会保障制度和政策。统筹推进多层次社会保障体系建设，推进以国家政务服务平台为统一入口的社会保险公共服务平台建设。研究制定建立退休人员基本养老金合理调整机制。推进贫困人口基本养老保险制度全覆盖。落实企业职工基本养老保险基金中央调剂制度，加快完善养老保险省级统筹，落实降低社会保险费率相关工作。全面推进建立统一的城乡居民基本医疗保险和大病保险制度。扩大长期护理保险制度试点。

加强医疗保障基金监管。进一步推进跨省异地就医直接结算。完善农村低保制度，健全低保对象认定办法。完善失业保险制度，研究解决新业态从业人员中无工作单位人员的职业伤害保障问题。落实特困人员救助供养制度，加大临时救助力度，优化救助方式和审核审批程序，认真执行社会救助和保障标准与物价上涨挂钩联动机制。持续开展农村危房改造，继续做好棚户区改造工作，进一步规范发展公租房。

三是深入推进公共服务补短板强弱项提质量。制定国家基本公共服务标准，推动各地区各领域标准规范做好衔接，实施社会领域公共服务补短板、强弱项、提质量行动方案。出台实施促进3岁以下婴幼儿照护服务发展的指导意见，着力增加托育服务有效供给。坚持教育优先发展。积极支持优质普惠学前教育资源扩容建设，坚持公办民办并举，在持续办好公办幼儿园的同时，引导社会力量多举办普惠性幼儿园，加快完善普惠性民办幼儿园认定标准、补助标准及扶持政策。继续推进城乡义务教育一体化发展，深入实施高中阶段教育普及攻坚计划，积极消除城镇中小学“大班额”。持续改善贫困地区学校基本办学条件，加大对农村贫困地区儿童早期发展的支持力度，强化农村和贫困地区控辍保学工作，加强乡村教师队伍建设。依法支持民办教育发展。科学稳妥推进民族地区双语教育。发展现代职业教育，改革高职院校考试招生办法、办学体制和育人机制，支持企业和社会力量兴办职业教育，加快学历证书和职业技能等级证书互通衔接。加快“双一流”建设，促进高等教育内涵式发展。实施好教育现代化推进工程。2019年，九年义务教育巩固率预期达到94.6%，高中阶段教育毛入学率预期达到89.4%，高职院校扩招100万人，普通高等教育本专科招生预期达到870万人，研究生招生预期达到93.3万人。深化医药卫生体制改革。积极推动建立分级诊疗制度、现代医院管理制度、全民医疗保障、药品供应保障、医疗卫生行业综合监管五项制度。发展“互联网+医疗健康”，加快建立远程医疗服务体系。稳步推进区域医疗中心规划建设，加强乡村医生队伍建设。加强重大疾病防治，继续实施疑难病症诊治能力提升和中医药传承创新工程。加快儿童药物研发。加强罕见病用药保障。深化医保支付方式改革，优化医保支出结构。坚持预防为主，加强公共卫生服务、职业病和地方病防治能力建设。抓好青少年近视防治。完善生育配套政策。加快完善疫苗药品监管长效机制。进一步加强医德医风建设和医疗卫生领域失信治理。开展社会办医示范行动，制定促进健康产业高质量发展行动纲要。加强居民身心健康教育和自我健康管理。加强城乡养老设施建设，积极引导民间资本和外资进入养老服务业，大力发展养老特别是社区养老服务业。推进实施社会服务兜底工程，提升老年人、残疾人、困境儿童、农村留守儿童、精神障碍患者等困难群体服务设施建设水平。切实加强妇女、未成年人、残疾人等社会群体权益保护。启动实施积极应对人口老龄化中长期规划。推动大运河文化带建设，积极推进平安故宫、国家美术馆、中国工艺美术馆、国家图书馆国家文献战略储备库等重大文化项目建设。深入推进中华优秀传统文化传承发展，加强文物保护利用改革和历史文化遗迹保护修复。繁荣发展哲学社会科学，建好中国特色新型智库。倡导全民阅读。大力推进实施全国红色旅游经典景区三期总体建设方案。推动冬奥会场馆建设，加大体育设施建设力度。办好2019年北京世界园艺博览会。严格落实安全生产责任制，完善安全监管体制，抓好食品药品、交通等安全。

进一步支持香港、澳门融入国家发展大局，加快推进粤港澳大湾区规划建设，实施好港澳居民证件便利化、进一步便利港澳居民到内地创业就业、降低粤港澳通信漫游费用等政策措施。支持香港、澳门参与国家经济高质量发展和新一轮高水平开放，努力把香港、澳门打造成国家双向开放的重要区域。支持香港提升国际金融、航运、贸易中心地位，促进香港同内地加强科技合作，支持香港建设国际创新科技中心。支持澳门加强世界旅游休闲中心、中葡商贸合作服务平台建设，打造中医药科技产业发展平台，支持澳门打造以中华文化为主流、多元文化共存的交流合作基地。扩大海峡两岸交流合作、深化两岸融合发展，持续落实促进两岸经济文化交流合作的31条措施，推出更多惠及台湾同胞的政策措施，为台胞台企在大陆实现更好发展创造条件。

各位代表，做好2019年经济社会发展工作意义重大，任务艰巨。我们要更加紧密地团结在以习近平同志为核心的党中央周围，高举中国特色社会主义伟大旗帜，以习近平新时代中国特色社会主义思想为指导，按照党中央、国务院决策部署，自觉接受全国人大的监督，虚心听取全国政协的意见和建议，敢于担当、真抓实干，自力更生、艰苦奋斗，改革创新、攻坚克难，促进经济社会平稳健康可持续发展，以优异成绩庆祝中华人民共和国成立70周年！

第十三届全国人民代表大会财政经济委员会关于2018年国民经济和社会发展计划执行情况与2019年国民经济和社会发展计划草案的审查结果报告

（2019 年 3 月 12 日第十三届全国人民代表大会第二次会议主席团第二次会议通过）

十三届全国人大二次会议主席团：

第十三届全国人民代表大会第二次会议审查了国务院提出的《关于 2018 年国民经济和社会发展计划执行情况与 2019 年国民经济和社会发展计划草案的报告》和 2019 年国民经济和社会发展计划草案。全国人民代表大会财政经济委员会在对计划报告和计划草案初步审查的基础上，根据各代表团和有关专门委员会的审查意见，又作了进一步审查。国务院根据审查意见对计划报告作了修改。现将审查结果报告如下。

一、2018 年计划执行情况总体良好

财政经济委员会认为，2018 年国民经济和社会发展计划执行情况总体良好。面对错综复杂的国际环境和艰巨繁重的国内改革发展稳定任务，国务院和地方各级人民政府在以习近平同志为核心的党中央坚强领导下，坚持以习近平新时代中国特色社会主义思想为指导，全面贯彻党的十九大精神，按照党中央决策部署和十三届全国人大一次会议各项决议要求，坚持稳中求进工作总基调，落实高质量发展要求，有效应对外部环境深刻变化，迎难而上、扎实工作，经济保持总体平稳、稳中有进的发展态势。从计划指标完成情况看，对照十三届全国人大一次会议批准的 2018 年国民经济和社会发展计划，全部 65 个指标中绝大多数符合或好于预期。各项重点任务完成情况较好，供给侧结构性改革深入推进，三大攻坚战开局良好，改革开放力度加大，稳妥应对中美经贸摩擦，人民生活持续改善，保持了经济持续健康发展和社会大局稳定。成绩来之不易。同时也要看到，经济运行稳中有变、变中有忧。外部环境更趋复杂严峻，风险挑战增多；内需增长放缓并向供给侧传导，经济下行压力有所加大；自主创新能力尚不能满足转型升级和高质量发展需要；实体经济成本偏高，负担较重，企业融资难融资贵问题仍然突出；长期积累的金融、地方政府债务、房地产等风险依然存在；营商环境有待进一步优化，市场预期和投资者信心有待提振；区域分化仍在持续；就业结构性矛盾突出，城乡居民收入增幅放缓，教育、医疗、养老等社会领域改革发展和公共服务短板依然明显。对此，要增强忧患意识，加强政策统筹和工作协调配合，有针对性地加以解决。

二、2019 年计划报告和计划草案总体可行

财政经济委员会认为，国务院提出的 2019 年计划报告和计划草案，符合中央经济工作会议精神，符合“十三五”规划纲要要求，符合我国经济社会发展实际，指导思想明确，主要目标和工作安排总体可行，建议第十三届全国人民代表大会第二次会议批准国务院提出的《关于 2018 年国民经济和社会发展计划执行情况与 2019 年国民经济和社会发展计划草案的报告》，批准 2019 年国民经济和社会发展计划草案。

三、做好 2019 年计划执行工作的建议

2019 年是新中国成立 70 周年，是全面建成小康社会、实现第一个百年奋斗目标的关键之年，要在以习近平同志为核心的党中央坚强领导下，以习近平新时代中国特色社会主义思想为指导，全面贯彻党的十九大和十九届二中、三中全会精神及中央经济工作会议精神，按照统筹推进“五位一体”总体布局和协调推进“四个全面”战略布局的要求，坚持稳中求进工作总基调，坚持新发展理念，坚持推动高质量发展，坚持以供给侧结构性改革为主线，

坚持深化市场化改革、扩大高水平开放，加快建设现代化经济体系，继续打好三大攻坚战，着力激发微观主体活力，创新和完善宏观调控，统筹推进稳增长、促改革、调结构、惠民生、防风险、保稳定工作，保持经济运行在合理区间，进一步稳就业、稳金融、稳外贸、稳外资、稳投资、稳预期，提振市场信心，增强人民群众获得感、幸福感、安全感，保持经济持续健康发展和社会大局稳定，为全面建成小康社会收官打下决定性基础。为此，财政经济委员会提出以下建议：

（一）进一步加强和改善宏观调控，提升政策实施效果。增强宏观调控的前瞻性、针对性和灵活性，强化逆周期调节，适时预调微调。积极的财政政策要加力提效，实施好更大规模减税降费，确保政策落实到位，确保主要行业税负明显降低，确保所有行业税负只减不增。稳健的货币政策要松紧适度，保持流动性合理充裕，改善货币政策传导机制，提升金融服务实体经济效能。抓好部门协调配合和政策协同配套，把握好调控的节奏和力度，强化政策针对性和可操作性，确保实现预期效果。促进形成强大的国内市场，持续释放内需潜力。提高城乡居民收入水平，改善消费环境，促进居民消费；发挥投资关键作用，注重拉动有效投资，提高补短板资金使用效率。加强和改进预期管理，提高政策透明度，稳定市场预期，提振社会信心。

（二）继续深化供给侧结构性改革，着力振兴实体经济。按照“巩固、增强、提升、畅通”八字方针，更多运用市场化、法治化手段推进供给侧结构性改革进一步深化。高度关注制造业占经济比重持续下降问题，推动传统产业改造提升，促进战略性新兴产业加快发展，坚定不移建设制造强国。有效降低企业成本负担，重点减轻制造业和小微企业负担。加大对乱收费查处和整治力度。明显降低企业社保缴费负担，稳定现行缴费方式。着力缓解企业融资难融资贵，完善商业银行差异化考核和激励机制，发展多层次资本市场，提高直接融资特别是股权融资比重。加快治理政府部门拖欠企业以及企业间相互拖欠账款问题。优化环保、消防、税务、市场监管等执法方式，降低企业合规成本。

（三）巩固成果、精准施策，坚决打好三大攻坚战。坚决打好防范化解重大风险攻坚战，着重防范化解金融、地方政府债务、房地产等领域风险，牢牢守住不发生系统性风险的底线。打好精准脱贫攻坚战，重点解决好实现“两不愁三保障”面临的突出问题，加大“三区三州”等深度贫困地区和特殊贫困群体脱贫攻坚力度，因地制宜解决易地扶贫搬迁后持续发展问题，巩固脱贫成果，防止脱贫人口返贫。保持加强生态文明建设的战略定力，打好污染防治攻坚战，加大工作力度，努力完成“十三五”规划纲要节能环保指标，确保主要污染物排放总量持续减少，生态环境质量持续改善。

（四）增强创新能力，提高经济发展质量。落实创新驱动发展战略，完善国家创新体系，着力解决资源配置重复、科研力量分散、创新主体功能定位不清晰等突出问题。采取积极有效措施进一步提高研究与试验发展经费投入强度，努力实现“十三五”规划纲要提出的目标要求。加大基础研究和前沿领域科研投入，加快实施国家科技重大专项和科技创新2030—重大项目，加大关键核心技术攻关力度。强化企业创新主体地位，鼓励引导企业加大研发投入。推动科技成果转化和产业化，落实好创新导向的普惠性政策，促进高技术产业发展。

（五）协同推进乡村振兴和新型城镇化战略，促进区域协调发展。坚持农业农村优先发展，调整优化农业结构，推动农村各产业融合发展，促进农民增收。加快落实农村承包地“三权”分置改革配套政策，全面推开土地征收制度改革和农村集体经营性建设用地入市改革，推广农村宅基地制度改革试点成果。把乡村振兴战略与新型城镇化紧密结合起来，提高新型城镇化质量，着力解决好农村转移人口市民化问题。推进城乡融合发展，促进人才、资源、要素合理配置和流动，提高城乡基本公共服务均等化水平。深入实施国家重大区域战略，加快构建区域协调发展新机制，增强区域发展协调性和平衡性。

（六）继续深化重点领域改革，推进更高水平对外开放。以增强市场主体活力为重点，推进各领域改革不断深化，增强发展内生动力。加快国资国企改革，坚持政企分开、政资分开和公平竞争原则，推动国有经济战略性重组和布局优化，深化电力、油气、铁路等重点行业改革。积极支持民营经济发展，营造法治化营商环境，切实保护民营企业合法权益，激发和保护企业家精神。深化财税金融体制改革。推进财政事权和支出责任划分改革，健全地方税体系。改革优化金融体系结构，完善资本市场基础制度，加快推进上交所设立科创板并试点注册制改革，扩大资本市场对外开放。切实转变政府职能，大力简政放权，加强事中事后监管，强化竞争政策基础性地位。在更高水平推进全方位对外开放，全面实施准入前国民待遇加负面清单管理模式，营造内外资一视同仁、公平竞争的市场环境，扎实推进共建"一带一路"。做好应对中美经贸摩擦工作，积极参与国际经贸规则制定和全球经济治理体系变革，促进贸易和投资自由化便利化。

（七）进一步保障和改善民生，推动社会事业全面发展。落实好就业优先政策，着力解决结构性失业问题，重点抓好高校毕业生、农民工、退役军人等群体就业，解决好结构调整中转岗人员再就业问题。继续推进城乡义务教育均衡发展，增加对学前教育、职业教育、民族教育等的投入，着力保障好农村留守儿童和农民工随迁子女教育。完善养老保险基金中央调剂制度，确保养老金足额按时发放。全面建立全国统一的城乡居民基本医保和大病保险制度，进一步推进跨省异地就医直接结算，把更多救命救急的好药纳入医保，着力解决群众"看病难、看病贵"问题。积极应对人口老龄化趋势，加快发展养老事业和产业，努力解决养老难问题。下更大力气抓好安全生产、食品药品安全等问题，落实主体责任，消除各类安全隐患。加强和创新社会治理，保持社会和谐稳定。

以上报告，请予审议。

第十三届全国人民代表大会
财政经济委员会
2019 年 3 月 12 日

第十三届全国人民代表大会第二次会议关于 2018 年中央和地方预算执行情况与 2019 年中央和地方预算的决议

（2019 年 3 月 15 日第十三届全国人民代表大会第二次会议通过）

第十三届全国人民代表大会第二次会议审查了国务院提出的《关于 2018 年中央和地方预算执行情况与 2019 年中央和地方预算草案的报告》及 2019 年中央和地方预算草案，同意全国人民代表大会财政经济委员会的审查结果报告。会议决定，批准《关于 2018 年中央和地方预算执行情况与 2019 年中央和地方预算草案的报告》，批准 2019 年中央预算。

关于 2018 年中央和地方预算执行情况与 2019 年中央和地方预算草案的报告

——2019 年 3 月 5 日在第十三届全国人民代表大会第二次会议上

财政部

各位代表：

受国务院委托，现将 2018 年中央和地方预算执行情况与 2019 年中央和地方预算草案提请十三届全国人大二次会议审议，并请全国政协各位委员提出意见。

一、2018 年中央和地方预算执行情况

2018 年是全面贯彻党的十九大精神的开局之年。在以习近平同志为核心的党中央坚强领导下，各地区各部门以习近平新时代中国特色社会主义思想为指导，深入贯彻党的十九大和十九届二中、三中全会精神，坚持稳中求进工作总基调，按照高质量发展要求，落实党中央、国务院决策部署，严格执行十三届全国人大一次会议审查批准的预算，保持了经济持续健康发展和社会大局稳定，朝着实现全面建成小康社会的目标迈出了新的步伐。中央和地方预算执行情况较好。

（一）2018 年一般公共预算收支情况。

1. 全国一般公共预算。

全国一般公共预算收入 183351.84 亿元，为预

算的100.1%，比2017年同口径(下同)增长6.2%。加上调入资金及使用结转结余14772.77亿元(包括中央和地方财政从预算稳定调节基金、政府性基金预算、国有资本经营预算调入资金，以及地方财政使用结转结余资金)，收入总量为198124.61亿元。全国一般公共预算支出220906.07亿元，完成预算的105.3%，增长8.7%。加上补充中央预算稳定调节基金1018.54亿元，支出总量为221924.61亿元。收支总量相抵，赤字23800亿元，与预算持平。

2018年我国经济运行总体平稳、稳中有进，全国一般公共预算收入保持增长。1—4月增长12.9%，随着5月1日起实施增值税减税措施，出台支持小微企业发展税收优惠政策，10月1日起提高个人所得税基本减除费用标准并适用新的税率表，以及经济出现新的下行压力等，5—12月收入增幅放缓至2.6%。从收入构成看，税收收入156400.52亿元，增长8.3%，占一般公共预算收入比重提高至85.3%；非税收入26951.32亿元，下降4.7%，占一般公共预算收入比重为14.7%。

2. 中央一般公共预算。

中央一般公共预算收入85447.34亿元，为预算的100.1%，增长5.3%。加上从中央预算稳定调节基金调入2130亿元，从中央政府性基金预算、中央国有资本经营预算调入323亿元，收入总量为87900.34亿元。中央一般公共预算支出102381.8亿元，完成预算的99.1%，增长7.7%，其中，本级支出32707.81亿元，完成预算的100.7%，增长8.8%；对地方税收返还和转移支付69673.99亿元，完成预算的99%，增长7.2%。加上补充中央预算稳定调节基金1018.54亿元，支出总量为103400.34亿元。收支总量相抵，中央财政赤字15500亿元，与预算持平。

中央一般公共预算主要收入项目具体情况是：国内增值税30753.04亿元，为预算的104%。国内消费税10631.75亿元，为预算的100.6%。进口货物增值税、消费税16878.75亿元，为预算的98.9%。关税2847.75亿元，为预算的90.7%。企业所得税22241.81亿元，为预算的101.6%。个人所得税8324.41亿元，为预算的107.4%。出口货物退增值税、消费税15913.45亿元，为预算的107.7%。

中央一般公共预算本级主要支出项目具体情况是：一般公共服务支出1503.68亿元，完成预算的103.4%。外交支出583.37亿元，完成预算的97.1%。国防支出11069.7亿元，完成预算的100%。公共安全支出2041.51亿元，完成预算的102.5%。教育支出1731.23亿元，完成预算的101.2%。科学技术支出3120.27亿元，完成预算的100.2%。粮油物资储备支出1375.64亿元，完成预算的100.3%。债务付息支出4161.65亿元，完成预算的97.1%。

中央对地方税收返还和转移支付具体情况是：税收返还7987.86亿元，完成预算的98.2%。一般性转移支付38759.04亿元，完成预算的99.4%，占转移支付总额的比重提高至62.8%。专项转移支付22927.09亿元，完成预算的98.8%。

2018年中央一般公共预算收入超收90.34亿元和支出结余928.2亿元，全部转入中央预算稳定调节基金。中央预备费预算500亿元，实际支出17.48亿元，主要用于支持地方加强非洲猪瘟防控等方面，剩余482.52亿元(已包含在上述支出结余928.2亿元中)全部转入中央预算稳定调节基金。2018年末，中央预算稳定调节基金余额3763.99亿元。

3. 地方一般公共预算。

地方一般公共预算收入167578.49亿元，其中，本级收入97904.5亿元，增长7%；中央对地方税收返还和转移支付收入69673.99亿元。加上地方财政从地方预算稳定调节基金、政府性基金预算、国有资本经营预算调入资金及使用结转结余12319.77亿元，收入总量为179898.26亿元。地方一般公共预算支出188198.26亿元，增长8.7%。收支总量相抵，地方财政赤字8300亿元，与预算持平。

(二)2018年政府性基金预算收支情况。

按照地方政府债务管理有关规定，地方政府专项债务收支纳入政府性基金预算管理。

全国政府性基金收入75404.5亿元，增长22.6%。加上2017年结转收入385.59亿元和地方政府发行专项债券筹集收入13500亿元，全国政府性基金相关收入为89290.09亿元。全国政府性基金相关支出80562.07亿元，增长32.1%。

中央政府性基金收入4032.65亿元，为预算的104.4%，增长4.2%。加上2017年结转收入385.59亿元，收入总量为4418.24亿元。中央政府性基金支出4021.55亿元，完成预算的94.7%，增长8.4%，其中，本级支出3089.29亿元，对地方转移支付932.26亿元。调入一般公共预算1.46亿元。中央政府性基金收大于支395.23亿元，其中，结转下年继续使用358.24亿元；单项政府性基金结转超过当年收入 30% 的部分合计 36.99 亿元，按规定补充中央预算稳定调节基金。

地方政府性基金本级收入 71371.85 亿元，增长 23.8%，其中，国有土地使用权出让收入 65095.85 亿元，增长 25%。加上中央政府性基金对地方转移支付收入 932.26 亿元和地方政府发行专项债券筹集收入 13500 亿元，地方政府性基金相关收入为 85804.11 亿元。地方政府性基金相关支出 77472.78 亿元，增长 32.9%，其中，国有土地使用权出让收入相关支出 69941.04 亿元，增长 34.2%。

(三)2018 年国有资本经营预算收支情况。

按照国有资本经营预算管理有关规定，国有资本经营预算收入主要根据国有企业上年实现净利润一定比例收取，同时按照收支平衡原则安排相关支出。2017 年全国国有及国有控股企业(不含国有一级金融类企业)营业总收入 53.75 万亿元，实现净利润 2.35 万亿元，归属于母公司所有者的净利润 1.42 万亿元；年末资产总额 183.52 万亿元，负债总额 118.46 万亿元。

全国国有资本经营预算收入 2899.95 亿元，增长 9.8%。全国国有资本经营预算支出 2159.26 亿元，增长 6.7%。

中央国有资本经营预算收入 1325.31 亿元，为预算的 96.3%，增长 1.6%。加上 2017 年结转收入 113.59 亿元，收入总量为 1438.9 亿元。中央国有资本经营预算支出 1111.73 亿元，完成预算的 95.1%，增长 10.1%，其中，本级支出 1024.85 亿元，对地方转移支付 86.88 亿元。调入一般公共预算 321.54 亿元，调入比例提高至 25%。结转下年支出 5.63 亿元。

地方国有资本经营预算本级收入 1574.64 亿元，增长 17.8%。加上中央国有资本经营预算对地方转移支付收入 86.88 亿元，收入总量为 1661.52 亿元。地方国有资本经营预算支出 1134.41 亿元，下降 9.2%，主要是调入一般公共预算资金增加至 432.45 亿元。

(四)2018 年社会保险基金预算收支情况。

为均衡地区间企业职工基本养老保险基金负担、实现基本养老保险制度可持续发展，2018 年出台实施了企业职工基本养老保险基金中央调剂制度，通过调剂将收支状况较好省份的基金结余按一定比例调剂至缺口省份，确保各地养老金按时足额发放。

全国社会保险基金收入 72649.22 亿元，增长 24.3%，剔除机关事业单位基本养老保险后同口径增长 7.3%，其中，保险费收入 52543.2 亿元，财政补贴收入 16776.83 亿元。全国社会保险基金支出 64586.45 亿元，增长 32.7%，剔除机关事业单位基本养老保险后同口径增长 12.7%。当年收支结余 8062.77 亿元，年末滚存结余 86337.13 亿元。

中央社会保险基金收入 582.11 亿元，其中，保险费收入 301.84 亿元，财政补贴收入 274.7 亿元。加上地方上缴的中央调剂基金收入 2413.3 亿元，收入总量为 2995.41 亿元。中央社会保险基金支出 532.13 亿元，加上安排给地方的中央调剂基金支出 2406.8 亿元，支出总量为 2938.93 亿元。当年收支结余 56.48 亿元，年末滚存结余 315.49 亿元。

地方社会保险基金收入 72067.11 亿元，其中，保险费收入 52241.36 亿元，财政补贴收入 16502.13 亿元。加上中央调剂资金收入 2406.8 亿元，收入总量为 74473.91 亿元。地方社会保险基金支出 64054.32 亿元，加上中央调剂资金支出 2413.3 亿元，支出总量为 66467.62 亿元。当年收支结余 8006.29 亿元，年末滚存结余 86021.64 亿元。

2018 年末，中央财政国债余额 149607.42 亿元，控制在全国人大批准的债务余额限额 156908.35 亿元以内；地方政府债务余额 183861.52 亿元，包括一般债务余额 109938.75 亿元、专项债务余额 73922.77 亿元，控制在全国人大批准的债务余额限额 209974.3 亿元以内。

预算执行中，按照深化党和国家机构改革统一部署，及时安排新组建部门所需开办及筹建经费，认真做好相关部门预算划转等工作，确保部门正常运转和履职需要，保障党和国家机构改革顺利实施。所有中央部门预算批复工作在法定时限内完成。

(五)2018 年主要财税政策落实和重点财政工作情况。

2018 年，财政部门认真贯彻党中央、国务院决策部署，按照预算法和《关于人大预算审查监督重点向支出预算和政策拓展的指导意见》，落实全国人大预算决议要求，聚力增效实施积极的财政政策，加大对三大攻坚战的支持，更多向创新驱动、“三农”、民生等领域倾斜，深化财税体制改革，狠抓预算执行管理。

大力实施减税降费。**完善增值税制度**。降低制造业、交通运输、建筑、基础电信服务等行业及农产品等货物的增值税税率，统一增值税小规模纳税人标准至500 万元，对装备制造等先进制造业、研发等现代服务业符合条件企业和电网企业的期末留抵税额予以一次性退还。**实施个人所得税改革**。修改个人所得税法，自 2018 年 10 月 1 日起，提高基本减除费用标准，调整优化税率结构，在此基础上研究制定个人所得税专项附加扣除暂行办法，设立子女教育等 6 项专项附加扣除，修订个人所得税法实施条例，自 2019 年 1 月 1 日起正式实施，实现从分类税制向综合与分类相结合税制的重大转变，惠及约 8000 万纳税人。**加大小微企业税收支持力度**。将享受减半征收企业所得税优惠政策的小型微利企业年应纳税所得额上限由 50 万元提高到 100 万元，将符合条件的小微企业和个体工商户贷款利息收入免征增值税单户授信额度上限由 100 万元提高到 1000 万元。**鼓励企业加大研发投入**。取消企业委托境外研发费用不得加计扣除限制，将企业研发费用加计扣除比例提高到 75% 的政策由科技型中小企业扩大至所有企业，将高新技术企业和科技型中小企业的亏损结转年限由 5 年延长至 10 年，对企业新购进单位价值不超过 500 万元的设备、器具允许当年一次性税前扣除。**调整完善进出口税收政策**。分两批对 4000 多项产品提高出口退税率并简化退税率结构。对包括抗癌药在内的绝大多数进口药品实施零关税，降低汽车整车及零部件、部分日用消费品和工业品进口关税，我国关税总水平由 2017 年的 9.8% 降至 7.5%。**进一步清理规范涉企收费**。停征首次申领居民身份证工本费等一批行政事业性收费，降低重大水利工程建设基金等部分政府性基金征收标准，延长阶段性降低社会保险费率和企业住房公积金缴存比例政策期限。上述减税降费措施全年减负约 1.3 万亿元。

推动三大攻坚战取得明显成效。**加强地方政府债务风险防控**。落实地方政府债务限额管理和预算管理，地方政府存量债务置换基本完成。支持地方做好专项债券发行和使用，提前两个月完成 1.35 万亿元的发行目标，完善管理措施，严控法定限额内专项债务风险。出台地方政府债务信息公开办法，指导地方有序公开债务限额余额、债券发行和资金使用安排、债务还本付息等信息。进一步完善地方政府隐性债务风险监管政策，加强资金供给端、项目建设源头风险防控。强化监督问责，配合建立终身问责、倒查责任机制，组织核查部分市县和金融机构违法违规举债行为，并公开通报曝光。健全统计监测机制，及时警示债务风险。督促地方落实属地管理责任，牢牢守住不发生系统性风险的底线。**大力支持脱贫攻坚**。中央财政补助地方专项扶贫资金 1060.95 亿元，增加 200 亿元，增长 23.2%，增加的资金重点用于“三区三州”等深度贫困地区。全面推进贫困县涉农资金整合试点，全年整合资金超过 3000 亿元。严控扶贫领域融资风险，将易地扶贫搬迁贷款融资等统一调整规范为发行地方政府债券融资。探索建立财政扶贫资金动态监控机制，加强各级各类财政扶贫资金管理。制定财政扶贫项目资金绩效管理办法，绩效目标管理基本实现全覆盖，涉及约 11 万个扶贫项目、8000 多亿元。全年减少农村贫困人口 1386 万。加大污染防治力度。中央财政支持污染防治攻坚战相关资金约 2555 亿元，增长 13.9%，其中大气、水、土壤污染防治投入力度为近年来最大。扩大中央财政支持北方地区冬季清洁取暖试点范围。实施促进长江经济带生态保护修复奖励政策，建立长江流域重点水域禁捕补偿制度。启动城市黑臭水体治理示范，支持中西部地区城镇污水处理提质增效。将宁夏贺兰山东麓、贵州乌蒙山区等 14 个项目纳入第三批山水林田湖草生态保护修复工程试点，加上前两批 11 个试点项目，基本涵盖了“两屏三带”的生态功能区块。

支持深化供给侧结构性改革。**推进科技创新能力建设**。中央一般公共预算本级科学技术支出增长 10.3%。支持实施国家科技重大专项，并选取部分专项探索开展基于诚信和绩效的“绿色通道”试点。开展中央财政科研项目资金管理改革督察，在优化科研项目和经费管理、减少报表和过程检查、推进科研项目绩效评价等方面推出一系列新举措。鼓励香港、澳门特别行政区高等院校和科研机构参与中央财政科技计划（专项、基金等）组织实施。**支持制造业转型升级**。推动智能制造、工业强基、绿色制造和工业互联网发展，支持制造业创新中心加强能力建设。落实首台（套）重大技术装备保险补偿试点政策，累计支持推广 1087 个项目，涉及装备价值总额 1500 多亿元。**激发创业创新活力**。支持 100 个国家级、省级实体经济开发区打造特色载体，助推中小企业“双创”升级。设立国家融资担保基金，提升服务小微企业和“三农”等的能力。对扩大小微企业融资担保业务规模、降低小微企业融资担保费率成效明显的地方予以奖补激励。**落实“三去一降一补”重点任务**。出台推进去产能和“僵尸企业”债务重组相关政策，继续支持钢铁、煤炭行业化解过剩产能，中央企业处置“僵尸企业”和治理特困企业工作取得积极进展。加大重点领域补短板力度，发挥中央基建投资作用。规范有序推进政府和社会资本合作（PPP），截至 2018 年末，全国

PPP综合信息平台项目管理库累计落地项目4691个、投资额7.2万亿元,落地率54.2%。**促进城乡区域协调发展**。中央财政均衡性转移支付增长9.2%,老少边穷地区转移支付增长15.7%,不断加大对中西部地区的支持力度。构建雄安新区规划建设起步阶段财政支持政策体系,研究对海南全面深化改革开放等重大区域战略财政支持政策。建立健全实施乡村振兴战略财政投入保障制度。建立跨省域补充耕地国家统筹机制和城乡建设用地增减挂钩节余指标跨省域调剂机制。加快消化粮食库存,完善稻谷等粮食价格形成机制,全面推进优质粮食工程建设,支持深化农业供给侧结构性改革。

社会民生持续改善。**实施更加积极的就业政策**。落实就业创业补贴政策,加强公共就业服务能力建设,中央财政就业补助资金支出468.78亿元,增长6.8%,全年城镇新增就业1361万人。**推动教育改革发展**。中央财政教育转移支付的84.4%投向中西部地区,并向贫困地区倾斜。全国约1.45亿义务教育学生免除学杂费并获得免费教科书,1392万家庭经济困难寄宿生获得生活费补助,1400万进城务工农民工随迁子女实现相关教育经费可携带,3700万学生享受营养膳食补助。支持学前教育、普通高中、职业教育、高等教育发展。**加强基本民生保障**。机关事业单位和企业退休人员基本养老金标准提高约5%。城乡居民基本养老保险基础养老金最低标准提高至88元,并建立了基本养老保险待遇确定和基础养老金正常调整机制。划转部分国有资本充实社保基金,5户中央企业和浙江、云南两省的划转试点工作基本完成,19户中央企业的划转工作正在推进中,推动建立国有资本划转和企业职工基本养老保险基金缺口逐步弥补相结合的运行机制。城乡居民医保财政补助标准提高到每人每年490元,增加的40元中一半用于加强大病保险保障能力。基本公共卫生服务经费人均财政补助标准达到55元。支持做好最低生活保障、特困人员救助供养等困难群众救助工作。提高优抚对象等人员抚恤和生活补助标准,惠及全国860余万优抚对象。继续支持各类棚户区改造、公租房配套基础设施建设等,全年棚户区改造开工626万套、农村危房改造190万户。深入实施文化惠民工程,支持5万余所公共文化设施免费开放。

财税改革向纵深推进。**加快财政体制改革**。出台基本公共服务领域中央与地方共同财政事权和支出责任划分改革方案,以及医疗卫生领域财政事权和支出责任划分改革方案。教育、科技、交通运输等领域财政事权和支出责任划分改革正在积极推进。**深化预算管理制度改革**。深入贯彻落实《中共中央 国务院关于全面实施预算绩效管理的意见》,在中央财政层面初步建立了项目支出为主的全过程预算绩效管理体系,中央本级项目和对地方专项转移支付绩效目标、运行监控和绩效自评实现全覆盖,建立重点绩效评价常态化机制,2018年组织第三方机构对38个重点民生政策和重大项目开展重点绩效评价,涉及资金5513亿元,评价结果已经用于改进管理、预算安排和完善政策。中央预算决算公开内容更加细化,省市县级政府和部门预算决算公开深入推进。政府财务报告编制试点范围进一步扩大。**完善税收制度**。结合减税降费,初步建立综合与分类相结合的个人所得税制,改革完善增值税制度。加快税收立法进程,环境保护税法、船舶吨税法、烟叶税法顺利实施,耕地占用税法、车辆购置税法经全国人大常委会审议通过,资源税法按程序提请全国人大常委会初次审议。**深化国资国企改革**。首次向全国人大常委会作了全口径国有资产管理情况综合报告和金融企业国有资产专项报告。推动出台国有资本投资、运营公司改革试点的实施意见,推进中央党政机关和事业单位经营性国有资产集中统一监管试点的实施意见,以及完善国有金融资本管理的指导意见,扎实有序落实相关重点工作。剥离国有企业办社会职能和解决历史遗留问题取得重要进展。

财政管理水平继续提高。**强化管理基础工作**。多措并举加快预算执行进度,完善对地方转移支付资金调度,支持地方做好保工资、保运转、保基本民生,以及农民工工资支付、清理拖欠民营企业账款等工作。加快推进预算执行动态监控工作,36个省本级、绝大多数市县都已建立预算执行动态监控机制。构建网上报销公务平台,实现公务人员出差报销全流程电子化管理。加强地方暂付款管理。清理整顿地方财政专户工作基本完成。政府会计准则制度体系基本建成,行政事业单位内部控制规范体系进一步健全。**严肃财经纪律**。围绕落实重大财税政策加大财政监督检查力度,对地方政府债务管理、财政支持脱贫攻坚、污染防治资金使用、经济开发区税收优惠政策执行等情况进行核查检查。加强会计、政府采购代理机构监管,严肃处理违法违规行为。**认真整改审计发现问题**。高度重视审计指出的具有指定用途的转移支付占比较高、预算绩效评价覆盖面小等问题,落实整改责任,细化整改措施，扎实推进整改，同时认真研究采纳审计建议，注重举一反三，从体制机制上巩固整改成果。

总的看，2018 年预算执行情况较好，财政改革发展工作取得新进展，有力促进了经济社会持续健康发展。这是以习近平同志为核心的党中央坚强领导的结果，是习近平新时代中国特色社会主义思想科学指引的结果，是全国人大、全国政协及代表委员们监督指导的结果，是各地区、各部门以及全国各族人民共同努力的结果。

同时，预算执行和财政工作中还面临一些问题和挑战。主要是：财政收入增长基础不稳，支出刚性不减，一些市县保工资、保运转、保基本民生支出压力大。预算编制的准确性和预算的约束力需要进一步增强；预算分配管理存在薄弱环节，内部控制需要进一步加强；有的地方和部门预算执行基础工作不扎实，支出进度较慢，造成财政资金闲置浪费。专项转移支付退出机制不完善，定期评估覆盖面较窄。政府性基金预算中有的项目执行慢、结转资金较多；国有资本经营预算范围还不完整；企业职工基本养老保险全国统筹仍未实现，医疗保险可持续筹资和待遇调整机制尚需完善，社会保险基金财务可持续性面临挑战。有的地区脱离实际，存在超出自身财力过高承诺等问题，影响财政可持续性。有的地方仍违规担保或变相举债，防范化解债务风险任务艰巨。有的政策执行和落实不到位，企业和群众获得感不强。我们高度重视这些问题，将下大气力采取措施加以解决。

二、2019 年中央和地方预算草案

2019 年是新中国成立 70 周年，是全面建成小康社会、实现第一个百年奋斗目标的关键之年，做好预算编制和财政工作意义重大。要按照中央经济工作会议精神，认真编制 2019 年预算草案，科学研究提出财政收入、支出、转移支付、赤字及债务规模等安排，保障党中央、国务院重大决策部署的落实。

（一）2019 年财政收支形势分析。

当前，我国发展仍处于并将长期处于重要战略机遇期，拥有足够的韧性、巨大的潜力和不断迸发的创新活力，经济长期向好趋势没有也不会改变。同时，经济发展面临的国际环境和国内条件都在发生深刻而复杂的变化，可以预料和难以预料的风险挑战更多更大，经济运行稳中有变、变中有忧。外部环境复杂严峻，贸易保护主义和单边主义加剧，世界经济增长动能正在减弱，不稳定不确定因素增多。国内深层次结构性矛盾和问题在外部冲击下趋于显性化，需求增长放缓，实体经济困难增多，市场信心和预期受到影响，推进供给侧结构性改革过程中不可避免会遇到一些困难和挑战。从财政收入形势看，受经济下行压力加大、实施更大规模减税降费，以及上年部分减税降费政策翘尾减收等因素影响，预计 2019 年财政收入增速将有所放缓。从财政支出形势看，各领域对财政资金需求很大，支持深化供给侧结构性改革、打好三大攻坚战、实施乡村振兴战略、加强科技创新和关键技术攻关、建设提升自然灾害防治能力若干工程、加大基本民生领域投入力度、支持外交国防、增强基层财政保障能力等，都需要予以重点保障。综合分析，2019 年财政收入形势较为严峻，收支平衡压力较为突出，必须牢固树立底线思维，切实增强忧患意识，提高风险防控能力，平衡好稳增长和防风险的关系，进一步加强政策和资金统筹，在加大减税降费力度和着力保障重点支出的同时，保持财政可持续。

（二）2019 年预算编制和财政工作的总体要求。

按照党中央、国务院决策部署，2019 年要统筹推进稳增长、促改革、调结构、惠民生、防风险、保稳定工作，保持经济运行在合理区间，进一步稳就业、稳金融、稳外贸、稳外资、稳投资、稳预期。预算编制和财政工作的总体要求是：在以习近平同志为核心的党中央坚强领导下，以习近平新时代中国特色社会主义思想为指导，全面贯彻党的十九大和十九届二中、三中全会精神，统筹推进“五位一体”总体布局，协调推进“四个全面”战略布局，坚持稳中求进工作总基调，坚持新发展理念，坚持推动高质量发展，坚持以供给侧结构性改革为主线，坚持深化市场化改革、扩大高水平开放，加快建设现代化经济体系，继续打好三大攻坚战，着力激发微观主体活力，创新和完善宏观调控，统筹推进稳增长、促改革、调结构、惠民生、防风险、保稳定工作。积极的财政政策要加力提效，实施更大规模的减税降费，实质性降低增值税等税率；优化财政支出结构，树立过紧日子的思想，严格压缩一般性支出，加大对重点领域支持力度，提高资金配置效率，有效降低企业负担；加快建立现代财政制度，建立权责清晰、财力协调、区域均衡的中央和地方财政关系；全面实施预算绩效管理，加快建成全方位、全过程、全覆盖的预算绩效管理体系；加强地方政府债务管理，较大幅度增加地方政府专项债券规模，积极防范化解地方政府债务风险，促进经济持续健康发展和社

会大局稳定,为全面建成小康社会收官打下决定性基础,以优异成绩庆祝中华人民共和国成立70周年。

按照上述要求,着重把握好五个方面:**一是加大减税降费力度,促进实体经济发展**。实施更大规模的减税和推进更明显的降费,普惠性减税和结构性减税并举,重点降低制造业和小微企业税收负担,降低制度性交易成本,改善营商环境。降低社保缴费率,稳定现行征缴方式。**二是增加重点领域投入,提高支出精准度**。落实党中央、国务院重大决策部署,突出财政支出的公共性、普惠性,继续调整优化支出结构,增强财政投入的精准度。重点增加对脱贫攻坚、"三农"、结构调整、科技创新、生态环保、民生等领域的投入,着力支持深化供给侧结构性改革、加强创新和技术攻关、实施乡村振兴战略、促进区域协调发展和军民融合发展。**三是树立过紧日子的思想,严格控制一般性支出**。为支持企业减负,各级政府要过紧日子,厉行勤俭节约,把钱花在刀刃上。大力压减一般性支出,严控"三公"经费预算,取消低效无效支出,清理收回长期沉淀资金。中央财政带头严格管理部门支出,一般性支出按照不低于5%的幅度压减,"三公"经费再压减3%左右。地方财政要比照中央做法,从严控制行政事业单位开支。**四是深化财税体制改革,加快建立现代财政制度**。按照有利于激发微观主体活力和调动地方积极性的要求,加强系统集成,注重统筹协调,扎实推进财政体制、预算管理制度、税收制度等方面的重点改革任务。**五是开大地方规范举债前门,严堵违法违规举债后门**。健全规范地方政府举债融资机制,妥善处置隐性债务存量,坚决遏制隐性债务增量,堵后门要更严,开前门要更大。较大幅度增加地方政府专项债券规模,支持重大在建项目建设和补短板,更好发挥专项债券对深化供给侧结构性改革、推进在建项目建设、化解隐性债务风险等一举多得的政策效应。

(三)2019年财政政策。

2019年积极的财政政策要加力提效,发挥好逆周期调节作用,增强调控的前瞻性、针对性和有效性,加强政策协调,推动经济高质量发展。

"加力"体现在实施更大规模的减税降费和加大支出力度。**实施减税降费方面**。深化增值税改革,将制造业等行业现行16%的税率降至13%,将交通运输业、建筑业等行业现行10%的税率降至9%,确保主要行业税负明显降低;保持6%一档的税率不变,但通过采取对生产、生活性服务业增加税收抵扣等配套措施,确保所有行业税负只减不增,继续向推进税率三档并两档、税制简化方向迈进。抓好年初出台的小微企业普惠性减税政策落实。全面实施修改后的个人所得税法,落实好6项专项附加扣除政策。同时,明显降低企业社保缴费负担,从今年5月1日起,下调城镇职工基本养老保险单位缴费比例,各地可降至16%,继续执行阶段性降低失业和工伤保险费率政策,务必使企业特别是小微企业社保缴费负担有实质性下降。继续清理规范行政事业性收费。综合各项减税降费措施,全年减轻企业税收和社保缴费负担近2万亿元。为支持实施大规模减税降费,要想方设法筹集资金,中央财政将增加特定国有金融机构和央企上缴利润,地方财政也将主动挖潜,多渠道盘活各类资金和资产。**加大支出力度方面**。继续增加财政支出规模,安排全国财政赤字27600亿元,比2018年增加3800亿元,赤字率由2.6%适度提高到2.8%。同时,安排地方政府专项债券21500亿元,比2018年增加8000亿元。这样安排,与各方面支出需求相适应,释放了财政政策积极有力的信号,有利于更好引导企业预期和增强市场信心,也考虑为应对今后可能出现的风险隐患留出政策空间。

"提效"体现在提高财政资金配置效率和使用效益。**提高资金配置效率方面**。着力调整优化支出结构,坚持有保有压,该保的支出保障好,该减的支出减下来,继续盘活财政存量资金,加大资金统筹力度,精准聚焦增强对国家经济社会发展大局的支撑能力。**提高资金使用效益方面**。以全面实施预算绩效管理为抓手,将预算绩效管理贯穿预算编制执行全过程,加快预算执行进度,做好预算绩效监控,及时纠正偏差,尽早发挥财政资金作用,更好推动政策落地见效。

2019年主要收支政策:

1. 着力支持深化供给侧结构性改革。

坚持以供给侧结构性改革为主线不动摇,更多采取改革的办法,更多运用市场化、法治化手段,在"巩固、增强、提升、畅通"上下功夫。

巩固"三去一降一补"成果。加大破、立、降力度,用好工业企业结构调整专项奖补资金,继续处置"僵尸企业",推动更多产能过剩行业加快出清,做好产业结构调整中的民生托底工作。落实企业改制重组、去产能调结构等方面的税收优惠政策,促进企业优胜劣汰。继续支持剥离国有企业办社会职能和解决历史遗留问题。

增强微观主体活力。大幅放宽可享受企业所

得税优惠的小型微利企业标准并加大所得税优惠力度，将小规模纳税人增值税起征点由月销售额3万元提高到10万元，允许地方在50%税额幅度内减征资源税、城市维护建设税、房产税、城镇土地使用税、印花税（不含证券交易印花税）、耕地占用税和教育费附加、地方教育附加，扩展投资初创科技型企业享受税收优惠政策的范围。

提升产业链水平。综合运用风险补偿、后补助等手段，引导企业加大科技投入，促进成果转化和产业化。再支持一批实体经济开发区打造不同类型的创新创业特色载体。发挥好国家中小企业发展基金、新兴产业创业投资引导基金作用，加大对早中期、初创期创新型企业的支持，培育更多新动能。落实好创业投资个人所得税优惠政策，开展适当提高居民企业技术转让所得免征企业所得税限额标准试点。

畅通国民经济循环。综合运用融资增信、以奖代补、税收优惠等方式，鼓励金融机构加大对民营企业和中小企业的支持，缓解企业融资难融资贵问题。加快国家融资担保基金运作，对单户担保金额500万—1000万元的，实行与500万元以下统一的收费政策，收费由原不高于承担风险责任的0.5%降为0.3%，引导合作机构逐步将平均担保费率降至1%以下。支持30个城市开展深化民营和小微企业金融服务综合改革试点，引导试点城市降低企业综合融资成本。对小微企业年化担保费率不超过2%的省份进行奖补。增强金融体系服务实体经济能力，推动形成金融和实体经济良性循环。

2. 继续支持打好三大攻坚战。

防范化解财政金融风险。坚持疏堵并举，有效防控地方政府隐性债务风险。新增地方政府债务限额30800亿元，其中一般债务9300亿元、专项债务21500亿元，为重点项目建设提供资金保障，也为防范化解地方政府隐性债务风险创造更好条件。继续发行地方政府债券置换符合政策规定的债务，全面完成存量债务置换。妥善处置隐性债务存量，督促高风险市县尽快压减隐性债务规模，降低债务风险水平。鼓励金融机构与融资平台公司协商采取市场化方式，通过合适期限的金融工具应对到期存量隐性债务风险，避免项目资金链断裂。推进融资平台公司市场化转型。坚决遏制隐性债务增量，加强风险监测分析，对违法违规举债融资行为，发现一起、问责一起、通报一起，终身问责、倒查责任。完善专项债券管理方式，推进实行限额规模全额管理，有关政府性基金预算必须首先用于到期专项债券还本付息，严格将专项债券与项目资产、收益相对应，依法落实偿债责任，确保专项债券不发生任何风险。

大力支持脱贫攻坚。坚持脱贫攻坚目标和现行扶贫标准，进一步强化财政投入保障，加大深度贫困地区和特殊贫困群体脱贫攻坚力度。中央财政专项扶贫资金安排1260.95亿元，增长18.9%，增量主要用于深度贫困地区。其他相关转移支付和债务限额分配也继续向贫困地区特别是深度贫困地区倾斜。重点支持解决好实现“两不愁三保障”面临的突出问题，深入实施产业、就业、教育、健康、社会保障、文化等扶贫。坚持扶贫同扶志扶智相结合，增强贫困地区、贫困群众内生动力和自我发展能力。继续推进贫困县涉农资金整合试点，落实省负总责要求，促进扶贫资金精准投放、精准使用。加快财政扶贫资金动态监控机制建设，实时动态监控各级各类财政扶贫资金，对扶贫项目资金实施全过程绩效管理。省市县扶贫资金分配结果一律公开，乡村两级扶贫项目安排和资金使用情况一律公告公示，坚决防止扶贫资金被挤占挪用。对摘帽县和脱贫人口的扶持政策保持一段时间，巩固脱贫成果。

积极支持污染防治。聚焦打赢污染防治攻坚战七大标志性战役，加大投入力度。将打赢蓝天保卫战作为重中之重，中央财政大气污染防治资金安排250亿元，增长25%。继续支持做好北方地区冬季清洁取暖试点等工作。将消灭城市黑臭水体作为水污染治理的重点，水污染防治方面的资金安排300亿元，增长45.3%。支持全面落实土壤污染防治行动计划，加强土壤污染状况详查、污染土壤修复治理等，土壤污染防治资金安排50亿元，增长42.9%。加大长江经济带生态保护修复奖励政策力度，推动相关省份加快建立省际和省内横向生态保护补偿机制。推进山水林田湖草生态保护修复工程试点。支持大规模国土绿化行动，完善天然林保护制度，扩大退耕还林还草，加强森林资源培育管护，强化湿地保护和恢复，开展沙化土地封禁保护，继续实施草原生态保护补助奖励政策。重点生态功能区转移支付安排811亿元，增长12.5%，引导地方加强生态建设、建立以国家公园为主体的自然保护地体系等。

3. 坚持创新引领发展。

推动制造业高质量发展。发挥财政资金“四两拨千斤”的作用，引导资本、资源向战略关键领域聚焦，支持重大短板装备攻坚、重点产业创新服务平台等，推进战略关键领域创新突破。以制造业为重点实质性降低增值税税率，将制造业适用的税率由16%降至13%，逐步建立期末留抵退税制度，有效降低企业成本负担。将固定资产加速折旧优惠政策扩大至全部制造业领域。健全支持创新和绿色发展的政府采购政策，充分发挥首台(套)等政策功能，加大对制造业特别是重大装备和关键产品的支持力度。

提升科技支撑能力。突出问题导向和需求导向，积极支持基础研究和应用基础研究，加大对突破关键核心技术的支持。加强国家战略科技力量建设，推进国家实验室建设和科技创新基地布局优化，推动科研设施与仪器开放共享，实施国家科技重大专项和“科技创新2030—重大项目”。加大对科研院所稳定支持力度，加强科技人才队伍建设。狠抓中央财政科研项目资金管理改革等政策落地见效，开展基于绩效、诚信和能力的科研管理改革试点，形成更有效的创新激励机制。推动健全以企业为主体的产学研一体化创新机制，支持企业牵头实施重大科技项目。综合运用风险补偿、后补助、创投引导等手段，引导企业加大科技投入，促进成果转化和产业化。支持全面加强知识产权保护。

4. 促进形成强大国内市场。

着力扩大居民消费。完善相关财税政策，支持社会力量提供教育、文化、体育、养老、医疗等服务供给，培育新的消费增长点。加快重点领域政府购买服务改革，扩大购买范围和规模，提升公共服务质量。坚持扶优扶强原则支持新能源汽车产业发展，继续对新能源汽车免征车辆购置税，调整完善购置补贴政策，鼓励加快充电基础设施建设和城市公交新能源车替代。推动建设现代供应链体系，改善物流基础设施。深入推进电子商务进农村综合示范，支持农产品进城和工业品下乡。

发挥投资关键作用。中央基建投资安排5776亿元，比2018年增加400亿元，优化投资方向和结构，强化绩效考核，重点用于“三农”建设、重大基础设施建设、创新驱动和结构调整、保障性安居工程、社会事业和社会治理、节能环保与生态建设等方面。加强交通、水利、能源、生态环保、农业农村等重点领域和薄弱环节建设，提升信息网络、现代物流等基础设施支撑能力。继续支持做好三峡库区后续工作。大力支持中央部门和地方实施提高自然灾害防治能力若干重点工程。推进川藏铁路规划建设。进一步规范推广运用PPP，着力提高民间资本参与度。

更加有效发挥地方政府债券作用。根据十三届全国人大常委会第七次会议有关授权决定，国务院已提前下达2019年地方政府新增一般债务限额5800亿元、新增专项债务限额8100亿元，合计13900亿元，提前下达债务限额在授权范围内。合理扩大专项债券使用范围，科学合理安排专项债券地区结构和投向结构，加快债券发行进度，发债筹措资金优先用于在建项目，防止“半拉子”工程。允许先行调度财政库款加快专项债券对应的项目建设。

5. 促进区域协调发展。

支持实施国家重大区域战略。以共建“一带一路”、京津冀协同发展、长江经济带发展、粤港澳大湾区建设、长江三角洲区域一体化发展等重大战略为引领，以西部、东北、中部、东部四大板块为基础，推动国家重大区域战略融合发展。西部地区企业所得税优惠政策到期后继续执行。继续积极支持雄安新区高标准建设、海南全面深化改革开放等国家重大区域战略实施。同时，支持实施海洋强国战略，发展海洋经济，促进海洋科技发展，保护海洋环境，加强海岛、海域、海岸带生态修复。

进一步提升区域间基本公共服务均等化水平。发挥转移支付作用，较大幅度增加中央对地方转移支付规模，并向中西部地区倾斜。中央财政均衡性转移支付安排15632亿元，增长10.9%。加大对革命老区、民族地区、边疆地区、贫困地区支持力度，老少边穷地区转移支付安排2489.05亿元，增长14.7%。县级基本财力保障机制奖补资金安排2709亿元，增长10%。安排民生政策托底保障财力补助400亿元，增强财政困难地区托底能力。支持资源枯竭城市转型发展。深入实施兴边富民行动。完善省以下财政体制，引导财力下沉，增强省以下政府基本公共服务保障能力。

健全区域互助和利益分享机制。发挥跨省域补充耕地国家统筹机制和城乡建设用地增减挂钩节余指标跨省域调剂机制作用，所得收益全部用于巩固脱贫攻坚成果和支持实施乡村振兴战略。东部地区根据财力增长情况逐步增加资金投入，深入实施东西部扶贫协作。深化全方位、精准对口支援，促进新疆、西藏和青海、四川、云南、甘肃四省藏区经济社会持续健康发展。

推进新型城镇化建设。中央财政安排农业转移人口市民化奖励资金300亿元，加大对吸纳农业转移人口地区的支持。进一步完善财政转移支付办法，合理分担农业转移人口市民化的成本，促进

实现基本公共服务常住人口全覆盖。及时拨付海绵城市、城市地下综合管廊试点补助经费，支持地方提高城市建设质量。

6. 贯彻实施乡村振兴战略。

推动农业高质量发展。继续增加中央财政农业生产发展资金、农业资源及生态保护补助资金等。深入实施藏粮于地、藏粮于技战略，支持高标准农田、高效节水灌溉等农田水利建设，扩大耕地轮作休耕制度试点，加强农业科技改革创新，推广应用先进适用农业技术，提升农业综合产能。全面推进农作物秸秆综合利用工作。支持种质资源保护与利用，加快绿色新品种试验推广。推进长江流域重点水域禁捕补偿工作。扶持新型农业经营主体，实施新型职业农民培育工程，健全农业生产社会化服务体系。推进现代农业产业园创建和产业兴村强县行动，促进农村一二三产业深度融合。积极支持做好动物防疫工作。

大力支持乡村建设。以农村垃圾污水处理、农业生产废弃物资源化利用、厕所革命、村容村貌提升等为重点，支持改善农村人居环境。推进农村电网升级改造，加强农村道路等基础设施建设和管护，全面提升乡村公共服务水平。加快实施农村饮水安全巩固提升工程。完善农村公益事业财政奖补机制，支持美丽乡村建设提档升级、村级集体经济发展等。强化农村基层组织保障能力建设。

深化农业农村改革。加快建立新型农业支持保护政策体系。深入推进以绿色生态为导向的农业补贴制度改革。加强涉农资金统筹整合。坚持市场化改革方向，调整完善最低收购价政策，稳定对稻谷、小麦等主要粮食品种的财政支持水平。完善玉米和大豆生产者补贴政策。扩大农业大灾保险试点。完善粮食库存消化政策，分品种把握好去库存节奏和力度。深入实施优质粮食工程，增加绿色优质农产品供给。全面推进农业水价综合改革。稳步推进农村综合性改革试点试验。

7. 加强保障和改善民生。

积极促进就业创业。中央财政就业补助资金安排538.78亿元，增长14.9%，再通过调整失业保险基金等支出结构，大力促进就业创业。落实国家普惠性就业创业政策，支持高校毕业生、农民工和退役军人等重点群体就业，对招用农村贫困人口、城镇登记失业半年以上人员的各类企业，三年内给予定额税费减免。加大创业担保贷款贴息支持力度，将符合条件的个人和小微企业创业担保贷款最高额度分别提高至15万元和300万元。鼓励企业加强在岗培训，对职工教育经费提高税前扣除限额。通过支持大规模开展职业技能培训、全面推行企业新型学徒制、实施国家高技能人才振兴计划等，促进提升劳动者就业技能，缓解劳动力市场结构性矛盾。

支持优先发展教育事业。巩固城乡统一、重在农村的义务教育经费保障机制，支持义务教育薄弱环节改善和能力提升，重点消除城镇“大班额”，加强乡村小规模学校和乡镇寄宿制学校建设，保障进城务工人员随迁子女教育。继续做好义务教育教师工资待遇保障工作。加强乡村教师队伍建设。中央财政支持学前教育发展资金安排168.5亿元，增长13.1%，促进公办民办并举扩大普惠性学前教育资源。中央财政现代职业教育质量提升计划专项资金安排237.21亿元，增长26.6%，支持职业教育改革发展，深化产教融合、校企合作。扩大高职院校奖助学金覆盖面、提高资助标准。设立中等职业教育国家奖学金。健全中央高校预算拨款制度体系，支持地方高校改革发展，加快推进“双一流”建设。支持办好民族教育、特殊教育。完善家庭经济困难学生资助制度，提升资助精准度。

提高养老保障水平。从2019年1月1日起，按平均约5%的幅度提高企业和机关事业单位退休人员基本养老金标准。提高企业职工基本养老保险基金中央调剂比例至3.5%，加快推进养老保险省级统筹，推动地方进一步统一政策和基金统收统支，为实现全国统筹创造条件。继续划转部分国有资本充实社保基金。

推进健康中国建设。支持全面建立统一的城乡居民基本医疗保险和大病保险制度，城乡居民医保财政补助标准提高30元，达到每人每年520元，提高的30元中安排一半用于增强大病保险保障能力，同时合理提高个人缴费标准。支持深化基本医疗保险支付方式改革和医疗保险信息系统建设，提高医保资金使用效率，加强基金监管。基本公共卫生服务经费人均财政补助标准提高5元，加上从原重大公共卫生服务平移的补助资金折算为人均9元，达到每人每年69元，其中新增基本公共卫生服务财政补助经费全部用于村和社区。深化公立医院综合改革，完善政府对公立医院的投入政策，巩固公立医院破除以药补医成果。推进区域医疗中心建设。支持实施癌症防治行动。加强卫生健康人才培养培训。支持中医药事业传承创新发展。

加强基本住房保障。中央财政城镇保障性安居工程专项资金安排1433亿元，增长12.4%。严把棚改范围和标准，坚持将老城区脏乱差的棚户区和国有工矿区、林区、垦区棚户区作为改造重点。支持城镇公租房建设和老旧小区改造，开展住房租赁市场发展试点。农村危房改造补助资金安排298.5亿元，增长12.9%，支持优先开展建档立卡贫困户、低保户、分散供养特困人员和贫困残疾人家庭等重点对象危房改造，资金增量主要用于地震高烈度设防地区农房抗震改造。

强化民生政策兜底。统筹推进社会救助体系建设，中央财政困难群众救助补助资金安排1466.97亿元，增长5.1%，支持各地开展低保、特困人员救助供养、临时救助、流浪乞讨人员救助、孤儿基本生活保障等工作，其中，按人均补助水平城镇提高5%、农村提高8%的幅度增加对地方低保的补助。中央财政医疗救助补助资金安排271.01亿元，适度提高医疗救助水平。加大对困境儿童、农村留守儿童的保护力度。完善困难残疾人生活补贴和重度残疾人护理补贴政策，支持残疾人事业发展。

促进文化事业发展。中央补助地方公共文化服务体系建设专项资金安排147.1亿元，增长14%。加快构建现代公共文化服务体系，提高基本公共文化服务的覆盖面和适用性。推进文物保护利用和文化遗产保护传承。支持繁荣发展社会主义文艺。推动媒体融合发展，加强国际传播能力建设。加大运用市场化方式支持文化产业发展的力度。改善城乡公共体育设施条件，支持广泛开展全民健身活动。支持做好北京冬奥会、冬残奥会筹办工作。

8. 支持国防、外交和政法工作。

支持国防和军队改革，全面推进国防和军队现代化建设。加快推进军民融合深度发展，做好资金保障，健全配套政策。完善优抚安置制度体系，落实退役军人待遇保障，完善退役士兵基本养老、基本医疗保险接续政策，中央财政继续增加对军队转业干部、退役安置、优抚对象等补助经费。支持中国特色大国外交，深度参与全球治理体系改革和建设，坚定维护和增进国家利益。支持深化国家监察体制和司法体制改革。完善社会治安防控体系，加强法律援助工作，深入推进平安中国、法治中国建设。

(四)2019年一般公共预算收入预计和支出安排。

1. 中央一般公共预算。

中央一般公共预算收入89800亿元，比2018年执行数同口径(下同)增长5.1%。加上从中央预算稳定调节基金调入2800亿元，从中央政府性基金预算、中央国有资本经营预算调入394亿元，收入总量为92994亿元。中央一般公共预算支出111294亿元，增长8.7%。收支总量相抵，中央财政赤字18300亿元，比2018年增加2800亿元。中央预算稳定调节基金余额963.99亿元。

按照党的十九大报告提出的“建立权责清晰、财力协调、区域均衡的中央和地方财政关系”要求，结合我国中央与地方共同财政事权较多的实际情况，2019年中央财政将原转移支付中属于共同财政事权的项目整合设立共同财政事权转移支付，暂列入一般性转移支付，以集中反映中央承担的共同财政事权的支出责任，进一步加强共同财政事权经费保障，更好推进基本公共服务均等化。同时，将中央对地方税收返还与固定数额补助合并，列入一般性转移支付。作出上述调整后，一般性转移支付和专项转移支付的项目和规模的口径发生较大变化，并已体现在2019年预算中。

2019年中央一般公共预算支出分中央本级支出、对地方转移支付、中央预备费反映。

(1)中央本级支出35395亿元，增长6.5%。其中：一般公共服务支出1990.46亿元，下降3.1%。外交支出627.1亿元，增长7.4%。国防支出11898.76亿元，增长7.5%。公共安全支出1797.8亿元，增长5.6%。教育支出1835.13亿元，增长6%。科学技术支出3543.12亿元，增长13.4%。粮油物资储备支出1177.15亿元，下降14.2%，主要是玉米、大豆去库存成效显著，相应减少利息费用补贴支出。债务付息支出4994.23亿元，增长20%。

(2)对地方转移支付75399亿元，增长9%。一般性转移支付67763.1亿元，增长7.5%，其中，共同财政事权转移支付31845.69亿元，主要用于保障教育、卫生健康、社会保障、农业农村、节能环保等领域共同财政事权有关政策的落实。专项转移支付7635.9亿元，扣除土地指标跨省域调剂收入安排的支出和整合新设自然灾害防治体系建设补助资金后，增长8.1%，主要用于保障污染治理、乡村振兴、重点区域发展等党中央、国务院重大决策部署的落实。

(3)中央预备费500亿元，与2018年预算持平。预备费执行中视情况分别计入中央本级支出和对地方转移支付。

2. 地方一般公共预算。

地方一般公共预算本级收入102700亿元，增长

4.9%。加上中央对地方转移支付收入75399亿元、地方财政调入资金及使用结转结余11950亿元,收入总量为190049亿元。地方一般公共预算支出199349亿元,增长6.2%。地方财政赤字9300亿元,比2018年增加1000亿元,通过发行地方政府一般债券弥补。

3. 全国一般公共预算。

汇总中央和地方预算,全国一般公共预算收入192500亿元,增长5%。加上调入资金及使用结转结余15144亿元,收入总量为207644亿元。全国一般公共预算支出235244亿元(含中央预备费500亿元),增长6.5%。赤字27600亿元,比2018年增加3800亿元。

(五)2019年政府性基金预算收入预计和支出安排。

中央政府性基金收入4193.15亿元,增长4%。加上上年结转收入358.24亿元,收入总量为4551.39亿元。中央政府性基金支出4547.16亿元,增长13.1%,其中,本级支出3395.55亿元,增长9.9%;对地方转移支付1151.61亿元,增长23.5%。调入一般公共预算4.23亿元。

地方政府性基金本级收入73754.56亿元,增长3.3%,其中,国有土地使用权出让收入67077.39亿元,增长3%。加上中央政府性基金对地方转移支付收入1151.61亿元、地方政府专项债务收入21500亿元,地方政府性基金相关收入为96406.17亿元。地方政府性基金相关支出96406.17亿元,增长24.4%,其中,国有土地使用权出让收入支出64656.96亿元(不包括专项债券相关支出),增长15.3%。

汇总中央和地方预算,全国政府性基金收入77947.71亿元,增长3.4%。加上上年结转收入358.24亿元和地方政府专项债务收入21500亿元,全国政府性基金相关收入为99805.95亿元。全国政府性基金相关支出99801.72亿元,增长23.9%。

(六)2019年国有资本经营预算收入预计和支出安排。

中央国有资本经营预算收入1638.11亿元,增长23.6%。加上上年结转收入5.63亿元,收入总量为1643.74亿元。中央国有资本经营预算支出1253.97亿元,增长12.8%,其中,本级支出1135.97亿元,增长10.8%;对地方转移支付118亿元。调入一般公共预算389.77亿元,增长21.2%,调入比例进一步提高到28%。

地方国有资本经营预算本级收入1727.73亿元,增长9.7%。加上中央国有资本经营预算对地方转移支付收入118亿元,收入总量为1845.73亿元。地方国有资本经营预算支出1264.88亿元,增长11.5%。调入一般公共预算580.85亿元。

汇总中央和地方预算,全国国有资本经营预算收入3365.84亿元,增长16.1%。加上上年结转收入5.63亿元,收入总量为3371.47亿元。全国国有资本经营预算支出2400.85亿元,增长11.2%。调入一般公共预算970.62亿元。

(七)2019年社会保险基金预算收入预计和支出安排。

中央社会保险基金收入709.23亿元,增长21.8%,其中,保险费收入377.54亿元,财政补贴收入324.25亿元。加上地方上缴的中央调剂基金收入4826.6亿元,收入总量为5535.83亿元。中央社会保险基金支出696.34亿元,增长30.9%。加上安排给地方的中央调剂基金支出4813.6亿元,支出总量为5509.94亿元。本年收支结余25.89亿元,年末滚存结余341.38亿元。

地方社会保险基金收入78968.31亿元,增长9.6%,其中,保险费收入56616.19亿元,财政补贴收入19144.71亿元。加上中央调剂资金收入4813.6亿元,收入总量为83781.91亿元。地方社会保险基金支出73555.95亿元,增长14.8%。加上中央调剂资金支出4826.6亿元,支出总量为78382.55亿元。本年收支结余5399.36亿元,年末滚存结余91421亿元。

汇总中央和地方预算,全国社会保险基金收入79677.54亿元,增长9.7%,其中,保险费收入56993.73亿元,财政补贴收入19468.96亿元。全国社会保险基金支出74252.29亿元,增长15%。本年收支结余5425.25亿元,年末滚存结余91762.38亿元。

2019年,中央财政国债余额限额175208.35亿元;地方政府一般债务余额限额133089.22亿元、专项债务余额限额107685.08亿元。

需要说明的是,地方预算由地方各级人民政府编制,报同级人民代表大会批准,目前尚在汇总中,本报告中地方收入预计数和支出安排数均为中央财政代编。

根据预算法规定,预算年度开始后,在全国人民代表大会批准本预算草案前,可安排下列支出:上年度结转支出;参照上年同期的预算支出数额安排必须支付的本年度部门基本支出、项目支出,以及对下级政府的转移性支出;法律规定必须履行支付义务的支出,以及用于自然灾害等突发事件处理的支出。根据上述规定,2019 年 1 月中央一般公共预算支出 13453 亿元,其中,中央本级支出 2104 亿元,对地方转移支付 11349 亿元。

三、扎实做好 2019 年财政改革发展工作

2019 年经济社会发展任务重、挑战多。要深入贯彻党中央、国务院决策部署,紧扣重要战略机遇新内涵,紧紧抓住和用好战略机遇,统筹兼顾、突出重点,精准发力做好财政改革发展各项工作,推动经济社会发展取得新成就。

(一)严格实施预算法。

牢固树立预算法治意识,全面落实预算法,尽快修订出台预算法实施条例,进一步规范财政收支管理。研究进一步扩大国有资本经营预算实施范围。加强社会保险基金预算管理和收支管理,推进信息化建设。加大预算决算公开力度,拓展公开范围和内容。增强预算编制的科学性、准确性,深化部门预算改革,加快构建科学的预算支出标准体系,提升部门预算的全面性、规范性和透明度。严格按照人大批准的预算执行,强化预算执行主体责任,加强预算执行管理和监督,硬化预算约束,依法进行预算调剂。完善国库集中支付运行机制,健全财政资金动态监控体系,保障预算单位财政资金使用安全。加强地方暂存款管理,除国库集中支付结余外一律不得按权责发生制列支。严格规范暂付款的范围、期限和审批程序,严控增量、消化存量。强化政府投资基金、涉企财政资金、民生资金监督管理,推动财税政策有效落实,严肃财经纪律。

(二)深化财税体制改革。

抓紧制定应急救援、自然资源等领域中央与地方财政事权和支出责任划分改革方案。在保持中央与地方财力格局总体稳定的基础上,稳步推进中央与地方收入划分改革。完善转移支付制度,优化中央对地方转移支付体系,增加一般性转移支付规模,健全专项转移支付定期评估和退出机制。深化增值税改革。落实综合与分类相结合的个人所得税制,推进个人收入和财产信息系统建设。逐步健全地方税体系,研究将部分品目消费税征收环节后移。落实税收法定原则要求,加大推进税收立法相关工作力度。加快形成采购主体职责清晰、交易规则科学高效、监管机制健全、政策功能完备、法律制度完善、技术支撑先进的现代政府采购制度。完善地方政府债券发行管理,提升发行定价市场化水平,促进投资主体多元化。做好政府会计准则制度的贯彻实施,进一步扩大政府财务报告编制试点范围。推进国有资本投资、运营公司改革试点。建立健全国有资产报告制度体系,做好 2018 年度国有资产综合报告和行政事业性国有资产专项报告工作。

(三)落实减税降费各项措施。

各地区各部门上下联动、协同并进,加大工作力度,共同把减税降费工作做实做好。抓紧制定简明易行可操作的实施方案并尽早公布实施,推动形成稳定积极的预期,将中央经济工作会议关于实施更大规模减税降费的部署切实落实到位。加强组织领导,精心谋划部署,让企业尽快享受政策红利。进一步增强服务意识,开展多种形式的政策宣传和解读,加强对企业家的宣介和对企业财务人员的培训以及政策辅导,帮助企业知晓政策、用足用好政策。密切跟踪减税降费政策执行情况,及时研究解决政策实施过程中的问题,不断完善政策举措。加强收费项目清单“一张网”建设,健全乱收费举报投诉查处机制。加大督查和监督力度,确保各项措施落实到位,让企业和人民群众有实实在在的获得感。

(四)健全民生支出管理机制。

统筹经济发展和民生改善,坚持尽力而为、量力而行,突出保基本、兜底线,提高保障和改善民生水平,让人民群众有更多获得感。完善中央民生政策落实机制,地方预算安排要优先保障中央民生政策需要,确保中央民生政策落实到位。围绕人民群众基本公共服务需求,探索建立民生支出清单管理制度,明确相关政策名称、保障范围、支出标准和备案流程等,地方自行出台民生支出政策应按程序备案。加强民生政策事前论证评估,充分考虑各级政府特别是基层政府和困难地区的财力,全面分析有关政策对财政支出的当期和长远影响,严禁出台影响财政可持续的支出政策。加强对地方转移支付资金调度管理,支持基层财政提高民生支出保障能力。完善民生支出监测预警体系,加强财政综合保障能力评估,及时纠正脱离实际、超财力建设等支出政策或项目。

(五)全面实施预算绩效管理。

进一步完善预算绩效管理制度办法和业务流程,健全分行业分领域分层次的核心绩效指标和标准体系。推动预算绩效管理扩围升级,逐步将绩效管理覆盖所有财政资金,延伸到基层单位和资金使用终端,开展中央部门整体支出绩效评价试点。将预算绩效管理关口从事后评价向事前和事中延伸,

提高预算编制的科学性和精准性，防止财政资源配置环节和使用过程中的损失浪费。充分调动部门和资金使用单位的积极性，促进财务和业务管理深度融合，推进预算和绩效管理一体化。强化绩效管理责任，建立健全绩效评价结果应用激励约束机制，与预算安排挂钩，低效无效支出一律削减。稳步推进重大政策和项目绩效目标、绩效评价结果向同级人大报告，并随同预算决算向社会公开。

（六）支持和配合人大依法开展预算审查监督。

进一步落实《关于人大预算审查监督重点向支出预算和政策拓展的指导意见》要求，提高支出预算和政策的科学性有效性。紧紧围绕贯彻落实党中央、国务院重大决策部署，结合人大代表和人民群众普遍关心的热点难点问题、审计查出的突出问题、制约事业发展的关键问题等，不断完善支出预算和政策。认真落实人大及其常委会有关预算决算的决议，及时通报落实工作安排和进展情况，增强落实效果。加大审计问题整改力度，建立健全长效机制。完善服务代表委员工作，充分研究吸纳代表委员的意见和建议，在加强日常沟通交流、优化预算报告和草案编制、提高建议提案办理质量、解决代表委员关注的实际问题等方面下更大功夫。

各位代表，做好2019年财政预算工作意义重大。我们要更加紧密地团结在以习近平同志为核心的党中央周围，坚持以习近平新时代中国特色社会主义思想为指导，自觉接受全国人大的监督，虚心听取全国政协的意见和建议，迎难而上、开拓进取，扎实做好财政预算各项工作，更好发挥财政职能作用，促进经济持续健康发展和社会大局稳定，为全面建成小康社会收官打下决定性基础，以优异成绩庆祝中华人民共和国成立70周年！

第十三届全国人民代表大会财政经济委员会关于2018年中央和地方预算执行情况与2019年中央和地方预算草案的审查结果报告

（2019年3月12日第十三届全国人民代表大会第二次会议主席团第二次会议通过）

十三届全国人大二次会议主席团：

第十三届全国人民代表大会第二次会议审查了国务院提出的《关于2018年中央和地方预算执行情况与2019年中央和地方预算草案的报告》和2018年全国预算执行情况与2019年全国预算草案。全国人民代表大会财政经济委员会在对预算报告和预算草案进行初步审查的基础上，根据各代表团和有关专门委员会的审查意见，又作了进一步审查。国务院根据审查意见对预算报告作了修改。现将审查结果报告如下。

一、2018年预算执行情况总体良好

根据国务院报告的2018年中央和地方预算执行情况，全国一般公共预算收入183352亿元，为预算的100.1%；全国一般公共预算支出220906亿元，完成预算的105.3%；加上调入和补充预算稳定调节基金等收支，全国财政赤字23800亿元，与十三届全国人大一次会议批准的预算持平。其中，中央一般公共预算收入85447亿元，为预算的100.1%；中央一般公共预算支出102382亿元，完成预算的99.1%；加上调入和补充预算稳定调节基金等收支，中央财政赤字15500亿元，与预算持平。中央预算稳定调节基金余额3764亿元。2018年末，中央财政国债余额149607.42亿元，地方政府一般债务余额109938.75亿元、专项债务余额73922.77亿元，都控制在全国人大批准的债务余额限额以内。

全国政府性基金收入75405亿元，为预算的117.5%；全国政府性基金相关支出80562亿元，完成预算的103.2%。全国国有资本经营预算收入2900亿元，为预算的102.2%；全国国有资本经营预算支出2159亿元，完成预算的95%。全国社会保险基金收入72649亿元，为预算的106.7%；全国社会保险基金支出64586亿元，完成预算的100.1%；当年收支结余8063亿元，年末滚存结余86337亿元。预算草案中对预算执行情况作了说明。

财政经济委员会认为,2018 年中央和地方预算执行情况总体良好。面对错综复杂的国际环境和艰巨繁重的国内改革发展稳定任务,国务院和地方各级人民政府在以习近平同志为核心的党中央坚强领导下,坚持以习近平新时代中国特色社会主义思想为指导,全面贯彻党的十九大精神,按照党中央决策部署和十三届全国人大一次会议各项决议要求,坚持稳中求进工作总基调,贯彻实施预算法,实施积极的财政政策,深入推进供给侧结构性改革,深化财税体制改革,发挥财政在国家治理中的基础和重要支柱作用,保持了经济持续健康发展和社会大局稳定。同时,在预算执行和财政管理中还存在一些不容忽视的问题,主要是:有的产业扶持政策可操作性不强,有的民生政策落实不够精准,影响企业和群众的获得感;有些支出预算安排存在重投入轻产出、重建设轻使用的现象,一些项目安排不规范,绩效与政策目标差距较大;部分收支项目执行结果与预算相差较大,预算编制的准确性和约束力需要进一步增强;有的地方仍违规担保或举借债务,防范化解债务风险任务艰巨;财税体制改革亟需加快推进,如期完成税收法定改革任务相当紧迫等。这些问题要高度重视,认真研究,采取有效措施解决。

二、2019 年预算报告和预算草案总体可行

国务院提出的 2019 年中央和地方预算草案,全国一般公共预算收入 192500 亿元,比 2018 年预算执行数(同口径,下同)增长 5%;全国一般公共预算支出 235244 亿元,增长 6.5%;加上调入资金,全国财政赤字 27600 亿元,增加 3800 亿元。其中,中央一般公共预算收入 89800 亿元,增长 5.1%;中央一般公共预算支出 111294 亿元,增长 8.7%;加上调入预算稳定调节基金等资金,中央财政赤字 18300 亿元,增加 2800 亿元;中央财政国债余额限额 175208.35 亿元。地方政府一般债务余额限额 133089.22 亿元,专项债务余额限额 107685.08 亿元。

全国政府性基金收入 77948 亿元,增长 3.4%;全国政府性基金相关支出 99802 亿元,增长 23.9%。全国国有资本经营预算收入 3366 亿元,增长 16.1%;全国国有资本经营预算支出 2401 亿元,增长 11.2%。全国社会保险基金收入 79678 亿元,增长 9.7%;全国社会保险基金支出 74252 亿元,增长 15%;本年收支结余 5425 亿元,年末滚存结余 91762 亿元。

财政经济委员会认为,国务院提出的 2019 年中央和地方预算草案,符合中央经济工作会议精神,贯彻落实党中央重大方针政策和决策部署,积极的财政政策加力提效,实施更大规模的减税降费,增加重点领域投入,继续打好三大攻坚战,加快建立现代财政制度,实施预算绩效管理,积极防范化解地方政府债务风险。预算草案符合预算法的规定,预算草案总体可行。建议第十三届全国人民代表大会第二次会议批准国务院提出的《关于 2018 年中央和地方预算执行情况与 2019 年中央和地方预算草案的报告》,批准 2019 年中央预算草案,同时批准 2019 年地方政府一般债务余额限额 133089.22 亿元、专项债务余额限额 107685.08 亿元。地方各级政府预算依法由本级人民代表大会审查和批准。各省、自治区、直辖市人民政府依照国务院下达的债务限额举借的债务,列入本级预算调整方案,报本级人大常委会依法批准。国务院将地方预算汇总后报全国人民代表大会常务委员会备案。

三、做好 2019 年预算执行和财政工作的建议

2019 年是新中国成立 70 周年,是全面建成小康社会、实现第一个百年奋斗目标的关键之年,要在以习近平同志为核心的党中央坚强领导下,以习近平新时代中国特色社会主义思想为指导,全面贯彻党的十九大和中央经济工作会议精神,按照统筹推进"五位一体"总体布局、协调推进"四个全面"战略布局的要求,坚持稳中求进工作总基调,坚持新发展理念,坚持推动高质量发展,坚持以供给侧结构性改革为主线,坚持深化市场化改革、扩大高水平开放,继续打好三大攻坚战,着力激发微观主体活力,创新和完善宏观调控,统筹推进稳增长、促改革、调结构、惠民生、防风险、保稳定工作,保持经济运行在合理区间,进一步稳就业、稳金融、稳外贸、稳外资、稳投资、稳预期,提振市场信心,增强人民群众获得感、幸福感、安全感,保持经济持续健康发展和社会大局稳定,为全面建成小康社会收官打下决定性基础。当前经济运行稳中有变、变中有忧,财政收入增幅有所放缓,各领域对财政资金需求依然刚性增长,财政收支矛盾比较突出,要牢固树立底线思维,切实增强忧患意识,扎实做好各项

财政预算工作，圆满完成2019年预算。为此，财政经济委员会提出以下建议：

（一）全面落实好积极财政政策加力提效的决策部署。要抓紧制定降低增值税税率的实施方案，确保减税政策尽快落地见效，确保所有行业税负只减不增。清理规范政府性基金和行政事业性收费项目，明显降低企业社保缴费负担，完善养老保险基金中央调剂制度，划转部分国有资本充实社保基金，保障职工养老金按时足额发放。做实医疗保险基金地市级统筹，逐步实现省级统筹。加大中央对地方财政转移支付力度，支持地方落实减税降费政策措施。国务院财税部门应当按项目将减税降费政策实施情况及时向社会公布。审计机关应当加强对减税降费政策实施情况和效果的专项审计，并向全国人大常委会报告情况。研究探索建立税式支出制度，税收优惠政策应当在预算草案中作出安排，提高税收优惠政策规范性和透明度。加大对“三农”、经济结构调整、基础研究、民生等领域投入力度。保持加强生态文明建设的战略定力，聚焦做好打赢蓝天保卫战、打好碧水保卫战等工作，加强环境基础设施建设投入力度。要牢固树立艰苦奋斗、勤俭节约的思想，各级政府带头过紧日子，开源节流，大力压减一般性支出，取消低效无效支出，优化支出结构，盘活各类资金和资产。

（二）全力打好脱贫攻坚战。要持续加大对脱贫攻坚的投入力度，资金向“三区三州”等深度贫困地区和特殊贫困群体倾斜。要加大扶贫资金统筹力度，集中财力保障重点领域和项目支出需要，切实解决好实现“两不愁三保障”面临的突出问题。注重改善贫困地区生产生活条件，加大学前教育、儿童早期发展及职业教育和民族教育扶持力度，培养贫困群众自我发展能力。加强对扶贫资金使用的跟踪监督，确保资金使用的规范、安全、公开和透明。开展扶贫后评估工作，健全稳定脱贫的长效机制。严格扶贫资金管理，因地制宜用好扶贫资金，提高资金使用绩效。

（三）着力防范化解地方政府债务风险。防范化解地方政府隐性债务风险要把握好节奏和力度，平衡好稳增长与防风险的关系。指导地方做好2019年地方政府专项债券发行和使用工作，加强财政金融政策衔接配合，有效发挥政府债券资金对稳投资、扩内需、补短板、防风险的重要作用。鼓励各种主体参与地方政府债券交易，健全地方政府债券市场化发行定价和约束机制。建立健全地方政府债务统计和动态监测制度，及时应对可能出现的债务风险。坚持举债规模与偿债能力相匹配原则，指导和督促地方加强定期评估。健全政府债务管理情况向人大报告制度，地方各级政府应当向本级人大报告政府债务情况，实现人大对地方政府债务的全口径、全过程监管。推进政府债务管理立法工作。

（四）加快推进财税体制改革。2019年要抓紧推进中央与地方财政事权和支出责任划分改革，推动省以下各级政府财政事权和支出责任划分，推进修订相关法律、行政法规工作。2019年要研究提出中央和地方之间收入划分改革方案，推进健全地方税体系。改革完善财政转移支付制度，合理确定基本公共服务保障国家基础标准和支出责任分担方式，稳步提升地区间基本公共服务均等化水平。建立健全转移支付资金使用监督制度，切实提高资金使用绩效。

（五）不断提高预算管理的法治化规范化水平。要尽快出台预算法实施条例，制定完善财政专户、预算调剂等配套制度办法。进一步提高中期财政规划编制水平，不断提高预算编制的科学性和严谨性。进一步提高中央基本建设投资年初预算编列到地区和项目的到位率，细化预算内容，增强透明性和可审性。扩大国有资本经营预算编报范围，进一步完整反映国有资本经营预算的收支情况。改革完善社会保险基金预算管理，严格基金预算执行。年初预算中还没有细化到地方的财政转移支付，要依法尽早细化到地方，并尽快下达。严格执行预算，切实减少执行中的追加追减变动，加快预算执行进度，提高资金使用效率。抓紧健全完善政府综合财务报告制度，为2020年全面开展政府综合财务报告编制工作做好准备。全面实施预算绩效管理，将绩效管理理念、方法和要求贯穿预算管理全过程。落实预算绩效主体责任，加强第三方绩效评价，将预算绩效评价结果及时向人大报告，并向社会公布。

（六）积极配合落实人大预算审查监督和国有资产监督改革举措。要不断改进完善预算报告和预算草案编报工作。在预算草案编制和预算执行过程中、在重大财税政策出台前，主动听取人大代表和社会各界意见建议，增强政策和预算安排的合理性、针对性，提高政策实施效果和预算执行绩效。积极配合持续推进预算联网监督工作，保障数据提供的全面、准确、及时，根据预算联网监督发现的问题，纠正差错，健全制度，堵塞漏洞，改进工作。研究制定健全审计查出问题整改长效机制的指导意见。加强国有资产管理，做好2019年向全国人大常委会提交国有资产管理情况综合报告和专项口头报告行政事业性国有资产管理情况的工作。

（七）积极贯彻落实税收法定原则。有关部门要加大工作力度，扎实做好税收立法评估和可行性研究，提高税收立法质量和效率，尽快提出将增值税法、消费税法、关税法、城市维护建设税法、契税法、印花税法、房地产税法和税收征收管理法（修改）等提请全国人大常委会审议的时间安排，按时提交审议，确保完成党中央确定的2020年实现税收法定的任务。认真贯彻落实党中央关于深化税制改革的要求，实现税制改革与税收立法的有机衔接和相互促进。加快研究制定政府非税收入管理条例。

以上报告，请予审议。

第十三届全国人民代表大会
财政经济委员会
2019年3月12日

第十三届全国人民代表大会第二次会议关于全国人民代表大会常务委员会工作报告的决议

（2019年3月15日第十三届全国人民代表大会第二次会议通过）

第十三届全国人民代表大会第二次会议听取和审议了栗战书委员长受全国人大常委会委托所作的工作报告。会议充分肯定全国人大常委会过去一年的工作，同意报告提出的今后一年的主要任务和工作安排，决定批准这个报告。

会议要求，全国人大常委会要以习近平新时代中国特色社会主义思想为指导，全面贯彻党的十九大和十九届二中、三中全会精神，牢固树立“四个意识”，坚定“四个自信”，做到“两个维护”，坚持党的领导、人民当家作主、依法治国有机统一，紧紧围绕党和国家工作大局依法履职尽责，用法治保障人民权益、增进民生福祉。加强宪法实施和监督，推进重点领域立法，提高科学立法、民主立法、依法立法水平，为改革发展稳定筑牢法治根基，坚持正确监督、有效监督，确保宪法法律有效实施，推动“一府一委两院”加强改进工作，密切同人民群众联系，更好发挥人大代表作用，奋力开创新时代人大工作新局面，以优异成绩庆祝中华人民共和国成立70周年！

全国人民代表大会常务委员会工作报告

——2019年3月8日在第十三届全国人民代表大会第二次会议上

全国人大常委会委员长　栗战书

各位代表：

受全国人大常委会委托，我向大会报告工作，请予审议。

关于过去一年的主要工作

十三届全国人大及其常委会履职正逢“两个一百年”历史交汇期，使命光荣，责任重大。一年来，常委会认真学习贯彻习近平新时代中国特色社会主义思想和党的十九大精神，在以习近平同志为核心的党中央坚强领导下，按照十三届全国人大一次会议的工作部署，依法履职，开拓进取，实现了良好开局。

一、深入学习贯彻习近平新时代中国特色社会主义思想，确保人大工作正确政治方向

常委会把学习贯彻习近平新时代中国特色社会主义思想作为首要政治任务，深刻领会这一思想

的科学体系、精神实质、实践要求,用以武装头脑、指导实践、推动工作。组织开展专题学习研讨,召开31个省级人大和有关方面参加的学习交流会,系统学习习近平总书记关于坚持和完善人民代表大会制度的重要思想,进行专题研究,提出学习要求,深化对新时代坚持和完善什么样的人民代表大会制度、怎样坚持和完善人民代表大会制度重大理论和实践课题的认识。各级人大紧密结合实际,深入开展学习,把学习成果转化为做好本职工作、推动事业发展的生动实践。

围绕学习贯彻党的基本理论、基本路线、基本方略,办好常委会专题讲座,共举办专题学习讲座10讲,重点学习习近平总书记关于宪法、法治、改革开放、创新发展、生态文明建设的重要论述,关于人大立法、监督工作的要求,全面提升常委会履职能力。针对换届后新代表多的实际,加大代表学习培训力度,培训1300余名代表,占新任代表的59%。分别举办省、市、县三级人大常委会负责同志学习班,累计3200人参加,基本实现全覆盖。

持续深入的理论学习和思想武装,进一步筑牢了维护党中央权威和集中统一领导的思想根基,进一步坚定了走中国特色社会主义政治发展道路的信心和决心,进一步增强了坚持和完善人民代表大会制度的责任感和使命感。

二、全面学习宣传贯彻新修改的宪法,推动宪法实施迈出新步伐

依法执政,依宪执政,是中国共产党的鲜明主张。坚持依法治国首先要坚持依宪治国,坚持依法执政首先要坚持依宪执政。党的十八大以来,党中央把实施宪法摆在全面依法治国的突出位置,习近平总书记多次就贯彻实施好宪法发表重要讲话,3次对开展好国家宪法日活动作出重要批示,带头进行宪法宣誓,有力推动全社会自觉尊崇宪法、学习宪法、遵守宪法、维护宪法、运用宪法。

在党中央领导下,十三届全国人大一次会议完成了宪法修改的崇高任务,确立习近平新时代中国特色社会主义思想在国家政治和社会生活中的指导地位,充实坚持和加强中国共产党全面领导的内容,完善宪法确立的国家根本任务、奋斗目标和国家领导体制,确立国家监察制度,夯实了国家长治久安的制度根基。常委会按照党中央部署,把全面学习宣传和贯彻实施新修改的宪法作为重大政治任务来抓,突出对修改宪法重大意义和主要修改内容的学习宣传,召开深入学习宣传和贯彻实施宪法座谈会,举办第五个国家宪法日座谈会,组织专题记者会,举办宣讲报告会,撰写理论文章,推动各地各部门开展形式多样的宪法宣传教育活动,弘扬宪法精神,树立宪法权威,增强宪法意识,使宪法精神深入人心,得到人民的真诚信仰和拥护。

常委会带头贯彻宪法并强化对宪法实施的监督。按照新修改的宪法,对调整设立的宪法和法律委员会职责作出决定,增加宪法实施和监督、宪法解释等工作职责,加强了宪法实施的工作力量和组织保障。坚持有件必备、有备必审、有错必纠,加强合宪性审查,保证宪法确立的制度、原则、规则得到全面实施。认真审查报送备案的行政法规40件、地方性法规1180件、司法解释18件,认真研究公民、组织提出的审查建议1229件,督促有关方面依法撤销和纠正与宪法法律相抵触的规范性文件。认真组织宪法宣誓,增强国家工作人员宪法意识,带头做宪法的忠实崇尚者、自觉遵守者、坚定捍卫者。

一年来,学习宣传和贯彻实施宪法迈出了新步伐,宪法的法律地位、法律权威、法律效力得到彰显,全社会更加深刻认识到,我国宪法充分体现人民共同意志、充分保障人民权利、充分维护人民根本利益,必将在决胜全面建成小康社会、全面建设社会主义现代化国家的伟大实践中更好发挥根本法治保障作用。

三、加强和改进新时代立法工作,为改革发展稳定提供法治保障

常委会坚持改革与法治相统一,认真编制立法规划,召开常委会立法工作会议和地方立法工作座谈会,及时部署立法工作。制定法律8件,修改法律47件次,通过有关法律问题和重大问题的决定9件。这些立法项目主要是三类:一是围绕党和国家工作大局,通过立法推动和保障重大决策部署的落实;二是围绕全面深化改革,通过立法、修法确保重大改革于法有据;三是围绕加快建设社会主义法治体系和社会主义法治国家,完成好重点领域立法任务。

2018年是改革开放40周年。改革开放40年的经验告诉我们,做好改革发展稳定各项工作离不开法治,改革开放越深入越要强调法治。常委会围绕在新的历史起点上推进改革开放和社会主义现

代化建设,着眼于完善社会主义市场经济法律制度,加快了经济领域立法,对多部法律作出修改,及时解决法律规定与实践发展不相适应的问题。法治是最好的营商环境。本次会议审议的外商投资法草案,全面反映我国改革开放的新理念新思路新举措,对于新时代推动形成我国新一轮高水平对外开放新格局具有重要促进和保障作用。常委会已两次审议草案,相信经过全体代表的共同努力,一定能够圆满完成这项重大立法任务。我国电子商务交易市场规模全球第一,就业人员数千万,涉及亿万消费者。电子商务法的制定,对于促进电子商务健康发展、维护消费者合法权益和市场公平意义重大。社会各界普遍认为,这是一部支持、规范、创新和保障电子商务健康发展的促进法,是一部广大消费者、平台经营者、线上经营者合法权益的维护法,是一部市场秩序和公平竞争的保障法。农村土地承包法的修改,深化了农村土地制度改革,从法律上稳定和完善了农村土地承包关系,给广大土地承包者和经营者吃下了"定心丸",对促进农业农村发展具有重要意义。常委会还制定了耕地占用税法、车辆购置税法,修改了公司法、民用航空法、电力法、港口法、企业所得税法等,促进了这些领域的改革发展。

贯彻党的十九大和十九届三中全会精神,根据十三届全国人大一次会议批准的机构改革方案,常委会通过修改法律、作出决定,健全国家机构组织法律制度。就国务院机构改革涉及法律规定的行政机关职责调整问题作出决定,统筹修改机构改革涉及的国境卫生检疫法等 32 部法律的 316 个条款,作出中国海警局行使海上维权执法职权的决定,制定消防救援衔条例,及时跟进机构改革对法律调整提出的要求,为机构改革顺利实施提供了法律保障,保证了改革有序承接,工作连续稳定。修订公务员法,把职务与职级并行的改革实践写进法律,加快推进公务员分类体制改革。修改人民法院组织法、人民检察院组织法、刑事诉讼法,制定人民陪审员法、国际刑事司法协助法,作出关于设立上海金融法院、专利等知识产权案件诉讼程序若干问题的决定,巩固和深化司法体制改革成果。修改村民委员会组织法、城市居民委员会组织法,完善了基层治理体系。

常委会贯彻以人民为中心的思想,加快了社会建设、保障改善民生领域的立法,用法治保障人民权益、增进民生福祉,运用法治方式推动解决老百姓最关心、最期盼的问题。编纂民法典是党的十八届四中全会提出的重大立法任务,常委会在过去工作的基础上,加快进度,形成 6 编共 1034 条的民法典各分编草案,并进行了整体审议,分单元审议了合同编、侵权责任编草案,朝着 2020 年完成民法典编纂任务目标迈出了坚实步伐。修改个人所得税法,推进税制改革,优化税负结构,目前已有约 8000 万人的工薪所得依法免缴个人所得税。修改社会保险法,将生育保险和职工基本医疗保险合并实施在全国推开。医疗卫生领域立法,关系人民群众根本利益。常委会已两次审议基本医疗卫生与健康促进法草案。针对长春长生公司疫苗案所暴露的问题,常委会高度重视用法律保护群众切身利益,加快疫苗管理专门立法,对疫苗管理法草案进行了初审,通过建立覆盖研制、生产、流通、预防接种全过程全链条的疫苗监管法律制度,切实保障人民群众生命健康安全。

加快生态文明建设立法步伐,制定土壤污染防治法,修改环境影响评价法、环境噪声污染防治法等,完善严格保护生态环境的法律制度。土壤污染防治法为推进净土保卫战提供有力法治保障,与大气污染防治法、水污染防治法一起,构建起"三位一体"、立体管控的生态环保法治网。

常委会把维护国家安全放在立法工作的重要位置,制定英雄烈士保护法,修改反恐怖主义法、国家情报法,推动社会主义核心价值观融入立法。英雄烈士保护法的制定和实施,促进了英雄烈士事迹和爱国主义精神的传承弘扬,有力抵制了历史虚无主义,为打击各类歪曲、丑化、亵渎、诋毁英雄烈士的行为,维护国家安全特别是意识形态安全提供了法律保障,在社会各界产生积极反响。一部英烈保护法,公理正义得伸张!

四、依法履行人大监督职责,更好助力经济社会发展和改革攻坚任务

坚持依照法定职责、限于法定范围、遵守法定程序开展监督工作,在做好经常性法定监督的同时,突出了深化供给侧结构性改革、助力三大攻坚战、司法民生领域热点问题、预算和国有资产监督等重点。一年来,听取审议国务院、最高人民法院、最高人民检察院工作报告 24 个,检查 6 部法律实施情况,进行 3 次专题询问,开展 5 项专题调研,努力做到既确保宪法法律有效实施,又确实帮助"一府

一委两院”改进工作。

常委会听取审议了计划、预算、决算、审计、环保等工作报告，听取审议了科技、农业、教育、医疗卫生、海洋经济、华侨权益等专项工作报告。党中央出台《关于建立国务院向全国人大常委会报告国有资产管理情况制度的意见》和《关于人大预算审查监督重点向支出预算和政策拓展的指导意见》，赋予了人大监督新职责。常委会贯彻文件精神，开展专题调研，首次审议国务院关于国有资产管理情况的年度综合报告和金融企业国有资产的专项报告，为管好用好国有资产加上一道“安全门”。现在，全国31个省级人大常委会均已建立国有资产管理情况报告制度。确定有专业背景的153名全国人大代表参加预算审查，发挥预算联网监督系统在预算全过程监管中的作用，推动预算审查监督重点向支出预算和政策拓展。

常委会对大气污染防治法、海洋环境保护法、传染病防治法、防震减灾法、农产品质量安全法、统计法等6部法律的实施情况进行检查，既发现工作中的问题，又查找法律、法规自身缺陷和不足，保证法律的正确实施。常委会专门加开一次会议，听取审议大气污染防治法执法检查报告，作出关于全面加强生态环境保护、依法推动打好污染防治攻坚战的决议，对执法检查中发现的涉及22家企业的38个问题点名曝光，助力大气污染防治攻坚战深入推进。全国31个省级人大常委会都完成了大气污染防治法规的制定和修改工作，各地各部门全面清理生态环保方面的规范性文件，地方人大常委会修改514件、废止83件地方性法规。在海洋环境保护法执法检查中，重点监督11个沿海省份的入海排污口设置和管理、陆源污染防治等突出问题。用法律的武器治理环境污染，用法治的力量保卫碧海蓝天，受到了社会的肯定和支持。

常委会还开展了关于“七五”普法、民族教育、脱贫攻坚、乡村振兴、地方政府债务等方面的专题调研，推动解决经济社会发展的重点难点问题。

常委会结合审议大气污染防治法执法检查报告，人民法院解决“执行难”工作情况的报告、人民检察院加强对民事诉讼和执行活动法律监督工作情况的报告，财政医疗卫生资金分配和使用情况的报告，组织开展了3次专题询问。国务院、最高人民法院、最高人民检察院有关负责同志就相关领域人民群众普遍关心的问题现场回答常委会组成人员、全国人大代表的询问。对“两高”工作的专题询问，这在开展专题询问以来是第一次。

五、拓展联系代表的渠道，支持和保障代表依法履职

加强常委会与人大代表、人大代表与人民群众的联系，了解人民所思所盼所愿，才能把为人民用权、为人民履职、为人民服务落到实处。

规范直接联系代表的制度，常委会组成人员直接联系440名代表，形成了连接民意、听取意见的“直通车”。常委会会议期间，召开了4次列席代表座谈会，186名全国人大代表参加会议，提出的意见建议都由有关部门认真研究落实。扩大代表对常委会和专门委员会工作的参与，邀请代表列席常委会会议、参加执法检查和调研活动。委员长会议组成人员的调研活动，原则上邀请人大代表参加。组织1850名代表参加专题调研、开展集中视察，组织港澳台代表赴广东、重庆、浙江、陕西、海南、青海视察调研，推动代表更多地深入基层、了解实际、联系群众。按照便于组织和开展活动的原则，本届全国人大代表分为272个小组，开展了丰富的履职活动。

坚持把代表议案、建议作为确定立法监督项目、起草法律草案、推动改进工作的重要依据。十三届全国人大一次会议主席团交付有关专门委员会审议的325件代表议案已全部审议完毕。其中，19件议案涉及的9个立法项目已经常委会审议通过，22件议案涉及的4个立法项目已提请审议，143件议案涉及的60个立法项目已列入立法规划或年度立法计划。健全代表建议办理工作机制，代表提出的7139件建议、批评和意见全部办理完毕，所提问题得到解决或正在解决的占76%。确定的20项重点督办事项共涉及192件具体建议，交由36家承办单位重点办理，有关专门委员会加强督办，有力推动了相关工作。

全国人大代表作为全国人民代表大会的组成人员，代表人民的利益和意志，履行宪法法律赋予的职责。常委会高度重视代表履职能力和作风建设，支持原选举单位依法加强代表履职监督，推进代表履职档案建设，提升代表参与管理国家事务、管理经济和文化事业、管理社会事务的能力。

六、服务国家外交大局，做好人大对外交往工作

人大对外交往是国家总体外交的组成部分。

一年来,共派出 71 个团组 660 人次,访问 46 个国家;接待 58 个团组 730 人次,来自 34 个国家和 2 个多边议会组织。通过立法机构间的交流合作,有效服务国家战略、维护国家利益。

认真贯彻党中央外交方针,巩固和深化与主要国家议会交往,保持同俄罗斯、美国、法国、日本等国议会和欧洲议会的交往,举办中国全国人大同俄罗斯议会合作委员会第 4 次会议。加强同周边国家、非洲国家议会的交往,举办面向发展中国家的议员研讨班,增进同“一带一路”沿线国家议会友好合作。积极参加多边议会组织会议,务实引导上海合作组织议长会晤、金砖国家议会论坛等新兴多边机制发展,在各国议会联盟、二十国集团议长会议中发挥建设性作用,中方提出的构建人类命运共同体、共建“一带一路”、维护多边主义等主张得到普遍认同。对个别国家议会涉我消极议案、错误言行,阐明原则立场,发出人大声音。

在对外交往中,积极推动落实习近平主席和外国领导人达成的重要共识,为国家之间的合作交流提供法律支撑。坚守中国特色社会主义政治发展道路,宣介人民代表大会制度优势和特点,增进国际社会对中国发展道路、发展模式、治国理念的理解和认同。

七、全面加强常委会自身建设,不断提升依法履职能力和水平

常委会加强了政治建设和思想建设,重点是进一步加深对坚持党的领导、人民当家作主、依法治国有机统一的认识和把握。同时,还抓了制度建设、能力建设、作风建设,履职意识和履职能力显著增强。

以落实议事规则为重点加强制度建设。严格遵守常委会会议召开的法定程序,根据会议需要邀请列席人员,合理安排分组审议和联组审议,每一次常委会会议都圆满完成了既定议程。规范议案提出和审议的工作制度,明确发挥人大及其常委会在立法工作中主导作用的具体内容。严格落实常委会会议听取审议工作报告制度。完善执法检查选题、组织、报告、审议、整改、反馈“全链条”工作流程。推进专题询问主体、形式、内容、程序、答复的规范化、制度化,增强后续监督工作的实效性。

加强能力建设,增强学习本领,注重经济、政治、文化、社会、生态文明和党的建设理论与实践知识水平的全面提升。不断增强贯彻民主集中制的自觉性,既保障常委会组成人员的民主权利,又引导大家依法行使民主权利,切实维护国家和人民的根本利益、长远利益、整体利益。

加强作风建设,全面贯彻中央八项规定及其实施细则精神。把调查研究作为履职基本功,常委会、专门委员会开展 260 多次调查研究,推动人大工作更好体现实践发展和人民要求。认真对待人民来访来信,提高信访工作的规范化、制度化水平。下大力气改进会风,严肃会议纪律,严格请假制度,常委会会议出席率保持在 98% 以上。改进人大新闻舆论工作,突出宣传贯彻实施宪法和改革开放 40 年人民代表大会制度发展历程。

加强专门委员会工作和建设,召开专门委员会负责同志会议。专门委员会尽职尽责,发挥自身特点和优势,在立法、监督、代表、对外交往等方面做了大量富有成效的工作。加强常委会各工作机构建设,充分发挥其服务、协调、保障作用。

加强与地方人大的联系,密切工作协同,增强人大工作整体实效,共同提高人大工作水平。

各位代表!

过去一年的工作,让我们深深体会到,做好新时代人大工作,最根本的是要以习近平新时代中国特色社会主义思想为指导,坚决维护习近平总书记党中央的核心、全党的核心地位,坚决维护党中央权威和集中统一领导,坚持党的领导、人民当家作主、依法治国有机统一,保证党领导人民有效治理国家。

——*必须始终坚持党的全面领导*。党的领导是人民代表大会制度最鲜明的特征。实践证明,党的领导坚持得越好,人民当家作主就实现得越充分,依法治国就发展得越顺利,人民代表大会制度的优越性就越能得到彰显。这一点在任何时候、任何情况下都不能有任何的动摇。人大要在党的领导下依法行使职权,使党的主张通过法定程序成为国家意志、全体人民的共同意志。

——*必须始终坚持以人民为中心,保证人民当家作主*。尊重人民主体地位,支持和保证人民通过人民代表大会行使国家权力。把维护最广大人民根本利益作为人大工作的出发点和落脚点,倾听人民呼声,汇聚人民智慧,回应人民期待,使人大及其常委会成为同人民群众保持密切联系的代表机关,保证人民当家作主具体地、现实地落实到国家政治生活和社会生活之中。

——*必须始终坚持围绕大局谋划推动工作*。

人大工作是党和国家工作的重要组成部分。要紧紧围绕实现党的十九大确定的目标任务，顺应新时代新要求，紧跟党中央新部署，满足人民群众新需要，全面担负起宪法法律赋予的各项职责，更好助力新时代改革开放和社会主义现代化建设，为推进伟大斗争、伟大工程、伟大事业、伟大梦想提供有力的法治保障。

——*必须始终坚持履行法定职责，严格依法办事*。发挥人大在全面依法治国中的职能作用，坚定不移走中国特色社会主义法治道路，不断完善以宪法为核心的中国特色社会主义法律体系，推动形成完备的法律规范体系、高效的法治实施体系、严密的法治监督体系、有力的法治保障体系。在履行宪法法律赋予的各项职责时，要限于法定范围，遵守法定程序，确保党和人民赋予的权力真正用来为人民服务。

——*必须始终坚持民主集中制的组织原则和活动准则*。人民民主是社会主义的生命，社会主义最讲民主。发扬民主是人民代表大会制度的必然要求，人大是实现人民民主的重要平台。要依法按程序行使职权，集体讨论决定问题，保证人大代表、常委会组成人员的民主权利，在充分发扬民主的基础上实行正确集中，确保人大各项工作体现党的主张、符合宪法精神、反映人民意志。

各位代表！

过去一年取得的成绩，是在以习近平同志为核心的党中央坚强领导下，全国人大代表、常委会组成人员、专门委员会组成人员以及全国人大机关工作人员辛勤工作的结果，是国务院、国家监察委员会、最高人民法院、最高人民检察院密切配合的结果，是地方各级人大及其常委会大力支持的结果，是全国各族人民积极参与、充分信任的结果。在此，我代表全国人大常委会表示衷心感谢！

过去一年，工作中也存在差距和不足，主要是：立法工作的质量和效率需要进一步提升，监督工作机制和方式需要进一步健全完善，密切与人大代表、人民群众联系的制度机制需要进一步落细落实，人大理论研究和新闻舆论工作水平需要进一步提高，自身建设需要进一步加强。我们要高度重视这些问题，虚心听取各方面的意见建议，不断加强和改进各项工作。

关于今后一年的主要任务

2019年是中华人民共和国成立70周年，是全面建成小康社会、实现第一个百年奋斗目标的关键之年。常委会要高举中国特色社会主义伟大旗帜，以习近平新时代中国特色社会主义思想为指导，深入贯彻落实党的十九大和十九届二中、三中全会精神，牢固树立“四个意识”，切实增强“四个自信”，坚决做到“两个维护”，坚持党的领导、人民当家作主、依法治国有机统一，紧紧围绕统筹推进“五位一体”总体布局、协调推进“四个全面”战略布局，坚持稳中求进工作总基调，贯彻新发展理念，着力提升立法、监督、代表工作、对外交往和自身建设水平，努力开创新时代人大工作新局面。

一是坚持不懈推进宪法实施和监督工作。宪法的生命在于实施，宪法的权威也在于实施。要通过健全法律制度、完善法律体系落实宪法制度，通过实行正确监督、有效监督保证宪法法律实施，发挥宪法在治国理政中的重要作用。落实宪法宣誓制度，组织好国家宪法日活动，推动实施“七五”普法决议，深入开展宪法宣传教育活动。加强宪法理论研究。落实宪法监督制度，健全合宪性审查工作机制，加强备案审查工作。建成全国统一的备案审查信息平台，推动地方人大信息平台延伸到设区的市、自治州、自治县。

二是努力提高立法工作质量和效率。认真贯彻习近平总书记全面依法治国新理念新思想新战略和党中央立法决策，深入推进科学立法、民主立法、依法立法，发挥人大及其常委会在立法工作中的主导作用，全面落实常委会立法规划和年度立法计划，积极推进重点领域立法，统筹做好立改废释工作，既要求数量更要重效果，确保立一件成一件，以高质量立法保障和促进高质量发展，努力使每项立法都反映群众意愿、得到群众拥护，让人民群众在每一项法律制度中都感受到公平正义。

今年要抓紧制定修改深化市场化改革、扩大高水平开放急需的法律，加快推进民生、国家安全、知识产权保护、社会治理、生态文明建设等领域的立法，落实税收法定原则，完善国家机构有关法律制度。集中力量落实好党中央确定的重大立法事项，包括审议民法典，制定刑法修正案（十一）、基本医疗卫生与健康促进法、房地产税法、出口管制法、社区矫正法、军民融合发展法、退役军人保障法、政务处分法，修改证券法、现役军官法、兵役法、人民武装警察法、全国人民代表大会组织法、全国人民代表大会议事规则，开展生物安全法、长江保护法、海南自由贸易港法等立法调研、起草，确保如期完成立法。

三是切实增强监督工作的针对性和实效性。坚持围绕大局、贴近民生、突出重点,遵循"依法"原则,推动国家机关依法行权、尽职尽责。今年要检查水污染防治法、可再生能源法、渔业法、中小企业促进法、就业促进法、高等教育法等6部法律实施情况。在继续推动实施大气污染防治法的同时,把检查水污染防治法实施情况作为重点,久久为功、持续发力,依法律、用法治守护良好生态环境这个最普惠的民生福祉。听取审议相关工作报告,加强对国有资产管理情况和刑事审判工作、公益诉讼检察工作情况的监督。围绕脱贫攻坚、化解金融风险、监察体制改革和监察法实施等进行专题调研。结合审议水污染防治法执法检查报告、中小企业促进法执法检查报告、公益诉讼检察工作情况报告开展专题询问。今年安排了29项监督工作,其中,深化供给侧结构性改革、推动高质量发展7项,助力三大攻坚战8项,促进保障和改善民生5项,人大预算决算审查监督和国有资产管理监督5项,执法司法监督4项。

四是不断完善代表履职工作机制。强化代表对常委会工作的参与,邀请代表列席会议,参加执法检查、调研活动,健全预算审查联系代表工作机制。坚持与列席常委会会议的代表座谈机制,加强常委会组成人员与代表的直接联系。认真办理代表议案、建议。组织好代表集中视察、专题调研活动。加强代表学习培训,强化代表履职监督。

五是积极做好人大对外交往工作。紧紧围绕国家总体外交大局,深化立法机构之间的友好交往,统筹双边、多边交往工作,稳步推进机制交流,加强多层次对口交往,促进"一带一路"建设和各领域务实合作,发挥人大对外交往的独特作用。

六是全面提升常委会自身建设水平。以政治建设为统领,持续加强理论武装,深入推进人大制度理论研究,增强运用法治思维和法治方式解决问题的能力。全面落实中央八项规定及其实施细则精神,深入改进作风,切实防止和克服形式主义、官僚主义。保持斗争精神,增强斗争本领,勇于担当作为,在涉及重大政治原则和国家核心利益问题上旗帜鲜明、立场坚定。激励干部干事创业,抓好干部管理监督,建设忠诚干净担当的高素质人大干部队伍。

各位代表!

做好今年人大工作意义重大。我们要更加紧密地团结在以习近平同志为核心的党中央周围,担当尽责,扎实工作,以优异成绩庆祝中华人民共和国成立70周年,为全面建成小康社会、夺取新时代中国特色社会主义伟大胜利、实现中华民族伟大复兴的中国梦努力奋斗!

第十三届全国人民代表大会第二次会议关于最高人民法院工作报告的决议

(2019 年 3 月 15 日第十三届全国人民代表大会第二次会议通过)

第十三届全国人民代表大会第二次会议听取和审议了最高人民法院院长周强所作的工作报告。会议充分肯定最高人民法院的工作,同意报告提出的2019年工作安排,决定批准这个报告。

会议要求,最高人民法院要以习近平新时代中国特色社会主义思想为指导,全面贯彻党的十九大和十九届二中、三中全会精神,牢固树立"四个意识",坚定"四个自信",做到"两个维护",毫不动摇坚持党的绝对领导,坚持以人民为中心,围绕党和国家工作大局,忠实履行宪法法律赋予的职责,着力维护国家政治安全、确保社会大局稳定、促进社会公平正义、保障人民安居乐业,全面深化司法体制改革,加强过硬队伍建设,巩固"基本解决执行难"成果,更好发挥人民法院审判职能,为决胜全面建成小康社会提供更高水平司法保障,以优异成绩庆祝中华人民共和国成立70周年!

最高人民法院工作报告

——2019年3月12日在第十三届全国人民代表大会第二次会议上

最高人民法院院长　周　强

各位代表：

我代表最高人民法院向大会报告工作，请予审议，并请全国政协各位委员提出意见。

2018年主要工作

2018年，在以习近平同志为核心的党中央坚强领导下，在全国人民代表大会及其常委会有力监督下，最高人民法院坚持以习近平新时代中国特色社会主义思想为指导，全面贯彻党的十九大和十九届二中、三中全会精神，认真落实十三届全国人大一次会议精神，紧紧围绕“努力让人民群众在每一个司法案件中感受到公平正义”目标，坚持服务大局、司法为民、公正司法，忠实履行宪法法律赋予的职责，各项工作取得新进展。最高人民法院受理案件34794件，审结31883件，同比分别上升22.1%和23.5%，制定司法解释22件，加强对全国法院审判工作的监督指导；地方各级人民法院受理案件2800万件，审结、执结2516.8万件，结案标的额5.5万亿元，同比分别上升8.8%、10.6%和7.6%。通过充分发挥审判职能作用，为统筹推进“五位一体”总体布局和协调推进“四个全面”战略布局提供有力司法服务和保障。

一、深入学习贯彻习近平新时代中国特色社会主义思想，坚持党对人民法院工作的绝对领导

坚持把学习贯彻习近平新时代中国特色社会主义思想和党的十九大精神作为首要政治任务，深入开展大学习大研讨大培训，对全国法院35万名干警进行全员轮训。增强“四个意识”，坚定“四个自信”，做到“两个维护”，始终在政治立场、政治方向、政治原则、政治道路上同以习近平同志为核心的党中央保持高度一致，确保人民法院工作正确政治方向。严格落实重大事项请示报告制度。深入学习贯彻宪法，坚持依法独立公正行使审判权，坚定不移走中国特色社会主义法治道路。深入学习贯彻习近平总书记全面依法治国新理念新思想新战略，确保党中央决策部署在人民法院得到不折不扣贯彻执行。

二、依法惩罚犯罪、保护人民，坚决维护国家安全和社会稳定

各级法院认真落实总体国家安全观，积极推进平安中国建设，审结一审刑事案件119.8万件，判处罪犯142.9万人。

*严惩危害国家安全、暴力恐怖等犯罪。*严惩煽动颠覆国家政权、煽动分裂国家、间谍等犯罪，会同有关部门出台打击恐怖活动和极端主义犯罪的意见，依法惩治宣扬恐怖主义、利用极端主义破坏法律实施等犯罪，坚决维护国家政治安全特别是政权安全、制度安全。

*深入开展扫黑除恶专项斗争。*坚决贯彻党中央决策，会同最高人民检察院、公安部等发布通告、制定意见，严惩各类涉黑涉恶犯罪。坚持依法严惩方针，审结黑恶势力犯罪案件5489件2.9万人，依法审理穆嘉案、曾宪波案等社会影响较大的涉黑涉恶案件。坚持扫黑除恶与反腐败斗争相结合，依法严惩欺压残害群众的“村霸”“市霸”，严惩黑恶势力“保护伞”，维护社会安宁。

*严惩贪污贿赂等腐败犯罪。*依法审理孙政才等重大职务犯罪案件，彰显党中央巩固发展反腐败斗争压倒性胜利的坚强决心。各级法院审结贪污贿赂、渎职等案件2.8万件3.3万人，其中被告人原为省部级以上干部的18人，厅局级339人，县处级1185人。加大对行贿犯罪惩治力度，判处罪犯2466人。与国家监委等联合发布公告，敦促职务犯罪境外在逃人员投案自首，配合做好境外追逃追赃工作。依法适用没收违法所得程序，裁定没收“红通33号”黄艳兰等违法所得，对腐败分子形成有力震慑。

严惩严重危害群众生命财产安全犯罪。严惩杀人、抢劫、绑架等严重暴力犯罪,严厉打击涉枪涉爆犯罪,审结相关案件4.1万件,判处罪犯5.1万人。严惩重大责任事故、危险驾驶等危害公共安全犯罪,审结相关案件34.2万件。会同公安部等部门出台意见,严惩妨害安全驾驶犯罪,维护公共交通安全。积极参与禁毒斗争,审结毒品犯罪案件10万件。严惩暴力伤医犯罪,维护正常医疗秩序。出台意见严厉打击非法集资犯罪。严厉打击"套路贷"诈骗,严惩通过"虚增债务""恶意制造违约"等方式非法侵占财物犯罪。严惩"校园贷"犯罪。审结危害食品药品安全犯罪案件7092件,切实保障人民群众"舌尖上的安全"。加大对涉疫苗犯罪惩治力度,切实保障人民群众生命健康安全。

依法惩治涉网络犯罪。严厉打击电信网络诈骗、侵犯个人信息、利用网络窃取商业秘密、网络传销等犯罪,审结相关案件8907件,依法审理张凯闵等85人特大跨境电信诈骗案。严惩破坏计算机信息系统、利用网络开设赌场等新型犯罪,促进营造健康清朗的网络空间。

严惩侵害妇女儿童权益犯罪。坚决惩治针对妇女儿童的暴力、虐待、拐卖、性侵害等犯罪,审结相关案件2.7万件。依法审理"蓝色钱江保姆纵火案"等恶性案件,对一批杀害伤害未成年人的罪犯依法判处并执行死刑。加强少年审判工作,完善"圆桌审判"方式,挽救失足未成年人。深入开展送法进校园活动,积极参与防治校园欺凌,促进平安校园建设。

加强人权司法保障。坚持法律面前一律平等,坚持以事实为根据、以法律为准绳,落实宽严相济刑事政策,坚持程序公正和实体公正相统一,坚持严格公正司法。严把死刑案件质量关,确保死刑只适用于极少数罪行极其严重的犯罪分子。深刻汲取冤错案件教训,完善冤假错案防范纠正机制,严格落实非法证据排除规则,各级法院按照审判监督程序再审改判刑事案件1821件,其中依法纠正"五周案"等重大冤错案件10件。审结国家赔偿案件1.5万件。对生活困难当事人发放司法救助款10.8亿元,减免诉讼费2.6亿元。会同司法部加强律师执业权利保障,积极推进刑事案件律师辩护全覆盖。落实罪刑法定、疑罪从无等原则,依法宣告517名公诉案件被告人和302名自诉案件被告人无罪。

三、贯彻新发展理念,服务保障经济高质量发展

依法服务三大攻坚战。审结民间借贷案件223.6万件,妥善处理网络借贷、金融不良债权转让等纠纷,促进防范化解金融风险。会同最高人民检察院出台司法解释,依法严惩涉地下钱庄犯罪,维护金融市场秩序。审结金融借款、保险、证券等案件83.9万件。推进证券期货等金融纠纷多元化解机制建设,保护中小投资者合法权益。出台服务乡村振兴战略45条意见。依法审理涉农纠纷案件,服务"三农"工作发展。内蒙古、四川、贵州、云南、宁夏等地法院精准对接贫困地区群众司法需求,积极服务脱贫攻坚。严惩污染环境犯罪,审结相关案件2204件。制定服务新时代生态环境保护意见,审结环境资源案件25.1万件。完善生态环境损害赔偿程序规则,探索适用补植复绿、增殖放流等环境修复司法举措。湖北、重庆、青海等地法院建立环境资源审判协作机制,促进长江流域生态环境保护修复,共同守护绿水青山。

依法服务供给侧结构性改革。审结一审商事案件341.8万件。加强破产审判工作,审结公司清算、企业破产等案件1.6万件,妥善审理青岛造船厂等一批资产规模大、职工人数多的企业破产重整案件,在北京、上海、深圳设立破产法庭。依法审理涉新交易新模式新业态案件,服务新旧动能转换。审结买卖合同案件99.5万件,规范市场交易行为。审结房地产纠纷案件60.8万件,维护良好交易秩序,促进房地产市场规范有序发展。采取有效措施,提升"执行合同"等司法指标国际评估效果,营造法治化营商环境。

依法平等保护民营企业和企业家合法权益。坚决贯彻习近平总书记在民营企业座谈会上的重要讲话精神,依法服务民营经济发展,保护诚实守信、公平竞争,审慎适用强制措施,禁止超范围查封扣押冻结涉案财物,坚决防止将经济纠纷当作犯罪处理,坚决防止将民事责任变为刑事责任,让企业家专心创业、放心投资、安心经营。加大涉产权刑事申诉案件清理力度,再审改判张文中无罪,依法甄别纠正涉产权冤错案件,发布两批13个典型案例,传递党中央依法保护产权和企业家人身财产安全的强烈信号,促进稳定社会预期。依法审理涉产权保护国家赔偿案件。依法审理企业借贷、股权质押、互联互保等案件,规范融资渠道。会同全国工

商联出台意见，发挥商会调解功能，及时化解民营经济领域矛盾纠纷。

依法服务区域协调发展。北京、天津、河北法院推进司法协作和资源共享，服务京津冀协同发展。设立雄安新区中级人民法院，服务雄安新区建设。上海、江苏、浙江、安徽法院协同建设法治长三角，服务长江三角洲区域一体化发展。辽宁、吉林、黑龙江法院围绕新时代东北全面振兴积极提供司法服务。广东法院推动建立商事纠纷跨境解决机制，服务粤港澳大湾区建设。

依法服务创新型国家建设。审结一审知识产权案件28.8万件，同比上升41.8%，服务创新驱动发展。建立国家层面知识产权案件上诉审理机制，设立最高人民法院知识产权法庭，主要审理专利等技术性较强的知识产权上诉案件，统一裁判标准，进一步加强知识产权司法保护。加强北京、上海、广州知识产权法院和19个知识产权法庭建设，为各类创新创造营造良好法治环境。

依法服务全方位对外开放。审结一审涉外民商事案件1.5万件。依法审理迪奥尔公司商标申请驳回复审行政纠纷等案件，平等保护中外当事人合法权益。在深圳、西安设立最高人民法院国际商事法庭，组建国际商事专家委员会，建立"一站式"国际商事纠纷多元化解机制，服务共建"一带一路"和全面开放新格局。出台服务海南全面深化改革开放意见，服务自贸试验区建设。湖北、重庆、四川等地法院积极服务内陆开放新高地建设。审结一审海事海商案件1.6万件，维护国家利益和海洋权益，服务海洋强国建设。举办中国与葡萄牙语国家、上海合作组织成员国最高法院院长会议和世界执行大会，讲好中国法治故事，传播好中国法治声音。

四、坚持以人民为中心，努力满足人民群众司法需求

依法审理涉民生案件。审结一审民事案件901.7万件，同比上升8.7%，其中涉及教育、就业、医疗、养老、消费等案件111.1万件。推广河南、湖南等地法院经验，依法制裁恶意欠薪行为，帮助农民工追回劳动报酬95.3亿元。审结婚姻家庭案件181.4万件，发出人身安全保护令1589份。进一步深化家事审判改革，会同全国妇联等完善联席会议机制，共同促进新时代家庭文明建设。依法审理利用保健品、投资理财诈骗老年人等案件，严惩坑害老年人的犯罪行为。会同中国残联出台意见，为残疾人参加诉讼提供便利，加强对涉诉残疾人的援助救助，切实保障残疾人合法权益。

大力弘扬社会主义核心价值观。坚持在制定司法解释、审判执行案件中全面贯彻社会主义核心价值观。认真落实英雄烈士保护法，陕西、江西法院依法审理侵犯叶挺、方志敏烈士名誉权案，旗帜鲜明保护英烈名誉荣誉，弘扬爱国主义精神。制定惩治虚假诉讼司法解释，倡导诚信、制裁失信。依法支持公民通过正当防卫同犯罪行为作斗争，保护见义勇为，弘扬社会正气。推出《阳光下的法庭》等法院文化作品，弘扬社会主义法治精神。

促进行政争议实质性化解。审结一审行政案件25.1万件，出台贯彻执行新修改的行政诉讼法司法解释，发布行政审判白皮书，服务保障"放管服"改革。山西、河南、甘肃等地法院开展行政案件集中管辖试点，军事法院推进军事行政审判试点，取得良好效果。依法审理房屋拆迁、劳动保障等行政案件，维护行政相对人合法权益。

依法审理公益诉讼案件。审结检察机关和社会组织提起的公益诉讼案件1919件。会同最高人民检察院出台司法解释，明确检察公益诉讼案件审理规则。广东法院公开宣判全国首例共享单车消费公益诉讼案，判决经营者按承诺退还押金，维护消费者合法权益，促进共享经济规范发展。江苏、山东等地法院依法审理侮辱消防烈士公益诉讼案，以法律正义捍卫英烈荣光。

坚决维护国防利益和军人军属合法权益。依法审结、执结涉及军队全面停止有偿服务相关案件18883件，坚决如期完成为军队停偿提供司法保障任务，服务国防和军队改革，服务军民融合发展。加强涉军维权工作，依法审理破坏军事设施、破坏军婚等各类涉军案件，促进军政军民团结。

保护港澳台同胞和归侨侨眷、海外侨胞合法权益。审结涉港澳台案件1.7万件，办理涉港澳台司法协助互助案件9502件。签署内地与香港法院相互认可和执行民商事案件判决的安排，基本实现内地与香港民商事领域司法协助全覆盖。福建法院推出59条措施，切实保护台胞台企合法权益。审结涉侨案件1.6万件。会同中国侨联出台意见，在福建、广东、海南等11个省区市开展涉侨纠纷多元化解试点，促进涉侨纠纷有效化解。

创新司法便民利民惠民机制。推行网上立案、自助立案等便民服务，推进"分调裁审"机制改革，福建等地法院优化升级跨域立案诉讼服务，巩固立案登记制改革成果。推广车载法庭、移动背包科技

法庭,让“流动的人民法庭”更好满足群众司法需求。深化涉诉信访改革,方便群众依法理性表达诉求。落实人民陪审员法,增强陪审员广泛性和代表性,更好发挥陪审员作用。坚持创新发展新时代“枫桥经验”,强化诉调对接,健全多元化纠纷解决机制。加强在线调解平台建设,及时有效化解矛盾纠纷。扩大律师调解试点,进一步发挥律师在化解社会矛盾中的重要作用。坚持合法自愿原则,各级法院以调解方式结案 313.5 万件。

五、深化司法体制改革和智慧法院建设,推进审判体系和审判能力现代化

深化司法体制综合配套改革。制定深化人民法院司法体制综合配套改革意见,增强改革系统性整体性协同性。制定进一步全面落实司法责任制实施意见,健全审判监督管理机制和惩戒制度,健全新型审判权力运行机制,让审理者裁判,由裁判者负责。健全常态化改革督察机制,开展集中督察,编发 55 个司法改革示范案例,推广各地先进经验,提高全国法院改革整体效能。

健全法院组织体系。认真落实新修订的人民法院组织法。加强最高人民法院巡回法庭建设,六个巡回法庭审结案件 1.7 万件,妥善处理一批历史形成的跨行政区域重大行政和民商事案件,实现了审判工作重心下移、就地解决纠纷等改革目标。设立上海金融法院,推进金融审判专业化国际化智能化,服务上海国际金融中心建设。推进省以下法院内设机构改革,坚持优化协同高效原则,进一步优化职能配置。

推进诉讼制度改革。深化以审判为中心的刑事诉讼制度改革,完善出庭作证机制,强化庭审功能。积极稳妥实施刑事案件认罪认罚从宽制度,提高司法效率。推进案件繁简分流,基层法院适用速裁程序、简易程序和小额诉讼程序审结案件 829.9 万件。

持续深化司法公开。出台进一步深化司法公开 31 条举措,加强审判流程、庭审活动、裁判文书、执行信息四大公开平台建设,拓展司法公开广度深度。截至今年 2 月,中国审判流程信息公开网公开案件信息 3.7 亿项,中国庭审公开网直播庭审 259 万件,中国裁判文书网公开文书 6382 万份,访问量 226 亿次,开放动态透明便民的阳光司法机制受到国内外广泛关注。

全面建设智慧法院。发挥司法大数据管理和服务平台作用,为群众诉讼提供服务,为科学决策提供参考。上线“类案智能推送”“法信智答版”等系统,建设智能语音云平台,为法官办案提供智能辅助。推进电子诉讼应用,逐步实现网上阅卷、证据交换、网上开庭和电子送达。浙江法院开展移动微法院试点,让当事人和法官充分感受“指尖诉讼、掌上办案”的便利。制定互联网法院审理案件司法解释,增设北京、广州互联网法院,杭州互联网法院依法审理涉“小猪佩奇”著作权跨国纠纷等案件,率先在国际上探索互联网司法新模式。

六、坚持全面从严治党、从严治院,建设过硬人民法院队伍

始终把党的政治建设摆在首位。加强和规范党内政治生活,严守政治纪律和政治规矩。坚持抓党建带队建促审判,教育引导干警旗帜鲜明讲政治,永葆政治忠诚,坚定理想信念,坚守法治信仰。深入开展向邹碧华、方金刚学习活动,涌现出陈少华等一批敢于担当作为的先进典型。各级法院共有 279 个集体、337 名个人受到中央有关部门表彰。

加强司法能力建设。强化教育培训,各级法院培训干警 74.5 万人次,切实提高法律适用、群众工作、科技应用等能力。加强高素质法治人才培养,利用中国法官培训网、数字图书馆等资源,推行开放式在线培训。与国家民委举办民汉双语法官培训班。加大援藏、援疆、援青力度,广西、云南、西藏、甘肃、青海、新疆和兵团等法院加强双语法官培养,更好满足民族地区群众司法需求。

严惩司法腐败。认真贯彻中央八项规定精神,开展司法作风专项督察,严厉整治形式主义、官僚主义,坚决防止“四风”问题反弹回潮,各级法院查处违反中央八项规定精神的干警 369 人。加强最高人民法院内部巡视,扎实开展司法巡查、审务督察。严格执行“五个严禁”、防止干预过问案件“两个规定”。坚持刀刃向内,坚决清除害群之马,最高人民法院查处本院违纪违法干警 9 人,各级法院查处利用审判执行权违纪违法干警 1064 人,其中追究刑事责任 76 人。

七、自觉接受监督,促进司法为民公正司法

依法接受人大监督,认真落实十三届全国人大

一次会议上代表提出的意见建议，细化分工方案，加强督查督办。认真落实全国人大常委会关于人民法院全面深化司法改革情况专项报告的审议意见。向全国人大常委会专题报告“基本解决执行难”情况并首次接受专题询问，根据审议询问意见，切实加强执行工作。办理代表建议271件，充分采纳代表意见。积极邀请代表视察法院、参加会议、旁听庭审，听取意见建议，不断改进工作。认真接受民主监督，办理政协提案168件，加强与民主党派、工商联和无党派人士沟通。参加全国政协“基本解决执行难”双周协商座谈会，广泛听取政协委员意见。认真贯彻监察法，支持配合监察机关对法院工作人员进行监督，促进公正廉洁司法。依法接受检察机关诉讼监督，认真审理检察机关对生效裁判提出的抗诉案件，及时办理检察建议，共同维护司法公正。广泛接受社会监督，聘任新一届189位特约监督员，开展特约监督员、特邀咨询员、专家学者调研座谈、列席审委会等活动。加强与新闻媒体互动，接受舆论监督，畅通民意沟通渠道。

2016年以来推进“基本解决执行难”情况

为贯彻落实党的十八届四中全会关于“切实解决执行难”的部署，最高人民法院2016年3月在十二届全国人大四次会议上提出“用两到三年时间基本解决执行难问题”。三年来，人民法院全力攻坚，共受理执行案件2043.5万件，执结1936.1万件，执行到位金额4..4万亿元，与前三年相比分别增长98.5%、105.1%和71.2%，解决了一批群众反映强烈的突出问题，基本形成中国特色执行制度、机制和模式，促进了法治建设和社会诚信建设，“基本解决执行难”这一阶段性目标如期实现。

*一是综合治理执行难工作格局基本形成。*各地区各部门认真落实中办、国办《关于加快推进失信被执行人信用监督、警示和惩戒机制建设的意见》，将解决执行难纳入法治建设重点任务和社会治安综合治理目标责任考核，专门印发文件，成立“基本解决执行难”领导小组，建立联席会议制度，形成综合治理执行难的强大合力，为解决执行难提供了前所未有的良好社会环境。

*二是执行模式发生深刻变革。*着力解决查人找物难题，建成网络查控系统，与公安部、自然资源部等16家单位和3900多家银行业金融机构联网，覆盖存款、车辆、证券、不动产、网络资金等16类25项信息，囊括被执行人主要财产形式。创新财产发现机制，推行悬赏举报等调查措施。着力遏制规避执行行为，完善联合惩戒体系，会同国家发改委等60家单位推进失信惩戒机制建设，采取11类150项惩戒措施，让失信被执行人“一处失信、处处受限”，366万人迫于惩戒压力自动履行义务。严厉打击拒执行为，全国法院以拒不执行判决裁定罪判处罪犯1.3万人，拘留失信被执行人50.6万人次，限制出境3.4万人次，同比分别上升416.3%、135.4%和54.6%。着力解决财产变现难题，推行网络司法拍卖，成交率、溢价率成倍增长，为当事人节约佣金205亿元，有效祛除拍卖环节暗箱操作和权力寻租空间。湖南法院以106亿元最终报价成功拍卖某高速公路收费权，刷新网拍单笔成交价最高纪录。

*三是执行工作更加规范有序。*大力解决消极执行、选择性执行、乱执行等问题，积极稳妥推进执行改革，完善符合执行规律的体制机制。制定财产保全、财产调查、执行担保等37件司法解释和规范性文件，完善执行工作规范。发布规范执行行为“十个严禁”，划定高压线，转变执行作风。建成统一的执行办案平台和指挥管理平台，加强统一管理、统一协调、统一指挥。推行“一案一账号”案款管理模式，确保全程留痕、规范透明。加强无财产可供执行案件管理，严格认定标准，定期依职权调查，发现财产及时恢复执行。升级中国执行信息公开网，全面公开执行流程信息，让执行权在阳光下运行。

*四是群众关心的一些突出问题得到解决。*全面核查清理长期形成的历史积案，彻底解决案件底数不清问题。开展集中清理执行案款活动，发放案款960亿元。对拖欠民营企业、中小企业账款和涉民生保障案件，依法加大执行力度。每年元旦春节前后集中开展涉民生案件执行行动，累计发放涉民生案款179亿元，让人民群众感受到了公平正义。

*五是理解支持执行工作的氛围更加浓厚。*各地法院从实际出发，开展形式多样的专项行动，形成强大声势，彰显法律权威。开通全国法院决胜“基本解决执行难”信息网，及时反映执行工作进展。制作《执行利剑》等影视作品，以群众喜闻乐见的形式讲好执行故事。加大宣传报道力度，通过全媒体直播执行活动，生动展现攻坚“基本解决执行难”的艰辛和成效。各级人大代表、政协委员十分关心执行工作，积极帮助解决困难和问题，有的直

接现场见证执行，为人民法院执行工作提供了有力支持。

三年来，广大执行干警夜以继日战斗在执行一线，忘我工作，无私奉献，不怕牺牲，涌现出许多可歌可泣的先进人物和事迹，黑龙江高院执行局局长侯铁男等 46 名干警牺牲在执行岗位上。通过“基本解决执行难”这场硬仗，锻炼了队伍，提高了能力，攻克了一道道难题，有效维护了人民群众合法权益。

我们深刻体会到，“基本解决执行难”目标的实现，关键在于党中央全面依法治国战略的实施，关键在于党的领导和我国社会主义制度能够集中力量办大事的政治优势，关键在于通过深化改革破解难题，关键在于信息化发展提供的科技支撑。

我们深知，人民法院执行工作与党中央提出的“切实解决执行难”目标和人民群众期待相比还有差距。“基本解决执行难”虽然实现预期目标，但在有些方面、有些地区，执行难问题仍然存在甚至还较为突出。下一步，我们将咬定青山不放松，不断巩固“基本解决执行难”成果，健全解决执行难长效机制。我们坚信，在党中央坚强领导下，在社会各界大力支持下，各级法院不懈努力、久久为功，一定能够实现党的十八届四中全会提出的“切实解决执行难”目标。

各位代表，人民法院工作的发展进步，根本在于以习近平同志为核心的党中央坚强领导，根本在于习近平新时代中国特色社会主义思想科学指引，根本在于习近平总书记作为党中央的核心、全党的核心掌舵领航。人民法院工作成绩的取得，是全国人大及其常委会有力监督，国务院大力支持，全国政协民主监督，国家监委、最高人民检察院监督支持，各民主党派、工商联、人民团体、无党派人士民主监督，地方各级党政机关、社会各界、全国人大代表、全国政协委员和广大人民群众关心支持帮助的结果。在此，我代表最高人民法院表示衷心的感谢！

我们清醒认识到，人民法院工作还存在不少问题和困难：一是一些法官的政治素质、司法理念、司法能力与新时代要求和人民群众司法需求相比还有不小差距。二是司法质量、效率和公信力有待进一步提高。三是各地推进司法体制改革存在“温差”，综合配套改革措施有待加快落实，智慧法院建设水平和应用能力有待提高。四是基层基础建设存在短板，上级法院对下监督指导作用发挥不够。五是法院内部监督、队伍管理还有薄弱环节，存在“灯下黑”问题，司法作风不正、违纪违法情况仍有发生，监督机制有待完善。六是一些法院办案压力巨大，有的法官常年超负荷工作，有的法院人才流失现象比较严重，履职保障有待加强。对这些问题和困难，我们将紧紧依靠党的领导，在人大监督和各方面支持下，努力加以解决。

2019 年工作安排

2019 年是新中国成立 70 周年，是全面建成小康社会、实现第一个百年奋斗目标的关键之年。人民法院将坚持以习近平新时代中国特色社会主义思想为指导，全面贯彻党的十九大和十九届二中、三中全会以及中央政法工作会议精神，坚持稳中求进工作总基调，认真落实本次大会决议，忠实履行宪法法律赋予的职责，以优异成绩庆祝中华人民共和国成立 70 周年。

*一是始终坚持以习近平新时代中国特色社会主义思想武装头脑、指导实践、推动工作。*增强“四个意识”，坚定“四个自信”，做到“两个维护”，始终在思想上政治上行动上同以习近平同志为核心的党中央保持高度一致。认真贯彻《中国共产党政法工作条例》，坚持党对人民法院工作的绝对领导，坚定不移走中国特色社会主义法治道路。准确把握新时代新要求，紧密联系法院工作实际，创造性贯彻落实党中央方针政策和工作部署。

*二是充分发挥审判职能作用，服务保障经济持续健康发展和社会大局稳定。*聚焦党和国家工作大局履职尽责，坚持底线思维，增强忧患意识，发扬斗争精神，坚定必胜信心，立足审判职能防范化解重大风险，促进社会治理现代化。严惩危害国家安全犯罪，坚决捍卫以政权安全、制度安全为核心的国家政治安全。严惩黑恶势力犯罪，推动扫黑除恶专项斗争向纵深发展。依法惩治职务犯罪，严惩群众身边腐败犯罪。严厉打击非法集资等涉众型经济犯罪、涉地下钱庄犯罪、涉税犯罪和涉网络犯罪。加大对涉及金融、脱贫攻坚、环境资源等案件的审判力度，服务三大攻坚战。依法服务京津冀协同发展、长江三角洲区域一体化发展、粤港澳大湾区建设等国家重大战略实施。加强知识产权司法保护，促进新旧动能转换，服务经济高质量发展。保护自主创新，服务创新驱动发展。加强涉港澳台、涉侨案件审判，积极办理司法协助互助案件。加强涉外商事海事审判，健全“一带一路”国际商事争端解决机制。加大产权司法保护力度，依法平等保护国有、民营、中小微企业等各类市场主体合法权益，努

力营造稳定公平透明、可预期的法治化营商环境。

三是坚持司法为民，增强人民群众获得感、幸福感、安全感。依法审理涉及教育、就业、养老、医疗、消费、婚姻家庭等案件，促进解决民生领域突出问题。加强行政审判，支持监督行政机关依法行政，保障行政相对人合法权益。加强国家赔偿和司法救助工作。加强涉军案件审判，切实维护国防利益和军人军属合法权益，服务国防建设和军队改革。进一步健全诉调对接机制，下大气力推动把非诉讼纠纷解决机制挺在前面，推进案件繁简分流、轻重分离、快慢分道。发挥裁判示范作用，加强法治宣传，大力弘扬社会主义核心价值观，促进法治和德治有机统一、相得益彰。完善有关正当防卫司法解释，鼓励见义勇为，弘扬社会正气。推动完善综合治理执行难工作格局，配合立法机关推进强制执行法立法工作，制定实施执行工作五年发展纲要，健全长效机制，不断提高执行工作水平，保障胜诉当事人及时实现权益，进一步促进社会诚信建设。

四是高举新时代改革开放旗帜，全面深化司法体制改革。推进实施人民法院第五个五年改革纲要，深化司法体制综合配套改革，全面落实司法责任制。完善法律统一适用机制，加强审判权运行监督和管理。深入推进以审判为中心的诉讼制度改革，贯彻分工负责、互相配合、互相制约原则，充分保障律师依法履职，发挥庭审决定性作用。推进司法改革与现代科技深度融合，深化司法公开，促进阳光司法，保障人民群众知情权。通过深化改革，解决改革中的“温差”问题，强化督察问效，让司法改革成效体现在审判质量效率上，更好维护社会公平正义。

五是加快推进队伍革命化、正规化、专业化、职业化建设，锻造党中央放心、人民群众满意的高素质法院队伍。以党的政治建设为统领，切实增强广大干警政治觉悟和政治能力。提高教育培训针对性和有效性，增强队伍整体素质和司法能力。强化法官职业道德建设和法院文化建设，教育引导法官恪守司法良知。加强基层基础建设，改善基层工作条件，加大对革命老区、民族地区、边疆地区、贫困地区法院建设支持力度。强化履职保障，完善惩戒机制，严格落实违法审判责任追究制度，激励法官敢于担当、秉公办案，不回避矛盾，不惧怕困难，充分发挥审判机关定分止争、惩罚犯罪、保护人民的作用，坚决守住维护社会公平正义的最后一道防线。自觉接受人大监督、民主监督和各方面监督。深入推进党风廉政建设和反腐败斗争，健全法院队伍从严管理监督体系并狠抓落实，坚持问题导向，坚持不懈纠治“四风”，严肃查处违纪违法行为，切实防止“灯下黑”，确保公正廉洁司法。

各位代表，做好新时代人民法院工作，使命光荣、责任重大。我们要更加紧密地团结在以习近平同志为核心的党中央周围，高举中国特色社会主义伟大旗帜，深入学习贯彻习近平新时代中国特色社会主义思想，不忘初心、牢记使命，更好发挥人民法院审判职能作用，为决胜全面建成小康社会、实现中华民族伟大复兴的中国梦作出新的更大贡献！

第十三届全国人民代表大会第二次会议关于最高人民检察院工作报告的决议

（2019 年 3 月 15 日第十三届全国人民代表大会第二次会议通过）

第十三届全国人民代表大会第二次会议听取和审议了最高人民检察院检察长张军所作的工作报告。会议充分肯定最高人民检察院的工作，同意报告提出的 2019 年工作安排，决定批准这个报告。

会议要求，最高人民检察院要以习近平新时代中国特色社会主义思想为指导，全面贯彻党的十九大和十九届二中、三中全会精神，牢固树立“四个意识”，坚定“四个自信”，做到“两个维护”，毫不动摇坚持党的绝对领导，坚持以人民为中心，围绕党和国家工作大局，忠实履行宪法法律赋予的职责，着力维护国家政治安全、确保社会大局稳定、促进社会公平正义、保障人民安居乐业，全面深化司法体制改革，加强过硬队伍建设，更好发挥人民检察院刑事、民事、行政、公益诉讼各项检察职能，为决胜全面建成小康社会提供更高水平司法保障，以优异成绩庆祝中华人民共和国成立 70 周年！

最高人民检察院工作报告

——2019 年 3 月 12 日在第十三届全国人民代表大会第二次会议上

最高人民检察院检察长 张 军

各位代表:

现在,我代表最高人民检察院,向大会报告工作,请予审议,并请全国政协各位委员提出意见。

2018 年工作回顾

2018 年是改革开放 40 周年,也是检察机关恢复重建 40 周年。在以习近平同志为核心的党中央坚强领导下,在全国人大及其常委会有力监督下,最高人民检察院坚持以习近平新时代中国特色社会主义思想为指导,全面贯彻党的十九大和十九届二中、三中全会精神,认真落实十三届全国人大一次会议决议,增强"四个意识",坚定"四个自信",做到"两个维护",立足新时代人民群众对民主、法治、公平、正义、安全、环境等提出的更高要求,积极适应反贪转隶、检察职能调整,坚持讲政治、顾大局、谋发展、重自强,采取一系列主动跟进的思路举措,使转隶成为法律监督全面协调充分发展的转机,各项检察工作稳步向前。一年来,全国检察机关忠实履行宪法法律赋予的法律监督职责,共批准逮捕各类犯罪嫌疑人 1056616 人,提起公诉 1692846 人,同比分别下降 2.3% 和 0.8%;对刑事、民事和行政诉讼活动中的违法情形监督 447940 件次,同比上升 22.4%;立案办理公益诉讼案件 113160 件。

一、充分发挥检察职能,为大局服务、为人民司法

坚决贯彻党中央决策部署,把坚持以人民为中心体现到检察工作各方面,服务、促进"五位一体"总体布局和"四个全面"战略布局的落实。

坚决维护国家政治安全和社会秩序。贯彻总体国家安全观,积极参与反渗透反间谍反分裂反恐怖反邪教斗争。会同有关部门制定司法解释,细化恐怖活动和极端主义犯罪案件定罪标准。新疆反恐维稳任务繁重,我们跨省抽调检察官赴疆支持严格依法办案。持续严惩故意杀人、绑架等严重暴力犯罪,全国检察机关共起诉 59717 人,同比下降 5.9%。起诉抢劫、抢夺、盗窃等多发性侵财犯罪 361478 人,同比下降 6.9%。坚决惩治"套路贷""校园贷"所涉诈骗、敲诈勒索等犯罪,起诉 2973 人。依法维护网络秩序,起诉电信网络诈骗犯罪 43929 人,同比上升 29.3%,会同公安部加强境外执法司法合作,郭世闵、席欢等跨国电信网络诈骗犯罪嫌疑人被绳之以法;起诉利用网络赌博、传播淫秽物品、泄露个人信息等犯罪 15003 人,同比上升 41.3%。对社会高度关注的驾车撞人、砍杀无辜等重大恶性案件,指导地方检察机关迅速介入,依法批捕起诉。针对近年来多有发生的严重妨害公交车辆安全驾驶行为,会同有关部门制定指导意见,按以危险方法危害公共安全罪从严惩处,法治社会谁都不能任性。

以高度的责任感投入扫黑除恶专项斗争。会同有关部门发布通告,制定指导意见,明确 11 类打击重点,对 69 起重大涉黑案件挂牌督办。批捕涉黑犯罪嫌疑人 11183 人,已起诉 10361 人;批捕涉恶犯罪嫌疑人 62202 人,已起诉 50827 人。洛宁"十八兄弟会"、闻喜"侯氏兄弟"、白城史森等为非作歹、残害百姓的涉黑团伙受到严惩。坚持以事实为根据、以法律为准绳,是黑恶犯罪一个不放过,不是黑恶犯罪一个不凑数。侦查机关以涉黑涉恶移送审查起诉,检察机关不认定 9154 件;未以涉黑涉恶移送,依法认定 2117 件。推广浙江、江西、河南等地做法,省级检察院统一对涉黑和重大涉恶案件严格把关,确保办案质量。重拳打击黑恶势力犯罪"保护伞",起诉 350 人。

主动服务打好三大攻坚战。与银保监会、国务院扶贫办和生态环境部会商,研究制定"8 条意见"。积极参与互联网金融风险专项整治,会同有关部门制定司法解释,严惩非法集资和涉地下钱庄等破坏金融秩序犯罪。起诉非法吸收公众存款、集资诈骗、传销等涉众型经济犯罪 26974 人,同比上升 10.9%,同时力促追赃挽损。加大知识产权司法保护力度,挂牌督办 32 起重大典型案件,起诉侵犯专

利、商标、商业秘密等犯罪8325人，同比上升16.3%。严惩扶贫领域腐败，起诉侵吞、私分扶贫资金等犯罪1160人。与国务院扶贫办共同制定司法救助支持脱贫攻坚实施意见，推广山东、广西、四川、甘肃等地做法，将因案致贫返贫的刑事被害人或其近亲属纳入司法救助，发放救助金4214户4905万元。贯彻全国人大常委会决议，积极参与污染防治攻坚战，牵头制定办理环境污染刑事案件规范，起诉破坏环境资源保护犯罪42195人，同比上升21%。会同水利部组织黄河流域9省区检察机关与河长制办公室开展“携手清四乱、保护母亲河”专项行动。建立长江沿线11省市检察机关协作机制，出台服务长江经济带发展“10项举措”，指导安徽、湖北等地检察机关办理了一批跨省倾倒固体废物、非法排污、非法采砂等案件，共护“一江碧水、两岸青山”。

平等保护各类企业合法权益。认真学习贯彻习近平总书记在民营企业座谈会上的重要讲话精神，在司法办案中对国企民企、内资外资、大中小微企业落实好“平等”二字，确保各类企业诉讼地位、诉讼权利、法律保护一视同仁。会同全国工商联调研座谈，充分听取民营企业家意见。从已发3个司法文件中归纳出11项具体检察政策，严格区分正当融资与非法集资、产权纠纷与恶意侵占、个人财产与企业法人财产等界限，强调审慎采用限制人身和财产权利的办案强制措施。将4起保护企业合法权益典型案例印发全国检察机关参照。对张文中案依法提出改判无罪的意见。直接督办涉产权刑事申诉68件。坚持实事求是，全案错了全案纠正，部分错了部分纠正，既不遮丑护短，也不“一风吹”。

积极配合国家监察体制改革。一年来，监检衔接配合顺畅，互相制约原则有效落实。会同国家监察委员会制定办理职务犯罪案件工作衔接、证据收集审查等规范。受理各级监委移送职务犯罪16092人，已起诉9802人，不起诉250人，退回补充调查1869人次，不起诉率、退查率同比分别下降9.5和37个百分点。依法对孙政才、王三运等32名原省部级以上人员提起公诉。积极参与许超凡、蒋雷等“百名红通人员”追逃，会同有关部门发布公告，敦促外逃人员投案自首。指导地方检察机关对17件职务犯罪嫌疑人逃匿、死亡案件启动违法所得没收程序，涉案赃款必须追回。

依法维护食品药品安全。起诉制售假药劣药、有毒有害食品等犯罪12360人，同比上升5.5%。长生公司问题疫苗案发生后，最高人民检察院挂牌督办，吉林检察机关依法批捕18人。部署“保障千家万户舌尖上的安全”公益诉讼专项监督，重点办理影响中小学、农贸市场、网络外卖食品安全的公益诉讼。北京、内蒙古、四川、云南等地检察机关督促相关职能部门严格监管，5万余家不合格网络餐饮店铺得到整改，让群众点外卖更放心。

用心做好未成年人检察工作。对涉嫌轻微犯罪并有悔罪表现的未成年人，不批捕15205人、不起诉8332人、附条件不起诉6959人，同比分别上升6.9%、13.8%和16%；应当依法从严惩戒的，批捕29350人、起诉39760人，同比分别上升4.4%、下降8.8%；对未达到刑事责任年龄的，会同相关部门约束教育、严加矫治。近年来，性侵、拐卖、虐待、伤害未成年人犯罪持续多发，去年起诉50705人，同比上升6.8%。齐某强奸、猥亵多名女童，拒不认罪，仅被判处十年有期徒刑，最高人民检察院抗诉后改判无期徒刑。就此案发现的问题，向教育部发出最高人民检察院第一号检察建议，并请省级检察院同步落实。教育部和各地教育行政部门推动落实性违法犯罪人员从业禁止、校园性侵强制报告、女生宿舍封闭管理等制度。针对一些“大灰狼”通过网络聊天，胁迫女童自拍裸照上传，严重侵害儿童人格尊严和身心健康，将一起抗诉改判案作为案例，确立了无身体接触猥亵行为与接触儿童身体猥亵行为同罪追诉原则。针对校园暴力发布案例，明确成年人遇到未成年人欺凌弱小，劝阻无效，可以对正在施暴者进行正当防卫，不应视而不见、路过不管。落实“法治教育从娃娃抓起”，最高人民检察院带头，四级检察院1796位检察长兼任中小学法治副校长。最高人民检察院和各省级检察院专设未成年人检察机构，体现了党和国家对未成年人司法保护的高度重视。

立足办案参与社会治理。检察机关践行新时代“枫桥经验”，重在化解矛盾、案结事了，不能止于程序结案。将心比心对待群众信访，建立7日内程序回复、3个月内办理过程或结果答复制度。对不符合受理条件或审查后不支持申诉的58181起信访案件，耐心释疑解惑，使当事人信服。落实“谁执法谁普法”责任制，做实以案释法，改版并发布指导性案例4批13件。媒体披露“昆山反杀案”后，指导江苏检察机关提前介入，提出案件定性意见，支持公安机关撤案，并作为正当防卫典型案例公开发布；指导福州市检察机关认定赵宇见义勇为致不法侵害人重伤属正当防卫，依法不负刑事责任，昭示法不能向不法让步。

二、强化诉讼活动法律监督，维护司法公正公信

检察监督不是零和博弈，监督与被监督目标一致，都是践行以人民为中心，努力让人民群众在每一个司法案件中感受到公平正义。

深化刑事诉讼监督。**贯彻宽严相济刑事政策**。对涉嫌犯罪但无需逮捕的决定不批捕 116452 人，对犯罪情节轻微、依法可不判处刑罚的决定不起诉 102572 人，同比分别上升 4.5% 和 25.5%。在办理认罪认罚从宽案件中充分发挥主导作用，检察机关建议适用该程序审理的占 98.3%，量刑建议采纳率 96%。**坚持不懈纠防冤错案件**。对不构成犯罪或证据不足的决定不批捕 168458 人、不起诉 34398 人，同比分别上升 15.9% 和 14.1%。对发现的冤错案件及时提出抗诉、再审检察建议，纠错的同时深刻总结教训。最高人民检察院提出再审检察建议的"李锦莲故意杀人案""邹俊敏贩卖毒品案"均得到改判。**加强对刑事立案、侦查、审判活动的监督**。紧盯有案不立、有罪未究和不当立案、越权管辖等问题，督促侦查机关立案 22215 件、撤案 18385 件，同比分别上升 19.5% 和 32%；对侦查机关违法取证、适用强制措施不当等提出书面纠正意见 58744 件次，同比上升 22.8%。对认为确有错误的刑事裁判提出抗诉 8504 件，法院已改判、发回重审 5244 件，同比分别上升 7.2% 和 8.4%。**加强刑事执行监督**。监督纠正减刑、假释、暂予监外执行不当 39287 人次，同比上升 38.9%；对审前、审中可不继续羁押的提出释放或变更强制措施建议，办案单位采纳 64106 人，同比上升 26.8%；纠正判处实刑罪犯未执行刑罚 3031 人，同比上升 7.2%；深化财产刑执行专项监督，提出书面纠正意见 31464 件，同比上升 33%，促进执行 28052 件，执结金额 5.5 亿元；促进社区服刑人员监管措施落实，脱管漏管减少，去年纠正 4439 人，同比下降 36.8%。针对凌源第三监狱罪犯脱逃暴露出派驻监督敏感性不强等问题，总结 12 省份监狱巡回检察改革试点经验，修订后的人民检察院组织法确立了"派驻＋巡回"检察方式。

重视民事诉讼监督。**民事抗诉力求精准**。聚焦在司法理念、政策导向、法律适用方面有创新、引领价值的典型案件，通过抗诉发挥对类案的指导作用，对确有错误的其他个案，以检察建议等方式促进纠正。共提出民事抗诉 3933 件，同比上升 25.1%，法院已审结 1982 件，其中改判、发回重审、调解、和解撤诉 1499 件；提出再审检察建议 4087 件，同比上升 32.1%，法院已启动再审程序 2132 件。最高人民检察院对 33 件典型案件提出抗诉，同比上升 6.5%。就监督案件反映出的民事公告送达不尽规范问题，向最高人民法院发出检察建议，得到积极回应。**严惩虚假诉讼**。会同最高人民法院制定相关司法解释，监督纠正 1484 件"假官司"，同比上升 48.4%；对涉嫌犯罪的起诉 500 人，同比上升 55.3%。**监督、支持法院依法执行**。对选择性执行、超范围查封扣押等违法情形提出检察建议 23814 件，同比上升 12.7%；对拒不执行判决、裁定情节严重的，批捕 2376 人，同比上升 36.9%。

加强行政诉讼监督。对认为确有错误的行政判决、裁定提出抗诉 117 件，同比下降 15.8%；提出再审检察建议 90 件，同比上升 50%。重点监督征地拆迁、社会保障等领域的案件。开展行政非诉执行专项监督，督促行政机关依法申请强制执行，监督法院依法审查办理，提出检察建议 6528 件，已采纳 5117 件。

依法查办司法工作人员职务犯罪。去年 10 月修改的刑事诉讼法赋予检察机关对司法工作人员利用职权实施侵犯公民权利、损害司法公正犯罪侦查权，这是维护司法公正的重要制度设计。最高人民检察院发布指导意见，促进规范履职，已有 20 个省区市检察机关立案侦查 71 人。

尊重和保障律师执业权利。对阻碍律师行使诉讼权利的控告申诉及时核查，监督有关执法司法机关纠正 1011 件，同比上升 37.8%。全面推行电子卷宗，推广网上异地阅卷和会见，接受律师网上预约申请 10.9 万人次，尽可能为律师办案提供便利。邀请 14184 名律师轮流驻点检察机关，参与办理涉诉信访案件，共同维护好信访群众合法权益。

三、依法开拓公益诉讼，履行公益保护崇高使命

我们牢记党和人民嘱托，落实以人民为中心，探索中国特色公益诉讼检察之路，开局效果良好。全年共立案办理民事公益诉讼 4393 件、行政公益诉讼 108767 件。其中，涉及生态环境和资源保护 59312 件、食品药品安全 41118 件、国有财产保护 10025 件、国有土地使用权出让 2648 件、英烈权益保护 57 件。通过办案，督促治理被污染损毁的耕地、湿地、林地、草原 211 万亩，督促清理固体废物、

生活垃圾2000万吨;督促查处、回收假冒伪劣食品40万千克,假药和走私药品9606千克;督促追收国有财产257亿元;追偿修复生态、治理环境费用30亿元,违法者必须为恢复受损公益“买单”。

树立双赢多赢共赢理念。行政公益诉讼涉及政府履职,本质是助力政府依法行政,共同维护人民根本利益,得到各方面有力支持。黑龙江省人大常委会就检察公益诉讼专门作出决定,该省检察机关专项调查387家小煤矿关闭整治公益保护问题,发现违法违规和犯罪问题线索132件;对公益受损案件,以检察建议督促主管机关履职,取得良好成效。针对公益诉讼案件确定管辖难、调查取证难、司法鉴定难等问题,会同最高人民法院出台司法解释,与生态环境部等9部委会签协作意见;河北、上海、广西、陕西等地检察机关与有关部门建立协作联动机制。全国县级检察院办理公益诉讼案件已做到全覆盖。

把诉前实现维护公益目的作为最佳状态。检察机关诉前发出公告或检察建议,促使有关主体提起诉讼、行政机关依法履职,不仅能够及时保护公益,而且能够以最少司法投入获得最佳社会效果。共办理诉前程序案件102975件。其中,公告督促有关社会组织提起民事公益诉讼1721件;向行政机关发出检察建议101254件,97.2%得到采纳,更多问题在诉前得以解决。长沙市柏家洲地处湘江饮用水源一级保护区,污水直排。检察机关发出检察建议后,有关部门全力落实,迅即搬迁岛民、拆除违建、清理餐饮船舶,携手打了一场“碧水保卫战”。

将提起诉讼做成生动法治课。诉前检察建议不能有效落实,就以诉讼、庭审接力推动问题解决,警示一片、教育社会面。共提起公益诉讼3228件,法院已判决1526件,支持起诉意见1525件。重庆市荣昌区濑溪河沿岸禁养区内286家养殖户违规经营,直排畜禽粪便污水。检察机关向16个镇街发出检察建议,对其中怠于履行环境监管职责的古昌镇政府提起公益诉讼,获得庭审支持,促进了禁养区内河流污染的全面治理。

用法律捍卫英烈尊严。认真贯彻英雄烈士保护法,对21起侵害英烈姓名、肖像、名誉、荣誉,损害社会公共利益的行为,通过发出公告或当面征询意见,促请英烈近亲属起诉,对未能提起诉讼的,江苏、山东等地检察机关提起民事公益诉讼6件;对英烈纪念设施保护不力的,向有关部门发出检察建议36件,均获采纳,维护了英烈尊严,让英灵得以安宁。

四、提升检察监督能力,适应新时代更高更严要求

认真落实全面从严治党要求,深化改革创新,让以人民为中心成为新时代人民检察官的行动指南。

坚持把党的政治建设摆在首位。自觉把学习贯彻习近平新时代中国特色社会主义思想和党的十九大精神作为首要政治任务,组织全员轮训和专题网络培训,领悟习近平总书记全面依法治国新理念新思想新战略。深入学习贯彻新修改的宪法,带头尊崇和执行宪法,弘扬宪法精神,履行宪法职责,捍卫宪法尊严,维护宪法权威。纪念检察机关恢复重建40周年,不忘初心、牢记使命,重整行装再出发。大力弘扬“改革先锋”张飚、“全国模范检察官”周会明等英模精神,做对党忠诚、服务人民的新时代检察人。

推进内设机构系统性、重构性改革。满足新时代人民日益增长的美好生活需要,必须首先解决检察机关自身跟不上的问题。贯彻党的十九届三中全会精神,把内设机构改革作为检察工作创新发展的突破口,先从最高人民检察院改起。针对批捕、起诉职能关联性强,分别行使影响办案质量和效率,改为捕诉一体,同一案件批捕、起诉由同一办案组织、同一检察官负责到底。针对民事、行政申诉持续上升,监督案件大量积压,认真落实全国人大常委会审议意见,着力解决“重刑轻民”问题,分别设立民事、行政检察机构。忠实于公共利益代表的嘱托和法律赋权,落实中央全面深化改革委员会第三次会议精神,专设公益诉讼检察机构。去年12月,最高人民检察院内设机构改革落地,地方检察机关同步部署。刑事、民事、行政、公益诉讼“四大检察”法律监督总体布局有力推进。

深化司法体制改革。积极推进司法体制综合配套改革,检察人员分类管理、检察官办案责任制不断完善,检察官单独职务序列及工资制度逐步健全,检察人员职业保障政策基本落实。深化跨行政区划检察改革,将一起涉及苏豫皖三省水域污染案指定相关检察院异地办理;支持上海牵头探索长三角环境保护一体化检察协作机制。制定2018—2022年检察改革工作规划,46项重要改革举措深受关注和期待。

创新推进业务建设。分级分类开展大规模正规化教育培训,最高人民检察院直接培训1.7万人

次,同比上升 7.9%。要求领导干部带头办理重大疑难复杂案件,在规范办案上作表率。最高人民检察院带头落实检察长列席审判委员会会议制度,各级检察长、副检察长列席审委会 8713 人次,省级检察院检察长首次全部列席。建设基层检察院直通最高人民检察院的专业平台“检答网”,解答各类问题 1.1 万个。重视“智慧借助”,最高人民检察院聘请 103 名专家学者、法律界代表委员、律师等,组建办案咨询委员会;与生态环境、市场监管、金融监管等部门协作,互派干部挂职交流,扎实提升办案专业水平。

坚持严管就是厚爱。检徽不能蒙尘,权力必须管好。坚持刀刃向内,分两轮对 9 个省级检察院党组、机关 4 个厅级单位党组织开展政治巡视,在全国检察长会上对巡视发现的问题点名道姓通报,真红脸、真出汗。自觉接受各级纪委监委及其派驻机构监督,774 名检察人员因违纪违法被查处,同比上升 44.4%。通报 49 起检察人员违纪违法典型案件,加强警示教育。严格落实中央八项规定及其实施细则精神,持之以恒整治“四风”。

五、接受人民监督,确保检察权规范运行

人民检察院贯彻以人民为中心,必须对人民负责、受人民监督,努力答好人民考卷。

自觉接受人大监督。召开四级检察院电视电话会议,传达贯彻十三届全国人大一次会议精神。向全国人大常委会专题报告民事诉讼和执行活动法律监督工作,首次接受专题询问。主动与全国人大宪法和法律委员会、全国人大监察和司法委员会、全国人大常委会法制工作委员会沟通,认真负责提出立法建议。精心办理 124 件代表建议,办前联系、办中沟通、办后回访。对全国人大常委会转交的群众信访事项,用心办理好、反馈好。全面梳理全国人大代表审议报告、视察、座谈时提出的 3293 条意见建议,认真研究落实。聘请 98 名全国人大代表担任特约监督员,邀请 365 名代表视察、参与案件公开审查,零距离接受监督。

自觉接受民主监督。主动向全国政协通报工作。邀请全国政协委员视察调研。47 件政协提案都认真办结并答复。逐一走访各民主党派中央,充分沟通交流,诚恳听取监督意见。与全国工商联建立工作机制,信息共享,共同服务民营经济健康发展。

自觉接受履职制约。对法院宣告无罪的公诉案件调卷审查,以问题为导向提高审查起诉质量。对公安机关提请复议复核的不批捕、不起诉案件,依法慎重审查,改变原决定 773 人,同比上升 15.9%。重视司法行政机关意见,创新开展监狱巡回检察获得支持。

自觉以公开促公正。升级建设 12309 检察服务中心,四级检察院同步完善实体、热线、网络三大平台,提供一站式服务。运用多媒体发布办案信息 226 万条、法律文书 111 万份,公正与否,百姓评价。“检察开放日”常态化,13.5 万名各界人士走进检察院、走近检察官,了解监督检察工作。“大检察官说”“守护明天”等亮相中央媒体,检察故事借助全媒体“飞入寻常百姓家”。

各位代表,一年来,我们主动服务保障国家战略实施。在新疆召开革命老区、民族地区、边疆地区、贫困地区检察工作发展推进会,制定检察对口援助“30 条意见”,落实检察援藏援疆援青和支持赣闽粤原中央苏区检察工作安排。主动融入东北全面振兴、京津冀协同发展及雄安新区建设、粤港澳大湾区建设、海南自由贸易试验区建设、长三角区域一体化发展等,提供有效法治服务。

我们高度重视特殊群体权益保障。与各级妇联协同维护妇女儿童权益,起诉侵害妇女人身权利犯罪 21949 人,同比上升 6.4%。保障农民工依法取酬,起诉恶意欠薪犯罪 2361 人,支持农民工起诉 11054 件,同比分别上升 1.4% 和 105.2%。起诉侵害老年人权益犯罪 41478 人,同比下降 6.1%,突出惩治以投资养老、保健治病为名的欺老骗老犯罪。坚决惩治侵害残疾人权益犯罪,起诉 5439 人,与前年持平。助推和谐医患关系建设,持续严惩暴力伤医、聚众扰医等犯罪,起诉 3202 人,同比下降 29%。

我们坚定维护国防利益、军人军属合法权益。加强与解放军和武警部队人大代表联系,完善军地检察协作机制,支持军事检察机关依法履职,着力服务军民融合发展。起诉涉军犯罪 407 人,同比上升 20.4%。对 122 名遭受不法侵害的军人军属、退役军人,及时给予司法救助。主动与退役军人事务部建起工作机制,更好维护退役军人合法权益。

我们牢记同胞亲情,依法妥善办理涉港澳台和涉侨案件,切实维护港澳台同胞、海外侨胞和归侨侨眷合法权益。起诉涉港澳台和涉侨案件 10115 人,同比下降 25.9%。与澳门特别行政区检察院开展信息化建设合作。指导福建省人民检察院制定保障台胞台企合法权益“18 条意见”。

我们积极融入全方位外交布局，更好服务“一带一路”建设。承办世界互联网大会分论坛，加强与东盟成员国、上合组织成员国检察机关和国际检察官联合会务实合作，深化中越、中哈、中尼等边境地区检察机关直接合作，努力为全球治理作出中国贡献，使中国法治智慧、中国检察声音传播更远。

各位代表，一年来，检察工作的发展进步，是以习近平同志为核心的党中央坚强领导的结果，是习近平新时代中国特色社会主义思想科学指引的结果，也是全国人大及其常委会有力监督、国务院大力支持、全国政协民主监督的结果，同样，离不开国家监察委员会、最高人民法院配合与制约，各民主党派、工商联、人民团体、无党派人士以及地方各级党政机关、各位代表、各位委员和社会各界关心帮助。我谨代表最高人民检察院表示衷心感谢！

我们清醒地认识到，检察工作仍然存在不少突出问题。一是服务经济社会发展的针对性、实效性有待增强，简单办案、机械司法依然存在。二是各项检察工作发展不平衡，民事检察、行政检察在基层尤为薄弱。三是司法办案质量、效率有待提升，一些抗诉、检察建议质量不高，不少监督意见发出后没有跟进落实，司法不规范问题时有发生。四是队伍政治业务素质仍需加强，民商事和金融、网络、生态环境等专业人才短缺的状况尚待改进；不少市、县级检察院人才进不来、留不住。五是检察人员违纪违法问题存量不少，增量仍在发生，需要高度重视。六是基层基础工作仍需加强，有的改革举措没有落地，有的在执行中走样；检察工作信息化、智能化水平有待提升。问题催人警醒，责任倒逼担当。我们一定紧盯不放、着力解决。

2019 年工作安排

做好今年检察工作，最根本的是坚持以习近平新时代中国特色社会主义思想为指导，深入学习贯彻党的十九大精神和习近平总书记在中央政法工作会议、省部级主要领导干部专题研讨班上的重要讲话精神，坚持党对检察工作的绝对领导，坚决维护习近平总书记核心地位，坚决维护党中央权威和集中统一领导，自觉在思想上政治上行动上同以习近平同志为核心的党中央保持高度一致；最关键的是坚持以人民为中心，适应人民日益增长的美好生活需要，肩负起维护国家政治安全、确保社会大局稳定、促进社会公平正义、保障人民安居乐业的职责任务；最要紧的是坚持稳中求进工作总基调，以崇尚实干、狠抓落实的精神，以政治业务素质明显提升的自觉，忠实履行宪法法律赋予的法律监督职责，强化底线思维，着力防范化解重大风险，努力为决胜全面建成小康社会提供更高水平的法治服务。

第一，把握“稳进”这个大局，依法保障经济社会持续健康发展。紧紧围绕稳增长、促改革、调结构、惠民生、防风险、保稳定，立足检察职能积极作为、精准服务。始终把维护政治安全作为头等大事，坚决打击各种渗透颠覆破坏活动、暴力恐怖活动、民族分裂活动、宗教极端活动。充分发挥批捕、起诉等职能，依法有力推进扫黑除恶专项斗争，紧盯涉黑涉恶重大案件、黑恶势力经济基础、背后“关系网”和“保护伞”不放，在打防并举、标本兼治上下功夫。坚决惩治严重暴力犯罪，依法惩治拐卖妇女儿童、“两抢一盗”、电信网络诈骗、涉枪涉爆、黄赌毒和传销等犯罪。更精准服务打好三大攻坚战，加大对风险防范、脱贫攻坚、生态环保等领域犯罪打击力度。从严惩治侵犯知识产权、制售伪劣商品、非法集资、虚开发票骗税等严重破坏市场经济秩序犯罪，让法治成为最好的营商环境。加强产权依法平等保护，健全源头预防涉企错案机制，让企业家有持久的安全、可靠的预期，放手经营发展。从严惩治教育、医疗、社会保障和食品药品安全等领域犯罪，守护民生法治底线。进一步加强未成年人司法保护，系统做好司法办案、权益维护、犯罪预防工作，深入开展检察长兼任法治副校长工作。完善监检衔接配合机制，依法惩治职务犯罪，在反腐败斗争中充分发挥职能作用。支持国防和军队建设，坚决维护军人军属和退役军人合法权益，配合做好军队全面停止有偿服务下篇文章。积极参与社会治理，深入剖析案件反映出的倾向性问题和管理漏洞，及时提出检察建议，努力做到办理一案、治理一片，促进全社会增强法治观念、坚定法治信仰。

第二，把握“落实”这个重心，推进重大部署落地生根。凡是党中央作出的重要决策部署，都要结合检察工作实际坚决贯彻，一丝不苟、一抓到底。认真落实修改后的刑事诉讼法和人民检察院组织法，坚持在办案中监督、在监督中办案，履行好各项检察职责。规范行使职权，着力提高检察建议质量，全面推开监狱巡回检察，依法查办司法工作人员职务犯罪。细化落实政法领域全面深化改革实施意见，抓实检察改革五年规划，推动改革在更高起点取得新突破，不断发展完善中国特色社会主义检察制度。促进地方检察机关内设机构改革落地，加强民事、行政、公益诉讼检察办案力量，把“四大检察”全面协调充分发展落到实处。全面落实司法责任制，促进检察官履职尽责办好案。完善员额检察官动态管理制度，不符合条件的退出，符合条件的补进。严格规范司法改革，重要检察改革举措层报最高人民检察院。深化智慧检务建设，统筹研发智能辅助办案和管理系统，促进科技创新成果同检察工作深度融合，助力提高司法质量、效率、公信力。

第三，把握“提升”这个目标，新时代检察工作要有新气象新作为。加强检察队伍革命化、正规化、专业化、职业化建设。深入学习贯彻中国共产党政法工作条例，扎实开展“不忘初心、牢记使命”主题教育，推动习近平新时代中国特色社会主义思想学习研讨融入日常工作，把党的政治建设抓得更实。大力推进高质量高标准业务培训，培养专业能力、弘扬专业精神。充分发挥捕诉一体在提升办案质量效率方面的优势，健全司法办案、工作指导、监督制约等配套机制。加大对民事诉讼中深层次违法问题监督力度，坚持不懈强化民事执行监督，着力办出具有示范指导意义的典型案件，增强民事检察工作实效。下大气力补齐行政检察短板，加强行政诉讼监督，维护司法公正、促进依法行政。完善公益诉讼检察制度，注重督导规范，探索拓展办案范围，更加注重质量效果。牢固树立监督者更要接受监督的理念，坚持严字当头，深化检察机关党风廉政建设和反腐败工作，深化系统内巡视巡察，坚决整治司法不规范、不公正问题，做到忠诚、干净、担当。强化上级检察院领导、指导责任，深化基层检察院政治和业务建设，人财物保障进一步向基层倾斜，夯实检察为民根基。

各位代表，乘着改革开放的东风，人民检察院恢复重建 40 年来，在中国特色社会主义建设中的作用日益彰显。站在新的历史方位，全国检察机关将更加紧密团结在以习近平同志为核心的党中央周围，以习近平新时代中国特色社会主义思想为指导，认真落实本次全国人大会议要求，坚定信心，忠诚履职，以优异成绩迎接中华人民共和国成立 70 周年！

第十三届全国人民代表大会第二次会议关于确认全国人民代表大会常务委员会接受张荣顺辞去第十三届全国人民代表大会常务委员会委员职务的请求的决定

（2019 年 3 月 15 日第十三届全国人民代表大会第二次会议通过）

第十三届全国人民代表大会第二次会议决定：确认第十三届全国人民代表大会常务委员会第三次会议关于接受张荣顺辞去第十三届全国人民代表大会常务委员会委员及全国人民代表大会宪法和法律委员会委员职务的请求的决定。

第十三届全国人民代表大会第二次会议表决议案办法

（2019 年 3 月 4 日第十三届全国人民代表大会第二次会议主席团第一次会议通过）

根据《中华人民共和国宪法》和有关法律规定，主席团决定：

第十三届全国人民代表大会第二次会议表决各项议案，采用无记名按表决器方式，以全体代表的过半数赞成票通过。表决时，代表可以表示赞成，可以表示反对，也可以表示弃权。如表决器系统在使用中发生故障，改用举手方式表决。

关于第十三届全国人民代表大会第二次会议代表提出议案处理意见的报告

（2019年3月14日第十三届全国人民代表大会第二次会议主席团第三次会议通过）

十三届全国人大二次会议主席团：

在本次会议上，全国人大代表坚持以习近平新时代中国特色社会主义思想为指导，深入学习贯彻习近平总书记关于坚持和完善人民代表大会制度的重要思想、关于全面依法治国新理念新思想新战略，坚持党的领导、人民当家作主、依法治国有机统一，依法向大会提出属于全国人大职权范围内的议案。根据大会主席团第一次会议决定的代表提出议案的截止时间，到3月11日12时，大会秘书处共收到代表提出的议案491件，比去年增长51%。其中，有关立法方面的487件，有关监督方面的4件。代表团提出的14件，代表联名提出的477件。

代表依法提出议案，反映人民意愿，汇聚人民智慧，是中国特色社会主义民主政治的重要方面，也是推进科学立法、民主立法、依法立法的重要渠道。今年代表提出的议案，涉及制定法律的231件，修改法律的247件，解释法律的4件，就有关法律问题作出决定的5件。这些议案紧紧围绕党和国家工作大局，着力通过立法推动和保障重大决策部署、重大发展战略的落实，内容主要集中在以下几方面：一是全面深化改革，扩大对外开放，推动高质量发展。提出修改公司法、证券法、中小企业促进法、企业破产法，制定社会信用法、商业秘密法等，依法平等保护产权，打造法治化营商环境。修改著作权法、商标法、科学技术进步法等，加强知识产权保护，实施创新驱动发展战略。修改反洗钱法、信托法，研究推动金融风险防控处置、互联网金融等方面的立法，防范化解重大金融风险。研究推动大数据、人工智能、自动驾驶等方面的立法，以法治方式引导和规范新技术新业态。制定乡村振兴促进法、农村集体经济组织法，修改城乡规划法等，推动实施乡村振兴战略。提出加强改革先行先试地区相关立法和授权决定工作，确保重大改革于法有据、顺利实施。二是保障和改善民生，增强人民群众获得感、幸福感、安全感。提出修改职业教育法、未成年人保护法、老年人权益保障法、妇女权益保障法、道路交通安全法、传染病防治法，制定个人信息保护、学前教育、校园安全、保健食品监管、法律援助、社会救助等方面的法律，一些代表就民法典编纂、修改民事诉讼法提出议案，强化对民事权利的保护。三是推进生态文明建设和绿色发展。提出制定长江保护法、资源综合利用法、湿地保护法、国家公园法，修改固体废物污染环境防治法、海洋环境保护法、森林法、矿产资源法等。四是维护国家安全，创新社会治理。提出制定海洋基本法、生物安全法、数据安全法，修改城市居民委员会组织法、村民委员会组织法、行政复议法、行政处罚法等。五是发展文化事业和文化产业。提出制定文化产业促进法、革命文物保护法、工业遗产保护和利用法，修改国家通用语言文字法等。一些代表还就修改刑法、刑事诉讼法等提出了议案。

根据全国人民代表大会组织法和全国人民代表大会议事规则的规定，大会秘书处对代表提出的议案逐件认真分析研究，认为没有需要列入本次会议审议的议案。大会秘书处建议，将代表提出的议案分别交由全国人大有关专门委员会审议。其中，交由宪法和法律委员会审议173件，监察和司法委员会审议24件，财政经济委员会审议78件，教育科学文化卫生委员会审议69件，外事委员会审议1件，华侨委员会审议1件，环境与资源保护委员会审议63件，农业与农村委员会审议25件，社会建设委员会审议57件。有关专门委员会对上述议案进行审议后，向全国人大常委会提出审议结果的报告，经全国人大常委会审议通过后印发第十三届全国人民代表大会第三次会议。

审议全国人民代表大会主席团交付的代表提出的议案，是全国人大各专门委员会的重要职责。大会秘书处就代表议案审议和相关工作提出如下建议：

一、建议各专门委员会深入学习贯彻习近平总书记全面依法治国新理念新思想新战略，紧紧围绕统筹推进“五位一体”总体布局和协调推进“四个全面”战略布局，顺应新时代新要求，满足人民群众新需要，完善代表议案审议工作机制，提高代表议案审议质量，以高质量立法保障和促进高质量发展，更好助力经济社会发展和改革攻坚任务，用法治保障人民权益，增进民生福祉。

二、建议各专门委员会将审议代表议案与研究制定立法、监督工作计划，起草和审议法律草案结合起来，积极推进重点领域立法，坚持立改废释并举，不断提高立法工作质量和效率。根据有关议案的内容，积极向全国人大常委会提出建议，对议案所提立法项目确属必要、立法条件较为成熟的，研究提出列入年度立法工作计划的建议；对议案反映比较集中的问题，研究提出听取审议专项工作报告、开展执法检查、进行专题询问或专题调研的建议。同时，加强与国务院及其有关部门、国家监察委员会、最高人民法院、最高人民检察院和常委会工作机构的联系，形成工作合力。

三、建议各专门委员会将审议代表议案与加强同代表和人民群众的联系结合起来，通过多种方式邀请相关代表参加法律案起草、论证、调研、审议和执法检查、专题调研等活动，扩大代表对常委会和专门委员会工作的参与，认真研究吸纳代表提出的意见和建议，及时通报相关立法、监督等工作进展，反馈议案审议结果和代表意见建议采纳情况，做到民有所呼、我有所应。

第十三届全国人民代表大会
第二次会议秘书处
2019 年 3 月 14 日

附件：

交有关专门委员会审议的议案

（共 491 件）

一、交宪法和法律委员会审议的 173 件：

1. **刘伟**等 33 名代表：关于修改地方各级人民代表大会和地方各级人民政府组织法的议案（第 35 号）；

2. **周善红**等 33 名代表：关于修改国旗法第十四条的议案（第 107 号）；

3. **周清和**等 30 名代表：关于在兵役法中增加大学生强制服兵役内容的议案（第 316 号）；

4. **买世蕊**等 30 名代表：关于制定立法听证规则的议案（第 324 号）；

5. **刘春香**等 31 名代表：关于修改《关于实行宪法宣誓制度的决定》扩大宪法宣誓范围的议案（第 358 号）；

6. **陈玮**等 33 名代表：关于修改立法法的议案（第 372 号）；

7. **刘守民**等 30 名代表：关于修改国家赔偿法，切实维护当事人合法权益的议案（第 379 号）；

8. **杜延安**等 30 名代表：关于修改各级人民代表大会常务委员会监督法的议案（第 442 号）；

9. **刘春香**等 30 名代表：关于授权开展扩大宪法宣誓范围试点工作的议案（第 483 号）；

10. **陈靖**等 31 名代表：关于修改证券法的议案（第 8 号）；

11. **朱建弟**等 30 名代表：关于修改证券法的议案（第 15 号）；

12. **陈晶莹**等 30 名代表：关于在民法典物权编（草案）确立提单（含国际铁路运单）的物权凭证功能的议案（第 16 号）；

13. **李志强**等 30 名代表：关于修改消费者权益保护法的议案（第 24 号）；

14. **章伟民**等 30 名代表：关于修改公司法的议案（第 29 号）；

15. **聂鹏举**等 30 名代表：关于修改合同法第九十五条的议案（第 41 号）；

16. **章联生**等 30 名代表：关于尽快修改继承法的议案（第 53 号）；

17. **魏明**等 38 名代表：关于加快制定个人信息保护法的议案（第 55 号）；

18. **王建军**等 32 名代表：关于修改证券法，建立证券市场违法主体向受损投资者返还违法所得的行政处罚制度的议案（第 57 号）；

19. **陈建银**等 32 名代表：关于民法典完善夫妻债务规则保障婚姻家庭安全的议案（第 92 号）；

20. **唐纯玉**等 30 名代表：关于在婚姻法中增加

债权人申请分割夫妻共同财产条款的议案(第99号);

21. **刘新华**等30名代表:关于修改公司法的议案(第100号);

22. **陈晶莹**等30名代表:关于完善民法典(物权编)第十六、十八章的若干规定,助力我国营商环境改善的议案(第101号);

23. **方燕**等30名代表:关于在证券法修改中加强和完善对中介机构监管的议案(第120号);

24. **方燕**等30名代表:关于修改收养法的议案(第124号);

25. **张德芹**等30名代表:关于修改公司法第二十条的议案(第142号);

26. **殷红梅**等31名代表:关于修改收养法的议案(第144号);

27. **殷红梅**等30名代表:关于修改婚姻法第三十二条的议案(第145号);

28. **肖胜方**等36名代表:关于修改侵权责任法第五十六条规定的议案(第146号);

29. **吴永利**等31名代表:关于建立现代动产担保制度的议案(第149号);

30. **赵萍**等31名代表:关于补充民法典侵害公众利益限制行为条款,为诚信体系建设提供法律依据的议案(第185号);

31. **马玉红**等30名代表:关于修改收养法的议案(第194号);

32. **侯蓉**等30名代表:关于在民法典分编中进一步明确利用网络侵害民事主体名誉权侵权责任的议案(第208号);

33. **崔瑜**等31名代表:关于制定个人信息保护法的议案(第211号);

34. **莫小峰**等31名代表:关于制定商事登记法的议案(第248号);

35. **张琳**等30名代表:关于编纂民法典物权编的议案(第272号);

36. **王天宇**等30名代表:关于修改证券法(2014修正)债券相关条款的议案(第319号);

37. **罗霞**等31名代表:关于加快推进个人信息保护法出台进程的议案(第331号);

38. **吕薇**等44名代表:关于在民法典中建立现代动产担保制度的议案(第332号);

39. **蔡继明**等31名代表:关于修改物权法的议案(第335号);

40. **买世蕊**等30名代表:关于在民法典合同编中增加住房租赁保障的议案(第354号);

41. **陆銮眉**等30名代表:关于修改物权法有关"宅基地"法律规定的议案(第355号);

42. **孙宪忠**等31名代表:关于在民法典物权编中增加"物尽其用"原则的议案(第359号);

43. **孙宪忠**等31名代表:关于制定民法典物权编的议案(第370号);

44. **刘新华**等30名代表:关于制定投资者合法权益保护法的议案(第381号);

45. **杨震**等31名代表:关于制定民法典合同编的议案(第401号);

46. **杨震**等31名代表:关于制定民法典婚姻家庭编的议案(第402号);

47. **杨震**等31名代表:关于制定民法典继承编的议案(第403号);

48. **杨震**等31名代表:关于制定民法典侵权责任编的议案(第404号);

49. **杨震**等31名代表:关于制定民法典人格权编的议案(第405号);

50. **杨震**等31名代表:关于制定民法典物权编的议案(第406号);

51. **李孝轩**等45名代表:关于修改收养法的议案(第409号);

52. **李亚兰**等31名代表:关于将夫妻"共同债务"纳入民法典婚姻家庭编的议案(第412号);

53. **李亚兰**等31名代表:关于在民法典侵权责任编中明确规定网约车侵权责任的议案(第416号);

54. **李亚兰**等31名代表:关于修改继承法扩大法定继承人范围的议案(第424号);

55. **胡季强**等30名代表:关于制定个人信息保护法的议案(第434号);

56. **庹庆明**等36名代表:关于修改婚姻法中"结婚年龄"条款的议案(第469号);

57. 海南代表团:关于修改行政复议法的议案(第18号);

58. **杲云**等30名代表:关于修改土地管理法的议案(第19号);

59. **刘小兵**等30名代表:关于制定信息公开法的议案(第27号);

60. **龙献文**等31名代表:关于增加土地管理法中转让农村宅基地使用权效力条文的议案(第40号);

61. **党永富**等30名代表:关于将生态文明建设促进法列入立法规划的议案(第85号);

62. **李爱青**等30名代表:关于修改土地管理法

的议案(第 87 号);

63. **耿学梅**等 31 名代表:关于修改人民防空法的议案(第 89 号);

64. **黄东兵**等 30 名代表:关于制定信访法的议案(第 134 号);

65. **张淑芬**等 30 名代表:关于修改行政处罚法的议案(第 186 号);

66. **章联生**等 31 名代表:关于尽快修改行政复议法的议案(第 188 号);

67. **黄茂兴**等 30 名代表:关于加快制定信访法的议案(第 198 号);

68. **陈春芳**等 30 名代表:关于修改土地管理法的议案(第 212 号);

69. **何琳**等 31 名代表:关于修改基本医疗卫生与健康促进法(草案)(二审稿)第八十五条中控烟内容的议案(第 242 号);

70. **高子程**等 31 名代表:关于修改行政强制法第四十四条,为及时制止正在进行中的违法建设提供法律依据的议案(第 274 号);

71. **石聚彬**等 30 名代表:关于加强信访立法的议案(第 321 号);

72. **买世蕊**等 30 名代表:关于制定行政程序法的议案(第 322 号);

73. **买世蕊**等 30 名代表:关于制定听证法的议案(第 323 号);

74. **买世蕊**等 30 名代表:关于修改土地管理法的议案(第 326 号);

75. **柯建华**等 31 名代表:关于修改行政复议法的议案(第 334 号);

76. **安康**等 30 名代表:关于制定疫苗管理法的议案(第 352 号);

77. **刘正**等 31 名代表:关于修改行政处罚法第四条、第四十四条的议案(第 353 号);

78. **陈紫萱**等 31 名代表:关于修改人民防空法的议案(第 371 号);

79. **蔡继明**等 30 名代表:关于修改土地管理法修正案(草案)的议案(第 373 号);

80. **乞国艳**等 30 名代表:关于修改基本医疗卫生与健康促进法草案的议案(第 374 号);

81. **李亚兰**等 31 名代表:关于修改行政复议法的议案(第 410 号);

82. **宋宏伟**等 30 名代表:关于制定信访法的议案(第 421 号);

83. **张学锋**等 31 名代表:关于加快修改兵役法的议案(第 450 号);

84. **王玄玉**等 34 名代表:关于修改国防动员法的议案(第 451 号);

85. **马顺南**等 40 名代表:关于军事装备试验训练保障立法的议案(第 453 号);

86. **郭普校**等 35 名代表:关于制定无人飞行器管理法的议案(第 456 号);

87. **李康**等 31 名代表:关于修改基本医疗卫生与健康促进法(草案)的议案(第 457 号);

88. **王宁**等 37 名代表:关于制定海警法的议案(第 461 号);

89. 海南代表团:关于制定海南自由贸易港法的议案(第 2 号);

90. **陈鸣波**等 30 名代表:关于修改网络安全法的议案(第 7 号);

91. **邵志清**等 30 名代表:关于制定人工智能应用管理法的议案(第 34 号);

92. **闫傲霜**等 33 名代表:关于制定算法法的议案(第 37 号);

93. **陈力**等 30 名代表:关于制定公共数据资源管理法的议案(第 106 号);

94. **史贵禄**等 30 名代表:关于制定大数据管理法的议案(第 270 号);

95. **郑杰**等 32 名代表:关于制定数据安全法的议案(第 318 号);

96. **蔡继明**等 31 名代表:关于制定矿产资源税法的议案(第 427 号);

97. **周云杰**等 30 名代表:关于推动制定工业物联网网络安全和数据保护法的议案(第 452 号);

98. **李彦平**等 31 名代表:关于制定民营经济发展促进法的议案(第 455 号);

99. **马兰**等 30 名代表:关于修改刑法的议案(第 21 号);

100. **王建军**等 32 名代表:关于修改刑法,将欺诈发行犯罪刑期增至无期,重罚参与合谋的中介机构的议案(第 58 号);

101. **徐淙祥**等 32 名代表:关于修改刑法,严厉打击生产销售有毒有害食品犯罪的议案(第 86 号);

102. **王霞**等 30 名代表:关于修改刑法的议案(第 98 号);

103. **杨克勤**等 32 名代表:关于修改刑法规定,对非公有制经济进行平等保护的议案(第 113 号);

104. **李光宇**等 30 名代表:关于修改刑法,加大对公共场合打架斗殴行为处罚力度的议案(第

118号）；

105. **刘小平**等30名代表：关于明确刑法第三百一十三条情节特别严重相关情形的议案（第121号）；

106. **方燕**等30名代表：关于修改刑法，增加“公有与非公有产权平等保护原则”内容的议案（第123号）；

107. **罗平**等30名代表：关于修改刑法的议案（第138号）；

108. **闫傲霜**等30名代表：关于加大刑法中非法集资等金融犯罪处罚力度的议案（第155号）；

109. **元茂荣**等30名代表：关于在刑法中增设“袭警罪”的议案（第190号）；

110. **李长青**等31名代表：关于在刑法中增设暴力危及交通安全罪的议案（第203号）；

111. **陈玮**等32名代表：关于修改刑法第三百五十条的议案（第273号）；

112. **王晋**等35名代表：关于修改刑法规定，对非公有制经济进行平等保护的议案（第275号）；

113. **买世蕊**等30名代表：关于修改刑法，加大打击收买被拐卖妇女儿童犯罪的议案（第325号）；

114. **黄久生**等30名代表：关于制定反有组织犯罪法的议案（第336号）；

115. **黄玉梅**等30名代表：关于修改刑法第一百三十三条之一的议案（第337号）；

116. **王培**等31名代表：关于对刑法第二百二十七条中“倒卖车票”进行立法解释的议案（第356号）；

117. **王凤巧**等30名代表：关于制定预防职务犯罪法的议案（第357号）；

118. **李晴**等30名代表：关于在刑法中增设辱警袭警罪的议案（第378号）；

119. **刘守民**等30名代表：关于修改刑法部分条款，完善产权平等保护法律制度的议案（第380号）；

120. **尚伦生**等32名代表：关于完善刑法“危害公共安全罪”的议案（第397号）；

121. **尚伦生**等30名代表：关于对“正当防卫”作出法律解释的议案（第419号）；

122. **田立坤**等31名代表：关于制定适用特殊减轻处罚条款立法解释的议案（第422号）；

123. **李亚兰**等31名代表：关于增加刑法第一百三十三条之一危险驾驶罪兜底性条款的议案（第423号）；

124. **翟友财**等31名代表：关于在刑法三百四十二条增设合法种植的承包农民但书条款的议案（第425号）；

125. **陈佐东**等31名代表：关于在刑法中增设互联网金融犯罪相关条款的议案（第428号）；

126. **胡季强**等30名代表：关于刑法应增设“暴力危及交通安全罪”的议案（第433号）；

127. **胡季强**等30名代表：关于在刑法中增设“儿童监护疏忽罪”的议案（第435号）；

128. **胡季强**等30名代表：关于在刑法中增设“毒驾罪”的议案（第436号）；

129. **胡季强**等30名代表：关于在刑法中增设“骗取入境证件罪”的议案（第437号）；

130. **崔贵海**等30名代表：关于修改刑法部分条款的议案（第441号）；

131. **兰燕**等35名代表：关于修改刑法的议案（第454号）；

132. **王树江**等35名代表：关于在刑法中增设藐视法庭罪、袭警罪的议案（第465号）；

133. **程芳**等30名代表：关于修改刑法部分条款，对非公有制经济进行平等保护的议案（第472号）；

134. **阎志**等30名代表：关于修改刑法相关条款，严厉打击拐卖儿童违法犯罪的议案（第473号）；

135. **姚忠良**等31名代表：关于修改刑法贪污罪构成要件的议案（第475号）；

136. **尤立增**等31名代表：关于修改刑法中有关未成年人犯罪条款的议案（第482号）；

137. **张兆安**等33名代表：关于修改仲裁法的议案（第14号）；

138. **张本才**等30名代表：关于对检察公益诉讼受案范围作出立法解释的议案（第20号）；

139. 海南代表团：关于修改仲裁法的议案（第25号）；

140. **史贵禄**等30名代表：关于制定强制执行法的议案（第75号）；

141. **徐晓**等30名代表：关于尽快出台强制执行法的议案（第114号）；

142. **方燕**等30名代表：关于修改民事诉讼法，增加律师调查令内容的议案（第125号）；

143. **肖胜方**等35名代表：关于修改仲裁法的议案（第135号）；

144. **肖胜方**等35名代表：关于修改刑事诉讼法第九十五条，完善羁押必要性审查制度的议案（第136号）；

145. **肖胜方**等 35 名代表:关于制定强制执行法,解决执行难的议案(第 139 号);

146. **庹必光**等 30 名代表:关于修改刑事诉讼法第一百七十条的议案(第 140 号);

147. **岳喜环**等 31 名代表:关于制定强制执行法的议案(第 143 号);

148. **肖胜方**等 36 名代表:关于修改民事诉讼法,增加律师调查令有关条款的议案(第 147 号);

149. **郑坚江**等 31 名代表:关于修改民事诉讼法司法拘留期限的议案(第 183 号);

150. **郑坚江**等 32 名代表:关于尽快制定强制执行法的议案(第 184 号);

151. **张海波**等 30 名代表:关于修改民事诉讼法中公告送达期限的议案(第 187 号);

152. **章联生**等 30 名代表:关于尽快修改民事诉讼法的议案(第 189 号);

153. **余维祥**等 30 名代表:关于修改民事诉讼法第一百零一条的议案(第 191 号);

154. **余维祥**等 30 名代表:关于修改民事诉讼法第六十四条的议案(第 192 号);

155. **石蓉**等 30 名代表:关于修改刑事诉讼法第二百三十五条的议案(第 193 号);

156. **石蓉**等 30 名代表:关于修改刑事诉讼法第一百九十二条的议案(第 195 号);

157. **马传先**等 31 名代表:关于推进家事诉讼立法的议案(第 196 号);

158. **李占国**等 38 名代表:关于制定电子诉讼法的议案(第 197 号);

159. **高明芹**等 30 名代表:关于修改刑事诉讼法第二百九十八条的议案(第 209 号);

160. 海南代表团:关于修改监察法的议案(第 26 号);

161. **郅慧**等 30 名代表:关于将铁路公共安全纳入行政公益诉讼范围的议案(第 315 号);

162. **司富春**等 31 名代表:关于修改民事诉讼法的议案(第 320 号);

163. **杨松**等 30 名代表:关于修改仲裁法的议案(第 396 号);

164. **刘蕾**等 30 名代表:关于制定民事强制执行法的议案(第 398 号);

165. **李亚兰**等 31 名代表:关于修改民事诉讼法第一百二十四条第(七)项的议案(第 415 号);

166. **李小红**等 30 名代表:关于在民事诉讼法第一百六十二条增加适用小额诉讼程序相关内容的议案(第 439 号);

167. **王树江**等 35 名代表:关于修改完善刑事诉讼法,推进刑事庭审实质化的议案(第 467 号);

168. **法蒂玛**等 32 名代表:关于尽快制定电子诉讼法的议案(第 468 号);

169. 海南代表团:关于授权国务院在中国(海南)自由贸易试验区暂时调整实施土地管理法等有关法律规定的议案(第 22 号);

170. 海南代表团:关于提请全国人大常委会授权海南省在海南省总体规划(空间类)获批后不再另行单独编制和报批主体功能区等六类空间规划的议案(第 23 号);

171. 海南代表团:关于提请全国人大常委会授权海口市、三亚市城市总体规划由海南省人民政府审批的议案(第 31 号);

172. **霍晓丽**等 30 名代表:关于废止《关于严禁卖淫嫖娼的决定》第四条第二款有关内容的议案(第 347 号);

173. **李玉刚**等 31 名代表:关于全国人大常委会作出《关于进一步明确城市民族区法律地位的决定》的议案(第 418 号)。

二、交监察和司法委员会审议的 24 件:

1. **丛斌**等 34 名代表:关于制定司法鉴定法的议案(第 48 号);

2. **高明芹**等 30 名代表:关于尽快制定司法鉴定法的议案(第 206 号);

3. **阎建国**等 30 名代表:关于尽快制定司法鉴定法,以规范鉴定行业存在诸多问题的议案(第 279 号);

4. **鲜铁可**等 30 名代表:关于加快制定法律援助法的议案(第 90 号);

5. **方燕**等 30 名代表:关于制定法律援助法的议案(第 119 号);

6. **罗平**等 30 名代表:关于加快制定监察官法的议案(第 137 号);

7. **王树江**等 37 名代表:关于在监察官法中提高监察官任职条件,强化其权利保障的议案(第 463 号);

8. **胡荃**等 30 名代表:关于加快推进社区矫正法立法进程的议案(第 50 号);

9. **贾宇**等 38 名代表:关于制定人民检察院法律监督法的议案(第 280 号);

10. **崔荣华**等 30 名代表:关于修改律师法第十一条第二款的议案(第 67 号);

11. **车捷**等 30 名代表:关于修改律师法的议案

（第 204 号）；

12. **买世蕊**等 30 名代表：关于修改律师法的议案（第 312 号）；

13. **李亚兰**等 31 名代表：关于在律师法中明确律师职业定位及适当调整税收政策的议案（第 414 号）；

14. **黄超**等 31 名代表：关于修改律师法的议案（第 459 号）；

15. **成新湘**等 30 名代表：关于完善律师法中律师调查权的议案（第 460 号）；

16. **崔荣华**等 30 名代表：关于修改道路交通安全法第十九条的议案（第 68 号）；

17. **吴光辉**等 30 名代表：关于修改道路交通安全法的议案（第 152 号）；

18. **李甦雁**等 30 名代表：关于修改道路交通安全法，加大非法占用应急车道处罚力度的议案（第 400 号）；

19. **魏春**等 31 名代表：关于修改道路交通安全法第十三条第一款和第二十四条第一款的议案（第 417 号）；

20. **陈林**等 30 名代表：关于修改人民警察法的议案（第 141 号）；

21. **崔荣华**等 30 名代表：关于修改居民身份证法第三条的议案（第 158 号）；

22. **王培**等 33 名代表：关于修改治安管理处罚法第五十二条的议案（第 360 号）；

23. **李亚兰**等 31 名代表：关于修改监狱法第十四条第一款（第八项）、第二款的议案（第 408 号）；

24. **车捷**等 30 名代表：关于对律师法进行执法检查的议案（第 399 号）。

三、交财政经济委员会审议的 78 件：

1. **曹立强**等 32 名代表：关于修改企业破产法的议案（第 6 号）；

2. **朱列玉**等 40 名代表：关于制定个人破产法的议案（第 130 号）；

3. **肖胜方**等 34 名代表：关于修改企业破产法并增加个人破产章节的议案（第 131 号）；

4. **陈爱珠**等 30 名代表：关于修改企业破产法的议案（第 281 号）；

5. **刘守民**等 30 名代表：关于制定个人破产法，推动和建立个人破产制度的议案（第 390 号）；

6. **王树江**等 37 名代表：关于加快推进个人破产立法的议案（第 466 号）；

7. **徐珏慧**等 30 名代表：关于修改海上交通安全法的议案（第 28 号）；

8. **丁光宏**等 30 名代表：关于修改中小企业促进法的议案（第 30 号）；

9. **胡荃**等 30 名代表：关于制定信用管理法的议案（第 42 号）；

10. **吴列进**等 33 名代表：关于尽快制定社会信用法的议案（第 129 号）；

11. **陈家东**等 31 名代表：关于加快制定社会信用法的议案（第 159 号）；

12. **胡季强**等 30 名代表：关于制定社会信用法的议案（第 202 号）；

13. **陈保华**等 30 名代表：关于制定信用法的议案（第 213 号）；

14. **龙翔**等 31 名代表：关于加快信用立法，推进诚信建设的议案（第 222 号）；

15. **赵萍**等 31 名代表：关于加快社会信用体系建设相关立法的议案（第 243 号）；

16. **马一德**等 33 名代表：关于商业秘密法立法的议案（第 46 号）；

17. **汪中山**等 30 名代表：关于修改审计法第二条的议案（第 47 号）；

18. **买世蕊**等 30 名代表：关于修改审计法的议案（第 313 号）；

19. **阎武**等 38 名代表：关于修改政府采购法的议案（第 51 号）；

20. 云南代表团：关于全面修改电力法的议案（第 54 号）；

21. **余梅**等 31 名代表：关于加快修改电力法，为电力改革提供法律保障的议案（第 116 号）；

22. **哈明江**等 31 名代表：关于修改电力法的议案（第 362 号）；

23. 云南代表团：关于加快能源法立法的议案（第 56 号）；

24. **章联生**等 31 名代表：关于尽快修改商标法的议案（第 59 号）；

25. **张志良**等 39 名代表：关于修改铁路法的议案（第 60 号）；

26. **徐晓**等 30 名代表：关于加快高铁安全立法的议案（第 112 号）；

27. **刘生荣**等 30 名代表：关于加快铁路法修改的议案（第 162 号）；

28. **杨伟军**等 30 名代表：关于加快铁路法修改进程的议案（第 233 号）；

29. **钱铭**等 30 名代表：关于修改铁路法第十三条的议案（第 285 号）；

30. **王培**等33名代表:关于加快铁路法修改进程的议案(第365号);

31. **钱铭**等30名代表:关于制定铁路安全管理法,加强铁路沿线环境安全隐患整治的议案(第369号);

32. **崔荣华**等30名代表:关于修改税收征收管理法第八十八条的议案(第66号);

33. **杨悦**等30名代表:关于修改税收征收管理法有关条款的议案(第234号);

34. **高子程**等31名代表:关于修改税收征收管理法第三十五条、第三十七条,改善营商环境,落实中央和政府报告精神的议案(第271号);

35. **史贵禄**等30名代表:关于制定快递法的议案(第76号);

36. **史贵禄**等30名代表:关于制定民用无人机管理法的议案(第77号);

37. **史贵禄**等30名代表:关于制定自动驾驶汽车法的议案(第94号);

38. **雷健坤**等30名代表:关于制定工业遗产保护法的议案(第105号);

39. **侯华梅**等30名代表:关于制定工业遗产保护和利用法的议案(第200号);

40. **白鹤祥**等30名代表:关于修改旅游法的议案(第126号);

41. **白鹤祥**等30名代表:关于制定存款保险法的议案(第127号);

42. **崔瑜**等31名代表:关于制定存款保险法的议案(第199号);

43. **白鹤祥**等30名代表:关于尽快制定金融机构破产法的议案(第128号);

44. **罗平**等30名代表:关于尽快出台对外援助法的议案(第150号);

45. **宋宝安**等30名代表:关于修改城乡规划法第二十二条的议案(第151号);

46. **杨震生**等31名代表:关于修改城乡规划法的议案(第488号);

47. **陈勇彪**等30名代表:关于在反不正当竞争法第十七条中增加侵害商业秘密损失赔偿相关内容的议案(第160号);

48. **章联生**等31名代表:关于尽快修改招标投标法的议案(第163号);

49. **李彦平**等32名代表:关于修改招标投标法的议案(第432号);

50. **胡季强**等30名代表:关于制定城市轨道交通法的议案(第201号);

51. **黄立军**等31名代表:关于制定金融风险防控处置法的议案(第205号);

52. **赖秀福**等30名代表:关于修改信托法的议案(第207号);

53. **孔晓艳**等32名代表:关于制定创业投资促进法的议案(第210号);

54. **崔瑜**等30名代表:关于修改反洗钱法的议案(第214号);

55. **王玉玲**等30名代表:关于尽快修改反洗钱法的议案(第230号);

56. **周振海**等31名代表:关于修改反洗钱法的议案(第253号);

57. **张智富**等31名代表:关于修改反洗钱法的议案(第310号);

58. **郭新明**等30名代表:关于修改反洗钱法的议案(第386号);

59. **向巧**等104名代表:关于制定航空航天产业促进法的议案(第232号);

60. **周洪宇**等30名代表:关于加快修改统计法的议案(第249号);

61. **周厚健**等30名代表:关于修改企业所得税法,解决企业所得税亏损弥补期限过短问题的议案(第252号);

62. **赖秀福**等31名代表:关于制定企业及时付款法的议案(第268号);

63. **厉莉**等32名代表:关于制定地方金融监督管理法的议案(第269号);

64. **买世蕊**等30名代表:关于制定公益广告法的议案(第286号);

65. **买世蕊**等30名代表:关于制定国债法的议案(第298号);

66. **王天宇**等30名代表:关于制定互联网金融法的议案(第309号);

67. **李江南**等30名代表:关于开展中小企业促进法实施情况执法检查的议案(第314号);

68. **杨莉**等30名代表:关于制定直销法的议案(第317号);

69. **买世蕊**等30名代表:关于制定业主委员会选举法的议案(第348号);

70. **刘正**等31名代表:关于修改票据法第二条、第十条、第一百零八条的议案(第349号);

71. **杨震生**等31名代表:关于制定电信法的议案(第363号);

72. **骞芳莉**等31名代表:关于加快金融消费者权益保护法立法的议案(第364号);

73. **车捷**等30名代表:关于修改海关法的议案(第385号);

74. **潘保春**等30名代表:关于制定物业管理法的议案(第447号);

75. **陈华元**等33名代表:关于修改建筑法的议案(第479号);

76. **霍晓丽**等31名代表:关于制定公共资源交易法的议案(第480号);

77. **徐诺金**等30名代表:关于尽快制定出台企业融资保护法的议案(第485号);

78. **徐诺金**等30名代表:关于尽快制定出台普惠金融促进法的议案(第487号)。

四、交教育科学文化卫生委员会审议的69件:

1. **阎武**等44名代表:关于修改义务教育法,构建德智体美劳全面培养的教育体系的议案(第63号);

2. **李光宇**等30名代表:关于修改义务教育法,将学前教育纳入义务教育范围的议案(第115号);

3. **买世蕊**等30名代表:关于修改义务教育法,逐步将九年义务教育延长为十三年义务教育的议案(第284号);

4. **杨善竑**等30名代表:关于加快制定学前教育法的议案(第88号);

5. **庞丽娟**等45名代表:关于加快推进学前教育法立法进程的议案(第102号);

6. **周洪宇**等30名代表:关于加快制定学前教育法的议案(第172号);

7. **李建成**等31名代表:关于加快制定学前教育法的议案(第240号);

8. **周洪宇**等30名代表:关于加快修改职业教育法的议案(第170号);

9. **谢广祥**等30名代表:关于尽快修改职业教育法的议案(第445号);

10. **周洪宇**等30名代表:关于修改教育法的议案(第171号);

11. **张志勇**等30名代表:关于修改教育法的议案(第235号);

12. **陈凤珍**等31名代表:关于修改教育法,明确教育惩戒权的议案(第245号);

13. **周洪宇**等30名代表:关于加快修改教师法的议案(第173号);

14. **王江**等30名代表:关于修改教师法的议案(第238号);

15. **高阿莉**等30名代表:关于修改教师法的议案(第282号);

16. **庹庆明**等34名代表:关于修改教师法的议案(第387号);

17. **王家娟**等36名代表:关于修改教师法的议案(第391号);

18. **崔建梅**等31名代表:关于加快修改教师法的议案(第443号);

19. **杨善竑**等30名代表:关于修改国家通用语言文字法的议案(第93号);

20. **张志勇**等30名代表:关于修改国家通用语言文字法的议案(第257号);

21. **黄艳**等30名代表:关于加快出台国家通用语言文字法(修订案)的议案(第283号);

22. **葛道凯**等30名代表:关于修改国家通用语言文字法的议案(第384号);

23. **马玉霞**等30名代表:关于修改国家通用语言文字法的议案(第484号);

24. **杨尚真**等30名代表:关于修改高等教育法第三条、第三十二条、第五十三条,促进一流高校招生计划均衡配置的议案(第329号);

25. **周洪宇**等30名代表:关于加快修改学位条例的议案(第258号);

26. **买世蕊**等30名代表:关于制定终身教育法的议案(第299号);

27. **牛三平**等34名代表:关于对网络在线教育立法的议案(第64号);

28. **陈力**等30名代表:关于修改科学技术进步法的议案(第11号);

29. **曹宝华**等30名代表:关于修改科学技术进步法的议案(第246号);

30. **刘晓云**等31名代表:关于制定知识产权法典的议案(第17号);

31. **梁庆凯**等30名代表:关于制定自主创新示范区法的议案(第438号);

32. **潘向黎**等30名代表:关于修改著作权法的议案(第9号);

33. **贾樟柯**等33名代表:关于在著作权法中给予视听作品导演和编剧作者权及收益权的议案(第341号);

34. **杲云**等30名代表:关于制定优秀历史建筑保护法的议案(第10号);

35. **胡季强**等30名代表:关于制定文化产业促进法的议案(第168号);

36. 河北代表团:关于制定长城保护法的议案(第169号);

37. **曾丽**等 30 名代表:关于尽快制定古籍保护法的议案(第 262 号);

38. **张淑琴**等 30 名代表:关于制定全民阅读促进法的议案(第 261 号);

39. **买世蕊**等 30 名代表:关于制定全民阅读法的议案(第 311 号);

40. **陈凤珍**等 32 名代表:关于制定全民阅读法的议案(第 486 号);

41. **刘忠斌**等 30 名代表:关于完善文化立法的议案(第 388 号);

42. **王文保**等 31 名代表:关于修改文物保护法部分条款的议案(第 342 号);

43. **韩再芬**等 30 名代表:关于制定革命文物保护法的议案(第 458 号);

44. **陈爱莲**等 30 名代表:关于制定医疗法的议案(第 36 号);

45. **段宇飞**等 34 名代表:关于制定爱国卫生法的议案(第 61 号);

46. **陈瑞爱**等 44 名代表:关于抓紧制定保健食品监督管理法的议案(第 62 号);

47. **崔荣华**等 30 名代表:关于制定民办医疗管理法的议案(第 71 号);

48. **史贵禄**等 30 名代表:关于修改人口与计划生育法的议案(第 72 号);

49. **潘保春**等 30 名代表:关于修改人口与计划生育法提倡自主生育的议案(第 444 号);

50. **史贵禄**等 30 名代表:关于制定转基因食品管理法的议案(第 74 号);

51. **查艳**等 30 名代表:关于修改执业医师法的议案(第 133 号);

52. **江吉村**等 31 名代表:关于对执业医师法进行修改完善的议案(第 328 号);

53. **鲍守坤**等 30 名代表:关于修改献血法的议案(第 167 号);

54. **李叶红**等 31 名代表:关于修改献血法的议案(第 241 号);

55. **王岚**等 42 名代表:关于尽快修改献血法的议案(第 477 号);

56. **郑奎城**等 33 名代表:关于修改传染病防治法的议案(第 174 号);

57. **张伯礼**等 32 名代表:关于加快制定健康法,保障健康中国战略实施的议案(第 236 号);

58. **王连灵**等 32 名代表:关于制定药师法的议案(第 244 号);

59. **王威东**等 30 名代表:关于制定启动罕见病诊疗及管理立法的议案(第 260 号);

60. **胡春莲**等 37 名代表:关于加快制定执业护士法的议案(第 264 号);

61. **黄玉梅**等 30 名代表:关于制定执业护士法的议案(第 306 号);

62. **宋静**等 31 名代表:关于加快推进执业护士法立法的议案(第 476 号);

63. **买世蕊**等 30 名代表:关于制定公共场所禁烟法的议案(第 308 号);

64. **赵国祥**等 30 名代表:关于制定心理师法的议案(第 307 号);

65. **蔡继明**等 31 名代表:关于制定心理师法的议案(第 330 号);

66. **李甦雁**等 30 名代表:关于加快儿童用药立法,保障儿童健康的议案(第 389 号);

67. **王静成**等 34 名代表:关于进一步建立健全医学伦理法律法规的议案(第 392 号);

68. **张伯礼**等 31 名代表:关于开展中医药法执法检查的议案(第 237 号);

69. **胡桂花**等 36 名代表:关于开展药品管理法执法检查的议案(第 239 号)。

五、交外事委员会审议的 1 件:

1. **邵志清**等 31 名代表:关于加快制定海洋基本法的议案(第 32 号)。

六、交华侨委员会审议的 1 件:

1. **于集华**等 31 名代表:关于修改归侨侨眷权益保护法的议案(第 327 号)。

七、交环境与资源保护委员会审议的 63 件:

1. **秦和**等 31 名代表:关于加快制定长江保护法的议案(第 1 号);

2. **周洪宇**等 30 名代表:关于加快制定长江保护法的议案(第 178 号);

3. **王新伟**等 30 名代表:关于推进黄河保护立法的议案(第 43 号);

4. **李伟**等 30 名代表:关于制定黄河法的议案(第 288 号);

5. **孙运锋**等 41 名代表:关于制定黄河生态保护法的议案(第 471 号);

6. **宁建华**等 30 名代表:关于制定淮河保护法的议案(第 474 号);

7. **郭乃硕**等 33 名代表:关于制定生物安全法的议案(第 3 号);

8. **安康**等30名代表:关于加快制定生物安全法的议案(第292号);

9. **张天任**等30名代表:关于制定人类遗传资源保护法的议案(第111号);

10. **张天任**等30名代表:关于制定生物多样性保护法的议案(第110号);

11. **史贵禄**等30名代表:关于制定基因编辑管理法的议案(第70号);

12. **王江滨**等31名代表:关于加快南极立法工作进程的议案(第96号);

13. **郭乃硕**等32名代表:关于加快制定资源综合利用法的议案(第33号);

14. **张天任**等30名代表:关于尽快制定资源综合利用法的议案(第109号);

15. **李东艳**等30名代表:关于加快制定资源综合利用法的议案(第470号);

16. **杨雪梅**等31名代表:关于修改循环经济促进法的议案(第304号);

17. **郭乃硕**等31名代表:关于加快制定国家公园法的议案(第38号);

18. **霍晓丽**等30名代表:关于制定国家公园法的议案(第295号);

19. **李秀香**等34名代表:关于加快制定自然保护地法的议案(第287号);

20. **史贵禄**等30名代表:关于制定自然保护区法的议案(第69号);

21. **谷凤杰**等31名代表:关于加快制定湿地保护法的议案(第95号);

22. **黄艳**等31名代表:关于制定湿地保护法的议案(第296号);

23. 青海代表团:关于制定高原地区绿色发展促进法的议案(第333号);

24. **史贵禄**等30名代表:关于制定地下空间利用法的议案(第278号);

25. **王修林**等30名代表:关于制定渤海环境保护特别措施法的议案(第448号);

26. 山西代表团:关于制定京津冀上游水源涵养区治理与保护法的议案(第345号);

27. **张利民**等30名代表:关于制定山区生态保护法的议案(第179号);

28. **党永富**等30名代表:关于制定耕地质量建设与管理法的议案(第49号);

29. **秦光蔚**等30名代表:关于尽快制定耕地质量保护法的议案(第154号);

30. **高新才**等31名代表:关于制定农地环境保护法的议案(第73号);

31. **高岭**等31名代表:关于制定农田保护法的议案(第84号);

32. **温娟**等32名代表:关于修改水污染防治法的议案(第181号);

33. **双少敏**等30名代表:关于修改水污染防治法的议案(第343号);

34. **武志永**等30名代表:关于修改大气污染防治法的议案(第176号);

35. **刘怀平**等30名代表:关于修改大气污染防治法的议案(第180号);

36. **卢克平**等30名代表:关于制定扬尘污染防治法的议案(第217号);

37. **杨松**等31名代表:关于修改环境噪声污染防治法的议案(第383号);

38. **寿子琪**等30名代表:关于修改固体废物污染环境防治法的议案(第5号);

39. **丁照民**等33名代表:关于制定放射性废物安全法的议案(第108号);

40. **李海燕**等31名代表:关于制定放射性废物管理法的议案(第300号);

41. **邢京龙**等30名代表:关于加快制定核损害赔偿法的议案(第294号);

42. **方敏**等30名代表:关于全面修改海洋环境保护法的议案(第164号);

43. **吴京耕**等30名代表:关于修改矿产资源法的议案(第382号);

44. **焦云**等31名代表:关于修改矿产资源法的议案(第431号);

45. **丁士启**等30名代表:关于修改矿产资源法有关条款的议案(第449号);

46. 云南代表团:关于修改矿产资源法的议案(第44号);

47. **何光亮**等31名代表:关于修改矿产资源法的议案(第182号);

48. **郭乃硕**等31名代表:关于修改可再生能源法的议案(第39号);

49. **王江滨**等33名代表:关于制定无线电频谱资源法的议案(第4号);

50. **徐锦庚**等30名代表:关于加快无线电频谱资源管理法立法的议案(第177号);

51. **吴健**等30名代表:关于制定无线电频谱资源管理法的议案(第293号);

52. **田立坤**等31名代表:关于制定无线电频谱资源法的议案(第430号);

53. **陈杰**等 30 名代表:关于尽快修改防洪法的议案(第 153 号);

54. 河北代表团:关于制定地下水保护法的议案(第 161 号);

55. **陈静**等 30 名代表:关于制定生态文明促进法的议案(第 97 号);

56. **胡季强**等 30 名代表:关于制定环境教育法的议案(第 165 号);

57. **胡季强**等 30 名代表:关于制定应对气候变化法的议案(第 166 号);

58. **侯蓉**等 33 名代表:关于加快制定迁地保护濒危野生动物管理法的议案(第 175 号);

59. **霍晓丽**等 30 名代表:关于制定有害化学物质控制法的议案(第 297 号);

60. **李灵**等 30 名代表:关于制定海岸带管理法的议案(第 301 号);

61. **肖利平**等 30 名代表:关于制定饮用水安全法的议案(第 302 号);

62. **高新才**等 30 名代表:关于制定生态环境保护基金法的议案(第 305 号);

63. **胡荃**等 30 名代表:关于制定生态补偿法的议案(第 45 号)。

八、交农业与农村委员会审议的 25 件:

1. **崔荣华**等 30 名代表:关于制定乡村振兴促进法的议案(第 78 号);

2. **史贵禄**等 30 名代表:关于制定农村扶贫开发法的议案(第 79 号);

3. **史秉锐**等 30 名代表:关于尽快制定减贫法的议案(第 489 号);

4. **张莉**等 31 名代表:关于修改动物防疫法的议案(第 91 号);

5. **陈瑞爱**等 37 名代表:关于制定兽药法的议案(第 80 号);

6. **焦新安**等 42 名代表:关于制定兽医法的议案(第 225 号);

7. **胡荃**等 30 名代表:关于加快推进农产品质量安全法修订进程的议案(第 81 号);

8. **于旭波**等 46 名代表:关于修改农产品质量安全法的议案(第 82 号);

9. **李丽华**等 31 名代表:关于修改农产品质量安全法的议案(第 226 号);

10. **于安玲**等 49 名代表:关于修改农产品质量安全法的议案(第 231 号);

11. **马瑞燕**等 35 名代表:关于加快修改农产品质量安全法的议案(第 344 号);

12. **胡荃**等 30 名代表:关于加快推进农村集体经济组织法立法进程的议案(第 83 号);

13. **胡季强**等 30 名代表:关于制定农村集体经济组织法的议案(第 223 号);

14. **方金华**等 30 名代表:关于修改森林法的议案(第 220 号);

15. **李宗胜**等 31 名代表:关于修改森林法的议案(第 346 号);

16. **胡桂花**等 35 名代表:关于修改农村土地承包法的议案(第 221 号);

17. **胡季强**等 30 名代表:关于制定农村金融法的议案(第 224 号);

18. **莫照兰**等 42 名代表:关于修改渔业法的议案(第 229 号);

19. **陈勇**等 35 名代表:关于修改渔业法,加强打击非法捕捞问题的议案(第 276 号);

20. **乔彬**等 45 名代表:关于加快推进出台农产品批发市场法的议案(第 289 号);

21. **李士强**等 30 名代表:关于加快推进出台农产品批发市场法的议案(第 291 号);

22. **买世蕊**等 30 名代表:关于制定反虐待动物法的议案(第 290 号);

23. **赵皖平**等 30 名代表:关于制定伴侣动物保护和管理法的议案(第 446 号);

24. **新甲旦真**等 30 名代表:关于制定伴侣动物保护和管理法的议案(第 462 号);

25. **尚金锁**等 31 名代表:关于制定供销合作社法的议案(第 377 号)。

九、交社会建设委员会审议的 57 件:

1. **杨宝玲**等 31 名代表:关于尽快制定社会救助法的议案(第 251 号);

2. **买世蕊**等 30 名代表:关于制定城市居民委员会选举法的议案(第 339 号);

3. **郑功成**等 32 名代表:关于尽快制定殡葬法的议案(第 420 号);

4. **郑功成**等 33 名代表:关于制定非营利法人法的议案(第 440 号);

5. **王玄玉**等 33 名代表:关于制定公民文明行为促进法的议案(第 464 号);

6. **崔鹏**等 33 名代表:关于推进应急管理法立法工作的议案(第 481 号);

7. **杨蓉**等 30 名代表:关于修改城市居民委员会组织法的议案(第 12 号);

8. **陈凤珍**等 32 名代表:关于修改城市居民委员会组织法的议案(第 259 号);

9. **买世蕊**等 30 名代表:关于修改城市居民委员会组织法的议案(第 340 号);

10. **杨尚真**等 30 名代表:关于修改村民委员会组织法第十五条设立自荐候选人规定促推乡村振兴的议案(第 338 号);

11. **王能干**等 30 名代表:关于修改村民委员会组织法第二章第六条的议案(第 361 号);

12. **朱朝治**等 30 名代表:关于修改村民委员会组织法的议案(第 394 号);

13. **陈华**等 30 名代表:关于修改安全生产法第四十八条的议案(第 132 号);

14. **曹宝华**等 30 名代表:关于修改安全生产法的议案(第 250 号);

15. **王文保**等 31 名代表:关于出台养老产业促进法,大力推进康养产业发展的议案(第 351 号);

16. **陈建银**等 45 名代表:关于制定未成年人网络保护法的议案(第 103 号);

17. **俞学文**等 31 名代表:关于制定未成年人网络保护法的议案(第 117 号);

18. **戴雅萍**等 34 名代表:关于制定未成年人网络保护法的议案(第 156 号);

19. **郝旭**等 32 名代表:关于制定未成年人网络保护法的议案(第 350 号);

20. **邓大玉**等 31 名代表:关于制定未成年人司法法的议案(第 219 号);

21. **尤立增**等 31 名代表:关于制定反校园暴力法的议案(第 490 号);

22. **高阿莉**等 30 名代表:关于制定学校安全法的议案(第 303 号);

23. **陈凤珍**等 31 名代表:关于制定校园安全法的议案(第 247 号);

24. **莫小峰**等 31 名代表:关于制定中小学生校外托管机构管理法的议案(第 267 号);

25. **耿学梅**等 31 名代表:关于尽快制定家庭教育法的议案(第 104 号);

26. **邓丽**等 30 名代表:关于加快家庭教育立法的议案(第 255 号);

27. **籍涛**等 30 名代表:关于制定家庭教育法的议案(第 256 号);

28. **周洪宇**等 30 名代表:关于加快制定家庭教育法的议案(第 266 号);

29. **高桂英**等 31 名代表:关于制定家庭教育法的议案(第 375 号);

30. **谭琳**等 31 名代表:关于加快家庭教育立法的议案(第 413 号);

31. **兰臻**等 34 名代表:关于制定家庭教育促进法的议案(第 368 号);

32. **陈凤珍**等 31 名代表:关于制定女职工劳动保护法的议案(第 491 号);

33. **齐玫**等 34 名代表:关于修改老年人权益保障法的议案(第 157 号);

34. **郜秀菊**等 31 名代表:关于修改妇女权益保障法的议案(第 13 号);

35. **高莉**等 30 名代表:关于修改妇女权益保障法的议案(第 148 号);

36. **邓丽**等 30 名代表:关于修改妇女权益保障法的议案(第 227 号);

37. **张惠**等 45 名代表:关于修改妇女权益保障法的议案(第 228 号);

38. **陶勋花**等 31 名代表:关于修改妇女权益保障法的议案(第 265 号);

39. **谭琳**等 31 名代表:关于修改妇女权益保障法的议案(第 411 号);

40. **方燕**等 30 名代表:关于在未成年人保护法中增设信息与网络安全内容的议案(第 122 号);

41. **周洪宇**等 30 名代表:关于加快修改未成年人保护法的议案(第 215 号);

42. **丁小兵**等 31 名代表:关于在未成年人保护法中增加预防未成年人饮酒行为相关内容的议案(第 216 号);

43. **咸顺女**等 31 名代表:关于修改未成年人保护法的议案(第 263 号);

44. **向伟艺**等 30 名代表:关于加快修改未成年人保护法的议案(第 277 号);

45. **骞芳莉**等 31 名代表:关于修改未成年人保护法的议案(第 366 号);

46. **刘希娅**等 31 名代表:关于调整未成年人保护法中不合时宜内容的议案(第 367 号);

47. **乞国艳**等 30 名代表:关于修改未成年人保护法明确禁烟相关规定的议案(第 393 号);

48. **尤立增**等 30 名代表:关于修改未成年人保护法的议案(第 478 号);

49. **莫小峰**等 30 名代表:关于修改预防未成年人犯罪法的议案(第 218 号);

50. **初建美**等 31 名代表:关于修改预防未成年人犯罪法的议案(第 376 号);

51. **李亚兰**等 31 名代表:关于修改预防未成年人犯罪法的议案(第 429 号);

52. **葛明华**等 30 名代表：关于制定医疗保障法的议案（第 395 号）；

53. **郑功成**等 37 名代表：关于尽快制定医疗保障法的议案（第 426 号）；

54. **崔荣华**等 30 名代表：关于修改劳动法的议案（第 65 号）；

55. **章联生**等 30 名代表：关于尽快修改劳动合同法的议案（第 52 号）；

56. **袁红梅**等 31 名代表：关于修改社会保险法的议案（第 254 号）；

57. **郑功成**等 38 名代表：关于尽快修改社会保险法的议案（第 407 号）。

第十三届全国人民代表大会第二次会议主席团和秘书长名单

（2019 年 3 月 4 日第十三届全国人民代表大会第二次会议预备会议通过）

主席团（176 人，按姓名笔划为序）

丁仲礼　丁薛祥　乃依木·亚森（维吾尔族）　于伟国　万卫星
万鄂湘　习近平　马伟明　马逢国　王东明　王东峰
王光亚　王　刚　王志民　王岐山　王沪宁　王国生
王建军　王砚蒙（女，傣族）　王宪魁　王勇超　王　晨
王银香（女）　支月英（女）　尤　权　车　俊　巴音朝鲁（蒙古族）
邓　丽（女）　邓　凯　艾力更·依明巴海（维吾尔族）　左中一　石泰峰
布小林（女，蒙古族）　旦正草（女，藏族）　叶诗文（女）　史大刚
史耀斌　白玛赤林（藏族）　白春礼（满族）　丛　斌　冯淑玲（女，满族）
吉狄马加（彝族）　吉炳轩　吕世明　朱国萍（女）　向　巧（女，苗族）
刘艺良　刘远坤（苗族）　刘　奇　刘海星　刘家义　刘赐贵
齐　玉　江天亮（土家族）　许为钢　许立荣　许宁生　许其亮
孙志刚　苏嘎尔布（彝族）　杜家毫　杜德印　李　飞
李飞跃（侗族）　李玉妹（女）　李　伟　李纪恒　李作成　李　希
李学勇　李钺锋　李家俊　李　鸿（女）　李鸿忠　李　强
李锦斌　李静海　杨洁篪　杨洪波（白族）　杨振武　杨　蓉（女）
肖开提·依明（维吾尔族）　肖怀远　吴　月（女，黎族）　吴玉良　吴英杰
邱　勇　何健忠　何毅亭　邹晓东　冷　溶　汪其德
汪　洋　汪鸿雁（女）　沙　沨（女，回族）　沈春耀　沈跃跃（女）　张又侠
张少琴　张升民　张　平　张业遂　张庆伟　张志军
张　轩（女）　张伯军　张春贤　张　毅　陆东福　陈全国
陈求发（苗族）　陈　希　陈　武（壮族）　陈　竺　陈敏尔　陈锡文
陈　豪　武维华　苗　华　林建华　林　铎　罗保铭
罗　萍（女，哈尼族）　罗　毅（布依族）　郑军里（瑶族）　郑奎城
降巴克珠（藏族）　赵龙虎（朝鲜族）　赵乐际　赵宪庚　赵　贺　郝明金
胡和平　咸　辉（女，回族）　哈尼巴提·沙布开（哈萨克族）　段春华
信春鹰（女）　娄勤俭　洛桑江村（藏族）　姚建年　贺一诚　骆惠宁
袁　驷　栗战书　夏伟东　徐延豪　徐绍史　徐留平
殷一璀（女）　高红卫　高虎城　郭声琨　黄久生　黄龙云
黄志贤　黄坤明　黄路生　曹建明　曹鸿鸣
雪克来提·扎克尔（维吾尔族）　康志军　鹿心社　彭清华　董中原

蒋超良　　韩立平　　傅自应　　傅　莹(女,蒙古族)　　谢经荣
嘉木样·洛桑久美·图丹却吉尼玛(藏族)　　赫　捷　　蔡达峰　　蔡　奇
廖晓军　　谭耀宗　　魏后凯

秘书长

王　晨

第十三届全国人民代表大会第二次会议主席团常务主席名单

(2019 年 3 月 4 日第十三届全国人民代表大会第二次会议主席团第一次会议推选)

栗战书　　王　晨　　曹建明　　张春贤　　沈跃跃(女)　　吉炳轩
艾力更·依明巴海(维吾尔族)　　万鄂湘　　陈　竺　　王东明
白玛赤林(藏族)　丁仲礼　　郝明金　　蔡达峰　　武维华　　杨振武

第十三届全国人民代表大会第二次会议副秘书长名单

(2019 年 3 月 4 日第十三届全国人民代表大会第二次会议主席团第一次会议决定)

杨振武　　信春鹰(女)　　李　飞　　张业遂　　韩立平　　李宝荣

第十三届全国人民代表大会第二次会议议程

(2019 年 3 月 4 日第十三届全国人民代表大会第二次会议预备会议通过)

一、审议政府工作报告

二、审查 2018 年国民经济和社会发展计划执行情况与 2019 年国民经济和社会发展计划草案的报告

三、审查 2018 年中央和地方预算执行情况与 2019 年中央和地方预算草案的报告

四、审议全国人民代表大会常务委员会关于提请审议《中华人民共和国外商投资法(草案)》的议案

五、审议全国人民代表大会常务委员会工作报告

六、审议最高人民法院工作报告

七、审议最高人民检察院工作报告

八、其他

第十三届全国人民代表大会第二次会议日程

2019年3月5日至3月15日

（2019年3月4日第十三届全国人民代表大会第二次会议主席团第一次会议决定）

3月5日（星期二）

上午9时　代表大会第一次全体会议（开幕会）

1. 听取国务院总理李克强关于政府工作的报告
2. 审查国务院关于2018年国民经济和社会发展计划执行情况与2019年国民经济和社会发展计划草案的报告
3. 审查国务院关于2018年中央和地方预算执行情况与2019年中央和地方预算草案的报告

下午3时　代表团全体会议审议政府工作报告

3月6日（星期三）

上午9时　代表小组会议审议政府工作报告

下午3时　代表小组会议审议政府工作报告

3月7日（星期四）

上午9时　代表团全体会议审查计划报告和预算报告

下午3时　代表小组会议审查计划报告

3月8日（星期五）

上午9时　代表小组会议审查预算报告

下午3时　代表大会第二次全体会议

1. 听取全国人大常委会委员长栗战书关于全国人民代表大会常务委员会工作的报告
2. 听取全国人大常委会副委员长王晨关于中华人民共和国外商投资法草案的说明

3月9日（星期六）

上午9时　代表团全体会议审议全国人大常委会工作报告

下午3时　代表小组会议审议全国人大常委会工作报告

3月10日（星期日）

上午9时　代表团全体会议审议外商投资法草案

下午3时　代表小组会议审议外商投资法草案

3月11日（星期一）

代表休息

3月12日（星期二）

上午9时　代表大会第三次全体会议

1. 听取最高人民法院院长周强关于最高人民法院工作的报告
2. 听取最高人民检察院检察长张军关于最高人民检察院工作的报告

下午3时　代表团全体会议审议外商投资法草案修改稿、最高人民法院工作报告、最高人民检察院工作报告

3月13日（星期三）

上午9时　代表小组会议审议最高人民法院工作报告和最高人民检察院工作报告

下午3时　代表小组会议审议最高人民法院工作报告和最高人民检察院工作报告

3月14日（星期四）

上午9时　代表小组会议审议关于政府工作报告、年度计划、年度预算的三个决议草案

下午3时　代表团全体会议审议关于政府工作报告、年度计划、年度预算、全国人大常委会工作报告、最高人民法院工作报告、最高人民检察院工作报告的六个决议草案、外商投资法草案建议表决稿、全国人大常委会关于接受张荣顺辞去第十三届全国人大常委会委员职务的请求决定

3月15日（星期五）

上午9时　代表大会第四次全体会议（闭幕会）

1. 表决关于政府工作报告的决议草案

2. 表决中华人民共和国外商投资法草案
3. 表决关于 2018 年国民经济和社会发展计划执行情况与 2019 年国民经济和社会发展计划的决议草案
4. 表决关于 2018 年中央和地方预算执行情况与 2019 年中央和地方预算的决议草案
5. 表决关于全国人民代表大会常务委员会工作报告的决议草案
6. 表决关于最高人民法院工作报告的决议草案
7. 表决关于最高人民检察院工作报告的决议草案
8. 表决关于确认全国人民代表大会常务委员会接受张荣顺辞去第十三届全国人民代表大会常务委员会委员职务的请求的决定草案

闭　幕

常委会工作安排和会议议程日程

一、常委会工作安排

全国人大常委会2019年度工作要点

（2018年12月14日第十三届全国人民代表大会常务委员会第17次委员长会议原则通过　2019年4月12日第十三届全国人民代表大会常务委员会第28次委员长会议修改）

2019年是中华人民共和国成立70周年，是全面建成小康社会、实现第一个百年奋斗目标的关键之年。全国人大常委会工作的总体要求是：在以习近平同志为核心的党中央坚强领导下，高举中国特色社会主义伟大旗帜，以习近平新时代中国特色社会主义思想为指导，全面贯彻落实党的十九大和十九届二中、三中全会精神，增强"四个意识"、坚定"四个自信"、做到"两个维护"，坚持党的领导、人民当家作主、依法治国有机统一，紧紧围绕党和国家工作大局，坚持稳中求进工作总基调，贯彻新发展理念，着力提升立法、监督、代表工作、对外交往和自身建设水平，努力开创新时代人大工作新局面，以优异成绩庆祝中华人民共和国成立70周年。

一、加强宪法实施和监督

1. 坚持不懈抓好宪法实施。通过健全法律制度、完善法律体系落实宪法制度，通过实行正确监督、有效监督保证宪法法律实施，发挥宪法在治国理政中的重要作用。依法组织全国人大常委会决定任命的国家工作人员进行宪法宣誓，激励国家公职人员忠于宪法、维护宪法、履行法定职责。持续深入学习宣传新修改的宪法，组织好国家宪法日活动，推动落实普法责任制，讲好中国宪法故事。全国人大常委会、专门委员会组成人员和全国人大机关工作人员要原原本本学宪法，自觉作尊崇宪法、学习宪法、遵守宪法、维护宪法、运用宪法的表率。加强宪法理论研究，增强我国宪法的时代特色和实践特色。

2. 加强宪法监督。完善宪法监督制度，探索建立合宪性审查工作机制，积极稳妥推进合宪性审查工作。加强对行政法规、地方性法规、司法解释的备案审查工作，认真做好对公民、组织提出的审查建议的研究、处理、反馈工作，做到有件必备、有备必审、有错必纠。持续推动地方开展生态环保法规全面清理。尽快建成全国统一的备案审查信息平台，推动地方人大信息平台延伸到设区的市、自治州、自治县。健全完善常委会听取和审议备案审查工作情况报告的制度。

二、加强和改进新时代立法工作

3. 坚持党对立法工作的领导。深入学习贯彻习近平总书记全面依法治国新理念新思想新战略，认真落实党中央批准的五年立法规划，集中力量落实好党中央确定的重大立法事项，坚持将社会主义核心价值观融入立法，不断完善以宪法为核心的中国特色社会主义法律体系，通过立法推动和保障党的路线方针政策和党中央决策部署贯彻落实。努力提高立法工作质量和效率，确保立一件成一件，以高质量立法保障和促进高质量发展。重大立法事项、立法工作中的重大问题及时向党中央请示报告，重要立法项目按要求提交中央全面依法治国委员会审议，把党的领导贯彻到立法工作全过程和各方面。

4. 抓紧制定修改深化市场化改革、扩大高水平开放急需的法律。制定外商投资法，推动形成全面开放新格局。修改土地管理法，深化土地制度改革。制定资源税法、房地产税法，修改税收征收管理法，全面落实税收法定原则。修改证券法，推进资本市场法治建设。修改专利法、著作权法，推动实施创新驱动发展战略。制定军民融合发展法，推动经济建设和国防建设融合发展。做好授权决定和改革决定相关工作,保证重大改革于法有据。开展海南自由贸易港法立法调研。

5. 加快推进民生、生态文明建设领域立法。审议民法典物权编、合同编、人格权编、婚姻家庭编、继承编、侵权责任编草案,适时安排审议民法典草案。制定基本医疗卫生与健康促进法、疫苗管理法,修改药品管理法,推动实施健康中国战略。制定长江保护法、原子能法,修改固体废物污染环境防治法、森林法,推动美丽中国建设。修改未成年人保护法、预防未成年人犯罪法。

6. 加强国家安全、社会治理、国防和军队建设领域立法。制定出口管制法、密码法、数据安全法、生物安全法,提高防范和抵御安全风险能力。制定社区矫正法、个人信息保护法,修改行政处罚法、海上交通安全法、档案法,审议刑法修正案(十一)草案,加强和创新社会治理。制定退役军人保障法,修改现役军官法、兵役法、人民武装警察法,推进国防和军队改革。

7. 完善国家机构有关法律制度。修改全国人民代表大会组织法、全国人民代表大会议事规则,完善人民代表大会制度。修改法官法、检察官法,深化司法体制改革。制定政务处分法,健全国家监察体制。修改国旗法、国徽法,完善国家象征标志的法律制度。

8. 发挥人大在立法工作中的主导作用。注重发挥人民代表大会立法职能,做好全国人民代表大会审议重要法律案工作。加强对立法工作的组织协调和统筹安排,有关专门委员会、常委会工作机构要做好重要法律草案的牵头起草工作,对有关部门起草的法律草案要提前介入,做好审议准备。发挥审议把关作用,广泛凝聚共识,防止部门利益法律化。督促有关方面加快制定完善法律配套法规、规章等。

9. 推进科学立法、民主立法、依法立法。完善立法工作机制,加强和改进立法调研,继续做好法律草案公开征求意见工作,健全公众意见采纳反馈机制,健全向地方人大征询立法意见机制,加强基层立法联系点建设。完善法律案通过前评估和立法后评估机制,探索法律实施评估工作的有效方式。自觉遵循经济社会发展规律以及立法规律,提高立法的针对性、及时性、可操作性。坚持立改废释并举,增强法律体系的完备性、系统性、协调性。

10. 做好与港澳基本法实施有关的工作。完善与宪法和基本法实施相关的制度机制,有效维护中央对特别行政区的全面管治权,推动全国人大常委会关于基本法的有关解释和决定有效实施。加强基本法理论研究和宣传工作,开展澳门特别行政区基本法实施20周年纪念活动,引导港澳社会全面准确认识"一国两制"方针,全面准确认识宪法和基本法共同构成特别行政区的宪制基础。跟踪研究基本法实施中的重大问题。做好对香港特别行政区和澳门特别行政区本地立法的备案审查工作。

11. 认真做好国际条约的决定批准工作。做好条约议案的审议工作,依法行使决定批准或加入国际条约的权力,为我国参与全球治理提供有力保障。

三、紧紧围绕党和国家工作大局开展监督工作

12. 坚持正确监督、有效监督。坚持党的领导,坚持监督与支持相统一,贯彻新发展理念,围绕中心、贴近民生、突出重点,依照法定职责、限于法定范围、遵守法定程序开展监督,在增强监督实效上下功夫,督促"一府一委两院"依法履职尽责,推动党中央重大决策部署贯彻落实,推动宪法法律全面有效实施,推动解决人民群众普遍关注的突出问题。

13. 助力打好三大攻坚战。检查水污染防治法、可再生能源法实施情况,听取和审议国务院关于2018年度环境状况和环境保护目标完成情况、财政生态环保资金分配和使用情况的报告。听取和审议国务院关于加强社会保障体系建设助力打好精准脱贫攻坚战推进社会救助工作情况的报告,围绕深度贫困地区脱贫攻坚、民族地区兴边富民行动"十三五"规划实施情况、防范化解系统性金融风险情况进行专题调研。

14. 推动经济高质量发展。检查中小企业促进法、就业促进法、渔业法实施情况,听取和审议国务院关于今年以来国民经济和社会发展计划执行情况、减税降费、文化产业发展、乡村产业发展、加快外贸转型升级推进贸易强国建设工作情况的报告。

15. 促进保障和改善民生。检查高等教育法实施情况,听取和审议国务院关于学前教育事业改革和发展、医师队伍管理情况和执业医师法实施情况的报告,围绕应对人口老龄化加强养老机构"放管服"工作、社会基本养老保险基金预算管理与改革情况进行专题调研。

16. 加强人大预算决算审查监督和国有资产监督工作。在以往工作基础上继续加大监督力度,增强针对性,取得新成效,并注意总结和积累经验。

听取和审议国务院关于2018年中央决算的报告，审查和批准2018年中央决算；听取和审议国务院关于2018年度中央预算执行和其他财政收支的审计工作报告、今年以来预算执行情况的报告、审计查出问题整改情况的报告。贯彻落实党中央关于人大预算审查监督重点向支出预算和政策拓展的指导意见，推进人大预算审查监督重点拓展改革。持续推进预算联网监督工作。结合审议国务院关于加强国有资产管理情况的综合报告，听取和审议国务院关于行政事业性国有资产管理情况的专项报告，完善相关工作制度。

17. *促进严格执法、公正司法*。听取和审议最高人民法院关于加强刑事审判工作情况的报告、研究处理对解决执行难工作情况报告审议意见的报告，最高人民检察院关于开展公益诉讼检察工作情况的报告。围绕国家安全法、监察体制改革和监察法实施情况进行专题调研。

18. *进一步增强监督实效*。坚持问题导向，突出重点领域、重点地区、重点问题，持续发力、跟踪监督，推动有关方面落实法定职责，形成加强和改进工作的合力。创新执法检查方式，采用暗访、抽查等多种方式，深入听取人大代表和人民群众的意见；对水污染防治法、可再生能源法和中小企业促进法开展法律实施情况评估。结合听取和审议水污染防治法执法检查报告、中小企业促进法执法检查报告、最高人民检察院关于开展公益诉讼检察工作情况的报告等，开展专题询问，进一步突出针对性、注重实效性、增强互动性。

19. *做好群众来信来访工作*。进一步提高来信来访办理工作规范化、制度化、信息化水平。认真及时办理全国人大代表信访事项。加强综合分析，积极反映社情民意，为常委会依法履职提供参考。

四、深化和拓展代表工作

20. *支持和保障代表依法履职*。坚持尊重代表主体地位，遵循和把握代表工作规律，健全完善代表工作机制，为代表依法执行代表职务、参加行使国家权力提供高质量的服务保障，更好发挥代表作用。

21. *认真办理代表议案建议*。加强综合分析，及时向代表反馈办理信息，梳理代表反映集中的问题，有针对性推动改进工作。把审议代表议案与编制立法工作计划、制定修改法律紧密结合，邀请相关代表参与法律草案起草、论证、调研、审议等活动，积极研究吸纳代表提出的意见和建议。把办理代表建议与转变作风、联系群众、改进工作相结合，抓好重点督办建议的办理，积极稳妥推进建议办理答复公开，健全建议答复承诺事项落实机制，切实推动解决问题、完善政策措施。

22. *加强常委会同代表的联系*。坚持和完善委员长会议组成人员、常委会委员直接联系全国人大代表制度，健全与列席常委会会议的代表座谈机制，通过多种方式听取、反映代表对常委会工作和各方面工作的意见和建议。做好代表列席常委会会议，参加执法检查、立法调研和评估，参与专门委员会和工作委员会活动的组织工作。健全全国人大预算审查联系代表机制。

23. *密切代表同人民群众的联系*。深入贯彻落实关于完善人大代表联系人民群众制度的实施意见，推动代表之家、代表活动站等代表直接联系人民群众工作平台和网络平台的规范化、制度化建设。加强对代表小组活动的指导，精心组织代表专题调研、集中视察等活动。

24. *提高代表履职服务保障工作水平*。推动有关国家机关加强与代表的联系，及时反馈研究采纳代表意见建议情况。做好定期向代表通报重要情况和征求意见工作，及时向代表提供有关资料和信息。组织好代表专题学习，举办5期全国人大代表学习班。密切与各地代表联络工作机构的联系，加强工作指导。加快推进代表工作业务应用系统建设。

25. *加强代表履职监督*。强化代表思想、作风、纪律建设，督促代表依法履职尽责，模范遵守宪法法律，自觉遵守履职纪律要求。支持选举单位依法加强代表履职监督，积极推进和规范代表履职档案建设。做好代表资格审查工作。

五、服务国家外交大局进一步活跃人大对外交往

26. *贯彻落实党中央对外工作方针和战略部署*。学习贯彻习近平外交思想，服务国家总体外交，加强全国人大对外交往战略谋划和综合运筹，把推动落实习近平总书记重大外交行动成果作为首要任务，坚定维护国家主权、安全、发展利益，坚定维护多边主义，为全面扩大开放、推进“一带一路”建设、营造于我有利的外部环境，为推动构建新型国际关系、构建人类命运共同体作出积极贡献。

27. *发挥高层交往的引领作用*。统筹多双边议

会交往工作，精心组织、全力做好委员长出访工作，安排好委员长会议其他组成人员的外事活动。有针对性地邀请大国、周边和“一带一路”沿线国家议会领导人访华，深入开展治国理政经验交流，深化政治互信，推动各领域务实合作，夯实国家关系发展的社会和民意基础。

28. 统筹推进、不断深化议会外交整体格局。稳步推进与俄罗斯、日本、韩国、法国、德国、意大利、加拿大、澳大利亚等国家和欧洲议会的机制交流，加强与大国议会协调合作，深耕同周边国家和发展中国家议会友好关系。积极利用议会多边舞台，加大对国际议会组织投入，努力发挥引领作用。加强各专门委员会、双边友好小组、常委会工作机构和办事机构对口交往，继续办好外国议会议员研讨班和议会官员培训班。围绕国家核心利益和重大关切问题积极发声、主动发力，有针对性地强化对有关国家议会工作。组织全国人大西藏代表团出访，适时邀请外国议会代表团访问西藏和新疆。

六、加强人大理论研究和新闻舆论工作

29. 深入研究宣传习近平总书记关于坚持和完善人民代表大会制度的重要思想。积极宣传习近平总书记关于坚持和完善人民代表大会制度的重要思想的时代意义、理论意义、实践意义和主要内容、基本要求，加强研究阐释，形成一批高质量研究成果。召开交流会，推动各级人大在学习贯彻习近平总书记的重要思想上凝神发力，在推动落实中加深理解，在加深理解基础上提升人大工作水平。以中华人民共和国成立 70 周年、全国人民代表大会成立 65 周年为契机，大力宣传人民代表大会制度的历史必然、巨大功效、特点优势，进一步增强人民代表大会制度自信。

30. 加强对人大工作实践创新的研究宣传。认真总结提炼党的十八大以来人大工作历史性成就和经验做法，研究新情况新问题，深化对人大工作规律的认识和把握，为做好新时代人大工作提供理论支撑和决策参考。宣传党中央对人大工作的坚强领导和决策部署，宣传人大立法、监督、代表、对外交往等工作进展和成效，讲好人大故事。

31. 营造人大理论研究和新闻舆论工作的浓厚氛围。加强人大理论研究队伍建设，做好人大制度理论研究会换届工作。提高对人大新闻舆论工作的认识，从更好地凝聚人心、更好地坚持党的领导、进一步增强“四个自信”的高站位、宽视野上，进行思考、谋划和设计，牢牢掌握人大新闻舆论工作的主动权、话语权，加强统筹协调和组织策划，指导和支持报纸、杂志、广播、电视等传统媒体深入报道人大工作，支持和协助《人民日报》、《法制日报》分别办好“民主政治周刊”“人大视窗专刊”，充分运用网站和微博、微信、移动客户端等新媒体，提高人大新闻舆论的传播力引导力影响力公信力。

七、推动地方人大工作完善发展

32. 密切同地方人大的联系，增强人大工作整体实效。召开省级人大立法工作交流会，组织各省（区、市）进行立法经验学习交流。适时组织召开设区的市人大工作交流会。加强对地方人大立法、监督、讨论决定重大事项、代表等工作的指导，共同探索完善人大工作机制和方式方法。加强对地方人大干部的培训，举办省级和副省级市人大常委会秘书长学习班等。

33. 组织开展地方人大设立常委会 40 周年相关活动。精心筹划、周密安排地方人大设立常委会 40 周年座谈会，编辑出版有关文集。加强对 40 年来地方人大工作和建设的宣传报道，认真总结地方人大工作创新实践，宣传推广好经验好做法。

八、全面提升自身建设水平

34. 坚定坚持党中央集中统一领导。旗帜鲜明讲政治，增强“四个意识”，坚定“四个自信”，坚决维护习近平总书记核心地位，坚决维护以习近平同志为核心的党中央权威和集中统一领导，提升政治站位和政治能力，增强思想自觉和行动自觉，始终在思想上政治上行动上同以习近平同志为核心的党中央保持高度一致。认真贯彻执行常委会党组向党中央请示报告制度，加强常委会党组对常委会机关党组、专门委员会分党组的领导，确保党的基本理论、基本路线、基本方略和党中央决策部署在人大工作中得到全面落实。

35. 持续加强理论武装。坚持和完善学习机制，突出总指引，坚持下功夫，强化硬约束，把学习贯彻习近平新时代中国特色社会主义思想、学习贯彻习近平总书记关于坚持和完善人民代表大会制度的重要思想不断推向深入。把学习贯彻习近平总书记指示要求作为常委会党组会议的首要议题，做到习近平总书记发表的重要讲话和党中央召开

的重要会议、出台的重要文件第一时间传达学习。坚持常委会党组集体学习制度,事先准备、精心组织,务求实效。围绕党和国家中心工作组织好常委会专题讲座,完善组织方式,丰富学习内容。

36. 持之以恒抓好作风建设。坚持求真务实,改进作风,提高效率,不断提升工作质量。坚持党的群众路线,大兴调查研究之风,深入基层、深入实际,充分了解实际情况,找准问题关键和症结,提出有针对性、有见地的对策建议。保持斗争精神,增强斗争本领,勇于担当作为。坚决贯彻落实中央八项规定和实施细则精神,严格执行委员长会议关于加强作风建设的相关规定,坚决反对"四风",坚决杜绝形式主义、官僚主义。强化制度约束,严格执行常委会会议纪律要求。

37. 加强全国人大机关建设。学习贯彻习近平总书记对中央和国家机关党的政治建设的重要批示和中央有关文件精神,以政治建设为统领,全面加强全国人大机关党的建设,建立健全贯彻党中央全面从严治党部署、体现新时代特点、符合人大工作实际的机关党建制度体系。按照党中央统一部署,认真开展"不忘初心、牢记使命"主题教育。严明政治纪律和政治规矩,强化日常管理和监督,自觉接受中央纪委国家监委派驻纪检监察组的监督和指导,坚定不移推进党风廉政建设和反腐败斗争。巩固和深化中央专项巡视整改成果,组织开展好机关内部巡视,深入查找问题,务求取得实效。大力加强机关各级党组织特别是基层党组织建设,充分发挥党组织的凝聚力、战斗力。坚持党管干部原则,坚持正确选人用人导向,统筹谋划、抓紧做好干部配备、调整、交流工作,加强干部学习培训和管理监督,建设忠诚干净担当的高素质人大干部队伍。加快推进全国人大机关信息化建设,为各方面工作提供更好服务保障。

九、全力做好代表大会的筹备、组织和服务保障工作

38. 为开好十三届全国人大二次会议做好各方面工作。贯彻落实党中央关于召开十三届全国人大二次会议的指导思想和总体要求,认真履行宪法赋予的召集人民代表大会会议的职责,全力以赴、缜密细致地做好大会的各项筹备、组织和服务保障工作,持续推进大会会风会纪建设,确保圆满完成大会各项议程。

全国人大常委会2019年度立法工作计划

(2018年12月14日第十三届全国人民代表大会常务委员会第17次委员长会议原则通过 2019年4月12日第十三届全国人民代表大会常务委员会第28次委员长会议修改)

2019年是中华人民共和国成立70周年,是全面建成小康社会、实现第一个百年奋斗目标的关键之年,也是贯彻落实十三届全国人大常委会立法规划的重要一年。全国人大常委会2019年立法工作的总体要求是:在以习近平同志为核心的党中央坚强领导下,高举中国特色社会主义伟大旗帜,全面贯彻党的十九大和十九届二中、三中全会精神,以习近平新时代中国特色社会主义思想为指导,增强"四个意识",坚定"四个自信",坚决做到"两个维护",坚持党的领导、人民当家作主、依法治国有机统一,围绕建设中国特色社会主义法治体系、建设社会主义法治国家,发挥全国人大及其常委会在立法工作中的主导作用,加强和改进新时代立法工作,着力提高立法质量,加快立法工作步伐,以高质量立法保障和促进高质量发展,适应推进国家治理体系和治理能力现代化的需要,不断完善以宪法为核心的中国特色社会主义法律体系,为全面深化改革、扩大开放和决胜全面建成小康社会提供坚实有力的法治保障,以优异成绩庆祝中华人民共和国成立70周年。

一、深入学习领会习近平总书记全面依法治国新理念新思想新战略,不断满足人民群众对新时代立法工作的新期待

党的十八大以来,以习近平同志为核心的党中

央从关系党和国家长治久安的战略高度定位法治、布局法治、厉行法治,把全面依法治国提到"四个全面"战略布局的新高度,推动法治中国建设发生了历史性、转折性、全局性变化,取得了重大理论创新、实践创新、制度创新成果。习近平总书记全面依法治国新理念新思想新战略是习近平新时代中国特色社会主义思想在全面依法治国领域的集中体现,是马克思主义法治思想中国化的最新成果,为新时代全面依法治国提供了科学理论指导、开辟了广阔发展空间,也为加强改进新时代立法工作指明了前进方向、确立了基本遵循。要把习近平总书记全面依法治国新理念新思想新战略贯彻于立法工作的全过程和各方面。要适应党和国家事业发展要求,提高科学立法、民主立法、依法立法水平,不断完善中国特色社会主义法律体系。

加强重点领域立法,推动打好三大攻坚战,解决改革发展中存在的突出问题,做到人民有所呼、立法有所应,用立法呵护百姓幸福生活。围绕全面深化改革、扩大对外开放、推动经济高质量发展,制定外商投资法、军民融合发展法;全面落实税收法定原则,制定房地产税法、资源税法等,修改税收征收管理法;修改证券法、土地管理法、专利法、著作权法。围绕保障和改善民生,在审议民法典各分编草案的基础上,形成民法典草案,提请审议;制定基本医疗卫生与健康促进法、疫苗管理法,修改药品管理法、未成年人保护法、预防未成年人犯罪法。围绕推进生态文明建设,制定长江保护法,修改森林法、固体废物污染环境防治法。围绕完善国家机构组织,制定政务处分法,修改全国人民代表大会组织法、全国人民代表大会议事规则、法官法、检察官法。围绕国家安全法治保障,制定出口管制法、原子能法、密码法、数据安全法、生物安全法。围绕加强和创新社会治理,制定社区矫正法、退役军人保障法、个人信息保护法,修改行政处罚法、海上交通安全法、档案法;审议刑法修正案(十一)草案。围绕国防和军队改革,修改现役军官法、兵役法、人民武装警察法。

二、坚决贯彻落实党中央决策部署,科学合理安排相关法律案审议工作

结合分解落实十三届全国人大常委会立法规划,与中央有关方面的工作要点、计划相衔接,将重要法律案提请全国人民代表大会会议审议,对2019年法律案审议工作作如下安排:

(一)继续审议的法律案 (10件)

1. 外商投资法 (已通过)
2. 证券法(修改) (4月)
3. 疫苗管理法 (4月)
4. 药品管理法(修改) (4月)
5. 法官法(修改) (4月)
6. 检察官法(修改) (4月)
7. 基本医疗卫生与健康促进法 (6月)
8. 土地管理法(修改) (6月)
9. 专利法(修改) (6月)
10. 资源税法 (8月)

(二)适时提请初次审议的法律案 (26件)

1. 社区矫正法
2. 密码法
3. 固体废物污染环境防治法(修改)
4. 档案法(修改)
5. 森林法(修改)
6. 原子能法
7. 行政处罚法(修改)
8. 海上交通安全法(修改)
9. 著作权法(修改)
10. 政务处分法
11. 全国人民代表大会组织法(修改)
12. 全国人民代表大会议事规则(修改)
13. 数据安全法
14. 未成年人保护法、预防未成年人犯罪法(修改)
15. 生物安全法
16. 个人信息保护法
17. 刑法修正案(十一)
18. 长江保护法
19. 兵役法(修改)
20. 军民融合发展法
21. 退役军人保障法
22. 出口管制法
23. 税收征收管理法(修改)
24. 房地产税法
25. 人民武装警察法(修改)
26. 现役军官法(修改)

2018年12月至2019年10月,民法典各分编草案分拆若干单元分别进行审议;2019年12月,将民法总则同经审议完善后的各分编草案合并形成民法典草案提请审议。按照到2020年完成落实税收法定原则立法工作任务和有关改革的要求,增值税

法、消费税法、关税法、城市维护建设税法、契税法、印花税法等立法项目，适时安排初次审议。

落实党中央关于全面深化改革、全面依法治国、国防和军队改革、庆祝中华人民共和国成立 70 周年等部署要求，需要制定、修改、废止、解释相关法律，或者需要由全国人大常委会作出相关决定的，适时安排审议。

（三）预备审议项目

修改全国人民代表大会常务委员会议事规则、地方各级人民代表大会和地方各级人民政府组织法、国旗法、国徽法、审计法、职业教育法、动物防疫法、计量法、安全生产法、监狱法、治安管理处罚法等，制定监察官法、期货法、电信法、海南自由贸易港法、南极活动与环境保护法等，上述立法项目由有关方面抓紧开展调研和起草工作，视情安排审议。

（四）做好授权决定和改革决定相关工作

按照党中央决策部署，对立法条件还不成熟、需要先行先试的，依法及时作出授权决定或者改革决定。对正在实施的授权决定和改革决定，实践证明可行的，由有关方面及时依法提出修改或者制定有关法律的议案，适时安排审议，或者结合相关立法工作统筹考虑。

需在 2019 年考虑的授权决定有 3 件：

1. 关于延长授权国务院在部分地方开展药品上市许可持有人制度试点期限的决定，2019 年 11 月实施期届满；

2. 关于延长授权国务院在北京市大兴区等三十三个试点县（市、区）行政区域暂时调整实施有关法律规定期限的决定，2019 年 12 月实施期届满；

3. 关于延长授权国务院在实施股票发行注册制改革中调整适用《中华人民共和国证券法》有关规定期限的决定，2020 年 2 月实施期届满。

三、围绕建设中国特色社会主义法治体系、建设社会主义法治国家，加强和改进新时代立法工作

坚持党中央对立法工作的集中统一领导。坚持政治属性是立法活动、立法工作第一属性的定位，旗帜鲜明讲政治，坚决维护习近平总书记党中央的核心、全党的核心地位，坚决维护党中央权威和集中统一领导，自觉在思想上政治上行动上同以习近平同志为核心的党中央保持高度一致。把坚持党的领导融入法律制度，确保党的主张通过法定程序成为国家意志，通过法律推动和保障党中央的路线方针政策有效实施。推动社会主义核心价值观融入立法。严格落实向党中央请示报告制度，凡重大立法事项，立法涉及的重大体制、重大政策调整，以及需要由党中央研究的立法中的重大问题，由全国人大常委会党组向党中央请示报告。立法工作计划、重要立法项目，按照要求提交中央全面依法治国委员会审议。

发挥全国人大及其常委会在立法工作中的主导作用。全国人大及其常委会要在党中央的集中统一领导下充分发挥职能作用，加强组织协调，协同配合，统筹安排和推进立法工作。认真做好提请全国人民代表大会审议的有关法律案的准备工作和审议工作。一些重要的立法项目，有关专门委员会、常委会工作机构要主动与有关方面沟通协调，做好牵头起草和组织协调工作。发挥全国人大及其常委会的审议把关作用，扩大立法有序参与，充分听取各方意见，加强论证和评估，广泛凝聚共识。更好发挥立法机关在表达、平衡、调整社会利益方面的重要作用，从体制机制和工作程序上有效防止部门利益法律化。重视法律体系协同配套工作，健全有关专门委员会、常委会工作机构共同做好法律配套规定督促工作机制。尊重人大代表主体地位，把代表议案、建议作为起草法律草案、推动改进立法工作的重要依据。认真做好邀请代表参与立法评估、调研、审议等工作，通过中国人大网代表服务专区等多种途径就法律草案征求全国人大代表意见、提供相关立法参阅资料，为代表依法履职提供高质量的服务保障。

加快立法工作步伐。牢牢把握我国发展新的历史方位和社会主要矛盾的变化，积极适应新形势新要求，在保证立法质量的前提下加大工作力度、加快工作步伐，为各方面事业、各方面工作提供有力的法治支撑和保障。只要是党中央有要求、现实有需要、群众有期待，法律草案已经成熟或基本成熟，尽早安排提请全国人大常委会审议或表决通过；要善于遵循和把握立法规律，协调推动、科学合理解决存在的争议和分歧；运用立改废释等形式，满足不同立法需求，及时解决现实问题。

推进科学立法、民主立法、依法立法。要紧紧抓住全面依法治国的关键环节，不断提高立法质量。加强和改进立法调研，把调查研究贯穿于立法工作全过程，特别是起草环节，增强问题意识，找准立法的重点难点问题，将结论和决策建立在扎实可

靠的立法调研基础上。坚持问题导向，突出重点，聚焦实践提出的问题和立法需求，提高立法的针对性、及时性、可操作性。深入开展研究论证，完善法律案通过前评估和立法后评估机制，继续加强法律解释工作，认真做好法律询问答复工作。研究完善立法技术规范。优化法律草案公开征求意见系统，健全公众意见采纳反馈机制。健全向地方人大征询立法意见机制。加强基层立法联系点建设，继续发挥各联系点在听取基层意见、解剖分析问题、培养锻炼干部等方面的作用。

四、加强宪法实施和监督，切实维护社会主义法制的统一和权威

推动宪法实施。加强改进统一审议工作，以完备的法律推动和保证宪法实施。深入开展宪法宣传，弘扬宪法精神。落实宪法监督制度，健全合宪性审查工作机制，积极稳妥推进合宪性审查工作，确保法律、行政法规、地方性法规、司法解释等规范性文件与宪法规定、宪法精神相符合，保证国家法制统一。切实加强常委会备案审查工作，做到有件必备、有备必审、有错必纠，保证中央令行禁止，保障宪法法律实施。加强对备案行政法规、地方性法规、司法解释的审查工作，认真做好对公民、组织提出的审查建议的研究、处理、反馈工作，持续推动地方开展生态环保法规全面清理，及时完成相关法规的修改、废止工作。建成全国统一的备案审查信息平台，巩固信息平台的工作功能，推动地方人大将信息平台延伸到设区的市、自治州、自治县，实现互联互通，推动备案审查工作制度化、信息化、智能化。健全向全国人大常委会报告备案审查工作情况制度。健全备案审查衔接联动机制。进一步加强备案审查理论研究。

五、围绕新时代立法工作，做好理论研究、立法宣传和联系指导地方立法工作

加强中国特色社会主义法治理论研究。积极开展人大立法理论研究。立足我国立法实践，总结把握立法规律，不断丰富和发展符合中国实际、具有中国特色、时代特色、体现社会发展规律的社会主义立法理论。有计划地推动理论研究工作常态化、机制化，加强与有关方面的交流合作，积极推动研究成果的运用转化和宣传报道，注重将理论研究成果运用于立法决策和工作改进。

积极开展立法宣传工作。讲好当代中国“立法故事”。围绕中华人民共和国成立 70 周年，宣传立法工作巨大成就。加强对立法工作的宣传，运用好新媒体传播手段，多渠道、多维度联动宣传。

加强对地方立法工作的指导。加强地方立法能力建设，发挥地方立法在法治建设中的实施性、补充性、探索性作用。加大对地方立法工作人员的培训和指导，统筹安排省级人大立法工作交流会、全国地方立法工作座谈会和立法培训班。创新交流方式，丰富培训内容，不定期组织召开专题片会，就立法工作中的若干共性问题、特定问题等开展交流研讨。采取多种方式加强各级人大立法工作机构之间的理论研究成果交流。

六、以党的政治建设为统领加强立法工作队伍建设

要把党的政治建设摆在首位，以政治建设为统领，增强政治自觉，坚持用习近平新时代中国特色社会主义思想武装头脑，深入学习贯彻习近平总书记关于坚持和完善人民代表大会制度的重要思想，始终在政治立场、政治方向、政治原则、政治道路上同党中央保持高度一致。加强党风廉政建设，严守政治纪律和政治规矩，坚持不懈改进作风、自觉接受监督。持续深入抓学习，主动研究新情况新问题，不断提高立法专业水平和理论研究能力，努力成为新时代立法工作和本职岗位的行家里手。持续推进立法人才队伍建设，坚持信念坚定、为民服务、勤政务实、敢于担当、清正廉洁的新时期好干部标准，完善立法人才培养机制，多渠道选拔优秀立法人才，努力建设一支政治强、业务精、作风硬、品德好的新时代立法干部队伍和人才队伍，以新担当新作为书写新时代立法工作新篇章。

全国人大常委会2019年度监督工作计划

（2018年12月14日第十三届全国人民代表大会常务委员会第17次委员长会议原则通过　2019年4月12日第十三届全国人民代表大会常务委员会第28次委员长会议修改）

2019年是中华人民共和国成立70周年，是全面建成小康社会、实现第一个百年奋斗目标的关键之年。全国人大常委会的监督工作，要在以习近平同志为核心的党中央坚强领导下，高举中国特色社会主义伟大旗帜，以习近平新时代中国特色社会主义思想为指导，全面贯彻落实党的十九大和十九届二中、三中全会精神，深入学习贯彻习近平总书记关于坚持和完善人民代表大会制度的重要思想，增强“四个意识”，坚定“四个自信”，坚决做到“两个维护”，紧紧围绕党和国家工作大局，坚持正确监督、有效监督，确保宪法法律全面有效实施，确保行政权、监察权、审判权、检察权得到正确行使，确保人民权益得到维护和实现，以优异成绩庆祝中华人民共和国成立70周年。

一、助力打好三大攻坚战

继续将助力打好决胜全面建成小康社会三大攻坚战作为常委会2019年监督工作重点，在去年工作基础上，重点推动水污染防治、可再生能源利用和财政生态环保资金合理有效分配使用，推动深度贫困地区和民族地区脱贫攻坚，在防范化解系统性金融风险等方面取得新进展。

（一）听取和审议国务院关于2018年度环境状况和环境保护目标完成情况的报告。重点报告环境质量状况，环境保护规划、环境污染防治、污染排放总量控制等环境保护目标完成情况。报告拟安排在4月份举行的第十三届全国人大常委会第十次会议上听取和审议。由环境与资源保护委员会负责做好相关工作。

（二）检查《中华人民共和国水污染防治法》的实施情况，并结合执法检查报告以常委会联组会议形式开展专题询问，同时开展法律实施情况评估。重点检查水污染防治法实施基本情况，水污染防治法配套法规、标准、规划制定、实施及监督管理情况，饮用水水源和其他特殊水体保护情况，工业、城镇、农业、农村、船舶等水污染防治情况，水污染事故应急处置情况，法律实施中存在的主要问题，进一步推进法律实施的意见和建议等。执法检查报告拟提请8月份举行的第十三届全国人大常委会第十二次会议听取和审议，专题询问拟请国务院有关领导同志出席联组会议听取意见、回答询问。由环境与资源保护委员会为主负责组织和实施。

（三）检查《中华人民共和国可再生能源法》的实施情况，同时开展法律实施情况评估。重点检查可再生能源法实施基本情况，配套法规、规划制定和实施情况，可再生能源发电优先上网和全额保障性收购等制度落实情况，法律实施中存在的主要问题，修改完善法律的建议等。执法检查报告拟提请12月份举行的第十三届全国人大常委会第十四次会议听取和审议。由环境与资源保护委员会为主负责组织和实施。

（四）听取和审议国务院关于财政生态环保资金分配和使用情况的报告。重点报告生态环保财政资金投入情况，包括投入规模、投入结构、增长变化等，财政资金使用绩效情况，加强财政生态环保资金预算管理、完善投入机制、规范转移支付、加强绩效管理等方面的工作进展，财政支持生态环保建设面临的困难和问题，下一步工作计划和打算等。报告拟安排在12月份举行的第十三届全国人大常委会第十四次会议上听取和审议。由常委会预算工作委员会和财政经济委员会、环境与资源保护委员会负责做好相关工作。

（五）围绕深度贫困地区脱贫攻坚情况进行专题调研。重点调研革命老区、“三区三州”等深度贫困地区发展条件完善情况，包括基础设施建设、土地整治、退耕退牧还林还草、生态保护和综合治理、贫困村提升等；群众特殊困难解决情况，包括健康扶贫攻坚、守边固边政策落实等；政策倾斜落实情况，包括财政投入、金融精准扶贫、城乡建设用地增减挂钩节余指标跨省域调剂使用等；遇到的主要问题和建议等。专题调研报告计划在12月底前完成。由农业与农村委员会、民族委员会负责组织和实施。

（六）围绕民族地区兴边富民行动“十三五”规划实施情况进行专题调研。重点调研强基固边、推进边境地区基础设施建设情况，民生安边、全力保障和改善边境地区民生情况，产业兴边、大力发展边境地区特色优势产业情况，开放睦边、着力提升沿边开发开放水平情况，生态护边、加强边境地区生态文明建设情况，团结稳边、通力维护民族团结和边防稳固情况，实施兴边富民行动“十三五”规划中遇到的困难、问题和意见建议等。专题调研报告计划在10月底前完成。由民族委员会负责组织和实施。

（七）听取和审议国务院关于加强社会保障体系建设助力打好精准脱贫攻坚战推进社会救助工作情况的报告。重点报告社会救助工作开展情况，城乡社会救助体系统筹情况，社会救助制度完善情况，社会救助暂行办法实施情况，社会救助保障精准脱贫攻坚情况，社会救助法起草情况等。报告拟安排在12月份举行的第十三届全国人大常委会第十四次会议上听取和审议。由社会建设委员会负责做好相关工作。

（八）围绕防范化解系统性金融风险情况进行专题调研。重点调研健全金融监管体系、完善金融监管政策法规、加强重点金融风险防范、金融风险处置工作情况等。专题调研报告计划在12月底前完成。由财政经济委员会负责组织和实施。

二、推动经济高质量发展

加强对宏观经济运行情况的监督，推动乡村振兴战略和农业农村发展，促进文化产业发展，督促减税降费政策落实，促进中小企业发展和社会就业，推动外贸转型升级，推动稳就业、稳金融、稳外贸、稳外资、稳投资、稳预期各项政策措施贯彻落实，确保全年经济社会发展任务完成。

（一）听取和审议国务院关于今年以来国民经济和社会发展计划执行情况的报告。重点报告计划执行和经济运行的主要情况，存在的主要问题和准备采取的政策措施等。报告拟安排在8月份举行的第十三届全国人大常委会第十二次会议上听取和审议。由财政经济委员会负责做好相关工作。

（二）听取和审议国务院关于乡村产业发展情况的报告。重点报告现代农业经营体系和农村产业融合发展体系构建情况，农村优势特色产业打造、农村新型经营主体培育发展、乡村新功能新价值发掘、新产业新业态培育、新载体新模式打造情况，工商资本投入农业农村、建立联农带农激励机制、收益分享模式建立及创新、激发农村创新创业活力及完善配套体制机制情况，工作中遇到的问题及今后工作的思路等。报告拟安排在4月份举行的第十三届全国人大常委会第十次会议上听取和审议。由农业与农村委员会负责做好相关工作。

（三）检查《中华人民共和国渔业法》的实施情况。重点检查水产养殖业发展情况，包括养殖水域、滩涂规划制定执行，水产优良品种的选育和推广，养殖区域生态环境保护；捕捞业发展情况，包括捕捞限额和许可证制度实施，渔港规划建设和管理；渔业资源的增殖和保护情况，包括水生生物和水生野生动物保护等；渔政监督管理情况；配套法规制定，法律实施中存在的问题和修改完善的建议等。执法检查报告拟提请12月份举行的第十三届全国人大常委会第十四次会议听取和审议。由农业与农村委员会为主负责组织和实施。

（四）听取和审议国务院关于文化产业发展工作情况的报告。重点报告十八大以来我国文化产业发展基本情况，当前发展面临的主要问题及原因，进一步促进文化产业发展的计划等。报告拟安排在6月份举行的第十三届全国人大常委会第十一次会议上听取和审议。由教育科学文化卫生委员会负责做好相关工作。

（五）听取和审议国务院关于减税降费工作情况的报告。重点报告减税降费工作开展情况，减税降费相关政策措施实施效果、存在的问题，下一步工作安排和意见建议等。报告拟安排在12月份举行的第十三届全国人大常委会第十四次会议上听取和审议。由常委会预算工作委员会负责做好相关工作。

（六）检查《中华人民共和国中小企业促进法》的实施情况，并结合执法检查报告以常委会联组会议形式开展专题询问，同时开展法律实施情况评估。重点检查中小企业促进法实施基本情况，中小企业经营现状，财税支持和融资促进情况，创业扶持和市场开拓情况，中小企业权益保护情况，中小企业发展促进工作中存在的主要问题，修改完善法律的建议等。执法检查报告拟提请6月份举行的第十三届全国人大常委会第十一次会议听取和审议，专题询问拟请国务院有关领导同志出席联组会议听取意见、回答询问。由财政经济委员会为主负责组织和实施。

（七）检查《中华人民共和国就业促进法》的实施情况。重点检查就业优先战略和积极就业政策落实情况，职业教育和技能培训开展情况，乡村就业情况，推进就业扶贫情况，鼓励创业带动就业情况，促进重点群体就业和推进公共就业服务情况，法律实施中的主要问题、成因及修改建议等。执法检查报告拟提请8月份举行的第十三届全国人大常委会第十二次会议听取和审议。由社会建设委员会为主负责组织和实施。

（八）听取和审议国务院关于加快外贸转型升级推进贸易强国建设工作情况的报告。重点报告贸易新业态新模式培育情况，高水平贸易和投资自由化便利化政策实行情况，大幅度放宽市场准入、扩大服务业对外开放、促进国际产能合作情况等。报告拟安排在10月份举行的第十三届全国人大常委会第十三次会议上听取和审议。由财政经济委员会负责做好相关工作。

三、促进保障和改善民生

围绕医师队伍管理、学前教育和高等教育发展、养老机构建设和养老保险基金预算等开展监督，推动教育、医疗、养老等关系人民群众切身利益的民生事业发展，不断增强人民群众获得感、幸福感、安全感。

（一）听取和审议国务院关于医师队伍管理情况和执业医师法实施情况的报告。重点报告医师管理工作和执业医师法实施总体情况，医师管理配套法规制定情况，基层医生及乡村医生队伍建设情况，医生薪酬待遇落实情况，医师多点执业制度改革发展情况，医师权益保护情况，对执业医师法的修改建议等。报告拟安排在4月份举行的第十三届全国人大常委会第十次会议上听取和审议。由教育科学文化卫生委员会负责做好相关工作。

（二）听取和审议国务院关于学前教育事业改革和发展情况的报告。重点报告学前教育事业发展总体情况，学前教育在资源供给、投入机制、保教队伍、监管体系等方面的情况，当前学前教育存在的突出问题及今后的工作思路，学前教育立法工作进展情况及立法建议等。报告拟安排在8月份举行的第十三届全国人大常委会第十二次会议上听取和审议。由教育科学文化卫生委员会负责做好相关工作。

（三）检查《中华人民共和国高等教育法》的实施情况。重点检查高等教育法实施基本情况，党委领导下的校长负责制落实情况，提高人才培养质量情况，服务经济社会发展情况，加强教师队伍建设情况，深化考试招生制度改革情况，推进“放管服”改革、扩大办学自主权情况等。执法检查报告拟提请10月份举行的第十三届全国人大常委会第十三次会议听取和审议。由教育科学文化卫生委员会为主负责组织和实施。

（四）围绕应对人口老龄化加强养老机构“放管服”工作情况进行专题调研。重点调研人口老龄化情况，养老产业发展情况，养老机构监管和服务情况，推动有关方面研究养老事业发展战略、整体规划和应对人口老龄化的具体措施，老年人权益保障法实施情况、存在的问题和相关意见建议等。专题调研报告计划在12月底前完成。由社会建设委员会负责组织和实施。

（五）围绕社会基本养老保险基金预算管理与改革情况进行专题调研。重点调研各类基本养老保险基金预算收入支出和平衡结余情况，企业、个人缴费标准和财政补贴情况，改革总体目标落实情况，推进统筹层级改革情况，筹资制度、缴费基数、调整保险费率情况，建立城乡居民保险待遇确定机制和基础养老金合理调整机制情况，改革支付制度情况，基金投资运营情况，落实基金中央调剂制度、划拨国有资产充实基金改革情况，完善基金预算管理、推进制度改革方面存在的主要问题和意见建议等。专题调研报告计划在12月底前完成。由常委会预算工作委员会负责组织和实施。

四、加强人大预算决算审查监督和国有资产监督工作

加强对政府全口径预算决算的审查和监督，贯彻落实党中央有关改革部署，继续推进人大预算审查监督重点拓展改革，不断完善国务院向全国人大常委会报告国有资产管理情况相关工作制度，加强对减税降费的专项审计监督，健全完善全国人大预算审查联系代表机制，持续推进预算联网监督工作。

（一）听取和审议国务院关于2018年中央决算的报告，审查和批准2018年中央决算。重点报告预算法、监督法和《关于人大预算审查监督重点向支出预算和政策拓展的指导意见》规定和要求的内容。报告拟安排在6月份举行的第十三届全国人大常委会第十一次会议上听取和审议。由财政经济

委员会和常委会预算工作委员会负责做好相关工作。

（二）听取和审议国务院关于2018年度中央预算执行和其他财政收支的审计工作报告。重点报告预算法、监督法和《关于人大预算审查监督重点向支出预算和政策拓展的指导意见》规定和要求的内容，以及减税降费专项审计工作情况。报告拟安排在6月份举行的第十三届全国人大常委会第十一次会议上听取和审议。由财政经济委员会和常委会预算工作委员会负责做好相关工作。

（三）听取和审议国务院关于今年以来预算执行情况的报告。重点报告执行十三届全国人大二次会议关于批准2019年预算决议的情况，2019年度1—7月份财政收支执行情况，以及预算法、监督法和《关于人大预算审查监督重点向支出预算和政策拓展的指导意见》规定和要求的内容。报告拟安排在8月份举行的第十三届全国人大常委会第十二次会议上听取和审议。由财政经济委员会和常委会预算工作委员会负责做好相关工作。

（四）听取和审议国务院关于2018年度中央预算执行和其他财政收支审计查出问题整改情况的报告。重点报告2018年度中央预算执行和其他财政收支审计查出突出问题的整改情况，以及减税降费专项审计工作情况。报告拟安排在12月份举行的第十三届全国人大常委会第十四次会议上听取和审议。由财政经济委员会和常委会预算工作委员会负责做好相关工作。

（五）结合审议国务院关于加强国有资产管理情况的综合报告，听取和审议国务院关于行政事业性国有资产管理情况的专项报告。重点报告各类国有资产管理情况，全口径行政事业性国有资产的资产负债和结构布局，资产配置、使用的标准和规范情况，国有资产处置、分配以及收益管理情况，公共事业性资产、公共基础设施类资产、储备性资产等行政事业性国有资产管理情况，存在的突出问题和下一步工作安排等。报告拟安排在10月份举行的第十三届全国人大常委会第十三次会议上听取和审议。由常委会预算工作委员会、财政经济委员会负责做好相关工作。

五、促进严格执法、公正司法

围绕解决执行难问题、刑事诉讼制度改革和公益诉讼检察工作听取报告，围绕国家安全法、监察体制改革和监察法实施情况进行专题调研，促进严格执法、公正司法。

（一）听取和审议最高人民法院关于研究处理对解决执行难工作情况报告审议意见的报告。重点报告最高人民法院对常委会组成人员审议意见的研究处理情况，形成解决执行难合力情况，加快信用体系建设情况，提高执行工作信息化水平情况，健全解决执行难长效机制情况等。报告拟安排在4月份举行的第十三届全国人大常委会第十次会议上听取和审议。由监察和司法委员会负责做好相关工作。

（二）听取和审议最高人民法院关于加强刑事审判工作情况的报告。重点报告惩治电信网络、金融、涉众等新类型犯罪情况，惩治危害食品药品安全、污染环境等涉民生领域犯罪情况，深入开展扫黑除恶专项斗争，推进以审判为中心的刑事诉讼制度改革，防范、纠正冤假错案情况，刑事审判工作中存在的问题和困难，改进工作的措施和建议等。报告拟安排在10月份举行的第十三届全国人大常委会第十三次会议上听取和审议。由监察和司法委员会负责做好相关工作。

（三）听取和审议最高人民检察院关于开展公益诉讼检察工作情况的报告，并结合报告以常委会联组会议形式开展专题询问。重点报告创新公益诉讼检察工作思路和理念，开展生态环境、食品药品、国有财产保护、国有土地使用权出让、英烈保护等领域公益诉讼工作情况，落实诉前程序促进行政机关和有关社会组织主动履职情况，提起民事公益诉讼、行政公益诉讼情况，加强制度机制建设和机构队伍专业化建设情况，公益诉讼检察工作中存在的问题和困难，改进工作的措施和建议等。报告拟安排在10月份举行的第十三届全国人大常委会第十三次会议上听取和审议，专题询问拟请最高人民检察院有关领导同志出席联组会议听取意见、回答询问。由监察和司法委员会为主负责组织和实施。

（四）围绕国家安全法实施情况进行专题调研。重点调研国家安全工作协调机制及国家安全会商、协同联动、责任追究等机制落实情况，国家安全法律法规和配套规定制定情况，国家安全宣传教育工作开展情况，打击危害国家安全犯罪工作情况等。专题调研报告计划在12月底前完成。由监察和司法委员会负责组织和实施。

（五）围绕监察体制改革和监察法实施情况进行专题调研。重点调研推进纪法顺畅衔接和监察程序与司法程序有效对接情况，推动监察监督向基层延伸情况，加强日常监督、依法严格规范监察程序情况，加快监察工作信息化建设情况，强化监察委员会自我监督和外部监督情况，巩固和深化改革试点工作成效情况等。专题调研报告计划在8月底前完成。由监察和司法委员会负责组织和实施。

六、加强宪法实施和监督

加强宪法学习和宣传，深入推进宪法实施和监督。认真开展国家宪法日活动，依法组织全国人大及其常委会选举、决定任命的国家工作人员进行宪法宣誓，弘扬宪法精神，维护宪法权威。健全合宪性审查机制，积极稳妥推进合宪性审查工作。加强改进备案审查工作，做到有件必备、有备必审、有错必纠，保障宪法法律实施。认真做好对国家机关和社会团体、企业事业组织以及公民提出的审查建议的研究、处理、反馈工作，持续推动地方开展生态环保法规全面清理，及时完成相关法规的修改、废止工作。尽快建成全国统一的备案审查信息平台，实现互联互通，推动备案审查工作制度化、规范化、智能化。建立健全向常委会会议报告备案审查工作情况制度。改进完善备案审查衔接联动机制。进一步加强备案审查理论研究。加强对地方人大备案审查工作的指导，推动备案审查工作规定的贯彻落实。

组织实施好2019年的监督工作，一是要坚持党的领导。人大监督工作必须在党的领导下进行，站在党和国家事业全局的高度，从国家和人民的整体利益、长远利益出发，把监督“一府一委两院”工作同支持他们依法履行职责有机统一起来，寓支持于监督之中，形成加强和改进工作的合力。坚决贯彻落实中央八项规定和实施细则精神，落实中央有关通知精神，进一步改进和完善执法检查工作，切实减轻地方和基层负担，不断增强执法检查的针对性、实效性。认真贯彻落实中央关于人大监督方面的改革部署，推动党中央决策部署贯彻落实，确保宪法法律全面有效实施，确保行政权、监察权、审判权、检察权得到正确行使，确保人民权益得到维护和实现。二是要严格依法监督。依照法定职责、限于法定范围、遵守法定程序，督促“一府一委两院”依法履职尽责，而不能越俎代庖，代替它们行使行政权、监察权、司法权。要善于用法治思维来开展监督工作，一切以法律为依据为准绳来进行监督。以典型案件推动面上问题的解决，对于监督中发现的具体问题、具体案件，要提出有针对性的意见和建议，但不直接处理。三是要增强监督实效。要切实担负起法定监督职责，敢于动真碰硬，抓住突出问题，督促有关国家机关改进工作、完善制度、有效实施法律。完善监督工作机制，用好用足监督法规定的监督形式，充分发挥各种监督形式的特点，形成监督合力。探索开展法律实施情况评估，增强监督实效。完善监督工作组织方式和工作方法，在灵活运用、增强实效上下功夫。改进监督工作宣传报道，选择一些监督项目，邀请新闻媒体进行全过程的采访报道，实现人大监督与舆论监督的有机结合，支持媒体报道执法检查中发现的问题，不搞遮遮掩掩，体现人大监督力度，运用网络视频直播等形式报道专题询问，丰富报道形式，加大报道力度，充分反映监督工作的做法和成效。各单位、各部门要认真落实监督工作计划的各项安排，各司其职、各负其责，加强协调、密切配合，共同完成好2019年常委会各项监督工作任务。

附件：

全国人大常委会 2019 年听取审议监督方面的报告时间安排表

时间	听取和审议的报告
4 月（4 项）	国务院关于 2018 年度环境状况和环境保护目标完成情况的报告
	国务院关于医师队伍管理情况和执业医师法实施情况的报告
	国务院关于乡村产业发展情况的报告
	最高人民法院关于研究处理对解决执行难工作情况报告审议意见的报告
6 月（4 项）	国务院关于 2018 年中央决算的报告
	国务院关于 2018 年度中央预算执行和其他财政收支的审计工作报告
	国务院关于文化产业发展工作情况的报告
	《中华人民共和国中小企业促进法》执法检查报告（结合听取审议报告开展专题询问）
8 月（5 项）	国务院关于今年以来国民经济和社会发展计划执行情况的报告
	国务院关于今年以来预算执行情况的报告
	国务院关于学前教育事业改革和发展情况的报告
	《中华人民共和国水污染防治法》执法检查报告（结合听取审议报告开展专题询问）
	《中华人民共和国就业促进法》执法检查报告
10 月（5 项）	最高人民法院关于加强刑事审判工作情况的报告
	最高人民检察院关于开展公益诉讼检察工作情况的报告（结合听取审议报告开展专题询问）
	国务院关于加快外贸转型升级推进贸易强国建设工作情况的报告
	国务院关于加强国有资产管理情况的综合报告和国务院关于行政事业性国有资产管理情况的专项报告
	《中华人民共和国高等教育法》执法检查报告
12 月（6 项）	国务院关于 2018 年度中央预算执行和其他财政收支审计查出问题整改情况的报告
	国务院关于加强社会保障体系建设助力打好精准脱贫攻坚战推进社会救助工作情况的报告
	国务院关于减税降费工作情况的报告
	国务院关于财政生态环保资金分配和使用情况的报告
	《中华人民共和国可再生能源法》执法检查报告
	《中华人民共和国渔业法》执法检查报告

2019 年常委会计划听取审议 24 个监督方面的报告，包括专项工作报告 13 个、计划预算监督报告 5 个、执法检查报告 6 个。此外，结合其中 3 个报告开展 3 次专题询问，另有 7 个专题调研报告视情况提交审议。

二、常委会会议议程日程

第十三届全国人大常委会第八次会议议程

2019 年 1 月 29 日至 30 日

（2019 年 1 月 29 日第十三届全国人民代表大会常务委员会第八次会议第一次全体会议通过）

一、审议《中华人民共和国外商投资法（草案）》

二、审议任免案

第十三届全国人大常委会第八次会议日程

（2019 年 1 月 29 日至 30 日）

1 月 29 日（星期二）

下午 3 时　全体会议

1. 听取全国人大宪法和法律委员会关于《中华人民共和国外商投资法（草案）》修改情况的汇报
2. 审议任免案

全体会议结束后　分组审议外商投资法草案，任免案

1 月 30 日（星期三）

上午 9 时　分组审议外商投资法草案，拟提请表决事项

上午 10 时　全体会议

表决各项议案

闭　会

（闭会后，举办专题讲座第九讲《改革开放 40 年来利用外资法律制度的变迁与展望》）

第十三届全国人大常委会第九次会议议程

2019 年 2 月 26 日至 27 日

（2019 年 2 月 26 日第十三届全国人民代表大会常务委员会第九次会议第一次全体会议通过）

一、审议《全国人民代表大会常务委员会工作报告（稿）》

二、审议全国人民代表大会常务委员会委员长会议关于提请审议《第十三届全国人民代表大会第二次会议议程（草案）》的议案

三、审议全国人民代表大会常务委员会委员长会议关于提请审议《第十三届全国人民代表大会第二次会议主席团和秘书长名单（草案）》的议案

四、审议全国人民代表大会常务委员会委员长会议关于提请审议《第十三届全国人民代表大会第二次会议列席人员名单（草案）》的议案

五、审议国务院关于研究处理大气污染防治法

执法检查报告和审议意见情况以及有关决议落实情况的报告

六、审议全国人民代表大会常务委员会专题调研组关于脱贫攻坚工作情况的调研报告

七、审议第十三届全国人民代表大会常务委员会代表资格审查委员会关于个别代表的代表资格的报告

八、审议任免案

第十三届全国人大常委会第九次会议日程

（2019 年 2 月 26 日至 27 日）

2 月 26 日（星期二）

上午 9 时 全体会议

1. 审议《全国人民代表大会常务委员会工作报告（稿）》
2. 审议全国人大常委会委员长会议关于提请审议《第十三届全国人民代表大会第二次会议议程（草案）》的议案
3. 审议全国人大常委会委员长会议关于提请审议《第十三届全国人民代表大会第二次会议主席团和秘书长名单（草案）》的议案
4. 审议全国人大常委会委员长会议关于提请审议《第十三届全国人民代表大会第二次会议列席人员名单（草案）》的议案
5. 听取国务院关于研究处理大气污染防治法执法检查报告和审议意见情况以及有关决议落实情况的报告
6. 听取全国人大常委会专题调研组关于脱贫攻坚工作情况的调研报告
7. 听取全国人大常委会代表资格审查委员会关于个别代表的代表资格的报告
8. 审议任免案

全体会议结束后 分组审议十三届全国人大二次会议议程草案、主席团和秘书长名单草案、列席人员名单草案，全国人大常委会专题调研组关于脱贫攻坚工作情况的调研报告，关于个别代表的代表资格的报告，任免案

下午 3 时 分组审议全国人大常委会工作报告稿

2 月 27 日（星期三）

上午 9 时 分组审议全国人大常委会工作报告稿，国务院关于研究处理大气污染防治法执法检查报告和审议意见情况以及有关决议落实情况的报告，拟提请表决事项

下午 3 时 全体会议

表决各项议案

闭　会

（闭会后，举办专题讲座第十讲《关于实施乡村振兴战略的几个问题》）

第十三届全国人大常委会第十次会议议程

2019 年 4 月 20 日至 23 日

（2019 年 4 月 20 日第十三届全国人民代表大会常务委员会第十次会议第一次全体会议通过）

一、审议《中华人民共和国法官法（修订草案）》

二、审议《中华人民共和国检察官法（修订草案）》

三、审议《中华人民共和国证券法（修订草案）》

四、审议《民法典物权编（草案）》

五、审议《民法典人格权编（草案）》

六、审议《中华人民共和国药品管理法（修订草案）》

七、审议《中华人民共和国疫苗管理法（草案）》

八、审议国务院关于提请审议《〈中华人民共和国建筑法〉等8部法律的修正案（草案）》的议案

九、审议国务院关于提请审议批准《中华人民共和国和巴巴多斯关于刑事司法协助的条约》的议案

十、审议国务院关于提请审议批准《中华人民共和国和阿塞拜疆共和国关于移管被判刑人的条约》的议案

十一、审议国务院关于2018年度环境状况和环境保护目标完成情况的报告

十二、审议国务院关于医师队伍管理情况和执业医师法实施情况的报告

十三、审议国务院关于乡村产业发展情况的报告

十四、审议最高人民法院关于研究处理对解决执行难工作情况报告审议意见的报告

十五、审议第十三届全国人民代表大会常务委员会代表资格审查委员会关于个别代表的代表资格的报告

十六、审议贺一诚关于辞去第十三届全国人民代表大会代表职务的请求

十七、审议任免案

第十三届全国人大常委会第十次会议日程

（2019年4月20日至23日）

4月20日（星期六）

上午9时 全体会议

1. 听取全国人大宪法和法律委员会关于《中华人民共和国法官法（修订草案）》审议结果的报告
2. 听取全国人大宪法和法律委员会关于《中华人民共和国检察官法（修订草案）》审议结果的报告
3. 听取全国人大宪法和法律委员会关于《中华人民共和国证券法（修订草案）》修改情况的汇报
4. 听取全国人大宪法和法律委员会关于《民法典物权编（草案）》修改情况的汇报
5. 听取全国人大宪法和法律委员会关于《民法典人格权编（草案）》修改情况的汇报
6. 听取全国人大宪法和法律委员会关于《中华人民共和国药品管理法（修正草案）》修改情况的汇报
7. 听取全国人大宪法和法律委员会关于《中华人民共和国疫苗管理法（草案）》修改情况的汇报
8. 听取国务院关于提请审议《〈中华人民共和国建筑法〉等8部法律的修正案（草案）》议案的说明
9. 听取国务院关于提请审议批准《中华人民共和国和巴巴多斯关于刑事司法协助的条约》议案的说明
10. 听取国务院关于提请审议批准《中华人民共和国和阿塞拜疆共和国关于移管被判刑人的条约》议案的说明
11. 听取全国人大常委会代表资格审查委员会关于个别代表的代表资格的报告
12. 审议贺一诚关于辞去十三届全国人大代表职务的请求
13. 审议任免案

下午3时 分组审议法官法修订草案，检察官法修订草案，建筑法等8部法律的修正案草案，国际条约，关于个别代表的代表资格的报告，贺一诚关于辞去十三届全国人大代表职务的请求，任免案

4月21日(星期日)

上午9时 分组审议民法典物权编草案、人格权编草案

下午3时 全体会议

1. 听取国务院关于2018年度环境状况和环境保护目标完成情况的报告
2. 听取国务院关于医师队伍管理情况和执业医师法实施情况的报告
3. 听取国务院关于乡村产业发展情况的报告
4. 听取最高人民法院关于研究处理对解决执行难工作情况报告审议意见的报告

4月22日(星期一)

上午9时 分组审议国务院关于2018年度环境状况和环境保护目标完成情况的报告,国务院关于医师队伍管理情况和执业医师法实施情况的报告

下午3时 分组审议国务院关于乡村产业发展情况的报告,最高人民法院关于研究处理对解决执行难工作情况报告审议意见的报告

4月23日(星期二)

上午9时 分组审议证券法修订草案,药品管理法修订草案,疫苗管理法草案,拟提请表决事项

下午3时 全体会议

表决各项议案

闭 会

(闭会后,举办专题讲座第十一讲《抓住机遇推进基础研究高质量发展》)

第十三届全国人大常委会第十一次会议议程

2019年6月25日至29日

(2019年6月25日第十三届全国人民代表大会常务委员会第十一次会议第一次全体会议通过)

一、审议《中华人民共和国疫苗管理法(草案)》

二、审议《民法典婚姻家庭编(草案)》

三、审议《民法典继承编(草案)》

四、审议《〈中华人民共和国土地管理法〉、〈中华人民共和国城市房地产管理法〉修正案(草案)》

五、审议全国人民代表大会农业与农村委员会关于提请审议《中华人民共和国森林法(修订草案)》的议案

六、审议国务院关于提请审议《中华人民共和国社区矫正法(草案)》的议案

七、审议国务院关于提请审议《中华人民共和国密码法(草案)》的议案

八、审议国务院关于提请审议《中华人民共和国固体废物污染环境防治法(修订草案)》的议案

九、审议全国人民代表大会常务委员会委员长会议关于提请审议《全国人民代表大会常务委员会关于在中华人民共和国成立七十周年之际对部分服刑罪犯予以特赦的决定(草案)》的议案

十、审议国务院关于2018年中央决算的报告

审查和批准2018年中央决算

十一、审议国务院关于2018年度中央预算执行和其他财政收支的审计工作报告

十二、审议国务院关于文化产业发展工作情况的报告

十三、审议全国人民代表大会常务委员会执法检查组关于检查《中华人民共和国中小企业促进法》实施情况的报告

十四、审议栗战书委员长访问挪威、奥地利、匈牙利情况的书面报告

十五、审议第十三届全国人民代表大会常务委员会代表资格审查委员会关于个别代表的代表资格的报告

十六、审议任免案

第十三届全国人大常委会第十一次会议日程

（2019 年 6 月 25 日至 29 日）

6 月 25 日（星期二）

上午 9 时 全体会议

1. 听取全国人大宪法和法律委员会关于《中华人民共和国疫苗管理法（草案）》审议结果的报告
2. 听取全国人大宪法和法律委员会关于《民法典婚姻家庭编（草案）》修改情况的汇报
3. 听取全国人大宪法和法律委员会关于《民法典继承编（草案）》修改情况的汇报
4. 听取全国人大宪法和法律委员会关于《〈中华人民共和国土地管理法〉、〈中华人民共和国城市房地产管理法〉修正案（草案）》修改情况的汇报
5. 听取全国人大农业与农村委员会关于提请审议《中华人民共和国森林法（修订草案）》议案的说明
6. 听取国务院关于提请审议《中华人民共和国社区矫正法（草案）》议案的说明
7. 听取国务院关于提请审议《中华人民共和国密码法（草案）》议案的说明
8. 听取国务院关于提请审议《中华人民共和国固体废物污染环境防治法（修订草案）》议案的说明
9. 听取全国人大常委会委员长会议关于提请审议《全国人民代表大会常务委员会关于在中华人民共和国成立七十周年之际对部分服刑罪犯予以特赦的决定（草案）》议案的说明
10. 审议栗战书委员长访问挪威、奥地利、匈牙利情况的书面报告
11. 听取全国人大常委会代表资格审查委员会关于个别代表的代表资格的报告
12. 审议任免案

下午 3 时 分组审议疫苗管理法草案，固体废物污染环境防治法修订草案，关于在中华人民共和国成立七十周年之际对部分服刑罪犯予以特赦的决定草案，栗战书委员长访问挪威、奥地利、匈牙利情况的书面报告，关于个别代表的代表资格的报告，任免案

6 月 26 日（星期三）

上午 9 时 分组审议民法典婚姻家庭编草案、继承编草案

下午 3 时 全体会议

1. 听取国务院关于 2018 年中央决算的报告
2. 听取国务院关于 2018 年度中央预算执行和其他财政收支的审计工作报告
3. 听取全国人大财政经济委员会关于 2018 年中央决算草案审查结果的报告
4. 听取国务院关于文化产业发展工作情况的报告
5. 听取全国人大常委会执法检查组关于检查《中华人民共和国中小企业促进法》实施情况的报告

6 月 27 日（星期四）

上午 9 时 分组审议国务院关于 2018 年中央决算的报告，国务院关于 2018 年度中央预算执行和其他财政收支的审计工作报告，全国人大财政经济委员会关于 2018 年中央决算草案审查结果的报告

下午 3 时 分组审议国务院关于文化产业发展工作情况的报告，全国人大常委会执法检查组关于检查《中华人民共和国中小企业促进法》实施情况的报告

6 月 28 日（星期五）

上午 9 时 联组审议全国人大常委会执法检查组关于检查《中华人民共和国中小

企业促进法》实施情况的报告并进行专题询问

下午3时 分组审议土地管理法、城市房地产管理法修正案草案,社区矫正法草案

6月29日(星期六)

上午9时 分组审议森林法修订草案,密码法草案,拟提请表决事项

下午3时 全体会议

表决各项议案

闭 会

(闭会后,举办专题讲座第十二讲《社会主义核心价值观与法治建设》)

第十三届全国人大常委会第十二次会议议程

2019年8月22日至26日

(2019年8月22日第十三届全国人民代表大会常务委员会第十二次会议第一次全体会议通过)

一、审议《中华人民共和国药品管理法(修订草案)》

二、审议《〈中华人民共和国土地管理法〉、〈中华人民共和国城市房地产管理法〉修正案(草案)》

三、审议《中华人民共和国资源税法(草案)》

四、审议《中华人民共和国基本医疗卫生与健康促进法(草案)》

五、审议《民法典人格权编(草案)》

六、审议《民法典侵权责任编(草案)》

七、审议全国人民代表大会监察和司法委员会关于提请审议《中华人民共和国公职人员政务处分法(草案)》的议案

八、审议国务院关于提请审议批准《中华人民共和国和斯里兰卡民主社会主义共和国引渡条约》的议案

九、审议国务院关于提请审议批准《中华人民共和国和越南社会主义共和国引渡条约》的议案

十、审议国务院关于今年以来国民经济和社会发展计划执行情况的报告

十一、审议国务院关于今年以来预算执行情况的报告

十二、审议国务院关于学前教育事业改革和发展情况的报告

十三、审议全国人民代表大会常务委员会执法检查组关于检查《中华人民共和国水污染防治法》实施情况的报告

十四、审议全国人民代表大会常务委员会执法检查组关于检查《中华人民共和国就业促进法》实施情况的报告

十五、审议第十三届全国人民代表大会常务委员会代表资格审查委员会关于个别代表的代表资格的报告

十六、审议任免案

第十三届全国人大常委会第十二次会议日程

(2019年8月22日至26日)

8月22日(星期四)

上午9时 全体会议

1. 听取全国人大宪法和法律委员会关于《中华人民共和国药品管理法(修订草案)》审议结果的报告
2. 听取全国人大宪法和法律委员会关于《〈中华人民共和国土地管理法〉、〈中华人民共和国城市房地产管理法〉修正案(草案)》审议结果的报告
3. 听取全国人大宪法和法律委员会关于《中华人民共和国资源税法(草案)》审议结果的报告
4. 听取全国人大宪法和法律委员会关于《中华人民共和国基本医疗卫生与健康促进法(草案)》

修改情况的汇报

5. 听取全国人大宪法和法律委员会关于《民法典人格权编（草案）》修改情况的汇报

6. 听取全国人大宪法和法律委员会关于《民法典侵权责任编（草案）》修改情况的汇报

7. 听取全国人大监察和司法委员会关于提请审议《中华人民共和国公职人员政务处分法（草案）》议案的说明

8. 听取国务院关于提请审议批准《中华人民共和国和斯里兰卡民主社会主义共和国引渡条约》议案的说明

9. 听取国务院关于提请审议批准《中华人民共和国和越南社会主义共和国引渡条约》议案的说明

10. 听取国务院关于学前教育事业改革和发展情况的报告

11. 听取全国人大常委会代表资格审查委员会关于个别代表的代表资格的报告

12. 审议任免案

下午3时　分组审议药品管理法修订草案，土地管理法、城市房地产管理法修正案草案，资源税法草案，国际条约，关于个别代表的代表资格的报告，任免案

8月23日（星期五）

上午9时　分组审议民法典人格权编草案、侵权责任编草案

下午3时　全体会议

1. 听取国务院关于今年以来国民经济和社会发展计划执行情况的报告

2. 听取国务院关于今年以来预算执行情况的报告

3. 听取全国人大常委会执法检查组关于检查《中华人民共和国水污染防治法》实施情况的报告

4. 听取全国人大常委会执法检查组关于检查《中华人民共和国就业促进法》实施情况的报告

8月24日（星期六）

上午9时　分组审议国务院关于今年以来国民经济和社会发展计划执行情况的报告，国务院关于今年以来预算执行情况的报告，国务院关于学前教育事业改革和发展情况的报告

下午3时　分组审议全国人大常委会执法检查组关于检查《中华人民共和国水污染防治法》实施情况的报告，全国人大常委会执法检查组关于检查《中华人民共和国就业促进法》实施情况的报告

8月25日（星期日）

上午9时　联组审议全国人大常委会执法检查组关于检查《中华人民共和国水污染防治法》实施情况的报告并进行专题询问

下午3时　分组审议基本医疗卫生与健康促进法草案，公职人员政务处分法草案，拟提请表决事项

8月26日（星期一）

上午9时　全体会议

表决各项议案

闭　会

（闭会后，举办专题讲座第十三讲《新中国70年奋斗历程和启示》）

第十三届全国人大常委会第十三次会议议程

2019年9月17日

（2019年9月17日第十三届全国人民代表大会常务委员会第十三次会议第一次全体会议通过）

审议全国人民代表大会常务委员会委员长会议关于提请审议《全国人民代表大会常务委员会关于授予国家勋章和国家荣誉称号的决定（草案）》的议案

第十三届全国人大常委会第十三次会议日程

（2019 年 9 月 17 日）

9 月 17 日（星期二）

上午 9 时 全体会议

听取全国人大常委会委员长会议关于提请审议《全国人大常委会关于授予国家勋章和国家荣誉称号的决定（草案）》议案的说明

全体会议结束后 分组审议全国人大常委会关于授予国家勋章和国家荣誉称号的决定草案

下午 3 时 全体会议

表决议案

闭 会

第十三届全国人大常委会第十四次会议议程

2019 年 10 月 21 日至 26 日

（2019 年 10 月 21 日第十三届全国人民代表大会常务委员会第十四次会议第一次全体会议通过）

一、审议《中华人民共和国密码法（草案）》

二、审议《民法典婚姻家庭编（草案）》

三、审议《中华人民共和国森林法（修订草案）》

四、审议《中华人民共和国社区矫正法（草案）》

五、审议全国人民代表大会环境与资源保护委员会关于提请审议《中华人民共和国生物安全法（草案）》的议案

六、审议全国人民代表大会社会建设委员会关于提请审议《中华人民共和国未成年人保护法（修订草案）》的议案

七、审议全国人民代表大会社会建设委员会关于提请审议《中华人民共和国预防未成年人犯罪法（修订草案）》的议案

八、审议国务院关于提请审议《中华人民共和国档案法（修订草案）》的议案

九、审议全国人民代表大会常务委员会委员长会议关于提请审议《全国人民代表大会常务委员会关于国家监察委员会制定监察法规的决定（草案）》的议案

十、审议国务院关于提请审议《关于授权国务院在自由贸易试验区暂时调整实施有关法律规定的决定（草案）》的议案

十一、审议国务院关于提请审议《关于授权澳门特别行政区对横琴口岸澳方口岸区及相关延伸区实施管辖的决定（草案）》的议案

十二、审议国务院关于加快外贸转型升级推进贸易高质量发展工作情况的报告

十三、审议国务院关于 2018 年度国有资产管理情况的综合报告和关于 2018 年度全国行政事业性国有资产管理情况的专项报告

十四、审议最高人民法院关于加强刑事审判工作情况的报告

十五、审议最高人民检察院关于开展公益诉讼检察工作情况的报告

十六、审议全国人民代表大会常务委员会执法检查组关于检查《中华人民共和国高等教育法》实施情况的报告

十七、审议全国人民代表大会监察和司法委员会关于第十三届全国人民代表大会第二次会议主席团交付审议的代表提出的议案审议结果的报告

十八、审议全国人民代表大会财政经济委员会关于第十三届全国人民代表大会第二次会议主席团交付审议的代表提出的议案审议结果的报告

十九、审议全国人民代表大会外事委员会关于第十三届全国人民代表大会第二次会议主席团交付审议的代表提出的议案审议结果的报告

二十、审议全国人民代表大会社会建设委员

会关于第十三届全国人民代表大会第二次会议主席团交付审议的代表提出的议案审议结果的报告

二十一、审议栗战书委员长访问阿塞拜疆、哈萨克斯坦、俄罗斯并在哈出席第四届欧亚国家议长会议、在俄出席中俄议会合作委员会第五次会议情况的书面报告

二十二、审议第十三届全国人民代表大会常务委员会代表资格审查委员会关于个别代表的代表资格的报告

二十三、审议任免案

第十三届全国人大常委会第十四次会议日程

（2019 年 10 月 21 日至 26 日）

10 月 21 日(星期一)

下午 3 时 全体会议

1. 听取全国人大宪法和法律委员会关于《中华人民共和国密码法(草案)》审议结果的报告
2. 听取全国人大宪法和法律委员会关于《民法典婚姻家庭编(草案)》修改情况的汇报
3. 听取全国人大宪法和法律委员会关于《中华人民共和国森林法(修订草案)》修改情况的汇报
4. 听取全国人大宪法和法律委员会关于《中华人民共和国社区矫正法(草案)》修改情况的汇报
5. 听取全国人大环境与资源保护委员会关于提请审议《中华人民共和国生物安全法(草案)》议案的说明
6. 听取全国人大社会建设委员会关于提请审议《中华人民共和国未成年人保护法(修订草案)》议案的说明
7. 听取全国人大社会建设委员会关于提请审议《中华人民共和国预防未成年人犯罪法(修订草案)》议案的说明
8. 听取国务院关于提请审议《中华人民共和国档案法(修订草案)》议案的说明
9. 听取全国人大常委会委员长会议关于提请审议《全国人民代表大会常务委员会关于国家监察委员会制定监察法规的决定(草案)》议案的说明
10. 听取国务院关于提请审议《关于授权国务院在自由贸易试验区暂时调整实施有关法律规定的决定(草案)》议案的说明
11. 听取国务院关于提请审议《关于授权澳门特别行政区对横琴口岸澳方口岸区及相关延伸区实施管辖的决定(草案)》议案的说明
12. 听取全国人大常委会执法检查组关于检查《中华人民共和国高等教育法》实施情况的报告
13. 听取全国人大监察和司法委员会关于第十三届全国人民代表大会第二次会议主席团交付审议的代表提出的议案审议结果的报告
14. 听取全国人大财政经济委员会关于第十三届全国人民代表大会第二次会议主席团交付审议的代表提出的议案审议结果的报告
15. 听取全国人大外事委员会关于第十三届全国人民代表大会第二次会议主席团交付审议的代表提出的议案审议结果的报告
16. 听取全国人大社会建设委员会关于第十三届全国人民代表大会第二次会议主席团交付审议的代表提出的议案审议结果的报告

17. 审议栗战书委员长访问阿塞拜疆、哈萨克斯坦、俄罗斯并在哈出席第四届欧亚国家议长会议、在俄出席中俄议会合作委员会第五次会议情况的书面报告
18. 听取全国人大常委会代表资格审查委员会关于个别代表的代表资格的报告
19. 审议任免案

10 月 22 日(星期二)

上午 9 时　分组审议密码法草案,关于国家监察委员会制定监察法规的决定草案,关于授权国务院在自由贸易试验区暂时调整实施有关法律规定的决定草案,关于授权澳门特别行政区对横琴口岸澳方口岸区及相关延伸区实施管辖的决定草案

下午 3 时　分组审议民法典婚姻家庭编草案,森林法修订草案,全国人大监察和司法委员会、财政经济委员会、外事委员会、社会建设委员会关于第十三届全国人民代表大会第二次会议主席团交付审议的代表提出的议案审议结果的报告,栗战书委员长访问阿塞拜疆、哈萨克斯坦、俄罗斯并在哈出席第四届欧亚国家议长会议、在俄出席中俄议会合作委员会第五次会议情况的书面报告,关于个别代表的代表资格的报告,任免案

10 月 23 日(星期三)

上午 9 时　全体会议

1. 听取国务院关于加快外贸转型升级推进贸易高质量发展工作情况的报告
2. 审议国务院关于 2018 年度国有资产管理情况的综合报告,听取国务院关于 2018 年度全国行政事业性国有资产管理情况的专项报告
3. 听取全国人大常委会预算工作委员会、全国人大财政经济委员会关于行政事业性国有资产管理情况的调研报告
4. 听取最高人民法院关于加强刑事审判工作情况的报告
5. 听取最高人民检察院关于开展公益诉讼检察工作情况的报告

下午 3 时　分组审议国务院关于加快外贸转型升级推进贸易高质量发展工作情况的报告,国务院关于 2018 年度国有资产管理情况的综合报告,国务院关于 2018 年度全国行政事业性国有资产管理情况的专项报告

10 月 24 日(星期四)

上午 9 时　分组审议最高人民法院关于加强刑事审判工作情况的报告,最高人民检察院关于开展公益诉讼检察工作情况的报告

下午 3 时　分组审议社区矫正法草案,全国人大常委会执法检查组关于检查《中华人民共和国高等教育法》实施情况的报告

10 月 25 日(星期五)

上午 9 时　联组审议最高人民检察院关于开展公益诉讼检察工作情况的报告并进行专题询问

下午 3 时　分组审议生物安全法草案,档案法修订草案

10 月 26 日(星期六)

上午 9 时　分组审议未成年人保护法修订草案,预防未成年人犯罪法修订草案,拟提请表决事项

下午 3 时　全体会议

表决各项议案

闭　会

(闭会后,举办专题讲座第十四讲《大数据:发展现状与未来趋势》)

第十三届全国人大常委会第十五次会议议程

2019 年 12 月 23 日至 28 日

（2019 年 12 月 23 日第十三届全国人民代表大会常务委员会第十五次会议第一次全体会议通过）

一、审议《民法典各分编（草案）》

二、审议《中华人民共和国证券法（修订草案）》

三、审议《中华人民共和国基本医疗卫生与健康促进法（草案）》

四、审议《中华人民共和国森林法（修订草案）》

五、审议《中华人民共和国社区矫正法（草案）》

六、审议《中华人民共和国固体废物污染环境防治法（修订草案）》

七、审议全国人民代表大会环境与资源保护委员会关于提请审议《中华人民共和国长江保护法（草案）》的议案

八、审议国务院关于提请审议《中华人民共和国台湾同胞投资保护法修正案（草案）》的议案

九、审议国务院关于提请审议《中华人民共和国出口管制法（草案）》的议案

十、审议国务院关于提请审议《中华人民共和国城市维护建设税法（草案）》的议案

十一、审议国务院关于提请审议《中华人民共和国契税法（草案）》的议案

十二、审议国务院关于提请废止收容教育制度的议案

十三、审议最高人民法院关于提请寓言《关于授权在部分地区开展民事诉讼程序繁简分流改革试点工作的决定（草案）》的议案

十四、审议全国人民代表大会常务委员会委员长会议关于提请审议《全国人民代表大会常务委员会关于召开第十三届全国人民代表大会第三次会议的决定（草案）》的议案

十五、审议国务院关于 2018 年度中央预算执行和其他财政收支审计查出问题整改情况的报告

十六、审议国务院关于加强社会保障体系建设助力打好精准脱贫攻坚战推进社会救助工作情况的报告

十七、审议国务院关于减税降费工作情况的报告

十八、审议国务院关于财政生态环保资金分配和使用情况的报告

十九、审议全国人民代表大会常务委员会执法检查组关于检查《中华人民共和国可再生能源法》实施情况的报告

二十、审议全国人民代表大会常务委员会执法检查组关于检查《中华人民共和国渔业法》实施情况的报告

二十一、审议全国人民代表大会宪法和法律委员会关于第十三届全国人民代表大会第二次会议主席团交付审议的代表提出的议案审议结果的报告

二十二、审议全国人民代表大会教育科学文化卫生委员会关于第十三届全国人民代表大会第二次会议主席团交付审议的代表提出的议案审议结果的报告

二十三、审议全国人民代表大会华侨委员会关于第十三届全国人民代表大会第二次会议主席团交付审议的代表提出的议案审议结果的报告

二十四、审议全国人民代表大会环境与资源保护委员会关于第十三届全国人民代表大会第二次会议主席团交付审议的代表提出的议案审议结果的报告

二十五、审议全国人民代表大会农业与农村委员会关于第十三届全国人民代表大会第二次会议主席团交付审议的代表提出的议案审议结果的报告

二十六、听取全国人民代表大会常务委员会办公厅关于第十三届全国人民代表大会第二次会议代表建议、批评和意见办理情况的报告，农业农村部关于第十三届全国人民代表大会第二次会议代表建议、批评和意见办理情况的报告

二十七、审议全国人民代表大会常务委员会法制工作委员会关于 2019 年备案审查工作情况的报告

二十八、审议第十三届全国人民代表大会常务委员会代表资格审查委员会关于个别代表的代表资格的报告

二十九、审议张俊勇关于辞去第十三届人民代表大会代表职务的请求

三十、审议任免案

第十三届全国人大常委会第十五次会议日程

（2019 年 12 月 23 日至 28 日）

12 月 23 日（星期一）

上午 9 时　全体会议

1. 听取全国人大宪法和法律委员会关于《民法典各分编（草案）》修改情况和《中华人民共和国民法典（草案）》编纂情况的汇报
2. 听取全国人大宪法和法律委员会关于《中华人民共和国证券法（修订草案）》审议结果的报告
3. 听取全国人大宪法和法律委员会关于《中华人民共和国基本医疗卫生与健康促进法（草案）》审议结果的报告
4. 听取全国人大宪法和法律委员会关于《中华人民共和国森林法（修订草案）》审议结果的报告
5. 听取全国人大宪法和法律委员会关于《中华人民共和国社区矫正法（草案）》审议结果的报告
6. 听取全国人大宪法和法律委员会关于《中华人民共和国固体废物污染环境防治法（修订草案）》修改情况的汇报
7. 听取全国人大环境与资源保护委员会关于提请审议《中华人民共和国长江保护法（草案）》议案的说明
8. 听取国务院关于提请审议《中华人民共和国台湾同胞投资保护法修正案（草案）》议案的说明
9. 听取国务院关于提请审议《中华人民共和国出口管制法（草案）》议案的说明
10. 听取国务院关于提请审议《中华人民共和国城市维护建设税法（草案）》议案的说明
11. 听取国务院关于提请审议《中华人民共和国契税法（草案）》议案的说明
12. 听取国务院关于提请废止收容教育制度的议案的说明
13. 听取最高人民法院关于提请审议《关于授权在部分地区开展民事诉讼程序繁简分流改革试点工作的决定（草案）》议案的说明
14. 审议全国人大常委会委员长会议关于提请审议《全国人民代表大会常务委员会关于召开第十三届全国人民代表大会第三次会议的决定（草案）》的议案
15. 听取全国人大常委会代表资格审查委员会关于个别代表的代表资格的报告
16. 审议张俊勇关于辞去第十三届全国人民代表大会代表职务的请求
17. 审议任免案

下午 3 时　分组审议证券法修订草案，基本医疗卫生与健康促进法草案，森林法修订草案，台湾同胞投资保护法修正案草案，关于召开第十三届全国人民代表大会第三次会议的决定草案，关于个别代表的代表资格的报告，张俊勇关于辞去第十三届全国人民代表大会代表职务的请求，任免案

12 月 24 日（星期二）

上午 9 时　分组审议民法典各分编草案，社区矫正法草案，关于提请废止收容教育制度的议案，关于授权在部分地区开展民事诉讼程序繁简分流改革试点工作的决定草案

下午 3 时　全体会议

1. 听取全国人大常委会执法检查组关于检查《中华人民共和国可再生能源法》实施情况的报告
2. 听取全国人大常委会执法检查

组关于检查《中华人民共和国渔业法》实施情况的报告

3. 听取全国人大宪法和法律委员会关于第十三届全国人民代表大会第二次会议主席团交付审议的代表提出的议案审议结果的报告

4. 听取全国人大教育科学文化卫生委员会关于第十三届全国人民代表大会第二次会议主席团交付审议的代表提出的议案审议结果的报告

5. 听取全国人大华侨委员会关于第十三届全国人民代表大会第二次会议主席团交付审议的代表提出的议案审议结果的报告

6. 听取全国人大环境与资源保护委员会关于第十三届全国人民代表大会第二次会议主席团交付审议的代表提出的议案审议结果的报告

7. 听取全国人大农业与农村委员会关于第十三届全国人民代表大会第二次会议主席团交付审议的代表提出的议案审议结果的报告

8. 听取全国人大常委会办公厅关于第十三届全国人民代表大会第二次会议代表建议、批评和意见办理情况的报告，农业农村部关于第十三届全国人民代表大会第二次会议代表建议、批评和意见办理情况的报告

12 月 25 日（星期三）

上午 9 时　全体会议

1. 听取国务院关于 2018 年度中央预算执行和其他财政收支审计查出问题整改情况的报告

2. 听取国务院关于加强社会保障体系建设助力打好精准脱贫攻坚战推进社会救助工作情况的报告

3. 听取国务院关于减税降费工作情况的报告

4. 听取国务院关于财政生态环保资金分配和使用情况的报告

5. 听取全国人大常委会法制工作委员会关于 2019 年备案审查工作情况的报告

下午 3 时　分组审议全国人大常委会执法检查组关于检查《中华人民共和国可再生能源法》实施情况的报告，全国人大常委会执法检查组关于检查《中华人民共和国渔业法》实施情况的报告

12 月 26 日（星期四）

上午 9 时　分组审议国务院关于 2018 年度中央预算执行和其他财政收支审计查出问题整改情况的报告，国务院关于减税降费工作情况的报告，国务院关于财政生态环保资金分配和使用情况的报告

下午 3 时　分组审议国务院关于加强社会保障体系建设助力打好精准脱贫攻坚战推进社会救助工作情况的报告，全国人大宪法和法律委员会、教育科学文化卫生委员会、华侨委员会、环境与资源保护委员会、农业与农村委员会关于第十三届全国人民代表大会第二次会议主席团交付审议的代表提出的议案审议结果的报告，全国人大常委会法制工作委员会关于 2019 年备案审查工作情况的报告

12 月 27 日（星期五）

上午 9 时　分组审议长江保护法草案，城市维护建设税法草案，契税法草案，拟提请表决事项

下午 3 时　分组审议出口管制法草案，固体废物污染环境防治法修订草案

12 月 28 日（星期六）

上午 9 时　全体会议

表决各项议案

闭　会

（闭会后，举办专题讲座第十五讲《深入学习贯彻党的十九届四中全会精神，坚持和完善人民代表大会制度这一根本政治制度》）

委员长讲话

在第十三届全国人大常委会第八次会议上的讲话

（2019 年 1 月 30 日）

全国人大常委会委员长　栗战书

各位委员、各位同志：

本次常委会会议顺利完成了预定任务，审议了外商投资法草案，并决定将这部法律草案提请十三届全国人大二次会议审议，还通过了有关人事任免案。

制定外商投资法，是党中央作出的重大部署，是推动形成全面开放新格局、促进社会主义市场经济健康发展的重大举措。习近平总书记明确指出，“要加快统一内外资法律法规，制定新的外资基础性法律”。党的十八届三中、四中全会对统一内外资法律法规、完善涉外法律法规体系提出明确要求。全国人大常委会认真贯彻习近平总书记重要指示精神和党中央决策部署，将制定外商投资法列入年度立法工作计划，积极推动法律起草工作。在去年 12 月下旬首次审议外商投资法草案的基础上，决定专门加开这次常委会会议，再次审议法律草案并决定提请全国人民代表大会审议。

常委会组成人员一致认为，抓紧制定外商投资法时机合适、意义重大，法律草案内容准确得当、基本成熟。一是彰显了中国坚定不移扩大对外开放的决心。过去 40 年中国经济发展是在开放的条件下取得的，未来中国经济实现高质量发展也必须在更加开放的条件下进行。中国开放的大门不会关闭，只会越开越大。同时也要看到，世界经济深刻调整，保护主义、单边主义抬头，“逆全球化”暗流涌动，不稳定不确定因素依然很多，风险挑战加剧。在这种形势下，通过国家立法促进和保护外商投资，以实际行动向世界宣示了中国始终奉行互利共赢的开放战略、支持贸易投资自由化便利化、积极推动建设开放型世界经济的鲜明态度和坚定立场。

二是为我国积极有效利用外资、推动新一轮高水平对外开放提供更加有力的法治保障。改革开放初期，全国人民代表大会制定的中外合资经营企业法、外资企业法、中外合作经营企业法，为我国对外开放、吸引外资发挥了重要作用。截至去年底，我国外商投资企业累计超过 96 万家，实际利用外资超过 2.1 万亿美元，外商投资成为推动改革开放和经济社会发展的重要力量。外商投资法草案在总结“外资三法”实施经验的基础上，确立了全面开放新格局下外商投资的基本制度框架，实行准入前国民待遇加负面清单管理制度，明确国家支持企业发展的各项政策同等适用于外商投资企业，强化了对外商投资合法权益的法律保护，完善法治化、国际化、便利化营商环境，对更好吸引、保护、管理外商投资具有重要作用。

三是主动回应社会关切，广泛凝聚各方共识。这项立法引起了国内外的广泛关注。常委会坚持开门立法，在中国人大网全文公布草案征求社会公众意见；将草案印发各地方和中央有关部门等征求意见；召开多场座谈会，听取部分协会、企业包括外国商会和外商投资企业的意见。各方面普遍赞同制定外商投资法，提出了很多有价值的意见建议。相信这部法律的制定和实施，必将进一步增强外商来中国投资、在中国发展的信心。

下一步，宪法法律委、法工委要根据常委会组成人员的审议意见和社会各界的意见建议，把外商投资法草案进一步修改好完善好。要依照法律规定，提前将法律草案印发全国人大代表，组织好代表研读讨论草案的工作，为大会审议做好充分准备。

各位委员、各位同志，本届全国人大常委会履职近一年来，各方面工作分量重、节奏快、开局好，常委会组成人员、各专门委员会组成人员、全国人大代表和全国人大机关工作人员辛勤工作、共同奋斗，取得良好进展和成绩。我代表委员长会议组成人员对同志们的努力表示衷心感谢！再过几天就是春节了。借此机会给同志们拜个早年，祝大家身体健康、工作顺利、新春吉祥、阖家幸福！

在第十三届全国人大常委会第九次会议上的讲话

（2019 年 2 月 27 日）

全国人大常委会委员长　栗战书

各位委员、各位同志：

本次常委会会议顺利完成了各项预定任务。通过了十三届全国人大二次会议议程草案、主席团和秘书长名单草案、列席人员名单等有关文件，审议并原则通过常委会工作报告稿，为召开十三届全国人大二次会议做了准备；听取审议了 1 个专项工作报告和 1 个专题调研报告，还通过了代表资格审查报告和人事任免案。

全国人大常委会向全国人民代表大会报告工作，是宪法的规定，是常委会对全国人民代表大会负责、受代表和人民监督的重要制度安排。在审议常委会工作报告稿时，常委会组成人员和列席会议的同志对履职第一年的工作给予充分肯定，对工作报告稿表示赞成。大家一致认为，在以习近平同志为核心的党中央坚强领导下，十三届全国人大常委会坚持以习近平新时代中国特色社会主义思想为指导，牢固树立“四个意识”，坚定“四个自信”，做到“两个维护”，认真贯彻落实党的十九大、十九届二中、三中全会精神和党中央决策部署，按照十三届全国人大一次会议各项决议要求，依法履职，担当作为，开拓创新，立法、监督、代表、对外交往、自身建设等工作都取得新进展新成效，实现了良好开局。大家指出，工作报告稿总结工作实事求是，提炼体会准确深刻，部署工作思路清晰，是一个站位高、内容实、文风新的好报告。这些成绩的取得，是党中央坚强领导的结果，是习近平新时代中国特色社会主义思想指引的结果，是各级人大、中央国家机关各部门、全国人大各专委会、人大常委会各工作机构和全国人大代表支持、努力的结果，每一位常委会组成人员都尽职尽责，主动积极工作，为此作出重要贡献，我向大家表示感谢！审议中大家对报告稿和常委会工作提出了一些意见建议，文件起草组要一条一条梳理，抓紧研究修改，能吸收的尽量吸收，没有吸收的要向提出人员作说明沟通；有些意见建议是工作性的，在今后的工作中采纳。修改完善后，按程序提请十三届全国人大二次会议审议。二次会议审议时，常委会组成人员实际是双重身份：作为常委会组成人员，要认真听取其他代表对常委会工作的意见建议；作为全国人大代表，还可以对工作和报告提出意见，但更多的是做好引导工作，充分认识在党中央领导下人大工作所取得的成绩，充分认识人大常委会不负代表重托、依法履职尽责所作出的努力，进一步增强坚持和完善人民代表大会制度、坚定不移走中国特色社会主义政治发展道路的自信心、自觉性。

检查大气污染防治法实施情况、用法律武器保卫蓝天，是常委会贯彻落实党中央决策部署、直接参与污染防治攻坚战的具体行动，也是常委会 2018 年监督工作的重中之重。本次会议听取审议了国务院关于研究处理大气污染防治法执法检查报告和审议意见情况以及有关决议落实情况的报告。常委会组成人员充分肯定国务院和各方面的工作，普遍认为污染防治攻坚战已经取得重大进展。2018 年度生态环境质量改善快于“十三五”规划进度要求，全国 338 个地级以上城市空气优良天数比例已近 80%。执法检查中发现的涉及 22 家企业的 38 个问题，均已得到依法查处和纠正。大家强调，在当前外部环境复杂严峻、经济下行压力加大的形势下，加强环境治理大方向不能动摇。要深入贯彻习近平生态文明思想，全面实施生态环保法律制度，坚持用法律武器治理污染，用法治力量保卫青山绿水、蓝天碧海，坚决打好污染防治攻坚战。常委会组成人员的审议意见，请国务院及有关部门认真研究处理；有关专门委员会要加强跟踪监督，督促有关方面坚守阵地、巩固成果，推动生态环境质量持续改善。

精准脱贫是党的十九大部署的三大攻坚战之一，是对全面建成小康社会最具有决定性意义的攻坚战。常委会围绕脱贫攻坚工作情况开展专题调研，曹建明、吉炳轩、武维华 3 位副委员长分别带队，赴 16 个省（区）深入开展实地调研，形成专题调研报告，提请本次会议审议，国务院领导及有关部门负责人听取了调研情况的报告和审议。常委会组成人员充分肯定调研组的工作，普遍赞成调研报告。大家指出，脱贫攻坚战已经取得重大决定性成就，但随着向纵深推进，攻坚难度递增，任务依然艰巨。现在离完成2020年目标任务只有不到两年时间了，必须一鼓作气，聚焦深度贫困地区和特殊贫困群体，重点解决好实现"两不愁三保障"面临的突出问题，建立巩固脱贫成果长效机制，确保如期打赢这场攻坚战，实现贫困地区和贫困群众同全国人民一道进入全面小康社会的目标。围绕此，全国人大及其常委会今后还将通过调研、视察等，进一步助力脱贫攻坚。目前，虽然没有扶贫脱贫的专门法律，但经梳理，在宪法和现行有效的39部法律当中，共有54条有关扶贫脱贫的条款。拟请有关专门委员会和工作机构研究，可否围绕这些法律条款的落实搞一次执法检查，用法律手段推动打赢脱贫攻坚战。这也可以作为实施法律监督的创新性探索。

各位委员、各位同志，即将召开的十三届全国人大二次会议，是我国政治生活中的一件大事，是在全面建成小康社会、实现第一个百年奋斗目标关键之年召开的一次十分重要的会议。会议将听取审议"一府两院"工作报告和常委会工作报告，审查批准计划和计划报告、预算和预算报告，还将审议通过外商投资法。开好这次大会，对于深入贯彻落实习近平新时代中国特色社会主义思想和党的十九大精神，把全国各族人民思想和行动统一到党中央决策部署上来，齐心协力完成今年各项目标任务，以优异成绩庆祝中华人民共和国成立70周年，具有十分重要的意义。我们要在党中央坚强领导下，同全体代表一道尽职尽责，全力以赴完成会议各项任务，把十三届全国人大二次会议开成民主、团结、求实、奋进的大会。这里，我强调三点：

一是充分发扬民主，凝聚信心力量。要尊重和保障代表的民主权利，营造畅所欲言、求真务实的会议氛围，让代表围绕议题踊跃发言、献计献策。要善于正确集中，把握会议正确导向，引导代表把智慧和力量凝聚到党和国家工作大局上来，把各项报告和议案审议好，确保顺利通过。要加强正面宣传报道，唱响主旋律，弘扬正能量，在全社会营造团结一心、砥砺前行的良好氛围。

二是自觉接受监督，积极改进工作。常委会、各专门委员会组成人员和全国人大机关工作人员，都要虚心听取人大代表的意见建议，自觉主动接受代表和人民的监督，研究加强和改进常委会工作，更好行使宪法法律赋予的职权。

三是做好服务保障，保持良好会风。大会秘书处已经做了大量扎实细致的工作，各项准备基本就绪。现在要抓紧最后时间再检查、再落实，务实高效、周密细致地做好组织服务和安全保卫工作，确保大会绝对安全、平稳顺利。要驰而不息改进会风，严格执行会风会纪各项规定，注重抓细节、抓落实、抓监督，以清新会风展现优良党风政风。

在第十三届全国人大常委会第十次会议上的讲话

（2019年4月23日）

全国人大常委会委员长　栗战书

各位委员、各位同志：

在大家的共同努力下，本次常委会会议的预定任务顺利完成。共审议8件法律草案，通过了其中的3件；听取审议4个工作报告；批准2件国际条约，通过了关于接受贺一诚辞去代表职务请求的决定、代表资格审查报告和人事任免案。

会议表决通过的法官法修订草案和检察官法修订草案，贯彻了习近平总书记全面依法治国新理念新思想新战略和党中央关于建设高素质法治专门队伍的要求，巩固和深化司法体制改革成果，有利于推进法官、检察官正规化、专业化、职业化建设。各级法院、检察院要认真执行这两部法律，打造让党中央放心、让人民群众满意的高素质法官、检察官队伍。

会议修改建筑法等8部法律，主要是更好适应新时代高水平开放需要，营造法治化、国际化、便利化的营商环境。各地区各部门要认真落实，依法平等保护各类市场主体，更大程度激发市场、社会的创新创造活力。

会议对药品管理法修订草案和疫苗管理法草案进行了第二次审议。常委会组成人员指出，修订和制定这两部法律，要坚持重典治乱，把最严谨的标准、最严格的监管、最严厉的处罚、最严肃的问责写进法律，建立覆盖研制、生产、流通、使用、监管全过程全链条的法律制度,特别是对疫苗监管要采取严于一般药品的特殊措施,严惩重处,形成震慑,确保人民群众用药安全、有效、可及。

编纂民法典是党中央确定的重大立法任务。本届全国人大常委会在以往工作的基础上加快立法进度,去年 8 月整体审议了民法典各分编草案,12 月分单元审议了合同编、侵权责任编草案,本次会议审议了物权编、人格权编草案,下一步还将审议婚姻家庭编、继承编两个分编草案。要根据常委会组成人员的审议意见和各方面意见建议,抓紧修改完善各分编草案,精雕细琢,确保在今年年底前将各分编草案连同民法总则合并为一部完整的民法典草案,由常委会审议后提请全国人民代表大会审议。

各位委员,各位同志,本次常委会会议听取审议了国务院 3 个工作报告和最高人民法院 1 个工作报告。

关于医师队伍管理和执业医师法实施情况的报告,常委会组成人员充分肯定国务院这方面工作取得的成效,强调要全面落实法律关于医师准入、执业、考核等规定,加大全科医师和短缺专业医师培养力度,完善医师激励保障机制,引导医师力量向基层、乡村下沉,努力为人民群众提供全方位全周期的优质医疗服务。

关于 2018 年度环境状况和环境保护目标完成情况的报告,常委会组成人员充分肯定国务院的工作,普遍认为全国生态环境质量进一步改善,总体趋势稳中向好,蓝天保卫战等标志性战役取得重大进展。同时强调,生态环境保护的成效并不稳固,稍有松懈就可能出现反复。要深入学习贯彻习近平生态文明思想,保持加强生态文明建设的战略定力,把贯彻新发展理念、转变发展方式作为治本之策,用好法律武器,强化全天候全流程全覆盖的监督管理,加大对环境污染违法犯罪行为的处罚力度,促进全社会共同行动、共同治理,推动我国生态环境质量持续改善。

关于乡村产业发展情况的报告,常委会组成人员认为,近年来乡村产业发展取得积极成效,保持良好势头,但基础薄弱、活力不足、质量效益不高的状况尚未得到根本改变。要坚持以农业供给侧结构性改革为主线,围绕农村一二三产业融合发展,推动重点产业和新型经营主体发展壮大,促进农业绿色化、优质化、特色化、品牌化,加快构建现代乡村产业体系,为实现乡村振兴奠定坚实基础。

本届全国人大及其常委会高度重视解决“执行难”问题,持续开展监督工作。去年 10 月份的常委会会议听取审议了最高人民法院关于解决“执行难”工作情况的报告并进行了专题询问。在十三届全国人大二次会议上,最高人民法院在工作报告中专门报告了推进“基本解决执行难”情况。本次会议又听取审议了最高人民法院关于研究处理对解决“执行难”工作情况报告审议意见的报告。常委会组成人员普遍认为,最高人民法院自觉接受监督,切实加强执行工作,实现了“基本解决执行难”这一阶段性目标。下一步,要巩固和深化现有成果,健全长效机制,加强社会诚信体系建设,不断提高执行工作能力和水平,确保实现党的十八届四中全会提出的“切实解决执行难”目标。

各位委员、各位同志,人大常委会听取审议“一府一委两院”工作报告,是法定的监督形式,也是使用最多、最经常的一种形式。据统计,改革开放以来,全国人大常委会已听取审议国务院、最高人民法院、最高人民检察院有关报告 400 多个,有力促进了依法行政、公正司法,推动解决了一批实际问题,保证了党中央决策部署的贯彻落实。多年来,听取审议工作报告已经形成了一套行之有效的制度机制。本届全国人大常委会要坚持以往的好经验好做法,继续创新完善,加大工作力度,发挥好这一法定监督形式的功效。为此,就提高报告审议质量讲点意见。

首先,人大审议报告,要搞清楚这项工作的性质是什么、要达到什么目的、如何进行审议这些基本问题。人大审议报告既是履行监督职责,也是在行使国家权力、参与国家事务管理,其目的是反映民意、集中民智、行使人民赋予的权力,推动“一府一委两院”改进工作,提高工作质量和水平,更好实现人民意志。人大审议不同于一般研讨会、座谈会、工作会的发言,主要不是交流思想、发表观点,不是讨论部署工作,不是一般性地评价工作,而是监督“一府一委两院”工作开展得怎么样,是不是符合人民的关切、取得了人民满意的成效,是不是贯彻落实了党中央决策部署、执行了相关法律规定,是不是兑现了向人民作出的承诺、实现了人民代表大会提出的任务目标,还存在哪些差距、问题,据此有针对性地提出批评、意见、工作建议。围绕这些进行发言、发表意见,尽量做到言之有物、言之有理、言之有据、言之可行,尽量避免脱离主题、空话套话、泛泛而谈。具体工作要注意以下几点:

一是报告选题要围绕大局。常委会听取审议的报告,有的是法律规定的固定项目,如计划、预算、决算、审计、环保等报告已经制度化了，听取审议国有资产管理情况报告也开始形成制度。除此之外，每年都听取审议若干专项工作报告。这些专项报告的选题一定要围绕中心、贴近民生、突出重点，抓住那些关系改革发展稳定大局和群众切身利益、社会普遍关注的事项，作为报告的议题。

二是报告要回应党和国家的重大决策部署和人民群众的重大关切。报告既要反映工作整体情况，也要注重反映落实党和国家部署的重点任务、推动解决人民群众关心的突出问题的情况；既要客观反映成绩，也要深入查找和剖析问题，提出明确具体的工作举措。有的报告也不一定要面面俱到，可以着重对重点、难点、热点问题进行报告。

三是做好审议前的调研工作，利用好调研成果。审议报告的议题确定后，常委会组成人员尽可能提前搞一些调研，了解一些情况，听取各方面的意见建议。在审议前，全国人大有关专门委员会一般都开展深入调研工作，形成调研报告印发会议。希望每位同志认真阅读，作为审议发言的重要参考，也希望报告单位、报告人阅读参考。比如，印发本次会议的农业农村委员会关于乡村产业发展情况的调研报告，内容很详实，针对性也比较强，这些调研成果应当充分利用。

四是加强与报告机关的沟通协调。在听取审议报告前，人大工作机构要将常委会组成人员、人大代表调研中了解的情况和问题，以及社会各方面对相关工作的意见建议，及时汇总交给有关部门在起草报告时研究并予以回应，这有利于常委会组成人员在审议时更好地了解情况、发表意见。

五是抓好落实问效。有关专门委员会、常委会工作机构要做好后续跟踪问效工作，督促有关部门认真研究吸纳常委会组成人员审议意见和调研报告提出的意见建议，切实加强和改进工作，并按时向人大报告改进落实情况。如果有必要，还可以安排听取审议改进落实情况的报告，持续开展监督。

在第十三届全国人大常委会第十一次会议上的讲话

（2019 年 6 月 29 日）

全国人大常委会委员长　栗战书

各位委员、各位同志：

本次会议顺利完成了各项预定任务。共审议 9 件法律草案和有关法律问题的决定草案，通过了其中 2 件；听取审议 3 个工作报告和 1 个执法检查报告，审查批准了 2018 年中央决算；审议了访问欧洲三国的书面报告，通过了代表资格审查报告和人事任免案。

这次会议最为重要的议程，就是审议通过《全国人民代表大会常务委员会关于在中华人民共和国成立七十周年之际对部分服刑罪犯予以特赦的决定》。习近平主席签署发布特赦令。特赦是国际通行的在遇有重要历史节点时国家对特定罪犯赦免余刑的人道主义制度。2019 年是新中国成立 70 周年，是新时代第一个逢十的周年，是“两个一百年”奋斗目标进入历史交汇期的关键之年。在这一重要历史时刻，根据党中央部署，按照宪法有关规定，对部分罪犯实行特赦，具有重大政治意义和法治意义。这一决定，有利于彰显以习近平同志为核心的党中央承续中华文明慎刑恤囚、明刑弼教的优良传统，体现了法安天下、德润人心的施政理念，展示了执政自信和制度自信，树立了新时代盛世伟邦形象；有利于弘扬全面依法治国理念，形成依宪执政、依宪治国的良好社会氛围，深入推进法治中国建设；有利于贯彻落实宽严相济刑事政策，充分发挥特赦的感召效应，最大限度化消极因素为积极因素，促进社会和谐稳定；有利于展现我国人权司法保障水平，进一步树立我国开放、民主、法治、文明的国际形象。司法行政机关、审判机关、检察机关以及有关部门要认真贯彻习近平主席特赦令，按照全国人大常委会作出的特赦决定，准确把握特赦基本原则和范围，坚持审慎、公平、公正、依法办理，确保每个环节都严格按照宪法和法律规定办，确保此次特赦取得好的政治效果、法律效果、社会效果。

会议表决通过的疫苗管理法，贯彻习近平总书记重要指示精神和党中央部署要求，回应社会关切，明确国家实行免疫规划制度，对疫苗实行最严格的管理制度，健全完善了疫苗研制、生产、流通、预防接种等全过程监管体制，全面严格法律责任，重典治乱,去疴除弊,为坚决守住公共卫生安全底线、维护人民身体健康提供了有力法律武器。

会议对民法典婚姻家庭编、继承编草案进行了第二次审议。这两个分编涉及每一个人的权利和利益,关系到家庭和社会的和谐稳定,要认真研究吸纳常委会组成人员审议意见和社会各方面意见,把草案进一步修改好完善好。按照民法典编纂工作计划,要继续推进有关分编草案的审议和修改完善工作,适时将各分编草案连同民法总则合并为一部完整的民法典草案,年底前提请常委会审议。

会议听取审议了 2018 年中央决算报告和审计工作报告。常委会组成人员普遍认为,国务院及有关部门实施积极的财政政策,加大减税降费力度,有力保障了脱贫攻坚、生态环保、民生等重点领域支出,较好完成了全国人大批准的中央预算。审计机关紧紧围绕党和国家中心工作,依法履行审计监督职能,首次对中央一级预算单位实现了审计全覆盖。大家强调,要全面贯彻党中央决策部署,认真研究落实常委会组成人员的审议意见和全国人大财经委的审查报告,深化财税体制改革,积极稳妥化解地方政府债务风险,确保减税降费政策落地生根,不断提升预算执行能力和绩效水平,提高财政资源配置效率。要高度重视审计查出的问题,一条一条严肃整改,对反复出现的突出问题要找到治本之策,不仅要查病,更要治已病、防未病,有关整改情况及时向全国人大常委会报告。

会议听取审议了国务院关于文化产业发展工作情况的报告。常委会组成人员充分肯定文化产业发展取得的成绩和经验,同时指出,高质量文化供给不足、产业发展不平衡、创新能力和国际竞争力不强等问题仍然存在。要贯彻社会主义核心价值观,坚持把社会效益放在首位、社会效益与经济效益相统一,健全现代文化产业体系和市场体系,培育新型文化业态和文化消费模式,不断增强人民群众的文化获得感、幸福感。

检查中小企业促进法实施情况,是今年常委会监督工作的一项重要内容。陈竺、王东明、郝明金 3 位副委员长带队赴 6 省(区)实地检查,同时委托 6 省(市)人大常委会进行检查。本次会议听取审议了中小企业促进法执法检查报告并开展专题询问。常委会组成人员充分肯定执法检查组的工作,普遍赞成执法检查报告。大家指出,2017 年修订的中小企业促进法,贯彻体现了习近平总书记重要讲话精神和党中央决策部署,是促进中小企业健康发展的基础性法律。各级政府和有关方面要严格执行法律规定,着力纾解中小企业困难,依法保护中小企业和企业家的合法权益,营造公平竞争的市场环境,充分发挥中小企业在科技创新、解决就业、满足人民群众多样性需求、促进城乡区域协调发展等方面的重要作用。

会议期间,常委会组成人员和列席会议同志对有关法律草案提出的意见建议,请宪法和法律委员会、法制工作委员会会同有关方面认真研究,进一步修改完善,提请以后的常委会会议继续审议。

各位委员、各位同志!

执法检查是人大常委会的法定监督形式,是人大推动法律有效实施、推进法治国家建设的重要抓手。这一监督形式最早出现于上世纪 80 年代地方人大常委会的探索实践。1991 年七届全国人大常委会首次听取执法检查报告,1993 年常委会制定关于加强对法律实施情况检查监督的若干规定,1999 年委员长会议通过关于改进执法检查工作的几点意见,2006 年出台的监督法对执法检查作出专章规定,执法检查的制度机制不断完善。到 2018 年,全国人大常委会已组织开展 141 次执法检查,今年又安排了 6 次。这里,我就做好执法检查工作、增强监督实效讲几点意见。

一是准确把握执法检查的定位和目的。人大执法检查是国家权力机关对法律实施情况的检查监督,不同于一般的工作检查、行政督察,也不是一般的工作调研、工作指导,目的是保证法律全面有效实施,让法律制度的牙齿真正"咬合"起来。要依照法定职责、限于法定范围、遵守法定程序开展检查,不直接处理问题,不代行"一府一委两院"的职权,而是督促有关国家机关把法律执行到位、落到实处。要在执法检查中大力推进法律宣传普及工作,促进政府、企业、公众增强法治观念和法律意识,自觉履行法定责任和法律义务,推动全社会形成尊法、学法、守法、用法的良好氛围。

二是紧扣法律规定开展检查。法律是党的主张和人民意志的集中体现,是治国理政最大的规矩,是社会共同遵守的最大公约数。法律的权威和效力要比一般的号召和政策措施大得多、管用得多。法律的每一条规定都经过深入调研、反复论证,是对经验规律的总结,凝聚着各方共识,具有很强的针对性和可操作性,为依法开展相关工作提供了依据和遵循。开展执法检查,就要以法律规定为准绳,一个条款一个条款对照检查,把法律制度的引领、规范、保障作用充分发挥出来。法律各项规定真正落到实处,工作就能取得事半功倍的效果。

三是坚持问题导向，创新工作方式方法。执法检查既要了解法律实施的全面情况，更要善于抓问题、抓典型、抓案例，通过“解剖麻雀”、以点带面，找准影响法律实施的症结关键和深层次原因。要克服“粗、宽、松、软”倾向，敢于动真碰硬，该曝光的曝光，该点名的点名，不搞遮遮掩掩、语焉不详，真正形成监督压力。为了找准查清问题，必须改进和完善执法检查的组织方式和工作方法。本届常委会在这方面有一些新的探索，如首次引入第三方评估、加大暗访暗查力度、推进法律知识问卷调查常态化、推动地方人大认真开展检查等。行之有效的方式方法要坚持下去并不断完善，同时在工作实践中继续探索创新。

四是起草好、审议好执法检查报告。因为执法检查与一般工作调研、指导、检查、督察不同，因此执法检查报告也不同于一般的调研报告、工作报告。执法检查报告主要是报告相关法律落实情况的，不是报告这部法律所涉及的这一领域工作的；主要不是评功摆好，而更多的是查找法律实施存在问题的；主要不是论述道理，而是提出明确具体的落实法律的要求；主要不是对政府和有关方面提出改进工作的建议，而是强调政府和有关方面必须严格履行法律责任。报告要如实反映法律实施情况特别是存在的问题，用准确翔实、硬硬梆梆、有说服力的案例和数据说话。常委会组成人员审议报告时也要聚焦法律实施，提前准备、深入思考，做到言之有物、言之有理、言之有据、言之可行。参加执法检查的同志可以结合工作经历进行深度发言，多介绍一些情况，多提供一些例证。结合审议执法检查报告，可以组织开展专题询问，与有关方面负责同志深入交流，共同研究解决问题。

五是抓好督促落实工作，务求取得实效。常委会工作机构要及时将审议意见连同执法检查报告送有关方面研究处理。有关专门委员会要加强跟踪监督，督促有关方面认真研究改进工作，完善制度机制，并在规定期限内向常委会报告整改落实情况。对法律实施中一些长期得不到解决的突出问题，可以再次组织执法检查或者听取审议相关专项工作报告、开展专题调研，持续监督，一抓到底，确保取得实实在在的效果。

在第十三届全国人大常委会第十二次会议上的讲话

（2019 年 8 月 26 日）

全国人大常委会委员长　栗战书

各位委员、各位同志：

本次会议议程较多，共审议 7 件法律草案，通过了其中 3 件；听取审议国务院 3 个报告和 2 个执法检查报告；批准 2 个国际条约，还通过了代表资格审查报告和人事任免案。在大家的共同努力下，顺利完成了各项预定任务。

会议审议通过的药品管理法修订草案，贯彻习近平总书记关于加强药品管理的指示要求，针对群众反映强烈的假药、劣药、药价高、药品短缺等突出问题，把最严谨的标准、最严格的监管、最严厉的处罚、最严肃的问责写进法律，进一步健全了覆盖药品研制、生产、经营、使用全过程的法律制度。有关方面要加强对法律的学习宣传，严格执行法律各项规定，保证人民群众用药安全、有效、可及。

会议统筹修改土地管理法、城市房地产管理法，这是推进农村土地制度改革的又一重要立法。这次修改把农村土地征收、集体经营性建设用地入市、宅基地制度改革的试点经验上升为法律制度，对于赋予农民更多财产权利、保障农民合法权益、促进乡村振兴、推动城乡融合发展具有重要意义。

落实税收法定原则，会议审议通过资源税法。法律保持现行资源税制框架和税负水平总体不变，授权国务院开展水资源税征收试点，有利于更好地运用税收手段促进资源节约集约利用、加强生态环境保护。要按照贯彻落实税收法定原则的实施意见，抓紧做好其他税收立法工作。

会议听取审议了计划执行、预算执行情况的 2 个报告。常委会组成人员一致认为，今年以来，面对国内外风险挑战明显增多的复杂局面，在以习近平同志为核心的党中央坚强领导下，各地区各部门深入贯彻党中央决策部署，认真落实十三届全国人大二次会议决议要求，计划和预算执行情况总体良好，我国经济延续了总体平稳、稳中有进的运行态势，保持了经济社会持续健康发展的大局。大家指出，当前我国经济发展面临新的风险挑战,国内经济下行压力加大,做好下半年经济工作任务艰巨。大家建议,要把思想和行动统一到党中央对经济形势的科学判断和决策部署上来,坚持稳中求进工作总基调,坚持发展第一要务,坚持以供给侧结构性改革为主线,贯彻"巩固、增强、提升、畅通"八字方针,坚持宏观政策要稳、微观政策要活、社会政策要托底的总体思路,统筹做好稳增长、促改革、调结构、惠民生、防风险、保稳定各项工作,全面做好"六稳"工作,确保各项政策尽快落地见效,确保完成年初确定的全年目标和任务。

会议听取审议了国务院关于学前教育事业改革和发展情况的报告。常委会组成人员充分肯定我国学前教育事业取得的积极进展,同时指出,学前教育是整个教育体系的短板,"入园难"、"入园贵"仍是困扰老百姓的烦心事。大家强调,各级政府要把办好学前教育、实现幼有所育作为重大民生实事,发挥主导作用,加大财政投入,坚持公办民办并举,引导和规范社会力量办园,多渠道增加学前教育资源供给,推进学前教育普及、普惠、安全、优质发展。

检查水污染防治法实施情况,是今年常委会监督工作的重点之一。我和王晨、沈跃跃、丁仲礼 3 位副委员长分别带队,赴 8 个省实地检查,同时,委托 23 个省(区、市)人大常委会进行检查,委托中国工程院对法律实施情况开展第三方评估。本次会议听取审议了执法检查报告并开展专题询问。常委会组成人员充分肯定执法检查组的工作,赞成执法检查报告。大家认为,水污染防治法实施取得明显成效,主要江河、湖泊、近岸海域水质稳中向好,同时全社会依法治污的意识仍有待提高,水污染防治、水环境和水生态保护的任务依然艰巨繁重。大家强调,要深入学习贯彻习近平生态文明思想,加大法律学习宣传力度,严格按照法律规定开展工作、落实责任,强化工业、城镇、农业农村、船舶、饮用水水源等重点领域治理,用法律武器、法治力量打好碧水保卫战。

会议听取审议了就业促进法执法检查报告。这次检查由张春贤、吉炳轩、艾力更·依明巴海 3 位副委员长分别带队,赴 6 个省(区)实地检查,同时委托 10 个省(区、市)人大常委会进行检查。常委会组成人员充分肯定执法检查组的工作,肯定法律实施成效和国务院等有关方面所做的工作,赞成执法检查报告。大家建议,要把稳就业作为应对挑战、保持经济社会健康稳定发展的重要举措来抓,坚持就业优先战略和积极就业政策,落实法律规定的促进就业措施,扎实做好高校毕业生、农民工、退役军人等重点群体就业工作,依法建立完善就业服务体系,推动实现更高质量和更充分就业。

会议期间,常委会组成人员和列席会议同志对有关法律草案提出的意见建议,请宪法和法律委员会、法制工作委员会会同有关方面认真研究,进一步修改完善,提请以后的常委会会议继续审议。

在第十三届全国人大常委会第十三次会议上的讲话

(2019 年 9 月 17 日)

全国人大常委会委员长　栗战书

各位委员、各位同志:

本次会议只有一天时间,但议程十分重要。经过大家共同努力,圆满完成预定任务。

在庆祝中华人民共和国成立 70 周年之际,根据宪法、国家勋章和国家荣誉称号法,全国人大常委会贯彻落实党中央决策部署,专门加开一次会议,作出授予国家勋章和国家荣誉称号的决定,习近平主席签署主席令,首次授予为新中国建设和发展作出杰出贡献的功勋模范人物国家勋章和国家荣誉称号。这是强化国家意识,形成建设社会主义现代化强国强劲合力的现实需要;是弘扬社会主义核心价值观,凝聚时代精神的现实需要;是全面实施宪法、落实国家勋章荣誉制度的重要举措。

新中国成立 70 年来,中国共产党领导人民创造了世所罕见的经济发展奇迹和政治稳定奇迹,中华民族迎来了从站起来、富起来到强起来的伟大飞跃。在这一波澜壮阔的历史进程中,无数优秀的中华儿女,为了国家的发展进步,为了人民的幸福安康,舍身忘我,无私奉献,留下感人至深的事迹,建立不可磨灭的功勋,共同书写了中国特色社会主义事业的壮丽篇章。这次授予共和国勋章和国家荣誉称号的36人，都是各方面最具代表性、标志性，作出过杰出贡献的优秀人物，我们向他们致敬！70年来，许多国际友好人士，满腔热忱支持中国现代化建设，为促进中外交流合作，维护世界和平，作出了杰出贡献。这次授予友谊勋章的6名外国政要、国际友人就是其中的代表。通过全国人大常委会作出决定、国家主席签署主席令的形式，授予他们国家最高荣誉，大力宣扬他们的丰功伟绩，就是要在全社会进一步形成见贤思齐、崇尚英雄、争做先锋的良好氛围，就是要彰显宪法和法治精神，增强中国特色社会主义事业凝聚力和感召力，更好地激励全国各族人民紧密团结在以习近平同志为核心的党中央周围，为决胜全面建成小康社会、夺取新时代中国特色社会主义伟大胜利、实现中华民族伟大复兴的中国梦不懈奋斗。同时也彰显中国共产党、中国政府和中国人民追求和维护世界和平、推动和促进人类文明进步的坚强意志和宽阔胸襟。

再过两周，我们将迎来中华人民共和国70周年华诞，举国上下将举行隆重庆祝活动。在此，让我们共同祝愿伟大祖国日新月异、繁荣富强！

在第十三届全国人大常委会第十四次会议上的讲话

（2019年10月26日）

全国人大常委会委员长　栗战书

各位委员、各位同志：

本次常委会会议议程较多，共审议11件法律和有关法律问题的决定草案，通过其中4件；审议5个工作报告和1个执法检查报告；审议通过4个专门委员会关于代表议案审议结果的报告；还审议了出访书面报告，通过了代表资格审查报告和人事任免案。在大家的共同努力下，顺利完成了预定任务。

会议通过的密码法，是我国密码领域的综合性、基础性法律。这部法律贯彻总体国家安全观，健全密码工作领导和管理体制，在规范密码应用和管理、促进密码事业发展、保障网络与信息安全等方面建立了一整套制度。有关方面要认真贯彻实施，不断提升密码管理科学化、规范化、法治化水平，依法维护国家安全和社会公共利益。

本次会议依法作出3项决定。一是关于国家监察委员会制定监察法规的决定，明确制定监察法规的权限、程序和备案审查等内容，保证各级监察机关更好执行和适用监察法。二是关于授权国务院在自由贸易试验区暂时调整适用有关法律规定的决定，为“证照分离”改革试点顺利实施提供法律依据。三是关于授权澳门特别行政区对横琴口岸澳方口岸区及相关延伸区实施管辖的决定，有利于加强澳门与内地之间基础设施联通，促进人员经贸往来，推动澳门融入国家发展大局。

会议听取审议了国务院关于加快外贸转型升级推进贸易高质量发展工作情况的报告。常委会组成人员充分肯定近年来外贸工作取得的成效，同时指出，面对保护主义、单边主义蔓延，贸易和投资争端加剧等风险挑战，要坚决贯彻党中央决策部署，坚定信心，保持定力，有效应对，巩固外贸传统优势，加快培育竞争新优势，深入推进“一带一路”建设和自由贸易试验区、自由贸易港建设，进一步营造国际化、法治化、便利化的营商环境，更好发挥外贸在推动国民经济和社会发展、促进与世界经济融合方面的重要作用。

会议听取审议了国务院关于2018年度全国行政事业性国有资产管理情况的专项报告，同时审议了2018年度国有资产管理情况的综合报告。这是常委会连续两年听取审议国有资产管理情况相关报告。常委会组成人员普遍认为，国务院的报告反映情况客观，查找问题深入，思路和措施符合实际。预算工作委员会、财政经济委员会的调研报告扎实细致，很有针对性，所提出的问题和工作建议，希望有关方面认真处理和研究。大家指出，要继续探索完善人大对国有资产管理情况实施监督的工作，规范和充实向人大常委会报告工作的内容，强化跟踪监督和整改落实，确保管好全体人民的共同财富。

会议听取审议了最高人民法院关于加强刑事审判工作情况的报告，最高人民检察院关于开展公益诉讼检察工作情况的报告，并就公益诉讼检察工作情况进行了专题询问。常委会组成人员指出，人民法院要深入推进以审判为中心的刑事诉讼制度改革,不断提高刑事审判质量和效率,更好发挥刑事审判惩恶扬善、伸张正义的重要作用。常委会组成人员肯定检察公益诉讼制度全面实施以来取得的成效,希望检察机关紧盯生态环境和资源保护、食品药品安全、国有财产保护、国有土地使用权出让和英雄烈士保护等领域损害公共利益的突出问题,坚持以人民为中心,坚持以维护社会公共利益为职责,依法履职办案,提高办案质量,加强办案人员的规范化、专业化建设,进一步发挥公益司法保护职能作用。

会议听取审议了高等教育法执法检查报告。这次执法检查由王晨、艾力更·依明巴海、陈竺、蔡达峰4位副委员长带队,赴4个省(区)实地检查,同时委托10个省(区、市)人大常委会进行检查。常委会组成人员充分肯定执法检查组的工作,普遍赞成执法检查报告。大家认为,国务院和有关方面贯彻落实法律规定,推动我国高等教育事业改革发展取得巨大成就。同时,法律实施中也存在一些薄弱环节和突出问题,高等教育总体水平与国家发展需要和人民群众期盼相比仍有不小差距。要坚持党对高等教育事业的全面领导,坚持社会主义办学方向,树立依法治教理念,建设高素质教师队伍,形成高水平人才培养体系,为党和国家事业培养更多社会主义合格建设者和接班人。

会议听取审议了监察和司法委员会、财政经济委员会、外事委员会、社会建设委员会关于代表议案审议结果的报告,12月份的常委会会议还将听取审议其他专门委员会关于代表议案审议结果的报告和听取关于代表建议办理情况的报告。提出议案建议,是代表依法履职基本的、最主要的方式,反映了人民群众的意愿和呼声。代表议案建议工作应当做到"两个高质量":一是内容高质量,通过组织代表参加学习培训和经验交流,向代表介绍相关工作情况等,协助代表提出高质量的议案建议;二是办理高质量,督促有关方面认真负责地办理代表议案建议,办理的分工、进度、初步意见和最后结果等,都要及时与代表沟通,认真听取、研究、吸纳代表提出的意见建议,实事求是、认真负责地答复代表。

各位委员,各位同志!

10月24日,习近平总书记主持召开中央政治局会议,决定党的十九届四中全会于10月28日至31日在北京召开。这次全会将重点研究关于坚持和完善中国特色社会主义制度、推进国家治理体系和治理能力现代化若干重大问题,并审议有关决定稿。9月24日,中央政治局就"新中国国家制度和法律制度的形成和发展"举行第十七次集体学习,习近平总书记主持学习并发表重要讲话。总书记深刻指出,新中国成立70年来,我们党领导人民不断探索实践,逐步形成了中国特色社会主义国家制度和法律制度,为当代中国发展进步提供了根本保障,也为新时代推进国家制度和法律制度建设提供了重要经验,是人类制度文明史上的伟大创造;中国特色社会主义国家制度和法律制度是一套行得通、真管用、有效率的制度体系,具有显著优势和强大生命力;中国特色社会主义国家制度和法律制度需要坚持好、实施好,也需要不断完善和发展。总书记明确指出了中国特色社会主义国家制度和法律制度最突出的优势在于:一是坚持党的领导的优势,能够使国家始终沿着正确方向稳步前进;二是保证人民当家作主的优势,能够有效体现人民意志、保障人民权益、激发人民创造力;三是坚持全面依法治国的优势,确保党和国家长治久安;四是实行民主集中制的优势,克服了议而不决、决而不行、行而不实等不良现象,避免了相互掣肘、效率低下的弊端。总书记的重要讲话高屋建瓴、思想深邃、内涵丰富,对于进一步坚定"四个自信",继续沿着党和人民开辟的正确道路前进,不断推进国家治理体系和治理能力现代化,具有重大指导意义。

习近平总书记的重要讲话和党的十九届四中全会精神,必将使中国特色社会主义制度更加完善和成熟,也必将使我们对独具中国特色的社会主义制度的认识升华到一个新高度、新视野、新水平。人民代表大会制度是中国特色社会主义制度的重要组成部分,是我国根本政治制度。经过70年的发展,人民代表大会制度已基本成熟定型。在新时代,如何发挥人民代表大会制度支撑国家治理体系和治理能力现代化的作用,面临一些新课题。我们要认真学习贯彻党的十九届四中全会精神和总书记的重要讲话精神,在进一步深化对人民代表大会制度的思想认识、深化理论研究、深化实际工作三个方面下功夫。要研究在巩固中国特色社会主义国家制度和法律制度的优势方面,人大应发挥什么样的作用?如何发挥作用?比如,我们要认真研究,如何通过人民代表大会制度,始终坚持好、进一步巩固好党的领导的实现?这不仅仅是党的领导在人大的实现,还包括通过人民代表大会制度,保证党在整个党和国家事业中的领导地位;要研究如何通过人民代表大会制度,推动以人民为中心的思想的落实,保证人民真正当家作主,保证人民管理国家事务，管理经济和文化事业，管理社会事务的权利；要认真研究全国人大及其常委会在全面依法治国中的职责，在党中央集中统一领导下推进立法，确保法律符合宪法精神、体现党的主张、反映人民意志；要认真研究如何在人大的工作中正确处理民主与集中、分工与协同、监督与支持的关系，进一步调动和动员各方面力量，妥善协调各方面利益，保证国家机关依法协调高效运转，形成实现党和国家奋斗目标的强大合力，等等。不光是研究，更重要的是结合人大工作实际贯彻落实，推动人大工作上水平，更好地发挥人民代表大会制度在国家制度和法律制度中、在国家治理体系和治理能力现代化中的职能作用。

总之，我们要及时认真传达学习、贯彻落实即将召开的十九届四中全会精神，深入学习领会、贯彻落实习近平总书记重要讲话精神，在新时代推进国家制度和法律制度建设中担负起人大的职责使命，不断完善中国特色社会主义法律体系，助力经济社会发展和改革攻坚任务，以良法促进发展、保障善治；要加强对法律实施和制度执行情况的监督，推动增强法律制度的执行力，切实把我国制度优势转化为治理效能；要加强对国家制度和法律制度的理论研究和宣传教育，推动国家机关和全社会增强制度意识和法治意识，自觉维护制度和法律权威；要在党中央集中统一领导下，推动人大制度和人大工作与时俱进、完善发展，为坚持和完善中国特色社会主义制度、推进国家治理体系和治理能力现代化作出贡献。

在第十三届全国人大常委会第十五次会议上的讲话

（2019 年 12 月 28 日）

全国人大常委会委员长　栗战书

本次常委会会议议程多、任务重，共审议 14 件法律和决定草案，通过其中 8 件；审议 2 个执法检查报告和国务院 4 个专项工作报告；审议通过 5 个专门委员会关于代表议案审议结果的报告，听取关于代表建议办理情况的 2 个报告；听取审议 2019 年备案审查工作情况报告，还通过了代表资格审查报告和人事任免案等。在大家的共同努力下，顺利完成了预定任务。

经过各方面持续努力、辛勤工作，民法典编纂工作又迈出重大一步，本次会议审议了完整的民法典草案并决定提请十三届全国人大三次会议审议。下一步，要将草案印发所有全国人大代表研读讨论并征求意见，同时向地方人大、各有关部门和社会公众征求意见，作进一步修改完善，为明年大会审议做好充分准备。

会议审议通过基本医疗卫生与健康促进法，确认医药卫生体制改革成果，推动医疗资源合理配置、综合利用，保障人人享有基本医疗卫生服务，为实施健康中国战略提供了法治支撑。这部法律是我国卫生与健康领域的第一部基础性、综合性法律。各级政府和有关方面要认真学习宣传法律，全面落实法律责任，推进医疗卫生服务体系建设，加强健康促进工作，全方位全周期维护人民健康。

按照保证重大改革于法有据的要求，本次会议完成 3 项重要立法任务。一是修订证券法，按照全面推行注册制的基本定位，精简优化证券发行条件和发行程序，加强事中事后监管，强化投资者合法权益保护，为推动证券行业和资本市场改革创新、健康发展提供了法律保障。二是修改台湾同胞投资保护法，与外商投资法相衔接，确保台湾同胞投资同步享受到制度改革红利。三是授权最高人民法院在部分地区开展民事诉讼程序繁简分流改革试点工作，促进提升司法效能，更好满足人民群众高效、便捷、公正解决纠纷的需求。

适应加强和创新社会治理的需要，会议审议通过社区矫正法、关于废止有关收容教育法律规定和制度的决定，从机构人员、职责程序、监督管理、帮扶教育等方面建立健全社区矫正制度，体现全面依法治国的要求，有利于推进平安中国、法治中国建设。

会议审议通过森林法修订草案，进一步明确森林权属，加强森林、林木、林地所有者和使用者合法权益的保护，建立森林生态效益补偿制度，推动构建现代林业治理体系，更好保护、培育和合理利用森林资源。

围绕加强财政和预算监督，本次会议听取审议了国务院 3 个专项工作报告。一是关于减税降费工作情况的报告。常委会组成人员普遍认为,今年减税降费措施实、力度大,取得良好效果。面对外部环境严峻复杂、经济下行压力加大、实体经济仍然比较困难的形势,要落细落实减税降费政策,进一步减轻企业负担,增强微观主体活力。二是关于财政生态环境资金分配和使用情况的报告。常委会组成人员指出,生态环境保护该花的钱必须花,该投的钱决不能省。要把生态环保作为优先保障领域,健全投入机制,提高使用绩效,为打好污染防治攻坚战提供稳定、规范、可持续的财力保障。三是关于审计查出问题整改情况的报告。常委会组成人员充分肯定国务院及有关部门的整改工作,提出要巩固整改成果,堵塞管理漏洞,健全审计查出问题整改长效机制,做到"治已病、防未病",切实防止屡审屡犯。

社会救助事关困难群众基本生活,是社会保障体系建设和脱贫攻坚的重点任务。本次会议听取审议了国务院相关工作报告,强调要顺应群众对美好生活的新期待,进一步提升社会救助工作水平,统筹城乡社会救助体系,完善最低生活保障制度,加快补齐短板弱项,为全面建成小康社会做好兜底保障。

可再生能源法执法检查和渔业法执法检查是今年常委会监督工作的重要内容。沈跃跃、白玛赤林、丁仲礼 3 位副委员长带队,赴 6 个省、区实地检查可再生能源法实施情况;曹建明、吉炳轩、万鄂湘、武维华 4 位副委员长带队,赴 8 个省、市实地检查渔业法实施情况。本次会议听取审议了两个执法检查报告。常委会组成人员充分肯定执法检查组的工作,普遍赞成执法检查报告。大家指出,要高度重视可再生能源在经济社会发展中的战略地位,促进可再生能源依法开发和有效利用,加快构建清洁低碳、安全高效的能源体系。大家提出,要依法规范渔业生产经营,大力发展绿色生态养殖,促进渔业资源永续利用,实现渔业升级、渔村振兴、渔民富裕。

会议听取审议了法制工作委员会关于 2019 年备案审查工作情况的报告。一年来,收到报送备案的行政法规 53 件、地方性法规 1391 件、司法解释 41 件,积极做好主动审查和专项审查,认真审查研究公民、组织提出的 138 件审查建议,工作抓得很紧也很有成效。要认真执行委员长会议通过的《法规、司法解释备案审查工作办法》,进一步提高备案审查工作水平,切实维护国家法制统一、尊严、权威。

会议听取审议了宪法和法律委员会、教育科学文化卫生委员会、华侨委员会、环境与资源保护委员会、农业与农村委员会关于代表议案审议结果的报告,听取了全国人大常委会办公厅、农业农村部关于代表建议办理情况的报告。目前,十三届全国人大二次会议期间代表提出的 491 件议案、8160 件建议已全部审议或办理完毕。各专门委员会、各承办单位高度重视,健全工作责任制,加强与代表点对点联系、面对面沟通,认真听取意见,积极改进工作、解决问题,及时向代表答复反馈,审议和办理工作质量进一步提高。

即将过去的 2019 年是党和国家事业发展中极不平凡的一年。新中国迎来 70 周年大庆,极大振奋和凝聚了党心军心民心。中国共产党胜利召开十九届四中全会,对国家制度和国家治理体系作出顶层设计和全面部署。以习近平同志为核心的党中央团结带领全党全国人民应对风险挑战,勇于攻坚克难,推动经济社会持续健康发展,全面建成小康社会取得新的重大进展。在以习近平同志为核心的党中央坚强领导下,全国人大常委会紧紧围绕党和国家工作大局履职尽责,时刻牢记初心和使命扎实工作。一年来,审议法律草案和有关法律问题、重大问题的决定决议草案 49 件,通过 37 件,其中新制定法律 6 部,中国特色社会主义法律体系进一步完善。检查 6 部法律实施情况,听取审议 21 个工作报告,开展 3 次专题询问,进行 7 项专题调研,监督工作实效进一步增强。邀请 322 人次代表列席常委会会议,举办 6 次代表座谈会、291 人次参加,组织 1830 名代表开展专题调研、视察考察等活动,举办 7 期代表培训班、培训代表 1883 人次,人大代表的作用得到更好发挥。派出 66 个团组出访 61 个国家和欧洲议会,接待 39 个国家和各国议会联盟的 58 个团组来访,人大对外交往的独特优势进一步展现。深入开展"不忘初心、牢记使命"主题教育,强化理论武装,持续改进作风,全面加强全国人大党的建设。做好人大新闻舆论工作,健全外事委、法工委发言人制度,推进中国人大网和中国人大杂志改革,加快刊、网、微、端融合发展。推动全国人大机关建设,指导机关开展两轮内部巡视,建设让党中央放心、让人民群众满意的模范机关。

开展和推进这些工作,有以下几个特点:一是坚持党对人大工作的领导,增强"四个意识",坚定"四个自信",做到"两个维护",不折不扣贯彻落实习近平总书记指示要求,重要情况、重要事项、重大问题主动及时向党中央请示报告,保证党的主张通过法定程序成为国家意志，保证人大工作与党中央的要求步调一致、行动一致。二是坚持围绕党和国家工作大局、党中央重点工作部署履职尽责，为贯彻新发展理念、促进高质量发展、深化供给侧结构性改革、打好三大攻坚战等提供法治支撑，更好助力经济社会发展和改革攻坚任务。三是坚持全面依法治国，坚定不移走中国特色社会主义法治道路，严格依照法定职责、限于法定范围、遵守法定程序开展工作，推动建设中国特色社会主义法治体系。四是坚持以人民为中心，用法治保障人民权益、增进民生福祉，畅通社情民意反映和表达渠道，积极回应社会关切，保证人民当家作主具体地、现实地落实到国家政治生活和社会生活之中。

人大工作进展和成绩的取得，根本在于以习近平同志为核心的党中央坚强领导，根本在于习近平新时代中国特色社会主义思想科学指引，也是常委会组成人员、各专门委员会组成人员和全国人大机关工作人员辛勤工作、共同努力的结果，全国人大代表和各地方人大常委会的同志给予了大力支持，国务院、国家监察委员会、最高人民法院、最高人民检察院和国务院各部门予以积极配合。在此，我代表委员长会议组成人员，向各位委员、各位同志和有关方面表示衷心的感谢！

2020 年是全面建成小康社会和"十三五"规划收官之年。前不久召开的中央经济工作会议，为做好明年和今后一个时期的经济工作指明了方向、提供了遵循。我们要认真学习贯彻党的十九届四中全会精神和中央经济工作会议精神，紧扣全面建成小康社会目标任务，围绕坚持和完善人民代表大会制度这一根本政治制度，谋划和推进人大立法、监督等工作，推动党中央决策部署落到实处，为实现第一个百年奋斗目标作出应有的贡献。12 月 16 日的委员长会议，原则通过了全国人大常委会 2020 年度工作要点和立法、监督工作计划，对新一年工作作出预安排。各专门委员会和常委会工作机构要按照"一个要点、两个计划"，加强与有关方面的沟通协调，做好相关工作准备，确保明年工作实现良好开局。

本次常委会会议作出关于召开十三届全国人大三次会议的决定。从现在到明年 3 月大会召开，只有两个多月时间了。各有关方面要迅速行动起来，落实责任，密切配合，精心筹备，各项工作都尽量往前赶，抓实、抓细、抓好，确保不出任何纰漏，保证大会顺利召开、圆满成功。

再过几天就是 2020 年元旦。借此机会，我代表委员长会议组成人员，向在座的各位委员、各位同志，向全国人大代表，向全国人大机关工作人员，向所有关心和支持人大工作的各界人士，致以节日的问候和新年的祝福！

在第十三届全国人大常委会第十次会议期间与列席代表座谈时的讲话

（2019 年 4 月 20 日）

栗战书

首先，欢迎各位代表列席全国人大常委会会议。今天下午，我参加了第六组的审议，听了 2 位列席代表的发言，刚才又听了 18 位代表的发言，算起来共听取了 20 位代表的意见，感到很受启发。十三届全国人大二次会议之后，大家积极宣讲大会精神，带头贯彻大会精神，取得了非常好的效果。近 3000 名全国人大代表在贯彻党中央决策部署、宣讲大会精神、履行代表职责等方面做了大量扎实有效的工作，请常委会办公厅选取一些代表履职的典型人物、典型事迹进行宣传报道，充分展现人大代表履职风采，树立起"人民选我当代表、我当代表为人民"的良好形象。要让人民群众了解到，人大代表不是荣誉称号、"空头衔"，而是一个为人民服务、依法担当尽责的职务。办公厅还要认真梳理汇总代表们提出的意见建议，涉及全国人大常委会工作的，及时研究改进；涉及其他方面工作的，转送有关部门研究处理。

（一）

人大代表是人民代表大会的主体。尊重代表主体地位，充分发挥代表作用，是人民代表大会制度的内在要求，是人大工作保持生机和活力的重要基础。尊重代表主体地位很重要的一个方面，就是认真听取、研究、吸纳代表的意见建议。全国人大常委会一直把认真听取代表意见、充分发挥代表作用摆在重要位置，相关工作日益规范化、机制化，取得了明显成效，代表作用发挥得越来越好。在十三届全国人大二次会议上，代表们共提出议案 491 件、建议 8160 件。491 件议案已交由 9 个有关专门委员会审议；代表建议中涉及人大工作的 310 多件，已交由人大有关部门办理。在审议常委会工作报告时，共有 1439 位代表提出了 1660 条审议意见，办公厅进行了汇总整理，归纳为 356 条意见建议，也已送各专门委员会、工作委员会和办公厅有关部门研究办理。

审议各项议案和报告、提出议案和建议，是人大代表依法履职、行使国家权力、参与国家管理的重要方式。代表提出的议案、建议和发表的审议意见，都经过了深入调研和认真思考，质量是很高的，针对性也很强，对于人大工作具有重要促进作用。常委会将自觉接受代表监督，认真审议代表议案、办理代表建议，把代表意见建议作为加强和改进工作的重要依据，努力提升常委会工作质量和水平。从这个角度讲，人民代表大会制度的设计和运行、人大及其常委会依法行使职权，都是为了保证和发展人民当家作主，彰显"国家一切权力属于人民"的宪法理念。这是中国共产党的一贯主张、鲜明旗帜，也是中国特色社会主义民主政治的一个特点和一大优势。

（二）

党的十八大以来，习近平总书记对坚持和完善人民代表大会制度、做好新时代人大工作发表一系列重要讲话，提出了许多具有开创意义的新理念新思想新战略，形成了习近平总书记关于坚持和完善人民代表大会制度的重要思想。其中，很重要的一个方面就是更好发挥代表作用、做好人大代表工作。各级人民代表大会由民主选举产生的人大代表组成，宪法法律对代表的性质、地位、权利、义务等都作出了明确规定，各级党政机关都要支持和保障代表依法履职，这是人民当家作主的重要体现。同时，人大代表行使国家权力、履行代表职务，要遵守法定权限和程序，是有边界的。比如，代表可以对国家机关工作提出意见建议，但不能直接处理问题，更不能利用代表身份牟取个人利益。总的来说，就是要认真贯彻代表法，依法行使代表的职权，履行代表的义务，发挥代表的作用。在更好发挥代表作用方面，还有很多工作需要进一步探索和完善。这里，简要谈这么三点意见。

一要加强对代表意见建议的综合分析、研究采纳。代表在各种会议和活动中，对各方面工作包括人大工作提出了许多好的意见建议，各国家机关都要认真负责地研究办理。刚才，有的代表提出"先面商、后答复"的建议办理方式，我觉得很好。当然，每年七八千件代表建议，不可能做到每一件都"面商"，但按照这个思路去改进工作，对重要的意见建议先与代表沟通协商一下，一定会提升代表满意度。常委会召开列席常委会会议代表座谈会，一次座谈会上听 20 名左右代表发言，连续组织 5、6 次，有 100 多名代表发言，从中就能够反映出一些规律性的、共性的东西，了解到不少基层情况和实际问题，了解到社会各方面、广大群众最关注的热点难点是什么，最迫切需要解决的问题是什么，有助于我们在工作中有针对性地加以推动和改进。

二要进一步增强代表培训工作实效。全国人大和地方各级人大对代表培训工作都很重视，采取了一些行之有效的措施。上一届全国人大常委会实现了对基层人大代表履职培训全覆盖的目标。本届常委会要坚持以往好的做法和经验，进一步加强代表培训工作，努力提高培训的针对性和实效性。可以围绕代表关注和履职需要，在细化培训内容、丰富培训方式上做文章，多搞一些专项培训，如适应多媒体时代需要，讲授怎样应对媒体提问、与媒体打交道的知识和技巧。近些年来，代表们接受媒体采访的主动性、积极性越来越高了，但也有一个如何应对、发表观点的问题，不能一遇到敏感、棘手甚至是刁难的问题，就乱了方寸，这会影响人大代表形象。前段时间，我看过一个材料，广西团的一名人大代表面对境外记者关于怎么监督习近平主席履职的提问，回答得就很巧妙、很睿智。他说，习近平同志作为我们的国家主席，赢得了全国各族人民的衷心拥护。习主席每天说了什么、做了什么，给老百姓办了什么事，我们在报纸上、电视上、网络上都能看得到，这就是最好的述职。这位代表回答得非常精彩，把习主席深入基层、联系群众、关心民生的优良作风和担当精神都表达出来了。对人大代表如何提出议案也要培训。议案是代表人民建言献策、履行职责，领衔代表和附议代表都必须认真负责，反复推敲，不能马马虎虎。如果在会议期间联名提议案的时间太紧，也可以在闭会期间加强沟通联系，认真研究思考，不能草率签个名就完事。这些具体的履职要求、规则和细节，也要作为培训的重要内容。

三要继续扩大代表对常委会工作的参与。这方面已经有了一些有效的制度和机制，要继续坚持并不断完善。比如，委员长会议组成人员、常委会委员直接联系人大代表的制度，是上一届常委会建立的。本届常委会继续坚持和完善这一制度，每位常委会组成人员都直接联系3至6名全国人大代表，共与440名代表保持固定联系。要采取面对面交流、电话沟通、邀请参加执法检查或调研等多种方式，认真听取所联系代表反映的情况和提出的建议。比如，一些专业性较强的工作，像预算审查、国有资产管理监督等，有关专门委员会、工作委员会要注重邀请具有专业知识的代表参加。再比如，更多邀请提出议案、建议或具有专业背景的代表，参与相关法律草案的起草、论证、调研、审议等工作，参与执法检查、专题调研、专题询问等活动，并认真研究和采纳代表的意见建议。还有，可以考虑运用现代信息技术联系代表、听取意见，如围绕具体立法项目，通过视频会议等方式听取代表意见，或者向代表作解读说明。总的来讲，就是要在扩大代表参与常委会工作方面，多做一些研究和探索。

（三）

习近平总书记提出，要使各级人大及其常委会成为同人民群众保持密切联系的代表机关。我理解，这其中的关键是尊重代表主体地位、充分发挥代表作用。我们的人大代表来自各地区、各民族、各方面，工作和生活在人民中间，始终同人民群众保持着密切联系。全国262万名五级人大代表充分发挥作用，当好桥梁纽带，忠诚为党分忧，忠实为民履职，就能够凝聚和激发各方面积极性、主动性、创造性，汇集起全社会团结奋进的磅礴力量。尊重代表、服务代表、接受代表监督，就是尊重人民主体地位。要从这个高度深刻认识支持和保障代表履职的重要意义，把联系人大代表、发挥代表作用等工作做得更好，充分彰显人民代表大会制度的优势和特点。

在加强和改进全国人大代表工作座谈会上的讲话

（2019年5月13日）

栗战书

习近平总书记提出，各级人大及其常委会要成为全面担负起宪法法律赋予的各项职责的工作机关，成为同人民群众保持密切联系的代表机关。这其中，很重要的是要支持和保证代表依法履职，发挥人大代表作用，更好体现人民当家作主。十三届全国人大二次会议闭幕后，我们先后召开了有关工作会议和常委会党组会议，对今年要抓好的几方面重点工作进行部署，其中一项就是梳理大会期间代表提出的意见建议，进一步加强和改进代表工作。常委会办公厅对代表们关于代表工作的意见建议做了梳理研究，提出了改进措施。今天，我们召开工作座谈会，讨论加强和改进全国人大代表工作的有关举措。我们要像重视立法、监督工作一样重视代表工作，确保取得代表满意的效果。

刚才，出席会议的同志作了发言，提出了不少好的意见和建议。常委会办公厅要认真研究，对现有的改进工作措施进行修改完善，出台一个文件，可以叫《加强和改进全国人大代表工作的具体措施》，规范全国人大代表工作，不包括地方各级人大代表工作。文件的内容要具体明确，有可操作性，对于全国人大常委会、各专门委员会、全国人大机关应该加强和改进哪些工作，一条一条地列出来，在工作中一条一条地落到实处。这个文件稿修改完善后，要提请委员长会议讨论通过。我初步考虑，文件稿中至少要有以下几个方面的内容。

第一，充分认识做好代表工作的重要意义。关键是要从发挥中国特色社会主义民主政治特点和优势的高度来认识代表工作。习近平总书记关于坚持和完善人民代表大会制度的重要思想中很重要的一个方面，就是更好发挥代表作用、做好人大代表工作。总书记指出，“人民代表大会制度之所以具有强大生命力和显著优越性，关键在于它深深植根于人民之中。”“各级国家机关加强同人大代表的联系、加强同人民群众的联系，是实行人民代表大会制度的内在要求，是人民对自己选举和委派代表的基本要求。”在党的十九大报告中，总书记提出要“更好发挥人大代表作用”“使各级人大及其常委会成为同人民群众保持密切联系的代表机关”。在今年的“两会”党员负责人会议上，总书记再次强调要“密切联系人大代表”。总书记关于发挥人大代表作用的论述和要求还有很多，为做好新时代人大工作特别是代表工作提供了指引和遵循，我们要认真学习好、贯彻好、落实好。

我们要深刻认识到，人民代表大会制度的设计和运行、人大及其常委会依法行使职权，都是为了保证和发展人民当家作主，彰显“国家一切权力属于人民”的宪法理念。这是中国共产党的一贯主张、鲜明旗帜，也是中国特色社会主义民主政治的一个特点和一大优势。我们要深刻认识到，各级人民代表大会由民主选举产生的人大代表组成，代表是人民代表大会的主体。宪法法律对代表的性质、地位、权利、义务等都作出了明确规定，各级国家机关都要支持和保证代表依法履职，这是人民当家作主的重要体现，是各级国家机关的法定职责。我们还要深刻认识到，尊重代表主体地位，充分发挥代表作用，是人大工作保持生机和活力的重要基础。从一定意义上讲，每年人代会上，代表对常委会工作报告投出的赞成票多少，反映了我们代表工作的水平。通过率高，说明代表对常委会工作满意；反之，说明我们的代表工作还是有差距和不足。全国人大常委会要遵循和把握代表工作规律，健全完善代表工作机制，自觉接受代表监督，依靠全国人大代表做好常委会各项工作。

第二，加强常委会对代表工作的领导。常委会每年的工作要点和立法、监督工作计划是由委员长会议通过，而每年的代表工作要点，由秘书长办公会会议通过。可以考虑，今后年度代表工作要点提请委员长会议审议通过，从全国人大常委会的层面加强对代表工作的统筹和领导。常委会党组会议、委员长会议要专题研究代表工作。

对“一府一委两院”联系全国人大代表的工作，全国人大常委会也要有个统筹。从法理上讲，“一府一委两院”联系代表，是接受人大监督的体现，代表是作为国家权力机关组成人员同其他国家机关进行联系。“一府一委两院”联系全国人大代表，应当通过常委会来组织安排，体现人大监督的性质，也有利于发挥代表的作用。对此，要认真研究，规范工作机制。

第三，进一步深化和拓展常委会同人大代表的联系。常委会组成人员在联系代表时，要重点围绕党和国家工作大局、常委会中心工作来进行，重要的法律案、监督议题，应当主动与代表沟通，征求代表的意见建议，在审议相关议案的发言中一并反映代表的意见。要主动向代表介绍常委会的工作进展和成果，使代表加深了解和认识。要积极帮助和支持代表履职，对代表提出的议案建议，可以事先共同研究，帮助完善。常委会组成人员同人大代表之间形成机制化的工作联系，形成双向的工作互动、工作交流，就能够有力推动人大工作水平提升。

在常委会密切同人大代表联系的基础上，可以考虑加强各专门委员会、工作委员会与代表的对口联系。民族委员会在联系少数民族代表方面有了比较固定的机制，预算工委也确定了 152 名有专业背景的全国人大代表参加预算审查工作。其他的专门委员会、工作委员会可以考虑同具有相关专业知识、专业背景的代表建立联系机制，邀请代表参与立法、执法检查、专题调研等活动。

在刚才的讨论中，有的同志提出增加常委会组成人员直接联系代表的数量，或者在届中对联系代表进行轮换，归结起来就是扩大联系的覆盖面。这些建议可以进行研究。

第四，高质量做好代表议案建议工作。代表议案建议工作应当做到“两个高质量”：一个是内容高质量，一个是办理高质量。在代表培训工作中，要进一步加强有关议案建议的培训，让人大机关干部、专家为代表讲授相关知识，还可以组织履职经验丰富、提出议案建议质量较高的代表来交流经验。还要让建议承办单位的同志向代表介绍相关领域的党和国家重大部署、主要政策，介绍以往办理情况、当前突出问题和工作重点等。这样可以帮助代表在提出议案建议时有的放矢、提高质量。

在代表议案建议办理中，既要重结果，也要重过程。要特别注重加强与代表的沟通，着力提高办理的效率。办理的分工、形成的初步意见、办理的进度以及最后的结果，都要及时同代表沟通，向代表反馈。代表在出席代表大会会议、列席常委会会议时审议提出的意见建议，能在会议期间反馈的，就要第一时间与代表联系，哪怕只是简单的表态；会议期间反馈不了的，会后也要及时反馈。反馈要有针对性，不能是通过简单分类，弄成“通用稿”，笼统地回复代表，要根据代表提出的具体问题和建议，形成个性化、一个一个的反馈意见。

第五，组织好代表的视察、考察和专题调研。法律规定代表闭会期间开展视察、调研，过去这项工作主要是在原选举单位行政区域进行。2005年中央9号文件提出，根据需要和安排可以跨行政区域考察。视察、专题调研和考察这三种方式是什么关系，应当再明确一下。我个人理解，视察是法定履职行为，考察、专题调研是不是更倾向于为法定履职作准备？对视察、考察、专题调研的内涵、形式都要深入研究。视察、考察、专题调研工作要精心组织好，全国人大常委会办公厅要把相关工作统起来。

第六，全面宣传展示人大代表工作。我们强调人大的新闻舆论工作要做到全方位、多角度、深层次，其中就包括对代表工作的报道。目前，代表和社会公众对常委会代表工作的了解，主要是来自常委会工作报告。受篇幅所限，常委会工作报告只能反映总体的、重点工作的情况。可以考虑在每年大会召开前和召开期间，向代表提供过去一年有关常委会代表工作的专门材料，同时加强宣传报道，用多媒体的形式生动反映代表工作，充分反映常委会加强和改进代表工作的努力、反映代表履职尽责的成果，展示“人民选我当代表、我当代表为人民”的风采。

第七，加强代表联络机构建设。要始终牢记，代表联络机构是为代表“服务”的，是“服务代表”，而不是“管理代表”。全国人大常委会在代表工作方面的力量需要加强。要研究代表联络机构建设问题。现有的代表工作部门也要苦练“内功”，加强自身建设，提高服务代表的能力和水平。要加强对干部的教育管理监督，不能借代表的名义做违法乱纪的事情。

第八，加快提高代表工作的信息化水平。代表工作涉及面广，内容丰富，推进工作信息化要处理好多方面的需求，有常委会联系代表、代表联系人民群众的需求，有保障代表知情知政、提出议案建议、参加闭会期间活动的需求，还有人大机关内部协作、与“一府一委两院”和地方人大沟通以及面向社会公众的需求等。办公厅要做好规划设计，统筹协调好各方面的工作需求、各类信息的汇总利用发布、各渠道各形式的分工衔接，把现有的信息平台、渠道整合好，开发运用微信、手机客户端等新平台，同时加强管理，真正做到既便捷高效又安全可靠。

第九，加强代表自身建设，提高代表履职能力和水平。主要是加强代表培训，围绕代表关注和履职需要，在细化培训内容、丰富培训方式上做文章，多搞一些专题培训，增强培训的针对性、实效性。

第十，帮助代表解决履职困难，为代表履职创造更好条件。要健全代表履职经费保障机制，根据实际需要逐步提高代表活动经费水平。根据工作需要，为代表履职提供优质服务。要加强与代表所在单位、部门的沟通，讲清楚法律规定一切组织和个人都必须尊重代表的权力，支持保障代表执行代表职务；代表在闭会期间虽然在本单位工作，但要优先执行代表职务，参加统一组织的履职活动。常委会、委员长会议组成人员的外事活动，要根据需要吸纳代表参加。

在全国人大常委会党组“不忘初心、牢记使命”主题教育第二次集体学习时的讲话

（2019年6月20日）

栗战书

今天是常委会党组开展“不忘初心、牢记使命”主题教育的第二次集体学习讨论，主要是围绕党的性质、宗旨、优良传统开展专题学习和讨论，深刻认识、始终牢记中国共产党人的初心。

“不忘初心”是习近平总书记一系列重要讲话的鲜明主题。2012年11月15日，总书记在党的十八届一中全会上指出：“崇高的信仰始终是我们党的强大精神支柱，人民群众始终是我们党的坚实执政基础。只要我们永不动摇信仰、永不脱离群众，我们就能无往而不胜。”这是总书记对党的初心的重要阐述。2016年7月1日，总书记在纪念中国共产党成立95周年大会上向全党发出“不忘初心、继续前进”的伟大号召。党的十九大报告的主题首先就是“不忘初心、牢记使命”，总书记深刻指出“不忘

初心，方得始终。中国共产党人的初心和使命，就是为中国人民谋幸福，为中华民族谋复兴。”对初心的追溯，贯穿于总书记的红色足迹中。在河北西柏坡，他指出党面临的“赶考”远未结束；在山东沂蒙，他指出沂蒙精神是党和国家的宝贵精神财富，要不断结合新的时代条件发扬光大；在福建古田，他说“我们再次来到这里，目的是寻根溯源，深入思考当初是从哪里出发的、为什么出发的”；在陕西照金，他说“我们永远不能忘记自己是从哪里来的”；在江西井冈山，他强调井冈山时期留给我们最为宝贵的财富，就是跨越时空的井冈山精神；在参观中共一大会址和嘉兴南湖红船时，他强调要结合时代特点大力弘扬“红船精神”，指出“唯有不忘初心，方可告慰历史、告慰先辈，方可赢得民心、赢得时代，方可善作善成，一往无前”。今年 5 月，总书记在主持召开中央政治局会议对“不忘初心、牢记使命”主题教育作出部署一周后即考察江西，并专程到于都向中央红军长征出发纪念碑敬献花篮，告诫全党不忘初心和使命，走好新时代的长征路。总书记对中国共产党人的初心有十分深刻的思考和一系列重要论述，这些构成了习近平新时代中国特色社会主义思想的重要内容。

我们开展“不忘初心”的学习讨论，要放到习近平新时代中国特色社会主义思想这一理论框架中去思考，放到我们党的性质宗旨、历史经验和优良传统中去思考，放到我们党进入新时代、踏上新征程、迎接新挑战的伟大实践中去思考，深刻领会什么是初心、怎样不忘初心、如何将初心守成恒心。

今天上午、下午，党组各位同志作了发言，大家从不同角度谈了自己的学习体会，都作了充分的准备，讲得也很好，听了很受启发。大家的发言各有特点，共同之处是，都有观点，有思考，有体会，结合了工作实际，充分体现了作为党的高级干部应有的坚强党性和共产党人坚定的理想信念。我体会，“不忘初心”对每一名党员特别是党员领导干部来讲，都有许多具体明确的要求，根本一点，就是要把对党忠诚、为党分忧、为党尽职、为民造福作为根本政治担当。没有对党的绝对忠诚，没有对以习近平同志为核心的党中央的绝对忠诚，党员干部就会丢“魂”，工作就会迷“向”，“不忘初心”也就很难落到实处，最终成为一句空话。讲对党忠诚，就是要忠诚于党的信仰，忠诚于党的宗旨，忠诚于党的事业，在新时代，就是要忠诚于以习近平同志为核心的党中央，始终牢固树立“四个意识”、做到“两个维护”。围绕这一点，我谈以下四点体会。

第一，要忠诚于党的信仰、忠诚于党的追求，始终保持对马克思主义、共产主义的执着信念。

理想信念是中国共产党人的精神支柱和政治灵魂。回顾我们党 98 年的不平凡历程，无论顺境还是逆境，无论是革命、建设还是改革时期，无数中国共产党人从未动摇过对马克思主义的坚定信仰、对共产主义远大理想和中国特色社会主义共同理想的执着追求。方志敏同志在狱中遗嘱中写道：“你法西斯匪徒只能砍下我们的头颅，决不能丝毫动摇我们的信仰！我们的信仰是铁一般的坚硬的。”据不完全统计，从 1921 年到 1949 年，在我们党领导的革命中牺牲的有名可查的烈士达 370 万人。千千万万的共产党人前仆后继、英勇奋斗，成千上万的烈士抛头颅、洒热血，虽九死而无悔，靠的就是一种信仰，为的就是一种理想。近年来，在党中央领导下，全国人大常委会设立烈士纪念日，制定英雄烈士保护法，就是为了抵制历史虚无主义的错误思潮和观点，传承红色基因，彰显信仰的光辉和力量。

习近平总书记反复强调，共产党人如果没有信仰，没有理想，或者信仰、理想不坚定，精神上就会“缺钙”，就会得“软骨病”，就必然导致政治上变质、经济上贪婪、道德上堕落、生活上腐化。党的十八大以来已有 180 多名省部级及以上官员（不含企业任职）落马。应当说，这里面也有一些人还是有本事，为党干过工作、作出过贡献，为什么走上歧路？归根结底是理想信念淡漠了、动摇了，忘记了初心和来时的路，忘记了权力姓公不姓私，忘记了手中的权力是谁赋予的、是用来做什么的，总想着当“官”不能吃亏，事要干钱也要捞，甚至事干不干无所谓钱一定要捞，将信仰宗旨抛诸脑后，将纪律规矩视若无物，最终损害了党和人民的事业，也害了自己和家人。

第二，要忠诚于党的宗旨、忠诚于人民群众，始终做到全心全意为人民服务。

毛泽东同志在那篇著名的《为人民服务》的文章中说：“人固有一死，或重于泰山，或轻于鸿毛。为人民利益而死，就比泰山还重；替法西斯卖力，替剥削人民和压迫人民的人去死，就比鸿毛还轻。”“只要我们为人民的利益坚持好的，为人民的利益改正错的，我们这个队伍就一定会兴旺起来”；“要奋斗就会有牺牲，死人的事是经常发生的。但是我们想到人民的利益，想到大多数人民的痛苦，我们为人民而死，就是死得其所。”这些经典话语，我们大家都很熟悉，但每次重读，都会令人心潮澎湃。

我想,就是因为这些话语道出了中国共产党人的初心。90多年来,同人民风雨同舟、血脉相通、生死与共,是我们党战胜一切困难和风险的根本保证。前不久总书记去的江西于都,80多年前参加红军的人数近7万,占当时当地总人口的四分之一多。还有红安、金寨、兴国这些地方,当年是"母送子,妻送郎,兄弟争相当红军"。解放战争时期,淮海战役中各解放区支前民工共有543万人,淮海战役的胜利,是人民群众用小车推出来的!为什么人民拥护共产党,就是因为共产党是劳苦大众的党,是为中国人民谋幸福、谋利益的党!

习近平总书记指出:"以百姓心为心,与人民同呼吸,共命运、心连心,是党的初心,也是党的恒心"。2012年11月15日,刚当选为总书记的习近平同志率领十八届中央政治局常委与中外记者见面,提出"人民对美好生活的向往,就是我们的奋斗目标",对人民作出庄严承诺。这些年来,总书记始终把人民放在心中最高位置。他阐述中国梦的时候,强调"中国梦归根结底是人民的梦",讲全面建成小康社会,强调"小康不小康,关键看老乡""一个都不能掉队";讲全面深化改革,强调"把改革方案的含金量充分展示出来,让人民群众有更多获得感";讲全面依法治国,强调"努力让人民群众在每一个司法案件中都能感受到公平正义";讲全面从严治党,强调"关键问题是保持同人民群众的血肉联系"。6年多来,以习近平同志为核心的党中央提出的新理念、新思想、新战略,作出的重大决策部署和重大工作安排,为的都是人民幸福和民族伟大复兴。今年3月习近平总书记访问欧洲时,意大利议长菲科问习主席:"作为世界上如此重要国家的一位领袖,您是怎么想的?"总书记不假思索、深情而坚定地回答说:"我将无我,不负人民。我愿意做到一个无我的状态,为中国的发展奉献自己。"这就是我们党的领袖、党的总书记的为民情怀和责任担当。党的十八大以来,以习近平同志为核心的党中央为什么受到全党全国人民衷心的拥护和爱戴,就是因为始终把人民放在最高位置,一切都为人民着想。

在践行党的宗旨上,总书记不仅对全党提出了明确要求,他自己更是始终如一、身体力行,为我们作出了榜样和表率。常委会党组同志是党的高级干部,我们要始终坚守党的宗旨,带头坚持人民立场,密切同人民群众的血肉联系,把群众观点、群众路线深深植根于思想中、具体落实到行动上。人民代表大会制度是中国人民当家作主的最高形式,人大是"同人民群众保持密切联系的代表机关",我想,结合这次主题教育,在"联系"和"代表"上还可以多做点文章、多研究点实实在在的工作举措,让人大工作更好地接地气、察民情、聚民智、惠民生。

第三,要忠诚于党的事业、忠诚于自己的岗位职责,始终为"两个一百年"奋斗目标和中华民族伟大复兴的中国梦而不懈奋斗。

说实话、干实事最能检验一个人的党性。新中国成立70年特别是改革开放40年来,我们国家取得的巨大成就,离不开无数共产党员兢兢业业、脚踏实地的奋斗,他们身上体现的共同之处,就是坚定的党性立场和对事业高度负责、无私奉献的精神。"氢弹之父"于敏由于工作性质特殊,曾长达28年隐姓埋名。他曾说:"人的名字,早晚是要没有的,能把微薄力量融进祖国的强盛中,人生足矣!"还有"中国核潜艇之父"黄旭华,也是30年深藏功与名、一心为国倾力奉献。习近平总书记曾多次点赞的焦裕禄、谷文昌、罗阳、邹碧华、张广秀、兰辉、李保国、王继才、张富清等优秀共产党员,他们来自不同年代,工作领域和岗位也不同,但都把干事创业、为党和人民事业奋斗作为人生最高追求,数十年如一日尽职尽责,书写了不平凡的人生华章。

中国特色社会主义进入新时代。我们即将实现第一个百年目标,并朝着实现第二个百年目标夯基筑台、砥砺奋进。当代中国正处于近代以来最好的发展时期,这一代中国人正处于一个伟大的时代。同时,我们也面临着许多前所未有的困难和挑战,外部形势严峻复杂,不稳定性不确定性增多。美国全面遏制、围堵、打压中国,贸易战就是其手段之一,现在已经延伸到技术战,可能还有金融战。我们不惧怕任何挑衅和恐吓,要坚定信心、沉着应对,集中精力做好自己的事情。任何成功都不可能轻松取得,需要艰辛付出、苦干实干。华为宣传图片"芭蕾舞者伤痕累累的脚"上有一句话,"伟大的背后都是苦难",这一图片前一阵子又在网上刷屏了,非常令人感动,之前在中办工作时,我一直把这张图片放在桌子的玻板下。上个月访问欧洲,在布达佩斯华为公司欧洲供应中心,我又看到一张华为的宣传图片,是"二战"中苏联一架伊尔2飞机,被打得像筛子一样,浑身弹孔累累,依然坚持飞行,在完成任务之后,艰难地实现了安全返回,图片上配的宣传语是:"没有伤痕累累,哪来皮糙肉厚,英雄自古多磨难。"我当时对华为的员工说,越是在艰难的时候,越要发扬艰苦奋斗的精神,把外部压力和挫折转化为做优做强的压力甚至是助力，把华为——“中华有为”的气势彰显出来。我想，党员干部更要保持斗争精神，为党和人民的事业坚持不懈奋斗，自觉把党交付的任务作为最重要的政治责任，以钉钉子精神抓好工作落实，推动党中央路线方针政策落地生根。

第四，要忠诚于以习近平同志为核心的党中央、忠诚于习近平新时代中国特色社会主义思想，始终树牢“四个意识”、做到“两个维护”。

组织严密、纪律严明是我们党的光荣传统和独特优势。党的组织制度、组织纪律，最集中最概括的表述就是党员个人服从党的组织、少数服从多数、下级组织服从上级组织、全党各个组织和全体党员服从党的全国代表大会和中央委员会。这“四个服从”是我们党的纪律要求，也是优良传统，我们每一名党员，特别是党的高级干部，都要自觉做到。张思德同志最可贵的政治品质就是讲服从，听党的话。他经历过长征，3 次过草地，负过伤，会打双枪，被誉为“小老虎”。1943 年 3 月，已担任 3 年通讯班长的张思德被分配到毛泽东身边当警卫战士，他坚决服从。1944 年 9 月，张思德在安塞烧木炭时光荣牺牲。雷锋同志一切服从党的安排，他总是说“革命需要我去烧木炭，我就去做张思德，革命需要我去堵枪眼，我就去做黄继光。”新时代的党员干部，要传承党的优良传统，对党忠诚老实，与党同心同德，听党指挥，为党尽责。

“四个服从”中，最重要、最根本是全党服从中央。邓小平同志曾经讲过：“中国问题的关键在于共产党要有一个好的政治局，特别是好的政治局常委会。只要这个环节不发生问题，中国就稳如泰山。”“任何一个领导集体都要有一个核心，没有核心的领导是靠不住的。”党的十八大以来，在以习近平同志为核心的党中央领航掌舵下，我们解决了许多长期想解决而没有解决的难题，办成了许多过去想办而没有办成的大事，开创了中国特色社会主义新时代。在这一伟大历史进程中，习近平总书记成为党中央的核心、全党的核心，这是全党全国各族人民的共同愿望，是保持党和国家事业发展正确方向的根本保证。这些年来，我们深刻感受到习近平总书记坚如磐石般的政治定力、宽广的政治视野、博大的政治胸怀，超凡的政治智慧和卓越的治党治国治军才能。无论遇到什么艰难险阻，以习近平同志为核心的党中央都是全党全国各族人民的主心骨和定海神针。今年大会我参加江西代表团审议时说，正是因为习近平新时代中国特色社会主义思想的指引，保证了中国这艘巨轮在惊涛骇浪中始终沿着正确方向前进；正是因为全党全国上下做到了“两个维护”，形成了迎接挑战、战胜困难、开创新局面的磅礴力量。习近平同志作为党中央的核心、全党的核心，至少发挥着这么五个方面的作用：一是思想上的引领作用。二是方向上的把控作用。三是战略上的决断作用。四是政治上的凝聚作用。五是行动上的表率作用。

理想信念不可能凭空产生，也不可能轻而易举坚守；能不能始终坚持崇高宗旨、人民至上的立场，也不是说一说就能做到的；要把理想信念和宗旨付诸于实践，在我们的工作岗位上、日常工作中体现出来也不是那么简单的事情，是要理论上的清醒和坚定来支撑的。要坚持用科学理论武装头脑，不断强化党性修养。习近平新时代中国特色社会主义思想集中展现了当代中国共产党人的坚定信仰、政治品格、价值追求、精神风范。党中央部署开展这次主题教育，就是要推动全党学习贯彻习近平新时代中国特色社会主义思想，“筑好基”“补好钙”，让思想政治受到洗礼，始终牢记在党旗下的宣誓。党员干部有了坚定的理想信念，站位就高了，心胸就开阔了，就能坚持正确政治方向，做到“风雨不动安如山”。

全国人大常委会党组是党中央在全国人大及其常委会中设立的领导机构，是实现党对人大工作领导的重要组织形式和制度保证。常委会党组每位同志都肩负着重大政治责任，我们在政治上必须始终保持坚定清醒，牢固树立“四个意识”，坚决做到“两个维护”，时时处处事事同以习近平同志为核心的党中央保持高度一致，确保党中央集中统一领导贯彻体现到人大工作全过程和各方面。

在第十三届全国人大常委会第十一次会议期间与列席代表座谈时的讲话

（2019 年 6 月 27 日）

栗战书

利用今天下午分组审议后的时间，我和王晨副委员长、杨振武秘书长一起召开这么一个座谈会，主要是同各位代表见个面，听取大家对立法工作的意见建议。每次常委会会议都邀请五六十位代表列席，一方面是扩大代表对常委会工作的参与，另一方面是常委会自觉接受代表监督，目的是共同提升人大工作水平。昨天，我参加第一组审议时，听了几位代表的发言，刚才又听了 22 位代表的发言，你们讲得都很好，提出了不少务实中肯的建议。其中，涉及全国人大及其常委会工作的，我们将认真研究采纳；涉及其他方面工作的，会及时转送有关方面研究处理，并以适当方式反馈。

关于扩大代表对立法工作的参与，我和王晨等同志议过几次，初步考虑要研究规定几条措施，进一步健全工作机制。刚才，大家提出的扩大代表参与立法覆盖面、专家深度参与法律案起草、建立相关立法智库等建议，可以在制定具体措施时研究采纳。下面，我就这个问题再谈几点意见。

治国理政须臾离不开法治。立法是法治的前提和基础。做好新时代的立法工作，很重要的一条就是始终坚持人民主体地位，贯彻以人民为中心的发展思想，不断满足人民对民主、法治、公平、正义、安全、环境等方面的需要，让人民群众在每一项法律制度中感受到公平正义，这是立法的价值取向，也是社会主义法治的力量源泉。我们做好新时代立法工作，推进全面依法治国，目的就是在党的领导下支持和保证人民当家作主，保障人民权益，增进人民福祉。

做好新时代立法工作，必须充分发挥人大代表的作用。第一，这是坚持人民主体地位，实现人民当家作主的必然要求。全国人大及其常委会是国家权力机关、立法机关，承担着制定法律和保证法律实施的重要职责。人大代表作为国家权力机关组成人员，代表人民参加行使立法权、参与立法工作，使命光荣，责任重大。尊重代表主体地位，就是尊重人民的权利；充分发挥代表在立法工作中的作用，就是人民当家作主的体现。第二，这是密切同人大代表、人民群众联系，广泛凝聚立法共识的重要方式。古人讲，“法不察民之情而立之，则不成”。立法工作必须贯彻群众路线、反映人民意愿，努力做到为了人民、依靠人民、造福人民、保护人民。我们的人大代表来自人民、植根人民，工作和生活在人民中间，对基层情况、实际问题、群众期盼了解最深入，具有广泛的代表性。认真听取代表反映的情况，积极研究采纳代表提出的建议，可以让立法更好地接地气、察民情、聚民智、惠民生。第三，这是发挥代表专业特长，提高立法工作质量的有效途径。总书记提出，发展要高质量，立法也要高质量。新时代新形势新任务，对立法工作的专业化、精准化水平提出了更高要求。比如，知识产权保护、生物安全、人工智能等领域的立法项目对专业知识的要求就很高。近 3000 名全国人大代表中，有党政机关的领导干部，有相关领域的专家学者，有工人、农民、军人，有医务、教育、科技、文化工作者等，各有所长、专业精湛、经验丰富。对某一项立法，相关领域的代表可以发挥专业特长，提出有见地、有价值、切实可行的意见建议。研究吸收代表提出的专业意见，可以使立法更好地遵循客观规律，符合国情实际，立得住、行得通，有效管用。从以上 3 个方面去理解和认识，相信代表参与立法工作的使命感责任感会进一步增强，立法工作的质量也会进一步提升。

在立法工作中怎样发挥人大代表的作用？经过多年探索实践，代表参与立法工作已经有了一套比较成熟的机制和做法，但还需要进一步健全完善。一是增加全国人民代表大会审议法律案的数量，让代表更多地直接参加行使国家立法权，审议和表决法律案。十三届全国人大一次会议审议通过了《宪法修正案》和《监察法》，二次会议审议通过了《外商投资法》。二是把办理代表议案建议与编制立法规划计划、制定修改法律紧密结合起来。比如，十三届全国人大一次会议主席团交付审议的代表议案中,有 135 件议案涉及的 60 个立法项目,已列入立法规划或年度立法计划;在民法典编纂工作中,对十一届全国人大以来代表提出的 90 件议案和 88 件建议进行了系统梳理、研究采纳;在起草英雄烈士保护法草案时,采纳了代表议案提出的关于英雄烈士范围、纪念活动和设施、公益诉讼等立法建议。三是常委会邀请人大代表参与立法起草、论证、调研、审议、评估等工作,健全法律草案征求人大代表意见制度,还通过基层立法联系点、地方人大法制工作部门等平台,拓宽代表参与立法工作的渠道。四是为代表参与立法做好服务保障工作。及时向代表通报常委会立法工作情况,通过学习培训,帮助代表提升参与立法工作的能力;为代表提供翔实的立法背景材料,做好有关法律草案解读说明工作;运用现代信息技术,为代表参与立法搭建便捷高效的平台等。这些好的机制和做法要坚持下去,并在实践中继续创新完善,这方面还有很大拓展空间。比如,今后法律草案除了在网上公开征求意见,还要有针对性地征求相关领域代表的意见,并形成固定机制。

刚才,一些代表在发言中,结合履职实际,介绍了参与立法工作的经验体会。我知道,有的地方探索将代表领衔起草的法规草案直接列入会议议程进行审议,比如 2016 年厦门市人大通过的《厦门老字号保护发展办法》,就是由多名代表联名提出的议案。有的地方按专业特长和工作背景成立代表小组,有教育的、科技的、文化的、农村的、城建的、环保的等,各有侧重地分专题参加立法工作和活动,比如天津就专门制定了《市人大代表分专题参与地方立法工作实行办法》。还有的地方支持有条件的代表在其所在地方或单位,组织人民群众进行立法协商,听取对立法工作、法规草案的意见建议。全国人大和地方人大要加强工作交流,对于一些扩大代表参与立法的好经验好做法,可予以复制推广。

人大代表怎样积极参与立法工作? 代表要强化责任担当,从履行法定职责、不负党和人民重托的高度,认识和看待参加行使立法职权、参与立法工作,把这项工作做好、做出成效。要认真学习领会习近平新时代中国特色社会主义思想,特别是总书记关于坚持和完善人民代表大会制度的重要思想和全面依法治国新理念新思想新战略,提升政治站位,增强履职本领,自觉以党的创新理论为指导做好立法工作。要为参与立法工作做好充分准备,无论是提出议案建议,还是参与立法调研、审议、论证、评估等,都要深入调查研究,收集群众意见,结合专业特长进行认真思考,努力提出高质量的意见建议。要积极参加代表学习培训,熟悉立法程序和议事规则,掌握法律和其他方面的专业知识,为参与立法工作夯实基础。要结合代表自身参与立法工作的实践和体验,努力讲好"人大故事"和"立法故事",使立法的过程成为宣传普及法律法规、弘扬法治精神的过程。下个月,全国人大将在上海举办一期代表专题学习班,主题是"完善中国特色社会主义法律体系",欢迎代表们踊跃报名参加。

在第十三届全国人大常委会第十一次会议联组会议上的讲话

(2019 年 6 月 28 日)

栗战书

今天的联组会议是审议中小企业促进法执法检查报告并开展专题询问。刚才,8 位出席和列席会议的同志提出询问,涉及贯彻实施法律和政策、优化营商环境、解决融资难融资贵、清理拖欠账款、加强信用制度建设、落实政府综合管理职能等内容。王勇同志和国务院有关部门负责同志认真听取意见,坦诚回答问题,体现了很高的政治站位和自觉接受人大监督的态度。

执法检查是人大对"一府一委两院"工作开展法律监督和工作监督的重要形式,也是中国特色社会主义民主政治制度中一种独特的监督形式。执法检查依法进行、紧扣法律开展,比一般的工作检查、工作督查更具权威、更有效力;运用法律武器来推动工作,也比一般的号召、要求更加管用有效。我们要善于运用法治来治理国家、管理社会,善于运用法治保障经济社会发展和国家长治久安。

检查中小企业促进法实施情况是今年全国人大常委会监督工作的一项重要内容。陈竺、王东明、郝明金三位副委员长担任组长，实地检查了6个省（区），委托检查了8个省（市），专题解剖了3个地市，还委托2家研究机构对法律实施情况开展第三方评估，委托3个市级人大常委会进行重点评估，提供了20多份材料，执法检查报告有一半篇幅聚焦在问题和原因分析上，很有特点也很有说服力。

执法检查报告在总结分析问题的基础上，提出了5个方面的20条建议，常委会组成人员在审议和询问时也提出了不少好的意见建议，请国务院及有关方面认真研究采纳。全国人大财经委要加强跟踪监督，推动有关方面认真实施法律、切实解决问题、加强改进工作、完善制度措施，把这次执法检查的成果充分运用好落实好。下面，我结合审议情况和大家的发言，再强调四点意见。

第一，把中小企业在就业方面的重要作用发挥出来。在当前经济下行压力加大、外部不确定因素增多的情况下，中小企业在创造和稳定就业方面的作用尤为重要。中小企业创造了全社会80%以上的城镇就业岗位，一直是就业的主力军。当前和今后一个时期，我国就业总量压力、结构性矛盾还是不小的，并且面临中美经贸摩擦等一些外部因素的影响。目前各种因素对就业的影响已经有所显现。去年城镇调查失业率为4.9%，今年一季度，调查失业率为5.2%，虽然在合理区间内，但处于近年来高位。实施好中小企业促进法，首要目标就是要创造和稳定就业，把法律要求、就业优先政策与支持中小企业发展有机结合起来，重点扶持就业容量大的服务业企业和部分劳动密集型企业，把党中央确定的降低社保缴费率、加大就业补助、加强就业培训等各项措施落实好。目前，全国人大常委会正在进行就业促进法执法检查，要推动有关方面协调政策措施，形成工作合力，确保就业不出大的问题。

第二，把中小企业在创新方面的重要作用发挥出来。创新是引领发展的第一动力。近年来，新动能对我国经济增长的贡献率超过三分之一，对城镇新增就业的贡献率超过三分之二。这其中，中小企业是科技创新和高质量发展的生力军，我国有65%的专利、70%的技术创新、80%以上的新产品开发是由中小企业完成的，大量新产业、新业态、新模式也是中小企业探索创新形成的。中小企业促进法专门规定了"创新支持"一章，就完善创新创业环境、支持科技研发、提供信息化服务、保护知识产权、吸引创新人才等作出明确规定；党中央、国务院出台了《关于促进中小企业健康发展的指导意见》，对提升创新发展能力提出4个方面的具体要求。这些都是下一步的工作重点，要认真对照法律条文，贯彻党中央决策部署，明确职责、细化措施、强化监督检查，确保支持中小企业创新发展的法律和政策落到实处。

第三，切实保护好中小企业合法权益。现在，中小企业反映最突出、最强烈的问题之一，是对其合法权益保护不够。比如，用刑事手段处理民事纠纷，对企业家动辄采取刑事强制措施；随意查封、扣押、冻结企业财产，甚至直接剥夺企业财产权；滥用公权力强迫低价转让股权资产，违法征收征用中小企业厂房、土地和财产；拖欠中小企业账款，侵犯中小企业知识产权等。这次执法检查中，也接到了不少这方面的反映和投诉。

有恒产者有恒心。如果企业和企业家的合法权益得不到有效保护，那么中小企业发展就无从谈起。前一段时间人民法院依法重审了几个典型案件，甄别纠正了一些侵害企业产权的错案冤案，取得了良好的社会效果。一个案例胜过一打文件，保护中小企业合法权益从根本上还是要用好法律武器，为中小企业提供法治"靠山"。人大、政府、司法机关、工商联、行业协会（商会）等都要依法维护中小企业合法权益，加强协调，形成合力。人民法院要继续加强对涉及中小企业权益保护案件的审理和公开，对侵权行为形成有效震慑，稳定企业和企业家的预期。全国人大财经委对这个问题要抓住不放、一抓到底，督促有关方面加大权益保护力度，让中小企业感受到法律的力度和"温度"，切实提高安全感获得感。

第四，细化落实中小企业促进法规定的各项政府职责。中小企业促进法一共有10章61条，其中包含政府职责的就有53条。职责主体有国务院及有关部门，有地方各级政府及有关部门，构建了一套系统的责任体系。但是，这部法律从2002年颁布到现在已经17年，修订后实施也有1年多了，法律规定的许多政府职责还没有完全落到实处。有的地方政府、企业认为这部法律是宣示性、倡导性、原则性的，真正有用的"干货"、"硬货"不多，有的政府领导和企业家甚至不知道有这部法律。之所以有这种情况，说明对这部法律的重视和宣传很不到位，也说明法律实施中确实存在"粗、宽、松、软"的问题。执法检查报告中点到的没有完全落实的条款，有第6、7、15、17、18、19、21、38、40、50、51、53、56条等十几条，没有点到的也不见得落实得很好。有关部门和有关方面要高度重视这个问题，严格依照法律规定，细化配套法规、具体措施和工作机制，把相关领导责任、监管责任、工作责任、法律责任落实到部门、体现为制度。全国人大财经委要列出清单，明确责任主体和进度表，督促有关方面加强整改，逐项落实，确保法律全面有效实施。

在全国人大常委会党组“不忘初心、牢记使命”主题教育第三次集体学习时的讲话

（2019 年 7 月 10 日）

栗战书

从 7 月 8 日到 10 日，我们用 5 个半天的时间，开展“不忘初心、牢记使命”主题教育的第三次集体学习，围绕新时代党的历史使命交流学习体会，增强贯彻党中央决策部署、做好新时代人大工作的责任感、使命感。

6 月 24 日，中央政治局就“牢记初心使命，推进自我革命”举行了集体学习，习近平总书记主持会议并作重要讲话，为全党开展主题教育作出了示范和表率。总书记深刻论述了“不忘初心、牢记使命”的重大意义，总结了我们党自我革命的重要经验，提出了新时代推进党的自我革命的举措要求，为我们开展好这次主题教育提供了重要遵循，注入了强大动力。在下一阶段的学习中，大家要学习贯彻总书记重要讲话精神，坚持加强党的集中统一领导和解决党内问题相统一，坚持守正和创新相统一，坚持严管和厚爱相统一，坚持组织推动和个人主动相统一，带头不忘初心、牢记使命，带头坚持真理、修正错误。

上次专题学习时，我就讲过，“不忘初心”和“牢记使命”密不可分，关键是全面准确系统地掌握党的创新理论的真谛要义，目的是增强做好新时代人大工作的责任感、使命感、紧迫感。正所谓“善学者尽其理，善行者究其难”，无论是学习还是实践都要深入，静下心、坐下来，通读指定的学习材料，结合思想和工作实际进行检视对照，把学习成效体现到增强党性、提高能力、改进作风、推动工作上来。

党组同志围绕主题作了很好的发言，谈了学习体会，提出了工作建议，很有思想性，也很有针对性，讲得很深刻，谈的观点也都很有见地。下面，我也谈几点体会。

第一，实现中华民族伟大复兴是中国共产党与生俱来的历史使命，一以贯之体现到党的全部奋斗之中。

实现中华民族伟大复兴，是近代以来中华民族最伟大的梦想。习近平总书记曾说过：“只有创造过辉煌的民族，才懂得复兴的意义；只有经历过苦难的民族，才对复兴有深切的渴望。”回顾中华文明 5000 多年的灿烂历史，中国在经济、科技、文化等方面曾长期走在世界前列。我看到一个资料，明朝之前世界上的主要发明创造和科技成就约有 300 项，其中中国拥有 170 多项，到 1820 年时中国的经济规模还是全球最大的、占到 33%。近代以后，由于西方列强的入侵和封建统治的腐败，中国逐渐陷入半殖民地半封建社会的黑暗深渊，中国人民经历了战乱不断、山河破碎、民不聊生的苦难。从鸦片战争到五四运动近 80 年间，为了实现民族复兴，中国人民和无数仁人志士进行了不屈不挠的斗争，但都没有改变旧中国的社会性质和人民的悲惨命运。

正是在中华民族内忧外患、社会危机空前深重的背景下，以马克思主义为指导的中国共产党应运而生，这是开天辟地的大事变。我们党一经成立，就义无反顾地肩负起实现中华民族伟大复兴的历史使命，历经近百年初心不改、矢志不渝。回顾我们党的历史，实现民族复兴这一伟大梦想，在党领导革命、建设、改革的不同时期有着不同的目标任务，具有与时俱进的时代内涵。正如习近平总书记所讲：“一个时代有一个时代的主题，一代人有一代人的使命。”在新民主主义革命时期，以毛泽东同志为代表的中国共产党人提出了反帝反封建的任务，制定了党的民主革命纲领，开辟了以农村包围城市、最后夺取全国胜利的革命道路。中华人民共和国成立后，我们党从局部执政转变为全国执政，肩负起带领人民医治战争创伤、恢复国民经济、建设新国家新社会的责任，及时提出过渡时期总路线，完成社会主义改造，确立社会主义基本制度，取得

了社会主义建设的基础性成就。1978 年党的十一届三中全会以后，以邓小平同志为核心的党的第二代中央领导集体，重新确立了解放思想、实事求是的思想路线，作出实行改革开放的历史性决策，成功开创了中国特色社会主义。改革开放 40 多年来，我们党的历次中央全会制定和确立党的路线方针政策，先后确立“一个中心、两个基本点”的基本路线，确立社会主义市场经济体制的改革目标和基本框架，提出构建社会主义和谐社会、加快生态文明建设，形成中国特色社会主义事业总体布局等。

虽然在革命、建设、改革不同时期，一代又一代中国共产党人带领人民接续奋斗的具体目标任务各有不同，但为中国人民谋幸福、为中华民族谋复兴这条鲜明主线贯穿始终，彰显着我们党坚定不移、一以贯之的历史使命、历史责任和历史担当。也正是因为始终坚守初心和使命，中国共产党才能够在攻坚克难中不断从胜利走向胜利，赢得了人民衷心拥护和坚定支持。我们党近百年的艰辛历程，就是为实现中华民族伟大复兴而不懈奋斗的历史。

回顾这段历程，让我们深深懂得，没有共产党，就没有新中国，就没有中华民族伟大复兴。历史和人民选择中国共产党领导中华民族伟大复兴事业是完全正确的，必须长期坚持、永不动摇。

对这段历史，大家都很清楚。特别是对于初心和使命，历史最能说明问题。反复讲这段历史，就是要深刻理解我们党从哪里来、往哪里去，我是谁、为了谁、依靠谁，承担什么样的历史使命，就是回望初心、牢记使命。只有铭记这段历史，才能在未来的道路上真正肩负起为中国人民谋幸福、为中华民族谋复兴的伟大使命。

第二，从我国发展新的历史方位来认识和把握新时代党的历史使命，我们比历史上任何时期都更接近、更有信心和能力实现中华民族伟大复兴。

党的十八大以来，在以习近平同志为核心的党中央领导下，改革开放和社会主义现代化建设取得历史性成就，我国发展站到了新的历史起点上。习近平总书记在党的十九大报告中宣告：“中国特色社会主义进入了新时代”，专门就“新时代中国共产党的历史使命”进行了深刻阐述，并把伟大斗争、伟大工程、伟大事业、伟大梦想作为一个统一整体提出来，深刻回答了什么是新时代党的历史使命、怎样实现新时代党的历史使命这一重大理论和实践问题。时代决定使命。总书记关于我国发展新的历史方位的重大论断，赋予了党的历史使命、目标任务以新的时代内涵，为我们在新时代履行使命担当提供了坐标和指引。

进入新时代，社会主要矛盾转化为人民日益增长的美好生活需要和不平衡不充分的发展之间的矛盾，这一新变化是关系全局的历史性变化，对党和国家工作提出了许多新的要求。适应新时代新要求，我们党的奋斗目标，就是紧紧围绕坚持和发展中国特色社会主义这个主题，在 2020 年全面建成小康社会的基础上，分两步走，再用“两个 15 年”，到 2035 年基本实现社会主义现代化，到本世纪中叶建成富强民主文明和谐美丽的社会主义现代化强国。还包括习近平新时代中国特色社会主义思想，党的基本理论、基本路线、基本方略等，都是新时代党的历史使命的新内涵。

习近平总书记鲜明指出：“我们比历史上任何时期都更接近、更有信心和能力实现中华民族伟大复兴的目标”，这一信心从何而来呢？**第一，**我们有习近平新时代中国特色社会主义思想的科学指导，这一创新理论将随着中国特色社会主义伟大实践的深入推进而持续发展、不断丰富、更加完善，是新时代中国特色社会主义最强大的精神力量源泉。**第二，**我们有习近平总书记这个党中央的核心、全党的核心，有以习近平同志为核心的党中央的集中统一领导，这是在新的伟大斗争实践中形成的，是确保新时代党和国家事业兴旺发达的根本政治保障。**第三，**我们有中国特色社会主义制度的独特优势，有保证人民当家作主的根本政治制度和基本政治制度，有稳定而又与时俱进的基本经济制度和法治体系等，能够有效地团结和动员全国各族人民在中国共产党的领导下，凝心聚力搞建设、谋发展。**第四，**我们有新中国建设 70 年特别是改革开放 40 多年的雄厚积累，推进高质量发展，实施高水平对外开放，全面深化改革，经济发展有足够的韧劲和巨大的潜能。**第五，**我们党有强烈的自我革命精神，敢于正视问题、勇于刀刃向内、坚持全面从严治党永远在路上，不断自我净化、自我完善、自我革新、自我提高。我们实现中华民族伟大复兴的自信源泉，不仅仅是这几条，但我认为这几条是最重要的。

同时也要认识到，正如总书记所说的，中华民族伟大复兴，绝不是轻轻松松、敲锣打鼓就能实现的。不能在一片喝彩声、赞扬声中丧失革命精神和斗志，逐渐陷入安于现状、不思进取、贪图享乐的状态。从去年底以来，总书记在中央经济工作会议、省部级领导干部研讨班等多个场合，对增强忧患意识、防范风险挑战等提出明确要求，告诫全党同志不能有停一停、歇一歇的想法,要坚持底线思维,增强忧患意识,敢于和善于斗争。我们都亲耳聆听了,跟进学习了,也都认真领会了。比如,总书记今年1月在省部级领导干部专题研讨班开班式上,就防范和化解政治、意识形态、经济等领域重大风险作出深刻分析、提出明确要求;在谈到中美贸易摩擦时,多次提到要发扬斗争精神,敢于斗争,不能有"恐美病""崇美病",坚决破除和平积弊;在部队讲的就更多了,强调集中精力推进备战打仗工作,这就是忧患意识,事关国家安危。我理解,总书记一直强调底线思维的根本含义,就是要防控那些可能迟滞或中断民族复兴进程的全局性风险,就是要提醒全党牢记初心和使命。刚才我讲到美国搞经贸摩擦,这就是中国面临外部环境中最大的不确定因素。说白了,就是随着我国国际地位和影响力上升,美国担心自己遥遥领先的"绝对优势"保不住了,所以从贸易、科技、教育等多个方面妄图遏制中国的发展,也给世界制造了巨大的不确定性。在这个问题上,总书记反复强调,越是在纷繁复杂的大变局中,越要保持战略定力、坚定必胜信念。我们要按照总书记要求的,始终牢记船到中流浪更急、人到半山路更陡,准备付出更为艰巨、更为艰苦努力。

第三,要按照忠诚干净担当的要求,自觉肩负起新时代党和人民赋予人大的历史使命。

全国人大及其常委会作为国家权力机关,在党领导人民治理国家、实现历史使命的伟大实践中肩负着重大责任。从国家权力机关的职能定位出发,人大依法行使立法权、监督权,扎实做好代表工作、开展对外交往,都是党和国家事业的重要组成部分,都是在为我们党的历史使命提供支撑、作出贡献。在当前外部环境复杂、风险挑战严峻,改革发展稳定任务艰巨复杂的背景下,尤其需要我们带头作干事创业敢担当的表率。

习近平总书记讲的最多的就是"敢于担当",并身体力行、率先垂范。他强调,"为官避事平生耻",干部就要有担当,有多大担当才能干多大事业,尽多大责任才会有多大成就。有没有担当,首先是个态度问题,必须有责任重于泰山的意识,对工作尽心竭力、认真负责、善始善终。这些年来,常委会党组是敢担当、能担当的,也是尽职尽责的,完成了党中央交付的许多重大任务,包括一些急难险重的任务。上一届加快国家安全领域立法,作出特赦决定,对香港基本法释法,妥善处理辽宁拉票贿选案相关问题;本届完成修改宪法、制定监察法等重大立法任务,审议通过电子商务法、疫苗管理法,围绕三大攻坚战加强人大监督,按照党中央部署作出特赦决定等。这些重大任务的完成,就是常委会党组、常委会组成人员高度的政治觉悟和勇于担当、不畏难、不避险的具体体现。人大各专委会、人大常委会和人大机关干部在担当进取、干事创业方面做得也是好的,特别是一些重大事项、重要工作、比较吃重的任务,都能及时地、高质量地做好和完成,说明人大这支干部队伍是可靠的、优秀的。

同时,我们也要看到,在担当作为方面,与总书记、党中央的要求相比,还是有差距的。对照这次主题教育列出的8个方面的突出问题,包括贯彻落实习近平新时代中国特色社会主义思想和党中央决策部署存在的问题,干事创业精气神不够,违反中央八项规定,形式主义、官僚主义和加重基层负担,领导干部配偶、子女违规经商办企业甚至谋取非法利益等问题,以及对群众关心的利益问题重视不够,基层党建不力,对黄赌毒、黑恶势力失职失责等。这8个问题,前5个是对每一位党员干部的,后3个主要对的是市县两级。这些问题,在我们身上也不能说没有。比如,到人大工作后,是不是存在干事创业精气神不够的问题?过去大家在党委、政府工作,一般节奏都是比较快,特别是担任过地方、部委主要负责同志的,到人大后会突然觉得不适应,有时可能还有无事可干的感觉。其实,人大工作是党的事业的重要组成部分,立法修法、法律监督、工作监督、代表工作、对外交往等,都有大量工作要做,也都大有可为。只要仍然保持着过去那股干劲,就会在人大这个舞台上作出同样重要的贡献。常委会党组成员要带头认真对照初心使命,对照以上8个方面的突出问题,查摆自身不足,查找工作短板,深刻检视剖析。

以前在中办工作时,总书记要求我们"案无积卷、事不过夜",我当时就对中办工作提出"适应得上、跟进得快、落实得好"的要求,关键就是讲时效、不拖拉。人大的立法、监督等工作很讲程序,有些是法定的,这就要求我们倒排时间、及早筹谋,讲求时效性,不能拖拖拉拉,贻误出台法律、推动工作的最好时机。具体到机关的工作,以参谋、服务、保障为主,既要加快节奏、提高效率,又要严谨细致、精细周到。过去毛主席讲:"抓而不紧,等于不抓",现在习总书记说"钉钉子"精神,这都是同样的道理。凡事一旦定了就雷厉风行、抓紧快办,努力做到大事要事抓紧抓实,急事急办、特事特办,盯住不放、负责到底,确保不折不扣按时完成任务。在严谨细致方面，周总理是我们的表率。郭沫若曾说他“思考事物的周密如水银泻地，处理问题的敏捷如电火行空”。我看过一个资料记载，周总理在一张1962年至1963年粮食包产产量和征购的估算报表上，用红蓝铅笔作标记145处、调整和修改数字40处、批注77处。在日常工作中，有很多事看起来很小，但一旦出现差错、纰漏，就会影响机关工作正常运转，搞不好还会影响中央决策部署的落实，不能有丝毫差错和闪失。对任何一件经办的事情，都要坚持一流的标准，以极端负责的精神研究、对待、落实，讲认真、讲细致，来不得半点敷衍、凑合。

如果说战争年代的初心使命是为国捐躯的大无畏精神，那么和平年代的初心使命，就是习近平总书记“我将无我，不负人民”的赤子情怀。具体到人大干部，就是要有埋头苦干、无私奉献的精神。我们平常都说，人大是“集体有权，个人无权”，就是说，这个工作，完全是为党、国家和人民的整体利益服务的，而没有个人名利。我们做的立法、监督等工作，都体现不到个人头上，这就更需要一种为党和人民奉献的精神。前几天，总书记对广西百色市委宣传部干部黄文秀同志的先进事迹作出重要指示，强调“黄文秀同志研究生毕业后，放弃大城市的工作机会，毅然回到家乡，在脱贫攻坚第一线倾情投入、奉献自我，用美好青春诠释了共产党人的初心使命”。大家都看了这则报道，黄文秀是一位女同志，研究生毕业后到乐业县百坭村担任驻村第一书记，带领88户418名贫困群众脱贫，6月17日凌晨在从百色返回乐业途中遭遇山洪不幸牺牲，年仅30岁。总书记讲这就是用美好的青春诠释了共产党人的初心使命。甘于奉献，就是要有一颗为党为人民矢志奋斗的心，说到底就是我们党的初心使命。有了这颗心，再怎么艰苦也是美的、再怎么付出也是甜的，就不会患得患失。我国老一辈革命家都是埋头苦干、无私奉献的楷模，我们要继承和发扬他们淡泊名利、敬业奉献的崇高精神。讲奉献，讲的是“大奉献”。就是要跳出“小我”“小利益”“小圈子”等各种局限，树立大情怀、大格局、大胸襟、大境界，有以国为家的情怀，有大海般的胸怀，心中始终装着党和人民的伟大事业并为之奋斗。要专心致志做好工作，扛得了重活，打得了硬仗，经得住磨难，撑得住挫折，勤勤恳恳、任劳任怨，不计较个人得失，不向组织讨价还价。

这次主题教育集体学习就到这里。在下一阶段的学习中，希望党组同志带头继续往深里走、往实里走、往心里走，学出坚定信仰，学出使命担当，把丰硕的学习成果落实到干好本职工作、推动事业发展上。

在第十三届全国人大常委会第十二次会议联组会议上的讲话

（2019年8月25日）

栗战书

今天的联组会议是审议水污染防治法执法检查报告并开展专题询问。刚才，9位出席和列席会议的同志紧扣水污染防治法有关规定提出询问，涉及进一步落实政府责任、保障饮用水安全、强化工业污染治理、加强农村地区污水和垃圾处理设施建设、船舶污染监管、水环境生态保护补偿机制、河长制落实情况、城镇污水管网配套设施建设、排污许可证制度等方面，这些问题都是法律实施中存在的、人民群众普遍关注的突出问题。王勇同志和国务院有关部门负责同志到会认真听取意见，坦诚回答问题，体现了认真贯彻党中央决策部署的政治站位，体现了对水污染防治法贯彻实施和水环境保护工作的高度重视，体现了对法律的敬畏尊重和自觉接受人大监督的态度。今天的专题询问开展得很有成效。

检查水污染防治法实施情况是今年全国人大常委会贯彻党中央决策部署，助力打好污染防治攻坚战持续发力的一项具体举措。从3月25日检查组第一次会议到今天，这次执法检查历时5个月，有43位全国人大常委会、专门委员会组成人员和全国人大代表参加。检查组直接检查了8个省，还委托其他23个省（区、市）人大常委会对本行政区域的法律贯彻实施情况进行了检查，实现了31个省（区、市）检查全覆盖。在“一府一委两院”和各地区各部门的大力支持、积极配合下,检查工作扎实深入,取得了良好效果。我作的执法检查报告是在4个小组的检查报告、23个省级人大常委会的检查报告和第三方评估报告的基础上,经过检查组全体同志共同研究、反复修改、广泛征求意见后形成的。报告充分肯定了"一府一委两院"、各地区各部门在坚决打好污染防治攻坚战、贯彻实施水污染防治法方面所取得的积极成效,认为推动水体质量和水生态环境发生了很大变化,取得的成绩是明显的、巨大的。这是党的十八大以来,习近平生态文明思想有力指导和党中央部署三大攻坚战、全国人民共同努力取得的,很不容易。执法检查不是对有关行业领域的工作检查,而是围绕法律实施的情况进行检查。报告指出的8个方面问题,主要针对法律规定没有落实或者落实不到位,建议也是紧扣保证法律实施提出的。各地区各部门的一些好经验好做法,报告都给予了反映和肯定,还通过附件形式进行了汇总,同时也点到了一些法律实施中存在的问题和不足。两天来,常委会组成人员在审议和询问时提出了不少好的意见和建议。请国务院及有关方面认真研究,切实改进工作。全国人大环资委要加强跟踪监督,把这次执法检查的成果运用好,以钉钉子精神推动问题解决,依法打好碧水保卫战。下面,结合审议和询问情况讲四点意见。这些意见,我在执法检查报告中都讲到了,这里再特别强调一下。

第一,强化法治意识,自觉用法律武器、法治力量治理水污染、保护水环境。法律是治国之重器,是治国理政最重要的规矩。制定一部法律,就是要把规矩立起来,使任何组织和个人都依照法律行使权力和权利、履行职责和义务。这次检查中,我有一个突出印象,就是各地区各部门对打好污染防治攻坚战高度重视,工作抓得很紧,成效也是明显的。但是,一些地方和部门对照法律开展工作、严格落实法定责任的意识还不够强,有的地方领导和相关部门工作人员没有认真学习和掌握水污染防治法;检查组问了一些领导干部、企业负责人和居民,许多人不了解水污染防治法的具体内容,有的甚至不知道有这部法律。实际上,法律是党的主张和人民意志的集中统一,是国家制定的全社会共同遵守的行为规则,并由国家强制力保证其实施,不学习、不知道、不了解法律,何谈依法治国、何谈依法行政、何谈遵守法律?!

2017年全面修改的水污染防治法,由92条扩充到103条,建立完善了从目标、要求、标准、措施到法律责任的一整套法律制度。这些制度是对水污染防治实践经验、工作规律的总结肯定,是经过深入调研论证、广泛凝聚共识才写入法律的,每一条都具有很强的针对性和可操作性。把这部法律的各项规定落到实处,就是贯彻落实习近平生态文明思想和党中央决策部署,水污染防治工作就能取得事半功倍的效果。要增强依法治污的意识,把水污染防治法学好用好,紧扣法律规定对照落实、督促检查。还要同步实施好水法、水土保持法、航道法、环境保护法等,让法律的牙齿充分"咬合",把法律的规范、引领、推动、保障作用充分发挥出来,用法律武器打好碧水保卫战。

第二,全面落实水污染防治法规定的各项法定职责。水污染防治法对政府及有关部门、司法机关的法定职责作了明确规定。其中,涉及国务院有关部门的有18条,涉及地方政府及相关部门的规定有30条,涉及司法机关的规定有4条,还有河长制的规定,明确了河长的工作职责。这些规定有的是领导责任,有的是工作责任,有的是监管职责,有的是法律责任,都要全面有效落实到位。

从检查情况看,各地区各部门不同程度地存在着法定职责不落实或者落实不到位的情况。比如,水污染防治法规定,政府及有关部门要确定并适时修订水环境质量标准和水污染物排放标准,从实际情况看,普遍存在制定修订不及时、不完善、不衔接的问题。比如,水污染防治法规定,政府及有关部门要编制重点流域的水污染防治规划和限期达标规划,但在实际中存在对应性不强、执行不到位的问题。比如,水污染防治法专章规定了监督管理和法律责任,明确了监管的主体、对象、事项、方式,赋予了执法部门罚款、停产整治、停业关闭、行政拘留等处罚措施,对构成犯罪的还要追究刑事责任,但监管执法仍然存在宽、松、软,甚至故意放水的问题。要高度重视这些问题,加强规划和标准的制定实施,完善工作制度机制,强化考核问责,形成全天候全流程全覆盖的监管体系,把水污染防治法及相关法律赋予的职权用起来。

水污染防治法明确规定,国家鼓励、支持水污染防治的科学技术研究和先进适用技术的推广应用。昨天,熊群力委员给我递交了一份材料,中国电子科技集团研究提出了环境智能治理、数字监管的整体解决方案,内容涉及互联网、大数据、人工智能等现代信息技术在水质监测、工业污水处理、河湖水生态修复等方面的有效应用。刚才,王毅委员提出科技治污首先要尊重自然规律的观点。检查中,我们也看到了不少科技治污方面的进展和成效。建议政府及有关部门落实法律要求,重视这方面研究和研究成果的运用,进一步总结经验做法,加强政策引导和资金投入,不断提升水污染防治的科学化、信息化水平。

第三,抓紧解决事关人民群众生命健康安全的突出问题。水污染防治工作涉及水资源、水环境、水生态等方方面面,许多问题是长期累积的结果,许多工作需要付出长期的努力。特别是事关人民群众切身利益、法律有明确规定的事项,要摆在优先位置,切实抓紧抓好。比如,饮用水安全关系到亿万人民的生命健康。2017 年修订法律时增加了一条(第 70 条),要求各地政府应当建设应急水源或者备用水源。我们在地方检查时看到,长江沿岸城市的饮用水水源地大多设在长江上,是流动的水源,很容易受到上游污染的影响。有的城市没有建设应急备用水源,一旦发生事故,就会影响百姓安全用水。对这种情况,要依法督促这些城市建立备用水源,加强风险评估,制定应急预案。

水污染防治法第 72 条也是新增加的,要求县级以上政府加强水质监测,评估水源、供水和用户水龙头出水的安全状况,并且至少每季度向社会公开一次饮用水水质信息。现在还有不少地方没有做到。水源、取水、供水、出水,每个环节都涉及群众健康,这是政府的职责,也是公众的知情权,必须加强全过程监管,定期公布有关信息,督促有关方面切实解决问题,确保饮用水绝对安全。

第四,提高社会公众参与度,让守护清水绿岸成为全社会的自觉行动。良好生态环境是人民的共同利益,每个人都是生态环境的保护者、建设者、参与者。一方面要增强全民节约意识、环保意识、生态意识,培育生态道德和行为准则,动员全社会以实际行动减少污染排放,为生态环境保护作出贡献。另一方面要依法公开信息,让群众参与到环境保护中来。水污染防治法规定了信息公开制度,其中要求必须公开的就有 6 条,未依法公开信息还要追究法律责任。这些规定要严格落实,保障社会公众的知情权、参与权、监督权,让企业和社会公众了解污染防治的真实情况,依法完善监督举报反馈机制,鼓励群众举报违法行为,形成全民参与的良好氛围。

参加今天联组会议的还有部分全国人大代表。人大代表生活在人民群众之中,听到的声音多,了解的情况多,在环境保护和污染防治工作中,可以发挥独特作用。要深入了解群众所思所想所盼,了解法律实施和工作开展情况,把人民群众的愿望呼声及时反映上来。在审议相关议案、参与监督工作时,要多贡献真知灼见,提有建设性的意见建议。要当好法律宣传员,向群众宣传普及法律法规和政策措施,带动群众共同保护生态环境。

在第十三届全国人大常委会第十二次会议期间与列席代表座谈时的讲话

(2019 年 8 月 25 日)

栗战书

这次常委会会议时间短、议程多。各位代表重视列席这次会议的机会,精心准备、认真审议,围绕法律草案、监督议题等提出了不少好的意见建议。

从去年 8 月开始,在常委会会议期间邀请列席代表进行座谈,这是新一届常委会在代表工作中的一个探索。之前已举行过 6 次,我和王晨、振武等同志先后同近 300 名代表进行了座谈。今天这是第七次座谈会,主要是同各位代表见见面,听取大家在依法履职方面的体会和建议。

刚才,我认真听了 24 位代表的发言,大家谈了很多履职经验和体会,也提出了对人大工作和其他工作的意见建议,讲得都很好。其中,涉及全国人大及其常委会工作的,我们将认真研究采纳;涉及其他方面工作的,会及时转送有关方面研究处理。

本届全国人大及其常委会履职已经一年半了,在党中央正确领导下,我们贯彻落实党中央决策部署,较好地履行了宪法法律赋予的职责,工作取得了一定进展,这与包括在座各位在内的每一位全国人大代表的积极参与和大力支持是分不开的。无论是连任代表,还是新任代表,都认真负责地参加代表大会会议、列席常委会会议、联系群众汇聚民意等,做了大量工作。一年多来,在依法履行代表职责、充分发挥代表作用方面,我们有一些体会和思考,也形成了一些共识:**一是**坚持正确政治方向是代表依法履职的前提和根本,必须增强“四个意识”,坚定“四个自信”,做到“两个维护”,把坚持党的领导、人民当家作主、依法治国有机统一体现在代表履职的全过程。**二是**尊重代表主体地位、充分发挥代表作用是坚持和完善人民代表大会制度的必然要求,是人大工作保持生机和活力的重要基础,必须全面、准确、有效地贯彻体现到人大各项工作中。**三是**支持和保障代表依法履职是国家机关的法定职责,是保证人民当家作主的重要体现。特别是各级人大常委会的办事机构和工作机构,是代表法明确规定的代表执行代表职务的集体服务机构,要增强为代表服务的意识,不断提高服务保障工作水平。**四是**人大代表肩负着宪法法律赋予的重要职责,肩负着党和人民的信任和重托。代表身份既是政治荣誉,也是法定职务,负有义不容辞的政治和法律责任。**五是**密切联系群众是人大代表的特点和优势,也是代表履职尽责的重要内容,要认真听取群众呼声、反映群众意愿,打牢依法履职的基础。**六是**代表要严格依法履职,依照法定权限、遵循法定程序,在全面依法治国实践中发挥带头作用。

以上 6 点共识,关于前 3 点,我们已经讲了不少。今年 7 月,全国人大机关印发了关于加强和改进全国人大代表工作的具体措施,共有 35 条,这些意见是经委员长会议研究同意的。这里,我想围绕上面讲的后 3 点共识,重点就代表依法履职讲几点意见。

第一,严格依照法律规定履职尽责。保障和规范代表履职的法律,包括宪法、代表法、选举法、全国人大组织法、全国人大议事规则、立法法等,其中代表法是专门性法律,对代表的权利和义务、会议期间工作、闭会期间活动、履职保障、监督等作了全面、明确、具体的规定,是代表执行职务、接受监督的依据和遵循。希望人大代表和在人大工作的同志都要认真学习代表法和其他与履职相关的法律规定,逐条逐款学习领悟、准确掌握,并认真遵照落实。代表法规定了代表的 7 项权利,宪法法律规定代表权利,根本上是要保障和支持代表依法履职、服务人民,要全面正确理解这些权利,用来为人民谋利益。代表参加本级人民代表大会的会议、审议、表决等,既是法定的权利,同时也是责任,必须认真履行好。

第二,发挥代表在立法、监督等工作中的作用。刚才,大家在发言中就人大立法、监督工作提了不少好的建议,这就是在充分发挥作用。人大代表作为国家权力机关的组成人员,要为“立良法”、“促善治”作出应有的贡献。要按照程序和规则办事,对于法定的权限划分、议事规则和工作程序,要熟知熟记,在履职过程中全面准确落实。提出代表议案和建议,要符合实质要件和形式要件,无论是领衔提出还是联名附议,都要认真负责,把好政治关、法律关、质量关。参加会议审议、立法调研、执法检查等活动时,也要遵守相关程序和规则,注重多从法律角度提意见建议。人大代表履行立法、修法、监督职责的制度性安排主要是一年一次的代表大会,大家审议有关法律、提出有关议案、审查有关报告、审议有关决定、提出有关建议等,都是在履行职务。当然,近 3000 名全国人大代表不可能全部参与全国人大常委会的所有立法工作,但常委会要通过多种形式,邀请更多代表参加立法调研、审议等,多听取代表的意见建议。常委会审议的法律草案都要在中国人大网上全文公布征求意见,这是面向社会公众的,希望全国人大代表可以上网通过这个途径提出意见建议。一些重要的法律草案,还会专门寄送给每位代表征求意见,这样,所有全国人大代表都有机会参与全国性法律的立法修订工作。

第三,树牢法治意识,带头遵守法律、宣传法律、普及法律。人大是立法机关,人大代表要模范遵守宪法和法律,这不仅关系代表的形象、人大的形象,也关系人大制度的权威。我们的代表绝大多数做得都很好,但也有个别代表做得不好,甚至有违纪违法行为。首先是中共党员代表,必须严格遵守党纪国法,本届全国人大代表中已有 10 名中共党员代表因违纪违法,受到党纪国法处理,被终止代表资格。每一名代表都应当和必须严格要求自己,带头严格遵守法律法规,严格遵守社会公德,还要自觉接受法律和人民群众的监督,珍惜政治荣誉,维护代表形象。去年,湖南选举的 1 名全国人大代表,毁林占地修豪华陵墓,影响很不好,被责令辞去代表职务。前几天,1 名河北省人大代表被查出有外国国籍,被罢免了代表职务。代表法对人大代表的权利予以特殊保护,那是为了保障代表依法履职,决不意味着代表是特殊公民,有超越法律的特权。上个月,福建霞浦县的 1 名人大代表酒驾闹事,拒不配合交警执法,还掏出自己的代表证说:“我是县人大代表,你们无权处置我。”这就是典型的法治观念淡薄、特权思想作祟,损害了人大代表在百姓心中的形象。

代表法规定,代表在自己参加的生产工作和社会活动中,协助宪法和法律的实施。代表不仅要做尊法学法守法用法的表率,同时要主动宣传法律、普及法律知识,推动宪法法律有效实施。我们在执法检查时,普遍感到影响法律实施的一个突出问题,就是法律的学习宣传教育工作还不到位,对很多法律,不少领导干部、相关方面和社会公众,没有学习,不知不晓,这是一个必须重视的问题。人大代表在法律宣传普及方面负有重要责任、具有独特优势,在开展本职工作、密切联系群众时,要当好法治宣传员,主动介绍自己参与立法的过程,宣讲立法背景和主要内容,讲好法律故事;针对群众反映的突出问题,要普及相关法律知识,积极推动依法解决问题、救济权利。这样做,群众会更加信任和尊重人大代表。

第四,当好党和国家联系群众的桥梁纽带。代表要反映群众意愿呼声,又要带头宣传、贯彻党中央的精神,带头落实党和国家各项工作部署;既要代表群众、做群众的"知心人",又要引导群众、做群众的"带头人"。这两个方面的作用都要发挥好,才能当好党和国家联系人民群众的桥梁纽带。要发挥好代表来自人民、植根人民的特点和优势,通过密切联系人民群众,把群众的意愿呼声反映上来,把党中央精神、党和国家各项工作部署宣传贯彻到群众中去。在本职工作中,代表要带头贯彻落实党和国家工作部署,作干事创业的表率,同时向群众宣传阐释党中央精神,引导群众把思想和行动统一到党和国家奋斗目标、任务举措上来,形成推动党和国家事业发展的合力。

在第四届欧亚国家议长会议开幕式上的主旨发言

（2019 年 9 月 24 日,努尔苏丹）

栗战书

尊敬的纳扎尔巴耶夫首任总统,

尊敬的尼格马图林议长,

尊敬的各位同事:

很高兴来到美丽的"草原明珠"努尔苏丹参加第四届欧亚国家议长会议。我对会议的召开表示热烈祝贺,对东道国哈萨克斯坦的精心准备和周到安排表示衷心感谢。

当今世界正处于百年未有之大变局。合作还是对抗？开放还是封闭？互利共赢还是零和博弈？关乎各国利益,关乎人类前途命运。习近平主席对此作出明确回答,提出构建人类命运共同体的主张,推动建设相互尊重、公平正义、合作共赢的新型国际关系,推动全球治理体系朝着更加公正合理的方向发展。2013 年秋天,习近平主席在哈萨克斯坦和印度尼西亚提出共建丝绸之路经济带和 21 世纪海上丝绸之路的倡议,为促进各国共同发展、构建人类命运共同体打造了重要平台。6 年来,160 多个国家和国际组织同中国签署共建"一带一路"合作协议,中国与沿线国家货物贸易总额超过 6 万亿美元,一大批合作项目落地生根。事实证明,共建"一带一路"顺应潮流、广得民心、普惠民生、共利天下,成为共同的机遇之路、繁荣之路。

欧亚大陆是世界上面积最大、人口最多、发展最迅速、前景最广阔的大陆,欧亚各国利益与共、安危与共。面对前所未有的机遇和挑战,欧亚各国需要携手努力,加强对话、信任、合作,促进和平、稳定、繁荣。本届欧亚国家议长会议以"大欧亚:对话、信任和伙伴关系"为主题,反映了欧亚人民的共同心愿。借此机会,我愿提出以下建议:

*一是加强沟通协商,相互信任支持。*相互尊重和信任是国与国应有的相处之道。我们要尊重各国自主选择的发展道路,尊重彼此核心利益和重大关切。存在差异和分歧很正常,关键是要弘扬伙伴精神,有事商量着办,坐下来坦诚沟通,求同存异,扩大共识。

*二是拓展经贸合作,走向共同繁荣。*发展是解决一切问题的总钥匙。我们要抓住发展机遇,实现优势互补、经济融合、发展联动、成果共享。要支持多边贸易体制,促进贸易和投资自由化便利化,旗帜鲜明地反对保护主义、单边主义,推动世界经济开放、包容、普惠、平衡、共赢发展。

*三是密切人文交流,促进民心相通。*文明多样性是欧亚大陆的突出特点,也是宝贵财富。我们要坚持各种文明交流互鉴、相互尊重、和谐相处,推动

文化、教育、旅游、体育、媒体、青年等领域合作，让各国人民相知、相近、相亲。

四是深化立法机构交往，助力国家关系发展。立法机构在各自国家政治生活中发挥着重要作用。我们要发挥立法机构交往的独特作用，落实好国家领导人达成的重要共识，加强治国理政经验交流，优化务实合作法律环境，为深化欧亚合作增添亮点、提供保障。

各位同事，今年是中华人民共和国成立 70 周年。70 年来，中国各族人民在中国共产党的领导下，顽强拼搏、不懈奋斗，书写了人类发展史上的奇迹。中国的发展，是和平的发展，我们珍惜和平、维护和平，与各国平等相待、和睦相处，反对以大压小、以强凌弱、以富欺贫；中国的发展，是合作的发展，我们重信守义、互利共赢，把中国发展同世界各国发展紧密联系在一起，决不做损人利己、以邻为壑的事情；中国的发展，是开放的发展，我们坚持打开国门搞建设，积极参与经济全球化进程，不搞封闭排他的小圈子。中国开放的大门永远不会关上，欢迎各国搭乘中国发展的"顺风车"。

各位同事，中国是欧亚大陆的一员，视欧亚国家为重要合作伙伴。我们愿推动共建"一带一路"同各国发展战略及欧亚经济联盟等区域合作倡议对接，秉持共商、共建、共享原则，坚持开放、绿色、廉洁理念，努力实现高标准、惠民生、可持续目标，促进全方位互联互通，推动共建"一带一路"高质量发展，让合作成果更好惠及欧亚各国人民。

最后，预祝本届欧亚国家议长会议圆满成功！谢谢大家。

《中国人大》2019 年第 20 期

在第十三届全国人大常委会第十四次会议联组会议上的讲话

（2019 年 10 月 25 日）

栗战书

同志们：

今天的联组会议是审议最高人民检察院关于开展公益诉讼检察工作情况的报告并开展专题询问。刚才，有 9 位同志提出询问，都是属于检察机关和国务院有关部门的法定职责、人民群众和人大代表最关心、各方面反映比较多的问题。张军同志和最高人民检察院、自然资源部、生态环境部、水利部、市场监管总局的负责同志对这次专题询问高度重视，到会认真听取意见、坦诚回答问题，体现了对法律的尊重和自觉接受人大监督、认真负责改进工作的态度。从问答情况看，提出询问的同志对回答是满意的，对检察机关和有关部门的工作和成效是充分肯定的。

探索建立检察公益诉讼制度，是党的十八届四中全会作出的一项重大改革决策，目的是通过赋予检察机关提起公益诉讼的权力，改变过去公益诉讼效果不彰、国家和社会公共利益得不到及时有效保护的问题。2015 年以来，检察公益诉讼从局部试点到全面推开，最高人民检察院和各级检察机关开展了积极、稳妥、慎重的探索创新，加强制度建设，依法履职尽责，做了大量工作，积累了宝贵经验，也取得了巨大成绩。这些年，全国人大代表每年表决"两高"工作报告时，赞成票都有明显提高，说明人民群众和人大代表对"两高"工作是满意的，这其中也包括检察公益诉讼工作取得的进展和成效。但是，现在仍有大量损害国家和社会公益的行为和现象，检察公益诉讼还不能完全满足人民群众的诉求，还需要大力加强、改进和提高。这也是全国人大常委会把检察公益诉讼作为今年监督工作重点的考虑。

在审议和询问中，常委会组成人员提出了不少好的意见和建议。此前，全国人大监察和司法委员会开展了深入调研，形成了调研报告，指出了检察公益诉讼工作中存在的突出问题，提出了四个方面的建议。请最高人民检察院及有关方面认真研究吸纳这些意见和建议，结合工作实际，认真改进提高。监察司法委也要加强跟踪监督。下面，结合审议、询问的情况和大家的发言，我谈三点看法，与大家探讨。

第一，要坚持以人民为中心的思想，把维护人

民群众的根本利益作为检察公益诉讼的出发点和落脚点。赋予检察机关开展公益诉讼的法定职责，就是让检察机关作为公共利益的代表，维护国家和社会公共利益。国家和社会公共利益从本质上讲，就是人民群众的利益。检察机关要牢固树立以人民为中心的思想，切实把人民群众的利益维护好、实现好，这一点要十分明确。依照修改后的民事诉讼法、行政诉讼法和2018年4月制定的英雄烈士保护法，检察公益诉讼的范围是“4+1”，即生态环境和资源保护、食品药品安全、国有财产保护、国有土地使用权出让等四个领域，加上英烈权益保护这个领域。这是法律明确赋权的范围，必须依法严格履行职责，把这些领域的案件办好、办扎实。但是除了“4+1”领域之外，其他损害国家和社会公共利益的行为，如果相关行政部门、社会组织没有提起公益诉讼，检察机关也要从维护人民群众利益的高度，依法、审慎、稳妥地担负起公益诉讼职责。检察公益诉讼与行政机关、社会组织提起的公益诉讼有什么区别、有什么边界？这个问题可以再研究。我认为总体上应该这样把握：法律有明确规定的，按相关法律规定执行；应当由行政机关、社会组织提起公益诉讼的，要支持推动相关行政机关、社会组织提起公益诉讼；法律没有明确规定或者行政机关、社会组织不提起公益诉讼的，检察机关要把这个责任担起来。对人民群众和人大代表反映强烈的安全生产、互联网侵权、妇女儿童权益保护、扶贫等领域损害公益的问题，检察机关要密切跟踪研究、及时总结经验，适时提出拓展检察公益诉讼范围的立法建议和工作建议。

第二，要抓住提高办案质量这个关键，维护检察公益诉讼的司法公信力。这些年来，检察机关开展了大量检察公益诉讼司法实践，立案21万多件，诉讼6千多件，大部分集中在“4+1”领域。检察机关提起公益诉讼，要选择一些影响大、社会广泛关注的案件办好，产生良好法律效果和社会效果。从办案来讲，不是更多而是更精，办得实实在在、质量过硬。要着力提高办案质量，把好立案关、取证关、检察建议关、整改落实关和起诉关这“五关”。检察机关提起公益诉讼有一个优势，就是拥有法定的调查核实权，比社会组织调查取证更有条件。所以检察机关办的案件，一定要有重大社会影响和引领示范作用，让人民群众认可，经得起历史的检验。

要加强检察公益诉讼专业化建设，特别是要加强一线办案力量。现在最高人民检察院已经成立了专门的检察厅履行公益诉讼职责，多数省级检察院和一些市级检察院、基层检察院也设立了公益诉讼机构。但是，大多数基层检察院的公益诉讼力量还是比较薄弱，被称为是“二人转”，一个科长一个兵；“三人抬”，一个科长一个兵，还有一个“临时工”。这种状况，跟不上检察公益诉讼工作的实际需要，还要想办法、多沟通，争取多渠道解决办案力量不足的问题。要搞好干部专业培训，提高办案干部队伍的能力水平，为他们履行职责创造更好条件。

第三，要用好社会共治这把钥匙，凝聚公共利益保护合力。维护国家和社会公共利益，是全社会共同的责任。检察机关既要依法履行公益诉讼的职责，又要加强与行政机关和社会组织的协作联动，形成合力。检察机关已经作了一些有益探索，也取得了不错的效果。比如，通过发出检察建议的形式，协调督促行政机关尽职整改，引导共同维护公共利益。把已经调查取证的案件移交社会组织提起公益诉讼，督促社会组织履行职责、发挥作用，等等。维护公共利益需要全社会的共同行动，特别是相关行政机关、社会组织要把法律责任担起来。法律有明确规定的，行政机关和社会组织就应该首先承担，如果他们未起诉的，检察院要主动担当，这样形成全社会维护公共利益的合力。

同时，要发挥好公益诉讼典型案例的宣传示范作用。检察机关要高度重视这项工作，宣传部门、全国人大机关有关单位也要积极配合，协调新闻单位加强这方面的宣传。最高人民检察院先后发布了65个公益诉讼典型案例，前些天又召开了新闻发布会，将全国首例英烈保护民事公益诉讼作为指导性案例公开发布，起到了很好的宣传示范作用。目前，社会公众对公益诉讼的知晓度、认可度、参与度仍然不够，很重要的一个原因是宣传不够。除了做好法律宣传之外，还要加强典型案例的宣传，检察机关在这方面要加大力度。一些涉及面广、危害大、具有典型性的案件，最高人民检察院或者省级检察院要依法直接办理。办好这样的案子，通过新闻媒体广泛宣传出去，就更有示范意义，也更能彰显司法权威，发挥法治威力。

坚定不移走“一国两制”成功道路 确保宪法和澳门基本法全面准确有效实施

——在纪念中华人民共和国澳门特别行政区基本法实施20周年座谈会上的讲话

(2019 年 12 月 3 日)

栗战书

同志们,朋友们:

1999 年 12 月 20 日,在二十一世纪到来的前夕,中华人民共和国政府对澳门恢复行使主权,五星红旗在澳门上空冉冉升起,阔别已久的澳门回到了祖国的怀抱!这是继 1997 年 7 月 1 日香港回归后,祖国统一大业进程中又一个历史丰碑!澳门回归之时,根据《中华人民共和国宪法》第三十一条的规定和《全国人民代表大会关于设立中华人民共和国澳门特别行政区的决定》,国家设立澳门特别行政区;我国宪法的效力及于澳门特别行政区,根据宪法制定的《中华人民共和国澳门特别行政区基本法》(以下简称“澳门基本法”)正式实施,宪法和澳门基本法共同构成了澳门特别行政区的宪制基础。

为了纪念澳门基本法实施 20 周年,今天,我们相聚在首都北京人民大会堂,隆重举行座谈会,缅怀邓小平同志等老一辈党和国家领导人开创的“一国两制”历史功绩,学习贯彻习近平总书记关于“一国两制”的重要论述,总结澳门基本法实施 20 年来的成功经验,坚定践行“一国两制”伟大事业的决心和信心,具有重要意义。

“一国两制”是中国共产党领导中国人民实现祖国和平统一的一项重要制度,是中国特色社会主义的一个伟大创举。上世纪八十年代初,为解决台湾问题,邓小平同志提出“一个国家、两种制度”的伟大构想,形成一系列基本方针政策,展现出中国共产党人的政治智慧和远见卓识。“一国两制”首先被创造性地运用于解决历史遗留的香港问题。邓小平同志指出,澳门问题也将按照解决香港问题那样的原则来进行,“一国两制”、“澳人治澳”、五十年不变。

1982 年 12 月 4 日,五届全国人大五次会议修改后的《中华人民共和国宪法》即我国现行宪法,专门就国家实行“一国两制”作出宪制性制度安排。根据宪法,七届全国人大三次会议于 1990 年通过了香港基本法,八届全国人大一次会议于 1993 年通过了澳门基本法。

澳门回归 20 年来,在宪法和澳门基本法的保障下,澳门社会和谐稳定,民主政制稳步发展,对外交往不断扩大,各项事业全面发展,特别是经济持续增长,财政收入充盈,民生福利明显改善,居民生活显著提升。澳门本地生产总值从 1999 年的 519 亿澳门元大幅增至 2018 年的 4447 亿澳门元,实现了跨越式发展;人均 GDP 也由 1999 年的 12 万澳门元跃升至 2018 年的 67 万澳门元,位列世界前茅。广大澳门同胞依法享受着前所未有的广泛权利和自由,作为祖国大家庭的成员,拥有参与管理国家事务的民主权利,作为澳门的主人翁,承担起了管理好、建设好澳门的历史责任。

今年 9 月 11 日,习近平总书记在会见新当选并获中央人民政府任命的澳门特别行政区第五任行政长官贺一诚时,高度评价了澳门的“一国两制”实践。他指出:“20 年来,在何厚铧、崔世安两位行政长官带领下,澳门特别行政区政府团结社会各界人士,全面准确理解和贯彻‘一国两制’方针,坚定维护宪法和基本法权威,传承爱国爱澳的核心价值观,促进澳门经济快速增长、民生持续改善、社会稳定和谐,向世界展示了具有澳门特色的‘一国两制’成功实践。”习近平总书记的重要论述,对澳门“一国两制”的成功实践作了精准的概括,也为下一步如何深入实践“一国两制”指明了方向。澳门基本法实施 20 年来,最为深刻的体会是以下三点。

第一,澳门基本法的成功实践充分证明,只有在全社会形成广泛的国家认同,才能全面准确地实施基本法。“一国”与“两制”的关系、中央与澳门特别行政区的关系,是澳门基本法的核心内容和贯穿全篇的主线。习近平总书记生动地指出:“‘一国’是根,根深才能叶茂;‘一国’是本,本固才能枝荣。”因此,在处理“一国”与“两制”的关系时,必须坚持

"一国"是实行"两制"的前提和基础,"两制"从属和派生于"一国"并统一于"一国"。正确认识中央的权力,认同中央和特别行政区的关系是单一制国家之内中央和地方的关系,这是准确实施澳门基本法的前提。全面贯彻落实澳门基本法,既要充分尊重中央的权力,又要正确行使特别行政区的高度自治权,使两者有机地结合起来,统一于"一国两制"事业的创造性实践。

澳门基本法第一条规定,"澳门特别行政区是中华人民共和国不可分离的部分";第二条规定,"中华人民共和国全国人民代表大会授权澳门特别行政区依照本法的规定实行高度自治";第十二条规定,"澳门特别行政区是中华人民共和国一个享有高度自治权的地方行政区域,直辖于中央人民政府"。上述规定表明,澳门特别行政区是中华人民共和国不可分离的部分,是直辖于中央人民政府的一个地方行政区域;同时,澳门又是一个实行与内地不同的制度和政策、享有高度自治权的特别行政区。在澳门基本法中,既有充分体现"一国"的内容,例如,由全国人大及其常委会或中央人民政府行使的职权或负责管理的事务;同时,又有充分体现"两制"的规定,例如,授予澳门享有行政管理权、立法权、独立的司法权和终审权等广泛的自治权力,以及一些可自行处理对外事务的权力。澳门基本法连同香港基本法,是"一国两制"在国家法治上的集中体现。

回归20年来,澳门特别行政区全面贯彻实施了澳门基本法的各项规定,正确认识并妥善处理"一国"与"两制"的关系,使中央的权力与特别行政区的高度自治权在"一国两制"架构内有机结合、有效运行。能够做到这一点,其中一个特别重要的原因,就是澳门同胞始终坚持爱国爱澳的核心价值观,有很强的国家观念、宪法观念,国家认同在澳门社会拥有广泛、深厚的社会基础。澳门回归前,广大澳门同胞积极拥护国家对澳门恢复行使主权,为澳门的平稳过渡和顺利回归作出了重大贡献。澳门回归后,澳门同胞在珍惜澳门特别行政区实行的制度的同时,坚定维护国家主体实行的社会主义制度。历任特别行政区行政长官和政府主要官员,立法机关、司法机关主要负责人都由爱国者出任,特别行政区管治团队中的关键岗位牢牢地掌握在爱国者手中,真正实现以爱国者为主体的"澳人治澳"。

澳门同胞高度重视在全社会牢固树立国家民族观念,不断巩固爱国爱澳的社会政治基础,从家庭、学校到社区,深入而广泛地开展爱国爱澳教育,始终把建设好澳门与实现中华民族伟大复兴的奋斗目标紧密联系在一起。特别是在宪法和澳门基本法宣传推广方面,特区政府大力推动,社会各界积极参与,成立基本法推广协会,设立基本法研究机构,建立基本法纪念馆,举办知识竞赛活动,真正实现了基本法进课堂、进社会、进人心,大中小学基本实现了升挂国旗全覆盖。可以说,广大澳门同胞深厚的爱国情怀和广泛的积极参与,是澳门基本法得以有效实施的重要社会条件和坚实民意基础。

第二,澳门基本法的成功实践充分证明,只有切实维护国家主权、安全、发展利益,才能保持澳门的长期繁荣稳定。维护国家主权、安全、发展利益,保持澳门长期繁荣稳定,是"一国两制"和澳门基本法的根本宗旨。这两者是辩证统一的关系,既能够同时兼顾、并行不悖,又能够相互促进、相得益彰,在任何时候都不应偏废。其中,维护国家主权、安全、发展利益,是保持澳门长期繁荣稳定的前提和基础。只有民族独立、祖国统一、国家富强,澳门的繁荣稳定才有根本保障。另一方面,保持澳门长期繁荣稳定,就能够更好地服务于国家发展大局,更好地维护国家的主权、安全、发展利益。

澳门好,祖国好;祖国好,澳门会更好。这是公认的事实。坚守"一国"之本、善用"两制"之利,是澳门繁荣稳定的根本。早在2009年,澳门特别行政区就制定了《维护国家安全法》,在两个特别行政区中率先落实基本法第二十三条规定的宪制责任。此后,澳门特别行政区进一步推进各领域配套立法,成立维护国家安全的专门机构,举办各类国家安全宣传教育活动,构建全面维护国家安全的防护体系。2016年11月全国人大常委会对香港基本法第一百零四条作出解释后,澳门特别行政区未雨绸缪,主动修订立法会选举制度,增加"防独"条款,明确规定参选人必须拥护澳门基本法、效忠澳门特别行政区,并且立法会议员不得兼任其他国家的政治职务。2017年11月,全国人大常委会将《中华人民共和国国歌法》列入澳门基本法附件三。澳门特别行政区很快就相应修改了《国旗、国徽及国歌的使用和保护》本地法律,确保国歌法各项规定在澳门当地得到贯彻实施。20年来,稳定繁荣的澳门特别行政区凭借营商环境好、市场发育程度高等方面的优势,成为国家双向开放、国际人文交流的重要桥头堡,为国家改革开放和现代化建设事业作出了重要贡献,真正实现了与祖国内地相互促进、共同发展,彰显了"一国两制"的强大生命力。

第三,澳门基本法的成功实践充分证明,只有将澳门特别行政区纳入国家治理体系、融入国家发展大局,才能使澳门走向新的美好未来。贯彻落实“一国两制”方针,通过宪法和基本法确立特别行政区制度,其目的一方面是为了实现香港、澳门顺利回归祖国,另一方面是为了在回归之后长期治理好香港、澳门这两个特别行政区,服务于国家发展大局。香港、澳门回归祖国后,香港特别行政区、澳门特别行政区被纳入到国家统一的治理体系,成为整个国家治理体系的重要组成部分。为此,国家在“十二五”、“十三五”规划中专章阐释支持香港、澳门发展的重大举措,党的十九大报告又提出支持香港、澳门融入国家发展大局,以粤港澳大湾区建设、粤港澳合作、泛珠三角区域合作为重点,同内地优势互补、协同发展,全面推进内地同香港、澳门的互利合作,制定完善便利香港、澳门居民在内地发展的政策措施。2019 年 2 月,中共中央、国务院印发了《粤港澳大湾区发展规划纲要》。这是由习近平总书记亲自谋划、亲自部署、亲自推动的国家区域发展战略,将为香港、澳门未来的发展提供新的重大机遇,指明正确的前进方向。

澳门特别行政区充分认识到融入国家发展大局的现实需要和战略意义,充分发挥“一国之利、两制之便”的制度优越性,将“一国两制”的制度优势转化为实际的治理效能,取得了不俗的成绩。在中央的全力支持下,澳门特别行政区积极响应粤港澳大湾区发展规划的要求,高度重视和全面谋划澳门在国家发展整体布局中的地位和作用,坚持走经济适度多元可持续发展的道路,努力建设世界旅游休闲中心、中国与葡语国家商贸合作服务平台,以及以中华文化为主流、多元文化共存的交流合作基地,吹响了新时代新澳门新发展的集结号。

同志们,朋友们!

澳门基本法的成功实施雄辩地证明,“一国两制”是解决历史遗留的澳门问题的最佳方案,也是澳门回归后保持长期繁荣稳定的最佳制度,是行得通、办得到、得人心的!澳门基本法符合国家根本利益,符合澳门实际情况,是一部经得起实践检验的好法律!展望未来,我们更有信心实施好澳门基本法,治理好、发展好澳门特别行政区,推动“一国两制”在澳门取得更大的成功。遵照习近平总书记提出的“坚持‘一国两制’不会变、不动摇,确保‘一国两制’实践不走样、不变形,始终沿着正确方向前进”的要求,我对全面准确有效实施澳门基本法提四点希望。

第一,严格依照宪法和澳门基本法实施治理。回归完成了澳门宪制秩序的巨大转变,国家宪法和澳门基本法共同构成了澳门特别行政区的宪制基础,共同确立了澳门特别行政区的宪制秩序。

依法治澳,首先是依据宪法和澳门基本法治澳。宪法是国家的根本法,在国家统一的法律体系中居于统帅和核心地位,在包括澳门特别行政区在内的全国范围内具有最高法律地位和最高法律效力。“一国两制”在国家法治上的最高体现,就是国家宪法。坚持依法治澳,必须坚决维护宪法的尊严和权威。澳门基本法是根据宪法制定的,是规定澳门特别行政区制度和政策的基本法律。我们坚持“一国两制”、“澳人治澳”、高度自治,正确实施澳门基本法,必须符合宪法的原则和相关规定。在特别行政区,不存在一个脱离宪法的“宪制”,也不存在一个脱离宪法的“法治”。

徒法不足以自行。宪法和法律的实施必须要有行之有效的制度载体和机制保障。在澳门特别行政区,以宪法和澳门基本法为基础,以国家有关立法和澳门特别行政区法律为主要依据,已经构建起一整套法制统一、权责明确、运作良好的宪制秩序和法律体系。这是国家治理体系的一部分,是保证澳门“一国两制”实践始终沿着正确道路前进、实现长治久安的关键,中央各有关部门、澳门特别行政区各政权机关,以及包括澳门同胞在内的全国人民,都必须尊重、遵守和执行,都必须共同维护。

第二,依法行使中央对澳门特别行政区的全面管治权和澳门特别行政区的高度自治权。我国是单一制国家,中央对包括特别行政区在内的所有地方行政区域拥有全面管治权。1999 年 12 月 20 日我国政府收回澳门,对澳门恢复行使主权,是恢复行使包括治权在内的完整主权,按照宪法规定产生的中央人民政府代表全国人民行使对澳门的全面管治权。维护宪法和澳门基本法确立的澳门特别行政区宪制秩序,最重要的是落实并维护中央对澳门特别行政区的全面管治权,将维护中央全面管治权和保障特别行政区高度自治权有机结合起来。

中央对澳门特别行政区行使全面管治权的形式,首先是对一些重大的事务,依法直接行使管治权。例如,全国人民代表大会监督宪法在澳门特别行政区的实施,修改澳门基本法,决定澳门特别行政区的设立及其制度;全国人大常委会监督宪法在澳门特别行政区的实施,解释澳门基本法,备案和审查澳门特别行政区立法机关制定的法律,决定在澳门特别行政区实施的全国性法律,决定涉及澳门特别行政区的其他重大问题;中央人民政府任免澳门特别行政区行政长官、政府主要官员和检察长,管理与澳门特别行政区有关的外交事务和防务,向行政长官发出指令,等等。

中央对澳门特别行政区行使全面管治权的另一种重要形式,是授权澳门特别行政区根据澳门基本法的规定,自行管理属于高度自治范围内的事务。澳门特别行政区不实行社会主义的制度和政策,保持原有的资本主义制度和生活方式不变,法律基本不变。中央充分尊重、支持和保证澳门特别行政区依法实行高度自治,享有行政管理权、立法权、独立的司法权和终审权。对于澳门特别行政区行使高度自治权的情况,中央有权予以监督。例如,今年10月十三届全国人大常委会第十四次会议作出的《关于授权澳门特别行政区对横琴口岸澳方口岸区及相关延伸区实施管辖的决定》,就需要中央和内地有关方面与澳门特别行政区共同实施,中央依法予以指导和监督。

中央对澳门特别行政区拥有全面管治权,讲的是主权层面的问题,中央授予澳门特别行政区高度自治权,讲的是主权行使层面的问题。中央的全面管治权是授权澳门特别行政区实行高度自治的前提和基础,授予澳门特别行政区高度自治权是中央对澳门特别行政区行使全面管治权的体现,两者相互联系、内在一致,任何情况下都不能将这两者割裂开来、对立起来。澳门特别行政区在行使高度自治权的过程中,一方面,要坚决维护中央的权威,不得损害国家的主权、安全、发展利益,更不得以特别行政区的高度自治权对抗中央的管治权;另一方面,要履职尽责、奋发有为,切实承担起治理特别行政区的主体责任,不辜负中央的信任和人民的嘱托。

第三,继续建立健全维护国家安全的制度机制。国家安全是国家生存发展的基本前提,维护国家安全是包括澳门同胞在内的全国人民的根本利益所在。宪法第五十二条规定,“中华人民共和国公民有维护国家统一和全国各民族团结的义务”。第五十四条规定,“中华人民共和国公民有维护祖国的安全、荣誉和利益的义务,不得有危害祖国的安全、荣誉和利益的行为”。“为了维护国家的统一和领土完整”,是设立澳门特别行政区的首要目的,制定澳门基本法是为了“规定澳门特别行政区实行的制度,以保障国家对澳门基本方针政策的实施”。

维护国家安全,是直辖于中央人民政府的澳门特别行政区应当承担的宪制责任,是澳门基本法规定的法律义务。在“一国两制”实践中,维护国家安全就是要坚守习近平总书记强调的“三条底线”,即绝不能允许任何危害国家主权安全、挑战中央权力和基本法权威、利用特别行政区对内地进行渗透破坏的活动。澳门特别行政区已经制定了《维护国家安全法》,并采取了一些配套举措。党的十九届四中全会提出,“建立健全特别行政区维护国家安全的法律制度和执行机制,支持特别行政区强化执法力量”。在新的历史时期,要根据形势的发展变化,贯彻总体国家安全观的要求,围绕国家政治安全等重点领域,完善和健全相关制度机制,构建起全面有效维护国家安全的制度和机制体系:一是要增强忧患意识,做到居安思危,在复杂多变的安全和发展环境中,高度警惕可能存在的各方面风险,勇于挺身而出抵制各种破坏活动,在特别行政区有效维护国家安全和社会和谐稳定。二是要以澳门基本法第二十三条规定为重点,围绕禁止和惩治任何叛国、分裂国家、煽动叛乱、颠覆中央人民政府等严重危害国家安全的行为和活动,完善有关法律制度和执行机制,坚决防范和遏制外部势力干预澳门事务和进行分裂、颠覆、渗透、破坏活动。三是要建立并强化与特别行政区维护国家安全任务相适应的执法力量,确保各项法律制度得以有效执行。

第四,持续加强宪法与澳门基本法的宣传推广。宪法和澳门基本法在澳门特别行政区实施得好,关键在于澳门全社会能够牢固地树立起尊崇宪法和基本法的公众意识与行动自觉。五年前,习近平总书记就提出要求,要在澳门全社会“弘扬法治精神,共同维护法治秩序,培养造就一大批熟悉澳门特别行政区基本法、具备深厚专业素养的法治人才,为依法治澳提供坚强人才保障”。五年来,澳门社会各界作出了多方面的努力,工作是卓有成效的。同时,我们还要看到,这是一项需要薪火相传、需要一代代人坚持不懈做下去的工作。希望澳门社会继续加强宪法和基本法的宣传推广和人才培养,引导和帮助广大澳门同胞更准确地把握宪法和基本法的精神实质,使宪法和基本法更加深入人心。

公职人员是澳门特别行政区实施有效管治的中坚力量,是践行“一国两制”和实施澳门基本法的示范者和责任人。党的十九届四中全会明确提出,“加强对香港、澳门社会特别是公职人员和青少年的宪法和基本法教育、国情教育、中国历史和中华文化教育,增强香港、澳门同胞国家意识和爱国精神”。澳门的公职人员既要做知法、懂法的模范者,又要做守法、执法的实践者;既要敢于承担法律赋予的法定责任,又要善于运用法治思维和法治方式推动发展、解决问题,进而将澳门基本法和特别行政区各项法律实施好、实施到位。希望澳门特别行政区高度重视公职人员宪法和基本法的宣传培训工作,并具体体现在公职人员招录、履职、考核等工作过程中,塑造一支政治、法律和专业能力都过硬的管治团队。

习近平总书记非常关心澳门青少年的成长。今年,他在给澳门小学生和长者的两次回信中指出,要“传承好爱国爱澳优良传统,珍惜时光,刻苦学习,健康成长”,“多向澳门青年讲一讲回归前后的故事,鼓励他们把爱国爱澳精神传承好,积极参与粤港澳大湾区建设,携手把澳门建设得更加美丽”。青少年是祖国和澳门的未来,是“一国两制”行稳致远的希望所在。为此,我们要格外重视澳门的青少年教育工作,倾听他们的心声,关心他们的成长,为他们当好“一国两制”事业的接班人夯实基础、创造条件、营造环境。要在青少年中加强宪法和基本法的宣传教育,注重培养他们尊崇国家宪制、尊重基本法权威、维护社会法治的意识,努力将他们培养成为爱国爱澳、奋发有为的新时代栋梁。这些工作必须从学校抓起,从基础教育抓起,要下大力气做,持之以恒地做。

同志们,朋友们!

“一国两制”是中国的一个伟大创举,是符合国家和民族根本利益,符合澳门整体和长远利益的最佳制度安排。作为一项前无古人的开创性事业,“一国两制”的前进道路不可能是平坦的,总会出现这样或者那样的风险和挑战。我们要深入学习贯彻习近平总书记关于港澳工作的重要论述精神,坚持和完善“一国两制”制度体系,在宪法和澳门基本法的轨道上推进具有澳门特色的“一国两制”成功实践。无论遇到什么样的困难、风险和挑战,都不会动摇我们坚定不移走“一国两制”成功道路的信心和决心,都不会阻止我们迎难而上、继续前进的坚定步伐!

当前,中国特色社会主义已经进入新时代,“一国两制”实践也步入“五十年不变”的中期。党的十九大将“坚持‘一国两制’和推进祖国统一”确定为新时代坚持和发展中国特色社会主义的基本方略之一。党的十九届四中全会又将“坚持‘一国两制’,保持香港、澳门长期繁荣稳定,促进祖国和平统一”总结概括为我国国家制度和国家治理体系的显著优势之一,强调坚持依法治港治澳,维护宪法和基本法确定的宪制秩序。这反映出我们对“一国两制”实践的规律性认识达到了新的高度。现在,我们已经积累足够多的经验,拥有足够强的信心,凝聚足够大的力量,具备足够多的手段,确保“一国两制”事业行稳致远,确保宪法和澳门基本法全面准确有效实施。我们相信,在中央和祖国内地的大力支持下,在澳门特别行政区行政长官和政府的带领下,在澳门社会各界人士的共同努力下,澳门的明天一定会更好!澳门同胞必将与全国人民一道,共担复兴重任,共享伟大荣光,共同书写实现“两个一百年”奋斗目标和中华民族伟大复兴的中国梦的华彩篇章!

《人民日报》2019年12月4日

附:

在国内执法检查和调研座谈时的新闻通稿

栗战书主持召开座谈会

就全国人大常委会工作报告稿听取意见建议

人民日报北京1月21日电 全国人大常委会委员长栗战书21日主持召开座谈会,就全国人大常委会工作报告稿听取各省(区、市)人大常委会和有关部门负责人,以及部分全国人大代表意见和建议。

座谈会上,北京等12个省(区、市)人大常委会和有关部门负责同志,厉莉等7位全国人大代表先后发言。栗战书认真倾听、记下要点,还不时插话,同大家讨论交流。与会人员高度评价十三届全国人大及其常委会的工作,对常委会工作报告稿总体表示赞成,一致认为,全国人大常委会在以习近平同志为核心的党中央坚强领导下,深入学习贯彻习近平新时代中国特色社会主义思想和党的十九大精神,做到一切重要工作、重要事项都在党的领导下进行、围绕党和国家工作大局开展，立法、监督、代表、对外交往、自身建设等各项工作取得了新进展新成效，实现本届人大工作良好开局。

栗战书说，为了起草好常委会工作报告，全国人大常委会在书面征求各省（区、市）人大常委会意见的同时，专门邀请各位同志来京座谈，就是想当面听一听大家的意见和建议，集思广益、凝聚共识。大家作了很好的发言，听了很受启发，我们将认真研究、积极采纳，把常委会工作报告稿修改好完善好，同时认真查找常委会工作中的不足，切实加以改进，尽职尽责做好工作。

栗战书表示，本届全国人大及其常委会的任期，正处在“两个一百年”奋斗目标的历史交汇期。党的十九大确立的奋斗目标，人民对美好生活的向往，全面深化改革开放的新任务，全面依法治国的新要求，都赋予了新时代人大工作新的使命责任，需要全国人大和地方各级人大共同努力。要进一步密切联系、密切协同、加强指导，切实担负起新时代赋予人大工作的使命责任，在党中央领导下，依法履职尽责，积极开拓创新，共同推动人民代表大会制度和人大工作与时俱进、完善发展。

栗战书强调，今年是中华人民共和国成立70周年，是全面建成小康社会、实现“第一个百年”奋斗目标的关键之年。在当前国内改革发展稳定任务艰巨繁重、外部环境日趋复杂严峻的大背景下，确保十三届全国人大二次会议胜利召开、圆满成功具有十分重大的意义。希望各代表团、全体代表切实把思想和行动统一到党中央对重大形势的科学判断和对重大任务的决策部署上来，坚持“稳”字当头，集中精力审议好大会各项议案和报告。要贯彻民主集中制原则，深入审议，充分发言，提出真知灼见，凝聚正能量，出色地完成党中央交付的重大政治任务。

全国人大常委会副委员长王晨参加座谈会。

栗战书同部分全国人大代表座谈时强调

认真履行宪法法律赋予的职责　当好党和国家联系群众的桥梁纽带

人民日报北京2月28日电　27日，中共中央政治局常委、全国人大常委会委员长栗战书同列席十三届全国人大常委会第九次会议的全国人大代表座谈时强调，要认真履行宪法法律赋予的职责，当好党和国家联系群众的桥梁纽带，努力做到“人民选我当代表，我当代表为人民”，以高度的责任感使命感开好十三届全国人大二次会议。

中共中央政治局委员、全国人大常委会副委员长王晨主持座谈会。

座谈会上，代表们踊跃发言，对人大工作和其他方面工作提出了意见和建议。在认真听取大家发言后，栗战书说，两天来，各位代表认真审议常委会工作报告稿，贡献了真知灼见，座谈会上又提出了不少好的意见建议。我们将认真梳理汇总，涉及全国人大及其常委会工作的，认真研究改进；涉及经济社会发展等方面的，转送有关部门研究处理。

栗战书指出，党的十八大以来，以习近平同志为核心的党中央高度重视加强人大制度建设，推动人大工作发展。习近平总书记就坚持和完善人民代表大会制度多次发表重要讲话、作出指示批示，提出了一系列具有开创性意义的新理念新思想新要求，为做好新时代人大工作提供了遵循、指明了方向。我们要全面学习、认真领会习近平新时代中国特色社会主义思想特别是习近平总书记关于坚持和完善人民代表大会制度的重要思想，学深悟透、融会贯通，切实贯彻体现到履行法定职责、做好人大工作的全过程。

栗战书表示，常委会的工作，离不开全国人大代表的大力支持和积极参与。在立法工作中，人大代表认真参与各环节工作，积极建言献策，为提高立法质量和效率贡献了智慧。在列席常委会会议、参加执法检查、专题调研等活动中，提出了不少接地气、惠民生、有实效的意见建议，为加强和改进人大工作贡献了力量。常委会将坚持代表主体地位，进一步密切同代表的联系，扩大代表对立法、监督等工作的参与，支持和保障代表依法执行职务，更好发挥代表作用，夯实人大工作基础，提升人大工作水平。

栗战书强调，人大代表出席代表大会、参加行使国家权力，是依法履职的重要形式，是沉甸甸的政治责任和法律责任。要增强参加会议、依法履职的责任感使命感，严肃认真执行代表职务，不辜负党和人民的信任和重托；要坚持从国家大局着眼、从人民利益出发，客观中肯评价工作，多提建设性意见建议;要凝聚正能量,弘扬主旋律,向全社会传递信心和力量,把全体人民的思想和行动统一到党中央对形势的科学判断和对工作的部署要求上来;要严格遵守会议纪律,持之以恒改进会风,以良好的形象展现人大代表风采。

栗战书在全国人大常委会水污染防治法执法检查组全体会议上指出

发挥法律制度刚性约束作用 推动生态环境质量持续改善

人民日报北京 3 月 25 日电 全国人大常委会25 日召开水污染防治法执法检查组第一次全体会议,正式启动水污染防治法执法检查。中共中央政治局常委、全国人大常委会委员长栗战书主持会议并讲话强调,要坚持以习近平新时代中国特色社会主义思想特别是习近平生态文明思想为指引,发挥法律制度的刚性约束作用,推动从根本上解决水污染问题,推动生态环境质量持续改善。

栗战书说,党的十八大以来,以习近平同志为核心的党中央引领和推动我国生态环境保护和生态文明建设发生历史性、转折性、全局性变化,取得了历史性成就。今年 3 月 5 日,习近平总书记参加十三届全国人大二次会议内蒙古代表团审议时,就生态文明建设再次发表重要讲话,体现了党中央毫不动摇加强生态文明建设的强大决心。要全面学习贯彻习近平生态文明思想和党中央决策部署,推动各国家机关和全社会保持加强生态文明建设的战略定力,探索以生态优先、绿色发展为导向的高质量发展新路子,加大生态系统保护力度,打好污染防治攻坚战。

栗战书强调,在污染防治攻坚战中,碧水保卫战是必须啃下的一块硬骨头。开展水污染防治法执法检查,是全国人大常委会贯彻落实党中央决策部署、助力污染防治攻坚战的具体行动,也是常委会 2019 年监督工作的重中之重。要深刻认识、准确把握这次执法检查的重要意义和目标任务,抓住重点,以点带面,重点检查发展理念和发展方式的转变情况,检查政府法定职责落实情况,检查法律制度贯彻实施情况,推动水污染防治法全面有效实施。要切实增强执法检查的针对性和实效性。一要严格依法履行职权,切实担负起法定职责,敢于动真碰硬,真正形成监督的压力。二要坚持问题导向,对照法律查找和分析问题,找准抓住影响法律实施、制约工作发展、损害群众利益的突出环境问题,对症下药,切实推动解决。三要探索有效的工作方式方法,引入第三方力量,增加随机抽查比例,完善重点污染源“清单式”抽查,使执法检查更具力度、更有实效。四要坚持求真务实、不务虚功,深入基层一线了解实际情况,听取基层声音,努力提高工作质量和效率。

全国人大常委会副委员长王晨、沈跃跃、丁仲礼出席会议。国务委员王勇代表国务院介绍了贯彻实施水污染防治法情况,全国人大环资委负责人介绍了前期工作情况和检查工作安排,国务院有关部门负责人作了发言。

此次执法检查由栗战书委员长任组长,分成 4 个检查小组赴 8 个省份进行实地检查,同时委托其他省级人大常委会进行自查,实现 31 个省(区、市)“全覆盖”。

全国人大常委会召开水污染防治法实施情况专家评估座谈会

栗战书出席并讲话

人民日报北京 3 月 26 日电 全国人大常委会25 日下午召开水污染防治法实施情况专家评估座谈会。中共中央政治局常委、全国人大常委会委员长栗战书出席会议,听取水污染防治法实施情况评估项目进展情况介绍和专家意见建议并讲话。

按照全国人大常委会水污染防治法执法检查安排,今年年初,全国人大环资委委托中国工程院开展了水污染防治法实施情况评估研究工作,首次在全国人大常委会执法检查中引入第三方评估。

座谈会上,李晓红、钱易、侯立安、曲久辉、任南琪、彭永臻、郝芳华、张晓健等专家,分别从各自专业角度就水污染防治法实施情况评估作了发言。

栗战书边听边记，并和执法检查组成员一道同专家讨论交流。

栗战书说，全国人大常委会把水污染防治法执法检查作为今年监督工作的重中之重，就是要用实际行动推动各地区各部门和全社会深入学习贯彻习近平生态文明思想，全面落实党中央关于水环境保护和水污染防治的各项决策部署，打好碧水保卫战，进而推动打好整个污染防治攻坚战，补齐生态环境质量这块短板，为全面建成小康社会作贡献。

栗战书指出，在执法检查中引入第三方对法律实施情况和效果开展评估，对常委会监督工作来说还是第一次，也是一次探索创新，主要有以下几点考虑：一是增强人大监督工作的科学性、专业性，通过借用“外脑”，更多采用数据化、精准化的监督方式，为执法检查提供技术支撑和专业参考，推动人大监督工作提质增效。二是提高人大监督工作的客观性、权威性，用更加客观、中立的视角，去审视、评价法律实施情况和各地区各部门工作，使人大监督更有力度、更具权威。三是把立法工作和监督工作有效结合起来，评估既是对法律执行情况的评价，也是对立法质量的检测，可以促进法律制度健全完善、有效实施。

栗战书表示，全国人大常委会执法检查组高度重视中国工程院和各位专家的评估意见，将认真研究、充分吸纳，把评估结果运用到执法检查中，进一步提高检查的针对性和实效性。人大监督工作中将继续积极探索，更加注重引入第三方力量，广泛听取各方面意见建议，在实践中逐步完善相关工作机制。

中共中央政治局委员、全国人大常委会副委员长王晨主持座谈会，全国人大常委会副委员长沈跃跃、丁仲礼出席会议。

栗战书在全国人大常委会中小企业促进法执法检查组第一次全体会议上指出

营造良好法治环境和营商环境 促进民营经济和中小企业健康发展

人民日报北京4月2日电 全国人大常委会2日召开中小企业促进法执法检查组第一次全体会议。中共中央政治局常委、全国人大常委会委员长栗战书出席会议并讲话强调，要坚持以习近平新时代中国特色社会主义思想为指导，贯彻党中央关于支持民营经济和中小企业发展的决策部署，推动各地区各部门切实担负起法定责任，为民营经济和中小企业发展提供良好的法治环境和营商环境。

栗战书指出，支持民营企业发展，是党中央的一贯方针。习近平总书记多次就民营经济和中小企业发展发表重要讲话、作出重要指示，提出了明确具体的要求，党中央出台了一系列支持和扶持的政策举措，为新时代民营经济和中小企业健康发展注入了强大动力。开展中小企业促进法执法检查，就是要贯彻习近平总书记指示要求，推动各级国家机关认真实施法律规定，纾解中小企业困难，依法保护中小企业和民营企业家合法权益，引导中小企业合法经营、健康发展，发挥好中小企业在科技创新、高质量发展、改善人民生活、推动区域城乡平衡发展、增加就业等方面的重要作用。

栗战书强调，人大执法检查不是一般性的工作检查，而是对法律实施情况进行监督，必须紧扣法律制度、法律规定、法律条文开展检查。要在全面检查法律实施情况的基础上，重点检查党中央决策部署、中小企业促进法修改新增内容、法律制度和法定责任的落实情况，以及相关法律法规和配套法规规章的制定落实情况。执法检查过程中，一要遵循依法原则，坚持以法律为依据，以扎实的工作、翔实的数据、真实的案例说明法律实施的实际情况，提出有针对性、有创新性、能见实效的建议。二要坚持问题导向，着重发现研究分析影响法律实施、制约政策落实、损害企业和群众利益的突出问题，推动解决法律和政策落实不好、效果不彰的问题。三要改进方式方法，对突出问题开展专题解剖，对法律实施情况开展第三方评估，提高人大监督工作的科学性、专业性、客观性和权威性。四要保持良好作风，了解真实情况，听取各方面意见建议，务求取得实效。

全国人大常委会副委员长陈竺介绍了执法检查前期准备情况和工作安排，国务委员赵克志代表国务院介绍了中小企业促进法实施总体情况和下一步工作考虑，国务院有关部门、最高人民法院、全国工商联负责同志作了发言。

全国人大常委会副委员长王东明主持会议，副委员长郝明金出席会议。

执法检查组将分赴6个省(区)进行实地检查，委托8个省(市)人大常委会对本行政区域内贯彻实施情况进行检查。

栗战书在四川检查水污染防治法实施情况时强调

落实法定领导责任工作责任监管责任执法责任 用法律武器治理污染筑牢长江上游生态屏障

新华社成都4月11日电 中共中央政治局常委、全国人大常委会委员长栗战书8日至11日率领全国人大常委会执法检查组在四川检查水污染防治法实施情况。他强调,要以习近平新时代中国特色社会主义思想为指导,全面贯彻习近平生态文明思想和党中央决策部署,落实法定领导责任、工作责任、监管责任、执法责任,用法律武器治理水污染、保护水生态,筑牢长江上游生态屏障。

这次执法检查严格对照水污染防治法法律条文进行,突出检查各级政府及监管、执法、司法部门和企业等落实法定责任情况。执法检查组一下飞机就来到四川省生态环境厅,了解生态环境监管指挥平台运行和水质监测情况,询问水污染事故防范及应急处置措施。栗战书强调,要用好现代化监测手段,掌握真实情况、及时发现问题,切实督促整改。在成都市青羊区摸底河蜀辉桥段察看黑臭水体整治成效,检查河长制落实情况,到天府新区兴隆湖了解生态水环境综合治理。栗战书主持召开座谈会,听取政府及相关部门负责人、基层执法人员落实法律情况的介绍和意见建议,强调污染防治必须依靠法治、遵循法律,各级政府要增强依法治污意识,全面担负起法定职责,监管部门要坚持依法监管、严字当头,强化全天候、全流程、全覆盖的监督管理,执法、司法部门要把法律赋予的手段用足用好,严肃查处破坏生态环境的违法犯罪行为。

工业水污染防治、城镇水污染防治、农业农村水污染防治、船舶水污染防治和饮用水水源地保护是这次执法检查的重点。执法检查组来到成都天府新区第一污水处理厂了解城镇污水处理情况,到泸州港集装箱码头调研船舶污染防治,深入酿酒企业检查污水排放是否达标,到饮用水长江取水口进行实地察看。在同部分企业负责人和有关方面座谈时,栗战书指出,企业是工业水污染防治的主体,既要严格落实法律规定,还要多承担社会责任。要及时公布信息,加强宣传教育,让守护清水绿岸成为全社会的自觉行动。

检查期间,栗战书来到省人大常委会机关看望工作人员,主持会议同地方人大负责同志和部分全国人大代表、地方各级人大代表座谈。他强调,要因地制宜加强地方立法,对污染防治作出更加精准细化、更有针对性和可操作性的规定。要加大监督工作力度,推动法律法规全面有效实施。人大代表要了解和反映人民群众意愿和呼声,积极为污染防治工作献计出力。

习近平总书记和党中央十分关心长江生态保护。执法检查组专程前往泸州市张坝桂圆林察看长江岸线修复保护情况。栗战书强调,四川是长江上游重要的生态屏障和水源涵养地,要落实好习近平总书记"共抓大保护,不搞大开发"的指示要求,走以生态优先、绿色发展为导向的高质量发展新路子。

栗战书同部分全国人大代表座谈时强调

尊重代表服务代表接受代表监督 充分彰显人民代表大会制度优势和特点

新华社北京4月21日电 20日,中共中央政治局常委、全国人大常委会委员长栗战书在同列席十三届全国人大常委会第十次会议的54位全国人大代表座谈时强调,要深入学习贯彻习近平总书记关于坚持和完善人民代表大会制度的重要思想,深刻认识支持和保障代表履职的重要意义,尊重代表、服务代表、接受代表监督,把联系人大代表、发挥代表作用等工作做得更好,充分彰显人民代表大会制度的优势和特点。

中共中央政治局委员、全国人大常委会副委员长王晨主持座谈会。

座谈会上,代表们踊跃发言,介绍履职情况和经验，对人大工作和其他方面工作提出意见建议。栗战书认真倾听，不时插话与代表深入交流。他说，充分发挥代表作用，很重要的一个方面是在各项工作中认真听取、研究、吸纳代表的意见建议。代表提出的议案、建议和发表的审议意见，是在深入调研和认真思考的基础上提出来的，对于人大工作具有重要促进作用。全国人大常委会将自觉接受代表监督，不断提高代表议案和建议办理实效，把代表意见建议作为加强和改进工作的重要依据，努力提升常委会工作质量和水平。

栗战书向代表们介绍了今年全国人大常委会代表工作的一些新的安排和考虑。他强调，要注重运用大数据方式对代表意见建议进行梳理和分析，找出代表反映最集中、多年反复提的意见，有针对性地推动改进工作；要进一步增强代表培训工作实效，围绕代表关注和履职需要，丰富培训形式，拓展培训内容，不断提升代表依法履职能力；要继续扩大代表对常委会工作的参与，邀请代表参与相关法律草案的起草、论证、调研、审议工作和执法检查、专题调研等活动，更加注重运用现代信息技术方式联系代表、听取意见；要继续完善代表工作机制，精心组织代表调研、视察等活动，切实做好代表履职的服务保障工作。

栗战书表示，十三届全国人大二次会议闭幕后，代表们通过多种形式积极宣讲大会精神，带头贯彻大会精神，树立了“人民选我当代表、我当代表为人民”的良好形象。人大代表来自各地区、各民族、各方面，工作和生活在人民中间，始终同人民群众保持着密切联系。希望代表们牢记使命担当，忠诚为党分忧，忠实为民代言，依法履职尽责，当好党和国家联系人民群众的桥梁纽带，凝聚和激发各方面积极性、主动性、创造性。

栗战书主持加强和改进全国人大代表工作座谈会强调

健全完善代表工作机制　不断提升代表工作水平

人民日报北京5月13日电　中共中央政治局常委、全国人大常委会委员长栗战书13日上午在京主持召开座谈会，研究十三届全国人大二次会议期间代表提出的意见建议，讨论加强和改进全国人大代表工作的具体措施。他强调，要深入学习贯彻习近平总书记关于坚持和完善人民代表大会制度的重要思想，健全完善代表工作机制，充分发挥代表作用，自觉接受代表监督，依靠全国人大代表做好常委会各项工作。

栗战书说，以习近平同志为核心的党中央高度重视发挥人大代表作用、做好人大代表工作，作出新的部署，提出新的要求。习近平总书记鲜明指出，人民代表大会制度之所以具有强大生命力和显著优越性，关键在于它深深植根于人民之中，强调要更好发挥人大代表作用，使各级人大及其常委会成为同人民群众保持密切联系的代表机关。这些重要论述和部署要求，为做好新时代人大工作特别是代表工作提供了指引和遵循，我们要认真学习好、贯彻好、落实好，从发挥中国特色社会主义民主政治特点和优势的高度，充分认识做好代表工作的重要意义，不断提升代表工作水平。

栗战书指出，人民代表大会制度的设计和运行、人大及其常委会依法行使职权，都是为了保证和发展人民当家作主，彰显“国家一切权力属于人民”的宪法理念。人大代表是人民代表大会的主体，代表人民的利益和意志参加行使国家权力。尊重代表主体地位，支持和保障代表依法履职，是人大工作保持生机和活力的重要基础。要遵循和把握代表工作规律，更好发挥人大代表的作用，使人民的意志更好地通过人民代表大会得以实现。

栗战书强调，代表的意见建议是在深入调研和思考的基础上提出的，反映了人民的愿望和呼声。要认真研究、积极回应代表关切，进一步加强和改进代表工作。一要从全国人大常委会层面加强统筹和领导，常委会党组、委员长会议要专题研究代表工作，推动代表工作融入党和国家工作大局；二要深化和拓展常委会同人大代表的联系，强化常委会组成人员同人大代表的双向工作互动与交流，完善专门委员会、工作委员会对口联系代表机制；三要努力实现代表议案建议内容和办理高质量；四要全方位多角度深层次报道代表工作，展示代表履职风采；五要加强代表联络机构建设，提高服务代表的能力和水平；六要加快推进信息化建设，为加强和改进代表工作提供有力支撑。

中共中央政治局委员、全国人大常委会副委员长王晨出席会议。

栗战书在江苏检查水污染防治法实施情况时强调

依法治理水污染保护水环境　绘就新时代美丽中国新画卷

新华社南京6月6日电　中共中央政治局常委、全国人大常委会委员长栗战书3日至6日率领全国人大常委会执法检查组在江苏检查水污染防治法实施情况。他强调，要深入学习贯彻习近平新时代中国特色社会主义思想，践行习近平生态文明思想，充分发挥法律的规范、引领、推动、保障作用，依法治理水污染保护水环境，绘就新时代美丽中国新画卷。

江苏河湖众多、水系发达，治水护水任务艰巨。检查组先后对十多处河道和湖面进行了检查或随机抽查。到南京北十里长沟西支查看黑臭水体治理成效，赴扬州廖家沟调研生态大走廊建设情况，在太湖东岸了解围网拆除工作，在苏州护城河现场取水检测。栗战书肯定江苏水环境整治修复取得的成果，指出要持续强化对各类污染风险的分析防控，防止污染积少成多，确保水环境越来越好。他强调，河长既要履行好巡河、护河、督查职责，还要积极宣讲法律，让群众尊法学法守法用法。检查组到长江滨江水源地、南水北调东线源头查看水质状况。栗战书说，要严守安全底线，完善应急预案，保护好水源地，保证“清水北上”。

检查组紧扣法律规定，把工业、城镇、农业和农村、船舶水污染防治情况作为重点检查内容。在污水处理厂和钢铁企业，栗战书详细询问治污设备运行情况，指出要加强管网建设，不断提高污水收集率和处理率，严格达标排放。在苏州市吴中区北港村、柳舍村，栗战书了解农村污水处理情况，要求因地制宜建设污水处理设施，减少面源污染，建设美丽乡村。他还走进村民家中，询问用水方便不方便、价格贵不贵、安全不安全，强调水污染防治工作一定要让群众满意、得到群众认可。

执法检查期间，检查组到省生态环境厅了解污染防治综合监管平台运行状况，同地方人大常委会、政府及有关部门负责同志和部分人大代表座谈交流，了解法律实施情况，听取意见建议。栗战书说，法律是党的主张和人民意志的集中体现，是治国理政最大的规矩，是社会共同遵守的最大公约数，权威和效力都要比一般的号召、工作措施大得多、管用得多。保护生态环境，必须依靠法治、遵循法律，让法律制度的牙齿有力地咬合。各部门各单位各方面都要行动起来，政府引领绿色发展，企业加快生态转型，公众践行低碳生活，在全社会增强法治意识、生态意识、环保意识、节约意识，形成崇尚生态文明、保护生态环境的良好氛围。栗战书希望江苏学习好、贯彻好习近平总书记对江苏工作的指示要求，积极探索符合省情的转型发展之路，加快建设“强富美高”新江苏。

栗战书还看望了省人大机关工作人员，要求地方各级人大及其常委会发挥立法、监督等职能作用，为打好碧水保卫战作出贡献。

栗战书主持召开长江保护法立法座谈会强调

加快立法进程形成硬约束机制　用法律武器保护长江母亲河

新华社南京6月7日电　中共中央政治局常委、全国人大常委会委员长栗战书6日上午在江苏苏州主持召开长江保护法立法座谈会强调，要坚持以习近平生态文明思想为指引，全面贯彻习近平总书记关于长江保护的重要指示要求，加快长江保护立法进程，形成长江生态环境硬约束机制，用法律武器保护长江母亲河。

栗战书说，长江是我们的母亲河，是中华民族永续发展的重要支撑。以习近平同志为核心的党中央高度重视长江生态环境保护，提出制定长江保护法的重大立法任务。要深入学习贯彻习近平总书记“共抓大保护，不搞大开发”的重要指示精神，立足全局、着眼长远，充分认识制定长江保护法的重要性、紧迫性，扎实做好立法工作，让长江保护有法可依，为长江经济带发展提供法律支撑。

栗战书指出，长江保护法是一部保护长江全流域生态系统，推进长江经济带绿色发展、高质量发展的专门法和特别法。在立法中要找准定位，突出重点。一是明确立法目的和法律适用范围，增强法律的针对性、科学性、有效性。二是系统设计和安排各项制度，把最基本最重要的制度用法律形式规范和确立下来。三是统筹国土空间规划和资源开发利用，避免盲目过度开发和无序建设。四是把修复长江生态环境摆在压倒性位置，采取有效措施加大生态修复和保护力度。五是推动结构调整、促进转型升级、鼓励技术创新，为长江经济带绿色发展提供法律保障。六是加强水源地保护和应急备用水源建设，确保饮用水绝对安全。七是建立统一高效、协调有序的管理体制，形成修复保护发展的工作合力。八是规定更严格更严密的法律责任，依法严惩违反法律规定、破坏生态环境的行为。

栗战书强调，要按照全国人大常委会立法工作计划，加快长江保护法起草工作，尽快拿出法律草案。在立法过程中要深入调查研究，广泛听取各方面意见建议，集思广益，凝聚立法共识，制定出一部让党中央放心、让人民群众满意的长江保护法。

全国人大常委会副委员长沈跃跃出席会议。国务院有关部门、最高人民法院、最高人民检察院、长江流域省市人大常委会负责同志，部分全国人大代表、专家学者参加会议。

栗战书同常委会会议列席代表座谈时强调

发挥代表作用扩大代表参与　共同做好新时代立法工作

人民日报北京6月27日电　中共中央政治局常委、全国人大常委会委员长栗战书27日同列席十三届全国人大常委会第十一次会议的全国人大代表座谈，听取对立法工作的意见建议，研究加强人大立法工作。他强调，要认真学习贯彻习近平新时代中国特色社会主义思想，在立法工作中贯彻群众路线，反映人民意愿，充分发挥人大代表作用，努力做到立法为了人民、依靠人民、造福人民、保护人民。

55位代表大多来自基层一线。大家纷纷发言，结合履职实践介绍参与立法工作的经验体会，围绕扩大代表参与立法工作的覆盖面、健全代表参与立法工作机制、强化代表自身建设、切实提高参与立法工作能力等提出意见建议。栗战书认真倾听，不时插话同大家深入交流。他说，立法是法治的前提和基础。做好新时代立法工作，必须坚持人民主体地位，贯彻以人民为中心的发展思想，不断满足人民群众对民主、法治、公平、正义、安全、环境等方面的需要，用法治保障人民权益，增进人民福祉。这是立法的价值取向，也是社会主义法治的力量源泉。

栗战书指出，人大代表作为国家权力机关组成人员，代表人民参加行使立法权、参与立法工作，使命光荣，责任重大。尊重代表主体地位，扩大代表对立法工作的参与，这是人民当家作主的重要体现。要认真听取代表反映的情况，发挥代表专业特长，积极研究采纳代表提出的意见建议，共同提高立法工作质量，让立法更好地接地气、察民情、聚民智、惠民生。

栗战书指出，经过多年探索实践，代表参与立法工作已经有了一套比较成熟的机制和做法，要坚持下去并在实践中继续创新完善。要把办理代表议案建议与编制立法规划计划、制定修改法律更紧密地结合起来，邀请更多人大代表参与常委会立法工作，利用信息技术为代表参与立法工作搭建便捷高效的平台。要做好代表服务工作，自觉接受代表监督，依靠代表提高常委会工作水平。

栗战书强调，人大代表要提升政治站位，强化责任担当，从履行法定职责、不负党和人民重托的高度，认真负责地参加行使立法权、参与立法工作。要自觉学习贯彻党的创新理论和党中央决策部署，学习法律和其他方面的专业知识，提高参与立法工作的能力和水平。要深入调查研究，广泛收集群众意见，结合专业特长进行认真思考，努力提出高质量的意见建议。要结合履职实践，讲好人大故事、立法故事，使立法过程成为宣传法律、弘扬法治精神的过程。

中共中央政治局委员、全国人大常委会副委员长王晨主持座谈会。

全国人大常委会水污染防治法执法检查组召开会议

听取委托检查情况汇报　栗战书主持并讲话强调

形成人大工作整体合力共同推动法律全面有效实施

人民日报北京6月30日电　全国人大常委会水污染防治法执法检查组30日召开会议，听取受委托检查的省级人大常委会汇报情况。中共中央政治局常委、全国人大常委会委员长栗战书主持并讲话强调，要深入学习贯彻习近平总书记关于坚持和完善人民代表大会制度的重要思想，围绕打好污染防治攻坚战，形成人大工作整体合力，共同推动党中央决策部署和法律法规落实到位。

今年3月底至6月，全国人大常委会水污染防治法执法检查组赴8个省开展检查，同时委托23个省区市人大常委会对本行政区域内的法律实施情况进行检查。汇报会上，受委托检查的省区市人大常委会负责人汇报了检查情况。检查组成员边听边记，了解详情，交流体会。栗战书说，各省区市高度重视水污染防治法执法检查，在党委领导下，人大常委会紧扣法律规定，坚持问题导向，敢于动真碰硬，探索创新方式方法，深入查找影响法律实施、制约工作发展、损害群众利益的突出问题，推动边查边改、立行立改，取得较好效果。

栗战书指出，从委托检查情况看，各地深入学习贯彻习近平生态文明思想，认真贯彻落实党中央决策部署和生态环保法律法规，在打好污染防治攻坚战方面思想更统一、认识更深刻、工作更有力度，依法推进水污染治理、水环境改善、水生态修复取得明显成效。执法检查发现，水污染防治工作开展比较好的地方，往往就是法律落实比较到位的地方；工作中存在突出问题的，很大程度都与法律规定没有得到严格执行有关。要把法律规定一个条款一个条款落到实处，让法律制度的牙齿有力地“咬合”，运用法律武器打好碧水保卫战。

栗战书强调，人大及其常委会在水污染防治中担负着重要职责，必须依法行使好立法权和监督权。要进一步加强地方立法工作，充分发挥地方立法切口小、有特色、精准细化、可操作性强的优势，织密织牢水污染防治和生态环保法律制度体系。要加大监督工作力度，增强监督实效，把法律制度的刚性约束作用发挥出来，保证法律法规有效实施。各级人大代表要积极参与，深入了解法律落实情况，积极反映人民群众愿望呼声，助力水污染防治和生态环境保护。全国人大与地方人大要密切工作联系、加强工作协同，对事关改革发展稳定、人民群众切身利益的重点难点问题，同步做好立法、监督等工作，增强人大工作整体实效。

全国人大常委会副委员长王晨、沈跃跃、丁仲礼出席会议。

栗战书在同全国省级人大常委会秘书长交流座谈时强调

密切同人大代表的联系、密切同地方人大的联系 提升新时代人大工作整体水平

人民日报北京7月3日电　中共中央政治局常委、全国人大常委会委员长栗战书2日下午主持召开会议，同参加全国省级人大常委会秘书长工作交流会的省级人大常委会秘书长交流座谈。他强调，要深入学习贯彻习近平新时代中国特色社会主义思想，坚持党的领导、人民当家作主、依法治国有机统一，密切全国人大同全国人大代表和地方人大的联系，提升新时代人大工作整体水平。

座谈会上，省级人大常委会秘书长结合实际，围绕加强和改进人大工作、提升人大工作整体水平谈体会提建议。在认真听取大家发言后，栗战书说，地方人大设立常委会40周年来，依法履职尽责，为改革开放和社会主义现代化建设，为地方各项事业发展作出了重要贡献，对全国人大工作给予了大力支持和配合。这次交流会对于开拓人大工作视野、改进人大工作必将起到很好的推动作用。

栗战书说，全国人大密切同全国人大代表的联系、密切同地方人大的联系，增强人大工作整体实效，

是习近平总书记和党中央对全国人大工作提出的明确要求。全国人大代表是最高国家权力机关的组成人员，代表人民的利益和意志，参加行使国家权力。人民代表大会制度的设计和运行、人大及其常委会依法行使职权，都是为了保证和发展人民当家作主。人大代表是人民代表大会的主体，更好发挥人大代表作用是坚持和完善人民当家作主的重要体现，是人大工作保持生机和活力的重要基础。全国人大机关要尊重代表主体地位，树立服务代表意识，保障代表依法履职。要遵循和把握代表工作规律，健全代表工作机制，落实好委员长会议组成人员、常委会委员和专门委员会、工作委员会直接联系代表制度，坚持邀请基层代表列席常委会会议和常委会领导同志与列席代表座谈机制，扩大代表对常委会、专门委员会、工作委员会立法、监督、外事等工作的参与，组织好代表视察、专题调研和考察活动，为代表特别是基层代表履职创造更好条件。

栗战书说，各级人大及其常委会在同级党委领导下开展工作。全国人大及其常委会与地方人大及其常委会不是上下级领导被领导关系，这是一个重要政治原则。全国人大密切与地方人大的联系，最为重要的是加强思想政治建设和重大工作的互动联动，共同推动深入学习贯彻习近平新时代中国特色社会主义思想特别是习近平总书记关于坚持和完善人民代表大会制度的重要思想，共同推动落实党的基本理论、基本路线、基本方略和重大决策部署，共同维护习近平总书记党中央的核心、全党的核心地位，维护党中央权威和集中统一领导，共同推动宪法和法律的实施落实。全国人大同地方人大可以加强在工作上的沟通、协调、交流、联动和干部学习培训，共同推进人大的立法、监督、代表等工作。

中共中央政治局委员、全国人大常委会副委员长王晨出席。

栗战书在中国人大制度理论研究会年会暨换届选举会议上强调

以习近平新时代中国特色社会主义思想为指导 增强人大制度理论研究的时代性、实践性

人民日报北京7月4日电　中共中央政治局常委、全国人大常委会委员长栗战书3日出席中国人大制度理论研究会年会暨换届选举会议时强调，要坚持以习近平新时代中国特色社会主义思想为指导，紧跟时代步伐，回应时代要求，切实增强人大制度理论研究的时代性、实践性。

栗战书指出，人民代表大会制度是中国共产党领导人民经过浴血奋战和不懈探索建立的有中国特色的政权组织形式，具有显著优势和强大生命力。党的十八大以来，以习近平同志为核心的党中央高度重视人大制度和人大工作。习近平总书记立足新时代中国特色社会主义事业发展全局，就坚持和完善人民代表大会制度作出一系列重要论述、重要指示，拓展了人民代表大会制度的科学内涵、基本特征和本质要求，标志着我们党对人民代表大会制度的规律性认识达到了一个新的高度。要深入学习贯彻习近平总书记关于坚持和完善人民代表大会制度的重要思想，围绕习近平总书记提出的新理论、新观点、新指示、新要求，结合人大工作实际，推动研究工作往实里做、向深里钻，形成更多高质量研究成果，更好运用习近平总书记的重要思想引领和推动新时代人大工作。

栗战书强调，做好人大制度理论研究，要把习近平新时代中国特色社会主义思想作为根本遵循，不断深化对新时代坚持和完善什么样的人民代表大会制度、怎样坚持和完善人民代表大会制度这一重大理论和实践课题的认识；要坚持正确的政治方向，坚定不移走中国特色社会主义政治发展道路，坚持党的领导、人民当家作主、依法治国有机统一，服务社会主义民主政治伟大实践；要着眼于推进国家治理体系和治理能力现代化，紧跟党中央决策部署，研究解决实际问题，推动人大制度更加成熟、更加定型；要善于讲好人大故事，多出有说服力的研究成果，面向大众、深入浅出，让国家根本政治制度深入人心。

栗战书对中国人大制度理论研究会的成功换届表示祝贺。他强调，要加强常委会对理论研究工作的领导，积极调动各方面力量参与理论研究，加强工作机制和平台建设，凝聚人大制度理论研究的合力。要不负重托，开拓创新，以人大制度理论研究工作的新成绩，为坚持和完善人民代表大会制度、推进社会主义民主法治建设作出新贡献。

中共中央政治局委员、全国人大常委会副委员长王晨主持会议。

栗战书主持召开生物安全法立法座谈会强调

用法律划定生物技术发展边界 保障和促进生物技术健康发展

人民日报北京 7 月 11 日电 中共中央政治局常委、全国人大常委会委员长栗战书10日下午在京主持召开生物安全法立法座谈会,听取立法意见和建议。他强调,要以习近平新时代中国特色社会主义思想为指引,制定一部体现中国特色、反映新时代要求的生物安全法,用法律划定生物技术发展的边界,保障和促进生物技术健康发展。

栗战书说,统筹发展和安全,增强忧患意识,做到居安思危,是我们党治国理政的一个重大原则。党的十八大以来,以习近平同志为核心的党中央高度重视生物安全问题,习近平总书记多次作出重要指示,为生物安全立法工作指明了方向,提供了遵循。要深入贯彻习近平总书记重要指示要求,坚持从总体国家安全观的高度充分认识生物安全立法的必要性和紧迫性,通过立法确立生物安全领域的基础性制度原则,突出风险防范,用法律武器保卫国家生物安全,保障人民生命健康。

栗战书指出,当前生物技术快速发展,大幅提升了生物医学水平,提高了生命质量,拓展了人类对自身和自然界的认识。要通过立法,引导和规范人类生物技术的研究应用走正确之路,促进生物技术快速健康发展,防止和减少可能出现的危害和损失;通过立法,建立一套行之有效的管理体制和机制,充分调动各方面力量,明确各方面责任,构建严密的国家生物安全体系;以法律制度的形式,将鼓励自主创新的产业政策和科技政策固定下来,保障生物安全基础设施先进完善,提升国家生物安全能力建设。

栗战书强调,近年来,全国人大代表提出多项制定生物安全立法的议案建议,反映了人民群众的呼声和期盼。要认真贯彻落实习近平总书记指示要求,认真回应人大代表和人民群众的关切,调动各方面的积极性主动性创造性,加快立法工作进度,制定一部内容全面、结构完整、重点突出,具有基础性、系统性、综合性、统领性的生物安全基本法。要建立完善的法律制度,作出科学合理的制度安排,使各领域活动在健康协调、有序衔接的制度体系下运行。要通过严格的法律责任,明确有关部门的依法履职和责任追究制度,把权力和责任有机统一起来,推动法律可操作、可实施。

全国人大常委会副委员长王晨、沈跃跃出席会议。

栗战书在湖南调研时强调

牢牢抓住学习贯彻习近平新时代中国特色社会主义思想这一根本任务 把主题教育的成效体现到新时代人大工作中

新华社长沙 7 月 25 日电 中共中央政治局常委、全国人大常委会委员长栗战书23日至25日在湖南调研。他强调,要深入学习贯彻习近平新时代中国特色社会主义思想,按照党中央部署开展好"不忘初心、牢记使命"主题教育,推动学习往深里走、往心里走、往实里走,真发现问题、真解决问题、真推进工作,把主题教育的成效体现到新时代人大工作中。

湖南具有光荣的革命传统,红色资源丰富。栗战书来到湖南省立第一师范学校旧址,重温毛泽东等老一辈革命家在这里学习、工作和从事革命活动的经历。他说,回顾我们党98年的光辉历程,一代又一代共产党人在初心和使命上是一以贯之的,那就是矢志不渝地为中国人民谋幸福,为中华民族谋复兴。革命传统资源是我们党的宝贵精神财富,要作为开展爱国主义和党性教育的生动教材,引导广大党员干部学习党的历史、传承革命精神,进一步增强走中国特色社会主义道路、为党和人民事业不懈奋斗的自觉性和坚定性。

为民服务解难题,是开展主题教育的重要目标。栗战书来到株洲市,结合药品管理法的修订进行立法调研。他走进社区卫生服务中心,询问群众看病取药方便不方便、药品价格高不高，深入医药企业了解药品研发和生产情况，主持召开座谈会征求全国人大代表、药品生产企业、医疗卫生一线工作者和市场监管人员对药品管理法修订草案的意见，听取他们对开展主题教育的感受和建议。他强调，做好立法工作，必须把党中央决策部署贯彻落实好，回应群众呼声，维护群众利益，使每一项立法都符合宪法精神、反映人民意志、得到人民拥护。

栗战书到省人大机关了解开展主题教育和地方人大工作情况，勉励机关干部在各自工作岗位上践行初心和使命。他强调，坚持以人民为中心，为了人民、依靠人民，是人大工作始终要坚守的初心和使命。要深入学习贯彻习近平总书记对地方人大及其常委会工作的重要指示精神，把坚持党中央集中统一领导作为做好地方人大工作的根本遵循，按照党中央关于人大工作的要求，围绕地方党委贯彻落实党中央大政方针的决策部署，结合地方实际，创造性地做好立法、监督等工作，更好助力经济社会发展和改革攻坚任务，用法治保障人民权益、增进民生福祉。

栗战书调研了解了湖南省委组织开展“不忘初心、牢记使命”主题教育的情况。他指出，要按照习近平总书记在内蒙古调研时提出的“四个到位”要求，增强“四个意识”，坚定“四个自信”，做到“两个维护”，始终同以习近平同志为核心的党中央保持高度一致。坚持问题导向，狠抓整改落实，确保取得实实在在的效果。贯彻落实好习近平总书记关于湖南工作的指示要求，加快建设富饶美丽幸福新湖南。

栗战书与常委会会议列席代表座谈时强调

认真履行法定职责　充分发挥代表作用
在全面依法治国实践中发挥带头作用

人民日报北京8月25日电　中共中央政治局常委、全国人大常委会委员长栗战书25日与列席十三届全国人大常委会第十二次会议的全国人大代表座谈时强调，人大代表要深入学习贯彻习近平新时代中国特色社会主义思想，认真履行法定职责，遵守法律、宣传法律、普及法律，在全面依法治国实践中发挥带头作用。

参加座谈会的51位全国人大代表，大多来自基层一线。大家纷纷发言，畅谈履职经验和体会，对如何在工作实践中依法履职、宣传普及法律及做好新时代人大工作提出意见建议。栗战书边听边记，不时插话同大家交流。栗战书说，坚持正确政治方向是人大代表履职的前提和根本，必须增强“四个意识”，坚定“四个自信”，做到“两个维护”，把坚持党的领导、人民当家作主、依法治国有机统一体现在履职工作中。尊重代表主体地位、更好发挥代表作用是坚持和完善人民代表大会制度的必然要求，是人大工作保持生机和活力的重要基础，必须贯彻体现到人大工作全过程和各方面。支持和保障代表依法履职是国家机关的法定职责，是人民当家作主的重要体现，要增强为代表服务的意识，不断提高服务和保障工作水平。

栗战书指出，人大代表肩负着宪法和法律赋予的重要职责，肩负着党和人民的信任和重托。代表的职务是法定的，是义不容辞的政治责任。要认真学习掌握代表法和其他与履职相关的法律规定，依照法定权限，遵循法定程序，全面正确行使代表权利，严格履行代表义务，尽心尽责、服务人民，在推动党和国家各项事业、深化依法治国实践中发挥模范带头作用。

栗战书强调，要充分发挥代表来自人民、植根人民的特点和优势，既代表群众、做群众的“知心人”，又引导群众、当群众的“带头人”，积极倾听和反映群众的意愿呼声，主动宣传阐释、贯彻落实党和国家的决策部署。要自觉做尊法学法守法用法的表率，树牢法治意识，模范遵守宪法和法律，严格遵守社会公德，珍惜政治荣誉，维护好代表形象。当好法治宣传员，讲好法治故事，普及法律知识，善于运用法治方式推动解决百姓关心的突出问题。

中共中央政治局委员、全国人大常委会副委员长王晨主持会议。

栗战书与常委会会议列席代表座谈时强调

密切常委会同代表、代表同人民群众的联系 深化和拓展新时代人大代表工作

人民日报北京 10 月 24 日电 中共中央政治局常委、全国人大常委会委员长栗战书23日下午同列席十三届全国人大常委会第十四次会议的全国人大代表座谈，听取对加强常委会自身建设、做好代表工作的意见建议。他强调，要深入学习贯彻习近平总书记关于坚持和完善人民代表大会制度的重要思想，密切常委会同人大代表、人大代表同人民群众的联系，进一步健全完善代表工作机制，深化和拓展新时代人大代表工作。

参加座谈会的55位全国人大代表，大多来自基层一线。大家踊跃发言，畅谈履职体会和经验，反映实际情况和群众呼声，对人大工作提出意见建议。栗战书认真倾听，不时插话同大家深入交流。他说，习近平总书记高度重视人大代表工作，多次就代表选举、代表履职、代表管理和监督、联系和服务人大代表等提出明确要求。全国人大及其常委会要深入学习贯彻习近平总书记关于代表工作的重要指示精神，始终坚持以人民为中心，为人民用权、为人民履职、为人民服务，更好发挥人大代表在党和国家联系人民群众中的桥梁纽带作用，用法治保障人民权益、增进民生福祉。

栗战书指出，全国人大常委会高度重视代表工作，就加强和改进全国人大代表工作提出具体措施，推动代表法和有关制度的贯彻落实。常委会要加强对代表工作的统筹和领导，进一步健全完善工作机制，不断提升代表工作质量和水平。要尊重代表主体地位，增强为代表服务的意识，持续扩大代表参与常委会工作的深度和广度，依靠代表做好人大各项工作。要加强代表思想政治建设，加强代表学习培训，提升代表依法履职意识和能力水平，维护人大代表良好形象。

栗战书希望代表们在密切联系群众、帮助群众排忧解难方面发挥更大作用。他强调，代表联系群众的途径和方式有很多，关键是要真正深入下去、取得实际效果。既要用好视察调研、代表小组、代表工作站等机制和平台，又要注重从所见所闻中掌握社情民意，把准群众脉搏，反映人民关切。要用灵活多样的方式宣传好、解读好党中央大政方针和决策部署、国家的法律政策，把"根"深深扎在人民群众之中，多为老百姓办实事、办好事。

中共中央政治局委员、全国人大常委会副委员长王晨主持座谈会。

纪念澳门特别行政区基本法实施20周年座谈会在京举行

栗战书发表讲话

人民日报北京 12 月 3 日电 纪念中华人民共和国澳门特别行政区基本法实施20周年座谈会3日上午在北京人民大会堂隆重举行。中共中央政治局常委、全国人大常委会委员长栗战书在会上发表讲话强调，要深入学习贯彻习近平总书记关于港澳工作的重要论述精神，坚持和完善"一国两制"制度体系，在宪法和澳门基本法的轨道上推进具有澳门特色的"一国两制"成功实践。中共中央政治局常委、国务院副总理韩正出席座谈会。

栗战书指出，宪法和澳门基本法共同构成澳门特别行政区的宪制基础。根据宪法制定的澳门基本法符合国家根本利益，符合澳门实际情况，是一部经得起实践检验的好法律。20年来，澳门基本法的成功实践充分证明：只有在全社会形成广泛的国家认同，才能全面准确实施基本法；只有切实维护国家主权、安全、发展利益，才能保持澳门长期繁荣稳定；只有将澳门特别行政区纳入国家治理体系、融入国家发展大局，才能使澳门走向新的美好未来。

栗战书指出，坚持"一国两制"和推进祖国统一是新时代坚持和发展中国特色社会主义的基本方略之一；坚持"一国两制"、保持香港澳门长期繁荣稳定、促进祖国和平统一是我国国家制度和国家治理体系的显著优势之一。他对全面准确有效实施澳门基本法提出四点希望：一是严格依照宪法和澳

门基本法实施治理。在特别行政区，不存在一个脱离宪法的“宪制”，也不存在一个脱离宪法的“法治”。二是依法行使中央对澳门特别行政区的全面管治权和澳门特别行政区的高度自治权。中央的全面管治权是授权澳门特别行政区实行高度自治的前提和基础，两者相互联系、内在一致，任何情况下都不能割裂开来、对立起来。三是继续建立健全维护国家安全的制度机制，坚决防范和遏制外部势力干预澳门事务和进行分裂、颠覆、渗透、破坏活动。四是持续加强宪法与澳门基本法的宣传推广，弘扬法治精神，牢固树立起尊崇宪法和澳门基本法的公众意识与行动自觉。

王晨、杨洁篪、郭声琨、尤权、丁仲礼、王毅、赵克志、何厚铧等出席座谈会。

专程来京出席座谈会的澳门特别行政区行政长官崔世安在发言中说，澳门特色“一国两制”成功实践的最宝贵经验就是全面准确实施宪法和基本法，坚持权利与义务相统一的原则，充分发挥基本法赋予的制度优势。李沛霖、张晓明、马兴瑞、刘焯华、陈端洪也在座谈会上发了言。

中央有关部门和广东省负责同志，全国人大常委会澳门基本法委员会成员，原澳门基本法起草委员会部分委员，原澳门特别行政区筹备委员会部分委员，部分澳门特别行政区全国人大代表和全国政协委员，澳门特别行政区部分主要官员和立法机构、司法机构的代表，以及内地和澳门的专家学者约150人参加了座谈会。

座谈会由中共中央政治局委员、全国人大常委会副委员长王晨主持。

栗战书与常委会会议列席代表座谈时强调

深入学习贯彻党的十九届四中全会精神
支持和保障代表依法履职　更好发挥人大代表作用

人民日报北京12月24日电　中共中央政治局常委、全国人大常委会委员长栗战书23日下午同列席十三届全国人大常委会第十五次会议的全国人大代表座谈，听取对今年以来常委会工作情况和明年工作的意见建议。他强调，要坚持以习近平新时代中国特色社会主义思想为指导，深入学习贯彻党的十九届四中全会精神，发挥人大代表来自人民、植根人民的特点和优势，支持和保障代表依法履职，更好发挥人大代表作用。

参加座谈会的51位全国人大代表，大多来自基层一线。座谈会现场气氛活跃，代表们积极发言，对常委会工作予以肯定并提出意见建议。栗战书与代表亲切握手，认真倾听大家的发言，不时插话与代表交流。他说，即将过去的一年，在以习近平同志为核心的党中央坚强领导下，全国人大常委会深入学习贯彻习近平新时代中国特色社会主义思想，全面贯彻落实党的十九大和十九届二中、三中、四中全会精神，紧紧围绕党和国家工作大局依法履职尽责，各方面工作都取得了新进展新成效。常委会工作取得的成绩，同全国人大代表的大力支持、积极参与、辛勤工作是分不开的。

栗战书指出，全国人大常委会始终支持和保障代表依法履职，在实践中形成了一些新的思路和举措。一是尊重代表主体地位，增强为代表服务的意识，提高代表服务保障工作水平，更好发挥代表作用。二是密切同代表的联系，拓宽联系渠道，丰富联系内容，充分听取代表的意见建议。三是提高代表议案建议工作水平，坚持内容高质量、办理高质量，做到既重结果也重过程，真正推动改进工作、解决实际问题。四是加强对代表工作的统筹协调，健全代表联络机制，保证代表参加调研、视察等活动高效有序进行。

栗战书强调，即将到来的2020年，是全面建成小康社会和“十三五”规划收官之年。全国人大常委会和全国人大代表要紧扣全面建成小康社会目标任务，依法履职、担当进取，为完成党中央确定的明年经济社会发展目标，为坚持和完善中国特色社会主义制度、推进国家治理体系和治理能力现代化作出贡献。现在正在筹备十三届全国人大三次会议，希望代表认真做好会前准备，把群众的呼声和愿望带上来，共同努力开好大会。

中共中央政治局委员、全国人大常委会副委员长王晨主持座谈会。

立法工作

一、法律及有关法律问题和重大问题的决定

中华人民共和国主席令

第二十七号

《中华人民共和国法官法》已由中华人民共和国第十三届全国人民代表大会常务委员会第十次会议于2019年4月23日修订通过，现将修订后的《中华人民共和国法官法》公布，自2019年10月1日起施行。

中华人民共和国主席 习近平

2019年4月23日

中华人民共和国法官法

（1995年2月28日第八届全国人民代表大会常务委员会第十二次会议通过 根据2001年6月30日第九届全国人民代表大会常务委员会第二十二次会议《关于修改〈中华人民共和国法官法〉的决定》第一次修正 根据2017年9月1日第十二届全国人民代表大会常务委员会第二十九次会议《关于修改〈中华人民共和国法官法〉等八部法律的决定》第二次修正 2019年4月23日第十三届全国人民代表大会常务委员会第十次会议修订）

目 录

第一章 总 则

第一条 为了全面推进高素质法官队伍建设，加强对法官的管理和监督，维护法官合法权益，保障人民法院依法独立行使审判权，保障法官依法履行职责，保障司法公正，根据宪法，制定本法。

第二条 法官是依法行使国家审判权的审判人员，包括最高人民法院、地方各级人民法院和军事法院等专门人民法院的院长、副院长、审判委员会委员、庭长、副庭长和审判员。

第三条 法官必须忠实执行宪法和法律，维护社会公平正义，全心全意为人民服务。

第四条 法官应当公正对待当事人和其他诉讼参与人，对一切个人和组织在适用法律上一律平等。

第五条 法官应当勤勉尽责，清正廉明，恪守职业道德。

第六条 法官审判案件，应当以事实为根据，以法律为准绳，秉持客观公正的立场。

第七条 法官依法履行职责，受法律保护，不受行政机关、社会团体和个人的干涉。

第二章 法官的职责、义务和权利

第八条 法官的职责：

（一）依法参加合议庭审判或者独任审判刑事、民事、行政诉讼以及国家赔偿等案件；

（二）依法办理引渡、司法协助等案件；

（三）法律规定的其他职责。

法官在职权范围内对所办理的案件负责。

第九条　人民法院院长、副院长、审判委员会委员、庭长、副庭长除履行审判职责外，还应当履行与其职务相适应的职责。

第十条　法官应当履行下列义务：

（一）严格遵守宪法和法律；

（二）秉公办案，不得徇私枉法；

（三）依法保障当事人和其他诉讼参与人的诉讼权利；

（四）维护国家利益、社会公共利益，维护个人和组织的合法权益；

（五）保守国家秘密和审判工作秘密，对履行职责中知悉的商业秘密和个人隐私予以保密；

（六）依法接受法律监督和人民群众监督；

（七）通过依法办理案件以案释法，增强全民法治观念，推进法治社会建设；

（八）法律规定的其他义务。

第十一条　法官享有下列权利：

（一）履行法官职责应当具有的职权和工作条件；

（二）非因法定事由、非经法定程序，不被调离、免职、降职、辞退或者处分；

（三）履行法官职责应当享有的职业保障和福利待遇；

（四）人身、财产和住所安全受法律保护；

（五）提出申诉或者控告；

（六）法律规定的其他权利。

第三章　法官的条件和遴选

第十二条　担任法官必须具备下列条件：

（一）具有中华人民共和国国籍；

（二）拥护中华人民共和国宪法，拥护中国共产党领导和社会主义制度；

（三）具有良好的政治、业务素质和道德品行；

（四）具有正常履行职责的身体条件；

（五）具备普通高等学校法学类本科学历并获得学士及以上学位；或者普通高等学校非法学类本科及以上学历并获得法律硕士、法学硕士及以上学位；或者普通高等学校非法学类本科及以上学历，获得其他相应学位，并具有法律专业知识；

（六）从事法律工作满五年。其中获得法律硕士、法学硕士学位，或者获得法学博士学位的，从事法律工作的年限可以分别放宽至四年、三年；

（七）初任法官应当通过国家统一法律职业资格考试取得法律职业资格。

适用前款第五项规定的学历条件确有困难的地方，经最高人民法院审核确定，在一定期限内，可以将担任法官的学历条件放宽为高等学校本科毕业。

第十三条　下列人员不得担任法官：

（一）因犯罪受过刑事处罚的；

（二）被开除公职的；

（三）被吊销律师、公证员执业证书或者被仲裁委员会除名的；

（四）有法律规定的其他情形的。

第十四条　初任法官采用考试、考核的办法，按照德才兼备的标准，从具备法官条件的人员中择优提出人选。

人民法院的院长应当具有法学专业知识和法律职业经历。副院长、审判委员会委员应当从法官、检察官或者其他具备法官条件的人员中产生。

第十五条　人民法院可以根据审判工作需要，从律师或者法学教学、研究人员等从事法律职业的人员中公开选拔法官。

除应当具备法官任职条件外，参加公开选拔的律师应当实际执业不少于五年，执业经验丰富，从业声誉良好，参加公开选拔的法学教学、研究人员应当具有中级以上职称，从事教学、研究工作五年以上，有突出研究能力和相应研究成果。

第十六条　省、自治区、直辖市设立法官遴选委员会，负责初任法官人选专业能力的审核。

省级法官遴选委员会的组成人员应当包括地方各级人民法院法官代表、其他从事法律职业的人员和有关方面代表，其中法官代表不少于三分之一。

省级法官遴选委员会的日常工作由高级人民法院的内设职能部门承担。

遴选最高人民法院法官应当设立最高人民法院法官遴选委员会，负责法官人选专业能力的审核。

第十七条　初任法官一般到基层人民法院任职。上级人民法院法官一般逐级遴选；最高人民法院和高级人民法院法官可以从下两级人民法院遴选。参加上级人民法院遴选的法官应当在下级人民法院担任法官一定年限，并具有遴选职位相关工作经历。

第四章 法官的任免

第十八条 法官的任免，依照宪法和法律规定的任免权限和程序办理。

最高人民法院院长由全国人民代表大会选举和罢免，副院长、审判委员会委员、庭长、副庭长和审判员，由院长提请全国人民代表大会常务委员会任免。

最高人民法院巡回法庭庭长、副庭长，由院长提请全国人民代表大会常务委员会任免。

地方各级人民法院院长由本级人民代表大会选举和罢免，副院长、审判委员会委员、庭长、副庭长和审判员，由院长提请本级人民代表大会常务委员会任免。

在省、自治区内按地区设立的和在直辖市内设立的中级人民法院的院长，由省、自治区、直辖市人民代表大会常务委员会根据主任会议的提名决定任免，副院长、审判委员会委员、庭长、副庭长和审判员，由高级人民法院院长提请省、自治区、直辖市人民代表大会常务委员会任免。

新疆生产建设兵团各级人民法院、专门人民法院的院长、副院长、审判委员会委员、庭长、副庭长和审判员，依照全国人民代表大会常务委员会的有关规定任免。

第十九条 法官在依照法定程序产生后，在就职时应当公开进行宪法宣誓。

第二十条 法官有下列情形之一的，应当依法提请免除其法官职务：

（一）丧失中华人民共和国国籍的；

（二）调出所任职人民法院的；

（三）职务变动不需要保留法官职务的，或者本人申请免除法官职务经批准的；

（四）经考核不能胜任法官职务的；

（五）因健康原因长期不能履行职务的；

（六）退休的；

（七）辞职或者依法应当予以辞退的；

（八）因违纪违法不宜继续任职的。

第二十一条 发现违反本法规定的条件任命法官的，任命机关应当撤销该项任命；上级人民法院发现下级人民法院法官的任命违反本法规定的条件的，应当建议下级人民法院依法提请任命机关撤销该项任命。

第二十二条 法官不得兼任人民代表大会常务委员会的组成人员，不得兼任行政机关、监察机关、检察机关的职务，不得兼任企业或者其他营利性组织、事业单位的职务，不得兼任律师、仲裁员和公证员。

第二十三条 法官之间有夫妻关系、直系血亲关系、三代以内旁系血亲以及近姻亲关系的，不得同时担任下列职务：

（一）同一人民法院的院长、副院长、审判委员会委员、庭长、副庭长；

（二）同一人民法院的院长、副院长和审判员；

（三）同一审判庭的庭长、副庭长、审判员；

（四）上下相邻两级人民法院的院长、副院长。

第二十四条 法官的配偶、父母、子女有下列情形之一的，法官应当实行任职回避：

（一）担任该法官所任职人民法院辖区内律师事务所的合伙人或者设立人的；

（二）在该法官所任职人民法院辖区内以律师身份担任诉讼代理人、辩护人，或者为诉讼案件当事人提供其他有偿法律服务的。

第五章 法官的管理

第二十五条 法官实行员额制管理。法官员额根据案件数量、经济社会发展情况、人口数量和人民法院审级等因素确定，在省、自治区、直辖市内实行总量控制、动态管理，优先考虑基层人民法院和案件数量多的人民法院办案需要。

法官员额出现空缺的，应当按照程序及时补充。

最高人民法院法官员额由最高人民法院商有关部门确定。

第二十六条 法官实行单独职务序列管理。

法官等级分为十二级，依次为首席大法官、一级大法官、二级大法官、一级高级法官、二级高级法官、三级高级法官、四级高级法官、一级法官、二级法官、三级法官、四级法官、五级法官。

第二十七条 最高人民法院院长为首席大法官。

第二十八条 法官等级的确定，以法官德才表现、业务水平、审判工作实绩和工作年限等为依据。

法官等级晋升采取按期晋升和择优选升相结合的方式，特别优秀或者工作特殊需要的一线办案岗位法官可以特别选升。

第二十九条 法官的等级设置、确定和晋升的具体办法，由国家另行规定。

第三十条 初任法官实行统一职前培训制度。

第三十一条 对法官应当有计划地进行政治、

理论和业务培训。

法官的培训应当理论联系实际、按需施教、讲求实效。

第三十二条 法官培训情况,作为法官任职、等级晋升的依据之一。

第三十三条 法官培训机构按照有关规定承担培训法官的任务。

第三十四条 法官申请辞职,应当由本人书面提出,经批准后,依照法律规定的程序免除其职务。

第三十五条 辞退法官应当依照法律规定的程序免除其职务。

辞退法官应当按照管理权限决定。辞退决定应当以书面形式通知被辞退的法官,并列明作出决定的理由和依据。

第三十六条 法官从人民法院离任后两年内,不得以律师身份担任诉讼代理人或者辩护人。

法官从人民法院离任后,不得担任原任职法院办理案件的诉讼代理人或者辩护人,但是作为当事人的监护人或者近亲属代理诉讼或者进行辩护的除外。

法官被开除后,不得担任诉讼代理人或者辩护人,但是作为当事人的监护人或者近亲属代理诉讼或者进行辩护的除外。

第三十七条 法官因工作需要,经单位选派或者批准,可以在高等学校、科研院所协助开展实践性教学、研究工作,并遵守国家有关规定。

第六章 法官的考核、奖励和惩戒

第三十八条 人民法院设立法官考评委员会,负责对本院法官的考核工作。

第三十九条 法官考评委员会的组成人员为五至九人。

法官考评委员会主任由本院院长担任。

第四十条 对法官的考核,应当全面、客观、公正,实行平时考核和年度考核相结合。

第四十一条 对法官的考核内容包括:审判工作实绩、职业道德、专业水平、工作能力、审判作风。重点考核审判工作实绩。

第四十二条 年度考核结果分为优秀、称职、基本称职和不称职四个等次。

考核结果作为调整法官等级、工资以及法官奖惩、免职、降职、辞退的依据。

第四十三条 考核结果以书面形式通知法官本人。法官对考核结果如果有异议,可以申请复核。

第四十四条 法官在审判工作中有显著成绩和贡献的,或者有其他突出事迹的,应当给予奖励。

第四十五条 法官有下列表现之一的,应当给予奖励:

(一)公正司法,成绩显著的;

(二)总结审判实践经验成果突出,对审判工作有指导作用的;

(三)在办理重大案件、处理突发事件和承担专项重要工作中,做出显著成绩和贡献的;

(四)对审判工作提出改革建议被采纳,效果显著的;

(五)提出司法建议被采纳或者开展法治宣传、指导调解组织调解各类纠纷,效果显著的;

(六)有其他功绩的。

法官的奖励按照有关规定办理。

第四十六条 法官有下列行为之一的,应当给予处分;构成犯罪的,依法追究刑事责任:

(一)贪污受贿、徇私舞弊、枉法裁判的;

(二)隐瞒、伪造、变造、故意损毁证据、案件材料的;

(三)泄露国家秘密、审判工作秘密、商业秘密或者个人隐私的;

(四)故意违反法律法规办理案件的;

(五)因重大过失导致裁判结果错误并造成严重后果的;

(六)拖延办案,贻误工作的;

(七)利用职权为自己或者他人谋取私利的;

(八)接受当事人及其代理人利益输送,或者违反有关规定会见当事人及其代理人的;

(九)违反有关规定从事或者参与营利性活动,在企业或者其他营利性组织中兼任职务的;

(十)有其他违纪违法行为的。

法官的处分按照有关规定办理。

第四十七条 法官涉嫌违纪违法,已经被立案调查、侦查,不宜继续履行职责的,按照管理权限和规定的程序暂时停止其履行职务。

第四十八条 最高人民法院和省、自治区、直辖市设立法官惩戒委员会,负责从专业角度审查认定法官是否存在本法第四十六条第四项、第五项规定的违反审判职责的行为,提出构成故意违反职责、存在重大过失、存在一般过失或者没有违反职责等审查意见。法官惩戒委员会提出审查意见后,人民法院依照有关规定作出是否予以惩戒的决定,并给予相应处理。

法官惩戒委员会由法官代表、其他从事法律职业的人员和有关方面代表组成，其中法官代表不少于半数。

最高人民法院法官惩戒委员会、省级法官惩戒委员会的日常工作，由相关人民法院的内设职能部门承担。

第四十九条 法官惩戒委员会审议惩戒事项时，当事法官有权申请有关人员回避，有权进行陈述、举证、辩解。

第五十条 法官惩戒委员会作出的审查意见应当送达当事法官。当事法官对审查意见有异议的，可以向惩戒委员会提出，惩戒委员会应当对异议及其理由进行审查，作出决定。

第五十一条 法官惩戒委员会审议惩戒事项的具体程序，由最高人民法院商有关部门确定。

第七章 法官的职业保障

第五十二条 人民法院设立法官权益保障委员会，维护法官合法权益，保障法官依法履行职责。

第五十三条 除下列情形外，不得将法官调离审判岗位：

（一）按规定需要任职回避的；

（二）按规定实行任职交流的；

（三）因机构调整、撤销、合并或者缩减编制员额需要调整工作的；

（四）因违纪违法不适合在审判岗位工作的；

（五）法律规定的其他情形。

第五十四条 任何单位或者个人不得要求法官从事超出法定职责范围的事务。

对任何干涉法官办理案件的行为，法官有权拒绝并予以全面如实记录和报告；有违纪违法情形的，由有关机关根据情节轻重追究有关责任人员、行为人的责任。

第五十五条 法官的职业尊严和人身安全受法律保护。

任何单位和个人不得对法官及其近亲属打击报复。

对法官及其近亲属实施报复陷害、侮辱诽谤、暴力侵害、威胁恐吓、滋事骚扰等违法犯罪行为的，应当依法从严惩治。

第五十六条 法官因依法履行职责遭受不实举报、诬告陷害、侮辱诽谤，致使名誉受到损害的，人民法院应当会同有关部门及时澄清事实，消除不良影响，并依法追究相关单位或者个人的责任。

第五十七条 法官因依法履行职责，本人及其近亲属人身安全面临危险的，人民法院、公安机关应当对法官及其近亲属采取人身保护、禁止特定人员接触等必要保护措施。

第五十八条 法官实行与其职责相适应的工资制度，按照法官等级享有国家规定的工资待遇，并建立与公务员工资同步调整机制。

法官的工资制度，根据审判工作特点，由国家另行规定。

第五十九条 法官实行定期增资制度。

经年度考核确定为优秀、称职的，可以按照规定晋升工资档次。

第六十条 法官享受国家规定的津贴、补贴、奖金、保险和福利待遇。

第六十一条 法官因公致残的，享受国家规定的伤残待遇。法官因公牺牲、因公死亡或者病故的，其亲属享受国家规定的抚恤和优待。

第六十二条 法官的退休制度，根据审判工作特点，由国家另行规定。

第六十三条 法官退休后，享受国家规定的养老金和其他待遇。

第六十四条 对于国家机关及其工作人员侵犯本法第十一条规定的法官权利的行为，法官有权提出控告。

第六十五条 对法官处分或者人事处理错误的，应当及时予以纠正；造成名誉损害的，应当恢复名誉、消除影响、赔礼道歉；造成经济损失的，应当赔偿。对打击报复的直接责任人员，应当依法追究其责任。

第八章 附 则

第六十六条 国家对初任法官实行统一法律职业资格考试制度，由国务院司法行政部门商最高人民法院等有关部门组织实施。

第六十七条 人民法院的法官助理在法官指导下负责审查案件材料、草拟法律文书等审判辅助事务。

人民法院应当加强法官助理队伍建设，为法官遴选储备人才。

第六十八条 有关法官的权利、义务和管理制度，本法已有规定的，适用本法的规定；本法未作规定的，适用公务员管理的相关法律法规。

第六十九条 本法自 2019 年 10 月 1 日起施行。

关于《中华人民共和国法官法(修订草案)》的说明

——2017 年 12 月 22 日在第十二届全国人民代表大会常务委员会第三十一次会议上

最高人民法院院长 周 强

全国人民代表大会常务委员会:

我代表最高人民法院,作关于《中华人民共和国法官法(修订草案)》的说明。

一、修改法官法的重要意义

法官法是规范审判权行使主体、构建我国法官制度的专门法律,是完善法官队伍管理、提高法官职业保障的基本依据。现行法官法于 1995 年 2 月 28 日经第八届全国人民代表大会常务委员会第十二次会议通过,并于 2001 年和 2017 年进行了修改。这部法律明确规定了法官的义务权利、选任管理、培训考核、任职回避、工资福利、辞职辞退等制度,对于提高法官队伍素质、推进建立法官制度、加强法官职业化建设发挥了十分重要的作用。随着依法治国方略逐步推进,司法体制改革不断深化,人民法院工作出现了许多新情况新问题,对法院队伍建设和法官管理体制提出了新的更高要求。实践表明,法官法关于法官的权利义务、任职条件、选任机制、职业保障等很多内容,已经不能完全适应新形势新任务的发展需要,修改完善法官法是十分必要的。

第一,修改法官法是贯彻落实党中央重大决策部署,深化司法体制改革的重要任务。党的十八大以来,以习近平同志为核心的党中央对深化司法体制改革,保障司法公正作出一系列决策部署,司法体制改革取得重大成果。修改法官法,对全面落实司法责任制等重大改革任务,巩固司法体制改革成果,进一步提高审判质量效率和司法公信力,具有重要意义。

第二,修改法官法是适应司法审判工作新的发展变化,推进法官正规化、专业化、职业化建设的客观需要。现行法官法于 1995 年颁布施行,二十多年来,人民法院的审判工作和司法环境发生巨大变化,建立在法官法基础上的法官队伍在职业素养、管理模式、职业保障等方面已经难以适应司法审判工作新要求。修改法官法,对保障法官依法履行职责,适应新形势新要求,全面加强法官队伍建设,落实“五个过硬”总要求,具有重要意义。

第三,修改法官法是完善中国特色社会主义法律体系的重要任务。法官是依法行使国家审判权的国家公职人员,法官法是中国特色社会主义法律体系的重要组成部分。随着刑事诉讼法、民事诉讼法、行政诉讼法、法院组织法、检察院组织法等法律不断完善,修改法官法,进一步明确法官的义务权利、任职条件、选任机制、管理体制和职业保障,对维护法律之间的和谐统一,具有重要意义。

二、修改法官法的指导思想以及工作过程

修改法官法的指导思想是:全面贯彻党的十八大、十八届三中、四中、五中、六中全会和十九大精神,以习近平新时代中国特色社会主义思想为指导,认真贯彻落实习近平总书记关于加强社会主义法治建设的一系列重要指示,牢固树立“四个意识”,围绕统筹推进“五位一体”总体布局和协调推进“四个全面”战略布局,抓紧修改完善法官法,加强法官正规化、专业化、职业化建设,保障法官依法履行职责,保障人民法院依法独立行使审判权,使修改后的法官法,符合司法规律,体现时代精神,为建设公正高效权威的社会主义司法制度提供法律保障。

最高人民法院党组高度重视法官法修改研究工作,2015 年 8 月以来,最高人民法院围绕法官法所涉重点问题开展了深入细致的研究论证。为充分体现本轮司法改革成果,修改内容既包括总则、重要制度,也涉及框架结构和具体规定。修改工作遵循以下基本原则:一是努力体现司法体制改革成果,使党中央重大决策部署通过法定程序成为国家意志,用法律制度巩固司法责任制改革成果。二是准确把握法官法的调整范围,妥善处理与人民法院组织法、公务员法等法律的关系。三是对一些实践不够、尚未形成共识的问题,只作原则性规定或者

暂不作规定。

最高人民法院在修改法官法过程中，主要做了以下工作：一是专门成立法官法修改研究小组，多次召开专题会议研究部署法官法修改工作，逐个研究修法重要问题。二是分类别、分层次开展一系列调研工作。两年来我院深入调研全国法院司法体制改革情况，并广泛听取人大代表、政协委员、专家学者和律师代表等各方意见。三是组织翻译14个国家和地区的法官法和法院组织法资料，在立足我国国情和司法现状的基础上，认真研究借鉴域外法治成果，探寻司法规律，锐意改革创新，不断推进完善中国特色社会主义司法制度。四是广泛征求中央组织部、中央编办、公安部、司法部、财政部等部门和研究机构等各方面意见和建议。五是与中央政法委、全国人大内司委、全国人大常委会法工委、最高人民检察院、国务院法制办等单位多次沟通协商，对草案规定的内容达成共识。2017年5月19日、6月15日和9月11日，最高人民法院党组分别召开会议，认真讨论了法官法修订草案。

三、法官法修订草案的主要内容

现行法官法共17章53条，体例上未能充分体现法官与普通公务员的差别。我们将法官法修改为8章73条，修改内容主要包括：一是现行法官法施行以来，全国人大及其常委会有关法官法的新规定；二是人民法院组织法（修订草案）、法官法等8部法律修正案草案调整的内容；三是深化司法体制改革的有关成果。

（一）关于总体框架结构的调整

1. 关于法官职业伦理。草案在总则部分增加有关法官职业伦理的规定。

2. 关于法官的管理。草案对现行法官法中零散分列的内容进行适当归并，将法官兼职禁止、任职回避、员额管理、职务序列、教育培训、辞职辞退、降职等内容均纳入法官的管理一章。

3. 关于法官的保障。草案将法官的保障专门成章，整合现行法官法涉及法官保障的内容，即法官的履职保障、除法定情形外不得将法官调离审判岗位、干涉办案记录通报、人身安全保障以及工资待遇、保险福利、退休养老、申诉控告等。

（二）关于法官职务范围

1. 关于审判员。为推进法官正规化、专业化、职业化建设，提升法官职业尊荣感，草案取消了审判员称谓，统称为法官。

2. 关于助理审判员。司法改革试点中，各地法院已基本不再任命助理审判员，其部分职责也逐步由法官助理取代。因此，草案在法官职务中取消了助理审判员设置。

3. 关于法官职务范围。现行法官法规定法官职务包括院长、副院长、审判委员会委员、庭长、副庭长、审判员和助理审判员7类。将法官职务从高到低阶梯化排列，不利于司法责任制的落实，也和弱化法官科层制管理方向不符，为此，草案不再以列举方式明确法官的职务范围。

（三）关于法官任职条件和资格

1. 关于法官任职的年龄条件。草案保留现行法官法年满二十三周岁的规定，理由如下：一是年满二十三周岁仅是法官任职的最低年龄条件，担任法官仍需要满足其他任职条件要求，特别是要具有五年以上法律工作经历；二是参照公务员法关于公务员任职年龄条件为年满十八周岁的规定，法官最低年龄条件并不等同于担任法官的实际年龄，因此，草案确定法官任职的年龄条件为年满二十三周岁较为合理。

2. 关于法官任职的学历条件。按照中央《关于完善国家统一法律职业资格制度的意见》对取得法律职业资格须具备学历条件的调整，草案修改了法官任职的学历条件，规定："全日制法律专业本科学历并取得相应学位，或者全日制非法律专业本科及以上学历并取得法律、法学硕士及以上学位，或者全日制非法律专业本科及以上学历并取得相应学位且具有法律知识"。

3. 关于法官任职的法律工作年限条件。按照《法官、检察官单独职务序列改革试点方案》，法官需要任法官助理满五年（含试用期），草案修改了法官任职的法律工作年限条件，规定："从事法律工作满五年"。

4. 关于放宽地区的学历条件。按照中央《关于完善国家统一法律职业资格制度的意见》，结合放宽地区法官任职实际，草案将放宽地区担任法官的学历条件修改为高等学校本科毕业。取消现行法官法中关于学历条件放宽为高等院校法律专业专科毕业的规定，主要理由是目前法律大专学历报名和通过人数均较少。以2016年为例，法律大专学历报名人数（15452人）占2.6%，通过人数（1031人）只占1.3%，因此，将学历条件放宽至高等学校本科毕业，既有效解决了放宽地区法官人数不足的问题，又符合加强法官正规化、专业化、职业化建设的要求。

5. 关于不得担任法官的情形。根据党的十八届四中全会决定,要建立终身禁止从事法律职业制度,对因违法违纪被吊销执业证书的律师和公证员,终身禁止从事法律职业。为此,草案在不得担任法官情形中,增加"曾被吊销律师、公证员执业证书的"规定。

6. 关于院长、副院长、审判委员会委员、庭长、副庭长任职条件。为与人民法院组织法(修订草案)保持一致,结合人民法院工作实际,草案规定:"人民法院的院长应当具有法学专业知识和法律职业经历。副院长、审判委员会委员、庭长和副庭长应当从法官中产生"。

(四)关于法官的遴选程序

1. 关于法官遴选委员会。根据中央全面深化改革领导小组审议通过的《关于司法体制改革试点若干问题的框架意见》,草案增加了法官遴选委员会的内容,规定:"设立最高人民法院法官遴选委员会,负责最高人民法院法官人选专业能力的审核。省、自治区、直辖市设立法官遴选委员会,负责初任法官人选专业能力的审核"。草案还对省级法官遴选委员会的组成及日常办事机构作出相关规定。

2. 关于法官逐级遴选制度。根据党的十八届四中全会决定,上级人民法院的法官一般从下一级人民法院的优秀法官中遴选。据此,草案规定"中级以上人民法院法官,一般通过逐级遴选方式产生",并针对中级以上法院的法官,设置不同的审判经历要求。

(五)关于法官的任免

1. 关于法官的任免程序。草案保留法官任免程序的规定,并按照人民法院组织法(修订草案)相关条文进行修改。

2. 关于法官免职的情形。现行法官法规定了免除法官职务的 8 种情形,根据公务员法相关规定,"一次年度考核不称职"属于公务员降职而非免职情形。为与公务员管理规定保持大体一致,草案删除了此种免职情形,并增设法官降职的规定,即"法官在年度考评中被确定为不称职的,应予降职""法官降职,应当降低一个法官等级"。同时,为解决部分人员入额后不办案、办案质量效率达不到标准等问题,按照中央政法委印发的《关于严格执行法官、检察官遴选标准和程序的通知》精神,草案增加一款规定:"办案质量效率连续两年不达标,无法胜任法官职务的"。

(六)关于法官兼职禁止和任职回避

1. 关于法官兼职禁止。为贯彻落实中央从严管理干部精神,借鉴公务员法相关规定,草案增加法官不得在"营利性组织"兼职的情形。同时,为落实中央关于在法学高校和法律实务部门之间相互交流的精神,草案规定"法官经过批准可以在高等学校、科研院所兼职从事教学、研究工作"。

2. 关于被开除公职的法官不得担任诉讼代理人或辩护人的情形。党的十八届四中全会决定指出,"被开除公职的司法人员和被吊销执业证书的律师、公证员终身禁止从事法律职业"。据此,草案规定:"法官被开除公职后,不得担任诉讼代理人或者辩护人,但是作为当事人的监护人或者近亲属代理诉讼或者进行辩护的除外"。

3. 关于法官任职回避的情形。根据从严管理队伍的需要,并征求有关部门意见,草案规定:"法官的配偶、子女有下列情形之一的,法官应当实行任职回避:(一)担任该法官所任职法院辖区内律师事务所的合伙人或者设立人;(二)在该法官所任职法院辖区内以律师身份担任诉讼代理人、辩护人,或者为诉讼案件当事人提供其他有偿法律服务的"。

(七)关于完善法官考评制度

1. 关于法官的考核和考评委员会。现行法官法将考核和法官考评委员会分别规定在第八章和第十六章,草案将考核和法官考评委员会等两章内容进行了整合。

2. 关于年度考核结果。借鉴公务员法相关规定,草案将现行法官法规定的优秀、称职、不称职三个年度考核等次,调整为优秀、称职、基本称职和不称职四个等次。

(八)关于完善法官奖励制度

现行法官法规定法官在审判工作中有显著成绩和贡献的,或者有其他突出事迹的,应当给予奖励,并列举了应给予奖励的情形。根据审判工作实际和法官职业特点,并征求各地意见,草案删除了"保护国家、集体和人民利益,使其免受重大损失,事迹突出的""勇于同违法犯罪行为作斗争,事迹突出的""保护国家秘密和审判工作秘密,有显著成绩的"等 3 项内容,并增加"在办理重大案件、处理突发事件和承担专项重要工作中,做出显著成绩和贡献的"作为法官奖励的情形。

(九)关于建立法官惩戒制度

1. 关于法官处分的情形。根据审判工作实际,考虑到现行法官法中"滥用职权,侵犯自然人、法人或者其他组织的合法权益""玩忽职守,造成错案或者给当事人造成更严重损失"两种情形在实践中操作较为困难，草案将上述两种情形进行整合，修改为“故意违反法律法规，或者因重大过失导致裁判结果错误并造成严重后果”的情形。

2. 关于法官处分的种类。现行法官法中关于法官处分的种类与公务员法完全一致，但在法官实行单独职务序列后，法官职务与行政职级脱钩，不再具有级别，为此，草案删除“降级”的处分种类。

3. 关于停职和延期晋升。根据中央改革文件精神，结合司法体制改革试点情况，草案规定“法官在受处分期间不得晋升职务，处分期间不计入职务晋升年限以及工资档次晋升年限”“法官违法违纪，已经被立案调查，不宜继续履行职责的，可以按照规定的程序和管理权限暂停其履行职务”。

4. 关于法官惩戒委员会及其职责。为充分体现中央司改精神，草案对法官惩戒委员会进行专门规定，明确“最高人民法院和省、自治区、直辖市设立法官惩戒委员会，负责审查认定法官是否存在本法第四十九条第五项规定的违反审判职责的行为，提出构成故意违反职责、存在重大过失、存在一般过失或者没有违反职责的意见，人民法院依照有关规定作出惩戒决定，并给予相应处理。”

（十）关于法官履职保障

党的十八届四中全会决定提出，建立健全司法人员依法履行法定职责保护机制。根据中央关于《保护司法人员依法履行法定职责的规定》，结合审判工作实际，草案对法官的保障进行专章规定。

1. 关于法官权益保障委员会。草案规定：“人民法院设立法官权益保障委员会，保障法官依法履职”。

2. 关于法官非因法定情形，不被调离审判岗位。草案规定：“除下列情形外，法官不得被调离审判岗位：（一）按规定需要任职回避的；（二）按规定实行干部交流的；（三）因机构调整或者缩减编制员额需要调整工作的；（四）因违法违纪不适合在审判岗位工作的；（五）法律规定的其他情形”。

3. 关于保障法官依法行使审判权。草案规定：“行政机关、社会团体和个人不得干涉法官依法办理案件，不得要求法官从事违反法定职责的活动。对干涉法官办理案件的行为，法官有权拒绝，并应当予以记录，并由有关机关根据情节轻重追究行为人的责任”。

4. 关于法官及近亲属人身安全保障。针对近年屡见不鲜的侵害法官及近亲属人身安全事件，草案强化了对法官及近亲属人身权益的保护措施。

5. 关于法官工资待遇。草案规定：“法官实行与其职责相适应的工资制度，按照法官等级享有国家规定的工资福利待遇，并建立与公务员工资同步增长机制”。

《中华人民共和国法官法（修订草案）》和以上说明是否妥当，请审议。

全国人民代表大会宪法和法律委员会关于《中华人民共和国法官法（修订草案）》修改情况的汇报

——2018年12月23日在第十三届全国人民代表大会常务委员会第七次会议上

全国人大宪法和法律委员会副主任委员　刘季幸

全国人民代表大会常务委员会：

2017年12月，十二届全国人大常委会第三十一次会议对法官法（修订草案）进行了初次审议。会后，法制工作委员会将修订草案印发各省（区、市）人大常委会、中央有关部门和部分高等院校、研究机构、基层立法联系点等征求意见。在中国人大网全文公布修订草案征求社会公众意见。法制工作委员会还到广东、北京、山西、重庆等地进行调研，了解情况、听取意见，并就修订草案有关问题与最高人民法院等部门进行沟通。宪法和法律委员会于12月5日召开会议，根据常委会组成人员的审议意见和各方面意见，对修订草案进行了逐条审议。监察和司法委员会、中央政法委员会、最高人民法院、最高人民检察院有关负责同志列席了会议。12月17日，宪法和法律委员会召开会议，再次进行审议。现就主要问题修改情况汇报如下：

一、有的常委委员、地方、部门和社会公众提出，保护司法人员依法履行职责是司法体制改革的重要内容，近年来社会上侵害法官合法权益的违法犯罪行为时有发生，建议进一步完善法官权益保障方面的规定。宪法和法律委员会经研究，建议对修订草案作以下修改完善：一是，在修订草案第一条中增加规定“维护法官合法权益”的表述。二是，将修订草案第十条中规定的“依法审判案件不受行政机关、社会团体和个人的干涉”调整充实到总则中规定。三是，将修订草案第十条第四项修改为，履行法官职责应当享有的职业保障和福利待遇。四是，在修订草案第五十八条中增加规定“法官的职业尊严和人身安全受法律保护”；细化侵害法官人身权益的情形。五是，对修订草案第六十条关于法官人身安全保护措施的规定作出进一步明确，以增强可操作性。

二、现行法官法第二条规定，法官是依法行使国家审判权的审判人员，包括院长、副院长、审判委员会委员、庭长、副庭长、审判员和助理审判员。修订草案第二条将上述规定简化为：“法官是依法行使审判权的国家公职人员”，没有使用审判员称谓，删除了有关法官范围的规定。有的常委委员、地方和部门提出，审判员的称谓是宪法中使用的，今年10月通过的人民法院组织法对法院审判人员的组成作了规定，法官法对法官具体包括哪些人应当予以明确。宪法和法律委员会经研究，建议依照人民法院组织法有关规定，将本条修改为：“法官是依法行使国家审判权的审判人员，包括最高人民法院、地方各级人民法院和军事法院等专门人民法院的院长、副院长、审判委员会委员、庭长、副庭长和审判员。”

三、修订草案第九条关于法官义务的规定，删去了现行法官法中规定的“严格遵守宪法和法律”、“不得徇私枉法”等内容。有的常委委员提出，上述规定仍具有针对性和现实意义，不宜删去。宪法和法律委员会经研究，建议恢复现行法官法的有关规定。同时，建议将该条中法官“审判案件必须以事实为根据，以法律为准绳”的内容调整充实到总则，作为法官履职的一项基本原则。

四、修订草案第十一条第一款第二项、第七项分别规定，担任法官需“年满二十三周岁”、“从事法律工作满五年”。有的常委委员、地方、部门和社会公众提出，按照草案规定的学历条件和从事法律工作的年限，实际上担任法官的年龄将超过二十三周岁，这也符合法官职业需要一定社会阅历的要求。因此，草案可不再具体规定“年满二十三周岁”。同时，为有利于基层人民法院吸引高层次人才，建议对法学类硕士、博士毕业从事法律工作的年限适当放宽。宪法和法律委员会经研究，建议采纳上述意见。

五、修订草案第二十二条第二款规定：“法官经过批准可以在高等学校、科研院所兼职从事教学、研究工作。”一些常委委员、地方和部门提出，为从严管理队伍，防止兼职对法官公正履职的影响，不宜在法律中作上述规定。宪法和法律委员会经研究，建议删去这一规定。

六、修订草案第二十六条对法官员额数的确定和调整作了原则规定。有的常委委员、地方提出，法官员额制改革是司法体制改革的一项重要内容，建议进一步充实这方面的内容，将实践中行之有效的改革举措上升为法律规定。宪法和法律委员会经研究，建议在本条中增加规定以下内容：法官实行员额制管理；法官员额配置优先考虑基层人民法院和案件数量多的地方的人民法院办案需要；法官员额出现空缺的，应当按照程序及时补充；最高人民法院法官员额由最高人民法院商有关部门确定。

七、修订草案第五十四条对法官惩戒委员会作了规定。有的地方、部门和社会公众提出，应进一步明确法官惩戒委员会的职能、人员组成和工作程序，规范其运行。宪法和法律委员会经研究，建议对有关法官惩戒委员会的规定作出以下修改补充：一是，明确法官惩戒委员会的职能是从专业角度对是否属于错案、拖延办案作出审查判断。二是，明确法官惩戒委员会的人员组成。三是，增加有关法官惩戒委员会工作程序的规定。

八、有的地方、部门和社会公众提出，法官助理是辅助法官办案的重要力量，承担着大量具体事务性工作。目前法官主要还是从法官助理中遴选，从长远规划和后备人才培养考虑，这支队伍的建设应当进一步加强。宪法和法律委员会经研究，建议增加规定：“人民法院的法官助理在法官指导下负责审查案件材料、草拟法律文书等审判辅助事务。人民法院应当加强法官助理队伍建设，为法官遴选储备人才。”

九、有的常委委员、地方和部门提出，本法中有的规定与人民法院组织法、公务员法重复，建议通盘研究，做好衔接。宪法和法律委员会经研究，建议作出以下处理：一是，人民法院组织法和法官法修订草案都作了规定的，对于其中主要属于人民法院组织领导体制方面的规定，本法可不作规定；有的内容角度不同，在法官法中作出规定也是必要的，对此可予以保留，并注意与人民法院组织法的规定相衔接。据此,建议删去修订草案第十九条,保留修订草案第十三条第二款、第十七条等,并对文字表述作了相应修改。二是,法官也是公务员,法官法修订草案中有的内容属于与公务员管理共性的规定,考虑到公务员法已有规定,可以不作重复。据此,删去了有关法官辞退情形、降职、奖励种类、处分种类和期间计算、人事处理的复核申诉等具体规定。同时,将附则中第七十二条修改为:"法官是实行单独职务序列管理的公务员。有关法官的权利、义务和管理制度,本法已有规定的,适用本法的规定;本法未作规定的,适用公务员管理的相关法律法规。"

此外,还对修订草案作了一些文字修改。

修订草案二次审议稿已按上述意见作了修改,宪法和法律委员会建议提请本次常委会会议继续审议。

修订草案二次审议稿和以上汇报是否妥当,请审议。

全国人民代表大会宪法和法律委员会关于《中华人民共和国法官法(修订草案)》审议结果的报告

——2019年4月20日在第十三届全国人民代表大会常务委员会第十次会议上

全国人大宪法和法律委员会副主任委员 刘季幸

全国人民代表大会常务委员会:

十三届全国人大常委会第七次会议对法官法(修订草案二次审议稿)进行了审议。会后,法制工作委员会在中国人大网全文公布修订草案,再次征求社会公众意见。宪法和法律委员会、法制工作委员会就有关问题深入研究,与最高人民法院等部门进行沟通,到河南、江西调研,宪法和法律委员会、监察和司法委员会、法制工作委员会还联合召开座谈会,听取中央有关部门、全国人大代表和有关专家的意见。宪法和法律委员会于3月29日召开会议,根据常委会组成人员的审议意见和各方面意见,对修订草案进行了逐条审议。监察和司法委员会、中央政法委员会、最高人民法院、最高人民检察院有关负责同志列席了会议。4月12日,宪法和法律委员会召开会议,再次进行审议。宪法和法律委员会认为,草案经过两次审议修改,已经比较成熟。同时,提出以下主要修改意见:

一、修订草案二次审议稿第一条中规定了对法官队伍建设的要求。有的常委委员和有关方面提出,按照习近平总书记关于"要旗帜鲜明把政治建设放在首位,努力打造一支党中央放心、人民群众满意的高素质政法队伍"和党的十八届四中全会关于"建设高素质法治专门队伍"的要求,建议将相关表述修改为"为了全面推进高素质法官队伍建设",这样能更好地体现对法官队伍政治、业务等各方面素质的全面要求。宪法和法律委员会经研究,建议采纳上述意见。同时,在法官条件中增加规定"拥护中国共产党领导和社会主义制度";在法官培训中增加政治培训。

二、有的常委会组成人员、地方和社会公众提出,应当结合司法责任制改革,进一步加强对法官履职的监督。宪法和法律委员会经研究,建议补充以下内容:一是,在立法目的中增加对法官的监督。二是,在法官应当履行的义务中增加规定,对履行职责中知悉的商业秘密和个人隐私予以保密,相应规定了违反规定的法律责任。

三、修订草案二次审议稿第八条对法官的职责作了规定。有的常委会组成人员、部门和社会公众建议进一步细化法官职责的规定;对法官办理案件行使职权的责任范围进一步明确。宪法和法律委员会经研究,建议采纳上述意见,根据有关法律规定对法官职责进一步细化,进一步明确法官在职权范围内对所办理的案件负责。

四、修订草案二次审议稿第十二条、第十四条对担任法官的任职条件和应当具备法律职业资格条件分别作了规定。有的地方和专家提出,初任法官须取得法律职业资格是党的十八大以来司法体制改革推进法官队伍专业化建设的重要举措,建议将分散在两条中的条件合并规定,以更好地体现改革成果。宪法和法律委员会经研究,建议采纳上述意见，将初任法官应当通过国家统一法律职业资格考试取得法律职业资格的规定，移入法官任职条件一条中统一规定，也与人民法院组织法有关规定相衔接。

五、修订草案二次审议稿第十七条中规定，中级、高级人民法院遴选法官人选一般在下级人民法院担任法官五年以上，并具有遴选职位三年以上相关工作经历；最高人民法院遴选法官人选一般在下级人民法院担任法官八年以上，并具有遴选职位五年以上相关工作经历。有的常委会组成人员、部门、地方和全国人大代表提出，上述有关逐级遴选的条件可能导致遴选范围窄、周期长，不利于根据不同情况和需要开展遴选工作，建议法律中作原则规定，为相关改革实践留有空间。宪法和法律委员会经研究，建议采纳上述意见，将上述规定修改为，参加上级人民法院遴选的法官应当在下级人民法院担任法官一定年限，并具有遴选职位相关工作经历。

六、修订草案二次审议稿第二十条对依法免除法官职务的情形作了规定。有的常委委员、部门提出，对于有的法官由于自身原因申请免除法官职务的，应明确为免除法官职务的一种情形。宪法和法律委员会经研究，建议增加“本人申请免除法官职务经批准的”规定。

七、有的常委会组成人员、部门提出，法官到高等学校、科研院所开展教学研究交流工作有利于加强法治人才培养，有关方面实施了高等学校与法律实务部门人员互聘“双千计划”等，建议法律作出相关规定。宪法和法律委员会经同有关方面共同研究，根据习近平总书记在中国政法大学座谈会上的讲话精神，建议增加规定，法官因工作需要经单位选派或者批准，可以在高等学校、科研院所协助开展实践性教学、研究工作，并遵守国家有关规定。

4 月 11 日，法制工作委员会召开会议，邀请全国人大代表、人民法院和人民检察院工作人员、律师、专家学者等就修订草案中主要制度规范的可行性、法律出台时机、法律实施的社会效果和可能出现的问题等作了评估。与会人员普遍认为，修订草案贯彻落实党中央决策部署，体现司法体制改革成果，对法官的权利义务、遴选、任免、管理、考核奖惩以及职业保障等作了较为全面的修改完善，适应审判工作规律和需要，已经比较成熟，其主要制度规范是可行的，现在出台是必要的、适时的。同时，有的与会人员还对修订草案提出了一些具体修改意见，宪法和法律委员会进行了认真研究，对有的意见予以采纳。

此外，还对修订草案二次审议稿作了一些文字修改。

修订草案三次审议稿已按上述意见作了修改，宪法和法律委员会建议提请本次常委会会议审议通过。

修订草案三次审议稿和以上报告是否妥当，请审议。

全国人民代表大会宪法和法律委员会关于《中华人民共和国法官法（修订草案三次审议稿）》修改意见的报告

——2019 年 4 月 23 日在第十三届全国人民代表大会常务委员会第十次会议上

全国人民代表大会常务委员会：

本次常委会会议于 4 月 20 日下午对法官法（修订草案三次审议稿）进行了分组审议，普遍认为，修订草案已经比较成熟，建议进一步修改后，提请本次会议通过。同时，有些常委会组成人员还提出了一些修改意见。宪法和法律委员会于 4 月 21 日上午召开会议，逐条研究了常委会组成人员的审议意见，对修订草案进行了审议。监察和司法委员会、中央政法委员会、最高人民法院、最高人民检察院有关负责同志列席了会议。宪法和法律委员会认为，修订草案是可行的，同时，提出以下修改意见：

一、有的提出，法官是维护社会公平正义的重要力量，建议按照“努力让人民群众在每一个司法案件中感受到公平正义”的要求，在总则中增加关于维护社会公平正义的规定。宪法和法律委员会经研究，建议采纳上述意见，在第三条中增加“维护社会公平正义”的内容。

二、修订草案三次审议稿第八条第一款第二项对法官依法办理国家赔偿、引渡、司法协助等案件作了规定。有的常委委员提出，国家赔偿案件是人民法院审判工作的重要组成部分，且与引渡、司法协助等案件有较大差别，建议进一步修改完善，将国家赔偿案件与刑事、民事、行政诉讼案件并列规定，与引渡、司法协助案件分别规定。宪法和法律委员会经研究，建议采纳上述意见。

三、修订草案三次审议稿第十三条中规定，被吊销律师、公证员执业证书的，不得担任法官。有的常委委员提出，仲裁法规定仲裁员有索贿受贿、枉法仲裁等行为的，由仲裁委员会予以除名，因此，被除名的仲裁员也不能担任法官。宪法和法律委员会经研究，建议增加规定“被仲裁委员会除名的”，不得担任法官。

四、修订草案三次审议稿第二十四条规定，法官的配偶、子女在该法官所任职人民法院辖区内律师事务所担任合伙人或者设立人的，法官应当实行任职回避。有的常委会组成人员建议，在回避情形中增加法官的父母。宪法和法律委员会经研究，建议采纳上述意见。

五、修订草案三次审议稿第四十六条第一款第二项规定，法官“隐瞒、伪造、变造或者故意损毁证据的”，应当追究责任。有的常委委员提出，除证据外，对案件材料有上述行为的，也应予以追究。宪法和法律委员会经研究，建议采纳上述意见。

此外，根据常委会组成人员的审议意见，还对修订草案三次审议稿作了一些文字修改。

修订草案建议表决稿已按上述意见作了修改，宪法和法律委员会建议本次常委会会议通过。

修订草案建议表决稿和以上报告是否妥当，请审议。

中华人民共和国主席令

第二十八号

《中华人民共和国检察官法》已由中华人民共和国第十三届全国人民代表大会常务委员会第十次会议于2019年4月23日修订通过，现将修订后的《中华人民共和国检察官法》公布，自2019年10月1日起施行。

中华人民共和国主席 习近平

2019年4月23日

中华人民共和国检察官法

（1995年2月28日第八届全国人民代表大会常务委员会第十二次会议通过 根据2001年6月30日第九届全国人民代表大会常务委员会第二十二次会议《关于修改〈中华人民共和国检察官法〉的决定》第一次修正 根据2017年9月1日第十二届全国人民代表大会常务委员会第二十九次会议《关于修改〈中华人民共和国法官法〉等八部法律的决定》第二次修正 2019年4月23日第十三届全国人民代表大会常务委员会第十次会议修订）

目　　录

第一章 总　　则

第一条 为了全面推进高素质检察官队伍建设，加强对检察官的管理和监督，维护检察官合法权益，保障人民检察院依法独立行使检察权，保障检察官依法履行职责，保障司法公正，根据宪法，制定本法。

第二条　检察官是依法行使国家检察权的检察人员，包括最高人民检察院、地方各级人民检察院和军事检察院等专门人民检察院的检察长、副检察长、检察委员会委员和检察员。

第三条　检察官必须忠实执行宪法和法律，维护社会公平正义，全心全意为人民服务。

第四条　检察官应当勤勉尽责，清正廉明，恪守职业道德。

第五条　检察官履行职责，应当以事实为根据，以法律为准绳，秉持客观公正的立场。

检察官办理刑事案件，应当严格坚持罪刑法定原则，尊重和保障人权，既要追诉犯罪，也要保障无罪的人不受刑事追究。

第六条　检察官依法履行职责，受法律保护，不受行政机关、社会团体和个人的干涉。

第二章　检察官的职责、义务和权利

第七条　检察官的职责：

（一）对法律规定由人民检察院直接受理的刑事案件进行侦查；

（二）对刑事案件进行审查逮捕、审查起诉，代表国家进行公诉；

（三）开展公益诉讼工作；

（四）开展对刑事、民事、行政诉讼活动的监督工作；

（五）法律规定的其他职责。

检察官对其职权范围内就案件作出的决定负责。

第八条　人民检察院检察长、副检察长、检察委员会委员除履行检察职责外，还应当履行与其职务相适应的职责。

第九条　检察官在检察长领导下开展工作，重大办案事项由检察长决定。检察长可以将部分职权委托检察官行使，可以授权检察官签发法律文书。

第十条　检察官应当履行下列义务：

（一）严格遵守宪法和法律；

（二）秉公办案，不得徇私枉法；

（三）依法保障当事人和其他诉讼参与人的诉讼权利；

（四）维护国家利益、社会公共利益，维护个人和组织的合法权益；

（五）保守国家秘密和检察工作秘密，对履行职责中知悉的商业秘密和个人隐私予以保密；

（六）依法接受法律监督和人民群众监督；

（七）通过依法办理案件以案释法，增强全民法治观念，推进法治社会建设；

（八）法律规定的其他义务。

第十一条　检察官享有下列权利：

（一）履行检察官职责应当具有的职权和工作条件；

（二）非因法定事由、非经法定程序，不被调离、免职、降职、辞退或者处分；

（三）履行检察官职责应当享有的职业保障和福利待遇；

（四）人身、财产和住所安全受法律保护；

（五）提出申诉或者控告；

（六）法律规定的其他权利。

第三章　检察官的条件和遴选

第十二条　担任检察官必须具备下列条件：

（一）具有中华人民共和国国籍；

（二）拥护中华人民共和国宪法，拥护中国共产党领导和社会主义制度；

（三）具有良好的政治、业务素质和道德品行；

（四）具有正常履行职责的身体条件；

（五）具备普通高等学校法学类本科学历并获得学士及以上学位；或者普通高等学校非法学类本科及以上学历并获得法律硕士、法学硕士及以上学位；或者普通高等学校非法学类本科及以上学历，获得其他相应学位，并具有法律专业知识；

（六）从事法律工作满五年。其中获得法律硕士、法学硕士学位，或者获得法学博士学位的，从事法律工作的年限可以分别放宽至四年、三年；

（七）初任检察官应当通过国家统一法律职业资格考试取得法律职业资格。

适用前款第五项规定的学历条件确有困难的地方，经最高人民检察院审核确定，在一定期限内，可以将担任检察官的学历条件放宽为高等学校本科毕业。

第十三条　下列人员不得担任检察官：

（一）因犯罪受过刑事处罚的；

（二）被开除公职的；

（三）被吊销律师、公证员执业证书或者被仲裁委员会除名的；

（四）有法律规定的其他情形的。

第十四条 初任检察官采用考试、考核的办法，按照德才兼备的标准，从具备检察官条件的人员中择优提出人选。

人民检察院的检察长应当具有法学专业知识和法律职业经历。副检察长、检察委员会委员应当从检察官、法官或者其他具备检察官条件的人员中产生。

第十五条 人民检察院可以根据检察工作需要，从律师或者法学教学、研究人员等从事法律职业的人员中公开选拔检察官。

除应当具备检察官任职条件外，参加公开选拔的律师应当实际执业不少于五年，执业经验丰富，从业声誉良好，参加公开选拔的法学教学、研究人员应当具有中级以上职称，从事教学、研究工作五年以上，有突出研究能力和相应研究成果。

第十六条 省、自治区、直辖市设立检察官遴选委员会，负责初任检察官人选专业能力的审核。

省级检察官遴选委员会的组成人员应当包括地方各级人民检察院检察官代表、其他从事法律职业的人员和有关方面代表，其中检察官代表不少于三分之一。

省级检察官遴选委员会的日常工作由省级人民检察院的内设职能部门承担。

遴选最高人民检察院检察官应当设立最高人民检察院检察官遴选委员会，负责检察官人选专业能力的审核。

第十七条 初任检察官一般到基层人民检察院任职。上级人民检察院检察官一般逐级遴选；最高人民检察院和省级人民检察院检察官可以从下两级人民检察院遴选。参加上级人民检察院遴选的检察官应当在下级人民检察院担任检察官一定年限，并具有遴选职位相关工作经历。

第四章 检察官的任免

第十八条 检察官的任免，依照宪法和法律规定的任免权限和程序办理。

最高人民检察院检察长由全国人民代表大会选举和罢免，副检察长、检察委员会委员和检察员，由检察长提请全国人民代表大会常务委员会任免。

地方各级人民检察院检察长由本级人民代表大会选举和罢免，副检察长、检察委员会委员和检察员，由检察长提请本级人民代表大会常务委员会任免。

地方各级人民检察院检察长的任免，须报上一级人民检察院检察长提请本级人民代表大会常务委员会批准。

省、自治区、直辖市人民检察院分院检察长、副检察长、检察委员会委员和检察员，由省、自治区、直辖市人民检察院检察长提请本级人民代表大会常务委员会任免。

省级人民检察院和设区的市级人民检察院依法设立作为派出机构的人民检察院的检察长、副检察长、检察委员会委员和检察员，由派出的人民检察院检察长提请本级人民代表大会常务委员会任免。

新疆生产建设兵团各级人民检察院、专门人民检察院的检察长、副检察长、检察委员会委员和检察员，依照全国人民代表大会常务委员会的有关规定任免。

第十九条 检察官在依照法定程序产生后，在就职时应当公开进行宪法宣誓。

第二十条 检察官有下列情形之一的，应当依法提请免除其检察官职务：

（一）丧失中华人民共和国国籍的；

（二）调出所任职人民检察院的；

（三）职务变动不需要保留检察官职务的，或者本人申请免除检察官职务经批准的；

（四）经考核不能胜任检察官职务的；

（五）因健康原因长期不能履行职务的；

（六）退休的；

（七）辞职或者依法应当予以辞退的；

（八）因违纪违法不宜继续任职的。

第二十一条 对于不具备本法规定条件或者违反法定程序被选举为人民检察院检察长的，上一级人民检察院检察长有权提请本级人民代表大会常务委员会不批准。

第二十二条 发现违反本法规定的条件任命检察官的，任命机关应当撤销该项任命；上级人民检察院发现下级人民检察院检察官的任命违反本法规定的条件的，应当要求下级人民检察院依法提请任命机关撤销该项任命。

第二十三条 检察官不得兼任人民代表大会常务委员会的组成人员，不得兼任行政机关、监察机关、审判机关的职务，不得兼任企业或者其他营利性组织、事业单位的职务，不得兼任律师、仲裁员和公证员。

第二十四条 检察官之间有夫妻关系、直系血亲关系、三代以内旁系血亲以及近姻亲关系的，不得同时担任下列职务：

（一）同一人民检察院的检察长、副检察长、检察委员会委员；

（二）同一人民检察院的检察长、副检察长和检察员；

（三）同一业务部门的检察员；

（四）上下相邻两级人民检察院的检察长、副检察长。

第二十五条　检察官的配偶、父母、子女有下列情形之一的，检察官应当实行任职回避：

（一）担任该检察官所任职人民检察院辖区内律师事务所的合伙人或者设立人的；

（二）在该检察官所任职人民检察院辖区内以律师身份担任诉讼代理人、辩护人，或者为诉讼案件当事人提供其他有偿法律服务的。

第五章　检察官的管理

第二十六条　检察官实行员额制管理。检察官员额根据案件数量、经济社会发展情况、人口数量和人民检察院层级等因素确定，在省、自治区、直辖市内实行总量控制、动态管理，优先考虑基层人民检察院和案件数量多的人民检察院办案需要。

检察官员额出现空缺的，应当按照程序及时补充。

最高人民检察院检察官员额由最高人民检察院商有关部门确定。

第二十七条　检察官实行单独职务序列管理。

检察官等级分为十二级，依次为首席大检察官、一级大检察官、二级大检察官、一级高级检察官、二级高级检察官、三级高级检察官、四级高级检察官、一级检察官、二级检察官、三级检察官、四级检察官、五级检察官。

第二十八条　最高人民检察院检察长为首席大检察官。

第二十九条　检察官等级的确定，以检察官德才表现、业务水平、检察工作实绩和工作年限等为依据。

检察官等级晋升采取按期晋升和择优选升相结合的方式，特别优秀或者工作特殊需要的一线办案岗位检察官可以特别选升。

第三十条　检察官的等级设置、确定和晋升的具体办法，由国家另行规定。

第三十一条　初任检察官实行统一职前培训制度。

第三十二条　对检察官应当有计划地进行政治、理论和业务培训。

检察官的培训应当理论联系实际、按需施教、讲求实效。

第三十三条　检察官培训情况，作为检察官任职、等级晋升的依据之一。

第三十四条　检察官培训机构按照有关规定承担培训检察官的任务。

第三十五条　检察官申请辞职，应当由本人书面提出，经批准后，依照法律规定的程序免除其职务。

第三十六条　辞退检察官应当依照法律规定的程序免除其职务。

辞退检察官应当按照管理权限决定。辞退决定应当以书面形式通知被辞退的检察官，并列明作出决定的理由和依据。

第三十七条　检察官从人民检察院离任后两年内，不得以律师身份担任诉讼代理人或者辩护人。

检察官从人民检察院离任后，不得担任原任职检察院办理案件的诉讼代理人或者辩护人，但是作为当事人的监护人或者近亲属代理诉讼或者进行辩护的除外。

检察官被开除后，不得担任诉讼代理人或者辩护人，但是作为当事人的监护人或者近亲属代理诉讼或者进行辩护的除外。

第三十八条　检察官因工作需要，经单位选派或者批准，可以在高等学校、科研院所协助开展实践性教学、研究工作，并遵守国家有关规定。

第六章　检察官的考核、奖励和惩戒

第三十九条　人民检察院设立检察官考评委员会，负责对本院检察官的考核工作。

第四十条　检察官考评委员会的组成人员为五至九人。

检察官考评委员会主任由本院检察长担任。

第四十一条　对检察官的考核，应当全面、客观、公正，实行平时考核和年度考核相结合。

第四十二条　对检察官的考核内容包括：检察工作实绩、职业道德、专业水平、工作能力、工作作风。重点考核检察工作实绩。

第四十三条　年度考核结果分为优秀、称职、基本称职和不称职四个等次。

考核结果作为调整检察官等级、工资以及检察官奖惩、免职、降职、辞退的依据。

第四十四条　考核结果以书面形式通知检察

官本人。检察官对考核结果如果有异议，可以申请复核。

第四十五条　检察官在检察工作中有显著成绩和贡献的，或者有其他突出事迹的，应当给予奖励。

第四十六条　检察官有下列表现之一的，应当给予奖励：

（一）公正司法，成绩显著的；

（二）总结检察实践经验成果突出，对检察工作有指导作用的；

（三）在办理重大案件、处理突发事件和承担专项重要工作中，做出显著成绩和贡献的；

（四）对检察工作提出改革建议被采纳，效果显著的；

（五）提出检察建议被采纳或者开展法治宣传、解决各类纠纷，效果显著的；

（六）有其他功绩的。

检察官的奖励按照有关规定办理。

第四十七条　检察官有下列行为之一的，应当给予处分；构成犯罪的，依法追究刑事责任：

（一）贪污受贿、徇私枉法、刑讯逼供的；

（二）隐瞒、伪造、变造、故意损毁证据、案件材料的；

（三）泄露国家秘密、检察工作秘密、商业秘密或者个人隐私的；

（四）故意违反法律法规办理案件的；

（五）因重大过失导致案件错误并造成严重后果的；

（六）拖延办案，贻误工作的；

（七）利用职权为自己或者他人谋取私利的；

（八）接受当事人及其代理人利益输送，或者违反有关规定会见当事人及其代理人的；

（九）违反有关规定从事或者参与营利性活动，在企业或者其他营利性组织中兼任职务的；

（十）有其他违纪违法行为的。

检察官的处分按照有关规定办理。

第四十八条　检察官涉嫌违纪违法，已经被立案调查、侦查，不宜继续履行职责的，按照管理权限和规定的程序暂时停止其履行职务。

第四十九条　最高人民检察院和省、自治区、直辖市设立检察官惩戒委员会，负责从专业角度审查认定检察官是否存在本法第四十七条第四项、第五项规定的违反检察职责的行为，提出构成故意违反职责、存在重大过失、存在一般过失或者没有违反职责等审查意见。检察官惩戒委员会提出审查意见后，人民检察院依照有关规定作出是否予以惩戒的决定，并给予相应处理。

检察官惩戒委员会由检察官代表、其他从事法律职业的人员和有关方面代表组成，其中检察官代表不少于半数。

最高人民检察院检察官惩戒委员会、省级检察官惩戒委员会的日常工作，由相关人民检察院的内设职能部门承担。

第五十条　检察官惩戒委员会审议惩戒事项时，当事检察官有权申请有关人员回避，有权进行陈述、举证、辩解。

第五十一条　检察官惩戒委员会作出的审查意见应当送达当事检察官。当事检察官对审查意见有异议的，可以向惩戒委员会提出，惩戒委员会应当对异议及其理由进行审查，作出决定。

第五十二条　检察官惩戒委员会审议惩戒事项的具体程序，由最高人民检察院商有关部门确定。

第七章　检察官的职业保障

第五十三条　人民检察院设立检察官权益保障委员会，维护检察官合法权益，保障检察官依法履行职责。

第五十四条　除下列情形外，不得将检察官调离检察业务岗位：

（一）按规定需要任职回避的；

（二）按规定实行任职交流的；

（三）因机构调整、撤销、合并或者缩减编制员额需要调整工作的；

（四）因违纪违法不适合在检察业务岗位工作的；

（五）法律规定的其他情形。

第五十五条　任何单位或者个人不得要求检察官从事超出法定职责范围的事务。

对任何干涉检察官办理案件的行为，检察官有权拒绝并予以全面如实记录和报告；有违纪违法情形的，由有关机关根据情节轻重追究有关责任人员、行为人的责任。

第五十六条　检察官的职业尊严和人身安全受法律保护。

任何单位和个人不得对检察官及其近亲属打击报复。

对检察官及其近亲属实施报复陷害、侮辱诽谤、暴力侵害、威胁恐吓、滋事骚扰等违法犯罪行为的，应当依法从严惩治。

第五十七条 检察官因依法履行职责遭受不实举报、诬告陷害、侮辱诽谤,致使名誉受到损害的,人民检察院应当会同有关部门及时澄清事实,消除不良影响,并依法追究相关单位或者个人的责任。

第五十八条 检察官因依法履行职责,本人及其近亲属人身安全面临危险的,人民检察院、公安机关应当对检察官及其近亲属采取人身保护、禁止特定人员接触等必要保护措施。

第五十九条 检察官实行与其职责相适应的工资制度,按照检察官等级享有国家规定的工资待遇,并建立与公务员工资同步调整机制。

检察官的工资制度,根据检察工作特点,由国家另行规定。

第六十条 检察官实行定期增资制度。

经年度考核确定为优秀、称职的,可以按照规定晋升工资档次。

第六十一条 检察官享受国家规定的津贴、补贴、奖金、保险和福利待遇。

第六十二条 检察官因公致残的,享受国家规定的伤残待遇。检察官因公牺牲、因公死亡或者病故的,其亲属享受国家规定的抚恤和优待。

第六十三条 检察官的退休制度,根据检察工作特点,由国家另行规定。

第六十四条 检察官退休后,享受国家规定的养老金和其他待遇。

第六十五条 对于国家机关及其工作人员侵犯本法第十一条规定的检察官权利的行为,检察官有权提出控告。

第六十六条 对检察官处分或者人事处理错误的,应当及时予以纠正;造成名誉损害的,应当恢复名誉、消除影响、赔礼道歉;造成经济损失的,应当赔偿。对打击报复的直接责任人员,应当依法追究其责任。

第八章 附 则

第六十七条 国家对初任检察官实行统一法律职业资格考试制度,由国务院司法行政部门商最高人民检察院等有关部门组织实施。

第六十八条 人民检察院的检察官助理在检察官指导下负责审查案件材料、草拟法律文书等检察辅助事务。

人民检察院应当加强检察官助理队伍建设,为检察官遴选储备人才。

第六十九条 有关检察官的权利、义务和管理制度,本法已有规定的,适用本法的规定;本法未作规定的,适用公务员管理的相关法律法规。

第七十条 本法自 2019 年 10 月 1 日起施行。

关于《中华人民共和国检察官法(修订草案)》的说明

——2017 年 12 月 22 日在第十二届全国人民代表大会常务委员会第三十一次会议上

最高人民检察院检察长 曹建明

全国人民代表大会常务委员会:

我代表最高人民检察院,作关于《中华人民共和国检察官法(修订草案)》的说明。

一、修改检察官法的重要意义

现行检察官法于 1995 年 2 月 28 日第八届全国人大常委会第十二次会议通过,2001 年 6 月 30 日第九届全国人大常委会第二十二次会议、2017 年 9 月 1 日第十二届全国人大常委会第二十九次会议修正。检察官法的立法、修改与施行,对于加强和规范检察官管理,促进检察官队伍正规化、专业化、职业化建设,提升检察队伍素质能力具有十分重要的意义。随着全面依法治国的深入推进,检察工作和检察官队伍建设面临新的形势,对检察官队伍建设和管理体制提出了新的更高要求,修改完善检察官法十分必要。

第一,修改完善检察官法,是贯彻落实党中央重大决策部署,巩固深化司法体制改革成果的必然要求。党的十八大以来,以习近平同志为核心的党中央对深化司法体制改革和保障司法公正作出一系列重大决策部署,检察人员分类管理、员额制、检察官办案责任制等司法改革取得重大成果。修改检察官法,对于及时巩固改革成果,提高司法质量效率和公信力，具有十分重要的意义。

第二，修改完善检察官法，是推进检察官队伍正规化专业化职业化建设的客观需要。党中央对政法队伍建设提出了新的要求。修改检察官法，对于提高检察官队伍专业素养、职业保障和规范化管理水平，保障依法履职，具有十分重要的意义。

第三，修改完善检察官法，是完善中国特色社会主义法律体系的重要内容。近年来，刑事诉讼法、民事诉讼法、行政诉讼法相继修改完善，人民检察院组织法修订已取得阶段性成果。各项法律的修改紧密关联，相辅相成。检察官法的修改作为其中重要的一环，对完善中国特色社会主义法律体系具有十分重要的意义。

二、检察官法修改过程、指导思想及基本原则

（一）修改过程。自检察官法修订列入十二届全国人大常委会立法规划以来，最高人民检察院党组高度重视，专门成立了修改小组。修改小组深入各省区市调研，组织召开法学专家论证会，反复征求各省级检察院意见，并委托部分专家、部分省级院起草专家意见稿和地方建议稿，广泛征求中组部、中央编办、公安部、司法部、财政部、人力资源社会保障部、国务院法制办等中央有关部门意见，并多次与中央政法委、全国人大内司委、全国人大常委会法工委和最高法院沟通协商，反复推敲、修改完善。最高人民检察院党组5次专题研究，形成了目前的检察官法修订草案（以下简称《修订草案》）。

（二）指导思想。深入贯彻党的十八大、十八届历次中央全会和党的十九大精神，以习近平新时代中国特色社会主义思想为指导，以宪法为依据，以现行检察官法为基础，以推进检察官正规化、专业化、职业化为目标，以确保检察权依法独立公正行使为核心，以强化检察官职责、管理和保障为重点，充分吸收司法体制改革成果，借鉴参考有关国家和地区检察官管理经验，力争将检察官法修改成为与党中央要求相适应、与形势相符合、体现检察官职业特点规律的法律制度，为建设公正高效权威的社会主义司法制度、实现中华民族伟大复兴的中国梦提供法律保障。

（三）基本原则。一是坚持一般性与特殊性相结合。检察官性质上仍属于公务员，具有普通公务员管理的共性，在修改中注意吸收《公务员法》一般性规定。检察官作为行使检察权的特殊公务员，又不同于普通公务员。因此《修订草案》又注意遵循司法人员管理和司法权运行一般性规律，体现检察属性特点和检察权运行的特殊性。二是坚持总结吸收司法体制改革经验与推进改革成果法律化相结合。注意总结吸收近年来检察官队伍正规化、专业化、职业化建设的成功经验，充分吸收本轮司法体制改革成果。三是注重与宪法、人民检察院组织法等相衔接。坚持在现行宪法框架范围内进行修改，并注意与正在修改的人民检察院组织法同步对接。四是坚持立足我国国情与借鉴域外经验相结合。始终坚持立足中国实际，坚持党的领导、人民当家作主、依法治国有机统一，坚持从我国基本国情出发，同时又注重研究借鉴域外检察官管理有益经验。

三、需要重点说明的问题

（一）关于总体框架和体例。现行检察官法共17章56条，《修订草案》调整为8章76条，减少了9章，增加了20条。减少章节的主要考虑是，现行检察官法章多条文少，有些章甚至只有两三个法条，导致内容较散，很难突出检察官管理的重点。增加条文主要是把司法体制改革成果吸收进来。目前，《修订草案》按照检察官管理的职责义务和权利、遴选、任免、管理、考核奖励和惩戒、保障等顺序进行，章节更加精简，更加符合司法规律，更具科学性与操作性。

（二）关于检察官的范围及称谓。现行检察官包括“检察长、副检察长、检察委员会委员、检察员和助理检察员”。《修订草案》取消“检察员”和“助理检察员”的称谓，并根据正在修订的《人民检察院组织法（修订草案）》，修改为“其他检察官”。

（三）关于检察长统一领导权。根据现行人民检察院组织法规定，检察长统一领导检察院的工作。《修订草案》明确了检察长的统一领导权，规定“检察官在检察长领导下开展工作，检察长对所属检察官办理案件进行指挥监督，重大办案事项由检察长决定”。

（四）关于检察官任职条件

1. 关于学历条件。《修订草案》明确检察官需具备全日制法学类本科以上学历，原则上不再放宽学历条件。主要考虑是随着我国法学教育不断发展，具备大学本科学历的学生，尤其是政法院校毕

业生不断增加，提高初任检察官学历条件有了很好的基础，且目前检察官队伍中法学类本科以上学历人员占绝大多数。明确这一规定也与《关于完善国家统一法律职业资格制度的意见》中有关取得法律职业资格的学历要求相符。

2. 关于年龄条件。《修订草案》保留了目前关于担任检察官须年满二十三岁的规定。主要考虑是：年龄条件只是担任检察官的条件之一，任职还必须满足能力、经历、学历等其他条件。《公务员法》明确公务员任职年龄为“年满十八周岁”，工作满五年后为二十三岁，符合人才成长规律和实际情况。规定年龄过高，不利于吸收优秀人才充实检察官队伍。特别是，《修订草案》规定检察官需“具有五年以上的法律工作经历”，实际上已经通过工作经历的限制来达到提高任职年龄的目的。

3. 关于法律经历条件。根据《法官、检察官单独职务序列改革试点方案》，初任检察官须任检察官助理满五年。《修订草案》吸收了检察官任职法律工作年限条件，明确“从事法律工作满五年”。

4. 关于检察长、副检察长和检察委员会委员的任职条件。根据《人民检察院组织法（修订草案）》的修改内容，规定为“人民检察院的检察长应当具有法学专业知识和法律职业经历。副检察长、检察委员会委员应当从检察官中产生”。

（五）关于检察官免除职务、降职的情形。根据《关于严格执行法官检察官遴选标准和程序的通知》精神，《修订草案》增加“办案质量效率连续两年不达标，不能胜任检察官职务的”作为免除检察官职务的法定情形。同时，根据公务员法的相关规定，“一次年度考核不称职”属于公务员降职而非免职的情形。为此，增设检察官降职的规定，即“检察官在年度考核中被确定为不称职的，应予降职。检察官降职，应当降低一个检察官等级”。

（六）关于检察官兼职禁止和任职回避

1. 关于检察官兼职禁止。《修订草案》增加检察官不得在“其他营利性组织”兼职、不得兼任“仲裁员和公证员”情形。同时，为贯彻落实中央关于加强法学高等学校和法律实务部门之间相互交流的精神，《修订草案》规定“检察官经过批准可以在高等学校、科研院所兼职从事教学、研究工作”。

2. 关于被开除公职的检察官不得担任诉讼代理人和辩护人。这是根据从严管理司法队伍要求作出的规定。

3. 关于检察官任职回避。《修订草案》规定：“检察官的配偶、子女有下列情形之一的，检察官应当实行任职回避：（一）担任该检察官所任职人民检察院辖区内律师事务所的合伙人或者设立人；（二）在该检察官所任职人民检察院辖区内以律师身份担任诉讼代理人、辩护人，或者为诉讼案件当事人提供其他有偿法律服务的。”

（七）关于检察官员额制。参照《人民检察院组织法（修订草案）》，目前规定“检察官员额根据人民检察院层级、案件数量以及经济社会发展情况、人口数量等因素确定。地方各级人民检察院检察官员额，在省、自治区、直辖市内实行总量控制，动态管理”。

（八）关于检察官单独职务序列等级。为体现检察官单独职务与行政职级脱钩的性质和特点，《修订草案》明确“检察官实行单独职务序列管理”。按照《法官、检察官单独职务序列改革试点方案》要求，明确检察官单独职务序列等级设置“四等十二级”。检察官等级采取按期晋升、择优选升和特别选升的方式晋升。

（九）关于检察官惩戒制度。考虑到检察官实行单独职务序列后，与行政职级脱钩，《修定草案》取消了现行检察官法“降级”处分种类。同时，根据中央改革精神和《公务员法》关于惩戒的规定，《修订草案》规定了延期晋升和暂停履行职务的情况。

（十）关于检察官的职业保障。根据公务员法和《保护司法人员依法履行法定职责的规定》，《修订草案》规定了检察官履职保障、工资待遇、抚恤优待、退休等制度。

《中华人民共和国检察官法（修订草案）》和以上说明是否妥当，请审议。

全国人民代表大会宪法和法律委员会关于《中华人民共和国检察官法(修订草案)》修改情况的汇报

——2018年12月23日在第十三届全国人民代表大会常务委员会第七次会议上

全国人大宪法和法律委员会副主任委员 刘季幸

全国人民代表大会常务委员会:

2017年12月,十二届全国人大常委会第三十一次会议对检察官法(修订草案)进行了初次审议。会后,法制工作委员会将修订草案印发各省(区、市)人大常委会、中央有关部门和部分高等院校、研究机构、基层立法联系点等征求意见。在中国人大网全文公布修订草案征求社会公众意见。法制工作委员会还到广东、北京、山西、重庆等地进行调研,了解情况、听取意见,并就修订草案有关问题与最高人民检察院等部门进行沟通。宪法和法律委员会于12月5日召开会议,根据常委会组成人员的审议意见和各方面意见,对修订草案进行了逐条审议。监察和司法委员会、中央政法委员会、最高人民法院、最高人民检察院有关负责同志列席了会议。12月17日,宪法和法律委员会召开会议,再次进行审议。现就主要问题修改情况汇报如下:

一、有的常委委员、地方、部门和社会公众提出,保护司法人员依法履行职责是司法体制改革的重要内容,近年来社会上侵害检察官合法权益的违法犯罪行为时有发生,建议进一步完善检察官权益保障方面的规定。宪法和法律委员会经研究,建议对修订草案作以下修改完善:一是,在修订草案第一条中增加规定"维护检察官合法权益"的表述。二是,将修订草案第十一条中规定的"依法履行检察职责不受行政机关、社会团体和个人的干涉"调整充实到总则中规定。三是,将修订草案第十一条第四项修改为,履行检察官职责应当享有的职业保障和福利待遇。四是,在修订草案第六十一条中增加规定"检察官的职业尊严和人身安全受法律保护";细化侵害检察官人身权益的情形。五是,对修订草案第六十三条关于检察官人身安全保护措施的规定作出进一步明确,以增强可操作性。

二、现行检察官法第二条规定,检察官是依法行使国家检察权的检察人员,包括检察长、副检察长、检察委员会委员、检察员和助理检察员。修订草案第二条将上述规定简化为"检察官是依法行使检察权的国家公职人员",没有使用检察员称谓,删除了有关检察官范围的规定。有的常委委员、地方、部门提出,检察员的称谓是宪法中使用的,今年10月通过的人民检察院组织法对检察院检察人员的组成作了规定,检察官法对检察官具体包括哪些人应当予以明确。宪法和法律委员会经研究,建议依照人民检察院组织法有关规定,将本条修改为:"检察官是依法行使国家检察权的检察人员,包括最高人民检察院、地方各级人民检察院和军事检察院等专门人民检察院的检察长、副检察长、检察委员会委员和检察员。"

三、修订草案第十条关于检察官义务的规定,删去了现行检察官法中规定的"严格遵守宪法和法律"、"不得徇私枉法"等内容。有的常委委员提出,上述规定仍具有针对性和现实意义,不宜删去。宪法和法律委员会经研究,建议恢复现行检察官法的有关规定。同时,建议将该条中检察官"履行职责必须以事实为根据,以法律为准绳"的内容调整充实到总则,作为检察官履职的一项基本原则。

四、修订草案第十二条第一款第二项、第七项分别规定,担任检察官需"年满二十三周岁"、"从事法律工作满五年"。有的常委委员、地方、部门和社会公众提出,按照草案规定的学历条件和从事法律工作的年限,实际上担任检察官的年龄将超过二十三周岁,这也符合检察官职业需要一定社会阅历的要求。因此,草案可不再具体规定"二十三周岁"。同时,为有利于基层人民检察院吸引高层次人才,建议对法学类硕士、博士毕业从事法律工作的年限适当放宽。宪法和法律委员会经研究,建议采纳上述意见。

五、修订草案第二十五条第二款规定:"检察官经过批准可以在高等学校、科研院所兼职从事教学、研究工作。"一些常委委员、地方和部门提出,为从严管理队伍,防止兼职对检察官公正履职的影响,不宜在法律中作上述规定。宪法和法律委员会经研究,建议删去这一规定。

六、修订草案第二十九条对检察官员额数的确定和调整作了原则规定。有的常委委员、地方提出,检察官员额制改革是本轮司法体制改革的一项重要内容,建议进一步充实这方面的内容,将实践中行之有效的改革举措上升为法律规定。宪法和法律委员会经研究,建议在本条中增加规定以下内容:检察官实行员额制管理;检察官员额配置优先考虑基层人民检察院和案件数量多的地方的人民检察院办案需要;检察官员额出现空缺的,应当按照程序及时补充;最高人民检察院检察官员额由最高人民检察院商有关部门确定。

七、修订草案第五十七条对检察官惩戒委员会作了规定。有的地方、部门和社会公众提出,应进一步明确检察官惩戒委员会的职能、人员组成和工作程序,规范其运行。宪法和法律委员会经研究,建议对有关检察官惩戒委员会的规定作出以下修改补充:一是,明确检察官惩戒委员会的职能是从专业角度对是否属于错案、拖延办案作出审查判断。二是,明确检察官惩戒委员会的人员组成。三是,增加有关检察官惩戒委员会工作程序的规定。

八、有的地方、部门和社会公众提出,检察官助理是辅助检察官办案的重要力量,承担着大量具体事务性工作。目前检察官主要还是从检察官助理中遴选,从长远规划和后备人才培养考虑,这支队伍的建设应当进一步加强。宪法和法律委员会经研究,建议增加规定:"人民检察院的检察官助理在检察官指导下负责审查案件材料、草拟法律文书等检察辅助事务。人民检察院应当加强检察官助理队伍建设,为检察官遴选储备人才。"

九、有的常委委员、地方和部门提出,本法中有的规定与人民检察院组织法、公务员法重复,建议通盘研究,做好衔接。宪法和法律委员会经研究,建议作出以下处理:一是,人民检察院组织法和检察官法修订草案都作了规定的,对于其中主要属于人民检察院组织领导体制方面的规定,本法可不作规定;有的内容角度不同,在检察官法中作出规定也是必要的,对此可予以保留,并注意与人民检察院组织法的规定相衔接。据此,建议删去修订草案第六条、第二十条、第二十四条,保留修订草案第十四条第二款、第十八条等,并对文字表述作了相应修改。二是,检察官也是公务员,检察官法修订草案中有的内容属于与公务员管理共性的规定,考虑到公务员法已有规定,可以不作重复。据此,删去了有关检察官辞退情形、降职、奖励种类、处分种类和期间计算、人事处理的复核申诉等具体规定。同时,将附则中第七十五条修改为:"检察官是实行单独职务序列管理的公务员。有关检察官的权利、义务和管理制度,本法已有规定的,适用本法的规定;本法未作规定的,适用公务员管理的相关法律法规。"

此外,还对修订草案作了一些文字修改。

修订草案二次审议稿已按上述意见作了修改,宪法和法律委员会建议提请本次常委会会议继续审议。

修订草案二次审议稿和以上汇报是否妥当,请审议。

全国人民代表大会宪法和法律委员会关于《中华人民共和国检察官法(修订草案)》审议结果的报告

——2019 年 4 月 20 日在第十三届全国人民代表大会常务委员会第十次会议上

全国人大宪法和法律委员会副主任委员　刘季幸

全国人民代表大会常务委员会:

十三届全国人大常委会第七次会议对检察官法(修订草案二次审议稿)进行了审议。会后,法制工作委员会在中国人大网全文公布修订草案,再次征求社会公众意见。宪法和法律委员会、法制工作委员会就有关问题深入研究,与最高人民检察院等部门进行沟通,到河南、江西调研,宪法和法律委员会、监察和司法委员会、法制工作委员会还联合召开座谈会,听取中央有关部门、全国人大代表和有关专家的意见。宪法和法律委员会于3月29日召开会议,根据常委会组成人员的审议意见和各方面意见,对修订草案进行了逐条审议。监察和司法委员会、中央政法委员会、最高人民法院、最高人民检察院有关负责同志列席了会议。4月12日,宪法和法律委员会召开会议,再次进行了审议。宪法和法律委员会认为,草案经过两次审议修改,已经比较成熟。同时,提出以下主要修改意见:

一、修订草案二次审议稿第一条中规定了对检察官队伍建设的要求。有的常委委员和有关方面提出,按照习近平总书记关于"要旗帜鲜明把政治建设放在首位,努力打造一支党中央放心、人民群众满意的高素质政法队伍"和党的十八届四中全会关于"建设高素质法治专门队伍"的要求,建议将相关表述修改为"为了全面推进高素质检察官队伍建设",这样能更好地体现对检察官队伍政治、业务等各方面素质的全面要求。宪法和法律委员会经研究,建议采纳上述意见。同时,在检察官条件中增加规定"拥护中国共产党领导和社会主义制度";在检察官培训中增加政治培训。

二、有的常委会组成人员、地方和社会公众提出,应当结合司法责任制改革,进一步加强对检察官履职的监督。宪法和法律委员会经研究,建议补充以下内容:一是,在立法目的中增加对检察官的监督。二是,在检察官应当履行的义务中增加规定,对履行职责中知悉的商业秘密和个人隐私予以保密,相应规定了违反规定的法律责任。

三、有的部门和专家提出,检察官应当客观公正行使职权,特别是检察官在办理刑事案件中要全面客观收集各种证据,联合国《关于检察官作用的准则》也有相应规定。宪法和法律委员会经研究,为进一步贯彻落实党的十八届四中全会提出的"健全落实罪刑法定、疑罪从无、非法证据排除等法律原则的法律制度",建议增加规定,检察官履行职责秉持客观公正的立场;同时,针对检察官职业特点,增加规定检察官办理刑事案件,应当严格坚持罪刑法定原则,尊重和保障人权,既要追诉犯罪,也要保障无罪的人不受刑事追究。

四、修订草案二次审议稿第七条对检察官的职责作了规定。有的常委会组成人员、部门和社会公众建议有关检察官职责的规定与人民检察院组织法的规定进一步衔接。宪法和法律委员会经研究,建议采纳上述意见,根据人民检察院组织法对人民检察院职权的规定,对检察官职责的表述作相应调整,增加了开展公益诉讼工作等内容。

五、修订草案二次审议稿第十二条、第十四条对担任检察官的任职条件和应当具备法律职业资格条件分别在两条中作了规定。有的地方和专家提出,初任检察官须取得法律职业资格是党的十八大以来司法体制改革推进检察官队伍专业化建设的重要举措,建议将分散在两条中的条件合并规定,以更好地体现改革成果。宪法和法律委员会经研究,建议采纳上述意见,将初任检察官应当通过国家统一法律职业资格考试取得法律职业资格的规定,移入检察官任职条件一条中统一规定,也与人民检察院组织法有关规定相衔接。

六、修订草案二次审议稿第十七条中规定,遴选检察官人选一般在下级人民检察院担任检察官五年以上,并具有遴选职位三年以上相关工作经历;最高人民检察院遴选检察官人选一般在下级人民检察院担任检察官八年以上,并具有遴选职位五年以上相关工作经历。有的常委会组成人员、部门、地方和全国人大代表提出,上述有关逐级遴选的条件可能导致遴选范围窄、周期长,不利于根据不同情况和需要开展遴选工作,建议法律中作原则规定,为相关改革实践留有空间。宪法和法律委员会经研究,建议采纳上述意见,将上述规定修改为,参加上级人民检察院遴选的检察官应当在下级人民检察院担任检察官一定年限,并具有遴选职位相关工作经历。

七、修订后的人民检察院组织法对在特定区域设立派出人民检察院作了规定。有的常委委员和部门提出,派出人民检察院人员如何任免不明确,建议在检察官法中予以明确。宪法和法律委员会经研究,建议增加规定,省级人民检察院和设区的市级人民检察院依法设立作为派出机构的人民检察院的检察长、副检察长、检察委员会委员和检察员,由派出的人民检察院检察长提请本级人民代表大会常务委员会任免。

八、修订草案二次审议稿第二十条对依法免除检察官职务的情形作了规定。有的常委委员、部门提出,对于有的检察官由于自身原因申请免除检察官职务的,应明确为免除检察官职务的一种情形。宪法和法律委员会经研究,建议增加"本人申请免除检察官职务经批准的"规定。

九、有的常委会组成人员、部门提出,检察官到高等学校、科研院所开展教学研究交流工作有利于加强法治人才培养,有关方面实施了高等学校与法律实务部门人员互聘"双千计划"等,建议法律作出相关规定。宪法和法律委员会经同有关方面共同研究,根据习近平总书记在中国政法大学座谈会上的讲话精神,建议增加规定,检察官因工作需要经单位选派或者批准,可以在高等学校、科研院所协助开展实践性教学、研究工作,并遵守国家有关规定。

4 月 11 日,法制工作委员会召开会议,邀请全国人大代表、人民法院和人民检察院工作人员、律师、专家学者等就修订草案中主要制度规范的可行性、法律出台时机、法律实施的社会效果和可能出现的问题等作了评估。与会人员普遍认为,修订草案贯彻落实党中央决策部署,体现司法体制改革成果,对检察官的权利义务、遴选、任免、管理、考核奖惩以及职业保障等作了较为全面的修改完善,适应检察工作规律和需要,已经比较成熟,其主要制度规范是可行的,现在出台是必要的、适时的。同时,有的与会人员还对修订草案提出了一些具体修改意见,宪法和法律委员会进行了认真研究,对有的意见予以采纳。

此外,还对修订草案二次审议稿作了一些文字修改。

修订草案三次审议稿已按上述意见作了修改,宪法和法律委员会建议提请本次常委会会议审议通过。

修订草案三次审议稿和以上报告是否妥当,请审议。

全国人民代表大会宪法和法律委员会关于《中华人民共和国检察官法(修订草案三次审议稿)》修改意见的报告

——2019 年 4 月 23 日在第十三届全国人民代表大会常务委员会第十次会议上

全国人民代表大会常务委员会:

本次常委会会议于 4 月 20 日下午对检察官法(修订草案三次审议稿)进行了分组审议,普遍认为,修订草案已经比较成熟,建议进一步修改后,提请本次会议通过。同时,有些常委会组成人员还提出了一些修改意见。宪法和法律委员会于 4 月 21 日上午召开会议,逐条研究了常委会组成人员的审议意见,对修订草案进行了审议。监察和司法委员会、中央政法委员会、最高人民法院、最高人民检察院有关负责同志列席了会议。宪法和法律委员会认为,修订草案是可行的,同时,提出以下修改意见:

一、有的提出,检察官是维护社会公平正义的重要力量,建议按照“努力让人民群众在每一个司法案件中感受到公平正义”的要求,在总则中增加关于维护社会公平正义的规定。宪法和法律委员会经研究,建议采纳上述意见,在第三条中增加“维护社会公平正义”的内容。

二、修订草案三次审议稿第十三条中规定,被吊销律师、公证员执业证书的,不得担任检察官。有的常委委员提出,仲裁法规定仲裁员有索贿受贿、枉法仲裁等行为的,由仲裁委员会予以除名,因此,被除名的仲裁员也不能担任检察官。宪法和法律委员会经研究,建议增加规定“被仲裁委员会除名的”,不得担任检察官。

三、修订草案三次审议稿第二十五条规定,检察官的配偶、子女在该检察官所任职人民检察院辖区内律师事务所担任合伙人或者设立人的,检察官应当实行任职回避。有的常委会组成人员建议,在回避情形中增加检察官的父母。宪法和法律委员会经研究,建议采纳上述意见。

四、修订草案三次审议稿第四十七条第一款第二项规定,检察官“隐瞒、伪造、变造或者故意损毁证据的”,应当追究责任。有的常委委员提出,除证据外,对案件材料有上述行为的,也应予以追究。宪法和法律委员会经研究,建议采纳上述意见。

此外,根据常委会组成人员的审议意见,还对修订草案三次审议稿作了一些文字修改。

修订草案建议表决稿已按上述意见作了修改,宪法和法律委员会建议本次常委会会议通过。

修订草案建议表决稿和以上报告是否妥当,请审议。

中华人民共和国主席令

第二十九号

《全国人民代表大会常务委员会关于修改〈中华人民共和国建筑法〉等八部法律的决定》已由中华人民共和国第十三届全国人民代表大会常务委员会第十次会议于2019年4月23日通过，现予公布，《中华人民共和国商标法》的修改条款自2019年11月1日起施行，其他法律的修改条款自本决定公布之日起施行。

中华人民共和国主席　习近平

2019年4月23日

全国人民代表大会常务委员会关于修改《中华人民共和国建筑法》等八部法律的决定

（2019年4月23日第十三届全国人民代表大会常务委员会第十次会议通过）

第十三届全国人民代表大会常务委员会第十次会议决定：

一、对《中华人民共和国建筑法》作出修改

将第八条修改为："申请领取施工许可证，应当具备下列条件：

"（一）已经办理该建筑工程用地批准手续；

"（二）依法应当办理建设工程规划许可证的，已经取得建设工程规划许可证；

"（三）需要拆迁的，其拆迁进度符合施工要求；

"（四）已经确定建筑施工企业；

"（五）有满足施工需要的资金安排、施工图纸及技术资料；

"（六）有保证工程质量和安全的具体措施。

"建设行政主管部门应当自收到申请之日起七日内，对符合条件的申请颁发施工许可证。"

二、对《中华人民共和国消防法》作出修改

（一）将第十条修改为："对按照国家工程建设消防技术标准需要进行消防设计的建设工程，实行建设工程消防设计审查验收制度。"

（二）将第十一条修改为："国务院住房和城乡建设主管部门规定的特殊建设工程，建设单位应当将消防设计文件报送住房和城乡建设主管部门审查，住房和城乡建设主管部门依法对审查的结果负责。

"前款规定以外的其他建设工程，建设单位申请领取施工许可证或者申请批准开工报告时应当提供满足施工需要的消防设计图纸及技术资料。"

（三）将第十二条修改为："特殊建设工程未经消防设计审查或者审查不合格的，建设单位、施工单位不得施工；其他建设工程，建设单位未提供满足施工需要的消防设计图纸及技术资料的，有关部门不得发放施工许可证或者批准开工报告。"

（四）将第十三条修改为："国务院住房和城乡建设主管部门规定应当申请消防验收的建设工程竣工，建设单位应当向住房和城乡建设主管部门申请消防验收。

"前款规定以外的其他建设工程，建设单位在验收后应当报住房和城乡建设主管部门备案，住房和城乡建设主管部门应当进行抽查。

"依法应当进行消防验收的建设工程，未经消防验收或者消防验收不合格的，禁止投入使用；其他建设工程经依法抽查不合格的，应当停止使用。"

（五）将第十四条修改为："建设工程消防设计审查、消防验收、备案和抽查的具体办法，由国务院住房和城乡建设主管部门规定。"

（六）将第五十六条修改为："住房和城乡建设主

管部门、消防救援机构及其工作人员应当按照法定的职权和程序进行消防设计审查、消防验收、备案抽查和消防安全检查,做到公正、严格、文明、高效。

"住房和城乡建设主管部门、消防救援机构及其工作人员进行消防设计审查、消防验收、备案抽查和消防安全检查等,不得收取费用,不得利用职务谋取利益;不得利用职务为用户、建设单位指定或者变相指定消防产品的品牌、销售单位或者消防技术服务机构、消防设施施工单位。"

(七)将第五十七条、第七十一条第一款中的"公安机关消防机构"修改为"住房和城乡建设主管部门、消防救援机构";将第七十一条中的"审核"修改为"审查",删去第二款中的"建设"。

(八)将第五十八条修改为:"违反本法规定,有下列行为之一的,由住房和城乡建设主管部门、消防救援机构按照各自职权责令停止施工、停止使用或者停产停业,并处三万元以上三十万元以下罚款:

"(一)依法应当进行消防设计审查的建设工程,未经依法审查或者审查不合格,擅自施工的;

"(二)依法应当进行消防验收的建设工程,未经消防验收或者消防验收不合格,擅自投入使用的;

"(三)本法第十三条规定的其他建设工程验收后经依法抽查不合格,不停止使用的;

"(四)公众聚集场所未经消防安全检查或者经检查不符合消防安全要求,擅自投入使用、营业的。

"建设单位未依照本法规定在验收后报住房和城乡建设主管部门备案的,由住房和城乡建设主管部门责令改正,处五千元以下罚款。"

(九)将第五十九条中的"责令改正或者停止施工"修改为"由住房和城乡建设主管部门责令改正或者停止施工"。

(十)将第七十条修改为:"本法规定的行政处罚,除应当由公安机关依照《中华人民共和国治安管理处罚法》的有关规定决定的外,由住房和城乡建设主管部门、消防救援机构按照各自职权决定。

"被责令停止施工、停止使用、停产停业的,应当在整改后向作出决定的部门或者机构报告,经检查合格,方可恢复施工、使用、生产、经营。

"当事人逾期不执行停产停业、停止使用、停止施工决定的,由作出决定的部门或者机构强制执行。

"责令停产停业,对经济和社会生活影响较大的,由住房和城乡建设主管部门或者应急管理部门报请本级人民政府依法决定。"

(十一)将第四条、第十七条、第二十四条、第五十五条中的"公安机关消防机构"修改为"消防救援机构","公安部门"、"公安机关"、"公安部门消防机构"修改为"应急管理部门";将第六条第三款中的"公安机关及其消防机构"修改为"应急管理部门及消防救援机构",第七款中的"公安机关"修改为"公安机关、应急管理";将第十五条、第二十五条、第二十九条、第四十条、第四十二条、第四十五条、第五十一条、第五十三条、第五十四条、第六十条、第六十二条、第六十四条、第六十五条中的"公安机关消防机构"修改为"消防救援机构";将第三十六条、第三十七条、第三十八条、第三十九条、第四十六条、第四十九条中的"公安消防队"修改为"国家综合性消防救援队"。

三、对《中华人民共和国电子签名法》作出修改

删去第三条第三款第二项;将第三项改为第二项,修改为:"(二)涉及停止供水、供热、供气等公用事业服务的"。

四、对《中华人民共和国城乡规划法》作出修改

将第三十八条第二款修改为:"以出让方式取得国有土地使用权的建设项目,建设单位在取得建设项目的批准、核准、备案文件和签订国有土地使用权出让合同后,向城市、县人民政府城乡规划主管部门领取建设用地规划许可证。"

五、对《中华人民共和国车船税法》作出修改

第三条增加一项,作为第四项:"(四)悬挂应急救援专用号牌的国家综合性消防救援车辆和国家综合性消防救援专用船舶"。

六、对《中华人民共和国商标法》作出修改

(一)将第四条第一款修改为:"自然人、法人或者其他组织在生产经营活动中,对其商品或者服务需要取得商标专用权的,应当向商标局申请商标注册。不以使用为目的的恶意商标注册申请,应当予

以驳回。”

（二）将第十九条第三款修改为：“商标代理机构知道或者应当知道委托人申请注册的商标属于本法第四条、第十五条和第三十二条规定情形的，不得接受其委托。”

（三）将第三十三条修改为：“对初步审定公告的商标，自公告之日起三个月内，在先权利人、利害关系人认为违反本法第十三条第二款和第三款、第十五条、第十六条第一款、第三十条、第三十一条、第三十二条规定的，或者任何人认为违反本法第四条、第十条、第十一条、第十二条、第十九条第四款规定的，可以向商标局提出异议。公告期满无异议的，予以核准注册，发给商标注册证，并予公告。”

（四）将第四十四条第一款修改为：“已经注册的商标，违反本法第四条、第十条、第十一条、第十二条、第十九条第四款规定的，或者是以欺骗手段或者其他不正当手段取得注册的，由商标局宣告该注册商标无效；其他单位或者个人可以请求商标评审委员会宣告该注册商标无效。”

（五）将第六十三条第一款中的“一倍以上三倍以下”修改为“一倍以上五倍以下”；第三款中的“三百万元以下”修改为“五百万元以下”；增加两款分别作为第四款、第五款：“人民法院审理商标纠纷案件，应权利人请求，对属于假冒注册商标的商品，除特殊情况外，责令销毁；对主要用于制造假冒注册商标的商品的材料、工具，责令销毁，且不予补偿；或者在特殊情况下，责令禁止前述材料、工具进入商业渠道，且不予补偿。

“假冒注册商标的商品不得在仅去除假冒注册商标后进入商业渠道。”

（六）将第六十八条第一款第三项修改为：“（三）违反本法第四条、第十九条第三款和第四款规定的”；增加一款作为第四款：“对恶意申请商标注册的，根据情节给予警告、罚款等行政处罚；对恶意提起商标诉讼的，由人民法院依法给予处罚。”

七、对《中华人民共和国反不正当竞争法》作出修改

（一）将第九条修改为：“经营者不得实施下列侵犯商业秘密的行为：

“（一）以盗窃、贿赂、欺诈、胁迫、电子侵入或者其他不正当手段获取权利人的商业秘密；

“（二）披露、使用或者允许他人使用以前项手段获取的权利人的商业秘密；

“（三）违反保密义务或者违反权利人有关保守商业秘密的要求，披露、使用或者允许他人使用其所掌握的商业秘密；

“（四）教唆、引诱、帮助他人违反保密义务或者违反权利人有关保守商业秘密的要求，获取、披露、使用或者允许他人使用权利人的商业秘密。

“经营者以外的其他自然人、法人和非法人组织实施前款所列违法行为的，视为侵犯商业秘密。

“第三人明知或者应知商业秘密权利人的员工、前员工或者其他单位、个人实施本条第一款所列违法行为，仍获取、披露、使用或者允许他人使用该商业秘密的，视为侵犯商业秘密。

“本法所称的商业秘密，是指不为公众所知悉、具有商业价值并经权利人采取相应保密措施的技术信息、经营信息等商业信息。”

（二）将第十七条修改为：“经营者违反本法规定，给他人造成损害的，应当依法承担民事责任。

“经营者的合法权益受到不正当竞争行为损害的，可以向人民法院提起诉讼。

“因不正当竞争行为受到损害的经营者的赔偿数额，按照其因被侵权所受到的实际损失确定；实际损失难以计算的，按照侵权人因侵权所获得的利益确定。经营者恶意实施侵犯商业秘密行为，情节严重的，可以在按照上述方法确定数额的一倍以上五倍以下确定赔偿数额。赔偿数额还应当包括经营者为制止侵权行为所支付的合理开支。

“经营者违反本法第六条、第九条规定，权利人因被侵权所受到的实际损失、侵权人因侵权所获得的利益难以确定的，由人民法院根据侵权行为的情节判决给予权利人五百万元以下的赔偿。”

（三）将第二十一条修改为：“经营者以及其他自然人、法人和非法人组织违反本法第九条规定侵犯商业秘密的，由监督检查部门责令停止违法行为，没收违法所得，处十万元以上一百万元以下的罚款；情节严重的，处五十万元以上五百万元以下的罚款。”

（四）增加一条，作为第三十二条：“在侵犯商业秘密的民事审判程序中，商业秘密权利人提供初步证据，证明其已经对所主张的商业秘密采取保密措施，且合理表明商业秘密被侵犯，涉嫌侵权人应当证明权利人所主张的商业秘密不属于本法规定的商业秘密。

“商业秘密权利人提供初步证据合理表明商业秘密被侵犯，且提供以下证据之一的，涉嫌侵权人应当证明其不存在侵犯商业秘密的行为：

“（一）有证据表明涉嫌侵权人有渠道或者机会

获取商业秘密，且其使用的信息与该商业秘密实质上相同；

“（二）有证据表明商业秘密已经被涉嫌侵权人披露、使用或者有被披露、使用的风险；

“（三）有其他证据表明商业秘密被涉嫌侵权人侵犯。”

八、对《中华人民共和国行政许可法》作出修改

（一）将第五条修改为：“设定和实施行政许可，应当遵循公开、公平、公正、非歧视的原则。

“有关行政许可的规定应当公布；未经公布的，不得作为实施行政许可的依据。行政许可的实施和结果，除涉及国家秘密、商业秘密或者个人隐私的外，应当公开。未经申请人同意，行政机关及其工作人员、参与专家评审等的人员不得披露申请人提交的商业秘密、未披露信息或者保密商务信息，法律另有规定或者涉及国家安全、重大社会公共利益的除外；行政机关依法公开申请人前述信息的，允许申请人在合理期限内提出异议。

“符合法定条件、标准的，申请人有依法取得行政许可的平等权利，行政机关不得歧视任何人。”

（二）第三十一条增加一款，作为第二款：“行政机关及其工作人员不得以转让技术作为取得行政许可的条件；不得在实施行政许可的过程中，直接或者间接地要求转让技术。”

（三）将第七十二条修改为：“行政机关及其工作人员违反本法的规定，有下列情形之一的，由其上级行政机关或者监察机关责令改正；情节严重的，对直接负责的主管人员和其他直接责任人员依法给予行政处分：

“（一）对符合法定条件的行政许可申请不予受理的；

“（二）不在办公场所公示依法应当公示的材料的；

“（三）在受理、审查、决定行政许可过程中，未向申请人、利害关系人履行法定告知义务的；

“（四）申请人提交的申请材料不齐全、不符合法定形式，不一次告知申请人必须补正的全部内容的；

“（五）违法披露申请人提交的商业秘密、未披露信息或者保密商务信息的；

“（六）以转让技术作为取得行政许可的条件，或者在实施行政许可的过程中直接或者间接地要求转让技术的；

“（七）未依法说明不受理行政许可申请或者不予行政许可的理由的；

“（八）依法应当举行听证而不举行听证的。”

《中华人民共和国商标法》的修改条款自 2019 年 11 月 1 日起施行，其他法律的修改条款自本决定公布之日起施行。

《中华人民共和国建筑法》《中华人民共和国消防法》《中华人民共和国电子签名法》《中华人民共和国城乡规划法》《中华人民共和国车船税法》《中华人民共和国商标法》《中华人民共和国反不正当竞争法》《中华人民共和国行政许可法》根据本决定作相应修改，重新公布。

中华人民共和国建筑法

（1997 年 11 月 1 日第八届全国人民代表大会常务委员会第二十八次会议通过　根据 2011 年 4 月 22 日第十一届全国人民代表大会常务委员会第二十次会议《关于修改〈中华人民共和国建筑法〉的决定》第一次修正　根据 2019 年 4 月 23 日第十三届全国人民代表大会常务委员会第十次会议《关于修改〈中华人民共和国建筑法〉等八部法律的决定》第二次修正）

目　录

第一章 总 则

第一条 为了加强对建筑活动的监督管理,维护建筑市场秩序,保证建筑工程的质量和安全,促进建筑业健康发展,制定本法。

第二条 在中华人民共和国境内从事建筑活动,实施对建筑活动的监督管理,应当遵守本法。

本法所称建筑活动,是指各类房屋建筑及其附属设施的建造和与其配套的线路、管道、设备的安装活动。

第三条 建筑活动应当确保建筑工程质量和安全,符合国家的建筑工程安全标准。

第四条 国家扶持建筑业的发展,支持建筑科学技术研究,提高房屋建筑设计水平,鼓励节约能源和保护环境,提倡采用先进技术、先进设备、先进工艺、新型建筑材料和现代管理方式。

第五条 从事建筑活动应当遵守法律、法规,不得损害社会公共利益和他人的合法权益。

任何单位和个人都不得妨碍和阻挠依法进行的建筑活动。

第六条 国务院建设行政主管部门对全国的建筑活动实施统一监督管理。

第二章 建筑许可

第一节 建筑工程施工许可

第七条 建筑工程开工前,建设单位应当按照国家有关规定向工程所在地县级以上人民政府建设行政主管部门申请领取施工许可证;但是,国务院建设行政主管部门确定的限额以下的小型工程除外。

按照国务院规定的权限和程序批准开工报告的建筑工程,不再领取施工许可证。

第八条 申请领取施工许可证,应当具备下列条件:

(一)已经办理该建筑工程用地批准手续;

(二)依法应当办理建设工程规划许可证的,已经取得建设工程规划许可证;

(三)需要拆迁的,其拆迁进度符合施工要求;

(四)已经确定建筑施工企业;

(五)有满足施工需要的资金安排、施工图纸及技术资料;

(六)有保证工程质量和安全的具体措施。

建设行政主管部门应当自收到申请之日起七日内,对符合条件的申请颁发施工许可证。

第九条 建设单位应当自领取施工许可证之日起三个月内开工。因故不能按期开工的,应当向发证机关申请延期;延期以两次为限,每次不超过三个月。既不开工又不申请延期或者超过延期时限的,施工许可证自行废止。

第十条 在建的建筑工程因故中止施工的,建设单位应当自中止施工之日起一个月内,向发证机关报告,并按照规定做好建筑工程的维护管理工作。

建筑工程恢复施工时,应当向发证机关报告;中止施工满一年的工程恢复施工前,建设单位应当报发证机关核验施工许可证。

第十一条 按照国务院有关规定批准开工报告的建筑工程,因故不能按期开工或者中止施工的,应当及时向批准机关报告情况。因故不能按期开工超过六个月的,应当重新办理开工报告的批准手续。

第二节 从业资格

第十二条 从事建筑活动的建筑施工企业、勘察单位、设计单位和工程监理单位,应当具备下列条件:

(一)有符合国家规定的注册资本;

(二)有与其从事的建筑活动相适应的具有法定执业资格的专业技术人员;

(三)有从事相关建筑活动所应有的技术装备;

(四)法律、行政法规规定的其他条件。

第十三条 从事建筑活动的建筑施工企业、勘察单位、设计单位和工程监理单位,按照其拥有的注册资本、专业技术人员、技术装备和已完成的建筑工程业绩等资质条件,划分为不同的资质等级,经资质审查合格,取得相应等级的资质证书后,方可在其资质等级许可的范围内从事建筑活动。

第十四条 从事建筑活动的专业技术人员,应当依法取得相应的执业资格证书,并在执业资格证书许可的范围内从事建筑活动。

第三章 建筑工程发包与承包

第一节 一般规定

第十五条 建筑工程的发包单位与承包单位

应当依法订立书面合同，明确双方的权利和义务。

发包单位和承包单位应当全面履行合同约定的义务。不按照合同约定履行义务的，依法承担违约责任。

第十六条 建筑工程发包与承包的招标投标活动，应当遵循公开、公正、平等竞争的原则，择优选择承包单位。

建筑工程的招标投标，本法没有规定的，适用有关招标投标法律的规定。

第十七条 发包单位及其工作人员在建筑工程发包中不得收受贿赂、回扣或者索取其他好处。

承包单位及其工作人员不得利用向发包单位及其工作人员行贿、提供回扣或者给予其他好处等不正当手段承揽工程。

第十八条 建筑工程造价应当按照国家有关规定，由发包单位与承包单位在合同中约定。公开招标发包的，其造价的约定，须遵守招标投标法律的规定。

发包单位应当按照合同的约定，及时拨付工程款项。

第二节 发 包

第十九条 建筑工程依法实行招标发包，对不适于招标发包的可以直接发包。

第二十条 建筑工程实行公开招标的，发包单位应当依照法定程序和方式，发布招标公告，提供载有招标工程的主要技术要求、主要的合同条款、评标的标准和方法以及开标、评标、定标的程序等内容的招标文件。

开标应当在招标文件规定的时间、地点公开进行。开标后应当按照招标文件规定的评标标准和程序对标书进行评价、比较，在具备相应资质条件的投标者中，择优选定中标者。

第二十一条 建筑工程招标的开标、评标、定标由建设单位依法组织实施，并接受有关行政主管部门的监督。

第二十二条 建筑工程实行招标发包的，发包单位应当将建筑工程发包给依法中标的承包单位。建筑工程实行直接发包的，发包单位应当将建筑工程发包给具有相应资质条件的承包单位。

第二十三条 政府及其所属部门不得滥用行政权力，限定发包单位将招标发包的建筑工程发包给指定的承包单位。

第二十四条 提倡对建筑工程实行总承包，禁止将建筑工程肢解发包。

建筑工程的发包单位可以将建筑工程的勘察、设计、施工、设备采购一并发包给一个工程总承包单位，也可以将建筑工程勘察、设计、施工、设备采购的一项或者多项发包给一个工程总承包单位；但是，不得将应当由一个承包单位完成的建筑工程肢解成若干部分发包给几个承包单位。

第二十五条 按照合同约定，建筑材料、建筑构配件和设备由工程承包单位采购的，发包单位不得指定承包单位购入用于工程的建筑材料、建筑构配件和设备或者指定生产厂、供应商。

第三节 承 包

第二十六条 承包建筑工程的单位应当持有依法取得的资质证书，并在其资质等级许可的业务范围内承揽工程。

禁止建筑施工企业超越本企业资质等级许可的业务范围或者以任何形式用其他建筑施工企业的名义承揽工程。禁止建筑施工企业以任何形式允许其他单位或者个人使用本企业的资质证书、营业执照，以本企业的名义承揽工程。

第二十七条 大型建筑工程或者结构复杂的建筑工程，可以由两个以上的承包单位联合共同承包。共同承包的各方对承包合同的履行承担连带责任。

两个以上不同资质等级的单位实行联合共同承包的，应当按照资质等级低的单位的业务许可范围承揽工程。

第二十八条 禁止承包单位将其承包的全部建筑工程转包给他人，禁止承包单位将其承包的全部建筑工程肢解以后以分包的名义分别转包给他人。

第二十九条 建筑工程总承包单位可以将承包工程中的部分工程发包给具有相应资质条件的分包单位；但是，除总承包合同中约定的分包外，必须经建设单位认可。施工总承包的，建筑工程主体结构的施工必须由总承包单位自行完成。

建筑工程总承包单位按照总承包合同的约定对建设单位负责；分包单位按照分包合同的约定对总承包单位负责。总承包单位和分包单位就分包工程对建设单位承担连带责任。

禁止总承包单位将工程分包给不具备相应资质条件的单位。禁止分包单位将其承包的工程再分包。

第四章 建筑工程监理

第三十条 国家推行建筑工程监理制度。

国务院可以规定实行强制监理的建筑工程的范围。

第三十一条　实行监理的建筑工程，由建设单位委托具有相应资质条件的工程监理单位监理。建设单位与其委托的工程监理单位应当订立书面委托监理合同。

第三十二条　建筑工程监理应当依照法律、行政法规及有关的技术标准、设计文件和建筑工程承包合同，对承包单位在施工质量、建设工期和建设资金使用等方面，代表建设单位实施监督。

工程监理人员认为工程施工不符合工程设计要求、施工技术标准和合同约定的，有权要求建筑施工企业改正。

工程监理人员发现工程设计不符合建筑工程质量标准或者合同约定的质量要求的，应当报告建设单位要求设计单位改正。

第三十三条　实施建筑工程监理前，建设单位应当将委托的工程监理单位、监理的内容及监理权限，书面通知被监理的建筑施工企业。

第三十四条　工程监理单位应当在其资质等级许可的监理范围内，承担工程监理业务。

工程监理单位应当根据建设单位的委托，客观、公正地执行监理任务。

工程监理单位与被监理工程的承包单位以及建筑材料、建筑构配件和设备供应单位不得有隶属关系或者其他利害关系。

工程监理单位不得转让工程监理业务。

第三十五条　工程监理单位不按照委托监理合同的约定履行监理义务，对应当监督检查的项目不检查或者不按照规定检查，给建设单位造成损失的，应当承担相应的赔偿责任。

工程监理单位与承包单位串通，为承包单位谋取非法利益，给建设单位造成损失的，应当与承包单位承担连带赔偿责任。

第五章　建筑安全生产管理

第三十六条　建筑工程安全生产管理必须坚持安全第一、预防为主的方针，建立健全安全生产的责任制度和群防群治制度。

第三十七条　建筑工程设计应当符合按照国家规定制定的建筑安全规程和技术规范，保证工程的安全性能。

第三十八条　建筑施工企业在编制施工组织设计时，应当根据建筑工程的特点制定相应的安全技术措施；对专业性较强的工程项目，应当编制专项安全施工组织设计，并采取安全技术措施。

第三十九条　建筑施工企业应当在施工现场采取维护安全、防范危险、预防火灾等措施；有条件的，应当对施工现场实行封闭管理。

施工现场对毗邻的建筑物、构筑物和特殊作业环境可能造成损害的，建筑施工企业应当采取安全防护措施。

第四十条　建设单位应当向建筑施工企业提供与施工现场相关的地下管线资料，建筑施工企业应当采取措施加以保护。

第四十一条　建筑施工企业应当遵守有关环境保护和安全生产的法律、法规的规定，采取控制和处理施工现场的各种粉尘、废气、废水、固体废物以及噪声、振动对环境的污染和危害的措施。

第四十二条　有下列情形之一的，建设单位应当按照国家有关规定办理申请批准手续：

（一）需要临时占用规划批准范围以外场地的；

（二）可能损坏道路、管线、电力、邮电通讯等公共设施的；

（三）需要临时停水、停电、中断道路交通的；

（四）需要进行爆破作业的；

（五）法律、法规规定需要办理报批手续的其他情形。

第四十三条　建设行政主管部门负责建筑安全生产的管理，并依法接受劳动行政主管部门对建筑安全生产的指导和监督。

第四十四条　建筑施工企业必须依法加强对建筑安全生产的管理，执行安全生产责任制度，采取有效措施，防止伤亡和其他安全生产事故的发生。

建筑施工企业的法定代表人对本企业的安全生产负责。

第四十五条　施工现场安全由建筑施工企业负责。实行施工总承包的，由总承包单位负责。分包单位向总承包单位负责，服从总承包单位对施工现场的安全生产管理。

第四十六条　建筑施工企业应当建立健全劳动安全生产教育培训制度，加强对职工安全生产的教育培训；未经安全生产教育培训的人员，不得上岗作业。

第四十七条　建筑施工企业和作业人员在施工过程中，应当遵守有关安全生产的法律、法规和建筑行业安全规章、规程，不得违章指挥或者违章作业。作业人员有权对影响人身健康的作业程序和作业条件提出改进意见，有权获得安全生产所需的防护用品。作业人员对危及生命安全和人身健康的行为有权提出批评、检举和控告。

第四十八条 建筑施工企业应当依法为职工参加工伤保险缴纳工伤保险费。鼓励企业为从事危险作业的职工办理意外伤害保险,支付保险费。

第四十九条 涉及建筑主体和承重结构变动的装修工程,建设单位应当在施工前委托原设计单位或者具有相应资质条件的设计单位提出设计方案;没有设计方案的,不得施工。

第五十条 房屋拆除应当由具备保证安全条件的建筑施工单位承担,由建筑施工单位负责人对安全负责。

第五十一条 施工中发生事故时,建筑施工企业应当采取紧急措施减少人员伤亡和事故损失,并按照国家有关规定及时向有关部门报告。

第六章 建筑工程质量管理

第五十二条 建筑工程勘察、设计、施工的质量必须符合国家有关建筑工程安全标准的要求,具体管理办法由国务院规定。

有关建筑工程安全的国家标准不能适应确保建筑安全的要求时,应当及时修订。

第五十三条 国家对从事建筑活动的单位推行质量体系认证制度。从事建筑活动的单位根据自愿原则可以向国务院产品质量监督管理部门或者国务院产品质量监督管理部门授权的部门认可的认证机构申请质量体系认证。经认证合格的,由认证机构颁发质量体系认证证书。

第五十四条 建设单位不得以任何理由,要求建筑设计单位或者建筑施工企业在工程设计或者施工作业中,违反法律、行政法规和建筑工程质量、安全标准,降低工程质量。

建筑设计单位和建筑施工企业对建设单位违反前款规定提出的降低工程质量的要求,应当予以拒绝。

第五十五条 建筑工程实行总承包的,工程质量由工程总承包单位负责,总承包单位将建筑工程分包给其他单位的,应当对分包工程的质量与分包单位承担连带责任。分包单位应当接受总承包单位的质量管理。

第五十六条 建筑工程的勘察、设计单位必须对其勘察、设计的质量负责。勘察、设计文件应当符合有关法律、行政法规的规定和建筑工程质量、安全标准、建筑工程勘察、设计技术规范以及合同的约定。设计文件选用的建筑材料、建筑构配件和设备,应当注明其规格、型号、性能等技术指标,其质量要求必须符合国家规定的标准。

第五十七条 建筑设计单位对设计文件选用的建筑材料、建筑构配件和设备,不得指定生产厂、供应商。

第五十八条 建筑施工企业对工程的施工质量负责。

建筑施工企业必须按照工程设计图纸和施工技术标准施工,不得偷工减料。工程设计的修改由原设计单位负责,建筑施工企业不得擅自修改工程设计。

第五十九条 建筑施工企业必须按照工程设计要求、施工技术标准和合同的约定,对建筑材料、建筑构配件和设备进行检验,不合格的不得使用。

第六十条 建筑物在合理使用寿命内,必须确保地基基础工程和主体结构的质量。

建筑工程竣工时,屋顶、墙面不得留有渗漏、开裂等质量缺陷;对已发现的质量缺陷,建筑施工企业应当修复。

第六十一条 交付竣工验收的建筑工程,必须符合规定的建筑工程质量标准,有完整的工程技术经济资料和经签署的工程保修书,并具备国家规定的其他竣工条件。

建筑工程竣工经验收合格后,方可交付使用;未经验收或者验收不合格的,不得交付使用。

第六十二条 建筑工程实行质量保修制度。

建筑工程的保修范围应当包括地基基础工程、主体结构工程、屋面防水工程和其他土建工程,以及电气管线、上下水管线的安装工程,供热、供冷系统工程等项目;保修的期限应当按照保证建筑物合理寿命年限内正常使用,维护使用者合法权益的原则确定。具体的保修范围和最低保修期限由国务院规定。

第六十三条 任何单位和个人对建筑工程的质量事故、质量缺陷都有权向建设行政主管部门或者其他有关部门进行检举、控告、投诉。

第七章 法律责任

第六十四条 违反本法规定,未取得施工许可证或者开工报告未经批准擅自施工的,责令改正,对不符合开工条件的责令停止施工,可以处以罚款。

第六十五条 发包单位将工程发包给不具有相应资质条件的承包单位的,或者违反本法规定将建筑工程肢解发包的,责令改正,处以罚款。

超越本单位资质等级承揽工程的，责令停止违法行为，处以罚款，可以责令停业整顿，降低资质等级；情节严重的，吊销资质证书；有违法所得的，予以没收。

未取得资质证书承揽工程的，予以取缔，并处罚款；有违法所得的，予以没收。

以欺骗手段取得资质证书的，吊销资质证书，处以罚款；构成犯罪的，依法追究刑事责任。

第六十六条　建筑施工企业转让、出借资质证书或者以其他方式允许他人以本企业的名义承揽工程的，责令改正，没收违法所得，并处罚款，可以责令停业整顿，降低资质等级；情节严重的，吊销资质证书。对因该项承揽工程不符合规定的质量标准造成的损失，建筑施工企业与使用本企业名义的单位或者个人承担连带赔偿责任。

第六十七条　承包单位将承包的工程转包的，或者违反本法规定进行分包的，责令改正，没收违法所得，并处罚款，可以责令停业整顿，降低资质等级；情节严重的，吊销资质证书。

承包单位有前款规定的违法行为的，对因转包工程或者违法分包的工程不符合规定的质量标准造成的损失，与接受转包或者分包的单位承担连带赔偿责任。

第六十八条　在工程发包与承包中索贿、受贿、行贿，构成犯罪的，依法追究刑事责任；不构成犯罪的，分别处以罚款，没收贿赂的财物，对直接负责的主管人员和其他直接责任人员给予处分。

对在工程承包中行贿的承包单位，除依照前款规定处罚外，可以责令停业整顿，降低资质等级或者吊销资质证书。

第六十九条　工程监理单位与建设单位或者建筑施工企业串通，弄虚作假、降低工程质量的，责令改正，处以罚款，降低资质等级或者吊销资质证书；有违法所得的，予以没收；造成损失的，承担连带赔偿责任；构成犯罪的，依法追究刑事责任。

工程监理单位转让监理业务的，责令改正，没收违法所得，可以责令停业整顿，降低资质等级；情节严重的，吊销资质证书。

第七十条　违反本法规定，涉及建筑主体或者承重结构变动的装修工程擅自施工的，责令改正，处以罚款；造成损失的，承担赔偿责任；构成犯罪的，依法追究刑事责任。

第七十一条　建筑施工企业违反本法规定，对建筑安全事故隐患不采取措施予以消除的，责令改正，可以处以罚款；情节严重的，责令停业整顿，降低资质等级或者吊销资质证书；构成犯罪的，依法追究刑事责任。

建筑施工企业的管理人员违章指挥、强令职工冒险作业，因而发生重大伤亡事故或者造成其他严重后果的，依法追究刑事责任。

第七十二条　建设单位违反本法规定，要求建筑设计单位或者建筑施工企业违反建筑工程质量、安全标准，降低工程质量的，责令改正，可以处以罚款；构成犯罪的，依法追究刑事责任。

第七十三条　建筑设计单位不按照建筑工程质量、安全标准进行设计的，责令改正，处以罚款；造成工程质量事故的，责令停业整顿，降低资质等级或者吊销资质证书，没收违法所得，并处罚款；造成损失的，承担赔偿责任；构成犯罪的，依法追究刑事责任。

第七十四条　建筑施工企业在施工中偷工减料的，使用不合格的建筑材料、建筑构配件和设备的，或者有其他不按照工程设计图纸或者施工技术标准施工的行为的，责令改正，处以罚款；情节严重的，责令停业整顿，降低资质等级或者吊销资质证书；造成建筑工程质量不符合规定的质量标准的，负责返工、修理，并赔偿因此造成的损失；构成犯罪的，依法追究刑事责任。

第七十五条　建筑施工企业违反本法规定，不履行保修义务或者拖延履行保修义务的，责令改正，可以处以罚款，并对在保修期内因屋顶、墙面渗漏、开裂等质量缺陷造成的损失，承担赔偿责任。

第七十六条　本法规定的责令停业整顿、降低资质等级和吊销资质证书的行政处罚，由颁发资质证书的机关决定；其他行政处罚，由建设行政主管部门或者有关部门依照法律和国务院规定的职权范围决定。

依照本法规定被吊销资质证书的，由工商行政管理部门吊销其营业执照。

第七十七条　违反本法规定，对不具备相应资质等级条件的单位颁发该等级资质证书的，由其上级机关责令收回所发的资质证书，对直接负责的主管人员和其他直接责任人员给予行政处分；构成犯罪的，依法追究刑事责任。

第七十八条　政府及其所属部门的工作人员违反本法规定，限定发包单位将招标发包的工程发包给指定的承包单位的，由上级机关责令改正；构成犯罪的，依法追究刑事责任。

第七十九条　负责颁发建筑工程施工许可证的部门及其工作人员对不符合施工条件的建筑工

程颁发施工许可证的，负责工程质量监督检查或者竣工验收的部门及其工作人员对不合格的建筑工程出具质量合格文件或者按合格工程验收的，由上级机关责令改正，对责任人员给予行政处分；构成犯罪的，依法追究刑事责任；造成损失的，由该部门承担相应的赔偿责任。

第八十条 在建筑物的合理使用寿命内，因建筑工程质量不合格受到损害的，有权向责任者要求赔偿。

第八章 附 则

第八十一条 本法关于施工许可、建筑施工企业资质审查和建筑工程发包、承包、禁止转包，以及建筑工程监理、建筑工程安全和质量管理的规定，适用于其他专业建筑工程的建筑活动，具体办法由国务院规定。

第八十二条 建设行政主管部门和其他有关部门在对建筑活动实施监督管理中，除按照国务院有关规定收取费用外，不得收取其他费用。

第八十三条 省、自治区、直辖市人民政府确定的小型房屋建筑工程的建筑活动，参照本法执行。

依法核定作为文物保护的纪念建筑物和古建筑等的修缮，依照文物保护的有关法律规定执行。

抢险救灾及其他临时性房屋建筑和农民自建低层住宅的建筑活动，不适用本法。

第八十四条 军用房屋建筑工程建筑活动的具体管理办法，由国务院、中央军事委员会依据本法制定。

第八十五条 本法自 1998 年 3 月 1 日起施行。

中华人民共和国消防法

（1998 年 4 月 29 日第九届全国人民代表大会常务委员会第二次会议通过 2008 年 10 月 28 日第十一届全国人民代表大会常务委员会第五次会议修订 根据 2019 年 4 月 23 日第十三届全国人民代表大会常务委员会第十次会议《关于修改〈中华人民共和国建筑法〉等八部法律的决定》修正）

目 录

第一章 总 则

第一条 为了预防火灾和减少火灾危害，加强应急救援工作，保护人身、财产安全，维护公共安全，制定本法。

第二条 消防工作贯彻预防为主、防消结合的方针，按照政府统一领导、部门依法监管、单位全面负责、公民积极参与的原则，实行消防安全责任制，建立健全社会化的消防工作网络。

第三条 国务院领导全国的消防工作。地方各级人民政府负责本行政区域内的消防工作。

各级人民政府应当将消防工作纳入国民经济和社会发展计划，保障消防工作与经济社会发展相适应。

第四条 国务院应急管理部门对全国的消防工作实施监督管理。县级以上地方人民政府应急管理部门对本行政区域内的消防工作实施监督管理，并由本级人民政府消防救援机构负责实施。军事设施的消防工作，由其主管单位监督管理，消防救援机构协助；矿井地下部分、核电厂、海上石油天然气设施的消防工作，由其主管单位监督管理。

县级以上人民政府其他有关部门在各自的职责范围内，依照本法和其他相关法律、法规的规定做好消防工作。

法律、行政法规对森林、草原的消防工作另有规定的，从其规定。

第五条 任何单位和个人都有维护消防安全、保护消防设施、预防火灾、报告火警的义务。任何单位和成年人都有参加有组织的灭火工作的义务。

第六条 各级人民政府应当组织开展经常性的消防宣传教育，提高公民的消防安全意识。

机关、团体、企业、事业等单位，应当加强对本单位人员的消防宣传教育。

应急管理部门及消防救援机构应当加强消防法律、法规的宣传，并督促、指导、协助有关单位做好消防宣传教育工作。

教育、人力资源行政主管部门和学校、有关职业培训机构应当将消防知识纳入教育、教学、培训的内容。

新闻、广播、电视等有关单位，应当有针对性地面向社会进行消防宣传教育。

工会、共产主义青年团、妇女联合会等团体应当结合各自工作对象的特点，组织开展消防宣传教育。

村民委员会、居民委员会应当协助人民政府以及公安机关、应急管理等部门，加强消防宣传教育。

第七条　国家鼓励、支持消防科学研究和技术创新，推广使用先进的消防和应急救援技术、设备；鼓励、支持社会力量开展消防公益活动。

对在消防工作中有突出贡献的单位和个人，应当按照国家有关规定给予表彰和奖励。

第二章　火灾预防

第八条　地方各级人民政府应当将包括消防安全布局、消防站、消防供水、消防通信、消防车通道、消防装备等内容的消防规划纳入城乡规划，并负责组织实施。

城乡消防安全布局不符合消防安全要求的，应当调整、完善；公共消防设施、消防装备不足或者不适应实际需要的，应当增建、改建、配置或者进行技术改造。

第九条　建设工程的消防设计、施工必须符合国家工程建设消防技术标准。建设、设计、施工、工程监理等单位依法对建设工程的消防设计、施工质量负责。

第十条　对按照国家工程建设消防技术标准需要进行消防设计的建设工程，实行建设工程消防设计审查验收制度。

第十一条　国务院住房和城乡建设主管部门规定的特殊建设工程，建设单位应当将消防设计文件报送住房和城乡建设主管部门审查，住房和城乡建设主管部门依法对审查的结果负责。

前款规定以外的其他建设工程，建设单位申请领取施工许可证或者申请批准开工报告时应当提供满足施工需要的消防设计图纸及技术资料。

第十二条　特殊建设工程未经消防设计审查或者审查不合格的，建设单位、施工单位不得施工；其他建设工程，建设单位未提供满足施工需要的消防设计图纸及技术资料的，有关部门不得发放施工许可证或者批准开工报告。

第十三条　国务院住房和城乡建设主管部门规定应当申请消防验收的建设工程竣工，建设单位应当向住房和城乡建设主管部门申请消防验收。

前款规定以外的其他建设工程，建设单位在验收后应当报住房和城乡建设主管部门备案，住房和城乡建设主管部门应当进行抽查。

依法应当进行消防验收的建设工程，未经消防验收或者消防验收不合格的，禁止投入使用；其他建设工程经依法抽查不合格的，应当停止使用。

第十四条　建设工程消防设计审查、消防验收、备案和抽查的具体办法，由国务院住房和城乡建设主管部门规定。

第十五条　公众聚集场所在投入使用、营业前，建设单位或者使用单位应当向场所所在地的县级以上地方人民政府消防救援机构申请消防安全检查。

消防救援机构应当自受理申请之日起十个工作日内，根据消防技术标准和管理规定，对该场所进行消防安全检查。未经消防安全检查或者经检查不符合消防安全要求的，不得投入使用、营业。

第十六条　机关、团体、企业、事业等单位应当履行下列消防安全职责：

（一）落实消防安全责任制，制定本单位的消防安全制度、消防安全操作规程，制定灭火和应急疏散预案；

（二）按照国家标准、行业标准配置消防设施、器材，设置消防安全标志，并定期组织检验、维修，确保完好有效；

（三）对建筑消防设施每年至少进行一次全面检测，确保完好有效，检测记录应当完整准确，存档备查；

（四）保障疏散通道、安全出口、消防车通道畅通，保证防火防烟分区、防火间距符合消防技术标准；

（五）组织防火检查，及时消除火灾隐患；

（六）组织进行有针对性的消防演练；

（七）法律、法规规定的其他消防安全职责。

单位的主要负责人是本单位的消防安全责任人。

第十七条　县级以上地方人民政府消防救援

机构应当将发生火灾可能性较大以及发生火灾可能造成重大的人身伤亡或者财产损失的单位,确定为本行政区域内的消防安全重点单位,并由应急管理部门报本级人民政府备案。

消防安全重点单位除应当履行本法第十六条规定的职责外,还应当履行下列消防安全职责:

(一)确定消防安全管理人,组织实施本单位的消防安全管理工作;

(二)建立消防档案,确定消防安全重点部位,设置防火标志,实行严格管理;

(三)实行每日防火巡查,并建立巡查记录;

(四)对职工进行岗前消防安全培训,定期组织消防安全培训和消防演练。

第十八条　同一建筑物由两个以上单位管理或者使用的,应当明确各方的消防安全责任,并确定责任人对共用的疏散通道、安全出口、建筑消防设施和消防车通道进行统一管理。

住宅区的物业服务企业应当对管理区域内的共用消防设施进行维护管理,提供消防安全防范服务。

第十九条　生产、储存、经营易燃易爆危险品的场所不得与居住场所设置在同一建筑物内,并应当与居住场所保持安全距离。

生产、储存、经营其他物品的场所与居住场所设置在同一建筑物内的,应当符合国家工程建设消防技术标准。

第二十条　举办大型群众性活动,承办人应当依法向公安机关申请安全许可,制定灭火和应急疏散预案并组织演练,明确消防安全责任分工,确定消防安全管理人员,保持消防设施和消防器材配置齐全、完好有效,保证疏散通道、安全出口、疏散指示标志、应急照明和消防车通道符合消防技术标准和管理规定。

第二十一条　禁止在具有火灾、爆炸危险的场所吸烟、使用明火。因施工等特殊情况需要使用明火作业的,应当按照规定事先办理审批手续,采取相应的消防安全措施;作业人员应当遵守消防安全规定。

进行电焊、气焊等具有火灾危险作业的人员和自动消防系统的操作人员,必须持证上岗,并遵守消防安全操作规程。

第二十二条　生产、储存、装卸易燃易爆危险品的工厂、仓库和专用车站、码头的设置,应当符合消防技术标准。易燃易爆气体和液体的充装站、供应站、调压站,应当设置在符合消防安全要求的位置,并符合防火防爆要求。

已经设置的生产、储存、装卸易燃易爆危险品的工厂、仓库和专用车站、码头,易燃易爆气体和液体的充装站、供应站、调压站,不再符合前款规定的,地方人民政府应当组织、协调有关部门、单位限期解决,消除安全隐患。

第二十三条　生产、储存、运输、销售、使用、销毁易燃易爆危险品,必须执行消防技术标准和管理规定。

进入生产、储存易燃易爆危险品的场所,必须执行消防安全规定。禁止非法携带易燃易爆危险品进入公共场所或者乘坐公共交通工具。

储存可燃物资仓库的管理,必须执行消防技术标准和管理规定。

第二十四条　消防产品必须符合国家标准;没有国家标准的,必须符合行业标准。禁止生产、销售或者使用不合格的消防产品以及国家明令淘汰的消防产品。

依法实行强制性产品认证的消防产品,由具有法定资质的认证机构按照国家标准、行业标准的强制性要求认证合格后,方可生产、销售、使用。实行强制性产品认证的消防产品目录,由国务院产品质量监督部门会同国务院应急管理部门制定并公布。

新研制的尚未制定国家标准、行业标准的消防产品,应当按照国务院产品质量监督部门会同国务院应急管理部门规定的办法,经技术鉴定符合消防安全要求的,方可生产、销售、使用。

依照本条规定经强制性产品认证合格或者技术鉴定合格的消防产品,国务院应急管理部门应当予以公布。

第二十五条　产品质量监督部门、工商行政管理部门、消防救援机构应当按照各自职责加强对消防产品质量的监督检查。

第二十六条　建筑构件、建筑材料和室内装修、装饰材料的防火性能必须符合国家标准;没有国家标准的,必须符合行业标准。

人员密集场所室内装修、装饰,应当按照消防技术标准的要求,使用不燃、难燃材料。

第二十七条　电器产品、燃气用具的产品标准,应当符合消防安全的要求。

电器产品、燃气用具的安装、使用及其线路、管路的设计、敷设、维护保养、检测,必须符合消防技术标准和管理规定。

第二十八条　任何单位、个人不得损坏、挪用或者擅自拆除、停用消防设施、器材,不得埋压、圈占、遮挡消火栓或者占用防火间距，不得占用、堵塞、封闭疏散通道、安全出口、消防车通道。人员密集场所的门窗不得设置影响逃生和灭火救援的障碍物。

第二十九条 负责公共消防设施维护管理的单位，应当保持消防供水、消防通信、消防车通道等公共消防设施的完好有效。在修建道路以及停电、停水、截断通信线路时有可能影响消防队灭火救援的，有关单位必须事先通知当地消防救援机构。

第三十条 地方各级人民政府应当加强对农村消防工作的领导，采取措施加强公共消防设施建设，组织建立和督促落实消防安全责任制。

第三十一条 在农业收获季节、森林和草原防火期间、重大节假日期间以及火灾多发季节，地方各级人民政府应当组织开展有针对性的消防宣传教育，采取防火措施，进行消防安全检查。

第三十二条 乡镇人民政府、城市街道办事处应当指导、支持和帮助村民委员会、居民委员会开展群众性的消防工作。村民委员会、居民委员会应当确定消防安全管理人，组织制定防火安全公约，进行防火安全检查。

第三十三条 国家鼓励、引导公众聚集场所和生产、储存、运输、销售易燃易爆危险品的企业投保火灾公众责任保险；鼓励保险公司承保火灾公众责任保险。

第三十四条 消防产品质量认证、消防设施检测、消防安全监测等消防技术服务机构和执业人员，应当依法获得相应的资质、资格；依照法律、行政法规、国家标准、行业标准和执业准则，接受委托提供消防技术服务，并对服务质量负责。

第三章 消防组织

第三十五条 各级人民政府应当加强消防组织建设，根据经济社会发展的需要，建立多种形式的消防组织，加强消防技术人才培养，增强火灾预防、扑救和应急救援的能力。

第三十六条 县级以上地方人民政府应当按照国家规定建立国家综合性消防救援队、专职消防队，并按照国家标准配备消防装备，承担火灾扑救工作。

乡镇人民政府应当根据当地经济发展和消防工作的需要，建立专职消防队、志愿消防队，承担火灾扑救工作。

第三十七条 国家综合性消防救援队、专职消防队按照国家规定承担重大灾害事故和其他以抢救人员生命为主的应急救援工作。

第三十八条 国家综合性消防救援队、专职消防队应当充分发挥火灾扑救和应急救援专业力量的骨干作用；按照国家规定，组织实施专业技能训练，配备并维护保养装备器材，提高火灾扑救和应急救援的能力。

第三十九条 下列单位应当建立单位专职消防队，承担本单位的火灾扑救工作：

（一）大型核设施单位、大型发电厂、民用机场、主要港口；

（二）生产、储存易燃易爆危险品的大型企业；

（三）储备可燃的重要物资的大型仓库、基地；

（四）第一项、第二项、第三项规定以外的火灾危险性较大、距离国家综合性消防救援队较远的其他大型企业；

（五）距离国家综合性消防救援队较远、被列为全国重点文物保护单位的古建筑群的管理单位。

第四十条 专职消防队的建立，应当符合国家有关规定，并报当地消防救援机构验收。

专职消防队的队员依法享受社会保险和福利待遇。

第四十一条 机关、团体、企业、事业等单位以及村民委员会、居民委员会根据需要，建立志愿消防队等多种形式的消防组织，开展群众性自防自救工作。

第四十二条 消防救援机构应当对专职消防队、志愿消防队等消防组织进行业务指导；根据扑救火灾的需要，可以调动指挥专职消防队参加火灾扑救工作。

第四章 灭火救援

第四十三条 县级以上地方人民政府应当组织有关部门针对本行政区域内的火灾特点制定应急预案，建立应急反应和处置机制，为火灾扑救和应急救援工作提供人员、装备等保障。

第四十四条 任何人发现火灾都应当立即报警。任何单位、个人都应当无偿为报警提供便利，不得阻拦报警。严禁谎报火警。

人员密集场所发生火灾，该场所的现场工作人员应当立即组织、引导在场人员疏散。

任何单位发生火灾，必须立即组织力量扑救。邻近单位应当给予支援。

消防队接到火警，必须立即赶赴火灾现场，救助遇险人员，排除险情，扑灭火灾。

第四十五条　消防救援机构统一组织和指挥火灾现场扑救，应当优先保障遇险人员的生命安全。

火灾现场总指挥根据扑救火灾的需要，有权决定下列事项：

（一）使用各种水源；

（二）截断电力、可燃气体和可燃液体的输送，限制用火用电；

（三）划定警戒区，实行局部交通管制；

（四）利用临近建筑物和有关设施；

（五）为了抢救人员和重要物资，防止火势蔓延，拆除或者破损毗邻火灾现场的建筑物、构筑物或者设施等；

（六）调动供水、供电、供气、通信、医疗救护、交通运输、环境保护等有关单位协助灭火救援。

根据扑救火灾的紧急需要，有关地方人民政府应当组织人员、调集所需物资支援灭火。

第四十六条　国家综合性消防救援队、专职消防队参加火灾以外的其他重大灾害事故的应急救援工作，由县级以上人民政府统一领导。

第四十七条　消防车、消防艇前往执行火灾扑救或者应急救援任务，在确保安全的前提下，不受行驶速度、行驶路线、行驶方向和指挥信号的限制，其他车辆、船舶以及行人应当让行，不得穿插超越；收费公路、桥梁免收车辆通行费。交通管理指挥人员应当保证消防车、消防艇迅速通行。

赶赴火灾现场或者应急救援现场的消防人员和调集的消防装备、物资，需要铁路、水路或者航空运输的，有关单位应当优先运输。

第四十八条　消防车、消防艇以及消防器材、装备和设施，不得用于与消防和应急救援工作无关的事项。

第四十九条　国家综合性消防救援队、专职消防队扑救火灾、应急救援，不得收取任何费用。

单位专职消防队、志愿消防队参加扑救外单位火灾所损耗的燃料、灭火剂和器材、装备等，由火灾发生地的人民政府给予补偿。

第五十条　对因参加扑救火灾或者应急救援受伤、致残或者死亡的人员，按照国家有关规定给予医疗、抚恤。

第五十一条　消防救援机构有权根据需要封闭火灾现场，负责调查火灾原因，统计火灾损失。

火灾扑灭后，发生火灾的单位和相关人员应当按照消防救援机构的要求保护现场，接受事故调查，如实提供与火灾有关的情况。

消防救援机构根据火灾现场勘验、调查情况和有关的检验、鉴定意见，及时制作火灾事故认定书，作为处理火灾事故的证据。

第五章　监督检查

第五十二条　地方各级人民政府应当落实消防工作责任制，对本级人民政府有关部门履行消防安全职责的情况进行监督检查。

县级以上地方人民政府有关部门应当根据本系统的特点，有针对性地开展消防安全检查，及时督促整改火灾隐患。

第五十三条　消防救援机构应当对机关、团体、企业、事业等单位遵守消防法律、法规的情况依法进行监督检查。公安派出所可以负责日常消防监督检查、开展消防宣传教育，具体办法由国务院公安部门规定。

消防救援机构、公安派出所的工作人员进行消防监督检查，应当出示证件。

第五十四条　消防救援机构在消防监督检查中发现火灾隐患的，应当通知有关单位或者个人立即采取措施消除隐患；不及时消除隐患可能严重威胁公共安全的，消防救援机构应当依照规定对危险部位或者场所采取临时查封措施。

第五十五条　消防救援机构在消防监督检查中发现城乡消防安全布局、公共消防设施不符合消防安全要求，或者发现本地区存在影响公共安全的重大火灾隐患的，应当由应急管理部门书面报告本级人民政府。

接到报告的人民政府应当及时核实情况，组织或者责成有关部门、单位采取措施，予以整改。

第五十六条　住房和城乡建设主管部门、消防救援机构及其工作人员应当按照法定的职权和程序进行消防设计审查、消防验收、备案抽查和消防安全检查，做到公正、严格、文明、高效。

住房和城乡建设主管部门、消防救援机构及其工作人员进行消防设计审查、消防验收、备案抽查和消防安全检查等，不得收取费用，不得利用职务谋取利益；不得利用职务为用户、建设单位指定或者变相指定消防产品的品牌、销售单位或者消防技术服务机构、消防设施施工单位。

第五十七条　住房和城乡建设主管部门、消防救援机构及其工作人员执行职务，应当自觉接受社会和公民的监督。

任何单位和个人都有权对住房和城乡建设主

管部门、消防救援机构及其工作人员在执法中的违法行为进行检举、控告。收到检举、控告的机关，应当按照职责及时查处。

第六章　法律责任

第五十八条　违反本法规定，有下列行为之一的，由住房和城乡建设主管部门、消防救援机构按照各自职权责令停止施工、停止使用或者停产停业，并处三万元以上三十万元以下罚款：

（一）依法应当进行消防设计审查的建设工程，未经依法审查或者审查不合格，擅自施工的；

（二）依法应当进行消防验收的建设工程，未经消防验收或者消防验收不合格，擅自投入使用的；

（三）本法第十三条规定的其他建设工程验收后经依法抽查不合格，不停止使用的；

（四）公众聚集场所未经消防安全检查或者经检查不符合消防安全要求，擅自投入使用、营业的。

建设单位未依照本法规定在验收后报住房和城乡建设主管部门备案的，由住房和城乡建设主管部门责令改正，处五千元以下罚款。

第五十九条　违反本法规定，有下列行为之一的，由住房和城乡建设主管部门责令改正或者停止施工，并处一万元以上十万元以下罚款：

（一）建设单位要求建筑设计单位或者建筑施工企业降低消防技术标准设计、施工的；

（二）建筑设计单位不按照消防技术标准强制性要求进行消防设计的；

（三）建筑施工企业不按照消防设计文件和消防技术标准施工，降低消防施工质量的；

（四）工程监理单位与建设单位或者建筑施工企业串通，弄虚作假，降低消防施工质量的。

第六十条　单位违反本法规定，有下列行为之一的，责令改正，处五千元以上五万元以下罚款：

（一）消防设施、器材或者消防安全标志的配置、设置不符合国家标准、行业标准，或者未保持完好有效的；

（二）损坏、挪用或者擅自拆除、停用消防设施、器材的；

（三）占用、堵塞、封闭疏散通道、安全出口或者有其他妨碍安全疏散行为的；

（四）埋压、圈占、遮挡消火栓或者占用防火间距的；

（五）占用、堵塞、封闭消防车通道，妨碍消防车通行的；

（六）人员密集场所在门窗上设置影响逃生和灭火救援的障碍物的；

（七）对火灾隐患经消防救援机构通知后不及时采取措施消除的。

个人有前款第二项、第三项、第四项、第五项行为之一的，处警告或者五百元以下罚款。

有本条第一款第三项、第四项、第五项、第六项行为，经责令改正拒不改正的，强制执行，所需费用由违法行为人承担。

第六十一条　生产、储存、经营易燃易爆危险品的场所与居住场所设置在同一建筑物内，或者未与居住场所保持安全距离的，责令停产停业，并处五千元以上五万元以下罚款。

生产、储存、经营其他物品的场所与居住场所设置在同一建筑物内，不符合消防技术标准的，依照前款规定处罚。

第六十二条　有下列行为之一的，依照《中华人民共和国治安管理处罚法》的规定处罚：

（一）违反有关消防技术标准和管理规定生产、储存、运输、销售、使用、销毁易燃易爆危险品的；

（二）非法携带易燃易爆危险品进入公共场所或者乘坐公共交通工具的；

（三）谎报火警的；

（四）阻碍消防车、消防艇执行任务的；

（五）阻碍消防救援机构的工作人员依法执行职务的。

第六十三条　违反本法规定，有下列行为之一的，处警告或者五百元以下罚款；情节严重的，处五日以下拘留：

（一）违反消防安全规定进入生产、储存易燃易爆危险品场所的；

（二）违反规定使用明火作业或者在具有火灾、爆炸危险的场所吸烟、使用明火的。

第六十四条　违反本法规定，有下列行为之一，尚不构成犯罪的，处十日以上十五日以下拘留，可以并处五百元以下罚款；情节较轻的，处警告或者五百元以下罚款：

（一）指使或者强令他人违反消防安全规定，冒险作业的；

（二）过失引起火灾的；

（三）在火灾发生后阻拦报警，或者负有报告职责的人员不及时报警的；

（四）扰乱火灾现场秩序，或者拒不执行火灾现场指挥员指挥，影响灭火救援的；

（五）故意破坏或者伪造火灾现场的；

（六）擅自拆封或者使用被消防救援机构查封的场所、部位的。

第六十五条 违反本法规定，生产、销售不合格的消防产品或者国家明令淘汰的消防产品的，由产品质量监督部门或者工商行政管理部门依照《中华人民共和国产品质量法》的规定从重处罚。

人员密集场所使用不合格的消防产品或者国家明令淘汰的消防产品的，责令限期改正；逾期不改正的，处五千元以上五万元以下罚款，并对其直接负责的主管人员和其他直接责任人员处五百元以上二千元以下罚款；情节严重的，责令停产停业。

消防救援机构对于本条第二款规定的情形，除依法对使用者予以处罚外，应当将发现不合格的消防产品和国家明令淘汰的消防产品的情况通报产品质量监督部门、工商行政管理部门。产品质量监督部门、工商行政管理部门应当对生产者、销售者依法及时查处。

第六十六条 电器产品、燃气用具的安装、使用及其线路、管路的设计、敷设、维护保养、检测不符合消防技术标准和管理规定的，责令限期改正；逾期不改正的，责令停止使用，可以并处一千元以上五千元以下罚款。

第六十七条 机关、团体、企业、事业等单位违反本法第十六条、第十七条、第十八条、第二十一条第二款规定的，责令限期改正；逾期不改正的，对其直接负责的主管人员和其他直接责任人员依法给予处分或者给予警告处罚。

第六十八条 人员密集场所发生火灾，该场所的现场工作人员不履行组织、引导在场人员疏散的义务，情节严重，尚不构成犯罪的，处五日以上十日以下拘留。

第六十九条 消防产品质量认证、消防设施检测等消防技术服务机构出具虚假文件的，责令改正，处五万元以上十万元以下罚款，并对直接负责的主管人员和其他直接责任人员处一万元以上五万元以下罚款；有违法所得的，并处没收违法所得；给他人造成损失的，依法承担赔偿责任；情节严重的，由原许可机关依法责令停止执业或者吊销相应资质、资格。

前款规定的机构出具失实文件，给他人造成损失的，依法承担赔偿责任；造成重大损失的，由原许可机关依法责令停止执业或者吊销相应资质、资格。

第七十条 本法规定的行政处罚，除应当由公安机关依照《中华人民共和国治安管理处罚法》的有关规定决定的外，由住房和城乡建设主管部门、消防救援机构按照各自职权决定。

被责令停止施工、停止使用、停产停业的，应当在整改后向作出决定的部门或者机构报告，经检查合格，方可恢复施工、使用、生产、经营。

当事人逾期不执行停产停业、停止使用、停止施工决定的，由作出决定的部门或者机构强制执行。

责令停产停业，对经济和社会生活影响较大的，由住房和城乡建设主管部门或者应急管理部门报请本级人民政府依法决定。

第七十一条 住房和城乡建设主管部门、消防救援机构的工作人员滥用职权、玩忽职守、徇私舞弊，有下列行为之一，尚不构成犯罪的，依法给予处分：

（一）对不符合消防安全要求的消防设计文件、建设工程、场所准予审查合格、消防验收合格、消防安全检查合格的；

（二）无故拖延消防设计审查、消防验收、消防安全检查，不在法定期限内履行职责的；

（三）发现火灾隐患不及时通知有关单位或者个人整改的；

（四）利用职务为用户、建设单位指定或者变相指定消防产品的品牌、销售单位或者消防技术服务机构、消防设施施工单位的；

（五）将消防车、消防艇以及消防器材、装备和设施用于与消防和应急救援无关的事项的；

（六）其他滥用职权、玩忽职守、徇私舞弊的行为。

产品质量监督、工商行政管理等其他有关行政主管部门的工作人员在消防工作中滥用职权、玩忽职守、徇私舞弊，尚不构成犯罪的，依法给予处分。

第七十二条 违反本法规定，构成犯罪的，依法追究刑事责任。

第七章 附 则

第七十三条 本法下列用语的含义：

（一）消防设施，是指火灾自动报警系统、自动灭火系统、消火栓系统、防烟排烟系统以及应急广播和应急照明、安全疏散设施等。

（二）消防产品，是指专门用于火灾预防、灭火救援和火灾防护、避难、逃生的产品。

（三）公众聚集场所，是指宾馆、饭店、商场、集贸市场、客运车站候车室、客运码头候船厅、民用机场航站楼、体育场馆、会堂以及公共娱乐场所等。

（四）人员密集场所，是指公众聚集场所，医院的门诊楼、病房楼，学校的教学楼、图书馆、食堂和集体宿舍，养老院，福利院，托儿所，幼儿园，公共图书馆的阅览室，公共展览馆、博物馆的展示厅，劳动密集型企业的生产加工车间和员工集体宿舍，旅游、宗教活动场所等。

第七十四条 本法自2009年5月1日起施行。

中华人民共和国电子签名法

（2004年8月28日第十届全国人民代表大会常务委员会第十一次会议通过 根据2015年4月24日第十二届全国人民代表大会常务委员会第十四次会议《关于修改〈中华人民共和国电力法〉等六部法律的决定》第一次修正 根据2019年4月23日第十三届全国人民代表大会常务委员会第十次会议《关于修改〈中华人民共和国建筑法〉等八部法律的决定》第二次修正）

目 录

第一章 总 则

第一条 为了规范电子签名行为，确立电子签名的法律效力，维护有关各方的合法权益，制定本法。

第二条 本法所称电子签名，是指数据电文中以电子形式所含、所附用于识别签名人身份并表明签名人认可其中内容的数据。

本法所称数据电文，是指以电子、光学、磁或者类似手段生成、发送、接收或者储存的信息。

第三条 民事活动中的合同或者其他文件、单证等文书，当事人可以约定使用或者不使用电子签名、数据电文。

当事人约定使用电子签名、数据电文的文书，不得仅因为其采用电子签名、数据电文的形式而否定其法律效力。

前款规定不适用下列文书：

（一）涉及婚姻、收养、继承等人身关系的；

（二）涉及停止供水、供热、供气等公用事业服务的；

（三）法律、行政法规规定的不适用电子文书的其他情形。

第二章 数据电文

第四条 能够有形地表现所载内容，并可以随时调取查用的数据电文，视为符合法律、法规要求的书面形式。

第五条 符合下列条件的数据电文，视为满足法律、法规规定的原件形式要求：

（一）能够有效地表现所载内容并可供随时调取查用；

（二）能够可靠地保证自最终形成时起，内容保持完整、未被更改。但是，在数据电文上增加背书以及数据交换、储存和显示过程中发生的形式变化不影响数据电文的完整性。

第六条 符合下列条件的数据电文，视为满足法律、法规规定的文件保存要求：

（一）能够有效地表现所载内容并可供随时调取查用；

（二）数据电文的格式与其生成、发送或者接收时的格式相同，或者格式不相同但是能够准确表现原来生成、发送或者接收的内容；

（三）能够识别数据电文的发件人、收件人以及发送、接收的时间。

第七条 数据电文不得仅因为其是以电子、光学、磁或者类似手段生成、发送、接收或者储存的而被拒绝作为证据使用。

第八条 审查数据电文作为证据的真实性，应当考虑以下因素：

（一）生成、储存或者传递数据电文方法的可靠性；

（二）保持内容完整性方法的可靠性；

（三）用以鉴别发件人方法的可靠性；

（四）其他相关因素。

第九条 数据电文有下列情形之一的，视为发件人发送：

（一）经发件人授权发送的；

（二）发件人的信息系统自动发送的；

（三）收件人按照发件人认可的方法对数据电文进行验证后结果相符的。

当事人对前款规定的事项另有约定的，从其约定。

第十条 法律、行政法规规定或者当事人约定数据电文需要确认收讫的，应当确认收讫。发件人收到收件人的收讫确认时，数据电文视为已经收到。

第十一条 数据电文进入发件人控制之外的某个信息系统的时间，视为该数据电文的发送时间。

收件人指定特定系统接收数据电文的，数据电文进入该特定系统的时间，视为该数据电文的接收时间；未指定特定系统的，数据电文进入收件人的任何系统的首次时间，视为该数据电文的接收时间。

当事人对数据电文的发送时间、接收时间另有约定的，从其约定。

第十二条 发件人的主营业地为数据电文的发送地点，收件人的主营业地为数据电文的接收地点。没有主营业地的，其经常居住地为发送或者接收地点。

当事人对数据电文的发送地点、接收地点另有约定的，从其约定。

第三章 电子签名与认证

第十三条 电子签名同时符合下列条件的，视为可靠的电子签名：

（一）电子签名制作数据用于电子签名时，属于电子签名人专有；

（二）签署时电子签名制作数据仅由电子签名人控制；

（三）签署后对电子签名的任何改动能够被发现；

（四）签署后对数据电文内容和形式的任何改动能够被发现。

当事人也可以选择使用符合其约定的可靠条件的电子签名。

第十四条 可靠的电子签名与手写签名或者盖章具有同等的法律效力。

第十五条 电子签名人应当妥善保管电子签名制作数据。电子签名人知悉电子签名制作数据已经失密或者可能已经失密时，应当及时告知有关各方，并终止使用该电子签名制作数据。

第十六条 电子签名需要第三方认证的，由依法设立的电子认证服务提供者提供认证服务。

第十七条 提供电子认证服务，应当具备下列条件：

（一）取得企业法人资格；

（二）具有与提供电子认证服务相适应的专业技术人员和管理人员；

（三）具有与提供电子认证服务相适应的资金和经营场所；

（四）具有符合国家安全标准的技术和设备；

（五）具有国家密码管理机构同意使用密码的证明文件；

（六）法律、行政法规规定的其他条件。

第十八条 从事电子认证服务，应当向国务院信息产业主管部门提出申请，并提交符合本法第十七条规定条件的相关材料。国务院信息产业主管部门接到申请后经依法审查，征求国务院商务主管部门等有关部门的意见后，自接到申请之日起四十五日内作出许可或者不予许可的决定。予以许可的，颁发电子认证许可证书；不予许可的，应当书面通知申请人并告知理由。

取得认证资格的电子认证服务提供者，应当按照国务院信息产业主管部门的规定在互联网上公布其名称、许可证号等信息。

第十九条 电子认证服务提供者应当制定、公布符合国家有关规定的电子认证业务规则，并向国务院信息产业主管部门备案。

电子认证业务规则应当包括责任范围、作业操作规范、信息安全保障措施等事项。

第二十条 电子签名人向电子认证服务提供者申请电子签名认证证书，应当提供真实、完整和准确的信息。

电子认证服务提供者收到电子签名认证证书申请后，应当对申请人的身份进行查验，并对有关材料进行审查。

第二十一条 电子认证服务提供者签发的电子签名认证证书应当准确无误，并应当载明下列内容：

（一）电子认证服务提供者名称；

（二）证书持有人名称；

（三）证书序列号；

（四）证书有效期；

（五）证书持有人的电子签名验证数据；

（六）电子认证服务提供者的电子签名；

（七）国务院信息产业主管部门规定的其他内容。

第二十二条 电子认证服务提供者应当保证电子签名认证证书内容在有效期内完整、准确，并保证电子签名依赖方能够证实或者了解电子签名认证证书所载内容及其他有关事项。

第二十三条 电子认证服务提供者拟暂停或者终止电子认证服务的，应当在暂停或者终止服务九十日前，就业务承接及其他有关事项通知有关各方。

电子认证服务提供者拟暂停或者终止电子认证服务的，应当在暂停或者终止服务六十日前向国务院信息产业主管部门报告，并与其他电子认证服务提供者就业务承接进行协商，作出妥善安排。

电子认证服务提供者未能就业务承接事项与其他电子认证服务提供者达成协议的，应当申请国务院信息产业主管部门安排其他电子认证服务提供者承接其业务。

电子认证服务提供者被依法吊销电子认证许可证书的，其业务承接事项的处理按照国务院信息产业主管部门的规定执行。

第二十四条 电子认证服务提供者应当妥善保存与认证相关的信息，信息保存期限至少为电子签名认证证书失效后五年。

第二十五条 国务院信息产业主管部门依照本法制定电子认证服务业的具体管理办法，对电子认证服务提供者依法实施监督管理。

第二十六条 经国务院信息产业主管部门根据有关协议或者对等原则核准后，中华人民共和国境外的电子认证服务提供者在境外签发的电子签名认证证书与依照本法设立的电子认证服务提供者签发的电子签名认证证书具有同等的法律效力。

第四章 法律责任

第二十七条 电子签名人知悉电子签名制作数据已经失密或者可能已经失密未及时告知有关各方、并终止使用电子签名制作数据，未向电子认证服务提供者提供真实、完整和准确的信息，或者有其他过错，给电子签名依赖方、电子认证服务提供者造成损失的，承担赔偿责任。

第二十八条 电子签名人或者电子签名依赖方因依据电子认证服务提供者提供的电子签名认证服务从事民事活动遭受损失，电子认证服务提供者不能证明自己无过错的，承担赔偿责任。

第二十九条 未经许可提供电子认证服务的，由国务院信息产业主管部门责令停止违法行为；有违法所得的，没收违法所得；违法所得三十万元以上的，处违法所得一倍以上三倍以下的罚款；没有违法所得或者违法所得不足三十万元的，处十万元以上三十万元以下的罚款。

第三十条 电子认证服务提供者暂停或者终止电子认证服务，未在暂停或者终止服务六十日前向国务院信息产业主管部门报告的，由国务院信息产业主管部门对其直接负责的主管人员处一万元以上五万元以下的罚款。

第三十一条 电子认证服务提供者不遵守认证业务规则、未妥善保存与认证相关的信息，或者有其他违法行为的，由国务院信息产业主管部门责令限期改正；逾期未改正的，吊销电子认证许可证书，其直接负责的主管人员和其他直接责任人员十年内不得从事电子认证服务。吊销电子认证许可证书的，应当予以公告并通知工商行政管理部门。

第三十二条 伪造、冒用、盗用他人的电子签名，构成犯罪的，依法追究刑事责任；给他人造成损失的，依法承担民事责任。

第三十三条 依照本法负责电子认证服务业监督管理工作的部门的工作人员，不依法履行行政许可、监督管理职责的，依法给予行政处分；构成犯罪的，依法追究刑事责任。

第五章 附 则

第三十四条 本法中下列用语的含义：

（一）电子签名人，是指持有电子签名制作数据并以本人身份或者以其所代表的人的名义实施电子签名的人；

（二）电子签名依赖方，是指基于对电子签名认证证书或者电子签名的信赖从事有关活动的人；

（三）电子签名认证证书，是指可证实电子签名人与电子签名制作数据有联系的数据电文或者其他电子记录；

（四）电子签名制作数据，是指在电子签名过程中使用的，将电子签名与电子签名人可靠地联系起来的字符、编码等数据；

（五）电子签名验证数据，是指用于验证电子签名的数据，包括代码、口令、算法或者公钥等。

第三十五条 国务院或者国务院规定的部门可以依据本法制定政务活动和其他社会活动中使用电子签名、数据电文的具体办法。

第三十六条 本法自2005年4月1日起施行。

中华人民共和国城乡规划法

（2007 年 10 月 28 日第十届全国人民代表大会常务委员会第三十次会议通过　根据 2015 年 4 月 24 日第十二届全国人民代表大会常务委员会第十四次会议《关于修改〈中华人民共和国港口法〉等七部法律的决定》第一次修正　根据 2019 年 4 月 23 日第十三届全国人民代表大会常务委员会第十次会议《关于修改〈中华人民共和国建筑法〉等八部法律的决定》第二次修正）

目　录

第一章　总　　则

第一条　为了加强城乡规划管理，协调城乡空间布局，改善人居环境，促进城乡经济社会全面协调可持续发展，制定本法。

第二条　制定和实施城乡规划，在规划区内进行建设活动，必须遵守本法。

本法所称城乡规划，包括城镇体系规划、城市规划、镇规划、乡规划和村庄规划。城市规划、镇规划分为总体规划和详细规划。详细规划分为控制性详细规划和修建性详细规划。

本法所称规划区，是指城市、镇和村庄的建成区以及因城乡建设和发展需要，必须实行规划控制的区域。规划区的具体范围由有关人民政府在组织编制的城市总体规划、镇总体规划、乡规划和村庄规划中，根据城乡经济社会发展水平和统筹城乡发展的需要划定。

第三条　城市和镇应当依照本法制定城市规划和镇规划。城市、镇规划区内的建设活动应当符合规划要求。

县级以上地方人民政府根据本地农村经济社会发展水平，按照因地制宜、切实可行的原则，确定应当制定乡规划、村庄规划的区域。在确定区域内的乡、村庄，应当依照本法制定规划，规划区内的乡、村庄建设应当符合规划要求。

县级以上地方人民政府鼓励、指导前款规定以外的区域的乡、村庄制定和实施乡规划、村庄规划。

第四条　制定和实施城乡规划，应当遵循城乡统筹、合理布局、节约土地、集约发展和先规划后建设的原则，改善生态环境，促进资源、能源节约和综合利用，保护耕地等自然资源和历史文化遗产，保持地方特色、民族特色和传统风貌，防止污染和其他公害，并符合区域人口发展、国防建设、防灾减灾和公共卫生、公共安全的需要。

在规划区内进行建设活动，应当遵守土地管理、自然资源和环境保护等法律、法规的规定。

县级以上地方人民政府应当根据当地经济社会发展的实际，在城市总体规划、镇总体规划中合理确定城市、镇的发展规模、步骤和建设标准。

第五条　城市总体规划、镇总体规划以及乡规划和村庄规划的编制，应当依据国民经济和社会发展规划，并与土地利用总体规划相衔接。

第六条　各级人民政府应当将城乡规划的编制和管理经费纳入本级财政预算。

第七条　经依法批准的城乡规划，是城乡建设和规划管理的依据，未经法定程序不得修改。

第八条　城乡规划组织编制机关应当及时公布经依法批准的城乡规划。但是，法律、行政法规规定不得公开的内容除外。

第九条　任何单位和个人都应当遵守经依法批准并公布的城乡规划，服从规划管理，并有权就涉及其利害关系的建设活动是否符合规划的要求向城乡规划主管部门查询。

任何单位和个人都有权向城乡规划主管部门或者其他有关部门举报或者控告违反城乡规划的行为。城乡规划主管部门或者其他有关部门对举报或者控告，应当及时受理并组织核查、处理。

第十条　国家鼓励采用先进的科学技术，增强城乡规划的科学性，提高城乡规划实施及监督管理的效能。

第十一条　国务院城乡规划主管部门负责全国的城乡规划管理工作。

县级以上地方人民政府城乡规划主管部门负责本行政区域内的城乡规划管理工作。

第二章　城乡规划的制定

第十二条　国务院城乡规划主管部门会同国务院有关部门组织编制全国城镇体系规划，用于指导省域城镇体系规划、城市总体规划的编制。

全国城镇体系规划由国务院城乡规划主管部门报国务院审批。

第十三条　省、自治区人民政府组织编制省域城镇体系规划，报国务院审批。

省域城镇体系规划的内容应当包括：城镇空间布局和规模控制，重大基础设施的布局，为保护生态环境、资源等需要严格控制的区域。

第十四条　城市人民政府组织编制城市总体规划。

直辖市的城市总体规划由直辖市人民政府报国务院审批。省、自治区人民政府所在地的城市以及国务院确定的城市的总体规划，由省、自治区人民政府审查同意后，报国务院审批。其他城市的总体规划，由城市人民政府报省、自治区人民政府审批。

第十五条　县人民政府组织编制县人民政府所在地镇的总体规划，报上一级人民政府审批。其他镇的总体规划由镇人民政府组织编制，报上一级人民政府审批。

第十六条　省、自治区人民政府组织编制的省域城镇体系规划，城市、县人民政府组织编制的总体规划，在报上一级人民政府审批前，应当先经本级人民代表大会常务委员会审议，常务委员会组成人员的审议意见交由本级人民政府研究处理。

镇人民政府组织编制的镇总体规划，在报上一级人民政府审批前，应当先经镇人民代表大会审议，代表的审议意见交由本级人民政府研究处理。

规划的组织编制机关报送审批省域城镇体系规划、城市总体规划或者镇总体规划，应当将本级人民代表大会常务委员会组成人员或者镇人民代表大会代表的审议意见和根据审议意见修改规划的情况一并报送。

第十七条　城市总体规划、镇总体规划的内容应当包括：城市、镇的发展布局，功能分区，用地布局，综合交通体系，禁止、限制和适宜建设的地域范围，各类专项规划等。

规划区范围、规划区内建设用地规模、基础设施和公共服务设施用地、水源地和水系、基本农田和绿化用地、环境保护、自然与历史文化遗产保护以及防灾减灾等内容，应当作为城市总体规划、镇总体规划的强制性内容。

城市总体规划、镇总体规划的规划期限一般为二十年。城市总体规划还应当对城市更长远的发展作出预测性安排。

第十八条　乡规划、村庄规划应当从农村实际出发，尊重村民意愿，体现地方和农村特色。

乡规划、村庄规划的内容应当包括：规划区范围，住宅、道路、供水、排水、供电、垃圾收集、畜禽养殖场所等农村生产、生活服务设施、公益事业等各项建设的用地布局、建设要求，以及对耕地等自然资源和历史文化遗产保护、防灾减灾等的具体安排。乡规划还应当包括本行政区域内的村庄发展布局。

第十九条　城市人民政府城乡规划主管部门根据城市总体规划的要求，组织编制城市的控制性详细规划，经本级人民政府批准后，报本级人民代表大会常务委员会和上一级人民政府备案。

第二十条　镇人民政府根据镇总体规划的要求，组织编制镇的控制性详细规划，报上一级人民政府审批。县人民政府所在地镇的控制性详细规划，由县人民政府城乡规划主管部门根据镇总体规划的要求组织编制，经县人民政府批准后，报本级人民代表大会常务委员会和上一级人民政府备案。

第二十一条　城市、县人民政府城乡规划主管部门和镇人民政府可以组织编制重要地块的修建性详细规划。修建性详细规划应当符合控制性详细规划。

第二十二条　乡、镇人民政府组织编制乡规划、村庄规划，报上一级人民政府审批。村庄规划在报送审批前，应当经村民会议或者村民代表会议讨论同意。

第二十三条　首都的总体规划、详细规划应当统筹考虑中央国家机关用地布局和空间安排的需要。

第二十四条　城乡规划组织编制机关应当委托具有相应资质等级的单位承担城乡规划的具体编制工作。

从事城乡规划编制工作应当具备下列条件，并经国务院城乡规划主管部门或者省、自治区、直辖市人民政府城乡规划主管部门依法审查合格，取得相应等级的资质证书后，方可在资质等级许可的范围内从事城乡规划编制工作：

（一）有法人资格；

（二）有规定数量的经相关行业协会注册的规划师；

（三）有规定数量的相关专业技术人员；

（四）有相应的技术装备；

（五）有健全的技术、质量、财务管理制度。

编制城乡规划必须遵守国家有关标准。

第二十五条 编制城乡规划，应当具备国家规定的勘察、测绘、气象、地震、水文、环境等基础资料。

县级以上地方人民政府有关主管部门应当根据编制城乡规划的需要，及时提供有关基础资料。

第二十六条 城乡规划报送审批前，组织编制机关应当依法将城乡规划草案予以公告，并采取论证会、听证会或者其他方式征求专家和公众的意见。公告的时间不得少于三十日。

组织编制机关应当充分考虑专家和公众的意见，并在报送审批的材料中附具意见采纳情况及理由。

第二十七条 省域城镇体系规划、城市总体规划、镇总体规划批准前，审批机关应当组织专家和有关部门进行审查。

第三章 城乡规划的实施

第二十八条 地方各级人民政府应当根据当地经济社会发展水平，量力而行，尊重群众意愿，有计划、分步骤地组织实施城乡规划。

第二十九条 城市的建设和发展，应当优先安排基础设施以及公共服务设施的建设，妥善处理新区开发与旧区改建的关系，统筹兼顾进城务工人员生活和周边农村经济社会发展、村民生产与生活的需要。

镇的建设和发展，应当结合农村经济社会发展和产业结构调整，优先安排供水、排水、供电、供气、道路、通信、广播电视等基础设施和学校、卫生院、文化站、幼儿园、福利院等公共服务设施的建设，为周边农村提供服务。

乡、村庄的建设和发展，应当因地制宜、节约用地，发挥村民自治组织的作用，引导村民合理进行建设，改善农村生产、生活条件。

第三十条 城市新区的开发和建设，应当合理确定建设规模和时序，充分利用现有市政基础设施和公共服务设施，严格保护自然资源和生态环境，体现地方特色。

在城市总体规划、镇总体规划确定的建设用地范围以外，不得设立各类开发区和城市新区。

第三十一条 旧城区的改建，应当保护历史文化遗产和传统风貌，合理确定拆迁和建设规模，有计划地对危房集中、基础设施落后等地段进行改建。

历史文化名城、名镇、名村的保护以及受保护建筑物的维护和使用，应当遵守有关法律、行政法规和国务院的规定。

第三十二条 城乡建设和发展，应当依法保护和合理利用风景名胜资源，统筹安排风景名胜区及周边乡、镇、村庄的建设。

风景名胜区的规划、建设和管理，应当遵守有关法律、行政法规和国务院的规定。

第三十三条 城市地下空间的开发和利用，应当与经济和技术发展水平相适应，遵循统筹安排、综合开发、合理利用的原则，充分考虑防灾减灾、人民防空和通信等需要，并符合城市规划，履行规划审批手续。

第三十四条 城市、县、镇人民政府应当根据城市总体规划、镇总体规划、土地利用总体规划和年度计划以及国民经济和社会发展规划，制定近期建设规划，报总体规划审批机关备案。

近期建设规划应当以重要基础设施、公共服务设施和中低收入居民住房建设以及生态环境保护为重点内容，明确近期建设的时序、发展方向和空间布局。近期建设规划的规划期限为五年。

第三十五条 城乡规划确定的铁路、公路、港口、机场、道路、绿地、输配电设施及输电线路走廊、通信设施、广播电视设施、管道设施、河道、水库、水源地、自然保护区、防汛通道、消防通道、核电站、垃圾填埋场及焚烧厂、污水处理厂和公共服务设施的用地以及其他需要依法保护的用地，禁止擅自改变用途。

第三十六条 按照国家规定需要有关部门批准或者核准的建设项目，以划拨方式提供国有土地使用权的，建设单位在报送有关部门批准或者核准前，应当向城乡规划主管部门申请核发选址意见书。

前款规定以外的建设项目不需要申请选址意见书。

第三十七条 在城市、镇规划区内以划拨方式提供国有土地使用权的建设项目，经有关部门批准、核准、备案后，建设单位应当向城市、县人民政府城乡规划主管部门提出建设用地规划许可申请，由城市、县人民政府城乡规划主管部门依据控制性详细规划核定建设用地的位置、面积、允许建设的范围，核发建设用地规划许可证。

建设单位在取得建设用地规划许可证后，方可向县级以上地方人民政府土地主管部门申请用地，经县级以上人民政府审批后，由土地主管部门划拨土地。

第三十八条 在城市、镇规划区内以出让方式提供国有土地使用权的，在国有土地使用权出让前，城市、县人民政府城乡规划主管部门应当依据控制性详细规划，提出出让地块的位置、使用性质、开发强度等规划条件，作为国有土地使用权出让合同的组成部分。未确定规划条件的地块，不得出让国有土地使用权。

以出让方式取得国有土地使用权的建设项目，建设单位在取得建设项目的批准、核准、备案文件和签订国有土地使用权出让合同后，向城市、县人民政府城乡规划主管部门领取建设用地规划许可证。

城市、县人民政府城乡规划主管部门不得在建设用地规划许可证中，擅自改变作为国有土地使用权出让合同组成部分的规划条件。

第三十九条 规划条件未纳入国有土地使用权出让合同的，该国有土地使用权出让合同无效；对未取得建设用地规划许可证的建设单位批准用地的，由县级以上人民政府撤销有关批准文件；占用土地的，应当及时退回；给当事人造成损失的，应当依法给予赔偿。

第四十条 在城市、镇规划区内进行建筑物、构筑物、道路、管线和其他工程建设的，建设单位或者个人应当向城市、县人民政府城乡规划主管部门或者省、自治区、直辖市人民政府确定的镇人民政府申请办理建设工程规划许可证。

申请办理建设工程规划许可证，应当提交使用土地的有关证明文件、建设工程设计方案等材料。需要建设单位编制修建性详细规划的建设项目，还应当提交修建性详细规划。对符合控制性详细规划和规划条件的，由城市、县人民政府城乡规划主管部门或者省、自治区、直辖市人民政府确定的镇人民政府核发建设工程规划许可证。

城市、县人民政府城乡规划主管部门或者省、自治区、直辖市人民政府确定的镇人民政府应当依法将经审定的修建性详细规划、建设工程设计方案的总平面图予以公布。

第四十一条 在乡、村庄规划区内进行乡镇企业、乡村公共设施和公益事业建设的，建设单位或者个人应当向乡、镇人民政府提出申请，由乡、镇人民政府报城市、县人民政府城乡规划主管部门核发乡村建设规划许可证。

在乡、村庄规划区内使用原有宅基地进行农村村民住宅建设的规划管理办法，由省、自治区、直辖市制定。

在乡、村庄规划区内进行乡镇企业、乡村公共设施和公益事业建设以及农村村民住宅建设，不得占用农用地；确需占用农用地的，应当依照《中华人民共和国土地管理法》有关规定办理农用地转用审批手续后，由城市、县人民政府城乡规划主管部门核发乡村建设规划许可证。

建设单位或者个人在取得乡村建设规划许可证后，方可办理用地审批手续。

第四十二条 城乡规划主管部门不得在城乡规划确定的建设用地范围以外作出规划许可。

第四十三条 建设单位应当按照规划条件进行建设；确需变更的，必须向城市、县人民政府城乡规划主管部门提出申请。变更内容不符合控制性详细规划的，城乡规划主管部门不得批准。城市、县人民政府城乡规划主管部门应当及时将依法变更后的规划条件通报同级土地主管部门并公示。

建设单位应当及时将依法变更后的规划条件报有关人民政府土地主管部门备案。

第四十四条 在城市、镇规划区内进行临时建设的，应当经城市、县人民政府城乡规划主管部门批准。临时建设影响近期建设规划或者控制性详细规划的实施以及交通、市容、安全等的，不得批准。

临时建设应当在批准的使用期限内自行拆除。

临时建设和临时用地规划管理的具体办法，由省、自治区、直辖市人民政府制定。

第四十五条 县级以上地方人民政府城乡规划主管部门按照国务院规定对建设工程是否符合规划条件予以核实。未经核实或者经核实不符合规划条件的，建设单位不得组织竣工验收。

建设单位应当在竣工验收后六个月内向城乡规划主管部门报送有关竣工验收资料。

第四章 城乡规划的修改

第四十六条 省域城镇体系规划、城市总体规划、镇总体规划的组织编制机关，应当组织有关部门和专家定期对规划实施情况进行评估,并采取论证会、听证会或者其他方式征求公众意见。组织编制机关应当向本级人民代表大会常务委员会、镇人民代表大会和原审批机关提出评估报告并附具征求意见的情况。

第四十七条 有下列情形之一的,组织编制机关方可按照规定的权限和程序修改省域城镇体系规划、城市总体规划、镇总体规划:

(一)上级人民政府制定的城乡规划发生变更,提出修改规划要求的;

(二)行政区划调整确需修改规划的;

(三)因国务院批准重大建设工程确需修改规划的;

(四)经评估确需修改规划的;

(五)城乡规划的审批机关认为应当修改规划的其他情形。

修改省域城镇体系规划、城市总体规划、镇总体规划前,组织编制机关应当对原规划的实施情况进行总结,并向原审批机关报告;修改涉及城市总体规划、镇总体规划强制性内容的,应当先向原审批机关提出专题报告,经同意后,方可编制修改方案。

修改后的省域城镇体系规划、城市总体规划、镇总体规划,应当依照本法第十三条、第十四条、第十五条和第十六条规定的审批程序报批。

第四十八条 修改控制性详细规划的,组织编制机关应当对修改的必要性进行论证,征求规划地段内利害关系人的意见,并向原审批机关提出专题报告,经原审批机关同意后,方可编制修改方案。修改后的控制性详细规划,应当依照本法第十九条、第二十条规定的审批程序报批。控制性详细规划修改涉及城市总体规划、镇总体规划的强制性内容的,应当先修改总体规划。

修改乡规划、村庄规划的,应当依照本法第二十二条规定的审批程序报批。

第四十九条 城市、县、镇人民政府修改近期建设规划的,应当将修改后的近期建设规划报总体规划审批机关备案。

第五十条 在选址意见书、建设用地规划许可证、建设工程规划许可证或者乡村建设规划许可证发放后,因依法修改城乡规划给被许可人合法权益造成损失的,应当依法给予补偿。

经依法审定的修建性详细规划、建设工程设计方案的总平面图不得随意修改;确需修改的,城乡规划主管部门应当采取听证会等形式,听取利害关系人的意见;因修改给利害关系人合法权益造成损失的,应当依法给予补偿。

第五章 监督检查

第五十一条 县级以上人民政府及其城乡规划主管部门应当加强对城乡规划编制、审批、实施、修改的监督检查。

第五十二条 地方各级人民政府应当向本级人民代表大会常务委员会或者乡、镇人民代表大会报告城乡规划的实施情况,并接受监督。

第五十三条 县级以上人民政府城乡规划主管部门对城乡规划的实施情况进行监督检查,有权采取以下措施:

(一)要求有关单位和人员提供与监督事项有关的文件、资料,并进行复制;

(二)要求有关单位和人员就监督事项涉及的问题作出解释和说明,并根据需要进入现场进行勘测;

(三)责令有关单位和人员停止违反有关城乡规划的法律、法规的行为。

城乡规划主管部门的工作人员履行前款规定的监督检查职责,应当出示执法证件。被监督检查的单位和人员应当予以配合,不得妨碍和阻挠依法进行的监督检查活动。

第五十四条 监督检查情况和处理结果应当依法公开,供公众查阅和监督。

第五十五条 城乡规划主管部门在查处违反本法规定的行为时,发现国家机关工作人员依法应当给予行政处分的,应当向其任免机关或者监察机关提出处分建议。

第五十六条 依照本法规定应当给予行政处罚,而有关城乡规划主管部门不给予行政处罚的,上级人民政府城乡规划主管部门有权责令其作出行政处罚决定或者建议有关人民政府责令其给予行政处罚。

第五十七条 城乡规划主管部门违反本法规定作出行政许可的,上级人民政府城乡规划主管部门有权责令其撤销或者直接撤销该行政许可。因撤销行政许可给当事人合法权益造成损失的,应当依法给予赔偿。

第六章 法律责任

第五十八条 对依法应当编制城乡规划而未

组织编制，或者未按法定程序编制、审批、修改城乡规划的，由上级人民政府责令改正，通报批评；对有关人民政府负责人和其他直接责任人员依法给予处分。

第五十九条　城乡规划组织编制机关委托不具有相应资质等级的单位编制城乡规划的，由上级人民政府责令改正，通报批评；对有关人民政府负责人和其他直接责任人员依法给予处分。

第六十条　镇人民政府或者县级以上人民政府城乡规划主管部门有下列行为之一的，由本级人民政府、上级人民政府城乡规划主管部门或者监察机关依据职权责令改正，通报批评；对直接负责的主管人员和其他直接责任人员依法给予处分：

（一）未依法组织编制城市的控制性详细规划、县人民政府所在地镇的控制性详细规划的；

（二）超越职权或者对不符合法定条件的申请人核发选址意见书、建设用地规划许可证、建设工程规划许可证、乡村建设规划许可证的；

（三）对符合法定条件的申请人未在法定期限内核发选址意见书、建设用地规划许可证、建设工程规划许可证、乡村建设规划许可证的；

（四）未依法对经审定的修建性详细规划、建设工程设计方案的总平面图予以公布的；

（五）同意修改修建性详细规划、建设工程设计方案的总平面图前未采取听证会等形式听取利害关系人的意见的；

（六）发现未依法取得规划许可或者违反规划许可的规定在规划区内进行建设的行为，而不予查处或者接到举报后不依法处理的。

第六十一条　县级以上人民政府有关部门有下列行为之一的，由本级人民政府或者上级人民政府有关部门责令改正，通报批评；对直接负责的主管人员和其他直接责任人员依法给予处分：

（一）对未依法取得选址意见书的建设项目核发建设项目批准文件的；

（二）未依法在国有土地使用权出让合同中确定规划条件或者改变国有土地使用权出让合同中依法确定的规划条件的；

（三）对未依法取得建设用地规划许可证的建设单位划拨国有土地使用权的。

第六十二条　城乡规划编制单位有下列行为之一的，由所在地城市、县人民政府城乡规划主管部门责令限期改正，处合同约定的规划编制费一倍以上二倍以下的罚款；情节严重的，责令停业整顿，由原发证机关降低资质等级或者吊销资质证书；造成损失的，依法承担赔偿责任：

（一）超越资质等级许可的范围承揽城乡规划编制工作的；

（二）违反国家有关标准编制城乡规划的。

未依法取得资质证书承揽城乡规划编制工作的，由县级以上地方人民政府城乡规划主管部门责令停止违法行为，依照前款规定处以罚款；造成损失的，依法承担赔偿责任。

以欺骗手段取得资质证书承揽城乡规划编制工作的，由原发证机关吊销资质证书，依照本条第一款规定处以罚款；造成损失的，依法承担赔偿责任。

第六十三条　城乡规划编制单位取得资质证书后，不再符合相应的资质条件的，由原发证机关责令限期改正；逾期不改正的，降低资质等级或者吊销资质证书。

第六十四条　未取得建设工程规划许可证或者未按照建设工程规划许可证的规定进行建设的，由县级以上地方人民政府城乡规划主管部门责令停止建设；尚可采取改正措施消除对规划实施的影响的，限期改正，处建设工程造价百分之五以上百分之十以下的罚款；无法采取改正措施消除影响的，限期拆除，不能拆除的，没收实物或者违法收入，可以并处建设工程造价百分之十以下的罚款。

第六十五条　在乡、村庄规划区内未依法取得乡村建设规划许可证或者未按照乡村建设规划许可证的规定进行建设的，由乡、镇人民政府责令停止建设、限期改正；逾期不改正的，可以拆除。

第六十六条　建设单位或者个人有下列行为之一的，由所在地城市、县人民政府城乡规划主管部门责令限期拆除，可以并处临时建设工程造价一倍以下的罚款：

（一）未经批准进行临时建设的；

（二）未按照批准内容进行临时建设的；

（三）临时建筑物、构筑物超过批准期限不拆除的。

第六十七条　建设单位未在建设工程竣工验收后六个月内向城乡规划主管部门报送有关竣工验收资料的，由所在地城市、县人民政府城乡规划主管部门责令限期补报；逾期不补报的，处一万元以上五万元以下的罚款。

第六十八条　城乡规划主管部门作出责令停止建设或者限期拆除的决定后，当事人不停止建设或者逾期不拆除的，建设工程所在地县级以上地方人民政府可以责成有关部门采取查封施工现场、强制拆除等措施。

第六十九条　违反本法规定，构成犯罪的，依法追究刑事责任。

第七章　附　　则

第七十条　本法自 2008 年 1 月 1 日起施行。《中华人民共和国城市规划法》同时废止。

中华人民共和国车船税法

（2011 年 2 月 25 日第十一届全国人民代表大会常务委员会第十九次会议通过　根据 2019 年 4 月 23 日第十三届全国人民代表大会常务委员会第十次会议《关于修改〈中华人民共和国建筑法〉等八部法律的决定》修正）

第一条　在中华人民共和国境内属于本法所附《车船税税目税额表》规定的车辆、船舶（以下简称车船）的所有人或者管理人，为车船税的纳税人，应当依照本法缴纳车船税。

第二条　车船的适用税额依照本法所附《车船税税目税额表》执行。

车辆的具体适用税额由省、自治区、直辖市人民政府依照本法所附《车船税税目税额表》规定的税额幅度和国务院的规定确定。

船舶的具体适用税额由国务院在本法所附《车船税税目税额表》规定的税额幅度内确定。

第三条　下列车船免征车船税：

（一）捕捞、养殖渔船；

（二）军队、武装警察部队专用的车船；

（三）警用车船；

（四）悬挂应急救援专用号牌的国家综合性消防救援车辆和国家综合性消防救援专用船舶；

（五）依照法律规定应当予以免税的外国驻华使领馆、国际组织驻华代表机构及其有关人员的车船。

第四条　对节约能源、使用新能源的车船可以减征或者免征车船税；对受严重自然灾害影响纳税困难以及有其他特殊原因确需减税、免税的，可以减征或者免征车船税。具体办法由国务院规定，并报全国人民代表大会常务委员会备案。

第五条　省、自治区、直辖市人民政府根据当地实际情况，可以对公共交通车船，农村居民拥有并主要在农村地区使用的摩托车、三轮汽车和低速载货汽车定期减征或者免征车船税。

第六条　从事机动车第三者责任强制保险业务的保险机构为机动车车船税的扣缴义务人，应当在收取保险费时依法代收车船税，并出具代收税款凭证。

第七条　车船税的纳税地点为车船的登记地或者车船税扣缴义务人所在地。依法不需要办理登记的车船，车船税的纳税地点为车船的所有人或者管理人所在地。

第八条　车船税纳税义务发生时间为取得车船所有权或者管理权的当月。

第九条　车船税按年申报缴纳。具体申报纳税期限由省、自治区、直辖市人民政府规定。

第十条　公安、交通运输、农业、渔业等车船登记管理部门、船舶检验机构和车船税扣缴义务人的行业主管部门应当在提供车船有关信息等方面，协助税务机关加强车船税的征收管理。

车辆所有人或者管理人在申请办理车辆相关登记、定期检验手续时，应当向公安机关交通管理部门提交依法纳税或者免税证明。公安机关交通管理部门核查后办理相关手续。

第十一条　车船税的征收管理，依照本法和《中华人民共和国税收征收管理法》的规定执行。

第十二条　国务院根据本法制定实施条例。

第十三条　本法自 2012 年 1 月 1 日起施行。2006 年 12 月 29 日国务院公布的《中华人民共和国车船税暂行条例》同时废止。

附：

车船税税目税额表

税目		计税单位	年基准税额	备注
乘用车〔按发动机汽缸容量（排气量）分档〕	1.0升（含）以下的	每辆	60元至360元	核定载客人数9人（含）以下
	1.0升以上至1.6升（含）的		300元至540元	
	1.6升以上至2.0升（含）的		360元至660元	
	2.0升以上至2.5升（含）的		660元至1200元	
	2.5升以上至3.0升（含）的		1200元至2400元	
	3.0升以上至4.0升（含）的		2400元至3600元	
	4.0升以上的		3600元至5400元	
商用车	客车	每辆	480元至1440元	核定载客人数9人以上，包括电车
	货车	整备质量每吨	16元至120元	包括半挂牵引车、三轮汽车和低速载货汽车等
挂车		整备质量每吨	按照货车税额的50%计算	
其他车辆	专用作业车	整备质量每吨	16元至120元	不包括拖拉机
	轮式专用机械车		16元至120元	
摩托车		每辆	36元至180元	
船舶	机动船舶	净吨位每吨	3元至6元	拖船、非机动驳船分别按照机动船舶税额的50%计算
	游艇	艇身长度每米	600元至2000元	

中华人民共和国商标法

（1982年8月23日第五届全国人民代表大会常务委员会第二十四次会议通过　根据1993年2月22日第七届全国人民代表大会常务委员会第三十次会议《关于修改〈中华人民共和国商标法〉的决定》第一次修正　根据2001年10月27日第九届全国人民代表大会常务委员会第二十四次会议《关于修改〈中华人民共和国商标法〉的决定》第二次修正　根据2013年8月30日第十二届全国人民代表大会常务委员会第四次会议《关于修改〈中华人民共和国商标法〉的决定》第三次修正　根据2019年4月23日第十三届全国人民代表大会常务委员会第十次会议《关于修改〈中华人民共和国建筑法〉等八部法律的决定》第四次修正）

目　录

第一章　总　　则

第一条　为了加强商标管理，保护商标专用权，促使生产、经营者保证商品和服务质量，维护商标信誉，以保障消费者和生产、经营者的利益，促进社会主义市场经济的发展，特制定本法。

第二条　国务院工商行政管理部门商标局主管全国商标注册和管理的工作。

国务院工商行政管理部门设立商标评审委员会，负责处理商标争议事宜。

第三条　经商标局核准注册的商标为注册商标，包括商品商标、服务商标和集体商标、证明商标；商标注册人享有商标专用权，受法律保护。

本法所称集体商标，是指以团体、协会或者其他组织名义注册，供该组织成员在商事活动中使用，以表明使用者在该组织中的成员资格的标志。

本法所称证明商标，是指由对某种商品或者服务具有监督能力的组织所控制，而由该组织以外的单位或者个人使用于其商品或者服务，用以证明该商品或者服务的原产地、原料、制造方法、质量或者其他特定品质的标志。

集体商标、证明商标注册和管理的特殊事项，由国务院工商行政管理部门规定。

第四条　自然人、法人或者其他组织在生产经营活动中，对其商品或者服务需要取得商标专用权的，应当向商标局申请商标注册。不以使用为目的的恶意商标注册申请，应当予以驳回。

本法有关商品商标的规定，适用于服务商标。

第五条　两个以上的自然人、法人或者其他组织可以共同向商标局申请注册同一商标，共同享有和行使该商标专用权。

第六条　法律、行政法规规定必须使用注册商标的商品，必须申请商标注册，未经核准注册的，不得在市场销售。

第七条　申请注册和使用商标，应当遵循诚实信用原则。

商标使用人应当对其使用商标的商品质量负责。各级工商行政管理部门应当通过商标管理，制止欺骗消费者的行为。

第八条　任何能够将自然人、法人或者其他组织的商品与他人的商品区别开的标志，包括文字、图形、字母、数字、三维标志、颜色组合和声音等，以及上述要素的组合，均可以作为商标申请注册。

第九条　申请注册的商标，应当有显著特征，便于识别，并不得与他人在先取得的合法权利相冲突。

商标注册人有权标明“注册商标”或者注册标记。

第十条　下列标志不得作为商标使用：

（一）同中华人民共和国的国家名称、国旗、国徽、国歌、军旗、军徽、军歌、勋章等相同或者近似的，以及同中央国家机关的名称、标志、所在地特定地点的名称或者标志性建筑物的名称、图形相同的；

（二）同外国的国家名称、国旗、国徽、军旗等相同或者近似的，但经该国政府同意的除外；

（三）同政府间国际组织的名称、旗帜、徽记等相同或者近似的，但经该组织同意或者不易误导公众的除外；

（四）与表明实施控制、予以保证的官方标志、检验印记相同或者近似的，但经授权的除外；

（五）同“红十字”、“红新月”的名称、标志相同或者近似的；

（六）带有民族歧视性的；

（七）带有欺骗性，容易使公众对商品的质量等特点或者产地产生误认的；

（八）有害于社会主义道德风尚或者有其他不良影响的。

县级以上行政区划的地名或者公众知晓的外国地名，不得作为商标。但是，地名具有其他含义或者作为集体商标、证明商标组成部分的除外；已经注册的使用地名的商标继续有效。

第十一条　下列标志不得作为商标注册：

（一）仅有本商品的通用名称、图形、型号的；

（二）仅直接表示商品的质量、主要原料、功能、用途、重量、数量及其他特点的；

（三）其他缺乏显著特征的。

前款所列标志经过使用取得显著特征，并便于识别的，可以作为商标注册。

第十二条　以三维标志申请注册商标的，仅由商品自身的性质产生的形状、为获得技术效果而需有的商品形状或者使商品具有实质性价值的形状，不得注册。

第十三条　为相关公众所熟知的商标，持有人认为其权利受到侵害时，可以依照本法规定请求驰名商标保护。

就相同或者类似商品申请注册的商标是复制、摹仿或者翻译他人未在中国注册的驰名商标，容易导致混淆的，不予注册并禁止使用。

就不相同或者不相类似商品申请注册的商标

是复制、摹仿或者翻译他人已经在中国注册的驰名商标,误导公众,致使该驰名商标注册人的利益可能受到损害的,不予注册并禁止使用。

第十四条 驰名商标应当根据当事人的请求,作为处理涉及商标案件需要认定的事实进行认定。认定驰名商标应当考虑下列因素:

(一)相关公众对该商标的知晓程度;

(二)该商标使用的持续时间;

(三)该商标的任何宣传工作的持续时间、程度和地理范围;

(四)该商标作为驰名商标受保护的记录;

(五)该商标驰名的其他因素。

在商标注册审查、工商行政管理部门查处商标违法案件过程中,当事人依照本法第十三条规定主张权利的,商标局根据审查、处理案件的需要,可以对商标驰名情况作出认定。

在商标争议处理过程中,当事人依照本法第十三条规定主张权利的,商标评审委员会根据处理案件的需要,可以对商标驰名情况作出认定。

在商标民事、行政案件审理过程中,当事人依照本法第十三条规定主张权利的,最高人民法院指定的人民法院根据审理案件的需要,可以对商标驰名情况作出认定。

生产、经营者不得将“驰名商标”字样用于商品、商品包装或者容器上,或者用于广告宣传、展览以及其他商业活动中。

第十五条 未经授权,代理人或者代表人以自己的名义将被代理人或者被代表人的商标进行注册,被代理人或者被代表人提出异议的,不予注册并禁止使用。

就同一种商品或者类似商品申请注册的商标与他人在先使用的未注册商标相同或者近似,申请人与该他人具有前款规定以外的合同、业务往来关系或者其他关系而明知该他人商标存在,该他人提出异议的,不予注册。

第十六条 商标中有商品的地理标志,而该商品并非来源于该标志所标示的地区,误导公众的,不予注册并禁止使用;但是,已经善意取得注册的继续有效。

前款所称地理标志,是指标示某商品来源于某地区,该商品的特定质量、信誉或者其他特征,主要由该地区的自然因素或者人文因素所决定的标志。

第十七条 外国人或者外国企业在中国申请商标注册的,应当按其所属国和中华人民共和国签订的协议或者共同参加的国际条约办理,或者按对等原则办理。

第十八条 申请商标注册或者办理其他商标事宜,可以自行办理,也可以委托依法设立的商标代理机构办理。

外国人或者外国企业在中国申请商标注册和办理其他商标事宜的,应当委托依法设立的商标代理机构办理。

第十九条 商标代理机构应当遵循诚实信用原则,遵守法律、行政法规,按照被代理人的委托办理商标注册申请或者其他商标事宜;对在代理过程中知悉的被代理人的商业秘密,负有保密义务。

委托人申请注册的商标可能存在本法规定不得注册情形的,商标代理机构应当明确告知委托人。

商标代理机构知道或者应当知道委托人申请注册的商标属于本法第四条、第十五条和第三十二条规定情形的,不得接受其委托。

商标代理机构除对其代理服务申请商标注册外,不得申请注册其他商标。

第二十条 商标代理行业组织应当按照章程规定,严格执行吸纳会员的条件,对违反行业自律规范的会员实行惩戒。商标代理行业组织对其吸纳的会员和对会员的惩戒情况,应当及时向社会公布。

第二十一条 商标国际注册遵循中华人民共和国缔结或者参加的有关国际条约确立的制度,具体办法由国务院规定。

第二章 商标注册的申请

第二十二条 商标注册申请人应当按规定的商品分类表填报使用商标的商品类别和商品名称,提出注册申请。

商标注册申请人可以通过一份申请就多个类别的商品申请注册同一商标。

商标注册申请等有关文件,可以以书面方式或者数据电文方式提出。

第二十三条 注册商标需要在核定使用范围之外的商品上取得商标专用权的,应当另行提出注册申请。

第二十四条 注册商标需要改变其标志的,应当重新提出注册申请。

第二十五条 商标注册申请人自其商标在外国第一次提出商标注册申请之日起六个月内,又在中国就相同商品以同一商标提出商标注册申请的,依照该外国同中国签订的协议或者共同参加的国际条约,或者按照相互承认优先权的原则,可以享有优先权。

依照前款要求优先权的,应当在提出商标注册申请的时候提出书面声明,并且在三个月内提交第一次提出的商标注册申请文件的副本;未提出书面声明或者逾期未提交商标注册申请文件副本的,视为未要求优先权。

第二十六条 商标在中国政府主办的或者承认的国际展览会展出的商品上首次使用的,自该商品展出之日起六个月内,该商标的注册申请人可以享有优先权。

依照前款要求优先权的,应当在提出商标注册申请的时候提出书面声明,并且在三个月内提交展出其商品的展览会名称、在展出商品上使用该商标的证据、展出日期等证明文件;未提出书面声明或者逾期未提交证明文件的,视为未要求优先权。

第二十七条 为申请商标注册所申报的事项和所提供的材料应当真实、准确、完整。

第三章 商标注册的审查和核准

第二十八条 对申请注册的商标,商标局应当自收到商标注册申请文件之日起九个月内审查完毕,符合本法有关规定的,予以初步审定公告。

第二十九条 在审查过程中,商标局认为商标注册申请内容需要说明或者修正的,可以要求申请人做出说明或者修正。申请人未做出说明或者修正的,不影响商标局做出审查决定。

第三十条 申请注册的商标,凡不符合本法有关规定或者同他人在同一种商品或者类似商品上已经注册的或者初步审定的商标相同或者近似的,由商标局驳回申请,不予公告。

第三十一条 两个或者两个以上的商标注册申请人,在同一种商品或者类似商品上,以相同或者近似的商标申请注册的,初步审定并公告申请在先的商标;同一天申请的,初步审定并公告使用在先的商标,驳回其他人的申请,不予公告。

第三十二条 申请商标注册不得损害他人现有的在先权利,也不得以不正当手段抢先注册他人已经使用并有一定影响的商标。

第三十三条 对初步审定公告的商标,自公告之日起三个月内,在先权利人、利害关系人认为违反本法第十三条第二款和第三款、第十五条、第十六条第一款、第三十条、第三十一条、第三十二条规定的,或者任何人认为违反本法第四条、第十条、第十一条、第十二条、第十九条第四款规定的,可以向商标局提出异议。公告期满无异议的,予以核准注册,发给商标注册证,并予公告。

第三十四条 对驳回申请、不予公告的商标,商标局应当书面通知商标注册申请人。商标注册申请人不服的,可以自收到通知之日起十五日内向商标评审委员会申请复审。商标评审委员会应当自收到申请之日起九个月内做出决定,并书面通知申请人。有特殊情况需要延长的,经国务院工商行政管理部门批准,可以延长三个月。当事人对商标评审委员会的决定不服的,可以自收到通知之日起三十日内向人民法院起诉。

第三十五条 对初步审定公告的商标提出异议的,商标局应当听取异议人和被异议人陈述事实和理由,经调查核实后,自公告期满之日起十二个月内做出是否准予注册的决定,并书面通知异议人和被异议人。有特殊情况需要延长的,经国务院工商行政管理部门批准,可以延长六个月。

商标局做出准予注册决定的,发给商标注册证,并予公告。异议人不服的,可以依照本法第四十四条、第四十五条的规定向商标评审委员会请求宣告该注册商标无效。

商标局做出不予注册决定,被异议人不服的,可以自收到通知之日起十五日内向商标评审委员会申请复审。商标评审委员会应当自收到申请之日起十二个月内做出复审决定,并书面通知异议人和被异议人。有特殊情况需要延长的,经国务院工商行政管理部门批准,可以延长六个月。被异议人对商标评审委员会的决定不服的,可以自收到通知之日起三十日内向人民法院起诉。人民法院应当通知异议人作为第三人参加诉讼。

商标评审委员会在依照前款规定进行复审的过程中,所涉及的在先权利的确定必须以人民法院正在审理或者行政机关正在处理的另一案件的结果为依据的,可以中止审查。中止原因消除后,应当恢复审查程序。

第三十六条 法定期限届满,当事人对商标局做出的驳回申请决定、不予注册决定不申请复审或者对商标评审委员会做出的复审决定不向人民法院起诉的,驳回申请决定、不予注册决定或者复审决定生效。

经审查异议不成立而准予注册的商标,商标注册申请人取得商标专用权的时间自初步审定公告三个月期满之日起计算。自该商标公告期满之日起至准予注册决定做出前,对他人在同一种或者类似商品上使用与该商标相同或者近似的标志的行为不具有追溯力；但是，因该使用人的恶意给商标注册人造成的损失，应当给予赔偿。

第三十七条　对商标注册申请和商标复审申请应当及时进行审查。

第三十八条　商标注册申请人或者注册人发现商标申请文件或者注册文件有明显错误的，可以申请更正。商标局依法在其职权范围内作出更正，并通知当事人。

前款所称更正错误不涉及商标申请文件或者注册文件的实质性内容。

第四章　注册商标的续展、变更、转让和使用许可

第三十九条　注册商标的有效期为十年，自核准注册之日起计算。

第四十条　注册商标有效期满，需要继续使用的，商标注册人应当在期满前十二个月内按照规定办理续展手续；在此期间未能办理的，可以给予六个月的宽展期。每次续展注册的有效期为十年，自该商标上一届有效期满次日起计算。期满未办理续展手续的，注销其注册商标。

商标局应当对续展注册的商标予以公告。

第四十一条　注册商标需要变更注册人的名义、地址或者其他注册事项的，应当提出变更申请。

第四十二条　转让注册商标的，转让人和受让人应当签订转让协议，并共同向商标局提出申请。受让人应当保证使用该注册商标的商品质量。

转让注册商标的，商标注册人对其在同一种商品上注册的近似的商标，或者在类似商品上注册的相同或者近似的商标，应当一并转让。

对容易导致混淆或者有其他不良影响的转让，商标局不予核准，书面通知申请人并说明理由。

转让注册商标经核准后，予以公告。受让人自公告之日起享有商标专用权。

第四十三条　商标注册人可以通过签订商标使用许可合同，许可他人使用其注册商标。许可人应当监督被许可人使用其注册商标的商品质量。被许可人应当保证使用该注册商标的商品质量。

经许可使用他人注册商标的，必须在使用该注册商标的商品上标明被许可人的名称和商品产地。

许可他人使用其注册商标的，许可人应当将其商标使用许可报商标局备案，由商标局公告。商标使用许可未经备案不得对抗善意第三人。

第五章　注册商标的无效宣告

第四十四条　已经注册的商标，违反本法第四条、第十条、第十一条、第十二条、第十九条第四款规定的，或者是以欺骗手段或者其他不正当手段取得注册的，由商标局宣告该注册商标无效；其他单位或者个人可以请求商标评审委员会宣告该注册商标无效。

商标局做出宣告注册商标无效的决定，应当书面通知当事人。当事人对商标局的决定不服的，可以自收到通知之日起十五日内向商标评审委员会申请复审。商标评审委员会应当自收到申请之日起九个月内做出决定，并书面通知当事人。有特殊情况需要延长的，经国务院工商行政管理部门批准，可以延长三个月。当事人对商标评审委员会的决定不服的，可以自收到通知之日起三十日内向人民法院起诉。

其他单位或者个人请求商标评审委员会宣告注册商标无效的，商标评审委员会收到申请后，应当书面通知有关当事人，并限期提出答辩。商标评审委员会应当自收到申请之日起九个月内做出维持注册商标或者宣告注册商标无效的裁定，并书面通知当事人。有特殊情况需要延长的，经国务院工商行政管理部门批准，可以延长三个月。当事人对商标评审委员会的裁定不服的，可以自收到通知之日起三十日内向人民法院起诉。人民法院应当通知商标裁定程序的对方当事人作为第三人参加诉讼。

第四十五条　已经注册的商标，违反本法第十三条第二款和第三款、第十五条、第十六条第一款、第三十条、第三十一条、第三十二条规定的，自商标注册之日起五年内，在先权利人或者利害关系人可以请求商标评审委员会宣告该注册商标无效。对恶意注册的，驰名商标所有人不受五年的时间限制。

商标评审委员会收到宣告注册商标无效的申请后，应当书面通知有关当事人，并限期提出答辩。商标评审委员会应当自收到申请之日起十二个月内做出维持注册商标或者宣告注册商标无效的裁定，并书面通知当事人。有特殊情况需要延长的，经国务院工商行政管理部门批准，可以延长六个月。当事人对商标评审委员会的裁定不服的，可以自收到通知之日起三十日内向人民法院起诉。人民法院应当通知商标裁定程序的对方当事人作为第三人参加诉讼。

商标评审委员会在依照前款规定对无效宣告请求进行审查的过程中,所涉及的在先权利的确定必须以人民法院正在审理或者行政机关正在处理的另一案件的结果为依据的,可以中止审查。中止原因消除后,应当恢复审查程序。

第四十六条 法定期限届满,当事人对商标局宣告注册商标无效的决定不申请复审或者对商标评审委员会的复审决定、维持注册商标或者宣告注册商标无效的裁定不向人民法院起诉的,商标局的决定或者商标评审委员会的复审决定、裁定生效。

第四十七条 依照本法第四十四条、第四十五条的规定宣告无效的注册商标,由商标局予以公告,该注册商标专用权视为自始即不存在。

宣告注册商标无效的决定或者裁定,对宣告无效前人民法院做出并已执行的商标侵权案件的判决、裁定、调解书和工商行政管理部门做出并已执行的商标侵权案件的处理决定以及已经履行的商标转让或者使用许可合同不具有追溯力。但是,因商标注册人的恶意给他人造成的损失,应当给予赔偿。

依照前款规定不返还商标侵权赔偿金、商标转让费、商标使用费,明显违反公平原则的,应当全部或者部分返还。

第六章 商标使用的管理

第四十八条 本法所称商标的使用,是指将商标用于商品、商品包装或者容器以及商品交易文书上,或者将商标用于广告宣传、展览以及其他商业活动中,用于识别商品来源的行为。

第四十九条 商标注册人在使用注册商标的过程中,自行改变注册商标、注册人名义、地址或者其他注册事项的,由地方工商行政管理部门责令限期改正;期满不改正的,由商标局撤销其注册商标。

注册商标成为其核定使用的商品的通用名称或者没有正当理由连续三年不使用的,任何单位或者个人可以向商标局申请撤销该注册商标。商标局应当自收到申请之日起九个月内做出决定。有特殊情况需要延长的,经国务院工商行政管理部门批准,可以延长三个月。

第五十条 注册商标被撤销、被宣告无效或者期满不再续展的,自撤销、宣告无效或者注销之日起一年内,商标局对与该商标相同或者近似的商标注册申请,不予核准。

第五十一条 违反本法第六条规定的,由地方工商行政管理部门责令限期申请注册,违法经营额五万元以上的,可以处违法经营额百分之二十以下的罚款,没有违法经营额或者违法经营额不足五万元的,可以处一万元以下的罚款。

第五十二条 将未注册商标冒充注册商标使用的,或者使用未注册商标违反本法第十条规定的,由地方工商行政管理部门予以制止,限期改正,并可以予以通报,违法经营额五万元以上的,可以处违法经营额百分之二十以下的罚款,没有违法经营额或者违法经营额不足五万元的,可以处一万元以下的罚款。

第五十三条 违反本法第十四条第五款规定的,由地方工商行政管理部门责令改正,处十万元罚款。

第五十四条 对商标局撤销或者不予撤销注册商标的决定,当事人不服的,可以自收到通知之日起十五日内向商标评审委员会申请复审。商标评审委员会应当自收到申请之日起九个月内做出决定,并书面通知当事人。有特殊情况需要延长的,经国务院工商行政管理部门批准,可以延长三个月。当事人对商标评审委员会的决定不服的,可以自收到通知之日起三十日内向人民法院起诉。

第五十五条 法定期限届满,当事人对商标局做出的撤销注册商标的决定不申请复审或者对商标评审委员会做出的复审决定不向人民法院起诉的,撤销注册商标的决定、复审决定生效。

被撤销的注册商标,由商标局予以公告,该注册商标专用权自公告之日起终止。

第七章 注册商标专用权的保护

第五十六条 注册商标的专用权,以核准注册的商标和核定使用的商品为限。

第五十七条 有下列行为之一的,均属侵犯注册商标专用权:

(一)未经商标注册人的许可,在同一种商品上使用与其注册商标相同的商标的;

(二)未经商标注册人的许可,在同一种商品上使用与其注册商标近似的商标,或者在类似商品上使用与其注册商标相同或者近似的商标,容易导致混淆的;

(三)销售侵犯注册商标专用权的商品的;

(四)伪造、擅自制造他人注册商标标识或者销售伪造、擅自制造的注册商标标识的;

(五)未经商标注册人同意,更换其注册商标并将该更换商标的商品又投入市场的；

（六）故意为侵犯他人商标专用权行为提供便利条件，帮助他人实施侵犯商标专用权行为的；

（七）给他人的注册商标专用权造成其他损害的。

第五十八条　将他人注册商标、未注册的驰名商标作为企业名称中的字号使用，误导公众，构成不正当竞争行为的，依照《中华人民共和国反不正当竞争法》处理。

第五十九条　注册商标中含有的本商品的通用名称、图形、型号，或者直接表示商品的质量、主要原料、功能、用途、重量、数量及其他特点，或者含有的地名，注册商标专用权人无权禁止他人正当使用。

三维标志注册商标中含有的商品自身的性质产生的形状、为获得技术效果而需有的商品形状或者使商品具有实质性价值的形状，注册商标专用权人无权禁止他人正当使用。

商标注册人申请商标注册前，他人已经在同一种商品或者类似商品上先于商标注册人使用与注册商标相同或者近似并有一定影响的商标的，注册商标专用权人无权禁止该使用人在原使用范围内继续使用该商标，但可以要求其附加适当区别标识。

第六十条　有本法第五十七条所列侵犯注册商标专用权行为之一，引起纠纷的，由当事人协商解决；不愿协商或者协商不成的，商标注册人或者利害关系人可以向人民法院起诉，也可以请求工商行政管理部门处理。

工商行政管理部门处理时，认定侵权行为成立的，责令立即停止侵权行为，没收、销毁侵权商品和主要用于制造侵权商品、伪造注册商标标识的工具，违法经营额五万元以上的，可以处违法经营额五倍以下的罚款，没有违法经营额或者违法经营额不足五万元的，可以处二十五万元以下的罚款。对五年内实施两次以上商标侵权行为或者有其他严重情节的，应当从重处罚。销售不知道是侵犯注册商标专用权的商品，能证明该商品是自己合法取得并说明提供者的，由工商行政管理部门责令停止销售。

对侵犯商标专用权的赔偿数额的争议，当事人可以请求进行处理的工商行政管理部门调解，也可以依照《中华人民共和国民事诉讼法》向人民法院起诉。经工商行政管理部门调解，当事人未达成协议或者调解书生效后不履行的，当事人可以依照《中华人民共和国民事诉讼法》向人民法院起诉。

第六十一条　对侵犯注册商标专用权的行为，工商行政管理部门有权依法查处；涉嫌犯罪的，应当及时移送司法机关依法处理。

第六十二条　县级以上工商行政管理部门根据已经取得的违法嫌疑证据或者举报，对涉嫌侵犯他人注册商标专用权的行为进行查处时，可以行使下列职权：

（一）询问有关当事人，调查与侵犯他人注册商标专用权有关的情况；

（二）查阅、复制当事人与侵权活动有关的合同、发票、账簿以及其他有关资料；

（三）对当事人涉嫌从事侵犯他人注册商标专用权活动的场所实施现场检查；

（四）检查与侵权活动有关的物品；对有证据证明是侵犯他人注册商标专用权的物品，可以查封或者扣押。

工商行政管理部门依法行使前款规定的职权时，当事人应当予以协助、配合，不得拒绝、阻挠。

在查处商标侵权案件过程中，对商标权属存在争议或者权利人同时向人民法院提起商标侵权诉讼的，工商行政管理部门可以中止案件的查处。中止原因消除后，应当恢复或者终结案件查处程序。

第六十三条　侵犯商标专用权的赔偿数额，按照权利人因被侵权所受到的实际损失确定；实际损失难以确定的，可以按照侵权人因侵权所获得的利益确定；权利人的损失或者侵权人获得的利益难以确定的，参照该商标许可使用费的倍数合理确定。对恶意侵犯商标专用权，情节严重的，可以在按照上述方法确定数额的一倍以上五倍以下确定赔偿数额。赔偿数额应当包括权利人为制止侵权行为所支付的合理开支。

人民法院为确定赔偿数额，在权利人已经尽力举证，而与侵权行为相关的账簿、资料主要由侵权人掌握的情况下，可以责令侵权人提供与侵权行为相关的账簿、资料；侵权人不提供或者提供虚假的账簿、资料的，人民法院可以参考权利人的主张和提供的证据判定赔偿数额。

权利人因被侵权所受到的实际损失、侵权人因侵权所获得的利益、注册商标许可使用费难以确定的，由人民法院根据侵权行为的情节判决给予五百万元以下的赔偿。

人民法院审理商标纠纷案件，应权利人请求，对属于假冒注册商标的商品，除特殊情况外，责令销毁；对主要用于制造假冒注册商标的商品的材料、工具,责令销毁,且不予补偿;或者在特殊情况下,责令禁止前述材料、工具进入商业渠道,且不予补偿。

假冒注册商标的商品不得在仅去除假冒注册商标后进入商业渠道。

第六十四条 注册商标专用权人请求赔偿,被控侵权人以注册商标专用权人未使用注册商标提出抗辩的,人民法院可以要求注册商标专用权人提供此前三年内实际使用该注册商标的证据。注册商标专用权人不能证明此前三年内实际使用过该注册商标,也不能证明因侵权行为受到其他损失的,被控侵权人不承担赔偿责任。

销售不知道是侵犯注册商标专用权的商品,能证明该商品是自己合法取得并说明提供者的,不承担赔偿责任。

第六十五条 商标注册人或者利害关系人有证据证明他人正在实施或者即将实施侵犯其注册商标专用权的行为,如不及时制止将会使其合法权益受到难以弥补的损害的,可以依法在起诉前向人民法院申请采取责令停止有关行为和财产保全的措施。

第六十六条 为制止侵权行为,在证据可能灭失或者以后难以取得的情况下,商标注册人或者利害关系人可以依法在起诉前向人民法院申请保全证据。

第六十七条 未经商标注册人许可,在同一种商品上使用与其注册商标相同的商标,构成犯罪的,除赔偿被侵权人的损失外,依法追究刑事责任。

伪造、擅自制造他人注册商标标识或者销售伪造、擅自制造的注册商标标识,构成犯罪的,除赔偿被侵权人的损失外,依法追究刑事责任。

销售明知是假冒注册商标的商品,构成犯罪的,除赔偿被侵权人的损失外,依法追究刑事责任。

第六十八条 商标代理机构有下列行为之一的,由工商行政管理部门责令限期改正,给予警告,处一万元以上十万元以下的罚款;对直接负责的主管人员和其他直接责任人员给予警告,处五千元以上五万元以下的罚款;构成犯罪的,依法追究刑事责任:

(一)办理商标事宜过程中,伪造、变造或者使用伪造、变造的法律文件、印章、签名的;

(二)以诋毁其他商标代理机构等手段招徕商标代理业务或者以其他不正当手段扰乱商标代理市场秩序的;

(三)违反本法第四条、第十九条第三款和第四款规定的。

商标代理机构有前款规定行为的,由工商行政管理部门记入信用档案;情节严重的,商标局、商标评审委员会并可以决定停止受理其办理商标代理业务,予以公告。

商标代理机构违反诚实信用原则,侵害委托人合法利益的,应当依法承担民事责任,并由商标代理行业组织按照章程规定予以惩戒。

对恶意申请商标注册的,根据情节给予警告、罚款等行政处罚;对恶意提起商标诉讼的,由人民法院依法给予处罚。

第六十九条 从事商标注册、管理和复审工作的国家机关工作人员必须秉公执法,廉洁自律,忠于职守,文明服务。

商标局、商标评审委员会以及从事商标注册、管理和复审工作的国家机关工作人员不得从事商标代理业务和商品生产经营活动。

第七十条 工商行政管理部门应当建立健全内部监督制度,对负责商标注册、管理和复审工作的国家机关工作人员执行法律、行政法规和遵守纪律的情况,进行监督检查。

第七十一条 从事商标注册、管理和复审工作的国家机关工作人员玩忽职守、滥用职权、徇私舞弊,违法办理商标注册、管理和复审事项,收受当事人财物,牟取不正当利益,构成犯罪的,依法追究刑事责任;尚不构成犯罪的,依法给予处分。

第八章 附 则

第七十二条 申请商标注册和办理其他商标事宜的,应当缴纳费用,具体收费标准另定。

第七十三条 本法自 1983 年 3 月 1 日起施行。1963 年 4 月 10 日国务院公布的《商标管理条例》同时废止;其他有关商标管理的规定,凡与本法抵触的,同时失效。

本法施行前已经注册的商标继续有效。

中华人民共和国反不正当竞争法

（1993 年 9 月 2 日第八届全国人民代表大会常务委员会第三次会议通过 2017 年 11 月 4 日第十二届全国人民代表大会常务委员会第三十次会议修订 根据 2019 年 4 月 23 日第十三届全国人民代表大会常务委员会第十次会议《关于修改〈中华人民共和国建筑法〉等八部法律的决定》修正）

目 录

第一章 总 则

第一条 为了促进社会主义市场经济健康发展，鼓励和保护公平竞争，制止不正当竞争行为，保护经营者和消费者的合法权益，制定本法。

第二条 经营者在生产经营活动中，应当遵循自愿、平等、公平、诚信的原则，遵守法律和商业道德。

本法所称的不正当竞争行为，是指经营者在生产经营活动中，违反本法规定，扰乱市场竞争秩序，损害其他经营者或者消费者的合法权益的行为。

本法所称的经营者，是指从事商品生产、经营或者提供服务（以下所称商品包括服务）的自然人、法人和非法人组织。

第三条 各级人民政府应当采取措施，制止不正当竞争行为，为公平竞争创造良好的环境和条件。

国务院建立反不正当竞争工作协调机制，研究决定反不正当竞争重大政策，协调处理维护市场竞争秩序的重大问题。

第四条 县级以上人民政府履行工商行政管理职责的部门对不正当竞争行为进行查处；法律、行政法规规定由其他部门查处的，依照其规定。

第五条 国家鼓励、支持和保护一切组织和个人对不正当竞争行为进行社会监督。

国家机关及其工作人员不得支持、包庇不正当竞争行为。

行业组织应当加强行业自律，引导、规范会员依法竞争，维护市场竞争秩序。

第二章 不正当竞争行为

第六条 经营者不得实施下列混淆行为，引人误认为是他人商品或者与他人存在特定联系：

（一）擅自使用与他人有一定影响的商品名称、包装、装潢等相同或者近似的标识；

（二）擅自使用他人有一定影响的企业名称（包括简称、字号等）、社会组织名称（包括简称等）、姓名（包括笔名、艺名、译名等）；

（三）擅自使用他人有一定影响的域名主体部分、网站名称、网页等；

（四）其他足以引人误认为是他人商品或者与他人存在特定联系的混淆行为。

第七条 经营者不得采用财物或者其他手段贿赂下列单位或者个人，以谋取交易机会或者竞争优势：

（一）交易相对方的工作人员；

（二）受交易相对方委托办理相关事务的单位或者个人；

（三）利用职权或者影响力影响交易的单位或者个人。

经营者在交易活动中，可以以明示方式向交易相对方支付折扣，或者向中间人支付佣金。经营者向交易相对方支付折扣、向中间人支付佣金的，应当如实入账。接受折扣、佣金的经营者也应当如实入账。

经营者的工作人员进行贿赂的，应当认定为经营者的行为；但是，经营者有证据证明该工作人员的行为与为经营者谋取交易机会或者竞争优势无关的除外。

第八条 经营者不得对其商品的性能、功能、质量、销售状况、用户评价、曾获荣誉等作虚假或者引人误解的商业宣传，欺骗、误导消费者。

经营者不得通过组织虚假交易等方式，帮助其他经营者进行虚假或者引人误解的商业宣传。

第九条 经营者不得实施下列侵犯商业秘密的行为：

（一）以盗窃、贿赂、欺诈、胁迫、电子侵入或者其他不正当手段获取权利人的商业秘密；

（二）披露、使用或者允许他人使用以前项手段获取的权利人的商业秘密；

（三）违反保密义务或者违反权利人有关保守商业秘密的要求，披露、使用或者允许他人使用其所掌握的商业秘密；

（四）教唆、引诱、帮助他人违反保密义务或者违反权利人有关保守商业秘密的要求，获取、披露、使用或者允许他人使用权利人的商业秘密。

经营者以外的其他自然人、法人和非法人组织实施前款所列违法行为的，视为侵犯商业秘密。

第三人明知或者应知商业秘密权利人的员工、前员工或者其他单位、个人实施本条第一款所列违法行为，仍获取、披露、使用或者允许他人使用该商业秘密的，视为侵犯商业秘密。

本法所称的商业秘密，是指不为公众所知悉、具有商业价值并经权利人采取相应保密措施的技术信息、经营信息等商业信息。

第十条 经营者进行有奖销售不得存在下列情形：

（一）所设奖的种类、兑奖条件、奖金金额或者奖品等有奖销售信息不明确，影响兑奖；

（二）采用谎称有奖或者故意让内定人员中奖的欺骗方式进行有奖销售；

（三）抽奖式的有奖销售，最高奖的金额超过五万元。

第十一条 经营者不得编造、传播虚假信息或者误导性信息，损害竞争对手的商业信誉、商品声誉。

第十二条 经营者利用网络从事生产经营活动，应当遵守本法的各项规定。

经营者不得利用技术手段，通过影响用户选择或者其他方式，实施下列妨碍、破坏其他经营者合法提供的网络产品或者服务正常运行的行为：

（一）未经其他经营者同意，在其合法提供的网络产品或者服务中，插入链接、强制进行目标跳转；

（二）误导、欺骗、强迫用户修改、关闭、卸载其他经营者合法提供的网络产品或者服务；

（三）恶意对其他经营者合法提供的网络产品或者服务实施不兼容；

（四）其他妨碍、破坏其他经营者合法提供的网络产品或者服务正常运行的行为。

第三章 对涉嫌不正当竞争行为的调查

第十三条 监督检查部门调查涉嫌不正当竞争行为，可以采取下列措施：

（一）进入涉嫌不正当竞争行为的经营场所进行检查；

（二）询问被调查的经营者、利害关系人及其他有关单位、个人，要求其说明有关情况或者提供与被调查行为有关的其他资料；

（三）查询、复制与涉嫌不正当竞争行为有关的协议、账簿、单据、文件、记录、业务函电和其他资料；

（四）查封、扣押与涉嫌不正当竞争行为有关的财物；

（五）查询涉嫌不正当竞争行为的经营者的银行账户。

采取前款规定的措施，应当向监督检查部门主要负责人书面报告，并经批准。采取前款第四项、第五项规定的措施，应当向设区的市级以上人民政府监督检查部门主要负责人书面报告，并经批准。

监督检查部门调查涉嫌不正当竞争行为，应当遵守《中华人民共和国行政强制法》和其他有关法律、行政法规的规定，并应当将查处结果及时向社会公开。

第十四条 监督检查部门调查涉嫌不正当竞争行为，被调查的经营者、利害关系人及其他有关单位、个人应当如实提供有关资料或者情况。

第十五条 监督检查部门及其工作人员对调查过程中知悉的商业秘密负有保密义务。

第十六条 对涉嫌不正当竞争行为，任何单位和个人有权向监督检查部门举报，监督检查部门接到举报后应当依法及时处理。

监督检查部门应当向社会公开受理举报的电话、信箱或者电子邮件地址，并为举报人保密。对实名举报并提供相关事实和证据的，监督检查部门应当将处理结果告知举报人。

第四章 法律责任

第十七条 经营者违反本法规定，给他人造成损害的，应当依法承担民事责任。

经营者的合法权益受到不正当竞争行为损害的，可以向人民法院提起诉讼。

因不正当竞争行为受到损害的经营者的赔偿数额，按照其因被侵权所受到的实际损失确定；实际损失难以计算的,按照侵权人因侵权所获得的利益确定。经营者恶意实施侵犯商业秘密行为,情节严重的,可以在按照上述方法确定数额的一倍以上五倍以下确定赔偿数额。赔偿数额还应当包括经营者为制止侵权行为所支付的合理开支。

经营者违反本法第六条、第九条规定,权利人因被侵权所受到的实际损失、侵权人因侵权所获得的利益难以确定的,由人民法院根据侵权行为的情节判决给予权利人五百万元以下的赔偿。

第十八条 经营者违反本法第六条规定实施混淆行为的,由监督检查部门责令停止违法行为,没收违法商品。违法经营额五万元以上的,可以并处违法经营额五倍以下的罚款;没有违法经营额或者违法经营额不足五万元的,可以并处二十五万元以下的罚款。情节严重的,吊销营业执照。

经营者登记的企业名称违反本法第六条规定的,应当及时办理名称变更登记;名称变更前,由原企业登记机关以统一社会信用代码代替其名称。

第十九条 经营者违反本法第七条规定贿赂他人的,由监督检查部门没收违法所得,处十万元以上三百万元以下的罚款。情节严重的,吊销营业执照。

第二十条 经营者违反本法第八条规定对其商品作虚假或者引人误解的商业宣传,或者通过组织虚假交易等方式帮助其他经营者进行虚假或者引人误解的商业宣传的,由监督检查部门责令停止违法行为,处二十万元以上一百万元以下的罚款;情节严重的,处一百万元以上二百万元以下的罚款,可以吊销营业执照。

经营者违反本法第八条规定,属于发布虚假广告的,依照《中华人民共和国广告法》的规定处罚。

第二十一条 经营者以及其他自然人、法人和非法人组织违反本法第九条规定侵犯商业秘密的,由监督检查部门责令停止违法行为,没收违法所得,处十万元以上一百万元以下的罚款;情节严重的,处五十万元以上五百万元以下的罚款。

第二十二条 经营者违反本法第十条规定进行有奖销售的,由监督检查部门责令停止违法行为,处五万元以上五十万元以下的罚款。

第二十三条 经营者违反本法第十一条规定损害竞争对手商业信誉、商品声誉的,由监督检查部门责令停止违法行为、消除影响,处十万元以上五十万元以下的罚款;情节严重的,处五十万元以上三百万元以下的罚款。

第二十四条 经营者违反本法第十二条规定妨碍、破坏其他经营者合法提供的网络产品或者服务正常运行的,由监督检查部门责令停止违法行为,处十万元以上五十万元以下的罚款;情节严重的,处五十万元以上三百万元以下的罚款。

第二十五条 经营者违反本法规定从事不正当竞争,有主动消除或者减轻违法行为危害后果等法定情形的,依法从轻或者减轻行政处罚;违法行为轻微并及时纠正,没有造成危害后果的,不予行政处罚。

第二十六条 经营者违反本法规定从事不正当竞争,受到行政处罚的,由监督检查部门记入信用记录,并依照有关法律、行政法规的规定予以公示。

第二十七条 经营者违反本法规定,应当承担民事责任、行政责任和刑事责任,其财产不足以支付的,优先用于承担民事责任。

第二十八条 妨害监督检查部门依照本法履行职责,拒绝、阻碍调查的,由监督检查部门责令改正,对个人可以处五千元以下的罚款,对单位可以处五万元以下的罚款,并可以由公安机关依法给予治安管理处罚。

第二十九条 当事人对监督检查部门作出的决定不服的,可以依法申请行政复议或者提起行政诉讼。

第三十条 监督检查部门的工作人员滥用职权、玩忽职守、徇私舞弊或者泄露调查过程中知悉的商业秘密的,依法给予处分。

第三十一条 违反本法规定,构成犯罪的,依法追究刑事责任。

第三十二条 在侵犯商业秘密的民事审判程序中,商业秘密权利人提供初步证据,证明其已经对所主张的商业秘密采取保密措施,且合理表明商业秘密被侵犯,涉嫌侵权人应当证明权利人所主张的商业秘密不属于本法规定的商业秘密。

商业秘密权利人提供初步证据合理表明商业秘密被侵犯,且提供以下证据之一的,涉嫌侵权人应当证明其不存在侵犯商业秘密的行为:

(一)有证据表明涉嫌侵权人有渠道或者机会获取商业秘密,且其使用的信息与该商业秘密实质上相同;

(二)有证据表明商业秘密已经被涉嫌侵权人披露、使用或者有被披露、使用的风险;

(三)有其他证据表明商业秘密被涉嫌侵权人侵犯。

第五章 附 则

第三十三条 本法自 2018 年 1 月 1 日起施行。

中华人民共和国行政许可法

（2003 年 8 月 27 日第十届全国人民代表大会常务委员会第四次会议通过　根据 2019 年 4 月 23 日第十三届全国人民代表大会常务委员会第十次会议《关于修改〈中华人民共和国建筑法〉等八部法律的决定》修正）

目　录

第一章　总　　则

第一条　为了规范行政许可的设定和实施，保护公民、法人和其他组织的合法权益，维护公共利益和社会秩序，保障和监督行政机关有效实施行政管理，根据宪法，制定本法。

第二条　本法所称行政许可，是指行政机关根据公民、法人或者其他组织的申请，经依法审查，准予其从事特定活动的行为。

第三条　行政许可的设定和实施，适用本法。

有关行政机关对其他机关或者对其直接管理的事业单位的人事、财务、外事等事项的审批，不适用本法。

第四条　设定和实施行政许可，应当依照法定的权限、范围、条件和程序。

第五条　设定和实施行政许可，应当遵循公开、公平、公正、非歧视的原则。

有关行政许可的规定应当公布；未经公布的，不得作为实施行政许可的依据。行政许可的实施和结果，除涉及国家秘密、商业秘密或者个人隐私的外，应当公开。未经申请人同意，行政机关及其工作人员、参与专家评审等的人员不得披露申请人提交的商业秘密、未披露信息或者保密商务信息，法律另有规定或者涉及国家安全、重大社会公共利益的除外；行政机关依法公开申请人前述信息的，允许申请人在合理期限内提出异议。

符合法定条件、标准的，申请人有依法取得行政许可的平等权利，行政机关不得歧视任何人。

第六条　实施行政许可，应当遵循便民的原则，提高办事效率，提供优质服务。

第七条　公民、法人或者其他组织对行政机关实施行政许可，享有陈述权、申辩权；有权依法申请行政复议或者提起行政诉讼；其合法权益因行政机关违法实施行政许可受到损害的，有权依法要求赔偿。

第八条　公民、法人或者其他组织依法取得的行政许可受法律保护，行政机关不得擅自改变已经生效的行政许可。

行政许可所依据的法律、法规、规章修改或者废止，或者准予行政许可所依据的客观情况发生重大变化的，为了公共利益的需要，行政机关可以依法变更或者撤回已经生效的行政许可。由此给公民、法人或者其他组织造成财产损失的，行政机关应当依法给予补偿。

第九条　依法取得的行政许可，除法律、法规规定依照法定条件和程序可以转让的外，不得转让。

第十条　县级以上人民政府应当建立健全对行政机关实施行政许可的监督制度，加强对行政机关实施行政许可的监督检查。

行政机关应当对公民、法人或者其他组织从事行政许可事项的活动实施有效监督。

第二章　行政许可的设定

第十一条　设定行政许可，应当遵循经济和社会发展规律，有利于发挥公民、法人或者其他组织的积极性、主动性，维护公共利益和社会秩序，促进经济、社会和生态环境协调发展。

第十二条　下列事项可以设定行政许可：

（一）直接涉及国家安全、公共安全、经济宏观调控、生态环境保护以及直接关系人身健康、生命财产安全等特定活动，需要按照法定条件予以批准的事项；

（二）有限自然资源开发利用、公共资源配置以及直接关系公共利益的特定行业的市场准入等，需要赋予特定权利的事项；

（三）提供公众服务并且直接关系公共利益的职业、行业，需要确定具备特殊信誉、特殊条件或者特殊技能等资格、资质的事项；

（四）直接关系公共安全、人身健康、生命财产安全的重要设备、设施、产品、物品，需要按照技术标准、技术规范，通过检验、检测、检疫等方式进行审定的事项；

（五）企业或者其他组织的设立等，需要确定主体资格的事项；

（六）法律、行政法规规定可以设定行政许可的其他事项。

第十三条　本法第十二条所列事项，通过下列方式能够予以规范的，可以不设行政许可：

（一）公民、法人或者其他组织能够自主决定的；

（二）市场竞争机制能够有效调节的；

（三）行业组织或者中介机构能够自律管理的；

（四）行政机关采用事后监督等其他行政管理方式能够解决的。

第十四条　本法第十二条所列事项，法律可以设定行政许可。尚未制定法律的，行政法规可以设定行政许可。

必要时，国务院可以采用发布决定的方式设定行政许可。实施后，除临时性行政许可事项外，国务院应当及时提请全国人民代表大会及其常务委员会制定法律，或者自行制定行政法规。

第十五条　本法第十二条所列事项，尚未制定法律、行政法规的，地方性法规可以设定行政许可；尚未制定法律、行政法规和地方性法规的，因行政管理的需要，确需立即实施行政许可的，省、自治区、直辖市人民政府规章可以设定临时性的行政许可。临时性的行政许可实施满一年需要继续实施的，应当提请本级人民代表大会及其常务委员会制定地方性法规。

地方性法规和省、自治区、直辖市人民政府规章，不得设定应当由国家统一确定的公民、法人或者其他组织的资格、资质的行政许可；不得设定企业或者其他组织的设立登记及其前置性行政许可。其设定的行政许可，不得限制其他地区的个人或者企业到本地区从事生产经营和提供服务，不得限制其他地区的商品进入本地区市场。

第十六条　行政法规可以在法律设定的行政许可事项范围内，对实施该行政许可作出具体规定。

地方性法规可以在法律、行政法规设定的行政许可事项范围内，对实施该行政许可作出具体规定。

规章可以在上位法设定的行政许可事项范围内，对实施该行政许可作出具体规定。

法规、规章对实施上位法设定的行政许可作出的具体规定，不得增设行政许可；对行政许可条件作出的具体规定，不得增设违反上位法的其他条件。

第十七条　除本法第十四条、第十五条规定的外，其他规范性文件一律不得设定行政许可。

第十八条　设定行政许可，应当规定行政许可的实施机关、条件、程序、期限。

第十九条　起草法律草案、法规草案和省、自治区、直辖市人民政府规章草案，拟设定行政许可的，起草单位应当采取听证会、论证会等形式听取意见，并向制定机关说明设定该行政许可的必要性、对经济和社会可能产生的影响以及听取和采纳意见的情况。

第二十条　行政许可的设定机关应当定期对其设定的行政许可进行评价；对已设定的行政许可，认为通过本法第十三条所列方式能够解决的，应当对设定该行政许可的规定及时予以修改或者废止。

行政许可的实施机关可以对已设定的行政许可的实施情况及存在的必要性适时进行评价，并将意见报告该行政许可的设定机关。

公民、法人或者其他组织可以向行政许可的设定机关和实施机关就行政许可的设定和实施提出意见和建议。

第二十一条　省、自治区、直辖市人民政府对行政法规设定的有关经济事务的行政许可，根据本行政区域经济和社会发展情况，认为通过本法第十三条所列方式能够解决的，报国务院批准后，可以在本行政区域内停止实施该行政许可。

第三章　行政许可的实施机关

第二十二条　行政许可由具有行政许可权的

行政机关在其法定职权范围内实施。

第二十三条 法律、法规授权的具有管理公共事务职能的组织,在法定授权范围内,以自己的名义实施行政许可。被授权的组织适用本法有关行政机关的规定。

第二十四条 行政机关在其法定职权范围内,依照法律、法规、规章的规定,可以委托其他行政机关实施行政许可。委托机关应当将受委托行政机关和受委托实施行政许可的内容予以公告。

委托行政机关对受委托行政机关实施行政许可的行为应当负责监督,并对该行为的后果承担法律责任。

受委托行政机关在委托范围内,以委托行政机关名义实施行政许可;不得再委托其他组织或者个人实施行政许可。

第二十五条 经国务院批准,省、自治区、直辖市人民政府根据精简、统一、效能的原则,可以决定一个行政机关行使有关行政机关的行政许可权。

第二十六条 行政许可需要行政机关内设的多个机构办理的,该行政机关应当确定一个机构统一受理行政许可申请,统一送达行政许可决定。

行政许可依法由地方人民政府两个以上部门分别实施的,本级人民政府可以确定一个部门受理行政许可申请并转告有关部门分别提出意见后统一办理,或者组织有关部门联合办理、集中办理。

第二十七条 行政机关实施行政许可,不得向申请人提出购买指定商品、接受有偿服务等不正当要求。

行政机关工作人员办理行政许可,不得索取或者收受申请人的财物,不得谋取其他利益。

第二十八条 对直接关系公共安全、人身健康、生命财产安全的设备、设施、产品、物品的检验、检测、检疫,除法律、行政法规规定由行政机关实施的外,应当逐步由符合法定条件的专业技术组织实施。专业技术组织及其有关人员对所实施的检验、检测、检疫结论承担法律责任。

第四章 行政许可的实施程序

第一节 申请与受理

第二十九条 公民、法人或者其他组织从事特定活动,依法需要取得行政许可的,应当向行政机关提出申请。申请书需要采用格式文本的,行政机关应当向申请人提供行政许可申请书格式文本。申请书格式文本中不得包含与申请行政许可事项没有直接关系的内容。

申请人可以委托代理人提出行政许可申请。但是,依法应当由申请人到行政机关办公场所提出行政许可申请的除外。

行政许可申请可以通过信函、电报、电传、传真、电子数据交换和电子邮件等方式提出。

第三十条 行政机关应当将法律、法规、规章规定的有关行政许可的事项、依据、条件、数量、程序、期限以及需要提交的全部材料的目录和申请书示范文本等在办公场所公示。

申请人要求行政机关对公示内容予以说明、解释的,行政机关应当说明、解释,提供准确、可靠的信息。

第三十一条 申请人申请行政许可,应当如实向行政机关提交有关材料和反映真实情况,并对其申请材料实质内容的真实性负责。行政机关不得要求申请人提交与其申请的行政许可事项无关的技术资料和其他材料。

行政机关及其工作人员不得以转让技术作为取得行政许可的条件;不得在实施行政许可的过程中,直接或者间接地要求转让技术。

第三十二条 行政机关对申请人提出的行政许可申请,应当根据下列情况分别作出处理:

(一)申请事项依法不需要取得行政许可的,应当即时告知申请人不受理;

(二)申请事项依法不属于本行政机关职权范围的,应当即时作出不予受理的决定,并告知申请人向有关行政机关申请;

(三)申请材料存在可以当场更正的错误的,应当允许申请人当场更正;

(四)申请材料不齐全或者不符合法定形式的,应当当场或者在五日内一次告知申请人需要补正的全部内容,逾期不告知的,自收到申请材料之日起即为受理;

(五)申请事项属于本行政机关职权范围,申请材料齐全、符合法定形式,或者申请人按照本行政机关的要求提交全部补正申请材料的,应当受理行政许可申请。

行政机关受理或者不予受理行政许可申请,应当出具加盖本行政机关专用印章和注明日期的书面凭证。

第三十三条 行政机关应当建立和完善有关制度,推行电子政务,在行政机关的网站上公布行政许可事项,方便申请人采取数据电文等方式提出行政许可申请;应当与其他行政机关共享有关行政许可信息,提高办事效率。

第二节 审查与决定

第三十四条 行政机关应当对申请人提交的申请材料进行审查。

申请人提交的申请材料齐全、符合法定形式,行政机关能够当场作出决定的,应当当场作出书面的行政许可决定。

根据法定条件和程序,需要对申请材料的实质内容进行核实的,行政机关应当指派两名以上工作人员进行核查。

第三十五条 依法应当先经下级行政机关审查后报上级行政机关决定的行政许可,下级行政机关应当在法定期限内将初步审查意见和全部申请材料直接报送上级行政机关。上级行政机关不得要求申请人重复提供申请材料。

第三十六条 行政机关对行政许可申请进行审查时,发现行政许可事项直接关系他人重大利益的,应当告知该利害关系人。申请人、利害关系人有权进行陈述和申辩。行政机关应当听取申请人、利害关系人的意见。

第三十七条 行政机关对行政许可申请进行审查后,除当场作出行政许可决定的外,应当在法定期限内按照规定程序作出行政许可决定。

第三十八条 申请人的申请符合法定条件、标准的,行政机关应当依法作出准予行政许可的书面决定。

行政机关依法作出不予行政许可的书面决定的,应当说明理由,并告知申请人享有依法申请行政复议或者提起行政诉讼的权利。

第三十九条 行政机关作出准予行政许可的决定,需要颁发行政许可证件的,应当向申请人颁发加盖本行政机关印章的下列行政许可证件:

(一)许可证、执照或者其他许可证书;

(二)资格证、资质证或者其他合格证书;

(三)行政机关的批准文件或者证明文件;

(四)法律、法规规定的其他行政许可证件。

行政机关实施检验、检测、检疫的,可以在检验、检测、检疫合格的设备、设施、产品、物品上加贴标签或者加盖检验、检测、检疫印章。

第四十条 行政机关作出的准予行政许可决定,应当予以公开,公众有权查阅。

第四十一条 法律、行政法规设定的行政许可,其适用范围没有地域限制的,申请人取得的行政许可在全国范围内有效。

第三节 期 限

第四十二条 除可以当场作出行政许可决定的外,行政机关应当自受理行政许可申请之日起二十日内作出行政许可决定。二十日内不能作出决定的,经本行政机关负责人批准,可以延长十日,并应当将延长期限的理由告知申请人。但是,法律、法规另有规定的,依照其规定。

依照本法第二十六条的规定,行政许可采取统一办理或者联合办理、集中办理的,办理的时间不得超过四十五日;四十五日内不能办结的,经本级人民政府负责人批准,可以延长十五日,并应当将延长期限的理由告知申请人。

第四十三条 依法应当先经下级行政机关审查后报上级行政机关决定的行政许可,下级行政机关应当自其受理行政许可申请之日起二十日内审查完毕。但是,法律、法规另有规定的,依照其规定。

第四十四条 行政机关作出准予行政许可的决定,应当自作出决定之日起十日内向申请人颁发、送达行政许可证件,或者加贴标签、加盖检验、检测、检疫印章。

第四十五条 行政机关作出行政许可决定,依法需要听证、招标、拍卖、检验、检测、检疫、鉴定和专家评审的,所需时间不计算在本节规定的期限内。行政机关应当将所需时间书面告知申请人。

第四节 听 证

第四十六条 法律、法规、规章规定实施行政许可应当听证的事项,或者行政机关认为需要听证的其他涉及公共利益的重大行政许可事项,行政机关应当向社会公告,并举行听证。

第四十七条 行政许可直接涉及申请人与他人之间重大利益关系的,行政机关在作出行政许可决定前,应当告知申请人、利害关系人享有要求听证的权利;申请人、利害关系人在被告知听证权利之日起五日内提出听证申请的,行政机关应当在二十日内组织听证。

申请人、利害关系人不承担行政机关组织听证的费用。

第四十八条 听证按照下列程序进行:

(一)行政机关应当于举行听证的七日前将举行听证的时间、地点通知申请人、利害关系人,必要时予以公告;

(二)听证应当公开举行;

(三)行政机关应当指定审查该行政许可申请

的工作人员以外的人员为听证主持人，申请人、利害关系人认为主持人与该行政许可事项有直接利害关系的，有权申请回避；

（四）举行听证时，审查该行政许可申请的工作人员应当提供审查意见的证据、理由，申请人、利害关系人可以提出证据，并进行申辩和质证；

（五）听证应当制作笔录，听证笔录应当交听证参加人确认无误后签字或者盖章。

行政机关应当根据听证笔录，作出行政许可决定。

第五节 变更与延续

第四十九条 被许可人要求变更行政许可事项的，应当向作出行政许可决定的行政机关提出申请；符合法定条件、标准的，行政机关应当依法办理变更手续。

第五十条 被许可人需要延续依法取得的行政许可的有效期的，应当在该行政许可有效期届满三十日前向作出行政许可决定的行政机关提出申请。但是，法律、法规、规章另有规定的，依照其规定。

行政机关应当根据被许可人的申请，在该行政许可有效期届满前作出是否准予延续的决定；逾期未作决定的，视为准予延续。

第六节 特别规定

第五十一条 实施行政许可的程序，本节有规定的，适用本节规定；本节没有规定的，适用本章其他有关规定。

第五十二条 国务院实施行政许可的程序，适用有关法律、行政法规的规定。

第五十三条 实施本法第十二条第二项所列事项的行政许可的，行政机关应当通过招标、拍卖等公平竞争的方式作出决定。但是，法律、行政法规另有规定的，依照其规定。

行政机关通过招标、拍卖等方式作出行政许可决定的具体程序，依照有关法律、行政法规的规定。

行政机关按照招标、拍卖程序确定中标人、买受人后，应当作出准予行政许可的决定，并依法向中标人、买受人颁发行政许可证件。

行政机关违反本条规定，不采用招标、拍卖方式，或者违反招标、拍卖程序，损害申请人合法权益的，申请人可以依法申请行政复议或者提起行政诉讼。

第五十四条 实施本法第十二条第三项所列事项的行政许可，赋予公民特定资格，依法应当举行国家考试的，行政机关根据考试成绩和其他法定条件作出行政许可决定；赋予法人或者其他组织特定的资格、资质的，行政机关根据申请人的专业人员构成、技术条件、经营业绩和管理水平等的考核结果作出行政许可决定。但是，法律、行政法规另有规定的，依照其规定。

公民特定资格的考试依法由行政机关或者行业组织实施，公开举行。行政机关或者行业组织应当事先公布资格考试的报名条件、报考办法、考试科目以及考试大纲。但是，不得组织强制性的资格考试的考前培训，不得指定教材或者其他助考材料。

第五十五条 实施本法第十二条第四项所列事项的行政许可的，应当按照技术标准、技术规范依法进行检验、检测、检疫，行政机关根据检验、检测、检疫的结果作出行政许可决定。

行政机关实施检验、检测、检疫，应当自受理申请之日起五日内指派两名以上工作人员按照技术标准、技术规范进行检验、检测、检疫。不需要对检验、检测、检疫结果作进一步技术分析即可认定设备、设施、产品、物品是否符合技术标准、技术规范的，行政机关应当当场作出行政许可决定。

行政机关根据检验、检测、检疫结果，作出不予行政许可决定的，应当书面说明不予行政许可所依据的技术标准、技术规范。

第五十六条 实施本法第十二条第五项所列事项的行政许可，申请人提交的申请材料齐全、符合法定形式的，行政机关应当当场予以登记。需要对申请材料的实质内容进行核实的，行政机关依照本法第三十四条第三款的规定办理。

第五十七条 有数量限制的行政许可，两个或者两个以上申请人的申请均符合法定条件、标准的，行政机关应当根据受理行政许可申请的先后顺序作出准予行政许可的决定。但是，法律、行政法规另有规定的，依照其规定。

第五章 行政许可的费用

第五十八条 行政机关实施行政许可和对行政许可事项进行监督检查，不得收取任何费用。但是，法律、行政法规另有规定的，依照其规定。

行政机关提供行政许可申请书格式文本，不得收费。

行政机关实施行政许可所需经费应当列入本行政机关的预算，由本级财政予以保障，按照批准的预算予以核拨。

第五十九条 行政机关实施行政许可，依照法律、行政法规收取费用的，应当按照公布的法定项目和标准收费；所收取的费用必须全部上缴国库，任何机关或者个人不得以任何形式截留、挪用、私分或者变相私分。财政部门不得以任何形式向行政机关返还或者变相返还实施行政许可所收取的费用。

第六章 监督检查

第六十条 上级行政机关应当加强对下级行政机关实施行政许可的监督检查，及时纠正行政许可实施中的违法行为。

第六十一条 行政机关应当建立健全监督制度，通过核查反映被许可人从事行政许可事项活动情况的有关材料，履行监督责任。

行政机关依法对被许可人从事行政许可事项的活动进行监督检查时，应当将监督检查的情况和处理结果予以记录，由监督检查人员签字后归档。公众有权查阅行政机关监督检查记录。

行政机关应当创造条件，实现与被许可人、其他有关行政机关的计算机档案系统互联，核查被许可人从事行政许可事项活动情况。

第六十二条 行政机关可以对被许可人生产经营的产品依法进行抽样检查、检验、检测，对其生产经营场所依法进行实地检查。检查时，行政机关可以依法查阅或者要求被许可人报送有关材料；被许可人应当如实提供有关情况和材料。

行政机关根据法律、行政法规的规定，对直接关系公共安全、人身健康、生命财产安全的重要设备、设施进行定期检验。对检验合格的，行政机关应当发给相应的证明文件。

第六十三条 行政机关实施监督检查，不得妨碍被许可人正常的生产经营活动，不得索取或者收受被许可人的财物，不得谋取其他利益。

第六十四条 被许可人在作出行政许可决定的行政机关管辖区域外违法从事行政许可事项活动的，违法行为发生地的行政机关应当依法将被许可人的违法事实、处理结果抄告作出行政许可决定的行政机关。

第六十五条 个人和组织发现违法从事行政许可事项的活动，有权向行政机关举报，行政机关应当及时核实、处理。

第六十六条 被许可人未依法履行开发利用自然资源义务或者未依法履行利用公共资源义务的，行政机关应当责令限期改正；被许可人在规定期限内不改正的，行政机关应当依照有关法律、行政法规的规定予以处理。

第六十七条 取得直接关系公共利益的特定行业的市场准入行政许可的被许可人，应当按照国家规定的服务标准、资费标准和行政机关依法规定的条件，向用户提供安全、方便、稳定和价格合理的服务，并履行普遍服务的义务；未经作出行政许可决定的行政机关批准，不得擅自停业、歇业。

被许可人不履行前款规定的义务的，行政机关应当责令限期改正，或者依法采取有效措施督促其履行义务。

第六十八条 对直接关系公共安全、人身健康、生命财产安全的重要设备、设施，行政机关应当督促设计、建造、安装和使用单位建立相应的自检制度。

行政机关在监督检查时，发现直接关系公共安全、人身健康、生命财产安全的重要设备、设施存在安全隐患的，应当责令停止建造、安装和使用，并责令设计、建造、安装和使用单位立即改正。

第六十九条 有下列情形之一的，作出行政许可决定的行政机关或者其上级行政机关，根据利害关系人的请求或者依据职权，可以撤销行政许可：

（一）行政机关工作人员滥用职权、玩忽职守作出准予行政许可决定的；

（二）超越法定职权作出准予行政许可决定的；

（三）违反法定程序作出准予行政许可决定的；

（四）对不具备申请资格或者不符合法定条件的申请人准予行政许可的；

（五）依法可以撤销行政许可的其他情形。

被许可人以欺骗、贿赂等不正当手段取得行政许可的，应当予以撤销。

依照前两款的规定撤销行政许可，可能对公共利益造成重大损害的，不予撤销。

依照本条第一款的规定撤销行政许可，被许可人的合法权益受到损害的，行政机关应当依法给予赔偿。依照本条第二款的规定撤销行政许可的，被许可人基于行政许可取得的利益不受保护。

第七十条 有下列情形之一的，行政机关应当依法办理有关行政许可的注销手续：

（一）行政许可有效期届满未延续的；

（二）赋予公民特定资格的行政许可，该公民死亡或者丧失行为能力的；

（三）法人或者其他组织依法终止的；

（四）行政许可依法被撤销、撤回，或者行政许可证件依法被吊销的；

（五）因不可抗力导致行政许可事项无法实施的；

（六）法律、法规规定的应当注销行政许可的其他情形。

第七章 法律责任

第七十一条 违反本法第十七条规定设定的行政许可，有关机关应当责令设定该行政许可的机关改正，或者依法予以撤销。

第七十二条 行政机关及其工作人员违反本法的规定，有下列情形之一的，由其上级行政机关或者监察机关责令改正；情节严重的，对直接负责的主管人员和其他直接责任人员依法给予行政处分：

（一）对符合法定条件的行政许可申请不予受理的；

（二）不在办公场所公示依法应当公示的材料的；

（三）在受理、审查、决定行政许可过程中，未向申请人、利害关系人履行法定告知义务的；

（四）申请人提交的申请材料不齐全、不符合法定形式，不一次告知申请人必须补正的全部内容的；

（五）违法披露申请人提交的商业秘密、未披露信息或者保密商务信息的；

（六）以转让技术作为取得行政许可的条件，或者在实施行政许可的过程中直接或者间接地要求转让技术的；

（七）未依法说明不受理行政许可申请或者不予行政许可的理由的；

（八）依法应当举行听证而不举行听证的。

第七十三条 行政机关工作人员办理行政许可、实施监督检查，索取或者收受他人财物或者谋取其他利益，构成犯罪的，依法追究刑事责任；尚不构成犯罪的，依法给予行政处分。

第七十四条 行政机关实施行政许可，有下列情形之一的，由其上级行政机关或者监察机关责令改正，对直接负责的主管人员和其他直接责任人员依法给予行政处分；构成犯罪的，依法追究刑事责任：

（一）对不符合法定条件的申请人准予行政许可或者超越法定职权作出准予行政许可决定的；

（二）对符合法定条件的申请人不予行政许可或者不在法定期限内作出准予行政许可决定的；

（三）依法应当根据招标、拍卖结果或者考试成绩择优作出准予行政许可决定，未经招标、拍卖或者考试，或者不根据招标、拍卖结果或者考试成绩择优作出准予行政许可决定的。

第七十五条 行政机关实施行政许可，擅自收费或者不按照法定项目和标准收费的，由其上级行政机关或者监察机关责令退还非法收取的费用；对直接负责的主管人员和其他直接责任人员依法给予行政处分。

截留、挪用、私分或者变相私分实施行政许可依法收取的费用的，予以追缴；对直接负责的主管人员和其他直接责任人员依法给予行政处分；构成犯罪的，依法追究刑事责任。

第七十六条 行政机关违法实施行政许可，给当事人的合法权益造成损害的，应当依照国家赔偿法的规定给予赔偿。

第七十七条 行政机关不依法履行监督职责或者监督不力，造成严重后果的，由其上级行政机关或者监察机关责令改正，对直接负责的主管人员和其他直接责任人员依法给予行政处分；构成犯罪的，依法追究刑事责任。

第七十八条 行政许可申请人隐瞒有关情况或者提供虚假材料申请行政许可的，行政机关不予受理或者不予行政许可，并给予警告；行政许可申请属于直接关系公共安全、人身健康、生命财产安全事项的，申请人在一年内不得再次申请该行政许可。

第七十九条 被许可人以欺骗、贿赂等不正当手段取得行政许可的，行政机关应当依法给予行政处罚；取得的行政许可属于直接关系公共安全、人身健康、生命财产安全事项的，申请人在三年内不得再次申请该行政许可；构成犯罪的，依法追究刑事责任。

第八十条 被许可人有下列行为之一的，行政机关应当依法给予行政处罚；构成犯罪的，依法追究刑事责任：

（一）涂改、倒卖、出租、出借行政许可证件，或者以其他形式非法转让行政许可的；

（二）超越行政许可范围进行活动的；

（三）向负责监督检查的行政机关隐瞒有关情况、提供虚假材料或者拒绝提供反映其活动情况的真实材料的；

（四）法律、法规、规章规定的其他违法行为。

第八十一条 公民、法人或者其他组织未经行政许可，擅自从事依法应当取得行政许可的活动的，行政机关应当依法采取措施予以制止，并依法给予行政处罚；构成犯罪的，依法追究刑事责任。

第八章 附 则

第八十二条 本法规定的行政机关实施行政许可的期限以工作日计算，不含法定节假日。

第八十三条 本法自2004年7月1日起施行。

本法施行前有关行政许可的规定，制定机关应当依照本法规定予以清理；不符合本法规定的，自本法施行之日起停止执行。

关于《〈中华人民共和国建筑法〉等8部法律的修正案（草案）》的说明

——2019年4月20日在第十三届全国人民代表大会常务委员会第十次会议上

全国人民代表大会常务委员会：

我受国务院的委托，现对《〈中华人民共和国建筑法〉等8部法律的修正案（草案）》作说明。

习近平总书记强调，法治是最好的营商环境，要把平等保护贯彻到立法、执法、司法、守法等各个环节，依法平等保护各类市场主体产权和合法权益，营造稳定公平透明、可预期的营商环境。李克强总理要求，要对标先进水平，聚焦短板弱项，加大力度打好优化营商环境硬仗，进一步激发市场活力和社会创造力。为了营造法治化、国际化、便利化的营商环境，配合外商投资法实施，司法部会同国务院有关部门，经商全国人大有关专门委员会、全国人大常委会法工委、最高人民法院，起草了《〈中华人民共和国建筑法〉等8部法律的修正案（草案）》。草案已经国务院同意，现将草案的主要内容说明如下：

一、关于《中华人民共和国建筑法修正案（草案）》

一是根据国务院常务会议关于取消申请施工许可证时需提交的资金到位证明等一批证明事项的要求，草案删去了第八条第一款第七项“建设资金已经落实”的规定。二是为进一步优化申领施工许可证的条件，草案删去了第八条第一款第八项“法律、行政法规规定的其他条件”的兜底条款。三是为进一步压缩施工许可证审批时限，草案修改了第八条第二款，将施工许可证审批时限由申请之日起十五日内调整为申请之日起七日内。

此外，为了与城乡规划法关于在城市、镇规划区内进行建筑物等工程建设的，应当申请办理建设工程规划许可证的规定保持一致，草案将第八条第一款第二项“在城市规划区的建筑工程，已经取得规划许可证”修改为“依法应当办理建设工程规划许可证的，已经取得建设工程规划许可证”。

二、关于《中华人民共和国消防法修正案（草案）》

根据国务院关于开展工程建设项目审批制度改革、精简审批环节的要求和《中共中央办公厅国务院办公厅关于调整住房和城乡建设部职责机构编制的通知》等文件中关于将公安部指导建设工程消防设计审查验收职责划入住房和城乡建设部的规定，草案对第十条、第十一条、第十二条等9个条款进行了修改，调整了建设工程消防设计审查验收的主管部门，并对建设工程消防设计审查验收的具体规定进行了调整和完善。

三、关于《中华人民共和国电子签名法修正案（草案）》

为进一步优化营商环境、方便群众办事，草案对不适用电子文书的情形作了调整，删去了第三条第三款第二项“涉及土地、房屋等不动产权益转让的”，删去了第三条第三款第三项中的“供电”，允许在办理土地、房屋等不动产转移登记和签订供用电合同时使用电子文书。

四、关于《中华人民共和国城乡规划法修正案(草案)》

以出让方式取得国有土地使用权的建设项目,在签订国有土地使用权出让合同后,建设单位向城乡规划主管部门领取建设用地规划许可证,建设项目的批准、核准、备案文件和国有土地使用权出让合同可以通过政府内部信息共享,不需要当事人提供。据此,草案将第三十八条第二款中的“在签订国有土地使用权出让合同后,建设单位应当持建设项目的批准、核准、备案文件和国有土地使用权出让合同,向城市、县人民政府城乡规划主管部门领取建设用地规划许可证”修改为“建设单位在取得建设项目的批准、核准、备案文件和签订国有土地使用权出让合同后,向城市、县人民政府城乡规划主管部门领取建设用地规划许可证”。

五、关于《中华人民共和国车船税法修正案(草案)》

现行车船税法第三条规定,武装警察部队专用的车船和警用车船免征车船税。根据《深化党和国家机构改革方案》和跨军地改革工作部署,公安消防部队和武警森林部队改革转制后,组建国家综合性消防救援队伍,由应急管理部管理。目前,国家综合性消防救援队伍的车船是否免征车船税不明确。因此,草案在车船税法第三条规定的免税车船范围中增加“悬挂应急救援专用号牌的国家综合性消防救援车辆和国家综合性消防救援专用船舶”,明确规定机构改革后消防应急救援车船继续享受免税优惠。

六、关于《中华人民共和国商标法修正案(草案)》

一是为规制恶意申请、囤积注册等行为,增加规制恶意注册的内容。增强注册申请人的使用义务,在第四条第一款中增加了“不以使用为目的的商标注册申请,应当予以驳回”的规定;增加商标代理机构的义务,在第十九条第三款中增加了商标代理机构知道或者应当知道委托人申请注册商标属于“不以使用为目的的商标注册申请”情形的,不得接受其委托的规定;将规制恶意注册关口前移,在第三十三条、第四十四条第一款中增加规定,将不以使用为目的的申请商标注册、商标代理机构违法申请或者接受委托申请商标注册一起纳入异议程序和无效宣告程序中,作为提出商标异议、宣告注册商标无效的事由;同时,在第六十八条中对商标代理机构不以使用为目的的申请商标注册、明知委托人不以使用为目的的申请商标注册还接受委托行为,以及恶意申请商标注册行为规定了行政处罚。二是加大对侵犯商标专用权行为惩罚力度。对侵犯商标专用权行为,在第六十三条第一款、第三款中,将恶意侵犯商标专用权的侵权赔偿数额计算倍数由一倍以上三倍以下提高到一倍以上五倍以下,并将法定赔偿数额上限从三百万元提高到五百万元,以给予权利人更加充分的补偿。对假冒注册商标的商品以及主要用于制造假冒注册商标的商品的材料、工具加大处置力度,在第六十三条中增加两款作为第四款、第五款,规定人民法院审理商标纠纷案件,应权利人请求,对属于假冒注册商标的商品,除特殊情况外,责令销毁;对主要用于制造假冒注册商标的商品的材料、工具,责令销毁,且不予补偿;或者在特殊情况下,责令禁止前述材料、工具进入商业渠道,且不予补偿。假冒注册商标的商品不得在仅去除假冒注册商标后进入商业渠道。此外,为做好与其他法律的衔接,实施日期拟为公布之日起六个月后。

七、关于《中华人民共和国反不正当竞争法修正案(草案)》

一是进一步完善商业秘密的定义,在第九条中,将商业秘密定义中的“技术信息和经营信息”修改为“技术信息、经营信息等商业信息”。二是进一步明确侵犯商业秘密的情形,在第九条第一款中增加了以电子侵入手段获取权利人商业秘密,以及教唆、引诱、帮助他人违反保密义务或者权利人有关保密的要求,获取、披露、使用或者允许他人使用权利人的商业秘密的情形。三是在第九条中增加一款作为第二款,将经营者以外的其他自然人、法人和非法人组织纳入侵犯商业秘密责任主体的范围。四是进一步强化侵犯商业秘密行为的法律责任。在第十七条中增加规定,对于恶意实施侵犯商业秘密行为,情节严重的,按照权利人因被侵权所受到的实际损失或者侵权人因侵权所获得的利益的一倍以上五倍以下确定赔偿数额;对权利人因被侵权所受到的实际损失、侵权人因侵权所获得的利益难以确定的，将人民法院判决的最高赔偿限额由三百万元提高到五百万元；加大对侵犯商业秘密行为的行政处罚力度，在第二十一条中增加没收违法所得的处罚，并将罚款的上限由五十万元、三百万元分别提高到一百万元、五百万元。五是增加一条作为第三十二条，对侵犯商业秘密的民事审判程序中举证责任的转移作了规定。

八、关于《中华人民共和国行政许可法修正案（草案）》

一是为保障当事人的合法权益，促进公平竞争，进一步增强行政许可设定和实施的公平性、公正性和平等性，在第五条第一款关于行政许可设定和实施的原则中增加了“非歧视”原则。二是为进一步加强对相对人在申请行政许可过程中提交的商业秘密等信息的保护，在第五条第二款中增加规定，未经申请人同意，行政机关及其工作人员、参与专家评审等的人员不得披露申请人提交的商业秘密、未披露信息或者保密商务信息，法律另有规定或者涉及国家安全、重大社会公共利益的除外等。三是为进一步加强行政许可设定和实施过程中对知识产权的保护，在第三十一条中增加了行政机关及其工作人员不得以转让技术作为取得行政许可的条件，以及不得在实施行政许可的过程中直接或者间接地要求转让技术的内容。四是在第七十二条中增加规定了相应的法律责任。

草案和以上说明是否妥当，请审议。

全国人民代表大会宪法和法律委员会关于《〈中华人民共和国建筑法〉等8部法律的修正案（草案）》审议结果的报告

——2019年4月23日在第十三届全国人民代表大会常务委员会第十次会议上

全国人民代表大会常务委员会：

本次常委会会议于4月20日下午对国务院提请审议的《〈中华人民共和国建筑法〉等8部法律的修正案（草案）》进行了分组审议。普遍认为，为进一步推进“放管服”改革和政府职能转变，优化营商环境，激发市场、社会的创新创造活力，对建筑法等八部法律作相应修改，是必要的，修正案草案基本可行，赞成进一步修改完善后提请本次常委会会议表决通过。同时，有些常委会组成人员还提出了一些修改意见和建议。

宪法和法律委员会于4月21日上午召开会议，逐条研究了常委会组成人员的审议意见，对修正案草案进行了审议。司法部、商务部有关负责同志列席了会议。宪法和法律委员会认为，修正案草案总体是可行的。同时，提出以下修改意见：

一、有些委员提出，草案删去了建筑法第八条中“建设资金已经落实”的规定，不利于保证工程质量和防止拖欠建筑工人工资。宪法和法律委员会经研究，建议将第八条第一款第五项修改为“有满足施工需要的资金安排、施工图纸及技术资料”。

二、有些委员提出，国务院机构改革后，原属于公安部门的消防职责改由应急管理部门承担，建议对消防法中相关机构名称作相应修改。宪法和法律委员会经研究，建议将消防法相关条款中的“公安机关消防机构”修改为“消防救援机构”，“公安机关及其消防机构”修改为“应急管理部门及消防救援机构”，“公安机关”、“公安部门”、“公安部门消防机构”修改为“应急管理部门”，“公安消防队”修改为“国家综合性消防救援队”。

三、有的委员提出，草案对消防法第五十八条作了修改，但并未明确处罚主体，建议进一步修改完善。宪法和法律委员会经研究，建议将“责令停止施工、停止使用或者停产停业”修改为“由住房和城乡建设主管部门、消防救援机构按照各自职权责令停止施工、停止使用或者停产停业”。

四、有的委员提出，草案根据机构改革的精神在消防法中增加了住房和城乡建设主管部门的职责，但消防法第七十条仅规定了消防机构、公安机关采取相应监管措施的权力，建议同时赋予住房和城乡建设主管部门相应的权力。宪法和法律委员会经研究，建议采纳这一意见，对第七十条作出相应修改。

五、草案在商标法第四条第一款中增加规定：“不以使用为目的的商标注册申请，应当予以驳回。”有些常委会组成人员提出，考虑到已经取得商标注册并实际使用的企业为预防性目的申请商标注册的实际情况，对此类申请不宜一概予以驳回。宪法和法律委员会经研究，建议修改为：“不以使用为目的的恶意商标注册申请，应当予以驳回。”

六、草案在商标法第六十八条中增加了第四款，规定：“对恶意申请商标注册的，根据情节给予警告、罚款等行政处罚。”有些常委会组成人员提出，对恶意提起商标诉讼的，也应当进行处罚。宪法和法律委员会经研究，建议将这一款修改为：“对恶意申请商标注册的，根据情节给予警告、罚款等行政处罚；对恶意提起商标诉讼的，由人民法院依法给予处罚。”

此外，对修正案草案还作了个别文字修改。

宪法和法律委员会已按上述意见提出了全国人民代表大会常务委员会关于修改《中华人民共和国建筑法》等八部法律的决定（草案建议表决稿），建议本次常委会会议审议通过。

修改决定草案建议表决稿和以上报告是否妥当，请审议。

中华人民共和国主席令

第三十号

《中华人民共和国疫苗管理法》已由中华人民共和国第十三届全国人民代表大会常务委员会第十一次会议于 2019 年 6 月 29 日通过，现予公布，自 2019 年 12 月 1 日起施行。

中华人民共和国主席　习近平

2019 年 6 月 29 日

中华人民共和国疫苗管理法

（2019 年 6 月 29 日第十三届全国人民代表大会常务委员会第十一次会议通过）

目　　录

第一章　总　　则

第一条　为了加强疫苗管理，保证疫苗质量和供应，规范预防接种，促进疫苗行业发展，保障公众健康，维护公共卫生安全，制定本法。

第二条　在中华人民共和国境内从事疫苗研制、生产、流通和预防接种及其监督管理活动，适用本法。本法未作规定的，适用《中华人民共和国药品管理法》、《中华人民共和国传染病防治法》等法律、行政法规的规定。

本法所称疫苗，是指为预防、控制疾病的发生、流行，用于人体免疫接种的预防性生物制品，包括免疫规划疫苗和非免疫规划疫苗。

第三条　国家对疫苗实行最严格的管理制度，坚持安全第一、风险管理、全程管控、科学监管、社会共治。

第四条　国家坚持疫苗产品的战略性和公益性。

国家支持疫苗基础研究和应用研究，促进疫苗研制和创新，将预防、控制重大疾病的疫苗研制、生产和储备纳入国家战略。

国家制定疫苗行业发展规划和产业政策，支持疫苗产业发展和结构优化，鼓励疫苗生产规模化、集约化，不断提升疫苗生产工艺和质量水平。

第五条　疫苗上市许可持有人应当加强疫苗

全生命周期质量管理，对疫苗的安全性、有效性和质量可控性负责。

从事疫苗研制、生产、流通和预防接种活动的单位和个人，应当遵守法律、法规、规章、标准和规范，保证全过程信息真实、准确、完整和可追溯，依法承担责任，接受社会监督。

第六条　国家实行免疫规划制度。

居住在中国境内的居民，依法享有接种免疫规划疫苗的权利，履行接种免疫规划疫苗的义务。政府免费向居民提供免疫规划疫苗。

县级以上人民政府及其有关部门应当保障适龄儿童接种免疫规划疫苗。监护人应当依法保证适龄儿童按时接种免疫规划疫苗。

第七条　县级以上人民政府应当将疫苗安全工作和预防接种工作纳入本级国民经济和社会发展规划，加强疫苗监督管理能力建设，建立健全疫苗监督管理工作机制。

县级以上地方人民政府对本行政区域疫苗监督管理工作负责，统一领导、组织、协调本行政区域疫苗监督管理工作。

第八条　国务院药品监督管理部门负责全国疫苗监督管理工作。国务院卫生健康主管部门负责全国预防接种监督管理工作。国务院其他有关部门在各自职责范围内负责与疫苗有关的监督管理工作。

省、自治区、直辖市人民政府药品监督管理部门负责本行政区域疫苗监督管理工作。设区的市级、县级人民政府承担药品监督管理职责的部门（以下称药品监督管理部门）负责本行政区域疫苗监督管理工作。县级以上地方人民政府卫生健康主管部门负责本行政区域预防接种监督管理工作。县级以上地方人民政府其他有关部门在各自职责范围内负责与疫苗有关的监督管理工作。

第九条　国务院和省、自治区、直辖市人民政府建立部门协调机制，统筹协调疫苗监督管理有关工作，定期分析疫苗安全形势，加强疫苗监督管理，保障疫苗供应。

第十条　国家实行疫苗全程电子追溯制度。

国务院药品监督管理部门会同国务院卫生健康主管部门制定统一的疫苗追溯标准和规范，建立全国疫苗电子追溯协同平台，整合疫苗生产、流通和预防接种全过程追溯信息，实现疫苗可追溯。

疫苗上市许可持有人应当建立疫苗电子追溯系统，与全国疫苗电子追溯协同平台相衔接，实现生产、流通和预防接种全过程最小包装单位疫苗可追溯、可核查。

疾病预防控制机构、接种单位应当依法如实记录疫苗流通、预防接种等情况，并按照规定向全国疫苗电子追溯协同平台提供追溯信息。

第十一条　疫苗研制、生产、检验等过程中应当建立健全生物安全管理制度，严格控制生物安全风险，加强菌毒株等病原微生物的生物安全管理，保护操作人员和公众的健康，保证菌毒株等病原微生物用途合法、正当。

疫苗研制、生产、检验等使用的菌毒株和细胞株，应当明确历史、生物学特征、代次，建立详细档案，保证来源合法、清晰、可追溯；来源不明的，不得使用。

第十二条　各级人民政府及其有关部门、疾病预防控制机构、接种单位、疫苗上市许可持有人和疫苗行业协会等应当通过全国儿童预防接种日等活动定期开展疫苗安全法律、法规以及预防接种知识等的宣传教育、普及工作。

新闻媒体应当开展疫苗安全法律、法规以及预防接种知识等的公益宣传，并对疫苗违法行为进行舆论监督。有关疫苗的宣传报道应当全面、科学、客观、公正。

第十三条　疫苗行业协会应当加强行业自律，建立健全行业规范，推动行业诚信体系建设，引导和督促会员依法开展生产经营等活动。

第二章　疫苗研制和注册

第十四条　国家根据疾病流行情况、人群免疫状况等因素，制定相关研制规划，安排必要资金，支持多联多价等新型疫苗的研制。

国家组织疫苗上市许可持有人、科研单位、医疗卫生机构联合攻关，研制疾病预防、控制急需的疫苗。

第十五条　国家鼓励疫苗上市许可持有人加大研制和创新资金投入，优化生产工艺，提升质量控制水平，推动疫苗技术进步。

第十六条　开展疫苗临床试验，应当经国务院药品监督管理部门依法批准。

疫苗临床试验应当由符合国务院药品监督管理部门和国务院卫生健康主管部门规定条件的三级医疗机构或者省级以上疾病预防控制机构实施或者组织实施。

国家鼓励符合条件的医疗机构、疾病预防控制机构等依法开展疫苗临床试验。

第十七条 疫苗临床试验申办者应当制定临床试验方案，建立临床试验安全监测与评价制度，审慎选择受试者，合理设置受试者群体和年龄组，并根据风险程度采取有效措施，保护受试者合法权益。

第十八条 开展疫苗临床试验，应当取得受试者的书面知情同意；受试者为无民事行为能力人的，应当取得其监护人的书面知情同意；受试者为限制民事行为能力人的，应当取得本人及其监护人的书面知情同意。

第十九条 在中国境内上市的疫苗应当经国务院药品监督管理部门批准，取得药品注册证书；申请疫苗注册，应当提供真实、充分、可靠的数据、资料和样品。

对疾病预防、控制急需的疫苗和创新疫苗，国务院药品监督管理部门应当予以优先审评审批。

第二十条 应对重大突发公共卫生事件急需的疫苗或者国务院卫生健康主管部门认定急需的其他疫苗，经评估获益大于风险的，国务院药品监督管理部门可以附条件批准疫苗注册申请。

出现特别重大突发公共卫生事件或者其他严重威胁公众健康的紧急事件，国务院卫生健康主管部门根据传染病预防、控制需要提出紧急使用疫苗的建议，经国务院药品监督管理部门组织论证同意后可以在一定范围和期限内紧急使用。

第二十一条 国务院药品监督管理部门在批准疫苗注册申请时，对疫苗的生产工艺、质量控制标准和说明书、标签予以核准。

国务院药品监督管理部门应当在其网站上及时公布疫苗说明书、标签内容。

第三章 疫苗生产和批签发

第二十二条 国家对疫苗生产实行严格准入制度。

从事疫苗生产活动，应当经省级以上人民政府药品监督管理部门批准，取得药品生产许可证。

从事疫苗生产活动，除符合《中华人民共和国药品管理法》规定的从事药品生产活动的条件外，还应当具备下列条件：

（一）具备适度规模和足够的产能储备；

（二）具有保证生物安全的制度和设施、设备；

（三）符合疾病预防、控制需要。

疫苗上市许可持有人应当具备疫苗生产能力；超出疫苗生产能力确需委托生产的，应当经国务院药品监督管理部门批准。接受委托生产的，应当遵守本法规定和国家有关规定，保证疫苗质量。

第二十三条 疫苗上市许可持有人的法定代表人、主要负责人应当具有良好的信用记录，生产管理负责人、质量管理负责人、质量受权人等关键岗位人员应当具有相关专业背景和从业经历。

疫苗上市许可持有人应当加强对前款规定人员的培训和考核，及时将其任职和变更情况向省、自治区、直辖市人民政府药品监督管理部门报告。

第二十四条 疫苗应当按照经核准的生产工艺和质量控制标准进行生产和检验，生产全过程应当符合药品生产质量管理规范的要求。

疫苗上市许可持有人应当按照规定对疫苗生产全过程和疫苗质量进行审核、检验。

第二十五条 疫苗上市许可持有人应当建立完整的生产质量管理体系，持续加强偏差管理，采用信息化手段如实记录生产、检验过程中形成的所有数据，确保生产全过程持续符合法定要求。

第二十六条 国家实行疫苗批签发制度。

每批疫苗销售前或者进口时，应当经国务院药品监督管理部门指定的批签发机构按照相关技术要求进行审核、检验。符合要求的，发给批签发证明；不符合要求的，发给不予批签发通知书。

不予批签发的疫苗不得销售，并应当由省、自治区、直辖市人民政府药品监督管理部门监督销毁；不予批签发的进口疫苗应当由口岸所在地药品监督管理部门监督销毁或者依法进行其他处理。

国务院药品监督管理部门、批签发机构应当及时公布上市疫苗批签发结果，供公众查询。

第二十七条 申请疫苗批签发应当按照规定向批签发机构提供批生产及检验记录摘要等资料和同批号产品等样品。进口疫苗还应当提供原产地证明、批签发证明；在原产地免予批签发的，应当提供免予批签发证明。

第二十八条 预防、控制传染病疫情或者应对突发事件急需的疫苗，经国务院药品监督管理部门批准，免予批签发。

第二十九条 疫苗批签发应当逐批进行资料审核和抽样检验。疫苗批签发检验项目和检验频次应当根据疫苗质量风险评估情况进行动态调整。

对疫苗批签发申请资料或者样品的真实性有疑问，或者存在其他需要进一步核实的情况的，批签发机构应当予以核实，必要时应当采用现场抽样检验等方式组织开展现场核实。

第三十条　批签发机构在批签发过程中发现疫苗存在重大质量风险的，应当及时向国务院药品监督管理部门和省、自治区、直辖市人民政府药品监督管理部门报告。

接到报告的部门应当立即对疫苗上市许可持有人进行现场检查，根据检查结果通知批签发机构对疫苗上市许可持有人的相关产品或者所有产品不予批签发或者暂停批签发，并责令疫苗上市许可持有人整改。疫苗上市许可持有人应当立即整改，并及时将整改情况向责令其整改的部门报告。

第三十一条　对生产工艺偏差、质量差异、生产过程中的故障和事故以及采取的措施，疫苗上市许可持有人应当如实记录，并在相应批产品申请批签发的文件中载明；可能影响疫苗质量的，疫苗上市许可持有人应当立即采取措施，并向省、自治区、直辖市人民政府药品监督管理部门报告。

第四章　疫苗流通

第三十二条　国家免疫规划疫苗由国务院卫生健康主管部门会同国务院财政部门等组织集中招标或者统一谈判，形成并公布中标价格或者成交价格，各省、自治区、直辖市实行统一采购。

国家免疫规划疫苗以外的其他免疫规划疫苗、非免疫规划疫苗由各省、自治区、直辖市通过省级公共资源交易平台组织采购。

第三十三条　疫苗的价格由疫苗上市许可持有人依法自主合理制定。疫苗的价格水平、差价率、利润率应当保持在合理幅度。

第三十四条　省级疾病预防控制机构应当根据国家免疫规划和本行政区域疾病预防、控制需要，制定本行政区域免疫规划疫苗使用计划，并按照国家有关规定向组织采购疫苗的部门报告，同时报省、自治区、直辖市人民政府卫生健康主管部门备案。

第三十五条　疫苗上市许可持有人应当按照采购合同约定，向疾病预防控制机构供应疫苗。

疾病预防控制机构应当按照规定向接种单位供应疫苗。

疾病预防控制机构以外的单位和个人不得向接种单位供应疫苗，接种单位不得接收该疫苗。

第三十六条　疫苗上市许可持有人应当按照采购合同约定，向疾病预防控制机构或者疾病预防控制机构指定的接种单位配送疫苗。

疫苗上市许可持有人、疾病预防控制机构自行配送疫苗应当具备疫苗冷链储存、运输条件，也可以委托符合条件的疫苗配送单位配送疫苗。

疾病预防控制机构配送非免疫规划疫苗可以收取储存、运输费用，具体办法由国务院财政部门会同国务院价格主管部门制定，收费标准由省、自治区、直辖市人民政府价格主管部门会同财政部门制定。

第三十七条　疾病预防控制机构、接种单位、疫苗上市许可持有人、疫苗配送单位应当遵守疫苗储存、运输管理规范，保证疫苗质量。

疫苗在储存、运输全过程中应当处于规定的温度环境，冷链储存、运输应当符合要求，并定时监测、记录温度。

疫苗储存、运输管理规范由国务院药品监督管理部门、国务院卫生健康主管部门共同制定。

第三十八条　疫苗上市许可持有人在销售疫苗时，应当提供加盖其印章的批签发证明复印件或者电子文件；销售进口疫苗的，还应当提供加盖其印章的进口药品通关单复印件或者电子文件。

疾病预防控制机构、接种单位在接收或者购进疫苗时，应当索取前款规定的证明文件，并保存至疫苗有效期满后不少于五年备查。

第三十九条　疫苗上市许可持有人应当按照规定，建立真实、准确、完整的销售记录，并保存至疫苗有效期满后不少于五年备查。

疾病预防控制机构、接种单位、疫苗配送单位应当按照规定，建立真实、准确、完整的接收、购进、储存、配送、供应记录，并保存至疫苗有效期满后不少于五年备查。

疾病预防控制机构、接种单位接收或者购进疫苗时，应当索取本次运输、储存全过程温度监测记录，并保存至疫苗有效期满后不少于五年备查；对不能提供本次运输、储存全过程温度监测记录或者温度控制不符合要求的，不得接收或者购进，并应当立即向县级以上地方人民政府药品监督管理部门、卫生健康主管部门报告。

第四十条　疾病预防控制机构、接种单位应当建立疫苗定期检查制度，对存在包装无法识别、储存温度不符合要求、超过有效期等问题的疫苗，采取隔离存放、设置警示标志等措施，并按照国务院药品监督管理部门、卫生健康主管部门、生态环境主管部门的规定处置。疾病预防控制机构、接种单位应当如实记录处置情况，处置记录应当保存至疫苗有效期满后不少于五年备查。

第五章　预防接种

第四十一条　国务院卫生健康主管部门制定国家免疫规划;国家免疫规划疫苗种类由国务院卫生健康主管部门会同国务院财政部门拟订,报国务院批准后公布。

国务院卫生健康主管部门建立国家免疫规划专家咨询委员会,并会同国务院财政部门建立国家免疫规划疫苗种类动态调整机制。

省、自治区、直辖市人民政府在执行国家免疫规划时,可以根据本行政区域疾病预防、控制需要,增加免疫规划疫苗种类,报国务院卫生健康主管部门备案并公布。

第四十二条　国务院卫生健康主管部门应当制定、公布预防接种工作规范,强化预防接种规范化管理。

国务院卫生健康主管部门应当制定、公布国家免疫规划疫苗的免疫程序和非免疫规划疫苗的使用指导原则。

省、自治区、直辖市人民政府卫生健康主管部门应当结合本行政区域实际情况制定接种方案,并报国务院卫生健康主管部门备案。

第四十三条　各级疾病预防控制机构应当按照各自职责,开展与预防接种相关的宣传、培训、技术指导、监测、评价、流行病学调查、应急处置等工作。

第四十四条　接种单位应当具备下列条件:

(一)取得医疗机构执业许可证;

(二)具有经过县级人民政府卫生健康主管部门组织的预防接种专业培训并考核合格的医师、护士或者乡村医生;

(三)具有符合疫苗储存、运输管理规范的冷藏设施、设备和冷藏保管制度。

县级以上地方人民政府卫生健康主管部门指定符合条件的医疗机构承担责任区域内免疫规划疫苗接种工作。符合条件的医疗机构可以承担非免疫规划疫苗接种工作,并应当报颁发其医疗机构执业许可证的卫生健康主管部门备案。

接种单位应当加强内部管理,开展预防接种工作应当遵守预防接种工作规范、免疫程序、疫苗使用指导原则和接种方案。

各级疾病预防控制机构应当加强对接种单位预防接种工作的技术指导和疫苗使用的管理。

第四十五条　医疗卫生人员实施接种,应当告知受种者或者其监护人所接种疫苗的品种、作用、禁忌、不良反应以及现场留观等注意事项,询问受种者的健康状况以及是否有接种禁忌等情况,并如实记录告知和询问情况。受种者或者其监护人应当如实提供受种者的健康状况和接种禁忌等情况。有接种禁忌不能接种的,医疗卫生人员应当向受种者或者其监护人提出医学建议,并如实记录提出医学建议情况。

医疗卫生人员在实施接种前,应当按照预防接种工作规范的要求,检查受种者健康状况、核查接种禁忌,查对预防接种证,检查疫苗、注射器的外观、批号、有效期,核对受种者的姓名、年龄和疫苗的品名、规格、剂量、接种部位、接种途径,做到受种者、预防接种证和疫苗信息相一致,确认无误后方可实施接种。

医疗卫生人员应当对符合接种条件的受种者实施接种。受种者在现场留观期间出现不良反应的,医疗卫生人员应当按照预防接种工作规范的要求,及时采取救治等措施。

第四十六条　医疗卫生人员应当按照国务院卫生健康主管部门的规定,真实、准确、完整记录疫苗的品种、上市许可持有人、最小包装单位的识别信息、有效期、接种时间、实施接种的医疗卫生人员、受种者等接种信息,确保接种信息可追溯、可查询。接种记录应当保存至疫苗有效期满后不少于五年备查。

第四十七条　国家对儿童实行预防接种证制度。在儿童出生后一个月内,其监护人应当到儿童居住地承担预防接种工作的接种单位或者出生医院为其办理预防接种证。接种单位或者出生医院不得拒绝办理。监护人应当妥善保管预防接种证。

预防接种实行居住地管理,儿童离开原居住地期间,由现居住地承担预防接种工作的接种单位负责对其实施接种。

预防接种证的格式由国务院卫生健康主管部门规定。

第四十八条　儿童入托、入学时,托幼机构、学校应当查验预防接种证,发现未按照规定接种免疫规划疫苗的,应当向儿童居住地或者托幼机构、学校所在地承担预防接种工作的接种单位报告,并配合接种单位督促其监护人按照规定补种。疾病预防控制机构应当为托幼机构、学校查验预防接种证等提供技术指导。

儿童入托、入学预防接种证查验办法由国务院卫生健康主管部门会同国务院教育行政部门制定。

第四十九条　接种单位接种免疫规划疫苗不得收取任何费用。

接种单位接种非免疫规划疫苗，除收取疫苗费用外，还可以收取接种服务费。接种服务费的收费标准由省、自治区、直辖市人民政府价格主管部门会同财政部门制定。

第五十条　县级以上地方人民政府卫生健康主管部门根据传染病监测和预警信息，为预防、控制传染病暴发、流行，报经本级人民政府决定，并报省级以上人民政府卫生健康主管部门备案，可以在本行政区域进行群体性预防接种。

需要在全国范围或者跨省、自治区、直辖市范围内进行群体性预防接种的，应当由国务院卫生健康主管部门决定。

作出群体性预防接种决定的县级以上地方人民政府或者国务院卫生健康主管部门应当组织有关部门做好人员培训、宣传教育、物资调用等工作。

任何单位和个人不得擅自进行群体性预防接种。

第五十一条　传染病暴发、流行时，县级以上地方人民政府或者其卫生健康主管部门需要采取应急接种措施的，依照法律、行政法规的规定执行。

第六章　异常反应监测和处理

第五十二条　预防接种异常反应，是指合格的疫苗在实施规范接种过程中或者实施规范接种后造成受种者机体组织器官、功能损害，相关各方均无过错的药品不良反应。

下列情形不属于预防接种异常反应：

（一）因疫苗本身特性引起的接种后一般反应；

（二）因疫苗质量问题给受种者造成的损害；

（三）因接种单位违反预防接种工作规范、免疫程序、疫苗使用指导原则、接种方案给受种者造成的损害；

（四）受种者在接种时正处于某种疾病的潜伏期或者前驱期，接种后偶合发病；

（五）受种者有疫苗说明书规定的接种禁忌，在接种前受种者或者其监护人未如实提供受种者的健康状况和接种禁忌等情况，接种后受种者原有疾病急性复发或者病情加重；

（六）因心理因素发生的个体或者群体的心因性反应。

第五十三条　国家加强预防接种异常反应监测。预防接种异常反应监测方案由国务院卫生健康主管部门会同国务院药品监督管理部门制定。

第五十四条　接种单位、医疗机构等发现疑似预防接种异常反应的，应当按照规定向疾病预防控制机构报告。

疫苗上市许可持有人应当设立专门机构，配备专职人员，主动收集、跟踪分析疑似预防接种异常反应，及时采取风险控制措施，将疑似预防接种异常反应向疾病预防控制机构报告，将质量分析报告提交省、自治区、直辖市人民政府药品监督管理部门。

第五十五条　对疑似预防接种异常反应，疾病预防控制机构应当按照规定及时报告，组织调查、诊断，并将调查、诊断结论告知受种者或者其监护人。对调查、诊断结论有争议的，可以根据国务院卫生健康主管部门制定的鉴定办法申请鉴定。

因预防接种导致受种者死亡、严重残疾，或者群体性疑似预防接种异常反应等对社会有重大影响的疑似预防接种异常反应，由设区的市级以上人民政府卫生健康主管部门、药品监督管理部门按照各自职责组织调查、处理。

第五十六条　国家实行预防接种异常反应补偿制度。实施接种过程中或者实施接种后出现受种者死亡、严重残疾、器官组织损伤等损害，属于预防接种异常反应或者不能排除的，应当给予补偿。补偿范围实行目录管理，并根据实际情况进行动态调整。

接种免疫规划疫苗所需的补偿费用，由省、自治区、直辖市人民政府财政部门在预防接种经费中安排；接种非免疫规划疫苗所需的补偿费用，由相关疫苗上市许可持有人承担。国家鼓励通过商业保险等多种形式对预防接种异常反应受种者予以补偿。

预防接种异常反应补偿应当及时、便民、合理。预防接种异常反应补偿范围、标准、程序由国务院规定，省、自治区、直辖市制定具体实施办法。

第七章　疫苗上市后管理

第五十七条　疫苗上市许可持有人应当建立健全疫苗全生命周期质量管理体系，制定并实施疫苗上市后风险管理计划，开展疫苗上市后研究，对疫苗的安全性、有效性和质量可控性进行进一步确证。

对批准疫苗注册申请时提出进一步研究要求的疫苗，疫苗上市许可持有人应当在规定期限内完成研究;逾期未完成研究或者不能证明其获益大于风险的,国务院药品监督管理部门应当依法处理,直至注销该疫苗的药品注册证书。

第五十八条 疫苗上市许可持有人应当对疫苗进行质量跟踪分析,持续提升质量控制标准,改进生产工艺,提高生产工艺稳定性。

生产工艺、生产场地、关键设备等发生变更的,应当进行评估、验证,按照国务院药品监督管理部门有关变更管理的规定备案或者报告;变更可能影响疫苗安全性、有效性和质量可控性的,应当经国务院药品监督管理部门批准。

第五十九条 疫苗上市许可持有人应当根据疫苗上市后研究、预防接种异常反应等情况持续更新说明书、标签,并按照规定申请核准或者备案。

国务院药品监督管理部门应当在其网站上及时公布更新后的疫苗说明书、标签内容。

第六十条 疫苗上市许可持有人应当建立疫苗质量回顾分析和风险报告制度,每年将疫苗生产流通、上市后研究、风险管理等情况按照规定如实向国务院药品监督管理部门报告。

第六十一条 国务院药品监督管理部门可以根据实际情况,责令疫苗上市许可持有人开展上市后评价或者直接组织开展上市后评价。

对预防接种异常反应严重或者其他原因危害人体健康的疫苗,国务院药品监督管理部门应当注销该疫苗的药品注册证书。

第六十二条 国务院药品监督管理部门可以根据疾病预防、控制需要和疫苗行业发展情况,组织对疫苗品种开展上市后评价,发现该疫苗品种的产品设计、生产工艺、安全性、有效性或者质量可控性明显劣于预防、控制同种疾病的其他疫苗品种的,应当注销该品种所有疫苗的药品注册证书并废止相应的国家药品标准。

第八章 保障措施

第六十三条 县级以上人民政府应当将疫苗安全工作、购买免疫规划疫苗和预防接种工作以及信息化建设等所需经费纳入本级政府预算,保证免疫规划制度的实施。

县级人民政府按照国家有关规定对从事预防接种工作的乡村医生和其他基层医疗卫生人员给予补助。

国家根据需要对经济欠发达地区的预防接种工作给予支持。省、自治区、直辖市人民政府和设区的市级人民政府应当对经济欠发达地区的县级人民政府开展与预防接种相关的工作给予必要的经费补助。

第六十四条 省、自治区、直辖市人民政府根据本行政区域传染病流行趋势,在国务院卫生健康主管部门确定的传染病预防、控制项目范围内,确定本行政区域与预防接种相关的项目,并保证项目的实施。

第六十五条 国务院卫生健康主管部门根据各省、自治区、直辖市国家免疫规划疫苗使用计划,向疫苗上市许可持有人提供国家免疫规划疫苗需求信息,疫苗上市许可持有人根据疫苗需求信息合理安排生产。

疫苗存在供应短缺风险时,国务院卫生健康主管部门、国务院药品监督管理部门提出建议,国务院工业和信息化主管部门、国务院财政部门应当采取有效措施,保障疫苗生产、供应。

疫苗上市许可持有人应当依法组织生产,保障疫苗供应;疫苗上市许可持有人停止疫苗生产的,应当及时向国务院药品监督管理部门或者省、自治区、直辖市人民政府药品监督管理部门报告。

第六十六条 国家将疫苗纳入战略物资储备,实行中央和省级两级储备。

国务院工业和信息化主管部门、财政部门会同国务院卫生健康主管部门、公安部门、市场监督管理部门和药品监督管理部门,根据疾病预防、控制和公共卫生应急准备的需要,加强储备疫苗的产能、产品管理,建立动态调整机制。

第六十七条 各级财政安排用于预防接种的经费应当专款专用,任何单位和个人不得挪用、挤占。

有关单位和个人使用预防接种的经费应当依法接受审计机关的审计监督。

第六十八条 国家实行疫苗责任强制保险制度。

疫苗上市许可持有人应当按照规定投保疫苗责任强制保险。因疫苗质量问题造成受种者损害的,保险公司在承保的责任限额内予以赔付。

疫苗责任强制保险制度的具体实施办法,由国务院药品监督管理部门会同国务院卫生健康主管部门、保险监督管理机构等制定。

第六十九条 传染病暴发、流行时,相关疫苗上市许可持有人应当及时生产和供应预防、控制传染病的疫苗。交通运输单位应当优先运输预防、控制传染病的疫苗。县级以上人民政府及其有关部门应当做好组织、协调、保障工作。

第九章 监督管理

第七十条 药品监督管理部门、卫生健康主管部门按照各自职责对疫苗研制、生产、流通和预防接种全过程进行监督管理,监督疫苗上市许可持有人、疾病预防控制机构、接种单位等依法履行义务。

药品监督管理部门依法对疫苗研制、生产、储存、运输以及预防接种中的疫苗质量进行监督检查。卫生健康主管部门依法对免疫规划制度的实施、预防接种活动进行监督检查。

药品监督管理部门应当加强对疫苗上市许可持有人的现场检查;必要时,可以对为疫苗研制、生产、流通等活动提供产品或者服务的单位和个人进行延伸检查;有关单位和个人应当予以配合,不得拒绝和隐瞒。

第七十一条 国家建设中央和省级两级职业化、专业化药品检查员队伍,加强对疫苗的监督检查。

省、自治区、直辖市人民政府药品监督管理部门选派检查员入驻疫苗上市许可持有人。检查员负责监督检查药品生产质量管理规范执行情况,收集疫苗质量风险和违法违规线索,向省、自治区、直辖市人民政府药品监督管理部门报告情况并提出建议,对派驻期间的行为负责。

第七十二条 疫苗质量管理存在安全隐患,疫苗上市许可持有人等未及时采取措施消除的,药品监督管理部门可以采取责任约谈、限期整改等措施。

严重违反药品相关质量管理规范的,药品监督管理部门应当责令暂停疫苗生产、销售、配送,立即整改;整改完成后,经药品监督管理部门检查符合要求的,方可恢复生产、销售、配送。

药品监督管理部门应当建立疫苗上市许可持有人及其相关人员信用记录制度,纳入全国信用信息共享平台,按照规定公示其严重失信信息,实施联合惩戒。

第七十三条 疫苗存在或者疑似存在质量问题的,疫苗上市许可持有人、疾病预防控制机构、接种单位应当立即停止销售、配送、使用,必要时立即停止生产,按照规定向县级以上人民政府药品监督管理部门、卫生健康主管部门报告。卫生健康主管部门应当立即组织疾病预防控制机构和接种单位采取必要的应急处置措施,同时向上级人民政府卫生健康主管部门报告。药品监督管理部门应当依法采取查封、扣押等措施。对已经销售的疫苗,疫苗上市许可持有人应当及时通知相关疾病预防控制机构、疫苗配送单位、接种单位,按照规定召回,如实记录召回和通知情况,疾病预防控制机构、疫苗配送单位、接种单位应当予以配合。

未依照前款规定停止生产、销售、配送、使用或者召回疫苗的,县级以上人民政府药品监督管理部门、卫生健康主管部门应当按照各自职责责令停止生产、销售、配送、使用或者召回疫苗。

疫苗上市许可持有人、疾病预防控制机构、接种单位发现存在或者疑似存在质量问题的疫苗,不得瞒报、谎报、缓报、漏报,不得隐匿、伪造、毁灭有关证据。

第七十四条 疫苗上市许可持有人应当建立信息公开制度,按照规定在其网站上及时公开疫苗产品信息、说明书和标签、药品相关质量管理规范执行情况、批签发情况、召回情况、接受检查和处罚情况以及投保疫苗责任强制保险情况等信息。

第七十五条 国务院药品监督管理部门会同国务院卫生健康主管部门等建立疫苗质量、预防接种等信息共享机制。

省级以上人民政府药品监督管理部门、卫生健康主管部门等应当按照科学、客观、及时、公开的原则,组织疫苗上市许可持有人、疾病预防控制机构、接种单位、新闻媒体、科研单位等,就疫苗质量和预防接种等信息进行交流沟通。

第七十六条 国家实行疫苗安全信息统一公布制度。

疫苗安全风险警示信息、重大疫苗安全事故及其调查处理信息和国务院确定需要统一公布的其他疫苗安全信息,由国务院药品监督管理部门会同有关部门公布。全国预防接种异常反应报告情况,由国务院卫生健康主管部门会同国务院药品监督管理部门统一公布。未经授权不得发布上述信息。公布重大疫苗安全信息,应当及时、准确、全面,并按照规定进行科学评估,作出必要的解释说明。

县级以上人民政府药品监督管理部门发现可能误导公众和社会舆论的疫苗安全信息,应当立即会同卫生健康主管部门及其他有关部门、专业机构、相关疫苗上市许可持有人等进行核实、分析,并及时公布结果。

任何单位和个人不得编造、散布虚假疫苗安全信息。

第七十七条 任何单位和个人有权依法了解疫苗信息,对疫苗监督管理工作提出意见、建议。

任何单位和个人有权向卫生健康主管部门、药品监督管理部门等部门举报疫苗违法行为,对卫生健康主管部门、药品监督管理部门等部门及其工作人员未依法履行监督管理职责的情况有权向本级或者上级人民政府及其有关部门、监察机关举报。有关部门、机关应当及时核实、处理;对查证属实的举报,按照规定给予举报人奖励;举报人举报所在单位严重违法行为,查证属实的,给予重奖。

第七十八条 县级以上人民政府应当制定疫苗安全事件应急预案,对疫苗安全事件分级、处置组织指挥体系与职责、预防预警机制、处置程序、应急保障措施等作出规定。

疫苗上市许可持有人应当制定疫苗安全事件处置方案,定期检查各项防范措施的落实情况,及时消除安全隐患。

发生疫苗安全事件,疫苗上市许可持有人应当立即向国务院药品监督管理部门或者省、自治区、直辖市人民政府药品监督管理部门报告;疾病预防控制机构、接种单位、医疗机构应当立即向县级以上人民政府卫生健康主管部门、药品监督管理部门报告。药品监督管理部门应当会同卫生健康主管部门按照应急预案的规定,成立疫苗安全事件处置指挥机构,开展医疗救治、风险控制、调查处理、信息发布、解释说明等工作,做好补种等善后处置工作。因质量问题造成的疫苗安全事件的补种费用由疫苗上市许可持有人承担。

有关单位和个人不得瞒报、谎报、缓报、漏报疫苗安全事件,不得隐匿、伪造、毁灭有关证据。

第十章　法律责任

第七十九条 违反本法规定,构成犯罪的,依法从重追究刑事责任。

第八十条 生产、销售的疫苗属于假药的,由省级以上人民政府药品监督管理部门没收违法所得和违法生产、销售的疫苗以及专门用于违法生产疫苗的原料、辅料、包装材料、设备等物品,责令停产停业整顿,吊销药品注册证书,直至吊销药品生产许可证等,并处违法生产、销售疫苗货值金额十五倍以上五十倍以下的罚款,货值金额不足五十万元的,按五十万元计算。

生产、销售的疫苗属于劣药的,由省级以上人民政府药品监督管理部门没收违法所得和违法生产、销售的疫苗以及专门用于违法生产疫苗的原料、辅料、包装材料、设备等物品,责令停产停业整顿,并处违法生产、销售疫苗货值金额十倍以上三十倍以下的罚款,货值金额不足五十万元的,按五十万元计算;情节严重的,吊销药品注册证书,直至吊销药品生产许可证等。

生产、销售的疫苗属于假药,或者生产、销售的疫苗属于劣药且情节严重的,由省级以上人民政府药品监督管理部门对法定代表人、主要负责人、直接负责的主管人员和关键岗位人员以及其他责任人员,没收违法行为发生期间自本单位所获收入,并处所获收入一倍以上十倍以下的罚款,终身禁止从事药品生产经营活动,由公安机关处五日以上十五日以下拘留。

第八十一条 有下列情形之一的,由省级以上人民政府药品监督管理部门没收违法所得和违法生产、销售的疫苗以及专门用于违法生产疫苗的原料、辅料、包装材料、设备等物品,责令停产停业整顿,并处违法生产、销售疫苗货值金额十五倍以上五十倍以下的罚款,货值金额不足五十万元的,按五十万元计算;情节严重的,吊销药品相关批准证明文件,直至吊销药品生产许可证等,对法定代表人、主要负责人、直接负责的主管人员和关键岗位人员以及其他责任人员,没收违法行为发生期间自本单位所获收入,并处所获收入百分之五十以上十倍以下的罚款,十年内直至终身禁止从事药品生产经营活动,由公安机关处五日以上十五日以下拘留:

(一)申请疫苗临床试验、注册、批签发提供虚假数据、资料、样品或者有其他欺骗行为;

(二)编造生产、检验记录或者更改产品批号;

(三)疾病预防控制机构以外的单位或者个人向接种单位供应疫苗;

(四)委托生产疫苗未经批准;

(五)生产工艺、生产场地、关键设备等发生变更按照规定应当经批准而未经批准;

(六)更新疫苗说明书、标签按照规定应当经核准而未经核准。

第八十二条 除本法另有规定的情形外,疫苗上市许可持有人或者其他单位违反药品相关质量管理规范的,由县级以上人民政府药品监督管理部门责令改正,给予警告;拒不改正的,处二十万元以上五十万元以下的罚款;情节严重的,处五十万元以上三百万元以下的罚款,责令停产停业整顿,直至吊销药品相关批准证明文件、药品生产许可证等,对法定代表人、主要负责人、直接负责的主管人员和关键岗位人员以及其他责任人员,没收违法行为发生期间自本单位所获收入,并处所获收入百分之五十以上五倍以下的罚款,十年内直至终身禁止从事药品生产经营活动。

第八十三条　违反本法规定，疫苗上市许可持有人有下列情形之一的，由省级以上人民政府药品监督管理部门责令改正，给予警告；拒不改正的，处二十万元以上五十万元以下的罚款；情节严重的，责令停产停业整顿，并处五十万元以上二百万元以下的罚款：

（一）未按照规定建立疫苗电子追溯系统；

（二）法定代表人、主要负责人和生产管理负责人、质量管理负责人、质量受权人等关键岗位人员不符合规定条件或者未按照规定对其进行培训、考核；

（三）未按照规定报告或者备案；

（四）未按照规定开展上市后研究，或者未按照规定设立机构、配备人员主动收集、跟踪分析疑似预防接种异常反应；

（五）未按照规定投保疫苗责任强制保险；

（六）未按照规定建立信息公开制度。

第八十四条　违反本法规定，批签发机构有下列情形之一的，由国务院药品监督管理部门责令改正，给予警告，对主要负责人、直接负责的主管人员和其他直接责任人员依法给予警告直至降级处分：

（一）未按照规定进行审核和检验；

（二）未及时公布上市疫苗批签发结果；

（三）未按照规定进行核实；

（四）发现疫苗存在重大质量风险未按照规定报告。

违反本法规定，批签发机构未按照规定发给批签发证明或者不予批签发通知书的，由国务院药品监督管理部门责令改正，给予警告，对主要负责人、直接负责的主管人员和其他直接责任人员依法给予降级或者撤职处分；情节严重的，对主要负责人、直接负责的主管人员和其他直接责任人员依法给予开除处分。

第八十五条　疾病预防控制机构、接种单位、疫苗上市许可持有人、疫苗配送单位违反疫苗储存、运输管理规范有关冷链储存、运输要求的，由县级以上人民政府药品监督管理部门责令改正，给予警告，对违法储存、运输的疫苗予以销毁，没收违法所得；拒不改正的，对接种单位、疫苗上市许可持有人、疫苗配送单位处二十万元以上一百万元以下的罚款；情节严重的，对接种单位、疫苗上市许可持有人、疫苗配送单位处违法储存、运输疫苗货值金额十倍以上三十倍以下的罚款，货值金额不足十万元的，按十万元计算，责令疫苗上市许可持有人、疫苗配送单位停产停业整顿，直至吊销药品相关批准证明文件、药品生产许可证等，对疫苗上市许可持有人、疫苗配送单位的法定代表人、主要负责人、直接负责的主管人员和关键岗位人员以及其他责任人员依照本法第八十二条规定给予处罚。

疾病预防控制机构、接种单位有前款规定违法行为的，由县级以上人民政府卫生健康主管部门对主要负责人、直接负责的主管人员和其他直接责任人员依法给予警告直至撤职处分，责令负有责任的医疗卫生人员暂停一年以上十八个月以下执业活动；造成严重后果的，对主要负责人、直接负责的主管人员和其他直接责任人员依法给予开除处分，并可以吊销接种单位的接种资格，由原发证部门吊销负有责任的医疗卫生人员的执业证书。

第八十六条　疾病预防控制机构、接种单位、疫苗上市许可持有人、疫苗配送单位有本法第八十五条规定以外的违反疫苗储存、运输管理规范行为的，由县级以上人民政府药品监督管理部门责令改正，给予警告，没收违法所得；拒不改正的，对接种单位、疫苗上市许可持有人、疫苗配送单位处十万元以上三十万元以下的罚款；情节严重的，对接种单位、疫苗上市许可持有人、疫苗配送单位处违法储存、运输疫苗货值金额三倍以上十倍以下的罚款，货值金额不足十万元的，按十万元计算。

疾病预防控制机构、接种单位有前款规定违法行为的，县级以上人民政府卫生健康主管部门可以对主要负责人、直接负责的主管人员和其他直接责任人员依法给予警告直至撤职处分，责令负有责任的医疗卫生人员暂停六个月以上一年以下执业活动；造成严重后果的，对主要负责人、直接负责的主管人员和其他直接责任人员依法给予开除处分，由原发证部门吊销负有责任的医疗卫生人员的执业证书。

第八十七条　违反本法规定，疾病预防控制机构、接种单位有下列情形之一的，由县级以上人民政府卫生健康主管部门责令改正，给予警告，没收违法所得；情节严重的，对主要负责人、直接负责的主管人员和其他直接责任人员依法给予警告直至撤职处分，责令负有责任的医疗卫生人员暂停一年以上十八个月以下执业活动；造成严重后果的，对主要负责人、直接负责的主管人员和其他直接责任人员依法给予开除处分，由原发证部门吊销负有责任的医疗卫生人员的执业证书：

（一）未按照规定供应、接收、采购疫苗；

（二）接种疫苗未遵守预防接种工作规范、免疫程序、疫苗使用指导原则、接种方案；

（三）擅自进行群体性预防接种。

第八十八条 违反本法规定，疾病预防控制机构、接种单位有下列情形之一的，由县级以上人民政府卫生健康主管部门责令改正，给予警告；情节严重的，对主要负责人、直接负责的主管人员和其他直接责任人员依法给予警告直至撤职处分，责令负有责任的医疗卫生人员暂停六个月以上一年以下执业活动；造成严重后果的，对主要负责人、直接负责的主管人员和其他直接责任人员依法给予开除处分，由原发证部门吊销负有责任的医疗卫生人员的执业证书：

（一）未按照规定提供追溯信息；

（二）接收或者购进疫苗时未按照规定索取并保存相关证明文件、温度监测记录；

（三）未按照规定建立并保存疫苗接收、购进、储存、配送、供应、接种、处置记录；

（四）未按照规定告知、询问受种者或者其监护人有关情况。

第八十九条 疾病预防控制机构、接种单位、医疗机构未按照规定报告疑似预防接种异常反应、疫苗安全事件等，或者未按照规定对疑似预防接种异常反应组织调查、诊断等的，由县级以上人民政府卫生健康主管部门责令改正，给予警告；情节严重的，对接种单位、医疗机构处五万元以上五十万元以下的罚款，对疾病预防控制机构、接种单位、医疗机构的主要负责人、直接负责的主管人员和其他直接责任人员依法给予警告直至撤职处分；造成严重后果的，对主要负责人、直接负责的主管人员和其他直接责任人员依法给予开除处分，由原发证部门吊销负有责任的医疗卫生人员的执业证书。

第九十条 疾病预防控制机构、接种单位违反本法规定收取费用的，由县级以上人民政府卫生健康主管部门监督其将违法收取的费用退还给原缴费的单位或者个人，并由县级以上人民政府市场监督管理部门依法给予处罚。

第九十一条 违反本法规定，未经县级以上地方人民政府卫生健康主管部门指定擅自从事免疫规划疫苗接种工作、从事非免疫规划疫苗接种工作不符合条件或者未备案的，由县级以上人民政府卫生健康主管部门责令改正，给予警告，没收违法所得和违法持有的疫苗，责令停业整顿，并处十万元以上一百万元以下的罚款，对主要负责人、直接负责的主管人员和其他直接责任人员依法给予处分。

违反本法规定，疾病预防控制机构、接种单位以外的单位或者个人擅自进行群体性预防接种的，由县级以上人民政府卫生健康主管部门责令改正，没收违法所得和违法持有的疫苗，并处违法持有的疫苗货值金额十倍以上三十倍以下的罚款，货值金额不足五万元的，按五万元计算。

第九十二条 监护人未依法保证适龄儿童按时接种免疫规划疫苗的，由县级人民政府卫生健康主管部门批评教育，责令改正。

托幼机构、学校在儿童入托、入学时未按照规定查验预防接种证，或者发现未按照规定接种的儿童后未向接种单位报告的，由县级以上地方人民政府教育行政部门责令改正，给予警告，对主要负责人、直接负责的主管人员和其他直接责任人员依法给予处分。

第九十三条 编造、散布虚假疫苗安全信息，或者在接种单位寻衅滋事，构成违反治安管理行为的，由公安机关依法给予治安管理处罚。

报纸、期刊、广播、电视、互联网站等传播媒介编造、散布虚假疫苗安全信息的，由有关部门依法给予处罚，对主要负责人、直接负责的主管人员和其他直接责任人员依法给予处分。

第九十四条 县级以上地方人民政府在疫苗监督管理工作中有下列情形之一的，对直接负责的主管人员和其他直接责任人员依法给予降级或者撤职处分；情节严重的，依法给予开除处分；造成严重后果的，其主要负责人应当引咎辞职：

（一）履行职责不力，造成严重不良影响或者重大损失；

（二）瞒报、谎报、缓报、漏报疫苗安全事件；

（三）干扰、阻碍对疫苗违法行为或者疫苗安全事件的调查；

（四）本行政区域发生特别重大疫苗安全事故，或者连续发生重大疫苗安全事故。

第九十五条 药品监督管理部门、卫生健康主管部门等部门在疫苗监督管理工作中有下列情形之一的，对直接负责的主管人员和其他直接责任人员依法给予降级或者撤职处分；情节严重的，依法给予开除处分；造成严重后果的，其主要负责人应当引咎辞职：

（一）未履行监督检查职责，或者发现违法行为不及时查处；

（二）擅自进行群体性预防接种；

（三）瞒报、谎报、缓报、漏报疫苗安全事件；

（四）干扰、阻碍对疫苗违法行为或者疫苗安全事件的调查；

（五）泄露举报人的信息；

（六）接到疑似预防接种异常反应相关报告，未按照规定组织调查、处理；

（七）其他未履行疫苗监督管理职责的行为，造成严重不良影响或者重大损失。

第九十六条　因疫苗质量问题造成受种者损害的，疫苗上市许可持有人应当依法承担赔偿责任。

疾病预防控制机构、接种单位因违反预防接种工作规范、免疫程序、疫苗使用指导原则、接种方案，造成受种者损害的，应当依法承担赔偿责任。

第十一章　附　则

第九十七条　本法下列用语的含义是：

免疫规划疫苗，是指居民应当按照政府的规定接种的疫苗，包括国家免疫规划确定的疫苗，省、自治区、直辖市人民政府在执行国家免疫规划时增加的疫苗，以及县级以上人民政府或者其卫生健康主管部门组织的应急接种或者群体性预防接种所使用的疫苗。

非免疫规划疫苗，是指由居民自愿接种的其他疫苗。

疫苗上市许可持有人，是指依法取得疫苗药品注册证书和药品生产许可证的企业。

第九十八条　国家鼓励疫苗生产企业按照国际采购要求生产、出口疫苗。

出口的疫苗应当符合进口国（地区）的标准或者合同要求。

第九十九条　出入境预防接种及所需疫苗的采购，由国境卫生检疫机关商国务院财政部门另行规定。

第一百条　本法自2019年12月1日起施行。

关于《中华人民共和国疫苗管理法（草案）》的说明

——2018年12月23日在第十三届全国人民代表大会常务委员会第七次会议上

国家药品监督管理局局长　焦　红

全国人民代表大会常务委员会：

我受国务院委托，现对《中华人民共和国疫苗管理法（草案）》作说明。

疫苗关系人民群众生命健康，关系公共卫生安全和国家安全，是国家战略性、公益性产品。党中央、国务院高度重视人民群众用药安全，要求用最严谨的标准、最严格的监管、最严厉的处罚、最严肃的问责加强疫苗监管。吉林长春长生公司问题疫苗案件发生后，习近平总书记要求立即调查事实真相，一查到底，严肃问责，依法从严处理，要深刻汲取教训，举一反三，重典治乱，去疴除弊，加快完善疫苗药品监管长效机制，坚决守住公共安全底线，坚决维护最广大人民身体健康。李克强总理要求对不法分子坚决依法严惩，对监管失职渎职坚决严厉问责，抓紧完善相关法律法规，健全最严格的药品监管体系，切实保障人民群众用药安全。为了规范疫苗研制、生产、流通、预防接种，保障和促进公众健康，维护公共安全，按照党中央、国务院部署要求，市场监管总局会同有关部门起草了《中华人民共和国疫苗管理法（草案送审稿）》（以下简称送审稿），于2018年11月报送国务院。收到送审稿后，司法部立即征求了有关部门、省级人民政府、部分协会和企业的意见，赴疫苗生产企业进行调研，召开座谈会听取疫苗生产企业、疾病预防控制机构、接种单位、地方监管部门和专家的意见，在此基础上，会同市场监管总局、国家药监局、国家卫生健康委等部门对送审稿作了研究、协调、修改，形成了《中华人民共和国疫苗管理法（草案）》（以下简称《草案》）。《草案》已经国务院第34次常务会议讨论通过。现说明如下：

一、总体思路

《草案》在总体思路上，主要把握了以下几点：一是贯彻“四个最严”要求，对疫苗实行最严格的管理制度，坚决守住质量安全底线，坚决维护最广大人民群众身体健康。二是落实疫苗管理体制改革举措，将党中央、国务院的决策转化为法律制度。三是总结药品管理法、疫苗流通和预防接种管理条例的实施经验，汲取问题疫苗案件教训，举一反三，堵塞漏洞，系统规定疫苗研制、生产、流通、预防接种管理制度，强化全过程、全链条监管。四是处理好与药品管理法的关系，针对疫苗特点规定具体管理制度，不简单重复药品管理的一般性规定。

二、《草案》主要内容

（一）坚持疫苗的战略性、公益性。一是将疫苗安全和预防接种工作纳入国民经济和社会发展规划，将有关工作经费纳入政府预算，对贫困地区的预防接种工作给予支持。二是支持疫苗基础研究和应用研究，促进疫苗的研制和创新。三是制定疫苗行业发展规划和产业政策，支持产业发展和结构优化，鼓励疫苗生产规模化、集约化，提升疫苗生产工艺和质量水平。四是将预防重大疾病疫苗的研制、生产纳入国家战略，将疫苗纳入国家战略物资储备；出现供应短缺风险时，采取有效措施，保障疫苗生产供应。五是实行免疫规划制度，保障居民接种免疫规划疫苗的权利。

（二）加强疫苗研制、上市许可和上市后研究。一是明确疫苗上市许可持有人依法对疫苗研制、生产、流通、预防接种过程中疫苗的安全、有效和质量可控负责。二是规定申请疫苗上市许可应当提供真实、充分、可靠的研究数据、资料和样品，具备疫苗生产能力。三是规范疫苗临床试验。开展疫苗临床试验应当经伦理委员会审查同意，由国务院药品监管部门审核批准；审慎选择受试者，合理设置受试者群体和年龄组，并取得书面知情同意；根据风险程度制定详细的受试者保护措施。四是要求疫苗上市许可持有人制定并实施疫苗上市后风险管理计划，主动开展上市后研究，对疫苗的安全性、有效性进行进一步确证；持续改进生产工艺和质量控制标准，提高工艺稳定性；对可能影响疫苗安全性、有效性、质量可控性的变更进行充分验证，并按照规定报请批准、备案或者报告。五是规定对产品设计、生产工艺、安全性或者有效性明显劣于预防同种疾病的其他类疫苗的品种，予以淘汰。

（三）严格疫苗生产和批签发管理。一是对疫苗生产实行严于一般药品生产的准入制度。从事疫苗生产除符合一般药品的生产条件外，还应当具备本法专门规定的条件。二是要求疫苗上市许可持有人的法定代表人、主要负责人具有良好的信用记录，生产管理负责人等关键岗位人员具有相关专业背景和从业经历。三是要求生产全过程持续合法合规，采用信息化手段记录生产、检验数据，确保相关资料和数据真实、完整和可追溯。四是实行疫苗批签发制度，上市销售前逐批进行审核、检验。五是实行疫苗责任强制保险制度。

（四）规范疫苗流通和预防接种。一是明确疫苗采购方式。国家免疫规划疫苗由国务院卫生行政等部门组织集中招标或者统一谈判形成中标或者成交价格，各省（区、市）统一采购；其他疫苗由各省（区、市）通过公共资源交易平台组织采购。二是规范疫苗配送。疫苗上市许可持有人将疫苗配送至疾病预防控制机构，由疾病预防控制机构配送至接种单位；疫苗储存、运输全过程应当处于规定的温度环境，并定时监测、记录温度，不符合温度控制要求的不得接收或者购进。三是规范预防接种。明确接种单位的条件，规范接种的实施，并要求完整、准确记录接种信息，确保可追溯。四是加强预防接种异常反应监测和调查处理，对受种者给予补偿。

（五）强化疫苗监管。一是明确县级以上地方人民政府对本行政区域的疫苗监管工作负责，统一领导、组织、协调疫苗监管工作和疫苗安全事件应对工作；药品监管部门、卫生行政部门依据职责对疫苗研制、生产、流通、预防接种全过程进行监管。二是建设国家和省级两级职业化、专业化药品检查员队伍，加强对疫苗的监督检查。三是要求药品监管部门加强现场检查，向疫苗上市许可持有人派驻检查员。四是实行疫苗全程信息化追溯制度，实现疫苗最小包装单位的生产、储存、运输、使用全过程可追溯。五是加强信息发布管理。疫苗安全风险警示等信息由有关部门统一公布；准确、及时公布重大疫苗质量安全信息，并进行解释说明。六是对举报疫苗违法行为的人员给予奖励，举报所在企业或者单位严重违法犯罪行为的，给予重奖。

（六）建立严格的法律责任制度。一是在药品管理法规定的基础上，进一步加大对严重违法行为的处罚力度。对生产、销售假劣疫苗等违法行为，提高罚款金额的下限。二是落实“处罚到人”要求。生产、销售假劣疫苗以及违反质量管理规范、情节恶劣的，对企业的法定代表人、主要负责人、直接负责的主管人员和关键岗位人员等，没收违法行为发生期间其自本单位所获收入并处罚款，十年直至终身不得从事药品生产经营活动。三是加大民事赔偿力度。明知疫苗存在质量问题仍然销售，造成严重损害的，受害者可以要求惩罚性赔偿。四是坚持有权必有责，细化处分规定，严肃追究失职的地方人民政府负责人及监管人员的责任。

《中华人民共和国疫苗管理法（草案）》和以上说明是否妥当，请审议。

全国人民代表大会宪法和法律委员会关于《中华人民共和国疫苗管理法（草案）》修改情况的汇报

——2019 年 4 月 20 日在第十三届全国人民代表大会常务委员会第十次会议上

全国人大宪法和法律委员会副主任委员　丛　斌

全国人民代表大会常务委员会：

常委会第七次会议对疫苗管理法（草案）进行了初次审议。会后，法制工作委员会将草案印发各省（区、市）、立法联系点和中央有关单位等征求意见，在中国人大网公布草案全文，征求社会公众意见；到天津、重庆、河北等地调研，听取疫苗生产企业、配送企业、疾控机构、接种单位等的意见；宪法和法律委员会、教育科学文化卫生委员会和法制工作委员会联合召开座谈会，听取部分全国人大代表和有关部门、专家、企业、机构、行业协会等的意见；并就草案中的主要问题与有关部门交换意见，共同研究。宪法和法律委员会于 3 月 28 日召开会议，根据常委会组成人员的审议意见和各方面意见，对草案进行了逐条审议。教育科学文化卫生委员会、司法部、国家市场监督管理总局、国家卫生健康委员会、国家药品监督管理局的有关负责同志列席了会议。4 月 12 日，宪法和法律委员会召开会议，再次进行审议。现将疫苗管理法（草案）主要问题的修改情况汇报如下：

一、有些常委会组成人员提出，草案在突出全过程、全链条监管的同时，对疫苗研制和创新的激励和支持不够，应当进一步充实。宪法和法律委员会经研究，建议增加规定：一是国家根据疾病流行情况、人群免疫状况等因素，制定相关研制规划，安排必要的资金，支持多联多价等新型疫苗研制。二是国家组织疫苗上市许可持有人、科研单位、医疗卫生机构联合攻关，研制疾病预防、控制急需的疫苗。三是国家鼓励疫苗上市许可持有人加大研制和创新资金投入，优化生产工艺，提升质量控制水平，推动疫苗技术进步。四是对疾病预防、控制急需的疫苗和创新疫苗，国务院药品监督管理部门应当予以优先审评审批。

二、国家药品监督管理局提出，为了保障防控传染病等急需疫苗供应，建议增加对急需疫苗可以免予批签发的规定。有些常委委员、代表提出，应当对进口疫苗的批签发增加专门规定，并增加疫苗上市许可持有人保障疫苗供应的规定。宪法和法律委员会经研究，建议增加规定：一是预防、控制传染病疫情或者应对突发事件急需的疫苗，经国务院药品监督管理部门批准，免予批签发。二是进口疫苗申请批签发，除应当按照规定向批签发机构提供药品注册证书、批生产及检验记录摘要、同批号产品等资料和样品外，还应当提供疫苗上市许可持有人的原产地证明以及监督管理部门出具的批签发证明；在原产地免予批签发的，应当提供免予批签发证明。三是疫苗上市许可持有人应当依法组织生产，保障疫苗供应。

三、有的部门、地方和社会公众提出，针对一些地方在预防接种环节发生的疫苗过期、掉包等事件，应当进一步加强预防接种管理，规范预防接种行为。宪法和法律委员会经研究，建议增加规定：一是接种单位应当加强内部管理，开展预防接种工作应当遵守预防接种工作规范、免疫程序、疫苗使用指导原则和接种方案。二是各级疾病预防控制机构应当加强对接种单位预防接种工作的技术指导和疫苗使用的管理。三是明确“三查七对”要求，规定医疗卫生人员在实施接种前，应当按照预防接种工作规范的要求，严格核对有关信息，确认无误后方可接种。四是医疗卫生人员应当完整、准确记录接种疫苗的最小包装单位的识别信息、有效期等，确保接种信息可追溯、可查询。

四、有的常委会组成人员、部门、地方和社会公众提出，预防接种异常反应认定标准过于严格、补偿范围过于狭窄，应当将不能排除是异常反应的也纳入补偿范围，并统一补偿标准。宪法和法律委员会经研究，建议作以下修改：一是增加规定，国家实行预防接种异常反应补偿制度。二是明确实施接种过程中或者实施接种后出现受种者死亡、严重残疾、器官组织损伤等损害，属于预防接种异常反应或者不能排除的，应当给予补偿。三是明确预防接种异常反应具体补偿办法由国务院和省、自治区、直辖市人民政府规定。

五、有些常委委员、地方和社会公众提出，应当进一步体现“四个最严”要求，补充完善法律责任，加大对违法行为的惩处力度，提高违法成本。宪法和法律委员会经研究，建议作以下修改：一是对生产、销售假劣疫苗、申请疫苗注册提供虚假数据以及违反药品相关质量管理规范等违法行为，提高罚款额度。二是增加批签发机构未按照规定发给批签发证明、疾病预防控制机构和接种单位未按照规定建立并保存相关记录等违法行为的法律责任。三是完善惩罚性赔偿规定，明确明知疫苗存在质量问题仍然销售、接种，造成受种者死亡或者健康严重损害的，受种者或者其近亲属除要求赔偿损失外，还可以要求相应的惩罚性赔偿。

此外，还对草案作了一些文字修改。

草案二次审议稿已按上述意见作了修改，宪法和法律委员会建议提请本次常委会会议继续审议。

草案二次审议稿和以上汇报是否妥当，请审议。

全国人民代表大会宪法和法律委员会关于《中华人民共和国疫苗管理法（草案）》审议结果的报告

——2019 年 6 月 25 日在第十三届全国人民代表大会常务委员会第十一次会议上

全国人大宪法和法律委员会副主任委员　丛　斌

全国人民代表大会常务委员会：

常委会第十次会议对疫苗管理法草案进行了二次审议。会后，法制工作委员会在中国人大网公布草案二次审议稿，征求社会公众意见，并再次书面征求了中央有关部门、单位和行业协会的意见；到河南、四川调研，听取部分全国人大代表、地方有关部门、疫苗生产企业、配送企业、疾控机构、接种单位等的意见；召开专家咨询会，听取专家意见；就草案中的主要问题与有关部门交换意见，共同研究。宪法和法律委员会于 5 月 27 日召开会议，根据常委会组成人员的审议意见和各方面意见，对草案进行了审议。教育科学文化卫生委员会、司法部、财政部、国家卫生健康委员会、国家市场监督管理总局、国家药品监督管理局的有关负责同志列席了会议。6 月 17 日，宪法和法律委员会召开会议，再次进行审议。宪法和法律委员会认为，为了加强疫苗管理，保障公众健康，维护公共卫生安全，制定本法是必要的，草案经过两次审议修改，已经比较成熟。同时，提出以下主要修改意见：

一、有的常委委员和社会公众提出，疫苗管理法与药品管理法具有密切联系，一些共性制度可由药品管理法规定，本法可不作重复规定。宪法和法律委员会经研究，建议将有关表彰奖励、惩罚性赔偿以及行政执法与刑事司法衔接等内容，调整为由药品管理法统一规定。

二、草案二次审议稿第二十三条第四款规定，疫苗上市许可持有人应当具备疫苗生产能力，不得委托生产；但是，国务院药品监督管理部门另有规定的除外。国家药品监督管理局和有的常委委员、社会公众提出，从疫苗行业发展来看，为提高疫苗生产质量和效率，应当对疫苗委托生产的条件和审批作出规定。宪法和法律委员会经研究，建议将上述规定修改为：“疫苗上市许可持有人应当具备疫苗生产能力；超出疫苗生产能力需要委托生产的，应当经国务院药品监督管理部门批准，符合国家有关规定。”

三、有的常委会组成人员提出，应当进一步完善疫苗有关信息公开的规定，保障公众知情权，加强社会监督。宪法和法律委员会经研究，建议增加规定，国务院药品监督管理部门应当及时公布上市疫苗批签发结果和更新后的疫苗说明书、标签内容。

四、草案二次审议稿第四十五条第二款中规定，符合条件的医疗机构可以承担非免疫规划疫苗接种工作。国家卫生健康委员会建议对非免疫规划疫苗接种单位实行备案管理。宪法和法律委员会经研究，建议将上述规定修改为：“符合条件的医疗机构可以承担非免疫规划疫苗接种工作，并应当向颁发医疗机构执业许可证的卫生健康主管部门备案”。

五、草案二次审议稿第五十六条规定了预防接种异常反应补偿制度。有的常委委员、部门、专家和社会公众建议进一步明确补偿范围、补偿标准，保障补偿费用。宪法和法律委员会经研究，建议作以下修改：一是增加规定，预防接种异常反应补偿应当及时、便民、合理。二是增加规定，补偿范围实行目录管理，并根据实际情况进行动态调整。三是明确由国务院规定补偿范围、标准、程序，省、自治区、直辖市制定具体实施办法。四是明确接种免疫规划疫苗所需的补偿费用，由省、自治区、直辖市人民政府财政部门在预防接种经费中安排。

六、有的常委会组成人员提出，在传染病暴发、流行时，政府及有关部门、疫苗生产企业、运输单位等应当采取相应的应急保障措施。宪法和法律委员会经研究，建议增加一条规定：“传染病暴发、流行时，有关疫苗上市许可持有人应当及时生产、供应预防、控制传染病的疫苗。交通运输单位应当优先运输预防、控制传染病的疫苗。县级以上人民政府及其有关部门应当做好组织协调和保障工作。”

七、有些常委会组成人员和社会公众建议进一步完善法律责任，加大对疫苗违法行为的惩处力度，提高罚款额度，增加处罚种类，同时补充规定一些违法行为的法律责任。宪法和法律委员会经研究，建议作以下修改：一是明确违反本法规定，构成犯罪的，依法从重追究刑事责任。二是对生产、销售的疫苗属于假药、劣药等违法行为，加大对责任单位及责任人员的罚款处罚力度。三是对有严重违法行为的责任人员，增加规定行政拘留。四是对上市许可持有人委托生产疫苗未经批准或者未按照规定建立疫苗电子追溯系统、收集跟踪分析疑似预防接种异常反应，疾病预防控制机构、接种单位未按照规定提供追溯信息，监护人未依法保证适龄儿童按时接种免疫规划疫苗等违法行为，增加规定相应的法律责任。

6月12日，法制工作委员会召开会议，邀请部分全国人大代表、全国政协委员、专家和地方有关部门、疫苗生产企业、配送企业、疾控机构、接种单位等的代表就草案中主要制度规范的可行性、出台时机、实施的社会效果和可能出现的问题等进行评估。与会人员普遍认为，制定疫苗管理法是贯彻落实党中央决策部署、回应人民群众期待、解决疫苗管理突出问题的重大举措，非常必要和及时，有利于加强疫苗管理，促进疫苗行业发展，对保障公众健康、维护公共卫生安全具有重要意义。草案经过修改，充分吸收了各方面意见，进一步增强了制度规范的针对性和可操作性，已经比较成熟，建议尽快审议通过。与会人员还对草案提出了一些具体修改意见，宪法和法律委员会进行了认真研究，对有的意见予以采纳。

此外，还对草案二次审议稿作了一些文字修改。

草案三次审议稿已按上述意见作了修改，宪法和法律委员会建议提请本次常委会会议审议通过。

草案三次审议稿和以上报告是否妥当，请审议。

全国人民代表大会宪法和法律委员会关于《中华人民共和国疫苗管理法（草案三次审议稿）》修改意见的报告

——2019年6月29日在第十三届全国人民代表大会常务委员会第十一次会议上

全国人民代表大会常务委员会：

本次常委会会议于6月25日下午对疫苗管理法（草案三次审议稿）进行了分组审议，普遍认为，草案已经比较成熟，建议进一步修改后，提请本次会议表决通过。同时，有些常委会组成人员还提出了一些修改意见。宪法和法律委员会于6月27日上午召开会议，逐条研究了常委会组成人员的审议意见，对草案进行了审议。教育科学文化卫生委员会、司法部、国家卫生健康委员会、国家市场监督管理总局、国家药品监督管理局的有关负责同志列席了会议。宪法和法律委员会认为，草案是可行的，同时，提出以下修改意见：

一、有的常委会组成人员建议在总则中增加保证疫苗供应的内容。宪法和法律委员会经研究，建议采纳这一意见。

二、草案三次审议稿第二十二条第四款中规

定，疫苗上市许可持有人需要委托生产的，应当符合国家有关规定。有的常委会组成人员建议进一步明确对接受委托的生产企业的监管要求。宪法和法律委员会经研究，建议将“符合国家有关规定”修改为“接受委托生产的，应当遵守本法规定和国家有关规定，保证疫苗质量”。

三、有的常委委员建议明确规定疫苗上市许可持有人应当如实记录生产、检验过程中形成的所有数据。宪法和法律委员会经研究，建议采纳这一意见。

四、草案三次审议稿第三十六条第三款规定，疾病预防控制机构配送非免疫规划疫苗可以收取储存、运输费用，具体办法由省、自治区、直辖市制定。有的常委委员、财政部建议具体办法由国务院有关部门制定，收费标准由省级人民政府有关部门制定。宪法和法律委员会经研究，建议修改为“具体办法由国务院财政部门会同国务院价格主管部门制定，收费标准由省、自治区、直辖市人民政府价格主管部门会同财政部门制定”。

五、有的常委会组成人员提出，受种者在实施接种后出现严重不良反应的，应当明确医疗卫生人员要立即实施救治。宪法和法律委员会经研究，建议增加规定：“受种者在现场留观期间出现不良反应的，医疗卫生人员应当按照预防接种工作规范的要求，及时采取救治等措施。”

六、有的常委委员、社会公众提出，疾病预防控制机构应当将疑似预防接种异常反应相关信息告知受种者或者其监护人，保障其知情权。宪法和法律委员会经研究，建议增加规定，疾病预防控制机构应当将调查、诊断结论告知受种者或者其监护人。

七、有些常委会组成人员建议进一步完善法律责任，加大对一些违法行为的惩处力度，强化处罚到人。宪法和法律委员会经研究，建议作以下修改：一是对未按照规定建立疫苗电子追溯系统、从事非免疫规划疫苗接种工作不符合条件等违法行为，加大处罚力度。二是对违反疫苗储存、运输管理规范有关冷链储存、运输要求的有关单位的责任人员，增加规定没收收入和予以罚款。三是对托幼机构、学校未按照规定查验预防接种证等违法行为，增加规定对有关责任人员依法给予处分。

八、有的常委委员建议明确疫苗上市许可持有人的含义。宪法和法律委员会经研究，建议增加规定：“疫苗上市许可持有人，是指依法取得疫苗药品注册证书和药品生产许可证的企业。”

九、有的常委会组成人员、国家药品监督管理局建议增加有关鼓励疫苗企业参加国际采购的内容。宪法和法律委员会经研究，建议增加规定：“国家鼓励疫苗生产企业按照国际采购要求生产、出口疫苗。”

在常委会审议中，有些常委会组成人员还就加强疫苗管理，完善有关制度提出了一些具体意见，如完善疫苗审评和批签发制度、加大资金保障力度、强化企业主体责任、细化异常反应补偿保险规定、保护知识产权、对疫苗专利实施强制许可等。有些常委会组成人员还建议有关方面抓紧制定配套规定，加强法律宣传。宪法和法律委员会经研究认为，上述意见涉及的问题，有的将通过修改药品管理法作出规定，有的在药品质量管理规范中作出细化规定，有的可适用专利法的规定，有的需要在有关配套规定中进一步明确。宪法和法律委员会建议，国务院及其有关部门在法律实施过程中，认真研究常委会组成人员的上述意见，进一步完善疫苗管理具体制度，做好法律宣传，切实保障法律的贯彻实施。

此外，根据常委会组成人员的审议意见，还对草案三次审议稿作了一些文字修改。

草案建议表决稿已按上述意见作了修改，宪法和法律委员会建议本次常委会会议通过。

草案建议表决稿和以上报告是否妥当，请审议。

中华人民共和国主席令

第三十一号

《中华人民共和国药品管理法》已由中华人民共和国第十三届全国人民代表大会常务委员会第十二次会议于 2019 年 8 月 26 日修订通过，现予公布，自 2019 年 12 月 1 日起施行。

中华人民共和国主席　习近平

2019 年 8 月 26 日

中华人民共和国药品管理法

（1984 年 9 月 20 日第六届全国人民代表大会常务委员会第七次会议通过　2001 年 2 月 28 日第九届全国人民代表大会常务委员会第二十次会议第一次修订　根据 2013 年 12 月 28 日第十二届全国人民代表大会常务委员会第六次会议《关于修改〈中华人民共和国海洋环境保护法〉等七部法律的决定》第一次修正　根据 2015 年 4 月 24 日第十二届全国人民代表大会常务委员会第十四次会议《关于修改〈中华人民共和国药品管理法〉的决定》第二次修正　2019 年 8 月 26 日第十三届全国人民代表大会常务委员会第十二次会议第二次修订）

目　录

第一章　总　　则

第一条　为了加强药品管理，保证药品质量，保障公众用药安全和合法权益，保护和促进公众健康，制定本法。

第二条　在中华人民共和国境内从事药品研制、生产、经营、使用和监督管理活动，适用本法。

本法所称药品，是指用于预防、治疗、诊断人的疾病，有目的地调节人的生理机能并规定有适应症或者功能主治、用法和用量的物质，包括中药、化学药和生物制品等。

第三条　药品管理应当以人民健康为中心，坚持风险管理、全程管控、社会共治的原则，建立科学、严格的监督管理制度，全面提升药品质量，保障药品的安全、有效、可及。

第四条　国家发展现代药和传统药，充分发挥其在预防、医疗和保健中的作用。

国家保护野生药材资源和中药品种，鼓励培育道地中药材。

第五条　国家鼓励研究和创制新药，保护公民、法人和其他组织研究、开发新药的合法权益。

第六条　国家对药品管理实行药品上市许可持有人制度。药品上市许可持有人依法对药品研制、生产、经营、使用全过程中药品的安全性、有效性和质量可控性负责。

第七条　从事药品研制、生产、经营、使用活动，应当遵守法律、法规、规章、标准和规范，保证全过程信息真实、准确、完整和可追溯。

第八条　国务院药品监督管理部门主管全国药品监督管理工作。国务院有关部门在各自职责范围内负责与药品有关的监督管理工作。国务院药品监督管理部门配合国务院有关部门，执行国家药品行业发展规划和产业政策。

省、自治区、直辖市人民政府药品监督管理部门负责本行政区域内的药品监督管理工作。设区的市级、县级人民政府承担药品监督管理职责的部门（以下称药品监督管理部门）负责本行政区域内的药品监督管理工作。县级以上地方人民政府有关部门在各自职责范围内负责与药品有关的监督管理工作。

第九条　县级以上地方人民政府对本行政区域内的药品监督管理工作负责，统一领导、组织、协调本行政区域内的药品监督管理工作以及药品安全突发事件应对工作，建立健全药品监督管理工作机制和信息共享机制。

第十条　县级以上人民政府应当将药品安全工作纳入本级国民经济和社会发展规划，将药品安全工作经费列入本级政府预算，加强药品监督管理能力建设,为药品安全工作提供保障。

第十一条 药品监督管理部门设置或者指定的药品专业技术机构,承担依法实施药品监督管理所需的审评、检验、核查、监测与评价等工作。

第十二条 国家建立健全药品追溯制度。国务院药品监督管理部门应当制定统一的药品追溯标准和规范,推进药品追溯信息互通互享,实现药品可追溯。

国家建立药物警戒制度,对药品不良反应及其他与用药有关的有害反应进行监测、识别、评估和控制。

第十三条 各级人民政府及其有关部门、药品行业协会等应当加强药品安全宣传教育,开展药品安全法律法规等知识的普及工作。

新闻媒体应当开展药品安全法律法规等知识的公益宣传,并对药品违法行为进行舆论监督。有关药品的宣传报道应当全面、科学、客观、公正。

第十四条 药品行业协会应当加强行业自律,建立健全行业规范,推动行业诚信体系建设,引导和督促会员依法开展药品生产经营等活动。

第十五条 县级以上人民政府及其有关部门对在药品研制、生产、经营、使用和监督管理工作中做出突出贡献的单位和个人,按照国家有关规定给予表彰、奖励。

第二章 药品研制和注册

第十六条 国家支持以临床价值为导向、对人的疾病具有明确或者特殊疗效的药物创新,鼓励具有新的治疗机理、治疗严重危及生命的疾病或者罕见病、对人体具有多靶向系统性调节干预功能等的新药研制,推动药品技术进步。

国家鼓励运用现代科学技术和传统中药研究方法开展中药科学技术研究和药物开发,建立和完善符合中药特点的技术评价体系,促进中药传承创新。

国家采取有效措施,鼓励儿童用药品的研制和创新,支持开发符合儿童生理特征的儿童用药品新品种、剂型和规格,对儿童用药品予以优先审评审批。

第十七条 从事药品研制活动,应当遵守药物非临床研究质量管理规范、药物临床试验质量管理规范,保证药品研制全过程持续符合法定要求。

药物非临床研究质量管理规范、药物临床试验质量管理规范由国务院药品监督管理部门会同国务院有关部门制定。

第十八条 开展药物非临床研究,应当符合国家有关规定,有与研究项目相适应的人员、场地、设备、仪器和管理制度,保证有关数据、资料和样品的真实性。

第十九条 开展药物临床试验,应当按照国务院药品监督管理部门的规定如实报送研制方法、质量指标、药理及毒理试验结果等有关数据、资料和样品,经国务院药品监督管理部门批准。国务院药品监督管理部门应当自受理临床试验申请之日起六十个工作日内决定是否同意并通知临床试验申办者,逾期未通知的,视为同意。其中,开展生物等效性试验的,报国务院药品监督管理部门备案。

开展药物临床试验,应当在具备相应条件的临床试验机构进行。药物临床试验机构实行备案管理,具体办法由国务院药品监督管理部门、国务院卫生健康主管部门共同制定。

第二十条 开展药物临床试验,应当符合伦理原则,制定临床试验方案,经伦理委员会审查同意。

伦理委员会应当建立伦理审查工作制度,保证伦理审查过程独立、客观、公正,监督规范开展药物临床试验,保障受试者合法权益,维护社会公共利益。

第二十一条 实施药物临床试验,应当向受试者或者其监护人如实说明和解释临床试验的目的和风险等详细情况,取得受试者或者其监护人自愿签署的知情同意书,并采取有效措施保护受试者合法权益。

第二十二条 药物临床试验期间,发现存在安全性问题或者其他风险的,临床试验申办者应当及时调整临床试验方案、暂停或者终止临床试验,并向国务院药品监督管理部门报告。必要时,国务院药品监督管理部门可以责令调整临床试验方案、暂停或者终止临床试验。

第二十三条 对正在开展临床试验的用于治疗严重危及生命且尚无有效治疗手段的疾病的药物,经医学观察可能获益,并且符合伦理原则的,经审查、知情同意后可以在开展临床试验的机构内用于其他病情相同的患者。

第二十四条 在中国境内上市的药品,应当经国务院药品监督管理部门批准,取得药品注册证书;但是,未实施审批管理的中药材和中药饮片除外。实施审批管理的中药材、中药饮片品种目录由国务院药品监督管理部门会同国务院中医药主管部门制定。

申请药品注册,应当提供真实、充分、可靠的数据、资料和样品,证明药品的安全性、有效性和质量可控性。

第二十五条 对申请注册的药品,国务院药品监督管理部门应当组织药学、医学和其他技术人员进行审评,对药品的安全性、有效性和质量可控性以及申请人的质量管理、风险防控和责任赔偿等能力进行审查;符合条件的,颁发药品注册证书。

国务院药品监督管理部门在审批药品时,对化学原料药一并审评审批,对相关辅料、直接接触药品的包装材料和容器一并审评,对药品的质量标准、生产工艺、标签和说明书一并核准。

本法所称辅料,是指生产药品和调配处方时所用的赋形剂和附加剂。

第二十六条 对治疗严重危及生命且尚无有效治疗手段的疾病以及公共卫生方面急需的药品,药物临床试验已有数据显示疗效并能预测其临床价值的,可以附条件批准,并在药品注册证书中载明相关事项。

第二十七条 国务院药品监督管理部门应当完善药品审评审批工作制度,加强能力建设,建立健全沟通交流、专家咨询等机制,优化审评审批流程,提高审评审批效率。

批准上市药品的审评结论和依据应当依法公开,接受社会监督。对审评审批中知悉的商业秘密应当保密。

第二十八条 药品应当符合国家药品标准。经国务院药品监督管理部门核准的药品质量标准高于国家药品标准的,按照经核准的药品质量标准执行;没有国家药品标准的,应当符合经核准的药品质量标准。

国务院药品监督管理部门颁布的《中华人民共和国药典》和药品标准为国家药品标准。

国务院药品监督管理部门会同国务院卫生健康主管部门组织药典委员会,负责国家药品标准的制定和修订。

国务院药品监督管理部门设置或者指定的药品检验机构负责标定国家药品标准品、对照品。

第二十九条 列入国家药品标准的药品名称为药品通用名称。已经作为药品通用名称的,该名称不得作为药品商标使用。

第三章 药品上市许可持有人

第三十条 药品上市许可持有人是指取得药品注册证书的企业或者药品研制机构等。

药品上市许可持有人应当依照本法规定,对药品的非临床研究、临床试验、生产经营、上市后研究、不良反应监测及报告与处理等承担责任。其他从事药品研制、生产、经营、储存、运输、使用等活动的单位和个人依法承担相应责任。

药品上市许可持有人的法定代表人、主要负责人对药品质量全面负责。

第三十一条 药品上市许可持有人应当建立药品质量保证体系,配备专门人员独立负责药品质量管理。

药品上市许可持有人应当对受托药品生产企业、药品经营企业的质量管理体系进行定期审核,监督其持续具备质量保证和控制能力。

第三十二条 药品上市许可持有人可以自行生产药品,也可以委托药品生产企业生产。

药品上市许可持有人自行生产药品的,应当依照本法规定取得药品生产许可证;委托生产的,应当委托符合条件的药品生产企业。药品上市许可持有人和受托生产企业应当签订委托协议和质量协议,并严格履行协议约定的义务。

国务院药品监督管理部门制定药品委托生产质量协议指南,指导、监督药品上市许可持有人和受托生产企业履行药品质量保证义务。

血液制品、麻醉药品、精神药品、医疗用毒性药品、药品类易制毒化学品不得委托生产;但是,国务院药品监督管理部门另有规定的除外。

第三十三条 药品上市许可持有人应当建立药品上市放行规程,对药品生产企业出厂放行的药品进行审核,经质量受权人签字后方可放行。不符合国家药品标准的,不得放行。

第三十四条 药品上市许可持有人可以自行销售其取得药品注册证书的药品,也可以委托药品经营企业销售。药品上市许可持有人从事药品零售活动的,应当取得药品经营许可证。

药品上市许可持有人自行销售药品的,应当具备本法第五十二条规定的条件;委托销售的,应当委托符合条件的药品经营企业。药品上市许可持有人和受托经营企业应当签订委托协议,并严格履行协议约定的义务。

第三十五条 药品上市许可持有人、药品生产企业、药品经营企业委托储存、运输药品的,应当对受托方的质量保证能力和风险管理能力进行评估,与其签订委托协议,约定药品质量责任、操作规程等内容,并对受托方进行监督。

第三十六条 药品上市许可持有人、药品生产企业、药品经营企业和医疗机构应当建立并实施药品追溯制度，按照规定提供追溯信息，保证药品可追溯。

第三十七条 药品上市许可持有人应当建立年度报告制度，每年将药品生产销售、上市后研究、风险管理等情况按照规定向省、自治区、直辖市人民政府药品监督管理部门报告。

第三十八条 药品上市许可持有人为境外企业的，应当由其指定的在中国境内的企业法人履行药品上市许可持有人义务，与药品上市许可持有人承担连带责任。

第三十九条 中药饮片生产企业履行药品上市许可持有人的相关义务，对中药饮片生产、销售实行全过程管理，建立中药饮片追溯体系，保证中药饮片安全、有效、可追溯。

第四十条 经国务院药品监督管理部门批准，药品上市许可持有人可以转让药品上市许可。受让方应当具备保障药品安全性、有效性和质量可控性的质量管理、风险防控和责任赔偿等能力，履行药品上市许可持有人义务。

第四章 药品生产

第四十一条 从事药品生产活动，应当经所在地省、自治区、直辖市人民政府药品监督管理部门批准，取得药品生产许可证。无药品生产许可证的，不得生产药品。

药品生产许可证应当标明有效期和生产范围，到期重新审查发证。

第四十二条 从事药品生产活动，应当具备以下条件：

（一）有依法经过资格认定的药学技术人员、工程技术人员及相应的技术工人；

（二）有与药品生产相适应的厂房、设施和卫生环境；

（三）有能对所生产药品进行质量管理和质量检验的机构、人员及必要的仪器设备；

（四）有保证药品质量的规章制度，并符合国务院药品监督管理部门依据本法制定的药品生产质量管理规范要求。

第四十三条 从事药品生产活动，应当遵守药品生产质量管理规范，建立健全药品生产质量管理体系，保证药品生产全过程持续符合法定要求。

药品生产企业的法定代表人、主要负责人对本企业的药品生产活动全面负责。

第四十四条 药品应当按照国家药品标准和经药品监督管理部门核准的生产工艺进行生产。生产、检验记录应当完整准确，不得编造。

中药饮片应当按照国家药品标准炮制；国家药品标准没有规定的，应当按照省、自治区、直辖市人民政府药品监督管理部门制定的炮制规范炮制。省、自治区、直辖市人民政府药品监督管理部门制定的炮制规范应当报国务院药品监督管理部门备案。不符合国家药品标准或者不按照省、自治区、直辖市人民政府药品监督管理部门制定的炮制规范炮制的，不得出厂、销售。

第四十五条 生产药品所需的原料、辅料，应当符合药用要求、药品生产质量管理规范的有关要求。

生产药品，应当按照规定对供应原料、辅料等的供应商进行审核，保证购进、使用的原料、辅料等符合前款规定要求。

第四十六条 直接接触药品的包装材料和容器，应当符合药用要求，符合保障人体健康、安全的标准。

对不合格的直接接触药品的包装材料和容器，由药品监督管理部门责令停止使用。

第四十七条 药品生产企业应当对药品进行质量检验。不符合国家药品标准的，不得出厂。

药品生产企业应当建立药品出厂放行规程，明确出厂放行的标准、条件。符合标准、条件的，经质量受权人签字后方可放行。

第四十八条 药品包装应当适合药品质量的要求，方便储存、运输和医疗使用。

发运中药材应当有包装。在每件包装上，应当注明品名、产地、日期、供货单位，并附有质量合格的标志。

第四十九条 药品包装应当按照规定印有或者贴有标签并附有说明书。

标签或者说明书应当注明药品的通用名称、成份、规格、上市许可持有人及其地址、生产企业及其地址、批准文号、产品批号、生产日期、有效期、适应症或者功能主治、用法、用量、禁忌、不良反应和注意事项。标签、说明书中的文字应当清晰，生产日期、有效期等事项应当显著标注，容易辨识。

麻醉药品、精神药品、医疗用毒性药品、放射性药品、外用药品和非处方药的标签、说明书，应当印有规定的标志。

第五十条 药品上市许可持有人、药品生产企业、药品经营企业和医疗机构中直接接触药品的工作人员,应当每年进行健康检查。患有传染病或者其他可能污染药品的疾病的,不得从事直接接触药品的工作。

第五章 药品经营

第五十一条 从事药品批发活动,应当经所在地省、自治区、直辖市人民政府药品监督管理部门批准,取得药品经营许可证。从事药品零售活动,应当经所在地县级以上地方人民政府药品监督管理部门批准,取得药品经营许可证。无药品经营许可证的,不得经营药品。

药品经营许可证应当标明有效期和经营范围,到期重新审查发证。

药品监督管理部门实施药品经营许可,除依据本法第五十二条规定的条件外,还应当遵循方便群众购药的原则。

第五十二条 从事药品经营活动应当具备以下条件:

(一)有依法经过资格认定的药师或者其他药学技术人员;

(二)有与所经营药品相适应的营业场所、设备、仓储设施和卫生环境;

(三)有与所经营药品相适应的质量管理机构或者人员;

(四)有保证药品质量的规章制度,并符合国务院药品监督管理部门依据本法制定的药品经营质量管理规范要求。

第五十三条 从事药品经营活动,应当遵守药品经营质量管理规范,建立健全药品经营质量管理体系,保证药品经营全过程持续符合法定要求。

国家鼓励、引导药品零售连锁经营。从事药品零售连锁经营活动的企业总部,应当建立统一的质量管理制度,对所属零售企业的经营活动履行管理责任。

药品经营企业的法定代表人、主要负责人对本企业的药品经营活动全面负责。

第五十四条 国家对药品实行处方药与非处方药分类管理制度。具体办法由国务院药品监督管理部门会同国务院卫生健康主管部门制定。

第五十五条 药品上市许可持有人、药品生产企业、药品经营企业和医疗机构应当从药品上市许可持有人或者具有药品生产、经营资格的企业购进药品;但是,购进未实施审批管理的中药材除外。

第五十六条 药品经营企业购进药品,应当建立并执行进货检查验收制度,验明药品合格证明和其他标识;不符合规定要求的,不得购进和销售。

第五十七条 药品经营企业购销药品,应当有真实、完整的购销记录。购销记录应当注明药品的通用名称、剂型、规格、产品批号、有效期、上市许可持有人、生产企业、购销单位、购销数量、购销价格、购销日期及国务院药品监督管理部门规定的其他内容。

第五十八条 药品经营企业零售药品应当准确无误,并正确说明用法、用量和注意事项;调配处方应当经过核对,对处方所列药品不得擅自更改或者代用。对有配伍禁忌或者超剂量的处方,应当拒绝调配;必要时,经处方医师更正或者重新签字,方可调配。

药品经营企业销售中药材,应当标明产地。

依法经过资格认定的药师或者其他药学技术人员负责本企业的药品管理、处方审核和调配、合理用药指导等工作。

第五十九条 药品经营企业应当制定和执行药品保管制度,采取必要的冷藏、防冻、防潮、防虫、防鼠等措施,保证药品质量。

药品入库和出库应当执行检查制度。

第六十条 城乡集市贸易市场可以出售中药材,国务院另有规定的除外。

第六十一条 药品上市许可持有人、药品经营企业通过网络销售药品,应当遵守本法药品经营的有关规定。具体管理办法由国务院药品监督管理部门会同国务院卫生健康主管部门等部门制定。

疫苗、血液制品、麻醉药品、精神药品、医疗用毒性药品、放射性药品、药品类易制毒化学品等国家实行特殊管理的药品不得在网络上销售。

第六十二条 药品网络交易第三方平台提供者应当按照国务院药品监督管理部门的规定,向所在地省、自治区、直辖市人民政府药品监督管理部门备案。

第三方平台提供者应当依法对申请进入平台经营的药品上市许可持有人、药品经营企业的资质等进行审核,保证其符合法定要求,并对发生在平台的药品经营行为进行管理。

第三方平台提供者发现进入平台经营的药品上市许可持有人、药品经营企业有违反本法规定行为的,应当及时制止并立即报告所在地县级人民政府药品监督管理部门;发现严重违法行为的,应当立即停止提供网络交易平台服务。

第六十三条 新发现和从境外引种的药材，经国务院药品监督管理部门批准后，方可销售。

第六十四条 药品应当从允许药品进口的口岸进口，并由进口药品的企业向口岸所在地药品监督管理部门备案。海关凭药品监督管理部门出具的进口药品通关单办理通关手续。无进口药品通关单的，海关不得放行。

口岸所在地药品监督管理部门应当通知药品检验机构按照国务院药品监督管理部门的规定对进口药品进行抽查检验。

允许药品进口的口岸由国务院药品监督管理部门会同海关总署提出，报国务院批准。

第六十五条 医疗机构因临床急需进口少量药品的，经国务院药品监督管理部门或者国务院授权的省、自治区、直辖市人民政府批准，可以进口。进口的药品应当在指定医疗机构内用于特定医疗目的。

个人自用携带入境少量药品，按照国家有关规定办理。

第六十六条 进口、出口麻醉药品和国家规定范围内的精神药品，应当持有国务院药品监督管理部门颁发的进口准许证、出口准许证。

第六十七条 禁止进口疗效不确切、不良反应大或者因其他原因危害人体健康的药品。

第六十八条 国务院药品监督管理部门对下列药品在销售前或者进口时，应当指定药品检验机构进行检验；未经检验或者检验不合格的，不得销售或者进口：

（一）首次在中国境内销售的药品；

（二）国务院药品监督管理部门规定的生物制品；

（三）国务院规定的其他药品。

第六章 医疗机构药事管理

第六十九条 医疗机构应当配备依法经过资格认定的药师或者其他药学技术人员，负责本单位的药品管理、处方审核和调配、合理用药指导等工作。非药学技术人员不得直接从事药剂技术工作。

第七十条 医疗机构购进药品，应当建立并执行进货检查验收制度，验明药品合格证明和其他标识；不符合规定要求的，不得购进和使用。

第七十一条 医疗机构应当有与所使用药品相适应的场所、设备、仓储设施和卫生环境，制定和执行药品保管制度，采取必要的冷藏、防冻、防潮、防虫、防鼠等措施，保证药品质量。

第七十二条 医疗机构应当坚持安全有效、经济合理的用药原则，遵循药品临床应用指导原则、临床诊疗指南和药品说明书等合理用药，对医师处方、用药医嘱的适宜性进行审核。

医疗机构以外的其他药品使用单位，应当遵守本法有关医疗机构使用药品的规定。

第七十三条 依法经过资格认定的药师或者其他药学技术人员调配处方，应当进行核对，对处方所列药品不得擅自更改或者代用。对有配伍禁忌或者超剂量的处方，应当拒绝调配；必要时，经处方医师更正或者重新签字，方可调配。

第七十四条 医疗机构配制制剂，应当经所在地省、自治区、直辖市人民政府药品监督管理部门批准，取得医疗机构制剂许可证。无医疗机构制剂许可证的，不得配制制剂。

医疗机构制剂许可证应当标明有效期，到期重新审查发证。

第七十五条 医疗机构配制制剂，应当有能够保证制剂质量的设施、管理制度、检验仪器和卫生环境。

医疗机构配制制剂，应当按照经核准的工艺进行，所需的原料、辅料和包装材料等应当符合药用要求。

第七十六条 医疗机构配制的制剂，应当是本单位临床需要而市场上没有供应的品种，并应当经所在地省、自治区、直辖市人民政府药品监督管理部门批准；但是，法律对配制中药制剂另有规定的除外。

医疗机构配制的制剂应当按照规定进行质量检验；合格的，凭医师处方在本单位使用。经国务院药品监督管理部门或者省、自治区、直辖市人民政府药品监督管理部门批准，医疗机构配制的制剂可以在指定的医疗机构之间调剂使用。

医疗机构配制的制剂不得在市场上销售。

第七章 药品上市后管理

第七十七条 药品上市许可持有人应当制定药品上市后风险管理计划，主动开展药品上市后研究，对药品的安全性、有效性和质量可控性进行进一步确证，加强对已上市药品的持续管理。

第七十八条 对附条件批准的药品，药品上市许可持有人应当采取相应风险管理措施，并在规定期限内按照要求完成相关研究；逾期未按照要求完成研究或者不能证明其获益大于风险的,国务院药品监督管理部门应当依法处理,直至注销药品注册证书。

第七十九条 对药品生产过程中的变更,按照其对药品安全性、有效性和质量可控性的风险和产生影响的程度,实行分类管理。属于重大变更的,应当经国务院药品监督管理部门批准,其他变更应当按照国务院药品监督管理部门的规定备案或者报告。

药品上市许可持有人应当按照国务院药品监督管理部门的规定,全面评估、验证变更事项对药品安全性、有效性和质量可控性的影响。

第八十条 药品上市许可持有人应当开展药品上市后不良反应监测,主动收集、跟踪分析疑似药品不良反应信息,对已识别风险的药品及时采取风险控制措施。

第八十一条 药品上市许可持有人、药品生产企业、药品经营企业和医疗机构应当经常考察本单位所生产、经营、使用的药品质量、疗效和不良反应。发现疑似不良反应的,应当及时向药品监督管理部门和卫生健康主管部门报告。具体办法由国务院药品监督管理部门会同国务院卫生健康主管部门制定。

对已确认发生严重不良反应的药品,由国务院药品监督管理部门或者省、自治区、直辖市人民政府药品监督管理部门根据实际情况采取停止生产、销售、使用等紧急控制措施,并应当在五日内组织鉴定,自鉴定结论作出之日起十五日内依法作出行政处理决定。

第八十二条 药品存在质量问题或者其他安全隐患的,药品上市许可持有人应当立即停止销售,告知相关药品经营企业和医疗机构停止销售和使用,召回已销售的药品,及时公开召回信息,必要时应当立即停止生产,并将药品召回和处理情况向省、自治区、直辖市人民政府药品监督管理部门和卫生健康主管部门报告。药品生产企业、药品经营企业和医疗机构应当配合。

药品上市许可持有人依法应当召回药品而未召回的,省、自治区、直辖市人民政府药品监督管理部门应当责令其召回。

第八十三条 药品上市许可持有人应当对已上市药品的安全性、有效性和质量可控性定期开展上市后评价。必要时,国务院药品监督管理部门可以责令药品上市许可持有人开展上市后评价或者直接组织开展上市后评价。

经评价,对疗效不确切、不良反应大或者因其他原因危害人体健康的药品,应当注销药品注册证书。

已被注销药品注册证书的药品,不得生产或者进口、销售和使用。

已被注销药品注册证书、超过有效期等的药品,应当由药品监督管理部门监督销毁或者依法采取其他无害化处理等措施。

第八章 药品价格和广告

第八十四条 国家完善药品采购管理制度,对药品价格进行监测,开展成本价格调查,加强药品价格监督检查,依法查处价格垄断、哄抬价格等药品价格违法行为,维护药品价格秩序。

第八十五条 依法实行市场调节价的药品,药品上市许可持有人、药品生产企业、药品经营企业和医疗机构应当按照公平、合理和诚实信用、质价相符的原则制定价格,为用药者提供价格合理的药品。

药品上市许可持有人、药品生产企业、药品经营企业和医疗机构应当遵守国务院药品价格主管部门关于药品价格管理的规定,制定和标明药品零售价格,禁止暴利、价格垄断和价格欺诈等行为。

第八十六条 药品上市许可持有人、药品生产企业、药品经营企业和医疗机构应当依法向药品价格主管部门提供其药品的实际购销价格和购销数量等资料。

第八十七条 医疗机构应当向患者提供所用药品的价格清单,按照规定如实公布其常用药品的价格,加强合理用药管理。具体办法由国务院卫生健康主管部门制定。

第八十八条 禁止药品上市许可持有人、药品生产企业、药品经营企业和医疗机构在药品购销中给予、收受回扣或者其他不正当利益。

禁止药品上市许可持有人、药品生产企业、药品经营企业或者代理人以任何名义给予使用其药品的医疗机构的负责人、药品采购人员、医师、药师等有关人员财物或者其他不正当利益。禁止医疗机构的负责人、药品采购人员、医师、药师等有关人员以任何名义收受药品上市许可持有人、药品生产企业、药品经营企业或者代理人给予的财物或者其他不正当利益。

第八十九条 药品广告应当经广告主所在地省、自治区、直辖市人民政府确定的广告审查机关批准;未经批准的,不得发布。

第九十条 药品广告的内容应当真实、合法,以国务院药品监督管理部门核准的药品说明书为准,不得含有虚假的内容。

药品广告不得含有表示功效、安全性的断言或者保证;不得利用国家机关、科研单位、学术机构、行业协会或者专家、学者、医师、药师、患者等的名义或者形象作推荐、证明。

非药品广告不得有涉及药品的宣传。

第九十一条 药品价格和广告,本法未作规定的,适用《中华人民共和国价格法》、《中华人民共和国反垄断法》、《中华人民共和国反不正当竞争法》、《中华人民共和国广告法》等的规定。

第九章　药品储备和供应

第九十二条 国家实行药品储备制度,建立中央和地方两级药品储备。

发生重大灾情、疫情或者其他突发事件时,依照《中华人民共和国突发事件应对法》的规定,可以紧急调用药品。

第九十三条 国家实行基本药物制度,遴选适当数量的基本药物品种,加强组织生产和储备,提高基本药物的供给能力,满足疾病防治基本用药需求。

第九十四条 国家建立药品供求监测体系,及时收集和汇总分析短缺药品供求信息,对短缺药品实行预警,采取应对措施。

第九十五条 国家实行短缺药品清单管理制度。具体办法由国务院卫生健康主管部门会同国务院药品监督管理部门等部门制定。

药品上市许可持有人停止生产短缺药品的,应当按照规定向国务院药品监督管理部门或者省、自治区、直辖市人民政府药品监督管理部门报告。

第九十六条 国家鼓励短缺药品的研制和生产,对临床急需的短缺药品、防治重大传染病和罕见病等疾病的新药予以优先审评审批。

第九十七条 对短缺药品,国务院可以限制或者禁止出口。必要时,国务院有关部门可以采取组织生产、价格干预和扩大进口等措施,保障药品供应。

药品上市许可持有人、药品生产企业、药品经营企业应当按照规定保障药品的生产和供应。

第十章　监督管理

第九十八条 禁止生产(包括配制,下同)、销售、使用假药、劣药。

有下列情形之一的,为假药:

(一)药品所含成份与国家药品标准规定的成份不符;

(二)以非药品冒充药品或者以他种药品冒充此种药品;

(三)变质的药品;

(四)药品所标明的适应症或者功能主治超出规定范围。

有下列情形之一的,为劣药:

(一)药品成份的含量不符合国家药品标准;

(二)被污染的药品;

(三)未标明或者更改有效期的药品;

(四)未注明或者更改产品批号的药品;

(五)超过有效期的药品;

(六)擅自添加防腐剂、辅料的药品;

(七)其他不符合药品标准的药品。

禁止未取得药品批准证明文件生产、进口药品;禁止使用未按照规定审评、审批的原料药、包装材料和容器生产药品。

第九十九条 药品监督管理部门应当依照法律、法规的规定对药品研制、生产、经营和药品使用单位使用药品等活动进行监督检查,必要时可以对为药品研制、生产、经营、使用提供产品或者服务的单位和个人进行延伸检查,有关单位和个人应当予以配合,不得拒绝和隐瞒。

药品监督管理部门应当对高风险的药品实施重点监督检查。

对有证据证明可能存在安全隐患的,药品监督管理部门根据监督检查情况,应当采取告诫、约谈、限期整改以及暂停生产、销售、使用、进口等措施,并及时公布检查处理结果。

药品监督管理部门进行监督检查时,应当出示证明文件,对监督检查中知悉的商业秘密应当保密。

第一百条 药品监督管理部门根据监督管理的需要,可以对药品质量进行抽查检验。抽查检验应当按照规定抽样,并不得收取任何费用;抽样应当购买样品。所需费用按照国务院规定列支。

对有证据证明可能危害人体健康的药品及其有关材料,药品监督管理部门可以查封、扣押,并在七日内作出行政处理决定;药品需要检验的,应当自检验报告书发出之日起十五日内作出行政处理决定。

第一百零一条　国务院和省、自治区、直辖市人民政府的药品监督管理部门应当定期公告药品质量抽查检验结果；公告不当的，应当在原公告范围内予以更正。

第一百零二条　当事人对药品检验结果有异议的，可以自收到药品检验结果之日起七日内向原药品检验机构或者上一级药品监督管理部门设置或者指定的药品检验机构申请复验，也可以直接向国务院药品监督管理部门设置或者指定的药品检验机构申请复验。受理复验的药品检验机构应当在国务院药品监督管理部门规定的时间内作出复验结论。

第一百零三条　药品监督管理部门应当对药品上市许可持有人、药品生产企业、药品经营企业和药物非临床安全性评价研究机构、药物临床试验机构等遵守药品生产质量管理规范、药品经营质量管理规范、药物非临床研究质量管理规范、药物临床试验质量管理规范等情况进行检查，监督其持续符合法定要求。

第一百零四条　国家建立职业化、专业化药品检查员队伍。检查员应当熟悉药品法律法规，具备药品专业知识。

第一百零五条　药品监督管理部门建立药品上市许可持有人、药品生产企业、药品经营企业、药物非临床安全性评价研究机构、药物临床试验机构和医疗机构药品安全信用档案，记录许可颁发、日常监督检查结果、违法行为查处等情况，依法向社会公布并及时更新；对有不良信用记录的，增加监督检查频次，并可以按照国家规定实施联合惩戒。

第一百零六条　药品监督管理部门应当公布本部门的电子邮件地址、电话，接受咨询、投诉、举报，并依法及时答复、核实、处理。对查证属实的举报，按照有关规定给予举报人奖励。

药品监督管理部门应当对举报人的信息予以保密，保护举报人的合法权益。举报人举报所在单位的，该单位不得以解除、变更劳动合同或者其他方式对举报人进行打击报复。

第一百零七条　国家实行药品安全信息统一公布制度。国家药品安全总体情况、药品安全风险警示信息、重大药品安全事件及其调查处理信息和国务院确定需要统一公布的其他信息由国务院药品监督管理部门统一公布。药品安全风险警示信息和重大药品安全事件及其调查处理信息的影响限于特定区域的，也可以由有关省、自治区、直辖市人民政府药品监督管理部门公布。未经授权不得发布上述信息。

公布药品安全信息，应当及时、准确、全面，并进行必要的说明，避免误导。

任何单位和个人不得编造、散布虚假药品安全信息。

第一百零八条　县级以上人民政府应当制定药品安全事件应急预案。药品上市许可持有人、药品生产企业、药品经营企业和医疗机构等应当制定本单位的药品安全事件处置方案，并组织开展培训和应急演练。

发生药品安全事件，县级以上人民政府应当按照应急预案立即组织开展应对工作；有关单位应当立即采取有效措施进行处置，防止危害扩大。

第一百零九条　药品监督管理部门未及时发现药品安全系统性风险，未及时消除监督管理区域内药品安全隐患的，本级人民政府或者上级人民政府药品监督管理部门应当对其主要负责人进行约谈。

地方人民政府未履行药品安全职责，未及时消除区域性重大药品安全隐患的，上级人民政府或者上级人民政府药品监督管理部门应当对其主要负责人进行约谈。

被约谈的部门和地方人民政府应当立即采取措施，对药品监督管理工作进行整改。

约谈情况和整改情况应当纳入有关部门和地方人民政府药品监督管理工作评议、考核记录。

第一百一十条　地方人民政府及其药品监督管理部门不得以要求实施药品检验、审批等手段限制或者排斥非本地区药品上市许可持有人、药品生产企业生产的药品进入本地区。

第一百一十一条　药品监督管理部门及其设置或者指定的药品专业技术机构不得参与药品生产经营活动，不得以其名义推荐或者监制、监销药品。

药品监督管理部门及其设置或者指定的药品专业技术机构的工作人员不得参与药品生产经营活动。

第一百一十二条　国务院对麻醉药品、精神药品、医疗用毒性药品、放射性药品、药品类易制毒化学品等有其他特殊管理规定的，依照其规定。

第一百一十三条　药品监督管理部门发现药品违法行为涉嫌犯罪的，应当及时将案件移送公安机关。

对依法不需要追究刑事责任或者免予刑事处罚,但应当追究行政责任的,公安机关、人民检察院、人民法院应当及时将案件移送药品监督管理部门。

公安机关、人民检察院、人民法院商请药品监督管理部门、生态环境主管部门等部门提供检验结论、认定意见以及对涉案药品进行无害化处理等协助的,有关部门应当及时提供,予以协助。

第十一章 法律责任

第一百一十四条 违反本法规定,构成犯罪的,依法追究刑事责任。

第一百一十五条 未取得药品生产许可证、药品经营许可证或者医疗机构制剂许可证生产、销售药品的,责令关闭,没收违法生产、销售的药品和违法所得,并处违法生产、销售的药品(包括已售出和未售出的药品,下同)货值金额十五倍以上三十倍以下的罚款;货值金额不足十万元的,按十万元计算。

第一百一十六条 生产、销售假药的,没收违法生产、销售的药品和违法所得,责令停产停业整顿,吊销药品批准证明文件,并处违法生产、销售的药品货值金额十五倍以上三十倍以下的罚款;货值金额不足十万元的,按十万元计算;情节严重的,吊销药品生产许可证、药品经营许可证或者医疗机构制剂许可证,十年内不受理其相应申请;药品上市许可持有人为境外企业的,十年内禁止其药品进口。

第一百一十七条 生产、销售劣药的,没收违法生产、销售的药品和违法所得,并处违法生产、销售的药品货值金额十倍以上二十倍以下的罚款;违法生产、批发的药品货值金额不足十万元的,按十万元计算,违法零售的药品货值金额不足一万元的,按一万元计算;情节严重的,责令停产停业整顿直至吊销药品批准证明文件、药品生产许可证、药品经营许可证或者医疗机构制剂许可证。

生产、销售的中药饮片不符合药品标准,尚不影响安全性、有效性的,责令限期改正,给予警告;可以处十万元以上五十万元以下的罚款。

第一百一十八条 生产、销售假药,或者生产、销售劣药且情节严重的,对法定代表人、主要负责人、直接负责的主管人员和其他责任人员,没收违法行为发生期间自本单位所获收入,并处所获收入百分之三十以上三倍以下的罚款,终身禁止从事药品生产经营活动,并可以由公安机关处五日以上十五日以下的拘留。

对生产者专门用于生产假药、劣药的原料、辅料、包装材料、生产设备予以没收。

第一百一十九条 药品使用单位使用假药、劣药的,按照销售假药、零售劣药的规定处罚;情节严重的,法定代表人、主要负责人、直接负责的主管人员和其他责任人员有医疗卫生人员执业证书的,还应当吊销执业证书。

第一百二十条 知道或者应当知道属于假药、劣药或者本法第一百二十四条第一款第一项至第五项规定的药品,而为其提供储存、运输等便利条件的,没收全部储存、运输收入,并处违法收入一倍以上五倍以下的罚款;情节严重的,并处违法收入五倍以上十五倍以下的罚款;违法收入不足五万元的,按五万元计算。

第一百二十一条 对假药、劣药的处罚决定,应当依法载明药品检验机构的质量检验结论。

第一百二十二条 伪造、变造、出租、出借、非法买卖许可证或者药品批准证明文件的,没收违法所得,并处违法所得一倍以上五倍以下的罚款;情节严重的,并处违法所得五倍以上十五倍以下的罚款,吊销药品生产许可证、药品经营许可证、医疗机构制剂许可证或者药品批准证明文件,对法定代表人、主要负责人、直接负责的主管人员和其他责任人员,处二万元以上二十万元以下的罚款,十年内禁止从事药品生产经营活动,并可以由公安机关处五日以上十五日以下的拘留;违法所得不足十万元的,按十万元计算。

第一百二十三条 提供虚假的证明、数据、资料、样品或者采取其他手段骗取临床试验许可、药品生产许可、药品经营许可、医疗机构制剂许可或者药品注册等许可的,撤销相关许可,十年内不受理其相应申请,并处五十万元以上五百万元以下的罚款;情节严重的,对法定代表人、主要负责人、直接负责的主管人员和其他责任人员,处二万元以上二十万元以下的罚款,十年内禁止从事药品生产经营活动,并可以由公安机关处五日以上十五日以下的拘留。

第一百二十四条 违反本法规定,有下列行为之一的,没收违法生产、进口、销售的药品和违法所得以及专门用于违法生产的原料、辅料、包装材料和生产设备,责令停产停业整顿,并处违法生产、进口、销售的药品货值金额十五倍以上三十倍以下的罚款;货值金额不足十万元的,按十万元计算;情节严重的,吊销药品批准证明文件直至吊销药品生产许可证、药品经营许可证或者医疗机构制剂许可证，对法定代表人、主要负责人、直接负责的主管人员和其他责任人员，没收违法行为发生期间自本单位所获收入，并处所获收入百分之三十以上三倍以下的罚款，十年直至终身禁止从事药品生产经营活动，并可以由公安机关处五日以上十五日以下的拘留：

（一）未取得药品批准证明文件生产、进口药品；

（二）使用采取欺骗手段取得的药品批准证明文件生产、进口药品；

（三）使用未经审评审批的原料药生产药品；

（四）应当检验而未经检验即销售药品；

（五）生产、销售国务院药品监督管理部门禁止使用的药品；

（六）编造生产、检验记录；

（七）未经批准在药品生产过程中进行重大变更。

销售前款第一项至第三项规定的药品，或者药品使用单位使用前款第一项至第五项规定的药品的，依照前款规定处罚；情节严重的，药品使用单位的法定代表人、主要负责人、直接负责的主管人员和其他责任人员有医疗卫生人员执业证书的，还应当吊销执业证书。

未经批准进口少量境外已合法上市的药品，情节较轻的，可以依法减轻或者免予处罚。

第一百二十五条 违反本法规定，有下列行为之一的，没收违法生产、销售的药品和违法所得以及包装材料、容器，责令停产停业整顿，并处五十万元以上五百万元以下的罚款；情节严重的，吊销药品批准证明文件、药品生产许可证、药品经营许可证，对法定代表人、主要负责人、直接负责的主管人员和其他责任人员处二万元以上二十万元以下的罚款，十年直至终身禁止从事药品生产经营活动：

（一）未经批准开展药物临床试验；

（二）使用未经审评的直接接触药品的包装材料或者容器生产药品，或者销售该类药品；

（三）使用未经核准的标签、说明书。

第一百二十六条 除本法另有规定的情形外，药品上市许可持有人、药品生产企业、药品经营企业、药物非临床安全性评价研究机构、药物临床试验机构等未遵守药品生产质量管理规范、药品经营质量管理规范、药物非临床研究质量管理规范、药物临床试验质量管理规范等的，责令限期改正，给予警告；逾期不改正的，处十万元以上五十万元以下的罚款；情节严重的，处五十万元以上二百万元以下的罚款，责令停产停业整顿直至吊销药品批准证明文件、药品生产许可证、药品经营许可证等，药物非临床安全性评价研究机构、药物临床试验机构等五年内不得开展药物非临床安全性评价研究、药物临床试验，对法定代表人、主要负责人、直接负责的主管人员和其他责任人员，没收违法行为发生期间自本单位所获收入，并处所获收入百分之十以上百分之五十以下的罚款，十年直至终身禁止从事药品生产经营等活动。

第一百二十七条 违反本法规定，有下列行为之一的，责令限期改正，给予警告；逾期不改正的，处十万元以上五十万元以下的罚款：

（一）开展生物等效性试验未备案；

（二）药物临床试验期间，发现存在安全性问题或者其他风险，临床试验申办者未及时调整临床试验方案、暂停或者终止临床试验，或者未向国务院药品监督管理部门报告；

（三）未按照规定建立并实施药品追溯制度；

（四）未按照规定提交年度报告；

（五）未按照规定对药品生产过程中的变更进行备案或者报告；

（六）未制定药品上市后风险管理计划；

（七）未按照规定开展药品上市后研究或者上市后评价。

第一百二十八条 除依法应当按照假药、劣药处罚的外，药品包装未按照规定印有、贴有标签或者附有说明书，标签、说明书未按照规定注明相关信息或者印有规定标志的，责令改正，给予警告；情节严重的，吊销药品注册证书。

第一百二十九条 违反本法规定，药品上市许可持有人、药品生产企业、药品经营企业或者医疗机构未从药品上市许可持有人或者具有药品生产、经营资格的企业购进药品的，责令改正，没收违法购进的药品和违法所得，并处违法购进药品货值金额二倍以上十倍以下的罚款；情节严重的，并处货值金额十倍以上三十倍以下的罚款，吊销药品批准证明文件、药品生产许可证、药品经营许可证或者医疗机构执业许可证；货值金额不足五万元的，按五万元计算。

第一百三十条 违反本法规定，药品经营企业购销药品未按照规定进行记录，零售药品未正确说明用法、用量等事项，或者未按照规定调配处方的，责令改正，给予警告；情节严重的，吊销药品经营许可证。

第一百三十一条 违反本法规定，药品网络交易第三方平台提供者未履行资质审核、报告、停止提供网络交易平台服务等义务的，责令改正，没收违法所得，并处二十万元以上二百万元以下的罚款；情节严重的，责令停业整顿，并处二百万元以上五百万元以下的罚款。

第一百三十二条 进口已获得药品注册证书的药品，未按照规定向允许药品进口的口岸所在地药品监督管理部门备案的，责令限期改正，给予警告；逾期不改正的，吊销药品注册证书。

第一百三十三条 违反本法规定，医疗机构将其配制的制剂在市场上销售的，责令改正，没收违法销售的制剂和违法所得，并处违法销售制剂货值金额二倍以上五倍以下的罚款；情节严重的，并处货值金额五倍以上十五倍以下的罚款；货值金额不足五万元的，按五万元计算。

第一百三十四条 药品上市许可持有人未按照规定开展药品不良反应监测或者报告疑似药品不良反应的，责令限期改正，给予警告；逾期不改正的，责令停产停业整顿，并处十万元以上一百万元以下的罚款。

药品经营企业未按照规定报告疑似药品不良反应的，责令限期改正，给予警告；逾期不改正的，责令停产停业整顿，并处五万元以上五十万元以下的罚款。

医疗机构未按照规定报告疑似药品不良反应的，责令限期改正，给予警告；逾期不改正的，处五万元以上五十万元以下的罚款。

第一百三十五条 药品上市许可持有人在省、自治区、直辖市人民政府药品监督管理部门责令其召回后，拒不召回的，处应召回药品货值金额五倍以上十倍以下的罚款；货值金额不足十万元的，按十万元计算；情节严重的，吊销药品批准证明文件、药品生产许可证、药品经营许可证，对法定代表人、主要负责人、直接负责的主管人员和其他责任人员，处二万元以上二十万元以下的罚款。药品生产企业、药品经营企业、医疗机构拒不配合召回的，处十万元以上五十万元以下的罚款。

第一百三十六条 药品上市许可持有人为境外企业的，其指定的在中国境内的企业法人未依照本法规定履行相关义务的，适用本法有关药品上市许可持有人法律责任的规定。

第一百三十七条 有下列行为之一的，在本法规定的处罚幅度内从重处罚：

（一）以麻醉药品、精神药品、医疗用毒性药品、放射性药品、药品类易制毒化学品冒充其他药品，或者以其他药品冒充上述药品；

（二）生产、销售以孕产妇、儿童为主要使用对象的假药、劣药；

（三）生产、销售的生物制品属于假药、劣药；

（四）生产、销售假药、劣药，造成人身伤害后果；

（五）生产、销售假药、劣药，经处理后再犯；

（六）拒绝、逃避监督检查，伪造、销毁、隐匿有关证据材料，或者擅自动用查封、扣押物品。

第一百三十八条 药品检验机构出具虚假检验报告的，责令改正，给予警告，对单位并处二十万元以上一百万元以下的罚款；对直接负责的主管人员和其他直接责任人员依法给予降级、撤职、开除处分，没收违法所得，并处五万元以下的罚款；情节严重的，撤销其检验资格。药品检验机构出具的检验结果不实，造成损失的，应当承担相应的赔偿责任。

第一百三十九条 本法第一百一十五条至第一百三十八条规定的行政处罚，由县级以上人民政府药品监督管理部门按照职责分工决定；撤销许可、吊销许可证件的，由原批准、发证的部门决定。

第一百四十条 药品上市许可持有人、药品生产企业、药品经营企业或者医疗机构违反本法规定聘用人员的，由药品监督管理部门或者卫生健康主管部门责令解聘，处五万元以上二十万元以下的罚款。

第一百四十一条 药品上市许可持有人、药品生产企业、药品经营企业或者医疗机构在药品购销中给予、收受回扣或者其他不正当利益的，药品上市许可持有人、药品生产企业、药品经营企业或者代理人给予使用其药品的医疗机构的负责人、药品采购人员、医师、药师等有关人员财物或者其他不正当利益的，由市场监督管理部门没收违法所得，并处三十万元以上三百万元以下的罚款；情节严重的，吊销药品上市许可持有人、药品生产企业、药品经营企业营业执照，并由药品监督管理部门吊销药品批准证明文件、药品生产许可证、药品经营许可证。

药品上市许可持有人、药品生产企业、药品经营企业在药品研制、生产、经营中向国家工作人员行贿的，对法定代表人、主要负责人、直接负责的主管人员和其他责任人员终身禁止从事药品生产经营活动。

第一百四十二条 药品上市许可持有人、药品生产企业、药品经营企业的负责人、采购人员等有关人员在药品购销中收受其他药品上市许可持有人、药品生产企业、药品经营企业或者代理人给予的财物或者其他不正当利益的，没收违法所得，依法给予处罚；情节严重的，五年内禁止从事药品生产经营活动。

医疗机构的负责人、药品采购人员、医师、药师等有关人员收受药品上市许可持有人、药品生产企业、药品经营企业或者代理人给予的财物或者其他不正当利益的，由卫生健康主管部门或者本单位给予处分，没收违法所得；情节严重的，还应当吊销其执业证书。

第一百四十三条 违反本法规定，编造、散布虚假药品安全信息，构成违反治安管理行为的，由公安机关依法给予治安管理处罚。

第一百四十四条 药品上市许可持有人、药品生产企业、药品经营企业或者医疗机构违反本法规定，给用药者造成损害的，依法承担赔偿责任。

因药品质量问题受到损害的，受害人可以向药品上市许可持有人、药品生产企业请求赔偿损失，也可以向药品经营企业、医疗机构请求赔偿损失。接到受害人赔偿请求的，应当实行首负责任制，先行赔付；先行赔付后，可以依法追偿。

生产假药、劣药或者明知是假药、劣药仍然销售、使用的，受害人或者其近亲属除请求赔偿损失外，还可以请求支付价款十倍或者损失三倍的赔偿金；增加赔偿的金额不足一千元的，为一千元。

第一百四十五条 药品监督管理部门或者其设置、指定的药品专业技术机构参与药品生产经营活动的，由其上级主管机关责令改正，没收违法收入；情节严重的，对直接负责的主管人员和其他直接责任人员依法给予处分。

药品监督管理部门或者其设置、指定的药品专业技术机构的工作人员参与药品生产经营活动的，依法给予处分。

第一百四十六条 药品监督管理部门或者其设置、指定的药品检验机构在药品监督检验中违法收取检验费用的，由政府有关部门责令退还，对直接负责的主管人员和其他直接责任人员依法给予处分；情节严重的，撤销其检验资格。

第一百四十七条 违反本法规定，药品监督管理部门有下列行为之一的，应当撤销相关许可，对直接负责的主管人员和其他直接责任人员依法给予处分：

（一）不符合条件而批准进行药物临床试验；

（二）对不符合条件的药品颁发药品注册证书；

（三）对不符合条件的单位颁发药品生产许可证、药品经营许可证或者医疗机构制剂许可证。

第一百四十八条 违反本法规定，县级以上地方人民政府有下列行为之一的，对直接负责的主管人员和其他直接责任人员给予记过或者记大过处分；情节严重的，给予降级、撤职或者开除处分：

（一）瞒报、谎报、缓报、漏报药品安全事件；

（二）未及时消除区域性重大药品安全隐患，造成本行政区域内发生特别重大药品安全事件，或者连续发生重大药品安全事件；

（三）履行职责不力，造成严重不良影响或者重大损失。

第一百四十九条 违反本法规定，药品监督管理等部门有下列行为之一的，对直接负责的主管人员和其他直接责任人员给予记过或者记大过处分；情节较重的，给予降级或者撤职处分；情节严重的，给予开除处分：

（一）瞒报、谎报、缓报、漏报药品安全事件；

（二）对发现的药品安全违法行为未及时查处；

（三）未及时发现药品安全系统性风险，或者未及时消除监督管理区域内药品安全隐患，造成严重影响；

（四）其他不履行药品监督管理职责，造成严重不良影响或者重大损失。

第一百五十条 药品监督管理人员滥用职权、徇私舞弊、玩忽职守的，依法给予处分。

查处假药、劣药违法行为有失职、渎职行为的，对药品监督管理部门直接负责的主管人员和其他直接责任人员依法从重给予处分。

第一百五十一条 本章规定的货值金额以违法生产、销售药品的标价计算；没有标价的，按照同类药品的市场价格计算。

第十二章 附 则

第一百五十二条 中药材种植、采集和饲养的管理，依照有关法律、法规的规定执行。

第一百五十三条 地区性民间习用药材的管理办法，由国务院药品监督管理部门会同国务院中医药主管部门制定。

第一百五十四条 中国人民解放军和中国人民武装警察部队执行本法的具体办法，由国务院、中央军事委员会依据本法制定。

第一百五十五条 本法自2019年12月1日起施行。

关于《中华人民共和国药品管理法(修正草案)》的说明

——2018 年 10 月 22 日在第十三届全国人民代表大会常务委员会第六次会议上

国家药品监督管理局局长 焦 红

全国人民代表大会常务委员会:

我受国务院委托,现对《中华人民共和国药品管理法(修正草案)》作说明。

吉林长春长生公司问题疫苗案件发生后,习近平总书记作出重要指示,要求立即调查事实真相,一查到底,严肃问责,依法从严处理,强调要始终把人民群众的身体健康放在首位,以猛药去疴、刮骨疗毒的决心,完善我国疫苗管理体制,坚决守住安全底线,全力保障群众切身利益和社会安全稳定大局。李克强总理作出重要批示,要求对一切危害人民生命安全的违法犯罪行为坚决重拳打击,对不法分子坚决依法严惩,对监管失职渎职行为坚决严厉问责,尽早还人民群众一个安全、放心、可信任的生活环境。党中央、国务院要求汲取教训,举一反三,抓紧完善相关法律法规,加快完善疫苗药品监管长效机制。

2018 年 9 月,市场监管总局向国务院报送了《中华人民共和国药品管理法修正案(草案送审稿)》。送审稿落实 2017 年 10 月中共中央办公厅、国务院办公厅《关于深化审评审批制度改革鼓励药品医疗器械创新的意见》(以下简称《创新意见》)提出的"及时总结药品上市许可持有人制度试点经验,推动修订药品管理法,力争早日在全国推开"的要求,对药品上市许可持有人制度作了规定,同时围绕问题疫苗案件暴露的突出问题,对药品监管制度作了完善。收到此件后,司法部立即征求有关部门、地方政府和部分药品生产企业意见,会同市场监管总局、药监局等部门对送审稿反复研究协调修改,形成了《中华人民共和国药品管理法(修正草案)》(以下简称草案)。草案已经国务院同意。现说明如下:

一、草案的总体思路

草案在总体思路上,主要把握了以下几点:一是贯彻习近平总书记"四个最严"的要求,坚持重典治乱,去疴除弊,强化全过程监管,坚决守住公共安全底线。二是围绕问题疫苗案件暴露的突出问题、实施药品上市许可持有人制度和推进审批制度改革等进行修改,及时回应社会关切;对其他不太急需的内容待下一步全面修订时再作修改。三是落实《创新意见》,改革完善药品审评审批制度,鼓励药品创新,加强事中事后监管。

二、草案的主要内容

(一)实施药品上市许可持有人制度。一是总结试点经验,全面实施药品上市许可持有人制度,明确上市许可持有人对药品的安全、有效负责,对药品的研制、生产、经营、使用全过程依法承担责任。二是要求在审批药品时,同时审查药品的安全性、有效性以及申请人的质量管理、风险防控和责任赔偿能力。三是规定药品上市许可持有人可以自行生产经营药品,也可以委托符合条件的企业生产经营药品。四是要求药品上市许可持有人对已上市药品的安全性、有效性开展再评价;制定风险管控计划,定期报告药品生产销售、上市后研究、风险管理等情况。

(二)改革药品审批制度。为避免短时间内频繁修法,草案将已经国务院同意的药品审批改革措施所涉及的条款一并进行了修改。一是不再保留单独的药品生产质量管理规范和经营质量管理规范认证,有关要求分别纳入药品生产和药品经营许可条件。二是将药物临床试验机构由许可管理改为备案管理,并优化临床试验审批程序。同时,草案还对药品全过程监管制度进行了完善,明确了加强事中事后监管的措施。

(三)完善药品全过程监管制度。一是强化企业主体责任,要求药品上市许可持有人、生产经营企业的法定代表人或者主要负责人对药品的质量和生产经营活动全面负责。二是强化药品生产经营过程管理,要求生产经营过程必须持续符合法定要求,并补充药品原辅料供应商审核、出厂检验、上市审核等制度,严把原辅料采购、出厂、上市等关口。三是明确药品质量安全追溯要求。药品上市许可持有人、生产经营企业、医疗机构应当建立、实施严格的追溯制度，保证全过程数据真实、准确、完整和可追溯。四是补充规定药品召回制度。药品存在质量问题或者其他安全隐患的，应当立即停止生产、经营、使用并召回。五是强化对疫苗等特殊药品的监管。除药品监管部门规定的情形外，疫苗等特殊药品不得委托生产；实行疫苗责任强制保险制度；要求采用信息化手段采集、留存疫苗追溯信息。

（四）明晰药品监管职责，完善监管措施。一是明确县级以上地方政府统一领导、组织本行政区域的药品监管工作。二是要求药品监管部门对药品上市许可持有人、生产经营企业实施药品生产经营质量管理规范的情况进行检查，监督其持续符合要求；必要时可以对为药品研制、生产、经营、使用提供产品或者服务的单位和个人进行延伸检查；对疫苗等生物制品实施重点监督检查。三是建立药品职业化检查员队伍，明确检查员应当具备药品法律法规和专业知识。四是建立并公布药品安全信用档案，对有不良信用记录的单位增加监督检查频次，对违法行为情节严重的单位实施联合惩戒。五是增设责任约谈制度。药品监管部门未及时发现药品安全系统性风险或者未及时消除隐患的，地方政府未履行药品安全职责或者未及时消除重大隐患的，可以对其主要负责人进行责任约谈。

（五）加大对违法行为的处罚力度，解决违法成本低、处罚力度弱的问题。一是全面加大对违法行为的行政处罚力度。提高对违法行为罚款的下限或者上限，例如，规定对未经许可生产经营药品的，罚款的幅度从货值金额的二倍至五倍提高到五倍至三十倍；对生产销售假药等违法行为增设停产停业等处罚；明确对生产销售属于假药、劣药的疫苗等6类违法行为，在法定幅度内从重处罚。二是落实“处罚到人”要求，对严重违法行为的责任人进行处罚。有生产销售假劣药、违反质量管理规范等行为的，对单位的法定代表人或者主要负责人、直接负责的主管人员和其他直接责任人员处以没收收入、罚款、十年直至终身禁业的处罚。三是结合本次修法相应补充了药品上市许可持有人的法律责任以及违反报告、召回等新设义务的法律责任。四是细化并加重对地方政府负责人和监管人员的处分，对隐瞒、谎报、缓报药品安全事故等行为规定了严格的处分。

草案和以上说明是否妥当，请审议。

全国人民代表大会宪法和法律委员会关于《中华人民共和国药品管理法（修正草案）》修改情况的汇报

——2019年4月20日在第十三届全国人民代表大会常务委员会第十次会议上

全国人大宪法和法律委员会副主任委员　丛　斌

全国人民代表大会常务委员会：

常委会第六次会议对药品管理法（修正草案）进行了初次审议。会后，法制工作委员会将修正草案印发各省（区、市）人大、立法联系点和中央有关单位等征求意见，在中国人大网公布草案全文，公开征求社会公众意见；到北京、天津、重庆、河北等地调研，实地了解药品专业技术机构、药品上市许可持有人和生产经营企业、医疗机构情况；宪法和法律委员会、教育科学文化卫生委员会和法制工作委员会召开座谈会，听取部分全国人大代表、中央有关部门、药品专业技术机构、高等院校及相关专家、药品上市许可持有人和生产经营企业、医疗机构等各方面的意见；并就修正草案中的主要问题，与有关部门交换意见，共同研究。宪法和法律委员会于3月28日召开会议，根据常委会组成人员的审议意见和各方面意见，对修正草案进行了逐条审议。教育科学文化卫生委员会、司法部、国家卫生健康委员会、市场监督管理总局、国家药品监督管理局的有关负责同志列席了会议。4月12日，宪法和法律委员会召开会议，再次进行了审议。现将药品管理法（修正草案）主要问题的修改情况汇报如下：

一、有的常委委员、部门、专家和社会公众提出,药品管理法自 2001 年修订后,没有进行大的修改,修正草案主要是对实行药品上市许可持有人制度等作出规定,其他有些规定也应根据药品行业发展和监管需要进一步修改完善。建议将药品领域改革成果和行之有效的做法上升为法律,按照药品全过程、全链条管理要求完善有关规定,对存在的突出问题及时予以规范,将修正草案改为修订草案。同时,要处理好与正在制定的疫苗管理法的关系。宪法和法律委员会经研究,建议采用修订方式对药品管理法进行修改,按照药品研制与注册、药品生产、药品经营、药剂管理、上市后管理等环节调整结构,并将有些涉及疫苗管理的内容纳入疫苗管理法。

二、有的常委委员、地方和专家提出,应当在总则中体现药品管理的基本要求。宪法和法律委员会经研究,建议增加规定:药品管理应当以人民健康为中心,建立科学、严格的监督管理制度,全面提升药品质量,保障用药安全、有效、可及。

三、有的常委委员、部门、专家和社会公众提出,药品管理工作需要各方面共同参与、齐抓共管、形成合力,建议增加有关社会共治的内容。宪法和法律委员会经研究,建议增加规定:一是各级政府、新闻媒体应当加强药品安全的宣传教育和知识普及工作。二是发挥药品行业协会作用,加强行业自律。三是对在药品研制、生产、经营、使用和监督管理活动中做出重大贡献的单位和个人给予表彰、奖励。

四、有的常委委员、部门和社会公众提出,应当有针对性地鼓励新药研制;临床试验是药品研制的关键环节,应当对伦理审查、保障受试者合法权益、适当扩大受试者范围作出规定。宪法和法律委员会经研究,建议增加规定:一是支持以临床价值为导向的药物创新研究。二是开展药物临床试验应当符合伦理原则,明确伦理委员会的职责。三是开展药物临床试验应当如实说明风险,取得受试者同意,保护受试者合法权益。四是对正在开展临床试验的符合条件的药物,经审查可免费用于临床试验机构内的其他病情相同的患者。

五、有些常委委员、部门、地方和社会公众提出,修正草案对药品上市许可持有人的责任规定得不够全面、清晰,应当进一步明确药品上市许可持有人在各个环节的责任。宪法和法律委员会经研究,建议对药品上市许可持有人作专章规定,增加规定:一是药品上市许可持有人应当对药品的非临床研究、临床试验、生产经营、上市后研究、不良反应监测及报告与处理等承担责任。二是药品上市许可持有人应当建立药品质量保证体系,配备质量负责人独立负责药品质量管理。三是药品上市许可持有人应当与受托进行药品生产、经营、储存、运输的企业签订协议,保证这些企业持续具备质量保障和风险管理能力。

六、有的常委委员、部门和社会公众提出,应当明确药品注册申请的要求,对附条件批准临床急需的治疗严重疾病的药品作出规定,允许药品注册证书转让,加强药品生产过程中的变更管理,规范网络销售药品行为。宪法和法律委员会经研究,建议增加规定:一是申请人应当提供真实、充分、可靠的研究数据、资料和样品,证明药品的安全性、有效性和质量可控性。二是对符合条件的急需药物可以附条件批准。三是经过批准,药品上市许可持有人可以转让药品注册证书,并明确受让方的条件和义务。四是对药品生产过程中的变更实行分类管理,重大变更应当审批,其他变更应当备案或者报告,并应当对变更事项的影响进行全面评估、验证。五是药品网络销售第三方平台提供者应当备案,履行资质审查、制止和报告违法行为、停止提供网络销售平台服务等义务,并明确不得通过药品网络销售第三方平台直接销售处方药。

七、有的常委委员、部门和地方提出,加强药品上市后管理,是不断提高药品质量、保障药品安全的重要环节,建议进一步完善相关内容。宪法和法律委员会经研究,建议对药品上市后管理作专章规定,增加规定:一是药品上市许可持有人应当主动开展药品上市后研究。二是药品上市许可持有人应当开展不良反应监测,对已识别风险的药品及时采取风险控制措施。三是药品上市许可持有人应当对附条件批准的药品采取相应风险管理措施,在规定期限内完成相关研究工作。

八、有些常委会组成人员、地方和社会公众提出,药品价格虚高和供应短缺是药品领域的突出问题,建议采取措施加强药价监管,保障药品供应。宪法和法律委员会经研究,建议增加规定:一是国家对药品价格进行监测,必要时开展成本价格调查,加强药品价格监督检查,依法查处药品价格违法行为,维护药品价格秩序。二是国家实行短缺药品预警和清单管理制度。三是国家鼓励短缺药品的研制和生产,对临床急需的短缺药品及原料药予以优先审评审批。四是国务院有关部门可以对短缺药品采取适当的生产、价格干预和组织进口等措施，保障药品供应。五是药品上市许可持有人、药品生产经营企业应当履行社会责任，保障药品的生产和供应。

九、有的常委委员、地方和社会公众提出，应当进一步加大对药品违法行为的处罚力度，提高违法成本，严惩重罚，形成震慑。宪法和法律委员会经研究，建议作如下修改：一是增加应受处罚的行为种类。对未按照规定开展药品不良反应监测或者报告，境外企业在中国境内设立的药品上市许可持有人代表机构或者指定的企业法人未依法履行相关义务，药品网络销售第三方平台未履行资质审查、报告违法行为、停止提供网络销售平台服务等义务以及编造、散布虚假药品安全信息四类违法行为，增加规定相应的法律责任。二是加大处罚力度。对无证生产经营药品、生产销售假药劣药、违反药品生产质量管理规范或者药品经营质量管理规范等违法行为，提高罚款额度。落实处罚到人，对从事生产销售假药劣药单位的法定代表人、主要负责人、直接负责的主管人员和其他责任人员，增加依法追究刑事责任的规定；对依法不认为是犯罪或者不构成犯罪的，增加可以给予行政拘留的规定。三是增加惩罚性赔偿。生产假药、劣药或者明知是假药、劣药仍然销售，造成死亡或者健康严重损害的，受害者可以主张相应的惩罚性赔偿。

此外，还对修正草案作了一些文字修改。

宪法和法律委员会已按上述意见提出了药品管理法（修订草案），建议提请本次常委会会议继续审议。

修订草案和以上汇报是否妥当，请审议。

全国人民代表大会宪法和法律委员会关于《中华人民共和国药品管理法（修订草案）》审议结果的报告

——2019 年 8 月 22 日在第十三届全国人民代表大会常务委员会第十二次会议上

全国人大宪法和法律委员会副主任委员　丛　斌

全国人民代表大会常务委员会：

常委会第十次会议对药品管理法（修订草案）进行了审议。会后，法制工作委员会在中国人大网公布修订草案，再次公开征求社会公众意见。栗战书委员长在湖南调研，听取有关方面对药品管理法修订草案的意见。宪法和法律委员会、法制工作委员会到国家药品监督管理局和河南、四川等地调研，听取部分全国人大代表、地方有关部门、药品上市许可持有人和生产经营企业、医疗机构等各方面的意见；召开专家咨询会，征求听取专家意见；委托中国科学院上海药物研究所和中国药科大学就药品定义和假药、劣药界定开展专项研究；书面征求中央有关部门、单位和行业协会的意见；就草案中的主要问题与有关方面交换意见、共同研究。宪法和法律委员会于 7 月 26 日召开会议，根据常委会组成人员的审议意见和各方面意见，对修订草案进行了审议。教育科学文化卫生委员会、司法部、财政部、国家卫生健康委员会、国家市场监督管理总局、国家药品监督管理局的有关负责同志列席了会议。8 月 16 日，宪法和法律委员会召开会议，再次进行审议。宪法和法律委员会认为，为了加强药品管理，保证药品质量，保障公众用药安全和合法权益，保护和促进公众健康，对药品管理法进行修订是必要的，修订草案经过审议修改，已经比较成熟。同时，提出以下主要修改意见：

一、有的常委委员、部门、专家和社会公众提出，修订草案沿用了现行法药品定义的规定，所列举的药品种类，有的存在交叉，有的不够准确，建议按照目前各方面都认可的药品分类进行修改。宪法和法律委员会经研究，建议将药品定义中的药品种类进行概括式列举，修改为“中药、化学药和生物制品等”。

二、有的常委委员、部门和社会公众建议进一步厘清药品上市许可持有人对药品质量的主体责任和药品生产经营企业等的相应责任。宪法和法律委员会经研究，建议作如下修改：一是明确药品上市许可持有人依法对药品研制、生产、经营、使用全过程中药品的安全性、有效性和质量可控性负责。二是明确其他从事药品研制、生产、经营、储存、运输、使用等活动的单位和个人依法承担相应责任。

三、有的常委会组成人员、部门、专家和社会公众建议根据中药特点，鼓励中药传承创新；完善药物非临床研究和药物临床试验管理，体现药品研制管理改革成果。宪法和法律委员会经研究，建议作如下修改：一是增加规定国家建立和完善符合中药特点的技术评价体系，促进中药传承创新。二是增加规定开展药物非临床研究，应当符合国家有关规定，具有相应的条件和管理制度，保证有关数据、资料和样品的真实性。三是明确生物等效性试验实行备案管理。四是增加规定药物临床试验期间，发现存在安全性问题或者其他风险的，应当及时调整临床试验方案、暂停或者终止临床试验。

四、有的常委委员、部门、专家和社会公众建议进一步体现药品审评审批制度改革成果，提高审评审批效率。宪法和法律委员会经研究，建议作如下修改：一是明确在审批药品时，对化学原料药一并审评审批，对相关辅料、直接接触药品的包装材料和容器一并审评，对药品的质量标准、生产工艺、标签和说明书一并核准。二是增加规定国务院药品监督管理部门应当完善药品审评审批工作制度，建立健全沟通交流、专家咨询等机制，优化流程，提高效率。三是要求批准上市药品的审评结论和依据应当依法公开，接受社会监督。对审评审批中知悉的商业秘密应当保密。

五、有的常委委员、部门、专家和社会公众建议鼓励药品零售连锁经营，明确药师职责，加强网络销售药品监管，细化医疗机构临床急需进口少量药品的要求。宪法和法律委员会经研究，建议作如下修改：一是增加规定国家鼓励、引导药品零售连锁经营，从事药品零售连锁经营活动的企业总部，应当建立统一的质量管理制度，对所属零售企业的经营活动履行管理责任。二是明确药品经营企业和医疗机构的药师负责本单位的药品管理、处方审核和调配、合理用药指导等工作。三是明确网络销售药品应当遵守药品经营的有关规定，并授权相关部门制定具体管理办法。四是明确经批准医疗机构因临床急需可以进口少量药品，在指定医疗机构内用于特定医疗目的。

六、有的常委会组成人员、部门和社会公众提出，药品使用直接体现药品的质量安全，涉及公众健康，应当完善相关制度，促进合理用药，并对医疗机构以外的其他单位使用药品作出规定。宪法和法律委员会经研究，建议作如下修改：一是要求医疗机构应当有与所使用药品相适应的设备、仓储设施和卫生环境等条件。二是增加规定医疗机构应当坚持安全有效、经济合理的原则合理用药。三是明确医疗机构以外的其他药品使用单位应当遵守有关医疗机构使用药品的规定。

七、有的常委会组成人员和社会公众提出，应当采取措施保障基本药物供应，通过对罕见病用药等药品给予优先审评审批增加供应。宪法和法律委员会经研究，建议作如下修改：一是增加规定国家遴选适当数量的基本药物品种，加强组织生产和储备，提高基本药物的供给能力，满足疾病防治基本用药需求。二是明确对“防治重大传染病和罕见病等疾病的新药、儿童用药品”予以优先审评审批。

八、有些常委会组成人员、部门、专家和社会公众提出，现行法律对假药劣药范围的界定比较宽泛，既有根据药品质量界定的假药劣药，又有未经审批生产的药品等按假药劣药论处的情形，不便于精准惩治，建议主要按照药品功效重新界定假药劣药范围。宪法和法律委员会经研究，建议将“假药”“劣药”和“按假药论处”“按劣药论处”两类四种违法行为所列情形综合考虑，明确假药包括：所含成份与国家药品标准规定的成份不符的药品，以非药品冒充药品或者以他种药品冒充此种药品，变质的药品，所标明的适应症或者功能主治超出规定范围的药品。劣药包括：成份含量不符合国家药品标准的药品，被污染的药品，未标明或者更改有效期、超过有效期、未注明或者更改产品批号的药品，擅自添加防腐剂和辅料的药品，其他不符合药品标准的药品。同时对原“按假药论处”“按劣药论处”情形中国务院药品监督管理部门禁止使用的药品，必须批准而未经批准生产、进口的药品，必须检验而未经检验即销售的药品，使用必须批准而未经批准的原料药生产的药品，使用未经批准的直接接触药品的包装材料和容器生产的药品，单独作出规定，明确禁止生产、进口、销售、使用这些药品，并从严规定处罚。

九、有的常委委员和部门建议明确国家在药品追溯制度方面的责任，建立药物警戒制度，增加药品安全事件预防和应对、行政机关与司法机关办理药品违法犯罪案件的衔接和协助规定。宪法和法律委员会经研究，建议作如下修改：一是规定国家建立健全药品追溯制度，并要求国务院药品监督管理部门制定统一的药品追溯标准和规范，推进药品追溯信息互通互享。二是规定国家建立药物警戒制度。三是增加规定县级以上人民政府应当制定药品安全事件应急预案；药品上市许可持有人、药品生产企业、药品经营企业和医疗机构等应当制定本单位的药品安全事件处置方案，并组织开展培训和应急演练。四是增加药品行政案件与刑事案件移送的规定。五是增加规定公安机关、人民检察院、人民法院商请药品监督管理部门、生态环境主管部门等部门提供检验结论、认定意见以及对涉案药品进行无害化处理等协助的,有关部门应当及时提供,予以协助。

十、有些常委会组成人员、部门、专家和社会公众建议补充完善违反禁止性规定行为的法律责任,对有些情节严重的违法行为要处罚到人;明确药品质量责任首负责任制,合理规定惩罚性赔偿的条件和数额。宪法和法律委员会经研究,建议作如下修改:一是统一规定违反本法规定构成犯罪的,依法追究刑事责任。二是增加规定未经批准开展药物临床试验等违法行为的法律责任。三是对伪造许可证件、骗取许可、拒不召回等违法行为增加对相关责任人员进行处罚的规定。四是提高对未取得药品生产经营许可证生产经营药品、药品检验机构出具虚假检验报告等违法行为的罚款数额。五是增加规定未经批准进口少量境外已批准上市的药品可以减轻或者免予处罚。六是增加规定因药品质量问题受到损害的,受害人可以向药品上市许可持有人、药品生产企业请求赔偿,也可以向药品经营企业、医疗机构请求赔偿。接到受害人赔偿请求的,应当实行首负责任制,先行赔付。七是扩大惩罚性赔偿的适用范围,不限于"造成死亡或者健康严重损害"的后果,并明确惩罚性赔偿的数额为"支付价款十倍或者损失三倍的赔偿金"。

8 月 14 日,法制工作委员会召开会议,邀请部分全国人大代表、药品上市许可持有人、药品生产经营企业、医疗机构、专业技术机构、执法人员和专家学者等就修订草案中主要制度规范的可行性、出台时机、实施的社会效果和可能出现的问题等进行评估。与会人员普遍认为,药品安全事关人民群众身体健康,事关健康中国建设,对药品管理法进行全面修改很有必要、正当其时。修订草案贯彻落实习近平总书记"四个最严"的要求和党中央有关决策部署,体现了药品管理的成功经验和改革成果,制度规范是可行的,将会产生良好的社会效果。修订草案经过多次修改完善,充分吸收了各方面意见,进一步增强了制度规范的针对性和可操作性,已经比较成熟,建议尽快审议通过。与会人员还对修订草案提出了一些具体修改意见,宪法和法律委员会进行了认真研究,对有的意见予以采纳。

此外,还对修订草案作了一些文字修改。

修订草案二次审议稿已按上述意见作了修改,宪法和法律委员会建议提请本次常委会会议审议通过。

修订草案二次审议稿和以上报告是否妥当,请审议。

全国人民代表大会宪法和法律委员会关于《中华人民共和国药品管理法(修订草案二次审议稿)》修改意见的报告

——2019 年 8 月 25 日在第十三届全国人民代表大会常务委员会第十二次会议上

全国人民代表大会常务委员会:

本次常委会会议于 8 月 22 日下午对药品管理法(修订草案二次审议稿)进行了分组审议,普遍认为,修订草案已经比较成熟,建议进一步修改后,提请本次常委会会议表决通过。同时,有些常委会组成人员还提出了一些修改意见。宪法和法律委员会于 8 月 23 日晚上召开会议,逐条研究了常委会组成人员的审议意见,对修订草案进行了审议。教育科学文化卫生委员会、司法部、国家卫生健康委员会、国家市场监督管理总局、国家药品监督管理局的有关负责同志列席了会议。宪法和法律委员会认为,修订草案是可行的,同时,提出以下修改意见:

一、修订草案二次审议稿第十六条第一款规定了国家鼓励研制药品的范围。有的常委委员和代表建议对罕见病用药的研制给予鼓励,突出充实鼓励儿童用药品研制的相关内容。宪法和法律委员会经研究,建议增加规定鼓励治疗罕见病的新药研制,并增加一款规定:国家采取有效措施,鼓励儿童用药品的研制和创新,支持开发符合儿童生理特征的儿童用药品新品种、剂型和规格,对儿童用药品予以优先审评审批。

二、修订草案二次审议稿第二十七条第一款规定了国务院药品监督管理部门应当完善药品审评审批工作制度。有的常委会组成人员建议增加规定加强药品审评审批能力建设。宪法和法律委员会经研究,建议采纳这一意见。

三、修订草案二次审议稿第二十八条第一款中规定,药品应当符合国家药品标准。有些常委会组成人员和部门提出,药品还应当符合经国务院药品监督管理部门核准的药品质量标准。宪法和法律委员会经研究,建议增加规定:经国务院药品监督管理部门核准的药品质量标准高于国家药品标准的,按照经核准的药品质量标准执行。

四、修订草案二次审议稿第四十九条第二款规定了标签、说明书的内容。有些常委会组成人员建议明确标签、说明书应当清晰醒目、便于阅读。宪法和法律委员会经研究,建议增加规定:标签、说明书中的文字应当清晰,生产日期、有效期等事项应当显著标注,容易辨识。

五、有的常委委员建议增加医疗机构配制制剂的具体要求。宪法和法律委员会经研究,建议增加规定:医疗机构配制制剂,应当按照经核准的工艺进行,所需的原料、辅料和包装材料等应当符合药用要求。

六、有的常委委员建议对过期药品的无害化处理作出规定。宪法和法律委员会经研究,建议增加规定:超过有效期等的药品应当由药品监督管理部门监督销毁或者依法采取其他无害化处理等措施。

七、有的常委会组成人员和代表建议进一步明确国家实行基本药物制度。宪法和法律委员会经研究,建议采纳这一意见。

八、修订草案二次审议稿第九十九条第二款规定,药品监督管理部门应当对生物制品实施重点监督检查。有些常委委员和部门建议将“生物制品”修改为“高风险的药品”。宪法和法律委员会经研究,建议采纳这一意见。

九、修订草案二次审议稿第一百条第二款中规定,对有证据证明药品经营企业、药品使用单位销售、使用假药、劣药没有过错的,可以减轻或者免予处罚。有些常委会组成人员提出,对上述情形,不宜笼统规定可以减轻或者免予处罚。宪法和法律委员会经研究,建议删去这一规定。

十、修订草案二次审议稿第一百零八条规定了药品安全事件应急预案的制定。国家药品监督管理局建议进一步明确药品安全事件应对的要求。宪法和法律委员会经研究,建议增加规定:发生药品安全事件,县级以上人民政府应当按照应急预案立即组织开展应对工作;有关单位应当立即采取有效措施进行处置,防止危害扩大。

十一、有些常委委员建议进一步加大对有些违法行为的处罚力度。宪法和法律委员会经研究,建议作如下修改:一是提高药品网络交易第三方平台提供者未履行资质审核等义务的罚款,将“一百万元”提高到“二百万元”;二是提高医疗机构将其配制的制剂在市场上销售行为的罚款下限,将“一倍”提高到“二倍”;三是对药品上市许可持有人、药品生产经营企业的负责人等有关人员在药品购销中收受不正当利益的行为,增加规定:情节严重的,五年内禁止从事药品生产经营活动。

在常委会审议中,有些常委会组成人员还就加强药品管理,完善有关制度提出了一些具体意见,如进一步鼓励中药传承创新发展、建立区域或者中心伦理委员会、明确伦理委员会的组成及职责与审查标准、规定省级药品监督管理部门设立派出机构加强执法检查、保护药品知识产权、建立基本药物目录等。有些常委会组成人员还建议有关方面抓紧制定配套规定,加强法律宣传。宪法和法律委员会经研究认为,上述意见涉及的问题,有的在中医药法等法律中已有规定,有的在正在审议的基本医疗卫生与健康促进法草案、专利法修正案草案中已有规定,有的需要继续探索实践,有的需要在有关配套规定中进一步明确,有的属于具体操作问题。宪法和法律委员会建议,国务院及其有关部门、地方在法律实施过程中,认真研究常委会组成人员的上述意见,进一步完善药品管理具体制度,加强药品监督管理工作,做好法律宣传,切实保障法律的贯彻实施。

还有一个问题需要汇报。2018 年 10 月 26 日十三届全国人大常委会第六次会议通过《关于延长授权国务院在部分地方开展药品上市许可持有人制度试点期限的决定》,将 2015 年 11 月 4 日十二届全国人大常委会第十七次会议授权国务院在部分地方开展药品上市许可持有人制度试点工作的三年期限延长一年,将于 2019 年 11 月 4 日到期。国家药品监督管理局提出,本次药品管理法修订,确立了不少新制度,需要做大量的准备工作,为确保修订后的药品管理法顺利实施,并与疫苗管理法的实施同步,建议修订后的药品管理法自 2019 年 12 月 1 日起施行;同时,考虑到修订后的药品管理法已经确立了药品上市许可持有人制度,建议已经开展试点的地方继续实施。宪法和法律委员会经研究,建议同意国家药品监督管理局的意见。

此外，根据常委会组成人员的审议意见，还对修订草案二次审议稿作了一些文字修改。

修订草案建议表决稿已按上述意见作了修改，宪法和法律委员会建议本次常委会会议审议通过。

修订草案建议表决稿和以上报告是否妥当，请审议。

中华人民共和国主席令

第三十二号

《全国人民代表大会常务委员会关于修改〈中华人民共和国土地管理法〉、〈中华人民共和国城市房地产管理法〉的决定》已由中华人民共和国第十三届全国人民代表大会常务委员会第十二次会议于2019年8月26日通过，现予公布，自2020年1月1日起施行。

中华人民共和国主席　习近平

2019年8月26日

全国人民代表大会常务委员会关于修改《中华人民共和国土地管理法》、《中华人民共和国城市房地产管理法》的决定

（2019年8月26日第十三届全国人民代表大会常务委员会第十二次会议通过）

第十三届全国人民代表大会常务委员会第十二次会议决定：

一、对《中华人民共和国土地管理法》作出修改

（一）增加一条，作为第六条："国务院授权的机构对省、自治区、直辖市人民政府以及国务院确定的城市人民政府土地利用和土地管理情况进行督察。"

（二）将第十一条、第十二条、第十三条合并，作为第十二条，修改为："土地的所有权和使用权的登记，依照有关不动产登记的法律、行政法规执行。

"依法登记的土地的所有权和使用权受法律保护，任何单位和个人不得侵犯。"

（三）将第十四条、第十五条合并，作为第十三条，修改为："农民集体所有和国家所有依法由农民集体使用的耕地、林地、草地，以及其他依法用于农业的土地，采取农村集体经济组织内部的家庭承包方式承包，不宜采取家庭承包方式的荒山、荒沟、荒丘、荒滩等，可以采取招标、拍卖、公开协商等方式承包，从事种植业、林业、畜牧业、渔业生产。家庭承包的耕地的承包期为三十年，草地的承包期为三十年至五十年，林地的承包期为三十年至七十年；耕地承包期届满后再延长三十年，草地、林地承包期届满后依法相应延长。

"国家所有依法用于农业的土地可以由单位或者个人承包经营，从事种植业、林业、畜牧业、渔业生产。

"发包方和承包方应当依法订立承包合同，约定双方的权利和义务。承包经营土地的单位和个人，有保护和按照承包合同约定的用途合理利用土地的义务。"

（四）将第十九条改为第十七条，修改为："土地利用总体规划按照下列原则编制：

"（一）落实国土空间开发保护要求，严格土地用途管制；

"（二）严格保护永久基本农田，严格控制非农业建设占用农用地；

"（三）提高土地节约集约利用水平；

"（四）统筹安排城乡生产、生活、生态用地，满足乡村产业和基础设施用地合理需求，促进城乡融合发展；

"（五）保护和改善生态环境，保障土地的可持续利用；

"（六）占用耕地与开发复垦耕地数量平衡、质量相当。"

（五）增加一条，作为第十八条："国家建立国土空间规划体系。编制国土空间规划应当坚持生态优先，绿色、可持续发展，科学有序统筹安排生态、农业、城镇等功能空间，优化国土空间结构和布局，提升国土空间开发、保护的质量和效率。

"经依法批准的国土空间规划是各类开发、保护、建设活动的基本依据。已经编制国土空间规划的，不再编制土地利用总体规划和城乡规划。"

（六）将第二十四条改为第二十三条，第二款修改为："土地利用年度计划，根据国民经济和社会发展计划、国家产业政策、土地利用总体规划以及建设用地和土地利用的实际状况编制。土地利用年度计划应当对本法第六十三条规定的集体经营性建设用地作出合理安排。土地利用年度计划的编制审批程序与土地利用总体规划的编制审批程序相同，一经审批下达，必须严格执行。"

（七）将第二十九条改为第二十八条，第二款、第三款修改为："县级以上人民政府统计机构和自然资源主管部门依法进行土地统计调查，定期发布土地统计资料。土地所有者或者使用者应当提供有关资料，不得拒报、迟报，不得提供不真实、不完整的资料。

"统计机构和自然资源主管部门共同发布的土地面积统计资料是各级人民政府编制土地利用总体规划的依据。"

（八）将第三十三条改为第三十二条，修改为："省、自治区、直辖市人民政府应当严格执行土地利用总体规划和土地利用年度计划，采取措施，确保本行政区域内耕地总量不减少、质量不降低。耕地总量减少的，由国务院责令在规定期限内组织开垦与所减少耕地的数量与质量相当的耕地；耕地质量降低的，由国务院责令在规定期限内组织整治。新开垦和整治的耕地由国务院自然资源主管部门会同农业农村主管部门验收。

"个别省、直辖市确因土地后备资源匮乏，新增建设用地后，新开垦耕地的数量不足以补偿所占用耕地的数量的，必须报经国务院批准减免本行政区域内开垦耕地的数量，易地开垦数量和质量相当的耕地。"

（九）将第三十四条第一款、第二款改为第三十三条，修改为："国家实行永久基本农田保护制度。下列耕地应当根据土地利用总体规划划为永久基本农田，实行严格保护：

"（一）经国务院农业农村主管部门或者县级以上地方人民政府批准确定的粮、棉、油、糖等重要农产品生产基地内的耕地；

"（二）有良好的水利与水土保持设施的耕地，正在实施改造计划以及可以改造的中、低产田和已建成的高标准农田；

"（三）蔬菜生产基地；

"（四）农业科研、教学试验田；

"（五）国务院规定应当划为永久基本农田的其他耕地。

"各省、自治区、直辖市划定的永久基本农田一般应当占本行政区域内耕地的百分之八十以上，具体比例由国务院根据各省、自治区、直辖市耕地实际情况规定。"

（十）将第三十四条第三款改为第三十四条，修改为："永久基本农田划定以乡（镇）为单位进行，由县级人民政府自然资源主管部门会同同级农业农村主管部门组织实施。永久基本农田应当落实到地块，纳入国家永久基本农田数据库严格管理。

"乡（镇）人民政府应当将永久基本农田的位置、范围向社会公告，并设立保护标志。"

（十一）增加一条，作为第三十五条："永久基本农田经依法划定后，任何单位和个人不得擅自占用或者改变其用途。国家能源、交通、水利、军事设施等重点建设项目选址确实难以避让永久基本农田，涉及农用地转用或者土地征收的，必须经国务院批准。

"禁止通过擅自调整县级土地利用总体规划、乡（镇）土地利用总体规划等方式规避永久基本农田农用地转用或者土地征收的审批。"

（十二）将第三十五条改为第三十六条，修改为："各级人民政府应当采取措施，引导因地制宜轮作休耕，改良土壤，提高地力，维护排灌工程设施，防止土地荒漠化、盐渍化、水土流失和土壤污染。"

（十三）将第三十七条改为第三十八条，删去第三款。

（十四）删去第四十三条。

（十五）将第四十四条第二款、第三款、第四款修改为："永久基本农田转为建设用地的，由国务院批准。

"在土地利用总体规划确定的城市和村庄、集镇建设用地规模范围内，为实施该规划而将永久基本农田以外的农用地转为建设用地的，按土地利用年度计划分批次按照国务院规定由原批准土地利用总体规划的机关或者其授权的机关批准。在已批准的农用地转用范围内，具体建设项目用地可以由市、县人民政府批准。

“在土地利用总体规划确定的城市和村庄、集镇建设用地规模范围外,将永久基本农田以外的农用地转为建设用地的,由国务院或者国务院授权的省、自治区、直辖市人民政府批准。”

（十六）增加一条,作为第四十五条:“为了公共利益的需要,有下列情形之一,确需征收农民集体所有的土地的,可以依法实施征收:

“（一）军事和外交需要用地的;

“（二）由政府组织实施的能源、交通、水利、通信、邮政等基础设施建设需要用地的;

“（三）由政府组织实施的科技、教育、文化、卫生、体育、生态环境和资源保护、防灾减灾、文物保护、社区综合服务、社会福利、市政公用、优抚安置、英烈保护等公共事业需要用地的;

“（四）由政府组织实施的扶贫搬迁、保障性安居工程建设需要用地的;

“（五）在土地利用总体规划确定的城镇建设用地范围内,经省级以上人民政府批准由县级以上地方人民政府组织实施的成片开发建设需要用地的;

“（六）法律规定为公共利益需要可以征收农民集体所有的土地的其他情形。

“前款规定的建设活动,应当符合国民经济和社会发展规划、土地利用总体规划、城乡规划和专项规划;第（四）项、第（五）项规定的建设活动,还应当纳入国民经济和社会发展年度计划;第（五）项规定的成片开发并应当符合国务院自然资源主管部门规定的标准。”

（十七）将第四十五条改为第四十六条,删去第二款中的“并报国务院备案”。

（十八）将第四十六条、第四十八条合并,作为第四十七条,修改为:“国家征收土地的,依照法定程序批准后,由县级以上地方人民政府予以公告并组织实施。

“县级以上地方人民政府拟申请征收土地的,应当开展拟征收土地现状调查和社会稳定风险评估,并将征收范围、土地现状、征收目的、补偿标准、安置方式和社会保障等在拟征收土地所在的乡（镇）和村、村民小组范围内公告至少三十日,听取被征地的农村集体经济组织及其成员、村民委员会和其他利害关系人的意见。

“多数被征地的农村集体经济组织成员认为征地补偿安置方案不符合法律、法规规定的,县级以上地方人民政府应当组织召开听证会,并根据法律、法规的规定和听证会情况修改方案。

“拟征收土地的所有权人、使用权人应当在公告规定期限内,持不动产权属证明材料办理补偿登记。县级以上地方人民政府应当组织有关部门测算并落实有关费用,保证足额到位,与拟征收土地的所有权人、使用权人就补偿、安置等签订协议;个别确实难以达成协议的,应当在申请征收土地时如实说明。

“相关前期工作完成后,县级以上地方人民政府方可申请征收土地。”

（十九）将第四十七条改为第四十八条,修改为:“征收土地应当给予公平、合理的补偿,保障被征地农民原有生活水平不降低、长远生计有保障。

“征收土地应当依法及时足额支付土地补偿费、安置补助费以及农村村民住宅、其他地上附着物和青苗等的补偿费用,并安排被征地农民的社会保障费用。

“征收农用地的土地补偿费、安置补助费标准由省、自治区、直辖市通过制定公布区片综合地价确定。制定区片综合地价应当综合考虑土地原用途、土地资源条件、土地产值、土地区位、土地供求关系、人口以及经济社会发展水平等因素,并至少每三年调整或者重新公布一次。

“征收农用地以外的其他土地、地上附着物和青苗等的补偿标准,由省、自治区、直辖市制定。对其中的农村村民住宅,应当按照先补偿后搬迁、居住条件有改善的原则,尊重农村村民意愿,采取重新安排宅基地建房、提供安置房或者货币补偿等方式给予公平、合理的补偿,并对因征收造成的搬迁、临时安置等费用予以补偿,保障农村村民居住的权利和合法的住房财产权益。

“县级以上地方人民政府应当将被征地农民纳入相应的养老等社会保障体系。被征地农民的社会保障费用主要用于符合条件的被征地农民的养老保险等社会保险缴费补贴。被征地农民社会保障费用的筹集、管理和使用办法,由省、自治区、直辖市制定。”

（二十）将第五十五条第二款修改为:“自本法施行之日起,新增建设用地的土地有偿使用费,百分之三十上缴中央财政,百分之七十留给有关地方人民政府。具体使用管理办法由国务院财政部门会同有关部门制定,并报国务院批准。”

（二十一）将第五十八条修改为:“有下列情形之一的,由有关人民政府自然资源主管部门报经原批准用地的人民政府或者有批准权的人民政府批准,可以收回国有土地使用权:

“（一）为实施城市规划进行旧城区改建以及其

他公共利益需要，确需使用土地的；

“（二）土地出让等有偿使用合同约定的使用期限届满，土地使用者未申请续期或者申请续期未获批准的；

“（三）因单位撤销、迁移等原因，停止使用原划拨的国有土地的；

“（四）公路、铁路、机场、矿场等经核准报废的。

“依照前款第（一）项的规定收回国有土地使用权的，对土地使用权人应当给予适当补偿。”

（二十二）将第六十二条第二款、第三款、第四款修改为：“人均土地少、不能保障一户拥有一处宅基地的地区，县级人民政府在充分尊重农村村民意愿的基础上，可以采取措施，按照省、自治区、直辖市规定的标准保障农村村民实现户有所居。

“农村村民建住宅，应当符合乡（镇）土地利用总体规划、村庄规划，不得占用永久基本农田，并尽量使用原有的宅基地和村内空闲地。编制乡（镇）土地利用总体规划、村庄规划应当统筹并合理安排宅基地用地，改善农村村民居住环境和条件。

“农村村民住宅用地，由乡（镇）人民政府审核批准；其中，涉及占用农用地的，依照本法第四十四条的规定办理审批手续。

“农村村民出卖、出租、赠与住宅后，再申请宅基地的，不予批准。

“国家允许进城落户的农村村民依法自愿有偿退出宅基地，鼓励农村集体经济组织及其成员盘活利用闲置宅基地和闲置住宅。

“国务院农业农村主管部门负责全国农村宅基地改革和管理有关工作。”

（二十三）将第六十三条修改为：“土地利用总体规划、城乡规划确定为工业、商业等经营性用途，并经依法登记的集体经营性建设用地，土地所有权人可以通过出让、出租等方式交由单位或者个人使用，并应当签订书面合同，载明土地界址、面积、动工期限、使用期限、土地用途、规划条件和双方其他权利义务。

“前款规定的集体经营性建设用地出让、出租等，应当经本集体经济组织成员的村民会议三分之二以上成员或者三分之二以上村民代表的同意。

“通过出让等方式取得的集体经营性建设用地使用权可以转让、互换、出资、赠与或者抵押，但法律、行政法规另有规定或者土地所有权人、土地使用权人签订的书面合同另有约定的除外。

“集体经营性建设用地的出租，集体建设用地使用权的出让及其最高年限、转让、互换、出资、赠与、抵押等，参照同类用途的国有建设用地执行。具体办法由国务院制定。”

（二十四）增加一条，作为第六十四条：“集体建设用地的使用者应当严格按照土地利用总体规划、城乡规划确定的用途使用土地。”

（二十五）将第六十五条改为第六十六条，增加一款，作为第三款：“收回集体经营性建设用地使用权，依照双方签订的书面合同办理，法律、行政法规另有规定的除外。”

（二十六）将第六十六条改为第六十七条，增加一款，作为第二款：“县级以上人民政府农业农村主管部门对违反农村宅基地管理法律、法规的行为进行监督检查的，适用本法关于自然资源主管部门监督检查的规定。”

（二十七）将第七十条改为第七十一条，修改为：“县级以上人民政府自然资源主管部门在监督检查工作中发现国家工作人员的违法行为，依法应当给予处分的，应当依法予以处理；自己无权处理的，应当依法移送监察机关或者有关机关处理。”

（二十八）将第七十四条改为第七十五条，其中的“土地行政主管部门”修改为“自然资源主管部门、农业农村主管部门等按照职责”。

（二十九）将第七十七条改为第七十八条，其中的“土地行政主管部门”修改为“农业农村主管部门”。

（三十）将第八十一条改为第八十二条，修改为：“擅自将农民集体所有的土地通过出让、转让使用权或者出租等方式用于非农业建设，或者违反本法规定，将集体经营性建设用地通过出让、出租等方式交由单位或者个人使用的，由县级以上人民政府自然资源主管部门责令限期改正，没收违法所得，并处罚款。”

（三十一）删去第八十二条。

（三十二）将第八十四条中的“土地行政主管部门”修改为“自然资源主管部门、农业农村主管部门”。

（三十三）将第八十五条修改为：“外商投资企业使用土地的，适用本法；法律另有规定的，从其规定。”

（三十四）增加一条，作为第八十六条：“在根据本法第十八条的规定编制国土空间规划前，经依法批准的土地利用总体规划和城乡规划继续执行。”

（三十五）将有关条款中的“土地行政主管部门”修改为“自然资源主管部门”，“基本农田”修改为“永久基本农田”，“行政处分”修改为“处分”。

二、对《中华人民共和国城市房地产管理法》作出修改

将第九条修改为："城市规划区内的集体所有的土地，经依法征收转为国有土地后，该幅国有土地的使用权方可有偿出让，但法律另有规定的除外。"

三、修改土地管理法、城市房地产管理法，依法保障农村土地征收、集体经营性建设用地入市、宅基地管理制度等改革在全国范围内实行，对促进乡村振兴和城乡融合发展具有重大意义。国务院及其有关部门和各省、自治区、直辖市应当坚持土地公有制性质不改变、耕地红线不突破、农民利益不受损，加强组织领导，做好法律宣传，制定、完善配套法规、规章，确保法律制度正确、有效实施。

本决定自2020年1月1日起施行。

《中华人民共和国土地管理法》、《中华人民共和国城市房地产管理法》根据本决定作相应修改，重新公布。

中华人民共和国土地管理法

（1986年6月25日第六届全国人民代表大会常务委员会第十六次会议通过　根据1988年12月29日第七届全国人民代表大会常务委员会第五次会议《关于修改〈中华人民共和国土地管理法〉的决定》第一次修正　1998年8月29日第九届全国人民代表大会常务委员会第四次会议修订　根据2004年8月28日第十届全国人民代表大会常务委员会第十一次会议《关于修改〈中华人民共和国土地管理法〉的决定》第二次修正　根据2019年8月26日第十三届全国人民代表大会常务委员会第十二次会议《关于修改〈中华人民共和国土地管理法〉、〈中华人民共和国城市房地产管理法〉的决定》第三次修正）

目　录

第一章　总　　则

第一条　为了加强土地管理，维护土地的社会主义公有制，保护、开发土地资源，合理利用土地，切实保护耕地，促进社会经济的可持续发展，根据宪法，制定本法。

第二条　中华人民共和国实行土地的社会主义公有制，即全民所有制和劳动群众集体所有制。

全民所有，即国家所有土地的所有权由国务院代表国家行使。

任何单位和个人不得侵占、买卖或者以其他形式非法转让土地。土地使用权可以依法转让。

国家为了公共利益的需要，可以依法对土地实行征收或者征用并给予补偿。

国家依法实行国有土地有偿使用制度。但是，国家在法律规定的范围内划拨国有土地使用权的除外。

第三条　十分珍惜、合理利用土地和切实保护耕地是我国的基本国策。各级人民政府应当采取措施，全面规划，严格管理，保护、开发土地资源，制止非法占用土地的行为。

第四条　国家实行土地用途管制制度。

国家编制土地利用总体规划，规定土地用途，将土地分为农用地、建设用地和未利用地。严格限制农用地转为建设用地，控制建设用地总量，对耕地实行特殊保护。

前款所称农用地是指直接用于农业生产的土地，包括耕地、林地、草地、农田水利用地、养殖水面等；建设用地是指建造建筑物、构筑物的土地，包括城乡住宅和公共设施用地、工矿用地、交通水利设施用地、旅游用地、军事设施用地等；未利用地是指农用地和建设用地以外的土地。

使用土地的单位和个人必须严格按照土地利用总体规划确定的用途使用土地。

第五条 国务院自然资源主管部门统一负责全国土地的管理和监督工作。

县级以上地方人民政府自然资源主管部门的设置及其职责，由省、自治区、直辖市人民政府根据国务院有关规定确定。

第六条 国务院授权的机构对省、自治区、直辖市人民政府以及国务院确定的城市人民政府土地利用和土地管理情况进行督察。

第七条 任何单位和个人都有遵守土地管理法律、法规的义务，并有权对违反土地管理法律、法规的行为提出检举和控告。

第八条 在保护和开发土地资源、合理利用土地以及进行有关的科学研究等方面成绩显著的单位和个人，由人民政府给予奖励。

第二章 土地的所有权和使用权

第九条 城市市区的土地属于国家所有。

农村和城市郊区的土地，除由法律规定属于国家所有的以外，属于农民集体所有；宅基地和自留地、自留山，属于农民集体所有。

第十条 国有土地和农民集体所有的土地，可以依法确定给单位或者个人使用。使用土地的单位和个人，有保护、管理和合理利用土地的义务。

第十一条 农民集体所有的土地依法属于村农民集体所有的，由村集体经济组织或者村民委员会经营、管理；已经分别属于村内两个以上农村集体经济组织的农民集体所有的，由村内各该农村集体经济组织或者村民小组经营、管理；已经属于乡(镇)农民集体所有的，由乡(镇)农村集体经济组织经营、管理。

第十二条 土地的所有权和使用权的登记，依照有关不动产登记的法律、行政法规执行。

依法登记的土地的所有权和使用权受法律保护，任何单位和个人不得侵犯。

第十三条 农民集体所有和国家所有依法由农民集体使用的耕地、林地、草地，以及其他依法用于农业的土地，采取农村集体经济组织内部的家庭承包方式承包，不宜采取家庭承包方式的荒山、荒沟、荒丘、荒滩等，可以采取招标、拍卖、公开协商等方式承包，从事种植业、林业、畜牧业、渔业生产。家庭承包的耕地的承包期为三十年，草地的承包期为三十年至五十年，林地的承包期为三十年至七十年；耕地承包期届满后再延长三十年，草地、林地承包期届满后依法相应延长。

国家所有依法用于农业的土地可以由单位或者个人承包经营，从事种植业、林业、畜牧业、渔业生产。

发包方和承包方应当依法订立承包合同，约定双方的权利和义务。承包经营土地的单位和个人，有保护和按照承包合同约定的用途合理利用土地的义务。

第十四条 土地所有权和使用权争议，由当事人协商解决；协商不成的，由人民政府处理。

单位之间的争议，由县级以上人民政府处理；个人之间、个人与单位之间的争议，由乡级人民政府或者县级以上人民政府处理。

当事人对有关人民政府的处理决定不服的，可以自接到处理决定通知之日起三十日内，向人民法院起诉。

在土地所有权和使用权争议解决前，任何一方不得改变土地利用现状。

第三章 土地利用总体规划

第十五条 各级人民政府应当依据国民经济和社会发展规划、国土整治和资源环境保护的要求、土地供给能力以及各项建设对土地的需求，组织编制土地利用总体规划。

土地利用总体规划的规划期限由国务院规定。

第十六条 下级土地利用总体规划应当依据上一级土地利用总体规划编制。

地方各级人民政府编制的土地利用总体规划中的建设用地总量不得超过上一级土地利用总体规划确定的控制指标，耕地保有量不得低于上一级土地利用总体规划确定的控制指标。

省、自治区、直辖市人民政府编制的土地利用总体规划，应当确保本行政区域内耕地总量不减少。

第十七条 土地利用总体规划按照下列原则编制：

(一)落实国土空间开发保护要求，严格土地用途管制；

(二)严格保护永久基本农田，严格控制非农业建设占用农用地；

(三)提高土地节约集约利用水平；

(四)统筹安排城乡生产、生活、生态用地，满足乡村产业和基础设施用地合理需求，促进城乡融合发展；

（五）保护和改善生态环境，保障土地的可持续利用；

（六）占用耕地与开发复垦耕地数量平衡、质量相当。

第十八条　国家建立国土空间规划体系。编制国土空间规划应当坚持生态优先，绿色、可持续发展，科学有序统筹安排生态、农业、城镇等功能空间，优化国土空间结构和布局，提升国土空间开发、保护的质量和效率。

经依法批准的国土空间规划是各类开发、保护、建设活动的基本依据。已经编制国土空间规划的，不再编制土地利用总体规划和城乡规划。

第十九条　县级土地利用总体规划应当划分土地利用区，明确土地用途。

乡（镇）土地利用总体规划应当划分土地利用区，根据土地使用条件，确定每一块土地的用途，并予以公告。

第二十条　土地利用总体规划实行分级审批。

省、自治区、直辖市的土地利用总体规划，报国务院批准。

省、自治区人民政府所在地的市、人口在一百万以上的城市以及国务院指定的城市的土地利用总体规划，经省、自治区人民政府审查同意后，报国务院批准。

本条第二款、第三款规定以外的土地利用总体规划，逐级上报省、自治区、直辖市人民政府批准；其中，乡（镇）土地利用总体规划可以由省级人民政府授权的设区的市、自治州人民政府批准。

土地利用总体规划一经批准，必须严格执行。

第二十一条　城市建设用地规模应当符合国家规定的标准，充分利用现有建设用地，不占或者尽量少占农用地。

城市总体规划、村庄和集镇规划，应当与土地利用总体规划相衔接，城市总体规划、村庄和集镇规划中建设用地规模不得超过土地利用总体规划确定的城市和村庄、集镇建设用地规模。

在城市规划区内、村庄和集镇规划区内，城市和村庄、集镇建设用地应当符合城市规划、村庄和集镇规划。

第二十二条　江河、湖泊综合治理和开发利用规划，应当与土地利用总体规划相衔接。在江河、湖泊、水库的管理和保护范围以及蓄洪滞洪区内，土地利用应当符合江河、湖泊综合治理和开发利用规划，符合河道、湖泊行洪、蓄洪和输水的要求。

第二十三条　各级人民政府应当加强土地利用计划管理，实行建设用地总量控制。

土地利用年度计划，根据国民经济和社会发展计划、国家产业政策、土地利用总体规划以及建设用地和土地利用的实际状况编制。土地利用年度计划应当对本法第六十三条规定的集体经营性建设用地作出合理安排。土地利用年度计划的编制审批程序与土地利用总体规划的编制审批程序相同，一经审批下达，必须严格执行。

第二十四条　省、自治区、直辖市人民政府应当将土地利用年度计划的执行情况列为国民经济和社会发展计划执行情况的内容，向同级人民代表大会报告。

第二十五条　经批准的土地利用总体规划的修改，须经原批准机关批准；未经批准，不得改变土地利用总体规划确定的土地用途。

经国务院批准的大型能源、交通、水利等基础设施建设用地，需要改变土地利用总体规划的，根据国务院的批准文件修改土地利用总体规划。

经省、自治区、直辖市人民政府批准的能源、交通、水利等基础设施建设用地，需要改变土地利用总体规划的，属于省级人民政府土地利用总体规划批准权限内的，根据省级人民政府的批准文件修改土地利用总体规划。

第二十六条　国家建立土地调查制度。

县级以上人民政府自然资源主管部门会同同级有关部门进行土地调查。土地所有者或者使用者应当配合调查，并提供有关资料。

第二十七条　县级以上人民政府自然资源主管部门会同同级有关部门根据土地调查成果、规划土地用途和国家制定的统一标准，评定土地等级。

第二十八条　国家建立土地统计制度。

县级以上人民政府统计机构和自然资源主管部门依法进行土地统计调查，定期发布土地统计资料。土地所有者或者使用者应当提供有关资料，不得拒报、迟报，不得提供不真实、不完整的资料。

统计机构和自然资源主管部门共同发布的土地面积统计资料是各级人民政府编制土地利用总体规划的依据。

第二十九条　国家建立全国土地管理信息系统，对土地利用状况进行动态监测。

第四章　耕地保护

第三十条　国家保护耕地，严格控制耕地转为非耕地。

国家实行占用耕地补偿制度。非农业建设经批准占用耕地的,按照“占多少,垦多少”的原则,由占用耕地的单位负责开垦与所占用耕地的数量和质量相当的耕地;没有条件开垦或者开垦的耕地不符合要求的,应当按照省、自治区、直辖市的规定缴纳耕地开垦费,专款用于开垦新的耕地。

省、自治区、直辖市人民政府应当制定开垦耕地计划,监督占用耕地的单位按照计划开垦耕地或者按照计划组织开垦耕地,并进行验收。

第三十一条 县级以上地方人民政府可以要求占用耕地的单位将所占用耕地耕作层的土壤用于新开垦耕地、劣质地或者其他耕地的土壤改良。

第三十二条 省、自治区、直辖市人民政府应当严格执行土地利用总体规划和土地利用年度计划,采取措施,确保本行政区域内耕地总量不减少、质量不降低。耕地总量减少的,由国务院责令在规定期限内组织开垦与所减少耕地的数量与质量相当的耕地;耕地质量降低的,由国务院责令在规定期限内组织整治。新开垦和整治的耕地由国务院自然资源主管部门会同农业农村主管部门验收。

个别省、直辖市确因土地后备资源匮乏,新增建设用地后,新开垦耕地的数量不足以补偿所占用耕地的数量的,必须报经国务院批准减免本行政区域内开垦耕地的数量,易地开垦数量和质量相当的耕地。

第三十三条 国家实行永久基本农田保护制度。下列耕地应当根据土地利用总体规划划为永久基本农田,实行严格保护:

(一)经国务院农业农村主管部门或者县级以上地方人民政府批准确定的粮、棉、油、糖等重要农产品生产基地内的耕地;

(二)有良好的水利与水土保持设施的耕地,正在实施改造计划以及可以改造的中、低产田和已建成的高标准农田;

(三)蔬菜生产基地;

(四)农业科研、教学试验田;

(五)国务院规定应当划为永久基本农田的其他耕地。

各省、自治区、直辖市划定的永久基本农田一般应当占本行政区域内耕地的百分之八十以上,具体比例由国务院根据各省、自治区、直辖市耕地实际情况规定。

第三十四条 永久基本农田划定以乡(镇)为单位进行,由县级人民政府自然资源主管部门会同同级农业农村主管部门组织实施。永久基本农田应当落实到地块,纳入国家永久基本农田数据库严格管理。

乡(镇)人民政府应当将永久基本农田的位置、范围向社会公告,并设立保护标志。

第三十五条 永久基本农田经依法划定后,任何单位和个人不得擅自占用或者改变其用途。国家能源、交通、水利、军事设施等重点建设项目选址确实难以避让永久基本农田,涉及农用地转用或者土地征收的,必须经国务院批准。

禁止通过擅自调整县级土地利用总体规划、乡(镇)土地利用总体规划等方式规避永久基本农田农用地转用或者土地征收的审批。

第三十六条 各级人民政府应当采取措施,引导因地制宜轮作休耕,改良土壤,提高地力,维护排灌工程设施,防止土地荒漠化、盐渍化、水土流失和土壤污染。

第三十七条 非农业建设必须节约使用土地,可以利用荒地的,不得占用耕地;可以利用劣地的,不得占用好地。

禁止占用耕地建窑、建坟或者擅自在耕地上建房、挖砂、采石、采矿、取土等。

禁止占用永久基本农田发展林果业和挖塘养鱼。

第三十八条 禁止任何单位和个人闲置、荒芜耕地。已经办理审批手续的非农业建设占用耕地,一年内不用而又可以耕种并收获的,应当由原耕种该幅耕地的集体或者个人恢复耕种,也可以由用地单位组织耕种;一年以上未动工建设的,应当按照省、自治区、直辖市的规定缴纳闲置费;连续二年未使用的,经原批准机关批准,由县级以上人民政府无偿收回用地单位的土地使用权;该幅土地原为农民集体所有的,应当交由原农村集体经济组织恢复耕种。

在城市规划区范围内,以出让方式取得土地使用权进行房地产开发的闲置土地,依照《中华人民共和国城市房地产管理法》的有关规定办理。

第三十九条 国家鼓励单位和个人按照土地利用总体规划,在保护和改善生态环境、防止水土流失和土地荒漠化的前提下,开发未利用的土地;适宜开发为农用地的,应当优先开发成农用地。

国家依法保护开发者的合法权益。

第四十条 开垦未利用的土地,必须经过科学论证和评估,在土地利用总体规划划定的可开垦的区域内,经依法批准后进行。禁止毁坏森林、草原开垦耕地,禁止围湖造田和侵占江河滩地。

根据土地利用总体规划，对破坏生态环境开垦、围垦的土地，有计划有步骤地退耕还林、还牧、还湖。

第四十一条　开发未确定使用权的国有荒山、荒地、荒滩从事种植业、林业、畜牧业、渔业生产的，经县级以上人民政府依法批准，可以确定给开发单位或者个人长期使用。

第四十二条　国家鼓励土地整理。县、乡（镇）人民政府应当组织农村集体经济组织，按照土地利用总体规划，对田、水、路、林、村综合整治，提高耕地质量，增加有效耕地面积，改善农业生产条件和生态环境。

地方各级人民政府应当采取措施，改造中、低产田，整治闲散地和废弃地。

第四十三条　因挖损、塌陷、压占等造成土地破坏，用地单位和个人应当按照国家有关规定负责复垦；没有条件复垦或者复垦不符合要求的，应当缴纳土地复垦费，专项用于土地复垦。复垦的土地应当优先用于农业。

第五章　建设用地

第四十四条　建设占用土地，涉及农用地转为建设用地的，应当办理农用地转用审批手续。

永久基本农田转为建设用地的，由国务院批准。

在土地利用总体规划确定的城市和村庄、集镇建设用地规模范围内，为实施该规划而将永久基本农田以外的农用地转为建设用地的，按土地利用年度计划分批次按照国务院规定由原批准土地利用总体规划的机关或者其授权的机关批准。在已批准的农用地转用范围内，具体建设项目用地可以由市、县人民政府批准。

在土地利用总体规划确定的城市和村庄、集镇建设用地规模范围外，将永久基本农田以外的农用地转为建设用地的，由国务院或者国务院授权的省、自治区、直辖市人民政府批准。

第四十五条　为了公共利益的需要，有下列情形之一，确需征收农民集体所有的土地的，可以依法实施征收：

（一）军事和外交需要用地的；

（二）由政府组织实施的能源、交通、水利、通信、邮政等基础设施建设需要用地的；

（三）由政府组织实施的科技、教育、文化、卫生、体育、生态环境和资源保护、防灾减灾、文物保护、社区综合服务、社会福利、市政公用、优抚安置、英烈保护等公共事业需要用地的；

（四）由政府组织实施的扶贫搬迁、保障性安居工程建设需要用地的；

（五）在土地利用总体规划确定的城镇建设用地范围内，经省级以上人民政府批准由县级以上地方人民政府组织实施的成片开发建设需要用地的；

（六）法律规定为公共利益需要可以征收农民集体所有的土地的其他情形。

前款规定的建设活动，应当符合国民经济和社会发展规划、土地利用总体规划、城乡规划和专项规划；第（四）项、第（五）项规定的建设活动，还应当纳入国民经济和社会发展年度计划；第（五）项规定的成片开发并应当符合国务院自然资源主管部门规定的标准。

第四十六条　征收下列土地的，由国务院批准：

（一）永久基本农田；

（二）永久基本农田以外的耕地超过三十五公顷的；

（三）其他土地超过七十公顷的。

征收前款规定以外的土地的，由省、自治区、直辖市人民政府批准。

征收农用地的，应当依照本法第四十四条的规定先行办理农用地转用审批。其中，经国务院批准农用地转用的，同时办理征地审批手续，不再另行办理征地审批；经省、自治区、直辖市人民政府在征地批准权限内批准农用地转用的，同时办理征地审批手续，不再另行办理征地审批，超过征地批准权限的，应当依照本条第一款的规定另行办理征地审批。

第四十七条　国家征收土地的，依照法定程序批准后，由县级以上地方人民政府予以公告并组织实施。

县级以上地方人民政府拟申请征收土地的，应当开展拟征收土地现状调查和社会稳定风险评估，并将征收范围、土地现状、征收目的、补偿标准、安置方式和社会保障等在拟征收土地所在的乡（镇）和村、村民小组范围内公告至少三十日，听取被征地的农村集体经济组织及其成员、村民委员会和其他利害关系人的意见。

多数被征地的农村集体经济组织成员认为征地补偿安置方案不符合法律、法规规定的，县级以上地方人民政府应当组织召开听证会，并根据法律、法规的规定和听证会情况修改方案。

拟征收土地的所有权人、使用权人应当在公告规定期限内，持不动产权属证明材料办理补偿登记。县级以上地方人民政府应当组织有关部门测算并落实有关费用，保证足额到位，与拟征收土地的所有权人、使用权人就补偿、安置等签订协议；个别确实难以达成协议的，应当在申请征收土地时如实说明。

相关前期工作完成后，县级以上地方人民政府方可申请征收土地。

第四十八条　征收土地应当给予公平、合理的补偿，保障被征地农民原有生活水平不降低、长远生计有保障。

征收土地应当依法及时足额支付土地补偿费、安置补助费以及农村村民住宅、其他地上附着物和青苗等的补偿费用，并安排被征地农民的社会保障费用。

征收农用地的土地补偿费、安置补助费标准由省、自治区、直辖市通过制定公布区片综合地价确定。制定区片综合地价应当综合考虑土地原用途、土地资源条件、土地产值、土地区位、土地供求关系、人口以及经济社会发展水平等因素，并至少每三年调整或者重新公布一次。

征收农用地以外的其他土地、地上附着物和青苗等的补偿标准，由省、自治区、直辖市制定。对其中的农村村民住宅，应当按照先补偿后搬迁、居住条件有改善的原则，尊重农村村民意愿，采取重新安排宅基地建房、提供安置房或者货币补偿等方式给予公平、合理的补偿，并对因征收造成的搬迁、临时安置等费用予以补偿，保障农村村民居住的权利和合法的住房财产权益。

县级以上地方人民政府应当将被征地农民纳入相应的养老等社会保障体系。被征地农民的社会保障费用主要用于符合条件的被征地农民的养老保险等社会保险缴费补贴。被征地农民社会保障费用的筹集、管理和使用办法，由省、自治区、直辖市制定。

第四十九条　被征地的农村集体经济组织应当将征收土地的补偿费用的收支状况向本集体经济组织的成员公布，接受监督。

禁止侵占、挪用被征收土地单位的征地补偿费用和其他有关费用。

第五十条　地方各级人民政府应当支持被征地的农村集体经济组织和农民从事开发经营，兴办企业。

第五十一条　大中型水利、水电工程建设征收土地的补偿费标准和移民安置办法，由国务院另行规定。

第五十二条　建设项目可行性研究论证时，自然资源主管部门可以根据土地利用总体规划、土地利用年度计划和建设用地标准，对建设用地有关事项进行审查，并提出意见。

第五十三条　经批准的建设项目需要使用国有建设用地的，建设单位应当持法律、行政法规规定的有关文件，向有批准权的县级以上人民政府自然资源主管部门提出建设用地申请，经自然资源主管部门审查，报本级人民政府批准。

第五十四条　建设单位使用国有土地，应当以出让等有偿使用方式取得；但是，下列建设用地，经县级以上人民政府依法批准，可以以划拨方式取得：

（一）国家机关用地和军事用地；

（二）城市基础设施用地和公益事业用地；

（三）国家重点扶持的能源、交通、水利等基础设施用地；

（四）法律、行政法规规定的其他用地。

第五十五条　以出让等有偿使用方式取得国有土地使用权的建设单位，按照国务院规定的标准和办法，缴纳土地使用权出让金等土地有偿使用费和其他费用后，方可使用土地。

自本法施行之日起，新增建设用地的土地有偿使用费，百分之三十上缴中央财政，百分之七十留给有关地方人民政府。具体使用管理办法由国务院财政部门会同有关部门制定，并报国务院批准。

第五十六条　建设单位使用国有土地的，应当按照土地使用权出让等有偿使用合同的约定或者土地使用权划拨批准文件的规定使用土地；确需改变该幅土地建设用途的，应当经有关人民政府自然资源主管部门同意，报原批准用地的人民政府批准。其中，在城市规划区内改变土地用途的，在报批前，应当先经有关城市规划行政主管部门同意。

第五十七条　建设项目施工和地质勘查需要临时使用国有土地或者农民集体所有的土地的，由县级以上人民政府自然资源主管部门批准。其中，在城市规划区内的临时用地，在报批前，应当先经有关城市规划行政主管部门同意。土地使用者应当根据土地权属，与有关自然资源主管部门或者农村集体经济组织、村民委员会签订临时使用土地合同，并按照合同的约定支付临时使用土地补偿费。

临时使用土地的使用者应当按照临时使用土地合同约定的用途使用土地，并不得修建永久性建筑物。

临时使用土地期限一般不超过二年。

第五十八条　有下列情形之一的，由有关人民政府自然资源主管部门报经原批准用地的人民政府或者有批准权的人民政府批准，可以收回国有土地使用权：

(一)为实施城市规划进行旧城区改建以及其他公共利益需要，确需使用土地的；

(二)土地出让等有偿使用合同约定的使用期限届满，土地使用者未申请续期或者申请续期未获批准的；

(三)因单位撤销、迁移等原因，停止使用原划拨的国有土地的；

(四)公路、铁路、机场、矿场等经核准报废的。

依照前款第(一)项的规定收回国有土地使用权的，对土地使用权人应当给予适当补偿。

第五十九条　乡镇企业、乡(镇)村公共设施、公益事业、农村村民住宅等乡(镇)村建设，应当按照村庄和集镇规划，合理布局，综合开发，配套建设；建设用地，应当符合乡(镇)土地利用总体规划和土地利用年度计划，并依照本法第四十四条、第六十条、第六十一条、第六十二条的规定办理审批手续。

第六十条　农村集体经济组织使用乡(镇)土地利用总体规划确定的建设用地兴办企业或者与其他单位、个人以土地使用权入股、联营等形式共同举办企业的，应当持有关批准文件，向县级以上地方人民政府自然资源主管部门提出申请，按照省、自治区、直辖市规定的批准权限，由县级以上地方人民政府批准；其中，涉及占用农用地的，依照本法第四十四条的规定办理审批手续。

按照前款规定兴办企业的建设用地，必须严格控制。省、自治区、直辖市可以按照乡镇企业的不同行业和经营规模，分别规定用地标准。

第六十一条　乡(镇)村公共设施、公益事业建设，需要使用土地的，经乡(镇)人民政府审核，向县级以上地方人民政府自然资源主管部门提出申请，按照省、自治区、直辖市规定的批准权限，由县级以上地方人民政府批准；其中，涉及占用农用地的，依照本法第四十四条的规定办理审批手续。

第六十二条　农村村民一户只能拥有一处宅基地，其宅基地的面积不得超过省、自治区、直辖市规定的标准。

人均土地少、不能保障一户拥有一处宅基地的地区，县级人民政府在充分尊重农村村民意愿的基础上，可以采取措施，按照省、自治区、直辖市规定的标准保障农村村民实现户有所居。

农村村民建住宅，应当符合乡(镇)土地利用总体规划、村庄规划，不得占用永久基本农田，并尽量使用原有的宅基地和村内空闲地。编制乡(镇)土地利用总体规划、村庄规划应当统筹并合理安排宅基地用地，改善农村村民居住环境和条件。

农村村民住宅用地，由乡(镇)人民政府审核批准；其中，涉及占用农用地的，依照本法第四十四条的规定办理审批手续。

农村村民出卖、出租、赠与住宅后，再申请宅基地的，不予批准。

国家允许进城落户的农村村民依法自愿有偿退出宅基地，鼓励农村集体经济组织及其成员盘活利用闲置宅基地和闲置住宅。

国务院农业农村主管部门负责全国农村宅基地改革和管理有关工作。

第六十三条　土地利用总体规划、城乡规划确定为工业、商业等经营性用途，并经依法登记的集体经营性建设用地，土地所有权人可以通过出让、出租等方式交由单位或者个人使用，并应当签订书面合同，载明土地界址、面积、动工期限、使用期限、土地用途、规划条件和双方其他权利义务。

前款规定的集体经营性建设用地出让、出租等，应当经本集体经济组织成员的村民会议三分之二以上成员或者三分之二以上村民代表的同意。

通过出让等方式取得的集体经营性建设用地使用权可以转让、互换、出资、赠与或者抵押，但法律、行政法规另有规定或者土地所有权人、土地使用权人签订的书面合同另有约定的除外。

集体经营性建设用地的出租，集体建设用地使用权的出让及其最高年限、转让、互换、出资、赠与、抵押等，参照同类用途的国有建设用地执行。具体办法由国务院制定。

第六十四条　集体建设用地的使用者应当严格按照土地利用总体规划、城乡规划确定的用途使用土地。

第六十五条　在土地利用总体规划制定前已建的不符合土地利用总体规划确定的用途的建筑物、构筑物，不得重建、扩建。

第六十六条　有下列情形之一的，农村集体经济组织报经原批准用地的人民政府批准，可以收回土地使用权：

(一)为乡(镇)村公共设施和公益事业建设，需要使用土地的；

(二)不按照批准的用途使用土地的；

(三)因撤销、迁移等原因而停止使用土地的。

依照前款第(一)项规定收回农民集体所有的

土地的，对土地使用权人应当给予适当补偿。

收回集体经营性建设用地使用权，依照双方签订的书面合同办理，法律、行政法规另有规定的除外。

第六章　监督检查

第六十七条　县级以上人民政府自然资源主管部门对违反土地管理法律、法规的行为进行监督检查。

县级以上人民政府农业农村主管部门对违反农村宅基地管理法律、法规的行为进行监督检查的，适用本法关于自然资源主管部门监督检查的规定。

土地管理监督检查人员应当熟悉土地管理法律、法规，忠于职守、秉公执法。

第六十八条　县级以上人民政府自然资源主管部门履行监督检查职责时，有权采取下列措施：

（一）要求被检查的单位或者个人提供有关土地权利的文件和资料，进行查阅或者予以复制；

（二）要求被检查的单位或者个人就有关土地权利的问题作出说明；

（三）进入被检查单位或者个人非法占用的土地现场进行勘测；

（四）责令非法占用土地的单位或者个人停止违反土地管理法律、法规的行为。

第六十九条　土地管理监督检查人员履行职责，需要进入现场进行勘测、要求有关单位或者个人提供文件、资料和作出说明的，应当出示土地管理监督检查证件。

第七十条　有关单位和个人对县级以上人民政府自然资源主管部门就土地违法行为进行的监督检查应当支持与配合，并提供工作方便，不得拒绝与阻碍土地管理监督检查人员依法执行职务。

第七十一条　县级以上人民政府自然资源主管部门在监督检查工作中发现国家工作人员的违法行为，依法应当给予处分的，应当依法予以处理；自己无权处理的，应当依法移送监察机关或者有关机关处理。

第七十二条　县级以上人民政府自然资源主管部门在监督检查工作中发现土地违法行为构成犯罪的，应当将案件移送有关机关，依法追究刑事责任；尚不构成犯罪的，应当依法给予行政处罚。

第七十三条　依照本法规定应当给予行政处罚，而有关自然资源主管部门不给予行政处罚的，上级人民政府自然资源主管部门有权责令有关自然资源主管部门作出行政处罚决定或者直接给予行政处罚，并给予有关自然资源主管部门的负责人处分。

第七章　法律责任

第七十四条　买卖或者以其他形式非法转让土地的，由县级以上人民政府自然资源主管部门没收违法所得；对违反土地利用总体规划擅自将农用地改为建设用地的，限期拆除在非法转让的土地上新建的建筑物和其他设施，恢复土地原状，对符合土地利用总体规划的，没收在非法转让的土地上新建的建筑物和其他设施；可以并处罚款；对直接负责的主管人员和其他直接责任人员，依法给予处分；构成犯罪的，依法追究刑事责任。

第七十五条　违反本法规定，占用耕地建窑、建坟或者擅自在耕地上建房、挖砂、采石、采矿、取土等，破坏种植条件的，或者因开发土地造成土地荒漠化、盐渍化的，由县级以上人民政府自然资源主管部门、农业农村主管部门等按照职责责令限期改正或者治理，可以并处罚款；构成犯罪的，依法追究刑事责任。

第七十六条　违反本法规定，拒不履行土地复垦义务的，由县级以上人民政府自然资源主管部门责令限期改正；逾期不改正的，责令缴纳复垦费，专项用于土地复垦，可以处以罚款。

第七十七条　未经批准或者采取欺骗手段骗取批准，非法占用土地的，由县级以上人民政府自然资源主管部门责令退还非法占用的土地，对违反土地利用总体规划擅自将农用地改为建设用地的，限期拆除在非法占用的土地上新建的建筑物和其他设施，恢复土地原状，对符合土地利用总体规划的，没收在非法占用的土地上新建的建筑物和其他设施，可以并处罚款；对非法占用土地单位的直接负责的主管人员和其他直接责任人员，依法给予处分；构成犯罪的，依法追究刑事责任。

超过批准的数量占用土地，多占的土地以非法占用土地论处。

第七十八条　农村村民未经批准或者采取欺骗手段骗取批准，非法占用土地建住宅的，由县级以上人民政府农业农村主管部门责令退还非法占用的土地，限期拆除在非法占用的土地上新建的房屋。

超过省、自治区、直辖市规定的标准，多占的土地以非法占用土地论处。

第七十九条　无权批准征收、使用土地的单位或者个人非法批准占用土地的，超越批准权限非法批准占用土地的，不按照土地利用总体规划确定的用途批准用地的，或者违反法律规定的程序批准占用、征收土地的，其批准文件无效，对非法批准征收、使用土地的直接负责的主管人员和其他直接责任人员，依法给予处分；构成犯罪的，依法追究刑事责任。非法批准、使用的土地应当收回，有关当事人拒不归还的，以非法占用土地论处。

非法批准征收、使用土地，对当事人造成损失的，依法应当承担赔偿责任。

第八十条　侵占、挪用被征收土地单位的征地补偿费用和其他有关费用，构成犯罪的，依法追究刑事责任；尚不构成犯罪的，依法给予处分。

第八十一条　依法收回国有土地使用权当事人拒不交出土地的，临时使用土地期满拒不归还的，或者不按照批准的用途使用国有土地的，由县级以上人民政府自然资源主管部门责令交还土地，处以罚款。

第八十二条　擅自将农民集体所有的土地通过出让、转让使用权或者出租等方式用于非农业建设，或者违反本法规定，将集体经营性建设用地通过出让、出租等方式交由单位或者个人使用的，由县级以上人民政府自然资源主管部门责令限期改正，没收违法所得，并处罚款。

第八十三条　依照本法规定，责令限期拆除在非法占用的土地上新建的建筑物和其他设施的，建设单位或者个人必须立即停止施工，自行拆除；对继续施工的，作出处罚决定的机关有权制止。建设单位或者个人对责令限期拆除的行政处罚决定不服的，可以在接到责令限期拆除决定之日起十五日内，向人民法院起诉；期满不起诉又不自行拆除的，由作出处罚决定的机关依法申请人民法院强制执行，费用由违法者承担。

第八十四条　自然资源主管部门、农业农村主管部门的工作人员玩忽职守、滥用职权、徇私舞弊，构成犯罪的，依法追究刑事责任；尚不构成犯罪的，依法给予处分。

第八章　附　　则

第八十五条　外商投资企业使用土地的，适用本法；法律另有规定的，从其规定。

第八十六条　在根据本法第十八条的规定编制国土空间规划前，经依法批准的土地利用总体规划和城乡规划继续执行。

第八十七条　本法自1999年1月1日起施行。

中华人民共和国城市房地产管理法

（1994年7月5日第八届全国人民代表大会常务委员会第八次会议通过　根据2007年8月30日第十届全国人民代表大会常务委员会第二十九次会议《关于修改〈中华人民共和国城市房地产管理法〉的决定》第一次修正　根据2009年8月27日第十一届全国人民代表大会常务委员会第十次会议《关于修改部分法律的决定》第二次修正　根据2019年8月26日第十三届全国人民代表大会常务委员会第十二次会议《关于修改〈中华人民共和国土地管理法〉、〈中华人民共和国城市房地产管理法〉的决定》第三次修正）

目　　录

第一章　总　　则

第一条　为了加强对城市房地产的管理，维护房地产市场秩序，保障房地产权利人的合法权益，促进房地产业的健康发展，制定本法。

第二条　在中华人民共和国城市规划区国有土地（以下简称国有土地）范围内取得房地产开发用地的土地使用权，从事房地产开发、房地产交易，实施房地产管理，应当遵守本法。

本法所称房屋，是指土地上的房屋等建筑物及构筑物。

本法所称房地产开发，是指在依据本法取得国有土地使用权的土地上进行基础设施、房屋建设的行为。

本法所称房地产交易，包括房地产转让、房地产抵押和房屋租赁。

第三条　国家依法实行国有土地有偿、有限期使用制度。但是，国家在本法规定的范围内划拨国有土地使用权的除外。

第四条　国家根据社会、经济发展水平，扶持发展居民住宅建设，逐步改善居民的居住条件。

第五条　房地产权利人应当遵守法律和行政法规，依法纳税。房地产权利人的合法权益受法律保护，任何单位和个人不得侵犯。

第六条　为了公共利益的需要，国家可以征收国有土地上单位和个人的房屋，并依法给予拆迁补偿，维护被征收人的合法权益；征收个人住宅的，还应当保障被征收人的居住条件。具体办法由国务院规定。

第七条　国务院建设行政主管部门、土地管理部门依照国务院规定的职权划分，各司其职，密切配合，管理全国房地产工作。

县级以上地方人民政府房产管理、土地管理部门的机构设置及其职权由省、自治区、直辖市人民政府确定。

第二章　房地产开发用地

第一节　土地使用权出让

第八条　土地使用权出让，是指国家将国有土地使用权（以下简称土地使用权）在一定年限内出让给土地使用者，由土地使用者向国家支付土地使用权出让金的行为。

第九条　城市规划区内的集体所有的土地，经依法征收转为国有土地后，该幅国有土地的使用权方可有偿出让，但法律另有规定的除外。

第十条　土地使用权出让，必须符合土地利用总体规划、城市规划和年度建设用地计划。

第十一条　县级以上地方人民政府出让土地使用权用于房地产开发的，须根据省级以上人民政府下达的控制指标拟订年度出让土地使用权总面积方案，按照国务院规定，报国务院或者省级人民政府批准。

第十二条　土地使用权出让，由市、县人民政府有计划、有步骤地进行。出让的每幅地块、用途、年限和其他条件，由市、县人民政府土地管理部门会同城市规划、建设、房产管理部门共同拟定方案，按照国务院规定，报经有批准权的人民政府批准后，由市、县人民政府土地管理部门实施。

直辖市的县人民政府及其有关部门行使前款规定的权限，由直辖市人民政府规定。

第十三条　土地使用权出让，可以采取拍卖、招标或者双方协议的方式。

商业、旅游、娱乐和豪华住宅用地，有条件的，必须采取拍卖、招标方式；没有条件，不能采取拍卖、招标方式的，可以采取双方协议的方式。

采取双方协议方式出让土地使用权的出让金不得低于按国家规定所确定的最低价。

第十四条　土地使用权出让最高年限由国务院规定。

第十五条　土地使用权出让，应当签订书面出让合同。

土地使用权出让合同由市、县人民政府土地管理部门与土地使用者签订。

第十六条　土地使用者必须按照出让合同约定，支付土地使用权出让金；未按照出让合同约定支付土地使用权出让金的，土地管理部门有权解除合同，并可以请求违约赔偿。

第十七条　土地使用者按照出让合同约定支付土地使用权出让金的，市、县人民政府土地管理部门必须按照出让合同约定，提供出让的土地；未按照出让合同约定提供出让的土地的，土地使用者有权解除合同，由土地管理部门返还土地使用权出让金，土地使用者并可以请求违约赔偿。

第十八条　土地使用者需要改变土地使用权出让合同约定的土地用途的，必须取得出让方和市、县人民政府城市规划行政主管部门的同意，签订土地使用权出让合同变更协议或者重新签订土地使用权出让合同，相应调整土地使用权出让金。

第十九条 土地使用权出让金应当全部上缴财政,列入预算,用于城市基础设施建设和土地开发。土地使用权出让金上缴和使用的具体办法由国务院规定。

第二十条 国家对土地使用者依法取得的土地使用权,在出让合同约定的使用年限届满前不收回;在特殊情况下,根据社会公共利益的需要,可以依照法律程序提前收回,并根据土地使用者使用土地的实际年限和开发土地的实际情况给予相应的补偿。

第二十一条 土地使用权因土地灭失而终止。

第二十二条 土地使用权出让合同约定的使用年限届满,土地使用者需要继续使用土地的,应当至迟于届满前一年申请续期,除根据社会公共利益需要收回该幅土地的,应当予以批准。经批准准予续期的,应当重新签订土地使用权出让合同,依照规定支付土地使用权出让金。

土地使用权出让合同约定的使用年限届满,土地使用者未申请续期或者虽申请续期但依照前款规定未获批准的,土地使用权由国家无偿收回。

第二节 土地使用权划拨

第二十三条 土地使用权划拨,是指县级以上人民政府依法批准,在土地使用者缴纳补偿、安置等费用后将该幅土地交付其使用,或者将土地使用权无偿交付给土地使用者使用的行为。

依照本法规定以划拨方式取得土地使用权的,除法律、行政法规另有规定外,没有使用期限的限制。

第二十四条 下列建设用地的土地使用权,确属必需的,可以由县级以上人民政府依法批准划拨:

(一)国家机关用地和军事用地;

(二)城市基础设施用地和公益事业用地;

(三)国家重点扶持的能源、交通、水利等项目用地;

(四)法律、行政法规规定的其他用地。

第三章 房地产开发

第二十五条 房地产开发必须严格执行城市规划,按照经济效益、社会效益、环境效益相统一的原则,实行全面规划、合理布局、综合开发、配套建设。

第二十六条 以出让方式取得土地使用权进行房地产开发的,必须按照土地使用权出让合同约定的土地用途、动工开发期限开发土地。超过出让合同约定的动工开发日期满一年未动工开发的,可以征收相当于土地使用权出让金百分之二十以下的土地闲置费;满二年未动工开发的,可以无偿收回土地使用权;但是,因不可抗力或者政府、政府有关部门的行为或者动工开发必需的前期工作造成动工开发迟延的除外。

第二十七条 房地产开发项目的设计、施工,必须符合国家的有关标准和规范。

房地产开发项目竣工,经验收合格后,方可交付使用。

第二十八条 依法取得的土地使用权,可以依照本法和有关法律、行政法规的规定,作价入股,合资、合作开发经营房地产。

第二十九条 国家采取税收等方面的优惠措施鼓励和扶持房地产开发企业开发建设居民住宅。

第三十条 房地产开发企业是以营利为目的,从事房地产开发和经营的企业。设立房地产开发企业,应当具备下列条件:

(一)有自己的名称和组织机构;

(二)有固定的经营场所;

(三)有符合国务院规定的注册资本;

(四)有足够的专业技术人员;

(五)法律、行政法规规定的其他条件。

设立房地产开发企业,应当向工商行政管理部门申请设立登记。工商行政管理部门对符合本法规定条件的,应当予以登记,发给营业执照;对不符合本法规定条件的,不予登记。

设立有限责任公司、股份有限公司,从事房地产开发经营的,还应当执行公司法的有关规定。

房地产开发企业在领取营业执照后的一个月内,应当到登记机关所在地的县级以上地方人民政府规定的部门备案。

第三十一条 房地产开发企业的注册资本与投资总额的比例应当符合国家有关规定。

房地产开发企业分期开发房地产的,分期投资额应当与项目规模相适应,并按照土地使用权出让合同的约定,按期投入资金,用于项目建设。

第四章 房地产交易

第一节 一般规定

第三十二条 房地产转让、抵押时,房屋的所有权和该房屋占用范围内的土地使用权同时转让、抵押。

第三十三条 基准地价、标定地价和各类房屋的重置价格应当定期确定并公布。具体办法由国务院规定。

第三十四条 国家实行房地产价格评估制度。

房地产价格评估,应当遵循公正、公平、公开的原则,按照国家规定的技术标准和评估程序,以基准地价、标定地价和各类房屋的重置价格为基础,参照当地的市场价格进行评估。

第三十五条 国家实行房地产成交价格申报制度。

房地产权利人转让房地产,应当向县级以上地方人民政府规定的部门如实申报成交价,不得瞒报或者作不实的申报。

第三十六条 房地产转让、抵押,当事人应当依照本法第五章的规定办理权属登记。

第二节 房地产转让

第三十七条 房地产转让,是指房地产权利人通过买卖、赠与或者其他合法方式将其房地产转移给他人的行为。

第三十八条 下列房地产,不得转让:

(一)以出让方式取得土地使用权的,不符合本法第三十九条规定的条件的;

(二)司法机关和行政机关依法裁定、决定查封或者以其他形式限制房地产权利的;

(三)依法收回土地使用权的;

(四)共有房地产,未经其他共有人书面同意的;

(五)权属有争议的;

(六)未依法登记领取权属证书的;

(七)法律、行政法规规定禁止转让的其他情形。

第三十九条 以出让方式取得土地使用权的,转让房地产时,应当符合下列条件:

(一)按照出让合同约定已经支付全部土地使用权出让金,并取得土地使用权证书;

(二)按照出让合同约定进行投资开发,属于房屋建设工程的,完成开发投资总额的百分之二十五以上,属于成片开发土地的,形成工业用地或者其他建设用地条件。

转让房地产时房屋已经建成的,还应当持有房屋所有权证书。

第四十条 以划拨方式取得土地使用权的,转让房地产时,应当按照国务院规定,报有批准权的人民政府审批。有批准权的人民政府准予转让的,应当由受让方办理土地使用权出让手续,并依照国家有关规定缴纳土地使用权出让金。

以划拨方式取得土地使用权的,转让房地产报批时,有批准权的人民政府按照国务院规定决定可以不办理土地使用权出让手续的,转让方应当按照国务院规定将转让房地产所获收益中的土地收益上缴国家或者作其他处理。

第四十一条 房地产转让,应当签订书面转让合同,合同中应当载明土地使用权取得的方式。

第四十二条 房地产转让时,土地使用权出让合同载明的权利、义务随之转移。

第四十三条 以出让方式取得土地使用权的,转让房地产后,其土地使用权的使用年限为原土地使用权出让合同约定的使用年限减去原土地使用者已经使用年限后的剩余年限。

第四十四条 以出让方式取得土地使用权的,转让房地产后,受让人改变原土地使用权出让合同约定的土地用途的,必须取得原出让方和市、县人民政府城市规划行政主管部门的同意,签订土地使用权出让合同变更协议或者重新签订土地使用权出让合同,相应调整土地使用权出让金。

第四十五条 商品房预售,应当符合下列条件:

(一)已交付全部土地使用权出让金,取得土地使用权证书;

(二)持有建设工程规划许可证;

(三)按提供预售的商品房计算,投入开发建设的资金达到工程建设总投资的百分之二十五以上,并已经确定施工进度和竣工交付日期;

(四)向县级以上人民政府房产管理部门办理预售登记,取得商品房预售许可证明。

商品房预售人应当按照国家有关规定将预售合同报县级以上人民政府房产管理部门和土地管理部门登记备案。

商品房预售所得款项,必须用于有关的工程建设。

第四十六条 商品房预售的,商品房预购人将购买的未竣工的预售商品房再行转让的问题,由国务院规定。

第三节 房地产抵押

第四十七条 房地产抵押,是指抵押人以其合法的房地产以不转移占有的方式向抵押权人提供债务履行担保的行为。债务人不履行债务时,抵押权人有权依法以抵押的房地产拍卖所得的价款优先受偿。

第四十八条 依法取得的房屋所有权连同该房屋占用范围内的土地使用权,可以设定抵押权。

以出让方式取得的土地使用权,可以设定抵押权。

第四十九条 房地产抵押,应当凭土地使用权证书、房屋所有权证书办理。

第五十条 房地产抵押,抵押人和抵押权人应当签订书面抵押合同。

第五十一条 设定房地产抵押权的土地使用权是以划拨方式取得的,依法拍卖该房地产后,应当从拍卖所得的价款中缴纳相当于应缴纳的土地使用权出让金的款额后,抵押权人方可优先受偿。

第五十二条 房地产抵押合同签订后,土地上新增的房屋不属于抵押财产。需要拍卖该抵押的房地产时,可以依法将土地上新增的房屋与抵押财产一同拍卖,但对拍卖新增房屋所得,抵押权人无权优先受偿。

第四节 房屋租赁

第五十三条 房屋租赁,是指房屋所有权人作为出租人将其房屋出租给承租人使用,由承租人向出租人支付租金的行为。

第五十四条 房屋租赁,出租人和承租人应当签订书面租赁合同,约定租赁期限、租赁用途、租赁价格、修缮责任等条款,以及双方的其他权利和义务,并向房产管理部门登记备案。

第五十五条 住宅用房的租赁,应当执行国家和房屋所在城市人民政府规定的租赁政策。租用房屋从事生产、经营活动的,由租赁双方协商议定租金和其他租赁条款。

第五十六条 以营利为目的,房屋所有权人将以划拨方式取得使用权的国有土地上建成的房屋出租的,应当将租金中所含土地收益上缴国家。具体办法由国务院规定。

第五节 中介服务机构

第五十七条 房地产中介服务机构包括房地产咨询机构、房地产价格评估机构、房地产经纪机构等。

第五十八条 房地产中介服务机构应当具备下列条件:

(一)有自己的名称和组织机构;

(二)有固定的服务场所;

(三)有必要的财产和经费;

(四)有足够数量的专业人员;

(五)法律、行政法规规定的其他条件。

设立房地产中介服务机构,应当向工商行政管理部门申请设立登记,领取营业执照后,方可开业。

第五十九条 国家实行房地产价格评估人员资格认证制度。

第五章 房地产权属登记管理

第六十条 国家实行土地使用权和房屋所有权登记发证制度。

第六十一条 以出让或者划拨方式取得土地使用权,应当向县级以上地方人民政府土地管理部门申请登记,经县级以上地方人民政府土地管理部门核实,由同级人民政府颁发土地使用权证书。

在依法取得的房地产开发用地上建成房屋的,应当凭土地使用权证书向县级以上地方人民政府房产管理部门申请登记,由县级以上地方人民政府房产管理部门核实并颁发房屋所有权证书。

房地产转让或者变更时,应当向县级以上地方人民政府房产管理部门申请房产变更登记,并凭变更后的房屋所有权证书向同级人民政府土地管理部门申请土地使用权变更登记,经同级人民政府土地管理部门核实,由同级人民政府更换或者更改土地使用权证书。

法律另有规定的,依照有关法律的规定办理。

第六十二条 房地产抵押时,应当向县级以上地方人民政府规定的部门办理抵押登记。

因处分抵押房地产而取得土地使用权和房屋所有权的,应当依照本章规定办理过户登记。

第六十三条 经省、自治区、直辖市人民政府确定,县级以上地方人民政府由一个部门统一负责房产管理和土地管理工作的,可以制作、颁发统一的房地产权证书,依照本法第六十一条的规定,将房屋的所有权和该房屋占用范围内的土地使用权的确认和变更,分别载入房地产权证书。

第六章 法律责任

第六十四条 违反本法第十一条、第十二条的规定,擅自批准出让或者擅自出让土地使用权用于房地产开发的,由上级机关或者所在单位给予有关责任人员行政处分。

第六十五条 违反本法第三十条的规定,未取得营业执照擅自从事房地产开发业务的,由县级以上人民政府工商行政管理部门责令停止房地产开发业务活动，没收违法所得，可以并处罚款。

第六十六条　违反本法第三十九条第一款的规定转让土地使用权的，由县级以上人民政府土地管理部门没收违法所得，可以并处罚款。

第六十七条　违反本法第四十条第一款的规定转让房地产的，由县级以上人民政府土地管理部门责令缴纳土地使用权出让金，没收违法所得，可以并处罚款。

第六十八条　违反本法第四十五条第一款的规定预售商品房的，由县级以上人民政府房产管理部门责令停止预售活动，没收违法所得，可以并处罚款。

第六十九条　违反本法第五十八条的规定，未取得营业执照擅自从事房地产中介服务业务的，由县级以上人民政府工商行政管理部门责令停止房地产中介服务业务活动，没收违法所得，可以并处罚款。

第七十条　没有法律、法规的依据，向房地产开发企业收费的，上级机关应当责令退回所收取的钱款；情节严重的，由上级机关或者所在单位给予直接责任人员行政处分。

第七十一条　房产管理部门、土地管理部门工作人员玩忽职守、滥用职权，构成犯罪的，依法追究刑事责任；不构成犯罪的，给予行政处分。

房产管理部门、土地管理部门工作人员利用职务上的便利，索取他人财物，或者非法收受他人财物为他人谋取利益，构成犯罪的，依法追究刑事责任；不构成犯罪的，给予行政处分。

第七章　附　　则

第七十二条　在城市规划区外的国有土地范围内取得房地产开发用地的土地使用权，从事房地产开发、交易活动以及实施房地产管理，参照本法执行。

第七十三条　本法自 1995 年 1 月 1 日起施行。

关于《〈中华人民共和国土地管理法〉、〈中华人民共和国城市房地产管理法〉修正案（草案）》的说明

——2018 年 12 月 23 日在第十三届全国人民代表大会常务委员会第七次会议上

自然资源部部长　陆　昊

全国人民代表大会常务委员会：

我受国务院的委托，对《〈中华人民共和国土地管理法〉、〈中华人民共和国城市房地产管理法〉修正案（草案）》作说明。

党中央、国务院高度重视农村土地制度改革。习近平总书记指出，土地制度是国家的基础性制度，农村土地制度改革是个大事，涉及的主体、包含的利益关系十分复杂，必须审慎稳妥推进。李克强总理强调，要坚持从实际出发，因地制宜，深化农村土地制度改革试点，赋予农民更多财产权利，更好保护农民合法权益。按照党中央、国务院决策部署，在认真总结农村土地制度改革试点成果基础上，自然资源部会同有关方面起草了《〈中华人民共和国土地管理法〉、〈中华人民共和国城市房地产管理法〉修正案（草案）》（以下简称草案）。草案已经国务院同意。现说明如下：

一、修改工作情况

修改土地管理法是列入中央政治局常委会 2018 年工作要点的重大立法事项，是列入全国人大常委会、国务院 2018 年立法工作计划的立法项目。根据党中央关于农村土地制度改革的决策部署，全国人大常委会于 2015 年通过决定，授权国务院在试点地区暂时调整实施土地管理法、城市房地产管理法有关规定，并要求在总结试点经验基础上，对实践证明可行的，修改完善有关法律，授权期限至 2017 年 12 月 31 日。2017 年，全国人大常委会决定将授权期限延长至 2018 年 12 月 31 日。

按照党中央、国务院统一部署，原国土资源部在总结农村土地征收、集体经营性建设用地入市、宅基地制度改革试点经验的基础上起草了土地管理法修正案（征求意见稿），向社会公开征求了意

见，于2017年8月报送国务院。司法部先后两次征求农业农村部等有关部门、地方人民政府、研究机构和企业的意见，赴实地调研，召开专家论证会和有关部门座谈会，会同自然资源部反复研究修改，形成了草案。草案已经国务院第32次常务会议讨论通过。

二、修改的基本原则

土地制度是国家的基础性制度，事关经济社会发展和国家长治久安。在修改过程中坚持了以下原则：

一是坚持正确方向。按照习近平总书记关于“不能把农村土地集体所有制改垮了，不能把耕地改少了，不能把粮食生产能力改弱了，不能把农民利益损害了”的重要指示和李克强总理关于“任何时候都要守住耕地红线”、“要坚持数量与质量并重，严格划定永久基本农田”的要求，坚持现行土地管理法关于土地所有制的规定，全面强化对永久基本农田的管理和保护，在征地补偿标准、宅基地审批等直接关系农民利益的问题上只做加法、不做减法，确保法律修改方向正确。

二是坚持问题导向。为破解集体经营性建设用地入市的法律障碍，删去了从事非农业建设必须使用国有土地或者征为国有的原集体土地的规定；为缩小土地征收范围、规范土地征收程序，限定了可以征收集体土地的具体情形，补充了社会稳定风险评估、先签协议再上报征地审批等程序；为完善对被征地农民保障机制，修改征收土地按照年产值倍数补偿的规定，强化了对被征地农民的社会保障、住宅补偿等制度。

三是坚持制度创新。在全面总结农村土地制度改革三项试点经验的基础上，落实党的十九大精神和中央有关政策文件，将依法经过试点、各方面认识比较一致的土地征收、集体经营性建设用地入市、宅基地管理方面的制度创新经验及时上升为法律制度；对经过实践检验比较成熟的永久基本农田保护、土地督察等制度通过法律予以明确；同时，为“多规合一”、国土空间规划体系建设等预留了法律空间。

四是坚持稳妥推进。按照习近平总书记关于“要采取稳妥的办法，既要做一些积极的探索，又要可控、不失控、不引起混乱”的重要指示和李克强总理关于“坚定不移实行最严格的耕地保护制度、最严格的节约用地制度，将良田沃土、绿色田园留给子孙后代”的要求，综合考虑我国城镇化的实际需求，兼顾不同省份经济社会发展的差异性，在征地补偿标准上将平均年产值倍数标准修改为区片综合地价标准并授权省、自治区、直辖市制定公布；在征地范围上与经实践检验比较可行的《国有土地上房屋征收与补偿条例》相衔接，同时将成片开发纳入可以征地的情形，以免对经济社会发展影响过大。

三、修改的主要内容

土地管理法修正案（草案）共二十九条，主要内容包括：

（一）关于土地征收。

一是缩小土地征收范围。删去现行土地管理法关于从事非农业建设使用土地的，必须使用国有土地或者征为国有的原集体土地的规定；明确因政府组织实施基础设施建设、公共事业、成片开发建设等六种情形需要用地的，可以征收集体土地。其中成片开发可以征收土地的范围限定在土地利用总体规划确定的城镇建设用地范围内，此外不能再实施“成片开发”征地，为集体经营性建设用地入市预留空间。

二是规范土地征收程序。要求市、县人民政府申请征收土地前进行土地现状调查、公告听取被征地的农村集体经济组织及其成员意见、组织开展社会稳定风险评估等前期工作，与拟征收土地的所有权人、使用权人就补偿安置等签订协议，测算并落实有关费用，保证足额到位，方可申请征收土地。个别确实难以达成协议的，应当在申请征收土地时如实说明，供审批机关决策参考。

三是完善对被征地农民合理、规范、多元保障机制。在总结试点经验的基础上，将公平合理补偿，保障被征地农民原有生活水平不降低、长远生计有保障作为基本要求；明确征收农用地的土地补偿费、安置补助费标准由省、自治区、直辖市制定公布区片综合地价确定，制定区片综合地价要综合考虑土地原用途、土地资源条件、土地产值、安置人口、区位、供求关系以及经济社会发展水平等因素，在实践中稳步推进，防止攀比；考虑到农村村民住宅补偿、被征地农民社会保障费用对被征地农民住有所居和长远生计的重要性，将这两项费用单列，明确征收农村村民住宅要按照先补偿后搬迁、居住条件有改善的原则，尊重农村村民意愿，采取重新安排宅基地建房、提供安置房等方式，保障其居住权，并将被征地农民纳入相应的养老等社会保障体系。

（二）关于集体经营性建设用地入市。

一是明确入市的条件。对土地利用总体规划确定为工业、商业等经营性用途，并经依法登记的集体建设用地，允许土地所有权人通过出让、出租等方式交由单位或者个人使用，并应当签订书面合同，明确用地供应、动工期限、使用期限、规划用途和双方其他权利义务；相关建设用地使用权的收回依照双方签订的书面合同办理。

二是明确集体经营性建设用地入市后的管理措施。为维护土地管理秩序，明确要求集体建设用地使用权人严格按照土地利用总体规划确定的用途使用土地；集体建设用地使用权的最高年限、登记等，参照同类用途的国有建设用地执行。具体办法由国务院自然资源主管部门制定。

（三）关于宅基地制度。

一是健全宅基地权益保障方式。根据乡村振兴的现实需求和各地宅基地现状，规定对人均土地少、不能保障一户一宅的地区，允许县级人民政府在尊重农村村民意愿的基础上采取措施，保障农村村民实现户有所居的权利。

二是完善宅基地管理制度。下放宅基地审批权，明确农村村民申请宅基地的，由乡（镇）人民政府审核批准，但涉及占用农用地的，应当依法办理农用地转用审批手续；落实深化党和国家机构改革精神，明确国务院农业农村主管部门负责全国农村宅基地改革和管理有关工作，赋予农业农村主管部门在宅基地监督管理和行政执法等方面相应职责。

三是探索宅基地自愿有偿退出机制。原则规定允许进城落户的农村村民依法自愿有偿退出宅基地。

此外，关于宅基地所有权、资格权、使用权“三权分置”问题，2018 年中央 1 号文件提出“探索宅基地所有权、资格权、使用权‘三权分置’”，一些地方进行了试点探索。考虑到宅基地所有权、资格权、使用权属于重要的民事权益，目前试点面还不够宽，试点时间比较短，尚未形成可复制、可推广的制度经验，各有关方面对“三权分置”的具体界定、相关权利的实现方式等还未形成共识，当前直接确定为法律制度的条件还不成熟，建议待进一步试点探索、总结经验后，通过立法予以规范。

（四）其他修改。

一是强化耕地尤其是永久基本农田保护。要求地方人民政府确保规划确定的本行政区域内耕地保有量不减少、质量不降低。明确永久基本农田要落实到地块，设立保护标志，纳入国家永久基本农田数据库严格管理，并由乡（镇）人民政府将其位置、范围向社会公告；任何单位和个人不得擅自占用永久基本农田或者改变其用途；国家重点建设项目选址确实难以避让永久基本农田，涉及农用地转用或者土地征收的，必须经国务院批准；禁止通过擅自调整县、乡（镇）土地利用总体规划的方式规避永久基本农田农用地转用或者土地征收的审批。

二是为“多规合一”预留空间。将落实国土空间开发保护要求作为土地利用总体规划的编制原则，规定经依法批准的国土空间规划是各类开发建设活动的基本依据，已经编制国土空间规划的，不再编制土地利用总体规划和城市总体规划。

三是适当下放农用地转用审批权限。按照现行法律规定，凡是省级人民政府批准的道路、管线工程和大型基础设施建设项目、国务院批准的建设项目，其农用地转用都由国务院批准。中央一级审批范围较大，用地审批周期长，社会反映强烈，成为土地管理中的突出问题之一。为深化“放管服”改革和改善营商环境，需要在严格保护耕地特别是永久基本农田的前提下，适当下放农用地转用审批权限。草案规定，永久基本农田转为建设用地的，由国务院批准；其他原由国务院批准的情形，改为“由国务院或者国务院授权的省、自治区、直辖市人民政府批准”。分批次用地，原规定由“原批准土地利用总体规划的机关批准”，改为“按照国务院规定由原批准土地利用总体规划的机关或者其授权的机关批准”。

四是删去了省级人民政府批准征地报国务院备案的规定。现行法律规定，省、自治区、直辖市人民政府批准征地，需报国务院备案。草案删去了“并报国务院备案”的规定，主要考虑：按照“谁的事权谁负责”的原则，省级人民政府决定征收的事项，由该人民政府负责。取消备案后，更有利于压实地方责任。从实践看，向国务院备案的作用、目的不清晰，效果并不明显。自然资源部拟通过督察、用地审批监管平台等行政、技术手段加强对地方的监管。

同时，根据土地管理实践经验，结合机构改革、财政管理制度等方面的需要，对土地督察制度、部门名称、相关费用使用、部分法律责任条款等一并作了修改。

此外，为与土地管理法修改做好衔接，扫清集体经营性建设用地入市的法律障碍，对城市房地产管理法第九条关于城市规划区内的集体土地必须先征收为国有后才能出让的规定一并作出修改，城市房地产管理法修正案（草案）规定："城市规划区内的集体所有的土地，经依法征收转为国有土地后，该幅国有土地的使用权方可有偿出让，但法律另有规定的除外。"

草案和以上说明是否妥当，请审议。

全国人民代表大会宪法和法律委员会关于《〈中华人民共和国土地管理法〉、〈中华人民共和国城市房地产管理法〉修正案（草案）》修改情况的汇报

——2019年6月25日在第十三届全国人民代表大会常务委员会第十一次会议上

全国人大宪法和法律委员会副主任委员 胡可明

全国人民代表大会常务委员会：

常委会第七次会议对土地管理法、城市房地产管理法修正案草案进行了初次审议。会后，法制工作委员会将草案印发各省（区、市）、三十三个试点县（市、区）、基层立法联系点和中央有关部门以及议案领衔代表、部分高等院校、研究机构征求意见，并在中国人大网全文公布草案征求社会公众意见。宪法和法律委员会、环境与资源保护委员会、法制工作委员会联合召开座谈会，听取中央有关部门、全国人大代表、专家学者以及部分试点地区对草案的意见。宪法和法律委员会、法制工作委员会还到广东、福建、内蒙古、重庆、北京等地调研，听取意见；并就草案的有关问题与司法部、自然资源部、农业农村部交换意见，共同研究。宪法和法律委员会于5月31日召开会议，根据常委会组成人员的审议意见和各方面意见，对草案进行了逐条审议。环境与资源保护委员会、财政经济委员会、司法部、自然资源部的有关负责同志列席了会议。6月17日，宪法和法律委员会召开会议，再次进行审议。现就主要问题修改情况汇报如下：

一、土地管理法修正案草案第四条第二款规定，经依法批准的国土空间规划是各类开发建设活动的基本依据；已经编制国土空间规划的，不再编制土地利用总体规划和城市总体规划。一些常委会组成人员和地方、部门建议，根据党中央关于建立全国统一、责权清晰、科学高效的国土空间规划体系和实现"多规合一"的要求，完善国土空间规划的相关内容。宪法和法律委员会经研究，建议将这一款修改为：国家建立国土空间规划体系。经依法批准的国土空间规划是各类开发、保护、建设活动的基本依据。已经编制国土空间规划的，不再编制土地利用总体规划和城乡规划。

二、土地管理法修正案草案第十四条对征地的情形作了规定。一些常委委员、人大代表和地方、部门、社会公众建议，与宪法、物权法等规定相一致，明确只有因公共利益需要才可以征地，有关建设活动应当符合规划，进一步限定征地范围。宪法和法律委员会经研究，建议对草案作以下修改：一是在第一款中明确规定"为了公共利益的需要"可以依法实施征地；二是在第二款中增加规定，确需征地的建设活动应当符合国民经济和社会发展规划、土地利用总体规划、城乡规划和专项规划，扶贫搬迁、保障性安居工程以及成片开发建设还应当纳入国民经济和社会发展年度计划。

三、土地管理法修正案草案第十七条规定，征地补偿标准按省（区、市）制定公布的区片综合地价确定；征收农村村民住宅、农用地以外的其他土地、地上附着物和青苗等的补偿标准由省（区、市）制定。一些常委委员和地方、部门、社会公众建议进一步完善征地补偿的规定，保障被征地农民的合法权益。宪法和法律委员会经研究，建议对草案作以下修改：一是在第三款中增加规定区片综合地价"至少每五年调整或者重新公布一次"；二是在第四款中增加对因征收农村村民住宅造成的搬迁、临时安置等费用予以补偿的内容。

四、有的常委委员和地方、部门提出，耕地开垦费和新增建设用地的土地有偿使用费都应当用于耕地开发和保护，建议保留现行土地管理法的相关规定。宪法和法律委员会经研究，建议恢复现行土地管理法第三十一条中关于耕地开垦费专款用于

开垦新的耕地的规定;同时在土地管理法修正案草案第十八条中增加规定,新增建设用地的土地有偿使用费"具体使用管理办法由国务院财政部门会同有关部门制定,并报国务院批准"。

五、土地管理法修正案草案第二十条、第二十一条对集体经营性建设用地入市的条件、程序以及入市办法的制定等作了规定。一些常委委员和地方、部门建议进一步完善集体经营性建设用地的入市程序,保障农村集体经济组织及其成员的合法权益,推进改革工作顺利进行。宪法和法律委员会经研究,建议对草案作以下修改:一是根据有关改革要求,在草案第二十条第一款中增加"城乡规划"作为确定集体经营性建设用地的依据;二是健全集体经营性建设用地入市的民主决策程序,在草案第二十条中增加一款,规定:集体经营性建设用地出让、出租等,应当经本集体经济组织成员的村民会议三分之二以上成员或者三分之二以上村民代表的同意;三是将集体建设用地使用权入市具体办法由"国务院自然资源主管部门制定",修改为由"国务院制定"。

六、有的意见建议,根据新通过的外商投资法,将现行土地管理法第八十五条中的"中外合资经营企业、中外合作经营企业、外资企业"的表述修改为"外商投资企业"。宪法和法律委员会经研究,同意这一意见,建议作相应修改。

七、城市房地产管理法修正案草案未作修改。

此外,还对土地管理法修正案草案作了一些文字修改。

土地管理法、城市房地产管理法修正案草案二次审议稿已按上述意见作了修改,宪法和法律委员会建议提请本次常委会会议继续审议。

修正案草案二次审议稿和以上汇报是否妥当,请审议。

全国人民代表大会宪法和法律委员会关于《〈中华人民共和国土地管理法〉、〈中华人民共和国城市房地产管理法〉修正案(草案)》审议结果的报告

——2019 年 8 月 22 日在第十三届全国人民代表大会常务委员会第十二次会议上

全国人大宪法和法律委员会副主任委员 胡可明

全国人民代表大会常务委员会:

常委会第十一次会议对土地管理法、城市房地产管理法修正案草案进行了再次审议。会后,法制工作委员会在中国人大网全文公布草案二次审议稿征求社会公众意见,宪法和法律委员会、法制工作委员会到北京、吉林、黑龙江调研,并就草案的有关问题与环境与资源保护委员会、司法部、自然资源部、农业农村部交换意见,共同研究。宪法和法律委员会于 7 月 26 日召开会议,根据常委会组成人员的审议意见和各方面意见,对草案进行了逐条审议。财政经济委员会、环境与资源保护委员会、农业与农村委员会、司法部、自然资源部、住房和城乡建设部、农业农村部的有关负责同志列席了会议。8 月 16 日,宪法和法律委员会召开会议,再次进行审议。宪法和法律委员会认为,为落实党中央关于农村土地制度改革的决策部署,并与全国人大常委会有关授权决定相衔接,在认真总结改革试点成果基础上对土地管理法、城市房地产管理法作出修改是必要的,草案经过两次审议修改,已经比较成熟。同时,提出以下主要修改意见:

一、关于土地管理法修正案草案二次审议稿

(一)草案二次审议稿第四条第二款对国土空间规划作了原则规定。有些常委委员、地方和社会公众建议用国土空间规划全面取代土地利用总体规划;有的建议暂不对国土空间规划作规定。宪法和法律委员会经研究,根据《中共中央国务院关于建立国土空间规划体系并监督实施的若干意见》的精神,为了做好国土空间规划制度与目前实行的土

地利用总体规划和城乡规划制度的衔接，建议将国土空间规划的内容单独作为一条，规定："国家建立国土空间规划体系。编制国土空间规划应当坚持生态优先、绿色发展，科学有序统筹安排生态、农业、城镇等功能空间，优化国土空间结构和布局，提升国土空间开发、保护质量和效率。""经依法批准的国土空间规划是各类开发、保护、建设活动的基本依据。已经编制国土空间规划的，不再编制土地利用总体规划和城乡规划。"

（二）有些常委委员建议，完善易地开垦、轮作休耕等相关制度，进一步加强耕地保护。宪法和法律委员会经研究，建议作以下修改：一是在草案二次审议稿第六条中增加规定，个别省、直辖市经批准易地开垦的耕地应当与所减少的耕地"数量和质量相当"；二是在现行土地管理法第三十五条中增加"引导因地制宜轮作休耕"的规定。

（三）草案二次审议稿第十三条第一款对为公共利益需要可以征地的情形作了规定。根据一些常委会组成人员和社会公众的意见，宪法和法律委员会建议将第五项中的"成片开发建设"限定为"经省级以上人民政府批准由县级以上地方人民政府组织实施的成片开发建设"。

（四）有的常委委员、地方和社会公众建议进一步完善征地程序，增加对补偿方案组织听证等内容。宪法和法律委员会经研究，建议在草案二次审议稿第十五条中增加以下规定：一是，拟申请征地的地方人民政府应当将征地的有关事项公告"至少三十日"，听取被征地的农村集体经济组织及其成员等方面的意见；二是，多数被征地的农村集体经济组织成员认为征地补偿安置方案不符合法律、法规规定的，县级以上地方人民政府应当组织召开听证会，并根据法律、法规的规定和听证会情况修改方案。

（五）一些常委会组成人员和地方提出，为促进乡村产业发展、改善农村居住条件，应当合理规划乡村产业和宅基地用地，并充分利用闲置宅基地，建议充实完善这方面的内容。宪法和法律委员会经研究，建议作以下修改：一是，将草案二次审议稿第四条第一款第四项修改为：统筹安排城乡生产、生活、生态用地，满足乡村产业和基础设施用地合理需求，促进城乡融合发展；二是，在第十八条第三款中增加规定：编制乡（镇）土地利用总体规划、村庄规划应当统筹并合理安排宅基地用地，改善农村村民居住环境和条件；三是，在第十八条第六款中增加规定：鼓励农村集体经济组织及其成员盘活利用闲置宅基地和闲置住宅。

（六）现行土地管理法第二十四条中规定，各级人民政府应当加强土地利用计划管理，根据国民经济和社会发展计划、国家产业政策、土地利用总体规划以及建设用地和土地利用的实际状况编制土地利用年度计划。有的常委委员提出，集体经营性建设用地入市应当与国有建设用地统筹安排，并纳入土地利用年度计划管理，保障这项改革工作平稳有序进行。宪法和法律委员会经研究，建议在这一条中增加规定：土地利用年度计划应当对本法第六十三条规定的集体经营性建设用地作出合理安排。

此外，还对草案二次审议稿作了一些文字修改。

二、关于城市房地产管理法修正案草案二次审议稿

草案二次审议稿规定，城市规划区内的集体所有的土地，经依法征收转为国有土地后，该幅国有土地的使用权方可有偿出让，但法律另有规定的除外。这一规定主要是为了落实农村集体经营性建设用地入市改革部署，与此次土地管理法的相关修改相衔接。宪法和法律委员会经研究，对草案未作修改。

8月9日，法制工作委员会召开会议，邀请部分全国人大代表、专家学者、农民、试点地区以及基层管理部门、人民法院、立法联系点等方面的代表，就草案中主要制度规范的可行性、法律出台时机、法律实施的社会效果和可能出现的问题等进行评估。普遍认为，土地制度是国家的基础性制度，事关人民群众切身利益和国家长治久安。党的十八大以来，党中央作出决策部署，全国人大常委会三次作出授权决定，积极稳步推进农村土地制度改革试点工作。在总结试点经验、吸收改革成果的基础上，对土地管理法、城市房地产管理法及时作出修改十分必要、十分及时。草案坚守土地公有性质不改变、耕地红线不突破、农民利益不受损的底线，立足我国国情，充分考虑地区差异，较好平衡了改革与稳定、当前与长远的关系，符合实际和改革方向，针对性、可行性较强，将为加强耕地保护，推动土地资源合理利用，维护农民合法权益，促进乡村振兴提供有力法制保障。草案经过常委会两次审议和广泛征求意见，已经比较成熟，建议尽快通过并落地实施。与会人员还对草案提出了一些具体修改意见，有的意见已经采纳。

宪法和法律委员会已按上述意见提出了全国人民代表大会常务委员会关于修改《中华人民共和国土地管理法》、《中华人民共和国城市房地产管理法》的决定(草案),建议提请本次常委会会议审议通过。

修改决定草案和以上报告是否妥当,请审议。

全国人民代表大会宪法和法律委员会关于《全国人民代表大会常务委员会关于修改〈中华人民共和国土地管理法〉、〈中华人民共和国城市房地产管理法〉的决定(草案)》修改意见的报告

——2019 年 8 月 25 日在第十三届全国人民代表大会常务委员会第十二次会议上

全国人民代表大会常务委员会:

本次常委会会议于 8 月 22 日下午对《全国人民代表大会常务委员会关于修改〈中华人民共和国土地管理法〉、〈中华人民共和国城市房地产管理法〉的决定(草案)》进行了分组审议。普遍认为,草案已经比较成熟,建议进一步修改后,提请本次常委会会议表决通过。同时,有些常委会组成人员还提出了一些修改意见。宪法和法律委员会于 8 月 23 日上午召开会议,逐条研究了常委会组成人员的审议意见,对草案进行了审议。财政经济委员会、环境与资源保护委员会、农业与农村委员会、司法部、自然资源部、住房和城乡建设部、农业农村部的有关负责同志列席了会议。宪法和法律委员会认为,草案是可行的。同时,提出以下修改意见:

一、关于土地管理法

(一)有的意见建议,将第四条中的"控制非农业建设占用农用地"改为"严格控制非农业建设占用农用地";有的意见建议,将第五条中的"绿色发展"改为"绿色、可持续发展"。宪法和法律委员会经研究,建议采纳上述意见,对草案作相应修改。

(二)有的委员建议,进一步做好国土空间规划与现有土地利用总体规划和城乡规划的衔接。宪法和法律委员会经研究,建议在附则中增加一条,规定:在根据本法第十八条的规定编制国土空间规划前,经依法批准的土地利用总体规划和城乡规划继续执行。

(三)有的委员提出,征地补偿的区片综合地价应根据经济社会的发展及时调整。宪法和法律委员会经研究,建议将草案规定的区片综合地价至少每五年调整或者重新公布一次,改为至少"每三年"调整或者重新公布一次。

二、关于城市房地产管理法

有的委员对现行城市房地产管理法中房地产开发、销售管理等规定提出了一些修改意见。宪法和法律委员会经研究,城市房地产管理法修改已经列入本届常委会立法规划,这些意见可在下一步工作中一并研究,考虑到此次修法只就集体经营性建设用地入市改革作出衔接性规定,建议对草案不作修改。

三、在常委会审议中,一些常委会组成人员对法律通过后的贯彻实施提出了一些好的意见和建议。宪法和法律委员会经研究认为,土地制度是国家的基础性制度,农村土地制度改革事关农业农村改革发展稳定大局。修改土地管理法、城市房地产管理法,依法保障农村土地征收、集体经营性建设用地入市、宅基地管理制度等改革在全国范围内实行,对促进乡村振兴和城乡融合发展具有重大意义。国务院及其有关部门和各省、自治区、直辖市应当坚持土地公有制性质不改变、耕地红线不突破、农民利益不受损,加强组织领导,做好法律宣传,制定、完善配套法规、规章,确保法律制度正确、有效实施。建议在全国人大常委会的修改决定中增加一项,对此提出明确要求。

此外,根据常委会组成人员的审议意见,还对修改决定草案作了一些文字修改。

修改决定草案建议表决稿已按上述意见作了修改,宪法和法律委员会建议本次常委会会议审议通过。

修改决定草案建议表决稿和以上报告是否妥当,请审议。

中华人民共和国主席令

第三十三号

《中华人民共和国资源税法》已由中华人民共和国第十三届全国人民代表大会常务委员会第十二次会议于2019年8月26日通过，现予公布，自2020年9月1日起施行。

中华人民共和国主席　习近平

2019年8月26日

中华人民共和国资源税法

（2019年8月26日第十三届全国人民代表大会常务委员会第十二次会议通过）

第一条　在中华人民共和国领域和中华人民共和国管辖的其他海域开发应税资源的单位和个人，为资源税的纳税人，应当依照本法规定缴纳资源税。

应税资源的具体范围，由本法所附《资源税税目税率表》（以下称《税目税率表》）确定。

第二条　资源税的税目、税率，依照《税目税率表》执行。

《税目税率表》中规定实行幅度税率的，其具体适用税率由省、自治区、直辖市人民政府统筹考虑该应税资源的品位、开采条件以及对生态环境的影响等情况，在《税目税率表》规定的税率幅度内提出，报同级人民代表大会常务委员会决定，并报全国人民代表大会常务委员会和国务院备案。《税目税率表》中规定征税对象为原矿或者选矿的，应当分别确定具体适用税率。

第三条　资源税按照《税目税率表》实行从价计征或者从量计征。

《税目税率表》中规定可以选择实行从价计征或者从量计征的，具体计征方式由省、自治区、直辖市人民政府提出，报同级人民代表大会常务委员会决定，并报全国人民代表大会常务委员会和国务院备案。

实行从价计征的，应纳税额按照应税资源产品（以下称应税产品）的销售额乘以具体适用税率计算。实行从量计征的，应纳税额按照应税产品的销售数量乘以具体适用税率计算。

应税产品为矿产品的，包括原矿和选矿产品。

第四条　纳税人开采或者生产不同税目应税产品的，应当分别核算不同税目应税产品的销售额或者销售数量；未分别核算或者不能准确提供不同税目应税产品的销售额或者销售数量的，从高适用税率。

第五条　纳税人开采或者生产应税产品自用的，应当依照本法规定缴纳资源税；但是，自用于连续生产应税产品的，不缴纳资源税。

第六条　有下列情形之一的，免征资源税：

（一）开采原油以及在油田范围内运输原油过程中用于加热的原油、天然气；

（二）煤炭开采企业因安全生产需要抽采的煤成（层）气。

有下列情形之一的，减征资源税：

（一）从低丰度油气田开采的原油、天然气，减征百分之二十资源税；

（二）高含硫天然气、三次采油和从深水油气田开采的原油、天然气，减征百分之三十资源税；

（三）稠油、高凝油减征百分之四十资源税；

（四）从衰竭期矿山开采的矿产品，减征百分之三十资源税。

根据国民经济和社会发展需要，国务院对有利于促进资源节约集约利用、保护环境等情形可以规定免征或者减征资源税，报全国人民代表大会常务委员会备案。

第七条　有下列情形之一的，省、自治区、直辖市可以决定免征或者减征资源税：

（一）纳税人开采或者生产应税产品过程中，因意外事故或者自然灾害等原因遭受重大损失；

（二）纳税人开采共伴生矿、低品位矿、尾矿。

前款规定的免征或者减征资源税的具体办法，由省、自治区、直辖市人民政府提出，报同级人民代表大会常务委员会决定，并报全国人民代表大会常务委员会和国务院备案。

第八条　纳税人的免税、减税项目，应当单独核算销售额或者销售数量；未单独核算或者不能准确提供销售额或者销售数量的，不予免税或者减税。

第九条　资源税由税务机关依照本法和《中华人民共和国税收征收管理法》的规定征收管理。

税务机关与自然资源等相关部门应当建立工作配合机制，加强资源税征收管理。

第十条　纳税人销售应税产品，纳税义务发生时间为收讫销售款或者取得索取销售款凭据的当日；自用应税产品的，纳税义务发生时间为移送应税产品的当日。

第十一条　纳税人应当向应税产品开采地或者生产地的税务机关申报缴纳资源税。

第十二条　资源税按月或者按季申报缴纳；不能按固定期限计算缴纳的，可以按次申报缴纳。

纳税人按月或者按季申报缴纳的，应当自月度或者季度终了之日起十五日内，向税务机关办理纳税申报并缴纳税款；按次申报缴纳的，应当自纳税义务发生之日起十五日内，向税务机关办理纳税申报并缴纳税款。

第十三条　纳税人、税务机关及其工作人员违反本法规定的，依照《中华人民共和国税收征收管理法》和有关法律法规的规定追究法律责任。

第十四条　国务院根据国民经济和社会发展需要，依照本法的原则，对取用地表水或者地下水的单位和个人试点征收水资源税。征收水资源税的，停止征收水资源费。

水资源税根据当地水资源状况、取用水类型和经济发展等情况实行差别税率。

水资源税试点实施办法由国务院规定，报全国人民代表大会常务委员会备案。

国务院自本法施行之日起五年内，就征收水资源税试点情况向全国人民代表大会常务委员会报告，并及时提出修改法律的建议。

第十五条　中外合作开采陆上、海上石油资源的企业依法缴纳资源税。

2011 年 11 月 1 日前已依法订立中外合作开采陆上、海上石油资源合同的，在该合同有效期内，继续依照国家有关规定缴纳矿区使用费，不缴纳资源税；合同期满后，依法缴纳资源税。

第十六条　本法下列用语的含义是：

（一）低丰度油气田，包括陆上低丰度油田、陆上低丰度气田、海上低丰度油田、海上低丰度气田。陆上低丰度油田是指每平方公里原油可开采储量丰度低于二十五万立方米的油田；陆上低丰度气田是指每平方公里天然气可开采储量丰度低于二亿五千万立方米的气田；海上低丰度油田是指每平方公里原油可开采储量丰度低于六十万立方米的油田；海上低丰度气田是指每平方公里天然气可开采储量丰度低于六亿立方米的气田。

（二）高含硫天然气，是指硫化氢含量在每立方米三十克以上的天然气。

（三）三次采油，是指二次采油后继续以聚合物驱、复合驱、泡沫驱、气水交替驱、二氧化碳驱、微生物驱等方式进行采油。

（四）深水油气田，是指水深超过三百米的油气田。

（五）稠油，是指地层原油粘度大于或等于每秒五十毫帕或原油密度大于或等于每立方厘米零点九二克的原油。

（六）高凝油，是指凝固点高于四十摄氏度的原油。

（七）衰竭期矿山，是指设计开采年限超过十五年，且剩余可开采储量下降到原设计可开采储量的百分之二十以下或者剩余开采年限不超过五年的矿山。衰竭期矿山以开采企业下属的单个矿山为单位确定。

第十七条　本法自 2020 年 9 月 1 日起施行。1993 年 12 月 25 日国务院发布的《中华人民共和国资源税暂行条例》同时废止。

附：

资源税税目税率表

税目			征税对象	税率
能源矿产	原油		原矿	6%
	天然气、页岩气、天然气水合物		原矿	6%
	煤		原矿或者选矿	2%—10%
	煤成(层)气		原矿	1%—2%
	铀、钍		原矿	4%
	油页岩、油砂、天然沥青、石煤		原矿或者选矿	1%—4%
	地热		原矿	1%—20%或者每立方米1—30元
金属矿产	黑色金属	铁、锰、铬、钒、钛	原矿或者选矿	1%—9%
	有色金属	铜、铅、锌、锡、镍、锑、镁、钴、铋、汞	原矿或者选矿	2%—10%
		铝土矿	原矿或者选矿	2%—9%
		钨	选矿	6.5%
		钼	选矿	8%
		金、银	原矿或者选矿	2%—6%
		铂、钯、钌、锇、铱、铑	原矿或者选矿	5%—10%
		轻稀土	选矿	7%—12%
		中重稀土	选矿	20%
		铍、锂、锆、锶、铷、铯、铌、钽、锗、镓、铟、铊、铪、铼、镉、硒、碲	原矿或者选矿	2%—10%
非金属矿产	矿物类	高岭土	原矿或者选矿	1%—6%
		石灰岩	原矿或者选矿	1%—6%或者每吨(或者每立方米)1—10元
		磷	原矿或者选矿	3%—8%
		石墨	原矿或者选矿	3%—12%
		萤石、硫铁矿、自然硫	原矿或者选矿	1%—8%
		天然石英砂、脉石英、粉石英、水晶、工业用金刚石、冰洲石、蓝晶石、硅线石(矽线石)、长石、滑石、刚玉、菱镁矿、颜料矿物、天然碱、芒硝、钠硝石、明矾石、砷、硼、碘、溴、膨润土、硅藻土、陶瓷土、耐火粘土、铁矾土、凹凸棒石粘土、海泡石粘土、伊利石粘土、累托石粘土	原矿或者选矿	1%—12%
		叶蜡石、硅灰石、透辉石、珍珠岩、云母、沸石、重晶石、毒重石、方解石、蛭石、透闪石、工业用电气石、白垩、石棉、蓝石棉、红柱石、石榴子石、石膏	原矿或者选矿	2%—12%
		其他粘土(铸型用粘土、砖瓦用粘土、陶粒用粘土、水泥配料用粘土、水泥配料用红土、水泥配料用黄土、水泥配料用泥岩、保温材料用粘土)	原矿或者选矿	1%—5%或者每吨(或者每立方米)0.1—5元

续表

税目			征税对象	税率
非金属矿产	岩石类	大理岩、花岗岩、白云岩、石英岩、砂岩、辉绿岩、安山岩、闪长岩、板岩、玄武岩、片麻岩、角闪岩、页岩、浮石、凝灰岩、黑曜岩、霞石正长岩、蛇纹岩、麦饭石、泥灰岩、含钾岩石、含钾砂页岩、天然油石、橄榄岩、松脂岩、粗面岩、辉长岩、辉石岩、正长岩、火山灰、火山渣、泥炭	原矿或者选矿	1%—10%
		砂石	原矿或者选矿	1%—5%或者每吨(或者每立方米)0.1—5元
	宝玉石类	宝石、玉石、宝石级金刚石、玛瑙、黄玉、碧玺	原矿或者选矿	4%—20%
水气矿产	二氧化碳气、硫化氢气、氦气、氡气		原矿	2%—5%
	矿泉水		原矿	1%—20%或者每立方米1—30元
盐	钠盐、钾盐、镁盐、锂盐		选矿	3%—15%
	天然卤水		原矿	3%—15%或者每吨(或者每立方米)1—10元
	海盐			2%—5%

关于《中华人民共和国资源税法(草案)》的说明

——2018 年 12 月 23 日在第十三届全国人民代表大会常务委员会第七次会议上

财政部部长　刘　昆

全国人民代表大会常务委员会:

我受国务院委托,现对《中华人民共和国资源税法(草案)》作说明。

1993 年 12 月,国务院发布《中华人民共和国资源税暂行条例》(以下简称《暂行条例》),规定对开采矿产品或者生产盐的单位和个人征收资源税,资源税实行从量计征。2010 年 6 月起,按照党中央、国务院决策部署,资源税从价计征改革逐步实施,国务院于 2011 年 9 月对《暂行条例》作了部分修改,明确资源税按照从价定率或者从量定额的办法计算征收。2016 年 7 月 1 日起,资源税从价计征改革全面推开。《暂行条例》施行以来,资源税运行比较平稳。1994 年至 2017 年,全国累计征收资源税 9325 亿元,年均增长 15.9%,其中 2017 年征收 1353 亿元。资源税对于促进资源节约集约利用、加强生态环境保护等,发挥着重要作用。

《中共中央关于全面深化改革若干重大问题的决定》提出“落实税收法定原则”,制定资源税法是其中重要任务之一,并已列入《全国人大常委会 2018 年立法工作计划》和《国务院 2018 年立法工作计划》。为贯彻落实党中央、国务院决策部署,财政部、税务总局、司法部在《暂行条例》的基础上,经征求国家发展改革委、自然资源部、工业和信息化部等有关部门和单位,各省、自治区、直辖市人民政府,以及有关企业和社会团体等方面的意见,并公开向社会征求意见,起草形成了《中华人民共和国资源税法(草案)》(以下简称草案)。草案已经国务院同意。现说明如下:

一、立法的总体考虑

从实际执行情况看,资源税税制要素基本合理,运行比较平稳。制定资源税法,可按照税制平移的思路,保持现行税制框架和税负水平总体不变,将《暂行条例》上升为法律。同时,根据实际情况,按照落实税收法定原则的要求,对相关征税事项作相应调整。

二、草案的主要内容

（一）关于纳税人。

草案规定：在中华人民共和国领域和管辖海域开采矿产品或者生产盐（以下称开采或者生产应税产品）的单位和个人为资源税的纳税人，应当依法缴纳资源税，其中矿产品包括原矿和选矿。

（二）关于税目。

草案所附《资源税税目税率表》（以下简称《税目税率表》）规定了164个税目，除包括现行中央层面（财政部、税务总局）列举名称的税目外，还将现行授权地方层面（各省、自治区、直辖市人民政府）列举名称的税目统一纳入，进一步规范资源税税目。

（三）关于税率。

草案所附《税目税率表》规定了固定和幅度两种税率。适用固定税率的应税产品包括原油、天然气、铀、钨、钼、中重稀土等税目。实行幅度税率的应税产品包括煤、铁、铜、铝土矿、金、银、轻稀土等税目。草案规定：应税产品为幅度税率的，其具体适用税率由省、自治区、直辖市人民政府统筹考虑该应税产品的资源品位、开采条件以及对生态环境的影响等情况，在规定的税率幅度内提出，报同级人大常委会决定，并报全国人大常委会和国务院备案。

（四）关于计征方式和应纳税额计算。

草案规定：除《税目税率表》另有规定外，资源税一般实行从价计征，应纳税额按照应税产品的销售额乘以具体适用税率计算；《税目税率表》中规定可以选择实行从价计征或者从量计征的，具体计征方式由省、自治区、直辖市人民政府提出，报同级人大常委会决定；实行从量计征的，应纳税额按照应税产品的销售数量乘以具体适用税率计算。根据《税目税率表》，可以选择实行从价计征或者从量计征的有地热、石灰岩、其他粘土、砂石、矿泉水、天然卤水等6个税目。

（五）关于税收减免。

草案规定：对开采原油以及在油田范围内运输原油过程中用于加热的原油、天然气，以及煤炭开采企业因安全生产需要抽采的煤成（层）气免征资源税；对高含硫天然气和从深水油气田开采的原油、天然气，以及从衰竭期矿山开采的矿产品，减征30%资源税；对从低丰度油气田开采的原油、天然气，减征20%资源税。为更好适应实际需要、便于相机调控，同时体现税收法定原则的要求，草案规定国务院可以规定免征或者减征资源税的其他情形，报全国人大常委会备案。

草案还规定：对纳税人开采或者生产应税产品过程中因意外事故或者自然灾害等原因遭受重大损失以及开采共伴生矿、低品位矿、尾矿的，授权省、自治区、直辖市人民政府决定予以减免税，报同级人大常委会备案。

此外，草案对资源税申报缴纳地点、纳税期限等税收征管事项作了规定。

三、需要说明的问题

（一）关于水资源税改革试点问题。按照党中央、国务院决策部署，水资源税改革正处于试点阶段，试点范围为北京、天津、河北等10个省、自治区、直辖市，征税制度仍需通过试点探索和完善。为确保水资源税改革试点于法有据，草案规定：根据国民经济和社会发展需要，国务院可以决定自本法施行之日起5年内开展水资源税征收试点；水资源税的纳税人为取用地表水或者地下水的单位和个人；试点地区可以根据本地区水资源状况、取用水类型和经济发展等情况实行差别税率，每立方米取用水量平均税率不超过10元；水资源税试点实施办法由国务院规定，报全国人大常委会备案。

（二）关于中外合作开采油气资源缴纳资源税问题。按照2011年9月国务院修改的《中华人民共和国对外合作开采陆上石油资源条例》和《中华人民共和国对外合作开采海洋石油资源条例》有关规定，为保持政策的连续性稳定性，草案规定：中外合作开采陆上、海上石油资源的企业依法缴纳资源税。但是，2011年11月1日前已依法订立的中外合作开采陆上、海上石油资源的合同，在已约定的合同有效期内，继续依照当时国家有关规定缴纳矿区使用费，不缴纳资源税；合同期满后，依法缴纳资源税。

《中华人民共和国资源税法（草案）》和以上说明是否妥当，请审议。

全国人民代表大会宪法和法律委员会关于《中华人民共和国资源税法(草案)》审议结果的报告

——2019 年 8 月 22 日在第十三届全国人民代表大会常务委员会第十二次会议上

全国人大宪法和法律委员会副主任委员　周光权

全国人民代表大会常务委员会:

常委会第七次会议对资源税法草案进行了初次审议。会后,法制工作委员会将草案印发各省(区、市)、基层立法联系点和中央有关部门以及部分高等院校、研究机构征求意见,在中国人大网全文公布草案征求社会公众意见。宪法和法律委员会、财政经济委员会、法制工作委员会和预算工作委员会联合召开座谈会,听取部分全国人大代表、中央有关部门、行业协会、企业和专家学者对草案的意见。宪法和法律委员会还到江西、云南进行调研,听取意见;并就草案的有关问题与有关部门交换意见,共同研究。宪法和法律委员会于 7 月 26 日召开会议,根据常委会组成人员的审议意见和各方面意见,对草案进行了逐条审议。财政经济委员会、预算工作委员会、司法部、财政部、国家税务总局的有关负责同志列席了会议。8 月 16 日,宪法和法律委员会召开会议,再次进行审议。宪法和法律委员会认为,为落实税收法定原则,规范资源税税制,制定资源税法是必要的,草案经过审议修改,已经比较成熟。同时,提出以下主要修改意见:

一、有的意见提出,本法名为“资源税法”,但仅适用于矿产资源,“帽子”大、内容小,建议研究修改;有的建议将水等自然资源纳入征税范围;有的建议草案有关征税范围的表述可以灵活一些,为今后改革留出空间。宪法和法律委员会经研究,建议将草案第一条关于征税范围的表述由“开采本法规定的矿产品或者生产盐”修改为“开发应税资源”;同时明确,应税资源的具体范围,由本法所附《资源税税目税率表》确定。

二、有的常委委员和地方、单位建议,按照税制平移的原则,将实践中正在执行的部分税收优惠政策,在法律中明确列举,以保持政策的稳定性。宪法和法律委员会经研究,建议在草案中增加规定,对开采稠油、高凝油以及三次采油,相应减征资源税。

三、有的常委会组成人员和地方、单位提出,草案第七条第二款授权国务院根据国民经济和社会发展需要规定其他减免税情形,但未明确相关范围和要求。宪法和法律委员会经研究,建议将草案的相关规定修改为:根据国民经济和社会发展需要,国务院对有利于促进资源节约集约利用、保护环境等情形可以规定免征或者减征资源税,报全国人民代表大会常务委员会备案。

四、有的常委委员和地方提出,资源税征管工作涉及专业性、技术性问题,为加强税款征收,推进税法有效实施,建议增加规定,在资源税征管中,有关部门应当加强工作配合。宪法和法律委员会经研究,建议在草案中增加规定:税务机关与自然资源等相关部门应当建立工作配合机制,加强资源税征收管理。

五、草案第十五条规定,根据国民经济和社会发展需要,国务院可以决定自本法施行之日起 5 年内开展水资源税征收试点。有的常委会组成人员和地方、单位提出,水资源税改革还在进行中,可由全国人大常委会另作授权决定,不宜在资源税法中规定;有的提出,水资源税改革由国务院根据全国人大 1985 年立法授权决定依法进行,目前正在稳步推进,不必再作重复授权;有的认为资源税法对水资源税改革作出规定是必要的,同时建议国务院加大改革力度,并及时向全国人大常委会报告改革试点情况。宪法和法律委员会经研究认为,草案还是保留水资源税的有关内容为宜,在法律上为相关改革留出必要空间;同时,建议对草案有关水资源税的内容作出以下完善。一是规定:国务院根据国民经济和社会发展需要,依照本法的原则,对取用地表水或者地下水的单位和个人试点征收水资源税。征收水资源税的,停止征收水资源费。二是增加一款规定:国务院自本法施行之日起五年内,就征收水资源税试点情况向全国人民代表大会常务委员会报告。

六、关于本法的实施日期,宪法和法律委员会经征求国务院有关部门意见，建议确定为2020年9月1日。

此外，还对草案作了一些文字修改。

草案二次审议稿已按上述意见作了修改，宪法和法律委员会建议提请本次常委会会议审议通过。

草案二次审议稿和以上报告是否妥当，请审议。

全国人民代表大会宪法和法律委员会关于《中华人民共和国资源税法（草案二次审议稿）》修改意见的报告

——2019年8月25日在第十三届全国人民代表大会常务委员会第十二次会议上

全国人民代表大会常务委员会：

本次常委会会议于8月22日下午对资源税法（草案二次审议稿）进行了分组审议，普遍认为，草案经过审议修改已经比较成熟，建议进一步修改后，提请本次常委会会议表决通过。同时，有些常委会组成人员和列席会议的同志还提出了一些修改意见。宪法和法律委员会于8月23日上午召开会议，逐条研究了常委会组成人员的审议意见，对草案进行了审议。财政经济委员会、预算工作委员会、司法部、财政部、国家税务总局的有关负责同志列席了会议。宪法和法律委员会认为，草案是可行的。同时，提出以下修改意见：

一、有的常委委员提出，资源税的具体计征方式，由省级人大常委会决定后，应当报全国人大常委会和国务院备案。宪法和法律委员会经研究，建议采纳这一意见，增加相应规定。

二、有的常委委员提出，为进一步提高税收优惠的规范性，建议将草案二次审议稿第七条中有关减免税的具体办法由省级人民政府制定、报同级人大常委会备案的规定，改为相关具体办法由省级人民政府提出，报同级人大常委会决定，并报全国人大常委会和国务院备案。宪法和法律委员会经研究，建议采纳这一意见。

三、有的常委委员提出，国务院方面要加快推进水资源税改革，抓紧总结试点经验，尽快形成可复制可推广的经验，除向全国人大常委会报告水资源税试点情况外，还应当及时提出修改资源税法和有关法律的建议。宪法和法律委员会经研究，建议将草案二次审议稿第十四条第四款修改为：国务院自本法施行之日起五年内，就征收水资源税试点情况向全国人民代表大会常务委员会报告，并及时提出修改法律的建议。

此外，根据常委会组成人员的审议意见，还对草案二次审议稿作了个别文字修改。

草案建议表决稿已按上述意见作了修改，宪法和法律委员会建议本次常委会会议审议通过。

草案建议表决稿和以上报告是否妥当，请审议。

中华人民共和国主席令

第三十五号

《中华人民共和国密码法》已由中华人民共和国第十三届全国人民代表大会常务委员会第十四次会议于2019年10月26日通过，现予公布，自2020年1月1日起施行。

中华人民共和国主席　习近平

2019年10月26日

中华人民共和国密码法

（2019 年 10 月 26 日第十三届全国人民代表大会常务委员会第十四次会议通过）

目　　录

第一章　总　　则

第一条　为了规范密码应用和管理，促进密码事业发展，保障网络与信息安全，维护国家安全和社会公共利益，保护公民、法人和其他组织的合法权益，制定本法。

第二条　本法所称密码，是指采用特定变换的方法对信息等进行加密保护、安全认证的技术、产品和服务。

第三条　密码工作坚持总体国家安全观，遵循统一领导、分级负责，创新发展、服务大局，依法管理、保障安全的原则。

第四条　坚持中国共产党对密码工作的领导。中央密码工作领导机构对全国密码工作实行统一领导，制定国家密码工作重大方针政策，统筹协调国家密码重大事项和重要工作，推进国家密码法治建设。

第五条　国家密码管理部门负责管理全国的密码工作。县级以上地方各级密码管理部门负责管理本行政区域的密码工作。

国家机关和涉及密码工作的单位在其职责范围内负责本机关、本单位或者本系统的密码工作。

第六条　国家对密码实行分类管理。

密码分为核心密码、普通密码和商用密码。

第七条　核心密码、普通密码用于保护国家秘密信息，核心密码保护信息的最高密级为绝密级，普通密码保护信息的最高密级为机密级。

核心密码、普通密码属于国家秘密。密码管理部门依照本法和有关法律、行政法规、国家有关规定对核心密码、普通密码实行严格统一管理。

第八条　商用密码用于保护不属于国家秘密的信息。

公民、法人和其他组织可以依法使用商用密码保护网络与信息安全。

第九条　国家鼓励和支持密码科学技术研究和应用，依法保护密码领域的知识产权，促进密码科学技术进步和创新。

国家加强密码人才培养和队伍建设，对在密码工作中作出突出贡献的组织和个人，按照国家有关规定给予表彰和奖励。

第十条　国家采取多种形式加强密码安全教育，将密码安全教育纳入国民教育体系和公务员教育培训体系，增强公民、法人和其他组织的密码安全意识。

第十一条　县级以上人民政府应当将密码工作纳入本级国民经济和社会发展规划，所需经费列入本级财政预算。

第十二条　任何组织或者个人不得窃取他人加密保护的信息或者非法侵入他人的密码保障系统。

任何组织或者个人不得利用密码从事危害国家安全、社会公共利益、他人合法权益等违法犯罪活动。

第二章　核心密码、普通密码

第十三条　国家加强核心密码、普通密码的科学规划、管理和使用，加强制度建设，完善管理措施，增强密码安全保障能力。

第十四条　在有线、无线通信中传递的国家秘密信息，以及存储、处理国家秘密信息的信息系统，应当依照法律、行政法规和国家有关规定使用核心密码、普通密码进行加密保护、安全认证。

第十五条　从事核心密码、普通密码科研、生产、服务、检测、装备、使用和销毁等工作的机构（以下统称密码工作机构）应当按照法律、行政法规、国家有关规定以及核心密码、普通密码标准的要求，建立健全安全管理制度，采取严格的保密措施和保密责任制，确保核心密码、普通密码的安全。

第十六条　密码管理部门依法对密码工作机构的核心密码、普通密码工作进行指导、监督和检查,密码工作机构应当配合。

第十七条　密码管理部门根据工作需要会同有关部门建立核心密码、普通密码的安全监测预警、安全风险评估、信息通报、重大事项会商和应急处置等协作机制,确保核心密码、普通密码安全管理的协同联动和有序高效。

密码工作机构发现核心密码、普通密码泄密或者影响核心密码、普通密码安全的重大问题、风险隐患的,应当立即采取应对措施,并及时向保密行政管理部门、密码管理部门报告,由保密行政管理部门、密码管理部门会同有关部门组织开展调查、处置,并指导有关密码工作机构及时消除安全隐患。

第十八条　国家加强密码工作机构建设,保障其履行工作职责。

国家建立适应核心密码、普通密码工作需要的人员录用、选调、保密、考核、培训、待遇、奖惩、交流、退出等管理制度。

第十九条　密码管理部门因工作需要,按照国家有关规定,可以提请公安、交通运输、海关等部门对核心密码、普通密码有关物品和人员提供免检等便利,有关部门应当予以协助。

第二十条　密码管理部门和密码工作机构应当建立健全严格的监督和安全审查制度,对其工作人员遵守法律和纪律等情况进行监督,并依法采取必要措施,定期或者不定期组织开展安全审查。

第三章　商用密码

第二十一条　国家鼓励商用密码技术的研究开发、学术交流、成果转化和推广应用,健全统一、开放、竞争、有序的商用密码市场体系,鼓励和促进商用密码产业发展。

各级人民政府及其有关部门应当遵循非歧视原则,依法平等对待包括外商投资企业在内的商用密码科研、生产、销售、服务、进出口等单位(以下统称商用密码从业单位)。国家鼓励在外商投资过程中基于自愿原则和商业规则开展商用密码技术合作。行政机关及其工作人员不得利用行政手段强制转让商用密码技术。

商用密码的科研、生产、销售、服务和进出口,不得损害国家安全、社会公共利益或者他人合法权益。

第二十二条　国家建立和完善商用密码标准体系。

国务院标准化行政主管部门和国家密码管理部门依据各自职责,组织制定商用密码国家标准、行业标准。

国家支持社会团体、企业利用自主创新技术制定高于国家标准、行业标准相关技术要求的商用密码团体标准、企业标准。

第二十三条　国家推动参与商用密码国际标准化活动,参与制定商用密码国际标准,推进商用密码中国标准与国外标准之间的转化运用。

国家鼓励企业、社会团体和教育、科研机构等参与商用密码国际标准化活动。

第二十四条　商用密码从业单位开展商用密码活动,应当符合有关法律、行政法规、商用密码强制性国家标准以及该从业单位公开标准的技术要求。

国家鼓励商用密码从业单位采用商用密码推荐性国家标准、行业标准,提升商用密码的防护能力,维护用户的合法权益。

第二十五条　国家推进商用密码检测认证体系建设,制定商用密码检测认证技术规范、规则,鼓励商用密码从业单位自愿接受商用密码检测认证,提升市场竞争力。

商用密码检测、认证机构应当依法取得相关资质,并依照法律、行政法规的规定和商用密码检测认证技术规范、规则开展商用密码检测认证。

商用密码检测、认证机构应当对其在商用密码检测认证中所知悉的国家秘密和商业秘密承担保密义务。

第二十六条　涉及国家安全、国计民生、社会公共利益的商用密码产品,应当依法列入网络关键设备和网络安全专用产品目录,由具备资格的机构检测认证合格后,方可销售或者提供。商用密码产品检测认证适用《中华人民共和国网络安全法》的有关规定,避免重复检测认证。

商用密码服务使用网络关键设备和网络安全专用产品的,应当经商用密码认证机构对该商用密码服务认证合格。

第二十七条　法律、行政法规和国家有关规定要求使用商用密码进行保护的关键信息基础设施,其运营者应当使用商用密码进行保护,自行或者委托商用密码检测机构开展商用密码应用安全性评估。商用密码应用安全性评估应当与关键信息基础设施安全检测评估、网络安全等级测评制度相衔接,避免重复评估、测评。

关键信息基础设施的运营者采购涉及商用密码的网络产品和服务，可能影响国家安全的，应当按照《中华人民共和国网络安全法》的规定，通过国家网信部门会同国家密码管理部门等有关部门组织的国家安全审查。

第二十八条 国务院商务主管部门、国家密码管理部门依法对涉及国家安全、社会公共利益且具有加密保护功能的商用密码实施进口许可，对涉及国家安全、社会公共利益或者中国承担国际义务的商用密码实施出口管制。商用密码进口许可清单和出口管制清单由国务院商务主管部门会同国家密码管理部门和海关总署制定并公布。

大众消费类产品所采用的商用密码不实行进口许可和出口管制制度。

第二十九条 国家密码管理部门对采用商用密码技术从事电子政务电子认证服务的机构进行认定，会同有关部门负责政务活动中使用电子签名、数据电文的管理。

第三十条 商用密码领域的行业协会等组织依照法律、行政法规及其章程的规定，为商用密码从业单位提供信息、技术、培训等服务，引导和督促商用密码从业单位依法开展商用密码活动，加强行业自律，推动行业诚信建设，促进行业健康发展。

第三十一条 密码管理部门和有关部门建立日常监管和随机抽查相结合的商用密码事中事后监管制度，建立统一的商用密码监督管理信息平台，推进事中事后监管与社会信用体系相衔接，强化商用密码从业单位自律和社会监督。

密码管理部门和有关部门及其工作人员不得要求商用密码从业单位和商用密码检测、认证机构向其披露源代码等密码相关专有信息，并对其在履行职责中知悉的商业秘密和个人隐私严格保密，不得泄露或者非法向他人提供。

第四章 法律责任

第三十二条 违反本法第十二条规定，窃取他人加密保护的信息，非法侵入他人的密码保障系统，或者利用密码从事危害国家安全、社会公共利益、他人合法权益等违法活动的，由有关部门依照《中华人民共和国网络安全法》和其他有关法律、行政法规的规定追究法律责任。

第三十三条 违反本法第十四条规定，未按照要求使用核心密码、普通密码的，由密码管理部门责令改正或者停止违法行为，给予警告；情节严重的，由密码管理部门建议有关国家机关、单位对直接负责的主管人员和其他直接责任人员依法给予处分或者处理。

第三十四条 违反本法规定，发生核心密码、普通密码泄密案件的，由保密行政管理部门、密码管理部门建议有关国家机关、单位对直接负责的主管人员和其他直接责任人员依法给予处分或者处理。

违反本法第十七条第二款规定，发现核心密码、普通密码泄密或者影响核心密码、普通密码安全的重大问题、风险隐患，未立即采取应对措施，或者未及时报告的，由保密行政管理部门、密码管理部门建议有关国家机关、单位对直接负责的主管人员和其他直接责任人员依法给予处分或者处理。

第三十五条 商用密码检测、认证机构违反本法第二十五条第二款、第三款规定开展商用密码检测认证的，由市场监督管理部门会同密码管理部门责令改正或者停止违法行为，给予警告，没收违法所得；违法所得三十万元以上的，可以并处违法所得一倍以上三倍以下罚款；没有违法所得或者违法所得不足三十万元的，可以并处十万元以上三十万元以下罚款；情节严重的，依法吊销相关资质。

第三十六条 违反本法第二十六条规定，销售或者提供未经检测认证或者检测认证不合格的商用密码产品，或者提供未经认证或者认证不合格的商用密码服务的，由市场监督管理部门会同密码管理部门责令改正或者停止违法行为，给予警告，没收违法产品和违法所得；违法所得十万元以上的，可以并处违法所得一倍以上三倍以下罚款；没有违法所得或者违法所得不足十万元的，可以并处三万元以上十万元以下罚款。

第三十七条 关键信息基础设施的运营者违反本法第二十七条第一款规定，未按照要求使用商用密码，或者未按照要求开展商用密码应用安全性评估的，由密码管理部门责令改正，给予警告；拒不改正或者导致危害网络安全等后果的，处十万元以上一百万元以下罚款，对直接负责的主管人员处一万元以上十万元以下罚款。

关键信息基础设施的运营者违反本法第二十七条第二款规定，使用未经安全审查或者安全审查未通过的产品或者服务的，由有关主管部门责令停止使用，处采购金额一倍以上十倍以下罚款；对直接负责的主管人员和其他直接责任人员处一万元以上十万元以下罚款。

第三十八条 违反本法第二十八条实施进口

许可、出口管制的规定，进出口商用密码的，由国务院商务主管部门或者海关依法予以处罚。

第三十九条 违反本法第二十九条规定，未经认定从事电子政务电子认证服务的，由密码管理部门责令改正或者停止违法行为，给予警告，没收违法产品和违法所得；违法所得三十万元以上的，可以并处违法所得一倍以上三倍以下罚款；没有违法所得或者违法所得不足三十万元的，可以并处十万元以上三十万元以下罚款。

第四十条 密码管理部门和有关部门、单位的工作人员在密码工作中滥用职权、玩忽职守、徇私舞弊，或者泄露、非法向他人提供在履行职责中知悉的商业秘密和个人隐私的，依法给予处分。

第四十一条 违反本法规定，构成犯罪的，依法追究刑事责任；给他人造成损害的，依法承担民事责任。

第五章 附 则

第四十二条 国家密码管理部门依照法律、行政法规的规定，制定密码管理规章。

第四十三条 中国人民解放军和中国人民武装警察部队的密码工作管理办法，由中央军事委员会根据本法制定。

第四十四条 本法自2020年1月1日起施行。

关于《中华人民共和国密码法（草案）》的说明

——2019年6月25日在第十三届全国人民代表大会常务委员会第十一次会议上

国家密码管理局局长 李兆宗

全国人民代表大会常务委员会：

我受国务院委托，现对《中华人民共和国密码法（草案）》作说明。

一、立法的必要性

密码工作是党和国家的一项特殊重要工作，直接关系国家安全，密码在我国革命、建设、改革各个历史时期，都发挥了不可替代的重要作用。进入新时代，密码工作面临着许多新的机遇和挑战，担负着更加繁重的保障和管理任务，制定一部密码领域综合性、基础性法律，十分必要。一是核心密码和普通密码维护国家安全方面的基本制度、密码管理部门和密码工作机构及其工作人员开展核心密码和普通密码工作的保障措施等，需要通过国家立法予以明确，进一步提升法治化保障水平。二是近年来密码在维护国家安全、促进经济社会发展、保护人民群众利益方面发挥越来越重要的作用，国家对重要领域商用密码的应用、基础支撑能力的提升以及安全性评估、审查制度等不断提出明确要求，需要及时上升为法律规范。三是传统对商用密码实行全环节许可管理的手段已不适应职能转变和“放管服”改革要求，亟需在立法层面重塑现行商用密码管理制度。全国人大常委会和国务院将制定密码法列入了立法工作计划。

2017年4月至5月，国家密码管理局将《中华人民共和国密码法（草案征求意见稿）》向社会公开征求了意见，并于2017年6月向国务院报送了《中华人民共和国密码法（草案送审稿）》（以下简称送审稿）。收到此件后，司法部广泛征求了各地各部门意见，会同国家密码管理局对送审稿作了研究修改，并反复与中央网信办、工业和信息化部、商务部等单位沟通协调，形成了目前的《中华人民共和国密码法（草案）》（以下简称草案）。草案已于2019年6月10日经国务院常务会议讨论通过。

二、立法的总体思路

一是明确对核心密码、普通密码与商用密码实行分类管理的原则。草案在核心密码、普通密码方面，深入贯彻总体国家安全观，将现行有效的基本制度、特殊管理政策及保障措施法治化；在商用密码方面，充分体现职能转变和“放管服”改革要求，明确公民、法人和其他组织均可依法使用。

二是注重把握职能转变和“放管服”需要与保障国家安全的平衡。草案在明确鼓励商用密码产业发展、突出标准引领作用的基础上，对涉及国家安全、国计民生、社会公共利益，列入网络关键设备和网络安全专用产品目录的产品，以及关键信息基础设施的运营者和国家机关采购、使用的部分，规定了适度的管制措施。

三是注意处理好草案与网络安全法、保守国家秘密法等有关法律的关系。密码是保障网络安全的核心技术和基础支撑，草案在商用密码管理和相应法律责任设定方面与网络安全法的有关制度，如强制检测认证、安全性评估、国家安全审查等作了衔接；同时，鉴于核心密码、普通密码属于国家秘密，草案在核心密码、普通密码的管理方面与保守国家秘密法作了衔接。

三、草案的主要内容

草案共五章四十四条，主要内容如下：

（一）关于密码工作的领导和管理体制。

草案明确：坚持中国共产党对密码工作的领导；中央密码工作领导机构对全国密码工作实行统一领导，制定国家密码重大方针政策，统筹协调国家密码重大事项和重要工作，推进国家密码法治建设。国家密码管理部门负责管理全国的密码工作；县级以上地方各级密码管理部门负责管理本行政区域的密码工作；国家机关和涉及密码的单位在其职责范围内负责本机关、本单位或者本系统的密码工作。

（二）关于密码的分类管理原则。

草案明确规定密码分为核心密码、普通密码和商用密码，实行分类管理。提出了密码分类保护的原则要求：核心密码、普通密码用于保护国家秘密信息，核心密码保护信息的最高密级为绝密级，普通密码保护信息的最高密级为机密级；核心密码、普通密码属于国家秘密，由密码管理部门依法实行严格统一管理。商用密码用于保护不属于国家秘密的信息；公民、法人和其他组织均可依法使用商用密码保护网络与信息安全。

（三）关于密码发展促进和保障措施。

草案总则对核心密码、普通密码和商用密码在发展促进和保障措施方面的共性内容作了规定：一是规定国家鼓励和支持密码科学技术研究、交流，依法保护密码知识产权，促进密码科学技术进步和创新，建立密码工作表彰奖励制度；二是规定国家加强密码宣传教育；三是规定县级以上人民政府应当将密码工作纳入本级国民经济和社会发展规划，所需经费列入本级预算；四是规定任何组织或者个人不得窃取或者非法侵入他人的加密信息或者密码保障系统，不得利用密码从事违法犯罪活动。

（四）关于核心密码、普通密码。

为了确保核心密码、普通密码安全，增强密码通信服务和网络空间密码保障能力，草案第二章规定了核心密码、普通密码的主要管理制度：一是明确传递、存储、处理国家秘密信息时的核心密码、普通密码使用要求；二是规定密码工作机构应当依法建立健全安全管理制度，采取严格的保密措施；三是规定密码管理部门依法对核心密码、普通密码工作进行指导、监督和检查，会同有关部门建立核心密码、普通密码安全协同联动机制，明确了相关案事件处置程序；四是规定国家加强密码工作机构和核心密码、普通密码人才队伍建设；五是明确了核心密码、普通密码有关物品和人员享有免检等便利；六是规定了密码管理部门、密码工作机构对其工作人员的监督和安全审查机制。

（五）关于商用密码。

为了贯彻落实职能转变和"放管服"改革要求，规范和促进商用密码产业发展，草案第三章规定了商用密码的主要制度：一是规定国家鼓励商用密码技术的研究开发和应用，健全商用密码市场体系，鼓励和促进商用密码产业发展；二是规定了商用密码标准化制度；三是建立了商用密码检测认证制度，并鼓励从业单位自愿接受商用密码检测认证；四是对列入网络关键设备和网络安全专用产品目录的商用密码产品、用于网络关键设备和网络安全专用产品的商用密码服务实行强制性检测认证；五是规定关键信息基础设施应当依法使用商用密码、开展安全性评估及国家安全审查；六是对特定范围的商用密码实行进口许可和出口管制制度；七是规定了电子政务电子认证服务管理制度；八是支持商用密码行业协会积极发挥作用，加强行业自律，促进行业健康发展；九是规定了密码管理部门和有关部门建立商用密码事中事后监管制度。

此外，草案规定了相应的法律责任。

草案和以上说明是否妥当，请审议。

全国人民代表大会宪法和法律委员会关于《中华人民共和国密码法(草案)》审议结果的报告

——2019年10月21日在第十三届全国人民代表大会常务委员会第十四次会议上

全国人大宪法和法律委员会副主任委员　刘季幸

全国人民代表大会常务委员会:

常委会第十一次会议对密码法草案进行了初次审议。会后,法制工作委员会将草案印发各省(区、市)、中央有关部门、单位和部分高等院校、法学研究机构、全国人大代表等征求意见,在中国人大网全文公布草案,征求社会公众意见。宪法和法律委员会、法制工作委员会联合召开座谈会,听取中央有关部门和专家学者、部分相关企业的意见,并赴北京、上海、深圳进行调研。宪法和法律委员会于10月8日召开会议,根据常委会组成人员的审议意见和各方面意见,对草案进行了逐条审议。司法部、国家密码管理局的负责同志列席了会议。10月15日,宪法和法律委员会召开会议,再次进行审议。宪法和法律委员会认为,为了规范密码的使用和管理,促进密码事业发展,保障网络和信息安全,制定本法是必要的,草案经过常委会审议修改,已经比较成熟。同时,提出以下主要修改意见:

一、草案第十八条对加强核心密码、普通密码人才队伍培养、建设作了规定。有的常委会组成人员和地方提出对商用密码人才也应当加强培养。宪法和法律委员会经研究,建议把人才队伍培养、建设的内容移至总则以突显人才培养对于密码事业的重要性。

二、草案对核心密码、普通密码的管理和使用作了专章规定。有的常委会组成人员和地方建议进一步强化国家对核心密码、普通密码的管理,实行密码安全保密责任制,定期开展安全评估,发现安全隐患风险后应当立即采取相应措施。宪法和法律委员会经与司法部、国家密码管理局研究,建议在草案第十五条中明确要求实行密码“保密责任制”,并在草案第十七条第一款增加“安全风险评估”机制;在第二款增加规定,发现影响核心密码、普通密码安全的“风险隐患”时,应当立即采取应对措施。

三、草案第二十六条第一款规定了列入网络关键设备和网络安全专用产品目录的商用密码产品的强制检测认证制度。有的常委会组成人员和公众、企业提出,网络安全法第二十三条已对网络关键设备和网络安全专用产品的检测认证作了规定,需要进一步明确本法与网络安全法规定的关系,保持法律之间的衔接,避免重复检测认证。宪法和法律委员会经研究,建议在第二十六条第一款中增加规定:“商用密码产品检测认证适用《中华人民共和国网络安全法》的有关规定,避免重复检测认证。”

四、草案第二十七条规定了商用密码应用安全性评估和国家安全审查制度。有的常委会组成人员和部门、企业、公众提出,网络安全法已经对关键信息基础设施的安全检测评估和国家安全审查作了相关规定,建议本法与网络安全法做好衔接。有的企业提出,一些大型企业有能力对所运营的网络自行进行安全性评估。宪法和法律委员会经与国家密码管理局研究,建议将第二十七条修改为:“法律、行政法规和国家有关规定要求使用商用密码进行保护的关键信息基础设施,其运营者应当使用商用密码进行保护,自行或者委托商用密码检测机构开展商用密码应用安全性评估。商用密码应用安全性评估应当与关键信息基础设施安全检测评估、网络安全等级测评制度相衔接,避免重复评估、测评。”“关键信息基础设施的运营者采购涉及商用密码的网络产品和服务,可能影响国家安全的,应当按照《中华人民共和国网络安全法》的规定,通过国家网信部门会同国家密码管理部门等有关部门组织的国家安全审查。”

五、草案第二十五条和第三十一条分别对商用密码检测、认证机构的职能和密码管理部门的监管职权作了规定。有的常委会组成人员建议进一步增加对上述机构和部门的保密义务要求。宪法和法律委员会经研究,建议在第二十五条增加一款作为第三款,规定:“商用密码检测、认证机构应当对其在商用密码检测认证中所知悉的国家秘密和商业秘密承担保密义务”;在第三十一条增加一款作为第二款,规定:“密码管理部门和有关部门及其工作人员不得要求商用密码从业单位和商用密码检测、认证机构向其披露源代码等密码相关专有信息,并对其在履行职责中知悉的商业秘密和个人隐私严格保密,不得泄露或者非法向他人提供。”

六、草案第四章规定违反密码法相关规定的法律责任。有的常委会组成人员和部门建议,进一步明确相关条款的处罚主体、处罚对象、处罚依据和罚则。宪法和法律委员会经研究,建议第三十二条增加相关法律规定依据表述;第三十四条增加一款,明确违反第十七条第二款规定的法律责任;第三十七条根据网络安全法的规定明确具体罚则;第四十条增加密码管理部门和有关部门、单位的工作人员违反保密义务的法律责任。

9 月 26 日,法制工作委员会召开会议,邀请部分专家学者和密码生产单位、密码使用单位的代表就草案中主要制度规范的可行性、出台时机、实施的社会效果和可能出现的问题等进行评估。与会人员普遍认为,密码法草案贯彻落实总体国家安全观要求,总结多年来密码工作经验,明确了党管密码、分类管理等基本原则和要求。同时,按照“放管服”改革要求,较好处理了维护国家安全与促进产业发展的关系。草案经过修改,充分吸收了各方面意见,进一步增强了制度规范的针对性和可操作性,已经比较成熟,建议尽快审议通过。与会人员还对草案提出了一些具体修改意见,宪法和法律委员会进行了认真研究,对有的意见予以采纳。

此外,还对草案作了一些文字修改。

草案二次审议稿已按上述意见作了修改,宪法和法律委员会建议提请本次常委会会议审议通过。

草案二次审议稿和以上报告是否妥当,请审议。

全国人民代表大会宪法和法律委员会关于《中华人民共和国密码法(草案二次审议稿)》修改意见的报告

——2019 年 10 月 26 日在第十三届全国人民代表大会常务委员会第十四次会议上

全国人民代表大会常务委员会:

本次常委会会议于 10 月 22 日上午对密码法(草案二次审议稿)进行了分组审议,普遍认为,草案已经比较成熟,建议进一步修改后,提请本次会议表决通过。同时,有些常委会组成人员还提出了一些修改意见。宪法和法律委员会于 10 月 23 日下午召开会议,逐条研究了常委会组成人员的审议意见,对草案进行了审议。司法部、国家密码管理局的有关负责同志列席了会议。宪法和法律委员会认为,草案是可行的,同时,提出以下修改意见:

一、草案二次审议稿第二条规定:“本法所称密码,是指采用特定变换的方法对信息等进行加密保护、安全认证的产品、技术和服务。”有的常委委员提出,密码技术是密码的基本形态,建议将“技术”调整到“产品”之前。宪法和法律委员会经研究,建议采纳这一意见。

二、草案第二十六条第二款规定:“使用网络关键设备和网络安全专用产品的商用密码服务,应当由商用密码认证机构认证合格后,方可提供。”有的常委委员提出,这一条款规定的认证对象是产品、服务还是提供服务的企业,不够明确。宪法和法律委员会经研究,建议修改为:“商用密码服务使用网络关键设备和网络安全专用产品的,应当经商用密码认证机构对该商用密码服务认证合格。”

三、有的常委委员提出,违反本法规定,除行政责任、刑事责任外,还有可能需要承担民事责任。宪法和法律委员会经研究,建议将草案二次审议稿第四十一条修改为:“违反本法规定,构成犯罪的,依法追究刑事责任;给他人造成损害的,依法承担民事责任。”

在审议过程中,还有一些常委会组成人员提出了其他完善性的建议,有的在草案起草和初次审议后已经进行过认真研究,还有一些涉及具体实施中的问题,需要在配套法规和有关规定中进一步加以细化、明确。宪法和法律委员会已就这些意见建议与国家密码管理局进行了沟通。国家密码管理局提出将在密码法通过后尽快修改现行商用密码管理条例等法规,制定出台其他相关配套规定,落实常委会组成人员的意见建议。

此外,根据常委会组成人员的审议意见,还对草案二次审议稿作了一些文字修改。

草案建议表决稿已按上述意见作了修改,宪法和法律委员会建议本次常委会会议通过。

草案建议表决稿和以上报告是否妥当,请审议。

中华人民共和国主席令

第三十七号

《中华人民共和国证券法》已由中华人民共和国第十三届全国人民代表大会常务委员会第十五次会议于2019年12月28日修订通过,现予公布,自2020年3月1日起施行。

中华人民共和国主席　习近平

2019年12月28日

中华人民共和国证券法

(1998年12月29日第九届全国人民代表大会常务委员会第六次会议通过　根据2004年8月28日第十届全国人民代表大会常务委员会第十一次会议《关于修改〈中华人民共和国证券法〉的决定》第一次修正　2005年10月27日第十届全国人民代表大会常务委员会第十八次会议第一次修订　根据2013年6月29日第十二届全国人民代表大会常务委员会第三次会议《关于修改〈中华人民共和国文物保护法〉等十二部法律的决定》第二次修正　根据2014年8月31日第十二届全国人民代表大会常务委员会第十次会议《关于修改〈中华人民共和国保险法〉等五部法律的决定》第三次修正　2019年12月28日第十三届全国人民代表大会常务委员会第十五次会议第二次修订)

目　录

第一章　总　　则

第一条　为了规范证券发行和交易行为,保护投资者的合法权益,维护社会经济秩序和社会公共利益,促进社会主义市场经济的发展,制定本法。

第二条　在中华人民共和国境内,股票、公司债券、存托凭证和国务院依法认定的其他证券的发行和交易,适用本法;本法未规定的,适用《中华人民共和国公司法》和其他法律、行政法规的规定。

政府债券、证券投资基金份额的上市交易,适用本法;其他法律、行政法规另有规定的,适用其规定。

资产支持证券、资产管理产品发行、交易的管理办法,由国务院依照本法的原则规定。

在中华人民共和国境外的证券发行和交易活动,扰乱中华人民共和国境内市场秩序,损害境内投资者合法权益的,依照本法有关规定处理并追究法律责任。

第三条　证券的发行、交易活动,必须遵循公开、公平、公正的原则。

第四条　证券发行、交易活动的当事人具有平等的法律地位，应当遵守自愿、有偿、诚实信用的原则。

第五条　证券的发行、交易活动，必须遵守法律、行政法规；禁止欺诈、内幕交易和操纵证券市场的行为。

第六条　证券业和银行业、信托业、保险业实行分业经营、分业管理，证券公司与银行、信托、保险业务机构分别设立。国家另有规定的除外。

第七条　国务院证券监督管理机构依法对全国证券市场实行集中统一监督管理。

国务院证券监督管理机构根据需要可以设立派出机构，按照授权履行监督管理职责。

第八条　国家审计机关依法对证券交易场所、证券公司、证券登记结算机构、证券监督管理机构进行审计监督。

第二章　证券发行

第九条　公开发行证券，必须符合法律、行政法规规定的条件，并依法报经国务院证券监督管理机构或者国务院授权的部门注册。未经依法注册，任何单位和个人不得公开发行证券。证券发行注册制的具体范围、实施步骤，由国务院规定。

有下列情形之一的，为公开发行：

（一）向不特定对象发行证券；

（二）向特定对象发行证券累计超过二百人，但依法实施员工持股计划的员工人数不计算在内；

（三）法律、行政法规规定的其他发行行为。

非公开发行证券，不得采用广告、公开劝诱和变相公开方式。

第十条　发行人申请公开发行股票、可转换为股票的公司债券，依法采取承销方式的，或者公开发行法律、行政法规规定实行保荐制度的其他证券的，应当聘请证券公司担任保荐人。

保荐人应当遵守业务规则和行业规范，诚实守信，勤勉尽责，对发行人的申请文件和信息披露资料进行审慎核查，督导发行人规范运作。

保荐人的管理办法由国务院证券监督管理机构规定。

第十一条　设立股份有限公司公开发行股票，应当符合《中华人民共和国公司法》规定的条件和经国务院批准的国务院证券监督管理机构规定的其他条件，向国务院证券监督管理机构报送募股申请和下列文件：

（一）公司章程；

（二）发起人协议；

（三）发起人姓名或者名称，发起人认购的股份数、出资种类及验资证明；

（四）招股说明书；

（五）代收股款银行的名称及地址；

（六）承销机构名称及有关的协议。

依照本法规定聘请保荐人的，还应当报送保荐人出具的发行保荐书。

法律、行政法规规定设立公司必须报经批准的，还应当提交相应的批准文件。

第十二条　公司首次公开发行新股，应当符合下列条件：

（一）具备健全且运行良好的组织机构；

（二）具有持续经营能力；

（三）最近三年财务会计报告被出具无保留意见审计报告；

（四）发行人及其控股股东、实际控制人最近三年不存在贪污、贿赂、侵占财产、挪用财产或者破坏社会主义市场经济秩序的刑事犯罪；

（五）经国务院批准的国务院证券监督管理机构规定的其他条件。

上市公司发行新股，应当符合经国务院批准的国务院证券监督管理机构规定的条件，具体管理办法由国务院证券监督管理机构规定。

公开发行存托凭证的，应当符合首次公开发行新股的条件以及国务院证券监督管理机构规定的其他条件。

第十三条　公司公开发行新股，应当报送募股申请和下列文件：

（一）公司营业执照；

（二）公司章程；

（三）股东大会决议；

（四）招股说明书或者其他公开发行募集文件；

（五）财务会计报告；

（六）代收股款银行的名称及地址。

依照本法规定聘请保荐人的，还应当报送保荐人出具的发行保荐书。依照本法规定实行承销的，还应当报送承销机构名称及有关的协议。

第十四条　公司对公开发行股票所募集资金，必须按照招股说明书或者其他公开发行募集文件所列资金用途使用；改变资金用途，必须经股东大会作出决议。擅自改变用途，未作纠正的，或者未经股东大会认可的，不得公开发行新股。

第十五条　公开发行公司债券，应当符合下列条件：

（一）具备健全且运行良好的组织机构；

（二）最近三年平均可分配利润足以支付公司债券一年的利息；

（三）国务院规定的其他条件。

公开发行公司债券筹集的资金，必须按照公司债券募集办法所列资金用途使用；改变资金用途，必须经债券持有人会议作出决议。公开发行公司债券筹集的资金，不得用于弥补亏损和非生产性支出。

上市公司发行可转换为股票的公司债券，除应当符合第一款规定的条件外，还应当遵守本法第十二条第二款的规定。但是，按照公司债券募集办法，上市公司通过收购本公司股份的方式进行公司债券转换的除外。

第十六条　申请公开发行公司债券，应当向国务院授权的部门或者国务院证券监督管理机构报送下列文件：

（一）公司营业执照；

（二）公司章程；

（三）公司债券募集办法；

（四）国务院授权的部门或者国务院证券监督管理机构规定的其他文件。

依照本法规定聘请保荐人的，还应当报送保荐人出具的发行保荐书。

第十七条　有下列情形之一的，不得再次公开发行公司债券：

（一）对已公开发行的公司债券或者其他债务有违约或者延迟支付本息的事实，仍处于继续状态；

（二）违反本法规定，改变公开发行公司债券所募资金的用途。

第十八条　发行人依法申请公开发行证券所报送的申请文件的格式、报送方式，由依法负责注册的机构或者部门规定。

第十九条　发行人报送的证券发行申请文件，应当充分披露投资者作出价值判断和投资决策所必需的信息，内容应当真实、准确、完整。

为证券发行出具有关文件的证券服务机构和人员，必须严格履行法定职责，保证所出具文件的真实性、准确性和完整性。

第二十条　发行人申请首次公开发行股票的，在提交申请文件后，应当按照国务院证券监督管理机构的规定预先披露有关申请文件。

第二十一条　国务院证券监督管理机构或者国务院授权的部门依照法定条件负责证券发行申请的注册。证券公开发行注册的具体办法由国务院规定。

按照国务院的规定，证券交易所等可以审核公开发行证券申请，判断发行人是否符合发行条件、信息披露要求，督促发行人完善信息披露内容。

依照前两款规定参与证券发行申请注册的人员，不得与发行申请人有利害关系，不得直接或者间接接受发行申请人的馈赠，不得持有所注册的发行申请的证券，不得私下与发行申请人进行接触。

第二十二条　国务院证券监督管理机构或者国务院授权的部门应当自受理证券发行申请文件之日起三个月内，依照法定条件和法定程序作出予以注册或者不予注册的决定，发行人根据要求补充、修改发行申请文件的时间不计算在内。不予注册的，应当说明理由。

第二十三条　证券发行申请经注册后，发行人应当依照法律、行政法规的规定，在证券公开发行前公告公开发行募集文件，并将该文件置备于指定场所供公众查阅。

发行证券的信息依法公开前，任何知情人不得公开或者泄露该信息。

发行人不得在公告公开发行募集文件前发行证券。

第二十四条　国务院证券监督管理机构或者国务院授权的部门对已作出的证券发行注册的决定，发现不符合法定条件或者法定程序，尚未发行证券的，应当予以撤销，停止发行。已经发行尚未上市的，撤销发行注册决定，发行人应当按照发行价并加算银行同期存款利息返还证券持有人；发行人的控股股东、实际控制人以及保荐人，应当与发行人承担连带责任，但是能够证明自己没有过错的除外。

股票的发行人在招股说明书等证券发行文件中隐瞒重要事实或者编造重大虚假内容，已经发行并上市的，国务院证券监督管理机构可以责令发行人回购证券，或者责令负有责任的控股股东、实际控制人买回证券。

第二十五条　股票依法发行后，发行人经营与收益的变化，由发行人自行负责；由此变化引致的投资风险，由投资者自行负责。

第二十六条　发行人向不特定对象发行的证券，法律、行政法规规定应当由证券公司承销的，发行人应当同证券公司签订承销协议。证券承销业务采取代销或者包销方式。

证券代销是指证券公司代发行人发售证券，在承销期结束时，将未售出的证券全部退还给发行人的承销方式。

证券包销是指证券公司将发行人的证券按照协议全部购入或者在承销期结束时将售后剩余证券全部自行购入的承销方式。

第二十七条　公开发行证券的发行人有权依法自主选择承销的证券公司。

第二十八条　证券公司承销证券，应当同发行人签订代销或者包销协议，载明下列事项：

（一）当事人的名称、住所及法定代表人姓名；

（二）代销、包销证券的种类、数量、金额及发行价格；

（三）代销、包销的期限及起止日期；

（四）代销、包销的付款方式及日期；

（五）代销、包销的费用和结算办法；

（六）违约责任；

（七）国务院证券监督管理机构规定的其他事项。

第二十九条　证券公司承销证券，应当对公开发行募集文件的真实性、准确性、完整性进行核查。发现有虚假记载、误导性陈述或者重大遗漏的，不得进行销售活动；已经销售的，必须立即停止销售活动，并采取纠正措施。

证券公司承销证券，不得有下列行为：

（一）进行虚假的或者误导投资者的广告宣传或者其他宣传推介活动；

（二）以不正当竞争手段招揽承销业务；

（三）其他违反证券承销业务规定的行为。

证券公司有前款所列行为，给其他证券承销机构或者投资者造成损失的，应当依法承担赔偿责任。

第三十条　向不特定对象发行证券聘请承销团承销的，承销团应当由主承销和参与承销的证券公司组成。

第三十一条　证券的代销、包销期限最长不得超过九十日。

证券公司在代销、包销期内，对所代销、包销的证券应当保证先行出售给认购人，证券公司不得为本公司预留所代销的证券和预先购入并留存所包销的证券。

第三十二条　股票发行采取溢价发行的，其发行价格由发行人与承销的证券公司协商确定。

第三十三条　股票发行采用代销方式，代销期限届满，向投资者出售的股票数量未达到拟公开发行股票数量百分之七十的，为发行失败。发行人应当按照发行价并加算银行同期存款利息返还股票认购人。

第三十四条　公开发行股票，代销、包销期限届满，发行人应当在规定的期限内将股票发行情况报国务院证券监督管理机构备案。

第三章　证券交易

第一节　一般规定

第三十五条　证券交易当事人依法买卖的证券，必须是依法发行并交付的证券。

非依法发行的证券，不得买卖。

第三十六条　依法发行的证券，《中华人民共和国公司法》和其他法律对其转让期限有限制性规定的，在限定的期限内不得转让。

上市公司持有百分之五以上股份的股东、实际控制人、董事、监事、高级管理人员，以及其他持有发行人首次公开发行前发行的股份或者上市公司向特定对象发行的股份的股东，转让其持有的本公司股份的，不得违反法律、行政法规和国务院证券监督管理机构关于持有期限、卖出时间、卖出数量、卖出方式、信息披露等规定，并应当遵守证券交易所的业务规则。

第三十七条　公开发行的证券，应当在依法设立的证券交易所上市交易或者在国务院批准的其他全国性证券交易场所交易。

非公开发行的证券，可以在证券交易所、国务院批准的其他全国性证券交易场所、按照国务院规定设立的区域性股权市场转让。

第三十八条　证券在证券交易所上市交易，应当采用公开的集中交易方式或者国务院证券监督管理机构批准的其他方式。

第三十九条　证券交易当事人买卖的证券可以采用纸面形式或者国务院证券监督管理机构规定的其他形式。

第四十条　证券交易场所、证券公司和证券登记结算机构的从业人员，证券监督管理机构的工作人员以及法律、行政法规规定禁止参与股票交易的其他人员，在任期或者法定限期内，不得直接或者以化名、借他人名义持有、买卖股票或者其他具有股权性质的证券，也不得收受他人赠送的股票或者其他具有股权性质的证券。

任何人在成为前款所列人员时，其原已持有的股票或者其他具有股权性质的证券，必须依法转让。

实施股权激励计划或者员工持股计划的证券公司的从业人员，可以按照国务院证券监督管理机构的规定持有、卖出本公司股票或者其他具有股权性质的证券。

第四十一条　证券交易场所、证券公司、证券登记结算机构、证券服务机构及其工作人员应当依法为投资者的信息保密，不得非法买卖、提供或者公开投资者的信息。

证券交易场所、证券公司、证券登记结算机构、证券服务机构及其工作人员不得泄露所知悉的商业秘密。

第四十二条　为证券发行出具审计报告或者法律意见书等文件的证券服务机构和人员，在该证券承销期内和期满后六个月内，不得买卖该证券。

除前款规定外，为发行人及其控股股东、实际控制人，或者收购人、重大资产交易方出具审计报告或者法律意见书等文件的证券服务机构和人员，自接受委托之日起至上述文件公开后五日内，不得买卖该证券。实际开展上述有关工作之日早于接受委托之日的，自实际开展上述有关工作之日起至上述文件公开后五日内，不得买卖该证券。

第四十三条　证券交易的收费必须合理，并公开收费项目、收费标准和管理办法。

第四十四条　上市公司、股票在国务院批准的其他全国性证券交易场所交易的公司持有百分之五以上股份的股东、董事、监事、高级管理人员，将其持有的该公司的股票或者其他具有股权性质的证券在买入后六个月内卖出，或者在卖出后六个月内又买入，由此所得收益归该公司所有，公司董事会应当收回其所得收益。但是，证券公司因购入包销售后剩余股票而持有百分之五以上股份，以及有国务院证券监督管理机构规定的其他情形的除外。

前款所称董事、监事、高级管理人员、自然人股东持有的股票或者其他具有股权性质的证券，包括其配偶、父母、子女持有的及利用他人账户持有的股票或者其他具有股权性质的证券。

公司董事会不按照第一款规定执行的，股东有权要求董事会在三十日内执行。公司董事会未在上述期限内执行的，股东有权为了公司的利益以自己的名义直接向人民法院提起诉讼。

公司董事会不按照第一款的规定执行的，负有责任的董事依法承担连带责任。

第四十五条　通过计算机程序自动生成或者下达交易指令进行程序化交易的，应当符合国务院证券监督管理机构的规定，并向证券交易所报告，不得影响证券交易所系统安全或者正常交易秩序。

第二节　证券上市

第四十六条　申请证券上市交易，应当向证券交易所提出申请，由证券交易所依法审核同意，并由双方签订上市协议。

证券交易所根据国务院授权的部门的决定安排政府债券上市交易。

第四十七条　申请证券上市交易，应当符合证券交易所上市规则规定的上市条件。

证券交易所上市规则规定的上市条件，应当对发行人的经营年限、财务状况、最低公开发行比例和公司治理、诚信记录等提出要求。

第四十八条　上市交易的证券，有证券交易所规定的终止上市情形的，由证券交易所按照业务规则终止其上市交易。

证券交易所决定终止证券上市交易的，应当及时公告，并报国务院证券监督管理机构备案。

第四十九条　对证券交易所作出的不予上市交易、终止上市交易决定不服的，可以向证券交易所设立的复核机构申请复核。

第三节　禁止的交易行为

第五十条　禁止证券交易内幕信息的知情人和非法获取内幕信息的人利用内幕信息从事证券交易活动。

第五十一条　证券交易内幕信息的知情人包括：

（一）发行人及其董事、监事、高级管理人员；

（二）持有公司百分之五以上股份的股东及其董事、监事、高级管理人员，公司的实际控制人及其董事、监事、高级管理人员；

（三）发行人控股或者实际控制的公司及其董事、监事、高级管理人员；

（四）由于所任公司职务或者因与公司业务往来可以获取公司有关内幕信息的人员；

（五）上市公司收购人或者重大资产交易方及其控股股东、实际控制人、董事、监事和高级管理人员；

（六）因职务、工作可以获取内幕信息的证券交易场所、证券公司、证券登记结算机构、证券服务机构的有关人员；

（七）因职责、工作可以获取内幕信息的证券监督管理机构工作人员；

（八）因法定职责对证券的发行、交易或者对上市公司及其收购、重大资产交易进行管理可以获取内幕信息的有关主管部门、监管机构的工作人员；

（九）国务院证券监督管理机构规定的可以获取内幕信息的其他人员。

第五十二条 证券交易活动中，涉及发行人的经营、财务或者对该发行人证券的市场价格有重大影响的尚未公开的信息，为内幕信息。

本法第八十条第二款、第八十一条第二款所列重大事件属于内幕信息。

第五十三条 证券交易内幕信息的知情人和非法获取内幕信息的人，在内幕信息公开前，不得买卖该公司的证券，或者泄露该信息，或者建议他人买卖该证券。

持有或者通过协议、其他安排与他人共同持有公司百分之五以上股份的自然人、法人、非法人组织收购上市公司的股份，本法另有规定的，适用其规定。

内幕交易行为给投资者造成损失的，应当依法承担赔偿责任。

第五十四条 禁止证券交易场所、证券公司、证券登记结算机构、证券服务机构和其他金融机构的从业人员、有关监管部门或者行业协会的工作人员，利用因职务便利获取的内幕信息以外的其他未公开的信息，违反规定，从事与该信息相关的证券交易活动，或者明示、暗示他人从事相关交易活动。

利用未公开信息进行交易给投资者造成损失的，应当依法承担赔偿责任。

第五十五条 禁止任何人以下列手段操纵证券市场，影响或者意图影响证券交易价格或者证券交易量：

（一）单独或者通过合谋，集中资金优势、持股优势或者利用信息优势联合或者连续买卖；

（二）与他人串通，以事先约定的时间、价格和方式相互进行证券交易；

（三）在自己实际控制的账户之间进行证券交易；

（四）不以成交为目的，频繁或者大量申报并撤销申报；

（五）利用虚假或者不确定的重大信息，诱导投资者进行证券交易；

（六）对证券、发行人公开作出评价、预测或者投资建议，并进行反向证券交易；

（七）利用在其他相关市场的活动操纵证券市场；

（八）操纵证券市场的其他手段。

操纵证券市场行为给投资者造成损失的，应当依法承担赔偿责任。

第五十六条 禁止任何单位和个人编造、传播虚假信息或者误导性信息，扰乱证券市场。

禁止证券交易场所、证券公司、证券登记结算机构、证券服务机构及其从业人员，证券业协会、证券监督管理机构及其工作人员，在证券交易活动中作出虚假陈述或者信息误导。

各种传播媒介传播证券市场信息必须真实、客观，禁止误导。传播媒介及其从事证券市场信息报道的工作人员不得从事与其工作职责发生利益冲突的证券买卖。

编造、传播虚假信息或者误导性信息，扰乱证券市场，给投资者造成损失的，应当依法承担赔偿责任。

第五十七条 禁止证券公司及其从业人员从事下列损害客户利益的行为：

（一）违背客户的委托为其买卖证券；

（二）不在规定时间内向客户提供交易的确认文件；

（三）未经客户的委托，擅自为客户买卖证券，或者假借客户的名义买卖证券；

（四）为牟取佣金收入，诱使客户进行不必要的证券买卖；

（五）其他违背客户真实意思表示，损害客户利益的行为。

违反前款规定给客户造成损失的，应当依法承担赔偿责任。

第五十八条 任何单位和个人不得违反规定，出借自己的证券账户或者借用他人的证券账户从事证券交易。

第五十九条 依法拓宽资金入市渠道，禁止资金违规流入股市。

禁止投资者违规利用财政资金、银行信贷资金买卖证券。

第六十条 国有独资企业、国有独资公司、国有资本控股公司买卖上市交易的股票，必须遵守国家有关规定。

第六十一条 证券交易场所、证券公司、证券登记结算机构、证券服务机构及其从业人员对证券交易中发现的禁止的交易行为，应当及时向证券监督管理机构报告。

第四章　上市公司的收购

第六十二条 投资者可以采取要约收购、协议收购及其他合法方式收购上市公司。

第六十三条　通过证券交易所的证券交易，投资者持有或者通过协议、其他安排与他人共同持有一个上市公司已发行的有表决权股份达到百分之五时，应当在该事实发生之日起三日内，向国务院证券监督管理机构、证券交易所作出书面报告，通知该上市公司，并予公告，在上述期限内不得再行买卖该上市公司的股票，但国务院证券监督管理机构规定的情形除外。

投资者持有或者通过协议、其他安排与他人共同持有一个上市公司已发行的有表决权股份达到百分之五后，其所持该上市公司已发行的有表决权股份比例每增加或者减少百分之五，应当依照前款规定进行报告和公告，在该事实发生之日起至公告后三日内，不得再行买卖该上市公司的股票，但国务院证券监督管理机构规定的情形除外。

投资者持有或者通过协议、其他安排与他人共同持有一个上市公司已发行的有表决权股份达到百分之五后，其所持该上市公司已发行的有表决权股份比例每增加或者减少百分之一，应当在该事实发生的次日通知该上市公司，并予公告。

违反第一款、第二款规定买入上市公司有表决权的股份的，在买入后的三十六个月内，对该超过规定比例部分的股份不得行使表决权。

第六十四条　依照前条规定所作的公告，应当包括下列内容：

（一）持股人的名称、住所；

（二）持有的股票的名称、数额；

（三）持股达到法定比例或者持股增减变化达到法定比例的日期、增持股份的资金来源；

（四）在上市公司中拥有有表决权的股份变动的时间及方式。

第六十五条　通过证券交易所的证券交易，投资者持有或者通过协议、其他安排与他人共同持有一个上市公司已发行的有表决权股份达到百分之三十时，继续进行收购的，应当依法向该上市公司所有股东发出收购上市公司全部或者部分股份的要约。

收购上市公司部分股份的要约应当约定，被收购公司股东承诺出售的股份数额超过预定收购的股份数额的，收购人按比例进行收购。

第六十六条　依照前条规定发出收购要约，收购人必须公告上市公司收购报告书，并载明下列事项：

（一）收购人的名称、住所；

（二）收购人关于收购的决定；

（三）被收购的上市公司名称；

（四）收购目的；

（五）收购股份的详细名称和预定收购的股份数额；

（六）收购期限、收购价格；

（七）收购所需资金额及资金保证；

（八）公告上市公司收购报告书时持有被收购公司股份数占该公司已发行的股份总数的比例。

第六十七条　收购要约约定的收购期限不得少于三十日，并不得超过六十日。

第六十八条　在收购要约确定的承诺期限内，收购人不得撤销其收购要约。收购人需要变更收购要约的，应当及时公告，载明具体变更事项，且不得存在下列情形：

（一）降低收购价格；

（二）减少预定收购股份数额；

（三）缩短收购期限；

（四）国务院证券监督管理机构规定的其他情形。

第六十九条　收购要约提出的各项收购条件，适用于被收购公司的所有股东。

上市公司发行不同种类股份的，收购人可以针对不同种类股份提出不同的收购条件。

第七十条　采取要约收购方式的，收购人在收购期限内，不得卖出被收购公司的股票，也不得采取要约规定以外的形式和超出要约的条件买入被收购公司的股票。

第七十一条　采取协议收购方式的，收购人可以依照法律、行政法规的规定同被收购公司的股东以协议方式进行股份转让。

以协议方式收购上市公司时，达成协议后，收购人必须在三日内将该收购协议向国务院证券监督管理机构及证券交易所作出书面报告，并予公告。

在公告前不得履行收购协议。

第七十二条　采取协议收购方式的，协议双方可以临时委托证券登记结算机构保管协议转让的股票，并将资金存放于指定的银行。

第七十三条　采取协议收购方式的，收购人收购或者通过协议、其他安排与他人共同收购一个上市公司已发行的有表决权股份达到百分之三十时，继续进行收购的，应当依法向该上市公司所有股东发出收购上市公司全部或者部分股份的要约。但是，按照国务院证券监督管理机构的规定免除发出要约的除外。

收购人依照前款规定以要约方式收购上市公司股份，应当遵守本法第六十五条第二款、第六十六条至第七十条的规定。

第七十四条 收购期限届满，被收购公司股权分布不符合证券交易所规定的上市交易要求的，该上市公司的股票应当由证券交易所依法终止上市交易；其余仍持有被收购公司股票的股东，有权向收购人以收购要约的同等条件出售其股票，收购人应当收购。

收购行为完成后，被收购公司不再具备股份有限公司条件的，应当依法变更企业形式。

第七十五条 在上市公司收购中，收购人持有的被收购的上市公司的股票，在收购行为完成后的十八个月内不得转让。

第七十六条 收购行为完成后，收购人与被收购公司合并，并将该公司解散的，被解散公司的原有股票由收购人依法更换。

收购行为完成后，收购人应当在十五日内将收购情况报告国务院证券监督管理机构和证券交易所，并予公告。

第七十七条 国务院证券监督管理机构依照本法制定上市公司收购的具体办法。

上市公司分立或者被其他公司合并，应当向国务院证券监督管理机构报告，并予公告。

第五章 信息披露

第七十八条 发行人及法律、行政法规和国务院证券监督管理机构规定的其他信息披露义务人，应当及时依法履行信息披露义务。

信息披露义务人披露的信息，应当真实、准确、完整，简明清晰，通俗易懂，不得有虚假记载、误导性陈述或者重大遗漏。

证券同时在境内境外公开发行、交易的，其信息披露义务人在境外披露的信息，应当在境内同时披露。

第七十九条 上市公司、公司债券上市交易的公司、股票在国务院批准的其他全国性证券交易场所交易的公司，应当按照国务院证券监督管理机构和证券交易场所规定的内容和格式编制定期报告，并按照以下规定报送和公告：

（一）在每一会计年度结束之日起四个月内，报送并公告年度报告，其中的年度财务会计报告应当经符合本法规定的会计师事务所审计；

（二）在每一会计年度的上半年结束之日起二个月内，报送并公告中期报告。

第八十条 发生可能对上市公司、股票在国务院批准的其他全国性证券交易场所交易的公司的股票交易价格产生较大影响的重大事件，投资者尚未得知时，公司应当立即将有关该重大事件的情况向国务院证券监督管理机构和证券交易场所报送临时报告，并予公告，说明事件的起因、目前的状态和可能产生的法律后果。

前款所称重大事件包括：

（一）公司的经营方针和经营范围的重大变化；

（二）公司的重大投资行为，公司在一年内购买、出售重大资产超过公司资产总额百分之三十，或者公司营业用主要资产的抵押、质押、出售或者报废一次超过该资产的百分之三十；

（三）公司订立重要合同、提供重大担保或者从事关联交易，可能对公司的资产、负债、权益和经营成果产生重要影响；

（四）公司发生重大债务和未能清偿到期重大债务的违约情况；

（五）公司发生重大亏损或者重大损失；

（六）公司生产经营的外部条件发生的重大变化；

（七）公司的董事、三分之一以上监事或者经理发生变动，董事长或者经理无法履行职责；

（八）持有公司百分之五以上股份的股东或者实际控制人持有股份或者控制公司的情况发生较大变化，公司的实际控制人及其控制的其他企业从事与公司相同或者相似业务的情况发生较大变化；

（九）公司分配股利、增资的计划，公司股权结构的重要变化，公司减资、合并、分立、解散及申请破产的决定，或者依法进入破产程序、被责令关闭；

（十）涉及公司的重大诉讼、仲裁，股东大会、董事会决议被依法撤销或者宣告无效；

（十一）公司涉嫌犯罪被依法立案调查，公司的控股股东、实际控制人、董事、监事、高级管理人员涉嫌犯罪被依法采取强制措施；

（十二）国务院证券监督管理机构规定的其他事项。

公司的控股股东或者实际控制人对重大事件的发生、进展产生较大影响的，应当及时将其知悉的有关情况书面告知公司，并配合公司履行信息披露义务。

第八十一条 发生可能对上市交易公司债券的交易价格产生较大影响的重大事件，投资者尚未得知时，公司应当立即将有关该重大事件的情况向国务院证券监督管理机构和证券交易场所报送临时报告，并予公告，说明事件的起因、目前的状态和可能产生的法律后果。

前款所称重大事件包括：

（一）公司股权结构或者生产经营状况发生重大变化；

（二）公司债券信用评级发生变化；

（三）公司重大资产抵押、质押、出售、转让、报废；

（四）公司发生未能清偿到期债务的情况；

（五）公司新增借款或者对外提供担保超过上年末净资产的百分之二十；

（六）公司放弃债权或者财产超过上年末净资产的百分之十；

（七）公司发生超过上年末净资产百分之十的重大损失；

（八）公司分配股利，作出减资、合并、分立、解散及申请破产的决定，或者依法进入破产程序、被责令关闭；

（九）涉及公司的重大诉讼、仲裁；

（十）公司涉嫌犯罪被依法立案调查，公司的控股股东、实际控制人、董事、监事、高级管理人员涉嫌犯罪被依法采取强制措施；

（十一）国务院证券监督管理机构规定的其他事项。

第八十二条 发行人的董事、高级管理人员应当对证券发行文件和定期报告签署书面确认意见。

发行人的监事会应当对董事会编制的证券发行文件和定期报告进行审核并提出书面审核意见。监事应当签署书面确认意见。

发行人的董事、监事和高级管理人员应当保证发行人及时、公平地披露信息，所披露的信息真实、准确、完整。

董事、监事和高级管理人员无法保证证券发行文件和定期报告内容的真实性、准确性、完整性或者有异议的，应当在书面确认意见中发表意见并陈述理由，发行人应当披露。发行人不予披露的，董事、监事和高级管理人员可以直接申请披露。

第八十三条 信息披露义务人披露的信息应当同时向所有投资者披露，不得提前向任何单位和个人泄露。但是，法律、行政法规另有规定的除外。

任何单位和个人不得非法要求信息披露义务人提供依法需要披露但尚未披露的信息。任何单位和个人提前获知的前述信息，在依法披露前应当保密。

第八十四条 除依法需要披露的信息之外，信息披露义务人可以自愿披露与投资者作出价值判断和投资决策有关的信息，但不得与依法披露的信息相冲突，不得误导投资者。

发行人及其控股股东、实际控制人、董事、监事、高级管理人员等作出公开承诺的，应当披露。不履行承诺给投资者造成损失的，应当依法承担赔偿责任。

第八十五条 信息披露义务人未按照规定披露信息，或者公告的证券发行文件、定期报告、临时报告及其他信息披露资料存在虚假记载、误导性陈述或者重大遗漏，致使投资者在证券交易中遭受损失的，信息披露义务人应当承担赔偿责任；发行人的控股股东、实际控制人、董事、监事、高级管理人员和其他直接责任人员以及保荐人、承销的证券公司及其直接责任人员，应当与发行人承担连带赔偿责任，但是能够证明自己没有过错的除外。

第八十六条 依法披露的信息，应当在证券交易场所的网站和符合国务院证券监督管理机构规定条件的媒体发布，同时将其置备于公司住所、证券交易场所，供社会公众查阅。

第八十七条 国务院证券监督管理机构对信息披露义务人的信息披露行为进行监督管理。

证券交易场所应当对其组织交易的证券的信息披露义务人的信息披露行为进行监督，督促其依法及时、准确地披露信息。

第六章 投资者保护

第八十八条 证券公司向投资者销售证券、提供服务时，应当按照规定充分了解投资者的基本情况、财产状况、金融资产状况、投资知识和经验、专业能力等相关信息；如实说明证券、服务的重要内容，充分揭示投资风险；销售、提供与投资者上述状况相匹配的证券、服务。

投资者在购买证券或者接受服务时，应当按照证券公司明示的要求提供前款所列真实信息。拒绝提供或者未按照要求提供信息的，证券公司应当告知其后果，并按照规定拒绝向其销售证券、提供服务。

证券公司违反第一款规定导致投资者损失的，应当承担相应的赔偿责任。

第八十九条 根据财产状况、金融资产状况、投资知识和经验、专业能力等因素，投资者可以分为普通投资者和专业投资者。专业投资者的标准由国务院证券监督管理机构规定。

普通投资者与证券公司发生纠纷的，证券公司应当证明其行为符合法律、行政法规以及国务院证券监督管理机构的规定，不存在误导、欺诈等情形。证券公司不能证明的，应当承担相应的赔偿责任。

第九十条 上市公司董事会、独立董事、持有百分之一以上有表决权股份的股东或者依照法律、行政法规或者国务院证券监督管理机构的规定设立的投资者保护机构(以下简称投资者保护机构)，可以作为征集人，自行或者委托证券公司、证券服务机构，公开请求上市公司股东委托其代为出席股东大会，并代为行使提案权、表决权等股东权利。

依照前款规定征集股东权利的，征集人应当披露征集文件，上市公司应当予以配合。

禁止以有偿或者变相有偿的方式公开征集股东权利。

公开征集股东权利违反法律、行政法规或者国务院证券监督管理机构有关规定，导致上市公司或者其股东遭受损失的，应当依法承担赔偿责任。

第九十一条 上市公司应当在章程中明确分配现金股利的具体安排和决策程序，依法保障股东的资产收益权。

上市公司当年税后利润，在弥补亏损及提取法定公积金后有盈余的，应当按照公司章程的规定分配现金股利。

第九十二条 公开发行公司债券的，应当设立债券持有人会议，并应当在募集说明书中说明债券持有人会议的召集程序、会议规则和其他重要事项。

公开发行公司债券的，发行人应当为债券持有人聘请债券受托管理人，并订立债券受托管理协议。受托管理人应当由本次发行的承销机构或者其他经国务院证券监督管理机构认可的机构担任，债券持有人会议可以决议变更债券受托管理人。债券受托管理人应当勤勉尽责，公正履行受托管理职责，不得损害债券持有人利益。

债券发行人未能按期兑付债券本息的，债券受托管理人可以接受全部或者部分债券持有人的委托，以自己名义代表债券持有人提起、参加民事诉讼或者清算程序。

第九十三条 发行人因欺诈发行、虚假陈述或者其他重大违法行为给投资者造成损失的，发行人的控股股东、实际控制人、相关的证券公司可以委托投资者保护机构，就赔偿事宜与受到损失的投资者达成协议，予以先行赔付。先行赔付后，可以依法向发行人以及其他连带责任人追偿。

第九十四条 投资者与发行人、证券公司等发生纠纷的，双方可以向投资者保护机构申请调解。普通投资者与证券公司发生证券业务纠纷，普通投资者提出调解请求的，证券公司不得拒绝。

投资者保护机构对损害投资者利益的行为，可以依法支持投资者向人民法院提起诉讼。

发行人的董事、监事、高级管理人员执行公司职务时违反法律、行政法规或者公司章程的规定给公司造成损失，发行人的控股股东、实际控制人等侵犯公司合法权益给公司造成损失，投资者保护机构持有该公司股份的，可以为公司的利益以自己的名义向人民法院提起诉讼，持股比例和持股期限不受《中华人民共和国公司法》规定的限制。

第九十五条 投资者提起虚假陈述等证券民事赔偿诉讼时，诉讼标的是同一种类，且当事人一方人数众多的，可以依法推选代表人进行诉讼。

对按照前款规定提起的诉讼，可能存在有相同诉讼请求的其他众多投资者的，人民法院可以发出公告，说明该诉讼请求的案件情况，通知投资者在一定期间向人民法院登记。人民法院作出的判决、裁定，对参加登记的投资者发生效力。

投资者保护机构受五十名以上投资者委托，可以作为代表人参加诉讼，并为经证券登记结算机构确认的权利人依照前款规定向人民法院登记，但投资者明确表示不愿意参加该诉讼的除外。

第七章 证券交易场所

第九十六条 证券交易所、国务院批准的其他全国性证券交易场所为证券集中交易提供场所和设施，组织和监督证券交易，实行自律管理，依法登记，取得法人资格。

证券交易所、国务院批准的其他全国性证券交易场所的设立、变更和解散由国务院决定。

国务院批准的其他全国性证券交易场所的组织机构、管理办法等，由国务院规定。

第九十七条 证券交易所、国务院批准的其他全国性证券交易场所可以根据证券品种、行业特点、公司规模等因素设立不同的市场层次。

第九十八条 按照国务院规定设立的区域性股权市场为非公开发行证券的发行、转让提供场所和设施，具体管理办法由国务院规定。

第九十九条 证券交易所履行自律管理职能，应当遵守社会公共利益优先原则，维护市场的公平、有序、透明。

设立证券交易所必须制定章程。证券交易所章程的制定和修改,必须经国务院证券监督管理机构批准。

第一百条　证券交易所必须在其名称中标明证券交易所字样。其他任何单位或者个人不得使用证券交易所或者近似的名称。

第一百零一条　证券交易所可以自行支配的各项费用收入,应当首先用于保证其证券交易场所和设施的正常运行并逐步改善。

实行会员制的证券交易所的财产积累归会员所有,其权益由会员共同享有,在其存续期间,不得将其财产积累分配给会员。

第一百零二条　实行会员制的证券交易所设理事会、监事会。

证券交易所设总经理一人,由国务院证券监督管理机构任免。

第一百零三条　有《中华人民共和国公司法》第一百四十六条规定的情形或者下列情形之一的,不得担任证券交易所的负责人:

(一)因违法行为或者违纪行为被解除职务的证券交易场所、证券登记结算机构的负责人或者证券公司的董事、监事、高级管理人员,自被解除职务之日起未逾五年;

(二)因违法行为或者违纪行为被吊销执业证书或者被取消资格的律师、注册会计师或者其他证券服务机构的专业人员,自被吊销执业证书或者被取消资格之日起未逾五年。

第一百零四条　因违法行为或者违纪行为被开除的证券交易场所、证券公司、证券登记结算机构、证券服务机构的从业人员和被开除的国家机关工作人员,不得招聘为证券交易所的从业人员。

第一百零五条　进入实行会员制的证券交易所参与集中交易的,必须是证券交易所的会员。证券交易所不得允许非会员直接参与股票的集中交易。

第一百零六条　投资者应当与证券公司签订证券交易委托协议,并在证券公司实名开立账户,以书面、电话、自助终端、网络等方式,委托该证券公司代其买卖证券。

第一百零七条　证券公司为投资者开立账户,应当按照规定对投资者提供的身份信息进行核对。

证券公司不得将投资者的账户提供给他人使用。

投资者应当使用实名开立的账户进行交易。

第一百零八条　证券公司根据投资者的委托,按照证券交易规则提出交易申报,参与证券交易所场内的集中交易,并根据成交结果承担相应的清算交收责任。证券登记结算机构根据成交结果,按照清算交收规则,与证券公司进行证券和资金的清算交收,并为证券公司客户办理证券的登记过户手续。

第一百零九条　证券交易所应当为组织公平的集中交易提供保障,实时公布证券交易即时行情,并按交易日制作证券市场行情表,予以公布。

证券交易即时行情的权益由证券交易所依法享有。未经证券交易所许可,任何单位和个人不得发布证券交易即时行情。

第一百一十条　上市公司可以向证券交易所申请其上市交易股票的停牌或者复牌,但不得滥用停牌或者复牌损害投资者的合法权益。

证券交易所可以按照业务规则的规定,决定上市交易股票的停牌或者复牌。

第一百一十一条　因不可抗力、意外事件、重大技术故障、重大人为差错等突发性事件而影响证券交易正常进行时,为维护证券交易正常秩序和市场公平,证券交易所可以按照业务规则采取技术性停牌、临时停市等处置措施,并应当及时向国务院证券监督管理机构报告。

因前款规定的突发性事件导致证券交易结果出现重大异常,按交易结果进行交收将对证券交易正常秩序和市场公平造成重大影响的,证券交易所按照业务规则可以采取取消交易、通知证券登记结算机构暂缓交收等措施,并应当及时向国务院证券监督管理机构报告并公告。

证券交易所对其依照本条规定采取措施造成的损失,不承担民事赔偿责任,但存在重大过错的除外。

第一百一十二条　证券交易所对证券交易实行实时监控,并按照国务院证券监督管理机构的要求,对异常的交易情况提出报告。

证券交易所根据需要,可以按照业务规则对出现重大异常交易情况的证券账户的投资者限制交易,并及时报告国务院证券监督管理机构。

第一百一十三条　证券交易所应当加强对证券交易的风险监测,出现重大异常波动的,证券交易所可以按照业务规则采取限制交易、强制停牌等处置措施,并向国务院证券监督管理机构报告;严重影响证券市场稳定的,证券交易所可以按照业务规则采取临时停市等处置措施并公告。

证券交易所对其依照本条规定采取措施造成的损失,不承担民事赔偿责任,但存在重大过错的除外。

第一百一十四条　证券交易所应当从其收取的交易费用和会员费、席位费中提取一定比例的金额设立风险基金。风险基金由证券交易所理事会管理。

风险基金提取的具体比例和使用办法，由国务院证券监督管理机构会同国务院财政部门规定。

证券交易所应当将收存的风险基金存入开户银行专门账户，不得擅自使用。

第一百一十五条　证券交易所依照法律、行政法规和国务院证券监督管理机构的规定，制定上市规则、交易规则、会员管理规则和其他有关业务规则，并报国务院证券监督管理机构批准。

在证券交易所从事证券交易，应当遵守证券交易所依法制定的业务规则。违反业务规则的，由证券交易所给予纪律处分或者采取其他自律管理措施。

第一百一十六条　证券交易所的负责人和其他从业人员执行与证券交易有关的职务时，与其本人或者其亲属有利害关系的，应当回避。

第一百一十七条　按照依法制定的交易规则进行的交易，不得改变其交易结果，但本法第一百一十一条第二款规定的除外。对交易中违规交易者应负的民事责任不得免除；在违规交易中所获利益，依照有关规定处理。

第八章　证券公司

第一百一十八条　设立证券公司，应当具备下列条件，并经国务院证券监督管理机构批准：

（一）有符合法律、行政法规规定的公司章程；

（二）主要股东及公司的实际控制人具有良好的财务状况和诚信记录，最近三年无重大违法违规记录；

（三）有符合本法规定的公司注册资本；

（四）董事、监事、高级管理人员、从业人员符合本法规定的条件；

（五）有完善的风险管理与内部控制制度；

（六）有合格的经营场所、业务设施和信息技术系统；

（七）法律、行政法规和经国务院批准的国务院证券监督管理机构规定的其他条件。

未经国务院证券监督管理机构批准，任何单位和个人不得以证券公司名义开展证券业务活动。

第一百一十九条　国务院证券监督管理机构应当自受理证券公司设立申请之日起六个月内，依照法定条件和法定程序并根据审慎监管原则进行审查，作出批准或者不予批准的决定，并通知申请人；不予批准的，应当说明理由。

证券公司设立申请获得批准的，申请人应当在规定的期限内向公司登记机关申请设立登记，领取营业执照。

证券公司应当自领取营业执照之日起十五日内，向国务院证券监督管理机构申请经营证券业务许可证。未取得经营证券业务许可证，证券公司不得经营证券业务。

第一百二十条　经国务院证券监督管理机构核准，取得经营证券业务许可证，证券公司可以经营下列部分或者全部证券业务：

（一）证券经纪；

（二）证券投资咨询；

（三）与证券交易、证券投资活动有关的财务顾问；

（四）证券承销与保荐；

（五）证券融资融券；

（六）证券做市交易；

（七）证券自营；

（八）其他证券业务。

国务院证券监督管理机构应当自受理前款规定事项申请之日起三个月内，依照法定条件和程序进行审查，作出核准或者不予核准的决定，并通知申请人；不予核准的，应当说明理由。

证券公司经营证券资产管理业务的，应当符合《中华人民共和国证券投资基金法》等法律、行政法规的规定。

除证券公司外，任何单位和个人不得从事证券承销、证券保荐、证券经纪和证券融资融券业务。

证券公司从事证券融资融券业务，应当采取措施，严格防范和控制风险，不得违反规定向客户出借资金或者证券。

第一百二十一条　证券公司经营本法第一百二十条第一款第（一）项至第（三）项业务的，注册资本最低限额为人民币五千万元；经营第（四）项至第（八）项业务之一的，注册资本最低限额为人民币一亿元；经营第（四）项至第（八）项业务中两项以上的，注册资本最低限额为人民币五亿元。证券公司的注册资本应当是实缴资本。

国务院证券监督管理机构根据审慎监管原则和各项业务的风险程度，可以调整注册资本最低限额，但不得少于前款规定的限额。

第一百二十二条 证券公司变更证券业务范围,变更主要股东或者公司的实际控制人,合并、分立、停业、解散、破产,应当经国务院证券监督管理机构核准。

第一百二十三条 国务院证券监督管理机构应当对证券公司净资本和其他风险控制指标作出规定。

证券公司除依照规定为其客户提供融资融券外,不得为其股东或者股东的关联人提供融资或者担保。

第一百二十四条 证券公司的董事、监事、高级管理人员,应当正直诚实、品行良好,熟悉证券法律、行政法规,具有履行职责所需的经营管理能力。证券公司任免董事、监事、高级管理人员,应当报国务院证券监督管理机构备案。

有《中华人民共和国公司法》第一百四十六条规定的情形或者下列情形之一的,不得担任证券公司的董事、监事、高级管理人员:

(一)因违法行为或者违纪行为被解除职务的证券交易场所、证券登记结算机构的负责人或者证券公司的董事、监事、高级管理人员,自被解除职务之日起未逾五年;

(二)因违法行为或者违纪行为被吊销执业证书或者被取消资格的律师、注册会计师或者其他证券服务机构的专业人员,自被吊销执业证书或者被取消资格之日起未逾五年。

第一百二十五条 证券公司从事证券业务的人员应当品行良好,具备从事证券业务所需的专业能力。

因违法行为或者违纪行为被开除的证券交易场所、证券公司、证券登记结算机构、证券服务机构的从业人员和被开除的国家机关工作人员,不得招聘为证券公司的从业人员。

国家机关工作人员和法律、行政法规规定的禁止在公司中兼职的其他人员,不得在证券公司中兼任职务。

第一百二十六条 国家设立证券投资者保护基金。证券投资者保护基金由证券公司缴纳的资金及其他依法筹集的资金组成,其规模以及筹集、管理和使用的具体办法由国务院规定。

第一百二十七条 证券公司从每年的业务收入中提取交易风险准备金,用于弥补证券经营的损失,其提取的具体比例由国务院证券监督管理机构会同国务院财政部门规定。

第一百二十八条 证券公司应当建立健全内部控制制度,采取有效隔离措施,防范公司与客户之间、不同客户之间的利益冲突。

证券公司必须将其证券经纪业务、证券承销业务、证券自营业务、证券做市业务和证券资产管理业务分开办理,不得混合操作。

第一百二十九条 证券公司的自营业务必须以自己的名义进行,不得假借他人名义或者以个人名义进行。

证券公司的自营业务必须使用自有资金和依法筹集的资金。

证券公司不得将其自营账户借给他人使用。

第一百三十条 证券公司应当依法审慎经营,勤勉尽责,诚实守信。

证券公司的业务活动,应当与其治理结构、内部控制、合规管理、风险管理以及风险控制指标、从业人员构成等情况相适应,符合审慎监管和保护投资者合法权益的要求。

证券公司依法享有自主经营的权利,其合法经营不受干涉。

第一百三十一条 证券公司客户的交易结算资金应当存放在商业银行,以每个客户的名义单独立户管理。

证券公司不得将客户的交易结算资金和证券归入其自有财产。禁止任何单位或者个人以任何形式挪用客户的交易结算资金和证券。证券公司破产或者清算时,客户的交易结算资金和证券不属于其破产财产或者清算财产。非因客户本身的债务或者法律规定的其他情形,不得查封、冻结、扣划或者强制执行客户的交易结算资金和证券。

第一百三十二条 证券公司办理经纪业务,应当置备统一制定的证券买卖委托书,供委托人使用。采取其他委托方式的,必须作出委托记录。

客户的证券买卖委托,不论是否成交,其委托记录应当按照规定的期限,保存于证券公司。

第一百三十三条 证券公司接受证券买卖的委托,应当根据委托书载明的证券名称、买卖数量、出价方式、价格幅度等,按照交易规则代理买卖证券,如实进行交易记录;买卖成交后,应当按照规定制作买卖成交报告单交付客户。

证券交易中确认交易行为及其交易结果的对账单必须真实,保证账面证券余额与实际持有的证券相一致。

第一百三十四条 证券公司办理经纪业务,不得接受客户的全权委托而决定证券买卖、选择证券种类、决定买卖数量或者买卖价格。

证券公司不得允许他人以证券公司的名义直接参与证券的集中交易。

第一百三十五条 证券公司不得对客户证券买卖的收益或者赔偿证券买卖的损失作出承诺。

第一百三十六条 证券公司的从业人员在证券交易活动中,执行所属的证券公司的指令或者利用职务违反交易规则的,由所属的证券公司承担全部责任。

证券公司的从业人员不得私下接受客户委托买卖证券。

第一百三十七条 证券公司应当建立客户信息查询制度,确保客户能够查询其账户信息、委托记录、交易记录以及其他与接受服务或者购买产品有关的重要信息。

证券公司应当妥善保存客户开户资料、委托记录、交易记录和与内部管理、业务经营有关的各项信息,任何人不得隐匿、伪造、篡改或者毁损。上述信息的保存期限不得少于二十年。

第一百三十八条 证券公司应当按照规定向国务院证券监督管理机构报送业务、财务等经营管理信息和资料。国务院证券监督管理机构有权要求证券公司及其主要股东、实际控制人在指定的期限内提供有关信息、资料。

证券公司及其主要股东、实际控制人向国务院证券监督管理机构报送或者提供的信息、资料,必须真实、准确、完整。

第一百三十九条 国务院证券监督管理机构认为有必要时,可以委托会计师事务所、资产评估机构对证券公司的财务状况、内部控制状况、资产价值进行审计或者评估。具体办法由国务院证券监督管理机构会同有关主管部门制定。

第一百四十条 证券公司的治理结构、合规管理、风险控制指标不符合规定的,国务院证券监督管理机构应当责令其限期改正;逾期未改正,或者其行为严重危及该证券公司的稳健运行、损害客户合法权益的,国务院证券监督管理机构可以区别情形,对其采取下列措施:

(一)限制业务活动,责令暂停部分业务,停止核准新业务;

(二)限制分配红利,限制向董事、监事、高级管理人员支付报酬、提供福利;

(三)限制转让财产或者在财产上设定其他权利;

(四)责令更换董事、监事、高级管理人员或者限制其权利;

(五)撤销有关业务许可;

(六)认定负有责任的董事、监事、高级管理人员为不适当人选;

(七)责令负有责任的股东转让股权,限制负有责任的股东行使股东权利。

证券公司整改后,应当向国务院证券监督管理机构提交报告。国务院证券监督管理机构经验收,治理结构、合规管理、风险控制指标符合规定的,应当自验收完毕之日起三日内解除对其采取的前款规定的有关限制措施。

第一百四十一条 证券公司的股东有虚假出资、抽逃出资行为的,国务院证券监督管理机构应当责令其限期改正,并可责令其转让所持证券公司的股权。

在前款规定的股东按照要求改正违法行为、转让所持证券公司的股权前,国务院证券监督管理机构可以限制其股东权利。

第一百四十二条 证券公司的董事、监事、高级管理人员未能勤勉尽责,致使证券公司存在重大违法违规行为或者重大风险的,国务院证券监督管理机构可以责令证券公司予以更换。

第一百四十三条 证券公司违法经营或者出现重大风险,严重危害证券市场秩序、损害投资者利益的,国务院证券监督管理机构可以对该证券公司采取责令停业整顿、指定其他机构托管、接管或者撤销等监管措施。

第一百四十四条 在证券公司被责令停业整顿、被依法指定托管、接管或者清算期间,或者出现重大风险时,经国务院证券监督管理机构批准,可以对该证券公司直接负责的董事、监事、高级管理人员和其他直接责任人员采取以下措施:

(一)通知出境入境管理机关依法阻止其出境;

(二)申请司法机关禁止其转移、转让或者以其他方式处分财产,或者在财产上设定其他权利。

第九章 证券登记结算机构

第一百四十五条 证券登记结算机构为证券交易提供集中登记、存管与结算服务,不以营利为目的,依法登记,取得法人资格。

设立证券登记结算机构必须经国务院证券监督管理机构批准。

第一百四十六条 设立证券登记结算机构,应当具备下列条件:

(一)自有资金不少于人民币二亿元;

(二)具有证券登记、存管和结算服务所必须的场所和设施;

(三)国务院证券监督管理机构规定的其他条件。

证券登记结算机构的名称中应当标明证券登记结算字样。

第一百四十七条 证券登记结算机构履行下列职能:

(一)证券账户、结算账户的设立;

(二)证券的存管和过户;

(三)证券持有人名册登记;

(四)证券交易的清算和交收;

(五)受发行人的委托派发证券权益;

(六)办理与上述业务有关的查询、信息服务;

(七)国务院证券监督管理机构批准的其他业务。

第一百四十八条 在证券交易所和国务院批准的其他全国性证券交易场所交易的证券的登记结算,应当采取全国集中统一的运营方式。

前款规定以外的证券,其登记、结算可以委托证券登记结算机构或者其他依法从事证券登记、结算业务的机构办理。

第一百四十九条 证券登记结算机构应当依法制定章程和业务规则,并经国务院证券监督管理机构批准。证券登记结算业务参与人应当遵守证券登记结算机构制定的业务规则。

第一百五十条 在证券交易所或者国务院批准的其他全国性证券交易场所交易的证券,应当全部存管在证券登记结算机构。

证券登记结算机构不得挪用客户的证券。

第一百五十一条 证券登记结算机构应当向证券发行人提供证券持有人名册及有关资料。

证券登记结算机构应当根据证券登记结算的结果,确认证券持有人持有证券的事实,提供证券持有人登记资料。

证券登记结算机构应当保证证券持有人名册和登记过户记录真实、准确、完整,不得隐匿、伪造、篡改或者毁损。

第一百五十二条 证券登记结算机构应当采取下列措施保证业务的正常进行:

(一)具有必备的服务设备和完善的数据安全保护措施;

(二)建立完善的业务、财务和安全防范等管理制度;

(三)建立完善的风险管理系统。

第一百五十三条 证券登记结算机构应当妥善保存登记、存管和结算的原始凭证及有关文件和资料。其保存期限不得少于二十年。

第一百五十四条 证券登记结算机构应当设立证券结算风险基金,用于垫付或者弥补因违约交收、技术故障、操作失误、不可抗力造成的证券登记结算机构的损失。

证券结算风险基金从证券登记结算机构的业务收入和收益中提取,并可以由结算参与人按照证券交易业务量的一定比例缴纳。

证券结算风险基金的筹集、管理办法,由国务院证券监督管理机构会同国务院财政部门规定。

第一百五十五条 证券结算风险基金应当存入指定银行的专门账户,实行专项管理。

证券登记结算机构以证券结算风险基金赔偿后,应当向有关责任人追偿。

第一百五十六条 证券登记结算机构申请解散,应当经国务院证券监督管理机构批准。

第一百五十七条 投资者委托证券公司进行证券交易,应当通过证券公司申请在证券登记结算机构开立证券账户。证券登记结算机构应当按照规定为投资者开立证券账户。

投资者申请开立账户,应当持有证明中华人民共和国公民、法人、合伙企业身份的合法证件。国家另有规定的除外。

第一百五十八条 证券登记结算机构作为中央对手方提供证券结算服务的,是结算参与人共同的清算交收对手,进行净额结算,为证券交易提供集中履约保障。

证券登记结算机构为证券交易提供净额结算服务时,应当要求结算参与人按照货银对付的原则,足额交付证券和资金,并提供交收担保。

在交收完成之前,任何人不得动用用于交收的证券、资金和担保物。

结算参与人未按时履行交收义务的,证券登记结算机构有权按照业务规则处理前款所述财产。

第一百五十九条 证券登记结算机构按照业务规则收取的各类结算资金和证券,必须存放于专门的清算交收账户,只能按业务规则用于已成交的证券交易的清算交收,不得被强制执行。

第十章 证券服务机构

第一百六十条 会计师事务所、律师事务所以及从事证券投资咨询、资产评估、资信评级、财务顾问、信息技术系统服务的证券服务机构，应当勤勉尽责、恪尽职守，按照相关业务规则为证券的交易及相关活动提供服务。

从事证券投资咨询服务业务，应当经国务院证券监督管理机构核准；未经核准，不得为证券的交易及相关活动提供服务。从事其他证券服务业务，应当报国务院证券监督管理机构和国务院有关主管部门备案。

第一百六十一条 证券投资咨询机构及其从业人员从事证券服务业务不得有下列行为：

（一）代理委托人从事证券投资；

（二）与委托人约定分享证券投资收益或者分担证券投资损失；

（三）买卖本证券投资咨询机构提供服务的证券；

（四）法律、行政法规禁止的其他行为。

有前款所列行为之一，给投资者造成损失的，应当依法承担赔偿责任。

第一百六十二条 证券服务机构应当妥善保存客户委托文件、核查和验证资料、工作底稿以及与质量控制、内部管理、业务经营有关的信息和资料，任何人不得泄露、隐匿、伪造、篡改或者毁损。上述信息和资料的保存期限不得少于十年，自业务委托结束之日起算。

第一百六十三条 证券服务机构为证券的发行、上市、交易等证券业务活动制作、出具审计报告及其他鉴证报告、资产评估报告、财务顾问报告、资信评级报告或者法律意见书等文件，应当勤勉尽责，对所依据的文件资料内容的真实性、准确性、完整性进行核查和验证。其制作、出具的文件有虚假记载、误导性陈述或者重大遗漏，给他人造成损失的，应当与委托人承担连带赔偿责任，但是能够证明自己没有过错的除外。

第十一章 证券业协会

第一百六十四条 证券业协会是证券业的自律性组织，是社会团体法人。

证券公司应当加入证券业协会。

证券业协会的权力机构为全体会员组成的会员大会。

第一百六十五条 证券业协会章程由会员大会制定，并报国务院证券监督管理机构备案。

第一百六十六条 证券业协会履行下列职责：

（一）教育和组织会员及其从业人员遵守证券法律、行政法规，组织开展证券行业诚信建设，督促证券行业履行社会责任；

（二）依法维护会员的合法权益，向证券监督管理机构反映会员的建议和要求；

（三）督促会员开展投资者教育和保护活动，维护投资者合法权益；

（四）制定和实施证券行业自律规则，监督、检查会员及其从业人员行为，对违反法律、行政法规、自律规则或者协会章程的，按照规定给予纪律处分或者实施其他自律管理措施；

（五）制定证券行业业务规范，组织从业人员的业务培训；

（六）组织会员就证券行业的发展、运作及有关内容进行研究，收集整理、发布证券相关信息，提供会员服务，组织行业交流，引导行业创新发展；

（七）对会员之间、会员与客户之间发生的证券业务纠纷进行调解；

（八）证券业协会章程规定的其他职责。

第一百六十七条 证券业协会设理事会。理事会成员依章程的规定由选举产生。

第十二章 证券监督管理机构

第一百六十八条 国务院证券监督管理机构依法对证券市场实行监督管理，维护证券市场公开、公平、公正，防范系统性风险，维护投资者合法权益，促进证券市场健康发展。

第一百六十九条 国务院证券监督管理机构在对证券市场实施监督管理中履行下列职责：

（一）依法制定有关证券市场监督管理的规章、规则，并依法进行审批、核准、注册，办理备案；

（二）依法对证券的发行、上市、交易、登记、存管、结算等行为，进行监督管理；

（三）依法对证券发行人、证券公司、证券服务机构、证券交易场所、证券登记结算机构的证券业务活动，进行监督管理；

（四）依法制定从事证券业务人员的行为准则，并监督实施；

（五）依法监督检查证券发行、上市、交易的信息披露；

（六）依法对证券业协会的自律管理活动进行指导和监督；

（七）依法监测并防范、处置证券市场风险；

（八）依法开展投资者教育；

（九）依法对证券违法行为进行查处；

（十）法律、行政法规规定的其他职责。

第一百七十条 国务院证券监督管理机构依法履行职责，有权采取下列措施：

（一）对证券发行人、证券公司、证券服务机构、证券交易场所、证券登记结算机构进行现场检查；

（二）进入涉嫌违法行为发生场所调查取证；

（三）询问当事人和与被调查事件有关的单位和个人，要求其对与被调查事件有关的事项作出说明；或者要求其按照指定的方式报送与被调查事件有关的文件和资料；

（四）查阅、复制与被调查事件有关的财产权登记、通讯记录等文件和资料；

（五）查阅、复制当事人和与被调查事件有关的单位和个人的证券交易记录、登记过户记录、财务会计资料及其他相关文件和资料；对可能被转移、隐匿或者毁损的文件和资料，可以予以封存、扣押；

（六）查询当事人和与被调查事件有关的单位和个人的资金账户、证券账户、银行账户以及其他具有支付、托管、结算等功能的账户信息，可以对有关文件和资料进行复制；对有证据证明已经或者可能转移或者隐匿违法资金、证券等涉案财产或者隐匿、伪造、毁损重要证据的，经国务院证券监督管理机构主要负责人或者其授权的其他负责人批准，可以冻结或者查封，期限为六个月；因特殊原因需要延长的，每次延长期限不得超过三个月，冻结、查封期限最长不得超过二年；

（七）在调查操纵证券市场、内幕交易等重大证券违法行为时，经国务院证券监督管理机构主要负责人或者其授权的其他负责人批准，可以限制被调查的当事人的证券买卖，但限制的期限不得超过三个月；案情复杂的，可以延长三个月；

（八）通知出境入境管理机关依法阻止涉嫌违法人员、涉嫌违法单位的主管人员和其他直接责任人员出境。

为防范证券市场风险，维护市场秩序，国务院证券监督管理机构可以采取责令改正、监管谈话、出具警示函等措施。

第一百七十一条 国务院证券监督管理机构对涉嫌证券违法的单位或者个人进行调查期间，被调查的当事人书面申请，承诺在国务院证券监督管理机构认可的期限内纠正涉嫌违法行为，赔偿有关投资者损失，消除损害或者不良影响的，国务院证券监督管理机构可以决定中止调查。被调查的当事人履行承诺的，国务院证券监督管理机构可以决定终止调查；被调查的当事人未履行承诺或者有国务院规定的其他情形的，应当恢复调查。具体办法由国务院规定。

国务院证券监督管理机构决定中止或者终止调查的，应当按照规定公开相关信息。

第一百七十二条 国务院证券监督管理机构依法履行职责，进行监督检查或者调查，其监督检查、调查的人员不得少于二人，并应当出示合法证件和监督检查、调查通知书或者其他执法文书。监督检查、调查的人员少于二人或者未出示合法证件和监督检查、调查通知书或者其他执法文书的，被检查、调查的单位和个人有权拒绝。

第一百七十三条 国务院证券监督管理机构依法履行职责，被检查、调查的单位和个人应当配合，如实提供有关文件和资料，不得拒绝、阻碍和隐瞒。

第一百七十四条 国务院证券监督管理机构制定的规章、规则和监督管理工作制度应当依法公开。

国务院证券监督管理机构依据调查结果，对证券违法行为作出的处罚决定，应当公开。

第一百七十五条 国务院证券监督管理机构应当与国务院其他金融监督管理机构建立监督管理信息共享机制。

国务院证券监督管理机构依法履行职责，进行监督检查或者调查时，有关部门应当予以配合。

第一百七十六条 对涉嫌证券违法、违规行为，任何单位和个人有权向国务院证券监督管理机构举报。

对涉嫌重大违法、违规行为的实名举报线索经查证属实的，国务院证券监督管理机构按照规定给予举报人奖励。

国务院证券监督管理机构应当对举报人的身份信息保密。

第一百七十七条 国务院证券监督管理机构可以和其他国家或者地区的证券监督管理机构建立监督管理合作机制，实施跨境监督管理。

境外证券监督管理机构不得在中华人民共和国境内直接进行调查取证等活动。未经国务院证券监督管理机构和国务院有关主管部门同意，任何单位和个人不得擅自向境外提供与证券业务活动有关的文件和资料。

第一百七十八条 国务院证券监督管理机构依法履行职责，发现证券违法行为涉嫌犯罪的，应当依法将案件移送司法机关处理；发现公职人员涉嫌职务违法或者职务犯罪的，应当依法移送监察机关处理。

第一百七十九条 国务院证券监督管理机构工作人员必须忠于职守、依法办事、公正廉洁,不得利用职务便利牟取不正当利益,不得泄露所知悉的有关单位和个人的商业秘密。

国务院证券监督管理机构工作人员在任职期间,或者离职后在《中华人民共和国公务员法》规定的期限内,不得到与原工作业务直接相关的企业或者其他营利性组织任职,不得从事与原工作业务直接相关的营利性活动。

第十三章 法律责任

第一百八十条 违反本法第九条的规定,擅自公开或者变相公开发行证券的,责令停止发行,退还所募资金并加算银行同期存款利息,处以非法所募资金金额百分之五以上百分之五十以下的罚款;对擅自公开或者变相公开发行证券设立的公司,由依法履行监督管理职责的机构或者部门会同县级以上地方人民政府予以取缔。对直接负责的主管人员和其他直接责任人员给予警告,并处以五十万元以上五百万元以下的罚款。

第一百八十一条 发行人在其公告的证券发行文件中隐瞒重要事实或者编造重大虚假内容,尚未发行证券的,处以二百万元以上二千万元以下的罚款;已经发行证券的,处以非法所募资金金额百分之十以上一倍以下的罚款。对直接负责的主管人员和其他直接责任人员,处以一百万元以上一千万元以下的罚款。

发行人的控股股东、实际控制人组织、指使从事前款违法行为的,没收违法所得,并处以违法所得百分之十以上一倍以下的罚款;没有违法所得或者违法所得不足二千万元的,处以二百万元以上二千万元以下的罚款。对直接负责的主管人员和其他直接责任人员,处以一百万元以上一千万元以下的罚款。

第一百八十二条 保荐人出具有虚假记载、误导性陈述或者重大遗漏的保荐书,或者不履行其他法定职责的,责令改正,给予警告,没收业务收入,并处以业务收入一倍以上十倍以下的罚款;没有业务收入或者业务收入不足一百万元的,处以一百万元以上一千万元以下的罚款;情节严重的,并处暂停或者撤销保荐业务许可。对直接负责的主管人员和其他直接责任人员给予警告,并处以五十万元以上五百万元以下的罚款。

第一百八十三条 证券公司承销或者销售擅自公开发行或者变相公开发行的证券的,责令停止承销或者销售,没收违法所得,并处以违法所得一倍以上十倍以下的罚款;没有违法所得或者违法所得不足一百万元的,处以一百万元以上一千万元以下的罚款;情节严重的,并处暂停或者撤销相关业务许可。给投资者造成损失的,应当与发行人承担连带赔偿责任。对直接负责的主管人员和其他直接责任人员给予警告,并处以五十万元以上五百万元以下的罚款。

第一百八十四条 证券公司承销证券违反本法第二十九条规定的,责令改正,给予警告,没收违法所得,可以并处五十万元以上五百万元以下的罚款;情节严重的,暂停或者撤销相关业务许可。对直接负责的主管人员和其他直接责任人员给予警告,可以并处二十万元以上二百万元以下的罚款;情节严重的,并处以五十万元以上五百万元以下的罚款。

第一百八十五条 发行人违反本法第十四条、第十五条的规定擅自改变公开发行证券所募集资金的用途的,责令改正,处以五十万元以上五百万元以下的罚款;对直接负责的主管人员和其他直接责任人员给予警告,并处以十万元以上一百万元以下的罚款。

发行人的控股股东、实际控制人从事或者组织、指使从事前款违法行为的,给予警告,并处以五十万元以上五百万元以下的罚款;对直接负责的主管人员和其他直接责任人员,处以十万元以上一百万元以下的罚款。

第一百八十六条 违反本法第三十六条的规定,在限制转让期内转让证券,或者转让股票不符合法律、行政法规和国务院证券监督管理机构规定的,责令改正,给予警告,没收违法所得,并处以买卖证券等值以下的罚款。

第一百八十七条 法律、行政法规规定禁止参与股票交易的人员,违反本法第四十条的规定,直接或者以化名、借他人名义持有、买卖股票或者其他具有股权性质的证券的,责令依法处理非法持有的股票、其他具有股权性质的证券,没收违法所得,并处以买卖证券等值以下的罚款;属于国家工作人员的,还应当依法给予处分。

第一百八十八条 证券服务机构及其从业人员,违反本法第四十二条的规定买卖证券的,责令依法处理非法持有的证券,没收违法所得,并处以买卖证券等值以下的罚款。

第一百八十九条　上市公司、股票在国务院批准的其他全国性证券交易场所交易的公司的董事、监事、高级管理人员、持有该公司百分之五以上股份的股东，违反本法第四十四条的规定，买卖该公司股票或者其他具有股权性质的证券的，给予警告，并处以十万元以上一百万元以下的罚款。

第一百九十条　违反本法第四十五条的规定，采取程序化交易影响证券交易所系统安全或者正常交易秩序的，责令改正，并处以五十万元以上五百万元以下的罚款。对直接负责的主管人员和其他直接责任人员给予警告，并处以十万元以上一百万元以下的罚款。

第一百九十一条　证券交易内幕信息的知情人或者非法获取内幕信息的人违反本法第五十三条的规定从事内幕交易的，责令依法处理非法持有的证券，没收违法所得，并处以违法所得一倍以上十倍以下的罚款；没有违法所得或者违法所得不足五十万元的，处以五十万元以上五百万元以下的罚款。单位从事内幕交易的，还应当对直接负责的主管人员和其他直接责任人员给予警告，并处以二十万元以上二百万元以下的罚款。国务院证券监督管理机构工作人员从事内幕交易的，从重处罚。

违反本法第五十四条的规定，利用未公开信息进行交易的，依照前款的规定处罚。

第一百九十二条　违反本法第五十五条的规定，操纵证券市场的，责令依法处理其非法持有的证券，没收违法所得，并处以违法所得一倍以上十倍以下的罚款；没有违法所得或者违法所得不足一百万元的，处以一百万元以上一千万元以下的罚款。单位操纵证券市场的，还应当对直接负责的主管人员和其他直接责任人员给予警告，并处以五十万元以上五百万元以下的罚款。

第一百九十三条　违反本法第五十六条第一款、第三款的规定，编造、传播虚假信息或者误导性信息，扰乱证券市场的，没收违法所得，并处以违法所得一倍以上十倍以下的罚款；没有违法所得或者违法所得不足二十万元的，处以二十万元以上二百万元以下的罚款。

违反本法第五十六条第二款的规定，在证券交易活动中作出虚假陈述或者信息误导的，责令改正，处以二十万元以上二百万元以下的罚款；属于国家工作人员的，还应当依法给予处分。

传播媒介及其从事证券市场信息报道的工作人员违反本法第五十六条第三款的规定，从事与其工作职责发生利益冲突的证券买卖的，没收违法所得，并处以买卖证券等值以下的罚款。

第一百九十四条　证券公司及其从业人员违反本法第五十七条的规定，有损害客户利益的行为的，给予警告，没收违法所得，并处以违法所得一倍以上十倍以下的罚款；没有违法所得或者违法所得不足十万元的，处以十万元以上一百万元以下的罚款；情节严重的，暂停或者撤销相关业务许可。

第一百九十五条　违反本法第五十八条的规定，出借自己的证券账户或者借用他人的证券账户从事证券交易的，责令改正，给予警告，可以处五十万元以下的罚款。

第一百九十六条　收购人未按照本法规定履行上市公司收购的公告、发出收购要约义务的，责令改正，给予警告，并处以五十万元以上五百万元以下的罚款。对直接负责的主管人员和其他直接责任人员给予警告，并处以二十万元以上二百万元以下的罚款。

收购人及其控股股东、实际控制人利用上市公司收购，给被收购公司及其股东造成损失的，应当依法承担赔偿责任。

第一百九十七条　信息披露义务人未按照本法规定报送有关报告或者履行信息披露义务的，责令改正，给予警告，并处以五十万元以上五百万元以下的罚款；对直接负责的主管人员和其他直接责任人员给予警告，并处以二十万元以上二百万元以下的罚款。发行人的控股股东、实际控制人组织、指使从事上述违法行为，或者隐瞒相关事项导致发生上述情形的，处以五十万元以上五百万元以下的罚款；对直接负责的主管人员和其他直接责任人员，处以二十万元以上二百万元以下的罚款。

信息披露义务人报送的报告或者披露的信息有虚假记载、误导性陈述或者重大遗漏的，责令改正，给予警告，并处以一百万元以上一千万元以下的罚款；对直接负责的主管人员和其他直接责任人员给予警告，并处以五十万元以上五百万元以下的罚款。发行人的控股股东、实际控制人组织、指使从事上述违法行为，或者隐瞒相关事项导致发生上述情形的，处以一百万元以上一千万元以下的罚款；对直接负责的主管人员和其他直接责任人员，处以五十万元以上五百万元以下的罚款。

第一百九十八条　证券公司违反本法第八十八条的规定未履行或者未按照规定履行投资者适当性管理义务的，责令改正，给予警告，并处以十万元以上一百万元以下的罚款。对直接负责的主管人员和其他直接责任人员给予警告，并处以二十万元以下的罚款。

第一百九十九条　违反本法第九十条的规定征集股东权利的，责令改正，给予警告，可以处五十万元以下的罚款。

第二百条　非法开设证券交易场所的，由县级以上人民政府予以取缔，没收违法所得，并处以违法所得一倍以上十倍以下的罚款；没有违法所得或者违法所得不足一百万元的，处以一百万元以上一千万元以下的罚款。对直接负责的主管人员和其他直接责任人员给予警告，并处以二十万元以上二百万元以下的罚款。

证券交易所违反本法第一百零五条的规定，允许非会员直接参与股票的集中交易的，责令改正，可以并处五十万元以下的罚款。

第二百零一条　证券公司违反本法第一百零七条第一款的规定，未对投资者开立账户提供的身份信息进行核对的，责令改正，给予警告，并处以五万元以上五十万元以下的罚款。对直接负责的主管人员和其他直接责任人员给予警告，并处以十万元以下的罚款。

证券公司违反本法第一百零七条第二款的规定，将投资者的账户提供给他人使用的，责令改正，给予警告，并处以十万元以上一百万元以下的罚款。对直接负责的主管人员和其他直接责任人员给予警告，并处以二十万元以下的罚款。

第二百零二条　违反本法第一百一十八条、第一百二十条第一款、第四款的规定，擅自设立证券公司、非法经营证券业务或者未经批准以证券公司名义开展证券业务活动的，责令改正，没收违法所得，并处以违法所得一倍以上十倍以下的罚款；没有违法所得或者违法所得不足一百万元的，处以一百万元以上一千万元以下的罚款。对直接负责的主管人员和其他直接责任人员给予警告，并处以二十万元以上二百万元以下的罚款。对擅自设立的证券公司，由国务院证券监督管理机构予以取缔。

证券公司违反本法第一百二十条第五款规定提供证券融资融券服务的，没收违法所得，并处以融资融券等值以下的罚款；情节严重的，禁止其在一定期限内从事证券融资融券业务。对直接负责的主管人员和其他直接责任人员给予警告，并处以二十万元以上二百万元以下的罚款。

第二百零三条　提交虚假证明文件或者采取其他欺诈手段骗取证券公司设立许可、业务许可或者重大事项变更核准的，撤销相关许可，并处以一百万元以上一千万元以下的罚款。对直接负责的主管人员和其他直接责任人员给予警告，并处以二十万元以上二百万元以下的罚款。

第二百零四条　证券公司违反本法第一百二十二条的规定，未经核准变更证券业务范围，变更主要股东或者公司的实际控制人，合并、分立、停业、解散、破产的，责令改正，给予警告，没收违法所得，并处以违法所得一倍以上十倍以下的罚款；没有违法所得或者违法所得不足五十万元的，处以五十万元以上五百万元以下的罚款；情节严重的，并处撤销相关业务许可。对直接负责的主管人员和其他直接责任人员给予警告，并处以二十万元以上二百万元以下的罚款。

第二百零五条　证券公司违反本法第一百二十三条第二款的规定，为其股东或者股东的关联人提供融资或者担保的，责令改正，给予警告，并处以五十万元以上五百万元以下的罚款。对直接负责的主管人员和其他直接责任人员给予警告，并处以十万元以上一百万元以下的罚款。股东有过错的，在按照要求改正前，国务院证券监督管理机构可以限制其股东权利；拒不改正的，可以责令其转让所持证券公司股权。

第二百零六条　证券公司违反本法第一百二十八条的规定，未采取有效隔离措施防范利益冲突，或者未分开办理相关业务、混合操作的，责令改正，给予警告，没收违法所得，并处以违法所得一倍以上十倍以下的罚款；没有违法所得或者违法所得不足五十万元的，处以五十万元以上五百万元以下的罚款；情节严重的，并处撤销相关业务许可。对直接负责的主管人员和其他直接责任人员给予警告，并处以二十万元以上二百万元以下的罚款。

第二百零七条　证券公司违反本法第一百二十九条的规定从事证券自营业务的，责令改正，给予警告，没收违法所得，并处以违法所得一倍以上十倍以下的罚款；没有违法所得或者违法所得不足五十万元的，处以五十万元以上五百万元以下的罚款；情节严重的，并处撤销相关业务许可或者责令关闭。对直接负责的主管人员和其他直接责任人员给予警告，并处以二十万元以上二百万元以下的罚款。

第二百零八条　违反本法第一百三十一条的规定，将客户的资金和证券归入自有财产，或者挪用客户的资金和证券的，责令改正，给予警告，没收违法所得，并处以违法所得一倍以上十倍以下的罚款；没有违法所得或者违法所得不足一百万元的，处以一百万元以上一千万元以下的罚款；情节严重的，并处撤销相关业务许可或者责令关闭。对直接负责的主管人员和其他直接责任人员给予警告，并处以五十万元以上五百万元以下的罚款。

第二百零九条 证券公司违反本法第一百三十四条第一款的规定接受客户的全权委托买卖证券的，或者违反本法第一百三十五条的规定对客户的收益或者赔偿客户的损失作出承诺的，责令改正，给予警告，没收违法所得，并处以违法所得一倍以上十倍以下的罚款；没有违法所得或者违法所得不足五十万元的，处以五十万元以上五百万元以下的罚款；情节严重的，并处撤销相关业务许可。对直接负责的主管人员和其他直接责任人员给予警告，并处以二十万元以上二百万元以下的罚款。

证券公司违反本法第一百三十四条第二款的规定，允许他人以证券公司的名义直接参与证券的集中交易的，责令改正，可以并处五十万元以下的罚款。

第二百一十条 证券公司的从业人员违反本法第一百三十六条的规定，私下接受客户委托买卖证券的，责令改正，给予警告，没收违法所得，并处以违法所得一倍以上十倍以下的罚款；没有违法所得的，处以五十万元以下的罚款。

第二百一十一条 证券公司及其主要股东、实际控制人违反本法第一百三十八条的规定，未报送、提供信息和资料，或者报送、提供的信息和资料有虚假记载、误导性陈述或者重大遗漏的，责令改正，给予警告，并处以一百万元以下的罚款；情节严重的，并处撤销相关业务许可。对直接负责的主管人员和其他直接责任人员，给予警告，并处以五十万元以下的罚款。

第二百一十二条 违反本法第一百四十五条的规定，擅自设立证券登记结算机构的，由国务院证券监督管理机构予以取缔，没收违法所得，并处以违法所得一倍以上十倍以下的罚款；没有违法所得或者违法所得不足五十万元的，处以五十万元以上五百万元以下的罚款。对直接负责的主管人员和其他直接责任人员给予警告，并处以二十万元以上二百万元以下的罚款。

第二百一十三条 证券投资咨询机构违反本法第一百六十条第二款的规定擅自从事证券服务业务，或者从事证券服务业务有本法第一百六十一条规定行为的，责令改正，没收违法所得，并处以违法所得一倍以上十倍以下的罚款；没有违法所得或者违法所得不足五十万元的，处以五十万元以上五百万元以下的罚款。对直接负责的主管人员和其他直接责任人员，给予警告，并处以二十万元以上二百万元以下的罚款。

会计师事务所、律师事务所以及从事资产评估、资信评级、财务顾问、信息技术系统服务的机构违反本法第一百六十条第二款的规定，从事证券服务业务未报备案的，责令改正，可以处二十万元以下的罚款。

证券服务机构违反本法第一百六十三条的规定，未勤勉尽责，所制作、出具的文件有虚假记载、误导性陈述或者重大遗漏的，责令改正，没收业务收入，并处以业务收入一倍以上十倍以下的罚款，没有业务收入或者业务收入不足五十万元的，处以五十万元以上五百万元以下的罚款；情节严重的，并处暂停或者禁止从事证券服务业务。对直接负责的主管人员和其他直接责任人员给予警告，并处以二十万元以上二百万元以下的罚款。

第二百一十四条 发行人、证券登记结算机构、证券公司、证券服务机构未按照规定保存有关文件和资料的，责令改正，给予警告，并处以十万元以上一百万元以下的罚款；泄露、隐匿、伪造、篡改或者毁损有关文件和资料的，给予警告，并处以二十万元以上二百万元以下的罚款；情节严重的，处以五十万元以上五百万元以下的罚款，并处暂停、撤销相关业务许可或者禁止从事相关业务。对直接负责的主管人员和其他直接责任人员给予警告，并处以十万元以上一百万元以下的罚款。

第二百一十五条 国务院证券监督管理机构依法将有关市场主体遵守本法的情况纳入证券市场诚信档案。

第二百一十六条 国务院证券监督管理机构或者国务院授权的部门有下列情形之一的，对直接负责的主管人员和其他直接责任人员，依法给予处分：

（一）对不符合本法规定的发行证券、设立证券公司等申请予以核准、注册、批准的；

（二）违反本法规定采取现场检查、调查取证、查询、冻结或者查封等措施的；

（三）违反本法规定对有关机构和人员采取监督管理措施的；

（四）违反本法规定对有关机构和人员实施行政处罚的；

（五）其他不依法履行职责的行为。

第二百一十七条 国务院证券监督管理机构或者国务院授权的部门的工作人员，不履行本法规定的职责，滥用职权、玩忽职守，利用职务便利牟取不正当利益，或者泄露所知悉的有关单位和个人的商业秘密的，依法追究法律责任。

第二百一十八条　拒绝、阻碍证券监督管理机构及其工作人员依法行使监督检查、调查职权，由证券监督管理机构责令改正，处以十万元以上一百万元以下的罚款，并由公安机关依法给予治安管理处罚。

第二百一十九条　违反本法规定，构成犯罪的，依法追究刑事责任。

第二百二十条　违反本法规定，应当承担民事赔偿责任和缴纳罚款、罚金、违法所得，违法行为人的财产不足以支付的，优先用于承担民事赔偿责任。

第二百二十一条　违反法律、行政法规或者国务院证券监督管理机构的有关规定，情节严重的，国务院证券监督管理机构可以对有关责任人员采取证券市场禁入的措施。

前款所称证券市场禁入，是指在一定期限内直至终身不得从事证券业务、证券服务业务，不得担任证券发行人的董事、监事、高级管理人员，或者一定期限内不得在证券交易所、国务院批准的其他全国性证券交易场所交易证券的制度。

第二百二十二条　依照本法收缴的罚款和没收的违法所得，全部上缴国库。

第二百二十三条　当事人对证券监督管理机构或者国务院授权的部门的处罚决定不服的，可以依法申请行政复议，或者依法直接向人民法院提起诉讼。

第十四章　附　则

第二百二十四条　境内企业直接或者间接到境外发行证券或者将其证券在境外上市交易，应当符合国务院的有关规定。

第二百二十五条　境内公司股票以外币认购和交易的，具体办法由国务院另行规定。

第二百二十六条　本法自 2020 年 3 月 1 日起施行。

关于《中华人民共和国证券法（修订草案）》的说明

——2015 年 4 月 20 日在第十二届全国人民代表大会常务委员会第十四次会议上

全国人大财政经济委员会副主任委员　吴晓灵

全国人民代表大会常务委员会：

受全国人大财政经济委员会委托，我对《中华人民共和国证券法（修订草案）》（以下简称修订草案）作如下说明。

一、修改的必要性

《中华人民共和国证券法》（以下简称证券法）自 1998 年 12 月制定以来，2004 年 8 月、2013 年 6 月、2014 年 8 月分别进行了个别条款的修改，2005 年 10 月进行了较大修订。证券法的制定和实施，对于规范证券发行和交易行为，保护投资者合法权益，维护市场经济秩序，促进经济社会发展，发挥了重要作用。截至 2014 年底，共有境内上市公司 2613 家，总市值 37.25 万亿元，股票有效账户数 1.42 亿户，分别是 2005 年底的 1.89 倍、11.5 倍和 1.97 倍；2005 年以来，上市公司累计募集资金 6.73 万亿元；2014 年前三季度，上市公司营业收入为 20.94 万亿元，占 GDP 的 50%，缴纳所得税为 5796.12 亿元，占全国企业所得税总额的 28%。

随着我国证券市场的快速发展，改革创新的不断深入，现行证券法的许多内容已难以完全适应证券市场发展的新形势，主要表现在：一是证券发行管制过多过严，发行方式单一，直接融资比重过低，资本市场服务实体经济的作用未能有效发挥；二是证券范围过窄，市场层次单一，证券跨境发行和交易活动缺乏必要的制度安排，不能适应市场创新发展和打击非法证券活动的需要；三是市场约束机制不健全，对投资者保护不力，信息披露质量不高，监管执法手段不足，欺诈发行、虚假陈述、内幕交易等损害投资者合法权益的行为时有发生。对此，社会各界要求修改证券法的呼声比较高，许多全国人大代表提出议案、建议，要求修改完善证券法。

根据十二届全国人大常委会立法规划，2013 年 12 月，全国人大财政经济委员会组成由部分委员和中国证监会、国家发展改革委、中国人民银行、国务院法制办等国务院有关部门负责同志以及最高法、全国人大常委会法工委等单位参加的起草组，开展证券法修改工作。起草组认真总结证券法实施情况，参考借鉴境外证券立法经验，先后赴北京、上海、广东、深圳、重庆等地深入开展立法调研，认真研究吸收人大代表、政协委员就证券法修改提出的意见建议，多次征求国务院有关部门、地方人大、业界人士和专家学者的意见建议，在此基础上形成了证券法(修订草案)。2014 年 7 月 16 日，全国人大财政经济委员会第二十次全体会议审议并原则通过了修订草案。

二、修改的指导思想

这次证券法修改以党的十八届三中、四中全会精神为指导，着力满足股票发行注册制改革的立法需求，确保重大改革于法有据，实现立法和改革决策相衔接，立法主动适应改革发展实践需要，从而更好地发挥市场在配置资源中的决定性作用，进一步完善资本市场的融资功能。同时，进一步加强投资者合法权益保护，推动证券行业创新，简政放权，强化事中事后监管，促进多层次资本市场健康发展。

三、修改的主要内容

修订草案共 16 章 338 条，其中新增 122 条、修改 185 条、删除 22 条，主要有以下内容：

(一)实行股票发行注册制

推进股票发行注册制改革，其本质是以信息披露为中心，由市场参与各方对发行人的资产质量、投资价值做出判断，发挥市场在资源配置中的决定性作用。在与股票发行注册制改革方案相协调的基础上，修订草案以公开发行在证券交易所上市交易的股票为主线，确立了股票发行注册的法律制度：

一是明确注册程序。取消股票发行审核委员会制度，规定公开发行股票并拟在证券交易所上市交易的，由证券交易所负责对注册文件的齐备性、一致性、可理解性进行审核，交易所出具同意意见的，应当向证券监管机构报送注册文件和审核意见，证券监管机构十日内没有提出异议的，注册生效。公开发行股票但不在证券交易所上市交易的，其注册条件和程序由证券监管机构另行规定。

二是修改发行条件。取消发行人财务状况及持续盈利能力等盈利性要求，规定发行人及其控股股东、实际控制人最近三年无经济类犯罪记录、发行人具有符合法律规定的公司组织机构、最近三年财务会计报告被出具为标准无保留意见的，可以申请注册。

三是细化参与各方的责任。发行人注册文件及补充修改情况、解释说明等，均应当公开。发行人和保荐人应当保证其真实、准确、完整；证券服务机构及其从业人员应当恪守职业道德和执业规范，勤勉尽责，保证出具文件的真实、准确、完整；负责承销的证券经营机构应当对发行文件的真实性、准确性、完整性进行核查。同时，规定现场检查、核查制度以及欺诈发行的撤销注册制度，并明确相应的民事责任和监管措施。

四是建立公开发行豁免注册制度，规定向合格投资者发行、众筹发行、小额发行、实施股权激励计划或员工持股计划等豁免注册的情形。

五是建立股票转售限制制度。从许多境外成熟市场的做法来看，转售限制制度是股票发行注册制的内在要求和重要组成部分。修订草案立足我国市场实际，规定未经注册的股票应当注册后公开发行，或者按照“安全港”所规定的条件通过公开交易卖出，同时将股东划分为关联人和非关联人，规定了不同的“安全港”条件。这一制度也有助于解决我国市场上长期存在的大股东套现、“大小非”解禁等难题，符合加强投资者保护的价值取向。

(二)建立健全多层次资本市场体系

现行证券法主要规范交易所市场，对其他层次市场缺乏明确规定。修订草案对多层次资本市场增加了相应规定：一是将证券交易场所划分为证券交易所、国务院批准的其他证券交易场所、证券监管机构批准的证券交易场所，并明确组织股权等财产权益交易的其他交易场所应当遵守国务院的有关规定。二是明确公开发行的证券，可以在证券交易所、国务院批准的其他证券交易场所公开交易。三是明确证券交易所、国务院批准的其他证券交易场所、证券监管机构批准的证券交易场所可以组织证券的非公开交易。四是规定证券交易所、国务院批准的其他证券交易场所可以依法设立不同的市场层次，设立公开交易市场应当经证券监管机构批准。五是构建多层次信息披露制度。针对公开发行的证券、公开发行豁免注册或者核准的证券和非公开发行的证券，以及股票未公开交易公众公司，分别规定了不同的信息披露义务。

(三)加强投资者保护

为进一步增强投资者保护制度的针对性和有效性，修订草案设立投资者保护专章，系统规定了投资者保护相关制度。一是建立投资者适当性管理制度。明确证券经营机构对于普通投资者负有了解客户、充分揭示风险、销售匹配产品三项义务。二是新增公开承诺履行制度。规定发行人、控股股东、实际控制人等主体作出公开承诺不履行的，证券监管机构可以采取监管措施；给投资者造成损失的，应当承担赔偿责任。三是新增现金分红制度。修订草案根据我国证券市场的实际情况，在尊重公司自治的前提下，要求上市公司在章程中明确现金分红的具体安排和决策程序。四是对发行信息披露和持续信息披露制度进行全面规定，明确及时、公平和简明披露要求，规定信息披露豁免和自愿披露制度，取消中期报告制度，新增季度报告制度，完善临时报告制度。五是规范程序化交易。规定了程序化交易的报告制度；扰乱证券交易秩序，给其他投资者造成损害的，应当承担赔偿责任。六是新增股东大会最低持股比例制度。规定上市公司召开股东大会并作出决议，出席会议的股东所持表决权应当不低于表决权总数的三分之一；就重大事项作出决议的，应当不低于二分之一。并相应规定了征集投票权制度。七是完善股东派生诉讼和代表人诉讼制度。规定投资者保护机构可以担任诉讼代表人，并对投资者保护机构提出股东派生诉讼的持股比例和期限作出特别规定。此外，修订草案建立了先期赔付制度。

（四）推动证券行业创新发展

为完善证券行业基础金融功能，促进行业竞争，推动创新发展，修订草案对证券经营机构制度作出相应修改。一是增加证券经营机构的组织形式，允许设立证券合伙企业经营证券业务，并将证券投资咨询机构、财务顾问机构纳入证券经营机构的范围。二是完善证券业务管理制度。规定证券承销、保荐、经纪和融资融券业务应当由证券公司、证券合伙企业经营；其他证券业务可以由经证券监管机构批准的其他机构申请经营，统一适用证券法关于业务规则、行为规范、监督管理的规定。三是加强风险防控。进一步优化客户交易结算资金存管制度，明确证券经营机构合规管理、风险管理和内部控制的原则和要求，增加信息报送和披露义务的规定，并扩展监管措施的适用情形。

（五）简政放权，加强事中事后监管

修订草案按照放松管制、加强监管的改革思路，减少一批行政许可事项，取消部分限制性、禁止性规定，进一步强化监管执法和法律责任。一是取消七类行政许可，包括要约收购义务豁免，境内企业境外发行上市，证券公司设立、收购或者撤销分支机构，变更注册资本，变更章程重要条款，在境外设立、收购或者参股证券经营机构，董事、监事任职资格等审批项目。二是调整取消若干限制性或者禁止性规定。如取消证券从业人员、监管机构工作人员买卖股票的禁止性条款，相应建立证券买卖申报登记制度；取消证券发行强制承销制度；取消除首次公开发行股票外其他发行保荐要求等。三是调整证券服务机构的监管方式。取消会计、资信评级、资产评估机构从事证券服务业务的二次审批，实行登记管理制度。四是完善短线交易、内幕交易、操纵市场等禁止交易行为的规定，新增禁止跨市场操纵和利用未公开信息交易制度。五是完善监管执法方式、手段和措施，加大对违法行为的处罚力度，探索建立行政和解制度等。

除上述主要修改内容外，其他修改还有：一是完善证券登记、结算和担保制度。明确证券的簿记形式及其权利变动基本规则，新增名义持有人制度；明确中央对手方制度，完善结算财产保护制度。二是明确境内企业境外发行上市实行备案制或者报告制，对境外企业境内发行证券作出相应规定，完善跨境监管合作机制。三是完善上市公司收购制度，如增加余股强制挤出制度；完善上市公司重大资产交易制度。

四、需要特别说明的问题

（一）关于证券的范围

现行证券法规定的证券的范围主要限于股票、公司债券，已难以适应证券市场发展的现实需要，也不利于打击非法证券活动。对此，多数意见主张扩大证券范围，建议将实践中已经出现的证券品种纳入证券范围，体现证券法作为资本市场基础性法律的地位。但是，扩大证券范围，如将集合性投资计划份额等纳入，涉及这类金融产品性质的认定，也涉及到有关部门的职责分工等一系列复杂问题。本着稳妥处理、循序渐进的原则，经与有关部门反复商议，修订草案在对证券进行定义的基础上，适当扩大证券的范围，规定股票、债券、存托凭证以及国务院认定的其他证券适用证券法；资产支持证券等受益凭证、权证的发行与交易，政府债券、证券投资基金份额的上市交易适用本法，其他法律、行政法规另有规定的，适用其规定。

对于本法调整范围是否保留证券衍生品种，不少意见认为，实践中权证、股指期货、股票期权等证券衍生品种不断发展,将证券衍生品种排除在本法的调整范围之外,可能导致基础证券和衍生品种之间适用不同的法律,容易造成法律适用的混乱,不利于打击并遏制跨市场内幕交易、操纵市场等违法行为,应当保留现行证券法对证券衍生品种的规定,明确权证、期货、期权等证券衍生品种的法律适用。但考虑到股票期权等证券衍生品种也可纳入期货法的调整范围,为做好证券法修改与期货法起草工作的衔接,修订草案删去了现行证券法有关证券衍生品种的规定,未将股指期货、股票期权等证券衍生品种纳入调整范围。

(二)关于注册制的适用范围

现行证券法规定公开发行股票和公司债券实行核准制。对于注册制的适用范围,有意见主张,证券法调整的证券应当实行统一的发行制度,注册制应当适用于所有的证券品种;在股票实行注册制改革的情况下,公司信用类债券及其他证券从产品属性和实践经验来看,也有条件实行注册制。但考虑到股票发行注册制改革是当前证券市场改革的重点和难点,而对于将发行注册制适用范围扩大到公司信用类债券及其他证券,条件是否成熟,还需要进一步研究。为确保注册制改革的顺利推出,减少争议,现阶段注册制改革的范围宜限定于股票,为此,修订草案规定股票发行实行注册制,维持债券及其他证券发行实行核准制。

《中华人民共和国证券法(修订草案)》及以上说明是否妥当,请审议。

全国人民代表大会法律委员会关于《中华人民共和国证券法(修订草案)》修改情况的汇报

——2017年4月24日在第十二届全国人民代表大会常务委员会第二十七次会议上

全国人大法律委员会副主任委员 安 建

全国人民代表大会常务委员会:

2015年4月,常委会第十四次会议对证券法修订草案进行了初次审议,12月常委会第十八次会议通过了授权国务院在实施股票发行注册制改革中调整适用证券法有关规定的决定。会后,法律委员会、法制工作委员会到上海、深圳进行实地调研,听取意见。从常委会审议和调研情况看,总的看法是:适应资本市场的发展需要对证券法进行修改是必要的,修订草案总结实践经验,对现行证券法做了有针对性的修改完善,基础较好。同时建议,修改应当突出重点,聚焦落实党中央关于深化资本市场改革要求所急需的内容,着力解决资本市场运行中的突出问题。对于其他内容,可在充分论证后,作出繁简相当的安排,并为实践发展预留空间;对其中认识尚不一致的问题,可暂不作修改。

法律委员会、法制工作委员会按照党中央的要求和习近平总书记关于防范化解金融风险,加快形成融资功能完备、基础制度扎实、市场监管有效、投资者合法权益得到充分保护的股票市场的重要讲话精神,根据常委会审议意见和有关方面的意见,充分考虑证券市场的实际情况,针对2015年股市异常波动所暴露的问题,经与财政经济委员会、国务院法制办公室、中国证券监督管理委员会等方面反复沟通,共同研究,按照“稳中求进”的工作总基调,对修订草案进行了认真研究修改。

法律委员会于3月30日召开会议,根据常委会组成人员的审议意见和各方面意见,对修订草案进行了认真审议。财政经济委员会、国务院法制办公室、中国证券监督管理委员会的负责同志和中国人民银行的有关同志列席了会议。4月11日,法律委员会召开会议,再次进行了审议。现将证券法修订草案主要问题的修改情况汇报如下:

一、现行证券法将适用范围规定为股票、公司债券和国务院依法认定的其他证券。修订草案以定义加列举的方式对上述范围进行了扩大。在常委会审议和调研过程中,对上述修改认识不一:有的意见认为,对所有具有证券性质的投资产品实行功能监管,适用统一的监管规则,防止逃避监管套利,是必要的,赞成扩大证券法的适用范围。有的意见认为,股票、公司债券以外的其他相关金融产品,性质上是否属于证券,还有不同认识;同时,这个问题还可能涉及现行监管体制的调整,应进一步深入研究。据此,法律委员会建议恢复现行证券法关于适用范围的规定,不作修改。

二、修订草案根据相关改革思路，将现行证券法规定的股票公开发行核准制度修改为注册制度，设专节进行了规定。2015 年 12 月，根据党中央的决策部署，全国人大常委会通过了关于授权国务院在实施股票发行注册制改革中调整适用证券法有关规定的决定。目前，注册制改革相关准备工作仍在进行，具体改革举措尚未出台，还不宜在修订草案中对注册制相关内容作出具体规定。据此，法律委员会建议恢复现行证券法第二章“证券发行”的规定，暂不作修改，待实施注册制改革授权决定的有关措施出台后，根据实施情况，在下次审议时再对相关内容作统筹考虑。同时，为了做好修订草案与注册制改革授权决定的衔接，体现改革方向和要求，建议增加规定：国务院应当按照全国人大常委会关于授权国务院在实施股票发行注册制改革中调整适用证券法有关规定的决定的要求，逐步推进股票发行制度改革。

三、有的常委会组成人员和有关方面提出，应针对证券市场存在的突出问题，特别是 2015 年股市异常波动中所暴露的问题，对证券法中关于证券交易的相关规定进行完善。法律委员会经研究，建议在修订草案的基础上，对证券交易相关规定作进一步修改完善：一是对内幕交易、操纵市场的相关规定进行补充完善，扩大应予严格规范的内幕信息知情人的范围，增加操纵市场的情形。二是与刑法修正案（七）相衔接，增加禁止利用未公开信息进行证券交易的规定。三是进一步强化证券交易实名制的要求，禁止利用他人账户从事证券交易。四是增加对程序化交易的规范，投资者通过计算机程序自动生成或下达交易指令进行程序化交易的，应当向证券交易所报告，不得影响证券交易所系统安全或者正常交易秩序。五是规范上市公司停牌、复牌行为，防止上市公司滥用停牌、复牌损害投资者的合法权益。

四、有的意见提出，对于前一时期上市公司收购中，违规增持、“蒙面收购”（未依法进行信息披露）等不当行为频发的情况，应当在证券法中增加有针对性的规定。法律委员会经研究，建议在修订草案的基础上增加以下规定：一是强化信息披露，规定“投资者持有或者通过协议、其他安排与他人共同持有一个上市公司已发行的有表决权股份达到百分之五后，其所持该上市公司已发行的有表决权股份比例每增加或者减少百分之一，应当通知该上市公司，并予公告。”二是要求持股达到百分之五的投资者增持时，应当公告“增持股份的资金来源”，以及“在上市公司中拥有有表决权的股份变动的时间及方式”等情况。三是对投资者违规增持的股份，明确“在买入后的三十六个月内，对该超过规定比例部分的股份不得行使表决权”，并加重对违规增持行为的行政处罚。四是将在上市公司收购中收购人持有的被收购的上市公司的股票，在收购行为完成后不得转让的期限，由“六个月”延长为“十八个月”。

五、修订草案将现行证券法证券交易一章中的“持续信息披露”一节扩充为专章规定。根据常委会组成人员的审议意见和有关方面意见，法律委员会经研究，建议针对实践中存在的问题，对相关规定作进一步修改完善：一是扩大信息披露义务人的范围，增加信息披露的内容，明确信息披露的方式。二是强化公司董事、监事、高级管理人员在信息披露中的责任。三是明确信息披露的一般原则要求，强调信息披露应当真实、准确、完整，简明清晰，通俗易懂；应当同时披露、平等披露。

六、修订草案设专章对投资者保护作了规定。法律委员会经研究，建议针对实践中存在的问题，对相关规定作进一步修改完善：一是规定投资者适当性管理制度，强调销售证券、提供服务，应当与投资者的风险承受能力相匹配。二是规定征集投票权制度，增加中小股东在上市公司中的话语权。三是规范现金分红，要求上市公司应当按照公司章程的规定分配现金股利。四是规定债券持有人会议和债券受托管理人制度，以更好地保护债券持有人的合法权益。五是规定先行赔付制度。发行人因欺诈发行、虚假陈述或者其他重大违法行为给投资者造成损失的，发行人的控股股东、实际控制人、相关的证券公司、证券服务机构可以委托国家设立的投资者保护机构，就赔偿事宜与投资者达成协议，予以先行赔付。

七、修订草案按照党的十八届三中全会提出的“健全多层次资本市场体系”的要求，增加了关于多层次资本市场的原则规定。根据常委会组成人员的审议意见和有关方面意见，法律委员会经研究，建议对修订草案的相关规定作进一步修改完善：一是将证券交易场所划分为证券交易所、国务院批准的其他全国性证券交易场所（新三板）和按照国务院规定设立的区域性股权市场三个层次；二是考虑到国务院批准的其他全国性证券交易场所、按照国务院规定设立的区域性股权市场目前的发展情况，建议在证券法中对其只作原则规定，授权国务院制定相关具体管理办法。需要说明的是，证券法关于证券发行、交易的一般要求，包括禁止的交易行为和投资者保护等规定，适用于在国务院批准的其他全国性证券交易场所和按照国务院规定设立的区域性股权市场进行的证券发行、交易活动。至于上述两个市场的具体交易规范，可由相关监管规则和交易规则作出规定。

八、修订草案对现行证券法关于证券市场监管的规定进行了补充完善。根据有关方面意见，法律委员会经研究，建议在认真总结2015年股市异常波动的经验教训基础上，对相关规定作进一步修改完善：一是增加证监会应当依法监测并防范、处置证券市场系统性风险的原则规定。二是进一步发挥证券交易所的一线自律管理职能。三是进一步完善证监会行政执法措施，增加查询当事人银行账户以外的其他具有支付、托管、结算等功能的账户信息，延长冻结、查封期限，对涉嫌违法人员实施边控等措施。四是加大对证券违法行为的处罚力度，完善处罚规则，提高罚款数额。

此外，还对修订草案作了一些文字修改。

修订草案二次审议稿已按上述意见作了修改，法律委员会建议提请本次常委会会议继续审议。

修订草案二次审议稿和以上汇报是否妥当，请审议。

全国人民代表大会宪法和法律委员会关于《中华人民共和国证券法(修订草案)》修改情况的汇报

——2019年4月20日在第十三届全国人民代表大会常务委员会第十次会议上

全国人大宪法和法律委员会主任委员 李 飞

全国人民代表大会常务委员会：

证券法修订草案由十二届全国人大财政经济委员会提请审议。2015年4月和2017年4月，十二届全国人大常委会第十四次会议、第二十七次会议分别对修订草案进行了两次审议。其间，根据国务院提出的议案，2015年12月，十二届全国人大常委会第十八次会议通过了授权国务院在实施股票发行注册制改革中调整适用证券法有关规定的决定，为在证券法全面修改工作完成前推进股票发行制度改革提供了法律依据；2018年2月，十二届全国人大常委会第三十三次会议又作出决定，将上述授权期限延长了两年至2020年2月29日。

提请常委会初次审议的修订草案，主要内容是落实党的十八届三中、四中全会精神，着力满足股票发行注册制改革的立法需求，同时在建立健全多层次资本市场体系、加强投资者保护、推动证券行业创新发展、加强事中事后监管等方面对现行证券法进行了完善。2015年，我国股市发生了异常波动，暴露出证券市场存在的一些突出问题。十二届全国人大法律委员会、常委会法制工作委员会按照党中央的要求和习近平总书记关于防范化解金融风险，加快形成融资功能完备、基础制度扎实、市场监管有效、投资者合法权益得到充分保护的股票市场的重要讲话精神，根据常委会审议意见和有关方面意见，充分考虑证券市场的实际情况，按照“稳中求进”的工作总基调和“实现有限目标、坚持问题导向、力争简洁务实”的工作思路，对修订草案进行了认真研究修改，形成了修订草案二次审议稿，重点在以下几个方面作了完善：一是完善证券交易制度，进一步加强对内幕交易、操纵市场等违法行为的规制，强化证券交易实名制的要求，增加对程序化交易的规范，规范上市公司停牌、复牌行为；二是完善上市公司收购制度，明确违规收购的法律后果，延长收购股票转让的期限；三是完善信息披露，明确上市公司相关人员的责任；四是强化投资者保护，补充完善相关规定；五是增加多层次资本市场的原则规定；六是强化证券监管。同时，考虑到股票发行注册制改革的实际进展情况，修订草案二次审议稿对此暂作衔接性规定，强调：国务院应当按照全国人大常委会关于注册制改革授权决定的要求，逐步推进股票发行制度改革。

二审后，法制工作委员会将修订草案二次审议稿送中央有关部门征求意见。十三届全国人大宪法和法律委员会、常委会法制工作委员会与财政经济委员会、司法部、中国证券监督管理委员会多次沟通，根据资本市场改革发展的新情况、新进展，对修订草案相关内容进行了研究修改，重点是增加关于科创板注册制的相关规定，体现党中央“推进股票发行注册制改革”的要求和改革方向;同时,根据资本市场改革发展的实际情况,对其他相关制度进行适当修改完善。

宪法和法律委员会于 3 月 27 日召开会议,根据常委会组成人员的审议意见和各方面意见,对修订草案进行了认真审议。财政经济委员会、司法部、中国证券监督管理委员会的有关负责同志列席了会议。4 月 12 日,宪法和法律委员会召开会议,再次进行审议。现将证券法修订草案二次审议稿主要问题的修改情况汇报如下:

一、有的意见提出,目前关于设立科创板并试点注册制的相关实施意见已由国务院报全国人大常委会备案,证监会已正式发布科创板试点注册制的相关制度规则,股票发行注册制改革已开始实质推进,建议在修订草案中增加相关内容。宪法和法律委员会经研究,考虑到股票发行注册制改革仍处于试点阶段,可根据试点的具体情况,在修订草案中增加相关衔接性的原则规定;经过实践,总结可复制、可推广的经验后,再对证券公开发行法律制度作出全面修改。据此,建议对修订草案相关内容作以下修改:在修订草案“证券发行”一章中增加一节“科创板注册制的特别规定”,对科创板发行股票的条件、注册程序、监督检查等基础制度作出规定;并明确国务院证券监督管理机构依照本法制定证券注册的具体办法。同时,将现行证券法关于证券发行的专章规定作为“一般规定”,单列一节。

二、有的意见提出,近期证监会按照国务院的部署,开展创新企业境内发行股票或存托凭证试点工作,存托凭证已经国务院认定为一种新型证券,建议在修订草案中列明为法定证券。宪法和法律委员会经研究,建议采纳这一意见。

三、有的意见提出,为鼓励创业创新,适应支持中小企业、实体经济发展的需要,建议对证券公开发行的认定标准、审批程序进行修改完善,适当增加灵活性。宪法和法律委员会经研究,建议对相关规定作以下修改:一是修改现行证券法关于“向特定对象发行证券累计超过二百人”属于证券公开发行,须经有关部门核准的规定,明确依法实施员工持股计划的员工人数不计算在二百人之内,为公司实施员工持股计划提供便利;二是增加众筹发行、小额发行豁免的规定,对通过互联网平台公开发行证券且募集资金数额和单一投资者认购资金数额较小的(众筹发行),通过证券公司公开发行证券且募集资金数额较小、发行人符合规定条件的(小额发行),可以豁免核准、注册,并授权国务院证券监督管理机构制定相关管理办法,报国务院批准。

四、有的意见建议,根据近期资本市场改革发展的实际情况,在修订草案二次审议稿的基础上,进一步完善证券交易相关制度,规范证券交易行为,维护证券交易秩序。宪法和法律委员会经研究,建议对相关规定作以下修改:一是取消现行证券法规定的证券暂停上市交易制度,对于不再符合上市条件或者有上市规则规定的其他情形的证券,由证券交易所按照业务规则直接终止其上市交易;二是增加规定,禁止投资者违规利用财政资金、银行信贷资金买卖证券。

五、有的意见建议,在修订草案二次审议稿的基础上,进一步完善证券投资纠纷解决相关制度,加强对投资者合法权益的保护。宪法和法律委员会经研究,建议对相关规定作以下完善:一是增加关于证券纠纷调解的规定,确立强制调解制度:投资者与发行人、证券公司等发生纠纷的,双方可以向国家设立的投资者保护机构申请调解;普通投资者与证券公司发生证券业务纠纷,普通投资者提出调解请求的,证券公司不得拒绝;二是增加支持诉讼的规定:国家设立的投资者保护机构对损害投资者利益的行为,可以依法支持投资者向人民法院提起诉讼;三是完善股东代表诉讼相关规定,明确对于“发行人的控股股东、实际控制人等侵犯公司合法权益给公司造成损失”的行为,持有该公司股份的国家设立的投资者保护机构可以提起股东代表诉讼。

六、有的意见建议,在修订草案二次审议稿的基础上,进一步完善相关执法措施,加大对证券违法行为的惩处力度,切实维护证券市场秩序,保护投资者权益。宪法和法律委员会经研究,建议对相关规定作以下修改:一是,延长国务院证券监督管理机构调查证券违法行为限制被调查人证券买卖的期限,由“不得超过三十个交易日,案情复杂的可以延长三十个交易日”,修改为“不得超过三个月,案情复杂的可以延长三个月”;二是,完善证券市场禁入措施相关制度,增加规定,国务院证券监督管理机构可以禁止违法行为情节严重的有关责任人员一定期限内买卖在证券交易所、国务院批准的其他全国性证券交易场所交易的证券。

此外,还对修订草案二次审议稿作了一些文字修改。

修订草案三次审议稿已按上述意见作了修改,宪法和法律委员会建议提请本次常委会会议继续审议。

修订草案三次审议稿和以上汇报是否妥当,请审议。

全国人民代表大会宪法和法律委员会关于《中华人民共和国证券法（修订草案）》审议结果的报告

——2019 年 12 月 23 日在第十三届全国人民代表大会常务委员会第十五次会议上

全国人大宪法和法律委员会主任委员　李　飞

全国人民代表大会常务委员会：

常委会第十次会议对证券法修订草案进行了三次审议。会后，法制工作委员会将修订草案三次审议稿印发各省（区、市）、基层立法联系点和中央有关部门以及部分全国人大代表、高等院校、研究机构征求意见，在中国人大网全文公布修订草案三次审议稿征求社会公众意见。宪法和法律委员会、法制工作委员会还到上海、深圳进行调研，听取意见；并就修订草案的有关问题与有关部门交换意见，共同研究。宪法和法律委员会于 11 月 25 日召开会议，根据常委会组成人员的审议意见和各方面意见，对修订草案进行了审议。财政经济委员会、司法部、中国证券监督管理委员会的有关负责同志列席了会议。12 月 16 日，宪法和法律委员会召开会议，再次进行审议。宪法和法律委员会认为，为贯彻落实党中央关于资本市场改革发展的决策部署，进一步规范证券的发行和交易行为，保护投资者合法权益，在总结实践经验的基础上，对证券法进行修改是必要的；修订草案经过三次审议修改，已经比较成熟。同时，提出以下主要修改意见：

一、国务院提出，按照习近平总书记的要求，依据全国人大常委会股票发行注册制授权决定，国务院及其有关部门积极开展注册制改革，相关改革措施已经在上海证券交易所科创板成功落地并平稳运行。目前科创板注册制改革主要制度安排基本经受住了市场检验，在证券法修订草案中确立证券发行注册制已经有了实践基础。建议按照全面推行注册制的基本定位规定证券发行制度，不再规定核准制；同时，为有关板块、有关证券品种分步实施注册制的进程安排，留出法律空间。宪法和法律委员会经研究，建议按照全面推行注册制的修改思路，对证券发行制度进行完善，将修订草案三次审议稿"证券发行"一章中的"一般规定"和"科创板注册制的特别规定"两节合并作出以下修改：一是精简优化证券发行条件。将发行股票应当"具有持续盈利能力"的要求，改为"具有持续经营能力"，同时，按照注册制改革精神，大幅度简化公司债券的发行条件。二是调整证券发行程序。在规定国务院证券监督管理机构依照法定条件负责证券发行申请注册的基础上，取消发行审核委员会制度，明确按照国务院和国务院证券监督管理机构的规定，证券交易所等可以审核公开发行证券申请，并授权国务院规定证券公开发行注册的具体办法。三是强化证券发行中的信息披露。按照注册制"以信息披露为核心"的要求，增加规定：发行人报送的证券发行申请文件，应当充分披露投资者作出价值判断和投资决策所必需的信息，内容应当真实、准确、完整。四是为实践中注册制的分步实施留出制度空间，增加规定：证券发行注册制的具体范围、实施步骤，由国务院规定。

二、有的常委委员和地方、部门提出，资产支持证券、资产管理产品等具有证券属性的金融产品实践中由不同部门监管，监管标准和监管规则不完全统一，建议按照功能监管的原则，明确由国务院依照本法的原则统一规定相关产品的管理办法，规范相关产品的发行、交易活动。宪法和法律委员会经研究，建议在修订草案三次审议稿第二条中增加一款规定：资产支持证券、资产管理产品发行、交易的管理办法，由国务院依照本法的原则规定。

三、修订草案三次审议稿第二条第三款规定，证券衍生品种发行、交易的管理办法，由国务院依照本法的原则规定。有的地方、部门提出，证券衍生品种分为证券型（如权证）和契约型（如股指期货）。其中，证券型品种可作为国务院依法认定的其他证券，直接适用本法；契约型品种可适用期货交易管理条例，目前有关方面正在起草期货法，将来可纳入期货法调整。据此，证券法可不再就证券衍生品种授权国务院规定具体管理办法。宪法和法律委员会经研究，建议删去这一款规定。

四、有的意见提出，为适应我国资本市场对外开放需要，维护境内市场秩序，保护境内投资者合法权益,建议在证券法中明确本法必要的域外适用效力。宪法和法律委员会经研究,建议在修订草案三次审议稿第二条中增加规定:在中华人民共和国境外的证券发行和交易活动,扰乱中华人民共和国境内市场秩序,损害境内投资者合法权益的,依照本法有关规定处理并追究法律责任。

五、有的常委委员和地方、部门、专家提出,为提高证券违法行为的违法成本,在加大行政处罚和刑事制裁的同时,应当充分发挥民事赔偿的作用;证券民事诉讼具有涉及投资者人数众多,单个投资者起诉成本高、起诉意愿不强等特点,建议在民事诉讼法框架内,结合证券民事诉讼的具体特点,有针对性地完善相关制度,有效保护投资者合法权益;有的建议,发挥投资者保护机构在证券民事诉讼中的作用,明确投资者保护机构可按照"明示退出、默示加入"的规则,为证券登记结算机构确认的受损害的投资者向法院办理登记,提起代表人诉讼。宪法和法律委员会经研究,建议在修订草案三次审议稿第一百零五条中增加两款规定:一是明确,投资者提起虚假陈述等证券民事赔偿诉讼,可能存在有相同诉讼请求的其他众多投资者的,人民法院可以发出公告,说明该诉讼请求的案件情况,通知投资者在一定期间向人民法院登记。人民法院作出的判决、裁定,对参加登记的投资者发生效力。二是明确,投资者保护机构受五十名以上投资者委托,可以作为代表人参加诉讼,并为经证券登记结算机构确认的权利人向人民法院登记,但投资者明确表示不愿意参加该诉讼的除外。

六、有的常委会组成人员和地方、部门、单位建议,在修订草案三次审议稿的基础上,进一步加大对证券违法行为的处罚力度,显著提高证券违法成本,严厉惩治并震慑违法行为人。宪法和法律委员会经研究,建议对法律责任一章作以下修改:对相关证券违法行为,有违法所得的,规定没收违法所得。同时,较大幅度地提高行政罚款额度,按照违法所得计算罚款幅度的,处罚标准由原来的一至五倍,提高到一至十倍;实行定额罚的,由原来多数规定的三十万元至六十万元,分别提高到最高二百万元至二千万元(如欺诈发行行为),以及一百万元至一千万元(如虚假陈述、操纵市场行为)、五十万元至五百万元(如内幕交易行为)等。

此外,还对修订草案三次审议稿作了一些文字修改。

12 月 10 日,法制工作委员会召开会议,邀请全国人大代表、专家学者以及证券交易所、证券公司、证券服务机构、投资者、上市公司等方面的代表,就修订草案中主要制度规范的可行性、法律出台时机、法律实施的社会效果和可能出现的问题等进行评估。总的评价是:证券法修订草案贯彻落实党中央关于资本市场改革发展的决策部署,坚持问题导向,重点解决实践中存在的突出问题,总体适应现阶段资本市场改革发展需要。修订草案关于证券发行制度改革的相关规定,总结了实践中科创板注册制改革试点的成功经验,符合当前资本市场实际,符合市场、社会各方面的预期,总体是可行的。目前法律出台的时机已经成熟,建议尽快审议通过、颁布实施。有的会议代表还对修订草案提出了一些具体修改意见,宪法和法律委员会进行了认真研究,建议结合常委会审议情况一并考虑。

修订草案四次审议稿已按上述意见作了修改,宪法和法律委员会建议提请本次常委会会议审议通过。

修订草案四次审议稿和以上报告是否妥当,请审议。

全国人民代表大会宪法和法律委员会关于《中华人民共和国证券法(修订草案四次审议稿)》修改意见的报告

——2019 年 12 月 27 日在第十三届全国人民代表大会常务委员会第十五次会议上

全国人民代表大会常务委员会:

本次常委会会议于 12 月 23 日下午对证券法修订草案四次审议稿进行了分组审议。普遍认为,修订草案经过审议修改已经比较成熟,建议进一步修改后,提请本次常委会会议表决通过。同时,有些常委会组成人员和列席会议的同志还提出了一些修改意见。宪法和法律委员会于 12 月 24 日上午召开会议,逐条研究了常委会组成人员的审议意见,对修订草案进行了审议。财政经济委员会、最高人民法院、司法部、中国证券监督管理委员会的有关

负责同志列席了会议。宪法和法律委员会认为,修订草案是可行的,同时,提出以下修改意见:

一、修订草案四次审议稿第二十一条第二款规定,按照国务院和国务院证券监督管理机构的规定,证券交易所等可以审核公开发行证券申请。有的意见提出,负责证券发行申请注册的部门,既包括国务院证券监督管理机构,也包括国务院授权的部门,修订草案四次审议稿的上述表述不够全面;有的提出,该条第一款已规定证券公开发行注册的具体办法由国务院规定,证券交易所等进行审核也应当依照国务院的规定执行。宪法和法律委员会经研究,建议将相关规定修改为:按照国务院的规定,证券交易所等可以审核公开发行证券申请。

二、有的常委委员提出,修订草案四次审议稿第一百零二条、第一百零五条关于证券交易所机构设置、参与证券交易所集中交易必须是其会员的规定,应当只适用于实行会员制的证券交易所,建议对此予以明确。宪法和法律委员会经研究,建议采纳这一意见。

三、有的常委委员提出,为强化对证券服务机构的监管,应当发挥相关行业主管部门的作用,会计师事务所等证券服务机构从事证券服务业务,除了报国务院证券监督管理机构备案外,还应当报其主管部门备案。宪法和法律委员会经研究,建议将相关规定修改为:从事其他证券服务业务,应当报国务院证券监督管理机构和国务院有关主管部门备案。

此外,根据常委会组成人员的审议意见,还对修订草案四次审议稿作了一些文字修改。

有的常委会组成人员还对本法通过后的实施和宣传工作提出了很好的意见,建议国务院及其有关部门及时出台相关配套规定,加强宣传解读工作,着力推进新证券法落地实施。宪法和法律委员会建议有关方面认真研究常委会组成人员的审议意见,抓紧制定相关配套规定,保证新证券法顺利实施,保障相关改革顺利推进;相关部门要做好新证券法的宣传和政策解读,为资本市场健康发展营造良好的舆论环境。

修订草案建议表决稿已按上述意见作了修改,宪法和法律委员会建议本次常委会会议审议通过。

修订草案建议表决稿和以上报告是否妥当,请审议。

中华人民共和国主席令

第三十八号

《中华人民共和国基本医疗卫生与健康促进法》已由中华人民共和国第十三届全国人民代表大会常务委员会第十五次会议于2019年12月28日通过,现予公布,自2020年6月1日起施行。

中华人民共和国主席 习近平

2019年12月28日

中华人民共和国基本医疗卫生与健康促进法

(2019年12月28日第十三届全国人民代表大会常务委员会第十五次会议通过)

目 录

第一章 总 则

第一条 为了发展医疗卫生与健康事业,保障公民享有基本医疗卫生服务,提高公民健康水平,推进健康中国建设,根据宪法,制定本法。

第二条 从事医疗卫生、健康促进及其监督管理活动,适用本法。

第三条 医疗卫生与健康事业应当坚持以人民为中心,为人民健康服务。

医疗卫生事业应当坚持公益性原则。

第四条 国家和社会尊重、保护公民的健康权。

国家实施健康中国战略,普及健康生活,优化健康服务,完善健康保障,建设健康环境,发展健康产业,提升公民全生命周期健康水平。

国家建立健康教育制度,保障公民获得健康教育的权利,提高公民的健康素养。

第五条 公民依法享有从国家和社会获得基本医疗卫生服务的权利。

国家建立基本医疗卫生制度,建立健全医疗卫生服务体系,保护和实现公民获得基本医疗卫生服务的权利。

第六条 各级人民政府应当把人民健康放在优先发展的战略地位,将健康理念融入各项政策,坚持预防为主,完善健康促进工作体系,组织实施健康促进的规划和行动,推进全民健身,建立健康影响评估制度,将公民主要健康指标改善情况纳入政府目标责任考核。

全社会应当共同关心和支持医疗卫生与健康事业的发展。

第七条 国务院和地方各级人民政府领导医疗卫生与健康促进工作。

国务院卫生健康主管部门负责统筹协调全国医疗卫生与健康促进工作。国务院其他有关部门在各自职责范围内负责有关的医疗卫生与健康促进工作。

县级以上地方人民政府卫生健康主管部门负责统筹协调本行政区域医疗卫生与健康促进工作。县级以上地方人民政府其他有关部门在各自职责范围内负责有关的医疗卫生与健康促进工作。

第八条 国家加强医学基础科学研究,鼓励医学科学技术创新,支持临床医学发展,促进医学科技成果的转化和应用,推进医疗卫生与信息技术融合发展,推广医疗卫生适宜技术,提高医疗卫生服务质量。

国家发展医学教育,完善适应医疗卫生事业发展需要的医学教育体系,大力培养医疗卫生人才。

第九条 国家大力发展中医药事业,坚持中西医并重、传承与创新相结合,发挥中医药在医疗卫生与健康事业中的独特作用。

第十条 国家合理规划和配置医疗卫生资源,以基层为重点,采取多种措施优先支持县级以下医疗卫生机构发展,提高其医疗卫生服务能力。

第十一条 国家加大对医疗卫生与健康事业的财政投入,通过增加转移支付等方式重点扶持革命老区、民族地区、边疆地区和经济欠发达地区发展医疗卫生与健康事业。

第十二条 国家鼓励和支持公民、法人和其他组织通过依法举办机构和捐赠、资助等方式,参与医疗卫生与健康事业,满足公民多样化、差异化、个性化健康需求。

公民、法人和其他组织捐赠财产用于医疗卫生与健康事业的,依法享受税收优惠。

第十三条 对在医疗卫生与健康事业中做出突出贡献的组织和个人,按照国家规定给予表彰、奖励。

第十四条 国家鼓励和支持医疗卫生与健康促进领域的对外交流合作。

开展医疗卫生与健康促进对外交流合作活动,应当遵守法律、法规,维护国家主权、安全和社会公共利益。

第二章 基本医疗卫生服务

第十五条 基本医疗卫生服务,是指维护人体健康所必需、与经济社会发展水平相适应、公民可公平获得的,采用适宜药物、适宜技术、适宜设备提供的疾病预防、诊断、治疗、护理和康复等服务。

基本医疗卫生服务包括基本公共卫生服务和基本医疗服务。基本公共卫生服务由国家免费提供。

第十六条 国家采取措施,保障公民享有安全有效的基本公共卫生服务,控制影响健康的危险因素,提高疾病的预防控制水平。

国家基本公共卫生服务项目由国务院卫生健康主管部门会同国务院财政部门、中医药主管部门等共同确定。

省、自治区、直辖市人民政府可以在国家基本公共卫生服务项目基础上,补充确定本行政区域的基本公共卫生服务项目,并报国务院卫生健康主管部门备案。

第十七条 国务院和省、自治区、直辖市人民政府可以将针对重点地区、重点疾病和特定人群的服务内容纳入基本公共卫生服务项目并组织实施。

县级以上地方人民政府针对本行政区域重大

疾病和主要健康危险因素,开展专项防控工作。

第十八条　县级以上人民政府通过举办专业公共卫生机构、基层医疗卫生机构和医院,或者从其他医疗卫生机构购买服务的方式提供基本公共卫生服务。

第十九条　国家建立健全突发事件卫生应急体系,制定和完善应急预案,组织开展突发事件的医疗救治、卫生学调查处置和心理援助等卫生应急工作,有效控制和消除危害。

第二十条　国家建立传染病防控制度,制定传染病防治规划并组织实施,加强传染病监测预警,坚持预防为主、防治结合,联防联控、群防群控、源头防控、综合治理,阻断传播途径,保护易感人群,降低传染病的危害。

任何组织和个人应当接受、配合医疗卫生机构为预防、控制、消除传染病危害依法采取的调查、检验、采集样本、隔离治疗、医学观察等措施。

第二十一条　国家实行预防接种制度,加强免疫规划工作。居民有依法接种免疫规划疫苗的权利和义务。政府向居民免费提供免疫规划疫苗。

第二十二条　国家建立慢性非传染性疾病防控与管理制度,对慢性非传染性疾病及其致病危险因素开展监测、调查和综合防控干预,及时发现高危人群,为患者和高危人群提供诊疗、早期干预、随访管理和健康教育等服务。

第二十三条　国家加强职业健康保护。县级以上人民政府应当制定职业病防治规划,建立健全职业健康工作机制,加强职业健康监督管理,提高职业病综合防治能力和水平。

用人单位应当控制职业病危害因素,采取工程技术、个体防护和健康管理等综合治理措施,改善工作环境和劳动条件。

第二十四条　国家发展妇幼保健事业,建立健全妇幼健康服务体系,为妇女、儿童提供保健及常见病防治服务,保障妇女、儿童健康。

国家采取措施,为公民提供婚前保健、孕产期保健等服务,促进生殖健康,预防出生缺陷。

第二十五条　国家发展老年人保健事业。国务院和省、自治区、直辖市人民政府应当将老年人健康管理和常见病预防等纳入基本公共卫生服务项目。

第二十六条　国家发展残疾预防和残疾人康复事业,完善残疾预防和残疾人康复及其保障体系,采取措施为残疾人提供基本康复服务。

县级以上人民政府应当优先开展残疾儿童康复工作,实行康复与教育相结合。

第二十七条　国家建立健全院前急救体系,为急危重症患者提供及时、规范、有效的急救服务。

卫生健康主管部门、红十字会等有关部门、组织应当积极开展急救培训,普及急救知识,鼓励医疗卫生人员、经过急救培训的人员积极参与公共场所急救服务。公共场所应当按照规定配备必要的急救设备、设施。

急救中心(站)不得以未付费为由拒绝或者拖延为急危重症患者提供急救服务。

第二十八条　国家发展精神卫生事业,建设完善精神卫生服务体系,维护和增进公民心理健康,预防、治疗精神障碍。

国家采取措施,加强心理健康服务体系和人才队伍建设,促进心理健康教育、心理评估、心理咨询与心理治疗服务的有效衔接,设立为公众提供公益服务的心理援助热线,加强未成年人、残疾人和老年人等重点人群心理健康服务。

第二十九条　基本医疗服务主要由政府举办的医疗卫生机构提供。鼓励社会力量举办的医疗卫生机构提供基本医疗服务。

第三十条　国家推进基本医疗服务实行分级诊疗制度,引导非急诊患者首先到基层医疗卫生机构就诊,实行首诊负责制和转诊审核责任制,逐步建立基层首诊、双向转诊、急慢分治、上下联动的机制,并与基本医疗保险制度相衔接。

县级以上地方人民政府根据本行政区域医疗卫生需求,整合区域内政府举办的医疗卫生资源,因地制宜建立医疗联合体等协同联动的医疗服务合作机制。鼓励社会力量举办的医疗卫生机构参与医疗服务合作机制。

第三十一条　国家推进基层医疗卫生机构实行家庭医生签约服务,建立家庭医生服务团队,与居民签订协议,根据居民健康状况和医疗需求提供基本医疗卫生服务。

第三十二条　公民接受医疗卫生服务,对病情、诊疗方案、医疗风险、医疗费用等事项依法享有知情同意的权利。

需要实施手术、特殊检查、特殊治疗的,医疗卫生人员应当及时向患者说明医疗风险、替代医疗方案等情况,并取得其同意;不能或者不宜向患者说明的,应当向患者的近亲属说明,并取得其同意。法律另有规定的,依照其规定。

开展药物、医疗器械临床试验和其他医学研究应当遵守医学伦理规范,依法通过伦理审查,取得知情同意。

第三十三条 公民接受医疗卫生服务，应当受到尊重。医疗卫生机构、医疗卫生人员应当关心爱护、平等对待患者，尊重患者人格尊严，保护患者隐私。

公民接受医疗卫生服务，应当遵守诊疗制度和医疗卫生服务秩序，尊重医疗卫生人员。

第三章 医疗卫生机构

第三十四条 国家建立健全由基层医疗卫生机构、医院、专业公共卫生机构等组成的城乡全覆盖、功能互补、连续协同的医疗卫生服务体系。

国家加强县级医院、乡镇卫生院、村卫生室、社区卫生服务中心（站）和专业公共卫生机构等的建设，建立健全农村医疗卫生服务网络和城市社区卫生服务网络。

第三十五条 基层医疗卫生机构主要提供预防、保健、健康教育、疾病管理，为居民建立健康档案，常见病、多发病的诊疗以及部分疾病的康复、护理，接收医院转诊患者，向医院转诊超出自身服务能力的患者等基本医疗卫生服务。

医院主要提供疾病诊治，特别是急危重症和疑难病症的诊疗，突发事件医疗处置和救援以及健康教育等医疗卫生服务，并开展医学教育、医疗卫生人员培训、医学科学研究和对基层医疗卫生机构的业务指导等工作。

专业公共卫生机构主要提供传染病、慢性非传染性疾病、职业病、地方病等疾病预防控制和健康教育、妇幼保健、精神卫生、院前急救、采供血、食品安全风险监测评估、出生缺陷防治等公共卫生服务。

第三十六条 各级各类医疗卫生机构应当分工合作，为公民提供预防、保健、治疗、护理、康复、安宁疗护等全方位全周期的医疗卫生服务。

各级人民政府采取措施支持医疗卫生机构与养老机构、儿童福利机构、社区组织建立协作机制，为老年人、孤残儿童提供安全、便捷的医疗和健康服务。

第三十七条 县级以上人民政府应当制定并落实医疗卫生服务体系规划，科学配置医疗卫生资源，举办医疗卫生机构，为公民获得基本医疗卫生服务提供保障。

政府举办医疗卫生机构，应当考虑本行政区域人口、经济社会发展状况、医疗卫生资源、健康危险因素、发病率、患病率以及紧急救治需求等情况。

第三十八条 举办医疗机构，应当具备下列条件，按照国家有关规定办理审批或者备案手续：

（一）有符合规定的名称、组织机构和场所；

（二）有与其开展的业务相适应的经费、设施、设备和医疗卫生人员；

（三）有相应的规章制度；

（四）能够独立承担民事责任；

（五）法律、行政法规规定的其他条件。

医疗机构依法取得执业许可证。禁止伪造、变造、买卖、出租、出借医疗机构执业许可证。

各级各类医疗卫生机构的具体条件和配置应当符合国务院卫生健康主管部门制定的医疗卫生机构标准。

第三十九条 国家对医疗卫生机构实行分类管理。

医疗卫生服务体系坚持以非营利性医疗卫生机构为主体、营利性医疗卫生机构为补充。政府举办非营利性医疗卫生机构，在基本医疗卫生事业中发挥主导作用，保障基本医疗卫生服务公平可及。

以政府资金、捐赠资产举办或者参与举办的医疗卫生机构不得设立为营利性医疗卫生机构。

医疗卫生机构不得对外出租、承包医疗科室。非营利性医疗卫生机构不得向出资人、举办者分配或者变相分配收益。

第四十条 政府举办的医疗卫生机构应当坚持公益性质，所有收支均纳入预算管理，按照医疗卫生服务体系规划合理设置并控制规模。

国家鼓励政府举办的医疗卫生机构与社会力量合作举办非营利性医疗卫生机构。

政府举办的医疗卫生机构不得与其他组织投资设立非独立法人资格的医疗卫生机构，不得与社会资本合作举办营利性医疗卫生机构。

第四十一条 国家采取多种措施，鼓励和引导社会力量依法举办医疗卫生机构，支持和规范社会力量举办的医疗卫生机构与政府举办的医疗卫生机构开展多种类型的医疗业务、学科建设、人才培养等合作。

社会力量举办的医疗卫生机构在基本医疗保险定点、重点专科建设、科研教学、等级评审、特定医疗技术准入、医疗卫生人员职称评定等方面享有与政府举办的医疗卫生机构同等的权利。

社会力量可以选择设立非营利性或者营利性医疗卫生机构。社会力量举办的非营利性医疗卫生机构按照规定享受与政府举办的医疗卫生机构同等的税收、财政补助、用地、用水、用电、用气、用热等政策，并依法接受监督管理。

第四十二条 国家以建成的医疗卫生机构为基础，合理规划与设置国家医学中心和国家、省级区域性医疗中心，诊治疑难重症，研究攻克重大医学难题，培养高层次医疗卫生人才。

第四十三条 医疗卫生机构应当遵守法律、法规、规章，建立健全内部质量管理和控制制度，对医疗卫生服务质量负责。

医疗卫生机构应当按照临床诊疗指南、临床技术操作规范和行业标准以及医学伦理规范等有关要求，合理进行检查、用药、诊疗，加强医疗卫生安全风险防范，优化服务流程，持续改进医疗卫生服务质量。

第四十四条 国家对医疗卫生技术的临床应用进行分类管理，对技术难度大、医疗风险高，服务能力、人员专业技术水平要求较高的医疗卫生技术实行严格管理。

医疗卫生机构开展医疗卫生技术临床应用，应当与其功能任务相适应，遵循科学、安全、规范、有效、经济的原则，并符合伦理。

第四十五条 国家建立权责清晰、管理科学、治理完善、运行高效、监督有力的现代医院管理制度。

医院应当制定章程，建立和完善法人治理结构，提高医疗卫生服务能力和运行效率。

第四十六条 医疗卫生机构执业场所是提供医疗卫生服务的公共场所，任何组织或者个人不得扰乱其秩序。

第四十七条 国家完善医疗风险分担机制，鼓励医疗机构参加医疗责任保险或者建立医疗风险基金，鼓励患者参加医疗意外保险。

第四十八条 国家鼓励医疗卫生机构不断改进预防、保健、诊断、治疗、护理和康复的技术、设备与服务，支持开发适合基层和边远地区应用的医疗卫生技术。

第四十九条 国家推进全民健康信息化，推动健康医疗大数据、人工智能等的应用发展，加快医疗卫生信息基础设施建设，制定健康医疗数据采集、存储、分析和应用的技术标准，运用信息技术促进优质医疗卫生资源的普及与共享。

县级以上人民政府及其有关部门应当采取措施，推进信息技术在医疗卫生领域和医学教育中的应用，支持探索发展医疗卫生服务新模式、新业态。

国家采取措施，推进医疗卫生机构建立健全医疗卫生信息交流和信息安全制度，应用信息技术开展远程医疗服务，构建线上线下一体化医疗服务模式。

第五十条 发生自然灾害、事故灾难、公共卫生事件和社会安全事件等严重威胁人民群众生命健康的突发事件时，医疗卫生机构、医疗卫生人员应当服从政府部门的调遣，参与卫生应急处置和医疗救治。对致病、致残、死亡的参与人员，按照规定给予工伤或者抚恤、烈士褒扬等相关待遇。

第四章 医疗卫生人员

第五十一条 医疗卫生人员应当弘扬敬佑生命、救死扶伤、甘于奉献、大爱无疆的崇高职业精神，遵守行业规范，恪守医德，努力提高专业水平和服务质量。

医疗卫生行业组织、医疗卫生机构、医学院校应当加强对医疗卫生人员的医德医风教育。

第五十二条 国家制定医疗卫生人员培养规划，建立适应行业特点和社会需求的医疗卫生人员培养机制和供需平衡机制，完善医学院校教育、毕业后教育和继续教育体系，建立健全住院医师、专科医师规范化培训制度，建立规模适宜、结构合理、分布均衡的医疗卫生队伍。

国家加强全科医生的培养和使用。全科医生主要提供常见病、多发病的诊疗和转诊、预防、保健、康复，以及慢性病管理、健康管理等服务。

第五十三条 国家对医师、护士等医疗卫生人员依法实行执业注册制度。医疗卫生人员应当依法取得相应的职业资格。

第五十四条 医疗卫生人员应当遵循医学科学规律，遵守有关临床诊疗技术规范和各项操作规范以及医学伦理规范，使用适宜技术和药物，合理诊疗，因病施治，不得对患者实施过度医疗。

医疗卫生人员不得利用职务之便索要、非法收受财物或者牟取其他不正当利益。

第五十五条 国家建立健全符合医疗卫生行业特点的人事、薪酬、奖励制度，体现医疗卫生人员职业特点和技术劳动价值。

对从事传染病防治、放射医学和精神卫生工作以及其他在特殊岗位工作的医疗卫生人员，应当按照国家规定给予适当的津贴。津贴标准应当定期调整。

第五十六条 国家建立医疗卫生人员定期到基层和艰苦边远地区从事医疗卫生工作制度。

国家采取定向免费培养、对口支援、退休返聘等措施，加强基层和艰苦边远地区医疗卫生队伍建设。

执业医师晋升为副高级技术职称的，应当有累计一年以上在县级以下或者对口支援的医疗卫生机构提供医疗卫生服务的经历。

对在基层和艰苦边远地区工作的医疗卫生人员，在薪酬津贴、职称评定、职业发展、教育培训和表彰奖励等方面实行优惠待遇。

国家加强乡村医疗卫生队伍建设，建立县乡村上下贯通的职业发展机制，完善对乡村医疗卫生人员的服务收入多渠道补助机制和养老政策。

第五十七条 全社会应当关心、尊重医疗卫生人员，维护良好安全的医疗卫生服务秩序，共同构建和谐医患关系。

医疗卫生人员的人身安全、人格尊严不受侵犯，其合法权益受法律保护。禁止任何组织或者个人威胁、危害医疗卫生人员人身安全，侵犯医疗卫生人员人格尊严。

国家采取措施，保障医疗卫生人员执业环境。

第五章 药品供应保障

第五十八条 国家完善药品供应保障制度，建立工作协调机制，保障药品的安全、有效、可及。

第五十九条 国家实施基本药物制度，遴选适当数量的基本药物品种，满足疾病防治基本用药需求。

国家公布基本药物目录，根据药品临床应用实践、药品标准变化、药品新上市情况等，对基本药物目录进行动态调整。

基本药物按照规定优先纳入基本医疗保险药品目录。

国家提高基本药物的供给能力，强化基本药物质量监管，确保基本药物公平可及、合理使用。

第六十条 国家建立健全以临床需求为导向的药品审评审批制度，支持临床急需药品、儿童用药品和防治罕见病、重大疾病等药品的研制、生产，满足疾病防治需求。

第六十一条 国家建立健全药品研制、生产、流通、使用全过程追溯制度，加强药品管理，保证药品质量。

第六十二条 国家建立健全药品价格监测体系，开展成本价格调查，加强药品价格监督检查，依法查处价格垄断、价格欺诈、不正当竞争等违法行为，维护药品价格秩序。

国家加强药品分类采购管理和指导。参加药品采购投标的投标人不得以低于成本的报价竞标，不得以欺诈、串通投标、滥用市场支配地位等方式竞标。

第六十三条 国家建立中央与地方两级医药储备，用于保障重大灾情、疫情及其他突发事件等应急需要。

第六十四条 国家建立健全药品供求监测体系，及时收集和汇总分析药品供求信息，定期公布药品生产、流通、使用等情况。

第六十五条 国家加强对医疗器械的管理，完善医疗器械的标准和规范，提高医疗器械的安全有效水平。

国务院卫生健康主管部门和省、自治区、直辖市人民政府卫生健康主管部门应当根据技术的先进性、适宜性和可及性，编制大型医用设备配置规划，促进区域内医用设备合理配置、充分共享。

第六十六条 国家加强中药的保护与发展，充分体现中药的特色和优势，发挥其在预防、保健、医疗、康复中的作用。

第六章 健康促进

第六十七条 各级人民政府应当加强健康教育工作及其专业人才培养，建立健康知识和技能核心信息发布制度，普及健康科学知识，向公众提供科学、准确的健康信息。

医疗卫生、教育、体育、宣传等机构、基层群众性自治组织和社会组织应当开展健康知识的宣传和普及。医疗卫生人员在提供医疗卫生服务时，应当对患者开展健康教育。新闻媒体应当开展健康知识的公益宣传。健康知识的宣传应当科学、准确。

第六十八条 国家将健康教育纳入国民教育体系。学校应当利用多种形式实施健康教育，普及健康知识、科学健身知识、急救知识和技能，提高学生主动防病的意识，培养学生良好的卫生习惯和健康的行为习惯，减少、改善学生近视、肥胖等不良健康状况。

学校应当按照规定开设体育与健康课程，组织学生开展广播体操、眼保健操、体能锻炼等活动。

学校按照规定配备校医，建立和完善卫生室、保健室等。

县级以上人民政府教育主管部门应当按照规定将学生体质健康水平纳入学校考核体系。

第六十九条 公民是自己健康的第一责任人，

树立和践行对自己健康负责的健康管理理念，主动学习健康知识，提高健康素养，加强健康管理。倡导家庭成员相互关爱，形成符合自身和家庭特点的健康生活方式。

公民应当尊重他人的健康权利和利益，不得损害他人健康和社会公共利益。

第七十条 国家组织居民健康状况调查和统计，开展体质监测，对健康绩效进行评估，并根据评估结果制定、完善与健康相关的法律、法规、政策和规划。

第七十一条 国家建立疾病和健康危险因素监测、调查和风险评估制度。县级以上人民政府及其有关部门针对影响健康的主要问题，组织开展健康危险因素研究，制定综合防治措施。

国家加强影响健康的环境问题预防和治理，组织开展环境质量对健康影响的研究，采取措施预防和控制与环境问题有关的疾病。

第七十二条 国家大力开展爱国卫生运动，鼓励和支持开展爱国卫生月等群众性卫生与健康活动，依靠和动员群众控制和消除健康危险因素，改善环境卫生状况，建设健康城市、健康村镇、健康社区。

第七十三条 国家建立科学、严格的食品、饮用水安全监督管理制度，提高安全水平。

第七十四条 国家建立营养状况监测制度，实施经济欠发达地区、重点人群营养干预计划，开展未成年人和老年人营养改善行动，倡导健康饮食习惯，减少不健康饮食引起的疾病风险。

第七十五条 国家发展全民健身事业，完善覆盖城乡的全民健身公共服务体系，加强公共体育设施建设，组织开展和支持全民健身活动，加强全民健身指导服务，普及科学健身知识和方法。

国家鼓励单位的体育场地设施向公众开放。

第七十六条 国家制定并实施未成年人、妇女、老年人、残疾人等的健康工作计划，加强重点人群健康服务。

国家推动长期护理保障工作，鼓励发展长期护理保险。

第七十七条 国家完善公共场所卫生管理制度。县级以上人民政府卫生健康等主管部门应当加强对公共场所的卫生监督。公共场所卫生监督信息应当依法向社会公开。

公共场所经营单位应当建立健全并严格实施卫生管理制度，保证其经营活动持续符合国家对公共场所的卫生要求。

第七十八条 国家采取措施，减少吸烟对公民健康的危害。

公共场所控制吸烟，强化监督执法。

烟草制品包装应当印制带有说明吸烟危害的警示。

禁止向未成年人出售烟酒。

第七十九条 用人单位应当为职工创造有益于健康的环境和条件，严格执行劳动安全卫生等相关规定，积极组织职工开展健身活动，保护职工健康。

国家鼓励用人单位开展职工健康指导工作。

国家提倡用人单位为职工定期开展健康检查。法律、法规对健康检查有规定的，依照其规定。

第七章 资金保障

第八十条 各级人民政府应当切实履行发展医疗卫生与健康事业的职责，建立与经济社会发展、财政状况和健康指标相适应的医疗卫生与健康事业投入机制，将医疗卫生与健康促进经费纳入本级政府预算，按照规定主要用于保障基本医疗服务、公共卫生服务、基本医疗保障和政府举办的医疗卫生机构建设和运行发展。

第八十一条 县级以上人民政府通过预算、审计、监督执法、社会监督等方式，加强资金的监督管理。

第八十二条 基本医疗服务费用主要由基本医疗保险基金和个人支付。国家依法多渠道筹集基本医疗保险基金，逐步完善基本医疗保险可持续筹资和保障水平调整机制。

公民有依法参加基本医疗保险的权利和义务。用人单位和职工按照国家规定缴纳职工基本医疗保险费。城乡居民按照规定缴纳城乡居民基本医疗保险费。

第八十三条 国家建立以基本医疗保险为主体，商业健康保险、医疗救助、职工互助医疗和医疗慈善服务等为补充的、多层次的医疗保障体系。

国家鼓励发展商业健康保险，满足人民群众多样化健康保障需求。

国家完善医疗救助制度，保障符合条件的困难群众获得基本医疗服务。

第八十四条 国家建立健全基本医疗保险经办机构与协议定点医疗卫生机构之间的协商谈判机制，科学合理确定基本医疗保险基金支付标准和支付方式，引导医疗卫生机构合理诊疗，促进患者有序流动，提高基本医疗保险基金使用效益。

第八十五条 基本医疗保险基金支付范围由国务院医疗保障主管部门组织制定，并应当听取国务院卫生健康主管部门、中医药主管部门、药品监督管理部门、财政部门等的意见。

省、自治区、直辖市人民政府可以按照国家有关规定，补充确定本行政区域基本医疗保险基金支付的具体项目和标准，并报国务院医疗保障主管部门备案。

国务院医疗保障主管部门应当对纳入支付范围的基本医疗保险药品目录、诊疗项目、医疗服务设施标准等组织开展循证医学和经济性评价，并应当听取国务院卫生健康主管部门、中医药主管部门、药品监督管理部门、财政部门等有关方面的意见。评价结果应当作为调整基本医疗保险基金支付范围的依据。

第八章 监督管理

第八十六条 国家建立健全机构自治、行业自律、政府监管、社会监督相结合的医疗卫生综合监督管理体系。

县级以上人民政府卫生健康主管部门对医疗卫生行业实行属地化、全行业监督管理。

第八十七条 县级以上人民政府医疗保障主管部门应当提高医疗保障监管能力和水平，对纳入基本医疗保险基金支付范围的医疗服务行为和医疗费用加强监督管理，确保基本医疗保险基金合理使用、安全可控。

第八十八条 县级以上人民政府应当组织卫生健康、医疗保障、药品监督管理、发展改革、财政等部门建立沟通协商机制，加强制度衔接和工作配合，提高医疗卫生资源使用效率和保障水平。

第八十九条 县级以上人民政府应当定期向本级人民代表大会或者其常务委员会报告基本医疗卫生与健康促进工作，依法接受监督。

第九十条 县级以上人民政府有关部门未履行医疗卫生与健康促进工作相关职责的，本级人民政府或者上级人民政府有关部门应当对其主要负责人进行约谈。

地方人民政府未履行医疗卫生与健康促进工作相关职责的，上级人民政府应当对其主要负责人进行约谈。

被约谈的部门和地方人民政府应当立即采取措施，进行整改。

约谈情况和整改情况应当纳入有关部门和地方人民政府工作评议、考核记录。

第九十一条 县级以上地方人民政府卫生健康主管部门应当建立医疗卫生机构绩效评估制度，组织对医疗卫生机构的服务质量、医疗技术、药品和医用设备使用等情况进行评估。评估应当吸收行业组织和公众参与。评估结果应当以适当方式向社会公开，作为评价医疗卫生机构和卫生监管的重要依据。

第九十二条 国家保护公民个人健康信息，确保公民个人健康信息安全。任何组织或者个人不得非法收集、使用、加工、传输公民个人健康信息，不得非法买卖、提供或者公开公民个人健康信息。

第九十三条 县级以上人民政府卫生健康主管部门、医疗保障主管部门应当建立医疗卫生机构、人员等信用记录制度，纳入全国信用信息共享平台，按照国家规定实施联合惩戒。

第九十四条 县级以上地方人民政府卫生健康主管部门及其委托的卫生健康监督机构，依法开展本行政区域医疗卫生等行政执法工作。

第九十五条 县级以上人民政府卫生健康主管部门应当积极培育医疗卫生行业组织，发挥其在医疗卫生与健康促进工作中的作用，支持其参与行业管理规范、技术标准制定和医疗卫生评价、评估、评审等工作。

第九十六条 国家建立医疗纠纷预防和处理机制，妥善处理医疗纠纷，维护医疗秩序。

第九十七条 国家鼓励公民、法人和其他组织对医疗卫生与健康促进工作进行社会监督。

任何组织和个人对违反本法规定的行为，有权向县级以上人民政府卫生健康主管部门和其他有关部门投诉、举报。

第九章 法律责任

第九十八条 违反本法规定，地方各级人民政府、县级以上人民政府卫生健康主管部门和其他有关部门，滥用职权、玩忽职守、徇私舞弊的，对直接负责的主管人员和其他直接责任人员依法给予处分。

第九十九条 违反本法规定，未取得医疗机构执业许可证擅自执业的，由县级以上人民政府卫生健康主管部门责令停止执业活动，没收违法所得和药品、医疗器械，并处违法所得五倍以上二十倍以下的罚款，违法所得不足一万元的，按一万元计算。

违反本法规定，伪造、变造、买卖、出租、出借医疗机构执业许可证的，由县级以上人民政府卫生健康主管部门责令改正，没收违法所得，并处违法所得五倍以上十五倍以下的罚款，违法所得不足一万元的，按一万元计算；情节严重的，吊销医疗机构执业许可证。

第一百条 违反本法规定，有下列行为之一的，由县级以上人民政府卫生健康主管部门责令改正，没收违法所得，并处违法所得二倍以上十倍以下的罚款，违法所得不足一万元的，按一万元计算；对直接负责的主管人员和其他直接责任人员依法给予处分：

（一）政府举办的医疗卫生机构与其他组织投资设立非独立法人资格的医疗卫生机构；

（二）医疗卫生机构对外出租、承包医疗科室；

（三）非营利性医疗卫生机构向出资人、举办者分配或者变相分配收益。

第一百零一条 违反本法规定，医疗卫生机构等的医疗信息安全制度、保障措施不健全，导致医疗信息泄露，或者医疗质量管理和医疗技术管理制度、安全措施不健全的，由县级以上人民政府卫生健康等主管部门责令改正，给予警告，并处一万元以上五万元以下的罚款；情节严重的，可以责令停止相应执业活动，对直接负责的主管人员和其他直接责任人员依法追究法律责任。

第一百零二条 违反本法规定，医疗卫生人员有下列行为之一的，由县级以上人民政府卫生健康主管部门依照有关执业医师、护士管理和医疗纠纷预防处理等法律、行政法规的规定给予行政处罚：

（一）利用职务之便索要、非法收受财物或者牟取其他不正当利益；

（二）泄露公民个人健康信息；

（三）在开展医学研究或提供医疗卫生服务过程中未按照规定履行告知义务或者违反医学伦理规范。

前款规定的人员属于政府举办的医疗卫生机构中的人员的，依法给予处分。

第一百零三条 违反本法规定，参加药品采购投标的投标人以低于成本的报价竞标，或者以欺诈、串通投标、滥用市场支配地位等方式竞标的，由县级以上人民政府医疗保障主管部门责令改正，没收违法所得；中标的，中标无效，处中标项目金额千分之五以上千分之十以下的罚款，对法定代表人、主要负责人、直接负责的主管人员和其他责任人员处对单位罚款数额百分之五以上百分之十以下的罚款；情节严重的，取消其二年至五年内参加药品采购投标的资格并予以公告。

第一百零四条 违反本法规定，以欺诈、伪造证明材料或者其他手段骗取基本医疗保险待遇，或者基本医疗保险经办机构以及医疗机构、药品经营单位等以欺诈、伪造证明材料或者其他手段骗取基本医疗保险基金支出的，由县级以上人民政府医疗保障主管部门依照有关社会保险的法律、行政法规规定给予行政处罚。

第一百零五条 违反本法规定，扰乱医疗卫生机构执业场所秩序，威胁、危害医疗卫生人员人身安全，侵犯医疗卫生人员人格尊严，非法收集、使用、加工、传输公民个人健康信息，非法买卖、提供或者公开公民个人健康信息等，构成违反治安管理行为的，依法给予治安管理处罚。

第一百零六条 违反本法规定，构成犯罪的，依法追究刑事责任；造成人身、财产损害的，依法承担民事责任。

第十章 附 则

第一百零七条 本法中下列用语的含义：

（一）主要健康指标，是指人均预期寿命、孕产妇死亡率、婴儿死亡率、五岁以下儿童死亡率等。

（二）医疗卫生机构，是指基层医疗卫生机构、医院和专业公共卫生机构等。

（三）基层医疗卫生机构，是指乡镇卫生院、社区卫生服务中心（站）、村卫生室、医务室、门诊部和诊所等。

（四）专业公共卫生机构，是指疾病预防控制中心、专科疾病防治机构、健康教育机构、急救中心（站）和血站等。

（五）医疗卫生人员，是指执业医师、执业助理医师、注册护士、药师（士）、检验技师（士）、影像技师（士）和乡村医生等卫生专业人员。

（六）基本药物，是指满足疾病防治基本用药需求，适应现阶段基本国情和保障能力，剂型适宜，价格合理，能够保障供应，可公平获得的药品。

第一百零八条 省、自治区、直辖市和设区的市、自治州可以结合实际，制定本地方发展医疗卫生与健康事业的具体办法。

第一百零九条 中国人民解放军和中国人民武装警察部队的医疗卫生与健康促进工作，由国务院和中央军事委员会依照本法制定管理办法。

第一百一十条 本法自 2020 年 6 月 1 日起施行。

关于《中华人民共和国基本医疗卫生与健康促进法(草案)》的说明

——2017 年 12 月 22 日在第十二届全国人民代表大会常务委员会第三十一次会议上

全国人大教育科学文化卫生委员会主任委员 柳斌杰

全国人民代表大会常务委员会:

我受教育科学文化卫生委员会的委托,作关于《中华人民共和国基本医疗卫生与健康促进法(草案)》的说明。

一、立法目的、指导思想和基本思路

《基本医疗卫生与健康促进法》是卫生与健康领域第一部基础性、综合性的法律,立法主要目的有三个方面,一是落实宪法关于国家发展医疗卫生事业,保护人民健康的规定;二是引领医药卫生事业改革和发展大局;三是推动和保障健康中国战略的实施。

立法的指导思想是:全面贯彻落实党的十九大和十八届三中、四中、五中全会精神,特别是十九大关于“实施健康中国战略”的各项新要求,以习近平新时代中国特色社会主义思想为统领,坚持以人民为中心理念,用法治引领和推动医药卫生体制改革发展,为实现全方位全周期维护人民健康提供法治基础,为健康中国战略的实施提供法治保障。

在起草过程中主要坚持四个方面的基本立法思路:一是通过立法反映医疗卫生事业基本规律,明确中国特色的基本医疗卫生制度和医疗卫生事业的发展方向;二是明确公民的基本健康权益,并保障其公平可及;三是明确各级政府在保障公民基本健康权益和推动健康工作方面的责任;四是将医改中一些有效的、好的举措上升为法律规定。

二、起草过程

《基本医疗卫生与健康促进法》是本届全国人大常委会的立法规划项目,也是由我委牵头起草的一部法律项目。常委会领导高度重视,张德江委员长还专门就这部法律的起草工作作出过重要批示。我委在 2014 年 12 月组织召开了立法工作启动会议,成立了立法工作领导小组、起草工作小组和专家咨询组。两年多来,起草工作按照计划安排,围绕立法中的重点和难点问题开展了大量的专题调研论证、专项课题研究等多方面工作,广泛听取了专家学者和社会各方面的意见,并初步征求了国务院各有关部门和人民团体的意见。在起草过程中,我们对中央提出的“将健康融入所有政策”的方针给予了高度重视。专门致函国务院各有关部门和人民团体,请各单位提出法律草案应规定的本单位健康促进职责。在前期调研的基础上,于 2016 年底,形成了初步的法律草案。

今年以来,起草工作小组根据全国卫生与健康大会精神,以及习近平总书记关于卫生与健康的系列重要讲话精神,对前期的立法思路和草案的内容作了进一步的调整和修改完善,主要是增加了健康促进相关的内容,使草案与目前的健康中国建设战略目标相适应。草案于今年上半年在工作层面上征求了国务院法制办、国家发改委、财政部、人力资源社会保障部等二十余个相关部门和社会团体的意见,起草小组根据反馈意见进一步完善了草案。起草过程中,我委多次召开主任委员办公会议,就立法中的重点和难点问题进行研究部署。草案于 2017 年 8 月 28 日经主任委员办公会议进行了讨论,于 9 月 15 日提请委员会第 42 次全体会议进行了审议。党的十九大召开后,起草工作小组进行了认真学习领会,并根据十九大精神和习近平新时代中国特色社会主义思想对草案作了进一步修改完善。2017 年 11 月中旬,我委报请全国人大常委会领导同志同意,由常委会办公厅发函,正式征求了国务院对草案的意见。12 月初,收到国务院反馈的意见后,我委本着能吸收尽量吸收的原则,对法律草案作了进一步修改完善,并于 12 月 8 日将草案送法工委审核。在充分研究、吸收法工委的审核意见后,形成了《中华人民共和国基本医疗卫生与健康促进法(草案)》。

三、法律草案的主要内容

目前草案共十章一百零二条。主要内容包括：

（一）草案第一章“总则”中明确提出我国医疗卫生事业的性质、卫生与健康工作方针和基本制度。

草案在第二条明确了医疗卫生事业是社会公益事业，发展医疗卫生事业要以人民为中心，并重申了中央确定的“坚持以基层为重点，以改革创新为动力，预防为主，中西医并重，将健康融入所有政策，全民共建共享”的新时期卫生与健康工作方针；草案第三条首次在法律层面上直接提出健康是人的基本权益，以及国家实施健康中国战略；第四条提出了国家建立基本医疗卫生制度，重点完善分级诊疗等五项基本制度（分级诊疗制度、现代医院管理制度、全民基本医疗保险制度、药品供应保障制度、综合监管制度），建立健全覆盖城乡居民的公共卫生服务体系和医疗服务体系。

（二）草案第二章“公民的健康权利与义务”中，规定了较为系统、适度的权利义务框架。

草案提出公民依法享有健康权，国家和社会依法实现、保护和尊重公民的健康权；同时也明确了公民相应的义务，如根据近年来的改革实践，明确提出“公民有依法参加基本医疗保险的权利和义务”。此外，还对公民的健康教育权、疫苗接种权利、特殊情况下的知情同意权、个人隐私权等，以及应当相应履行的义务作出了具体规定。

（三）草案第三章提出了促进健康的系列制度设计和规定。

草案规定了政府和社会在构建健康支持性环境中的职责和任务，同时也强化个人的健康意识和责任，力求通过法律的引领，培育人人参与、人人建设、人人共享的健康社会。比如涉及到的制度包括：健康绩效评估制度，疾病和健康危险因素监测、调查和风险评估制度，健康教育制度、爱国卫生运动等。对将健康教育纳入国民教育体系、鼓励社会和用人单位创造有益于健康的环境、组织开展全民健身和健康体检、公共场所控制吸烟等都作出了规定。此外，还对传染病防控、慢性非传染性疾病的防控、心理健康的促进、职业病的防治、发挥中医药在健康促进方面的作用等都作出了原则性规定。

（四）草案第四章对构建医疗卫生服务体系作出了系列规定。

明确构建覆盖城乡、功能互补、连续协同的基本医疗卫生服务体系；为公民提供预防、保健、治疗、康复、护理、安宁疗护等全方位全周期的公共卫生和医疗服务。第三十七条明确提出了基本医疗卫生服务的内涵和要素。草案强调公立医疗卫生机构是各级人民政府举办的、保障基本医疗卫生服务公平可及的非营利性机构；提出医疗卫生机构以公立医疗卫生机构为主导，坚持非营利性医疗机构为主体、营利性医疗机构为补充的总体布局。鼓励社会力量举办医疗卫生机构。同时，草案第四十四条至四十七条，对专业公共卫生机构、基层医疗卫生机构、医院的具体职责作出了明确的规定。

（五）草案在多个章节中将医改中行之有效的政策用立法的形式固定下来，使医改的一些重要措施于法有据。

比如，在鼓励社会办医方面，一是明确提出鼓励社会力量举办医疗卫生机构；二是草案仅对公立医疗卫生机构作出符合布局规划的要求，未对社会力量举办医疗机构在布局规划上进行限制。三是明确鼓励公民、法人和其他组织依法举办非营利性医疗机构。社会办医疗机构与公立医疗机构享有同等政策。

在推进分级诊疗制度方面，草案在第五十条明确提出“国家对基本医疗服务实行分级诊疗制度。分级诊疗实行首诊负责制和转诊审核责任制，鼓励非急诊患者首先到基层医疗卫生机构就诊，逐步建立起基层首诊、科学转诊的机制，并与基本医疗保险制度相衔接。”

在实施家庭医生签约服务模式方面，草案在第五十一条明确提出，基层医疗卫生机构实行家庭医生签约服务模式，并原则规定了服务的形式与内容。

在建立现代医院管理制度方面，第四十九条规定，国家建立权责清晰、管理科学、治理完善、运行高效、监督有力的现代医院管理制度。在强化政府对公立医院举办、监督、指导职责的同时，赋予公立医院自主运营管理权。

在保障医务人员权益方面，规定了“国家依法维护医疗卫生人员合法权益，保障医疗卫生人员执业环境”，“国家建立符合医疗卫生行业特点的人事、薪酬制度”；全社会应当尊重医疗卫生人员；建立医师的培训制度；对在基层和艰苦边远地区从事医疗卫生服务的人员实行特殊优惠政策等。

上述这些规定，都是医改中社会各方面非常关注的问题，也是医改中重点推出的政策措施，通过立法，有利于这些政策的深入推进和稳定持续。

（六）草案第六章针对药品领域的一些重点问题，健全了药品保障制度。

涉及到实行基本药物制度，健全药品供应保障制度，建立健全药品储备制度，药品价格监测体系，建立药品监测预警机制和短缺药品生产供应机制等。在第六十五条特别提出基本药物全部纳入基本医疗保险药品报销目录，实行最优惠的报销政策，确保基本药物公平可及、合理使用。

（七）草案第七章明确政府在医疗卫生投入方面的责任。

草案在第七十三条明确各级政府建立与经济社会发展、财政状况和健康指标要求相适应的医疗卫生与健康投入机制。将经费纳入本级预算，安排所需经费。草案提出基本公共卫生服务由国家免费向全体公民提供。基本医疗服务主要由基本医疗保险基金和个人支付。为进一步促进三医联动，提出发挥基本医疗保险支付标准和方式的激励约束作用，引导医疗卫生机构合理施治，促进患者有序流动。

（八）草案第八章建立了综合监督管理制度。

草案规定国务院相关部门和社会团体应履行相关法律规定的健康管理职责，具体职责由国务院制定。明确对非营利性医疗机构和营利性医疗机构分类管理，政府不举办营利性医疗机构；禁止政府办公立医疗卫生机构与社会资本合作举办营利性机构；公立医院所有收支全部纳入部门预算管理。建立医疗卫生机构绩效评估制度，评估结果作为评价医疗卫生机构和卫生监管的重要依据；充分发挥医疗卫生行业组织的作用，支持医疗卫生行业组织制订医疗卫生技术规范，参与医疗卫生评价、评估、评审等工作。

（九）草案第九章对违反本法所应承担的行政责任、民事责任和刑事责任等作出了规定。

此外，草案在起草过程中，既注意与其他卫生方面的单行法律相衔接，又没有重复应由单行法律作出规定的内容。全国人大常委会目前已经颁布13部人口卫生体育方面的单行法律，这些法律中也都涉及到基本医疗卫生与健康促进方面的内容。比如，关于药品管理政策、母婴保健、发展中医药、精神卫生、职业病防治、传染病防治、全民健身等，都有相应的单行法律规定。因此，对于单行法律中已作出规定的或者通过修改后可以作出规定的，本法原则上不再作重复性规定。

以上是草案的主要内容。

四、关于法律名称的说明

本届全国人大常委会立法规划中所确定的立法项目名称为“基本医疗卫生法”，当时之所以叫这个名称，主要是一个历史沿袭问题，十届和十一届全国人大立法规划中分别称为“初级卫生保健法”和“基本医疗卫生保健法”，本届称为“基本医疗卫生法”。

2016年8月，党中央、国务院召开了全国卫生与健康大会。随后，又颁布了《“健康中国2030”规划纲要》。今年10月，党的十九大提出“实施健康中国战略”。这些重大举措和部署，都将卫生与健康工作提到了一个新的高度，丰富了卫生与健康的内涵，强调加快推进健康中国建设，要把人民健康放在优先发展的战略地位，要树立大卫生、大健康理念，全面把握健康的丰富内涵，将健康融入所有政策，努力全方位全周期保障人民健康。起草领导小组认为，党中央对卫生与健康工作的高度重视，不仅对卫生与健康工作本身提出了新的要求，同时也对立法工作提出了新的要求。落实中央的决策和国家的发展战略，需要法律支撑，立法思路需要与时俱进。原来的法律名称和所涉及的调整范围已经不能完全适应新形势对卫生立法的要求。

去年11月和今年4月，我委主任委员办公会议两次就法律名称问题进行过研究，原则同意将法律名称由原来的“基本医疗卫生法”更改为“基本医疗卫生与健康促进法”，同时适当扩充法律的调整范围，为健康中国建设提供法治基础。

目前草案所称的“基本医疗卫生与健康促进法”比原名称“基本医疗卫生法”仅多几个字，而“基本医疗卫生与健康促进法”不仅涵盖基本医疗卫生制度建设的主要内容，同时，还从更广泛的健康影响因素入手，充分体现大卫生、大健康，以及将健康融入所有政策的新理念。通过立法，在坚持政府主导，保基本、强基层、建机制，保障政府投入，动员全社会参与，全方位全周期保障人民健康，大幅提高健康水平，显著改善健康公平等方面作出法律规范和制度设计，充分发挥法律在引领、推动医药卫生体制改革和保障健康中国建设方面的重要作用。因此，法律草案的现在名称调整为“基本医疗卫生与健康促进法”。

《中华人民共和国基本医疗卫生与健康促进法（草案）》和以上说明是否妥当，请审议。

全国人民代表大会宪法和法律委员会关于《中华人民共和国基本医疗卫生与健康促进法(草案)》修改情况的汇报

——2018年10月22日在第十三届全国人民代表大会常务委员会第六次会议上

全国人大宪法和法律委员会副主任委员 丛 斌

全国人民代表大会常务委员会:

根据十二届全国人大常委会立法规划和工作安排,十二届全国人大教育科学文化卫生委员会牵头起草了基本医疗卫生与健康促进法(草案),对公民的健康权利与义务、促进健康的主要措施、公共卫生和医疗服务组织与提供、医疗卫生人员、药物保障、筹资与支付、综合监督管理、法律责任等作了规定。

2017年12月,十二届全国人大常委会第三十一次会议对草案进行了初次审议。会后,法制工作委员会将草案印发各省(区、市)、立法联系点和中央有关单位等征求意见,在中国人大网公布草案全文,征求社会公众意见,到北京、山东、上海等6个省市开展调研,听取基层同志的意见,并就草案中的主要问题与有关部门交换意见,共同研究。国务院机构改革后,还征求了新组建的国家医疗保障局的意见。宪法和法律委员会、教育科学文化卫生委员会和法制工作委员会联合召开座谈会,听取中央有关部门、专家、医疗卫生机构、药品生产经营企业等的意见。常委会组成人员和各方面普遍认为,制定基本医疗卫生与健康促进法,对于保障和实现人人享有基本医疗卫生服务,发展医疗卫生事业,深化医药卫生体制改革,提高公民健康水平,推进健康中国建设,具有重要意义,是非常必要的。同时,也提出了许多修改完善的意见建议。

我们在草案修改过程中,注重把握以下几点:一是坚持以习近平新时代中国特色社会主义思想为指导,深入学习贯彻党的十九大和十九届二中、三中全会精神,全面贯彻落实习近平总书记在全国卫生与健康大会上的重要讲话精神和《"健康中国2030"规划纲要》等党中央、国务院文件精神,坚持以人民为中心、为人民健康服务为根本点的新形势下卫生与健康工作方针。二是坚持"保基本",在基本医疗卫生服务和健康促进方面努力增强人民群众制度上的获得感、幸福感、安全感,同时从国情和实际出发,坚持"保基本"的定位,保障基本医疗卫生服务公平可及,避免脱离实际、超越发展阶段。三是落实"强基层",针对基层医疗卫生服务能力薄弱的现状,坚持以基层为重点,着力加强基层医疗卫生机构和人才队伍建设。四是体现"大健康",补充环境保护、食品安全、加强全民健身指导服务等内容,充实健康促进措施。五是与医药卫生体制改革相衔接,对经实践证明行之有效的措施,上升为法律,增强制度刚性;对尚需继续探索的,在法律上留有必要空间;体现新一轮深化机构改革的相关精神。六是坚持问题导向,针对问题疫苗案件、药品低于成本价竞标等问题,增加约束性规定,体现从严监管的精神;针对一些公民自我健康管理意识不强等问题,增加相应规定,强化个人健康管理责任。七是增强可操作性,细化相关制度,明确法律责任,做好与相关法律法规包括正在推进的有关立法项目的衔接。

宪法和法律委员会于10月9日召开会议,根据常委会组成人员的审议意见和各方面意见,对草案进行了逐条审议。教育科学文化卫生委员会、司法部、财政部、国家卫生健康委员会、国家医疗保障局、国家药品监督管理局的负责同志列席了会议。10月16日,宪法和法律委员会召开会议,再次进行审议。现将基本医疗卫生与健康促进法(草案)主要问题的修改情况汇报如下:

一、有的常委委员提出,草案的结构应当体现"保基本",突出基本医疗卫生服务。宪法和法律委员会经研究,建议作以下修改:一是将第四章"公共卫生和医疗服务组织与提供"调整为第二章"基本医疗卫生服务",并分为"基本医疗卫生服务体系建设""基本公共卫生服务""基本医疗服务"三节,对基本医疗卫生服务作出比较全面的规定。同时明确基本医疗卫生服务的内涵,即是"维护人体健康所必需、与经济社会发展水平相适应、公民可以公平获得"的服务。二是将第二章"公民的健康权利与义务"与第三章"促进健康的主要措施"合并,将其中的部分重要内容纳入总则,其他内容纳入第六章“健康促进”和有关章节，并进一步充实健康促进方面的内容。

二、有的常委委员提出，应进一步推进医疗资源下沉，加强基层医疗服务能力建设，强化基层、筑牢网底。宪法和法律委员会经研究，建议作以下修改：一是在总则中明确国家采取多种措施，优先支持基层医疗卫生机构发展，提高基层服务能力。二是增加规定，国家加强以县级医院为中心、乡镇卫生院、村卫生室为基础的农村医疗卫生服务网络和以社区卫生服务中心为主体的城市社区卫生服务网络的建设。三是增加规定，执业医师晋升为副高级技术职称的，应当有累计一年以上在县级以下医疗卫生机构提供医疗卫生服务的经历。

三、有的常委委员、代表、社会公众提出，医疗卫生人员是医疗卫生事业持续发展的重要基础，应当加强对医疗卫生人员的培养和保障。宪法和法律委员会经研究，建议作以下修改：一是增加规定，国家发展医学教育，完善适应医疗卫生事业发展需要的医学教育体系，大力培养医疗卫生人才。二是明确国家以建成的医疗卫生机构为基础，合理规划与设置国家医学中心和国家、省级区域性医疗中心，培养高层次的医疗卫生人才。三是增加规定，对从事传染病防治和精神卫生工作以及其他在特殊岗位工作的医疗卫生人员，应当按照国家规定给予适当的津贴。津贴标准应当定期调整。

四、有的常委委员、部门和地方提出，草案应充分体现“三医联动”，充实医保、医药方面的内容。同时，医药卫生体制改革正在推进之中，有些需要进一步总结实践经验，如分级诊疗制度、家庭医生签约服务模式和医联体目前尚在探索中，建议法律规定得原则一些。宪法和法律委员会经研究，建议作以下修改：一是在相关条款中明确医疗保障、中医药、药品等主管部门的职责。二是明确“国家推进”分级诊疗制度和家庭医生签约服务模式，将“建立协同联动的医联体”修改为“因地制宜建立协同联动的医疗服务合作机制”。三是完善基本药物制度，明确国家遴选适当数量的基本药物品种，满足疾病防治基本用药需求；根据药品临床应用实践、药品标准变化、药品新上市情况等，对基本药物目录进行动态调整；基本药物按照规定优先纳入基本医疗保险药品目录；国家提高基本药物的供给能力，强化基本药物质量安全监管。四是鼓励药品创新，明确国家鼓励研究和创制新药，保护公民、法人和其他组织研究、开发新药的合法权益。五是加强药品价格监管，明确国家依法查处价格垄断和价格欺诈、恶意压价等不正当竞争行为；加强药品集中采购监督管理，参加药品采购投标的投标人不得以低于成本的报价竞标，并规定相应法律责任。六是完善医保资金保障，明确国家依法多渠道筹集基本医疗保险基金，县级以上人民政府给予必要的经费支持。七是加强医保监管，明确县级以上人民政府医疗保障主管部门应当不断提高医疗保障监管能力和水平，监督管理纳入基本医疗保险范围内的医疗服务行为和医疗费用，确保基本医疗保险基金合理使用、安全可控。对以欺诈、伪造证明材料或者其他手段骗取基本医疗保险待遇等违法行为，规定相应法律责任。

五、根据党中央关于完善疫苗药品管理法律法规和制度规则的精神，针对长春长生问题疫苗案件暴露的突出问题，宪法和法律委员会经研究，建议增加和完善以下规定：一是，国家实行有计划的预防接种制度。公民有依法受种国家免疫规划疫苗的权利和义务。用于预防接种的疫苗应当严格按照药品生产质量管理规范生产，符合国家药品标准，保证安全有效。二是，国家对儿童实行预防接种证制度。儿童入托、入学时，托幼机构、学校应当查验预防接种证，发现未依照国家免疫规划受种的，应当依法报告，并配合有关单位督促其监护人在儿童入托、入学后及时补种。三是，国家加强对药品的管理，建立药品全程追溯制度，保证药品质量安全。药品生产企业、药品经营企业和医疗卫生机构应当对所生产、经营、使用的药品质量、疗效和反应进行监测。发现可能与用药有关的严重不良反应，应当及时向当地省级人民政府药品主管部门和卫生健康主管部门报告。四是，因预防接种异常反应造成受种者死亡、严重残疾或者器官组织损伤的，应当依法给予补偿。

六、有的常委会组成人员、部门提出，为构建和谐医患关系，应当从法律制度上加强医疗卫生机构管理和医德医风建设，维护医疗秩序，完善医疗纠纷的预防和处理机制。宪法和法律委员会经研究，建议增加以下规定：一是，需要实施手术、特殊检查、特殊治疗的，医疗卫生人员应当及时向患者说明医疗风险、替代医疗方案等情况，并取得其书面同意；不宜向患者说明的，应当向患者的近亲属说明，并取得其书面同意。二是，医疗卫生行业组织、医疗卫生机构应当加强对医疗卫生人员的医德医风教育。三是，医疗卫生机构应当对其医疗卫生服务质量负责。四是，任何组织或者个人不得扰乱医疗卫生机构执业场所秩序。国家建立医疗纠纷预防和处理机制，妥善处理医疗纠纷，维护医疗秩序。五是，医疗卫生人员的人身安全、人格尊严不受侵犯。禁止任何组织和个人威胁、危害医疗卫生人员人身安全，侵犯医疗卫生人员人格尊严。六是，医疗卫生人员不得利用职务之便索要、非法收受财物或者牟取其他不正当利益。

七、有的常委委员、地方提出，应当强化公民对自身健康的管理。有的常委委员、部门提出，环境保护、食品安全、全民健身、控制吸烟对于健康促进非常重要，建议补充完善相关规定。宪法和法律委员会经研究，建议作以下修改：一是明确公民应当树立和践行自我健康管理理念。二是增加规定，国家加强影响健康的环境问题预防和治理，组织开展环境质量对健康影响的研究，采取措施预防和控制与环境问题有关的疾病。三是增加规定，国家建立科学、严格的食品、饮用水安全监督管理制度，提高安全水平，保障公众身体健康。四是明确国家加强全民健身指导服务，普及科学健身知识和方法。五是按照《“健康中国2030”规划纲要》的要求，明确国家采取宣传教育、价格税收等措施，提高控制吸烟成效，强化公共场所控制吸烟监督执法。

此外，还对法律责任有关内容进行了完善，对草案作了一些文字修改。

草案二次审议稿已按上述意见作了修改，宪法和法律委员会建议提请本次常委会会议继续审议。

草案二次审议稿和以上汇报是否妥当，请审议。

全国人民代表大会宪法和法律委员会关于《中华人民共和国基本医疗卫生与健康促进法（草案）》修改情况的汇报

——2019年8月22日在第十三届全国人民代表大会常务委员会第十二次会议上

全国人大宪法和法律委员会副主任委员 丛 斌

全国人民代表大会常务委员会：

常委会第六次会议对基本医疗卫生与健康促进法（草案）进行了再次审议。会后，法制工作委员会在中国人大网公布草案二次审议稿，再次征求社会公众意见。栗战书委员长赴云南调研，听取部分全国人大代表和地方人大代表的意见。宪法和法律委员会、法制工作委员会到上海、浙江、广东、河南调研，听取部分全国人大代表、地方有关部门、医疗机构等方面的意见，并就草案中的主要问题与有关部门交换意见，共同研究。宪法和法律委员会于7月29日召开会议，根据常委会组成人员的审议意见和各方面意见，对草案进行了审议。教育科学文化卫生委员会、司法部、财政部、国家卫生健康委员会、国家药品监督管理局的有关负责同志列席了会议。8月16日，宪法和法律委员会召开会议，再次进行审议。现将基本医疗卫生与健康促进法（草案）主要问题的修改情况汇报如下：

一、有的常委会组成人员提出，发展和应用医疗卫生信息技术有利于扩大优质医疗卫生资源覆盖面，满足人民群众医疗卫生服务需求，建议增加相应规定。有的常委委员建议进一步促进医学基础科学研究和临床医学技术发展。宪法和法律委员会经研究，建议作以下修改：一是在总则中明确国家鼓励医疗卫生与信息技术融合发展。二是明确国家推进医疗卫生机构应用信息技术开展远程诊疗、远程影像诊断等远程医疗服务，构建线上线下一体化医疗服务模式。三是明确国家加强医学基础科学研究，支持临床医学科学技术发展。

二、有的常委会组成人员、代表、社会公众提出，应进一步增加“强基层”的内容，合理配置医疗资源，支持县级以下医疗卫生机构发展；采取有针对性、可操作的措施，使医疗卫生人员下得去、留得住。宪法和法律委员会经研究，建议作以下修改：一是在总则中明确国家合理规划和配置医疗卫生资源，采取多种措施优先支持县级以下医疗卫生机构发展。二是明确县级以上地方人民政府整合区域内政府举办的医疗卫生资源，因地制宜建立医疗联合体等协同联动的医疗服务合作机制。三是增加规定，国家建立医疗卫生人员定期到基层和艰苦边远地区从事医疗卫生工作制度。四是增加规定，国家采取定向免费培养、对口支援、退休返聘等措施，加强基层和艰苦边远地区医疗卫生队伍建设。五是明确国家完善对乡村医疗卫生人员的养老政策。

三、有的常委委员、代表、部门建议增加基本医疗卫生服务的内容，在职业病防治、预防出生缺陷、社会急救、精神卫生等方面增加相应规定。有的地方提出,应当允许有条件的地方在国家规定的基础上,扩大本地基本医疗服务的范围。宪法和法律委员会经研究,建议作以下修改:一是明确县级以上人民政府应当建立健全职业健康工作机制,加强职业健康监督管理,提高职业病综合防治能力和水平。二是增加促进生殖健康、预防出生缺陷的内容。三是增加规定,地方各级人民政府、卫生健康等主管部门和红十字会等社会组织应当积极开展急救培训,普及急救知识,鼓励医疗卫生人员、经过急救培训的人员积极参与公共场所急救服务。四是增加规定,国家发展精神卫生事业,建设完善精神卫生服务体系,维护和增进公民心理健康,预防、治疗精神障碍。五是增加规定,省级人民政府可以在国家规定的基本医疗服务的范围、内容的基础上,补充确定本行政区域的基本医疗服务的具体范围、内容。

四、有些常委会组成人员建议进一步体现从以治病为中心向以健康为中心转变,坚持预防为主,全方位保障公众健康,充实老年人健康服务、爱国卫生运动、体育健身公共设施建设、公共场所卫生管理等促进健康的内容。宪法和法律委员会经研究,建议在草案已有的与健康有关的食品、环境、健身、心理、生活方式等规定的基础上,进一步充实健康促进的有关内容,对草案作以下修改:一是在总则中增加规定,国家普及健康生活,优化健康服务,完善健康保障,建设健康环境,发展健康产业,提升公民全生命周期健康保障水平。二是增加规定,省级以上人民政府应当将老年人健康管理和常见病预防等纳入基本公共卫生服务项目;各级人民政府应当开展多种形式的老年人健康教育,普及老年保健知识,增强老年人自我保健意识,采取措施完善对老年人的健康服务,提高老年人健康水平。三是增加规定,国家推动长期护理保障工作,鼓励发展长期护理保险,满足老年人、残疾人等的基本护理需求。四是明确国家鼓励和支持开展爱国卫生月等群众性卫生与健康活动,依靠和动员群众控制和消除健康危险因素。五是明确国家加强体育健身公共设施建设。六是增加规定,国家完善公共场所卫生管理制度,卫生健康等主管部门应当加强对公共场所的卫生监督,公共场所经营单位应当保证其经营活动持续符合国家对公共场所的卫生要求。需要说明的是,“健康”是一个涉及内容广泛的概念,本法主要是从与医疗卫生有关的健康促进角度作出必要的规定,不宜也难以把与“健康”有关的各方面内容都在本法中作出规定。

五、有的常委会组成人员、代表建议增加促进社会办医健康发展的内容,对社会力量举办的非营利性医疗卫生机构实行更加优惠的政策。宪法和法律委员会经研究,建议作以下修改:一是增加鼓励社会力量举办的医疗卫生机构参与医疗服务合作机制的规定,明确国家支持社会力量举办的医疗卫生机构与政府举办的医疗卫生机构开展医疗业务、学科建设、人才培养等合作。二是增加规定,社会力量举办的非营利性医疗卫生机构依法享受与政府举办的医疗卫生机构同等的税收、财政补助、用地等优惠政策。

六、有的常委委员建议对试验性医学研究、医疗器械的管理作出明确规定。有的常委委员建议加强对医疗卫生机构的管理,明确举办的条件和相关要求。宪法和法律委员会经研究,建议作以下修改:一是明确开展药物、医疗器械临床试验和其他试验性医学研究应当遵守医学伦理规范,并取得知情同意和伦理审查同意。二是整合有关内容,增设“医疗卫生机构”一章,明确举办医疗机构应当具备的条件,规定医疗卫生机构不得对外出租、承包医疗科室,非营利性医疗卫生机构不得向出资人分配收益,禁止伪造、变造、买卖、出租、出借医疗机构执业许可证。三是增加规定,国家加强对医疗器械的管理,制定完善医疗器械的标准和规范,提高医疗器械的安全有效水平。

七、有的常委委员建议加大对医疗卫生机构违法行为的处罚力度,并增加对医疗卫生人员违反医学伦理规范的法律责任。宪法和法律委员会经研究,建议作以下修改:一是增加未取得医疗机构执业许可证擅自执业的法律责任。二是加大对伪造、变造、买卖、出租、出借医疗机构执业许可证、非营利性医疗卫生机构向出资人分配收益等违法行为的处罚。三是增加规定在开展医学研究或者提供医疗卫生服务过程中违反医学伦理规范的法律责任。

八、有的常委委员、代表建议做好与药品管理法、疫苗管理法的协调,避免重复。宪法和法律委员会经研究,建议删去涉及两法的一些具体规定,对有关制度作衔接性规定。

此外,还对草案二次审议稿作了一些文字修改。

草案三次审议稿已按上述意见作了修改,宪法和法律委员会建议提请本次常委会会议继续审议。

草案三次审议稿和以上汇报是否妥当,请审议。

全国人民代表大会宪法和法律委员会关于《中华人民共和国基本医疗卫生与健康促进法(草案)》审议结果的报告

——2019 年 12 月 23 日在第十三届全国人民代表大会常务委员会第十五次会议上

全国人大宪法和法律委员会副主任委员 丛 斌

全国人民代表大会常务委员会:

常委会第十二次会议对基本医疗卫生与健康促进法(草案)进行了三次审议。会后,法制工作委员会在中国人大网公布草案三次审议稿,第三次征求社会公众意见。宪法和法律委员会、法制工作委员会到北京、山西、福建调研,听取部分全国人大代表、地方有关部门、医疗卫生机构等方面的意见,并就草案中的主要问题与有关部门交换意见,共同研究。宪法和法律委员会于 10 月 8 日、11 月 26 日召开会议,根据常委会组成人员的审议意见和各方面意见,对草案进行了审议。教育科学文化卫生委员会、司法部、财政部、国家卫生健康委员会、国家医疗保障局、国家药品监督管理局的有关负责同志列席了会议。12 月 16 日,宪法和法律委员会召开会议,再次进行审议。宪法和法律委员会认为,为了发展医疗卫生与健康事业,保障公民享有基本医疗卫生服务,推进健康中国建设,制定本法是必要的;草案经过三次审议修改,已经比较成熟。同时,提出以下主要修改意见:

一、有的常委委员、代表和社会公众提出,本法是落实宪法关于发展医疗卫生事业、保护人民健康规定的基础性、综合性法律,建议在立法目的中明确"根据宪法,制定本法"。宪法和法律委员会经研究,建议采纳这一意见。

二、有的常委委员提出,创新是医疗卫生事业发展的不竭动力,建议进一步体现国家对创新的鼓励和支持。宪法和法律委员会经研究,建议作以下修改:一是增加规定,国家"鼓励医学科学技术创新"。二是明确中医药事业"坚持传承与创新相结合"。

三、有的常委会组成人员、代表建议完善公共卫生服务内容,增加妇幼健康服务、残疾人康复、公共场所急救设备配备等要求。宪法和法律委员会经研究,建议增加规定:一是国家建立健全妇幼健康服务体系,采取措施,为公民提供婚前保健、孕产期保健等服务。二是国家发展残疾预防和残疾人康复事业,完善残疾预防和残疾人康复及其保障体系,采取措施为残疾人提供基本康复服务。县级以上人民政府应当优先开展残疾儿童康复工作,实行康复与教育相结合。三是公共场所应当按照规定配备必要的急救设备、设施。

四、有的常委委员、代表、部门和地方建议进一步加强心理健康、健康教育等医疗卫生队伍建设,建立更加符合基层实际的乡村医疗卫生人员职业发展机制。有的常委委员、地方建议进一步明确用水、用电等方面优惠政策,鼓励社会办医,并加强引导和规范。宪法和法律委员会经研究,建议增加规定:一是国家加强心理健康服务人才队伍建设,加强健康教育专业人才培养。二是非营利性医疗卫生机构不得向出资人、举办者分配"或者变相分配"收益;国家对社会力量举办的医疗卫生机构予以"引导"和"规范",社会力量举办的非营利性医疗卫生机构按照规定享受与政府举办的医疗卫生机构同等的用水、用电、用气、用热等政策,并依法接受监督管理。三是国家建立县乡村上下贯通的乡村医疗卫生人员职业发展机制。

五、有的常委委员、代表和部门建议进一步体现预防为主的精神,完善健康促进工作机制,明确公民对自己健康负责的理念,充实学校体育、全民健身等方面的内容。有的常委委员提出,健康促进涉及方方面面,有的其他法律已有规定,有的可由配套办法作出规定,有的可在实践中逐步推进,本法可规定得原则一些。宪法和法律委员会经研究,建议增加规定:一是各级人民政府应当完善健康促进工作体系,推进全民健身。二是学校应当按照规定开设体育与健康课程,组织学生开展广播体操、眼保健操等活动。县级以上人民政府教育主管部门应当按照规定将学生体质健康水平纳入学校考核体系。三是公民是自己健康的第一责任人,树立和践行对自己健康负责的健康管理理念。四是国家鼓励单位的体育场地设施向公众开放。五是省、自治区、直辖市和设区的市、自治州可以结合实际,制定本地方发展医疗卫生与健康事业的具体办法。同时,根据实际情况,对有关健康促进措施作了完善。

六、有的常委委员、部门建议进一步明确部门职责分工,加强部门间沟通协调,促进"三医联动"。宪法和法律委员会经研究,建议作以下修改:一是明确基本医疗保险基金支付范围由国务院医疗保障主管部门组织制定,并应当听取国务院卫生健康主管部门等的意见。二是明确国务院医疗保障主管部门应当对纳入支付范围的基本医疗保险药品目录等组织开展循证医学和经济性评价,并应当听取国务院卫生健康主管部门等有关方面的意见。三是增加规定,县级以上人民政府应当组织卫生健康、医疗保障、药品监督管理、发展改革、财政等部门建立沟通协商机制,加强制度衔接和工作配合,提高医疗卫生资源使用效率和保障水平。

七、有的常委委员、代表和社会公众建议加大对相关违法行为的惩处力度,并做好与有关法律、行政法规规定的衔接。宪法和法律委员会经研究,建议作以下修改:一是明确县级以上人民政府有关部门应当按照国家规定实施联合惩戒。二是对医疗卫生机构医疗信息安全保障措施不健全导致医疗信息泄露等情形,增加规定罚款处罚。三是对以低于成本的报价竞标,或者以欺诈、串通投标、滥用市场支配地位等方式竞标的违法行为,除对相关单位给予处罚外,对其法定代表人等责任人员增加规定罚款处罚。

法制工作委员会召开会议,邀请部分全国人大代表、专家、地方有关部门、医疗卫生机构、药品生产经营企业等就草案中主要制度规范的可行性、出台时机、实施的社会效果和可能出现的问题等进行评估。与会人员普遍认为,草案贯彻以人民为中心、为人民健康服务的卫生与健康工作方针,着力"保基本",落实"强基层",坚持"促健康",有利于巩固医药卫生体制改革成果,发展医疗卫生与健康事业,提升公民全生命周期健康水平,对于推进健康中国建设具有重要意义。草案经过修改,充分吸收了各方面意见,进一步增强了制度规范的针对性和可操作性,已经比较成熟,建议尽快审议通过。与会人员还对草案提出了一些具体修改意见,宪法和法律委员会进行了认真研究,对有的意见予以采纳。

此外,还对草案三次审议稿作了一些文字修改。

草案四次审议稿已按上述意见作了修改,宪法和法律委员会建议提请本次常委会会议审议通过。

草案四次审议稿和以上报告是否妥当,请审议。

全国人民代表大会宪法和法律委员会关于《中华人民共和国基本医疗卫生与健康促进法(草案四次审议稿)》修改意见的报告

——2019 年 12 月 27 日在第十三届全国人民代表大会常务委员会第十五次会议上

全国人民代表大会常务委员会:

本次常委会会议于 12 月 23 日下午对基本医疗卫生与健康促进法草案四次审议稿进行了分组审议。普遍认为,草案已经比较成熟,建议进一步修改后,提请本次常委会会议表决通过。同时,有些常委会组成人员还提出了一些修改意见。宪法和法律委员会于 12 月 24 日上午召开会议,逐条研究了常委会组成人员的审议意见,对草案进行了审议。教育科学文化卫生委员会、司法部、财政部、国家卫生健康委员会、国家医疗保障局、国家药品监督管理局的有关负责同志列席了会议。宪法和法律委员会认为,草案是可行的,同时,提出以下修改意见:

一、有的常委委员提出,实践中有的急救中心要求患者必须先交费才提供急救服务,耽误了患者抢救时间,建议对此予以规范。宪法和法律委员会经研究,建议增加规定:"急救中心(站)不得以未付费为由拒绝或者拖延为急危重症患者提供急救服务。"

二、有的常委委员提出,草案有关知情同意、个人健康信息保护的规定应与民法相关规定相衔接。宪法和法律委员会经研究,建议将草案有关条款中的"取得其书面同意"修改为"取得其同意",将"不得非法获取、利用、公开公民个人健康信息"修改为"不得非法收集、使用、加工、传输公民个人健康信息,不得非法买卖、提供或者公开公民个人健康信息",并对法律责任的规定作相应修改。

三、有的常委会组成人员提出,疾病预防控制中心等专业公共卫生机构在疾病预防控制方面发挥着关键作用,建议增加加强专业公共卫生机构建设的规定。宪法和法律委员会经研究,建议将草案有关规定修改为:“国家加强县级医院、乡镇卫生院、村卫生室、社区卫生服务中心(站)和专业公共卫生机构等的建设,建立健全农村医疗卫生服务网络和城市社区卫生服务网络。”

四、有些常委会组成人员提出,住院医师和专科医师规范化培训制度是培养合格临床医师的重要制度性安排,建议在本法中作出明确规定。宪法和法律委员会经研究,建议将草案有关规定修改为“建立健全住院医师、专科医师规范化培训制度”。

五、有的常委委员提出,针对青少年的体能耐力问题,建议增加学校组织学生开展体能锻炼的规定。宪法和法律委员会经研究,建议采纳这一意见。

六、有的常委会组成人员提出,家庭关系和家庭生活习惯对家庭成员的健康有重要影响,建议增加健康家庭生活的内容。宪法和法律委员会经研究,建议将草案中有关“形成健康生活方式”的规定修改为“倡导家庭成员相互关爱,形成符合自身和家庭特点的健康生活方式”。

在常委会审议中,有些常委会组成人员还就进一步完善健康促进措施提出了一些具体意见建议。有些常委会组成人员还建议有关方面抓紧制定配套规定,加强法律宣传。宪法和法律委员会经研究认为,上述意见建议涉及的问题,有的在有关法律中已作规定,今后还可进一步完善;有的可由有关部门和地方制定配套规定,进一步予以明确、细化;有的还需要在实践中继续探索,逐步完善。宪法和法律委员会建议,国务院及其有关部门认真研究常委会组成人员的上述意见,在法律实施过程中,落实和完善医疗卫生与健康相关制度,抓紧制定配套规定,做好法律宣传,切实保障法律的贯彻实施。

此外,根据常委会组成人员的审议意见,还对草案四次审议稿作了一些文字修改。

草案建议表决稿已按上述意见作了修改,宪法和法律委员会建议本次常委会会议审议通过。

草案建议表决稿和以上报告是否妥当,请审议。

中华人民共和国主席令

第三十九号

《中华人民共和国森林法》已由中华人民共和国第十三届全国人民代表大会常务委员会第十五次会议于2019年12月28日修订通过,现予公布,自2020年7月1日起施行。

中华人民共和国主席 习近平

2019年12月28日

中华人民共和国森林法

(1984年9月20日第六届全国人民代表大会常务委员会第七次会议通过 根据1998年4月29日第九届全国人民代表大会常务委员会第二次会议《关于修改〈中华人民共和国森林法〉的决定》第一次修正 根据2009年8月27日第十一届全国人民代表大会常务委员会第十次会议《关于修改部分法律的决定》第二次修正 2019年12月28日第十三届全国人民代表大会常务委员会第十五次会议修订)

目 录

第一章　总　则

第一条　为了践行绿水青山就是金山银山理念，保护、培育和合理利用森林资源，加快国土绿化，保障森林生态安全，建设生态文明，实现人与自然和谐共生，制定本法。

第二条　在中华人民共和国领域内从事森林、林木的保护、培育、利用和森林、林木、林地的经营管理活动，适用本法。

第三条　保护、培育、利用森林资源应当尊重自然、顺应自然，坚持生态优先、保护优先、保育结合、可持续发展的原则。

第四条　国家实行森林资源保护发展目标责任制和考核评价制度。上级人民政府对下级人民政府完成森林资源保护发展目标和森林防火、重大林业有害生物防治工作的情况进行考核，并公开考核结果。

地方人民政府可以根据本行政区域森林资源保护发展的需要，建立林长制。

第五条　国家采取财政、税收、金融等方面的措施，支持森林资源保护发展。各级人民政府应当保障森林生态保护修复的投入，促进林业发展。

第六条　国家以培育稳定、健康、优质、高效的森林生态系统为目标，对公益林和商品林实行分类经营管理，突出主导功能，发挥多种功能，实现森林资源永续利用。

第七条　国家建立森林生态效益补偿制度，加大公益林保护支持力度，完善重点生态功能区转移支付政策，指导受益地区和森林生态保护地区人民政府通过协商等方式进行生态效益补偿。

第八条　国务院和省、自治区、直辖市人民政府可以依照国家对民族自治地方自治权的规定，对民族自治地方的森林保护和林业发展实行更加优惠的政策。

第九条　国务院林业主管部门主管全国林业工作。县级以上地方人民政府林业主管部门，主管本行政区域的林业工作。

乡镇人民政府可以确定相关机构或者设置专职、兼职人员承担林业相关工作。

第十条　植树造林、保护森林，是公民应尽的义务。各级人民政府应当组织开展全民义务植树活动。

每年三月十二日为植树节。

第十一条　国家采取措施，鼓励和支持林业科学研究，推广先进适用的林业技术，提高林业科学技术水平。

第十二条　各级人民政府应当加强森林资源保护的宣传教育和知识普及工作，鼓励和支持基层群众性自治组织、新闻媒体、林业企业事业单位、志愿者等开展森林资源保护宣传活动。

教育行政部门、学校应当对学生进行森林资源保护教育。

第十三条　对在造林绿化、森林保护、森林经营管理以及林业科学研究等方面成绩显著的组织或者个人，按照国家有关规定给予表彰、奖励。

第二章　森林权属

第十四条　森林资源属于国家所有，由法律规定属于集体所有的除外。

国家所有的森林资源的所有权由国务院代表国家行使。国务院可以授权国务院自然资源主管部门统一履行国有森林资源所有者职责。

第十五条　林地和林地上的森林、林木的所有权、使用权，由不动产登记机构统一登记造册，核发证书。国务院确定的国家重点林区（以下简称重点林区）的森林、林木和林地，由国务院自然资源主管部门负责登记。

森林、林木、林地的所有者和使用者的合法权益受法律保护，任何组织和个人不得侵犯。

森林、林木、林地的所有者和使用者应当依法保护和合理利用森林、林木、林地，不得非法改变林地用途和毁坏森林、林木、林地。

第十六条　国家所有的林地和林地上的森林、林木可以依法确定给林业经营者使用。林业经营者依法取得的国有林地和林地上的森林、林木的使用权，经批准可以转让、出租、作价出资等。具体办法由国务院制定。

林业经营者应当履行保护、培育森林资源的义务，保证国有森林资源稳定增长，提高森林生态功能。

第十七条　集体所有和国家所有依法由农民集体使用的林地（以下简称集体林地）实行承包经营的，承包方享有林地承包经营权和承包林地上的林木所有权，合同另有约定的从其约定。承包方可以依法采取出租（转包）、入股、转让等方式流转林地经营权、林木所有权和使用权。

第十八条　未实行承包经营的集体林地以及林地上的林木，由农村集体经济组织统一经营。经本集体经济组织成员的村民会议三分之二以上成员或者三分之二以上村民代表同意并公示,可以通过招标、拍卖、公开协商等方式依法流转林地经营权、林木所有权和使用权。

第十九条 集体林地经营权流转应当签订书面合同。林地经营权流转合同一般包括流转双方的权利义务、流转期限、流转价款及支付方式、流转期限届满林地上的林木和固定生产设施的处置、违约责任等内容。

受让方违反法律规定或者合同约定造成森林、林木、林地严重毁坏的,发包方或者承包方有权收回林地经营权。

第二十条 国有企业事业单位、机关、团体、部队营造的林木,由营造单位管护并按照国家规定支配林木收益。

农村居民在房前屋后、自留地、自留山种植的林木,归个人所有。城镇居民在自有房屋的庭院内种植的林木,归个人所有。

集体或者个人承包国家所有和集体所有的宜林荒山荒地荒滩营造的林木,归承包的集体或者个人所有;合同另有约定的从其约定。

其他组织或者个人营造的林木,依法由营造者所有并享有林木收益;合同另有约定的从其约定。

第二十一条 为了生态保护、基础设施建设等公共利益的需要,确需征收、征用林地、林木的,应当依照《中华人民共和国土地管理法》等法律、行政法规的规定办理审批手续,并给予公平、合理的补偿。

第二十二条 单位之间发生的林木、林地所有权和使用权争议,由县级以上人民政府依法处理。

个人之间、个人与单位之间发生的林木所有权和林地使用权争议,由乡镇人民政府或者县级以上人民政府依法处理。

当事人对有关人民政府的处理决定不服的,可以自接到处理决定通知之日起三十日内,向人民法院起诉。

在林木、林地权属争议解决前,除因森林防火、林业有害生物防治、国家重大基础设施建设等需要外,当事人任何一方不得砍伐有争议的林木或者改变林地现状。

第三章 发展规划

第二十三条 县级以上人民政府应当将森林资源保护和林业发展纳入国民经济和社会发展规划。

第二十四条 县级以上人民政府应当落实国土空间开发保护要求,合理规划森林资源保护利用结构和布局,制定森林资源保护发展目标,提高森林覆盖率、森林蓄积量,提升森林生态系统质量和稳定性。

第二十五条 县级以上人民政府林业主管部门应当根据森林资源保护发展目标,编制林业发展规划。下级林业发展规划依据上级林业发展规划编制。

第二十六条 县级以上人民政府林业主管部门可以结合本地实际,编制林地保护利用、造林绿化、森林经营、天然林保护等相关专项规划。

第二十七条 国家建立森林资源调查监测制度,对全国森林资源现状及变化情况进行调查、监测和评价,并定期公布。

第四章 森林保护

第二十八条 国家加强森林资源保护,发挥森林蓄水保土、调节气候、改善环境、维护生物多样性和提供林产品等多种功能。

第二十九条 中央和地方财政分别安排资金,用于公益林的营造、抚育、保护、管理和非国有公益林权利人的经济补偿等,实行专款专用。具体办法由国务院财政部门会同林业主管部门制定。

第三十条 国家支持重点林区的转型发展和森林资源保护修复,改善生产生活条件,促进所在地区经济社会发展。重点林区按照规定享受国家重点生态功能区转移支付等政策。

第三十一条 国家在不同自然地带的典型森林生态地区、珍贵动物和植物生长繁殖的林区、天然热带雨林区和具有特殊保护价值的其他天然林区,建立以国家公园为主体的自然保护地体系,加强保护管理。

国家支持生态脆弱地区森林资源的保护修复。

县级以上人民政府应当采取措施对具有特殊价值的野生植物资源予以保护。

第三十二条 国家实行天然林全面保护制度,严格限制天然林采伐,加强天然林管护能力建设,保护和修复天然林资源,逐步提高天然林生态功能。具体办法由国务院规定。

第三十三条 地方各级人民政府应当组织有关部门建立护林组织,负责护林工作;根据实际需要建设护林设施,加强森林资源保护;督促相关组织订立护林公约、组织群众护林、划定护林责任区、配备专职或者兼职护林员。

县级或者乡镇人民政府可以聘用护林员，其主要职责是巡护森林，发现火情、林业有害生物以及破坏森林资源的行为，应当及时处理并向当地林业等有关部门报告。

第三十四条 地方各级人民政府负责本行政区域的森林防火工作，发挥群防作用；县级以上人民政府组织领导应急管理、林业、公安等部门按照职责分工密切配合做好森林火灾的科学预防、扑救和处置工作：

(一)组织开展森林防火宣传活动，普及森林防火知识；

(二)划定森林防火区，规定森林防火期；

(三)设置防火设施，配备防灭火装备和物资；

(四)建立森林火灾监测预警体系，及时消除隐患；

(五)制定森林火灾应急预案，发生森林火灾，立即组织扑救；

(六)保障预防和扑救森林火灾所需费用。

国家综合性消防救援队伍承担国家规定的森林火灾扑救任务和预防相关工作。

第三十五条 县级以上人民政府林业主管部门负责本行政区域的林业有害生物的监测、检疫和防治。

省级以上人民政府林业主管部门负责确定林业植物及其产品的检疫性有害生物，划定疫区和保护区。

重大林业有害生物灾害防治实行地方人民政府负责制。发生暴发性、危险性等重大林业有害生物灾害时，当地人民政府应当及时组织除治。

林业经营者在政府支持引导下，对其经营管理范围内的林业有害生物进行防治。

第三十六条 国家保护林地，严格控制林地转为非林地，实行占用林地总量控制，确保林地保有量不减少。各类建设项目占用林地不得超过本行政区域的占用林地总量控制指标。

第三十七条 矿藏勘查、开采以及其他各类工程建设，应当不占或者少占林地；确需占用林地的，应当经县级以上人民政府林业主管部门审核同意，依法办理建设用地审批手续。

占用林地的单位应当缴纳森林植被恢复费。森林植被恢复费征收使用管理办法由国务院财政部门会同林业主管部门制定。

县级以上人民政府林业主管部门应当按照规定安排植树造林，恢复森林植被，植树造林面积不得少于因占用林地而减少的森林植被面积。上级林业主管部门应当定期督促下级林业主管部门组织植树造林、恢复森林植被，并进行检查。

第三十八条 需要临时使用林地的，应当经县级以上人民政府林业主管部门批准；临时使用林地的期限一般不超过二年，并不得在临时使用的林地上修建永久性建筑物。

临时使用林地期满后一年内，用地单位或者个人应当恢复植被和林业生产条件。

第三十九条 禁止毁林开垦、采石、采砂、采土以及其他毁坏林木和林地的行为。

禁止向林地排放重金属或者其他有毒有害物质含量超标的污水、污泥，以及可能造成林地污染的清淤底泥、尾矿、矿渣等。

禁止在幼林地砍柴、毁苗、放牧。

禁止擅自移动或者损坏森林保护标志。

第四十条 国家保护古树名木和珍贵树木。禁止破坏古树名木和珍贵树木及其生存的自然环境。

第四十一条 各级人民政府应当加强林业基础设施建设，应用先进适用的科技手段，提高森林防火、林业有害生物防治等森林管护能力。

各有关单位应当加强森林管护。国有林业企业事业单位应当加大投入，加强森林防火、林业有害生物防治，预防和制止破坏森林资源的行为。

第五章 造林绿化

第四十二条 国家统筹城乡造林绿化，开展大规模国土绿化行动，绿化美化城乡，推动森林城市建设，促进乡村振兴，建设美丽家园。

第四十三条 各级人民政府应当组织各行各业和城乡居民造林绿化。

宜林荒山荒地荒滩，属于国家所有的，由县级以上人民政府林业主管部门和其他有关主管部门组织开展造林绿化；属于集体所有的，由集体经济组织组织开展造林绿化。

城市规划区内、铁路公路两侧、江河两侧、湖泊水库周围，由各有关主管部门按照有关规定因地制宜组织开展造林绿化；工矿区、工业园区、机关、学校用地，部队营区以及农场、牧场、渔场经营地区，由各该单位负责造林绿化。组织开展城市造林绿化的具体办法由国务院制定。

国家所有和集体所有的宜林荒山荒地荒滩可

以由单位或者个人承包造林绿化。

第四十四条　国家鼓励公民通过植树造林、抚育管护、认建认养等方式参与造林绿化。

第四十五条　各级人民政府组织造林绿化，应当科学规划、因地制宜，优化林种、树种结构，鼓励使用乡土树种和林木良种、营造混交林，提高造林绿化质量。

国家投资或者以国家投资为主的造林绿化项目，应当按照国家规定使用林木良种。

第四十六条　各级人民政府应当采取以自然恢复为主、自然恢复和人工修复相结合的措施，科学保护修复森林生态系统。新造幼林地和其他应当封山育林的地方，由当地人民政府组织封山育林。

各级人民政府应当对国务院确定的坡耕地、严重沙化耕地、严重石漠化耕地、严重污染耕地等需要生态修复的耕地，有计划地组织实施退耕还林还草。

各级人民政府应当对自然因素等导致的荒废和受损山体、退化林地以及宜林荒山荒地荒滩，因地制宜实施森林生态修复工程，恢复植被。

第六章　经营管理

第四十七条　国家根据生态保护的需要，将森林生态区位重要或者生态状况脆弱，以发挥生态效益为主要目的的林地和林地上的森林划定为公益林。未划定为公益林的林地和林地上的森林属于商品林。

第四十八条　公益林由国务院和省、自治区、直辖市人民政府划定并公布。

下列区域的林地和林地上的森林，应当划定为公益林：

（一）重要江河源头汇水区域；

（二）重要江河干流及支流两岸、饮用水水源地保护区；

（三）重要湿地和重要水库周围；

（四）森林和陆生野生动物类型的自然保护区；

（五）荒漠化和水土流失严重地区的防风固沙林基干林带；

（六）沿海防护林基干林带；

（七）未开发利用的原始林地区；

（八）需要划定的其他区域。

公益林划定涉及非国有林地的，应当与权利人签订书面协议，并给予合理补偿。

公益林进行调整的，应当经原划定机关同意，并予以公布。

国家级公益林划定和管理的办法由国务院制定；地方级公益林划定和管理的办法由省、自治区、直辖市人民政府制定。

第四十九条　国家对公益林实施严格保护。

县级以上人民政府林业主管部门应当有计划地组织公益林经营者对公益林中生态功能低下的疏林、残次林等低质低效林，采取林分改造、森林抚育等措施，提高公益林的质量和生态保护功能。

在符合公益林生态区位保护要求和不影响公益林生态功能的前提下，经科学论证，可以合理利用公益林林地资源和森林景观资源，适度开展林下经济、森林旅游等。利用公益林开展上述活动应当严格遵守国家有关规定。

第五十条　国家鼓励发展下列商品林：

（一）以生产木材为主要目的的森林；

（二）以生产果品、油料、饮料、调料、工业原料和药材等林产品为主要目的的森林；

（三）以生产燃料和其他生物质能源为主要目的的森林；

（四）其他以发挥经济效益为主要目的的森林。

在保障生态安全的前提下，国家鼓励建设速生丰产、珍贵树种和大径级用材林，增加林木储备，保障木材供给安全。

第五十一条　商品林由林业经营者依法自主经营。在不破坏生态的前提下，可以采取集约化经营措施，合理利用森林、林木、林地，提高商品林经济效益。

第五十二条　在林地上修筑下列直接为林业生产经营服务的工程设施，符合国家有关部门规定的标准的，由县级以上人民政府林业主管部门批准，不需要办理建设用地审批手续；超出标准需要占用林地的，应当依法办理建设用地审批手续：

（一）培育、生产种子、苗木的设施；

（二）贮存种子、苗木、木材的设施；

（三）集材道、运材道、防火巡护道、森林步道；

（四）林业科研、科普教育设施；

（五）野生动植物保护、护林、林业有害生物防治、森林防火、木材检疫的设施；

（六）供水、供电、供热、供气、通讯基础设施；

（七）其他直接为林业生产服务的工程设施。

第五十三条　国有林业企业事业单位应当编制森林经营方案，明确森林培育和管护的经营措施，报县级以上人民政府林业主管部门批准后实施。重点林区的森林经营方案由国务院林业主管部门批准后实施。

国家支持、引导其他林业经营者编制森林经营方案。

编制森林经营方案的具体办法由国务院林业主管部门制定。

第五十四条　国家严格控制森林年采伐量。省、自治区、直辖市人民政府林业主管部门根据消耗量低于生长量和森林分类经营管理的原则，编制本行政区域的年采伐限额，经征求国务院林业主管部门意见，报本级人民政府批准后公布实施，并报国务院备案。重点林区的年采伐限额，由国务院林业主管部门编制，报国务院批准后公布实施。

第五十五条　采伐森林、林木应当遵守下列规定：

（一）公益林只能进行抚育、更新和低质低效林改造性质的采伐。但是，因科研或者实验、防治林业有害生物、建设护林防火设施、营造生物防火隔离带、遭受自然灾害等需要采伐的除外。

（二）商品林应当根据不同情况，采取不同采伐方式，严格控制皆伐面积，伐育同步规划实施。

（三）自然保护区的林木，禁止采伐。但是，因防治林业有害生物、森林防火、维护主要保护对象生存环境、遭受自然灾害等特殊情况必须采伐的和实验区的竹林除外。

省级以上人民政府林业主管部门应当根据前款规定，按照森林分类经营管理、保护优先、注重效率和效益等原则，制定相应的林木采伐技术规程。

第五十六条　采伐林地上的林木应当申请采伐许可证，并按照采伐许可证的规定进行采伐；采伐自然保护区以外的竹林，不需要申请采伐许可证，但应当符合林木采伐技术规程。

农村居民采伐自留地和房前屋后个人所有的零星林木，不需要申请采伐许可证。

非林地上的农田防护林、防风固沙林、护路林、护岸护堤林和城镇林木等的更新采伐，由有关主管部门按照有关规定管理。

采挖移植林木按照采伐林木管理。具体办法由国务院林业主管部门制定。

禁止伪造、变造、买卖、租借采伐许可证。

第五十七条　采伐许可证由县级以上人民政府林业主管部门核发。

县级以上人民政府林业主管部门应当采取措施，方便申请人办理采伐许可证。

农村居民采伐自留山和个人承包集体林地上的林木，由县级人民政府林业主管部门或者其委托的乡镇人民政府核发采伐许可证。

第五十八条　申请采伐许可证，应当提交有关采伐的地点、林种、树种、面积、蓄积、方式、更新措施和林木权属等内容的材料。超过省级以上人民政府林业主管部门规定面积或者蓄积量的，还应当提交伐区调查设计材料。

第五十九条　符合林木采伐技术规程的，审核发放采伐许可证的部门应当及时核发采伐许可证。但是，审核发放采伐许可证的部门不得超过年采伐限额发放采伐许可证。

第六十条　有下列情形之一的，不得核发采伐许可证：

（一）采伐封山育林期、封山育林区内的林木；

（二）上年度采伐后未按照规定完成更新造林任务；

（三）上年度发生重大滥伐案件、森林火灾或者林业有害生物灾害，未采取预防和改进措施；

（四）法律法规和国务院林业主管部门规定的禁止采伐的其他情形。

第六十一条　采伐林木的组织和个人应当按照有关规定完成更新造林。更新造林的面积不得少于采伐的面积，更新造林应当达到相关技术规程规定的标准。

第六十二条　国家通过贴息、林权收储担保补助等措施，鼓励和引导金融机构开展涉林抵押贷款、林农信用贷款等符合林业特点的信贷业务，扶持林权收储机构进行市场化收储担保。

第六十三条　国家支持发展森林保险。县级以上人民政府依法对森林保险提供保险费补贴。

第六十四条　林业经营者可以自愿申请森林认证，促进森林经营水平提高和可持续经营。

第六十五条　木材经营加工企业应当建立原料和产品出入库台账。任何单位和个人不得收购、加工、运输明知是盗伐、滥伐等非法来源的林木。

第七章　监督检查

第六十六条　县级以上人民政府林业主管部门依照本法规定，对森林资源的保护、修复、利用、更新等进行监督检查，依法查处破坏森林资源等违法行为。

第六十七条　县级以上人民政府林业主管部门履行森林资源保护监督检查职责，有权采取下列措施：

（一）进入生产经营场所进行现场检查；

（二）查阅、复制有关文件、资料，对可能被转移、销毁、隐匿或者篡改的文件、资料予以封存；

（三）查封、扣押有证据证明来源非法的林木以及从事破坏森林资源活动的工具、设备或者财物；

（四）查封与破坏森林资源活动有关的场所。

省级以上人民政府林业主管部门对森林资源保护发展工作不力、问题突出、群众反映强烈的地区，可以约谈所在地区县级以上地方人民政府及其有关部门主要负责人，要求其采取措施及时整改。约谈整改情况应当向社会公开。

第六十八条 破坏森林资源造成生态环境损害的，县级以上人民政府自然资源主管部门、林业主管部门可以依法向人民法院提起诉讼，对侵权人提出损害赔偿要求。

第六十九条 审计机关按照国家有关规定对国有森林资源资产进行审计监督。

第八章 法律责任

第七十条 县级以上人民政府林业主管部门或者其他有关国家机关未依照本法规定履行职责的，对直接负责的主管人员和其他直接责任人员依法给予处分。

依照本法规定应当作出行政处罚决定而未作出的，上级主管部门有权责令下级主管部门作出行政处罚决定或者直接给予行政处罚。

第七十一条 违反本法规定，侵害森林、林木、林地的所有者或者使用者的合法权益的，依法承担侵权责任。

第七十二条 违反本法规定，国有林业企业事业单位未履行保护培育森林资源义务、未编制森林经营方案或者未按照批准的森林经营方案开展森林经营活动的，由县级以上人民政府林业主管部门责令限期改正，对直接负责的主管人员和其他直接责任人员依法给予处分。

第七十三条 违反本法规定，未经县级以上人民政府林业主管部门审核同意，擅自改变林地用途的，由县级以上人民政府林业主管部门责令限期恢复植被和林业生产条件，可以处恢复植被和林业生产条件所需费用三倍以下的罚款。

虽经县级以上人民政府林业主管部门审核同意，但未办理建设用地审批手续擅自占用林地的，依照《中华人民共和国土地管理法》的有关规定处罚。

在临时使用的林地上修建永久性建筑物，或者临时使用林地期满后一年内未恢复植被或者林业生产条件的，依照本条第一款规定处罚。

第七十四条 违反本法规定，进行开垦、采石、采砂、采土或者其他活动，造成林木毁坏的，由县级以上人民政府林业主管部门责令停止违法行为，限期在原地或者异地补种毁坏株数一倍以上三倍以下的树木，可以处毁坏林木价值五倍以下的罚款；造成林地毁坏的，由县级以上人民政府林业主管部门责令停止违法行为，限期恢复植被和林业生产条件，可以处恢复植被和林业生产条件所需费用三倍以下的罚款。

违反本法规定，在幼林地砍柴、毁苗、放牧造成林木毁坏的，由县级以上人民政府林业主管部门责令停止违法行为，限期在原地或者异地补种毁坏株数一倍以上三倍以下的树木。

向林地排放重金属或者其他有毒有害物质含量超标的污水、污泥，以及可能造成林地污染的清淤底泥、尾矿、矿渣等的，依照《中华人民共和国土壤污染防治法》的有关规定处罚。

第七十五条 违反本法规定，擅自移动或者毁坏森林保护标志的，由县级以上人民政府林业主管部门恢复森林保护标志，所需费用由违法者承担。

第七十六条 盗伐林木的，由县级以上人民政府林业主管部门责令限期在原地或者异地补种盗伐株数一倍以上五倍以下的树木，并处盗伐林木价值五倍以上十倍以下的罚款。

滥伐林木的，由县级以上人民政府林业主管部门责令限期在原地或者异地补种滥伐株数一倍以上三倍以下的树木，可以处滥伐林木价值三倍以上五倍以下的罚款。

第七十七条 违反本法规定，伪造、变造、买卖、租借采伐许可证的，由县级以上人民政府林业主管部门没收证件和违法所得，并处违法所得一倍以上三倍以下的罚款；没有违法所得的，可以处二万元以下的罚款。

第七十八条 违反本法规定，收购、加工、运输明知是盗伐、滥伐等非法来源的林木的，由县级以上人民政府林业主管部门责令停止违法行为，没收违法收购、加工、运输的林木或者变卖所得，可以处违法收购、加工、运输林木价款三倍以下的罚款。

第七十九条 违反本法规定，未完成更新造林任务的，由县级以上人民政府林业主管部门责令限期完成；逾期未完成的，可以处未完成造林任务所需费用二倍以下的罚款；对直接负责的主管人员和其他直接责任人员，依法给予处分。

第八十条 违反本法规定，拒绝、阻碍县级以上人民政府林业主管部门依法实施监督检查的，可以处五万元以下的罚款，情节严重的，可以责令停产停业整顿。

第八十一条 违反本法规定，有下列情形之一的，由县级以上人民政府林业主管部门依法组织代为履行，代为履行所需费用由违法者承担：

（一）拒不恢复植被和林业生产条件，或者恢复植被和林业生产条件不符合国家有关规定；

（二）拒不补种树木，或者补种不符合国家有关规定。

恢复植被和林业生产条件、树木补种的标准，由省级以上人民政府林业主管部门制定。

第八十二条 公安机关按照国家有关规定，可以依法行使本法第七十四条第一款、第七十六条、第七十七条、第七十八条规定的行政处罚权。

违反本法规定，构成违反治安管理行为的，依法给予治安管理处罚；构成犯罪的，依法追究刑事责任。

第九章 附 则

第八十三条 本法下列用语的含义是：

（一）森林，包括乔木林、竹林和国家特别规定的灌木林。按照用途可以分为防护林、特种用途林、用材林、经济林和能源林。

（二）林木，包括树木和竹子。

（三）林地，是指县级以上人民政府规划确定的用于发展林业的土地。包括郁闭度 0.2 以上的乔木林地以及竹林地、灌木林地、疏林地、采伐迹地、火烧迹地、未成林造林地、苗圃地等。

第八十四条 本法自 2020 年 7 月 1 日起施行。

关于《中华人民共和国森林法（修订草案）》的说明

——2019 年 6 月 25 日在第十三届全国人民代表大会常务委员会第十一次会议上

全国人大农业与农村委员会副主任委员 王宪魁

全国人民代表大会常务委员会：

我受全国人大农业与农村委员会委托，就《中华人民共和国森林法（修订草案）》的有关问题作说明。

一、修改森林法的必要性

现行森林法于 1984 年经第六届全国人民代表大会常务委员会第七次会议审议通过，并于 1998 年进行了修正。森林法的颁布实施，对于保护和合理利用森林资源、加快国土绿化、促进林业发展，发挥了十分重要的作用。

党的十八大以来，以习近平同志为核心的党中央把生态文明建设作为统筹推进“五位一体”总体布局和协调推进“四个全面”战略布局的重要内容，高度重视林业建设，强调森林是陆地生态系统的主体和重要资源，是人类生存发展的重要生态屏障；林业建设是事关经济社会可持续发展的根本性问题，林业要为建设生态文明和美丽中国创造更好的生态条件。贯彻习近平生态文明思想，是林业改革发展的指导方针和根本遵循。

当前，林业面临的形势、任务和功能定位已发生根本性变化，迫切需要对现行森林法作出相应的修改完善，为林业改革发展提供法治保障。

一是推进构建现代林业治理体系。建设现代林业，应当调动各类经营主体的积极性，保护其合法权益，加强产权保护，改变重审批轻监管的行政管理方式，取消带有计划经济色彩的管理制度，对不同类型的森林采取差异化管理措施，建立健全适应森林生态功能要求不断强化的现代林业经营体制机制。

二是促进林业转型和可持续发展。近年来，国有林场和国有林区改革全面展开，集体林权制度改革逐步深化，2016 年全面停止天然林商业性采伐等措施不断推进，林业发展已经由生产木材为主向生态建设为主转变，由主要提供物质产品向主要为全社会提供优质生态产品、满足经济社会生态文化等多元需求转变。适应森林功能定位发生的根本变化，将经实践检验行之有效的改革措施及时转化为法律规范，可以进一步保障和引领林业的可持续发展。

三是加快推进国土绿化和提高森林质量。经

过不懈努力,我国森林资源保护和生态修复取得了显著成就,但总体上仍然存在缺林少绿、森林质量不高等问题。应当更加科学地强化政府森林资源保护责任,有效调动全社会力量推进国土绿化,保障森林资源数量和质量稳步提高。

二、修改森林法的过程、指导思想和主要原则

修改森林法是十三届全国人大常委会立法规划确定的项目,由全国人大农业与农村委员会牵头起草。农业与农村委员会高度重视,组织有关单位成立森林法修改起草领导小组和工作小组。在修改过程中,开展深入调查研究,认真听取人大代表、基层干部、林农和国有、非公有制林业企业等各方面意见,先后多次征求31个省(自治区、直辖市)人大农委和中央、国务院有关部门及科研院校的意见。在反复研究论证的基础上,形成了森林法(修订草案)(以下简称草案)。

修改森林法的指导思想:全面贯彻落实党的十九大和十九届二中、三中全会精神,以习近平新时代中国特色社会主义思想为指导,认真贯彻落实习近平生态文明思想,践行绿水青山就是金山银山的理念,坚持人与自然和谐共生,以立法规范和促进森林资源可持续利用和发展,维护森林生态安全,推动森林生态文明建设和现代林业发展。

修改森林法遵循的原则:一是坚持生态优先,生态效益、经济效益和社会效益相统一;二是坚持保护优先,实现森林资源可持续利用和发展;三是坚持发挥市场配置资源的决定性作用与政府必要的宏观调控相结合,实行森林分类经营管理;四是坚持尊重自然规律和经济规律,保护好各类林业经营主体的合法权益。

三、修改森林法的主要内容

(一)关于森林权属

明确森林权属、加强森林权属保护,是本次法律修改的重点。根据森林生态建设和集体林权改革的实践经验,草案增加“森林权属”一章,针对我国森林权属的实际,即林地包括国家、集体所有,林木包括国家、集体、个人所有等情况,区分主体分别规定,做到“山定权、树定根、人定心、政府定责”。

一是明确国务院代表国家行使国有森林资源所有权,国务院可以授权有关部门行使或者由有关部门委托省、自治区、直辖市人民政府代理行使所有者职责。根据国有林改革和经营管理的情况,草案规定,国家所有的森林、林木和林地可以依法确定给多种所有制的林业经营主体使用;林业经营主体依法取得的国有森林、林木和林地的使用权,经批准可以转让、出租、作价出资等,并明确具体办法由国务院制定。

二是明确集体所有和国家所有由农民集体使用的林地依法实行承包经营,承包方享有林地承包经营权和承包林地上的林木所有权,合同另有约定的从其约定,承包方可以自主决定依法采取出租(转包)、入股、抵押、转让等方式流转林地经营权、林木所有权和使用权。同时,草案还明确未承包的集体林地以及林地上的林木,由农村集体经济组织统一经营;集体经济组织统一经营的林地、林木,经民主程序可以依法流转林地经营权、林木所有权和使用权。

三是明确国家鼓励、支持和引导多种所有制的林业经营主体在依法取得的国有或者集体林地上发展多种形式的林业产业,保护非公有制林业经营主体享有的林地经营权和林木所有权等合法权益。

(二)关于森林分类经营

分类经营是本次法律修改的关注点。为充分发挥森林多种功能,满足全社会的多元需求,既要考虑生态效益和林业发展,又要考虑林农权益和林区稳定。根据森林生态区位和主导功能的不同,实践中将森林分为公益林和商品林,采取差异化的政策管理措施。此次法律修改将这一成熟可行的实践经验上升为法律规范,同时减少重叠交叉概念。

关于公益林。草案规定,生态区位重要或者生态状况脆弱,以发挥生态效益为主要目的的森林划定为公益林,实施严格保护;江河源头汇水区域、重要江河干流及支流两岸等八类区域,应当划定为公益林;公益林由国务院或者省、自治区、直辖市人民政府划定并公布。公益林实行严格保护,只能进行抚育和更新性质的采伐。公益林经营可以合理利用林地资源和森林景观资源,但是应当符合生态区位保护要求,不得破坏公益林生态功能。

针对公益林的生态功能属性,总结自2001年以来中央、地方实行森林生态效益补偿的经验,草案规定,国家建立森林生态效益补偿制度,中央和地

方分别安排资金，主要用于公益林的经济补偿、管护支出和非国有公益林的租赁、赎买、置换，实行专款专用，不得截留挪用。

关于商品林。草案规定，未划定为公益林的森林属于商品林，主要发挥经济效益。国家鼓励发展商品林，商品林由林业经营主体依法自主经营，在不破坏生态的前提下，可以采取集约化经营措施，充分发挥林地生产经营潜力，实现商品林经营的最优价值。商品林也要兼顾生态效益，草案规定，采伐商品林应当依法办理采伐许可证，符合技术规程，控制皆伐面积，伐育同步规划实施。

（三）关于林木采伐

森林采伐限额和采伐许可制度是现行森林法规定的伐育调节的主要制度，对保护和发展森林资源发挥了重要作用。随着森林经营理念和管理方式的转变，是否保留采伐限额和采伐许可制度存在两种不同的意见。林木采伐是放活还是管死，是这次法律修改的焦点。有的认为，个人承包林、非公有林应全放开，有利于调动造林积极性。有的认为，林木是具有生态价值的活物，即使个人所有，也不可违背自然规律，一次皆伐。经过反复研究、广泛听取意见，普遍认为采伐限额和采伐许可制度是保护森林资源的宏观调控手段，目前完全放开林木采伐，存在采伐失控、森林资源破坏的风险。因此，草案按照“放管服”改革精神，完善了森林采伐限额和采伐许可证制度，适当下放审批权，缩小许可范围，既坚持森林资源的有效管理，又有利于充分保护个人和非公有制林业经营主体的合法权益。

一是下放采伐限额审批权。现行法律规定，采伐限额由省级人民政府审核后，报国务院批准。草案修改为采伐限额由省级人民政府批准，报国务院备案后实施。将审批权下放，有利于地方结合本地实际科学编制采伐限额，也有利于压实地方责任。

二是缩小采伐许可证核发范围。现行法律规定，采伐林木必须申请采伐许可证。草案将采伐许可证核发范围缩小到在林地上的林木采伐。对非林地上的农田防护林等防风固沙林、护路林、护岸护堤林和城镇林木的采伐，由有关主管部门依照国家有关规定管理。

三是强化森林经营方案的地位和作用。草案规定，国有林业企业事业单位应当编制森林经营方案，国家通过林业项目等措施支持引导其他林业经营主体编制森林经营方案。明确森林经营方案可以作为编制采伐限额和发放采伐许可证的依据，为今后改革采伐制度创造了条件。

此外，草案还删除了木材生产计划、木材运输证等带有计划经济色彩的内容。

（四）关于林地保护和林业发展质量提高

林地是森林资源的载体，是林业最重要的生产要素。为了加强林地保护，草案明确林地的概念，设定占用林地总量控制制度，规定各类建设项目占用林地不得超过本行政区域内的总量控制指标，确保林地面积不减少。草案还完善了占用林地审核审批制度，并将森林法实施条例中规定的临时使用林地制度上升为法律。

进一步提高森林质量是当前和今后林业发展的着力点，草案规定县级以上人民政府应当合理规划森林资源保护利用结构和布局，制定森林资源保护发展目标，提高森林覆盖率、森林质量、森林蓄积量，确保林地保有量不减少。

此外，草案针对林业发展的地区差异性和特点做出相关的原则性规定，为各地根据本地区特点进一步作出规定留出空间。

（五）关于监督检查

加强森林资源保护发展，重要的是明确责任，强化监督。草案规定，国家实行地方人民政府森林资源保护发展目标责任制和考核评价制度。草案新增“监督检查”一章，规范森林资源保护发展考核评价制度，强化森林资源保护的监督检查措施，明确有关生态环境损害赔偿的公益诉讼等内容。

此外，草案还就森林的权属争议解决、资源调查监测、科学防火和林业有害生物防治、基础设施建设，以及法律责任等内容的有关条款和文字作了修改完善。

《中华人民共和国森林法（修订草案）》及以上说明是否妥当，请审议。

全国人民代表大会宪法和法律委员会关于《中华人民共和国森林法(修订草案)》修改情况的汇报

——2019 年 10 月 21 日在第十三届全国人民代表大会常务委员会第十四次会议上

全国人大宪法和法律委员会副主任委员　胡可明

全国人民代表大会常务委员会:

常委会第十一次会议对森林法修订草案进行了初次审议。会后,法制工作委员会将修订草案印发各省(区、市)人大、基层立法联系点、中央有关部门、全国人大代表、高等院校和研究机构征求意见,并在中国人大网全文公布修订草案征求社会公众意见。宪法和法律委员会、农业与农村委员会、法制工作委员会联合召开座谈会,听取中央有关部门、全国人大代表、专家学者、基层林业干部以及林业企业对修订草案的意见。宪法和法律委员会、法制工作委员会还到江西、福建等地调研,听取意见;并就修订草案的有关问题与农业与农村委员会和司法部、自然资源部、国家林业和草原局等部门交换意见,共同研究。宪法和法律委员会于 10 月 9 日召开会议,根据常委会组成人员的审议意见和各方面意见,对修订草案进行了逐条审议。农业与农村委员会、司法部、国家林业和草原局的有关负责同志列席了会议。10 月 15 日,宪法和法律委员会召开会议,再次进行审议。现将森林法修订草案主要问题的修改情况汇报如下:

一、修订草案第五条第二款规定了森林生态效益补偿制度。一些常委会组成人员建议,完善森林生态效益补偿的规定,增加有关地区之间横向生态效益补偿的内容。宪法和法律委员会经研究,建议增加规定:国家加大公益林保护支持力度,完善重点生态功能区转移支付政策,指导受益地区和森林生态保护地区人民政府通过协商或者按照市场规则进行生态效益补偿。

二、现行森林法第九条规定了对民族自治地方的林业发展优惠政策。有的常委委员和民族委员会提出,不宜简单删除对民族地区的支持政策,建议恢复现行法第九条并作适当修改。宪法和法律委员会经研究,建议增加一条规定:国务院和省、自治区、直辖市人民政府可以依照国家对民族自治地方自治权的规定,对民族自治地方的森林保护和林业发展实行更加优惠的政策。

三、修订草案第十二条规定,国务院代表国家行使国有森林资源的所有权;国务院可以授权有关部门行使所有者职责,或者由有关部门委托省、自治区、直辖市人民政府代理行使所有者职责。一些常委委员和地方、部门建议,结合党中央有关推进自然资源资产产权制度改革的精神,进一步明确履行国有森林资源所有者职责的部门。宪法和法律委员会经研究,建议将上述规定修改为:国家所有的森林资源的所有权由国务院代表国家行使。国务院可以授权国务院自然资源主管部门统一履行国有森林资源所有者职责,国务院自然资源主管部门可以委托有关部门和省、自治区、直辖市人民政府代理履行所有者职责。

四、修订草案第二十一条对林地、林木权属争议的处理作了规定。有的常委会组成人员和部门、地方建议恢复现行法的规定;有的部门建议在林地、林木权属争议处理中引入行政裁决制度。宪法和法律委员会经研究认为,现行法规定的政府处理可以包括多种方式,在林地、林木权属争议处理中引入行政裁决制度尚在试行中,建议对现行法的有关规定暂不修改。

五、有的常委委员和地方、社会公众建议,进一步强化对森林资源的保护,明确国有林业单位的森林保护义务。宪法和法律委员会经研究,建议增加以下规定:一是,县级以上人民政府应当将森林资源保护和林业发展纳入国民经济和社会发展规划。二是,国家加强森林资源保护,发挥森林蓄水保土、调节气候、改善环境、维护生物多样性和提供林产品等多种功能。三是,国有林业企业事业单位应当加大投入,加强森林防火、林业有害生物防治,预防和制止破坏森林资源的行为。

六、修订草案第三十五条对建设工程占用林地的审批作了规定。有的常委委员和部门、社会公众提出,不宜删除现行法关于征收、征用林地以及占用林地后开展植树造林、恢复森林植被的内容。宪法和法律委员会经研究,建议恢复现行法有关内容并适当修改,增加以下规定:一是,建设工程占用林地涉及征收、征用林地、林木的,依照有关法律、行政法规办理审批手续,并对权利人依法给予补偿。二是,建设工程占用林地的,县级以上人民政府林业主管部门应当按照规定安排植树造林,恢复森林植被,植树造林面积不得少于因占用、征收、征用林地而减少的森林植被面积。上级林业主管部门应当定期督促、检查下级林业主管部门组织植树造林、恢复森林植被的情况。

七、修订草案第四十六条第一款规定,公益林经营可以合理利用林地资源和森林景观资源,适度开展林副产品生产,发展森林旅游、康养、文化产业等非木质资源利用,但是应当符合生态区位保护要求,不得破坏公益林生态功能。有的常委委员、人大代表和部门提出,公益林必须坚持生态优先、严格保护,同时在符合保护要求、不影响生态的前提下,也应允许适度开展林下经济、森林旅游等活动,并加强监管。宪法和法律委员会经研究,建议将这一款修改为:在符合公益林生态区位保护要求和不影响公益林生态功能的前提下,经科学论证,可以合理利用公益林林地资源和森林景观资源,适度开展林下经济、森林旅游等。利用公益林开展上述活动应当严格遵守国家有关规定。

八、修订草案第五十九条对直接为林业生产经营服务的工程设施用地由林业主管部门审批作了规定。有的常委委员和部门、社会公众提出,直接为林业生产经营服务的工程设施用地可不需办理建设用地审批手续,但应符合规定的条件。宪法和法律委员会经研究,建议规定:林业经营者在经营的林地范围内修筑直接为林业生产经营服务的工程设施,需要使用林地,符合国家有关部门规定的条件的,由县级以上人民政府林业主管部门批准,不需要办理建设用地审批手续。

九、修订草案第六十四条规定,破坏森林资源给国家利益或者公共利益造成重大损失的,有关机关和组织可以依照国家有关生态环境损害赔偿的规定向人民法院提起诉讼,对责任者提出损害赔偿要求。有的常委委员和地方、部门、研究机构提出,草案将破坏森林资源的损害赔偿诉讼和公益诉讼合并规定,容易产生混淆。宪法和法律委员会经研究,建议将本条修改为:破坏森林资源给国家造成重大损失的,国务院自然资源主管部门及其委托的有关部门和地方人民政府可以依法向人民法院提起诉讼,对责任者提出损害赔偿要求。

此外,还对修订草案作了一些文字修改。

修订草案二次审议稿已按上述意见作了修改,宪法和法律委员会建议提请本次常委会会议继续审议。

修订草案二次审议稿和以上汇报是否妥当,请审议。

全国人民代表大会宪法和法律委员会关于《中华人民共和国森林法(修订草案)》审议结果的报告

——2019 年 12 月 23 日在第十三届全国人民代表大会常务委员会第十五次会议上

全国人大宪法和法律委员会副主任委员 胡可明

全国人民代表大会常务委员会:

常委会第十四次会议对森林法修订草案进行了二次审议。会后,法制工作委员会在中国人大网全文公布草案征求社会公众意见。宪法和法律委员会到广西、海南等地调研,听取意见。法制工作委员会就草案的有关问题同农业与农村委员会、中央编办、司法部、公安部、应急管理部、国家林业和草原局交换意见,共同研究。宪法和法律委员会于 11 月 20 日召开会议,根据常委会组成人员的审议意见和各方面意见,对草案进行了逐条审议。农业与农村委员会、司法部、国家林业和草原局的有关负责同志列席了会议。12 月 16 日,宪法和法律委员会召开会议,再次进行审议。宪法和法律委员会认为,草案贯彻落实习近平生态文明思想,进一步完善了保护、培育和合理利用森林资源的相关制度,经过两次审议修改,已经比较成熟。同时,提出以下主要修改意见:

一、有的常委会组成人员提出,按照 1979 年 2 月 23 日五届全国人大常委会第六次会议关于植树节的决议,三月十二日为我国的植树节,建议增加植树节的规定,大力推动植树造林。宪法和法律委员会建议采纳这一意见,增加规定:每年三月十二日为植树节。

二、有的常委会组成人员建议，进一步充实森林保护宣传教育的内容，提升全社会爱林护林意识。宪法和法律委员会经研究，建议将草案二次审议稿第十一条第二款单列一条，修改为：各级人民政府应当加强森林资源保护的宣传教育和知识普及工作，鼓励和支持基层群众性自治组织、新闻媒体、林业企业事业单位、志愿者等开展森林资源保护宣传活动；教育行政部门、学校应当对学生进行森林资源保护教育。

三、有的常委委员建议，将草案二次审议稿第二十条、第三十六条和第四十七条中有关征收、征用及其补偿的内容合并规定，并与土地管理法等法律规定相衔接。宪法和法律委员会经研究，建议将有关内容合并修改为：为了生态保护、基础设施建设等公共利益的需要，确需征收、征用林地、林木的，应当依照《中华人民共和国土地管理法》等法律、行政法规的规定办理审批手续，并给予公平、合理的补偿。

四、为进一步加强森林资源保护，根据常委会组成人员的审议意见，宪法和法律委员会经研究，建议对草案二次审议稿作以下修改：一是，在第二十六条中增加定期公布森林资源现状及变化情况的内容；二是，在第三十一条中增加加强天然林管护能力建设的内容；三是，在第五十一条中增加规定：修筑直接为林业生产经营服务的工程设施，超出标准需要占用林地的，应当依法办理建设用地审批手续。

五、有的常委委员提出，现实中一些企业、单位采挖移植林木破坏森林资源的情况比较突出，对这种行为应按采伐林木加强管理。有的常委委员建议，增加禁止伪造、变造、买卖、租借采伐许可证的规定，以与法律责任有关条款相衔接。宪法和法律委员会经研究，建议在草案二次审议稿第五十五条中增加两款规定：一是，采挖移植林木按照采伐林木管理。具体办法由国务院林业主管部门制定。二是，禁止伪造、变造、买卖、租借采伐许可证。

六、依照现行森林法第二十条第一款的规定，森林公安机关可以在国务院林业主管部门授权的范围内，代行有关条款规定的对破坏森林资源行为的行政处罚权。有的常委委员建议明确森林公安机关转隶后在森林防火、林业行政执法方面的职责。宪法和法律委员会经研究，根据森林公安机关管理体制调整后职能不变的要求，建议对草案二次审议稿作以下修改：一是，在第三十三条第一款中规定：县级以上人民政府组织领导应急管理、林业、公安等部门按照职责分工密切配合做好森林火灾的科学预防、扑救和处置工作；二是，增加规定：公安机关按照国家有关规定，可以依法行使本法第七十四条第一款、第七十六条、第七十七条、第七十八条规定的行政处罚权。

此外，还对修订草案二次审议稿作了一些文字修改。

12月4日，法制工作委员会召开会议，邀请部分全国人大代表、专家学者、行业协会、国有林场、林业企业、乡镇政府、林业工作站、人民法院、立法联系点等方面的代表，就草案中主要制度规范的可行性、法律出台时机、法律实施的社会效果和可能出现的问题等进行评估。普遍认为，为适应我国森林保护和发展的需要，加快推进生态文明建设，对森林法进行修改非常必要。修订草案以习近平生态文明思想为指导，体现了绿水青山就是金山银山理念，坚持生态优先、保护优先，坚持森林资源可持续发展，吸收了国有林区和国有林场改革、集体林权制度改革等改革成果，较好地处理了保护与利用的关系，具体制度针对性和可操作性较强，切实可行，建议尽快通过实施。与会人员还对草案提出了一些具体修改意见，有的意见已经采纳。

修订草案三次审议稿已按上述意见作了修改，宪法和法律委员会建议提请本次常委会会议审议通过。

修订草案三次审议稿和以上报告是否妥当，请审议。

全国人民代表大会宪法和法律委员会关于《中华人民共和国森林法（修订草案三次审议稿）》修改意见的报告

——2019年12月27日在第十三届全国人民代表大会常务委员会第十五次会议上

全国人民代表大会常务委员会：

本次常委会会议于12月23日下午对森林法修订草案三次审议稿进行了分组审议。普遍认为，草案已经比较成熟，建议进一步修改后，提请本次常委会会议表决通过。同时,有些常委会组成人员还提出了一些修改意见。宪法和法律委员会于12月24日上午召开会议,逐条研究了常委会组成人员的审议意见,对草案进行了审议。农业与农村委员会、司法部、国家林业和草原局的有关负责同志列席了会议。宪法和法律委员会认为,草案是可行的,同时,提出以下修改意见:

一、有的常委委员建议,在修订草案三次审议稿第三十五条第一款中增加县级以上人民政府林业主管部门"预防"林业有害生物的职责。宪法和法律委员会经研究,建议将这一款中的"治理"改为"防治"。

二、一些常委委员提出,造林绿化应当因地制宜,优化树种结构,提高质量,建议增加这方面的内容。宪法和法律委员会经研究,建议将修订草案三次审议稿第四十五条第一款修改为:各级人民政府组织造林绿化,应当科学规划、因地制宜,优化林种、树种结构,鼓励使用乡土树种和林木良种、营造混交林,提高造林绿化质量。

三、根据常委委员的审议意见,宪法和法律委员会建议,对修订草案三次审议稿作以下修改:一是,在第十九条第一款规定的集体林地经营权流转合同内容中增加"违约责任";二是,将第五十三条第二款修改为:国家支持、引导其他林业经营者编制森林经营方案;三是,将第六十八条中的"给国家造成重大损失"修改为"造成生态环境损害"。

此外,根据常委会组成人员的审议意见,还对修订草案三次审议稿作了个别文字修改。

修订草案建议表决稿已按上述意见作了修改,宪法和法律委员会建议本次常委会会议审议通过。

修订草案建议表决稿和以上报告是否妥当,请审议。

中华人民共和国主席令

第四十号

《中华人民共和国社区矫正法》已由中华人民共和国第十三届全国人民代表大会常务委员会第十五次会议于2019年12月28日通过,现予公布,自2020年7月1日起施行。

中华人民共和国主席　习近平

2019年12月28日

中华人民共和国社区矫正法

(2019年12月28日第十三届全国人民代表大会常务委员会第十五次会议通过)

目　录

第一章　总　　则

第一条　为了推进和规范社区矫正工作,保障刑事判决、刑事裁定和暂予监外执行决定的正确执行,提高教育矫正质量,促进社区矫正对象顺利融入社会,预防和减少犯罪,根据宪法,制定本法。

第二条　对被判处管制、宣告缓刑、假释和暂予监外执行的罪犯,依法实行社区矫正。

对社区矫正对象的监督管理、教育帮扶等活动,适用本法。

第三条　社区矫正工作坚持监督管理与教育帮扶相结合,专门机关与社会力量相结合,采取分类管理、个别化矫正,有针对性地消除社区矫正对象可能重新犯罪的因素，帮助其成为守法公民。

第四条　社区矫正对象应当依法接受社区矫正，服从监督管理。

社区矫正工作应当依法进行，尊重和保障人权。社区矫正对象依法享有的人身权利、财产权利和其他权利不受侵犯，在就业、就学和享受社会保障等方面不受歧视。

第五条　国家支持社区矫正机构提高信息化水平，运用现代信息技术开展监督管理和教育帮扶。社区矫正工作相关部门之间依法进行信息共享。

第六条　各级人民政府应当将社区矫正经费列入本级政府预算。

居民委员会、村民委员会和其他社会组织依法协助社区矫正机构开展工作所需的经费应当按照规定列入社区矫正机构本级政府预算。

第七条　对在社区矫正工作中做出突出贡献的组织、个人，按照国家有关规定给予表彰、奖励。

第二章　机构、人员和职责

第八条　国务院司法行政部门主管全国的社区矫正工作。县级以上地方人民政府司法行政部门主管本行政区域内的社区矫正工作。

人民法院、人民检察院、公安机关和其他有关部门依照各自职责，依法做好社区矫正工作。人民检察院依法对社区矫正工作实行法律监督。

地方人民政府根据需要设立社区矫正委员会，负责统筹协调和指导本行政区域内的社区矫正工作。

第九条　县级以上地方人民政府根据需要设置社区矫正机构，负责社区矫正工作的具体实施。社区矫正机构的设置和撤销，由县级以上地方人民政府司法行政部门提出意见，按照规定的权限和程序审批。

司法所根据社区矫正机构的委托，承担社区矫正相关工作。

第十条　社区矫正机构应当配备具有法律等专业知识的专门国家工作人员（以下称社区矫正机构工作人员），履行监督管理、教育帮扶等执法职责。

第十一条　社区矫正机构根据需要，组织具有法律、教育、心理、社会工作等专业知识或者实践经验的社会工作者开展社区矫正相关工作。

第十二条　居民委员会、村民委员会依法协助社区矫正机构做好社区矫正工作。

社区矫正对象的监护人、家庭成员，所在单位或者就读学校应当协助社区矫正机构做好社区矫正工作。

第十三条　国家鼓励、支持企业事业单位、社会组织、志愿者等社会力量依法参与社区矫正工作。

第十四条　社区矫正机构工作人员应当严格遵守宪法和法律，忠于职守，严守纪律，清正廉洁。

第十五条　社区矫正机构工作人员和其他参与社区矫正工作的人员依法开展社区矫正工作，受法律保护。

第十六条　国家推进高素质的社区矫正工作队伍建设。社区矫正机构应当加强对社区矫正工作人员的管理、监督、培训和职业保障，不断提高社区矫正工作的规范化、专业化水平。

第三章　决定和接收

第十七条　社区矫正决定机关判处管制、宣告缓刑、裁定假释、决定或者批准暂予监外执行时应当确定社区矫正执行地。

社区矫正执行地为社区矫正对象的居住地。社区矫正对象在多个地方居住的，可以确定经常居住地为执行地。

社区矫正对象的居住地、经常居住地无法确定或者不适宜执行社区矫正的，社区矫正决定机关应当根据有利于社区矫正对象接受矫正、更好地融入社会的原则，确定执行地。

本法所称社区矫正决定机关，是指依法判处管制、宣告缓刑、裁定假释、决定暂予监外执行的人民法院和依法批准暂予监外执行的监狱管理机关、公安机关。

第十八条　社区矫正决定机关根据需要，可以委托社区矫正机构或者有关社会组织对被告人或者罪犯的社会危险性和对所居住社区的影响，进行调查评估，提出意见，供决定社区矫正时参考。居民委员会、村民委员会等组织应当提供必要的协助。

第十九条　社区矫正决定机关判处管制、宣告缓刑、裁定假释、决定或者批准暂予监外执行，应当按照刑法、刑事诉讼法等法律规定的条件和程序进行。

社区矫正决定机关应当对社区矫正对象进行教育，告知其在社区矫正期间应当遵守的规定以及违反规定的法律后果，责令其按时报到。

第二十条　社区矫正决定机关应当自判决、裁定或者决定生效之日起五日内通知执行地社区矫正机构,并在十日内送达有关法律文书,同时抄送人民检察院和执行地公安机关。社区矫正决定地与执行地不在同一地方的,由执行地社区矫正机构将法律文书转送所在地的人民检察院、公安机关。

第二十一条 人民法院判处管制、宣告缓刑、裁定假释的社区矫正对象,应当自判决、裁定生效之日起十日内到执行地社区矫正机构报到。

人民法院决定暂予监外执行的社区矫正对象,由看守所或者执行取保候审、监视居住的公安机关自收到决定之日起十日内将社区矫正对象移送社区矫正机构。

监狱管理机关、公安机关批准暂予监外执行的社区矫正对象,由监狱或者看守所自收到批准决定之日起十日内将社区矫正对象移送社区矫正机构。

第二十二条 社区矫正机构应当依法接收社区矫正对象,核对法律文书、核实身份、办理接收登记、建立档案,并宣告社区矫正对象的犯罪事实、执行社区矫正的期限以及应当遵守的规定。

第四章 监督管理

第二十三条 社区矫正对象在社区矫正期间应当遵守法律、行政法规,履行判决、裁定、暂予监外执行决定等法律文书确定的义务,遵守国务院司法行政部门关于报告、会客、外出、迁居、保外就医等监督管理规定,服从社区矫正机构的管理。

第二十四条 社区矫正机构应当根据裁判内容和社区矫正对象的性别、年龄、心理特点、健康状况、犯罪原因、犯罪类型、犯罪情节、悔罪表现等情况,制定有针对性的矫正方案,实现分类管理、个别化矫正。矫正方案应当根据社区矫正对象的表现等情况相应调整。

第二十五条 社区矫正机构应当根据社区矫正对象的情况,为其确定矫正小组,负责落实相应的矫正方案。

根据需要,矫正小组可以由司法所、居民委员会、村民委员会的人员,社区矫正对象的监护人、家庭成员,所在单位或者就读学校的人员以及社会工作者、志愿者等组成。社区矫正对象为女性的,矫正小组中应有女性成员。

第二十六条 社区矫正机构应当了解掌握社区矫正对象的活动情况和行为表现。社区矫正机构可以通过通信联络、信息化核查、实地查访等方式核实有关情况,有关单位和个人应当予以配合。

社区矫正机构开展实地查访等工作时,应当保护社区矫正对象的身份信息和个人隐私。

第二十七条 社区矫正对象离开所居住的市、县或者迁居,应当报经社区矫正机构批准。社区矫正机构对于有正当理由的,应当批准;对于因正常工作和生活需要经常性跨市、县活动的,可以根据情况,简化批准程序和方式。

因社区矫正对象迁居等原因需要变更执行地的,社区矫正机构应当按照有关规定作出变更决定。社区矫正机构作出变更决定后,应当通知社区矫正决定机关和变更后的社区矫正机构,并将有关法律文书抄送变更后的社区矫正机构。变更后的社区矫正机构应当将法律文书转送所在地的人民检察院、公安机关。

第二十八条 社区矫正机构根据社区矫正对象的表现,依照有关规定对其实施考核奖惩。社区矫正对象认罪悔罪、遵守法律法规、服从监督管理、接受教育表现突出的,应当给予表扬。社区矫正对象违反法律法规或者监督管理规定的,应当视情节依法给予训诫、警告、提请公安机关予以治安管理处罚,或者依法提请撤销缓刑、撤销假释、对暂予监外执行的收监执行。

对社区矫正对象的考核结果,可以作为认定其是否确有悔改表现或者是否严重违反监督管理规定的依据。

第二十九条 社区矫正对象有下列情形之一的,经县级司法行政部门负责人批准,可以使用电子定位装置,加强监督管理:

(一)违反人民法院禁止令的;

(二)无正当理由,未经批准离开所居住的市、县的;

(三)拒不按照规定报告自己的活动情况,被给予警告的;

(四)违反监督管理规定,被给予治安管理处罚的;

(五)拟提请撤销缓刑、假释或者暂予监外执行收监执行的。

前款规定的使用电子定位装置的期限不得超过三个月。对于不需要继续使用的,应当及时解除;对于期限届满后,经评估仍有必要继续使用的,经过批准,期限可以延长,每次不得超过三个月。

社区矫正机构对通过电子定位装置获得的信息应当严格保密,有关信息只能用于社区矫正工作,不得用于其他用途。

第三十条 社区矫正对象失去联系的,社区矫正机构应当立即组织查找，公安机关等有关单位和人员应当予以配合协助。查找到社区矫正对象后，应当区别情形依法作出处理。

第三十一条　社区矫正机构发现社区矫正对象正在实施违反监督管理规定的行为或者违反人民法院禁止令等违法行为的，应当立即制止；制止无效的，应当立即通知公安机关到场处置。

第三十二条　社区矫正对象有被依法决定拘留、强制隔离戒毒、采取刑事强制措施等限制人身自由情形的，有关机关应当及时通知社区矫正机构。

第三十三条　社区矫正对象符合刑法规定的减刑条件的，社区矫正机构应当向社区矫正执行地的中级以上人民法院提出减刑建议，并将减刑建议书抄送同级人民检察院。

人民法院应当在收到社区矫正机构的减刑建议书后三十日内作出裁定，并将裁定书送达社区矫正机构，同时抄送人民检察院、公安机关。

第三十四条　开展社区矫正工作，应当保障社区矫正对象的合法权益。社区矫正的措施和方法应当避免对社区矫正对象的正常工作和生活造成不必要的影响；非依法律规定，不得限制或者变相限制社区矫正对象的人身自由。

社区矫正对象认为其合法权益受到侵害的，有权向人民检察院或者有关机关申诉、控告和检举。受理机关应当及时办理，并将办理结果告知申诉人、控告人和检举人。

第五章　教育帮扶

第三十五条　县级以上地方人民政府及其有关部门应当通过多种形式为教育帮扶社区矫正对象提供必要的场所和条件，组织动员社会力量参与教育帮扶工作。

有关人民团体应当依法协助社区矫正机构做好教育帮扶工作。

第三十六条　社区矫正机构根据需要，对社区矫正对象进行法治、道德等教育，增强其法治观念，提高其道德素质和悔罪意识。

对社区矫正对象的教育应当根据其个体特征、日常表现等实际情况，充分考虑其工作和生活情况，因人施教。

第三十七条　社区矫正机构可以协调有关部门和单位，依法对就业困难的社区矫正对象开展职业技能培训、就业指导，帮助社区矫正对象中的在校学生完成学业。

第三十八条　居民委员会、村民委员会可以引导志愿者和社区群众，利用社区资源，采取多种形式，对有特殊困难的社区矫正对象进行必要的教育帮扶。

第三十九条　社区矫正对象的监护人、家庭成员，所在单位或者就读学校应当协助社区矫正机构做好对社区矫正对象的教育。

第四十条　社区矫正机构可以通过公开择优购买社区矫正社会工作服务或者其他社会服务，为社区矫正对象在教育、心理辅导、职业技能培训、社会关系改善等方面提供必要的帮扶。

社区矫正机构也可以通过项目委托社会组织等方式开展上述帮扶活动。国家鼓励有经验和资源的社会组织跨地区开展帮扶交流和示范活动。

第四十一条　国家鼓励企业事业单位、社会组织为社区矫正对象提供就业岗位和职业技能培训。招用符合条件的社区矫正对象的企业，按照规定享受国家优惠政策。

第四十二条　社区矫正机构可以根据社区矫正对象的个人特长，组织其参加公益活动，修复社会关系，培养社会责任感。

第四十三条　社区矫正对象可以按照国家有关规定申请社会救助、参加社会保险、获得法律援助，社区矫正机构应当给予必要的协助。

第六章　解除和终止

第四十四条　社区矫正对象矫正期满或者被赦免的，社区矫正机构应当向社区矫正对象发放解除社区矫正证明书，并通知社区矫正决定机关、所在地的人民检察院、公安机关。

第四十五条　社区矫正对象被裁定撤销缓刑、假释，被决定收监执行，或者社区矫正对象死亡的，社区矫正终止。

第四十六条　社区矫正对象具有刑法规定的撤销缓刑、假释情形的，应当由人民法院撤销缓刑、假释。

对于在考验期限内犯新罪或者发现判决宣告以前还有其他罪没有判决的，应当由审理该案件的人民法院撤销缓刑、假释，并书面通知原审人民法院和执行地社区矫正机构。

对于有第二款规定以外的其他需要撤销缓刑、假释情形的，社区矫正机构应当向原审人民法院或者执行地人民法院提出撤销缓刑、假释建议，并将建议书抄送人民检察院。社区矫正机构提出撤销缓刑、假释建议时，应当说明理由，并提供有关证据材料。

第四十七条 被提请撤销缓刑、假释的社区矫正对象可能逃跑或者可能发生社会危险的，社区矫正机构可以在提出撤销缓刑、假释建议的同时，提请人民法院决定对其予以逮捕。

人民法院应当在四十八小时内作出是否逮捕的决定。决定逮捕的，由公安机关执行。逮捕后的羁押期限不得超过三十日。

第四十八条 人民法院应当在收到社区矫正机构撤销缓刑、假释建议书后三十日内作出裁定，将裁定书送达社区矫正机构和公安机关，并抄送人民检察院。

人民法院拟撤销缓刑、假释的，应当听取社区矫正对象的申辩及其委托的律师的意见。

人民法院裁定撤销缓刑、假释的，公安机关应当及时将社区矫正对象送交监狱或者看守所执行。执行以前被逮捕的，羁押一日折抵刑期一日。

人民法院裁定不予撤销缓刑、假释的，对被逮捕的社区矫正对象，公安机关应当立即予以释放。

第四十九条 暂予监外执行的社区矫正对象具有刑事诉讼法规定的应当予以收监情形的，社区矫正机构应当向执行地或者原社区矫正决定机关提出收监执行建议，并将建议书抄送人民检察院。

社区矫正决定机关应当在收到建议书后三十日内作出决定，将决定书送达社区矫正机构和公安机关，并抄送人民检察院。

人民法院、公安机关对暂予监外执行的社区矫正对象决定收监执行的，由公安机关立即将社区矫正对象送交监狱或者看守所收监执行。

监狱管理机关对暂予监外执行的社区矫正对象决定收监执行的，监狱应当立即将社区矫正对象收监执行。

第五十条 被裁定撤销缓刑、假释和被决定收监执行的社区矫正对象逃跑的，由公安机关追捕，社区矫正机构、有关单位和个人予以协助。

第五十一条 社区矫正对象在社区矫正期间死亡的，其监护人、家庭成员应当及时向社区矫正机构报告。社区矫正机构应当及时通知社区矫正决定机关、所在地的人民检察院、公安机关。

第七章 未成年人社区矫正特别规定

第五十二条 社区矫正机构应当根据未成年社区矫正对象的年龄、心理特点、发育需要、成长经历、犯罪原因、家庭监护教育条件等情况，采取针对性的矫正措施。

社区矫正机构为未成年社区矫正对象确定矫正小组，应当吸收熟悉未成年人身心特点的人员参加。

对未成年人的社区矫正，应当与成年人分别进行。

第五十三条 未成年社区矫正对象的监护人应当履行监护责任，承担抚养、管教等义务。

监护人怠于履行监护职责的，社区矫正机构应当督促、教育其履行监护责任。监护人拒不履行监护职责的，通知有关部门依法作出处理。

第五十四条 社区矫正机构工作人员和其他依法参与社区矫正工作的人员对履行职责过程中获得的未成年人身份信息应当予以保密。

除司法机关办案需要或者有关单位根据国家规定查询外，未成年社区矫正对象的档案信息不得提供给任何单位或者个人。依法进行查询的单位，应当对获得的信息予以保密。

第五十五条 对未完成义务教育的未成年社区矫正对象，社区矫正机构应当通知并配合教育部门为其完成义务教育提供条件。未成年社区矫正对象的监护人应当依法保证其按时入学接受并完成义务教育。

年满十六周岁的社区矫正对象有就业意愿的，社区矫正机构可以协调有关部门和单位为其提供职业技能培训，给予就业指导和帮助。

第五十六条 共产主义青年团、妇女联合会、未成年人保护组织应当依法协助社区矫正机构做好未成年人社区矫正工作。

国家鼓励其他未成年人相关社会组织参与未成年人社区矫正工作，依法给予政策支持。

第五十七条 未成年社区矫正对象在复学、升学、就业等方面依法享有与其他未成年人同等的权利，任何单位和个人不得歧视。有歧视行为的，应当由教育、人力资源和社会保障等部门依法作出处理。

第五十八条 未成年社区矫正对象在社区矫正期间年满十八周岁的，继续按照未成年人社区矫正有关规定执行。

第八章 法律责任

第五十九条 社区矫正对象在社区矫正期间

有违反监督管理规定行为的，由公安机关依照《中华人民共和国治安管理处罚法》的规定给予处罚；具有撤销缓刑、假释或者暂予监外执行收监情形的，应当依法作出处理。

第六十条 社区矫正对象殴打、威胁、侮辱、骚扰、报复社区矫正机构工作人员和其他依法参与社区矫正工作的人员及其近亲属，构成犯罪的，依法追究刑事责任；尚不构成犯罪的，由公安机关依法给予治安管理处罚。

第六十一条 社区矫正机构工作人员和其他国家工作人员有下列行为之一的，应当给予处分；构成犯罪的，依法追究刑事责任：

（一）利用职务或者工作便利索取、收受贿赂的；

（二）不履行法定职责的；

（三）体罚、虐待社区矫正对象，或者违反法律规定限制或者变相限制社区矫正对象的人身自由的；

（四）泄露社区矫正工作秘密或者其他依法应当保密的信息的；

（五）对依法申诉、控告或者检举的社区矫正对象进行打击报复的；

（六）有其他违纪违法行为的。

第六十二条 人民检察院发现社区矫正工作违反法律规定的，应当依法提出纠正意见、检察建议。有关单位应当将采纳纠正意见、检察建议的情况书面回复人民检察院，没有采纳的应当说明理由。

第九章 附 则

第六十三条 本法自2020年7月1日起施行。

关于《中华人民共和国社区矫正法(草案)》的说明

——2019年6月25日在第十三届全国人民代表大会常务委员会第十一次会议上

全国人民代表大会常务委员会：

我受国务院委托，现对《中华人民共和国社区矫正法(草案)》作说明。

社区矫正是完善刑罚执行、推进国家治理体系和治理能力现代化的一项重要制度。我国社区矫正从2003年开始试点，2009年在全国全面试行。16年来，全国累计接收社区矫正对象431万人，累计解除矫正361万人，目前在册社区矫正对象70万人。社区矫正的人均执行成本只有监狱的1/10，社区矫正期间社区矫正对象的再犯罪率只有0.2%。社区矫正工作对维护社会和谐稳定，推进平安中国、法治中国建设发挥了积极作用。我国刑法、刑事诉讼法规定了社区矫正的适用范围、执行机构等基础性问题，社区矫正作为刑事执行活动，其执行层面的问题亟须在专门法律中予以规定。

制定社区矫正法已列入全国人大常委会和国务院的立法工作计划。2013年2月，司法部将《中华人民共和国社区矫正法(草案送审稿)》报送国务院。原国务院法制办会同有关单位成立了社区矫正立法工作协调小组及审查工作专班，多次召开协调会议，组织立法专题调研，召开专家论证会，集中研究、修改，并向社会公开征求了意见。为贯彻落实党中央、国务院决策部署，司法部在此基础上起草形成了《中华人民共和国社区矫正法(草案)》(以下简称草案)。草案已经国务院同意。现说明如下：

一、立法的总体思路

一是注意处理好确立社区矫正基本法律制度与为今后发展创新留有余地的关系。由于社区矫正在我国开展的时间不长，草案对社区矫正机构设置、监督管理和教育帮扶的方式方法等作了原则性、基础性规定，为社区矫正制度今后的发展留下空间。

二是注意处理好社区矫正法与刑事基本法律之间的关系。对于应当由刑法、刑事诉讼法规定的实体性内容，包括管制、缓刑、假释、暂予监外执行四类人员应当遵守的规定，减刑、撤销缓刑、撤销假释的条件等，草案仅作出衔接性规定。

三是坚持问题导向，注重解决社区矫正工作中的突出问题。社区矫正是对社区矫正对象进行监督管理和教育帮扶的有机统一，草案针对实践反映的社会力量参与社区矫正不充分问题，作出了相应的制度设计。同时，草案对有关机关在社区矫正中的衔接配合程序，尽可能予以细化，以增强操作性。

二、草案的主要内容

草案共六章五十五条，主要内容如下：

（一）明确了适用范围。严格与刑法、刑事诉讼法关于社区矫正的适用范围规定保持一致，草案规定，对被判处管制、宣告缓刑、假释或者暂予监外执行的罪犯实行的监督管理、教育帮扶等活动，适用本法。

（二）明确了社区矫正工作的管理体制和工作机制。按照党委政府统一领导、司法行政部门组织实施、有关部门密切配合、社会力量广泛参与社区矫正的要求，草案规定，司法行政部门主管社区矫正工作。人民法院、人民检察院、公安机关和其他有关部门依照各自职责，分工负责、互相配合、互相制约，依法开展社区矫正工作。居民委员会、村民委员会和社区矫正对象的监护人、保证人、家庭成员，所在单位或者就读学校应当协助社区矫正机构做好社区矫正工作。

（三）明确了社区矫正机构和社区矫正工作人员。草案规定，社区矫正机构是刑事诉讼法规定的社区矫正的执行机关，由县级以上地方人民政府根据需要设置。社区矫正机构的设置和撤销，由县级以上地方人民政府司法行政部门提出意见，按照规定的权限和程序审批。为了推动高素质社区矫正工作队伍建设，草案规定，社区矫正机构应当配备具有法律等专业知识的专门国家工作人员，履行监督管理等执法职责。

（四）明确了实施社区矫正的程序。为了增强法律的可操作性，草案细化了社区矫正的程序性规则，特别是各部门衔接配合的内容：一是明确社区矫正执行地为社区矫正对象的居住地；二是明确了社区矫正前的调查评估程序；三是对有关法律文书送达，社区矫正对象报到、接收等程序作了细化规定；四是规定了社区矫正机构依法对社区矫正对象实施考核奖惩，以及对社区矫正对象提请减刑、撤销缓刑、撤销假释、收监执行等情形时的衔接配合程序；五是对解除社区矫正、社区矫正终止等程序作了相关规定。

（五）明确了监督管理措施。草案规定，社区矫正对象在社区矫正期间应当遵守国务院司法行政部门关于报告、会客、外出、迁居、保外就医等监督管理规定以及人民法院禁止令。社区矫正对象脱离监管的，社区矫正机构应当立即组织查找，公安机关等有关单位和人员应当予以配合协助。社区矫正机构发现社区矫正对象正在实施违反监督管理规定或者违反人民法院禁止令行为的，应当立即制止；制止无效的，应当立即通知公安机关到场处置。

（六）明确了教育帮扶措施。草案规定，县级以上地方人民政府及其有关部门应当为教育帮扶社区矫正对象提供必要的场所和条件，组织动员社会力量参与教育帮扶工作。规定了不同主体在教育帮扶社区矫正对象中的主要工作，为社会力量参与社区矫正工作提供法律依据。明确社区矫正对象可以按照国家有关规定申请社会救助、参加社会保险、获得法律援助，社区矫正机构应当给予必要的协助。

此外，为了加强对未成年社区矫正对象的权益保障，结合未成年人特点，促进其顺利回归社会，草案对未成年人社区矫正作了专章规定。

草案和以上说明是否妥当，请审议。

全国人民代表大会宪法和法律委员会关于《中华人民共和国社区矫正法（草案）》修改情况的汇报

——2019年10月21日在第十三届全国人民代表大会常务委员会第十四次会议上

全国人大宪法和法律委员会副主任委员　江必新

全国人民代表大会常务委员会：

常委会第十一次会议对社区矫正法草案进行了初次审议。会后，法制工作委员会将草案印发各省（区、市）人大常委会、中央有关部门和部分高等院校、研究机构、基层立法联系点、全国人大代表等征求意见，在中国人大网全文公布草案征求社会公众意见。法制工作委员会还到一些地方进行调研，召开专家座谈会，听取意见，并就草案有关问题与最高人民法院、公安部、司法部等部门交换意见，共同研究。宪法和法律委员会于10月10日召开会议，根据常委会组成人员的审议意见和各方面意见，对草案进行了逐条审议。监察和司法委员会、中央政法委员会、司法部有关负责同志列席了会议。10月15日，宪法和法律委员会召开会议，再次进行审议。现就主要问题修改情况汇报如下：

一、草案第一条对社区矫正法的立法目的作了规定，有的常委会组成人员建议明确社区矫正的性质；有的代表、地方、部门、院校和社会公众提出，草案"正确执行刑罚"的表述不准确，社区矫正的对象有四类，其中主要是缓刑，根据刑法规定，缓刑是附条件的不执行刑罚，考验期满原判刑罚就不再执行。宪法和法律委员会经研究，建议采纳上述意见，将"正确执行刑罚"修改为"正确执行刑事判决、裁定和暂予监外执行决定"。

二、草案第三条对社区矫正工作原则作了规定，有的代表、地方和院校建议一并明确社区矫正工作的目标包括消除重新犯罪因素，促其成为守法公民等内容。宪法和法律委员会经研究，建议采纳上述意见。此外，有的意见提出，草案第三条中"保障社会公共安全与维护社区矫正对象合法权益并重"的表述容易引发误解，且两方面内容在其他条文中已分别有所体现，可以不作规定。宪法和法律委员会经研究，建议采纳这一意见，删去该表述。

三、有的常委委员、代表、地方、部门和社会公众提出，目前社区矫正力量薄弱，专业化水平不足，建议增加队伍建设方面的规定。宪法和法律委员会经研究，建议进一步充实相关规定：一是，增加一条规定"国家推进高素质的社区矫正工作队伍建设。社区矫正机构应当加强对社区矫正工作人员的管理、监督和培训，不断提高社区矫正的规范化、专业化水平"。二是，将草案第八条修改为"社区矫正机构根据需要，组织具有相关专业知识的社会工作者，协助开展社区矫正工作"。三是，增加规定参与社区矫正工作的人员依法开展社区矫正工作，受法律保护。同时，根据结构调整需要，增加"机构、人员和职责"一章，对相关内容集中规定。

四、有的常委委员、代表、地方、部门和社会公众提出，草案对社区矫正程序和社区矫正机构、人民法院、人民检察院、公安机关等部门的职责作了规定，建议针对实践中较为突出的问题，进一步完善细化程序规定，加强部门之间的衔接配合，增强法律的可操作性。宪法和法律委员会经研究，建议对草案作出以下修改：一是，针对实践中确定社区矫正执行地时容易出现争议的情况，在草案第十六条中增加规定社区矫正决定机关在作出判决、裁定、暂予监外执行决定时，应当确定社区矫正的执行地；社区矫正对象的经常居住地可以作为执行地。二是，为把好社区矫正入口关，确保社区矫正对象自觉接受监管，防止脱管、漏管，增加一条规定"社区矫正决定机关决定社区矫正，应当按照刑法、刑事诉讼法等法律规定的条件和程序进行。社区矫正决定机关应当对社区矫正对象进行教育，告知其在社区矫正期间应当遵守的规定以及违反规定的法律后果，责令其按时报到"。三是，考虑到由原社区矫正决定机关决定收监执行，对于异地执行存在操作困难，增加规定可以由执行地社区矫正决定机关作出收监执行的决定。

五、有的常委委员、代表、地方、部门和社会公众提出，社区矫正是在社会上对社区矫正对象进行监督管理和教育帮扶，在方式方法上要与监狱执行刑罚严格区分，实践中个别地方存在不适当增加社区矫正对象义务和负担，限制其合法权利，影响其正常工作生活的情况，建议作出规范。宪法和法律委员会经研究，建议进一步充实相关规定：一是，在总则中增加规定"社区矫正工作应当依法进行，尊重和保障人权"；在监督管理一章中增加规定开展社区矫正工作，应当保障社区矫正对象的合法权益，非依法律规定，不得限制或者变相限制社区矫正对象的人身自由。二是，在草案第三十六条中增加规定社区矫正机构应当注意保护社区矫正对象的身份信息和个人隐私。

六、草案第三十五条对社区矫正对象离开所居住的市、县或者迁居的，应当报经批准作了规定。有的常委委员、代表、地方和社会公众提出，批准的条件、程序、方式等不明确，实践中容易产生认识分歧，激化矛盾，建议进一步明确，增强可操作性。宪法和法律委员会经研究，建议作以下修改补充：对于有正当理由的，应当批准；对于需要经常性跨市、县活动的，可以根据情况，简化批准程序和方式；对于可能逃跑或者实施违反监督管理规定行为的，不予批准。同时，为了加强对社区矫正对象的监督管理，在草案第三十七条中对社区矫正机构使用电子定位手段的条件和程序予以明确。

七、有的常委委员、代表、地方和社会公众提出，社区矫正应当充分发挥社会力量的作用，采用社会化的方式，建议增加鼓励社会力量积极参与的内容。宪法和法律委员会经研究,建议对草案作以下修改补充:一是,国家支持企业事业单位、社会组织、志愿者等社会力量参与社区矫正工作。二是,社会组织依法协助开展社区矫正工作所需的经费应当依照规定列入本级政府预算。三是,社区矫正机构可以通过公开择优购买社会服务、项目委托等方式,由相关社会组织提供心理辅导、社会关系改善等专业化的帮扶;国家鼓励有经验和资源的社会组织跨地区开展帮扶交流和示范活动。

八、有的常委委员、社会公众提出,监督管理和教育帮扶工作应当坚持问题导向,重点针对可能导致其重新犯罪的问题,按需矫正,提高针对性。宪法和法律委员会经研究,建议对草案作以下修改补充:一是,社区矫正机构应当根据社区矫正对象的犯罪原因、裁判内容等情况,制定有针对性的矫正方案,实现个别化矫正。二是,对社区矫正对象的教育应当考虑其工作和生活安排,因人施教。

九、草案第五章对未成年人社区矫正作了专门规定。有的常委会组成人员、代表、地方、部门和社会公众建议进一步充实、细化有关内容。宪法和法律委员会经研究,建议对草案作以下修改补充:一是,对未成年人的社区矫正,应当与成年人分别进行。二是,社区矫正工作人员对履职过程中获得的未成年人身份信息应当予以保密。三是,共青团、妇联、未成年人保护组织应当协助做好未成年人社区矫正工作;国家鼓励相关社会组织参与未成年人社区矫正工作,依法给予政策支持。

此外,根据常委会组成人员的意见,增设了法律责任一章,对社区矫正对象的法律责任、社区矫正机构工作人员和其他国家工作人员的法律责任作出明确规定;还对草案作了一些文字修改。

草案二次审议稿已按上述意见作了修改,宪法和法律委员会建议提请本次常委会会议继续审议。

草案二次审议稿和以上汇报是否妥当,请审议。

全国人民代表大会宪法和法律委员会关于《中华人民共和国社区矫正法(草案)》审议结果的报告

——2019 年 12 月 23 日在第十三届全国人民代表大会常务委员会第十五次会议上

全国人大宪法和法律委员会副主任委员　江必新

全国人民代表大会常务委员会:

常委会第十四次会议对社区矫正法草案进行了二次审议。会后,法制工作委员会在中国人大网全文公布草案,再次征求社会公众意见。宪法和法律委员会、监察和司法委员会、法制工作委员会还联合召开座谈会,听取中央有关部门、全国人大代表和有关专家的意见。法制工作委员会还就草案有关问题与最高人民法院、公安部、司法部等部门交换意见,共同研究。宪法和法律委员会于 11 月 19 日召开会议,根据常委会组成人员的审议意见和各方面意见,对草案进行了逐条审议。监察和司法委员会、中央政法委员会、最高人民法院、公安部、司法部的有关负责同志列席了会议。12 月 16 日,宪法和法律委员会召开会议,再次进行审议。宪法和法律委员会认为,草案经过两次审议修改,已经比较成熟。同时,提出以下主要修改意见:

一、草案二次审议稿第三条对社区矫正工作原则和目标作了规定。有的常委委员和专家学者提出,刑法和刑事诉讼法等法律对被判处管制、宣告缓刑、假释和暂予监外执行的四类社区矫正对象的义务分别作了明确规定,建议增加体现"分类管理、个别化矫正"的规定;有的专家学者和社会公众提出,"消除社区矫正对象可能重新犯罪的因素"是系统工程,需要综合施策,社区矫正只是其中一个方面,建议增加"有针对性地"作为限定条件,使表述更为准确。宪法和法律委员会经研究,建议采纳上述意见。

二、草案二次审议稿第四条、第二十四条对社区矫正工作应当尊重和保障人权,以及避免对社区矫正对象的正常工作和生活造成不利影响作了规定。有的常委委员提出,社区矫正对象都是经人民法院判决有罪的罪犯,应当在法律中对其依法接受社区矫正,服从监督管理作出明确规定;同时,开展社区矫正工作,会在一定程度上对其工作和生活造成影响,法律中规定避免造成"不必要的影响"即可。宪法和法律委员会经研究,建议采纳上述意见。

三、草案二次审议稿第八条、第九条对社区矫正工作体制和机构设置作了规定。有的常委委员、代表和社会公众建议进一步明确“社区矫正委员会”和“社区矫正机构”的关系。宪法和法律委员会经研究，建议将社区矫正委员会“组织、协调、指导”的职责表述修改为“统筹协调和指导”；将社区矫正机构的职责表述修改为“负责社区矫正工作的具体实施”。

四、草案二次审议稿第十一条、第十六条对社会工作者应当具有相关专业知识以及社区矫正工作队伍建设作了规定。有的常委会组成人员、代表、专家学者和社会公众建议进一步细化对社会工作者所需专业知识和经验的要求，将相关表述修改为“具有法律、教育、心理、社会工作等专业知识或者实践经验”；并增加规定，社区矫正机构应当加强对社区矫正工作人员的职业保障。宪法和法律委员会经研究，建议采纳上述意见。

五、草案二次审议稿第三十条对社区矫正机构使用电子定位的条件和程序作了规定。有的部门建议进一步扩大可以适用电子定位的情形；有的常委委员、部门、专家学者和社会公众提出，使用电子定位应当慎重，建议进一步明确使用的条件、批准程序和期限。宪法和法律委员会经研究，建议将“经过批准”明确为“经县级司法行政部门负责人批准”；增加规定“使用电子定位方法的期限不得超过三个月。对于不需要继续使用的，应当及时解除；对于期限届满后，经评估仍有必要继续使用的，经过批准，期限可以延长，每次不得超过三个月”。同时，根据监督管理需要，增加两种可以使用电子定位的情形：一是，“拒不按照规定报告自己的活动情况，被给予警告的”；二是，“拟提请撤销缓刑、假释或者暂予监外执行收监执行的”。

六、草案二次审议稿第四十八条、第四十九条规定，被提请撤销缓刑、假释的社区矫正对象可能逃跑或者发生社会危险性的，社区矫正机构可以提请人民法院决定“先行拘留”。有的常委委员、部门、专家学者和社会公众提出，为保证撤销缓刑、假释程序的顺利进行，对这部分人员中有可能逃跑或者可能发生社会危险的，采取强制措施是必要的。但是，根据刑事诉讼法的规定，人民法院可以采取的强制措施有逮捕、取保候审、监视居住等，没有拘留。建议将“先行拘留”修改为“逮捕”，作为可以采取逮捕措施的一种专门情形，这样更有利于与刑事诉讼法现有规定的衔接。宪法和法律委员会经研究，建议采纳上述意见。

此外，还对草案二次审议稿作了一些文字修改。

12月3日，法制工作委员会召开会议，邀请全国人大代表、专家学者、地方人民法院、人民检察院和基层司法行政机关工作人员、社会工作者等就草案中主要制度规范的可行性、法律出台时机、法律实施的社会效果和可能出现的问题等作了评估。与会人员普遍认为，草案充分体现了十九届四中全会的精神和我国司法理念、司法制度的进步，是多年来社区矫正实践的经验总结，较好地回应了当前社区矫正实践中亟需解决的问题，在顶层设计上兼顾了原则性、灵活性和可操作性，是可行的，已经比较成熟，应尽早出台。同时，有的与会人员还对草案提出了一些具体修改意见，有的意见已经予以采纳。

草案三次审议稿已按上述意见作了修改，宪法和法律委员会建议提请本次常委会会议审议通过。

草案三次审议稿和以上报告是否妥当，请审议。

全国人民代表大会宪法和法律委员会关于《中华人民共和国社区矫正法（草案三次审议稿）》修改意见的报告

——2019年12月27日在第十三届全国人民代表大会常务委员会第十五次会议上

全国人民代表大会常务委员会：

本次常委会会议于12月24日上午对社区矫正法草案三次审议稿进行了分组审议。普遍认为，草案已经比较成熟，建议进一步修改后，提请本次常委会会议表决通过。同时，有些常委会组成人员还提出了一些修改意见。宪法和法律委员会于12月24日晚召开会议，逐条研究了常委会组成人员的审议意见，对草案进行了审议。监察和司法委员会、中央政法委员会、最高人民法院、公安部、司法部有关负责同志列席了会议。宪法和法律委员会认为，草案是可行的。同时，提出以下修改意见：

一、草案三次审议稿第八条第二款关于人民法院、人民检察院、公安机关和其他有关部门社区矫正工作职责的规定中使用了“分工负责、互相配合、互相制约”的表述。有的常委委员提出,该表述是宪法对人民法院、人民检察院和公安机关在办理刑事案件中的要求,在社区矫正工作中,这三个机关以及其他有关部门“互相制约”的提法没有依据,建议删去,规定这些部门按照各自职责,依法做好社区矫正工作即可。宪法和法律委员会经研究,建议采纳上述意见。

二、草案三次审议稿规定了国家鼓励、支持企业事业单位、社会组织、志愿者等社会力量依法参与社区矫正工作。有的常委会组成人员提出,工会、共产主义青年团、妇女联合会等人民团体都有特定的工作对象,在组织动员广大人民群众教育帮扶社区矫正对象方面有优势,建议进一步明确这些人民团体参与社区矫正工作的内容。宪法和法律委员会经研究,建议在第三十五条中增加一款规定:有关人民团体应当依法协助社区矫正机构做好教育帮扶工作。

三、草案三次审议稿第五十五条对未成年社区矫正对象完成义务教育作了规定。有的常委委员提出,未成年社区矫正对象中年满十六周岁的,有的更愿意就业,也符合劳动法规定的就业条件,对这部分有就业需求的未成年社区矫正对象,可以提供就业帮助。宪法和法律委员会经研究,建议增加一款规定:年满十六周岁的社区矫正对象有就业意愿的,社区矫正机构可以协调有关部门和单位为其提供职业技能培训,给予就业指导和帮助。

此外,根据常委会组成人员的审议意见,还对草案三次审议稿作了一些文字修改。

草案建议表决稿已按上述意见作了修改,宪法和法律委员会建议本次常委会会议审议通过。

草案建议表决稿和以上报告是否妥当,请审议。

中华人民共和国主席令

第四十一号

《全国人民代表大会常务委员会关于修改〈中华人民共和国台湾同胞投资保护法〉的决定》已由中华人民共和国第十三届全国人民代表大会常务委员会第十五次会议于2019年12月28日通过,现予公布,自2020年1月1日起施行。

中华人民共和国主席　习近平

2019年12月28日

全国人民代表大会常务委员会关于修改《中华人民共和国台湾同胞投资保护法》的决定

(2019年12月28日第十三届全国人民代表大会常务委员会第十五次会议通过)

第十三届全国人民代表大会常务委员会第十五次会议决定对《中华人民共和国台湾同胞投资保护法》作如下修改:

一、将第七条第一款修改为:“台湾同胞投资,可以举办全部或者部分由台湾同胞投资者投资的企业(以下简称台湾同胞投资企业),也可以采用法律、行政法规或者国务院规定的其他投资形式。”

二、删去第八条。

三、将第九条改为第八条,修改为:“台湾同胞投资企业依法进行经营管理活动,其经营管理的自主权不受干涉。”

四、删去第十四条。

本决定自2020年1月1日起施行。

《中华人民共和国台湾同胞投资保护法》根据本决定作相应修改并对条文顺序作相应调整,重新公布。

中华人民共和国台湾同胞投资保护法

（1994年3月5日第八届全国人民代表大会常务委员会第六次会议通过 根据2016年9月3日第十二届全国人民代表大会常务委员会第二十二次会议《关于修改〈中华人民共和国外资企业法〉等四部法律的决定》第一次修正 根据2019年12月28日第十三届全国人民代表大会常务委员会第十五次会议《关于修改〈中华人民共和国台湾同胞投资保护法〉的决定》第二次修正）

第一条 为了保护和鼓励台湾同胞投资，促进海峡两岸的经济发展，制定本法。

第二条 台湾同胞投资适用本法；本法未规定的，国家其他有关法律、行政法规对台湾同胞投资有规定的，依照该规定执行。

本法所称台湾同胞投资是指台湾地区的公司、企业、其他经济组织或者个人作为投资者在其他省、自治区和直辖市投资。

第三条 国家依法保护台湾同胞投资者的投资、投资收益和其他合法权益。

台湾同胞投资必须遵守国家的法律、法规。

第四条 国家对台湾同胞投资者的投资不实行国有化和征收；在特殊情况下，根据社会公共利益的需要，对台湾同胞投资者的投资可以依照法律程序实行征收，并给予相应的补偿。

第五条 台湾同胞投资者投资的财产、工业产权、投资收益和其他合法权益，可以依法转让和继承。

第六条 台湾同胞投资者可以用可自由兑换货币、机器设备或者其他实物、工业产权、非专利技术等作为投资。

台湾同胞投资者可以用投资获得的收益进行再投资。

第七条 台湾同胞投资，可以举办全部或者部分由台湾同胞投资者投资的企业（以下简称台湾同胞投资企业），也可以采用法律、行政法规或者国务院规定的其他投资形式。

举办台湾同胞投资企业，应当符合国家的产业政策，有利于国民经济的发展。

第八条 台湾同胞投资企业依法进行经营管理活动，其经营管理的自主权不受干涉。

第九条 在台湾同胞投资企业集中的地区，可以依法成立台湾同胞投资企业协会，其合法权益受法律保护。

第十条 台湾同胞投资者依法获得的投资收益、其他合法收入和清算后的资金，可以依法汇回台湾或者汇往境外。

第十一条 台湾同胞投资者可以委托亲友作为其投资的代理人。

第十二条 台湾同胞投资企业依照国务院关于鼓励台湾同胞投资的有关规定，享受优惠待遇。

第十三条 台湾同胞投资者与其他省、自治区和直辖市的公司、企业、其他经济组织或者个人之间发生的与投资有关的争议，当事人可以通过协商或者调解解决。

当事人不愿协商、调解的，或者经协商、调解不成的，可以依据合同中的仲裁条款或者事后达成的书面仲裁协议，提交仲裁机构仲裁。

当事人未在合同中订立仲裁条款，事后又未达成书面仲裁协议的，可以向人民法院提起诉讼。

第十四条 本法自公布之日起施行。

关于《中华人民共和国台湾同胞投资保护法修正案(草案)》的说明

——2019 年 12 月 23 日在第十三届全国人民代表大会常务委员会第十五次会议上

商务部部长 钟 山

全国人民代表大会常务委员会：

我受国务院委托，现对《中华人民共和国台湾同胞投资保护法修正案(草案)》作说明。

《中华人民共和国台湾同胞投资保护法》(以下简称台湾同胞投资保护法)是 1994 年制定的。根据该法规定，台湾同胞可以举办合资经营企业、合作经营企业和全部资本由台湾同胞投资者投资的企业；设立台湾同胞投资企业应当经国务院规定的部门或者地方人民政府批准。上述规定，与《中华人民共和国中外合资经营企业法》、《中华人民共和国外资企业法》、《中华人民共和国中外合作经营企业法》(以下统称外资三法)关于设立外商投资企业需经批准的规定精神一致。2016 年，为了在全国范围内复制推广自由贸易试验区外商投资管理的改革举措，全国人大常委会对外资三法和台湾同胞投资保护法一并作了专项修改，明确规定举办外商投资企业、台湾同胞投资企业不涉及国家规定实施准入特别管理措施的，对相关审批事项适用备案管理。

2019 年 3 月 15 日，十三届全国人大二次会议通过了《中华人民共和国外商投资法》(以下简称外商投资法)，自 2020 年 1 月 1 日起施行，外资三法将同时废止。外商投资法明确规定对外商投资实行准入前国民待遇加负面清单管理制度，进一步简化了外商投资企业设立的管理程序，不再对外商投资企业设立实行审批和备案管理，并明确外商投资企业的组织形式等统一适用公司法、合伙企业法等法律的规定。这是我国外商投资管理制度的重大改革。为确保台湾同胞投资同步享受到制度改革红利，更好地鼓励和促进台湾同胞投资，做好法律之间的衔接，有必要根据外商投资法的原则和精神，对台湾同胞投资保护法的有关规定作相应修改。为此，商务部、台办、国家发展改革委、司法部经征求中央财办、外交部、工业和信息化部、财政部、市场监管总局等 23 个单位的意见，起草形成了《中华人民共和国台湾同胞投资保护法修正案(草案)》(以下简称草案)。草案已经国务院同意。

草案对台湾同胞投资保护法主要作了两方面修改：一是删去第八条、第十四条关于举办台湾同胞投资企业实行审批、备案的规定，并相应调整第九条的文字表述。二是调整第七条第一款关于台湾同胞投资方式的规定，不再按照举办合资经营企业、合作经营企业和全部资本由台湾同胞投资者投资的企业来划分台湾同胞投资方式，将该款修改为“台湾同胞投资，可以举办全部或者部分由台湾同胞投资者投资的企业，也可以采用法律、行政法规或者国务院规定的其他投资形式”。

草案和以上说明是否妥当，请审议。

全国人民代表大会宪法和法律委员会关于《中华人民共和国台湾同胞投资保护法修正案(草案)》审议结果的报告

——2019 年 12 月 27 日在第十三届全国人民代表大会常务委员会第十五次会议上

全国人民代表大会常务委员会：

本次常委会会议于 12 月 23 日下午对国务院提请审议的《中华人民共和国台湾同胞投资保护法修正案(草案)》进行了分组审议。普遍认为，为更好地鼓励和促进台湾同胞投资，做好法律之间的衔接，对台湾同胞投资保护法的有关规定进行修改，是必要的，修正案草案基本可行，赞同提请本次常委会会议表决通过。同时，有些常委会组成人员还提出了一些修改意见和建议。宪法和法律委员会于12月24日晚召开会议，逐条研究了常委会组成人员的审议意见，对修正案草案进行了认真审议。财政经济委员会、司法部、商务部、国务院台湾事务办公室的有关负责同志列席了会议。宪法和法律委员会认为，修正案草案总体是可行的。

在审议中，有的常委会组成人员对现行台湾同胞投资保护法的其他条文提出了一些修改意见；有的常委委员建议在充分研究当前对台政策措施的基础上，对台湾同胞投资保护法进行综合性修改。宪法和法律委员会经研究后认为，此次修改仅解决与相关法律衔接的问题，对常委会组成人员提出的上述意见，建议国务院有关部门认真研究，根据实践需要，适时提出修改法律的建议。

此外，根据常委会组成人员的审议意见，对修正案草案作了个别文字修改。

宪法和法律委员会已按上述意见提出了全国人民代表大会常务委员会关于修改《中华人民共和国台湾同胞投资保护法》的决定（草案建议表决稿），建议本次常委会会议审议通过。

修改决定草案建议表决稿和以上报告是否妥当，请审议。

中华人民共和国主席特赦令

为庆祝中华人民共和国成立70周年，体现依法治国理念和人道主义精神，根据第十三届全国人民代表大会常务委员会第十一次会议的决定，对依据2019年1月1日前人民法院作出的生效判决正在服刑的下列罪犯实行特赦：

一、参加过中国人民抗日战争、中国人民解放战争的；

二、中华人民共和国成立以后，参加过保卫国家主权、安全和领土完整对外作战的；

三、中华人民共和国成立以后，为国家重大工程建设做过较大贡献并获得省部级以上“劳动模范”“先进工作者”“五一劳动奖章”等荣誉称号的；

四、曾系现役军人并获得个人一等功以上奖励的；

五、因防卫过当或者避险过当，被判处三年以下有期徒刑或者剩余刑期在一年以下的；

六、年满七十五周岁、身体严重残疾且生活不能自理的；

七、犯罪的时候不满十八周岁，被判处三年以下有期徒刑或者剩余刑期在一年以下的；

八、丧偶且有未成年子女或者有身体严重残疾、生活不能自理的子女，确需本人抚养的女性，被判处三年以下有期徒刑或者剩余刑期在一年以下的；

九、被裁定假释已执行五分之一以上假释考验期的，或者被判处管制的。

上述九类对象中，具有以下情形之一的，不得特赦：

（一）第二、三、四、七、八、九类对象中系贪污受贿犯罪，军人违反职责犯罪，故意杀人、强奸、抢劫、绑架、放火、爆炸、投放危险物质或者有组织的暴力性犯罪，黑社会性质的组织犯罪，贩卖毒品犯罪，危害国家安全犯罪，恐怖活动犯罪的罪犯，其他有组织犯罪的主犯，累犯的；

（二）第二、三、四、九类对象中剩余刑期在十年以上的和仍处于无期徒刑、死刑缓期执行期间的；

（三）曾经被特赦又因犯罪被判处刑罚的；

（四）不认罪悔改的；

（五）经评估具有现实社会危险性的。

对2019年6月29日符合上述条件的服刑罪犯，经人民法院依法作出裁定后，予以释放。

中华人民共和国主席　习近平

2019年6月29日

全国人民代表大会常务委员会关于在中华人民共和国成立七十周年之际对部分服刑罪犯予以特赦的决定

（2019 年 6 月 29 日第十三届全国人民代表大会常务委员会第十一次会议通过）

第十三届全国人民代表大会常务委员会第十一次会议审议了全国人民代表大会常务委员会委员长会议关于提请审议《全国人民代表大会常务委员会关于在中华人民共和国成立七十周年之际对部分服刑罪犯予以特赦的决定（草案）》的议案，为庆祝中华人民共和国成立 70 周年，体现依法治国理念和人道主义精神，根据宪法，决定对依据 2019 年 1 月 1 日前人民法院作出的生效判决正在服刑的下列罪犯实行特赦：

一、参加过中国人民抗日战争、中国人民解放战争的；

二、中华人民共和国成立以后，参加过保卫国家主权、安全和领土完整对外作战的；

三、中华人民共和国成立以后，为国家重大工程建设做过较大贡献并获得省部级以上“劳动模范”“先进工作者”“五一劳动奖章”等荣誉称号的；

四、曾系现役军人并获得个人一等功以上奖励的；

五、因防卫过当或者避险过当，被判处三年以下有期徒刑或者剩余刑期在一年以下的；

六、年满七十五周岁、身体严重残疾且生活不能自理的；

七、犯罪的时候不满十八周岁，被判处三年以下有期徒刑或者剩余刑期在一年以下的；

八、丧偶且有未成年子女或者有身体严重残疾、生活不能自理的子女，确需本人抚养的女性，被判处三年以下有期徒刑或者剩余刑期在一年以下的；

九、被裁定假释已执行五分之一以上假释考验期的，或者被判处管制的。

上述九类对象中，具有以下情形之一的，不得特赦：

（一）第二、三、四、七、八、九类对象中系贪污受贿犯罪，军人违反职责犯罪，故意杀人、强奸、抢劫、绑架、放火、爆炸、投放危险物质或者有组织的暴力性犯罪，黑社会性质的组织犯罪，贩卖毒品犯罪，危害国家安全犯罪，恐怖活动犯罪的罪犯，其他有组织犯罪的主犯，累犯的；

（二）第二、三、四、九类对象中剩余刑期在十年以上的和仍处于无期徒刑、死刑缓期执行期间的；

（三）曾经被特赦又因犯罪被判处刑罚的；

（四）不认罪悔改的；

（五）经评估具有现实社会危险性的。

对本决定施行之日符合上述条件的服刑罪犯，经人民法院依法作出裁定后，予以释放。

本决定自 2019 年 6 月 29 日起施行。

关于《全国人民代表大会常务委员会关于在中华人民共和国成立七十周年之际对部分服刑罪犯予以特赦的决定（草案）》的说明

——2019 年 6 月 25 日在第十三届全国人民代表大会常务委员会第十一次会议上

全国人大常委会法制工作委员会主任　沈春耀

全国人民代表大会常务委员会：

我受委员长会议的委托，作关于《全国人民代表大会常务委员会关于在中华人民共和国成立七十周年之际对部分服刑罪犯予以特赦的决定（草案）》的说明。

特赦是国际通行的在遇有重要历史节点时国

家对特定罪犯赦免余刑的人道主义制度。我国自唐代起就形成了“盛世赦罪”的历史传统。新中国成立后至1975年，我国先后进行过7次特赦。根据现行宪法，2015年，在中国人民抗日战争暨世界反法西斯战争胜利70周年之际，我国又特赦了31527名罪犯，取得了良好效果。

2019年是新中国成立70周年，是新时代第一个逢十的周年，是“两个一百年”奋斗目标进入历史交汇期的关键之年，是实现中华民族伟大复兴历史进程中的第二个重要节点。在这一重要历史时刻，对部分罪犯实行特赦，具有重大意义。一是有利于彰显以习近平同志为核心的党中央承续中华文明慎刑恤囚、明刑弼教的优良传统，推进法安天下、德润人心的仁政，展示执政自信和制度自信，树立新时代盛世伟邦形象。二是有利于弘扬全面依法治国理念，形成依宪执政、依宪治国的良好社会氛围，深入推进法治中国建设。三是有利于贯彻落实宽严相济刑事政策，充分发挥特赦的感召效应，最大限度地化消极因素为积极因素，促进社会和谐稳定。四是有利于展现我国人权司法保障水平，进一步树立我国开放、民主、法治、文明的国际形象。

根据党中央的决策部署，《全国人民代表大会常务委员会关于在中华人民共和国成立七十周年之际对部分服刑罪犯予以特赦的决定（草案）》已经全国人大常委会委员长会议审议同意，现提请审议。

一、此次特赦的基本原则

为确保此次特赦取得好的政治效果、法律效果、社会效果，必须遵循以下基本原则：

（一）坚持积极审慎。既着眼于庆祝中华人民共和国成立70周年，又考虑当前我国刑事犯罪等实际情况，按照循序渐进要求做好特赦工作。

（二）坚持公平公正。突出特赦对象身份的不可攀比性，将特赦对象限定在社会可以普遍接受的范围内；精心设计、严格把握特赦条件，做到易掌握、可操作。

（三）坚持依法办理。党中央作出特赦决策后，全国人大常委会作出特赦决定，国家主席发布特赦令，司法行政机关等提请特赦，人民法院审理特赦案件，人民检察院监督特赦实施，每个环节都严格按照宪法和法律规定办。

（四）坚持平稳有序。对全体服刑罪犯加强思想、道德、法治教育，对拟特赦罪犯是否具有现实社会危险性进行评估，并加强对特赦罪犯释放后教育管理工作，确保未获特赦罪犯安心改造、被特赦人员回归社会后遵纪守法、被害人及其家属情绪稳定。

二、决定草案的主要内容

决定草案拟对依据2019年1月1日前人民法院作出的生效判决正在服刑的以下九类罪犯予以特赦：

（一）参加过中国人民抗日战争、中国人民解放战争的服刑罪犯。这类罪犯为民族独立和建立新中国做出过贡献，对他们特赦，可以突出庆祝中华人民共和国成立70周年的主题。同时，这些罪犯年龄普遍较大，大多在80周岁以上，回归社会后负面影响小。

（二）中华人民共和国成立以后，参加过保卫国家主权、安全和领土完整对外作战的服刑罪犯。这类罪犯为巩固国家政权，维护国家主权、安全和领土完整曾经做出过贡献，对他们特赦，符合此次特赦目的。

（三）中华人民共和国成立以后，为国家重大工程建设做过较大贡献并获得省部级以上“劳动模范”“先进工作者”“五一劳动奖章”等荣誉称号的服刑罪犯。这类罪犯为国家强大和综合国力提升曾经做出过贡献，对他们特赦，符合此次特赦目的。

（四）曾系现役军人并获得个人一等功以上奖励的服刑罪犯。这类罪犯为巩固国防、保卫祖国和社会主义现代化建设做出过贡献，对他们特赦，符合此次特赦目的。

（五）因防卫过当或者避险过当，被判处三年以下有期徒刑或者剩余刑期在一年以下的服刑罪犯。这类罪犯为了使国家、公共利益、本人或他人的人身、财产等权益免受正在进行的不法侵害或者免受正在发生的危险，实施了超过必要限度的损害行为，主观恶性小。对他们特赦，有利于鼓励人民群众同违法犯罪做斗争，积极参与抢险、救灾等工作，在全社会营造见义勇为的良好氛围。

（六）年满七十五周岁、身体严重残疾且生活不能自理的服刑罪犯。我国刑事立法和司法实践中已体现了对七十五周岁以上老人犯罪予以从轻处罚的精神。对他们特赦，符合中国的历史传统，符合国际上通行的人道主义赦免原则，易为人民群众所理解和接受。

（七）犯罪的时候不满十八周岁，被判处三年以下有期徒刑或者剩余刑期在一年以下的服刑罪犯。对这类罪犯特赦，体现了刑法对未成年人犯罪教育为主、惩罚为辅的精神，有利于他们早日回归社会，能够实现刑法的惩罚与教育相结合的目的，也符合未成年人保护法的有关要求。

（八）因丧偶且有未成年子女或者有身体严重残疾、生活不能自理的子女，确需本人抚养，被判处三年以下有期徒刑或者剩余刑期在一年以下的女性罪犯。对这类罪犯特赦，可以体现党和国家对女性的特殊关怀，有利于纾解这类家庭中未成年子女或者身体有严重残疾、生活不能自理的子女抚养方面面临的特殊困难，易为社会所理解和支持，也有利于这类罪犯感恩党和政府，妥善照顾家庭，积极回报社会。

（九）被裁定假释已执行五分之一以上假释考验期的，或者被判处管制的。对这类罪犯特赦，主要考虑到他们已经在社区，社会危险性小，对他们特赦，有利于他们真正融入社会、回报社会。

上述九类特赦对象，既包括中国籍罪犯，也包括外国籍罪犯；既包括在监狱、看守所服刑的罪犯，也包括正在进行社区矫正的罪犯。其中，第一、二、六、七类特赦对象与 2015 年相同；第三、四、五、八、九类特赦对象是新增加的。

上述九类特赦对象中，具有以下情形的，不得特赦：一是除第一、五、六类对象外，其他对象中系贪污受贿犯罪，军人违反职责犯罪，故意杀人、强奸、抢劫、绑架、放火、爆炸、投放危险物质或者有组织的暴力性犯罪，黑社会性质的组织犯罪，贩卖毒品犯罪，危害国家安全犯罪，恐怖活动犯罪的罪犯，其他有组织犯罪的主犯，累犯的，不得特赦。主要考虑是：当前，反腐败斗争形势依然严峻，为始终保持反腐败高压态势，对贪污受贿等职务犯罪的罪犯不宜特赦；为防止影响人民群众安全感，对严重刑事犯罪等罪犯不宜特赦；为维护国家安全，对危害国家安全犯罪的罪犯不宜特赦。二是第二、三、四、九类对象中剩余刑期在十年以上的和仍处于无期徒刑、死刑缓期执行期间的，不得特赦。三是曾经被特赦又因犯罪被判处刑罚的，不得特赦。四是不认罪悔改的，不得特赦。五是经评估具有现实社会危险性的，不得特赦。

关于特赦的执行，决定草案规定，对本决定施行之日符合上述条件的服刑罪犯，经人民法院依法作出裁定后，予以释放。

决定草案和以上说明是否妥当，请审议。

全国人民代表大会宪法和法律委员会关于《全国人民代表大会常务委员会关于在中华人民共和国成立七十周年之际对部分服刑罪犯予以特赦的决定（草案）》审议结果的报告

——2019 年 6 月 29 日在第十三届全国人民代表大会常务委员会第十一次会议上

全国人民代表大会常务委员会：

本次常委会会议于 6 月 25 日下午对关于在中华人民共和国成立七十周年之际对部分服刑罪犯予以特赦的决定（草案）进行了分组审议。普遍认为，按照党中央的决策部署，在庆祝中华人民共和国成立七十周年这一重要历史节点，对部分服刑罪犯予以特赦，是实施宪法规定的特赦制度的又一次重要实践，具有重大的政治意义和法治意义。赞成由全国人大常委会作出对部分服刑罪犯予以特赦的决定。同时，有些常委会组成人员对决定草案内容的有些表述提出了一些修改意见。宪法和法律委员会于 6 月 27 日上午召开会议，逐条研究了常委会组成人员的审议意见，对决定草案进行了审议。中央政法委员会有关负责同志列席了会议。宪法和法律委员会认为，决定草案是可行的。同时，根据有的常委委员的意见和有关立法技术规范，对决定草案作了个别文字修改。宪法和法律委员会经与中央政法委员会共同研究，建议决定自 2019 年 6 月 29 日起施行。

宪法和法律委员会已按上述意见提出了全国人民代表大会常务委员会关于在中华人民共和国成立七十周年之际对部分服刑罪犯予以特赦的决定（草案建议表决稿），建议本次常委会会议审议通过。

决定草案建议表决稿和以上报告是否妥当，请审议。

中华人民共和国主席令

第三十四号

为了庆祝中华人民共和国成立70周年，隆重表彰为新中国建设和发展作出杰出贡献的功勋模范人物，弘扬民族精神和时代精神，根据第十三届全国人民代表大会常务委员会第十三次会议的决定，授予下列人士国家勋章、国家荣誉称号：

一、授予于敏、申纪兰（女）、孙家栋、李延年、张富清、袁隆平、黄旭华、屠呦呦（女）“共和国勋章”。

二、授予劳尔·卡斯特罗·鲁斯（古巴）、玛哈扎克里·诗琳通（女，泰国）、萨利姆·艾哈迈德·萨利姆（坦桑尼亚）、加林娜·维尼阿米诺夫娜·库利科娃（女，俄罗斯）、让-皮埃尔·拉法兰（法国）、伊莎白·柯鲁克（女，加拿大）“友谊勋章”。

三、授予叶培建、吴文俊、南仁东（满族）、顾方舟、程开甲“人民科学家”国家荣誉称号；

授予于漪（女）、卫兴华、高铭暄“人民教育家”国家荣誉称号；

授予王蒙、秦怡（女）、郭兰英（女）“人民艺术家”国家荣誉称号；

授予艾热提·马木提（维吾尔族）、申亮亮、麦贤得、张超“人民英雄”国家荣誉称号；

授予王文教、王有德（回族）、王启民、王继才、布茹玛汗·毛勒朵（女，柯尔克孜族）、朱彦夫、李保国、都贵玛（女，蒙古族）、高德荣（独龙族）“人民楷模”国家荣誉称号；

授予热地（藏族）“民族团结杰出贡献者”国家荣誉称号；

授予董建华“‘一国两制’杰出贡献者”国家荣誉称号；

授予李道豫“外交工作杰出贡献者”国家荣誉称号；

授予樊锦诗（女）“文物保护杰出贡献者”国家荣誉称号。

中华人民共和国主席　习近平

2019年9月17日

全国人民代表大会常务委员会关于授予国家勋章和国家荣誉称号的决定

（2019年9月17日第十三届全国人民代表大会常务委员会第十三次会议通过）

为了庆祝中华人民共和国成立70周年，隆重表彰为新中国建设和发展作出杰出贡献的功勋模范人物，弘扬民族精神和时代精神，根据《中华人民共和国宪法》和《中华人民共和国国家勋章和国家荣誉称号法》，第十三届全国人民代表大会常务委员会第十三次会议决定：

一、授予下列人士“共和国勋章”：

于敏、申纪兰（女）、孙家栋、李延年、张富清、袁隆平、黄旭华、屠呦呦（女）。

二、授予下列外国人士“友谊勋章”：

劳尔·卡斯特罗·鲁斯（古巴）、玛哈扎克里·诗琳通（女，泰国）、萨利姆·艾哈迈德·萨利姆（坦桑尼亚）、加林娜·维尼阿米诺夫娜·库利科娃（女，俄罗斯）、让-皮埃尔·拉法兰（法国）、伊莎白·柯鲁克（女，加拿大）。

三、授予下列人士国家荣誉称号：

授予叶培建、吴文俊、南仁东（满族）、顾方舟、程开甲“人民科学家”国家荣誉称号；

授予于漪（女）、卫兴华、高铭暄“人民教育家”国家荣誉称号；

授予王蒙、秦怡（女）、郭兰英（女）“人民艺术家”国家荣誉称号；

授予艾热提·马木提（维吾尔族）、申亮亮、麦贤得、张超“人民英雄”国家荣誉称号；

授予王文教、王有德（回族）、王启民、王继才、布茹玛汗·毛勒朵（女，柯尔克孜族）、朱彦夫、李保

国、都贵玛(女,蒙古族)、高德荣(独龙族)"人民楷模"国家荣誉称号;

授予热地(藏族)"民族团结杰出贡献者"国家荣誉称号;

授予董建华"'一国两制'杰出贡献者"国家荣誉称号;

授予李道豫"外交工作杰出贡献者"国家荣誉称号;

授予樊锦诗(女)"文物保护杰出贡献者"国家荣誉称号。

全国人民代表大会常务委员会号召,全国各族人民要更加紧密地团结在以习近平同志为核心的党中央周围,以国家勋章和国家荣誉称号获得者为楷模,大力宣传他们的卓越功绩,积极学习他们的先进事迹,不忘初心,牢记使命,开拓进取,奋发有为,为决胜全面建成小康社会、夺取新时代中国特色社会主义伟大胜利、实现中华民族伟大复兴的中国梦作出新的更大贡献!

关于《全国人民代表大会常务委员会关于授予国家勋章和国家荣誉称号的决定(草案)》的说明

——2019 年 9 月 17 日在第十三届全国人民代表大会常务委员会第十三次会议上

全国人大常委会法制工作委员会主任 沈春耀

全国人民代表大会常务委员会:

我受委员长会议的委托,作关于《全国人民代表大会常务委员会关于授予国家勋章和国家荣誉称号的决定(草案)》的说明。

一、关于授予国家勋章和国家荣誉称号的重大意义

党中央决定在中华人民共和国成立 70 周年之际,开展国家勋章和国家荣誉称号集中评选颁授,隆重表彰一批为中华人民共和国建设和发展作出杰出贡献的功勋模范人物。

功勋荣誉表彰是重要的国家制度。我国宪法规定,全国人大常委会"规定和决定授予国家的勋章和荣誉称号",国家主席根据全国人大常委会的决定,"授予国家的勋章和荣誉称号"。党的十八大以来,以习近平同志为核心的党中央高度重视功勋荣誉表彰工作。习近平总书记多次作出重要指示,强调要充分发挥党和国家功勋荣誉表彰的精神引领、典型示范作用,推动全社会形成见贤思齐、崇尚英雄、争做先锋的良好氛围。为此,党中央决定构建党和国家功勋荣誉表彰制度体系。2015 年 12 月,中共中央印发《关于建立健全党和国家功勋荣誉表彰制度的意见》。为贯彻落实党中央的决策部署,2015 年 12 月 27 日,十二届全国人大常委会第十八次会议审议通过了《中华人民共和国国家勋章和国家荣誉称号法》。2016 年 4 月,党中央决定成立党和国家功勋荣誉表彰工作委员会,负责统筹协调党和国家功勋荣誉表彰工作,起草制定党内、国家、军队 3 个功勋荣誉表彰条例。

国家勋章和国家荣誉称号是党和国家功勋荣誉表彰制度体系的重要组成部分,是国家最高荣誉。国家勋章和国家荣誉称号法对国家勋章和国家荣誉称号的种类名称、授予对象、人选提名、授予程序、奖励形式以及宣传工作作出规定,明确了国家设立"共和国勋章",授予在中国特色社会主义建设和保卫国家中作出巨大贡献、建立卓越功勋的杰出人士;设立"友谊勋章",授予在我国社会主义现代化建设和促进中外交流合作、维护世界和平中作出杰出贡献的外国人;设立国家荣誉称号,授予在经济、社会、国防、外交、教育、科技、文化、卫生、体育等各领域各行业作出重大贡献、享有崇高声誉的杰出人士。国家勋章和国家荣誉称号法第七条规定:"中华人民共和国主席根据全国人民代表大会常务委员会的决定,向国家勋章和国家荣誉称号获得者授予国家勋章、国家荣誉称号奖章,签发证书。"第九条规定,国家一般在国庆日或者其他重大节日、纪念日,举行颁授国家勋章、国家荣誉称号的仪式。此外,国家勋章和国家荣誉称号法还对追授范围作了明确规定,对于在国家勋章和国家荣誉称

号法施行后(即2016年1月1日之后)去世的,可以追授国家勋章、国家荣誉称号。

在庆祝中华人民共和国成立70周年之际,开展国家勋章和国家荣誉称号颁授活动,是贯彻习近平新时代中国特色社会主义思想的重要举措,具有十分重要的意义。

第一,开展国家勋章和国家荣誉称号颁授活动,是强化国家意识、对功勋模范人物授予国家最高荣誉的现实需要。习近平总书记指出:“伟大时代呼唤伟大精神,崇高事业需要榜样引领。”70年前,中国共产党团结带领全国各族人民经过艰苦卓绝的斗争,推翻了压在中国人民头上的三座大山,取得了新民主主义革命的伟大胜利,建立了中华人民共和国。新中国成立后,在党中央的坚强领导下,经历了轰轰烈烈的社会主义革命和建设时期,经历了波澜壮阔、气势恢宏的改革开放时期,在此过程中涌现出无数可歌可泣的杰出人物,谱写了一曲曲感天动地、气壮山河的奋斗赞歌。开展国家勋章和国家荣誉称号颁授活动,隆重表彰为国家建设和发展作出杰出贡献的功勋模范人物,就是通过肯定他们的历史功绩,以中华人民共和国的名义给予他们国家最高荣誉,彰显其政治声誉和崇高地位,向全社会发出关心英雄、珍爱英雄、尊重英雄的强烈信号。

第二,开展国家勋章和国家荣誉称号颁授活动,是弘扬社会主义核心价值观、凝聚时代精神的现实需要。习近平总书记在庆祝改革开放40周年大会上指出:“建成社会主义现代化强国,实现中华民族伟大复兴,是一场接力跑,我们要一棒接着一棒跑下去,每一代人都要为下一代人跑出一个好成绩。”历史是不断向前的,要达到理想的彼岸,就要沿着确定的道路不断前进。授予功勋模范人物勋章荣誉,大力宣扬他们的丰功伟绩,更重要的是通过树起标杆、立起旗帜,培育和弘扬社会主义核心价值观,增强中国特色社会主义事业凝聚力和感召力,更好地激励全国各族人民不忘初心,牢记使命,开拓进取,奋发有为,为决胜全面建成小康社会、夺取新时代中国特色社会主义伟大胜利、实现中华民族伟大复兴的中国梦不懈奋斗。

第三,开展国家勋章和国家荣誉称号颁授活动,是全面实施宪法、彰显宪法精神的重要体现。宪法是国家的根本法,是治国理政的总章程,是党和人民意志的集中体现。党的十八大以来,以习近平同志为核心的党中央把实施宪法摆在全面依法治国的突出位置,强调宪法的生命在于实施,宪法的权威也在于实施。宪法是国家法律法规和各项制度的总依据。我国宪法对国家勋章和国家荣誉称号作出基本规定,国家勋章和国家荣誉称号法对这一重要制度作出具体规定,为开展颁授活动提供了法治保障。此次开展颁授国家勋章和国家荣誉称号活动,将是现行宪法颁布实施以来的第一次,具有创制性,是实施宪法关于国家勋章荣誉制度的重要实践,对于切实彰显宪法精神,增强全民宪法意识,推进国家治理体系和治理能力现代化具有重大意义。

二、决定草案起草的工作过程和此次颁授活动把握的基本原则

2019年1月初,中共中央办公厅发出《关于做好国家勋章和国家荣誉称号提名评选工作的通知》,对做好国家勋章和国家荣誉称号的提名评选工作作出整体安排,提出明确要求,各项工作始终在党中央直接领导下开展,党和国家功勋荣誉表彰工作委员会负责统筹协调。提名评审工作正式启动后,各地区各部门高度重视,报送提名人选后,由相关单位承担归口评审任务。各归口评审单位认真制定工作方案,采取工作小组评议、听取专家及相关部门意见、党组会(党委会)会议研究等方式,对本领域初步建议人选进行了严格评审,确定了人选排序。在充分参考归口评审单位排序意见基础上,经全面比选、综合平衡,党和国家功勋荣誉表彰工作委员会决定正式开展考察工作。8月上中旬,党和国家功勋荣誉表彰工作委员会办公室牵头对“共和国勋章”和国家荣誉称号人选进行考察。根据考察结果,8月23日,党和国家功勋荣誉表彰工作委员会全体会议研究通过了国家勋章和国家荣誉称号建议人选。8月27日至9月2日,进行全国公示,建议人选得到全社会广泛和高度认同。

评选工作坚持以习近平新时代中国特色社会主义思想为指导,注意把握以下几点:一是坚持最高标准。国家勋章和国家荣誉称号是国家最高荣誉,评选中坚持功绩导向,以实际贡献为最重要衡量标准,坚持立场坚定、品德高尚、群众公认的基本要求,反复比选、好中选优,确保建议人选经得起人民考验、时间考验。二是明确评选定位。“共和国勋章”授予在中国特色社会主义建设和保卫国家中作出巨大贡献、建立卓越功勋的杰出人士。评选中强调功绩的重要性、开创性和人选的不可替代性,重点选择一些关键领域的旗帜和标杆人物。“友谊

勋章”授予在我国社会主义现代化建设和促进中外交流合作、维护世界和平中作出杰出贡献的外国人。国家荣誉称号授予在各领域各行业作出重大贡献、享有崇高声誉的杰出人士。评选中综合考虑人选的先进性、代表性和广泛性，覆盖政治、经济、社会、外交、教育、科技、文化、卫生、体育等领域，做到荣誉与功绩相称、褒奖与贡献相当。国家勋章和国家荣誉称号法第四条第二款规定：“国家荣誉称号的名称冠以‘人民’，也可以使用其他名称。国家荣誉称号的具体名称由全国人民代表大会常务委员会在决定授予时确定。”决定草案提出的“人民科学家”、“人民教育家”、“人民艺术家”、“人民英雄”、“人民楷模”、“民族团结杰出贡献者”、“‘一国两制’杰出贡献者”、“外交工作杰出贡献者”、“文物保护杰出贡献者”等 9 种名称，是经过充分研究、反复论证并广泛征求各方面意见后形成的，最后报经党中央同意。三是突出时代精神。充分考虑新中国成立 70 周年的鲜明主题，在社会主义革命、建设和改革各个历史时期均应有代表性人物入选。优先考虑重大标志性历史事件中的代表人物，注重人选蕴含的民族精神和时代精神。四是适当统筹兼顾。坚持实事求是，适当考虑各方面情况，合理确定人选。

国家勋章和国家荣誉称号法第五条第一款规定，全国人大常委会委员长会议根据各方面的建议，向全国人大常委会提出授予国家勋章、国家荣誉称号的议案。按照党中央的决策部署，这次授予工作的法律程序安排是，由全国人大常委会委员长会议提出议案，全国人大常委会审议并作出决定，国家主席根据全国人大常委会决定，授予国家勋章和国家荣誉称号，并签署国家主席令。本次授予“共和国勋章”和国家荣誉称号的建议人选已经全国公示。9 月 6 日，党和国家功勋荣誉表彰工作委员会办公室将国家勋章和国家荣誉称号人选名单提交全国人大常委会办公厅。根据全国人大常委会的工作安排，法制工作委员会协同配合中共中央办公厅、党和国家功勋荣誉表彰工作委员会办公室，形成了拟提请全国人大常委会审议的决定草案稿，委员长会议决定提请本次常委会会议审议。

三、决定草案的主要内容

决定草案提出了授予“共和国勋章”、“友谊勋章”、国家荣誉称号的人选。

（一）授予下列人士“共和国勋章”：

于敏、申纪兰（女）、孙家栋、李延年、张富清、袁隆平、黄旭华、屠呦呦（女）。

（二）授予下列外国人士“友谊勋章”：

劳尔·卡斯特罗·鲁斯（古巴）、玛哈扎克里·诗琳通（女，泰国）、萨利姆·艾哈迈德·萨利姆（坦桑尼亚）、加林娜·维尼阿米诺夫娜·库利科娃（女，俄罗斯）、让-皮埃尔·拉法兰（法国）、伊莎白·柯鲁克（女，加拿大）。

（三）授予下列人士国家荣誉称号：

授予叶培建、吴文俊、南仁东（满族）、顾方舟、程开甲“人民科学家”国家荣誉称号；

授予于漪（女）、卫兴华、高铭暄“人民教育家”国家荣誉称号；

授予王蒙、秦怡（女）、郭兰英（女）“人民艺术家”国家荣誉称号；

授予艾热提·马木提（维吾尔族）、申亮亮、麦贤得、张超“人民英雄”国家荣誉称号；

授予王文教、王有德（回族）、王启民、王继才、布茹玛汗·毛勒朵（女，柯尔克孜族）、朱彦夫、李保国、都贵玛（女，蒙古族）、高德荣（独龙族）“人民楷模”国家荣誉称号；

授予热地（藏族）“民族团结杰出贡献者”国家荣誉称号；

授予董建华“‘一国两制’杰出贡献者”国家荣誉称号；

授予李道豫“外交工作杰出贡献者”国家荣誉称号；

授予樊锦诗（女）“文物保护杰出贡献者”国家荣誉称号。

决定草案和以上说明是否妥当，请审议。

全国人民代表大会常务委员会关于国家监察委员会制定监察法规的决定

（2019年10月26日第十三届全国人民代表大会常务委员会第十四次会议通过）

为了贯彻实施《中华人民共和国宪法》和《中华人民共和国监察法》，保障国家监察委员会依法履行最高监察机关职责，根据监察工作实际需要，第十三届全国人民代表大会常务委员会第十四次会议决定：

一、国家监察委员会根据宪法和法律，制定监察法规。

监察法规可以就下列事项作出规定：

（一）为执行法律的规定需要制定监察法规的事项；

（二）为履行领导地方各级监察委员会工作的职责需要制定监察法规的事项。

监察法规不得与宪法、法律相抵触。

二、监察法规应当经国家监察委员会全体会议决定，由国家监察委员会发布公告予以公布。

三、监察法规应当在公布后的三十日内报全国人民代表大会常务委员会备案。

全国人民代表大会常务委员会有权撤销同宪法和法律相抵触的监察法规。

四、本决定自2019年10月27日起施行。

关于《全国人民代表大会常务委员会关于国家监察委员会制定监察法规的决定（草案）》的说明

——2019年10月21日在第十三届全国人民代表大会常务委员会第十四次会议上

全国人大常委会法制工作委员会主任　沈春耀

全国人民代表大会常务委员会：

我受委员长会议委托，作关于《全国人民代表大会常务委员会关于国家监察委员会制定监察法规的决定（草案）》（以下简称"决定"）的说明。

一、关于作出决定的必要性

2019年8月，国家监察委员会致函全国人大常委会办公厅提出，随着国家监察体制改革不断深入，监察工作中一些深层次问题逐渐显现，监察法中一些原则性表述需要进一步具体化。为便于各级监察机关更好地执行和适用法律，国家监察委员会拟制定出台《监察法实施条例》，建议全国人大常委会修改立法法或者作出相关决定，为国家监察委员会制定监察法规提供法律依据。

全国人大常委会高度重视国家监察委员会的意见，按照工作安排，法制工作委员会、监察和司法委员会经与国家监察委员会工作部门密切沟通协商，认为为了保障国家监察委员会依法履行职责，由全国人大常委会作出决定，明确国家监察委员会可以制定监察法规，是必要的、可行的。

第一，我国宪法规定，国家监察委员会是最高监察机关，领导地方各级监察委员会的工作。制定监察法规是国家监察委员会履行宪法法律职责所需要的职权和手段。监察法是反腐败国家立法，是对国家监察工作起统领性和基础性作用的法律。制定监察法时，考虑到当时需要解决的问题比较多，经与中央纪委协商一致，对国家监察委员会制定监察法规没有作出规定。随着国家监察体制改革工作的深入推进，为保证监察法全面贯彻实施，有必要由国家监察委员会对监察法作进一步具体化的规定。

第二，我国宪法规定，监察委员会的组织和职权由法律规定。对监察法规作出明确规定，较为理想的解决方式是修改立法法。立法法是对我国的立法体制、立法权限和立法程序作出系统规定的基本法律，该法于2000年颁布实施，并于2015年作了重要修改。立法法的制定和修改均由全国人民代表大会通过。考虑到立法法的修改除涉及监察法规制定权外，关于立法的指导思想、宪法和法律委员会的职责、授权立法等规定都需要研究和修改,立法法修改近期尚未提上立法工作日程。因此,通过修改立法法来明确国家监察委员会制定监察法规的职权,时间上恐难以适应国家监察委员会的实际工作需要。由全国人大常委会作决定,明确国家监察委员会可以制定监察法规,既具有法律效力,又能够及时地解决问题,比较适当、可行。采取由全国人大常委会作决定的方式,对机构职责问题作出规定,以往是有过先例的。

据此,法制工作委员会会同国家监察委员会工作部门,拟订了《全国人民代表大会常务委员会关于国家监察委员会制定监察法规的决定(草案)》,委员长会议决定提请本次常委会会议审议。

二、关于决定草案的内容

根据宪法、立法法规定精神,参照行政法规、军事法规相关内容,拟订了决定草案。主要内容如下:

一是明确国家监察委员会制定监察法规的范围,规定"国家监察委员会根据宪法和法律,制定监察法规";"监察法规可以就下列事项作出规定:(一)为执行法律的规定需要制定监察法规的事项;(二)为履行领导地方各级监察委员会工作的职责需要制定监察法规的事项。"同时规定"监察法规不得与宪法、法律相抵触。"

二是明确监察法规的制定程序,规定"监察法规应当经国家监察委员会全体会议决定,由国家监察委员会发布公告予以公布。"

三是明确全国人大常委会对监察法规的监督,规定"监察法规应当在公布后的三十日内报全国人民代表大会常务委员会备案";"全国人民代表大会常务委员会有权撤销同宪法和法律相抵触的监察法规。"

决定草案和以上说明是否妥当,请审议。

全国人民代表大会宪法和法律委员会关于《全国人民代表大会常务委员会关于国家监察委员会制定监察法规的决定(草案)》审议结果的报告

——2019 年 10 月 26 日在第十三届全国人民代表大会常务委员会第十四次会议上

全国人民代表大会常务委员会:

本次常委会会议于 10 月 22 日上午对委员长会议提请审议的《全国人民代表大会常务委员会关于国家监察委员会制定监察法规的决定(草案)》进行了分组审议。常委会组成人员普遍认为,十三届全国人大一次会议审议通过宪法修正案和监察法,为新形势下反腐败斗争和各级监察机关履行职责提供了有力的法治保障。随着国家监察体制改革工作的深入推进,由全国人大常委会作出相关决定,明确国家监察委员会可以制定监察法规,是必要的、可行的,赞成将决定草案提请本次会议表决通过。同时,有的常委会组成人员还提出了一些修改意见。宪法和法律委员会于 10 月 23 日下午召开会议,逐条研究了常委会组成人员的审议意见,对草案进行了审议。中央纪委国家监委负责同志列席了会议。宪法和法律委员会认为,草案是成熟的、可行的。据此,宪法和法律委员会提出了全国人民代表大会常务委员会关于国家监察委员会制定监察法规的决定(草案建议表决稿),建议本次常委会会议审议通过。

还有一个问题需要报告,有的常委委员、专委会委员提出,国家监察委员会制定监察法规,涉及立法体制,应当通过修改立法法作出规定。宪法和法律委员会经研究认为,国家监察委员会是最高监察机关,制定监察法规是国家监察委员会履行宪法法律职责所需要的职权。我国宪法规定,监察委员会的组织和职权由法律规定。在立法法修改前,由全国人大常委会作出关于国家监察委员会制定监察法规的决定,是必要的,符合宪法和监察法的原则和精神。同时,建议对立法法的修改抓紧研究,对国家监察委员会制定监察法规及相关问题作出规定。

决定草案建议表决稿和以上报告是否妥当,请审议。

全国人民代表大会常务委员会关于授权国务院在自由贸易试验区暂时调整适用有关法律规定的决定

（2019 年 10 月 26 日第十三届全国人民代表大会常务委员会第十四次会议通过）

为进一步优化营商环境，激发市场活力和社会创造力，加快政府职能转变，第十三届全国人民代表大会常务委员会第十四次会议决定：授权国务院在自由贸易试验区内，暂时调整适用《中华人民共和国对外贸易法》《中华人民共和国道路交通安全法》《中华人民共和国消防法》《中华人民共和国食品安全法》《中华人民共和国海关法》《中华人民共和国种子法》的有关规定（目录附后）。上述调整在三年内试行。对实践证明可行的，国务院应当提出修改有关法律的意见；对实践证明不宜调整的，在试点期满后恢复施行有关法律规定。

本决定自 2019 年 12 月 1 日起施行。

授权国务院在自由贸易试验区暂时调整适用有关法律规定目录

序号	名称	法律规定	调整内容
1	对外贸易经营者备案登记	《中华人民共和国对外贸易法》 **第九条** 从事货物进出口或者技术进出口的对外贸易经营者，应当向国务院对外贸易主管部门或者其委托的机构办理备案登记；但是，法律、行政法规和国务院对外贸易主管部门规定不需要备案登记的除外。备案登记的具体办法由国务院对外贸易主管部门规定。 对外贸易经营者未按照规定办理备案登记的，海关不予办理进出口货物的报关验放手续。	直接取消审批（取消对外贸易经营者备案登记）
2	拖拉机驾驶培训学校、驾驶培训班资格认定	《中华人民共和国道路交通安全法》 **第二十条第一款** 机动车的驾驶培训实行社会化，由交通主管部门对驾驶培训学校、驾驶培训班实行资格管理，其中专门的拖拉机驾驶培训学校、驾驶培训班由农业（农业机械）主管部门实行资格管理。	直接取消审批
3	消防技术服务机构资质审批	《中华人民共和国消防法》 **第三十四条** 消防产品质量认证、消防设施检测、消防安全监测等消防技术服务机构和执业人员，应当依法获得相应的资质、资格；依照法律、行政法规、国家标准、行业标准和执业准则，接受委托提供消防技术服务，并对服务质量负责。	直接取消审批
4	食品经营许可（仅销售预包装食品）	《中华人民共和国食品安全法》 **第三十五条** 国家对食品生产经营实行许可制度。从事食品生产、食品销售、餐饮服务，应当依法取得许可。但是，销售食用农产品，不需要取得许可。 县级以上地方人民政府食品安全监督管理部门应当依照《中华人民共和国行政许可法》的规定，审核申请人提交的本法第三十三条第一款第一项至第四项规定要求的相关资料，必要时对申请人的生产经营场所进行现场核查；对符合规定条件的，准予许可；对不符合规定条件的，不予许可并书面说明理由。	审批改为备案
5	报关企业注册登记	《中华人民共和国海关法》 **第十一条第一款** 进出口货物收发货人、报关企业办理报关手续，必须依法经海关注册登记。未依法经海关注册登记，不得从事报关业务。	审批改为备案

续表

序号	名称	法律规定	调整内容
6	公众聚集场所投入使用、营业前消防安全检查	《中华人民共和国消防法》 **第十五条** 公众聚集场所在投入使用、营业前,建设单位或者使用单位应当向场所所在地的县级以上地方人民政府消防救援机构申请消防安全检查。 消防救援机构应当自受理申请之日起十个工作日内,根据消防技术标准和管理规定,对该场所进行消防安全检查。未经消防安全检查或者经检查不符合消防安全要求的,不得投入使用、营业。	实行告知承诺(当事人承诺符合消防安全标准并提供相关材料的,消防救援机构不再进行实质性审查,当场作出审批决定。)
7	林草种子(进出口)生产经营许可证核发	《中华人民共和国种子法》 **第三十一条第一款** 从事种子进出口业务的种子生产经营许可证,由省、自治区、直辖市人民政府农业、林业主管部门审核,国务院农业、林业主管部门核发。 **第九十三条** 草种、烟草种、中药材种、食用菌菌种的种质资源管理和选育、生产经营、管理等活动,参照本法执行。	优化审批服务(取消省级林草部门实施的审核)

关于《关于授权国务院在自由贸易试验区暂时调整实施有关法律规定的决定(草案)》的说明

——2019 年 10 月 21 日在第十三届全国人民代表大会常务委员会第十四次会议上

全国人民代表大会常务委员会:

我受国务院委托,现对《关于授权国务院在自由贸易试验区暂时调整实施有关法律规定的决定(草案)》作说明。

一、基本情况

“证照分离”改革是商事制度改革的延续和深化,是行政审批制度改革的重要组成部分,是落实企业经营自主权、强化政府事中事后监管责任的重要举措。2015 年以来,国务院决定对部分涉企经营许可事项开展“证照分离”改革,在上海市浦东新区试点并逐步复制推广,有效降低了企业制度性交易成本,优化了营商环境,激发了市场活力和社会创造力。

为进一步克服“准入不准营”现象,使企业更便捷拿到营业执照并尽快正常运营,国务院决定在全国各自由贸易试验区开展“证照分离”改革全覆盖试点。试点范围和内容是:在深入总结近年来对涉企经营许可事项实施“证照分离”改革经验基础上,自 2019 年 12 月 1 日起,在上海、广东、天津、福建、辽宁、浙江、河南、湖北、重庆、四川、陕西、海南、山东、江苏、广西、河北、云南、黑龙江等自由贸易试验区,对所有涉企经营许可事项实行全覆盖清单管理,按照直接取消审批、审批改为备案、实行告知承诺、优化审批服务等四种方式分类推进改革,为在全国实现“证照分离”改革全覆盖形成可复制可推广的制度创新成果。

涉企经营许可事项中,中央层面设定的共 523 项,其中有的改革事项涉及暂时调整实施有关法律规定。按照重大改革于法有据的要求,在试点正式启动前,需由全国人大常委会作出授权决定。按照国务院的工作部署,国家市场监督管理总局、司法部、国务院职能转变协调办在认真梳理研究试点事项,并征求全国人大常委会法工委和国务院有关部门意见的基础上,拟订了《关于授权国务院在自由贸易试验区暂时调整实施有关法律规定的决定(草案)》(以下简称草案)。草案已经国务院同意。

二、草案的主要内容

草案规定,授权国务院在自由贸易试验区暂时调整实施《中华人民共和国道路交通安全法》等 6 部法律的有关规定。具体包括 4 种情况:

一是按照直接取消审批的方式,暂时调整实施

《中华人民共和国道路交通安全法》规定的拖拉机驾驶培训学校、驾驶培训班资格认定(申领拖拉机操作证件仍由农业农村部门组织考试,考试合格后方可领取),《中华人民共和国对外贸易法》规定的对外贸易经营者备案登记,《中华人民共和国消防法》规定的消防技术服务机构(属中介服务机构)资质审批等经营许可事项。试点期间,上述审批暂停实施。

二是按照审批改为备案的方式,暂时调整实施《中华人民共和国食品安全法》规定的食品经营许可(仅销售预包装食品)、《中华人民共和国海关法》规定的报关企业注册登记两项经营许可事项。企业按要求进行备案即可从事预包装食品销售、开展报关业务。

三是按照实行告知承诺的方式,暂时调整实施《中华人民共和国消防法》关于公众聚集场所投入使用、营业前应当申请消防安全检查的规定。当事人承诺符合消防安全标准并提供相关材料的,消防救援机构不再进行实质性审查,当场作出审批决定。

四是按照优化审批服务的方式,暂时调整实施《中华人民共和国种子法》的有关规定,取消省级林草部门对林草种子(进出口)生产经营许可证核发的审核(初审)环节,申请人可直接向国家林草局申请核发许可证。

关于暂时调整实施有关法律规定的期限,草案明确,上述调整在三年内试行。对实践证明可行的,修改完善有关法律;对实践证明不宜调整的,恢复施行有关法律规定。试点过程中,国务院有关部门和自由贸易试验区所在地省(自治区、直辖市)人民政府将对试点情况进行评估,适时提出修改完善有关法律规定或者恢复施行有关法律规定的建议。

三、关于完善改革配套政策措施

试点过程中,有关部门将按照国务院的部署和要求制定实施方案,对中央层面设定的涉企经营许可事项逐项细化改革举措;有关省级人民政府组织制定本地区试点实施方案,明确地方层面设定的涉企经营许可事项的改革方式,细化改革试点落地措施。同时,采取有效措施,规范企业登记经营范围与申办经营许可的衔接,强化涉企经营信息归集共享,持续提升审批服务质量和效率,创新和加强事中事后监管。

草案和以上说明是否妥当,请审议。

全国人民代表大会宪法和法律委员会对《关于授权国务院在自由贸易试验区暂时调整实施有关法律规定的决定(草案)》审议结果的报告

——2019 年 10 月 26 日在第十三届全国人民代表大会常务委员会第十四次会议上

全国人民代表大会常务委员会:

本次常委会会议于 10 月 22 日上午对国务院提请审议的《关于授权国务院在自由贸易试验区暂时调整实施有关法律规定的决定(草案)》进行了分组审议。普遍认为,决定草案基本可行,建议进一步修改后,提请本次会议表决通过。同时,有些常委会组成人员还提出了一些修改意见。宪法和法律委员会于 10 月 23 日下午召开会议,逐条研究了常委会组成人员的审议意见,对决定草案进行了审议。司法部的有关负责同志列席了会议。宪法和法律委员会认为,决定草案是可行的。同时,提出以下修改意见:

一、有的常委委员提出,为更好体现自由贸易试验区对外开放的特点,建议在决定草案中将对外贸易法作为所列法律的第一项。宪法和法律委员会建议采纳这一意见,并对有关法律规定目录作相应调整。

二、有的常委委员提出,决定草案中"调整实施"的表述与立法法第十三条中"暂时调整或者暂时停止适用法律"的表述不一致。宪法和法律委员会经研究,建议将决定草案中的"调整实施"修改为"调整适用"。

三、决定草案规定,本决定自公布之日起施行;根据草案说明,有关改革自 2019 年 12 月 1 日起实施。有的常委委员提出,决定草案的施行日期和说明中的实施日期不一致,建议进一步研究。宪法和法律委员会经与司法部研究,建议将本决定的施行日期确定为 2019 年 12 月 1 日。

此外,根据常委会组成人员的审议意见,还对决定草案作了个别文字修改。

宪法和法律委员会已按上述意见提出了全国人民代表大会常务委员会关于授权国务院在自由贸易试验区暂时调整适用有关法律规定的决定(草案建议表决稿),建议本次常委会会议审议通过。

决定草案建议表决稿和以上报告是否妥当,请审议。

全国人民代表大会常务委员会关于授权澳门特别行政区对横琴口岸澳方口岸区及相关延伸区实施管辖的决定

(2019 年 10 月 26 日第十三届全国人民代表大会常务委员会第十四次会议通过)

第十三届全国人民代表大会常务委员会第十四次会议审议了国务院关于提请审议授权澳门特别行政区对横琴口岸澳方口岸区及相关延伸区实施管辖的议案。

会议认为,为了实现澳门特别行政区与广东省珠海市之间基础设施的互联互通,为两地之间的交通运输、人员往来和经贸活动提供便利,有必要在位于广东省珠海市横琴岛的横琴口岸内设立澳方口岸区。全国人民代表大会常务委员会决定:

一、授权澳门特别行政区自横琴口岸澳方口岸区及相关延伸区启用之日起,在本决定第三条规定的期限内对该区域依照澳门特别行政区法律实施管辖。

二、授权澳门特别行政区实施管辖的区域包括横琴口岸澳方口岸区,莲花大桥和澳门大学连接横琴口岸通道桥相关部分(桥墩除外),以及澳门轻轨延伸至横琴口岸的预留空间,该预留空间用于建设行车隧道、站台以及连接站台和澳门特别行政区管辖区域的封闭通道等轻轨设施。上述区域根据实际情况分阶段启用。有关区域具体启用日期,以及具体坐标和面积,由国务院确定。在本决定第三条规定的期限内不得变更上述区域的用途。

三、澳门特别行政区政府以租赁方式取得横琴口岸澳方口岸区及相关延伸区的使用权,租赁期限自有关区域启用之日起至 2049 年 12 月 19 日止。租赁期限届满,经全国人民代表大会常务委员会决定,可以续期。

关于《关于授权澳门特别行政区对横琴口岸澳方口岸区及相关延伸区实施管辖的决定(草案)》的说明

——2019 年 10 月 21 日在第十三届全国人民代表大会常务委员会第十四次会议上

国务院港澳事务办公室副主任 邓中华

全国人民代表大会常务委员会:

我受国务院委托,现对《关于授权澳门特别行政区对横琴口岸澳方口岸区及相关延伸区实施管辖的决定(草案)》作说明。

一、有关背景情况

澳门特别行政区路氹城和珠海横琴新区一衣带水、路桥相连,路氹城莲花口岸和珠海横琴口岸隔河相望。目前,往来两地的人员和货物均采取传统的“两地两检”通关模式,耗时长且不便利,其中旅客需要搭乘穿梭巴士经莲花大桥往返。随着通关量的不断增长,现行的通关模式和口岸设置已经不能适应粤港澳大湾区建设大背景下两地人员往来和经贸活动日益密切的现实需要。为加强两地基础设施互联互通,促进人员、货物等生产要素便捷流动,支持澳门更好地融入国家发展大局,澳门特别行政区政府经商广东省人民政府、珠海市人民政府，于2018年8月提出，希借珠海横琴口岸改扩建的契机，将莲花口岸搬迁至横琴口岸，并采取“合作查验、一次放行”的通关模式。国务院于同年10月原则同意有关请求。

二、拟授权管辖区域的情况

实现上述请求事项须将横琴口岸澳方口岸区及相关延伸区授权澳门特别行政区管辖。经广东省、澳门特别行政区两地政府商议并报国务院原则同意，拟授权澳门特别行政区管辖的区域共有六个板块：一是莲花大桥原内地管辖部分的主桥、引桥（匝道）的桥面及桥体（桥墩除外）；二是二层交通枢纽平台以及连接其他澳门特别行政区管辖区域及地面的通道；三是地面层出入境货车查验场、小客车随车人员验放厅、客货车卡口和车道澳门特别行政区管辖部分，以及连接其他澳门特别行政区管辖区域及地面的通道；四是旅检大楼的澳门特别行政区管辖部分，包括一层、二层旅检出入境大厅，出入境疏散平台，一层、二层办公夹层，负一层设备用房，以及连接其他澳门特别行政区管辖区域及地面的通道；五是澳门大学连接横琴口岸通道桥在内地境内的桥面及桥体部分（桥墩除外）；六是澳门轻轨延伸至横琴口岸的预留空间区域，包括轻轨行车隧道（含过河段及地底段）、横琴口岸澳门轻轨站台，以及连接站台和澳门特别行政区管辖区域的封闭通道（含车站、轨道、列车车厢、有关连接通道和逃生通道、电梯、通风井以及轻轨相关附属设施设备）等区域。其中，前五个板块面积共16.772万平方米，第六个板块空间规划暂未确定，面积待定。根据上述工程进度安排，口岸将分旅检区域、客货车检区域、澳门轻轨延伸至横琴口岸工程三个阶段先后建成启用。其中，旅检区域计划于今年底启用。

三、草案的主要内容

由于授权澳门特别行政区管辖的区域位于内地，澳门特别行政区依照其法律实施管辖需要获得全国人大常委会授权。为此，根据广东省、澳门特别行政区两地政府的建议，港澳办会同有关单位起草了《关于授权澳门特别行政区对横琴口岸澳方口岸区及相关延伸区实施管辖的决定（草案）》，主要包括以下内容：

一是授权澳门特别行政区自横琴口岸澳方口岸区及相关延伸区启用之日起，在决定第三条规定的期限内对该区域依照澳门特别行政区法律实施管辖。

二是对授权澳门特别行政区实施管辖的区域作概要表述，包括：横琴口岸澳方口岸区，莲花大桥和澳门大学连接横琴口岸通道桥相关部分（桥墩除外），以及澳门轻轨延伸至横琴口岸的预留空间。上述区域根据实际情况分阶段启用。有关区域具体启用日期以及具体坐标和面积由国务院确定。

三是规定澳门特别行政区政府以租赁方式取得横琴口岸澳方口岸区及相关延伸区的使用权，租赁期限自有关区域启用之日起至2049年12月19日止。租赁期限届满，经全国人大常委会决定，可以续期。

草案和以上说明是否妥当，请审议。

全国人民代表大会宪法和法律委员会对《关于授权澳门特别行政区对横琴口岸澳方口岸区及相关延伸区实施管辖的决定（草案）》审议结果的报告

——2019年10月26日在第十三届全国人民代表大会常务委员会第十四次会议上

全国人民代表大会常务委员会：

本次常委会会议于10月22日上午对国务院提请审议的《关于授权澳门特别行政区对横琴口岸澳方口岸区及相关延伸区实施管辖的决定（草案）》进行了分组审议。普遍认为，授权澳门特别行政区对横琴口岸澳方口岸区及相关延伸区实施管辖，是中央坚持“一国两制”、“澳人治澳”、高度自治方针，大力支持粤港澳大湾区建设和澳门特别行政区发展的重要举措，有利于进一步加强澳门和内地之间基础设施互联互通，促进两地人员、货物等生产要素便捷流动，推动澳门特别行政区更好地融入国家发展大局，符合党中央精神和粤港澳大湾区建设部署。由全国人大常委会作出授权澳门特别行政区对横琴口岸澳方口岸区及相关延伸区实施管辖的决定,是必要的。决定草案基本可行,赞成提请本次常委会会议表决通过。同时,有的常委会组成人员还提出了一些修改意见。

宪法和法律委员会于 10 月 23 日下午召开会议,逐条研究了常委会组成人员的审议意见,对决定草案进行了审议。司法部、国务院港澳事务办公室、法制工作委员会、澳门基本法委员会的有关负责同志列席了会议。宪法和法律委员会认为,决定草案是可行的。同时,提出以下主要修改意见:

一、有的常委委员提出,决定草案对于横琴口岸的位置和功能,以及授权澳门特别行政区对横琴口岸澳方口岸区及相关延伸区实施管辖的目的和意义叙述不够清晰。宪法和法律委员会经研究,建议将决定草案第二段修改为:“会议认为,为了实现澳门特别行政区与广东省珠海市之间基础设施的互联互通,为两地之间的交通运输、人员往来和经贸活动提供便利,有必要在位于广东省珠海市横琴岛的横琴口岸内设立澳方口岸区。全国人民代表大会常务委员会决定”。

二、有的常委委员提出,决定草案第二条规定了授权澳门特别行政区实施管辖的区域范围,包括“澳门轻轨延伸至横琴口岸的预留空间”,未明确规定该“预留空间”的范围和用途。宪法和法律委员会经研究,建议在授权决定中明确“预留空间”的使用范围和用途,在决定草案第二条“以及澳门轻轨延伸至横琴口岸的预留空间”后增加“该预留空间用于建设行车隧道、站台以及连接站台和澳门特别行政区管辖区域的封闭通道等轻轨设施”。

此外,还对决定草案作了个别文字修改。

宪法和法律委员会已按上述意见提出了全国人民代表大会常务委员会关于授权澳门特别行政区对横琴口岸澳方口岸区及相关延伸区实施管辖的决定(草案建议表决稿),建议本次常委会会议审议通过。

决定草案建议表决稿和以上报告是否妥当,请审议。

中华人民共和国主席令

第四十二号

《全国人民代表大会常务委员会关于废止有关收容教育法律规定和制度的决定》已由中华人民共和国第十三届全国人民代表大会常务委员会第十五次会议于 2019 年 12 月 28 日通过,现予公布,自 2019 年 12 月 29 日起施行。

中华人民共和国主席　习近平

2019 年 12 月 28 日

全国人民代表大会常务委员会关于废止有关收容教育法律规定和制度的决定

(2019 年 12 月 28 日第十三届全国人民代表大会常务委员会第十五次会议通过)

第十三届全国人民代表大会常务委员会第十五次会议决定:

一、废止《全国人民代表大会常务委员会关于严禁卖淫嫖娼的决定》第四条第二款、第四款,以及据此实行的收容教育制度。

二、在收容教育制度废止前,依法作出的收容教育决定有效;收容教育制度废止后,对正在被依法执行收容教育的人员,解除收容教育,剩余期限不再执行。

本决定自 2019 年 12 月 29 日起施行。

关于提请废止收容教育制度的议案的说明

——2019 年 12 月 23 日在第十三届全国人民代表大会常务委员会第十五次会议上

公安部副部长　王小洪

全国人民代表大会常务委员会：

我受国务院的委托，现对提请废止收容教育制度的议案作如下说明：

一、收容教育制度建立和实施的情况

1991 年 9 月 4 日第七届全国人民代表大会常务委员会第二十一次会议通过的《全国人民代表大会常务委员会关于严禁卖淫嫖娼的决定》第四条第二款规定："对卖淫、嫖娼的，可以由公安机关会同有关部门强制集中进行法律、道德教育和生产劳动，使之改掉恶习。期限为六个月至二年。具体办法由国务院规定。"据此，1993 年 9 月 4 日国务院发布了《卖淫嫖娼人员收容教育办法》，进一步明确了收容教育所的设置、收容教育决定的程序、收容教育的期限及解除、对被收容教育人员的管理和权利救济等内容。作为对卖淫、嫖娼人员集中进行法律教育和道德教育、组织参加生产劳动以及进行性病检查、治疗的行政强制教育措施，依法建立的收容教育制度施行 20 多年来，对教育挽救卖淫、嫖娼人员，维护社会治安秩序和良好社会风气，发挥了重要作用。

二、废止收容教育制度的主要理由

2006 年 3 月 1 日起施行的《中华人民共和国治安管理处罚法》，对卖淫、嫖娼，引诱、容留、介绍他人卖淫等违法行为，规定了最长十五日拘留、最高五千元罚款的治安管理处罚；同日起施行的《娱乐场所管理条例》对娱乐场所及其从业人员实施组织、强迫、引诱、容留、介绍他人卖淫、嫖娼，以及为进入娱乐场所的人员实施上述行为提供条件的行为，明确予以禁止，并规定了相应的行政处罚。随着我国全面依法治国的深入推进和法律体系的不断完善，收容教育措施的使用逐年减少，收容教育制度的历史作用已经完成。2018 年，全国人大常委会法工委会同有关部门开展了联合调研，了解收容教育制度实施情况，召开座谈会听取有关单位及部分人大代表、政协委员和专家学者的意见，并书面征求了有关单位意见。通过调研论证，各有关方面对废止收容教育制度已经形成共识。目前，废止收容教育制度的时机已经成熟。

三、议案的主要内容

议案的内容包括两个部分：一是废止收容教育制度。二是明确收容教育制度废止前，依法作出的收容教育决定有效；收容教育制度废止后，对正在被依法执行收容教育的人员予以解除收容教育，剩余期限不再执行。

四、废止收容教育制度后的相关工作

收容教育制度废止后，对正在被依法执行收容教育的人员予以解除收容教育，剩余期限不再执行。同时，需要对相关法律、法规、司法解释、规章和规范性文件依照法定程序进行废止、清理。

议案和以上说明是否妥当，请审议。

全国人民代表大会宪法和法律委员会关于《国务院关于提请废止收容教育制度的议案》审议结果的报告

——2019 年 12 月 27 日在第十三届全国人民代表大会常务委员会第十五次会议上

全国人民代表大会常务委员会：

本次常委会会议于 12 月 24 日上午对国务院关于提请废止收容教育制度的议案进行了分组审议。普遍赞成议案，并建议由全国人大常委会作出关于废止有关收容教育法律规定和制度的决定。审议中，有的常委委员建议，收容教育制度废止后，有关方面应当做好相关法规的清理工作，有关主管部门应当继续做好对卖淫、嫖娼违法行为的查处等相关工作。

宪法和法律委员会于 12 月 24 日晚召开会议，根据常委会组成人员的审议意见，对议案进行了审议。中央政法委员会、公安部、司法部有关负责同志列席了会议。宪法和法律委员会认为，随着全面依法治国的深入推进和法律体系的不断完善，以及治安管理处罚法与刑法有效衔接，收容教育制度的历史作用已经完成。目前，对废止这项制度，社会各方面已经形成共识，有关方面也做了大量工作，废止时机和条件已经成熟。由全国人大常委会通过决定，废止《全国人民代表大会常务委员会关于严禁卖淫嫖娼的决定》第四条第二款、第四款以及据此实行的收容教育制度，是必要的、可行的。建议在决定中明确：在收容教育制度废止前，依法作出的收容教育决定有效；收容教育制度废止后，对正在被依法执行收容教育的人员，解除收容教育，剩余期限不再执行。

宪法和法律委员会已按上述意见提出了全国人民代表大会常务委员会关于废止有关收容教育法律规定和制度的决定（草案建议表决稿），建议本次常委会会议审议通过。

决定草案建议表决稿和以上报告是否妥当，请审议。

全国人民代表大会常务委员会关于授权最高人民法院在部分地区开展民事诉讼程序繁简分流改革试点工作的决定

（2019 年 12 月 28 日第十三届全国人民代表大会常务委员会第十五次会议通过）

为进一步优化司法资源配置，推进案件繁简分流、轻重分离、快慢分道，深化民事诉讼制度改革，提升司法效能，促进司法公正，第十三届全国人民代表大会常务委员会第十五次会议决定：授权最高人民法院在北京、上海市辖区内中级人民法院、基层人民法院，南京、苏州、杭州、宁波、合肥、福州、厦门、济南、郑州、洛阳、武汉、广州、深圳、成都、贵阳、昆明、西安、银川市中级人民法院及其辖区内基层人民法院，北京、上海、广州知识产权法院，上海金融法院，北京、杭州、广州互联网法院，就优化司法确认程序、完善小额诉讼程序、完善简易程序规则、扩大独任制适用范围、健全电子诉讼规则等，开展民事诉讼程序繁简分流改革试点工作。试点期间，试点法院暂时调整适用《中华人民共和国民事诉讼法》第三十九条第一款、第二款，第四十条第一款，第八十七条第一款，第一百六十二条，第一百六十九条第一款，第一百九十四条。试点工作应当遵循民事诉讼法的基本原则，充分保障当事人诉讼权利，促进提升司法效率，确保司法公正。试点具体办法由最高人民法院牵头研究制定，报全国人民代表大会常务委员会备案。试点期限为二年，自试点办法印发之日起算。

最高人民法院应当加强对试点工作的组织指导和监督检查。试点过程中，最高人民法院应当就试点情况向全国人民代表大会常务委员会作出中期报告。试点期满后，对实践证明可行的，应当修改完善有关法律；对实践证明不宜调整的，恢复施行有关法律规定。

本决定自2019年12月29日起施行。

关于《关于授权在部分地区开展民事诉讼程序繁简分流改革试点工作的决定（草案）》的说明

——2019年12月23日在第十三届全国人民代表大会常务委员会第十五次会议上

最高人民法院院长 周 强

全国人民代表大会常务委员会：

我代表最高人民法院，对《关于授权在部分地区开展民事诉讼程序繁简分流改革试点工作的决定（草案）》作说明。

为贯彻落实党中央关于深化民事诉讼制度改革的决策部署，最高人民法院在总结实践经验、认真调研论证基础上，研究制定了民事诉讼程序繁简分流改革试点方案。经充分征求并吸收中央政法委、中央网信办、全国人大监察司法委、全国人大常委会法工委、最高人民检察院、司法部等单位意见，已就试点方案内容形成一致意见，改革试点方案已经中央司法体制改革领导小组专题会议审议通过，并经中央政法委同意，特提请全国人大常委会作出决定，授权在部分地区开展民事诉讼程序繁简分流改革试点工作。

一、试点的必要性

习近平总书记在2019年中央政法工作会议上指出："要深化诉讼制度改革，推进案件繁简分流、轻重分离、快慢分道"。党的十九届四中全会对完善正确处理新形势下人民内部矛盾有效机制作出部署，要求完善人民调解、行政调解、司法调解联动工作体系，完善社会矛盾纠纷多元预防调处化解综合机制，努力将矛盾化解在基层。习近平总书记和党中央对深化诉讼制度改革、完善矛盾纠纷化解机制提出了明确要求，指明了方向。为进一步从诉讼制度和机制层面提升司法效能，满足信息化时代人民群众高效、便捷、公正解决纠纷的需求，有必要改进和完善部分民事诉讼程序规则。一是司法确认程序适用范围较窄，限制了商事调解、行政调解、行业调解等多元解纷方式的适用，制约了诉前调解工作的开展；二是小额诉讼程序适用门槛过高，效率优势体现不足；三是简易程序适用案件范围受限，不利于尽快实现当事人诉讼利益；四是独任制适用范围不尽合理，不利于优化配置审判资源；五是电子诉讼相关程序规则尚不明确，不适应司法信息化应用和发展进程。这些问题的存在，制约了司法质量效率的提升，影响了人民群众的获得感。

为深入贯彻落实党中央决策部署，最高人民法院认真落实中共中央办公厅印发的《关于政法领域全面深化改革的实施意见》，积极推进民事诉讼程序繁简分流改革工作。由于部分改革举措需调整适用现行《中华人民共和国民事诉讼法》规定，需要经过全国人大常委会授权，才能开展相应试点工作。

二、试点的主要内容

一是优化司法确认程序。健全特邀调解制度，加强特邀调解名册管理，完善诉前委派调解与司法确认程序的衔接机制。合理拓宽司法确认程序适用范围，经律师调解工作室（中心）等特邀调解组织、特邀调解员，或者行政机关、人民调解委员会依法调解达成民事调解协议的，当事人可以向人民法院申请司法确认。完善司法确认案件管辖规则，符合级别管辖和专门管辖标准的，由对应的中级人民法院和专门人民法院受理。

二是完善小额诉讼程序。加强小额诉讼程序适用，适当提高小额诉讼案件标的额基准，明确适用小额诉讼程序的案件范围。进一步简化小额诉讼案件的审理方式和裁判文书，比照简易程序进一步缩短小额诉讼案件审理期限。完善小额诉讼程序与简易程序、普通程序的转换适用机制。

三是完善简易程序规则。对需要进行公告送达的简单民事案件，明确可以适用简易程序审理。明确简易程序案件庭审和裁判文书的简化规则，完善简易程序审限规定。

四是扩大独任制适用范围。探索基层人民法院可以由法官一人适用普通程序独任审理部分民事案件，明确适用独任制审理第一审普通程序案件的具体情形。探索中级人民法院和专门人民法院可以由法官一人独任审理部分简单民事上诉案件，明确适用独任制审理第二审民事案件的具体情形和审理方式。建立独任制与合议制的转换适用机制。

五是健全电子诉讼规则。明确诉讼参与人通过人民法院信息化平台在线完成的诉讼行为的法律效力。当事人选择以在线方式诉讼的，可以以电子化方式提交诉讼材料和证据材料，经人民法院审核通过后，可以不再提交纸质原件。经当事人同意，适用简易程序或者普通程序审理的案件，可以采取在线视频方式开庭。明确电子送达的适用条件、适用范围和生效标准，经受送达人同意，可以采用电子方式送达判决书、裁定书、调解书。

三、试点地区

拟选择北京、上海市辖区内中级人民法院、基层人民法院，南京、苏州、杭州、宁波、合肥、福州、厦门、济南、郑州、洛阳、武汉、广州、深圳、成都、贵阳、昆明、西安、银川市中级人民法院及其辖区内基层人民法院，北京、上海、广州知识产权法院，上海金融法院，北京、杭州、广州互联网法院开展试点工作。

四、试点期限

试点期限为二年，自试点办法印发之日起算。

最高人民法院将牵头研究制定试点具体办法，并报全国人民代表大会常务委员会备案。试点期间，最高人民法院将加强对试点工作的组织指导和监督检查，及时解决试点中遇到的问题，向全国人民代表大会常务委员会作出中期报告。试点期满后，对实践证明可行的，及时提出修改完善有关法律规定的建议；对实践证明不宜调整的，及时恢复施行有关法律规定。

决定（草案）和以上说明是否妥当，请审议。

全国人民代表大会宪法和法律委员会对《关于授权在部分地区开展民事诉讼程序繁简分流改革试点工作的决定（草案）》审议结果的报告

——2019 年 12 月 27 日在第十三届全国人民代表大会常务委员会第十五次会议上

全国人民代表大会常务委员会：

本次常委会会议于 12 月 24 日上午对最高人民法院提请审议的《关于授权在部分地区开展民事诉讼程序繁简分流改革试点工作的决定（草案）》进行了分组审议。普遍认为，授权最高人民法院在部分地区开展民事诉讼程序繁简分流改革试点工作是必要的，有利于进一步优化司法资源配置，推进案件繁简分流、轻重分离、快慢分道，深化民事诉讼制度改革，提升司法效能，促进司法公正。决定草案基本可行，赞成进一步修改完善后提请本次常委会会议表决通过。同时，有的常委会组成人员还提出了一些修改意见。

宪法和法律委员会于 12 月 24 日晚召开会议，认真研究了常委会组成人员的审议意见，对决定草案进行了审议。中央政法委员会、全国人大监察和司法委员会、最高人民法院、最高人民检察院、司法部的有关负责同志列席了会议。宪法和法律委员会认为，决定草案总体可行。同时，根据常委会组成人员的审议意见，对决定草案作了一些文字修改。

宪法和法律委员会已按上述意见提出了全国人民代表大会常务委员会关于授权最高人民法院在部分地区开展民事诉讼程序繁简分流改革试点工作的决定（草案建议表决稿），建议本次常委会会议审议通过。

还需要汇报的是，有的常委会组成人员对开展试点工作提出了一些具体意见，如对有关专门法院审理二审案件适用独任制需要严格限制；试点过程中可能会出现新情况、新问题，事先要有应对预案等。宪法和法律委员会建议，最高人民法院在制定试点具体办法时对这些意见一并深入研究；同时对试点工作加强组织领导和监督检查，及时总结试点经验，解决试点中遇到的问题。

决定草案建议表决稿和以上报告是否妥当，请审议。

全国人民代表大会常务委员会关于召开第十三届全国人民代表大会第三次会议的决定

（2019 年 12 月 28 日第十三届全国人民代表大会常务委员会第十五次会议通过）

第十三届全国人民代表大会常务委员会第十五次会议决定：中华人民共和国第十三届全国人民代表大会第三次会议于 2020 年 3 月 5 日在北京召开。建议会议的议程是：审议政府工作报告；审查 2019 年国民经济和社会发展计划执行情况与 2020 年国民经济和社会发展计划草案的报告、2020 年国民经济和社会发展计划草案；审查 2019 年中央和地方预算执行情况与 2020 年中央和地方预算草案的报告、2020 年中央和地方预算草案；审议全国人民代表大会常务委员会关于提请审议《中华人民共和国民法典（草案）》的议案；审议全国人民代表大会常务委员会工作报告；审议最高人民法院工作报告；审议最高人民检察院工作报告等。

二、省级人大立法工作交流会

在省级人大立法工作交流会上的讲话

（2019 年 9 月 4 日　天津）

栗战书

同志们：

这次省级人大立法工作交流会，是经党中央批准召开的，是省级人大行使地方立法权 40 年来的第一次。

以习近平同志为核心的党中央高度重视立法工作，今年以来，习近平总书记先后就立法工作和地方人大工作多次作出重要指示。7 月 17 日，习近平总书记对地方人大及其常委会工作作出重要指示："地方人大及其常委会要按照党中央关于人大工作的要求，围绕地方党委贯彻落实党中央大政方针的决策部署，结合地方实际，创造性地做好立法、监督等工作，更好助力经济社会发展和改革攻坚任务。要自觉接受同级党委领导，密切同人民群众的联系，更好发挥人大代表作用，接地气、察民情、聚民智，用法治保障人民权益、增进民生福祉。要加强自身建设，提高依法履职能力和水平，增强工作整体实效。"我们召开这次交流会，就是要深入学习贯彻习近平总书记关于立法工作重要思想和对立法工作、地方人大工作重要指示精神，总结交流省级人大行使地方立法权 40 年来的成就经验，加强和改进新时代省级人大的立法工作。

这次会议，全国人大常委会主要是组织协调、搭建平台，由省级人大进行交流。这里，我先讲三点意见，供学习交流参考。

一、通过召开这次会议希望达到的目的

本来，全国人大常委会法工委每年都会召开一次全国地方立法工作座谈会。这次专门召开一次省级人大立法工作交流会，是在原有基础上的一个新举措，我们希望达到以下几个目的。

第一，通过学习交流，全面领会习近平总书记和党中央关于立法工作的指示要求，确保立法工作的正确方向。党的十八大以来，以习近平同志为核心的党中央，从全面依法治国的高度，就人大立法工作作出了许多重要的指示和部署。习近平总书记明确提出，要构建完备的法律规范体系，及时把党的路线方针政策通过法定程序转化为国家法律，以良法促进发展、保障善治、维护人民民主权利；坚持党领导立法，把"党言党语"转换成人大的"法言法语"，通过人民代表大会的形式把党的领导、人民当家作主、依法治国体现出来；发挥人大及其常委会在立法工作中的主导作用，支持和保证人大及其常委会依法行使职权，提高立法的针对性、及时性、系统性、可操作性；坚持改革决策与立法决策相统一、相衔接，立法主动适应改革需要，积极发挥引导、推动、规范、保障改革的作用，做到重大改革于法有据；加强重要领域立法，坚持问题导向，及时反映党和国家事业发展要求、人民群众关切期待，对涉及全面深化改革、推动经济发展、完善社会治理、保障人民生活、维护国家安全的法律抓紧起草、及时修改；抓住提高立法质量这个关键，深入推进科学立法、民主立法、依法立法，完善立法体制和程序，努力使每一项立法都符合宪法精神、反映人民意愿、得到人民拥护。我们要认真学习习近平总书记的这些重要思想和论述，作为新时代立法工作的科学理论和行动指南，贯穿于立法工作全过程和各方面。

第二，通过学习交流，深刻理解构建完备法律规范体系的重大意义，自觉承担新时代赋予省级人大立法新任务。法律是治国之重器，良法是善治之前提。新中国成立以来特别是改革开放 40 多年来，

我们党领导人民经过不懈努力，形成了以宪法为核心的中国特色社会主义法律体系。从改革开放算起，我国法律体系的形成大体经历了三个阶段：第一阶段是1978年党的十一届三中全会召开到1996年，以全面修改宪法，制定民法通则、刑法、刑事诉讼法，围绕构建社会主义市场经济体制立法等为标志，开启了社会主义法制建设的新航程；第二阶段是1997年到2011年，党的十五大确立依法治国基本方略，立法工作紧紧围绕党和国家工作大局展开，经过各方面坚持不懈努力，2011年中国特色社会主义法律体系宣告形成，国家生活和社会生活各方面总体上实现了有法可依；第三阶段是2012年至今，中国特色社会主义法律体系形成后，立法工作的重点是推进“良法善治”，进入了既要加快重点领域立法，又要提高立法质量的新时代。随着国家法治进程的推进，以习近平同志为核心的党中央，明确提出全面依法治国的总目标是“两个建设”，即建设中国特色社会主义法治体系，建设社会主义法治国家。法治体系的建设包括五大支柱，就是形成完备的法律规范体系、高效的法治实施体系、严密的法治监督体系、有力的法治保障体系，形成完善的党内法规体系。这其中，完备的法律规范体系是构建法治体系的第一要义。法律体系的形成并不意味着法律规范体系已经完备。我们通过学习交流，就是要更加深刻理解党中央关于全面依法治国的决策部署，着眼于构建完备的法律规范体系，自觉担负起新时代对地方立法提出的新任务。

第三，通过学习交流，把省级人大立法工作的经验做法总结提炼出来，更好运用到立法工作中去。1979年7月，五届全国人大二次会议通过地方组织法，赋予省级人大及其常委会地方立法权。40年来，各省（区、市）人大及其常委会从本地实际出发制定了一批重要的地方性法规，为推动地方经济社会发展、形成和完善中国特色社会主义法律体系作出了重要贡献。各省（区、市）人大贯彻党中央精神，衔接国家法律，结合本地实际，坚持把重点问题、难点问题、具体问题作为切入点，突出了立法的实用性。提高立法精细化水平，推进精细、精当、精准立法，精细选题、精当表述、精准规范，认真解决上位法某些具体规范在本地执行过程中因为过于原则而“吊在半空”的问题。各省（区、市）人大的立法工作各有特点、各有所长，都有很大成绩。在立法工作机制建设上，就如何坚持党的领导、提高立法质量等方面，北京、天津、安徽、江西、河南、湖北、湖南、重庆、四川、甘肃、西藏、新疆等省（区、市），都有可资借鉴的经验和做法；在服务改革开放和现代化建设方面，天津、河北、山西、辽宁、吉林、黑龙江、上海、江苏、浙江、海南等省（市）人大立法各有侧重，有的侧重于高质量发展，有的侧重于改革开放，有的侧重于营商环境；内蒙古、福建、广西、贵州、云南、陕西、青海、宁夏等省（区）人大在生态环保立法方面做了不少工作；山东、广东省人大在审查指导设区的市的地方立法方面有很多好的做法。大家可以敞开思想，充分学习交流，一方面，借鉴别人在立法工作中的好经验好做法，另一方面，查找自身的不足，明确努力方向，共同提高省级人大立法工作水平。

第四，通过学习交流，加强各级人大信息沟通，形成立法工作的整体合力。全国人大及其常委会在我国立法体制中居于最高层次，制定的法律，其效力高于法规、规章；除个别针对特定区域的立法外，均适用于全国。同时，我国地广人多，各地资源禀赋不同，人文历史地理条件不同，发展程度也有差别。不管是国家立法，还是地方立法，都需要互通信息、密切配合，才能提高立法质量和水平。一方面，国家立法要准确反映各地的实际情况，解决各地发展中共性的矛盾问题，平衡协调各方的利益，需要全国人大常委会发挥站在全局、着眼全局的优势，也需要地方人大特别是省级人大的支持配合。涉及地方的新情况新问题新矛盾，省级人大要反映真实情况，提供经验智慧，共商解决方案，协助全国人大常委会顺利完成立法任务。另一方面，省级人大围绕地方党委贯彻落实党中央大政方针的决策部署，创造性地做好地方立法工作，需要全面衔接国家立法，全国人大的指导作用也非常重要。特别是一些涉及一个区域的立法，或者一些需要授权的改革事项，可能也需要全国人大支持和协调。省级人大立法在国家立法和设区的市立法工作之间居于“承上启下”的地位，省级人大立法工作做好了，可以贯彻落实国家立法精神，带动地方立法工作。习近平总书记要求人大工作形成整体合力，很重要的一点，就是要在立法上形成整体合力。

第五，通过学习交流，研究查找现行立法体制机制存在的问题，为省级人大立法创造良好制度环境。改革开放以来，根据宪法和立法法、地方组织法等法律的规定，我国逐渐构建起统一而又分层次的立法体制。从现实发展看，现行立法体制总体上适应改革开放40年来我国经济社会发展需要，功不可没，但也存在一些不适应的问题。宪法法律给予省级人大地方立法权限的范围，具有很大的实践空间,能够适应地方立法需求,但随着新情况新任务的增多,也有必要根据实际情况给地方人大立法创造更能发挥作用的条件。一些地方提出,现有地方立法权限范围过窄、空间不足,建议给地方更大的立法空间。全国人大常委会法工委也在研究这一问题,将适时考虑提出修改完善相关法律的建议。总的精神是坚持宪法的规定,有利于发挥中央和地方两个积极性,保证党中央改革决策部署贯彻落实,同时,给地方一定的主动权,合理划出地方立法的权力边界,有利于维护国家法制统一。在现有立法体制下,除国家专属立法权外,只要不与宪法、法律、行政法规相抵触,省级人大都可以制定地方性法规;对于一些国家专属立法权事项,国家在有些法律中还赋予了地方制定实施办法的权力,比如选举法、代表法、村民委员会组织法等。这些问题,通过学习交流,多听听各地的意见,逐步形成一些共识,就能找到解决问题的办法。

二、省级人大重点立什么法

立法法规定了省级人大立法权限,一是为执行法律、行政法规的规定,需要根据本行政区域的实际情况作具体的规定的事项;二是属于地方事务需要制定地方性法规的事项。还明确规定,除国家专属立法权外,国家尚未制定法律或者行政法规的,地方可以先制定地方性法规。可见,地方人大立法领域还是很广的。就省级人大来讲,要紧紧围绕十九大提出的新时代坚持和发展中国特色社会主义的新使命,围绕贯彻落实新发展理念,重点做好以下几个方面地方立法工作。

*第一,适应经济发展新阶段,围绕实现高质量发展抓好高质量立法。*习近平总书记在中央全面依法治国委员会第二次会议上的重要讲话中指出:"发展要高质量,立法也要高质量。要以立法高质量保障和促进经济持续健康发展。"我国经济已由高速增长阶段转向高质量发展阶段。我们要认识到,在我们这样一个经济和人口规模巨大的国家,由高速增长阶段转向高质量发展阶段并不容易。党中央为此制定出台了系列政策举措,人大立法就要及时跟进,为高质量发展提供法治保障,引导推动和促进经济发展的质量变革、效率变革、动力变革,推动转变经济发展方式、优化经济结构、转换增长动力。

省一级承担着实现高质量发展的重要责任,这也就给省级人大立法留下了巨大空间。要全面贯彻党中央的决策部署,按照同级党委的要求,充分体现省(区、市)情实际,通过立法推进供给侧结构性改革,提高供给体系质量,加快实体经济、互联网、大数据、人工智能等领域的立法,促进结构调整、科技创新、绿色发展、共享经济的发展,推动建设现代化经济体系。发挥立法在改善优化营商环境中的作用,加快涉及"一带一路"、自贸区、市场准入、负面清单、贸易外资等方面的立法修法,推动新一轮高水平对外开放。

*第二,适应社会主要矛盾转变,围绕民生和社会治理抓好惠民立法。*现在,我国社会主要矛盾已转化为人民日益增长的美好生活需要和不平衡不充分的发展之间的矛盾。人民群众生活水平显著提高,对美好生活的向往更加强烈,不仅对物质文化生活提出了更高要求,而且在民主、法治、公平、正义、安全、环境等方面的要求日益增长。根据党中央的部署要求,全国人大常委会加大工作力度,加快了社会和民生领域的立法。省级人大也应适应这一要求,把党中央政策、国家法律通过立法细化、具体化,打通"最后一公里",担当起接通中央"天线"和群众"地线"的"接线员"责任,通过立法及时回应人民群众的期待,反映人民群众的利益诉求。

民生立法既要关注涉及人民群众切身利益的重要领域,又要关注人民群众日常生活某些事项的立法,以小切口解决大问题。习近平总书记不久前对垃圾分类作出指示,这个切口就小,但却是一个大问题。全国人大在相关法律中已写进了这个内容,省级人大也可以出台具体法规,推进垃圾分类问题的具体落实。上海今年出台实施了生活垃圾分类的地方性法规,媒体作了充分报道。还有学前教育、妇女、儿童、老人、残障人士权益保护、医疗卫生、食品药品安全等领域的深层次矛盾和法律问题,也是省级人大立法工作的重点。要正确处理好人民的长远利益与现实利益、绝大多数人的利益与特殊群体利益的关系,健全公民权益保障和利益协调机制,完善社会保障再分配,促进社会公平正义,让人民群众有更多、更直接、更实在的法治获得感、幸福感、安全感。以互联网为核心的新一轮科技和产业革命蓄势待发,大数据、云计算、人工智能等迅猛发展,将给人们的生产方式和生活方式带来革命性变化,基因编辑、信息安全、自动驾驶等问题,都需要国家立法和地方立法及时跟进,确保这些领域朝着正确的方向发展。

第三,适应生态文明建设的需要,围绕生态环

保重点问题抓好环保立法。生态环境领域的立法，是近些年及未来几年省级人大立法工作的一个重点，近年来这方面的立法成效十分明显。早在2000年，习近平总书记在福建任省长时，就提出生态省建设战略。这些年来，福建围绕生态省建设先后制定了40多部法规，有力推进和保障了生态省建设。很多省(区、市)人大都把生态环保立法作为重点，贵州省人大十八大以来就立了涉及生态环保的法规近50件，还有天津、内蒙古、宁夏、云南、青海、广西、陕西等省(区、市)人大，都加大了生态环保方面的立法步伐，有的省份生态环保法规数量占到了全部立法的将近30%。省级人大在生态环保方面的立法，许多都体现了先行先试、改革创新，为国家相关立法提供了有益经验。

生态环保领域的立法十分重要，省级人大生态环保立法大有可为。要全面贯彻习近平生态文明思想，针对生态环境保护中存在的突出问题，特别是体制不完善、机制不健全、法治不完备的问题，建立有效约束开发行为和促进绿色发展、循环发展、低碳发展的生态文明法律制度，提高违法成本，强化生产者环境保护的法律责任。把水、大气、土壤、固体废物、有害物质、环境噪声等作为重点，结合本地实际，结合法律实施、执法检查中反映的问题，法律不完备的抓紧制定，已有的要结合新情况修改完善，对国家已制定的法律可以结合本地实际进行细化、具体化，对国家还没有制定法律的可以依法先行先试。

第四，着眼于国家意识形态领域安全，围绕社会主义核心价值观抓好弘德立法。全国人大常委会全面贯彻党中央的要求，把社会主义核心价值观融入法律的立改废释全过程，推进社会主义核心价值观全面融入中国特色社会主义法律体系，筑牢全国各族人民团结奋斗的共同思想基础。一方面，在每一项立法中，树立鲜明的价值导向，充分体现国家和社会的主流价值观，确保立法导向更加鲜明、要求更加明确、措施更加有力；另一方面，在一些重点领域特别是意识形态领域的立法中，把实践中广泛认同、较为成熟、操作性强的道德、品行要求上升为法律规范，转化为具有刚性约束力的法律规定。

在地方人大立法中，社会主义核心价值观入法也是一个亮点。一些地方人大结合当地历史文化资源特色，加强了弘扬红色文化、革命传统、文物、遗存、英烈精神、民族精神等相关立法，起到了弘扬主旋律、传播正能量的积极效应。省级人大推进社会主义核心价值观入法，要全面贯彻党中央决策部署，跟进国家立法，尊重立法规律，回应社会关切，从人民最关心的问题入手，找准思想的共鸣点、利益交汇点，增强立法的针对性和实效性。特别是要结合本省(区、市)实际，针对意识形态和道德领域的突出问题，在英雄烈士保护、优秀历史文化传承、社会救助、志愿服务、移风易俗、见义勇为、助人为乐等方面加强立法修法，把一些基本的道德、品行要求及时上升为法律规范。

第五，着眼于推动我国区域协调发展，围绕区域发展战略和特点抓好协同立法。党的十八大以来，以习近平同志为核心的党中央，在继续推进西部大开发、加快东北振兴、推动中部崛起、实现东部率先发展的基础上，又谋划确立了京津冀协同发展、长江经济带、长三角区域一体化发展、粤港澳大湾区建设等国家战略，把区域协调发展推进到了一个新阶段。这些战略的实施，党中央都有政策部署来推进，这其中，也需要通过立法来保障和推动。

这方面的法律，有的是全国人大的任务，有的省级人大可以先做起来。目前，全国人大常委会正在组织起草长江保护法，今年6月6日，全国人大常委会在苏州召开了长江保护法立法座谈会，全面贯彻习近平总书记提出的"共抓大保护，不搞大开发"指示精神，明确提出这部法律是一部长江流域生态环境的保护法，是一部长江经济带绿色发展、高质量发展的促进法，是一部针对特定区域、特定问题采取特别措施的特别法，目的就是要保护好长江母亲河。有的区域协同发展的立法，有关省级人大做了不少探索。长三角区域三省一市、京津冀都开展了协同立法探索，在大气、水污染防治、交通等立法方面取得一定成效。还可以进一步加大力度，就形成统一规范的人才流动、社会保障、公共服务等开展立法协同探索，就相同议题同步开展立法调研，共同研究解决方案。各省(区、市)也都可以根据实际需要，积极探索所在区域协同发展的立法问题。区域协同发展领域的立法，可能涉及立法权限和法律授权，如果遇到涉及超越立法权限范围的事项，可以向全国人大常委会或者国务院提出来，依照法定程序作出安排，能授权的就及时授权，该作决定的就及时作决定，该解释法律的就及时解释。全国人大常委会将依法积极支持省级人大的有关立法工作。

三、省级人大怎么立法

省级人大怎么立法？立法法作出了基本规定，

各地还制定了地方立法条例，我们在立法工作中要认真贯彻执行。新形势下做好地方立法工作，需要重点把握以下几点。

一是始终坚持党的领导，牢牢把握立法工作的正确政治方向。坚持党对立法工作的领导，最根本的是坚持以习近平新时代中国特色社会主义思想为指导，把树牢"四个意识"、增强"四个自信"、做到"两个维护"贯穿到立法工作全过程和各方面。党的路线方针政策和国家法律法规在本质上是一致的，很多法律法规就是在政策基础上制定出来的。因此，在具体立法工作中，我们就要自觉同习近平总书记重要指示要求对标对表，同党中央决策部署对标对表，同党的基本理论、基本路线、基本方略对标对表，及时准确将党的政策主张通过法定程序转化为国家意志、体现为法律法规。要善于将地方党委贯彻党中央大政方针的部署举措依法落实到位，推动党中央决策部署贯彻落实、落地生根，坚决维护党中央权威。要严格执行请示报告制度，立法工作中的重大问题、重要事项、重要情况，都应及时向同级党委请示报告，确保一切重要立法活动都在党的领导下进行。

二是发挥人大及其常委会在立法工作中的主导作用。如何发挥人大在立法工作中的主导作用？全国人大常委会一直在探索总结，各省（区、市）特别是北京、浙江、安徽、甘肃等省（市）人大也有了一些好的做法。省级人大发挥立法主导作用，最主要的是：发挥人大在确定立法选题中的主导作用，紧扣党中央决策部署和同级党委的要求，围绕中心、服务大局，把准立法方向，选对立法项目；发挥人大在组织法案起草中的主导作用，涉及综合性、基础性、全局性的法律，原则上应由人大专门委员会、工作委员会直接组织起草，至少应该是人大牵头、部门参与，其他法律可以是部门起草后交人大征求意见和审改；发挥人大在审议把关中的主导作用，不管是人大专门委员会、工作委员会直接组织起草的法案，还是参与起草或部门起草的法案，人大都要发挥最后把关作用，确保立法经得起实践、人民、历史的检验。发挥主导作用还有其他方面，包括组织协调推动，发挥专门委员会、工作委员会的作用，发挥人大代表的主体作用，等等，都可以进一步探索和丰富。当然，我说的以上三个方面，即发挥在选题、起草、审议中的主导作用，这是最主要的，也是最基本的。安徽省人大常委会总结得比较好，叫强化立项主导，当好"引导员"；强化起草主导，当好"调度员"；强化审议主导，当好"决策员"。当然，发挥人大在立法中的主导作用，不是完全由人大"作主"，重要法规的立法，必须坚持党委确定或审批，也不是由人大常委会"闭门造车"，必须坚持民主立法，听取包括人大代表在内的各方面的意见。大家可以就此在这次会议中充分讨论，在以后的实践中充分探索，把人大在立法工作中的主导作用真正发挥出来。

三是切实提高立法质量，确保立一件成一件。习近平总书记指出，"人民群众对立法的期盼，已经不是有没有，而是好不好、管不管用、能不能解决实际问题；不是什么法都能治国，不是什么法都能治好国；越是强调法治，越是要提高立法质量。"提高立法质量，最为关键的是要真正做到科学立法、民主立法、依法立法。要坚持科学立法，立足省（区、市）情实际，使法律规范既有规定性，又有合理性，更有协调性和系统性；既要使法律规范符合经济社会发展的需求，又要符合人民群众的意愿，真正体现法治精神和公平正义的价值追求；既要重视立法内容的科学合理，又要自觉遵循立法技术规范，保持立法技术形态的统一。要坚持民主立法，贯彻以人民为中心的思想，将开门立法精神贯穿到立法全过程，加强立法调研，让人民通过参与立法活动，行使管理国家事务、管理经济和文化事业、管理社会事务的权力，实现当家作主。要坚持依法立法，依法立法关键是要在法定权限和程序范围内立法，解决越权立法、重复立法、法出多门、部门利益和地方保护主义法律化等突出问题。要恪守宪法法律，所有法律法规的制定和修改，都必须体现宪法精神，不得同宪法相抵触。要自觉把握中央与地方、权力机关与行政机关各自的立法权限，处理好法律、行政法规与地方性法规的关系，在维护国家法制统一的前提下，依法行使好各层级的立法权。要严格按照立法权限、立法程序办事，不与立法原则相违背，不与上位法的规则相冲突，相同位阶间的法律规范也要协调，防止和克服立法工作的随意性，提高立法工作的水平。

四是形成备案审查衔接联动机制，维护国家法制统一和权威。省级人大除了本级立法工作之外，还有一项重要职责，就是主动就有关法规向全国人大常委会进行备案，同时加强对地方立法的备案审查。立法法第九十八条规定，"省、自治区、直辖市的人民代表大会及其常务委员会制定的地方性法规，报全国人民代表大会常务委员会和国务院备案；设区的市、自治州的人民代表大会及其常务委员会制定的地方性法规，由省、自治区的人民代表大会常务委员会报全国人民代表大会常务委员会和国务院备案”“自治州、自治县的人民代表大会制定的自治条例和单行条例，由省、自治区、直辖市人民代表大会常务委员会报全国人民代表大会常务委员会和国务院备案”。监督法第五章专门就“规范性文件的备案审查”作出明确规定。加强备案审查，是立法法监督法的重要内容，目的是维护法制的统一。如果法规、规章、司法解释、规范性文件之间相互不衔接、不配套、不一致，就谈不上立法质量，也就没有法律体系的完备。要认真学习贯彻宪法法律规定，主动报送、主动审查，发现与法律或者上位法相抵触或不适当的问题，应督促制定机关予以纠正，保证中央令行禁止，保障宪法法律实施，自觉维护国家法制统一和宪法法律尊严。

*五是切实做到立法和改革决策相衔接。*从某种意义上讲，改革是“变”，法治是“定”。改革和法治相辅相成、相伴而生。省级人大要主动作为，配合地方全面深化改革，做到重大改革于法有据、立法主动适应改革发展需要。及时跟进同级党委推进改革的部署，同步考虑改革涉及的立法问题，根据法定职责及时提出立法需求和立法建议。要加强调查研究，对于实践证明行之有效的改革成果，要及时上升为地方性法规。对不适应改革要求的地方性法规，要及时修改和废止。近年来，全国人大常委会针对改革需要，对于实践条件还不成熟、需要先行先试的，按照法定程序、根据法定职责作出了授权决定或者改革决定。根据地方改革发展的需要，省级人大也可以在立法权限范围内，就行政管理领域的特定事项，决定或者批准在一定期限内在部分地方调整或者暂时停止适用省级法规的部分规定，为地方改革开放和现代化建设提供法律支撑。

同志们，省级人大在构建中国特色社会主义法律体系中承担着重要责任。通过这次学习交流，我们要进一步加深对习近平总书记全面依法治国新理念新思想新战略特别是立法工作指示要求的理解，进一步总结这些年来地方立法工作特别是省级人大立法工作中好的经验和做法，进一步明确新时代地方立法工作特别是省级人大立法工作的新任务新要求，为实现“两个一百年”奋斗目标、实现中华民族伟大复兴的中国梦作出应有贡献，以优异成绩庆祝新中国成立70周年！

在省级人大立法工作交流会上的总结讲话

（2019年9月5日　天津）

王　晨

同志们：

这次省级人大立法工作交流会即将完成各项议程。9月4日上午，中共中央政治局常委、全国人大常委会委员长栗战书同志出席会议并作重要讲话。中共中央政治局委员、天津市委书记李鸿忠同志出席会议并致辞。大会分为6个小组，围绕学习贯彻习近平新时代中国特色社会主义思想特别是习近平总书记全面依法治国新理念新思想新战略和关于立法工作的重要论述，学习领会栗战书委员长重要讲话精神，结合各自实际，进行了交流讨论。刚才有12位同志代表12个省（区、市）人大常委会作了大会交流发言，各有特点，讲得都很好。大家交流地方立法工作的好经验好做法，提出地方立法工作面临的一些新情况新问题，共同探讨新时代做好地方立法工作的思路举措，都感到很有收获。

今年是新中国成立70周年，也是地方人大设立常委会40周年、赋予省级人大及其常委会地方立法权40周年。在地方人大设立常委会40周年之际，习近平总书记对地方人大及其常委会工作作出重要指示。栗战书委员长在讲话中，深入学习贯彻习近平总书记对地方人大设立常委会40周年的重要指示精神，并对今后一个时期地方立法工作应当把握的重点提出明确要求。这次会议，是由栗战书委员长提出并推动召开的，就是要贯彻落实习近平总书记重要指示精神，加强工作交流，推动新时代地方人大工作、立法工作与时俱进、创新发展。从会议的整体情况看，从交流研讨的深入程度看，从同志们的精气神看，达到了预期目的。

大家认为，党的十八大以来，以习近平同志为核心的党中央高度重视全面依法治国，习近平总书记提出全面依法治国新理念新思想新战略，对立法工作作出许多重要论述，为人大立法工作指明了前进方向,提供了理论指导,推动人大立法工作取得新的重大成就。习近平总书记最近的重要指示,蕴含着深刻的政治内涵、法治内涵、制度内涵,体现了习近平总书记、党中央对地方人大工作的关心厚爱和殷切期望。这次会议恰逢其时,对大家深刻理解和把握习近平总书记重要指示精神与党和国家大政方针,明确工作重点,坚定前进信心,做好新时代人大工作、立法工作,具有重要的推动作用。

大家提出,全国人大及其常委会深入学习贯彻习近平新时代中国特色社会主义思想,坚决贯彻落实党中央重大决策部署,各项工作取得新成效新进展,为地方人大作了表率、树了标杆。栗战书委员长高度重视地方人大工作,部署召开地方人大有关工作会议并作重要讲话。特别是在每年召开全国地方立法工作座谈会的情况下,再专门推动召开这样一个省级人大立法工作交流会,体现出对地方立法工作的关心、支持和期望,增强了大家的责任感使命感,提振了大家做好地方立法工作的信心。栗战书委员长的重要讲话政治站位高、思想内涵深、工作要求实,既肯定了省级人大立法工作40年来对社会主义法治建设的重要贡献,又指明了新时代加强和改进省级人大立法工作的现实需要、方向重点和路径举措,具有很强的理论指导性和实践针对性,对于我们更好学习贯彻习近平总书记重要指示精神很有帮助,深化了认识、开阔了思路,让人有方向、来底气、增干劲。

大家表示,回去后要及时向常委会党组和本级党委做好汇报,传达本次会议精神,组织好学习和贯彻落实。要牢记初心使命,以总结40年地方立法工作为新起点,振奋精神,担当作为,以昂扬向上的精神状态,创造性地做好地方立法工作,跑好新时代立法事业接力赛自己手中这一棒,力争跑出一个令党中央满意、人民群众满意的好成绩。

同志们,中国特色社会主义进入新时代,党的十九大作出我国社会主要矛盾发生转化、经济由高速增长阶段转向高质量发展阶段的重大政治判断,反映了我国经济社会发展的客观实际,是我们研判立法形势、制定立法政策、作出立法决策的重要依据。面对我国发展新的历史方位和阶段性特征,立法的任务更重,责任更大,使命更光荣。做好新时代省级人大立法工作,对推动整个地方立法工作、全面推进依法治国意义重大。栗战书委员长的重要讲话,就今后一个时期省级人大重点立什么法、怎么样立法提出了要求,指导地方立法工作明确了努力方向。各地要把做好这些方面的立法工作作为当前地方立法工作的重点,采取措施,抓紧抓实,努力推动新时代地方立法工作提升新水平、迈上新台阶。

下面,我再强调几点:

一、深入学习贯彻习近平新时代中国特色社会主义思想,把“两个维护”贯穿到地方立法工作全过程和各方面

习近平新时代中国特色社会主义思想,作为我们党新时代的思想旗帜,已经载入宪法,成为国家政治生活和社会生活的指导思想和根本准则。深入学习贯彻习近平新时代中国特色社会主义思想,是贯穿这次会议的鲜明主题。习近平总书记全面依法治国新理念新思想新战略和关于立法工作的重要论述,是习近平新时代中国特色社会主义思想在法治方面的集中体现和重要发展,是习近平新时代中国特色社会主义思想的重要组成部分,是马克思主义法治理论中国化的最新成果,是中国特色社会主义法治理论的核心内容,为加强和改进新时代立法工作提供了科学指引。这是我们党在法治领域的创新理论。我们必须不断加深对这些创新理论的重大意义、科学体系、丰富内涵的理解,在学懂弄通做实上下功夫,学经典、学思想、学方法、学境界,真正做到学深悟透、融会贯通,自觉用以指引和推进新时代立法工作。

立法是国家重要的政治活动,必须旗帜鲜明讲政治,把学习贯彻习近平新时代中国特色社会主义思想作为首要的政治任务和根本遵循,贯彻到立法工作全过程和各方面,坚定坚持党对立法工作的领导不动摇。做好新时代地方立法工作,必须增强“四个意识”、坚定“四个自信”,把坚决维护习近平总书记党中央的核心、全党的核心地位,坚决维护党中央权威和集中统一领导作为最根本的政治纪律和政治规矩,在政治立场、政治方向、政治原则、政治道路上同以习近平同志为核心的党中央保持高度一致,全面贯彻党的基本理论、基本路线、基本方略,确保党的主张通过法定程序成为国家意志、体现为法律法规规定,确保立法工作的正确政治方向。

做好新时代地方立法工作,要不断提高运用党的创新理论指导实践、推动工作的能力。在进行法

律制度设计、破解立法难题时，要善于从习近平新时代中国特色社会主义思想中找立场、找观点、找方法、找答案，时时事事处处都要想一想、问一问，这个问题、这项工作习近平总书记是如何指示的、党中央是怎么决定的、中央精神是什么，要善于运用党的创新理论分析矛盾、破解难题，把理论学习成果真正转化为实际工作成效，努力使每一项立法都符合宪法精神、反映人民意愿、得到人民拥护。

二、以发挥人大在立法工作中的主导作用为着力点，不断提高地方立法工作的质量和效率

发挥人大及其常委会在立法工作中的主导作用，是我国社会主义制度的内在要求，是人民当家作主的重要体现，是坚持和发展人民代表大会制度这一根本政治制度的应有之义。有立法权的人大及其常委会责无旁贷，必须勇于担当、履职尽责。

近年来，各地对发挥人大及其常委会在立法工作中的主导作用进行了实践探索，积累了有益经验，形成了一套比较完备的做法。比如，坚持党对立法工作的领导，发挥人大代表和常委会组成人员的主体作用，推动政府发挥重要作用，组织社会各方面有序参与立法，把握好立项、起草、审议各个环节的主导等，对这些好的做法要认真总结，坚持完善，形成人大主导立法工作的体制机制。从各地提交的材料看，基本形成了以地方立法条例为代表的一套制度规范，涵盖了立项起草、论证协调、审议表决等立法全链条，包括公开征求意见、专家咨询、备案审查、法治宣传等多方面，实现了工作制度化、程序规范化、流程标准化。许多地方还跟进全国人大的做法，制定地方立法"关于涉及的重大利益调整论证咨询工作规范"和"关于争议较大的重要立法事项引入第三方评估的工作规范"，积极回应新时代立法工作的新要求。

我们要善于总结经验，也要勇于和善于创新。发挥人大及其常委会在立法工作中的主导作用，在新时代条件下与时俱进，要把握以下几个方面：一是把发挥人大主导作用，作为落实党领导立法的重要途径和保证，善于将地方党委贯彻党中央大政方针的部署举措通过立法落实到位，自觉同习近平总书记重要指示要求对标对表，同党中央决策部署对标对表，同党的基本理论、基本路线、基本方略对标对表，推动党中央决策部署贯彻落实，坚决维护党中央权威。二是把发挥人大主导作用，作为杜绝立法工作中的地方利益和部门利益法制化的坚固"防火墙"，总结联合起草、双组长制等有益经验，通过建立一系列科学的制度机制，加大主导力度；对一些党中央有要求、人民群众有期待的重要法规、重大立法事项可由人大直接牵头承担，不要等靠让，被有关方面牵扯，贻误立法时机。三是把发挥人大主导作用，作为保证遵循立法自身活动规律的"守门员"，善于用法律智慧、法律思维、法言法语，把党中央决策部署、同级党委的政策部署通过法定程序转化为法律规范，保证法规制度设计的合法性、合理性和科学性，避免简单地做相关政策的"复印机"。同时，要注重立法后的执法检查、备案审查等工作，保证法律法规全面有效实施，让法律制度的牙齿真正"咬合"起来，切实提高地方立法工作质量和效率。

三、努力提高立法决策与改革决策衔接的速度、准度和精度，确保立法助力经济社会发展和改革攻坚任务

习近平总书记指出，"立法工作和改革发展不同步，慢半拍甚至拖后腿问题比较突出"。立法滞后改革发展，是立法工作中遇到的一个老问题。过去，由于缺乏立法实践经验，加上长期固有观念的束缚，我们更多注重了立法是实践经验的总结，对立法的前瞻性预测重视不够。经过改革开放40年的立法实践，我们的立法理念、经验、技术等日益成熟，把发挥立法的引领和推动作用提上了日程、写进了立法法。现在，我们比以往任何时候都更加能够保证立法决策与改革决策的有效衔接，更加能够使立法主动适应改革和经济社会发展需要。我们已经有这样的条件，通过更加积极主动地立法，更好服务京津冀协同发展、长三角一体化、粤港澳大湾区建设等国家战略，更好服务食品药品监管和环境保护等。

坚持立法决策与改革决策相衔接，关键是要提高立法与改革衔接的速度、准度和精度。党中央下了改革决心、定下改革基调、提出改革举措，凡需要立法落实的，就要尽快高效平稳地反映到立法中来，通过精准、可操作的制度规范来推进改革落到

实处。党的十八大以来，全国人大常委会为贯彻落实党中央重大改革决策部署，确保重大改革于法有据，综合运用立改废释、授权决定和法律决定等立法形式，推动立法决策与改革决策衔接取得重大成效，助推了改革攻坚任务的落实。省级人大立法工作也要主动作为，立改废释多种方式并用，积极开展探索。对党中央已经作出的改革决策，要跟进关注地方党委贯彻落实的部署安排和政策举措，加强立法研究，对需要通过立法解决的问题，及时作出立法安排；对急需的立法项目，可以采取特别程序和灵活的立法形式，推进落实；对审议中的法规项目，要自觉对焦党中央、同级党委的决策精神，该下决心的，适时作出政治决断、法律决断，敢于在矛盾焦点问题上“切一刀”，避免久议不决；对于存在争议和分歧的，要善于遵循和把握立法规律，及时作出科学合理的安排，不能被部门意见所牵掣，搞成久拖不决的持久战。立法既要讲质量，又要讲效率。立法拖沓，不讲效率，党中央等不得，改革进程等不得，人民群众等不得。例如，外商投资法是党中央确定的 2018 年重大立法任务，但直到当年 9 月相关部门之间仍对法律草案内容存在较大分歧，不能按程序尽早提请审议。我们抓紧做好协调工作，推动有关部委加快立法工作步伐。今年 3 月，十三届全国人大二次会议审议通过外商投资法，国内外给予了很高评价。2018 年长春长生公司问题疫苗案件发生后，习近平总书记心系人民群众身体健康，多次作出重要指示批示，全国人大常委会充分发挥在立法工作中的主导作用，我们与各有关部门加强沟通协调，推动成立疫苗管理法起草工作小组，宪法法律委、法工委加紧工作，在半年多的时间里，顺利完成了制定疫苗管理法这一重大任务，这种立法速度是以往不多见的。这表明，要创造性地开展立法工作，就要在保证立法质量的前提下，努力提高立法效率，才能加大立法决策与改革决策的精准有效衔接，以高质量立法引领推动高质量发展。

四、加强对设区的市立法工作的指导，增强地方立法整体实效

习近平总书记明确要求：“全国人大要密切同地方人大的联系，增强人大工作整体实效。”这是习近平总书记、党中央对全国人大和地方各级人大提出的明确要求，也是各级人大的重要任务。上下级人大之间不是领导关系，但有密切的工作联系和业务指导关系。在立法方面，上下级人大还有法律上的监督关系。全国人大常委会注重与地方各级人大之间的联系，在立法工作中已有一些比较成熟的做法，简要地说就是“一会两班”、“一份简报”、“一套规范”。“一会两班”就是每年举办的全国地方立法工作座谈会，一年两期的立法培训班，由此实现对省级和设区的市立法工作指导全覆盖；“一份简报”，就是通过《法制工作简报》介绍推广具有典型意义的地方立法例和地方立法工作中的好经验好做法；“一套规范”，就是出台立法技术规范，为地方立法提供技术标准支持。法工委正在考虑改进《法制工作简报》编发办法，以便加大对地方立法工作的指导交流力度。

省、自治区人大立法工作，在国家立法和设区的市立法之间居于“承上启下”的重要位置。立法法明确规定设区的市制定的地方性法规要报经省（区）人大常委会批准后施行，省（区）人大常委会要对设区的市的法规进行合法性审查。做好对设区的市立法的审查指导工作，从政治上、法律上讲都是省（区）人大立法工作的分内之事、应尽之责。从这个角度讲，衡量一个省（区）的地方立法水平高不高，不仅要看省（区）人大立法工作的质量，还要看其所辖设区的市立法工作做得好不好。各省（区）人大常委会要加强对设区的市立法工作的审查指导，重视设区的市立法工作队伍建设，从全省（区）实际出发，统筹推动解决设区的市立法所需机构、编制等问题；加强对设区的市立法工作人员的学习培训，发挥好跟班学习、业务培训等现有方式的作用，及时交流经验，总结共性问题，形成规范流程，不断提高设区的市立法工作能力。要建立学习研讨制度，组织设区的市开展立法理论研讨，总结立法实践经验，还要及时向设区的市传达每年全国地方立法工作座谈会包括本次会议的精神，更好把握立法工作的方向和重点。总之，要建立健全各级人大顺畅高效的联系、指导机制，确保大家劲往一处使，力往一处用，切实形成立法工作合力，增强立法工作整体实效。

五、加强立法工作队伍建设，为新时代地方立法提供人才保障

中国特色社会主义立法事业能否兴旺发达，关键在人，而且要后继有人。党的十八届四中全会《决定》系统阐述了加强法治工作队伍建设的重要性，其中包括立法人才队伍建设。十三届全国人大及其常委会依法履职以来，栗战书委员长非常关心

立法工作队伍建设，多次作出指示、提出要求。

40年来，各省级人大在加强队伍建设方面，建立完善立法工作机构，注重优秀人才选拔，加强立法人才培养，不断加强立法队伍建设，从组织上保障了地方立法从无到有、从小到大逐步发展壮大。各地注重以政治建设为统领，通过立法实践来锻炼干部，从思想政治素质、业务工作能力、职业道德水准多方面入手，打造富有战斗力的工作队伍，为做好地方立法工作提供了可靠的人才队伍保障。40年来，地方人大立法战线上可以说是人才辈出，培养出很多政治素质好、业务水平高、纪律作风硬的专家人才。比如，广东去年开展立法工作人才评选，评出首批立法工作人才75名，其中领军人才5名、骨干人才23名、专业人才47名，取得良好示范带动效应。

实践中，有些同志经常会提出一些困扰立法工作队伍建设的问题、难题，有的是政策、体制问题，比如与其他法治工作队伍公平待遇问题，但也有的是人大自身问题，比如编制与工作量不匹配、干部素质水平与立法高质量要求不适应等。人大自身的问题，靠我们自己开动脑筋、想办法，是可以克服解决的。在队伍建设、人才培养方面，各省级人大要眼光放远，着眼于制度化建设，不断完善选拔、任用、培养机制，保证立法事业后继有人。要深入总结一些省份开展立法人才评选、创新立法人才培养、推进立法队伍建设的有益经验，鼓励有条件的地方探索立法人才职务序列改革、立法津贴职业保障机制等，系统规划立法队伍建设，下大力气推进立法队伍专业化和职业化。要不断总结有关地方设立立法研究院、研究基地、专家库的有益经验，充分发挥人大制度研究会等“外脑”和“智库”的重要作用，调动专家学者的积极性和主动性，加快立法人才培养，为提高立法质量和效率提供坚实的智力支持。

同志们，这次会议既是一次40年地方立法工作的总结交流会，也是一次新时代地方立法工作重整行装再出发的动员部署会。各方面要加强对会议成果的宣传总结，努力形成制度化、规范化的成果，为更好开展地方立法工作提供指导和遵循。希望大家认真领会会议精神，深入贯彻到新的立法工作实践中，特别是要深入学习贯彻习近平新时代中国特色社会主义思想，学习贯彻习近平总书记全面依法治国新理念新思想新战略和关于立法工作的重要论述，学习贯彻栗战书委员长的重要讲话，把这次交流会的成果运用好，推动新时代地方立法发展完善，取得新的更大成绩。

栗战书在省级人大立法工作交流会上强调

加强和改进新时代地方立法工作
更好助力经济社会发展和改革攻坚任务

人民日报天津9月5日电　省级人大立法工作交流会4日至5日在天津举行。中共中央政治局常委、全国人大常委会委员长栗战书出席会议并讲话强调，要以习近平新时代中国特色社会主义思想为指导，坚持党对立法工作的领导，加强和改进新时代地方立法工作，切实提高立法质量，确保立一件成一件，更好助力经济社会发展和改革攻坚任务。

栗战书指出，党的十八大以来，以习近平同志为核心的党中央，从全面依法治国的高度，对人大立法工作作出一系列重要指示和部署。要深入学习贯彻习近平总书记全面依法治国新理念新思想新战略特别是对立法工作的重要指示要求，着眼于构建完备的法律规范体系，自觉担负起新时代对地方立法提出的新任务。要健全完善地方立法体制机制，形成立法工作整体合力，共同提高人大立法工作水平。

栗战书强调，地方立法要围绕贯彻落实党的十九大精神，贯彻落实新发展理念，抓住重点，突出地方特色。适应经济发展新阶段，通过立法推进供给侧结构性改革，推动经济高质量发展。围绕民生和社会治理，抓好惠民立法，及时回应人民群众的期待，维护人民群众利益。加强生态环保领域立法，建立健全有效约束开发行为和促进绿色发展的法律制度。抓好弘德立法，把社会主义核心价值观融入法律法规的立改废释全过程。抓好协同立法，依法保障和推动区域协调发展战略落实落地。

栗战书强调，做好新时代地方立法工作，必须牢牢把握正确政治方向，把增强“四个意识”、坚定

"四个自信"、做到"两个维护"贯彻体现到立法全过程和各方面,善于将地方党委贯彻党中央大政方针的部署举措依法落实到位。发挥人大及其常委会在立法工作中的主导作用,提高科学立法、民主立法、依法立法水平,维护国家法制统一和权威,确保每一项立法经得起实践、人民、历史的检验。坚持立法和改革决策相衔接,为地方深化改革、扩大开放提供法制支撑。

中共中央政治局委员、全国人大常委会副委员长王晨主持会议并在闭幕会上讲话指出,做好新时代省级人大立法工作,对推动整个地方立法、全面推进依法治国意义重大。要把会议精神贯彻到新的立法工作实践中,努力形成制度化、规范化的成果,为更好开展地方立法工作提供指导和遵循。要以总结 40 年地方立法工作为新起点,振奋精神,担当作为,创造性地开展工作,努力推动新时代地方立法提升新水平、迈上新台阶。

在津期间,栗战书来到市人大机关同工作人员座谈,赴河西区人大代表履职服务中心开展调研,了解地方人大工作情况,研究加强代表服务保障工作的有效举措。

中共中央政治局委员、天津市委书记李鸿忠参加上述活动。

三、全国地方立法工作座谈会

在第二十五次全国地方立法工作座谈会上的讲话

（2019 年 11 月 13 日，云南昆明）

王　晨

同志们：

党的十九届四中全会审议通过《中共中央关于坚持和完善中国特色社会主义制度推进国家治理体系和治理能力现代化若干重大问题的决定》（以下简称《决定》），习近平总书记在会上发表了重要讲话。今天，我们在这里召开第二十五次全国地方立法工作座谈会，就是要深入学习贯彻习近平总书记重要讲话和党的十九届四中全会精神，提高认识、加深领悟，增强坚持和完善中国特色社会主义制度、推进国家治理体系和治理能力现代化的自觉性，把地方立法工作进一步放在党和国家事业发展大局中来思考、谋划和推进，不断完善以宪法为核心的中国特色社会主义法律体系，建设中国特色社会主义法治体系，充分发挥地方立法在坚持和完善中国特色社会主义制度、推进国家治理体系和治理能力现代化中的重要作用。

下面，我讲几点意见。

一、深入学习领会党的十九届四中全会精神

党的十九届四中全会是在庆祝新中国成立 70 周年之际、实现"两个一百年"奋斗目标历史交汇点召开的一次极其重要的会议。全会通过的《决定》，深刻回答了"坚持和巩固什么、完善和发展什么"一系列重大政治问题，坚定制度自信，指明前进方向，标志着我们党对国家制度和国家治理体系的认识升华到一个新高度、新视野、新水平，是一份重要的纲领性文献。全会专题研究坚持和完善中国特色社会主义制度、推进国家治理体系和治理能力现代化问题并作出决定，充分体现了以习近平同志为核心的党中央高瞻远瞩的战略眼光和强烈的历史担当，充分反映了新时代党和国家事业发展的新要求和人民群众的新期待，对决胜全面建成小康社会、全面建设社会主义现代化国家，对巩固党的执政地位、确保党和国家长治久安，具有重大而深远的意义。

党的十九届三中全会以来，党中央全面贯彻党的十九大和十九届二中、三中全会精神，准确把握国际国内形势变化，统筹党和国家工作全局，加强战略谋划，坚持稳中求进工作总基调，坚持统筹推进"五位一体"总体布局和协调推进"四个全面"战略布局，贯彻创新、协调、绿色、开放、共享的新发展理念，攻坚克难，沉着应对国内外风险挑战，保持了经济持续健康发展和社会和谐稳定，推动党和国家各项事业取得新的重大进展。这期间，我们经历了许多大事要事，隆重庆祝中华人民共和国成立 70 周年，隆重庆祝改革开放 40 周年，开展"不忘初心、牢记使命"主题教育，胜利完成党和国家机构改革各项工作，举办首届中国国际进口博览会，等等。这些成绩都是党领导全国各族人民团结奋斗的结果。

当今世界正经历百年未有之大变局，我国正处于实现中华民族伟大复兴关键时期。站在"两个一百年"奋斗目标的历史交汇点上，对党的十九届四中全会的议题，党内外、国内外都高度关注。在充分听取各方面意见的基础上，从党和国家事业发展全局和长远出发，中央政治局决定，以一次中央全会专题研究坚持和完善中国特色社会主义制度、推进国家治理体系和治理能力现代化重大议题。这个命题不是今天才提出的。早在 6 年前，党的十八届三中全会就首次提出，"全面深化改革的总目标是完善和发展中国特色社会主义制度，推进国家治理体系和治理能力现代化。"之后，习近平总书记多

次在重要场合讲到这个问题。2014 年 9 月，在庆祝全国人民代表大会成立 60 周年大会上的讲话中指出，“人民代表大会制度是中国特色社会主义制度的重要组成部分，也是支撑中国国家治理体系和治理能力的根本政治制度”。2014 年 10 月，在党的十八届四中全会关于全面推进依法治国若干重大问题的决定说明中指出，“建设中国特色社会主义法治体系、建设社会主义法治国家是实现国家治理体系和治理能力现代化的必然要求，也是全面深化改革的必然要求，有利于在法治轨道上推进国家治理体系和治理能力现代化”。2016 年 7 月，在庆祝中国共产党成立 95 周年大会上的讲话中指出，“我们要把完善和发展中国特色社会主义制度、推进国家治理体系和治理能力现代化作为全面深化改革的总目标，勇于推进理论创新、实践创新、制度创新以及其他各方面创新，让制度更加成熟定型，让发展更有质量，让治理更有水平，让人民更有获得感”。

党的十九大作出到本世纪中叶把我国建成富强民主文明和谐美丽的社会主义现代化强国的战略安排，其中制度建设和治理能力建设的目标是：到 2035 年，各方面制度更加完善，国家治理体系和治理能力现代化基本实现；到本世纪中叶，实现国家治理体系和治理能力现代化。党的十九届二中全会讨论宪法修改问题时，习近平总书记明确提出，要“通过修改使我国宪法更好体现人民意志，更好体现中国特色社会主义制度的优势，更好适应提高中国共产党长期执政能力、推进全面依法治国、推进国家治理体系和治理能力现代化的要求”。党的十九届三中全会指出，“我们党要更好领导人民进行伟大斗争、建设伟大工程、推进伟大事业、实现伟大梦想，必须加快推进国家治理体系和治理能力现代化，努力形成更加成熟、更加定型的中国特色社会主义制度。这是摆在我们党面前的一项重大任务”。今年 7 月 5 日，在深化党和国家机构改革总结会议上，习近平总书记指出，党和国家机构改革为“完善和发展中国特色社会主义制度、推进国家治理体系和治理能力现代化提供了有力组织保障。要认真总结深化党和国家机构改革取得的重大成效和宝贵经验，巩固机构改革成果，继续完善党和国家机构职能体系，推进国家治理体系和治理能力现代化”。9 月 24 日，习近平总书记主持中央政治局第十七次集体学习，安排的题目是“新中国国家制度和法律制度的形成和发展”，他在讲话中指出，“安排这次中央政治局集体学习，目的是回顾新中国成立 70 年来党领导人民推进国家制度和法律制度建设的历程，总结成就和经验，深入思考坚持和完善中国特色社会主义制度、推进国家治理体系和治理能力现代化的重大问题”。由此可见，党中央用一次全会就这个重大问题进行研究，是从政治上、全局上、战略上全面考量，立足当前、着眼长远作出的重大决策。这既是坚定“四个自信”，毫不动摇坚持中国特色社会主义方向的政治宣示，也是统筹伟大斗争、伟大工程、伟大事业、伟大梦想，坚定不移将新时代改革开放推向前进的政治动员。

《决定》全面总结了中国特色社会主义制度建设的历史性成就，集中概括了中国特色社会主义制度和国家治理体系 13 个方面的显著优势，深刻阐述了支撑中国特色社会主义制度的根本制度、基本制度、重要制度，明确了坚持和完善中国特色社会主义制度、推进国家治理体系和治理能力现代化的总体要求、总体目标和重点任务，指明了努力的方向，为我们推动各方面制度更加成熟更加定型明确了时间表、路线图。新时代谋划全面深化改革，必须以此为主轴，深刻把握我国发展要求和时代潮流，把制度建设和治理能力建设摆到更加突出的位置，继续深化各领域各方面体制机制改革，推动各方面制度更加成熟更加定型，推进国家治理体系和治理能力现代化。这是我们应对风险挑战、赢得主动的有力保证。

《决定》明确提出坚持和完善人民代表大会制度这一根本政治制度，指明了当前和今后一个时期坚持和完善人民代表大会制度的重点方向、主要任务、工作要求和重要举措。人民代表大会制度是坚持党的领导、人民当家作主、依法治国有机统一的根本政治制度安排，是支撑中国国家治理体系和治理能力的根本政治制度。新中国成立 70 年来特别是改革开放 40 年来，在党的领导下，人民代表大会制度不断得到巩固、完善和发展，展现出强大的生命力和巨大的优越性，发挥了极为重要的根本政治制度功效。实践充分证明，人民代表大会制度是符合中国国情和实际、体现社会主义国家性质、保证人民当家作主、保障实现中华民族伟大复兴的好制度。在新的历史条件下，坚持和完善人民代表大会制度，对于坚持和完善人民当家作主制度体系，发展社会主义民主，充分发挥中国特色社会主义制度和国家治理体系优越性，具有十分重要的意义。我们必须充分发挥人民代表大会制度这一根本政治制度作用，继续通过人民代表大会制度牢牢把国家和民族前途命运掌握在人民手中。这是新时代赋予我们的崇高使命和光荣任务。《决定》提出坚持和完善中国特色社会主义法治体系，健全保证宪法全面实施的体制机制、完善立法体制机制、健全社会公平正义法治保障制度、加强对法律实施的监督等，是坚持人民代表大会制度的内在要求，是人大及其常委会的重要职责，为我们进一步加强和改进人大工作和立法工作提供了科学指引。

当前，学习贯彻四中全会精神，是人大工作、立法工作的重中之重。大家要结合实际，深入学习领会全会精神，读原文、悟原理，在学懂弄通做实上下功夫，不断加深对《决定》重大意义、丰富内容、重点任务的理解，努力做到学深悟透、融会贯通，不断增强做好新时代地方立法工作的历史使命感、政治责任感，不断增强立法工作的方向性、原则性和针对性，真正把理论学习成果转化为实际工作成效。

二、深刻认识立法在坚持和完善中国特色社会主义制度、推进国家治理体系和治理能力现代化中的重要地位和作用

立法是为国家定规矩、为社会定方圆的神圣工作，是建立国家制度和法律制度的重要政治活动，在坚持和完善中国特色社会主义制度、推进国家治理体系和治理能力现代化中居于无可替代的重要地位。新中国成立70年、赋予省级人大及其常委会地方立法权40年来，全国人大及其常委会和有立法权的地方人大及其常委会，围绕党和国家改革发展大局，全面贯彻落实党中央的决策部署，坚持立法与改革决策相衔接，创造性地开展立法工作，推动以宪法为核心的中国特色社会主义法律体系形成并不断完善，为中国特色社会主义制度和国家治理体系提供了重要载体；同时，为统筹推进经济建设、政治建设、文化建设、社会建设、生态文明建设提供了坚实的法治保障，为完善中国特色社会主义制度、提高国家治理体系和治理能力现代化水平提供了稳固的法治支撑，有力保障了国家政治稳定、经济发展、文化繁荣、民族团结、人民幸福、社会安宁、国家统一。

*立法有力保障了政治稳定。*国家通过制定宪法和法律，建立了社会主义的根本制度、基本制度、重要制度，确定了国家政权的性质和组织形式，确立了中国共产党领导的多党合作和政治协商制度，不断健全党的全面领导制度，保证党中央的集中统一领导；完善人民代表大会制度，保证国家政权的建立、稳固和政治稳定，保证人民当家作主；完善中国特色社会主义行政体制，构建职责明确、依法行政的政府治理体系。地方立法40年来，积极发挥主动性，为保证宪法和法律在本行政区域的执行，依法制定国家政权组织建设相关法律的实施办法，比如，选举法实施办法、地方人民代表大会组织通则、代表法实施办法、监督法实施办法、村(居)民委员会组织法实施办法等，对于建立健全地方国家机构、保证地方政权机构依法运行、加强基层政权建设、保障基层群众自治等发挥了重要作用，有效提升了地方国家机关的依法治理能力，促进了国家政权稳固和政治稳定。

*立法有力保障了经济发展。*国家通过各种经济立法，保障了社会主义经济制度体系的建立，建立了公有制为主体、多种所有制经济共同发展，按劳分配为主体、多种分配方式并存，社会主义市场经济体制等基本经济制度，充分调动了各方面发展经济的积极性。地方立法40年来，立足本地实际，依法制定相关经济法律的实施办法和本地需要的法规，促进经济发展。比如，制定了涉及产品质量监督、农业技术推广、农村集体经济承包、农作物种子管理、旅游业发展、土地管理、建筑市场管理、促进科技成果转化、企业投资、促进民营科技企业发展、自由贸易试验区管理等方面的法规。有的还开展有关经济制度改革先行先试探索，比如，制定有关土地制度改革、外商投资负面清单制度等方面的法规，为国家立法提供借鉴，为坚持和完善中国特色社会主义基本经济制度，推动当地经济发展提供有力法治保障。

*立法有力保障了文化繁荣。*国家通过加强文化立法，建立发展社会主义先进文化的制度，弘扬中华优秀传统文化、革命文化、社会主义先进文化，巩固全体人民团结奋斗的共同思想基础，坚定文化自信，广泛凝聚人民精神力量，激发全民族文化创造活力，更好构筑中国精神、中国价值、中国力量。地方立法40年来，坚持社会效益和经济效益相统一，加强文化保护，传承优秀传统，促进文化发展，以社会主义核心价值观引领文化制度建设。比如，制定非物质文化遗产保护、文物保护、红色文化遗存遗址保护、促进全民阅读等方面的法规，保障人民文化权益，推动社会主义文化繁荣。

*立法有力保障了民族团结。*国家通过宪法和法律充分保障各民族平等的发展权利，赋予民族自治地方制定自治条例和单行条例的权力，制定民族区域自治法，尊重和保护少数民族各种权益，推动民族自治

地方经济社会发展。各民族自治地方充分行使享有的立法权，制定符合本民族政治、经济和文化特点需要的自治条例和单行条例，促进了民族地区经济社会发展和各民族融合，增强了民族团结。

立法有力保障了人民幸福。国家通过立法建立和完善民生保障制度，推进健全幼有所育、学有所教、劳有所得、病有所医、老有所养、住有所居、弱有所扶等方面国家基本公共服务制度体系，加强民生建设，增进人民福祉。完善生态文明制度体系，践行绿水青山就是金山银山的理念，推动绿色发展，促进人与自然和谐共生，满足人民日益增长的美好生活需要。地方立法 40 年来，不断加强学前教育、未成年人保护、老年人权益保障、劳动权益保障、法律援助、卫生保健、食品安全、就业促进、扶贫助困、节约资源、生态环境保护等方面立法，依法保障和满足人民生活需求，推进美丽家园建设，不断增强人民群众的获得感、幸福感、安全感。

立法有力保障了社会安宁。国家通过立法建立完善共建共治共享的社会治理制度，加强社会创新治理，保持社会和谐稳定，确保人民安居乐业、社会安定有序，建设平安中国。地方立法 40 年来，围绕社会综合治理、解决医患纠纷、校园安全、农民工权益保障、消费者权益保护、物业管理、安全生产、道路交通安全、企业民主管理、社区管理、信息公开等方面，加强立法规范，建立公共安全体制机制，创建基层社会治理安全法治环境，保障社会安宁。

立法有力保障了国家统一。国家通过制定宪法、反分裂国家法和港澳特别行政区基本法等，建立和完善“一国两制”制度体系，推进祖国和平统一。通过制定维护国家安全、市场统一等有关法律，有效维护国家政治、经济、文化和社会安全。地方立法 40 年来，不断加强港澳台同胞投资保护立法、在内地相关权益保障立法等，促进港澳台与内地经济、文化交流合作，深化融合发展；坚持依法立法，维护国家法制统一、尊严、权威，从法治层面保证国家统一。

实践充分证明，我国立法充分体现了坚持党的领导的优势，体现了坚持人民当家作主的优势，体现了坚持全面依法治国的优势，体现了坚持民主集中制的优势，有力推动了各方面制度优势的发挥，推动了国家制度和治理体系的建立与完善。

《决定》提出，坚持和完善中国特色社会主义制度、推进国家治理体系和治理能力现代化的总体目标是，到我们党成立一百年时，在各方面制度更加成熟更加定型上取得明显成效；到二〇三五年，各方面制度更加完善，基本实现国家治理体系和治理能力现代化；到新中国成立一百年时，全面实现国家治理体系和治理能力现代化，使中国特色社会主义制度更加巩固、优越性充分展现。《决定》第一次系统描绘了中国特色社会主义制度的图谱，由包括党的领导制度在内的 13 个部分组成。坚持和完善好这 13 项制度，实现《决定》提出的总体目标，对立法提出了新的更高要求。立法工作任务艰巨、责任重大、使命光荣。我们要进一步聚焦实践提出的新问题新需求，将着力点更多放在解决发展不平衡不充分的制度机制性问题上，弥补相关制度规范的短板和缺项，使各项制度更加成熟定型，法律规范更加有效管用，规范体系更加完备协调，为开启“中国之治”新境界贡献法治力量！

三、紧紧围绕四中全会确定的总体目标扎实做好地方立法工作

四中全会已经明确了国家制度和治理体系的建设方向、总体目标、重要任务。我们要振奋精神，顺应时代，奋发作为，以立法实践去科学回答“坚持和巩固什么、发展和完善什么”的重大命题，着力落实党中央的重大决策部署，推动实现既定目标，为坚定制度自信提供有力的法治支撑。

省级人大立什么法、怎么立法，今年 9 月 4 日，栗战书委员长在省级人大立法工作交流会上作了深入系统的阐述，明确提出促进高质量发展立法、惠民立法、环保立法、弘德立法、协同立法五大重点领域，以及做好新时代地方立法工作的五点要求。我也谈了几点意见。省级人大立法工作交流会的精神，与党的十九届四中全会精神是一致的，与四中全会提出的“完善以宪法为核心的中国特色社会主义法律体系，加强重要领域立法”要求是一致的，在地方立法工作中要继续认真贯彻落实。从各地上报的材料和近期调研情况看，短短两个月时间，各省(区、市)都提出了贯彻落实会议精神的工作部署，推动立法工作取得一些新成果。这里，结合深入贯彻习近平总书记重要讲话和四中全会精神，我再强调几点。

第一，把坚持党的领导贯彻到地方立法全过程和各方面，通过立法不断完善党的领导制度体系，以实际行动践行“两个维护”。

四中全会《决定》提出，要坚持和完善党的领导制度体系，提高党科学执政、民主执政、依法执政水平。立法坚持和完善党的领导制度体系，最根本的

是要坚持党对立法工作的领导，把党的领导贯彻到立法全过程和各方面。地方各级人大要旗帜鲜明讲政治，把坚持党的领导放到立法工作的首位，深入学习贯彻习近平新时代中国特色社会主义思想，深入学习贯彻习近平总书记关于地方人大工作的重要指示，在思想上政治上行动上同以习近平同志为核心的党中央保持高度一致，坚决维护党中央权威，坚决把维护习近平总书记党中央的核心、全党的核心地位落到实处。要按照四中全会要求，继续严格执行请示报告制度，对立法工作中的重大问题、重要事项、重要情况，都应经过人大常委会党组讨论并及时向党中央、同级党委请示报告。人大常委会党组是党中央、同级党委在各级人大设立的重要组织，是人大工作中发挥领导核心作用的关键，是人大立法的"主心骨"。地方人大常委会党组要充分认识到做好立法工作的重要使命，发挥把方向、管大局、保落实的领导作用，做到"勤于请示报告、善于请示报告"，善于向同级党委提出科学立法决策的建议，为地方经济社会发展提供法治方案，推动地方立法不断取得新进展、提升新水平。

立法在坚持和完善党的领导制度体系中发挥着重要作用。2018 年 3 月，十三届全国人大一次会议通过了宪法修正案，充实坚持和加强中国共产党全面领导的有关内容，明确规定"中国共产党领导是中国特色社会主义最本质的特征"。法律、行政法规和地方性法规越来越重视通过法律规范，来明确规定党领导相关工作的法律地位、体制机制，在实践中收到很好效果。要继续加强法律法规对党的领导制度体系的支撑和完善作用，通过制度设计把党的领导落实到国家治理各领域各方面各环节，厚植党的领导制度体系的法治基础。

第二，以完善立法体制机制为重点，深入推进科学立法、民主立法、依法立法，切实提高地方立法质量和效率。

四中全会《决定》提出，要完善立法体制机制。立法体制机制是国家和地方立法运行的制度依托，会随着国家治理体系和治理能力现代化水平的提高不断调整完善。2015 年，全国人大对立法法作出修改，赋予设区的市地方立法权。2018 年修改宪法，在宪法中又作了相应规定。今年 10 月，十三届全国人大常委会第十四次会议作出决定，国家监察委员会根据宪法和法律制定监察法规。这两次立法体制机制的调整完善，都是以习近平同志为核心的党中央根据我国经济社会的发展变化、适应新时代国家治理需要作出的重大决策部署，对新时代我国的立法事业将产生深远影响。全国人大常委会贯彻党中央全面深化改革、全面依法治国重要部署，还制定一系列有关立法工作的规范性文件，地方人大也相继出台一批富有特色、行之有效的法规制度，推动立法体制机制更加精细，运行更加高效。同时也要看到，立法体制机制还有进一步完善的空间，既有老问题，如科学立法、民主立法体制机制如何进一步展开，各方面作用如何进一步发挥等；也有不少新问题，如赋予设区的市地方立法权近 5 年来，省级人大常委会审批权与设区的市立法权之间的调适磨合问题，监察法规在中国特色社会主义法律体系中的定位问题，京津冀协同发展、长三角区域一体化、粤港澳大湾区建设、长江经济带、黄河流域生态保护等区域立法协调问题，都需要深入研究。

要充分调动人民群众参与立法的积极性，发挥人民民主是全过程民主的优势，完善公民有序参与立法的体制机制。11 月 2 日，习近平总书记在上海长宁区虹桥街道古北市民中心考察时，详细询问了法律草案意见征集工作情况，强调所有的重大立法决策都是依照程序、经过民主酝酿，通过科学决策、民主决策产生的，要坚持好、巩固好、发展好人民代表大会制度，畅通民意反映渠道，丰富民主形式。虹桥街道是全国人大常委会法工委的基层立法联系点之一，今年 5 月我也曾去考察过。他们开展法律草案意见征集工作，立足社区实际，扎实深入，做了很多有益探索，赢得了社区居民的赞许，群众参与立法的积极性很高。我们要认真学习贯彻习近平总书记在上海考察时的重要指示精神，总结推广上海虹桥基层立法联系点的好做法好经验，不断完善提高。全国人大常委会法工委应当做好指导引导，可以在现有基础上逐步增加一些基层立法联系点，进一步畅通立法"直通车"，使国家立法工作更好接地气、聚民智。全国人大常委会注重加强对公民意见建议的反馈，今年 8 月，法工委建立了发言人制度，定期或不定期地向社会发布立法工作相关情况，其中一项重要内容就是通报法律草案向社会公开征求意见及采纳情况，社会反响不错。地方人大依托互联网、各种媒体等渠道，也探索出不少群众参与立法的好形式、好办法。要继续发挥好立法公开征求意见、基层立法联系点等现有机制的作用，不断探索新形式，做深做细做精，方便群众，充分发挥出社会主义民主政治的制度优势，增强立法与人民群众的互动互通，使立法充分体现最广大人民群众意愿，把科学立法、民主立法推向深入。

四中全会《决定》提出，要密切人大代表同人民群众的联系,健全代表联络机制,更好发挥人大代表作用。立法要在发挥人大代表主体作用上做文章、下功夫、出举措。本届以来,全国人大常委会高度重视代表工作。栗战书委员长在每次常委会会议期间或会后都要专门与列席代表进行座谈,并将代表提出的意见建议交由有关部门办理,已经形成固定机制。今年6月,委员长会议审议并原则通过《关于加强和改进全国人大代表工作的具体措施》,这个文件可以为各级人大做好新时代代表工作提供参考。要发挥好人大代表密切联系人民群众的优势和桥梁纽带作用,接地气、察民情、聚民智,通过他们听取最广泛人民群众的意见建议,通过他们了解最基层、最真实的民情民意,通过他们把党和国家的大政方针、法律规范、惠民政策等尽快传播到人民群众中去。要继续采取有效措施扩大人大代表对人大常委会工作的参与,拓展代表参与立法的深度和广度,特别是要发挥有专业背景和专业特长代表的作用,吸收他们有见地、有价值、切实可行的意见建议,提高立法工作的针对性和有效性。

第三,科学准确把握地方立法的定位和权限,既要发挥地方立法在地方治理中的独特作用,又要维护好社会主义法制统一。

四中全会《决定》提出,要健全保证宪法全面实施体制机制,加强备案审查制度和能力建设,维护国家法制统一、尊严、权威。通过立法保证宪法全面实施,必须充分调动中央和地方两个积极性;建设中国特色社会主义法治体系、建设社会主义法治国家,需要用好国家和地方两个立法权。今年7月,习近平总书记对地方人大及其常委会工作作出重要指示,充分肯定了地方人大及其常委会40年来取得的成就和作出的贡献,提出了做好地方人大工作要重点把握的原则、任务和要求,要求“创造性地做好立法、监督等工作”。地方人大要立足“不抵触、有特色、可操作”,承担起宪法法律赋予的重要职责,创造性地开展立法工作,发挥立法在地方治理中的优势和独特作用。

要处理好创造性开展地方立法工作与维护社会主义法制统一的辩证关系。法规备案审查是为了从事后发现问题、解决问题,根本目的是为了提高立法质量,提高治理实效,实现法律体系内部的科学和谐统一。总的原则是,在维护国家法制统一的前提下,鼓励地方立法创新发展,为社会主义法治实践提供更多样本,鼓励和保护地方立法的积极性。下一步还要继续对地方立法放权,逐步有序释放地方立法空间,比如,对于地方同志反映较多的行政处罚法、行政许可法、行政强制法等对地方立法限制过紧的问题,全国人大常委会法工委一直在研究,准备修改行政处罚法,本次会议期间还要专门召开座谈会听取地方意见。希望地方同志结合地方治理需要集思广益,一起努力把行政处罚法修改好。地方人大也要注重对法规草案的把控和审查,守住底线、不逾红线,绝不能让有违反中央政策、规避上位法规定等问题的法规“带病过关”;省级人大要按照立法法规定,担负起指导、审批设区的市立法职责,既不能缺位导致审查把关不严,也不要越位去替设区的市立法。地方人大同志思想上不要“背包袱”,不要因为出现了“立法放水”等事件就不敢放手创新探索。具体问题要具体分析,地方人大遇到拿不准的事项,要多与全国人大常委会法工委进行沟通,争取事先取得一致,获得支持。

第四,坚持一手抓立法、一手抓实施,加强对法律法规实施的监督,把法律法规建立起来的制度优势有效转化为治理效能。

“法令行则国治,法令弛则国乱。”制度的生命力在于执行。要强化制度执行力,加强对制度执行的监督,切实把我国制度优势转化为治理效能。四中全会《决定》提出,要加强对法律实施的监督。长期以来,无论是国家层面还是地方层面,都不同程度存在重立法、轻实施的情况。特别是地方性法规在执法、司法、普法中遇到很多问题,干部群众认知度不高,掌握度不够,执行力不强。地方性法规如何有效实施,不仅仅是地方立法遇到的难题,也是地方治理中亟待解决的难题,一定要想方设法破解这个难题。近年来,全国人大常委会加大法律实施力度,推动宪法法律有效实施,取得明显成效。地方人大要从强化制度运行效能、提高地方治理能力的高度,把法规实施放在和立法同等重要的位置,一手抓立法质量、一手抓法规实施,立一件、成一件,还要行一件,全面推动法规进入执法、融入司法、列入普法;要把监督工作与推动法规有效实施结合起来,统筹运用执法检查、专题询问、立法后评估等手段,担负起保证法律法规实施的监督职责;要加强法律法规的宣传、解读和阐释工作,增强全社会的法治观念,使法律法规为人民群众所了解、所熟知、所掌握,为执法、司法、守法提供良好的社会氛围,从源头上破解地方性法规实施难题。

第五,以加强地方立法能力建设为重点,着力抓好立法工作队伍建设,不断加强地方人大及其常委会建设。

四中全会《决定》提出,要加强地方人大及其常委会建设。坚持和完善人民代表大会制度这一根本政治制度，是党中央交付给全国人大和地方各级人大的光荣任务。其中一项重要举措就是加强地方人大及其常委会建设。党的十八大以来，以习近平同志为核心的党中央高度重视人大建设和人大工作，全国人大常委会高度重视地方人大及其常委会建设，先后出台一系列举措：中共中央转发了《中共全国人大常委会党组关于加强县乡人大工作和建设的若干意见》，全国人大常委会统筹修改地方组织法、选举法、代表法，加强县乡人大工作和建设，推动基层国家政权建设和完善；中央办公厅印发了《关于健全人大讨论决定重大事项制度、各级政府重大决策出台前向本级人大报告的实施意见》；贯彻落实党的十八届四中全会重大部署，全国人大修改立法法，赋予设区的市、自治州制定地方性法规的权力；全国人大常委会加快推进备案审查制度建设，健全备案审查衔接联动机制，将所有规范性文件纳入备案审查范围。与国家机构改革要求相适应，地方各级人大都相应建立了社会建设委员会，设区的市多数都健全了法制工作机构，为立法工作提供了组织保障。

地方人大及其常委会要深入贯彻四中全会要求，按照总结、继承、完善、提高的原则，不断推进人民代表大会制度理论和实践创新，不断加强地方立法能力建设，健全内部组织机构，完善工作机制，进一步增强人大工作的制度化、规范化、程序化。关于立法工作队伍建设，地方人大要继续加强研究，积极主动探索、进行试点，争取多出先进经验，条件成熟时我们再研究推广。

同志们，坚持和完善中国特色社会主义制度、推进国家治理体系和治理能力现代化，是全党的一项重大战略任务。我们即将迎来两大关键历史节点：2020 年全面建成小康社会、2021 年中国共产党成立 100 周年。按照四中全会确立的总体目标，我们距离第一步目标已经很近了。时不我待，责任重大。让我们紧密团结在以习近平同志为核心的党中央周围，增强“四个意识”，坚定“四个自信”，做到“两个维护”，围绕坚持和完善中国特色社会主义法治体系，夙兴夜寐、只争朝夕，认真履行好人大在制度建设中的重要职责，以高质量立法为坚持和完善中国特色社会主义制度、推进国家治理体系和治理能力现代化作出新的更大贡献！

加强和改进省（区）人大常委会对设区的市立法工作的审批指导

——在第二十五次全国地方立法工作座谈会上的讲话

全国人大宪法和法律委员会主任委员　李　飞

2015 年修改的立法法赋予设区的市地方立法权，2018 年宪法修正案对此进行宪法确认。各省（区）人大常委会的审批指导工作发挥了重要作用，也积累了宝贵经验。同时，一些地方也反映了存在的问题，主要有两方面：一是省级人大常委会审批时对合法性标准的把握问题；二是省级人大立法与设区的市人大立法权限交叉、重复立法问题。解决好这两个问题，对于提高一个省（区）的地方立法整体质量和效率、提升地方治理能力和水平具有重要意义。

下面，我主要就这两个问题，谈谈认识和体会。

一、如何把握合法性审查标准

合法性审查标准是立法法明确规定的省（区）人大常委会对设区的市法规进行审查批准必须坚持的唯一标准。“必须坚持”是指这是省级人大常委会的法定职责，如果合法性审查把关不严、不到位，就是失职；“唯一标准”是讲审查标准只此一项，超出合法性审查标准就是越权。省（区）人大常委会的法规审批工作既不能失职、也不能越权。这几年，我在调研中了解到，有的省（区）人大常委会会议把设区的市法规当作自己制定的地方性法规来审，不仅审合法性问题，也审合理性、可行性、立法技术等方面的问题，造成批准的程序过于复杂，批准的时间拖得过长，影响了一些报批的市地方性法规及时出台，造成合法性审查标准被泛化、审批职能定位不清。

（一）关于合法性审查标准的理解

首先要从地方立法权的发展脉络中来把握合法性审查标准。1982 年地方组织法规定，省会市和国务院批准的较大的市只有地方性法规草案拟定权,没有制定权,制定还要经省级人大常委会来审议通过。1986年修改的地方组织法将拟定权上升为制定权,但需报省、自治区人大常委会批准后才能施行。对此,时任全国人大常委会秘书长、法制工作委员会主任王汉斌同志在修改说明中指出:“建议省、自治区简化审批程序,只要同宪法、法律、行政法规和本省、自治区的地方性法规没有抵触,原则上应尽快批准”,这说明当时已经注意到这个问题,也就明确了合法性审查标准,只不过没对批准时限作出规定。2000年制定立法法对合法性审查标准作了明确规定:省、自治区的人大常委会对报请批准的地方性法规,应当对其合法性进行审查,同宪法、法律、行政法规和本省、自治区的地方性法规不抵触的,应当在四个月内予以批准。长期以来,不少同志建议赋予较大的市完整的立法权,将报省、自治区人大常委会的批准程序改为备案程序。2015年修改立法法时,这也是争论的一个问题。考虑到全面赋予设区的市地方立法权后,立法主体大量增加,为了维护法制统一,还是有必要由省级人大常委会进行批准。因此,2015年立法法修改,维持了原有的批准程序规定。从地方立法权的发展脉络看,合法性审查标准是经过充分考虑确立的,坚持这一审查标准,既有利于尊重设区的市立法主体地位、充分发挥地方积极性,又有利于维护国家法制统一。

有的同志提出,设区的市立法起步时间不长,立法能力不足,法规案中确实存在不少合理性或者立法技术等问题;在省(区)人大常委会会议审议过程中,也确实有一些常委会委员、人大代表提出这方面的审查意见,这个问题该如何解决?我认为,一是要通过培训等方式加以引导。设区的市人大及其常委会通过法规意味着法规制定程序已经完成。在审批阶段,省(区)人大常委会原则上只进行合法性审查,设区的市法规案只要不存在合法性问题,理论上都应获得批准通过。常委会组成人员可以就合法性问题发表审议意见,也可以就合理性问题发表审议意见,但可以通过加强培训、完善程序性规定等方式,引导常委会组成人员将审议的重点聚焦在合法性问题上。二是妥善把握合法性的标准。无论是国家立法还是地方立法,都要围绕党和国家工作大局,落实中央部署,引领和推动改革于法有据,与中央精神和国家政策保持一致。但在审批实践中,确实也存在中央精神、国家政策已发生变化而上位法还没来得及修改的情形。此时,对设区的市法规的审查,首先还是要严格依照法律的规定、原则和精神进行审查,同时也要综合考虑形势的发展和方针政策的调整。如果确实不好把握,就需要加强请示沟通。三是其他方面问题最好通过事前沟通和指导提前解决。立法指导与法规审批不同,其侧重于工作层面的事前指导,方式比较灵活。省级人大常委会有关工作机构可以在法规立项、起草、审议通过前、提请审批前等各阶段提前介入,加强沟通和指导,从合法性、合理性、适当性、协调性和立法技术规范等各方面提出意见建议,做好事前把关的工作,尽量把问题解决在省(区)人大常委会进行审批之前,避免设区的市立法出现反复和走弯路。对于法规审批过程中的合理性意见,即规定是否适当、立法技术是否成熟、文字表达是否精准等,一般不应影响法规审批进程,可以将其意见提供给设区的市作为参考,在以后立法中引起注意,或者修改法规加以完善。

(二)关于合法性审查标准的判断

省(区)人大常委会开展合法性审查要贯穿于立法指导、法规批准和备案审查的全过程。立法指导和法规批准环节的合法性审查属于事前审查,备案审查属于事后审查,其共同目的都是为了维护国家法制统一。不管事前还是事后审查,合法性审查要把握好横向上不得超越法定权限,纵向上不得与上位法抵触。

一是设区的市立法权限在横向上不得超越“城乡建设与管理、环境保护、历史文化保护”三个事项范围。近年来,一些地方陆续就设区的市立法权限问题请示全国人大常委会法工委,问题主要集中在“城乡建设与管理”以及“等”的理解,如政府数据共享、养老服务、科技创新、妇女权益保障、鼓励见义勇为等是否属于“城乡建设与管理”事项范围。我们经反复研究认为,“城乡建设与管理”的范围是比较宽的,不限于目前城乡规划与建设、城市管理等行政部门的职权范围。城乡建设既包括城乡道路交通、市政管网等基础设施建设,也包括医院、学校、体育设施等公共机构、公共设施建设。城乡管理除了包括对市容、市政等事项的管理,还包括对城乡人员、组织提供服务和社会保障以及行政管理等。可以说,在这方面设区的市立法权限有比较大的空间。实践中,如果确实有事项属于设区的市现有立法权限无法解决而又需要制定地方性法规的事项,最好还是提请省(区)人大常委会来制定。

二是设区的市地方性法规在纵向上不得与宪法相抵触、不得侵犯法律、行政法规的权限、不得违反上位法规定且不得与上位法立法原则、目的、精神相违背。尤其是行政处罚法、行政许可法、行政强制法中有很多涉及公民人身自由、财产权利的规定，设区的市法规往往会涉及这些方面，如违法设定限制人身自由、吊销企业营业执照的行政处罚；超出上位法规定的行政处罚种类、幅度和范围给予行政处罚；违法设定查封、扣押以外的行政强制措施，等等，这些都是立法时为防止地方出现混乱情况作出的限定，应当成为合法性审查的重点。当前，全国人大常委会法工委正在研究行政处罚法修改，总的考虑是适当放宽地方性法规设置行政处罚的权限，届时审批指导工作要根据法律修改情况作相应调整。

此外，设区的市地方性法规的提出、审议、表决和报批程序还要严格遵循地方性法规制定程序。立法程序是法规内容民主性、合法性、正当性的重要保障。因此，设区的市立法程序问题不是个小问题，而是关系地方治理民主化、法治化的大问题，应当成为省级人大常委会对设区的市立法进行审批指导的重要方面。

二、如何解决立法权限交叉下的重复立法问题

立法权限交叉和重复立法是相生相伴的两个问题，省级和设区的市立法权限交叉是重复立法现象产生的一个重要原因，重复立法问题主要发生在立法权限交叉的领域。我们要看到，立法权限的交叉是不可避免的，因为在我国统一分层次的立法体制下，法律、行政法规、省级地方性法规、设区的市地方性法规的立法权限呈依次递减的关系，上一层级的立法权限必然包含下一层级的立法权限范围。从立法法的规定看，省级人大可以就国家专属立法权之外的地方管理事项制定地方性法规，设区的市人大立法权限则集中在“城乡建设与管理、环境保护、历史文化保护”三个事项范围内，这样，便在这三个立法事项范围产生立法权限交叉。重复立法不仅造成有限立法资源的浪费，降低立法效率，也会在一定程度上降低上位法的实施效果。因此，立法法第七十三条明确规定，制定地方性法规，对上位法已经明确规定的内容，一般不作重复性规定。对于如何在设区的市立法事项范围内避免重复立法，是一个有待于进一步理论研究和实践探索的问题。

一是在立法项目上避免重复立法。针对同题立法导致的重复立法现象，省（区）和设区的市人大常委会都要加强立法的整体统筹，在制定立法计划（规划）时，对属于“城乡建设与管理、环境保护、历史文化保护”三个方面的事项，省级规划计划要注意为设区的市的立法适当留白，调动设区的市立法积极性，发挥设区的市立法可精细化的长处；对属于需要省级立法解决的共性问题，设区的市规划计划要自觉退让，由省（区）人大常委会进行立法；对属于设区的市的个性问题，由设区的市进行立法；对属于省（区）域内若干设区的市的共性立法问题，比如大气污染防治、流域性水污染防治、林业生态保护、旅游一体化发展等方面，可以加强设区的市之间的地方立法协同。

二是在法规内容上避免重复立法。实施性的下位法需要对上位法内容进一步细化、具体化，容易在法规内容上产生重复立法。我们可以从以下几方面努力解决这一问题：第一，要在突出地方立法特色上下功夫。在一个省（区）域范围内，各市的经济发展水平、自然地理情况、人文社会、传统文化、地方治理能力都存在一定差距，这些差距就是各市突出地方立法特色的着力点，在法规内容上注重结合本市实际和地方特色、改革特色，解决本市特有的而国家立法和省级立法没有关注或不宜解决的问题。第二，要在可操作、有效管用上下功夫。设区的市立法既要实施、衔接上位法，解决好上位法通达基层的“最后一公里”问题，又要直接解决社会治理中的具体问题。应当结合本市实际情况做好法规核心制度设计，把法律、行政法规、省级地方性法规等上位法关于权利义务、权力责任的规定进一步细化、具体化、程序化，增强法规的实用性和可操作性。第三，要在立法技术上下功夫。设区的市立法要以小切口为突破点，有几条立几条，不重复照抄上位法，尽量避免不必要的重复条文，做到导向更鲜明、内容更精简、体例更简洁。

2015 年立法法修改以来，各省（区）人大常委会在审批指导设区的市立法实践中取得很大进展，引导设区的市立法从“新手上路”逐步走向正轨，但离“驾轻就熟”还有一定差距。这就决定了省（区）人大常委会的审批指导工作还有很长的路要走，还有许多情况和问题需要不断进行摸索和探讨，积累经验，及时总结和交流。我也了解到，法工委今年还委托东中西部三所院校联合三省人大常委会法工委，就省级人大常委会审查批准设区的市法规这个课题进行专项研究，已经取得一定进展。希望各省（区）继续加强理论研究，提升实践水平，逐步达成共识，推进审批指导水平实现从“量”到“质”的飞跃。

来源：法制日报　2019 年 11 月 19 日

加强和改进地方立法工作　提升地方依法治理能力和水平

——在第二十五次全国地方立法工作座谈会上的小结（摘要）

全国人大常委会法制工作委员会主任　沈春耀

今年是新中国成立70周年。在以习近平同志为核心的党中央坚强领导下，庆祝活动取得圆满成功，有力彰显了国威军威，极大振奋了民族精神，广泛激发了各方面力量，在国内外产生重大而深远的影响。10月28日至31日，党中央召开十九届四中全会，会议审议通过《中共中央关于坚持和完善中国特色社会主义制度　推进国家治理体系和治理能力现代化若干重大问题的决定》，这是一篇马克思主义的纲领性文献和政治宣言书。2019年是我国地方人大设立常委会40周年，习近平总书记对地方人大及其常委会工作作出重要指示，全国人大常委会召开纪念座谈会，栗战书委员长发表重要讲话。四中全会结束不久，习近平总书记在上海考察，11月2日下午到长宁区虹桥街道古北社区全国人大常委会（法工委）建立的基层立法联系点，对基层立法联系点工作给予充分肯定，并就人大制度、民主制度作出重要指示。今年，全国人大常委会还召开省级人大立法工作交流会，加上本次会议，是第一次就地方立法工作在一年内召开两次全国会议。

本次会议共收到交流论文31篇，有10个省、自治区、直辖市的同志作了大会交流发言，其他同志在6个小组进行了交流讨论，提出了不少有益的意见建议，很有启发性。大家普遍认为，以习近平同志为核心的党中央高度重视人大工作和法治建设，对立法工作作出许多重要论述，为新时代法治中国建设和立法工作指明了前进方向、提供了基本遵循，使我们深受鼓舞和激励。全国人大常委会十分重视地方立法工作，加强对地方立法工作的联系指导，着力增强人大工作和立法工作整体实效，特别是今年召开两次全国会议，体现了对地方立法工作的关心和支持，增强了地方人大同志的责任感使命感，提振了大家的精气神儿。王晨副委员长的讲话，以习近平新时代中国特色社会主义思想为指导，全面贯彻党的十九届四中全会精神，充分肯定了法治特别是立法在坚持和完善中国特色社会主义制度、推进国家治理体系和治理能力现代化中的重要地位和作用，适应新形势新要求明确提出了做好地方立法工作需要重点把握的原则、任务和要求，对于加强和改进地方立法工作，提升地方依法治理能力和水平，具有重要指导意义。希望同志们进一步提高政治站位，增强思想自觉和行动自觉，推动地方立法工作不断取得新成绩、作出新贡献，充分发挥地方立法在坚持和完善中国特色社会主义制度、推进国家治理体系和治理能力现代化中的积极作用。

一、各地贯彻省级人大立法工作交流会精神的有关情况

今年9月4日至5日，经党中央批准，全国人大常委会在天津召开省级人大立法工作交流会。这两个月来，各地积极贯彻落实会议精神，许多地方向全国人大常委会办公厅、法工委报送了有关情况。各地普遍在会后第一时间向本省（区、市）党委和人大常委会党组报告、汇报会议精神，一些省（区、市）党委和人大常委会党组对贯彻会议精神进行专题研究，作出相关部署、提出明确要求。有的是召开党委常委会议、党委人大工作会议，有的是召开人大常委会党组会议、主任会议，有的召开本地纪念地方人大设立常委会40周年座谈会、立法工作座谈会或者交流会，还有的结合主题教育活动，组织传达学习、贯彻落实全国会议精神，初步看效果是非常积极的。

从各地报告的情况看，地方党委和人大高度重视，结合本地实际采取措施，加强和改进地方立法工作。希望同志们深入学习贯彻习近平新时代中国特色社会主义思想和党的十九届四中全会精神，把“两个维护”落实到地方立法工作全过程和各方面，把工作热情持续转化为做好地方立法工作的实际行动。

二、关于地方立法的几项具体工作

（一）完善和拓展立法联系点。11 月 2 日临近傍晚，习近平总书记来到上海市长宁区虹桥街道古北社区，听取了社区开通社情民意直通车、服务基层群众参与立法工作等情况介绍，并同正在参加立法意见征询的社区居民代表亲切交谈。他强调，你们这里是全国人大常委会建立的基层立法联系点，你们立足社区实际，认真扎实开展工作，做了很多接地气、聚民智的有益探索。人民代表大会制度是我国的根本政治制度，要坚持好、巩固好、发展好，畅通民意反映渠道，丰富民主形式。

习近平总书记的重要指示，对我们基层立法联系点工作是极大的鼓励和肯定，为我们进一步做好这项工作指明了方向。全国人大常委会领导同志就贯彻落实工作作出重要批示，法工委正在认真研究落实，准备在总结实践经验的基础上逐步扩大基层立法联系点，深入推进民主立法。基层立法联系点的设立要坚持：一是有基础；二是有特点；三是有意愿。希望得到地方人大的支持和协助，为我们提供好典型、好线索；同时，也希望地方人大在这方面进行积极探索，扩大公民立法有序参与，畅通社情民意表达和反映渠道。我们要坚持求真务实，不搞形式主义。

（二）加强立法宣传工作。为了加强和改进立法宣传工作，及时对外发声，发布立法工作信息，加强舆论引导，根据全国人大常委会领导同志指示精神，在中央宣传部指导下，全国人大常委会法工委建立了发言人制度，采取定期发布和不定期发布两种方式。8 月 21 日和 10 月 18 日两次举行法工委发言人记者会，向社会通报全国人大常委会审议法律草案有关情况、近期部分法律草案公开征求意见情况，并就社会关注的热点问题，从立法角度予以解答和回应，运用法理说明问题、解疑释惑、驳斥谬误，是新形势下讲好人大故事、立法故事的新举措，取得了良好的效果。

关于讲好新时代立法故事、做好立法宣传工作，栗战书委员长在 2018 年 9 月召开的全国人大常委会立法工作会议上就提出了明确要求。我们要在做好地方立法工作的同时，把立法宣传工作纳入我们的工作范围，统筹安排、协调推进。要把立法工作同普法工作有机结合起来，使立法工作的过程成为宣传普及宪法法律、弘扬法治精神的过程。我们不仅要会“做”，也就是把法律法规立好修好；而且还要会“说”，也就是用讲故事方式把法律法规宣传好、解读好、阐释好，增强全社会法治观念，增强各方面立法认同。努力形成具有中国特色的法律语言体系，使“法言法语”为人民群众所了解、所熟悉、所掌握，这也是把社会主义核心价值观融入法治建设、融入立法工作的一个重要方面。要在党委和宣传部门领导下，掌握舆论工作主动权和话语权，用好各类媒体媒介，综合运用报纸、电视、广播、刊物和网站、微博、微信、移动客户端等新媒体。要把做好法律法规宣传工作，同人大监督工作、代表工作、对外交往工作有机结合起来，努力做到立法工作同有关工作“两结合、两促进”。

（三）深入推进备案审查工作。备案审查工作是各级人大的一项重要工作。党的十九届四中全会《决定》中再次提出了“加强备案审查制度和能力建设，依法撤销和纠正违宪违法的规范性文件”的要求。不久前，中共中央修订发布《中国共产党党内法规和规范性文件备案审查规定》。在人大层面，有关开展备案审查工作的法律规定，主要是在立法法和监督法中。

地方人大备案审查工作，总的看，都已经开展起来了，但工作情况不平衡，还需要加强和改进。在抓好面上工作的同时，希望着重抓好两项工作：一是建立健全备案审查信息平台，尽快实现上下联通。今年 7 月，法工委在武汉召开座谈会，提出平台向下延伸的要求；10 月，在银川召开了推进会，进一步部署推动。希望各地方加大工作力度，努力实现备案审查工作制度化、规范化、数字化、智能化，为“有件必备、有备必审、有错必究”提供有效便捷的物质技术保障。二是推进备案审查工作情况报告制度，保证人大常委会依法履行职责。在 2018 年杭州会议上，我们就建议地方人大常委会在这方面进行多种形式的探索和实践，使之成为加强备案审查工作的一个重要抓手。据了解，31 个省（区、市）人大常委会均已在今年实现了专项报告工作。下一步，希望省、自治区人大常委会考虑指导本地区一、二个设区的市（自治州）人大常委会进行试点，逐步完善和扩大。

（四）及时修改完善地方性法规。近年来，随着“四个全面”战略布局深入推进，全国人大常委会加大加快了法律修改工作，有的是全面修订，有的是部分修改，还有不少是通过打包修法方式进行统筹修改。法律修改的许多内容都涉及需要地方性法规配套实施的问题。2018 年，我们贯彻全国人大常委会有关决议精神，推动生态环保方面规范性文件全面清理工作,其中一个重要内容就是要求完善有关地方性法规。2018 年 12 月,我们在向全国人大常委会报告备案审查工作情况时,专门报告了地方人大生态环保配套法规情况,修改 514 件、废止 83 件,列入立法工作计划、拟抓紧修改或者废止的 432 件;就大气污染防治法配套法规情况看,当时有 28 个省、自治区、直辖市已经完成制定或者修改工作,有 3 个拟于 12 月底完成。

以宪法为核心的中国特色社会主义法律体系是一个整体,其中主要包括七个法律部门和三个规范层级。三个规范层级:一是法律层级;二是行政法规层级;三是地方性法规层级。要充分发挥法律体系在坚持和完善中国特色社会主义制度、推进国家治理体系和治理能力现代化中的重要作用,法律体系内部的和谐统一十分重要。在国家层面,我们一般是要求国务院和有关方面在法律出台后、实施前,及时制定保证法律有效实施必需的、配套的行政法规、部门规章或者其他规范性文件。希望地方人大的同志能够关注并跟进国家法律制度的发展变化,结合本地区实际,对有关地方性法规及时作出修改完善,并监督有关方面做好地方政府规章和其他规范性文件的修改完善工作。

习近平总书记要求增强人大工作整体实效。很重要的一点,就是在立法上形成整体合力、增强整体实效。地方性法规及时跟进国家立法,是实行社会主义法治、完善以宪法为核心的中国特色社会主义法律体系的必然要求,同时也是人大工作形成整体合力、增强整体实效的内在要求。

(五)共同努力做好行政处罚法修改工作。多年来,从事地方立法工作的同志一直通过多种方式包括在全国地方立法工作座谈会上反映,希望调整完善行政处罚法中有关地方立法权限的规定,给地方更多的立法空间,以适应地方管理、基层治理的实际需要。全国人大常委会一直强调充分发挥地方立法的作用,重视调整完善地方立法权限问题。十三届全国人大常委会立法规划和 2019 年立法工作计划已将修改行政处罚法列入其中,由法工委牵头,目前正在抓紧工作。这次全国地方立法工作座谈会一并安排了一个专题,召开一个座谈会,找一些熟悉情况、有研究的同志,听取对修改行政处罚法的意见。

总的看,经过 20 多年,行政管理和行政处罚领域出现许多新情况新变化,有关法律制度(包括行政处罚法、行政许可法、行政强制法等)应当与时俱进、完善发展。实际工作中,对于地方管理、基层治理中遇到的新情况新问题,对于地方人大同志提出的一些询问咨询问题,我们都在遵循有关法律基本原则的基础上,作了较为灵活的处理,力求解决或者缓解这方面面临的矛盾。我们希望利用这次座谈会的机会,多听听地方同志特别是多年从事地方立法工作的同志对这个问题的意见建议,争取及早确定行政处罚法的修改方案。

来源:法制日报 2019 年 11 月 19 日

批准公约和条约

全国人民代表大会常务委员会关于批准《中华人民共和国和巴巴多斯关于刑事司法协助的条约》的决定

（2019 年 4 月 23 日第十三届全国人民代表大会常务委员会第十次会议通过）

第十三届全国人民代表大会常务委员会第十次会议决定：批准 2016 年 3 月 23 日由外交部副部长王超代表中华人民共和国在布里奇顿签署的《中华人民共和国和巴巴多斯关于刑事司法协助的条约》。

中华人民共和国和巴巴多斯关于刑事司法协助的条约

（中文本）

中华人民共和国和巴巴多斯（以下称双方），

在相互尊重主权和平等互利的基础上，为在打击犯罪方面相互提供最广泛的合作，决定缔结本条约，并达成协议如下：

第一条 适用范围

一、双方应当根据本条约的规定，在刑事侦查、起诉和其他刑事诉讼程序中相互提供最广泛的司法协助。

二、协助应当包括：

（一）送达刑事方面的文书；

（二）调取证据或者获取有关人员的陈述；

（三）提供文件、记录和证据物品；

（四）获取和提供鉴定意见；

（五）查找、辨认人员；

（六）对场所或物品进行勘验或者检查；

（七）征询有关人员同意，安排其在请求方境内作证或者协助进行刑事调查。若该人员在押，安排将其临时移送给请求方；

（八）执行搜查、扣押、查封和冻结的请求；

（九）有关犯罪工具和犯罪所得的处置；

（十）通报刑事诉讼结果和提供犯罪记录；

（十一）交流法律资料；

（十二）符合本条约目的且不违背被请求方法律的其他形式的协助。

三、协助不包括：

（一）对任何人的引渡；

（二）在被请求方执行请求方作出的刑事判决、裁定或者决定，但被请求方法律和本条约允许的除外；

（三）移交被判刑人员以便服刑；

（四）刑事诉讼的移管。

四、本条约的规定，不赋予任何私人当事方根据本条约取得或者排除证据的权利。

第二条 其他安排

本条约不减损双方根据其他国际协定所承担的义务，也不妨碍双方根据其他国际协定等相互提供协助。

第三条 中央机关

一、为本条约的目的，双方指定的中央机关应当就司法协助事宜直接进行联系。

二、本条第一款所指的中央机关，在中华人民共和国方面为司法部，在巴巴多斯方面为总检察长。

三、任何一方如果变更其对中央机关的指定，应当通过外交途径通知另一方。

四、协助应当通过中央机关请求或者提供。

第四条 拒绝或推迟协助

一、存在下列情形之一的，应当拒绝提供协助：

（一）请求涉及就某项犯罪起诉或者处罚某人，而被请求方认为该项犯罪是：

1. 政治犯罪，但恐怖主义犯罪及中华人民共和国和巴巴多斯均为缔约方的国际公约不认为是政治犯罪的除外；

2. 仅构成军事犯罪；

（二）请求涉及就某项犯罪起诉某人，而该人已因该项犯罪由被请求方定罪、无罪释放或者赦免，或者服刑完毕或者正在服刑；

（三）有充分理由认为，请求协助的目的是基于某人的种族、性别、宗教、国籍或者政治见解而对该人进行起诉或者处罚，或者该人的地位可能由于上述任何原因受到损害；

（四）被请求方认为，准予协助请求将损害本国的主权或者安全。

二、存在下列情形之一的，可以拒绝提供协助：

（一）请求涉及的作为或不作为根据被请求方法律不构成犯罪；

（二）提供协助将会妨碍被请求方正在进行的侦查、起诉或者其他刑事诉讼程序；

（三）被请求方认为，执行请求将会损害本国的国家利益或其他重大利益。

三、如果执行请求将会妨碍被请求方正在进行的侦查、起诉或者其他刑事诉讼程序，被请求方可以推迟提供协助。

四、在根据本条拒绝或者推迟提供协助前，被请求方应当考虑是否可以在其认为必要的条件下准予协助。请求方如果接受附条件的协助，则应当遵守这些条件。

五、被请求方如果拒绝或者推迟协助，应当将拒绝或者推迟的理由通知请求方。

第五条 请求的形式和内容

一、协助请求应当以书面形式提出，并且由请求方中央机关签署或者盖章。在紧急情形下，请求可以通过其他能够形成书面记录且被请求方可以确认其真实性的形式提出。在这种情况下，请求方应当随后迅速以书面形式确认该请求，但是被请求方另行同意的除外。

二、涉及采取强制性的措施或者没收犯罪所得的协助请求的辅助文件和材料，应当由请求方主管机关签署、盖章或者证明。

三、协助请求应当包括以下内容：

（一）请求的目的以及对所需协助的描述；

（二）请求涉及的侦查、起诉或者其他程序的主管机关的名称；

（三）对犯罪性质的描述，包括对相关法律的说明；

（四）对被指控构成犯罪的作为或不作为的说明；

（五）对请求方希望遵循的特别程序或者要求的详细说明，包括请求方对证据可采性要求的说明；

（六）如有保密需要，关于保密的要求及其理由；

（七）希望请求得以执行的期限。

四、在必要和可能的范围内，协助请求还应当包括以下内容：

（一）关于请求针对的人员或者与执行请求有关的其他人员的身份、国籍和所在地方面的资料；

（二）关于应邀到请求方作证或者协助调查的人员有权得到的津贴和费用方面的资料；

（三）关于需勘验或者检查的场所或者物品的说明；

（四）关于需搜查的场所和需扣押的财产的说明；

（五）有助于查找、查封或者冻结犯罪工具或者犯罪所得的资料；

（六）关于向有关人员讯问或者询问的相关事项的资料，包括需提出的问题；

（七）有助于执行请求的其他资料。

五、被请求方如果认为请求中的资料不足以使其处理该请求，可以要求提供补充资料。

六、根据本条提出的请求和辅助文件，应当使用请求方文字并附有被请求方文字的译文。

第六条 请求的执行

一、被请求方应当按照本国法律迅速执行协助请求。在不违背本国法律的范围内，被请求方可以按照请求方要求的方式执行协助请求。

二、如果请求涉及转递文件或者记录，被请求方可以转递经证明的副本或者影印件；但在请求方明示要求转递原件的情况下，被请求方应当尽可能满足此项要求。

三、在可能且不违反各自法律的范围内，双方可以在特定情况下商定使用视频会议获取口头证词。

四、被请求方一旦知道存在可能导致执行请求严重拖延的情形，应当迅速通知请求方。

五、如果执行请求明显需要支付超常费用，或者将对被请求方的资源造成过分负担，双方应当协商决定执行请求的条件。

六、如果被请求方认为执行请求会危及任何证人、执法人员或者与上述人员有关的其他人员的人身安全和其他合法权益，双方应当协商决定执行请求的条件。

七、被请求方应当将执行请求的结果迅速通知请求方。如果无法提供所请求的协助，被请求方应当将原因通知请求方。

第七条 向被请求方归还文件、记录或者证据物品

如果被请求方提出要求，请求方应当尽快归还被请求方根据本条约提供的文件、记录或者证据物品。

第八条 保密和限制使用

一、如果请求方提出要求，被请求方应当对请求，包括其内容和辅助文件，以及按照请求所采取的任何行动予以保密。如果不违反保密要求则无法执行请求，被请求方应当将此情况通知请求方，由请求方决定该请求是否仍然应当予以执行。

二、如果被请求方提出要求，请求方应当对被请求方提供的资料和证据予以保密，或者仅在被请求方指明的条件下使用。

三、未经被请求方事先同意，请求方不得为请求所述目的以外的任何其他目的使用根据本条约所获得的资料或者证据。

第九条 送达文书

一、被请求方应当根据本国法律并依请求，尽最大努力送达请求方递交的文书。但是对于要求某人作为被告人出庭的文书，被请求方不负有执行送达的义务。

二、请求方要求有关人员到其境内出庭的文书送达请求，应当在不迟于预定的出庭日60天前转递给被请求方，除非在紧急情形下被请求方已同意较短的期限。

三、被请求方完成送达后，应当向请求方出具送达证明。送达证明应当载明送达日期、送达地点和送达方式，并且应当由送达文书的机关签署或者盖章。

第十条 调取证据

一、被请求方应当根据请求向有关人员调取证据并转递给请求方。

二、为本条约的目的，提供或者调取证据应当包括调取口头证词、出具文件、记录、音视频材料、电子数据或者其他材料。

三、被请求方在不违背本国法律的前提下，应当同意请求中指明的人员在执行请求时到场，并允许这些人员按照被请求方同意的方式向被调取证据的人员提问。为此目的，被请求方应当将执行请求的时间和地点迅速通知请求方。

四、存在下列情形之一的，根据本条被要求在被请求方作证的人员可以拒绝作证：

（一）被请求方法律允许该证人在被请求方提起的诉讼中的类似情形下拒绝作证；

（二）请求方法律允许该证人在请求方的此类诉讼中拒绝作证。

五、如果任何人主张依请求方法律有拒绝作证的权利，请求方中央机关应当根据请求，向被请求方中央机关提供是否存在该项权利的证明。除非有相反证据，该证明应当视为是否存在该项权利的充分证据。

第十一条 移送在押人员以便作证或者协助调查

一、根据请求方请求，被请求方可以将在其境内的在押人员临时移交给请求方，以便作证或者协助调查。条件是该人同意，而且双方已经就移交的条件事先达成书面协议。

二、如果依被请求方法律应当对该被移送人予以羁押，请求方应当对该人予以羁押，并在不需要该人继续在其境内停留时，迅速将其送回被请求方。

三、如果被请求方告知请求方不再需要羁押被移交人，该人应当被释放并按第十二条所指人员对待。

四、为本条的目的，被移送人在请求方被羁押

的期间，应当折抵在被请求方判处的刑期。

第十二条　安排其他人员作证或者协助调查

一、请求方可以要求被请求方协助获取有关人员对下列事项的同意：

（一）在请求方的刑事诉讼中作为证人出庭，但该人是被告人的除外；

（二）在请求方的刑事调查中提供协助。

二、被请求方如果对请求方为有关人员安全作出的合理安排满意，应当邀请该人同意就有关诉讼出庭作证或者协助调查。被请求方应当将该人的答复迅速告知请求方。

第十三条　对作证或者协助调查人员的保护

一、在不违背本条第二款规定的情况下，如果某人根据第十一条或者第十二条提出的请求前往请求方，则

（一）该人不得由于其在离开被请求方前的任何作为或者不作为所涉及的犯罪在请求方受到侦查、羁押、起诉、处罚或者受到人身自由方面的任何其他限制；

（二）在未取得该人同意的情况下，不得要求该人在请求未涉及的任何诉讼中作证或者协助调查；

（三）如果该人不出现在请求方境内则无法对其进行某项民事诉讼，则不得对该人进行该民事诉讼。

二、如果上述人员在被正式通知无需继续停留后30天内可以自由离开但并未离开请求方，或者离开后又自愿返回，则本条第一款的规定不再适用。但是，该期限不包括该人由于本人无法控制的原因而未离开请求方的期间。

三、要求被请求方的证人前来作证的主管机关应当确保向证人充分说明其对法庭所负的责任和义务。

四、对于拒绝根据第十一条或者第十二条作证或者协助调查的人员，不得由于此种拒绝而被施加任何刑罚或者采取任何限制其人身自由的强制措施。

第十四条　提供公开和官方文件

一、被请求方应当提供其以公共登记或者其他方式公开的，或者可供公众购买的文件和记录的副本。

二、被请求方可以提供任何官方文件或者记录的副本。被请求方可以自行决定全部或者部分拒绝根据本款提出的请求。

第十五条　证据的可采性

在不违反被请求方法律的前提下，就依本条约提出的请求所提供的文件和材料，应当按照请求方要求的形式提供，以便使其可以依请求方法律得以采用。

第十六条　证明和认证

根据本条约转递的任何文件，无需进行任何形式的证明或认证，但本条约另有规定的除外。

第十七条　搜查、扣押、查封、冻结

一、被请求方应当在本国法律允许的范围内，执行搜查、扣押、查封、冻结以及向请求方交付有关的文书或者财物的请求。

二、被请求方应当根据请求，向请求方提供有关信息，包括搜查的结果，扣押、查封、冻结的地点和状态以及被扣押的文件或者财物随后被监管的情况。

三、请求方应当遵守被请求方就向请求方交付被扣押文件或者财物所提出的条件。

第十八条　犯罪工具与犯罪所得

一、被请求方应当根据请求，调查犯罪工具或者犯罪所得是否位于其境内，并将结果通知请求方。在提出这种请求时，请求方应当将其认为上述犯罪工具或犯罪所得可能位于被请求方境内的理由通知被请求方。

二、如果犯罪工具或者犯罪所得被发现或者确信处于被请求方境内，被请求方应当根据请求方的要求，在本国法律允许的范围内采取措施，防止对上述犯罪工具或者犯罪所得进行任何交易、转移、处置，这些措施包括但不限于执行请求方法院的命令。

三、在本国法律允许的范围内及双方商定的条件下，被请求方可以根据请求方的请求，将上述犯罪工具或者犯罪所得的全部或者部分，或者出售有关资产的所得移交给请求方。

四、在适用本条时,被请求方和善意第三人的合法权益应当依被请求方法律受到尊重。

五、本条约中的“犯罪工具”是指用于或者准备用于实施犯罪或者与实施犯罪有关的任何财物。

六、本条约中的“犯罪所得”是指通过犯罪直接或间接产生或者获得的任何财产或者财产价值的凭证,以及其他因实施犯罪而获得的利益。

第十九条 提供犯罪记录

如果某人正在请求方受到侦查或者起诉,被请求方应当根据请求,提供该人在被请求方的犯罪记录。

第二十条 交流法律资料

双方可以根据请求,相互交流各自国家现行的或者曾经实施的与履行本条约有关的法律和司法实践的资料。

第二十一条 通报刑事诉讼结果

一方应当根据请求,向另一方通报协助请求所涉及的刑事诉讼的结果。

第二十二条 辅助安排

双方中央机关可以达成与本条约目的和双方法律相符的辅助安排。

第二十三条 费 用

一、被请求方应当负担执行协助请求所产生的费用,但是请求方应当负担下列费用:

(一)有关人员按照本条约第十一条或者第十二条的规定,前往、停留于和离开请求方的费用和津贴,这些费用和津贴应当根据费用和津贴发生地的标准和规定支付;

(二)有关人员按照本条约第十条第三款的规定,前往、停留于和离开被请求方的费用;

(三)按照本条约第六条第五款的规定协商后,请求方同意支付的超常性质的费用;

(四)鉴定人的费用和报酬;

(五)笔译和口译的费用和报酬。

二、请求方可以根据要求,预付由其负担的上述费用、津贴和报酬。

第二十四条 协商和争议的解决

一、双方应当根据任何一方的请求,就本条约的一般性或涉及个案的解释、适用或实施及时进行协商。

二、本条约的解释、适用或实施产生的争议,如果双方中央机关不能自行达成协议,应当通过外交途径协商解决。

第二十五条 生 效

一、任何一方根据本国法律完成本条约生效所需的一切必要程序后,应当通过外交照会通知另一方。本条约自后一份照会发出之日起第30天生效。

二、本条约适用于条约生效后提出的任何请求,即使该请求所涉及的有关作为或者不作为发生于本条约生效前。

第二十六条 修 订

一、本条约可以经双方书面协议随时予以修订。修订应当按照第二十五条第一款规定的相同程序生效,并构成本条约的一部分。

二、任何修订均不得损害在其生效前或者生效时由于或者基于本条约所产生的权利和义务。

第二十七条 终 止

一、任何一方可以随时通过外交途径,以书面形式通知终止本条约。本条约自该通知发出之日后第180天终止。

二、本条约的终止不得损害由于或者基于本条约所产生的权利和义务,也不影响本条约终止前或者终止时依本条约提出的请求的执行。

下列签署人经各自政府适当授权,签署本条约,以昭信守。

本条约于二〇一六年三月二十三日订于布里奇顿,一式两份,每份均以中文和英文制成,两种文本同等作准。

中华人民共和国代表	巴巴多斯代表
王超	迈克尔·拉什利
(签字)	(签字)

全国人民代表大会外事委员会审议《国务院关于提请审议批准〈中华人民共和国和巴巴多斯关于刑事司法协助的条约〉的议案》的报告

全国人民代表大会常务委员会：

2019年3月28日，第十三届全国人民代表大会外事委员会举行第八次全体会议，审议了《国务院关于提请审议批准〈中华人民共和国和巴巴多斯关于刑事司法协助的条约〉的议案》。

外事委员会认为，2016年3月23日由我国外交部副部长王超与时任巴巴多斯代理总检察长兼内政部部长迈克尔·拉什利分别代表本国在布里奇顿签署的《中华人民共和国和巴巴多斯关于刑事司法协助的条约》符合我国法律的基本原则和司法实践；批准该条约符合我国利益和实际需要。建议全国人民代表大会常务委员会决定批准该条约。

全国人民代表大会外事委员会

2019年3月28日

全国人民代表大会常务委员会关于批准《中华人民共和国和阿塞拜疆共和国关于移管被判刑人的条约》的决定

（2019年4月23日第十三届全国人民代表大会常务委员会第十次会议通过）

第十三届全国人民代表大会常务委员会第十次会议决定：批准2015年12月10日由中阿双方司法部部长在北京签署的《中华人民共和国和阿塞拜疆共和国关于移管被判刑人的条约》。

中华人民共和国和阿塞拜疆共和国关于移管被判刑人的条约

（中文本）

中华人民共和国和阿塞拜疆共和国（以下称“双方”），在相互尊重主权和平等互利的基础上，为加强两国在刑事司法领域的合作，使被判刑人得以在其国籍国服刑，以有利于被判刑人重返社会，决定缔结本条约，并议定下列各条：

第一条 定 义

在本条约中：

（一）“移交方”系指可能或者已经将被判刑人移管出其境内的一方；

（二）“接收方”系指可能或者已经将被判刑人接收到其境内的一方；

（三）“被判刑人”系指在移交方被法院已发生法律效力的判决判处监禁刑罚的人。

第二条 一般规定

双方可以根据本条约的规定，相互移管被判刑人，以便在接收方境内执行移交方对该人所判处的刑罚。

第三条　中央机关

一、为适用本条约的目的，双方应当通过各自指定的中央机关进行联系。

二、前款所述的中央机关，在中华人民共和国方面系指司法部；在阿塞拜疆共和国方面系指司法部。一方如果变更其对中央机关的指定，应当通过外交途径书面通知另一方。

第四条　移管的条件

一、只有符合下列条件，方可移管被判刑人：

（一）被判刑人是接收方的国民；

（二）对被判刑人判处刑罚所针对的行为按照接收方的法律也构成犯罪；

（三）在接到移管请求时，对被判刑人判处刑罚的判决已经发生法律效力，且被判刑人还需服刑至少一年；

（四）被判刑人已经书面同意移管，或者任何一方鉴于该人的年龄、身体或精神状况认为有必要时，经被判刑人的合法代理人书面同意移管；

（五）双方均同意移管。

二、在例外情况下，即使被判刑人尚需服刑的期限少于本条第一款第（三）项规定的期限，双方亦可以同意移管。

第五条　移管的拒绝

一、有下列情形之一的，可以拒绝移管：

（一）一方认为移管有损其主权、安全、公共秩序或者违反本国法律的基本原则；

（二）被判刑人因危害国家安全罪被判处刑罚；

（三）被判刑人在移交方境内有尚未完结的诉讼。

二、除前款规定外，任何一方均可自主决定是否同意另一方提出的移管请求。

第六条　请求与答复

一、被判刑人可依据本条约向任何一方提出移管申请。

二、任何一方均可提出移管请求。被请求方应当将其是否同意移管请求的决定尽快通知请求方。

三、移管的请求与答复均应当采取书面形式，并通过本条约第三条规定的途径递交。

第七条　所需文件

一、如有移管请求，除非任何一方已表示不同意移管，移交方应当向接收方提供下列文件：

（一）经证明无误的判决书副本，包括判决所依据的法律规定；

（二）关于刑罚的种类、刑期和起算日期的说明；

（三）关于被判刑人服刑情况和尚需服刑期限的说明，包括审判前羁押、减刑和其他有关执行刑罚事项的说明；

（四）关于本条约第四条第一款第（四）项所提及的同意移管的书面声明；

（五）关于被判刑人健康情况的说明。

二、接收方应当向移交方提供下列文件：

（一）证明被判刑人是接收方国民的文件或者说明；

（二）对被判刑人判处刑罚所针对的行为，根据接收方法律也构成犯罪的法律规定；

（三）接收方根据本国法律执行移交方所判处刑罚的方式和程序的资料。

三、如有必要，双方可以相互要求提供补充材料和信息。

第八条　通知被判刑人

一、双方应当在各自境内通知本条约适用范围内的被判刑人，其可以根据本条约的规定被移管。

二、双方应当将移交方或者接收方根据本条约第五条和第六条就移管请求所采取的措施或者所作出的决定书面通知在其境内的被判刑人。

第九条　被判刑人的同意及其核实

一、移交方应当确保被判刑人或者其合法代理人在完全知晓移管的法律后果的情况下自愿表示同意移管，并在同意移管的声明中对此予以确认。

二、如果接收方提出请求，移交方应当提供机会，使接收方通过指定的官员核实被判刑人已按前款规定的条件表示同意。

第十条　被判刑人的移交

双方如果均同意移管，应当尽快通过本条约第三条规定的途径协商确定移交被判刑人的时间、地点和方式。

第十一条　刑罚的执行

一、接收方在接收被判刑人后，应当根据本国法律，按照移交方确定的刑罚种类和期限，继续执行移交方判处的刑罚。

二、如果移交方判处的刑罚种类或者期限不符合接收方的法律，接收方可以将该刑罚调整为本国法律对同类犯罪规定的刑罚予以执行。调整刑罚时，接收方应当遵循下列条件：

（一）应当受移交方判决关于事实的认定的约束；

（二）不得将自由刑调整为财产刑；

（三）调整后的刑罚在性质上应当尽可能与移交方判处的刑罚相一致；

（四）调整后的刑罚不得加重移交方所判处的刑罚，也不得超过接收方法律对同类犯罪规定的最高刑期；

（五）调整后的刑罚不受接收方法律对同类犯罪规定的最低刑期的约束；

（六）应当扣除被判刑人在移交方境内已经被羁押的期间。

三、接收方根据本条第二款规定调整刑罚后，应当将调整刑罚的法律文书副本送交移交方。

四、接收方在刑罚执行中有权根据本国法律对被判刑人进行减刑、假释或者采取其他措施。

第十二条　管辖权的保留

一、移交方保留对其法院所作定罪和量刑进行变更或撤销的管辖权。

二、在被告知移交方根据本条作出的任何导致变更或撤销其法院对被判刑人的定罪和量刑的决定后，接收方应当立即变更或终止刑罚的执行。

第十三条　通报执行信息

有下列情形之一的，接收方应当及时向移交方提供其执行刑罚的信息：

（一）刑罚已经执行完毕；

（二）被判刑人在刑罚执行完毕前逃脱或者死亡；

（三）移交方要求提供特别说明。

第十四条　过　境

一、一方如果为履行与第三国达成的移管被判刑人协议需从另一方领土过境，应当向该另一方提出过境的请求。

二、前款规定不适用于使用航空运输且未计划在另一方降落的情形。

三、被请求方在不违反本国法律的情形下，应当同意请求方提出的过境请求。

第十五条　语　言

为本条约之目的，双方应当使用其官方语言进行联系，并附有另一方官方语言或者英文的译文。

第十六条　免除认证

为本条约之目的，由一方主管机关制作并通过本条约第三条第一款规定途径递交的文件，只要经该主管机关盖章或签署，即可以在另一方境内使用，无须认证。

第十七条　费　用

移管被判刑人之前所产生的有关费用，应当由费用产生地的一方承担。执行移管和在移管被判刑人之后继续执行刑罚所产生的费用，应当由接收方承担。

第十八条　争议的解决

因解释和适用本条约而产生的任何分歧，应当通过协商解决。

第十九条　条约的生效、修订和终止

一、本条约须经批准。本条约自互换批准书之日后第 30 日生效。

二、双方可以通过协商对本条约进行修订。

三、任何一方可以随时通过外交途径，以书面形式通知终止本条约。终止自该通知发出之日起第 180 日开始生效。

四、本条约亦适用于在本条约生效前已被判处刑罚的被判刑人的移管。

下列签署人经适当授权，在本条约上签字，以昭信守。

本条约于二〇一五年十二月十日在北京签订，一式两份，每份均以中文、阿塞拜疆文和英文写成，三种文本同等作准。如遇解释上的分歧，以英文本为准。

中华人民共和国代表	阿塞拜疆共和国代表
吴爱英	菲科拉特·马马多夫
（签字）	（签字）

全国人民代表大会外事委员会审议《国务院关于提请审议批准〈中华人民共和国和阿塞拜疆共和国关于移管被判刑人的条约〉的议案》的报告

全国人民代表大会常务委员会：

2019 年 3 月 28 日，第十三届全国人民代表大会外事委员会举行第八次全体会议，审议了《国务院关于提请审议批准〈中华人民共和国和阿塞拜疆共和国关于移管被判刑人的条约〉的议案》。

外事委员会认为，2015 年 12 月 10 日由中阿双方司法部部长在北京签署的《中华人民共和国和阿塞拜疆共和国关于移管被判刑人的条约》符合我国法律的基本原则和司法实践；批准该条约符合我国利益和实际需要。建议全国人民代表大会常务委员会决定批准该条约。

全国人民代表大会外事委员会

2019 年 3 月 28 日

全国人民代表大会常务委员会关于批准《中华人民共和国和斯里兰卡民主社会主义共和国引渡条约》的决定

（2019 年 8 月 26 日第十三届全国人民代表大会常务委员会第十二次会议通过）

第十三届全国人民代表大会常务委员会第十二次会议决定：批准 2016 年 4 月 7 日由中华人民共和国代表在北京签署的《中华人民共和国和斯里兰卡民主社会主义共和国引渡条约》。

中华人民共和国和斯里兰卡民主社会主义共和国引渡条约

（中文本）

中华人民共和国和斯里兰卡民主社会主义共和国（以下称双方），

在相互尊重主权和平等互利的基础上，决定通过缔结引渡条约促进两国在打击犯罪方面更有效地合作，达成协议如下：

第一条 引渡义务

双方有义务根据本条约的规定，应对方请求，相互引渡在一方境内发现的请求方所通缉的人员，以便就可引渡的犯罪对其进行起诉、审判或执行刑罚。

第二条 可引渡的犯罪

一、只有在引渡请求所针对的作为或者不作为根据双方国内法律均构成犯罪，并且符合下列条件之一时，才能同意引渡：

（一）为起诉或审判而请求引渡的，根据双方法律，对于该犯罪均可判处 1 年以上有期徒刑或者更重的刑罚；

（二）为执行刑罚而请求引渡的，在提出引渡请求时，被请求引渡人被判处的刑期为 1 年以上，且尚未服完的刑期至少为 6 个月。

二、根据本条第一款确定某一作为或者不作为是否根据双方法律均构成犯罪时，不应考虑双方法律是否将该作为或不作为归入同一犯罪种类或者使用同一罪名。

三、如果引渡请求包括数个根据双方法律均构成犯罪的单独的作为或者不作为，其中有些作为或者不作为不符合本条第一款规定的其他条件，只要该人可以基于其中至少一项可引渡的犯罪被引渡，被请求方就可以同意引渡。

第三条 应当拒绝引渡的理由

有下列情形之一的，应当拒绝引渡：

（一）被请求方认为，引渡请求所针对的犯罪是政治犯罪。以下犯罪不应当在适用本条约规定时视为政治犯罪：

1. 与恐怖主义有关的犯罪；

2. 双方均为缔约方的国际公约不认为是政治犯罪的犯罪；

3. 针对国家元首、政府首脑或者他们直系亲属生命或人身的犯罪；

（二）被请求方有充分理由认为，请求引渡的目的是基于被请求引渡人的种族、性别、宗教、国籍或者政治见解而对该人进行起诉、审判或者处罚，或者该人的地位可能由于上述任何原因受到损害；

（三）引渡请求所针对的犯罪仅构成军事犯罪，而非普通刑事犯罪；

（四）根据任何一方的法律，由于时效已过或者赦免等原因，被请求引渡人已经被免予追诉或者免予执行刑罚；

（五）被请求引渡人已就引渡请求所针对的犯罪被宣告无罪、被定罪或者免于继续追诉；

（六）被请求引渡人在请求方曾经遭受或者可能遭受酷刑或者其他残忍、不人道或者有辱人格的待遇或者处罚；

（七）请求方根据缺席判决提出引渡请求，但请求方保证被请求引渡人有机会根据请求方本国法律在其出庭的情况下对案件进行重新审理的除外。

第四条 可以拒绝引渡的理由

有下列情形之一的，可以拒绝引渡：

（一）被请求方根据本国法律对引渡请求所针对的犯罪具有刑事管辖权，并且对被请求引渡人就该犯罪正在进行刑事诉讼或者准备提起刑事诉讼；

（二）被请求方在考虑了犯罪的严重性和请求方利益的情况下，认为由于被请求引渡人的年龄、健康等原因，引渡不符合人道主义考虑。

第五条 国民不引渡

一、如果被请求引渡人是被请求方国民，被请求方应当拒绝引渡该人。

二、被请求方可以根据请求方的请求，将该案件提交主管机关以便根据本国法律对该人采取行动。为此目的，请求方应当向被请求方提供与该案件有关的文件和证据。

第六条 联系途径

为本条约的目的，双方应当通过外交途径进行联系，但本条约另有规定的除外。

第七条 引渡请求及所需文件

一、请求方请求引渡应当出具请求书，请求书应当包括或者附有：

（一）请求机关的名称；

（二）被请求引渡人的姓名、年龄、性别、国籍、身份证件号码、职业、住所地或者居所地以及其他有助于确定被请求引渡人的身份和可能所在地的

资料;如有可能,有关其外表特征的描述,该人的照片和指纹;

(三)有关犯罪事实的说明,包括犯罪的时间、地点、犯罪如何实施、犯罪结果和任何其他相关信息;

(四)有关该项犯罪的刑事管辖权、定罪和刑罚的法律规定;

(五)有关任何追诉时效或者执行刑罚期限的法律规定。

二、除本条第一款规定外,

(一)旨在对被请求引渡人起诉或审判的引渡请求还应当附有请求方主管机关签发的逮捕证的副本;

(二)旨在对被请求引渡人执行刑罚的引渡请求还应当附有已经发生法律效力的法院判决书的副本和关于已经执行刑期的说明,并应要求提供逮捕证副本。

三、请求方根据本条第一款和第二款提交的引渡请求书和其他有关文件,应当由请求方的主管机关正式签署或者盖章,并应当附有被请求方文字或英文的译文。

第八条　补充材料

如果被请求方认为,为支持引渡请求所提供的材料不充分,可以要求在30天内提交补充材料。应请求方要求,这一期限可以延长15天。如果请求方未在该期限内提交补充材料,应当被视为自动放弃请求,但是不妨碍请求方就同一犯罪对同一人重新提出引渡请求。

第九条　临时羁押

一、在紧急情况下,一方可以在提出引渡请求前,请求另一方临时羁押被请求引渡人。此种请求可以通过本条约第六条规定的途径、国际刑事警察组织或者双方同意的其他途径以书面形式提出。

二、临时羁押请求应当包括本条约第七条第一款所列内容,并说明已经备有该条第二款所列文件,以及即将提出正式引渡请求。

三、被请求方应当将处理该请求的结果及时通知请求方。

四、如果被请求方根据临时羁押请求,羁押被请求引渡人后30天内未收到正式引渡请求,则应当释放该被请求引渡人。经请求方要求,上述期限可以延长15天。

五、如果被请求方随后收到了正式的引渡请求,则根据本条第四款对被请求引渡人的释放不应妨碍对该人的引渡。

第十条　对引渡请求作出决定

一、被请求方应当根据本国法律规定的程序处理引渡请求,并且及时将决定通知请求方。

二、被请求方如果全部或者部分拒绝引渡请求,应当将拒绝理由告知请求方。

第十一条　移交被引渡人

一、如果被请求方同意引渡,双方应当商定移交被引渡人的时间、地点和其他相关事宜。被请求方也应当将被引渡人在移交之前已经被羁押的时间告知请求方。

二、如果请求方在商定的移交被引渡人之日后的15天内未接收被引渡人,被请求方应当立即释放该人,并且可以拒绝请求方就同一犯罪再次提出的引渡该人的请求,但本条第三款另有规定的除外。

三、如果一方因为其无法控制的原因不能在商定的期间内移交或者接收被引渡人,应当立即通知另一方。双方应当再次商定移交被引渡人的有关事宜,并适用本条第二款的规定。

第十二条　重新引渡

被引渡人在请求方的刑事诉讼终结或者服刑完毕之前逃回被请求方的,被请求方可以根据请求方就同一犯罪重新提出的引渡请求准予重新引渡,请求方无需提交本条约第七条规定的文件和材料。

第十三条　暂缓引渡和临时引渡

一、如果被请求引渡人正在被请求方因为引渡请求所针对的犯罪之外的犯罪被起诉、审判或者服刑,被请求方可以在作出同意引渡的决定后,暂缓引渡该人直至起诉或审判终结或者服刑完毕。被请求方应当将暂缓引渡事项通知请求方。

二、如果暂缓引渡可能给请求方的刑事诉讼造成严重障碍,被请求方可以应请求,在不妨碍其正在进行的刑事诉讼,并且请求方保证在完成有关程序后立即将该人无条件送还被请求方的情况下,临时引渡该人。

第十四条 数国提出的引渡请求

当包括本条约一方在内的两个以上国家对同一人就同一犯罪或者不同犯罪提出引渡请求时,被请求方在决定向哪一国引渡该人时,应当考虑所有相关情况,特别是如下情况:

(一)请求是否根据条约提出;

(二)不同犯罪的相对严重性;

(三)犯罪发生的时间和地点;

(四)被请求引渡人的国籍和通常的居住地;

(五)各项请求提出的相应日期;

(六)再向第三国引渡的可能性。

第十五条 特定规则

除同意引渡所针对的犯罪外,请求方对于根据本条约被引渡的人,不得就该人在引渡前所实施的其他犯罪进行起诉、审判或者执行刑罚,也不能将其引渡给第三国,但是有下列情形之一的除外:

(一)被请求方事先同意。为此目的,被请求方可以要求提供本条约第七条所规定的文件和资料,以及被引渡人就有关犯罪所作的陈述;

(二)该人在可以自由离开请求方之日后的 30 天内未离开该方。但是由于其无法控制的原因未能离开请求方的时间不应计算在此期限内;

(三)该人在已经离开请求方后又自愿回到该方。

第十六条 移交财物

一、如果请求方提出请求,被请求方应当在本国法律允许的范围内,扣押在其境内发现的犯罪所得、犯罪工具以及可作为证据的财物,并且在同意引渡的情况下,将这些财物移交给请求方。

二、在同意引渡的情况下,即使因为被请求引渡人死亡、失踪或者脱逃而无法实施引渡,本条第一款提到的财物仍然可以移交。

三、被请求方为审理其他未决刑事诉讼案件,可以推迟移交上述财物直至诉讼终结,或者在请求方承诺返还的条件下临时移交这些财物。

四、移交上述财物不得损害被请求方或者任何第三方对该财物的合法权益。如果存在此种权益,请求方应当在诉讼终结后尽快将被移交的财物无偿返还给被请求方或者该第三方,除非后者书面同意自愿放弃对此财物的权利。

第十七条 过 境

一、一方从第三国引渡人员需经过另一方领土时,应当向另一方提出过境请求。如果使用航空运输并且没有在另一方领土内降落的计划,则无需提出过境请求。

二、被请求方在不违反其本国法律的情况下,应当同意请求方提出的过境请求。

第十八条 通报结果

请求方应当根据被请求方的要求,及时向被请求方通报有关对被引渡人进行起诉、审判、执行刑罚或者将该人再引渡给第三国的情况。

第十九条 费 用

在被请求方的引渡程序中产生的费用应当由被请求方承担。与移交和接收被引渡人有关的交通费用和过境费用应当由请求方承担。

第二十条 与其他条约的关系

本条约不影响双方根据双方均为缔约方的其他条约开展引渡合作。

第二十一条 争议的解决

由于本条约的解释、适用或者执行所产生的任何争议,应当通过外交途径友好协商解决。

第二十二条 生效、修订和终止

一、本条约须经批准,批准书应当在双方商定的地点互换。本条约自互换批准书之日后第 30 天生效。

二、本条约可以经双方书面协议随时予以修订。此类修订应当按照本条第一款规定的相同程序生效,并构成本条约的一部分。

三、任何一方可以随时通过外交途径，以书面形式通知终止本条约。本条约自该通知发出之日后第180天终止。本条约的终止不影响条约终止前已经开始的引渡程序。

四、本条约适用于其生效后提出的任何请求，即使有关犯罪发生于本条约生效前。

下列签署人经各自政府适当授权，签署本条约，以昭信守。

本条约于二〇一六年四月七日订于北京，一式两份，每份均用中文、僧伽罗文和英文写成，三种文本同等作准。如遇解释上的分歧，以英文本为准。

中华人民共和国代表	斯里兰卡民主社会主义共和国代表
王毅	曼格拉·萨马拉维拉
（签字）	（签字）

全国人民代表大会外事委员会审议《国务院关于提请审议批准〈中华人民共和国和斯里兰卡民主社会主义共和国引渡条约〉的议案》的报告

全国人民代表大会常务委员会：

2019年7月18日，第十三届全国人民代表大会外事委员会举行第九次全体会议，审议了《国务院关于提请审议批准〈中华人民共和国和斯里兰卡民主社会主义共和国引渡条约〉的议案》。

外事委员会认为，2016年4月7日由我国外交部部长王毅与时任斯里兰卡外交部部长曼格拉·萨马拉维拉分别代表本国在北京签署的《中华人民共和国和斯里兰卡民主社会主义共和国引渡条约》符合我国法律的基本原则和司法实践；批准该条约符合我国利益和实际需要。建议全国人民代表大会常务委员会决定批准该条约。

全国人民代表大会外事委员会

2019年7月18日

全国人民代表大会常务委员会关于批准《中华人民共和国和越南社会主义共和国引渡条约》的决定

（2019年8月26日第十三届全国人民代表大会常务委员会第十二次会议通过）

第十三届全国人民代表大会常务委员会第十二次会议决定：批准2015年4月7日由中华人民共和国代表在北京签署的《中华人民共和国和越南社会主义共和国引渡条约》。

中华人民共和国和越南社会主义共和国引渡条约

（中文本）

中华人民共和国和越南社会主义共和国（以下称双方），

在相互尊重主权和平等互利的基础上，为促进两国在打击犯罪方面的有效合作，达成协议如下：

第一条 引渡义务

双方同意根据本条约的规定,应对方请求,相互引渡在一方境内发现的被另一方通缉的人员,以便对其进行刑事诉讼或者执行刑罚。

第二条 可引渡的犯罪

一、只有在引渡请求所针对的行为根据双方法律均构成犯罪,并且符合下列条件之一时,才能准予引渡:

(一)为进行刑事诉讼而请求引渡的,根据双方法律,对于该犯罪均可判处 1 年以上有期徒刑或者更重的刑罚;

(二)为执行刑罚而请求引渡的,在提出引渡请求时,被请求引渡人尚未服完的刑期至少为 6 个月。

二、根据本条第一款确定某一行为是否根据双方法律均构成犯罪时,不应考虑双方法律是否将该行为归入同一犯罪种类或者使用同一罪名。

三、如果引渡请求涉及两个以上根据双方法律均构成犯罪的行为,只要其中有一项行为符合本条第一款规定的条件,被请求方即可以针对上述各项行为准予引渡。

第三条 应当拒绝引渡的理由

有下列情形之一的,应当拒绝引渡:

(一)被请求方认为,引渡请求所针对的犯罪是政治犯罪,或者被请求方已经给予被请求引渡人受庇护的权利,但恐怖主义犯罪和双方均为缔约国的国际公约不认为是政治犯罪的不应视为政治犯罪;

(二)被请求方有充分理由认为,请求引渡的目的是基于被请求引渡人的种族、性别、宗教、国籍或者政治见解而对该人进行起诉或者处罚,或者该人在司法程序中的地位将会因为上述任何原因受到损害;

(三)引渡请求所针对的犯罪仅构成军事犯罪;

(四)被请求引渡人是被请求国国民;

(五)根据任何一方的法律,由于时效已过或者赦免等原因,被请求引渡人已经被免予追诉或者免予执行刑罚;

(六)被请求方已经对被请求引渡人就引渡请求所针对的犯罪作出生效判决或者终止刑事诉讼程序;

(七)被请求引渡人在请求方曾经遭受或者可能遭受酷刑或者其他残忍、不人道或者有辱人格的待遇或者处罚。

第四条 可以拒绝引渡的理由

有下列情形之一的,可以拒绝引渡:

(一)被请求方根据本国法律对引渡请求所针对的犯罪具有刑事管辖权,并且对被请求引渡人就该犯罪正在进行刑事诉讼或者准备提起刑事诉讼;

(二)被请求方在考虑了犯罪的严重性和请求方利益的情况下,认为由于被请求引渡人的年龄、健康或其他个人情况等原因,引渡不符合人道主义考虑。

第五条 在被请求国提起刑事诉讼的义务

如果根据本条约第三条第(四)项规定未准予引渡,被请求方应当根据请求方的请求,将该案件提交主管机关以便根据国内法提起刑事诉讼。为此目的,请求方应当向被请求方提供与该案件有关的文件和证据。

第六条 联系途径

一、为本条约的目的,双方应当通过外交途径进行联系,但本条约另有规定的除外。

二、引渡请求应当向双方根据本国法律指定的如下机关提出,并由其接收:

(一)在中华人民共和国方面为外交部;

(二)在越南社会主义共和国方面为公安部。

三、任何一方变更以上机关时,应当通过外交途径通知另一方。

第七条 引渡请求及所需文件

一、引渡请求应当以书面形式提出并包括以下内容:

(一)提出请求的时间和地点;

(二)请求机关的名称和地址;

(三)被请求引渡人的姓名、年龄、性别、国籍、身份证件号码、职业、住所地或者居所地以及其他有助于确定被请求引渡人的身份和可能所在地的资料;如有可能,有关其外表特征的描述,该人的照片和指纹；

（四）有关犯罪事实的说明，包括犯罪的时间、地点、行为和结果；

（五）有关该项犯罪的刑事管辖权、定罪和刑罚的法律规定；

（六）有关追诉时效或者执行刑罚的时效的法律规定。

二、除本条第一款规定外，

（一）旨在对被请求引渡人进行刑事诉讼的引渡请求还应当附有请求方主管机关签发的逮捕证的副本；

（二）旨在对被请求引渡人执行刑罚的引渡请求还应当附有已经发生法律效力的法院判决书的副本和关于已经执行刑期的说明。

三、请求方根据本条第一款和第二款提交的引渡请求书和其他有关文件，应当由请求方的主管机关正式签署或者盖章，并应当附有被请求方文字的译文。

第八条　补充材料

如果被请求方认为，为支持引渡请求所提供的材料不充分，可以要求在30天内提交补充材料。如果请求方提出合理要求，这一期限可以延长15天。如果请求方未在该期限内提交补充材料，应当被视为自动放弃请求，但是不妨碍请求方就同一犯罪对同一人重新提出引渡请求。

第九条　临时羁押

一、在紧急情况下，一方可以在提出引渡请求前，请求另一方临时羁押被请求引渡人。此种请求可以通过本条约第六条规定的途径、国际刑事警察组织或者双方同意的其他途径以书面形式提出。

二、临时羁押请求应当包括本条约第七条第一款所列内容，并说明已经备有第七条第二款所列文件，以及即将提出正式引渡请求。

三、被请求方应当将处理该请求的结果及时通知请求方。

四、如果被请求方在羁押被请求引渡人之后的30天内未收到正式引渡请求，则应当解除临时羁押。经请求方合理要求，上述期限可以延长15天。

五、如果被请求方随后收到了正式引渡请求，则根据本条第四款解除临时羁押不应妨碍对被请求引渡人的引渡。

第十条　对引渡请求作出决定

一、被请求方应当根据本国法律规定的程序处理引渡请求，并且及时将决定通知请求方。

二、被请求方如果全部或者部分拒绝引渡请求，应当将理由告知请求方。

第十一条　移交被引渡人

一、如果被请求方准予引渡，双方应当商定执行引渡的时间、地点等有关事宜。同时，被请求方应当将被引渡人在移交之前已经被羁押的时间告知请求方。

二、如果请求方在商定的执行引渡之日后的15天内未接收被引渡人，被请求方应当立即释放该人，并且可以拒绝请求方就同一犯罪再次提出的引渡该人的请求，但本条第三款另有规定的除外。

三、如果一方因为其无法控制的原因不能在商定的期间内移交或者接收被引渡人，应当立即通知另一方。双方应当再次商定执行引渡的有关事宜，并适用本条第二款的规定。

第十二条　重新引渡

被引渡人在请求方的刑事诉讼终结或者服刑完毕之前逃回被请求方的，被请求方可以根据请求方就同一犯罪再次提出的引渡请求准予重新引渡，请求方无需提交本条约第七条规定的文件和材料。

第十三条　暂缓引渡和临时引渡

一、如果被请求引渡人正在被请求方因为引渡请求所针对的犯罪之外的犯罪被提起刑事诉讼或者服刑，被请求方可以在作出准予引渡的决定后，暂缓引渡该人直至诉讼终结或者服刑完毕。被请求方应当将暂缓一事通知请求方。

二、如果暂缓引渡可能对请求方的刑事诉讼造成严重妨碍，被请求方可以在不妨碍其正在进行的刑事诉讼，并且请求方保证在完成有关程序后立即将被请求引渡人无条件送还被请求方的情况下，根据请求，向请求方临时引渡该人。

第十四条　数国提出的引渡请求

当包括一方在内的两个以上国家对同一人就同一犯罪或者不同犯罪提出引渡请求时，被请求方在决定向哪一国引渡该人时，应当考虑所有相关情况，特别是如下情况：

（一）请求是否根据条约提出；

（二）不同犯罪的相对严重性；

（三）犯罪发生的时间和地点；

（四）被请求引渡人的国籍和通常的居住地；

（五）受害人的国籍；

（六）各项请求提出的先后；

（七）随后向第三国再引渡的可能性。

第十五条　特定规则

除准予引渡所针对的犯罪外，请求方对于根据本条约被引渡的人，不得就该人在引渡前所实施的其他犯罪进行刑事诉讼或者执行刑罚，也不能将其再引渡给第三国，但是有下列情形之一的除外：

（一）被请求方事先同意。为此目的，被请求方可以要求提供本条约第七条所规定的文件或者资料，以及被引渡人就有关犯罪所作的陈述；

（二）该人在可以自由离开请求方之日后的 30 天内未离开该方。但是由于其无法控制的原因未能离开请求方的时间不计算在此期限内；

（三）该人在已经离开请求方后又自愿回到该方。

第十六条　移交财物

一、如果请求方提出请求，被请求方应当在本国法律允许的范围内，扣押在其境内发现的犯罪所得、犯罪工具以及可作为证据的财物，并且在准予引渡的情况下，将这些财物移交给请求方。

二、在准予引渡的情况下，即使因为被请求引渡人死亡、失踪或者脱逃而无法实施引渡，本条第一款提到的财物仍然可以移交。

三、被请求方为审理其他未决刑事诉讼案件，可以推迟移交上述财物直至诉讼终结，或者在请求方承诺返还的条件下临时移交这些财物。

四、移交上述财物不得损害被请求方或者任何第三方对该财物的合法权益。如果存在此种权益，请求方应当在诉讼结束之后尽快将被移交的财物无偿返还给被请求方。

第十七条　过　　境

一、一方从第三国引渡人员需经过另一方领土时，应当向另一方提出过境请求。如果使用航空运输并且没有在另一方境内降落的计划，则无需提出过境请求。

二、被请求方在不违反其法律的情况下，应当同意请求方提出的过境请求。

第十八条　通报结果

请求方应当根据被请求方的要求，及时向被请求方通报有关对被引渡人进行刑事诉讼、执行刑罚或者将该人再引渡给第三国的情况。

第十九条　费　　用

在被请求方的引渡程序中产生的费用应当由被请求方承担。与移交和接收被引渡人有关的交通费用和过境费用应当由请求方承担。

第二十条　与其他条约的关系

本条约不影响双方根据双方均为缔约方的其他条约开展引渡合作。

第二十一条　争议的解决

由于本条约的解释或者适用所产生的任何争议，应当通过外交途径协商解决。

第二十二条　生效、修订和终止

一、双方根据本国法律完成本条约生效所需的一切必要程序后，应当通过外交照会通知另一方。本条约自后一份照会发出之日起第 30 天生效。

二、本条约可以随时经双方书面协议予以修订。此类修订应当按照本条第一款规定的相同程序生效，并构成本条约的一部分。

三、任何一方可以随时通过外交途径以书面形式通知终止本条约。本条约自该通知发出之日后第 180 天终止。本条约的终止不影响条约终止前已经开始的引渡程序。

四、本条约适用于其生效后提出的任何请求，即使有关犯罪发生于本条约生效前。

下列签署人经适当授权，签署本条约，以昭信守。

本条约于二〇一五年四月七日订于北京，一式两份，每份均用中文、越南文和英文写成，三种文本同等作准。如遇解释上的分歧，以英文本为准。

中华人民共和国 代表 刘振民 （签字）	越南社会主义共和国 代表 陈越新 （签字）

全国人民代表大会外事委员会审议《国务院关于提请审议批准〈中华人民共和国和越南社会主义共和国引渡条约〉的议案》的报告

全国人民代表大会常务委员会：

2019 年 7 月 18 日，第十三届全国人民代表大会外事委员会举行第九次全体会议，审议了《国务院关于提请审议批准〈中华人民共和国和越南社会主义共和国引渡条约〉的议案》。

外事委员会认为，2015 年 4 月 7 日由我国时任外交部副部长刘振民与越南公安部副部长陈越新分别代表本国在北京签署的《中华人民共和国和越南社会主义共和国引渡条约》符合我国法律的基本原则和司法实践；批准该条约符合我国利益和实际需要。建议全国人民代表大会常务委员会决定批准该条约。

全国人民代表大会外事委员会

2019 年 7 月 18 日

监督工作

一、听取和审议专项工作报告

关于研究处理大气污染防治法执法检查报告和审议意见情况以及有关决议落实情况的报告

——2019年2月26日在第十三届全国人民代表大会常务委员会第九次会议上

生态环境部部长 李干杰

全国人民代表大会常务委员会：

按照有关法律规定和全国人大常委会安排，受国务院委托，现就研究处理大气污染防治法执法检查报告和审议意见情况以及有关决议落实情况报告如下，请审议。

坚决打好污染防治攻坚战，是党的十九大作出的重大决策部署。2018年5月，全国生态环境保护大会召开，习近平总书记出席会议并发表重要讲话，李克强总理作工作部署，大会正式确立习近平生态文明思想，为推进美丽中国建设、实现人与自然和谐共生的现代化提供了方向指引和根本遵循。6月，中共中央、国务院印发《关于全面加强生态环境保护坚决打好污染防治攻坚战的意见》，明确打好污染防治攻坚战的时间表、路线图、任务书。

十三届全国人大常委会把大气污染防治法执法检查作为2018年监督工作的重中之重。栗战书委员长亲自担任执法检查组组长，并带队进行实地检查。2018年7月，经党中央批准，十三届全国人大常委会专门加开第四次会议，听取和审议大气污染防治法执法检查报告（以下简称《报告》），作出《全国人民代表大会常务委员会关于全面加强生态环境保护依法推动打好污染防治攻坚战的决议》（以下简称《决议》）。这是十三届全国人大常委会深入贯彻落实习近平生态文明思想和全国生态环境保护大会精神的重大举措，是以法律的武器治理污染、用法治的力量保卫蓝天的重要行动，对全面加强生态环境保护、坚决打好污染防治攻坚战发挥了重要指导和推动作用。

国务院高度重视《报告》和审议意见研究处理以及《决议》落实工作。李克强总理作出重要批示，要求扎实抓好治理和整改，举一反三拿出更有针对性的具体措施，加快健全大气污染治理长效机制。韩正副总理要求有关部门高度重视，抓整改抓落实。各地区各部门深入贯彻落实习近平生态文明思想和全国生态环境保护大会精神，增强“四个意识”，坚定“四个自信”，坚决做到“两个维护”，切实扛起生态文明建设和生态环境保护的政治责任，落实党中央、国务院决策部署，学习贯彻十三届全国人大常委会第四次会议部署要求，及时研究，抓好落实。围绕打好污染防治攻坚战标志性战役，国务院印发实施《打赢蓝天保卫战三年行动计划》，经国务院同意，有关部门印发柴油货车污染治理、城市黑臭水体治理、渤海综合治理、长江保护修复、水源地保护、农业农村污染治理等行动计划或实施方案，污染防治攻坚战全面展开，生态环境质量持续改善。

一、关于研究处理《报告》和审议意见情况

通过执法检查，有力推动了大气污染防治法全面有效实施。地方和部门的法律意识进一步增强，法律责任进一步落实，配套法规和标准加快完善，企业守法意识明显增强，为打赢蓝天保卫战提供了法治保障。生态环境部会同最高人民法院、最高人民检察院、发展改革委等22个部门和单位以及河北等8省（区）人民政府，对照《报告》和审议意见，坚持问题导向，制定工作方案，及时加以改进。

（一）强化大气污染防治责任落实。

加强大气污染防治工作领导。突出重点区域、

重点指标、重点时段和重点领域，进一步落实地方和部门大气污染防治法定责任。研究将打赢蓝天保卫战目标任务完成情况纳入污染防治攻坚战成效考核。在中央环境保护督察“回头看”中，组织对部分省份开展大气污染防治专项督察，将大气污染防治法执法检查中发现的突出问题作为重点，推动地方和部门落实“党政同责”、“一岗双责”。全国31个省份都出台了生态环境保护责任规定，各项责任进一步具体化、规范化、制度化。

进一步完善大气污染联防联控机制。调整成立京津冀及周边地区大气污染防治领导小组，建立汾渭平原大气污染防治协作小组，继续发挥长三角地区大气污染防治协作小组作用。生态环境部联合相关地方和部门印发实施京津冀及周边地区、长三角地区、汾渭平原等重点区域2018—2019年秋冬季大气污染综合治理攻坚行动方案，强化区域协作机制，狠抓秋冬季污染治理，推进大气污染防治各项制度措施落实。

（二）严格执行大气污染防治法。

一是加强源头防控。大力调整优化产业结构、能源结构、运输结构、用地结构，注重发挥结构调整优化在大气污染防治中的治本作用。

调整优化产业结构。重点区域严禁新增钢铁、焦化、电解铝、铸造、水泥和平板玻璃等产能。组织修订产业结构调整指导目录，进一步提高相关高排放行业的准入门槛。发布产业发展与转移指导目录（2018年本），深化区域分工合作和错位发展。继续推进重点行业化解过剩产能工作，组织开展专项抽查，防范“地条钢”死灰复燃。统筹推进城镇人口密集区危化品企业搬迁改造工作。继续推进“散乱污”企业整治，实施分类指导、分类处置。河北、山西、江苏、山东等地出台钢铁、焦化、水泥、玻璃等重点行业去产能工作方案，加快产能淘汰与退出。

调整优化能源结构。积极稳妥推进北方地区冬季清洁取暖，坚持宜气则气、宜电则电、宜煤则煤、宜热则热，以气定改、先立后破，在落实气源的前提下实施“煤改气”。财政部安排资金139.2亿元用于支持京津冀及周边地区、汾渭平原35个城市的农村地区散煤治理和清洁取暖。发展改革委、能源局大力推进天然气产供储销体系建设，协调保障天然气供应，重点落实供暖季气源，确保民生用气稳定供应；印发《关于促进生物质能供热发展的指导意见》，积极推广生物质能应用；完善煤炭消费减量替代制度，支持重点地区燃煤锅炉改造以及利用余热、浅层地能替代燃煤供暖；加强商品煤质量管理，强化跟踪监测，抑制不符合标准的劣质煤炭使用。市场监管总局、发展改革委、生态环境部联合印发《关于加强锅炉节能环保工作的通知》，督促企业依法落实有关锅炉节能环保要求。住房城乡建设部组织开展城镇清洁供暖及采暖用气安全保障等各项工作。生态环境部将清洁取暖纳入蓝天保卫战重点区域强化监督，确保群众温暖过冬和清洁取暖。

调整优化运输结构。国务院办公厅印发《推进运输结构调整三年行动计划（2018—2020年）》，以深化交通运输供给侧结构性改革为主线，以三大重点区域为主战场，推进运输结构调整，降低机动车污染物排放量。交通运输部等部门制定贯彻落实方案，推动大宗货物集疏港运输向铁路和水路转移。发展改革委推动12个长江干线港口铁水联运设施联通项目建设。铁路局围绕发展铁水联运、推进公铁联运、提高铁路集装箱运输能力等提出18项具体措施。采取财政、税收、政府采购等方面政策和措施，进一步推进新能源汽车发展和充电基础设施建设。京津冀等重点地区运输结构调整力度进一步加大，在环渤海地区全面禁止柴油货车运输集疏港煤炭后，河北省唐山市全面推进疏港矿石铁路直达钢铁企业，北京市建筑材料运输“公转铁”取得突破。据统计，2018年全国铁路货运总量同比增长9.1%，其中煤炭、冶炼等大宗货物和集装箱运量同比增长12%以上，“公转铁”取得初步成效。

调整优化用地结构。实施大规模国土绿化行动，推进京津风沙源治理、太行山绿化工程，加强三北防护林体系建设。继续实施退耕还林还草、退牧还草等生态修复与保护工程。开展森林城市建设，大力提高城市建成区绿化覆盖率。研究制定露天矿山综合整治工作方案，督促落实矿山地质环境保护与土地复垦方案。依法加强施工工地扬尘管理，推动提高道路机械化清扫率。按月通报重点区域城市降尘量。加快开展减少肥料源氨排放、养殖业源氨排放的技术措施研究与示范。支持16个省份实施农作物秸秆收集、贮存、运输和综合利用项目。在12个省份开展秸秆综合利用试点，支持整县推进秸秆综合利用工作。继续推进粮棉主产区和北方冬季采暖地区秸秆收储运体系建设。黑龙江、吉林、辽宁制定禁止秸秆露天焚烧工作方案，2018年秋收季节秸秆焚烧火点显著减少，空气质量明显改善。

二是严格落实法律制度。坚持用最严格制度最严密法治保护生态环境，强化大气污染防治法律制度的执行，切实维护法律的刚性和权威。

严格监管执法。全面落实环境保护法、大气污染防治法等法律法规要求，依法依规加强监管，严厉打击涉气企业环境违法行为，大力整治排放不达标企业。组织开展蓝天保卫战重点区域强化监督，充分运用在线监控、热点网格、卫星遥感等科技手段，现场检查发现“散乱污”企业、工业企业环境违法等涉气环境问题2万多个，正在持续督促整改；2017年交地方办理的3.89万个问题全部整改完毕。同时，增强服务意识，加强对地方、企业的指导和服务，印发国家先进污染防治技术目录（大气污染防治领域），提出冶金等重点行业“一市一策”和钢铁企业“一厂一策”治理方案。针对大气污染防治法执法检查组发现的38个问题，均已责成地方依法查处，累计实施行政处罚28起、罚款467万元，移送行政拘留1起。截至目前，除内蒙古包头亚新隆顺特钢有限公司、陕西延长石油兴化化工有限公司完成阶段性整改外，其余已整改完毕。

落实监测制度。进一步完善大气环境监测网络，推进地方建设的省控、市控环境空气质量自动监测站和大气超级监测站与国家级平台联网，加强中西部地区县级城市空气质量监测能力建设，推进东中部区县和西部大气污染严重城市的区县空气质量监测站点全覆盖。强化全国重点污染源自动监控体系建设，2.3万余家重点排污单位实施自动监控并与国家监控平台联网，对重点排污单位自行监测和信息公开情况进行通报。强化监测数据质量控制，完善国家、区域、监测机构三级质控体系建设。生态环境部、市场监管总局印发《关于加强生态环境监测机构监督管理工作的通知》，规范生态环境监测机构、机动车检验机构的资质认定和数据质量控制。严肃查处生态环境监测数据弄虚作假行为，2018年8月，生态环境部通报山西临汾监测数据造假典型案例，约谈临汾市人民政府主要负责同志和监测设施运维企业负责人，涉案的16名人员被依法判处刑罚。卫生健康委印发《坚决打好污染防治攻坚战全面加强环境与健康工作三年行动方案》，加强大气污染等对人体健康影响的监测。

落实信息公开制度。公开发布打好污染防治攻坚战标志性战役的行动计划或实施方案、重点区域秋冬季大气污染防治综合治理攻坚行动方案等文件，推进生态环境质量、环保标准、污染源监测、突发环境事件等重点领域信息公开，推进企业环保设施向社会开放。发布《环境影响评价公众参与办法》，保障公众知情权和参与权。指导督促地方推进生态环境政务、监管执法等信息公开，不断强化宣传引导，通过电视、网络、报刊、微信等平台，广泛宣传大气污染防治法律、政策和科普知识，积极正面引导舆论，努力赢得群众理解和支持。同时加大环境违法问题曝光力度，很多省市在当地媒体设立“曝光台”栏目，接受群众监督。

落实机动车船污染防治各项规定。加强油、路、车统筹，大力实施清洁柴油车（机）、清洁运输、清洁油品行动，全链条治理柴油车（机）超标排放。严格执行大气污染防治法有关规定，建立健全生态环境部门检测、公安交管部门处罚、交通运输部门监督维修的联合监管机制，科学设置高排放车辆禁限行区域、时段，加强高排放车辆的现场查处、劝返、纠正；建立完善机动车排放检测与强制维护制度，检测和维修数据实时传送到地方生态环境和交通运输部门。推进重点区域城市在用车遥感监测网络建设。加强新生产机动车环保监管。统筹做好成品油质量升级相关工作。自2019年1月1日起，全国全面供应符合国六标准的车用汽柴油，停止销售普通柴油和低于国六标准的车用汽柴油。依法加强油品生产、销售、储存和使用环节监管，指导地方集中打击黑加油站点、加油车。进一步扩大船舶排放控制区范围，覆盖沿海重点港口和部分内河区域，推广使用纯电动或天然气船舶，推进岸电建设与使用。各地依法划定非道路移动机械低排放控制区并严格管控。

强化重污染天气应对。出台推进重污染天气预案修订工作的指导意见，统一重污染天气预警分级标准，规范预警启动和解除条件，明确各级别预警措施减排要求。指导京津冀及周边地区、长三角地区、汾渭平原80个城市修订预案并对减排清单进行评估，要求细化到具体生产线和生产工序，按照黄色、橙色、红色等不同预警级别明确相应的减排措施，并提前告知企业。环保与气象部门加强合作，提升空气质量监测预测预报能力，完善重污染天气预测会商机制、应急响应机制。针对预测可能发生的重污染过程，及时发出预警提示，地方政府依法启动应急响应，实施区域应急联动，有效缓解重污染过程。在重污染过程前、中、后分别进行有针对性的专家解读，及时做好重污染过程信息发布工作，积极争取公众理解、支持和参与。

（三）完善相关法规标准。

一是健全法规规章制度。起草排污许可管理条例，将排污许可制建设成为固定污染源环境管理的核心制度。推进京津冀及周边地区大气污染防治条例研究起草工作，深化区域大气污染联防联控要求。加快建立机动车环保召回制度。发布实施有毒有害大气污染物名录。31 个省（区、市）全部完成大气污染防治相关条例的制修订工作，结合本地实际进一步明确和细化相关法律规定。

二是完善标准体系。认真落实法律要求，加快制修订大气污染防治相关标准。研究制定涂料、油墨、胶粘剂、清洗剂等产品挥发性有机物含量限值标准。修订石油焦质量标准，加严硫含量限值。发布车用柴油、船用燃料油标准修改单，废止普通柴油标准，实现车用柴油、普通柴油、部分船舶用油"三油并轨"。抓紧制修订制药、工业涂装类等重点行业污染物排放控制以及恶臭、大气污染物综合排放等标准。从 2018 年 10 月 1 日起，京津冀及周边地区工业企业全面执行大气污染物特别排放限值。大气污染防治重点地区的一些省份结合本地实际和空气质量改善需要，制修订 10 多项更加严格的地方排放标准，切实降低重点行业的大气污染物排放。

（四）进一步强化科技支撑。

科技部继续推进"大气污染成因与控制技术研究"重点专项实施，聚焦重污染天气和光化学烟雾污染防治科技需求，突出抓好重点区域大气污染关键问题科技攻坚。加快大气污染防治成熟新技术推广，推动环境监测技术进步和自主创新。生态环境部会同有关方面继续实施"大气重污染成因与治理"攻关项目，对大气重污染成因和来源、排放现状评估和强化管控技术、大气污染防治综合科学决策支撑、大气污染对人群健康影响研究等 4 个专题集中进行科技攻关；对京津冀大气污染传输通道城市（以下称"2 + 26"城市）、汾渭平原 11 城市、雄安新区进行长期驻点研究和"一市一策"技术指导，提升地方大气污染治理的科学性、精准性和有效性；组建国内最大规模的区域大气环境综合立体观测网，探明京津冀冬季出现细颗粒物（$PM_{2.5}$）重污染过程的主要原因；构建"2 + 26"城市精细化大气污染物排放清单，完成秋冬季 $PM_{2.5}$ 来源解析，提升重点领域治理精准性和有效性；完善预测预报、会商分析、预警应急、跟踪评估和专家解读等全流程的重污染天气应对技术体系，应对能力和效果明显提升。各有关部门主动增强服务意识，激励企业进行绿色技术创新，加强企业环境治理技术指导。

二、关于《决议》落实情况

各地区各部门深入贯彻《决议》部署要求，切实履行法律赋予职责，抓紧制定实施方案，聚焦重点问题，明确具体措施，切实抓好落实，确保污染防治攻坚战取得明显成效。

（一）压实生态文明建设和生态环境保护政治责任。

严格落实"党政同责"、"一岗双责"。抓紧研究中央和国家机关相关部门生态环境保护责任清单，研究起草污染防治攻坚战成效考核办法，进一步压实生态环境保护"党政同责"、"一岗双责"。针对一些地方政府和部门履职不到位、生态环境质量持续恶化等问题，2018 年生态环境部先后 7 批次对 29 个地方政府和 3 个省级部门实施约谈，推动解决突出生态环境问题。全面推行领导干部自然资源资产离任审计。探索建立污染防治攻坚战相关统计指标体系。

建立健全生态环境保护督察机制。起草中央生态环境保护督察工作规定，推进省级生态环境保护督察，基本实现地市督察全覆盖，推动生态环境保护督察向纵深发展。2018 年，分两批对河北等 20 个省（区）开展中央环境保护督察"回头看"，重点聚焦第一轮中央环境保护督察反馈问题整改情况，公开通报 103 个典型案例，直接推动解决群众身边生态环境问题 7 万余个。围绕污染防治攻坚战标志性战役和重点领域，结合各省（区）实际情况，在"回头看"期间，每省（区）统筹安排 1 项专项督察。配合全国人大常委会开展执法检查，查处一批违法企业，有力推动突出环境问题的解决。

加快推进相关改革。中共中央办公厅、国务院办公厅印发《关于深化生态环境保护综合行政执法改革的指导意见》，有效整合生态环境保护领域执法职责和队伍，强化生态环境保护综合执法体系和能力建设。印发《关于统筹推进省以下生态环境机构监测监察执法垂直管理制度改革工作的通知》，全面推开生态环境机构垂改工作。积极推进生态环境损害赔偿制度改革，研究制定环境损害司法鉴定执业分类规定。

（二）推动生态环境保护法律制度体系建设。

制修订相关法律法规。配合全国人大常委会制定土壤污染防治法，修改大气污染防治法、环境影响评价法、环境噪声污染防治法。配合开展长江保护法立法调研，并提出相关立法建议。完成海洋石油勘探开发环境保护管理条例修改前期工作，推进生态环境监测条例、危险废物经营许可证管理办法、放射性同位素与射线装置安全和防护条例等行政法规的制修订。

开展法规规章规范性文件清理。国务院办公厅印发《关于开展生态环境保护法规、规章、规范性文件清理工作的通知》,对不符合不衔接不适应法律规定、中央精神、时代要求的,及时进行废止或修改。各地区各部门按照统一部署,重点清理与习近平生态文明思想和党的十八大以来党中央、国务院有关生态环境保护文件精神,以及生态环境保护方面的法律不符合不衔接不适应的规定。各地区各部门已废止或拟废止193件规章,已修改或拟修改300件规章,已废止或拟废止8629件规范性文件,已修改或拟修改2411件规范性文件。

完善生态环境保护标准。发布水、大气污染物排放标准制订技术导则,进一步规范国家和地方的标准制订工作。发布农用地土壤污染风险管控标准(试行)等环境质量标准,以及柴油车、汽油车、非道路移动柴油机械等相关污染物排放标准。指导各地加快制定农村生活污水处理排放标准,提升农村生活污水治理水平。推进生活饮用水卫生标准、室内空气质量标准等环境健康标准修订工作,降低公众的健康风险。

(三)严格执行生态环境保护法律制度。

严格实施环境保护法等法律制度。持续开展环境保护法实施年活动,大力推进环境保护法及其配套办法的执行。2018年全国环境行政处罚罚款152.8亿元,同比增长32%,是新环境保护法实施前2014年的4.8倍。四年来,全国适用环境保护法配套办法案件达11.4万件,使环境保护法真正落地见效。在全国部署开展河湖执法工作,依法查处河湖违法案件。加大水生生物资源保护力度,严厉打击电炸毒鱼及非法捕捞行为。严格管控围填海活动,严肃查处自然资源领域违法违规行为。

健全行政执法与刑事司法衔接机制。最高人民法院完善专业化环境资源审判体系和案件归口审理,加大对环境污染重点刑事案件以及民事、行政公益诉讼案件的审判指导,推动环境资源案件跨行政区集中管辖,发挥典型案例的示范指引作用。制定生态环境损害赔偿相关司法解释,构建生态环境损害诉讼和公益诉讼的衔接机制。最高人民检察院印发《关于充分发挥检察职能作用助力打好污染防治攻坚战的通知》,制定《关于在检察公益诉讼中加强协作配合依法打好污染防治攻坚战的意见》,会同有关方面研究提出环境污染刑事案件办理有关问题指导性意见。推进破坏环境资源犯罪专项立案监督,加强生态环境刑事侦查活动监督、审判监督以及执行监督。公安部指导京津冀公安机关建立打赢蓝天保卫战警务协作机制。生态环境部等部门研究起草长江经济带生态环境保护行政执法与刑事司法衔接工作办法。

规范环境行政处罚行为。研究起草进一步规范适用环境行政处罚自由裁量权的指导意见、引导企业环境守法的意见,提升生态环境行政处罚规范化水平,引导企业自律,实现常态化守法。建成国家企业信用信息公示系统,为生态环境行政处罚信息提供依法公示的平台。推进环境信息强制性披露制度改革,对存在严重环境违法行为的上市公司开展联合查处,督促全面、及时、准确披露环境信息。开展环境执法大练兵,提高基层环境执法人员职业素养和业务水平。

(四)坚决打好污染防治攻坚战标志性战役。

全面推进蓝天保卫战。坚持将坚决打赢蓝天保卫战作为打好污染防治攻坚战的重中之重,从调整优化产业结构、能源结构、运输结构、用地结构入手,全方位推进大气污染防治。进一步加强组织领导,完善区域大气污染联防联控协作机制。聚焦重点区域、重点指标、重点时段、重点领域,加强工业、燃煤、机动车三大污染源治理,推进秋冬季大气污染综合治理攻坚,开展蓝天保卫战强化监督。统筹油、路、车治理,深入推进柴油货车污染治理,推动煤炭等大宗物资运输加快向铁路转移。全国实现超低排放的煤电机组约8.1亿千瓦,占煤电总装机容量的80%。加强"散乱污"企业及集群综合整治。实施区域应急联动,有效应对重污染天气。通过继续努力,进一步明显降低$PM_{2.5}$浓度,明显减少重污染天数,明显改善大气环境质量,明显增强人民的蓝天幸福感。

着力打好碧水保卫战。持续推进水污染防治行动计划,推动实施河长制湖长制。加强重点流域水生态环境保护。扎实推进长江保护修复,印发《关于加强长江水生生物保护工作的意见》,编制长江经济带"三线一单"(生态保护红线、环境质量底线、资源利用上线和生态环境准入清单),引导和优化沿江产业布局。推进全国集中式饮用水水源地环境整治,1586个水源地6251个问题整改完成率达99.9%。开展黑臭水体整治专项排查,36个重点城市中1062个城市黑臭水体中,1009个消除或基本消除黑臭,比例达95%。全国97.8%的省级及以上工业集聚区建成污水集中处理设施并安装自动在线监控装置。强化入河、入海排污口监管,推动渤海等重点海域污染治理。推进行政村环境整治全覆盖,2018年完成2.5万个建制村环境综合整治。

稳步推进净土保卫战。全面落实土壤污染防治行动计划。做好农用地土壤污染状况详查,完成全部 70 万份农用地详查样品采集和分析测试工作。开展涉重金属行业污染耕地风险排查整治,推进建设用地土壤污染风险管控。国务院办公厅印发《“无废城市”建设试点工作方案》,持续推进固体废物源头减量和资源化利用。严厉打击固体废物及危险废物非法转移和倾倒行为,挂牌督办的 1308 个突出问题整改率达 99.7%。坚定不移推进禁止洋垃圾入境,分阶段开展进口固体废物加工利用企业环境违法问题专项整治,2018 年全国固体废物进口量同比减少 46.5%,其中限制进口类固体废物进口量同比减少 51.5%。推进垃圾焚烧发电行业达标排放,存在问题的垃圾焚烧发电厂全部完成整改。

大力开展生态保护修复。初步划定京津冀 3 省(市)、长江经济带 11 省(市)和宁夏回族自治区共 15 个省份生态保护红线,其余 16 个省份已基本形成生态保护红线划定方案。国家级自然保护区增至 474 处。开展第三批山水林田湖草生态保护修复工程试点工作。开展“绿盾 2018”自然保护区监督检查专项行动,切实推动自然保护区违法违规问题整改。

(五)广泛动员和鼓励公众参与。

加强普法教育。把生态环境保护有关法治宣传教育列入全国普法工作要点,积极推动落实“谁执法谁普法”,开展“以案释法”等生态环境法治宣传活动。把生态环境保护纳入领导干部培训体系,及时举办地方领导干部培训班。通过微博、微信等媒体平台,大力宣传生态环境保护法律和政策,广泛普及生态环境保护科学知识。

倡导绿色生活。发布《公民生态环境行为规范(试行)》,启动“美丽中国,我是行动者”主题实践活动,引导公众自觉履行生态环境保护法定义务,选择简约适度、绿色低碳的生活方式。拓展大中小学生生态文明教育,积极开展绿色发展社会实践,推进勤俭节约、低碳环保的校园文化建设。开展绿色商场等创建,培育绿色流通主体,推广绿色包装、绿色回收,倡导绿色消费方式。普及环境健康知识,指导公众健康防护。

做好舆论引导。加强污染防治攻坚战成效及典型经验宣传报道,组织主流媒体对大气污染防治、饮用水水源地保护、黑臭水体整治等重点工作进行采访报道。及时曝光反面典型案例,发挥警示教育作用。完善公众监督、举报反馈和奖励机制,研究起草生态环境违法行为举报奖励管理规定,通过建立完善举报奖励制度,鼓励公众参与,强化社会监督。

2018 年,污染防治攻坚战取得重大进展,生态环境状况继续改善,完成既定的年度目标任务,超过“十三五”规划序时进度要求。全国 338 个地级及以上城市优良天数比例为 79.3%,同比提高 1.3 个百分点;$PM_{2.5}$浓度为 39 微克/立方米,同比下降 9.3%。京津冀及周边地区、长三角地区、汾渭平原$PM_{2.5}$浓度同比分别下降 11.8%、10.2%、10.8%。其中,北京市$PM_{2.5}$浓度为 51 微克/立方米,同比下降 12.1%。全国地表水优良(Ⅰ—Ⅲ类)水质断面比例为 71%,同比提高 3.1 个百分点;劣Ⅴ类断面比例为 6.7%,同比降低 1.6 个百分点。近岸海域水质总体稳中向好。

同时,我们也清醒认识到,当前国际国内环境正在发生深刻复杂变化,不稳定、不确定因素增多,打好污染防治攻坚战面临多重挑战。一是思想认识上的摇摆性。面对经济运行稳中有变、变中有忧,外部环境复杂严峻,经济面临下行压力,部分地方对生态环境保护重要性的认识出现了弱化,放松环境监管的风险有所增加。二是污染治理任务的艰巨性。随着环境治理措施深入推进,越来越要啃硬骨头,一些问题解决的难度在加大。部分地区仍对传统产业存在路径依赖,结构性污染问题依然突出。生态环境风险依然较高,突发环境事件时有发生。三是工作进展的不平衡性。有的地方、有的领域环境治理基础薄弱,工作难度较大。城乡发展和环境治理不平衡,农村地区环境基础设施建设严重滞后。四是工作基础的不适应性。生态环境队伍薄弱,尤其是基层专业人员缺乏。管理的科学化、精细化、信息化水平亟待提高。五是自然因素影响的不确定性。由于排放总量超过环境容量,生态环境质量受自然条件影响较大,特别是大气环境质量深受气象条件影响,稍有松懈就可能出现反复。要以更大决心、更实举措,统筹兼顾,坚定坚决扎实推进污染防治攻坚战和持久战,打好重点战役,全力攻坚,务求实效。

我们将坚持以习近平新时代中国特色社会主义思想为指导,坚定不移贯彻落实习近平生态文明思想,坚定不移贯彻落实全国生态环境保护大会精神,坚定不移打好污染防治攻坚战,坚定不移推进生态环境治理体系和治理能力现代化,坚定不移打造生态环境保护铁军,按照党中央、国务院决策部署,在全国人大及其常委会监督支持下,继续抓好

《报告》和审议意见以及《决议》落实，坚守阵地、巩固成果，保持方向、决心和定力不动摇，协同推动经济高质量发展和生态环境高水平保护，坚持稳中求进、统筹兼顾、综合施策、两手发力、点面结合、求真务实，聚焦打赢蓝天保卫战等标志性战役，依法依规推动解决生态环境突出问题，持续改善生态环境质量，进一步满足人民日益增长的优美生态环境需要，以优异成绩庆祝中华人民共和国成立70周年。

全国人民代表大会常务委员会专题调研组关于脱贫攻坚工作情况的调研报告

——2019年2月26日在第十三届全国人民代表大会常务委员会第九次会议上

全国人大常委会副委员长　武维华

全国人民代表大会常务委员会：

党的十九大把脱贫攻坚作为全面建成小康社会必须打好的三大攻坚战之一，摆到更加突出的位置，作出了新的重大部署，提出新的更高要求。全国人大常委会坚决贯彻党中央决策部署，继2017年8月十二届全国人大常委会第二十九次会议审议国务院关于脱贫攻坚工作情况的报告并进行专题询问后，十三届全国人大常委会在履职第一年就将听取和审议脱贫攻坚工作情况的专题调研报告列入监督工作计划，具体工作由全国人大农业与农村委员会和民族委员会组织实施。常委会领导高度重视，栗战书委员长、王晨副委员长亲自审定了调研方案。2018年5月至12月，曹建明、吉炳轩、武维华三位副委员长带队，部分全国人大常委会委员、全国人大农委和民委组成人员、全国人大代表参加，分别赴四川、青海、山西等16个省区开展实地调研。全国人大农委和民委听取了国务院扶贫办和国家民委的工作情况介绍，审议了国务院办公厅转报的关于落实全国人大常委会对脱贫攻坚工作情况报告审议意见的报告。现将有关情况报告如下。

一、脱贫攻坚战取得决定性进展

一年多来，国务院有关部门及各地深入学习贯彻习近平新时代中国特色社会主义思想和党的十九大精神，坚决贯彻落实党中央关于脱贫攻坚的重大决策部署，坚持把脱贫攻坚作为重要政治任务和第一民生工程，针对全国人大常委会提出的精准扶贫方面存在的问题，积极采取措施整改，深入推进精准脱贫各项工作，脱贫攻坚战取得了决定性进展。2018年，全国有1386万农村贫困人口摆脱贫困，预计有280个左右贫困县摘帽。2018年末，全国农村贫困人口从2012年末的9899万人减少至1660万人，累计减少8239万人；贫困发生率从2012年的10.2%下降至1.7%，累计下降8.5个百分点。

（一）严格落实脱贫攻坚责任

按照党的十九大关于打赢脱贫攻坚战总体部署，2018年6月，中共中央国务院出台了《关于打赢脱贫攻坚战三年行动的指导意见》，就完善顶层设计、强化政策措施、加强统筹协调等做出了具体安排。国务院及其有关部门坚持把脱贫攻坚作为党中央在新时代赋予的重大政治任务，国务院扶贫办等10多家部委单独或联合出台了配套的实施方案或工作计划，明确今后行动与2020年要达到的目标。有脱贫攻坚任务的省份把打赢脱贫攻坚战作为当前最大的政治责任和检验树牢“四个意识”、做到“两个维护”的重要标尺，建立党政“一把手”负总责的扶贫“双组长”责任制，严格执行五级书记抓扶贫的工作机制，坚决落实保持贫困县党政正职稳定的政治纪律和组织纪律，出台了一系列优惠政策措施，持续推进脱贫攻坚工作。可以说，当前脱贫攻坚责任、政策、投入、动员、监督、考核等体系都在不断完善，扶贫工作力度、深度、精准度达到新的水平。

（二）强化扶贫投入和监管

一是继续加大投入。近年来，中央财政专项扶贫资金年均增长20%以上，2018年达到1061亿元。省级财政专项扶贫资金年均增长30%以上，市县财政专项扶贫资金也大幅增长，省市县财政专项扶贫资金2018年已超过1000亿元。金融资金、社会资金成为新的重要渠道，易地扶贫搬迁专项贷款、扶贫小额贷款不断增加，证券业、保险业、土地政策支持力度也不断加大。2018年，新增扶贫小额贷款1000多亿元，全国贫困县省域内流转土地增减挂钩结余指标15万亩实现收益约500亿元,99家证券公司结对帮扶263个贫困县,扶贫专属农业保险产品达74个。二是完善整合利用机制。各地区各部门积极整合财政资金,确保资金精准高效使用。2017年12月,国务院出台了《关于探索建立涉农资金统筹整合长效机制的意见》,就加强涉农资金统筹整合做出了整体部署。2018年3月,财政部下发了《关于做好2018年贫困县涉农财政资金整合试点工作的通知》,就做好整合试点工作进行了部署,并将试点范围扩大到所有贫困县。2018年全国共整合各级财政资金3064亿元。贵州省有21个县(市)将扶贫资金折股量化到贫困户。三是强化监管。2018年,国务院及其有关部门全面加强了扶贫资金项目使用监管,推动实施扶贫资金预算编制、执行、决算的全过程绩效管理,中央财政专项扶贫资金分配结果已全部公告到县,省级资金分配结果公告比例90%以上,清理1年以上闲置扶贫资金198.5亿元。审计署2018年对382个贫困县开展了扶贫审计,已累计覆盖832个贫困县中的766个。

(三)扎实推进补短板强弱项工作

一是积极推进深度贫困地区脱贫攻坚。2017年9月,中共中央国务院出台了《关于支持深度贫困地区脱贫攻坚的实施意见》,并将"向深度贫困地区倾斜支持情况"列入全国东西扶贫协作考核和中央单位定点扶贫工作考核。截至2018年底,已有26个中央部门出台了27个支持深度贫困地区脱贫攻坚的政策文件。"三区三州"所在的6省区都印发实施了深度贫困地区脱贫攻坚实施方案,明确任务目标,细化时间表和路线图;都召开了脱贫攻坚现场推进会,总结推广经验,现场解决问题。在"三区三州"外,中西部地区确定了169个深度贫困县,并出台了相应的支持政策。二是深入推进产业扶贫。国务院有关部门明确把带动贫困户精准受益作为扶持新型农业经营主体、安排产业扶贫项目的前置条件,支持利用财政资金扶持贫困村集体经济发展,广泛开展贫困地区产销对接,着力解决农产品"卖难"和加工增值增收的问题。各地在产业扶贫方面也进行了积极探索。贵州省遵义市创新产业扶贫机制,确保每户贫困户有一个稳定增收的长线产业、两个短期见效的短线产业。青海省大力发展绿色扶贫产业,探索出一条经济发展与生态保护双赢的路径。三是着力做好"三保障"工作。重视抓好群众住房安全,特别是易地扶贫搬迁的配套工作。2018年,国务院有关部门在易地扶贫搬迁总规模不变的原则下,实事求是地调整分省规模,将贷款融资等统一调整为发行地方政府债券融资,在危房改造任务较重的中西部22省份开展农房加固改造示范,兜底解决特困户住房安全。各地积极为建档立卡搬迁人口谋划后续帮扶措施。西藏通过给易地扶贫搬迁户安排劳务和就业的方式,解决了"搬得出、留得住"的问题。河南省成立了县级易地扶贫搬迁后续扶持发展公司,统筹盘活迁出区和安置区各项资源,逐步实现产业扶贫措施全覆盖。加大教育扶贫力度,斩断贫困代际传递链条。全国已有2075个县制定了控辍保学方案,国家中等职业教育免学费和助学金政策体系不断完善,国家中等职业教育免学费政策受助范围已覆盖全部建档立卡贫困学生。海南省加强了失学辍学发现和劝返工作,杜绝简单地用资助政策替代入学保障。四川省在民族地区52个县推进"一村一幼"建设,在民族地区推进15年免费教育,在凉山州开展了"学前学会普通话"试点。落实健康扶贫政策,防止因病致贫返贫。目前,我国已全面建成了从三级医院到县医院互联互通的远程医疗网络,基本医疗保险、大病保险、医疗救助等制度不断完善,贫困人口医疗费用实际报销比例已提高到80%以上,所有贫困县已基本实现县域内先诊疗后付费和"一站式"结算制度,专项救治病种扩大到21个。社会救助兜底保障不断加强,2018年已将未脱贫建档立卡贫困户中靠家庭供养无法单独立户的重度残疾人、重病患者等贫困人口按程序纳入低保范围,全国所有县(市、区)农村低保标准已达到或超过国家扶贫标准。

(四)着力激发贫困群众内生动力

各地区各部门高度重视激发和涵养各族贫困群众内生动力,大力破除"等靠要"思想和简单依靠给钱给物扶贫的落后观念,激发贫困群众树立自力更生、艰苦奋斗的精神。2018年,国务院有关部门召开了全国脱贫攻坚表彰大会暨首场脱贫攻坚先进事迹报告会,组织25名全国脱贫攻坚奖获奖者组成4个报告团,到21个省区市开展先进事迹巡回报告活动,通过开展示范典型宣传,在全社会营造用勤劳双手和辛勤劳动脱贫的正能量。2018年10月,扶贫办等13个部门印发了《关于开展扶贫扶志行动的意见》,围绕着加强扶志教育、改进帮扶方式、移风易俗等作出了部署安排。各地也制定大量配套措施,通过传授一技之长,提升贫困群众的生产技能和参与意识,通过实施项目带动和农村集体收益分配机制改革,增强贫困群众的切实获得感,通过开展感恩奋进教育,增进贫困群众对党和政府的深层次认同,多管齐下、多措并举,实现了扶贫领域的“志智双扶”,带动了贫困地区基层的移风易俗。山西、江西等省探索实施精准扶贫项目“以奖代补”机制,破除贫困群众“等靠要”思想。

(五)从严从实狠抓作风建设

党中央将2018年作为脱贫攻坚作风建设年,全面开展扶贫领域腐败和作风问题专项治理,以作风建设的成果促进各项扶贫政策举措的落实。10月,中共中央办公厅印发了《关于统筹规范督查检查考核工作的通知》,针对目前扶贫领域存在的“一人干活、多人指导检查”“白天迎检、晚上填表、插空干扶贫”等问题,制定了精准发力、针对性强的对策措施。十九届中央第二轮巡视对26个地方、单位党组织开展了脱贫攻坚专项巡视,中央纪委、国家监委还在官方网站开通了扶贫领域腐败和作风问题曝光专区,先后两次集中曝光44起典型案例,强化压力传导,促进责任落实,形成了警示震慑的强大效应。湖北省开展了常态化暗访,实现对有脱贫攻坚任务的县、乡(镇)暗访全覆盖。云南省建立了省、州(市)、县(区)、乡(镇)司法纪委联动机制,对脱贫攻坚政策落实情况开展常态化抽查。

调研过程中,我们深切感到,脱贫攻坚工作得到了广大农村群众的衷心拥护,党和国家在脱贫攻坚中实施的一系列惠民政策深得民心。调研组所到之处,党员干部群众一致表示:近几年是脱贫攻坚力度最大、贫困人口减少最多、贫困群众增收最快、农村面貌变化最大的时期,感谢习总书记!感谢党中央!让各族群众过上了新时代的好日子。

二、决战决胜脱贫攻坚形势依然严峻

脱贫攻坚战虽然取得了决定性进展,但随着脱贫攻坚逐步向纵深推进,深度贫困问题凸显,攻坚难度递增,工作中也还存在一些不容忽视的实际困难和突出问题。

(一)脱贫攻坚任务依然艰巨

当前,脱贫攻坚已进入了啃硬骨头、攻城拔寨的冲刺期,剩下的都是一些贫中之贫、难中之难,虽然贫困的绝对人口在减少,但脱贫攻坚的任务仍然很重,难度在增加。一是贫困人口基数依然较大,财政兜底压力大。截至2018年底,全国还有农村贫困人口1660万人,约400个贫困县,近3万个贫困村,数量仍然不少,且尚未脱贫人口中,长期患病者、残疾人、孤寡老人等特殊困难群体和自身发展动力不足的贫困人口比例高,且越往后比例会越高,这部分人中很多需要依靠财政兜底才能实现稳定脱贫,保障性扶贫特别是财政兜底的压力越来越大。如河南建档立卡贫困人口中,因病、因残致贫占比超过72%,无劳动能力者占47%,65岁以上老人占26%。二是深度贫困地区如期脱贫任务重。“三区三州”深度贫困地区贫困状况虽然有了很大改观,但仍然是脱贫攻坚战的短板、重点和难点。区域性整体贫困问题突出。青海省15个深度贫困县贫困发生率都在20%以上,藏区深度贫困乡镇贫困发生率高达25%。四川凉山州尚有1118个贫困村未退出,彝区10县贫困发生率达19.4%。云南怒江州贫困发生率高达38.14%。基础设施和基本公共服务发展滞后,行路难、吃水难、用电难等问题尚未得到彻底解决。云南省有4万户建档立卡贫困户饮水困难,有45万户建档立卡贫困户居住在危房中,71万户建档立卡贫困户无卫生厕。南疆地区缺地缺水缺电矛盾突出。西藏有12个县主电网未覆盖,涉及9.8万贫困人口,102个建制村不通动力电,涉及3.58万贫困人口。甘肃省甘南、临夏两州和青海省海南、黄南、玉树、果洛四州无铁路,黄南州79个行政村通村道路为砂石路,254个自然村不通公路,果洛州有近55%的行政村不通路。经济社会发展面临的生态制约明显,如青海省藏区、甘肃省甘南州等地由于生态保护的原因,一些扶贫项目建设用地申报、审批困难。云南省等省的“直过民族”长期处于封闭状态,很多人不懂国家通用语言文字,社会发育程度低,社会综合治理难度大。

(二)产业扶贫亟待加强

各省区普遍存在产业扶贫项目单一、同质化的现象,后续发展面临较大的市场风险。如山西省大力发展的核桃、大枣产业,近两年市场价格已经大幅下降。调研组所到的贫困地区基本上仍以小农生产为主,产业发展规模小、组织化程度低,缺乏新型农业经营主体,龙头企业带动作用发挥不够,联贫带贫能力弱。如云南省仅有16.8%的建档立卡贫困户加入了农民专业合作社。四川省凉山州畜牧专业合作社和龙头企业带动农户数不到全州总数的15%。山西省个别农户小型养殖仍是人畜共院。一些扶贫产业层次低、链条短,基本依赖种植、养殖等生产环节,缺乏深加工环节,产品附加值低,带动贫困户脱贫致富能力有限。如海南、甘肃、青海、西藏等省区大部分农产品仍停留在出售原材料和初级加工阶段。部分扶贫产业贫困户参与程度低、扶贫效果的可持续性弱。如西藏、贵州等省区获得产业扶持的贫困户比例较低。青海、广东等省区产业帮扶多采取托管托养等方式,贫困户真正参与产业发展的比例低。乡村旅游扶贫、电商扶贫等新兴扶贫产业发展基础仍较为薄弱。如广东省乡村旅游产业同质化和区域旅游同构化的现象突出。新疆、青海、甘肃等省区电商扶贫面临着物流费用高、人才缺乏等问题。调研中,各地普遍反映,经过多年的扶贫开发,比较容易脱贫的地区和人口基本已经解决,剩余的贫困人口既难找到适合的扶贫产业,又难参与到扶贫产业中,通过产业扶贫在 2020 年底完成预定脱贫任务有一定难度。村集体经济薄弱的老问题仍然存在。如云南省 5732 个出列的贫困村中有 902 个贫困村没有村集体经济收入。

(三)“三保障”仍存在薄弱环节

在调研中,各地普遍反映,当前已经总体稳定实现贫困人口不愁吃、不愁穿,但义务教育、基本医疗和住房安全做到保障有力还存在不足。义务教育方面,各地不同程度地存在义务教育阶段孩子辍学的问题。四川、云南等省部分民族地区教育事业发展滞后,义务教育办学条件极差。如四川凉山州尚有 10 个县未通过省级义务教育督导评估,寄宿制学校“大通铺”情况严重。基本医疗方面,四川、青海等省的民族地区地方病、高原病多发。健康扶贫政策仍需完善,各地普遍反映慢性病家庭医生签约服务政策落实不到位、管理不规范,签约医生以村医为主,多流于形式,不少地方反映医疗托底政策在实践中出现了不同程度的过度医疗现象。住房安全方面,一些易地扶贫搬迁项目重搬迁轻扶持,配套产业和促进就业没跟上,后续脱贫缺乏支撑。各地不同程度地存在易地扶贫搬迁入住滞后,搬迁入住进度和竣工进度不相匹配的问题。青海反映,边缘户住房改造困难。

(四)脱贫攻坚内生动力仍显不足

在调研中,各地普遍反映当前的扶贫政策都是真金白银,对贫困地区和贫困人口给的越来越多,帮的越来越实,但相比之下,如何激发脱贫攻坚的内生动力仍是亟需补齐的短板。新疆反映,有的贫困县自我发展的内生动力欠缺,仍习惯性地依赖外部扶持;山西、安徽等省反映,一些地方帮扶方式方法简单,只注重短期增收,重“帮”轻“扶”,简单给钱给物的多,可持续发展关注不够,针对贫困人口致贫原因对症下药、培养“造血”能力的措施少;广东反映,少数贫困村基层党组织软弱涣散,带领群众脱贫致富能力不足,激发群众内生动力办法不多;四川反映,有的基层干部能力素质还不能适应脱贫攻坚的需要,主动担当意识不强,存在不敢干、不会干等问题。同时,各地普遍反映,一些贫困群众主动致富意愿不强,过度依赖帮扶政策,自身参与的积极性、主动性不高,个别贫困群众甚至存在“你不帮,我不动”现象;山西、青海、西藏等省区反映,有的贫困群众思想观念比较落后,旧风俗、旧习惯短期内难以改变,“等靠要”思想依然存在;江西、青海等省反映,一些有劳动能力却不愿劳动的懒汉,躺在脱贫优惠政策上不劳而获,导致“边缘户”心理落差和抵触越来越大,在一些地方已经形成了新的干群矛盾。

(五)扶贫资金的使用管理仍需进一步改进

一是扶贫资金监管粗放。调研组发现,各地在扶贫资金使用中的精准度仍有待加强。西藏反映,部分地(市)存在资金需求大支撑不足和资金拨付进度缓慢、使用率较低并存的问题。各地都不同程度地存在打着脱贫攻坚旗号大举发债的倾向。广东反映,有的地方对社会扶贫资金管理滞后,资金使用不合规。二是涉农资金整合推进不畅,地方配套难度大。贵州反映,有的地方对整合政策理解不够深、不够透,始终存在顾虑,担心资金一旦整合,次年上级部门不再分配资金或减少资金量,有的地方担心出现审计风险。一些项目需要地方配套资金,由于地方财力有限,资金配套存在较大压力,再加上困难群众无力投入,资金筹集存在一定困难。三是金融扶贫政策仍需完善。西藏反映,金融扶贫存在结构性信贷难问题,农业新型经营主体获贷难。有的地方扶贫小额贷款用途监管不严,未能有效助推产业发展,有些贫困户将扶贫小额贷款用于建房、买房或装修房子,有些贫困户将小额信贷用于投资入股分红,但未参与企业生产和管理,存在风险隐患。如调研组在山西、青海等省发现存在贫困户将扶贫小额贷款借给龙头企业或合作社使用的情况。

(六)作风建设仍需加强

调研中,各地普遍反映,当前脱贫攻坚工作中形式主义、官僚主义、弄虚作假、急躁和厌战情绪以及消极腐败现象仍不同程度存在。一是工作落实还有差距。有的乡、村两级压力不够、紧迫感不强,个别地区“上热下凉”的现象依然存在。一些地方落实中央扶贫部署仅注重关注短期效应,对脱贫后的工作研究重视不够。有的地方脱贫后就脱管理,动态调整工作不扎实,没有及时将返贫户重新纳入帮扶。二是扶贫领域违规违纪现象时有发生。极少数地方基层干部在贫困户识别和帮扶过程中仍存在优亲厚友以及截留、挪用、侵占、贪污扶贫资金等不正之风和腐败问题，群众意见强烈。三是形式主义仍然存在。当前，各省区仍不同程度地存在算账脱贫、突击脱贫甚至虚假脱贫现象，同时“等待观望”、“应退不退”等苗头性问题渐显，“急躁症”和“拖延症”并发。各地普遍反映，一些评估和检查过于形式化，甚至带有地方攀比的色彩，甚至在一些地区的省际或地区内部交叉检查中出现负向激励现象。广东反映，在实际工作中不同程度地存在“三多三少”（填表报数多、研究工作少；检查考核多、对症下药少；会议部署多、行动落实少）的现象；贵州反映，当前在关心一线扶贫干部工作、生活和心理健康方面还缺乏有效措施，有考核机制却缺乏正向的激励机制。

（七）巩固脱贫成果任重道远

贫困地区摘帽退出后仍将长期处于经济欠发达、发展相对落后的状况，持续稳定增收基础仍很薄弱，自我发展能力不强，如何实现可持续发展还有很长的路要走。一是脱贫群众创收增收渠道单一。不少地方脱贫群众的收入构成不合理，转移性收入占到50%以上，经营性收入占比不到20%，属于政策性脱贫，增收渠道狭窄，存在政策性返贫的风险。如青海省藏区农牧民转移性收入占比达60%以上。四川凉山州反映，随着经济下行压力加大，外出务工人员找不到工作返乡现象开始出现，转移就业和增收难度大，一些靠外出打工脱贫的贫困人口再次返贫。二是不少脱贫县存在债务风险。一些贫困县负债推进工作，存在政府债务风险，脱贫摘帽后还本付息压力极大。如贵州省赤水市在脱贫攻坚补短板上投入资金33.73亿元，其中市级自筹资金大部分为举债，后续还清欠账压力大。三是“软实力”薄弱仍是突出短板。目前，各级干部到贫困县乡村“挂职”“包村包户”等都是暂时性措施，人力资源短缺问题在贫困地区仍普遍存在。受生活条件、个人待遇、工作环境等因素影响，优秀人才不愿来、也留不住，专业技术人员比较缺乏，特别是医疗卫生、教育等部门的人才严重短缺。如甘肃省甘南州的迭部县在2010年和2011年先后面向全国招录了79名紧缺学科的教师，并在住房、安置补贴等方面提供了很多优惠条件，但目前已有40名先后辞职或调离。脱贫地区虽然基础设施面貌发生了根本性变化，但大部分地区仍未解决长期存在的人才“引不来、留不住”问题，即“人才下沉”问题。此外，广东、青海、安徽等省反映，贫困线标准附近的低收入群体增收和发展问题应高度重视，该群体极易形成新的贫困人口；湖北反映，虽然中央明确脱贫后要有3—5年的扶贫政策稳定期，但长远看，不解决长效机制的问题，不走出良性发展的路子，贫困地区和贫困人口返贫的压力仍将长期存在。

三、坚决打赢脱贫攻坚战

打赢脱贫攻坚战，到2020年如期全面建成小康社会，始终是习近平总书记和党中央的牵挂，也是中国共产党向全世界和全国人民的庄严承诺。在后续脱贫攻坚战中，要继续全面贯彻习近平新时代中国特色社会主义思想和党的十九大精神，认真学习领会习近平总书记关于扶贫工作的重要论述，坚持按照党中央已经明确的目标标准和政策举措，进一步聚焦深度贫困地区、特殊困难群体和影响“两不愁三保障”的突出问题，采取超常规举措，拿出过硬办法，举全国之力，确保如期完成脱贫攻坚任务。

（一）坚持以高度的政治责任感推进脱贫攻坚

一是提高打赢脱贫攻坚战重大意义的认识。打赢脱贫攻坚战是全面建成小康社会的底线任务，是当前“三农”工作的重中之重、急中之急，也是实施乡村振兴战略的基础。各级政府要进一步增强“四个意识”，明确政治责任和使命担当，坚持问题导向，强化交总账意识，以高度的责任感和时不我待的紧迫感，狠抓责任落实和工作落实，咬定目标使劲干，坚决打赢脱贫攻坚战。二是按标准做好脱贫退出工作。各地要以脱贫实效为依据，以群众认可为标准，严格按照国家贫困退出标准和程序，实施贫困县、贫困村和贫困人口的有序退出，确保脱贫成果经得起历史和实践检验。在具体工作中，既要避免因按照“计划指标”整村出列而造成贫困户错退问题，又要克服贫困户识别与退出双重标准，避免扶贫政策福利化、扩大化、过度化的倾向。三是做好与乡村振兴战略衔接。实施乡村振兴战略，摆脱贫困是前提。脱贫攻坚期内，贫困地区乡村振兴主要任务是脱贫攻坚，要保持攻坚力度和政策强度不减，确保目标不变，靶心不散。已脱贫的地区要利用好乡村振兴相关支持政策优先在脱贫摘帽县实施的时机，重点抓好巩固提升，确保稳定脱贫。民族地区要利用好国家实施民族地区专项规划的有利时机，加快落实《“十三五”促进民族地区和人口较少民族发展规划》和《兴边富民行动“十三五”规划》,全面改善生产生活条件。

（二）集中力量支持深度贫困地区脱贫攻坚

一是加快补齐基础设施建设的短板。要优化中央基建投资支出结构,聚焦深度贫困地区,统筹安排地方政府专项债券等各类财政性建设资金,重点加强对深度贫困地区交通、水利、通讯、电力等基础设施建设任务的支持力度,着力改善深度贫困地区群众生存和发展条件。要严格落实国家在贫困地区安排的公益性建设项目取消县级和西部连片特困地区地市级配套资金的政策,加大中央和省级投资比重,切实减轻贫困地区配套压力。二是着力推进基本公共服务均等化。要继续加大对教育、卫生、住房、饮水等民生工程的投入力度,确保基本公共服务主要领域指标接近全国平均水平。要深入实施健康扶贫,着力做好地方病的预防和救治工作。要继续加大教育扶贫力度,着力改善义务教育薄弱学校基本办学条件,推动远程教育建设和乡村教师队伍建设,落实好各项教育扶贫助学政策,探索在深度贫困地区全面普及从小学到高中的 12 年义务教育,全力阻断贫困的代际传递。三是强化要素投入保障。要继续加大金融、土地等政策的倾斜力度,依法加快审批进程,保障深度贫困地区脱贫攻坚项目及时立项推进。要全面提高深度贫困地区公务员、乡村教师、医生等待遇水平,提高深度贫困地区对人才的吸引力。要加大东部地区和中央单位对深度贫困地区的帮扶支持,动员全社会力量参与深度贫困地区脱贫攻坚。

（三）推动贫困地区建立可持续发展的产业体系

一是国务院有关部门应尽快开展扶贫产业产能调查、产业结构性风险调查,坚持产业扶贫与产业区划、规模和现有基础相统筹,扶持特色优势产业发展,加强社会化服务,推动各地立足自身资源禀赋、产业基础和市场需求,处理好发挥优势和补齐短板的关系。二是要坚持立足当前、着眼长远,将短平快、立竿见影的扶贫项目与长期稳定脱贫的产业结合起来,特别是要重视生产生态协调发展,探索研究破解自然保护区等生态敏感区内实施脱贫攻坚项目的难题,统筹推进生态文明建设和脱贫攻坚,加快发展生态经济,让贫困人口在生态文明建设中受益。三是要引导特色农产品走品牌化、高端化的发展道路,避免产业扶贫的同质化、短期化和低端化倾向,推动完善新型农业经营主体与贫困户联动发展的利益联结机制,推广股份合作、订单帮扶、生产托管等有效做法,实现贫困户与现代农业发展有机衔接。四是结合实施乡村振兴战略以及民族地区专项规划,加快推进贫困乡村提升工程,推动村级集体经济多渠道、多形式、多元化发展,支持少数民族特色村寨保护与发展,通过多种手段实现各族群众稳定增收,不断增强集体经济对脱贫致富的带动作用。

（四）切实解决脱贫攻坚中的突出问题

一是着力提升医疗保障水平。要严格落实健康扶贫各项政策措施,进一步健全新农合、大病保险、民政救助、商业补充保险等制度衔接机制,切实落实好县域内先诊疗后付费和“一站式”结算制度。要保障乡镇、村卫生室常用药品供给,加强药品监管,采用有效措施遏制农村医药费用不合理增长,切实减轻农民医药费用负担。要加强对建档立卡贫困人口医疗救助托底保障政策实施效果的评估,有效发挥保障功能,尽量减少负面效应。同时,要着力建立长效的因病返贫预防机制,解决好 2020 年后看病费用、技术、人才等一系列要素的补充问题。二是做好易地扶贫搬迁的后续帮扶工作。要认真落实易地扶贫搬迁相关政策要求,重点强化搬迁户后续扶持措施,保证搬迁户后续帮扶措施的全覆盖,并加强后续扶持措施持续增收能力的研究和论证,杜绝一搬了之。要坚持易地扶贫搬迁与产业扶贫同步谋划、同步建设和同步协调,切实做到扶贫搬迁与产业发展同步推进。三是继续强化资金投入和监管。要根据脱贫攻坚的需要继续加大扶贫资金的投入,确保财政投入与脱贫攻坚任务相适应。中央财政应进一步加大对贫困地区的一般性转移支付力度,逐步扩大地方政府对专项资金的整合使用权力,并从程序上和制度上推动由资金使用去向监管向资金使用效率监管转变,提高扶贫资金使用效率。要健全地方建设项目和资金管理,强化财政约束,从严审核把关,抑制贫困县不具有还款能力的项目建设,对已经形成的债务负担要尽快化解。要依据农户家庭特性和生产发展需求,拓宽小额信贷覆盖范围,规范小额信贷发放和监管程序,引导贫困户合理信贷,降低农户信贷风险。要探索将社会扶贫投入纳入监管范围,以确保社会扶贫资源实现优化配置。

（五）进一步激发贫困人口内生动力

一是坚持开发式扶贫和保障性扶贫相统筹。要把开发式扶贫作为脱贫基本途径,并针对致贫原因和贫困人口结构,加强和完善保障性扶贫措施,造血输血协同,发挥两种方式的综合脱贫效应。二是完善激励约束机制。对自力更生、主动脱贫的人员给予物质和精神奖励,形成正向激励作用;对尚有劳动能力却无所作为的贫困群众应减少资金和物质的直接给予,着力引导其增强脱贫的参与性和能动性;对"因懒致贫、因赌致贫、因婚致贫、因子女不赡养老人致贫"等不良现象,要因户施策教育惩戒,杜绝不良导向。三是继续强化教育引导和典型引路。要有针对性地加强对贫困地区婚姻、教育等观念的改造,通过文化、教育、科技等多领域全方位的帮扶,促进观念的互通和思路的改变。要深入推进扶贫扶志行动,继续加强思想教育、文化教育,提高脱贫动力和能力;要加强典型引导,组织开展脱贫示范户创建活动,深入挖掘脱贫典型的精神内涵,用身边的事教育身边的人,让贫困群众有目标、有方向,推动群众"敢脱贫"、"勇脱贫"。

(六)进一步加强作风建设

一是切实减轻基层扶贫工作负担。要大幅减少各级考核频次,杜绝重复无效的调研和表格资料"创新",合理安排检查任务,给基层留足工作时间。二是严格监督检查。要持续保持常态化督察态势,狠抓扶贫领域腐败和作风问题专项治理,强化监督执纪问责力度,压实基层干部帮扶责任,严惩精准扶贫中的徇私舞弊行为。要树立正确的监督考核评估导向,确保精准扶贫的监督考核评估机制发挥应有的作用。三是充分发挥基层党组织和基层扶贫干部的主动性和积极性。要进一步发展完善乡村政权和基层党组织,抓好乡村治理体系建设,充分发挥农村基层党组织战斗堡垒作用。要完善村级组织运转经费保障机制,健全党组织领导下的村民自治机制,切实提高村委会组织实施能力。要扎实抓好驻村帮扶工作,组织实施扶贫干部能力提升工程,加强对驻村工作指导和扶贫干部培训。要真正建立容错纠错机制,鼓励支持基层干部放开手脚做事,完善工资待遇、职位晋升等方面的激励政策,解决基层干部的后顾之忧。

(七)建立巩固脱贫成果的长效体制机制

一是保持政策稳定性。对退出的贫困县、贫困村和贫困人口,明确"摘帽不摘责任、摘帽不摘政策、摘帽不摘帮扶、摘帽不摘监管"的具体要求,稳定后续帮扶政策措施,防止运动式脱贫、贫困地区和贫困人口再次返贫。二是实施动态管理。要加强对贫困人口动态管理,积极预防返贫,实现由找准帮扶对象向精准帮扶稳定脱贫转变,确保应纳尽纳。要尽快解决2018年中央经济工作会议提出的边缘贫困人口缺乏政策支持的问题,研究制定支持边缘贫困人口的发展政策,进一步强化和完善非贫困地区脱贫帮扶体系,总结推广贫困地区脱贫帮扶模式和运行机制,统筹推进脱贫攻坚帮扶措施,确保脱贫攻坚全覆盖。三是加快建立人才队伍建设的长效机制。要解决教师、医生等优质人力资源难以"下沉"到贫困地区的突出问题,制定并落实真正具有吸引力的引进和留住人才的激励机制,鼓励优秀人才长期扎根贫困地区工作。要注重加强本地人才的培养力度,注重人才实用性,通过定向招生、委托培养等方式,为贫困地区多培养急需、紧缺的专业人才,为贫困地区的乡村振兴做好长期的人才储备。四是尽早启动2020年后的减贫战略研究。要立足于第二个百年目标,着手研究2020年后的减贫政策,研究构建市场化手段为主、行政手段为辅的农村减贫和农民增收长效机制,探索构建农村减贫和城市减贫并重、全面统筹的城乡贫困治理体系。五是积极推动扶贫开发立法。要将脱贫攻坚战中行之有效的经验上升为法律法规,做好脱贫攻坚的制度设计和创新,将中央决策部署转化为具体的制度规范,为脱贫攻坚提供法制保障。

关于 2018 年度环境状况和环境保护目标完成情况的报告

——2019 年 4 月 21 日在第十三届全国人民代表大会常务委员会第十次会议上

生态环境部部长 李干杰

全国人民代表大会常务委员会:

按照环境保护法规定和全国人大常委会安排,受国务院委托,现就 2018 年度环境状况和环境保护目标完成情况报告如下,请审议。

过去的 2018 年是我国生态环境保护事业发展史上具有里程碑意义的一年。全国生态环境保护大会胜利召开,习近平总书记出席会议并发表重要讲话,李克强总理作工作部署。党中央、国务院对加强生态环境保护、提升生态文明、建设美丽中国作出一系列重大决策部署。*在理念引领方面*,全国生态环境保护大会正式确立习近平生态文明思想,为推进美丽中国建设、实现人与自然和谐共生的现代化提供了方向指引和根本遵循。*在顶层设计方面*,中共中央、国务院印发《关于全面加强生态环境保护坚决打好污染防治攻坚战的意见》,明确打好污染防治攻坚战的路线图、任务书、时间表。*在法治保障方面*,十三届全国人大一次会议表决通过宪法修正案,把新发展理念、生态文明和建设美丽中国的要求写入宪法,为努力实现这一宏伟奋斗目标提供了有力的宪法保障。*在机构改革方面*,加强和完善生态环境保护职能,进一步优化相关部门生态环境保护职责。新组建生态环境部,统一行使生态和城乡各类污染排放监管与行政执法职责,同时组建生态环境保护综合执法队伍。

十三届全国人大常委会为全面加强生态环境保护、坚决打好污染防治攻坚战发挥了重要指导和推动作用。2018 年,把大气污染防治法执法检查作为监督工作的重中之重,栗战书委员长亲自担任执法检查组组长,并带队进行实地检查。经党中央批准,十三届全国人大常委会专门加开第四次会议,听取和审议大气污染防治法执法检查报告,作出《全国人民代表大会常务委员会关于全面加强生态环境保护依法推动打好污染防治攻坚战的决议》(以下简称《决议》),以法律的武器治理污染,用法治的力量保护生态环境。

各地区各部门以习近平新时代中国特色社会主义思想为指导,全面贯彻党的十九大和十九届二中、三中全会精神,深入贯彻习近平生态文明思想和全国生态环境保护大会精神,按照党中央、国务院决策部署,蓝天、碧水、净土保卫战全面展开,污染防治攻坚战取得重大进展,生态环境状况明显好转。

一、2018 年生态环境状况

全国大气和水环境质量进一步改善,土壤环境风险得到基本管控,生态系统格局整体稳定,核与辐射安全水平巩固提升,环境风险态势保持稳定。总的来看,我国生态环境质量持续改善,出现稳中向好趋势,但成效并不稳固,稍有松懈就有可能出现反复。

(一)大气环境状况。全国 338 个地级及以上城市中有 121 个城市达标,占 35.8%;全年优良天数比率 79.3%,重度及以上污染天数比率 2.2%;细颗粒物($PM_{2.5}$)年均浓度 39 微克/立方米,超标 11.4%;可吸入颗粒物(PM_{10})年均浓度 71 微克/立方米,超标 1.4%;二氧化硫(SO_2)、二氧化氮(NO_2)、臭氧(O_3)、一氧化碳(CO)年均值达标。主要有以下特点:

*一是空气质量继续改善,污染程度有所减轻。*全国 338 个地级及以上城市优良天数比率同比提高 1.3 个百分点,重度及以上污染天数比率同比下降 0.3 个百分点,空气质量达标城市同比增加 22 个;$PM_{2.5}$浓度同比下降 9.3%,“十三五”以来累计下降 22%;SO_2 浓度同比下降 22.2%,NO_2 浓度同比下降 6.5%,O_3 浓度同比上升 1.3%,CO 浓度同比下降 11.8%。重污染天气过程的峰值浓度、污染强度、持续时间和影响范围均明显降低。

*二是重点区域明显好转,秋冬季重污染依然多发。*京津冀及周边地区、长三角地区 $PM_{2.5}$浓度同比分别下降 11.8%、10.2%,其中,北京市 $PM_{2.5}$ 浓度为 51 微克/立方米,同比下降 12.1%。汾渭平原 $PM_{2.5}$浓度同比下降 10.8%,扭转了 2015 年以来连续恶化的趋势。但是,京津冀及周边地区、汾渭平

原 $PM_{2.5}$ 年均浓度分别超标 71.4%、65.7%，仍然处于高位，秋冬季以来多次发生重污染天气过程。

三是大气污染治理日趋复杂，空气质量大幅改善难度加大。京津冀及周边地区 $PM_{2.5}$ 的多种组分均有不同幅度下降，硝酸盐超过硫酸盐成为 $PM_{2.5}$ 最主要的二次无机组分；同时 O_3 浓度普遍上升，氮氧化物和挥发性有机物防治问题更加凸显。随着大气污染治理边际递减效应逐步显现，产业、能源、运输结构调整优化还需要一个过程，继续大幅改善空气质量的难度加大。

（二）水环境状况。全国地表水国控断面Ⅰ—Ⅲ类水体比例 71%，劣Ⅴ类水体比例 6.7%。主要有以下特点：

一是地表水水质持续改善，主要指标同比向好。全国地表水Ⅰ—Ⅲ类水体比例同比提高 3.1 个百分点，劣Ⅴ类水体比例同比降低 1.6 个百分点。36 个重点城市（直辖市、省会城市、计划单列市）黑臭水体治理对水环境质量改善效果明显，涉及的 101 个国控断面中，Ⅰ—Ⅲ类水体比例同比提高 3 个百分点，劣Ⅴ类水体比例同比降低 4.9 个百分点。

二是重点流域水质稳中向好，部分流域有所波动。长江、黄河、珠江等十大流域Ⅰ—Ⅲ类水质断面比例同比提高 2.5 个百分点，劣Ⅴ类水质断面比例同比降低 1.5 个百分点。其中，长江流域Ⅰ—Ⅲ类水质断面比例为 87.5%，同比提高 3 个百分点；劣Ⅴ类水质断面比例为 1.8%，同比降低 0.4 个百分点。辽河和松花江流域Ⅰ—Ⅲ类水体比例同比下降、劣Ⅴ类水体比例同比上升，水质有所下降。

三是重点湖库水质有所好转，水生态环境问题依然突出。开展监测的 111 个重点湖库中，水质优良（Ⅰ—Ⅲ类水质）湖库占 66.7%，同比提高 4.2 个百分点；劣Ⅴ类水质湖库占 8.1%，同比降低 2.6 个百分点。总磷仍是重点湖库的首要污染物。巢湖、滇池累计水华面积同比增加。

（三）海洋环境状况。我国管辖海域海水水质维持较好水平，夏季符合一类标准的海域面积占 96.3%。全国近岸海域水质优良（一、二类水质）比例为 74.6%，同比提高 6.8 个百分点。渤海近岸海域水质一般，主要污染指标为无机氮。9 个重要河口海湾中，北部湾水质为优，胶州湾水质良好，辽东湾水质变差，其他河口海湾水质基本保持稳定。持久性有机污染物、微塑料等新型污染问题逐步显现。

（四）土壤环境状况。全国土壤环境风险管控进一步强化，部分地区耕地土壤污染加重趋势得到初步遏制。污染地块再开发利用环境风险依然存在，部分重有色金属矿区周边耕地土壤重金属问题突出，固体废物及危险废物非法转移、倾倒导致的土壤污染不可忽视。

（五）生态系统状况。全国生态状况总体呈改善趋势。森林覆盖率和草原综合植被盖度稳中有升。2018 年完成的全国生态状况评价显示，生态环境状况优良县域共 1561 个，同比增加 103 个。我国生态环境依然脆弱，局部区域因开发建设导致的生态退化等问题还比较严重，生物多样性下降的总趋势尚未得到有效遏制。

（六）核与辐射安全状况。全国核安全态势总体平稳。未发生国际核与辐射事件分级表 2 级及以上事件事故。放射源辐射事故发生率持续降低，稳定在万分之一以下。全国辐射环境质量和重点设施周围辐射环境水平总体良好。

（七）环境风险状况。全国环境风险态势保持稳定，环境风险管理得到加强。全年共发生各类突发环境事件 286 起，同比下降 5.3%。但环境安全形势依然严峻，涉危险化学品、危险废物、重金属等重大环境风险源大量存在，重大突发环境事件仍有发生。

二、生态环境保护目标和任务完成情况

2018 年，生态环境保护 9 项约束性指标年度目标全部完成，达到“十三五”规划序时进度要求。全国地级及以上城市空气质量优良天数比率为 79.3%，好于年度目标 0.3 个百分点；$PM_{2.5}$ 未达标地级及以上城市浓度下降 10.4%，好于年度目标 8.4 个百分点；全国地表水Ⅰ—Ⅲ类水体比例为 71%，好于年度目标 2.6 个百分点；劣Ⅴ类水体比例为 6.7%，好于年度目标 0.6 个百分点；二氧化硫、氮氧化物排放量同比下降 6.7%、4.9%，均超过下降 3% 的年度目标；化学需氧量、氨氮排放量同比下降 3.1%、2.7%，均超过下降 2% 的年度目标；单位国内生产总值二氧化碳排放量下降 4%，好于年度目标 0.1 个百分点。

过去的一年，各地区各部门扎实推进污染防治攻坚战，协同推进经济高质量发展和生态环境高水平保护，主要做了以下工作。

（一）继续加强生态环境立法和督察执法。国务院各有关部门认真贯彻《决议》要求，制定落实方案；贯彻落实新颁布的核安全法和新修订的水污染防治法等相关法律。配合全国人大常委会制定土

壤污染防治法,修改环境影响评价法、环境噪声污染防治法等,开展大气污染防治法、海洋环境保护法执法检查。配合开展长江保护法立法调研,推进固体废物污染环境防治法等法律修订工作。国务院办公厅印发《关于开展生态环境保护法规、规章、规范性文件清理工作的通知》,各地区各部门共完成1.1万余件相关文件清理。加快完善危险废物经营许可管理、报废机动车回收管理等方面制度。

分两批对河北等20个省(区)开展中央生态环境保护督察"回头看",公开通报103个典型案例,推动解决7万多个群众身边的生态环境问题。针对一些地区和企业存在的突出问题,开展机动式、点穴式专项督察。严格生态环境监管执法,全国实施行政处罚案件18.6万件,罚款数额152.8亿元,同比增长32%。严厉打击各类环境犯罪活动,各地侦破环境犯罪刑事案件8000余起。落实生态环境保护行政执法与刑事司法衔接制度,联合挂牌督办、现场督导大案要案。协同推进生态环境公益诉讼,各级人民法院共受理社会组织和检察机关提起的环境公益诉讼案件1800多件。

(二)全面推进蓝天保卫战。国务院印发实施《打赢蓝天保卫战三年行动计划》。成立京津冀及周边地区大气污染防治领导小组,建立汾渭平原大气污染防治协作机制,完善长三角区域大气污染防治协作机制。发布实施《柴油货车污染治理攻坚战行动计划》。推进重点区域秋冬季大气污染综合治理攻坚,开展蓝天保卫战重点区域强化监督,向地方政府交办涉气环境问题2.3万个。全国实现超低排放的煤电机组约8.1亿千瓦,占煤电总装机容量的80%。非化石能源消费比重达到14.3%。北方地区冬季清洁取暖试点城市由12个增加到35个,完成散煤治理480余万户,确保群众温暖过冬和清洁取暖。在重点区域启动钢铁行业超低排放改造。加强"散乱污"企业及集群综合整治,推进燃煤锅炉节能减排。煤炭等大宗物资运输加快向铁路运输转移,铁路货运量同比增加9.1%。推动老旧机动车报废更新。进一步扩大船舶排放控制区范围,推进岸电建设与使用。全国全面供应符合国六标准的车用汽柴油,实现车用柴油、普通柴油、部分船舶用油"三油并轨"。强化区域联防联控,切实做好重污染天气应对。

(三)着力推进碧水保卫战。深入实施《水污染防治行动计划》。制定实施城市黑臭水体治理、渤海综合治理、长江保护修复、水源地保护、农业农村污染治理攻坚战行动计划或方案。推进全国集中式饮用水水源地环境整治,1586个水源地6251个问题整改完成率达99.9%。开展城市黑臭水体治理专项行动,36个重点城市1062个黑臭水体中,1009个消除或基本消除黑臭。国务院办公厅印发《关于加强长江水生生物保护工作的意见》。出台中央财政促进长江经济带生态保护修复奖励政策实施方案。完成长江干线1361座非法码头整治。国务院印发实施《关于加强滨海湿地保护严格管控围填海的通知》。11个沿海省份编制实施近岸海域污染防治方案。开展湾长制试点。加强农业面源污染防治,支持300个市县开展化肥减量增效示范,深入实施农膜回收行动和东北地区秸秆处理行动。加快推进农村人居环境整治,总结推广浙江"千村示范、万村整治"经验,全年完成2.5万个建制村环境综合整治。

(四)稳步推进净土保卫战。全面落实《土壤污染防治行动计划》。做好农用地土壤污染状况详查,完成样品采集和分析测试工作。开展涉重金属行业污染耕地风险排查整治,加强建设用地土壤污染风险管控,推进土壤污染防治试点示范建设。国务院办公厅印发《"无废城市"建设试点工作方案》。推进生活垃圾分类处置和非正规垃圾堆放点整治。坚定不移推进禁止洋垃圾入境,集中打击洋垃圾走私,2018年全国固体废物进口量同比减少46.5%。严厉打击固体废物及危险废物非法转移和倾倒行为,挂牌督办的1308个突出问题中1304个完成整改。推进垃圾焚烧发电行业达标排放,存在问题已全部完成整改。

(五)大力开展生态保护和修复。初步划定京津冀、长江经济带11省(市)和宁夏回族自治区等15个省份生态保护红线,山西等16个省份基本形成划定方案。国家公园体制试点稳步推进。国家级自然保护区增加到474处。实施退耕还林还草、退牧还草工程。整体推进大规模国土绿化行动,完成造林绿化1.06亿亩。恢复退化湿地107万亩,新增水土流失治理面积5.4万平方公里。推进第三批山水林田湖草生态保护修复工程试点工作。开展"绿盾2018"自然保护区监督检查专项行动。

(六)严格核与辐射安全监管。开展"核安全法实施年"活动。全面实施核安全监管综合管理体系。依法严格核设施安全监管,聚焦核设施运行风险,保障45台运行核电机组、19座民用研究堆和临界装置等运行安全,11台在建核电机组质量受控。加强核安全基础能力建设,继续推进国家辐射环境监测网络自动站建设。开展核安全国际合作。

（七）建立健全绿色低碳循环发展的经济体系。印发生态环境领域进一步深化“放管服”改革推动经济高质量发展的指导意见。推动绿色金融发展，实施创新和完善促进绿色发展价格机制的意见。推广绿色包装、绿色回收，推进绿色低碳产品认证。编制长江经济带11省（市）及青海省“三线一单”（生态保护红线、环境质量底线、资源利用上线和生态环境准入清单），引导和优化产业布局。修订产业结构调整指导目录，发布产业发展与转移指导目录。全年压减粗钢3500万吨以上、退出煤炭落后产能2.7亿吨，提前完成“十三五”目标任务。资源循环利用基地建设有序推进，单位国内生产总值能耗同比下降3.1%。推动实施绿色制造重点建设项目，大力推广新能源汽车。推进温室气体与污染物协同治理，开展各类低碳试点示范。积极参加《巴黎协定》实施细则谈判，推动联合国卡托维兹气候变化大会达成一揽子全面、平衡、有力度的成果。

（八）加快落实生态环境改革措施。全面推开省以下生态环境机构监测监察执法垂直管理制度改革工作，实施按流域设置生态环境监管和行政执法机构。推进国家生态文明试验区建设。开展生态环境损害赔偿制度改革。全面推行领导干部自然资源资产离任审计工作。出台建立市场化、多元化生态保护补偿机制行动方案。开展自然资源资产负债表编制试点工作。推进环境信息强制性披露制度改革。实施控制污染物排放许可制，累计完成18个行业3.9万多家企业排污许可证核发。落实《关于深化环境监测改革提高环境监测数据质量的意见》，通报山西临汾等地监测数据造假等反面典型案例。

（九）进一步强化各项保障措施。中央财政加大投入力度，安排生态环境保护及污染防治攻坚战相关资金2555亿元。扎实推进第二次全国污染源普查。圆满完成1881个国家地表水水质自动站新建和改造工作，顺利完成空气质量自动监测状态转换。强化重点区域大气污染防治气象保障服务能力建设。现行有效国家环境保护标准达到1970项。深入实施大气重污染成因与治理攻关项目，对京津冀及周边地区、汾渭平原及雄安新区进行长期驻点研究和“一市一策”技术指导。完善公众监督、举报反馈和奖励机制，全国首批124家环保设施和城市污水垃圾处理设施向公众开放。扎实开展绿色“一带一路”建设相关工作，稳步推进环境国际公约履约。

我们也清醒认识到，我国生态环境保护形势依然严峻，打好污染防治攻坚战面临多重挑战。一是面对经济下行压力加大，部分地方抓好生态环境保护的劲头发生了松动，将经济下行压力简单归结于环境监管过严的模糊认识有所抬头，放松环境监管的风险有所增加。二是环境治理越来越要啃硬骨头，一些问题解决的难度在加大。部分地区仍对传统产业存在路径依赖，结构性污染问题突出。生态环境风险依然较高，突发环境事件时有发生。三是有的地方、有的领域环境治理基础薄弱，工作难度较大。城乡发展和环境治理不平衡，农村地区环境基础设施建设严重滞后，一些地方农村人居环境仍然存在“脏乱差”现象。四是生态环境队伍薄弱，尤其是基层专业人员缺乏，管理的科学化、精细化、信息化水平亟待提高。五是生态环境质量持续改善的基础还不稳固，受自然条件变化影响较大，需要用更多更大的减排量抵消不利气象条件带来的负面影响。我们将正视这些问题和挑战，保持加强生态文明建设的战略定力，不能放宽放松，更不能走“回头路”，保持攻坚力度和势头，扎实推进污染防治攻坚战。

三、2019年生态环境保护工作安排

2019年是新中国成立70周年，是打好污染防治攻坚战、决胜全面建成小康社会的关键一年。生态环境保护工作将坚持以习近平新时代中国特色社会主义思想为指导，按照党中央、国务院决策部署，坚守阵地、巩固成果，保持定力，不动摇、不松劲、不开口子，坚定不移深入贯彻习近平生态文明思想，坚定不移全面落实全国生态环境保护大会精神，坚定不移打好污染防治攻坚战，坚定不移推进生态环境治理体系和治理能力现代化，坚定不移打造生态环境保护铁军，做到稳中求进、统筹兼顾、综合施策、两手发力、点面结合、求真务实，聚焦打赢蓝天保卫战等七大标志性战役，严格监管与优化服务并重，引导激励与约束惩戒并举，加大工作和投入力度，进一步改善生态环境质量，让人民群众有更多更直接更实在的获得感、幸福感、安全感。

2019年度生态环境保护主要目标是：地级及以上城市空气质量优良天数比率提高到79.4%，$PM_{2.5}$未达标地级及以上城市浓度同比下降2%，地表水达到或好于Ⅲ类水体比例提高到71.3%，劣Ⅴ类水体比例下降到6%，化学需氧量、氨氮、二氧化硫、氮氧化物排放量同比分别下降2%、2%、3%、3%，单位国内生产总值二氧化碳排放量同比下降3.6%

左右。

为确保完成年度目标，我们将重点抓好以下工作。

（一）积极推动经济高质量发展。贯彻新发展理念，探索以生态优先、绿色发展为导向的高质量发展新路子。实施“一带一路”建设、京津冀协同发展、长江经济带发展、粤港澳大湾区建设、长三角区域一体化发展等国家重大战略，打造高质量发展“雄安样板”，推进海南生态文明试验区建设。实施国家节水行动。推进全国“三线一单”编制和落地。加快淘汰落后产能和化解过剩产能。实施工业污染源全面达标排放计划，积极推进重点行业排污许可证核发。加强绿色供应链建设，大力发展节能环保产业。深入实施积极应对气候变化国家战略。

（二）坚决打好污染防治攻坚战标志性战役。将打赢蓝天保卫战作为重中之重，突出重点区域、重点指标、重点时段、重点领域防控。扎实开展重点区域秋冬季攻坚行动。稳妥推进散煤治理，继续实施清洁取暖。坚决治理“散乱污”企业，积极推进钢铁行业超低排放改造。统筹“油、路、车”，加强柴油货车污染治理。有效应对重污染天气。深入落实《水污染防治行动计划》，系统推进水污染防治、水生态保护和水资源管理，保好水、治差水。全面实施城市黑臭水体治理、渤海综合治理、长江保护修复、水源地保护、农业农村污染治理攻坚战行动计划或方案。开展入河、入海排污口排查整治试点。启动城镇污水处理提质增效三年行动。推进建制村环境综合整治。贯彻落实土壤污染防治法，持续实施《土壤污染防治行动计划》，着力加强土壤环境风险管控。做好农用地详查成果集成。加强地下水污染防治，推进华北地区地下水超采综合治理。继续做好禁止洋垃圾入境推进固体废物进口管理制度改革工作。开展“无废城市”建设试点，实施废铅蓄电池污染防治行动方案。

（三）加强生态保护与修复。统筹山水林田湖草系统治理，加快国土绿化和生态保护修复进程。开展生态保护红线勘界定标，推进生态保护红线监管平台建设。开展长江经济带等重点区域生态状况调查评估。制定自然保护地生态环境监管办法。继续实施生物多样性保护重大工程。深入开展生态文明示范创建。做好《生物多样性公约》第十五次缔约方大会筹备工作。

（四）保障核与辐射安全。深入贯彻核安全法，加快核与辐射安全配套法规标准制修订，优化核安全体制机制，全面落实国家核安全政策。进一步规范和严格核电厂、研究堆与核燃料循环设施安全监管。加强放射性物品运输管理，推进历史遗留放射性废物处理处置，强化铀矿冶、伴生矿和电磁辐射安全监管。加快辐射环境监测网络建设。

（五）推进生态环境督察执法。配合做好水污染防治法、可再生能源法执法检查和后续整改落实，认真研究办理大气污染防治法、海洋环境保护法等有关执法检查报告及其审议意见，继续推动制定长江保护法，及时提请审议固体废物污染环境防治法草案。加快排污许可管理、生态环境监测等领域行政法规制修订。完善中央和省两级督察体系，启动第二轮中央生态环境保护督察。深入推进生态环境保护综合行政执法改革、省以下生态环境机构监测监察执法垂直管理制度改革，加快组建流域生态环境监管执法机构。严格生态环境保护执法，统筹安排强化监督，既督促解决好人民群众反映强烈的突出环境问题，又主动加强对企业治污的指导帮扶。

（六）完善支撑保障体系。加大生态环境治理投入力度，推行环境污染第三方治理，健全绿色金融、生态保护补偿机制。基本完成第二次全国污染源普查工作。深入开展大气污染成因与治理、长江流域生态保护与修复等重点领域科技攻关。进一步完善生态环境监测体系，强化监测数据质量管理。加快推动环境质量不达标地区依法制定和落实限期达标规划。开展生态环境保护相关配套制度、标准和技术规范的研究、评估和制修订。强化生态环境风险防范措施，妥善应对突发环境事件。加强生态环境宣传教育和舆论引导，广泛动员和鼓励公众参与。

长期以来，全国人大常委会高度重视、大力支持生态环境保护工作，不断加强立法、实施监督和执法检查，为改善生态环境质量、推进生态文明建设、建设美丽中国作出了重要贡献。我们将更加紧密地团结在以习近平同志为核心的党中央周围，在全国人大及其常委会监督支持下，进一步加大生态环境保护工作力度，坚决打好污染防治攻坚战，协同推进经济高质量发展和生态环境高水平保护，以优异成绩庆祝中华人民共和国成立70周年。

对 2018 年度环境状况和环境保护目标完成情况报告的意见和建议

4 月 22 日，十三届全国人大常委会第十次会议审议了生态环境部部长李干杰受国务院委托作的关于 2018 年度环境状况和环境保护目标完成情况的报告，共有 68 人次发言。现根据会议发言情况，将常委会组成人员和列席会议人员的主要意见整理如下。

出席人员普遍认为，2018 年是我国生态环境保护事业发展史上具有里程碑意义的一年。在以习近平同志为核心的党中央坚强领导下，国务院及其有关部门、地方各级政府认真学习贯彻习近平生态文明思想，贯彻落实党中央关于打好污染防治攻坚战重大决策部署和全国生态环境保护大会精神，全国生态环境质量进一步改善，总体趋势稳中向好，蓝天保卫战等标志性战役取得重大进展。大家指出，生态环境保护的成效并不稳固，稍有松懈就可能出现反复。要深入学习贯彻习近平生态文明思想，保持加强生态文明建设的战略定力，把贯彻新发展理念、转变发展方式作为治本之策，用好法律武器，强化全天候全流程全覆盖的监督管理，加大对环境污染违法犯罪行为的惩治力度，促进全社会共同行动、共同治理，推动我国生态环境质量持续改善。审议中，大家还提出了一些具体意见建议。

一、保持生态文明建设战略定力

许多出席人员提出，要坚持以习近平生态文明思想为指导，牢牢把握“四个一”的全局性要求，保持加强生态文明建设的战略定力，坚定不移打好污染防治攻坚战和生态保护持久战。有些出席人员提出，从以往经验看，环保工作取得阶段性成绩之后，往往会产生松劲情绪，特别是在当前经济下行压力较大的背景下，更容易以保经济增长为放松环境监管找理由、为污染企业开口子。应推动各级领导干部牢固树立绿色发展理念，把加强生态保护和污染治理作为倒逼经济结构调整、产业转型升级的动力，推动发展方式实现脱胎换骨的变化。有的出席人员提出，生态保护是系统工程，应当统筹结合我国工业化、城镇化发展进程，结合乡村振兴战略等重大发展战略，加强顶层设计，从长远发展的角度来谋划“治本”之策。有的出席人员认为，生态环境是一个有机整体，区域间、流域间密切关联，一荣俱荣、一损俱损。各地方应牢固树立一盘棋的思想，在联建联防联治上下功夫。

二、准确把握当前生态环境保护工作面临的形势

有些出席人员提出，我国生态环境保护工作取得显著成效，但也要保持头脑清醒，正确把握面临的形势任务，积极应对新情况新变化。有些出席人员提出，从 2018 年下半年开始，重化工业出现提速发展趋势，高耗能制造业投资增长较快，6 大高耗能行业的增加值增速连续 3 个季度高于规模以上工业增加值增速，对此应予以重视。有的出席人员提出，目前全社会对新型污染物的防治意识比较薄弱，潜在危害和风险不容忽视，如抗生素污染就容易导致难以应对的超级细菌。建议及早将新型污染物纳入到国家生态环境监测和治理工作中。有的出席人员提出，全球气候变化对生态环境保护带来巨大挑战，科学研究表明随着气候变化，过去作为碳汇的土壤可能变成碳源，近年来也出现了一些气候变化引发的新型生态灾害。应当高度重视对全球气候变化给环境带来的系统性风险，加强研究，未雨绸缪。有的出席人员提出，许多地方没有对环境治理的资金需求做过精细核算和规划，仅靠财政投入难以实现生态保护可持续发展。建议对生态环境领域资金需求和相关融资问题作深入调研。

三、全力做好污染防治攻坚重点工作

有些出席人员指出，目前的大气污染多数为复合型污染，但各地污染物排放不同，污染成因也有所不同。应注重推进大气污染治理工作精准化，因地制宜采取对策。有的出席人员提出，雾霾天气成因中既有人类活动的因素，也有自然气象的因素，目前对大气污染和雾霾天气的监测统计样本数量还不够大。建议进一步细化大气监测统计和分析

工作，更加精确地厘清雾霾成因，提高治理的针对性和有效性。有的出席人员认为，2015 年以来全国及重点区域臭氧年平均浓度上升很快，应尽快出台治理措施。

有些出席人员指出，目前地表水污染的突出问题主要有两个：一是城市生活污水收集管道建设滞后，普遍存在雨污不分离问题，加之管道陈旧、质量不高，跑冒滴漏严重，有的存在私搭乱接，有的是断头网、僵尸网，造成城市黑臭水体。二是农村生活污水直接排放，加剧农村水体污染。清除黑臭水体应着力在治理这两方面污染上下功夫。有些出席人员提出，村一级污水处理设施建设投资都在百万元以上，我国有近 4 万乡镇、近 70 万建制村，不可能做到村村都建污水处理厂。一些地方提出实现城市自来水达到直接饮用的目标，而饮用水只占居民日常用水 20%，脱离实际提高自来水质量，既不经济也不合理。建议根据我国发展阶段、资源禀赋、可持续发展要求等，确定合理的水污染治理目标。有的出席人员提出，我国城市应急备用水源不足，一旦出现突发性大范围水污染或持续干旱，容易引发供水安全事件；地下水监测体系尚未建立，局部地区地下水污染问题严重，有的地方重金属和有机有毒污染物超标，北方平原地区地下水超采问题突出，对此应引起高度重视。

部分出席人员建议加强固体废物污染防治工作。有的出席人员提出，近年来电动车保有量快速增长，多数电动汽车电池寿命是 5 至 7 年。建议把废旧电池处理提上重要日程，抓紧出台政策措施，明确电动车生产企业回收和无害化处理废旧电池责任，加大无害化和再利用技术攻关，对企业回收处理废旧电池给予合理补贴。有的出席人员认为，冬季北方城市主要依靠热电联产方式供暖，产生大量工业固废，只能运到填埋场或储灰场，浪费土地资源，还易产生二次污染。建议加快解决北方煤电企业工业固废治理和综合利用问题。有些出席人员指出，推进垃圾分类成效不尽如人意，瓶颈在于没有实现全过程、全链条分类回收处理。建议在精细化上下更大功夫，在大城市加快生活垃圾分时分类收集试点工作，积极组织社区居民作为志愿者参与垃圾分类工作。

部分出席人员建议进一步细化核安全监管工作。一些移动探伤、地质勘探、石油测井等核技术利用单位和放射性废物收贮单位在放射性物品运输方面存在薄弱环节，有的未取得放射性物品道路运输资质，有的运输车辆车况不佳，有的驾驶员和安全员未参加相关培训考核。建议生态环境和交通运输管理部门加强协调和执法，强化对放射性物品运输的监管。

四、加快能源结构调整

有些出席人员提出，短期内煤炭在我国能源结构中的“老大哥”地位难以取代，推进煤炭清洁高效利用是减少燃煤污染的重要举措。建议：(1)抓紧实现煤炭清洁运输。目前如内蒙古年产 10 亿吨煤，约 6 亿吨靠火车、汽车向外运输，是“以油运煤”。应加快发展坑口电厂，加大“北电南送”“西电东送”的力度，让煤炭更多转化为电能输送。(2)加强北方冬季散煤治理。散煤污染是电煤的 10 到 15 倍，目前每年北方农村冬季采暖消耗散煤 2 亿多吨，应加快替代和改造步伐。同时，全面推行煤改电、煤改气，政府财政和农户都承担不起。建议立足实际，重视推广先进适用的清洁采暖方式。

五、加强和改进环境执法工作

有些出席人员提出，近些年人大执法检查发现生态环境领域法律责任不落实问题突出，存在从上到下层层递减的现象。要切实增强各级政府及其职能部门依法治污的理念，加大法律实施力度，加快配套法规规章建设，确保落实政府和有关部门的监管责任，落实企业的防治污染的主体责任，人大也要依法履行监督责任。有些出席人员提出，大气、水等领域污染防治法律确立了排污许可制度，明确相关职能管理部门发放排污许可证的职责。检查中发现有的地方企业无证排污，重要原因是相关部门排污许可证发放进度较慢。建议进一步督促各级职能部门认真落实法定职责。有些出席人员提出，有些地方在环保执法中“一刀切”，在应对污染天气等工作中，不区分企业排放是否达标一律要求停产，一方面削弱企业自觉减排的积极性，另一方面也影响排放达标企业的正常经营。建议进一步落细落实环保执法工作，对手续齐全、排放达标的企业尽量避免采取停产措施，对有手续但排放暂不达标的企业积极提供减排方案和技术指导。

六、健全生态环境保护机制

有些出席人员提出，应深入研究生态保护和污染防治的经济、政治、社会、生态效益，加强成本效益分析，建立符合生态规律和经济规律的生态保护政策体系和工作机制。有些出席人员提出，绿色发展的体制机制已经有了框架，也取得了一些实践经验：一是建立绿色 GDP 指标体系，很多地方在政绩考核体系中大幅提高生态环保方面的指标权重；二是建立纵向和横向的生态补偿机制，除中央政府按照主体功能区规划给予生态保护重点地区财政补偿外，一些流域省份也根据上下游水质情况建立了横向补偿机制；三是建立环境权益交易市场和绿色金融体系，推动企业和其他社会主体主动减排；有的地方还对下属区县生态环境价值进行详细评估，承担生态保护职责的区县不仅享有受补偿的权益，还可以用这一权益到金融机构做质押贷款，探索绿色金融。同时应当看到，当前对绿色 GDP 的研究还不够，考核指标体系仍不完善，各类环境要素的生态价值和经济价值之间还没有完全打通，没有实现可比较、可交易。应继续下大力气探索生态价值的实现形式，强化制度改革创新，加快培育相关市场。有些出席人员提出，自然保护区建设面临不少机制难题：(1)有的保护区在设立之时考虑不周，把村庄、耕地、草场都划进去，现在要求搬迁、退耕、禁牧，实际上无法做到，也同保障农民土地权益的制度政策相冲突。建议认真调研，在建立以国家公园为主体的自然保护地体系中解决。(2)有的自然保护区同时是国家森林公园、国家重点风景区、5A 级景区，“一地多牌”情况给保护、管理、经营以及执法带来诸多矛盾；有的是各地在森林公园、风景区基础上自行确定的省级保护区，只是挂块牌子，实际保护工作无规划、无主题、无机构、无人员、无资金。建议对此深入调研，完善自然保护区管理机制。

七、改进年度环境情况和环保目标完成情况报告工作

有的出席人员提出，环境保护法明确规定各级政府应当加强环境保护宣传和普及工作，生态环境部的一项重要职责是组织指导和协调生态环境宣传教育工作，这方面的工作情况在报告中没有体现，建议今后予以改进。有的出席人员提出，国务院每年都要向全国人大常委会报告年度环境状况和环境保护目标的完成情况，建议加强对各年度报告内容和重点的谋划，在报告环境总体状况主要指标、主要任务完成情况的基础上，根据每年工作重点和社会关注的问题选择一两个方面作重点报告。

关于医师队伍管理情况和执业医师法实施情况的报告

——2019 年 4 月 21 日在第十三届全国人民代表大会常务委员会第十次会议上

国家卫生健康委员会主任　马晓伟

全国人民代表大会常务委员会：

受国务院委托，我向全国人大常委会报告医师队伍管理情况和《执业医师法》实施情况，请审议。

医师是卫生健康事业发展的基础，是保障人民健康、建设健康中国的重要力量。党和国家历来高度重视和关心医师队伍建设，特别是党的十八大以来，以习近平同志为核心的党中央把医师队伍建设摆在突出位置，作出一系列重大决策部署。习近平总书记在 2016 年全国卫生与健康大会上高度凝炼了医务工作者“敬佑生命、救死扶伤、甘于奉献、大爱无疆”的崇高精神，并在 2018 年首个“中国医师节”前夕作出重要指示，充分肯定广大医务人员的优秀业绩，号召各级党委政府和全社会关心爱护医务人员，勉励广大医务人员继往开来、再接再厉，为健康中国建设谱写新篇章。李克强总理非常关心医务人员，国务院批准设立了“中国医师节”。李克强总理多次主持召开国务院常务会议，研究部署医师队伍建设的重大问题和重点工作，要求深化执业医师制度改革，加强全科医生和乡村医生队伍建设，注重医德医风正面典型的宣传学习，更好地保障居民身体健康。孙春兰副总理多次研究医师队伍建设、管理、激励和薪酬待遇等工作，多次深入基层调研并看望一线医务人员。

一、主要工作和成效

在党中央、国务院的坚强领导下，卫生健康、教育、财政、人力资源社会保障等部门紧密配合，从行

业管理、教育培训、财政投入、职业发展、待遇保障、人员编制等方面入手，深入实施《执业医师法》，不断深化医师管理改革，全面加强医师队伍建设，取得了显著成效。截至 2018 年底，我国医师数量达到 360.7 万，年诊疗人次数达到 83.1 亿，分别较 1998 年增长 80.4%、290.1%，支撑起世界上最大的医疗卫生服务体系。广大医务人员积极响应党的号召，践行医改政策措施，弘扬崇高精神，全心全意为人民服务，积极投身疾病预防治疗、医学人才培养、医学科技发展和卫生援外等工作，涌现出一大批医学大家和人民好医生，为维护人民群众健康作出了贡献。特别是面对重大传染病威胁、抗击重大自然灾害时，广大医务人员临危不惧、义无反顾、勇往直前、舍己救人，赢得了全社会高度赞誉。经过不懈努力，截至 2018 年底，我国婴儿死亡率由 1998 年的 33.2‰下降到 6.1‰，孕产妇死亡率由 1998 年的 56.2/10 万下降到 18.3/10 万。居民主要健康指标优于中高收入国家平均水平。国际权威医学期刊《柳叶刀》对全球 195 个国家和地区医疗质量和可及性排名显示，1995 年我国位列第 110 名，2015 年提高到第 60 名，2016 年提高到第 48 名，是全球进步幅度最大的国家之一。

近年来，我们重点做了以下几方面工作：

（一）建立健全医师管理法律体系。1998 年 6 月 26 日，第九届全国人大常委会第三次会议审议通过《执业医师法》，这是我国第一部卫生专业技术人员法律。《执业医师法》确立了医师的准入管理、执业规则、考核培训等基本制度，具有里程碑意义。根据《执业医师法》，国务院公布施行《乡村医生从业管理条例》，国家卫生健康委会同有关部门相继公布《医师资格考试暂行办法》《医师执业注册管理办法》《关于医师执业注册中执业范围的暂行规定》《医师外出会诊管理暂行规定》《传统医学师承和确有专长人员医师资格考核考试办法》等部门规章和规范性文件，印发实施全国医疗卫生服务体系规划纲要、医药卫生中长期人才发展规划等一批专项规划和行动计划，对医师队伍建设提出了目标要求，政策措施不断完善。第十二届全国人大常委会第二十五次会议通过《中医药法》，对中医师的准入、管理和中医药服务作出专门规定，为保持和发扬中医药特色优势，推动传承创新提供了法律保障，进一步丰富完善了中国特色医师管理法律体系。

（二）全面提高医师队伍业务素质。深刻把握医学人才成长规律，立足基本国情，借鉴国际经验，持续加强医师管理和培养，努力造就高素质的医师队伍。一是提高医学院校教育质量。目前，全国共有医学类专业高校和职业院校 300 余所，2013—2017 年共毕业医学生 131.7 万人，其中本科以上学历超过 60%。2010—2018 年，中央财政支持中西部 70 余所医学院校为中西部乡镇卫生院培养本科层次全科医学人才，招生规模累计达 5 万余名，2015—2018 年已毕业 2 万余名，近 90% 的毕业生按协议到乡镇卫生院服务。二是优化医师准入管理。建立国家医师资格考试制度，合理设定学历、专业等考试报名条件，促进医学院校高质量办学，保证医师基本素质。面向城乡基层和紧缺专业，有针对性地实施乡村全科执业助理医师资格考试和短线专业加试，对医疗资源稀缺的边远地区单独划定合格分数线，鼓励医学生报考儿科、院前急救等专业，缓解医师短缺问题。实施固定合格分数线、计算机化考试、综合笔试“一年两试”等改革措施，推动考试更加科学、公平、规范。三是完善医学人才培养体系。在全行业树立终身学习理念，初步构建了院校医学教育、毕业后医学教育、继续医学教育三阶段连续统一、有机衔接的医学教育体系。全面推行住院医师规范化培训制度，2014 年以来累计招收培训住院医师 48 万人。稳妥开展专科医师规范化培训制度试点。改革完善继续医学教育制度，年均参加国家级项目培训 1000 万人次。四是改革职称晋升机制。印发实施《关于进一步改革完善基层卫生专业技术人员职称评审工作的指导意见》，坚持分层分类评价和品德能力业绩导向，坚决破除唯论文、英语、科研的“一刀切”。五是加强医师定期考核。委托中国医师协会全面推行医师定期考核，系统评价医师业务水平、工作成绩和职业道德，细化量化考核指标，开展执业记录记分，强化过程管理，建立长效奖惩机制，促进依法行医、以德润医。

（三）着力补齐基层和部分专业医师短板。一是以农村为重点，稳定和壮大基层医师队伍。做好乡村医生教育培训，鼓励符合条件的在岗乡村医生进入中高等医学院校接受医学学历教育。依托县医院或者有条件的中心乡镇卫生院开展乡村医生岗位培训，开展全科医生特设岗位计划试点，建立配套保障和激励机制，力争让试点地区的每个乡镇卫生院都有 1 名全科医生。通过规范化培训、助理全科医生培训、转岗培训、定向免费培养等多种途径，加快壮大全科医生队伍。截至 2018 年底，培训合格的全科医生共有 30.9 万名，每万人口拥有全科医生 2.22 人。二是扎实推进健康扶贫，系统提升贫困地区医师队伍服务能力。集中组织三级医院对口帮扶全国所有贫困县县级医院，全力推动医疗人才“组团式”援疆援藏，采用既“派下去”又“请上来”、师徒结对传帮带、集中培训、远程医疗等多种形式，新建临床专科、实施新项目新技术、共同讨论疑难病例、开展教学查房，实现“输血”与“造血”相结合，为贫困地区留下“不走的医疗队”。三是以需求为导向，加快培养短缺专业医师。坚持以需定招、以用定招，扩大院校培养和住院医师规范化培训规模，鼓励其他专业医师培训转岗，稳步增加儿科、麻醉、急诊等短缺专业医师数量。

（四）巩固和加强中医师队伍。坚持中西医并重，着力构建院校教育、毕业后教育、继续教育有机衔接，师承教育贯穿始终的中医师培养体系。印发实施《关于深化中医药师承教育的指导意见》。开展中医医术确有专长人员医师资格考核。实施中医药传承与创新“百千万”人才工程，持续开展全国老中医药专家学术经验继承工作，建设2104个名老中医药专家传承工作室，培养4674名学术经验继承人。评选表彰一批国医大师、全国名中医和中医药高等学校教学名师，弘扬中医药优秀文化，促进中医药学术思想和临床经验传承和创新。

（五）创新医师管理方式。实施医师注册方式改革，进一步释放执业活力。一是建立医师区域注册制度。2014 年 11 月，原国家卫生计生委与国家发展改革委等部门推进和规范医师多点执业，医师“一次注册，区域有效”，可在多个医疗机构执业，进一步释放了优质医师资源的辐射效应，有效补充了基层和社会办医疗机构的医师资源。截至 2018 年底，多机构执业医师数达到16 万。二是全面推行电子化注册管理改革。2017 年 4 月，启动实施医疗机构、医师、护士电子化注册管理改革，相关登记注册业务“一次申请、一网通办”，大大提升了办理效率和事中事后监管效能。三是允许基层医师多执业范围注册。在县级及以下医疗机构执业的临床医师，允许申请同一类别至多 3 个专业作为执业范围进行注册，推动基层医师复合型发展，提高基层医疗资源的使用效率，促进综合诊治和分级诊疗。

（六）持续改进医疗服务和质量安全管理。根据临床专业和学科分类，建立有针对性的管理体系，切实提高医疗服务水平、保障医疗质量安全。一是巩固完善国家级和省级质控体系。制定诊疗常规规范，建立指标体系，依托临床专家队伍，加强对重点科室、重点行为的评价反馈。二是加强医师处方管理。制定《处方管理办法》，规范医师处方权限，加强处方审核、调配与核对。建立和开展处方点评制度，提升临床合理用药水平。三是探索多学科协作诊疗模式。顺应现代医学发展趋势，在部分医院开展肿瘤及部分疑难疾病的多学科诊疗，整合不同专业医师和人员，促进相关专业协同协调发展。近年来，我国医疗质量状况明显改善，医疗资源供给、医疗服务效率、重点病种和手术诊疗质量、药物合理应用水平不断提升，住院死亡率持续下降。

（七）维护和保障医师合法权益。一是落实习近平总书记关于“两个允许”的重要指示（允许医疗卫生机构突破现行事业单位工资调控水平，允许医疗服务收入扣除成本并按规定提取各项基金后主要用于人员奖励）。印发实施《关于开展公立医院薪酬制度改革试点工作的指导意见》，优化薪酬结构，合理确定薪酬水平，健全完善考核评价机制、落实分配自主权、完善经费保障制度，逐步建立符合医疗卫生行业特点的薪酬制度。落实艰苦边远地区津贴制度，符合条件的医师可以享受乡镇工作补贴、卫生防疫津贴和医疗卫生津贴等。二是不断改善医疗环境。成功举办首个“中国医师节”活动，与中央文明办联合开展“中国好医生、中国好护士”网上推荐评议活动，与中央广播电视总台共同举办“寻找最美医生”大型公益活动，宣传先进典型事迹和经验，促进全社会形成尊医重卫的良好氛围。推动出台《刑法修正案（九）》和医疗损害责任纠纷案件司法解释，明确打击涉医违法犯罪的法律依据。贯彻落实《医疗纠纷预防和处理条例》，进一步完善“三调解一保险”医疗纠纷处理机制，发挥人民调解化解医疗纠纷主渠道作用，推动实施医疗责任保险。联合多部门开展打击涉医违法犯罪专项行动，切实维护医师合法权益。

二、存在的主要问题

我国医师队伍建设虽然取得了明显进展，但与党中央、国务院关于卫生健康事业高质量发展的要求相比，与人民群众不断增长的健康需求相比，还存在着一些不平衡、不充分的问题，亟待加强和改进。主要表现在：

（一）医师总量不足，布局不均衡。我国医师数量过度集中在大城市三甲医院，城乡基层特别是农村和偏远山区医师数量十分有限。2018 年，我国每千人口医师数为 2.59 人（德国、奥地利等发达国家超过 4 人），其中，农村每千人口医师数为 1.8 人，仅为城市的 45%。康复、儿科、急诊、精神科等专业的医师数量相对较少，存在学科短板。公共卫生医师数量不足且呈逐年减少趋势，人才队伍相对薄弱，与预防为主的方针不匹配。

（二）医师培养质量有待提高。我国医学院校覆盖了从中专到博士的所有学历层次。从近年来医师资格考试合格率情况看，院校之间、不同学历层次之间教学质量相差较大，一些医学院校“重应试、轻实践”问题比较突出。住院医师规范化培训制度建设工作还处于起步阶段，区域间、规范化培训基地间发展不平衡。

（三）医疗服务方式和质量亟需改进。随着经济社会发展、人民生活水平提高和医疗保障制度逐步完善，群众的健康需求不断释放，并呈现多样化差异化特点，医疗服务供需矛盾更加突出，覆盖生命全周期、健康全过程的医疗服务方式尚未完全建立，医疗服务流程不够便捷，医疗服务的人文关怀、舒适化程度有待提高。

（四）医师权利保障和义务履行不到位。《执业医师法》对医师的权利和义务都作出较为具体的规定，但医师权利保障和义务履行都存在不到位的情况。在权利保障方面，医师的休息休假、劳动安全保护、薪酬待遇与福利等保障措施不足，与医师工作负荷大、职业风险多、成才周期长、知识更新快的特点不相适应，影响了职业吸引力和医师的工作积极性。在义务履行方面，有些医师的遵纪守法、规范执业意识不强，缺乏敬业精神和行为自律，有的甚至违法违规执业，存在医疗安全隐患，损害了群众的健康权益。

（五）《执业医师法》亟须修订完善。《执业医师法》施行以来，医药卫生体制改革不断深化，医师工作的背景形势发生了很大变化，出现了一些新情况新问题，医师的管理方式、执业模式不断创新发展，迫切需要适当修订完善《执业医师法》。

三、下一步工作安排

党的十九大作出“实施健康中国战略”的重大决策部署，我们将以习近平新时代中国特色社会主义思想为指导，全面贯彻党的十九大和十九届二中、三中全会精神，牢固树立以人民为中心的发展思想和“大卫生、大健康”的发展理念，坚持党的卫生健康工作方针，深化改革，不断创新，努力打造一支人民满意的医师队伍，为维护人民健康、建设健康中国提供有力支撑。

（一）提高医师队伍质量。深化医教协同改革，全面建立健全符合医学规律和特点的医师培养制度，稳妥推进国家医师资格考试制度改革，促进医师队伍由数量增长转向高质量发展。持续推进住院医师规范化培训，提高医师队伍职业素质和综合诊疗能力。强化各类医师继续教育和在岗培训，解决紧缺专业人才问题，满足快速增长的服务需求。研究加强医生队伍管理的政策措施，继续做好医师区域注册和定期考核，促进医师科学配置和合理流动。

（二）完善医师激励保障机制。从提升薪酬待遇、发展空间、执业环境、社会地位等方面入手，调动广大医师积极性。推动各地落实“两个允许”，合理调整医疗服务价格，落实财政补偿政策，提高医务人员的阳光收入。落实基层医疗卫生机构绩效工资制度，鼓励多劳多得、优绩优酬。完善公立医院岗位管理制度，科学测算医务人员工作负荷，合理设置工作岗位。发挥职称评审的“指挥棒”作用，根据不同专业层次医师的功能定位分级分类开展，实现“干什么评什么”。全力实施健康扶贫工程，完善医师下基层的激励机制，加大培养培训力度，着力缓解贫困地区特别是深度贫困地区的医师短缺问题。

（三）改进医疗服务方式和质量。以病人为中心，建立整合型医疗服务体系，提供健康教育、疾病预防、诊断、治疗、康复、护理等连续医疗服务。加快区域医疗中心和医联体建设，推动优质医师资源下沉，补齐基层服务能力短板。继续实施改善医疗服务行动计划，创新服务方式，增进人文关怀，提升群众获得感和满意度。发挥远程医疗作用，丰富医疗服务内涵，提升优质医疗服务可及性。落实医疗质量核心制度，确保医疗质量安全。

（四）持续构建和谐医患关系。完善医院投诉管理制度，进一步加强和规范医疗纠纷人民调解工作，健全完善人民调解与司法诉讼、保险理赔等工作衔接配合机制。完善医疗责任风险分担机制，鼓励探索开展医疗意外险。依法严厉查处打击涉医违法犯罪，对各类伤害医务人员人身安全、扰乱医疗秩序等违法犯罪行为“零容忍”。

（五）营造尊医重卫的良好风尚。关心爱护医务人员，通过多种方式改变或者缓解医务人员工作负荷大的状况。持续开展医德医风建设，推动建立医疗卫生人才荣誉制度，提升医师职业荣誉感。以“中国医师节”和“中国好医生、中国好护士”活动为载体，加大优秀医务人员及其典型事迹的宣传力度，提高医务人员的社会地位和职业认同感。加强对医学规律、局限性以及正确生命观、健康观的宣传教育，合理引导群众预期，增进医患相互理解。

（六）配合修订《执业医师法》。积极配合全国人大做好《执业医师法》修订完善工作。以问题和需求为导向，聚焦医学教育、医师准入、医师培养、执业管理、乡村医生队伍建设、医患权益保障等核心问题，深入总结法律施行以来的经验成效，归纳梳理各地改革创新的好经验、好做法，把成熟稳定的政策措施上升为法律制度，对一些不适应改革发展需要和与其他法律不协调的条款进行修改，为新时代医师队伍建设提供有力的法治保障。

长期以来，全国人大及其常委会高度重视、大力支持医师队伍建设，不断加强立法和实施监督，有力推动了各项工作开展。我们将更加紧密的团结在以习近平同志为核心的党中央周围，按照党中央、国务院决策部署，不断加强医师队伍建设，努力提高医疗服务水平，更好地满足人民群众的健康服务需求，为决胜全面建成小康社会、实现中华民族伟大复兴中国梦做出新贡献。

对医师队伍管理情况和执业医师法实施情况报告的意见和建议

4月22日，十三届全国人大常委会第十次会议审议了国家卫生健康委员会主任马晓伟受国务院委托作的关于医师队伍管理情况和执业医师法实施情况的报告，共有70人次发言。现根据会议发言情况，将常委会组成人员和列席会议人员的主要意见整理如下。

出席人员普遍认为，医师是卫生健康事业发展的基础，是保障人民健康、建设健康中国的重要力量。全国人大常委会高度重视医师队伍建设，将执业医师法的修改工作列入本届立法规划，把听取审议相关专项工作报告作为监督工作的重要内容，推动健康中国战略的实施，回应人民群众对卫生健康事业的关切。出席人员充分肯定国务院和有关方面的工作成效，认为报告总结工作全面客观，分析问题深入精准，改进措施切实可行。同时强调，要认真落实法律规定，以问题和需求为导向，完善政策措施，强化执业保障，破解医师队伍建设的不平衡不充分问题，打造一支人民满意的医师队伍，为人民群众提供全方位全周期的优质医疗服务。审议中，大家还提出了一些具体意见和建议。

一、以强基层为重点，优化医师资源布局

部分出席人员认为，当前医师队伍建设面临的突出问题是总量不足、布局不均衡，基层特别是农村、偏远地区缺少医师现象较为普遍。从数量上看，农村每千人口医师数仅为城市的45%。从质量上看，基层医师的学历资质仍然偏低，很多地方招不来，也留不住，与群众“能看病、看好病”的要求不相适应。一些出席人员提出，要在教育培训、工作环境、薪酬待遇、激励机制、舆论宣传等方面出台更有针对性的政策措施，鼓励医师服务基层、扎根基层，补齐基层服务能力短板。建议：（1）稳定现有的基层医师队伍，落实各项待遇措施，鼓励在岗医师提升学历层次、接受拓展培训，研究解决乡村医生的资格认定、养老保障和退出机制等问题。（2）探索建立“县管乡用、乡管村用”的人才管理机制，开通人才引进绿色通道，结合本地需求开展医学生定向培养。（3）推动大城市、大医院的医生到基层出诊，将基层服务年限与职称考核等挂钩，充实基层医疗队伍，带动提高基层医疗水平。一些出席人员强调，要把加强全科医生队伍建设作为解决群众“看病难”的突破口，加大培养力度，改革执业方式，满足百姓常见病诊疗、预防保健、康复治疗、慢性病管理等基本医疗服务需求。有的出席人员建议，基层医师队伍建设的难题，需要通过深化医药卫生体制改革来破解。比如，深入推进分级诊疗，严格控制城市医院规模，促进医疗资源向基层下沉；借助“互联网＋”医疗等现代化手段，让群众足不出户看名医等。

二、加强医师队伍的培养和管理

一些出席人员提出，要适应卫生健康事业发展需要，加大医师教育培养力度。建议：（1）通过政策引导和机制创新，全面加强儿科、精神科、麻醉科、公共卫生等紧缺学科的人才培养，统筹解决紧缺专业人才问题，推进各学科人才协同发展。（2）深入推进住院医师规范化培训，合理界定规范化培训期

间的执业范围,做好与临床医学专业学位研究生教育的衔接。(3)提高医学院校教学质量,对执业医师资格考试通过率较低的院校实施"亮黄牌"机制,限制其招生数量,将其招生指标在全国范围内调剂。(4)着眼提高临床实践能力,加大人才培养在公立医院绩效考核中的权重,促进医院增加教学投入,切实发挥医院教学主体作用。(5)研究解决当前医师人才紧缺和培养周期长之间的矛盾。

有些出席人员提出,要完善医师定期考核制度,促进医师不断提升执业素养。建议:(1)加强对医师协会定期考核工作的指导,保障考核经费与后续培训经费。(2)以品德、能力、业绩为主要依据,进一步完善考核评价标准,可区分"科研型"和"临床型"制定不同标准,或参考驾驶证计分管理模式,制定计分规则。(3)强化定期考核结果在职称晋升、教育培训等方面的运用。(4)建立医师定期考核结果和执业信息公开制度。

一些出席人员建议,借鉴律师、注册会计师"业必归会"的做法,规定执业医师必须加入医师协会,赋予医师协会在医师准入、注册备案、继续教育、奖励处分等方面管理职能,释放行业自律和自我管理潜能,降低行政成本。一些出席人员强调,要完善医师退休制度,允许自愿延迟退休,鼓励退休医生到社区卫生机构、乡村医院诊所发挥余热。一些出席人员提出,要贯彻中西医并重的卫生方针,制定有中医执业特点的培养、执业、管理等方面政策;拓宽中医执业范围,使中西医结合专业学生可自愿报考临床或中医类别执业医师;加强中西医之间的互学互鉴,推动中医药长足发展。

三、完善激励保障机制

部分出席人员提出,要深入落实习近平总书记关于"两个允许"的重要指示,探索建立符合医疗行业特点的薪酬制度,提高医师的职业尊严感和工作积极性。建议:(1)落实医疗卫生事业单位的分配自主权,根据自身实际制定绩效考核和绩效工资分配办法,允许放宽现有事业单位工资调控水平。(2)以服务质量、数量、患者满意度为标准,合理确定医务人员工资水平,重点向临床一线、关键岗位、业务骨干和作出突出贡献人员倾斜,做到多劳多得、优劳优酬,发挥绩效工资分配的激励导向作用。(3)在合理拉开收入差距的同时,兼顾不同学科之间的平衡,适当提高低年资医生薪酬,统筹考虑编外人员薪酬待遇。(4)探索实行协议工资、项目工资、年薪制等灵活多样的分配方式和方法。有的出席人员强调,要关心关爱医务工作者,通过合理配置岗位力量、保障休息休假权益等方式,切实减轻医生工作压力。

四、切实保护医患双方权益

一些出席人员建议,强化医疗质量管理,优化医疗服务流程,加大对医师开大处方、吃拿回扣等行为的监管力度,持续为群众提供优质医疗服务。有些出席人员提出,要建立健全医疗纠纷处置和防控机制。建议:(1)畅通患者投诉渠道,加强人民调解工作,多元化解决医患纠纷。(2)依法严厉打击伤害医务人员、扰乱医疗秩序等违法行为,形成有力震慑。(3)建立医师责任保险和医师健康保险制度,减轻医师和医疗机构在医疗纠纷处理中的压力,降低医师执业风险。(4)抓好医务人员安全管理,提升医院与公安、保卫的应急反应能力。有的出席人员提出,应建立医生终生禁业制度,有效规范医疗行为,净化执业医师队伍。

一些出席人员强调,应加强医疗服务的人文关怀,注重培养医生的人文素养,加强医患沟通,提升群众就医的获得感和满意度;加强医生医德建设,坚持以患者为中心,将"敬佑生命,救死扶伤,甘于奉献,大爱无疆"的职业精神贯穿医疗服务全过程。有的出席人员提到,应加强对医学规律、医学局限性的宣传,增强理性认知,引导合理预期,为构建和谐医患关系打下良好基础。

五、加快修改执业医师法

部分出席人员建议,加快启动执业医师法的修改工作,将实践中行之有效的好经验好做法上升为法律,对与改革发展不适应、与其他法律不协调的条款加以完善,为推进医师队伍建设提供法治保障。建议:(1)完善关于试用期满一年参加执业医师资格考试的规定,解决试用期的执业资质问题。(2)深入研究多点执业带来的医疗纠纷、职务晋升、社会保险、病人转诊等一系列问题,在法律修改中予以明确。(3)关注研究远程医疗、智慧医疗等新型诊疗模式,完善相应执业规则。(4)增加弘扬医师职业道德的有关内容,推动社会主义核心价值观入法。比如,在抢救生命或其他特定情况下,明确医生的豁免权,弘扬见义勇为、救死扶伤精神。

关于乡村产业发展情况的报告

——2019年4月21日在第十三届全国人民代表大会常务委员会第十次会议上

农业农村部部长　韩长赋

全国人民代表大会常务委员会：

受国务院委托，现就乡村产业发展情况报告如下，请审议。

乡村振兴，产业兴旺是基础。党中央、国务院高度重视乡村产业发展。习近平总书记指出，产业兴旺是解决农村一切问题的前提，要推动乡村产业振兴，紧紧围绕发展现代农业，围绕农村一二三产业融合发展，构建乡村产业体系。李克强总理强调，要深入实施"互联网+农业"，支持返乡入乡创业创新，推动一二三产业融合发展。各有关部门认真贯彻落实党中央、国务院决策部署，大力实施乡村振兴战略，加大扶持力度，强化措施落实，发展壮大乡村产业，为经济社会发展大局提供了重要支撑。

一、乡村产业发展取得积极成效

乡村产业是根植于乡村，以农业农村资源为依托，以农民为主体，以一二三产业融合发展为路径，地域特色鲜明、承载乡村价值、创新创业活跃、利益联结紧密的产业体系。近年来，各地区、各有关部门深入贯彻党的十九大精神，认真落实党中央、国务院决策部署，以农业农村现代化为总目标，以农业供给侧结构性改革为主线，采取了一系列有力措施，全力推进乡村产业发展。加强规划引导，中共中央、国务院印发了《关于实施乡村振兴战略的意见》和《乡村振兴战略规划（2018—2022年）》，对发展壮大乡村产业作出专项部署。加大政策扶持，围绕促进农村一二三产业融合、农产品加工业、乡村休闲旅游、农村创新创业等，制定实施一系列涉及财政税收、金融保险、用地用电、科技创新、人才保障等方面的支持政策措施。推进农村改革，深化农产品收储制度、农村土地制度改革、农村集体产权制度以及"放管服"等改革，激活要素、市场和主体，促进乡村产业发展。营造创业氛围，加强乡村基础设施建设，推进公共服务向乡村延伸，每年举行全国大众创业万众创新活动周及全国新农民新技术创业创新博览会，引导各类人才到乡村投资兴业。目前，乡村产业发展势头良好。

（一）现代农业加快推进。坚持把保障国家粮食安全作为发展现代农业的首要任务，守住国家粮食安全底线，促进农业高质量发展。粮食产能巩固提升，累计建成高标准农田6.4亿亩，完成9.7亿亩粮食生产功能区和重要农产品生产保护区划定任务。2018年粮食产量13158亿斤，连续7年保持在1.2万亿斤以上。棉油糖、果菜鱼、肉蛋奶等生产稳定、供应充足。绿色发展有力推进，化肥、农药使用量实现负增长，畜禽粪污综合利用率达到70%，秸秆综合利用率达到84%，农用地膜回收率达到60%，耕地轮作休耕试点超过3000万亩。技术装备水平稳步提升，农业科技进步贡献率达到58.3%，主要农作物耕种收全程综合机械化率达到67%。新一代信息技术向农业生产、经营、管理、服务拓展。农业供给侧结构性改革不断深化，近3年来累计调减非优势区籽粒玉米面积5000多万亩，调减低质低效区水稻面积800多万亩，增加大豆面积2000多万亩，粮改饲面积达到1400多万亩。畜禽养殖规模化率达到58%，奶业振兴扎实推进。

（二）乡村产业形态不断丰富。各地依托乡村资源，发掘新功能新价值，培育新产业新业态。特色产业快速发展，形成一批特色鲜明的小宗类、多样化乡土产业，创响特色品牌10万余个，认定"一村一品"示范村镇2400个。农产品加工深入推进，引导加工产能向粮食等主产区布局，促进就地加工转化。2018年规模以上农产品加工企业7.9万家、营业收入14.9万亿元。休闲农业和乡村旅游蓬勃发展，实施休闲农业和乡村旅游精品工程，建设一批休闲观光、乡村民宿、健康养生等园区景点，2018年接待游客30亿人次、营业收入超过8000亿元。乡村服务业创新发展，2018年农村生产性服务业营业收入超过2000亿元，农村网络销售额突破1.3万亿元，其中农产品网络销售额达3000亿元。

（三）乡村产业融合渐成趋势。跨界配置农业和现代产业要素，促进产业深度交叉融合，形成"农业+"多业态发展态势。融合主体大量涌现，农业产业化龙头企业8.7万家，其中国家重点龙头企业1243家。注册登记农民合作社217万家，家庭农场60万个。融合业态多元呈现，发展综合种养等循环型农业，稻渔综合种养面积超过3000万亩；发展中央厨房、直供直销等延伸型农业，2018年主食加工营业收入达2万亿元；“农业+”文化、教育、旅游、康养、信息等产业快速发展。融合载体丰富多样，建设国家现代农业产业园62个、国家农业科技园32个、农产品加工园1600个，创建农村产业融合示范园148个、农业产业强镇254个。

（四）利益联结机制逐步构建。各地发展企农契约型合作模式，已有1亿农户与农业产业化龙头企业签订订单，签约农户经营收入超过未签约农户50%以上。推广利益分红型模式，通过“订单收购+分红”“保底收益+按股分红”“土地租金+务工工资+返利分红”等方式，促进农民持续增收。探索股份合作型模式，形成分工明确、优势互补、风险共担、利益共享的农业产业化联合体。

（五）农村创新创业日渐活跃。制定并落实支持返乡下乡人员创新创业政策，吸引农民工、大中专毕业生、退役军人、科技人员等到乡村创新创业。截至2018年，各类返乡下乡创新创业人员累计达780万，“田秀才”、“土专家”、“乡创客”等本乡创新创业人员达3100多万。领域不断拓宽，由种养向纵向延伸、横向拓展，创办的实体87%在乡镇以下，80%以上发展产业融合项目。层次不断提升，返乡下乡人员50%以上利用信息技术创新创业，近90%是联合创业。载体不断增多，认定农村创新创业园区和实训孵化基地1096个，益农信息社覆盖1/3以上行政村。

（六）产业扶贫扎实推进。发展优势特色产业，在贫困地区培育农业产业化龙头企业1.4万家、农民合作社61万个，有力带动建档立卡贫困户脱贫致富。建成甘肃定西马铃薯、江西赣南脐橙、陕西洛川苹果、湖北潜江小龙虾、重庆涪陵榨菜等一批特色产业集群。积极促进产销对接，2018年农业农村部举办的各类产销对接活动，带动贫困地区销售农产品超过500亿元，促成签约项目300亿元。加强人才培育，在22个脱贫任务重的省份实施农技推广服务特聘计划，组建科技服务团，培训带头人和大学生村官2万余人。

二、当前乡村产业发展面临的困难和问题

从调研和基层反映情况看，当前乡村产业发展也面临不少困难和问题。

（一）发展质量效益不高。多数乡村企业科技创新能力不强，特别是农产品加工创新能力不足，工艺水平落后于发达国家。产品供给仍以大路货为主，优质绿色农产品占比较低，休闲旅游普遍存在同质化现象，缺乏小众类、精准化、中高端产品和服务，品牌溢价有限。乡村产业聚集度较低，仅有28%的乡村产业集中在各类园区。

（二）产业要素活力不足。乡村产业稳定的资金投入机制尚未建立，金融服务仍明显不足，土地出让金用于农业农村比例偏低。农村资源变资产的渠道尚未打通，阻碍了金融资本和社会资本进入乡村产业。农村土地空闲、低效、粗放利用和新产业新业态发展用地供给不足并存。农村人才缺乏，科技、经营等各类人才服务乡村产业的激励保障机制尚不健全。

（三）产业链条仍然较短。一产向后延伸不充分，多以供应原料为主，从产地到餐桌的链条不健全。二产连两头不紧密，农产品精深加工不足，副产物综合利用程度低，农产品加工转化率仅为65%，比发达国家低20个百分点。三产发育不足，农村生产生活服务能力不强。产业融合层次低，乡村价值功能开发不充分，农户和企业间的利益联结还不紧密。

（四）产业基础设施仍然薄弱。一些农村供水、供电、供气条件差，道路、网络通讯、仓储物流等设施未实现全覆盖。产地批发市场、产销对接、鲜活农产品直销网点等设施相对落后，物流经营成本高。农村垃圾集收运和污水处理能力有限，先进技术要素向乡村扩散渗透力不强。乡村产业发展的环境保护条件和能力较弱，工业“三废”和城市生活垃圾等污染扩散等问题仍然突出。

三、推进乡村产业发展的思路和措施

按照党中央、国务院决策部署，要强化政策扶持，加大工作力度，切实抓好落实，大力推进乡村产业发展，加快构建现代乡村产业体系，夯实乡村振兴基础。

总体思路是，以习近平新时代中国特色社会主义思想为指导，全面贯彻党的十九大和十九届二中、三中全会精神，坚持农业农村优先发展总方针，牢固树立新发展理念，落实高质量发展要求，按照实施乡村振兴战略部署，以实现农业农村现代化为总目标，以农业供给侧结构性改革为主线，

围绕农村一二三产业融合发展，聚焦重点产业，聚集资源要素，强化创新引领，培育发展新动能，延长产业链、提升价值链、打造供应链，构建地域特色鲜明、承载乡村价值、创新创业活跃、利益联结紧密的现代乡村产业体系，加快形成城乡融合发展格局，为全面建成小康社会、实现乡村振兴奠定坚实基础。

围绕上述思路，重点抓好以下九方面工作：

（一）优化产业空间布局。强化县域统筹，因地制宜发展多样化特色种养，积极发展特色食品、制造、手工业等乡土产业，推动形成县城、中心乡（镇）、中心村层级明显、功能有效衔接的结构布局，促进县乡联动、产镇融合、产村一体。推进县域、镇域产业聚集，支持农产品加工业向主产区县域布局，支持有条件的地方建设以乡（镇）所在地为中心的产业集群。支持农产品加工流通企业下沉重心，向有条件的乡（镇）和物流节点集中，促进镇村联动发展，实现加工在乡（镇）、基地在村、增收在户。

（二）持续做强现代种养业。创新产业组织方式，促进种养业规模化发展，向全产业链延伸拓展，提高质量效益。巩固提升粮食产能，实施新形势下国家粮食安全战略，全面落实永久基本农田特殊保护制度，加快划定10.58亿亩粮食生产功能区和重要农产品生产保护区。加强高标准农田建设，确保2020年完成8亿亩建设任务，力争2022年达到10亿亩。加快农业科技创新特别是育种创新，推进农业机械装备升级。加强生猪等畜禽产能建设，提升动物疫病防控能力，增加肉蛋奶等供给。优化生猪产业和屠宰产能布局，大力发展草食畜牧业，推动奶业振兴。推进渔业健康养殖，提质增效。

（三）大力推进产业融合发展。培育主体带动融合发展，引导农业产业化龙头企业与合作社和家庭农场及小农户开展生产经营合作，构建紧密联结机制。建设一批农业产业强镇，创建一批农村产业融合发展示范园，形成多主体参与、多要素聚集、多业态发展、多模式推进的融合格局。支持主产区大力发展农产品精深加工，统筹农产品产地、集散地、销区批发市场发展，建设一批专业村镇、精深加工基地和加工强县。

（四）发展壮大新型经营主体。扩大农业产业化龙头企业队伍，打造大型农业企业集团，支持农业产业化龙头企业向重点产区和优势区集聚。发展农民合作社和家庭农场，支持开展加工流通等多种经营，向综合合作社方向发展。扶持一批以农业产业化龙头企业带动、合作社和家庭农场跟进、广大小农户参与的农业产业化联合体，实现抱团发展。

（五）着力打造产业园区。推进政策集成、要素集聚、功能集合和企业集中，建设一批国家现代农业产业园，加快建设一批特色产品基地，认定一批“一村一品”示范村镇。培育乡村休闲旅游精品，建设一批设施完备、功能多样的园区景点。布局建设一批国家农业高新技术产业示范区。

（六）实施质量兴农绿色兴农。按照“有标采标、无标创标、全程贯标”要求，制修订农业投入品、农产品加工业、农村新业态及产品品牌标准。培育一批叫得响、有影响力的区域公用品牌和企业品牌，创响一批“土字号”“乡字号”特色产品品牌。国家明令淘汰的落后产能，列入国家禁止类产业目录的，不得进入乡村。鼓励加工副产物循环梯次综合利用。

（七）大力推进农村创新创业。壮大创新创业群体，落实创新创业扶持政策，支持返乡下乡人员创新创业，引导返乡农民工到县城和中心镇就业创业。培养一批农村创新创业导师和领军人物。搭建创新创业平台，宣传推介创新创业带头人、优秀乡村企业家和典型县，创建一批具有区域特色的农村创新创业示范园区和实训孵化基地。鼓励发展农村电商，深入推进“互联网＋”现代农业，加快实现乡村数字化、网络化、智能化。加强乡村工匠、文化能人、手工艺人和经营管理人才培训，提高创业技能。

（八）深入推进产业扶贫。咬定脱贫攻坚目标，巩固和扩大脱贫攻坚成果。支持贫困地区特别是“三区三州”深度贫困地区开发特色资源，发展特色优势产业。组织国内大型加工、采购销售、投融资企业及科研单位与贫困地区对接，开展招商引资，促进产品销售。引导农业产业化龙头企业与贫困地区合作创建绿色食品、有机农产品原料标准化生产基地，带动贫困户进入大市场。

（九）健全完善政策体系。一是深化产权制度改革。加快农村集体资产清产核资和集体成员身份确认，推动资源变资产、资金变股金、农民变股东，发展多种形式的股份合作。二是引导工商资本下乡。鼓励工商资本到乡村发展农民参与度高、受益面广的乡村产业。工商资本投入乡村，不能代替和排挤农民，不能侵害农民财产权益。三是优化财政投入结构。加强一般公共预算投入保障，提高土地出让收入用于农业农村的比例。新增耕地指标和城乡建设用地增减挂钩节余指标跨省域调剂收益，全部用于巩固脱贫攻坚成果和支持乡村振兴。

鼓励地方设立乡村产业发展基金。四是健全乡村金融服务体系。推动农村商业银行、农村合作银行、农村信用社逐步回归本源,为本地“三农”服务。引导县域金融机构将吸收的存款主要投放到当地乡村产业。支持发展农业供应链金融。发挥全国农业信贷担保体系作用,通过实施担保费用和业务奖补,加大对符合条件的乡村产业发展项目的融资担保力度。五是加强用地保障。县域内土地占补平衡年度土地利用计划安排一定比例支持乡村产业发展。探索针对乡村产业的省市县联动“点供”用地。加快推进农村集体经营性建设用地入市改革。盘活农村零散分散的存量建设用地,将整治的闲置宅基地、村庄空闲地、厂矿废弃地、道路改线废弃地、农业生产与村庄建设复合用地及“四荒地”,重点用于县域内发展乡村产业。完善设施农业用地政策,严格规范,有序发展。六是加强人才队伍建设。加强职业农民技能培训,加快建设知识型、技能型、创新型乡村产业经营管理队伍。支持职业院校扩招农村生源。加强知识产权保护,支持科技人员以科技成果入股乡村企业。

对乡村产业发展情况报告的意见和建议

4 月 22 日,十三届全国人大常委会第十次会议审议了农业农村部部长韩长赋受国务院委托作的国务院关于乡村产业发展情况的报告,共有 49 人次发言。现根据会议发言情况,将常委会组成人员和列席会议人员的主要意见整理如下。

出席人员普遍认为,近年来国务院及其有关部门认真贯彻落实党中央重大决策部署,围绕实现农业农村现代化的总目标,采取了一系列有力举措,乡村产业发展取得积极进展,保持良好势头。大家指出,当前乡村产业基础薄弱、活力不足、质量效益不高的状况尚未得到根本改变,要坚持以农业供给侧结构性改革为主线,围绕农村一二三产业融合发展,推动重点产业和新型经营主体发展壮大,促进农业绿色化、优质化、特色化、品牌化,加快构建现代乡村产业体系,为实现乡村振兴奠定坚实基础。审议中,大家还提出了一些具体意见和建议。

一、做好乡村产业发展规划

有些出席人员指出,乡村产业发展要稳扎稳打,避免急功近利、仓促推进。不少地方乡村产业多集中在周期短、门槛低的传统种养业,形不成产业链,打不开市场。有些地方跟风复制、一拥而上,产业发展同质化,导致产品过剩和过度竞争。建议政府有关部门要做好前期调研论证工作,加强对乡村产业发展的总体规划,按照“先规划,后建设”的原则,规范和引导乡村产业发展,可以先搞试点,再做推广。有些出席人员提出,发展现代农业应该充分考虑当地资源优势,做到因地制宜,突出特色。要加快推进农业“品种品质品牌”建设工程,以良种提品质、以品质树品牌。

有些出席人员提出,在贫困地区进行产业培育,对巩固脱贫攻坚成果和稳定农民增收意义重大。建议:(1)有计划、有重点地在贫困地区实施特色产业培育提升工程,大力发展根植于乡村的特色种养业、传统手工业、乡村旅游等特色产业。(2)加强贫困地区产业基础设施建设,如打造冷链物流体系、做好电子商务平台对接等,补足产业发展短板,下功夫破解农畜产品产出来、运不出、卖不好的问题。

有些出席人员提出,发展乡村产业应紧紧抓住产业现代化这个关键,积极推动现代化生产力和生产方式在乡村落地,破解乡村产业和城市产业发展二元格局。建议要进一步做好城乡产业融合、协同发展的文章,要畅通和拓宽城市先进生产力、生产方式向农村辐射、转移的通道,同时要注意防止城市落后产能、污染产业流向农村。

有的出席人员指出,我国乡村文化资源丰富,各地民俗文化、乡土文化、传统手工艺等都是乡村文化产业发展的重要资源。一些地方以乡村手工文化为基础,以农民为生产主体,借助现代产业组织形式发展乡村手工艺产业,取得了良好效益。建议总结推广成功经验,加大对乡村文化产业发展的指导和扶持力度,整合开发优质文化资源,推动乡村文化产业发展壮大。

二、切实保障粮食安全

许多出席人员指出,要保证中国人的饭碗端在自己手中,这一点不能有丝毫含糊,要坚持把保障国家粮食安全作为发展现代农业的首要任务、摆在推进乡村产业发展的突出位置抓实抓好，处理好稳定粮食生产与产业多样化发展的关系。建议：(1)进一步完善粮食主产区利益补偿机制。完善扶持粮食生产政策举措，保障农民种粮收益，实行"产补挂钩"模式，使粮食补贴向种粮大户倾斜。(2)建立保障粮食安全的责任机制。压实粮食主产区、主销区以及产销平衡区粮食稳定生产的责任，全社会共担粮食安全责任。(3)进一步推进国家高标准农田建设项目，优先保证项目在粮食生产主产区落地。(4)支持开展粮食产品深加工、综合利用等技术的研究与示范，用科学技术提高粮食等农产品质量和加工效率。

三、坚持绿色发展理念

有的出席人员指出，要贯彻落实新发展理念，把绿色发展作为乡村振兴、乡村产业发展的出发点、落脚点。建议：(1)扎实推进化肥、农药等农业生产投入品"减量"行动，持续开展有机肥替代化肥工作。(2)扎实推进养殖业"治污"，重点抓好规模养殖场粪污治理，推进散养农户养殖粪污规范排放。(3)扎实推进种养业"循环"。支持现有规模养殖场设备改造和种养模式创新，推进畜禽粪污、农作物秸秆等废物的转化利用，实现生态循环发展。有些出席人员指出，一些地方将污染企业建在村里，甚至建在水源上游，有些企业还未配备污染治理设施。建议高度重视此类问题，并尽快开展综合治理。

四、加强人才培养

有些出席人员提出，人才不足一直是乡村产业发展的一块短板，一是人数少，乡村人才向非农领域流失现象严重，农技科研、推广和农业经营管理人才主要集中在行政机关、企事业单位等。二是年龄大，基层农技推广机构工作人员年龄大都已接近50岁，后继乏人。三是结构不优，高层次、高素质人才和复合型、创新型人才普遍短缺，新型职业农民整体文化程度不高。建议：(1)研究出台乡村产业人才薪酬待遇、职务晋升等方面的正向激励机制，统筹安排乡村工匠、文化能人、手工艺人和经营管理人才培训，不断提高职业技能。(2)进一步加大对返乡、入乡人员创新创业的政策支持力度。(3)加强基层党组织建设，充分发挥其在乡村产业发展中的战斗堡垒作用。

五、完善扶持乡村产业政策机制

有些出席人员说，当前农村一二三产业融合发展项目用地矛盾比较突出，很多项目因为缺乏建设用地无法落实。要在严守耕地红线的前提下，为保障发展乡村产业需要的建设用地多想办法、多亮绿灯。建议：(1)在土地利用总体规划编制和实施中，提前预留一定比例规划建设用地指标。(2)推进农业集体产权制度改革，明确产权，完善权能，丰富集体所有权实现形式。(3)积极探索省市县联动"点供"用地，充分整合、高效利用土地资源。有的出席人员指出，有的地方搞文化旅游产业，建特色小镇，动辄占用几十亩、几百亩甚至上千亩地，土地占用过度，浪费严重，应该引起足够重视。

有些出席人员指出，应加大乡村产业金融政策方面的支持力度，增强财政投入，积极引导工商资本投资乡村产业，研究、支持建立专门的政策性银行对接乡村产业。有的出席人员认为，城市资本下乡是趋势，但如果引导不好，可能会出现资本过度逐利损害农民合法权益和农业可持续发展的问题。建议政府有关部门要深入研究，鼓励、引导农民通过股份制合作的方式把土地等生产要素及时转化为相应的股权，并确保农民获取资产收益的安全性、稳定性。有的出席人员认为，西部地区、民族地区乡村产业发展面临的资金困难更大，建议对该地区涉农企业贷款给予利率优惠，加大贷款贴息支持力度，鼓励农业企业利用资本市场融资拓源。

关于研究处理对解决执行难工作情况报告审议意见的报告

——2019 年 4 月 21 日在第十三届全国人民代表大会常务委员会第十次会议上

最高人民法院院长 周 强

全国人民代表大会常务委员会:

按照全国人大常委会安排,现就最高人民法院研究处理全国人大常委会组成人员对《关于人民法院解决执行难工作情况的报告》审议意见的情况报告如下,请审议。

党的十八大以来,以习近平同志为核心的党中央高度重视人民法院执行工作,从统筹推进"五位一体"总体布局和协调推进"四个全面"战略布局的高度,将解决执行难作为全面依法治国的重要内容。党的十八届四中全会明确提出"切实解决执行难"的重大部署,要求"依法保障胜诉当事人及时实现权益"。最高人民法院坚决贯彻党中央决策部署,自觉接受全国人大及其常委会监督,于 2016 年 3 月在十二届全国人大四次会议上提出"用两到三年时间基本解决执行难问题"。三年来,全国法院广大干警特别是执行干警全力以赴攻坚"基本解决执行难",取得明显成效。

2018 年 10 月 24 日至 25 日,十三届全国人大常委会第六次会议听取、审议了最高人民法院《关于人民法院解决执行难工作情况的报告》,并进行专题询问,在历史上是第一次,具有重大意义和深远影响,充分体现了全国人大常委会对人民法院执行工作的高度重视和大力支持。中央政治局常委、全国人大常委会委员长栗战书同志 10 月 25 日在参加联组会议时发表重要讲话,对做好下步执行工作提出明确要求,指明努力方向,广大法院干警深受鼓舞、倍感振奋。审议询问期间,常委会委员、人大代表对人民法院解决执行难工作提出许多宝贵意见建议。会后,最高人民法院迅速传达学习栗战书委员长重要讲话和全国人大常委会会议精神,系统梳理审议意见,制定贯彻措施,狠抓督促落实。

一、认真传达学习会议精神,狠抓审议意见落实落地

全国人大常委会审议人民法院解决执行难工作情况报告后,最高人民法院党组于 2018 年 10 月 29 日召开会议,认真传达学习贯彻栗战书委员长重要讲话和全国人大常委会会议精神,部署全力以赴打好"基本解决执行难"攻坚战,同时研究建立长效机制,把"基本解决执行难"成果常态化制度化。11 月 7 日和 29 日,两次全国法院会议就学习贯彻栗战书委员长重要讲话和全国人大常委会会议精神作出安排,要求各级法院振奋精神、再接再厉,确保如期实现"基本解决执行难"目标,同时切实巩固深化成果,健全长效机制,为执行工作高水平运行和长远发展打下坚实基础。主要做了以下工作。

(一)进一步形成解决执行难合力

充分发挥中国特色社会主义制度优势,针对委员们提出的健全综合治理工作格局、加强与政府部门执行联动、完善法治政府建设考核、发挥律师作用、引导社会参与等意见建议,重点采取了以下措施。

一是推动加强综合治理。认真总结"基本解决执行难"经验做法,从深入推进执行联动机制建设、加强和改进执行工作、强化执行难源头治理、加强组织保障等方面,研究解决制约执行工作长远发展的综合性、源头性问题。推动将法院执行工作在综治考评中的分值由 2 分提高至 3 分,将失信被执行人名单应用纳入考评体系。

二是健全执行联动机制。会同公安部将 3 台应用终端与最高人民法院执行指挥中心联通,促进解决部分下落不明被执行人查找难问题。会同自然资源部实现不动产登记信息网络查询。会同银保监会推进保险理财产品网络查询。通过深化全方位协作联动,让执行联动机制真正"联起来、动起来"。

三是充分发挥律师作用。会同司法部、中华全国律师协会研究制定《关于深入推进律师参与人民法院执行工作的意见》,进一步支持律师参与执行案件代理,推进完善律师调查取证机制,保障律师依法履职。目前,《意见》已经起草完毕,正在征求各方面意见。

四是加强执行宣传工作。充分运用新媒体与

传统媒体，开展50场次全媒体直播，超过8亿人次在线观看，联合央视播出14期《失信惩戒录》，坚持以案说法，督促当事人依法履行义务，引导公众正确认识和理解“执行不能”，进一步增强人民群众对法院执行工作的认同，全社会理解支持执行工作的氛围更加浓厚。

（二）积极推进社会诚信体系建设

针对委员们提出的推进社会诚信建设、建立多部门多行业共同发力的联合惩戒机制、加大失信惩戒力度、从根本上预防和解决执行难等意见建议，重点采取了以下措施。

一是持续推进惩戒措施落地。在国家发改委全力支持推动和各部门大力配合下，最高人民法院又会同有关部门签署12项失信联合惩戒备忘录或指导意见，拓宽失信惩戒范围，健全联合惩戒体系。与4个部门或行业加强数据对接，拓展限制高消费、互联网贷款等范围，实现对失信被执行人自动拦截惩戒。

二是促进营造讲诚信守契约的社会氛围。在中央政法委领导下，针对部分涉及基层政府机构的执行案件，加大专项清理力度，同步健全长效机制。各地法院主动向党委汇报，加强与地方政府沟通，推动将相关失信信息向全国信用信息共享平台推送，将相关案件清理情况纳入社会治安综合治理考核范围，促进党政机关带头履行生效判决，为带动全社会讲诚信守契约发挥积极作用。

三是严厉惩处拒不执行、妨碍执行犯罪行为。依法适用刑法关于拒不执行判决、裁定罪有关规定，通过公诉、自诉两种方式，加大对拒执犯罪的打击力度，2018年以拒不执行判决、裁定罪判处罪犯5159人。依法严厉打击非法处置查封、扣押、冻结财产犯罪，2018年审结此类犯罪案件390件。

（三）扎实推进无财产可供执行案件长效管理

针对委员们提出的规范“执行不能”案件认定标准和结案程序、完善恢复执行程序、充分发挥司法救助制度功能等意见建议，重点采取了以下措施。

一是强化制度和技术约束。完善“执行不能”案件认定程序和审批制度，明确要求认定前必须依法穷尽财产调查措施，既审核网络查控系统查找财产情况，也审核线下财产线索核实情况。加强“执行不能”案件管理，凡认定为“执行不能”案件的，一律纳入统一的专门案件库进行管理，定期通过网络查控系统过滤，一旦发现财产，立即恢复执行，同时对这类被执行人常态化限制高消费。加强督办检查，杜绝滥用终结本次执行程序，挤干“执行不能”水分，努力使“执行不能”案件办理真正让当事人信服。

二是扎实推进执行转破产工作。畅通“执行不能”案件依法退出路径，在全国范围内部署63万执行案件转破产工作，涉及2万个被执行企业，依法集中解决一批“僵尸企业”市场出清问题，促进一批“僵尸案件”彻底退出执行程序。

三是进一步完善司法救助机制。依法拓宽司法救助资金来源渠道，尽力解决被执行人确无财产可供执行、申请人陷入生活困境的两难问题。出台国家司法救助案件办理程序规定等规范性文件，发布司法救助典型案例，规范司法救助案件办理，充分发挥司法救助制度功能。去年11月以来，全国法院共发放司法救助金4.7亿元，惠及生活困难申请执行人3.1万人。

（四）加快提升执行工作信息化水平

针对委员们提出的加强执行信息化建设，提高执行管理、网络查控、网络拍卖、执行公开等方面信息化水平的意见建议，最高人民法院持续推进执行信息化、智能化建设，取得新进展。

一是网络查控系统取得新成果。2018年11月以来，又新增98家地方性银行实现银行存款网络扣划，新增352家地方性银行实现金融理财产品网络查控。截至今年3月，全国法院通过网络查控系统，冻结资金5087.6亿元，查询房屋、土地等不动产信息1810万条，车辆5909.2万辆，证券1496.3亿股，船舶232.9万艘，网络资金296.8亿元。

二是网络司法拍卖进展明显。指导各级法院全面落实网拍优先原则，实现司法网拍全覆盖，进一步规范网拍公告，提高网拍效果。截至今年3月，全国法院共进行网络拍卖110万次，成交量31万件，成交额6863亿元，标的物成交率68.7%，溢价率61.3%，为当事人节约佣金213亿元。

三是建成全国法院询价评估系统。出台司法解释，增加定向询价、网络询价等财产处置参考价确定方式，上线全国法院询价评估系统，规范询价评估程序，进一步解决传统委托评估耗时长、收费高等问题，提升财产处置变现的效率和效果。

四是强化执行信息公开。升级中国执行信息公开网，将所有执行案件办理进度、关键执行措施、重要节点信息向当事人全面公开。当事人凭有效证件可以登录网站查询案件进展。社会公众可以很方便地了解失信被执行人和限制消费人员、终本案件、网络司法拍卖等信息。

（五）着力健全解决执行难长效机制

针对委员们提出的把解决突出问题与建立长效机制结合起来、对实践证明行之有效的措施及时用制度机制固定下来等意见建议，最高人民法院认真总结研究，积极构建长效机制。

在深入调研论证基础上，起草了《关于巩固“基本解决执行难”成果健全完善执行工作长效机制工作纲要》，目前正在征求意见。《工作纲要》进一步强调执行工作要坚持“强制性、规范化、信息化”的基本思路，坚持综合治理、源头治理、标本兼治、重在治本的工作方针。提出未来 5 年人民法院执行工作发展目标，明确要求与当事人权益密切相关的各项核心指标保持高位运行常态化；综合治理执行难工作格局常态化；“一把手抓、抓一把手”工作机制和高素质人员配备常态化；打击规避执行、抗拒执行高压态势常态化；信息化、智能化执行工作模式常态化。同时围绕完善综合治理执行难工作格局、深化执行模式改革、深化执行体制改革、深化执行管理改革、健全执行工作机制、健全执行规范化体系、健全执行监督体系、健全执行权威和公信力维护机制等方面提出具体任务。

（六）切实加强人民法院执行队伍建设

针对委员们提出的要同等重视审判和执行工作，推进执行队伍革命化、正规化、专业化、职业化建设，关心执行干警身心健康等意见建议，最高人民法院积极采取以下举措。

一是加强示范引领，鼓舞队伍士气。对攻坚执行难中涌现出的先进人物和事迹，积极进行表彰宣传，大力弘扬攻坚克难、勇于担当的精神，提升执行队伍凝聚力、战斗力。加大对执行一线干警履职保障力度，健全落实关爱干警措施，切实保护执行干警人身安全和身心健康，促进增强职业荣誉感。

二是充实执行力量，保持队伍稳定。加强督促检查，监督指导各级法院着眼保障执行工作长远发展需要，加强执行人力配备和资源配套，充实执行办案力量，防止队伍力量薄弱、结构老化、不适应执行工作发展等问题出现反弹。指导各级法院积极争取党委领导和政府支持，在推进省以下人民法院内设机构改革中，尽可能保持执行机构和人员编制稳定，保障执行管理机制健康运行。

三是加强教育培训，提高执行能力。坚持把政治建设放在首位，教育引导广大执行干警增强“四个意识”、坚定“四个自信”、做到“两个维护”，切实把讲党性、讲纪律、讲奉献体现在解决执行难的生动实践中。组织全国法院执行业务骨干集中培训，加强全国执行干警远程视频教育培训，深入开展执行理论和实务研究，切实提高执行队伍整体素质和执行能力。

（七）推动完善民事执行制度

针对委员们提出的从法律和制度层面建立健全统一权威、科学有效的民事执行制度体系等意见建议，最高人民法院结合工作实际，全力推动完善民事执行制度。

一是配合推进强制执行立法工作。全国人大常委会将民事强制执行立法纳入二类立法项目。作为草案牵头起草单位，最高人民法院迅速成立起草研究小组，去年 11 月 9 日向全国人大常委会法工委送交立法规划“四落实”情况报告，明确起草计划和进度安排。组织专家起草两版建议稿，广泛汇聚各界智慧，努力提高立法草案科学性。

二是完成涉执行司法解释编注工作。着力解决执行规范层级复杂、内容滞后、关系不清甚至部分规范相互冲突等问题，将建国以来的 11 部涉执行法律、69 件司法解释、66 件规范性文件、3 件指导性案例、58 个请示答复进行全面梳理和注释说明，汇编总计 44.3 万余字，同时针对现有执行规范提出“立改废”意见。

三是进一步研究完善司法解释，适时发布指导性案例。最高人民法院近期研究制定了关于股权强制执行的司法解释，拟于今年上半年正式出台。同时，拟适时发布若干指导性案例，促进统一法律适用。

（八）加强代表意见建议办理工作

针对委员们提出的建立常态化执行监督机制、加强代表意见建议办理等意见建议，最高人民法院专门进行部署，狠抓工作落实。认真办理人大代表提出的意见建议，逐项梳理、建立台账、细化措施、明确分工，实行销号式督查办理。去年 11 月以来，共办理涉执行工作的代表建议 35 件。加强代表联络工作，各地法院通过召开座谈会等方式，通报执行工作情况，听取意见建议。积极邀请代表走进法院、见证执行，增进代表和全社会对执行工作的理解与支持。

二、如期实现“基本解决执行难”这一阶段性目标，切实增强人民群众获得感

全国人大常委会审议人民法院解决执行难工作情况报告并开展专题询问以来，各级法院切实把

会议精神转化为攻坚克难的强大动力和务实举措，积极投身“基本解决执行难”攻坚战。广大执行干警夜以继日战斗在执行一线，忘我工作，无私奉献，不怕牺牲，涌现出许多可歌可泣的先进人物和事迹。2016年以来，人民法院为解决执行难付出巨大努力和牺牲，黑龙江高院执行局局长侯铁男、广东信宜市法院执行局副局长伍彤、河北邯郸中院执行局法官徐章俊等51名干警牺牲在执行岗位上，他们用奉献践行了“基本解决执行难”的铮铮誓言，用生命诠释了新时代人民法院的忠诚担当。通过“基本解决执行难”这场硬仗，人民法院锻炼了队伍，提高了能力，攻克了一道道难题，有效维护了人民群众合法权益。

一是基本形成了综合治理执行难工作格局。在党中央坚强领导下，党委领导、政法委协调、人大监督、政府支持、法院主办、部门配合、社会参与的综合治理执行难工作格局基本形成，凝聚了强大合力，为解决执行难创造了前所未有的良好环境，为走出一条中国特色执行工作路子提供了坚强保障。在北京、河南等地党委政法委统筹协调和多部门共同努力下，北京法院顺利执结万吨粮食异地协作执行案，不仅使这起标的额巨大的跨省案件得以迅速执结，也避免了巨量涉案小麦腐烂变质造成损失，充分彰显了综合治理执行难工作格局的巨大优势。

二是引导法院干警和社会各界树立了正确的执行观念。通过“基本解决执行难”，在人民法院内部扭转了过去重审判、轻执行的错误观念，树立了审判和执行同等重要的工作理念，建立了立审执相互协调的工作机制。同时促使全社会进一步理解执行难和“执行不能”的区别、切实增强风险防范意识，进一步形成“执行难是综合性的社会问题和系统性的治理难题，解决执行难不能仅靠法院一家单打独斗，需要全社会共同努力”的共识。

三是有效破解了查人找物难题。建成覆盖全国的网络查控系统，与公安部、自然资源部等16家单位和3900多家银行业金融机构联网，实现了对被执行人主要财产形式的“一网打尽”，极大遏制了被执行人隐匿财产、隐藏行踪、规避执行行为，有力解决了以往登门临柜查人找物耗时费力、成本高昂、覆盖有限的问题，被执行人规避执行的空间被进一步压缩。

四是有效破解了财产变现难题。全面推行网络司法拍卖，拍卖成交率、溢价率成倍增长，流拍率、降价率、拍卖成本明显下降，有效杜绝暗箱操作、避免权力寻租，实现了拍卖环节违纪违法“零投诉”，让申请人兑现胜诉权益最大化，让被执行人财产变现利益最大化。飞机轮船、鲜活产品、手机号码等传统上很难变现的标的物都通过网络成功拍卖。湖南法院以106亿元最终报价成功拍卖某高速公路收费权，刷新了司法网拍单笔成交价纪录。

五是清理了一批长期形成的历史积案。全面开展核查清理工作，将1600多万件历史积案纳入系统加强管理，彻底解决案件底数不清问题。加大积案清理力度，加强信访案件化解，通过执行转破产和司法救助推动无财产可供执行案件依法退出，逐步改变了陈案越积越多的情况。在全国法院开展集中清理执行案款活动，清理发放案款960亿元。

六是解决了人民群众高度关注的民生痛点难点问题。对涉民生执行案件，健全优先立案、优先执行、优先发放执行款的常态化机制。2014年以来，每年元旦春节前后集中开展涉民生案件专项执行行动，加大对追索劳动报酬、赡养费、抚养费、抚恤金、工伤赔偿等案件执行力度，累计发放涉民生案款179亿元。广西法院对违反义务教育法的学生家长进行强制执行，保障多名辍学少年重返校园接受义务教育，确保在教育扶贫路上“一个都不能少”。北京法院顺利执结潘某某申请执行某运输公司人身损害赔偿案，不仅为交通事故中双目失明、遭受重创的男童执结167万元赔偿款，还对孩子及其家人进行心理辅导，抚平精神创伤，体现了人民法院执行工作的力度和温度。

七是有力维护了法律权威。严厉打击拒执行为，对失信被执行人依法适用强制措施，以拒不执行判决裁定罪判处罪犯1.3万人，拘留50.6万人次，限制出境3.4万人次，与前三年相比分别上升416.3%、135.4%和54.6%。各地法院还针对执行领域突出问题，铁腕重拳开展“江淮风暴”“云岭总攻”“草原风暴”“燕赵利剑”等一系列专项行动，对失信被执行人形成强大震慑，彰显了法律权威和司法公信力。

八是有力推动了社会诚信建设。持续推进联合惩戒工作，不断加大失信曝光和惩戒力度，让失信被执行人“一处失信、处处受限”，在全社会营造了守法诚信光荣、违法失信可耻的氛围。全国法院累计发布失信被执行人名单1322万例，有366万人迫于惩戒压力自动履行了法律义务。有的去南极旅游，因为被纳入失信被执行人名单，无法购买返程机票，主动履行义务后才得以回国；有的去缅甸躲债，当缅甸发生军事冲突时无法买机票回国，在法官主持下与申请执行人达成和解，最终才得以安全回国;还有的购买了俄罗斯世界杯足球赛门票,因被限制出境导致看不成比赛,只能联系法官主动偿还了欠款。

九是有力促进了营商环境改善。法治是最好的营商环境。解决执行难大大提高了生效法律文书兑现效率,促进了各地法治建设,营造了法治化营商环境。各地法院高度重视解决影响企业发展的执行难问题,加强涉企案件执行力度,推进解决拖欠民营企业、中小企业账款问题,切实保护产权和企业家合法权益,为各类市场主体创新创业创造营造了良好法治环境。

十是基本形成了中国特色执行制度、机制和模式。充分发挥中国特色社会主义的政治优势、制度优势,依法突出执行强制性,加强执行信息化和规范化建设,推进执行体制机制、工作和管理模式重大变革,取得一系列历史性突破,推动了法院执行工作现代化。2019年1月,世界执行大会在上海召开,29个国家和2个国际组织代表参加会议并通过《上海宣言》,认为中国法院执行工作形成了中国模式,丰富了国际实践,为国际执行法治发展提供了中国经验。

今年3月12日,最高人民法院向十三届全国人大二次会议报告:三年来,人民法院全力攻坚,共受理执行案件2043.5万件,执结1936.1万件,执行到位金额4.4万亿元,与前三年相比分别增长98.5%、105.1%和71.2%,解决了一批群众反映强烈的突出问题,促进了法治建设和社会诚信建设,“基本解决执行难”这一阶段性目标如期实现。全国法院90.4%的有财产可供执行案件在法定期限内实际执结,92.6%的无财产可供执行案件终结本次执行程序符合规范要求,94.4%的执行信访案件得到化解或办结。一些法院存在的消极执行、选择性执行、乱执行情形得到有效遏制,无财产可供执行案件终结本次执行标准把握不严、恢复执行等配套机制应用不畅等问题基本解决,被执行人规避执行、抗拒执行和外界干预执行现象明显改善。

“基本解决执行难”阶段性目标的实现,根本在于以习近平同志为核心的党中央坚强领导,根本在于党中央全面依法治国战略的实施,根本在于党的领导和我国社会主义制度能够集中力量办大事的政治优势,是全国人大及其常委会有力监督支持、全国人大代表和社会各界关心帮助的结果,同时也是全国法院广大干警特别是执行干警奋力拼搏、攻坚克难、无私奉献的结果。

长期以来,全国人大及其常委会一直高度重视、十分关心人民法院执行工作。全国人大常委会副委员长曹建明、郝明金等领导同志专门带队赴上海、江苏、安徽、黑龙江等地法院视察调研人民法院执行工作,指导打好“基本解决执行难”攻坚战。全国人大监察和司法委员会围绕“基本解决执行难”多次进行专题调研,开展问卷调查,并向全国人大常委会提交调研报告,提出了很多宝贵意见建议。全国人大常委会委员、全国人大代表积极见证现场执行,呼吁帮助解决执行工作困难,对人民法院推进解决执行难工作给予了有力的监督支持。这充分体现了我国人民代表大会制度的巨大优越性,充分体现了人大加强监督就是对人民法院工作最大的支持。在此,我代表最高人民法院表示衷心的感谢!

十三届全国人大二次会议期间,全国人大代表在审议讨论最高人民法院工作报告时,对人民法院历经三年奋力攻坚、如期实现“基本解决执行难”阶段性目标给予充分肯定。代表们普遍认为,人民法院积极回应群众关切和期待,实现了“基本解决执行难”这一阶段性目标,维护了群众利益,捍卫了司法权威,促进了社会诚信,同时也作出了巨大牺牲,体现了人民法院的使命担当。建议进一步健全解决执行难长效机制,完善综合治理格局,推进社会诚信体系建设,推动强制执行立法,建立个人破产制度,强化失信联合惩戒,继续完善执行查控机制,杜绝超标的查封等执行不规范问题,加强执行队伍建设,加大执行宣传力度,等等。代表们的充分肯定既是对全国法院广大干警的鼓励和支持,更是对人民法院进一步做好执行工作的激励和鞭策。

我们深刻认识到,“基本解决执行难”这一阶段性目标虽然如期实现,但与党中央提出的“切实解决执行难”目标相比,与人民群众期待相比,人民法院执行工作还有不小差距。执行难问题在有些方面、有些地区仍然存在,甚至还较为突出。存在的主要问题是:执行工作发展不平衡问题比较明显,有的地方执行联动机制作用发挥不够,执行信息化应用水平有待提高,一些机制举措在基层还没有真正落实落地;人民群众对执行工作的获得感有待进一步提高,有的当事人对执行成效、执行规范化水平还有不满意的地方,对“执行不能”还存在不理解、不能正确认识的问题;社会诚信体系不完善对执行工作制约依然较大,联合惩戒体系有待进一步健全,各单位信息共享还要加强;一些当事人诚信观念不强、规则意识淡薄,需要进一步加大失信惩戒和教育引导力度;人民法院每年新收执行案件超过500万件，处于高峰期，削减存量、遏制增量还面临很多难啃的硬骨头，等等。对这些问题，我们将紧紧依靠党的领导和人大监督，切实加以解决。

三、牢牢坚持党的领导，自觉接受人大监督，促进执行工作持续健康发展

如期实现“基本解决执行难”阶段性目标之后，人民法院解决执行难工作进入了新的阶段。当前和今后一个时期，人民法院执行工作的总体思路是：坚持以习近平新时代中国特色社会主义思想为指导，坚持党对人民法院工作的绝对领导，坚持以人民为中心，坚持稳中求进工作总基调，深入贯彻十三届全国人大二次会议决议，切实巩固“基本解决执行难”成果，健全执行工作长效机制，继续破解难题，加强综合治理、源头治理，切实削减执行案件存量、遏制增量，坚持不懈、久久为功，努力实现“切实解决执行难”目标。

一是进一步健全综合治理执行难工作格局。坚持以习近平新时代中国特色社会主义思想武装头脑、指导实践、推动工作，坚定不移落实党中央关于“切实解决执行难”的决策部署，进一步统一思想认识，坚定信心决心，紧紧依靠各级党委及政法委领导，不断完善综合治理执行难工作格局，更好发挥党的领导和社会主义制度能够集中力量办大事的政治优势。更加自觉接受全国人大及其常委会监督，认真听取常委会委员和人大代表意见建议，推动执行工作不断取得新的更大成效。

二是进一步健全解决执行难长效机制。加强统筹规划，出台《关于巩固“基本解决执行难”成果健全完善执行工作长效机制工作纲要》并狠抓落实，确保执行工作持续健康发展，坚决防止松懈情绪，坚决防止执行工作水平下滑。进一步加强执行信息化建设，完善网络查控系统，推动实现各类财产全覆盖，加强大数据、云计算、人工智能、区块链等技术在执行工作中的运用，让现代信息技术更好服务保障执行工作。加强执行案件源头治理，加大诉讼保全适用力度，健全立审执协调配合、案件繁简分流、执行与破产有序衔接等机制，促进执行工作良性运行。

三是进一步加强执行法治保障。根据全国人大常委会安排，抓紧起草好《民事强制执行法（草案）》，配合健全中国特色执行法律制度。加强对执行重大理论和实践问题研究攻关，将“基本解决执行难”攻坚中行之有效的经验上升为制度机制。进一步加强与全国人大监司委、全国人大常委会法工委的配合，高质量完成草案起草工作。

四是进一步提高公正规范文明执行水平。健全执行权力运行监督制约机制，扎紧“制度铁笼”和“数据铁笼”，用规范严谨的制度机制、完善闭环的信息系统、全方位的管理监督约束执行权力运行。既要高度重视办好社会广泛关注的大案要案，又要认真执行好涉及老百姓切身利益的每一个“小案”，不断增强人民群众满意度和获得感。坚持把强制执行与规范执行结合起来，把依法惩戒与司法关怀结合起来，树牢公正、善意、文明执行理念，依法审慎适用强制措施，禁止超标的、超范围查封扣押冻结涉案财物，最大限度减少对企业正常生产经营活动的不利影响。

五是进一步促进社会诚信体系建设。深入推进联合惩戒工作，推动建立中央层面的联合信用惩戒联席会议机制，与有关方面密切协作，推进联合惩戒体系拓展升级，加强系统对接和信息共享，在更大范围实现失信名单自动识别、自动拦截、自动惩戒。积极推动健全各类信息实名登记和采集机制，促进建立完善覆盖全社会的征信体系，推动社会诚信体系建设。进一步做好以案释法工作，加大失信打击力度，加强诚信宣传教育，营造不敢失信、不能失信、不愿失信的社会环境，促进形成全社会诚实守信、重信守诺的良好风尚。

六是进一步健全督查问效机制。紧紧围绕贯彻落实党中央决策部署，围绕切实解决群众反映强烈的突出问题，进一步健全狠抓落实的工作机制。健全执行巡查常态化机制，定期巡查突出问题，督促整改提高。充分发挥执行约谈制度作用，对工作部署落实不到位、消极应付督办事项的，及时通过约谈督促有关法院和部门限期纠正。落实执行信访案件倒查机制，统筹督查执行案件问题和违纪违法问题。突出基层导向，加强基层基础建设，解决基层执行工作中的突出问题，坚决打通解决执行难工作的“最后一公里”。健全执行绩效考核指标体系，加大考核问责力度。切实发挥综治考评引导作用，推动解决执行难长效机制落实落地。

七是进一步加强过硬执行队伍建设。坚持全面从严治党、从严治院、从严管理，加快推进人民法院执行队伍革命化、正规化、专业化、职业化建设。坚持以党的政治建设为统领，全面提升执行队伍政

治素质和业务能力。健全以法官为主导的执行团队办案模式,完善符合执行特点的职业保障机制和管理机制。驰而不息正风肃纪,坚决纠治执行工作中的形式主义、官僚主义,以零容忍态度坚决惩治执行领域司法腐败,杜绝消极执行、选择性执行、乱执行等违纪违法行为,努力建设一支纪律严明、行为规范、作风优良的执行铁军。

实现党的十八届四中全会提出的“切实解决执行难”目标,任重而道远。我们要更加紧密地团结在以习近平同志为核心的党中央周围,坚持以习近平新时代中国特色社会主义思想为指导,以永远在路上的坚韧和执着,向着“切实解决执行难”目标奋勇前进,为建设社会主义法治国家、推进国家治理体系和治理能力现代化作出新的更大贡献。

对研究处理对解决执行难工作情况报告审议意见的报告的意见和建议

4月22日,十三届全国人大常委会第十次会议审议了最高人民法院院长周强作的关于研究处理对解决执行难工作情况报告审议意见的报告,共有32人次发言。现根据会议发言情况,将常委会组成人员和列席人员的主要意见整理如下。

出席人员普遍认为,本届全国人大及其常委会高度重视解决“执行难”问题,持续开展监督工作。去年10月份的常委会会议听取审议了最高人民法院关于解决“执行难”工作情况的报告并进行了专题询问。在十三届全国人大二次会议上,最高人民法院在工作报告中专门报告了推进“基本解决执行难”情况。本次会议又听取审议最高人民法院关于研究处理对解决“执行难”工作情况报告审议意见的报告。出席人员普遍认为最高人民法院自觉接受监督,切实加强执行工作,实现了“基本解决执行难”这一阶段性目标。出席人员强调,要巩固和深化现有成果,健全长效机制,加强社会诚信体系建设,不断提高执行工作能力和水平,确保实现党的十八届四中全会提出的“切实解决执行难”目标。审议中,大家还提出了一些具体意见和建议。

一、完善综合治理执行难格局

部分出席人员指出,综合治理执行难格局已经形成,但还存在配合职责界限不够清晰、协助意识不强、机制不够细化等问题。应不断完善综合治理执行难工作格局,由各级党委召开执行协调会,定期协调执行工作,在党委领导下各司其职、各尽其能、共同攻坚。有的出席人员提出,人民法院与相关部门的执行联动机制已基本建成,但缺乏硬性约束,部分执行协作单位联动反应慢,甚至“联而不动”。建议明确单位、个人协助法院执行是法定义务,对无正当理由拒绝协助执行的单位、个人依法处罚。有的出席人员提出,应加快执行信息化建设,全面掌握被执行人财产信息,拓展网络查控系统,将执行信息系统与金融、公安、出入境、房地产管理等系统连接,减少公文往来程序。研究建立由政府统一掌握公民、法人财产信息的机制,民事诉讼胜诉方可先向政府有关部门申请查询被执行人的财产,再申请法院执行。有的出席人员建议完善网拍询价系统等模块,提高执行质量和效率。

二、建立健全解决执行难长效机制

许多出席人员提出,实现“切实解决执行难”的目标要求,不能仅依靠一段时间集中力量打歼灭战的方式,必须建立长效机制。最高人民法院起草关于健全解决执行难长效机制的工作纲要,提出了“强制性、规范化、信息化”的基本思路,建议增加“法治化”要求,将法治保障作为根本解决之道。有些出席人员提出,应加快诚信体系建设,普及诚信教育,培育诚信精神,抓紧建立覆盖全社会的征信系统,扩大信用报告在多领域中的应用。完善守法诚信褒奖和违法失信惩戒机制,加大曝光惩戒力度。有的出席人员提出,从长远角度解决执行难,应当重视发挥保险制度的偿付功能。

三、坚持解决执行难工作不松劲

有的出席人员指出,三年来,法院执行工作取得了很大进步,但与人民群众的期望相比,仍有较大提升空间,要坚持久久为功,不能松劲。有些出席人员指出,一些地区的执行工作仍然受到地方保护主义、部门保护主义影响,损害了老百姓的合法权益。建议最高人民法院加强此类案件的研究剖析，出台指导意见。有些出席人员提出，应明确司法机关有权依法撤销规避执行行为的法律效力，允许权利人对以规避执行为目的的财产转移行为向司法机关提出撤销申请。有的出席人员建议，一些地方对案件未审结的涉案企业的资产进行全部冻结，不利于企业维持正常运转；对败诉企业的资产也不应简单予以冻结，对企业愿意主动筹集资金的应给予合理期限，减少败诉即破产的现象。有的出席人员提出，最高人民法院关于涉及夫妻债务纠纷案件的司法解释和有关文件在一些基层法院执行工作中落实还不到位，建议加大督促指导力度。

四、完善民事法律制度

部分出席人员建议，应认真总结吸收"基本解决执行难"经验，做好民事强制执行法起草工作。有些出席人员建议，民事强制执行立法应注重健全执行制度，明确要求履行义务人在判决生效一定期限内到一审法院报告执行情况等，督促当事人主动履行，并把刑法拒不执行判决、裁定罪落到实处，营造自动履行是常态、强制执行是例外的法治氛围。有的出席人员提出，要慎重认定执行不能案件，区分因客观原因不能履行判决的行为和恶意不执行判决的行为，完善无财产可供执行案件的处理机制和标准。有些出席人员提出，个人破产制度既能保护债权人的合法权益，又可以使被执行人通过破产程序彻底结束债权债务关系，建议把个人破产立法提上日程，可以专门制定个人破产法，也可以把现有的企业破产法修改完善成为统一的破产法。

五、加强执行力量建设

部分出席人员指出，要按照"五个过硬"的要求，进一步加强人民法院执行队伍建设。有的出席人员提出，各级人民法院应与组织部门加强沟通，积极配合，解决中级以下法院员额、编制不匹配的问题，充实基层执行队伍。有的出席人员提出，基层法院执行能力有待加强，有的法院还不能很好地运用信息化手段办案。建议最高人民法院定期开展执行业务的培训，就新的司法解释和执行理念开展业务指导。有些出席人员指出，应注重防止和纠正执行工作中的形式主义、官僚主义，防止以简单定指标方式考核执行工作，同时也要整治不作为、慢作为、乱作为现象。

六、加强执行工作普法宣传

有些出席人员提出，要在全社会营造守法诚信光荣、违法失信可耻的良好氛围。加大典型案件，包括执行不能典型案件的宣传力度，向公众普及正确的执行观念。有的出席人员建议，宣传报道一些惩戒措施时，要阐明法律依据、法理逻辑，避免产生误解和争议。

有的出席人员提出，国际社会较为关注我国司法环境和营商环境，建议对报告中有关执行案件的数据再作深入分析，比如涉外案件数、执结率等，加强对涉外案件执行工作的宣传。

关于文化产业发展工作情况的报告

——2019 年 6 月 26 日在第十三届全国人民代表大会常务委员会第十一次会议上

文化和旅游部部长　雒树刚

全国人民代表大会常务委员会：

我受国务院委托，向全国人大常委会报告我国文化产业发展工作情况，请审议。

党的十八大以来，以习近平同志为核心的党中央高度重视文化产业发展工作，把加快发展文化产业作为一项重要的战略任务，作出了一系列重大决策部署，出台了一系列政策措施。习近平总书记就发展文化产业作出一系列重要论述，强调要推动文化产业高质量发展，健全现代文化产业体系和市场体系，推动各类文化市场主体发展壮大，培育新型文化业态和文化消费模式，以高质量文化供给增强人们的文化获得感、幸福感。习近平总书记重要论述明确了文化产业的发展方向、目标任务和主要着力点，为我们的工作提供了根本遵循。李克强总理也多次主持国务院常务会议研究文化产业发展相关议题,作出指示批示。下面,我从三个方面进行汇报。

一、推动文化产业发展的举措和成效

文化产业同公益性文化事业相对应,是指以文化为核心内容而进行的创作、生产、传播、展示文化产品和提供文化服务的经营性活动,涵盖文化艺术、新闻出版、广播影视、网络文化等领域,涉及中央宣传部(国家新闻出版署、国家电影局)、中央网信办、文化和旅游部、广电总局等职能部门。文化产业和旅游产业在内容上有交叉,在工作上有融合,但不完全重叠,目前在统计上也是分开的。

党的十八大以来,随着我国整体经济实力迅速增强,国际影响力明显扩大,我国文化产业迎来了加快发展的黄金期。宣传文化部门会同发展改革、财政、商务、金融、科技、自然资源等部门抢抓机遇,出台了一系列举措,推动文化产业发展取得显著成效,我国文化产业总量规模稳步增长,产业结构逐步优化升级,市场主体持续发展壮大,文化产品和服务更加优质丰富,人民群众文化消费日趋活跃,重点文化产业门类均呈现良好发展势头,文化产业对国民经济增长的贡献率不断上升,已经成为经济增长的新动能和新引擎,在促进国民经济转型升级和提质增效、服务党和国家工作大局、满足人民精神文化生活新期待、巩固和坚定文化自信、增强中华文化影响力等方面发挥了重要作用。有关部门推动文化产业发展的主要做法有:

*一是把握正确方向。*文化产业不同于一般产业,它具有意识形态和产业双重属性。宣传文化部门以习近平新时代中国特色社会主义思想为指导,坚持党的领导,坚持党管意识形态,坚持和完善党委统一领导、党政齐抓共管、宣传部门组织协调、有关部门分工负责、社会力量积极参与的工作机制和工作格局,通过市场准入、资格认定、加强监管等方式,引导和推动文化企业自觉肩负起社会责任,重视市场机制、市场需求,但不搞唯票房、唯发行量、唯收视率、唯流量。制定实施了《关于推动国有文化企业把社会效益放在首位、实现社会效益和经济效益相统一的指导意见》,完善党委领导与法人治理结构相结合的领导体制。健全管人管事管资产管导向相统一的国有文化资产监管机制。

*二是加强规划引导。*2009 年 8 月,国务院印发《文化产业振兴规划》,提出将文化产业培育成国民经济新的增长点。党的十八大明确文化产业要成为国民经济支柱性产业。《国家"十三五"时期文化发展改革规划纲要》强调,加快发展文化产业,促进产业结构优化升级,提高规模化集约化专业化水平。数字创意产业作为文化产业发展的新业态,已纳入《"十三五"国家战略性新兴产业发展规划》。每年政府工作报告都将发展文化产业作为一项重点工作进行部署。全国绝大多数省(区、市)发布了专项规划,推动文化产业健康发展。

*三是释放政策红利。*宣传文化部门会同有关部门制定多项优惠政策,从财政、税收、科技、金融、土地、消费引领等方面持续为文化产业发展释放政策红利。中央和有条件的地方设立了文化产业发展专项资金,累计金额超过 600 亿元。2013 年至 2018 年,中央财政安排文化产业发展专项资金 275 亿元,支持项目超过 4000 个。创新财政资金使用方式,探索市场化运营模式,设立中国文化产业投资基金二期。全国 20 多个省(区、市)设立由省级财政出资或宣传文化单位发起、市场化运营的文化产业投资基金或引导基金。此外,宣传文化部门还推动出台了电影、电视剧、戏曲、出版、动漫等方面的专项配套政策。

*四是增强企业活力。*文化企业是现代文化产业体系的核心。宣传文化部门深入推进文化领域"放管服"改革,全面实施"先照后证",大幅削减行政审批事项,优化审批程序,提高营商便利度。积极推进国有文化企业公司制股份制改革,建立健全有文化特色的现代企业制度。降低文化市场准入门槛,稳妥推进混合所有制改革,鼓励民营资本参与国有文化企业改制,支持非公有制文化企业加快发展。做强做优做大骨干文化企业,推动文化企业以资本为纽带,跨地区、跨行业、跨所有制并购重组,打造主业突出、产业链完整、核心竞争力强的文化企业集团。鼓励支持文化企业采取多种方式拓展融资渠道,实现社会资本、金融工具和文化资源有效对接。

*五是推动融合发展。*积极推动文化产业与相关产业融合发展,在融合中优化结构、提质增效。比如,推动旅游演艺蓬勃发展,专业化、品牌化、规范化程度不断提高,形成了主题公园演出、实景演出、剧场演出等主要形态。积极推动文化和科技深度融合,实施国家文化科技创新工程,发布《国家文化和科技融合示范基地认定管理办法(试行)》,开展示范基地认定和规范优化工作。文化和金融融合迈出新步伐,不断加大金融支持文化产业发展力

度，推动符合条件的文化企业上市融资，推进文化和金融合作示范区创建。促进创意设计服务与制造、建筑、信息、农业、体育、健康等产业深度融合，拓展了文化产业发展空间。

六是强化市场监管。建立全国文化市场管理工作联席会议制度，健全“扫黄打非”体制机制，全面实施“双随机一公开”监管，逐步构建以信用为核心的新型监管机制。深化文化市场综合执法改革，推进文化、文物、出版、广播电视、电影、旅游领域市场执法队伍整合。对泛娱乐化、影视业高片酬、阴阳合同和偷逃税等突出问题开展专项整治。积极开展网络空间治理，加强网络内容建设管理和新技术新应用安全评估，推动互联网企业履行主体责任，推动网络空间日渐清朗。不断加大知识产权保护力度，完善侵权查处机制，促进知识产权运用。党的十八大以来，全国各级文化市场综合执法机构共出动执法人员5485万余人次，检查经营单位2323万余家次，受理核查举报11.4万余件，有力改善了文化产业发展环境。

七是扩大中华文化影响力。统筹国际国内两个市场、两种资源，培育具有国际影响力的外向型文化企业、文化品牌，扩大市场份额和国际影响力。大力推动文化贸易，认定首批13家国家文化出口基地，推动国产优秀文化产品进入海外主流市场，影响主流人群，有力展示中国国家形象。每年举办中国（深圳）国际文化产业博览交易会，开展文化产业领域国际交流合作，搭建文化产品和服务走出去平台。

八是规范文化产业统计。统计部门会同宣传文化部门积极推动文化产业统计工作制度化规范化。2012年和2018年，国家统计局对文化产业统计标准进行了两次修订，不断推动有关统计标准更加符合我国国情和文化产业发展实际，对文化产业发展状况的统计监测和分析研判水平不断提高，为制定产业规划和产业政策提供了决策依据。针对少数地方存在的概念表述不严谨、统计范围不规范等现象，国家统计局还印发通知，明确要求规范文化产业统计工作，不宜简单以新概念代替文化产业概念、自行扩大统计口径。

在党中央、国务院的坚强领导下，推动文化产业发展的一系列举措发挥了重大作用，文化产业发展呈现良好态势。

一是文化产品供给质量和数量大幅提升。文化精品特别是主旋律作品日益丰富，《习近平新时代中国特色社会主义思想三十讲》《平“语”近人——习近平总书记用典》《梁家河》等政治类读物，以及《改革开放全景录》《红海行动》《流浪地球》《换了人间》、“庆祝改革开放40周年文艺晚会”等一批讴歌党、讴歌祖国、讴歌人民、讴歌英雄的精品力作引起强烈反响。2015年至2017年，舞台艺术创作共推出原创首演剧目4499部，全国艺术表演团体演出场次从210.8万场增加到293.6万场。2012年至2018年，图书出版从41.4万种增至51.9万种，期刊出版总品种数由9867种增长到10139种，故事影片创作生产平均每年超过700部。2018年电影产量超过1000部，票房达609亿元，制作完成并获得发行许可的电视剧共323部13726集、电视动画片共241部8.6万分钟。我国已成为世界图书出版、电视剧制播、电影银幕数第一大国，电影市场规模稳居全球第二。文化企业数量不断增长、供给能力迅速提升，截至2018年底，全国文化企业共309.28万户，占全部企业数量的8.9%；2018年，全国新登记文化企业52.21万户，同比增长6.9%。

二是文化产业向国民经济支柱性产业目标迈进。2017年，全国文化产业增加值为34722亿元，占GDP的比重为4.23%，比上年增长12.8%（按现价计算）；增加值过千亿元的省（区、市）已有13个，其中，广东、江苏、浙江、山东等省超过3000亿元；文化产业增加值占GDP的比重超过5%的省市有4个，分别是北京（9.64%）、上海（6.79%）、浙江（6.19%）和广东（5.37%）。文化产业已经成为调整优化产业结构、推动新旧动能转换的一支重要力量。

三是文化产业服务民生的作用凸显。2017年，全国文化产业从业人员达到2138万人，较2004年的873.26万人增加了1.45倍。文化和旅游部门鼓励贫困地区依托特色文化资源发展特色文化产业，支持建设了一批具有富民效应和示范效应的文化产业集聚区和特色文化产业项目。例如，贵州实施文化产业扶贫“千村计划”，鼓励建设一批非遗保护性生产基地和体验展示街区，推动传统手工艺标准化、规模化和市场化。

四是文化走出去取得积极进展。《习近平谈治国理政》第一卷以24个语种、28个版本在全球160多个国家发行660万册，中国理念、中国制度、中国方案得到越来越多国家和地区的理解和认可。2018年，我国文化产品和服务进出口总额达1370.1亿美元，同比增长8.3%。2012年至2017年，全国版权输出从9365项增长到13816项，增长47.5%，版权输出与引进的比例从1：1：9提高到1：1：3。

2018 年,中国自主研发网络游戏海外市场销售 95.9 亿美元,同比增长 15.8%。

二、文化产业发展存在的突出问题

尽管近年来我国文化产业发展取得了显著成绩,但是也要看到,我国文化产业仍然处于起步阶段,无论是规模总量还是质量效益,无论是对内满足人民需求还是对外扩大文化影响力,都还有很长的路要走。

*一是高质量文化供给不足。*习近平总书记指出,我国文化供给已经不是缺不缺、够不够的问题,而是好不好、精不精的问题。目前文化产业生产结构与市场需求结构不适应,低端供给过剩与中高端供给不足并存,文化产品有数量、缺质量,有"高原"缺"高峰",传播当代中国价值观念、体现中华文化精神、反映中国人审美追求的精品力作还比较少,还不能满足广大人民群众多样化、多层次、多方面的精神文化需求,抑制了文化消费。有文化特色的现代企业制度尚未完全建立,社会效益和经济效益平衡难度较大,有的企业甚至一味迎合市场、制造文化垃圾,亟需从法律法规和政策上为高质量文化供给主体提供坚定支持,不断优化供给结构。

*二是产业发展不平衡。*与美国、韩国等文化产业发达国家相比,我国文化产业对国民经济的贡献及影响存在差距。区域发展不平衡问题仍然突出,西部省(区、市)文化产业增加值占 GDP 的比重均低于全国平均水平。我国文化产业还是新兴产业,发展时间较短,基础还较为薄弱,正处于从政策推动到市场驱动的动力转换过程之中,市场机制在资源配置中的积极作用还没有得到充分发挥。

*三是文化企业实力偏弱。*我国文化企业数量增长较快,但绝大多数是从业人员 50 人以下或营业收入 500 万元以下的小微企业,甚至是个人工作室、个体工商户,"小"和"散"的局面还没有彻底改观。与一般行业相比,文化企业在追求社会效益、承担社会责任方面要求更高、担子更重。文化企业大多是轻资产企业,高度依赖创新创意,普遍面临盈利模式不稳定、生命周期短、可持续发展难度大等突出问题。

*四是创新驱动能力不足。*在内容、技术、业态等方面的自主创新能力不足的问题较为突出,原创能力还不强,内涵深刻、富有创意、形式新颖、技术先进的知名文化品牌较少。随着文化和科技深度融合,部分传统文化业态、服务形态以及文化企业还不能适应科技发展和时代要求,转型比较缓慢,生存面临严峻挑战。

*五是国际市场竞争力不强。*相比于发达国家,我国出口文化产品和服务技术含量较低、创意能力不强,能充分体现中华优秀传统文化精髓、适应国外受众习惯的偏少,国际传播力、影响力还不够大,对外文化贸易在整体对外贸易中的比重偏低,核心文化产品和服务的贸易逆差仍然存在。文化企业参与国际竞争的能力还较弱,在全球产业链分工中处于相对弱势地位,不利于讲好中国故事、增强国家文化软实力。

三、下一步推动工作的主要打算

中国特色社会主义进入新时代,文化产业发展也进入新时代。新时代有着新期待,新形势赋予新使命。我们将深入贯彻落实习近平新时代中国特色社会主义思想,贯彻落实党的十九大和十九届二中、三中全会精神,树牢"四个意识",坚定"四个自信",坚决做到"两个维护",以社会主义核心价值观为引领,坚持把社会效益放在首位、社会效益和经济效益相统一,自觉承担起举旗帜、聚民心、育新人、兴文化、展形象的使命任务,推动文化产业实现高质量发展,以优秀文化产品和服务满足人民群众美好生活新期待。重点将做好以下工作:

*一是加快文化供给侧结构性改革。*在贯彻落实新发展理念、"转方式、调结构"的背景下,全面深化改革、更好处理政府与市场关系,丰富供给主体、优化供给方式、提高供给质量,不断提升规模化集约化专业化水平,推动文化产业加速转型升级。坚持创造性转化、创新性发展,以中华优秀传统文化传承发展工程为抓手,增加文化供给,挖掘阐释优秀传统文化思想精髓,推进文化典籍整理出版和数字化,规划建设若干国家文化公园,加强珍贵遗产资源保护,传承振兴民族民间文化,推动优秀传统文化融入国民教育、道德建设、文化创造和生产生活,把中华优秀传统文化元素融入新型城镇化和新农村建设,让人们在丰富的文化体验中感知传承传统、留住乡韵乡愁。

*二是把创作生产优秀文化产品作为中心环节。*文化产业是内容产业,创作生产文化产品应突出思想内涵,发挥其启迪思想、温润心灵、陶冶情操的功效,以优秀的文化产品传递向善向上的价值观,更好地引领社会风尚。宣传文化部门将坚持以人民为中心,坚持内容为王、质量第一,坚守文化理想,

发扬工匠精神，倾心倾力打造传世之作，用文化精品赢得受众、赢得市场，增强文化产业核心竞争力，更好满足人民群众精神文化生活新期待。主动适应群众多样化、分众化的精神文化需求，在选题、表达、对接上下功夫，增强供给对需求变化的适应性灵活性。深入开展精品创作，完善扶持提升政策，建立健全有利于出精品的激励引导机制，组织创作一批思想性艺术性俱佳的文艺作品。鼓励依托旅游资源创作生产丰富多彩的文化产品，提升旅游的文化内涵，推动文化产业与旅游业深度融合。

三是增强文化企业的市场竞争实力。文化企业一定要坚守文化使命，聚焦文化主业，以守正创新为根本要求，承担社会责任和道德责任。宣传文化等部门将着力推动产业关联度高、业务相近的国有文化企业联合重组，组建大型国有及国有控股的文化产业投资平台，推动跨所有制并购重组，对有潜力的战略性新兴文化企业进行股权投资，巩固并发展国有文化企业的内容生产优势和传播主渠道优势，发挥其对文化产业发展的主导和引领作用。创新文化生产经营机制，做强做优做大骨干文化企业，支持中小微文化企业和非公有制文化企业发展，鼓励各类市场主体公平竞争，推动形成不同所有制文化企业共同发展、大中小微文化企业相互促进的文化产业格局。

四是构建规范有序的文化市场。构建统一开放、竞争有序、诚信守法、监管有力的现代文化市场体系，充分发挥市场机制作用。努力消除地区分割和行业壁垒，培育和发展各类文化产品和要素市场，建设传输便捷、互联互通、城乡贯通、安全可控的文化传播体系，促进文化产品和人才、产权、技术、信息等文化生产要素合理流动。进一步深化文化市场综合执法改革，提升文化市场技术监管水平，鼓励和保护公平竞争，制止垄断和不正当竞争行为，纠正扰乱市场行为，净化文化市场环境，维护文化市场秩序。建立文化市场诚信体系，构建守信激励和失信惩戒机制。扩大对外文化贸易，推动优秀文化产品和服务拓展国际市场。

五是打造文化产业人才高地。创作是文化产业发展的源泉，人才是文化产业发展的高地。宣传文化等部门将以文化产业发展需求为导向，培养和扶持内容创作生产高端人才及相关技术人才。积极推动文化产业及相关学科专业建设，鼓励社会力量参与文化产业人才培养。健全符合文化产业人才特点的发现、使用、评价、流动、激励和储备机制，鼓励采取签约、项目合作、知识产权入股等多种方式集聚文化产业人才，以及多渠道引进海外优秀文化人才。

六是推动文化和科技深度融合。文化产业发展始终同科技进步紧密相联。宣传文化等部门将加快推进文化和科技深度融合，提升文化产业科技支撑水平，改造传统文化产业，发展新兴文化产业，提升新型文化业态的比重。鼓励和支持科技在出版发行、广播影视节目制作和传输、演艺娱乐、印刷复制、广告服务、会展服务等传统文化产业中的应用，推进传统文化产业内容创作、传播方式和表现手段等方面创新，促进传统文化产业转型升级；鼓励和支持培育基于大数据、云计算、物联网、人工智能等新技术的新型文化业态，发展数字创意、智慧广电、网络视听、数字出版、动漫游戏、绿色印刷等新兴文化产业，推动与相关新兴产业相互融合。推动文化资源数字化，分类采集梳理文化遗产数据，标注中华民族文化基因，建设文化大数据服务体系，将中华文化元素和标识融入内容创作生产、创意设计以及城乡规划建设、生态文明建设、制造强国、网络强国和数字中国建设。

七是促进文化资源与金融资本有效对接。加快推进符合文化产业发展需求和文化企业特点的金融产品与服务创新，积极探索文化资产管理、文化产业融资租赁、文化保险担保等金融业务创新，运用好产业投资基金、风险投资基金等金融工具，提升金融服务文化产业发展水平。进一步扩大文化企业股权融资和债券融资规模，支持文化企业上市融资和再融资，鼓励文化企业并购重组。积极推进文化企业无形资产评估、确权、登记、托管、流转服务，建立文化产业融资担保、保险、版权质押等投融资服务体系，完善文化企业信用评价体系和融资信用担保体系。创新文化金融服务组织形式，建立完善文化金融中介服务体系。鼓励发展文化金融专业化机构，为文化企业提供综合性金融服务。

八是完善促进文化产业发展的财税政策。文化企业提供的是精神产品，社会效益优先是首要原则。与其他行业相比，文化企业在追求社会效益方面承担了更多的社会责任，财税政策对于有效引导和保障文化企业在激烈的市场竞争中坚持社会效益优先、实现可持续发展，发挥着不可替代的作用。近些年来，国家陆续发布或延续了一系列支持文化产业发展的财税优惠政策，基本形成了促进文化产业发展的财税优惠政策体系。国务院及有关部门将根据不同阶段和时期文化产业的发展情况，结合财力状况和经济社会发展需要，综合考虑、统筹安排财政资金支持文化产业,组建或改组国有文化资本投资运营公司,支持骨干文化企业并购重组,支持小微文化企业创新发展。落实促进文化产业发展的税收优惠政策。

九是完善文化产业发展的法治保障。制定文化产业促进法是党的十八届四中全会明确提出的一项重要任务,也被列为本届全国人大常委会一类立法项目。2015 年以来,在中宣部、全国人大教科文卫委员会精心指导下,文化和旅游部牵头开展文化产业促进法起草工作,已经形成了各方基本认可、比较成熟的草案。草案聚焦"促进什么""怎么促进"两个核心问题,围绕促进文化产业发展的关键环节和核心要素,确定在创作生产、文化企业、文化市场 3 个环节发力,在人才、科技、金融财税等方面予以扶持保障,努力解决前面提到的困难和问题,促进文化产业发展。我们正在全力对草案进行修改完善,争取尽快按程序提请全国人大常委会审议。著作权法第三次修订草案已经基本成熟,计划于今年由国务院提请全国人大常委会审议。同时,我们将抓好电影产业促进法等法律的实施,进一步推动文化产业相关法律、法规、规章等的立改废工作,全面推进依法行政,营造有利于文化产业发展的法治环境。

长期以来,全国人大及其常委会高度重视文化建设,不断推动文化立法、完善文化法治保障。此次全国人大常委会专门听取文化产业发展工作汇报,充分体现了对文化产业发展的关心和支持。恳请继续关注支持文化产业发展,多开展相关调研,多组织督促检查,多提出宝贵意见,指导国务院和各有关部门、地方各级人民政府共同做好文化产业发展工作。我们将全面落实审议意见,进一步改进工作,努力推动我国文化产业发展迈上新台阶,为建设社会主义文化强国、助力实现中华民族伟大复兴中国梦作出新的更大贡献。

对文化产业发展工作情况报告的意见和建议

6 月 27 日,十三届全国人大常委会第十一次会议审议了文化和旅游部部长雒树刚受国务院委托作的关于文化产业发展工作情况的报告,共有 46 人次发言。现根据会议发言情况,将常委会组成人员和列席会议人员的主要意见整理如下。

出席人员普遍认为,发展文化产业是满足人民群众多样化精神文化需求的重要途径,是推动经济高质量发展的新动能和新引擎。全国人大常委会高度重视文化产业发展工作,将文化产业促进法列入立法规划的第一类项目,积极推进立法进程,听取审议专项工作报告,推动文化产业健康有序发展。出席人员强调,目前我国文化供给能力迅速跃升,文化产业向国民经济支柱性产业目标稳步迈进,国务院及有关方面为此做了大量富有成效的工作。同时也要看到,我国文化产业仍处于起步阶段,高质量文化供给不足、产业发展不平衡、创新能力和国际竞争力不强等问题依然存在。要贯彻社会主义核心价值观,坚持把社会效益放在首位、社会效益和经济效益相统一,深化文化供给侧结构性改革,健全现代文化产业体系和市场体系,以高质量的文化供给增强人民群众的文化获得感、幸福感。审议中,大家还提出了一些具体意见和建议。

一、把握好文化产业的正确发展导向

部分出席人员认为,要坚持以习近平新时代中国特色社会主义思想为指导,深入贯彻落实习近平总书记关于文化产业的重要论述,坚决把党的领导贯彻到文化产业工作的全过程、各环节。一些出席人员提出,要深刻把握文化的意识形态属性和产业属性,强化文化产业在意识形态领域的使命责任,在制定规划、出台政策、实施项目等重要工作中严格把好导向关,始终把社会效益放在首位,不为一时之利而动摇,不为一时之誉而急躁。一些出席人员指出,要引导文化企业和文化工作者心中有责、行之有界,坚持以人民为中心的创作导向,把讴歌党、讴歌祖国、讴歌人民、讴歌社会主义作为主要任务,不断提升文化产品的内涵和质量,推出更多深入生活、扎根人民的精品力作。

二、加强文化产业的规划引导

一些出席人员提出,要摸清我国自然、人文方面文化资源现状,全面评估"十三五"时期文化产业发展情况,在此基础上对"十四五"时期文化产业面临的机遇挑战和发展趋势进行分析研判，按照政府引导、市场运作、整体规划、分步实施原则，科学制定中长期发展规划，使文化产业发展有总体遵循、有具体指导、有明确要求、有得力举措。有的出席人员指出，文化无处不在，要树立大文化产业观，突破部门思维局限规划文化产业发展；完善文化产业统筹协调机制，明确各部门在推动文化产业发展中的职能。有些出席人员提到，网络是文化产业的重要阵地，但管理中存在责任不明确、法规不健全、技术手段跟不上的问题，需要引起高度重视，在政策引导、监督管理等方面下功夫。

三、健全文化产业市场体系

一些出席人员提出，要鼓励各类文化市场主体公平竞争、优胜劣汰，推动形成不同所有制文化企业共同发展、大中小微企业相互促进的文化产业格局。建议：(1)充分发挥国有文化企业示范作用，打造一批核心竞争力强的骨干文化企业，提高文化产业的规模化、集约化、专业化水平。(2)加大对民营文化企业在财税、用地、融资、人才培养等方面的支持力度，营造公平、法治的市场环境，促进更多民营资本进入文化领域。(3)加强文化企业孵化器、众创空间、公共服务平台建设，支持专、精、特、新中小微文化企业发展。有的出席人员建议，要完善文化产业优惠政策，破解文化企业特别是小微民营企业的经营难题。建议：(1)停征文化事业建设费、国家电影事业发展基金。(2)出台针对文化企业研发费用的税收优惠政策，对文化创意类企业比照高新技术企业享受所得税优惠。(3)金融机构向符合条件的文化企业提供贷款的利息收入，采用简易计税方法，并按3%税率缴纳增值税。

四、培育新型文化业态

部分出席人员提出，文化产业是关联度、融合度很强的产业。要坚持市场导向和政策支撑并行，通过突破产业边界、重组产业要素，把文化与旅游、科技、金融、制造、建筑、农业、健康等相关产业紧密结合起来，拓展文化产业发展空间，探索打造“文化+”的产业形态，促进跨界融合常态化。建议：(1)着重加强文化旅游融合发展的顶层设计，积极寻找产业链条各环节的对接点，以文化提升旅游的内涵品质，以旅游促进文化的传播消费。(2)促进数字技术、互联网技术等高科技在文化创作、生产、传播、消费等各环节的应用，推动演艺、出版、工艺美术、文化会展等传统行业转型升级。

五、增加优质文化产品供给

部分出席人员强调，当前我国文化产品供给已经不是缺不缺、够不够的问题，而是好不好、精不精的问题，需要改变有数量缺质量、低端供给过剩与中高端供给不足的现状。建议：(1)推动生产要素配置向优质产品倾斜，通过资金资助、规划引导、评奖评论等手段，大力扶持精品创作生产。(2)深入贯彻“双百”方针，完善文化评价体系，弘扬“板凳坐得十年冷、文章不写半句空”的精神。有的出席人员建议，加大知识产权保护力度，切实保护文化从业者的合法权益，让文化从业者安心创作。

一些出席人员提出，我国城乡居民文化娱乐消费虽呈现较快增长态势，但消费水平明显低于发达国家，消费潜力并未得到有效释放。建议加强对文化市场需求和消费趋势的研究，引导文化企业提供个性化、多样化的文化产品和服务，提高科技和创意含量，培育文化消费增长点，及时总结推广各地在促进文化消费中的成功经验和有效模式。

许多出席人员认为，要深入挖掘中华优秀传统文化资源，推动创造性转化和创新性发展，把中华优秀传统文化资源转化为文化产业资源、文化产业优势。要鼓励美术馆、博物馆等文化机构适应市场需求，开发文化创意产品，与影视业、新兴媒体融合发展；重视做好非遗传承人群研培计划，支持非遗项目的产业化、规模化；探索传统工艺品牌建设。

六、加大人才培育力度

有些出席人员指出，文化产业高度依赖于人的创造，高质量和规模化的人才资源是文化产业发展的核心竞争力。建议：(1)以高端创意设计、经营管理人才为重点，完善人才发现、选拔、培养、流动和储备机制。(2)加强文化产业相关学科建设，发挥高校院所、文化企业、园区基地、创业孵化器等各自优势，推进产学研用合作培养人才。(3)以激发人才的创新创作活力为目的，完善人才评价体系和机制，不以学历和奖项为唯一标准。(4)完善政策措施，积极推动优秀文化人才“走出去、引进来”。

七、推进文化产业国际合作

有的出席人员指出，要统筹利用好国际国内两个市场、两种资源，在推动国内文化产业发展繁荣的基础上，积极拓展对外文化贸易，构建互利共赢的文化产业国际交流合作新格局。有些出席人员提出，要落实促进“一带一路”国际合作的部署，扩大与沿线国家、地区的文化贸易往来和文化产业合作。一些出席人员强调，要鼓励支持部分文化骨干企业，加大品牌建设投入，完善品牌运营管理，率先打造具有国际竞争力的文化品牌。有的出席人员建议，重视发挥海外华人、华侨在传播中华文化方面的独特作用，增强中华文化的国际影响力。

八、完善文化法治体系

部分出席人员提出，制定文化产业促进法是党中央的明确要求，是全国人大常委会立法规划中的第一类项目。要在确保立法质量的前提下加快立法进程，对一些核心问题和重要概念给予清晰界定，把行之有效的文化经济政策法定化，为文化产业发展提供有力法治保障。

关于学前教育事业改革和发展情况的报告

——2019 年 8 月 22 日在第十三届全国人民代表大会常务委员会第十二次会议上

教育部部长　陈宝生

全国人民代表大会常务委员会：

受国务院委托，我向全国人大常委会报告学前教育事业改革和发展情况，请审议。

党中央、国务院高度重视学前教育事业。党的十九大提出，要在“幼有所育上不断取得新进展”。习近平总书记就学前教育改革发展多次作出重要批示，2018 年 7 月，习近平总书记主持中央全面深化改革委员会会议，审议通过了《关于学前教育深化改革规范发展的若干意见》，明确指出推动学前教育深化改革规范发展，是党和政府为老百姓办实事的重要民生工程。2018 年 5 月，李克强总理听取了教育部关于学前教育工作的汇报，指出要多渠道增加学前教育资源供给。在今年的《政府工作报告》中，李克强总理进一步强调无论是公办还是民办幼儿园，只要符合安全标准、收费合理、家长放心，政府都要支持。王沪宁同志、孙春兰副总理多次专题研究学前教育改革发展工作并作出相关部署。

下面，我从三个方面进行汇报。

一、学前教育事业发展总体情况

近年来特别是党的十九大以来，按照党中央、国务院决策部署，教育部会同有关部门坚持公益普惠办园方向，积极扩大普惠性学前教育资源，着力提高保教质量，努力构建学前教育公共服务体系，学前教育事业快速发展，取得了显著成绩。

一是学前教育规模快速扩大。2010 年《国务院关于当前发展学前教育的若干意见》颁布实施以来，各地加大了促进学前教育发展的工作力度。截至 2018 年底，全国共有幼儿园 26.7 万所，在园幼儿 4656 万人，教职工 453 万人，与 2010 年相比，幼儿园数量增加了 77.3%，在园规模增加了 56.4%，教职工数量增加了 145%。

二是普及水平稳步提升。2018 年，全国学前三年毛入园率为 81.7%，比 2010 年提高 25.1 个百分点，年均增长超过 3 个百分点，有效缓解了“入园难”问题。西藏、甘肃、青海、云南、内蒙古等 5 个省份学前三年毛入园率比 2010 年提高了 40 多个百分点；安徽、新疆、海南、河南、宁夏、湖北、贵州、广西、吉林、湖南等 10 个省份提高了 30 多个百分点。

三是普惠程度不断提高。2018 年，全国共有公办园（含企事业单位办园、军队办园、街道办园和村集体办园）10 万所，占 37.8%，公办园在园幼儿 2016.6 万人，占 43.3%；共有普惠性民办园 8.2 万所，占民办园总数的 49.5%，普惠性民办园在园幼儿 1386 万人，占民办园在园幼儿总数的 52.5%；全国普惠性幼儿园覆盖率为 73.1%，比 2016 年增长了 5.8 个百分点（从 2016 年才开始统计普惠性幼儿园覆盖率）。

四是民办园迅速发展。截至2018年底，全国共有民办园16.6万所，在园幼儿2639.8万人。相比2010年，民办园总数增加了6.4万所，民办园在园幼儿增加了1240.3万人，全国在园幼儿增量的70%以上都在民办园。

五是区域差距逐步缩小。从区域看，西部地区学前教育发展最快，从2010年到2018年，西部地区幼儿园总数增加了127.5%，在园规模增加了76.3%，中部地区分别是100.6%和65.1%，东部地区分别是27.6%和35.7%。从2010年到2018年，学前三年毛入园率增长幅度最大的15个省份都在中西部，东中西部学前教育发展差距明显缩小。从城乡看，幼儿园数量农村增幅最大，在园规模城市增幅最大，从2010年到2018年，农村地区幼儿园总数增加了61.6%，在园规模增加了26.6%，城市地区分别增加了56.4%和54.6%。在新增资源总量中，农村幼儿园占69.8%、在园幼儿占49.2%，农村学前教育资源得到较快增长。

二、学前教育重点工作情况

2018年，党中央、国务院印发《关于学前教育深化改革规范发展的若干意见》（以下简称《若干意见》），对新时代学前教育改革发展进行了系统谋划和全面部署，进一步确定了到2020年全国学前三年毛入园率达到85%的普及目标、普惠性资源覆盖率达到80%的普惠目标和全国公办园在园幼儿占比原则上达到50%的结构性目标，提出了一系列重大政策措施，推动学前教育持续健康发展。

（一）多渠道扩大普惠性资源。一是规范城镇小区配套幼儿园建设使用。2019年1月，国务院办公厅印发《关于开展城镇小区配套幼儿园治理工作的通知》，部署各地对城镇小区配套园进行全面摸底排查，针对规划、配建、移交、使用不到位等问题，采取补建、改建、新建、置换等措施，确保小区配套园提供普惠性服务。目前各地已完成摸底排查工作，共摸排4.21万个小区，约有1.84万所幼儿园需要治理。据初步测算，通过治理将增加普惠性学位约370万个，普惠性幼儿园覆盖率将提高8个百分点。二是积极挖潜扩大增量。住房和城乡建设部发布《城市居住区规划设计标准》，明确了幼儿园的配套建设要求，指导各地在城市修补、功能完善、老旧小区改造、老工业区更新中补充完善基础教育设施。各地实施了一大批幼儿园建设项目，大力发展公办园，积极扶持普惠性民办园，鼓励支持企事业单位、部队、街道、农村集体办园。比如北京通过利用疏解腾退空间新建改扩建幼儿园、支持国有企事业单位和街道办园、以租代建等多种方式，扩大普惠性资源供给，2018年新增学位超过3万个，2019年拟再新增学位3万个。

（二）推进科学保教。一是加强专业指导。教育部印发《3—6岁儿童学习与发展指南》和《幼儿园教育指导纲要》，明确了幼儿的身心发展特点和规律，对幼儿园孩子应该“学什么”、“怎么学”和“教什么”、“怎么教”提出了指导性要求。各地深入贯彻落实《指南》和《纲要》，在幼儿园保育教育实践方面涌现出一批在国内和国际具有一定影响力的地区和幼儿园，其中，“安吉游戏”的实践探索得到国际学前教育界高度肯定，成为中国学前教育一张靓丽的国际“名片”。二是开展幼儿园教育“小学化”专项治理。2018年7月，教育部印发《关于开展幼儿园“小学化”专项治理工作的通知》，明确要求各地按照标本兼治、疏堵结合的原则，对幼儿园和校外培训机构提前教授小学课程内容、教育方式“小学化”、教学环境“小学化”、小学非零起点教学等问题进行治理。三是完善教研制度。各地结合实际，完善区域和园本教研制度，建立学前教育教研责任区，推动学前教育教研工作制度化、常态化，及时解决教师日常保教实践中的困惑和问题。四是加大社会宣传力度。持续开展全国学前教育宣传月活动，每年确定不同主题，面向全社会宣传学前教育政策措施，传播科学教育理念和科学育儿知识，为幼儿身心健康发展营造了良好社会环境。

（三）完善投入保障机制。一是持续加大学前教育财政投入。2017—2018年，中央财政投入学前教育专项资金300亿元，地方财政投入超过3000亿元。《若干意见》印发后，中央财政进一步加大投入，2019年将学前教育专项资金从之前的每年约150亿元提高到168.5亿元。国家发展改革委相继实施农村学前教育推进工程和优质普惠性学前教育资源扩容项目，集中支持各地扩大普惠性学前教育资源。总体上看，国家财政性学前教育投入占财政性教育投入的比重从2010年的1.7%提高到2017年的4.6%，有14个省份达到5%以上，北京、上海都超过了10%。二是建立学前教育成本分担机制。目前，各省（区、市）陆续出台了公办园生均公用经费标准或生均财政拨款标准、普惠性民办园扶持政策，17个省（区、市）明确了普惠性民办园的生均补助标准。河南省建立公办园生均财政拨款制度，按照市属幼儿园年生均5000元、县级及以下年生均3000元的标准核拨生均经费。山东省按年生均710元的生均公用经费标准对公办园和普惠性民办园进行同等补助。北京市建立普惠性学前教育投入保障机制,市财政对提供普惠性服务的幼儿园,无论公办、民办都按年生均12000元进行补助,真正实现了接受普惠性学前教育公共财政补助一样、家长缴费一样。三是建立学前教育资助制度。对普惠性幼儿园在园家庭经济困难儿童、孤儿和残疾儿童予以资助。2017—2018年,中央财政安排资金30亿元,地方投入197亿元,累计资助家庭经济困难幼儿1730万人次,覆盖面达到13%左右。

(四)加强教师队伍建设。一是不断扩大培养规模。努力办好一批中等幼儿师范学校和高等师范院校学前教育专业,建设一批幼儿师范专科学校,积极探索初中毕业起点五年制学前教育专科学历教师培养模式,不断扩大学前教育专业公费师范生招生规模。开展师范院校学前教育专业国家认证工作,推动提高幼儿园教师培养质量。目前全国已有505所高校设置学前教育专业,本专科招生规模超过20万人。到2018年底,全国共有幼儿园园长和专任教师287万人,其中,大专以上学历占82%。二是持续加大培训力度。国家连续八年实施幼儿园教师"国培计划",到2018年底,共投入35.6亿元,累计培训了近200万名幼儿园骨干教师,各地幼儿园园长教师普遍接受了一轮培训。三是加强幼儿园师资配备。教育部出台了《幼儿园教职工配备标准》、《幼儿园教师专业标准》、《幼儿园园长专业标准》,各地通过公开招考、小学富余教师转岗、特岗计划、公费师范生等多种方式补充幼儿园教师。目前有19个省份出台了公办园教师编制标准,贵州省通过统筹调配事业单位编制补充幼儿园教师编制,2018年在编幼儿教师数量比2010年增加了7倍。山东省2018年启动了公办幼儿园机构编制和人员编制核定工作,将实验幼儿园、乡镇(街道)中心幼儿园、公办学校附属幼儿园纳入机构编制管理,核增人员编制6000余名。同时,根据学前教育事业快速发展的实际需要,探索实行人员控制总量备案管理,有效破解了长期制约教师队伍建设的编制难题。四是健全工资待遇保障机制。按照《若干意见》要求,各地积极落实公办园、民办园教师工资待遇政策,努力保障幼儿教师待遇。浙江杭州设立幼儿园教师待遇补助资金,不断加大对非在编教师工资待遇的财政补助力度。贵州凯里明确提出非在编与在编教师待遇实行"四同",即:招考程序相同、招考标准相同、工资待遇相同、晋级晋职相同,并将教师工资待遇全部纳入财政预算。

(五)完善监管体系。一是完善监管制度。《若干意见》从加强源头监管、完善过程监管、强化安全监管等方面,对完善幼儿园监管体系作出了明确要求。教育部修订《幼儿园工作规程》,会同有关部门印发《幼儿园建设标准》、《幼儿园收费管理暂行办法》、《托儿所幼儿园卫生保健管理办法》、《托儿所幼儿园卫生保健工作规范》,进一步完善办园标准,规范办园行为。二是创新监管方式。推动各地落实《政府工作报告》部署,运用互联网等信息化手段对幼儿园保教过程加强监管。推动各地把好办园审批和园长教师资质入口关,强化对幼儿园教师配备、安全防护、卫生保健、营养膳食、保育教育、收费及经费使用等方面的动态监管。国务院教育督导委员会办公室印发《关于进一步做好幼儿园办园行为督导评估工作的通知》和《幼儿园责任督学挂牌督导办法》,并在2018年开展了幼儿园规范办园行为专项督导检查,实地督导评估了6.2万所幼儿园。三是落实监管责任。进一步明确各有关部门的管理责任,逐步健全教育部门主管、各有关部门分工负责的监管机制。

这些年来,学前教育得到快速发展,但由于多种原因,目前学前教育仍是我国教育体系的薄弱环节,发展不平衡不充分的矛盾在学前教育领域表现还比较突出,"入园难"和"入园贵"的问题在一定程度上仍然存在,与人民群众的期待还有一定差距,面临一些突出问题:一是普惠性资源短缺。全国普惠性幼儿园覆盖率为73.1%,距离2020年普惠目标还差近7个百分点。农村地区、少数民族地区、集中连片特困地区资源不足,全国还有4000个左右的乡镇没有公办中心幼儿园,个别地方的学前三年毛入园率还在50%以下。二是教师队伍建设有待进一步加强。目前全国幼儿园专任教师总数为258万人,按每班"两教一保"标准测算,尚缺52万人。公办园专任教师在编比例偏低,截至2018年底,全国公办幼儿园专任教师总数为97.2万,事业编制总量55.6万名,实有在编人数44.8万人。一些地方公办幼儿园编制核定不够及时,还有一些地方一边空编一边使用编外教师,教师队伍不稳定。三是成本分担机制有待完善。不少地方反映,目前公办园保教费收费标准偏低,长期不能调整,有的省会城市一级园收费每生每月仅130元,加之生均公用经费标准普遍偏低,公办园运转存在困难。此外,不少地方对非营利性民办园收费监管不足,对非营利民办园收费也实行市场调节,自主定价,收费标准不断提高，家长负担过重。

造成这些问题的主要原因有：一是一些地方对学前教育事业公益普惠属性定位认识不到位，政府的主导责任落实不到位，在学前教育规划、建设、投入、师资、监管等环节不同程度存在缺位现象；二是学前教育底子薄、欠账多，很多深层次问题解决起来难度很大；三是单独二孩、全面二孩政策先后落地，城镇化加速推进，新增入园刚需持续快速增长，对学前教育改革发展提出新要求、带来新挑战。

三、下一步工作考虑

下一步，我们将坚持以习近平新时代中国特色社会主义思想为指导，全面贯彻党的十九大和全国教育大会精神，认真贯彻落实党中央、国务院关于学前教育改革发展的决策部署，坚持公益普惠基本方向不动摇，坚持公办民办并举不动摇，认真落实《若干意见》提出的重大政策措施，以实施三期行动计划为抓手，推动各地完善普惠性学前教育发展和保障机制；以纠正"小学化"、推进幼儿园和小学科学衔接为着力点，全面提高幼儿园保教质量，推动学前教育普及普惠安全优质发展。重点将做好以下几个方面的工作：

（一）继续做好城镇小区配套园治理。推动各地按照"一事一议"、"一园一案"的原则，积极稳妥推进治理工作，切实疏通城镇普惠性资源供给的堵点，回归城镇小区配套园的公共服务属性，破解"入园难"、"入园贵"难题。近期，教育部、住房城乡建设部等七部门将联合印发加强整改工作的指导意见，进一步部署各地做好整改工作，压实各相关部门的整改落实责任，确保治理取得实效。健全小区配套幼儿园监管长效机制，推动各地在老城（棚户区）改造、新城开发和居住区建设、易地扶贫搬迁时将配套建设幼儿园纳入公共管理和公共服务设施建设规划，并按照相关标准和规范予以建设，确保配套幼儿园办成公办园或普惠性民办园，让老百姓的孩子在家门口接受普惠性学前教育。同时，围绕治理各阶段的中心工作持续开展多种形式的宣传，推广典型经验，回应社会关切。

（二）着力补齐农村学前教育短板。推动各地完善县乡村三级农村学前教育服务网络，一是推动每个乡镇原则上至少办好一所公办中心幼儿园，切实发挥乡镇中心幼儿园对村幼儿园的辐射和指导作用，带动乡镇学前教育的整体发展和质量提升。二是根据实施乡村振兴战略和行政村适龄人口的实际需要，完善农村幼儿园布局，大村设中心园分园或独立建园，小村联合办园，人口分散地区提供巡回指导，满足幼儿的入园需求。三是中央和地方财政安排的支持学前教育发展专项资金，重点向农村和贫困地区倾斜，加大对农村学前教育的扶持力度。四是鼓励有条件的地方试点实施乡村公办园教师生活补助政策，进一步稳定农村幼儿园教师队伍。

（三）健全经费投入和成本分担机制。一是完善各项财政支持政策，推动各地落实《若干意见》要求，合理制订公办园生均公用经费或生均财政拨款标准，企事业单位、集体办园和普惠性民办园补助标准，并动态调整，健全普惠性学前教育投入保障机制。二是建立合理的成本分担机制，一方面推动各地建立公办园收费动态调整机制，按照合理的分担比例收费，解决公办园运转困难的问题。另一方面，加强民办园收费监管，在民办园就读的孩子约占57%，民办园收费是否规范合理，直接关系到学前教育的公益普惠水平和人民群众的获得感。推动各地在科学核定办园成本的基础上，合理确定普惠性民办园的收费指导价，规范非营利性幼儿园的收费，加强监管，抑制过高收费。

（四）破解教师队伍建设难题。一是继续推动地方结合实际出台公办园教职工编制标准，及时补充公办园教职工，严禁有编不补、长期使用代课教师。按照政府购买服务范围的规定，可将公办园中保育员、安保、厨师等服务纳入政府购买服务范围。二是严格教师准入，认真落实教师资格准入与定期注册制度，严格执行幼儿园园长、教师专业标准，坚持公开招聘制度，全面落实幼儿园教师持证上岗，切实把好幼儿园园长、教师入口关。三是切实落实保障待遇，认真落实公办园教师工资待遇保障政策，统筹工资收入政策、经费支出渠道，确保教师工资及时足额发放、同工同酬。推动民办园参照当地公办园教师工资收入水平，合理确定相应教师的工资收入。

（五）提高保教质量。多措并举，推进科学保教。一是健全教研体系，推动各地将各类幼儿园全部纳入教研指导范围，提高幼儿园教师科学保教水平。二是规范办园行为，推动实施幼儿园责任督学挂牌督导制度，加强对教师资质、保育教育、安全卫生等方面的动态监管。三是加大幼儿园小学化专项治理力度，严禁幼儿园提前教授小学教育内容，推进幼儿园和小学科学衔接。四是继续办好每年一度的全国学前教育宣传月活动，转变教师和家长观念，营造良好社会氛围。

（六）加大督政问责力度。一是将“推动学前教育公益普惠发展”纳入对省级人民政府履行教育职责督查的重点内容，督促地方各级政府切实履行发展学前教育的主体责任。二是开展专项督导，2019年10月，国务院教育督导委员会办公室将开展小区配套园治理督导评估，对整改不力的地方发出督办单，确保各地完成整改任务。三是建立普及学前教育督导评估制度，国务院教育督导委员会正在研究制订普及学前教育督导评估办法，部署以县为单位对学前教育普及普惠情况进行督导评估，省级为主实施，国家审核认定，推动各地按时完成2020年普及普惠目标任务。

（七）进一步加快学前教育立法进程。全国人大高度重视和关心学前教育工作，从2004年起，教科文卫委员会已持续多年组织开展了学前教育立法调研。在全国人大教科文卫委员会精心指导下，教育部已成立了学前教育立法工作领导小组，牵头开展学前教育法起草工作，多次召开专题立法座谈会，组织开展立法调研和专题研究，目前已经初步形成了草案文本。草案坚持问题导向，聚焦学前教育事业属性地位、各级政府和有关部门责任、体制机制保障、违法违规办园行为惩治等问题，着力破解长期制约学前教育改革发展的瓶颈问题，为学前教育健康可持续发展提供法律保障。2018年，经党中央批准，学前教育法已列入十三届全国人大常委会五年立法规划，纳入任期内抓紧工作、条件成熟时适时提请审议的第一类项目。目前教育部正在组织力量对草案进行修改完善，计划列入国务院2020年立法计划，我们建议全国人大也将学前教育法列入常委会2020年度的立法工作计划。

长期以来，全国人大对教育工作十分关心，给予了大力支持和悉心指导，提出了许多宝贵意见建议。全国人大多次组织学前教育专题调研，今天专门听取学前教育事业改革和发展情况的报告，充分体现了全国人大对学前教育工作的高度重视，对我们的工作也是极大的鞭策，将对学前教育改革发展起到十分重要的推动作用，在此表示衷心的感谢！

我们将紧密团结在以习近平同志为核心的党中央周围，以习近平新时代中国特色社会主义思想为指导，认真贯彻落实党的十九大和全国教育大会精神，不忘初心、牢记使命，始终站稳改善民生和增进人民福祉的立场，认真研究落实全国人大和各位委员的意见，切实改进和加强学前教育工作，努力办好普及普惠安全优质的学前教育。

对学前教育事业改革和发展情况报告的意见和建议

8月24日，十三届全国人大常委会第十二次会议审议了教育部部长陈宝生受国务院委托作的关于学前教育事业改革和发展情况的报告，共有66人次发言。现根据会议发言情况，将常委会组成人员和列席人员的主要意见整理如下。

出席人员普遍认为，党的十九大报告提出要在“幼有所育”上不断取得新进展。习近平总书记主持中央全面深化改革委员会会议，审议通过《关于学前教育深化改革规范发展的若干意见》，国务院及其有关部门和地方政府认真落实党中央决策部署，推动学前教育事业发展取得积极进展。大家强调，学前教育是整个教育体系的短板，“入园难”“入园贵”仍是困扰老百姓的烦心事。各级政府要把办好学前教育、实现幼有所育作为重大民生实事，发挥主导作用，加大财政投入，坚持公办民办并举，引导和规范社会力量办园，多渠道增加学前教育资源供给，推进学前教育普及、普惠、安全、优质发展。审议中，大家还提出了一些具体意见和建议。

一、充分认识发展学前教育事业的重大意义

出席人员普遍认为，习近平总书记强调，要对幼教实际情况全面摸底，制定符合实际的幼教规划。一些地方政府及有关部门领导干部还有把学前教育当成“看孩子”，当作包袱一味地推给市场的认识。应督促各级政府把思想认识统一到党中央决策部署上来，在学前教育的重要性上形成共识，充分认识学前教育是终身学习的开端，是基础的基础；在学前教育的战略性上形成共识，充分认识学前教育关系国家和民族未来；在学前教育的公益性上形成共识，坚持公益普惠方向不动摇。以此为基础，明确学前教育长远发展目标，作出科学规划和顶层设计。

部分出席人员指出，发展学前教育，关键是要适应幼儿成长规律，建立科学规范的教育内容体

系。应当把品德教育放在突出位置,融入社会主义核心价值观、革命传统教育、民族团结教育,在启蒙教育中树立正确的国家观念、民族观念,培养正确的世界观、价值观,弘扬中华民族传统美德。有些出席人员指出,学前教育是一个全民教育问题,幼儿园教育和家庭教育要协同开展,注意纠正一些地方学前教育“小学化”的倾向。

有些出席人员指出,做好公平普惠的托幼工作有助于解决家庭生育的后顾之忧,促进人口均衡增长。目前托幼难问题较为突出,加重了家庭负担,影响女性就业,也制约生育第二个子女的意愿。建议鼓励有条件的城乡社区在办好学前教育的同时探索解决托幼问题。有的出席人员指出,0 到 3 岁的儿童早期教育也很重要,建议尽快出台关于 0 到 3 岁幼儿早期教育的指导手册。

二、扩大普惠性学前教育资源供给

部分出席人员指出,学前教育底子薄、欠账多的基本形势没有改变,资源供需矛盾仍然突出,全国仍有近 20% 的适龄儿童没有入园,超过 20% 的适龄儿童没有享受普惠性学前教育,约 4000 个乡镇没有公办中心幼儿园,应多措并举扩大普惠性学前教育资源供给。有些出席人员提出,城市地区主要存在入公办园难、入普惠园难、就近入园难和入民办园贵等突出问题,应完善资源配置,扩大增量、盘活存量、合理布局。统筹考虑城镇化和二孩政策带来的新需求,合理规划,做好办园空间保障,将新建大中型城镇社区、老旧城区、棚户区配建幼儿园设施作为硬约束,切实做到同步规划、同步建设、同步移交。持续推进城镇小区配套幼儿园治理工作,坚持“一事一议”“一园一案”,综合运用奖励补偿等政策手段,给予适当过渡期,确保治理到位。有些出席人员指出,目前将政府建设示范性幼儿园作为发展学前教育成绩指标,并对幼儿园进行分类,这会导致优质资源向少数园集中,造成新的不公平。应坚持走均等化道路,确保公益普惠性幼儿园均衡发展。有的出席人员建议,将常住人口覆盖率作为发展学前教育工作的评价标准。打破行政区划的局限,顺应人口流动规律,规划好学前教育发展,解决流动儿童在流入地享受普惠性学前教育问题。

有些出席人员建议,农村地区学前教育基础薄弱,软硬件水平低的问题更加突出,各级政府应加大支持力度,确保每个乡镇至少有一所公办中心幼儿园,支持有条件的村创办公办园。有的出席人员提出,一些社会机构、公益组织在农村设立小规模幼儿园、流动性幼儿园,为不能正规入园的儿童提供短期服务,建议将这一部分幼儿园也纳入政策支持范围。

有些出席人员指出,有的地方民办园转成普惠园后,收取的保育费从两三千元降到几百元,政府补助又不足以平衡收支。有的幼儿园为此扩大班额,每班 30 人变为 50 人,有的降低工资,好的教师更难留住,有的减少玩具教具,影响了教学质量。普惠性民办园在学前教育中发挥着重要作用,应加强扶持力度,避免出现“普惠率上去了,群众满意率下来了”的情况。建议:(1)出台政策措施,鼓励企业等社会力量办园,特别是办普惠性园;支持社会资本对幼教领域的投入,鼓励打造普惠性幼教品牌。(2)在科学核定办园成本的基础上,合理确定收费指导价,通过综合奖补、减免租金等方式减轻普惠性民办园运营负担。(3)对公办园和普惠性民办园在财政补贴标准、政府购买服务方面一视同仁。

有些出席人员建议,通过政府购买服务、在福利机构增加专门部门、设置特殊幼儿园等方式,保障残疾儿童享受普惠性学前教育。

三、加大经费投入和扶持力度

许多出席人员指出,应继续加大财政投入力度,提高财政性学前教育投入占教育总投入的比例,明确公共资金保底功能。部分出席人员建议:(1)明确国家财政性学前教育投入占财政性教育投入的比例。(2)实事求是、科学合理地制定生均公用经费标准和生均财政拨款标准,并根据经济社会发展水平合理动态调整。(3)完善学前教育发展成本分担机制,减轻学前教育对市场的过度依赖,降低家庭教育负担。(4)应将学前教育资助纳入国家教育助学体系。

有的出席人员指出,一些地方政府特别是贫困地区政府办园的压力较大,地区财力差距会导致学前教育新的不平衡,建议学前教育发展资金安排重点向中西部农村地区和贫困地区倾斜。

四、加强学前教育教师队伍建设

许多出席人员指出,师资不足、待遇不高是制约学前教育发展的最薄弱环节。按每班“两教一保”标准测算,目前全国专任教师有 52 万人的缺口。有的地方存在教师数量不足、编制偏紧、待遇差、同工不同酬等问题。有的地区公办园教师在编的不到一半或三分之一。同工不能同酬的现象较为普遍,有的地方非在编教师做同样的工作,每个月收入 2000 多元,只有在编教师工资的一半,而且没有“五险一金”。有些出席人员建议:(1)事业编制向学前教育适当倾斜,并将学前教育编制单列,督导各地足额配齐教职工。(2)指导各地制定幼儿园教师特别是非公办教师工资待遇最低保障指导线,缩小编制内外待遇差别,尽快实现同工同酬同待遇。(3)在职称评聘中给予公办非编教师、民办园教师与公办教师平等的机会。

有的出席人员指出,应重视并解决民族地区、中西部边远地区、县级及以下地区学前教育教师招聘难问题。建议实施学前教育特岗计划,通过中央先扶持、地方后接管的方式,帮助缓解教师缺额问题。

五、落实政府监管职责

部分出席人员指出,各级政府应切实落实在学前教育监督管理方面的主导责任,完善各有关部门分工负责、齐抓共管的工作格局,保障学前教育事业健康有序可持续发展。各地应结合实际制定学前教育准入标准,加强学前教育机构准入管理。有些出席人员指出,应建立完善对各级政府的学前教育发展工作考核、问责和信息公开机制,覆盖财政经费使用、监督管理、队伍建设、安全保障、教学质量、招生收费等各方面。有的出席人员指出,现在很多地方没有学前教育的专门管理机构,有的地方没有专职管理人员,一名基层干部可能要负责近百所幼儿园的准入审批、管理指导、评价考核工作,这与学前教育的发展形势不相适应,应研究加强管理机构建设和队伍建设。

有些出席人员指出,学前教育中最令社会重视和关心的是安全问题,近年来发生了幼儿园虐童、恶性伤害、使用霉变过期食品等事件,触目惊心,社会反响强烈。目前部分园所仍存在安全隐患,安全设施设备陈旧、不按规定配置安保人员等问题。国务院有关部门应指导地方政府实施幼儿园责任督学挂牌督导制度,加强对保育教学、安全卫生等方面的动态监管,应健全完善预防未成年人性侵害的制度机制,定期检查排查,做到防患于未然。有些出席人员提出,教育部门应严把教职工队伍入口,加强教职工道德品行考核,加强与检察机关的联动配合,对有违法犯罪记录特别是侵害未成年人记录的个人实行学前教育职业禁入制度。有些出席人员提出,应通过家长委员会等机制,把社会力量、家长力量引入园所日常监督管理。

六、完善学前教育法律法规体系

出席人员普遍认为,十三届全国人大常委会立法规划已经将制定学前教育法列为第一类项目,国务院有关部门应加快推进法律草案调研起草工作,争取将制定学前教育法列入明年全国人大常委会立法计划。有些出席人员建议,尽快出台学前教育相关行政法规和规章,以法律的手段保障学前教育的公益性。有的出席人员建议,在全国幼儿教育规范标准的基础上,指导各省进一步细化实施标准,确保规范标准落地落实。

关于加快外贸转型升级推进贸易高质量发展工作情况的报告

——2019 年 10 月 23 日在第十三届全国人民代表大会常务委员会第十四次会议上

商务部部长　钟　山

全国人民代表大会常务委员会:

受国务院委托,现就加快外贸转型升级推进贸易高质量发展工作情况报告如下,请审议。

党中央、国务院高度重视对外贸易工作。习近平总书记多次作出重要指示批示,强调在国际环境和国内发展条件都发生重大变化的历史背景下,怎样保持我国外贸传统优势、加快培育竞争新优势,是事关我国发展全局的重大问题。李克强总理指出要大力推动创新,提高出口产品档次和品牌影响力,培育外贸发展新动能,促进外贸稳中提质,加快对外贸易优化升级和高质量发展。各有关部门认真贯彻落实党中央、国务院决策部署,以习近平新时代中国特色社会主义思想为指导,以供给侧结构性改革为主线,贯彻新发展理念,落实高质量发展要求,积极应对中美经贸摩擦,出台稳外贸政策和措施,加快外贸转型升级,大力开拓多元化市场,积极培育竞争新优势,推进贸易高质量发展取得明显成效。

一、我国对外贸易基本情况

改革开放以来,我国紧紧抓住全球产业转移和全球贸易快速发展的历史机遇,以2001年加入世界贸易组织为契机,对外贸易实现跨越式发展,贸易大国地位不断巩固,贸易结构不断优化,为我国经济社会发展作出重要贡献,也为推动形成全面开放新格局和世界经济的共同繁荣作出重要贡献。

一是贸易规模快速增长。我国货物进出口总额由1978年的206.4亿美元增至2018年的4.62万亿美元,成为世界货物贸易第一大国,占国际市场份额从不足1%提高到11.8%。其中,出口从97.5亿美元扩大到2.48万亿美元,进口从108.9亿美元扩大到2.14万亿美元。自2009年以来,我国已连续10年位居世界第一大货物贸易出口国和第二大货物贸易进口国。我国服务进出口总额从1982年的46.9亿美元提高到2018年的7919亿美元,2014年以来,我国连续6年位居世界第二大服务进出口国。

二是贸易结构不断优化。优化国际市场布局、国内区域布局、商品结构、经营主体和贸易方式等"五个优化"取得积极成效。国际市场布局更加多元。2018年对新兴市场出口增长10.2%,占比较2012年提高3.1个百分点至46.3%。国内区域布局更加均衡。2018年中西部地区出口增长17%,增速高于东部地区8.4个百分点,占比较2012年提高3.5个百分点至16.6%。商品结构持续优化。2018年机电产品出口1.46万亿美元,增长10.6%,占比较2012年提高1.1个百分点至58.7%,其中集成电路、汽车、手机等产品出口分别增长26.6%、11.3%和11.5%。以电子和信息技术为代表的高新技术产品出口比重不断扩大,汽车、船舶、铁路机车、飞机等技术含量和附加值较高的自主知识产权产品逐步成为新的增长点,电力、通讯等大型成套设备在国际上的竞争优势日益明显。各经营主体共同发展。2018年民营企业出口增长13.2%,占比较2012年提高10.4个百分点至48.0%,继续保持第一大出口主体地位。国有企业占比10.3%。外资企业占比41.7%。贸易方式进一步优化。2018年一般贸易出口增长13.9%,占比较2012年提高8.1个百分点至56.3%。加工贸易出口增长5.1%,占比32.0%。边境小额贸易出口增长2.9%,占比1.3%。与此同时,服务贸易占贸易比重进一步提高,从2012年的11.1%提高到2018年的14.6%。

三是有力推动国民经济和社会发展。外贸作为国民经济重要组成部分,是拉动国民经济增长"三驾马车"之一,有力推动了开放型经济建设和国民经济协调发展,带动和扩大了就业。据测算,外贸直接和间接带动就业人数1.8亿左右,占全国就业总数的20%以上。此外,外贸发展带动了进口环节税收,增加了国家财政收入,改善了国际收支状况,增加了外汇储备。外贸发展还带动我国企业积极参与国际分工,不断学习掌握先进技术、标准、生产管理方式,推动了产业升级。

四是更好促进与世界经济的融合。改革开放以来,我国与世界各国的经贸联系和利益纽带日益密切,形成了你中有我、我中有你的利益交融格局。我国目前是120多个国家和地区的主要贸易伙伴,外贸作为推动双边关系的"压舱石"和"推进器",对发展与各国关系发挥了积极作用。我国对外贸易的持续发展惠及广大中国人民,也惠及世界各国人民。目前,我国已成为世界最大的进口市场之一,成为全球贸易持续增长的重要推动力量。

二、工作进展情况

(一)加强贸易高质量发展战略谋划。商务部会同中央财办、发展改革委、工业和信息化部、财政部等29个部门和单位,认真贯彻落实党中央、国务院作出的推进贸易高质量发展的重大决策部署,形成了《关于推进贸易高质量发展的指导意见(送审稿)》。2019年9月9日已经中央全面深化改革委员会第十次会议审议通过。

(二)加快培育外贸竞争新优势。提升产业发展竞争力,实施新一轮重大技术改造升级工程,支持传统产业加快改造提升,大力培育发展先进制造业集群;引导生产企业通过加强技术改造和技术创新,提高出口产品附加值。依托产业集聚区,培育440家外贸转型升级基地。积极开拓多元化市场,以企业为主体,拓展多元化国际市场,积极推进同更多国家商签高标准自贸协定和区域贸易协定。推进国际营销服务网络建设,认定首批国家级国际营销服务公共平台。扩大大型成套设备出口,提高新一代信息技术、节能环保、装备制造业等新兴产业国际竞争力。加大品牌培育力度,品牌出口纳入海关统计。

（三）积极主动扩大进口。成功举办首届中国国际进口博览会，共吸引 172 个国家、地区和国际组织，3600 多家企业参展，80 多万人进馆洽谈采购、参观体验，成交额达 578 亿美元。办成了国际一流展会，成为当年参与国别最广、规模最大的主场外交活动，树立了新时代高水平开放的里程碑。出台扩大进口的政策措施，2018 年国务院办公厅印发了《关于扩大进口促进对外贸易平衡发展的意见》，部门和地方积极落实，有力推动了国内产业转型升级，促进了科技进步和技术创新。开展汽车平行进口试点，试点省市达到 16 个，更好地满足了人民多样化消费需求。

（四）促进加工贸易创新发展。推动沿海地区加工贸易转型升级，在苏州和东莞开展加工贸易转型升级试点，建设珠三角地区加工贸易转型升级示范区。支持中西部地区承接产业转移，在欠发达地区培育认定 44 个加工贸易梯度转移重点承接地和 3 个承接转移示范地。开展加工贸易维修试点。

（五）加快培育贸易新业态新模式。推进跨境电商发展，国务院先后分 3 批在杭州等 35 个城市开展跨境电子商务综合试验区建设，探索形成以“六体系两平台”为核心的管理制度和经验做法。完善跨境电商零售进口税收政策。近三年来，跨境电商高速增长，成为外贸增长新亮点。据海关统计，2018 年跨境电商零售进出口 202.8 亿美元，同比增长 52.3%。开展市场采购贸易方式试点，确定四批共 14 家试点单位，建立试点动态调整机制。2018 年，全国市场采购贸易方式出口额 712.2 亿美元，同比增长 53.1%，高于同期全国出口增速 43.2 个百分点。开展外贸综合服务企业试点，积极探索在条件成熟地区推进二手车出口业务。

（六）促进服务贸易创新发展。深化服务贸易创新发展试点，2016 年 2 月以来，国务院部署在北京、上海等 17 个省市（区域）开展服务贸易创新发展试点工作，形成了服务出口信保支持、服务贸易创新发展引导基金、多次进出境研发用产品免办 3C 认证、部分服务贸易事项纳入“单一窗口”等 29 条经验在全国复制推广。推出外资银行开业同时申请人民币业务、外资经营呼叫中心业务、144 小时过境免签便利、放宽工程咨询服务资质条件等 6 项开放便利举措，从体制机制上进一步释放服务贸易发展潜力。稳步拓展特色服务出口基地，2018 年认定首批 13 个国家文化出口基地，目前正启动中医药服务出口基地和数字服务出口基地建设，发掘特色服务出口潜力。加快推进服务外包转型升级，开展服务外包示范城市动态调整，对发展绩效靠后的予以警示甚至淘汰，研究加快服务外包转型升级的政策措施，进一步激发示范城市服务出口潜力。

（七）营造法治化国际化便利化贸易环境。建设自贸试验区，2013 年以来，陆续设立 18 个自贸试验区，增设上海自贸试验区临港新片区。不断总结提炼改革创新成果，先后将外商投资负面清单管理模式、国际贸易“单一窗口”、投资项目管理“四个一”等 202 项改革试点经验向全国复制推广，充分彰显了全面深化改革和扩大开放的试验田作用。探索建设自由贸易港，按照习近平总书记关于支持海南逐步探索、稳步推进中国特色自由贸易港建设的要求，深入研究海南自由贸易港政策和制度体系。深化外贸管理体制改革，2018 年完成《货物自动进口许可管理办法》等 7 件规章的修订和废止工作。改革完善出口配额招标制度，调整用于维修再制造的进口机电产品管理规定。下放一批货物自动进口许可权限，暂停磷矿石、白银出口配额管理，取消外贸领域行政审批涉及的 25 项证明事项。大力推进贸易便利化，履行世贸组织《贸易便利化协定》义务，在各地建立工作机制。推进国际贸易“单一窗口”建设，不断压缩通关时间，2019 年 6 月全国进口整体通关时间为 42.4 小时，较 2017 年缩短 56.5%；出口整体通关时间为 4.2 小时，较 2017 年缩短 66%；进出口环节监管证件由 86 种精简到 46 种，其中 34 种实现网上申报、网上办理。据世界银行《2019 年营商环境报告》，我跨境贸易营商环境指标从上年的 97 位跃升至 65 位。

（八）积极开展多双边经贸合作。加快自由贸易区建设，与 25 个国家和地区达成了 17 个自贸协定，2018 年，我向自贸伙伴出口额共计约 5290 亿美元，同比增长 11.7%，比我同期对全球出口总额增速高约 2 个百分点。积极参与世贸组织改革，发布世贸组织改革的两份中国文件，《中国关于世贸组织改革的立场文件》提出“三项原则、五点主张”，《中国关于世贸组织改革的建议文件》就四个领域和 12 个议题提出改革思路。联合发展中成员共同发声，阐述我维护发展中国家定位的坚定立场。推进“一带一路”建设，认真抓好“一带一路”国际合作高峰论坛经贸合作成果的落实工作。截至今年 8 月底，累计签署 195 份政府间合作文件。建立了“一带一路”贸易畅通工作组。与 19 个国家建立了电子商务合作机制。

（九）加大财税金融政策支持。全面落实减税降费政策，2018年两次提高出口退税率，简化退税率结构，退税率由原来的七档减为五档；自主降低我国关税总水平，由9.8%降至7.5%。引导金融机构加大对外贸企业支持力度，扩大出口信用保险覆盖面，鼓励改进和优化进出口信贷服务。推动跨境人民币业务持续健康发展，不断完善跨境人民币业务政策框架，2019年1—7月，人民币跨境实际收付金额累计10.9万亿元，同比增长16.5%。

三、存在的困难和问题

当今世界面临百年未有之大变局，对外贸易发展面临的外部环境发生了重大变化。

一是世界贸易增长不确定性增大。2008年国际金融危机后，经济全球化进入调整期，跨境贸易和投资明显减弱。受全球经济增长减缓、国际金融市场波动和发达国家货币政策调整等因素影响，全球需求持续减弱，地缘政治复杂多变，不稳定不确定因素明显增多。今年9月摩根大通全球制造业PMI降至49.7，连续五个月跌破荣枯线；美国制造业PMI进一步下滑，日本、欧元区跌至荣枯线以下。国际货币基金组织下调2019年世界经济增速至3.0%。世贸组织将全球货物贸易增速下调至1.2%。

二是国际经贸规则面临重构。保护主义和单边主义蔓延，以世贸组织为代表的多边贸易体制受到挑战。

从内部发展环境看，我国低要素成本的传统竞争优势不断削弱，综合要素成本快速上升，产业创新能力相对薄弱，参与国际规则制定能力有待提升，营商环境需进一步改善。

一是新的竞争优势尚未形成。相当部分出口产品技术含量较低，我国处于价值链中低端的状况尚未根本改变，产业大而不强。服务业发展相对滞后，尤其在旅游、知识产权等领域竞争力不足，服务贸易逆差虽呈下降趋势，但仍较大。

二是参与国际规则制定的能力有待提升。总体上，国际经贸规则制定的主导权仍掌握在美欧发达国家手中。我国在谋划运筹经贸规则体系等方面的能力有待进一步加强。

三是营商环境有待进一步改善。多年来，国家不断改革完善出口退税、出口信贷、通关便利化等政策措施，营商环境显著改善，中小企业融资问题得到改善但综合金融服务水平仍需继续提升，贸易投资便利化水平有待进一步提高。

四、下一步重点工作

外贸持续健康发展关乎就业和民生，关乎国民经济全局，关乎外界对我国经济的评价和信心，必须从全局和战略高度进一步增强责任感和使命感。今后一段时间，各有关部门将以习近平新时代中国特色社会主义思想为指导，全面贯彻党的十九大和十九届二中、三中全会精神，按照党中央、国务院决策部署，坚持新发展理念，坚持推动高质量发展，以供给侧结构性改革为主线，加快推动由商品和要素流动型开放向规则等制度型开放转变，深化外贸领域改革，坚持市场化原则和商业规则，强化科技创新、制度创新、模式和业态创新，以共建“一带一路”为重点，大力优化贸易结构，推动进口与出口、货物贸易与服务贸易、贸易与双向投资、贸易与产业协调发展，促进国际国内要素有序自由流动、资源高效配置、市场深度融合，促进国际收支基本平衡，实现贸易高质量发展，开创开放合作、包容普惠、共享共赢的国际贸易新局面，为推动我国经济社会发展和构建人类命运共同体作出更大贡献。重点做好十方面工作：

（一）确保外贸稳中提质。建立推动贸易高质量发展部际工作机制，整体推进贸易高质量发展全局性工作，形成各地方、各部门推进贸易高质量发展的合力。落实好即将出台的《关于推进贸易高质量发展的指导意见》，研究出台具体政策措施。夯实贸易发展的产业基础，优化升级传统产业，提升产品档次和附加值，大力提高出口产品质量，增强贸易创新能力，加快品牌培育，加强国际营销网络建设，提升贸易综合竞争力。认真落实国务院出台的稳外贸政策措施，确保政策措施尽快落地见效。同时根据形势变化和企业关切，加强政策储备。积极应对中美经贸摩擦。

（二）进一步优化国际市场布局。继续深耕发达经济体等传统市场。着力深化与共建“一带一路”国家的贸易合作，拓展亚洲、非洲、拉美等市场。逐步提高自贸伙伴、新兴市场和发展中国家在对外贸易中的占比，扩大与周边国家贸易规模。持续推动商建贸易畅通工作组。

（三）积极扩大进口。确保第二届进博会“越办越好”，努力做到“规模更大、质量更优、创新更强、层次更高、成效更好”。认真贯彻落实习近平总书记在首届进口博览会开幕式上主旨演讲精神，扩大进口空间，削减进口环节制度性成本。优化进口结构。鼓励国内有需求的资源性产品进口。支持日用消费品、医药和康复、养老护理等设备进口。促进研发设计、节能环保、环境服务等生产性服务进口。

（四）促进贸易新业态发展。推动出台培育贸易新业态新模式指导意见。推进跨境电子商务综合试验区建设，复制推广成熟经验做法。完善跨境电子商务零售出口管理模式，优化通关作业流程和海关统计制度，扩大跨境电商零售进口试点城市范围。在总结试点经验的基础上，完善管理体制和政策措施，推进市场采购贸易方式试点。完善外贸综合服务企业发展政策，推动信息共享和联合监管。鼓励发展其他贸易新业态。认真落实扩大边境贸易的政策措施，促进兴边富民、稳边固边。

（五）大力发展服务贸易。深化服务贸易领域改革和开放，完善促进服务贸易发展的管理体制和政策体系。深化服务贸易创新发展试点，落实深化服务贸易创新发展试点 6 项开放便利举措和保障措施；开展服务外包示范城市综合评价和末位警示；建立 13 个国家文化出口基地评价体系，开展数字服务和中医药服务出口基地建设；进一步完善服务贸易统计监测体系。

（六）深入推进“一带一路”建设。深化贸易合作，拓宽贸易领域，落实第二届“一带一路”国际合作高峰论坛成果，全力推动开放举措和经贸成果落地。积极筹备全球电子商务高峰论坛。创新投资合作，拓宽双向投资领域，聚焦产业投资和基础设施互联互通，加快建设一批综合效益好、带动作用大的重大项目。启动编制走出去中长期发展规划。促进贸易投资自由化便利化。

（七）加快自贸试验区和自由贸易港建设。推动自贸试验区深入开展差别化探索，主动服务和融入国家重大战略。实施好新版自贸试验区外资准入负面清单。研究在自贸试验区进一步放宽市场准入特别是服务业开放的举措。全面推进海南自贸试验区建设。高水平建设中国特色自由贸易港，深化研究海南自由贸易港政策和制度体系，打造开放层次更高、营商环境更优、辐射作用更强的开放新高地。

（八）统筹开展多双边合作。建设性参与全球经济治理，坚定维护多边贸易体制，反对单边主义和保护主义，推动对世贸组织进行必要改革。深入参与二十国集团、金砖国家、亚太经合组织、大图们倡议等多边和区域、次区域合作机制，积极贡献更多中国倡议、中国方案。推动早日达成《区域全面经济伙伴关系协定》（RCEP）协定。加快高标准自由贸易区建设，推动与世界重要经济体商建自由贸易区进程。加快中日韩自贸协定、中欧投资协定谈判进程。深化中俄战略性大项目合作，启动中俄欧亚经济伙伴关系协定谈判。

（九）切实改善营商环境。进一步提升贸易便利化水平，加快做好世贸组织《贸易便利化协定》B 类措施落实；深化国际贸易“单一窗口”建设，实现年底前主要业务应用率 100%。进一步完善外贸管理体制，健全重要敏感商品宏观调控和监测预警机制；全面实施货物进出口行政许可无纸化；做好口岸收费目录清单公示工作，进一步推动降低港口、码头收费，降低企业经营成本。推进投资自由化，持续放宽外资市场准入，充分发挥外资对产业升级和外贸高质量发展的带动作用。

（十）进一步加大政策支持。继续做好贸易政策合规工作。结合增值税改革和立法，逐步完善出口退税机制。支持金融机构有序开展金融创新，提供多样化、综合化服务。

长期以来，全国人大常委会高度重视、大力支持对外贸易工作，不断加强立法、实施监督和执法检查，为加快外贸转型升级推进贸易高质量发展作出了重要贡献。我们将更加紧密地团结在以习近平同志为核心的党中央周围，在全国人大及其常委会监督下，增强“四个意识”，坚定“四个自信”，做到“两个维护”，不忘初心、牢记使命，进一步加大工作力度，加快培育贸易竞争新优势，切实推进贸易高质量发展。为实现“两个一百年”奋斗目标、实现中华民族伟大复兴的中国梦作出积极贡献。

对加快外贸转型升级推进贸易高质量发展工作情况报告的意见和建议

10月23日，十三届全国人大常委会第十四次会议审议了商务部部长钟山受国务院委托作的关于加快外贸转型升级推进贸易高质量发展工作情况的报告，共有34人次发言。现根据会议发言情况，将常委会组成人员和列席人员对报告的主要意见整理如下。

出席人员普遍认为，外贸持续健康发展关乎就业和民生，关乎国民经济全局，关乎外界对我国经济的评价和信心。全国人大常委会贯彻落实党中央关于推进贸易强国建设的重大决策部署，把听取审议相关工作报告作为监督工作重点，财政经济委员会配合审议报告深入开展调研，形成了一篇高质量的调研报告。出席人员充分肯定近年来外贸工作取得的成效，同时指出，面对保护主义、单边主义蔓延，贸易和投资争端加剧等风险挑战，要坚决贯彻党中央决策部署，坚定信心，保持定力，有效应对，巩固外贸传统优势，加快培育竞争新优势，更好发挥外贸在推动国民经济和社会发展、促进与世界经济融合方面的重要作用。审议中，大家还提出了一些具体意见和建议。

一、准确把握外贸发展形势

部分出席人员认为，当前经济全球化面临新挑战，世界贸易格局深刻变化，国际经贸规则面临重构。在大发展大变革的历史背景下，要深刻认识到全球化是不可逆转的历史大势，更加坚定开放合作信心，坚决贯彻落实党中央决策部署，稳定和扩大外贸规模，加快贸易转型升级，走高质量发展之路。有的出席人员指出，我国作为世界第二大经济体、第一大货物贸易国、最大经济增长贡献者，既要积极参与全球化进程，应对风险挑战，也要在全球治理中发挥引领作用，推动全球化朝着更加开放、包容、普惠的方向发展。

有的出席人员提出，应把好产业转移关口，安排和布局有利于中西部地区经济发展、吸纳就业的产业项目；完善中西部地区承接产业转移的政策体系，营造良好的转移承接环境。有的出席人员建议，加强全球产业链的分析研究，特别要针对美日欧等重点贸易对象开展国别研究，从自由贸易、公平贸易和价值链角度研究提出应对举措，推动我国产业链、价值链、供应链、创新链的科学布局。

二、增强外贸竞争优势

有些出席人员指出，应巩固和提升劳动密集型产品出口的传统优势，着力扩大电力、轨道交通、通信、工程机械等装备制造业商品出口，促进国际产能合作，带动我国装备、技术、标准、服务“走出去”。一些出席人员认为，应在扩大旅游、运输、劳务输出等传统服务贸易的基础上，深化服务贸易体制改革，积极发展金融、会计、保险、电商等新兴服务贸易。有的出席人员建议，应积极搭建国际会议、涉外展览等对外交流合作平台，推进国际营商网络建设，大力开拓国际国内两个市场。

有些出席人员提出，要积极提升外贸产品的附加价值，形成以技术、质量、品牌等为核心的外贸竞争新优势。（1）大力实施创新驱动发展战略，加快自主创新步伐，着力突破一批关键核心技术，提高产品的技术含量，切实扭转当前“引进—改进—再引进”的低水平循环。（2）深入实施品牌战略，综合运用跨境电商、外贸综合服务平台等新型业态，加大中国品牌海外推介力度，鼓励有条件的优势企业打造全球知名品牌，向全球价值链高端延伸。一些出席人员指出，跨境电子商务已成为外贸发展的新动能，要尽快增设跨境电商综合试验区，完善政策措施和管理体制，及时复制推广行之有效的经验做法，在技术标准、业务流程、信息化建设等方面不断探索创新。

有的出席人员指出，我国陆地与14个国家接壤，边境贸易可辐射到30多个国家，涉及国内8个省区、140个县、2300万人口，其中近80%是民族自治县，发展边境贸易是对外开放、兴边富民的有力抓手，也是拓展贸易多元化的重要渠道，建议有关方面及时修订完善边民互市贸易管理办法等法规，加大政策开放力度，推动边境贸易创新发展。

三、激发进口潜力

一些出席人员指出，应在稳定出口的同时，主动扩大进口，努力实现由主要扩大出口向有进有出平衡发展转型。有些出席人员提出，应有针对性扩大进口，优化进口结构。(1)扩大先进技术装备、关键零部件进口和研发设计、节能环保、环境服务等生产型服务进口，促进产业结构调整和转型升级。(2)适应人民群众消费升级和供给提质需要，支持改善民生的消费产品进口。(3)加强与周边国家资源和远洋资源开发合作，扩大自欧盟、俄罗斯等国家资源加工类产品和高技术含量产品的进口，完善国家战略储备体系。也有出席人员指出，应坚持调整品种结构、缓解国内资源过度利用，将农产品的对外依存度控制在合理范围内，防止挤压国内产业发展空间。有的出席人员建议，要合理运用关税“杠杆”，扩大进口空间，更好发挥全球最大消费市场优势。一些出席人员强调，要进一步优化进口促进政策，支持条件成熟地区创建进口贸易创新示范区，重点加大对中西部地区的政策支持力度。

四、营造法治化、国际化、便利化营商环境

一些出席人员提出，要完善符合我国国情和国际惯例的外贸法律法规体系。目前中国企业对外投资还没有专门法律，对外贸易法也没有规定反制措施的实体要件与程序性规则，建议适应外贸形势发展需要，研究制定对外投资法，修改对外贸易法。有的出席人员指出，根据立法法规定，在涉及基本经济制度以及财政、税收、海关、金融和外贸的基本制度等内容时，必须由国家制定法律。目前一些地方性外贸领域法规和自贸试验区制度创新缺乏上位法支持和必要授权，应对此进行深入研究，必要时通过授权方式，支持有条件的地方实行试验性政策措施。有些出席人员强调，应完善知识产权保护制度，支持企业开展商标和专利的国外注册保护，加大海外维权援助力度。

有的出席人员指出，应进一步加大财政金融的支持力度。建议：(1)支持金融机构以促进服务贸易为重点，开展金融创新，设立专门的金融工具，提供多元化服务。(2)拓展进出口信贷的发展空间，丰富信贷种类，完善出口信贷补贴制度。(3)扩大出口信用保险的覆盖面，增加保险额度，降低企业贸易风险。(4)支持符合条件的外贸企业在资本市场上市融资、兼并重组，支持外贸新业态、新模式在科创板上市。(5)帮助企业拓展境外融资渠道，有效利用境外银行、资本市场、债券保险等融资方式。有些出席人员建议，要落实好国家各项减负政策，对口岸通关查验和港口、码头收费项目等开展一次全面清理，有效降低外贸进出口企业经营成本。

还有出席人员提到，目前全国能够用双语办理涉外经济案件的律师不到300人，真正能够在国际经贸争端中解决摩擦的人才不到100人，贸易强国建设缺乏有力的人才支撑，建议加大工作力度，在学科设置、培养模式、师资结构、评价体系等方面统筹规划。

五、提升国际经贸规则参与制定能力

有的出席人员建议，应多层次打好引领国际贸易规则的组合拳，为我国产业和贸易发展创造有利外部环境。(1)在企业层面，在跨境电子商务、电子支付等我国商业实践比较成熟的领域，鼓励行业协会、龙头企业牵头制定标准，掌握制定相关国际规则的主导权。(2)在政府层面多边领域中，继续推进 WTO 相关谈判，特别是电子商务谈判，用好 G20、APEC、金砖国家峰会等国际交流平台，在电子数据传输认证、单一窗口对接、知识产权保护等重要议题上积极发声，引导规则的制定和修改。(3)双边领域中，进一步落实双边合作机制，加强政策沟通、规划对接，通过援外培训等方式主动加强规则和标准的引领。有的出席人员提出，应主动发挥“一带一路”的引领作用，推动中国企业、中国资本、中国标准走向全球，探索经济全球化新路径，积极推动建立新型国际经贸关系。

一些出席人员建议，应进一步开放自贸试验区和自由贸易港的试验平台，加大制度创新力度，可率先在自由贸易港探索实施零关税，一些高标准的国际经贸规则可以授权自由贸易港先行先试。

关于2018年度国有资产管理情况的综合报告

——2019年10月23日在第十三届全国人民代表大会常务委员会第十四次会议上

全国人民代表大会常务委员会：

根据《中共中央关于建立国务院向全国人大常委会报告国有资产管理情况制度的意见》，形成了《国务院关于2018年度国有资产管理情况的综合报告》，请审议。

一、国有资产总体情况

（一）企业国有资产（不含金融企业）。

2018年，中央国有企业资产总额80.8万亿元、负债总额54.7万亿元、国有资本权益总额16.7万亿元，平均资产负债率67.7%。

2018年，地方国有企业资产总额129.6万亿元、负债总额80.3万亿元、国有资本权益总额42.0万亿元，平均资产负债率62.0%。

汇总中央和地方情况，2018年，全国国有企业资产总额210.4万亿元，负债总额135.0万亿元，国有资本权益总额58.7万亿元。

（二）金融企业国有资产。

2018年，全国国有金融企业资产总额264.3万亿元，负债总额237.8万亿元，形成国有资产17.2万亿元。

（三）行政事业性国有资产。

2018年，中央行政事业性国有资产总额4.7万亿元，负债总额1.0万亿元，净资产3.7万亿元。其中，行政单位资产总额0.8万亿元，事业单位资产总额3.9万亿元。

2018年，地方行政事业性国有资产总额28.8万亿元，负债总额8.9万亿元，净资产19.9万亿元。其中，行政单位资产总额9.3万亿元，事业单位资产总额19.5万亿元。

汇总中央和地方情况，2018年，全国行政事业性国有资产总额33.5万亿元，负债总额9.9万亿元，净资产23.6万亿元。其中，行政单位资产总额10.1万亿元，事业单位资产总额23.4万亿元。

（四）国有自然资源资产。

2018年，全国国有土地总面积50552.7万公顷，国有森林面积8436.6万公顷，全国水资源总量27462.5亿立方米，内水和领海面积38万平方公里。

二、国有资产管理工作情况

（一）企业国有资产（不含金融企业）。

深化供给侧结构性改革，夯实高质量发展基础。截至2018年底，中央国有资本经营预算累计投入179亿元和230亿元，分别支持钢铁、煤炭企业化解过剩产能和僵尸特困企业安置职工；同时，中央国有资本经营预算当年投入334亿元，支持国有企业技术创新和高质量发展。

强化重大风险防范，确保风险可控在控。严格执行中央企业投资项目负面清单制度，指导中央企业建立投资风险管理体系；强化企业负债规模和负债率双重管控、债券风险管控、担保和PPP等业务管控，坚决清理融资性贸易；印发《关于加强中央企业金融业务管理和风险防范的指导意见》，全面开展中央企业金融业务风险检查和整改。

着力推进国资国企改革，进一步激发企业活力。出台国有资本投资、运营公司改革试点实施意见，以及加强国有企业资产负债约束指导意见等文件；改革国有企业工资决定机制；出台出资人监管权力和责任清单，探索开展总审计师试点；探索开展中央企业集团层面股权多元化改革。

多措并举稳增长提效益，积极履行社会责任。中央企业以落实“一带一路”倡议为契机，加大“走出去”力度；积极清理无效库存，提高资金管理水平和利用效率，开展全员、全过程、全要素降本行动；有关部门积极引导推动中央企业，扎实推进环保生态和脱贫攻坚工作。

全面加强党的领导，以党建促进国资监管。制定中央企业党建工作责任制实施办法和考核评价暂行办法；中央企业集团“党建进章程”全部完成，党委（党组）书记和董事长“一肩挑”全部实现；党组织研究讨论作为重大事项决策前置程序，“双向进入，交叉任职”领导体制进一步完善。

（二）金融企业国有资产。

贯彻落实中央决策部署，推进国有金融资本管理改革。指导各地制定贯彻落实《中共中央　国务院关于完善国有金融资本管理的指导意见》实施意见;推动起草修订国有金融资本出资人职责暂行规定、国有金融资本管理条例等,强化国有金融资产全流程管理;健全股权董事管理制度;持续深化金融企业改革,建立健全国有金融企业管理体制。

增强服务实体经济能力,支持国家重大战略项目实施。研究做实中央金融企业国有资本经营预算,完善共管基金管理机制;设立国家融资担保基金,与相关省(市、区)担保、再担保机构,多家银行类金融机构签订合作协议。

完善金融风险处置机制,防范化解重大风险。规范金融企业对地方建设投融资行为,防范和化解地方政府债务风险;支持国有金融机构通过A股再融资、发行优先股、可转债和二级资本债等方式补充资本,促进提升抗风险能力。

提升全民金融获得感,助力精准脱贫攻坚战。支持540余家新型农村金融机构和西部基础金融服务薄弱地区金融机构(网点)建设,支持数万家小微企业申请创业担保贷款,带动就业人员约270万人次;三大粮食作物制种纳入中央财政农业保险保费补贴目录。

深入开展金融党建工作,推动实现党的领导和公司治理相结合。进一步巩固党委(党组)在公司治理中的法定地位,推动落实党建工作总体要求纳入公司章程;严格落实"两个责任",坚决反对"四风",切实发挥国有金融机构在服务实体经济、防控金融风险和深化金融改革方面的作用。

(三)行政事业性国有资产。

建立健全制度体系,统筹推进行政事业性国有资产管理。健全完善以《行政单位国有资产管理暂行办法》、《事业单位国有资产管理暂行办法》为统领,行政事业单位国有资产配置、使用、处置相关办法相配套,具体管理规程为补充的管理制度体系;出台《党政机关办公用房管理办法》等多项专项管理制度。

规范资产配置使用,提升行政事业性国有资产管理效能。出台《中央行政事业单位国有资产配置管理办法》等资产配置管理制度标准;完善单位资产管理内控制度,推动建立资产共享共用机制;推行资产处置进场交易和环保回收制度。

全面细化管理举措,夯实行政事业性国有资产管理基础。健全年度报告制度,建立行政事业性国有资产月报工作机制;推动资产管理信息化建设,建设全国行政事业单位资产管理信息系统,搭建网络化资产管理信息平台。

完善各类资产管理制度,推进公共基础设施等国有资产管理工作。印发《地方政府土地储备专项债券管理办法(试行)》等,建立土地储备专项债券与项目资产、收益对应制度;印发实施《公共租赁住房资产管理暂行办法》;部分省市财政、住建、交通运输等部门建立联席会议制度,共同推进新的政府会计制度实施和完善。

切实落实改革要求,保障行政事业单位改革有序推进。推进做好党和国家机构改革有关国有资产管理工作,确保资产随改革快速有序调整到位;出台《财政部关于修改〈事业单位国有资产管理暂行办法〉的决定》,促进科技成果转化;规范经营类事业单位改革中的国有资产管理,加强行业协会、商会和培训疗养机构脱钩改革中的国有资产管理。

(四)国有自然资源资产。

推进自然资源领域重大改革,完善法律法规。深入开展农村土地制度改革三项试点,制定《关于统筹推进自然资源资产产权制度改革的指导意见》;健全各类自然资源资产有偿使用制度,完善油气勘查开采体制;修订《中华人民共和国土地管理法》,启动《中华人民共和国矿产资源法》修改,完善不动产登记法律制度;探索自然资源领域督察工作。

积极主动作为,打好"三大攻坚战"。出台《土地储备项目预算管理办法(试行)》,重点督察以地融资行为;加大精准脱贫支撑和政策倾斜力度;积极推进污染防治,推动打赢蓝天保卫战。

建立国土空间规划体系,加强国土空间用途管制。印发《自然生态空间用途管制试点验收标准》,整体谋划国土空间开发保护格局;印发《长江经济带国土空间用途管制和纠错机制试点工作方案》,部署18个地区试点工作,全力推动长江经济带共抓大保护、不搞大开发。

推进平台制度建设,促进自然资源节约集约利用。推进标准和评价体系建设,完善自然资源资产分等定级和价格评估制度;推进耕地质量等别年度更新评价、监测和耕地质量定级工作,简化油气勘探开采用海的审查程序;推动实施建设用地"增存挂钩"机制。

坚持整体保护、系统修复、综合治理,统筹自然资源保护与国土空间生态修复。严格永久基本农田占用补划,落实最严格的耕地保护制度,推动山水林田湖草生态保护修复工程试点;推进矿山生态修复制度改革,加强林草资源保护与修复力度,加强水生态建设与修复;严格围填海管控。

三、下一步工作安排

（一）全面加强党的领导，推进党建工作与各类国有资产监管工作相统一。把坚持党的领导，加强党的建设贯穿企业改革发展全过程各方面，明确国有企业党组织在公司法人治理结构中的法定地位；强化审计结果运用，建立违纪违法案件通报制度。

（二）深化供给侧结构性改革和国资国企改革，进一步激发企业活力。加快淘汰落后产能，持续推进降杠杆减负债；妥善解决国有企业办社会等历史遗留问题；进一步落实科技型企业中长期激励机制；继续推进国有资本授权经营体制改革，加大混合所有制改革力度。

（三）以管资本为主加强金融企业国有资产管理，持续深化国有金融机构改革。建立健全国有金融资本管理制度框架；加快构建国有金融机构激励约束机制；加快完善金融企业财务监管制度和会计师事务所选聘办法，完善金融基础设施治理结构。

（四）提升行政事业性国有资产管理水平，更好服务高效履职和事业发展。加快推进行政事业性国有资产立法研究论证工作；推进行政事业性国有资产均衡配置；研究完善公共基础设施等行政事业性国有资产管理机制，探索公路基础设施等资产价值计量方式。

（五）多措并举夯实基础，稳步推进自然资源资产管理。逐步完善国有自然资源资产管理制度；不断强化国有自然资源资产监督管理，完善监管体系；有序推进国有自然资源资产调查评价、确权登记、清查统计、价值核算等工作；建立健全国有自然资源（资产）报告制度。

关于2018年度全国行政事业性国有资产管理情况的专项报告

——2019年10月23日在第十三届全国人民代表大会常务委员会第十四次会议上

财政部部长　刘　昆

全国人民代表大会常务委员会：

根据《中共中央关于建立国务院向全国人大常委会报告国有资产管理情况制度的意见》有关要求，形成了《国务院关于2018年度全国行政事业性国有资产管理情况的专项报告》，请审议。

一、行政事业性国有资产基本情况

党的十八大以来，在以习近平同志为核心的党中央坚强领导下，各地区、各部门坚持以习近平新时代中国特色社会主义思想为指导，认真贯彻落实党中央、国务院决策部署，提高行政事业性国有资产使用效率和效益，行政事业性国有资产规模不断壮大，管理能力不断增强，职能作用不断提升，保证了行政事业单位履职和事业发展需要。

截至2018年底，全国行政事业性国有资产总额33.5万亿元，负债总额9.9万亿元，净资产23.6万亿元。其中，行政单位资产10.1万亿元，事业单位资产23.4万亿元。

中央行政事业性国有资产总额4.7万亿元，负债总额1万亿元，净资产3.7万亿元。其中，行政单位资产0.8万亿元，事业单位资产3.9万亿元。

地方行政事业性国有资产总额28.8万亿元，负债总额8.9万亿元，净资产19.9万亿元。其中，行政单位资产9.3万亿元，事业单位资产19.5万亿元。

根据行业主管部门统计，截至2018年底，全国公路总里程484.7万公里，全国内河航道通航里程12.7万公里，全国重点文物保护单位4296处，文物藏品总计4960.4万件（套），纳入城镇住房保障规划和年度计划的公共租赁住房1200多万套。

二、行政事业性国有资产管理工作情况

（一）健全行政事业性国有资产管理制度体系。一是加强顶层管理制度建设。认真贯彻落实《党政机关厉行节约反对浪费条例》，财政部制定出台《行政单位国有资产管理暂行办法》、《事业单位国有资

产管理暂行办法》等管理制度,为加强行政事业性国有资产管理提供了重要依据。二是出台具体管理制度。各级财政部门、主管部门结合各自实际,分别出台行政事业单位国有资产配置、使用、处置、收益等管理制度,加强资产全生命周期管理。三是完善薄弱环节制度。针对各行政事业单位国有资产管理中存在的突出问题,2018 年财政部印发《关于进一步加强和改进行政事业单位国有资产管理工作的通知》、《关于进一步做好政府会计准则制度新旧衔接和加强行政事业单位资产核算的通知》等制度文件,进一步完善行政事业性国有资产管理。

(二)提升行政事业性国有资产管理整体效能。一是有效盘活存量资产。牢固树立过紧日子的思想,将低效运转、长期闲置的国有资产进行调剂、共享使用,促进资源整合;通过公开方式出租闲置资产,提升资产使用效率和效益。二是完善新增资产配置预算管理机制。出台《中央行政事业单位国有资产配置管理办法》、《中央行政单位通用办公设备家具配置标准》等制度标准,从严审核行政事业单位新增资产配置,把好资产入口关,有效约束和规范新增资产配置行为。三是规范资产使用管理。落实单位资产管理的具体责任,完善资产管理内控制度,重大资产管理事项实行集体研究决策。加强资产登记入账和清查盘点,确保账账相符、账实相符,探索资产绩效评价,充分发挥资产使用效益。四是创新资产处置方式。推行资产进场交易和环保回收制度,涉及变卖转让的资产统一通过产权交易机构公开竞价交易,报废的电器电子类、家具类资产,交由专业机构统一回收、环保处理,提高处置收益,促进资源循环利用。

(三)夯实行政事业性国有资产管理基础。一是摸清资产家底。2016 年出台《行政事业单位资产清查核实管理办法》,组织摸清全国行政事业单位国有资产家底。2017 年出台《行政事业单位国有资产年度报告管理办法》,将行政事业单位国有资产报告工作纳入制度化、规范化管理轨道。2018 年在全国范围内建立行政事业性国有资产月报工作机制,进一步提升监管时效。二是推动资产管理信息化建设。开发并启用了“全国行政事业单位资产管理信息系统”,搭建起网络化资产管理信息平台。部分省市探索将资产管理全流程嵌入资产管理信息系统,实现资产管理业务的网络化、流程化。三是加强资产管理机构和队伍建设。按照国家统一所有,政府分级监管,单位占有、使用和支配的管理体制,各级财政部门负责综合管理,主管部门负责监督管理,行政事业单位负责具体管理,大部分主管部门和单位建立了专门的资产管理机构,明确专职管理人员,为加强行政事业性国有资产管理提供了组织保障。

(四)强化公共基础设施等行政事业性国有资产管理。一是出台新的政府会计制度。制定公共基础设施、政府储备物资等政府会计准则,规范会计核算,为加强行政事业性国有资产管理提供了可靠依据。二是将公共基础设施等行政事业性国有资产纳入管理范围。出台《公共租赁住房资产管理暂行办法》等制度,分类研究明确公共基础设施、文物文化资产等资产管理方式,明确统计口径,完善实物量指标。三是建立公共基础设施等行政事业性国有资产管理协作机制。明确各行业主管部门责任分工,加强工作衔接和配合,部分地方政府建立联席会议制度,协同推进公共基础设施等行政事业性国有资产管理工作。

(五)做好行政事业性国有资产管理相关改革工作。落实深化放管服改革要求,扩大中央部门所属高校国有资产处置权限,强化主管部门和高校资产管理的主体责任。简化国家设立的研究开发机构、高校持有科技成果评估和管理程序,加大科技成果转化形成的国有股权管理授权力度,落实创新驱动发展战略,推动科技创新。按照深化党和国家机构改革的要求,规范国有资产管理,保证资产随改革快速有序调整到位。助推事业单位改革,科学界定经营类事业单位转企后国有资产监管边界,充分激发事业单位发展活力。加强行业协会商会脱钩改革中的国有资产管理,确保国有资产安全完整。

三、行政事业性国有资产管理工作成效

(一)行政事业性国有资产规模不断壮大。新中国成立初期,行政事业单位办公条件极其简陋,公共事业百废待兴,管理基础相当薄弱。经过 70 年的接续努力,我国行政事业单位资产规模实现跨越式增长。行政单位家底进一步丰实,有效保障行政单位履职需要;特别是与民生密切相关的事业单位国有资产快速壮大,包括公共基础设施、教育、医疗卫生等资产在内的事业性国有资产总额达 23.4 万亿元,为我国经济社会持续健康发展奠定了坚实的物质基础。

(二)行政单位国有资产合理高效保障国家政权运转。坚持厉行节约反对浪费,合理配置资产,建设节约型机关。推动建立资产共享共用机制,截至 2018 年底,全国建有省级实物及虚拟“公物仓”

12个、市级93个,既满足了大型会议、临时办事机构的资产使用需求,又提高了国有资产使用效益。巩固党政机关办公用房清理成果,将清理出来的办公用房,调剂给外租办公用房的单位和基层单位使用。全面取消一般公务用车,中央和国家机关共取消车辆3868辆。同时,推行公务用车“管理平台化、平台信息化、车辆标识化”,推动公务用车集中使用和管理,维护了党和政府形象。

(三)事业单位国有资产有效促进社会事业发展。持续推进基本公共服务均等化,与人民群众生活息息相关的教育、医疗卫生、文化和科技行业资产实现较快增长,有力促进了各项事业发展。截至2018年底,教育办学条件明显改善,全国校舍面积35.7亿平方米,较2012年增长30.3%;教学仪器设备价值10218.2亿元,较2012年增长99.9%;计算机拥有量4437.7万台,较2012年增长61.4%。卫生健康资产规模增长迅速,全国医疗卫生机构床位数840.4万张,较2012年增长46.8%;每千人口医疗卫生机构床位数6张,较2012年增长42.6%。文化设施惠民力度加大,每万人群众文化设施建筑面积307平方米,较2012年增长31.1%;人均图书藏量0.7册,较2012年增长45.1%;全国博物馆共有文物藏品3754.3万件(套),较2012年增长62%。加大科技资源开放共享力度,82个重大科研基础设施、4000多家单位的8.6万台(套)大型科研仪器通过统一的国家网络管理平台向全社会开放;2018年全国科研机构和高等院校输出科技成果11.7万项,成交额1281.5亿元,同比增长4.8%。

(四)公共基础设施等行政事业性国有资产支撑提升公共服务水平。行业主管部门和单位对公共基础设施等行政事业性国有资产管理意识进一步提高,资产管理逐步规范。公路里程数稳步增长,为国民经济健康发展提供了重要保障。重大水利基础设施建设成效显著,在改善生态环境和服务民生方面发挥了重要作用。大量保障性住房投入使用,进一步改善了中低收入居民居住条件。文物资产管理方法不断改进,保护力度持续加大,文物资产利用与经济社会文化融合发展日益紧密。

四、下一步工作措施

(一)强化行政事业性国有资产管理顶层设计。一是提高思想认识。坚持资产管理与资金管理并重,切实增强行政事业性国有资产管理工作的责任感、使命感,高质量推进行政事业性国有资产管理发展。二是推动法治建设。积极开展行政事业性国有资产立法研究论证工作,研究进一步提升行政事业性国有资产管理法律层级。三是加强监督问责。针对发现的资产管理工作薄弱环节和问题,提出整改要求,依法依规问责,不断加强和改进行政事业性国有资产管理。

(二)完善行政事业性国有资产管理工作机制。一是强化部门和单位管理责任及内控机制。落实深化放管服改革要求,突出部门和单位的主体管理责任,充分发挥主管部门的管理优势,指导行政事业单位进一步完善内控机制,建立责任到人的资产管理制度。二是健全公共基础设施等行政事业性国有资产管理机制。加强与现行行政事业性国有资产管理制度衔接,密切财政部门与行业主管部门相互配合、协调联动的工作机制,增强工作合力。三是建立有效的激励约束机制。探索建立国有资产绩效考评体系,硬化责任约束,提高行政事业单位管好用好国有资产的积极性、主动性。

(三)狠抓行政事业性国有资产管理基础工作。一是严格执行各项资产管理制度。充实管理力量,强化资产使用人员的责任意识和管理意识,抓好制度执行,提高制度约束力,切实加强资产维护和使用管理,规范资产处置行为,提升财务会计管理水平,促进资产管理与财务管理相结合。二是加快补足公共基础设施等行政事业性国有资产管理短板。进一步明确公共基础设施等行政事业性国有资产的范围,摸清底数,探索资产价值计量方式和方法,科学分类核算。三是高质量推进资产管理信息化建设。搭建资产智能管理平台,实现行政事业性国有资产动态化管理。加强数据分析和综合利用,为规范管理和科学决策提供支撑。

(四)推动行政事业性国有资产节约和高效使用。一是优化资产配置。认真贯彻落实预算法,深入推进资产管理与预算管理相结合,将资产管理嵌入财政预算管理核心环节,加强配置标准体系建设,以存量制约增量,以增量调整存量,从源头上提高财政配置资源的效率和财政资金使用效益。二是加大资产调剂使用力度。深入推动节约型机关建设,坚持厉行节约、反对浪费,对低效运转或者长期闲置资产进行调剂使用,有效盘活存量资产,提高资产使用效率。三是推进资产共享共用。鼓励有条件的地方和部门搭建统一开放的资产共享平台,促进教育、医疗卫生、科技等领域的大型仪器设备共享共用,鼓励跨学科、跨行业交流使用,为创新发展提供支撑。

全国人民代表大会常务委员会预算工作委员会、全国人民代表大会财政经济委员会关于行政事业性国有资产管理情况的调研报告

——2019 年 10 月 23 日在第十三届全国人民代表大会常务委员会第十四次会议上

全国人大常委会预算工作委员会主任
全国人大财政经济委员会副主任委员 史耀斌

全国人民代表大会常务委员会：

行政事业性国有资产是国有资产的重要组成部分，是行政事业单位贯彻落实党中央有关决策部署、保障职能履行、提供公共服务的重要物质基础。为全面深入落实党中央关于建立国有资产管理情况报告制度的改革要求，根据全国人大常委会 2019 年度监督工作计划安排，本次常委会会议审议国务院关于加强国有资产管理情况的报告，包括书面报告的《国务院关于 2018 年度国有资产管理情况的综合报告》和口头报告的《国务院关于 2018 年度全国行政事业性国有资产管理情况的专项报告》，重点听取和审议行政事业性国有资产管理情况的专项报告。为做好相关工作，全国人大常委会预算工委和全国人大财经委组成调研组，在组织召开中央有关部门座谈会，走访教育部、卫生健康委、文化和旅游部、住房和城乡建设部、国家粮食和物资储备局、国家机关事务管理局、全国社会保障基金理事会等部门和机构，赴重庆、广西、宁夏、山东等地方开展实地调研，委托广东、湖南两省人大常委会预算工委开展专题调研的基础上，起草形成了调研报告。全国人大财经委副主任委员、常委会预算工委主任史耀斌，全国人大财经委委员、常委会预算工委副主任朱明春，全国人大财经委委员吕薇、欧阳昌琼、周松和、蔡玲等参加了相关调研活动。现将主要情况报告如下。

一、行政事业性国有资产与管理基本情况

党的十八大以来，在以习近平同志为核心的党中央集中统一领导下，国务院、各级地方政府及其相关部门坚持以习近平新时代中国特色社会主义思想为指导，行政事业性国有资产管理制度不断健全，国有资产管理工作不断规范，依法依规管理使用国有资产的意识进一步增强，“家底”进一步丰厚壮大，管理绩效进一步提升，较好地保障了行政事业单位有效运转、各项社会事业快速发展。

（一）行政事业性国有资产基本情况

1. 总量与结构情况

行政事业性国有资产包括各级各类行政事业单位占有、使用的国有资产和管理的公共基础设施、政府储备物资等行政事业性国有资产。截至 2018 年末，全国行政事业性国有资产总额 33.5 万亿元，同比增长 11.7%；负债总额 9.9 万亿元，同比增长 4.2%；净资产 23.6 万亿元，同比增长 15.1%。

表 1　2018 年度行政事业性国有资产总体情况表

单位：万亿元，%

	资产总额		负债总额		净资产总额	
	数额	增长	数额	增长	数额	增长
全国	33.5	11.7	9.9	4.2	23.6	15.1
中央	4.7	11.9	1.0	11.1	3.7	12.1
地方	28.8	12.1	8.9	3.5	19.9	16.4

从单位性质看，行政单位10.1万亿元，占全国资产总额的30.1%；事业单位23.4万亿元，占69.9%。其中，中央事业单位资产主要分布在教育部、中国科学院、国家卫生健康委等部门；地方事业单位资产分布主要集中在教育、医疗卫生、科研、文化等领域。从地域情况看，86%的行政事业性国有资产在地方，其中东部地区资产占地方资产总额的48.5%。从资产构成看，全国行政事业性国有资产以流动资产、固定资产、在建工程为主，占比分别为39.7%、35.5%、16.4%。

2. 资产配置、使用、处置、收益情况

2018年，全国配置固定资产和无形资产21195.3亿元，其中土地、房屋及构筑物占比达55.3%；出租出借资产1701.6亿元，其中房屋占比达93.1%；对外投资7430.6亿元，其中长期股权占比达97.1%；处置资产3357.7亿元，其中通用设备（含车辆）和土地、房屋及构筑物占比分别为39.8%和30.7%；资产收益686.5亿元，其中出租出借收益、对外投资收益、资产处置收益占比分别为38.6%、26.7%、34.7%。

表2　2018年度行政事业性国有资产配置、使用、处置、收益情况表

单位：万亿元，%

	配置		出租出借		对外投资		处置		收益	
	数额	占比	数额	占比	数额	占比	数额	占比	数额	占比
全国	21195.3	100	1701.6	100	7430.6	100	3357.7	100	686.5	100
中央	3064.5	14.5	267.0	15.7	1989.9	26.8	421.3	12.5	194.5	28.3
地方	18130.8	85.5	1434.6	84.3	5440.7	73.2	2936.4	87.5	492.0	71.7

3. 重点行业国有资产情况

截至2018年末，全国教育行业、卫生健康行业、科技行业、文化、体育和娱乐行业国有资产分别为67562.4亿元、35202亿元、16681.2亿元、10861.9亿元，分别占资产总额的20.2%、10.5%、5.1%、3.2%。

从管理级次看，除科技行业中央国有资产占比高于地方外，教育、卫生健康、文化、体育和娱乐行业国有资产主要集中在地方，特别是卫生健康行业中央国有资产占比不足6%。从地区分布看，重点行业国有资产中东部地区占比都超过了40%。

从重点资产看，全国校舍面积35.7亿平方米、教学仪器设备价值1万亿元、计算机拥有量4437.7万台，分别比2012年增长30.3%、99.9%、61.4%。全国公立医院、基层医疗卫生机构、专业公共卫生机构的床位分别为428.9万张、148.0万张、26.4万张，合计占全社会总床位数的71.9%；专用设备净值4893.4亿元，50万元以上设备33.7万台。全国公共图书馆实际使用房屋建筑面积1595.98万平方米，图书总藏量103716万册，阅览室坐席数111.68万个，分别比2012年增长50.8%、31.5%和52.0%；全国各级文化馆（站）总建筑面积达到4283.07万平方米，比2012年增长35.1%。

4. 公共基础设施等其他行政事业性国有资产情况

根据行业主管部门统计数据，截至2018年末，全国公路总里程484.7万公里，比上年增长7.3万公里，其中：四级及以上等级公路里程446.6万公里，比上年增加12.73万公里；二级及以上等级公路里程64.8万公里，增加2.6万公里；高速公路里程14.3万公里，增加0.6万公里。全国内河航道通航里程12.7万公里，比上年增加108公里，其中：等级航道里程6.6万公里，三级及以上航道里程1.35万公里。全国水库数量9.9万座，其中：大型水库736座，中型水库3954座。根据2018年文物业统计，全国重点文物保护单位4296处，省级重点文物保护单位1.9万处，市县级文物保护单位10.1万处。文物藏品总计4960.4万（件、套），其中，一、二、三级珍贵文物藏品共计369.9万（件、套）。纳入国家计划的公共租赁住房1200多万套。

（二）行政事业性国有资产管理情况

目前，行政事业性国有资产管理遵循“国家统一所有，政府分级监管，单位占有、使用和支配”的管理体制，各级财政部门负责综合管理、主管部门负责监督管理、行政事业单位负责具体管理。国务院、各级地方政府及其相关部门高度重视国有资产管理，坚持以加强党的建设为指引，根据职责分工，通过加强制度建设、优化资产配置、创新管理方式、夯实管理基础等，推动行政事业性国有资产管理的规范化制度化，着力提升国有资产管理效益。

一是健全行政事业性国有资产管理制度体系。以《党政机关厉行节约反对浪费条例》《行政单位国有资产管理暂行办法》《事业单位国有资产管理暂行办法》为统领，以《党政机关办公用房管理办法》《党政机关公务用车管理办法》等行政事业单位国有资产配置、使用、处置办法为配套，以具体管理规程为补充，覆盖行政事业性国有资产管理全过程的制度体系初步形成。各地区、各部门结合当地实际情况相继出台相关资产管理具体制度，既建立了国有资产从"入口"到"出口"的全链条管理制度体系，又强化了对国有资产重点环节、重点领域的管理。

二是全面贯彻节约高效原则提升资产管理效能。在资产配置环节，通过制定通用设备配置标准、部分相关专用设备配置标准、规范资产配置计划编制、加强与预算编制衔接等，从严审核新增资产配置，缓解部门、单位之间资产占有不均衡状况。湖南省将资产配置嵌入部门预算"两上两下"流程，从预算上限标准、实物量标准、最低使用年限等三个方面拧紧资产配置的"水龙头"。在资产使用环节，加大资产特别是长期低效运转、闲置资产的统筹调剂使用、出租出借力度，提升存量资产效益。部分地方、部门还建立"公物仓"等资产调剂平台，积极探索共享共用机制。截至2018年底，全国共建有省级实物及虚拟"公物仓"12个、市级93个。在资产处置环节，推行资产进场交易和环保回收制度，变卖转让资产统一通过产权交易机构进行公开竞价交易，对报废电器电子类、家具类资产，交由专业机构统一回收、环保处理，提高处置收益，促进资源循环利用。

三是强化行政事业性国有资产管理基础。财政部组织开展了全国行政事业单位国有资产清查，健全国有资产台账，初步摸清底数。通过建立健全行政事业单位国有资产年度报告制度、月报制度，督促各级行政事业单位按照国家统一的会计制度规范国有资产核算和管理，确保行政事业性国有资产报告结果真实、准确。建立行政事业单位资产管理信息系统，搭建网络化资产管理信息平台，运用大数据等信息技术，为规范资产管理提供数据支撑。青岛市开展了政府性债务投资项目资产清查，了解政府性债务形成的资产家底。河北省、广州市等地方通过推进资产管理系统与预算管理、财务核算、政府采购等系统对接，逐步实现相互印证、相互支撑的管理机制。

四是完善公共基础设施等行政事业性国有资产、行政事业单位所办企业国有资产的管理。在推进政府会计制度实施基础上，加强公共基础设施、文物文化资产、保障性住房、政府储备土地等行政事业性国有资产制度建设，研究明确管理范围。部分地方推动建立工作联动机制，明确部门责任分工和会计核算口径，统一量价统计原则，确保实物量指标真实可靠。推进行政事业单位经营性国有资产集中统一监管，2018年确定6家中央部门开展首批改革试点。加强行政事业单位所办企业国有资产产权登记、财务核算、股权管理等基础工作，规范事业单位对外投资管理，防止国有资产流失。根据行政事业单位所办企业"散、弱、小"的特点，分类别、分步骤推进国有资本经营预算"扩面提标"。

五是做好相关改革的服务保障。规范党和国家机构改革相关国有资产的管理工作，保证资产随改革快速有序调整到位，确保党和国家机构正常履职。落实"放管服"改革要求，扩大中央部门所属高校国有资产处置权限，强化主管部门和高校资产管理的主体责任；简化国家设立的研究开发机构、高校持有科技成果评估和管理程序，促进科技创新。规范事业单位分类改革和行业协会商会等脱钩改革过程中相关国有资产管理，确保国有资产安全完整和改革落实到位。

（三）行政事业性国有资产管理绩效

一是有效保障行政机关有序运转。在有效保障行政机关履行职能、行政单位办公条件得到改善的同时，坚持厉行节约反对浪费，推进建设节约型机关。2018年全国行政单位人均占有通用设备总量6.7台（件），较2015年降低4.9%。加快推进清理党政机关办公用房，将清理出来的办公用房调剂给租房办公的单位使用。推动公务用车集中使用和管理，全面取消一般公务用车，中央和国家机关共取消车辆3868辆，占车辆总数的63%。

二是有力促进社会事业发展。截至2018年底，全国行政事业性国有资产较新中国成立初期增长1500多倍，公共事业资产规模实现跨越式增长。教育系统办学条件显著提升，普通小学、普通初中、普通高中、中等职业教育、普通高校生均校舍面积分别达到7.6平方米、13.8平方米、22.8平方米、19.4平方米、27.7平方米，生均运动场地面积7.2平方米、10.1平方米、10.6平方米、6.4平方米、4.2平方米，每百名学生拥有教学用计算机11.1台、15.2台、19.2台、23.1台、26.9台。卫生健康行业基础设施不断提档升级，公立医疗卫生机构每千人口床位数达到4.33张，诊疗人次超过47.9亿人次，出院人数超过2亿人，病床使用率达到83.6%。其中，床位数占比65.8%的公立医院提供了79.6%的门急诊服务、76.7%的住院服务，病床使用率达到

92.9%,公立医院百元固定资产医疗收入(不含药品收入)由2012年的79.3元提高到2018年的83.6元。文化行业公共服务能力和均等化水平明显提高,全国平均每万人公共图书馆建筑面积114.4平方米、人均图书藏量0.74册、每万人群众文化设施建筑面积307平方米,分别比2012年增长46.3%、27.6%和31.1%。2018年,全国公共图书馆流通人次8.2亿人次,群众文化机构开展文化活动219.5万次,服务群众7.1亿人次,基本公共文化服务水平不断提升。

三是专项事业性资产发展取得新进展。公路里程、城市道路里程、城市供水综合生产能力、集中供热面积、燃气供应总量、垃圾无害化处理能力、污水处理能力等大幅提升,为经济社会发展提供了重要支撑和保障。城市建成区绿地面积、公园绿地面积大幅增加,人均环境明显改善。大量保障性住房的建设和投入使用,解决和改善了中低收入群众居住条件,促进了社会和谐稳定。

二、存在的突出问题和不足

各级政府及其相关部门严格遵循“国家统一所有,政府分级监管,单位占有、使用和支配”的管理体制,认真履行行政事业性国有资产管理职责,积极推进改革创新,为保障国家政权有效运转和广大人民群众享有一定水平的基本公共服务发挥了重要作用。但调研也发现,一些部门、地方和单位政治站位不够高,对于党中央加强国有资产管理和治理的重大决策部署、对于事业性国有资产在社会建设和推进基本公共服务均等化中的关键支撑作用等认识不够到位,普遍存在“重资金、轻资产”、“重购置、轻管理”等现象。在管理理念、体制机制、基础工作、规范管理和法制建设等方面,还存在不少突出问题,亟待研究解决。

(一)体制机制有待理顺

一是资产管理与预算管理衔接不够。“重资金、轻资产”、“重购置、轻管理”等现象普遍存在的原因在于,资产管理与预算管理分割,从政府进行资源配置和管理的角度,没有做到资产的“存量”管理与预算资金的“流量”管理统筹协调,形成有机统一的整体。体现在一些部门在编制预算时对存量资产状况统筹考虑不够。政府综合性财务报告还在试点,行政事业性国有资产配置预算的编制也刚刚起步,资产管理与预算管理统筹协调的基础不够扎实。部分国有资产处置和出租出借收入未按规定实行“收支两条线”管理或纳入预算管理,脱离监管。调研发现,流动资产占比偏高、规模偏大的问题,比较普遍。2018年全国行政事业性国有资产中流动资产占近40%,规模超过13万亿元,其中银行存款约4.8万亿元,盘活存量资金资产存在相当空间。既反映出过去管理不规范,也反映出当前现金管理的绩效不高。

二是单位占有使用支配体制下如何推进特定资产调剂使用、共享共用缺乏有效机制。随着经济社会的发展和行政事业性国有资产种类、规模的不断增加,对本级政府部门单位间特定资产的调剂使用、共享共用产生了内在要求。但调研发现,部分地方和单位过多强调对国有资产的“单位占有、使用和支配”的权利,调剂使用、共享共用推行困难。有的单位办公用房富余闲置或者出租;有的办公用房不足,长期租赁。多地财政部监管局反映,中央在地方的行政事业单位资产归属中央部门,跨部门、跨单位调剂的难度较大,特别是在办公用房方面,存在有的部门有房屋闲置或出租出借,有的部门要以社会租赁等形式解决。

三是分级监管与社会公共事业统筹发展衔接不到位。推进国家教育、卫生健康、文化、科技等公共事业的均衡发展和基本公共服务均等化标准化建设,从可及性、公平性角度对事业性国有资产的全国性、区域性规划布局和科学化、标准化管理提出了内在要求。但一些社会事业主管部门和地方在资产管理工作中,过多强调“分级监管”,一定程度上造成国有资产的管理视野较窄,仅关注本部门、本级地方所属国有资产的监督管理,对整个系统和区域内国有资产配置状况和管理情况了解和关注不够,对系统和区域的整体统筹规划、国有资产统一布局与设施设备的标准化建设考虑不足。社会事业发展不平衡现象比较突出。

四是管理职责有待进一步明晰。有的中央部门在宏观层面更倾向反映经济效益的财务数据,对反映社会效益的实物数据重视不够,价值与实物相互印证、有机衔接、统一管理的机制还不够健全,实现行政事业性国有资产的社会效益和经济效益的有效结合缺少必要的基础。有的中央部门对国有资产的管理职责划分存在不同认识,具体执行缺乏有效沟通协调,导致因重复报告、统计等加重单位负担。一些地方反映资产配置、使用、处置等都由财政部门审批,既造成财政部门压力大,效率不高;也影响部门单位管理资产的积极性主动性,主体责任较难落实。从部门内部看,一些承担国有资产管理职责的机构并不直接管理国有资产，而是委托相关机构代管，如委托机关服务中心管理办公家具、公务车辆等。但调研发现，有的代管机构权责界定不够明晰，缺乏有效的激励约束机制，相关职责落实难以到位。

五是管理评价机制尚未有效建立。从调研情况看，行政事业性国有资产的管理评价不够全面，评价指标体系也不够系统。从价值角度看，缺乏成本效益等经济性评价指标，导致一些地方和单位不同程度存在资产配置只讲需求、不计成本，资产使用不讲勤俭节约、造成闲置浪费，资产处置只看最低年限、不顾资产实际状况、报废可用资产等现象。例如，调研发现，中央驻宁夏预算单位房屋闲置面积达 1.74 万平方米。从实物角度看，对国有资产支撑行政事业发展的功能性评价虽有一些零散探索，但对于如何科学、量化评价行政单位国有资产保障高效履职，事业性国有资产满足群众基本公共服务需求、实现既定政策目标等，还缺乏深入研究。以此为依据，对管理工作进行评价奖惩问责更少。

（二）基础工作比较薄弱

一是资产配置标准体系不够健全，部分特定类型国有资产的性质定位、政策目标不够明确。行政事业性国有资产配置的标准化建设相对滞后，有些通用资产配置标准不够合理，动态调整机制尚未有效建立；专用资产配置标准体系建设进展缓慢，使用单位、审批部门、审计部门等都缺乏相应依据，配置的科学性和经济性较难保证。部分国有资产的性质定位、政策目标不够明确，也影响资产管理。如对于全国社会保障基金是作为公共养老储备基金纳入行政事业性国有资产，还是具有国家主权财富基金性质纳入金融企业国有资产，存在不同认识。再如战略物资储备预防战争、应对重大自然灾害等和参与宏观调控之间，两类功能定位的管理目标和管理方式差异较大，以致发展方向、种类规模、目标任务、政策保障等经常变动，造成不必要的干扰和损失。又如保障性住房本意是要保障住房困难群众基本居住条件，但在实施过程中又赋予发展经济、平抑房价过快上涨等功能，较难统筹规划、科学评价。

二是产权管理基础薄弱。从调研情况看，资产登记、变更、注销、处置、盘点不及时，资产核算不准确，家底不清、账账不符、账实不符等问题仍然存在。有的单位存在大量的账外资产没有及时入账，有的单位连自己的房屋数量也不清楚。有些项目工程完工不及时按规定进行项目决算，有的甚至已交付使用多年仍未转为固定资产，造成“在建工程”比例较高。部分单位重使用轻登记，重购建轻管理，存在国有资产产权关系不明晰、权证不完整等情况，有土地使用权证无房产证，甚至两证全无的现象仍较普遍。如湖南省省直 402 家单位的 2408 栋房屋中有 1906 栋无产权，占比高达 73%。

三是会计统计、资产报表等工作亟待完善。部分公共基础设施等行政事业性国有资产的会计核算制度不完善，如：公路、储备土地、文物等国有资产的确认、计量、会计核算等还在研究阶段，水、电、气等市政公用设施资产还存在产权划分不明晰等问题，以致较难摸清底数，难以准确纳入国有资产报告。行政事业性国有资产报表还不够科学、完善，编制合并报表时单位内部往来账目抵销存在缺项，事业性国有资产的实物量指标需进一步增加，对国有资产配置及其管理情况全貌的反映不够，优化国有资产配置布局、充分发挥国有资产效能缺乏有效数据支撑。

四是信息化建设比较滞后。资产管理信息系统还无法满足国有资产管理情况报告工作、价值管理与实物管理相统一等要求。资产管理系统与预算决算管理、财务管理、政府采购等系统有效衔接不够，甚至在财政部门内部就存在多个系统并存、不能有效打通的问题，数据共享水平低，信息孤岛问题突出。有些地方还没有建立统一的行政事业性国有资产管理信息系统，导致统计口径不一致，部分资产归口不明确，容易导致错报漏报、出现偏差。有些部门、单位自主开发的内部资产管理系统与财政部门的资产管理系统无法兼容，相关数据需要手工核对，无法进行实时对账。

（三）政府国有资产管理和人大国有资产监督的规范性有效性有待提高

一是日常管理不够规范，制度执行不到位。一些地方和单位资产入账不规范、清产核资不彻底，导致资产底数不够清楚。有的单位购置固定资产不入账，以维修费、配件费用的名义规避监管；有的单位接受捐赠以取得成本难以确定为由不入账；有的单位资产台账与资产管理系统数据相差悬殊。定期清产核资制度流于形式，从浙江省嘉兴市等一些地方人大常委会的典型事例看，通过人大特定问题调查方式全面清查核实的结果与部门单位通常报告的结果存在较大差异。在资产配置方面，有的单位仍然存在超标准、超计划现象，有些部门、单位无预算或无计划配置资产、不严格执行政府采购程序等也时有发生。在资产使用方面，有的单位节约意识不强，贪大求新，家具类资产修复性使用比例不高；有的单位在办公用房置换、装修时将旧家具一扔了之；有的单位开展临时性工作随意购置新资产，工作结束后造成闲置浪费；一些地方、单位管理不善，资产闲置浪费、损失丢失等现象时有发生。例如，审计发现，某中央部门所属两个单位一方面合计9辆野外业务用车全年闲置或使用率低，另一方面共发生野外作业租车费等861万元。在出租出借方面，部分地方、单位存在违规出租和低估国有资产价值现象，有的对外出租既不进行租金评估，也不采取公开招投标，越过监管部门审批自行出租；有的租期长、租金低，租期普遍在10年以上，租金低于市场正常水平。在资产处置方面，有的单位不严格执行相关规定，随意变卖、擅自处置国有资产的情况仍然存在。

二是各级人大国有资产监督工作的有效性有待提高。随着政府向本级人大常委会报告国有资产管理情况制度的逐步建立，对各级人大常委会依法规范开展国有资产监督工作、运用法定监督方式摸清国有资产家底、加强日常监督、建立规范的监督评价指标体系等提出了新要求。亟待完善监督制度，依法规范开展监督工作，增强监督实效。

三是政府国有资产管理和人大国有资产监督的机构队伍建设有待加强。从调研情况看，行政事业性国有资产管理存在相关人员配备不足的问题，一些基层单位甚至一人身兼资产、财务、会计等数职。省级、市级人大普遍反映，国有资产监督职责均由常委会预算审查监督工作机构具体承担，工作量大幅增加，现有人员队伍难以适应加强人大国有资产监督职能的需要。

（四）法制建设亟待加强

行政事业性国有资产管理还没有专门的法律或行政法规进行规范，目前主要依照2006年财政部颁布的《行政单位国有资产管理暂行办法》《事业单位国有资产管理暂行办法》两个部门规章，以及各级地方政府及部门出台的规范性文件。现行制度法律规范层级不高，权威性不足，约束力不够，问责难以到位。对行政事业性国有资产管理体制机制等重大基本问题缺少相应规范，与其他相关部门规章之间也部分存在衔接不够的问题。有些规定因出台时间较早，已经不适应新情况新要求。

三、相关建议

行政事业性国有资产的发展壮大是展示中国特色社会主义制度优势的一个鲜活样本。加强和改进行政事业性国有资产管理和治理，是推进国家治理体系和治理能力现代化的重要内容，对促进转变政府职能、深化简政放权，理顺政府与市场、政府与社会的关系，建设人民满意的服务型政府；对加快事业单位改革，推动社会公共事业高质量均衡发展，更好满足人民群众日益增长的美好生活需要；对加强社会建设、提高社会治理能力，具有重要意义。管好用好行政事业性国有资产，要进一步提高政治站位，要完善体制机制，强化制度规范，创新管理方式，着力构建全面覆盖、权责明确、协同配合、约束有力的管理体系，不断提升资产管理绩效，保障和促进各项事业实现新发展。

（一）加快完善行政事业性国有资产管理体制机制

一是加快建立国有资产管理与预算决算管理有效衔接、有机结合的管理机制。要坚持资产存量管理与预算资金流量管理有机统一，坚持资产管理与资金管理并重。规范资产配置、使用、处置、收益全生命周期管理，加强资产管理与财务管理的衔接，构建互相联系、互相制衡的内控机制；加强预算管理对资产管理的约束，对新增资产配置预算编报严格审核把关，以存量制约增量，以增量调节存量，推进国有资产配置向薄弱环节、地方倾斜，从源头上促进科学合理配置资源和提高财政资金使用效益；加强资产管理对决算管理的支撑，预算投资、政府投资基金、政府和社会资本合作（PPP）等各种形式形成、配置行政事业性国有资产情况应当作为决算的重要组成部分，以反映财政资金所发挥的真实效用情况。

二是完善制度，建立健全特定资产调剂使用、共享共用机制。要及时总结各地探索建立“公物仓”的有益经验，进一步完善制度，建立机制推进特定资产的调剂使用、共享共用。鼓励有条件的地方和部门搭建统一开放的资产共享平台，既满足大型活动、临时办事机构等资产使用需要，也有效调剂超标准配置、低效运转或长期闲置资产，避免重复配置和闲置浪费，推进资产集约高效使用。针对共用性强和具有共享需求的特定资产，明确共享共用性质，改变配置方式和管理方式。如通过建立区域医学检测中心、影像中心和开放实验室、体育场馆、图书馆等，促进教育、卫生、文化、科技、体育等领域的大型仪器设备、基础设施的共享共用。研究建立跨地区、跨部门的资产共享、调配机制。研究建立规范的共享共用激励机制，充分调动各部门、单位的积极性。

三是树立“大资产”管理理念，完善行政事业性国有资产管理体制。要将国有资产管理纳入社会事业发展全局通盘考虑，在目前政府分级监管的基础上，加强事业发展顶层设计和区域统筹规划，逐步形成区域层级横向监管与行业纵向管理相结合的网格化管理模式。充分发挥政府作为社会事业发展管理者与国有资产所有者“两者合一”的优势，坚持规划引领、标准先行，通过规划、标准来指导规范社会事业机构的科学布局和基础关键设施设备的均衡配置。

四是以明确权责为核心，进一步健全国有资产管理机制。要以行政事业性国有资产管理情况报告为契机和抓手，建立健全财务管理与实物管理有机衔接机制，全面反映行政事业性国有资产管理的经济效益与社会效益。加强对行政事业性国有资产管理相关权能配置等基础性问题的研究，尽快统一思想认识，促进形成分工合作、协调联动的工作机制。行业管理部门要做好社会事业发展规划、公共服务设施标准制定和行业领域国有资产统计工作。要加强部门、单位内控机制建设，明确规范内部相关机构职责划分，做到权责明确、标准科学、管理规范、监督到位。研究探索事业性国有资产现代管理模式，健全事业单位法人治理结构，有序扩大事业单位法人自主权，推进管办分离，提高运行效率。

五是建立管理评价指标体系，形成考核评价和问责机制。按照党中央关于全面实施绩效管理的要求，坚持社会效益优先，以满足群众基本公共服务需求、实现特定政策目标为导向，测评各项社会事业发展成效，同时兼顾投入产出分析，评价经济效益。以评价指标为基本抓手，进行国有资产管理考核评价和问责。评价结果作为下一年度资产配置预算的重要参考依据，并同步纳入领导干部考核体系，形成有效激励约束。相应建立国有资产盘亏处置机制和赔偿机制。

（二）大力夯实行政事业性国有资产管理和报告基础

一是科学界定特定行政事业性国有资产的目标定位，健全完善国有资产配置标准体系。要结合政府职能转变和各部门、单位的职能定位，统筹研究科学确定粮食物资储备、社会保障基金、公共租赁住房等特定行政事业性国有资产的战略定位和发展目标。根据党和国家各项事业发展的规划目标，分类研究提出不同行业、部门提供公共产品和服务的具体要求和量化标准。在此基础上，进一步完善通用资产配置标准，健全教育、医疗卫生、文化、科技等重点行业的专用资产配置标准体系，强化资产配置标准与公共事业发展、公共产品和服务标准的有效衔接，并建立规范有效的动态调整机制，发挥好国有资产的支撑和保障作用。

二是加强公共基础设施等行政事业性国有资产的研究，完善行政事业性国有资产报表体系。要尽快研究完善公共基础设施、储备土地、文物等行政事业性国有资产的确认、计量、会计核算等相关制度，同时做好相关资产的实物统计台账工作。加快厘清市政公共设施的产权划分，保证管理责任落实到位，促进健全相关会计核算制度。坚持价值管理与实物管理相结合的原则，进一步充实完善国有资产报表的实物量数据等，保证从多个维度充分反映国有资产全貌和人均占有情况，提高数据的分析利用水平。

三是加强产权管理，全面清查摸清底数。各地要采取强有力措施，以产权登记为基础，推动各部门、单位全面清查，开展全面审计，地方人大可根据需要依法对行政事业性国有资产情况组织开展特定问题调查，彻底摸清国有资产家底。对摸底清查发现的土地、房产产权不清、无法办理产权证书等问题，应当由地方政府专门研究解决。在此基础上，对存在的账账不符、账卡不符、账实不符等问题，组织全面整改。

四是推进国有资产管理信息化建设。在加快建设统一的全口径国有资产数据库和管理信息共享平台的同时，做好与预算决算管理等财政部门其他信息系统、相关部门的内部资产管理信息系统的有效衔接，形成统一规范的全国“一张网”。借助云计算、大数据等信息技术，进一步提升行政事业性国有资产管理的智能化水平，为优化布局结构、合理调剂使用提供依据，为推进相关事业改革发展提供技术支撑。

（三）提高政府国有资产管理和人大国有资产监督的规范性有效性

一是严格执行国有资产管理相关制度，做到依法管理、规范管理。加强日常管理，严格落实定期盘点工作，真正摸清国有资产家底。加强对资产配置、使用、处置、收益等各环节的规范管理，严格按照法定程序、法定标准，配置、处置、出租出借相关资产。严格按照节约原则，合理高效使用国有资产。

二是加强人大国有资产监督职能，增强监督实效。各级人大常委会要积极研究、探索建立具有人大监督视角、反映人大监督特点的行政事业性国有资产人大监督评价指标体系，兼顾经济效益与社会效益、价值管理与实物管理，全面、科学评估国有资产管理情况。各级人大及其常委会要根据本地实际，坚持问题导向，分类别、有重点地加强对行政事业性国有资产管理情况的日常监督和跟踪监督，推动政府及其相关部门改进工作。各级人大及其常委会要依法通过适当方式，及时将人大对行政事业性国有资产的监督情况向社会公开，并督促政府及其相关部门有序公开行政事业性国有资产管理情况，保证国有资产管理与监督工作在阳光下运行，接受人民监督。

三是规范和加强政府国有资产管理和人大国有资产监督的机构队伍建设。适应新形势新任务新要求，加强国有资产管理的机构队伍建设，合理配备管理人员，确保责任落实到岗到人。健全报告工作机制，做好中央与地方、财政部门与行业部门的工作衔接，实现横向协作、纵向联动。探索通过政府购买服务等形式引入第三方社会服务机构参与具体工作，提升管理效率。县级以上人大常委会也应当明确负责人大国有资产监督的机构，加强队伍建设，不断提升工作人员专业素养和能力，为有效履行人大国有资产监督职能提供坚实基础。

（四）加强行政事业性国有资产法制建设

一是加快建立行政事业性国有资产管理法律制度。加快行政事业性国有资产管理立法进程，抓紧研究制定行政事业性国有资产管理法，提升法律规范层级。通过立法，进一步推动改革完善行政事业性国有资产管理体制机制，明确各相关主体的权力义务责任，规范国有资产管理。

二是建立健全相关配套法律法规。基于行政事业性国有资产种类较多、范围较广的特点，适应新形势新任务新要求，加快制定修订相关类别和领域的资产登记、交易与处置、产权变更、监督考核等配套法律法规，逐步形成比较系统、完备、可执行的资产管理法律制度体系，推进各类行政事业性国有资产的精细化管理。

三是加强行政事业单位内部国有资产管理制度建设。制定适合本部门和单位实际的行政事业性国有资产购置制度、验收制度、处置制度、责任制度等管理制度，为国有资产管理各环节提供相对应的制度规范，为强化内控机制、健全分工协作机制、促进国有资产规范管理提供制度保障。

对2018年度国有资产管理情况综合报告和2018年度全国行政事业性国有资产管理情况专项报告的意见和建议

10月23日，十三届全国人大常委会第十四次会议审议了国务院关于2018年度国有资产管理情况的综合报告，听取审议了财政部部长刘昆受国务院委托作的关于2018年度全国行政事业性国有资产管理情况的专项报告，共有48人次发言。现根据会议发言情况，将常委会组成人员和列席人员的主要意见整理如下。

出席人员普遍认为，2018年，在以习近平同志为核心的党中央坚强领导下，国务院及其有关部门、各地区及国有企业认真贯彻落实党中央决策部署，加快国资国企改革，加强和完善国有资产监管，促进国有资产保值增值，实现国有资本做强做大；行政事业性国有资产规模不断壮大，管理能力不断增强，保证了行政事业单位履职和事业发展需要。在2018年首次就国有资产管理情况向全国人大常委会作综合报告和专项报告的基础上，今年的综合报告和专项报告又取得新的进展，报告内容总体上实现全覆盖，反映情况较为客观，查找问题较为深入，思路和措施符合实际。全国人大常委会预算工委、全国人大财经委的调研报告扎实细致，针对性较强，希望有关方面认真研究处理。大家强调，要继续探索完善国有资产管理情况报告工作，规范和充实报告内容，强化跟踪监督和整改落实，确保管好全体人民的共同财富。审议中，大家还提出了一些具体意见和建议。

一、深化国有资产管理体制改革创新

有些出席人员提出，应在分类监管的基础上，进一步加强各类国有资产管理的体制改革和制度创新。目前企业国有资产监管存在的主要问题有：（1）政府监管方式由“管企业”向“管资本”转变工作力度仍需加大，过去习惯用行政手段“管企业”的思维惯性尚未彻底扭转，在把控国有资本布局、规范资本运作、提高资本回报、维护资本安全等方面的能力和措施还有欠缺，作为出资人的行权方式有待进一步转变；(2)授权放权与加强监管关系需进一步理顺，今年6月国务院国资委印发2019年版授权放权清单，但实践中出资人代表机构与出资企业之间权责边界仍不够清晰，监管越位、缺位、错位的现象仍有发生；国有资本投资、运营公司改革试点尚未取得实质性突破，授权工作需进一步加强和改进；(3)国有资产重点领域、关键环节监督力度需要加大，特别是工程建设、购销管理、资金管理、投资并购、改组改制等方面风险防控压力仍然较大，“穿透式”监管的成效还不明显，防控措施需更加精准管用。有的出席人员认为，行政事业性国有资产管理应进一步强化和落实“大资产”的管理理念，一方面着眼于行业资产管理，探索建立行业性国有资产管理制度和体制机制，加强行业性国有资产管理发展规划和标准体系建设；另一方面着眼于全面管理，将流动资产、无形资产、在建工程连同固定资产一起纳入资产管理范畴，建立部门间的协同工作机制，提升资产的管理水平。

二、加大国资国企改革力度

有些出席人员认为，应加快建立健全中国特色国有企业现代企业制度，强化企业行权能力建设，指导企业加快形成有效制衡的法人治理结构，健全企业风险防控体系和内控机制，有效发挥企业职工代表大会和内部审计、巡视、纪检监察等部门的监督作用。有些出席人员建议，积极推进国有企业混合所有制改革，吸纳鼓励更多民营企业、社会资本参与国有企业混合所有制改革，支持民间资本参与国有存量资产的盘活，增强国有资本的影响力、带动力。有的出席人员提出，监管部门对国企推进混合所有制改革的审批环节太长，建议进一步加大“放管服”力度。有的出席人员认为，应着力提升国有企业的核心竞争力和长远发展能力，从优化企业产业布局、加强科技研发投入等方面加强政策引导，增强国企原创性技术研发能力。

三、夯实行政事业性国有资产管理基础

部分出席人员提出，加强行政事业性国有资产管理，首先应在夯实基础、摸清家底上下功夫。有些出席人员指出，目前还有相当一部分可计价的行政事业性国有资产没有进入到会计报表。报告中反映，全国范围的行政事业性国有净资产为23.6万亿元，其中未包含属于国有资产、可以计价的二级以上公路、等级航道、已收储国有土地、保障房等。应积极探索制定公共基础设施的入账核算方法，力争在2022年前实现向人大报告口径全覆盖。有些出席人员提出，对部分国有资产性质定位、政策目标不够明确，影响资产管理。如外汇、社保基金等特殊类型的资产是否属于行政事业性国有资产，存在不同认识。还比如，文物资产难以用价值来统计，如何处理好保护文物和发挥文物社会效益、经济效益的关系问题，指导不够明确；再比如，水库作为基础设施被纳入行政事业性国有资产范围，但其中一批大型水库是因建设水电站而形成，同水电企业密不可分。建议对这些基础性问题深入开展研究并作出决策。有的出席人员提出，事业单位资产特别是土地和房产的产权关系不明晰、权证不完整等问题，为其改革发展带来挑战。有些高校的校舍、土地因历史原因被其他单位占用，没有相应的土地使用权证，导致学校基础建设难以立项。建议对此类问题进行专项调研，并予以解决。

四、优化行政事业性国有资产配置

有些出席人员提出，地区、领域间行政事业性国有资产配置不平衡的现象较为突出，应把解决资产配置不平衡问题作为工作重点。有些出席人员认为，国有资产对于教育、医疗卫生、文化等公共事业发展具有十分重要的作用，应当加强行业发展规划和社会事业各领域公共服务标准体系建设，以此为基础建立健全行政事业性国有资产配置标准体系，增强民生社会领域财政预算资金安排的科学性、准确性，做到合理配置国有资产。有的出席人员认为，行政事业性国有资产调整机制不够完善，有些地方学龄人口减少，中小学校设施闲置浪费，同时老龄人口增长，养老服务设施短缺，但闲置校舍不能改造为养老服务设施使用。有些地方在人口流出较多的“空心村”，仍按一村建一个幼儿园、图书室的要求来配置公共服务设施。建议下大力气解决行政事业性国有资产管理中存在的条块分割、各自为政的问题，进一步明确行政事业性国有资产是政府资产而非部门资产的属性，适应城镇化发展和人口变化的长远趋势，加强对国有资产的统

筹配置和合理调配。有的出席人员提出，2018年我国共有62.2万个村卫生室，尚未实现全覆盖，有些贫困地区村卫生室基础设施薄弱、诊疗设备简陋。建议研究将村卫生室作为农村公共服务设施，纳入行政事业性国有资产统一管理，实行公建公办或公建民办，给予日常运行经费保障，巩固好农村地区防病治病的前线阵地。

五、着力提高行政事业性国有资产使用效益

有些出席人员提出，加快总结梳理各地“公物仓”探索实践经验，尽早出台推动行政事业性国有资产共享共用的指导意见，盘活闲置资产，提高使用效益。有的出席人员认为，科研领域大型仪器设备共享共用工作还需进一步加强，建议尽快建立科研领域可共享大型仪器设备信息平台，完善鼓励共享共用的政策、规范、标准并建立相应奖惩考评制度，更加重视科研数据、信息的共享共用。

六、完善行政事业性国有资产管理体制机制

有的出席人员建议，加快建立和完善国有资产管理与预算决算管理之间的衔接机制，通过预算管理把控资产配置源头和资产处置出口，通过资产管理防范部分地方政府以虚假处置资产方式虚增空转财政收入、变相举借债务等行为。有的出席人员认为，开展对行政事业性国有资产的绩效评估，需要确立科学合理的评估方法，特别是对教育、文化等事业单位，其效益不宜也很难用经济价值来量化，应强化其社会效益。建议采取绩效评估与行业管理相结合的方式，通过健全行业准入、管理等标准，为评估绩效提供参照指引。还有的出席人员提出，从体制上解决行政事业性国有资产底数不清、配置不优、使用效率不高、流失浪费严重等问题，可以考虑参照对企业国有资产成立国资委进行监管的模式，组建或确定专门机构统一管理行政事业性国有资产。

有些出席人员提出，科研成果有其特殊性，纳入行政事业性国有资产范围管理需要有符合实际的制度安排。(1)财政部已经加大对高校科技成果转化形成国有股权管理的授权力度，建议进一步细化科技成果转化形成国有股权的登记、交易等环节具体制度，强化同交易所、证券部门具体政策的衔接，确保政策落地见效。(2)有些科研单位向民营企业转让成果不积极，主要是担心背负国有资产流失的责任，对研究形成的固定资产也缺乏明确的资产折旧、损耗标准。建议深入研究科技成果特别是由财政资金资助形成的科技成果的资产属性，制定专门的管理办法。(3)科研机构、学校运用研究成果创办的企业，在技术上与单位及研究团队有紧密的联系。在深化事业单位改革的同时，应当对分离出来的技术型企业如何保持与母体的有机联系作出机制安排，为其长远发展提供支撑。还有出席人员提出，大型央企普遍设有科研性质的事业单位，占有使用不少行政事业性国有资产，对这类资产的调整、处置都要向财政部门申请报批。建议加大对央企管理相关资产的放权力度，同时强化政府部门的监管。

七、发挥好人大对国有资产的监督作用

有些出席人员提出，贯彻好落实好《中共中央关于建立国务院向全国人大常委会报告国有资产管理情况制度的意见》要求，应当进一步规范报告内容，突出报告重点，反映国有资产处置和收益分配、国有资产数量的变动趋势等情况，细化国有资本及其享有的权益、总资产报酬率等主要指标，分析研判国有资本保值增值和国有资本服务于国家战略目标等情况。应当抓紧建立一套系统完整、科学规范的指标体系，用以评价各类国有资产管理和运行情况。有的出席人员建议，全国人大常委会加强对地方人大监督行政事业性国有资产管理工作的指导，推动人大监督拓展到预算安排、资金拨付、项目建设、设备采购、财务决算、产权登记、投入使用、资产处置等各个环节，实现国有资产监督与预算审查监督的紧密衔接。

八、加强国有资产领域法律制度建设

有些出席人员提出，应加快国有资产管理立法工作，把国有资产管理工作纳入法治轨道。在行政事业性国有资产管理方面，现有制度依据主要是2006年财政部出台的有关部门规章，规范层级不够，权威性和约束力有所不足。建议总结实践经验，结合近年来出台的有关指导性意见，研究推进

行政事业性国有资产管理工作立法。

九、规范报告和加强落实整改工作

有的出席人员建议,应把几大类资产的轮廓、范围、标准制定出来,然后再对国有资产进行普查进而分类详查,并开展资产分布、构成情况等分析工作,强化资产数据与单位履职、社会保障等各方面情况的联动分析,充分反映国有资产的详貌、效益、贡献和管理中存在的问题。有的出席人员建议,要改进编报方式方法,总体情况简明扼要,相关数据内容以图表形式直观展示;按照编制会计报表的方式,设置几个特定栏目,再填上相应数字,篇幅大为简化,也便于对比,进一步增强报告的可读性、可懂性和可审性。有些专门概念、提法或缩略语看后不明白其确切含义,比如"十项改革试点"、"双百企业"、"公物仓"、"增存挂钩"等。建议就统计口径、名词解释等作出说明,更好地帮助委员解读报告。研究逐步编制合并报表,以国家为准会计主体,而不是现行的汇总报表。有的出席人员提出,要加强技术支撑,建议从顶层设计上,建立一个综合的、全口径的国有资产信息系统的统一的共享平台,加快部署推进各类国有资产管理信息纳入人大预算联网监督系统,运用大数据技术开展分析研究。建立更加透明规范的国有企业信息公开制度,设立统一的信息公开网络平台,打造实时在线的企业产权、财务监管、投资管理等国资监管信息平台,推进信息化与监管业务深度融合,实现动态监测,切实解决信息不对称、监管不到位的问题。有的出席人员提出,要持续推动国有资产管理中存在的突出问题的解决。综合报告和专项报告明确指出了全国行政事业性国有资产管理的体制机制、基础工作、监督管理的规范性等方面存在的突出问题,找到问题是基础,关键是要对发现的问题紧盯不放,建立问题清单、整改清单、责任清单。

关于加强刑事审判工作情况的报告

——2019年10月23日在第十三届全国人民代表大会常务委员会第十四次会议上

最高人民法院院长 周 强

全国人民代表大会常务委员会:

根据本次会议安排,我代表最高人民法院报告2014年以来加强刑事审判工作情况,请审议。

一、2014年以来的刑事审判工作

刑事审判承担着惩罚犯罪、保护人民、维护稳定、促进和谐等重要职能。刑事司法文明反映社会法治文明进步水平,是国家治理体系和治理能力现代化的重要标志。做好刑事审判工作,事关国家安全和社会稳定,事关人民群众切身利益,事关平安中国、法治中国建设,在统筹推进"五位一体"总体布局和协调推进"四个全面"战略布局中发挥着重要作用。

党的十八大以来,以习近平同志为核心的党中央高度重视刑事审判工作,党的十八届三中、四中全会对依法惩治刑事犯罪、推进刑事诉讼制度改革作出重大部署。全国人大常委会高度重视刑事立法工作,2015年、2017年先后通过刑法修正案(九)和(十),2018年修改刑事诉讼法,为刑事司法提供有力法律保障。人民法院在以习近平同志为核心的党中央坚强领导下,在全国人大及其常委会有力监督下,坚持以习近平新时代中国特色社会主义思想为指导,坚持党对人民法院工作的绝对领导,坚持以人民为中心,坚持新发展理念,认真贯彻落实总体国家安全观,紧紧围绕"努力让人民群众在每一个司法案件中感受到公平正义"目标,坚持司法为民、公正司法主线,正确把握宽严相济刑事政策,坚持惩罚犯罪与保障人权相统一,依法审理各类刑事案件,深入推进刑事司法改革,大力加强过硬队伍建设,推动健全完善中国特色社会主义刑事司法制度。2014年至2019年6月,全国法院审结一审刑事案件628.3万件,判处罪犯709.9万人。出台刑事司法解释33件,发布刑事指导性案例22件。完成中央部署和最高人民法院提出的刑事司法改革任务9项。通过充分发挥刑事审判职能作用,为经济持续健康发展和社会大局稳定作出积极贡献。

（一）认真贯彻落实总体国家安全观，全力维护国家安全和社会稳定

依法严惩危害国家安全、暴力恐怖等犯罪。坚持以政治安全为根本，积极参加反恐怖反分裂反邪教斗争，坚决维护国家政治安全特别是政权安全、制度安全。严惩颠覆国家政权、煽动分裂国家、间谍等犯罪，依法审结周世锋等颠覆国家政权案。会同有关单位出台办理利用邪教组织破坏法律实施案件司法解释，制定打击恐怖活动和极端主义犯罪意见。依法审结天安门“10·28”、昆明“3·01”、乌鲁木齐“5·22”等重大暴恐案件，严惩暴恐犯罪首要分子、骨干成员和罪行重大者，坚决打掉犯罪分子嚣张气焰。

依法严惩严重危害社会治安犯罪。依法审结故意杀人、抢劫、绑架、放火、爆炸等严重暴力犯罪案件21.9万件，判处罪犯22.5万人，维护社会治安持续平稳，全国严重暴力犯罪案件总体呈下降趋势。严惩涉枪涉爆、涉赌涉黄等犯罪。积极参加禁毒斗争，坚持依法从严惩处毒品犯罪，坚决遏制毒品问题蔓延势头。出台审理毒品犯罪案件司法解释，审结一审毒品犯罪案件61.3万件，判处罪犯61.9万人，重刑率达22.2%，高出同期全部刑事案件重刑率11.6个百分点。通过发布典型案例等方式深入开展禁毒宣传，教育引导社会公众珍爱生命、远离毒品。

依法严惩群众反映强烈的犯罪。刑事审判坚持司法为民宗旨，必须切实增强人民群众安全感，赢得人民群众信赖。人民法院严惩针对妇女儿童的暴力、虐待、性侵害等犯罪，审结相关案件14.6万件，出台审理拐卖妇女儿童犯罪案件司法解释，严厉打击偷盗婴幼儿等行为，切实保障妇女儿童合法权益。会同公安部等出台意见，严惩抢夺方向盘、殴打驾驶员等妨害安全驾驶的违法犯罪行为，依法维护公共交通安全秩序和公共安全。依法审理涉高空抛物坠物刑事案件，加强司法大数据研究，推动完善保障群众“头顶安全”的制度。出台办理考试作弊案件司法解释，维护考试公平与秩序。依法审结连恩青、王英生等暴力伤医案件，会同有关单位出台惩处涉医违法犯罪维护正常医疗秩序意见，努力为医务人员创造安全执业条件，为患者营造良好就医环境。

（二）尊重和保障人权，切实维护社会公平正义

坚持严格公正司法。坚持以事实为根据、以法律为准绳，严格落实罪刑法定、罪责刑相适应、法律面前人人平等原则，确保刑事案件审判不枉不纵。严格执行“保留死刑，严格控制和慎重适用死刑”的政策，统一行使死刑核准权，严把死刑案件质量关，确保死刑只适用于极少数罪行极其严重、社会危害极大、罪证确实充分、依法应当判处死刑的犯罪分子。依法审理贾敬龙、林森浩、莫焕晶、张扣扣等社会高度关注案件，保持法治定力，对罪有应得的犯罪分子依法判处并执行死刑，坚决捍卫公平正义和法律尊严。坚持宽严相济刑事政策，对被告人具有法定、酌定从宽情节或认罪认罚的依法从宽处罚，判处三年有期徒刑以下刑罚的占81.6%，同比上升5.8个百分点，最大限度减少消极因素，促进社会和谐。深入推进量刑规范化改革，修改完善量刑指导意见和量刑程序，促进裁判尺度统一。坚持法理情相结合，依法审理施美丽故意杀人、赵春华非法持有枪支等案件，促进司法与民意良性互动。依法再审改判王力军收购玉米案，坚持正确司法理念，以个案公正积极推动良法善治进程。

依法防范和纠正冤错案件。坚持实事求是、有错必纠，以对法律负责、对人民负责、对历史负责的态度，对冤错案件发现一起、纠正一起。依法纠正呼格吉勒图案、聂树斌案、陈满案等重大冤错案件42件63人，并依法予以国家赔偿，让正义最终得以实现。各级法院按照审判监督程序再审改判刑事案件8051件。完善冤错案件主动发现、及时复查和依法纠正机制，以纠正错案推动制度完善和法治进步，充分体现全面依法治国和深化司法改革成效。深刻汲取冤错案件教训，严格执行防范刑事冤错案件意见，落实证据裁判、疑罪从无等原则制度，坚决守住防止冤错案件底线。发挥一审程序基础作用和二审程序把关作用，完善证据审查、案件审理、审核监督等机制，确保无罪的人不受刑事追究。依法宣告3246名公诉案件被告人和1986名自诉案件被告人无罪。恪守法定证明标准，不轻信口供，依法不予确认赵志红案4起犯罪事实。依法审理卢荣新、范太应等案件，法官顶住压力、坚守底线，坚持作出无罪判决，有效避免冤错案件发生，最终查实真凶，充分体现司法责任制改革后法官勇于担当的可贵精神。

加强人权司法保障。依法充分保障被告人、被害人、辩护人各项诉讼权利，确保当事人获得公正审判。禁止让被告人穿看守所识别服、囚服等出庭受审，彰显现代司法文明。加强刑事司法救助，帮助无法获得有效赔偿的被害人及其近亲属摆脱生活困境，让群众感受司法温暖。健全完善中国特色社会主义少年司法制度，坚持教育为主、惩罚为辅

原则，贯彻教育感化挽救方针，加大非监禁刑适用力度，积极预防未成年人犯罪，防范侵害未成年人权益，未成年人犯罪案件连续9年下降。完善社会调查、轻罪记录封存等机制，加强回访帮教工作，保障未成年人健康成长。

（三）圆满完成两次特赦工作，取得良好政治效果、法律效果和社会效果

认真落实习近平主席特赦令和全国人大常委会特赦决定，依法积极稳妥做好特赦实施工作，圆满完成两次特赦重大任务，充分彰显了党和国家法安天下、德润人心的仁政，展现了党的执政自信和制度自信。2015年，依法裁定特赦四类服刑罪犯31527人。2019年，依法裁定特赦参加过抗日战争、解放战争，参加过保卫国家主权、安全和领土完整对外作战等九类服刑罪犯23593人。在中央政法委领导下，会同有关单位制定实施办法，明确特赦实施的指导思想、适用条件、实施步骤等，确保特赦实施工作依法有序开展。坚持积极审慎、公平公正、依法办理、平稳有序原则，坚持证据裁判，严把办案质量，确保特赦令和特赦决定得到依法、准确、及时实施，确保每一个特赦案件都经得起法律和历史的检验。注重做好被裁定罪犯特赦后思想和法治教育工作，积极宣讲特赦的重大意义，激励罪犯重新做人、回报社会。对不符合特赦条件的罪犯，加强政策宣讲和教育引导，促使他们安心服刑改造。积极配合有关单位做好被特赦对象安置、被害人及其家属安抚等工作，促进社会和谐稳定。两次特赦工作圆满完成，进一步弘扬了全面依法治国理念，树立了我国开放、民主、法治、文明的国际形象。

（四）依法惩治贪污贿赂等犯罪，配合反腐败斗争深入开展

保持惩治腐败犯罪高压态势。认真落实中央反腐败工作部署，依法严惩腐败犯罪，各级法院审结一审贪污贿赂、渎职等案件19.4万件20.7万人，其中被告人原为中管干部140人。依法审理周永康、郭伯雄、孙政才、令计划、苏荣等重大职务犯罪案件，充分彰显党中央有腐必惩、有贪必肃的坚强决心。加大对行贿犯罪惩治力度，判处罪犯1.4万人。依法严厉打击贪污扶贫款、农资补贴等犯罪，严惩冯新柱等违规操纵产业扶贫基金、中饱私囊的腐败分子，坚决惩治扶贫领域腐败和群众身边的基层腐败犯罪。

健全职务犯罪案件审判机制。认真落实监察法和修改后的刑事诉讼法，完善办理职务犯罪案件互相配合、互相制约机制，推动刑事司法与国家监察有机衔接。会同最高人民检察院制定办理贪污贿赂案件司法解释，明确贪污罪、受贿罪的定罪量刑标准以及死刑、死缓适用原则等。对白恩培、武长顺等人依法适用终身监禁。完善对职务犯罪罪犯减刑、假释、暂予监外执行工作机制，对原县处级以上职务犯罪罪犯减刑、假释、暂予监外执行实行备案审查，一律上网公示，让“暗箱操作”没有空间。

配合做好境外追逃追赃工作。与国家监委等联合发布公告，敦促职务犯罪境外在逃人员投案自首，积极配合做好境外追逃追赃工作。依法审理“红通1号”杨秀珠、“红通2号”李华波等案件，决不让境外成为腐败分子“避罪天堂”。对主动投案、真诚悔罪的被告人依法从宽处理，引导外逃腐败分子回国投案。出台司法解释完善犯罪嫌疑人、被告人逃匿、死亡案件违法所得没收程序，依法裁定没收“红通33号”黄艳兰贪污违法所得，坚决对腐败分子违法所得一追到底。依法查封冻结彭旭峰等转移至国外的违法所得，对外逃腐败分子形成极大震慑。

（五）深入开展扫黑除恶专项斗争，依法严惩黑恶势力犯罪

坚持依法从严惩处方针。坚决贯彻党中央决策部署，深入开展扫黑除恶专项斗争，始终保持对黑恶势力犯罪严打高压态势。自2018年1月开展专项斗争以来，全国法院审结涉黑犯罪案件1088件12387人，生效873件9168人，重刑率达54.9%；审结涉恶案件9771件54754人，生效7302件39459人，重刑率达24.1%。依法审结广东“村霸”刘永添案、湖南文烈宏案等一批群众反映强烈、社会影响恶劣的黑恶势力犯罪案件，坚决铲除社会毒瘤。坚持把扫黑除恶与反腐败斗争、基层“拍蝇”结合起来，严惩包庇、纵容黑社会性质组织犯罪，严格落实“两个一律”和“一案三查”，坚决打掉黑恶势力“关系网”“保护伞”。

完善专项斗争制度机制。会同最高人民检察院、公安部、司法部等制定办理黑恶势力犯罪案件指导意见，出台办理恶势力、“套路贷”、“软暴力”等刑事案件意见，统一侦查、起诉、审判各环节办案标准，确保专项斗争始终在法治轨道上推进。出台黑恶势力刑事案件财产处置意见，加大“打财断血”力度，坚决铲除黑恶势力经济基础。加强重点案件督办，建立扫黑除恶专业审判团队，探索实行涉黑涉恶案件相对集中管辖，提高专项斗争法治化、规范化、专业化水平。

推进社会治安综合治理。配合扫黑除恶专项

斗争督导和“回头看”,发现问题,立行立改。加大深挖彻查力度,健全线索接收核查移交机制。开展专项斗争以来,全国法院发现并移送涉黑涉恶线索24094条33280人,移送涉“保护伞”线索2807条3223人。积极延伸审判职能,针对涉黑涉恶案件审判中发现的社会治理薄弱环节和行业管理漏洞,累计提出司法建议4191条,推动完善社会治安防控体系,促进源头治理、综合治理、系统治理。坚持依法公开审理、公开宣判,加强庭审直播和典型案例发布,积极营造扫黑除恶的强大攻势。

(六)依法惩治金融等领域经济犯罪,维护金融安全和市场经济秩序

依法惩治金融领域犯罪。聚焦打好防范化解重大风险攻坚战,会同有关单位及时出台司法解释和规范性文件,依法惩治操纵证券期货市场、内幕交易、非法集资、涉地下钱庄等金融领域犯罪。依法审结破坏金融管理秩序、金融诈骗犯罪案件10.9万件,其中内幕交易等证券期货犯罪案件210件,洗钱、假币犯罪案件2657件,依法审理徐翔、伊世顿等重大证券期货犯罪案件,切实维护金融市场秩序和金融安全。积极参加处置非法集资、反洗钱、反假币等联席会议,协作推进重大案件侦查、起诉、审判和资产处置等工作,合力防范化解金融风险和社会风险。

依法惩治破坏市场经济秩序犯罪。加大知识产权司法保护力度,深入推进知识产权民事、行政和刑事审判“三合一”机制改革,依法惩治侵犯知识产权犯罪,审结相关案件2.4万件,服务创新驱动发展。依法惩治侵犯商业秘密、损害商业信誉、发布虚假广告等严重扰乱竞争秩序的犯罪行为,维护公平竞争的市场环境,保护经营者和消费者合法权益。准确把握妨害对公司、企业的管理秩序犯罪的定罪量刑标准,依法规范公司治理和企业经营行为。依法严惩逃税骗税等涉税犯罪,审结相关案件2.7万件,切实维护国家税收秩序和安全。加强刑事司法与税收执法有机衔接,服务深化税收体制改革,促进优化营商环境。

加强产权司法保护。产权是社会主义市场经济的基石。人民法院坚决贯彻党中央决策部署,依法保护产权和各类市场主体合法权益,保护诚实守信、公平竞争,努力营造稳定公平透明、可预期的法治化营商环境。先后出台平等保护非公有制经济、加强产权司法保护、改善营商环境、保障企业家创新创业等意见,健全加强产权和企业家合法权益司法保护机制。依法妥善处理历史形成的产权案件,依法甄别纠正张文中、顾雏军等一批涉产权冤错案件,切实增强企业家人身和财产安全感。严格区分经济纠纷与经济犯罪、合法财产与犯罪所得、正当融资与非法集资,依法审慎适用强制措施,禁止超范围查封扣押冻结涉案财物,坚决防止将经济纠纷当作犯罪处理,坚决防止将民事责任变为刑事责任,让企业家专心创业、放心投资、安心经营。

(七)依法惩治电信网络等新型犯罪,切实保护人民群众合法权益

依法惩治电信网络犯罪。坚持对电信网络诈骗犯罪依法从严、全面、准确惩处,出台办理电信网络诈骗等刑事案件意见,审结相关案件1.5万件,判处罪犯4.7万人。依法审结张凯闵等85人特大跨境电信诈骗案、徐玉玉被诈骗案等重大案件。严惩民族资产解冻类诈骗犯罪,保护群众财产安全。加强对惩治网络新型犯罪问题研究,及时制定规范性文件,依法审理快播公司传播淫秽物品牟利案、网络推手“秦火火”“边民”等诽谤、寻衅滋事、非法经营案,促进净化网络空间。出台司法解释,严惩侵犯公民个人信息、非法生产销售“伪基站”设备等犯罪,依法保护公民个人信息安全。针对刑法新增计算机类罪名研究制定司法解释,依法严惩破坏计算机信息系统类新型犯罪,切实维护网络安全。

依法惩治涉众型犯罪。非法集资、网络传销等涉众型犯罪涉及范围广、受害群众多、涉案金额大,网络化趋势明显,线上线下传播速度快,社会危害性大。各级法院积极应对涉众型犯罪多发态势,审结相关案件6.5万件,判处罪犯10.8万人。依法妥善审理“e租宝”“泛亚”等一批重大非法集资、组织领导传销活动犯罪案件。加大财产刑适用力度,充分发挥财产刑遏制经济犯罪、剥夺再犯能力的作用,决不让犯罪分子在经济上得好处。健全涉案财物追缴处置机制,最大限度减少利益受损群众的实际损失。

(八)依法惩治危害食品药品安全、污染环境等涉民生领域犯罪,切实保障人民群众生命健康安全

依法惩治危害食品药品安全犯罪。认真落实习近平总书记对食品药品安全工作提出的“四个最严”重要指示,出台司法解释和规范性文件,加大对危害食品药品安全犯罪惩治力度,切实保障人民群众生命健康权和“舌尖上的安全”。依法审结生产销售瘦肉精、地沟油等有毒有害食品犯罪案件1.6万件、不符合安全标准的食品犯罪案件1万件,审结生产销售假药、劣药和不符合标准的医用器材犯罪案件2.2万件。严惩涉疫苗犯罪,依法审理庞红卫

等非法经营疫苗系列案。严惩食品药品流通领域商业贿赂、非法经营等犯罪，依法审结葛兰素史克公司商业贿赂案，判处被告单位罚金 30 亿元并全部执行到位。发布危害食品药品安全指导性案例，加大对重大复杂敏感案件的指导力度。加强与食品药品行政监管部门的沟通协作，强化行政执法与刑事司法衔接。

依法惩治污染环境犯罪。认真贯彻习近平生态文明思想，制定服务新时代生态环境保护意见，深入践行绿水青山就是金山银山理念。出台办理环境污染刑事案件司法解释，加大对污染大气、水源、土壤犯罪惩治力度，依法审结环境资源类刑事案件 11 万件，判处罪犯 14.3 万人，切实保护人民环境权益。制定加强长江流域生态文明建设与绿色发展司法保障意见，严惩非法排污、非法采砂、非法捕捞等犯罪，依法审理长江沿线倾倒固体废物污染环境系列案，促进长江流域生态环境保护修复。坚持生态环境系统保护思维和替代性修复理念，发挥司法智慧，积极适用“补种复绿”“增殖放流”“护林护鸟”“劳务代偿”等责任承担方式，健全刑事制裁、民事赔偿和生态补偿有机衔接的环境修复责任制度，实现惩治违法犯罪、修复生态环境、赔偿经济损失“一判三赢”。探索环境保护禁止令制度，禁止污染环境、破坏资源的被告人从事特定职业或进入特定区域。推进环境资源案件管辖制度改革，建设环境资源审判专门机构，实行环境资源刑事、民事、行政案件集中审理模式，更好服务美丽中国建设。

依法惩治危害校园安全犯罪。校园安全事关广大学生健康成长，事关亿万家庭幸福，是最让人牵挂的民生。人民法院坚决依法严惩针对学生的暴力犯罪，对罪行极其严重、群众深恶痛绝的一批杀害伤害未成年人的罪犯依法核准并执行死刑。会同教育部等印发防治校园欺凌的意见。联合出台维护学校教育教学秩序的意见，完善校园安全事故处理机制，坚决打击围堵学校、聚众闹事等“校闹”违法犯罪行为，切实维护学校和师生合法权益。推进司法保护与行政、家庭、学校、社区保护联动机制试点，合力构建校园安全防护体系，共同促进平安校园建设，努力让校园成为最阳光最安全的地方。

（九）推进以审判为中心的刑事诉讼制度改革，推动完善中国特色社会主义刑事司法制度

推进庭审实质化改革。认真落实党中央改革部署，会同有关单位出台以审判为中心的刑事诉讼制度改革意见，明确审判程序在刑事诉讼中的中心地位。完善证人、鉴定人、侦查人员出庭作证制度，提高证人出庭作证率，强化控辩平等对抗，推进诉讼资源向庭审集中、办案时间向庭审倾斜、办案标准向庭审看齐。扎实推进庭审司法证明实质化、控辩对抗实质化、依法裁判实质化，充分发挥庭审在查明事实、认定证据、保护诉权、公正裁判中的决定性作用。

全面试行“三项规程”。制定庭前会议、排除非法证据、法庭调查“三项规程”，并在全国法院试行。发挥庭前会议解决程序性争议、组织证据展示、整理事实证据争点等功能，确保法庭集中持续审理。会同有关单位出台严格排除非法证据规定，发挥审判程序配合制约作用，落实不得强迫任何人证实自己有罪的要求。推动完善讯问过程录音录像制度，强化侦查、检察机关对非法证据的审查和排除职责，加强对刑讯逼供和非法取证的源头预防。推动破解技侦证据使用难题，完善技侦证据法庭调查和使用规则。推进制定常见犯罪证据标准指引，推动公检法机关数据共享，探索数据化模型化的统一证据标准，并嵌入刑事审判智能辅助系统，运用科技手段防止刑事案件“起点错、跟着错、错到底”。

切实保障律师依法履职。提高律师辩护率，更好发挥律师在查明案件事实、依法公正裁判中的作用。加强律师执业权利保障，完善便利律师参与诉讼机制，依法保障辩护人会见、阅卷、收集证据和发问、质证、辩论辩护等权利。会同司法部开展刑事案件律师辩护全覆盖试点，全面推进法律援助值班律师工作，在全国法院和看守所全部建立法律援助工作站，充分保障被告人依法获得律师辩护和法律帮助的权利。

积极推进认罪认罚从宽制度和刑事速裁程序改革。根据全国人大常委会授权，会同有关单位在全国 18 个地区 281 个法院开展改革试点，为 2018 年刑事诉讼法修改确立认罪认罚从宽制度积累了丰富实践经验，推动完善了中国特色多层次刑事诉讼制度体系。试点期间，相关法院审结认罪认罚案件占同期审结刑事案件的 53.5%，其中适用速裁程序审结的占 65.5%，非监禁刑适用率达 37.2%。扎实推进案件繁简分流，完善刑事速裁程序，基层法院适用速裁程序、简易程序审结刑事案件 18.9 万件，其中速裁案件当庭宣判率达 92.8%。

（十）推进刑事审判公开，实行阳光司法，开展以案释法

拓展刑事审判公开广度深度。坚持以公开为原则、以不公开为例外，健全审判流程、庭审活动、裁判文书、执行信息四大公开平台，确保刑事审判

在阳光下进行，倒逼法官提升司法能力、依法审慎行使审判权。依法公开审理社会广泛关注的重大案件，坚持以公开促公正、以公正促公信。对聂树斌案依法公开听证、公开提审、公开宣判，对张文中案庭审进行全程直播，切实维护了司法权威，增强了群众对法治的信心，收到良好社会反响。出台司法解释，严格规范减刑、假释和暂予监外执行，建成统一的减刑假释信息化办案平台，依法审结减刑案件259.4万件、假释案件11.9万件，对暂予监外执行罪犯进行全面核查，2016年以来决定收监执行5078件，确保刑罚执行公开公正。

加强以案释法工作。充分发挥司法的教育、评价、指引、规范功能，努力让热点案件审判成为全民共享的"法治公开课"。依法审理于欢故意伤害等案件，积极以案释法，正确引导舆论，明确情感、道德与法律的界限，充分体现法律尺度和司法温度的统一、法理情的统一。依法审理侮辱凉山木里火灾牺牲英烈案，坚决制裁侮辱英烈寻衅滋事的犯罪行为。旗帜鲜明保护正当防卫，让见义勇为者敢为。坚持以公正裁判弘扬社会主义核心价值观，让维护法律和公共利益的行为受到鼓励，让违反法律和社会公德的行为受到惩戒。

主动接受监督。依法接受人大监督，认真落实全国人大历次会议决议，认真办理代表建议204件，充分采纳代表意见，加强和改进刑事审判工作。自觉接受社会监督，积极邀请特约监督员、特邀咨询员、专家学者旁听重大案件庭审、列席审委会、参加调研座谈等活动。在重要刑事司法政策出台前，广泛听取社会各方面意见建议。充分发挥新媒体平台作用，积极畅通民意沟通渠道。加强与新闻媒体沟通，健全新闻发布会制度，及时发布重大案件审判等权威司法信息，主动接受舆论监督。

五年来，人民法院坚持贯彻新发展理念和总体国家安全观，全力维护国家安全、社会稳定和人民福祉，为经济持续健康发展和社会大局稳定贡献了积极力量，实现了刑事审判工作长足发展。五年来，罪刑法定、疑罪从无、证据裁判等刑事司法原则得到坚决贯彻，实体公正与程序公正、惩罚犯罪与保障人权实现了有机统一，刑事司法理念创新、制度创新、实践创新取得重大进展，刑事司法改革取得新的突破，中国特色社会主义刑事司法制度显示出巨大的优越性。五年来，广大刑事法官坚守原则底线、坚持秉公办案，不回避矛盾、不畏惧困难，涌现出许多感人至深的模范典型，锻造了一支信念坚定、司法为民、敢于担当、清正廉洁的高素质刑事审判队伍。

我们深深体会到，人民法院刑事审判工作的发展进步，最根本的在于习近平总书记掌舵领航，在于以习近平同志为核心的党中央坚强领导，在于习近平新时代中国特色社会主义思想科学指导。这些工作成效的取得，是全国人大及其常委会有力监督、国务院大力支持、全国政协民主监督的结果，是地方各级党委领导、人大监督以及政府、政协、社会各界大力支持的结果，是各级监察机关、检察机关、公安机关、司法行政机关各司其职、密切配合的结果。今年以来，全国人大监察和司法委员会领导同志带队赴11个省区市法院特别是基层法院，深入调研刑事审判工作情况，并向全国人大常委会提交调研报告，提出了很多宝贵意见建议。各级人大代表通过视察法院工作、旁听案件审理、开展专题调研、提出意见建议等方式，有力促进了人民法院刑事审判工作健康发展。在此，我代表最高人民法院，向全国人大和地方各级人大及其常委会，向各级人大代表表示衷心的感谢！

二、当前刑事审判工作面临的问题和困难

我们清醒认识到，当前刑事审判工作还存在不少问题和困难。

一是刑事司法理念有待进一步转变。有的法院大局意识不强，对刑事审判功能认识不到位，服务经济持续健康发展和社会大局稳定的作用发挥不充分。有的刑事案件审判在理念上不适应新时代新要求，就案办案、机械司法，案件裁判同时代发展脱节。惩罚犯罪和保障人权相统一的理念还需进一步加强，一定程度上还存在重打击轻保护、重实体轻程序、重口供轻物证、重严惩轻预防的倾向。有的法官对宽严相济刑事政策的理解把握不准，裁判结果与人民群众朴素的公平正义观存在差距。

二是刑事审判风险压力明显增大。新类型、涉众型犯罪显著增多，犯罪信息化、智能化、组织化趋势明显，刑事审判难度不断加大，准确适用刑事法律面临新的考验。涉黑涉恶、电信网络、金融证券、污染环境、食品药品安全、"套路贷"诈骗等犯罪案件，在调查取证、专业鉴定、事实证据认定等方面存在实际困难，有待进一步解决。涉众型经济犯罪案件涉案财物追缴处置难度大，追赃挽损率低，容易诱发社会风险，维护稳定面临较大压力。刑事审判社会关注度高，一些重大敏感案件在全媒体环境下

极易成为舆论焦点,少数当事人利用网络炒作案件影响公正裁判,审判工作面临巨大舆论压力。

三是刑事审判质量、效率和效果有待进一步提高。有的案件事实证据认定、法律适用、审判程序存在瑕疵,影响案件质效,甚至导致冤错案件。有的案件存在“类案不同判”、裁判尺度不统一的问题,裁判文书说理有待进一步加强。有的法官未能准确理解立法原意,没有很好实现法律效果和社会效果有机统一。司法实践中,存在刑罚执行机制衔接不顺畅,罚金刑、缓刑适用不规范不平衡,附带民事赔偿和财产刑执行不到位等问题,影响司法公正。

四是以审判为中心的刑事诉讼制度改革需要加大力度推进。改革的系统集成、协同推进不够,制度体系不够成熟定型,还没有充分发生“化学反应”。一些地方仍然存在思想不统一、工作不平衡、协调不顺畅等问题,证据收集、固定、审查标准不一致,以审判为中心的诉讼格局尚未完全形成。证人、鉴定人、侦查人员出庭作证,非法证据排除,证据补查,无罪判决等方面制度落实不到位,执行“三项规程”力度不够,庭审实质化有待加强。认罪认罚从宽制度和刑事速裁程序配套措施需要进一步细化完善。

五是刑事审判队伍建设存在不适应问题。有的法官政治素质有待进一步提升,忧患意识、风险意识、责任意识有待增强。有的法官司法能力不足,办理疑难复杂和新类型案件专业化水平有待提高,运用信息化手段办案、化解矛盾纠纷、舆情应对、做群众工作等方面能力难以适应工作需要。刑事审判工作考核激励机制不够健全,影响法官工作积极性。有的法院刑事审判力量有所弱化,业务骨干流失严重,队伍出现断层。有的法院司法责任制落实不够到位,没有正确处理好放权与监督的关系。队伍中还存在纪律不严、作风不正、司法不规范等现象,甚至出现有的法官以权谋私、枉法裁判等腐败问题,严重影响司法公信力。

三、下一步的措施和建议

当前,国内改革发展稳定任务繁重,国际形势发生深刻变化,安全稳定环境面临新挑战,依法维护国家安全和社会稳定任务艰巨。随着我国社会主要矛盾发生重大变化,人民群众在民主、法治、公平、正义、安全、环境等方面的要求日益增长,对刑事审判的质量与效率、法律效果与社会效果、实体公正与程序公正都提出了新的更高要求。各级法院要坚持以习近平新时代中国特色社会主义思想为指导,深入学习贯彻习近平总书记全面依法治国新理念新思想新战略,紧紧围绕“努力让人民群众在每一个司法案件中感受到公平正义”目标,坚持司法为民、公正司法主线,树立适应新时代新要求的刑事司法理念,充分发挥刑事审判职能作用,更好履行维护国家政治安全、确保社会大局稳定、促进社会公平正义、保障人民安居乐业的职责任务。

一是牢牢坚持党的绝对领导。坚持以习近平新时代中国特色社会主义思想武装头脑、指导实践、推动工作,增强“四个意识”、坚定“四个自信”、做到“两个维护”,把党的政治、思想和组织领导贯穿到刑事审判全过程和各方面,坚定不移走中国特色社会主义法治道路。认真贯彻落实《中国共产党政法工作条例》,充分发挥中国特色社会主义的政治优势、制度优势,紧紧依靠党的领导推进刑事审判工作。

二是牢固树立适应新时代新要求的刑事司法理念。全面准确把握刑事审判职能作用,更好服务经济持续健康发展和社会大局稳定。准确把握人民群众在新时代对公平正义的需要,坚持实体公正与程序公正相统一、公正与效率相协调。兼顾天理国法人情,尊重群众朴素情感和公平正义观。准确理解适用宽严相济刑事政策,做到该宽则宽、当严则严、宽严相济、罚当其罪。更好发挥刑罚社会功能,践行和弘扬社会主义核心价值观,惩恶扬善,伸张正义。

三是坚决维护国家政治安全和社会大局稳定。全面贯彻总体国家安全观,严厉打击各种渗透颠覆破坏、暴力恐怖、民族分裂、宗教极端犯罪。咬定三年为期目标不放松,准确把握扫黑除恶阶段性新形势新任务,紧盯涉黑涉恶重大案件不放,紧盯“保护伞”“关系网”不放,紧盯黑恶势力经济基础不放,加大“打伞破网”“打财断血”力度,确保依法打深打透、除恶务尽。坚持严格公正司法,准确把握法律政策,始终坚持以事实为根据、以法律为准绳,坚决防止人为“拔高”或者“降格”,确保每一起案件都经得起法律和历史检验。依法惩治腐败犯罪,认真贯彻监察法和修改后的刑事诉讼法,准确适用刑事缺席审判制度,促进反腐败斗争深入开展。全力防范化解金融风险,严厉打击非法集资、网络传销、内幕交易、操纵市场等经济犯罪,统筹依法审判与追赃挽损、化解风险、维护稳定工作。

四是切实增强人民群众安全感。依法严惩杀人、抢劫、绑架、强奸、拐卖、毒品、涉枪涉爆等严重危害社会秩序犯罪，依法惩处盗窃、诈骗、抢夺、敲诈勒索等多发性侵财犯罪，坚决维护人民群众生命财产安全。加大惩治环境资源犯罪力度，注重发挥罚金刑的惩罚和补偿作用，助力打好蓝天碧水净土保卫战。依法严惩危害食品药品安全犯罪，研究出台危害药品安全刑事案件司法解释，准确把握未经批准进口仿制药的罪与非罪界限，认真落实疫苗管理法，对涉疫苗犯罪依法从严追究刑事责任。依法严惩制售伪劣农业生产资料犯罪和脱贫攻坚领域腐败犯罪，积极服务乡村振兴战略。依法严惩侵害留守妇女儿童、危害校园安全、妨害公共交通安全、电信网络诈骗、侵犯公民个人信息等犯罪，促进解决严重影响群众安全感的突出问题。认真研究解决打击“套路贷”犯罪中出现的问题，推进刑事和民事司法政策有机衔接。加强产权刑事司法保护，依法惩治各类侵犯产权犯罪，坚决纠正涉产权冤错案件，切实保护企业和企业家合法权益。

*五是深化以审判为中心的刑事诉讼制度改革。*紧紧依靠党的领导，推动健全政法各单位各尽其职、配合有力、制约有效的工作机制。严格执行“三项规程”，落实证人、鉴定人、侦查人员出庭作证制度，促进庭审实质化。推进跨部门大数据办案平台建设，推动刑事案件智能辅助办案系统的优化升级和推广应用，提高办案质量。加强审判经验总结和案例指导工作，促进统一刑事证据认定标准和裁判标准。推进跨部门刑事涉案财物管理平台建设，推动刑事涉案财物追缴处置程序规范化。加大附带民事赔偿和财产刑执行力度。推进案件繁简分流，完善认罪认罚从宽制度和刑事速裁程序，进一步健全中国特色多层次刑事诉讼制度体系。

*六是加强人权司法保障。*坚持把尊重和保障人权贯穿刑事审判全过程，进一步扭转重打击轻保护、重实体轻程序等观念，推动在更高层次上实现惩罚犯罪与保障人权相统一。严格遵循罪刑法定、罪责刑相适应原则，坚持证据裁判、疑罪从无，确保定罪公正、量刑公正、程序公正，坚决守住防止冤错案件的底线。充分保障被告人及其辩护人依法行使诉讼权利，尊重和保障律师依法履职，推进律师辩护全覆盖试点，加强法律援助工作，通过控辩审以及诉讼参与人等各方努力，切实维护司法公正。

*七是努力建设忠诚干净担当的刑事审判队伍。*认真落实新修订的法官法，坚持革命化、正规化、专业化、职业化方向，全面推进高素质刑事审判队伍建设。旗帜鲜明把党的政治建设摆在首位，教育引导广大刑事审判法官切实增强政治觉悟和政治能力。加强司法能力建设，提高刑事法官审查证据、认定事实、适用法律等方面专业化水平，全面提升法律政策运用能力、防控风险能力、群众工作能力、科技运用能力和舆论引导能力。加强刑事审判力量配备，强化职业保障，为刑事审判法官坚持原则、依法办案提供有力支持，切实增强刑事审判岗位的尊荣感和吸引力，着力解决人员流失、力量弱化、年龄断层等问题。坚持从严教育、从严管理、从严监督，完善审判权力运行监督制约机制，全面落实司法责任制，着力解决刑事审判领域的不规范不公正问题，以零容忍态度严惩司法腐败，确保公正廉洁司法。

*八是更加自觉地接受人大监督。*及时向人大及其常委会报告人民法院工作情况，坚决执行人大及其常委会的决定、决议，认真听取人大代表的建议、批评和意见，主动接受群众监督，不断加强和改进刑事审判工作。

针对当前刑事审判工作面临的问题和困难，提出三点建议：一是根据我国经济社会发展状况和惩治刑事犯罪需要，进一步健全完善金融犯罪、网络犯罪等有关刑事立法，为依法惩治犯罪提供更加有力的法律武器。二是加大对以审判为中心的刑事诉讼制度改革的支持力度，适时修订刑事诉讼法，完善证人、鉴定人、侦查人员出庭作证和非法证据排除等制度，推动健全以审判为中心的刑事诉讼制度体系。三是进一步加强对刑事审判工作的监督，推动地方各级人大常委会听取人民法院刑事审判工作情况报告，对刑法、刑事诉讼法实施情况开展专项监督，推动解决司法实践中的问题和困难，关心支持刑事审判队伍建设，促进刑事审判工作健康发展。

全国人大常委会专门听取和审议人民法院加强刑事审判工作情况的报告，充分体现了对刑事审判的高度重视，全国法院和广大干警深受鼓舞。我们将在以习近平同志为核心的党中央坚强领导下，在全国人大及其常委会有力监督下，认真落实本次会议审议意见，不忘初心、牢记使命，忠诚履职、开拓进取，不断提升刑事审判工作能力水平，深入推进平安中国、法治中国建设，为实现“两个一百年”奋斗目标、实现中华民族伟大复兴的中国梦作出新的更大贡献！

对加强刑事审判工作情况报告的意见和建议

10月24日，十三届全国人大常委会第十四次会议审议了最高人民法院院长周强作的关于加强刑事审判工作情况的报告，共有49人次发言。现根据会议发言情况，将常委会组成人员和列席人员的主要意见整理如下。

出席人员普遍认为，在以习近平同志为核心的党中央坚强领导下，各级人民法院紧紧围绕“努力让人民群众在每一个司法案件中感受到公平正义”目标，坚持司法为民、公正司法工作主线，严格执行刑法和刑事诉讼法，正确把握宽严相济刑事政策，积极推进刑事领域司法改革，为经济持续健康发展、社会持续安全稳定作出了积极贡献。大家充分肯定刑事审判工作，充分肯定最高人民法院的报告。大家强调，人民法院要深入推进以审判为中心的刑事诉讼制度改革，不断提高刑事审判质量和效率，更好发挥刑事审判惩恶扬善、伸张正义的重要作用。审议中，大家还提出了一些具体意见建议。

一、深入推进刑事诉讼制度改革

有些出席人员认为，推进以审判为中心的刑事诉讼制度改革，重点在于实现庭审实质化。实践中，证人、鉴定人、侦查人员出庭难、出庭比例低，证据标准统一难、部分案件证据材料基础差、非法证据排除难等问题仍然存在。各级法院应全面贯彻证据裁判原则，实施“三项规程”制度，落实证人、鉴定人、侦查人员出庭作证制度，研究制定证据标准指引，建立统一的刑事证据标准，推动改革落地生根。有的出席人员提出，证人出庭率不高一直是困扰刑事审判的难题，其中既有证人保护、强制出庭、作证补助等制度不健全的原因，也同长期以来公民参与诉讼的意识不强有关。解决这类问题不能单靠法院，需要相关部门共同研究、综合施策加以解决。有的出席人员指出，部分地方试点法院在规范庭前会议和庭审程序、排除非法证据程序、推进“证据调查在法庭、定罪量刑辩论在法庭、裁判结果形成于法庭”等方面积极探索，取得一定成效。建议总结这些有益经验并予以推广。有的出席人员建议，进一步推动刑事案件律师辩护全覆盖试点，充分尊重和保障律师依法履行辩护职责，真正使诉讼各方在庭上举证说理，推进庭审控辩对抗实质化。

二、切实强化人权司法保障

部分出席人员指出，近年来，我国不断完善冤假错案预防机制和纠正机制，取得明显成效，但防范冤假错案是一项长期性工作，各级法院应进一步严格落实罪刑法定、疑罪从无、程序正义等原则和理念，同检察机关、公安机关加强分工协作与相互制约，把好立案、侦查、审查起诉、审判、审判监督等每一道关口，力争把每一起案件办成经得起历史检验的铁案。有的出席人员提出，近年来，各级法院在保障被告人权利上做了很多工作，但在一些案件中也出现了对被害人权利保护不到位的问题。建议指导督促各级法院依照法定程序，实行二审开庭公开审理，全面保护诉讼各方的权利。

有的出席人员指出，有些刑事案件被告人是单亲孩子的父亲或母亲，如果被判处剥夺人身自由的刑罚，子女的抚养和监护便失去了保障。建议最高人民法院会同有关方面开展调研，从把握宽严相济刑事政策、加强社会救助等方面提出综合性应对措施。

三、推进刑事审判规范化科学化

有的出席人员认为，一些案件或者某类案件裁量标准不统一、“类案不同判”的问题比较突出。如对于“醉驾入刑”的具体情形，各地掌握不一致，也引起了公众热议。建议加强对此类情况调研，及时出台司法解释，统一裁判尺度。有的出席人员提出，近年来，一些地方的法院探索将人工智能、大数据等信息技术融入刑事审判工作，建立了刑事审判智能辅助办案系统，不仅减轻了审判人员的工作量，缓解案多人少矛盾，还规范了法官的自由裁量权，建议推广智能辅助办案系统的应用。也有出席人员认为，要注意研究防范智能系统的潜在风险和局限性，积极开展检验试错和优化升级，防止盲目依赖。

四、严厉打击黑恶势力犯罪

有的出席人员指出，当前黑恶势力犯罪呈现涉足领域“金融化”、组织结构“隐蔽化”、犯罪手段“软暴力化”、实施手法“网络化”、逃避打击“伪善化”等新特点,使得法律关系更加复杂,事实证据认定难,特别是“套路贷”案件刑民交叉,增大了刑事处罚难度。建议进一步细化证据裁判标准和法律政策标准,规范证据收集、审查、运用工作,统一裁判标准和尺度,确保在法治轨道上深入推进“扫黑除恶”专项斗争。有的出席人员提出,“扫黑除恶”专项斗争已开展将近两年时间,大量案件积压在法院。建议最高人民法院加强指导,组成专门力量完成“扫黑除恶”审判任务,防止出现“堰塞湖”现象。

五、积极构建法治化营商环境

有的出席人员提出,有些企业的创新性经营行为尚无明确法律规范,特别是在互联网、大数据、人工智能、金融科技等新兴经济领域比较明显。建议在加强监督的同时,对其中发生的涉嫌违法行为慎用刑事处罚手段,让企业家敢于创新。有的出席人员指出,最高人民法院报告中提出严格区分经济纠纷与经济犯罪、合法财产与犯罪所得、正当融资和非法集资,禁止超越范围查封扣押冻结涉案财物。建议最高人民法院会同有关方面研究出台规范意见,进一步加强产权司法保护。

六、依法惩治新类型犯罪

有的出席人员指出,近年来,非法集资、非法吸收公众存款等涉众型犯罪多发,受害人数多、传播速度快、案情复杂,如果处理不及时容易酿成群体性事件,影响社会稳定。建议审判机关、检察机关与行政机关共同研究、加强配合,统筹依法审判与追赃挽损、化解风险、维护稳定工作,加大对这类犯罪的源头治理力度,将其尽量遏制在萌芽状态。有的出席人员指出,金融领域恶意骗贷、恶意逃废债行为增多,在互联网金融领域尤为明显。建议针对这一问题开展专项打击,尽量缩短办案周期,加快涉案财产追缴,及时追赃挽损,保护出借人合法权益。部分出席人员指出,伴随经济社会、信息技术的迅猛发展,各类犯罪形式变化、手段翻新,惩处难度不断加大,一些新类型犯罪的罪责认定存在争议分歧,缺乏法律、司法解释的具体规定,难以把握罪与非罪、此罪与彼罪的界限,给刑事审判工作带来新的考验。建议加快对新类型犯罪研究,及时完善措施,堵塞漏洞,加大惩治力度。

七、加强刑事审判队伍建设

部分出席人员指出,一些基层法院刑事审判力量薄弱,法官人员不足,有的难以组成合议庭。一些地方法官的考核评价要求中案件数量因素占比大,而刑事案件程序严、要求高,办案数量远低于民商事案件,影响了刑事审判工作人员积极性。建议进一步充实刑事审判力量,在考核机制上实现对从事不同类型案件审判法官考评的精确化,充分调动积极性。

有的出席人员指出,错案追究责任制落实有待加强,一方面法官法刚刚修订,法官惩戒委员会还没有普遍建立,工作尚待探索;另一方面错案认定标准不够明确,对二审发回重审的案件是否就是错案存在争议,实践中也出现二审法官把即将超过审判时限的案件发回重审的情况。建议尽快推动完善法官惩戒委员会工作制度和机制,健全错案追究责任制,加强对独任审判法官和审判长的管理,确保司法责任制正确有效落实。

关于开展公益诉讼检察工作情况的报告

——2019 年 10 月 23 日在第十三届全国人民代表大会常务委员会第十四次会议上

最高人民检察院检察长　张　军

全国人民代表大会常务委员会:

根据本次会议安排,我代表最高人民检察院报告开展公益诉讼检察工作情况,请审议。

探索建立检察机关提起公益诉讼制度,是党的十八届四中全会作出的一项重大改革部署,也是以法治思维和法治方式推进国家治理体系和治理能力现代化的一项重要制度安排。党中央对公益诉讼检察工作高度重视。习近平总书记在党的十八届四中全会上专门对建立这一制度作了说明,突出强调“由检察机关提起公益诉讼,有利于优化司法职权配置、完善行政诉讼制度,也有利于推进法治政府建设”。在致第二十二届国际检察官联合会年会暨会员代表大会的贺信中,习近平总书记再次深刻指出:“检察官作为公共利益的代表,肩负着重要责任”。全国人大常委会加强公益诉讼检察立法保障,2015 年 7 月作出决定,授权在 13 个省区市开展为期两年的试点;2016 年 11 月审议试点工作中期报告;2017 年 6 月修改民事诉讼法、行政诉讼法,正式建立这一制度;2018 年 10 月、2019 年 4 月又将公益诉讼检察职权写进修订的人民检察院组织法、检察官法。在以习近平同志为核心的党中央坚强领导下,在全国人大及其常委会有力监督下,公益诉讼检察制度从顶层设计到实践落地,从局部试点到全面推开、健康发展,形成了公益司法保护的“中国方案”,受到广泛关注。

一、公益诉讼检察工作全面推开以来的主要情况

2017 年 7 月 1 日,修改后的民事诉讼法、行政诉讼法正式施行,公益诉讼检察工作全面推开。全国检察机关牢记党和人民嘱托,把公益诉讼检察作为新时代检察工作创新发展的重要方面,与刑事检察、民事检察、行政检察并列为“四大检察”统筹推进,依法履行“公共利益代表”的神圣职责。2017 年 7 月至 2019 年 9 月,共立案公益诉讼案件 214740 件,办理诉前程序案件 187565 件、提起诉讼 6353 件。其中,2017 年 7 月至 12 月立案 9170 件;2018 年立案 113160 件;今年 1 月至 9 月立案 92410 件,同比上升 68.98%。

*(一)服务大局,立足办案发挥公益保护职能作用。*全国检察机关深刻领会党中央决策部署和立法精神,围绕党和国家中心工作,紧盯损害公共利益的突出问题,依法履职、狠抓办案,着力满足人民群众日益增长的美好生活需要。

一是突出办理生态环境和资源保护领域公益诉讼案件。认真落实全国人大常委会关于全面加强生态环境保护、依法推动打好污染防治攻坚战的决议,专门对公益诉讼检察参与蓝天、碧水、净土保卫战作出部署。2017 年 7 月以来,共立案生态环境和资源保护领域公益诉讼案件 118012 件,占立案总数的 54.96%。通过办案督促治理被污染、损毁的耕地、湿地、林地、草原 321 万亩,督促清理固体废物、生活垃圾 3104 万吨,追偿修复生态、治理环境费用 34.5 亿元。

合力推进长江大保护。最高人民检察院提出服务长江经济带发展“10 项检察举措”,重点办理涉及违法排污、跨省倾倒固体废物、非法码头、非法采砂等公益诉讼案件,推动修复长江生态环境。对 38 起破坏长江生态环境公益诉讼案件线索挂牌督办。组织长江流域 11 省市检察机关探索区域协作,建立“上管一段”等流域治理检察机制,促进“一条长江、共同保护”。湖北省武汉市某公司将大量尾渣直接堆放在距离长江岸线不到 200 米的堤外滩地,占地 60 余亩,严重破坏岸线环境。该市青山区检察院向区水务局、环境保护局发出检察建议,督促履行监管职责。区委、区政府高度重视、统一部署,检察机关协调推进,相关行政机关将约 5 万吨尾渣迅速清除,并对涉事公司作出行政处罚决定。该院还联合相关部门对临近岸线区域深入摸排,接续发现 19 个尾渣堆放现场,清除固体废物 17 万余吨。

针对乱占乱采乱堆乱建损害黄河生态环境、威胁河道行洪安全等问题,会同水利部开展“携手清四乱、保护母亲河”专项行动。自 2018 年 12 月起,黄河流域 9 省区检察机关与河长制办公室协作,共受理水利部门移交“四乱”问题线索 2339 件,立案公益诉讼案件 1097 件,督促清理污染水域 1707 亩、清理生活和建筑垃圾 138.7 万吨、拆除违法建筑 80.8 万平方米。河南黄河湿地国家级自然保护区内,两公司违法占地 660 余亩经营养殖场 10 余年,严重破坏湿地生态环境。中央环保督察通报后,检察机关查清事实,向河南省灵宝市政府发出检察建议,并与市政府和涉案公司反复沟通、协调,推动完善整治方案。经共同努力,违法养殖场 1.8 万余头牲畜得到妥善处理,违法建筑全部拆除,被侵占湿地恢复宁静。

为推动全国人大常委会海洋环境保护法执法检查发现问题的整改,2019 年 2 月部署沿海 11 省区市检察机关开展“守护海洋”检察公益诉讼专项监督。重点围绕入海排污口设置、陆源污染防治、海上污染防控等,督促有关行政机关依法履职,保护海洋生态环境和海洋资源。已立案相关公益诉讼案件 873 件。山东省日照市岚山区检察院针对辖区内违法使用海域、非法捕捞、海岸带违法建设等问题,向区海洋与渔业局等部门发出检察建议,督促履行监管职责。相关部门认真整改,组织海上专项执法,督促拆除违章建筑 192 处、完成退渔还海 477 亩。

今年 8 月,全国人大常委会审议的水污染防治

法执法检查报告，列举了部分黑臭水体整治滞后、城镇污水处理设施短板明显等6类问题57件线索。最高人民检察院认真反思检察职能履行严重缺位问题，迅速跟进，集中挂牌督办，检察长、副检察长带队实地调研，督导相关地方检察机关认真履职，促进问题整改到位。现已立案公益诉讼案件28件。其他地区检察机关正在同步排查，推进类似问题妥善解决。

二是突出办理食品药品安全领域公益诉讼案件。各级检察机关深入学习贯彻习近平总书记“四个最严”要求，在依法惩治制售假药劣药、有毒有害食品等犯罪的同时，立案相关公益诉讼案件71464件，占立案总数的33.28%。2018年8月，最高人民检察院还专门部署“保障千家万户舌尖上的安全”公益诉讼专项监督，坚决捍卫食品药品安全底线。针对人民群众高度关注的校园及周边食品安全问题，紧盯学校、校外托管培训机构食堂及周边商店、“小饭桌”、“流动餐车”等食品安全监管问题，加大线索排查和检察办案力度，促进做到学生吃得放心、家长安心。湖南省检察院与省食品安全委员会办公室等9部门联合开展“中小学校园及周边食品安全护苗行动”。宁夏回族自治区中宁县检察院针对履职中发现的校园周边商店售卖“三无”食品等问题发出检察建议，县市场监督管理局开展专项整治。针对人民群众高度关注的农贸市场、超市食品安全问题，排查监管部门违法行使职权或者不作为线索，依法予以监督，共同守护“菜篮子”安全。浙江省杭州市余杭区检察院针对辖区数十家农贸市场食用农产品抽样检测不到位等问题，向区市场监督管理局发出检察建议。该局组织专项整改，对全区农贸市场进行摸底排查，设置食品安全快速检测室或检测箱，全面加强入场农产品抽样检测。针对人民群众高度关注的饮水安全问题，部署开展饮用水水源地公益保护专项行动。江西省检察院组织开展“五河一湖一江”水环境及饮用水水源保护集中监督，鹰潭市检察机关向市、区两级政府提交农村集中式供水安全调查报告，并针对部分自来水厂水质不符合生活饮用水卫生标准问题，向相关行政机关发出检察建议。一些地方检察机关探索开展二次供水、现场制售饮用水、自来水供水管质量安全等专项监督。针对人民群众高度关注的保健食品药品虚假宣传问题，部署开展专项监督，立案相关公益诉讼案件1139件。针对人民群众高度关注的网络餐饮无证经营、超范围经营、配送餐品保管不善等问题，督促市场监管部门严格监管，督促网络平台加强行业自律，近6万家不合格网络餐饮店铺得到整改。

三是认真办理国有财产保护领域公益诉讼案件。加强对人防工程易地建设费等行政事业性收费，政策性奖励、补贴，社保金、养老金等专项资金的监督，防止国有财产流失。立案相关公益诉讼案件20363件，督促职能部门追偿受损国有财产84.84亿元。四川省绵阳市涪城区两家民营医院骗取国家医疗保险基金3115万余元，相关责任人被追究刑事责任，但所骗医保金未及时追缴。区检察院发出检察建议，督促监管部门全部追回。

四是认真办理国有土地使用权出让领域公益诉讼案件。针对非法占用国有土地、拖欠土地出让金、违法储备土地“炒地皮”等问题，立案相关公益诉讼案件4826件。通过办案督促追缴国有土地出让金290.2亿元，督促行政机关收回被非法占用国有土地3.79万亩、没收地上建筑物66.22万平方米。青海省茫崖市21户居民在公路两侧非法占地修建违章建筑7万余平方米，检察机关向国土、城建等部门发出检察建议，要求依法履行监管职责。有关部门仅对4处新增院落进行拆除，其他违章建筑未予处理。检察机关遂提起行政公益诉讼，法院当庭作出判决，支持检察机关起诉意见。

五是认真办理英烈权益保护领域公益诉讼案件。2018年4月全国人大常委会通过的英雄烈士保护法，赋予检察机关对侵害英烈姓名、肖像、名誉、荣誉，损害社会公共利益的行为向法院提起诉讼的职权。各级检察机关坚决贯彻落实，立案该领域公益诉讼案件75件。对符合起诉条件的53件，征询英烈近亲属意见；英烈近亲属不能起诉的，检察机关依法提起民事公益诉讼25件。江苏省淮安市检察院对在微信群侮辱消防烈士名誉的行为提起全国首例英烈权益保护民事公益诉讼，请求判令被告通过媒体公开赔礼道歉、消除影响，得到裁判支持。最高人民检察院将该案作为指导性案例公开发布，弘扬社会主义核心价值观。今年3月，四川凉山森林火灾中30名扑火人员不幸壮烈牺牲，举国同悲。有网民却公开发表侮辱烈士言论，造成恶劣社会影响，浙江、福建等地检察机关依法提起7起公益诉讼，用法律捍卫英烈尊严。各地检察机关还围绕英烈纪念设施保护不力等问题，向有关部门发出检察建议581件，均获纠正。

六是积极回应人民群众新期待，探索拓展公益诉讼办案范围。今年全国“两会”上，不少代表委员指出，损害公益问题涉及面广、危害大，希望检察机关拓展工作范围、加大工作力度。最高人民检察院认真研究,提出“稳妥、积极”的原则,要求首先把法律明确赋权领域的案件办好、办扎实,在此基础上努力尝试办理问题突出的其他领域案件,但立案前需层报省级检察院审核,必要时向最高人民检察院请示。对人民群众反映强烈的安全生产、互联网、妇女儿童权益保护、扶贫以及国防、军事等领域公益损害问题,积极以对党和人民高度负责的态度慎重履职、担当作为。北京市海淀区检察院针对部分商户违法向未成年人售烟问题,向区市场监督管理局、烟草专卖局发出检察建议,督促履行监管职责。相关单位迅即开展为期一个月的专项整治,对违规经营者立案查处。浙江省宁波市海曙区检察院针对一段时期骚扰电话泛滥甚至影响“120”等特种电话服务的问题,向市民发放调查问卷,对骚扰电话背后利益链进行调查取证,并听取专家学者意见,负责地向通信管理部门发出检察建议,督促依法履行监管职责。通信管理部门集中整治,效果明显。上海检察机关从守卫城市公共安全出发,开展电梯运行、消防安全、危险品运输、网约车运营等专项监督,深受群众欢迎。

(二)坚持以习近平总书记全面依法治国新理念新思想新战略为引领,创新公益诉讼检察工作理念。公益诉讼检察作为一项全新职能,检察机关从零起步,摸着石头过河。各级检察机关深刻领悟习近平总书记全面依法治国新理念新思想新战略,以理念变革引领公益诉讼检察工作开拓创新。至2018年11月,全国基层检察院办理公益诉讼案件已实现全覆盖。

一是树立“双赢多赢共赢”理念。公益诉讼特别是行政公益诉讼涉及政府履职,因有阻力、有担心,有畏难观望情绪,不少检察机关不仅不会,也不敢、不愿办案。最高人民检察院充分调研、换位思考,明确提出检察机关与政府部门虽分工不同,但工作目标、追求效果完全一致,并非“零和博弈”。公益诉讼检察的本质是助力依法行政,共同维护人民根本利益,把以人民为中心落到实处。各级检察机关充分运用政治智慧、法律智慧、监督智慧开展公益诉讼检察,当好党委的法治参谋,一定会得到理解、信任和支持。具体工作中,要求各级检察机关把与行政机关磋商作为提出检察建议的必经程序,不单纯追求办案数量,更注重办理政府及其部门遇到阻力或者需要几家单位协同解决的难案。湖北省黄石市磁湖风景区内,一居民擅自搭建房屋,生活污水直排湖中,并在湖中围栏投肥养殖,破坏磁湖生态环境,涉及多个职能部门,管理权责不清,持续14年未能解决。市国土资源局主动上门请求监督。黄石市西塞山区检察院向5家行政机关发出检察建议,督促联合执法,携手破解了这个难题。该案成功办理后,区政府主动将另一湖泊投肥养殖污染案线索转至检察机关,邀请介入监督、助推整改。区检察院向环境保护、水利水产、行政综合执法等部门发出检察建议,同时与养殖户沟通、释法说理。在多方共同努力下,困扰区政府多年的顽症得到解决。

二是树立“诉前实现保护公益目的是最佳司法状态”理念。公益诉讼推开之初,不少同志认为公益诉讼就是要诉诸法庭。办案实践表明,检察机关依法发出诉前检察建议后,绝大多数行政机关积极行动、依法履职。特别是对于一些容易出现“九龙治水”疏漏,或者必须齐抓共管的“老大难”问题,诉前程序具有统筹协调、督促多个职能部门综合治理的独特优势,保护公益效果十分明显,以最小司法投入获得最佳社会效果,彰显了中国特色社会主义司法制度的优越性。解决违法行为不必诉至法庭,这是公益诉讼与普通民事诉讼、行政诉讼的重要不同之处。实践中,检察机关对获得的案件线索,主动与政府主管领导沟通,听取政府部门意见。检察建议发出后接续协调促进落实,推动行政机关自我纠错、依法行政,绝大多数问题在这个环节得以解决。检察机关不仅审慎提起诉讼,即使案件起诉后,行政机关在判决前整改落实的,还主动撤诉。两年多来,向行政机关发出诉前检察建议182802件,行政机关回复整改率达97.37%。极少数检察建议不能落实,必须提起诉讼的,则努力将案件办成法治教育样本,达到办理一案、警示一片、教育社会面的效果。共提起行政公益诉讼995件。呼和浩特市一违法堆放建筑垃圾场所占地120余亩,渣土堆高近10米,存续近10年。2015年,涉案地块划入城区范围。市检察院向市城市管理综合执法局发出检察建议,督促依法履行职责。该局回复称,渣土堆形成时该地块尚未划入城区,因此不属于其监管职责。检察机关认为“新官也要理旧账”。提起行政公益诉讼后,法院判决支持检察机关起诉意见。城市管理综合执法局开展专项整治。此案开庭时,40余名分管行政执法的县处级领导干部旁听了这堂生动的法治公开课。

三是树立“持续跟进监督”理念。公益诉讼问题复杂、牵涉面广,有的旷日持久,有的是发展中的问题,有效解决往往没那么简单,持续跟进监督是必要的。今年4月起，最高人民检察院组织开展为期三个月的公益诉讼“回头看”专项活动，对2018年办理的10万余件诉前检察建议持续落实情况进行评查，重点排查是否存在虚假整改、事后反弹回潮及检察建议制发不规范等问题，切实做好“后半篇文章”。最高人民检察院派出6个督查组，并组织省级检察院分片区交叉检查，各地检察机关邀请人大代表、政协委员、人民监督员共同参与，通过查阅案卷、现场勘验、听取相关单位意见等方式，发现行政机关逾期未回复的1973件、实际未整改的909件、整改不彻底的5403件、事后反弹回潮的466件。目前已督促行政机关履职整改4138件，依法提起诉讼59件，跟进监督、督促整改工作还在推进中。

（三）加强公益诉讼检察制度建设，确保检察监督规范运行。公益诉讼检察作为一项全新法律制度，必须从一开始就做到有章可循、规范推进。一是会同最高人民法院发布《关于检察公益诉讼案件适用法律若干问题的解释》，对案件类型、办案程序等作出规定。2018年3月，最高人民检察院还印发检察机关民事公益诉讼、行政公益诉讼案件办案指南，规范线索受理、立案条件和办理程序等。二是会同生态环境部等9部委制定《关于在检察公益诉讼中加强协作配合依法打好污染防治攻坚战的意见》，完善行政执法与公益诉讼检察衔接机制，对信息共享、线索移送、立案管辖、调查取证、联合督办等予以规范，着力解决涉案管辖、法律适用及履职尽责具体标准等问题。三是为解决鉴定难、费用高的问题，商司法部给予大力支持，增加了专业鉴定机构。今年5月，司法部发出通知，部署推出一批检察公益诉讼中不预收鉴定费的鉴定机构，目前已有58家鉴定机构承诺先鉴定后收费。最高人民检察院还与中国科学院成立生态环境鉴定联合实验室，部分地方检察机关与本地环境检测中心合作建立检测或鉴定机构。四是探索建立区域协作、内部协同工作机制。针对破坏生态环境案件往往跨区域的特点，最高人民检察院跨省交办或移送案件线索，着力破解“上下游不同行、左右岸不同步”的治理难题。重庆、四川、云南、贵州4省市检察机关建立赤水河、乌江流域跨区域生态环境保护检察协作机制。四川省古蔺县某酒厂向赤水河违法排污，邻近的贵州省习水县检察院向古蔺县检察院移送案件线索，古蔺县检察院向县生态环境局提出检察建议，共同保护两省界河生态安全。一些地方检察机关探索建立内部纵向联动、横向配合的协同办案机制。广西检察机关建立统一管理案件线索、统一研判监督策略、统一指定案件管辖、统一调配办案力量等一体化公益诉讼办案机制。

（四）加强机构和能力建设，以过硬本领迎接新的挑战。2018年7月，习近平总书记主持召开中央全面深化改革委员会第三次会议，审议通过《关于设立最高人民检察院公益诉讼检察厅的方案》。最高人民检察院认真贯彻，成立第八检察厅专门履行公益诉讼检察职责。地方检察机关结合内设机构改革同步落实，截至今年9月，已有25个省级检察院单设了公益诉讼检察机构，市、县两级检察院组建了专门机构或专门办案组。

公益诉讼检察涉及线索发现、调查取证、诉前程序、起诉审查、出席庭审、裁判和执行监督等环节，涉及经济、社会方方面面，需运用的法律法规、掌握的专业知识点多面广，对检察人员业务技能和综合素能要求极高。为此，我们注重政治性极强的公益诉讼检察业务培训，最高人民检察院直接举办专题培训班13期，要求各地在检察官培训中增加公益诉讼课程和班次。通过贯通四级检察机关的“检答网”及时答疑解惑。发布8批65个公益诉讼典型案例，为一线办案提供参考。最高人民检察院与生态环境部互派干部挂职交流，黑龙江、江苏、山东、重庆、宁夏、新疆等省级检察院与行政机关建立干部交流长效机制，通过借力借智，携手推进公益保护。上海、河南、湖南等地检察机关与高校、科研机构合作，发起成立公益诉讼研究中心。不少地方检察机关还将卫星遥感、大数据分析、无人机取证等科技手段运用到办案实践中，提升公益诉讼线索发现和调查取证能力。

（五）主动争取重视和支持，为开展公益诉讼检察工作营造良好环境。各级检察机关主动向党委、人大常委会报告公益诉讼职能作用发挥情况，24个省区市党委、人大常委会主要负责同志作出批示，26个省区市党委、政府发文支持、促进公益诉讼检察工作。20个省级人大常委会听取专项报告，河北、内蒙古、吉林、黑龙江、山东、河南、湖北、湖南、广西、云南等省级人大常委会作出专项决定。一些市州和县级党委、政府出台文件，将公益诉讼工作纳入地方目标督查和绩效考核。这项工作特别得到全国人大代表热情关注，十三届全国人大一次、二次会议期间，435位全国人大代表对加强和改进公益诉讼检察工作提出意见建议，其中137位代表提出46件书面建议，全国人大常委会重点督办18件。最高人民检察院邀请268位全国人大代表对11个省份公益诉讼检察工作进行专题视察，认真听取意见建议、接受监督。

二、存在的问题

公益诉讼检察工作全面推开以来，整体发展态势良好，但由于尚处起步阶段，工作中还存在不少突出问题。

一是工作发展不平衡。各省区市检察机关以及省区市内检察机关之间，公益诉讼职能发挥作用不平衡。一些地方检察机关担当不够、创新不足。不少基层检察院办案类型单一，工作还未完全打开局面。

二是案件结构不合理。起诉案件中，刑事附带民事公益诉讼占 77.82%，民事公益诉讼占 6.52%，行政公益诉讼占 15.66%。起诉案件"搭顺风车"多、"啃硬骨头"少，更多借助刑事追诉已锁定的对象、固定的证据拓展公益诉讼效果，行政公益诉讼起诉案件偏少。支持社会组织提起民事公益诉讼仅 87 件。

三是办案质效待提升。有的检察机关片面追求办案数量，存在滥发诉前检察建议、办凑数案问题。比如"类案群发"，针对一个行政执法机关涉及同类多个行政违法行为，在同一时期发出多份检察建议，影响监督实效与公信。有的检察建议质量不高，对违法事实、证据和法律适用阐述不严谨、不充分，说理性不足、操作性不强。有的检察建议一发了之，或仅看是否回复，不关注实际整改成效。

四是素质能力不适应。一些检察人员司法理念跟不上，线索发现、调查取证、庭审应对能力欠缺，尚不适应公益诉讼业务带来的新挑战。办案力量总体薄弱，有的基层检察院专门办案组不"专"，适应不同领域案件特点的专业化人才储备不足。最高人民检察院、省级检察院直接办案少，对下指导还跟不上。对公益诉讼检察基础理论、运行规律研究不够。

三、下一步工作措施和建议

中国特色社会主义进入新时代，我国社会主要矛盾转化，人民群众在民主、法治、公平、正义、安全、环境等方面有内涵更丰富、水平更高的要求。公益诉讼检察工作既有广阔舞台，也面临更大挑战。各级检察机关要坚持以习近平新时代中国特色社会主义思想为指导，深入学习贯彻党的十九大精神，紧紧围绕统筹推进"五位一体"总体布局、协调推进"四个全面"战略布局，努力提供更精准、优质的公益诉讼检察产品，在推进国家治理体系和治理能力现代化中更好发挥检察职能作用。

（一）坚持把增强"四个意识"、坚定"四个自信"、做到"两个维护"体现和落实到公益诉讼办案全过程。坚持讲政治与抓业务有机统一，深入学习贯彻习近平总书记关于公益诉讼检察工作的重要论述，深刻认识落实好这一制度的重大意义。公益诉讼检察工作重大部署、重大问题及时向党委、人大常委会请示报告，争取更多省级人大常委会出台促进公益诉讼检察工作的专项决定并有效贯彻落实。更加主动接受监督，从人大代表的意见建议中汲取加强和改进公益诉讼检察工作的智慧与力量。落实全面从严治党要求，加强司法办案风险防控，绝不允许以维护公益为名谋取私利，坚决清除害群之马。

（二）主动服务保障经济社会发展大局，打好解决重点领域损害公益问题持久战。紧紧围绕长江经济带发展、黄河流域生态保护和高质量发展、国家生态文明试验区建设等重大战略，探索全流域、跨区划环境治理公益诉讼检察模式。深入贯彻全国人大常委会决议，聚焦黑臭水体、固体废物和尾矿污染，突出办理生态环境和资源保护领域的公益诉讼案件。对全国人大常委会水污染防治法执法检查发现的问题线索持续跟进监督。深化"守护海洋"检察公益诉讼专项监督。加大食品药品安全领域公益保护力度，重点深化保健食品、校园周边、农贸市场三个专项监督，持续保障千家万户"舌尖上的安全"。积极参与乡村治理，细化公益诉讼检察服务乡村振兴战略具体举措。

（三）提升公益诉讼检察办案整体质效。总结公益诉讼检察"回头看"经验，把针对诉前程序、提起诉讼及判决执行全流程"回头看"作为"规定动作"，找准问题、精准施策、及时纠偏，把公益诉讼检察工作做得更实更规范。研究制定诉前检察建议指导性意见，提升精准性、规范性和实效性。加大行政公益诉讼案件办理力度。完善交办、督办、参办、提办制度，探索异地管辖制度，破除干扰和阻力，着力解决基层检察院"起诉难"问题。注重分领域分类型总结、筛选案例，及时发布指导性案例和典型案例，完善案例解读、参照适用制度。探索建立公益诉讼办案一体化机制，整合办案力量、技术装备等检察资源。尽快完善公益诉讼检察办案规则，加强、优化对下指导。建立符合公益诉讼检察工作特点和规律的质量评价体系，严把立案关、证据关、检察建议关、整改落实关和起诉关,不搞粗放式办案,绝不允许办凑数案。

（四）协同推进配套制度机制建设。主动与监察机关衔接,及时移送相关行政机关工作人员违法线索。与最高人民法院会商,完善有关诉讼程序规定,优化案件级别管辖。通过制发指导性案例和司法解释,探索拓展公益诉讼办案范围。主动与政府部门沟通协调,健全重点领域公益诉讼检察与行政执法衔接机制,完善信息资源共享、案件线索移送、配合调查取证等工作机制。加强公益诉讼检察与生态环境损害赔偿制度改革的协同。加快建立公益诉讼损害赔偿金管理使用制度。深化保护国防和军事利益军地协作,推进军事检察公益诉讼实践。

（五）下大气力加强公益诉讼检察专业化建设。充分发挥公益诉讼研究中心作用,加强对公益诉讼检察基础理论、司法规律及办案实务的研究,为完善制度提供理论支撑。进一步优化专业化办案组织,配齐配强一线办案力量。探索建立行政机关专业人员兼任检察官助理制度。加强专业培训,通过检察官教检察官、与行政机关双向干部交流等举措,不断提升业务能力。深化智慧借助,筹建公益诉讼检察专家咨询委员会,充实公益诉讼技术专家库,为办理重大疑难复杂案件提供专业指导。

（六）凝聚公益保护共识,打造社会治理共同体。加强与行政机关、社会组织协作联动,支持社会组织有序有效发挥公益保护作用。探索建立公益律师咨询服务机制,为检察办案提供专业参考。进一步加大宣传力度,用鲜活案例讲好法治故事,扩大公众对公益诉讼检察的知晓度、参与度。开展公益诉讼检察进校园活动,培育热爱公益事业、热心公益保护的新时代小公民。加强国际司法交流合作,既借鉴国外公益诉讼成功经验,又大力宣传中国样本、中国智慧。

中国特色社会主义进入新时代,党和人民对维护国家利益和社会公共利益提出新的更高要求。全国检察机关将更加紧密团结在以习近平同志为核心的党中央周围,以习近平新时代中国特色社会主义思想为指导,不忘初心、牢记使命,以功成不必在我的态度和建功必定有我的担当,奋力开创新时代公益诉讼检察工作新局面,为实现“两个一百年”奋斗目标和中华民族伟大复兴的中国梦作出新贡献!

对开展公益诉讼检察工作情况报告的意见和建议

10月24日上午,十三届全国人大常委会第十四次会议审议了最高人民检察院检察长张军作的关于开展公益诉讼检察工作情况的报告,共有50人次发言。25日上午,郝明金副委员长主持十三届全国人大常委会第十四次会议联组会议,结合审议该报告进行专题询问,共有9人次发言询问,栗战书委员长讲话,张军检察长参加专题询问。现根据会议发言和询问情况,将常委会组成人员和列席人员的主要意见整理如下。

出席人员普遍认为,探索建立检察机关提起公益诉讼制度,是党中央作出的重大决策部署,也是以法治思维和法治方式推进国家治理体系和治理能力现代化的一项重要制度安排。在以习近平同志为核心的党中央坚强领导下,各级检察机关创新工作理念,不断健全检察机关提起公益诉讼制度,加强公益诉讼检察队伍建设,公益诉讼检察工作快速发展,取得显著成效。大家指出,检察机关要紧盯生态环境保护、食品药品安全、英雄烈士保护等领域损害国家利益和社会公共利益的突出问题,依法履职办案,不断加强规范化、专业化建设,进一步发挥保护公益的职能作用。审议中,大家还提出了一些具体意见和建议。

一、加强对公益诉讼检察工作理论研究和宣传

有些出席人员指出,要把开展公益诉讼作为贯彻落实习近平新时代中国特色社会主义思想的生动实践,准确把握检察机关法律监督职能的宪法定位,准确把握支持与监督的关系,围绕保护公益的目的,履职合理有效,避免片面追求起诉数量,争取以最小的司法投入取得最佳的社会效果。有些出席人员提出,公益诉讼检察工作是司法工作的新领域,有不少理论问题需进一步研究,如是否需要建立专门的公益诉讼程序制度、公益诉讼中受侵害的个人权利如何进行救济,等等。建议组织理论研究机构和专门力量,加强公益诉讼检察工作理论研究,及时总结实践经验,为更好开展实务工作提供理论支撑。有些出席人员提出,公益诉讼全面推开

只有两年多时间，社会公众还不太了解，建议通过发布典型案例、通报有关情况等形式，加强对公益诉讼的宣传普及，让各级政府及其部门、公众了解并支持公益诉讼，为开展公益诉讼检察工作营造良好环境。

二、准确把握公益诉讼办案范围

有些出席人员提出，法律明确规定的检察机关提起公益诉讼主要集中在生态环境和资源保护、食品药品安全、国有财产保护、国有土地使用权出让、维护英烈权益等领域。实践中一些公益诉讼案件的范围已有所突破，对此应准确把握。一方面检察机关应集中精力把法定范围内的公益诉讼案件办好、办实；另一方面积极深入研究人民群众对保护公益的新要求、新期待，特别是对产品、工程质量领域损害公益和残疾人、老年人、未成年人权利保护等问题，从理论和实践上分析阐明开展公益诉讼的必要性、可行性，为将来完善公益诉讼检察工作和相关法律修改打好基础。

三、不断完善公益诉讼工作机制

有些出席人员指出，当前公益诉讼检察工作发展不平衡，建议最高人民检察院进一步加强对地方检察机关指导，既防止不作为，也防止乱作为，确保各地各级检察机关公益诉讼工作不出偏差。有些出席人员提出，少数地方检察机关积极性、主动性不够，是制约当地公益诉讼检察工作开展的重要因素。要进一步加强对各地检察机关公益诉讼检察业务指导，充分发挥检察一体化优势，通过采取异地交办、上下合办等方式提高落后地区工作参与度，提升整体办案质效。有些出席人员指出，应尽快推进智慧检务建设，提高检察机关信息共享、协作办案能力，推动解决线索发现难、工作质效待提高等问题。

有的出席人员提出，公益诉讼检察工作的顺利开展离不开与行政机关、审判机关的高效沟通和协调。建议：(1)深化与行政机关的配合，建立信息通报共享制度，推动检察监督与行政机关内部纠错机制有效衔接。(2)完善与审判机关沟通协作机制，畅通联络渠道，就公益诉讼案件管辖、起诉、审判、法律适用、证据标准、执行等实务问题共同研究，统一规范。

有的出席人员指出，报告显示，两年多来社会组织依法提起民事公益诉讼仅 87 起，作用尚未得到充分发挥。建议检察机关加强与有关社会组织的协作联动，研究建立检察机关支持社会组织依法提起公益诉讼的工作机制，引导社会组织积极有序开展公益保护工作。

有些出席人员指出，公益诉讼中鉴定难、鉴定贵问题已经成为制约工作的一大瓶颈。建议尽快制定鉴定机构标准、管理办法等配套制度，增加公益诉讼不预先收取鉴定费的鉴定机构数量，进一步降低鉴定成本。有些出席人员指出，2017 年 7 月以来，各级检察机关通过办案追偿修复生态、治理环境费用管理使用还不够明确，建议在财政部门设立公益诉讼基金账户，实行统一管理使用。有些出席人员提出，对公益诉讼案件进行事后审查是提高公益诉讼检察工作权威性、公信力的重要途径，建议建立健全结案案件“回头看”工作机制，排查有关方面是否存在虚假整改、事后反弹等问题，切实做好“后半篇文章”。

四、完善组织机构和加强人才队伍建设

有些出席人员建议进一步完善顶层设计，规范地方各级检察机关特别是基层检察机关公益诉讼机构设置及人员配备。有些出席人员指出，与民事、刑事检察等相比，公益诉讼检察工作涉及面更宽、工作复杂程度更高，对工作人员业务能力的要求也更高。目前这方面专业人才少、能力待提升的问题比较突出。建议：(1)鼓励部分高等院校设立公益诉讼检察相关课程，系统培养专门人才。(2)设立公益诉讼检察工作人员培训机构，对在职人员进行专门培训，提高其业务素质和能力。(3)探索建立行政机关专业人员兼任检察官助理制度，充实公益诉讼专业人才队伍。(4)建立自上而下的公益诉讼专家库，担当公益诉讼检察工作的“外脑”，为办理重大疑难复杂案件提供专业支持。

五、进一步完善法律及配套制度

有些出席人员指出，民事诉讼法、行政诉讼法等对公益诉讼检察只作了原则规定，相关司法解释也不够清晰具体，各地检察机关在具体工作中对一些问题还存在理解和适用上的分歧。建议有关部门在准确把握公益诉讼特点规律、认真总结好做法

好经验的基础上，适时启动相关立法、修法程序。有些出席人员指出，调查取证是公益诉讼的关键，目前公益诉讼中检察机关的调查取证权并不完备，有时还需要向法院提出申请。建议尽快完善相关法律制度，赋予检察机关履职必要的权力。

在联组会议上，常委会组成人员和全国人大代表就解决公益诉讼检察工作的突出难题、畅通公益侵害线索反馈渠道、强化检察机关公益诉讼专业人才培养、处理好检察监督与政府履职关系、做好公益诉讼重点领域工作、健全跨行政区域公益诉讼机制、加强检察机关公益诉讼工作宣传、调动社会组织积极性、拓展公益诉讼范围、处理好当事人提起诉讼和公益诉讼的关系等问题进行了专题询问。最高人民检察院、自然资源部、生态环境部、水利部、市场监管总局等部门负责同志到会应询。

关于2018年度中央预算执行和其他财政收支审计查出问题整改情况的报告

——2019年12月25日在第十三届全国人民代表大会常务委员会第十五次会议上

审计署审计长　胡泽君

全国人民代表大会常务委员会：

受国务院委托，我向全国人大常委会报告2018年度中央预算执行和其他财政收支审计查出问题的整改情况，请审议。

党中央、国务院高度重视审计查出问题的整改工作。习近平总书记多次作出重要指示批示，要求各地区各部门依法自觉接受审计监督，认真整改审计查出的问题，深入研究和采纳审计提出的建议，完善各领域政策措施和制度规则。李克强总理主持召开国务院常务会议研究部署整改工作，要求各地区各部门对号入座，按时按规定整改到位。按照党中央、国务院的部署要求，审计署向161个中央部门单位和省①级人民政府印发整改通知和问题清单，积极跟踪督促整改。

一、整改工作的部署推进情况

（一）提高政治站位。有关部门单位和地方坚持以习近平新时代中国特色社会主义思想为指导，增强“四个意识”，坚定“四个自信”，做到“两个维护”，深入贯彻落实党中央、国务院关于审计查出问题整改工作的部署要求，认真执行十三届全国人大常委会第十一次会议有关审议意见，全面落实全国人大财经委审查意见，把整改落实作为重大政治任务抓紧抓实。许多地方结合本地实际，出台加强审计查出问题整改工作的意见。大多数部门单位和地方在“不忘初心、牢记使命”主题教育中，将审计查出问题纳入检视问题清单，确保整改到位。

（二）建立健全整改机制。有关部门单位和地方不断健全整改机制，形成了行之有效的工作制度。有50多个中央部门主要负责人对整改工作作出专门批示、进行专题部署或担任整改领导小组组长。有的建立了回访检查制度，重点约谈问题较多、整改难度较大的单位负责人，并加强部门间协同配合，如扶贫办会同国家发展改革委、教育部、财政部、医保局等13个部门，共同推进扶贫审计查出问题的整改，形成合力。

（三）切实强化结果运用。有关部门单位和地方坚持举一反三，将整改工作与加强管理、完善制度、追责问责紧密结合，提升整改效能。如水利部、人力资源社会保障部等结合整改，研究制定教育、警示、问责意见；农业农村部、卫生健康委、人民银行等把国家审计与部门内部审计、纪检监察、巡视巡查等贯通起来，推动审计结果共享共用。大多数部门单位和地方对普遍性问题组织深入研究，健全相关制度机制，努力实现源头治理。

二、审计查出问题的整改情况

对《国务院关于2018年度中央预算执行和其他财政收支的审计工作报告》（以下简称《审计工作报告》）指出的问题，截至2019年11月底，绝大多数已得到整改，有关部门单位和地方采取上缴国

① 本报告对省级行政区统称为省，地市级行政区统称为市，县区级行政区统称为县。

库、补征或退还税款、统筹使用结转结余资金、调整投资计划和账目等方式，整改问题金额 3099.81 亿元；制定完善相关规章制度 1538 项。

（一）中央财政管理审计查出问题的整改情况。财政部、国家发展改革委等部门通过调整预决算、督促加快开工等方式整改问题金额 382.57 亿元，完善转移支付、绩效管理等制度 31 项。

1. 关于中央决算草案未披露以收入退库方式安排支出、一般公共预算和政府性基金预算重复列收列支、中德财政合作伙伴基金 2018 年底余额等 3 个事项问题，财政部已在 2018 年中央决算草案中予以披露。

2. 关于预算管理不够全面规范的问题。

一是预算安排未充分考虑资金结转结余情况问题。对未将上年结转纳入年初预算问题，3 个部门已在编报下年预算时统筹考虑；对未及时清缴结余问题，7 个部门和 10 家所属单位已清缴结余资金 8791.4 万元，2 个部门和 39 家所属单位的 2.68 亿元待办理竣工决算或报批手续后上缴。对向连续结转的 38 个项目安排预算问题，已加强预算执行进度管理，在编制下年预算时压减部分项目预算。对 11 个项目超期未开工或无法实施问题，其中 10 个项目已开工、1 个已调整投资计划。

二是预算编制不够细化和合理问题。对 6 项专项转移支付未落实到具体地区问题，有 1 项在政策到期后取消，5 项将在编制下年预算时落实到具体地区；对批复的 10 个部门预算未细化问题，财政部已督促相关部门在执行中细化，并对部门下年年初未细化的预算原则上全部调减收回。对向 7 个协会和非本部门所属 75 家单位安排预算问题，财政部对 4 个协会下年起不再安排预算，调减 1 个协会 2019 年预算 291.39 万元，并会同国家发展改革委等部门规范对协会和非所属单位的预算保障、拨付等渠道。

三是部分预算调整和下达不够规范及时问题。对尚不具备实施条件的 4 个项目追加预算问题，财政部督促相关部门尽快完成项目评审，加快预算执行。对下达 7 个部门项目预算时间较晚问题，财政部会同国家发展改革委加快下达投资计划，部门新增的临时性、应急性支出原则上全部通过现有预算调剂解决。对部分预算未在规定时间内下达问题，至 2019 年 9 月底，一般公共预算、政府性基金预算和国有资本经营预算转移支付已分别下达 97.8%、92.5% 和 99.7%；国家发展改革委将进一步提前编制投资计划，确保在规定时间下达。对 17 项转移支付未提前下达或提前下达未达规定比例问题，有 13 项自下年起将按规定比例提前下达，2 项在政策到期后不再安排。

四是部分投资计划与预算下达对接时间较长问题。国家发展改革委进一步提高了年初预算到位率，执行中减少预算追加；财政部优化了预算审核流程，缩短预算下达时间。

五是国有资本经营预算管理存在薄弱环节问题。对部门所属事业单位设立的部分一级企业未纳入预算范围问题，财政部在第 6 次国有资本经营预算扩围工作中将 295 户企业纳入预算范围，并加快组建国有资本投资、运营公司，逐步实现全部纳入。对资金闲置或未发挥效益问题，国资委出台《中央企业国有资本经营预算支出执行监督管理暂行办法》（国资发资本规〔2019〕92 号），对预算支出使用全过程进行规范，并探索开展国有资本经营预算预评估和后评价工作。

3. 关于转移支付制度体系不够健全的问题。

一是一般性转移支付中指定用途资金占比仍较高问题。财政部对有关一般性转移支付不再要求专款专用，由地方根据实际需要安排使用，并制定完善中央对地方转移支付制度的方案，对共同财政事权逐步实行分类分档的保障机制。

二是部分转移支付安排交叉重叠问题。对在部门预算和转移支付中安排补助地方同类支出问题，财政部已督促调整 2019 年部门预算，或转列专项转移支付。对两部门安排的支出投向相同或类似问题，财政部与国家发展改革委在安排预算时加强沟通，并要求地方做好统筹安排。对 6 个投资专项的部分具体投向存在重叠问题，国家发展改革委正在修订 2 个专项的管理办法；其余 4 个专项将进一步加强审核，避免交叉重复。

三是部分转移支付管理办法不完善或执行不严格问题。对未明确实施期限等问题，进一步明确了 23 项专项转移支付、4 个投资专项的实施期限、退出条件或因素权重等；对未在预算编制前开展评估问题，财政部从下年起将会同有关主管部门，对所有专项转移支付等开展定期评估。对分配标准或计算方法未经批准即实施问题，1 项一般性转移支付已纳入专项转移支付，1 项资金管理办法报批后印发实施。对未严格按规定方法和标准分配问题，财政部提高了 7 项专项转移支付分配的科学性，修订其中 4 项管理办法；国家发展改革委将严格按规定方法、标准分配和调整。对向不符合条件的单位和项目分配资金问题，财政部已修订相关资金管理办法，并要求地方及时公开信息、接受监督；国家发展改革委督促地方加快推动项目实施,确保符合安排条件,今后将严格审核。

4. 关于全面预算绩效管理机制尚不完善的问题。

一是绩效目标设定不够科学问题。对未设立绩效目标问题,财政部2019年已设立绩效目标,随预算同步下达;对未填报绩效目标表问题,国家发展改革委要求各地各有关单位申报投资计划时填报绩效目标。对评价标准偏低、缺少关键因素等问题,国家发展改革委重设了2019年相关投资专项的绩效目标,根据支持方向设定了与任务匹配、可操作和量化的绩效指标。对绩效量化指标偏少或量化指标超出项目内容等问题,财政部积极推进分行业、分领域预算绩效管理指标与标准体系建设,指导相关主管部门调整和优化了一级项目绩效指标。对目标设定不够明确或要素不完整问题,财政部已修订8项专项转移支付管理办法并明确绩效目标,3项专项转移支付和1项政府性基金下达预算时已细化和完善绩效目标,2项专项转移支付在政策到期后不再安排,4项正在修订管理办法,相关部门也及时调整了项目绩效目标。对绩效目标未与预算同步下达问题,有11项在下达2019年预算时同步下达绩效目标,1项在政策到期后不再安排。

二是绩效评价不够规范问题。对未将以前年度绩效评价结果作为预算安排参考因素问题,财政部下达2019年相关预算时,已作为参考因素;相关部门将绩效目标完成情况作为项目预算安排的重要依据。对项目自评不够客观问题,国家发展改革委督促地方核实6个专项情况,提高自评客观性和准确性;相关部门进一步严格执行绩效自评标准。对未严格自评或自评内容不完整问题,国家发展改革委组织完善了相关专项的二三级绩效指标,今后将严格按设定标准开展绩效评价。

三是绩效信息公开比例较低问题。财政部已将中央部门本级50个重点项目、49项一般性转移支付、18项专项转移支付以及部分政府性基金的绩效目标,向全国人大报告;将20个重点项目的绩效评价报告、82个中央部门265个项目的绩效自评结果,向全国人大常委会报告。92个中央部门公开了235个项目的绩效自评表和81个重点项目的绩效评价报告。

(二)中央部门预算执行审计查出问题的整改情况。相关中央部门和所属单位已整改问题金额75.43亿元,完善制度56项。一是对预决算编报还不够完整准确问题,38个部门和108家所属单位通过调整账目、纳入预算等整改13.47亿元。二是对预算执行及资产管理还不够规范问题,35个部门和87家所属单位通过上缴国库、补办手续、收回资产等整改43.78亿元。三是对"三公"经费及会议费等管理不够严格问题,43个部门和95家所属单位通过归还费用、清退或处置公车、细化会议计划等全部整改。四是对依托管理职能或者利用行业资源违规收费问题,3家所属单位已停止开展评比表彰活动,对违规收费事项进行清理。五是其他问题,其中:对违规发放津贴补贴问题,1家所属单位已清退12.74万元,2个部门和3家所属单位已完善制度、停止发放等;对未经批准兼职取酬等问题,2个部门和1家所属单位的5人清退取酬68.04万元,1个部门和1家所属单位的11人已停止兼职;对会计核算不规范等问题,41个部门和50家所属单位通过调整账目等整改18.79亿元。

对审计指出的预算执行不严格、监督责任未有效落实等深层次问题,财政部和有关部门正在持续推进整改。

一是预算编制管控基础尚未夯实问题。财政部积极推进中期财政规划管理,加强三年支出规划对年度预算的指引和约束作用;进一步理顺部门预算管理权责,强化部门在预算编制、执行和管理中的主体责任;实施全口径预算管理,建立预算执行情况和下年度预算安排挂钩机制;加快推进项目支出标准体系建设,要求不得在项目预算中编报基本支出;稳步推进部门预决算公开,接受社会监督。

二是相关改革配套体系有待完善问题。财政部会同司法部继续推动预算法实施条例修订工作;建立健全基本支出定额标准调整机制,扩大定员定额管理单位范围,逐步将全部行政、参公单位和大部分公益一类事业单位纳入管理范围;督促部门准确把握"三公"经费口径。财政部、人力资源社会保障部等部门将研究完善机关事业单位相关津贴补贴政策。

三是预算执行和绩效评价约束缺乏刚性问题。财政部进一步加大预算评审力度,推动部门项目预算评审全覆盖;硬化预算约束,减少追加,部门新增支出优先通过年初预算调剂解决;研究建立与中央部门预算执行动态监控联动机制,督促部门建立健全财政资金内控机制,严肃处理违规违纪行为。

(三)重点专项资金和项目审计查出问题的整改情况。

1. 关于就业补助资金和失业保险基金方面的问题。截至11月底,审计查出的问题已全部整改,涉及金额 11.75 亿元，完善制度 43 项，处理处分 2 人。其中：追回骗取套取或挤占挪用资金 2486.19 万元，其余 3086.47 万元通过取消担保、调整预算等整改；追回向不符合条件的单位和个人发放补贴或贷款 1.41 亿元，通过完善信息系统、停发补贴、取消资格等整改 1.89 亿元；对 7.9 亿元闲置资金，已调整预算拨付使用。

2. 关于基本养老保险基金方面的问题。有关地方已整改问题金额 74.83 亿元，完善制度 28 项。对 16 省信息系统和数据存放问题，有 6 省已基本实现全省统一信息系统和数据省级集中存放，其他地方正加快推进。关于划转部分国有资本充实社保基金比例较低问题，财政部、国资委、税务总局等五部门印发《关于全面推开划转部分国有资本充实社保基金工作的通知》（财资〔2019〕49 号），财政部、国资委加大划转工作力度，将于 2019 年底基本完成中央企业股权划转工作，地方企业正按计划启动。对基金管理不够规范问题，2 省归还占用的财政资金、贷款等 73.72 亿元；3 省已有 3000 多名去产能企业分流安置职工重新参保或补缴保费；13 省收回违规发放给 2.39 万名不符合条件人员的养老金 1.02 亿元，并建立起数据共享、联合惩戒等机制。

3. 关于医疗保险基金方面的问题。有关地方和部门已完善制度 18 项。对医保监管能力建设相对滞后问题，医保局建立起飞行检查机制（不预先告知的异地监督检查），推动建设医保智能监控示范点，探索建立“黑名单”制度，推动将骗保行为纳入国家征信体系；对存在骗套行为的定点医药机构或个人，依法终止服务协议、追回资金并移送公安机关。对医保基金个人账户资金使用不够规范问题，1 省已取消城镇居民医保卡的储蓄卡金融功能，5 省 5 市已停止个人账户用于非医疗保障支出。对未完全按要求整合城乡居民医保问题，4 省均已制定整合方案或实施意见，确保 2020 年前实现“六统一”；对职工医保基金未实行市级统筹情况，3 省均作了安排部署，最晚将于 2020 年完成。对职工医保未纳入属地管理问题，7 省与相关行业（企业）协调制定了移交方案，其中 3 省已完成 13 个行业（企业）的移交工作，涉及 35 万人。

4. 关于乡村振兴相关政策和资金方面的问题。有关地方和部门已整改 20.35 亿元，完善制度或落实政策 111 项，处理处分 65 人。对农村厕所、污水处理等设施建设使用问题，农业农村部等部门组织开展农村改厕等人居环境问题大排查；有关地方逐村摸底，调整优化目标，探索建立后期运营管护机制，11 县农村厕所改造率已达 85%，23 县厕所和污水垃圾处理设施闲置问题已完成整改，12 县解决了相关设施使用二次污染问题。对有关目标任务未完成问题，农业农村部加强组织指导，有 19 县已完成黑土耕地质量提升、农业废弃物回收利用等目标任务。关于合作社实际效果不佳、未获得贷款或未享受扶持政策等问题，中央农办、农业农村部等印发《关于开展农民合作社规范提升行动的若干意见》（中农发〔2019〕18 号），11 个部门联合开展专项清理，已注销 254 家“空壳”农民合作社；2 县新增合作社贷款 2.31 亿元，1 县通过降息、贴息等降低合作社融资成本。对资金和项目管理问题，31 县已追回被挪用或骗取资金 6.76 亿元，处理处分 58 人；40 县加速推进 110 个项目实施，拨付到位 13.37 亿元；农业农村部发函或约谈相关地方，督促加快农产品初加工项目建设进度。

5. 关于惠农补贴资金方面的问题。有关地方已整改 118.85 亿元，剔除识别不精准或重新识别补录 4.49 万人，更新信息数据 3.69 万条，完善制度 222 项，处理处分 641 人。对惠农补贴散碎交叉问题，财政部会同农业农村部、民政部等加大了归并整合力度，并完善申报、审核、发放机制。对“一户多卡”或未通过“一卡通”发放补贴问题，财政部会同相关主管部门开展“一卡通”专项治理，推动一户一卡（折），并将国库集中支付与“一卡通”相结合，提高补贴发放和领取效率，135 县已整改 86.91 亿元。对政策实施效果不佳、搞平均主义等问题，各地通过入户、信息公开等提升知晓度，已补发或加快发放 2772 万元。对资金管理使用问题，已追回被骗取套取、违规使用或超范围发放资金 3.21 亿元，统筹盘活、加快拨付闲置资金 27.95 亿元。

6. 关于保障性安居工程方面的问题。各地已整改 861.85 亿元、住房 21.97 万套，完善制度 162 项，处理处分 167 人。对 493 个项目扩大棚改范围等问题，有关地方通过调整棚改项目等全部整改。对违规使用棚改项目融资问题，各地已收回资金、分期还款等 180.08 亿元。对土地手续不全等问题，有关地方通过完善手续、补缴出让金等整改 521 个项目的 3.43 万亩土地。对未享受税费减免等问题，已退还税费和融资中介费 12.47 亿元。对资金未及时安排使用或分配不细化等问题，有关地方已通过统筹盘活、归还暂无需求贷款等整改 591.83 亿元。对套取挪用问题，已追回、补充安排资金 77.47 亿元。对住房未交付、空置或违规分配使用问题，各地通过交付使用、调整用途、加快配套建设、清理腾退、补收差价等整改空置住房 17.95 万套和违规使用住房 4.02 万套。

7. 关于重点机场建设项目方面的问题。17 个机场建设单位和相关部门已整改 122.59 亿元,完善制度 24 项,处理处分 2 人。对招标不规范问题,17 个机场均通过加强招标管理、强化监督、完善制度等进行整改。对不当增加投融资成本等问题,5 个机场通过合理控制贷款规模、加快用款进度等整改 7.73 亿元,4 个机场将严格执行成本控制等要求。对挤占挪用或多支付拆迁款问题,3 个机场所在地方已归还拆迁款 7800 万元。对高套定额等问题,7 个机场将严格执行概算编报等规定,加强审核把关。对资金闲置问题,6 个机场优先使用自有资金、归还贷款等 53.15 亿元,对其余 83.15 亿元将进一步优化调度、加快使用。对工程建设缓慢问题,6 个机场积极调配资源,优化施工工序,促进项目尽快建成投用;2 个机场的消防等部分工程已完工。对违规征地和土地闲置等问题,涉及的 1.15 万亩土地通过补办手续、复耕复绿等进行整改。对违规建设楼堂馆所等问题,7 个机场将在后续项目中严格按可研批复设计建设,认真执行公务接待等规定,1 个地方已偿还机场建设资金 5524.91 万元。

(四)推动打好三大攻坚战相关审计查出问题的整改情况。

1. 关于防范化解风险方面的问题。

一是地方政府债务风险防控问题。对 16 省未对困难较大的市县制定地方政府债务应急预案问题,14 省已建立,另 2 省计划年底出台。对漏报或多报债务数据等问题,相关地区核实调整了债务数据。对存量隐性债务未制定化解措施等问题,11 个地区已补充制定化解方案。对债务资金闲置问题,35 个地区已支出 224.98 亿元,其余 65.42 亿元将在调整项目后按进度拨付。

二是金融风险防控问题。对变相降低企业实得融资问题,5 家商业银行通过取消与贷款挂钩的存款和理财产品、结清问题业务等完成整改,处理处分 212 人。对违规收取企业融资费等问题,3 家金融机构出台下调费用、扩大减免范围等制度 5 项,退还费用等 2.3 亿元,处理处分 42 人。对"名股实债"开展债转股问题,相关金融机构在保障企业正常经营的前提下,提前退出部分资金,或安排专项降准资金和社会募资置换原有资金。对虚假掩盖不良问题,3 省相关金融机构通过核销及清收转让、追加抵质押等整改 740.23 亿元。对村镇银行等不良贷款问题,各级监管部门督促相关金融机构规范入账,并采用重组、转让等市场化手段予以整改。对地方金融监管存在的薄弱环节,有关部门正研究起草监管办法,目前已出台融资担保公司等 3 类机构的监管规则,正在制订融资租赁等 4 类机构的监管规则。

2. 关于扶贫方面的问题。有关地方和部门已整改 54.06 亿元,完善制度或落实扶贫政策 334 项。

一是擅自拔高或随意降低脱贫标准问题。对提高住房补助标准或过度医疗等问题,14 县已整改 14.78 亿元。对未实现"两不愁、三保障"即作脱贫处理问题,41 县通过细化帮扶措施、重新识别补录贫困人口等整改,涉及贫困群众 2.97 万名。对摘帽即摘帮扶等问题,2 县加强扶贫及资助政策落实,提升扶贫成果的稳定性和持续性。对赶进度、搞冲刺、虚报数据等问题,9 县通过调整任务目标、严格数据审核或补拨资金等整改。

二是扶贫领域腐败和作风问题。对优亲厚友、贪污侵占、骗取套取等问题,有关地方已追回资金、核减拨款等 9626 万元,处理处分 306 人。对"面子"和形象工程问题,3 县通过调整账目、归还资金等整改 309 万元。对未与贫困户建立利益联结问题,28 县通过重新签订帮扶协议、优先吸纳贫困户就业等整改 1.45 亿元。对将 4268 万元"造血"资金直接发放问题,10 县已通过追回资金、调整收益分配方案等完成整改。

三是扶贫主体责任落实不到位问题。对多数县未开展扶贫绩效评价问题,财政部、扶贫办等印发《财政专项扶贫资金绩效管理操作指南(试行)》(财办农〔2019〕68 号),指导县级开展绩效管理。对贫困户识别不够精准问题,扶贫办督促地方全面排查,12 县已剔除不符合条件贫困户。对行政村账务不规范等问题,10 县已督促 145 个行政村完善财务资料、规范财务报销程序等。

四是资金和项目管理绩效不佳问题。对扶贫资金用于非扶贫领域问题,42 县通过自查清理、归还垫付资金等整改 21.1 亿元,处理处分 72 人。对资金和项目闲置等问题,37 个地区盘活资金 8.28 亿元;15 县通过责成补种苗木、补发物资、加强培训等推动落实扶贫建设项目后期管护责任,涉及 93 个项目、3340 万元;66 县推动 277 个扶贫项目重新使用或运营,避免或挽回损失 2.63 亿元。对后续帮扶措施未落实等问题,24 县严把项目筛选、加强就业培训、优先聘用贫困群众,并制定完善以工代赈等制度 20 项。

3. 关于生态保护和污染防治方面的问题。有关地方和部门已整改 18.84 亿元,健全制度 17 项。

一是污染源头治理不到位问题。对未按要求办理环评等问题,已经整改。对化工园区未进行风险评估和部分项目未按规定入园等问题,已有 35 个园区完成评估,144 个化工项目布局在化工园区内。对无资质企业处置废水废物问题,相关港口约谈了相关企业,有 3 家企业已取得资质,与另 1 家仍无资质企业终止合作。对 5 家企业虚开污染物接收证明问题,地方主管部门给予罚款等行政处罚。

二是资源开发利用与生态修复不平衡问题。对违规取水问题,1 省收缴罚金 972.59 万元,4 省 2897 家用水单位补办、换发取水许可或按规定封停,另 223 家单位已列入关停计划。对未按期实施的 12 个蓝色海湾整治行动项目,自然资源部专门发文要求整改,并开展现场督导,有 2 个项目已完工,其他项目也已取得进展。2 省 678 处侵占入海河道的违规点位已完成清理。

三是部分生态文明重点任务未有效落地问题。生态环境部等部门将会同有关地方,进一步建立健全渤海主要污染物排海总量控制以及京津冀环评会商、统一监测等制度。对生态文明建设考核机制不完善问题,9 个地区将在主管部门指导下,进一步做好年度评价和目标考核。此外,对少征或拖欠水资源费、资金闲置、项目建设缓慢等问题,有关地区已补征、偿还、统筹调剂使用 18.84 亿元,7 省 62 个项目已建成或基本建成。

(五)重大政策措施落实跟踪审计查出问题的整改情况。

1. 减税降费政策措施落实方面。对未完成相关资格认定或无企业享受优惠问题,5 省逐一梳理去产能和调结构停产停业关闭企业名单,及时办理退税。对高新技术企业未享受研发费用加计扣除优惠政策问题,2 省已减免 128 户符合条件企业税款。对多征税和未及时退税问题,2 省已退还 56 家企业多缴税款 1887.32 万元,3 省完善网上退库功能或研发出口退税流程监控平台;对向不符合条件单位减税问题,有关方面正研究完善政策适用范围。对向企业违规收费、转嫁费用等问题,17 省相关单位已停止收取或转嫁费用并退费 1.27 亿元。对依托行政职权及影响力摊派或收费等问题,有 41 家已停止摊派,16 家停止相关中介服务事项,1 家已与主管单位脱钩。同时,根据《全国人大财经委关于 2018 年中央决算草案审查结果报告》中关于"要将减税降费专项审计及整改情况作为整改情况报告一项重要内容"的要求,将 2019 年第二、三季度减税降费审计及整改情况一并报告。

2. 民营、小微企业融资方面。对融资难等问题,中国银保监会会同人民银行等出台多份文件,要求银行业金融机构全年单户授信总额 1000 万元及以下的小微企业贷款增速不低于各项贷款增速,户数不低于年初水平;印发《关于进一步加强知识产权质押融资工作的通知》(银保监办发〔2019〕34 号),引导商业银行加大产品开发力度,推动扩大知识产权融资。对融资贵等问题,人民银行贯彻实施稳健的货币政策,保持银行体系流动性合理充裕,改革完善贷款市场报价利率形成机制,促进降低企业融资成本;会同司法部等部门明确了高利贷认定标准,打击非法贷款活动。

3."放管服"改革方面。对未按规定取消或下放行政审批事项等问题,7 省 9 家单位已停止 1 项审批事项,取消 8 项前置审批条件,下放 1 项审批权限。对扩大审批范围或审批不及时问题,2 省已规范相关行政审批事项等,1 个部门加快了审批进度。对在招标和政府采购中设置不合理条件问题,10 省 32 家单位修订或废止招投标规定、取消不合理限制性条款等。对违规审批或未按时限办理备案事项问题,2 省进一步规范外商投资企业备案流程,严控办理时限。对"互联网 + 政府服务"相关问题,各地采取了完善制度规定、加强数据共享、完善政务服务平台功能等措施,一些地方已认可电子证照,无需现场提交原件。

4. 清理拖欠民营和中小企业账款方面。对少报拖欠账款问题,12 部门和 19 省制定清偿计划,目前已偿还 35.04 亿元。此外,对违规收取或未及时清退保证金问题,已清退保证金 65.16 亿元、上缴国库 2.13 亿元;对限制使用银行保函缴纳保证金问题,1 家单位明确可以用银行保函方式缴纳保证金。

5. 科技成果转化方面。对税收优惠政策范围偏窄问题,财政部、税务总局将会同有关部门研究完善相关税收政策。对国有产权登记变更审批程序复杂问题,财政部授权中央级研究开发机构、高校主管部门,负责办理科技成果作价投资成立企业的国有资产产权登记事项。对多头监管和重复检查问题,教育部印发《关于抓好赋予科研管理更大自主权有关文件贯彻落实工作的通知》(教党函〔2019〕37 号),要求统筹规范教育系统各类监督检查,共享检查结果;科技部、财政部、教育部、中科院、自然科学基金委等部门建立了"5 + N"(N 为地方)的央地联动机制,对国家科技计划相关项目按不超过5%的比例随机抽查。

(六)金融和企业审计查出问题的整改情况。审计的22户中央企业和5家金融机构已整改194.56亿元,完善相关制度367项。

一是部分重点任务未及时完成问题。对研发投入未达规定比例问题,国资委出台《中央企业负责人经营业绩考核办法》(国资委令第40号),加强对研发投入等指标的考核;相关企业出台完善科技投入机制、提高研发投入强度等制度12项。对科技创新考核激励机制不到位等问题,国资委出台《关于大力支持中央企业加快关键核心技术攻关若干激励政策的意见》(国资发考分规〔2019〕74号),激发科研人员活力,强化机制保障;2户企业出台创新成果奖励等制度,把科技创新作为薪酬考核的重要指标。对未按要求关停煤炭产能问题,煤矿已实际停产,有关企业正在办理相关手续。对违规新增火电装机容量问题,能源局已将3个火电项目移出缓建名单,项目建设正有序推进。对厂办大集体和"三供一业"等处置缓慢问题,有关企业完善了工作方案,配合相关部门和地方加大投入、稳妥推进。

二是"三重一大"制度执行不够严格问题。对违规决策等问题,9户企业健全了内控制度和决策及风险控制体系,并及时处置风险点;4家金融机构完善了重大问题决策机制,制定"三重一大"决策事项清单。

三是企业经营和金融业务开展不够规范问题。对偏离主业违规开展业务问题,8户企业通过修订投资制度、加强资产保全、责成下属企业有序退出等,收回资金或化解风险14.23亿元。对1户央企违规对外担保问题,该企业已发文严禁所属单位对外担保,并就损失提起诉讼。对金融机构违规开展业务问题,2家金融机构已停止相关业务,并构建全面风险管理防线,一户一策化解风险。对违规采购问题,有关企业和金融机构修订完善招标管理、违规行为处罚等制度49项,定期开展专项检查。对会计信息不实问题,22户企业和1家金融机构已调整账目。

四是违反中央八项规定精神等问题。对违规取酬和发放津贴补贴等问题,6户企业和2家金融机构完善薪酬管理、绩效考核等制度8项,收回153.78万元,处理处分2人。对公务用车和超标准乘坐交通工具等问题,10户企业和4家金融机构制定办法规范领导人员乘坐交通工具等事项,退还超标差价款,处置或封存公务用车。对违反廉洁自律规定等问题,相关人员正在注销股权,所在企业和金融机构出台了进一步规范员工从业和投资等行为的文件。

(七)审计移送的违纪违法问题线索查处情况。对审计移送的违纪违法问题线索,有关部门正在组织调查或已立案查处。

1. 关于公共资金和国有资产损失问题。人民银行、中国银保监会等持续加大对信贷、同业理财等领域的检查力度。其中中国银保监会2019年上半年派出检查组539个,检查银行机构693家次、处罚801家次。

2. 关于涉税涉票问题。对审计移送的涉税违法问题,税务部门已办结47起,查补税款102.84亿元。对存在税收征管漏洞问题,税务总局初步构建起增值税"风险提示+申报比对+快反机制+异常处理"的立体化风险防控体系,深入开展"双打"(打击骗取出口退免税和虚开增值税专用发票)专项行动。

3. 关于涉众金融违法行为问题。人民银行、中国银保监会、公安部等多次开展针对地下钱庄、非法集资等涉众金融违法行为的专项行动;推进防范和处置非法集资条例制定工作,加快建设非法金融活动风险防控平台;稳妥有序处置网络借贷机构,以"三降"(平台数量、借贷余额、借款人数)为抓手,以退出为主要方向,压实股东、平台责任,推动大多数机构良性退出,支持平稳转型。

4. 关于基层腐败损害群众切身利益问题。人力资源社会保障部积极促进跨部门跨系统数据共享,实施数据稽核,变"人工审"为"事前防、事中控、事后查",持续推动社保经办系统稽核风险控制工作转型升级。一些地方认真排查权力事项廉洁风险点,提高基层工作人员的法纪意识。

5. 关于环保领域仍需持续关注问题。生态环境部开展全国集中式饮用水水源地环境保护专项行动,2019年清理整治21省899个县级水源地,督促建立水源地保护长效机制。自然资源部等部门针对相关领域违纪违法问题,正在研究建立健全长效机制。

(八)审计建议落实情况。财政部等主管部门认真研究审计建议,结合深化财税体制改革等部署,积极完善相关制度机制,深化相关领域改革。

1. 关于持续深化供给侧结构性改革的建议。一是实施更大规模减税降费。已降低制造、交通运输、建筑等行业增值税税率1至3个百分点,试行增值税期末留抵税额退税制度,实施小微企业普惠性税收减免,执行降低社保费率政策。前三季度,全国累计新增减税降费1.78万亿元。二是持续深化"放管服"改革。财政部加强收费目录清单"一张网"动态管理,印发《关于促进政府采购公平竞争优化营商环境的通知》(财库〔2019〕38号)。相关部门坚决查处乱收费、乱罚款、乱摊派等问题。三是提升金融服务实体经济能力。中国银保监会与税务总局、财政部等部门深化"银税互动",开展深化民营企业和小微企业金融服务综合改革试点。人民银行会同中国银保监会将支小再贷款范围扩大至民营银行,适当提高对民营企业、小微企业不良贷款容忍度。四是加快推进制造业高质量发展和创新驱动战略实施,国资委印发推动中央企业科技创新工作举措2019年落实方案,加强对研发投入、科技成果产出和转化等指标的考核。

2. 关于推动积极财政政策加力提效的建议。一是优化财政支出结构。中央财政增加脱贫攻坚、结构调整、生态环保、民生等方面投入;压缩一般性支出,2019年中央部门非重点、非刚性项目支出平均压减幅度达10%;督促地方盘活变现低效、闲置等政府存量资产。二是全面实施预算绩效管理。70多个部门和31省印发了贯彻全面预算绩效管理的实施意见或成立专门机构。财政部制定《中央部门预算绩效运行监控管理暂行办法》(财预〔2019〕136号),抓紧建设分行业、分领域绩效指标体系。三是深化部门预算编制制度改革。财政部进一步完善预算支出标准体系,硬化预算约束,减少追加调整。四是深化财税体制改革。财政部报请国务院印发《实施更大规模减税降费后调整中央与地方收入划分改革推进方案》(国发〔2019〕21号),明确保持增值税"五五分享"比例稳定,调整增值税留抵退税分担机制,后移消费税征收环节并稳步下划地方;推进中央与地方财政事权和支出责任划分改革,指导省级财政部门合理划分省与市县财政事权和支出责任。

3. 关于全力打好三大攻坚战的建议。一是加强财政、金融和就业优先政策协调配合。国务院成立就业工作领导小组,进一步加强对就业工作的组织领导和统筹协调。财政部会同中国银保监会等部门加强地方政府债务资金投向监管。国资委建立重点企业债券风险动态监测机制,严格实施债券发行比例管理;中央企业积极探索创新市场化债转股模式,充分利用资本市场多渠道补充权益资本。金融监管部门制定实施金融风险攻坚战行动方案,积极推动地方提高金融监管能力。二是稳步推进脱贫攻坚。扶贫办加强贫困人口动态管理,会同相关部门完善产业扶贫机制,落实易地搬迁后续扶持工作,建立脱贫攻坚项目库"负面清单"。三是积极推进经济发展和生态保护协同。自然资源部正在修订自然生态空间用途管制办法,对各类开发利用活动实行空间准入和规划许可。生态环境部组织实施大气、水污染治理等研究项目,优化国家生态环境科技成果转化综合服务平台功能。

4. 关于严格落实为基层减负有关要求的建议。加强部门间监督检查统筹衔接,着力减轻基层负担,并在深入剖析问题原因的基础上,坚持从体制机制制度层面完善管理、深化改革,建立健全问题整改长效机制。如科技部牵头建立科技计划项目随机抽查机制和科技领域重大违规案件联合调查处理机制;自然资源部每年只开展1项综合性督查检查考核事项;生态环境部将原有27项监督检查任务减至2项;卫生健康委制定为基层减负的19项措施;扶贫办要求每年只统一填报1次建档立卡信息数据。

三、正在整改中的问题及后续工作安排

在做好审计查出问题立行立改的同时,有关部门单位和地方对个别问题正在持续推进整改,主要有3种情况:

(一)有的问题涉及改革中长期目标,需要结合深化改革逐步解决。如预算管理、转移支付、政府债务等涉及财政改革问题,农村改厕和污水垃圾处理设施建设利用等涉及乡村治理问题,需要随着财税体制改革、乡村振兴战略深入推进而逐步解决。

(二)有的问题错过当期整改时机,补办手续或推进项目建设需等待合适时机。如预算不细化、投资项目推进慢、保障性住房用地手续不全或住房闲置等问题,受预算调整、土地储备、补缴出让金、配套设施建设等影响耗时较长;个别生态环境治理工程受严寒天气等影响,秋冬季无法开展,工程进展较慢。

(三)有的历史遗留问题涉及面宽、情况复杂,需多方合力整改。如资产产权确认、资金结余清理等问题,需较长时间理清产权关系等,有的涉及征地、消防、水利等多个领域和部门,个别还涉及诉讼程序。

对以上问题,有关部门单位和地方对后续整

改作出了安排:一是分类制定整改计划。深入分析尚未整改到位的原因,有针对性地制定整改计划和措施,并严肃追责问责。二是进一步加强整改协同。对需多部门共同推进整改的问题,由主管部门牵头建立协作机制,明确各自权责,加强统筹协调,合力推动整改。三是进一步推进深化改革和完善制度。认真贯彻落实党的十九届四中全会精神,加快构建系统完备、科学规范、运行有效的制度体系。审计署将持续对后续整改情况进行跟踪检查。

我们将更加紧密地团结在以习近平同志为核心的党中央周围,坚持以习近平新时代中国特色社会主义思想为指导,全面贯彻落实党的十九大和十九届二中、三中、四中全会精神,自觉接受全国人大的指导和监督,依法履行审计监督职责,进一步推动完善审计查出问题的整改工作,为坚持和完善中国特色社会主义制度、推进国家治理体系和治理能力现代化作出应有贡献!

对2018年度中央预算执行和其他财政收支审计查出问题整改情况报告的意见和建议

2019年12月26日,十三届全国人大常委会第十五次会议审议了审计署审计长胡泽君受国务院委托作的关于2018年度中央预算执行和其他财政收支审计查出问题整改情况的报告,共有19人次发言。现根据会议发言情况,将常委会组成人员和列席人员的主要意见整理如下。

出席人员普遍认为,在以习近平同志为核心的党中央坚强领导下,国务院及其有关部门、各地区认真贯彻落实党中央关于审计查出问题整改工作的部署要求,认真执行十三届全国人大常委会第十一次会议有关审议意见,整改工作成效明显。全国人大财经委、常委会预算工委的调研报告扎实细致,针对性强,希望有关方面认真研究处理。大家强调,要进一步巩固整改成果,堵塞管理漏洞,健全审计查出问题整改长效机制,做到“治已病、防未病”,切实防止屡审屡犯。审议中,大家还提出了一些具体意见和建议。

一、继续做好重点领域整改工作

有些出席人员提出,报告反映,11个地区已对170多亿元存量隐性债务补充制定了化解方案,应当看到地方政府隐性债务数额依然较大,防范化解风险工作丝毫不能懈怠,建议有关部门强化风险意识,积极主动作为,建立健全地方政府隐性债务约束机制和预警机制。有些出席人员提出,有些地方、部门没有完全落实中央减税降费政策,特别是一些行业协会、中介机构还在变相乱收费。建议落实落细中央确定的各项减税降费政策,同时加强税制改革顶层设计,统筹考虑,整体规范,通过优化税制落实减税降费政策,巩固和拓展减税降费成效。有的出席人员提出,通过这次审计查出问题整改,有关部门收回了大量结余资金,希望继续抓好盘活存量资金工作,把有限的资金用好用实、用到刀刃上。有些出席人员提出,企业研发费用加计扣除政策执行情况并不理想,一个重要原因是政策传达不到位,建议有关部门改进宣传工作的方式方法,提高向服务对象精准推送政策、信息的能力,让更多人知晓、运用政府出台的好政策。

有些出席人员提出,一些地方和部门重投入轻管理、重支出轻绩效的意识尚未根本扭转,一些领域财政资金使用低效无效、损失浪费的问题仍然比较突出。建议进一步健全绩效评价结果与预算安排和政策调整的挂钩机制,对绩效好的项目优先进行保障,对低效无效的项目及时调减或取消,倒逼地方和部门加强预算绩效管理,切实提高资金使用效益。有些出席人员提出,推进预算绩效管理指标与标准体系建设非常必要,建议充分考虑各行业、各领域的工作特点,能够量化的尽量量化,确实难以量化的也要有能够综合反映绩效目标实现程度的标准要求,不断提高绩效评价的科学性、客观性、合理性。有的出席人员提出,应处理好部门单位自评、第三方评价和财政部门审核之间的关系,既要发挥部门单位的主观能动性,也要确保绩效评价的客观性和质量。

二、进一步加强审计工作

有些出席人员提出,审计工作报告显示,2019年一般公共预算、政府性基金预算和国有资本经营预算转移支付均有部分资金未在预算法规定的时间内下达,建议对此类问题加强审计监督,督促有关部门严格依照法定期限下达转移支付。有些出席人员提出,目前审计监督主要是事后监督,一些查出的问题错过整改时机,成为既成事实,很难得到纠正。建议加强审计监督与人大监督的协调配合,将审计查出的突出问题纳入人大预算联网监督系统,运用互联网、大数据手段做好事中监督、实时监督,对出现的问题及时发现、及时预警、及时纠正。

三、强化责任落实和问题追责

有的出席人员提出,有的部门连续几年结余结转大量资金,编制预算时还继续增加支出,建议高度重视此类问题,整改不应只停留在调整预算或账目,还应进一步加强清理规范,并从预算编制上研究改进。有的出席人员指出,在一些审计查出问题整改过程中,存在对有关责任单位和负责人追责问责“宽松软”现象。建议进一步压实主体责任和主管责任,对明知故犯、顶风违法违规问题,要依法依规严肃问责,对屡审屡犯的单位和负责人要加重追责力度,切实发挥追责问责的惩戒警示作用。有些出席人员提出,要强化审计结果的共享共用,把审计监督与纪检监察监督连接贯通起来,依纪依法严肃问责,绝不姑息,以较真碰硬的态度提高审计监督成效,更好发挥党和国家监督体系的重要制度保障作用。

四、建立健全审计查出问题整改长效机制

有的出席人员提出,对预算编制不够细化、部分转移支付安排交叉重叠、部分预算调整不够规范、资金使用效率不高、违规使用财政资金、投资项目推进慢等重复出现的老问题,需要部门共同研究解决的,建议由国务院审计部门牵头,建立健全审计整改部门联动机制,采取有针对性的措施,共同推动问题解决。有的出席人员提出,还在整改过程中的问题,应在向全国人大常委会反馈整改情况报告审议意见的研究处理情况时,反映后续整改情况。有的出席人员建议,全国人大常委会要进一步加强对审计查出问题的跟踪监督:(1)总结这些年来监督工作的成功经验,适时出台加强对审计查出问题整改跟踪监督的意见;(2)改进审计查出问题整改情况报告机制,研究建立对审计查出问题突出和整改不力的部委单独向全国人大常委会报告整改情况的制度。

关于加强社会保障体系建设助力打好精准脱贫攻坚战推进社会救助工作情况的报告

——2019 年 12 月 25 日在第十三届全国人民代表大会常务委员会第十五次会议上

民政部部长　李纪恒

全国人民代表大会常务委员会:

受国务院委托,我向全国人大常委会报告加强社会保障体系建设助力打好精准脱贫攻坚战推进社会救助工作情况,请审议。

社会救助事关困难群众基本生活和衣食冷暖,关系民生、连着民心,是一项兜底线、救急难、保民生、促公平的基础性制度安排,是我们党全心全意为人民服务根本宗旨和社会主义制度根本性质的集中体现。党中央、国务院高度重视社会救助工作。习近平总书记多次作出重要指示批示,要求统筹城乡社会救助体系,完善最低生活保障制度,集中力量做好普惠性、基础性、兜底性民生建设,保障群众基本生活;今年 3 月专门作出重要批示,要求各级民政部门要加强党的建设,坚持改革创新,聚焦脱贫攻坚,聚焦特殊群体,聚焦群众关切,更好履行基本民生保障等职责。李克强总理在今年的《政府工作报告》中指出,要适当提高城乡低保、专项救助等标准,加强困境儿童保障;加大城镇困难职工脱困力度;提升残疾预防和康复服务水平;要尽力为群众救急解困、雪中送炭,基本民生的底线要坚决兜牢。王勇国务委员等国务院领导同志也多次对社会救助工作作出相关部署。各地区、各有关部门认真贯彻党中央、国务院决策部署,以习近平新时代中国特色社会主义思想为指导,扎实推进社会救

助各项工作，注重协同配合，强化责任落实，进一步织密扎牢民生兜底保障安全网。

一、工作进展和主要成效

党的十八大以来，按照党中央、国务院决策部署，民政部会同有关部门坚持以人民为中心的发展思想，推动社会救助工作进入发展快车道，政策措施密集出台，制度体系日益完善，工作机制不断健全，财政投入逐年加大，救助水平持续提升。坚持精准扶贫精准脱贫基本方略，充分发挥农村低保在实现“两不愁”中的兜底保障作用，助力打赢脱贫攻坚战。推进社会救助制度城乡统筹发展，逐步缩小城乡差距，切实保障好困难群众基本生活，取得了显著成效。

（一）社会救助制度体系基本确立。2014 年 2 月国务院颁布《社会救助暂行办法》，确立了以最低生活保障、特困人员供养、受灾人员救助、医疗救助、教育救助、住房救助、就业救助、临时救助等 8 项救助制度为主体，社会力量参与为补充的制度框架，基本覆盖各类困难群众。全国所有省份都出台了实施办法，有关部门也出台一系列配套政策，救助制度体系基本确立。一是进一步完善最低生活保障制度。规范对象认定、标准制定、审核审批、资金发放、动态管理等工作，将生活困难、靠家庭供养且无法单独立户的成年无业重度残疾人按照单人户纳入低保，做到保障对象有进有出、补助水平有升有降。二是全面建立临时救助制度。明确国家对遭遇突发事件、意外伤害、重大疾病或其他特殊原因导致基本生活陷入困境的家庭或个人给予应急性、过渡性救助，有效缓解了城乡困难群众遇到的突发性、紧迫性、临时性基本生活困难。三是进一步健全特困人员救助供养制度。针对城乡“三无”人员待遇不平衡等问题，将城市“三无”人员救助与农村“五保”供养统一为特困人员救助供养，明确认定条件、供养内容和供养标准，实现制度转型升级。四是完善受灾人员救助制度。改革防灾减灾救灾和应急管理体制机制，制定自然灾害救助应急预案，规范灾情统计、损失评估、救灾捐赠等工作，为做好受灾人员救助提供有力政策保证。五是完善医疗救助制度。全面开展重特大疾病医疗救助工作，规范疾病应急救助，切实减轻困难群众医疗负担。六是完善教育救助制度。采取减免相关费用、发放助学金、安排勤工助学岗位等方式保障教育救助对象基本学习生活需求，规范家庭经济困难学生认定工作。七是完善住房救助制度。采取配租公租房、发放租赁补贴、农村危房改造等方式，稳步推进住房救助，保障困难群众基本住房需求。八是完善就业救助制度。优化提升公共就业服务成效，落实税费减免、贷款贴息、社会保险补贴、岗位补贴、培训补贴等政策，及时帮扶最低生活保障家庭中有劳动能力并处于失业状态的成员实现就业。九是健全社会力量参与制度。完善企业和个人公益性捐赠所得税税前扣除政策，鼓励引导慈善组织等社会力量通过捐款捐物、设立帮扶项目、创办服务机构、提供志愿服务等方式参与社会救助，为困难群众提供多方面救助帮扶。

（二）工作机制逐步建立健全。立足于统筹社会救助资源，推进相关部门救助职能协同配合、高效联动，进一步建立健全社会救助工作机制，有效发挥各项救助制度整体合力，更好保障困难群众基本生活。一是建立健全社会救助部门协调机制。中央层面建立由民政部牵头、26 个部门参加的全国社会救助部际联席会议制度；部署并推动全国各县（市、区）全部建立由政府负责人牵头、民政部门负责、有关部门和单位参加的困难群众基本生活保障工作协调机制，定期研究解决本地区各类困难群众基本生活保障问题。二是普遍建立乡镇（街道）层面社会救助“一门受理、协同办理”机制和主动发现机制。确保困难群众“求助有门、受助及时”，变“群众来回跑”为“部门协同办”，最大限度防止冲击社会道德和心理底线事件发生。三是部署建立社会救助家庭经济状况核对机制。加强部门间信息比对共享，经社会救助家庭成员授权，通过户籍管理、税务、社会保险、不动产登记、工商登记、住房公积金管理、车船管理等单位和银行、保险、证券等金融机构，查询、核对其家庭经济状况，有效提高社会救助对象认定精准度，最大程度避免“漏保”、“错保”等情况发生。五年来，全国年均开展各类核对 1.1 亿人次，不实申报检出率为 8% 左右，为国家节省了大量财政资金。四是建立并逐步完善社会救助和保障标准与物价上涨挂钩的联动机制。当食品等基本生活类物价突发性上涨时，及时启动联动机制，为困难群众发放价格临时补贴，减小物价突发性上涨对困难群众基本生活的影响。今年 1—9 月，各地民政部门累计为社会救助对象发放价格临时补贴资金 29 亿元，惠及困难群众 1.26 亿人次。

（三）基层经办服务能力建设不断增强。围绕打通民生保障“最后一公里”，确保各项惠民救助政策真正落到实处，注重加强基层经办服务能力建设，有效提升社会救助服务质量和效率。一是强化各级责任。要求省级人民政府统筹研究制定按照社会救助对象数量、人员结构等因素为基层配备相应工作人员的具体办法和措施。明确在基层社会救助经办服务中村（居）民委员会的协助责任、乡镇（街道）的审核责任和县级民政等有关部门的审批责任。二是提高救助时效性。采取“先行救助”、在乡镇（街道）建立备用金制度等措施，不断提升临时救助在救急解难方面的及时性、有效性。同时，采取多种形式加强社会救助政策宣传，注重发挥微博、微信等新媒体优势，确保困难群众及时、准确知晓救助政策规定。三是加强社会救助信息化建设。通过强化部门间信息比对共享，逐步减少需群众提供的相关证明材料。推动经办服务向移动端延伸，部分地区已经实现救助事项“掌上办”、“指尖办”，为困难群众提供方便快捷的救助事项申请、办理、查询等服务。四是推进社会救助领域“放管服”改革。进一步简化申请、审核、评议、公示等环节，鼓励有条件的地方将低保、特困等社会救助审批权下放到乡镇（街道），不断优化服务流程、提升服务质量。积极推行政府购买社会救助服务，将市场机制引入社会救助服务供给，着力构建公开、公平、高效的救助服务供给体系。

（四）监督管理进一步规范。加强和规范社会救助监管，健全“双随机、一公开”监督机制，严肃查处违法违规行为，提升社会救助规范管理水平，确保社会救助制度政策有效实施。财政部会同有关部门制定社会救助资金管理办法，加强资金监管，强化审计监督、财政监督，对发现的挤占、挪用、截留和滞留资金等违规问题，及时纠正并依法依规追究相关人员责任。全面实施社会救助经办人员及村（居）委会工作人员近亲属享受低保备案制度。结合扶贫领域作风问题专项治理，部署开展农村低保腐败和作风问题专项治理等工作，坚决整治“人情保”、“关系保”等问题，为更好发挥社会救助兜底保障作用提供坚实保障。民政部及省、市、县四级民政部门全部开通社会救助投诉举报电话，建立上下联通的群众投诉举报快速响应处置机制。今年1—9 月，各级民政部门共收集问题线索 29855 条，其中查证属实并向同级纪检监察机关移交 1319 件，涉及干部 705 人。

（五）脱贫攻坚兜底保障持续强化。在打赢脱贫攻坚战过程中，总有一部分人员由于不具备劳动能力甚至生活能力，无法通过开发式扶贫政策实现脱贫，将其纳入低保等社会救助范围，是打赢脱贫攻坚战的重要保障任务。民政部、财政部、扶贫办等部门从政策、标准、对象、管理等方面加强农村低保制度与扶贫开发政策的有效衔接，助力解决贫困群众吃穿“两不愁”。民政部会同有关部门调整完善农村低保政策，明确对未脱贫建档立卡贫困户中靠家庭供养且无法单独立户的重度残疾人、重病患者等完全丧失劳动能力和部分丧失劳动能力的贫困人口，参照单人户纳入低保，加大兜底保障力度。进一步加强和改进临时救助制度，着力发挥临时救助在强化“两不愁”兜底保障、助力解决“三保障”问题、防范脱贫群众返贫等方面的作用，形成保障合力。指导督促各地按照国家扶贫标准综合确定农村低保的最低指导标准。从 2017 年底开始，全国所有县（市、区）的农村低保标准均动态达到或超过国家扶贫标准。截至今年 6 月底，22 个脱贫攻坚任务重的省份农村低保平均标准达到 4473 元，所有深度贫困县平均标准达到 3979 元，“三区三州”所辖县平均标准达到 3862 元；全国共有 1749 万建档立卡贫困人口纳入低保或特困人员救助供养范围（已脱贫 1168 万人、未脱贫 581 万人），其中 63.5% 为老年人、未成年人或重病、重残人员。

（六）立法工作有序推进。国务院高度重视社会救助立法工作，2014 年 2 月颁布的《社会救助暂行办法》是我国第一部社会救助方面的行政法规。去年以来，全国社会救助部际联席会议部署开展《社会救助暂行办法》施行情况评估，民政部会同有关部门围绕社会救助政策执行情况、实施效果和社会影响等开展联合调研，总结梳理社会救助实践中存在的突出困难和问题，进一步明确需要通过法律予以规范的事项。民政部会同有关部门部署社会救助综合改革试点，开展社会救助基层创新实践等活动，为社会救助立法提供实践支撑。同时，民政部注意收集整理社会救助相关领域法规政策，听取专家学者意见建议，借鉴参考国外成熟立法经验，聚焦现实需求和立法要求，开展立法专题研究，并配合全国人大开展立法调研，积极推进社会救助法起草工作。

（七）社会救助制度优势日益彰显。社会救助制度体系的建立实施，为数千万城乡困难群众提供了基本生活保障，温饱问题得到制度性解决，困难群众真切感受到党和政府的温暖，充分体现了社会主义制度的优越性。为进一步做好社会救助工作，国务院要求各级财政在一般性转移支付中，都要把保障困难群众基本生活放在优先位置，确保政府投入只增不减。中央财政建立困难群众救助专项补助资金，统筹用于最低生活保障、特困人员救助供养、临时救助、孤儿基本生活保障、生活无着流浪乞讨人员救助等工作，2016—2019 年，共安排补助资金 5618 亿元。同时，中央财政也加大了医疗救助、农村危房改造、受灾人员救助等专项救助资金支持力度，地方财政相应增加社会救助资金投入。

社会救助制度政策的健全完善，财政投入的持续增加，有力保障了困难群众基本生活，进一步提升了社会救助兜底保障水平。最低生活保障方面，截至今年 9 月底，全国共有城乡低保对象 4283 万人，城市低保平均标准 617 元/人·月，较 2013 年增长 65%；农村低保平均标准 5247 元/人·年，较 2013 年增长 116%。城乡低保标准差距逐步缩小，由 2013 年的 1∶8∶1 缩小到现在的 1∶4∶1。今年 1—9 月，累计支出资金 1164.7 亿元。特困人员救助供养方面，截至今年 9 月底，全国共有 471 万城乡特困人员纳入供养范围，城市特困人员基本生活平均标准为 9675 元/年，农村为 7296 元/年，分别较 2017 年增长 16.7% 和 15.4%；照料护理标准依据生活自理能力和服务需求分档确定。今年 1—9 月，累计支出资金 270.6 亿元。受灾人员救助方面，大幅提高了灾害应急救助、过渡期生活救助等救助项目中央财政补助标准。2018 年以来，针对青海、江西、广东等地自然灾害，启动国家救灾应急响应 35 次，安排下拨中央自然灾害救灾资金 98.96 亿元。医疗救助方面，截至今年 9 月底，全国共实施医疗救助 1.23 亿人次，支出资金 363.2 亿元，次均住院和门诊救助水平分别达到 1117 元和 82 元。今年 1—6 月，全国累计对 2.8 万人实施疾病应急救助，向医疗机构拨付急救费用 1.5 亿元。教育救助方面，2019 年，下达义务教育家庭经济困难学生生活费补助 94.3 亿元，可用于扩大家庭经济困难学生生活补助覆盖面；下达支持学前教育发展基金 168.5 亿元，可用于持续实施学前幼儿资助政策；下达高等教育奖助学金 235.7 亿元，可用于调整高职院校奖助学金政策。住房救助方面，持续推进农村危房改造，提高补助标准，党的十八大以来，中央财政累计投入 1891 亿元补助资金，支持 1794 万户贫困家庭改造危房，帮助 5700 多万贫困群众住上安全住房。同时，全国累计为 300 多万户城镇住房救助对象提供公租房保障，有效改善城镇困难群众住房条件。就业救助方面，今年 1—9 月，共帮助 133 万就业困难人员实现就业，消除零就业家庭 3.4 万户，实现零就业家庭动态清零。临时救助方面，今年 1—9 月，全国共实施临时救助 478.8 万人次，累计支出救助资金 68.0 亿元，平均救助水平 1420 元/人次，救助水平较 2016 年提高 31.8%。社会力量参与方面，截至 2018 年底，全国共有经常性社会捐赠工作站、点和慈善超市 1.2 万个。2018 年，全国社会组织捐赠收入达 919.7 亿元，全年共有 1072 万人次在民政领域提供 2388.7 万小时的志愿服务。

二、面临的主要困难和问题

尽管近年来我国社会救助事业发展较快，在强化兜底保障、促进社会和谐稳定、助力精准脱贫攻坚等方面发挥了重要作用，但对照党的十九大和十九届二中、三中、四中全会的新要求，对照新时代民生保障制度建设的形势与任务，对照困难群众的新期待，发展不平衡不充分的问题仍较突出。

*一是社会救助政策还需进一步统筹。*各项社会救助政策还没有完全做到有机耦合、系统集成，导致救助资源分配不均衡，重复救助和救助盲区并存。低保对象家庭收入核查涉及金融、工商、车辆、税务、住房等多个方面，但由于数据共享不到位，相关法律法规衔接不够顺畅，造成核查困难，影响了救助对象认定的精准度。区域不平衡、城乡不平衡问题依然存在，跨地区流动人口缺乏稳定的救助政策支持。当前社会救助主要以物质救助为主，方式较为单一，服务类救助发展滞后，难以满足困难群众多样化救助需求。

*二是社会救助兜底保障还不够充分。*我国城乡困难群众基本生活保障水平保持平稳增长，但与新时代困难群众对美好生活需求相比，社会救助资源供给存在一定缺口。低保等社会救助政策瞄准的主要是绝对贫困人口，低收入家庭、支出型贫困家庭还没有纳入救助范围。受经济社会发展水平限制，目前社会救助水平相对较低，需要进一步加大投入，促进社会参与，提高救助质量，增强兜底能力。

*三是基层社会救助经办服务能力还有差距。*受制度、财力等多种因素影响，一些地方救助机构不健全、人员配备不足、工作经费缺乏，基层经办服务能力弱，与当前情况复杂、需求多样、任务繁重的社会救助现实状况不相匹配，“最后一公里”问题尚未从根本上得到解决。一些地方政策落实不到位，没有及时发现困难群众救助需求，导致救助不够及

时迅速。一些地方管理服务不规范,“人情保”、“关系保”以及隐瞒收入、骗取救助等问题没有完全杜绝。

三、推进社会救助发展的思路和措施

党的十九大明确提出要“统筹城乡社会救助体系”、“完善最低生活保障制度”。党的十九届四中全会要求坚持和完善统筹城乡的民生保障制度,满足人民日益增长的美好生活需要;要求注重加强普惠性、基础性、兜底性民生建设,保障群众基本生活;要求坚决打赢脱贫攻坚战,巩固脱贫攻坚成果,建立解决相对贫困的长效机制。这是以习近平同志为核心的党中央着眼党和国家事业发展全局,对社会救助等民生保障工作作出的重大部署,是打赢脱贫攻坚战、全面建成小康社会、全面建设社会主义现代化国家的重要任务。下一步,我们将以习近平新时代中国特色社会主义思想为指导,全面贯彻党的十九大和十九届二中、三中、四中全会精神,紧紧围绕统筹推进“五位一体”总体布局和协调推进“四个全面”战略布局,坚持以人民为中心的发展思想,按照兜底线、保基本、救急难、促发展、可持续的总体思路,以统筹救助资源、增强兜底功能、提升服务能力为重点,完善法规制度,健全体制机制,强化政策落实,不断增强困难群众的获得感、幸福感、安全感。重点做好以下工作:

(一)为打赢脱贫攻坚战做好兜底保障。深入贯彻习近平总书记关于扶贫工作的重要论述和中央脱贫攻坚决策部署,扎实做好脱贫攻坚收官阶段各项工作,确保高质量完成目标任务。加强农村低保兜底保障能力,将建档立卡贫困户中的重度残疾人、重病患者等完全丧失劳动能力和部分丧失劳动能力且无法依靠产业就业帮扶脱贫的人员,全部纳入低保范围,及时将符合条件的返贫人口纳入临时救助范围,切实巩固“两不愁”成果质量。瞄准突出问题和重点任务开展更具针对性的教育救助、医疗救助、住房救助、受灾人员救助和就业救助,加快补齐短板弱项,攻克“三保障”薄弱环节。聚焦深度贫困地区,加大支持力度,集中力量攻克深度贫困堡垒。坚持社会动员,鼓励多方力量参与,激发社会活力。建立健全稳定脱贫长效机制,把解决短期脱贫与实现稳定脱贫有机结合起来,坚持分类救助,实施精准帮扶,防止边脱贫边返贫现象发生。

(二)推进社会救助综合改革。研究制定社会救助综合改革方案,加强社会救助制度顶层设计。聚焦脱贫攻坚,聚焦特殊群体,聚焦群众关切,加快构建政府主导、社会参与、制度健全、政策衔接、兜底有力的综合救助格局。以基本生活救助、专项救助和急难救助为主体,社会力量参与为补充,建立健全分层分类的梯度救助制度体系。对低收入家庭和刚性支出较大导致基本生活出现严重困难的支出型贫困家庭,根据实际需要给予相应的医疗、住房、教育、就业等专项救助或其他必要的救助措施。建立健全社会救助标准动态调整机制,根据居民人均消费支出或人均可支配收入等因素测算标准,进一步缩小城乡差距。创新社会救助方式,积极发展服务类社会救助,探索形成“物质+服务”的救助方式。加强急难社会救助,强化兜底保障功能。

(三)加强社会救助资源统筹。健全社会救助部门协调联动机制,统一困难群众认定标准,完善救助对象认定办法,推进基本生活救助、专项社会救助和急难临时救助等各项社会救助政策系统集成,进一步平衡社会救助资源供给,形成社会救助整体效应。完善县级困难群众基本生活保障工作协调机制,统筹各部门救助资源,综合解决社会救助急难个案。加强社会救助家庭经济状况核对机制建设,充分发挥各级核对机构作用,加快建立核对信息平台,推进基于全国数据库“总对总”的信息查询核对,形成全国“一盘棋”,夯实精准救助基础。继续加大社会救助财政投入。推进最低生活保障、特困人员救助供养等各类社会救助制度城乡统筹发展,加快实现城乡社会救助服务均等化。加大中西部地区政策倾斜力度。加强慈善救助与政府救助有效衔接,建立良性互补机制,更大范围凝聚社会帮扶资源。

(四)深化社会救助领域“放管服”改革。建立完善主动发现机制,逐步建设全国统一的社会救助服务热线,鼓励人民群众通过救助热线等方式及时向社会救助部门寻求帮助、提供线索。进一步深化社会救助“一门受理、协同办理”机制,规范完善转办、督办制度,及时办理或跟踪、反馈办理结果,确保困难群众求助有门、受助及时。指导有条件的地方将低保、特困等社会救助审批权限下放至乡镇(街道),大力推行“互联网+社会救助”,加快实现经办服务转型升级。依托国家数据共享交换平台体系,建立社会救助资源库,为相关部门、单位和社会力量开展救助帮扶提供支持。取消可以通过国家或地方政务服务平台查询的相关证明材料,全面推进社会救助事项线上“只上一张网”、线下“只进一扇门”和“最多跑一次”改革。

（五）强化社会救助监督管理。坚持底线思维，落实全面从严治党责任要求，坚决查处落实党中央、国务院决策部署不坚决、不到位、弄虚作假等问题，进一步规范社会救助管理服务，确保社会救助政策落到实处。继续强化社会救助资金监管，严肃查处违法违规行为。畅通投诉举报渠道，建立社会救助相关部门与纪检监察机构问题线索联合督查督办机制，切实做到社会救助对象准确、措施有力、资金安全、廉洁高效。加大社会救助领域违规违法案件通报曝光力度，发挥警示震慑作用。加强社会救助信用体系建设，注重相关职能部门联动，依法依规对有骗取救助行为等的失信人员进行惩戒，对意欲骗取救助者形成有效震慑。

（六）加快社会救助立法进程。全国人大常委会高度重视社会救助立法工作，已经将社会救助法列为一类立法项目，并明确社会建设委员会负责联系起草工作。有关部门将在前期工作基础上，进一步研究法律框架、救助内容、救助标准、对象认定、工作机制、财政保障等重点问题，充分听取各方面意见，聚焦法律的针对性、有效性、系统性、科学性，抓紧起草法律草案，并按程序提请审议，切实为健全社会救助体系、推进城乡统筹发展、兜底保障脱贫攻坚、衔接乡村振兴战略等提供有力法律支撑。

长期以来，全国人大常委会高度重视社会救助工作，多次组织专题调研、听取汇报，强化社会救助工作法治保障。此次全国人大常委会专门听取社会救助工作情况汇报，充分体现了对民生兜底保障的重视、关心和支持。恳请继续关注支持社会救助事业发展，组织相关调研和督促检查，多提宝贵意见建议。我们将更加紧密地团结在以习近平同志为核心的党中央周围，自觉接受全国人大的监督指导，切实加强和改进社会救助工作，更好保障和改善民生，为打赢脱贫攻坚战、决胜全面建成小康社会、实现中华民族伟大复兴的中国梦作出积极贡献！

对加强社会保障体系能力建设助力打好精准脱贫攻坚战推进社会救助工作情况报告的意见和建议

2019年12月26日，十三届全国人大常委会第十五次会议审议了民政部部长李纪恒受国务院委托作的关于加强社会保障体系能力建设助力打好精准脱贫攻坚战推进社会救助工作情况的报告，共有47人次发言。现根据会议发言情况，将常委会组成人员和列席人员对报告的主要意见整理如下。

出席人员普遍认为，社会救助事关困难群众基本生活和衣食冷暖，是社会保障体系建设和脱贫攻坚的重点任务。以习近平同志为核心的党中央高度重视社会救助工作，把社会救助作为打好精准脱贫攻坚战的重要内容，党的十九大提出统筹城乡社会救助体系，完善最低生活保障制度，党的十九届四中全会对统筹完善社会救助制度提出明确要求。国务院及其有关部门、地方各级政府认真贯彻落实党中央重大决策部署，扎实推进社会救助各项工作，取得明显成效。出席人员充分肯定国务院的报告，认为报告总结成绩全面客观，分析问题实事求是，工作安排具体可行，各项措施务实有力。全国人大社会建设委的调研报告内容翔实，针对性强，希望有关方面认真研究处理。出席人员强调，要顺应群众对美好生活的新期待，进一步提升社会救助工作水平，统筹城乡社会救助体系，完善最低生活保障制度，加快补齐短板弱项，为全面建成小康社会做好兜底保障。审议中，大家还提出了一些具体意见和建议。

一、强化脱贫攻坚政策和社会救助制度衔接

部分出席人员指出，在打赢脱贫攻坚战任务目标即将完成的背景下，应当更加注重长效机制建设，把社会救助制度这一保障相对贫困人群和特殊困难群体基本生活的重要制度坚持好发展好。有些出席人员提出，我国即将消灭绝对贫困现象，下一步应当围绕解决相对贫困问题谋划推进社会救助工作：(1)重点关注贫困边缘户群体，建立详细的信息登记和监测体系，及时予以救助帮扶；(2)重视

解决因病、残、子女教育等因素造成的支出型贫困问题,健全医疗、教育、住房、就业等专项社会救助政策,明确相应救助对象范围,制定各类专项救助标准;(3)科学确定并调整社会救助标准,借鉴以人均收入中位数一定比例确定相对贫困线的国际惯常做法,在农村地区采用人均收入中位数的 40% 作为低收入社会救助标准,并由民政部发布东、中、西部和东北地区的指导标准。有的出席人员提出,一些地方存在推进脱贫攻坚与加强最低生活保障混淆不清的现象,在脱贫过程中盲目脱保,低保覆盖率由 2013 年的 5% 以上逐年缩小到目前的 3%,照此趋势 2020 年后低保政策覆盖面将不超过 2%,不符合实施低保制度的初衷。建议把低保覆盖率稳定在 5% 的水平,更好发挥其长期兜底保障作用。有的出席人员建议,进一步完善"梯度"社会救助制度,坚持就业救助优先,强化教育救助,阻断贫困代际传递,对尚有劳动能力的中青年贫困患病人口加强医疗救助,帮助其恢复健康,重获劳动收入;同时建立救助梯度退出机制,根据受救助人口生活改善情况逐步退出救助措施。有的出席人员提出,下一步完善社会救助制度时,应统筹考虑城市困难群体,参照农村扶贫帮困的经验,突出精准识别、精准帮扶,对城市困难群体建档立卡,特别关注企业改革转型过程当中老职工、功勋工人、公亡遗属等特殊困难群体的持续帮扶和救助问题。

有的出席人员提出,我国脱贫攻坚成就已经载入人类发展史册,广大干部特别是基层扶贫干部为之作出重大贡献,约 800 名干部牺牲在扶贫岗位上。建议授予牺牲在扶贫一线的干部烈士称号,大力宣传他们的事迹,让历史和人民铭记他们。

二、进一步突出救助重点群体和重点领域

有些出席人员认为,应着力加强对生活困难的残疾人、失智失能老人等群体的救助:(1)2015 年民政部等 7 部门联合出台有关生活困难成年无业重度残疾人按单人户纳入低保政策,但各地在认定"生活困难"标准上认识不一致,影响政策落地,建议进一步明确"生活困难"标准。(2)一户多残、以老养残家庭和贫困重度残疾人支出大、收入少,往往需要捆绑家庭劳动力,脱贫不解困的问题日益突出,部分一户多残、以老养残家庭因收入高于低保标准,不能享受特困救助。建议对此类群体困难情况开展深入调研,完善认定标准和细则,使其能够得到帮扶。(3)对特困重度残疾人、失智失能老年人等群体的帮扶,一般只是发放保障金、照料护理金等,对其饮食、就医、个人卫生等生活照料方面的实际困难缓解有限,应积极发展面向重度残疾人、失智失能老年人的服务类救助。(4)继续加大对生活困难的伤残退役军人救助力度。

有些出席人员认为,困难群众和贫困边缘群体最担心的问题是因病致贫、"一人生大病、全家都返贫",最期盼的是加强医疗救助。一些深度贫困地区自然条件恶劣、发展水平落后,传染病、地方病多发高发,贫困人群常见病、慢性病得不到及时治疗,因病致贫、返贫问题更为突出。建议:(1)深入推进健康扶贫,加大对深度贫困地区健康扶贫专项经费的支持,积极开展传染病和地方病攻坚行动,鼓励和引导医疗人才到偏远贫困地区支援扶贫;尽早将现有脱贫建档中的重病、残疾人口情况与社会救助人口信息档案对接,确保工作无缝衔接。(2)适当提高医疗救助水平,针对困难群体日常门诊就医需求较大的情况,将门诊费用纳入救助金范围,或者每年发放一定金额医疗费用,增强医疗救助的可及性。(3)进一步简化医疗救助的申请审批程序,让困难群众有病及时得到救助和治疗。有的出席人员提出,应当加强医疗救助制度与城镇医保、新农合等医疗保障制度的衔接,逐步做到医院共用、信息共享、结算同步、监管统一。

三、完善社会救助体系

有些出席人员指出,目前的救助体系框架涉及多个部门,不同部门在所负责的救助对象界定、救助方式、补贴标准、筹资方式等方面还存在差异,相关的规章政策比较分散,容易导致重复救助和救助不足的现象并存。建议在现行的"8 + 1"救助体系框架下,由民政部门牵头整合衔接各类救助政策,统一救助受理,统筹救助资源,共享救助信息,健全分办机制,探索推行"一门受理、协同办理"工作机制。有些出席人员认为,我国在吸引社会力量参与社会救助方面有很大空间。建议积极完善和落实社会捐赠减免税等政策,运用政府和社会资本合作、公益创投、公益众筹等多种模式,鼓励和引导社会力量参与社会救助;完善志愿服务扶持政策和激励政策,壮大志愿服务队伍,积极培育发展社会慈善类民间组织;发挥工会等群团组织在常态化送温暖、职工医疗互助保障、保障职工福利等方面的重要作用,整合公益慈善、爱心企业、志愿服务、专业

机构等社会资源，形成协调效应。有的出席人员提出，目前的社会救助制度安排还存在城乡分割的问题，城市保障标准高于农村，应按照城乡融合、城乡统筹的思路，努力推动城乡社会救助标准和服务均等化。

有的出席人员提出，现行最低生活保障制度实行按标施保，由县以上人民政府根据本地情况确定低保标准，对家庭财产和人均收入达不到标准的用现金补差方式予以救助，实际执行中面临家庭收入核实难、精准补差难、行政成本高、工作计划性不强等问题。建议研究将低保政策改为按率施保、分档补助，在中央层面根据经济社会发展、人口统计等因素和财政状况，明确一定的全国低保覆盖率，同时对东、中、西部地区实行差异化的覆盖面安排；各地方对于本地低保覆盖群众，根据困难程度分档次予以现金补助，既能增加工作的计划性和主动性，也能有效控制救助人口规模和财政投入水平。

四、统筹用好社会救助财政资金

有的出席人员指出，可持续是社会救助工作的重要原则。当前我国经济“三期叠加”影响持续深化，下行压力加大，财政过“紧日子”压力增加。建议在精准识别和资金精算的基础上，深入研究社会救助的合理范围标准、方式方法、项目安排、运行监管、保障效果等，进一步明确各级政府和各有关方面的具体责任，确保财政可负担、救助可持续。有的出席人员提出，我国社会救助水平总体不高，城乡最低生活保障财政支出占 GDP 比例约 1%，覆盖人口约 3%，城市低保平均标准约为城镇平均工资的 10%，占城乡居民平均收入的 18% 和 30% 左右，这些指标普遍低于国际平均水平，有的还低于周边一些发展中国家。在坚持从国情实际出发，尽力而为、量力而行、适度救助的原则下，应继续加大中央和地方财政对社会救助的投入力度，增加中央转移支付规模，明确和落实地方各级政府的支出责任，建立社会救助经费保障法定增长机制，确保困难群体基本生活保障水平与经济社会发展相协调。有的出席人员提出，各类社会救助资金由不同部门管理，实行专款专用，“打酱油的钱不能打醋”，一定程度上影响投入绩效。如有些地方建设乡镇养老院，还出台硬性考核指标，但建成后空置率较高。在规划社会救助项目时，应充分考虑各地方社会发展情况和困难群体实际需求，在保证资金严格规范使用的前提下，允许市、县一级政府对不同类型的资金做适当整合。

五、加强和改进基层社会救助工作

有些出席人员认为，救助工作任务日益繁重，基层民政救助工作力量薄弱的问题突显，救助机制效率有待提高。困难群体享受特困、低保等生活保障，从提交申请到获得保障要经过十道程序，环节多、耗时长；有的乡镇低保对象人数较多，只配有一两名民政助理员走街串巷、走村入户进行低保家庭情况核查，难以做到调查详尽。建议：(1)进一步优化、精简社会救助申报批准程序的部分环节；(2)加强基层特别是乡镇一级救助工作队伍建设，强化人员保障，加强培训和指导，采取政府购买服务等方式，充实乡镇工作人员和村、社区工作力量；(3)研究在乡镇一级设立独立的社会救助中心。有的出席人员建议，加强社会救助违法违纪问题整治，强化巡视、督查、核查工作，利用大数据建立健全家庭经济情况核对机制，开展明察暗访，严肃查处群众反映强烈的“人情保”、“关系保”问题，加大对虚报冒领行为的处罚力度。

六、加快社会救助法立法步伐

有些出席人员指出，全国人大代表、社会各界对制定社会救助法的呼声强烈，国务院颁布实施的社会救助暂行条例和一系列政策举措也提供了坚实基础，立法条件已经成熟，建议加快草案起草工作，在本届全国人大常委会任期内提请审议，争取早日通过。有的出席人员指出，当前社会保险领域面对很多新情况新问题，社保缴费增长缓慢，“生之者寡，用之者众”，社保基金特别是养老保险基金对财政依赖性越来越强，加之人口老龄化，长远来看难以为继。建议及早研究修改社会保险法。

关于减税降费工作情况的报告

——2019 年 12 月 25 日在第十三届全国人民代表大会常务委员会第十五次会议上

财政部部长　刘　昆

全国人民代表大会常务委员会:

受国务院委托,我向全国人大常委会报告 2019 年减税降费工作情况,请审议。

一、2019 年减税降费各项政策措施实施情况

实施更大规模减税降费是党中央、国务院作出的重大决策部署。习近平总书记强调,宏观政策要强化逆周期调节,积极的财政政策要加力提效,减税降费政策措施要落地生根,让企业轻装上阵。李克强总理指出,减税降费直击当前市场主体的痛点和难点,是既公平又有效率的政策。按照党中央、国务院决策部署,今年出台了有史以来力度最大、规模空前的减税降费政策。

(一)认真研究谋划,确保减税降费政策及时出台。

今年《政府工作报告》明确要求,全年减轻企业税收和社保缴费负担近 2 万亿元。小微企业普惠性减税、个人所得税专项附加扣除政策于 1 月 1 日起实施;深化增值税改革措施于 4 月 1 日起实施;降低社会保险费率于 5 月 1 日起实施;清理规范行政事业性收费和政府性基金措施于 7 月 1 日起实施。

一是深化增值税改革。按照国务院常务会议部署,明确将制造业等行业 16% 的增值税税率降至 13%,将交通运输业、建筑业等行业 10% 的增值税税率降至 9%,相应调整部分货物服务出口退税率、购进农产品适用的扣除率等;进一步扩大进项税抵扣范围,将旅客运输服务纳入抵扣,并将纳税人取得不动产支付的进项税由分两年抵扣改为一次性全额抵扣;对主营业务为邮政、电信、现代服务和生活性服务业的纳税人,按进项税额加计 10% 抵减应纳税额(10 月 1 日起又进一步将生活性服务业加计抵减比例提高到 15%)。

二是实施小微企业普惠性减税。按照国务院常务会议部署,推出一批新的小微企业普惠性减税措施。对小规模纳税人,将增值税起征点由月销售额 3 万元提高到 10 万元;大幅放宽可享受企业所得税优惠的小型微利企业标准,并加大所得税优惠力度;由省、自治区、直辖市人民政府根据本地区实际情况,对增值税小规模纳税人在 50% 的税额幅度内减征"六税两费"(即资源税、城市维护建设税、房产税、城镇土地使用税、印花税、耕地占用税和教育费附加、地方教育附加);扩展投资初创科技型企业享受优惠政策的范围。

三是实施个人所得税专项附加扣除。2018 年 8 月 31 日,第十三届全国人大常委会第五次会议通过了新修改的《中华人民共和国个人所得税法》,新个人所得税法第六条对子女教育、继续教育、大病医疗、住房贷款利息、住房租金、赡养老人等 6 项专项附加扣除政策作出明确规定。在此基础上,国务院印发《个人所得税专项附加扣除暂行办法》,自今年 1 月 1 日起正式实施 6 项专项附加扣除政策。

四是降低社会保险费率。经国务院常务会议审议通过,国务院办公厅印发《降低社会保险费率综合方案》(国办发〔2019〕13 号),明确降低城镇职工基本养老保险单位缴费比例,各省、自治区、直辖市及新疆生产建设兵团(以下统称省)养老保险单位缴费比例高于 16% 的,可降至 16%;继续阶段性降低失业保险、工伤保险费率;调整社会保险缴费基数政策,各省以全口径城镇单位就业人员平均工资核定社会保险个人缴费基数上下限,个体工商户和灵活就业人员可以在本省全口径城镇单位就业人员平均工资的 60% 至 300% 之间自愿选择缴费基数。

五是清理规范行政事业性收费和政府性基金。按照国务院常务会议部署,出台了进一步清理规范行政事业性收费和政府性基金的政策措施,明确减免不动产登记费,减征文化事业建设费,扩大减缴专利申请费、年费等的范围;降低因私普通护照等出入境证照、部分商标注册及电力、车联网等占用无线电频率收费标准;将国家重大水利工程建设基金和航空公司民航发展基金征收标准降低一半;对产教融合试点企业兴办职业教育符合条件的投资,按投资额 30% 抵免当年应缴教育费附加和地方教

育附加。

此外，国家发展改革委、民政部、工业和信息化部、交通运输部、市场监管总局、中国银保监会等部门还制定了降低企业用能、物流、电信等费用的措施，进一步降低一般工商业电价和电信资费，推动降低公路、铁路、港口收费，清理规范银行及中介服务收费，切实减轻企业和社会负担。

（二）精心组织实施，确保减税降费政策落地生根。

一是加强组织领导，完善工作机制。财政部、税务总局、人力资源社会保障部等部门成立减税降费工作专班，统筹协调减税降费各项工作，围绕方案制定、舆论宣传、监督检查、预算保障、综合协调等方面，细化分解工作任务，明确时间表和路线图，严格对标对表，确保各项工作扎实推进。指导督促各省、自治区、直辖市结合本地区实际，加强减税降费组织领导和工作力量，建立健全工作机制，压实工作责任，形成工作合力。

二是深入开展调研，加强政策评估。各地区各有关部门积极开展减税降费调研，了解政策实施情况，听取企业和群众对减税降费政策落实情况的评价和意见建议，及时跟踪评估，强化政策效应分析，针对政策落地过程中出现的新情况、新问题，深入分析成因，及时研究解决。深入开展减税降费统计核算分析，打造“硬账单、铁账本”。

三是加强政策解读，确保宣传效果。各地区各有关部门通过新闻发布会、政务网站、微信微博、移动客户端、纳税服务热线等多种形式、多个平台，开展多渠道、广覆盖的减税降费宣传解读。主动阐释政策、做好数据解读，及时回应社会关切，积极营造良好舆论环境。组织多轮减税降费政策专项辅导和培训，帮助纳税人和缴费人用足用好减税降费政策，增强纳税人和缴费人的获得感。

四是优化纳税服务，简便办税程序。按照深化“放管服”改革的要求，税务机关及时出台便民办税缴费新举措，针对小微企业普惠性减税、深化增值税改革、降低社会保险费率等政策，分门别类出台具体办税服务措施。取消60项涉税证明，健全完善电子税务局业务功能，让纳税人和缴费人“多跑网路、少跑马路”。

五是加强监督检查，保障落地见效。各地区各有关部门聚焦减税降费政策实施效果，持续加强监督检查，严肃查处不作为、慢作为、乱作为等问题，坚决打通“中梗阻”“最后一公里”，对搞变通、打折扣或变换花样乱收费抵消减税降费效果的，发现一起查处一起，决不姑息，确保企业切实享受到减税降费的政策红利。

（三）加强财政收支预算管理，支持落实减税降费政策。

一是加大对地方转移支付力度。为支持地方财政平稳运行，今年中央财政安排对地方转移支付7.54万亿元，比上年增长9%，力度是近年来最大的。同时，在分配均衡性转移支付、县级基本财力保障机制奖补资金时，向基层财政困难地区和受减税降费影响较大的地区倾斜，增强这些地区的财政保障能力。同时，落实省级政府主体责任，切实兜牢基层“三保”（保工资、保运转、保民生）底线。

二是指导地方多渠道筹集资金弥补减收。在中央加大对地方转移支付力度的同时，指导地方财政部门结合本地实际，研究统筹采取调入预算稳定调节基金、提高国有资本经营预算调入一般公共预算比例、盘活存量资金和国有资源资产等方式筹集资金，缓解实施减税降费对财政减收的影响，努力实现预算收支平衡。

三是督促地方压减一般性支出。要求各地区牢固树立过紧日子思想，在严格落实《政府工作报告》明确的压减一般性支出5%要求的基础上，进一步加大压减力度，力争达到10%以上，节省下来的资金优先安排用于落实“三保”支出、支持打好三大攻坚战等重点领域。同时，硬化预算执行约束，从严控制预算调剂追加。

四是研究实施中央与地方收入划分改革推进方案。国务院印发《实施更大规模减税降费后调整中央与地方收入划分改革推进方案》（国发〔2019〕21号），明确保持增值税“五五分享”比例稳定，进一步稳定了地方预期；调整完善增值税留抵退税分担机制，使分担机制更加公平合理；后移消费税征收环节并稳步下划地方，增强地方财政保障能力。

五是加大企业职工基本养老保险基金中央调剂和补助力度。为均衡地区间企业职工基本养老保险基金负担，2019年进一步加大了中央调剂力度，将基金调剂比例提高到3.5%，全年基金调剂规模达6300多亿元，22个中西部地区和老工业基地省份受益1500多亿元。同时，加大企业职工基本养老保险基金补助力度，今年中央财政预算安排补助资金5285亿元，同比增长9.4%。

二、减税降费取得的主要成效

按照党中央、国务院决策部署，在各有关方面的共同努力下，目前各项减税降费措施落实有力，效果正在逐步显现。

（一）有效降低企业成本负担。1—10 月，全国实现减税降费 19688.94 亿元，其中减税 16473.26 亿元，降低社会保险费 3215.68 亿元。全年减税降费数额将超过 2 万亿元，占 GDP 的比重超过 2%，明显高于世界其他国家。深化增值税改革后，增值税高档税率由 16% 下降至 13%，在 G20 国家中处于中等偏下水平，低于一些发达国家和新兴市场国家。

（二）初步实现“三个确保”要求。4 月 1 日深化增值税改革政策实施以来，牢牢把握“三个确保”的要求。一是确保制造业等主要行业税负明显降低。4—10 月，制造业及批发业增值税减税 4598.83 亿元，减税幅度 25.7%。二是确保建筑业和交通运输业等行业税负有所降低。4—10 月，建筑业减税 188.19 亿元，减税幅度 6.2%；交通运输业减税 35.63 亿元，减税幅度 7.5%。三是确保其他行业税负只减不增。4—10 月，现代服务业、生活服务业分别减税 321.96 亿元、134.9 亿元，减税幅度分别为 12.3%、6.6%，随着 10 月 1 日生活服务业加计抵减比例进一步由 10% 提高至 15% 等政策实施，生活服务业减税规模继续增加。

（三）重点支持民营和小微企业。坚持普惠性减税与结构性减税并举，重点聚焦减轻小微企业税负。1 月 1 日实施小微企业普惠性减税政策以来，截至 10 月末小微企业减税 1860.89 亿元，放宽标准后实际享受到企业所得税减免的纳税人达到 468.92 万户，享受增值税免税的小规模纳税人新增 402.64 万户。民营企业是减税政策的主要受益者，1—10 月，民营企业各项政策合计减税 10511.84 亿元，占全部减税数额的比例达到 63.8%。

（四）有力促进企业加大研发投入。加快落实研发费用按 75% 比例税前加计扣除的政策，减税 877.96 亿元，加上落实其他各项减税降费政策，促进企业将减少的成本用于研发、技改等再投资。1—10 月，在投资整体下行的形势下，高技术产业投资同比增长 14.2%，增速比前三季度加快 1.2 个百分点，高于全部投资 9 个百分点。

（五）明显增加居民收入和消费能力。1—10 月，实施个人所得税专项附加扣除政策减税 521.94 亿元，加上去年 10 月 1 日提高个人所得税基本减除费用标准和优化税率结构翘尾因素，合计减税 4480.84 亿元；个人所得税纳税人人均减税 1786 元，直接增加了居民收入，提升了消费能力。

从目前各方面反映的情况看，减税降费实施效果良好，广大企业和社会公众的获得感和满意度高，普遍反映今年实施的减税降费政策力度超出预期，是最直接、最有效、最公平的惠企措施。据财税部门测算，减税降费拉动当年 GDP 增长 0.8 个百分点，拉动固定资产投资增长 0.5 个百分点，拉动社会消费品零售总额增长 1.1 个百分点。当前经济运行处于合理区间，延续了总体平稳、稳中有进的发展态势，减税降费政策发挥了重要作用。

在肯定减税降费成效的同时，也要看到政策实施过程中仍面临一些困难和问题。一是财政收入压力较大。1—10 月，由于减税降费力度超出预期，全国一般公共预算收入增长 3.8%，其中税收收入仅增长 0.4%。中央和地方财政收入压力较大，完成全年收入预算面临困难。此外，一些省份社会保险基金收支平衡压力也在增大，当期收支出现赤字。二是少部分企业减负不明显。从增值税改革实施情况看，目前所有行业税负都有所下降，但减税降费红利传导机制不畅，个别处在产业链“夹心层”的企业享受政策红利相对有限。少数企业由于购销两端税率降幅不一致、自身管理不完善等原因，出现一时少量增税情况。三是涉企乱收费、乱罚款、乱摊派问题不容忽视。一些企业反映，行业协会、红顶中介乱收费问题仍然存在。在财政收入减收较大的情况下，个别地方非税收入特别是罚没收入增加较多，需要防止其中存在乱罚款乱摊派行为。

三、下一步减税降费工作考虑

针对减税降费工作中存在的困难和问题，财税部门将以习近平新时代中国特色社会主义思想为指导，认真贯彻落实党的十九大和十九届二中、三中、四中全会及中央经济工作会议精神，坚持问题导向，在确保财政运行可持续的基础上，继续落实落细各项减税降费政策，推动减税降费政策持续发挥效应。

（一）坚决落实落细减税降费政策。不折不扣把党中央、国务院减税降费部署落实到位，确保企业和人民群众有实实在在的获得感。牢牢把握“三个确保”的要求，加强部门协调配合，加大对地方指导和督促力度，继续密切关注各行业税负变化，跟踪做好效果监测和分析研判，组织开展政策实施效果总结评估。进一步加大宣传和政策解读力度，提高纳税人和缴费人政策知晓度，帮助企业用足用好政策。督促地方政府坚决清理规范涉企收费，严肃查处政策不落实、增加企业负担、损害群众利益等问题，确保各项措施落实到位。

（二）切实加强财政预算管理。继续密切关注各级预算执行情况，指导督促各地开源节流支持减税降费。加强财政收入预算管理，认真研判财政收入形势，深入分析减税降费政策的减收影响，有条件的地方依法依规有序组织国有金融机构和国有企业上缴利润，加大国有资源资产盘活力度。从目前来看，预计今年地方财政收入可能会出现较大短收；中央财政收入可基本完成预算，如果有少量短收，所带来的支出变化，将通过节省非急需支出等方式实现平衡。

（三）调整优化财政支出结构。牢固树立过紧日子的思想，严格压减一般性支出。落实省级政府主体责任，加大财力下沉力度，抓好基层“三保”工作，重点帮扶“三保”困难和减税降费影响大的地区。落实实施更大规模减税降费后中央与地方收入划分改革推进方案，确保调整完善增值税留抵退税分担机制落实到位，切实减轻部分地区特别是基层财政压力。

实施减税降费是深化供给侧结构性改革的重要举措，对减轻企业负担、激发微观主体活力、促进经济增长具有重要作用。我们要更加紧密地团结在以习近平同志为核心的党中央周围，增强“四个意识”，坚定“四个自信”，做到“两个维护”，认真贯彻党中央、国务院决策部署，按照全国人大常委会的审议意见，扎实做好减税降费各项工作，为坚持和完善中国特色社会主义制度、推进国家治理体系和治理能力现代化，实现“两个一百年”奋斗目标、实现中华民族伟大复兴的中国梦而努力奋斗！

对减税降费工作情况报告的意见和建议

2019 年 12 月 26 日，十三届全国人大常委会第十五次会议审议了财政部部长刘昆受国务院委托作的关于减税降费工作情况的报告。共有 37 人次发言。现根据会议发言情况，将常委会组成人员和列席人员的主要意见整理如下。

出席人员普遍认为，减税降费是党中央作出的重大决策部署。国务院和地方各级政府及有关部门认真贯彻落实党中央决策部署，及时出台具体政策和配套措施，减税降费措施实、力度大，取得良好效果。全国人大常委会预算工委的调研报告扎实细致，针对性强，希望有关方面认真研究处理。大家强调，面对外部环境严峻复杂、经济下行压力加大、实体经济仍然比较困难的形势，要落细落实减税降费政策，进一步减轻企业负担，增强微观主体活力。审议中，大家还提出了一些具体意见和建议。

一、进一步细化完善减税降费措施

部分出席人员认为，应继续坚持减税降费大方向，建议：(1)减税降费政策应与国家产业发展政策同向同步，与解决民营企业融资难融资贵、清理拖欠民营企业中小企业账款、促进市场公平等政策统筹推出，形成政策利好叠加。(2)对刚超过小微企业标准、处于跨跃式成长关键期的中型企业，继续给予一定时期的税收优惠。(3)给予困难企业更多扶持政策，将企业亏损结转年限由 5 年延长至 10 年。(4)坚持精准施策，建立税收优惠政策退出机制，引导走出经营困难局面企业逐步实现正常缴纳税费，将清洁可再生能源使用情况纳入税收优惠条件。(5)减免企业社保缴费率应统筹兼顾职工权益保障，避免顾此失彼。社保基金地区间不平衡问题凸显，一些省份收支缺口较大，应抓紧推进社保基金全国统筹。(6)强化制度约束，建立健全预防和解决拖欠涉企保证金和企业账款问题的长效机制。

有的出席人员提出，对一些地方调研发现，当地企业对减税降费政策文件的知晓度不足，各级地方政府应落实宣传责任，加大政策宣传推送力度；出台税费政策时，应设置合理过渡期，让纳税缴费人普遍知晓，降低政策溯及既往的核算操作成本；各级税务部门应优化税务服务、提高办税透明度，为企业群众提供便利，切实优化营商环境。有些出席人员建议，加强对减税降费实施效果的督查评估，深入基层了解实际情况，督促问题整改。

二、进一步规范政府非税收入管理

有些出席人员指出，截至 11 月份，全国一般公共预算收入中的税收收入同比增长 0.5%，全国非税收入同比增长 25.4%，非税收入占财政收入比重高达 16.4%，应将非税收入的增速和规模保持在合理范围；清理政府性基金和行政事业性收费应综合评估、分类施策、有序推进，加强绩效管理和人大审查监督;全面评估现行政府非税收入管理的行政法规、部门规章和地方性法规规章,逐步规范清理没有法律法规依据的政府性基金和行政事业性收费;坚决防范和治理乱收费、乱罚款、乱摊派现象,对个别地方、行业协会、中介机构、垄断性企业落实政策不到位,甚至变相乱收费的,应从严整治。

三、进一步改革完善税收和养老保险制度

部分出席人员提出,应当按照"简税制、低税率、宽税基、少优惠、严征管"的原则,形成有利于高质量发展的现代税收制度;加快改革完善养老保险制度,增强制度的公平性和可持续性。建议:(1)通过改革完善现行税制等多种方式,优化税制结构,完善税收功能,稳定宏观税负,推进依法治税,逐步提高直接税比重。(2)继续推进增值税制度改革。将税率由三档简并为两档;完善进项税抵扣链条;落实完善留抵退税的分担机制。(3)进一步完善所得税制度。探索将中间试验费用纳入研发成本加计扣除范围,适当提高研发费用加计扣除比例;结合自贸区和自贸港的建设,研究分析采用吨位所得税的可行性;增加个人所得税专项附加扣除项目,提高居民收入和消费能力,减轻工薪所得税负;对跨年度计算薪资报酬的职业,设置更符合实际的减税认定区间。(4)继续推进消费税改革,适当调整征收范围,改革征收环节。(5)关注线上线下交易税收公平问题,研究对从事数字经济活动的行为依法规范征税。(6)清理规范现行税收优惠政策,编制并公布税收优惠目录,建立税收优惠政策备案审查和评估退出机制,探索逐步建立税式支出预算制度。设立税收优惠政策应谨慎适度,尊重市场基础性作用,维护公平竞争。(7)抓紧推进养老保险基金全国统筹,优化制度设计,摒弃政府和企业"讨价还价"的"交易型"征收模式,扭转名义费率高、实际缴纳不足的现状。(8)加强政府收入法治化建设,全面落实税收法定原则,大力提高立法质量。税收优惠政策统一由专门税收法律法规规定。

四、坚决压缩一般性支出

有的出席人员指出,部分减税降费政策措施刚实施了半年,对全年财政收入增速的翘尾影响不容低估,地方政府特别是欠发达地区和县一级政府财政压力更大,保工资、保运转、保基本民生面临严峻考验。各级政府应抓紧制定过"紧日子"的具体措施,做到有保有压,大力压减一般性支出、"三公"经费支出,优先保障义务教育教师工资待遇、学前教育普惠资源、困难学生资助、"三区三州"教育发展等重点支出。有的出席人员提出,应当加快产业发展,多途径稳定和培植税源。有的出席人员指出,减税降费是"收入端"改革,还应配套做好"支出端"改革,支持各级政府把政府"不该管、管不好"的事务交给社会,如建设性支出应当更多由市场主体承担,公益性公共服务应当更多采取购买服务的办法。

五、统筹做好2020年财政预算工作

有些出席人员建议,精确研判收支形势、科学编制预算十分重要。预算法规定,在预算执行中,各级政府一般不制定新的增加财政收入或者支出的政策和措施,也不制定减少财政收入的政策和措施。建议中央财政部门加强对2020年地方政府贯彻落实减税降费政策措施的指导,认真研判收入形势,合理预测收入目标。完善税务部门和地方政府的数据共享机制,支持地方各级政府和人大统筹做好年度预算编制与审查工作,推动做好全年财政工作。

关于财政生态环保资金分配和使用情况的报告

——2019年12月25日在第十三届全国人民代表大会常务委员会第十五次会议上

财政部部长 刘 昆

全国人民代表大会常务委员会：

受国务院委托，我向全国人大常委会报告财政生态环保资金分配和使用情况，请审议。

一、近年来财政生态环保资金投入和使用的基本情况

党中央、国务院高度重视生态环境保护工作。习近平总书记强调，生态环境是关系党的使命宗旨的重大政治问题，也是关系民生的重大社会问题；生态环境保护该花的钱必须花，该投的钱决不能省，要坚持资金投入同污染防治攻坚任务相匹配。李克强总理指出，绿色发展是构建现代化经济体系的必然要求，是解决污染问题的根本之策，要加强污染防治和生态建设，大力推动绿色发展。按照党中央、国务院决策部署，各级财政部门坚持以习近平生态文明思想为指导，在财政收支矛盾突出的形势下，着力优化支出结构，在压缩一般性支出的同时，坚持把生态环保投入放在重要位置优先保障，为打好污染防治攻坚战提供有力支撑。

2016—2018年，全国财政生态环保相关支出规模累计安排24510亿元，年均增长14.8%，增幅高于同期财政支出增幅6.4个百分点，占财政支出的比例由3.7%提高到4.2%。其中，中央财政生态环保相关支出累计安排10764亿元，发挥了重要作用。2019年，在财政收支矛盾突出的形势下，各级财政继续加大对生态环保的支持力度。在支出总量增加的同时，着力优化支出结构，资金投入聚焦标志性重大战役，切实解决人民群众最关心的突出环境问题。

（一）支持打赢蓝天保卫战

2016—2018年，中央财政安排大气污染防治资金474亿元，扩大北方地区冬季清洁取暖试点城市范围，支持京津冀及周边、长三角地区、汾渭平原等区域围绕打赢蓝天保卫战开展工业污染深度治理、移动源污染防治等重点任务，减少大气污染排放，改善环境空气质量；安排工业企业结构调整专项资金579亿元，推动重点行业结构调整，支持钢铁、煤炭去产能，减少资源消耗和污染排放；安排节能减排专项资金1024亿元，用于重点支持推广应用新能源汽车，构建包括购置补贴、充电基础设施建设奖励、新能源公交车运营补助等在内的支持政策体系。

在财政资金的支持下，城市空气质量不断改善。2018年，全国338个地级及以上城市空气质量优良天数比例为79.3%，同比上升1.3个百分点；PM2.5浓度同比下降9.3%，“十三五”以来累计下降22%；二氧化硫浓度同比下降22.2%，二氧化氮浓度同比下降6.5%，一氧化碳浓度同比下降11.8%；发生重度污染1899天次，同比减少412天次，重污染天气过程的峰值浓度、污染强度、持续时间和影响范围均明显降低。

（二）深入实施水污染防治行动计划

2016—2018年，中央财政安排水污染防治资金396亿元，支持全国开展重点流域水污染防治、良好水体生态环境保护、饮用水水源地生态环境保护、地下水环境保护及污染修复等水污染防治工作，资金向南水北调工程水源区、长江流域、黄河流域等重点地区、流域倾斜；安排海岛及海域保护专项资金67亿元，推动实施蓝色海湾整治行动和渤海生态环境保护修复工作，对改善近岸海水水质、促进渤海生态保护修复发挥了积极作用。2018年，安排城市管网及污水处理补助资金50亿元，支持中西部地区城镇污水处理提质增效，尽快实现污水管网全覆盖、全收集、全处理，同时启动城市黑臭水体治理示范工作，拟分3批支持60个左右治理任务较重的城市开展城市黑臭水体治理，带动实现地级及以上城市建成区黑臭水体消除比例达到90%以上的目标。

在财政资金的支持下，水环境质量明显改善。2018年，全国地表水优良（Ⅰ—Ⅲ类）水质断面比例为71%，同比上升3.1个百分点；劣Ⅴ类比例为6.7%，同比下降1.6个百分点。全国地级及以上城市建成区黑臭水体消除比例达84.9%，水体周边群

众的获得感、幸福感显著增强；黑臭水体治理对水环境质量改善效果明显，黑臭水体涉及的101个国控断面中，Ⅰ—Ⅲ类水体比例同比提高3个百分点，劣Ⅴ类水体比例同比降低4.9个百分点。长江、黄河、珠江等十大流域Ⅰ—Ⅲ类水质断面比例同比提高2.5个百分点，劣Ⅴ类水质断面比例同比降低1.5个百分点。

（三）落实土壤污染防治行动计划

2016—2018年，中央财政安排土壤污染防治专项资金195亿元，支持开展土壤污染状况详查、土壤污染管控与修复、土壤污染先行示范区建设、污染土壤修复治理技术应用试点等工作；安排农膜治理及旱作农业技术推广资金30亿元，支持内蒙古、甘肃、新疆选择部分地区开展整县推进废旧地膜回收利用，建立健全完善废旧地膜回收加工体系，防控“白色污染”。在财政资金的支持下，部分区域土壤污染加重的趋势得到遏制，农用地土壤污染详查工作已完成，进一步掌握了我国农用地污染现状。

（四）支持推进农村环境综合治理

2016—2018年，中央财政安排农村环境整治专项资金180亿元，支持补齐农村生态环境短板，开展饮用水源环境保护、村庄分散畜禽养殖污染防治、农村生活污水和垃圾治理等工作，支持建成了一批垃圾、污水处理等环保设施，有效解决了垃圾随意倾倒、污水直排河道等农村突出环境问题，持续推进改善农村人居环境；通过农业资源及生态保护补助资金安排48亿元，支持在重点地区推开农作物秸秆综合利用工作，撬动社会资本和金融资本支持农作物秸秆综合利用，探索可推广、可持续的农作物秸秆综合利用模式；通过农业生产发展资金安排40亿元，选择部分生猪、奶牛、肉牛养殖重点县，开展畜禽粪污资源化利用整县治理。

（五）支持开展重点生态保护修复

2016—2018年，中央财政通过重点生态保护修复专项资金安排260亿元，支持山水林田湖草生态保护修复工程试点，统筹考虑自然生态各要素进行整体保护、系统修复、综合治理，先后将祁连山、黄土高原、京津冀水源涵养区、吉林长白山等25个重点生态屏障地区纳入支持试点范围，基本实现了对我国具有代表性重要生态系统的全覆盖；安排林业转移支付资金2636亿元，用于完善天然林保护制度、扩大退耕还林还草、大力支持造林绿化、启动大规模国土绿化行动、推进荒漠化治理、强化湿地保护和恢复。此外，还落实好草原生态保护补奖政策，加快推进草牧业发展方式转变，促进草原生态环境稳步恢复。在财政资金的支持下，2018年森林覆盖率达22.96%，森林蓄积达175.6亿立方米，草原综合植被盖度达55.7%，人工林面积继续位居世界首位。

二、财政生态环保资金管理和改革情况

宝贵的财政资金来之不易，在加大财政生态环保资金投入的同时，认真贯彻落实《中共中央国务院关于全面实施预算绩效管理的意见》和预算法要求，抓紧完善标准科学、规范透明、约束有力的预算制度，健全充分发挥中央和地方两个积极性体制机制，使有限的生态环保资金发挥更大的效益，切实做到花钱必问效、无效必问责。

（一）不断强化财政预算管理

一是加强统筹谋划。研究制定了《财政支持打好污染防治攻坚战　加快推动生态文明建设的意见（2019—2020年）》，强化财政支持生态文明建设的顶层设计和支持保障。加强对重大改革、重要政策和重大项目的统筹谋划，合理调整完善财政支出政策和预算安排。结合预算评审、项目审批等工作，对新出台重大政策、新上项目开展事前绩效评估，评估结果作为申请预算的必备条件。二是科学分配资金。资金分配向治理任务重点区域行业、体制机制改革创新重点地区、环境治理工作绩效突出重点地区倾斜，不断提升资金分配精准性和效率。逐步建立重大政策、项目绩效跟踪机制，对生态环境保护治理目标实现程度和预算执行进度实行“双监控”，及时发现问题、及时纠正改进、及时跟踪落实，确保绩效目标如期保质保量实现。三是完善管理制度。先后出台了大气、水污染防治等专项资金管理办法及绩效评价办法，不断完善专项资金激励措施，提高资金管理的规范化水平。组织评估机构对大气、水污染防治等专项资金开展重点绩效评价，对绩效好的政策和项目优先保障，强化绩效评价结果导向。

（二）理顺中央和地方权责关系

积极推进生态环境、自然资源领域中央与地方财政事权和支出责任划分改革。研究起草了生态环境、自然资源等领域中央与地方财政事权和支出责任划分改革方案，就生态环境规划制度、生态环境监测执法、环境污染防治和自然资源调查监测、自然资源产权管理、国土空间规划、生态保

护修复等方面，逐项合理划分中央与地方财政事权和支出责任，适当加强中央在跨区域生态环境保护等方面事权。积极支持推动环境监测执法体制改革，支持环境监测事权上收，2016—2018 年累计安排资金 30 亿元，在全国范围内基本建成了涵盖大气、水、土壤的生态环境监测网，有效解决了生态环境监测领域存在的排污底数不清、部分地方人为干预监测数据等问题，为环境执法和环境决策提供强有力保障。

（三）建立健全生态补偿机制

一是加快完善纵向生态补偿机制。中央财政进一步加大重点生态功能区转移支付力度，2016—2018 年安排 1918 亿元，年均增长 12.3%，在对禁止开发区域和限制开发区域实现全覆盖的基础上，将青海三江源、南水北调中线工程水源地等纳入补助范围，加大对“三区三州”等深度贫困地区、京津冀、长江经济带等生态功能重要区域的支持力度。同时，完善资金管理办法，健全考核机制，对重点县域开展生态环境监测评价和考核，依据考核结果调节资金分配。根据 2018 年完成的全国生态状况评价，生态环境状况优良县域达 1561 个，同比增加 103 个。

二是积极探索横向生态补偿机制。财政部等部门研究制定了《关于加快建立流域上下游横向生态保护补偿机制的指导意见》，加快推进流域横向生态保护补偿机制建设，推动新安江、东江、引滦入津、赤水河、九洲江等 11 条重点跨省流域建立起横向生态补偿机制，形成“相互监督、联防共治”的工作机制，充分调动了上下游地区政府保护和治理的积极性，促进了流域水质逐步改善。支持实施长江经济带生态保护修复奖励政策，鼓励引导在长江流域建立省内及跨省流域上下游横向生态补偿机制，构建共抓长江大保护新格局。积极探索建立健全黄河流域生态补偿机制。

总的来看，当前财政生态环保资金投入使用呈现出总量持续增长、机制逐步健全、效益日益提升、成效不断显现的良好态势，但我们也清醒地认识到，财政支持打好污染防治攻坚战工作中还面临许多困难和挑战。一是生态环保资金投入压力持续加大。当前，经济下行压力加大，大力实施减税降费，各级财政收入持续放缓，财政收支矛盾突出，而生态环境治理任务艰巨，可用财力有限与生态环保资金需求的矛盾进一步凸显。二是多元化投入机制尚未形成。“谁污染，谁治理”的污染治理原则落实还不到位，各级政府仍是生态环保资金投入的主体，企业承担污染治理主体责任理念尚未牢固树立，政府主导、企业主体、社会和公众共同参与的多元化环境治理投入机制尚未建立。三是生态补偿机制有待完善。需要加强对基于整体生态价值的横向生态补偿机制的研究，进一步规范补偿标准、补偿方式等。四是预算绩效管理有待加强。部分资金使用单位绩效管理制度不完善，存在预算执行率不高、资金拨付链条过长等问题，部分绩效目标设置还不合理，一些绩效评价结果还不科学，绩效评价结果应用未完全落实到位。

三、下一步工作考虑

针对上述困难和问题，财政部等有关部门将以习近平新时代中国特色社会主义思想为指导，全面贯彻党的十九大和十九届二中、三中、四中全会及中央经济工作会议精神，坚持问题导向，建立健全财政资金投入机制，创新体制机制，厘清政府与市场边界，全面实施绩效管理，集中资金确保标志性重大战役取得实效。

（一）强化资金保障，支持打好污染防治攻坚战

在财政收支矛盾突出的情况下，优化支出结构，将生态环保作为重点领域予以支持，确保打好污染防治攻坚战的资金支持力度同污染防治任务相适应。同时，围绕污染防治攻坚战的重点难点，资金分配向治理任务重点区域行业、体制机制改革创新重点地区、环境治理工作绩效突出重点地区倾斜，引导地方安排使用资金提升分配精准度和效率。将打赢蓝天保卫战作为重中之重，以京津冀及周边、长三角、汾渭平原等为主战场；流域治理突出系统性，资金向大江大河源头地倾斜，突出保护优先的原则；强化土壤污染风险防控，加大重金属污染治理力度；深入实施山水林田湖草生态保护修复工程，开展矿山生态修复和海洋生态修复，开展大规模国土绿化行动，支持退化草原生态修复治理，建立以国家公园为主体的自然保护地体系。

（二）积极深化改革，不断创新财政资金投入体制

加快推进生态环境、自然资源领域中央与地方财政事权和支出责任划分改革，充分调动中央和地方两个积极性。推动实行最严格的生态环境保护制度，支持健全生态环境监测和评价制度，落实生态环境损害赔偿制度。坚持“谁受益，谁补偿”的原则，加快研究建立生态服务价值评估体系，科学确

定生态补偿标准；加快探索“绿水青山就是金山银山”的有效转化途径和生态产品价值实现机制；继续以流域为重点，加快推进长江、黄河流域横向生态补偿机制建设。总结提炼山水林田湖草生态保护修复经验，提高生态修复效率，完善自然资源价格形成机制，建立自然资源政府公示价格体系，健全自然资源资产产权体系；加快推进自然资源资产所有权资源清单和委托代理机制改革试点工作，落实资源有偿使用制度。

（三）形成政策合力，加快建立多元化投入机制

处理好政府与市场关系，坚持“谁污染，谁治理”、“谁破坏，谁恢复”的原则，落实市场主体责任，发挥企业污染治理主体作用。发挥财政资金“四两拨千斤”的撬动作用，更多运用市场化的办法，推动国家绿色发展基金尽早注册挂牌，合理推广政府和社会资本合作（PPP），进一步健全排污权和碳排放权等市场交易机制，撬动更多的社会资本进入促进绿色发展领域。落实有利于绿色发展的税收优惠政策，启动环境保护和节能节水项目、资源综合利用企业所得税优惠目录修订工作，研究适时在全国推开水资源税改革。加强废弃电器电子产品处理基金和可再生能源发展基金征收管理。充分发挥政府采购的导向作用，丰富绿色采购政策内涵，完善政策执行机制和配套措施。

（四）提高资金效益，推进全面实施预算绩效管理

按照全面实施预算绩效管理的要求，以改善生态环境质量结果为导向，建立污染防治资金绩效评价结果、预算安排和政策调整有机结合的机制，加快推动预算绩效管理在污染防治领域全覆盖。定期组织专家或第三方机构对资金使用开展绩效评价，强化绩效结果应用。提高财政生态环保资金使用透明度，以公开促规范。进一步完善以改善环境质量为核心的资金分配机制，突出结果导向，将资金花到刀刃上，加大对环境质量改善成效明显地方的激励，切实提高资金的生态环境效益和社会效益。

生态文明建设是关系中华民族永续发展的根本大计，财政是国家治理的基础和重要支柱，也是生态环保工作的重要支撑。我们要更加紧密地团结在以习近平同志为核心的党中央周围，增强“四个意识”，坚定“四个自信”，做到“两个维护”，以习近平生态文明思想为指导，认真贯彻党中央、国务院决策部署，按照全国人大常委会的审议意见，不断完善财政政策，着力支持打赢污染防治攻坚战，满足人民日益增长的优美生态环境需要，为坚持和完善中国特色社会主义制度、推进国家治理体系和治理能力现代化，实现“两个一百年”奋斗目标、实现中华民族伟大复兴的中国梦而努力奋斗！

对财政生态环保资金分配和使用情况报告的意见和建议

2019 年 12 月 26 日，十三届全国人大常委会第十五次会议审议了财政部部长刘昆受国务院委托所作的关于财政生态环保资金分配和使用情况的报告，共有 27 人次发言。现根据会议发言情况，将常委会组成人员和列席人员的主要意见整理如下。

出席人员普遍认为，党的十八大以来，以习近平同志为核心的党中央高度重视生态环境保护工作，把生态环境保护摆在治国理政的突出位置，国务院和各级地方政府深入贯彻习近平生态文明思想和党中央决策部署，加大投入力度，优化支出结构，保障重点支出，生态环境持续改善，人民群众幸福感获得感明显增强。大家认为报告坚持问题导向，问题剖析深刻，提出措施精准，预算工委和财经委、环资委的调研报告数据翔实、内容全面、分析透彻。大家强调，生态环境保护该花的钱必须花，该投的钱决不能省。要把生态环保作为优先保障领域，健全投入机制，提高使用绩效，为打好污染防治攻坚战提供稳定、规范、可持续的财力保障。审议中，大家还提出了一些具体意见建议。

一、建立多元规范可持续的投入保障机制

有些出席人员指出，生态环境保护是一项综合性长期性系统性工程，资金需求量大。当前生态环保资金需求和财政保障能力之间的矛盾日益凸显，有的西部省份 2018 年一般公共预算收入 871.1 亿元，县级财政平均自给率仅为 15.1%，但全省 2020—2022 年山水林田湖草项目资金需求就达 960 亿元，财政投入“力不从心”。中央和地方各级政府

应做好整体规划，建立长效投入机制，做好生态环保领域资金统筹和调度，同时适当增加中央事权责任，加大对中西部地区、生态功能区的转移支付补助力度。

有些出席人员指出，仅靠政府投入难以满足生态环保领域的较大资金需求。建议加快多元化投入机制建设，推动形成政府购买服务、PPP、排污权交易等生态环保市场，缓解资金供求矛盾。有的出席人员提出，有的地方探索将生态补偿资金作为稳定的现金流，开展绿色金融产品创新和资本化试点，撬动社会资本投向环保领域，取得较好效果，建议认真总结相关经验。

二、健全完善生态补偿机制

有的出席人员指出，生态环保项目不是标准化公共产品，各地受产业结构、污染成因、生态禀赋等因素影响，污染治理和生态保护的途径方法不同，补偿标准应有所差别。目前针对重点生态功能区的转移支付政策和补偿机制缺乏有效的激励措施和量化标准，不利于调动地方的积极性主动性。建议有关部门抓紧研究确定生态价值的量化标准和测定方式，加快建立生态服务价值评估体系，科学确定生态补偿标准。有的出席人员指出，有关部委出台政策规定流域上下游横向生态保护补偿工作主要由相关地方协商进行，但上下游地区在协商中往往难以达成一致意见。建议上级政府及相关部门加强统筹协调，牵头组织、积极推动有关地方开展协商，对协商内容、补偿标准、补偿方式等作出具体指导。

有的出席人员提出，生态环境损害赔偿制度改革相对滞后，污染环境的担责成本依然较低，“企业污染、群众受害、政府买单”的困局还未完全破解。建议严格按照生态环境损害赔偿制度改革方案要求，进一步明确赔偿责任、完善赔偿机制、规范赔偿责任追究程序等，执行生态环境损害责任终身追究制，确保制度真正落实。

三、加大对生态薄弱领域和地区的资金投入

部分出席人员指出，全面建成小康社会最突出的短板在“三农”，而农村生态环境又是短板中的短板。应把农村环境整治放在更加突出的位置，强化资金保障，研究出台农村环境综合整治财税政策。

有的出席人员指出，一些地方城市污水管网历史欠账大，漏接、混接、错接问题突出，迫切需要加大对城镇污水管网、处理设施建设和运营维护等的投入力度。现行污水处理费定价机制仅基于历史成本，只计算企业投入部分，无法反映真实成本，难以保证污水处理设施日常运行，更无法支撑设施升级改造。建议中央财政加大对地方城镇污水防治方面的转移支付力度，同时完善污水处理费的定价机制，落实好“谁污染、谁治理”原则。

四、不断提高资金管理和利用水平

有些出席人员指出，有的深度贫困地区在环保资金使用中存在浪费现象。比如有的乡人口不足万人，居住非常分散，但按照环保部门规定必须建设污水处理厂，最终投资上千万建起的污水处理厂因为没有污水来源只能闲置。建议有关部门对此类情况进行认真排查，杜绝资金使用中的形式主义问题。有些出席人员提出，环保资金投入重建设轻管理的现象一定程度上仍然存在，如一些农村推动旱厕改水厕，建成后因缺水长期停用。建议强化“建管并重”理念，加强对环保项目建设运营资金需求的测算，强化项目管理。

有的出席人员提出，财政资金绩效评价一般在年度预算执行完毕后展开，但环保项目建设周期长、资金见效慢，采用短期方法评价长期项目不尽科学，建议研究出台符合环保实际的绩效评价方法。有的出席人员指出，环保资金下达周期一般较长，有时地方环境状况和环境需求发生变化，申请调整已拨付资金用途比较困难，还影响绩效评价结果。建议研究建立相关项目和资金的退出机制，明确在未给国家环保资金造成损失的情况下，不影响绩效评价。

有的出席人员指出，废旧电器电子产品回收利用既有经济价值，也有环保价值，但这一产业发展不容乐观。一方面我国废弃电器电子产品处理基金收支严重失衡，缺口累计约 100 亿元；另一方面，全国三分之二以上有资质的废旧电器电子产品拆解企业已停产或面临倒闭。建议在加强废弃电器电子产品处理基金征收管理的同时，加快建立基金补贴标准动态调整机制，加快补贴发放进度，增加发放频次，促进行业健康发展。

全国人民代表大会常务委员会法制工作委员会关于 2019 年备案审查工作情况的报告

——2019 年 12 月 25 日在第十三届全国人民代表大会常务委员会第十五次会议上

全国人大常委会法制工作委员会主任 沈春耀

全国人民代表大会常务委员会：

现将 2019 年开展备案审查工作的情况报告如下，请予审议。

对行政法规、地方性法规、司法解释开展备案审查，是宪法和法律赋予全国人大常委会的一项重要职权。根据宪法、法律和有关规定，我国目前已经形成由党委、人大、政府、军队等各系统分工负责、相互衔接的各类规范性文件备案审查制度机制。基本框架是：全国人大常委会对行政法规、监察法规、地方性法规、司法解释进行备案审查；国务院对地方性法规、部门规章、地方政府规章进行备案审查；地方人大常委会对本级及下级地方政府规章，下一级地方人大及其常委会决议决定，本级地方政府规范性文件进行备案审查；党中央和地方党委对党内法规和其他规范性文件进行备案审查；中央军事委员会对军事规章和其他军事规范性文件进行备案审查。接受备案的各机关对报送备案的相关规范性文件进行审查，对与宪法、法律和上位法规定相抵触的有关规范性文件有权予以撤销、纠正。

从全国人大常委会备案审查工作情况看，过去一年，国务院、最高人民法院、最高人民检察院和有地方立法权的地方人大及其常委会深入学习贯彻习近平新时代中国特色社会主义思想特别是习近平总书记全面依法治国新理念新思想新战略，紧紧围绕党和国家工作大局，通过制定、修改和废止相关法规、司法解释等规范性文件，坚持和完善相关领域国家制度和国家治理体系，在法治轨道上推进各项工作，为确保党中央决策部署贯彻落实、保障宪法法律有效实施、促进经济社会持续健康发展、保持社会和谐稳定作出了积极努力和重要贡献。各类法规和司法解释总体上是符合实际需要的，是符合宪法法律的。

一、报送备案的有关情况

过去一年来，国务院、最高人民法院、最高人民检察院以及有地方立法权的地方人大及其常委会，依照宪法法律规定的权限和程序开展法规和司法解释制定工作，按照规定报送全国人大常委会备案的行政法规、地方性法规、司法解释共 1485 件，其中行政法规 53 件，省、自治区、直辖市地方性法规 516 件，设区的市、自治州、不设区的地级市地方性法规 718 件，自治条例和单行条例 99 件，经济特区法规 58 件，司法解释 41 件。

各报送备案的机关按照“有件必备”的要求，基本做到了报送及时、材料齐全、格式规范，通过报送备案自觉接受全国人大常委会监督，报备工作实现了制度化、常态化。同时，也存在一些问题，需要不断完善和改进。例如，有的地方人大常委会通过的决议决定中规定了公民法人的权利义务或者有关机关的职权职责，设定了法律责任，属于具有法规性质的规范性文件，但并没有报送备案。去年以来，法制工作委员会着力推动地方人大常委会将地方政府规章和地方人民法院、人民检察院制定的涉及审判、检察工作的规范性文件纳入备案审查范围。目前，地方政府规章基本上纳入地方人大常委会备案审查范围，有 14 个省（区、市）将地方有关司法规范性文件纳入备案审查范围，有 2 个省纳入依申请审查范围。

我们还加强备案审查信息化建设，在实现电子报备的基础上，推进同国务院电子报备系统的连通，实现统一报备，通过全国人大备案审查信息平台将报备的地方性法规同时推送到国务院电子报备系统，促进报备工作便捷化、规范化。

二、开展审查的有关情况

根据有关法律规定，总结实践经验，备案审查方式主要有：依职权审查，即审查机关主动进行审查；依申请审查，即审查机关根据有关国家机关或者公民、组织提出的审查建议进行审查；专项审查，即审查机关对特定领域规范性文件进行集中清理和审查。过去一年来，我们对公民、组织提出的138件审查建议进行了审查研究，提出了处理意见并向建议人作了反馈。将88件不属于全国人大常委会审查范围的审查建议分别移送有关机关，其中，移送中央办公厅法规局5件，移送中央军委办公厅法制局1件，移送司法部40件，移送最高人民法院12件，移送最高人民检察院5件，移送省级人大常委会6件，同时移送司法部和省级人大常委会19件。

（一）督促制定机关纠正与宪法法律规定有抵触、不符合的规范性文件

有的地方性法规规定，公安机关交通管理部门调查交通事故时可以查阅、复制当事人通讯记录。经审查认为，该规定不符合保护公民通信自由和通信秘密的原则和精神；对公民通信自由和通信秘密保护的例外只能是在特定情形下由法律作出规定，有关地方性法规所作的规定已超越立法权限。经向制定机关指出后，有关规定已经修改。

有的地方性法规规定，人大常委会闭会期间可以由主任会议许可对人大代表进行逮捕。经审查认为，该规定与代表法关于县级以上人大代表在本级人大闭会期间非经本级人大常委会许可不受逮捕的规定，存在抵触情形。经向制定机关指出后，有关规定已经修改或者停止执行。

有的地方性法规规定，对有违法记录的机动车实行累积记分办法。经审查认为，该规定与道路交通安全法关于对机动车驾驶人违法行为实行累积记分的规定不符合，扩大了现行规定的适用范围。经沟通，制定机关已将修改相关法规列入立法工作计划。

有的地方性法规规定，临时占用草原的，应当向草原监督管理机构缴纳草原植被恢复费。经审查认为，该规定与草原法关于临时占用草原期满必须恢复草原植被，逾期不予恢复，由草原行政主管部门代为恢复，所需费用由违法者承担的规定，存在抵触情形。经沟通，制定机关同意作出修改。

关于适用公司法的司法解释规定了股东、董事的清算责任，法制工作委员会在2018年备案审查工作情况报告中报告了对这一规定的审查情况。2019年11月，制定机关通过适当方式对公司债务案件审理中"怠于履行清算义务的认定"和"因果关系抗辩"作了明确，解决了不适当扩大股东清算责任的问题。

（二）督促制定机关根据上位法变化对法规及时修改完善

有的地方性法规关于对饮酒、醉酒驾驶机动车予以处罚的种类和幅度的规定，未根据2011年修改后的道路交通安全法进行修改。有的地方性法规关于机动车环保检测机构出具虚假检验报告行为进行处罚的规定，未根据2015年修改后的大气污染防治法进行修改。有的地方性法规关于审批部门不得批准建设未依法进行环境影响评价的建设项目的规定，未根据修改后的环境影响评价法进行修改。这些未及时跟进的情况经指出后，有关规定已经修改，或者已列入修改计划。

（三）推动对不适应现实情况的规定作出废止或调整

我们去年对全国政协委员提出的关于对收容教育制度进行合宪性审查的提案进行了研究，在当年备案审查工作情况报告中提出了适时废止收容教育制度的建议。在今年十三届全国人大二次会议期间，有30名全国人大代表联名提出了关于废止收容教育制度的议案。结合议案办理，我们继续推动废止有关法律规定的工作，并就工作进展情况与领衔代表进行当面沟通。11月27日，国务院已经向全国人大常委会提出《国务院关于提请废止收容教育制度的议案》。该议案已列入本次常委会会议议程。

《城市供水条例》规定，城市供水行政主管部门或者其授权的单位可以对未按规定缴纳水费的行为处以罚款。经审查认为，该行政法规制定时间（1994年）较早，有关规定与目前城市供水管理体制已不相适应，应当作出必要调整。经沟通，司法部已决定向国务院提出修改《城市供水条例》的建议，有关问题将在下步工作中予以解决。

有的地方性法规规定，对违反计划生育政策多生育子女的国家工作人员一律给予开除处分，还有其他一些严格控制措施和处罚处分处理规定。经审查认为，我国人口发展已呈现出重大转折性变化，这类规定虽目前有上位法的一定依据，但总的看已经不适应、不符合党和国家关于改革完善计划生育服务管理的精神和方向，应予适时调整。建议有关方面研究启动修改完善工作。

（四）允许和鼓励制定机关根据实践需要和法治原则进行立法探索

《上海市食品安全条例》对从事家畜产品规模化销售设定了行政许可，对未按规定处理变质或者超过保质期的食品及食品添加剂的行为设定了行政处罚，对从事食品和食用农产品贮存、运输服务的经营者未按规定备案的行为设定了行政处罚。经审查认为，针对从事家畜产品规模化销售设定行政许可，不违背食品安全法的立法精神和原则；针对上述两种行为设定行政处罚，属于地方适应新情

况新需要作出的带有创制性的规定,应当允许探索。

《深圳经济特区食品安全监督条例》规定,有关部门受理关于食品安全问题的投诉举报时,发现投诉人超出合理消费或者以索取赔偿、奖励作为主要收入来源的,可以终止调查并将相关线索纳入食品安全风险监测范围。经审查认为,该规定属于在不违背上位法基本原则的前提下,根据具体情况和实际需要作出的规定,属于经济特区法规的权限范围,应当允许探索;同时,建议制定机关立足于加强食品安全监管及时总结相关规定实施情况,适时研究完善。

(五)对通过衔接联动机制移送的地方性法规进行审查研究

今年 5 月和 10 月,司法部通过备案审查衔接联动机制先后移送地方性法规 200 件,我们逐一进行了审查研究,区分不同情况提出研究处理意见。对 79 件地方根据实际情况作出的具有探索或者先行先试性质的规定,对上位法有关规定进行细化、补充、延伸的规定,符合党和国家有关精神的,允许地方进行探索;对 84 件生态环保领域法规,建议纳入正在进行的集中清理工作范围统筹研究修改完善;对未及时跟进上位法变化调整完善的,建议制定机关尽快启动修改或者废止工作;对于理解上可能存在歧义、执行中可能带来上位法有关规定不落实等问题的,提示制定机关予以关注并加强研究;对其中 4 件存在与法律有关规定相抵触问题的,已向有关制定机关提出纠正意见。

三、开展专项清理工作的有关情况

今年以来,我们根据党和国家工作大局,结合常委会监督工作部署和要求,有重点地开展规范性文件集中清理和专项审查工作。

一是持续开展生态环保领域法规、司法解释等规范性文件集中清理工作。贯彻全国人大常委会有关决议精神,我们在去年督促地方修改 514 件、废止 83 件地方性法规的基础上,今年又督促地方修改 300 件、废止 44 件。同时,推动制定机关对集中清理过程中发现的 37 件部门规章、456 件地方政府规章、2 件司法解释以及 11000 余件各类规范性文件及时修改、废止或者重新制定。持续一年多的生态环保领域规范性文件集中清理工作任务已基本完成。建议有关方面抓紧推进制度建设相关工作,及早实现生态环保领域法规等规范性文件完善发展的目标任务。

二是根据党中央有关精神组织开展食品药品安全领域地方性法规专项清理。督促地方对不符合加强食品药品安全监管要求、与党中央有关精神不符合、与上位法有关规定不符合的地方性法规及时予以修改或者废止,重点解决地方性法规与新修改的有关法律不一致、不配套的问题,以更好发挥法律体系整体功效。目前这项工作正在进行中。

四、加强备案审查制度和能力建设的有关情况

持续推动地方人大常委会健全备案审查制度,扎实开展备案审查工作。以建立健全人大常委会听取审议备案审查工作情况报告制度机制为抓手,推动地方人大常委会备案审查延伸并覆盖本级和下级应当受人大监督的所有规范性文件。目前,31 个省、自治区、直辖市已实现向人大常委会专项报告备案审查工作情况,15 个省、自治区所属的 85 个设区的市、自治州也已报告本级备案审查工作情况。报告工作是形式,工作是报告的基础和实体。建立健全备案审查工作情况报告制度,目的就是要把"一府一委两院"所有规范公民、法人权利义务关系的规范性文件都纳入人大常委会监督工作范围。我们还通过座谈、研讨等形式,组织地方人大常委会有关工作机构开展备案审查工作经验交流和典型案例研讨交流,对备案审查工作实践中遇到的一些带普遍性、基础性的问题加强理论研究。

持续推进备案审查信息平台建设。今年 3 月,栗战书委员长在向十三届全国人大二次会议作的全国人大常委会工作报告中提出:"建成全国统一的备案审查信息平台,推动地方人大信息平台延伸到设区的市、自治州、自治县。"通过各方面的不懈努力,目前除个别偏远地方外,地方人大备案审查信息平台已延伸到所有设区的市、自治州、自治县,有的已延伸到所有的县、市辖区、县级市。同时,我们不断完善优化备案审查工作流程,开展审查建议在线提交,努力提高备案审查工作信息化、便捷化水平。

总结实践经验,研究制定新的备案审查工作规范。将原有的《行政法规、地方性法规、自治条例和单行条例、经济特区法规备案审查工作程序》和《司法解释备案审查工作程序》合并进行修改完善,形成统一的备案审查工作制度性规范。12 月 16 日,委员长会议已经审议并原则通过《法规、司法解释备案审查工作办法》。

根据十三届全国人大常委会第十四次会议通

过的《全国人民代表大会常务委员会关于国家监察委员会制定监察法规的决定》,监察法规已纳入全国人大常委会备案审查工作的范围。

五、对特别行政区本地法律进行备案审查的有关情况

香港特别行政区、澳门特别行政区将各自立法机关制定的法律向全国人大常委会备案,是香港特别行政区基本法、澳门特别行政区基本法明确规定的两个特别行政区须履行的法定责任;全国人大常委会对两个特别行政区立法机关制定的法律进行备案审查,是两部基本法赋予全国人大常委会的重要职权。这是国家按照“一国两制”方针,通过两部基本法对两个特别行政区立法机关制定法律进行监督而作出的宪制性安排。两部基本法都在第十七条第二款和第三款中作出了明确的规定:特别行政区立法机关制定的法律须报全国人大常委会备案,备案不影响该法律的生效;全国人大常委会在征询其所属的香港特别行政区基本法委员会、澳门特别行政区基本法委员会的意见后,如认为特别行政区立法机关制定的任何法律不符合基本法关于中央管理的事务及中央和特别行政区关系的条款,可将有关法律发回,但不作修改;经全国人大常委会发回的法律立即失效;该法律的失效,除特别行政区法律另有规定外,无溯及力。

多年来,全国人大常委会备案审查工作范围一直包括香港、澳门两个特别行政区立法机关制定的法律,两个特别行政区都能够做到将其立法机关制定的法律及时向全国人大常委会报送备案。法制工作委员会具体承担对两个特别行政区法律的备案审查工作职责,并建立健全征询香港、澳门两个基本法委员会意见的工作机制。香港、澳门两个基本法委员会定期或者不定期开会,评估和研究两个特别行政区本地有关法律的制定、修改等情况。十三届全国人大以来,香港特别行政区报送备案的本地法律43件,澳门特别行政区报送备案的本地法律36件。经初步审查,没有发现需要将有关法律发回的情形。

六、做好2020年备案审查工作的考虑

备案审查是维护社会主义法治统一的重要制度安排。党的十九届四中全会通过的《决定》对备案审查工作作出了重要决策部署,栗战书委员长、王晨副委员长等常委会领导同志也对备案审查工作提出了明确要求,常委会组成人员在审议年度备案审查工作情况报告中也提出了许多好的意见和建议。我们要进一步增强做好备案审查工作的思想自觉和行动自觉,认真贯彻落实党中央和常委会有关工作要求,不断提高备案审查工作水平。

一是切实贯彻“有件必备、有备必审、有错必纠”的工作总要求。进一步加强改进备案审查工作,通过备案审查保证党中央令行禁止,保障宪法法律实施,保护公民合法权利。按照法治原则,只要是规范性文件的制定机关属于人大监督对象,这些机关制定的规范性文件就都应当纳入人大备案审查范围。加强改进工作的思路是,以备案全覆盖带动审查全覆盖,以审查全覆盖实现监督全覆盖;紧紧围绕保证党中央决策部署和宪法法律规定贯彻落实开展备案审查工作,加强对涉及公民、法人权利义务的规范性文件的监督。

二是继续加强审查工作。认真做好审查、研究、处理、反馈工作,努力做到审查建议件件有处理、有结果、有回复。加强对争议问题和实际情况的调研和论证,深入分析相关领域法律制度和方针政策的具体情况,加强与制定机关的沟通,加大督促纠正工作力度。对于存在违宪违法问题的,坚决予以纠正,切实增强备案审查监督实效。

三是加强备案审查制度和能力建设。各级人大的备案审查工作都存在不少薄弱环节,不适应、不符合问题和短板还比较多,需要持续推进。

四是加强备案审查工作成果的转化利用。备案审查同做好人大立法工作、监督工作、代表工作和其他履职工作都有很多关联,同一些新领域工作,如推进合宪性审查工作、人大宣传工作等,也有不少关联。我们要把备案审查工作放到常委会工作全局中来认识和把握,积极担当作为,促进备案审查工作和人大其他工作协同发展,促进备案审查工作成果更多更好地运用到立法、监督等工作中。

五是加强对地方人大备案审查工作的联系指导。对各类规范性文件实行备案审查,是立法法、监督法的重要内容,是各级人大常委会的工作职责。我们要通过备案审查工作促进人大工作上下联动和协同,加强工作联系指导,努力增强人大工作整体实效。

二、审查和批准决算，听取和审议计划、预算执行情况和审计工作报告

全国人民代表大会常务委员会关于批准 2018 年中央决算的决议

（2019 年 6 月 29 日第十三届全国人民代表大会常务委员会第十一次会议通过）

第十三届全国人民代表大会常务委员会第十一次会议听取了财政部部长刘昆受国务院委托作的《国务院关于 2018 年中央决算的报告》和审计署审计长胡泽君受国务院委托作的《国务院关于 2018 年度中央预算执行和其他财政收支的审计工作报告》。会议结合审议审计工作报告，对 2018 年中央决算（草案）和中央决算报告进行了审查。会议同意全国人民代表大会财政经济委员会提出的审查结果报告，决定批准 2018 年中央决算。

关于 2018 年中央决算的报告

——2019 年 6 月 26 日在第十三届全国人民代表大会常务委员会第十一次会议上

财政部部长　刘　昆

全国人民代表大会常务委员会：

我受国务院委托，向全国人大常委会提出 2018 年中央决算报告和中央决算草案，请审查。

一、2018 年中央财政收支决算情况

2018 年，面对错综复杂的国际环境和艰巨繁重的国内改革发展稳定任务，在以习近平同志为核心的党中央坚强领导下，各地区各部门以习近平新时代中国特色社会主义思想为指导，全面贯彻党的十九大和十九届二中、三中全会精神，坚持稳中求进工作总基调，贯彻新发展理念，落实高质量发展要求，以供给侧结构性改革为主线，按照党中央、国务院决策部署，认真落实十三届全国人大一次会议各项决议要求，保持了经济持续健康发展和社会大局稳定，朝着实现全面建成小康社会的目标迈出了新的步伐。在此基础上，财政改革发展各项工作取得新进展，中央决算情况总体较好。根据预算法有关规定，重点报告以下情况：

（一）中央一般公共预算收支决算情况。

2018 年，中央一般公共预算收入 85456.46 亿元，为预算的 100.1%。加上从中央预算稳定调节基金以及中央政府性基金预算、中央国有资本经营预算调入 2453 亿元，收入总量为 87909.46 亿元。中央一般公共预算支出 102388.47 亿元，完成预算的 99.1%。加上补充中央预算稳定调节基金 1020.99 亿元，支出总量为 103409.46 亿元。收支总量相抵，中央财政赤字 15500 亿元，与预算持平。

与向十三届全国人大二次会议报告的执行数相比，中央一般公共预算收入增加 9.12 亿元，主要是在库款报解整理期非税收入增加。中央一般公共预算支出增加 6.67 亿元，主要是年终实行据实结算项目地方上解数额减少，相应少冲减中央对地方

税收返还。以上收支差额2.45亿元,已包含在上述补充中央预算稳定调节基金的1020.99亿元中。

从收入决算具体情况看,在落实减税降费政策、经济运行面临新的下行压力等情况下,中央一般公共预算收入增长5.3%,增幅比上年降低1.8个百分点。其中,税收收入80448.07亿元,为预算的100.3%,增长6.3%,增幅比上年降低4.3个百分点;非税收入5008.39亿元,为预算的97.2%,下降8.7%。税收收入中,国内增值税30753.32亿元,为预算的104%;国内消费税10631.75亿元,为预算的100.6%;进口货物增值税、消费税和关税合计19726.75亿元,为预算的97.7%;企业所得税22242.11亿元,为预算的101.6%;个人所得税8324.42亿元,为预算的107.4%,主要是2018年10月1日提高基本减除费用标准前,个人所得税随居民工薪收入增加增长较快;车辆购置税3452.53亿元,为预算的96.4%;出口货物退增值税、消费税15913.93亿元,为预算的107.7%,主要是年中两次提高部分产品出口退税率。

从支出决算具体情况看,中央本级支出32707.81亿元,完成预算的100.7%;中央对地方税收返还和转移支付69680.66亿元,完成预算的99.1%。中央本级支出中,教育支出1731.23亿元,完成预算的101.2%;科学技术支出3120.27亿元,完成预算的100.2%;外交支出583.37亿元,完成预算的97.1%;国防支出11069.7亿元,完成预算的100%;公共安全支出2041.51亿元,完成预算的102.5%;一般公共服务支出1503.68亿元,完成预算的103.4%;粮油物资储备支出1375.64亿元,完成预算的100.3%;债务付息支出4161.65亿元,完成预算的97.1%。中央对地方税收返还和转移支付中,税收返还8031.51亿元,完成预算的98.7%;一般性转移支付38722.06亿元,完成预算的99.3%;专项转移支付22927.09亿元,完成预算的98.8%。中央财政对中西部地区转移支付52583.35亿元,占全部转移支付比重为85.3%。

中央预备费预算500亿元,实际支出17.48亿元,主要用于支持地方加强非洲猪瘟防控等方面,剩余482.52亿元全部转入中央预算稳定调节基金。中央一般公共预算支出结余921.53亿元(含中央预备费结余482.52亿元),加上超收99.46亿元,合计1020.99亿元,全部用于补充中央预算稳定调节基金。2018年初中央预算稳定调节基金余额2708.46亿元,加上上述补充的1020.99亿元、按规定用中央政府性基金结转资金补充的36.99亿元,2018年末中央预算稳定调节基金余额为3766.44亿元,2019年调入预算2800亿元后余额为966.44亿元。

2018年,中央一般公共预算使用以前年度结转资金安排的支出1153.64亿元,其中,中央本级使用187.09亿元,中央对地方转移支付使用966.55亿元。中央预算周转金规模没有发生变化,2018年末余额为354.03亿元,主要用于调剂预算年度内季节性收支差额。

2018年,中央本级“三公”经费财政拨款支出合计39.92亿元(包括基本支出和项目支出安排的经费),比预算数减少17.14亿元,主要是中央部门贯彻落实中央八项规定精神,按照过紧日子的要求,从严控制和压缩“三公”经费支出,以及受客观因素影响,部分因公出国(境)、外事接待任务未实施,公务用车支出减少。其中,因公出国(境)费14.84亿元,减少2.79亿元;公务用车购置及运行费22.33亿元,减少10.82亿元;公务接待费2.75亿元,减少3.53亿元。

2018年,中央基建投资支出5376亿元,其中,中央本级支出1267.33亿元,对地方转移支付4108.67亿元,主要用于“三农”建设、重大基础设施、创新驱动和结构调整、保障性安居工程、社会事业和社会治理、节能环保与生态建设等方面,投资效益进一步提高,为优化供给结构、加大基础设施领域补短板力度、稳住有效投资发挥了积极作用。实际执行中,中央基建投资部分中央本级项目与预算偏差较大,主要是按照党中央、国务院部署,加大对北京大兴国际机场、川藏铁路拉萨至林芝段供电工程等重点项目的支持力度。

2018年,中央财政发行国债37092.31亿元,其中内债36775.58亿元、外债316.73亿元,筹措资金除用于到期国债还本外,其余均由中央财政统筹安排使用。国债还本22264.72亿元,其中内债22014.39亿元、外债250.33亿元。年末国债余额为149607.41亿元,包括内债余额148208.62亿元、外债余额1398.79亿元,控制在全国人大批准的国债余额限额156908.35亿元以内。

(二)中央政府性基金预算收支决算情况。

2018年,中央政府性基金收入4034.81亿元,为预算的104.4%。加上2017年结转收入385.59亿元,收入总量为4420.4亿元。中央政府性基金支出4021.55亿元,完成预算的94.7%,主要是民航发展基金、彩票公益金等基金执行中一些项目不具备实施条件。其中,中央本级支出3089.29亿元,对地方转移支付932.26亿元。向一般公共预算调出

1.46 亿元。中央政府性基金收入决算数比执行数增加 2.16 亿元，支出决算数与执行数持平。

中央政府性基金收大于支 397.39 亿元，其中，结转下年继续使用 360.4 亿元；单项政府性基金结转超过当年收入 30% 的部分合计 36.99 亿元，按规定补充中央预算稳定调节基金。

（三）中央国有资本经营预算收支决算情况。

2018 年，中央国有资本经营收入 1326.38 亿元，为预算的 96.3%，加上 2017 年结转收入 113.59 亿元，收入总量为 1439.97 亿元。中央国有资本经营支出 1111.73 亿元，完成预算的 95.1%，主要是收入未完成预算相应削减支出，其中，中央本级支出 1024.85 亿元，对地方转移支付 86.88 亿元。向一般公共预算调出 321.54 亿元。结转下年支出 6.7 亿元。中央国有资本经营收入决算数比执行数增加 1.07 亿元，支出决算数与执行数持平。

（四）中央社会保险基金预算收支决算情况。

2018 年，中央社会保险基金收入 589.67 亿元，为预算的 87.2%，其中，保险费收入 308.33 亿元，财政补贴收入 274.87 亿元。加上地方上缴的中央调剂基金收入 2413.3 亿元，收入总量为 3002.97 亿元。中央社会保险基金支出 532.49 亿元，完成预算的 81.3%。加上安排给地方的中央调剂基金支出 2406.8 亿元，支出总量为 2939.29 亿元。当年收支结余 63.68 亿元，年末滚存结余 330.44 亿元。中央社会保险基金收入决算数比执行数增加 7.56 亿元，支出决算数比执行数增加 0.36 亿元。

按照预算法和国务院有关规定，对 2018 年中央财政的部分收支事项实行权责发生制核算，包括预算已经安排当年应支未支的工资和社保资金、国库集中支付年终结余以及国务院批准的其他特殊事项等。有关具体情况已向全国人大常委会专门书面报告。对上述资金，财政部将在预算执行中加强管理，及时拨付，尽快发挥资金效益。

二、认真落实各项财税政策，促进高质量发展

2018 年，我们认真贯彻落实党中央、国务院决策部署，按照全国人大有关决议要求和批准的预算，聚力增效实施积极的财政政策，大力实施减税降费政策，加大对三大攻坚战、供给侧结构性改革的支持力度，更多向创新驱动、“三农”、民生等重点领域倾斜，深化财税体制改革，加强预算执行管理，促进经济持续健康发展和社会大局稳定。

（一）大力实施减税降费。

在 2018 年初确定的 1.1 万亿元减税降费政策基础上，年中又根据宏观经济形势相机预调微调，实施了多项税费优惠政策，全年减税降费约 1.3 万亿元。一是完善增值税制度。2018 年 5 月 1 日起降低增值税税率水平，税率调整为 16%、10%、6% 三档。将工业企业和商业企业小规模纳税人的年销售额标准由 50 万元和 80 万元上调至 500 万元。对装备制造等先进制造业、研发等现代服务业符合条件的企业和电网企业在一定时期内未抵扣完的进项税额予以一次性退还。二是实施个人所得税改革。按照“一次修法、两步到位”的步骤实施改革，第一步改革自 2018 年 10 月 1 日起实施，基本减除费用标准由 3500 元/月提高到 5000 元/月，并适用新的税率表。月工薪收入 2 万元以下的纳税人税负降幅超过 50%。第二步改革自 2019 年 1 月 1 日起实施，设立子女教育、继续教育、大病医疗、住房贷款利息、住房租金、赡养老人等 6 项专项附加扣除。三是加大小微企业税收支持力度。将享受减半征收企业所得税优惠政策的小型微利企业年应纳税所得额上限由 50 万元提高到 100 万元。四是鼓励企业加大研发投入。将享受当年一次性税前扣除优惠的企业新购进研发仪器、设备单位价值上限由 100 万元提高到 500 万元。将企业研发费用加计扣除比例提高到 75% 的政策由科技型中小企业扩大至所有企业。将高新技术企业和科技型中小企业亏损结转年限由 5 年延长至 10 年。取消企业委托境外研发费用不得加计扣除限制。五是调整完善进出口税收政策。分两批对 4000 多项产品提高出口退税率，七档退税率减至五档。完善境外投资者以分配利润直接投资的企业所得税优惠政策。提高享受跨境电商零售进口税收优惠政策的商品限额上限、扩大商品范围。跨境电商零售出口货物税收政策推广至所有跨境电子商务综合试验区。离境退税政策实施范围扩大至 26 个省份。同时，清理规范行政事业性收费，降低部分政府性基金征收标准，加快推进清理口岸收费工作。

（二）支持三大攻坚战开局良好。

坚持底线思维，聚焦重点任务，注重稳扎稳打，坚决支持打好三大攻坚战。一是着力防范化解地方政府隐性债务风险。开好“前门”、严堵“后门”，牢牢守住不发生系统性风险的底线。严格落实地方政府债务限额管理和预算管理，基本完成存量政府债务置换目标，加强专项债券管理，推进地方政府债务信息公开，有效防范法定限额内政府债务风

险。2018 年地方政府债券发行 41651.68 亿元,偿还当年到期债券 8389.37 亿元,年末地方政府债务余额 184618.67 亿元,控制在全国人大批准的余额限额 209974.3 亿元以内。持续保持监管高压态势,坚决遏制隐性债务增量。加强对地方的指导,稳妥有序化解隐性债务存量,督促高风险地区多渠道降低债务风险水平。对部分市县和金融机构违法违规举债行为及有关人员严肃追责问责,分 9 批公开通报警示,积极配合建立地方政府举债终身问责、倒查责任机制。二是大力支持脱贫攻坚。中央财政补助地方专项扶贫资金 1060.95 亿元,增长 23.2%,增加的资金重点用于"三区三州"等深度贫困地区。教育领域转移支付、重点生态功能区转移支付等向深度贫困地区倾斜力度加大。全面推进贫困县涉农资金整合试点,全年整合资金超过 3000 亿元。加强各级各类扶贫资金监管,聚焦"三区三州"开展扶贫资金专项核查,违法违纪问题金额明显减少。扶贫项目资金绩效目标管理基本全覆盖。全年完成 280 万建档立卡贫困人口搬迁任务,1386 万农村贫困人口实现脱贫。三是积极支持污染防治。围绕打好污染防治攻坚战标志性战役增投入、转方式、建机制。中央财政支持污染防治攻坚战相关资金约 2555 亿元,增长 13.9%,其中大气、水、土壤污染防治投入力度为近年来最大。中央财政支持北方地区冬季清洁取暖试点城市由 12 个增加到 35 个,京津冀及周边地区等主战场空气质量进一步改善。在 20 个城市开展黑臭水体治理示范,支持中西部地区城镇污水处理提质增效,加大渤海综合治理力度。强化土壤污染管控,推进重金属污染耕地修复治理。扩大农作物秸秆综合利用、畜禽粪污资源化利用等试点,加强农业面源污染治理。将宁夏贺兰山东麓、贵州乌蒙山区、内蒙古乌梁素海流域等 14 个项目纳入第三批山水林田湖草生态保护修复工程试点,试点范围基本涵盖了我国"两屏三带"重要生态功能区。

(三)支持深化供给侧结构性改革。

加大"破、立、降"力度,以创新引领实体经济发展,加强对制造业、民营企业和中小企业等的支持,增强市场主体活力,培育增长新动力。一是支持制造业高质量发展。开展首台(套)重大技术装备和新材料首批次保险补偿机制试点等。二是推动提升科技创新能力。保障公共科技活动,持续加大对基础研究的支持。进一步扩大科研单位和中央高校用款自主权,精简报表和过程检查。三是促进新动能成长壮大。支持 100 个国家级、省级实体经济开发区打造中小企业"双创"特色载体。完善科技企业孵化器、大学科技园和众创空间税收政策,创业投资企业和天使投资个人税收优惠政策推广至全国。充分发挥国家新兴产业创业投资引导基金作用,支持早中期、初创期创新型企业发展。四是加强对民营企业和小微企业融资的支持。综合运用融资增信、以奖代补、税收优惠等方式,鼓励金融机构增加对企业的融资。成立国家融资担保基金,带动授信超过 2700 亿元。用足用好普惠金融专项资金,对约 1000 亿元的涉农贷款增量给予奖励。启动实施小微企业融资担保降费奖补政策,降低小微企业融资成本。五是巩固"三去一降一补"成果。继续支持钢铁煤炭行业化解过剩产能,提前两年完成"十三五"去产能目标任务,中央财政拨付奖补资金累计支持分流安置职工约 120 万人。推进解决国有企业历史遗留问题,支持中央企业处置"僵尸企业"和治理特困企业工作。加大重点领域补短板力度,规范有序推进政府和社会资本合作,民营企业参与率稳步提高。

(四)支持社会民生持续改善。

坚持经济发展与民生改善相协调,在加大民生投入力度的同时,加强民生支出政策管理,切实办好民生实事。一是完善和落实稳就业政策措施。出台加大企业稳岗支持力度、扩大就业见习补贴范围等多项政策。支持开展高校毕业生基层就业、去产能企业职工安置、新型职业农民培训等工作。失业保险基金支出约 450 亿元,保障 452.3 万名失业人员基本生活。全年城镇新增就业 1361 万人。二是支持发展公平优质教育。落实好财政教育投入"一个一般不低于、两个确保"要求。2018 年中央财政教育领域转移支付 84% 左右投向中西部地区。扩大普惠性学前教育资源,学前教育毛入学率达到 81.7%。巩固城乡统一、重在农村的义务教育经费保障机制,九年义务教育巩固率为 94.2%,大班额、超大班额比例下降。支持加快发展现代职业教育和推进"双一流"建设。三是推动养老保险制度改革。出台企业职工基本养老保险基金中央调剂制度,2018 年 7 月 1 日起实施,共调剂资金 2422.3 亿元,22 个省份受益。按企业国有股权 10% 的比例,稳步推进划转部分国有资本充实社保基金试点。建立城乡居民基本养老保险待遇确定和基础养老金正常调整机制,基础养老金最低标准提高至 88 元。退休人员基本养老金标准提高约 5%。四是推进健康中国建设。城乡居民医保财政补助标准提高到每人每年 490 元,增加的 40 元一半用于加强大病保险保障能力,大病保险实际补偿比例不低于50%。支持抗癌药降税降价,17 种抗癌药纳入医保目录,平均降价 56.7%。支持药品集中采购试点,25 个中选药品价格平均降幅 52%。基本公共卫生服务项目人均财政补助标准提高至 55 元,服务项目数量进一步增加。巩固破除以药补医成果,持续深化公立医院综合改革。五是强化民生政策托底。中央财政增加困难群众救助补助资金,支持各地做好低保、特困人员救助供养、临时救助、流浪乞讨人员救助、孤儿基本生活保障等。继续提高优抚对象等人员抚恤和生活补助标准,惠及全国 860 余万优抚对象。加强基本住房保障,全年棚户区改造开工626 万套、农村危房改造 190 万户。六是促进文化事业发展。推进 5 万余所博物馆、纪念馆、美术馆、文化馆等公共文化设施向社会免费开放。支持实施 2000 多个全国重点文物保护单位、世界文化遗产等保护项目。加强对媒体融合发展的支持,增强主流媒体影响力。

(五)促进城乡区域协调发展。

紧紧围绕实施乡村振兴战略和国家重大区域战略,强化财税政策支持,推动缩小城乡区域发展差距,优化城乡区域资源配置。一是支持实施乡村振兴战略。建立跨省域补充耕地国家统筹机制和城乡建设用地增减挂钩节余指标跨省域调剂机制,筹集资金支持乡村振兴和脱贫攻坚。落实藏粮于地、藏粮于技战略,加强耕地地力保护,推广先进农业技术,新增高效节水灌溉面积 2138 万亩,农业综合机械化率超过 67%。深化农业供给侧结构性改革,支持耕地轮作休耕制度试点 2900 万亩,全面推进优质粮食工程,完善稻谷等粮食价格形成机制。国家农业信贷担保体系覆盖全国近 50% 的县市,全年累计为 19 万个农业项目担保贷款总额超过 640亿元。政策性农业保险全年为 1.95 亿户次农户提供风险保障 3.46 万亿元。推动改善以垃圾污水处理、厕所革命、村容村貌提升等为重点的农村人居环境。扩大扶持村级集体经济发展试点范围。二是支持实施国家重大区域战略。运用财税政策工具,支持国家重大区域战略实施。构建雄安新区规划建设起步阶段财政支持政策体系。出台海南全面深化改革开放财政支持政策。实施促进长江经济带生态保护修复奖励政策,启动长江流域重点水域禁捕补偿工作。制定推进粤港澳大湾区建设财税政策。三是支持提升基本公共服务均等化水平。大幅增加中央对地方一般性转移支付规模,并向中西部地区倾斜。中央财政均衡性转移支付增长9.2%,县级基本财力保障机制奖补资金增长 10%,老少边穷地区转移支付增长 15.7%。安排阶段性财力补助 400 亿元,支持资源能源型和东北地区民生政策托底。

(六)财税改革向纵深推进。

强化目标导向和问题导向,实化细化工作举措,在推出新的改革举措的同时,更加注重抓落实、见实效,扎扎实实把财税体制改革推向深入。一是加快财政体制改革。出台基本公共服务领域中央与地方共同财政事权和支出责任划分改革方案,以及医疗卫生领域财政事权和支出责任划分改革方案,积极推进教育、科技、交通运输等领域改革。二是深化预算管理制度改革。深入贯彻落实《中共中央 国务院关于全面实施预算绩效管理的意见》,在中央财政层面初步建立了项目支出为主的全过程预算绩效管理体系。中央预算决算公开内容更加细化,省市县级政府和部门预算决算公开深入推进。三是完善税收制度。结合减税降费,初步建立综合与分类相结合的个人所得税制,改革完善增值税制度。加快税收立法进程,环境保护税法、船舶吨税法、烟叶税法顺利实施,耕地占用税法、车辆购置税法经全国人大常委会审议通过,资源税法按程序提请全国人大常委会初次审议。

此外,财税政策积极支持相关重点领域改革。一是全力保障党和国家机构改革顺利推进。按照深化党和国家机构改革统一部署,分类做好机构改革涉及部门 2018 年预算批复,执行中依法依规办理预算划转等事宜,同时及时拨付新组建部门开办及筹建经费,确保部门正常运转和履职需要,保证改革顺利实施、工作平稳衔接。二是落实对外开放相关改革举措。服务对外开放和国内生产生活需要,对包括抗癌药在内的绝大多数进口药品实施零关税,降低汽车整车及零部件、1449 个税目的日用消费品、1585 个税目的工业品进口关税,我国关税总水平由上年的 9.8% 降至 7.5%。三是深化国资国企改革。出台国有资本投资、运营公司改革试点的实施意见。完善国有金融资本管理。首次向全国人大常委会作了全口径国有资产管理情况综合报告和金融企业国有资产专项报告。

三、突出问题导向,进一步加强财政预算管理

2018 年决算情况总体较好,同时也存在一些需要解决的问题,全国人大有关方面和审计署也提出

了意见建议。

我们高度重视这些问题，深入贯彻落实习近平总书记在中央审计委员会上的重要讲话精神，按照国务院关于审计整改工作的部署，严肃认真整改审计查出的突出问题，采取有力措施加以解决，一体推进整改，举一反三，加强管理，完善制度，努力做到防患于未然。同时，认真落实全国人大有关方面对财政预算工作的意见建议，不断提高财政预算管理科学化水平。

（一）优化预决算编报。

贯彻人大预算审查监督重点向支出预算和政策拓展的指导意见，充分吸纳全国人大代表、全国政协委员的意见建议，持续改进预决算编报工作，编报质量和可读性可审性进一步增强。2019年预算报告内容严格对标对表中央经济工作会议各项工作部署，突出党中央重大方针政策和决策部署的落实情况，支出政策和支出预算更加具体详实，还充实了附件内容、丰富了附件形式。草案编制更加细化，增加更多注释说明，首次将中央政府性基金预算、国有资本经营预算对地方转移支付编列到地区，将中央调剂基金收支编入社会保险基金预算，进一步增加中央对地方转移支付预算、政府性基金预算相关绩效目标材料，提交全国人大审查的中央部门项目数量比上年继续增加。

（二）强化预算绩效管理。

稳步推进以结果为导向的全过程预算绩效管理模式。绩效目标管理范围从一般公共预算项目扩大到部分中央政府性基金预算和中央国有资本经营预算项目。中央部门一级项目和专项转移支付的绩效目标与预算同步申报、同步审核、同步批复下达，对所有部门本级项目支出的预算执行情况和绩效目标实现程度实施“双监控”，及时纠正执行偏差，执行结束后全部开展绩效自评并对自评结果进行抽查和复核。重点绩效评价力度加大，2018年对38个重点民生政策和重大专项支出开展绩效评价，涉及资金5500多亿元，对一些绩效评价好的政策和项目继续安排资金或加大财政投入，对一些绩效评价差的削减预算并督促相关部门完善政策和改进管理。将260多个项目绩效自评结果和20个重点绩效评价报告提交全国人大常委会审议或参阅，并推动向社会公开。

（三）改革完善转移支付制度。

对50多项中央对地方转移支付资金管理办法进行修订，优化分配因素和权重、调整细化补助标准等。按照中央与地方财政事权和支出责任划分改革要求，结合审计指出的问题，将现行一般性转移支付、专项转移支付中属于基本公共服务领域等中央与地方共同财政事权的项目归并，从2019年起设立共同财政事权转移支付，增强地方基本公共服务保障能力。加快转移支付预算下达，加强转移支付管理。一般性转移支付方面，研究简化分配因素，激励地方将财力下沉。共同财政事权转移支付方面，推动建立单独的管理制度，逐步推进实行清单管理和建立控制机制。专项转移支付方面，进一步规范分配管理，健全定期评估和退出机制，结合评估结果取消或调整专项。

（四）改进部门预算管理。

督促指导中央部门优化支出结构，严格控制一般性支出，将更多资金用在事业发展上。进一步扩大中央部门项目评审范围，继续组织开展重大项目动态评估清理，推进改变项目支出只增不减的固化格局。加强预算执行监控，预算执行进度明显加快。进一步强化预算执行情况与预算安排挂钩机制，对上年执行进度缓慢的部门减少下年预算安排。统一组织中央部门在专门平台集中公开预决算，积极回应社会关切。

（五）加强预算管理统筹衔接。

在安排有关支出时，加强政府性基金预算、国有资本经营预算和一般公共预算的统筹。清理一般公共预算中以收定支、专款专用的规定，统筹安排相关领域支出。中央国有资本经营预算资金调入一般公共预算比例达到25%，比2017年提高3个百分点。中央基建投资预算本级项目2018年初到位率提高到94.8%，首次提前下达对地方转移支付预算，首次编报预算绩效目标。加强部门间沟通协调，实施项目查重机制，进一步优化投资方向和结构，更好发挥政府投资引导作用。

今年以来，按照党中央、国务院决策部署，重大财税政策加快落地，深化增值税改革、小微企业普惠性减税、降低社保费率等政策均已出台实施，前5个月地方政府新增债券累计发行14596亿元，有力促进我国经济平稳运行，市场信心明显提升。1—5月，全国一般公共预算收入89919亿元，同比增长3.8%，其中，税收收入增长2.2%，回落13.6个百分点，税收中的增值税收入增幅回落12.2个百分点、个人所得税收入下降30.7%、进口货物增值税消费税收入增幅回落16.4个百分点、关税收入增幅回落11.4个百分点；非税收入中涉及降费的教育费附加等专项收入下降2.9%、行政事业性收费收入在去年同期大幅下降20.7%的基础上又下降

1.3%。全国一般公共预算支出 93023 亿元,增长 12.5%,对脱贫攻坚、生态环保以及教育、医疗、卫生等民生重点领域的支出,保持了较快进度。中央一般公共预算收入 43397 亿元,增长 3.6%;中央一般公共预算本级支出 13439 亿元,增长 12.5%。

下一步,我们将紧紧围绕贯彻落实中央经济工作会议精神,按照《政府工作报告》要求,严格执行全国人大批准的预算,稳中求进、突出主线、守住底线、把握好度,坚持宏观政策要稳、微观政策要活、社会政策要托底的总体思路,深入落实“巩固、增强、提升、畅通”八字方针,加力提效实施好积极的财政政策,更加注重激发市场活力,推动高质量发展。同时,牢固树立艰苦奋斗、勤俭节约的思想,切实贯彻和体现到财政工作的全过程和各方面,过紧日子,行简约、倡简朴、戒奢华,大力压减行政开支。重点做好以下工作。一是确保更大规模减税降费落实到位。严格执行降低增值税税率、扩大进项税抵扣范围、退还新增留抵税额等增值税减税降负政策,以及小微企业普惠性减税措施。加强非税收入管理,进一步清理规范行政事业性收费和政府性基金。督促指导地方开源节流,加强财政收支预算管理,盘活存量资金资产,进一步压减一般性支出,力争达到10%以上,支持落实减税降费政策。密切跟踪政策实施中市场主体反映,及时完善政策、改进服务,加强监督检查,实打实、硬碰硬,让企业和群众有实实在在获得感。二是加强重点领域支出保障。继续支持打好三大攻坚战,针对突出问题集中力量攻坚。促进做好重点群体就业工作,落实好养老、医疗、低保、优抚等提标补助政策,不断补齐民生短板。健全民生支出管理机制,及时纠正脱离实际、超财力建设等支出政策或项目。完善县级基本财力保障机制,增强财政困难地区托底能力。督促指导地方做好“三保”工作。地方财政再困难也不能违法违规举债。三是提高预算执行能力和水平。加快预算下达,抓紧细化落实年初未分配到部门和地方的预算。加快地方政府新增债券发行进度,力争 9 月底前基本发行完毕。加强预算执行分析和考核,督促地方和部门落实预算执行主体责任。抓紧建立全方位、全过程、全覆盖的预算绩效管理体系,削减低效无效支出,提高财政资金配置效率和使用效益。四是推进落实重点改革任务。抓紧制定应急救援、自然资源等领域财政事权和支出责任划分改革方案。稳步推进中央与地方收入划分改革。进一步扩大中央国有资本经营预算实施范围。加大推进税收立法相关工作力度。做好向全国人大常委会提交国有资产管理情况综合报告和专项口头报告行政事业性国有资产管理情况工作。五是持续深入整改审计查出问题。压实整改责任,加大整改力度,坚持“治已病、防未病”,在推动问题整改到位的同时,从源头入手通过深化改革健全制度,进一步强化预算执行和财政支出管理与监督,建立健全长效机制。

我们将更加紧密地团结在以习近平同志为核心的党中央周围,以习近平新时代中国特色社会主义思想为指导,树牢“四个意识”、坚定“四个自信”、坚决做到“两个维护”,自觉接受全国人大常委会的监督,认真落实本次会议审议意见,扎实做好财政预算管理工作,促进经济持续健康发展和社会大局稳定,为全面建成小康社会收官打下决定性基础,以优异成绩庆祝中华人民共和国成立 70 周年!

全国人民代表大会财政经济委员会
关于 2018 年中央决算草案审查结果的报告

——2019 年 6 月 26 日在第十三届全国人民代表大会常务委员会第十一次会议上

全国人大财政经济委员会副主任委员　史耀斌

全国人民代表大会常务委员会:

第十三届全国人民代表大会财政经济委员会听取了财政部受国务院委托所作的《关于 2018 年中央决算的报告》和审计署受国务院委托所作的《关于 2018 年度中央预算执行和其他财政收支的审计工作报告》,并结合审计工作报告,对 2018 年中央决算草案进行初步审查,提出了关于中央决算草案的初步审查意见。财政部对财政经济委员会初步审查意见进行了研究反馈,修改完善了决算报告。现将审查结果报告如下。

2018年中央决算草案反映，中央一般公共预算收入85456亿元，为预算的100.1%，增长5.3%，加上从中央预算稳定调节基金、中央政府性基金预算、中央国有资本经营预算调入2453亿元，收入总量为87909亿元；中央一般公共预算支出102388亿元，完成预算的99.1%，增长7.7%，加上补充中央预算稳定调节基金1021亿元，支出总量为103409亿元；收支总量相抵，中央财政赤字15500亿元，与预算持平。中央对地方转移支付支出61649亿元，完成预算的99.1%，增长8.1%，其中，一般性转移支付38722亿元，完成预算的99.3%，增长10.2%；专项转移支付22927亿元，完成预算的98.8%，增长4.8%。2018年末，中央财政国债余额149607.41亿元，控制在全国人大批准的余额限额之内。中央预算稳定调节基金余额为3766亿元。

中央政府性基金收入4035亿元，为预算的104.4%，增长4.3%。中央政府性基金支出4022亿元，完成预算的94.7%，增长8.4%。中央国有资本经营预算收入1326亿元，为预算的96.3%，增长1.7%。中央国有资本经营预算支出1112亿元，完成预算的95.1%，增长10.1%。2018年首次编报中央社会保险基金决算，中央社会保险基金收入590亿元，为预算的87.2%。中央社会保险基金支出532亿元，完成预算的81.3%，当年收支结余64亿元，年末滚存结余330亿元。上述收支增减变化的原因，决算报告和草案中作了说明。

2018年中央决算草案与向十三届全国人大二次会议报告的中央预算执行情况比较，一般公共预算收入增加9亿元、支出增加7亿元，收支差额2亿元，已补充中央预算稳定调节基金；中央政府性基金收入增加2亿元，支出与执行数持平；国有资本经营收入增加1亿元，支出数与执行数持平；中央社会保险基金收入增加7.6亿元，支出增加0.4亿元。

财政经济委员会认为，2018年在以习近平同志为核心的党中央坚强领导下，国务院及其财政等部门以习近平新时代中国特色社会主义思想为指导，按照党中央决策部署和十三届全国人大一次会议提出的各项要求，贯彻实施预算法，坚持稳中求进工作总基调，贯彻新发展理念，落实高质量发展要求，深入推进供给侧结构性改革，稳妥应对中美经贸摩擦，实施积极的财政政策，加大减税降费力度，加强对脱贫攻坚、生态环保、民生等重点领域的支持，深化财税体制改革，提高预算管理水平和财政资金使用绩效，较好完成了全国人大批准的中央预算。财政经济委员会建议全国人大常委会批准国务院提出的2018年中央决算草案。

同时，财政经济委员会认为，2018年中央决算草案和审计工作报告也反映出预算执行和管理中存在的一些问题。主要是：个别税收优惠政策配套措施还不完善，引导和激发市场主体活力的作用不够；预算管理制度改革还不到位，相关制度不健全；有的部门预算执行不严格，对所属单位监督责任落实不够；有的项目决算与预算相差较大，结转结余较多，存在资金闲置情况；有些绩效指标设置不够科学规范，评价结果运用与预算安排、政策完善衔接不够紧密；有的地方政府拖欠中小企业款项；部分地区仍存在政府违法违规举债融资和提供担保情况，隐性债务化解面临一些困难；对审计查出突出问题的原因分析不够深入，从体制机制上整改力度不够等。

审计署紧紧围绕党和国家中心工作，依法履行审计监督职能，对2018年中央预算执行、中央决算和其他财政收支依法开展了审计，首次对中央一级预算单位实现审计全覆盖，揭示了中央财政管理、部门预算执行、重点专项资金和重大项目、推动打好三大攻坚战、落实减税降费等存在的突出问题，分析问题原因，提出了审计建议。建议有关部门和地方要高度重视审计查出的问题和审计署提出的建议，认真扎实做好整改工作，国务院年底前要向全国人大常委会报告审计查出突出问题的整改情况。

为深入贯彻落实党中央的决策部署，全面贯彻实施预算法和全国人大及其常委会预算、决算决议要求，进一步做好财政预算工作，财政经济委员会提出以下意见建议：

一、着力加强财政重大问题研究和持续深化改革

面对复杂严峻的形势，国务院及其财政等部门要立足当前，着眼长远，紧密结合国家长远发展规划和目标，加强对国内外经济形势走向和潜在重大风险的研判，加强对财政支出结构优化、社会保障可持续、乡村振兴与城乡协调发展、科技创新等重大问题的前瞻性研究，统筹兼顾，更好发挥财政作为国家治理基础和重要支柱的作用。做好稳就业、稳金融、稳外贸、稳外资、稳投资、稳预期各项工作。细化“巩固、增强、提升、畅通”八字方针落实举措。加强对脱贫攻坚、生态环保等资金使用的监督管理，进一步推动重点政策、关键改革和重大项目落地见效。改革重

大科技项目立项和组织实施方式,提高资金使用效率。结合机构改革和部门职能调整,优化整合专项支出,清理规范补贴支出,减少交叉重叠。

二、切实抓好减税降费落实工作

要密切跟踪减税降费政策实施情况,及时完善政策措施,增强针对性和有效性。规范中介机构服务和收费行为。加大力度督促解决政府拖欠中小企业款项问题。更加关注将减税降费政策红利转化为优化经济结构、扩大有效需求的动力,着力支持引导企业加大科技创新投入,加快推进制造业高质量发展和创新驱动战略实施。在落实好减税降费政策的同时,要推进财税体制改革和税收立法,建立健全有利于经济高质量发展的长效机制。指导和支持地方采取有效措施,积极应对减税降费带来的财政平衡压力,做好保工资、保运转、保基本民生工作。要坚持艰苦奋斗、勤俭节约原则,严格控制一般性支出,压减不必要的行政开支,政府带头过紧日子。

三、深入开展预算绩效管理工作

要切实树立全面预算绩效管理理念,强化政府和部门主体责任。增强预算绩效目标和指标设置的规范性和科学性,健全完善分行业、分领域预算绩效指标体系,更多体现政策实施效果和服务对象满意度。加强对部门绩效自评工作的指导,完善绩效自评机制,提高自评质量和可信度。扩大外部评价的比重,引导和规范第三方机构参与预算绩效管理。加快建立健全评价结果与安排预算、完善制度、调整政策等的挂钩机制,充分运用绩效评价的结果。重点支出和重大投资项目的绩效评价结果,应当向全国人大常委会报告,除涉及国家秘密或敏感事项外,应向社会公开。

四、继续加强地方政府债务管理监督

要加强地方政府债券发行管理,合理安排地方政府债券发行节奏。做好债务资金募集与项目建设需求之间的有机衔接,进一步提高债务资金的使用效率和效益。完善地方政府债务限额管理制度,制定优化债务限额分配办法和标准,合理确定各地政府债务限额。发展改革、财政、人民银行和银保监会等部门要加强工作协同,依法科学、合理做好地方政府债务化解工作。进一步加大政府债务信息公开力度,接受社会监督。地方各级人大及其常委会要加强对政府举债融资的监督,杜绝在政府预算之外举债融资。研究推进政府债务管理立法工作。

五、持续强化预算决算管理

要进一步深化预算编制制度改革,完善预算标准体系和项目库建设,加强科学论证和前期测算,提升预算管理的标准化、科学化、精细化水平。加快健全完善部门预算制度,进一步规范基本支出和项目支出管理,预算编制要完整反映结转资金情况。各部门要认真履行预算执行的主体责任,切实加强对所属单位预算收支的监督管理工作。加强政府重大投资项目前期准备工作,做好投资计划与预算下达之间的衔接,加快资金拨付和使用进度,确保资金效益发挥和政策落实。加强预算执行动态监控,及时纠正解决预算执行中出现的问题,增强预算执行的约束力。加快推动一般公共预算按经济性质分类编报决算草案。部门决算草案中要进一步反映资产配置等情况,充分反映行政事业性国有资产状况,实现国有资产监督与预算决算审查监督的有效衔接。科学编制并严格执行社会保险基金预算,更好反映中央调剂基金的筹集使用情况。尽快出台预算法实施条例。

六、建立健全审计查出突出问题整改长效机制

各级政府要明确审计查出问题的性质、整改目标和问责要求,建立审计查出问题清单、整改责任清单、整改结果清单制度。审计机关要加强对减税降费、财政支持三大攻坚战、重大投资项目的跟踪审计,及时发现问题,督促推动整改。有关部门单位和地方要落实整改责任,加强对审计查出突出问题的原因分析,着重从体制和机制上提出整改措施,从根源上解决审计查出的突出问题。建立健全审计查出突出问题整改长效机制,切实加强管理、完善制度、深化改革、强化问责。年底前,向全国人大常委会报告审计查出突出问题整改情况时,要将减税降费专项审计及整改情况作为报告的一项重点内容。

以上报告,请审议。

关于2018年度中央预算执行和其他财政收支的审计工作报告

——2019年6月26日在第十三届全国人民代表大会常务委员会第十一次会议上

审计署审计长　胡泽君

全国人民代表大会常务委员会：

我受国务院委托，报告2018年度中央预算执行和其他财政收支的审计情况，请审议。

根据党中央、国务院部署，审计署依法审计了2018年度中央预算执行和其他财政收支情况。结果表明，2018年，在以习近平同志为核心的党中央坚强领导下，各地区各部门树牢"四个意识"，坚定"四个自信"，坚决做到"两个维护"，深入贯彻落实党中央、国务院决策部署，认真执行十三届全国人大一次会议决议，落实全国人大财经委审查意见，坚持以供给侧结构性改革为主线，全力做好稳就业、稳金融、稳外贸、稳外资、稳投资、稳预期工作，全年经济社会发展主要目标任务圆满完成，决胜全面建成小康社会取得新的重大进展。

——供给侧结构性改革深入推进，营商环境进一步优化。取消一批行政许可事项，全面实施全国统一的市场准入负面清单制度，全年为企业和个人减税降费约1.3万亿元。基础设施建设补短板力度不断加大。强化企业创新主体地位，重点领域创新实现新的突破。压减粗钢产能3500万吨以上、退出煤炭落后产能2.7亿吨，均提前两年完成"十三五"规划目标任务。

——财税体制改革持续深化，重点领域支出得到保障。出台基本公共服务领域中央与地方共同财政事权和支出责任划分改革方案，在中央财政层面初步建立了项目支出为主的全过程预算绩效管理体系。中央一般公共预算收入和支出分别增长5.3%、7.7%，中央财政均衡性转移支付增长9.2%，更多向创新驱动、三农、民生等领域倾斜。

——三大攻坚战取得明显成效，重点任务进展顺利。严格地方政府债务限额管理，建立终身问责、倒查责任机制。金融市场总体平稳，金融乱象整治取得阶段性成效。中央财政补助地方扶贫资金增长23.2%，贫困县涉农资金整合超过3000亿元，减少农村贫困人口1386万人，顺利完成280万人易地扶贫搬迁建设任务。中央财政支持污染防治攻坚战相关资金增长13.9%，大气、水、土壤等污染防治投入持续加大。

——社会民生持续改善，发展成果惠及更多群众。及时出台稳就业举措，中央就业补助资金支出增长6.8%，城镇新增就业1361万人。实施企业职工基本养老保险基金中央调剂制度，建立城乡居民基本养老保险待遇确定和基础养老金正常调整机制。跨省*定点医疗机构实现县级行政区全覆盖。

——审计查出的突出问题有效整改，体制机制进一步健全。相关地方、部门和单位持续开展整改、加强管理、完善制度，防患于未然。上年度审计查出的问题已整改金额3000多亿元，完善相关制度2900多项，处理处分3200多人次。

一、中央财政管理审计情况

重点审计了财政部具体组织中央预算执行和中央决算草案编制、发展改革委组织分配中央财政投资情况。中央决算草案反映，2018年，中央一般公共预算收入总量87909.46亿元、支出总量103409.46亿元，赤字15500亿元；预算稳定调节基金年底余额3766.44亿元；中央政府性基金收入4034.81亿元、支出4021.55亿元；中央国有资本经营收入1326.38亿元、支出1111.73亿元。从审计情况看，财政部、发展改革委按职责进一步加强预算和投资计划管理，积极推进财税和投融资体制改革，预算执行和计划下达总体较好。发现的主要问题：

（一）中央决算草案未披露3个事项。一是以收入退库方式安排支出120.21亿元，直接冲减一般公共预算收入；二是为弥补3项基金因缴纳增值税减少的收入，从一般公共预算转列政府性基金预算118.42亿元，两本预算重复列收列支；三是中德财

* 本报告对省级行政区统称为省，地市级行政区统称为市，县区级行政区统称为县。

政合作伙伴基金 2018 年底余额 3.69 亿元。审计指出问题后,财政部在决算草案中披露了上述事项。

(二)预算管理不够全面规范。

1. 预算安排未充分考虑资金结转结余情况。一是未将 3 个部门上年结转 22.02 亿元纳入部门年初预算,未及时清缴 11 个部门和 51 家所属单位结余 6.01 亿元;二是向 10 个部门和 6 家所属单位累计结转 25.7 亿元的 38 个项目继续安排预算 32.44 亿元,年底结转增至 33.36 亿元;三是中央财政投资专项(以下简称投资专项)安排的 11 个项目已超过 1 年未开工或无法实施,发展改革委未有效督促开工或调整计划,涉及 1.16 亿元。

2. 预算编制不够细化和合理。一是在年初预算中,6 项专项转移支付 322.74 亿元未落实到具体地区,批复 10 个部门的 43.2 亿元预算未细化到具体单位;二是向 7 个协会和非本部门所属 75 家单位安排 43.19 亿元。

3. 部分预算调整和下达不够规范及时。一是向尚不具备实施条件的 4 个项目追加预算 5.3 亿元,截至 2019 年 3 月未支出;二是 2018 年 11 月后才下达 7 个部门项目预算 21.8 亿元,当年全部结转;三是一般公共预算、政府性基金预算和国有资本经营预算转移支付中分别有 1380.83 亿元、43.16 亿元和 14.38 亿元,7 个投资专项 34.6 亿元未在规定时间内下达;四是 17 项转移支付未提前下达或提前下达未达规定比例。

4. 部分投资计划与预算下达对接时间较长。抽查发展改革委安排的 3404.68 亿元投资发现,从下达投资计划到财政部下达预算指标平均耗时 62 天,个别投资计划最长 224 天。

5. 国有资本经营预算管理存在薄弱环节。20 个部门所属事业单位设立的一级企业中,有 379 家(资产 433.14 亿元)未纳入预算范围。25.26 亿元预算资金因项目取消、推进慢等闲置,其中 16.48 亿元超过 2 年。还有 3.36 亿元项目资金未发挥效益。

(三)转移支付制度体系不够健全。

1. 一般性转移支付中指定用途资金占比仍较高。中央财政共下达一般性转移支付 38811.21 亿元,涉及 85 个项目,其中 10 个项目的 12164.67 亿元(占 31.34%)指定了用途。

2. 部分转移支付安排交叉重叠。财政部在 2 个部门预算中安排补助地方项目支出 17.73 亿元,又通过 2 项转移支付安排同类支出 96.88 亿元;财政部 11 项专项转移支付 1552.55 亿元,与发展改革委 7 个投资专项 1431.47 亿元,投向相同或类似;发展改革委 6 个投资专项的部分具体投向存在重叠,涉及 165.29 亿元。

3. 部分转移支付管理办法不完善或执行不严格。一是未明确实施期限、退出条件或因素权重等,涉及 24 项专项转移支付和 4 个投资专项、15105.69 亿元资金,还有 12 项专项转移支付未在预算编制前开展评估;二是分配标准或计算方法未经国务院批准即实施,涉及 2 项一般性转移支付、1468.46 亿元资金;三是未严格按规定方法和标准分配,涉及 7 项专项转移支付和 4 个投资专项、671.5 亿元资金;四是因审核不严向不符合条件的 22 家单位和 38 个项目分配资金,涉及 1 项专项转移支付和 3 个投资专项、7.64 亿元资金。

(四)全面预算绩效管理机制尚不完善。

1. 绩效目标设定不够科学。政府性基金预算、国有资本经营预算 402.65 亿元未设立绩效目标,1 个投资专项未填报绩效目标表。已设立目标的 8 个投资专项存在评价标准偏低、缺少关键因素等情形;10 个部门 138 个一级项目(占抽查数的 53.9%)绩效量化指标偏少、定性指标偏多;有 9 个项目量化指标超出项目内容或低于已完成情况。有 17 项专项转移支付和 1 项政府性基金、17 个部门 273 个项目绩效目标设定不够明确,或相关管理规定要素不完整;12 项专项转移支付的绩效目标未与预算同步下达。

2. 绩效评价不够规范。3 项专项转移支付、8 个部门 19 个项目未按要求将以前年度绩效评价结果作为预算安排参考因素。6 个投资专项、24 个部门 87 个项目自评结果不够客观,有的未全面开工即自评满分;6 个投资专项未严格按设定目标自评,其中 1 个专项将量化指标自行变更为不可量化指标并自评满分;2 个投资专项自评内容不完整,缺少二三级指标的详细得分。

3. 绩效信息公开比例较低。财政部 2018 年向全国人大报告了 36 个一级项目的绩效目标,仅占中央部门向其提交数的 27.5%;尚未公开 21 项专项转移支付年度整体绩效目标,26 个项目的绩效评价结果只公开了 2 个。

二、中央部门预算执行审计情况

2018 年首次对中央一级预算单位实现审计全覆盖,并延伸审计了 256 家所属单位。结果表明,2018 年中央部门本级预算总体执行率 88.1%,比上年提高 8.5 个百分点。审计发现的主要问题:一是预决算编报还不够完整准确,涉及 38 个部门和 109

家所属单位、金额14.23亿元；二是预算执行及资产管理还不够规范，涉及37个部门和96家所属单位、金额77.47亿元；三是“三公”经费及会议费等管理不够严格，涉及43个部门和151家所属单位、金额5469.25万元；四是一些单位依托管理职能或者利用行业资源违规收费，涉及3家所属单位、金额120万元。此外，还有2个部门和4家所属单位违规发放津补贴1627.01万元；3个部门和2家所属单位16人未经批准兼职或违规兼职取酬93.47万元；48个部门和104家所属单位存在会计核算不规范、未及时办理竣工决算等问题，涉及金额21.84亿元。

从审计情况看，上述问题有的反复出现，一些突出问题主要发生在二级单位，反映出有关部门预算执行不严格、对所属单位监督责任未有效落实，以及预算管理改革不到位、相关制度不健全等深层次问题，主要表现在：

一是预算编制管控基础尚未夯实。预算编制是预算管理全流程的管控起点和执行依据。一些部门预算意识不强，预算编制缺乏科学论证和测算，一定程度上还习惯于“基数+增长”的预算编制模式，导致预算编制不够完整、准确甚至脱离实际，由此带来资金结余沉淀、项目末期突击花钱等问题。基本支出和项目支出界限还不够清晰，近年来预算编报出现基本支出“项目化”倾向，有的将基本支出作为项目编报，有的还将预算资金在基本支出和项目支出间自行调剂使用。

二是相关改革配套体系有待完善。近年来，按照党中央、国务院部署，中央财政推出一系列改革举措，但相关配套体系不够健全，影响了改革成效。法规体系方面，预算法实施条例等重要法规制度未及时修订出台，导致预算管理一些领域无章可循。事业单位管理方面，一些单位改革后仍承担相关行政职责；有的因没有合理确定机构编制和职能等，经费保障缺乏预算依据，一定程度导致依托管理职能或利用行业资源违规收费等问题。标准体系方面，目前部分部门对“三公”经费口径把握不够到位，且定员定额标准覆盖的支出范围较小，对部门差异和不可预见因素等考虑不够充分。工资政策方面，加班费、未休年假补贴等津补贴缺乏明确政策，导致发放依据不充分、发放差异较大、资金来源不合理等问题。

三是预算执行和绩效评价约束缺乏刚性。一些预算安排没有明确考核制度和评估标准，一些预算项目未设置绩效评价指标或指标设置不够科学，对执行情况缺乏评价基础和依据，对预算执行的动态监控也不够有效，有的支出随意性较大。一些部门对预算执行中出现的问题追责问责不到位，难以形成刚性约束。一些部门落实整改主体责任不到位，重审计查出具体问题的整改，轻举一反三、完善体制机制和推进相关领域改革，使得类似问题反复出现。

三、重点专项资金和项目审计情况

（一）就业补助资金和失业保险基金审计情况。重点审计了17省104.52亿元就业补助资金和161.64亿元失业保险基金的管理使用情况。总的看，相关地区认真贯彻落实积极就业政策，就业主要指标顺利完成。但还存在相关资金和项目管理不够严格和规范的问题：11省50家单位和69名个人骗取套取或挤占挪用5572.66万元；17省209市向不符合条件的单位和个人发放补贴或贷款3.3亿元；4省12市7.9亿元就业补助资金闲置超过2年。

（二）基本养老保险基金审计情况。对全国职工基本养老保险基金的审计结果表明，随着基金中央调剂制度的正式实施，相关地区支付风险有所降低。截至2018年底，全国企业职工基本养老保险基金累计结余约4.78万亿元，具备较强的支撑能力。但有16省未实现统一信息系统和数据省级集中存放；截至2019年3月底，已划转23户央企国有股权1132亿元充实社保基金，不到拟划转国有股权的10%，地方也仅有4省启动划转工作。基金管理也不够规范。2省27市县通过占用财政资金、贷款等方式筹集133.57亿元发放养老金；3省43家去产能企业的4200多名分流安置职工未参加养老保险或未及时缴纳职工保费2201.53万元；13省一些经办机构因信息不共享、审核不严等，违规向7.75万名不符合条件的人员发放养老金2.99亿元。

（三）医疗保险基金审计情况。截至2018年底，重点审计的9省城乡居民医保财政补助资金和人均补助标准分别较上年增长8.84%和9.59%，跨省异地就医住院费用直接结算达50.79万人次。但医保监管能力建设仍相对滞后。目前对骗保行为大多仅采取罚款、拒付等手段，难以形成有效震慑，加之部分地区对相关医保数据缺乏共享和动态分析，无法提前预警和有效识别，使得骗保行为屡屡得手。如2015年至2017年，辽宁锦州一家医院虚开大量药品处方，以此向医保部门报销骗取基金1012万元，目前已移送公安机关查处。医保基金个人账户资金按规定应用于医疗保障相关支出，但 2 省和 1 市未作任何限制，9 省 10 市可用于健身、购买保健品等。还有 4 省未完全按筹资政策、保障待遇等“六统一”要求整合城乡居民医保；3 省 27 市的职工医保基金未实行市级统筹；7 省 35 个行业（企业）职工医保仍封闭运行，未纳入属地管理，涉及 481. 33 万人。

（四）乡村振兴相关政策和资金审计情况。重点抽查了 13 省 52 县乡村振兴部分政策落实及资金管理使用情况，并对重点任务试点县进行了调查。上述地区 2 年来共安排财政资金 300. 84 亿元，积极推进各项任务，乡村振兴战略开局良好。但一些任务未有效落实落地。17 县 46% 的农村厕所、9 县 90% 以上的污水处理和 6 县 2318 个垃圾堆放点未按时完成建设、改造或整治。31 县部分已完工农村厕所和污水垃圾处理设施闲置，17 县相关设施使用中还造成二次污染。97 县（含重点任务试点县）未完成黑土耕地质量提升、农业废弃物回收利用等目标任务。一些地方以行政指令推动短期大量设立合作社等，实际效果不佳，抽查发现 431 个合作社成立后未运营；18 县对县域内 1. 53 万家合作社从未发放过贷款，15 县部分合作社获得贷款后未享受贴息等扶持政策。35 县 157 个单位和个人挪用或骗取套取 12. 57 亿元；41 县 335 个项目的 23. 35 亿元滞留或闲置，其中 4. 08 亿元闲置 1 年以上、最长超过 4 年；3726 个（占全国项目数的 35%）农产品初加工项目未按期开工。

（五）惠农补贴资金审计情况。重点审计了 29 省 179 县用于保障民生等 8 类惠农补贴资金 582. 8 亿元，走访调查 2. 18 万个农户。有 17 省全面推行了“一卡通”，保障资金及时发放。但惠农补贴散碎交叉情况较突出，8 类惠农补贴分由 10 余个部门管理，有的省又按受益人群身份逐级细化或增设项目，一些地方补贴细项超过 100 个，部分细项因内容交叉且信息不共享被重复享受甚至套取，如 2017 年至 2018 年，甘肃成县住建部门向 15 户农户发放危旧房屋改造相关补贴 26. 3 万元后，该县民政部门再次向这 15 户农户发放其他类似补贴 8. 6 万元。对不同来源的补贴，有 109 县要求受益人提供不同账户，有的农户持有 10 多张惠农卡（折）；有 90 县 89. 38 亿元未按规定通过“一卡通”发放，采取现金兑付或他人代领等方式，难以有效核实发放真实性。部分补贴项目因需要受益人主动申报，加之宣传不够，影响政策实施效果。还有一些救助类等补贴在发放中擅自降低标准、搞平均主义等，涉及 4709. 38 万元、3. 02 万人（户）。94 县一些单位和个人骗取套取或违规使用 1. 99 亿元，129 县超范围发放 1. 56 亿元，120 县 32. 12 亿元存在滞留等问题。

（六）保障性安居工程跟踪审计情况。审计的 1118 市县 2018 年共筹集和安排各类资金 1. 61 万亿元，棚户区改造新开工 250. 47 万套、基本建成 195. 4 万套，享受公租房保障家庭达 518. 54 万户。主要发现 493 个项目扩大范围将园区开发、城市建设带来的拆迁安置和土地征收等纳入棚改；203. 32 亿元棚改项目融资用于其他项目或出借等；656 个项目的 3. 91 万亩土地手续不全、闲置或被挪用；还有 328 个项目未享受税费减免或多支付融资中介费 19. 8 亿元。资金和项目管理不够严格，754. 68 亿元资金未及时安排使用或分配不细化，85. 44 亿元资金被套取挪用；24. 47 万套公租房基本建成后超过 1 年仍未达到交付使用条件或空置未用；4. 42 万套住房存在违规分配、未及时腾退或销售转租等问题。

（七）重点机场建设项目专项审计调查情况。截至 2019 年 3 月底，调查的 17 个国家重点建设机场累计投资 1954. 85 亿元（占到位资金 98%），项目建设正在积极推进。审计发现，17 个机场存在设置不合理招标条款、虚假招标、应招标未招标等问题；9 个机场不当增加投融资成本或造成损失浪费 8. 59 亿元；9 个机场挤占挪用或多支付拆迁款 8. 39 亿元；7 个机场通过高套定额等多获批概算 16. 37 亿元；6 个机场 136. 3 亿元资金闲置 1 年以上；因施工方案调整等，有 6 个机场无法按期投运、7 个机场的空管等工程建设缓慢，涉及投资 1425. 46 亿元；12 个机场违规征地、土地闲置等 1. 15 万亩。还有 7 个机场存在违规建设楼堂馆所、开发房地产或公务接待等问题，涉及 16. 41 亿元、54. 14 万平方米。

四、推动打好三大攻坚战相关审计情况

（一）防范化解风险相关审计情况。

1. 地方政府债务风险防控情况。对 18 省本级、17 市本级和 17 县共 52 个地区政府债务进行了审计。从审计情况看，有关地区风险防范意识增强，违规举债势头得到遏制，债务风险总体可控。审计发现，有 16 省未按要求对困难较大的市县制定风险应急预案；32 个地区上报的债务数据存在漏报、多报等情况；11 个地区有 170. 78 亿元存量隐性债务没有制定化解措施，有些地区制定的债务化解方案缺乏可行性；35 个地区有 290. 4 亿元债务资金

因筹集与项目进度不衔接等原因闲置,其中22个地区114.26亿元超过1年。

2. 金融风险防控情况。总的看,2018年以来宏观杠杆率有所下降,金融各市场走势可控,信贷资源配置有所优化。但仍发现5家商业银行将实体企业贷款与存款挂钩,或在授信中搭售理财产品等,变相降低企业实得融资,涉及授信496.67亿元。3家银行违规向企业收取融资费等2.3亿元,1家银行以“名股实债”方式开展债转股,未有效降低企业负担。部分地方金融机构不良贷款风险未有效化解。3省部分金融机构通过虚假方式掩盖不良贷款1005.84亿元。23家村镇银行实际平均不良率4.94%,42家农村金融机构不良率超过5%。一些金融领域监管存在薄弱环节。小额贷款公司等11类由地方实施金融监管的机构中,有5类未制定专门监管规则、5类监管规则不够明确。7省普遍按机构所涉行业指定监管部门,监管易出现盲区或重叠,如有的省对社会众筹等3类机构未明确监管部门,而个别省对交易场所类的监管部门则多达13家。

(二)扶贫审计情况。审计了296个贫困县(其中深度贫困县94个),抽查2372个乡镇、7346个行政村,走访2.61万户家庭,涉及单位4729个、资金1268亿元。结果表明,各地区各部门持续加大投入,积极推进扶贫重点任务,脱贫攻坚战取得决定性进展。此次审计发现问题金额占抽审资金的比例,较上年下降3.1个百分点。主要问题:

一是少数地方擅自拔高或随意降低脱贫标准。14县在易地扶贫搬迁和贫困群众医疗保障工作中,存在提高住房补助标准、过度医疗等现象;46县对未实现“两不愁、三保障”的3.24万名贫困群众作脱贫处理;2县对14.16万名脱贫群众存在摘帽即摘帮扶等问题;10县存在压缩任务年限、提前拨付资金等赶进度、搞冲刺现象,还有2县虚报集体经济收入和易地搬迁入住人口等数据。

二是扶贫领域腐败和作风问题仍然存在。39县187名干部利用职务便利优亲厚友,甚至贪污侵占等,涉及扶贫资金3292.54万元;46县6694.36万元扶贫资金被骗取套取。3县将309.3万元用于景观修建、外墙粉饰等“面子”和形象工程,如河北广宗县为迎接检查,花费176.93万元开展预演等;31县把1.7亿元信贷等资金投向企业、合作社和大户,未与贫困户建立利益联结;10县将4268万元产业扶贫等“造血”资金直接发放给贫困户。

三是一些市县扶贫主体责任落实不到位。296县多数未开展扶贫绩效评价工作;20县将人为分户、转移资产、隐瞒收入等“致贫”的6000多户认定为贫困户;10县145个行政村存在账务不规范等问题。

四是部分扶贫资金和项目管理绩效不佳。46县将22.11亿元扶贫资金用于房地产开发、市政建设等非扶贫领域,41个地区8.9亿元扶贫资金闲置1年以上。16县95个产业扶贫项目因缺乏充分论证和后期管护等种养存活率低,涉及资金3981.61万元;69县287个扶贫建设项目闲置等,涉及资金3.75亿元;24县150个易地搬迁和以工代赈项目存在未落实后续帮扶措施、未吸收贫困群众参与等问题。

(三)生态保护和污染防治相关审计情况。重点开展了环渤海生态环境保护审计和9个地区、部门领导干部自然资源资产离任(任中)审计。结果表明,各地区各部门认真贯彻中央关于打好污染防治攻坚战的决策部署,突出生态环境问题正有序解决,渤海水质总体有所改善。发现的主要问题:

一是污染源头治理不到位。1439个养殖场未按要求办理环评、处理废物或关闭搬迁。2省1市有58个化工园区未进行风险评估,12个沿海城市50%的新改扩建化工项目未按规定入园。2个港口将1615吨废水废物交由4家无资质企业处置,5家企业向175艘次船舶虚开2870立方米污染物接收证明以应付检查。

二是资源开发利用与生态修复不平衡。环渤海地区水资源开发利用率高出全国平均水平79个百分点,4省3248家单位6年来违规取水5.94亿立方米。生态修复效果未达预期,环渤海地区实施的蓝色海湾整治行动中,目前仍有12个项目(占计划60%)未按期实施,部分护岸引水、清淤疏浚等工作进展不畅,近岸水质改善不明显。2省1市9个地区有752处侵占入海河道的违规点位未清理。

三是部分生态文明重点任务未有效落地。截至2018年底,渤海主要污染物排海总量控制制度未实质推开,京津冀协同发展相关环评会商、统一监测等5项制度尚未建立;8省1市生态文明建设考核机制不完善,有的未包含生态环保重要指标等。

此外,有3省少征或拖欠水资源费等19.7亿元,5省结存专项资金26.63亿元,其中3.04亿元闲置2年以上;7省107个项目未按期开(完)工。

五、重大政策措施落实跟踪审计情况

在全国范围内,共跟踪审计4.1万个项目,抽查

6.5 万个单位，推动取消、合并和下放行政审批、职业资格等 400 多项，减少或清退收费等 9 亿元，加快实施项目 4000 多个，落实、收回和统筹盘活资金 200 多亿元，建立健全制度 1500 多项，处理处分 1500 多人。近期发现的主要问题：

（一）减税降费政策措施落实方面。近年来，大规模减税降费有效降低了企业和个人负担、激发了市场主体活力。审计发现，截至 2019 年 3 月底，还有 3 省未完成去产能和调结构停产停业关闭企业资格认定，2 省因认定不及时尚无企业享受优惠；2 省 170 家高新技术企业未享受研发费用加计扣除优惠政策；2 省向 56 户企业多征税 1887.32 万元，1 省向不符合条件单位减税 1.2 亿元；3 省未及时退税 3451.8 万元，最长超期 246 天。违规收费依然存在。17 省 30 家单位违规向企业收取检测评审等费用、征收已停征的行政事业性收费、向企业转嫁费用、应退未退涉企收费等 5.27 亿元；12 省 58 家单位依托行政职权及影响力违规摊派或收取评比、中介等费用 1.67 亿元。

（二）民营、小微企业融资方面。近年来，有关金融机构持续加大支持民营和小微企业力度，授信覆盖面有所拓展，但融资难融资贵问题尚未得到根本缓解。银行融资方面，出于防范风险等考虑，仍存在门槛较高、环节多、周期长等问题。截至 2019 年 3 月底，抽查的 18 家银行民营企业贷款中信用贷款仅占 18.36%（低于平均水平 21 个百分点），且抵质押时银行大多偏好房产等“硬”资产，专利权等“轻”资产受限较大。民间融资方面，渠道相对多元，但小额贷款公司利率一般为 10% 至 20%，民间和网络借贷利率多高于 30%。一些银行要求民营企业续贷时先还旧再借新，企业不得不通过民间借贷等高成本渠道筹集“过桥”资金，延伸调查的 393 家企业“过桥”借款年化利率最低 36%、最高 108%。

（三）“放管服”改革方面。7 省 9 家单位未按规定取消或下放 10 项行政审批事项及前置条件；1 个部门和 2 省 2 家单位存在扩大审批范围、审批不及时等问题；10 省 32 家单位在项目招标和政府采购等活动中设置地域、注册资本等不合理条件；2 省 18 家单位对外资企业的备案事项进行违规审批或未按时限办理。还有 11 省 36 市推进“互联网 + 政务服务”中存在规定调整滞后、平台功能不完善等问题，如 13 市已建成电子证照库，但按其现行规定仍需现场提交原件。

（四）清理拖欠民营和中小企业账款方面。按照国务院统一部署，审计持续跟踪清欠工作进展情况，指出 12 部门和 19 省少报 98.92 亿元拖欠账款后，多数单位已整改。有的地方因财政困难，拖欠账款尚未有效解决。还有 26 省和 8 部门的 159 家单位违规收取或未及时清退 35 类保证金 82.67 亿元，1 家单位限制使用银行保函方式缴纳保证金。

（五）科技成果转化方面。抽查 69 家科研院所 2015 年至 2017 年科技成果转让、许可及作价投资等合同（总金额 52 亿元）履行情况发现，32 家 3 年成果转化低于 1000 万元，其中 12 家成果转化为零，相关制度不完善、落实不到位是成果转化率低的重要原因。现行政策对科技机构和科技人员界定偏窄，对科技成果转化投资公司、科技人员合伙企业等均按普通企业对待，不给予税收优惠，使 3 家单位 3 个项目的科研团队增加税负 2957 万元。科研机构及所属企业国有产权登记变更审批程序也较复杂，制约成果转化效率。多头监管和重复检查问题在科研管理领域仍然存在。审计调查的 139 所科研院校 3 年来共接受财政、教育、科技等部门开展的财务检查、结题验收等各类检查 3385 次，其中 1204 次（占 36%）以“审计”名义开展（实际仅 12 次为国家审计）。如某高校 14 个月内连续接受 4 个部门对同一课题结题验收、经费使用等检查，且结果互不相认，影响正常科研和教学工作。

六、金融和企业审计情况

主要审计了 22 户央企和 5 家中央金融机构，同时调查了 23 家村镇银行和部分地方金融机构。截至 2017 年底，22 户央企和 5 家金融机构认真贯彻落实相关政策措施，完善法人治理结构，提升经营管理水平，资产总额同比分别增长 6.2%、7.2%。发现的主要问题：

（一）部分重点任务未及时完成。5 户央企研发投入未达规定比例，2 户央企未制定科技创新考核机制或创新激励措施不到位等。1 户央企未按要求关停煤炭产能 60 万吨，1 户央企违规新增火电装机容量 532 万千瓦。此外，部分央企厂办大集体和“三供一业”等历史遗留问题处置缓慢。

（二）“三重一大”制度执行不够严格。9 户央企 15 项重大决策事项存在违反程序、论证不充分、盲目决策等问题，造成损失 30.14 亿元；4 家金融机构 56 项重大决策违反程序或违规决策。

（三）企业经营和金融业务开展不够规范。8 户央企偏离主业违规开展房地产、金融业务，或向房地产领域提供融资等，涉及 38.76 亿元；1 户央企违规对外担保2亿元，形成损失2.38亿元；2家金融机构违规开展信贷、同业、理财等业务形成损失57.95亿元；6户央企和2家金融机构违规采购物资和服务29.79亿元；22户央企和1家金融机构2017年多计收入90.7亿元、利润45.23亿元，分别占同期收入和利润的0.21%、1.09%。

（四）违反中央八项规定精神等问题依然存在。6户央企和2家金融机构违规取酬、发放津补贴等257.88万元；10户央企和4家金融机构超范围配备、未及时处置公务用车57辆，超标准乘坐交通工具1624.23万元。还有个别央企和金融机构下属单位的相关人员违反廉洁自律规定，存在经商办企业、本人或亲属持股企业与其所在企业发生经济往来等问题。

七、审计移送的违纪违法问题线索情况

各项审计共发现并移送问题线索478起，涉及公职人员810多人，造成损失浪费380多亿元。这些问题主要集中在以下方面：

（一）公共资金和国有资产损失问题不容忽视。共发现此类问题线索183起，多与掌握资金分配、信贷审批和资产管理权的公职人员滥用权力有关。有的怠于监管甚至纵容作假，使部分手法拙劣、漏洞明显的申报资料顺利过审；有的利用职权或影响力，直接插手、居间协调或借道中介干预项目实施、政府采购等，向特定关系企业或个人输送利益；有的为掩盖违规“滚动”操作，致使损失呈“雪球”效应。

（二）涉税涉票问题多发。共发现偷逃税款等问题线索66起。一些企业利用税收征管漏洞，通过虚构销售业务、串通定价等，短期内集中虚开大量发票抵扣以偷逃税款，随即注销或失联。如2016年至2018年5月，273户空壳企业3个月内虚开电解铜、圆钢等增值税发票76.23亿元，同时虚构农产品收购业务进行对冲，涉嫌偷逃税款11.93亿元。

（三）涉众金融违法行为更具迷惑性。共发现地下钱庄、非法集资、内幕交易、网络借贷等问题线索32起。一些不法团伙通过包装宣传、升级集资手法诱骗公众，一些私募基金利用合法身份开展“灰色”活动。如2013年以来，4省4家公司及其关联企业滥用私募资质，或虚构政府项目背景，向4.7万余人非法集资388.68亿元，相关地方正在积极稳妥处置。

（四）基层腐败损害群众切身利益。共发现此类问题线索150起。一些基层工作人员在资金管理、物资发放等环节，利用现场勘查、数据录入等“末梢”权力贪污截留等。如2009年至2018年，4个地区4家社保经办机构的9名工作人员利用管理信息系统之便，冒领或篡改发放记录等，涉嫌贪污基本养老金1003万元。

（五）环保领域问题仍需持续关注。共发现此类问题线索22起，大多发生在生态保护、污染排放、危废处置、环保建设等领域。一些地方和企业为追求眼前经济利益，或在自然保护区内非法建设酒店，或向饮用水源地长期偷排，有的在环保建设中偷工减料引发地质隐患，危害生态环境和群众健康。

八、审计建议

（一）持续深化供给侧结构性改革。一是着力推进减税降费相关政策措施落实，切实减轻企业负担，激发微观主体活力。二是继续深化“放管服”改革，加快清理妨碍统一市场和公平竞争的各种规定和做法，推动营商环境不断优化。三是提升金融服务实体经济能力，完善激励和考核机制，切实缓解实体经济特别是民营和小微企业融资难融资贵问题。四是加快推进制造业高质量发展和创新驱动战略实施，支持引导企业加大技术创新投入，推动科技成果转化和推广应用，切实增强核心竞争力。

（二）推动积极财政政策加力提效。一是优化支出结构，进一步压减不必要的行政开支，盘活各类沉淀资金资产，加大对重点领域支持力度。二是强化绩效意识，坚持花钱必问效、无效必问责，改进绩效评价方法，加快将全面预算绩效管理推进到资金使用“最后一公里”。三是深化部门预算编制制度改革，按照“全面规范透明、标准科学、约束有力”要求，进一步提高预算编制标准化、科学化、精细化水平，从源头上解决资金结余沉淀、项目期末突击花钱等问题。四是积极推进中央与地方财政事权和支出责任划分改革，理顺中央和地方财政关系。

（三）全力打好三大攻坚战。一是加强财政、金融和就业优先政策协调配合。坚持结构性去杠杆基本思路，加强地方新增债务资金投向监管，建立完善地方政府和国有企业债务风险监测预警、应急处置机制。加强对金融市场、机构和业务的监管，提高地方金融监管能力。二是加强贫困地区基本公共服务能力建设，强化扶贫资金安全绩效管理，建立健全促进稳定脱贫和防止返贫长效机制，确保

如期实现“两不愁、三保障”。做好扶贫与乡村振兴战略衔接，坚持因地制宜，增强相关落实措施的针对性和有效性。三是积极推进经济发展和生态保护协同，加强污染防治重大科技攻关，落实企业污染防治责任。

（四）严格落实党中央关于为基层减负的有关要求。一是加强部门间监督检查统筹衔接，避免重复检查和盲区。改进监督方式，更多运用大数据、“互联网+”等方式，坚决整治形式主义、官僚主义。二是深入贯彻“三个区分开来”重要要求，鼓励基层干部创造性贯彻落实党中央方针政策和工作部署。三是建立健全问题整改长效机制，切实加强管理、完善制度和深化改革。

审计指出问题后，有关地方、部门和单位正在积极整改。下一步，审计署将认真督促整改，国务院将在年底前向全国人大常委会专题报告整改情况。

我们将更加紧密地团结在以习近平同志为核心的党中央周围，高举中国特色社会主义伟大旗帜，以习近平新时代中国特色社会主义思想为指导，全面贯彻落实党的十九大和十九届二中、三中全会精神，坚持党对审计工作的集中统一领导，自觉接受全国人大的监督，依法履行审计监督职责，以优异成绩庆祝中华人民共和国成立70周年！

对中央决算报告和审计工作报告的意见和建议

6月27日，十三届全国人大常委会第十一次会议审议财政部部长刘昆受国务院委托作的关于2018年中央决算的报告、审计署审计长胡泽君受国务院委托作的关于2018年度中央预算执行和其他财政收支的审计工作报告，共有80人次发言。现根据会议发言情况，将常委会组成人员和列席会议人员的主要意见整理如下。

出席人员普遍认为，过去一年，在以习近平同志为核心的党中央坚强领导下，国务院及其相关部门认真贯彻落实党中央决策部署，坚持稳中求进工作总基调，深入推进供给侧结构性改革，实施积极的财政政策，加大减税降费力度，有力保障了脱贫攻坚、生态环保、民生等重点领域支出，较好完成了全国人大批准的中央预算。审计机关紧紧围绕党和国家中心工作，依法履行审计监督职能，首次对中央一级预算单位实现了审计全覆盖。大家强调，要全面贯彻党中央决策部署，深化财税体制改革，积极稳妥化解地方政府债务风险，确保减税降费政策落地，不断提升预算执行能力和绩效水平，提高财政资源配置效率。要高度重视审计查出的问题，一条一条严肃整改，对反复出现的突出问题要找到治本之策，不仅要查出病，更要治已病、防未病，有关整改情况及时向全国人大常委会报告。审议中，大家还提出了一些具体意见和建议。

一、扎实做好减税降费工作

有些出席人员指出，今年地方在年初人代会上通过的本级预算，没有充分考虑两万亿元规模减税降费的影响。现在看，这一政策实施，将导致地方财政实际收入和预算之间出现缺口，特别是在中西部市县更加明显。建议确有需要的地方及时通过人大常委会依法对本级预算作出调整，防止地方政府为完成预算出现乱收费等问题。有的出席人员指出，今年前5个月一些地方性收费和非税收入增长了10%，有悖减税降费的初衷，建议重视这一现象，遏制地方收费增长的苗头。有的出席人员认为，推进减税降费需要加快增值税改革步伐，建议尽快实现增值税税率从现有的三档并为两档。

有些出席人员指出，在减税降费的大背景下，各级政府要进一步增强过“紧日子”的思想。目前，一些财政管理制度不利于加强节约管理，有的单位为保证第二年预算规模不降低，在年底出现“突击花钱”的现象，造成资金浪费。建议进一步改进财务管理和预算执行考核方法，体现鼓励节约的政策导向。

二、着力防范化解地方政府债务风险

部分出席人员指出，地方政府性债务风险依然较大，有的地方债务规模还在扩大，而政府综合财力没有得到同步提升，还款压力很大。有些地方政府打“擦边球”的举债行为依然存在，往往通过设立平台公司举债，有的地方甚至是一个行当搞一个平台公司，不少地方对通过平台公司举债行为监管较弱。建议高度重视地方政府性债务，特别是隐性债务方面出现的新情况新动向，强化监督管理，采取有针对性的措施防范和化解这类风险隐患。（1）对存量隐性债务贷款制定展期、置换政策，实现高利率债务向低成本债务、短期债务向长期债务转化，降低地方政府存量隐性债务的成本，减轻偿债周转的资金压力。（2）合理扩大专项债券使用范围，创新和丰富专项债券品种，扩大发行规模，用好地方政府债券这一合法合规的融资渠道。（3）按照“一债一策”的原则制定风险处置预案，充分把握风险程度，必要时进行压力测试。（4）研究推进政府债务管理立法工作，将地方政府举债行为纳入到法治轨道中，做到依法发债、依法用债、依法还债。

三、确保重点领域支出

有些出席人员提出，1993年我国提出财政性教育经费支出占GDP的比例要达到4%，经过近20年努力实现了这一目标。应当看到，教育投入不均衡现象仍比较突出，以高校生均拨款为例，中西部地区地方高校生均拨款仅为东部地区的2/3左右。建议根据我国经济社会发展需要，逐步加大财政教育投入，同时进一步加大对中西部地区的教育投入力度。有些人员提出，当前中美经贸摩擦不断升级，我国诸多领域面临着“卡脖子”问题，需要集中力量进行科技攻关，把关键核心技术掌握在自己手里。建议着力加大对科技创新领域的财政投入。

四、加强财政预算管理

部分出席人员指出，预算绩效管理取得很大进展，但还有亟须加强和改进的空间。有的预算绩效指标设置不够科学、不够细化量化，约束作用不强；有的指标侧重过程性、合规性，质量和效果的指标比重较小。绩效评价中自评较多，有的部门提交的自评报告不够严肃、不够客观，自评结果虚高。建议：（1）健全完善分行业、分领域预算绩效指标体系，更多体现政策实施效果和服务对象满意度，细化预算绩效的评价标准和程序。（2）扩大外部评价比重，规范第三方机构参与预算绩效评价的程序、标准、方法，加大对绩效自评的抽查力度，提高自评的质量和可信度。（3）加快建立健全评价结果与预算编制、政策调整的挂钩机制，督促有关部门将绩效评价结果应用于优先预算安排、完善政策制度、改进管理工作等方面，提高财政资金配置效率和使用效益。有的出席人员提出，绩效信息公开比例较低，财政部2018年向全国人大报告了36个一级项目的绩效目标，仅占中央部门提交的27.5%；21项专项转移支付年度整体绩效指标尚未公开，26个项目的绩效评价结果只公开了2个。要建立绩效评价结果向社会公开的机制，主要评价结果不仅要向全国人大常委会报告，而且要把它作为决算报告、审计工作报告的重要部分向社会公开。有些出席人员认为，应当总结近年来预算绩效考核评估方面的探索和经验，推动绩效评价工作立法，用法律来保障和推动绩效评价工作。

有些出席人员提出，审计工作报告反映，在20个部门所属事业单位设立的一级企业中，有379家未纳入国有资本经营预算范围。加强国有资产监督管理，首先要解决国有资本经营预算管理全覆盖问题。建议有关部门拿出得力举措，在一两年内实现全覆盖。

五、深化财税体制改革

部分出席人员指出，中央财政转移支付结构仍需进一步优化。审计工作报告反映，中央财政一般性转移支付38811.21亿元，其中10个项目共计12164.67亿元被指定了用途，再加上专项转移支付的金额，合计占比高达56.9%。建议进一步提高一般性转移支付比重，尽量减少对一般转移支付资金指定用途。有些出席人员提出，要从充分调动中央和地方两个积极性、科学划分中央与地方财政事权和支出责任、促进区域协调发展和基本公共服务均等化的目标出发，进一步厘清转移支付的功能定位，改革完善转移支付制度，优化转移支付分类，完善资金分配办法，建立标准控制和核查机制，推进预算公开，提高转移支付管理的规范性、科学性和有效性。

有的出席人员指出，目前地方没有主体税种，只有一些“杂七杂八”的小税，其中大部分都在减税范围内。建议加快培育地方税，保证地方财力。

六、发挥审计监督作用

部分出席人员指出，审计工作报告揭露了不少问题，有些问题是年年审年年有、屡审屡犯。有关部门不能简单地就事论事，而要认真研究、深入剖析原因，通过深化改革、完善体制机制，从源头上杜绝问题发生。有些出席人员提出，要加大审计结果的运用，建立起审计查出问题整改、跟踪检查的长效机制，切实解决审计发现的问题，促进工作、完善制度。审计机关和有关部门联动起来，对问题进行跟踪和督查，建立整改的约谈机制和追责问责机制，使审计监督真正发挥作用。有些出席人员提出，国家为解决民营企业、小微企业融资难问题设立了专项基金，各地也有一些配套资金。调研中发现这些基金存在空转现象，真正需要资金支持的企业很少得到基金支持。建议就这类专项基金运转情况进行审计。有的出席人员指出，审计对人大监督工作有重要的参考借鉴意义。建议在今后全国人大常委会的执法检查工作中，组织审计部门参与配合，从审计角度提供背景材料和问题情况，增强执法检查工作的力度和实效。

关于今年以来国民经济和社会发展计划执行情况的报告

——2019年8月23日在第十三届全国人民代表大会常务委员会第十二次会议上

国家发展和改革委员会主任　何立峰

全国人民代表大会常务委员会：

受国务院委托，我向全国人大常委会报告今年以来国民经济和社会发展计划执行情况，请审议。

今年上半年，面对国内外风险挑战明显增多的复杂局面，在以习近平同志为核心的党中央坚强领导下，各地区各部门认真贯彻落实党中央、国务院各项决策部署，保持战略定力，坚持稳中求进工作总基调，坚持新发展理念，坚持推动高质量发展，坚持以供给侧结构性改革为主线，坚持深化市场化改革、扩大高水平开放，认真执行十三届全国人大二次会议审议批准的《政府工作报告》和2019年国民经济和社会发展计划，落实全国人大财政经济委员会的审查意见，贯彻落实“巩固、增强、提升、畅通”八字方针，统筹推进稳增长、促改革、调结构、惠民生、防风险、保稳定工作，有力有效应对经贸摩擦，扎实办好自己的事，加大“六稳”工作力度，各项工作取得积极成效。上半年国内生产总值增长6.3%，城镇新增就业737万人，全国城镇调查失业率保持在5%左右，居民消费价格上涨2.2%，外汇储备保持在3万亿美元以上，实物量指标与经济增长基本匹配。总的来看，我国经济延续总体平稳、稳中有进的运行态势，主要宏观经济指标处在合理区间，供给侧结构性改革持续推进，改革开放继续深化，就业比较充分，精准脱贫有序推进，生态环境持续改善，创新动能不断集聚，市场主体活力不断增强，人民生活水平和质量继续提高，推动高质量发展的积极因素增多，保持了经济社会持续健康发展的大局。

（一）狠抓宏观政策落地见效，经济运行保持稳定。落实《政府工作报告》和计划报告总体要求和宏观经济政策取向，坚持不搞“大水漫灌”，注重打好宏观调控“组合拳”，着力提升政策的前瞻性、精准性和实效性，超前谋划出台一批政策，提前部署一批建设项目和任务，提早下达部分财政转移支付和地方政府新增债务限额，对稳定经济运行和提振市场信心发挥了重要作用。积极的财政政策加力提效，深化增值税改革、小微企业普惠性减税、降低社保费率、设立个人所得税专项附加扣除、清理规范政府性基金等更大规模减税降费措施全面实施，上半年累计新增减税降费11709亿元，财政预算下达和地方政府债券发行进度加快，全国一般公共预算收入和支出分别增长3.4%、10.7%，新增地方政府债券发行21765亿元。稳健的货币政策松紧适度，综合实施下调存款准备金率、定向降准和中期借贷便利等措施，保持市场流动性合理充裕，6月末广义货币M_2余额同比增长8.5%，社会融资规模存量增长10.9%，与国内生产总值名义增速基本匹配。以永续债为突破口，推动银行多渠道补充资本。完善金融服务民营企业、小微企业支持政策体系，深化民营和小微企业金融服务综合改革试点，普惠型小微企业贷款余额较年初较快增长、利率水平持续下降。就业优先政策全面发力，中央财政安排就业补助资金支持落实各项就业创业补贴政策，加大失业保险稳岗返还力度，出台职业技能提升行动方案，全面启动运用1000亿元失业保险基金开展大规模职业技能培训工作，积极发挥“双创”对就业的带动支撑作用，着力做好重点群体就业创业工作，就业形势保持总体稳定。

（二）着力推进“放管服”改革，营商环境持续优化。按照《政府工作报告》和计划报告关于激发市场主体活力、着力优化营商环境等要求，各部门以打造市场化、法治化、国际化营商环境为着力点，多措并举推动解决影响企业创新发展的痛点难点堵点问题，缓解实体企业困难，激发微观主体活力。继续加大“放”的力度，开展市场准入负面清单（2019年版）修订工作，推动“非禁即入”普遍落实，工程建设项目审批制度改革在全国推开，企业开办时间压缩至8.5个工作日以内，注销流程和手续进一步压减。行业协会商会与行政机关脱钩改革全面推开。注重优化“管”的方式，改进和加强竞争执法，社会信用体系建设深入开展，“双随机、一公开”跨部门联合监管持续推进，信用监管和“互联网+监管”改革加快推行，政府机构失信问题专项治理有序开展。努力提升“服”的实效，建立健全企业家参与涉企政策制定机制，国家政务服务平台上线试运行，在水、气、暖等公用事业领域推行App（应用程序）办事、移动支付，压减办理用电业务时间，发展“互联网+教育”、“互联网+医疗”等，优化口岸营商环境。以改革推动降低涉企收费，全面落实一般工商业电价平均再降10%的目标任务，进一步清理规范行政事业性收费和政府定价经营服务性收费，推动降低中小企业宽带资费、移动网络流量平均资费，取消或降低一批铁路、公路、港口、民航收费，加快取消全国高速公路省界收费站，清理拖欠民营企业和中小企业账款取得积极进展。上半年，日均新登记企业1.94万户、同比增长7.1%。

（三）加快结构调整升级步伐，创新创业创造向纵深拓展。按照《政府工作报告》和计划报告关于坚持创新引领、培育壮大新动能等要求，各部门聚焦振兴实体经济，坚持创新引领发展，努力促进新旧动能接续转换。农业生产保持稳定，一二三产业融合发展势头良好，高标准农田建设持续推进，种养结构进一步调整优化，夏收粮油再获丰收，夏粮总产量14174万吨、增产293万吨，优质产品占比提高，秋粮苗情与常年大体相当，采取有效措施防控非洲猪瘟疫情、稳定生猪市场供应。产业转型升级持续推进，出台实施促进中小企业健康发展的指导意见，积极巩固钢铁、煤炭等重点行业去产能成效，加快推进“僵尸企业”处置工作，进一步完善降成本、债转股、市场主体退出等政策，固定资产加速折旧优惠政策适用范围扩大至全部制造业。上半年，规模以上工业增加值增长6%，其中私营工业企业增加值增长8.7%、同比有所加快，制造业技术改造投资增长13.1%。积极推动服务业高质量发展，促进先进制造业和现代服务业深度融合，上半年服务业增加值增长7%。科技支撑和新兴产业引领作用不断增强，出台加强基础研究、应用基础研究和技术创新工作的指导意见，加大首台套、首批次政策实施力度。北京、上海、粤港澳大湾区科技创新中心建设加快。大力推进人工智能、大数据等领域重大工程建设，向4家企业颁发5G牌照，继续实施集成电路设计和软件企业所得税“两免三减半”等优惠政策。上半年高技术制造业增加值增长9%、投资增长10.4%，国内发明专利授权量增长12.6%。大众创业万众创新进一步深化，双创示范基地带动作用明显增强，财税、金融、人才等扶持政策不断完善，科创板正式开板，“双创”对扩大就业、激发创新创造活力、壮大新动能、增强竞争力的积极效应加快显现。

（四）促进形成强大国内市场，需求结构逐步改善。按照《政府工作报告》和计划报告关于促进形成强大国内市场、持续释放内需潜力等要求，各部门紧扣更好促进供需良性循环、培育形成强大国内市场，制定出台系列政策文件并狠抓落实。优化供给推动消费平稳增长，制定实施促进重点消费品更新消费的实施方案，出台推进养老、家政服务业、婴幼儿照护服务发展的政策措施，优化“五一”劳动节休假安排。上半年，社会消费品零售总额增长8.4%，其中实物商品网上零售额增长21.6%，消费拉动经济增长的“主引擎”作用更加凸显。加大补短板有效投资力度，出台实施政府投资条例，优化政府投资结构，大力推进基础设施领域补短板，上半年下达全年中央预算内投资计划的94%，积极向金融机构提供补短板重大项目清单，允许将地方政府专项债券作为符合条件的重大项目资本金，重点在建项目和补短板工程资金保障得到加强。上半年固定资产投资增长5.8%，生态环保、教育、文化等短板领域投资分别增长48%、18.9%、22.1%。内需对上半年经济增长的贡献率达到79.3%，服务消费占居民最终消费支出的49.4%、同比提高0.6个百分点，供给体系优化对需求升级的促进作用进一步显现。

（五）聚焦全面建成小康社会目标任务，三大攻坚战取得新进展。按照《政府工作报告》和计划报告的要求，各部门对标全面建成小康社会任务，着力加大补短板、强弱项力度，实施精准攻坚。围绕精准脱贫难点重点开展攻坚，巩固“两不愁”成效，进一步加大解决“三保障”突出问题工作力度，在“三区三州”等深度贫困地区扎实推进产业扶贫、易地扶贫搬迁等工作；严把贫困户、贫困县乡村“退出关”，建立巩固脱贫、防止返贫长效机制，又有一批贫困县实现脱贫摘帽。生态环境质量稳定向好，持续推进打好污染防治攻坚战，印发中央生态环境保护督察工作规定，发布实施绿色产业指导目录(2019 年版)，上半年单位国内生产总值能耗同比下降 2.7%，全国细颗粒物平均浓度下降 2.4%。重点领域风险防范取得新进展，印发实施打好防范化解重大金融风险攻坚战行动方案，依法专业高效处置个别中小银行风险，稳妥化解部分中小金融机构面临的局部性流动性风险，及时有效应对国内股市、汇市等金融市场波动，妥善处置债券违约风险及部分大型企业债务风险，持续开展金融乱象整治。有效遏制地方政府隐性债务增量，分类化解存量地方政府隐性债务风险。推动完善房地产市场平稳健康发展长效机制，落实城市主体责任制，房地产市场运行总体平稳，6 月份 70 个大中城市中一、二、三线城市房价同比涨幅均有所回落。

(六)推动城乡地区协调发展，引领高质量发展的动力源不断形成。按照《政府工作报告》和计划报告关于促进区域协调发展、提高新型城镇化质量等要求，各部门围绕解决发展不平衡不充分问题，持续推进完善城乡区域相关机制和政策，发展协调性进一步提高。新型城镇化和乡村振兴体制机制更趋完善，印发建立健全城乡融合发展体制机制和政策体系的意见，出台实施培育发展现代化都市圈的指导意见，全面推广第二批新型城镇化综合试点经验，城市落户限制进一步放宽。建立乡村振兴规划实施协调推进机制，省级乡村振兴战略规划全部印发实施，农村人居环境整治从典型示范转向面上推开，农村饮水安全、农网改造等重大工程项目建设进展顺利。重大区域发展战略向纵深推进，公布实施粤港澳大湾区发展规划纲要，出台长江三角洲区域一体化发展规划纲要、新时代推进西部大开发形成新格局的指导意见等重要文件，长江经济带发展、京津冀协同发展战略任务扎实推进，雄安新区由顶层设计转入实质性建设阶段，支持海南全面深化改革开放的各项政策逐步落地，有序推进东北振兴、中部崛起、东部地区率先发展工作。上半年，中部、西部地区固定资产投资分别增长 9.4% 和 6.1%，居民人均可支配收入名义分别增长 9.3% 和 9.1%，均快于全国平均增速。

(七)扎实推进改革开放，市场活力持续增强。按照《政府工作报告》和计划报告关于深化重点领域改革、推动全方位对外开放等要求，各部门聚焦关键领域和薄弱环节，不断深化改革扩大开放，完善与高质量发展相适应的体制机制。重点领域改革取得新进展，统筹推进自然资源资产产权制度改革，积极推进公共资源交易平台整合共享，健全建设用地使用权转让、出租、抵押二级市场。有序推进农村集体产权制度改革，基本完成承包地确权登记工作。确定第四批国有企业混合所有制改革试点企业，改革国有资本授权经营体制。大力推进油气管网运营机制改革。加快推动增量配电改革试点落地见效，电力现货市场建设试点全部启动。加快要素获取、准入许可、经营运行、招投标、政府采购与涉产权等政策文件和法规清理。启动涉政府产权纠纷问题专项治理行动。积极运筹全方位外交营造稳定的外部环境，习近平总书记主持第二届“一带一路”国际合作高峰论坛、亚洲文明对话大会等主场外交活动，先后出访欧亚多国并出席 G20 大阪峰会等重要会议，主动积极与有关国家协调立场，营造了于我有利的国际环境。李克强总理等党和国家领导同志通过出访、接待外国领导人来访、出席相关国际会议、与国际组织领导人磋商等外交活动，积极推进与相关国家的务实合作。对外经贸合作进一步拓展，推进共建“一带一路”走深走实，精准支持企业开拓多元化出口市场，加快提升通关便利化水平，抓紧推动自主降低关税工作，上半年外贸保持平稳增长，以人民币计价的进出口总值同比增长 3.9%，有进出口实绩的企业数量增长 5.6%；出口总值增长 6.1%。出台外商投资法和新的鼓励外商投资产业目录、全国和自贸试验区外资准入负面清单，全面清理取消负面清单以外对外资准入的限制，有力有序推进重大外资项目落地。推动增设 6 个自贸试验区和上海自贸试验区新片区工作。加快推进资本市场对外开放，正式开通沪伦通。一些跨国公司加大在华投资，上半年以人民币计价实际使用外资增长 7.2%，高技术行业利用外资增速高于整体水平。国际产能合作和第三方市场合作稳步推进。

(八)保障和改善民生工作力度加大，发展成果惠及群众。按照《政府工作报告》和计划报告关于更好保障和改善民生等要求，各部门在今年财政收支平衡压力加大的情况下，千方百计保障基本民生投入只增不减。居民收入和社会保障水平稳步提高，城乡居民增收试点工作持续推进，个税改革受益范围持续扩大，上半年全国居民人均可支配收入实际增长 6.5%，略快于经济增速。城乡居民医保人均财政补助标准再提高 30 元，养老保险基金中央调剂比例提高至 3.5%，按 5% 左右的比例提高退休人员基本养老金。退役军人社保接续工作有序推进。民生领域公共服务水平和质量继续提升，出台国家积极应对人口老龄化中长期规划，中国教育现代化2035及实施方案正式印发，高职院校扩招计划开始启动，扩大高职院校奖助学金覆盖面并提高补助标准，设立中等职业教育国家奖学金。健康中国行动扎实推进，重大文化设施、基层综合性文化服务中心建设有序开展。推动城镇老旧小区改造，安排中央补助资金予以支持。安全生产和食品药品安全等工作持续加强，制定出台生产安全事故应急条例、深化改革加强食品安全工作的意见、疫苗管理法，有序推进危化品、特种设备重大安全隐患集中排查整治等工作，及时应对处置重大生产安全事故，受地震、洪涝等自然灾害影响的群众得到妥善安置。

总的看，今年以来，按照党中央、国务院决策部署，我们努力应对各种困难挑战，经济运行总体平稳、结构持续优化、民生不断改善，在全球经济增速放缓的同时，我国经济仍保持稳中有进，增速在主要经济体中位居前列，展现出中国经济巨大的韧性、潜力和回旋余地。实践充分证明，党中央、国务院的决策部署是完全正确的、有力有效的。这是以习近平同志为核心的党中央坚强领导的结果，这是习近平新时代中国特色社会主义思想指导的结果，这是全党全国各族人民团结一心、艰苦奋斗的结果。

在经济运行总体平稳的同时，必须看到我国经济发展面临的困难挑战和不确定不稳定因素明显增多。从国际看，外部环境更趋复杂严峻，当前世界经济和贸易增速同步趋缓，近期世界银行、经合组织、世贸组织下调了今年世界经济和贸易增长预期。从国内看，经济发展面临新的风险挑战，国内经济下行压力加大，实体经济困难仍然较多，重点领域风险隐患仍存，民生领域还有不少短板。此外，一些地方生产安全事故时有发生，部分地区发生洪涝、地震等自然灾害，应急管理和防灾救灾工作任务艰巨。

总的来看，上半年经济延续总体平稳、稳中有进的运行态势，主要指标保持在合理区间，计划完成情况总的是好的。同时也要清醒认识到，国内一些长期存在的结构性体制性矛盾与外部冲击共同作用，经济发展面临新的风险挑战，保持经济平稳健康发展的难度有所加大。对照十三届全国人大二次会议审查批准的2019年国民经济和社会发展计划总表，当前水环境质量、棚户区改造、减贫等约束性指标进展顺利，经济增长、就业、居民收入、物价、货物进出口等主要预期目标经过努力能够完成，但完成能耗强度、空气质量等指标仍需付出更大努力。

做好下半年工作，意义十分重大。要更加紧密地团结在以习近平同志为核心的党中央周围，以习近平新时代中国特色社会主义思想为指导，坚持和加强党的全面领导，增强“四个意识”，坚定“四个自信”，做到“两个维护”，全面贯彻党的十九大和十九届二中、三中全会精神，按照党中央、国务院决策部署，落实中央经济工作会议精神和《政府工作报告》部署以及十三届全国人大二次会议要求，根据全国人大常委会及全国人大财经委关于经济工作的意见建议认真改进工作，坚持稳中求进工作总基调，坚持发展第一要务，着力办好自己的事，主动应对内外部环境复杂深刻变化，坚持以供给侧结构性改革为主线，贯彻“巩固、增强、提升、畅通”八字方针，坚持宏观政策要稳、微观政策要活、社会政策要托底的总体思路，统筹国内国际两个大局，统筹做好稳增长、促改革、调结构、惠民生、防风险、保稳定各项工作，全面做好“六稳”工作，确保各项政策尽快落地见效，努力保持经济平稳健康发展和社会和谐稳定，以优异成绩庆祝中华人民共和国成立70周年。工作中要坚持稳字当头，在发展中化解风险；要保持战略定力，坚定高质量发展方向不动摇；要加快改革创新，激发市场主体活力；要推进高水平开放，拓展合作共赢空间。重点做好以下工作。

（一）保持好宏观政策连续性稳定性并适时预调微调。不折不扣实施更大规模减税降费等积极财政政策。切实落实已出台的减税降费政策。加快地方政府专项债券发行和资金使用，更多投向重点领域和重大项目。加大开源节流力度，做好财政收支预算平衡，保障“三保”支出。保持稳健的货币政策松紧适度。深化利率市场化改革，推动小微企业综合融资成本适当下行。督促银行落实好尽职免责和提高不良贷款容忍度要求，引导金融机构增加对制造业、民营企业的中长期融资。深入落实就业优先政策。做好高校毕业生、农民工、退役军人等重点群体就业工作。实施职业技能提升行动，缓解结构性就业矛盾。加快落实高职院校扩招100万人工作。支持以创业带动就业，鼓励农民工返乡创业。

（二）着力深化市场化改革扩大高水平开放。持续推进“放管服”改革。大力压减行政许可和整治各类管理措施中的变相审批，推动“双随机、一公开”跨部门联合监管。扎实推进重点领域市场化改革。深化煤电价格、输配电价格改革,全面推广电子不停车快捷收费系统。以共建"一带一路"为引领持续提高开放水平。推动第二届"一带一路"国际合作高峰论坛成果加快落地。积极推动经贸谈判和多双边务实合作。着力稳定外贸增长。落实好稳外贸各项政策措施,完善出口退税政策,扩大出口信用保险覆盖面。积极吸引外商投资。实施 2019 年版全国和自贸试验区外商投资准入负面清单、鼓励外商投资产业目录,积极推动重大外资项目落地。

(三)以改善民生和培育内需新增长点为导向推动形成强大国内市场。合理扩大有效投资。瞄准产业转型升级和关键短板领域持续发力,充分发挥有效投资关键作用。完善地方政府专项债券项目安排协调机制。完善项目资本金管理制度,降低部分基础设施等项目资本金比例。加快制定政府投资条例配套办法。实施城镇老旧小区改造、城市停车场、城乡冷链物流设施等补短板工程,加快推进信息网络等新型基础设施建设。促进消费扩容提质。有序推进老旧汽车报废更新。有效启动农村市场。推进开展普惠养老城企联动专项行动,支持社会力量发展普惠托育服务,开展家政领域培训提升、领跑者、信用建设行动。

(四)持续推进创新发展和产业升级。完善创新体制机制和政策,加大知识产权保护力度。推进创新创业创造深入发展。支持打造更多"双创"支撑平台。积极发挥科创板支持科技创新企业发展的作用。着力提升产业基础能力和产业链水平。大力发展战略性新兴产业,大力发展数字经济。坚定不移推进传统产业调整改造提升。加强传统制造业重点领域技术改造。引导金融机构增加对制造业、民营企业的中长期融资。加快"僵尸企业"出清。建立长效机制解决拖欠民营企业、中小企业账款问题。加快发展现代服务业,突破服务业制造业融合发展瓶颈,营造有利于服务业高质量发展的市场环境。

(五)统筹推进城乡区域协调发展。扎实推进国家重大区域战略落地。以疏解北京非首都功能为"牛鼻子"推进京津冀协同发展。扎实推进长江经济带生态环境突出问题整改。谋划推动一批长江三角洲区域一体化发展的重点工作和重点项目。加快在海南探索建设中国特色自由贸易港。进一步完善促进区域协调发展的政策体系。完善支持革命老区、民族地区、边疆地区、贫困地区发展的政策。高质量推进新型城镇化建设。推动 1 亿非户籍人口在城市落户目标取得新进展。加快城市群一体化体制机制建设。扎实推进乡村振兴。以保障粮食安全和重要农产品供给为重点,毫不放松抓好农业生产。加快农村一二三产业融合示范园创建。

(六)打好三大攻坚战加快补齐全面建成小康社会短板。加大脱贫攻坚力度,细化落实易地扶贫搬迁后续措施,巩固和拓展脱贫成果。加大污染防治力度。持续推进能源消费总量和强度"双控",加强饮用水水源地保护工作,有序推进城市生活垃圾分类制度建设。毫不松懈防范重点领域风险。推进金融供给侧结构性改革。完善金融监管法规体系,精准处置好个别中小银行风险,妥善处理公司信用类债券违约事件,把握好风险处置节奏和力度,压实金融机构、地方政府、金融监管部门责任,推动股市平稳健康发展。坚持房子是用来住的、不是用来炒的定位,稳妥实施房地产市场平稳健康发展长效机制方案,不将房地产作为短期刺激经济的手段。

(七)以人民为中心做好惠民生各项工作。持续提高民生领域公共服务水平。推进公立医院改革。提前部署今冬明春采暖工作。做好促进居民增收和社会保障相关工作。加大保供稳价力度。压实"米袋子"省长负责制、"菜篮子"市长负责制,加强非洲猪瘟防控、扶持生猪生产。持续提升社会治理水平。深入推进扫黑除恶专项斗争,全力做好防灾减灾救灾工作,持续夯实应急管理工作基础,坚决防范遏制重特大事故。

下半年面临的风险挑战有所增多,经济社会发展任务十分繁重,我们要深入学习贯彻习近平新时代中国特色社会主义思想,切实把思想和行动进一步统一到党中央对当前经济形势的判断和工作部署上来。要压实责任、主动作为、敢于担当、真抓实干,坚定不移贯彻党中央、国务院决策部署以及十三届全国人大二次会议要求,自觉接受全国人大的监督,确保各项任务落到实处,促进经济社会持续健康发展。

对今年以来国民经济和社会发展计划执行情况报告的意见和建议

8月24日，十三届全国人大常委会第十二次会议审议了国家发展和改革委员会主任何立峰受国务院委托作的关于今年以来国民经济和社会发展计划执行情况的报告、财政部部长刘昆受国务院委托作的关于今年以来预算执行情况的报告，共有66人次发言。现根据会议发言情况，将常委会组成人员和列席会议人员对计划执行情况报告的主要意见整理如下。

出席人员普遍认为，今年以来，面对国内外风险挑战明显增多的复杂局面，在以习近平同志为核心的党中央坚强领导下，各地区各部门深入贯彻党中央决策部署，认真落实十三届全国人大二次会议决议要求，计划执行情况总体良好，经济运行延续了总体平稳、稳中有进的发展态势。同时也应看到，当前我国经济发展面临新的风险挑战，外部环境更趋复杂严峻，国内经济下行压力加大，做好下半年经济工作任务艰巨。大家强调，应把思想和行动统一到党中央对经济形势的科学判断和决策部署上来，坚持稳中求进工作总基调，坚持以供给侧结构性改革为主线，坚持新发展理念、推动高质量发展，坚持推进改革开放，坚持宏观政策要稳、微观政策要活、社会政策要托底的总体思路，统筹国内国际两个大局，统筹稳增长、促改革、调结构、惠民生、防风险、保稳定，下更大力气做好"六稳"工作，确保完成年初确定的全年目标和任务。审议中，大家还提出了一些具体意见和建议。

一、准确把握经济社会发展形势

部分出席人员认为，今年以来形势错综复杂，各方面挑战前所未有，上半年经济运行延续了总体平稳、稳中有进的发展态势，成绩来之不易，需要倍加珍惜。下半年经济运行不稳定、不确定性因素明显增多，完成既定目标需要付出更大努力。从国际看，全球经济、贸易增长总体放缓，地缘政治风险上升，中美经贸摩擦影响陆续显现。从国内看，长期积累的结构性矛盾和体制性问题尚未得到根本缓解，一些新矛盾新问题又有所凸显，投资、消费、出口放缓并开始向供给侧传导。面对困难挑战，既应增强忧患意识，强化底线思维，妥善处理好"稳"和"进"的关系，也应保持战略定力，坚持问题导向和目标导向，积极主动应对各种困难和挑战。有的出席人员强调，形势越严峻复杂，越要把稳预期摆在突出位置，要进一步推动党中央各项决策部署和方针政策落地见效，增强微观主体的获得感，同时加强舆论引导，把成绩讲实、把问题讲清、把困难讲透，引导社会充分认识中国经济巨大的韧性、潜力和回旋余地，增强市场信心和活力，凝聚攻坚克难的强大力量。

二、提高宏观调控有效性

部分出席人员指出，应实施好积极的财政政策和稳健的货币政策，适时适度预调微调，加大逆周期调节力度。一些出席人员提出，加快推进重点领域、重大项目和战略性工程建设，努力拓宽投资项目资金来源渠道，发挥政府投资的撬动功能，激活民间投资。有些出席人员指出，从长远看，减税降费政策给经济发展注入活力，有利于拓展财源、增加税收，但短期内，形成新财源存在一定"滞后期"，受经济下行、进口放缓、土地出让收入减少等因素影响，财政减收明显，应多渠道缓解财政收支压力，确保财政运行的可持续性。

一些出席人员提出，应加强对经济中长期发展趋势的分析研究，密切关注苗头性、倾向性问题，准确研判形势，充实完善和合理选择宏观政策工具，做好政策储备，防止诸多问题碰头、叠加或系统传导。有的出席人员建议，应提前谋划制定好"十四五"规划纲要，增强宏观政策的连续性、稳定性和协同性，实事求是地提出经济社会发展目标建议。

三、大力发展实体经济

有的出席人员指出，融资难、融资贵问题仍是中小企业发展的痛点，体现在：（1）供不应求，有调查显示，43%的中小企业难以得到银行贷款，很多金融机构成立了普惠性金融部门，但是贷款支持力度难以满足中小企业需要。（2）供不对路，中小企业所需贷款额度一般较小,大银行门槛高,缺少针对中小企业的金融机构和融资方式。(3)供应单一,银行贷款担保仍偏向于企业固定资产抵押等传统形式,以知识产权、存货等担保融资的政策措施在实践中难以落地。(4)成本高昂,一些金融机构实际贷款利率在标准利率基础上再上浮30%以上,此外要收取名目繁多的评估费、手续费、过桥费,有的还扣下30%作为还贷保证金,甚至用承兑汇票充当贷款,导致实际贷款成本远远超过10%,有的甚至高达15%以上。建议有关方面认真研究全国人大常委会中小企业促进法执法检查报告和常委会审议时提出的意见建议,切实改善中小企业融资服务。

有些出席人员建议,加快推进清理拖欠企业账款的专项行动,确保年底前清欠一半的目标顺利实现。有的出席人员指出,加大对水、电、气等垄断行业的监督管理和市场化改革力度,完善价格形成机制,进一步降低企业生产成本。有的出席人员提到,应进一步深化"放管服"改革,在市场准入、项目核准、土地使用、工程招标等方面,要进一步加快政府职能转变,减少企业制度性交易成本,激发实体经济活力。

四、推进创新发展和产业升级

一些出席人员提出,针对当前制约发展的"卡脖子"技术问题,应抓住时间窗口,发挥制度优势,选择一些核心关键项目进行集中攻关。部分出席人员提出,应立足长远,完善创新体制机制,切实提高抗冲击能力。(1)抓紧谋划中长期科技发展、高技术产业等战略规划,加快实施"中国科技创新2030—重大项目"。(2)提高基础研究占R&D的比例,研究鼓励慈善捐赠用于研发投入的具体措施,提高企业研发费用加计扣除比例。(3)加大知识产权保护力度,严惩侵犯知识产权行为,提高侵权责任成本,保护创新者的合法权益。有的出席人员提出,应强化重大专项科技成果的运用和转化,简化新技术新产品进入国内市场的审批程序,着力解决对国产创新技术不敢用、不愿用的问题。有的出席人员提出,应促进互联网、大数据、云计算、人工智能等现代科技与实体经济深度融合应用,推动传统产业加快技术改造、转型升级。一些出席人员强调,应真正赋予科研机构和科研人员自主权,建立灵活有效的人才交流机制,进一步弘扬科学家精神,营造风清气正的科研环境。

五、保护产业链完整

一些出席人员指出,近年来由于国内生产要素成本上升和国际保护主义抬头等原因,一些产业在国内逐渐失去优势,订单转移、生产线外迁、企业外撤趋势有所上升,对我国产业链布局完整和重点产业安全造成一定影响,需要引起高度重视。有的出席人员建议,应坚持独立自主和开放合作相促进,保持产业体系完整性,一方面发挥制度优势,优化中西部产业布局,提升产业基础能力和产业链水平,同时也要采取有效措施改善国内投资环境,稳定国内投资生产。有些出席人员提出,应根据各地区的条件,科学规划东中西部产业布局,完善细化产业转移政策,合理调整中西部地区承接产业所需的工业用地、能源消耗、污染控制等指标,充分调动东中西部各方积极性,走合理分工、优化发展的路子。一些出席人员强调,在产业转移过程中,应安排和布局一些有利于中西部地区发展动力转换、产业结构升级、民生事业提升方面的重大项目特别是基础设施建设项目,因地制宜实行差异化财政支持政策。

六、坚决打好三大攻坚战

一些出席人员指出,脱贫攻坚战进入决胜阶段,关键是要巩固和拓展现有脱贫成果,建立健全长效机制。应尽快明确后续政策,制定长期规划,落实落细产业扶贫、消费扶贫、异地搬迁后续帮扶等具体措施,有计划、分阶段攻克各种难题。

部分出席人员指出,上半年一些高能耗、高污染行业产量增长速度较快,比如粗钢产量增长9.9%,水泥、平板玻璃产量均增长6.8%。在整个工业增速下行的情况下,高能耗、高污染产业出现反弹。应把这些数据作为重要预警信号,保持调结构、转方式的定力,严格执行环保标准和环保督查不放松,确保完成能耗强度、空气质量等约束性指标。

有的出席人员提到,今年以来杠杆率有所反弹,体现为:一是宏观杠杆率反弹,一季度为248.8%,上升5个百分点。二是非金融企业杠杆率反弹,主要集中于国有企业和地方政府融资,部分地方政府偿债进入高峰期,刚性兑付压力加大。三是居民部门杠杆率上升较快。四是银行业金融机构不良贷款余额和比率"双升"。应把握好稳增长与去杠杆、防风险的平衡，加强金融监管，提高风险处置能力，坚决守住不发生系统性风险的底线。

七、有效应对中美经贸摩擦

部分出席人员指出，应充分认识中美经贸摩擦的长期性、复杂性特点，加强对后续走势的分析研判，把各种可能考虑得充分一些，把困难和风险估计得足一些，及时有效完善应对措施；应准确判断国际形势，把握外部环境的变化，倒逼国内改革开放和转型升级，增强经济发展内生动力。一些出席人员建议，应进一步深化外贸体制改革，引导支持企业开拓国际新兴市场，分类别提高出口退税率，加快退税进度，简化退税审核，提高口岸通关效率，帮助外贸企业渡过难关。

关于今年以来预算执行情况的报告

——2019 年 8 月 23 日在第十三届全国人民代表大会常务委员会第十二次会议上

财政部部长 刘 昆

全国人民代表大会常务委员会：

受国务院委托，我向全国人大常委会报告今年以来预算执行情况，请审议。

一、预算执行基本情况

今年以来，面对国内外风险挑战明显增多的复杂局面，各地区各部门在以习近平同志为核心的党中央坚强领导下，以习近平新时代中国特色社会主义思想为指导，全面贯彻党的十九大和十九届二中、三中全会精神，认真贯彻中央经济工作会议精神和《政府工作报告》部署，落实十三届全国人大二次会议关于预算的决议，坚持稳中求进工作总基调，坚持新发展理念，打好三大攻坚战，适时适度实施宏观政策逆周期调节，有力推动高质量发展，统筹推进稳增长、促改革、调结构、惠民生、防风险、保稳定各项工作。经济运行延续总体平稳、稳中有进的发展态势，主要宏观经济指标保持在合理区间，供给侧结构性改革持续推进，改革开放继续深化，就业比较充分，精准脱贫有序推进，生态环境持续改善，人民生活水平和质量继续提高，推动高质量发展的积极因素增多。在此基础上，预算执行情况较好。

（一）一般公共预算执行情况。

1—7 月，全国一般公共预算收入 125623.08 亿元，增长 3.1%，增幅同比回落 6.9 个百分点，主要受减税降费政策效应、经济下行压力加大，以及去年同期基数较高等因素影响。全国一般公共预算支出 137963.26 亿元，增长 9.9%，增幅同比提高 2.6 个百分点，保持了较强的支出力度。收支运行的主要特点：

一是减税降费效果持续显现，税收增速大幅回落。1—7 月，全国税收收入增长 0.3%，增幅同比回落 13.7 个百分点。分税种看，国内增值税增长 5.4%，增幅同比回落 9.5 个百分点，主要受去年降低增值税税率政策翘尾和今年增值税新增减税效果进一步放大等影响。企业所得税增长 4%，增幅同比回落 9.4 个百分点，主要受提高研发费用税前加计扣除比例、小微企业普惠性税收减免等影响。进口货物增值税、消费税下降 5%，增幅同比回落 16.5 个百分点，主要受一般贸易进口增速下降、下调进口货物增值税税率等影响。个人所得税下降 30.3%，增幅同比回落 50.9 个百分点，主要是去年提高基本减除费用标准、调整税率的政策翘尾和今年增加 6 项专项附加扣除的减税效应叠加释放。涉及小微企业普惠性税收减免政策的“六税两费”同比下降。

二是涉及降费政策的有关收入继续下降，多渠道盘活资金资产带动非税收入增加。1—7 月，包括教育费附加在内的专项收入以及行政事业性收费收入，在去年同期下降 3.1% 的基础上，今年同比又下降 0.8%。同时，各级财政部门积极应对减税降费带来的收支平衡压力，大力盘活国有资金和资产，带动相关收入增加，全国非税收入增长 24.8%，主要是国有资本经营收入和国有资源（资产）有偿使用收入增长。中央财政增加特定国有金融机构和央企上缴利润，以及部分中央金融企业分红收入同比增加，合计占全国非税收入增收额的 61%，拉高全国非税收入增幅 15.1 个百分点。

三是中央和地方收入增速均明显回落，地区间收入增幅分化。1—7 月，中央一般公共预算收入增长 3.3%，增幅同比回落 8.3 个百分点；地方一般公共预算收入增长 3%，增幅同比回落 5.5 个百分点。分地区看，东部、中部、西部、东北地区分别增长 3.4%、5.4%、0.7%、-1.4%，增幅同比分别回落 4.9、5、7.1 和 7.8 个百分点。31 个省（自治区、直辖市）中，收入实现两位数增长的有 3 个；个位数增长的有 17 个；收入下降的有 11 个，下降的省份比去年同期增加 7 个。

四是财政支出保持较快增长，重点领域资金需求得到较好保障。1—7 月，全国一般公共预算支出增幅比 6.5% 的全年预算增幅高 3.4 个百分点，支出进度为 58.6%，比序时进度快 0.3 个百分点。其中：中央一般公共预算本级支出 19608.32 亿元，增长 9.5%；地方一般公共预算支出 118354.94 亿元，增长 10%。截至 7 月末，中央财政拨付转移支付资金为预算的 64.9%，比序时进度快 6.5 个百分点。重点支出预算执行较好。教育、科学技术支出分别增长 9.6%、17.7%。社会保障和就业、卫生健康支出分别增长 7.9%、8.3%。节能环保支出增长 17.4%。农林水支出增长 10.3%。中央基建投资预算下达 5334.33 亿元，为预算的 92.4%。

（二）政府性基金预算执行情况。

1—7 月，全国政府性基金收入 38691.24 亿元，增长 5.5%。其中：中央政府性基金收入 2276.59 亿元，增长 3.1%；地方政府性基金本级收入 36414.65 亿元，增长 5.6%，其中国有土地使用权出让收入增长 3.1%。全国政府性基金支出 44445.72 亿元，增长 33.8%。其中：中央政府性基金本级支出 1309.36 亿元，增长 43.1%，主要是可再生能源电价附加收入安排的支出同比增加较多；地方政府性基金相关支出 43136.36 亿元，增长 33.5%，主要是提前下达部分地方政府专项债券额度、发行进度大幅提前，相应支出加快，其中国有土地使用权出让收入相关支出增长 9.4%。

（三）国有资本经营预算执行情况。

1—7 月，全国国有资本经营预算收入 1383.49 亿元，增长 68.5%，主要是加快了国有资本经营收益的审核与缴库进度。其中：中央国有资本经营预算收入 541.73 亿元，地方国有资本经营预算本级收入 841.77 亿元。全国国有资本经营预算支出 925.3 亿元，增长 7.3%。其中：中央国有资本经营预算本级支出 447.9 亿元，地方国有资本经营预算支出 477.4 亿元。

（四）社会保险基金预算执行情况。

据人力资源社会保障部和国家医疗保障局初步统计，1—6 月，全国社会保险基金收入 41167.7 亿元，增长 10.2%。全国社会保险基金支出 34115.12 亿元，增长 16.3%。截至 6 月底，基金累计结余 96734.51 亿元。

总的看，今年以来预算执行情况较好，有力保障了党中央、国务院重大决策部署的贯彻落实。同时，财政运行和预算执行中也存在一些问题，我们高度重视，将积极采取措施加以解决。

二、落实十三届全国人大二次会议预算决议情况

国务院有关部门认真贯彻预算法和《关于人大预算审查监督重点向支出预算和政策拓展的指导意见》，落实全国人大通过的预算决议要求，牢固树立过紧日子的思想，加力提效实施积极的财政政策，加大对深化供给侧结构性改革、打好三大攻坚战等重点领域的支持，狠抓预算执行管理和财税体制改革，有力促进了经济发展和民生改善。

（一）实施更大规模减税降费。

按照党中央、国务院决策部署，出台实施近年来力度最大的减税降费政策。据统计，1—6 月全国累计新增减税降费 11709 亿元，其中今年新出台减税政策共计减税 5065 亿元，在减轻企业负担，稳定市场预期，促进企业加强研发、增加投资和扩大就业等方面发挥了积极作用。一是深化增值税改革。4 月 1 日起，将制造业等行业 16% 的税率降至 13%，将交通运输业、建筑业等行业 10% 的税率降至 9%，扩大进项税抵扣范围，对生产、生活性服务业加计抵减，试行增值税期末留抵税额退税制度。4—6 月减税 3185 亿元，所有行业均实现减税，其中制造业减税效果最明显，减税 1389 亿元，占比超过四成。二是实施小微企业普惠性税收减免。大幅放宽可享受企业所得税优惠的小型微利企业标准，加大所得税优惠力度，政策范围覆盖 95% 以上的纳税企业。1—6 月小微企业普惠性税收政策减税 1164 亿元，其中民营经济市场主体减税额占 88%。三是落实个人所得税专项附加扣除政策。1 月 1 日起，子女教育、继续教育、大病医疗、住房贷款利息、住房租金、赡养老人支出 6 项专项附加扣除政策开始实施。1—6 月减税 302 亿元，5190.5 万纳税人享

受该项政策。提高个税基本减除费用标准和实施专项附加扣除，累计有1.15亿纳税人无需再缴纳工薪所得个人所得税。四是降低企业社保缴费负担。下调城镇职工基本养老保险单位缴费比例至16%，继续执行阶段性降低失业和工伤保险费率政策，核定调低社保缴费基数，明确各地不得采取任何增加小微企业实际缴费负担的做法，不得自行对历史欠费进行集中清缴，1—6月企业职工基本养老保险、失业保险、工伤保险缴费减少超过1280亿元。同时，减免、降低部分行政事业性收费，清理规范有关政府性基金。为落实好减税降费政策，中央政府带头过紧日子，大力压减一般性支出，安排对地方转移支付超过7.5万亿元、增长9%；地方政府也深挖潜力，拿出实实在在举措，确保减税降费各项政策落地。

（二）推动深化供给侧结构性改革。

按照“巩固、增强、提升、畅通”八字方针，聚焦突出短板和薄弱环节，着力支持实体经济发展，提升经济创新力和竞争力。一是推动制造业高质量发展。将适用固定资产加速折旧优惠的行业范围扩大至全部制造业领域，支持企业加快技术改造和设备更新。对符合条件的集成电路设计企业和软件企业继续给予企业所得税优惠政策。二是支持实施创新驱动发展战略。瞄准世界科技前沿，加强自主创新能力源头供给，加大基础研究投入力度。狠抓中央财政科研项目资金管理改革政策落实，修订国家重点研发计划、国家自然科学基金等项目和资金管理办法，推进基于绩效、诚信和能力的科研管理改革试点，赋予科研机构和人员更大自主权。推行科研经费后补助制度，鼓励企业牵头承担国家科技重大项目。新增支持58个实体经济开发区打造特色载体，促进中小企业创新创业升级。三是进一步缓解小微企业融资难融资贵。推动国家融资担保基金加快运作，对融资担保金额100万元及以下的业务免收再担保费，基金再担保业务规模超过1400亿元、担保户数约8.59万户。完善财政支持普惠金融发展政策，个人和小微企业创业担保贷款上限均提高50%，对金融机构贷款及时足额给予贴息保障。继续实施小微企业融资担保降费奖补政策，对上一年度年化担保费率不超过2%的省份进行奖补。四是持续推进落实乡村振兴战略。全面落实“藏粮于地、藏粮于技”战略，保障重要农产品特别是粮食有效供给。支持“镰刀弯”地区调整种植结构，启动实施马铃薯制种大县奖励政策，发展马铃薯产业链。在10个省份开展中央财政对地方优势特色农产品保险奖补试点。实施农村“厕所革命”整村推进财政奖补政策，加强农村生活污水治理，切实改善农村人居环境。将农村饮水工程维修养护经费纳入中央财政补助范围，保障农村贫困人口饮水安全。

（三）继续支持打好三大攻坚战。

在巩固已有成果基础上，加大补短板、强弱项力度，集中力量支持，实施精准攻坚。一是有效防控地方政府隐性债务风险。开好“前门”，截至7月底，累计发行地方政府新增债券25530亿元，占全年新增地方政府债务限额的82.9%，为防范化解地方政府隐性债务风险创造了条件。完善地方政府专项债券管理，做好专项债券发行及项目配套融资工作，允许将地方政府专项债券作为符合条件的重大项目资本金，确保法定债券不出任何风险。健全地方政府债券市场化发行定价机制，顺利开展柜台发行试点。妥善应对融资平台公司到期存量地方政府隐性债务风险，对地方政府隐性债务实行常态化监控、定期研判，落实问责机制。二是大力支持脱贫攻坚。严守现行脱贫攻坚目标标准，多渠道增加相关转移支付并加大对贫困地区、贫困人口的倾斜，其中，中央财政专项扶贫资金1260.95亿元已全部下达，增量重点用于“三区三州”以及“三区三州”之外贫困人口多、贫困发生率高、脱贫难度大的深度贫困地区，着力支持解决“两不愁三保障”突出问题。出台对企业扶贫捐赠支出所得税税前扣除、扶贫货物捐赠免征增值税、政府采购支持脱贫攻坚等政策，调动各方帮扶积极性。深入推进贫困县涉农资金整合试点，完善财政扶贫资金动态监控机制，落实扶贫项目资金全过程绩效管理要求，全面加强各级各类扶贫资金管理。三是积极支持污染防治。集中政策、资金打好大气、水、土壤等污染防治标志性重大战役，1—7月节能环保支出3433.71亿元。扩大中央财政支持北方地区冬季清洁取暖试点城市范围。落实长江经济带生态保护修复奖励政策，深入实施城市黑臭水体治理示范，加强以渤海为重点的近岸海域保护。大力支持生态保护与修复，围绕重点生态功能区已累计支持25个山水林田湖草生态保护修复试点项目。完善绿色税收政策，对符合条件的从事污染防治的第三方企业减按15%税率征收企业所得税，启动环境保护、节能节水项目和资源综合利用项目企业所得税优惠政策目录修订工作。

（四）加强保障和改善民生。

在今年财政收支平衡压力加大的情况下，坚持基本民生投入只增不减,尽力而为、量力而行。一是促进稳定和扩大就业。中央财政就业补助资金547.28亿元已全部下达,用于加强公共就业服务。加大失业保险援企稳岗力度,部署做好失业保险基金支持职业技能提升行动资金的筹集、使用和管理工作。提高自主就业退役士兵和重点群体创业就业税额扣减额度,扩大享受政策优惠的企业范围。二是支持发展公平而有质量的教育。巩固城乡义务教育经费保障机制,启动实施义务教育薄弱环节改善与能力提升工作,重点支持地方消除城镇“大班额”。扩大高职院校奖助学金覆盖面,提高补助标准,设立中等职业教育国家奖学金。推进“双一流”建设,支持中西部地区建设有特色、高水平大学。三是提高社会保障水平。继续实施并完善企业职工基本养老保险基金中央调剂制度,调剂比例进一步提高至3.5%,今年中西部地区及老工业基地省份受益规模将达到1500多亿元。推动全面建立统一的城乡居民基本医疗保险制度,城乡居民医保财政补助标准增加30元,一半用于大病保险,大病保险起付线降低、报销比例提高到60%,中央财政补助资金3336.4亿元已全部下达。支持提升医疗服务与保障能力,加强基本公共卫生服务和重大传染病防控工作。出台罕见病药品、国产抗艾滋病病毒药品增值税减免政策,加大对养老、托幼、家政等社区家庭服务业的税费政策优惠。四是支持基本住房保障。安排专项资金支持,重点推进城市棚户区改造,1—7月全国共改造开工207万套,开工率71.6%。今年对城镇老旧小区改造安排中央补助资金,支持改造建设小区水电气路等配套设施。继续支持建档立卡贫困户、低保户、分散供养特困人员、贫困残疾人家庭等四类重点对象危房改造。五是推动文化体育事业发展。完善公共文化服务体系,改善基层公共文化体育设施。支持中华优秀传统文化传承发展,加强文化遗产保护。引导优秀文艺作品创作生产。积极支持北京冬奥会筹办和国家队备战奥运等工作。

(五)深化财税体制改革。

加大改革工作力度,按照有利于激发微观主体活力和调动地方积极性的要求,推动财税体制改革取得新进展。一是加快财政体制改革。出台教育、科技、交通运输等领域中央与地方财政事权和支出责任划分改革方案,自然资源等其他重要领域改革方案制定取得积极进展。完善中央对地方转移支付制度,设立共同财政事权转移支付,加强转移支付管理。二是健全预算管理制度。推动各地区各部门深化落实党中央、国务院关于全面实施预算绩效管理的要求,以绩效为导向优化支出结构,削减长期沉淀和低效无效资金。扩大公开预算的中央部门范围,拓展对地方转移支付公开内容,在财政部门户网站增设省级预决算公开专栏。进一步深化政府采购制度改革,建立采购主体职责清晰、交易规则科学高效、政策功能完备的现代政府采购制度。三是深化税收制度改革。完善增值税制度,研究调整增值税留抵退税地方分担机制。加强个人所得税改革相关信息系统优化和数据共享工作,确保专项附加扣除政策落实到位。积极推进资源税等税种以及政府非税收入管理条例立法。四是推进国资国企改革。加快国务院直接授权的国有资本投资、运营公司试点,以及中央党政机关和事业单位经营性国有资产集中统一监管试点。中央国有资本经营预算调入一般公共预算的比例提高到28%。完善国有金融资本管理,推动做实金融国资预算。支持剥离国有企业办社会职能和解决历史遗留问题,加快推进中央企业处置“僵尸企业”和治理特困企业工作。

三、下一步财政重点工作安排

我们将认真贯彻党中央、国务院决策部署,坚持稳中求进工作总基调,坚持以供给侧结构性改革为主线,坚持新发展理念、推动高质量发展,坚持推进改革开放,坚持宏观政策要稳、微观政策要活、社会政策要托底的总体思路,统筹国内国际两个大局,统筹做好稳增长、促改革、调结构、惠民生、防风险、保稳定各项工作,促进经济持续健康发展。财政政策要加力提效,继续落实落细减税降费政策,重点做好以下工作:

(一)实施好积极的财政政策,促进经济平稳运行。

细之又细抓好减税降费各项政策措施的落实,密切关注各行业税负变化,跟踪分析经济运行情况和政策落实中遇到的问题,不断完善政策举措,优化相关流程,帮助企业用足用好政策,确保制造业等主要行业税负明显降低,确保建筑业和交通运输业等行业税负有所降低,确保其他行业税负只减不增,使企业特别是小微企业社保缴费负担有实质性下降。进一步治理违规涉企收费,把清理规范涉企收费与“放管服”改革紧密结合,加大收费公开透明力度,畅通减税降费红利传导机制,主动接受社会监督,对搞变通、打折扣或变换花样乱收费抵消减税效果的,发现一起查处一起。支持部分城市开展深化民营和小微企业金融服务综合改革试点,引导更多金融资源支小助微。同时,加强民生保障,多措并举支持稳定和扩大就业,全面推开划转部分国有资本充实社保基金,落实好发展社区养老、托幼服务,以及城镇老旧小区改造试点等政策,在民生改善中持续释放内需潜力。研究继续降低进口关税总水平,完善出口退税政策,加快退税进度。

(二)扎实做好收支预算管理,开源节流平衡预算。

加大开源节流力度,弥补减收缺口,实现预算平衡和财政稳健运行。主动挖潜、多管齐下,认真清点“家底”,盘活变现长期低效运转、闲置等政府存量资产,继续清理结转结余资金,上缴特定国有企业利润,多渠道缓解财政收支压力。硬化支出预算执行约束,严控预算追加事项,坚决禁止违反预算规定乱开口子。严把支出政策关口,强化财政可承受能力评估,凡是不具备实施条件、超出财力可能的支出政策,一律不得实施。地方要统筹转移支付资金和自有财力,按照“县级为主、省级兜底”的原则,在优化支出结构上多下功夫,坚持“三保”支出在财政支出中的优先顺序,坚持国家标准的“三保”支出在“三保”支出中的优先顺序,切实保障“三保”支出需求。

(三)推进财税体制改革,加快建立现代财政制度。

把稳方向、突出实效、全力攻坚,推动重大改革举措进一步落地见效。抓好已出台有关领域中央与地方财政事权和支出责任划分改革方案的落实,积极推进生态环境、自然资源、应急救援等其他分领域改革。进一步扩大国有资本经营预算编报范围,提高国有资本经营预算资金调入一般公共预算的比例。深化预算编制制度改革,完善预算标准体系和项目库建设,提升预算管理的科学化精细化水平。结合审计查出突出问题整改,从体制机制入手规范预算执行,强化预算公开透明和刚性约束。加强税制改革与税收立法的有机衔接,加大推进税收立法工作力度。做好向全国人大常委会提交国有资产管理情况综合报告和专项口头报告行政事业性国有资产管理情况工作。

(四)加强地方政府债务管理,防范化解地方政府隐性债务风险。

严格落实党中央、国务院关于防范化解地方政府隐性债务风险的决策部署,做到坚定、可控、有序、适度。继续做好专项债券发行及项目配套融资工作,支持地方依法合规举债;进一步厘清专项债券合理边界,精准聚焦国家重大战略和重大项目。健全地方政府隐性债务常态化监测机制,统一口径、统一监管,实现对所有隐性债务全覆盖,完善制度建设,堵塞监管漏洞,及时发现和处置潜在风险。指导和督促各地综合采取措施,稳妥化解隐性债务存量。强化监督问责,从严整治举债乱象,有效遏制隐性债务增量。

(五)艰苦奋斗、勤俭节约,坚持政府过紧日子。

牢固树立艰苦奋斗、勤俭节约的思想,坚持勤俭办一切事业,不该支出的钱一分也不能花。各地各部门要将全面实施预算绩效管理作为重要抓手,健全评价指标体系,改进评价方式,提高评价质量,充分运用评价结果,切实做到花钱必问效、无效必问责,把钱花在刀刃上。大力压减一切不必要的行政开支,所有的办公运行、后勤保障、会议差旅、公务接待、出国出境等都要行简约、倡简朴、戒奢华,促进行政成本明显降低。中央财政带头压减一般性支出,除刚性和重点项目外,其他项目支出平均压减幅度达到10%。在严格落实年初既定的一般性支出压减5%的基础上,有条件的地方要进一步加大压减力度,力争达到10%以上,把节省下的资金用于支持重点建设和民生改善。进一步完善厉行节约反对浪费相关制度规范,严格执行、长期坚持。

我们将更加紧密地团结在以习近平同志为核心的党中央周围,以习近平新时代中国特色社会主义思想为指导,认真贯彻党中央、国务院决策部署,增强“四个意识”,坚定“四个自信”,做到“两个维护”,按照十三届全国人大二次会议的有关决议要求和全国人大常委会的审议意见,真抓实干、攻坚克难,更加努力做好财政改革发展各项工作,促进完成全年经济社会发展主要目标任务,以优异成绩迎接新中国成立70周年!

对今年以来预算执行情况报告的意见和建议

8 月 24 日,十三届全国人大常委会第十二次会议审议国家发展和改革委员会主任何立峰受国务院委托作的关于今年以来国民经济和社会发展计划执行情况的报告、财政部部长刘昆受国务院委托作的关于今年以来预算执行情况的报告,共有 66 人次发言。现根据会议发言情况,将常委会组成人员和列席人员对预算执行情况的报告主要意见整理如下。

出席人员普遍认为,今年以来,面对国内外风险挑战明显增多的复杂局面,在以习近平同志为核心的党中央坚强领导下,国务院及其有关部门和地方各级政府深入贯彻党中央决策部署,认真落实十三届全国人大二次会议决议要求,坚持新发展理念,适时适度实施宏观政策逆周期调节,加力提效实施积极的财政政策,加大对重点领域的支持,推动经济高质量发展,预算执行情况总体良好,有力保障了各项事业稳步推进。大家强调,要把思想和行动统一到党中央对经济形势的科学判断和决策部署上来,坚持稳中求进工作总基调,不折不扣落实减税降费政策措施,提高财政资金使用效率和效益,积极稳妥防范和化解地方政府隐性债务风险,确保完成年初确定的全年目标和任务。审议中,大家还提出了一些具体意见和建议。

一、扎实做好减税降费工作

有些出席人员指出,减税降费是党中央作出的重大决策部署,是减轻企业负担、激发市场活力的重大举措。建议对减税降费政策实施情况做好跟踪分析和评估工作,及时根据客观情况变化作出政策微调,确保政策落到实处。应特别关注那些年初预算收入指标定得过高,完成任务有困难的地方,避免为了完成任务在政策执行上打折扣。有些出席人员认为,个别领域乱收费问题依然存在,在一定程度上抵消了减税降费政策红利,建议对此问题开展专项检查,杜绝此类问题发生,切实增强纳税人获得感。

有些出席人员指出,随着减税降费的深入推进,部分地区财政收支平衡难度加大,特别是西部和东北地区,部分市县已出现财政收支困难问题。对此应高度重视,除落实好执行情况报告中盘活变现存量资产、清理结转结余资金、上缴特定国有企业利润等措施外,建议对收支困难地区特别是民族地区、边疆地区,增加转移支付额度,提供一些专项支持,增强基层政府“保工资、保运转、保基本民生”能力。有的出席人员提出,有些地方人代会通过本地预算时,对国家实施大规模减税降费估计不足,致使地方财政实际收入与年初收入预算之间有较大差距,建议及时指导地方根据实际情况,依法做好预算调整工作。有的出席人员指出,应督促各地区各部门尽早考虑明年预算编制工作,做好工作谋划与预算编制的衔接,使明年预算编制更加科学准确。

有的出席人员指出,当前我们为了保持经济持续增长,采取积极财政政策进行逆周期调节、适当提高中央财政赤字率是可行的,但上调赤字率的办法并非长久之计。建议对此进行全面论证,审慎考虑上调后的风险防控、财政收支平衡等问题,及时向各级政府释放“过紧日子”的信号,多在控制支出上想办法。

二、着力防范化解地方政府债务风险

有些出席人员指出,近年来,有关部门采取有力举措,聚焦防范化解地方政府债务风险,有效遏制了债务风险蔓延,同时还存在一些需持续关注的问题。(1)不少地方政府隐性债务规模过大,财政保障能力有限,债务偿还资金链脆弱。(2)不少地方制定的隐性债务化解方案较为粗放,偿债资金来源、时序安排与偿债能力并不匹配,既定化债目标完成有难度。(3)有的地方推动发展的“路径依赖”严重,仍然依靠高负债、高投资来拉动经济增长,防风险与稳增长之间失衡。建议:(1)指导地方妥善平衡和处理稳增长与防风险的关系,尽力而为、量力而行,把有限的财政资源优先用于“三保”等方面。(2)科学评估地方政府隐性债务风险,指导地方实事求是地完善政府隐性债务化解方案。(3)按照“党政同责”、“终身问责”的要求,对以新增隐性债务方式上新项目、铺新摊子的行为,依法依规严肃问责。有些出席人员提出,现在地方政府有的债务项目是公益性的,基本没收益,不具备还款能力。建议改革专项债的管理办法,针对现阶段存在的问题,围绕专项债的发行、营运、偿还等环节,进行系统完善。研究参照存量政府债务置换模式,可否逐步将重点公益性项目形成的隐性债务,纳入政府债券置换范畴。

三、加强财政预算管理

有些出席人员指出,有的地方和部门在预算执行中重投入、轻绩效的做法没有根本转变,个别部门存在着资金使用低效甚至无效等问题。建议加强财政支出的绩效管理,结合审计发现的问题,充分发挥绩效评估作用。(1)对审计查出的长期交叉重复、大量结余结转资金的支出项目进行压缩。(2)对预算执行率低、效果差的支出项目进行压缩。(3)在已有的部门单项绩效管理和评价基础上,推动部门整体预算绩效管理。有的出席人员提出,应进一步优化结转结余资金的管理模式,赋予各部门一定的自主权,同意其将连续两年未用完的项目资金优先调整用于本部门的急需支出,既可提高财政资金的使用效益,又能提升各部门工作主动性。

四、深化财税体制改革

有些出席人员指出,为充分调动中央和地方两个积极性,要积极推进财政体制改革,积极完善以税种配置为主的收入划分制度,增加地方本级财源,增强地方统筹和调控能力。对起步晚、底子薄的西部省(区、市),进一步加大转移支付的力度,调整优化转移支付结构,提高均衡性转移支付、县级基本财力保障机制奖补资金等规模。

三、检查法律实施情况

全国人民代表大会常务委员会执法检查组关于检查《中华人民共和国中小企业促进法》实施情况的报告

——2019 年 6 月 26 日在第十三届全国人民代表大会常务委员会第十一次会议上

全国人大常委会副委员长　陈　竺

全国人民代表大会常务委员会：

中小企业是建设现代化经济体系、实现经济高质量发展的重要基础，是扩大就业、改善民生的重要支撑。为贯彻落实党中央支持民营企业、中小企业发展重大决策部署，针对当前外部环境严峻复杂、经济面临下行压力、实体经济比较困难的新情况新问题，为促进法律更好实施，全国人大常委会开展了中小企业促进法执法检查，现将有关情况报告如下。

一、执法检查工作深入扎实

本次执法检查从 2 月底至 5 月开展，有 3 个特点。

（一）突出政治站位，紧扣法律规定，聚焦重点问题。执法检查始终把贯彻落实以习近平同志为核心的党中央关于支持民营企业、中小企业发展的重大决策部署摆在首位，坚持服务大局，确保执法检查与党中央决策部署目标同向、工作合拍、步调一致。执法检查紧扣法律规定，特别是 2017 年新修订的法律条款，聚焦政府支持、营商环境、金融服务和权益保护等重要问题，查明实情，推进法律实施。

（二）领导悉心指导，创新检查方式，拓展广度深度。栗战书委员长亲自审定执法检查方案，出席执法检查组第一次全体会议并作重要讲话进行动员部署；王东明副委员长听取阶段汇报并提出具体要求，陈竺、王东明和郝明金三位副委员长分别带队赴地方开展检查。一是实地检查与委托检查有机结合。3 个检查组分赴浙江、湖北、河南、广西、吉林、陕西 6 省（区）进行实地检查，同时委托北京、河北、山西、福建、广东、重庆、云南、甘肃 8 省（市）人大常委会进行检查。二是专项检查与面上检查压茬推进。在面上检查基础上，遴选出营商环境、融资促进和权益保护三个重点难点作为专题分赴贵州省贵阳市、福建省泉州市和内蒙古自治区鄂尔多斯市开展专项检查。三是执法检查与法律评估相辅相成。检查期间，同步委托中国中小企业发展促进中心和中国电子信息产业发展研究院作为第三方对该法实施情况进行全面评估，同时，委托山东省烟台市、广东省东莞市、贵州省贵阳市人大常委会分别进行重点评估，法律评估为全面了解法律实施情况提供了有力支撑。

（三）前期准备充分，检查工作扎实，发挥全国人大代表和地方人大的作用。自 2 月底开始，先后两次在京召开部门调研座谈会，赴上海、江苏、广东和四川 4 省（市）开展前期调研，并召开培训座谈会，邀请委托检查和法律评估相关省市人大和有关单位人员参加，请专家讲授法律评估方法与操作，指导地方人大制定并完善检查和评估工作方案。执法检查组严格遵守中央八项规定及其实施细则精神，深入基层、深入实际、深入群众，召开座谈会听取当地政府和相关部门的汇报，通过明查暗访了解企业实情，采用问卷调查、网上征求意见等多种方法，广泛听取群众意见。邀请 14 位全国人大代表参加检查。在执法检查中，充分发挥全国人大代表和地方人大的作用，密切了全国人大同他们的联系。

本次执法检查形成了5份前期调研简报、5份实地检查报告、8份委托检查报告、3份专项检查报告、4份法律评估报告。执法检查工作扎实深入，注重创新，圆满完成任务。

二、法律实施取得积极成效

中小企业促进法于2002年制定，2017年修订。修订实施一年多来，特别是习近平总书记主持召开民营企业座谈会并发表重要讲话后，中办国办印发了《关于促进中小企业健康发展的指导意见》，各地区各部门深入贯彻落实党中央决策部署，着力推动法律实施，取得了积极成效。

（一）加强组织领导，开展法律宣传，健全中小企业促进工作协调机制。法律修订实施后，国务院召开专题会议进行动员部署，各地区各部门采取多种形式开展普法宣传培训，着力推动法律贯彻实施。一是建立健全中小企业促进工作协调机制，强化组织保障。国务院促进中小企业发展工作领导小组充分发挥统筹协调作用，在开展法律宣传、加大对中小企业财税和金融支持、加强权益保护等方面作出全面部署。各省（区、市）调整充实了中小企业促进工作领导小组，湖北等11个省领导小组组长由省委书记或省长担任，其余多数省份组长由省委常委、常务副省长担任，多数市、县人民政府也建立了协调机制，中小企业促进工作的组织领导得到加强。二是开展法律宣传培训，普及法律知识。地方和部门通过广播电视、报刊、网络等多种媒体进行宣传，聘请专家解读，开展知识竞赛，举办培训讲座，广西还将每年9月定为“中小企业促进法宣传月”。开展形式多样、内容丰富的宣传活动，努力营造学法尊法守法用法的良好氛围。三是明确管理职责，提升公共服务水平。新一轮机构改革后，国务院和大多数地方政府都明确了工业和信息化部门作为中小企业促进工作综合管理部门。绝大部分县级以上地方政府成立了中小企业服务中心等机构提供公益性服务。中央有关部门结合各自职责落实法律规定，认定国家中小企业公共服务示范平台，支持各地搭建服务平台，不断提升公共服务能力水平。河南省培育工业互联网平台，帮助1.2万家中小企业上云用云，提高市场开拓能力。浙江省建成703个小微企业园，打造小微企业创业创新和孵化成长的平台。各地区各部门依法加强监管，引导和督促中小企业诚信守法，保障职工合法权益，履行企业社会责任。

（二）加大改革力度，完善市场准入，营商环境持续优化。各地区各部门着力打造市场化、法治化、便捷化的营商环境。一是持续深化“放管服”改革，受到企业好评。积极推进“证照分离”、“多证合一”，企业开办更快更便捷。“双随机、一公开”的监管方式，减少了多头执法、重复检查。浙江等地对涉企事项努力做到“一窗受理、一次办结”。企业对政务环境抱怨少了，点赞多了。二是完善市场准入管理，准入范围和门槛进一步清晰。《市场准入负面清单（2018年版）》进一步压缩并支持各类市场主体依法平等进入铁路、机场、电信、互联网视听、社会服务等领域。山西在全省推行企业投资项目承诺制改革。河南等地专项清理规章和规范性文件，建立公平竞争审查制度。三是部门和地方共同努力，推进信用体系建设。国家发展改革委牵头建设全国信用信息共享平台，人民银行建立金融信用信息基础数据库，市场监管总局建成国家企业信用信息公示系统。上海、浙江、湖北、陕西等地制定了公共信用信息管理条例，为公共信用信息归集、管理和使用提供依据。贵州省贵阳市利用大数据打造政府数据共享交换平台和基础数据库，实现数据集中存储、互通共享。

（三）安排专项资金，落实减税降费，财税支持得到加强。中央和地方加大财政支持力度，出台系列减税降费政策，助推中小企业发展。一是安排专项资金，支持创业创新。去年，财政部下达中小企业发展专项资金71亿元，奖补创业创新升级和小微企业融资担保等。绝大多数省份、半数以上地市以及部分县（区）安排了中小企业发展专项资金。二是设立发展基金，发挥引导作用。中央财政拟出资150亿元设立总规模600亿元的国家中小企业发展基金。多数地方也设立了规模不等的发展基金。重庆市设立26支专项基金，总规模261亿元，投资项目1048个。三是减轻企业税费负担，帮助企业“轻装上阵”。中小微企业减税降费政策逐步落地。法律评估调查问卷显示，有77%的中小企业享受到税收优惠政策。云南省今年一季度民营企业、中小企业缴纳税收同比减少3.57%。中央和地方持续开展清理规范涉企收费，取消、停止了41项中央设立的行政事业性收费，共为企业减负400多亿元。21个省份免收地方管理的行政事业费。

（四）拓宽渠道，创新服务，促进企业融资环境改善。畅通货币传导机制，拓宽融资渠道，提供增信支持，加大对中小企业的信贷供给。一是实行差别化政策，增加小微企业融资规模和比重。人民银行综合运用定向降准等货币政策工具,银保监会制定普惠型小微企业贷款增速不低于各项贷款增速、户数不低于上年同期水平的“两增”考核目标,督促加大信贷供给。截至今年 3 月末,银行业用于小微企业的贷款余额 34.77 万亿元,同比增长 9.55%。其中,普惠小微贷款余额 10 万亿元,同比增长 19.1%。二是完善普惠金融体系,支持小微企业融资。国有大型商业银行在总行和一级分行成立普惠金融事业部,股份制银行设立小微支行、社区支行,多数银行设立服务小微企业的专营机构,新设一批民营银行及新型互联网银行。服务小微企业的金融机构不断增多。三是丰富融资工具,拓宽直接融资渠道。证监会推进多层次资本市场建设,支持符合条件的中小企业股权融资和债券融资,人民银行推出双创金融债券和双创专项债务融资工具,国家发展改革委支持发行小微企业增信集合债等,支持中小微企业融资。此外,人民银行还引导设立民营企业债券融资支持工具,为经营正常、暂时遇到流动性困难的民营企业发债提供增信支持。四是设立政策性信用担保机构,为企业融资提供信用支持。中央财政出资 300 亿元设立国家融资担保基金,通过再担保等方式支持地方政策性融资担保机构加大对小微企业的融资支持,截至去年底惠及 2.52 万户企业。广东省财政安排 7.5 亿元支持 15 个地市设立政策性融资担保机构,吸引约 30 亿元社会资本参股,截至去年底,累计帮助 4100 多家中小企业获得贷款 230 亿元,省融资再担保公司累计帮助 3.1 万家中小企业获得贷款 2328 亿元。五是创新金融产品和服务,积极为中小微企业融资纾困解难。国家发展改革委为中小微企业提供便利优惠融资信贷服务,累计发放“信易贷”超 1.5 万亿元。一些商业银行和地方推进金融科技与普惠金融结合的“网络小贷”、“小微快贷”等网上信贷大幅降低了成本,提高了融资便利。建设银行开发“小微快贷”网上信用贷款,已累计为 55 万户小微企业提供超过 7100 亿元的信贷支持。贵州省设立白酒应急转贷资金,福建省泉州银行推出无还本续贷的“无间贷”,着力缓解当地中小微企业续贷难问题。

(五)开展清欠工作,构建维权渠道,维护中小企业合法权益。各地区各部门依照法律规定,加强对中小企业合法权益的保护。一是加强产权保护,增强企业发展信心。国家发展改革委会同司法部清理涉及产权保护的规章和规范性文件。最高人民法院发布保护产权和企业家合法权益的典型案例,为法院审判执行工作提供参考和指引。各地积极出台企业权益保护的地方法规和规范性文件,浙江出台企业权益保护规定,依法规范涉企行为,查处侵犯知识产权和商业秘密等违法行为。广东省建立知识产权保护数据库,开展“护航”、“雷霆”维权专项行动,打击不正当竞争,保护企业品牌。二是清理拖欠账款,解决企业实际困难。国务院部署开展清理拖欠民营企业、中小企业账款专项行动,各地全面摸查、建立台账,制定清偿计划,推进清欠工作。截至 4 月底,共清偿拖欠账款 3058 亿元,有的省份清欠任务已完成过半。三是建立维权渠道,加强沟通协商。不少地方在中小企业服务平台的基础上,构建统一政务咨询投诉举报平台,进一步畅通中小企业表达诉求渠道,平台及时协调督促解决。多数地方建立了政府与民营企业家定期沟通机制,浙江省委省政府主要负责同志与民营企业家定期沟通,听取意见建议。

总的来看,法律实施工作有力有序地推进,形成了良好氛围,取得了积极成效。

三、法律实施存在的突出问题

从检查情况看,法律实施中还存在一些影响中小企业发展的突出问题,其中,既有老难题的困扰,也有新问题的挑战,老难题犹存和新问题挑战叠加给中小企业促进工作带来的影响主要表现在以下几个方面。

(一)基础性工作不扎实,制度建设跟不上,影响了中小企业促进工作效能。检查发现,在促进企业发展过程中,长期形成的一些思想观念和工作方式已有转变和改善,但是在面对企业促进工作时往往倾向于“抓大企放小企”,在面对中小企业时又常常侧重于“重强企轻弱企”等,这些老问题依然存在,导致中小企业促进工作基础薄弱,制度不完善。更重要的是新修订的中小企业促进法在强化政策扶持、制度建设和公共服务等方面又提出了新要求,但基层的思想观念和工作方式尚未有效调适,工作跟进不够,对新修订法律的宣传不够,配套政策不完善,制度建设不适应,影响法律的贯彻实施和中小企业促进工作的有效开展。一是宣传普及工作力度不够,法律知晓度和感受度低。中小企业促进法的宣传仍然采取传统的方式,即便利用互联网,也只是将法律全文和相关政策文件在政务网上一挂了之,且往往“一阵风”“走过场”,宣传普及培训工作缺乏系统和长远安排,更缺乏针对性,覆盖面不宽,社会影响不大。不少企业,甚至有些地方相关部门工作人员对这部法律及其内容知之甚少。据重庆市中小企业问卷调查显示,“知道并了解”中小企业促进法主要内容的企业仅占19.6%,“知道但不了解”和“完全不知道”的约占80%。二是配套法规政策不完善,影响法律落实落地。配套法规和政策措施的制定和调整进展缓慢,目前多数省份刚刚启动地方条例的修订工作,有的地方出台的支持政策“虚多实少”;中央和地方与中小企业促进法相关的现有行政法规、部门规章和规范性文件尚未作相应调整。法律第四十条规定有关部门应当制定中小企业政府采购的相关优惠政策。而财政部、工业和信息化部发布的《政府采购促进中小企业发展暂行办法》是2011年制定的,暂行时间过长,加上规定缺乏可操作性,地方反映难以指导和规范实际工作。三是统计监测制度调整完善跟进不够,不能及时提供准确有效的数据支撑。法律第六条规定建立中小企业统计监测制度。检查发现,有关中小微企业的统计指标体系不完善、统计资料不详尽、信息发布不够及时、统计调查和监测分析跟不上,难以为全面准确掌握中小企业发展情况及宏观分析决策提供有效支撑。四是信用制度建设滞后,不能满足促进中小企业发展及服务监管的需要。法律第七条规定推进中小企业信用制度建设。检查发现,不少地方在探索建设信用信息系统,但中小企业信用信息分散在发改、社保、商务、人民银行、税务、市场监管、海关、司法等部门和水、电、气、热等公用事业单位,整合难度大,共享运用难。一些部门和地方正在建设的信用信息平台也与企业发展、金融服务、政府管理等实际需求差距甚大。信用信息归集、开发、公开、查询等制度不健全,统一、共享、高效的中小企业信用体系尚未建立,难以为融资对接、市场交易以及政府服务监管提供支撑。

(二)平等待遇缺乏有效保障,服务支持措施针对性不强,营商环境仍有差距。检查表明,随着市场化法治化改革的深化,中小企业在企业设立、生产经营、市场竞争等方面受到不公正对待的情况有所好转,但是政府在资源配置、市场竞争和公共服务方面,重行政手段和行政干预、坐等企业上门等传统习惯做法依然存在。法律规定的坚持各类企业权利平等、机会平等、规则平等的原则在实践中尚未真正落实;对中小企业的扶持措施的“规定动作”都做了,但效果不尽如人意,“门难进、脸难看”的现象少了,但“事难办”的问题仍较突出,为企业提供高效服务还跟不上来。一是市场准入仍有障碍,平等待遇得不到保障。法律第三十八条规定实行统一的市场准入制度。检查发现,市场准入仍有隐性壁垒,不平等待遇问题时有发生。法律评估调查问卷显示,认为在市场竞争中受到过不公正对待的中小企业中,超过50%的表示主要是市场准入不平等。虽然目前已全面实施市场准入负面清单制度,但清单外部分经营效益好或市场前景好的行业和垄断行业,仍存在违规设立准入许可或者设置隐性门槛等“名松实严”的情况。清单内的准入限制依然较多,与清单相关的行政审批事项繁多、程序复杂、时间过长、过程不透明,“准入不准营”问题依然突出。法律第四十条规定政府采购应给予中小企业优惠政策。一些政府采购项目仍然偏重企业注册资本、经营年限、品牌等指标,实际上将中小企业排除在外。一些市政公用事业工程招标,往往是大企业中标再转包或者分包给中小企业,“大企业中标,小企业干活”。行政手段配置生产要素也不鲜见。二是公共服务供给有效性不足,不能很好满足中小企业需要。法律对服务措施作了专章规定,在创业扶持、创新支持、市场开拓等章节也提出了加强公共服务的要求,但是部门主动服务企业的意愿仍然不强,“门好进、脸好看、事不办”的现象比较常见。中央和地方为促进中小企业发展建立了不少服务机构和平台,但运作效率低、专业性不强、服务的广度和深度不够,不能满足企业差异化、高质量的服务需求。一些企业反映在生产经营场所、城乡规划用地、人才引进和职业技能培训方面获得支持不易;对扶持政策、优惠措施无从了解或很难了解,直接导致企业没有享受到优惠政策,用好用足政策就更不容易。一些地方的孵化区、创业园,政府“拉郎配”搞产业集聚,中小企业难进入。针对中小企业的企校结合、职业教育、员工培训、信息服务等比较薄弱。充分发挥行业协会商会的纽带作用和行业自律管理作用也不够。三是有些地方财政支持效率不高,中小企业获得财政扶持难。法律对设立中小企业发展专项资金和发展基金,并对其使用情况进行评价和评估作了规定。目前地方财政扶持资金种类比较多,分部门、分行业采取“点对点”项目管理方式,呈现分散化、难以形成合力,资金使用效率不高,效益也不够好。多头申报、频繁申报也加重了企业负担。部分地方财政扶持资金申请门槛偏高,中小企业往往难以企及,有的还需要支付大额费用通过中介争取。从检查的情况看,定期组织开展对中小企业发展专项资金和发展基金使用效果的企业评价、社会评价和资金使用动态评估的法律规定尚未落实,评价和评估情况主动向社会公布的几乎没有。四是行政监管和执法不规范,加重了企业负担。法律第五十六条对规范涉企监督检查作了规定。涉企监督检查频繁重复的问题依然突出,联合或合并检查在实际执行中不到位,多部门、多层级检查的统筹协调不够,基层部门和企业迎检负担较重。行政监管和执法“一刀切”现象较为普遍,有的地方一家企业出事故,往往要求辖区内同行业所有企业停产整顿整改;个别地区污染治理简单化,“一刀切”或“一关了之”。还有少数地方政府缺乏政务诚信,为了招商引资往往让企业“先上车再买票”,之后在办理相关手续时,由于部门权益和责任制约又出现“先交罚款再补票”的情况。不守承诺、朝令夕改等政府失信行为直接给企业带来额外负担或损失。

(三)*融资促进措施落实不到位,政策效果没有充分释放,中小企业融资难融资贵问题尚未有效缓解。*融资难融资贵是长期制约中小企业发展的老难题。融资难主要有三难:银行贷款难,尤其是信用贷款、长期贷款和无还本续贷都难;抵押担保难,动产和权利质押的相关机制不完善,银行接受的担保物范围窄,且抵押率低,有时还要求以企业主个人或家庭财产作担保,造成有限责任无限化;直接融资难,公开发行股票上市门槛高、标准严,“新三板”、区域股权市场缺乏融资功能,中小企业股权融资、债券融资占比很小。融资贵主要有三贵:贷款利率高,银行贷款一般在基准利率上上浮 40%—50%,平均利率约为 6%—7%,小额贷款公司利率平均为 10%—20%,民间及网络借贷利率则高达 30%;中介费用高,与银行贷款相关的担保费、审计费、评估费和公证费等附加费用多、收费高;“过桥”资金成本高,“过桥”借款年化利率都在 30% 以上。检查结果表明:由于信息不对称、信用不完善,以及“个人问责”的存在和信用风险的袭扰,金融机构对中小企业风险偏好没有大的改变,融资中的存贷挂钩、以贷转存、借贷搭售理财产品等捆绑销售现象,以及惜贷、压贷甚至抽贷、断贷等依然存在。第三方机构法律评估报告反映,中小企业、小微企业贷款余额占比从 2017 年的 33.22%、18.04% 下降到 2018 年的 32.04% 和 17.92%。修订后的中小企业促进法对融资促进作了专章规定,金融监管部门和金融机构为缓解融资难融资贵采取了系列政策措施,今年来也有了明显进展,但检查中发现,法律实施中又出现了一些新问题影响了融资促进实效。一是差异化监管政策落实不到位,银行对中小微企业贷款仍有后顾之忧。法律第十五条规定差异化监管政策。我国目前没有专门服务中小企业的政策性银行等金融机构。由于同一银行内部一般信贷业务和中小企业贷款业务的风险控制制度、激励约束机制、责任追究机制基本一致,尽管国有大型商业银行都设立了普惠金融事业部,但作用并未充分发挥。近年来,监管部门提出“两增两控”考核目标、提高小微企业不良贷款容忍度以及尽职免责等差异化监管政策和要求,但是,有的银行对中小微企业不敢贷、不愿贷、不能贷的局面依然没有太多改变。还有值得关注重视的问题是,在一些地方,部分大型银行为了完成普惠金融业务和考核目标,凭借其资金实力和利率优势,对地方中小银行的正常信贷业务形成挤压效应,导致中小银行优质客户流失。有的银行联合“垒小户”瓜分贷款指标,或减缓整体贷款发放、降低分母来完成目标任务,或打“擦边球”人为调整划型,可能导致小微企业信贷统计数据虚高。二是地方性法人银行面向小微企业的产品服务创新不足,对金融科技的支持和监管都不够有力。法律第十六条对金融机构开发和提供适合中小企业的金融产品和服务作了规定,第十七条对地区性中小银行服务所在地小微企业作了规定。但地方性法人银行数量少,资金实力也有限,不能满足当地中小企业的金融服务需求。出于利润和风险考虑,部分银行、保险和担保机构对小微企业主动服务意愿不强,创新产品和服务的动力和能力不足。金融机构在运用互联网、大数据、云计算、人工智能等技术,为中小企业融资服务方面探索还不够,创新产品还不多。互联网民营银行还受到诸多限制。三是动产担保融资制度不完善和政策性担保机构作用有限,中小企业获得担保融资难。法律第十九条规定国家完善担保融资制度,第二十一条对建立中小企业政策性信用担保体系作了规定。目前,我国动产和权利担保物权没有统一的登记制度,中小企业以知识产权、存货、机器设备等为担保品进行担保融资,在实践中往往难以落地。在应收账款融资中,供应链核心企业配合确权积极性不高,影响应收账款融资的开展。一些地方虽然成立了政策性担保机构,但资金规模普遍偏小,服务能力水平不高,与银行间的合作关系也没有建立完善,再加上代偿不允许税前扣除、风险补偿和损失核销政策不明确等原因叠加,担保放大倍数很小,对促进中小微企业融资作用有限。四是多层次资本市场体系不健全,中小企业直接融资渠道狭窄。法律第十八条规定国家健全多层次资本市场体系,促进中小企业利用多种方式直接融资。目前，主板、中小板、创业板只有极少数优质中小企业能够达到上市标准，"新三板"、区域股权市场定位不清晰，投资者受限，流动性不足，融资功能没有充分发挥。政府对天使投资、风险投资、私募股权投资的政策引导不够，资金大量向后端尤其是拟上市公司集聚，对初创期、成长期、科技型创业企业投资不足。

（四）损害企业权益现象时有发生，投诉维权渠道不畅，对中小企业权益保护力度不够。中小企业处于相对弱势地位，合法权益时常受到侵害，企业投诉维权的渠道不畅等老难题尚处在逐步改善过程中，而法律对权益保护作了专章规定，与现状形成鲜明对照，落实法律规定这一新问题显得尤为紧迫。一是账款拖欠多、账期长、票据支付比例高，企业资金被严重占用。法律第五十三条规定不得违约拖欠中小企业账款。实际上拖欠情况十分普遍，第三方机构法律评估的调查反映，超过半数的中小企业存在被拖欠账款问题。专项检查发现，在清理政府部门和大型国企拖欠民营企业、中小企业账款工作中，部分地区口径掌握不统一、底数尚未完全摸清，地方财政能够用于清偿的财力有限，大型企业清偿的主动性也不强。清欠工作进展不平衡，部分地方进度缓慢，有的地市截至 4 月底清偿比例还不到 10%，完成今年"年底前清偿一半"的既定目标有难度。中小企业普遍反映应收账款占销售收入比重大、账期长，到期后有的还会延期支付，影响资金周转。这客观上加大了中小企业贷款需求，也使其成了大企业融资成本的转嫁对象。大型企业、产业链中的核心企业往往利用优势地位多使用承兑汇票支付，有些中小企业货款中 70% 至 80% 都是汇票，增加了企业流动资金压力和贴息成本。中小企业担心影响合作、失去市场，申诉和追讨有顾虑。这些对中小企业资金不合法、不合理的占用，严重影响企业的正常生产经营，甚至威胁企业生存。二是权益保护力度不足，侵权行为屡禁不止。法律第五十条规定国家保护中小企业及其出资人的财产权和其他合法权益，任何单位和个人不得侵犯。检查表明，侵犯企业和企业家财产权益的行为时有发生。有的滥用公权力强迫低价转让股权、资产；有的未严格履行法定程序就查封、扣押、冻结企业和企业主财产；有的企业主因一般股权纠纷被股东举报后，即受到刑事立案，被采取强制措施；有的法院在审理相关案件时，个别政府机关往往以政府换届、领导变更作为政府违约、毁约的抗辩理由，"新官不理旧账"问题依然存在。执行和纠正涉产权案件阻力较大，动力不足。一些部门政务诚信不足，或因规划频繁调整、政策朝令夕改导致契约不能有效执行或者项目无故中止，损害企业正当财产权益。知识产权案件举证难、周期长、成本高、赔偿低，即便胜诉也面临"赢了官司、输了市场"的局面，严重挫伤了企业的研发创新积极性。三是涉企收费不规范，负担仍然不轻。随着"放管服"改革深入推进，政府直接向企业的收费大大减少了，但是检查发现一些含有收费的事权在政府内部下放，或放给与部门关联较强的评审中介机构。有的政府部门实施行政审批时，要求企业委托中介机构开展各类技术审查、论证、评估、检验检测、鉴证鉴定等，并作为受理条件，这些服务项目多、费用高，更有个别中介机构垄断当地市场，变成"独家生意"。还有的地方利用权力影响，强制要求企业购买指定产品或者承揽工程，要求企业赞助捐赠、提供无偿或者廉价劳务，占用企业财物等。四是投诉渠道不畅，调查处理不及时。法律第五十一条规定建立专门渠道听取中小企业意见建议、受理投诉举报。据第三方机构的法律评估报告反映，尚有 4 个省份未在省级层面建立中小企业投诉渠道，省以下一些地方未按照法律规定建立或者明确专门渠道听取中小企业意见建议。已经建立的专门渠道作用发挥有限，截至 2018 年末，有 10 个省级政府没有受理过中小企业投诉、举报。问卷调查显示有近 50% 的中小企业不知道本地区是否建立了相关投诉渠道。有的地方对中小企业意见建议不重视，对投诉举报调查处理不及时，致使问题久拖不决。

检查中发现的问题，有的是长期存在的老难题和"硬骨头"，有的是法律实施中出现的新问题、新挑战，这些都是中小企业发展中的难点、痛点和堵点，尤其要重视和防范老难题与新问题叠加或相互作用带来的影响。对于这些问题，要分析原因，对症下药，勇于破难题、解新题，切实予以解决。

四、主要原因分析

产生上述问题的原因是多方面的，主要有以下四个方面。

（一）对中小企业在国民经济和社会发展中的战略地位和重要作用的认识不到位。一些地方和部门领导干部依然受到长期以来计划经济的惯性思维、传统管理制度和政绩考核等因素影响，对中小企业在解决就业、科技创新、满足生产生活需要、推动城乡区域协调发展等方面的重要作用认识不足,特别是在当前形势下,没有把促进中小企业发展作为事关稳增长、促改革、调结构、惠民生、防风险、保稳定大局的工作来谋划。在中小企业促进工作中,按照中央的要求,结合实际,主动服务、支持发展的真招实招还不多。工作中仍习惯于“抓大企放小企”,在政策支持、资源配置、服务引导等方面习惯性向大而强的企业倾斜,对中小企业特别是小而弱企业重视关心不够。对国家将促进中小企业发展作为长期发展战略的认识不足,中小企业促进工作缺乏长远规划,疏于制度建设。同时,对新时代新型政商关系认识不足,政商关系的确“清”多了,但有的与企业家接触却少了,面对企业的合理诉求、合法权益,缺乏责任担当,不够关心、少有解决,不仅影响了干群关系,也挫伤了企业家创新创业的积极性,不利于企业尤其是中小企业的发展。

(二)促进中小企业发展的工作机制还需要一个调适过程。各省都成立了促进中小企业发展工作领导小组,建立了工作协调机制,但不少地方协调机制作用没有充分发挥,与中小企业发展促进工作的需要不相适应。有些地方统筹协调效率不高,相关部门“单打独斗”多、“联合作战”少,部门间信息、服务资源的互通共享不充分,在财税支持、融资促进等政策上存在一定程度的分散、交叉和重叠,没有完全形成齐抓共管、密切配合的合力。有的地方领导小组成立以来尚未召开过会议,更谈不上研究部署中小企业促进工作,有的以会议贯彻会议、以文件落实文件,政策措施“上下一般粗”,缺乏实际行动和具体措施推动法律和政策的落实落地。一些地方在新一轮机构改革中,中小企业促进工作机构职能有所削弱,一些省份中小企业促进工作综合管理部门级别下降、人员编制减少,有些基层地方的机构直接被撤并,没有专职机构,职能弱化。同时,一些地方中小企业促进工作综合管理部门由于综合管理协调手段有限,工作重点主要侧重于规模以上工业企业、科技型企业,对建筑业、房地产业、批发零售业、住宿餐饮业等非工业中小企业则关注较少,或者有劲使不上。切实履行好中小企业促进工作综合管理和统筹协调的职能和职责还需要一个调适过程。

(三)政策措施制定和执行的稳定性协调性不足导致效果不彰。近年来,中央出台一系列宏观调控政策并取得明显成效。但是,有些部门和地方在制定和出台一些政策措施时,由于制定时没充分听取意见,论证也不够充分,造成政策措施不接地气,难以操作,甚至带来冲击。政策措施出台时,统筹协调不够,有时多方面政策措施负向耦合、叠加或对冲,影响了政策效果,有的甚至对民营企业、中小企业带来一定影响和误伤。政策措施执行中缺少市场和企业反馈和评估,导致及时调适跟不上。一些政策措施制定、出台和实施中还存在碎片化、打补丁、发力点过多过频等问题,一定程度上影响了市场主体的预期,一些企业反映比较困惑、无所适从。

(四)面对内外环境变化挑战,企业自身规范发展存在诸多问题。当前国际经济环境深刻变化,特别是美国挑起的经贸摩擦,给国内经济发展和市场预期带来影响;在经济下行压力下,中小企业抗风险能力弱,受波及影响大。我国经济由高速增长阶段转向高质量发展阶段,正处在转变发展方式、优化经济结构、转换增长动力的攻关期,企业特别是中小企业面临不小的转型升级压力。中小企业还普遍存在治理结构不完善、风险管控能力较低、信息透明度不高、财务不规范等问题,在环保、社保、质量、安全、信用等方面的历史遗留问题也较多,尤其是还有部分企业在经济高速增长期经营方式粗放,盲目加杠杆、铺摊子、跨界扩张,债务负担过重,加之创新能力不足,在当前内外经济环境下持续健康发展遇到困难。

五、着力破解制约中小企业发展瓶颈,依法促进中小企业健康发展

对标对表党中央决策部署和法律规定,针对法律实施中存在的问题,执法检查组提出以下建议。

(一)从国家长期发展战略的高度深入认识中小企业发展重要性,加强对中小企业的引导、服务和监管。民营企业、中小企业是国民经济和社会发展的生力军,是推动经济高质量发展的重要基础,我们必须把思想统一到以习近平同志为核心的党中央决策部署上来,切实消除传统理念和路径依赖,关心支持民营企业、中小企业发展,把法律规定和政策要求真正落到实处。一是建议将每年 6 月 27 日确定为“全国中小微企业日”。加大中小企业促进法宣传力度,久久为功、持之以恒,扩大覆盖面、提升知晓度,进一步营造全社会学法尊法守法用法的氛围,为法律实施奠定更加坚实的社会基础。二是加强关于中小企业战略地位的理论研究。进一步加强理论指导,深化思想认识,明确并巩固

其战略定位。三是制定中小企业发展战略。规划和引领中小企业平稳健康持续发展壮大。四是进一步完善和优化中小企业促进工作机制。推进服务和管理创新,着力构建“亲”“清”新型政商关系,增强责任担当和服务意识,完善政企沟通机制,为中小企业提供法律政策咨询等公共服务。引导中小企业发挥自身优势,找准市场定位,适应高质量发展要求,努力实施转型升级;引导企业完善治理结构、依法合规经营、履行社会责任。

(二)深入推进市场化改革,不断优化营商环境。强化政府责任担当,常抓不懈,为民营企业、中小企业发展营造稳定公平透明可预期的营商环境。一是转变政府职能,营造高效政务环境。明确各级政府对辖区内营商环境负总责,优化政务服务,整合共享政务信息,提升窗口服务水平,开展政策落实情况的督查和评估,并向社会公开,接受社会监督,推动政策措施落实落地。二是完善市场机制,创造公平市场环境。清理有关歧视性规定,坚决查处各类垄断、限制竞争和不正当竞争的行为。三是强化法治建设,健全良性法治环境。加强政务诚信,推动政府部门依法行政,依法履职。建立以政府主管部门牵头、法院配合、行业参与的纠纷多元化解机制。注重发挥各级工商业联合会、行业协会(商会)的作用,加强行业自律管理,维护企业合法权益。四是创新公共服务,构建诚信社会环境。健全中小企业的公共服务体系,建立常态化第三方评估机制,完善统计监测制度。健全公共服务平台,增强中小企业高效管理运营、技术创新支持、对外投资贸易等信息资源的可获得性。加快推进全国中小企业融资综合信用服务平台建设,推行守信联合激励和失信联合惩戒制度。同时,要加快社会信用立法进程。

(三)完善财政扶持政策,提高财政资金使用效率。健全管理制度和办法,更好发挥财政资金对中小企业发展的扶持作用。一是优化财政资金等公共资源配置,通过中小企业发展专项资金和发展基金更好支持中小企业持续健康发展。进一步完善有关专项资金管理办法,对资金使用开展绩效评价,保证资金重点用于支持中小企业公共服务体系和融资服务体系建设。推动设立国家中小企业发展基金母基金,带动更多社会资本参与,扩大对中小企业的股权投资规模。落实“定期组织开展对中小企业发展专项资金、中小企业发展基金使用效果的企业评价、社会评价和资金使用动态评估,并将评价和评估情况及时向社会公布,接受社会监督”的法律规定,按照评估结果及时调整资金使用方向和结构。二是修改完善《政府采购促进中小企业发展暂行办法》。进一步明确不得以注册资本金、经营年限等作为资格条件,把中小企业政府采购优惠政策落到实处。

(四)深化金融供给侧结构性改革,健全符合中小微企业发展需要的融资机制。要进一步完善融资机制,促进中小企业融资。一是进一步完善政策性信用担保体系,着力解决中小企业融资“缺信用”难题。做好中央和地方的政策性信用担保资金联动发挥作用的总体设计。政策性担保机构的经营要聚焦小微企业,增强普惠性,并坚持风险可控、担保费率合理,确保可持续发展。要完善政(府)银(行)保(险)担(保机构)合作与风险共担机制,对符合条件的小微企业应加大融资支持。二是金融监管机构要进一步完善落实差异化监管政策。进一步把“提高不良贷款容忍度”和“尽职免责”的要求具体化,增强操作性,并落地实施。三是增强商业银行支持中小微企业的动力。建议银保监会完善商业银行监管评级制度,将商业银行服务小微企业情况纳入评级指标,健全对小微企业等普惠金融的激励机制。建议财政部修改《金融企业绩效评价办法》,进一步明确支持中小企业等考核导向。四是今年年底前,对企业融资中的不合理和违规收费组织开展专项检查。清理规范企业抵押登记、资产评估、信用评级等附加费用,着力降低中小微企业综合融资成本,有关情况在落实执法检查意见的报告中重点介绍。五是完善担保融资制度,支持动产担保融资。建议推动建立动产和权利担保物权统一登记制度,扫清担保融资的制度性障碍。建议财政部门加强对政府采购信息公开工作的监管,督促采购人依法及时公开政府采购合同等信息,支持中小企业开展政府采购项下的应收账款融资业务。六是充分运用现代金融科技助力中小企业融资。鼓励银行等金融机构运用大数据、云计算和人工智能技术完善风控体系,进一步完善征信、授信与信用风险定价系统,借助互联网为小微企业提供一揽子便捷高效的线上金融产品和服务。

(五)坚决落实法定责任,切实保护中小企业合法权益。聚焦中小企业负担重、维权难的问题,加大工作力度,立足当前、着眼长远,不断完善中小企业合法权益的保护机制。一是进一步加大清欠工作力度。巩固清欠工作成果,进一步统一口径,摸清拖欠底数,完善清欠台账,加大跨地区清欠的协调力度,确保完成政府工作报告提出的今年清欠任务。及时总结清欠工作经验,研究建立防范拖欠的长效机制,建议国务院研究制定支付条例。二是加强权益保护。加大对侵犯产权行为的打击和惩处力度,妥善处理涉产权保护案件,坚决保护中小企业及企业家的财产权和其他合法权益。加大知识产权保护力度,提升知识产权保护水平,推动知识产权保护法律法规和制度体系的健全完善。三是持续清理规范行政许可中介服务。要清理并解决行政许可中介服务方面的突出问题,加大查处惩罚力度,切实减轻企业负担。四是依法加强专门维权渠道建设。各地要加强维权渠道建设,完善维权机制,畅通企业反映问题和诉求的渠道,及时解决企业诉求。

在中小企业促进法执法检查组第一次全体会议上的讲话

(2019 年 4 月 2 日)

栗战书

今天召开执法检查组第一次全体会议,启动中小企业促进法执法检查工作。

陈竺同志介绍了前期准备情况和检查工作安排,赵克志同志代表国务院介绍了中小企业促进法实施总体情况和下一步工作考虑,工信部、发改委、财政部、人民银行、市场监管总局和最高人民法院、全国工商联的负责同志作了发言,讲得都很好。另外有 8 个部门提供了书面材料,这对检查组了解更多情况,搞好这次执法检查很有帮助。这里,我简要讲三点意见。

一、为什么选择中小企业促进法进行执法检查?

习近平总书记和党中央高度重视中小企业发展。党的十八大以来,总书记多次就民营经济、中小企业发展发表重要讲话。去年 9 月到今年全国“两会”期间,总书记多次在不同场合就中小企业和民营经济发展发表重要讲话、作出重要指示。今年 3 月 27 日,中共中央办公厅印发《关于促进中小企业健康发展的指导意见》的通知,有针对性地提出了政策措施和工作要求。

总书记和党中央之所以如此重视中小企业发展,这主要是因为:

第一,中小企业具有不竭的创新动力,是科技创新、推动高质量发展的生力军。创新固然需要大企业,需要大专院校、科研院所,但中小企业同样是一支不可忽视的力量。中小企业机制灵活,对市场十分敏感,而且中小企业本身多是由创业创新的年轻人创办的,许多老板就是科技人员,他们的创新冲动特别强,创新动力特别强,一有市场需求,就能迅速投入创新资源、生产出创新产品。为什么会有这么强劲的创新意识呢?因为他们十分清楚,创新是其生存的需要,中小企业面临的市场竞争十分激烈,一旦没有了创新,它就失去了存在的基础,甭说进一步的发展了。许多小发明、小创造、小改革都是中小企业首先搞出来的,随着中小企业科技人才、科技要素的增加,现在许多重大发明创造也是中小企业搞的。实践证明,我们的科技创新最持久、最活跃的源泉,就是中小企业。现在的科技型、独角兽、新三板等企业,大部分都是中小企业。

第二,中小企业提供丰富多样的生产和生活消费品,在满足人民群众对美好生活的追求方面具有不可替代性。人民群众的生产生活是丰富多彩的,不仅需要飞机、汽车、高速列车、电脑、手机等,更多的是日常生活品,这些当然也可以由大企业提供,但很多日常生活用品由中小企业生产可能更经济。由于人民群众需求的差异性,中小企业往往更能满足这些不同的需要。中小企业还为社会提供大量的生产资料,如大企业可以做服装,但其中的纽扣、配饰等,往往都是中小企业生产的。许多中小企业是大企业的配套企业,比如 C919 大飞机,配件零件可能是在江西、天津、贵州这些地方生产的,最后到上海总装,这些配套企业很多也是中小企业。就是我国外贸出口的大量生活消费品,也多是中小企业生产的。

第三,中小企业对生存的地理条件适应性强,在解决区域、城乡发展上具有重要平衡作用。大企业对各种要素条件的要求比较苛刻，需要优越的交通条件，以及产业配套环境、完整的产业链和产业集聚条件等等，往往在大城市、中等城市落户发展可能比较好。但是，我们这么大一个国家，并不是每一个地方都具有发展大企业的条件。比如，在西部边远地区、山区、小城市、小城镇、农村，有的地方可能只能发展点中小企业。还有销售半径小的产业，也可能只能在当地以小企业形式存在发展。像农副产品加工企业、农业龙头企业，也多以中小企业形式存在。

第四，中小企业是解决就业的主渠道。就业是最基本的民生。许多中小企业是劳动密集型企业，特别是手工生产，吸纳就业人员多。还有，中小企业数量多、分布广，也便于人民群众就近就业，就算是收入不那么高，但解决了离家打工照顾不了家庭的问题，实际的生活成本低了，生活质量也并不低。随着信息化、大数据、智能化的快速发展，大企业的人工成本会大大降低，中小企业吸纳就业的功能将进一步凸显。解决就业问题，在许多国家都主要是靠中小企业。

综上，高质量发展和科技创新离不开、离不了中小企业，满足人民群众多样性生产生活需求离不开、离不了中小企业，促进协调发展离不开、离不了中小企业，解决就业等问题离不开、离不了中小企业，还有其他很多方面，中小企业都有独特而不可替代的作用。我们要重视发展大企业，也要重视发展中小企业。

这次选择中小企业促进法搞执法检查，还有一个考虑，就是当前中小企业确实遇到了一些问题和困难。

一是，外部环境的问题。当前国际经济环境深刻变化，保护主义、单边主义抬头，给中小企业发展带来了影响。我国经济由高速增长阶段转向高质量发展阶段，市场有波动，经济有起伏，结构在调整，制度在变革，必然给企业带来转型升级的压力，中小企业和大企业、国有企业一样都要逐步适应。

二是，有的地方对中小企业重要性的认识不够。往往比较注意大企业的培育、支持，如动辄强调企业“做大做强”，招商以500强企业为重点，发展要规划“百亿企业”“千亿企业”，支持政策也往往向大企业倾斜。现实中支持中小企业的政策落实不到位，有些政策相互不协调，有的在执行中把握不好度，存在“卷帘门”“玻璃门”“旋转门”隐性壁垒问题。这些从根本上讲，都是对中小企业重要性认识不够带来的。

三是，对中小企业的合法权益保护不够。去年7月我去福建调研，在泉州开了一个企业家座谈会，安踏、九牧、恒安、七匹狼、龙峰等企业负责人都参加了。他们反映比较多的，一个是专利侵权、假冒，一个是市场歧视，一个是融资难融资贵。

2017年，安踏诉讼侵犯知识产权案就达200多起，花费几千万元，更多的是没有发现，或者发现了没有提起诉讼。对恒安知识产权的侵犯，每年判决追究刑事责任的有六七十起，但这么多年才有两起判了实刑。武夷山大红袍每年用于打假就要花几千万元。企业纷纷建议从修改商标法、专利法、刑法等方面，更好保护企业合法权益。

他们还谈到，国外有第三方行业标准，只要产品好、价格优、服务好，新产品、新技术满足了法定的指标要求，有公正的报告，市场就会接受，就算在使用中出了问题，具体研发、生产、应用的企业也是会免责的。在国内往往是不少新技术、新产品研发出来后，没人敢拍板应用，怕担风险，怕更换产品出了问题要承担责任。企业希望完善法律制度，加快国产化替代步伐，通过应用发现差距、解决问题、提升技术，形成科技创新和成果转化的良性互动机制。

大家还谈到，行业核心企业不存在资金困难问题，但为他们配套服务的上下游中小企业，普遍遇到融资难的困扰。企业家们认为，中小企业在上下游为核心企业配套，其生产经营反过来会影响核心企业。希望国家金融部门在支持企业时，不应只单纯看单个企业经营指标，还应从整个产业发展的角度来审视，对“扶企业就是扶产业”的，即使金融部门受益微小也应积极予以扶持，这对于支持全产业链发展具有重要意义。

四是，中小企业自身也有问题。有的企业发展方式粗放，有的负债高，有的在环保、社保、质量、安全、信用等方面不规范，这些问题也具有一定的普遍性。

中小企业遇到的这些问题，在中小企业促进法里都有相应条款和内容。通过这次执法检查，一方面，要推动各级国家机关认真实施中小企业促进法，纾解中小企业困难，依法保护中小企业和民营企业家的合法权益。同时，引导中小企业合法经营、健康发展。另一方面，认真听取各方面特别是中小企业的意见建议，加快修改完善有关法律法规。

二、中小企业促进法执法检查重点检查什么？

要围绕检查方案提出的5个重点，突出以下内容认真开展检查：

第一，要对照相应法律条款执行情况的检查，保障习近平总书记在民营企业座谈会上的讲话和有关支持中小企业发展的指示要求，以及中央有关决策部署的落实。总书记谈到的我国民营经济的重要地位和作用、当前民营经济发展遇到的困难和问题，特别是大力支持民营企业发展壮大的六条措施，包括减轻企业税费负担、解决民营企业融资难融资贵问题、营造公平竞争环境、完善政策执行方式、构建亲清新型政商关系、保护企业家人身和财产安全等，以及中央关于促进中小企业健康发展的指导意见，在法律中都有对应的条款和内容，要将相应法律条款作为重点内容来检查。

第二，2017 年新修订法律条款的落实情况。中小企业促进法是 2002 年 6 月制定的。2017 年 9 月，十二届全国人大常委会总结法律实施 15 年的经验，根据党的十八大以来党中央相关精神进行了全面修订，由原来的 7 章扩展为 10 章，由 45 条增加为 61 条，补充完善了财税支持、融资促进、创业扶持、创新支持、市场开拓、服务措施等方面的重要制度，在保护企业权益、规范行政许可、减轻企业负担等方面作出了更加明确的规定。原来的 45 条当然是检查的内容，但是新增的 16 条主要针对了中小企业发展中遇到的新形势、新情况、新问题，因而要作为重点来检查。比如，第 3 章融资促进是新增的，说明中小企业的融资问题需要认真解决。第 9 章监督检查也是新增的，就是要强化对中小企业合法权益的保护。

第三，法律制度和法定责任的落实情况。除了第 10 章，中小企业促进法其余 9 章的许多条款都有明确的责任主体，包括总则、财税支持、融资促进、创业扶持、创新支持、市场开拓、服务措施、权益保护、监督检查等，都规定了责任落实的主体。总则第 5 条规定，国务院制定促进中小企业发展政策，要对中小企业促进工作进行宏观指导、综合协调和监督检查。第 2 章财税支持第 8 条规定，中央财政和地方政府都要安排中小企业发展专项资金。第 3 章融资促进第 21 条规定，县级以上人民政府应当建立中小企业政策性担保体系。第 4 章创业扶持第 24 条规定，县级以上人民政府要为创业人员免费提供法律政策咨询和公共信息服务，等等，责任主体都非常明确。我们要在检查中紧扣法律规定，推动各地区各部门担负起促进中小企业发展的责任，把法律规定的领导责任、监管责任、工作责任、法律责任落到实处。

第四，相关法律法规和配套法规规章的制定落实情况。中小企业促进法能够得到全面有效实施，与其他法律的有效实施密切相关。比如，法律第 40 条详细规定了政府采购提高中小企业份额的制度，要求对中小企业获得政府采购合同提供指导和服务。这一条的落实与政府采购法相关。法律第 45、46 条规定为中小企业提供公共服务，发挥中小企业创业创新创造方面的作用，这与市场监管法律、职业教育法、劳动法、劳动合同法、就业促进法、社会保险法相关。第 8 章专门规定保护中小企业财产权和其他合法权益，这与民法总则、物权法、合同法、知识产权保护方面的法律相关，等等。

中小企业促进法中，也有一些原则性条款，需要制定配套行政法规、地方性法规和规章加以细化落实。在这方面，地方各级人大及其常委会要发挥职能作用，完善相关配套制度，推动做好这方面工作。检查中也要听取地方人大完善配套法规、开展相关工作的情况，推动各级人大及其常委会把法定职责担起来，通过立法和监督工作推动中小企业促进法和相关法律法规的全面有效实施。

三、怎样确保这次执法检查取得实实在在的成效？

在执法检查过程中，要把握以下五点：

一要遵循“依法”原则。人大的执法检查不是一般性的工作检查，也不是行政机关的督察检查，而是对法律实施情况进行监督，必须紧扣法律制度、法律规定、法律条文开展检查。要坚持以法律为依据为准绳开展监督，以扎实的工作、翔实的数据、真实的案例说明法律实施的实际情况。执法检查中通过随机抽查、暗访暗查的方式发现的违法问题，检查组不直接处理，而是移交给有关方面依法处理。对于检查中发现的典型个案和问题，要深入分析其特点和原因，透过现象看本质，从个别中找到普遍性问题，抓住要害和关键，提出务实管用的建议。

二要坚持问题导向。既要全面掌握法律实施情况，也要着重发现研究分析那些影响法律实施、制约政策落实、损害企业和群众利益的突出问题。要围绕检查方案明确的重点检查内容，本着实事求是的原则，哪方面的法律落实不到位，就反映哪方面的问题，推动解决法律和政策落实不好、效果不彰的问题。要认真听取企业、群众和人大代表的意见，真正搞清楚法律规定的各项制度是不是得到落实，法律实施成果是不是得到企业和群众的认可，人大代表和人民群众满意不满意。

三要改进方式方法。这次执法检查除了实地检查6个省以外，还委托了8个省（市）人大常委会对本行政区域的法律实施情况开展检查。委托自查也是执法检查的重要组成部分，要加强组织领导，确保检查实效，一定不能走过场。检查组要对一些突出问题开展专题解剖，可以在每个地方选择一到两家或者就业容量大，或者科技创新型、或者外向型具有典型代表意义的中小企业“解剖麻雀”，看看到底存在哪些壁垒和困难。财经委还将对法律实施情况开展第三方评估，通过监督和评估促进法律进一步完善。要认真组织好这次评估，切实发挥第三方中立、专业、客观的作用，提高人大监督工作的科学性、专业性、客观性和权威性。

四要有一个好的作风。检查组成员和工作人员要以饱满的精神状态和良好的工作作风投入检查工作，深入基层、深入群众、深入一线，了解真实情况，听取企业和群众呼声，不能走形式、走过场。要轻车简从、厉行节约，严格执行中央八项规定和实施细则精神，工作标准要高，生活标准从低，切实把对地方的负担和影响减到最小。

五要提出有针对性、有创新性、能见实效的整改建议。中小企业发展的有关情况及工作建议，各有关方面都有不少的调研、督查和反映。我们这次执法检查，要尽量发现新问题，找出真症结，提出更有针对性的整改建议，如果都是一般性的情况、“通用”“全知”的建议，意义就不大了。

最后，对国务院及有关部门，最高人民法院、全国工商联和有关方面对这次执法检查的高度重视、积极配合，对全国人大代表、地方人大常委会给予的大力支持，表示衷心感谢！希望大家共同努力，认真做好这次执法检查，为支持和保障民营经济、中小企业发展作出贡献。

《中国人大》2019 年第 12 期

在全国人大常委会中小企业促进法执法检查组听取浙江汇报会议上的讲话

（2019 年 4 月 15 日）

全国人大常委会副委员长　陈　竺

同志们：

刚才浙江省、杭州市，还有江干区、余杭区三级政府负责同志作了全面的介绍，相关部门的同志作了补充发言，还有些部门提供了书面材料。大家的汇报和材料准备得很详实，没有泛泛而谈，而是直奔问题，提出针对性意见建议，都讲得很好。

浙江是改革开放先行地之一，也是中小企业、民营经济重要发祥地，在推进中小企业健康发展方面有一些好做法，好经验，值得总结推广。比如推进“放管服”改革和政府职能转变，实行“一次办、一网办、一证办”，着力改善营商环境，加大财政扶持中小企业发展力度，多措并举缓解融资难，又比如制定浙江省“小微企业三年成长计划（2018—2020年）”，推动供应链核心企业和政府采购支持小微企业开展应收账款融资，等等。同时也应指出，结合我们昨天召开企业座谈会的情况来看，中小企业促进法的贯彻实施还没有完全到位，还存在一些问题，包括法律落实的主体责任有待进一步强化，个别部门和地方工作中对相关法律法规和配套政策理解有偏差，导致企业对于扶持政策的知晓度不够、获得感不强，未能充分享受到权利平等、机会平等、规则平等的公平待遇，等等。当前，中小企业发展存在一些共性的问题，面临一些相似的困难，比如融资难融资贵、知识产权保护有待加强等问题，比如外部环境变化和内部经济结构调整带来的影响。这些都需要地方进一步积极探索，认识上要更深一层，举措上更实一点，多措并举，扎实推动中小企业发展再上新台阶。总的来说，省委、省人大、省政府高度重视中小企业、民营经济发展工作，深入贯彻落实党中央决策部署和中小企业促进法，采取了一系列有效措施，取得了一定成效。大家围绕法律贯彻实施和中小企业发展情况相互探讨，深入互动，共同开了一场高质量的座谈会，使检查组能更深入具体地了解情况、听取意见，为做好下一步执法检查工作打下了良好基础。

这次中小企业促进法执法检查，是十三届全国人大常委会2019年的一项重要监督工作,是全国人大常委会贯彻习近平新时代中国特色社会主义思想,贯彻党中央关于支持民营经济发展、促进中小企业发展决策部署的重要举措,充分体现了全国人大常委会贯彻落实党中央重大决策部署、围绕国家发展战略大局开展监督工作这一重要思路。对搞好这次执法检查,全国人大常委会非常重视,栗战书委员长专门出席执法检查组第一次全体会并作出重要讲话。刚才,乌日图同志传达了栗战书委员长的重要讲话精神,检查组之前也作了传达学习。希望检查组和浙江省共同认真贯彻落实好委员长的重要讲话精神,共同努力、协调配合做好这次执法检查工作,把中小企业促进法贯彻实施工作做得更好,更好地促进中小企业健康发展、科学发展、高质量发展。下面,围绕这次执法检查我再重点强调两个方面。

一、深刻认识中小企业发展的重要性,切实增强依法做好中小企业工作的责任感和紧迫感

中小企业是我国经济和社会发展的生力军,贡献了60%以上的GDP,在改善民生、扩大就业、促进科技创新、激发市场活力等方面发挥着重要作用。

我们应当认识到,“量大面广”的中小企业是满足人民美好生活的源泉,是实现充分、均衡发展的重要保障。当前,中国特色社会主义进入新时代,我国社会主要矛盾已经转化为人民日益增长的美好生活需要和不平衡不充分的发展之间的矛盾。解决新时代主要矛盾离不开中小企业,一方面,占市场主体90%以上的中小企业数量众多,涉及行业广,能够提供丰富多彩的产品和服务,更好地满足人民各方面美好生活的需求;另一方面,中小企业区域分布广泛、遍布城乡各地,是支撑区域经济发展的主体,是增强区域经济活力、提高市场效率的主力军。大力发展中小企业,是破解不平衡、不充分发展的关键抓手之一。同时,中小企业提供了80%以上的城镇劳动就业,对吸纳就业、稳定社会、推进扶贫及普惠民生具有重要意义,为全面建成小康社会提供了重要支撑。

我们也应当认识到,“铺天盖地”的中小企业是建设现代化经济体系、推动经济实现高质量发展的重要力量。习近平总书记在十九大报告中指出,我国经济已由高速增长阶段转向高质量发展阶段,正处在转变发展方式、优化经济结构、转换增长动力的攻关期,建设现代化经济体系是跨越关口的迫切要求和我国发展的战略目标。党的十九大以来,习近平总书记就建设现代化经济体系发表了一系列重要讲话,提出了一系列重大战略思想。习近平总书记指出,“国家强,经济体系必须强。只有形成现代化经济体系,才能更好顺应现代化发展潮流和赢得国际竞争主动,也才能为其他领域现代化提供有力支撑”,现代化经济体系的建设,既要有“顶天立地”的大企业,也要有“铺天盖地”的中小企业。一方面,“创新是引领发展的第一动力”,中小企业具有贴近市场、机制灵活的特点,是我国最具创新活力的企业群体,为我国提供了70%以上的专利发明,为建设现代化经济体系提供了有力的战略支撑;另一方面,要使市场在资源配置中起决定性作用、实现市场机制有效,归根结底要靠中小企业这样的微观主体,持续不断地开办新企业、开发新产品、开拓新市场,中小企业蕴藏着无穷创意和无限力量,是我国经济行稳致远的活力之源,为建设现代化经济体系夯实了稳固的经济基础。

党和国家历来高度重视中小企业工作。党的十八大以来,习近平总书记多次发表重要讲话、作出重要指示批示,多次重申要坚持“两个毫不动摇”和“三个没有变”,强调“党中央高度重视并一直在想办法促进中小企业发展。只有这样才能够真正使我国经济全面发展、科学发展、高质量发展。”“创新创造创业离不开中小企业,我们要为民营企业、中小企业发展创造更好条件。各级党委和政府要贯彻党中央关于支持民营企业、中小企业发展的政策措施,在政策、融资、营商环境等方面帮它们解决实际困难。”近日,中共中央办公厅、国务院办公厅印发了《关于促进中小企业健康发展的指导意见》,从营造良好发展环境、破解融资难融资贵问题、完善财税支持政策、提升创新发展能力、改进服务保障工作、强化组织领导和统筹协调等六个方面,纾解中小企业困难,促进中小企业健康发展。中小企业工作的重要性被提到了新的高度。贯彻落实好习近平新时代中国特色社会主义思想和党中央决策部署,依法推动中小企业工作,更好地促进中小企业发展,是摆在我们面前一项重大而紧迫的任务,必须高度重视、认真做好。我们要在以习近平同志为核心的党中央坚强领导下,以习近平新时代中国特色社会主义思想为指导,全面贯彻党的十九大和十九届二中、三中全会精神,落实十三届全国人大二次会议要求,落实栗战书委员长重要讲话精

神，坚持"依照法定职责、限于法定范围、遵守法定程序"重要原则，依法行使监督权，扎实做好这次执法检查工作，确保取得实效。

二、坚持问题导向，突出检查重点，推动中小企业促进法有效实施

执法检查是人大监督的法定形式，是确保法律得到有效实施的重要保证，也是贯彻落实依法治国理念的重要途径。中小企业促进法是第一部关于中小企业的专门法律，是各项中小企业促进工作开展的根本遵循，对促进中小企业持续健康发展具有十分重要的意义。必须严格贯彻、全面落实中小企业促进法，必须坚持求真务实、严格执法。为了进一步落实中小企业促进法有关制度和规定，在法律修订实施一年后，十三届全国人大常委会决定开展这次执法检查。栗战书委员长高度重视，做了重要讲话，指出了开展这次执法检查的重大意义、检查重点、有效措施，也提出了工作要求，为我们做好相关工作提供了遵循，指明了方向。

这次执法检查要紧紧抓住影响法律实施的关键问题、制约中小企业工作的重点问题、中小企业反映的突出问题，深入研究，"对症下药"，补齐普法、执法工作中的短板，加强法律实施薄弱环节，推进中小企业促进法全面深入实施。这次执法检查在全面检查中小企业法贯彻实施情况的基础上，要重点突出以下几个方面：

*一是党中央重大决策部署的落实情况。*近期，习近平总书记在民营企业座谈会上发表重要讲话，明确提出要抓好六个方面政策举措落实，发展壮大民营企业，中办国办近日印发了《关于促进中小企业健康发展的指导意见》，出台了六大项共计二十三条促进中小企业健康发展的具体措施，充分体现了党中央支持民营企业、中小企业发展的坚定决心和鲜明态度。本次执法检查，要重点了解各级政府在减税降费、解决融资问题、营造良好发展环境、构建亲清新型政商关系、合法权益保护、改善服务措施等方面对应的法律条款落实等情况。

*二是新修订法律条款的落实情况。*从2013年10月30日到2017年9月1日，历时近四年的中小企业促进法修订工作圆满完成，新修订的中小企业促进法在法律框架上新设3章，在法律内容上增加了16条，补充完善了财税支持、创业扶持、创新支持、市场开拓、服务措施等方面的内容，将融资促进单设一章，新增加了权益保护、监督检查两章。这次执法检查，要重点了解各级政府普惠金融体系建设情况，中小企业直接融资、应收账款质押融资、担保融资等方面的情况，实施行政许可、清理违约拖欠中小企业账款、随机抽查机制建设等方面的情况，开展中小企业发展环境评估、开展对中小企业发展专项资金、中小企业发展基金的使用效果评估、查处乱收费和乱摊派等方面的情况。

*三是法律制度和法定责任的落实情况。*明确法律界定，厘清各级政府部门相关主体责任，是推进中小企业促进法执行到位的有力保障，是依法开展中小企业促进工作的重要依据。这次执法检查，要重点了解各级政府负责中小企业促进工作的综合管理部门级别、人员配备等情况，中小企业促进工作协调机制建设情况，财政部门的预算安排情况，政策性信用担保体系建设情况，为创业人员免费提供的法律政策咨询和公共信息服务，组织实施中小企业经营管理人员培训，听取中小企业意见和建议、受理中小企业投诉和举报的渠道建设，定期组织对中小企业促进工作情况的监督检查等方面的情况。

*四是相关法律法规和配套法规规章的制定落实情况。*加强法律与地方配套法规、规范性文件的衔接和配套，能够有效发挥法律的整体落实效果，进一步推动法律体系的优化和发展。因此，完善地方性法规配套文件制定工作，对于中小企业促进法规有效实施，意义重大。这次执法检查，要重点了解地方人大在中小企业促进法地方条例修订等方面的情况。

在执法检查过程中，检查组要遵循依法原则，践行"务实监督"的工作理念，把党中央对中小企业的关切贯彻落实到执法检查工作中去；坚持问题导向，围绕重点检查内容，推动解决法律和政策落实的难点问题；改进方式方法，发挥积极性、主动性，采取地方贯彻落实情况调查表、企业调查问卷、座谈会等多种灵活方式，积极拓宽意见反馈渠道。也请浙江的同志予以配合，在检查组离开浙江时将调查表反馈给人大。

最后，我还想特别强调一下，检查组要严格遵守中央八项规定及实施细则精神和坚决反对"四风"的要求，严格遵守全国人大常委会委员长会议组成人员贯彻落实中央八项规定和实施细则的办法，认真贯彻栗战书委员长在近期几次会议上多次强调的加强全国人大常委会自身建设的重要要求，轻车简从、廉洁自律、严格要求，树立好的形象，注重工作实效。检查组和地方的同志要共同努力，紧

紧围绕中小企业促进法的贯彻实施情况,结合各地区实际,认真发现问题、研究问题,进而达到解决问题、推动和改进工作的目的,确保这次执法检查取得实实在在的效果。

我就讲这些。

在全国人大常委会中小企业促进法执法检查组听取湖北汇报会议上的讲话

(2019 年 4 月 19 日)

全国人大常委会副委员长 陈 竺

同志们:

刚才省政府以及经信厅、发改委、财政厅等 7 个部门的负责同志就贯彻中小企业促进法执法检查情况作了介绍,科技厅等 8 个部门提交了书面汇报材料。大家准备得很认真,也讲得很好。前两天,我们到黄石、武汉两市听取了市政府及有关部门的汇报,和 25 家不同规模、不同行业、不同类型的中小企业和 5 家协会的同志们座谈交流,实地走访了 9 家企业,也随机抽查了一些企业,了解了一些情况,有几点感受:

一、湖北省贯彻实施中小企业促进法做了大量工作,取得积极成效

一是省委、省人大、省政府重视中小企业、民营经济发展。成立了省促进民营经济发展工作领导小组。出台了《关于大力支持民营经济持续健康发展的若干意见》。推出了“三个 100”等一系列惠企政策措施。将中小企业促进法纳入全省普法教育,开展了一系列、多形式的宣贯活动,将修订中小企业促进条例列入了省人大常委会立法规划。可以说,在省委、人大、政府的高度重视下,各方共同努力,法律实施开局良好。

二是注重优化营商环境,切实保护民营企业、中小企业权益。印发了《市场准入负面清单》,坚决取消针对民间资本的附加条件和歧视性条款,全面落实民间资本准入平等待遇。大力推进中小企业信用体系建设,建设了“信用湖北”平台。深化“放管服”改革,全面推进“双随机一公开”,监管工作实现全覆盖。开发上线政务云“楚天云”,建设全省政务“一张网”,进一步减少申请材料、前置条件和办理环节,努力让数据多跑路、群众少跑腿。

三是注重公共服务体系建设,推动中小企业转型升级创新发展。出台了《湖北省中小企业公共服务体系建设规划》,建设“一网四库”,打造较为完备的服务体系框架,开展银企对接,为中小企业提供各类专业化、社会化服务。大力实施中小企业成长工程、隐形冠军培育工程和“万企上云”工程,把省工业转型升级专项资金的绝大多数用于中小企业,培育省级隐形冠军 700 多家,新增规上企业数大幅增加,切实引导中小企业走“专精特新”之路,迈向产业中高端。

四是注重发挥财政资金的杠杆作用,撬动社会资本加大对中小企业融资供应。湖北省虽是中部省份,但却响亮提出了“二流财政、一流政策力度”的目标,设立了传统产业改造升级资金、普惠金融发展专项资金等各类专项资金 20 多亿元,先后设立了省级股权投资引导基金、省创业投资引导基金、县域经济发展引导基金、企业纾困基金,放大引导资金的倍数效应。推动大型银行设立普惠金融机构,引导地区银行加大金融服务力度,加强融资担保体系建设。多渠道支持小微企业融资。

总的看,湖北省深入贯彻落实党中央决策部署和中小企业促进法,取得了积极成效,2018 年湖北中小企业、民营经济对经济增长贡献率近 60%,拉动经济增长 4.5 个百分点,充分体现了法律实施和政策落实的具体效果。

二、法律实施中存在的一些难点问题

从财经委前期调研、检查组在浙江和湖北检查

大家反映的情况看，中小企业促进法贯彻实施还有不少薄弱环节，中小企业发展也面临一些障碍和困难，很多属于各地的共性问题，值得大家高度重视，共同努力推动解决。

（一）法律规定及配套政策措施尚未完全落地

执行中存在政策不稳定、落实不到位、配套措施不完善等问题，政策落地“最后一公里”尚未完全打通。企业普遍反映，“中小企业促进法的规定很好，但需要各地各部门制订配套政策措施才能真正有用。”不少财税支持政策门槛高，且碎片化，大部分政策和资金都是针对科技含量较高、能力强的科创企业，对占绝大部分提供人民生活必需产品但赢利有限的企业关注不够，普惠性政策力度不足。有企业家说，“执法处罚的时候用大数据，奖励扶持的时候就要自己提供大量证明材料。”中小企业扶持政策、解难帮困、专业服务、精准指导等方面还有很大的工作空间。

（二）融资难、融资贵的问题仍然突出

大家反映，法律修订实施后，各方面采取了一系列融资促进措施，努力纾解融资难题，但融资难、融资贵、融资慢仍然是中小企业面临的主要困难。企业融资还主要依靠抵押贷款，但银行认定的抵押物范围小、折算率低，中小企业缺少可抵押的资产，难以拿到贷款。有企业反映，银行贷款审批时间长，“好不容易拿到贷款了，订单也没了”。法律新增的应收账款、知识产权等动产融资方式，由于评估、登记、确认、流通等方面的困难，未能充分发挥作用。政策性担保公司的担保业务量偏低、准入门槛高，难以满足众多小微企业担保需求。普惠金融的实施效果有待加强，中小企业促进法虽然提出了提高中小企业不良贷款容忍度，但实践中银行内部管理采取贷款终身追责制，银行反映尽职免责政策在具体落实中有很大差距。同时，部分小微企业财务不透明，经营不规范，民间借贷、多头融资行为较多，企业真实的资产负债状况难以掌握，加大了金融机构融资调查成本和信用风险。

（三）中小企业权益保护还需加强

中小企业反映，常常被政府部门、国有企业、产业链上的核心优势企业拖欠账款，占用资金，影响经营。虽然政府启动了清欠账款专项行动，中小企业担心影响与大企业的合作、失去市场，不愿申报，不敢追讨。有企业家反映，民营经济、中小企业想要获得贷款，除要以个人房产作抵押外，还要本人，甚至家人、未成年子女提供担保，使得企业家实质上对公司债务承担“无限责任”。还有部门和企业反映，中小企业知识产权侵权成本较低，维权周期长、难度大、成本高，造成恶性竞争，严重影响了企业技术创新的积极性。

（四）营商环境有待进一步改善

企业普遍反映，目前整体营商环境已经有了较大改善，但中小企业、民营企业在市场准入、银行融资、产权保护、行政执法等方面不同程度上还面临不公平待遇，玻璃门、弹簧门、旋转门等隐性壁垒仍然存在。一些传统垄断行业向民间资本开放的过程中，国有大企业既是裁判员又是运动员，民间资本要想真正进入并与其平等竞争，困难重重。还有一些垄断国企，对于盈利较好的配套服务，往往以各种理由要求民营企业和国企子公司合作分享利润，才能拿到订单。在企业发展所需要的获取土地、产业扶持、人才引进、科研合作等方面，大企业获得的优惠和支持更多，中小企业未能充分享受平等市场地位，获得资源被大企业挤占。特别是用人难问题成为不少企业持续发展的瓶颈，科创企业反映“最大的渴求是对创新性人才的渴求”，制造业企业反映“不缺大学生，缺的是高级技工”，也有一些企业反映“劳动用工成本上升快，企业负担重”。

除了上面四个方面反映比较集中的问题外，各部门和企业还提出了相关法律法规的衔接不够、统计监测制度不健全、公共服务亟待完善等问题。针对实施中存在的问题，检查中大家也提出了不少好的意见和建议：

一是要继续加大法律宣贯力度。新修订的中小企业促进法是2017年9月1日通过的，2018年1月1日开始实施，到目前实施1年多。因此，要把这次执法检查，作为一次法律宣传和实施再动员的过程，作为提高全社会促进中小企业发展意识的过程，作为督促有关方面切实解决问题的过程。政府部门和行业组织要创新宣传方式，加大宣传力度，将法律规定及时转变成企业听得懂、用得上、管得住的内容，稳定政策预期，提升企业信心。

二是要抓好配套法规政策落地，助推法律实施。这部法是一部促进法，最终落实落地，离不开各级政府部门制定配套法规规章、出台相应政策。地方不仅要深入落实国务院一系列政策措施，也要积极探索创新，深入开展调查研究，查找问题，剖析原因，有针对性地制定本地方的地方性法规和实施条例，着力推动中小企业促进法实施中重点、难点问题的解决，共同用法治的力量维护中小企业合法权益，促进中小企业健康发展。

三是要重视企业和企业家的权益保护。当前融资难融资贵等问题仍然突出,再拖欠账款就有可能成为压倒民营企业中小企业的最后一根稻草。国务院也将清理拖欠中小企业账款作为今年一项重要工作。针对拖欠问题,各地政府部门应加大摸排和督查力度,对于中小企业不敢申报的问题,要研究提出解决方案,及时发现并督促整改拖欠不还、新增拖欠、打击报复或无理由终止业务往来等行为,推动涉及央企和跨省市拖欠款的协调清欠,在全社会弘扬契约精神。

我们也将会把大家反映的问题、提出的建议,包括修改企业破产法、商业银行法、招标投标法、政府采购法,制定社会信用法等意见,带回去认真研究,及时提供给相关部门,做好统筹协调,共同推动我国中小企业法律体系建设再上新台阶。

三、进一步增强发展中小企业的责任感和紧迫性,更加切实推动中小企业促进法有效实施

中小企业是我国经济和社会发展的生力军,贡献了60%以上的GDP,在改善民生、扩大就业、促进科技创新、激发市场活力等方面都有独特而不可替代的作用。中小企业是建设现代化经济体系、推动经济实现高质量发展的重要力量,是满足人民美好生活的源泉,是实现充分、均衡发展的重要保障,对吸纳就业、稳定社会、推进扶贫及普惠民生具有重要意义,为全面建成小康社会提供强大支撑。

党和国家历来高度重视民营经济中小企业发展。党的十八大以来,习近平总书记多次发表重要讲话、作出重要指示批示,多次重申要坚持“两个毫不动摇”和“三个没有变”,强调“党中央高度重视并一直在想办法促进中小企业发展。只有这样才能够真正使我国经济全面发展、科学发展、高质量发展。”“创新创造创业离不开中小企业,我们要为民营企业、中小企业发展创造更好条件。各级党委和政府要贯彻党中央关于支持民营企业、中小企业发展的政策措施,在政策、融资、营商环境等方面帮它们解决实际困难。”近日,中共中央办公厅、国务院办公厅印发了《关于促进中小企业健康发展的指导意见》,从营造良好发展环境、破解融资难融资贵问题、完善财税支持政策、提升创新发展能力、改进服务保障工作、强化组织领导和统筹协调等六个方面,纾解中小企业困难,促进中小企业健康发展。

中小企业促进法是第一部关于促进中小企业发展的专门法律,是各项中小企业促进工作开展的重要遵循,对促进中小企业持续健康发展具有十分重要的意义。这次中小企业促进法执法检查,是十三届全国人大常委会2019年的一项重要监督工作,是全国人大常委会贯彻习近平新时代中国特色社会主义思想,贯彻党中央关于支持民营经济发展、促进中小企业发展决策部署的重要举措。栗战书委员长十分重视这次执法检查,专门出席执法检查组第一次全体会并作出重要讲话,刚才检查组的同志也作了传达。委员长要求在全面掌握中小企业促进法贯彻执行情况的基础上,坚持问题导向,做到求真务实要到位、严格执法要到位、社会监督要到位。我们要认真学习领会栗战书委员长重要讲话精神,将委员长的指示要求落实到实际行动上,通过执法检查,不断提升全社会对促进中小企业发展重要性的充分认识,营造促进中小企业高质量发展的法治环境,推动党中央支持民营经济、促进中小企业发展的决策部署得到贯彻落实,确保法律得到全面有效实施。

执法检查组在湖北省得到了省委、省人大、省政府、以及有关部门和地方的大力支持,在此,我代表执法检查组表示衷心感谢!

最后,祝同志们工作顺利,祝执法检查圆满成功!

在中小企业促进法执法检查组第二次全体会议上的讲话

（2019年5月27日）

全国人大常委会副委员长　陈　竺

同志们：

今天，我们召开执法检查组第二次全体会议。乌日图同志介绍了执法检查报告起草情况和大致内容，与会同志发表了很好的意见和建议，大家对执法检查报告稿的总体内容都原则同意，会后我们还要对报告稿进一步修改完善。借这个机会我讲三点意见。

一是紧扣党中央部署，认真组织开展执法检查工作。为贯彻落实以习近平同志为核心的党中央关于支持民营经济、促进中小企业发展的决策部署，针对当前经济下行压力有所加大，实体经济困难较大的新情况新问题，全国人大常委会组织开展了这次执法检查。对这次执法检查，全国人大常委会高度重视，栗战书委员长亲自审定执法检查方案，出席执法检查组第一次全体会议，并发表重要讲话，对执法检查工作既作动员部署，又提出了明确的指示要求。遵照委员长的重要讲话精神，我们注重聚焦重点，对标对表中央决策部署，紧扣法律规定，特别是对2017年新修订的主要内容的落实情况进行了检查。从检查情况看，中小企业促进法修订实施一年多以来，特别是习近平总书记主持召开民营企业座谈会并发表重要讲话后，各地各部门以习近平新时代中国特色社会主义思想为指导，贯彻落实党中央决策部署，着力推动法律实施，中小企业促进工作取得了积极成效。

二是扎实工作，推动解决实际问题。这次执法检查在充分肯定取得实效的同时，也根据各方面反映的情况，提出了实施中还存在对中小企业的重要性认识不到位、基础工作不扎实、营商环境有待进一步优化、融资难融资贵有待缓解、权益保护有待加强等方面的问题，同时分析了这些问题产生的原因，提出了相应的意见建议。应当说，这些问题既是法律实施中的问题，也是促进中小企业发展工作中面临的实际情况，人民群众、人大代表对此也十分关心和关注。增强人大监督实效，关键是要推动解决实际问题。发现问题、分析问题至关重要，只有发现问题，才能有针对性推动各部门按照党中央决策部署，依照职责分工，切实解决问题。要进一步研究完善配套政策，采取有效措施，加大工作力度，推动在优化营商环境、促进中小企业融资、维护中小企业合法权益等方面取得新的进展。

三是加强协调配合，做好执法检查的相关后续工作。今天会上大家提了很多很好的意见，财经委要根据这些意见，会同相关部门进一步加强研究，修改完善好这个报告，在向委员长会议汇报后，按规定程序提请常委会会议审议。按照今年监督工作计划的安排，这次常委会会议结合听取审议执法检查报告，还要开展专题询问。常委会办公厅、财经委要和相关部门加强沟通，共同做好专题询问的相关工作。常委会办公厅、财经委还要注意加强和有关部门的联系，做好执法检查的跟踪督查工作，支持推动督促有关部门认真研究落实常委会组成人员的审议意见和执法检查报告提出的建议，切实改进工作，为这次执法检查交出一份合格的答卷。

我就讲这些，谢谢大家！

在全国人大常委会中小企业促进法执法检查组第二次全体会议上的讲话

（2019 年 5 月 27 日）

王东明

根据全国人大常委会中小企业促进法执法检查方案，我们今天召开执法检查组第二次全体会议，主要是总结前一阶段工作，研究执法检查报告。刚才，绍史同志介绍了执法检查工作情况，乌日图同志介绍了执法检查报告起草情况和主要内容，大家进行了认真讨论，对执法检查工作给予充分肯定，对执法检查报告稿的框架、内容总体上也都原则同意，同时提出了一些很好的修改意见。会后，检查组要认真研究大家的意见，对报告进一步修改完善，做好提请全国人大常委会审议的各项准备工作。

4 月 2 日，执法检查组召开了第一次全体会议。在不到两个月时间里，各有关方面做了大量深入细致、富有成效的工作。全国人大常委会办公厅和财经委加强组织协调，国务院各相关部门积极配合、密切协作，特别是工业和信息化部、全国工商联等单位全程参加，执法检查组所到地方的党委、人大、政府也都高度重视，全力配合，受委托开展自查和法律评估的地区按要求认真开展相关工作，中央和地方有关新闻媒体通过积极宣传报道为执法检查工作营造了良好氛围。总的来看，经过大家共同努力，中小企业促进法执法检查工作总体进展顺利，取得了阶段性成果。

回顾起来，我感到这次执法检查有三个突出特点。*一是常委会主要领导同志高度重视。*栗战书委员长亲自指导检查工作，亲自审定执法检查方案和法律评估工作方案，出席执法检查组第一次全体会并发表重要讲话，亲自作动员部署，对检查重点和方式方法提出明确要求。战书委员长的重要讲话精神以及有关指示和要求，为开展好这次执法检查提供了重要遵循和有力保障。执法检查组按照战书委员长的要求，严肃认真开展工作，做到了精心组织、突出重点、务求实效。

*二是提高政治站位，坚持聚焦重点。*这次执法检查始终坚持以习近平新时代中国特色社会主义思想为指导，贯彻落实党中央关于支持民营经济、促进中小企业发展的一系列重要指示和决策部署，坚持人大监督和党中央决策部署目标同向、工作合拍、步调一致。在全面检查中小企业促进法实施情况的基础上，坚持聚焦重点，紧扣法律规定，重点了解各方面特别是中小企业的意见和建议，及时发现法律实施中存在的突出问题。

*三是注重在方式方法上进行探索创新。*这次执法检查，分三个阶段逐级递进开展相关工作，每个阶段都注重把工作抓实抓细，抓出实效，同时也在改进方式方法上作了一些有益探索。*在前期准备阶段，*财经委召开两次座谈会，听取 13 个有关部门和单位以及行业协会介绍法律实施情况，组成 3 个调研组赴 4 省（市）开展前期调研，提前了解有关情况，提出检查重点。*在实地检查阶段，*3 位副委员长分别带队，由部分全国人大常委会委员、财经委组成人员和全国人大代表参加，赴吉林、浙江、湖北、河南、广西、陕西等 6 省（区）进行实地检查。同时，还委托北京、河北、山西等 8 省（市）人大常委会对本行政区域内的法律实施情况进行自查。为了更全面掌握法律实施情况，经报常委会领导同志批准，这次执法检查首次委托第三方对法律实施情况进行评估，在全面评估基础上委托烟台、东莞、贵阳等 3 市进行重点评估。*在专题解剖阶段，*检查组在实地检查基础上遴选出营商环境、融资促进和权益保护等 3 个重点内容，分赴贵阳、泉州、鄂尔多斯等 3 市进行专项检查，选择有代表性的企业"解剖麻雀"，深入了解法律规定实施情况，分析问题，找准症结。检查过程中，检查组深入基层、深入实际、深入群众，既听取当地政府和相关部门的汇报，又采取专题座谈会、实地检查、问卷调查、网上征求意见等多种方法，特别是采取随机抽查、发现问题线索跟踪蹲点调研等方法，派出检查小组，直接与企业高级管理人员、财务人员和一线职工面对面了解情况，掌握一手真实情况。

在 6 月份即将召开的第十一次常委会会议上，检查组要向常委会作报告，会后国务院还要根据常委会审议意见进行整改,做好一系列后续工作。完成这些工作时间紧,任务重,要求也更高。希望同志们不要松懈,继续努力,全力以赴做好后续工作,确保执法检查取得实实在在成效。这里,我再强调几项重点工作。

第一,认真修改完善执法检查报告。执法检查报告是执法检查工作成果的集中体现。检查组要认真研究各部门提出的意见建议,集思广益,集中时间和精力尽快修改完善,拿出一份高质量的执法检查报告。一要进一步对标对表党中央决策部署,深刻领会中央有关精神。特别是深入学习贯彻习近平总书记民营企业座谈会重要讲话精神和栗战书委员长执法检查组第一次全体会议讲话精神,深入学习贯彻中办、国办印发的《关于促进中小企业健康发展的指导意见》,以中央精神为指导修改好报告。

二要进一步紧扣法律规定,特别是紧扣重点条款。人大的执法检查是对法律实施情况进行监督,必须紧扣法律制度、法律规定、法律条文开展。执法检查报告总结成效、分析问题、提出建议,都要紧紧围绕法律本身进行,特别是查找分析问题,更要聚焦法律规定。以"银行贷款难"问题为例,检查组所到之处,几乎所有中小企业都反映这个问题,尤其是对银行贷款难、成本高反映最强烈。"成本高"主要是利率在基准利率上一般上浮40%—50%,加上评估费、顾问费、担保费等各项费用,还有以贷转存、存贷挂钩、办理承兑等推高成本的附加条件,算下来综合成本一般在15%左右,有的还要更高。"贷款难"主要表现在一些银行对中小企业仍主要发担保贷款,很少发信用贷款,而且贷款额度小、期限短,因抽贷断贷导致一些企业续贷难甚至资金链断裂。许多银行发放贷款既要求抵押,又要求第三方保证,抵押物要求主要是土地、厂房等不动产,基本不接受应收账款、存货、机器设备、知识产权等动产,有的因企业资产抵押不够,还要求企业主及亲属以个人或家庭资产作担保,把全部身家都押上,造成有限责任无限化,中小企业贷款"过保"问题比较普遍。

导致贷款难、成本高的原因是多方面的,其中很重要的一条,就是中小企业促进法当中有关"融资促进"的法律规定落实得不到位,效果不明显。上一次修法,针对融资难融资贵问题专门新增了"融资促进"一章,共11条,从加强金融基础设施建设、推进普惠金融服务、完善金融组织体系、构建专业化经营与差异化考核体系、创新金融服务和担保方式、发展直接融资和多层次资本市场等方面,作出一系列有针对性的具体规定,加强对中小企业特别是小型微型企业的融资支持。通过实地检查,执法检查组发现,这些重要的融资促进法律规定还没有落实到位,法律和政策的实施效果不够好。比如,法律第十五条规定,银行业监督管理机构对金融机构开展小型微型企业金融服务实行差异化监管,采取合理提高小型微型企业不良贷款容忍度等措施;执行中由于金融统一监管与区域、行业差异性存在矛盾,以及缺乏具体操作细则等原因,差异化监管和金融机构尽职免责制度没有得到充分落实。比如,法律第十七条第三款规定,地区性中小银行应当积极为其所在地的小型微型企业提供金融服务;执行中由于缺乏科学的考核机制和约束手段,一些地区性城商行、农商行通过设办事处的形式在全国开展业务,而且重点做政府平台融资和同业业务,较少为小微企业提供融资。比如,法律第十九条规定,国家完善担保融资制度,支持金融机构为中小企业提供动产担保融资;执行中由于缺乏全国统一的动产融资登记公示系统,导致各类动产抵押担保权利排序不清,存在严重的信息不对称,动产担保融资难以开展。比如,法律第二十一条规定,县级以上人民政府应当建立中小企业政策性信用担保体系,鼓励为中小企业融资提供信用担保;执行中各地虽普遍建立了担保机构,但更多强调国有资产保值增值,倾向于为风险低的大企业和政府项目作融资担保业务,对小微企业融资聚焦不够,而且规模普遍偏小,担保服务能力有限,导致银行合作意愿不强。比如,法律第二十三条规定,鼓励征信机构依法向各级政府相关部门、公用事业单位和商业机构采集信息;执行中由于缺乏必要的信息共享机制,各部门和公用事业单位均各自按需采集信息,仍难以建立起中小企业征信体系,等等。

除了融资问题,还有其他一些问题,也要紧扣法律规定和法律条文。比如,法律第三条规定,"国家将促进中小企业发展作为长期发展战略,坚持各类企业权利平等、机会平等、规则平等,对中小企业特别是其中的小型微型企业实行积极扶持、加强引导、完善服务、依法规范、保障权益的方针,为中小企业创立和发展创造有利的环境。"这"一战略三平等一方针"落实得如何,存在哪些主要问题,报告要有个基本判断和反映。比如,法律第六条规定,"国家建立中小企业统计监测制度。统计部门应当加强对中小企业的统计调查和监测分析,定期发布有关信息。"各方面向检查组反映,目前对规模以上企业基本实现按大中小微划型开展统计,对量大面广的规下企业中的中小企业仍缺乏系统完善的统计,而且工业、商务等部门分别对本行业中小企业进行统计,数据口径不尽一致,仍没有完全按照法律规定建立起统一的中小企业统计监测制度。比如,法律第七条规定,“国家推进中小企业信用制度建设,建立社会化的信用信息征集与评价体系,实现中小企业信用信息查询、交流和共享的社会化。”检查中发现,中小企业信用信息部门化、碎片化特点明显,相关信息分布在人民银行、税务、工商、海关、社保等部门,以及水、电、气、热等公用事业单位,难以查询、交流和共享,中小企业信用制度建设明显滞后。比如,法律第五十三条规定,“国家机关、事业单位和大型企业不得违约拖欠中小企业的货物、工程、服务款项。中小企业有权要求拖欠方支付拖欠款并要求对拖欠造成的损失进行赔偿。”执法检查发现,拖欠中小企业账款情况比较普遍,而且数额庞大,特别是部分政府机关和大型企业滥用权力和市场支配地位,长期拖欠中小企业大量资金,清欠专项行动虽取得一定成效,但彻底清欠难度很大,而且难以从机制上根本解决,等等。执法检查报告要从法律实施角度深入剖析问题产生的原因,透过现象看本质,找到症结所在,这样才能对症下药,提出合理建议。

三要进一步突出重点,用好“专题解剖”和“法律评估”成果。这次执法检查在专题解剖和法律评估上下了很大功夫,取得了一定成效,要把这些成果充分体现在执法检查报告中。要坚持问题导向,抓住营商环境、融资促进、权益保护等重要方面分析查找问题,全面深入评估法律实施情况和效果。

四要进一步作深入分析研究,力争提出有针对性、有创新性、能见实效的整改建议。栗战书委员长在第一次全体会上的重要讲话中指出,这次执法检查要尽量发现新问题,找出真症结,提出有针对性、有创新性、能见实效的整改建议。人大执法检查报告不同于一般的调研督查报告和情况反映,不能光反映一般性的情况、提“通用”的建议,而要从法律制度、顶层设计、体制机制层面提出根本解决问题、改进工作的意见建议。有针对性的务实管用建议,既要包括治标之策,更要包括治本之策,而且人大执法检查报告要重在治本。要紧紧扣住中小企业促进法相关法律规定,针对法律规定执行不到位、效果不彰的突出问题拿出建议。

以解决贷款难问题为例,比如,根据中小企业特点开展差异化监管规定(第十五条),金融监管机构要进一步改进“差异化监管政策”,从监管的基本原则和实际出发,在地区、行业甚至机构等方面体现监管的“差异性”。要进一步把“提高不良资产容忍度”和“尽职免责”的要求具体化,提出“框架性指引”,指导和督促各类银行业金融机构明确具体制度办法并落实到位。比如,根据建设普惠金融体系、推动非存款类放贷机构和互联网金融加快发展满足中小企业融资需求的规定(第十七条),建议加快出台《非存款类放贷组织条例》,为非传统金融机构服务中小企业发展提供制度保障,以法律形式推动普惠金融发展,使融资等金融服务成为广大中小企业的基本权利,受到法律保护。比如,根据完善担保融资制度、支持动产担保融资的规定(第十九条),建议推动建立统一的动产融资担保登记公示制度,具体可以在民法典物权编中加以规定,也可以在其他法律中规定。从根本上解决担保权利排序问题,扫清担保融资的制度性障碍,等等。

从长期看,破解中小企业融资难融资贵难题,从根本上要依靠深入推进金融供给侧结构性改革,加快建立适应中小企业融资特点的金融体系。国有大型商业银行要发挥好发展普惠金融的带头作用,完善内部制度,把普惠金融业务进一步推进到分支行,健全服务中小企业融资的体系。要引导广大城商行、农商行、农信社等,聚焦主业、回归本源、下沉重心,重点为本区域内广大中小微企业服务。要加快发展中小银行,鼓励同业竞争,构建多层次、广覆盖、有差异的银行体系,提高银行业服务中小企业的效率和质量。要统筹处理好直接融资和间接融资关系,推进多层次资本市场建设,鼓励支持符合条件的大中型企业上市融资,避免与中小企业争夺银行贷款。除主板以外的资本市场应聚焦中小微企业融资需求,积极推进股票发行注册制改革,加快产品和服务创新,为中小微企业获得更多直接融资创造条件,等等。此外,执法检查报告还要体现好的文风,做到思路清晰、结构合理、重点突出、文字简练。

总之,希望大家继续共同努力,加强内部深入研讨和对外征求意见建议,综合运用好执法检查前期成果,集中力量攻坚,按照序时进度拿出一份高质量的执法检查报告。

第二,共同做好专题询问和跟踪整改工作。根据全国人大常委会 2019 年监督工作计划,6 月下旬召开的常委会,除听取和审议关于检查中小企业促进法实施情况的报告外,还将以联组会议的形式开展专题询问。栗战书委员长将出席并作重要讲话。

在听取审议执法检查报告并开展专题询问后，常委会办公厅要及时将执法检查报告和审议意见一并送交国务院办公厅，国务院有关部门要认真研究处理，提出有针对性的政策措施和工作举措，并在6个月内将研究处理执法检查报告和审议意见的情况书面报送全国人大常委会。开展专题询问和跟踪整改，是人大监督工作的重要形式，也是提升监督实效的有效途径。全国人大常委会办公厅和财经委要严格落实工作方案，加强统筹安排，按照时间节点抓紧做好相关基础工作。同时，全国人大财经委要及时开展跟踪督查，督促有关方面持续加强和改进中小企业发展促进工作，增强执法检查和人大监督工作的实效性。希望国务院有关部门积极配合，密切协作，共同做好相关工作，共同落实好党中央关于支持民营经济、中小企业发展的决策部署和各项方针政策。

*第三，以执法检查为契机进一步加强和改进中小企业促进工作。*改革开放40年来，中小企业在我国经济社会发展中发挥了至关重要的作用。当前，美国推行单边主义和贸易保护主义，而我国旗帜鲜明地坚持多边主义和贸易自由主义，继续深化市场化改革、扩大高水平开放，赢得国际社会的广泛认可和支持。伴随经济进入新常态，我国周期性和结构性矛盾交织，经济下行压力持续增大，经济转型和结构调整任务十分艰巨。在以上背景下，中小企业发展对稳增长、促改革、调结构、惠民生、防风险、保稳定的作用更加凸显。各地区各部门要深刻领会党中央支持民营经济和中小企业发展的鲜明态度和决心，深刻认识民营经济和中小企业持续健康发展的重要性，切实增强依法促进民营经济和中小企业发展的责任感、紧迫感，进一步做好中小企业促进工作。

执法检查的过程，是普法的过程，更是进一步加强和改进相关工作的过程。各地区各部门要以这次执法检查为契机，认真对照检查发现的突出问题，系统梳理法律实施情况，结合本地区本部门工作实际，坚持积极扶持、加强引导、完善服务、依法规范、保障权益的方针，改进中小企业促进工作，为中小企业发展创造更为有利的环境。要按照职能分工认真落实《关于促进中小企业健康发展的指导意见》，在“聚焦”和“精准”上下功夫，着力解决企业面临的突出困难和问题，提升企业的政策获得感。要贯彻“法治是最好的营商环境”理念，进一步强化法律实施，平等保护各类市场主体产权和其他合法权益，在法治框架内调整各类市场主体的利益关系，以更有力的法治举措推动营商环境持续优化，努力实现各类企业权利平等、机会平等、规则平等，不断激发中小企业发展动力活力。总之，要通过各地区各部门和各有关方面的共同努力，把国家促进中小企业发展战略落实好、见成效。

这里还要强调一点，社会各方面对这次执法检查关注度很高，检查组要进一步完善宣传工作方案，特别是要制定应对突发舆情的预案，做好相关舆论宣传引导工作，为执法检查和促进中小企业发展营造良好氛围。

最后，我代表全国人大常委会中小企业促进法执法检查组，对国务院各有关部门、新闻媒体及各有关方面的积极配合、大力支持表示衷心地感谢！

在全国人大常委会中小企业促进法执法检查组听取吉林省汇报会议上的讲话

（2019年4月16日）

全国人大常委会副委员长　郝明金

同志们：

很高兴来到吉林。这次来的主要任务是开展中小企业促进法执法检查。刚才吉林省政府、工信厅、发改委等部门的负责同志就贯彻中小企业促进法情况作了介绍，科技厅等10个部门提交了书面汇报材料。总的看，吉林省政府对贯彻实施中小企业促进法是重视的，采取了一系列措施，取得了初步成效，有的经验和做法值得认真总结推广。具体来说有以下几点感受：

一是省委、省人大、省政府重视中小企业发展。政府和相关部门把促进中小企业发展工作列入了重要议事日程，加强组织领导协调，成立了民营经济和中小企业发展领导小组，建立了部门协同、省市联动的议事协调机制和工作推进机制，全面加强对中小企业发展工作的组织领导。制定一系列政策措施，贯彻中央部署扎实有力，成效明显。可以说，在各级党委政府的重视下，在各方的共同努力下，法律实施开局良好。

二是多措并举，对中小企业发展支持力度大。吉林省加大财税支持力度，强化中小企业融资促进，助力中小企业高质量发展。同时，着力优化中小企业营商环境，加大简政放权力度，推进投融资体制改革和商事制度改革，完善市场准入管理，积极提升行政效能，为中小企业提供便捷的政务服务，进一步降低了制度性成本。

三是加强法治建设，注重保护中小企业权益。有关部门能够认真贯彻中央部署，落实法律要求，扎实做好中小企业促进工作。通过清理拖欠账款、加强知识产权保护、建立维权渠道等，为促进中小企业权益保护奠定了坚实基础，成绩值得肯定。

下面，我就认真贯彻落实中小企业促进法再讲几点意见。

一、充分认识这次执法检查的重要意义

中小企业是国民经济和社会发展的生力军，贡献了60%以上的GDP，在稳增长、促改革、调结构、惠民生、防风险中发挥着重要作用。全国人大常委会决定对中小企业促进法贯彻实施情况进行检查，具有十分重要的意义。

第一，有助于推动党中央关于支持民营经济、促进中小企业发展决策部署落实，促进法律实施。习近平总书记和党中央高度重视中小企业发展。党的十八大以来，总书记多次就民营经济、中小企业发展发表重要讲话。去年9月到今年全国“两会”期间，总书记多次在不同场合就中小企业和民营经济发展作出重要指示。3月27日，中办国办印发《关于促进中小企业健康发展的指导意见》的通知，从营造良好发展环境、破解融资难融资贵问题、完善财税支持政策、提升创新发展能力、改进服务保障工作、强化组织领导和统筹协调等六个方面有针对性地提出了政策措施和工作要求。搞好这次执法检查，将有助于提升全社会对促进中小企业发展重要性的充分认识，营造促进中小企业高质量发展的法治环境，推动党中央促进中小企业发展的决策部署得到贯彻落实，确保法律得到全面有效实施。

第二，有助于加快建设现代化经济体系，推动经济高质量发展。党的十九大以来，习近平总书记就建设现代化经济体系发表了一系列重要讲话，提出了一系列重大战略思想。习近平总书记指出：“国家强，经济体系必须强。只有形成现代化经济体系，才能更好顺应现代化发展潮流和赢得国际竞争主动，也才能为其他领域现代化提供有力支撑”，现代化经济体系建设，既要有“顶天立地”的大企业，也要有“铺天盖地”的小企业。一方面，“创新是引领发展的第一动力”，中小企业具有贴近市场、机制灵活的特点，是我国最具创新活力的企业群体，为我国提供了70%以上的专利发明，为建设现代化经济体系提供了有力的战略支撑。另一方面，要使市场在资源配置中起决定性作用、实现市场机制有效，需要依靠中小企业这样的微观主体，持续不断地开办新企业、开发新产品、开拓新市场，中小企业蕴藏着无限创意和无限力量，是我国经济行稳致远的活力源泉。通过执法检查，推动完善社会主义市场经济体制，营造有利于中小企业发展的市场环境，有利于为建设现代化经济体系，推动经济高质量发展夯实稳固的经济基础。

第三，有助于满足人民群众对美好生活的追求，大力改善民生。“量大面广”的中小企业是满足人民美好生活的源泉。当前，中国特色社会主义进入新时代，我国社会主要矛盾已经转化为人们日益增长的美好生活需要与不平衡不充分的发展之间的矛盾。中小企业发展能有效解决主要矛盾，一方面，占市场主体90%以上的中小企业数量众多，涉及行业广，能提供丰富的产品和服务，更好地满足需要；另一方面，中小企业提供了80%以上的城乡劳动就业，各类型企业分布广，也便于人民群众就近就业。通过执法检查，进一步激发各类市场主体活力有利于发挥中小企业提供服务、吸纳就业、稳定社会发展等作用。

第四，有助于促进区域、城乡发展充分、平衡，调整优化结构。中小企业区域分布广泛、遍布城乡各地，是支撑区域经济发展的主体，是提高市场效率的主力军。共建“一带一路”，实施京津冀协同发展、长江经济带发展等战略，带来了许多难得的重大机遇，民营企业完全可以深度参与其中。通过执法检查，推动中小企业健康发展，是破解不平衡、不充分发展的重要抓手。

二、着力推动解决法律实施中的突出问题

栗战书委员长在今年的全国人大常委会工作

报告中指出，要切实增强监督工作的针对性和实效性。战书委员长对我们这次执法检查工作也提出了明确、具体的要求，要求在全面掌握中小企业促进法贯彻执行情况的基础上，坚持问题导向，着重了解和掌握法律实施中的难点和疑点，特别是当前中小企业发展遇到的突出问题及原因，做到求真务实要到位、严格执法要到位、社会监督要到位。我们要把战书委员长的指示要求落实到执法检查的实际行动上，务求掌握和了解法律实施的真实情况，找准广大中小企业期盼解决的突出问题，为促进中小企业更好发展提出有针对性、可操作的意见和建议，推动改进工作，着力增强人大监督工作实效。

为开展好这次执法检查，全国人大财经委还开展了前期调研工作，赴上海、江苏、广东、四川开展调研，召开了有关部门、专家学者、专业服务机构、行业协会、中小企业等参加的各类型座谈会，广泛听取意见，为检查做了充分准备。从财经委前期调研了解的情况和大家今天发言的情况看，中小企业工作还有不少薄弱环节，中小企业促进法贯彻实施还存在不少障碍和问题，希望能够在法律贯彻落实进程中逐步得到解决。

（一）公平竞争的发展环境有待优化。企业普遍反映目前整体营商环境已经有了较大改善，但也有部分单位和企业反映，中小企业特别是民营中小企业，在市场准入、银行融资、产权保护、行政执法等方面不同程度上还存在不公平待遇，玻璃门、弹簧门、旋转门等隐性壁垒仍然存在。在部分盈利较好的行业针对民营企业的市场准入门槛依然较高，中小企业更是难以涉足。在获取土地、矿产、特许经营、产业扶持和政府采购项目、融资支持等方面，往往向大中型企业或大中型项目倾斜，中小企业特别是小微企业多"位低言轻"，获得资源的渠道有限。

大家建议，优化发展环境，提高服务中小企业的质量和水平。坚持"竞争中性"原则，对出台的涉及市场准入、产业发展、招商引资、政府采购、经营行为规范、资质标准等规章和规范性文件，开展公平竞争审查，进行集中清理，着力建设统一开放、竞争有序的市场体系。

（二）金融服务中小企业有待加强。目前中小企业直接融资比例低，融资渠道主要依赖银行，而银行首贷效率偏低，信贷产品比较单一，信用贷款、中长期贷款比重较低，企业反映通过银行获得贷款难度大、速度慢、额度小，且融资成本仍然偏高，除信贷利率外，担保费、保险费等第三方费用提高了中小企业融资综合成本。动产担保制度不完善，缺乏统一的动产登记机构和登记系统，利用应收账款服务平台服务小微企业过程中，供应链中拥有较大话语权和影响力的核心企业对应收账款进行确权的积极性不高。

有的部门建议，深化金融供给侧结构性改革，继续推动多层次资本市场产品和服务创新，发挥直接融资特别是股权融资支持中小企业的重要作用。统筹货币政策与监管政策，推进普惠金融体系建设。完善动产抵押登记及流转处置服务，加强股权、知识产权等权利价值的评估、质押登记、交易和流通等综合配套服务体系建设。

（三）财税扶持需进一步加强和落实。在刚才的发言中大家反映，企业流转税税负仍然较高，税制结构不尽合理，对于科技型的先进制造业企业，人力、市场成本远大于直接生产的物料成本，与第三产业成本构成接近，但税率差异大，往往增值税一项就高于利润净值。社保方面，虽然近几年缴费比例有所下降，但由于工资增速较高，实际成本却依然逐年上升。财政扶持资金仍然分部门、分行业，采取"点对点"项目管理方式，呈现碎片化，难以形成合力，不能有效提高资金的使用效益，频繁申报也增加了企业成本。部分中小企业扶持政策门槛偏高，除税收政策具有较好的普惠性外，不少财政资金扶持政策对申报企业有一定要求，小微企业规模小、资产少，人力资源和技术水平较低，往往难以达到享受政策的申报起点。

有的企业建议，要进一步加大财税支持力度，切实加强企业权益保护。国家近期出台的减税降费措施得到了广大企业的普遍拥护和欢迎，有关部门和地方要尽快细化落实，让企业应享尽享，把好事办好，切实发挥好财政资金的引导作用。

（四）中小企业权益保护问题不容忽视。各地均存在拖欠民营企业、中小企业账款的问题，法律第五十三条规定，国家机关、事业单位和大型企业不得违约拖欠中小企业的货物、工程、服务款项。企业反映，多数拖欠方是产业链上的核心优势企业，拖欠金额占比较高，拖欠时间较长。企业担心通过法律程序追讨会影响今后的合作，失去市场。还有部门和企业反映，中小企业知识产权保护难，侵权成本较低，而维权周期长、难度大、成本高，侵权产品恶性竞争等问题，给中小企业通过技术创新实现持续发展带来严重影响。

各地普遍建议，加强对知识产权等企业权益，以及企业家人身和财产权益的保护。针对账款拖欠问题,政府部门应加大摸排和督查力度,及时发现并督促整改拖欠不还、新增拖欠、打击报复或无理由终止业务往来等行为,从国家层面推动涉及央企和跨省市拖欠款的协调清欠,并在全社会弘扬契约精神。

除了上面四个方面反映比较集中的问题外,各部门和企业还提出了宣传教育力度不够、公共服务亟待完善等问题,希望在法律实施中要进一步加强顶层设计和统筹协调,督促法律实施机关和有关部门及地方采取有效措施,着力解决中小企业发展中遇到的实际困难,推动我国中小企业发展再上新台阶。

三、扎实做好执法检查工作,确保人大监督取得实效

习近平总书记对人大监督工作提出明确要求,"要加强和改进监督工作,抓住人民群众普遍关心的突出问题,把宪法法律赋予的监督权用起来,实行正确监督、有效监督,推动党中央重大决策部署贯彻落实。"这次中小企业促进法执法检查,紧扣党和国家中心工作,回应人民群众普遍关切。我们一定要深入贯彻习近平总书记促进民营经济、中小企业发展的重要讲话精神,扎实做好这次检查工作,确保监督取得实效。

一要坚持问题导向,助推法律实施。新修订的中小企业促进法是2017年9月1日通过的,2018年1月1日开始实施,到目前实施1年多。因此,我们要把这次执法检查,作为一次法律宣传和实施再动员的过程,作为提高全社会促进中小企业发展意识的过程,作为督促有关方面切实解决问题的过程。要深入开展调查研究,了解法律实施情况,查找问题,剖析原因,有针对性地提出意见建议,着力推动法律实施中重点、难点问题的解决,用法治的力量维护中小企业合法权益,促进中小企业健康发展。

二是大家在汇报中谈到的中小企业促进法实施中存在的问题,和执法检查组第一次全体会上国务院各部门反映的情况以及财经委前期调研发现的情况也比较吻合,很多属于各地共性的问题,也是法律实施中较普遍存在的难点问题,值得大家高度重视,共同努力推动解决。我们也将把大家反映的问题、提出的建议反映在执法检查报告中,提请今年6月份全国人大常委会审议,推动国务院和有关部门改进中小企业促进工作,集中力量解决一些突出问题。

下一步,我们还要到下面地市继续了解情况,希望省有关方面把我们的来意明确转告,让大家消除顾虑,多谈问题,反映实际情况。只有检查组了解了全面准确真实的情况,才能真正做到科学决策、解决问题,推动"一府两院"全面改进工作,贯彻落实好法律的各项制度。

执法检查组在吉林省得到了省委、省人大、省政府以及有关部门和地方的大力支持,在此,我代表执法检查组表示衷心感谢!

最后,祝同志们工作顺利,祝执法检查圆满成功!

谢谢大家!

在全国人大常委会中小企业促进法执法检查组听取陕西省汇报会议上的讲话

(2019年5月7日)

全国人大常委会副委员长 郝明金

同志们:

很高兴来到陕西,我首先代表执法检查组表示感谢。刚才赵刚副省长代表省政府就贯彻实施中小企业促进法情况作了整体介绍,工信厅、发改委等6个部门的负责同志也都结合部门职责就中小企业促进法贯彻实施情况作了发言,还有的部门提交了书面汇报材料。总的来看,陕西省对全国人大常委会来陕开展中小企业促进法执法检查工作高度重视,事前作了充分准备,材料翔实,提供的情况也比较全面具体,为我们这次搞好执法检查工作提供了有力的支持和配合。总的来说,今天上午的座谈会开得很好,大家作了交流发言,我们对该法在陕

西省的贯彻实施有了总体的印象和了解。

陕西省近年来,特别是党的十八大以来,在党中央、国务院出台了一系列促进民营经济、中小企业发展的政策,以及新修订的中小企业促进法于2018年1月1日实施的背景下,采取了一系列措施,在促进中小企业发展方面取得了初步成效,这方面的成绩应该值得肯定。具体来说有以下几点感受:

一是省委、省人大、省政府重视中小企业发展。政府和相关部门把促进中小企业发展工作列入了重要议事日程,成立了相关的领导协调机构,加强组织领导协调,建立了部门协同、省市联动的议事协调机制和工作推进机制,形成了齐抓共管的工作格局,成效明显。

二是多措并举,对中小企业发展不断加大扶持、支持力度。陕西省加大财税支持,安排专项资金、设立发展基金、并落实税收减免政策;强化融资促进,推进融资,完善信用建设;着力优化中小企业营商环境,加大简政放权力度,推进投融资体制改革和商事制度改革,进一步降低制度性成本。

三是推动加强法治建设,为中小企业发展提供法制保障。新修订的中小企业促进法于2017年9月1日经十二届全国人大常委会第二十九次会议审议通过,陕西有关部门能够认真贯彻中央部署,抓好法律宣贯、落实法律要求,扎实做好中小企业促进工作,为促进中小企业权益保护奠定了坚实基础,成绩值得肯定。

刚才经荣副主任委员简要传达了栗战书委员长在执法检查组第一次全体会上的重要讲话精神,还就我们这次执法检查目的、要求作了说明。战书委员长的重要讲话精神既是对我们执法检查工作的指导,同时对今后认真学习、深刻理解习近平总书记关于推动民营经济、中小企业发展重要讲话精神,贯彻落实好中小企业促进法具有重要的指导意义,希望大家认真学习、结合自身工作更好地贯彻落实。

下面,我就认真贯彻落实中小企业促进法再讲几点意见。

一、充分认识这次执法检查的重要意义

中小企业是国民经济和社会发展的生力军,是扩大就业、改善民生、促进创业创新的重要力量,在稳增长、促改革、调结构、惠民生、防风险中发挥着重要作用。全国人大常委会决定对中小企业促进法贯彻实施情况进行检查,具有十分重要的意义。

第一,有助于推动党中央关于支持民营经济、促进中小企业发展决策部署落实,促进法律实施。习近平总书记和党中央高度重视中小企业发展。党的十八大以来,总书记多次就民营经济、中小企业发展发表重要讲话。去年9月到今年全国“两会”期间,总书记多次在不同场合就中小企业和民营经济发展作出重要指示。3月27日,中办国办印发《关于促进中小企业健康发展的指导意见》的通知,从营造良好发展环境、破解融资难融资贵问题、完善财税支持政策、提升创新发展能力、改进服务保障工作、强化组织领导和统筹协调等六个方面有针对性地提出了政策措施和工作要求。搞好这次执法检查,将有助于提升全社会对促进中小企业发展重要性的充分认识,营造促进中小企业高质量发展的法治环境,推动党中央促进中小企业发展的决策部署得到贯彻落实,确保法律得到全面有效实施。

第二,有助于加快建设现代化经济体系,推动经济高质量发展。现代化经济体系建设,既要有“顶天立地”的大企业,也要有“铺天盖地”的小企业。一方面,“创新是引领发展的第一动力”,中小企业具有贴近市场、机制灵活的特点,是我国最具创新活力的企业群体,很多企业通过创新,由小到大,茁壮成长为大型企业,国际知名企业,为中国经济增长提供了不竭动力。另一方面,在现代技术突飞猛进的时代,特别是大数据、信息通讯技术的广泛普遍运用,中小企业相较大型企业更容易异军突起、弯道超车,有着很好的成长潜力。通过执法检查,推动完善社会主义市场经济体制,营造有利于中小企业发展的市场环境,有利于为建设现代化经济体系,推动经济高质量发展夯实稳固的经济基础。

第三,有助于满足人民群众对美好生活的追求,大力改善民生。中小企业“量大面广”,涉及社会生产和生活的各方面。每个人从出生到死亡都离不开中小企业,这些企业为人们提供了全方位的服务。现代经济、社会深度融合发展,深刻渗透到人们的日常生活中,抓住了中小企业就抓住了经济供给侧结构性改革的主要方面。一方面,占市场主体90%以上的中小企业数量众多,涉及行业广,能提供丰富的产品和服务,更好地满足需要;另一方面,中小企业提供了80%以上的城乡劳动就业,各类型企业分布广,也便于人民群众就近就业。通过执法检查,进一步激发各类市场主体活力,有利于发挥中小企业提供服务、吸纳就业、稳定社会发展等作用。

第四,有助于促进区域、城乡发展充分、平衡,

调整优化结构。我们国家幅员辽阔，不同地方都有自己的资源禀赋，中小企业区域分布广泛、遍布城乡各地，是支撑区域经济发展的主体，是提高市场效率的主力军。共建“一带一路”，实施京津冀协同发展、长江经济带发展等战略，带来了许多难得的重大机遇，民营企业完全可以深度参与其中。通过执法检查，推动中小企业健康发展，是破解不平衡、不充分发展的重要抓手。

二、着力推动解决法律实施中的突出问题

栗战书委员长对我们这次执法检查工作提出了明确、具体的要求，要求在全面掌握中小企业促进法贯彻执行情况的基础上，坚持问题导向，着重了解和掌握法律实施中的难点和疑点，特别是当前中小企业发展遇到的突出问题及原因，做到求真务实要到位、严格执法要到位、社会监督要到位。我们要把战书委员长的指示要求落实到执法检查的实际行动上，务求掌握和了解法律实施的真实情况，找准广大中小企业期盼解决的突出问题，为促进中小企业更好发展提出有针对性、可操作的意见和建议，推动改进工作，着力增强人大监督工作实效。

为开展好这次执法检查，全国人大财经委还开展了前期调研工作，赴上海、江苏、广东、四川开展调研，召开了有关部门、专家学者、专业服务机构、行业协会、中小企业等参加的各类型座谈会，广泛听取意见，为检查做了充分准备。在来陕西检查前，我们这组已经到过吉林进行执法检查，结合财经委前期调研和吉林检查了解的情况以及大家今天发言的情况看，中小企业工作还有不少薄弱环节，中小企业促进法贯彻实施还存在不少障碍和问题，希望能够在法律贯彻落实进程中逐步得到解决。我谈几点感受：

（一）进一步提高法治意识、法治观念，增强贯彻实施中小企业促进法的责任感和使命感。中小企业促进法是国家的一部重要法律，我们要从法律的角度，运用法治的思维、法治的方法、法治的力量，来抓好中小企业促进法的贯彻落实。无论是对这部法律的看待认识，还是贯彻落实都紧扣“依法”两字。比如：陕西在贯彻实施中小企业促进法的情况，我们可以针对哪几条贯彻得较好；哪几条贯彻得一般，还有差距；哪几条在贯彻落实中存在现实的困难，对有关法律实施情况全面梳理，以进一步健全完善法律。大家做了大量的工作，要注重紧扣法律来进一步加强认识。

（二）公平竞争的发展环境有待优化。企业普遍反映目前整体营商环境已经有了较大改善，但也有部分单位和企业反映，中小企业特别是民营中小企业，在市场准入、银行融资、产权保护、行政执法等方面不同程度上还存在不公平待遇，玻璃门、弹簧门、旋转门等隐性壁垒仍然存在。在部分行业针对民营企业的市场准入门槛依然较高，中小企业更是难以涉足。中小企业特别是小微企业多“位低言轻”，获得资源的渠道有限。

（三）金融服务中小企业的工作需要加强。大家普遍提到融资难、融资贵，这个问题由来已久，大家反映都很强烈，国家高度重视，从法律上作出规定，但是在实际执行过程中，普遍存在融资获得感不强，与法律制定的目标存在很大差距。对于今后怎么办，大家也提出了很好的建议：比如加强企业信用体系建设、加强普惠金融建设等。对于不同的金融机构，法律规定的权利义务是有所区别的。法律第十六条规定“国家鼓励各类金融机构开发和提供适合中小企业特点的金融产品和服务”，这里是用的“鼓励”，第二款“国家政策性金融机构应当在其业务经营范围内，采取多种形式，为中小企业提供金融服务”，这里用的是“应当”，应当在法律里指的是一种义务，是法律规定的责任。第十七条、第二十条也均对运用“应当”来强调法律责任，金融服务中小企业要加强，如何加强？其中一项是需要依靠法律加强，不能完全靠市场化的方式来加强。

（四）中小企业权益保护问题不容忽视。中小企业权益保护大家知道面临很多问题，比如拖欠账款，一些中小企业在一些市场准入、公开招投标、政府采购、贷款等等方面权益还是没有得到完全保护。法律第五十三条规定，国家机关、事业单位和大型企业不得违约拖欠中小企业的货物、工程、服务款项。企业反映，多数拖欠方是产业链上的核心优势企业，拖欠金额占比较高，拖欠时间较长。企业担心通过法律程序追讨会影响今后的合作，失去市场。还有部门和企业反映，中小企业知识产权保护难，侵权成本较低，而维权周期长、难度大、成本高，侵权产品恶性竞争等问题，给中小企业通过技术创新实现持续发展带来严重影响。这就要求我们法院要加强执行力度，解决执行难，同时国家法律要作出相应规定。

除了上面四个方面外，各部门和企业还提出了公共服务亟待完善等问题，希望在法律实施中要进一步加强顶层设计和统筹协调，督促法律实施机关

和有关部门及地方采取有效措施，着力解决中小企业发展中遇到的实际困难，推动我国中小企业发展再上新台阶。

三、扎实做好执法检查工作，确保人大监督取得实效

习近平总书记对人大监督工作提出明确要求，“要加强和改进监督工作，抓住人民群众普遍关心的突出问题，把宪法法律赋予的监督权用起来，实行正确监督、有效监督，推动党中央重大决策部署贯彻落实。”这次中小企业促进法执法检查，紧扣党和国家中心工作，回应人民群众普遍关切。我们一定要深入贯彻习近平总书记促进民营经济、中小企业发展的重要讲话精神，扎实做好这次检查工作，确保监督取得实效。

新修订的中小企业促进法是2017年9月1日通过的，2018年1月1日开始实施，到目前实施一年多。因此，我们要把这次执法检查，作为一次法律宣传和实施再动员的过程，作为提高全社会促进中小企业发展意识的过程，作为督促有关方面切实解决问题的过程。要深入开展调查研究，了解法律实施情况，查找问题，剖析原因，有针对性地提出意见建议，着力推动法律实施中重点、难点问题的解决，用法治的力量维护中小企业合法权益，促进中小企业健康发展。

刚才听了大家的介绍，我们有了很好的收获，为这次中小企业促进法执法检查开了一个很好的头，下一步我们还要到汉中、洋县继续听取情况，实地检查，全力完成好这次执法检查的任务。执法检查组在陕西省得到了省委、省人大、省政府、以及有关部门和地方的大力支持，在此，我再次代表执法检查组表示衷心感谢！

最后，祝同志们工作顺利，祝执法检查圆满成功！

谢谢大家！

对检查中小企业促进法实施情况报告的意见和建议

6月27日，十三届全国人大常委会第十一次会议审议了全国人大常委会副委员长陈竺作的全国人大常委会执法检查组关于检查中小企业促进法实施情况的报告，共有55人次发言。28日上午，举行联组会议，结合审议该报告进行专题询问，共8人发言询问。栗战书委员长出席联组会议并讲话，王东明副委员长主持会议。国务委员王勇和有关方面负责同志到会应询。现根据会议发言和询问情况，将常委会组成人员和列席会议人员的主要意见整理如下。

出席人员普遍认为，以习近平同志为核心的党中央高度重视民营企业、中小企业发展，习近平总书记主持召开民营企业座谈会并发表重要讲话，今年全国“两会”期间，又对民营经济、中小企业发展发表重要讲话。国务院及其有关部门、地方各级政府认真贯彻落实党中央决策部署，着力推动法律实施，取得了积极成效。大家充分肯定执法检查组的工作，高度评价执法检查报告，认为报告突出问题导向，把重点聚焦在问题和原因分析上，提出的建议针对性、可行性很强，希望有关方面积极研究落实。大家强调，各级政府和有关方面要严格执行法律规定，着力纾解中小企业困难，依法保护中小企业和企业家的合法权益，营造公平竞争的市场环境，充分发挥中小企业在科技创新、解决就业、满足人民群众多样性需求、促进城乡区域协调发展等方面的重要作用。审议中，大家还提出了一些具体意见建议。

一、营造良好的营商环境、公平的市场环境

许多出席人员提出，目前不平等对待中小企业的问题时有发生，对民营企业、中小企业设置的“隐性门槛”依然不少。应坚持各类企业主体之间权利平等、机会平等、规则平等，继续深入推进“放管服”改革，优化民营企业的营商环境，营造公平竞争的市场环境。切实消除对中小企业的歧视。一些出席人员建议，在国家层面建立健全营商环境建设评价指标体系和考核评价制度，全面开展营商环境综合评价，切实消除各地方对民营企业、小微企业准入、融资等方面的不合理限制。有的出席人员建议，有关方面认真对照法律，梳理现有的政策措施、法规规章，结合执法检查报告提出的问题，对本地区本领域规范性文件进行全面清理，清除中小企业

发展障碍。有的出席人员提出，调研中许多中小企业经营者反映，政府在支持企业发展方面，出台长期稳定的普惠性政策比出台短期的特殊优惠政策更有利于中小企业长远发展。建议政府有关部门在政策设计时充分考虑中小企业特点需求，降低政策门槛，做到公平普惠，减少对企业的直接补贴，把财政资金重点投向中小企业发展服务平台、产业孵化器等方面。

二、解决中小企业融资难、融资贵问题

许多出席人员指出，中小企业融资难、融资贵的老问题还没有得到明显缓解：(1)大部分金融机构只热衷于支持大型企业、“独角兽”企业，有些商业银行成立了普惠金融部门，但贷款支持力度对中小企业来讲仍然不解渴。(2)银行贷款担保仍偏向于企业固定资产抵押等传统形式，以知识产权、存货等担保融资的政策举措在实践中难以落地；贷款审查手续繁琐，一次贷款要签几十份文件，加重了企业负担。(3)中小企业遇到阶段性经营困难时，金融机构往往倾向于抽回贷款，“雨天收伞”，加剧了企业困境。(4)中小企业融资存在期限错配问题，金融机构要求企业对一年期贷款还旧才能借新，迫使不少企业在临近还款期时，通过利息较高的民间借贷甚至高利贷来筹措过桥资金，增加了企业成本。

许多出席人员建议，进一步深化金融供给侧结构性改革，加大对中小企业的金融支持力度：(1)研究成立专门服务中小企业的银行，在贷款利率、担保条件、风险容忍度等方面实行符合中小企业发展特点的特殊政策。(2)大力推进中小企业信用信息建设，加大政策性信用担保体系的建设，完善政府、银行和担保机构的合作，进一步完善企业以专利技术、项目、销售合同等无形资产抵押的政策。(3)抓紧研究出台适合中小企业需求的信用贷款、中长期贷款、短期贷款无还本续贷等政策，明确在企业经营无负面情况的前提下，一年期贷款可以滚动展期。

三、维护中小企业合法权益

许多出席人员指出，损害中小企业合法权益的现象仍有发生。有的部门随意查封、扣押、冻结企业和企业家的资产；有的地方新官不理旧账，不兑现对中小企业的支持承诺或无故终止已经上马的项目；有些地区在环境保护等领域执法中“一刀切”，不问达标与否将企业一停了之甚至一关了之。许多出席人员建议，应严格依法保护中小企业和企业家的合法权益，建立涉企收费目录清单制度，禁止强制或变相强制中小企业参加考核、评比、表彰等活动，禁止违法向中小企业收费、罚款、摊派，依法打击侵犯企业合法权益的行为，依法妥善处理涉及企业产权的案件，有效纠正有关冤假错案。一些出席人员提出，有的地方在办理涉企案件时依法公开信息不到位，影响了企业正常经营和企业家信心。建议在处理涉及企业经营的司法案件，特别是有必要对企业主采取强制措施的案件时，依法及时公开办案理由、进展等情况。

一些出席人员提出，大型国有企业和中小企业地位不平等问题较为突出。有些大型国企滥用其在产业链上的优势地位，过度压低配套企业产品价格、长期拖欠货款，在市场波动时向中小企业转嫁成本；有的采用承兑汇票方式支付中小企业货款，兑付时间长，实际兑付存在打折现象，有的还要求中小企业贴息。建议各级政府督促国企特别是央企在重契约、守信用方面发挥表率作用，提升商业信用，依法处理与民营企业的债务关系，加大清理政府部门和大型国企拖欠民营企业、中小企业账款工作力度，确保完成今年“年底前清偿一半”的目标。

四、落实政府法定职责

有的出席人员提出，中小企业促进法等法律明确规定政府及其相关部门负有制定中小企业发展战略、安排专项资金、建立听取中小企业意见建议和受理投诉举报专门机制等职责，从检查情况看，法定职责落实不到位的问题依然存在。各级政府应从建设法治政府的高度提高认识，严格落实法定责任。建议：(1)国务院有关部门加快研究制定国家层面的中小企业发展战略，进一步明确有利于中小企业发展的财税优惠、研发费用加计扣除、贷款风险补偿、中介服务费用减免等政策。(2)督促县级以上地方政府在本级财政预算中安排中小企业发展专项资金，建立健全处理解决中小企业意见建议、投诉举报问题的协调工作机制。

五、完善中小企业管理体制机制

一些出席人员提出，对中小企业的分类和统计有待改进，目前主要是根据企业从业人员数量、营

业收入和所属行业对企业进行分类并开展统计，对规模以上工业企业的数据掌握较全，而对规模以下的小微企业的统计，存在标准不统一、数据缺乏连续性和可比性等问题，难以反映中小微企业真实情况和问题。建议研究调整中小企业分类标准，对不同发展阶段、不同产业属性、不同业态的中小企业进行细化分类，加快建立包括贷款余额、税收等关联指标在内的同口径中小企业发展情况统计调查和监测分析制度。

有的出席人员提出，中小企业中很大一部分是服务业，而政府对中小企业的管理服务上有一定局限，相关职责主要集中在工业和信息化部门。建议在推进政府职能转变进程中，进一步落实对中小企业的管理服务职能，在县以上各级地方政府建立健全中小企业促进协调机制，整合政策资源，更好服务中小企业发展。

有的出席人员指出，不少民营中小企业存在企业制度和治理结构不合理的问题，家族性企业较多、企业资产和家族资产边界不清等情况较为突出，不适应市场经济和高质量发展要求，影响长期稳定经营，也制约了企业的发展壮大。有的企业法律意识不够，在依法依规经营方面存在风险隐患。建议政府重点加强对中小企业的相关管理制度、法律制度的普及培训，加强企业孵化过程中的法律服务，引导和推动中小企业建立健全现代企业制度、防范法律风险。

联组会议上，常委会组成人员就贯彻实施支持中小企业发展的法律和政策、优化营商环境、解决融资难融资贵、清理拖欠账款、加强信用制度建设、落实政府综合管理职能等进行了专题询问。国务委员王勇到会听取意见、回答询问，工业和信息化部、国家发展改革委、财政部、中国人民银行、国务院国资委、市场监管总局、中国银保监会、中国证监会等有关部门负责人也到会应询。

全国人民代表大会常务委员会执法检查组关于检查《中华人民共和国水污染防治法》实施情况的报告

——2019年8月23日在第十三届全国人民代表大会常务委员会第十二次会议上

全国人大常委会委员长　栗战书

全国人民代表大会常务委员会：

今年是决胜全面建成小康社会的关键之年。全国人大常委会深入学习贯彻习近平新时代中国特色社会主义思想特别是习近平生态文明思想，把水污染防治法执法检查作为监督工作的重点，依法推动打好碧水保卫战，以法律武器、用法治力量保证党中央重大决策部署贯彻落实，在实际工作中体现“四个意识”、增强“四个自信”、做到“两个维护”。

执法检查组由栗战书委员长担任组长，副委员长王晨、沈跃跃、丁仲礼，秘书长杨振武，环资委主任委员高虎城任副组长，成员有全国人大常委会委员、环资委委员、部分全国人大代表共37人。4月至6月，执法检查组分为4个小组，栗战书委员长和三位副委员长分别带队赴四川、江苏、湖南、河北、广东、安徽、云南、贵州等8个省开展执法检查，检查组深入到31个地市，实地检查和随机抽查了201个单位、农村和项目，召开27个座谈会，听取地方政府和有关部门的汇报，与五级人大代表、一线执法人员、专家学者、企业和农民代表进行深入交流。同时，委托其他23个省(区、市)人大常委会对本行政区法律实施情况开展检查，实现了执法检查全覆盖。23个省(区、市)人大常委会都写了检查情况报告，6月30日栗战书委员长和几位副组长听取了汇报。

这次执法检查有以下特点：一是突出人大监督性质，严格对照法律条文和法定责任的落实开展检查，重点查找法律制度规定的实施情况。二是发挥地方人大的作用，邀请各级人大代表参与执法检查，形成人大工作整体合力。三是引入第三方力量对法律实施情况开展评估，提高执法检查的科学性、权威性和监督工作水平。四是在执法检查过程中推动法律学习宣传普及，推动各地区各部门学法懂法用法。五是将水污染防治法执法检查与制定长江保护法立法调研结合起来，全国人大常委会直接检查的 8 个省份,其中 6 个省份属长江流域。六是突出问题导向,聚焦重点领域,加强抽查暗访,确保执法检查掌握一手材料和取得实际效果。

现将这次执法检查的主要情况报告如下:

一、对法律实施情况的总体估价

党的十八大以来,各地区各部门按照党中央关于打好污染防治攻坚战的决策部署,持续用力,积极作为,推动水体质量和水生态环境发生了很大的变化。2018 年,全国地表水国考断面中,水质优良比例为 71%,劣Ⅴ类比例为 6.7%,主要江河、湖泊、近岸海域水质稳中向好,水环境质量持续改善,取得的成绩是明显的、巨大的。

就贯彻实施水污染防治法看,各地各部门是认真的,依法推进水污染防治取得了积极成效,但从对这部法律的学习及实施的自觉性、普遍性来讲,还远远不够,执法检查中接触到的各级干部、有关部门负责人及工作人员,接触到的城市居民和农村居民,学过或知晓这部法律的为数很少。法律第 1—3 章规定的涉及部门及各级政府的责任,有的条款在许多地方没有完全落实;法律第 4—6 章规定的防治措施及专章专项规定,总体落实得比较好,但达到法律所要求的标准和目标也有不少和不小的差距;法律第 7 章规定的法律责任,在实施当中偏松、偏宽、偏软甚至有意放水的问题仍然在不少地方存在。

二、法律责任落实情况及法律实施的实际效果

执法检查组认为,各地区各部门围绕法律条款的规定,认真落实责任,法律实施总体上取得了积极效果。

(一)认真落实领导责任,依法推进水污染防治深入开展。

各地各部门对依法防治水污染都很重视。法律第 4 条规定“地方各级人民政府对本行政区域的水环境质量负责,应当采取措施防治水污染”。各省(区、市)党委、政府主要负责同志或专题研究、或动员部署、或作出批示,指导、组织、依法推动水污染防治工作。江西省委书记、省人大常委会主任还带队开展执法检查。四川、江苏、湖南、河北、广东、安徽、云南、贵州省各级人大、政府联动,形成防治合力。北京、天津两市联合开展检查,创新性推进区域协同监督。

国务院按照法律要求,出台系列政策措施,加大资金投入,压实部门责任。大力实施水污染防治行动计划,出台了长江保护修复、饮用水水源地保护、城市黑臭水体治理、农业农村污染治理、渤海综合治理攻坚战行动计划和城镇污水处理提质增效等实施方案,取得良好的政策效果。2018 年中央财政安排水污染防治专项资金 150 亿元,黑臭水体治理和中西部污水处理提质增效资金 50 多亿元,农村环境治理资金 60 亿元,中央预算内资金支持城镇污水垃圾和重点流域海域治理资金 90 亿元。

各地探索形成了一些依法治水的典型经验。浙江省深入贯彻“绿水青山就是金山银山”理念,坚持规划引领、法治先行,一张蓝图绘到底,持续推进实施“五水共治”。福建省成立生态文明建设领导小组,依法实行党政领导目标责任制管理。吉林、重庆、宁夏、湖北等地制定了党政干部生态环境损害责任追究实施细则等制度性文件,明确各级党委、政府对水环境质量负总责的要求,依法强化考核问责。

(二)履行法定职责,不断提升水环境保护法治化水平。

水污染防治法律制度加快落实。法律第 5 条规定“省市县乡建立河长制”,第 21、23、24 条明确规定建立排污许可制度。全国 31 个省(区、市)依法建立了河(湖)长制,明确省市县乡村五级河长 120 多万名,逐步压实地方各级政府责任。依法推行排污许可制度,推进固定源环境管理制度改革,建立健全排污许可法规制度体系,提前一年完成 36 个重点城市建成区污水处理厂排污许可证核发。

水污染防治标准和规划不断完善。法律第 2 章对水污染防治的规划和标准作出规定。国务院有关部门依法制订发布 415 项涉水标准及一系列相关技术规范和指南。各地积极制定完善地方标准,2018 年以来,上海、海南等 11 个省(区、市)共制修订 18 项地方水污染物排放标准。

水污染防治配套法规不断健全。国务院及有关部门出台《排污许可管理办法(试行)》《城镇排水与污水处理条例》等配套法规规章。各地因地制宜完善水污染防治地方法规,辽宁、贵州、青海、广西等 14 个省(区、市)出台或修定了水污染防治条例,山西、内蒙古、黑龙江、山东等 14 个省(区、市)制定了流域水污染防治条例。

（三）围绕法定防治措施，聚焦重点问题加大治理力度。

严控高耗水行业新增产能，加大重污染企业淘汰力度。法律第46条规定“国家对严重污染水环境的落后工艺和设备实行淘汰制度”。各地各部门严控高耗水、重污染行业产能，提前完成2018年钢铁化解过剩产能3000万吨目标任务，提前两年完成钢铁去产能“十三五”规划1.5亿吨上限目标任务。湖南省加大重点工矿区产业结构和布局调整力度，近三年淘汰重污染化工、造纸等工业企业5000多家。

强化流域综合治理。法律第16条规定“防治水污染应当按流域或者按区域进行统一规划”，第8条规定建立健全水环境生态保护补偿机制。国务院有关部门依法编制实施重点流域水污染防治规划，组建流域生态环境监督管理机构，实施流域分区管理、分级分类防治。建立健全区域协调机制，推动京津冀、长三角、珠三角等区域水污染防治联动协作。推动建立跨省区水环境生态保护补偿机制，河南、安徽、陕西、甘肃、西藏等近20个省（区、市）建立了行政辖区内或跨行政区的生态保护补偿机制。

提升水生态环境管理能力。法律第25条规定“国家建立水环境质量监测和水污染物排放监测制度”。国务院机构改革科学划转有关部门涉水职责，实现地上和地下、岸上和水里、陆地和海洋、城市和农村统一监管“四个打通”。完善监测网络，建成地表水水质自动站1881个。建成重点污染源信息数据库和环境统计平台，全国重点污染源监测数据管理系统联网运行，对超过2万家企业实现统一平台管理。实施水体污染控制与治理、水资源高效开发利用等科技专项研究，加强水污染防治技术研发和推广应用。

强化重点领域水污染防治措施。法律第3条规定“优先保护饮用水源，严格控制工业污染、城镇生活污染，防治农业面源污染”。法律第4章和第5章对上述内容进一步作出细化规定。各地各部门依法强化饮用水安全保障，开展全国饮用水水源地环境保护专项行动和重要饮用水水源地安全保障达标建设，2018年县级及以上水源保护区划定率达到95.5%。2016—2018年，中央安排补助资金143.3亿元、地方投入资金1061.7亿元实施农村饮水安全巩固提升工程，广大农村地区共1.73亿人受益，重点解决1605万建档立卡贫困人口饮水安全问题。依法加强城镇污水集中处理，截至2018年底，全国城市和县城累计建成污水处理厂4332座，污水处理能力1.95亿立方米/日，城市和县城共建成污水管网（含合流制管网）约55万公里。依法加强工业水污染防治，涉及废水排放的2411家省级及以上工业园区97.8%建成污水集中处理设施，97.4%安装自动在线监控装置。依法加强船舶港口水污染防治，完成长江干线1361座非法码头整治。依法强化水污染事故预防和应急处置，督促2.1万多家沿长江涉危涉重企业修编应急预案。依法推进全国地下水基础环境状况调查评估，初步建立了地下水型饮用水源清单。新疆维吾尔自治区编制地下水超采区治理方案。河北省深入开展地下水超采综合治理试点工作，2018年全省浅层地下水水位比2014年上升0.22米，深层地下水水位上升2.29米。

（四）加强监管执法，依法打击违法犯罪行为。

加大执法力度。2018年，全国生态环境行政处罚案件下达处罚决定书18.6万份，罚没款金额152.8亿元，同比增长32%，涉水案件数量逐年增加，查处力度逐步加大。开展船舶污染防治，检查19.6万余艘次，有力打击船舶水污染物非法转移处置活动。

强化司法保障。2018年，全国公安机关累计侦破污染水体环境刑事案件1.4万起，抓获犯罪嫌疑人1.8万名。全国检察机关共批准逮捕涉嫌破坏环境资源保护罪9470件1.5万余人，提起公诉2.6万余件4.2万余人。各级人民法院加快推进环境资源审判专门机构建设，设立环境资源审判专门机构1270个。2018年，人民法院一审审结涉水破坏环境资源保护犯罪刑事案件8661件，生效判决判处被告人13759人。

这次执法检查表明，实施水污染防治法取得了积极成效，各地各部门按照法律规定积极落实责任，推动了地方政府运用法律武器解决水污染问题的积极性和自觉性。

三、法律实施不到位的问题

在水污染防治法实施取得积极成效的同时，法律实施不到位的问题还较突出，从总体上看，我国水生态环境状况不容乐观。

（一）法律责任的落实还有差距。

法律第4条规定，地方各级人民政府对本行政区域的水环境质量负责，应当及时采取措施防治水污染。检查发现，一些地方政府责任落实不到位，部分支流和小流域水质较差，跨界河流治理相对滞后，一些地区考核断面水质出现反弹。辽宁省辽河流域50个国考断面中，15个为劣Ⅴ类。广西壮族自治区南流江流域考核断面不能稳定达标，时有反弹。

法律第27条规定，国务院有关部门和县级以上地方人民政府开发、利用和调节、调度水资源时，应当统筹兼顾，维持江河的合理流量和湖泊、水库以及地下水体的合理水位，保障基本生态用水，维护水体的生态功能。检查发现，山东省不少地市对河道层层拦蓄，河道生态流量严重下降，使河水变成“死水”。重庆市五步河和一品河在不到40公里的河道上分别建有17座和12座水电站，电站下游减水或断流现象严重。

法律第6章规定了水污染事故的处置，第7章规定了法律责任。检查中发现，一些地方对水污染防治缺乏风险意识，突发事件应急预案不健全，遇到水污染突发事件缺乏有效应对措施。违法行为惩处不到位，法律的22条责任条款落实不力，一些地方执法、司法中还存在失之于宽、失之于软等现象。排污企业“违法成本低、守法成本高”的问题突出，法律的权威性、震慑力还没有得到充分发挥。

（二）水污染防治标准和规划执行不到位。

水环境标准体系不完善，流域排放标准和地方排放标准制定工作滞后。法律第13条、第15条规定，国务院环境保护主管部门和省、自治区、直辖市人民政府确定重要江河、湖泊流域的省界水体适用的水环境质量标准；适时修订水环境质量标准和水污染物排放标准。检查发现，现行地表水环境质量标准未体现区域差异，标准执行过于“整齐划一”，难以满足流域区域精细化管理的实际需要。标准基础研究重视不够，难以支撑自主标准制修订工作，标准制修订经费投入不足，农村污水排放标准适用性差，标准修订不及时。河—湖、河—海等相关标准不衔接。《生活饮用水卫生标准》中个别污染物指标限值高于《地表水环境质量标准》集中式生活饮用水地表水源地特定项目标准，指标要求“倒挂”。

水污染防治规划执行不到位。法律第16条、第17条规定，国务院环境保护主管部门会同国务院经济综合宏观调控、水行政等部门和有关省级人民政府编制重点流域湖泊水污染防治规划；有关市、县级人民政府应当制定限期达标规划，采取措施按期达标。检查发现，国家和省级层面的流域规划水质改善目标与治理任务对应性不强，规划资金投入保障不足，规划实施效果难以保证。市县级限期达标规划制度执行不到位。黑龙江省哈尔滨、佳木斯、黑河、绥化4个地市未制定限期达标规划。海南省除海口市、三亚市外，大部分市县对污染水体尚未制定整治方案。

（三）水污染防治监督管理制度落实不到位。

排污许可制度推进缓慢。法律第21、23、24条明确规定建立排污许可制度，加强排污许可管理。检查发现，固定污染源没有全部纳入排污许可管理。《排污许可证申请与核发技术规范》编制工作进度滞后，目前仅发布40项行业技术规范，还有36项技术规范尚未出台。从已核发排污许可证的24个行业来看，点多面广的非重点排污单位没有纳入排污许可管理范围，排污许可证的实际管控作用受到局限。排污许可管理的支撑能力不足，基层环保部门缺乏足够的监测统计能力来准确核定排污单位实际排放量，通过排污许可“一证式”管理支撑以质量为核心的环境目标管理还需付出更大的努力。

河长制从“有名”到“有实”还有较大差距。法律第5条规定，省、市、县、乡建立河长制，分级分段组织领导本行政区域内江河、湖泊的水资源保护、水域岸线管理、水污染防治、水环境质量改善等工作。检查发现，河长法律责任和考核机制不完善，河长督促有关部门履行职责缺乏刚性手段，河长履职能力和水平不够。

黑臭水体整治不到位。法律第29条规定，县级以上地方人民政府应当根据流域生态环境功能需要，组织开展江河、湖泊、湿地保护与修复，整治黑臭水体，提高流域环境资源承载能力。检查发现，一些地方黑臭水体整治工作不力。湖北省地级城市建成区还有37个黑臭水体没有销号。安徽省芜湖市保兴埠、板城埠水体严重黑臭。云南省老运粮河在2018年11月被国家城市黑臭水体整治专项巡查认定为瞒报的黑臭水体，此次抽查发现仍有排污口向河中排放污水。

水环境保护目标考核责任压实和压力传导不到位。法律第6条规定，将水环境保护目标完成情况作为对地方人民政府及其负责人考核评价的内容。检查发现，一些市县级政府水污染防治考核流于形式，没有真正发挥层层压实责任的作用。2017年山西省大同市将未完成水污染治理目标任务的城区和阳高县评为年度优秀县区。

地下水污染防治严重滞后。法律第39条至第43条明确规定要采取多种措施防治地下水污染。检查发现，地下水污染防治措施不够有力，地下水环境监测差距明显。跨部门监测与国家地下水监测工程融合度不高，地下水环境监测井位覆盖不够，监测站点设置及监测要素难以满足环境监测需求，地下水风险源筛查技术滞后，跨区域、跨要素的地下水环境监测网之间缺乏协同与优化。

（四）饮用水安全保障有待加强。

城市集中式饮用水水源存在风险隐患。法律第69条规定，县级以上地方人民政府应当组织环境保护等部门，对饮用水水源保护区环境状况和污染风险进行调查评估，筛查可能存在的污染风险因素，并采取相应的风险防范措施。检查发现，上海市青草沙水库毗邻长江航道，水上危险化学品运输、船舶溢油事故、非法倾倒垃圾污水等对水源安全构成潜在风险。天津市于桥水库水源保护区内农业面源污染问题突出，部分入库沟渠水质不达标。青海省西宁市第四水源地一级保护区内农村污水垃圾未集中处置。

农村饮用水水源保护存在短板。法律第70条规定，县级以上地方人民政府应当合理安排、布局农村饮用水水源。检查发现，甘肃省金昌市已划分保护区的20个乡镇级饮用水水源地只有3个完成规范化建设。湖南省汨罗市东风水库和宁乡市双狮岭水厂水源未划定饮用水水源保护区，饮用水水源地存在风险隐患。

城市供水水质监测和信息公开制度落实不力。法律第72条规定，县级以上地方人民政府应当组织有关部门监测、评估本行政区域内饮用水水源、供水单位供水和用户水龙头出水的水质等饮用水安全状况，应当至少每季度向社会公开一次饮用水安全状况信息。检查发现，城市二次供水设施卫生规范尚未出台，一些城市二次供水管理部门和单位权责不清，供水设备日常管理不到位，城镇住宅小区二次供水水质安全存在隐患。一些城市水质公开的项目、频次、详细程度、覆盖面和及时性不足，难以满足公众对饮水安全的知情权。

（五）城镇生活污水处理短板明显。

法律第49条规定，县级以上地方人民政府应当通过财政预算和其他渠道筹集资金，统筹安排建设城镇污水集中处理设施及配套管网，提高本行政区域城镇污水的收集率和处理率。

检查发现，城镇环境基础设施建设特别是污水处理配套管网建设欠账多、维护不力，资金缺口大。检查中四川省反映，省内各级财政对生活污水垃圾处理设施的建设投入难以满足实际需求，资金缺口约700亿元。

城镇污水处理规划建设管理水平滞后，城镇污水收集率和处理率有差距。第三方评估报告指出，污水收集管网不完善、管网破损、管网混接错接三大问题是我国城市河湖黑臭的主要原因。现行的污水处理率不能真实反映城镇生活污水主要污染物的收集处理效能。城市污水管网规划不科学、工程建设滞后、维护管理不到位，一些城镇污水处理厂“大马拉小车”，进水浓度普遍较低，部分污水处理能力闲置浪费。吉林省一些城市污水配套管网建设严重滞后，部分市县污水收集率不足50%，四平市、辽源市雨污分流比例不足40%。

污泥处置措施不到位，污泥资源化利用困难。法律第51条规定，城镇污水集中处理设施的运营单位或者污泥处理处置单位应当安全处理处置污泥，保证处理处置后的污泥符合国家标准，并对污泥的去向等进行记录。2018年陕西省西安市主城区污泥总产量为55万吨，处置量为44万吨，还有11万吨污泥长期堆积。

（六）农业和农村水污染防治滞后，农业农村面源和点源污染防治缺乏科学合理的措施和手段。

农村生活污水垃圾处理设施建设滞后。法律第52条规定，地方各级人民政府应当统筹规划建设农村污水、垃圾处理设施，并保障其正常运行。检查中大部分省（区、市）执法检查报告均指出农村生活污水垃圾集中处理设施欠账多、资金筹措难、运行维护不规范等问题突出。

畜禽养殖污染防治问题突出。法律第56条规定，畜禽养殖场、养殖小区应当保证其畜禽粪便、废水的综合利用或者无害化处理设施正常运转，保证污水达标排放，防止污染水环境。检查发现，一些地方畜禽养殖场未配套建设粪污处理和资源化利用设施，畜禽养殖污染问题突出。河北省唐山市金跃养殖场废水未经处理直接排放周边水体造成严重污染。

化肥和农药使用量居高不下。法律第55条规定，县级以上地方人民政府农业主管部门和其他有关部门，应当采取措施，指导农业生产者科学、合理地施用化肥和农药，推广测土配方施肥技术和高效低毒低残留农药，控制化肥和农药的过量使用，防止造成水污染。一些地方畜牧业、种植业发展规划与畜禽养殖污染防治规划不衔接，相关财政补贴、税收优惠政策配套衔接不够，有机肥还田渠道不畅。第三方评估报告指出，我国化肥使用量和流失量明显高于发达国家，农药和抗生素滥用问题必须予以重视。

（七）工业污染治理差距较大，工业污染尚未得到根本控制。

结构性污染问题突出。法律第 44 条要求国务院有关部门和县级以上地方人民政府应当合理规划工业布局。第 46、47 条规定对严重污染水环境的落后工艺和设备实行淘汰制度，禁止不符合国家产业政策的生产项目。第三方评估报告指出，我国工业污染排放总量高，经济发展相对落后地区以及精细化工等分散性行业超标排放比较普遍。一些地方被生态环境部通报多家企业涉水污染物严重超标排放。

工业企业违法排污问题严重，企业恶意违法排污问题屡禁不绝。法律第 45 条第 1 款规定，排放工业废水的企业应当采取有效措施，收集和处理产生的全部废水，防止污染环境。含有毒有害水污染物的工业废水应当分类收集和处理，不得稀释排放。检查发现，广东虎门电镀印染专业基地部分企业利用雨水管偷排有毒有害工业废水，形成面积达 13 公顷的污水渗坑，排放重金属废水超标数十倍，涉嫌严重污染环境犯罪。福建省西部水务有限公司接受例行检查时存在水样掉包、数据造假等恶劣违法行为。河南省新乡市新科冰箱配件厂污水处理设施未正常运行，电镀废水未经处理直接排放。浙江省绍兴市佳英感光材料科技有限公司用消防用水稀释工业废水后直接外排。贵州省贵阳市娃哈哈昌盛饮料有限公司将部分未经处理的生活污水直排入厂区外的无名河道沟渠。

工业集聚区污水处理设施建设和运行问题突出。法律第 45 条第 2 款、第 3 款规定，工业集聚区应当配套建设相应的污水集中处理设施；向污水集中处理设施排放工业废水的，应当按照国家有关规定进行预处理，达到集中处理设施处理工艺要求后方可排放。检查发现，内蒙古自治区级及以上工业园区需建设污水处理厂 79 个，目前仅建成 66 个。江西省抚州市金溪县工业园区排污企业预处理不到位，污水处理厂日均进水化学需氧量指标超过设计进水浓度近 10 倍，出水水质超标。

（八）船舶水污染防治工作有待提升。

船舶水污染物偷排超排现象较为普遍。法律第 59 条对船舶排放污染物作出多项禁止性规定。检查发现，船舶污水处理设施实际运行率较低，400 吨位以下船舶生活污水排放控制缺乏标准，监管还处于空白。2018 年仅长江中上游就被通报存在 211 起未配置相应防污设备、117 起违法排污案件。江苏省常熟市华润电厂码头停靠船舶“纳海号”黑色含油污水从甲板排口直排入江。

港口码头接收转运处置能力不足。法律第 61 条要求港口、码头、装卸站和船舶修造厂所在地市、县级人民政府应当统筹规划建设船舶污染物、废弃物的接收、转运及处理处置设施。检查发现，一些地方内河船舶水污染物处置能力不足，港口接收设施与城市公共转运处置设施不衔接。安徽全省未建成危化品洗舱站。

四、对下一步实施水污染防治法的意见和建议

针对执法检查发现的问题，下一步实施水污染防治法，要深入贯彻习近平生态文明思想，坚持新发展理念，按照党中央的重大决策部署，对照法律条款，压实法律责任，使法律规定成为各级各部门和人民群众的自觉行动。

（一）紧扣法律责任的落实治理水污染保护水生态。

各级政府及有关部门要严格对照水污染防治法律规定，认真梳理各自法定职责，严格执行法律规定的防治措施，一条一条对照落实，一项一项扎实推进，依法强化考核问责，层层传导压力。按照推动高质量发展的要求，坚持绿水青山就是金山银山，推进供给侧结构性改革，倒逼产业转型升级，从源头减少污染排放。监管部门要坚持“严”字当头，按照“双随机、一公开”的要求，依法加大监管力度。执法部门、司法机关要把法律赋予的手段用足用好，加强行政执法与司法协调配合，严惩重处水污染违法犯罪行为，真正形成高压、形成震慑。地方各级人大要切实履行宪法法律赋予的职责，因地制宜制定水污染防治地方条例和流域条例，细化城镇污水收集处理和河长制有关规定，落实饮用水安全保障制度要求。对法律未作规定的事项，可以率先立法；法律已作规定的事项，可以作出更加精准细化、更具针对性和可操作性的规定，织密法律制度体系，保证法律有效落实。要依照法定职责、限于法定范围、遵守法定程序，坚持问题导向，依法加大对城市管网等生态环保领域重点支出与重大投资项目的审查和监督力度，加强对排污口设置管理、黑臭水体整治、污水处理设施运行、农村环境治理的跟踪监督，督促各级政府及其部门贯彻党中央重大方针政策和决策部署，切实把各项法律制度规定变为实际行动，把法律的各项措施要求落到实处。人大代表要积极参与污染防治工作，深入了解法律

落实和工作开展情况,积极反映人民群众的愿望呼声和意见建议。

各级各有关部门要承担起宣传普及法律的责任,带头学法用法守法。注重运用法律武器来推动部署工作,行政政策措施要与法律条文相统一,有利于法律的实施和法律责任的落实,让法律制度的牙齿有力地“咬合”,充分发挥法律的引领、规范、推动、保障作用。

(二)强化法定重点领域和重点问题的治理。

突出抓好城乡饮用水安全保障。各级政府要始终将保障饮用水安全作为头等大事来抓,2019年完成排查和整治县级及以上城市水源保护区内的违法违规问题。2020年底前,单一水源供水的地级及以上城市基本完成备用水源或应急水源建设。定期调查评估集中式地下水型饮用水水源补给区等区域环境状况。依法强化饮用水安全保障全过程管理,加快城镇供水管理机制改革,厘清监管责任,强化资金保障、技术支持和管理维护能力建设。依法定期监测、检查和评估饮用水水源、供水厂出水和用户水龙头水质等饮水安全状况,并向社会公开。

强化工业集聚区污染治理。各地要依据产业结构调整指导目录及相关行业污染物排放标准,制定并严格实施分年度的落后产能淘汰方案,依法淘汰落后产能,加快清理整治“散乱污”企业。2020年底前,完成省级及以上工业集聚区配套管网、污水集中处理设施建设,严格监管工业企业污水排放。依法严查各企业废水预处理、污水与垃圾集中处理、在线监测系统等设施是否达到要求,列出不符合要求的集聚区清单并提出限期整改计划,对于渗漏、偷排行为要依法严惩。

加快补齐城镇污水管网建设短板。以提升城市生活污水收集效能为重点,加快实施城镇污水处理提质增效三年行动方案,补齐城中村、老旧城区和城乡结合部污水管网等设施短板,尽快实现污水管网全覆盖、全收集、全处理,到2020年全国县城和重点镇具备污水收集处理能力。尽快公开发布城市生活污水集中收集率指标,实现污水处理厂进出水浓度指标数据共享。加快污泥处理处置设施建设和达标改造,2020年底前地级及以上城市污泥无害化处理处置率达到90%以上。加大黑臭水体治理力度,到2020年地级以上城市建成区黑臭水体消除比例达到90%以上。

因地制宜推进农业和农村水污染防治。强化村镇人居环境综合整治的统筹规划,推动城镇污水处理设施和服务向农村延伸,到2020年农村人居环境明显改善,村庄基本干净整洁有序,东部地区、中西部城市近郊区等有条件的地区农村生活污水处理率明显提高。鼓励分散居住农村因地制宜选择生活污水治理实用技术、设施设备和处理模式。指导各地制定农村生活污水处理排放标准,探索建立农村污染治理设施运行资金保障机制,推进农村污水垃圾处理设施长期稳定运行。严控化肥农药过量使用,到2020年化肥农药使用量实现零增长,化肥利用率提高40%。严格畜禽规模养殖监管,对规模以上畜禽养殖场依法实施排污许可制度。到2020年全国畜禽粪污综合利用率达到75%以上,规模养殖场粪污处理设施装备配套率达到95%以上。

强化船舶水污染防治。依法强制报废超过使用年限的船舶,加快推进现有船舶达标改造,加强船舶污染物接收、转运及处理处置能力建设,将港口、船舶修造厂环卫设施、污水处理设施纳入城市设施建设规划,提高含油污水、化学品洗舱水等接收处置能力。建立完善船舶水污染物分类管理,加强对船舶污染防治设施运行的监督检查,严厉打击非法转移处置船舶水污染物的行为。2020年底前,出台400吨以下的船舶水污染防治具体办法。加快垃圾接收、转运和处理处置设施建设,2020年底前完成位于内河的港口、码头、装卸站及船舶修造厂配套治污设施建设。

(三)坚持系统治污,依法构建水环境治理体系。

推进生态文明体制改革措施落地见效。2019年底前,出台生态环保领域中央与地方财政事权和支出责任划分改革方案。2020年完成覆盖所有固定污染源的排污许可证核发工作,有效衔接环境影响评价、污染物排放总量控制、环境监测、环境质量考核等制度,严格证后监管,强化信息公开。国家建立河(湖)长差异化绩效考核评价体系和反映地方实际、激励相容的水污染治理绩效评价考核机制,加强对市县级政府落实水污染防治法律责任的业务培训和监督检查,打通“最后一公里”,力戒形式主义、官僚主义。2019年底前,研究制定河湖生态用水确定和保障有关政策,核实河湖生态流量,确定监管措施,切实推动各地改善流域生态用水条件,保护和修复流域生态系统。建立健全水环境保护联防联控和生态补偿机制,正确处理干流与支流、上游与下游、左岸与右岸、地表水与地下水保护的关系,统筹推进水污染防治、水生态保护和水资源保护。

加强政策协同。各级政府要加大对水污染防

治的资金投入,优化财政资金分配机制。加强污染防治价格、财税、信贷、债券等有关政策供给和协调,在环境高风险领域建立环境污染强制责任保险制度,优化生态环境高质量发展考核评价体系,提高基本公共服务供给效率,调动和保护地方开展水污染防治工作的积极性和主动性。

创新监管方式,提高监管效能。深化省以下生态环境机构监测监察执法垂直管理制度改革,加强市县级执法队伍和能力建设,鼓励具备条件的乡镇(街道)及工业园区配备必要的生态环境监管力量。全面推行智慧监管,探索实行"互联网+监管"等模式,逐步推广无人机、遥控船、特种机器人等智能监控技术。

(四)依法强化水污染防治科技支撑。

强化标准对水污染防治工作的引领和导向作用。加快推进标准制修订工作,加大相关投入,强化环境基准、环境监测、人体健康风险评估等标准基础研究,修订完善地表水环境质量标准和海洋环境质量标准。2020 年底前,完成生活饮用水卫生标准、污水处理厂排放标准和有关工业行业污染物排放标准制修订工作。鼓励和推动各地区因地制宜、依法制定差别化的地方标准,环境容量较小、生态环境脆弱、环境风险高的地区要执行污染物特别排放限值。

加强水污染防治统计监测体系的建设。加大各级政府基建投资、预算内投资等财政性资金对统计监测等基础能力建设的支持力度。加快完善包含污水收集率在内的城镇污水处理统计体系,确保城乡污水处理统计数据的真实性和可靠性,最大限度地减少地下水、雨水入渗对污水收集效能统计的影响。构建"天地一体、点线面结合"的立体水环境监测体系,提升饮用水水源水质全指标监测、水生生物监测、地下水环境监测、化学物质监测及环境风险防控技术支撑能力。对重要饮用水水源地、产业转移园区和重大风险源下游等环境敏感断面加密监测,加大重点污染源监督性监测密度。

加强科技支撑。深化重点流域重点湖泊污染机理研究,聚焦重点行业废水深度处理、生活污水低成本高标准处理、饮用水微量有毒污染物处理等领域,开展联合技术攻关。2019 年底前,分类推广一批饮用水安全保障、城市污水处理和雨水收集利用、污泥处理处置和资源化利用、再生水安全回用、工业废水治理、农村污水垃圾处理、船舶污水治理、流域生态保护和修复等先进适用技术,全面提升水污染防治工作的科学化、精细化和信息化水平。

(五)依法推动形成政府企业公众共治的合力。

防治水污染、保护水生态是全民行动,是全社会的共同责任。各部门各单位各方面都要认真贯彻实施水污染防治法,积极行动、主动作为,在全社会增强法治意识、生态意识、环保意识、节约意识,形成政府引领绿色发展,企业加快生态转型,公众践行低碳生活,崇尚生态文明、依法保护生态环境的良好氛围。各类企业要牢固树立法治意识,切实担负起防治污染的主体责任。社会公众要积极参与水污染防治工作,坚决拿起法律武器与水污染等破坏生态环境的行为作斗争。

打好碧水保卫战,人大承担着应有的职责。我们要紧密团结在以习近平同志为核心的党中央周围,全面实施水污染防治法,以法律武器、用法治力量助力生态文明建设,使全面建成小康社会得到人民认可、经得起历史检验,以优异成绩迎接中华人民共和国成立 70 周年!

以上报告,请审议。

在水污染防治法执法检查组第一次全体会议上的讲话

(2019 年 3 月 25 日上午)

栗战书

同志们:

开展水污染防治法执法检查,是全国人大常委会贯彻落实党中央决策部署、助力污染防治攻坚战的具体行动,也是常委会 2019 年监督工作的重中之重。今天我们召开执法检查组第一次全体会议,正式启动这项工作。

刚才,王勇同志代表国务院介绍了贯彻实施水污染防治法的情况和下一步工作考虑,全国人大环资委高虎城同志介绍了前期工作情况和检查工作安排，生态环境部、住房和城乡建设部、水利部、农业农村部的负责同志作了发言，发展改革委、科技部、工业和信息化部、财政部、自然资源部、交通运输部、卫生健康委和最高人民法院、最高人民检察院提供了书面材料，大家还观看了长江经济带生态环境警示片。国务院及其有关部门和“两高”对这次检查高度重视，从各自职责和工作角度，介绍了法律的贯彻实施情况，这对搞好这次执法检查很有帮助。下面，结合大家讲的情况，我讲三点意见。

一、深刻认识、准确把握这次执法检查的重要意义和目标任务

党的十八大以来，以习近平同志为核心的党中央从全面建成小康社会、实现中华民族永续发展的战略高度，统筹生态文明顶层设计和制度体系建设，谋划开展了一系列根本性、开创性、长远性工作，引领和推动我国生态环境保护发生历史性、转折性、全局性变化，取得了历史性成就。去年5月18日，中央召开全国生态环境保护大会，习近平总书记发表重要讲话，深刻回答了新时代生态文明建设和生态环境保护一系列重大理论和实践问题，确立了习近平生态文明思想，为推进生态文明、建设美丽中国提供了强大思想武器。今年3月5日，习近平总书记参加十三届全国人大二次会议内蒙古团审议时，就生态文明建设再次发表重要讲话，强调在“五位一体”总体布局中生态文明建设是其中一位，在新时代坚持和发展中国特色社会主义基本方略中坚持人与自然和谐共生是其中一条基本方略，在新发展理念中绿色是其中一大理念，在三大攻坚战中污染防治是其中一大攻坚战；强调要保持加强生态文明建设的战略定力，不能因为经济发展遇到一点困难，就开始动铺摊子上项目、以牺牲环境换取经济增长的念头；在我国经济由高速增长阶段转向高质量发展阶段过程中，污染防治和环境治理是需要跨越的一道重要关口；我们必须咬紧牙关，爬过这个坡，迈过这道坎。这些重要论述，是习近平生态文明思想的新发展，体现了党中央毫不动摇加强生态文明建设的强大决心，为我们做好这次执法检查提供了指引和遵循。我们要坚持以习近平新时代中国特色社会主义思想为指导，深入学习贯彻习近平生态文明思想和党中央决策部署，从人大工作角度推动各国家机关和全社会加强生态文明建设，打好污染防治攻坚战，走出一条以生态优先、绿色发展为导向的高质量发展新路子。

在污染防治攻坚战中，碧水保卫战是必须啃下的一块硬骨头。以习近平同志为核心的党中央高度重视水环境保护和水污染防治。2015年2月，中央政治局常委会会议审议通过了水污染防治行动计划（“水十条”）。2018年4月，十九届中央财经委员会第一次会议，提出了打好污染防治攻坚战的七大标志性重大战役，其中城市黑臭水体治理攻坚战、渤海综合治理攻坚战、长江保护修复攻坚战、水源地保护攻坚战、农业农村污染治理攻坚战等五场标志性战役与水污染防治密切相关。2018年6月，中央出台关于全面加强生态环境保护坚决打好污染防治攻坚战的意见，对着力打好碧水保卫战作出全面部署。在党中央领导下，经过全国上下持续努力，碧水保卫战取得重要进展。目前，长江、黄河等重点流域区域水污染治理加快推进，大江大河干流水质稳步改善，水源地保护持续加强。2018年，全国地表水优良（Ⅰ—Ⅲ类）水体比例增加到71%，城市污水处理率达到94.7%，还对2.5万个建制村进行了环境综合整治。同时也要看到，过去多年高增长积累的水污染问题，具有复合型、综合性、难度大的特点，解决起来绝非一朝一夕之功，稍有松懈就有可能出现反复。一些地区存在水环境质量差、水生态受损严重、环境隐患突出等问题，水生态环境状况与党中央的要求、人民群众的期待还有差距。这次执法检查，就是要从人大工作角度推动落实党中央关于水环境保护和水污染防治的各项决策部署。

二、抓住重点，以点带面，推动水污染防治法及有关环境法律的全面有效实施

去年，常委会制定土壤污染防治法，检查大气污染防治法、海洋环境保护法实施情况，听取审议3个生态环保方面的报告，并且作出专门决议。今年，常委会安排了原子能法、资源税法、固体废物污染环境防治法、森林法、长江保护法等5个立法项目，计划检查水污染防治法、可再生能源法实施情况，听取审议国务院关于2018年度环境状况和环境保护目标完成情况、财政生态环保资金分配和使用情况等报告。作出这些安排，就是要围绕党中央决

策部署，年年有重点，年年不间断，综合运用立法、监督手段，持续发力，更好助力经济社会发展和改革攻坚任务。

现行水污染防治法是1984年制定的，先后经过1996年、2008年和2017年三次修改。特别是2017年的修订，贯彻习近平生态文明思想和党中央关于推进生态文明建设的新要求，与环境保护法和“水十条”相衔接，责任更加明确，重点更加突出，监管更加全面，惩处更加严格，对于防治水污染、保护水资源、保障水生态安全发挥了重要作用。这次执法检查，是对修订后的水污染防治法实施一年多来的情况首次开展检查，检查中要把握好以下几点。

一要重点检查发展理念和发展方式的转变情况。绿水青山就是金山银山，这是习近平生态文明思想的重要理念，也是水污染防治法所秉持的根本原则。党中央作出推动长江经济带发展的重大决策后，不少地方以为这是新一轮大开发。2016年1月，总书记在重庆座谈会上明确提出“要把修复长江生态环境摆在压倒性位置，共抓大保护，不搞大开发”，掷地有声、振聋发聩，扭转了“大上项目、铺大摊子”的冲动。水污染防治，首先是个发展理念的问题。这次执法检查要检查各地区各部门贯彻新发展理念，统筹经济发展和生态环境保护，推进生态优先和绿色发展等方面的情况，推动从根本上解决水污染问题，推动生态环境质量持续改善。借助这次执法检查，督促和引导各地转变经济发展方式，促进产业结构调整，减少污染物排放总量，从源头上解决污染问题，搞好流域性、区域性、系统性的治理。

二要重点检查地方政府法定职责落实情况。生态环境保护和污染防治，关键在于领导干部是不是真重视，关键在于政府责任是不是真落实。2017年修订的水污染防治法，强化了地方政府在水污染防治中的责任。比如，第4条增加规定，地方政府对本行政区域的水环境质量负责，应当及时采取措施防治水污染。第17条增加规定，水环境质量未达标的市、县级政府应当制定限期达标规划，报上一级政府备案，并向社会公开。第18条增加规定，市、县级政府每年在向本级人大或者常委会报告环境状况和环境保护目标完成情况时，应当报告水环境质量限期达标规划执行情况，并向社会公开。第20条增加规定，国家对重点水污染物排放实施总量控制制度，要求地方政府完成国家下达的控制指标，没有完成的要约谈，约谈情况应当向社会公开。此外，在水污染防治的标准规划、监督管理、事故处置等方面，也都明确了地方政府的职责。这次检查，要聚焦地方政府履行法定职责的情况，了解防治效果和限期达标情况，了解依法向社会公开的情况，了解严格落实法律责任、依法追责问责情况，切实推动地方政府把水污染防治法规定的领导责任、监管责任、工作责任、法律责任落到实处。

三要重点检查法律制度特别是新规定新举措的贯彻实施情况。保护生态环境必须依靠制度、依靠法治。去年开展大气污染防治法执法检查时，我们提出，法律的每一项制度和要求都具有法律效力，制定一部法律，就要把法律用起来，让法律的牙齿“咬合”，让法律发挥出其应有的作用。2017年修订的水污染防治法建立完善了一整套水污染防治的新制度。比如，在加强流域水污染联合防治与生态保护方面，第5条规定，省、市、县、乡建立河长制，分级分段组织领导本行政区域内的水资源保护、水域岸线管理、水污染防治、水环境治理等工作。在水污染防治监督管理方面，第25条、第32条规定了水环境质量监测和水污染物排放监测、有毒有害水污染物名录和风险管理等制度。在重点领域水污染防治方面，第45条、第52条、第59条、第61条、第62条，就完善工业废水集中处理、农村污水和垃圾处理设施规划建设、船舶排放和规范作业等作出了明确规定。在饮用水安全保障方面，第69—72条增加水源污染风险调查评估、应急水源和备用水源建设、区域联网供水和规模集中供水等内容，等等。要重点围绕这些法律规定的重要制度执行得严格不严格、落实得到位不到位，人大代表怎么看，社会效果怎么样，群众反应怎么样，真正把情况搞清楚，把法律制度的刚性约束作用发挥出来，让法律成为不可触碰的“高压线”。

三、精心组织，切实增强执法检查的针对性和实效性

本届常委会履职以来，已经开展了6次执法检查。要认真总结好的做法，在增强实效上下功夫，确保这次执法检查取得实实在在的效果。

一要严格依法履行职责。执法检查的过程就是监督的过程，必须严格，否则就是缺位和失职。检查组要切实担负起法定职责，敢于动真碰硬，该曝光的曝光，该点名的点名，真正形成监督的压力，推动各国家机关全面有效实施法律。坚持以法律为依据为准绳开展监督，通过准确、翔实的案例和数据说明法律实施和开展工作的实际情况，不能把

属于法律范畴的问题一般化、行政化，不能把违法行为视为一般性的工作失误，充分体现出人大监督的特点。

二要坚持问题导向。全面准确了解法律实施情况，但又不是眉毛胡子一把抓、面面俱到。注意对照法律查找和分析问题，善于发现那些影响法律实施、制约工作发展、损害群众利益的突出环境问题和带有普遍性的典型问题。比如，去年常委会审议“十三五”规划纲要实施中期评估报告，一些组成人员指出，地表水劣Ⅴ类水体比例下降的进展低于预期，2018年仅降到6.7%，要实现2020年降到5%以下的约束性目标难度不小。饮用水安全关系群众切身利益，党中央高度关注，人大代表普遍关心，社会各界反映强烈。这次检查，要把饮用水水源地安全作为检查的一个重点。农村水污染治理，是广大农民群众的共同期盼。今年习近平总书记参加河南代表团审议时，对李连成代表提出的“想改变村里脏乱差的面貌，实现天蓝地绿水美的环境梦”给予高度重视和充分回应。这方面的问题也是我们检查的一个重点。还有，城市黑臭水体、流域水生态系统退化等问题，都要作为重点来检查分析、推动解决。

三要探索有效的工作方式方法。这次执法检查在以往工作基础上，进行了一些工作上的探索创新。下午要召开一次专家评估座谈会，听取研究机构和专家的意见，引入第三方力量，为执法检查提供技术支撑和专业参考。要进一步改进暗访暗查方式，增加随机抽查比例，完善重点污染源“清单式”抽查。这次检查委托了23个省（区、市）人大常委会对本行政区域的水污染防治法实施情况开展自查，这是执法检查的一部分。希望自查的省级人大常委会加强组织领导，确保检查实效，一定不能走过场。总之，要通过不断完善工作方式方法，使人大执法检查更具力度、更有实效。

四要严格执行中央八项规定和实施细则精神。坚持求真务实、不务虚功，深入基层一线了解实际情况，听取基层声音，坚决反对形式主义和官僚主义。到地方检查要轻车简从、厉行节约，严格执行各项标准，努力把对地方的负担和影响减到最小。检查组成员和工作人员都要以饱满的精神状态和良好的工作作风投入执法检查工作，集中精力、精益求精，加强同有关部门和地方的沟通协调，努力提高工作质量和效率。

此前，全国人大环资委会同有关部门做了比较充分的准备，开展了深入细致前期调研，提供了大量参阅资料，今天会上已经发给了大家。请检查组的同志认真研究。

最后，我对国务院及有关部门、最高人民法院、最高人民检察院和有关方面对这次检查的高度重视、积极配合，对全国人大代表、地方各级人大常委会给予的大力支持，表示衷心感谢。希望大家共同努力，认真做好这次执法检查，为助力打好碧水保卫战、打好污染防治攻坚战作出贡献。

《中国人大》2019年第7期

在水污染防治法实施情况专家评估座谈会上的讲话

（2019年3月25日下午）

栗战书

同志们：

刚才，各位专家分别从各自专业角度就水污染防治法实施情况评估作了发言，深入浅出，讲得很好，听后很受启发。检查组的同志与专家们进行了座谈交流。在此，我代表全国人大常委会、代表水污染防治法执法检查组向各位专家学者、向中国工程院表示衷心感谢！

党的十八大以来，以习近平同志为核心的党中央高度重视生态文明建设，开展一系列根本性、开创性、长远性工作，系统形成了习近平生态文明思想，推动生态环境保护发生历史性、转折性、全局性变化，我国生态环境质量持续改善，取得了历史性成就。同时也要看到，生态环境保护形势依然相当严峻，主要污染物排放总量超过环境容量，一些河流、湖泊、海域污染严重，城乡存在大量黑臭水体，新型污染源也日益增多。在我们这样一个近14亿人口的大国，走出一条生态优先、绿色发展为导向的高质量发展新路子绝非易事，是我们必须担负的历史使命和重要任务。

全国人大常委会把水污染防治法执法检查作为今年监督工作的重中之重,就是要推动各地区各部门和全社会深入学习贯彻习近平生态文明思想,全面落实党中央关于水环境保护和水污染防治的各项决策部署,打好碧水保卫战,进而推动打好整个污染防治攻坚战,补齐生态环境质量这块短板,使全面建成小康社会得到人民认可、经得起历史检验。

为了搞好这次执法检查,我们在以往工作实践的基础上,又开展了一些新的探索,比如增加随机抽查比例、完善重点污染源“清单式”抽查等。这次委托中国工程院对法律实施情况开展评估,就是其中一项重要创新举措。在立法工作中,全国人大常委会已经多次开展立法前评估、后评估。在执法检查中引入第三方对法律实施情况和效果开展评估,这对常委会监督工作来说还是第一次。探索开展这项工作,主要有以下几点考虑:

一是增强人大监督工作的科学性、专业性。监督“一府一委两院”工作是宪法法律赋予人大常委会的重要职责。“一府一委两院”工作包罗万象,有些工作的专业性很强。人大常委会、专门委员会和人大代表中虽然有不少专门人才,但力量和技术支撑还是有限。人大机关干部的专业知识又主要集中在法律、经济、政治、公共管理等方面,在生态环境等自然科学领域的专业基础相对薄弱。长期以来,人大监督工作主要还是集中在定性分析、价值判断的层面,定量分析、数理评判很少。这次我们借用专家的知识和智慧,为执法检查提供技术支撑和专业参考,就是要更多采用数据化、精准化的监督方式,推动人大监督工作提质增效。

二是提高人大监督工作的客观性、权威性。人大和“一府一委两院”都是国家机关。机关工作人员看事情、想问题,一般都是从各自单位的角度出发,难免有主观、不全面之处,有时候还容易产生思维定势。人大开展监督工作经常要听取部门汇报,其中也可能有部门利益的干扰。我们总说立法工作要防止部门利益化倾向,监督工作同样如此。引入第三方开展评估,可以用更加客观、中立的视角,去审视、评价法律实施情况和各地区各部门工作,使人大监督更有力度、更具权威。

三是通过监督和评估促进法律进一步完善。在执法检查中引入第三方评估,既是对人大监督工作的有益补充,也是检验法律制度是否完善、推动提高立法质量的有效方式。通过第三方机构系统、客观、中立的评估,可以从整体上了解和掌握法律本身有什么欠缺或不完善,为修改完善法律提供参考借鉴。从这个意义上讲,就是把监督工作和立法工作更加有效地结合起来,使两者有机融合、相互促进。

全国人大常委会对这次水污染防治法实施情况评估工作高度重视,委托了作为中国最高权威学术机构的中国工程院承担,邀请了100多位专家参与,其中有22位院士,阵容很强大,水平也很高。目前,评估专家组已经做了大量深入细致的工作,形成了阶段性成果。希望在后续评估工作中,进一步聚焦法律规定这个重点,围绕水污染防治标准规划、饮用水安全保障与地下水环境保护、水污染防治措施、水污染防治监管等方面,认真梳理问题,深入剖析原因,加强数据资料收集和实证案例分析,提出有针对性和可操作性的意见建议。执法检查组将认真研究评估报告,充分吸纳专家组和各位专家的评估意见,把评估结果运用到执法检查中,进一步提高检查的科学性、专业性、系统性和针对性。人大监督工作将继续积极探索新的有效方式,更加注重引入第三方力量,广泛听取各方面意见建议,并在实践中逐步完善相关工作机制,不断增强监督实效。

《中国人大》2019年第7期

在四川开展水污染防治法执法检查期间有关讲话要点

栗战书

4月8日至11日,栗战书委员长率全国人大常委会执法检查组在四川检查水污染防治法实施情况期间,主持召开3个座谈会,分别同地方政府及相关部门负责人、企业负责人和基层执法人员、地方人大常委会负责人和部分各级人大代表进行座谈交流并发表讲话。现将栗战书委员长在3个座谈会上的讲话要点汇总整理如下。

开展水污染防治法执法检查,是全国人大常委会贯彻落实党中央决策部署、助力污染防治攻坚战的具体行动,也是常委会2019年监督工作的重中之重。这次执法检查严格对照水污染防治法法律条文进行,突出检查各级政府及监管、执法、司法部门和企业等落实法定责任情况。从这几天检查了解的情况看,四川省委、省人大常委会、省政府高度重视生态环境保护和水污染防治工作,认真贯彻执行水污染防治法等生态环保法律法规,召开全省生态环境保护大会、河(湖)长工作推进会,发起黑臭水体治理、长江保护修复,饮用水水源地问题整治等“八大战役”,实施发展绿色循环经济“五大行动”,强化岷江、沱江、嘉陵江等重点领域排放控制和环境治理。去年四川省水质优良比例达到88.5%,10个出川断面全部达到国家考核标准,地表水环境质量是十年来最好的。同时也要看到,四川在水污染防治方面还存在一些短板和薄弱环节。比如,大部分的化工企业集中在长江、沱江、岷江沿线,环境风险隐患突出;部分市、县生活污水处理设施运行不正常;九曲河、江安河、醴泉河等支流水质长期处于劣Ⅴ类。检查组有一个暗访小组,已经了解到你们一些好的做法和经验,也查出了一些问题。你们省里组织的水污染防治专项执法检查也发现了122个问题。在执法检查组第一次全体会议上,我们看了长江经济带生态环境警示片,片中曝光的一些水污染事件触目惊心,其中有好几起就发生在四川。对这些问题要高度警醒、高度重视,继续加大力度予以解决。

通过几天来的检查、座谈,我们了解了水污染防治法实施的情况、取得的成绩、存在的问题,听到了许多好的意见建议,很受启发,也有了更深入的思考。这里,我简要讲几点意见。

第一,要深入学习贯彻习近平生态文明思想和新发展理念,切实转变发展方式

党的十八大以来,以习近平同志为核心的党中央高度重视生态环境保护和生态文明建设,谋划开展了一系列根本性、开创性、长远性工作,引领我国生态环境保护发生历史性、转折性、全局性变化,取得历史性成就。这方面大家都深有体会。今年3月5日,习近平总书记参加十三届全国人大二次会议内蒙古代表团审议时,再次就生态文明建设发表重要讲话,强调要保持加强生态文明建设的战略定力,不能因为经济发展遇到一点困难,就开始动铺摊子上项目、以牺牲环境换取经济增长的念头;在我国经济由高速增长阶段转向高质量发展阶段过程中,污染防治和环境治理是需要跨越的一道重要关口;必须咬紧牙关,爬过这个坡,迈过这道坎,探索出一条以生态优先、绿色发展为导向的高质量发展新路子。总书记的重要讲话是对内蒙古讲的,实际上是对全国的要求。我们要以习近平新时代中国特色社会主义思想为指导,全面贯彻习近平生态文明思想和党中央决策部署,提升政治站位,保持战略定力,把贯彻新发展理念、转变发展方式作为污染防治的治本之策,下决心走出一条生态优先、绿色发展为导向的高质量发展新路子。

我国是一个水资源匮乏的国家,水污染加剧了水资源的短缺。水污染防治同其他各类污染防治一样,首先是发展理念、发展方式的问题。大家都说到“黑臭在水里,根子在岸上”。过去我们为了追求发展速度,有时候确实不太注重生态环境保护,甚至牺牲生态环境换取高速增长。在当时历史条件下以扩大经济总量、增加社会财富为重是必要的,但是现在已经处于转折和跨越的关口。要认识到发展必须坚持生态优先。如果把生态环境都破坏了,那就把人类赖以生存的自然基础破坏了,发展既不可能也就没有意义、难以为继了。对于现有的那些破坏生态环境的项目,该关停的就要关停,能治理的加快治理,切实把对生态环境的影响降到最低。新建项目,法律明确禁止的坚决不能上,环境、土地、规划等部门都不能开口子、搞变通。

目前,四川产业结构偏重、产业布局不合理的状况还比较突出,全省能源、化工、原材料等企业占工业比重近70%。水污染防治法在淘汰落后工艺和设备、禁止新建重污染生产项目、推动企业采用清洁工艺等方面作了一系列重要规定,希望四川认真落实,在调整经济结构、优化产业布局上用心思、下功夫,从源头上使污染物排放大幅降下来,水环境质量才能明显好上去。

第二,发挥法治威力,用法律武器治理水污染、保护水生态

治理一个国家、一个社会,关键是要立规矩、讲规矩、守规矩。法律是党的主张和人民意志的集中统一,是治国理政最大的规矩,是社会共同遵守的最大公约数。制定或修改一部法律,就是要把规矩立起来,让法律制度的牙齿“咬合”,充分发挥法律的规范、引领、推动、保障作用。保护生态环境,必须依靠法治、遵循法律。

2017年全面修改的水污染防治法,贯彻习近平生态文明思想和党中央关于推进生态文明建设的部署要求,与修改后的环境保护法和水污染防治行动计划(“水十条”)相衔接,由92条扩充到103条,建立完善了一整套水污染防治的新制度。这些制度规定是对水污染防治和水生态保护工作实践、经验规律的深刻总结，是经过深入调研、反复论证、广泛凝聚共识才写入法律的，每一条都有很强的针对性和可操作性，对水污染防治的方方面面都提出了具体、严格的法律要求，为水污染防治工作提供了最重要的依据和遵循，真正把这部法律的规定都落到实处，水污染防治工作就能取得事半功倍的效果。可惜，我们好多同志不明白这一点，把最有力的法律武器束之高阁，却在那里费九牛二虎之力做事倍功半的事情。

四川在学习贯彻水污染防治法等生态环境法律方面做了大量工作，成效明显。这次来检查，很深的一个体会是，省、市、县各级政府和有关部门都能自觉对照法律规定开展工作、查找问题，各个部门、企业汇报时都结合法律规定讲落实情况，人大代表在发言时都谈了对法律实施的认识和建议。但总体而言，许多地方和部门的法治意识还不够强，法律实施还是没有完全到位。一些领导干部对学习贯彻政策文件和上级部署要求比较重视，对学习贯彻法律法规不够重视，在工作中不知道或者想不到法律法规在这方面有规定要求，有的是知道了也没有认真执行。实际上，法律的威力和作用往往比领导干部的号召、比行政措施大得多、管用得多，因为法律具有不可更改、不可变通性，具有违者必惩的威严。各级政府及有关部门、国家机关工作人员一定要增强依法治污意识，自觉把水污染防治法学好用好，紧扣法律规定，一个条款一个条款对照落实，还要同步实施好水法、水土保持法、航道法、环境保护法等相关法律，用法律武器打好碧水保卫战。

第三，政府及有关部门要切实全面担负起水污染防治的法定职责

水污染防治法的贯彻实施主要靠各级政府及有关部门，法律实施效果好不好，关键在于政府责任是不是落实到位。法律对各级政府及有关部门在水污染防治中的职责作了明确规定，特别是强化了地方政府的责任。这些法定职责包括哪些方面工作，属于哪级政府哪个部门，涉及哪几条哪几款，要理清楚、做到位。

比如，在标准方面，国务院有关部门要制定国家水污染排放物标准，省级政府对国家未作规定的项目，可以制定地方标准，对国家已作规定的项目，可以制定更严的地方标准。在规划方面，县级以上地方政府都要制定本行政区域的水污染防治规划，水环境质量未达标的市、县级政府还要制定限期达标规划。在基础设施建设方面，县级以上地方政府要规划建设城乡污水处理设施及配套管网，提高本行政区域污水收集率和处理率。现在各地说到污水处理率，比例都很高，但很少提收集率。污水处理不仅要看处理率，更要提高收集率。管网建设不仅要努力做到全覆盖，更要做到全贯通、全利用。收集率低是普遍存在的问题。还有监督管理、行政执法，等等。这些都是水污染防治法明文规定的政府职责，各级政府和有关部门都要认真查一查做到了没有，依法强化考核问责，层层传导压力，把法律规定的各项职责切实履行好。

比如，法律规定的河长制在各地都建立起来了，但工作机制还得探索完善。领导干部担任河长的，必须切实负起责任，真得去抓河、管河，别光挂个名。河长不是只把河面看住就行，而是把这条河、这条河段的河里、岸上都管起来。各级河长要层层负责，统筹协调，加强全流域整体治理和河岸共同管理，同时要加强宣传教育，把社会各方面资源动员起来保护水资源和水生态。

第四，要突出水污染防治和水生态保护的重点

水污染防治法在全面规范水污染防治和水生态保护工作的同时，突出了防治和保护的重点。法律第四章单列了四节，分别对工业水污染、城镇水污染、农业和农村水污染、船舶水污染等四个方面的防治措施作了系统规定。对饮用水水源和其他特殊水体保护、水污染事故处置设了两个专章进行规定。这几个部分合计 36 条，占到整部法律 103 条的三分之一强，是水污染防治法的核心内容，也是防治和保护工作的重点领域和关键环节。必须牢牢抓住，以点带面，持续发力，确保法律规定落到实处、发挥功效。

比如，我们去泸州港集装箱码头进行了检查，工作做得是不错的，但不能掉以轻心。船舶主要是油污、生活垃圾等污染物可能直接排放到江水中，法律专门有一节对船舶污染防治作出明确规定，要一条一条对照执行，哪怕有一条没有做到也不行。

还有，饮用水安全直接关系到千百万人的生命健康，人民群众十分关注，特别是饮用水水源地的保护要格外重视。你们有些饮用水水源地设在长江上或其他江上，是流动的水源，要加强风险评估，制定应急预案。风险分析不能只考虑取水口周围，要从上游算起，对于可能发生的污染有多少种、都是什么情况、如何应对等要搞清楚，应急预案要准备充分，备用水源要提早安排。从水源地保护、取水、处理、供水到水龙头出水，都要严格管理、加强检测。老百姓每天都要喝水，一定要确保饮用水绝对安全。

第五，地方人大及其常委会要为打好碧水保卫战贡献更大力量

法律是着眼于全局制定的，是在全国范围内适用的普遍性规则，不可能对各地不同情况作出事无巨细的规定。这就需要各地方结合实际制定配套法规，织密法律制度体系，保证法律有效落实。地方立法切口小、针对性更强、要求更明确，立法空间很大。近年来，有立法权的地方人大都把加强生态环保领域立法作为工作重点。去年全国人大常委会开展大气污染防治法执法检查、作出相关决议后，31个省（区、市）人大常委会都有动作，有的新制定了大气污染防治地方性法规，有的对已有法规作了修改完善，还有的作出了相关决定，取得了很好的效果。水污染防治方面的地方立法也要加强。希望四川因地制宜做好相关地方立法工作，法律未作规定的事项，可以率先立法；法律已作规定的事项，可以作出更加精准细化、更具针对性和可操作性的规定。

保证法律法规有效实施，是人大及其常委会的重要职责。法律落实得不好，不光政府及相关部门有责任，人大及其常委会也有责任，有监督不力或监督失效的责任。人大不能立完法就不管了，要把宪法法律赋予的监督权用起来，促进依法行政、公正司法。2014年修订的环境保护法增加规定，县级以上政府每年向本级人大或者常委会报告生态环境状况和环境保护目标完成情况，重大环境事件要及时向本级人大常委会报告，依法接受监督。要认真执行这条法律规定，督促地方政府依法向人大常委会报告环保工作情况。人大开展执法检查、听取审议工作报告、进行专题询问时，要紧扣法律规定，敢于动真碰硬，在增强实效上下功夫，把法律制度的刚性约束作用发挥出来，让法律禁令成为不可触碰的“高压线”。

第六，监管部门要坚持依法监管、严字当头，强化全天候全流程全覆盖的监督管理

水污染防治法专门用一章13条规定了监督管理责任，对监管主体、监管对象、监管事项、监管方式都有明确要求。政府及有关部门一定要把这13条落实好。比如，要加强对建设项目的监管，保证水污染防治设施与主体工程同时设计、同时施工、同时投入使用。要对重点水污染物排放实施总量控制，对超出控制指标的地区，除了依法约谈政府主要负责人外，还要限制审批有关建设项目。要对企事业单位等生产经营者实行排污许可，明确排放水污染物的种类、浓度、总量和排放去向等要求，严格禁止无证排污。还要严肃认真做好水环境质量监测工作，科学设置监测点，加强在线监测特别是视频实时监测，及时掌握真实情况，发现问题或疑点要及时调查、督促整改，倒逼有关方面从根子上解决污染问题。总之，监督管理要做到全天候全流程全覆盖，力度要大，监管要严。

第七，执法部门、司法机关要把法律赋予的手段用足用好，严惩重处水污染违法犯罪行为

水污染防治法的法律责任一章，赋予了执法部门和司法机关有力的法律手段，除了罚款、停产整治、停业关闭、行政拘留等行政处罚措施外，构成犯罪的还要追究刑事责任。从执法检查了解情况看，一些地方在执法、司法中还存在失之于宽、失之于软的现象。比如，环境保护法和水污染防治法都规定了按日计罚制度，而现在很多地方只是一次性处罚。各地公安机关对违法排污的企业主管人员和直接责任人、相关人员依法处以行政拘留的也不多。对破坏生态环境行为判处实刑的很少。对造成水污染事故和大面积生态事件的，公益诉讼也需要加强。

基层一线的执法部门、司法机关及其工作人员，是代表国家、代表法律开展水污染防治工作，最严的执法就是对守法企业和群众最大的保护。要把法律赋予的职权充分运用起来，排除各种人情关系、利益关系的干扰，要形成严厉打击的高压态势，让违法犯罪者付出沉痛的代价。

第八，要提高水污染防治的信息透明度和公众参与度，让守护清水绿岸成为全社会的自觉行动

水污染防治、水生态保护是全民行动、全社会的行动。水污染防治法中有一系列关于信息公开的规定，明确要求必须公开的就有六条，包括第17条、18条、20条、32条、72条、79条等，还有未公开追究法律责任的规定，就是为了保障人民群众的知情权、参与权、监督权。现在一些地方还没有做到或者完全做到依法公开相关信息，社会公众很难参与进来。如果各方面都在制造水污染，只有政府防治水污染，那就形成“猫鼠关系”了。政府及有关部门要加强水污染防治法等生态环保法律的宣传普及，全面及时有效公布信息，让企业和社会公众了解污染防治工作进展情况和困难挑战，更好地履行生态环境保护法定权利和义务。还可以鼓励群众举报违法行为，通过这种方式调动群众参与积极性。政府、企业、公众要共同行动起来，增强法治意识、生态意识、环保意识、节约意识，拿起法律武器与水污染等破坏生态环境的行为作斗争，形成崇尚生态文明、保护生态环境的良好氛围。

第九，要发挥各级人大代表在水污染防治中的作用

人大代表工作、生活在人民群众当中，听到的声音多，了解的情况多，能够有针对性地发现问题、提出建议。在水污染防治中，要注重发挥人大代表的独特作用。一是耳目的作用。代表要多听多看多记，了解法律落实和工作开展情况，善于发现问题和不足，时刻记挂群众所思所忧所盼。二是渠道的作用。人大代表是党和国家联系人民群众的桥梁纽带，要把人民群众的愿望呼声和意见建议及时反映上来，同时要做法律和政策的宣传员，带动群众共同参与生态环境保护。有时候还要做一些解释、疏导工作。三是权力影响的作用。人大代表在审议相关法律法规案、参与监督工作时，要多贡献真知灼见，推动提升立法、监督工作水平；代表提出的议案、建议，人大常委会、政府和有关方面要高度重视、认真办理，推动改进工作、完善制度。要发挥好人大代表的这三个作用，助力水污染防治和生态环境保护工作。

第十，四川要坚持系统性、综合性、流域性的治理思路，筑牢长江上游生态屏障

习近平总书记关于山水林田湖草是一个生命共同体的观点对于四川来说具有特殊重要意义。生态环境是统一的自然系统，水生态和森林、草原、湿地等生态紧密联系，水污染防治同大气、土壤、固体废物等污染防治息息相关，干流与支流、上游与下游、左岸与右岸、地表与地下水环境相互影响，必须全面统筹、联防联治、整体改善。水污染防治法第 3 条、16 条、28 条、29 条等都体现了系统性、综合性、流域性的治理思路。四川在流域联防联治方面做得不错，比如赤水河的治理保护，同上游省份的关系处理得很好。要再接再厉，进一步落实好法律有关规定，努力达到系统治理的最佳效果。

习近平总书记和以习近平同志为核心的党中央高度重视、十分关心和关怀长江流域的生态保护。在我国的七大流域中，长江流域的水资源保护、土壤保护、环境要素保护，远非其他流域所能比。长江拥有占全国三分之一的水资源、五分之三的水能源储量以及丰富的水生生物资源，每年长江供水量超过 2000 亿立方米，供给沿江 4 亿多人生产生活用水。长江水生态受损严重，人们惊呼“长江病了”，长江作为特殊水体，必须予以特殊保护。2017 年修改的水污染防治法强化了对饮用水水源等特殊水体的保护，实际上长江、黄河等重要河流、湖泊也应当列为特殊水体，给以特殊保护。习近平总书记明确提出“要把修复长江生态环境摆在压倒性位置，共抓大保护，不搞大开发”，真可以说是振聋发聩、令人警醒，指明了长江经济带的发展方向，体现了总书记深邃长远的战略考量和掌舵领航的决断作用。四川是长江上游重要的生态屏障和水源涵养地，在党中央提出的长江经济带发展战略中，担负着维护国家生态安全的重要使命，大家要深入学习贯彻总书记关于长江大保护的重要论断，正确处理生态环境保护和经济发展的关系，不能割裂开来，更不能对立起来，在长江经济带发展中争做绿色发展、高质量发展的标兵，涉及长江的一切经济活动都要以不破坏生态环境为前提，为长江母亲河永葆生机活力作出更大贡献，在长江经济带发展中谱写美丽中国建设的四川篇章。

《中国人大》2019 年第 10 期

在水污染防治法执法检查座谈会上的讲话

（2019 年 6 月 3 日下午　南京）

栗战书

开展水污染防治法执法检查，是全国人大常委会贯彻落实党中央决策部署、助力污染防治攻坚战的具体行动，也是常委会 2019 年监督工作的重中之重。经过不懈努力，江苏水环境质量持续改善，国考断面水质优于Ⅲ类的比例近 70%，长江江苏段干流 10 个断面水质均为Ⅱ类，太湖水质由Ⅴ类改善为Ⅳ类，连续 11 年实现“确保饮用水安全、确保不发生大面积湖泛”。同时也要看到，目前全省水环境质量总体不高，到去年为止，有 10 条入江入海河流仍为劣Ⅴ类，太湖湖体总磷浓度高位波动，蓝藻防控形势严峻。检查组在北京观看了《长江经济带生态环境警示片》，其中也有一些江苏的问题，如长江流域存在的面源污染、岸线侵占、保护区破坏、化工围江、倾倒危废固废和码头运输风险等。总而言之，江苏水污染防治力度很大、成绩很大，但下一步工作的难度也很大，污染风险仍然较高，治水护水任务依然艰巨，不能有丝毫麻痹和松懈，要高度警醒、高度重视，以抓铁有痕的力度和持之以恒的决心，继续向前推进。

下面，我结合这次检查了解的情况，讲几点意见。

第一，要深入学习贯彻习近平生态文明思想，落实好总书记对江苏工作的指示要求

党的十八大以来，以习近平同志为核心的党中央高度重视生态环境保护和生态文明建设，谋划开展了一系列根本性、开创性、长远性工作，引领我国生态环境保护发生历史性、转折性、全局性变化，取得历史性成就。这方面大家都深有体会。今年 3 月 5 日，习近平总书记参加十三届全国人大二次会议内蒙古代表团审议时，再次就生态文明建设发表重要讲话，强调要保持加强生态文明建设的战略定力，探索出一条以生态优先、绿色发展为导向的高质量发展新路子。总书记的重要讲话是对内蒙古讲的，实际上是对全国的要求。大家也都进行了认真学习，要结合江苏实际抓好落实。

习近平总书记对江苏发展一直十分关心，对江苏走出一条以生态优先、绿色发展为导向的高质量发展新路子寄予厚望。2013 年 3 月，总书记参加全国人代会江苏团审议，引用“日出江花红胜火，春来江水绿如蓝，能不忆江南”的诗句称赞江苏美景，提出“深化产业结构调整、积极稳妥推进城镇化、扎实推进生态文明建设”三项重点任务，嘱托江苏要实施“碧水蓝天”工程，让生态环境越来越好，努力建设美丽中国。2014 年 12 月，总书记到江苏调研，提出努力建设“强富美高”的新江苏，环境美是其中重要一条。我理解，“强富美高”都与水环境质量密切相关。如果水污染了，经济强也不是真强；如果喝不上干净的水，百姓富也没有意义；如果到处污水横流，社会文明程度就谈不上高。2017 年 12 月，党的十九大后，总书记首次地方考察就选择到江苏，而且把建设生态文明作为重点关注的问题之一，专门考察了徐州贾汪区潘安湖采煤塌陷区，了解通过生态修复从“一城煤灰半城土”到“一城青山半城湖”的成功经验，强调要坚持走符合国情的转型发展之路，打造绿水青山，并把绿水青山变成金山银山。

江苏的山不多、水不少，集江河湖海于一体，六分之一的面积为水域，居全国各省（区、市）之首，有长江、淮河、京杭大运河等重要河流，有太湖、洪泽湖等知名湖泊，护水的任务重，特别是要保护好长江母亲河，千万不能让“母亲”受伤受害、流血流泪。江苏经济体量大、人口密度大、能源消耗大、开发强度大、产业结构偏重，单位国土面积主要污染物排放强度是全国平均水平的 4—5 倍，总体上还没有迈过环境高污染、高风险这道坎。总书记对江苏的指示要求，完全符合江苏省情，为江苏高质量发展指明了方向。希望你们深入学习领会、全面贯彻落实总书记的重要指示要求，把贯彻新发展理念、转变发展方式作为污染防治的治本之策，调优生态布局、调轻产业结构、调绿发展底色，从源头上减少污染排放，保护好生态环境。

第二，要全面实施水污染防治法，用好法律武器、发挥法治威力

本届全国人大常委会履职一年多来，通过执法检查等监督工作，我们越来越认识到法律的重要性，切身体会到法律的力量。法律是党的主张和人民意志的集中体现，是治国理政最大的规矩，是社会共同遵守的最大公约数，权威和效力都要比一般的号召、比一般措施大得多、管用得多。保护生态环境，必须依靠法治、遵循法律，让法律制度的牙齿有力地“咬合”，充分发挥法律的引领、规范、推动、保障作用。

水污染防治法是 1984 年制定的，先后经过 1996 年、2008 年和 2017 年三次修改。2017 年的全面修改，贯彻习近平生态文明思想和党中央关于推进生态文明建设的部署要求，与修改后的环境保护法和水污染防治行动计划（“水十条”）相衔接，由 92 条扩充到 103 条，建立完善了一整套水污染防治的新制度。这些制度规定是对水污染防治和水生态保护工作实践、经验规律的深刻总结，是经过深入调研、反复论证、广泛凝聚共识才写入法律的，每一条都有很强的针对性和可操作性，对水污染防治的方方面面都提出了具体、严格的法律要求，提供了最重要的依据和遵循。真正把这部法律的规定都落到实处，水污染防治工作就能取得事半功倍的效果。

对比去年的大气污染防治法执法检查，这次水污染防治法执法检查的一个明显感受是，政府、企业、公民的法律意识和法治思维越来越强，各有关部门都能自觉对照法律规定开展工作、查找问题，大家的发言都结合法律规定，都谈了对法律实施的认识和建议，这是全面依法治国深入推进的成果。我们要通过执法检查，推动各级政府及有关部门、国家机关工作人员进一步树立法治观念，增强依法治污意识，紧扣法律规定，一个条款一个条款对照落实，用法律武器打好碧水保卫战。

第三，政府及有关部门要把水污染防治的法定职责切实履行好

水污染防治法对各级政府及有关部门在水污染防治中的职责作了明确规定，特别是强化了地方政府的责任。法律实施效果好不好，关键在于政府责任是不是落实到位。政府要把水生态保护、水污染防治作为最基本的民生保障，纳入发展规划，加大投入力度，补齐过去生态文明建设的欠账。这些工作迟早要做，早做早好。国务院有关部门要制定国家水污染排放物标准，对国家未作明确规定的，省级政府可以制定地方标准，对国家已作规定的，可以制定更严的地方标准。县级以上地方政府都要制定本行政区域的水污染防治规划，水环境质量未达标的市、县级政府还要制定限期达标规划并向社会公开。县级以上地方政府要规划建设城乡污水处理设施及配套管网，提高本行政区域污水收集率和处理率。对监管主体、监管对象、监管事项、监管方式等都作出了明确规定，赋予了执法部门罚款、停产整治、停业关闭、行政拘留等有力的处罚措施，构成犯罪的还要由司法机关依法追究刑事责任。

江苏各级政府履行法定职责的总体情况是好的。我注意到，江苏加大了财政投入力度，在全国率先推进城乡统筹区域供水，开展长江经济带饮用水源地环境保护专项行动。进一步严格了相关行业的污水排放标准，在全国率先出台了钢铁、纺织等工业废水中有关污染物的地方标准，制定了长江、太湖、淮河三个重点流域以及地下水污染防治规划，实施了环保基础设施达标整治专项行动，依法严厉查处了“灌河口案”“辉丰案”等一批典型违法案件。河长制就发源于太湖治理。目前江苏共有省市县乡村五级河长 5.7 万余人，坚持因河施策、一河一策，真正把河面、河里、河岸都管起来了。

当然，政府责任也有落实不到位的地方。比如，污水管网系统不完善、收集率低，一些船厂、码头、企业占用长江岸线，监管水平有待提升，执法失之于宽、失之于软的现象依然存在，等等。国务院及有关部门、地方各级人民政府都要认真梳理各自的法定职责，理清这些职责包括哪些方面工作，涉及哪几条哪几款，主动查一查做了没有、做到位没有。监管部门要坚持依法监管、严字当头，强化全天候全流程全覆盖的监督管理。执法部门、司法机关要把法律赋予的手段用足用好，严惩重处水污染违法犯罪行为，真正形成高压、形成震慑。

第四，水污染防治要突出重点、抓住关键

水污染防治法在全面规范水污染防治和水生态保护工作的同时，突出了防治和保护的重点。法律第四章除一般规定外，还单列了四节，分别对工业水污染、城镇水污染、农业和农村水污染、船舶水污染等四个方面的防治措施作了系统规定。对饮用水水源和其他特殊水体保护、水污染事故处置设了两个专章进行规定。这几个部分合计 48 条，占到整部法律 103 条的近一半，是水污染防治法的核心内容，也是防治和保护工作的重点领域和关键环节。必须牢牢抓住，确保法律规定落到实处、发挥功效。

江苏是工业大省，全省规模以上工业企业 4.2 万家，60% 以上化工，70% 以上的钢铁、造船和燃煤机组集中在长江两岸。江苏是人口大省，常住人口 8000 多万，人口密度居全国各省之首。江苏是航运大省，内河航道 2.4 万多公里，占中国航道总里程的五分之一，沿海 25 个主要港口中，江苏有 5 个。江苏还是鱼米之乡，化肥农药使用、畜禽水产养殖以及农村污水垃圾造成的面源污染也不少。这些都对江苏生态环境保护构成了巨大压力。要严格执行法律规定的防治措施，一条一条对照落实，一项一项扎实推进。确保重点领域和关键环节不出问题，水污染防治也就成功了一大半。

第五，要充分发挥企业和公众在水污染防治中的作用，让守护清水绿岸成为全社会的自觉行动

防治水污染、保护水生态不能仅仅依靠政府，如果各方面都在制造水污染，只有政府防治水污染，那政府有再大的力量都不够用。各部门各单位各方面都要行动起来，政府引领绿色发展，企业加快生态转型，公众践行低碳生活，在全社会增强法治意识、生态意识、环保意识、节约意识，形成崇尚生态文明、保护生态环境的良好氛围。政府及有关部门要加强水污染防治法等生态环保法律的宣传普及，依法全面及时有效公布信息。比如，法律规定，县级以上人民政府应当至少每季度向社会公开一次饮用水安全状况信息，这关系到人民群众生命健康，要保证从水源、供水到水龙头出水水质的绝对安全和全过程公开。江苏省市县三级全部设立了"263"热线和微信公众号平台，鼓励群众投诉举报环境问题，2018年一年就受理了5000多件，整改解决了一大批群众身边的突出环境问题。要发动社会公众积极参与到水污染工作中来，调动广大人民群众积极性，拿起法律武器与水污染等破坏生态环境的行为作斗争。

第六，地方各级人大及其常委会要发挥职能作用，为打好碧水保卫战作出贡献

江苏水污染防治方面的地方立法力度很大，省级层面有关水污染防治的法规和决定就有20多件，而且大多切口小，一事一立，具体明确，有较强的针对性和可操作性。但要注意的是，人大不能立完法就不管了，要把宪法法律赋予的监督责任担起来，紧扣法律规定，坚持问题导向，敢于动真碰硬，在增强监督实效上下功夫，把法律制度的刚性约束作用发挥出来。人大代表要积极参与污染防治工作，深入了解法律落实和工作开展情况，积极反映人民群众的愿望呼声和意见建议，助力水污染防治和生态环境保护。

第七，要坚持系统性、综合性、流域性的治理思路，在长江大保护中加强协同、形成合力

生态环境是统一的自然系统，水生态和森林、草原、湿地等生态紧密联系，水污染防治同大气、土壤、固体废物等污染防治息息相关，上游与下游、干流与支流、左岸与右岸、地表与地下水环境相互影响，必须全面统筹、联防联治、整体改善。水污染防治法的很多内容都体现了系统性、综合性、流域性的治理思路，第8条规定建立健全水环境生态保护补偿机制，这是保障和促进跨区域、跨流域治理的一项重要制度安排，要认真学习研究、全面贯彻落实。

在我国的七大流域中，长江横跨中国东部、中部和西部三大经济区，流经11个省(区、市)，算上支流覆盖19个省(区、市)，流域面积180万平方公里，拥有全国三分之一的水资源、五分之三的水能源储量以及丰富的水生生物资源。江苏作为长江下游的经济发达地区，在本省全面推行水环境区域双向补偿，组织各设区的市签订了跨市生态补偿协议，协调开展苏皖跨界水环境补偿试点；完成南水北调东线治污工程100多项，供水水质稳定达到Ⅲ类标准，保障了"清水北送"。希望江苏再接再厉，在实践中继续探索，依法健全完善有关制度机制，加强与上游省份、周边省份的协调配合，努力达到系统治理的最佳效果，为保护母亲河作出更大贡献。

《中国人大》2019年第11期

在水污染防治法执法检查组听取受委托检查的省级人大常委会汇报会上的讲话

(2019年6月30日)

栗战书

水污染防治法执法检查是全国人大常委会2019年监督工作的重中之重，也是各级人大贯彻党中央决策部署、助力打好污染防治攻坚战的一次整体行动。执法检查组赴8个省开展检查，同时委托23个省(区、市)人大常委会对本行政区域的水污染防治法实施情况开展检查。检查组第一次全体会议邀请所有省(区、市)人大常委会负责同志参加。我当时讲，受委托检查是全国人大常委会执法检查的重要组成部分，要加强组织领导，确保检查实效，一定不能走过场。今天召开这个会，专门听取受委托检查的省(区、市)人大常委会负责同志汇报检查情况，在执法检查工作中还是第一次，是推动检查提质增效、确保不走过场的重要举措。

各位同志讲得都很好，情况介绍得很全面，思考很深入，问题找得很准，很多都是各地普遍存在的共性问题，建议提得也很有针对性，听了以后很受启发。对各地检查的情况，我们将认真梳理总结，纳入全国人大常委会的执法检查报告，在报告中充分反映。当然，各省区市也可作为你们组织的一次执法检查，提请省区市人大常委会审议。对检查中发现、总结的一些好的经验做法和意见建议，在今后的立法、监督等工作中研究吸纳。各地查找出的问题，本地能够解决的，地方人大要加强跟踪监督，推动有关方面尽快进行整改；属于全国人大常委会职权范围的，常委会将抓紧研究，采取措施切实加以解决；涉及国务院及有关方面的，全国人大有关专门委员会和工作机构要及时转交处理。

这次水污染防治法执法检查，各省（区、市）高度重视，工作抓得很紧很实，有不少创新做法，取得了较好的效果。地方党委特别是党委书记的重视程度是前所未有的，几乎所有的省区市委书记或作出批示，或开会动员，或亲自审定执法检查方案，或专门听取执法检查工作的汇报，有的担任人大常委会主任的书记同志亲自抓，担任执法检查小组组长亲自带队进行检查。在党委领导下，人大常委会紧扣法律规定，坚持问题导向，敢于动真碰硬，探索创新明暗结合、随机抽查、委托第三方评估等方式方法，深入查找影响法律实施、制约工作发展、损害群众利益的突出问题。一些地方提前对法律规定进行详细梳理，据此确定检查重点；一些地方对检查组成员专门进行法律培训；一些地方根据检查情况提出问题清单，即时交有关方面处理整改；有的地方还将突出问题在新闻媒体曝光，推动边查边改、立行立改；很多地方在检查中开展法律知识问卷调查，根据政府、企业、群众等调查对象的不同特点，有针对性地设计不同的问卷内容。

从检查和刚才汇报的情况看，各省（区、市）依法推进水污染治理、水环境改善、水生态修复，措施是很有力的，成效也是比较明显的。很多省份建立了水污染防治的领导机构或工作协调机构，逐级分解下达任务，签订水污染防治目标责任书，把水污染防治情况作为对领导班子和领导干部考核评价的重要依据，对水质改善滞后的地方及其负责人进行约谈，层层压实水污染防治的政治责任和法定职责。不少地方把转变发展方式、优化产业布局作为治本之策，以加强水污染防治为突破口倒逼企业转型升级，加快淘汰落后产能，从源头上防治水污染。一些地方严守生态保护红线，严格环境准入，对影响江河湖泊生态环境安全的建设项目"一票否决"，对生态敏感区实行保护性限批。很多地方利用现代信息技术构建全天候全流程全覆盖的水环境监管监测体系，有的地方将本地区大小流域全部纳入生态环境大数据云平台，实现全省流域水质"一张图"。还有不少地方探索建立了各类会商机制、协作机制、联防联控机制、生态补偿机制，努力实现系统性、综合性、流域性治理的最佳效果。这些工作和成绩，是各地方深入学习贯彻习近平生态文明思想、认真贯彻落实党中央决策部署和生态环保法律法规的重要成果，充分说明全国上下在打好污染防治攻坚战方面思想更统一、认识更深刻、工作更有力度。

同时也要看到，过去多年积累的水污染问题，具有复合型、综合性、难度大的特点，解决起来绝非一朝一夕之功，稍有松懈就有可能出现反复。一些地区和流域水环境质量差、水生态受损严重、风险隐患突出等问题依然存在。我国水资源本来就严重短缺，人均淡水资源量仅为世界平均水平的四分之一，水污染导致水质恶化，又进一步加剧了水短缺。习近平总书记深刻指出，"河川之危、水源之危是生存环境之危、民族存续之危。"下一步水污染防治和水生态保护工作如何推进，特别是各级人大及其常委会在碧水保卫战中应当发挥什么样的作用？这里，我讲三点意见。

第一，防治水污染、保护水生态，必须用好法律武器、发挥法治威力，让法律制度的牙齿有力地"咬合"。法律是党的主张和人民意志的集中体现，是治国理政最大的规矩，是社会共同遵守的最大公约数，具有违者必惩的威严，权威和效力都要比一般的号召和政策措施大得多、管用得多。通过这次水污染防治法执法检查，我再次深切体会到法律的力量。检查中发现，水污染防治工作开展得比较好的地方，往往就是法律落实比较到位的地方。各地在水污染防治工作中存在的一些突出问题，很大程度都与法律相关规定没有得到严格执行有关。刚才很多同志提到，标准和规划不完善不衔接、存在"一刀切"的问题，污水处理配套管网建设维护不足、收集率偏低的问题，农村化肥农药、畜禽养殖、污水垃圾量大面广、治理滞后的问题，饮用水水源地存在风险隐患的问题，相关部门职责不清、管理混乱的问题，监管执法失之于软、失之于宽的问题，等等。仔细找一找，水污染防治法针对这些问题都有相应规定。而且这些规定是经过深入调研、反复论证才写入法律的，是工作实践、经验规律的深刻总结，每一条都有很强的针对性和可操作性。只要把法律一个条款一个条款真正落到实处，水污染防治工作就能取得事半功倍的效果。

第二，人大及其常委会在水污染防治中担负着重要职责，要用好立法权和监督权，为打好碧水保卫战贡献更大力量。法律是着眼于全局制定的，是在全国范围内适用的普遍性规则，不可能对各地不同情况作出事无巨细的规定，这就需要各地方结合实际制定配套法规、抓好贯彻实施。近年来，有立法权的地方人大都把加强生态环保领域立法作为工作重点。很多地方都出台了综合性的水污染防治法规，不少地方还针对本地的特殊水体、重要流域或者防治工作中的重要领域、关键环节，制定了更加具体的专项法规。希望地方人大及其常委会进一步加强这方面的立法工作，充分发挥地方立法切口小、有特色、精准细化、可操作性强的优势，织密织牢水污染防治和生态环保法律制度体系。同时，人大不能立完法就不管了，要加大监督力度，增强监督实效，保证法律法规有效实施，把法律制度的刚性约束作用发挥出来。各级人大代表也要积极参与进来，深入了解法律落实情况，积极反映人民群众的愿望呼声和意见建议，助力水污染防治和生态环境保护。

第三，人大工作是一个有机整体，全国人大要密切同地方人大的联系，增强人大工作整体实效。这是习近平总书记、党中央提出的明确要求，也是做好新时代人大工作的一个重大课题。这次水污染防治法执法检查，把检查组直接检查和委托地方检查紧密结合起来，对受委托的23个省（区、市）人大常委会提出明确要求，专门召开会议听取委托检查情况汇报，这些都是增强人大工作整体实效的重要探索。很多地方在检查工作中也都采取了上下级人大联动的形式，扩大了检查的覆盖面，增强了监督的实效性。有些地方人大还就跨流域、跨区域水污染治理情况，组织开展了联合检查。今后，全国人大与地方人大之间、地方上下级人大之间、地方同级人大之间，都要密切工作联系、加强工作协同。一些事关改革发展稳定、人民群众切身利益的重点难点问题，各级人大可以同步开展执法检查、听取审议专项工作报告、进行专题调研等监督工作，共同推动党中央决策部署和法律法规的贯彻落实。除了监督工作，立法工作、代表工作、对外交往、理论研究、新闻宣传等各方面工作都要加强协同配合，形成人大工作整体合力。

来源：《情况通报》十三届（第59期）

依法防治水污染　打赢碧水保卫战

——在湖南省水污染防治法实施情况座谈会上的讲话

（2019年4月9日）

王　晨

同志们：

这次来湖南对水污染防治法开展执法检查，是全国人大常委会深入学习贯彻习近平生态文明思想，贯彻落实党中央重大决策部署的具体举措，是今年监督工作的重要任务。栗战书委员长亲自担任执法检查组组长，主持3月25日执法检查组第一次全体会议并发表重要讲话，对执法检查工作提出明确要求。刚才，王洪尧同志代表执法检查组介绍了此次执法检查的主要任务和有关要求。湖南省委、省人大、省政府十分重视此次执法检查，省委书记、省人大常委会主任杜家毫同志出席并主持今天的会议，陈文浩副省长全面介绍了湖南省贯彻实施水污染防治法的有关情况，省直有关部门负责人结合工作职责作了很好的发言，紧扣法律制度规定和有关措施要求，既讲成绩和进展，也谈到在法律实施中存在的困难和问题，有针对性地提出了意见建议，使我们了解到不少情况。

下面，我就深入贯彻实施水污染防治法及做好这次执法检查工作，讲三点意见。

一、深入学习贯彻习近平生态文明思想，全面推动党中央关于水环境保护和水污染防治决策部署的贯彻落实

党的十八大以来，以习近平同志为核心的党中央高度重视生态文明建设，以前所未有的决心和力度，开展了一系列根本性、开创性、长远性工作，推动我国生态文明建设和生态环境保护从实践到认识发生了历史性、转折性、全局性变化，取得了历史性成就。去年全国生态环境保护大会确立了习近平生态文明思想，为我们建设美丽中国、实现中华民族永续发展提供了强大思想武器和行动指南。今年两会期间，习近平总书记在参加内蒙古代表团审议时，就生态文明建设再次发表重要讲话，强调在“五位一体”总体布局中生态文明建设是其中一位，在新时代坚持和发展中国特色社会主义基

本方略中坚持人与自然和谐共生是其中一条基本方略，在新发展理念中绿色是其中一大理念，在三大攻坚战中污染防治是其中一大攻坚战；强调要保持加强生态文明建设的战略定力，探索以生态优先、绿色发展为导向的高质量发展新路子，加大生态系统保护力度，打好污染防治攻坚战。这些重要论述，是习近平生态文明思想的新发展，体现了党中央毫不动摇加强生态文明建设的坚定决心。

当前，生态环境特别是大气、水、土壤污染形势严峻，已成为全面建成小康社会的突出短板。防治水污染，保护水生态环境，打好碧水保卫战，是污染防治攻坚战的重要组成部分，是全面建成小康社会、建设美丽中国的重要内容，党中央高度重视，人民群众普遍关心。党的十九大明确要求，加快水污染防治，实施流域环境综合治理。2018 年 4 月，习近平总书记主持召开中央财经委员会第一次会议，提出打好污染防治攻坚战的七大标志性重大战役，其中水源地保护攻坚战、城市黑臭水体治理攻坚战、长江保护修复攻坚战、渤海综合治理攻坚战、农业农村污染治理攻坚战等战役与水污染防治密切相关。2018 年 6 月，党中央出台关于全面加强生态环境保护坚决打好污染防治攻坚战的意见，对着力打好碧水保卫战作出全面部署。

全国人大常委会紧紧围绕党和国家工作大局，认真履行宪法法律赋予的职责，以实际行动学习宣传和贯彻落实习近平生态文明思想，依法推动打好污染防治攻坚战。2017 年修订的水污染防治法，贯彻习近平生态文明思想和党中央关于推进生态文明建设的新要求，与环境保护法和“水十条”相衔接，责任更加明确，重点更加突出，监管更加全面，惩处更加有力，为新时代加强水污染防治发挥了重要作用。2018 年 7 月，全国人大常委会专门加开一次会议，作出《全国人民代表大会常务委员会关于全面加强生态环境保护　依法推动打好污染防治攻坚战的决议》，明确严密防控重点区域、流域生态环境风险，用最严格的法律制度护蓝增绿，着力打好碧水保卫战。2018 年还开展了海洋环境保护法执法检查，提出整治入海污染源、强化流域环境综合治理的意见建议。这次水污染防治法执法检查，我们要坚持以习近平生态文明思想为指导，认真贯彻落实党中央关于全面加强生态环境保护、坚决打好污染防治攻坚战的决策部署，推动各级政府和部门切实担负起水环境保护的法律责任，全面贯彻落实水污染防治法，依法保护水资源、防治水污染，满足人民日益增长的优美生态环境需要，推动实现高质量发展。

二、认真贯彻实施水污染防治法，依法推动长江流域水环境保护和水污染防治工作

长江是中华民族的母亲河，也是中华民族发展的重要支撑。推动长江经济带发展是以习近平同志为核心的党中央作出的重大决策，是关系国家发展全局的重大战略。习近平总书记两次主持召开推动长江经济带发展座谈会，多次强调要坚持生态优先、绿色发展的战略定位，共抓大保护，不搞大开发，为做好长江保护工作指明了方向，提供了遵循。湖南省位于长江中游，生态地位重要，区位优势明显，河网密布，水系发达，5 公里以上的河流有 5341 条，天然水资源总量为南方九省之冠，湘北有洞庭湖，是中国第二大淡水湖，有湘江、资江、沅江和澧水等四大水系，“一湖四水”贯穿全境，汇入长江。做好湖南省水污染防治工作，对于保护长江流域水生态环境具有十分重要的意义。习近平总书记十分关心湖南水环境保护，2013 年 11 月在湘考察期间，指示湖南要牢固树立尊重自然、顺应自然、保护自然的生态文明理念，真正把生态系统的一山一水、一草一木保护好。2018 年 4 月在长江岳阳段考察时，又殷殷嘱托湖南“守护好一江碧水”。

近年来，湖南省深入贯彻习近平生态文明思想，认真落实习近平总书记对湖南工作重要指示精神，把保护优先放在突出位置，主动谋划、积极作为，努力建设天蓝地绿水清土净的生态强省。2018 年 5 月，省委审议通过《关于坚持生态优先绿色发展　深入实施长江经济带发展战略　大力推动湖南高质量发展的决议》，7 月省人大全票通过《关于加快推进生态强省建设的决定》，强化了各级政府责任担当，发出了全民参与的动员令，努力夯实建设生态强省的思想基础；推动水污染防治领域法律制度建设，出台了《饮用水水源保护条例》《湘江保护条例》，正在制定《洞庭湖保护条例》、修改《环境保护条例》，为水生态环境保护提供法制保障；开展长江经济带饮水安全专项整治行动，实施农村环境连片整治、湘江保护和治理重点工程，着力解决城镇生活污水、农业面源污染和黑臭水体等突出环境问题，统筹“一湖四水”生态环境综合治理，扎实推进水污染防治工作。经过持续不断地努力，2018 年，湖南水质优良比率为 90%，超过考核目标 3.3 个百分点，实现县级及以上城镇生活污水处理设施全覆盖，完成县级以上饮用水水源地环境问题整

治，湘江流域和洞庭湖山水林田湖草生态修复工程获批国家试点，湖南省水环境保护和水污染防治取得积极进展。

刚才，大家在发言中也清醒分析了在水污染防治方面还存在的一些问题和短板。湖南一些地区水环境质量差、隐患多的问题依然严峻，水生态环境状况与党中央的要求、人民群众的期待还有较大差距。水污染防治法对城镇污水处理、黑臭水体整治、饮用水水源保护等方面都有明确要求，法律的一些制度规定还需要进一步落实。严格对照法律规定来看，目前湖南省在城镇污水处理方面，一些城市截污工程不完善，部分管网配套滞后，雨污分流不彻底；在黑臭水体整治方面，部分黑臭水体治理方案简单、工程布置分散，难以达标，存在以水利工程替代治污工程现象；在饮用水水源保护方面，一些地方不具备应急供水能力，部分河流型水源还承担了航运、工农业用水、纳污等功能，存在环境风险；在流域水环境保护方面，劣Ⅴ类断面比例未完成年度目标，相差1.7个百分点等。对水生态环境保护中存在的这些问题，希望全省进一步深入贯彻习近平生态文明思想，逐条对照水污染防治法各项规定，查找差距，采取有力措施加以解决，推动湖南建设天蓝地绿水清土净的生态强省不断取得新进步。

*一是切实担负起生态文明建设的政治责任，保护好湖南“一江碧水”。*习近平总书记指出，在我国经济由高速增长阶段转向高质量发展阶段过程中，污染防治和环境治理是需要跨越的一道重要关口。要保持加强生态环境保护建设的定力，不动摇、不松劲、不开口子。希望湖南按照习近平总书记的要求，全面落实党中央决策部署，切实担负起保护湖南生态环境的历史使命和政治责任。要倍加珍爱、精心呵护“一江碧水”，以更大力度和更实措施推进水污染防治，保持战略定力，爬坡过坎，决不动摇，确保水环境质量只能变好，不能变坏。

*二是严格落实水污染防治法律责任，依法打好碧水保卫战。*新修订的水污染防治法进一步强化了地方政府在水污染防治中的责任，明确地方政府对本行政区域内水环境质量负责，增加水环境质量改善目标限期达标制度，并加强了对地方政府责任的监督。各级地方政府要切实履行法定职责，以法律为依据，科学制定规划，大力整治黑臭水体，全面推行河长制，实施从水源到水龙头全过程监管。污染物达标排放是企业事业单位必须履行的法律责任，也是做好水污染防治工作的基础。中央环保督查和《长江经济带生态环境警示片》中反映出不少企业有违法排污问题。要深入查找法律实施中存在的问题，推动各方面严格落实法律责任，压实企业主体责任，确保法律各项规定得到有效贯彻实施。

*三是聚焦重点制度，推进解决水污染防治重点难点问题。*水污染防治法规定了河长制、重点水污染物排放总量控制制度和区域限批制度、饮用水水源保护区制度、排污许可制度和监测制度等重点内容。这些制度执行得好不好，是水污染防治法是否执行到位的关键。各级政府部门要以水污染防治法规定的重点制度为抓手，聚焦水污染防治重点难点任务，推动实现水环境质量持续好转。要结合湖南有色金属企业多和农业大省的实际，加强水资源保护的地方立法；要优先保护饮用水水源，严格依照水污染防治法第72条规定，做好饮用水安全状况信息公开工作；加快排污管网建设，推进城市黑臭水体治理；严防化工、冶炼等企业违规排放，推进重点行业企业达标排放改造；有效防治农业、养殖业面源污染；严厉惩处违法行为，巩固下塞湖矮围整改、非法码头和非法采砂整治成效；深入强化重点流域污染治理，积极做好长江保护和修复工作，为建设美丽中国作出新贡献。

三、精心组织，扎实开展好水污染防治法执法检查工作

执法检查是宪法和法律赋予人大的监督职权，是推动党中央决策部署贯彻落实、确保宪法法律全面有效实施、确保人民权益得到维护和实现的重要手段。要切实担负起法定职责，真正形成监督的压力，督促和推动有关国家机关依法履职尽责。

*第一，严格依法监督。*坚持依照法定职责、限于法定范围、遵守法定程序开展执法检查。善于运用法治思维，深入查找法律实施中带有普遍性的突出问题，真正把各项法律制度规定变为实际行动，把法律的各项措施要求落到实处，充分发挥法律的刚性约束作用，使之成为不可触碰的高压线。

*第二，突出问题导向。*执法检查的重点是发现问题、研究问题、解决问题，全面有效实施法律。既要认真总结法律实施的成效和经验，更要发现那些影响法律实施、制约治理实效、损害群众利益的突出问题，并在此基础上进行深入分析、认真研究，提出全面有效实施法律、推动和改进工作的意见建议，推动水污染防治工作依法深入开展。要敢于动真碰硬，点名曝光，督促推动地方、部门和企业“举一反三”，认真整改，纠正违法行为，切实发挥法律

监督的作用，让法律监督的压力转化为有关方面推动和改进工作的动力。

第三，严格贯彻中央八项规定精神。执法检查组自身要坚决贯彻中央八项规定精神和实施细则要求，轻车简从，廉洁自律，简化形式，注重实效。要深入基层、深入实际，多与地方同志、人大代表、一线执法人员、专家学者和企业代表座谈交流，与省里的同志一道把执法检查工作做好。

对于同志们提出的意见建议，执法检查组将进一步认真梳理和研究吸收。

最后，我代表检查组对湖南省委、省人大、省政府对这次执法检查的大力支持表示感谢！

保持生态文明建设战略定力
运用法治力量守护碧水清波

——在河北省进行水污染防治法执法检查时的讲话

（2019 年 5 月 7 日至 10 日）

王　晨

对水污染防治法开展执法检查，是全国人大常委会深入学习贯彻习近平生态文明思想、贯彻落实党中央重大决策部署的实际行动。栗战书委员长高度重视，亲自担任执法检查组组长，对执法检查工作作出全面部署。河北省委、省人大、省政府对此次执法检查给予大力支持，省委书记、省人大常委会主任王东峰同志到张家口市主持座谈会，省委副书记、省长许勤同志在唐山市代表河北省政府全面介绍了贯彻实施水污染防治法的有关情况，省人大常委会副主任范照兵、王晓东同志、副省长李谦等同志全程参加执法检查活动。

几天来，检查组分别在唐山市、承德市、张家口市开展实地检查，召开三次座谈会听取省政府和三地市政府实施水污染防治法情况汇报，与政府有关部门负责同志、五级人大代表、一线执法人员、专家学者和企业代表进行交流，了解大家对贯彻实施水污染防治法、加强水污染防治和水环境保护工作的意见建议。各位同志紧扣法律制度规定和有关措施要求，既讲成绩和进展，也讲法律实施中的困难和问题，提出了意见和建议。执法检查组将认真研究，有的问题还要向相关部门反映。

下面，我讲几点意见。

一、以习近平生态文明思想为指导，坚决贯彻落实党中央关于水环境保护和水污染防治决策部署

党的十八大以来，以习近平同志为核心的党中央高度重视生态文明建设和生态环境保护工作，谋划开展一系列根本性、开创性、长远性工作，推动生态文明建设和生态环境保护从认识到实践发生历史性、转折性、全局性变化，系统形成了习近平生态文明思想，为推进生态文明、建设美丽中国提供了强大思想武器和行动指南。今年“两会”期间，习近平总书记在参加内蒙古代表团审议时专门就生态文明建设发表重要讲话。4 月 28 日，习近平总书记在北京延庆出席 2019 年中国北京世界园艺博览会开幕式时，发表了题为《共谋绿色生活　共建美丽家园》的重要讲话，强调顺应自然、保护生态的绿色发展昭示着未来，要像保护自己的眼睛一样保护生态环境，像对待生命一样对待生态环境，同筑生态文明之基，同走绿色发展之路。习近平总书记提出“五个追求”：追求人与自然和谐、追求绿色发展繁荣、追求热爱自然情怀、追求科学治理精神、追求携手合作应对，“让子孙后代既能享有丰富的物质财富，又能遥望星空、看见青山、闻到花香”。习近平总书记的这些重要论述，是习近平生态文明思想的新发展，体现了党中央毫不动摇加强生态文明建设的坚定决心。

全国人大常委会坚决贯彻习近平生态文明思想，认真履行宪法法律赋予的职责，积极回应人民群众呼声，为依法防治水污染提供有力法治保障。2017 年修订的水污染防治法，贯彻习近平生态文明思想和党中央推进生态文明建设新要求，与环境保护法和“水十条”相衔接，责任更加明确，重点更加突出，监管更加全面，惩处更加有力，为新时代加强水污染防治发

挥了重要作用。开展水污染防治法执法检查，要坚持以习近平新时代中国特色社会主义思想为指导，全面贯彻习近平生态文明思想，贯彻落实党中央关于全面加强生态环境保护、坚决打好污染防治攻坚战的决策部署，加强法律实施和监督，推动各级政府和部门切实担负起水环境保护的法律责任，为加强生态文明建设、打好碧水保卫战贡献力量。

二、严格落实水污染防治法各项规定，运用法治力量守护碧水清波

河北内环京津，外沿渤海，地跨海河、滦河两大水系，在京津冀生态环境保护和水污染防治方面肩负着重大责任。以习近平同志为核心的党中央高度重视、深切关怀河北的经济社会发展和生态文明建设。党的十八大以来，习近平总书记7次视察河北，作出一系列重要指示，要求河北省"扎实推进生态文明建设，扎扎实实推进去产能，在治理污染修复生态中加快营造良好人居环境"。习近平总书记亲自谋划布局，部署支持雄安新区建设，明确将淀水林田草作为一个生命共同体，建设新时代的生态文明典范城市。北京2022年冬奥会是我国重要历史节点的重大标志性活动，崇礼是雪上项目主赛场，有不少重要的竞赛项目要在崇礼赛区举行，要将法律有关管网建设、污水处理等各项规定落实到位，坚持高标准严要求，确保冬奥会用水安全，水质水体优良，为高质量推进冬奥会筹办工作作出贡献。这次执法检查以河北省北部三市为重点，也是要助力冬奥会筹备工作，推动京津冀水源涵养功能区建设。

近年来，河北省委、省人大、省政府贯彻落实党中央关于生态环保工作的决策部署，贯彻落实水污染防治法，坚持提升政治站位，坚持依法治污，坚持全民共治、源头防治、标本兼治、依法施治，打好碧水保卫战，取得明显成效。出台《关于全面加强生态环境保护坚决打好污染防治攻坚战的实施意见》和碧水保卫战三年行动方案，制定实施白洋淀生态环境治理和保护等一系列政策文件和配套办法，形成了较为完善的政策体系；建立省市县领导干部联包制度，各级各部门狠抓落实，形成了"党政同责、一岗双责、齐抓共管"的工作格局；以白洋淀流域综合治理、饮用水水源地和近岸海域治理、工业和农村水环境整治为抓手，着力抓好重点流域、重点区域和重点领域污染治理。经过持续不断地努力，2018年河北省水质优良（Ⅰ—Ⅲ类）水体比例为51.4%（2018年目标为44.6%）；丧失使用功能（劣Ⅴ类）水体比例为14.9%（2018年目标为35.1%），均超额完成年度目标。

从检查组了解的情况来看，唐山市坚持以水定产，强化工业水污染治理和城镇水污染防治，特别是借助举办2016年世界园艺博览会推动绿色发展，把生态文明建设推上了一个新台阶。开平区散乱污企业退城搬迁治理成效显著，南湖煤矿塌陷区经过生态修复改造，蝶变为城市中央公园，获得"联合国改善人居环境最佳范例奖"等称号。承德市水污染防治工作力度大、措施实，沿途见到很多矿山都关停了。彻底整治水库网箱养鱼，强化饮用水源地保护，实施重点水污染治理工程，经排查确认，承德全市未发现黑臭水体，这一点殊为不易。张家口市委、市政府坚决贯彻习近平总书记提出的"建设首都水源涵养区和生态功能支撑区"重要指示精神，不断增强大局观念，坚定不移开展水污染防治工作，保护饮用水水源，推进农村生活污水综合治理，2018年实现全市地表水水质达标率为100%，水环境质量持续保持良好水平。

同时也要清醒的看到，河北全省还面临着水资源短缺和水环境污染并存、地表水污染治理和地下水超采治理并存、河北自身发展与京津冀水源涵养功能区建设并存的形势，双重或多重治理任务仍然相当艰巨。河北八大水系水质总体为中度污染，局部区域重金属、有机物超标，生态环境承载力不足。白洋淀入湖区、湖心区2018年年均水质不达标，入淀河流水质波动较为剧烈。在黑臭水体整治方面，一些地区生活污水未能有效收集，雨污分流不彻底，部分河段生活污水通过雨水口或渗漏的管道进入河道，有些企业存在污水渗排现象。在工业集聚区水污染防治方面，部分园区工业污水排放底数不清、污染物不明，园区周边河道垃圾问题普遍。在饮用水水源保护方面，一些饮用水水源地总磷、硝酸盐和总硬度超标，部分地级以下城市饮用水水源保护区划分工作进展缓慢，部分城市缺少应急水源，水源保护区内生活源和农业面源污染问题比较突出。这次执法检查，要认真对照梳理水污染防治法相关法律条文，严格依法推动水污染防治法律责任全面落实，推动法律制度有效实施，解决突出水环境问题。

*一是保持战略定力，努力探索高质量发展新路子。*习近平总书记指出，在我国经济由高速增长阶段转向高质量发展阶段过程中，污染防治和环境治理是需要跨越的一道重要关口。我们要深刻领会习近平总书记重要讲话精神的深刻内涵，越是面临困难挑战，越要咬定青山不放松，坚决做到不动摇、

不松劲、不开口子。要全面落实党中央决策部署，切实担负起保护生态环境的责任，深入贯彻新发展理念，统筹经济发展和生态环境保护，探索以生态优先、绿色发展为导向的高质量发展新路。要层层传导压力，压实工作责任，把必须打好污染防治攻坚战的坚定决心和信心传导到地方各级政府，督促和引导各地加快转变经济发展方式，推动结构调整，促进产业升级，减少污染物排放总量，从源头上解决污染问题。要把治水治污作为资源型工业城市推动产业转型、城市转型突破口，实现稳增长与调结构、治污染与促发展协调推进。

*二是对照法律条款，全面贯彻落实水污染防治法律责任。*新修订的水污染防治法进一步强化了地方政府防治水污染的责任，明确地方政府对本行政区域内水环境质量负责，增加水环境质量未达标的市、县级政府应当制定限期达标规划，加强地方人大和社会对地方政府责任的监督。在水污染防治的标准规划、监督管理、事故处置等方面，也都明确了地方政府的职责。各级地方政府要认真对照法律规定，切实履行法定职责，科学制定水污染防治标准和规划，加大治污投入，全面加强监管，推动水环境质量不断好转。污染物达标排放是企事业单位必须履行的法定责任，是做好水污染防治工作的基础。中央环保督查和各级检查都发现不少企业违法排污问题。这次执法检查要聚焦地方政府领导责任、部门监管责任和企业主体责任，推动各级政府、部门和企业进一步增强履行法律的自觉性和主动性，推动全社会共同保护水生态环境，真正把各项法律制度规定变为实际行动，充分发挥法律的刚性约束作用，使之成为不可触碰的高压线。对于环境违法犯罪行为，要依法严厉打击，并通过电视、报纸、网络等媒体广泛报道，形成有力震慑。

*三是聚焦法律制度规定，推动解决突出问题。*执法检查要围绕法律制度规定特别是修订后新增加的内容，突出重点区域、重点领域，推动解决重点问题。饮用水安全保障是关系到广大人民群众切身利益的重大问题。饮用水源污染、饮用水水质净化、管道输送和水龙头水质安全，在一些地方都不同程度存在问题和隐患，老百姓反映强烈。2017 年全国人大常委会修法时也重点充实细化了保障饮用水安全的具体制度措施。我们要重点检查这些制度措施的执行情况，推动有关方面严格落实法律规定，确保广大人民群众饮水安全。城镇污水管网不配套导致污水直排形成黑臭水体，是水污染防治工作的一个老大难问题。我们要重点关注这些领域，依法推动各地集中财力物力，补齐城镇污水收集和处理设施建设的短板，提高污水处理率，推进城乡水环境综合整治和黑臭水体治理。农业农村水环境污染，一直是广大农民群众反映强烈的突出问题。今年“两会”习近平总书记参加全国人大河南代表团审议时，高度重视农民代表提出的关于加快推进农村环境综合整治、改变农村脏乱差面貌的意见建议，要求加大农村面源污染治理力度，扎实推进农村人居环境三年整治行动。河北是粮棉大省、农业大省，要认真落实习近平总书记指示精神，依法推动解决农村水环境问题，同美丽乡村建设结合起来、统筹推进。工业污水达标排放问题、船舶水污染防治等也在法律中有明确规定，要加以关注和落实，切实做到有法可依、有法必依、执法必严、违法必究。

同志们，我们要深入学习贯彻习近平生态文明思想，自觉推动经济社会发展同生态文明建设统筹共进，切实担负起法定职责，突出抓重点、补短板、强弱项，采取更有效的政策举措，从根本上解决水污染问题，还百姓清水绿岸、鱼翔浅底的景象，真正实现习近平总书记提出的“让子孙后代能遥望星空、看见青山、闻到花香”的美丽愿景。

对检查水污染防治法实施情况报告的意见和建议

8 月 24 日下午，十三届全国人大常委会第十二次会议审议全国人大常委会委员长栗战书作的全国人大常委会执法检查组关于检查水污染防治法实施情况的报告，共有 67 人次发言。25 日上午，王晨副委员长主持十三届全国人大常委会第十二次会议联组会议，结合审议该报告进行专题询问，共有 9 人次发言询问，栗战书委员长讲话，王勇国务委员参加专题询问。现根据会议发言和询问情况，将常委会组成人员和列席人员的主要意见整理如下。

出席人员普遍认为，党的十八大以来，在习近平同志为核心的党中央坚强领导下，各地区各部门按照党中央关于打好污染防治攻坚战的决策部署，认真落实水污染防治法规定的责任，依法推进水污染防治取得积极成效，水环境质量明显改善。全国人大常委会把检查水污染防治法实施情况作为今年监督工作的重点，栗战书委员长担任执法检查组组长，突出问题导向，聚集重点领域，严格对照法律条文和法定责任开展“全覆盖”检查，引入第三方对法律实施情况开展评估，并将执法检查与立法调研结合起来。大家高度评价执法检查组的工作，充分肯定执法检查报告，希望国务院及其有关部门认真研究处理，切实加强和改进法律实施各项工作。大家强调，要深入学习贯彻习近平生态文明思想，加大普法宣传力度，严格按照法律规定开展工作、落实责任，强化工业、城镇、农业农村、船舶、饮用水水源等重点领域治理，用法律武器、法治力量打好碧水保卫战。审议中，大家还提出了一些具体意见和建议。

一、认真落实水污染防治法定职责

部分出席人员认为，各级政府及有关部门要严格对照水污染防治法，认真梳理各自法定职责，严格执行法律规定。有的出席人员提出，法律对政府及其有关部门制定水污染防治领域技术标准、规程规范作出明确规定，如制定、修订水环境质量标准、水污染物排放标准、重点水污染物排放实施总量控制制度、排污许可具体办法等，对于确保法律全面有效实施具有重要作用。建议国务院及其有关部门认真对照法律规定，梳理相关法规规章、管理制度、技术标准等，该制定的制定，该修改的修改，抓紧完善制度标准体系，并向全国人大常委会作出反馈。有的出席人员提出，排污许可证申请和核发技术规范的编制工作相对滞后，部分行业技术规范尚未出台，在已核发排污许可证的行业中，点多面广的非重点排污单位没有纳入排污许可管理范围。建议加快核发工作力度。有些出席人员提出，随机抽查发现水污染防治法普及宣传还不到位：(1)不少政府部门工作人员、企业负责人对法律的具体内容特别是自身所负的法定职责、义务不了解、不清楚；(2)基层监管部门和人员缺乏系统性、针对性的法律知识培训，对部分条款的理解存在差异，执法中面临困难，也导致执法力度不够。应按照“谁执法谁普法”的原则，持续加大水污染防治法等法律法规的宣传普及，抓住领导干部和企业负责人这个关键，增强其依法治污意识和能力；法律法规制定部门应加强对基层监管部门的培训，解读规定条文，交流指导执法工作。加强面向公众的普法宣传力度，教育群众增强法治意识、环保意识和节约意识，自觉践行绿色低碳生活，依法加强防治水污染的社会监督。

二、切实保障城乡居民饮用水安全

有些出席人员提出，保障饮用水安全是重要的民生工程，是水污染防治工作的头等大事。目前城乡发展对集中供水的需求快速增长，但水源地建设和保护相对薄弱，长江沿岸化工企业较多，一些地方应对跨季、跨年度干旱的能力不足，都给饮水安全带来不容忽视的风险隐患。应把备用水源地建设作为战略性基础设施工程，抓紧谋划和推进。有的出席人员建议因地制宜推进集中式饮用水源地规范化建设。一些地区缺乏地表河流，只能以地下水作为集中式饮用水源地，铁、氟化物含量等超标，有些高氟地区难以找到符合标准的饮用水水源地。建议加大扶持力度，推动这些地区对饮用水原水进行净化处理，支持其从相邻地区跨境取水。因自然原因确实难以达标的饮用水水源，应合理调整保护工作考核指标。有的出席人员提出，法律规定的供水和用户水龙头出水水质监测和信息公开制度落实不力，有些地方是对法律规定认识不到位。应切实加强对城市集中式供水和农村大型集中供水的监督检查，确保末梢水水质达标，严格执行信息公开制度，让人民群众知情、放心。

三、做好重点污染防治工作

部分出席人员认为，应着力加强城乡水污染防治工作。城镇水污染治理存在的突出问题主要有：(1)污水管网布局不合理，设施陈旧，破损渗漏严重，大中城市老城区、县城、建制镇污水收集率偏低，大量生活污水直接排放导致水体黑臭；(2)大部分城市管网雨污不分，实现雨污分离不仅需要大量投资，还需要大面积开挖，难度很大；(3)污水处理设施超负荷运行，处理成本偏高，一些地方污水处理厂将处理过程中产生的污泥简单做填埋处理，有二次污染隐患。建议对城市管网建设问题做进行深入系统研究和试点示范，形成符合国情、可靠实用的技术路径予以推广；加大对污水处理领域的科研攻关，降低处理成本，推进污泥治理。有的出席人员提出，地级以上城市黑臭水体整治取得积极成效，但县域、乡镇的黑臭水体问题较为突出。建议国务院有关部门认真总结经验，加强研究部署，加快推动全国范围内的县域黑臭水体整治工作。

部分出席人员提出，农村水污染防治的重点在于农业生产面源污染治理。(1)化肥、农药使用总量基本实现零增长，但使用强度仍高于世界平均水平，也高于国际安全标准上限。应在减量化上下功夫，采取总量控制和强度控制相结合的办法，分阶段、分产品、分地区，梯次推进化肥、农药投入品的减量化；加快推广测土配方技术，指导农民科学施用化肥，提高利用率。加快淘汰高毒高残留农药，现有高毒农药的生产许可证到期后应严格审核，如无特殊情况不再续发，为生物农药应用提供空间。(2)推进秸秆、畜禽粪便资源化利用，使农业废弃物成为肥料、饲料，实现绿色、循环的农业生产方式。有的出席人员提出，应采取得力措施，推进减农药、减化肥、减除草剂，提升农产品质量。负责农产品生产、质检、收储、销售各环节相关部门应加强协调，按照优质优价原则，分等级收购、储藏、销售，确保“三减”取得长久实效。

有的出席人员提出，治理工业污染应当重视发挥市场机制作用，在工业园区和工业企业聚集区引入专业污水治理企业，由排污企业付费处理所产生工业污水、废水，实现集中专业化处理，也有利于落实谁污染谁治理的原则。

部分出席人员指出，当前地下水污染形势严峻，北方地下水超采问题突出，严重影响生态安全和经济社会发展。机构改革明确由生态环境部门统一负责监督地下水污染，但引发地下水污染、超采因素较多，涉及多个部门职责。建议建立地下水管理综合协调监督机制和综合防治体系，像治理地表水一样来治理地下水污染。

有的出席人员提出，近年来国际上普遍关注塑料微粒污染问题，水环境中的塑料微粒来源不一，可以通过食物链进入人体并积聚，国内科研机构发现内陆淡水环境普遍存在塑料颗粒污染。建议加强对塑料微粒的管理和污染治理，保障淡水生态系统健康和淡水资源的可持续利用。

四、健全水环境治理工作机制

有些出席人员提出，跨流域水环境保护和污染防治机制有待健全：(1)部分流域的跨省生态补偿机制尚未建立；(2)日常联防联控机制有待加强，一些流域水污染治理仍处于“各管一段”的碎片化状态，防治工程呈点状、线状分散布局，未形成治理合力；(3)法律规定跨行政区域的水污染纠纷解决机制未有效发挥作用，缺乏明确具体的操作指导，难以发挥化解纠纷作用。建议生态环境部牵头，总结和推广全国首个跨省流域生态保护补偿机制“新安江模式”的成功经验，进一步完善跨区域水污染纠纷协调机制，进一步明确跨区污染治理的工作机制和工作责任，推动跨区域相关地方建立有效巡查机制和共管机制，实现水源使用、水质监管与水污染治理相统一。

有些出席人员指出，水污染防治法设立的河长制在贯彻实施中需要进一步完善。(1)河长制本意是统筹各部门解决河湖管理问题，但实际操作中经常变成了水利部门一个部门的工作，其他相关部门的参与度不高，任务难以分解落实到位；(2)河长制考核缺少相应的细则与办法，纪检监察、组织等部门难以进行奖励激励或追责问责；(3)有些地方特别是基层河长履职不到位，部分地方河长巡河职责不全，未能及时将“三排”问题整治和河道“清四乱”、河道清漂等工作纳入履职范围，河长发现问题少，解决问题少，走马观花现象突出；有的县级河长不知河流基本信息、水质恶化原因和需要解决的急迫问题，俗称“三不知”河长；有的只听报告不搞实地调查，对乡镇级河长提出的具体问题不作表态，不拿出解决问题的具体措施。建议：进一步加强对河长制落实情况的监督检查，逐层逐级细化省、市、县、乡各级河长职责，完善监督激励机制，推动河长制落到实处。

有些出席人员提出，不少西部地区水资源匮乏、水环境承载能力弱，加之地方财力不足，环境保护历史欠账多，水生态保护任务艰巨。建议对西部地区实施差别化的水环境质量和污染排放总量考核，在流域上游水环境生态补偿、治理项目资金和技术方面加大支持力度。目前对农村生活垃圾实行村收集、乡转运、县处理的模式，费用高，且缺乏支撑长期稳定运行的资金来源。建议在出台生态环保领域中央与地方财政事权和支出责任划分改革方案中，将农村生活垃圾处理设施的运行经费纳入中央财政均衡转移支付予以保障。

有的出席人员提出，不少地方的治污工程由政府借钱上马，事先未进行科学的工程和资金需求测算。应改进治污资金投入机制，强化工程设计规划，精细测算投资需求，在此基础上多渠道筹集资金，充分发挥市场化机制作用。

有的出席人员提出，长期以来，地方政府在生态环保修复上一直扮演着“兜底”的角色，投入压力大,法律对生态环境损害者的修复支出责任没有作出明确规定,一定程度上造成企业污染、群众受害、政府买单的困局。建议根据生态环境损害赔偿制度改革的进展和需要,研究生态环境损害赔偿及其诉讼程序的立法修法工作,进一步明晰政府、企业、社会在生态环保修复支出责任上的法定义务,为索求生态环境损害赔偿提供法律支撑。

有的出席人员提出,部分地区环保问责变成了问责环保,有的问责急于亮明态度、给个交代,方式简单粗暴,打击了干部干事担当的积极性。建议进一步完善环保问责机制,既要严肃问责,又要做到精准问责、慎重问责。

有的出席人员提出,部分地区人民法院成立专门的环境资源审判庭,实行环境资源领域刑事、民事、行政诉讼“三合一”集中审理。建议在基层法院逐步推行这一模式,将建设专业环境司法审判队伍和选任环保专业型人民陪审员结合起来,切实提升环境资源司法保护能力。

五、提高水污染防治工作科技化水平

部分出席人员提出,科学治污,首先要确定各地水环境质量情况、污染状况和成因、以及各项监测治理的标准。(1)自然方面,我国各地自然环境差异较大,北方一些河流是季节性河流,自净能力不足,目前的考核断面监测不够科学。(2)环境容量方面,对各地环境容量的基础研究薄弱,特别是根据自然环境变化和人类活动影响动态分析确定环境容量、从生态系统角度研究各类排放物影响等工作不足。(3)质量标准方面,地表水环境质量标准主要考核污染物物理化学指标,没有将生物、生态指标纳入考虑,难以真实反映水生态环境质量状况;河—湖、河—海相关标准不衔接。建议充分考虑南北方实际情况,因地制宜分类细化河流断面考核标准,科学确定考核断面位置,合理设定水质考核目标,对流域区进行精细化管理。进一步优化地表水环境质量标准,将生物、生态指标纳入评价范围,对于因地理、地质因素造成的污染物高背景值情况,允许地方根据实际情况适当调整评价基准值。有些出席人员提出,现代信息技术能有效提高污染防治能力,有些企业用“互联网 +”技术,对水体污染精确监测,实施精准治理,既取得良好治理效果,也明显降低治理成本。物联网技术能够使各类监测设备联网,实现对排水口和大小水源分支的实时监测,同时防止企业关闭监测设备进行偷排的行为。应当加快提高污染监测、治理的信息化、智能化水平。有的出席人员指出,对不同类型污水处理技术缺少实用性、经济性的对比研究,一些地方在建设污水处理设施上存在贪好求贵的现象。建议对各类污染治理技术进行深入评估,建立适应不同地方治污需求和财力状况的技术推广机制。

有的列席人员还提出,习近平总书记提出把修复长江生态摆在压倒性位置,落实好这一重要指示要求,需要从大生态系统的角度考虑长江保护工作。

有的出席人员指出,生态用水在流域治理中发挥着重要作用,有的地方为了应对检查搞应景式的生态调水,不仅造成水资源浪费,也可能导致局部的水环境恶化。建议强化生态用水管理,实现科学调度使用。

在联组会议上,常委会组成人员和全国人大代表就落实政府责任、保障饮用水安全、强化执法监管、加强工业废水治理、加快农村污水处理设施建设和畜禽养殖污染防治、依法监管船舶污染物排放、完善涉水生态保护补偿机制、推广先进适用治污技术、落实河长法律责任、补齐城镇污水管网短板、落实排污许可制度等问题进行了专题询问。国务委员王勇到会听取意见、回答询问,发展改革委、生态环境部、科技部、工业和信息化部、财政部、住房和城乡建设部、交通运输部、水利部、农业农村部、卫生健康委等部门的 12 位负责同志也到会应询。

全国人民代表大会常务委员会执法检查组关于检查《中华人民共和国就业促进法》实施情况的报告

——2019 年 8 月 23 日在第十三届全国人民代表大会常务委员会第十二次会议上

全国人大常委会副委员长　张春贤

全国人民代表大会常务委员会：

党的十八大以来，以习近平同志为核心的党中央高度重视就业工作，作出了一系列重大战略部署。习近平总书记强调，“要坚持就业优先战略和积极就业政策，实现更高质量和更充分就业。”党的十九大后，党中央把稳就业放在“六稳”之首，今年首次将就业优先政策置于宏观政策层面。

开展《就业促进法》执法检查是十三届全国人大常委会落实习近平新时代中国特色社会主义思想和党中央“稳就业”工作部署的重要举措。中共中央政治局常委、全国人大常委会委员长栗战书同志专门对做好《就业促进法》执法检查作出重要批示，指出：“就业是最大的民生。就业促进法执法检查要以习近平新时代中国特色社会主义思想为指导，认真贯彻落实党中央关于就业优先战略和积极就业政策、实现更高质量和更充分就业的部署，紧扣法律规定，坚持问题导向，精心组织，突出重点，推动法律全面有效实施，督促和支持有关方面依法履行职责，把就业摆在更加突出的位置，为进一步做好促进就业工作提供有力的法治保障。”

现将执法检查开展情况报告如下。

执法检查组由全国人大常委会副委员长张春贤、吉炳轩、艾力更·依明巴海担任组长，社会委主任委员何毅亭任副组长，11 位常委会委员和社会委委员，以及 12 位全国人大代表组成。5 月 6 日，检查组召开了第一次全体会议，深入学习习近平总书记关于就业工作的重要论述，传达学习栗战书委员长批示精神，听取人力资源社会保障部、国家发展改革委、教育部、财政部等 17 个部门汇报。5 月至 6 月，检查组分 3 个小组，赴广东、云南、内蒙古、江西、山东、甘肃等 6 个省（区）开展实地检查，与 33 位五级人大代表深入交流。同时委托辽宁等 10 个省（区、市）人大常委会进行自查。7 月 26 日，召开第二次全体会议，总结工作、讨论报告。

在执法检查中，突出 1 个特点、探索 3 种方式。

特点：紧扣法律规定，坚持问题导向，推动法律全面有效实施。主要表现在，对照法律研究问题。深入学习《就业促进法》9 章 69 条全部条款，针对不同的检查对象拟定 42 个检查参考问题，确定 10 个方面的检查重点。对照法律开展检查。在实地检查、地方自查、座谈汇报等环节中，始终以法律规定为准绳，一个条款一个条款对照检查，一个条款一个条款听取汇报，切实以执法检查促进政府、企业、公众对法律的再学习、再宣传、再贯彻。对照法律提出建议。依据《就业促进法》规定的政府和相关方面必须严格履行的法律责任，针对执法检查中发现的实际问题，提出明确具体的落实要求和修改建议。

方式：一是抓住“一先和一后”，开展前期调研和补充调研。通过赴重庆、湖南等地进行“预调研”，聚焦问题、听取建议，为执法检查正式开展奠定基础，做好准备。7 月中旬，选择安徽等 7 个有代表性的地方，针对突出问题进行“再调研”，推动执法检查进一步深化细化。二是抓住“随机性和针对性”，开展抽查暗访和问卷调查。以随机抽查的方式，对济南、广州、包头等 6 市 12 家职业中介机构进行暗访，确保掌握真实、可靠的数据。围绕《就业促进法》实施中的重点领域、重点行业、重点群体设计有针对性的问卷，开展专项调查分析。三是抓住“普遍和典型”，开展广泛检查和样本分析。委托检查的 10 个省（区、市）平均听取 14 个以上部门汇报，平均检查 8 个左右设区的市。其中，湖北自查覆盖全省 17 个市（州）。坚持抓问题、抓典型、抓案例，在实地检查中提取样本，对广东东莞打造技能人才之都、云南昭通劳动力转移就业、山东威海职业教育改革等情况进行了重点分析。

一、基本情况

党的十八大以来，国务院及相关部门坚持以习近平新时代中国特色社会主义思想为指导，贯彻实施《就业促进法》，先后制定出台《"十三五"促进就业规划》《关于做好当前和今后一个时期促进就业工作的若干意见》等70多份规范性文件，深入推进"放管服"相关改革，就业工作成效明显。2018年，首次将全国城镇调查失业率作为政府工作报告年度预期目标之一。目前就业促进方面有行政法规3部、部门规章12件、地方性法规70余部。执法检查期间，国务院落实"建立全国促进就业工作协调机制"的规定，将就业工作部际联席会议升级为就业工作领导小组，成员涵盖20多个部委；已召开9次国务院常务会议研究稳就业工作；确定"使用1000亿元失业保险基金结余"实施职业技能提升行动；通过高职院校扩招100万人实施方案；研究了"把农业产业链的增值收益、就业岗位留给农民""扩大开放稳增长稳就业""做好就业服务，适应灵活就业健全相关社会保障"等重要问题。人力资源社会保障部积极发挥促进就业、促进人力资源配置的职能作用，加强对就业的统计、研判、预警，推动人力资源市场和服务业发展，完善统筹城乡的公共就业创业服务体系，健全面向城乡劳动者的职业技能培训、就业援助等制度。近期，再次修订《就业服务与就业管理规定》，并联合教育部、公安部、财政部、中国人民银行印发了《关于做好当前形势下高校毕业生就业创业工作的通知》；国家发展改革委联合农业农村部、退役军人事务部、国家统计局等部门召开了稳就业工作部门座谈会；国家扶贫办推进贫困家庭毕业生就业帮扶；工业和信息化部组织开展制造业"双创"平台试点示范项目申报工作；科技部联合税务总局推动创业孵化机构税收减免政策落实；全国总工会、共青团中央、全国妇联、中国残联、全国工商联等有关方面也结合职责定位，突出重点群体和行业，主动落实法律规定，开展促进就业工作。6个被检查省份和10个委托自查省份高度重视、积极配合，专门研究《就业促进法》落实问题。今年1—7月，我国城镇新增就业达到867万人，完成全年目标任务的78.8%，7月份全国城镇调查失业率有所上升，达5.3%，但就业局势总体平稳。

总体上讲，《就业促进法》基本得到有效实施，基本实现"促进就业，促进经济发展与扩大就业相协调，促进社会和谐稳定"的法定目的。法律规定的包括"政策支持、公平就业、就业服务和管理、职业教育和培训、就业援助、监督检查"等6个主要方面在内的56条，基本得到贯彻落实，占81.2%。主要表现为：就业规模持续扩大。城镇新增就业连续6年保持在1300万人以上，2018年末全国就业人员总量达7.76亿人。就业结构更加优化。2018年三次产业就业人数占比为26.1∶27.6∶46.3，第三产业吸纳就业能力充分显现。城镇就业人员比重上升到56%，城乡就业格局发生重大转变。中西部地区城镇就业人员增速超过东部。重点群体就业稳定。2013年以来，共帮扶约3347万失业人员实现再就业，1036万建档立卡贫困劳动力实现就业，121万去产能职工得到妥善安置，31万余户零就业家庭实现动态清零，高校毕业生离校初次就业率连续6年超过77%，年底总体就业率超过90%。农民工、残疾人、退役军人就业逐步改善。就业质量稳步提升。劳动者就业渠道更加多元，新就业形态蓬勃发展，创业创新成为时代热潮。企业用工日益规范，劳动合同签订率达到90%以上。社会保险覆盖面不断扩大，保障水平逐步提高。

执法检查发现，《就业促进法》还存在一些实施不到位、执行不彻底的问题，特别是第2、7、15、20、21、23、27、33、35、45、47、48、67条等13条尚未完全落实，占18.8%。另外，也发现一些问题在法律中缺乏具体规范，需要引起重视。

二、主要问题

改革开放以来，随着党和国家事业取得历史性成就，发生历史性变革，就业也经历了从统包统分到劳动部门介绍与自主择业相结合，再到劳动者自主就业、市场调节就业、政府促进就业和鼓励创业相结合等多个阶段，就业方针不断完善，就业战略逐步成熟。40多年的跨越式发展，必然在同一时期内包含并面临不同性质、不同阶段的矛盾问题。既有短期的也有长期的，既有周期性的也有结构性的。从检查来看，目前《就业促进法》实施中主要存在10个问题，包括3个长期存在的问题，4个现实突出的问题，3个苗头性趋势性问题。

（一）长期存在的问题还没有根本解决

1. 劳动力规模高位运行，就业总量压力不减。《就业促进法》中有8条、共9次提出"扩大就业"。我国是人口大国，更是劳动力大国。一是劳动年龄人口总量大。虽然2012年以来，我国16—59岁劳动年龄人口年均降幅达382万，2018年60岁及以上人口首次超过 15 岁及以下人口。但目前,我国劳动年龄人口仍有近 9 亿人,预计到 2035 年仍将有 8 亿劳动年龄人口。二是新成长劳动力人数多。今年应届高校毕业生 834 万人,中职毕业生 496 万人,初中、高中毕业后未继续升学人员约 169 万人。综合起来,每年需要在城镇就业的新成长劳动力有 1500 万人左右、农业富余劳动力转移就业 300 万人左右。此外,还有数量较大的城镇登记失业人员,总量压力不减,对落实法律和实现法律目的形成不小的挑战。

2. 地区差异明显,人才竞争激烈。《就业促进法》第 21 条规定,国家支持区域经济发展,鼓励区域协作,统筹协调不同地区就业的均衡增长。我国就业存在明显区域差异,为统筹协调就业均衡增长增加了难度。东部地区:劳动力需求大。党的十八大以来,广东城镇新增就业累计 1122 万人,约占全国九分之一,2019 年 6 月末城镇登记失业率 2.23%。东北地区:因资源枯竭、去产能、国企改制等造成的就业压力较大,人才流失比较明显。中西部地区:农村劳动力和转移就业较多,广西农村劳动力总数为 2451 万,乡村就业比全国平均水平高 10.8 个百分点。2013 年以来,河南新增农村劳动力转移就业累计 453 万人,转移就业总量达到 3023 万人,居全国第一位。此外,由于全国各地人才竞争激烈,人才落户、购房等优惠政策不同,导致就业吸引力不同,欠发达地区仍然面临着“引进难”“留人难”的问题。

3. 公平就业环境有待优化,就业歧视仍然存在。《就业促进法》总则第 3 条规定,劳动者依法享有平等就业的权利,劳动者就业,不因民族、种族、性别、宗教信仰等不同而受歧视。第 3 章专章对妇女、残疾人等群体公平就业进行了规定。执法检查发现,就业歧视问题还在一定领域存在,社会普遍关注。一是用人单位招录未婚未育女性和残疾人意愿低。部分用人单位在招聘时公开表示男性偏好,或者增加限制女性、残疾人的就业条件。2016 年“全面两孩”政策实施后,全国妇联开展了关于女性就业权的调查研究。受生育经济成本和时间成本的影响,24.7% 的受调查者表示在求职中感到招聘单位不愿意录用已到生育年龄而尚未生育的妇女。二是救济渠道不顺畅。妇联调查数据显示,在职场遭遇性别歧视时,受调查女性选择向法院提起诉讼的仅占 2.4%。由于招录环节的受歧视者与用人单位没有建立劳动关系,受歧视问题无法通过劳动仲裁解决。《劳动保障监察条例》没有将就业性别歧视列入监察事项;跨区域招聘的性别歧视因属地化管理,相关劳动保障监察机构无法履行监管职责。三是部分用人单位履行就业公平法律责任不积极、不主动。有的对年龄和学历的要求远超岗位实际需要。一些地方结存登记失业人员中,“4050”和高中及以下学历人员占比较高。从执法检查看,就业歧视违法成本低,劳动者维权难,要实现全面真实的公平就业、平等就业仍然任重道远。

（二）现实存在的突出问题

1. 结构性就业矛盾显现,招工难和就业难并存。《就业促进法》第 15、45、47、48、67 条,对政府、企业、院校和培训机构在职业教育和培训中的责任作出规定,要求“培养实用人才和熟练劳动者”。新旧动能转换、结构优化调整的阵痛凸显,“人岗不匹配”的结构性矛盾正日益上升为就业领域的主要矛盾。职业教育和培训尚未满足市场需求和产业发展需要。一是职业教育社会认同度低。“重普轻职”、注重升学率的观念根深蒂固,还存在技能人才地位待遇不高、职业发展不畅的现象,尊重劳动、崇尚技能的社会氛围还有待进一步形成。二是职业教育和培训的针对性不够。在导向上,有的地方职业教育和培训与市场需求对接不紧密,不能根据当地经济社会发展、重点产业布局和劳动者就业需要等,合理设置、适当调整专业结构和培训内容。在能力上,有的地方职业院校师资力量薄弱、设施落后,特别是实训设备简陋,没有条件培养适应岗位需求的技能人才。三是职业培训资金不足。“就业专项资金”用于职业培训的部分不充分、到位慢;一些中小企业对培训政策不够了解,不能按规定“提取职工教育培训经费”。法律规定的两项内容没有得到有效落实。

人才结构失衡在实际就业中主要表现为:一方面,技术技能人才严重短缺。2018 年,技能劳动力占从业人员的比重为 22%,高技能人才占从业人员的比重为 6%,技工求人倍率一直在 1.5 以上,高技能人才求人倍率始终在 2 以上的水平。另一方面,大龄、低技能劳动者就业和转岗矛盾突出。随着产业转型升级加快,传统行业低端就业岗位不断减少,年龄偏大、技能单一劳动者特别是化解过剩产能、处置“僵尸企业”涉及企业职工就业难度增大。同时,低端岗位市场用工条件与劳动者期望值不符,难以满足劳动者对高质量就业的期待,吸引力不够,导致“有活没人干”和“有人没活干”并存。

2. 公共就业服务和人力资源服务业能力不足。《就业促进法》第 4 章第 33 条、35 条对政府发展人力资源市场,指导和监督职业中介服务,设立公共就业服务机构,建立健全公共就业服务体系等作出规定。我国劳动力人口众多,人力资源市场巨大。当前公共就业服务体系和人力资源服务业水平尚不能满足需要。一是人力资源市场发育不平衡、不充分。专业性、行业性人才市场发展不足,人力资源企业小、散、弱,聚集效应、品牌效应不明显,优质服务不足,对就业的调节和促进作用发挥不够充分。2018 年,全国共有各类人力资源服务机构 3.57 万家,从业人员 64.14 万人,平均 1 名从业人员服务劳动力 1300 人左右,发展水平与市场需求相比仍有差距。二是公共就业服务基础薄弱。部分基层公共就业服务队伍力量不足,设施设备不完善,经费保障不到位,服务的标准化、信息化有待提升,服务机构尚未实现全覆盖。三是公共就业服务功能不健全。《就业促进法》规定公共就业服务应免费提供就业政策法规咨询、职业信息、职业指导、职业介绍、就业援助、就业和失业登记等事务。当前,有些公共服务机构只重点提供信息登记、职业介绍等基本服务,内容单一,创业服务项目还需要进一步拓宽和丰富。

3. 新业态蓬勃发展,催生就业新渠道新形态新问题。《就业促进法》第 23 条规定,各级人民政府采取措施,逐步完善和实施与非全日制用工等灵活就业相适应的劳动和社会保险政策,为灵活就业人员提供帮助和服务。随着以互联网为基础的各类新产业、新业态、新模式不断涌现,灵活就业、兼职等新就业模式日渐增多,新就业形态从业人员日益壮大。据统计,淘宝平台有近 1000 万卖家。新业态在扩大就业的同时,也带来了新问题。一是就业稳定性不足。就业形态变化促使劳动者转岗频率加快、就业周期缩短、就业地点分散,就业稳定性不强。二是灵活用工政策滞后。通过直播、短视频、社交软件等进行商业活动人员、网约车司机等是否属于现行法律调整范围尚无明确界定,劳动者的权益保障问题日益突出,相应的就业管理服务、用工制度和社保政策等还有很大完善空间。对以"粉丝经济"为代表的灵活就业统计监测存在盲区,相关数据还不掌握。从执法检查看,由于适应新业态能力不足,有的对新就业形态规范不当,导致就业活力和潜力还没有完全释放。

4. 外部环境趋紧对就业的影响需要高度关注。《就业促进法》第 42 条规定,县级以上人民政府建立失业预警制度,对可能出现的较大规模的失业,实施预防、调节和控制。执法检查中,各地各部门普遍展现了战胜外部风险挑战的信心和决心,但也对经贸摩擦所带来的影响十分关注。从行业看,加征关税商品涉及纺织、服装、家具等劳动密集型产业以及钢铁、铝业、机械设备、电子电气设备等用工量较大的产业。从地区看,长三角、珠三角等出口大省的劳动者就业稳定性可能受到影响。中西部劳务输出大省,可能会出现外出务工人员返乡回流压力。受国际贸易保护主义影响,目前部分外向型企业招聘用工有所下降,隐性失业有所增多,需要高度重视、密切监测、做好预案。

（三）苗头性、趋势性问题

1. 社会文化变迁,就业观念多元化产生就业选择问题。《就业促进法》第 7 条提出,国家倡导劳动者树立正确的择业观念。当前就业观念的个性化差异逐步增大。部分岗位多人竞争,但同时生产一线、基层和艰苦地区人才缺口较大。

2. 劳动力进城与返乡下乡压力并存。《就业促进法》第 20、22 条规定,国家实行城乡统筹的就业政策,改善农村劳动者进城就业的环境和条件,统筹做好城镇新增劳动力就业、农业富余劳动力转移就业和失业人员就业工作。一是农民工进城仍将扩大。2018 年我国城镇化率达到 59.58%,全国农民工总量达到 2.88 亿人。我国正处于城镇化率 30%—70% 的快速发展区间,还有大量农村人口将要进城,特别是易地搬迁至城镇的贫困人口,有的没有完全"以业定搬、以产定迁"。转移就业工作的区域衔接协作、转移就业劳动力的保障水平和易地搬迁贫困人口的就业服务有待进一步提升。二是返乡下乡趋势显现。现代农业、乡村旅游等产业壮大,带动农民工返乡和高校毕业生等下乡人数增多。2018 年,全国各类返乡下乡创业创新人员累计达 780 万人。其中,云南砚山县(全国结合新型城镇化开展支持农民工等人员返乡创业试点县)共有 1708 名返乡创业人员创办市场主体 1349 个,带动就业 4400 多人。从执法检查看,当前尚缺乏对返乡下乡人员创业就业的法律性规定和保障。

3. 科技发展提高生产力,替代效应和补偿作用并存。随着大数据、云计算、人工智能、5G 等技术的成熟,世界已经进入新一轮科技革命,必将影响包括就业在内的方方面面。一是替代效应。机器人、无人机、人工智能等技术的应用,已经开始替代部分劳动特别是简单重复劳动,使得短期内就业岗位减少。当前,制造业工人、银行柜员等受冲击较为明显。二是补偿作用。科技进步可以创造新的消费需求、投资需求,从而带动新的生产和新的就业岗位。特别是5G,具有高速率、大容量、低延时的特点,将促进物联网、智慧城市、远程医疗、VR等走进人民群众的生产生活,推动产业升级,为未来扩大就业提供重要技术支撑,但同时也可能产生新的结构性就业矛盾。

三、原因分析

《就业促进法》执法检查中发现的问题,是我国整体经济社会状况的客观反映。除了就业优先理念还没有完全树立,就业能力有待提高,就业工作方法有待改进,法律宣传需要进一步加强等因素外,《就业促进法》实施中存在的问题,不少与政策支持、经济状况和法律本身有关。

(一)就业政策体系化程度与宏观政策定位相比还有差距。《就业促进法》总则第2条、第2章(第11条至第24条)专章规定政策支持,明确产业、财政、金融、社会保险、税收等政策与就业政策统筹协调。就业不仅是经济社会发展的结果,也是促进经济社会发展、保障改善民生、维护社会和谐稳定的重要途径。充分就业与经济增长、物价稳定和国际收支平衡组成了宏观经济调控的4大目标,也是反映宏观经济状况的重要指标。就业政策作为宏观调控的主要组成部分,不仅限于就业领域,也直接影响经济运行和人民生活。由于就业政策涉及20多个部委,领域多、覆盖广、跨度大,政策既有长期的,也有临时的,就业政策之间、就业政策与其他领域政策之间的衔接还不够紧密,协调还不够充分,存在集成度不高的问题。因为就业优先政策今年刚刚纳入宏观政策,与实施多年的财政政策、货币政策相比,系统性还有一定差距。

(二)经济发展不平衡不充分是产生就业问题的主因。就业是社会问题,也是经济问题。我国经济已由高速增长阶段转向高质量发展阶段,正处在转变发展方式、优化经济结构、转换增长动力的攻关期,对就业的影响主要有4个方面:经济形势——当前我国经济发展面临新的风险挑战,国内经济下行压力加大,相应增加就业压力和失业风险。经济结构——产业结构转型升级,对高层次研发人员、高技能工人和创新型复合型人才需求快速增加,导致劳动力供给与需求之间产生一定的错位期。就业载体——非公有制经济、中小微企业是就业主渠道,提供了80%以上的城镇就业岗位。但我国中小企业的平均生命周期只有3年左右,企业的波动难免对就业产生影响。创业带动——近5年来,我国共有300多万大学生实现创业,但各地大学生创业一次性成功有一定难度,创业稳定性较弱,对就业的吸附能力有待提升。

(三)法律已不能完全适应当前就业需要。《就业促进法》2007年制定。2015年仅根据工商登记前置修改了第40条第2款。实施12年来,党中央就业优先战略不断发展完善,就业现实情况发生重大变化,《就业促进法》需要进一步研究完善。一是可操作性和强制力、约束力需要进一步增强。二是内容需要进一步更新。当前,新业态层出不穷,灵活就业等新的就业形态已经成为常态。乡村振兴带动乡村产业,返乡创业就业亟待规范。但这些在法律中都没有明确规定。

四、监督建议

针对在检查中发现的突出问题,梳理归纳各方面提出的意见,总结提炼各地各部门的成熟经验和特色做法,为落实和完善《就业促进法》,实现更高质量更充分就业,切实保障和改善民生,提出以下建议。

(一)“坚持劳动者自主择业、市场调节就业、政府促进就业的方针”,形成完整的就业政策和制度体系

党中央强调,“必须精准把握宏观调控的度,主动预调微调、强化政策协同。”建议研究就业政策工具设计、体系构建、实施路径等方面的具体内容,形成与就业的经济地位和重大作用相匹配,与“三大宏观政策”相匹配的政策系统。一是推动各项政策有机衔接。坚持以法律为依据,建立健全财政、货币、金融、产业、贸易、教育、文化等政策与就业政策联动机制,依法制定、依法实施,增强政策的整体效果。广西陆续出台60多个促进就业创业的规范性文件;天津先后制定再就业、职业培训、社会保障和创业带动就业4个中长期规划以及190件配套政策,形成了较为完备的就业创业政策体系。二是加强对政策效果的审计评估。坚持就业优先战略,在政策制定时,将更高质量和更充分就业作为主要目标,综合评估其对就业环境、就业岗位、失业风险的影响。在政策执行时,密切监测政策的就业效应,及时优化调整,确保有利于就业目标实现。在绩效考核时,将就业作为主要指标,适度增加权重,加强事前事中事后评估。甘肃将就业影响作为制定产业、贸易、投资、金融等

政策的考量指标，白银市把人力资源配置作为公共投资和项目建设的重要申报内容。三是开发选用有效的政策工具。实现同一政策目标可以选择多种不同的政策工具组合。要精准开发和选择政策工具，确保政策实效。《失业保险条例》规定了失业保险基金的五项支出范围。2006 年，东部 7 省（市）开展扩大失业保险基金支出范围试点工作。山东利用试点政策，省级每年安排 10 亿元扶持创业，促进就业效果明显。

（二）“促进经济发展与扩大就业相协调”，以经济高质量发展推动实现更高质量就业

解决就业问题根本要靠发展。一是稳定经济增长，增强就业弹性。经济增长是扩大就业的基本保障。2012 年到 2018 年，国内生产总值每增长 1 个百分点，带动城镇新增就业从 160 万人增长到约 200 万人，高质量发展成果初现。2019 年上半年，国内生产总值 45.09 万亿，同比增长 6.3%，为扩大就业奠定了经济基础。建议深入研究发展模式、增长动力、产业结构等与就业弹性的具体关系，围绕满足人民日益增长的美好生活需要，加快发展有利于创造就业机会、提升就业质量的新业态，更好地发挥促进就业的作用。二是充分发挥民营企业、中小微企业吸纳就业的主渠道作用。扶持引导民营企业、中小微企业走“专精特新”发展道路，提高民营企业和中小微企业生存能力和创新发展能力。辽宁 2018 年确定培育“小升规”企业 1021 户，全面落实加快民营企业发展 23 条措施，扶持民营企业、中小微企业做大做强。三是打造“双创”升级版，发挥创业带动就业倍增效应。鼓励大众创业、万众创新，加大创业孵化载体建设，加大对科技型创业创新、高校毕业生和农民工创业的扶持，整合构建创业生态系统。浙江率先将网络创业、农村电商创业和现代农业创业纳入扶持范围，市场主体超 650 万户。江苏支持成功创业 101.6 万人，带动就业 407.9 万人，比例达 1∶4，较好地发挥了创业带动就业的倍增效应。四是促进一二三产业深度融合，扩大乡村就业。发展乡村产业，培育新型职业农民和乡村实用人才。北京 8000 余名科技特派员带动农村就业 12 万人。贵州创建农民工创业园（点）186 家，带动就业 22 万余人。

（三）坚定实施科教兴国和人才强国战略，“促进劳动者提高职业技能，增强就业能力和创业能力”

劳动力素质全面提升是解决人力资源供需结构不平衡的治本之策，也是更好推动人的全面发展、社会全面进步的内在要求。一是弘扬劳动光荣的时代风尚。通过健全技术技能人才评价体系，完善职业技能等级制度，探索建立合理的薪酬待遇制度，体现技能型人才的劳动价值，使“幸福都是奋斗出来的”成为价值追求。二是优先发展教育事业，推动人口红利向人才红利转变。坚持普通教育和职业教育并进，深化产教融合、校企合作。加快职业教育改革，创新职教办学机制，优化专业设置，建立专业动态调整机制。内蒙古已在 17 所高职院校和 10 所本科院校举办“3+2”五年制本科职业教育试点。广东探索将技师学院纳入高等学校序列。重庆制定发布 93 个特色职业（工种），建设 21 个产教融合项目。三是精准对接市场和就业需求，创新职业培训。完善终身职业技能培训制度，加大项目制、定向式、订单式培训，加强对灵活用工、农民工、新型职业农民等群体的专门培训，提高职业培训的针对性、有效性，促进产业链与人才链的衔接融合。江西职业培训补贴范围扩大到国家职业分类大典中所有技能类职业（工种）和所有职业技能培训机构，针对产业需求累计建设国家级、省级高技能人才培训基地和技能大师工作室 176 家。四是用好 1000 亿元失业保险基金和其他培训资金。近期，国务院办公厅印发职业技能提升行动方案（2019—2021 年），财政部、人社部已经制定了资金的管理和使用办法。各地区和有关部门要进一步完善政策，加强资金的管理和使用，开展职工技能提升和转岗转业培训，推动职业技能提升行动尽快落实到位，为稳定和扩大就业发挥作用。

（四）“完善统一开放、竞争有序的人力资源市场”，“完善覆盖城乡的就业服务体系”

发挥市场对人力资源配置的决定性作用，更好发挥政府作用，促进人尽其才、才尽其用。一是推进公共就业服务信息化。优化服务流程，形成线上线下融合、信息互联互通、跨部门审核经办、精准推送服务的就业服务信息平台。湖北打造线上线下结合的“15 分钟公共就业服务圈”。安徽建立“阳光就业”网上办事系统，将公共就业服务办理事项全部纳入信息化流程。二是统筹城乡公共就业服务体系。推进公共就业服务平台标准化建设，实现省、市、县、乡、村五级公共就业网络服务平台上下贯通，打通城乡公共就业服务“最后一公里”。广西完成 1255 个乡镇（街道）就业社保服务中心、14268 个村级综合服务中心规范化建设。天津在全市 16 个区、245 个街镇、1518 个社区和 3769 个行政村建立了劳服中心或工作站，公共就业服务信息系统实现全覆盖。三是统筹推进人力资源市场发展。完

善供求信息的收集和发布，改进就业创业指导，推进人力资源测评、开发、管理等产业链建设，推动东中西部专业性、行业性人力资源市场协同发展，提高供需调配能力。加大执法力度，加强对人力资源市场的事中事后监管。山东省财政每年安排 2000 万元支持人力资源服务业发展，建成 1 处国家级、16 处省级人力资源服务产业园，全省人力资源服务机构达 2660 家，占全国的 7.5%。四是加强劳动力资源和就业、失业状况调查统计。连接人社、发改、商务、统计等部门，监测经济运行、就业形势、就业质量、失业动态预警、人力资源市场供求信息、劳动力流动等，通过共享信息来分析判断就业形势、特点和趋势，精准提升就业服务和管理。通过数据监测规范高校毕业生就业签约，严防采取虚假合同的方式提升就业率等就业数据失真问题。

（五）“研究就业工作中的重大问题”，择时修订完善就业促进相关法律法规

良法是善治的前提。要坚持立法决策与改革决策相衔接、相统一，完善就业促进法规体系。一是修订《就业促进法》。切实体现就业优先战略，体现各级政府和有关方面的改革创新实践，体现当前就业的新趋势、新问题，增强可行性、可操作性，主要是补充新就业形态、乡村就业、公平就业、创业带动就业等内容。加强与劳动、教育、妇女、残疾人、中小企业等相关法律的协同，加快制定人力资源开发等相关法律。2018 年江苏制定《妇女权益保障条例》规定，人社部门、妇联、工会对用人单位侵犯女职工劳动权益的可以约谈、公布等。二是完善配套法规。围绕实现更高质量和更充分就业的需要，结合已经出台的《失业保险条例》《残疾人就业条例》《人力资源市场暂行条例》，完善配套的行政法规和地方性法规。2017 年，河南在省级层面率先研究出台《职业培训条例》，明确了县级以上政府、企业、职业院校、劳动者在职业培训中的责任和义务，为提高劳动者职业技能水平，加快技能人才队伍建设提供了法治基础。

法律的生命在于实施。建议全国人大常委会加强跟踪监督、持续监督，在督促有关方面认真研究改进工作、报告整改落实情况的基础上，2020 年听取和审议就业促进专项工作报告，确保取得实实在在的监督效果。

充分就业是社会主义制度优越性的重要体现。我们要坚持以习近平新时代中国特色社会主义思想为指导，树牢“四个意识”，坚定“四个自信”，做到“两个维护”，坚持以人民为中心的发展思想，全面有效实施《就业促进法》，推动实现更高质量更充分就业，不断增强人民群众的获得感、幸福感、安全感。

以上报告，请审议。

在全国人大常委会就业促进法执法检查组第一次全体会议上的讲话

（2019 年 5 月 6 日）

张春贤

同志们：

检查就业促进法实施情况，是今年全国人大常委会的一项重点监督工作，对于推动经济高质量发展，保障和改善民生，努力让人民群众过上好日子都具有重要的意义。这次执法检查，由炳轩副委员长、艾力更·依明巴海副委员长和我担任组长，何毅亭同志担任副组长，国务院有关部门和多位省部级领导同志参加。全国人大常委会对这项执法检查高度重视，战书委员长专门作出重要批示。刚才，何毅亭同志传达了战书委员长的重要批示，介绍了执法检查安排。人力资源社会保障部、发改委、财政部、教育部的有关负责同志作了关于贯彻实施就业促进法的情况汇报，科技部等 13 个部门提供了书面汇报材料。我们要认真学习领会战书委员长重要批示精神，精心组织，扎实工作，务求实效，高质量地完成这次执法检查工作。

下面，我讲三点意见。

一、把稳就业作为“六稳”之首说明了什么？

习近平总书记在党的十九大报告中明确指出，就业是最大的民生，要坚持就业优先战略和积极就

业政策，实现更高质量和更充分就业。去年年底的中央经济工作会议明确把稳就业摆在突出位置，作为“六稳”之首（稳就业、稳金融、稳外贸、稳外资、稳投资、稳预期）。党中央和习近平总书记如此重视就业工作，这是因为：

1. 这是以人民为中心的发展思想的体现。以人民为中心的发展思想是习近平新时代中国特色社会主义思想的重要组成部分，是新时代坚持和发展中国特色社会主义的14条基本方略之一。去年的中央经济工作会议明确提出，“宏观政策要强化逆周期调节、结构性政策要强化体制机制建设、社会政策要强化兜底保障”，并强调实施就业优先政策。根据中央经济工作会议精神，今年的政府工作报告也首次将就业优先政策置于宏观政策层面，与财政政策、货币政策并列为宏观调控三大政策，提出稳增长首要是为保就业，这是重大的宏观政策的调整，更是以人民为中心的发展思想的体现。

2. 有助于法律法规的实施和完善。2011年以来，我国开始实施积极的财政政策和稳健的货币政策。在此之前，我国财政政策和货币政策在“积极”、“适度宽松”和“适度从紧”、“稳健”、“从紧”之间不断调整，总的是基于当时的实际情况，都发挥了积极的重大的作用，是我们党在宏观经济领域的重要政策，取得了良好效果。现在我国的经济发展阶段和经济形势都发生重大变化，就业形势也正在发生重大变化。2007年经全国人大批准、2015年修改的《就业促进法》对促进就业的“政府责任、政策支持、公平就业、就业服务和管理、职业教育和培训、就业援助、监督检查”等给予了明确。国务院去年出台了《关于做好当前和今后一个时期促进就业工作的若干意见》（国发（2018）39号），在“支持企业稳定岗位、促进就业创业、强化培训服务、下岗失业人员帮扶”等方面明确了15条具体措施。把就业政策列入三大宏观政策，将有助于发挥法律的兜底和促进作用，也有助于法律法规的实施和完善。

3. 就业是民生、民心大事，须臾不可轻视。2017年我国城乡就业人员是7.8亿人，其中城镇4.2亿人，而2007年城乡就业人员是7.5亿人，其中城镇2.9亿人。由此不难看出，就业几乎在每个时期都与每个家庭息息相关。如果就业情况有所波动，哪怕下降很小的比例，都会对不少家庭造成极大的影响，甚至影响社会和谐稳定。前些年的“阿拉伯之春”运动，起因就是2010年的突尼斯自焚事件。突尼斯是个以旅游业为主的国家，全球金融危机后，该国的经济受到较大影响，失业状况比较严重，年轻人的失业率高达两位数。有一位当小贩的年轻人，被警察粗暴对待后自焚身亡，导致群体抗议并引发社会动荡，最终造成政权更迭。前段时间发生在法国的大规模“黄马甲”运动，其深层次原因也与就业密切相关。可见就业确实是关乎民生的大事，也关乎政治和社会稳定，须臾不可轻视。

4. 有利于发挥制度优势，使用好政策工具，把党中央的重大决策部署落到实处。我们的制度优势是其他国家所无法比拟的。改革开放以来的实践证明，只要把重大问题吃准，党中央作出决策部署，各级党委政府重视并加以引领促进，法律法规予以保障，打他几场“攻坚战”，再大的难事都能逐步妥善的加以解决，就业也不例外。但前提必须是“摸准情况、依法依规、尊重规律”。而执行落实完善好法律法规，本身就是对规律最大的尊重。

二、对这次执法检查的基本考虑

1. 发挥法律的巡视监督作用。战书委员长强调，人大的执法检查不是一般性的工作检查，也不是行政机关的督察检查，而是对法律实施情况进行监督。要坚持以法律为依据和准绳开展监督，以扎实的工作、翔实的数据、真实的案例说明法律实施的实际情况，通过这次执法检查，自上而下、统筹推进中央“稳就业”政策和《就业促进法》等法律法规的贯彻执行，发挥好“法律巡视”监督利剑作用。

2. 把握好区域间的不平衡性和重点地区的特殊性。从这次安排看，6个直接执法检查的省份，就有3个是西部，可见对西部的关注。10个自检省份，数量上是比较多的，面上也涵盖了东中西部。在实际工作中，既要检查全国面上的情况，又要注意像西北、东北等区域的就业问题，还要注意中部个别省份因资源和结构调整引起的就业问题。

3. 摸清几个方面的情况。执法检查的过程实际上也是摸清底数、找准问题的过程。要通过执法检查，深入了解几个方面的情况：一是当前就业形势和存在的主要问题是什么，原因是什么，有什么措施建议。二是当前重点群体就业存在的主要问题是什么，原因是什么，有什么措施建议。三是各地党委政府在落实法律中遇到的主要困难和采取的举措是什么。四是根据当前国内外形势，预判下半年就业趋势，提出工作建议。五是现行法律在哪些方面需要完善。比如，随着新兴的创业带动就业，就业的模式发生变化，法律如何跟进；就业歧视问题依然不同程度存在，监管难度较大，如何从制度安排上更好地实现公平就业；因地区差异造成公共就业服务的能力和水平存在差异，如何进一步强化保障机制，促进政策法律落实，等等。

三、提升检查质量，确保检查实效

今天的会议后，各检查小组就将分赴6个省份开展检查了。希望同志们切实提高政治站位，坚持以习近平新时代中国特色社会主义思想为指导，树牢“四个意识”，坚定“四个自信”，做到“两个维护”，互相支持、密切配合，共同组织开展好这次执法检查，确保取得实效。工作中注意把握以下几个方面：

一是提前充分准备。要深入学习党中央、国务院关于就业的政策文件，熟悉就业促进法和相关法规，结合执法检查重点，做到心中有数，使检查有的放矢。

二是依法行使职权。坚持依照法定职责、限于法定范围、遵守法定程序，紧扣法律制度、法律规定、法律条文开展检查。大家要注意的是，执法检查中发现的违法问题，检查组不直接处理，而是移交给有关方面依法处理。

三是坚持问题导向。既要全面准确了解法律实施情况，总结各地的好经验好做法，又要深入查找存在的突出问题，对照法律深入分析其特点和原因，综合权衡解决方案，提出有针对性、可操作的意见建议。

四是切实改进作风。要深入基层、深入一线了解真实情况、掌握一手资料。要迎难而上、敢于担当，始终保持饱满的精神状态和高效的工作作风。要严格执行中央八项规定和实施细则精神，不搞形式主义，杜绝官僚作风，严格遵守各项工作纪律，确保执法检查风清气正。

在全国人大常委会就业促进法执法检查组第二次全体会议上的讲话

（2019年7月26日）

张春贤

同志们：

根据全国人大常委会就业促进法执法检查方案，我们今天召开执法检查组第二次全体会议。刚才，毅亭同志介绍了报告稿的主要内容，检查组成员和国务院有关部门负责同志对执法检查报告提出了意见和建议。请检查组的同志们根据今天会议情况对执法检查报告进一步修改完善。

下面我再谈几点意见。

一、关于这次执法检查

今年年初，全国人大常委会将就业促进法执法检查列入重点监督计划，开展执法检查。5月6日，检查组召开了第一次全体会议，深入学习习近平总书记关于就业的重要论述，传达学习栗战书委员长批示精神，听取部门汇报。会后，炳轩副委员长、艾力更·依明巴海副委员长和我分别带队对内蒙古、江西、山东、广东、云南、甘肃6个省（区）开展执法检查。同时委托天津、辽宁、江苏、浙江、安徽、河南、湖北、广西、重庆、贵州等10个省（区、市）进行自查，在各有关方面的大力支持和配合下，执法检查工作进展顺利。总的来看，这次执法检查工作做的比较扎实，富有成效。有以下几个特点：

一是坚决贯彻党中央关于“稳就业”的决策部署。习近平总书记反复强调“就业是最大的民生”，党中央把稳就业作为“六稳”之首，实施积极的就业政策和就业优先的发展战略。此次执法检查紧紧围绕“稳就业”工作开展检查，督促地方和各有关部门落实法律规定，履行法定职责，自上而下、统筹推进中央“稳就业”政策和《就业促进法》等法律法规的贯彻实施。

二是紧扣法律规定，发挥好“法律巡视”的监督利剑作用。检查组率先带头学法用法，对照9章69条法律规定，针对不同的检查对象拟定42个检查参考问题，确定10个方面的检查重点。在实地检查、地方自查、座谈汇报等环节中，始终以法律规定为准绳，一个条款一个条款对照检查，一个条款一个条款听取汇报，采取了问卷调查、抽查暗访、样本分析等方式，比较全面、深入的了解法律实施的情况和问题，切实以执法检查促进政府、企业、公众对法律的再学习、再宣传、再贯彻，让法律制度的牙齿真正“咬合”起来。

三是工作作风扎实深入。这次执法检查内容多、安排紧、工作任务很重，但是检查组的同志们敢于担当、迎难而上，严格执行中央八项规定和实施细则精神，遵守各项工作纪律，以高度的责任感和严谨务实的工作作风，圆满完成了检查工作。

二、关于执法检查报告

执法检查是人大常委会的法定监督形式，是人大推动法律有效实施、推动法治国家建设的重要抓手。而执法检查报告是执法检查成果的集中体现，也是落实执法检查成果的重要载体。当前比较重要的一项工作就是要把执法检查报告完成好。

本届全国人大及其常委会成立以来，对监督工作特别是执法检查工作进行了一系列探索实践，形成了一些新的思路和共识：执法检查是国家权力机关对法律实施情况的检查监督，不同于一般的工作检查、行政督察，也不是一般的工作调研、工作指导，目的是保证法律全面有效实施。因此执法检查报告也不同于一般的调研报告、工作报告。在刚刚结束的第十一次常委会上，战书委员长对执法检查工作，特别是对执法检查报告提出了新的更高的要求，指出：“执法检查报告主要是报告相关法律落实情况的，不是报告这部法律所涉及的这一领域工作的；主要不是评功摆好，而更多的是查找法律实施存在问题的；主要不是论述道理，而是提出明确具体的落实法律的要求；主要不是对政府和有关方面提出改进工作的建议，而是强调政府和相关方面必须严格履行法律责任。”

我们这次的执法检查报告拟8月份提交常委会讨论，恰恰是贯彻党组要求和战书委员长最新讲话精神的第一份报告。为了落实好这些新的要求，在报告起草中，突出了以下几个特点：

第一，以落实法律责任为主线。这份报告准确把握执法检查报告的定位和目的，通篇贯穿着“保证法律全面有效实施”的法治观念和法律意识。一是依法总结情况。对法律实施的总体情况，没有大而化之、含混概括，而是具体到基本落实的56条，占比81.2%，尚未完全落实的13条，占比18.8%，完整体现了法律实施的真实情况。二是依法查找问题。报告重点阐述了3个方面的10个问题，有的是直接对应法条，有的是针对法律中没有明确规范的情况，全部问题都以法律为前提，以法律为准绳。三是依法提出建议。依据《就业促进法》规定的政府和相关方面必须严格履行的法律责任，针对执法检查中发现的实际问题，提出了明确具体的落实法律的要求和修改法律的建议。每一条建议的标题都以法条为主，每一条建议的内容都严格落实法律，确保于法有据，确保把法律制度的引领、规范、保障作用充分发挥出来。

第二，坚持问题导向。这份报告先后修改至少5版，之所以几易其稿，就是在一次次聚焦问题，把问题梳理清楚、分析透彻。主要体现在三个方面：一是结构布局。报告共19页，12000多字。其中导段加基本情况共4页多，不足报告的四分之一；主要问题及原因分析共10页，超过报告的二分之一，在力求精准、简练、务实的基础上，把重点放在了问题上。二是问题归纳。根据法律实施问题的历史性、紧迫性、发展性，分为长期存在的问题、现实突出的问题和苗头性趋势性问题，分门别类地加以阐述，没有采取平铺直叙、罗列问题的方式，力争体现战书委员长对执法检查“要善于抓问题”的要求。三是原因分析。报告从宏观层面和整体视角“找准影响法律实施的症结关键和深层次原因”。坚持把问题的根源和本质分析清楚，不停留在微观的工作层面，也“不搞遮遮掩掩、语焉不详”，真正形成监督压力。

第三，用数据和案例说话。检查组做了大量细致扎实的统计调查和分析工作，用准确翔实、硬硬梆梆、有说服力的数据和案例，来说明当前《就业促进法》实施存在的问题。一是突出专业性。就业是经济学、社会学的专业问题。报告采用城镇调查失业率、就业弹性、求人倍率等一系列专业数据，力争基于专业指标提出专业问题。二是突出鲜活性。就业是人民群众生产生活的重要组成部分。报告采用淘宝卖家、滴滴司机等生活气息浓厚的数据，力争能生动说明当前存在的现实问题。三是突出经验性。充分吸收人社部等17个方面和广东等16个省区市的特色做法以及成熟经验，以例举的方式，用执法检查中发现的、大家提供的数据和案例来论证问题、提出建议，力争做到言之有理、言之有据。

三、关于下一步工作

目前，执法检查工作已经按计划完成了前期的实地检查工作。下一步重点是两个方面：

一是继续修改完善报告。今天把报告(稿)提交会议讨论，针对大家提出的意见建议，起草组的同志们要认真研究吸纳。报告 8 月下旬提交常委会审议，大家有什么好的意见建议，在此期间都可以向检查组反馈，也希望大家认真琢磨推敲，不断提出意见建议。

二是常委会审议通过后，要抓好整改落实。到 2018 年，全国人大常委会已组织开展了 141 次执法检查，今年又安排了 6 次。按照监督法和有关规定，执法检查报告提交常委会审议后，国务院及其有关部门要根据执法检查报告和常委会的审议意见，做好落实整改工作，并在规定的期限内将落实整改情况向全国人大常委会提出书面报告。落实整改是执法检查工作的又一个重要环节，是执法检查工作取得实效的重要体现。国务院及其有关部门要重视并切实解决报告中提出的问题，认真贯彻落实执法检查报告和常委会的审议意见，在规定期限内向常委会报告整改落实情况。人大方面要加强跟踪监督、持续监督，督促有关方面认真研究改进工作、报告整改落实情况。希望同志们不要松懈，全力以赴地做好下一步相关工作，确保执法检查取得实实在在的效果。

最后，我代表执法检查组对国务院及有关部门、新闻媒体以及各有关方面的积极支持、配合表示衷心的感谢。

就业是民生之本

——就业促进法执法检查时的学习与思考之一

(2019 年 5 月 9 日)

吉炳轩

对就业促进法实施情况进行执法检查，是今年全国人大常委会的一项重点监督工作，对于推动经济高质量发展，促进保障和改善民生，努力让人民群众过上安定和谐的好日子都具有重要的意义。

就业是人生大事。就业是民生之本。

“国以民为本，民以食为天”，这是流传了几千年的为政理论，就是治理国家要以人为本，多为老百姓办实事、办好事；要特别重视老百姓的吃饭问题，使其能吃上饭、吃饱饭、吃好饭，这是天大的事情，任何事情都没有让老百姓吃饱饭这件事情大。除了这句话外，还有一句话，“官以民为本，民以财为基”，这也流传了几千年，是汉代一个朝中高官说的，劝皇帝要替老百姓多想想，能让老百姓家里的财产多一些，减少一些税赋和劳役，这样做了，政治才能安定，当官的位子也能坐得安稳。这两种说法都有道理，也算是至理名言。不论是“民以食为天”，还是“民以财为基”，都必须有个条件，那就是有活干，有业兴，即有事业来支撑，否则就不可能有饭吃、有钱花、有财存。粮食哪里来？肉蛋哪里来？都是劳动所得，不劳动就什么也没有。世上也有一些人不劳而获，靠吃祖宗饭、钱财饭，用现在的话说，吃遗产、吃存款、吃房产等等，还有用不正当的或投机取巧的手段发财致富，而且日子过得很不错。但他们不劳动，是靠劳动的人来供养的。劳动创造财富，这才是真理、硬道理。

劳动创造财富，这仅是人的生存的一个方面，还有一个方面，劳动是人的一项基本权力。人活在世上不单是为了吃喝玩乐，而且还要进行劳动创造，还有很多精神追求。现代人都爱讲人权，特别是一些西方国家，动不动就拿人权说事，把人权作为一个大棒，拿在手上，到处挥舞，攻击这个，吓唬那个，好像就他们尊重人权，而那些同他们不一样的政治发展道路的国家就无视人权，甚至践踏人权。人权是什么？西方一些国家所倡导的人权就是所谓的言论自由、新闻自由，游行自由、示威自由等，鼓吹人想干什么就可以去干什么，想说什么就可以去说什么，鼓动全民上街搞政治，认为这就是人权的具体表现。这是借以攻击他人的口实。其实，人权有很多，最重要的是生存权、发展权、财产占有权和继承权、人格独立权、人身安全权、婚姻自主权等等，其中生存权、发展权、财产占有和继承权是最为重要的。而要生存发展，要占有一定的财产，就必须要进行劳动创造，所以劳动权是在人权中一个很重要的权力。不劳动难以生存，难以发展，也不可能会有什么财产。用现在通俗的话讲，这人权、那人权，最为基本的人权是：有饭吃、有活干、有钱花、有房住、有学上、有医就、有处玩，居住能舒适安稳，出行能通达方便，老人有所养，幼儿有所教。这也是我们古人所说的大同世界的理想：老有所养，壮有所用，幼有所长，鳏寡孤独废疾者皆有人管其衣食康养。古人讲的壮有所用，就是年轻力壮有劳动能力的人能有活干，能干成一番事业。用现在话说，就是有业就，再进一步说，就是能使人尽其能、人尽其才，实现人生的意义和价值。

劳动是人的生存生活所必需，劳动是人生的一大权力，劳动能创造财富，只有通过劳动创造财富，也才能够解决好老有所养、幼有所长，社会稳定、政治安宁等等众多问题，这就是要解决好人的就业问题的重大意义。人不可一日无事。人有劳动能力，而没有劳动的机会和权力，严重一点说，也算是对人权的侵害，至少是对人的不尊重。再说得严重一点，剥夺了人的劳动权力，就等于剥夺了人的生存发展的权力，断了人的理想信念之路，也是对人的精神摧残。这话虽然不好听，但深想想，就是这个道理。我们执政为民，最需要解决好的就是要让人民有饭吃，有活干，有钱花，住的安稳，行的通畅，干的欢欣。

对于一个人来说，就业是人生大事，而对于党和政府来说，就业是民生大事，可以说是最大的民生之事。党和政府历来高度重视就业工作，以习近平同志为核心的党中央始终坚持以人民为中心的发展思想，把做好就业工作摆在十分突出的位置，实施就业优先战略和积极的就业政策，就业工作成效十分显著。据有关资料介绍，党的十八大以来，我国就业状况持续改善，就业结构不断优化，就业局势稳中向好，已成为民生改善的坚实基础。主要表现在：就业规模持续扩大，城镇所增就业连年保持在1300万人以上，2013年—2018年累计完成7970万人就业，2018年末全国就业人员总量已达到7.76亿人。全国城镇登记失业率和调查失业率持续保持低位运行，2018年末全国城镇登记失业率3.8%，全国城镇调查失业率为4.9%，均为近年同期低点。就业结构更加优化，第三产业吸纳就业能力充分显现，就业人员占比从2013年的38.5%上升到2017年的44.9%。区域就业更趋均衡，中西部地区劳动力就近就地就业和返乡创业趋势明显。重点群体就业稳定，2013年以来，应届高校毕业生就业创业人数连年实现双增长，共帮扶约3347万失业人员实现再就业，1057万就业困难人员实现就业，31万余户零就业家庭至少有一人就业，1011万建档立卡贫困劳动力实现就业增收，121万去产能职工得到妥善安置。农民工总量不断扩大，2018年全国农民工总量达到2.88亿人。就业质量稳步提升，劳动者就业渠道更加多元，新就业形态蓬勃发展，工资收入稳步提高。企业用工日益规范，劳动合同签订率达到90%以上。社会保险覆盖面不断扩大，保障水平逐步提高。党的十八大以来，就业工作的成效是很大的。

但也要十分清醒地看到，现在的就业形势依然复杂严峻。一是就业总量压力仍然很大。尽管我国劳动力规模持续减少，但仍保持高位运行。预计到2020年，劳动年龄人口将保持在9亿人，到2035年预计为8亿人，会有所下降。现在往后，每年需要在城镇就业的新成长劳动力大约有1500多万人左右，加上城镇登记失业人员和新转移农业富余劳动力，总量压力仍然不小。面对庞大的劳动力供给，一旦发生经济波动、地缘政治变化等，都可能会对就业产生影响，会引发规模性、周期性失业风险。二是结构性就业矛盾更加凸显。在经济结构调整、人口结构变化进程中，“人岗不匹配”的就业结构性矛盾正日益上升为就业领域的主要矛盾，招工难和就业难同时并存。一方面，高技术技能人才短缺，特别是适应结构调整和产业转型升级需要的人才紧缺，如高层次研发人员、高技能工人和创新型复合型人才严重短缺，现在高校毕业生的技能素质还跟不上市场变化的步伐。而传统行业中低端就业岗位还难以满足大学生对高质量就业的期待，吸引力不足，招工也难。大学毕业生就业，高不成、低不就的现象很普遍。另一方面，大龄、低技能劳动者就业难题持续放大。特别是化解过剩产能、处置“僵尸企业”，涉及企业职工中有不少人年龄偏大、技能单一，转岗能力较差，他们获得新领域就业机会的难度很大。三是新的影响因素还在增加。当前和未来一个时期，国际环境依然复杂多变，世界经济复苏增长势头加速很难，贸易保护主义还在抬头，中美经贸摩擦对就业的影响也不可小看。同时，国内改革任务艰巨繁重，产业结构调整、经济周期性波动等也将不可避免地对就业产生影响。人工智能等新技术快速迭代，对就业冲击可能加速显现，就业工作或将面临更多挑战。

更要十分清醒地看到的是，就业是件很大的事，但也是一件很难的事，可以说是当今的一个世界性难题。

当今世界经济发展很快,虽然这些年,自美国金融风暴以来,整个世界经济增速缓慢,下行的压力很大,但就历史长河发展的进程来看,总体趋势仍然是快速前进的。现代社会一年所创造的产值、利润,增加的财富,是200年前的年总量的几十倍、上百倍。人类自工业革命以来,很快进入了经济的迅猛发展和社会的急剧变革时期。现代社会不但生产力发展很快,而且人的生活节奏也十分快捷,快的甚至让人有透不过气来的感觉,稍一迟缓,就会跟不上趟,就落后于形势。就拿日常生活来说,交通运输马拉驴驮基本不见了,城乡自行车、人力车的洪流也没有了,取而代之的是飞机、高铁、满大街的小轿车、供人方便骑行的共享单车和滴滴打车。购物从小杂货店、货郎挑子到百货商场,而发展到专卖店、超市,又很快进入网购;出门不需带钱,拿个手机就可以支付。坐在家里通过网购,就可有人送货上门,而且速度很快。就连吃个早饭、来个客人招待几个菜,也可以叫外卖,很快就会送到餐桌上,还能热气腾腾。就人的精神娱乐来说,那种晚饭后无事,到处转悠找地方看戏、看电影、排队买票,看一部电影可以津津乐道几年的情况没有了,而安卧床头,旅行途中,打开电视,打开手机,什么样的文艺节目都有,可即时浏览,安心欣赏看的电影电视剧太多了,也就过目即忘,根本记不住。现在就连读书学习,打开电脑,文史哲、数理化,天上地下、星空海洋,建筑设计、商业营销等等,想看什么,应有尽有。就农业生产来说,简单的耕作机械化也将过时,取而代之的将是数字化。现代企业生产电视机、电脑,生产汽车、拖拉机,若大一个厂房很少见人,而产品却不停地运出来,有许多工作都是机器人在干,是用数字来控制,而且工效和质量要比人工操作高得多、好得多。人类进入了现代化,电脑在逐步替代人的大脑,机器人操作也在逐步取代人的劳作。机器人不但用于电焊、安装,而且进入了家庭,可以打扫卫生,可以供人役使。连开飞机、驾汽车都可以无人驾驶、数字控制。现代化的生产效率确实很高,人的确轻松多了,可以说获得了新的解放。

现代化是美好的,而且还正在飞速向前发展。但在这美好的背后,也同时产生了一个很大的问题:数字操作、机器劳作在同人在争岗位、争活干。生产全程数字化了,大量的岗位也就不需要人了,人的就业岗位也就越来越少。可以说,科学技术越发达,数字化程度越高,生产力发展得越快,而人的活劳动就投入得越少,也就是人的就业岗位就越少,失业下岗的人也就越来越多。这是一个很实际的问题,未来的发展会这样走下去。在传统农业和机械工业社会里,主要靠人的活劳动来创造物质财富,推动生产力发展,走的是劳动密集型生产之路,即需要大量的劳动力,而且需要全能农民,全能工人,即各项生产技术都要掌握。农民种地,要会犁、会耙、会播种、定苗、锄草、追肥和收获,还要会脱粒、收藏、保鲜、保质等。木工做家具,要会刨树、会解板、会烘干、会下料、会刨平、会刻隼、会凿卯,还要会安装,会上油漆。而现在则都不需要一个人去掌握这些全套技术了。现在是流水线作业,一个人只需要懂一道工序,能掌握住机器就行。飞机、汽车、冰箱、电视、电脑这些复杂、精致物品的生产更是如此。现在没有一个人,也不需要任何一个人去造出一架飞机来、一部汽车来,或一台电脑、一台电视机来,而是只需懂一个部件、一个环节的工作就行。现代工业是科技工业、数字工业、协作工业、分工明细的集成工业,这就是技术密集型工业。过去劳动密集型的工业,靠的是大量的人力,而现在和今后技术密集型的工业则靠的是科学技术,即用数字来操作控制机器生产。生产越现代化,数字化程度越高,生产企业用工就越少,而且所需要的只是少量的懂得高科技的,掌握高科技的技术人才,而不是普通的体力劳动力。这就是现代化的生产特点。现代化、数字化为劳动力的就业带来了巨大压力。经济发展越快,生产现代化的程度越高,就业的岗位就越少,这是一个客观现实,也是一个发展大势。

我们需要十分清醒地看到这一点。

还要看到的是,就业始终是个难题,从来就没有不难过,不同的时期有不同的难。在上世纪七八十年代,农村孩子同城市孩子由于所有制不同,想进城找个工作比登天还难。当时城里的初高中毕业生安排工作也不容易,但还有个盼头,而农村则是不敢想的。军人干部转业可以安排工作,城市户口复员军人可以安排工作,但也很难。而农村孩子当兵,服役期满,照样回家种地,根本没有安排工作这一说。后来,主要是十一届三中全会以后,搞活经济、改革开放,农村发展乡镇企业才安排了一些农村剩余劳动力。东南沿海对外开放较早,发展工商业,安排了不少劳动力,也形成了全国性的北方青年到南方,特别是到广东的珠三角地区打工潮。打工也是就业,主要是农村剩余劳动力的就业,搞活了农村经济,服务了城市发展,也增加了农民收入。这也说明,就业的要害,是发展经济,搞活经济，只有把经济搞活了，加快发展了，才能提供更多的就业机会。

同时，也需要指出的是，任何事物都是两面的，中国古代哲学有一句名言，叫作“塞翁失马，焉知非福”，即利与害是相连的，祸与福是相伴的，福中藏着祸，祸中连着福。用现在的观点来说，就是矛盾是对立的，又是统一的，在一定的条件下还是可以相互转化的。再通俗一点讲，就是好事可以变成坏事，坏事也可以变成好事，对任何事物都要辩证地看、运动地看、发展地看。具体到就业来说，运用这一哲学观点来思考问题也是正确而有益的。现在就业困难很多，但就业的门路也很多；就业压力很大，但潜力也很大。这就需要在困难中寻找门路，在压力中挖掘潜力，着力去开辟出更为广阔的就业渠道来。

中国是一个发展中的大国，而且发展的势头仍然很猛，可以说是百业需兴，百业正兴，有许多产业、事业需要发展。不论什么样的产业、事业都是需要人来干的，不论科学技术怎样发展，人始终是生产力诸要素中最为核心的、最为关键的要素。任何事情，当然指人类社会的事情，而非自然界、宇宙间的事情，离开人是办不成。要干事须靠人，这就有了就业岗位。这是一般发展规律。只要能开辟出新的产业、新的事业，也就能够创造出大量的就业岗位，也就需要大量的人来干。改革开放以来全国各地涌起的打工潮就是大发展的需要所形成的。由此我想起一件往事：1988 年，我在河南任团省委书记，在如何引导帮助农村青年就业致富上，我曾去江苏、赴浙江、下广东到这些当时乡镇企业发达的地方学习调研。在广东看到珠三角地区正通过“大进大出”快速发展工业生产，即技术从海外引进，材料从海外进来，管理人才也从海外招聘，加工出来的产品也销往海外，而企业只是招收一些工人，按照海外市场的需要，在技术人员的指导管理下加工产品。产品的技术含量虽然不算低，但对工人的技术要求则不太高，一般的初中毕业都可以干。原因是分工精细，如电子产品用手工往集成电路板上插电阻、电容器、二级管等，只要分清字母插对就行。插二级管，知道“+”“-”号正负极就可以了。要的是精细和熟练操作，而不是技术知识的蓄量和能力。我跑遍了珠江三角洲的所有城市，广州、佛山、顺德、珠海、中山、深圳、东莞、惠州等地，看到这些地方新兴起的工厂里需要大量的工人，就同广东团省委商量，两家团组织建立南北互助的机制，河南团省委从河南组织青年到广东来，广东团省委负责安排到需要的企业打工，河南团省委派出干部参与企业对这些打工青年的管理。河南团省委每向广东输送一名青年打工者，付给广东团省委 10 块钱的劳务费。通过两家团省委和两省各级团组织，这个由河南向广东输送劳务的大事就轰轰烈烈地开展了起来，而且还通过铁道部团委，调配专送河南青年劳务人员的专列，可谓一路顺风，畅通无阻。河南省委省政府非常支持河南团省委干这样的有利河南发展和青年人才成长、家庭致富的实事好事，还专门批了编制，成立了青年劳务服务中心这样的机构。这项活动开展不到三个月，就向广东输送河南青年 1 万多人。此项活动连续进行了三年，河南到广东打工的青年超过 10 万人，而且以后越来越多，并且不再依靠团组织，而是人带人、人拉人、人托人，靠先前来打工的引领、帮带，成群结队的来到广东。以后有一些人自己创业当了老板，更有一大部分在广东学了技术和经营管理经验，又回河南去创业。仅河南信阳一个市，就有上百万青年在南方打工，有几十万青年又回去创业，有许多产业就是靠这些外出打工的青年创办的。

当然，现在再组织这样的打工输送已经不行了，那是市场经济兴起之初，各类产业竞相发展，需要大量人力，而当时的产业科技水平也不高，还属于原始资本积累的阶段，多是劳动密集型的，需要大量的劳动力来生产。经过四十年的改革发展，我们的经济结构和形态已经发生了很大变化。我们现在正在由传统农业向现代农业转型；由机械工业向数字工业转型；由市场营销向电商营销转型，许多工作都在由手工劳作向数字控制转变，人们的生活、学习、工作都发生了很大变化，就业的门路、岗位、要求也大不相同，一般的劳务输出输入已经没有了多大市场。但这件事可以说明，事在人为，业在人创，人在人的组织和引导。根据新的发展形势和新的市场需求，需要新的思路和新的门路，即开辟新的就业渠道，来解决大量劳动力的出路问题。如果仍然是传统的思维方式来安排大量剩余劳动力就业，那就是难上加难，步履维艰。如果用新的视野、新的思路去开辟新的就业渠道，那就会是“山重水复疑无路，柳暗花明又一村”。

产业转型、社会转型，人的生产生活都有新的需求，新的变化，自然而然就会出现许许多多的新的生产流通形式，也就自然而然会产生许多新的就业岗位，就看能不能认识得到、把握得住。总体形势来看，随着科学技术的迅猛发展，产业形态的迅猛变化，传统的就业岗位会越来越少，乃至很快萎缩,而转型产业由于数字化的运用,就业岗位也会有限,劳动力大量剩余则是个客观存在,就业的竞争将会是十分激烈的。特别是在过渡转型时期,劳动力的普遍技术素养还很难适应高科技产业发展的需要,一方面大量劳动力剩余,一方面高科技岗位的人才又欠缺,这个矛盾将会存在一段时间。目前较有潜力的,还可以容纳下较多劳动力的产业主要在基础设施建筑业和现代服务业方面,但这也需要去进一步开发。这个任务需要政府和市场共同来完成。这些方面,开拓的力度大,产生出的就业岗位就多,开拓的力度小,而产生出的就业岗位也就少,关键看我们怎样去做工作。我们应该从保障人的基本权力,推动经济发展繁荣和维护社会安定的角度,来看待广开就业门路问题,大力去开发兴起新的产业。

视野显示沃野　思路决定出路

——就业促进法执法检查时的学习与思考之二

(2019 年 5 月 23 日)

吉炳轩

视野显示沃野,思路决定出路。在就业问题上,能不能开辟出更多的就业岗位,安排更多的劳动力,从某种意义上说,要看我们领导干部的视野和思路,所以,首要的问题是开阔视野,转变观念。

现在就业竞争激烈,这是个不争的事实。人多岗少,就业的压力很大。现在所有岗位好象都不缺人,即使许多部门、单位、每年也招收一些新人,但多是硬性的任务分配。作为一些刚性的任务:复退军人必须要妥善安置;高校毕业生也得尽量安置;脱贫攻坚的贫困户劳动力也需要找到活干,这样才能脱贫;一些残疾人也得给条生活出路,办些福利企业来安置等。这些都是刚性或半刚性的,必须要优先解决好的。当然,复退军人也有自主择业的;大学毕业也有许多没有安排的,而是靠自己在社会上闯荡;贫困户劳动力的安排有些也是暂时的,随着企业的经营状况变化,也有下岗的;此外现有企业职工在企业的改革转制中还有重新下岗的,也要重新安排的,等等,情况很复杂。总之现在竞争很激烈,就业困难很大。如果仅盯着现有的企业、事业和行政单位,确实容纳不了多少人,仅靠这些岗位,就业的问题就解决不了,矛盾还会越来越多。出路在哪里?出路就在视野的开阔里和思想观念的转变里。

从经济社会发展的阶段来看,我国现在是从传统生产经营向现代生产经营转变的过渡时期,不论是工业、农业、商业等各项事业都处在这个过程之中。反映在就业上,是劳动密集型和技术密集型共生共存的时期,而劳动密集型正逐步让位于技术密集型,技术密集型发展势头强劲,正在取代劳动密集型,但这个取代尽管很快,也是还需要一个过程,即一个过渡期,或叫缓冲期,不是说取代就能很快取代的。对于就业门路的开拓来说,既要盯着劳动密集型的产业,尽可能地去开辟更多的就业岗位,安排更多的劳动力;又要紧紧盯着技术密集型的产业,尽力去开拓发展,尽快培养高技能的劳动者,以适应高科技产业发展对新型人才的需要。视野要盯住两头,而不是一头。不能因为高科技出现了,就忽视了传统产业的开发;也不能死盯着传统产业而不考虑高科技产业的需要。就业也要两手抓,一手抓传统产业,一手抓现代产业,这两方面都要做文章,并尽可能把文章做足。路子是有的,需要根据各地的产业发展情况来思考我们的就业战略,把就业这盘棋下活。就业不是简单地把人安排了就行,当然,安排是第一位的,有活干了,就不着急,但仅此不够,还要有战略思维,即既能把人安排得了,还能使人干得较稳,能在一个岗位上较长时间地干下去,真正实现有活干、有钱花的目的。至于开辟什么样的就业门路,这要从当地的实际情况出发,我能说的就是办法总比困难多,只要视野开阔一点,观念转变一点,路子就一定会多一点。

就业需要技能,没有技能就业也难,这在古今中外都是一样的。但现代社会的就业同过去又有很大不同,不是掌握了一般技能或传统意义上的一些技能就能就得了业的。在过去,只要掌握一门手艺就不愁没有饭吃,如木匠、铁匠、泥瓦匠,包括修鞋的、钉掌的,吹拉弹唱的、补锅编筐的等等,只要有一门传统手艺，就能在社会上混口饭吃，虽然发不了什么大财，但也绝饿不死人。我在年幼的时候接受的教育就是“技不压身”，每个人要想立于世、行于世，就一定要掌握一门手艺。我上初中的时候，文化大革命开始了，学校停课闹革命，书读不成了，我的外祖母（是书香之家出身，我的外公就是个教书先生，解放前，曾在全县唯一的一所中心小学担任校长。）拉着我的手说，书不能读了，就去学一门手艺吧，铁匠、木匠、泥瓦匠都行，这才能够以后有饭吃，并答应为我找师傅。但我只想读书，没有答应，当然我母亲当时也不同意。可见在传统农业社会里，对手艺的看重，这也是就业的门路，有活干、有钱花的本事。我爷爷弟兄三个，都是手艺人，两个铁匠、一个木匠，且手艺都不低。我的三爷20多岁的时候，只身一人，扛着几件简单的木匠工具，锛、斧、锯、刨、凿，只身一人从河南步行到了新疆乌鲁木齐，连盘缠被褥都没有带，边走边到一些农家干木活，挣几个钱继续赶路，一路走一路干，到新疆闯出了一片天地，开办了一个木工作坊，娶妻生子，在新疆乌鲁木齐安了家，五十年后才回了河南老家了一趟。这凭的是手艺。而现代社会则不行，仅凭传统的木工、铁工、泥瓦砌墙垒砖技艺，也是很难就业的。因现在是数字时代，信息时代，高度精密的数控数字化时代，传统手艺多是派不上用场的。现代人要想就业，也不是改革开放之初，会倒腾个小生意，能煎炒烹炸做几个像样的菜（当然，好的厨艺还是不愁就业的），或能使用缝纫机做几件衣服等就行的，而必须要具备现代化生产所需要的知识。要懂得电脑，会使用电脑，这是最基本的。有人说，在现代社会，如果不懂电脑，不会外语，不能开车，就是新文盲，这话虽然绝对，但不是没有道理，说明过去学的知识跟不上时代发展的需要。政府要指导就业，组织就业，首先要把适应就业岗位的技能交给待业的劳动者，使他们掌握就业的本领。没有本领，空讲就业是没有用的。按照现代化建设的需要，办好各类技术学校，加强职业教育，这是当前特别需要做好的一件大事情，在这个问题上要有紧迫感。因为技能的培养不是一天两天就能完成的，得需要一些时间，少则一年两年，多则三年五年，短平快，仨俩月，只能是应急，而掌握和运用不了高科技。一定要把技能培训和职业教育当作一件大事来抓，传统的教育模式到了该改革的时候了。

在山东进行执法检查时，看了几个职业教育学校，他们都在积极进行探索，也都取得了较大的成效。

山东工商学院，是原煤炭工业部所属的唯一一所财经类普通本科高校，2003年更为现名。该校现有教职工1198人，专任教师816人，教授122人，博士384人，其中长江学者1人，国务院特殊津贴专家8人，全国优秀教师、山东省教学名师等30余人。现有全日制在校本专科生、研究生20851人。该校以经济、管理、信息学科见长，经济学、管理学、理学、工学、文学、法学等多学科协调发展。管理学、经济学为中国大学百强学科。现有7个山东省重点学科，59个本科专业，5个一级学科硕士学位授权点和4个专业学位授权类别。计算机科学与技术专业群入选山东省教育服务新旧动能转换专业对接产业项目。该校现有3个山东省协同创新中心，6个山东省高等学校科研创新平台，1个山东省示范工程技术研究中心。现有国家级精品课程1门，国家级双语教学示范课程1门，省级精品课程49门，省级教学团队7个，“省级实验教学示范中心”1个，“省级人才培养模式创新试验区”1个。校外教学与就业实习基地200余家。学校坚持全方位开放合作，设有教育部批准的山东省最早的本科中外合作办学机构——国际商学院，先后与美国、英国、韩国等20多个国家的50多所高校建立了友好关系。该校坚持面向市场对人才的需求来办校，把教学与实践紧密结合起来，注重人的技能培养，近三年来毕业生的就业率一直保持在95%以上。

威海职业学院，成立于2000年10月，是一所全日制普通高等职业学校。学院占地3048亩，在校生1.5万人，教职工1100人，是国家示范性高职院校、国家高技能人才培养示范基地、山东省首批优质高等职业院校建设单位。近年来，学院深入落实习近平总书记提出的“产教融合、校企合作，工学结合、知行合一”要求，全面推进学院转型发展。一是大力开展以职业能力为中心的教学改革。按照“实境化、开放式、多功能”的原则，推行现代化实用技能课程体系建设，推进实用技术项目教学、工作过程导向教学，为每个系、每个专业打造了功能完善、工位数量充足的一体化实训室，形成了适合自身特点的分段式工学交替教学模式。二是大力开展校企合作。将“实习就业联动”，作为提高就业水平的重要抓手，与市域内430多家骨干企业签订合作协议，让每位学生都有1个以上对口的实习岗位，每年提供就业岗位一万多个。2018年毕业生就业率达99%。三是大力开展职业技能培训。建立了威海市公共培训中心、山东省旅游人才培训基地、威海市“金蓝领”技师培训基地、威海市装配式建筑技术培训基地等 30 个培训基地,先后承担省市"金蓝领"培训、大学生创业培训等培训项目,年培训规模达 21 万人次。

威海创业大学,位于威海火炬高技术产业开发区创新创业基地,2014 年 3 月由山东省人力资源和社会保障厅、威海市政府和北京华普亿方教育科技股份有限公司三方共建,是全国第一所致力于为创业者提供全链条、全生态、全方位服务的创业大学。按照"可复制、易推广、先行先试"的要求,威海创业大学在全市建设分校 18 所,采用"创业知识 + 模拟实践 + 实际操作 + 跟踪扶持"的四级创业培训实训和服务孵化机制,形成了"政府主导、一点多校、项目先行、实训教学、服务贯穿、资源整合、结果检验"的威海模式,实现了创业教育与服务进区市、进社区、进高校、进孵化基地全覆盖。目前,威海创业大学已累计开展高校大学生等群体创业培训 2.8 万人、创业实训 1.9 万人、服务项目 3700 多个,培育国家级创业大赛获奖项目 30 个,省级大赛获奖项目 191 个,辅导项目获得风险投资 1.57 亿元,毕业学员企业在齐鲁股权交易中心挂牌 16 家。

山东英才学院,重视职业教育和技术技能培养,培育了全国民办高校第一门国家精品课程,唯一的国家级本科教学团队,学前教育专业唯一的国家级实验教学示范中心和国家虚拟仿真实验教学项目。拥有国家级大学生校外实践教育基地、教育部本科专业综合改革试点、教育部产教融合创新基地试点专业、国家精品资源共享课。入选国家级科技思想库、省级协同创新中心、省级工程技术研究中心、省级软科学研究基地、省级重点学科、省级优势学科人才团队、山东省高校 3 个科研创新平台。还建有省级大学生创业孵化示范基地、省级人才培养模式创新实验区、9 个省级优势特色专业、2 个省级卓越工程师培养计划专业、36 门省级精品课程。学校以培养高素质应用型人才为导向,大力推行创新创业教育,人才培养质量不断提升。毕业生就业率连年保持在 95% 以上,2013 年被教育部评为"全国高校毕业就业 50 强"(当年全国唯一入选的民办高校)。在国家统计局社情民意调查中心"用人单位对毕业生的满意度"调查中,学校列被调查的全国 41 所省属本科高校首位。迄今,已为社会培养了 10 万余名应用型人才。近三年,学生在"创青春"、"学创杯"、"数学建模"、"互联网 + "、"中国创翼"等各类竞赛中省级二等奖以上获奖 400 余项,其中国家一等奖 50 余项。

就业是个大事,也是个难事,需要动员方方面面的力量来办好这件大事,来破解这个难题。政府要管,而且还要承担主要责任,但包办不了。要走政府主导,社会扶助,市场运作的路子。政府主导,就是一些刚性的、硬性的就业任务,如复退军人的安置,大学毕业生的安排,残疾人的照顾,企业转制下岗人员再就业,以及脱贫攻坚中一些劳动力的安置等,政府要发挥积极作用,因为政府不干预或者不组织,这些问题就解决不了,社会就难以安定。这些年,党和政府做了大量工作,才形成了在经济下行压力很大的情况,反而使就业始终保持稳定上升,社会始终保持安定和谐的好局面,这方面的工作已积累了一些经验,还要继续做好。另一方面,社会各方都要伸出援手,为剩余劳动力就业提供门路和方便,包括企业、事业单位,尽可能挖掘潜力,增加一些就业岗位;社会管理部门更要科学管理,给创业者提供便利条件,开通各种创业渠道,优化自主创业的环境,能使更多的人去自主创业。要发挥好市场调节的作用,营造好的市场环境,通过市场能使创业、就业者找到更多的门路。市场这篇文章还需要进一步做好。

在为促进就业提供有效的市场服务方面,在山东进行执法检查时,也发现了一些好的典型,值得学习借鉴。

山东半岛大学生创业孵化中心,是由潍坊市委、市政府主导建设,按照"政府主导、市场化动作、公司化运营、专业化服务"模式打造的新型大学生创业孵化器,于 2015 年正式建成投入运营。创业中心租赁建筑面积 1.8 万平方米,设有创业服务中心,建有众创空间,配有接待室、会议室、多功能厅等公共服务设施,供在孵企业免费使用。创业中心以做有温度的孵化器为发展目标,探索建立起一站式综合柜员服务、保姆式专业公司服务、下沉式暖心联企服务、共享式资源链接服务、线上式全程跟踪服务"五位一体"创业孵化服务体系,为大学生创业者提供企业入驻、在孵发展、孵化毕业、毕业跟踪全链条创业服务。大学生创业企业入驻创业中心后,可享受房租减免(年减免房租 1100 余万元)、物业费优惠、一次性创业补贴、一次性创业岗位开发补贴、创业担保贷款贴息、就业见习补贴、社会保险补贴、大学生生活补助等系列创业扶持政策,还可免费参加创业训练营、投融资对接、挂牌(上市)辅导等特色创业服务活动,获评"大学生十大创业之星""优秀大学生创业者"的创业者,还可获得创业典型人物资金奖励。创业中心现有在孵企业 118 家、带动就业 1030 人左右,已累计入驻企业 400 家、带动就业4000余人，2人获得“潍坊市优秀大学生创业者”，成功助推4家入驻企业在股权交易中心挂牌。在已入驻的企业中，博士创办企业5家，硕士创办企业41家，本科创办企业218家，美、英、法等国家创业者创办企业5家，留学回国人员创办企业21家。

济南阳光大姐服务有限责任公司，以“让党的阳光照亮妇女的就业创业之路，把党的温暖关进千家万户”为服务宗旨，始终坚持“安置一个人、温暖两个家”、“责任+爱心”的服务理念，把“以创新带动就业创业”作为立业之本，当好人才转换器，干得非常好，可谓成果丰硕，经验多多。阳光大姐已累计培训下岗职工、农民工、外来务工人员以及大中专毕业生等生活、就业困难群体31.9万人，安置就业205万人次，先后为201万户家庭提供养老、育婴、家务、保洁、医院陪护等12大类30余项家政系列服务。阳光大姐在改革发展中积极开拓、勇于创新，不断深化企业文化内涵，推动企业提质增效，坚持“站在行业做企业，站在产业做行业”的目标定位，引领行业规范发展。大力实施“家政人才升级”工程。形成了阶梯式、系列化的家政培训体系，创新出“理论+实训+案例+情景模拟”四位一体的培训方式和“课程研发+专职教师+一线专业指导师+市场需求反馈”四位一体的培训模式，培养出大批“知识型、技能型、服务型”家政专业人才，培养出大批养老、育婴等家政服务人才。大力实施“服务标准化”工程。在家政行业率先引入服务标准化管理理念及方法，成为全国首批服务业标准化试点、示范单位，承担全国家政服务标准化技术委员会秘书处工作。制定企业标准1100项，制定地方标准9项，国家标准7项，面向全国开办家政经理人培训班，引领并带动了全行业对服务标准化的认识和运用。大力实施“产业提升”工程，不断探索家政产业化发展之路，建设了近5万平方米的集教育培训、研发创新、信息化、养老育婴产业孵化为一体的“家政服务集聚示范区”；开发出家政诚信平台，建立起包含服务员社会行为和职业行为的诚信档案，用户可通过“家服诚信通”App，及时查验服务员是否有犯罪记录等不良信息，同时家政服务员从报名、培训、服务过程到用户评价都在系统留存记录，可追溯，让用户放心。探索家政服务+互联网，家政服务+人工智能；搭建具有“全年龄、全时段、全功能，有温度、有活力、有作为”特点的阳光大姐智慧社区，助力15分钟生活圈；打造“居家、社区、机构、医院”相结合的养老养生新模式。正如习总书记所说，“家政服务大有可为，要坚持诚信为本，提高职业化水平，做到与人方便自己方便”。“家政业像阳光大姐的名字一样是朝阳产业，既满足了农村进城务工人员的就业需求，也满足了城市家庭育儿、养老的现实要求，要重视家政培训和服务质量，要细分市场，把这个互利共赢的工作当作事业来做，做实做好，办成爱心工程。”

济南市农民工综合服务中心，专门为济南市200余万外来务工人员解决在城市中就业、工作、生活等方面困难，提供综合性服务。设立为农民工服务的专线，建立农民工综合服务大厅和职业介绍大厅。有教育指导、诉讼服务、法律援助、技能鉴定、子女教育、党群管理、住房保障、社会保障、培训咨询、户籍管理咨询、劳动维权、志愿服务、卫生计生服务、文化娱乐、调查统计服务、返乡交通服务16个窗口，为农民工提供“维权一站式、就业一条链、服务一揽子”的特色服务。在全市11个县区和高新区都建成了农民工服务中心，146个街道（镇）人社服务中心都设立了农民工服务窗口，负责为辖区农民工提供基本公共服务，指导企业开展农民工技能培训，还在5229个村居设立了农民工服务站点，全市260个较大的行业和企业（工地）建立了农民工服务平台，形成了五级服务体系。还积极探索“互联网+农民工服务”新模式，网站、微信、微博、线上线下融为一体，全方位、全天候为农民工服务。他们认真贯彻落实习总书记视察时的重要指示：“农民工服务中心已经建立起来了，贵在坚持，要坚持下去，在实践事完善起来。”始终带着党性、责任和感情，真心实意为农民工解难题办实事。

这些做法都是值得总结推广的。

要以产业发展来促进就业扩大

——就业促进法执法检查时的学习与思考之三

（2019 年 5 月 23 日）

吉炳轩

就业需要产业，产业促进就业。就业在于有业，无业也就难以就业。所以，要解决好劳动者的就业问题，最为根本的就是要发展产业，把经济搞活，市场搞活，环境搞优，条件搞好，这才能不断扩大就业，尽可能做到充分就业。

人类社会的发展需要众多的、各种门路的产业来支撑，人类社会的发展进步是伴随各类产业的发展进步同时而行的，或者可以说，各类产业的发展进步，影响着、带动着、促进着人类社会的发展进步。没有产业的兴旺发达，就没有人类社会的进步繁荣。产业的发展变化和兴旺发达，是人类社会进步的表现。人类社会的生产、生活、学习、娱乐等等，需要各种各样的众多产业，把这些产业搞大了，搞强了，搞好了，就能吸纳众多的劳动力来进行生产、操作和管理。产业的发展壮大，就是就业岗位的扩大增加。所以，考虑就业问题，必须要把主要力量放在发展经济，壮大产业上，这是基础工作，根本之策。

产业在哪里？发展什么产业？怎样去发展产业，特别是怎样去开发新的产业，按照新时代、新需求、新观念，来发展符合市场条件的新的产业，这是需要重点思考的问题，也是根本的问题。

产业在哪里？

产业在市场需求里，产业在社会变化里，产业在我们的眼界、思路和谋划里。说句大话，产业遍地都是、处处都有，关键在是否能看得见、能摸得住、能抓在手上、能把它干成，并能使其兴旺发达。我粗略地列了一下，也是在以往的工作中所组织开发过的，或调研中见到过的，有下列一些。当然，需要说明的是，我这里提出的不是我们现行的国民经济统计的产业划分和产业门路，而仅是工作中所接触到的城市农村、工业农业两个方面的一些产业。

一

先就农村农业来说，可干的、能干的，而且需要干好的，能够容纳下大量剩余劳动力的产业就很多。农业种植业仍然是最重要的产业，也是可安排劳动力最多的产业。这要转变观念，不能认为种植业就不是产业，种地就不算就业。当然随着农业机械化水平和科技化水平的提高，种植业所用的体力劳动量会大幅减少，用工也会减少，但作为一个产业来讲，整个农业种植业的生产还是需要大量劳动力的。我们现在考虑就业问题，很少关注到这一块，认为农民种地不算就业。这种观念要转变。但不是传统意义的把农民捆绑在土地上，日出而作、日落而息式的辛勤耕作，而是要培育新型农民、专业农民、高素质高水平的现代化农业种植业产业大军。要运用合作的形式、专业的方式、公司式运作的经营、机械化和现代化手段，来进行农业生产，把农业种植业做为一个大的现代农业产业来经营。培养专职的高素质、高技能的农民，这条路要走出来。此外，林果种植业、蔬菜种植业、花卉种植业、苗木种植业，都是可以作为一个大的产业来经营的，而且完全可以进行专业化生产，公司化运作，能够形成规模和品牌，做大做强，并能安排一大批劳动力就业，成为专业的有一定技术含量的生产者。山东的蔬菜种植、花卉种植、苗木种植，都有专业县、专业乡、专业村，也都形成了规模和品牌，开辟了广阔的市场，享誉全国，走向海外。这些地方的农民都安于种植业生产，而且收入还不错，也照样走上了富强安康之路。农业种植业的发展潜力仍然是很大的，前景仍然是广阔的，需要按照新的市场需求和现代化的运作方式来改革创新，推进发展。

除了农业种植业，还有可容纳大量劳动力的畜牧养殖业、水产养殖业，照样可以形成大的产业，照样可以进行现代化的生产经营，照样可以安排大量的劳动力来就业。猪、牛、羊、马，鸡、鸭、鹅、鸽，鱼、鳖、虾、蟹等等，市场是每天每月每年都大量需要的，是一个永久的产业，始终充满着活力和生机。虽然养殖业的市场波动经常出现，有时甚至很激烈，多了多了，少了少了，一直起伏不定，隔几年就来一次。但风雨过后是彩虹,一年多了,一年就会少了,少了就会又多了,这是市场规律。只要我们认识到了这个规律,能够逐步把握住这个规律,就能够适时进行调节,有效地组织生产,就不会出现大起大落和大的损失。这方面的本事我们还要增强,在提供信息和调节生产上还要下点力气。围绕着农业种植业和畜牧水产养殖业,还可以做出很多文章,诸如粮食加工业、饲料加工业、肉类加工业、食品加工业,与此相联系的冷藏保鲜业,也叫冷链物流业、交通运输业、中介服务业、各类技能培训业等等,这些产业现在办的不少。山东、河南、江苏都是农产品生产的大省,都安排了大量的农村劳动力,并发展了一方经济,富裕了一方人民。这些产业也有市场波动,但总体来看,发展还算平稳,而且仍有发展潜力,前景也仍然是广阔的。农民离土不离乡,就地就近就业,企业的社会成本也是低的,对农民、对企业都是有利的。

除了这些以外,我们的广大农村有深厚的文化根基,一些传统的手艺,也可形成为产业。我国是从农耕文明一步一步发展过来的,农耕文明的许多积淀留在农村、散在民间,如各类匠作工艺,木匠、铁匠、泥瓦匠、雕刻匠多在农村,包括农房建筑、各种传统的手工艺,如冶陶、烧瓷、编织、刺绣、剪纸、绘画,以及一些文学和艺术形式等,农村的文化底蕴十分深厚。近些年各地开发了一些农村文化产业,出现了一些专业村、专业乡,如一些陶瓷乡村、绘画乡村、刺绣乡村、编织乡村等,都形成了一定的产业规模,安排了大量劳动力,也发展了一方经济,富裕了一方农民。这方面的潜力还是很大的,需要去很好地组织引导和挖掘开发。

特别需要指出的是,农业产业化更是建设农业现代化的重要支撑,是实施乡村振兴战略的基石。在传统农业中,农业生产、销售、加工多是处于分离状态的。这种分离状态下的农业,从一定意义上来讲,形不成真正的产业。农民生产的产品大部分自己使用,少部分进入市场,由于农民不是真正的产业主体,难以获得相应的市场话语权,导致农产品商品化程度低,价格长期低位徘徊。农业产业化程度低,已经成为影响农业快速发展、农民增长收入、剩余劳动力就业、农村生活水平提高的重要因素。实施乡村振兴,建设现代农业,安排剩余劳动力就业,必须要把农业产业化放在十分重要的位置,要以农业产业化来支撑农业现代化。推进农业产业化建设,就能够把农业生产的产前、产中、产后等环节有机结合起来,把分散的农户组织起来、分散的作业统一起来、分散的经营联合起来,多余的劳动力吸纳进来、利用起来,并能使生产规模化、产品商品化、流通市场化,使千千万万的“小农户”、“小生产”与纷繁复杂的“大市场”、“大需求”联系起来,为广大农民进入市场构筑起畅通牢固的桥梁。从发展实践看,农业经济比较发达的省份,农民比较富裕的省份,劳动力转移比较好的省份,无一不是农业产业化强省。我在黑龙江工作期间,曾做过一个调查,当时山东有各类农业产业化组织有2万多家,规模以上农业龙头企业8000多家,销售过亿元的企业将近2200家,销售总收入超过1.2万亿元。河南食品加工发展到23个门类、24个行业,火腿肠、面粉、方便面、面制速冻食品等产量均居全国首位,全国每10个汤圆有6个来自郑州的“三全”,10个饺子有5个出自郑州的“思念”,每10根火腿有5根出自河南的“双汇”。江苏农产品加工业产值多年保持年均20%的增长率,打造出了雨润、恒顺、维维等一批知名骨干企业。实践已经证明,发展农业产业化可以提高农业经济效益、增加农民收入,同时还可以促进农村劳动力向城镇转移,实现农村分工分业,催生农村二、三产业,最终实现农业现代化。

在研究就业问题时,还需要有战略思维,就农业生产来说,需要用产业化理念来谋划农业、用工业化思路发展农业,加快推进传统农业向现代化大农业跨越。只有农业现代化的产业兴起了、壮大了,才能安排大量的劳动力就业,同时还能吸引和容纳大学毕业生来农村就业创业,开出一片新天地。发展农村产业,也要依据市场需求,依据新的时代要求,以打造大龙头、大链条、大产业、大品牌为目标,加快构建具有科技含量的、时代气息的现代农业产业体系。应加快生产基地建设,推广“龙头企业+合作社+农户”经营模式,引导和支持农民专业合作组织、村集体经济组织、农业技术推广部门、专业大户、农民经纪人等各类市场主体积极参加生产基地建设。鼓励支持龙头企业根据需求建设优质粮、肉蛋奶、瓜菜、糖料、饲草、水产、山特产品基地,提高基地建设规模、生产总量及专业化水平。要发挥合作社的联结作用,密切企业与原料基地的利益联结关系,促进企业与基地深度融合,让企业吃得饱,农民卖得好。要着力培育壮大龙头企业,鼓励支持农产品加工企业引进先进适用的生产加工设备,改造升级贮藏、保鲜、烘干、精选、分级、包装等设施装备,支持企业以资本运营和优势品牌为纽带,开展跨区域、跨行业、跨所有制的联合与合作,推进优势产品向优势企业集中、优势企业向优势产业和优势区域集聚，打造一批在市场上叫得响、占有率高的名牌产品，积极参与国际竞争，占领更多市场。要鼓励支持企业大力发展农业精深加工，实现向多层次、深层次加工和综合开发转变。应不断延伸产业链条，提高产品附加值。应鼓励和支持采用国际先进标准，不断提升农产品、畜产品、水产品的质量和知名度，增强市场竞争力。

二

仅就富裕农民和安排劳动力就业来说，在这里我谈几个在以往调研中看到的一些典型，来进一步说明这个问题。

四川眉山市有个东坡泡菜产业园，专门从事泡菜的种植、加工和销售。园内已有企业 60 家，其中国家级龙头企业 4 家，省级龙头企业 9 家，已创建中国驰名商标 7 个，省级著名商标 11 个，四川品牌 7 个。2016 年这个产业园泡菜的加工量达到 152 万吨，实现产值 145 亿元，有 2.6 万农民到泡菜企业务工，农民成了工人，人均月收入 3000 元以上，园区还带动周边 15 万农户种植蔬菜，成为泡菜企业的生产基地。一个小小的泡菜，做成了一个大产业、大品牌，形成了大市场。一个口味，一碟小菜，一个产业，一个名牌，一个基地，一个园区，发展到建成了一个城区，带动了十几万农民致富，而且企业还增收，国家还增税，而爱好吃泡菜的人又满足了口福，可谓一举多得。小小泡菜就能做成大产业，而其他农牧林渔等产品呢？我个人的看法，只要用心去做，都是可以形成产业的。农业产业化生产，不但能提高农业经济效益，增加农民收入，而且还可以促进农村劳动力向城镇转移，实现农村分工分业，催生农村二、三产业发展，消除城乡差别。眉山东坡泡菜产业园就做到了这些。

陕西绿盈盈现代农业产业园区位于泾阳县桥底镇官苗村，主要从事现代农业蔬菜生产种植、试验、示范、加工包装、观光旅游开发和育苗工作。园区规划面积 5000 亩，包括桥底镇官苗村、寨子沟村、刘孟村，除了蔬菜生产外，还经营：农作物花卉、苗木种植、销售，农业生产资料、农机具销售，畜禽、水产养殖及技术服务，园林绿化服务，观光农业旅游开发，农业信息、咨询服务，农业科技开发、技术服务、技术转让，沼气工程设计、施工、开发、销售、安装，新型能源项目、节能设备服务，生态工程建设服务等。园区规模设施完善，科技体系齐全，生产条件优越，组织方式先进，种植技术成熟。该园区注意优化产业布局，设置有生产区、养殖区、观光采摘区、冷链物流区、办公区。园区内建有现代化智能育苗温室 1 座，年可供应蔬菜种苗 1500 万株，产值 400 万元；建有高标准日光温室大棚 30 栋，钢架结材的连体温室生产大棚 20 栋，5000 吨的气调冷库 2 座、储藏室 2 座，农机具库房及车辆存放棚 1 栋，蔬菜配送中心 1 栋，蔬菜配送运输车 1 辆，育苗配送车 1 辆，沼液配送车 2 辆，有效保障鲜菜蔬果和苗木及时配送。该园区实行公司化运作，以“专注现代农业”为主题，不断完善优质蔬菜种苗繁育、冷链物流、净菜配送、技术推广为一体的产业链条，突出打造统一规划建设、统一管理使用、统一技术标准、统一栽培管理、统一绿色防控、统一标识品牌的“七统一”运作体系，基本形成了规模化种植、标准化生产、商品化打理、品牌化销售、产业化经营。公司以“龙头企业 + 专业合作社 + 协会 + 农户”的合作方式运作和经营，在优质蔬菜种苗及栽培技术服务、引进和示范各类新特蔬菜新品种方面，坚持推广无公害标准化栽培技术；在开展蔬菜栽培技术培训等方面与 5 家合作社及协会形成良好合作关系，辐射带动合作社及农户发展蔬菜种植达 5000 亩，带动农户 500 余户，年均可吸纳周边富裕劳动力 2000 人阶段性从业，人均增收可在 6000 元以上。

陕西渭南瓜坡镇君沙现代农业园是君沙村创办的。该村有 13 个村民小组、677 户、2575 人，耕地 3980 亩，其中，建档立卡贫困户 100 户 332 人。这个园区是集科技推广、设施菜果种植、休闲采摘、观光、农业体验、仓储为一体的现代化农业示范园区。园区经营主体为华州区君朝拳心大白菜专业合作社，该社成立于 2010 年，是一个集蔬菜新品种、新技术示范推广和设施蔬菜种植、销售及蛋鸡养殖为一体的现代化农业服务型组织，注册资金 600 万元，出资社员 132 户，另有松散型社员 50 余户，占君沙村蔬菜种植户的 94%。园区采取“合作社 + 农户”的运作模式经营，实行统一流转土地、统一标准建棚、统一农资供应、统一技术管理、统一产品销售的“五统一”生产经营管理。近年来，该园区积极实施产业结构调整，建成高效设施蔬菜基地 1160 亩（其中日光温室 765 亩，大拱棚 395 亩），温室种植黄瓜、番茄、辣椒、草莓等，拱棚种植豆角、西葫芦、辣椒、莴笋等。2017 年园区内生产新鲜蔬菜 6980 吨，实现销售收入 2884 万元，纯利润达 1363 万元。园区建有占地 5 亩的蔬菜交易市场一个、储量千吨的气调库一座、200 平方米农产品检测室一间，蔬菜销售形象店一个、电商销售平台一个。已初步形成集设施菜果种植、休闲采摘、冷储加工、包装配送、电商销售,产供销于一体的新型现代农业基地。园区围绕“治土、治水、治肥、治药、治添加剂”绿色发展理念进行建设,推广“菜—畜—沼”一体化生态种植模式,采用病虫害绿色防控、秸秆生物反应、水肥一体等新型生产技术应用。全园配套自动卷帘机、膜下滴灌设施2000余套,安装太阳能振频式杀虫灯、防虫网、黄板等绿色防控设施800余套。园区生产全部用鸡粪做底肥,生产的圣女果、辣子、番茄、豆角获得国家级绿色农产品认证,注册了“君朝”牌蔬菜,已成为当地一个知名品牌。黄瓜、圣女果、辣子、番茄、豆角平均每亩效益4万元,其中水果西红柿普罗旺斯年亩产效益达4.5万元,草莓年亩产效益达5万余元,各种蔬菜、水果供不应求,深受大中城市消费者欢迎,远销四川、甘肃、湖北、新疆、广东等省份。园区的发展,不仅解决了本村剩余劳动力就业问题,还带动了周边南沙、瓜底、庙前等村800余户发展设施蔬菜或在园区打工,为当地农业产业结构调整、农民增收、农业增效起到了很好的促进作用。

前边我已经提到,推动农业产业化发展,不仅仅是农林牧渔等产品的生产加工和销售,农村可以形成产业的资源十分丰富,需要去很好地开发利用。如乡村文化、乡村旅游等,包括青山绿水、竹木花果、地域风俗,特色饮食等,都是可以开发利用成为产业的丰富资源。我国文化的根基在农村,因为我国在历史上是个农业国,农耕文化根深叶茂,十分丰富,这一资源开发出来,可以做出许许多多的产业。现在较为简单的就有刺绣、编织、木刻、烙画、版画、雕塑、剪纸,各类戏曲、艺术,以及烧造、印染、造纸等等。农村文化产品的种类很多,内容十分丰富,如果能够精心打造,形成产业,其效益则是相当可观的,可使一部分农民从土地中解放出来,走上具有传统特色的文化艺术产品的生产之路。现在一些省区已经有了这样的专业村镇,发展势头很好。农村旅游更是前景广阔,好山好水好风光和深厚的历史文化积淀也多在广大农村,关键在于如何去开放和经营。

陕西袁家村位于咸阳市礼泉县烟霞镇,是一个很小的山村。全村只有62户285人,耕地也只有620亩。上世纪七八十年代,在党支部带领下发展乡镇企业,已成为全国闻名的明星村。从2007年开始,袁家村在党支部的带领下二次创业,大力发展乡村旅游,使全村实现了共同富裕。目前,该村村民年人均纯收入在5万元以上。特别值得一提的是,脱贫攻坚战役打响后,袁家村党支部决定在本村村民已全部富裕的基础上,要以“一村带十村”帮助周边村子创办农民股份合作社,搭建农民创业平台,带领周边贫困群众脱贫致富。袁家村第二次创业发展,走的是农村文化旅游的道路,自2007年以来,他们从村民的日常生活中挖掘资源,从乡村的传统习俗中挖掘资源,在一片荒沟荒地和旧厂区的废墟上建成了关中印象体验地旅游景区,使关中民俗文化再现神韵。而乡村文化旅游又为周边群众提供了广阔的创业机遇和就业机会。袁家村党支部通过农民学校对周边贫困群众进行教育和培训,使其具有服务意识和经营能力,然后提供优惠政策和基本条件,让他们分期分批低成本或无成本进入创业致富的平台。他们通过扩大旅游景区,开发旅游景点,增多服务摊位,将更多的旅游景点小吃、工艺品摊位零月租提供给有技能、有志向的贫困群众,对他们加入旅游产业降低门槛,并进行定期帮扶指导,让他们利用特长自食其力,并发展致富。近年来,在袁家支部的帮扶下,饮食作坊一条街上的麻花坊、豆花坊等12户贫困户先后开办了作坊,过上了富裕的小康生活。袁家村助力脱贫的另一项成功经验和做法是将优势产业项目进行增资扩股,创办股份合作社。他们成立脱贫攻坚股份公司,将资金打包,通过合作经营、风险共担、收益共享,实现利益再分配,达到共同富裕的目的。袁家村和陕西信合、邮政储蓄银行合作,帮助有意愿及征信合格的周边125户贫困群众申请贷款,将发放的贷款以股金的形式在袁家股份合作社入股,创办养殖、种植和农产品作坊合作社,进行保底分红,使更多的贫困群众享受到袁家村发展的红利。目前,袁家村“党支部+合作社+乡村旅游”的扶贫模式已吸纳贫困人口193人,月工资在平均1500元左右,为老弱病残贫困户提供摊点108个,年收入均在万元以上。村上计划再在西安、咸阳的分店用100户商铺、作坊,吸纳200户贫困户入股,实现200户贫困户持续稳定脱贫。袁家村还计划通过贫困户入股每股3万元的形式,带动烟霞镇899户贫困户全部参与,整体脱贫。

三

再就工商业来说,可发展的产业就更多,就业的门路就更广。诸如现代装备制造业、各类产品加工业、现代信息物流业、科技开发创新业、各类设施建筑业、现代公共服务业、内外商贸流通业、城乡旅游业、文化创意业、家政服务业，等等，细分开去，仅公共服务方面就有许多门类，如网购服务、快递服务、专卖服务、信息服务、装修服务、月嫂服务，等等，专业越来越多，分工越来越细，都有潜力可挖，前景十分广阔。现在旅游业也很火爆，特别是乡村旅游，慢生活休闲体验等新业态前景看好，也都在形成产业，并安排了大量劳动力。

这里也谈几个在山东执法检查时所看到的典型。烟台经济技术开发区是 1984 年 10 月经国务院批准设立的，全国首批 14 个国家级开发区之一，陆域面积 360 平方公里、海域面积 502 平方公里，海岸线 61 公里，辖 4 个街道、1 个镇，共 185 个行政村、21 个城市社区，常住人口 50 万。开发区着力发展实体经济，构建起了以二产为主导、二三产业融合互动的产业发展格局，现拥有工业企业 2800 多家，产值过千亿企业 1 家，过百亿企业 6 家，过十亿企业 29 家，主板上市公司 8 家，新三板挂牌企业 21 家，形成了电子信息、机械制造两大主导产业，并正在重点培育化工新材料、生物医药两大优势产业和大数据、智能制造、节能环保等潜力产业。园区坚持以开放来促进开发，自开办以来，累计引进外资项目 1600 多个，总投资 250 多亿美元，其中过亿美元项目 44 个，世界 500 强投资项目 81 个；完成合同外资 130 亿美元，实际使用外资 81 亿美元。进出口总额约占烟台的 1/2、山东的 1/10，富士康、浪潮乐金、乐金显示分列山东省外贸出口第 1、7、9 位。拥有中俄托木斯克、中匈宝思德 2 个国家级境外合作区，累计投资 40 亿美元。园区始终坚持创新发展，目前已拥有高新技术企业 158 家，国家级科技型中小企业 193 家，规上高新技术产业产值占规上工业总产值的 2/3。拥有市级以上创新平台 211 个，其中国家级 18 个；113 项技术成果国际首创或国际国内领先，11 个科技产品市场占有率全球首位，114 个产品位居全球或全国前五位；累计引进千人计划专家 63 人，泰山学者 56 人。2018 年，该园区完成地区生产总值 1485 亿元，增长 7%，一般公共预算收入 109 亿元、增长 9%，固定资产投资增长 9.5%，规模以上工业增加值增长 8.6%，居民人均可支配收入达到 5.6 万元，增长 8.2%。今年一季度，实现地区生产总值 400 亿元，增长 6.5%，一般公共预算收入 33 亿元，增长 7.8%，固定资产投资增长 7%，规模以上工业增加值增长 6.5%。园区的发展，不但拉动了经济增长，还增加了大量就业岗位，安排了大批人员就业。

烟台万华集团是一个枯树开新枝，树老花更繁的改革创新型企业。他们深入贯彻落实习近平总书记视察时作出的“搞好国企改革、建设现代企业”重要指示精神，坚持“实施百千亿战略、实现跨越式发展”的工作思路，以创新驱动引领发展，走“技术创新”和“效率领先”的道路，加快提升聚氨酯产业全球竞争优势，重点培育高技术、高附加值的化工新材料和精细化学品产业集群。目前，MDI 产能达到 230 万吨，位居世界第一，拥有烟台、宁波和匈牙利三个化工园区。2018 年，实现主营业务收入 728 亿元、利润 195 亿元，其中烟台工业园实现主营业务收入 544.5 亿元。现在万华烟台工业园还在建设发展之中，总投资 1100 亿元，占地 12.5 平方公里。其中，一期工程投资 300 亿元，主要建设 MDI 一体化、环氧丙烷及丙烯酸酯一体化等项目，已于 2015 年 8 月建成投产。二期工程计划投资 472 亿元，主要建设百万吨级乙烯和自主研发 20 余项高附加值化工新材料项目，2017 年开始建设，全部达产后，年可实现产值 590 亿元，利税 156 亿元，将再造一个新万华。目前 PC 一期、MMA 一期、PMMA 一期等项目已建成投产，乙烯项目于 2018 年 12 月全面开工，尼龙、环氧乙烷衍生物项目正在立项、建设筹备之中。由新项目的建设，拉动了经济增长，还增添了许多就业岗位，全面建成投产后，还会增加大量的就业岗位。

威海市威高集团是一家民营企业，始建于 1988 年，以一次性医疗器械和药业为主业，下辖医用制品、血液净化、骨科、生物科技、药业、心内耗材、医疗商业、房地产、金融等 10 个产业集团、60 多个生产子公司。集团系国家 863 产业化基地、国家火炬计划重点高新技术企业，荣获中国工业大奖、行业排头兵企业、全国自主创新示范单位、全球卓越效奖、国家技术创新示范企业、全国医药工业百强、中国企业 500 强、中国民营企业 500 强、山东省百强企业等荣誉称号。所生产的医疗器械和药品涵盖了 50 多个系列、700 多个品种、8 万多个规格，为全球品种齐全、安全可靠、值得依赖、国内领先的医疗系统解决方案制造商。集团控股子公司山东威高集团医用高分子制品股份有限公司在香港成功上市。集团现有员工近 30000 人，其中女员工近 15000 人，安置残疾人 900 余人、退伍军人 600 余人。每年招聘新员工近 8000 人，其中通过社会招聘引进各类管理、专业技术人才 1000 多人，面向双一流高校、医学类院校招聘本科及以上应届毕业生 200 多人，接受大中专院校毕业生、实习生近 2000 人，招聘农民工、异地务工人员、残疾人、退伍军人等 4000 余人。集团建立了完善的职工技能培训体系和薪酬福利体系，开展了各类职业技能培训。现已投入上亿元用于员工培训，建立了多层次、分类别的培训体系。开展了面向中高层的“长青计划”，面向基层管理者的“青藤计划”，面向应届大学毕业生的“青竹计划”，还定期组织青年干部、员工到国外去进修。

山东潍坊潍柴集团是一个国宝级的国有老企业，始建于1946年。目前，拥有员工8万余人，(包括海外公司企业)，2018年企业销售收入2360亿元，名列中国企业500强第84位，中国制造业500强第27位，中国机械工业百强企业第2位。在全球拥有动力系统、智能物流、汽车业务、工程机械、豪华游艇和金融服务六大业务板块，在中国潍坊、上海、西安、重庆、扬州等地建立有研发中心，在美国、德国、日本设立了前沿技术创新中心。子公司遍及欧洲、北美、亚洲等地区，产品远销110多个国家和地区，是目前中国综合实力最强的汽车及装备制造集团之一。潍柴集团在发展中秉持“发展经济、服务社会”的经营理念，以产业发展带动社会就业，以技能培训促进员工发展，追求企业同员工、社会的共同进步与和谐发展。公司坚持每年引进各类优秀大中专及技校毕业生，极大地缓解了社会就业压力。2017年以来，集团引进从事研发、管理、营销等岗位应届本科、硕士、博士毕业生1952人，具有工作经验的新员工212人；招聘从事技术支持、一线操作等岗位应届大专、技校类毕业生1100余人。同时，企业发展的集群效应带动了周边产业和服务行业的发展，为当地或上下游产业链行业、地区创造了大量就业机会。此外，公司在坚持各类人才引进的同时，关注职业类院校在校生实践培养，每年为各大职业类院校在校生提供1200余个实习实践岗位，形成了产教结合的新型技能型人才培养模式。2017年以来，公司以企业战略和业务发展为导向，以解决实际问题为目标，以四级培训管理体系为指导，有序开展各级培训项目，涵盖了领导干部、研发、技术、营销采购、管理和工人等序列，实现了各类人才培训的全覆盖。累计开展培训项目3800余项，培训学时480余万个，参训学员36万人次，培训预算费用7280万元。公司围绕员工成长进阶规律，搭建起了领导干部类、技术类和技能人才类学习发展体系，结合各类人才成长规律，设计发展蓝图，搭建进阶式人才学习发展体系，为各类人才的职业发展奠定基础。近年来，公司还积极与清华大学、同济大学、天津大学、吉林大学、山东大学等国家高等院校开展校企合作，在人才培养和项目合作方面充分发挥双方优势。设立助学基金，为优秀贫困学生提供帮助，有力推动了院校人才的培养。

以上事例都说明，就业需要产业，产业带动就业，只有大力发展产业，才能安排大量劳动力就业。需要指出的是，现在人类社会的发展进入了现代化，新时代现代的主要标志是信息化、数字化、自动化，反映在就业上，就是对劳动者的知识、技能等素质的要求更高了，过去那种劳动密集型的岗位大大减少了，而随之兴起的是技术密集型，所需的体力劳动量大大减少，而智力劳动量迅速增加。现在正处于劳动密集型向技术密集型的转移阶段，也是过渡期。在这样一个时期，经济发展的思路要拓宽，经济发展的方式要转变，衡量经济社会发展的标准也要变更，表现在就业上，思路也要拓宽，方式也要转变，标准也要变更，以适应新时代、新需求、新要求。要看到现代化来了，经济发展了，面貌改变了，收入增加了，生活提高了，但供需矛盾不是减少了，而是增加了。发展继续前行，需求没有止境；生产为了需求，需求需要生产。新的生活需求，也是新的生产领域，面临的矛盾和困难，就是发展的潜力和前景。问题尽出不穷，改革创新不止，解决问题的过程，就是改革创新的过程，也是新的产业成长和新的体制产生完善的过程。这就需要我们去勇于改革，大胆创造，走出新的产业发展之路，新的创业就业之路。

弘扬工匠精神　培育大国匠才

——就业促进法执法检查时的学习与思考之四

（2019 年 5 月 24 日）

吉炳轩

弘扬工匠精神，培育大国匠才，是实施我国人才强国战略、创新驱动发展战略，以及“中国制造2025”行动计划的必由之路。强国需要匠才，匠才就是人才，而且是掌握先进技术的可贵人才。从促进就业层面来说，有了匠作本能，掌握了先进技能，就有了就业的本钱，各扇大门就会打开，敞开胸怀地欢迎进来。而如果没有技能，空有一身蛮力，就业的渠道就会很窄，甚至大门紧闭，难以进来。技能、本领是就业的前提条件。从生产上来说，“没有一流的技工，就没有一流的产品。”加强我国技能人才队伍建设，是实现制造业大国向制造业强国转变的迫切需要。所以，我们必须要高度重视技能人才队伍建设，培育出更多的大国工匠来。

这里我们可以看一下世界上一些制造业大国、强国的一些做法。据有关资料介绍：

意大利设计闻名遐迩，“意大利制造”往往成为高端产品的代名词，而这些质量上乘、设计新颖、工艺精湛的产品往往并非工业流水线上的生产品，而是出自工匠们纯手工制作。意大利工匠重视技能的传承和产品细节的琢磨，造就了其独特的工业强国地位，其 5 个方面的独特性凝聚了意大利“工匠精神”的精髓。*一是“慢”*。意大利工匠信奉“慢工出细活”，对产品制造追求质量第一、速度第二，不贪图求快而牺牲质量，他们认为“欲速则不达”，“效率”应该让位于“质量”。在单一产品上，意大利工匠们不惜耗费大量时间和高昂成本，以求创造出接近艺术品的完美产品。*二是“专”*。意大利约有 384 万家企业，其中 90% 以上都是家族企业，他们很少有做世界领导者的“野心”，大多专注于细分市场精耕细作，所以许多意大利工匠是子承父业、世代传承，极为注重产品口碑和个人操守，视商誉和形象为生命，穷其一生打造一件精品。*三是“新”*。独特创新是意大利“工匠精神”的灵魂，许多意大利设计师们的匠心创造开世界之先河，极大丰富了现代设计的内容，意大利“米兰设计周”更是全世界设计领域的“奥林匹克”。意大利工匠们设计创造的产品多次在世界技能大赛、国际博览会上获得金奖，使意大利产品赢得全世界的美誉，提升了意大利制造业的整体形象。*四是“小”*。意大利推行轻型工业化战略，对中小企业发展鼎力扶持。据统计，意大利 15 人以下的中小企业占总数的 70%，员工占就业总人口的 81.3%，占国内生产总值的比重超过60%，堪称“中小企业王国”。意大利中小企业麻雀虽小、五脏俱全，分工细、专业性强，注重小批量制作，特别强调“纯手工打造”，对每一位工匠的技能要求都非常高。*五是“细”*。意大利手工艺以其巧夺天工、细致考究闻名于世。注重细节、精益求精、追求完美是意大利工匠们的追求。比如，意大利面料纺织全球闻名，原因在于意大利工匠们对产品质量锱铢必较，对每一个生产环节有着近乎偏执的精细把控，甚至对面料存放的温度、湿度、阳光以及粉尘含量等都有着极为严格的要求。正是这种对生产细节无穷尽追求的“工匠精神”，成就意大利产品传承百年、享誉全球的重要原因。

我们再看美国。美国政府很霸道，已到了不讲道理、蛮横无理、无赖泼皮的程度。这里不去谈其政治和经济因素。它之所以敢如此横行无忌，与其经济科技军事实力是有很大关系的。财大气粗，而这个财大气粗很重要的一个方面就是有大国制造的一大批杰出工匠们在支撑，否则他牛不起来，也横行不得。美国不仅是个创新者国度，更是孕育大师级技能人才的工匠大国。怀特兄弟制造的飞机，爱迪生发明的电灯，福特设计的汽车流水线以及当代发明的晶体管、互联网、移动通信，这些美国工匠大师们的杰作极大地推动了世界经济和科技发展。近年来，美国举国上下正兴起被誉为“新工业革命”的“工匠运动”，力图重现美国制造业辉煌历史。*一是强力推动先进制造业回流*。全球金融危机后，美国政府全面推行“工匠运动”，强力推动先进制造业回流，欲使美国重返“世界工厂”巅峰。2010 年 8 月，美国颁布《制造业促进法案》，明确提出要加速培育拥有先进知识的技术工人、研究人员和工程师，借助“工匠运动”国家战略，加速先进制造业向美国本土迁移。2014年6月，美国政府在白宫举办首届“白宫工匠嘉年华”，时任总统奥巴马向民众大声疾呼，“‘工匠运动’是一场能在未来数十年内帮助我们创造新就业岗位和提升产业技术的革命”。二是全球“抢夺”顶尖工匠大师。美国对高层次的特殊技能人才，建立了绿色移民通道，利用灵活的移民机制、优厚的待遇保障，从各个国家“抢夺”最顶尖的技能人才，吸引全世界的能工巧匠来美国工作。据统计，美国大学37%的理工类博士学位由外国留学生获得，科技及工程行业人才中外来移民占67%，全美25%的技术专利由外来移民申请，美国本土只培养了40%的诺贝尔奖获得者，却拥有全世界70%的诺贝尔获奖者在美国工作。三是以工匠精神推动科技创新。在美国工匠文化中，工匠并非只是“熟能生巧”的手艺人，工匠精神也不仅仅意味着精益求精，还凝结着对创新精神孜孜不倦地追求，对新生领域的大胆探索和突破。在美国推行的“工匠运动”中，工匠精神的“创造者”标识更加显著，“创客思想”的气息更为浓厚。比如在美国硅谷，被誉为真正工匠大师的是像苹果创始人史蒂夫·乔布斯、谷歌创始人拉里·佩奇这样极具创意、依靠坚强不屈和顽强拼搏、作出了改变世界的创新人才。四是高度重视科技研发投入。2015年，美国政府对科技和工程技术类研发投入高达5000亿美元，占全世界投入总额的27%，遥遥领先世界其他国家。为培育高层次技能人才，提升本国制造业水平，美国政府还投入10亿美元专项基金，在全美设立了15个区域制造业研发中心，每个州设立1个地方制造业研发中心，并给予税收减免和最高达7000万美元的资助，且要求参与的非营利机构、企业或地方政府以不低于1∶1的比例提供配套资金。五是在全美各地创设“工匠空间”。美国政府投入巨额财政预算，在全国各地设立近万个“工匠空间”，作为美国创新研究中心建设、重振美国制造业国家的重要支撑。“工匠空间”就像毛细血管一样，密布于学校、社区、创业园区、图书馆、博物馆或青少年活动中心等各类公共场所。在“工匠空间”，有机器人、3D打印等最先进技术展示，有各类机械装置、仪器设备等创业者体验区，有免费提供的技能培训课程，还定期邀请科学家、工程师、创业导师来做讲座，设立全美联网的创业基金孵化平台，深受青少年、普通白领、蓝领工人和创业者的欢迎。

德国也是一个制造业大国和强国，更是一个工匠大国和强国。德国仅有8000多万人口，却是拥有2300多个世界级知名品牌。严谨细致、精益求精的“工匠精神”是德国制造业享誉世界的关键所在，而完备的职业教育体系是培育德国“工匠精神”的重要支柱。一是实行双轨制的职业教育体系。德国之所以盛产具有“工匠精神”的高质量技能人才，主要是实行了技能型和研究型教育的双轨制职业教育体系。在德国，高中生毕业以后就要进行分流，65%的学生选择接受技能型职业教育，35%的学生选择接受研究型学术教育。德国规定所有企业都有义务为学生提供职业培训岗位，大型企业自行建立培训基地，无力单独开设培训基地的中小型企业，由各州设立跨企业职业培训中心，联合拓展学生的职业技能。二是采取二元制的职业教育方式。进入德国企业的工人，必须接受职业教育，必须选择报考一所职业学校，并经过双向选择与企业签订职业教育合同。学生在企业以学徒身份、在职业学校则以学生身份接受完整、正规的职业教育。接受职业教育的学生，30%的时间在学校学习基础理论，70%的时间在企业车间参加锻炼实践，形成独具特色的德国二元制职业教育模式。三是制定学徒制的培养方案。为确保教学质量，培养出最优秀的工匠型技能人才，德国职业教育方案除了密切跟踪世界最新技术潮流外，还通过学徒制方式，使学生所学知识与企业实际需求紧密结合。比如，贝希斯坦是德国享誉世界的钢琴制造商，其每年只接受2—6名职业教育学生，每名学生要进行为期3年半的轮岗实践，每个部门见习1个月，以学徒制的方式接受职业技能培训，在实践中领悟“工匠精神”的精髓。这种私人定制的培养方式，毕业的学生往往被市场“一抢而空、供不应求”，深受德国企业欢迎。四是建立严格的考核机制。接受职业教育的学生，如果表现欠佳，就会收到学校和企业的警告，甚至被解除职业教育合同。德国职业教育考核由行业协会、企业、学校三方选出的专家与教师组成考试委员会，学生的笔试、口试、操作考试都是由考试委员会组织和评价，通过考核的学生可以得到国家统一颁发的学历证书和职业资格证书。严格的考核机制，为德国各行各业源源不断地输送大量经过严格训练的工匠型技能人才。五是具有优厚的待遇保障。德国职业教育之所以吸引人，在于德国技能人才社会地位高，就业非常容易，待遇更为优厚。据统计，德国技能人才收入仅排在医生和律师之后，位列全国第三。接受职业教育的学生在学习期间不交任何学费，每月还可得到由企业提供的300欧元—500欧元的生活津贴及法定社会保险。德国很多政治领袖、优秀企业家出自“蓝领”工匠队伍。比如,德国前总理施罗德14岁时做过售货员学徒;“汽车之父”戈特利布·戴姆勒中学毕业后曾在机械厂做学徒;世界知名企业博世公司创始人罗伯特·博世创业之前没有大学学历,只在企业接受过几年职业教育。

近年来,我国经济快速发展,技能人才队伍不断壮大。我国也有一大批本领高强的大国工匠。正是有这一大批大国工匠,才使我们的导弹上天,飞船遨空,高铁疾驰,蛟龙潜底,众多产品走向世界,成为了一个制造业大国。但也必须要十分清醒地看到,随着现代化建设的发展,经济结构调整、产业转型升级以及世界先进制造业竞争的日趋激烈,我国技能人才队伍建设和当前经济社会发展的需要还有较大差距。据有关研究报告:一是高技能人才还明显不足。据有关方面统计,截至2015年底,我国高层次技能人才总量仅2863万人,只占全国就业人口数量的5%,而西方制造业强国高技能人才占比一般为40%以上。目前,我国掌握“高、精、尖”技术的高技能人才明显不足。据测算,到2020年我国高技能人才需求将增加约990万人,预计到时将出现440万的人才缺口。二是技能人才结构分布不平衡。目前,我国40%以上的中高级技能人才年龄超过46岁,年轻高技能人才培养滞后,年龄结构断档问题突出。此外,高技能人才49%分布在国有大中型企业,而民营企业和中小企业只占22%;54.2%分布在机械加工、建筑制造等传统行业,而战略性新兴产业占比不到10%;70.2%分布在东部发达地区,而中西部12个省区市只占18.8%。三是职业教育发展亟待改进。我国一些职业教育在课程设置、培养方案、动手实践方面与市场需求严重脱节,大量技能人才学非所用,供需矛盾和人才浪费现象并存。同时,高职院校、技工学校分属教育部门、人社部门管理,条块分割、投入不均也不足、政策也有差异等现象还比较突出。全国各类职业院校普遍面临建设资金匮乏、师资力量薄弱、生源质量下降,甚至出现因招生困难问题。四是技能人才评价不够科学。我国在技能人才评价方面,学历仍处于核心地位,职称评定、职位晋升等都与学历密切挂钩,而社会职业鉴定、企业人才评价和学校职业考核等职业技能评价的功能则没有很好发挥出来,对于学历偏低的技工院校毕业生或无学历的高技能人才而言这是不公平的。五是精益求精的“工匠精神”倡导不力。当前,我国技能人才培养普遍存在“重学历、轻能力;重装备、轻技工;重理论、轻操作”等错误观念,功利色彩浓厚,追求眼前利益,缺乏精益求精、不断创新、追求卓越的“工匠精神”。六是技能人才待遇保障明显滞后。技能人才在社会保障、工资待遇、职务晋升、家属安置、落户等方面与硕士、博士等其他类型的人才有着很大差别。由于缺乏制度性的待遇保障,致使其职业教育发展缓慢、技能人才收入水平偏低,社会地位也不高,特别是在国企就业、公务员招录时还面临种种门坎。

大国不能没有与之相匹配的工匠,强国更需要数以万计、十万计、百万计的工匠群体,而就业则更需要身上有技,手中有艺。培育大国工匠,弘扬工匠精神意义重大,要求紧迫。我们要放下身段,学习和借鉴西方发达国家的一些好的做法和经验,多措并举、统筹兼顾,着力培养出一大批具有“工匠精神”的高技能人才。

综合有关研究建议:

要制定国家技能人才培养战略。国外制造业强国对技能人才培养都有长远规划,应抓紧制定我国技能以及各省区市的人才培养战略规划,统筹推进各层次技能人才培养建设。可选择一批先进制造业、现代服务业、战略性新兴产业等集中的地区,创新高技能人才培养体制机制、制度政策和路径模式,打造技能人才培养“改革试验田”,积累经验,探索前行。

要改革职业教育管理制度。应打破分管分设的教育格局,整合教育、人社、发改、工信等相关部门的职业教育资源,统一管理,统筹协调。全面推进职业院校、技工学校改革创新,加大校企合作培养力度,积极鼓励社会资本、民营资本、海外资本投入我国职业教育建设,构筑广覆盖、高层次、多形式的职业教育培养体系。

要破除技能人才就业门坎。健全技能人才评价制度,改变唯学历至上的人才评价机制,消除对技能人才年龄、学历、资历和身份的“就业歧视”。在职务晋升、教育培训、工资福利以及机关事业单位招录考试中一视同仁,统一高等院校、职业院校、技工学校毕业生的录用政策,使各类技能人才平等参与就业竞争。

要提升技能人才待遇保障。应完善收入分配机制,不断提高技能人才待遇水平,使拥有一技之长的工匠成为我国工人阶级、产业大军的主体。逐步扩大高技能人才享受政府特殊津贴人数,设立国家“工匠大师”荣誉称号,通过加大表彰激励力度,使更多优秀青年学子投身于“大国工匠”事业中来。

要大力弘扬“工匠精神”。要高度重视对“工匠精神”的宣传教育,善于通过细致入微、“润物细无声”的宣传渗透，在全社会植入“工匠精神”理念。要通过电视、报刊、微信、微博等各类媒体，以老百姓喜闻乐见、最能打动人心的宣传方式，加大“工匠精神”的舆论宣传，塑造“大国工匠”典型人物，将爱岗敬业、精益求精、注重创新、追求卓越的“工匠精神”播撒到全社会，深入到人心中。

要用法律手段来保护人的劳动权力

——就业促进法执法检查时的学习与思考之五

（2019 年 5 月 25 日）

吉炳轩

劳动是人的一项基本权力，也是涉及生活保障的生存权力。世界各国，不论是实行什么样的制度，走什么样的发展道路，都很重视人的劳动权力的保护，因为就个人来说，涉及到生活生存；就社会管理来说，涉及到安宁或动荡。世界上为劳动权力而进行斗争从来就没有停止过，许多地方的罢工、乃至形成动乱，多与维护劳动权力有关。所以，多数国家都制定有劳动法、就业法等保护劳动权力和利益的法律。我们先了解一下世界上几个发达的资本主义国家的劳动保障法律情况。

据有关资料介绍：

法国的《劳动法》在欧洲有很强的示范性，影响很大。法国基本实现了全民社会保障，比较完善的《劳动法》、强大的工会及劳资调解委员会在确保劳动者劳动权力和社会福利方面发挥了重要作用。法国《劳动法》对劳动合同的期限、订立以及解除等各个方面，都有十分详细的规定。在法国，劳动合同通常不设定期限，即一般情况下雇主和雇员之间签订的都应当是没有固定期限的长期劳动合同。虽然无固定期限，但合同不能保证雇员一辈子不丢饭碗。《劳动法》对于解除劳动合同的条件和程序都有系统性的细化规定，在很大程度上避免了雇主滥用权力、任意解雇雇员的情况发生。法国《劳动法》把劳动合同的解除分为“因个人原因的解除”和“因经济原因的解除”，并对这两类不同情况作出了相应的法律规定。前者是因与雇员个人紧密相关的因素及其可追究的严重过错行为而解除劳动合同，后者则是因企业经济和经营状况变化引发的解约。无论出于哪种原因，法律均强调雇主在决定解雇雇员时必须出于“实际且严肃的理由”，这个理由在法律上是否被认定是“实际且严肃的”，需要由法官作出判断。以“因个人原因解除劳动合同”来说，当雇主打算解雇一名雇员时，法律要求雇主事先以挂号信等方式通知相关雇员进行面谈，并在面谈过程中阐明解雇的理由，同时听取雇员为自身行为所进行的辩护。而雇员则有权邀请一名企业职工代表协助其参与面谈。自面谈之日起两个工作日后，雇主便有权以挂号信的方式向雇员寄出解雇通知书，这样的挂号信必须带有回执。最为关键的是，只有当法律认定雇员具有“严重过错”时，雇主才能立即与其解除合同关系，任何解雇都要经过一定的“解雇预告期”才能被执行，以确保被解雇的雇员在寻找新工作时享有正常的工资待遇。法国《劳动法》明确规定，在同一企业连续工作 6 个月以上 2 年以下者，有权拥有 1 个月的预告期；连续工作 2 年以上者，预告期为 2 个月。预告期自雇员收到解雇通知书当日开始算起。当出现劳资纠纷时，除了法国强大的各级工会组织积极为劳动者“代言”外，劳资调解委员会也为解决争议发挥着积极作用。劳资调解委员会隶属法国的民事法院体系，是准司法机构，由劳资双方共同选举代表组成，每 5 年选举一次。法国共有 210 个劳资调解委员会，每个委员会都设有农业、工业、商业等 5 个下属部门，分别负责不同行业的劳资纠纷案件。特别是“男女平等”是法国《劳动法》体现的重点原则之一，为确保男女平等原则在实际操作中得到遵守，法律还要求雇主在每年向企业委员会提交的年度报告中总结本企业男女职工薪酬的变化情况，各个行业也必须每年对本行业整体男女职位、薪酬和职务变化情况进行分析和检查。

英国作为最早建立劳动争议处理制度的国家，在劳动者权益保护方面建立了一整套全面且详尽的法律法规及监管统计体系，并设定了具体的执行标准和监管机构。英国工会组织也积极争取劳动者权益保障，并可在特定条件下代表员工与雇主进行集体谈判。英国劳动法体系是成文法、判例法和合同法的综合体,涉及劳动者权益保障的法案主要包括 1947 年健康与安全工作法案、1992 年工会和劳动关系(合并)法案、1996 年就业权利法案、1998 年全国最低工资法案、2004 年养老金法案、2010 年平等法案等。上述法案对英国劳动者的法定权利作出了细致、全面的规定,涉及合同签订及解除、最低工资、带薪休假、学习培训、养老金及保险、工作时长限制、最少休息时间、退休年龄、非法歧视等方方面面内容。英国法律及欧盟指令均能保障劳动者的合法权利,包括带薪休假、病假工资、产假及育儿假、防范歧视等。此外,员工通过与雇主签订合同还可享有额外权利。英国工会也可代表员工就薪酬、假期和工作时间等问题与雇主进行集体谈判。在就业歧视方面,英国法律禁止在招聘及雇用期间歧视任何拥有合法权利的求职者,如年龄、性别、婚姻状况、怀孕、生育、种族、国籍、宗教信仰、性取向等。英国在劳动者权益标准的制定方面也十分细致,且更新及时。以最低工资标准为例,英国通常每年 4 月更新最低工资标准,并按就业群体分为 25 岁以上、21 岁至 24 岁、18 岁至 20 岁、18 岁以下以及学徒等五类。英国政府网站不仅能查询最低工资标准的历年数据,还可根据个人相关信息查询其收入是否已达最低工资标准,并提供相关援助热线。英国国家统计局 2018 年 5 月发布的最新统计数据显示,英国 2017 年在交通运输、教育和保险、金融、制造业等行业发生的劳资纠纷及维权事件最多,其中薪酬是产生纠纷的主要原因。英国设有专门的就业法庭处理劳资纠纷问题,最常见的纠纷涉及不公平解雇、遣散费和就业歧视等方面。员工的相关权益如受侵害,员工可将雇主告上就业法庭,员工可在就业法庭提出索赔以获得补救措施,而且就业法庭会免费为劳动者争取合法权益。英国的劳动者维权主要有两种形式:一是加入工会组织的劳动者可以通过自己或工会与雇主进行谈判维权,解决不了再提交仲裁申请;二是没有加入工会等组织的劳动者,先由自己找业主协商,协商失败再向仲裁机构提交仲裁申请走司法途径。由于劳动者进行仲裁申请时不需要付费,能够低成本有效维权,也在一定程度上导致英国劳动者维权事件多发,雇主需要花费大量精力和费用来应对维权事件,因此为避免耗费时日打官司,不少业主往往倾向于私下花钱解决。工作压力大、加班时间长等现象在英国非常普遍,且多数为无偿加班。根据欧盟工作时间指令,英国目前也规定每周工作时间不得超过 48 小时,除非雇佣双方签署延长工作时间协议。但与很多其他发达国家不同,英国的雇主不为员工支付加班工资,只需要确保员工含加班时间的平均工资不低于最低工资标准,且总时长不得超过每周 48 小时(另有协议除外)。

美国对劳动者权益保护,做法在两个方面比较突出:一是相关法律法规体系较为完备,针对性强;二是美国工会在保障劳动者权益方面发挥着至关重要的作用。美国建立了较为完备的法律体系和执行机构。美国劳工部下设不同机构,管理并执行 180 多部联邦法律,这些法律法规适用于在各种工作场所的大约 1000 万雇主和 1250 万员工。在工人工资和工时方面,劳工部下设工资与工时局,负责执行《公平劳动标准法案》。该法案规定雇主向员工支付不低于联邦最低工资标准的薪水,对超时工作的员工要支付更多。2009 年 7 月 24 日生效的联邦最低时薪标准是 7.25 美元,如果员工每周工作超过 40 小时,其超时部分的时薪不低于原标准的 1 倍到 1.5 倍。对于非农岗位,该法案对 16 岁以下儿童的工作时间有所限制,并禁止 18 岁以下儿童从事被认为过于危险的工作。对于农业岗位,该法案禁止雇主在学校上课时间段内雇用 16 岁以下儿童工作,也禁止 16 岁以下儿童从事被认为过于危险的工作。工资与工时局还负责执行与克扣员工工资相关的《消费者信用保护法案》。该法案保障因一项债务未缴而被克扣工资的员工不会被雇主解雇,同时限制员工一周之内被克扣工资的数额。美国国会依据 1970 年颁布的《职业安全与健康法案》,在劳工部设立职业安全与健康管理局。该法案适用于绝大多数私营领域有关员工安全与健康的事宜。雇主必须遵守法案公布的安全与健康标准,且有义务为员工提供不存在严重危害的工作和工作场所。在员工赔偿方面,美国各州都有相应的员工赔偿项目,劳工部及其下设的员工赔偿项目办公室对各州项目进行监督管理。与员工赔偿相关的法律主要有《海岸及港口工人赔偿法案》《能源员工职业疾病赔偿项目法案》《联邦员工赔偿法案》《黑肺病权益法案》等。在员工权益安全保障方面,劳工部下设的员工权益安全管理局负责执行《退休员工收入安全法案》。该法案对雇主为员工制定退休金和福利待遇方案作出规定,还对退休金和福利待遇的受托人及其他相关人士作出一系列规定。同时,美国联邦政府对退伍老兵和其他有资格享受特殊雇用权利的群体实行优待政策,这些人在首次受雇时享有优待,并在裁员过程中受到保护。劳工部下设的老兵雇用和训练事务部负责调查老兵反映的侵权行为。美国在保障女性劳动者权益方面的法律也较为健全。除劳工部负责执行的上述法律外，美国在不同时期颁布的法律中也有不少保障女性权益的内容。例如，《民权法》规定，雇主不得因种族、性别、宗教和原国籍而在雇用或使用上歧视雇员；《公平薪酬法案》规定，雇主应对一切受雇者实行同工同酬，无论受雇者性别如何；《家事与病假法》保障所有受雇者享有因照顾新生儿或患病家庭成员而申请休假的权利；《怀孕歧视法案》禁止针对怀孕员工或有怀孕计划的员工的职场歧视行为，包括招聘歧视、不予晋升、不正当解除雇用关系等。在美国，工会的主要任务是就其成员的工资、福利和工作条件等与资方进行集体谈判，以及代表工会成员在管理层违反合同规定时与其进行交涉，以维护成员权益。尽管这些年来美国工会受到的批评不断增多，但从今年美国工会团体发起和参与的几次活动可以看出，工会在维护劳动者权益方面仍发挥着重要作用。从去年12月22日到今年1月25日美国政府部分“停摆”期间，美国政府雇员联合会采取各种形式并组织相关活动，要求特朗普政府和国会尽快达成协议，让联邦雇员重返工作岗位。尽管这些活动没有直接促使美国政府“重新开门”，但客观上对特朗普及国会议员形成巨大压力，让他们尽快相互妥协并达成协议。美国的工会组织也会针对国内产业形势的变化和社会热点问题发声，积极维护劳动者权益。2月15日，美国劳工联合会暨产业工会联合会在知名游戏资讯网站Kotaku上发布一份面向游戏开发者的公开信，猛烈批评游戏开发企业对员工的“压榨”，认为这些员工面临过度加班、薪水较低以及“有毒”工作环境的困扰，号召他们团结起来作出改变。

我国党和政府对人的劳动权力不但十分尊重，而且制定了一系列法律法规予以保护。仅就就业方面来说，制定的法律有《中华人民共和国就业促进法》，围绕这部法律的实施，国务院还制定了相应的法规，如《残疾人就业条例》、《人力资源市场暂行条例》、《国务院办公厅关于做好2013年全国普通高等学校毕业生就业工作的通知（国办发〔2013〕35号）》、《国务院办公厅关于做好2014年全国普通高等学校毕业生就业创业工作的通知（国办发〔2014〕22号）》、《国务院关于进一步做好新形势下就业创业工作的意见（国发〔2015〕23号）》、《国务院办公厅关于支持农民工等人员返乡创业的意见（国办发〔2015〕47号）》、《中共中央办公厅国务院办公厅〈关于进一步引导和鼓励高校毕业生到基层工作的意见（2016年11月1日）〉》、《国务院关于印发“十三五”促进就业规划的通知（国发〔2017〕10号）》、《国务院关于做好当前和今后一段时期就业创业工作的意见（国发〔2017〕10号）》、《国务院关于做好当前和今后一个时期促进就业工作的若干意见（国发〔2018〕39号）》、《就业服务与就业管理规定》等。除了这些法律、条例、规定、意见外，国务院相关部门还制定有法规性质的具体意见，也是用法律的手段来保护人的劳动权力。

我们的法律规定，国家把扩大就业放在经济社会发展的突出位置，实施积极的就业政策，坚持劳动者自主择业、市场调节就业、政府促进就业的方针，多渠道扩大就业。明确提出，劳动者依法享有平等就业和自主择业的权力。劳动者就业，不因民族、种族、性别、宗教信仰等不同而受歧视。法律明文规定，县级以上人民政府把扩大就业作为经济社会发展规划，并要制定促进就业的中长期规划和年度工作计划。县级人民政府要通过发展经济和调整产业结构，规范人力资源市场、完善就业服务、加强职业教育和培训，提供就业援助等措施，创造就业条件，扩大就业。国务院要建立全国促进就业工作协调机制，研究就业工作中的重大问题，协调推动全国的促进就业工作。国务院劳动行政部门具体负责全国的促进就业工作。地方各级人民政府都要根据促进就业的需要，建立促进就业的工作协调机制，协调解决本行政区域就业工作中的重大问题。

我们的法律规定，县级以上人民政府应当把扩大就业作为重要职责，统筹协调产业政策与就业政策，为促进就业提供强有力的政策支持。鼓励并支持各类企业拓展经营，增加就业岗位。法律规定，各级财政要安排专项资金用于促进就业工作。国家建立健全失业保险制度，依法确保失业人员的基本生活，并促进其实现就业。国家鼓励企业增加就业岗位，扶持失业人员和残疾人就业，并给予税收优惠。法律规定，各级人民政府要统筹做好城镇新增劳动力就业、农业富余劳动力转移就业和失业人员就业工作。我们的法律还对公平就业、就业服务和管理、职业教育和培训、就业援助、监督检查、法律责任等，做出了明确规定，通过法律来保障实施。

我们的法律，充分彰显了社会主义制度和党的领导的优越性，由政府来承担劳动者就业的主要责任，协调各方，利用社会力量和市场调节，利用政府的政策激励和相关保障，来增加就业岗位，提高就业技能，优化就业环境，来保障和促进就业，以有效保证劳动者的劳动权力。我们的组织优势、政策优势、党的领导的优势，所形成的社会合力的优势，是资本主义制度下的国家所不可比拟的。我们一定要发挥好这个优势，把我们的就业工作做好。

我国实施的是积极的就业政策，把扩大就业放在经济社会发展十分突出的位置。我们坚持劳动者自主择业，坚持市场调节就业，坚持政府促进就业，坚持多渠道扩大就业。主要措施是：通过发展经济和调整产业结构、规范人力资源市场、完善就业服务、加强职业教育和培训、提高就业援助等，来创造就业条件，扩大就业门路。国家倡导劳动者树立正确的择业观念，提高就业能力和创业能力；鼓励劳动者自主创业、自谋职业。鼓励各类企业在法律、法规规定的范围内，通过兴办产业或者拓展经营，增加就业岗位。鼓励发展劳动密集型产业、服务业、扶持中小企业，多渠道、多方式增加就业岗位。鼓励、支持、引导非公有制经济发展，扩大就业，增加就业岗位。国家大力发展国内外贸易和国际合作，以此来拓宽就业渠道。要求县级以上人民政府在安排政府投资和确定重大建设项目时，应当发挥投资和重大建设项目带动就业的作用，增加就业岗位。国家建立健全失业保险制度，依法确保失业人员的基本生活，并促进其实现就业再就业。实行有利于促进就业的财政政策，加大资金投入，改善就业环境，来推动和扩大就业。

全国人大常委会组织执法检查，就是监督法律的实施情况，涉及的内容很多，诸如：各级政府的促进就业工作协调机制建立情况和协调推动就业工作情况？各部门协同工作中的经验做法和成效，以及存在的困难和问题？如何完善和实施灵活就业？新就业形态的劳动和社会保障政策情况，实施了哪些针对性扶持措施？各级政府在保障残疾人劳动权利、创造就业条件方面，有哪些政策规定，落实情况如何？创造公平就业环境情况，就业中存在哪些歧视问题，采取了哪些措施促进公平就业？还有人力资源市场信息网络及相关设施建设情况，能覆盖到哪一级政府？能实现哪些功能，能否实现“最多跑一次”？“互联网＋职业指导”等便民举措情况？人力资源市场培育情况？对职业中介的管理情况？建立失业预警制度情况？职业能力开发计划情况？落实劳动预备制度情况，特别是对初高中毕业生职业教育和培训开展情况？就业援助制度建立完善情况？还有就业困难人员的具体范围是哪些？公益性岗位开发和安置情况？对就业困难人员和零就业家庭成员开展实名制动态管理情况？以及建立促进就业目标责任制情况，考核和监督情况？去产能职工转移就业和安置情况等等，以及有什么意见和建议，包括法律修改完善的意见和建议等。

全国人大常委会进行执法检查，就是要依法督促法律的贯彻实施，确保法律所规定的劳动者的合法权益得到保护。要用法律来保护人的劳动权力，是全国人大常委会的重要职责之一，也是全国人大常委会保护人民合法权益的基本职能和权力。我们要履行好这个责任和权力，依法去保护人民的合法权力和利益。

对检查就业促进法实施情况报告的意见和建议

8 月 23 日，十三届全国人大常委会第十二次会议审议了全国人大常委会副委员长张春贤作的全国人大常委会执法检查组关于检查就业促进法实施情况的报告，共有 32 人次发言。现根据会议发言情况，将常委会组成人员和列席人员的主要意见整理如下。

出席人员普遍认为，以习近平同志为核心的党中央高度重视就业工作，作出了一系列重大战略部署，把稳就业放在“六稳”之首，今年又首次将就业优先政策置于宏观政策层面，为促进就业提供了思想指引、顶层设计和政策支撑。国务院及相关部门、地方各级政府认真贯彻落实党中央决策部署，着力推动法律实施，完善相关配套法规政策，取得了积极成效。大家充分肯定执法检查组的工作，充分肯定执法检查报告，希望有关方面积极研究落实。大家强调，要把稳就业作为应对挑战、保持经济社会健康稳定的重要举措来抓，坚持就业优先战略和积极就业政策，落实法律规定的促进就业措施，扎实做好高校毕业生、农民工、退役军人等重点群体就业工作，依法建立完善就业服务体系，推动实现更高质量和更充分就业。审议中，大家还提出了一些具体意见建议。

一、正确认识和把握就业形势

许多出席人员提出，我国就业增长对 GDP 增长的依赖性正在逐步减弱，对产业结构优化尤其是第三产业的依赖性增强，就业增长还有很大潜力。同时应当看到，一些地方政府对就业形势存在盲目乐观情绪，对在经济下行压力加大的背景下做好就业工作的复杂性和艰巨性认识不到位。应当增强忧患意识，不折不扣贯彻落实中央就业优先政策，真正把促进就业放在社会经济发展的优先位置。

有的出席人员指出，现在调查失业率由国家统计局统一在做，地方上报的还是登记失业率，很难真实和及时地反映失业情况，有些地方对失业情况动态监测工作重视不够，投入不足，手段落后，底数不清，数据失真失实问题比较突出。建议进一步完善就业失业统计调查制度，加强就业和失业动态监测工作，强化现代信息科技手段在监测中的运用，及时掌握就业和失业的底数，分析判断就业形势、特点和趋势，做好应对局部失业风险和社会风险的预案。

有的出席人员指出，近年来，我国劳动力年龄结构变化明显，人口红利逐渐降低。建议深入研究、稳妥推进延迟退休政策，统筹考虑延迟退休和就业促进问题，做中长期打算，提前部署，逐步实施。

二、多措并举化解结构性就业矛盾

一些出席人员提出，只有把产业做大做强，才能创造出更多岗位。目前“人岗不匹配”的就业矛盾突出，一方面低端就业市场吸引力不足，有业不就现象突出；另一方面，新兴产业技术人才严重短缺，企业对普通岗位的用人需求缩减，年龄偏大、技能单一的劳动者就业和转岗难度大，有业难就现象也很普遍。数据显示，2018 年三次产业增加值的 GDP 占比为 7.2 ∶ 40.7 ∶ 52.2，对应的就业人口比重为 26.1 ∶ 27.6 ∶ 46.3，说明农业人口需要转移就业的数量巨大。建议对多产业发展所需的就业人口进行深入研究，加快现代化信息物流、科技创新、城乡旅游、文化创业、家政服务等产业行业发展，通过产业的高质量发展增加就业岗位。有的出席人员提出，我国农业发展潜力仍然很大，关键要用产业化理念来谋划农业、用工业化思路发展农业，积极培育新型农民、专业农民、高素质高水平的现代化农业产业大军，既可以安排大量的劳动力就业，也能吸引大学毕业生来农村就业创业，带动农业周边产业发展。

一些出席人员提出，检查中发现，一些地方为了加强城市管理、推动市容建设，取消了夜市、街边摊贩，给老百姓生活带来不便，也限制自谋生计的空间。在当前经济下行压力加大的局面下，建议从促进第三产业发展及灵活就业的角度，开放和搞活夜市经济、街边经济，促进更多就业。

三、加大职业教育培训力度

一些出席人员提出，现有 8 亿多劳动人口中，技能劳动者不到 2 亿，到 2020 年我国制造业人才缺口将达 2200 万左右。必须把加大职业教育和职业技能培训力度放在更加突出的位置。要认真贯彻落实党中央、国务院出台的有关政策，支持地方紧跟市场需求和产业发展方向，建立适应就业形势的职业教育培训体系，开展特色培训，提高培训水平。完善相关补贴政策，鼓励企业和社会力量兴办职业教育。用好失业保险基金结余资金，实施职工技能提升和转岗专业培训。明确职工教育经费提取操作标准、法律责任，鼓励企业、群团组织和行业组织参与职业教育和技能培训。

有的出席人员指出，目前职业教育发展偏重提升学历，很多民办大学盲目追求热门、“高大上”的专业，人才培养同企业用工和社会需要不相适应。建议引导职业教育发展回归能力建设的基本要求，注重解决我国职业教育发展方向与技能岗位用工需求不相匹配的问题。设区的市一级应以兴办高等职业教育为主。普通高校也应加大应用型教育，把更多教育资源用到培养应用型人才上。有的出席人员提到，目前社会上对职业教育认同度低，存在重学术、轻技术，重视专家学者、轻视能工巧匠的现象。建议加强社会舆论引导，加大学校劳动教育，大力弘扬劳模精神和工匠精神。大力提高高技能领军人才待遇水平，畅通技术人才和职业教育毕业生成长成才渠道，切实解决待遇不均等的问题，提高劳动技能人才的社会地位。

四、努力实现重点群体充分就业

一些出席人员指出，近年来，高校毕业生创业效果并不理想，大学生从校门走向社会，缺乏实践经验，同时面临创业资金难筹集，扶持政策不完善，创业指导不得力，创业环境须优化等问题。很多大学生创业失败后，给个人和家庭造成不少损失，有的甚至被列入失信人员名单。建议有关部门高度关注大学生创业中出现的问题，引导大学生先进行必要的社会实践，具有一定经济实力和工作经验后再去创业。有的出席人员建议，加强学校同用人单位对接，重点做好贫困家庭毕业生和就业困难毕业生的就业帮扶，鼓励高校毕业生到专业对口的基层和边远地区工作，做好就业质量评估监督工作。

有的出席人员提出，对农牧民的就业培训中，存在内容交叉重复、不注重实效等问题。建议将农牧区劳动力转移就业培训纳入政府职业能力开发计划，加强统筹规划，增强针对性、实效性和创新性，真正使农业劳动力通过培训实现更加充分的转移就业。有的出席人员建议，对有劳动能力而缺乏劳动技能的建档立卡贫困户，应采取有效措施力争为每户培养一个技术“明白人”，帮其就业增收，巩固脱贫成果。

五、切实消除就业歧视

一些出席人员提出，就业促进法对妇女享有公平的就业权利作了规定，但实践中妇女遭遇就业歧视现象仍普遍存在。报告中提到，24.7%的受调查者表示在求职中感到招聘单位不愿意录用已到生育年龄而尚未生育的妇女，实际比例应该更高。建议在党政机关和国有企事业单位招录人员中设立一定的特殊群体人员招收比例。有的出席人员建议，加大对女性生育的补贴力度，由国家设立专门基金，在女性职工休产假期间，给予用人单位一定的资金补助，减少企业招录女职工所带来的额外成本。

有的出席人员提出，近年来，在各级党委、政府、残联组织和社会各界的共同努力下，残疾人就业状况进一步改善，但就业总体上不充分、质量不高、行业限制和壁垒等情况依然存在。建议将残疾人就业纳入国家“就业优先政策”体系，加大税费减免范围和力度，叠加使用优惠政策，在普惠基础上予以特惠。完善残疾人就业条例，完善针对不同就业形式的扶持办法，加大对残疾人灵活就业、居家就业的扶持力度，开发更多公益性岗位安置残疾人。有的出席人员建议，在残疾人就业初期，延迟取消低保待遇至少两年，消除残疾人就业顾虑。

六、不断提高就业服务水平

一些出席人员提出，依托互联网发展起来的新业态不仅成为我国经济的一大增长点，也为更多劳动者创造了就业机会。有测算显示，到 2020 年分享经济提供服务人数有望超过 1 个亿，全职参与人员约 2000 万人。其中，以快递员、网约送餐员、网约车司机为代表的灵活就业群体十分庞大。新业态在促进就业的同时，也存在劳动关系难以认定、劳动标准难以测定、各方责任难以厘清、劳动者权益亟待保障、就业培训不充分等问题。建议加快完善劳动法律体系，探索把新业态下用工关系纳入劳动关系范围统筹考虑，适时健全完善现有劳动法律法规体系对平台经济中就业者劳动关系确立、劳动者权益保护等内容。研究制定适用灵活用工的政策措施，在就业管理服务、用工制度、社保政策等方面给予支持，保障从业人员合法权益。进一步健全完善各类新业态行业工会，吸纳从业人员参与，做好维权和服务工作。

一些出席人员提出，就业促进法于 2007 年制定，2015 年对个别条款作了修改。该法实施 12 年来，我国的就业情况已经发生了重大变化，部分规定已不适应当前工作需要。建议尽快启动修法工作，体现就业优先战略，补充新就业形态、乡村就业、创业就业等方面的内容。国务院、各地方应结合当前促进就业工作的实际，完善配套的行政法规、地方性法规和政策规章。

全国人民代表大会常务委员会执法检查组关于检查《中华人民共和国高等教育法》实施情况的报告

——2019年10月21日在第十三届全国人民代表大会常务委员会第十四次会议上

全国人大常委会副委员长 王 晨

全国人民代表大会常务委员会：

教育是国之大计、党之大计。高等教育发展水平是一个国家发展水平和发展潜力的重要标志。根据监督工作计划，全国人大常委会组成执法检查组于今年6月至9月开展了高等教育法执法检查，这是学习贯彻习近平新时代中国特色社会主义思想特别是习近平总书记关于教育的重要论述的重要举措，是深入落实党的十九大和全国教育大会精神的实际行动。

现将这次执法检查的主要情况报告如下。

一、基本情况

此次执法检查，是高等教育法颁布以来首次开展的执法检查，旨在全面了解法律贯彻实施情况，依法推动高等教育事业改革发展，以法治力量保障党中央重大决策部署贯彻执行，为建设高等教育强国提供良好的法治环境，充分体现栗战书委员长提出的"执法检查是人大推动法律有效实施、推进法治国家建设的重要抓手"这一目标指向。全国人大常委会对这次高等教育法执法检查高度重视，由王晨、艾力更·依明巴海、陈竺、蔡达峰4位副委员长任组长，教科文卫委主任委员李学勇任副组长，成员由14位全国人大常委会委员、教科文卫委委员和8位全国人大代表组成。6月19日，检查组召开第一次全体会议，听取教育部、发展改革委、科技部、工业和信息化部、财政部、人力资源社会保障部关于贯彻实施高等教育法工作情况的汇报，部署执法检查工作，王晨副委员长在会上作了动员讲话。7月，检查组分4个小组，赴黑龙江、新疆、山西、辽宁等4个省(区)开展执法检查工作，教育部4位负责同志随同检查。检查组深入到11个地市，实地检查和抽查37所高校，召开17场座谈会，听取地方政府和有关部门的汇报，与高校负责同志、师生代表座谈。同时，委托北京、上海、浙江、安徽、广东、广西、重庆、贵州、陕西、甘肃等10个省(市、区)人大常委会对本行政区域内高等教育法的实施情况进行自查。9月25日，检查组召开第二次全体会议，总结工作，研究讨论执法检查报告(稿)。

这次执法检查正逢"不忘初心、牢记使命"主题教育期间，检查组强化初心和使命意识，坚持以人民为中心的理念，创新工作方式，积极回应人民群众对高等教育的关切。在检查工作中做到"四个结合"：一是问题导向与目标导向相结合。围绕目标开展执法检查，通过前期调研确定执法检查重点。5月至6月，在北京先后考察清华大学、北京航空航天大学、北京大学3所高校，在福建组织召开浙江、福建、江西、广东四省人大教科文卫委座谈会和福建高校负责同志、教师座谈会，并考察5所高校。在调研基础上，确定了6个方面27项重点问题指向。7月，在上海调研，先后考察了复旦大学、上海交通大学。8月，在京召开高校党委书记校长座谈会，邀请中国人民大学、中国农业大学、北京交通大学、北京理工大学、天津大学、南开大学、天津医科大学、河北大学、河北医科大学、中国海洋大学等10所高校的党委书记、校长，对照高等教育法具体条款，逐条研究梳理落实情况，听取意见建议。二是全面检查与随机抽查相结合。从行政区域看，在实地检查4省(区)的同时，还委托10个省(区、市)人大常委会自查，请教育部组织31个省(区、市)教育行政部门自查，全部提交自查报告，实现了"双自查、全覆盖"。从院校类型看，检查涵盖了公办高校和民办高校，部属高校和地方高校，普通本科高校和职业院校，既有综合性大学也有专业性院校，力求全面掌握不同类型高校的具体情况。检查组采取"不打招呼"的方式，抽查了11所高校，随机召开座谈会，与教师、学生交谈询问，直接了解一线实情。三是执法检查与第三方专业机构评估相结合。为增强执法检查的科学性、专业性、针对性,提高监督实效,委托中国高等教育学会、中国教育科学研究院、教育部高等教育教学评估中心、教育部考试中心等机构和专家团队,对法律实施情况进行全面评估,形成7份专题评估报告。四是法律监督与法律完善相结合。在执法检查过程中,既检查高等教育法实施情况,也听取修改法律的意见建议,同时,推进涉及高等教育的相关法律修订工作。

总体上讲,高等教育法基本得到有效实施,大多数法律条款得到落实,实现了立法目的。主要体现在:一是法律确立的社会主义办学性质、办学方向和培养目标得到全面贯彻,对我国高等教育改革发展起到了引领保障作用。二是法律确立的党委领导下的校长负责制得到有效落实,加强党对高校的全面领导,确保了高校的事业发展、政治安全和校园稳定。三是法律确立的教育公平原则得到充分彰显,困难学生帮扶体系不断健全,体现了我国社会主义制度的优越性。四是法律规定的高等教育宏观管理体制逐步完善,政府宏观管理、学校依法自主办学、社会广泛参与支持的格局基本形成。同时,检查组发现,高等教育法还存在一些实施不到位、落实不彻底的问题。例如,高等教育服务支撑经济社会发展的能力还不够强,高等教育区域布局、类型层次和学科专业结构不尽合理,高校教师队伍建设仍需加强,推进高校办学自主权还有较大差距,高校学术委员会的作用发挥不充分。此外,高等教育法的学习宣传还需要进一步加强,相关法律法规还需要进一步完善。

二、实施成效

检查组认为,法律实施以来特别是党的十八大以来,在党中央坚强领导下,国务院及地方各级政府认真贯彻法律规定,推动高等教育事业科学发展,在20年时间内高等教育实现了从精英化到大众化并向普及化迈进的历史性跨越。2018年,全国普通高校2663所,是1998年的2.6倍;高等教育在学总规模3833万人,是1998年的4.5倍;高等教育毛入学率为48.1%,是1998年的4.9倍。当前,我国已建成世界最大规模的高等教育体系,人才培养质量和科学研究水平稳步提升,对国家发展贡献度不断提高,国际影响力不断增强,高等教育事业改革与发展取得了举世瞩目的伟大成就。

(一)党对高等教育的领导全面加强

各地各高校围绕“培养什么人、怎样培养人、为谁培养人”这一根本问题,把加强党对高校的全面领导贯彻到办学治校、人才培养全过程。“我们的高校是党领导下的高校,是中国特色社会主义高校”这一要求得到明显强化。在落实法律第39条规定方面,坚持和完善党委领导下的校长负责制,中共中央办公厅出台《关于坚持和完善普通高等学校党委领导下的校长负责制的实施意见》,各地都制定了实施细则,全国公办高校章程均做了明确规定。党的十八大以来,高校党委的领导作用充分发挥,把方向、管大局、作决策、抓班子、带队伍、保落实的领导职责充分体现。北京在全国率先制定《关于加强高校党的政治建设的若干措施》和《关于坚持和完善院(系)党组织会议和党政联席会议制度的指导意见》。全国所有公办高校党员校长均担任党委副书记。实施高校教师党支部书记“双带头人”培育工程,湖北实现全覆盖,山西超过90%。高校党建和思想政治教育工作持续加强,高校连续30年保持和谐稳定,意识形态工作总体向好可控。

(二)人才培养质量不断提升

在落实法律第4条、第5条规定方面,各高校坚持立德树人,培养德智体美劳全面发展的社会主义建设者和接班人。中共中央办公厅、国务院办公厅印发《关于深化新时代学校思想政治理论课改革创新的若干意见》,全面推动习近平新时代中国特色社会主义思想进教材进课堂进头脑。750所高校设置马克思主义学院,加强思政课教师队伍建设,全面修订马克思主义理论研究和建设工程重点教材,创新思政课教学模式。健全全员全过程全方位育人的体制机制,教育部推进两批共8省市、25所高校、92个院系“三全育人”综合改革试点。上海高校面向全体学生开设“中国系列”思政课程。新疆在全区高校开展“用胡杨精神育人、为兴疆固边服务”主题教育。教育部出台《关于加快建设高水平本科教育全面提高人才培养能力的意见》,实施覆盖文理工农医教领域的卓越人才教育培养计划、基础学科拔尖学生培养计划,构建校企协同育人机制。南京大学等高校探索“三三制”本科人才培养体系,四川大学等高校以课堂教学改革为突破口建设一流本科教育,北京大学、清华大学、北京航空航天大学等高校积极探索创新人才培养新模式。国务院印发《国家职业教育改革实施方案》,全国组建约1400个职教集团,吸引约3万家企业参与。天津、江苏、湖南、广东等省(市)大力推广现代学徒制、订单培养等“精准对接、精准育人”模式。国务院办公厅印发《关于全面加强和改进学校美育工作的意见》,全面推进高校美育工作。

（三）服务发展能力逐步增强

在落实法律第6条、第7条规定方面，高等教育区域布局结构进一步调整，服务国家战略和地方经济社会发展能力不断增强。法律实施以来，全国新设本专科学校60%以上分布在中西部，东中西部高校数量和常住人口比例已经基本持平。新设院校向非省会城市布点，绝大多数地级市设有普通高校。山西、安徽、广西、贵州、陕西等地分类引导高校找准发展定位和服务面向，优化调整学科专业结构，实现人才链和产业链对接。高校作为主要完成单位获得2018年度国家科学技术奖三大奖通用项目占全国总项数的82.6%，产出哲学社会科学研究成果占全国的80%，在凝聚态物理、超级计算机、量子通信等领域取得一批标志性成果。137所“双一流”建设高校承担了63%的国家自然科学基金重点项目、69%的国家自然科学基金重大研究计划、73%的国家社会科学基金重大项目。

（四）教师队伍建设取得积极成效

在落实法律第五章规定方面，各地各高校持续加强教师队伍建设，不断提升教师教书育人能力。中共中央、国务院印发《关于全面深化新时代教师队伍建设改革的意见》。推进师德师风建设，引导广大教师报效祖国、奉献社会，涌现出李保国、黄大年等一大批优秀教师。建设国家、高校两级教师教学发展中心，广泛开展教师能力提升培训。辽宁、浙江、福建实施高校中青年学科带头人和骨干教师培养计划。加强高层次人才队伍建设，培养吸引学术大师和学科带头人。目前，高校拥有两院院士790余名，聘任长江学者3931人，3038人入选国家“万人计划”。完善教师管理和考核评价机制，清华大学等高校出台完善学术评价制度的文件，复旦大学等高校制定代表性成果评价机制，确立重师德师风、重真才实学、重质量贡献的评价导向。明确新时代教师行为十项准则，严肃处理师德失范行为，为教师职业行为划出禁行底线。

（五）考试招生制度改革稳妥推进

在落实法律第19条规定方面，2014年全面启动新一轮考试招生制度改革，已有三批14个省市启动高考综合改革，社会总体反响积极正面。26个省份使用统一命题试卷，试题内容着重考查学生运用所学知识解决实际问题的能力。大幅减少和规范高考加分，全国性加分项目从11个减至5个，地方性加分项目从2014年的95个减至2018年的35个。实施支援中西部地区招生协作计划。2015年以来新增招生计划主体全部投向中西部地区和人口大省。实施重点高校招收农村和贫困地区学生专项计划，累计录取农村和贫困地区大学生57万余人。2019年共有22.4万名随迁子女在流入地报名高考。推进高职分类招考改革工作。全国通过分类招考进入高职阶段学习的学生每年超过200万人，北京相关学生比例已经达到70%以上。健全资助政策体系，自2012年起累计资助学生2.87亿人次，资助经费总投入5843.66亿元，基本实现了“不让一个学生因家庭经济困难而失学”的目标。

（六）“放管服”改革持续深化

在落实法律第11条规定方面，各级政府加快职能转变、促进简政放权，依法保障高校办学自主权。教育部、中央编办、发展改革委、财政部、人力资源和社会保障部等五部门出台《关于深化高等教育领域简政放权放管结合优化服务改革的若干意见》。教育部取消和下放涉及高校的16项行政审批事项，取消全部非行政许可审批事项，取消涉及高校的17项职责、下放12项职责。上海制定《高等教育促进条例》，将“放管服”改革举措上升为地方性法规。黑龙江、甘肃试点实行高校人员控制总量备案管理，推动解决高校编制紧张难题。全国普遍建立了以高校自我评估为基础，以院校评估、学科专业评估及认证、常态监测为主要内容的评估体系。上海、重庆成立教育评估院，制定地方教育评估标准。加快中国特色现代大学制度建设，全国2000多所高校基本完成了章程制订和核准工作，初步实现“一校一章程”。浙江制定出台《关于建立健全学校章程执行机制的意见》，福建实施“一校一策”目标管理，探索建立高校精准治理模式。

三、主要问题

面对新形势新任务新要求，高等教育改革发展与党中央的要求，与广大人民群众对更加公平、更有质量的高等教育需求相比，仍有不小差距，法律实施还存在一些薄弱环节和突出问题，主要表现在以下几个方面。

（一）高校党建和思想政治工作仍需加强

检查发现，有些高校基层党建存在逐级弱化、“上热中温下冷”现象，有的院系党组织职能定位不清晰，作用发挥不够。少数民办高校、中外合作办学机构党建工作存在短板。法律第39条规定，“国家举办的高等学校实行中国共产党高等学校基层委员会领导下的校长负责制”。与加强党对高校全面领导的要求相比，有的高校党委管方向、谋大事、做决策能力不足；有的高校党委书记、校长配合不好，难以形成工作合力；有的高校“大事议不透，小事议不完”，决策议事规则有待完善。高校思想政治工作体系还没有完全贯通到学科体系、教学体系、教材体系、管理体系，“三全育人”格局还未完全形成。有的高校存在“调门高、行动少”、思政工作“表面化、碎片化”的现象。一些高校思政课教师配备未达标，有的地方缺口近 30%。

（二）人才培养中心地位不够巩固

法律第 5 条、第 31 条规定，高等学校应当以培养人才为中心，培养具有社会责任感、创新精神和实践能力的高级专门人才。检查发现，部分高校聚焦人才培养的意识不强，在具体工作中落实“把立德树人的成效作为检验学校一切工作的根本标准，把培养社会主义建设者和接班人作为根本任务”缺乏有效衡量标准；过于重视外部评价，在学校发展上急功近利，主要精力和资源放在学校排名、论文数量、项目申报等显示度较高的工作上，对长远发展谋划不够。少数高校缺乏人才培养的有效政策举措，主要领导精力、教师教学精力、学生学习精力、资源投入仍不到位，落实本科教育“三个地位”、推动“四个回归”工作力度不够。还有的高校专业培养目标缺乏指向性，特色不突出；在教学模式、课程内容、教材建设、手段方法等方面改革创新力度不大，难以满足学生个性化成长成才和优质教育需求；学校体育的教学效果不佳，学生体质健康水平呈下降趋势；产学研合作育人还存在体制机制性障碍，培养学生创新精神和实践能力不足。究其根本，既有破除“五唯”不彻底的原因，也有科学评价体系尚未健全，政策导向不落地的原因，重学科建设轻人才培养、重教书轻育人、重理论轻实践的倾向还没有根本扭转。

（三）高校科研创新存在短板

法律第25 条、第 31 条、第 35 条规定了高等学校具有科学研究的功能。检查发现，高校在实施创新驱动发展战略中主动作为还不够，科技创新能力特别是原始创新能力还不强，哲学社会科学的学科体系、话语体系、学术体系建设水平总体不高。在基础科学研究和前沿重大问题研究上有“高原”、缺“高峰”，高质量标志性成果产出低，在一些关键领域“卡脖子”问题上突破少；产学研用协同创新体制机制不健全，各方动力不足，供求关系脱节，重产出轻转化的问题仍然突出；科研人员的积极性未充分调动，对奖励措施和收益分配等激励政策普遍存在顾虑。究其原因，主要是对基础研究的重要性认识不足，学科布局的综合性和交叉性不够，高校科研力量缺乏有组织的协同攻关，科研评价体系不合理。评估报告指出，科技创新制度环境还不够完善，科研经费等资源配置的激烈竞争性容易使科研工作者屈从“项目导向”，需进一步完善高校基础研究的稳定支持和竞争性支持相协调机制。

（四）服务支撑经济社会发展能力还不够强

法律第 4 条、第 5 条规定，高等教育要为社会主义现代化建设服务，为人民服务，培养高级专门人才，发展科学技术文化，促进社会主义现代化建设。检查发现，一些高校办学定位不科学，学科专业特色不鲜明，人才培养的层次类型不合理，与国家经济社会发展需求结合不紧密。在引导普通本科高校转为应用型大学方面，有方向、少路径，政策支持不够，缺乏典型示范引领。高校面向国家重大战略和地方需求的高质量成果不多，能有效转化的更少。经济社会发展最为需要的应用型、复合型、技术技能型人才十分紧缺，人才供给和市场需求“对不上”，毕业生就业难问题逐渐显现，高等教育“产能过剩”的隐忧不容忽视。人工智能、大数据等战略性新兴产业专业人才培养不足，全科医生、幼儿教师、家庭护理等民生急需专业人才相对匮乏。产生这些问题的原因在于，一些高校的办学思路还没有真正转到服务国家需要和经济社会发展上来，对社会需求把握不精准，就业与招生计划、人才培养的联动机制还未完全建立。

（五）高等教育布局结构不尽合理

法律第 7 条规定，国家按照社会主义现代化建设和发展社会主义市场经济的需要，根据不同类型、不同层次高等学校的实际，优化高等教育结构和资源配置。检查发现，高校同质化现象依然突出，一些高校学科专业设置雷同、重复，跟风设置门槛低、投入少的热门专业；一些高校升格或更名后定位不明确，与行业企业需求脱节。中西部地区国家高水平大学和重点学科数量较少，“双一流”建设滞后，在办学水平和质量上与东部发达地区存在较大差距；原中央苏区、革命老区、老工业基地、民族地区高校经费投入不足，发展相对滞后。出现这些问题，有认识偏差、利益导向的原因，也与政府部门缺乏分类评价引导有关。

（六）教师队伍建设亟待加强

法律第五章 8 个条款对高校教师的权利义务、任职条件、资格、聘任等作出了明确规定。检查发现，近年来我国高校人事制度改革虽有突破，但总体滞后。教师数量与高校办学规模、人才培养需求不匹配,不少地方的高校长期受编制不足的影响,教师缺口较大。有的省近2/3本科高校生师比不达标,有的省相当一批高校生师比超过22:1,未达到国家基本办学要求(18:1)。高端人才引进难、培育弱,具有国际一流水平的学术大师和学科带头人数量不足。高职院校"双师型"教师比例不高,技术技能人才难以进入教师队伍。教师考核未能充分考虑学科和岗位特点,导致一些教师不能安心教学科研"坐冷板凳","兼职当主业,授课当副业"。西部和东北地区高层次人才流失严重,已成为当地高校发展的"痛点"。有的省份在5年间副高职以上专任教师流出流入比超过3:1,有的高校近3年高层次人才队伍呈现负增长状态。

(七)考试招生制度改革还需加大力度

法律第19条对高等学校的考试招生作出相应规定。目前,考试招生制度改革谋划审慎,社会期望高,科学选才和公平公正依然面临挑战。检查发现,改革的整体性和协同性有待增强,高中阶段教学改革与高校选拔人才衔接不够。中学生综合素质评价标准不统一,中学操作难,高校使用难。部分地方高中阶段在政策、资金、设施、师资等方面的保障还没到位,考试形式、试卷题型比较固化。高职分类招考改革有待完善,高职院校吸引力相对偏弱,社会认可度较低,考生报考高职院校的积极性不足,有的地区分类招考改革不到位、不彻底,不同程度存在重文化基础测试、轻职业技能测试的现象。

(八)"放管服"改革尚未完全落地

法律第11条规定了高等学校依法自主办学,实行民主管理;第32条至38条具体规定了7项办学自主权。检查发现,既有地方政府"放不下",也有高校"接不住"的现象。有些地方政府服务意识不强,推进改革仅仅停留在出台文件层面上,没有解决实质性问题的真招实招。政府相关部门事中事后监管机制有待加强,对高校的检查评估多、规范引导少、服务保障不足。地方高校反映,有的政府部门在岗位编制、进人用人、职称评审等方面管得过多过细,学校缺少自主权。一些高校依法自主办学的能力还不强,存在行政化的惯性思维,对学术权力与行政权力的界限认识比较模糊,教师代表大会和学术委员会功能没有得到很好的发挥。高等教育分类评价体系尚未健全,评价标准比较单一,教育教学、人才培养等相关指标权重偏低,难以有效引导高校合理定位、特色发展,也难以鼓励教师将更多精力投入到一线教学和人才培养上。

(九)投入不平衡问题突出

法律第七章6个条款规定了高等教育的投入和条件保障。虽然国家对高等教育投入总量持续增加,但从检查情况来看,不同类型高校之间投入不平衡问题十分突出。中央部属高校以及"双一流"建设高校在获取经费和资源投入上明显占优,与地方普通院校差距普遍拉大。由于地方财政收支压力大,一些地市举办的高校生均拨款未能达到国家标准,有的高校差了近一半。许多地方高校基础设施建设和专业教学设施装备资金缺口较大,欠账较多。高校经费投入来源总体比较单一,吸引社会资金投入高等教育的力度不大,多渠道筹措办学经费的机制还未形成。

四、监督建议

办好人民满意的教育,建设高等教育强国,必须坚持以习近平新时代中国特色社会主义思想为指导,全面贯彻党中央决策部署,牢固树立依法治教理念,推动高等教育改革发展。

(一)加强党的全面领导,确保社会主义办学方向

党的领导是做好高等教育工作的根本保证。坚持把党的政治建设摆在首位,增强"四个意识",坚定"四个自信",做到"两个维护",认真学习领会习近平总书记关于教育的重要论述和全国教育大会精神。各级党委和高校党组织要切实履行好管党治党的主体责任,将党的全面领导落实到办学治校各领域、教育教学各环节、人才培养各方面。坚持和完善党委领导下的校长负责制,加强配套制度建设,增强可操作性。选优配强党委书记和校长,把思想政治素质摆在首位,把教学科研和管理能力作为重要条件。支持高校党委书记、校长积极担当作为,敢于干事创业。加强学校基层党组织建设和党员队伍建设,推动基层党建和业务工作融合发展,进一步提高高校教师党支部书记"双带头人"比例。加强高校思想政治工作队伍建设,统筹解决思政课教师和专职辅导员数量和质量问题。

(二)坚持立德树人,巩固人才培养中心地位

培养人才是高校的根本任务。坚持立德树人,德育为先,要理直气壮开好思政课,用习近平新时代中国特色社会主义思想铸魂育人。遵循教育规律和人才成长规律,因事而化、因时而进、因势而新,增强思想政治工作的时代感和实效性。坚持以

促进学生全面发展为中心，围绕激发学生学习兴趣和潜能深化教学改革。既注重“教得好”，更注重“学得好”，激励学生主动学习、刻苦学习，增强学生的社会责任感、创新精神和实践能力。深化体育评价体系改革，把学生健康水平列入高校工作考核指标体系。鼓励高校以高水平的科研支撑高质量的人才培养，强化科研育人。深入推进协同育人，支持高校与科研院所、行业企业在培养目标、培养方案、教学保障、资源共享、管理运行等方面建立协同机制。把人才培养水平和质量作为评价高校的首要指标，突出“学生中心、产出导向、持续改进”原则，强化高校追求卓越、注重质量的主体意识。

（三）聚焦国家需求，提升服务支撑能力

服务国家战略和经济社会发展是高等教育的重要使命。推进高等教育布局调整，加快推进“双一流”建设，推动地方本科高校转型发展。推进雄安新区、粤港澳大湾区、长三角、海南自贸区高等教育创新试验。研究制定高等学校分类设置标准和办法，建立不同类型高等学校的经费投入、人事管理、质量评估、监测评价等制度，引导高校科学定位、差异化发展，形成与经济社会发展相协调的格局。面向未来，超前布局一批前沿性和引领性学科专业，支持国家重大战略和区域支柱产业紧缺人才培养。树立高校科研战略思维，强化前瞻性基础研究，注重颠覆性技术引领，改革高校科研评价激励制度，激发高校科研人员创新活力，在关键核心技术领域加快实现原创成果重大突破。

（四）深化体制机制改革，建设高素质教师队伍

坚持把教师队伍建设作为基础工作。注重师德师风考量，把提高教师思想政治素质和职业道德水平摆在首要位置。加大优秀教师典型宣传力度，坚守科研诚信和伦理底线，坚决查处师德失范、学术不端行为。深化高校教师管理制度改革，探索试行高校分类制定岗位设置方案和管理办法。改革教师考核评聘机制，建立健全教师分类管理、分类评价体系，克服“唯论文、唯帽子、唯职称、唯学历、唯奖项”顽瘴痼疾，引导教师潜心教书、安心育人。坚持引育并举，以育为主，重点培养、大胆使用、及早储备一批高层次人才。促进人才良性竞争和有序流动，引导人才资源向中西部、东北地区高校流动，有效遏制一些地区和高校人才恶性竞争，逐步构建适度开放、合理规范的人才流动机制。

（五）落实办学自主权，释放改革发展活力

深化“放管服”改革，基础在学校，关键在政府。各级政府要简政放权、放管结合、优化服务，做到该放的真正放下去，该管的真正管起来。进一步转变政府职能和管理方式，依法界定政府及相关部门在教育治理中的职责权限，减少各类检查、评估、评价，减少对学校教育教学事务的干预，发挥学校办学主体作用，让学校安安心心地发展，让教师安安静静地上课。强化省级政府对本行政区域内高等教育的统筹协调，把更多精力放在规划战略、制定政策、监管保障上，加大“放”的力度，提高“服”的水平。坚持“分类考试、综合评价、多元录取”的考试招生模式，进一步落实高校招生自主权。改革高校编制及岗位管理制度，改善高校进人用人环境，改进高校教师职称评审机制，探索建立符合高校特点和发展要求的薪酬制度，进一步落实高校在设置内部组织机构、人员配备、评聘教师、绩效工资内部分配等方面的自主权。坚持依法办学、自主管理、民主监督、社会参与，提高高校章程建设质量，健全中国特色现代大学制度。

（六）加大支持力度，振兴中西部和东北地区高等教育

统筹考虑当前区域发展不平衡的现实，整合中央和地方、校内和校外各方资源，继续支持中西部地区、东北地区高校改革发展。尽快研究出台中西部高等教育振兴计划升级版，从制度设计、政策引导、资源投入上进一步向中西部地区、东北地区倾斜，引导和支持中西部高校从“被动输血”向“自我造血”转变。统筹谋划中西部高校基础能力建设工程、对口支援西部高校计划等工作，在重点实验室、工程中心等科研平台建设，长江学者、杰青等高层次人才项目上继续给予倾斜。

（七）适时修改高等教育法，完善高等教育法律法规

健全高等教育法及相关法律法规，是依法推动高等教育发展的基础。高等教育法已经颁布实施二十年，随着我国经济社会快速发展，法律中的一些规定已经与实际不相适应，需要与时俱进、不断完善。我们要从加快发展高等教育的新形势新要求出发，适时修改高等教育法，将党的重大理论创新成果写入法律，把近年来国家和地方在高等教育改革发展中取得的成熟经验和制度创新上升为法律。同时，完善相关法律法规，积极推进教育法、职业教育法、教师法、学位条例等修订工作。大力推进依法行政、依法办学、依法治校，发挥好法律引领保障作用。

同志们，加强执法检查，树立法治权威，对推动教育事业改革发展意义重大。我们要以这次执法

检查为契机,担当尽责、砥砺奋进,努力推动我国高等教育事业再上新台阶,为建设教育强国作出新的贡献。

以上报告,请审议。

在全国人大常委会高等教育法执法检查组第一次全体会议上的讲话

（2019 年 6 月 19 日）

王　晨

同志们:

根据《全国人大常委会 2019 年监督工作计划》,今年将对高等教育法实施情况进行检查,今天召开执法检查组第一次全体会议。刚才,蔡达峰副委员长介绍了执法检查的工作部署,我都赞成,请检查组在工作中认真落实。全国人大教科文卫委员会和常委会办公厅会前做了大量的调查研究和准备工作,李学勇主任委员介绍了前期调研情况,国务院有关部门比较全面地汇报了高等教育法的实施情况,这些都为开展好这次执法检查打下了良好基础。

下面,结合大家讲的情况,我就加强高等教育法贯彻实施,推动我国高等教育更好发展讲三点意见。

一、深刻认识这次执法检查的目标任务

开展高等教育法执法检查,是全国人大常委会坚持以习近平新时代中国特色社会主义思想为指导,全面贯彻党的十九大和全国教育大会精神的实际行动,目的是通过推动高等教育法的全面落实,为加快建设世界一流大学和一流学科、增强国家核心竞争力、提升服务经济社会发展能力、提高我国高等教育发展水平营造良好法治环境,为助力教育强国建设、全面建成小康社会、实现中华民族伟大复兴的中国梦提供坚实的人才支撑。

党的十八大以来,以习近平同志为核心的党中央高度重视高等教育工作。习近平总书记每年都到高校视察,多次给高校师生回信,对立德树人、思想政治工作、人才培养、科学研究、教师队伍建设等都作出了重要指示。2016 年 12 月,习近平总书记在全国高校思想政治工作会议上强调,“我国高等教育发展方向要同我国发展的现实目标和未来方向紧密联系在一起,为人民服务,为中国共产党治国理政服务,为巩固和发展中国特色社会主义制度服务,为改革开放和社会主义现代化建设服务”。在党的十九大报告中,习近平总书记提出要“加快一流大学和一流学科建设,实现高等教育内涵式发展”的要求。2018 年 9 月,在全国教育大会上,习近平总书记提出“教育是国之大计、党之大计”,把教育与党的事业、党的命运、党的前途紧密联系在一起。习近平总书记还对教育工作的根本任务、教育现代化的方向目标提出明确要求,指出“我们的教育必须把培养社会主义建设者和接班人作为根本任务,培养一代又一代拥护中国共产党领导和我国社会主义制度、立志为中国特色社会主义奋斗终身的有用人才”。习近平总书记关于教育工作的重要论述,充分体现了党中央优先发展教育事业、加快教育现代化、建设教育强国的坚强决心,为做好新时代高等教育工作提供了强大思想武器,是我们搞好这次执法检查的指引和遵循。

教育兴则国家兴,教育强则国家强。高等教育发展水平是一个国家发展水平和发展潜力的重要标志。世界各国都把办好大学、培养人才作为实现国家发展、增强综合国力的战略举措。我国要从人口大国迈向人才强国,办好高等教育是关键。在党中央坚强领导下,近年来我国高等教育实现了历史性的跨越式发展。高等教育领域综合改革纵深推进,已经建成世界最大规模的高等教育体系,正在向普及化目标迈进,人才培养质量和科学研究水平稳步提升,对国家发展贡献度不断提高,国际影响力不断增强。2018 年,我国高等教育在学总规模已超过 3800 万人,毛入学率达到 48.1%。以中国高校科研创新为基础的“中国制造”正在见证中国的崛起,嫦娥飞天、航母下水、蛟龙入海等国家重大项目的背后都有高校的身影,都与高校创造的科研成果密不可分。

同时,我们也应该清醒地认识到,我国高等教

育总体上还是大而不强,1999 年扩招后,规模迅猛增长,带来的办学压力还需要一个时期来化解。高等教育的支撑和引领作用发挥不够充分,服务国家需求和区域经济社会发展需要的水平仍有待提高,高等教育的改革发展与党中央的要求、人民群众的期待还有差距。开展好这次执法检查,贯彻党中央关于发展高等教育的新部署,满足人民群众对于高等教育的新期待,就要坚持以习近平新时代中国特色社会主义思想为指导,深入学习贯彻习近平总书记关于教育工作的重要论述,就要把高等教育法各项规定落到实处,着力推动解决我国高等教育在人才培养、科学研究、社会服务、体制机制等方面存在的困难和问题,实现高等教育内涵式发展,为科教兴国、人才强国、创新驱动发展等国家战略提供智力支撑和法治保障。

二、抓住重点,推动高等教育法的全面有效实施

现行高等教育法是 1998 年制定的,2015 年进行了修改。这次执法检查,是高等教育法实施以来首次进行执法检查,检查中要把握好以下几点。

第一,把坚持党对高等教育工作的全面领导作为根本保证。习近平总书记指出:“各级各类学校党组织要把抓好学校党建工作作为办学治校的基本功,把党的教育方针全面贯彻到学校工作各方面。”高等教育法第三十九条规定,“国家举办的高等学校实行中国共产党高等学校基层委员会领导下的校长负责制。”我们办的是社会主义教育,必须牢牢掌握党对高等教育工作的领导权,始终坚持马克思主义指导地位,把思想政治工作贯穿高校教育管理全过程,使高等教育领域成为坚持党的领导的坚强阵地。党的领导在高校能不能有效实现,取决于高校党的组织体系是不是健全,党的建设搞得好不好。这次执法检查要重点检查党委领导下的校长负责制落实情况,检查高校党委对学校工作实行全面领导,承担管党治党、办学治校主体责任的情况,检查高校党的基层组织建设的情况,依法推动高校党委履行好管党治党、办学治校的主体责任。

第二,把培养合格人才作为核心使命。高校立身之本在于立德树人。办好高等教育,首先要解决的就是培养什么人、怎样培养人、为谁培养人这个根本问题。高等教育法第四条规定,“高等教育必须贯彻国家的教育方针,为社会主义现代化建设服务、为人民服务,与生产劳动和社会实践相结合,使受教育者成为德、智、体、美等方面全面发展的社会主义建设者和接班人。”第五条规定,“高等教育的任务是培养具有社会责任感、创新精神和实践能力的高级专门人才,发展科学技术文化,促进社会主义现代化建设。”育人是教育的生命和灵魂,是教育工作的根本价值所在,人才培养质量是高校发展的生命线。牢牢抓住全面提高人才培养能力这个核心点,要求学校的一切工作都要围绕人才培养,形成高水平人才培养体系,为学生的健康成长服务。这次执法检查要重点检查政府和高校是否把立德树人贯穿于教育工作的各领域、各环节,是否把人才培养的质量和效果作为检验一切工作的根本标准,推动高校依法将办学目标和资源聚焦到人才培养这个中心上来,真正做到为党育人、为国育才。

第三,把服务经济社会发展作为责任担当。大学要想在国家的伟大历史进程中发挥重要作用,不仅要有卓越的创新能力,更要有执着的服务精神。习近平总书记强调,“世界一流大学都是在服务自己国家发展中成长起来的。”我们的大学必须始终把对国家和社会的贡献作为价值追求,把服务国家战略和区域经济社会发展作为重要责任和使命。一是要提高关键核心技术创新能力,服务国家战略。尽管近年来我国在很多“上天入海”技术方面都有所突破,但整体上我国还处在全球产业链的中低端,特别是我们原始创新能力不足、关键核心技术短缺的局面尚未得到根本改观。习近平总书记多次强调,“关键核心技术是国之重器,是要不来、买不来、讨不来的。”“只有把关键核心技术掌握在自己手中,才能从根本上保障国家经济安全、国防安全和其他安全。”高校具有学科门类齐全、科技人才聚集、基础研究厚实等独特优势,在当前中美贸易摩擦的背景下,高校要主动作为,服务国家创新驱动发展战略,为关键核心技术攻关担当责任,把创新主动权、发展主动权牢牢掌握在自己手中,承担起为党分忧、为国担当的重任。二是要优化高等教育结构,服务区域经济社会发展。目前,一些高校还存在着定位不科学、学科专业特色不明显、人才培养目标不清晰、与行业和区域发展结合不紧密等问题,迫切需要通过转型,优化结构,办出特色,找准发展定位。对于高校来说,特色就是质量,特色就是竞争力。在执法检查中,我们要着力推动高等教育深化改革,优化战略布局,提升服务国家战略和区域经济社会发

展能力；推动高校主动适应产业发展、经济转型升级的需要，优化学科结构，把握学科发展方向，突出学科建设重点，更好地发挥对经济社会发展的支撑引领作用。

*第四，把改革体制机制作为根本动力。*党的十八大以来，我国高等教育改革取得显著成果，但一些深层次体制机制性障碍仍需系统破解，必须向改革创新要质量，促进高校办出特色争创一流。*在教师队伍建设方面，*亟须创新教师管理制度。办好大学的关键在教师，要深化高等学校教师人事制度改革和薪酬制度改革，激发教师的积极性主动性创造性，发挥教师在高等学校办学治校中的作用。要健全师德建设长效机制，坚持教育者先受教育，加强师德师风建设，提高教师综合素养，让教师更好担当起学生健康成长指导者和引路人的责任。这次执法检查，我们要把推动提升教师思想政治工作水平、提高教师待遇、改革教师管理制度作为重点。*在考试招生制度改革方面，*要通过不断改革完善制度，真正实现学生成长、国家选才、社会公平的有机统一，为提高教育质量、促进社会纵向流动、服务国家现代化建设发挥更大作用。目前已有三批14个省份开展了高考综合改革，从先试先行、建立体系到扩大覆盖面，各地正积极探索省域推进路径。今年的政府工作报告提出高职院校要大规模扩招100万人，这是党中央、国务院作出的重大决策，将对我国高等教育和职业教育发展产生重大影响，也会直接推动我国高职院校考试招生制度改革。这次执法检查，我们既要检查开展高考综合改革试点情况，也要检查落实高职分类招考改革工作进展情况。*在实施“放管服”改革方面，*要真正做到简政放权、放管结合、优化服务，把该放的权力放下去，把该管的事项管住管好。高等教育法第三十二条至第三十八条，规定了高等学校在制定招生方案、设置和调整学科专业、制定教学计划、开展科研和社会服务、国际交流合作、组织机构设置、经费使用等方面的办学自主权，但在实践中，这些办学自主权并没有得到完全落实。以高校科研项目和资金管理为例，国家大力推动赋予高校科研机构和科研人员更大自主权，但政策落实却不够理想。部分高校在落实科研自主权过程中有顾虑，不敢接，不愿接，导致政策红利不能充分释放，科研人员获得感不强，未能充分发挥激发创新活力的作用。这次执法检查要着力推动依法落实高等学校办学自主权。

在执法检查提纲中，教育评价体系建设情况也是一个检查重点。教育评价对学校办学、教师从教具有导向作用。目前，对于知识的评价有办法、有招数，对于能力的评价还需要加强、提高。习近平总书记在全国教育大会上的讲话中指出，“扭转不科学的教育评价导向，坚决克服唯分数、唯升学、唯文凭、唯论文、唯帽子的顽瘴痼疾，从根本上解决教育评价指挥棒问题。”我们要按照习近平总书记的要求，推动高等学校完善教育评价制度，建立以能力和贡献为导向的评价和激励机制，为人才发挥作用、施展才华提供更加广阔的天地。

三、精心组织，增强执法检查的针对性和实效性

这次执法检查由艾力更·依明巴海、陈竺、蔡达峰副委员长和我带队。今天会议后，各检查小组将分赴4个省份开展工作。希望同志们认真履行宪法和法律赋予的职权，切实做好高等教育法执法检查的各项工作。

*一是认真学习高等教育法及相关法律法规、政策文件。*执法检查是一项政治性、法律性、政策性很强的工作，执法检查组成员和工作人员要认真学习有关法律和政策，做到心中有数。全国人大教科文卫委会同有关部门做了比较充分的准备，开展前期调研，提供了参阅资料，今天已经发给了大家。请检查组的同志认真研究，深入学习领会习近平总书记关于教育工作的重要论述，为执法检查顺利开展并取得实效做好充分准备。

*二是严格依法履行职责。*人大开展执法检查是行使宪法法律赋予的监督权，执法检查过程就是监督的过程。栗战书委员长在十三届全国人大常委会第一次会议上强调人大监督工作的原则，其中一条是正确认识人大的职权性质和范围，把握“依法”二字，坚持“依照法定职责、限于法定范围、遵守法定程序”，真正在宪法法律范围内履职尽责。检查组要依法履职，对在执法检查中发现的具体问题，必须严肃指出，该点名的要点名，运用好监督的力量，推动高等教育法的有效实施。

*三是坚持问题导向。*坚持问题导向，是增强执法检查针对性和实效性的基础和前提。执法检查不是评优，而是按照法律规定查摆问题，解决问题。执法检查提纲中列出的6大方面27个问题，是执法检查组在前期调研中归纳出来的重点问题，请大家在检查中结合各地实际情况，突出重点，对照检查。我们既要总结法律实施的成效和经验，更要看到实施中的困难和问题，特别是要发现制约高等教育改

革与发展的各种问题。要深入高校,与高校管理者和师生座谈,听取意见和建议,掌握第一手材料,找准问题,深入研究,提出建设性意见和建议,切实推动高等教育法的贯彻落实。

四是严格执行中央八项规定和实施细则精神。坚持求真务实,深入基层一线了解实际情况,听取基层声音,坚决反对形式主义和官僚主义。这次到地方检查在时间安排上正值高校学生毕业和新生录取,是社会比较敏感和高校最为繁忙的时间段,检查组要轻车简从、厉行节约,严格执行各项标准,努力把对地方及高校的负担和影响减到最小。同时,希望检查组成员和工作人员都以良好的工作作风投入到工作中,努力提高工作质量和效率。

同志们,当今世界,各国之间是综合国力的竞争,是高科技产业和自主创新能力的竞争,更是人才的竞争、高等教育的竞争。党和国家事业发展对高等教育的需要,对科学知识和优秀人才的需要,比以往任何时候都更为迫切。希望大家共同努力,认真做好这次执法检查,为把我国建设成为高等教育强国做出贡献。

在辽宁省检查高等教育法实施情况工作汇报会上的讲话

(2019 年 7 月 15 日　沈阳)

全国人大常委会副委员长　蔡达峰

同志们:

今天会议开得很好,为我们在辽宁进行执法检查开了个好头。

对高等教育法的实施情况进行检查,是全国人大常委会学习贯彻习近平总书记关于高等教育工作的重要论述、贯彻落实党中央重大决策部署、积极回应社会关切的实际行动。辽宁省委、人大、政府和有关方面对这次执法检查给予了大力支持,我代表检查组表示衷心感谢!

会议开始时,殷方龙同志介绍了我们的来意和这次执法检查的一些前期工作。刚才,有关同志代表省政府介绍了高等教育法在辽宁的实施情况,教育厅、发改委、科技厅、财政厅、人社厅等有关部门负责同志发表了很好的意见,既讲了成绩和经验,也反映了问题和困难,提出了宝贵的意见和建议。这对我们进一步了解高等教育法的贯彻情况、推动实施高等教育改革发展很有帮助。对这些意见和建议,执法检查组会认真研究、归纳整理,形成执法检查报告,及时向全国人大常委会汇报。

同志们,听了大家的情况介绍和发言,总的感到,党的十八大以来,辽宁省坚持以习近平新时代中国特色社会主义思想为指导,全面贯彻党的十九大和十九届二中、三中全会精神,深入落实习近平总书记在辽宁考察时和在深入推进东北振兴座谈会上的重要讲话精神,加快推进“一带五基地”建设,深入实施“五大区域发展战略”,攻坚克难,锐意进取,迈出了辽宁全面振兴、全方位振兴的坚实步伐。辽宁省高等教育事业稳步发展,实施了一系列促进高等教育改革发展的新政策、新措施,经费投入稳定增长,办学条件日益改善,教育教学改革逐步深化,办学水平明显提升,培养了一批服务振兴东北、服务区域经济社会发展、服务民生改善、服务党和国家事业发展的高素质人才,取得的成绩应当充分肯定,有很多好的经验和做法值得认真总结。同时,大家在发言中也谈到了一些问题和困难,应当引起我们的高度重视,在今后工作中着力加以解决。

下面,我讲几点意见:

一、深入学习贯彻习近平总书记关于高等教育工作的重要论述,增强依法做好高等教育工作的责任感和使命感

教育是民族振兴和社会进步的基石,是国之大计、党之大计。高等教育是一个国家发展水平和发展潜力的重要标志。办好高等教育,事关国家发展、事关民族未来。党的十八大以来,以习近平同志为核心的党中央从国家发展、民族振兴、社会进步的战略高度对高等教育改革发展作出了一系列重大决策部署,推动高等教育工作取得了历史性成就。习近平总书记指出,“当前国家事业发展对高

等教育的需要，对科学知识和优秀人才的需要，比以往任何时候都要迫切”，强调要“加快一流大学和一流学科建设，实现高等教育内涵式发展”。习近平总书记对教师提出“四有”要求，即有理想信念、有道德情操、有扎实学识、有仁爱之心；对青年学生提出了“四点希望”，鼓励广大青年要爱国、励志、求真、力行，为全面建成小康社会、全面建设社会主义现代化强国而努力奋斗。习近平总书记的这些重要论述，深刻阐明了做好新时代高等教育工作的重大意义，系统回答了“培养什么人、怎样培养人”和“办什么样的大学、怎样办好大学”等根本性问题，为高等教育改革发展指明了方向路径，提供了根本遵循，同时也提出了新任务新要求。全国人大常委会坚决贯彻习近平总书记关于高等教育工作的重要论述和党中央决策部署，认真履行宪法、法律赋予的监督职责，决定今年开展高等教育法执法检查，为促进高等教育改革发展提供更加有力的法治保障。

法律是治国之重器，法治是治国理政的基本方式。为促进高等教育事业发展，全国人大常委会于1998年通过了高等教育法，标志着我国高等教育事业发展进入了法治轨道。全国人大常委会在2015年和2018年对这部法律进行了修改，使其更加适应我国教育事业和经济社会发展的现实需要。高等教育法实施20多年来，促进我国高等教育实现了跨越式发展，建成了世界最大规模的高等教育体系，推动我国从高等教育大国向高等教育强国迈进。实践中，这部法律已经成为我国高等教育事业发展的重要支撑和推动力量。随着全国依法治国的深入推进和社会主要矛盾的深刻转化，高等教育改革发展对相关法制建设提出了更高要求，人民群众对高等教育有了新期待。面对新形势新任务新要求，我们要坚持以习近平新时代中国特色社会主义思想为指导，坚持以人民为中心的工作导向，进一步增强法治观念，全方位提升高等教育工作的法治化水平，以法治思维、法治方式解决好高等教育改革发展中的问题和困难，在法治力量的推动下走出一条中国特色高等教育发展道路，满足新时代人民对高等教育的新期盼。

二、严格落实法律各项规定，推动高等教育法全面深入实施

法律的生命力在于实施，法律的权威也在于实施，有效监督是法律实施的重要保障和推动力量。执法检查是全国人大常委会依照宪法和监督法等法律享有的一项重要监督职权，对于推动法律的正确有效实施、维护法律的尊严和权威发挥着不可替代的重要作用。全国人大常委会这次开展高等教育法执法检查的一个重要目的，就是督促法律实施机关采取有效措施，进一步贯彻落实法律各项规定，推动高等教育改革创新，为建设高等教育强国提供良好的法治环境。

高等教育法确立了我国高等教育事业发展的指导思想、方针政策和重大原则，对高等学校的设立、高等学校的组织和活动、高等学校教师和其他教育工作者、高等学校的学生、高等教育投入和条件保障等作出了明确规定。各级政府及有关部门和各有关方面，要增强履行法定职责的自觉性和主动性，认真对照梳理高等教育法相关法律条文，把法律中规定的各项职责落实落细落到位，把法律的各项规定转化为实际行动，使高等教育法在实践中得到正确有效、不折不扣地贯彻落实。各级人大及其常委会要按照监督法等法律的有关规定，履行好监督职责，采取有效方式督促和支持法律实施机关和各有关单位切实担负起高等教育法赋予的各项职责，推动“严格执法、公正司法、全民守法”，使这部法律切实成为推动高等教育事业发展的坚实保障，做好高等教育工作的标尺准绳。

三、坚持问题导向，抓住法律实施的关键环节精准发力

执法检查重在查找问题、推动问题的解决。在看到我国高等教育近年来取得骄人业绩的同时，也要清醒地看到同世界先进水平相比、同党和人民事业发展要求相比、同我国综合国力和国际地位相比，我国高等教育还存在一定差距，高等教育法在实施过程中还存在一些问题。例如：高校区域布局结构、学科专业结构不够合理，高等教育评价体系不够科学，考试招生制度改革有待深化，“放管服”改革没有完全落实到位；一些高校存在党建、业务“两张皮”现象，党委领导下的校长负责制执行不到位；一些学校把主要工作放在学校排名等显示度高的指标上，人才培养方面重视不够、投入不足，科研创新能力不强，教师队伍整体素质和能力有待提高，等等。各级政府及有关部门和各有关方面要以这次执法检查为契机，坚持补短板、强弱项，着力加强法律实施薄弱环节建设，依法解决好高等教育改

革发展中的重点难点问题,特别是要在以下几个方面精准施策、集中发力:

第一,要全面加强党的领导,落实好党委领导下的校长负责制。加强党对教育工作的全面领导,是办好教育的根本保证。习近平总书记指出,“各级各类学校党组织要把抓好学校党建工作作为办学治校的基本功,把党的教育方针全面贯彻到学校工作各方面。”我们要始终牢记,我们办的是社会主义教育,必须牢牢掌握党对高等教育工作的领导权,始终坚持马克思主义指导地位,要全面推动习近平新时代中国特色社会主义思想进教材、进课堂、进头脑,进一步加强高校思想政治建设,把思想政治教育贯穿人才培养全过程、各环节。要全面加强党对高等教育工作的领导,着力提升高校党建工作水平,健全高校意识形态工作机制,使高校成为坚持党的领导的坚强阵地。

党委领导下的校长负责制,是加强党对高等教育领导的重要方式和途径。高等教育法明确规定,“国家举办的高等学校实行中国共产党高等学校基层委员会领导下的校长负责制”。高校党委书记、校长是领导高校发展的关键少数,对高等教育改革发展至关重要。要大力推进党委领导下的校长负责制在高校全面深入贯彻执行,增强高校党委把方向、抓大事的能力,探索书记、校长一体化选配任用机制,建立符合新标准的考核评价体系和全方位的监督格局,充分发挥这一制度在加强党的领导、推动高校党的建设等方面的重要作用。

第二,要把培养合格人才作为根本任务。办好高等教育,首先要解决的就是培养什么人、怎样培养人、为谁培养人这个根本问题。高等教育法规定,“高等教育的任务是培养具有社会责任感、创新精神和实践能力的高级专门人才,发展科学技术文化,促进社会主义现代化建设。”人才培养质量是高校发展的生命线,直接影响着我国高等教育的水平。当前,我国正在从高等教育大国向高等教育强国迈进,正在开展“双一流”建设。习近平总书记指出,“只有培养出一流人才的高校,才能够成为世界一流大学。”对于我国高校而言,这个“一流”的内涵是很丰富的,要素很多,标准很高,其中的核心就是培养一流人才既包括学术大师、兴业英才、治国人才,也包括经济社会发展需要的高素质专门人才和技术技能型人才。我们要牢牢抓住全面提高人才培养能力这个核心点,坚持立德树人,改革人才培养体制机制,着重在坚定理想信念、增强社会责任感、培养开拓创新精神、提升综合素质上下功夫,培养出一批能够担当民族复兴大任的时代新人。

第三,要紧扣服务经济社会发展这个主题。扎根中国大地、服务国家需要,是我国高等教育最根本的发展逻辑。高等教育法明确规定,“高等教育必须贯彻国家的教育方针,为社会主义现代化建设服务、为人民服务,与生产劳动和社会实践相结合,使受教育者成为德、智、体、美等方面全面发展的社会主义建设者和接班人。”我国的任何一所高校,都要认真履行好这一法定职责,把自身的发展始终同国家发展的现实目标和未来方向紧密联系起来,都要把服务国家战略和经济社会发展作为重要使命。这是中国特色社会主义大学的价值体现,也是我国高等教育的战略任务。高等教育要进一步突出应用服务,加强应用研究和科研成果转化,主动适应产业发展、经济转型升级需要,找准定位、办出特色,而不是闭门造车、关门办学、脱离需求办学。要推动高等教育多样化、集群化发展,既要发展高水平研究型大学,又要发展应用型大学,优化高等教育资源布局,为科教兴国、“一带一路”、西部大开发、振兴东北老工业基地等国家战略的深入实施培养人才、贡献力量。

四、以法治为引领,推动高等教育改革发展

改革永无止境。习近平总书记指出,“在整个改革过程中,都要高度重视运用法治思维和法治方式,发挥法治的引领和推动作用……”党的十八大以来,我国高等教育改革成效显著,但一些深层次体制机制性障碍仍需系统破解,我们要以法治思维和法治方式深入推进高等教育改革,进一步加强顶层设计和制度安排,引领和推动高等教育实现内涵式发展。

在教师队伍建设方面,要深化高校教师人事制度改革和薪酬制度改革,激发教师的积极性、主动性、创造性,发挥教师在高校办学治校中的作用。要坚持教育者先受教育,健全师德建设长效机制,提高教师综合素养,使教师切实担当起学生健康成长引路人的责任。

在考试招生制度改革方面,要真正实现学生成长、国家选才、社会公平有机统一,为提升高等教育质量、促进社会纵向流动、服务国家现代化建设提供有力保障。目前,已有三批 14 个省份开展了高考综合改革,各地要积极探索、稳步推进,创造更加公

平、更有效率的高考环境。要配合高职院校大规模扩招100万人的决策部署，大力推进高职院校招生考试制度改革。

在“放管服”改革方面，要真正做到简政放权、放管结合、优化服务，把该放的权力放下去，把该管的事项管住管好。高等教育法规定了高校在制定招生方案、设置和调整学科专业、制定教学计划、开展科研和社会服务、国际交流合作、组织机构设置、经费使用等方面的办学自主权。但这些办学自主权有的并未得到完全落实。如在落实科研自主权时，一些高校存有顾虑，导致政策红利不能充分释放，起不到激发创新活力的作用。

在教育评价体系建设方面，要充分发挥教育评价对学校办学、教师从教的导向作用。要“扭转不科学的教育评价导向，坚决克服唯分数、唯升学、唯文凭、唯论文、唯帽子的顽瘴痼疾，从根本上解决教育评价指挥棒问题”，为高校人才充分发挥作用、大力施展才华提供更加广阔的空间。

同志们，辽宁省作为共和国工业发展的摇篮、共和国工业长子，高等教育体系完整、基础厚实、潜力巨大，近年来发展成绩显著。同时也要看到，新时代、新形势、新任务对辽宁省高等教育工作提出了新的更高要求。我们相信，在以习近平同志为核心的党中央的坚强领导下，在辽宁省委、人大、政府的高度重视下，在各有关方面的共同努力下，辽宁省的高等教育工作定会在新时代取得新进展、迈上新台阶。

同志们，千秋大业，教育为本。保持经济发展，维护社会稳定，实现长治久安，根本在人，关键在教育。让我们以这次执法检查为契机，进一步解放思想，砥砺奋进，攻坚克难，奋力开创高等教育事业发展的新局面，为实现“两个一百年”奋斗目标和中华民族伟大复兴作出新的更大贡献！

谢谢大家！

在沈阳及周边地区部分高校负责人座谈会上的讲话

（2019年7月16日　沈阳）

全国人大常委会副委员长　蔡达峰

同志们：

这次高校负责人座谈会准备得很充分，开得很好。座谈会共有12所高校参加，其中沈阳有8所院校。我们时间很紧，不能去锦州、鞍山，因此请这两市4所高校负责同志到沈阳来参加今天座谈会。大家的发言，既介绍了经验做法，也谈了不少问题，并提出了意见建议，谈得都很好，有不少真知灼见，对我们准确了解高教法实施情况、研究推进问题解决很有帮助。这里，我代表检查组对大家表示感谢！

下面，我着重围绕深入实施高等教育法、大力提升办学育人质量水平，讲几点思考，与大家作个交流。

一、深入学习贯彻习近平总书记关于高等教育工作的重要论述，牢牢把握办学育人正确方向

党的十八大以来，以习近平同志为核心的党中央高度重视高等教育工作。习近平总书记近年来每年都到高校视察，多次给高校师生回信，对立德树人、思想政治工作、人才培养、科学研究、教师队伍建设等都作出了重要指示。习近平总书记指出，“我国高等教育发展方向要同我国发展的现实目标和未来方向紧密联系在一起，为人民服务，为中国共产党治国理政服务，为巩固和发展中国特色社会主义制度服务，为改革开放和社会主义现代化建设服务”，强调要“加快一流大学和一流学科建设，实现高等教育内涵式发展”。习近平总书记的这些重要论述，充分体现了党中央优先发展教育事业、加快教育现代化、建设教育强国的坚强决心，为推动高等教育改革发展提供了强大思想武器，为我们做好高等教育工作指明了方向、提供了根本遵循。

在座的许多同志作为高校的“掌门人”，担负着领导高校发展的职责和使命，肩上的担子很重。要深入学习贯彻习近平总书记关于高等教育工作的重要论述，坚决贯彻落实党中央决策部署，增强振兴高等教育的思想自觉和行动自觉。要牢牢把握办学的正确方向，我们办高等教育，是为了培养中国特色社会主义合格建设者和可靠接班人。要坚持以人民为中心，满足人民在新时代对高等教

育的新期待。在推进立德树人、提高教育科研质量和管理水平、培养高素质人才加强教师队伍建设、促进国际交流等方面,要根据本校本地区实际提出切实有效措施,积极推动各高校高质量内涵式发展。

二、坚持党对高等教育工作的全面领导,高质量落实党委领导下的校长负责制

加强党对教育工作的全面领导,是办好教育的根本保证。习近平总书记指出,“各级各类学校党组织要把抓好学校党建工作作为办学治校的基本功,把党的教育方针全面贯彻到学校工作各方面。”高等教育法规定,“国家举办的高等学校实行中国共产党高等学校基层委员会领导下的校长负责制。”我们办的是社会主义教育,必须牢牢掌握党对高等教育工作的领导权,把握社会主义办学方向,全面加强高校党的建设,把思想政治工作贯穿高校教育管理全过程,使高校成为坚持党的领导的坚强阵地。

这次执法检查的一项重点内容就是党委领导下的校长负责制的落实情况,这一制度是党对高校领导的根本制度,也是高等教育法的明确规定。要深刻认识和把握高校党委全面领导的科学内涵和实践要求,党委要切实履行好“把方向、管大局、作决策、抓班子、带队伍、保落实”的职责。要正确把握党委领导和校长负责的关系,既坚持学校一切重大问题由党委集体研究决定,又支持校长依法行使职权。要在实践中进一步探索完善落实党委领导下的校长负责制的工作机制,不断提升落实这一制度的质量和实效,以坚强有力的组织领导保证高校不断创新发展。

三、坚持立德树人,把培养合格人才作为根本任务

办好高等教育,首先要解决的就是培养什么人、怎样培养人、为谁培养人这个根本问题。高等教育法规定,“高等教育的任务是培养具有社会责任感、创新精神和实践能力的高级专门人才,发展科学技术文化,促进社会主义现代化建设。”

人才培养质量是高校发展的生命线。要牢牢抓住全面提高人才培养能力这个核心点,让高校的一切工作都要围绕人才培养、形成高水平人才培养体系、为学生的健康成长服务。要坚决落实好习近平总书记对青年学生提出的“四点希望”,鼓励广大青年要爱国励志、求真、力行,为全面建成小康社会、全面建设社会主义现代化强国而努力奋斗。要努力构建德智体美劳全面培养的教育体系,要把立德树人融入思想道德教育、文化知识教育、社会实践教育各个环节,学科体系、教学体系、教材体系、管理体系要围绕这个目标来设计,教师要围绕这个目标来教,学生要围绕这个目标来学。要把人才培养的质量和效果作为检验一切工作的根本标准,改革人才培养体制机制,着重在坚定理想信念、增强社会责任感、培养开拓创新精神、提升综合素质上下功夫,源源不断输送出能够为经济社会发展作出贡献、担当民族复兴大任的时代新人。

四、创新激励管理,加强高素质教师队伍建设

办好大学的关键在教师。深化高等教育改革的项重要任务,就是要着力推进高校教师队伍建设,充分发挥教师在高校办学治校中的重要作用。要落实好习近平总书记对教师提出的“四有”要求,即有理想信念、有道德情操、有扎实学识、有仁爱之心。要深化高校人事制度改革和薪酬制度改革,形成尊重知识尊重人才的良好氛围,激发教师的积极性主动性创造性。要健全师德建设长效机制,加强师德师风建设,严格实施师德师风“一票否决”制,加强教师思想政治工作,提高教师综合素养。要坚决破除“五唯”,改革人才评价体系,完善职称评聘机制,大力开展人才引育工作。要采取政策措施加大高校教师培训力度,鼓励教师深造,钻研业务知识,提高教学质量和研究能力。

我了解到,辽宁一些高校或者一些重点学科缺乏流学者,也难以吸引和留住高端人才。产生这种现象,可能是受区位和财力限制,在科研平台、薪酬待遇等方面没有竞争优势,在引进人才家属就业安置、子女入学、住房安排等方面的配套政策不完善,辽宁尚未成为海内外优秀人才首选之地,吸引力还不够强。要研究加大财政投入,用活人才政策,培养特色人才,吸引青年人才和海外人才。特别是那些向技术应用型大学转型的高校,要根据学校自身地位和发展需要,加强“双师型”教师队伍建设,把企业、研究机构中有实践操作技能、有研究和教学能力的人才吸引到大学来。

五、强化使命担当，提升服务经济社会发展的能力

习近平总书记强调，“世界一流大学都是在服务自己国家发展中成长起来的。”扎根中国大地、服务国家需要，是我国高等教育最根本的发展逻辑。从国内看，经济结构转型升级、实现高质量发展需要充足、优质的人力资源做保障，实现“两个一百年”奋斗目标和中华民族伟大复兴的中国梦需要以优秀人才为强劲支撑和重要动力。从国际看，优秀人才在综合国力竞争中的重要地位和作用日益凸显。近年来的中美经贸摩擦，表面上看是经济方面的纷争，深层次反映的是科技实力的较量，背后是人才质量的博弈。中国的任何一所大学，都要把自身的发展同国家发展的目标和未来方向紧密联系起来，都要把服务国家战略和经济社会发展作为重要使命。这是中国特色社会主义大学的价值体现，也是各高校责无旁贷的使命担当。

今天参加座谈会的高校有很多传统工科专业院校，涉及诸如医科、农业、化工、航空、钢铁、石化、机械等，有着鲜明的辽宁老工业基地特色，为共和国的工业化建设、辽宁的经济社会发展作出过不可磨灭的重要贡献。当前过程中，遇到一些难处和困扰，存在学校定位不科学、学科专业特色不突出、人才培养目标不清晰、与行业和区域发展结合不紧密等问题。造成这些问题的原因很复杂，但与有的高校闭门造车、关门办学、脱离办学需求、脱离经济社会发展需求有很大关系。这些问题要引起高度重视，通过进一步深化改革逐步加以解决。辽宁的高等教育有很好的基础和潜力，要立足党和国家事业需要，推动高等教育多样化发展，既要发展高水平研究型大学，又要发展应用型大学，进一步优化高等教育资源布局，优化高校结构，优化学科结构，办出辽宁的特色，更好地发挥高等教育对区域经济社会发展的支撑引领作用，为振兴东北老工业基地等国家战略深入实施贡献力量。要引导部分地方普通本科高校向应用型转变，增强地方高校为区域经济社会发展服务的能力、为行业企业技术进步服务的能力、为学生就业服务的能力。

同志们，我们要紧紧抓住振兴东北的重要战略机遇期，充分认识高等教育改革发展对于深入推进东北振兴的重要意义，再接再厉，再创辉煌，推动辽宁高等教育取得新进展、迈上新台阶。

谢谢大家！

在大连市检查高等教育法实施情况工作汇报会上的讲话

（2019 年 7 月 18 日　大连）

全国人大常委会副委员长　蔡达峰

同志们：

今天的会议开得很好，我们一行收获很大。可以看出，大家十分重视这次会议，都做了精心准备。在此，对同志们的积极配合、大力支持表示感谢。

会议开始时，殷方龙同志介绍了我们的来意和这次执法检查的一些前期工作。刚才，大连市政府及有关部门汇报了贯彻实施高等教育法的工作情况，与会高校负责同志发表了很好的意见。大家既谈了取得的成绩和经验，也讲了问题和不足，同时对今后工作提出了思路和打算，使我们对高等教育法在大连市的贯彻实施情况有了一定了解。大家对依法做好高等教育工作提出了许多好的意见和建议，对我们深入研究推进高等教育法全面深入实施很有帮助。

从大家的发言中，我深刻感受到大连市委、人大政府及各有关方面都十分重视高等教育工作，采取多种有效措施，积极推进高等教育法贯彻实施，着力提升高等教育工作法治化水平，在许多方面都取得了显著成绩，积累了宝贵经验。同时，大家也反映了在贯彻实施高等教育法及相关工作中遇到的一些问题。这些问题有的具有普遍性，需要从国家层面统筹考虑，我们会及时向有关国家机关反映并提出建议。有些问题也希望辽宁省、大连市给予高度重视，以改革的思路、法治的精神，结合地方实际加以解决，补齐普法、执法等工作中的短板，加强高等教育法实施薄弱环节建设，依法推动高等教育工作取得新进展、迈上新台阶。

今天的会议既是听取大家的工作情况介绍，也

是同大家进行座谈交流。在此,我也讲几点意见。

一、深入学习贯彻习近平总书记关于高等教育工作的重要论述,强化推进高等教育创新发展的使命担当

高等教育是一个国家发展水平和发展潜力的重要标志。办好高等教育,事关国家发展、事关民族未来。党的十八大以来,以习近平同志为核心的党中央从国家发展、民族振兴、社会进步的战略高度对高等教育改革发展作出了一系列重大决策部署,推动高等教育工作取得了历史性成就。习近平总书记为此多次发表重要论述,指出"党和国家事业发展对高等教育的需要,对科学知识和优秀人才的需要,比以往任何时候都更为迫切",强调要"加快一流大学和一流学科建设,实现高等教育内涵式发展"。习近平总书记的这些重要论述,深刻阐明了做好新时代高等教育工作的重大意义,系统回答了"培养什么人、怎样培养人"和"办什么样的大学、怎样办好大学"等根本性问题,为高等教育改革发展指明了方向路径,提供了根本遵循,同时也提出了新任务新要求。我们要认真学习领会习近平总书记关于高等教育工作的新理念新思想新战略,坚决贯彻落实党中央决策部署,增强思想自觉和行动自觉,将其转化为生动的工作实践,为推动高等教育事业发展、建设教育强国作出应有的贡献。

二、严格落实高等教育法各项规定,履行好法律规定的各项职责

法律的生命力在于实施,法律的权威也在于实施。全国人大常委会这次开展高等教育法执法检查的一个重要目的,就是督促法律实施机关采取有效措施,进一步贯彻落实法律各项规定。高等教育法确立了我国高等教育事业发展的指导思想、方针任务和重大原则,对高等院校的设立、高等学校的组织和活动、高等学校教师和其他教育工作者、高等学校的学生、高等教育投入和条件保障等作出了明确规定。

各级政府及有关部门和各有关方面,要增强履行法定职责的自觉性和主动性,认真对照梳理高等教育法相关法律条文,把法律中规定的各项职责落实、落细、落到位,把法律的各项规定转化为实际行动,使高等教育法在实践中得到正确有效、不折不扣的贯彻落实。各级人大及其常委会要依法履行好监督职责,采取有效方式督促和支持法律实施机关和各有关单位切实担负起高等教育法赋予的各项职责,推动"严格执法、公正司法、全民守法",使这部法律切实成为推动高等教育事业发展的坚决保障、做好高等教育工作的标尺准绳。

三、精准发力,依法推进高等教育改革发展

近年来,我国高等教育工作取得的成绩是显著的,这一点不容置疑,但发展过程中出现的一些问题也不容忽视。例如:一些高校存在党建、业务"两张皮"现象,党委领导下的校长负责制执行不到位,学校学科专业结构不够合理,产教融合不深入,人才培养的类型、层次、结构还不能适应和满足经济发展和产业结构调整需求;部分高职院校办学定位不清晰,办学特色不鲜明,等等。

执法检查重在查找问题、推动问题的解决。各级政府及有关部门和各有关方面要以这次执法检查为契机,坚持补短板、强弱项,抓住法律实施的关键环节、重点层面精准发力,特别是对以下几个方面要高度重视、准确把握。一是要全面加强党的领导,着力提升高校党建水平,大力推进思想政治建设,坚决落实党委领导下的校长负责制;二是要坚持立德树人,着重在坚定理想信念、增强社会责任感、培养开拓创新精神、提升综合素质上下功夫,培养出一批能够担当民族复兴大任的时代新人;三是要紧扣服务经济社会发展这个主题,为科教兴国、"一带一路"、西部大开发、振兴东北老工业基地等国家战略的深入实施培养人才、贡献力量;四是要加强教师队伍建设,健全师德建设长效机制,提高教师综合素养,使教师切实担当起学生健康成长引路人的责任;五是要深化考试招生制度改革,创造更加公平、更有效率的高考环境,真正实现学生成长、国家选才、社会公平有机统一;六是要深化"放管服"改革,切实做到简政放权、放管结合、优化服务,把该放的权力放下去,把该管的事项管住管好;七是要完善教育评价体系,充分发挥教育评价对学校办学、教师从教的导向作用,"扭转不科学的教育评价导向,坚决克服唯分数、唯升学、唯文凭、唯论文、唯帽子的顽瘴痼疾,从根本上解决教育评价指挥棒问题",为高校人才充分发挥作用、大力施展才华提供更加广阔的空间。

这里,我还要强调一下坚持自主创新、提升科研水平的问题。科学技术是第一生产力。中国要强盛要复兴,就一定要大力发展科学技术,成为世界主要科学中心和创新高地。习近平总书记指出,“实践反复告诉我们,关键核心技术是要不来、买不来、讨不来的,只有把关键核心技术掌握在自己手中,才能从根本上保障国家经济安全、国防安全和其他安全。”总书记的这一重要论述,阐明了一个国家、一个民族掌握关键核心技术的极端重要性。高校要充分发挥学科门类齐全、科技人才聚集、基础研究雄厚的独特优势,坚持自主创新,面向未来超前布局,设置前沿性和引领性学科专业,培养拥有颠覆性思维和全球化视野的拔尖创新人才,着力提升科研水平和国际竞争力,推动实现我国整体科技水平从跟跑向并行、领跑的战略性转变,努力在重要科技领域成为领跑者,在新兴前沿交叉领域成为开拓者,创造出更多竞争优势。辽宁省、特别是沈阳市和大连市,拥有东北大学、辽宁大学、大连理工、大连海事等一流院校和一流学科,在这方面大有可为,一定要勇于担当、积极作为,努力为建设世界科技强国作出应有的贡献。

同志们,由于时间原因,先讲这么多。今明两天我们还要在大连进行一些实地考察,继续了解情况,听取意见,大家对高等教育法贯彻实施还有什么意见和建议,可以及时向我们反映。让我们一起努力,共同开创新时代高等教育事业发展的新局面。

谢谢大家!

对检查高等教育法实施情况报告的意见和建议

10月24日,十三届全国人大常委会第十四次会议审议了全国人大常委会副委员长王晨作的全国人大常委会执法检查组关于检查高等教育法实施情况的报告。共有60人次发言。现根据会议发言情况,将常委会组成人员和列席人员的主要意见整理如下。

出席人员普遍认为,教育是国之大计、党之大计。党的十九大报告提出:“加快一流大学和一流学科建设,实现高等教育内涵式发展。”习近平总书记多次到高校视察、多次给高校师生回信,对高等教育作出一系列重要讲话和重要指示。在党中央坚强领导下,国务院及地方各级政府认真贯彻实施高等教育法,推动我国高等教育事业改革发展取得巨大成就。大家充分肯定执法检查组的工作,高度评价执法检查报告,希望有关方面积极研究落实。大家强调,要坚持党对高等教育事业的全面领导,坚持社会主义办学方向,树立依法治教理念,建设高素质教师队伍,形成高水平人才培养体系,为党和国家事业培养更多社会主义合格建设者和接班人。审议中,大家还提出了一些具体意见和建议。

一、始终坚持社会主义办学方向

部分出席人员认为,必须坚持党对高等教育工作的全面领导,坚持社会主义办学方向,真正解决“培养什么人,怎样培养人,为谁培养人”这个根本问题。要高度重视高校党建工作,在公立高校中坚持好党委领导下的校长负责制,进一步加强高校领导班子建设,提升党委把方向、管大局、作决策的能力,强化院系党组织建设,注重加强民办高校、中外合作办学机构基层党建工作。部分出席人员认为,加强思想政治教育是高等院校的关键性工作,思想政治理论课是落实立德树人根本任务的关键课程,应理直气壮地开好思想政治课,用习近平新时代中国特色社会主义思想铸魂育人,培养听党话、跟党走、为人民服务、积极奉献的社会主义人才。

二、切实巩固人才培养中心地位

有些出席人员认为,教书育人是高校的主责主业,目前我国人才总量大、尖端人才不足,总体科研水平提升显著、顶尖科研成果仍然较少,高校人才培养与“创新型、复合型、应用型人才”的要求仍有差距。应把人才培养作为评价高校的首要指标,克服“五唯”顽瘴痼疾,扭转重学科建设轻人才培养、重教书轻育人、重理论轻实践的倾向。有些出席人员指出,一些高校过于重视外部评价,忽视“内功”,有的一味追求各种大学排名,热衷发论文、申项目。建议加快建设我国自己的符合国情的高校评价体系,既注重量化指标,更注重人才培养、研究成果的实效性。有的出席人员提出,一些高校过早要求学生发表论文,促使学生和学术氛围变得浮躁,应当予以纠正。有的出席人员建议，应重视社会实践在思想政治教育和专业知识传授中的作用，在工程、医学、农学等应用性较强的专业教学中提高实践性教学的比重，培养学生的社会责任感和实际操作能力。有的出席人员指出，高校“严进宽出”的老问题仍未得到有效解决，培养人才既要激励，也要约束，建议探索人才培养的淘汰机制，激发学生主动学习、刻苦学习。

部分出席人员指出，高校建设存在同质化发展倾向，教学科研工作与国家和地方发展需求结合不紧，对国家战略和经济社会发展的支撑能力仍然不够。一些高校盲目扩张，专业设置低水平重复，有的专业无人问津，导致一些新兴产业、经济社会急需的专业人才供给不足。建议教育主管部门加强指导，健全学科专业目录动态调整机制，形成与经济社会发展相协调的学科专业布局。有的出席人员提出，高校人才培养“千人一面”，一个原因是教材管理过死。应适度放宽各高校自编教材的自主权，国家教育主管部门有关专业委员会主要负责明确标准和审核把关。

有些出席人员提出，应进一步改革完善职业教育体系。建议：(1)推动一批普通本科高校向应用型转变，鼓励有条件的普通高校开办应用技术类专业和课程；(2)破除职业教育和普通教育之间的壁垒，畅通中高职之间、高职与本科之间的升学衔接渠道，为职校学生提供更多上升机会；(3)将职业教育和职业技能等级证书考试结合起来，提高职业教育质量和学生实践能力；(4)在“十四五”规划编制中重视高等职业教育，突出培养适用人才、服务经济社会发展的要求，助力解决就业中的结构性矛盾。

三、优化高等教育结构

部分出席人员指出，高等教育发展中不平衡不充分的问题较为突出，优质高校集中在东部发达地区，中西部地区高水平大学、重点学科数量较少。建议在“双一流”高校建设中，更多整合中央和地方两种资源，补齐区域差异短板。有的出席人员建议，国家教育主管部门和地方政府应共同研究制定区域高等教育发展规划，使高校布局、结构更贴合各地发展实际。有些出席人员建议，建立完善东部和边疆高校对口支援机制，发挥东部带动作用。

有些出席人员提出，中央部属高校和“双一流”高校在获取经费和资源投入上明显占优，与地方普通高校差距越拉越大。建议在推动“双一流”高校建设的同时，对地方高校准确定位、分类指导，支持地方高校找准优势、办出特色。有的出席人员建议，“双一流”大学评选评估应当有进有出，鼓励良性竞争，实现动态调整。有的出席人员提出，高校间生均经费拨款不均衡问题十分突出，教育部直属高校生均拨款每年2万元以上，东部地区高校每年在1.6万元至1.8万元，中西部地区高校则为每年8000元至1万元。一些地方政府在落实法律关于经费逐步增长的要求方面做得不到位。建议教育主管部门予以统筹，督促各级政府履行支出责任，确保公办普通高校生均拨款达标；研究建立基于财力情况、在校生人数、工资标准等要素的生均拨款标准动态调整机制。

四、扩大高校办学自主权

部分出席人员指出，扩大高校办学自主权改革取得了一定成效，但管理行政化色彩仍然较浓。应进一步深化改革，在落实好党委领导下的校长负责制的前提下，赋予高校更大办学自主权，指导高校建立健全现代大学制度。有的出席人员建议，进一步加大“放管服”力度，把专业设置、人事管理、研究成果转化收益处置等权限下放给学校。有的出席人员提出，高校常常在前一轮考核的收尾阶段，就要开始准备新一轮考核，建议教育主管部门合理调整考核周期。有的出席人员指出，扩大高校办学自主权改革中，既有政府部门“放不下”的问题，也有高校“接不住”的情况，一些配套政策落实不到位、可操作性不强，导致高校对承接放权存在顾虑。建议深入调研、细化措施，保证政策落地。有的出席人员提出，应加强高校校长队伍建设，做好后备人才培养和储备工作，打造一支高质量的教育家队伍。

五、推进考试招生制度改革

部分出席人员提出，高等教育招生考试改革应坚持分类考试、综合评价、多元录取的考试招生模式，着力解决中学生综合素质评价标准不统一的问题，把高等教育与中小学教育有机衔接起来。有的出席人员建议，在高考试卷采用、试题难度确定上，既要考虑地域位置，也要综合考虑各省(区、市)人口基数、教育水平等，更好做到择优与公平兼顾。有的出席人员指出，要充分发挥科研机构在培养高层次人才中的作用。科研机构历来是培养研究生的重要平台，具有理论性实践性较强的优势，目前一些科研机构存在招生名额受限或专业生源不足等问题,浪费了优质教育资源。建议放宽对科研机构的招生名额限制,鼓励更多高校毕业生报考科研机构研究生。有些出席人员提出,应进一步破除残疾学生报考大学的不合理限制,加快修订普通高等学校招生体检工作指导意见,进一步完善残疾人单考单招的考试时间、考试科目。

六、加强教师队伍建设

部分出席人员指出,目前高校教师数量与办学规模、人才培养需求不相匹配。教育主管部门规定本科高校生师比为 18 :1,有的高校生师比超过 22 :1。建议有关部门对生师比标准落实情况进行调研,对不达标的地方督促整改。有些出席人员提出,高校人才引进和使用中的一些门槛设置不合理,有的地方主管部门要求高校引进人才必须像公务员一样公开招考,有的交叉学科在人才引进、成果评审中因“专业不符”被卡脖子。建议有关部门加强与高校沟通,遵循人才流动规律和学科建设规律,合理设置程序条件。有的出席人员提出,中西部高校人才流失较为严重,一些传统优势学科受到很大损失,形成“学科贫困”,建议加强政策引导,对愿意到中西部工作的高层次人才,给予待遇、发展等方面的支持。有的出席人员建议,启动新一轮高校编制核定工作,建立 3 至 5 年为一周期的动态核编机制。

有些出席人员提出,目前一些高校对教师的评价考核、人事晋升要求过于强调数量导向,使教学科研工作成了“计工分”。建议健全完善教师分类管理、分类评价体系,让安心学术、擅长讲课的教师真正受到认可,支持教师在基础学科、专门课题上深入钻研、持续探索。有的出席人员提出,有的学校简单采取让学生评价老师的做法,反而使老师不敢从严要求学生,对此现象应当引起重视。

七、进一步完善高等教育的法律法规

部分出席人员指出,高等教育法已颁布实施较长时间,一些规定已经与实际不相适应,建议有关部门尽快启动高等教育法和相关法律法规的修改工作,将高等教育领域理论和实践的创新成果纳入法律,明确立德树人的根本任务,完善对政府部门管理职责权限和高等教育经费保障的有关规定,明晰高校自主权,为发展高等教育提供更完备的法治保障。

全国人民代表大会常务委员会执法检查组关于检查《中华人民共和国可再生能源法》实施情况的报告

——2019 年 12 月 24 日在第十三届全国人民代表大会常务委员会第十五次会议上

全国人大常委会副委员长　丁仲礼

全国人民代表大会常务委员会:

根据全国人大常委会 2019 年度监督工作计划,今年 8 月至 11 月全国人大常委会组织开展了可再生能源法执法检查。执法检查组由沈跃跃、白玛赤林和丁仲礼副委员长任组长,环资委主任委员高虎城任副组长,成员共 21 位,由全国人大常委会委员、环资委委员和全国人大代表组成。8 月 28 日,检查组召开第一次全体会议,听取国家能源局、国家发展改革委、财政部、自然资源部、生态环境部等部门和单位关于贯彻实施可再生能源法情况的汇报,部署开展执法检查工作。8 月至 9 月,检查组分 3 个小组,赴河北、吉林、甘肃、青海、宁夏、新疆等 6 个省(自治区)开展执法检查工作。检查组深入到 19 个地市,实地检查 51 个点位,召开 16 个座谈会,与政府及有关部门、相关企业、基层执法人员和五级人大代表座谈,听取法律实施情况及有关意见建议。同时,委托山西、内蒙古、黑龙江、浙江、山东、湖北、湖南、广东、广西、四川、云南、西藏等 12 个省(自治区)人大常委会对本行政区域内可再生能源法的实施情况进行检查。全国人大环资委还委托中国工程院开展了可再生能源法实施情况评估研究,14 位两院院士、70 多位专家经过深入研究论证,形成了第三方评估报告,为执法

检查提供了重要参考和支撑。

这次执法检查有几个突出特点：一是把宣传贯彻习近平生态文明思想和党中央可再生能源发展战略贯穿于执法检查全过程，听取各地贯彻落实习近平生态文明思想和习近平总书记重要指示批示情况。二是认真贯彻落实栗战书委员长对执法检查的要求，紧扣法律制度规定开展检查，坚持问题导向，依法推动解决可再生能源开发利用存在的突出问题。三是将执法检查与议案建议办理工作有机结合，深入听取人大代表意见建议。四是开展问卷调查，了解各地对法律的学习掌握情况，推动法律宣传普及，加强法律学习贯彻。五是委托中国工程院开展可再生能源法实施情况评估研究，强化专业支撑，增强监督工作的科学性和客观性。六是广泛深入听取五级人大代表、政府部门、企业、专家对法律实施和修改完善法律的意见建议。

下面，我代表执法检查组，将可再生能源法执法检查的主要情况报告如下。

一、法律实施总体情况

党的十八大以来，在党中央坚强领导下，各地区各部门以习近平新时代中国特色社会主义思想为指导，深入贯彻落实习近平生态文明思想，认真落实党中央可再生能源发展战略，认真贯彻实施可再生能源法，推动可再生能源快速发展，为推进能源革命、保护生态环境、促进经济和社会可持续发展发挥着日益重要的作用。自 2006 年 1 月 1 日可再生能源法颁布实施以来，可再生能源开发利用规模显著扩大，技术装备水平不断提升。我国水电、风电、光伏发电的累计装机规模均居世界首位。2018 年，全国可再生能源发电量 18670 亿千瓦时，占全部发电量的 26.7%，比 2005 年提高 10.6 个百分点。其中非水可再生能源总装机容量是 2005 年的 94 倍，发电量是 2005 年的 91 倍。可再生能源占一次能源消费总量比重达到 12.5%左右，比 2005 年翻了一番。

可再生能源法主要法律制度基本落实，法律得到有效实施，基本实现了立法目的。法律第 4 条规定的总量目标制度有效落实。法律第 2 章关于资源调查与发展规划的有关规定加快实施，开展了资源调查，编制了可再生能源开发利用规划。按照法律第 3 章要求，公布了可再生能源产业发展指导目录，制定了相关技术标准规范，推动可再生能源技术水平显著进步。第 4 章至第 6 章规定的相关制度规定逐步落实，可再生能源发电成本明显下降，装备制造产业快速发展，可再生能源开发利用水平快速提升，在拉动经济增长、优化产业结构和扩大就业岗位、落实控制温室气体排放目标和治理大气污染等方面发挥了重要作用，为调整能源结构、实现绿色发展做出了积极贡献。但伴随可再生能源产业快速发展，法律有关开发利用规划、全额保障性收购、费用补偿等部分法律制度，也存在统筹协调不够、落实不到位、监管薄弱等问题，有待进一步研究解决。

二、法律实施成效

各地区各部门按照可再生能源法要求，依法履职尽责，积极出台配套政策，认真落实法律规定，法律实施取得了显著成效。

（一）出台配套法规制度，提升可再生能源发展法治化水平

国务院相关部门高度重视可再生能源法的贯彻实施，依法在资源调查、总量目标、规划引导、应用示范、产业监测、并网消纳等方面出台了上百项配套规章政策，规范了可再生能源发电上网管理有关内容，明确了上网电价和费用分摊制度，制定了可再生能源装备设备、工程建设、并网运行等技术标准，为推动可再生能源快速发展营造了良好的政策环境。各级地方政府结合本地实际，制定出台了地方性法规政策，如河北、浙江制定了可再生能源开发利用促进条例，黑龙江、山东、湖北、湖南等省（区、市）制定了农村可再生能源条例，吉林、广西等省（区、市）出台了水能资源开发利用管理有关规定，内蒙古、四川、云南、宁夏等省（区、市）出台了风能、太阳能、地热能等开发利用的有关规定，山西出台了可再生能源发电全额保障性收购管理办法，各地支持可再生能源发展的配套法规和政策体系逐步完善。

（二）落实资源调查和规划制度，引导可再生能源发展方向

法律第 2 章规定了开展可再生能源资源调查与编制开发利用规划等内容。国务院有关部门依法组织开展了可再生能源资源详查，于 2008 年和 2014 年分别发布了中国太阳能资源图谱和全国风能评价成果，为国家和地方开展规划编制、企业开发项目选址提供了基础依据和支撑。在此基础上，组织编制了国家“十一五”、“十二五”、“十三五”可再生能源发展规划以及水电、风电、太阳能、生物质能和地热能领域五年规划。甘肃等 15 个省（区、市）编制了可再生能源（或新能源）发展“十三五”规

划；广东、西藏等16个省（区、市）在能源发展“十三五”规划或“十三五”电力发展规划中规定了可再生能源发展目标；新疆等省（区、市）还对部分可再生能源品种专门制定了分项发展规划。可再生能源发展规划体系逐步建立，为引导可再生能源发展方向、优化结构布局发挥了重要作用。

（三）加强产业指导和技术创新，大力扶持可再生能源产业发展

法律第3章要求国务院相关部门加强对可再生能源产业指导和技术研发。国家能源局会同国家发展改革委发布了可再生能源产业发展指导目录，为制定支持可再生能源发展财政、税收等政策提供依据。可再生能源产业示范项目稳步推进，“十二五”期间实施81个新能源示范城市、8个新能源示范园区、86个绿色能源示范县，“十三五”期间组织实施6个清洁能源示范省、4个可再生能源综合应用示范区以及28个新能源微电网示范工程。2015年以来，组织开展3批光伏“领跑者”基地项目建设。这些示范项目在提升可再生能源消费比重，推动先进技术成果产业化，促进产业升级等方面取得积极效果。可再生能源法颁布实施后，科技部在国家科技计划中优先部署可再生能源技术研发，截至“十二五”末期投入中央财政经费逾23亿元。“十三五”期间投入中央财政资金7亿元，实施“可再生能源与氢能技术”、“智能电网技术与装备”两个重点研发专项。通过创新驱动和国家科技计划的实施，我国可再生能源领域科技创新能力及产业技术水平得到跨越式提升。水电作为传统可再生能源，已经位于世界水电强国前列；光伏发电产业规模连续多年世界第一，是我国少数有话语权的行业之一，光伏发电技术在国际市场拥有绝对竞争优势；风电领域建立了完整的设备制造产业链，风电开发规模稳居世界首位；太阳能热发电初步形成具有自主知识产权的产业链；生物质能实现了多元化技术发展和应用；地热能实现了工程规模化应用；海洋能技术研究和应用示范不断取得新进展；电网接入和运行技术水平不断提高，为可再生能源大规模发展和消纳提供有力支撑。

（四）落实相关法律制度，提高可再生能源开发利用水平

法律第4章规定了支持可再生能源并网发电，建立可再生能源独立电力系统，鼓励生物质能、太阳能热发电、太阳能热水、农村地区可再生能源推广和应用等内容。为落实全额保障性收购制度，国家发展改革委、能源局出台了可再生能源发电全额保障性收购管理办法、清洁能源消纳行动计划、建立健全可再生能源电力消纳保障机制的通知等政策文件，核定了重点地区风电和光伏最低保障收购年利用小时数，设定了各省级行政区可再生能源电力消纳责任权重等。建立了风电、光伏发电发展监测评价体系，按年度监测并发布市场和产业发展情况，分绿色、橙色和红色三个等级为行业提供信息和预警。电网企业充分发挥资源优化配置平台作用，优化调度运行，加快输电通道建设，支持可再生能源高比例运行和大规模外送。经过各方面共同努力，可再生能源弃电状况持续缓解。2016年全国平均弃风率为17%，弃光率为10%；2019年1—9月，全国平均弃风率降至4.2%，弃光率降至1.9%。青海创新开展“绿电15日”创造了全球清洁能源供电纪录。国家发展改革委、能源局大力推动分布式发电应用，截至2018年底，分布式光伏累计并网装机容量达5061万千瓦，成为光伏产业新增长点。农业农村部等有关部门和地区积极实施农村沼气转型升级，发展秸秆能源化利用，目前全国秸秆成型燃料年产量达到800万吨。生态环境部将可再生能源项目纳入温室气体自愿减排交易体系重点支持领域，将发展可再生能源作为实现碳强度降低目标的有效路径，不断推动可再生能源高质量开发利用。同时，一些地方将可再生能源发展与促进民生改善、助力脱贫攻坚、解决无电地区用电相结合，因地制宜探索光伏+农业、光伏+渔业、风光互补开发，开展风电清洁供暖、可再生能源微电网等示范项目建设，可再生能源发展的综合效益逐步显现。

（五）注重经济激励，为可再生能源发展提供财政支持

法律第5章、第6章明确了可再生能源经济调控有关法律制度，包括分类电价、发展基金、财税政策等。国务院相关部门按照有利于促进可再生能源开发利用和经济合理的原则，制定了基于固定电价下的补贴政策，明确上网电价高于煤电标杆电价的部分通过可再生能源发展基金补偿。2019年将上网标杆电价调整为指导价，新增项目上网电价通过竞争方式确定。同时电价附加征收标准逐步提高，由初期每度电0.1分调整为2016年每度电1.9分。财政部设立专项资金，累计拨付1312亿元支持可再生能源产业化规模应用，支持解决无电地区用电问题等。据财政部统计，2012年以来累计安排补贴资金超过4500亿元，为可再生能源快速发展提供了有力支持。在税收方面，积极落实国家重点扶持的公共基础设施项目企业所得税三免三减半、风电增值税即征即退50%、固定

资产加速折旧等优惠政策,下调增值税税率,可再生能源相关企业普遍受益。

三、存在的主要问题

随着可再生能源技术进步和产业快速发展,我国可再生能源进入全面、快速、规模化发展阶段,可再生能源法一些制度规定在实施中存在相互间不够协调、执行不够到位等问题,需要中央和地方、政府和企业统筹解决。

(一)相关规划尚未充分衔接

法律第 8 条规定,省、自治区、直辖市人民政府管理能源工作的部门会同本级人民政府有关部门,依据全国可再生能源开发利用规划和本行政区域可再生能源开发利用中长期目标,编制本行政区域可再生能源开发利用规划。法律第 9 条规定,可再生能源规划内容应当包括发展目标、主要任务、区域布局、重点项目、实施进度、配套电网建设、服务体系和保障措施等。具体实施中存在相关规划不够衔接、执行不够到位等问题。一是各级可再生能源规划不够衔接。检查中发现,国家可再生能源发展目标和规划缺乏约束性,一些地方可再生能源开发利用中长期总量目标未严格依照全国总量目标确定,地方规划发展目标超过上级总体目标,建设规模、布局和速度也与上级规划不一致。如国家“十三五”规划中确定新疆风电发展目标为 1800 万千瓦,而新疆可再生能源“十三五”规划中确定风电发展目标为 3650 万千瓦,远超国家规划目标。二是可再生能源开发规划与电网规划实施中缺乏衔接。一些地方反映,电网规划建设与可再生能源开发利用不适应,电网建设滞后于可再生能源发展,输电通道不足,且部分输电通道能力未达到设计水平,可再生能源电力输出受阻问题比较明显。如我国“三北”地区新能源装机达到 2.3 亿千瓦,本地市场有限,跨区外送能力只有 4200 万千瓦,仅占新能源装机的 18%。灵活性电源比例不尽合理,蓄能电站规划建设较为滞后,影响电网稳定性,不利于可再生能源消纳。

(二)可再生能源消纳压力仍然较大

法律第 13 条规定,国家鼓励和支持可再生能源并网发电。检查中发现,受多种因素影响,一些局部地区弃电率仍然偏高,可再生能源消纳问题仍需重视。“十二五”以来,我国包括可再生能源在内的各类电源保持快速增长,而用电需求不够平衡,消纳市场容量不足。可再生能源富集区与用电负荷区不匹配,一些地方出于利益考虑不优先接受外来电力,行政区域间壁垒严重,可再生能源异地消纳矛盾较为突出。同时,我国电源结构性矛盾突出,缺少抽水蓄能等灵活调节电源与可再生能源匹配,特别是在冬季供暖期,煤电机组热电联产与可再生能源电力消纳矛盾更加突出。如吉林装机容量是用电负荷的 2.6—5.8 倍,省内电源持续富余,特别是在冬季供暖期,保证供热的火电最小发电出力比低谷用电负荷高 210 万—320 万千瓦,电网调峰困难。由于一些可再生能源资源富集的重点地区缺乏针对性政策安排,可再生能源电力消纳压力很大,一定程度影响和制约了可再生能源的健康快速发展。

(三)全额保障性收购制度落实尚不到位

法律第 14 条规定,国家实行可再生能源发电全额保障性收购制度。检查中发现,个别省份暂未达到国家规定的最低保障收购年利用小时数,且存在以低于国家有关政策明确的电价水平收购的情况。如宁夏 2018 年自行制定风电最低保障性收购利用小时数为 750—850 小时,远低于国家核定的 1850 小时最低保障收购小时数。甘肃 2018 年自行设置的风电、光伏发电保障性收购小时数分别为 774 小时和 479 小时,距国家保障性收购政策规定的风电 1800 小时和光伏发电 1500 小时差距较大;实际风电、光伏发电利用小时数中,大部分电量属于低价市场化交易,发电企业合法权益保障不足。

(四)电价补偿和发展基金问题较为突出

法律第 20 条规定,收购可再生能源电量所发生的费用,高于按照常规能源发电平均上网电价计算所发生费用之间的差额,由在全国范围对销售电量征收可再生能源电价附加补偿。法律第 24 条规定,国家财政设立可再生能源发展基金,资金来源包括国家财政年度安排的专项资金和依法征收的可再生能源电价附加收入等。检查中各地反映,电价补偿政策落实不到位,补贴资金来源不足,补贴发放不及时,影响企业正常经营和发展。国家相关部门反映,现行可再生能源发电补贴政策已远不能满足可再生能源发展需要。目前征收总额仅能满足 2015 年底前已并网项目的补贴需求,“十三五”期间 90% 以上新增可再生能源发电项目补贴资金来源尚未落实。一是可再生能源电价附加未及时调整。2016 年可再生能源电价附加征收标准提高到每千瓦时 1.9 分,后期未作调整,其他资金来源不足,补偿缺口逐步扩大。二是电价附加未依法严格征收。第三方评估报告指出,2015—2018 年可再生能源电价平均附加征收率仅为84.4%。各地方广泛存在着只对公共电网工商业用户征收,对自备电厂用户、地方电网用电长期未征、少征等问题。三是发展规模缺乏有效控制。可再生能源发展初期,电价调整滞后于技术发展水平,部分可再生能源企业追求高投资回报,非理性投资,抢装机、抢上网问题突出,一些地方未按照国家规划有效控制本地区发展规模,加剧了补贴缺口。

(五)与相关财税、土地、环保等政策衔接不够

法律第25、26条分别规定,对列入国家可再生能源产业发展指导目录的有关项目,金融机构对其提供优惠贷款,国家给予税收优惠。检查中一些企业反映,可再生能源企业特别是民营企业贷款难、贷款贵问题仍然存在。第三方评估报告指出,财政贴息政策没有落实,优惠贷款政策未覆盖可再生能源领域。一些地方反映,可再生能源开发利用与土地管理、生态环境保护等政策衔接不够,相关部门监管协同不够,可再生能源建设布局、开发规模受政策调整影响较大。河北是京津冀重要的生态环境支撑区,青海自然生态系统敏感脆弱,可再生能源开发利用更要重视与资源环境相关政策的衔接,可再生能源绿色高质量发展任务艰巨。企业反映,有的地方土地税费征收不规范,税收减免措施落实不到位,造成非技术成本高昂。另外,现行政策对可再生能源开发利用全生命周期生态环境效益考虑不足,重视前期开发利用,忽视产品末端回收。风力发电机寿命为20年左右,太阳能板使用寿命为25年左右,早期投产的可再生能源设备陆续进入报废期,废弃物回收处理处置需要规范管理。

(六)可再生能源非电应用支持政策存在短板

法律第16、17条明确国家鼓励发展生物质燃气和热力、太阳能热利用等。实际工作中,各类型可再生能源之间发展不平衡,可再生能源非电应用明显滞后于发电类项目,太阳能热利用、地热利用以及生物质燃料的发展都较为缓慢。企业反映,可再生能源非电应用政策支持和经济激励力度不足,生物质热力、生物燃气、生物柴油等产品缺乏具体的支持政策,受特许经营限制,难以公平进入市场。生物质能开发利用对于改善民生、助力脱贫攻坚、保护生态环境等具有更加直接的作用,应统筹考虑其环保效益和社会效益,加大财税政策支持力度。另外,一些地方反映对可再生能源用户企业支持政策尚有不足。

(七)可再生能源技术研发应用仍需加强

法律第12条规定,支持推动可再生能源开发利用的科学技术研究、应用示范和产业化发展。虽然我国可再生能源技术水平取得显著进步,但在技术研发能力、装备制造质量、工程技术创新、公共技术体系建设方面仍需进一步加强。一是部分核心技术研发能力偏弱。大容量储能技术尚存在技术瓶颈,安全经济的新型储能产品有待突破。风电机组轴承国产化程度不高,风电机组控制机组核心元器件、部分高效光伏电池生产装备主要依赖进口。二是电网接入和运行技术有待快速提升。电网运行控制技术、智能化水平、灵活调节能力以及新能源功率预测技术等,均需要提升到适应高比例可再生能源并网运行水平。三是生物质能相关技术有待突破。成型燃料、生物燃料乙醇、生物质气化等存在技术瓶颈。四是可再生能源标准化建设、开发利用装备公共检测试验能力有待提升。

(八)可再生能源行业监管力度不够

可再生能源法规定了各级政府部门、相关企业的权利义务,具体实施中由于相关责任主体不够明确、缺乏有力监管等原因,造成对执行不到位的难以实施处罚。法律第28—31条规定了相关部门、电网企业、燃气和热力管网企业、石油销售企业的法律责任,但自法律颁布实施以来,尚未有因违反可再生能源法获得相关行政处罚的案例发生,法律责任条款并未有效落实。

四、意见和建议

各地各部门要以习近平新时代中国特色社会主义思想为指导,认真贯彻落实习近平生态文明思想,贯彻落实习近平总书记关于能源生产和消费革命的重要论述,以及中央十九届四中全会有关"推进能源革命,构建清洁低碳、安全高效的能源体系"战略部署,全面推动可再生能源高质量发展。要从能源革命战略高度考虑可再生能源发展问题,重视可再生能源发展在整个经济社会发展中的战略地位,统筹处理好可再生能源与化石能源的关系,处理好可再生能源开发利用与并网消纳的关系。要坚持清洁低碳、绿色发展,保持优先发展可再生能源的定力不动摇,提高可再生能源消费比重,努力尽早实现到2030年非化石能源占一次能源消费比重达到20%的目标。

(一)做好顶层设计,提高规划的科学性和协调性

国务院有关部门要开展好可再生能源发展"十四五"规划和中长期发展战略研究,根据我国能源转型方向和各地可再生能源资源禀赋特点,做好可

再生能源发展的顶层设计。严格落实可再生能源法中关于规划制度的要求，突出规划的科学性、前瞻性和约束性，科学合理确定可再生能源发展目标和发展时序，统筹可再生能源开发、输送、利用各环节的部署安排，积极促进可再生能源产业持续健康发展。地方各级能源主管部门要以国家规划为依据，按照法律规定的程序制定本行政区域可再生能源开发利用规划，加强各级规划的有效衔接。结合实际、因地制宜统筹安排可再生能源发展规模、布局、时序，科学有序开发利用可再生能源。相关部门和单位要加强电源和电网、可再生能源和常规能源、可再生能源与应对气候变化等相关规划统筹衔接，保证各项规划的目标、任务和措施相互配套。加强可再生能源发展规划与国土空间规划统筹协调，依法对可再生能源发展相关专项规划开展环境影响评价，促进生态保护和可再生能源持续协调发展。加强可再生能源发展规划执行情况的事前事中监管，完善定期追踪和评估机制，严格规划目标执行情况考核。

（二）完善体制机制，统筹解决可再生能源消纳问题

国务院相关部门要加快建立统一协调的体制机制，加强沟通衔接，共同研究和统筹处理好可再生能源开发和消纳利用的关系，进一步提高可再生能源利用率。结合电力体制改革，抓紧研究有利于可再生能源大规模并网的电力运行体制和机制，完善以可再生能源利用指标为导向的能源发展指标考核体系。结合北方冬季清洁取暖等相关政策推进实施，鼓励分布式可再生能源自发自用，促进就地消纳利用。完善可再生能源电力市场交易机制，打破省间电力交易壁垒，鼓励送受两端市场主体直接开展交易，有针对性地建立可再生能源发电参与电力现货市场交易的体系。积极引导和规范电力市场建设，通过市场化方式提升可再生能源消纳能力。电网公司应加强输电通道建设，提高可再生能源电力跨区域输送能力。

（三）加强统筹协调，综合研究解决补贴资金拖欠问题

国家发展改革、财政、能源等部门要进一步完善可再生能源价格补贴政策，保持相关政策的科学性和连续性，合理确定电价附加征收标准动态调整和补贴退坡有关政策的调整方向、节奏等，稳定企业预期。要统筹考虑政府财政支撑能力、环境保护和改善民生需求等多方面因素，开拓思路提出解决存量项目补贴缺口的新办法，采取有效措施控制新增项目补贴需求。强化可再生能源电价附加征缴，自备电厂应缴费用做到应收尽收，增加基金收入。鼓励可再生能源发电通过参与电力市场化交易、绿色电力证书交易等方式减少补贴需求，研究出台鼓励存量项目自愿转为平价项目的政策措施。进一步合理控制新增项目开发规模和建设时序，规范补偿范围、优化补贴发放程序，缩小补贴缺口，逐步实现收支平衡。制定鼓励企业自发自用可再生能源的政策。充分发挥财政资金的杠杆作用，加大对民营企业和可再生能源发电企业的金融支持力度。

（四）健全政策措施，实现可再生能源持续健康发展

根据不同种类可再生能源的发展阶段，区别制定发展政策，对产业相对成熟的，适当减少政策支持规模和力度，鼓励其参与市场化竞争；对有发展潜力、进展较为缓慢的，加大政策和财政扶持。处理好可再生能源开发利用同生态环境保护的关系，研究完善环境污染防治及废弃物回收处理相关规定。推进抽水蓄能等储能电站建设、加强火电灵活性改造，提高电力系统调峰调频能力。进一步完善分布式能源、综合能源微网发展的鼓励机制和政策。进一步强化生物质燃料、可再生能源热利用等可再生能源非电应用的政策支持，加大资金扶持力度，完善配套政策及相关规定，在入管入网入市等方面规范标准、简化程序，为可再生能源在各个领域推广创造条件。严格落实国家对可再生能源开发利用项目的增值税、所得税、费用减免等税费支持政策，降低企业非技术成本。完善可再生能源统计评价体系，将各类可再生能源利用情况全部纳入考核指标体系，倒逼可再生能源全面发展。

（五）坚持科技创新，推动解决发展中出现的问题

按照国家能源发展整体布局，建立和完善可再生能源科技创新体系，提高技术创新能力和装备制造水平。鼓励企业开展风电开发关键技术创新攻关，推动核心元器件国产化进程，提升产品的稳定性和可靠性，加强深海、远海风电开发技术的研发和推广。紧跟世界研发方向和前沿技术，探索太阳能电池低成本制造、新型电池开发、提高电池使用寿命等相关技术研发，适时开展示范，推动产业化进程。加快生物天然气和液体燃料的技术创新与发展，形成产业的核心设备研发能力和检测认证体系，支持推进相关产业化进程。加快扩大地热供暖在北方地区清洁取暖中的规模和商业化应用，探索

地热能梯级综合高效利用技术体系和商业模式。加强可再生能源多能互补系统集成优化技术研究和示范，提升能源系统整体效率。推动智能电网、柔性直流、特高压等先进输配电技术发展，开展储能、负荷侧调节等新技术应用，促进高比例可再生能源与电力系统融合，提升可再生能源电力的安全可靠应用水平。支持建立可再生能源技术公共技术研发平台、关键设备检测试验平台，提高公共技术服务能力和标准化水平。

（六）进一步修改完善可再生能源法

根据推进生态文明建设和能源结构调整的总体要求，针对当前可再生能源发展的新形势、新问题，建议适时启动可再生能源法修改。在立法目的中充分体现党中央关于推进生态文明建设以及推动能源生产和消费革命的战略部署，进一步修改完善可再生能源全额保障性收购制度，综合考虑经济技术条件，制定合理的可再生能源利用率目标，明确由电网企业、售电企业和电力用户共同承担全额保障性收购责任的法律定位。明确规定可再生能源目标引导以及可再生能源电力消纳责任权重考核机制，形成更加科学合理的目标责任考核体系。适当调整有关电价补贴的规定，加快完善可再生能源上网电价市场化形成机制。明确对脱贫攻坚任务重、相关综合试点地区给予政策优惠等。细化支持可再生能源非电应用的规定，加大政策和资金扶持力度。细化相关法律责任条款，强化电网、石油、燃气、热力等企业的法律责任。

对检查可再生能源法实施情况报告的意见和建议

2019 年 12 月 25 日，十三届全国人大常委会第十五次会议审议了全国人大常委会副委员长丁仲礼作的全国人大常委会执法检查组关于检查可再生能源法实施情况的报告，共有 42 人次发言。现根据会议发言情况，将常委会组成人员和列席人员对报告的主要意见整理如下。

出席人员普遍认为，党的十八大以来，在以习近平同志为核心的党中央坚强领导下，各地区各部门认真贯彻落实党中央可再生能源发展战略，认真贯彻实施可再生能源法，推动可再生能源快速发展，对推进能源革命、保护生态环境、促进经济社会可持续发展发挥了重要作用。全国人大常委会执法检查组紧扣法律规定开展检查，开展问卷调查和第三方评估，将执法检查与议案建议办理工作结合起来，有力推动加强和改进法律实施的各项工作。大家强调，要深入学习领会习近平总书记关于能源生产和消费革命的重要论述，高度重视可再生能源在经济社会发展中的战略地位，促进可再生能源依法开发和有效利用，构建清洁低碳、安全高效的能源体系。审议中，大家还提出了一些具体意见和建议。

一、科学统筹规划可再生能源发展

部分出席人员认为，应从战略和全局的高度深化对发展可再生能源重要性的认识，坚持可再生能源优先发展不动摇，进一步明确可再生能源发展的方向、领域、目标、重点，提高可再生能源占一次能源消费的比重。有些出席人员指出，应严格落实可再生能源法关于制定规划的要求，在“十四五”规划等中长期发展规划中，做好可再生能源发展的顶层设计。建议至少考虑以下几方面因素：(1)我国能源转型方向和各地可再生能源资源禀赋特点；(2)可再生能源的开发、输送、利用各环节；(3)国土空间、生态环保、脱贫攻坚等相关方面的规划政策；(4)科技进步对产业发展速度和规模的影响；(5)经济下行压力带来的能源消纳量的变化等。有些出席人员建议，应突出规划编制的导向性，指导地方各级政府以国家规划为依据，结合实际、因地制宜安排可再生能源发展的规模、布局、时序。有些出席人员强调，应科学评估可再生能源开发利用对生态环境的影响，促进生态保护和可再生能源持续协调发展。有的出席人员提出，应强化国家可再生能源规划的约束性，完善定期追踪和评估机制，严格规划目标执行情况考核。

二、落实好法律规定的政策措施

有些出席人员指出，应重视解决可再生能源电价补贴资金拖欠问题，帮助企业缓解经营困难，维护法律权威和政策公信力。有些出席人员提出，应进一步完善可再生能源补贴政策，在保持相关政策稳定性、连续性的基础上，健全电价附加征收动态调整机制，合理引导补贴收益预期，防止地方和企业的非理性投资冲动。有些出席人员提出，应巩固并拓展国家可再生能源电价补贴资金来源，建议：(1)强化可再生能源电价附加征缴，保障应收尽收；(2)加大国家财政补贴力度，规范资金拨付程序，确保按时、足额兑现；(3)综合考虑补贴标准竞标、绿色证书交易、控制新增项目等多种方式，减少补贴需求。有的出席人员提出，应加大对可再生能源企业的金融支持力度，创新金融产品和服务，支持优质企业正常生产经营。

有些出席人员认为，目前主要依靠国家补贴扶持可再生能源发展，这并非长久之计。应循序渐进引导可再生能源发展由政策驱动转为市场调节，有效激发市场主体的积极性。有些出席人员强调，补贴政策退出时应注意维护市场稳定和企业权益，价格管理、促进研发等方面优惠政策应继续保持一定的连续性。有的出席人员提出，在“一带一路”建设中应发挥我国水电、风电、光伏发电等产业优势，加大国际投资和合作力度，对相关可再生能源项目给予信贷、出口退税等政策支持。

有些出席人员认为，开发利用生物质能对于改善民生、助力脱贫、保护生态等具有重要作用，但由于政策支持和经济激励不足，相关产业发展缓慢。建议加大政策和资金支持力度，在生物质可再生能源入管入网入市等方面规范标准、简化程序。

有些出席人员指出，可再生能源发电在运行安全方面还有弱项。(1)分布式能源大量投产并网，相关责任主体数量多，安全保障能力低，电网结构由封闭独立转向半开放，增加了电力系统的运行风险。(2)风电、光伏电站多通过互联网远程维护，建议通过健全标准、规范操作、强化监管等方式，进一步提高可再生能源电力系统的安全系数。有的出席人员提出，早期投产的可再生能源设备陆续进入报废期，应尽快研究解决设备退役处置和回收处理等问题。

三、促进可再生能源消纳

有些出席人员强调，应严格落实全额保障性收购制度，压实电网企业责任，确保可再生能源充分消纳。有些出席人员提出，应坚持跨省消纳和本地消纳两手发力，鼓励发展分布式并网发电系统，加强电网建设、输送通道建设。有些出席人员提出，应引导和规范电力市场建设，打破省际间电力交易壁垒，通过市场化交易提升可再生能源消纳能力。有的出席人员建议加大蓄能设施建设。

四、强化可再生能源发展的科技支撑

有些出席人员提出，应建立健全可再生能源科技创新体系，加大投入力度，增强自主创新能力，以科技进步破解可再生能源开发利用难题。建议：(1)着力突破智能电网、储能技术等核心关键技术，优化电力调度，提高电网对各类可再生能源的接纳能力。(2)提高可再生能源装备制造水平，推动核心元器件国产化进程，提升产品的稳定性和可靠性。(3)加强深海、远海风电和深层地热能的研发攻关。有的出席人员提出，应加快建设可再生能源综合技术研发平台，搭建科技研发攻关、业态模式创新、人才引进培养、成果共享转化等职能为一体的综合性创新载体。

五、完善法律法规

部分出席人员提出，应适时启动可再生能源法的修改工作，在法律修改中，进一步完善规划编制、全额保障性收购、价格、补助、税收等方面内容，明确水力发电的法律适用问题。有的出席人员建议，统筹考虑修改完善电力法、煤炭法、节约能源法以及石油天然气管道保护法等相关法律。

全国人民代表大会常务委员会执法检查组关于检查《中华人民共和国渔业法》实施情况的报告

——2019 年 12 月 24 日在第十三届全国人民代表大会常务委员会第十五次会议上

全国人大常委会副委员长 武维华

全国人民代表大会常务委员会：

渔业是农业农村经济的重要产业，是实施乡村振兴战略的重要途径，是生态文明建设的重要内容。全国人大常委会开展渔业法执法检查，目的是为了通过增强法律制度的执行力，贯彻落实以习近平同志为核心的党中央推动现代渔业发展的决策部署，促进我国渔业实现高质量发展，助力实施乡村振兴战略，满足人民群众对优质水产品和优美水域生态环境的需求，为推进渔业治理体系和治理能力现代化提供强有力的法治保障。

此次执法检查是渔业法自 1986 年颁布实施以来，全国人大常委会首次对该法开展执法检查。执法检查组由全国人大常委会副委员长曹建明、吉炳轩、万鄂湘、武维华担任组长，成员由全国人大常委会委员、农业农村委组成人员、部分全国人大代表共 29 人组成。8 月 26 日，执法检查组召开第一次全体会议，部署检查工作，听取农业农村部、国家发展改革委、财政部、交通运输部、中国海警局关于贯彻实施渔业法有关情况的汇报，公安部、自然资源部、生态环境部、海关总署等部门提供书面汇报材料。9 月至 10 月，执法检查组分 4 个小组，赴天津、辽宁、上海、浙江、福建、山东、湖北、海南等 8 省（市）开展执法检查。同时，委托河北、江苏、安徽、江西、湖南、广东、广西等 7 省（区）人大常委会对本行政区域内法律实施情况进行检查。11 月 22 日，执法检查组召开第二次全体会议，总结工作、讨论报告。为确保执法检查取得实效，全国人大农业农村委在 7 月中旬，与农业农村部有关司局、单位进行了座谈。在执法检查组第一次全体会议上，专门安排与会人员共同学习渔业法，邀请法律专家对渔业法的立法目的、基本原则、主要制度、具体条款内容进行解读，进一步增强执法检查工作的针对性。在开展执法检查过程中，检查组深入到 28 个市县区，实地检查 32 家渔业企业，走访 13 个渔港渔村，召开了 16 个基层座谈会，广泛听取基层渔政监督执法人员、科技人员、渔业企业、合作社、养殖户、渔民代表以及法律专家对贯彻实施渔业法的意见和建议。检查组还在天津市、海南省随机抽查检测了 12 家养殖主体生产的 7 个水产品种禁用药物残留情况。

现将这次执法检查的主要情况报告如下：

一、渔业法贯彻实施的基本情况

法律颁布实施以来，特别是党的十八大以来，国务院及地方各级政府认真贯彻渔业法确立的以养殖为主，养殖、捕捞、加工并举的发展方针，依法规范管理渔业生产活动，推动我国渔业经济持续健康发展。2018 年，我国水产品总产量 6457.7 万吨，约占世界总产量的 40%，其中养殖产量 4991.1 万吨，占世界养殖总产量的 2/3 以上；渔业经济总产值 2.586 万亿元，其中渔业产值 1.28 万亿元，占农林牧渔业总产值的 10.7%，水产品加工率 41%，水产品进出口总量 954 万吨，进出口总额 372 亿美元；渔民人均纯收入达到 19885 元，水产品人均占有量 46 公斤，基本实现了促进渔业生产发展，满足人民生活需要的立法目的。

（一）依法规范养殖生产行为

落实渔业法第 10 条、第 11 条规定，加强养殖水域滩涂统一规划利用，依法核发养殖证。目前，全国水产养殖面积 719 万公顷，1502 个水产养殖主产县完成水域滩涂规划编制，全国共核发养殖证 11.7 万本，发证面积 380 万公顷，占比 53%。湖北省累计核发淡水养殖证 3.5 万本，做到应发尽发，浙江省发放近海养殖证 2242 本，基本实现全覆盖。落实渔业法第 4 条、第 16 条规定，加大水产优良品种选育推广力度。国务院渔业行政部门公告推广水产新品种 215 个，2018 年全国水产养殖品种改良率 51%，共生产淡水鱼苗 1.3 万亿尾、海水鱼苗 128 亿尾。落实渔业法第 17 条、第 18 条规定，加强水产苗种进出口检疫和水产养殖病害防治。近年来从进口水产种苗中截获白斑病等重要水生动物疫病 5

种，辽宁、上海等地推动建立水产品疾病远程诊断系统，提升水生重大疫病预防控制能力。落实渔业法第 19 条规定，加强水产品质量安全和投入品监管。全国水产品产地质量安全监测合格率达到 99%以上，执法检查组随机抽查对象和品种全部合格，天津、海南等地建立完善水产品质量安全追溯体系，“三鱼两药”问题得到初步遏制。

（二）依法加强捕捞监督管理

落实渔业法第 21 条规定，扶持远洋捕捞业发展。国务院有关部门制定出台了一系列扶持政策发展远洋捕捞业，目前我国 169 家远洋渔业企业、2654 艘远洋渔船作业范围涵盖太平洋、印度洋、大西洋公海和南极海域，以及 42 个国家专属经济区海域，60%的捕捞渔获运回国内。落实渔业法第 23 条、第 24 条规定，抓好捕捞许可证制度实施。全国各级渔政部门共核发各类捕捞许可证 41 万本，建立国家渔船管理数据库，强化渔船属地管理，全面推行依港管船管人管渔获，安徽、福建、山东、广东、广西等地积极推动内陆渔船登记证书、检验证书和捕捞许可证“三证合一”改革。落实渔业法第 26 条规定，加强捕捞渔船检验。2018 年 4 月，交通运输部门开始履行渔船检验职责，已对全国全部远洋渔船签发船舶检验证书。落实渔业法第 27 条规定，持续推进渔港规划建设。1998 年以来国家累计投资 83 亿元，在沿海地区建设中心渔港 66 座、一级渔港 82 座，沿海渔港总数 1292 个，2018 年国务院有关部门制定实施全国沿海渔港建设规划（2018—2025 年），推动建设 10 大沿海渔港群和 93 个渔港经济区。

（三）依法增殖养护渔业资源

落实渔业法第 21 条、第 22 条规定，持续降低渔业捕捞强度，探索实施捕捞限额制度。通过严控网船工具指标，2015 年以来压减国内海洋捕捞渔船 3.1 万艘、功率 130 万千瓦，沿海 9 个省市开展针对重点品种的海洋限额捕捞试点，在江苏省洪泽湖对银鱼等品种、在长江口对中华绒螯蟹、刀鲚等品种实施限额捕捞管理，取得初步成效。落实渔业法第 28 条规定，大力开展渔业资源增殖放流。将每年 6 月 6 日确定为增殖放流日，近年来中央财政每年安排 4 亿元支持实施渔业增殖放流，2000 年以来累计放流重要经济物种和珍稀濒危野生物种苗种 2000 亿尾，2018 年省级及以下渔业部门共征收渔业资源增殖保护费 20269 万元，河北省开展中国对虾增殖的回捕率为 2.6%，投入产出比达到 1∶49。落实渔业法第 30 条规定，强化禁渔区和禁渔期管理。在北纬 12°以北的我国管辖海域实施伏季休渔，在长江、黄河等主要河流干流和鄱阳湖、洞庭湖等大型通江湖泊实施禁渔休渔，湖北、湖南、江西、安徽、江苏、上海等长江流域省市坚决贯彻落实党中央“共抓大保护，不搞大开发”的要求，分类分阶段推进禁捕工作，同时中央财政投入资金 72 亿元，支持实施长江流域重点水域禁捕和扶持退捕渔民转产转业。落实渔业法第 29 条、第 37 条规定，加强水产种质资源和水生野生动物保护。全国共划定 535 个水产种质资源保护区，建立国家级和省级水产原良种场 884 个，建成海洋牧场 233 个，投放人工鱼礁 6094 万空立方米，山东省积极开展现代化海洋牧场建设综合试点。国务院制定出台长江水生生物保护工作意见，实施中华鲟、长江鲟、长江江豚拯救行动计划，有关部门制定实施重点流域水生生物多样性保护方案，开展人工繁育、增殖放流、救护救治等，加强珍贵濒危水生野生动物保护。

（四）依法保护渔业水域环境

落实渔业法第 20 条、第 36 条规定，强化对渔业水域生态环境的保护。国务院有关部门组织开展渔业水域生态环境监测，监测站点覆盖水产种质资源保护区、自然保护区、近岸海湾滩涂、内河主要流域等水域，监测面积近 1157 万公顷，2018 年在 111 个监测水质的重要湖泊、水库中，Ⅰ类水质占比 6.3%，在 417 个监测水质的近岸海域点位中，优良海水（Ⅰ类、Ⅱ类）比例比 2017 年提高 6.7 个百分点；开展针对海上石油、港口航道、化工电力等涉渔工程的环境影响评价，落实近 20 亿元渔业资源和生态环境补偿资金，推动水域生态保护修复；实施渤海综合治理攻坚战行动计划，在辽宁、河北、山东、天津大力推进海水养殖污染治理、渔港环境综合整治、海洋生物资源养护等工作，2018 年渤海近岸海域Ⅰ类水质比例比 2017 年提高 31 个百分点；持续改善长江水域生态环境，推进水污染治理、水生态修复、水资源保护“三水共治”，提升水产绿色生态养殖水平。同时，各地各部门严格督促养殖生产者控制养殖容量、整治网箱网围网拦、加强养殖尾水治理，通过转变养殖方式推动渔业水域生态保护，全国共创建水产健康养殖示范场 5628 个、渔业健康养殖示范县 39 个，2018 年全国稻田综合种养面积 3042 万亩，工厂化养殖发展到 4814 万立方米。

（五）依法强化渔业监督执法

落实渔业法第 6 条、第 7 条规定，推动渔业监管执法体系、机构和队伍建设。目前，全国共有渔政执法机构 2679 个、各类渔政船舰 2581 艘、持证执法人员2.74万人。2018年6月全国人大常委会作出决定后,中国海警局切实履行对机动渔船底拖网禁渔区线外侧、特定渔业资源渔场的渔业监管执法职责。渔政和海警部门加强执法协作配合,推动建立执法力量协同、数据信息共享、联勤联动巡查的海上渔业执法工作机制。落实渔业法第五章规定,加大渔业监督执法力度。近年来,各级渔政执法部门持续组织实施"中国渔政亮剑"专项行动,重点打击渔业法第38条、第41条至43条规定的各类违法行为,2015年以来累计取缔涉渔"三无"船舶3.98万艘、"绝户网"等禁用渔具155万张(顶),加大对电毒炸捕捞行为的处罚力度,明确15种重要经济鱼类的最小可捕规模及幼鱼比例,制定13种海洋禁用渔具目录;中国海警累计出动各类舰艇5.6万艘次,查处各类违规作业渔船7447艘,查扣涉渔"三无"船舶644艘,驱离外籍侵渔渔船3142艘次。浙江省自2014年以来持续开展"一打三整治"行动,累计取缔涉渔"三无"船舶1.8万艘,占全国总量的45%,清理违禁渔具94.5万张(顶),超过全国总量的60%。行刑衔接有序推进,2017年以来公安机关对非法捕捞、非法捕杀水生野生动物犯罪立案6600多起,抓获犯罪嫌疑人7800多名。

二、实施渔业法存在的主要问题

总体来看,渔业法在各地各部门得到了有效实施,但随着当前经济社会快速发展和渔业供给侧结构性改革不断深入,人民群众对优质安全水产品、优美水域生态环境的需求与水产品供给结构性失衡、渔业资源环境过度利用之间的矛盾仍较为突出,法律规定执行不到位、法律责任尚未完全压实和现行渔业法律制度不健全、不完善问题并存,贯彻实施渔业法还面临以下问题:

*一是养殖生产权益保护有待强化。*贯彻落实渔业法第11条、第15条、第34条,推动养殖水域合理规划利用,依法核发养殖证,加强重要养殖水域保护仍需加强。目前养殖水域滩涂开发利用遇到的困难和阻力不断加大,2015年至今我国水产养殖面积减少了128万公顷,其中淡水养殖面积缩减了100万公顷,河北省11个设区市中仅有2地编制完成了养殖水域滩涂规划,安徽省150万亩养殖水域在城镇化快速发展中被挤压,湖北省围湖造田形成了800多个、面积超过96万亩的圩垸。养殖证发证工作进展较为缓慢,渔业法第14条规定征用集体所有水域滩涂按土地管理法有关征地的规定办理,一些地方为避免发生征用补偿,对核发养殖证的积极性不高,浙江省反映集体水域滩涂征用补偿标准较低,集体水域滩涂承包经营期限不明确,上海市金山区反映水域滩涂承包合同一般一年一签,使得养殖者对投入存在顾虑,短期行为成为常态。在海水养殖方面,随着临港工业、交通航道用海快速发展,传统渔场不断缩小,渔民失海现象普遍;同时,养殖水面细碎分割不利于规模化发展,难以形成规模效应,也容易引发养殖者之间、养殖者与捕捞者之间争抢作业地点的纠纷。近海养殖需办理近海养殖证和海域使用证,两证分别由渔业和自然资源部门核发,发证存在一定重叠,部门之间以及一些地方对两证的认识仍不统一,在一定程度上影响到养殖水域滩涂规划落地实施,也不利于养殖生产者权益保护,沿海村级集体和渔民养殖用海减免海域使用金政策还不明确。

*二是绿色生态养殖发展不够充分。*渔业法第二章对养殖业生产管理作出了明确具体规范,但缺乏与深化渔业供给侧结构性改革,增强优质绿色安全水产品供给相适应的制度安排,推动养殖业向生态优先、绿色发展转变的目标导向不够明确,水产品总量相对过剩和结构性短缺、水产养殖数量规模和质量效益不平衡问题较为突出。落实渔业法第4条提高渔业科技水平的规定仍显不足,渔业科技支撑不够,广东省没有省级水产研究机构,基层渔业科技推广网络不健全,缺乏专门的渔业技术推广人员。水产种业整体发展滞后,原种保存、良种研发是水产养殖业的短板,部分品种如南美白对虾种苗供应长期受制于国外供应商。养殖企业、养殖户代表在座谈中向检查组反映,目前苗种退化严重、良种不良、发病率较高、疫苗少、替代野生幼杂鱼、动物内脏的配合饲料研发不够等问题比较突出。辽宁、湖北、广东等地一些养殖场有养殖澳洲小龙虾、美洲鳗等境外品种,但未经正规渠道审批登记,没有开展生态风险评估,养殖者也没有采取防逃措施。落实渔业法第17条、第18条关于水生生物疫病防控和病害防治的规定需要加强,2018年因病害造成的我国渔业经济损失为26.1亿元、占比19.1%,产量损失20.5万吨、占比24.6%,受灾面积15.3万公顷、占比25.2%,缺乏对国内水产种苗异地运输、销售、引进等法律规定,广西壮族自治区基层水生动物防疫体系仍待完善,地方动物检疫部门一般没有专门水产检疫人员,给水产养殖业绿色发展带来一定隐患。渔业法第19条规定的养殖者质量安全责任需要强化,养殖生产档

案制度不健全，一些养殖者无序使用含有禁用药物成分的水质改良剂、微生态制剂等"非药品"投入品，影响水产品质量安全。同时，水产品运输仍是监管薄弱环节，目前进入市场环节的水产品抽检合格率为 97%，低于产地监测水平。检查组在福建省检查时还发现，个别企业通过将养殖的优质水产品销往国外赚取出口退税，对满足国内市场需求重视不够。

三是渔业水域生态修复任重道远。渔业法第 36 条规定的保护渔业水域生态环境的法律责任还需压实，推动养殖生产者落实渔业法第 20 条保护水域生态环境的主体责任仍需发力。2018 年我国海洋渔业水域主要超标指标为无机氮，内陆水域主要超标指标为总氮，全国报告发生渔业污染事故 140 起，因污染造成渔业经济损失 8.2 亿元，浒苔、蓝藻爆发等自然生态灾害对渔业造成很大影响。在海洋渔业方面，近岸污水管网不配套、污水处理比例不高、直排超标等问题尚未得到根治，山东省莱州湾、丁字湾等海水养殖密集区域排污口设置不规范，近岸水域生态系统较为脆弱；海洋环境监测手段相对滞后，沿海市县一级监测能力较弱，监测频次较低影响海洋环境监测数据的精准性；渔港环境脏乱差现象突出，江苏省大部分渔港没有连接城镇污水管线，渔船含油污水、生活污水、洗舱水以及固体垃圾回收处置设施设备缺乏。在内陆养殖方面，养殖污染治理长效机制尚不健全，生态修复责任不明确，补偿机制有待完善，江西省目前没有具备养殖水域污染事故鉴定资质的机构；过度追求高密度超容量养殖，盲目投放饵料等现象普遍，缺少与绿色养殖相适应的污染治理技术，特别是养殖尾水排放尚未制定国家标准，湖北省天门河流域春节前有大量鱼塘冬季干塘排水，底泥混合塘水直排入河；一些传统养殖区域划入生态红线范围后，生态养殖技术不足问题凸显。同时，对渔业保水净水生态功能认识不足，有的甚至简单认为水产养殖一定会造成水体污染，一些地方在环境保护压力下对开放水域养殖采取一禁了之，绿色生态渔业发展空间受到限制。

四是捕捞监督管理水平有待提升。渔业法第 22 条、第 23 条确立的以捕捞限额为核心的产出管理和以船网工具指标为基础的投入管理制度未能得到有效实施，特别是受渔民多鱼种作业、水产品追溯难以及相关配套制度不健全等因素影响，捕捞限额制度还未全面执行，仅在特定区域、特定时间、对特定品种开展了试点。作为产出控制的重要手段，渔业法第 25 条关于填写渔捞日志的规定执行还不到位，渔获物上岸后流通环节的监管有待强化，如何确定可捕渔业资源种类及其捕捞数量，如何对捕捞量进行有效监管等都在探索之中。一些地方落实船网工具控制指标，核发捕捞许可证不严，渔业法第 24 条将取得船舶证书作为发放捕捞许可证的条件，第 41 条规定了未取得捕捞许可证擅自捕捞的法律责任，但没有对涉渔"三无"船舶的处罚作出规定，涉渔"三无"船舶监管的法律依据不足，持有"地方粮票"的涉渔"三无"船舶成为监管薄弱环节，船籍港休渔、进出港报告制度尚未落实到位。渔船基础信息不准确且共享不够，缺乏必要技术手段，违规渔船假冒、套用船名、船号现象较多，船舶检测鉴定存在周期长、成本高、标准不统一等问题，影响执法效果。一些地方在监管执法中存在地方保护倾向，沿海省份执法尺度宽严不一、步调不一致，海区省级之间执法衔接不够，全国"一盘棋"的监管机制尚未建立。外籍渔船非法越界、国内渔船违反渔业协定作业以及正常渔业作业受侵扰等情况并存，侵渔侵权涉外事件时有发生。渔业法第 26 条要求渔船检验合格方可下水作业，但对渔船安全生产设施配备、船员配置条件、渔船适航状态、强制保险责任、应急处置等并未明确规定，渔船倾覆、碰撞等生产事故高发，2019 年 7 月海南省"琼琼海渔 01039"渔船在西沙海域发生重大险情，渔船违规超员严重、职务船员配备不齐、普通船员持证率过低、未按报备编队进行生产是造成事故的主要原因，虽然全部船员均已获救，但也暴露出渔船安全生产缺乏规范，难以压实船主安全生产责任的问题。

五是渔业资源养护基础依然脆弱。贯彻落实渔业法第 21 条、第 28 条合理安排捕捞力量、增殖渔业资源的责任与实现渔业资源合理开发、永续利用的目标之间仍有差距。对河流规划开发、大型水利工程建设对渔业资源和水域生产力的影响研究不够。检查中发现，渤海经济鱼类品种由上世纪 80 年代的八十多种减少到近年来的十几种，带鱼、小黄鱼、鳓鱼等已绝迹多年；浙江省带鱼、小黄鱼、鲳鱼、梭子蟹等四大主要经济鱼类的可捕资源量近年来呈下降趋势，渔业资源小型化、低层次化、低值化趋势较为明显；长江口传统优质优势鱼类品种逐步减少，虾蟹等短生命周期品种增加。一些地方在征收渔业资源增殖保护费时对渔业资源破坏程度的关注不够，增殖保护费的使用用途也有待加强监管。水产种质资源保护制度不完善仍是弱项，渔业法第 29 条对水产种质资源保护的规定较为宽泛，缺少从普查、收集、保存到鉴定、交流、利用的系统制度设计,既影响渔业资源增殖保护,也制约水产养殖业绿色发展。一些地方积极引导社会力量投入增殖放流,但对社会放生行为缺乏必要规范,广西壮族自治区部分群众在渔业养殖水域随意放生巴西龟、雀鳝、食人鱼等外来物种,对原生物种造成冲击。在执行渔业法第30条关于禁渔区、禁渔期、渔具管理的规定中,海洋伏休存在时间差是地方反映较多的问题,休渔结束开捕后捕捞力量的投入高峰基本抵消了休渔养护效果,地方政府的监管职责以及区域联合执法需要加强。违规渔具销售缺乏源头监管,一些对渔业资源破坏较大的改良渔具没有被纳入到禁用渔具目录,主要品种渔获物中幼鱼捕捞比例维持在高位。渔业法第32条至35条关于减少工程施工建设对渔业资源影响的规定还需严格执行,一些地方对过鱼设施建设重视不够,湖南省衡阳市湘江干流4处拦河工程仅有2处修建了过鱼设施。落实渔业法第37条加强珍贵濒危水生野生动物保护规定的形势不容乐观,海洋牧场作为资源养护的重要途径,涉及海域使用、涉海工程建设、生态养殖和资源增殖等多方面,需要明确投入主体和政府部门的责权关系。

六是渔业渔区发展政策还不健全。渔业法第21条对扶持远洋捕捞业发展作出了原则性规定,从检查情况看,海洋渔业受投资成本、涉外入渔管理等因素影响,扶持政策措施仍有待进一步强化,远洋渔业企业用工管理、外籍船员进出境困难、海外基地建设扶持力度较小是企业反映较为集中的问题。渔业法第27条规定的渔港规划建设仍显滞后,投入不足和管理不规范问题同时存在,渔港建设中对渔船避风锚地、防污设施、监管设备等投入不断减弱、地方建设积极性不高、渔港经济区发展相对滞后、综合服务功能发挥不充分;渔港管理中一些地方存在经营管理不规范现象,有的甚至是从进港渔船的渔获物中进行抽成,对进港渔船不加区分,不管渔获物是否为合法捕捞,依港管船管人管渔获责任仍需强化落实。实现渔村全面振兴的着力点不足,渔区经济结构较为单一,渔业一二三产业发展不平衡,产业发展融合不够,2018年全国渔业一产占比49.5%,休闲渔业产值902亿元,占渔业三产的比重为12.2%,全国休闲渔船超过12.4万艘,但对休闲渔业没有明确法律规范。传统渔村基础设施建设有待加强,公共服务体系需要完善,特别是随着禁捕退捕和资源养护力度加大,落实减船转产要求给渔民再就业和持续增收带来压力,渔民退渔后没有土地,生产技能比较缺乏,转产转业渠道较窄。目前我国仍有7965个渔业村、1878万渔业人口,其中传统渔民618万,2013年以来渔民收入增长幅度趋缓,2018年渔民收入增幅低于农村居民。渔业养殖风险较大,2018年全国因台风、洪涝等自然灾害造成的渔业经济损失102亿元,占比74.9%,目前水产养殖保险保费尚未纳入中央财政政策性农业保险保费补贴范围,养殖户自缴比例为40%,增加了养殖经营成本。

七是渔业法律制度规范仍需完善。渔业法第6条明确了各级渔政部门的执法主体地位和监管责任,但对政府相关职能部门应履行监管职责的规定不够清晰,海警部门的执法主体地位需要明确,各级渔政、海警、公安、交通、环保、市场监管等部门的联动执法需要加强,特别是线内渔政、线外海警的执法协作机制亟需进一步衔接畅通,执法效率和效果有待提升。在推进新一轮机构改革中,监管执法机构设置需进一步理顺,一些地方的渔政管理呈弱化趋势,基层监管执法力量不足、设备老化,海上"逐牧式"和"点对点"执法方式使得证据提取和保存困难,甚至面临着"追不上、斗不过"违法渔船的窘境。渔业法第五章对各类渔业违法行为应承担的法律责任作出规定,但落实法律责任既存在责宽罚松、程度界定模糊、行刑衔接仍不紧密、处罚手段单一、违法成本较之高额牟利明显过低,难以形成有效的法律震慑等问题,又存在渔政执法行政强制授权不充分、部分处罚措施缺乏可操作性、一些禁止性条款缺乏相应罚则规定等问题,比如渔业法第16条规定自育自用水产苗种可以不经审批,而现实中大部分水产苗种厂生产的苗种既自用也对外销售,容易造成监管漏洞;第31条对捕捞具有重要经济价值的水生动物苗种作出了禁止性规定,但没有明确规定违法者应承担的法律责任;对运输销售流通环节违法行为,如对在禁渔区或禁渔期内销售非法渔获物缺乏明确具体的处罚措施,这些都影响了法律的权威性和执行力。渔业法和实施细则制定实施的时间较早,不适应新形势下推动渔业高质量发展的需要,亟需作出修改完善,是地方普遍反映的问题。

三、贯彻实施渔业法的意见和建议

进一步贯彻实施渔业法要坚持以习近平新时代中国特色社会主义思想为指导,瞄准渔业升级、渔村振兴、渔民富裕、渔业水域生态文明的新时代渔业发展靶向，立足于推动我国渔业实现高质量发展，实现渔业治理体系和治理能力现代化的目标任务，不断健全完善渔业法律制度，依法强化各级政府部门对渔业渔民权益的保护，确保法律责任依法、全面、严格落实。

（一）进一步强化渔业生产权益保障

贯彻落实好渔业法第11条、第14条、第15条关于养殖水域滩涂规划利用、征用管理、重点养殖水域保护等法律规定，依法保障渔业生产者合法权益。一是加快养殖证发证工作，尽快界定集体所有的水域滩涂，推动应发尽发、限期发放。依法明确养殖水域滩涂的物权属性，依证划定养殖水域滩涂四至界限，发挥养殖证对于维护养殖者合法权益的保障作用。参照农村土地承包法关于土地承包期限的规定，合理确定承包经营集体水域滩涂从事养殖的使用期限。健全完善渔村集体和渔民从事近海养殖减免缴纳海域使用金相关政策，延长海水养殖海域使用年限。二是加快养殖水域规划编制实施，按照“多规合一”要求，将养殖水域滩涂纳入国土空间统一规划。强化规划的法律地位和引领作用，依规划定渔业生产功能区，明确重要养殖水域范围，管控并稳定重点水域水产养殖面积，严禁擅自占用重要养殖水域和养殖场所。完善养殖权益损害赔偿机制，加大对失海失水渔民权益的保障力度，根据当地经济社会发展水平调整征用补偿标准，提高社会养老保障水平。三是落实渔船所有人和船长的安全生产责任，明确出海作业渔船必须符合适航要求，将配备安全通讯导航、船位监测终端、消防、救生、救急等设施设备作为船舶检验的重要内容，为船员办理安全生产强制保险，降低捕捞渔船和渔民出海作业风险。督促地方切实履行渔船检验职责，保障渔船安全生产作业。

（二）进一步推动绿色生态养殖发展

贯彻落实好渔业法第16条至19条关于水产优良品种选育推广、水产苗种检疫、病害防治、质量安全监管等法律规定，不断深化渔业供给侧结构性改革，推动水产养殖业加快实现绿色生态发展。一是坚持科技兴渔，健全完善有利于养殖业绿色发展的科技支撑体系，重点是强化优质水产养殖新品种选育、研发绿色养殖模式和污染防治技术、推广使用疫病生态防控措施和配合饲料、提升养殖设备和装备水平，持续推动实施水产良种工程、“蓝色粮仓科技创新”专项，进一步提高绿色水产品产出率。二是健全完善水生动物防疫体系，加强水产种苗进出口检疫和生产管理，依法严格生产审批，提高行业准入门槛，建立退出机制，加强水生动物疫病监测预警，规范异地苗种引进行为，明确产地检疫责任，落实产地检疫的经费、设备和人员保障。三是完善水产品质量安全监管制度，明确渔政、市场监督等部门的监管权限和职责分工，强化运输流通环节水产品质量监管。推动建立养殖生产档案和产品追溯制度，将含有违禁药物成分的水质改良剂、微生态制剂等投入品纳入兽药范围监管，压实养殖者质量安全责任。四是依托各类新型经营主体推动养殖海域规模化经营，推动工厂化规模化养殖。在有条件的地方推广稻渔综合种养模式，在保障农田粮食产量不降低的前提下，适当提高养殖所需沟坑用地面积占比，通过生态种养减少农田化肥施用量，提高稻渔种养综合收入。完善水产品贸易政策，鼓励引导养殖企业优先满足国内消费者对优质水产品的需求。

（三）进一步保护修复渔业水域环境

贯彻落实好渔业法第20条、第36条、第47条关于各级政府及养殖生产者保护渔业水域生态环境、加强渔业水域环境监管、依法处置渔业污染事故等法律规定，推动渔业水域生态文明建设，实现人与自然和谐共生。一是强化养殖生产者保护渔业水域生态环境的主体责任。推动淡水养殖池塘生态化改造，重点做好循环水和进排水处理设施建设，建立海水养殖排放台账，督促海水养殖企业自行检测。抓好养殖区域养殖用水排放治理，推进养殖节水减排、养殖副产品和废弃物集中收置和资源化利用。二是完善与渔业水域环境保护相关的标准体系。政府相关部门要尽快制定养殖尾水排放标准，合理确定养殖进水排水标准要求，以确定养殖规模和密度为重点促进水产养殖标准化发展，开展水产养殖容量评估，明确不同养殖区、不同养殖模式的容量限制要求。三是落实政府保护渔业水域生态环境的责任。建立以排污许可制为核心的固定污染源监管制度体系，统筹推进陆海生态环境跨省水域环境综合治理。强化沿海县区基层海洋环境监测、鉴定机构和执法队伍建设，加大海洋生态环境监测频率，加强涉渔项目环境影响评价。推动渔港排污管网和固体垃圾回收处置设施建设，加大对破坏渔业生态环境违法行为的惩处力度。把修复长江生态环境摆在压倒性位置，切实保护和改善长江渔业水域环境。四是推动渔业法与水污染防治法、海洋环境保护法相衔接，处理好划定渔业生产功能区、开发渔业资源、调整产业结构与生态保护红线、环境质量底线、资源利用上限和环境准入负面清单的关系，健全完善渔业生态环境保护制度措施。五是加强渔业对水域环境保护修复作用的研究，提高对渔业生态功能的科学认知，根据湖泊、水库等大水面资源状况、承载能力，因地制宜开展“人放天养”和环境友好型捕捞，调减公共自然水域投饵养殖，推动用水和养水相结合，发挥好渔业净水保水的生态功能。

（四）进一步提升捕捞规范管理水平

贯彻落实好渔业法第22条至25条关于捕捞限额、捕捞许可、船舶检验登记、填写渔捞日志等法律规定，提升对捕捞业的规范化管理水平。一是从投入管理和产出管理双向发力推动落实捕捞限额制度。将严控船网工具指标、严格落实渔捞日志填报制度作为控制捕捞强度的重要手段。探索建立实施渔获物合法性标签制度，强化伏休期间违法渔获物监管。对于符合船网工具控制指标的渔船转让，及时变更捕捞许可证登记，实现资源合理配置。二是严格审批发放捕捞许可证，全面清理没有纳入全国渔船数据库统一管理的地方临时证照渔船，将履行渔捞日志填报责任与捕捞许可证发放挂钩，督促持证人严格按照规定的作业类型、场所、时限、渔具等进行捕捞作业。三是推动地方渔政部门强化依托港口监管，在渔港设立驻点监管机构并逐步推动全覆盖。根据渔港分布、监管力量以及渔获卸货习惯，确定渔船停泊、渔获物上岸的指定渔港，建立渔获物定港申报上岸和渔获物追溯管理制度。为渔船配备定位和身份识别设备，推动落实渔船进出港、人员随船出港作业报告制度，提高渔船信息化管理水平。四是明确涉渔“三无”船舶认定标准，对涉渔“三无”船舶的所有人和船主应承担的法律责任作出明确规范，赋予渔政监督执法部门清理取缔涉渔“三无”船舶必要的行政强制和行政处罚手段。五是切实维护国家海洋渔业权益，积极参与双边多边渔业条约、协定和标准规范的制定，加强入渔管理，依法处置在我国管辖海域发生的非法越界捕捞行为。

（五）进一步鼓励扶持远洋渔业发展

贯彻落实好渔业法第21条关于扶持远洋捕捞业发展的法律规定，健全完善相关政策措施，落实控制近海、拓展外海、发展远洋的海洋渔业生产方针。一是将推动远洋捕捞业发展作为渔业捕捞结构调整和高质量发展的重要一极，不断提升远洋渔业设备水平，推动提高远洋捕捞能力。二是将促进远洋渔业发展与推动共建“一带一路”统筹谋划，对渔业企业在境外发展海水养殖给予必要扶持，对养殖国内市场短缺的优质水产品种，落实有关政策，适当减免产品运回国内时的关税，探索实施目录制管理。三是不断提升远洋渔业组织化程度，培育壮大行业龙头企业，促进远洋渔业捕捞、加工、流通等全产业链协调发展。四是积极参与国际渔业资源开发利用，深化双边多边渔业合作，不断发展壮大大洋性渔业，巩固提高过洋性渔业，拓展远洋渔业发展空间，提高远洋捕捞规范化、精细化管理水平和履约尽责的能力。五是推动解决远洋渔业企业外籍船员管理和使用问题，明确外籍船员在远洋渔业项目批准外派人数中所占的比例，对于比例范围内的外籍船员，允许其在履行必要手续后在国内指定港口出入境，在降低远洋企业经营成本的同时，压实企业管理责任，确保外籍船员按期离境。

（六）进一步促进渔业资源永续利用

贯彻落实好渔业法第28条至30条、第32条、第35条、第37条关于增殖渔业资源、保护水产种质资源、禁渔区和禁渔期监管、渔具网具管理、涉渔工程建设、珍贵濒危野生动物保护等法律规定，加大资源养护力度，恢复渔业水域生产力，推动渔业资源永续利用。一是强化水产种质资源有效保护和合理利用，加强对水产种质资源的战略研究，推动建立水产种质资源库，系统普查、收集、保存、整理、鉴定和利用水产种质资源，规范水产种质资源保护区和原种场的建设和管理，加大对鱼类产卵场、索饵场、越冬场和洄游通道的专门保护力度，提高增殖资源幼体成活率，支持科研机构和企业开展种质资源繁育创新。二是持续开展渔业可捕资源动态监测，加强对特定渔业品种资源量的调查评估，为科学实施捕捞限额制度提供支撑。严格控制捕捞渔船数量和功率，切实落实长江流域重点水域禁捕要求，主动压减近海捕捞规模。严格执行相关规定，有针对性地提高对渔业资源破坏较大和对渔业水域生态环境破坏较重捕捞方式的渔业资源增殖保护费收取标准，按照取之于渔、用之于渔的原则将增殖保护费专门用于渔业资源养护。在鼓励引导社会力量投入增殖放流的同时，规范管理社会放生行为，明确向开放性水域投放外来物种、杂交种等不符合生态安全要求的水生生物的法律责任。三是根据渔业资源状况和鱼类繁殖生长规律，科学设立禁渔期、禁渔区，鼓励有条件的地方采取正向激励的方式，对严格遵守伏休管理规定的渔民给予一定休渔补贴。细化各类渔业资源的幼鱼可捕规格和具体比例，强化对幼鱼滥捕、滥销、滥用行为的监管。建立禁用渔具相关认定标准，将对资源破坏较大的渔具及时列入目录管理；加强对渔具生产的源头管控，督促生产厂商按照技术标准规范生产，实行实名制销售；对携带破坏渔业资源的渔具作出禁止性规定。四是将渔业资源养护作为河流开发规划的重要内容，加强大型水利工程建设对水域生产力影响的研究，规范港口码头、水运航道等涉渔工程建设管理，强化工程建设评估，明确资源损害赔偿的计算方法和保护修复措施，降低对资源养护的负面影响。五是加强水生野生动物保护，推动建立生态环境、林草、渔业等部门协作配合的保护机制，有序推进珍贵濒危物种资源调查、科学研究、人工繁育、增殖放流、救护救治、保护区建设等工作，加大对中华鲟等珍贵濒危水生野生物种的保护和关键栖息生境的修复。六是明确海洋牧场的建设、经营、监管主体，推动系统规划和合理布局，建议对资源养护型公益性海洋牧场减免收取海域使用金。积极推进山东现代化海洋牧场建设综合试点，为全国海洋牧场建设积累可复制可推广的经验。七是推动行政执法和刑事司法紧密衔接，探索建立公安机关在办理非法捕捞等破坏资源环境案件中的检验鉴定简化程序。推动将公益诉讼作为渔业资源保护的途径和手段，对非法捕捞破坏渔业资源、损害社会公共利益的违法行为提起公益诉讼，强化渔业资源养护的司法保护。

（七）进一步推进渔业渔区全面发展

贯彻落实好渔业法第 27 条关于渔港规划建设的法律规定，并着眼于渔村振兴、渔民富裕，着力推动渔业渔区全面协调发展。一是坚持建设与管理并举推动渔港健康发展，对避风锚地、污染防治、渔政监管等渔港公益性设施建设给予支持，探索实施渔港建设 PPP 模式，通过优化政策供给引导社会资金投入渔港物资供应、船舶维修、水产加工、产品交易等经营性服务设施建设和管理，积极拓展渔港多种产业功能，通过渔港建设辐射带动渔区小镇和渔村发展。二是统筹推进渔村经济社会发展。加快补齐渔村基础设施建设和公共服务短板，创新渔业新产业新业态新模式，推动渔村一二三产业融合发展，夯实渔村全面振兴的产业基础。健全休闲渔业管理规范，完善垂钓和休闲渔船相关管理制度。明确渔业互助保险的法律地位，鼓励有条件的地方提高水产养殖保险保费补贴力度，降低养殖成本，提高抗风险能力。三是确保渔民持续稳定增收。整合油价补贴中渔民转产转业专项转移支付等资金渠道，开展针对退捕渔民的技能培训、就业服务和创业扶持，确保上岸后有产业、能发展、稳得住。发挥渔村水域生态优势和渔业文化传承功能，支持退捕渔民在文旅观光、休闲民宿、康体养生、生态养殖、公共服务等领域有序转产转业，确保减船不减产、转业不失业。

（八）进一步压实渔业监督执法责任

贯彻落实好渔业法第 6 条、第 7 条关于渔业监督管理实行统一领导、分级管理、各级渔业主管部门加强渔业监督执法等法律规定，严格落实渔业法第五章规定的各项法律责任，依法压实相关部门的渔业监督执法责任。一是主动适应机构改革后部门职责的变化，突出综合治理理念，针对渔业产业链发展的各个环节，明确渔政、渔港、海警、交通、环保、资源、市场等相关部门的监管职责。当前要特别推动渔政、海警实现常态化联勤联动联合执法联合惩戒，既要明确海警的执法职责和范围，更要探索有利于海警落实监管责任的执法机制，推动线内线外执法高效衔接，确保海洋渔业监管全覆盖、无盲区。二是从渔业公地特征和渔船流动作业的实际出发，完善区域性渔业监管执法体制机制。在海洋捕捞方面，推动建立沿海省份“一盘棋”的监管体系，开展区域性联合执法；在内陆水域方面，探索建立跨省区的流域性监管模式，增强执法的统一性和有效性；发挥好省级渔政部门统筹协调作用，建立省际间执法联查通报制度，提高执法效率。三是严格落实渔政监督执法属地责任，进一步加强基层执法保障，加大执法船舶建造改造投入，推动现代化执法设施装备的配备应用，依法赋予渔政执法部门采取查封、扣押、没收渔船渔具、登临检查、停航调查等必要的强制手段，明确采取行政强制措施的适用情形。

（九）进一步完善渔业法律制度规范

抓紧修改渔业法，增加关于监督执法主体、种质资源保护、渔业水域生态环境修复、海洋渔业权益保护、海洋牧场建设、渔港经济区和休闲渔业发展、养殖生产档案、渔业安全生产、涉渔“三无”船舶管理、违禁渔具制造销售、渔获物监管等相关内容，加快推动渔业治理体系和治理能力实现现代化。要重点解决违法行为法律责任偏窄偏轻、责任认定模糊、处罚可操作性差等问题，充实责任类型、提高处罚标准、完善惩戒措施，明确禁用渔具、捕捞方式以及情节严重情形的适用标准，有效发挥法律震慑力，增强法律的可执行性、可操作性。建议将渔业法修改列入全国人大常委会 2020 年立法工作计划，加快修改进程，待渔业法修改后及时完善实施细则等配套法规规章，为进一步推动现代渔业实现高质量发展提供更强有力的法治保障。

渔业法是实现依法治渔、依法兴渔的基本制度遵循，我们要以此次执法检查为契机，通过加强对渔业法实施和制度执行情况的监督，切实增强法律制度的执行力，推动渔业高质量发展，提高现代渔业治理能力和水平。

以上报告，请审议。

要依法保护好极其宝贵的水资源

——渔业法执法检查时的调研与思考之一

（2019年9月20日）

吉炳轩

一

水乃万物之本源，这是世人皆知的道理。没有了水，世界也就没有了生命。太阳系中，迄今为止，只发现地球上有生命，而且丰富多彩，生机旺盛，成因有很多，但最重要的是水、土、空气和阳光。其中水是最重要的。土、空气和阳光，其他星球也有，但就是没有水，也就没有类似地球上的生命。地球上的生命也是一样，有水的地方就生机盎然，而没水的地方就贫瘠荒凉。文明的产生都与水有关，人口的集聚也与水有关。大漠戈壁中乏水，也就缺少生命，连草也长不了。

水不但培育了生命，而且还决定着生命的生存发展和强盛，包括影响或者决定着生命的质地和形态。对于这个问题，我们的古人在很早就有论述。成书于2000多年前的《管子》一书，就已经谈到了这个问题。

《管子·水地》篇中说：地是万物存在的本原，是一切生命的根本所在。美与丑、贤能与不肖、愚蠢与俊杰都在地上产生。而水，则是地的血气，它像人体的筋脉一样，在大地里流淌着。所以说，水是具备一切的。水柔和而清澈，善于洗涤人身上的污秽，这是水的仁德。看水的颜色虽黑，但本质却是白的，这是它的诚实。计量水不必使用平头斛的量具，满了就会自动停止，这是水的公正。水不拘什么地方都可以流去，一直流到布满平衡而止，这是水的道义。人都攀高，唯水独向低处流，这是水的谦卑。谦卑就是“道”存的地方，是称王天下者的气度，而水就聚积在最低下的地方。如果说，准是五种量器的根据，素是五种颜色的基础，淡是五种味道的根本，那么水便是万物的根据，一切生命的根本，一切是非得失产生的地方。它可以聚集在天空和地上，包藏在万物的内部，可生存于金石之间，可集合在一切生命的身上。所以说，水比喻神，水就是神。水集合在草木之内，根就能得到充分的生长，花朵就能开得相当繁茂，果实就能收到相当数量。鸟兽得到水的滋养，形体就能长得肥大，羽毛就能长得丰满，毛色花纹鲜明而显著。万物获得水才有了充分发展的生机，这是因为它们内部所含藏的水分充足适宜的缘故。人，水也，是水造就了人。人是水化合而成的。男女精气相合，由“水”流布成人的形体胚胎。满三个月的胎儿就能含味。什么是含味呢？含味就是能分辨出五味。什么是五味呢？五味是生成五脏的。酸主生脾，咸主生肺，辣主生肾，苦主生肝，甜主生心。五脏都已具备，然后才生出人的内部组织。脾生长膈膜，肺生长骨，肾生长脑，肝生长皮，心生长肉。五味内部组织都已具备，然后生长成九窍。脾生发鼻，肝生发目，肾生发耳，肺生发口，心生发下窍。满五个月后形体完成，满十个月后紧接出生。生出来后，目就能看，耳就能听，心就能思。所以，水聚集在玉中能生出玉的九种品德。水凝聚留滞而成人，就生出九窍和五官，人就是水的凝聚。

文中还指出什么可以叫作具备一切呢？唯有水就是具备一切的。万物没有不靠水生存的。水是万物的本原，是一切生命的根本。美和丑、贤和不肖、愚蠢和俊杰都是由它产生的。某国的水湍急而流量大，所以某国人就贪婪、粗暴而好逞勇；某国的水柔弱而清流，所以某国人就轻捷、果断而敢为；某国的水浊重而浸润土壤，所以某国人就愚蠢、妒忌而污秽；某国的水浓聚而迟缓，淤泥沉滞而混杂，所以某国人就贪占而残暴，轻狂而好事；某国的水苦涩而浑浊，淤泥沉滞而混杂，所以某国人就谄谀而心怀伪诈,巧佞而好财利;某国的水深聚而柔弱,沉滞而混杂,所以某国人就愚憨而好讲忠贞,轻视急难而不怕死;某国水轻强而清澈,因而某国的人就淳朴平易而喜欢公正。圣人改造世俗,了解情况,观察水性,根本在于知悉水的情理。水若纯洁则人心正,水若清澈则人心平易。人心正就没有污浊的欲望,人心平就没有邪恶的行为。所以,圣人治理世风,不去告诫每个人,不去劝说每一户,关键在于了解水性和治水。

以上论述十分古老而陈旧,有哪些是对的,有哪些是错的,通过科学研究可以来论证。把水同地区人的品性联系起来,以地域水情来划分人的性格,肯定是不对的,至少是极端的、片面的。万物的本源之一是水,这没有错;水的品德高尚,能洗涤污垢,荡平创伤,润泽万物而不争,谦卑居下,处众人之所恶,这都是至高的美德也没有错;水可决定人的美丑、善恶、贤愚,似乎道理不太充分,但也不是没有一点道理。人的生长发育与水土有关,这也是不争的事实。有许多地方病就与水有关,这也是不争的事实。治世要治水,立德要净水,这也没有大错。把水情、水性、水质和人体、人智、人能及人性联系起来,这肯定不全对,但也不是一点不对。存在决定意识,环境影响人生,水环境对人生的影响是极大的,这也是不争的事实。认识水、保护水、治理水,这是治世之根本,也是对的。把水搞坏了,肯定影响人的生命健康,这也是肯定的。

二

现代科学研究,对于生命的起源有多种说法,物理学家、生物学家、历史学家,包括哲学家,都有不同的看法。有宇宙爆炸说,地球火山爆炸说,最初原子说、细胞分子说等等。其中有一种较为流行的观点是:宇宙最初萌生于巨大的能量泡沫中间,而且结构非常简单。宇宙的绝大部分寒冷、黑暗,处于空虚状态,只有在极特殊、极罕见的情况下,才会出现类似地球这样完美的条件,才能创造出生命。认为,宇宙早期并无恒星、行星和生物,自然也就没有任何生命。但在运动过程中,情况变化了。恒星是氢原子和氦原子熔炼而成的。新的化学元素是恒星濒死时在星体内部造成的,行星和卫星是冰团、尘埃团与新的化学元素聚合而成的,而最初的生物细胞是在主要由岩石组成的行星上丰富的化学环境中进化而来的。人类的问世是这个进程过程中的一部分。人类是在宇宙变化,形成地球后,在地球上的生物进化、分化过程形成的。还有科学家把生命的形成、进化、发展列出了个时间表:在 138 亿年前,宇宙发生了大爆炸,为生命的出现开启了大门;132 亿年前,最初的恒星形成,并开始发光;132 亿年后至 45 亿年前,恒星死亡,造成新元素;45 亿年前,在这些新元素中,太阳形成,太阳系形成;38 亿年前,地球上开始出现生命;6 亿年前,地球上出现大型生物;6500 万年前,小行星撞击地球,致使恐龙灭绝;700 万年前,直立人问世;20 万年前,智人问世;1 万年前,最后一次冰期结束,人类开启了全新的世界,农业出现了;5000 年前,出现了最早的城市、国家和农业文明;2000 年前,罗马帝国和汉帝国兴盛起来;500 年前,世界多个区域连成一片;200 年前,化石燃料革命兴起;50 年前,发展大提速,人类向太空探索。

未来 100 年,世界能否可持续发展?

未来 45 亿年后,太阳死亡。

这是大爆炸理论和时间有限论,认为生命就来自宇宙大爆炸中形成的一个分子,并在适宜的条件下,即地球这样的条件下孕育和发展。这个适宜的条件是太阳的热力,地球内在的热力,地球上的大气层及其所形成的空气和对地球的保护膜,地球上的土壤、水,以及太阳和地球、月亮相互作用所形成的潮汐运动及风云变幻、造成的雨和风等,这些条件是各个方面、各种物质共同作用的结果,是缺一不可的,其中水是极为重要的。有观点认为,生命就孕育于水中,是海底火山爆发,在火山口形成的微生物逐步演变进化而来的。但不管持什么样的观点,生命都与水有关,是离不开水的。现代生物学研究也证明,人种的形成也与水土有关。白种人,黄种人,黑种人,相对集中在不同的地域内,这不是什么原始的族群本身就有什么不同,而在人类形成的初期则都是一样的,后来由于迁徙到不同的地域,在不同的地理、水文和气候条件下生存、繁殖,不断进化发展,才有了欧洲的白种人,亚洲的黄种人,非洲的黑种人为主的人种的形成,而南北美洲则是较晚迁徙过去的,除了早期过去的蒙古人种外,欧洲在扩张时期,大量移民和贩卖非洲黑奴来为其殖民统治创造财富,诸人种相互通婚,而产生了混血人种和白、黄、黑等人种杂居的情况。

水土造就了人,水是至为关键的。

水是生命之源,是一切动物、植物赖以生存繁衍和发展的所必需的物质基础,这是根本的。万物离不开水。原始的生命起源于水,通过进化从水生到陆生,从水中到空中。水是一切生命新陈代谢活动的介质,生命活动的整个联系和协调、营养物质的运输、代谢物体的运送、废物的排泄、激素的传递都与水密切相关。在生命过程中,通过水的蒸发将生命体不断产生的热量散发到体外,以保持体温的恒定。有关研究报告说,人体组成中的水分大体占体重的 65%—70%。一个重 60 公斤的成年人,每天通过呼吸和体表要散发出 1000 毫升的水。水分的不足或缺失将会导致生理上的不协调,正常生理的破坏,甚至引起死亡。水赋予了生命,生物在生命活动过程中,随时都离不开水。生物正在生长的组织中平均含有 90% 左右的水。在组成生物体的成分中,水占的比例最大。据有关方面测定,植物体内的含水量一般为 60%—80%,有的高达 90% 以上。动物体内的含水量也大致类似,鱼类体内的含水量为 70%。对于人类来说:一个人的胚胎发育到 3 天时,所含水量达 97%;发育到 3 个月时,含水量为 91%;到 8 个月时,含水量为 81%;新生儿的含水量为 80%;1 岁时的含水量已和成人差不多了;成年人体内的含水量为 65%—70%。

生物体内的水分在不停地运动着,也在不断地消耗着,需要随时加以补充。在正常情况下,成年人每天需要补充 2.5 公斤的水,一个活到 60 岁的人,一生中喝掉的水就有 650 吨。一个健康的人,在正常情况下,体内的水分处于平衡状态,即补充到体内的水分与排出体外的水分相当,如体内的水分一旦失衡,就会发生严重后果。假如体内的水分不能正常排出,就会泛滥成灾,身体出现浮肿;如果人体内的水分,比正常量减少 1%—2% 或 0.5—1 升,就会感到口渴;当减少 5% 或 2—5 升时,人的皮肤就会起皱,口腔就会干涸,意识就会模糊;当人体失水 14%—15% 或 7—8 升时,生命就无法维持,人就会死亡。当人饥饿或不能进食时,只要有足够的水分,就可勉强维持生命。科学观察和灾难实例表明,成年人在断粮不断水的情况下,可以忍耐 40 天之久;而在断粮又断水的情况下,至多能忍耐 3—7 天。由此可见,水在生物体内的作用是多么重要!

水还是光合作用的基本原料。光合作用是地球上利用太阳能,把二氧化碳和水合成有机物并放出氧气的唯一过程,因而是人类和一切生物赖以生存的基础。绿色植物主要是靠光合作用同化二氧化碳和水生长的。从土壤中吸收的矿物质养料只占它身体物质总重的百分之二三。植物就像一个绿色工厂,各种植物的叶细胞中都含有绿色球状的叶绿体,叶绿体是叶的物质核心,可比做制造有机物(主要是糖类,又称碳水化合物)的机器,机器运转所需要的能量是太阳光,机器所用的原料是二氧化碳和水,在光合作用的过程中,水一方面是构成糖类不可缺少的组分,同时,又是空气中氧的来源。不同植物为维持正常生长所需含水量下限水平不同,不同器官之间也有较大差异。少数植物可以脱水到气干状态而不致丧失生活力。休眠种子含水量很低,故不表现明显的生命活动。当含水量增加到 20%—25% 时,生命活动开始表现出来,呼吸作用也逐渐加强。但对于发芽来说,还需要继续吸收水分,只有当含水量增加至 40%—60% 时才开始发芽。有水的地方就有生机盎然的绿色和生命,无水则是一片令人生畏的黄色和荒漠。这充分说明没有水就不会有生命的存在。

三

我国虽然有不少大江大河和湖泊湿地,但相比较而言,我国的淡水资源是紧缺的。据有关资料介绍,我国水资源总量为 2.8 万亿立方米。其中地表水 2.7 万亿立方米,地下水 0.83 万亿立方米,由于地表水与地下水相互转换、互为补给,扣除两者重复计算量 0.73 万亿立方米,与河川径流不重复的地下水资源量约为 0.1 万亿立方米。按照国际公认的标准,人均水资源低于 3000 立方米,为轻度缺水;人均水资源低于 2000 立方米,为中度缺水;人均水资源低于 1000 立方米,为严重缺水;人均水资源低于 500 立方米,为极度缺水。我国目前有 16 个省(自治区、直辖市)人均水资源量(不包括过境水)低于严重缺水线。宁夏、河北、山东、河南、山西、江苏 6 个省(自治区)人均水资源量低于 500 立方米。我国水资源总量排在世界第 6 位,而人均占有量为 2300 立方米,在世界银行统计的 153 个国家中排在第 88 位。我国水资源地区分布很不平衡,长江流域及其以南地区,国土面积只占全国的 36.5%,其水资源量占全国的 81%;其以北地区,国土面积占全国的 63.5%,其水资源量仅占全国的 19%。水资源状况和利用水平是评价一个国家一个地区经济能否持续发展的重要指标。我国是一个水资源相对贫乏的国家,年均降水量为 630 毫米,低于全球陆面和亚洲陆面的降水量;年平均淡水资源总量、人均占有水量,只相当于世界人均水平的 1/4,耕地水资源占有量每公顷 28000 立方米,为世界平均数的 4/5。

我国水资源时空分布也严重不平衡,降水东南多西北少,山区多平原少,雨量大致由东南向西北递减。81% 的水资源集中分布在长江流域及以南地区。长江以北地区人口和耕地占我国的 45.3% 和 64.1%，而水资源却只占全国的 19%，人均占有量为 517 立方米，相当于全国人均量的 1/5 和世界人均量的 1/20。水资源与生产发展不相适应的程度突出，土地沙漠化趋势日趋严重。尤其是西北干旱地区的新疆、青海等地的大面积戈壁滩，因无水灌溉，也就没有农业。降水年内分配不均，冬春少雨、夏秋多雨，汛期雨量过于集中，常以暴雨形式出现，利用难度很大，非汛期又水量缺乏。降水量年际变化大，丰水年与枯水年相差悬殊，使水旱灾害频频发生，甚至同一地区有时旱涝接踵而至，交替成灾。

水资源是各种资源中不可替代的、极其重要的一种，是制约经济发展的主要因素之一。因此，水资源问题已成为举世瞩目的重要问题。

我国水资源，特别是淡水资源紧缺，国际上多数国家和地区淡水资源也面临危机。在世界现有总水量中，海水约占 97%，淡水储量只占 2.53%。在地球的淡水中，深层地下水、南北两极及高山的冰川、永久性积雪和永久性冻土底层共占淡水总量的 97.01% 以上；而比较容易开发利用的湖泊、河流、浅层地下水等淡水量仅占全球淡水总量的 2.99%，约为 104.6 万亿立方米。每年通过水文循环，淡水的补给量为 47 万亿立方。鉴于深层地下水、南北两极及高山的冰川，永久性积雪等大量淡水目前尚难开发利用，不少国家或地区出现了淡水资源不足和告急。早在 20 世纪 80 年代中期以前，全世界每年的用水量为 3.5 万亿立方米/a，而耗水量为 2.12 万亿立方米/a。据联合国 1986 年公布的数据，世界四个最大用水国分别是：美国、苏联、印度和中国。它们的人口占世界人口的 50% 左右，灌溉土地面积占全球的 70%，用水量占全球用水量的 45% 以上。美国每天的人均用水量是四国中最高的，几乎是苏联的 2 倍，中国和印度的 5 倍多。在四个国家中，美国的工业及发电用水量也是最高的，约占用水总量的 54%，苏联占 45%，中国占 5%，而印度仅占 3%。就灌溉用水来说，印度则为四国之首，它占用水总量的 96%，中国占 93%，苏联占 51%，美国只占 33%。这四个最大的用水国，除苏联外，其他三国都面临着淡水量日趋匮乏的严重问题。

缺水是一个世界性的普遍现象。据统计，从 20 世纪 80 年代开始，全世界有 100 多个国家不同程度地缺水，世界上有 28 个国家，被列为缺水国或严重缺水国。当时测算，再过 30 年缺水国将达到 40—52 个，缺水人口将增加 8 倍多，达 28 亿—33 亿。淡水严重缺少的国家和地区，甚至影响到人们的基本生存。在邻接撒哈拉沙漠南部的干旱国家，因为缺水，农田荒废，几千万人挣扎在饥饿死亡线上，每年约有 20 万人饿死。目前，发展中国家至少 3/4 的农村人口和 1/5 的城市人口，常年不能获得安全卫生的饮用水，17 亿人没有足够的饮用水，有的国家已经靠买水过日子。德国从瑞士买水，美国从加拿大买水，阿尔及利亚也从其他国家进口水。阿拉伯联合酋长国从 1984 年起，每年从日本进口雨水 2000 万立方米。精明的日本只要花 100 多吨水就可换得 1 吨石油。

水资源是环境和自然财富的主要组成部分之一。世界上的许多国家，尤其是处于干旱地带内的国家，都感到适于日常需要的用水不足。甚至在水资源丰富的国家，当水资源在面积上和一年各季节中分布不均匀时，需水量的急剧增长也造成可供人们利用的淡水资源一时不足。著名的意大利水城威尼斯，在枯水期就呈现出像垃圾箱一样的丑陋姿态。全球淡水危机，土地干涸已经成为普遍的现象，自然环境的恶劣在加速发展之中，水的因素已开始阻碍工农业生产。如何使可供人们利用的淡水资源有保障，防止水资源的枯竭和污染，以及使水资源再生，成为当今世界一个十分突出而又十分头痛的大问题。缺水威胁着地球人类的生存，世界 50 多亿人口中，已经有 34 亿人每天只能享有 501 升水，非洲大陆连年持续干旱，已使许多人家园毁弃背井离乡。干旱造成农作物大面积减产或绝收，已经不再是个别的现象。在世界各地，有许多的农民在承受着干旱所带来的打击。

保护好可贵的水资源已经是一件刻不容缓的大事了。

水资源保护的主要内容包括水量保护和水质保护两个方面。在水量保护方面，主要是对水资源统筹规划、涵养水源、调节水量、科学用水、节约用水、建设节水型大农业和节水型社会。在水质保护方面，主要是制定水质规划，提出防治措施，包括制定水环境保护法规和标准、进行水质调查、监测与评价；研究水体中污染程度、污染物质流动迁移、污染物质转化和污染物质降解与水体自我净化作用的规律；建立水质模型，制定水环境规划，实行科学的水质管理等。

以上这些均是从大的方面来说，也是统而论之，简而概之，具体到水产业、特别是淡水养殖业，我国可用于养殖的淡水资源更是有限的，而淡水资源的水环境和水质量也是值得高度重视的。依法保护好极其宝贵的淡水资源,保护好有限的可供水产养殖的淡水资源已经是十分紧迫的事情了。不论是区域性的缺水地区,还是区域性的富水地区,都有责任来保护好极其宝贵的淡水资源。

四

党的十八大以来,以习近平同志为核心的党中央高度重视现代渔业发展,在合理确定内陆水域养殖规模、推进水产养殖减量增效、统筹海洋渔业资源开发、规范有序发展远洋渔业、建设现代化海洋牧场、支持渔民减船转产等方面都提出了明确要求,为推动现代渔业实现高质量发展指明了方向。渔业法执法检查就是适应新时代渔业发展面临的新形势、新任务,聚焦推动渔业升级、渔村振兴、渔民富裕、渔业水域生态文明的目标任务,坚持依法规范渔业生产秩序与富裕渔民相结合,坚持合理开发利用渔业资源与加强渔业水域生态环境保护相结合,坚持维护国家海洋权益与推进远洋渔业合作相结合,依法推动党中央关于现代渔业发展决策部署的深入贯彻落实,依法推动我国渔业实现高质量发展,助力实施乡村振兴战略。

确保渔业法全面实施,最为重要的一点,也是第一位的,就是要切实保护好极为宝贵的水资源。渔业法执法检查,很重要的任务,就是检查渔业水域生态环境保护情况。依法加强渔业水域生态保护和修复,是打赢环境防治攻坚战,统筹山水林田湖草系统治理的重要内容。通过重点检查渔业法第20条关于养殖业生产者应合理确定养殖密度、合理投饵施肥用药、防止养殖水域环境污染,第36条关于各级政府应采取措施保护和改善渔业水域生态环境,第47条关于渔业水域生态环境破坏和渔业污染事故处置等法律责任的贯彻落实情况,来依法推动保护好、发挥好现代渔业生态服务功能。特别是要以长江和大中型湖泊为重点来推动渔业水域生态文明建设,改善养殖水域和周边环境,早日恢复水清岸绿、鱼翔鸭戏的良好水域生态。

在我们的优秀传统文化里有一句话,也是俗语,叫作“吃酒量家当”,意思就是有多少钱,办多少事,而不能盲目随便花钱,乱买东西。这是讲的财务管理,而不是开发建设。但借用到开发建设上,也是管用的。有多少钱,办多少事,不能盲目投资,借债消费。养鱼也是一样,有多少水,养多少鱼,而不能超载养殖。现在科学技术发达,在很小的水面,就可以养很多的鱼。过去占地一亩水深六尺的水面,也就是二米或二米以上的水面,每亩塘大概养五六百斤鱼,这是常见的。一般是头年投放,来年收获。以后,用上了增氧机,用新的技术手段,可以养不同水深的鱼,即养在不同的水层活动的鱼,包括养虾、养蟹、养蚌,亩产可达上千斤、几千斤;而用工厂化技术养的鱼,亩产可达上万斤、数万斤,乃至十几万斤,是鱼压着鱼,鱼挤着鱼,满池密密麻麻全是鱼。其实技术也并不太复杂,一靠增氧,二靠投食,三靠水不停地循环流动,并保持控制好水的温度。产量的确上去了,但质量如何呢?大家都知道,江河湖泊里,远洋深海里野生的鱼鳖虾蟹要比池塘里、近海浅水里养殖的要好吃得多,价格也贵得多。什么原因?品质好。不但水产养殖业是这样,现代化的养猪、养鸡也是如此。生长越快,产量越高,而且都是在较小的工厂车间里、笼里、圈里养的鸡和猪,比农民自家养的闲散溜达的土鸡土猪肉的质量要差一些,价格也低了许多,品质肯定是不一样的。养猪养鸡靠的是一定空间,对于一定的空间有污染,但由于封闭式养殖,只要把粪便处理好,对整个外部环境的影响不是很大。而渔业的发展靠的是水面,养殖的密度太大,投入的食料过多,不但鱼难以畅游,而且水质的变化也很快很大。凡养殖过量的池塘,水都十分浑浊,呈现浓黄之色,发出肥臭之味。打出来的鱼颜色也都比较肥腻暗淡而不鲜亮。水质差了,鱼虾的质量肯定也差。

过量养殖同过量放牧是一个道理。由于羊养得多了,一些地方过量放牧致使草原退化,嫩草一长出来,就被羊一茬一茬地吃掉了。数十年后,不但草长不起来了,而且土地也沙化了。农业种植也有这个问题,一味追求高产丰产,靠大水大肥和多茬种植来提高单位面积产量,使土地没有休闲的时间,致使一些土地严重退化,有机质大量减少,仅靠化肥来支持农作物的生长,不但作物的品质下降,地力也大幅度下降。长此以往是得不偿失的。人不休息不行,土地不休息也不行。水资源也是一样,竭泽而渔不行,没有了水,就养不了鱼,而在有限的水域里,过量养殖也不行,这也是需要明白的。至于多大多深的水面养多少鱼虾等水产,需要根据各地不同的水情作出合理的规划,既要把这个资源利用好,而又不能去超载养殖,搞掠夺式、毁坏式经营。

对渔业生产来说,保护好水资源,当前最为突出的是要尽快解决好水污染问题。渔业法执法检查的一个重要任务,就是要通过执法检查来推动水域生态文明建设。长期以来,我们的一些渔业生产,乃至不少生产,主要追求产量增长,靠拼资源、拼消耗,粗放经营管理,使得渔业资源修复能力日渐弱化。由于水产养殖布局不合理、养殖水域周边污染和不科学不协调的养殖方式,使一些地方渔业水域生态环境不断恶化。党的十九大提出要加快生态文明体制改革,大力推进绿色生产方式,解决突出环境问题。习近平总书记强调,“那种吃祖宗饭、断子孙路、竭泽而渔的发展方式,决不能再延续下去”。实现渔业绿色发展,要瞄准生态文明建设的新目标,助力打赢党中央确定的长江保护修复、渤海综合治理等攻坚战。渔业法执法检查就是要立足于推动解决优美水域生态环境需求与渔业资源环境过度利用之间的矛盾,通过贯彻落实相关法律制度规范,坚持生态优先、绿色发展方向,推动渔业生产方式由超量捕捞、粗放养殖向耕海牧渔、绿色生态转变,由重渔业资源利用、过度开发向重资源养护、休养生息转变,为推动渔业水域生态文明建设,实现人与自然和谐共生提供法治保障。

五

湖北是我国最大的水产省份,有“千湖之省”、鱼米之乡的美誉,长江、汉江在省内流程1800多公里,其中长江1061公里,汉江878公里;有湖泊、水库1300多个,水域面积1.67万平方公里,合2500万亩。其中可养殖水面就有1500万亩,淡水产品产量连续多年居全国第一。党的十八大以来,湖北的渔业发展又迈上了一个新台阶,产业发展水平和产业竞争力不断提升。2018年,湖北的淡水渔业养殖面积、人均占有量、渔业科技实力等多项指标居全国第一。淡水产品总量达458万多吨,占全国淡水产品总产量的14%以上;渔业经济总产值达2589亿元,比2012年增长了74%;渔民人均纯收入达19165元,比2012年翻了一番。渔业不仅丰富了城乡居民的“菜篮子”,更成为农民增收致富的“钱袋子”,还为农产品出口创汇开辟了一条“新路子”。

湖北因湖而名,因湖而兴,江河湖泊对湖北来说太重要了。保护好美丽而富饶的江河湖泊是湖北的重大责任。在执法检查中,我们看到,湖北省委、人大、政府及各级党委、人大、政府,贯彻落实习近平总书记关于坚持生态文明、绿色发展和长江治理与保护的重要指示精神,态度十分坚决,措施十分有力,经过有效治理,长江、汉水和众多湖泊、水库的水质都发生了很大变化,水生态环境日趋良好。

就我们所看到的洪湖来说:洪湖是湖北省最大的湖泊。它位于湖北省中南部,长江中游北岸,紧临长江并季节性相通,地跨洪湖市和监利县,现有面积414平方公里。洪湖具有调蓄、灌溉、渔业、航运、调节气候、旅游休闲、科学研究等多种功能。洪湖生物多样性丰富,有高等植物472种,各类动物774种。其中鸟类138种,鱼类62种,两栖、爬行、兽类共31种,浮游动物和底栖动物543种。属国家Ⅰ级保护动物的有东方白鹤、黑鹤、中华秋沙鸭等7种,Ⅱ级保护动物有白额雁、白琵鹭、大天鹅、小天鹅、虎纹蛙、鳗鲡、胭脂鱼等25种。洪湖被称为“湿地物种基因库”和“中南之肾”。近年来,当地党委、政府积极开展各项生态保护工作,洪湖生态恢复效果显著:新增加天然湿地面积23.8万亩,野生荷花恢复植物覆盖净化近10万亩;2018年越冬候鸟超过10万只;国家二级保护植物野大豆和粗梗水蕨重新出现;小天鹅、青头潜鸭等珍稀鸟类也再返洪湖,其中小天鹅数量超过1300只。他们高标准完成了洪湖大湖拆违工作任务,涉及渔民1997户,面积14.58万亩,围网长度1224331米,达到了“不留一张网片,不剩一根楠竹”的拆围要求。他们实施了以船为家渔民上岸安居工程,通过“三个一”,即一套住房、一份保障、一份工作来推动工作开展,2017年底全市以船为家渔民789户2803人(其中易地扶贫搬迁对象164户729人)全部搬迁上岸,实现了“上的来、稳的住、不反弹”的目标。

他们在洪湖周边全面推进重大生态工程建设。全市9个新建乡镇污水处理厂已于5月中旬进入试运行。大力开展沿湖农村环境综合整治,累计清运生活垃圾17.3万吨。他们还大力开展渔业资源增殖放流活动,连续14年在长江和四大河流开展渔业增殖放流,连续举办4届“鱼动洪湖”放鱼节,累计投放草鱼、青鱼、白鲢、花鲢、鲫鱼等优质鱼苗8000多万尾。与此同时,他们严厉打击禁渔期间非法捕捞活动,严厉打击各种破坏洪湖生态的违法行为。仅今年禁渔期间,就出动渔政执法人员405人次,出动执法车71辆次,出动执法船艇30余艘次,开展执法行动近百次,公安、水利、海事等部门开展联合执法行动4次。共取缔迷魂阵、没收电捕鱼工具7台套,行政处罚18人。

湖北省全省多数湖泊的治理同洪湖一样,力度都很大,成效也都十分明显。

再以枝江市的金湖生态治理为例:金湖是枝江市东湖、刘家湖的统称,总面积11000亩,因两湖相临,水体相连,从空中俯瞰宛如一条灵动的金鱼,故名“金湖”。2014年以来，枝江市以建设金湖国家湿地公园为目标，对湖区进行了综合治理和生态修复。他们坚持高起点规划，引进9家全国一流规划设计院和科研院校对金湖生态问题进行把脉问诊，邀请北京土人、深圳建筑规划设计研究院等进行高标准规划。他们坚持高规格管理，成立以市委书记任组长的枝江金湖国家湿地公园生态治理工作领导小组，设立金湖国家湿地公园管理处，全面负责金湖生态治理及湿地公园建设。他们坚持高标准建设，为了恢复湿地生态，大力实施“退渔还湿”，将湖区周边291户养殖户实施搬迁。他们下发了《枝江市人民政府关于实施水污染防治行动计划工作方案的通知》和制定了《金湖水污染防治三年行动计划》、《金湖流域水污染防治工作方案》，按照政府主导、部门联动原则，坚持流域污染综合治理模式，完成了上游仙女镇、问安镇截污管网和污水处理厂的建设；完成了金湖流域245户散居农户“厕所革命”改造工程；实施了金湖上游5条水系“清三河”系统治理；关停了流域沿线畜禽养殖场5家，搬迁污染企业2家；对金湖流域5条水系入湖口设置了标志桩，并标示二维码，一扫便知水质信息；在入湖水系设立水质固定监测点12处，环保部门每月对入湖水质定期监测，并发布水质监测报告。他们依法收回了湖泊对外承包经营权，全面取缔网箱养鱼、投肥养鱼，实行生态养殖。

今年以来，他们又聘请武汉大学于丹教授专家团队，引进“水生植被恢复重建净化湖泊水质”技术，在金湖开展水生植被恢复工程，通过种植水生植物提升水质、改善生态，种植苦草、黑藻等沉水植物，芦苇、菖蒲等挺水植物，睡莲、芡实等浮叶植物共计20余种。目前各类水草长势良好，“水下森林”已经呈现，水体透明度恢复到70公分以上，水质由劣Ⅴ类提升至Ⅳ类。他们投入近2亿元，腾退了湖泊周边农户围垦农田及圈养鱼池1240亩，将沿湖岸线100米范围内划定为生态保育区，新增湖泊面积778亩，新增绿化面积307亩。投资2.5亿元建成了环湖绿道17.6公里。全面实施湿地生态修复工程，今年以来，整理沿湖周边地形11万平方米，完成土方60万方，栽种树木5000余株，种植水生植物20余种，湿地生态环境得以重塑，金湖美景日渐显现。

在执法检查中，我们所到的长江宜昌、荆州、武汉、鄂州段，武汉、鄂州梁子湖的治理，也都决心很大，措施过硬，成效明显。由此可以断定，按照党中央环境保护综合治理的重大决策，坚持这样持之以恒地抓下去，就一定能够出现碧水清波，鱼跃鸭戏的昌盛局面。

要依法保护好可贵的野生渔业资源

——渔业法执法检查时的调研与思考之二

（2019年9月21日）

吉炳轩

一

依法保护和增殖渔业资源，是促进渔业可持续发展和渔民持续稳定增收，保护水生生物多样性的重要途径。

渔业法执法检查，就是通过检查渔业法第22条关于捕捞限制制度，第28条渔业资源增殖放流、第30条禁渔区禁渔期管理，第29条水产种质资源保护，第16条、第17条水产苗种生产和进出境检疫，第37条水生野生动物保护等法律规范的贯彻实施情况，来进一步推动建立江河湖海全覆盖的资源养护格局，打好渤海、长江流域等重点水域禁捕攻坚战，在加大资源养护力度，确保休禁渔期间“船泊堤、网进仓、人上岸”的同时，健全完善休渔和油价补贴、渔民减船转产、渔业相关产业发展等扶持政策，确保渔民生活水平不降低，长远生计有保障。

要通过检查加强海洋渔业管理合作情况，来进一步依法强化海洋渔业管理，推动国际渔业合作；推动进一步落实控制近海、拓展外海、发展远洋的海洋渔业发展方针，维护保障国家海洋渔业权益。通过检查渔业法第21条关于扶持远洋捕捞业发展，第8条、第46条关于外国人、外国渔船进入我国管辖水域从事渔业生产或渔业资源调查活动的管理规定，第 23 条关于规范我国渔船到他国管辖海域从事捕捞作业行为等法律制度规范的贯彻落实情况，进一步推动依法处理在我国海域发生的非法越界捕捞行为，进一步推动教育引导我国渔船渔民履行相关法律义务，进一步推动深化双边多边渔业合作，加快海洋牧场建设和远洋渔业发展。

还要通过执法检查推动深入实施国家海洋战略。海洋是我国经济社会发展重要的战略空间，建设海洋强国是中国特色社会主义事业的重要组成部分。习近平总书记指出，“面向海洋则兴，放弃海洋则衰”；“要进一步关心海洋、认识海洋、经略海洋，推动我国海洋强国建设不断取得新成就”。海洋渔业是海洋经济发展的传统产业和重要组成部分，“渔界所至，海权所在”。多年来我国坚决履行国际渔业义务，依法处置远洋渔业违法违规行为，树立起负责任的国际渔业大国形象。当前，一些外籍渔船非法越界和国内渔船擅自出境捕捞现象并存，渔业涉外事件时有发生，面对国际及区域渔业组织资源保护日趋严格的趋势，加强海洋渔业规范化管理需要有新作为。渔业法执法检查就是要立足于推动解决维护保障海洋渔业权益与涉外渔业精细化管理不足之间的矛盾，通过贯彻落实相关法律制度规范，不断提升涉外渔业规范化管理水平，依法维护我国海洋渔业生产正常秩序，深入推进远洋渔业合作，为推动实施国家海洋战略，维护国家海洋渔业权益提供法治保障。

保护良好的生态，保护野生资源，限猎限捕，取之有度，人与自然和谐相处，人与万物共生共荣，天地才能和谐，社会才能安宁，万事万物也才能兴旺昌盛。

保护好野生动植物资源，讲究万物和谐共荣，是中华文化的优良传统，也是中华文明中的精华。成书于 2000 多年前的《吕氏春秋·异用》篇就记载：商汤在郊外看见一个对着网在祈祷的人。这人四面张网，祷告说：“从天上落下来的，从地里钻出来的，从四面八方过来的飞禽走兽，都撞到我的网里来，我要统统打尽。”商汤就对这个人说：“你呀，太贪心了。真要如你说的那样，禽兽早就被杀光了。除了像桀那样残暴的君王，还又有谁会做这种事呢？”汤收起了那人设置的网的三面，而只留给了他一面，并重新让那人对天祷告说：“从前蜘蛛结网，现在人们也学习来织网。禽兽来去自由，想向左的就往左边去，想向右的就往右边走，想往高处的就飞向高处，想去低处的就游向低处，我网开三面，只设一面，捕取那些触犯了天命而撞到我的网上的东西。”汉水以南的国家听到了这件事，就纷纷相告说：“东夷之地的商汤的恩德很广，都泽及禽兽了”。于是就有 40 个国家来归附，愿意接受汤的领导。吕不韦感叹说：“别人在四面设网，未必能捕获到鸟兽；而汤撤出三面，只留一面，却由此得到了 40 个国家，这不仅仅是网鸟啊！”

《吕氏春秋》还记载：中国在商周时期，就设有专门管理山林和水泽的官吏，并设有专门的部门。《吕氏春秋·季夏》篇中载：季夏六月，由于天气炎热，雨水充足，这个月里，树木正是茂盛生长的时期，就命令掌管山林的官吏到山里去巡视树木，不许人们砍伐；在这个月，也不可以兴工建筑，不可以摇动土气，以杜绝砍伐树木的行为；这个月还不许发布侵扰农时的命令，即各级官吏不能去组织干那些影响农作物生长的事情，而只能到田间去，看农田的保护修治和农作物的生长情况。在《孟冬》篇中记载：进入冬天的第一个月，即农历十月，朝廷就命令掌管水利水产的官员去向百姓收缴水泉池泽的赋税，而不得多收乱加，不能擅自侵犯百姓的利益。侵害百姓的利益，就是给天子在百姓中结下怨恨，有敢于这样做的，一定要治罪而决不宽赦。在《仲冬》篇中记载：在仲冬，即冬季十一月这个月里，要命令主管川泽的官吏祭祀四海、大河、水源、深渊、大泽及井泉的水神。

对于保护山林、水泽、鸟兽，文中也多有记载，如在《孟春》篇中说：春季的第一个月，即正月，命令祭祀山林河流，但不许用母牲的祭品，禁止砍伐树木，不许捕捉小兽和掏取鸟卵。《仲春》篇中载：在仲春二月，不要弄干河川沼泽及蓄水的池塘，不要焚烧山林。《季春》篇中载：季春三月，这个月应时的雨水将要降落，地下水将向上翻涌，命令司空，即主管土地、建筑、交通的朝中高官，要巡视城邑，视察原野，整修堤防，疏通沟渠，开通道路，使水流通畅，没有阻碍。并严令：打猎所需的各种网具、毒杀野兽的药，一律不准带出城去。这个月属于禁捕期。

《吕氏春秋》还把治国理政，修身养性同保护自然环境紧密联系起来，在《吕氏春秋·克己》篇中说：圣人修养自身，而大业成就于天下。丘陵生成了，穴居的动物就安身了；大水深渊生成了，鱼鳖就安身了；松柏茂盛了，行人就可以在树下歇凉了。在《诬徒》篇中说：草木、鸡狗、牛马，不可粗暴地对待他们。如果粗暴地对待他们，那它们就会粗暴地报复人。在《音初》篇中说：土质恶劣，草木就不能生长；水流浑浊，鱼鳖就不能长大；社会黑暗，礼仪也就烦乱，音乐也会淫邪。

人毁自然，自然毁人，人与自然一定要和谐，我们的祖先看得是很清楚的。

在谈到人与自然的关系时，《吕氏春秋·应同》篇中还说：掀翻鸡巢，毁坏鸟卵，那么凤凰就不会再来；剖开兽腹；吃掉兽胎，那么麒麟就不会再来；弄干池泽来捕鱼，那么龟龙就不会再去。在《谕大》篇中说：地大了才有高山，山大了才有虎豹，水大了才有蛟龙。孔穴之中没有池沼，水井之中没有大鱼，新林之中没有大树。

这都说明了保护好自然环境，自然资源的重要。

二

野生渔业资源十分宝贵。大海广阔，养育万物，但也不是无穷无尽的，过度捕捞，特别是扫荡式捕捞就会毁坏野生渔业资源，包括其生存的环境。要使渔业资源代代相继、源源不断，就必须既要保护好十分宝贵的野生渔业资源，还要培育和增加可贵的野生渔业资源。放水养鱼，护水养鱼，而不是大肆圈占水面，毫无节制地笼养箱养和池养。要在合理捕捞、养殖的同时，给鱼鳖虾蟹足够的活动空间，并要培育鱼苗、虾苗、蟹苗，放养到河流湖泊和海洋中去。

大马哈鱼和东北鲟鱼、鳇鱼在我国主要生活在黑龙江流域，黑龙江全流域、乌苏里江全流域和松花江同黑龙江的交汇处都有大马哈鱼和鲟鱼、鳇鱼的活动，但主要还是在黑龙江的中下游和进入俄罗斯后阿姆尔河段到入海处，及进入海洋。这两种鱼对水的质量要求很高，污染的水是不去的。黑龙江、松花江、乌苏里江，只有松花江污染稍多一点，沿岸城市自下而上有十多个，仅大城市就有吉林、长春、松原、齐齐哈尔、大庆、哈尔滨、佳木斯、牡丹江等，县城还有十多个，排放物较多，这些珍贵的鱼类就不来这里游栖。大马哈鱼、鲟鱼、鳇鱼都是淡水海水共生的鱼类，在淡水中生，在海水和淡水中长，而且是洄游鱼，即在哪里出生，最后不论在海洋中游的多远，待几年、十几年，都还要回到生它养它的家乡来，恋家之情是很感人的。只要沿途不被鲨鱼、鲸鱼和熊瞎子吃掉，不被渔民捕捞，它们都会回到原产地来生儿育女，儿女们也会沿着它们的足迹游向大海生长，然后再回来传宗接代。黑龙江抚远县每年都要育数十万、上百万尾大马哈鱼和鲟鱼、鳇鱼苗投放到黑龙江中，任它们到大海中去畅游，而五六年、十来年后，大马哈鱼和鲟鱼、鳇鱼就会陆续回来。据这些年的观察，洄游回来的鱼大体在5%—10%，90%以上可能沿途被鲨鱼、鲸鱼、渔民等捕杀了，也有的可能累死在了途中。虽然回来的不多，但也需要不停地放育，只有不停地放育，才能使年年有所收成。人敬自然，自然宜人；人养鱼虾，鱼虾养人，这也是相互的。野生渔业资源也是有限的，不是没有穷尽的，不是想怎么捕捞就怎么捕捞，而是需要精心养护。

现在一些现代化的捕捞工具，特别是西方一些发达国家，大渔船、大渔网，卫星定位、快速高效，一网下去几十吨、上百吨，不论“男女老幼”，鱼鳖虾蟹一网打尽，十分残忍。这样无休止的捕捞下去，总有一天野生渔业资源也要被捕捞尽的，会使这些宝贵的渔业资源断子绝孙。你断了鱼鳖虾蟹的子孙，鱼鳖虾蟹也会断了你的财路、你的饭碗，乃至你的子孙。这也是善有善报、恶有恶报，一报还一报的道理，只是来早与来迟的问题。国际社会我们管不了，但可以呼吁、提倡。我们可以管住我们自己。我们自觉遵守有关国际规则，自觉保护和养育野生的渔业资源，相信也一定会得到善报。养鱼也是在养人，这个道理一定要明白。

这里也顺便谈一些情况，即还要看到气候变化对野生渔业资源的影响。

据有关研究资料介绍，由于气候变化，海洋水温升高，鱼群大量北移，渔民被迫更换渔船设备，调整业务。鱼群迁移，整个渔业也在变化。

美国一个渔业生物学家说：随着海水温度升高，北极冰川消融，鱼群似乎为了避开温暖的海水而向北游移，导致捕捞成本增加。美国一艘“奥拉克尔”号渔船两次从阿留申群岛的荷兰港出发，向北航行800英里才发现了大比目鱼群，而十年前大比目鱼的生存地比这要近几百英里。也有渔民说：随着水温升高，美洲黑石斑已向北迁移。美洲黑石斑一度生活在北卡罗来纳州以南700英里的海域。现在，美洲黑石斑成为罗得岛朱迪思角的主要捕捞鱼类，同时捕捞的还有大西洋牙坪（美宝鱼），这种鱼也已经开始在北部海域出没。另外，还有许多鱼也向北部海域迁移。

气温变化对海洋渔业的影响也很大。科学家说最近几十年，随着气温变暖，海洋吸收的热量不均衡，造成可持续数月的海洋热点。海水温度上升对渔业的影响视洋流、海洋深度和海底地形的变化而变化。水温升高意味着海水含氧量减少，同时又因为加快了新陈代谢速度而增加了鱼的氧需求量。温暖的海水还有利于一些海洋猎食者，它们甚至赶走了人工养殖商品鱼赖以生存的物种。一些海洋科学家说海洋温度变暖正在促使数以百计种海洋物种逃离传统范围。有关资料介绍,在葡萄牙沿海,渔民所捕捞的鱼类十多年前还只生存在非洲沿海。冰岛和挪威的海洋生物学家说:2016 年鱿鱼首次出现在格陵兰沿海。在白令海,大比目鱼、青鳕和鳕鱼都在逃离。而在罗得岛沿海,新近增多的鱼类不仅包括美洲黑石斑,还有鱿鱼和北海道蟹(一种可食用蟹,有巨大的茶色螯爪)。在美国规模最大的野生海产捕捞地——阿拉斯加,渔业专家最为担心的就是海水温度升高对青鳕的影响。

美国气象记录显示,从 2000 年起,暖流和寒流持续的时间都在延长。海水温度高至创纪录,低至更加严寒。2016 年,白令海的圣保罗岛记载了有史以来最温暖的一年,高于平均气温 4.9 华氏度。据美国国家海洋和大气管理局《北极年度报告》和阿拉斯加大学下设的阿拉斯加气候研究中心统计,2018 年北极春季和夏季气温普遍较凉,但年平均地面温度为史上第二高。2019 年,正常情况下覆盖白令海北部地区的冬季冰并未形成,而且通常维持很多鱼群留在白令海东南水域的大片底层冷水也消失了。阿拉斯加州科迪亚克市的渔民达留斯·卡斯普扎克 1983 年以来一直从事商业捕鱼活动。他说:“我从一开始平均每年捕捞 10 万磅鳕鱼,每磅 40 美分,到今年,我只抓到了两条鳕鱼。我最后一次捕捞到大量鳕鱼是五年前了,现在要捕捞那么多,我必须多行 400 英里才行。”

气候变化,海洋的温度等情况发生变化,包括海洋污染和过度捕捞带来了鱼的生长活动区域发生了变化,这都是值得注意的。尽管海洋渔业资源发生变化的原因很复杂,但就海洋捕捞来说,只要科学合理,有所节制,对保护和养育海洋渔业资源,使这些水族们能够安居乐业则肯定是有利的。

三

这次渔业法执法检查湖北之行,看到了近些年来,湖北省对长江野生渔业资源的保护采取了一系列措施,取得了明显成效,是很高兴的。仅我们所到的宜昌、荆州两市来说:

宜昌市位于长江中上游结合部。长江宜昌段全长 232 公里,市域内有大小河流 183 条、湖泊 11 座、水库 455 座,各类水域面积 180 余万亩,可养殖水面约 90 余万亩。宜昌有记录的鱼类达到 120 余种,是长江鱼类重要种质资源库,宜昌江段也是迄今发现的中华鲟在长江的唯一产卵场。2018 年,全市养殖面积 25 万亩、水产品总产量 16.9 万吨、渔业总产值 45.3 亿元,较 1986 年分别增长 10 倍、20 倍、40 倍。拥有无公害水产养殖基地 25 个、有机水产品生产基地 1 个、出口备案基地 1 个、省部级健康养殖示范场 25 家、水产加工企业 5 家。拥有中国驰名商标“清江鱼”、“清江野渔”以及著名商标“覃姐”鱼糕、“老巴王”、“天宴”等渔业品牌。

宜昌市坚持依法兴渔,推进绿色发展。他们大力推进生态健康养殖,2018 年重新编制了养殖水域滩涂规划,科学划定了养殖区、限养区、禁养区,重新核发了水域滩涂养殖证。鼓励发展池塘循环水养殖,共发展流水槽 100 多条、鱼罐 24 个,共 2000 多亩。持续开展养殖尾水治理,市级每年监测水质 600 批次,并在玛瑙河流域试行池塘养殖尾水达标排放管控。进一步优化渔业产业结构,坚持稳量增效,大力发展鲈鱼、黄颡鱼、小龙虾等名特优品种。2019 年初市政府出台了稻渔综合种养三年行动方案。支持品牌建设,做强清江鱼品牌,打造清江鲟谷。强化种质资源管理,全市已建成当阳沮漳河特有鱼类、清江宜都段中华倒刺鲃、长阳清江白甲鱼 3 个国家级水产种质资源保护区。全市共办理 18 个水产苗种生产许可证,苗种年生产能力达到 20 亿尾,2018 年生产鱼苗 11 亿尾。全面取缔围栏围网网箱养殖。从 2016 年开始规范湖库养殖行为,至 2017 年年底共取缔珍珠养殖 450 亩、拆除围栏 4253 亩、撤掉网箱 3509 亩,涉及渔民 1770 户。共投入拆围资金 3.3 亿元。

依法依规加强中华鲟保护区管理,对保护区内重大民生工程建设进行专项指导,至喜大桥、伍家岗大桥均采取一跨过江设计方案,以利江鱼畅游。建立保护区巡查制度,及时发现和处置涉保护区违法行为,近 3 年来共实施行政处罚 4 起、申请法院强制执行 1 起。组织开展保护区监督检查专项行动,对保护区内 130 个环保问题项目实施整改,目前已完成整改 103 个。启运长江流域重点水域全面禁捕,2018 年 8 月在全省率先实施水生生物保护区全面禁捕,共落实退捕补偿资金 11457 万元,所涉 875 户渔民中已转产安置 610 户,其余 265 户将于 2019 年底前转产安置到位。2019 年,正式启动了长江干流禁捕行动,涉及渔船 848 艘,2020 年底前将全面完成所涉渔民退捕任务。实施珍稀物种拯救行动,多年来共救护野生及人工放流中华鲟 138 尾、胭脂鱼 168 尾、大鲵 23 尾。组织开展珍稀水生生物调查,规范水生野生动物经营利用管理。全市共蓄养中华鲟5646尾，全部实行建档管理。2015年中华鲟被评为“宜昌市十大文化名片”，中华鲟自然保护区救治中心被认定为“全国水生生物科普教育基地”。持续开展渔业资源增殖放流，从2000年农业部在宜昌市举行长江渔业资源增殖放流活动启动仪式以来，全市每年放流规模从100万尾增加到5000万尾以上。市政府把每年4月第2周星期六定为中华鲟放流日。截至目前，共放流中华鲟500余万尾、胭脂鱼100余万尾、“四大家鱼”等经济鱼类3亿多尾。

荆州市是中国淡水渔业第一市，2018年全市水产放养面积197万亩，水产品产量109万吨，占全省23.8%，占全国3.7%，连续24年稳居全国市州第一。

荆州市在贯彻实施渔业法的过程中，始终把依法兴渔、依法护渔作为渔业发展的重点，大力推行健康养殖，推动渔业生产方式转变。各县市区积极争创全国健康养殖示范县和示范场，全市现有3个水产健康养殖示范县，占全省50%。截至2018年，全市创建国家级健康养殖示范场79个、省级健康养殖示范场46个，水产健康养殖面积达42万亩。通过健康养殖示范场的创建带动了渔业转型升级、提质增效，在产量稳定的前提下，渔业产值稳步提升，2018年比2013年渔业产值增加56亿元，增长32.4%。坚持种养结合，大力发展综合种养。荆州拥有丰富的渔业资源、悠久的种稻历史，发展稻渔综合种养具有得天独厚的条件和优势，近十年以虾稻共作模式为主的稻渔综合种养快速发展。2018年，全市稻渔综合种养面积234万亩，其中虾稻共作面积231万亩，占全省40%，小龙虾产量35.9万吨，占全省44%。稻渔综合种养充分利用了水稻、淡水鱼互利共生的特点，既稳定了粮食产量，又破解了农民增收致富和农产品质量安全等难题，实现了“一水两用，一田双收”，已成为农业供给侧结构性改革的成功典范。

荆州市从保护渔业资源，利于长远发展出发，全面规范水产苗种生产经营行为。因为良种是发展水产养殖的基础，一直以来，他们把水产苗种生产经营行为规范作为依法兴渔的重点来抓，一方面大力扶持持证苗种场的有序生产、经营和开发，一方面严厉打击无证生产和私繁乱育的企业和个人。现在全市有国家级原良种场4家、省级原良种场14家，苗种场83家。渔业行政主管部门强化对苗种生产企业的监管，在坚持三年换证审查的基础上，每年对苗种生产企业的生产过程全程监管。全面规范渔业生产行为，制定养殖水域滩涂规划，规范江河湖库养殖作业，全面拆除围栏围网网箱养殖设施，拆除总面积达25.38万亩。全面取缔污染严重的珍珠养殖设施，全市22809亩珍珠养殖2017年6月已全部拆除。全面禁止投肥养殖，全市共规范整治投肥养殖水面10.8万亩。近四年，他们依法打击了600余起电打鱼违法行为，追究刑事责任近50人。实行渔业生态补偿，专门成立了渔业生态补偿专家评估委员会，已实施渔业生态补偿处罚6起，由非法捕捞当事人出资购买1807公斤成鱼、60.1万尾鱼苗放流到长江、长湖等水域。强力推进禁捕和禁渔期制度，2018年10月31日，全市18个种质资源保护区和4个自然保护区实施全面禁捕。严格执行3—6月长江禁渔期制度，基本达到了“江中无渔船、水中无网具、市场无江鱼，渔民有保障”的禁渔目标。积极开展增殖放流，2006年至2019年，开展放流活动数十次，共放流各类苗种超过5亿尾，放流苗种以中华鲟、达氏鲟等珍稀濒危物种及青草鲢鳙等经济物种为主，有效地修复了渔业生态。

四

这里，还需要专门谈一下洪湖市。

洪湖市地处湖北中南部、长江中游北岸、江汉平原东南端，东接武汉、南临岳阳、西靠荆州，是革命老区、百湖之市、水产之都，全国淡水水产第一市(县)。全市现有水产专业乡镇2个，水产养殖面积超过10万亩的乡镇3个；全市水产专业合作组织318家，水产品加工企业28家。其中：国家级农业产业化龙头企业1个，省级10个，年加工能力33.6万吨。2018年，全市水产养殖面积86万亩，渔业总产量39.4万吨，总产值85.6亿元，占全市大农业产值65%以上。

他们科学编制养殖水域滩涂规划，2018年，委托华中农业大学编制了《洪湖市养殖水域滩涂规划》(2018—2030年)，并发文明确划定了禁养区、限养区和养殖区。严格核发规划水域滩涂养殖证，全市共核发水域滩涂养殖证共1369本，办证面积82.8万亩，占全市水产养殖面积的96%。积极选育和推广水产优良品种，先后建立了螺山镇河蟹苗种本土化培育基地、大同大沙大宗淡水鱼示范区推广基地、万全镇黄鳝苗种本地化人工繁育基地等，促进科技成果本地转化落地。严格水产品质量监管，建立渔业智慧监管平台，加强生产信息录入和追溯系统覆盖等基础性工作，加强水产品养殖、加工、销售、消费环节监管。“双水双绿”环保种养面积达 80 万亩,实现全市适宜区全覆盖。出台《洪湖市水产养殖面源污染综合治理行动方案》,推进养殖尾水循环利用或达标排放。全面拆除洪湖大湖围网养殖 1997 户、14.58 万亩;全面取缔珍珠养殖面积 6491 亩;全面拆除新滩外滩围网养殖 19399 亩,完成退渔还湖 2080 亩;全面禁止非法捕捞螺蛳。严格落实渔业捕捞许可证制度,根据规定的作业类型、场所、时限、渔具数量和捕捞限额作业,共审核办理捕捞许可证 407 本。严格禁渔区和禁渔期管理,从 2006 年开始,每年 3 月 1 日到 6 月 30 日,对内荆河、东荆河、洪排河、汉沙河四条河流实施禁渔期制度;从 2018 年开始,对长江新螺段白鱀豚国家级自然保护区(洪湖段)和洪湖国家级水产种质资源保护区(里湖)、红旗湖泥鳅黄颡鱼国家级水产种质资源保护区、杨柴湖沙塘鳢刺鳅国家级水产种质资源保护区和白斧池鳜省级水产种质资源保护区等 4 个省部级水产种质资源保护区实施全面禁捕。大力开展渔业资源增值放流活动,连续 14 年在长江和四大河流开展渔业增殖放流活动,连续举办 4 届“鱼动洪湖”放鱼节,累计投放草鱼、青鱼、白鲢、花鲢、鲫鱼等优质鱼苗 8000 多万尾。积极开展水产种质资源和水生野生动物保护,严厉依法打击非法捕捞行为。

这里,还需要特别值得一提的是,1981 年葛洲坝水利枢纽工程截流后,中华鲟在葛洲坝坝下形成了新的产卵场。1996 年 4 月湖北省人民政府批准设立了长江湖北宜昌中华鲟省级自然保护区。2008 年 10 月,对保护区范围和功能区进行了第一次调整,保护区范围为葛洲坝下游 50 公里长江江段。2018 年 1 月,为优化保护区的功能区划,对保护区范围进行了第二次调整,调整后总长度从调整前的 50 公里增加至 60 公里,总面积从调整前的 5143 公顷增加至 6735.88 公顷(增加了 1592 公顷),其中核心区长度 24 公里、面积 2265.62 公顷,缓冲区长度 14 公里、面积 1131.61 公顷,实验区长度 22 公里、面积 3338.65 公顷。中华鲟保护区范围内重点保护物种有国家一级保护水生动物中华鲟,二级保护水生动物江豚、胭脂鱼。在保护区分布有中华鲟产卵场 1 处,胭脂鱼产卵场 2 处,四大家鱼产卵场 3 处。2006 年以来,保护区共投入建设资金 2000 余万元,建成中华鲟监测救治救护中心,中华鲟监测与执法工作站(渔政码头)、宣传教育中心等基础设施。经过多年的保护,宜昌中华鲟保护区的保护成效比较显著。2015 年以来保护区发现的江豚数量由 2 头增加到 25 头左右。他们常年开展增殖放流工作,从 2000 年起,每年都会开展鱼类增殖放流活动,从起初每年 100 万尾逐步发展到每年 5000 万尾以上,有效地减缓了渔业资源下降的趋势。

位于湖北宜昌的中华鲟研究所是我国首个因大型水利工程兴建而设立的珍稀野生鱼类科研机构,是中国三峡集团水电开发中鱼类物种保护的技术支撑、水环境保护的创新平台、宣传贯彻生态环保理念的科普窗口。研究所已经形成了科研、生产、科普三大功能板块。其中,科研板块以“三峡工程鱼类资源保护湖北省重点实验室”为支撑,重点发展珍稀鱼类物种保护、水生态修复、养殖技术研发三个学科方向。生产板块以放流鱼种培育、珍稀育种储备、其他鲜鱼养殖为主要任务。研究所养殖有国内梯队齐全、数量最大的中华鲟子一代亲鱼种群,是我国“珍稀濒危水生动物增殖放流苗种供应单位”。科普方面以宜昌中华鲟科普教育服务部为平台,重点展示三峡集团水生物种保护的成果和宣传绿色水电的生态环保理念,引导全社会共同关注和参与生态环保工作。通过 30 多年的努力,研究所在以中华鲟为代表的珍稀鱼类种质资源保护方面取得了一系列成果:取得了二代中华鲟全人工繁殖突破并连续取得成功;构建了中华鲟人工种群遗传谱系;取得了中华鲟早期性别鉴定技术突破和中华鲟单雌性繁殖技术突破;率先取得了长江上游指标性物种圆口铜鱼、长鳍吻鮈繁殖成功等。截止到目前,中华鲟研究所已累计放流各类规格中华鲟 500 余万尾,放流达氏鲟、胭脂鱼等长江珍稀特有鱼类 170 余万尾;构建了覆盖长江中下游近 1800 公里的中华鲟洄游监测网络,实施野生中华鲟资源和放流中华鲟的流域化监测;连续多年实施三峡水库针对四大家鱼自然繁殖生态调度效果监测,不断指导优化三峡水库调度方式,促进长江中游渔业资源恢复。

以上这些做法和经验都是很宝贵的,我不厌其烦地辑录在这里,是想引起有关方面的重视,不断指导和总结好他们的经验,并能持之以恒地坚持下去。野生渔业资源的修复需要一个漫长的过程,不是三五年就能大见成效的。上千年、几百年来无限制的捕捞和进入工业化社会以来的环境污染,水质改变,也包括水流、水量、水温、水情的一些变化,要使野生渔业资源适应新的环境,还需要做大量十分艰苦的工作。要为鱼类、水族们创造一个好的生存环境,科学研究和技术指导必须要跟上。只有各方共同努力、不懈努力,才能呈现水美鱼乐、万物和谐的好局面,也才能为人们提供更多更好的水中美食。

要依法推动我国渔业高质量发展

——渔业法执法检查时的调研与思考之三

（2019 年 9 月 23 日）

吉炳轩

改革开放以来，我国渔业生产取得了巨大成就，实现了持续快速发展，水产品产量连续 30 年居世界首位，连续 17 年成为世界第一水产品贸易大国。进入新时代，我国渔业发展已经由高速发展阶段转向高质量发展阶段，需要着力解决的是水产品总量相对过剩和结构性短缺并存问题。

习近平总书记指出："农业的主要矛盾由总量不足转变为结构性矛盾，矛盾的主要方面在供给侧，必须深入推进农业供给侧结构性改革"。推动渔业生产由保障供给数量向提质增效、减量增收转变，不断提升渔业经济综合效益是对现代渔业发展提出的新要求。渔业执法检查就是立足于推动解决人民群众对优质安全水产品的需求与水产品供给结构性失衡之间的矛盾，通过贯彻落实相关法律制度规范，加快推进渔业供给侧结构性改革，推动构建完善现代渔业产业体系，不断提升现代渔业发展质量，为实现我国由渔业大国向渔业强国转变提供法治保障。

依法规范渔业生产经营行为，是促进现代渔业调结构、促升级，推动渔业生产方式转变的重要手段。渔业法第 10 条、第 11 条关于养殖水域滩涂的规划和利用以及养殖证制度，第 23 条捕捞许可证制度，第 16 条水产优良品种选育和推广，第 19 条养殖投入品使用，第 27 条渔港建设管理等法律规定，对加快构建现代渔业绿色发展的空间格局、产业结构和生产方式，不断提升发展质量和综合效益，在确保不发生水产品质量安全事件的基础上，切实增强优质、特色、绿色、生态水产品供给，都提供了法律支持，需要很好贯彻落实。

一

推动高质量发展，就要依法推进生态健康养殖，在重点河湖及近岸海域划定限制养殖区，确保养殖水域生态良好。要实施水产养殖池塘、近海养殖网箱标准化改造，鼓励有条件的渔业企业开展海洋离岸养殖和集约化养殖；要积极推广人工配合饲料，逐步减少冰鲜杂鱼饲料使用；要加强养殖投入品管理，依法规范、限制使用抗生素等化学药品。特别要加强近岸海域环境保护，重点整治黄河口、长江口、闽江口、珠江口、辽东湾、渤海湾、胶州湾、杭州湾、北部湾等河口海湾污染。所有沿海地级以上城市、县城都要实施总氮排放总量控制。要研究建立重点海域排放总量控制制度，规范入海排污口设置，全面清理非法或设置不合理的入海排污口。要限定时间，做到沿海省区市入海河流基本消除劣于Ⅴ类的水体。要提高涉海项目准入门槛，从严掌握，严格把关。要严格控制环境激素类化学品污染，深入进行环境激素类化学品生产使用情况调查，监控评估水源地、农产品种植区及水产品集中养殖区风险，实施环境激素类化学品淘汰、限制、替代等措施。要加强江河湖泊的治理，推动全流域污染防治，堵住污水、清除垃圾、进行厕所革命，清理土地面源污染；利用水生植物净化湖水、沼泽；限制过量养殖、围湖造田等，为淡水养殖提供良好的水域生态环境。党的十八大以来，特别是防治污染攻坚战以来，全国各地都积极行动了起来，采取了一系列有力措施，打响了保护青山绿水、蓝天碧水的保卫战，并且很快取得了十分明显的成效。但也必须要十分清醒地看到，清洁环境、治理污染，保护绿水青山的任务还相当艰巨，需要持之以恒地抓下去。

推动高质量发展，就要依法推进集约化经营。全国各地有不少集约化经营的好典型，在这次执法检查中，我们看到湖北宜昌枝江市的两个典型，很受启发，是值得学习推广的。

枝江市渔丫头水产养殖合作社，是由一户农民领办的小型专业合作社，成立于 2018 年初，仅承包有 40 亩水塘。合作社坚持绿色高质量发展理念，积极开展"池塘零排放绿色高效养殖"创新型技术试验。合作社现已建成池塘零排放绿色高效圈养系统16套，进行加州鲈鱼、长吻鮠鱼等特色高效水产品养殖，展现出了良好的环境效益和经济效益，为转变渔业发展方式和实施水乡产业扶贫、助推农民增收探索出了一条新路。这种养殖方式很适用家庭小规模经营，农民戏称：一家一户只要有点水面，就可以养“一桶鱼”。养殖所用罐体，是用环保型的合金材料，上部为圆柱体，直径4米，为鱼的活动区；下部为圆锥体，是集污漏斗。罐体高度可依据水深来定，一般为二米或二米以上到三米左右。罐体下部的圆锥体部分为漏洞状，用于收集鱼罐内沉淀的残饵、鱼的粪便及各种排泄物。漏斗安装带阀门的出渣管，用于收集、清运养殖废物。塘外建固体分离塔，专门处理从罐内抽出来的废弃物，经分离处理，清水流入人工湿地，废物可作为农家肥使用。这种罐养技术，是在鱼塘中装罐，罐体有小孔同池塘水相连，只是把鱼放在罐中集中投饵、集中饲养、集中清理水中排泄物，既能使水体保持洁净，又能使鱼儿生活在一定的空间中，还便于饲养和捕捞。每个罐体有效养殖水体大约20立方米，可养鱼1吨以上。按建设水面20%计算，每亩水面可建设养殖罐10套，相比传统散养，可增加10倍的效益。更重要的是，这种方法水损仅在1%以内，而总氮和总磷的去除率则在50%以上。这样养出来的鱼没有泥腥味，肌肉紧实，口感也好。

枝江市一尘合作社养殖基地，是个有一定规模的养殖企业，建于2015年，水域面积120亩。这个合作社采取的是“池塘工业化内循环生态健康养殖”技术模式。池塘内建有循环养殖流水槽9套，一个流水槽圈占水面110平方米，水深2米，每槽每年可产鱼3万斤以上。流槽同池塘相连，用隔板阻挡，通过机械装置，振动增氧，使池塘的水从隔板上部不停地流入槽中，再从流槽的另一端流入池塘，使养鱼槽中的水一直流动不停，鱼儿在流动的水中生活嬉戏。流槽内建有养殖尾水固液分离装置，对流槽的养殖水体进行净化和无害化排放处理，使流槽内始终保持水质良好，以使鱼儿健康生长。这种养殖技术适应一定水域的规模经营，也适应于较大水面的集约经营。

推动高质量发展，就要依法推进规模化养殖。不论从事什么产业，都需要一定的规模，这才能形成规模效益。规模经营可降低成本，集中合理地使用科学技术，合理安排设施设备，批量占领市场，提高竞争能力。水产养殖也是如此，没有一定的规模，小打小闹是很难有好的效益的，更谈不上高质量的发展。

在这次执法检查中，我们来到大连市状元海生态苗业股份有限公司。这家公司成立于2009年1月，建立在大连市长海县大长山岛镇杨家村，注册资金6000余万元。2015年1月完成股份制改造，2015年10月23日壮元海股票成功在新三板挂牌上市进行交易。壮元海海洋牧场位于黄海北部北纬39度、东经121度长海县大长山岛海域。大长山岛四面环海，年平均气温在10度左右，平均湿度约为69%，温和舒适、冬暖夏凉，岛上青山碧水、空气清新，负氧离子含量达到每立方米20000个，拥有国家一类海水水质，海域清澈无污染，尤其适合海参、鲍鱼、海胆、扇贝、牡蛎等海珍品的生长。公司拥有4000多亩的优质海域经营开发权，拥有4000余口鲍鱼养殖鱼排，是集海参、鲍鱼生态育苗、底播养殖、加工销售、技术服务为一体的具有完整产业链的专业型海珍品企业。公司成立以来，一直致力于海域改造，海参、鲍鱼的生态育苗及底播增殖、海珍品的深加工及销售等业务，业绩逐年稳步增长。公司大力发展的“鲍鱼生态养殖”项目，开创性地发展了大连的鲍鱼养殖业，该项目既解决了鲍鱼养殖在夏季遇到的自然灾害严重、鲍鱼成活率低的难题，也带动了长海县藻类养殖产业的发展。目前公司鲍鱼产量占大连地区鲍鱼总产量的一半以上，享有“壹城大连鲍，半壁壮元海”的美称。壮元海海参因品质上乘，也成为国内多家大型医药公司及宾馆酒店的原料供应商。公司非常重视科技创新及人才培养，积极与大连海洋大学等科研机构开展合作，在苗种改良、产品研发等方面不断取得突破与创新，先后获得了农业部及大连市海洋与渔业局颁发的“无公害农产品产地认定证书”、“农业部水产健康养殖示范场”、“海参鲍鱼有机产品认证”、辽宁省及大连市“著名商标”、大连市农业产业化重点龙头企业、大连长海县十大渔业企业等荣誉。

我们还来到了大连昌海全福水产有限公司。这家公司成立于2006年4月，其前身是长海县小长山乡全福海珍品养殖场。现坐落在海珍品资源丰富、品质优异、被誉为“黄海垂钓第一岛”的长海县小长山岛。这是一家集海水贝类养殖、网箱养殖、底播采捕、海珍品育苗、水产品加工、进出口贸易、养老休闲、餐饮接待、垂钓旅游、船舶维修、海珍品销售等多种经营形式为一体的综合性企业。目前该公司已在国家级无公害海域——长海县吧峭岛拥有底播海区1.53万亩、养殖台筏2000台、活鱼网箱450箱。公司充分利用海岛独特的秀丽风景、依山傍水的优势，先后在长海县小长山岛英杰村分别投资建造了一处可以一次性容纳400余人同时住宿用餐的星级酒店式的综合俱乐部，一处具有现代化综合式一次性储藏量可达3000吨的水产品加工基地。公司现已形成以海上生产为龙头、以陆地水产品加工为基础、以综合俱乐部为对外窗口的产、供、销一体的综合式管理模式，并带动了长海县地区农户经济的共同发展。公司主导产业主要从事贝类养殖、网箱养殖、底播采捕等。其中：贝类养殖主要有虾夷扇贝、栉孔扇贝、海参、鲍鱼、魁蚶、贻贝等产品，为水产品加工基地提供了丰富、绿色、环保的有机加工原料。网箱养殖黄鱼、黑鱼等，主要销往韩国等国际市场。底播采捕主要采捕海参、鲍鱼、海胆、扇贝、方格贝等海珍品，为海珍品旗舰店在全国各地的加盟商提供了充足的原料来源。

二

推动高质量发展，必须要坚持从实际出发，依靠科技支撑，来创出自己的品牌，走出自己的路子，取得更好的综合经济效益。辽宁盘锦的稻蟹共生综合种养和湖北潜江的稻虾共生综合种养，都实现了依靠科技支撑，一水两养、一地双收的高效益，为全国水产科技化、集约化、兼作化种养提供了新鲜经验。

辽宁省盘锦市的稻田养蟹模式始创与1991年，时任辽宁盘锦市大洼县河蟹开发增殖站站长李晓东在大洼县荣兴农场农工李宝奇家承包的4亩稻田里进行的尝试，5月底投放蟹苗3.5斤，秋天收获扣蟹（一龄蟹苗，因其纽扣般大小，俗称扣蟹）1180斤，卖了11000元，去掉成本，净赚10000元还多。这种模式迅速在盘锦地区推广开来。经过28年的探索实践，积累经验，这种技术越来越成熟，已经成为当地增收富民的一种主要方式，在国内许多省市和自治区都得到了推广。现在全国稻蟹养殖规模已超过600万亩，仅辽宁盘锦市2019年就实现了68.5万亩。稻渔综合种养技术2018年被中国水产科学研究院列为改革开放40年来十大渔业科技创新成果之首。

稻蟹养殖模式现已发展成为稻田养殖扣蟹和稻田养殖成蟹两种模式：1. 稻田养殖扣蟹。亩投放蟹苗（大眼幼体）200克，秋季可产扣蟹150斤，单价8元/斤，产值1200元；水稻产量1300斤，单价1.7元左右，比不养蟹稻田的水稻价格高出0.2元以上（还有更高的），产值2200元；两项收入合计3400元，去除成本1100元，可实现利润2300元左右。2. 稻田养殖成蟹。亩投放蟹苗（扣蟹）500只，成活率40%，秋季收获200只，平均规格为0.2斤/只，亩产成蟹40斤，平均价格30元左右，产值1200元，水稻与扣蟹模式基本持平，亩也可实现利润2300元左右。稻蟹共生，“一水两用、一地双收”，稻田的水除了用于栽种水稻，还可以用来养殖河蟹，稻田因养蟹实现了翻倍的收入，既实现了农民收入的增加，又保护了农民种粮的积极性。

盘锦光合蟹业有限公司作为稻蟹共生技术首创单位，首创了河蟹生态育苗技术，海蓄工厂化育苗技术，承担了国家“863计划”《中华绒螯蟹良种培育》和国家十二五科技支撑计划《河蟹新品种选育技术研究》，以及辽宁省科技计划《渔业新品种引进开发》等科研课题。目前已获得通过验收和鉴定的科技成果有46项。其中获得国家科技进步二等奖1项，农业部科技推广项目一等奖1项，省科技进步一等奖1项、二等奖5项，市厅级科技进步一、二等奖9项。这些成果通过转化促进了我国河蟹产业的发展，使其成为了一项增收富民的支柱产业，光合公司也因此成为我国河蟹产业的领军企业，继2016年作为农业部组建的国家河蟹产业科技创新联盟的理事长单位之后，2018年又成为中国渔业协会河蟹分会的会长单位。公司以专业的技术团队、严谨的管理、锐意的创新，着力打造河蟹品牌。作为河蟹产业的龙头企业，他们一直以“产生态精品福万户千家”为使命，凭借具有自主知识产权的核心技术来形成竞争力，开创了“公司+农户+基地+服务站”的经营模式，通过订单农业直接带动农民进行稻蟹共养10000多户，养殖蟹稻田40多万亩，年产“蟹稻家”牌优质蟹田大米20万吨。“稻田养蟹”技术推广以来，在全国推广面积达600万亩，累计为农民增收500多亿元，靠养蟹解决农村剩余劳动力就业近万人。这不仅为广大养殖户带来滚滚财源，创造了极大的社会效益，同时也使企业取得了长足的发展。

目前，稻蟹共养模式，除在辽宁省推广外，在吉林、黑龙江、内蒙古、新疆、甘肃、宁夏、四川、山西、陕西、江苏、安徽、江西、湖南、湖北、天津等省市和自治区也有推广，已经成为提高农民收入，保证粮食质量安全，实现高质量发展的一种有效方式。

湖北省潜江市从2001年开始探索由“虾稻连作”，发展到现在的“虾稻共作”，形成了集科研示范、良种选育、苗种繁殖、生态种养、加工出口、冷链物流、交易仓储、餐饮服务、节庆文化和旅游休闲为一体的完整产业链条。潜江市被认定为首批国家现代农业产业园,并获得首批国家农村产业融合发展示范园称号,承办了国家农村产业融合发展示范园创建培训班、全国稻渔综合种养现场会、全国虾稻共作稻田综合种养技术集成示范现场会等系列会议,先后荣获“中国小龙虾之乡”、“中国小龙虾加工出口第一市”、“中国虾稻之乡”、“中国小龙虾美食之乡”等荣誉称号。2018 年,潜江市建成高标准虾稻共作基地 75 万亩,小龙虾养殖产量达 13.5 万吨,稻虾综合产值达 320 亿元。

为抢占产业发展制高点,潜江市坚持标准引领,制定和发布了《潜江龙虾虾稻共作养殖技术规程》等 18 项虾—稻产业标准,涵盖一二三全产业链的小龙虾标准体系初步形成。他们坚持质量引领,积极开展虾稻投入品专项整治行动,针对农药、饲料等虾稻投入品进行全面检查,检查门店及经营资质现场 400 余家,共立案查处涉嫌违法案件 20 起,处罚金额 10 多万元。他们坚持贸易引领,成立湖北小龙虾交易中心,实现年交易小龙虾 30 万吨,其中外地小龙虾来进行交易的占比近 80%,成为湖北乃至中部地区小龙虾交易集散地。他们大力发展互联网 + 小龙虾,建成中国虾谷网等网上交易平台,预计 2019 年小龙虾交易额可达 100 亿元。从这里走出的小龙虾产品远销欧、美、日、韩等 30 多个国家和地区。他们坚持高端引领,建设虾稻产业“六大中心”,实现了小龙虾交易、数据监测、质量监测等全面发展、系列经营、系统管理。他们突出品牌驱动,为提升潜江龙虾影响力,出台了《关于打造“潜江龙虾”区域公用品牌行动方案》,对稻虾共养与销售加工进行专业化管理,全力打造潜江龙虾区域公用品牌,培育潜江龙虾国家级品牌。目前,潜江龙虾已荣获国家地理标志证明商标、中国驰名商标、中国百强农产品区域公用品牌,被列为中欧互认免检农产品地理标志产品。潜江龙虾区域公用品牌已达 203 亿元,位列全国龙虾区域公用品牌第一。

他们采取联盟化运营,与 15 个地方和 59 家企业结成潜江虾稻产业发展合作联盟,实现品牌及标准共建共享共用,并推进全面升级,精耕发展产业链条。他们实行“企业 + 合作社 + 村集体 + 农户”模式,高标准建成虾稻共作基地,实现全程云计算分析、大数据监控、物联网追溯、生态化养殖。他们依托华山、莱克等 13 家小龙虾本土企业,引进正大集团、周黑鸭、安井食品、国联水产等多家知名企业,拓展了小龙虾精深加工链条。特别是,他们用虾头虾壳提取甲壳素,推动小龙虾从传统农业跨入了现代生物医药领域。深度开发甲壳素、休闲食品,年加工能力已 35 万吨,出口创汇 2 亿美元。他们成立了潜江龙虾学校,在全国首设小龙虾专业,并被纳入国家高等院校培养计划。他们持续做大小龙虾餐饮、电商、物流等产业,推进“万师千店”工程,加快冷链仓储和物流配送中心建设,畅通冷链鲜活运输车辆运送通道。同时,他们还大力实施产业“走出去”战略,鼓励市域内小龙虾养殖大户、加工企业、餐饮企业到外地建设虾稻共作基地、加工基地、开设分店等,着力推动潜江龙虾品牌和标准向域外延伸。

现在,他们正在进行产业融合,进一步拓展产业发展空间。他们以龙虾产业为主线,结合荆楚文化、农耕文明等旅游资源,谋划虾旅项目,打造虾旅品牌,正在推出小龙虾美食之旅、小龙虾玩乐之旅、小龙虾游学之旅三条小龙虾主题旅游线路,要把食客变成了游客。他们以潜江龙虾为原始形象,设计特色龙虾吉祥物,开发文具、玩偶、配饰等实物创意产品;推动“龙虾 + 城建”,建设潜江生态龙虾城、龙虾学校、龙虾博物馆等,要以虾名城,以城托虾,城虾全面深度交融。他们坚持以产业振兴带动全面振兴,把虾稻共作基地建设和高标准农田整治与特色小镇、美丽乡村、人居环境整治等结合起来,通过土地流转、连片连户以及水网连通、电网连通、路网连通、林网连通、节点景观打造,来建设成方连片的 21 万亩虾稻田园综合体,着力将其打造成旅游观光、美丽乡村、生态宜居的示范基地。

实践出真知,经验在基层,这些好的做法,都是在积极探索我国渔业高质量发展和乡村振兴的路径,需要引起高度关注,给予引导支持和必要的帮助,使其健康顺利发展,能为全国提供可资借鉴的新鲜经验。

三

推动渔业高质量发展,还必须要以市场为导向来深入推进渔业领域的改革,进一步合理调整渔业的生产结构,以不断满足人们对水产品的新需求。

渔业生产的季节性很强,特别是海洋捕捞业,要根据气候、天气、洋流、鱼汛等情况来进行捕捞,期间还有休渔期和休渔的区域,不是一年四季都能出海作业的。在捕鱼季节,集中出海捕捞,也就会集中上市供应。虽然海洋捕捞也有淡旺季、大年小年之分,这也属于自然法则,不是每次出海、每年出海都是满载而归的。旺年旺季供应就丰富,甚至会富足，出现鱼多价低的现象；而到了小年、歉收之年，就可能供应不足，出现鱼少价涨的现象。市场多多少少，起起落落，这都属于正常现象，只要不出现大的震荡就不会出问题。就中国人的饮食结构来看，能引起市场较大波动的是粮食，特别是小麦、水稻、玉米、大豆四大作物。小麦、水稻是中国人的主要食用作物，北方人喜爱面食，南方人喜欢大米，这两样出了问题，就必然会引起一些波动甚至震荡。玉米虽是主要粮食作物，但现在大部分是作为饲料来用的，只有少量用于食用和生物制药，如果大幅度减产了，影响到了饲料生产，就会直接影响到养殖业的发展，就会出现肉蛋供应紧张。大豆主要是用于榨油和饲料，我们的大豆有很大缺口，主要依靠进口来解决我们的食用油和饲料中的豆粕问题，经常有些小的波动，但没有出现大的问题。但问题始终是存在的，需要解决好多渠道进口和我国农业种植结构的调整，特别是解决好大豆的品种、产量和比较效益问题。能对市场造成影响的肉蛋蔬果之类，主要是牛羊肉、猪肉、鸡肉和鸡蛋，其中猪肉是最为关键的。水产品对市场有些影响，但不大。瓜果蔬菜也有些影响，也不断有些小问题、小波动，但影响不了大局。蔬菜生产周期短，一季缺了，下一季就可以很快补上来，而且品种很多，可以调剂，只要认准市场进行调控，就不会出现太大的问题。水果很重要，但起不了决定性的作用，多点少点对人们的生活影响不是太大。

农牧渔业产品在市场中的定位很重要，找准了位置，才能进行科学的生产经营。现在人们对水产品的需求日益旺盛，这是个发展趋势。在我们的食物构成中，水产品不是多了，而是还很不够。当然这有个地域条件和生活习惯问题。在南方沿海沿江沿湖一带，吃鱼鳖虾蟹可能是很普遍很普通的事，而在北方，包括中原地区、西北地区，乃至西南一些地区，则是作为改善生活、招待客人、过节享用的较为奢侈的食品。这也是地理环境和生活习惯所致，也包括经济条件烹饪技术所致。但相比较而言，改革开放以来，随着经济的快速发展，人民生活水平的大幅提高，鱼鳖虾蟹等水产品也走上了普通百姓的餐桌，需求量也越来越大了。水产品养殖业、捕捞业还是需要进一步发展的、充满生机活力的产业。之所以也有一些市场波动，主要是上市的时间和产品的品种问题，还不是一般经济发展规律的产品过剩问题。水产业高质量发展还是主要的。

发展，要坚持科学发展，高质量发展，根据市场的发展趋势、人们对渔业产品的新需求来谋划发展。不论从事什么样的生产、经营，都一定要研究市场，跟着市场需求走。渔业产品种类很多，除野生的捕捞外，水产的养殖，不论是淡水养殖还是海水养殖，都应该依据市场的需求来进行合理安排。全国有不少水产养殖大企业、大专业户，都走出了很好的路子，创造了新鲜经验，也创出了名牌产品。诸如辽宁沿海的辽参养殖，就形成了规模，形成了品牌，打开了市场；江苏阳澄湖的大闸蟹养殖也名扬四海，形成了规模；江苏淮安、湖北荆州、洪湖、潜江一带的小龙虾养殖也都市场很红火，发展很迅猛。去年我到广西进行农产品质量安全法的执法检查，在钦州市参观了一个牡蛎养殖场，规模很大，效益很好。这个养殖场采用的是流动的放养方式，在淡水河里育苗、培育，长到一定程度后，用船拖到海里进行养殖，就如草原上放牧一样，在江河和海洋中进行游走式牧养。全国各地都有许多好的典型和经验，都值得学习和推广。

按照市场需要来科学安排我们的水产养殖，要特别注意水产品的上市时间和质量、品种要求。水产品的市场需求，在宾馆、饭店、大排档等餐饮业，是一年四季都很旺的；在东南沿海一带和江南水乡之地，也是一年四季都有大量需求的；而在中原地区、北方地区和西北一些地区，主要是过年过节、喜庆之日、喜庆之事之时，才会大量需求。这是目前的消费习惯，短时间还改变不了。水产养殖就要充分考虑这个实际需求，来考虑我们的养殖。要加强保鲜、贮存设施的建设，能使人民群众吃上新鲜的、高质量的水产品，加强市场管理工作，确保卫生安全，这是至关重要的。

在天津市渔业法执法检查汇报会上的讲话提纲

（2019 年 9 月 23 日）

全国人大常委会副委员长　万鄂湘

渔业是农业农村经济的重要产业，是实施乡村振兴战略、打赢脱贫攻坚战的重要途径，是推动生态文明建设的重要环节，渔业法是实现依法治渔、依法兴渔的根本制度遵循。开展渔业法执法检查是全国人大常委会今年监督工作的重点之一，此次检查渔业法贯彻实施情况，也是该法自 1986 年制定实施以来全国人大常委会开展的第一次执法检查。这次来到素有“河海要冲”之称的天津，重点对水产养殖、远洋捕捞、渔业资源利用等法律条文的执行情况进行检查。

今天是检查组到天津市开展执法检查的第一天，上午，我们到了天津市水产研究所，实地检查了支撑渔业绿色发展、水产苗种检疫、渔业生态环境及水产品质量检测等科研情况。后面两天我们还将先后到宝坻区、宁河区、滨海新区等实地检查养殖证制度实施、水产优良品种繁育和养殖、渔港渔船管理、捕捞许可证制度实施、规范海洋渔业管理和合作等情况。刚才，市政府及有关部门负责同志介绍了天津市贯彻实施渔业法的总体情况，分析了法律贯彻实施过程中遇到的主要矛盾和突出问题，对如何进一步贯彻落实法律责任，推动修改完善渔业法提出了具有很强针对性、很有价值的意见和建议，对此检查组要认真梳理，归纳总结，如实反映到执法检查报告中。下面，我再讲几点意见：

一、充分认识贯彻实施渔业法的重要意义

党的十八大以来，以习近平同志为核心的党中央高度重视现代渔业发展，在合理确定内陆水域养殖规模、推进水产养殖减量增效、统筹海洋渔业资源开发、规范有序发展远洋渔业、建设现代化海洋牧场、支持渔民减船转产等方面提出了明确要求，为推动现代渔业实现高质量发展指明了方向。面对进入新时代我国渔业发展面临的新形势新任务，贯彻实施好渔业法对于推动我国渔业实现高质量发展，助力实施乡村振兴战略，满足人民群众对优质水产品和优美水域生态环境的需求具有重要意义。

*贯彻实施渔业法有利于推动渔业实现高质量发展。*改革开发以来，我国渔业发展取得巨大成就，实现了持续较快发展，水产品产量连续 30 年居世界首位，连续 17 年成为世界第一水产品贸易大国。进入新时代，我国渔业发展已经由高速发展阶段转向高质量发展阶段，需要着力解决水产品总量相对过剩和结构性短缺并存问题。习近平总书记指出，“农业的主要矛盾由总量不足转变为结构性矛盾、矛盾的主要方面在供给侧，必须深入推进农业供给侧结构性改革”。推动渔业生产由保障供给数量向提质增效、减量增收转变，不断提升渔业经济综合效益是对现代渔业发展提出的新要求。贯彻实施渔业法要立足于推动解决人民群众对优质安全水产品的需求与水产品供给结构性失衡之间的矛盾，加快推进渔业供给侧结构性改革，构建完善现代渔业产业体系，提升现代渔业发展质量，为实现我国由渔业大国向渔业强国转变提供法治保障。

*贯彻实施渔业法有利于推动乡村振兴战略实施。*随着国家不断推进渔业领域改革，渔业在我国农业农村经济发展中的地位不断上升，有效推动了渔区渔村建设和渔民快速增收。当前，我国仍有渔业乡 733 个，渔业村超过 7900 个，渔业人口 1870 多万，其中传统渔民超过 610 万。进入新时代，以习近平同志为核心的党中央作出了实施乡村振兴战略的重大部署，作出了打赢脱贫攻坚战的庄严承诺，如何在新形势下实现渔村全面振兴，推动渔村社会经济事业协调融合发展，如何克服渔业资源日渐衰退对渔民持续增收带来的瓶颈制约，确保全面小康路上一个都不掉队，成为现代渔业发展面临的新挑战。贯彻实施渔业法要立足于推动解决实现渔村全面进步与渔区发展相对滞后、推动解决富裕渔民与渔业资源相对不足之间的矛盾，着力改善渔区基础设施条件，推进渔区社会事业全面发展，不断提高渔民生活水平，为实现渔村振兴、渔民富裕

提供法治保障。

贯彻实施渔业法有利于推动水域生态文明建设。长期以来，主要追求产量增长和拼资源、拼消耗的粗放经营方式，使得渔业资源修复能力日渐弱化，水产养殖布局不合理、养殖水域周边污染、不科学不协调的养殖方式，造成渔业水域生态环境不断恶化。党的十九大提出要加快生态文明体制改革，大力推进绿色生产方式，解决突出环境问题，习近平总书记强调，“那种吃祖宗饭、断子孙路、竭泽而渔的发展方式，决不能再延续下去”。实现渔业绿色发展，要瞄准生态文明建设的新目标，助力打赢党中央确定的长江保护修复、渤海综合治理等攻坚战。贯彻实施渔业法要立足于推动解决优美水域生态环境需求与渔业资源环境过度利用之间的矛盾，坚持生态优先、绿色发展方向，推动渔业生产方式由超量捕捞、粗放养殖向耕海牧渔、绿色生态转变，由重渔业资源利用、过度开发向重资源养护、休养生息转变，为推动渔业水域生态文明建设，实现人与自然和谐共生提供法治保障。

贯彻实施渔业法有利于推动实施国家海洋战略。海洋是我国经济社会发展重要的战略空间，建设海洋强国是中国特色社会主义事业的重要组成部分。习近平总书记指出，“面向海洋则兴，放弃海洋则衰”，“要进一步关心海洋、认识海洋、经略海洋，推动我国海洋强国建设不断取得新成就”。海洋渔业是海洋经济发展的传统产业和重要组成部分，“渔界所至，海权所在也”，多年来我国坚决履行国际渔业义务，依法处置远洋渔业违法违规行为，树立起负责任的国际渔业大国形象。当前，一些外籍渔船非法越界和国内渔船擅自出境捕捞现象并存，渔业涉外事件时有发生，面对国际及区域渔业组织资源保护日趋严格的趋势，加强海洋渔业规范化管理需要有新作为。贯彻实施渔业法要立足于推动解决维护保障海洋渔业权益与涉外渔业精细化管理不足之间的矛盾，不断提升涉外渔业规范化管理水平，依法维护我国海洋渔业生产正常秩序，深入推进远洋渔业合作，为推动实施国家海洋战略，维护国家海洋渔业权益提供法治保障。

二、推动解决渔业法贯彻实施中的突出问题

贯彻实施好渔业法，要聚焦推动渔业升级、渔村振兴、渔民富裕、渔业水域生态文明的目标任务，坚持依法规范渔业生产秩序与富裕渔民相结合，坚持合理开发利用渔业资源与加强渔业水域生态环境保护相结合，坚持维护国家海洋权益与推进远洋渔业合作相结合，深入贯彻好落实好党中央关于现代渔业发展的决策部署。

一是依法规范渔业生产经营行。依法规范渔业生产经营行为，是促进现代渔业调结构、促升级，推动渔业生产方式转变的重要手段。要贯彻落实渔业法第10条、第11条关于养殖水域滩涂的规划和利用，第11条养殖证制度，第23条捕捞许可证制度，第16条水产优良品种选育和推广，第19条养殖投入品使用，第27条渔港建设管理等法律规范的贯彻实施情况，加快构建现代渔业绿色发展的空间格局、产业结构和生产方式，不断提升发展质量和综合效益，在确保不发生水产品质量安全事件的基础上，切实增强优质、特色、绿色、生态水产品供给。

二是依法推动渔业资源养护。依法保护和增殖渔业资源，是促进渔业可持续发展和渔民持续稳定增收，保护水生生物多样性的重要途径。要贯彻落实渔业法第22条关于捕捞限额制度，第28条渔业资源增殖放流，第30条禁渔区、禁渔期管理，第29条水产种质资源保护，第16条、第17条水产苗种生产和进出境检疫，第37条水生野生动物保护等法律规范的贯彻实施情况，推动建立江河湖海全覆盖的资源养护格局，打好长江流域重点水域禁捕攻坚战，在加大资源养护力度，确保休禁渔期间“船泊堤、网进仓、人向岸”的同时，健全完善休渔和油价补贴、渔民减船转产、渔业相关产业发展等扶持政策，确保渔民生活水平不降低，长远生计有保障。

三是依法强化渔业水域生态环境保护。依法加强渔业水域生态环境保护和修复，是打赢环境防治攻坚战，统筹山水林田湖草系统治理的重要内容。要贯彻落实渔业法第20条关于养殖业生产者应合理确定养殖密度、合理投饵施肥用药、防止养殖水域环境污染、第36条关于各级政府应采取措施保护和改善渔业水域生态环境、第47条关于渔业水域生态环境破坏和渔业污染事故处置等法律责任的贯彻落实情况，发挥现代渔业生态服务功能，以长江、渤海为重点推动渔业水域生态文明建设，改善养殖水域和滩涂环境，早日恢复水清岸绿、鱼翔浅底的良好水域生态。

四是依法加强海洋渔业管理合作。依法强化

海洋渔业管理,推动国际渔业合作,是落实控制近海、拓展外海、发展远洋的海洋渔业发展方针,维护保障国家海洋渔业权益的重要举措。要贯彻落实渔业法第 21 条关于扶持远洋捕捞业发展,第 8 条、第 46 条关于外国人、外国渔业船舶进入我国管辖水域,从事渔业生产或渔业资源调查活动的管理规定,第 23 条关于规范我国渔船到他国管辖海域从事捕捞作业行为等法律制度规范的贯彻落实情况,一方面依法处理在我国海域发生的非法越界捕捞行为,一方面教育引导我国渔船渔民履行相关法律义务,深化双边多边渔业合作,加快海洋牧场建设和远洋渔业发展。

五是依法落实渔业执法监督责任。依法明确渔业执法监督职责,落实监管责任,是保障渔业生产经营者合法权益,维护公平有序市场环境的重要基础。要贯彻落实渔业法第 6 条、第 7 条关于统一领导、分级管理的渔业监督管理机制落实情况,推动完善渔业执法工作机制,强化渔政、交通、海警、公安、资源、环境等多部门各负其责、协同配合,既不能相互推诿扯皮,更不能出现执法真空。要督促执法监管部门贯彻实施渔业法第 24 条、第 30 条、第 38 条等相关法律规定,依法查处涉渔“三无”船舶、电毒炸捕捞方式、使用“绝户网”进行捕捞等违法行为,维护渔业生产秩序,合理开发利用渔业资源。

同志们,今明两年是全面建成小康社会的关键之年,我们要始终坚持以习近平新时代中国特色社会主义思想为指导,深入贯彻落实习近平总书记关于坚持和完善人民代表大会制度的重要思想和关于“三农”工作的重要论述,贯彻好落实好渔业法,以更高的自觉,贯彻落实党中央深化渔业供给侧结构性改革,推动渔业高质量发展的决策部署;以更大的力度,促进现代渔业加快转型升级,推动渔业绿色发展;以更实的举措,持续改善渔业水域生态环境,维护国家海洋权益;以更强的担当,推动乡村振兴战略实施和打赢脱贫攻坚战,实现渔村全面进步,渔民全面发展。

最后,我代表检查组对天津市委、市人大、市政府,各有关区县及有关部门和所到地方,对我们这次执法检查工作的大力支持、热情帮助表示衷心的感谢。

在海南省渔业法执法检查汇报会上的讲话提纲

全国人大常委会副委员长　万鄂湘

(2019 年 10 月 18 日)

同志们:

首先感谢海南省委、省人大、省政府,各有关区县、乡镇及有关部门,对我们这次执法检查工作的大力支持、精心准备、热情服务。

开展渔业法执法检查,是全国人大常委会贯彻落实党中央决策部署、助力乡村振兴战略的具体行动,是常委会 2019 年监督工作的重点之一。此次检查是自 1986 年制定实施渔业法以来,全国人大常委会第一次对渔业法贯彻实施的情况开展执法检查。9 月底,我们这个检查组去了天津市,重点检查了天津市的渔业资源保护、水产绿色养殖、养殖投入品监管、渔港建设及管理等情况,同时对 6 家养殖企业的泥鳅、鲤鱼和大鳞鲃等 3 个品种、8 个样品进行了氯霉素、孔雀石绿等 7 种禁用药物残留抽检,10 月 8 日,检查组收到抽检结果汇报,本次抽检的 8 个样品全部合格,合格率 100%。

这次检查组又来到海南省,先后到了琼海市、文昌市、临高县、澄迈县,实地检查了渔港建设和管理、近海捕捞、热带海水良种繁育、淡水养殖、深水网箱养殖、鱼饲料生产和水产品加工等情况,走访了有关科研机构、渔港渔村、渔业企业,与大家进行了交流座谈。通过这几天的检查和调研,我们看到,海南省各地各部门坚持贯彻落实渔业法及其配套法规,大力发展捕捞和养殖、探索发展现代化海洋牧场,建立健全渔业产业体系,渔业一二三产业不断融合发展,积累了一些好经验和好做法。

一是“依法治渔、依法兴鱼”成效明显。2018 年,全省水产品产量 176 万吨,海洋捕捞产量占全省水产品产量的 61.6%;淡水养殖罗非鱼产量 30.56 万吨,居全国第二位;罗非鱼和南美白对虾苗种产量分别占全国第二位和第三位,苗种业已初步形成完整产业链,成为全国重要的水产苗种繁育基地;渔民人均纯收入不断提高。

二是渔业基础设施建设稳步发展。加强渔港建设规划，积极开发渔业港湾资源，建成中心渔港6座、一级渔港7座；建成三亚蜈支洲海洋牧场，在建海洋牧场项目7个。推进“智慧海洋”建设，在全国率先实现北斗、雷达、光电、船舶自动识别系统数据“四合一”；立足现有码头、港口，建设环岛执法船艇联勤保障体系。投入无人机执法团队到执法一线。

三是渔业绿色发展推动有力。调整优化发展空间布局和结构，依法规范水产养殖业，划定禁养区水产养殖场24.9万亩。实施海洋渔业资源总量管理，积极推进减船转产；将南渡江、万泉河、昌化江的干流段纳入禁渔范围，水域生态环境得到有效整治和保护；探索发展海洋休闲渔业，推进渔业一二三产业融合。

四是渔业监督执法、维护渔业权益持续加强。海南省各级渔政机构，以及政府相关职能部门依法履职尽责，发扬“特别能吃苦、特别能战斗、特别能奉献、特别有作为”的中国渔政精神，有序组织渔船渔民从事渔业生产作业，维护渔民合法权限；持续开展专项执法行动，严厉打击渔业违法违规行为，渔业管理的法治化水平稳步提高。

总的来讲，海南省坚持贯彻实施渔业法，现代渔业建设、渔业水域生态环境保护、渔业资源管理等工作扎实有力、成绩显著。刚才，省政府及有关部门的负责同志详细介绍了海南省贯彻实施渔业法的总体情况，对如何进一步贯彻落实渔业法提出了具有很强针对性、很有价值的意见和建议，对此检查组要认真梳理，归纳总结，反映到执法检查报告中。

下面，结合在海南省的执法检查情况，我再谈几点意见：

一是要充分认识贯彻实施渔业法的重要意义。渔业是农业农村经济的重要产业，是实施乡村振兴战略、打赢脱贫攻坚战的重要途径，是推动生态文明建设的重要环节。党的十八大以来，以习近平同志为核心的党中央始终坚持把“三农”工作作为全党工作的重中之重，高度重视现代渔业发展，在合理确定内陆水域养殖规模、推进水产养殖减量增效、统筹海洋渔业资源开发、规范有序发展远洋渔业、建设现代化海洋牧场、支持渔民减船转产等方面提出了明确要求，为推动现代渔业实现高质量发展指明了方向。海南岛是我国第二大岛、海南省是全国海洋面积第一的省份，沿岸可供开发渔业港湾68处，海域面积200多万平方公里，拥有北部湾渔场、清澜渔场、三亚渔场、西中沙渔场、南沙渔场等优良渔场，渔业资源丰富、产业优势明显，渔业发展形势好、空间也大。渔业法是实现依法治渔、依法兴渔的根本制度遵循，贯彻实施好渔业法对促进渔业转型升级、贯彻好落实好党中央关于现代渔业发展的决策部署意义重大。

二是要推动渔业实现绿色发展。党的十八大以来，我国将绿色发展作为渔业“十三五”乃至更长时期发展的重要方针，明确提出“提质增效、减量增收、绿色发展、富裕渔民”的目标任务，我国渔业进入了绿色发展期。长期以来，有的地方存在不同程度的水产养殖布局不合理、局部地区养殖密度过高、天然水域水生生物资源利用强度过大的问题，粗放的经营方式使得渔业资源修复能力日渐弱化，造成渔业水域生态环境不断恶化。因此，资源和环境双重约束下的渔业可持续发展，必须将绿色发展理念贯穿于渔业生产全过程，积极探索生态优先、绿色发展的渔业新路子。要结合国家生态文明试验区建设，立足于南渡江、昌化江、万泉河三大流域生态环境保护，加强河湖水域、海岸线生态修复，坚持陆海统筹，科学规划和严格管控陆域和近岸养殖，实行近海捕捞限额管理，推动渔业生产由近岸向外海转移，加快发展深海网箱养殖、现代化海洋牧场、休闲渔业，尽快实现水域生态和渔业生产相互协调、生态保护和渔业发展相得益彰的渔业发展新格局。

三是要推动渔业资源实现科学合理利用。渔业资源是水生生物资源的重要组成部分，是渔业发展的物质基础。海南省三大江河流域面积占全岛面积的47%，所辖海域是国内发展热带海洋渔业的重要地区，南海海洋生物品种繁多，海洋鱼类1000多种，鱼类、虾类、贝类和藻类品种资源丰富，有46种较为常见的珍稀濒危水生野生动物，其中包括中华白海豚、鹦鹉螺、中华鲟、红珊瑚、绿海龟、三线闭壳龟、灰海豚等，是珍稀濒危水生野生动物重要栖息地。要依法保护和增殖渔业资源，确保休禁渔期间“船进港、证集中、网封存、人上岸”，依法查处涉渔“三无”船舶、使用“绝户网”进行捕捞等违法行为，维护渔业生产秩序，合理开发利用渔业资源。同时，健全完善休渔和油价补贴、渔民减船转产、渔业相关产业发展等扶持政策，确保渔民生活水平不降低，长远生计有保障。

四是要依法加强海洋渔业管理合作。依法强化海洋渔业管理，推动国际渔业合作，是落实控制近海、拓展外海、发展远洋的海洋渔业发展方针。

南海诸岛及其附近海域是海南渔民的"祖宗海"和"责任田",要积极参与"护渔"行动,维护国家海洋权益,加强我国海域的综合管控与开发能力。要深化双边多边渔业合作,推进与"一带一路"沿线国家和地区国际渔业合作,加强与东南亚国家沟通交流,开展海洋渔业、海洋资源保护等合作,推进"一带一路"建设。

同志们,21 世纪是海洋的世纪,海南因海而名、依海而生,也必须因海而兴、依海而强。希望同志们在工作中把握好现代渔业发展与海洋经济发展、生态文明建设、"一带一路"建设的关系,在贯彻实施渔业法中,围绕提高海洋渔业开发能力,持续推动海洋经济发展,落实好党中央关于现代渔业发展的方针政策和决策部署。

对检查渔业法实施情况报告的意见和建议

2019 年 12 月 25 日,十三届全国人大常委会第十五次会议审议了全国人大常委会副委员长武维华作的全国人大常委会执法检查组关于检查渔业法实施情况的报告,共有 32 人次发言。现根据会议发言情况,将常委会组成人员和列席人员的主要意见整理如下。

出席人员普遍认为,渔业是农业农村经济的重要产业,是实施乡村振兴战略的重要途径,是生态文明建设的重要内容。党的十八大以来,国务院及地方各级政府贯彻落实党中央推动现代渔业发展的决策部署,认真贯彻实施渔业法,依法规范渔业生产活动,推动我国渔业经济持续健康发展。全国人大常委会今年检查渔业法实施情况,是法律 1986 年实施以来开展的第一次执法检查,是今年常委会的一项重要监督工作。大家充分肯定执法检查组的工作,普遍赞成执法检查报告,希望有关方面积极研究落实。大家强调,要依法规范渔业生产经营,大力发展绿色生态养殖,加强捕捞监督管理,鼓励扶持远洋渔业,促进渔业资源永续利用,实现渔业升级、渔村振兴、渔民富裕。审议中,大家还提出了一些具体意见和建议。

一、推动渔业高质量发展

部分出席人员认为,随着经济社会快速发展和渔业供给侧结构性改革不断深入,人民群众对优质安全水产品、优美水域生态环境的需求与水产品供给侧结构性失衡、渔业资源过度利用之间的矛盾仍较为突出。建议科学制定"十四五"期间全国渔业发展五年规划,处理好顶层设计和分层对接的关系,指导各地方因地制宜制定本地渔业发展、养殖水域滩涂规划等,引领渔业健康绿色高质量发展。

部分出席人员指出,发展远洋渔业不仅有利于改善我国渔业产业结构,提高产业综合实力和国际竞争力,也有利于提升中国在全球渔业资源开发利用中的话语权。建议将促进远洋渔业发展作为"一带一路"建设的重要内容,加大扶持力度,在渔业企业境外发展海水养殖、境外基地建设、产品运回国内关税减免等方面予以政策支持。有的出席人员说,现在很多渔业企业存在用工难、用工贵问题,国内年轻人从事远洋渔业意愿低。渔业船员管理办法规定外籍公民担任中国籍渔船船员的人数不能超过船员总数的 30%,而企业到国外从事渔业生产时,所在国往往要求当地船员的比例远超过我国所规定的比例。建议适应渔业发展新形势,放宽远洋渔船雇佣外籍船员的限制。

二、促进渔业资源永续利用

有些出席人员认为,我国捕捞能力快速提升与渔业资源可承载能力持续下降的矛盾十分突出,多种传统优势鱼类品种减少甚至灭绝。应强化水产种质资源有效保护和合理利用,建立水产种质资源库,加大对鱼类产卵场、索饵场、越冬场和洄游通道的专门保护力度,着力加强濒危经济类野生水生动物种群的保护。有些出席人员指出,不少渔民的渔业资源保护意识和法律意识淡薄,掠夺式消耗渔业资源。应加大法律和渔业资源保护宣传力度,增强群众法律意识和渔业资源保护意识,减少和杜绝对幼鱼幼虾的滥捕、滥销行为。

部分出席人员指出,维护渔业资源永续发展,要处理好渔业水域生态环境保护和水产养殖业发展之间的关系。一方面,有的地方对渔业保水净水生态功能存在片面认识,简单认为水产养殖一定会造成水体污染,对开放水域养殖一禁了之。另一方面,工业、生活、航运等活动造成的渔业水域污染事件时有发生,近岸污水管网不配套、污水处理比例不高、直排超标等问题未得到根治,导致优质养殖水域越来越少。部分养殖生产者为降低成本,过度追求高密度超容量养殖,盲目投放饵料,造成内源性环境污染。建议:(1)加强对渔业与水域生态环境保护的综合研究,宣传渔业生态功能的科学知识和有益经验,转变水产养殖都会对环境造成负面影响的错误认识。(2)落实政府保护渔业水域生态环境的责任,建立以排污许可制为核心的固定污染源监管制度体系,统筹推进陆海生态环境的综合治理。(3)落实渔业法有关合理投饵、施肥、使用药物的规定,建立水产生态健康养殖制度,鼓励发展不投饵的滤食性鱼类和滩涂浅海贝藻类的养殖,推动"用水"和"养水"相结合。有的出席人员提出,有的地方推行工厂化规模化养殖,划定大片连接养殖海域,超过海水环境养殖容量,不利于渔业资源可持续发展,建议慎重对待此类规模化养殖方式。

三、强化渔业生产权益保障

有些出席人员提出,随着资源环境约束增大,大量渔民减船转产,"失海"现象日益严重,给渔民再就业和持续增收带来很大压力。2020年起将在长江流域重点水域实行为期十年的禁捕,很多渔民需要上岸转产,部分地方政府给予了休渔期收入补偿、捕捞权收回补偿等补助措施,但仍不足以维持渔民的长久生计。建议像重视失地农民问题一样重视退渔转产渔民问题,通过产业扶持、转移就业、生态补偿、技能培训、社会保障等多种措施,确保这些渔民能上岸、有产业、能发展、稳得住。

部分出席人员指出,随着一些地方大量养殖水域滩涂被占用,养殖证权属定性也比较模糊,影响渔民稳定增收和稳定就业。建议依法明确养殖水域滩涂的物权属性,参照农村土地承包法关于土地承包期限的规定,合理确定承包经营集体水域滩涂从事养殖的期限,稳定基本承包关系;完善水产养殖许可制度,健全养殖权益保护的相关规定。

四、强化渔业发展科技支撑

部分出席人员指出,我国渔业科技研发应用落后于现代渔业发展需要,主要体现在苗种退化严重、良种不良、发病率偏高、抗病疫苗较少,缺少与绿色养殖相适应的污染治理技术及专门的水产检疫人员等方面。建议有针对性地加强渔业绿色发展的关键技术研究和应用推广,特别是加大对优质水产养殖新品种的选育、疫病生态防控、配合饲料使用、渔业资源增殖、渔业养殖设备与装备等方面技术的研发和推广,加快培育一批高水平的专门水产检疫人员,为实现渔业高质量发展打牢科技基础。

一些出席人员指出,部分渔业生产经营主体受经济利益驱动追求高产,不合理或不规范使用兽药、添加剂等投入品,一些养殖者无序使用含禁用药物成分的水质改良剂等,影响水产品质量安全。建议:(1)加强养殖用药监督指导,规范水产养殖投入品的使用、管理,加快推进水产养殖用药减量行动,严厉打击制售假劣饲料、兽药、添加剂和其他违法违禁投入品的行为。(2)进一步提高标准化养殖规模和比重,大力发展"三品一标"等绿色优质水产品,加大产地质量安全风险检测评估和监督抽查力度,建立健全水产品质量安全追溯体系。(3)把好市场准入关,加强基层水产品质量安全检测能力建设,加大水产品药物残留监控力度,为群众的餐桌提供安全、绿色、优质的水产品。

五、加强和改进渔业监督执法工作

部分出席人员提出,渔业执法管理机制有待进一步健全,渔业执法主体包括渔政、渔港、海警、交通、环境、资源、市场等多部门,职责界定不够清晰明确。一些地方还在监督执法中存在地方保护主义,执法尺度宽严不一,区域协调执法也衔接不畅。不同地区渔民利用休渔期时间差在跨省界、县界水域等禁渔盲区进行违法捕捞。建议:(1)适应机构改革后部门职责变化,进一步理顺渔业渔政管理体制机制,健全多部门联合执法协调机制,组织实施好专项执法和联合执法行动。(2)建立各流域相对统一的禁渔制度,明确牵头监督执法责任主体,各级政府执法部门相互配合,跨区域、跨水域联合执法。

有些出席人员指出,目前,渔业执法任务繁重且风险较高,渔政执法队伍亟待加强,特别是在基层,执法人员较少、执法手段较弱、专业性不强现象突出,许多地方渔政执法装备相对落后,执法经费得不到保障。建议进一步加强基层执法力量建设,依法赋予渔政执法部门采取查封、扣押、没收渔船渔具、登临检查、停航调查等必要强制手段,推动现代化执法设施装备的配备应用,改善海上"逐牧式"和"点对点"等执法方式,提高"抓现行"及渔具、渔获物等涉案证据提取、保存能力。

六、健全完善渔业法律制度规范

部分出席人员指出，现行渔业法已颁布实施 30 多年，近 20 年没有作过实质性修改，实施细则等配套法规也不够健全，法律及相关配套法规在立法理念、管理模式、具体制度等方面已经不能完全适应现代渔业高质量发展要求。例如涉渔“三无”船舶、“绝户网”等违法现象屡禁不止，一个重要原因就是现行法律对相关行为没有明确规定，缺乏法律威慑力。建议有关部门抓紧研究本次执法检查发现的新情况新问题，尽快启动渔业法和相关法规的修改工作，注重与农业法、水污染防治法、海洋环境保护法和长江保护法等法律的相互衔接。同步修订渔业法实施细则，细化有关规定，适度提高处罚标准，增加行政处罚的可操作性。

四、规范性文件备案审查

国务院行政法规目录

（73 件）

法规名称	公布时间	报备时间	施行时间	立法形式
生产安全事故应急条例	2019-2-17	2019-2-17	2019-4-1	制定
中华人民共和国国境卫生检疫法实施细则	2019-3-2	2019-3-2	2019-3-2	修改
外国民用航空器飞行管理规则	2019-3-2	2019-3-2	2019-3-2	修改
中华人民共和国国境口岸卫生监督办法	2019-3-2	2019-3-2	2019-3-2	修改
中华人民共和国外国籍船舶航行长江水域管理规定	2019-3-2	2019-3-2	2019-3-2	修改
中华人民共和国城镇土地使用税暂行条例	2019-3-2	2019-3-2	2019-3-2	修改
军用饮食供应站供水站管理办法	2019-3-2	2019-3-2	2019-3-2	修改
法规汇编编辑出版管理规定	2019-3-2	2019-3-2	2019-3-2	修改
中华人民共和国船舶和海上设施检验条例	2019-3-2	2019-3-2	2019-3-2	修改
中华人民共和国发票管理办法	2019-3-2	2019-3-2	2019-3-2	修改
国际航行船舶进出中华人民共和国口岸检查办法	2019-3-2	2019-3-2	2019-3-2	修改
中华人民共和国契税暂行条例	2019-3-2	2019-3-2	2019-3-2	修改
中华人民共和国内河交通安全管理条例	2019-3-2	2019-3-2	2019-3-2	修改
中华人民共和国中外合作办学条例	2019-3-2	2019-3-2	2019-3-2	修改
企业国有资产监督管理暂行条例	2019-3-2	2019-3-2	2019-3-2	修改
民用运力国防动员条例	2019-3-2	2019-3-2	2019-3-2	修改
军人抚恤优待条例	2019-3-2	2019-3-2	2019-3-2	修改
中华人民共和国进出口货物原产地条例	2019-3-2	2019-3-2	2019-3-2	修改
中华人民共和国进出口商品检验法实施条例	2019-3-2	2019-3-2	2019-3-2	修改
放射性同位素与射线装置安全和防护条例	2019-3-2	2019-3-2	2019-3-2	修改
机动车交通事故责任强制保险条例	2019-3-2	2019-3-2	2019-3-2	修改
血吸虫病防治条例	2019-3-2	2019-3-2	2019-3-2	修改
中华人民共和国濒危野生动植物进出口管理条例	2019-3-2	2019-3-2	2019-3-2	修改
民用核安全设备监督管理条例	2019-3-2	2019-3-2	2019-3-2	修改
全国污染源普查条例	2019-3-2	2019-3-2	2019-3-2	修改
废弃电器电子产品回收处理管理条例	2019-3-2	2019-3-2	2019-3-2	修改
自然灾害救助条例	2019-3-2	2019-3-2	2019-3-2	修改
烈士褒扬条例	2019-3-2	2019-3-2	2019-3-2	修改
中华人民共和国车船税法实施条例	2019-3-2	2019-3-2	2019-3-2	修改
中华人民共和国招标投标法实施条例	2019-3-2	2019-3-2	2019-3-2	修改

续表

法规名称	公布时间	报备时间	施行时间	立法形式
缺陷汽车产品召回管理条例	2019-3-2	2019-3-2	2019-3-2	修改
社会救助暂行办法	2019-3-2	2019-3-2	2019-3-2	修改
快递暂行条例	2019-3-2	2019-3-2	2019-3-2	修改
中华人民共和国中外合资经营企业法实施条例	2019-3-2	2019-3-2	2019-3-2	修改
电力供应与使用条例	2019-3-2	2019-3-2	2019-3-2	修改
中华人民共和国合伙企业登记管理办法	2019-3-2	2019-3-2	2019-3-2	修改
中国公民收养子女登记办法	2019-3-2	2019-3-2	2019-3-2	修改
地震安全性评价管理条例	2019-3-2	2019-3-2	2019-3-2	修改
中华人民共和国技术进口管理条例	2019-3-2	2019-3-2	2019-3-2	修改
中华人民共和国药片管理法实施条例	2019-3-2	2019-3-2	2019-3-2	修改
中华人民共和国道路运输条例	2019-3-2	2019-3-2	2019-3-2	修改
中华人民共和国船员条例	2019-3-2	2019-3-2	2019-3-2	修改
民用机场管理条例	2019-3-2	2019-3-2	2019-3-2	修改
中华人民共和国企业法人登记管理条例	2019-3-2	2019-3-2	2019-3-2	修改
中华人民共和国渔港水域交通安全管理条例	2019-3-2	2019-3-2	2019-3-2	修改
化妆品卫生监督条例	2019-3-2	2019-3-2	2019-3-2	修改
中华人民共和国国际海运条例	2019-3-2	2019-3-2	2019-3-2	修改
艾滋病防治条例	2019-3-2	2019-3-2	2019-3-2	修改
农业机械安全监督管理条例	2019-3-2	2019-3-2	2019-3-2	修改
古生物化石保护条例	2019-3-2	2019-3-2	2019-3-2	修改
城市道路管理条例	2019-3-24	2019-3-24	2019-3-24	修改
社会保险费征缴暂行条例	2019-3-24	2019-3-24	2019-3-24	修改
住房公积金管理条例	2019-3-24	2019-3-24	2019-3-24	修改
互联网上网服务营业场所管理条例	2019-3-24	2019-3-24	2019-3-24	修改
不动产登记暂行条例	2019-3-24	2019-3-24	2019-3-24	修改
城市房地产开发经营管理条例	2019-3-24	2019-3-24	2019-3-24	修改
中华人民共和国政府信息公开条例	2019-4-3	2019-4-3	2019-5-15	修改
政府投资条例	2019-4-14	2019-4-14	2019-7-1	制定
重大行政决策程序暂行条例	2019-4-20	2019-4-20	2019-9-1	制定
报废机动车回收管理办法	2019-4-22	2019-4-22	2019-6-1	制定
报废汽车回收管理办法	2019-4-22	2019-4-22	2019-6-1	文中废止
中华人民共和国注册建筑师条例	2019-4-23	2019-4-23	2019-4-23	修改
建设工程质量管理条例	2019-4-23	2019-4-23	2019-4-23	修改
公共场所卫生管理条例	2019-4-23	2019-4-23	2019-4-23	修改
中华人民共和国企业所得税法实施条例	2019-4-23	2019-4-23	2019-4-23	修改
国务院关于在线政务服务的若干规定	2019-4-26	2019-4-26	2019-4-26	制定
中华人民共和国人类遗传资源管理条例	2019-5-28	2019-5-28	2019-7-1	制定
烈士褒扬条例	2019-8-1	2019-8-1	2019-8-1	修改
中华人民共和国外资保险公司管理条例	2019-9-30	2019-9-30	2019-9-30	修改
中华人民共和国外资银行管理条例	2019-9-30	2019-9-30	2019-9-30	修改
中华人民共和国食品安全法实施条例	2019-10-11	2019-10-11	2019-12-1	修改

续表

法规名称	公布时间	报备时间	施行时间	立法形式
优化营商环境条例	2019-10-22	2019-10-22	2020-1-1	制定
中华人民共和国外商投资法实施条例	2019-12-26	2019-12-26	2020-1-1	制定
中华人民共和国中外合资经营企业法实施条例	2019-12-26	2019-12-26	2020-1-1	文中废止
中外合资经营企业合营期限暂行规定	2019-12-26	2019-12-26	2020-1-1	文中废止
中华人民共和国外资企业法实施细则	2019-12-26	2019-12-26	2020-1-1	文中废止
中华人民共和国中外合作经营企业法实施细则	2019-12-26	2019-12-26	2020-1-1	文中废止
保障农民工工资支付条例	2019-12-30	2019-12-30	2020-5-1	制定

北京市地方性法规目录

（28 件）

法规名称	通过或批准时间	公布时间	报备时间	施行时间	立法形式
北京市非物质文化遗产条例	2019 年 1 月 20 日北京市第十五届人民代表大会第二次会议通过	2019-1-20	2019-3-11	2019-6-1	制定
北京市城乡规划条例	2019 年 3 月 29 日北京市第十五届人民代表大会常务委员会第十二次会议修改	2019-3-29	2019-4-28	2019-4-28	修改
北京市实施《中华人民共和国残疾人保障法》办法	2019 年 5 月 30 日北京市第十五届人民代表大会常务委员会第十三次会议修改	2019-5-30	2019-6-26	2019-5-30	修改
北京市河湖保护管理条例	2019 年 7 月 26 日北京市第十五届人民代表大会常务委员会第十四次会议修改	2019-7-26	2019-8-28	2019-7-26	修改
北京市农业机械化促进条例	2019 年 7 月 26 日北京市第十五届人民代表大会常务委员会第十四次会议修改	2019-7-26	2019-8-28	2019-7-26	修改
北京市动物防疫条例	2019 年 7 月 26 日北京市第十五届人民代表大会常务委员会第十四次会议修改	2019-7-26	2019-8-28	2019-7-26	修改
北京市实施《中华人民共和国防洪法》办法	2019 年 7 月 26 日北京市第十五届人民代表大会常务委员会第十四次会议修改	2019-7-26	2019-8-28	2019-7-26	修改
北京市实施《中华人民共和国水法》办法	2019 年 7 月 26 日北京市第十五届人民代表大会常务委员会第十四次会议修改	2019-7-26	2019-8-28	2019-7-26	修改
北京市水土保持条例	2019 年 7 月 26 日北京市第十五届人民代表大会常务委员会第十四次会议修改	2019-7-26	2019-8-28	2019-7-26	修改
北京市古树名木保护管理条例	2019 年 7 月 26 日北京市第十五届人民代表大会常务委员会第十四次会议修改	2019-7-26	2019-8-28	2019-7-26	修改
北京市公园条例	2019 年 7 月 26 日北京市第十五届人民代表大会常务委员会第十四次会议修改	2019-7-26	2019-8-28	2019-7-26	修改
北京市绿化条例	2019 年 7 月 26 日北京市第十五届人民代表大会常务委员会第十四次会议修改	2019-7-26	2019-8-28	2019-7-26	修改
北京市湿地保护条例	2019 年 7 月 26 日北京市第十五届人民代表大会常务委员会第十四次会议修改	2019-7-26	2019-8-28	2019-7-26	修改
北京市实施《中华人民共和国气象法》办法	2019 年 7 月 26 日北京市第十五届人民代表大会常务委员会第十四次会议修改	2019-7-26	2019-8-28	2019-7-26	修改

续表

法规名称	通过或批准时间	公布时间	报备时间	施行时间	立法形式
北京市人民代表大会常务委员会关于北京市耕地占用税适用税额的决定	2019 年 7 月 26 日北京市第十五届人民代表大会常务委员会第十四次会议通过	2019-7-26	2019-8-28	2019-9-1	制定
北京市人才市场管理条例	2019 年 11 月 27 日北京市第十五届人民代表大会常务委员会第十六次会议废止	2019-11-27	2019-12-3	2019-11-27	废止
北京市劳动力市场管理条例	2019 年 11 月 27 日北京市第十五届人民代表大会常务委员会第十六次会议废止	2019-11-27	2019-12-3	2019-11-27	废止
北京市实施《中国人民共和国节约能源法》办法	2019 年 11 月 27 日北京市第十五届人民代表大会常务委员会第十六次会议修改	2019-11-27	2019-12-3	2019-11-27	修改
北京市体育设施管理条例	2019 年 11 月 27 日北京市第十五届人民代表大会常务委员会第十六次会议修改	2019-11-27	2019-12-3	2019-11-27	修改
北京市技术市场条例	2019 年 11 月 27 日北京市第十五届人民代表大会常务委员会第十六次会议修改	2019-11-27	2019-12-3	2019-11-27	修改
北京市无障碍设施建设和管理条例	2019 年 11 月 27 日北京市第十五届人民代表大会常务委员会第十六次会议修改	2019-11-27	2019-12-3	2019-11-27	修改
北京市实施《中华人民共和国文物保护法》办法	2019 年 11 月 27 日北京市第十五届人民代表大会常务委员会第十六次会议修改	2019-11-27	2019-12-3	2019-11-27	修改
北京市实施《中华人民共和国城市居民委员会组织法》办法	2019 年 11 月 27 日北京市第十五届人民代表大会常务委员会第十六次会议修改	2019-11-27	2019-12-3	2019-11-27	修改
北京市村民委员会选举办法	2019 年 11 月 27 日北京市第十五届人民代表大会常务委员会第十六次会议修改	2019-11-27	2019-12-3	2019-11-27	修改
北京市水污染防治条例	2019 年 11 月 27 日北京市第十五届人民代表大会常务委员会第十六次会议修改	2019-11-27	2019-12-3	2019-11-27	修改
北京市促进科技成果转化条例	2019 年 11 月 27 日北京市第十五届人民代表大会常务委员会第十六次会议通过	2019-11-27	2019-12-3	2020-1-1	制定
北京市街道办事处条例	2019 年 11 月 27 日北京市第十五届人民代表大会常务委员会第十六次会议通过	2019-11-27	2019-12-3	2020-1-1	制定
北京市生活垃圾管理条例	2019 年 11 月 27 日北京市第十五届人民代表大会常务委员会第十六次会议修改	2019-11-27	2019-12-3	2020-5-1	修改

天津市地方性法规目录

（24 件）

法规名称	通过或批准时间	公布时间	报备时间	施行时间	立法形式
天津市生态环境保护条例	2019 年 1 月 18 日天津市第十七届人民代表大会第二次会议通过	2019-1-18	2019-1-18	2019-3-1	制定
天津市环境保护条例	在《天津市生态环境保护条例》中被明文予以废止	2019-1-18	2019-1-18	2019-3-1	文中废止
天津市文明行为促进条例	2019 年 3 月 29 日天津市第十七届人民代表大会常务委员会第九次会议通过	2019-3-29	2019-3-29	2019-5-1	制定

续表

法规名称	通过或批准时间	公布时间	报备时间	施行时间	立法形式
天津市实施《中华人民共和国城市居民委员会组织法》办法	2019年5月30日天津市第十七届人民代表大会常务委员会第十一次会议修改	2019-5-30	2019-5-30	2019-5-30	修改
天津市实施《中华人民共和国村民委员会组织法》办法	2019年5月30日天津市第十七届人民代表大会常务委员会第十一次会议修改	2019-5-30	2019-5-30	2019-5-30	修改
天津市村民委员会选举办法	2019年5月30日天津市第十七届人民代表大会常务委员会第十一次会议修改	2019-5-30	2019-5-30	2019-5-30	修改
天津市人民代表大会常务委员会执法检查办法	2019年5月30日天津市第十七届人民代表大会常务委员会第十一次会议修改	2019-5-30	2019-5-30	2019-5-30	修改
天津市城乡规划条例	2019年5月30日天津市第十七届人民代表大会常务委员会第十一次会议修改	2019-5-30	2019-5-30	2019-5-30	修改
天津市不动产登记条例	2019年5月30日天津市第十七届人民代表大会常务委员会第十一次会议修改	2019-5-30	2019-5-30	2019-5-30	修改
天津市失业保险条例	2019年5月30日天津市第十七届人民代表大会常务委员会第十一次会议修改	2019-5-30	2019-5-30	2019-5-30	修改
天津市畜牧条例	2019年5月30日天津市第十七届人民代表大会常务委员会第十一次会议修改	2019-5-30	2019-5-30	2019-5-30	修改
天津市海域使用管理条例	2019年5月30日天津市第十七届人民代表大会常务委员会第十一次会议修改	2019-5-30	2019-5-30	2019-5-30	修改
天津市盐业管理条例	2019年5月30日天津市第十七届人民代表大会常务委员会第十一次会议修改	2019-5-30	2019-5-30	2019-5-30	修改
天津经济技术开发区条例	2019年5月30日天津市第十七届人民代表大会常务委员会第十一次会议修改	2019-5-30	2019-5-30	2019-5-30	修改
天津港保税区条例	2019年5月30日天津市第十七届人民代表大会常务委员会第十一次会议修改	2019-5-30	2019-5-30	2019-5-30	修改
天津新技术产业园区管理条例	2019年5月30日天津市第十七届人民代表大会常务委员会第十一次会议修改	2019-5-30	2019-5-30	2019-5-30	修改
天津市地方金融监督管理条例	2019年5月30日天津市第十七届人民代表大会常务委员会第十一次会议通过	2019-5-30	2019-5-30	2019-7-1	制定
天津市人民代表大会常务委员会关于天津市耕地占用税具体适用税额的决定	2019年5月30日天津市第十七届人民代表大会常务委员会第十一次会议通过	2019-5-30	2019-5-30	2019-9-1	制定
天津市节约用水条例	2019年7月31日天津市第十七届人民代表大会常务委员会第十二次会议修改	2019-7-31	2019-7-31	2019-7-31	修改
天津市优化营商环境条例	2019年7月31日天津市第十七届人民代表大会常务委员会第十二次会议通过	2019-7-31	2019-7-31	2019-9-1	制定
天津市政府投资管理条例	2019年7月31日天津市第十七届人民代表大会常务委员会第十二次会议通过	2019-7-31	2019-7-31	2019-9-1	制定
天津市人民代表大会常务委员会关于促进和保障新时代滨海新区高质量发展的决定	2019年9月27日天津市第十七届人民代表大会常务委员会第十三次会议通过	2019-9-27	2019-9-27	2019-9-27	制定
天津市知识产权保护条例	2019年9月27日天津市第十七届人民代表大会常务委员会第十三次会议通过	2019-9-27	2019-9-27	2019-11-1	制定
天津市司法鉴定管理条例	2019年9月27日天津市第十七届人民代表大会常务委员会第十三次会议通过	2019-9-27	2019-9-27	2019-11-1	制定
天津市公安机关警务辅助人员管理条例	2019年9月27日天津市第十七届人民代表大会常务委员会第十三次会议通过	2019-9-27	2019-9-27	2019-11-1	制定

河北省地方性法规目录

（55件）

法规名称	通过或批准时间	公布时间	报备时间	施行时间	立法形式
唐山市全域旅游促进条例	2018年10月24日唐山市第十五届人民代表大会常务委员会第十七次会议通过，2019年3月27日河北省第十三届人民代表大会常务委员会第九次会议批准	2019-4-1	2019-5-5	2019-7-1	制定
唐山市旅游业促进条例	在《唐山市全域旅游促进条例》被明文予以废止	2019-4-1	2019-5-5	2019-7-1	文中废止
沧州市市容和环境卫生管理条例	2018年10月29日沧州市第十四届人民代表大会常务委员会第十二次会议通过，2019年3月27日河北省第十三届人民代表大会常务委员会第九次会议批准	2019-4-2	2019-5-5	2019-6-1	制定
保定市白洋淀上游生态环境保护条例	2018年12月12日保定市第十五届人民代表大会常务委员会第十二次会议通过，2019年3月27日河北省第十三届人民代表大会常务委员会第九次会议批准	2019-4-2	2019-5-5	2019-7-1	制定
保定市中小学校幼儿园规划建设条例	2018年12月12日保定市第十五届人民代表大会常务委员会第十二次会议通过，2019年3月27日河北省第十三届人民代表大会常务委员会第九次会议批准	2019-4-2	2019-5-5	2019-7-1	制定
承德市城市市容和环境卫生管理条例	2018年12月19日承德市第十四届人民代表大会常务委员会第十三次会议通过，2019年3月27日河北省第十三届人民代表大会常务委员会第九次会议批准	2019-3-29	2019-5-5	2019-7-1	制定
邢台市地方立法条例	2019年1月25日邢台市第十五届人民代表大会第四次会议通过，2019年3月27日河北省第十三届人民代表大会常务委员会第九次会议批准	2019-3-29	2019-5-5	2019-5-1	制定
河北省统计条例	2019年3月27日河北省第十三届人民代表大会常务委员会第九次会议修改	2019-3-27	2019-5-5	2019-5-1	修改
丰宁满族自治县封育禁牧条例	2019年1月18日丰宁满族自治县第八届人民代表大会第三次会议通过，2019年5月30日河北省第十三届人民代表大会常务委员会第十次会议批准	2019-6-26	2019-6-28	2019-6-26	制定
宽城满族自治县立法条例	2019年1月30日宽城满族自治县第七届人民代表大会第三次会议通过，2019年5月30日河北省第十三届人民代表大会常务委员会第十次会议批准	2019-6-19	2019-6-28	2019-6-19	制定
邯郸市电梯安全管理条例	2019年3月28日邯郸市第十五届人民代表大会常务委员会第十五次会议通过，2019年5月30日河北省第十三届人民代表大会常务委员会第十次会议批准	2019-6-6	2019-6-28	2019-7-1	制定
邯郸市燃气管理条例	2019年3月28日邯郸市第十五届人民代表大会常务委员会第十五次会议通过，2019年5月30日河北省第十三届人民代表大会常务委员会第十次会议批准	2019-6-6	2019-6-28	2019-7-1	制定

续表

法规名称	通过或批准时间	公布时间	报备时间	施行时间	立法形式
邯郸市城市燃气管理条例	在《邯郸市燃气管理条例》被明文予以废止	2019-6-6	2019-6-28	2019-7-1	文中废止
石家庄市城市管理综合执法条例	2019年4月28日石家庄市第十四届人民代表大会常务委员会第十九次会议通过，2019年5月30日河北省第十三届人民代表大会常务委员会第十次会议批准	2019-6-4	2019-6-28	2019-7-1	制定
秦皇岛市海水浴场管理条例	2019年4月29日秦皇岛市第十四届人民代表大会常务委员会第十七次会议通过，2019年5月30日河北省第十三届人民代表大会常务委员会第十次会议批准	2019-6-3	2019-6-28	2019-7-1	制定
河北省人民代表大会常务委员会关于省人民政府机构改革涉及地方性法规规定的行政机关职责调整问题的决定	2019年5月30日河北省第十三届人民代表大会常务委员会第十次会议通过	2019-5-30	2019-6-28	2019-5-31	制定
河北省人民代表大会常务委员会关于深入推进农村改厕工作的决定	2019年5月30日河北省第十三届人民代表大会常务委员会第十次会议通过	2019-5-30	2019-6-28	2019-6-1	制定
河北省人民代表大会常务委员会关于加强建筑市场监督管理的决定	2019年5月30日河北省第十三届人民代表大会常务委员会第十次会议通过	2019-5-30	2019-6-28	2019-6-1	制定
河北省行政执法监督条例	2019年5月30日河北省第十三届人民代表大会常务委员会第十次会议通过	2019-5-30	2019-6-28	2019-7-1	制定
河北省文明行为促进条例	2019年5月30日河北省第十三届人民代表大会常务委员会第十次会议通过	2019-5-30	2019-6-28	2019-9-1	制定
围场满族蒙古族自治县自治条例	2019年1月11日围场满族蒙古族自治县第七届人民代表大会第三次会议修改，2019年7月25日河北省第十三届人民代表大会常务委员会第十一次会议批准修改	2019-7-31	2019-9-12	2019-8-1	修改
大厂回族自治县全域旅游条例	2019年1月27日大厂回族自治县第十六届人民代表大会第三次会议通过，2019年7月25日河北省第十三届人民代表大会常务委员会第十一次会议批准	2019-7-31	2019-9-12	2019-10-1	制定
大厂回族自治县环境保护条例	2019年1月27日大厂回族自治县第十六届人民代表大会第三次会议修改，2019年7月25日河北省第十三届人民代表大会常务委员会第十一次会议批准修改	2019-7-31	2019-9-12	2019-10-1	修改
唐山市文明行为促进条例	2019年4月25日唐山市第十五届人民代表大会常务委员会第二十二次会议通过，2019年7月25日河北省第十三届人民代表大会常务委员会第十一次会议批准	2019-7-29	2019-9-12	2019-9-1	制定
廊坊市文明行为促进条例	2019年5月31日廊坊市第七届人民代表大会常务委员会第十五次会议通过，2019年7月25日河北省第十三届人民代表大会常务委员会第十一次会议批准	2019-8-8	2019-9-12	2019-10-1	制定
邯郸市工业遗产保护与利用条例	2019年6月14日邯郸市第十五届人民代表大会常务委员会第十七次会议通过，2019年7月25日河北省第十三届人民代表大会常务委员会第十一次会议批准	2019-8-16	2019-9-12	2019-9-1	制定

续表

法规名称	通过或批准时间	公布时间	报备时间	施行时间	立法形式
邯郸市城市公共汽车客运条例	2019 年 6 月 14 日邯郸市第十五届人民代表大会常务委员会第十七次会议通过，2019 年 7 月 25 日河北省第十三届人民代表大会常务委员会第十一次会议批准	2019-8-16	2019-9-12	2019-9-1	制定
秦皇岛市爱国卫生条例	2019 年 6 月 27 日秦皇岛市第十四届人民代表大会常务委员会第十八次会议通过，2019 年 7 月 25 日河北省第十三届人民代表大会常务委员会第十一次会议批准	2019-7-29	2019-9-12	2019-9-1	制定
张家口市无障碍设施建设管理条例	2019 年 6 月 27 日张家口市第十四届人民代表大会常务委员会第二十次会议通过，2019 年 7 月 25 日河北省第十三届人民代表大会常务委员会第十一次会议批准	2019-8-15	2019-9-12	2019-10-1	制定
张家口市公共场所控制吸烟条例	2019 年 6 月 27 日张家口市第十四届人民代表大会常务委员会第二十次会议通过，2019 年 7 月 25 日河北省第十三届人民代表大会常务委员会第十一次会议批准	2019-8-15	2019-9-12	2020-1-1	制定
河北省建筑条例	2019 年 7 月 25 日河北省第十三届人民代表大会常务委员会第十一次会议修改	2019-7-25	2019-9-12	2019-7-25	修改
河北省商品条码管理条例	2019 年 7 月 25 日河北省第十三届人民代表大会常务委员会第十一次会议修改	2019-7-25	2019-9-12	2019-7-25	修改
河北省民办教育条例	2019 年 7 月 25 日河北省第十三届人民代表大会常务委员会第十一次会议修改	2019-7-25	2019-9-12	2019-7-25	修改
河北省企业集体协商条例	2019 年 7 月 25 日河北省第十三届人民代表大会常务委员会第十一次会议修改	2019-7-25	2019-9-12	2019-7-25	修改
河北省终身教育促进条例	2019 年 7 月 25 日河北省第十三届人民代表大会常务委员会第十一次会议修改	2019-7-25	2019-9-12	2019-7-25	修改
河北省食品小作坊小餐饮小摊点管理条例	2019 年 7 月 25 日河北省第十三届人民代表大会常务委员会第十一次会议修改	2019-7-25	2019-9-12	2019-7-25	修改
河北省人民代表大会常务委员会关于加强张家口承德地区草原生态建设和保护的决定	2019 年 7 月 25 日河北省第十三届人民代表大会常务委员会第十一次会议通过	2019-7-25	2019-9-12	2019-8-1	制定
河北省人民代表大会常务委员会关于河北省耕地占用税适用税额的决定	2019 年 7 月 25 日河北省第十三届人民代表大会常务委员会第十一次会议通过	2019-8-8	2019-9-12	2019-9-1	制定
衡水市城市市容和环境卫生管理条例	2019 年 8 月 27 日衡水市第六届人民代表大会常务委员会第二十次会议通过，2019 年 9 月 28 日河北省十三届人民代表大会常务委员会第十二次会议批准	2019-9-29	2019-11-6	2019-12-1	制定
衡水市养犬管理条例	2019 年 8 月 27 日衡水市第六届人民代表大会常务委员会第二十次会议通过，2019 年 9 月 28 日河北省十三届人民代表大会常务委员会第十二次会议批准	2019-9-29	2019-11-6	2020-3-1	制定
沧州市快递条例	2019 年 8 月 27 日沧州市第十四届人民代表大会常务委员会第二十一次会议通过，2019 年 9 月 28 日河北省第十三届人民代表大会常务委员会第十二次会议批准	2019-10-10	2019-11-6	2020-1-1	制定

续表

法规名称	通过或批准时间	公布时间	报备时间	施行时间	立法形式
石家庄市正定古城保护条例	2019年8月28日石家庄市第十四届人民代表大会常务委员会第二十一次会议通过，2019年9月28日河北省第十三届人民代表大会常务委员会第十二次会议批准	2019-9-29	2019-11-6	2019-10-1	制定
唐山市大气污染防治若干规定	2019年8月30日唐山市第十五届人民代表大会常务委员会第二十五次会议通过，2019年9月28日河北省第十三届人民代表大会常务委员会第十二次会议批准	2019-9-30	2019-11-6	2019-11-1	制定
河北省人民代表大会常务委员会关于加强检察公益诉讼工作的决定	2019年9月28日河北省第十三届人民代表大会常务委员会第十二次会议通过	2019-9-28	2019-11-6	2019-9-28	制定
河北省学校安全条例	2019年9月28日河北省第十三届人民代表大会常务委员会第十二次会议通过	2019-9-28	2019-11-6	2019-12-1	制定
河北省租赁房屋治安管理条例	2019年9月28日河北省第十三届人民代表大会常务委员会第十二次会议通过	2019-9-28	2019-11-6	2020-1-1	制定
衡水市生态环境教育促进条例	2019年8月27日衡水市第六届人民代表大会常务委员会第二十次会议通过，2019年11月29日河北省第十三届人民代表大会常务委员会第十三次会议批准	2019-12-9	2020-1-13	2020-1-1	制定
唐山市港口条例	2019年8月30日唐山市第十五届人民代表大会常务委员会第二十五次会议通过，2019年11月29日河北省第十三届人民代表大会常务委员会第十三次会议批准	2019-12-6	2020-1-13	2020-1-1	制定
邢台市工业企业大气污染防治条例	2019年9月28日邢台市第十五届人民代表大会常务委员会第二十五次会议通过，2019年11月29日河北省第十三届人民代表大会常务委员会第十三次会议批准	2019-12-18	2020-1-13	2020-1-1	制定
邢台市工业遗产保护与利用条例	2019年9月28日邢台市第十五届人民代表大会常务委员会第二十五次会议通过，2019年11月29日河北省第十三届人民代表大会常务委员会第十三次会议批准	2019-12-18	2020-1-13	2020-1-1	制定
张家口市烟花爆竹安全管理条例	2019年9月29日张家口市第十四届人民代表大会常务委员会第二十二次会议通过，2019年11月29日河北省第十三届人民代表大会常务委员会第十三次会议批准	2019-12-13	2020-1-13	2020-1-1	制定
张家口市地下水管理条例	2019年10月23日张家口市第十四届人民代表大会常务委员会第二十三次会议通过，2019年11月29日河北省第十三届人民代表大会常务委员会第十三次会议批准	2019-12-13	2020-1-13	2020-1-1	制定
张家口市官厅水库湿地保护条例	2019年10月23日张家口市第十四届人民代表大会常务委员会第二十三次会议通过，2019年11月29日河北省第十三届人民代表大会常务委员会第十三次会议批准	2019-12-13	2020-1-13	2020-1-1	制定
衡水市人大常委会关于禁止燃放烟花爆竹的决定	2019年10月31日衡水市第六届人民代表大会常务委员会第二十一次会议通过，2019年11月29日河北省第十三届人民代表大会常务委员会第十三次会议批准	2019-12-9	2020-1-13	2020-1-1	制定
河北省禁毒条例	2019年11月29日河北省第十三届人民代表大会常务委员会第十三次会议通过	2019-11-29	2020-1-13	2020-1-1	制定

续表

法规名称	通过或批准时间	公布时间	报备时间	施行时间	立法形式
河北省人民代表大会常务委员会关于加强太行山燕山绿化建设的决定	2019 年 11 月 29 日河北省第十三届人民代表大会常务委员会第十三次会议通过	2019-11-29	2020-1-13	2020-1-1	制定
河北省燃气管理条例	2019 年 11 月 29 日河北省第十三届人民代表大会常务委员会第十三次会议通过	2019-11-29	2020-1-13	2020-4-1	制定

山西省地方性法规目录

（89 件）

法规名称	通过或批准时间	公布时间	报备时间	施行时间	立法形式
大同市人民代表大会常务委员会讨论决定重大事项的规定	2018 年 10 月 26 日大同市第十五届人民代表大会常务委员会第十七次会议修改，2019 年 1 月 20 日山西省第十三届人民代表大会常务委员会第八次会议批准修改	2019-1-24	2019-4-8	2019-1-24	修改
长治市养犬管理条例	2018 年 10 月 31 日长治市第十四届人民代表大会常务委员会第十六次会议通过，2019 年 1 月 20 日山西省第十三届人民代表大会常务委员会第八次会议批准	2019-1-31	2019-4-8	2019-7-1	制定
长治市禁止燃放烟花爆竹规定	2018 年 10 月 31 日长治市第十四届人民代表大会常务委员会第十六次会议通过，2019 年 1 月 20 日山西省第十三届人民代表大会常务委员会第八次会议批准	2019-1-31	2019-4-8	2019-7-1	制定
临汾市饮用水水源保护条例	2018 年 10 月 31 日临汾市第四届人民代表大会常务委员会第二十三次会议通过，2019 年 1 月 20 日山西省第十三届人民代表大会常务委员会第八次会议批准	2019-2-19	2019-4-8	2019-5-1	制定
长治市大气污染防治条例	2018 年 11 月 19 日长治市第十四届人民代表大会常务委员会第十七次会议通过，2019 年 1 月 20 日山西省第十三届人民代表大会常务委员会第八次会议批准	2019-1-30	2019-4-8	2019-7-1	制定
山西省开发区条例	2019 年 1 月 30 日山西省第十三届人民代表大会第二次会议通过	2019-1-30		2019-3-1	制定
朔州市饮用水水源地保护条例	2018 年 12 月 21 日朔州市第六届人民代表大会常务委员会第三十次会议通过，2019 年 3 月 22 日山西省第十三届人民代表大会常务委员会第九次会议批准	2019-3-29	2019-4-24	2019-5-1	制定
朔州市应县佛宫寺释迦塔保护条例	2018 年 12 月 21 日朔州市第六届人民代表大会常务委员会第三十次会议通过，2019 年 3 月 22 日山西省第十三届人民代表大会常务委员会第九次会议批准	2019-3-29	2019-4-24	2019-5-1	制定
忻州市滹沱河流域生态修复与保护条例	2018 年 12 月 27 日忻州市第四届人民代表大会常务委员会第十六次会议通过，2019 年 3 月 22 日山西省第十三届人民代表大会常务委员会第九次会议批准	2019-4-2	2019-4-24	2019-5-1	制定

续表

法规名称	通过或批准时间	公布时间	报备时间	施行时间	立法形式
忻州市电梯安全管理条例	2018年12月27日忻州市第四届人民代表大会常务委员会第十六次会议通过,2019年3月22日山西省第十三届人民代表大会常务委员会第九次会议批准	2019-4-2	2019-4-24	2019-5-1	制定
太原市道路交通安全管理条例	2018年12月27日太原市第十四届人民代表大会常务委员会第十九次会议通过,2019年3月22日山西省第十三届人民代表大会常务委员会第九次会议批准	2019-4-8	2019-4-24	2019-5-1	制定
阳泉市爱国卫生条例	2018年12月27日阳泉市第十五届人民代表大会常务委员会第十八次会议通过,2019年3月22日山西省第十三届人民代表大会常务委员会第九次会议批准	2019-4-8	2019-4-24	2019-5-1	制定
运城市农村环境卫生管理办法	2018年12月27日运城市第四届人民代表大会常务委员会第二十五次会议通过,2019年3月22日山西省第十三届人民代表大会常务委员会第九次会议批准	2019-4-10	2019-4-24	2019-7-1	制定
大同市燃煤污染防治条例	2018年12月28日大同市第十五届人民代表大会常务委员会第十九次会议通过,2019年3月22日山西省第十三届人民代表大会常务委员会第九次会议批准	2019-3-27	2019-4-24	2019-6-1	制定
长治市不可移动文物保护条例	2018年12月28日长治市第十四届人民代表大会常务委员会第十八次会议通过,2019年3月22日山西省第十三届人民代表大会常务委员会第九次会议批准	2019-4-9	2019-4-24	2019-7-1	制定
阳泉市市容和环境卫生管理条例	2019年2月22日阳泉市第十五届人民代表大会常务委员会第二十一次会议通过,2019年3月22日山西省第十三届人民代表大会常务委员会第九次会议批准	2019-4-9	2019-4-24	2019-5-1	制定
山西省哲学社会科学普及条例	2019年3月22日山西省第十三届人民代表大会常务委员会第九次会议通过	2019-3-22	2019-4-24	2019-6-1	制定
朔州市人民代表大会代表建议、批评和意见的提出和处理办法	2019年2月27日朔州市第六届人民代表大会第六次会议通过,2019年5月30日山西省第十三届人民代表大会常务委员会第十一次会议批准	2019-6-5	2019-6-28	2019-7-1	制定
朔州市人民代表大会代表议案的提出和处理办法	2019年2月27日朔州市第六届人民代表大会第六次会议通过,2019年5月30日山西省第十三届人民代表大会常务委员会第十一次会议批准	2019-6-5	2019-6-28	2019-7-1	制定
山西省建设工程勘察设计管理条例	2019年5月30日山西省第十三届人民代表大会常务委员会第十一次会议修改	2019-5-30	2019-6-28	2019-5-30	修改
山西省防震减灾条例	2019年5月30日山西省第十三届人民代表大会常务委员会第十一次会议修改	2019-5-30	2019-6-28	2019-5-30	修改
山西省建设工程抗震设防条例	2019年5月30日山西省第十三届人民代表大会常务委员会第十一次会议修改	2019-5-30	2019-6-28	2019-5-30	修改
山西省道路运输条例	2019年5月30日山西省第十三届人民代表大会常务委员会第十一次会议修改	2019-5-30	2019-6-28	2019-5-30	修改
山西省企业投资项目承诺制规定	2019年5月30日山西省第十三届人民代表大会常务委员会第十一次会议通过	2019-5-30	2019-6-28	2019-7-1	制定

续表

法规名称	通过或批准时间	公布时间	报备时间	施行时间	立法形式
太原市水资源管理办法	2019 年 4 月 25 日太原市第十四届人民代表大会常务委员会第二十二次会议废止，2019 年 7 月 31 日山西省第十三届人民代表大会常务委员会第十二次会议批准废止	2019-8-2	2019-8-26	2019-8-2	废止
太原市大气污染物排放总量控制管理办法	2019 年 4 月 25 日太原市第十四届人民代表大会常务委员会第二十二次会议废止，2019 年 7 月 31 日山西省第十三届人民代表大会常务委员会第十二次会议批准废止	2019-8-2	2019-8-26	2019-8-2	废止
太原市矿山地质环境治理恢复保证金管理办法	2019 年 4 月 25 日太原市第十四届人民代表大会常务委员会第二十二次会议废止，2019 年 7 月 31 日山西省第十三届人民代表大会常务委员会第十二次会议批准废止	2019-8-2	2019-8-26	2019-8-2	废止
大同市体育市场管理办法	2019 年 4 月 25 日大同市第十五届人民代表大会常务委员会第二十三次会议修改，2019 年 7 月 31 日山西省第十三届人民代表大会常务委员会第十二次会议批准修改	2019-8-9	2019-8-26	2019-10-1	修改
大同市市政设施管理办法	2019 年 4 月 25 日大同市第十五届人民代表大会常务委员会第二十三次会议修改，2019 年 7 月 31 日山西省第十三届人民代表大会常务委员会第十二次会议批准修改	2019-8-9	2019-8-26	2019-10-1	修改
大同市户外广告管理规定	2019 年 4 月 25 日大同市第十五届人民代表大会常务委员会第二十三次会议修改，2019 年 7 月 31 日山西省第十三届人民代表大会常务委员会第十二次会议批准修改	2019-8-9	2019-8-26	2019-10-1	修改
大同市学校校园和周边环境保护条例	2019 年 4 月 25 日大同市第十五届人民代表大会常务委员会第二十三次会议修改，2019 年 7 月 31 日山西省第十三届人民代表大会常务委员会第十二次会议批准修改	2019-8-9	2019-8-26	2019-10-1	修改
大同市建筑安全生产监督管理条例	2019 年 4 月 25 日大同市第十五届人民代表大会常务委员会第二十三次会议修改，2019 年 7 月 31 日山西省第十三届人民代表大会常务委员会第十二次会议批准修改	2019-8-9	2019-8-26	2019-10-1	修改
大同市企业集体合同条例	2019 年 4 月 25 日大同市第十五届人民代表大会常务委员会第二十三次会议修改，2019 年 7 月 31 日山西省第十三届人民代表大会常务委员会第十二次会议批准修改	2019-8-9	2019-8-26	2019-10-1	修改
大同市企务公开条例	2019 年 4 月 25 日大同市第十五届人民代表大会常务委员会第二十三次会议修改，2019 年 7 月 31 日山西省第十三届人民代表大会常务委员会第十二次会议批准修改	2019-8-9	2019-8-26	2019-10-1	修改
大同市促进个体私营经济发展条例	2019 年 4 月 25 日大同市第十五届人民代表大会常务委员会第二十三次会议修改，2019 年 7 月 31 日山西省第十三届人民代表大会常务委员会第十二次会议批准修改	2019-8-9	2019-8-26	2019-10-1	修改
大同市村务公开条例	2019 年 4 月 25 日大同市第十五届人民代表大会常务委员会第二十三次会议修改，2019 年 7 月 31 日山西省第十三届人民代表大会常务委员会第十二次会议批准修改	2019-8-9	2019-8-26	2019-10-1	修改

续表

法规名称	通过或批准时间	公布时间	报备时间	施行时间	立法形式
大同市行政执法责任制条例	2019年4月25日大同市第十五届人民代表大会常务委员会第二十三次会议修改，2019年7月31日山西省第十三届人民代表大会常务委员会第十二次会议批准修改	2019-8-9	2019-8-26	2019-10-1	修改
大同市政务信息公开条例	2019年4月25日大同市第十五届人民代表大会常务委员会第二十三次会议修改，2019年7月31日山西省第十三届人民代表大会常务委员会第十二次会议批准修改	2019-8-9	2019-8-26	2019-10-1	修改
大同市酒类商品监督管理条例	2019年4月25日大同市第十五届人民代表大会常务委员会第二十三次会议修改，2019年7月31日山西省第十三届人民代表大会常务委员会第十二次会议批准修改	2019-8-9	2019-8-26	2019-10-1	修改
大同市煤炭资源保护办法	2019年4月25日大同市第十五届人民代表大会常务委员会第二十三次会议修改，2019年7月31日山西省第十三届人民代表大会常务委员会第十二次会议批准修改	2019-8-9	2019-8-26	2019-10-1	修改
大同市建筑节能条例	2019年4月25日大同市第十五届人民代表大会常务委员会第二十三次会议修改，2019年7月31日山西省第十三届人民代表大会常务委员会第十二次会议批准修改	2019-8-9	2019-8-26	2019-10-1	修改
大同市饮用水水源保护条例	2019年4月25日大同市第十五届人民代表大会常务委员会第二十三次会议修改，2019年7月31日山西省第十三届人民代表大会常务委员会第十二次会议批准修改	2019-8-9	2019-8-26	2019-10-1	修改
大同市散装水泥和预拌混凝土管理条例	2019年4月25日大同市第十五届人民代表大会常务委员会第二十三次会议修改，2019年7月31日山西省第十三届人民代表大会常务委员会第十二次会议批准修改	2019-8-9	2019-8-26	2019-10-1	修改
大同市城市供热条例	2019年4月25日大同市第十五届人民代表大会常务委员会第二十三次会议修改，2019年7月31日山西省第十三届人民代表大会常务委员会第十二次会议批准修改	2019-8-9	2019-8-26	2019-10-1	修改
大同市再生资源回收利用管理条例	2019年4月25日大同市第十五届人民代表大会常务委员会第二十三次会议修改，2019年7月31日山西省第十三届人民代表大会常务委员会第十二次会议批准修改	2019-8-9	2019-8-26	2019-10-1	修改
大同市机动车排气污染防治条例	2019年4月25日大同市第十五届人民代表大会常务委员会第二十三次会议修改，2019年7月31日山西省第十三届人民代表大会常务委员会第十二次会议批准修改	2019-8-9	2019-8-26	2019-10-1	修改
大同市河道管理条例	2019年4月25日大同市第十五届人民代表大会常务委员会第二十三次会议修改，2019年7月31日山西省第十三届人民代表大会常务委员会第十二次会议批准修改	2019-8-9	2019-8-26	2019-10-1	修改
大同市气象设施和探测环境保护条例	2019年4月25日大同市第十五届人民代表大会常务委员会第二十三次会议修改，2019年7月31日山西省第十三届人民代表大会常务委员会第十二次会议批准修改	2019-8-9	2019-8-26	2019-10-1	修改

续表

法规名称	通过或批准时间	公布时间	报备时间	施行时间	立法形式
大同市餐厨废弃物管理条例	2019 年 4 月 25 日大同市第十五届人民代表大会常务委员会第二十三次会议修改，2019 年 7 月 31 日山西省第十三届人民代表大会常务委员会第十二次会议批准修改	2019-8-9	2019-8-26	2019-10-1	修改
大同市人民防空工程建设和管理条例	2019 年 4 月 25 日大同市第十五届人民代表大会常务委员会第二十三次会议修改，2019 年 7 月 31 日山西省第十三届人民代表大会常务委员会第十二次会议批准修改	2019-8-9	2019-8-26	2019-10-1	修改
大同市电动车管理条例	2019 年 4 月 25 日大同市第十五届人民代表大会常务委员会第二十三次会议修改，2019 年 7 月 31 日山西省第十三届人民代表大会常务委员会第十二次会议批准修改	2019-8-9	2019-8-26	2019-10-1	修改
大同市智慧城市促进条例	2019 年 4 月 25 日大同市第十五届人民代表大会常务委员会第二十三次会议修改，2019 年 7 月 31 日山西省第十三届人民代表大会常务委员会第十二次会议批准修改	2019-8-9	2019-8-26	2019-10-1	修改
大同市电梯安全条例	2019 年 4 月 25 日大同市第十五届人民代表大会常务委员会第二十三次会议修改，2019 年 7 月 31 日山西省第十三届人民代表大会常务委员会第十二次会议批准修改	2019-8-9	2019-8-26	2019-10-1	修改
云冈石窟保护条例	2019 年 4 月 25 日大同市第十五届人民代表大会常务委员会第二十三次会议修改，2019 年 7 月 31 日山西省第十三届人民代表大会常务委员会第十二次会议批准修改	2019-8-9	2019-8-26	2019-10-1	修改
大同市乡镇人民代表大会工作条例	2019 年 4 月 25 日大同市第十五届人民代表大会常务委员会第二十三次会议修改，2019 年 7 月 31 日山西省第十三届人民代表大会常务委员会第十二次会议批准修改	2019-8-9	2019-8-26	2019-10-1	修改
大同市人民代表大会常务委员会加强同代表联系充分发挥代表作用的办法	2019 年 4 月 25 日大同市第十五届人民代表大会常务委员会第二十三次会议修改，2019 年 7 月 31 日山西省第十三届人民代表大会常务委员会第十二次会议批准修改	2019-8-9	2019-8-26	2019-10-1	修改
临汾市建筑工程施工扬尘污染防治规定	2019 年 4 月 26 日临汾市第四届人民代表大会常务委员会第三十次会议通过，2019 年 7 月 31 日山西省第十三届人民代表大会常务委员会第十二次会议批准	2019-8-15	2019-8-26	2019-10-1	制定
山西省城乡规划条例	2019 年 7 月 31 日山西省第十三届人民代表大会常务委员会第十二次会议废止	2019-7-31	2019-8-26	2019-7-31	废止
山西省人民代表大会常务委员会关于山西省耕地占用税适用税额的决定	2019 年 7 月 31 日山西省第十三届人民代表大会常务委员会第十二次会议通过	2019-7-31	2019-8-26	2019-9-1	制定
山西省志愿服务条例	2019 年 7 月 31 日山西省第十三届人民代表大会常务委员会第十二次会议修改	2019-7-31	2019-8-26	2019-10-1	修改
山西省水污染防治条例	2019 年 7 月 31 日山西省第十三届人民代表大会常务委员会第十二次会议通过	2019-7-31	2019-8-26	2019-10-1	制定
山西省行政执法条例	2019 年 7 月 31 日山西省第十三届人民代表大会常务委员会第十二次会议修改	2019-7-31	2019-8-26	2020-1-1	修改

续表

法规名称	通过或批准时间	公布时间	报备时间	施行时间	立法形式
太原市养犬管理条例	2019年6月27日太原市第十四届人民代表大会常务委员会第二十三次会议修改，2019年9月27日山西省第十三届人民代表大会常务委员会第十三次会议批准修改	2019-9-30	2019-10-22	2019-11-1	修改
大同市城市节约用水条例	2019年7月10日大同市第十五届人民代表大会常务委员会第二十四次会议通过，2019年9月27日山西省第十三届人民代表大会常务委员会第十三次会议批准	2019-10-15	2019-10-22	2019-12-1	制定
大同市城市节约用水管理条例	在《大同市城市节约用水条例》中被明文予以废止	2019-10-15	2019-10-22	2019-12-1	文中废止
忻州市住宅物业管理条例	2019年7月22日忻州市第四届人民代表大会常务委员会第二十二次会议通过，2019年9月27日山西省第十三届人民代表大会常务委员会第十三次会议批准	2019-10-15	2019-10-22	2019-12-1	制定
忻州市文明行为促进条例	2019年8月28日忻州市第四届人民代表大会常务委员会第二十三次会议通过，2019年9月27日山西省第十三届人民代表大会常务委员会第十三次会议批准	2019-10-15	2019-10-22	2019-10-15	制定
晋中市扬尘污染防治条例	2019年8月30日晋中市第四届人民代表大会常务委员会第三十次会议通过，2019年9月27日山西省第十三届人民代表大会常务委员会第十三次会议批准	2019-10-9	2019-10-22	2020-1-1	制定
山西省酒类管理条例	2019年9月27日山西省第十三届人民代表大会常务委员会第十三次会议废止	2019-9-27	2019-10-22	2019-9-27	废止
山西省盐业管理条例	2019年9月27日山西省第十三届人民代表大会常务委员会第十三次会议废止	2019-9-27	2019-10-22	2019-9-27	废止
山西省红色文化遗址保护利用条例	2019年9月27日山西省第十三届人民代表大会常务委员会第十三次会议通过	2019-9-27	2019-10-22	2019-10-1	制定
山西省警务辅助人员条例	2019年9月27日山西省第十三届人民代表大会常务委员会第十三次会议通过	2019-9-27	2019-10-22	2020-1-1	制定
吕梁市大气污染防治条例	2019年8月27日吕梁市第三届人民代表大会常务委员会第三十七次会议通过，2019年11月29日山西省第十三届人民代表大会常务委员会第十四次会议批准	2019-12-1	2019-12-25	2020-1-1	制定
吕梁市碛口古镇保护条例	2019年8月27日吕梁市第三届人民代表大会常务委员会第三十七次会议通过，2019年11月29日山西省第十三届人民代表大会常务委员会第十四次会议批准	2019-12-2	2019-12-25	2020-1-1	制定
运城市大气污染防治条例	2019年8月28日运城市第四届人民代表大会常务委员会第三十一次会议通过，2019年11月29日山西省第十三届人民代表大会常务委员会第十四次会议批准	2019-12-10	2019-12-25	2020-3-1	制定
运城市养犬管理规定	2019年8月28日运城市第四届人民代表大会常务委员会第三十一次会议通过，2019年11月29日山西省第十三届人民代表大会常务委员会第十四次会议批准	2019-12-10	2019-12-25	2020-3-1	制定
恒山风景名胜区保护条例	2019年8月30日大同市第十五届人民代表大会常务委员会第二十五次会议修改，2019年11月29日山西省第十三届人民代表大会常务委员会第十四次会议批准修改	2019-12-6	2019-12-25	2020-1-1	修改

续表

法规名称	通过或批准时间	公布时间	报备时间	施行时间	立法形式
大同市水土保持条例	2019 年 8 月 30 日大同市第十五届人民代表大会常务委员会第二十五次会议通过，2019 年 11 月 29 日山西省第十三届人民代表大会常务委员会第十四次会议批准	2019-12-6	2019-12-25	2020-1-1	制定
大同市水土保持管理办法	在《大同市水土保持条例》中被明文予以废止	2019-12-6	2019-12-25	2020-1-1	文中废止
晋城市城市绿化条例	2019 年 8 月 30 日晋城市第七届人民代表大会常务委员会第二十六次会议通过，2019 年 11 月 29 日山西省第十三届人民代表大会常务委员会第十四次会议批准	2019-12-6	2019-12-25	2020-1-1	制定
晋城市村庄规划建设条例	2019 年 8 月 30 日晋城市第七届人民代表大会常务委员会第二十六次会议通过，2019 年 11 月 29 日山西省第十三届人民代表大会常务委员会第十四次会议批准	2019-12-6	2019-12-25	2020-1-1	制定
吕梁市横泉水库饮用水水源保护条例	2019 年 10 月 24 日吕梁市第三届人民代表大会常务委员会第三十八次会议通过，2019 年 11 月 29 日山西省第十三届人民代表大会常务委员会第十四次会议批准	2019-12-2	2019-12-25	2020-1-1	制定
吕梁市水污染防治条例	2019 年 10 月 24 日吕梁市第三届人民代表大会常务委员会第三十八次会议通过，2019 年 11 月 29 日山西省第十三届人民代表大会常务委员会第十四次会议批准	2019-12-2	2019-12-25	2020-1-1	制定
朔州市大气污染防治条例	2019 年 10 月 25 日朔州市第六届人民代表大会常务委员会第三十七次会议通过，2019 年 11 月 29 日山西省第十三届人民代表大会常务委员会第十四次会议批准	2019-12-4	2019-12-25	2019-12-20	制定
太原市海绵城市建设管理条例	2019 年 10 月 30 日太原市第十四届人民代表大会常务委员会第二十五次会议通过，2019 年 11 月 29 日山西省第十三届人民代表大会常务委员会第十四次会议批准	2019-12-4	2019-12-25	2020-1-1	制定
晋中市文明行为促进条例	2019 年 10 月 31 日晋中市第四届人民代表大会常务委员会第三十一次会议通过，2019 年 11 月 29 日山西省第十三届人民代表大会常务委员会第十四次会议批准	2019-12-3	2019-12-25	2020-1-1	制定
山西省消防条例	2019 年 11 月 29 日山西省第十三届人民代表大会常务委员会第十四次会议修改	2019-11-29	2019-12-25	2019-11-29	修改
山西省废旧金属收购业治安监督管理暂行条例	2019 年 11 月 29 日山西省第十三届人民代表大会常务委员会第十四次会议废止	2019-11-29	2019-12-25	2019-11-29	废止
山西省促进科技成果转化条例	2019 年 11 月 29 日山西省第十三届人民代表大会常务委员会第十四次会议修改	2019-11-29	2019-12-25	2020-1-1	修改
山西省促进雁门关农牧交错带 发展条例	2019 年 11 月 29 日山西省第十三届人民代表大会常务委员会第十四次会议通过	2019-11-29	2019-12-25	2020-1-1	制定
山西省土壤污染防治条例	2019 年 11 月 29 日山西省第十三届人民代表大会常务委员会第十四次会议通过	2019-11-29	2019-12-25	2020-1-1	制定

内蒙古自治区地方性法规目录

（52 件）

法规名称	通过或批准情况	公布时间	报备时间	施行时间	立法形式
通辽市蒙古族音乐类非物质文化遗产保护条例	2018 年 10 月 30 日通辽市第五届人民代表大会常务委员会第六次会议通过，2019 年 1 月 14 日内蒙古自治区第十三届人民代表大会常务委员会第十一次会议批准	2019-1-25	2019-2-13	2019-4-1	制定
呼和浩特市大青山前坡生态保护条例	2018 年 11 月 2 日呼和浩特市第十五届人民代表大会常务委员会第六次会议通过，2019 年 1 月 14 日内蒙古自治区第十三届人民代表大会常务委员会第十一次会议批准	2019-1-19	2019-2-13	2019-4-1	制定
莫力达瓦达斡尔族自治旗人民代表大会常务委员会讨论决定重大事项的规定	2019 年 1 月 22 日莫力达瓦达斡尔族自治旗第十三届人民代表大会第三次会议修改，2019 年 3 月 28 日内蒙古自治区第十三届人民代表大会常务委员会第十二次会议批准修改	2019-5-5	2019-5-13	2019-5-5	修改
莫力达瓦达斡尔族自治旗立法条例	2019 年 1 月 22 日莫力达瓦达斡尔族自治旗第十三届人民代表大会第三次会议修改，2019 年 3 月 28 日内蒙古自治区第十三届人民代表大会常务委员会第十二次会议批准修改	2019-5-5	2019-5-13	2019-5-5	修改
莫力达瓦达斡尔族自治旗尼尔基水利枢纽工程移民安置体条例	2019 年 1 月 22 日莫力达瓦达斡尔族自治旗第十三届人民代表大会第三次会议废止，2019 年 3 月 28 日内蒙古自治区第十三届人民代表大会常务委员会第十二次会议批准废止	2019-5-5	2019-5-13	2019-5-5	废止
莫力达瓦达斡尔族自治旗城市规划管理条例	2019 年 1 月 22 日莫力达瓦达斡尔族自治旗第十三届人民代表大会第三次会议废止，2019 年 3 月 28 日内蒙古自治区第十三届人民代表大会常务委员会第十二次会议批准废止	2019-5-5	2019-5-13	2019-5-5	废止
莫力达瓦达斡尔族自治旗水资源管理条例	2019 年 1 月 22 日莫力达瓦达斡尔族自治旗第十三届人民代表大会第三次会议废止，2019 年 3 月 28 日内蒙古自治区第十三届人民代表大会常务委员会第十二次会议批准废止	2019-5-5	2019-5-13	2019-5-5	废止
莫力达瓦达斡尔族自治旗农药管理条例	2019 年 1 月 22 日莫力达瓦达斡尔族自治旗第十三届人民代表大会第三次会议废止，2019 年 3 月 28 日内蒙古自治区第十三届人民代表大会常务委员会第十二次会议批准废止	2019-5-5	2019-5-13	2019-5-5	废止
莫力达瓦达斡尔族自治旗环境保护条例	2019 年 1 月 22 日莫力达瓦达斡尔族自治旗第十三届人民代表大会第三次会议废止，2019 年 3 月 28 日内蒙古自治区第十三届人民代表大会常务委员会第十二次会议批准废止	2019-5-5	2019-5-13	2019-5-5	废止
内蒙古自治区农业环境保护条例	2019 年 3 月 28 日内蒙古自治区第十三届人民代表大会常务委员会第十二次会议废止	2019-3-28	2019-5-13	2019-3-28	废止

续表

法规名称	通过或批准时间	公布时间	报备时间	施行时间	立法形式
内蒙古自治区实施《中华人民共和国全民所有制工业企业法》办法	2019 年 3 月 28 日内蒙古自治区第十三届人民代表大会常务委员会第十二次会议废止	2019-3-28	2019-5-13	2019-3-28	废止
内蒙古自治区实施《中华人民共和国矿山安全法》办法	2019 年 3 月 28 日内蒙古自治区第十三届人民代表大会常务委员会第十二次会议废止	2019-3-28	2019-5-13	2019-3-28	废止
内蒙古自治区实施《中华人民共和国招标投标法》办法	2019 年 3 月 28 日内蒙古自治区第十三届人民代表大会常务委员会第十二次会议废止	2019-3-28	2019-5-13	2019-3-28	废止
内蒙古自治区实施《中华人民共和国价格法》办法	2019 年 3 月 28 日内蒙古自治区第十三届人民代表大会常务委员会第十二次会议废止	2019-3-28	2019-5-13	2019-3-28	废止
乌兰察布市辉腾锡勒草原保护条例	2019 年 1 月 4 日乌兰察布市第四届人民代表大会常务委员会第八次会议通过,2019 年 5 月 31 日内蒙古自治区第十三届人民代表大会常务委员会第十三次会议批准	2019-7-15	2019-7-24	2019-10-1	制定
包头市永久基本农田保护条例	2019 年 2 月 22 日包头市第十五届人民代表大会常务委员会第十次会议通过,2019 年 5 月 31 日内蒙古自治区第十三届人民代表大会常务委员会第十三次会议批准	2019-6-28	2019-7-24	2019-10-1	制定
鄂伦春自治旗旅游条例	2019 年 3 月 20 日鄂伦春自治旗第十五届人民代表大会第三次会议修改,2019 年 5 月 31 日内蒙古自治区第十三届人民代表大会常务委员会第十三次会议批准修改	2019-7-12	2019-7-24	2019-6-1	修改
内蒙古自治区人民代表大会常务委员会讨论决定重大事项的规定	2019 年 5 月 31 日内蒙古自治区第十三届人民代表大会常务委员会第十三次会议修改	2019-5-31	2019-7-24	2019-5-31	修改
内蒙古自治区农作物种子条例	2019 年 5 月 31 日内蒙古自治区第十三届人民代表大会常务委员会第十三次会议修改	2019-5-31	2019-7-24	2019-7-1	修改
内蒙古自治区民用建筑节能和绿色建筑发展条例	2019 年 5 月 31 日内蒙古自治区第十三届人民代表大会常务委员会第十三次会议通过	2019-5-31	2019-7-24	2019-9-1	制定
内蒙古自治区外商投资企业工会条例	2019 年 5 月 31 日内蒙古自治区第十三届人民代表大会常务委员会第十三次会议废止	2019-5-31	2019-7-24	2019-5-31	废止
内蒙古自治区私营企业工会条例	2019 年 5 月 31 日内蒙古自治区第十三届人民代表大会常务委员会第十三次会议废止	2019-5-31	2019-7-24	2019-5-31	废止
内蒙古自治区农业资源区划条例	2019 年 5 月 31 日内蒙古自治区第十三届人民代表大会常务委员会第十三次会议废止	2019-5-31	2019-7-24	2019-5-31	废止
内蒙古自治区地热资源管理条例	2019 年 5 月 31 日内蒙古自治区第十三届人民代表大会常务委员会第十三次会议废止	2019-5-31	2019-7-24	2019-5-31	废止
内蒙古自治区社会治安综合治理条例	2019 年 5 月 31 日内蒙古自治区第十三届人民代表大会常务委员会第十三次会议废止	2019-5-31	2019-7-24	2019-5-31	废止
内蒙古自治区城乡规划条例	2019 年 5 月 31 日内蒙古自治区第十三届人民代表大会常务委员会第十三次会议修改	2019-5-31	2019-7-24	2019-5-31	修改
内蒙古自治区实施《中华人民共和国道路交通安全法》办法	2019 年 5 月 31 日内蒙古自治区第十三届人民代表大会常务委员会第十三次会议修改	2019-5-31	2019-7-24	2019-5-31	修改
内蒙古自治区人口与计划生育条例	2019 年 5 月 31 日内蒙古自治区第十三届人民代表大会常务委员会第十三次会议修改	2019-5-31	2019-7-24	2019-5-31	修改

续表

法规名称	通过或批准时间	公布时间	报备时间	施行时间	立法形式
包头市禁牧休牧条例	2019年4月23日包头市第十五届人民代表大会常务委员会第十一次会议通过，2019年8月1日内蒙古自治区第十三届人民代表大会常务委员会第十四次会议批准	2019-8-28	2019-9-9	2019-10-1	制定
赤峰市扬尘污染防治条例	2019年6月27日赤峰市第七届人民代表大会常务委员会第十一次会议通过，2019年8月1日内蒙古自治区第十三届人民代表大会常务委员会第十四次会议批准	2019-8-27	2019-9-9	2019-9-1	制定
鄂尔多斯市大气污染防治条例	2019年6月27日鄂尔多斯市第四届人民代表大会常务委员会第十三次会议通过，2019年8月1日内蒙古自治区第十三届人民代表大会常务委员会第十四次会议批准	2019-9-3	2019-9-9	2020-1-1	制定
巴彦淖尔市大气污染防治条例	2019年6月28日巴彦淖尔市第四届人民代表大会常务委员会第十次会议通过，2019年8月1日内蒙古自治区第十三届人民代表大会常务委员会第十四次会议批准	2019-8-23	2019-9-9	2019-10-1	制定
内蒙古自治区国防动员条例	2019年8月1日内蒙古自治区第十三届人民代表大会常务委员会第十四次会议通过	2019-8-1	2019-9-9	2019-9-1	制定
呼和浩特市促进蒙医药发展办法	2019年6月28日呼和浩特市第十五届人民代表大会常务委员会第十次会议通过，2019年9月26日内蒙古自治区第十三届人民代表大会常务委员会第十五次会议批准	2019-10-21	2019-11-22	2019-12-1	制定
包头市废弃食用油脂管理条例	2019年6月28日包头市第十五届人民代表大会常务委员会第十二次会议废止，2019年9月26日内蒙古自治区第十三届人民代表大会常务委员会第十五次会议批准废止	2019-10-24	2019-11-22	2019-10-24	废止
包头市城镇开发边界管理条例	2019年6月28日包头市第十五届人民代表大会常务委员会第十二次会议通过，2019年9月26日内蒙古自治区第十三届人民代表大会常务委员会第十五次会议批准	2019-10-24	2019-11-22	2019-12-1	制定
乌海市城市综合管理条例	2019年8月8日乌海市第九届人民代表大会常务委员会第十四次会议通过，2019年9月26日内蒙古自治区第十三届人民代表大会常务委员会第十五次会议批准	2019-11-11	2019-11-22	2020-1-1	制定
鄂尔多斯市集中式饮用水水源保护条例	2019年8月29日鄂尔多斯市第四届人民代表大会常务委员会第十四次会议通过，2019年9月26日内蒙古自治区第十三届人民代表大会常务委员会第十五次会议批准	2019-11-13	2019-11-22	2020-1-1	制定
内蒙古自治区乌兰牧骑条例	2019年9月26日内蒙古自治区第十三届人民代表大会常务委员会第十五次会议通过	2019-9-26	2019-11-22	2019-11-1	制定
内蒙古自治区中小企业促进条例	2019年9月26日内蒙古自治区第十三届人民代表大会常务委员会第十五次会议通过	2019-9-26	2019-11-22	2019-12-1	制定
内蒙古自治区人民代表大会常务委员会关于加强检察公益诉讼工作的决定	2019年9月26日内蒙古自治区第十三届人民代表大会常务委员会第十五次会议通过	2019-9-26	2019-11-22	2019-12-1	制定
呼伦贝尔市大气污染防治条例	2019年8月28日呼伦贝尔市第四届人民代表大会常务委员会第十三次会议通过，2019年11月28日内蒙古自治区第十三届人民代表大会常务委员会第十六次会议批准	2019-12-13	2020-1-3	2020-1-1	制定

续表

法规名称	通过或批准时间	公布时间	报备时间	施行时间	立法形式
包头市饮用水水源保护条例	2019年8月29日包头市第十五届人民代表大会常务委员会第十四次会议修改,2019年11月28日内蒙古自治区第十三届人民代表大会常务委员会第十六次会议批准修改	2019-12-27	2020-1-3	2019-12-27	修改
包头市城市绿化条例	2019年8月29日包头市第十五届人民代表大会常务委员会第十四次会议修改,2019年11月28日内蒙古自治区第十三届人民代表大会常务委员会第十六次会议批准修改	2019-12-27	2020-1-3	2019-12-27	修改
包头市南海子湿地自然保护区条例	2019年8月29日包头市第十五届人民代表大会常务委员会第十四次会议修改,2019年11月28日内蒙古自治区第十三届人民代表大会常务委员会第十六次会议批准修改	2019-12-27	2020-1-3	2019-12-27	修改
呼和浩特市再生水利用管理条例	2019年8月30日呼和浩特市第十五届人民代表大会常务委员会第十二次会议通过,2019年11月28日内蒙古自治区第十三届人民代表大会常务委员会第十六次会议批准	2019-12-16	2020-1-3	2020-1-1	制定
鄂尔多斯市文明行为促进条例	2019年10月29日鄂尔多斯市第四届人民代表大会常务委员会第十五次会议通过,2019年11月28日内蒙古自治区第十三届人民代表大会常务委员会第十六次会议批准	2019-12-31	2020-1-3	2020-3-1	制定
赤峰市辽代都城州城帝陵遗址保护条例	2019年10月31日赤峰市第七届人民代表大会常务委员会第十三次会议通过,2019年11月28日内蒙古自治区第十三届人民代表大会常务委员会第十六次会议批准	2019-12-25	2020-1-3	2020-1-1	制定
内蒙古自治区宗教事务条例	2019年11月28日内蒙古自治区第十三届人民代表大会常务委员会第十六次会议通过	2019-11-28	2020-1-3	2020-1-1	制定
内蒙古自治区水污染防治条例	2019年11月28日内蒙古自治区第十三届人民代表大会常务委员会第十六次会议通过	2019-11-28	2020-1-3	2020-1-1	制定
内蒙古自治区乌海市及周边地区大气污染防治条例	2019年11月28日内蒙古自治区第十三届人民代表大会常务委员会第十六次会议通过	2019-11-28	2020-1-3	2020-1-1	制定
内蒙古自治区各级人民代表大会常务委员会规范性文件备案审查条例	2019年11月28日内蒙古自治区第十三届人民代表大会常务委员会第十六次会议通过	2019-11-28	2020-1-3	2020-1-1	制定
内蒙古自治区各级人民代表大会常务委员会规范性文件备案审查程序的规定	在《内蒙古自治区各级人民代表大会常务委员会规范性文件备案审查条例》被明文予以废止	2019-11-28	2020-1-3	2020-1-1	文中废止

辽宁省地方性法规目录

（91 件）

法规名称	通过或批准时间	公布时间	报备时间	施行时间	立法形式
鞍山市扬尘污染防治条例	2018年12月28日鞍山市第十六届人民代表大会常务委员会第十次会议通过,2019年3月29日辽宁省第十三届人民代表大会常务委员会第十次会议批准	2019-4-9	2019-3-30	2019-6-1	制定

续表

法规名称	通过或批准时间	公布时间	报备时间	施行时间	立法形式
鞍山市扬尘污染防治管理条例	在《鞍山市扬尘污染防治条例》中被明文予以废止	2019-4-9	2019-3-30	2019-6-1	文中废止
营口市机动车停车管理条例	2018年11月22日营口市第十六届人民代表大会常务委员会第九次会议通过,2019年3月30日辽宁省第十三届人民代表大会常务委员会第十次会议批准	2019-4-10	2019-3-30	2019-5-1	制定
盘锦市物业管理条例	2018年11月23日盘锦市第八届人民代表大会常务委员会第九次会议通过,2019年3月30日辽宁省第十三届人民代表大会常务委员会第十次会议批准	2019-4-11	2019-3-30	2019-5-1	制定
辽阳市不可移动文物保护条例	2018年11月28日辽阳市第十六届人民代表大会常务委员会第十次会议通过,2019年3月30日辽宁省第十三届人民代表大会常务委员会第十次会议批准	2019-5-15	2019-3-30	2019-5-15	制定
辽阳市学前教育条例	2018年11月28日辽阳市第十六届人民代表大会常务委员会第十次会议通过,2019年3月30日辽宁省第十三届人民代表大会常务委员会第十次会议批准	2019-5-15	2019-3-30	2019-5-15	制定
锦州市电动自行车管理条例	2018年11月30日锦州市第十六届人民代表大会常务委员会第十次会议通过,2019年3月30日辽宁省第十三届人民代表大会常务委员会第十次会议批准	2019-5-6	2019-3-30	2019-10-1	制定
朝阳市人民代表大会及其常务委员会立法条例	2018年12月6日朝阳市第十一届人民代表大会常务委员会第六次会议修改,2019年3月30日辽宁省第十三届人民代表大会常务委员会第十次会议批准修改	2019-3-30	2019-3-30	2019-3-30	修改
铁岭莲花湖国家湿地公园保护管理条例	2018年12月6日铁岭市第八届人民代表大会常务委员会第七次会议通过,2019年3月30日辽宁省第十三届人民代表大会常务委员会第十次会议批准	2019-4-4	2019-3-30	2019-5-1	制定
沈阳市城市机动车停车条例	2018年12月7日沈阳市第十六届人民代表大会常务委员会第七次会议通过,2019年3月30日辽宁省第十三届人民代表大会常务委员会第十次会议批准	2019-4-13	2019-3-30	2019-5-1	制定
新宾满族自治县农村生活垃圾分类及资源化利用管理条例	2018年12月12日新宾满族自治县第九届人民代表大会第二次会议通过,2019年3月30日辽宁省第十三届人民代表大会常务委员会第十次会议批准	2019-7-24	2019-3-30	2019-8-1	制定
大连市物业管理条例	2018年12月27日大连市第十六届人民代表大会常务委员会第七次会议通过,2019年3月30日辽宁省第十三届人民代表大会常务委员会第十次会议批准	2019-5-5	2019-3-30	2019-6-1	制定
本溪满族自治县矿产资源管理条例	2018年12月28日本溪满族自治县第七届人民代表大会第二次会议修改,2019年3月30日辽宁省第十三届人民代表大会常务委员会第十次会议批准修改	2019-4-9	2019-3-30	2019-4-9	修改
本溪满族自治县县城市容和环境卫生管理条例	2018年12月28日本溪满族自治县第七届人民代表大会第二次会议修改,2019年3月30日辽宁省第十三届人民代表大会常务委员会第十次会议批准修改	2019-4-9	2019-3-30	2019-5-1	修改

续表

法规名称	通过或批准时间	公布时间	报备时间	施行时间	立法形式
宽甸满族自治县长白山型中华蜜蜂品种资源保护条例	2018 年 12 月 28 日宽甸满族自治县第七届人民代表大会第二次会议通过,2019 年 3 月 30 日辽宁省第十三届人民代表大会常务委员会第十次会议批准	2019-5-8	2019-3-30	2019-5-10	制定
葫芦岛市城市供水用水条例	2018 年 12 月 29 日葫芦岛市第六届人民代表大会常务委员会第八次会议通过,2019 年 3 月 30 日辽宁省第十三届人民代表大会常务委员会第十次会议批准	2019-4-11	2019-3-30	2019-5-1	制定
大连市环境保护条例	2019 年 1 月 12 日大连市第十六届人民代表大会第二次会议修改,2019 年 3 月 30 日辽宁省第十三届人民代表大会常务委员会第十次会议批准修改	2019-5-5	2019-3-30	2019-6-1	修改
抚顺市森林防火条例	2019 年 2 月 22 日抚顺市第十六届人民代表大会常务委员会第九次会议废止,2019 年 3 月 30 日辽宁省第十三届人民代表大会常务委员会第十次会议批准废止	2019-3-30	2019-3-30	2019-3-30	废止
辽宁省食品摊贩和集市贸易食品卫生管理条例	2019 年 3 月 30 日辽宁省第十三届人民代表大会常务委员会第十次会议废止	2019-3-30	2019-3-30	2019-3-30	废止
辽宁省禁止赌博条例	2019 年 3 月 30 日辽宁省第十三届人民代表大会常务委员会第十次会议废止	2019-3-30	2019-3-30	2019-3-30	废止
辽宁省人民警察巡察条例	2019 年 3 月 30 日辽宁省第十三届人民代表大会常务委员会第十次会议废止	2019-3-30	2019-3-30	2019-3-30	废止
辽宁省实施《中华人民共和国反不正当竞争法》规定	2019 年 3 月 30 日辽宁省第十三届人民代表大会常务委员会第十次会议废止	2019-3-30	2019-3-30	2019-3-30	废止
辽宁省标准化监督管理条例	2019 年 3 月 30 日辽宁省第十三届人民代表大会常务委员会第十次会议废止	2019-3-30	2019-3-30	2019-3-30	废止
辽宁省宗教事务条例	2019 年 3 月 30 日辽宁省第十三届人民代表大会常务委员会第十次会议废止	2019-3-30	2019-3-30	2019-3-30	废止
辽宁省城镇企业职工养老保险条例	2019 年 3 月 30 日辽宁省第十三届人民代表大会常务委员会第十次会议废止	2019-3-30	2019-3-30	2019-3-30	废止
辽宁省个体工商户和私营企业权益保护条例	2019 年 3 月 30 日辽宁省第十三届人民代表大会常务委员会第十次会议废止	2019-3-30	2019-3-30	2019-3-30	废止
辽宁省辽河保护区条例	2019 年 3 月 30 日辽宁省第十三届人民代表大会常务委员会第十次会议废止	2019-3-30	2019-3-30	2019-3-30	废止
辽宁省凌河保护区条例	2019 年 3 月 30 日辽宁省第十三届人民代表大会常务委员会第十次会议废止	2019-3-30	2019-3-30	2019-3-30	废止
本溪市就业促进条例	2018 年 11 月 29 日本溪市第十六届人民代表大会常务委员会第八次会议修改,2019 年 5 月 30 日辽宁省第十三届人民代表大会常务委员会第十一次会议批准修改	2019-6-10	2019-6-18	2019-6-10	修改
本溪市公路管理条例	2018 年 11 月 29 日本溪市第十六届人民代表大会常务委员会第八次会议废止,2019 年 5 月 30 日辽宁省第十三届人民代表大会常务委员会第十一次会议批准废止	2019-6-10	2019-6-18	2019-6-10	废止
桓仁满族自治县人参产业发展条例	2018 年 12 月 25 日桓仁满族自治县第七届人民代表大会第二次会议通过,2019 年 5 月 30 日辽宁省第十三届人民代表大会常务委员会第十一次会议批准	2019-7-8	2019-7-25	2019-8-1	制定

续表

法规名称	通过或批准时间	公布时间	报备时间	施行时间	立法形式
辽宁省优化营商环境条例	2019年7月30日辽宁省第十三届人民代表大会常务委员会第十二次会议修改	2019-7-31	2019-8-15	2019-10-1	修改
辽宁省河长湖长制条例	2019年7月30日辽宁省第十三届人民代表大会常务委员会第十二次会议通过	2019-7-31	2019-8-15	2019-10-1	制定
辽宁省矿山综合治理条例	2019年7月30日辽宁省第十三届人民代表大会常务委员会第十二次会议通过	2019-7-31	2019-8-15	2019-10-1	制定
清原满族自治县物业管理条例	2018年12月5日清原满族自治县第七届人民代表大会第二次会议通过,2019年9月27日辽宁省第十三届人民代表大会常务委员会第十三次会议批准	2019-11-4	2019-11-12	2019-12-1	制定
锦州市城市市容和环境卫生管理条例	2019年7月26日锦州市第十六届人民代表大会常务委员会第十六次会议通过,2019年9月27日辽宁省第十三届人民代表大会常务委员会第十三次会议批准	2019-10-21	2019-11-12	2020-1-1	制定
大连市人民代表大会常务委员会讨论、决定重大事项的规定	2019年8月27日大连市第十六届人民代表大会常务委员会第十三次会议修改,2019年9月27日辽宁省第十三届人民代表大会常务委员会第十三次会议批准修改	2019-10-22	2019-11-12	2020-1-1	修改
大连市文明行为促进条例	2019年8月27日大连市第十六届人民代表大会常务委员会第十三次会议通过,2019年9月27日辽宁省第十三届人民代表大会常务委员会第十三次会议批准	2019-10-22	2019-11-12	2020-1-1	制定
辽宁省机构和编制管理条例	2019年9月27日辽宁省第十三届人民代表大会常务委员会第十三次会议废止	2019-9-27	2019-9-27	2019-9-27	废止
辽宁省社会治安综合治理条例	2019年9月27日辽宁省第十三届人民代表大会常务委员会第十三次会议废止	2019-9-27	2019-9-27	2019-9-27	废止
辽宁省帮助教育安置刑满释放解除劳动教养人员工作条例	2019年9月27日辽宁省第十三届人民代表大会常务委员会第十三次会议废止	2019-9-27	2019-9-27	2019-9-27	废止
辽宁省民用液化石油气管理条例	2019年9月27日辽宁省第十三届人民代表大会常务委员会第十三次会议废止	2019-9-27	2019-9-27	2019-9-27	废止
辽宁省石油勘探开发环境保护条例	2019年9月27日辽宁省第十三届人民代表大会常务委员会第十三次会议修改	2019-9-27	2019-9-27	2019-9-27	修改
辽宁省款产资源管理条例	2019年9月27日辽宁省第十三届人民代表大会常务委员会第十三次会议修改	2019-9-27	2019-9-27	2019-9-27	修改
辽宁省实施《中华人民共和国工会合法》规定	2019年9月27日辽宁省第十三届人民代表大会常务委员会第十三次会议修改	2019-9-27	2019-9-27	2019-9-27	修改
辽宁省职工劳动权益保障条例	2019年9月27日辽宁省第十三届人民代表大会常务委员会第十三次会议修改	2019-9-27	2019-9-27	2019-9-27	修改
辽宁省实施《中华人民共和国妇女权益保障法》规定	2019年9月27日辽宁省第十三届人民代表大会常务委员会第十三次会议修改	2019-9-27	2019-9-27	2019-9-27	修改
辽宁省老年人权益保障条例	2019年9月27日辽宁省第十三届人民代表大会常务委员会第十三次会议修改	2019-9-27	2019-9-27	2019-9-27	修改
辽宁省志愿服务条例	2019年9月27日辽宁省第十三届人民代表大会常务委员会第十三次会议修改	2019-9-27	2019-9-27	2019-9-27	修改
辽宁省实施《中华人民共和国体育法》若干规定	2019年9月27日辽宁省第十三届人民代表大会常务委员会第十三次会议修改	2019-9-27	2019-9-27	2019-9-27	修改

续表

法规名称	通过或批准时间	公布时间	报备时间	施行时间	立法形式
锦州市电动自行车管理条例	2019 年 9 月 24 日锦州市第十六届人民代表大会常务委员会第十七次会议修改，2019 年 11 月 28 日辽宁省第十三届人民代表大会常务委员会第十四次会议批准修改	2019-12-9	2019-12-19	2019-12-9	修改
辽阳市汤河水库饮用水水源保护条例	2019 年 10 月 12 日辽阳市第十六届人民代表大会常务委员会第十九次会议通过，2019 年 11 月 28 日辽宁省第十三届人民代表大会常务委员会第十四次会议批准	2019-12-20	2019-12-25	2019-12-20	制定
沈阳市大气污染防治条例	2019 年 10 月 24 日沈阳市第十六届人民代表大会常务委员会第十四次会议修改，2019 年 11 月 28 日辽宁省第十三届人民代表大会常务委员会第十四次会议批准修改	2019-12-6	2019-12-19	2020-1-1	修改
沈阳市湿地保护条例	2019 年 10 月 24 日沈阳市第十六届人民代表大会常务委员会第十四次会议通过，2019 年 11 月 28 日辽宁省第十三届人民代表大会常务委员会第十四次会议批准	2019-12-9	2019-12-19	2020-1-1	制定
抚顺市促进民营经济发展条例	2019 年 10 月 25 日抚顺市第十六届人民代表大会常务委员会第十四次会议通过，2019 年 11 月 28 日辽宁省第十三届人民代表大会常务委员会第十四次会议批准	2019-11-28	2019-11-28	2020-1-1	制定
抚顺市促进中小企业发展条例	在《抚顺市促进民营经济发展条例》中被明文予以废止	2019-11-28	2019-11-28	2020-1-1	文中废止
朝阳市城市绿化管理规定	2019 年 10 月 25 日朝阳市第十一届人民代表大会常务委员会第十三次会议通过，2019 年 11 月 28 日辽宁省第十三届人民代表大会常务委员会第十四次会议批准	2019-11-28	2019-11-28	2020-4-1	制定
大连市推进东北亚国际航运中心建设条例	2019 年 10 月 25 日大连市第十六届人民代表大会常务委员会第十四次会议通过，2019 年 11 月 28 日辽宁省第十三届人民代表大会常务委员会第十四次会议批准	2019-12-16	2019-12-19	2020-3-1	制定
葫芦岛市畜禽养殖污染防治条例	2019 年 10 月 30 日葫芦岛市第六届人民代表大会常务委员会第十四次会议通过，2019 年 11 月 28 日辽宁省第十三届人民代表大会常务委员会第十四次会议批准	2019-12-4	2019-12-19	2020-3-1	制定
阜新市细河保护条例	2019 年 10 月 30 日阜新市第十六届人民代表大会常务委员会第十七次会议通过，2019 年 11 月 28 日辽宁省第十三届人民代表大会常务委员会第十四次会议批准	2019-12-12	2019-12-19	2020-5-1	制定
鞍山市群众诉求办理条例	2019 年 11 月 1 日鞍山市第十六届人民代表大会常务委员会第二十一次会议通过，2019 年 11 月 28 日辽宁省第十三届人民代表大会常务委员会第十四次会议批准	2019-12-2	2019-12-19	2019-12-15	制定
鞍山市预防职务犯罪工作条例	2019 年 11 月 1 日鞍山市第十六届人民代表大会常务委员会第二十一次会议废止，2019 年 11 月 28 日辽宁省第十三届人民代表大会常务委员会第十四次会议批准废止	2019-12-6	2019-12-19	2019-12-6	废止
鞍山市大气污染防治条例	2019 年 11 月 1 日鞍山市第十六届人民代表大会常务委员会第二十一次会议通过，2019 年 11 月 28 日辽宁省第十三届人民代表大会常务委员会第十四次会议批准	2019-12-6	2019-12-19	2020-1-1	制定

续表

法规名称	通过或批准时间	公布时间	报备时间	施行时间	立法形式
辽宁省公共信用信息管理条例	2019年11月28日辽宁省第十三届人民代表大会常务委员会第十四次会议通过	2019-11-28	2019-11-28	2020-2-1	制定
辽宁省企业权益保护条例	2019年11月28日辽宁省第十三届人民代表大会常务委员会第十四次会议通过	2019-11-28	2019-11-28	2020-2-1	制定
辽宁省中小微企业权益保护条例	在《辽宁省企业权益保护条例》中被明文予以废止	2019-11-28	2019-11-28	2020-2-1	文中废止

吉林省地方性法规目录

（67件）

法规名称	通过或批准时间	公布时间	报备时间	施行时间	立法形式
长春市安全生产条例	2018年12月11日长春市第十五届人民代表大会常务委员会第十六次会议通过，2019年3月28日吉林省第十三届人民代表大会常务委员会第十次会议批准	2019-4-9	2019-4-18	2019-5-1	制定
长春市生活垃圾分类管理条例	2018年12月11日长春市第十五届人民代表大会常务委员会第十六次会议通过，2019年3月28日吉林省第十三届人民代表大会常务委员会第十次会议批准	2019-4-11	2019-4-18	2019-5-1	制定
长春市肉品管理条例	2018年12月11日长春市第十五届人民代表大会常务委员会第十六次会议修改，2019年3月28日吉林省第十三届人民代表大会常务委员会第十次会议批准修改	2019-4-16	2019-4-18	2019-5-1	修改
长春市城市房屋安全管理条例	2018年12月11日长春市第十五届人民代表大会常务委员会第十六次会议修改，2019年3月28日吉林省第十三届人民代表大会常务委员会第十次会议批准修改	2019-4-18	2019-4-18	2019-7-1	修改
白山市城市供水管理条例	2018年12月27日白山市第八届人民代表大会常务委员会第十六次会议通过，2019年3月28日吉林省第十三届人民代表大会常务委员会第十次会议批准	2019-4-4	2019-4-18	2019-5-1	制定
白城市市政设施保护条例	2018年12月27日白城市第六届人民代表大会常务委员会第十五次会议通过，2019年3月28日吉林省第十三届人民代表大会常务委员会第十次会议批准	2019-4-25	2019-4-18	2019-4-25	制定
伊通满族自治县自治条例	2019年1月13日伊通满族自治县第七届人民代表大会第三次会议修改，2019年3月28日吉林省第十三届人民代表大会常务委员会第十次会议批准修改	2019-4-8	2019-4-18	2019-4-8	修改
吉林市人民代表大会议事规则	2019年1月16日吉林市第十六届人民代表大会第四次会议修改，2019年3月28日吉林省第十三届人民代表大会常务委员会第十次会议批准修改	2019-4-10	2019-4-18	2019-4-10	修改

续表

法规名称	通过或批准时间	公布时间	报备时间	施行时间	立法形式
通化市地方立法条例	2019 年 1 月 17 日通化市第八届人民代表大会第三次会议通过,2019 年 3 月 28 日吉林省第十三届人民代表大会常务委员会第十次会议批准	2019-4-8	2019-4-18	2019-4-8	制定
吉林省河湖长制条例	2019 年 3 月 28 日吉林省第十三届人民代表大会常务委员会第十次会议通过	2019-3-28	2019-4-18	2019-3-28	制定
吉林省各级人民代表大会常务委员会讨论、决定重大事项的规定	2019 年 3 月 28 日吉林省第十三届人民代表大会常务委员会第十次会议通过	2019-3-28	2019-4-18	2019-3-28	制定
吉林省人民代表大会常务委员会讨论、决定重大事项的规定	在《吉林省各级人民代表大会常务委员会讨论、决定重大事项的规定》中被明文予以废止	2019-3-28	2019-4-18	2019-3-28	文中废止
吉林省艾滋病防治条例	2019 年 3 月 28 日吉林省第十三届人民代表大会常务委员会第十次会议通过	2019-3-28	2019-4-18	2019-6-1	制定
吉林省农民专业合作社条例	2019 年 3 月 28 日吉林省第十三届人民代表大会常务委员会第十次会议通过	2019-3-28	2019-4-18	2019-7-1	制定
延边朝鲜族自治州气象灾害防御条例	2019 年 1 月 23 日延边朝鲜族自治州第十五届人民代表大会第四次会议修改,2019 年 5 月 30 日吉林省第十三届人民代表大会常务委员会第十一次会议批准修改	2019-6-5	2019-6-18	2019-6-5	修改
延边朝鲜族自治州乡村林业条例	2019 年 1 月 23 日延边朝鲜族自治州第十五届人民代表大会第四次会议废止,2019 年 5 月 30 日吉林省第十三届人民代表大会常务委员会第十一次会议批准废止	2019-6-5	2019-6-18	2019-6-5	废止
延边朝鲜族自治州城乡规划管理条例	2019 年 1 月 23 日延边朝鲜族自治州第十五届人民代表大会第四次会议废止,2019 年 5 月 30 日吉林省第十三届人民代表大会常务委员会第十一次会议批准废止	2019-6-5	2019-6-18	2019-6-5	废止
延边朝鲜族自治州机关社会团体企业事业单位法定代表人离任审计条例	2019 年 1 月 23 日延边朝鲜族自治州第十五届人民代表大会第四次会议废止,2019 年 5 月 30 日吉林省第十三届人民代表大会常务委员会第十一次会议批准废止	2019-6-5	2019-6-18	2019-6-5	废止
延边朝鲜族自治州酒类管理条例	2019 年 1 月 23 日延边朝鲜族自治州第十五届人民代表大会第四次会议废止,2019 年 5 月 30 日吉林省第十三届人民代表大会常务委员会第十一次会议批准废止	2019-6-5	2019-6-18	2019-6-5	废止
延边朝鲜族自治州安全生产条例	2019 年 1 月 23 日延边朝鲜族自治州第十五届人民代表大会第四次会议废止,2019 年 5 月 30 日吉林省第十三届人民代表大会常务委员会第十一次会议批准废止	2019-6-5	2019-6-18	2019-6-5	废止
吉林省水文条例	2019 年 5 月 30 日吉林省第十三届人民代表大会常务委员会第十一次会议修改	2019-5-30	2019-6-18	2019-5-30	修改
吉林省实施《中华人民共和国水法》办法	2019 年 5 月 30 日吉林省第十三届人民代表大会常务委员会第十一次会议修改	2019-5-30	2019-6-18	2019-5-30	修改
吉林省土地管理条例	2019 年 5 月 30 日吉林省第十三届人民代表大会常务委员会第十一次会议修改	2019-5-30	2019-6-18	2019-5-30	修改
吉林省渔业管理条例	2019 年 5 月 30 日吉林省第十三届人民代表大会常务委员会第十一次会议修改	2019-5-30	2019-6-18	2019-5-30	修改

续表

法规名称	通过或批准时间	公布时间	报备时间	施行时间	立法形式
吉林省农业机械管理条例	2019年5月30日吉林省第十三届人民代表大会常务委员会第十一次会议修改	2019-5-30	2019-6-18	2019-5-30	修改
吉林省绿化条例	2019年5月30日吉林省第十三届人民代表大会常务委员会第十一次会议修改	2019-5-30	2019-6-18	2019-5-30	修改
吉林省林地保护条例	2019年5月30日吉林省第十三届人民代表大会常务委员会第十一次会议修改	2019-5-30	2019-6-18	2019-5-30	修改
吉林省集体林业管理条例	2019年5月30日吉林省第十三届人民代表大会常务委员会第十一次会议修改	2019-5-30	2019-6-18	2019-5-30	修改
吉林省森林管理条例	2019年5月30日吉林省第十三届人民代表大会常务委员会第十一次会议修改	2019-5-30	2019-6-18	2019-5-30	修改
吉林省耕地质量保护条例	2019年5月30日吉林省第十三届人民代表大会常务委员会第十一次会议修改	2019-5-30	2019-6-18	2019-5-30	修改
吉林省优化营商环境条例	2019年5月30日吉林省第十三届人民代表大会常务委员会第十一次会议通过	2019-5-30	2019-6-18	2019-5-30	制定
吉林省地方志工作条例	2019年5月30日吉林省第十三届人民代表大会常务委员会第十一次会议修改	2019-5-30	2019-6-18	2019-5-30	修改
吉林省职业教育校企合作促进条例	2019年5月30日吉林省第十三届人民代表大会常务委员会第十一次会议通过	2019-5-30	2019-6-18	2019-7-1	制定
吉林省人民代表大会常务委员会关于吉林省耕地占用税适用税额的决定	2019年5月30日吉林省第十三届人民代表大会常务委员会第十一次会议通过	2019-5-30	2019-6-18	2019-9-1	制定
长白朝鲜族自治县二十三道沟河饮用水水源保护条例	2019年1月23日长白朝鲜族自治县第十八届人民代表大会第三次会议通过,2019年8月1日吉林省第十三届人民代表大会常务委员会第十三次会议批准	2019-8-9	2019-8-20	2019-8-9	制定
长春市土地管理细则	2019年4月25日长春市第十五届人民代表大会常务委员会第十九次会议修改,2019年8月1日吉林省第十三届人民代表大会常务委员会第十三次会议批准修改	2019-8-15	2019-8-20	2019-8-15	修改
长春市机动车维修管理条例	2019年4月25日长春市第十五届人民代表大会常务委员会第十九次会议修改,2019年8月1日吉林省第十三届人民代表大会常务委员会第十三次会议批准修改	2019-8-15	2019-8-20	2019-8-15	修改
长春市城市客运出租汽车管理条例	2019年4月25日长春市第十五届人民代表大会常务委员会第十九次会议修改,2019年8月1日吉林省第十三届人民代表大会常务委员会第十三次会议批准修改	2019-8-15	2019-8-20	2019-8-15	修改
长春市房屋登记条例	2019年4月25日长春市第十五届人民代表大会常务委员会第十九次会议修改,2019年8月1日吉林省第十三届人民代表大会常务委员会第十三次会议批准修改	2019-8-15	2019-8-20	2019-8-15	修改
长春市城市房地产交易管理条例	2019年4月25日长春市第十五届人民代表大会常务委员会第十九次会议修改,2019年8月1日吉林省第十三届人民代表大会常务委员会第十三次会议批准修改	2019-8-15	2019-8-20	2019-8-15	修改
长春市城市房地产开发经营管理条例	2019年4月25日长春市第十五届人民代表大会常务委员会第十九次会议修改,2019年8月1日吉林省第十三届人民代表大会常务委员会第十三次会议批准修改	2019-8-15	2019-8-20	2019-8-15	修改

续表

法规名称	通过或批准时间	公布时间	报备时间	施行时间	立法形式
长春市森林资源管理条例	2019 年 4 月 25 日长春市第十五届人民代表大会常务委员会第十九次会议修改，2019 年 8 月 1 日吉林省第十三届人民代表大会常务委员会第十三次会议批准修改	2019-8-15	2019-8-20	2019-8-15	修改
长春市技术市场管理条例	2019 年 4 月 25 日长春市第十五届人民代表大会常务委员会第十九次会议修改，2019 年 8 月 1 日吉林省第十三届人民代表大会常务委员会第十三次会议批准修改	2019-8-15	2019-8-20	2019-8-15	修改
长春市体育经营活动管理条例	2019 年 4 月 25 日长春市第十五届人民代表大会常务委员会第十九次会议修改，2019 年 8 月 1 日吉林省第十三届人民代表大会常务委员会第十三次会议批准修改	2019-8-15	2019-8-20	2019-8-15	修改
长春市农业机械管理条例	2019 年 4 月 25 日长春市第十五届人民代表大会常务委员会第十九次会议修改，2019 年 8 月 1 日吉林省第十三届人民代表大会常务委员会第十三次会议批准修改	2019-8-15	2019-8-20	2019-8-15	修改
长春市人才市场管理条例	2019 年 4 月 25 日长春市第十五届人民代表大会常务委员会第十九次会议修改，2019 年 8 月 1 日吉林省第十三届人民代表大会常务委员会第十三次会议批准修改	2019-8-15	2019-8-20	2019-8-15	修改
长春市邮政条例	2019 年 4 月 25 日长春市第十五届人民代表大会常务委员会第十九次会议修改，2019 年 8 月 1 日吉林省第十三届人民代表大会常务委员会第十三次会议批准修改	2019-8-15	2019-8-20	2019-8-15	修改
白山市生态文明建设促进条例	2019 年 5 月 24 日白山市第八届人民代表大会常务委员会第二十一次会议通过，2019 年 8 月 1 日吉林省第十三届人民代表大会常务委员会第十三次会议批准	2019-8-19	2019-8-20	2019-9-1	制定
辽源市养犬管理条例	2019 年 5 月 31 日辽源市第八届人民代表大会常务委员会第二十次会议通过，2019 年 8 月 1 日吉林省第十三届人民代表大会常务委员会第十三次会议批准	2019-8-12	2019-8-20	2019-11-1	制定
吉林省农村审计条例	2019 年 8 月 1 日吉林省第十三届人民代表大会常务委员会第十三次会议修改	2019-8-1	2019-8-20	2019-8-1	修改
吉林省辽河流域水环境保护条例	2019 年 8 月 1 日吉林省第十三届人民代表大会常务委员会第十三次会议通过	2019-8-1	2019-8-20	2019-9-1	制定
吉林长白山国家级自然保护区条例	2019 年 8 月 1 日吉林省第十三届人民代表大会常务委员会第十三次会议通过	2019-8-1	2019-8-20	2019-10-1	制定
吉林长白山国家级自然保护区管理条例	在《吉林长白山国家级自然保护区条例》中被明文予以废止	2019-8-1	2019-8-20	2019-10-1	文中废止
前郭尔罗斯蒙古族自治县民族团结进步条例	2019 年 3 月 30 日前郭尔罗斯蒙古族自治县第十八届人民代表大会第三次会议通过，2019 年 11 月 28 日吉林省第十三届人民代表大会常务委员会第十七次会议批准	2019-12-1	2019-12-26	2019-12-1	制定
四平市市区饮用水水源地保护条例	2019 年 8 月 22 日四平市第八届人民代表大会常务委员会第二十四次会议通过，2019 年 11 月 28 日吉林省第十三届人民代表大会常务委员会第十七次会议批准	2019-12-3	2019-12-26	2020-1-1	制定

续表

法规名称	通过或批准时间	公布时间	报备时间	施行时间	立法形式
通化市文明祭祀条例	2019年8月30日通化市第八届人民代表大会常务委员会第十九次会议通过,2019年11月28日吉林省第十三届人民代表大会常务委员会第十七次会议批准	2019-12-4	2019-12-26	2020-1-1	制定
长春市供水条例	2019年8月30日长春市第十五届人民代表大会常务委员会第二十一次会议通过,2019年11月28日吉林省第十三届人民代表大会常务委员会第十七次会议批准	2019-12-7	2019-12-26	2020-1-1	制定
长春市城市供水条例	在《长春市供水条例》中被明文予以废止	2019-12-7	2019-12-26	2020-1-1	文中废止
长春市电梯安全管理条例	2019年8月30日长春市第十五届人民代表大会常务委员会第二十一次会议通过,2019年11月28日吉林省第十三届人民代表大会常务委员会第十七次会议批准	2019-12-17	2019-12-26	2020-3-1	制定
白山市城市管理行政执法条例	2019年10月25日白山市第八届人民代表大会常务委员会第二十四次会议通过,2019年11月28日吉林省第十三届人民代表大会常务委员会第十七次会议批准	2019-12-6	2019-12-26	2020-2-1	制定
通化市人才发展促进条例	2019年10月30日通化市第八届人民代表大会常务委员会第二十次会议通过,2019年11月28日吉林省第十三届人民代表大会常务委员会第十七次会议批准	2019-12-4	2019-12-26	2020-1-1	制定
长春市农作物秸秆露天禁烧和综合利用管理条例	2019年10月30日长春市第十五届人民代表大会常务委员会第二十三次会议通过,2019年11月28日吉林省第十三届人民代表大会常务委员会第十七次会议批准	2019-12-9	2019-12-26	2020-1-1	制定
长春市农村环境治理条例	2019年10月30日长春市第十五届人民代表大会常务委员会第二十三次会议通过,2019年11月28日吉林省第十三届人民代表大会常务委员会第十七次会议批准	2019-12-11	2019-12-26	2020-1-1	制定
长春市统计管理条例	2019年10月30日长春市第十五届人民代表大会常务委员会第二十三次会议修改,2019年11月28日吉林省第十三届人民代表大会常务委员会第十七次会议批准修改	2019-12-18	2019-12-26	2020-1-1	修改
吉林省人民代表大会议事规则	2019年11月28日吉林省第十三届人民代表大会常务委员会第十七次会议修改	2019-11-28	2019-12-26	2019-11-28	修改
吉林省人民代表大会常务委员会议事规则	2019年11月28日吉林省第十三届人民代表大会常务委员会第十七次会议修改	2019-11-28	2019-12-26	2019-11-28	修改
吉林省人民代表大会常务委员会主任会议工作规则	2019年11月28日吉林省第十三届人民代表大会常务委员会第十七次会议修改	2019-11-28	2019-12-26	2019-11-28	修改
吉林省人民代表大会专门委员会工作条例	2019年11月28日吉林省第十三届人民代表大会常务委员会第十七次会议修改	2019-11-28	2019-12-26	2019-11-28	修改
吉林省法律援助条例	2019年11月28日吉林省第十三届人民代表大会常务委员会第十七次会议通过	2019-11-28	2019-12-26	2020-1-1	制定
吉林省消费者权益保护条例	2019年11月28日吉林省第十三届人民代表大会常务委员会第十七次会议通过	2019-11-28	2019-12-26	2020-3-15	制定
吉林省实施《中华人民共和国消费者权益保护法》办法	在《吉林省消费者权益保护条例》中被明文予以废止	2019-11-28	2019-12-26	2020-3-15	文中废止

黑龙江省地方性法规目录

（38 件）

法规名称	批准或通过时间	公布时间	报备时间	施行时间	立法形式
黑龙江省人民代表大会常务委员会关于加强老年人保健产品等消费领域消费者权益保护工作的决议	2018 年 10 月 26 日黑龙江省第十三届人民代表大会常务委员会第七次会议通过	2018-10-26	2019-7-9	2018-10-26	制定
黑龙江省优化营商环境条例	2019 年 1 月 18 日黑龙江省第十三届人民代表大会第三次会议通过	2019-1-18	2019-1-23	2019-3-1	制定
齐齐哈尔市物业管理条例	2018 年 11 月 26 日齐齐哈尔市第十六届人民代表大会常务委员会第十八次会议通过，2019 年 4 月 26 日黑龙江省第十三届人民代表大会常务委员会第十一次会议批准	2019-4-26	2019-5-5	2019-7-1	制定
齐齐哈尔市城市绿化条例	2018 年 11 月 27 日齐齐哈尔市第十六届人民代表大会第十八次会议通过，2019 年 4 月 26 日黑龙江省第十三届人民代表大会常务委员会第十一次会议批准	2019-4-26	2019-5-5	2019-7-1	制定
齐齐哈尔市城市园林绿化条例	在《齐齐哈尔市城市绿化条例》中被明文予以废止	2019-4-26	2019-5-5	2019-7-1	文中废止
大庆市露天市场管理条例	2018 年 12 月 21 日大庆市第十届人民代表大会常务委员会第十七次会议通过，2019 年 4 月 26 日黑龙江省第十三届人民代表大会常务委员会第十一次会议批准	2019-4-30	2019-5-5	2019-6-1	制定
伊春市废弃食用菌包污染环境防治条例	2019 年 1 月 2 日伊春市第十四届人民代表大会常务委员会第十四次会议表决通过，2019 年 4 月 26 日黑龙江省第十三届人民代表大会常务委员会第十一次会议批准	2019-5-5	2019-5-5	2019-7-1	制定
哈尔滨市人民代表大会常务委员会关于机构改革涉及地方性法规规定的行政机关职责调整问题的决定	2019 年 2 月 25 日哈尔滨市第十五届人民代表大会常务委员会第二十一次会议通过，2019 年 4 月 26 日黑龙江省第十三届人民代表大会常务委员会第十一次会议批准	2019-4-26	2019-5-5	2019-4-26	制定
黑龙江省人民代表大会常务委员会预算监督条例	2019 年 4 月 26 日黑龙江省第十三届人民代表大会常务委员会第十一次会议废止	2019-4-26	2019-5-5	2019-4-26	废止
黑龙江省人民代表大会常务委员会关于哈尔滨新区行政管理有关事项的决定	2019 年 4 月 26 日黑龙江省第十三届人民代表大会常务委员会第十一次会议通过	2019-4-26	2019-5-5	2019-4-26	制定
黑龙江省各级人民代表大会常务委员会讨论决定重大事项的规定	2019 年 4 月 26 日黑龙江省第十三届人民代表大会常务委员会第十一次会议通过	2019-4-26	2019-5-5	2019-7-1	制定
黑龙江省人民代表大会常务委员会讨论、决定重大事项的规定	在《黑龙江省各级人民代表大会常务委员会讨论决定重大事项的规定》中被明文予以废止	2019-4-26	2019-5-5	2019-7-1	文中废止
哈尔滨市西泉眼水库饮用水水源保护条例	2018 年 12 月 28 日哈尔滨市第十五届人民代表大会常务委员会第十九次会议废止，2019 年 6 月 28 日黑龙江省第十三届人民代表大会常务委员会第十二次会议批准废止	2019-7-1	2019-7-4	2019-7-1	废止

续表

法规名称	通过或批准时间	公布时间	报备时间	施行时间	立法形式
七台河市东北抗联文化遗存保护利用条例	2019年3月22日七台河市第十一届人民代表大会常务委员会第十八次会议通过，2019年6月28日黑龙江省第十三届人民代表大会常务委员会第十二次会议批准	2019-6-28	2019-7-4	2019-8-1	制定
齐齐哈尔市技术市场管理办法	2019年3月29日齐齐哈尔市第十六届人民代表大会常务委员会第二十三次会议废止，2019年6月28日黑龙江省第十三届人民代表大会常务委员会第十二次会议批准废止	2019-7-2	2019-7-4	2019-7-2	废止
齐齐哈尔市民营科技企业条例	2019年3月29日齐齐哈尔市第十六届人民代表大会常务委员会第二十三次会议废止，2019年6月28日黑龙江省第十三届人民代表大会常务委员会第十二次会议批准废止	2019-7-2	2019-7-4	2019-7-2	废止
齐齐哈尔市水土保持条例	2019年3月29日齐齐哈尔市第十六届人民代表大会常务委员会第二十三次会议废止，2019年6月28日黑龙江省第十三届人民代表大会常务委员会第十二次会议批准废止	2019-7-2	2019-7-4	2019-7-2	废止
哈尔滨市学校食品安全管理规定	2019年4月29日哈尔滨市第十五届人民代表大会常务委员会第二十三次会议通过，2019年6月28日黑龙江省第十三届人民代表大会常务委员会第十二次会议批准	2019-7-1	2019-7-4	2019-8-5	制定
哈尔滨市旅游管理条例	2019年4月29日哈尔滨市第十五届人民代表大会常务委员会第二十三次会议废止，2019年6月28日黑龙江省第十三届人民代表大会常务委员会第十二次会议批准废止	2019-7-4	2019-7-4	2019-7-4	废止
黑河市城市供热用热办法	2019年5月17日黑河市第六届人民代表大会常务委员会第十八次会议通过，2019年6月28日黑龙江省第十三届人民代表大会常务委员会第十二次会议批准	2019-7-1	2019-7-4	2019-7-1	制定
黑龙江省食品安全条例	2019年6月28日黑龙江省第十三届人民代表大会常务委员会第十二次会议修改	2019-6-28	2019-7-4	2019-10-1	修改
双鸭山市城市综合管理条例	2019年5月31日双鸭山市第十六届人民代表大会常务委员会第十六次会议通过，2019年8月16日黑龙江省第十三届人民代表大会常务委员会第十三次会议批准	2019-8-20	2019-8-20	2019-10-1	制定
鹤岗市饮用水水源保护条例	2019年7月26日鹤岗市第十六届人民代表大会常务委员会第二十一次会议通过，2019年8月16日黑龙江省第十三届人民代表大会常务委员会第十三次会议批准	2019-8-19	2019-8-20	2019-12-1	制定
黑龙江省人民代表大会常务委员会关于黑龙江省耕地占用税适用税额的决定	2019年8月16日黑龙江省第十三届人民代表大会常务委员会第十三次会议通过	2019-8-16	2019-8-20	2019-9-1	制定
伊春市城乡规划条例	2019年8月19日伊春市第十四届人民代表大会常务委员会第十九次会议表决通过，2019年10月18日黑龙江省第十三届人民代表大会常务委员会第十四次会议批准	2019-10-25	2019-10-25	2020-1-1	制定
鸡西市城市公园管理条例	2019年9月3日鸡西市第十五届人民代表大会常务委员会第二十八次会议通过，2019年10月18日黑龙江省第十三届人民代表大会常务委员会第十四次会议批准	2019-10-23	2019-10-25	2020-1-1	制定

续表

法规名称	通过或批准时间	公布时间	报备时间	施行时间	立法形式
鹤岗市公园广场管理条例	2019 年 9 月 16 日鹤岗市第十六届人民代表大会常务委员会第二十二次会议通过，2019 年 10 月 18 日黑龙江省第十三届人民代表大会常务委员会第十四次会议批准	2019-10-25	2019-10-25	2020-4-1	制定
佳木斯市餐饮业油烟污染防治条例	2019 年 9 月 19 日佳木斯市第十六届人民代表大会常务委员会第二十一次会议通过，2019 年 10 月 18 日黑龙江省第十三届人民代表大会常务委员会第十四次会议批准	2019-10-24	2019-10-25	2020-1-1	制定
黑龙江省反间谍安全防范条例	2019 年 10 月 18 日黑龙江省第十三届人民代表大会常务委员会第十四次会议通过	2019-10-18	2019-10-25	2019-11-1	制定
黑龙江省生活饮用水卫生监督管理条例	2019 年 10 月 18 日黑龙江省第十三届人民代表大会常务委员会第十四次会议通过	2019-10-18	2019-10-25	2020-1-1	制定
黑龙江省野生动物保护条例	2019 年 10 月 18 日黑龙江省第十三届人民代表大会常务委员会第十四次会议修改	2019-10-18	2019-10-25	2020-1-1	修改
黑龙江省文明单位建设条例	2019 年 10 月 19 日黑龙江省第十三届人民代表大会常务委员会第十四次会议修改	2019-10-18	2019-10-25	2019-12-1	修改
佳木斯市物业管理条例	2019 年 9 月 19 日佳木斯市第十六届人民代表大会常务委员会第二十一次会议通过，2019 年 12 月 18 日黑龙江省第十三届人民代表大会常务委员会第十五次会议批准	2019-12-23	2019-12-25	2020-5-1	制定
哈尔滨市文明行为促进条例	2019 年 10 月 30 日哈尔滨市第十五届人民代表大会常务委员会第二十六次会议通过，2019 年 12 月 18 日黑龙江省第十三届人民代表大会常务委员会第十五次会议批准	2019-12-24	2019-12-25	2020-3-1	制定
哈尔滨市机动车排气污染防治条例	2019 年 10 月 30 日哈尔滨市第十五届人民代表大会常务委员会第二十六次会议修改，2019 年 12 月 18 日黑龙江省第十三届人民代表大会常务委员会第十五次会议批准修改	2019-12-26	2019-12-25	2019-12-26	修改
绥化市城市市容和环境卫生管理条例	2019 年 10 月 31 日绥化市第四届人民代表大会常务委员会第二十一次会议通过，2019 年 12 月 18 日黑龙江省第十三届人民代表大会常务委员会第十五次会议批准	2019-12-25	2019-12-25	2020-3-1	制定
牡丹江市城市绿化条例	2019 年 11 月 15 日牡丹江市第十六届人民代表大会常务委员会第十八次会议通过，2019 年 12 月 18 日黑龙江省第十三届人民代表大会常务委员会第十五次会议批准	2019-12-24	2019-12-25	2020-3-1	制定
齐齐哈尔市大气污染防治条例	2019 年 11 月 20 日齐齐哈尔市第十六届人民代表大会常务委员会第三十次会议修改，2019 年 12 月 18 日黑龙江省第十三届人民代表大会常务委员会第十五次会议批准修改	2019-12-21	2019-12-25	2020-3-1	修改
齐齐哈尔市残疾人保障条例	2019 年 11 月 20 日齐齐哈尔市第十六届人民代表大会常务委员会第三十次会议通过，2019 年 12 月 18 日黑龙江省第十三届人民代表大会常务委员会第十五次会议批准	2019-12-21	2019-12-25	2020-3-1	制定
黑龙江省哈尔滨新区条例	2019 年 12 月 18 日黑龙江省第十三届人民代表大会常务委员会第十五次会议通过	2019-12-18	2019-12-25	2020-2-1	制定

上海市地方性法规目录

（10 件）

法规名称	通过或批准时间	公布时间	报备时间	施行时间	立法形式
上海市生活垃圾管理条例	2019 年 1 月 31 日上海市第十五届人民代表大会第二次会议通过	2019-1-31	2019-2-22	2019-7-1	制定
上海市人民代表大会常务委员会关于贯彻实施《中华人民共和国外商投资法》若干问题的决定	2019 年 5 月 23 日上海市第十五届人民代表大会常务委员会第十二次会议通过	2019-5-23	2019-5-27	2020-1-1	制定
上海市外商投资企业审批条例	在《上海市人民代表大会常务委员会关于贯彻实施〈中华人民共和国外商投资法〉若干问题的决定》中被明文予以废止	2019-5-23	2019-5-27	2020-1-1	文中废止
上海市人民代表大会常务委员会关于促进和保障浦东新区改革开放再出发实现新时代高质量发展的决定	2019 年 7 月 25 日上海市第十五届人民代表大会常务委员会第十三次会议通过	2019-7-25	2019-7-31	2019-7-26	制定
上海市标准化条例	2019 年 7 月 25 日上海市第十五届人民代表大会常务委员会第十三次会议修改	2019-7-25	2019-7-31	2019-10-1	修改
上海市历史风貌区和优秀历史建筑保护条例	2019 年 9 月 26 日上海市第十五届人民代表大会常务委员会第十四次会议通过	2019-9-26	2019-10-16	2020-1-1	制定
上海市历史文化风貌区和优秀历史建筑保护条例	在《上海市历史风貌区和优秀历史建筑保护条例》中被明文予以废止	2019-9-26	2019-10-16	2020-1-1	文中废止
上海市航道条例	2019 年 9 月 26 日上海市第十五届人民代表大会常务委员会第十四次会议通过	2019-9-26	2019-10-16	2020-1-1	制定
上海市内河航道管理条例	在《上海市航道条例》中被明文予以废止	2019-9-26	2019-10-16	2020-1-1	文中废止
上海市志愿服务条例	2019 年 11 月 15 日上海市第十五届人民代表大会常务委员会第十五次会议修改	2019-11-15	2019-12-9	2020-1-1	修改
上海市司法鉴定管理条例	2019 年 12 月 19 日上海市第十五届人民代表大会常务委员会第十六次会议通过	2019-12-19	2019-12-25	2020-5-1	制定
上海市家政服务条例	2019 年 12 月 19 日上海市第十五届人民代表大会常务委员会第十六次会议通过	2019-12-19	2019-12-25	2020-5-1	制定
上海市排水与污水处理条例	2019 年 12 月 19 日上海市第十五届人民代表大会常务委员会第十六次会议通过	2019-12-19	2019-12-25	2020-5-1	制定
上海市排水管理条例	在《上海市排水与污水处理条例》中被明文予以废止	2019-12-19	2019-12-25	2020-5-1	文中废止

江苏省地方性法规目录

（70 件）

法规名称	通过或批准时间	公布时间	报备时间	施行时间	立法形式
盐城市旅游业促进条例	2018 年 10 月 25 日盐城市第八届人民代表大会常务委员会第十五次会议通过，2019 年 1 月 9 日江苏省第十三届人民代表大会常务委员会第七次会议批准	2019-1-19	2019-1-28	2019-3-1	制定
无锡市奖励和保护见义勇为人员条例	2018 年 12 月 13 日无锡市第十六届人民代表大会常务委员会第十四次会议通过，2019 年 1 月 9 日江苏省第十三届人民代表大会常务委员会第七次会议批准	2019-1-21	2019-1-28	2019-3-1	制定
常州市住宅物业管理条例	2018 年 12 月 19 日常州市第十六届人民代表大会常务委员会第十四次会议通过，2019 年 1 月 9 日江苏省第十三届人民代表大会常务委员会第七次会议批准	2019-1-28	2019-1-28	2019-7-1	制定
南京市大气污染防治条例	2018 年 12 月 21 日南京市第十六届人民代表大会常务委员会第十次会议修改，2019 年 1 月 9 日江苏省第十三届人民代表大会常务委员会第七次会议批准修改	2019-1-22	2019-1-28	2019-5-1	修改
南京市道路交通安全条例	2018 年 12 月 21 日南京市第十六届人民代表大会常务委员会第十次会议通过，2019 年 1 月 9 日江苏省第十三届人民代表大会常务委员会第七次会议批准	2019-1-22	2019-1-28	2019-5-1	制定
南京市道路交通安全管理条例	在《南京市道路交通安全条例》中被明文予以废止	2019-1-22	2019-1-28	2019-5-1	文中废止
徐州市房屋使用安全管理条例	2018 年 12 月 26 日徐州市第十六届人民代表大会常务委员会第二十一次会议通过，2019 年 1 月 9 日江苏省第十三届人民代表大会常务委员会第七次会议批准	2019-1-9	2019-1-28	2019-3-1	制定
徐州市城市房屋安全管理条例	在《徐州市房屋使用安全管理条例》中被明文予以废止	2019-1-9	2019-1-28	2019-3-1	文中废止
徐州市排水与污水处理条例	2018 年 12 月 26 日徐州市第十六届人民代表大会常务委员会第二十一次会议通过，2019 年 1 月 9 日江苏省第十三届人民代表大会常务委员会第七次会议批准	2019-1-9	2019-1-28	2019-3-1	制定
苏州市出租房屋居住安全管理条例	2018 年 12 月 27 日苏州市第十六届人民代表大会常务委员会第十六次会议通过，2019 年 1 月 9 日江苏省第十三届人民代表大会常务委员会第七次会议批准	2019-1-20	2019-1-28	2019-5-1	制定
江苏省广告条例	2019 年 1 月 9 日江苏省第十三届人民代表大会常务委员会第七次会议修改	2019-1-11	2019-1-28	2019-3-1	修改
江苏省不动产登记条例	2019 年 1 月 9 日江苏省第十三届人民代表大会常务委员会第七次会议通过	2019-1-11	2019-1-28	2019-5-1	制定
南京市制定地方性法规条例	2019 年 1 月 12 日南京市第十六届人民代表大会第二次会议修改，2019 年 3 月 29 日江苏省第十三届人民代表大会常务委员会第八次会议批准修改	2019-4-9	2019-4-18	2019-5-1	修改

续表

法规名称	通过或批准时间	公布时间	报备时间	施行时间	立法形式
宿迁市旅游促进条例	2019年2月26日宿迁市第五届人民代表大会常务委员会第十五次会议通过,2019年3月29日江苏省第十三届人民代表大会常务委员会第八次会议批准	2019-4-2	2019-4-18	2019-6-30	制定
无锡市生态补偿条例	2019年2月27日无锡市第十六届人民代表大会常务委员会第十八次会议通过,2019年3月29日江苏省第十三届人民代表大会常务委员会第八次会议批准	2019-4-8	2019-4-18	2019-6-1	制定
徐州市大气污染防治条例	2019年2月28日徐州市第十六届人民代表大会常务委员会第二十四次会议通过,2019年3月29日江苏省第十三届人民代表大会常务委员会第八次会议批准	2019-3-29	2019-4-18	2019-5-1	制定
江苏省职业教育校企合作促进条例	2019年3月29日江苏省第十三届人民代表大会常务委员会第八次会议通过	2019-3-29	2019-4-18	2019-5-1	制定
江苏省城乡规划条例	2019年3月29日江苏省第十三届人民代表大会常务委员会第八次会议修改	2019-3-29	2019-4-18	2019-5-1	修改
江苏省专利促进条例	2019年3月29日江苏省第十三届人民代表大会常务委员会第八次会议修改	2019-3-29	2019-4-18	2019-5-1	修改
江苏省实施《中华人民共和国义务教育法》办法	2019年3月29日江苏省第十三届人民代表大会常务委员会第八次会议修改	2019-3-29	2019-4-18	2019-5-1	修改
江苏省机动车排气污染防治条例	2019年3月29日江苏省第十三届人民代表大会常务委员会第八次会议修改	2019-3-29	2019-4-18	2019-5-1	修改
江苏省禁毒条例	2019年3月29日江苏省第十三届人民代表大会常务委员会第八次会议修改	2019-3-29	2019-4-18	2019-5-1	修改
江苏省特种行业治安管理条例	2019年3月29日江苏省第十三届人民代表大会常务委员会第八次会议修改	2019-3-29	2019-4-18	2019-5-1	修改
江苏省公共场所治安管理条例	2019年3月29日江苏省第十三届人民代表大会常务委员会第八次会议修改	2019-3-29	2019-4-18	2019-5-1	修改
江苏省献血条例	2019年3月29日江苏省第十三届人民代表大会常务委员会第八次会议修改	2019-3-29	2019-4-18	2019-5-1	修改
江苏省渔业管理条例	2019年3月29日江苏省第十三届人民代表大会常务委员会第八次会议修改	2019-3-29	2019-4-18	2019-5-1	修改
江苏省家庭教育促进条例	2019年3月29日江苏省第十三届人民代表大会常务委员会第八次会议通过	2019-3-29	2019-4-18	2019-6-1	制定
江苏省海洋经济促进条例	2019年3月29日江苏省第十三届人民代表大会常务委员会第八次会议通过	2019-3-29	2019-4-18	2019-6-1	制定
江苏省水路交通运输条例	2019年3月29日江苏省第十三届人民代表大会常务委员会第八次会议通过	2019-3-29	2019-4-18	2019-8-1	制定
江苏省内河交通管理条例	在《江苏省水路交通运输条例》中被明文予以废止	2019-3-29	2019-4-18	2019-8-1	文中废止
江苏省航道管理条例	在《江苏省水路交通运输条例》中被明文予以废止	2019-3-29	2019-4-18	2019-8-1	文中废止
江苏省港口条例	在《江苏省水路交通运输条例》中被明文予以废止	2019-3-29	2019-4-18	2019-8-1	文中废止
扬州市农贸市场管理条例	2019年3月27日扬州市第八届人民代表大会常务委员会第十八次会议通过,2019年5月30日江苏省第十三届人民代表大会常务委员会第九次会议批准	2019-6-11	2019-6-20	2019-8-1	制定

续表

法规名称	通过或批准时间	公布时间	报备时间	施行时间	立法形式
南通市畜禽养殖污染防治条例	2019 年 3 月 27 日南通市第十五届人民代表大会常务委员会第二十次会议通过，2019 年 5 月 30 日江苏省第十三届人民代表大会常务委员会第九次会议批准	2019-6-17	2019-6-20	2019-10-1	制定
盐城市文明行为促进条例	2019 年 4 月 19 日盐城市第八届人民代表大会常务委员会第二十次会议通过，2019 年 5 月 30 日江苏省第十三届人民代表大会常务委员会第九次会议批准	2019-6-17	2019-6-20	2019-7-1	制定
无锡市生活垃圾分类管理条例	2019 年 4 月 25 日无锡市第十六届人民代表大会常务委员会第十九次会议通过，2019 年 5 月 30 日江苏省第十三届人民代表大会常务委员会第九次会议批准	2019-6-10	2019-6-20	2019-9-1	制定
南京市授予荣誉市民称号条例	2019 年 4 月 26 日南京市第十六届人民代表大会常务委员会第十四次会议通过，2019 年 5 月 30 日江苏省第十三届人民代表大会常务委员会第九次会议批准	2019-5-31	2019-6-20	2019-6-5	制定
常州市轨道交通条例	2019 年 4 月 26 日常州市第十六届人民代表大会常务委员会第十七次会议通过，2019 年 5 月 30 日江苏省第十三届人民代表大会常务委员会第九次会议批准	2019-6-10	2019-6-20	2019-9-1	制定
南京市教育督导条例	2019 年 4 月 26 日南京市第十六届人民代表大会常务委员会第十四次会议通过，2019 年 5 月 30 日江苏省第十三届人民代表大会常务委员会第九次会议批准	2019-6-11	2019-6-20	2019-7-1	制定
江苏省实施《中华人民共和国村民委员会组织法》办法	2019 年 5 月 30 日江苏省第十三届人民代表大会常务委员会第九次会议修改	2019-5-30	2019-6-20	2019-5-30	修改
江苏省市辖区、不设区的市人民代表大会常务委员会街道工作委员会工作条例	2019 年 5 月 30 日江苏省第十三届人民代表大会常务委员会第九次会议通过	2019-5-30	2019-6-20	2019-7-1	制定
南京市城镇房屋权属登记条例	2019 年 6 月 14 日南京市第十六届人民代表大会常务委员会第十六次会议废止，2019 年 7 月 26 日江苏省第十三届人民代表大会常务委员会第十次会议批准废止	2019-8-6	2019-8-14	2019-8-6	废止
南京市机动车维修市场管理条例	2019 年 6 月 14 日南京市第十六届人民代表大会常务委员会第十六次会议废止，2019 年 7 月 26 日江苏省第十三届人民代表大会常务委员会第十次会议批准废止	2019-8-6	2019-8-14	2019-8-6	废止
盐城市黄海湿地保护条例	2019 年 6 月 21 日盐城市第八届人民代表大会常务委员会第二十一次会议通过，2019 年 7 月 26 日江苏省第十三届人民代表大会常务委员会第十次会议批准	2019-8-1	2019-8-14	2019-9-1	制定
镇江市山体保护条例	2019 年 6 月 25 日镇江市第八届人民代表大会常务委员会第十九次会议通过，2019 年 7 月 26 日江苏省第十三届人民代表大会常务委员会第十次会议批准	2019-8-5	2019-8-14	2020-1-1	制定
连云港市海岛保护条例	2019 年 6 月 26 日连云港市第十四届人民代表大会常务委员会第十九次会议通过，2019 年 7 月 26 日江苏省第十三届人民代表大会常务委员会第十次会议批准	2019-8-2	2019-8-14	2019-10-1	制定

续表

法规名称	通过或批准时间	公布时间	报备时间	施行时间	立法形式
苏州市河道管理条例	2019年6月27日苏州市第十六届人民代表大会常务委员会第二十次会议修改,2019年7月26日江苏省第十三届人民代表大会常务委员会第十次会议批准修改	2019-8-5	2019-8-14	2019-10-1	修改
徐州市轨道交通条例	2019年6月28日徐州市第十六届人民代表大会常务委员会第二十七次会议通过,2019年7月26日江苏省第十三届人民代表大会常务委员会第十次会议批准	2019-7-26	2019-8-14	2019-9-1	制定
江苏省人民代表大会常务委员会关于耕地占用税适用税额的决定	2019年7月26日江苏省第十三届人民代表大会常务委员会第十次会议通过	2019-7-26	2019-8-14	2019-9-1	制定
南通市城市绿化管理条例	2019年7月30日南通市第十五届人民代表大会常务委员会第二十四次会议通过,2019年9月27日江苏省第十三届人民代表大会常务委员会第十一次会议批准	2019-10-8	2019-10-17	2020-1-1	制定
泰州市文明行为条例	2019年8月13日泰州市第五届人民代表大会常务委员会第十九次会议通过,2019年9月27日江苏省第十三届人民代表大会常务委员会第十一次会议批准	2019-10-10	2019-10-17	2020-1-1	制定
南京市长江桥梁隧道条例	2019年8月22日南京市第十六届人民代表大会常务委员会第十七次会议修改,2019年9月27日江苏省第十三届人民代表大会常务委员会第十一次会议批准修改	2019-10-10	2019-10-17	2019-11-1	修改
南京市城乡规划条例	2019年8月22日南京市第十六届人民代表大会常务委员会第十七次会议修改,2019年9月27日江苏省第十三届人民代表大会常务委员会第十一次会议批准修改	2019-10-10	2019-10-17	2019-11-1	修改
南京市民用建筑节能条例	2019年8月22日南京市第十六届人民代表大会常务委员会第十七次会议修改,2019年9月27日江苏省第十三届人民代表大会常务委员会第十一次会议批准修改	2019-10-10	2019-10-17	2019-11-1	修改
苏州市残疾人保障条例	2019年8月27日苏州市第十六届人民代表大会常务委员会第二十一次会议通过,2019年9月27日江苏省第十三届人民代表大会常务委员会第十一次会议批准	2019-10-9	2019-10-17	2020-1-1	制定
无锡市禁止燃放烟花爆竹条例	2019年8月29日无锡市第十六届人民代表大会常务委员会第二十一次会议修改,2019年9月27日江苏省第十三届人民代表大会常务委员会第十一次会议批准修改	2019-10-9	2019-10-17	2020-1-1	修改
无锡市水资源节约利用条例	2019年8月29日无锡市第十六届人民代表大会常务委员会第二十一次会议修改,2019年9月27日江苏省第十三届人民代表大会常务委员会第十一次会议批准修改	2019-10-9	2019-10-17	2020-1-1	修改
无锡市河道管理条例	2019年8月29日无锡市第十六届人民代表大会常务委员会第二十一次会议修改,2019年9月27日江苏省第十三届人民代表大会常务委员会第十一次会议批准修改	2019-10-9	2019-10-17	2020-1-1	修改
无锡市城市绿化管理条例	2019年8月29日无锡市第十六届人民代表大会常务委员会第二十一次会议修改,2019年9月27日江苏省第十三届人民代表大会常务委员会第十一次会议批准修改	2019-10-9	2019-10-17	2020-1-1	修改

续表

法规名称	通过或批准时间	公布时间	报备时间	施行时间	立法形式
无锡市市容和环境卫生管理条例	2019 年 8 月 29 日无锡市第十六届人民代表大会常务委员会第二十一次会议修改，2019 年 9 月 27 日江苏省第十三届人民代表大会常务委员会第十一次会议批准修改	2019-10-9	2019-10-17	2020-1-1	修改
徐州市市区农贸市场管理条例	2019 年 8 月 30 日徐州市第十六届人民代表大会常务委员会第二十九次会议修改，2019 年 9 月 27 日江苏省第十三届人民代表大会常务委员会第十一次会议批准修改	2019-10-10	2019-10-17	2019-12-1	修改
江苏省村民委员会选举办法	2019 年 9 月 27 日江苏省第十三届人民代表大会常务委员会第十一次会议修改	2019-9-27	2019-10-17	2019-12-1	修改
扬州市文明行为促进条例	2019 年 9 月 26 日扬州市第八届人民代表大会常务委员会第二十二次会议通过，2019 年 11 月 29 日江苏省第十三届人民代表大会常务委员会第十二次会议批准	2019-12-9	2019-12-20	2020-2-1	制定
苏州市生活垃圾分类管理条例	2019 年 10 月 25 日苏州市第十六届人民代表大会常务委员会第二十二次会议通过，2019 年 11 月 29 日江苏省第十三届人民代表大会常务委员会第十二次会议批准	2019-12-9	2019-12-20	2020-6-1	制定
淮安市古淮河保护条例	2019 年 10 月 25 日淮安市第八届人民代表大会常务委员会第二十七次会议修改，2019 年 11 月 29 日江苏省第十三届人民代表大会常务委员会第十二次会议批准修改	2019-12-12	2019-12-20	2019-12-12	修改
淮安市住宅物业管理条例	2019 年 10 月 25 日淮安市第八届人民代表大会常务委员会第二十七次会议通过，2019 年 11 月 29 日江苏省第十三届人民代表大会常务委员会第十二次会议批准	2019-12-12	2019-12-20	2020-3-1	制定
连云港市乡村清洁条例	2019 年 10 月 29 日连云港市第十四届人民代表大会常务委员会第二十二次会议通过，2019 年 11 月 29 日江苏省第十三届人民代表大会常务委员会第十二次会议批准	2019-12-10	2019-12-20	2020-1-1	制定
镇江市历史文化名城保护条例	2019 年 10 月 29 日镇江市第八届人民代表大会常务委员会第二十二次会议通过，2019 年 11 月 29 日江苏省第十三届人民代表大会常务委员会第十二次会议批准	2019-12-11	2019-12-20	2020-3-1	制定
宿迁市扬尘污染防治条例	2019 年 10 月 29 日宿迁市第五届人民代表大会常务委员会第十九次会议通过，2019 年 11 月 29 日江苏省第十三届人民代表大会常务委员会第十二次会议批准	2019-12-11	2019-12-20	2020-3-1	制定
常州市道路交通安全条例	2019 年 10 月 30 日常州市第十六届人民代表大会常务委员会第二十次会议通过，2019 年 11 月 29 日江苏省第十三届人民代表大会常务委员会第十二次会议批准	2019-12-9	2019-12-20	2020-3-1	制定
无锡市旅游市场条例	2019 年 10 月 30 日无锡市第十六届人民代表大会常务委员会第二十三次会议通过，2019 年 11 月 29 日江苏省第十三届人民代表大会常务委员会第十二次会议批准	2019-12-9	2019-12-20	2020-5-19	制定
无锡市实施《江苏省旅游管理条例》办法	在《无锡市旅游市场条例》中被明文予以废止	2019-12-9	2019-12-20	2020-5-19	文中废止

续表

法规名称	通过或批准时间	公布时间	报备时间	施行时间	立法形式
徐州市安全生产条例	2019年10月30日徐州市第十六届人民代表大会常务委员会第三十次会议通过，2019年11月29日江苏省第十三届人民代表大会常务委员会第十二次会议批准	2019-12-12	2019-12-20	2020-1-1	制定
江苏省人民代表大会常务委员会关于促进大运河文化带建设的决定	2019年11月29日江苏省第十三届人民代表大会常务委员会第十二次会议通过	2019-11-29	2019-12-20	2020-1-1	制定
江苏省种子条例	2019年11月29日江苏省第十三届人民代表大会常务委员会第十二次会议修改	2019-11-29	2019-12-20	2020-3-1	修改
江苏省宗教事务条例	2019年11月29日江苏省第十三届人民代表大会常务委员会第十二次会议修改	2019-11-29	2019-12-20	2020-3-1	修改

浙江省地方性法规目录

（48件）

法规名称	通过或批准情况	公布时间	报备时间	施行时间	立法形式
台州市传统村落保护和利用条例	2018年10月26日台州市第五届人民代表大会常务委员会第十五次会议通过；2018年11月30日浙江省第十三届人民代表大会常务委员会第七次会议批准	2018-12-14	2019-1-23	2019-3-1	制定
金华市城市市容和环境卫生管理规定	2018年12月20日金华市第七届人民代表大会常务委员会第十七次会议通过；2019年3月28日浙江省第十三届人民代表大会常务委员会第十一次会议批准	2019-4-9	2019-4-28	2019-5-1	制定
台州市居住出租房屋安全管理规定	2018年12月26日台州市第五届人民代表大会常务委员会第十七次会议通过；2019年3月28日浙江省第十三届人民代表大会常务委员会第十一次会议批准	2019-4-9	2019-4-28	2019-7-1	制定
宁波市环境污染防治规定	2018年12月26日宁波市第十五届人民代表大会常务委员会第十六次会议修改；2019年3月28日浙江省十三届人民代表大会常务委员会第十一次会议批准修改	2019-4-18	2019-4-28	2019-7-1	修改
湖州市美丽乡村建设条例	2018年12月29日湖州市第八届人民代表大会常务委员会第十六次会议通过；2019年3月28日浙江省第十三届人民代表大会常务委员会第十一次会议批准	2019-4-4	2019-4-28	2019-5-1	制定
嘉兴市养犬管理条例	2018年12月29日嘉兴市第八届人民代表大会常务委员会第十五次会议通过；2019年3月28日浙江省第十三届人民代表大会常务委员会第十一次会议批准	2019-4-16	2019-4-28	2019-7-1	制定
丽水市物业管理条例	2019年1月15日丽水市第四届人民代表大会常务委员会第十四次会议通过；2019年3月28日浙江省第十三届人民代表大会常务委员会第十一次会议批准	2019-4-8	2019-4-28	2019-7-1	制定

续表

法规名称	通过或批准时间	公布时间	报备时间	施行时间	立法形式
金华市文明行为促进条例	2019年2月26日金华市第七届人民代表大会第四次会议通过；2019年3月28日浙江省第十三届人民代表大会常务委员会第十一次会议批准	2019-4-10	2019-4-28	2019-5-1	制定
浙江省测绘地理信息条例	2019年3月28日浙江省第十三届人民代表大会常务委员会第十一次会议通过	2019-3-28	2019-4-22	2019-5-1	制定
浙江省测绘管理条例	在《浙江省测绘地理信息条例》中被明文予以废止	2019-3-28	2019-4-22	2019-5-1	文中废止
浙江省无人驾驶航空器公共安全管理规定	2019年3月28日浙江省第十三届人民代表大会常务委员会第十一次会议通过	2019-3-28	2019-4-22	2019-5-1	制定
浙江省实施《中华人民共和国反恐怖主义法》办法	2019年3月28日浙江省第十三届人民代表大会常务委员会第十一次会议通过	2019-3-28	2019-4-22	2019-5-1	制定
舟山市物业管理条例	2019年1月21日舟山市第七届人民代表大会常务委员会第十九次会议通过；2019年5月31日浙江省第十三届人民代表大会常务委员会第十二次会议批准	2019-6-17	2019-6-30	2019-9-1	制定
宁波市生活垃圾分类管理条例	2019年2月16日宁波市第十五届人民代表大会第四次会议通过；2019年5月31日浙江省第十三届人民代表大会常务委员会第十二次会议批准	2019-6-13	2019-6-30	2019-10-1	制定
景宁畲族自治县促进惠明茶产业发展条例	2019年2月24日景宁畲族自治县第九届人民代表大会第三次会议通过；2019年5月31日浙江省第十三届人民代表大会常务委员会第十二次会议批准	2019-6-14	2019-6-31	2019-8-1	制定
杭州市第二水源千岛湖配水供水工程管理条例	2019年4月3日杭州市第十三届人民代表大会常务委员会第十八次会议修改；2019年5月31日浙江省第十三届人民代表大会常务委员会第十二次会议批准修改	2019-6-14	2019-6-31	2019-6-14	修改
宁波市非机动车管理条例	2019年4月26日宁波市第十五届人民代表大会常务委员会第二十次会议修改；2019年5月31日浙江省第十三届人民代表大会常务委员会第十二次会议批准修改	2019-6-13	2019-6-30	2019-7-1	修改
金华市传统村落保护条例	2019年4月30日金华市第七届人民代表大会常务委员会第二十次会议通过；2019年5月31日浙江省第十三届人民代表大会常务委员会第十二次会议批准	2019-6-14	2019-6-17	2019-10-1	制定
浙江省教育督导条例	2019年5月31日浙江省第十三届人民代表大会常务委员会第十二次会议通过	2019-5-31	2019-6-17	2019-9-1	制定
宁波市河道管理条例	2019年4月26日宁波市第十五届人民代表大会常务委员会第二十次会议修改；2019年8月1日浙江省第十三届人民代表大会常务委员会第十三次会议批准修改	2019-8-20	2019-9-6	2019-10-1	修改
丽水市传统村落保护条例	2019年5月28日丽水市第四届人民代表大会常务委员会第十六次会议通过；2019年8月1日浙江省第十三届人民代表大会常务委员会第十三次会议批准	2019-8-19	2019-9-18	2019-11-1	制定
衢州市烟花爆竹经营燃放管理规定	2019年6月5日衢州市第七届人民代表大会常务委员会第十九次会议通过；2019年8月1日浙江省第十三届人民代表大会常务委员会第十三次会议批准	2019-8-8	2019-8-22	2019-11-1	制定

续表

法规名称	通过或批准时间	公布时间	报备时间	施行时间	立法形式
湖州市市容和环境卫生管理条例	2019年6月21日湖州市第八届人民代表大会常务委员会第二十次会议修改;2019年8月1日浙江省第十三届人民代表大会常务委员会第十三次会议批准修改	2019-8-10	2019-8-22	2019-8-10	修改
杭州市生活垃圾管理条例	2019年6月21日杭州市第十三届人民代表大会常务委员会第二十次会议修改;2019年8月1日浙江省第十三届人民代表大会常务委员会第十三次会议批准修改	2019-8-15	2019-8-22	2019-8-15	修改
杭州市机动车排气污染防治条例	2019年6月21日杭州市第十三届人民代表大会常务委员会第二十次会议修改;2019年8月1日浙江省第十三届人民代表大会常务委员会第十三次会议批准修改	2019-8-15	2019-8-22	2019-8-15	修改
宁波市甬江奉化江余姚江河道管理条例	2019年6月25日宁波市第十五届人民代表大会常务委员会第二十一次会议修改;2019年8月1日浙江省第十三届人民代表大会常务委员会第十三次会议批准修改	2019-8-20	2019-9-6	2019-8-20	修改
宁波市市容和环境卫生管理条例	2019年6月25日宁波市第十五届人民代表大会常务委员会第二十一次会议修改;2019年8月1日浙江省第十三届人民代表大会常务委员会第十三次会议批准修改	2019-8-20	2019-9-6	2019-8-20	修改
宁波市防洪条例	2019年6月25日宁波市第十五届人民代表大会常务委员会第二十一次会议修改;2019年8月1日浙江省第十三届人民代表大会常务委员会第十三次会议批准修改	2019-8-20	2019-9-6	2019-8-20	修改
浙江省反走私综合治理规定	2019年8月1日浙江省第十三届人民代表大会常务委员会第十三次会议通过	2019-8-1	2019-8-22	2019-9-1	制定
浙江省人民代表大会常务委员会关于耕地占用税适用税额的决定	2019年8月1日浙江省第十三届人民代表大会常务委员会第十三次会议通过	2019-8-1	2019-8-22	2019-9-1	制定
浙江省宗教事务条例	2019年8月1日浙江省第十三届人民代表大会常务委员会第十三次会议修改	2019-8-1	2019-8-22	2019-11-1	修改
湖州市乡村旅游促进条例	2019年7月31日湖州市第八届人民代表大会常务委员会第二十一次会议通过;2019年9月27日浙江省第十三届人民代表大会常务委员会第十四次会议批准	2019-10-21	2019-11-12	2020-1-1	制定
嘉兴市文明行为促进条例	2019年8月9日嘉兴市第八届人民代表大会常务委员会第十九次会议通过;2019年9月27日浙江省第十三届人民代表大会常务委员会第十四次会议批准	2019-10-9	2019-11-5	2020-1-1	制定
金华市水环境保护条例	2019年8月16日金华市第七届人民代表大会常务委员会第二十二次会议修改;2019年9月27日浙江省第十三届人民代表大会常务委员会第十四次会议批准修改	2019-10-15	2019-11-5	2019-10-15	修改
金华市禁止销售燃放烟花爆竹管理规定	2019年8月16日金华市第七届人民代表大会常务委员会第二十二次会议通过;2019年9月27日浙江省第十三届人民代表大会常务委员会第十四次会议批准	2019-10-15	2019-11-5	2020-1-1	制定

续表

法规名称	通过或批准时间	公布时间	报备时间	施行时间	立法形式
绍兴市大运河世界文化遗产保护条例	2019 年 8 月 30 日绍兴市第八届人民代表大会常务委员会第二十五次会议通过；2019 年 9 月 27 日浙江省第十三届人民代表大会常务委员会第十四次会议批准	2019-10-10	2019-11-5	2020-1-1	制定
浙江省精神卫生条例	2019 年 9 月 27 日浙江省第十三届人民代表大会常务委员会第十四次会议通过	2019-9-27	2019-10-18	2019-12-1	制定
浙江省家庭教育促进条例	2019 年 9 月 27 日浙江省第十三届人民代表大会常务委员会第十四次会议通过	2019-9-27	2019-10-18	2020-1-1	制定
浙江省农村生活污水处理设施管理条例	2019 年 9 月 27 日浙江省第十三届人民代表大会常务委员会第十四次会议通过	2019-9-27	2019-10-18	2020-1-1	制定
丽水市大窑龙泉窑遗址保护条例	2019 年 9 月 20 日丽水市第四届人民代表大会常务委员会第十八次会议通过；2019 年 11 月 29 日浙江省第十三届人民代表大会常务委员会第十五次会议批准	2019-12-18	2020-1-19	2020-3-1	制定
衢州市城乡网格化服务管理条例	2019 年 9 月 26 日衢州市第七届人民代表大会常务委员会第二十一次会议通过；2019 年 11 月 29 日浙江省第十三届人民代表大会常务委员会第十五次会议批准	2019-12-9	2020-1-19	2020-1-1	制定
衢州市物业管理条例	2019 年 9 月 26 日衢州市第七届人民代表大会常务委员会第二十一次会议通过；2019 年 11 月 29 日浙江省第十三届人民代表大会常务委员会第十五次会议批准	2019-12-9	2020-1-19	2020-3-1	制定
舟山市科技创新促进条例	2019 年 10 月 29 日舟山市第七届人民代表大会常务委员会第二十七次会议通过；2019 年 11 月 29 日浙江省第十三届人民代表大会常务委员会第十五次会议批准	2019-12-13	2020-1-19	2020-3-1	制定
宁波市全民阅读促进条例	2019 年 10 月 29 日宁波市第十五届人民代表大会常务委员会第二十四次会议通过；2019 年 11 月 29 日浙江省第十三届人民代表大会常务委员会第十五次会议批准	2019-12-13	2020-1-19	2020-4-1	制定
杭州市电梯安全管理条例	2019 年 10 月 29 日杭州市第十三届人民代表大会常务委员会第二十二次会议通过；2019 年 11 月 29 日浙江省第十三届人民代表大会常务委员会第十五次会议批准	2019-12-18	2020-1-6	2020-5-1	制定
温州市楠溪江保护管理条例	2019 年 10 月 30 日温州市第十三届人民代表大会常务委员会第二十四次会议通过；2019 年 11 月 29 日浙江省第十三届人民代表大会常务委员会第十五次会议批准	2019-12-12	2020-1-6	2020-3-1	制定
舟山市人民代表大会常务委员会关于暂时停止实施海钓经营许可的决定	2019 年 11 月 15 日舟山市第七届人民代表大会常务委员会第二十八次会议通过；2019 年 11 月 29 日浙江省第十三届人民代表大会常务委员会第十五次会议批准	2019-12-11	2020-1-19	2019-12-11	制定
浙江省街道人大工作条例	2019 年 11 月 29 日浙江省第十三届人民代表大会常务委员会第十五次会议通过	2019-11-29	2019-12-16	2020-1-1	制定
义乌国际贸易综合改革试验区条例	2019 年 11 月 29 日浙江省第十三届人民代表大会常务委员会第十五次会议通过	2019-11-29	2019-12-16	2020-1-1	制定

安徽省地方性法规目录

（42 件）

法规名称	通过或批准时间	公布时间	报备时间	施行时间	立法形式
黄山市农药安全管理条例	2018 年 12 月 5 日黄山市第七届人民代表大会常务委员会第七次会议通过，2019 年 3 月 29 日安徽省第十三届人民代表大会常务委员会第九次会议批准	2019-4-25	2019-4-1	2019-7-1	制定
马鞍山市采石风景名胜区条例	2018 年 12 月 7 日马鞍山市第十六届人民代表大会常务委员会第七次会议通过，2019 年 3 月 29 日安徽省第十三届人民代表大会常务委员会第九次会议批准	2019-4-18	2019-4-1	2019-7-1	制定
淮南市城市管理行政执法条例	2018 年 12 月 20 日淮南市第十六届人民代表大会常务委员会第七次会议通过，2019 年 3 月 29 日安徽省第十三届人民代表大会常务委员会第九次会议批准	2019-4-16	2019-4-1	2019-5-1	制定
淮北市人民代表大会及其常务委员会立法程序规定	2019 年 1 月 11 日淮北市第十六届人民代表大会第二次会议通过，2019 年 3 月 29 日安徽省第十三届人民代表大会常务委员会第九次会议批准	2019-4-12	2019-4-1	2019-5-1	制定
合肥市促进民营经济发展条例	2019 年 2 月 27 日合肥市第十六届人民代表大会常务委员会第九次会议修改，2019 年 3 月 29 日安徽省第十三届人民代表大会常务委员会第九次会议批准修改	2019-4-11	2019-4-1	2019-5-1	修改
安徽省城镇燃气管理条例	2019 年 3 月 29 日安徽省第十三届人民代表大会常务委员会第九次会议通过	2019-4-1	2019-4-1	2019-5-1	制定
安徽省燃气管理条例	在《安徽省城镇燃气管理条例》被明文予以废止	2019-4-1	2019-4-1	2019-5-1	文中废止
宣城市住宅小区物业管理条例	2019 年 4 月 19 日宣城市第四届人民代表大会常务委员会第十六次会议通过，2019 年 5 月 24 日安徽省第十三届人民代表大会常务委员会第十次会议批准	2019-6-10	2019-5-27	2019-10-1	制定
铜陵市居家养老服务促进条例	2019 年 4 月 26 日铜陵市第十六届人民代表大会常务委员会第十一次会议通过，2019 年 5 月 24 日安徽省第十三届人民代表大会常务委员会第十次会议批准	2019-6-10	2019-5-27	2019-10-1	制定
淮南市优化投资环境条例	2019 年 4 月 29 日淮南市第十六届人民代表大会常务委员会第十次会议修改，2019 年 5 月 24 日安徽省第十三届人民代表大会常务委员会第十次会议批准修改	2019-6-10	2019-5-27	2019-6-10	修改
淮南市建筑市场管理条例	2019 年 4 月 29 日淮南市第十六届人民代表大会常务委员会第十次会议废止，2019 年 5 月 24 日安徽省第十三届人民代表大会常务委员会第十次会议批准废止	2019-6-10	2019-5-27	2019-6-10	废止
淮南市私营企业权益保护条例	2019 年 4 月 29 日淮南市第十六届人民代表大会常务委员会第十次会议废止，2019 年 5 月 24 日安徽省第十三届人民代表大会常务委员会第十次会议批准废止	2019-6-10	2019-5-27	2019-6-10	废止

续表

法规名称	通过或批准时间	公布时间	报备时间	施行时间	立法形式
淮南市工程建设监理条例	2019年4月29日淮南市第十六届人民代表大会常务委员会第十次会议废止,2019年5月24日安徽省第十三届人民代表大会常务委员会第十次会议批准废止	2019-6-10	2019-5-27	2019-6-10	废止
淮南市社会保险费征缴管理条例	2019年4月29日淮南市第十六届人民代表大会常务委员会第十次会议废止,2019年5月24日安徽省第十三届人民代表大会常务委员会第十次会议批准废止	2019-6-10	2019-5-27	2019-6-10	废止
淮南市建设工程造价管理条例	2019年4月29日淮南市第十六届人民代表大会常务委员会第十次会议废止,2019年5月24日安徽省第十三届人民代表大会常务委员会第十次会议批准废止	2019-6-10	2019-5-27	2019-6-10	废止
安徽省中小企业促进条例	2019年5月24日安徽省第十三届人民代表大会常务委员会第十次会议修改	2019-5-27	2019-5-27	2019-7-1	修改
安徽省淠史杭灌区管理条例	2019年5月24日安徽省第十三届人民代表大会常务委员会第十次会议通过	2019-5-27	2019-5-27	2019-8-19	制定
滁州市城市绿化条例	2019年6月26日滁州市第六届人民代表大会常务委员会第十二次会议通过,2019年7月26日安徽省第十三届人民代表大会常务委员会第十一次会议批准	2019-8-12	2019-7-29	2019-10-1	制定
安庆市花亭湖风景名胜区条例	2019年6月26日安庆市第十七届人民代表大会常务委员会第十四次会议通过,2019年7月26日安徽省第十三届人民代表大会常务委员会第十一次会议批准	2019-8-14	2019-7-29	2019-12-1	制定
安徽省人民代表大会常务委员会关于安徽省耕地占用税适用税额的决定	2019年7月26日安徽省第十三届人民代表大会常务委员会第十一次会议通过	2019-7-29	2019-7-29	2019-9-1	制定
安徽省价格监督检查条例	2019年7月26日安徽省第十三届人民代表大会常务委员会第十一次会议通过	2019-7-29	2019-7-29	2019-10-1	制定
安徽省商会条例	2019年7月26日安徽省第十三届人民代表大会常务委员会第十一次会议通过	2019-7-29	2019-7-29	2019-10-1	制定
黄山市养犬管理条例	2019年8月16日黄山市第七届人民代表大会常务委员会第十二次会议通过,2019年9月27日安徽省第十三届人民代表大会常务委员会第十二次会议批准	2019-10-15	2019-9-29	2020-1-1	制定
亳州市城市市容和环境卫生管理条例	2019年8月21日亳州市第四届人民代表大会常务委员会第二十六次会议通过,2019年9月27日安徽省第十三届人民代表大会常务委员会第十二次会议批准	2019-10-21	2019-9-29	2020-1-1	制定
蚌埠市养犬管理条例	2019年8月23日蚌埠市第十六届人民代表大会常务委员会第十二次会议通过,2019年9月27日安徽省第十三届人民代表大会常务委员会第十二次会议批准	2019-10-15	2019-9-29	2020-5-1	制定
宿州市公园条例	2019年8月27日宿州市第五届人民代表大会常务委员会第十四次会议通过,2019年9月27日安徽省第十三届人民代表大会常务委员会第十二次会议批准	2019-10-14	2019-9-29	2020-1-1	制定

续表

法规名称	通过或批准时间	公布时间	报备时间	施行时间	立法形式
合肥市献血条例	2019年8月29日合肥市第十六届人民代表大会常务委员会第十二次会议通过，2019年9月27日安徽省第十三届人民代表大会常务委员会第十二次会议批准	2019-10-16	2019-9-29	2020-1-1	制定
合肥市公共资源交易管理条例	2019年8月29日合肥市第十六届人民代表大会常务委员会第十二次会议修改，2019年9月27日安徽省第十三届人民代表大会常务委员会第十二次会议批准修改	2019-10-16	2019-9-29	2020-1-1	修改
淮南市科技创新促进条例	2019年8月29日淮南市第十六届人民代表大会常务委员会第十三次会议通过，2019年9月27日安徽省第十三届人民代表大会常务委员会第十二次会议批准	2019-10-21	2019-9-29	2019-12-1	制定
淮南市科学技术资金投入与管理规定	在《淮南市科技创新促进条例》被明文予以废止	2019-10-21	2019-9-29	2019-12-1	文中废止
马鞍山市文明行为促进条例	2019年8月31日马鞍山市第十六届人民代表大会常务委员会第十三次会议通过，2019年9月27日安徽省第十三届人民代表大会常务委员会第十二次会议批准	2019-10-16	2019-9-29	2020-1-1	制定
安徽省信访条例	2019年9月27日安徽省第十三届人民代表大会常务委员会第十二次会议修改	2019-9-29	2019-9-29	2020-1-1	修改
阜阳市城市市容和环境卫生管理条例	2019年9月11日阜阳市第五届人民代表大会常务委员会第二十四次会议通过，2019年11月29日安徽省第十三届人民代表大会常务委员会第十三次会议批准	2019-12-18	2019-12-2	2020-1-1	制定
芜湖市居家养老服务条例	2019年9月20日芜湖市第十六届人民代表大会常务委员会第十三次会议通过，2019年11月29日安徽省第十三届人民代表大会常务委员会第十三次会议批准	2019-12-19	2019-12-2	2020-3-1	制定
六安市物业管理条例	2019年9月29日六安市第五届人民代表大会常务委员会第十四次会议通过，2019年11月29日安徽省第十三届人民代表大会常务委员会第十三次会议批准	2019-12-18	2019-12-2	2020-1-1	制定
淮北市文明行为促进条例	2019年10月24日淮北市第十六届人民代表大会常务委员会第十三次会议通过，2019年11月29日安徽省第十三届人民代表大会常务委员会第十三次会议批准	2019-12-23	2019-12-2	2020-3-1	制定
安庆市实施林长制条例	2019年10月25日安庆市第十七届人民代表大会常务委员会第十六次会议通过，2019年11月29日安徽省第十三届人民代表大会常务委员会第十三次会议批准	2019-12-12	2019-12-2	2020-1-1	制定
池州市海绵城市建设和管理条例	2019年10月31日池州市第四届人民代表大会常务委员会第十五次会议通过，2019年11月29日安徽省第十三届人民代表大会常务委员会第十三次会议批准	2019-12-12	2019-12-2	2020-1-1	制定
安徽省志愿服务条例	2019年11月29日安徽省第十三届人民代表大会常务委员会第十三次会议通过	2019-12-2	2019-12-2	2020-1-1	制定
合肥市城市轨道交通条例	2019年11月1日合肥市第十六届人民代表大会常务委员会第十三次会议通过，2019年12月21日安徽省第十三届人民代表大会常务委员会第十四次会议批准	2019-12-30	2019-12-23	2020-2-1	制定

续表

法规名称	通过或批准时间	公布时间	报备时间	施行时间	立法形式
马鞍山市养犬管理条例	2019 年 11 月 27 日马鞍山市第十六届人民代表大会常务委员会第十六次会议通过，2019 年 12 月 21 日安徽省第十三届人民代表大会常务委员会第十四次会议批准	2019-12-25	2019-12-23	2020-5-1	制定
巢湖流域水污染防治条例	2019 年 12 月 21 日安徽省第十三届人民代表大会常务委员会第十四次会议修改	2019-12-23	2019-12-23	2020-3-1	修改
安徽省宗教事务条例	2019 年 12 月 21 日安徽省第十三届人民代表大会常务委员会第十四次会议修改	2019-12-23	2019-12-23	2020-3-1	修改
安徽省工会劳动法律监督条例	2019 年 12 月 21 日安徽省第十三届人民代表大会常务委员会第十四次会议通过	2019-12-23	2019-12-23	2020-5-1	制定

福建省地方性法规目录

（29 件）

法规名称	通过或批准时间	公布时间	报备时间	施行时间	立法形式
南平市城市绿地管理办法	2018 年 11 月 30 日南平市第五届人民代表大会常务委员会第十七次会议通过，2019 年 3 月 28 日福建省第十三届人民代表大会常务委员会第九次会议批准	2019-4-2	2019-4-10	2019-6-1	制定
宁德市霍童溪流域保护条例	2018 年 11 月 30 日宁德市第四届人民代表大会常务委员会第十七次会议通过，2019 年 3 月 28 日福建省第十三届人民代表大会常务委员会第九次会议批准	2019-4-8	2019-4-8	2019-7-1	制定
漳州市市区内河管理规定	2018 年 12 月 26 日漳州市第十六届人民代表大会常务委员会第十六次会议通过，2019 年 3 月 28 日福建省第十三届人民代表大会常务委员会第九次会议批准	2019-4-3	2019-4-8	2019-6-1	制定
福州市城市内河管理办法	2019 年 1 月 9 日福州市第十五届人民代表大会第三次会议修改，2019 年 3 月 28 日福建省第十三届人民代表大会常务委员会第九次会议批准修改	2019-4-11	2019-4-19	2019-6-1	修改
福建省非物质文化遗产条例	2019 年 3 月 28 日福建省第十三届人民代表大会常务委员会第九次会议通过	2019-3-29	2019-4-10	2019-6-1	制定
福建省民族民间文化保护条例	在《福建省非物质文化遗产条例》中被明文予以废止	2019-3-29	2019-4-10	2019-6-1	文中废止
宁德市幼儿园规划建设条例	2019 年 3 月 12 日宁德市第四届人民代表大会常务委员会第二十次会议通过，2019 年 5 月 29 日福建省第十三届人民代表大会常务委员会第十次会议批准	2019-6-4	2019-6-5	2019-10-1	制定
莆田市湄洲岛保护管理条例	2019 年 4 月 23 日莆田市第七届人民代表大会常务委员会第十七次会议通过，2019 年 7 月 26 日福建省第十三届人民代表大会常务委员会第十一次会议批准	2019-8-1	2019-8-2	2019-10-1	制定

续表

法规名称	通过或批准时间	公布时间	报备时间	施行时间	立法形式
三明市城市园林绿化管理条例	2019年4月25日三明市第十三届人民代表大会常务委员会第十八次会议通过，2019年7月26日福建省第十三届人民代表大会常务委员会第十一次会议批准	2019-7-26	2019-8-1	2019-10-1	制定
福建省人民代表大会常务委员会关于批准耕地占用税我省适用税额方案的决议	2019年7月26日福建省第十三届人民代表大会常务委员会第十一次会议通过	2019-7-26	2019-8-1	2019-9-1	制定
福建省行政执法条例	2019年7月26日福建省第十三届人民代表大会常务委员会第十一次会议通过	2019-7-26	2019-8-1	2019-10-1	制定
福建省行政执法程序规定	在《福建省行政执法条例》中被明文予以废止	2019-7-26	2019-8-1	2019-10-1	文中废止
福建省电梯安全管理条例	2019年7月26日福建省第十三届人民代表大会常务委员会第十一次会议通过	2019-7-26	2019-8-1	2019-10-1	制定
福建省城乡生活垃圾管理条例	2019年7月26日福建省第十三届人民代表大会常务委员会第十一次会议通过	2019-7-26	2019-8-1	2020-1-1	制定
福州市烟花爆竹销售和燃放管理办法	2019年6月27日福州市第十五届人民代表大会常务委员会第二十次会议通过，2019年9月26日福建省第十三届人民代表大会常务委员会第十二次会议批准	2019-10-12	2019-10-21	2019-12-1	制定
厦门市市政工程设施管理条例	2019年6月28日厦门市第十五届人民代表大会常务委员会第二十六次会议修改，2019年9月26日福建省第十三届人民代表大会常务委员会第十二次会议批准修改	2019-10-2	2019-10-9	2019-10-2	修改
厦门市节约能源条例	2019年6月28日厦门市第十五届人民代表大会常务委员会第二十六次会议修改，2019年9月26日福建省第十三届人民代表大会常务委员会第十二次会议批准修改	2019-10-2	2019-10-9	2019-10-2	修改
龙岩市中小学校幼儿园规划建设条例	2019年7月31日龙岩市第五届人民代表大会常务委员会第十六次会议通过,2019年9月26日福建省第十三届人民代表大会常务委员会第十二次会议批准	2019-9-27	2019-10-9	2020-1-1	制定
漳州市饮用水水源保护办法	2019年8月21日漳州市第十六届人民代表大会常务委员会第二十二次会议通过，2019年9月26日福建省第十三届人民代表大会常务委员会第十二次会议批准	2019-10-10	2019-10-21	2020-1-1	制定
泉州市晋江洛阳江流域水环境保护条例	2019年8月28日泉州市第十六届人民代表大会常务委员会第二十二次会议通过，2019年9月26日福建省第十三届人民代表大会常务委员会第十二次会议批准	2019-10-11	2019-10-21	2020-1-1	制定
福州市生活垃圾分类管理条例	2019年8月30日福州市第十五届人民代表大会常务委员会第二十一次会议通过，2019年9月26日福建省第十三届人民代表大会常务委员会第十二次会议批准	2019-10-14	2019-10-21	2020-1-1	制定
福建省各级人民代表大会常务委员会讨论决定重大事项的规定	2019年9月26日福建省第十三届人民代表大会常务委员会第十二次会议修改	2019-9-26	2019-10-9	2019-9-26	修改
福建省各级人民代表大会常务委员会信访条例	2019年9月26日福建省第十三届人民代表大会常务委员会第十二次会议通过	2019-9-26	2019-10-9	2019-9-26	制定

续表

法规名称	通过或批准时间	公布时间	报备时间	施行时间	立法形式
福建省各级人民代表大会常务委员会信访工作条例	在《福建省各级人民代表大会常务委员会信访条例》中被明文予以废止	2019-9-26	2019-10-9	2019-9-26	文中废止
福建省流动人口服务管理条例	2019 年 9 月 26 日福建省第十三届人民代表大会常务委员会第十二次会议通过	2019-9-26	2019-10-9	2019-11-1	制定
福建省流动人口治安管理条例	在《福建省流动人口服务管理条例》中被明文予以废止	2019-9-26	2019-10-9	2019-11-1	文中废止
南平市革命旧址保护利用条例	2019 年 7 月 30 日南平市第五届人民代表大会常务委员会第二十一次会议通过，2019 年 11 月 27 日福建省第十三届人民代表大会常务委员会第十三次会议批准	2019-12-3	2019-12-11	2020-3-1	制定
莆田市城乡环境卫生管理条例	2019 年 8 月 29 日莆田市第七届人民代表大会常务委员会第十九次会议通过，2019 年 11 月 27 日福建省第十三届人民代表大会常务委员会第十三次会议批准	2019-12-2	2019-12-11	2020-5-1	制定
福州市流动人口计划生育管理办法	2019 年 8 月 30 日福州市第十五届人民代表大会常务委员会第二十一次会议废止，2019 年 11 月 27 日福建省第十三届人民代表大会常务委员会第十三次会议批准废止	2019-12-4	2019-12-11	2019-12-4	废止
福州市城市房屋拆迁管理办法	2019 年 8 月 30 日福州市第十五届人民代表大会常务委员会第二十一次会议废止，2019 年 11 月 27 日福建省第十三届人民代表大会常务委员会第十三次会议批准废止	2019-12-4	2019-12-11	2019-12-4	废止
龙岩市城市绿化条例	2019 年 9 月 27 日龙岩市第五届人民代表大会常务委员会第十七次会议通过，2019 年 11 月 27 日福建省第十三届人民代表大会常务委员会第十三次会议批准	2019-11-28	2019-12-11	2020-1-1	制定
漳州市生活垃圾管理办法	2019 年 10 月 25 日漳州市第十六届人民代表大会常务委员会第二十四次会议通过，2019 年 11 月 27 日福建省第十三届人民代表大会常务委员会第十三次会议批准	2019-12-3	2019-12-11	2020-7-1	制定
福建省实施《中华人民共和国渔业法》办法	2019 年 11 月 27 日福建省第十三届人民代表大会常务委员会第十三次会议修改	2019-11-29	2019-12-6	2019-11-29	修改

江西省地方性法规目录

（123 件）

法规名称	通过或批准时间	公布时间	报备时间	施行时间	立法形式
鹰潭市文明旅游促进条例	2018 年 11 月 26 日鹰潭市第九届人民代表大会常务委员会第二十一次会议通过，2019 年 3 月 28 日江西省第十三届人民代表大会常务委员会第十二次会议批准	2019-5-6	2019-5-15	2019-7-1	制定
萍乡市城市市容和环境卫生管理条例	2018 年 12 月 28 日萍乡市第十五届人民代表大会常务委员会第十六次会议通过，2019 年 3 月 28 日江西省第十三届人民代表大会常务委员会第十二次会议批准	2019-4-15	2019-5-6	2019-7-1	制定

续表

法规名称	通过或批准时间	公布时间	报备时间	施行时间	立法形式
南昌市城乡建设档案管理条例	2018年12月28日南昌市第十五届人民代表大会常务委员会第十九次会议通过,2019年3月28日江西省第十三届人民代表大会常务委员会第十二次会议批准	2019-4-24	2019-5-6	2019-4-24	制定
南昌市城市建设档案管理条例	在《南昌市城乡建设档案管理条例》中被明文予以废止	2019-4-24	2019-5-6	2019-4-24	文中废止
上饶市历史建筑保护条例	2018年12月28日上饶市第四届人民代表大会常务委员会第十八次会议通过,2019年3月28日江西省第十三届人民代表大会常务委员会第十二次会议批准	2019-4-26	2019-5-6	2019-5-1	制定
抚州市烟花爆竹销售燃放管理条例	2019年1月10日抚州市第四届人民代表大会常务委员会第十六次会议通过,2019年3月28日江西省第十三届人民代表大会常务委员会第十二次会议批准	2019-4-29	2019-5-6	2019-7-1	制定
赣州市革命遗址保护条例	2019年3月1日赣州市第五届人民代表大会常务委员会第二十次会议通过,2019年3月28日江西省第十三届人民代表大会常务委员会第十二次会议批准	2019-4-22	2019-4-25	2019-6-1	制定
江西省宗教事务条例	2019年3月28日江西省第十三届人民代表大会常务委员会第十二次会议修改	2019-3-28	2019-4-15	2019-5-1	修改
江西省实施《中华人民共和国慈善法》办法	2019年3月28日江西省第十三届人民代表大会常务委员会第十二次会议通过	2019-3-28	2019-4-15	2019-7-1	制定
江西省实施《中华人民共和国野生动物保护法》办法	2019年3月28日江西省第十三届人民代表大会常务委员会第十二次会议修改	2019-3-28	2019-4-15	2019-7-1	修改
新余市农村房屋建设管理条例	2019年4月26日新余市第九届人民代表大会常务委员会第二十二次会议通过,2019年7月26日江西省第十三届人民代表大会常务委员会第十四次会议批准	2019-8-6	2019-8-28	2019-9-1	制定
九江市历史建筑保护条例	2019年5月28日九江市第十五届人民代表大会常务委员会第二十次会议通过,2019年7月26日江西省第十三届人民代表大会常务委员会第十四次会议批准	2019-8-15	2019-8-22	2019-10-1	制定
景德镇市高岭—瑶里风景名胜区条例	2019年5月29日景德镇市第十五届人民代表大会常务委员会第十九次会议通过,2019年7月26日江西省第十三届人民代表大会常务委员会第十四次会议批准	2019-8-21	2019-9-2	2019-11-1	制定
江西省人民代表大会常务委员会关于批准江西省耕地占用税适用税额方案的决议	2019年7月26日江西省第十三届人民代表大会常务委员会第十四次会议通过	2019-7-26	2019-8-7	2019-9-1	制定
江西省开发区条例	2019年7月26日江西省第十三届人民代表大会常务委员会第十四次会议通过	2019-8-7	2019-8-14	2019-10-1	制定
景德镇市烟花爆竹燃放管理条例	2019年7月24日景德镇市第十五届人民代表大会常务委员会第二十次会议通过,2019年9月28日江西省第十三届人民代表大会常务委员会第十五次会议批准	2019-10-14	2019-10-21	2020-1-1	制定
宜春市城市市容和环境卫生管理条例	2019年7月31日宜春市第四届人民代表大会常务委员会第二十三次会议通过,2019年9月28日江西省第十三届人民代表大会常务委员会第十五次会议批准	2019-10-18	2019-10-29	2020-1-1	制定

续表

法规名称	通过或批准时间	公布时间	报备时间	施行时间	立法形式
新余市禁止燃放烟花爆竹规定	2019 年 8 月 27 日新余市第九届人民代表大会常务委员会第二十五次会议通过，2019 年 9 月 28 日江西省第十三届人民代表大会常务委员会第十五次会议批准	2019-10-10	2019-10-21	2019-11-1	制定
赣州市饮用水水源保护条例	2019 年 9 月 2 日赣州市第五届人民代表大会常务委员会第二十三次会议通过，2019 年 9 月 28 日江西省第十三届人民代表大会常务委员会第十五次会议批准	2019-10-18	2019-10-29	2019-12-1	制定
江西省司法鉴定条例	2019 年 9 月 28 日江西省第十三届人民代表大会常务委员会第十五次会议修改	2019-9-28	2019-10-21	2020-1-1	修改
江西省生态文明建设促进条例	2019 年 9 月 28 日江西省第十三届人民代表大会常务委员会第十五次会议通过	2019-9-28	2019-10-21	2020-1-1	制定
江西省预防职务犯罪工作条例	2019 年 9 月 28 日江西省第十三届人民代表大会常务委员会第十五次会议废止	2019-9-28	2019-10-23	2019-9-28	废止
江西省立法条例	2019 年 9 月 28 日江西省第十三届人民代表大会常务委员会第十五次会议修改	2019-9-28	2019-10-23	2019-9-28	修改
江西省保护人民代表大会代表人事自由的规定	2019 年 9 月 28 日江西省第十三届人民代表大会常务委员会第十五次会议修改	2019-9-28	2019-10-23	2019-9-28	修改
江西省实施宪法宣誓制度办法	2019 年 9 月 28 日江西省第十三届人民代表大会常务委员会第十五次会议修改	2019-9-28	2019-10-23	2019-9-28	修改
江西省人民代表大会常务委员会组成人员守则	2019 年 9 月 28 日江西省第十三届人民代表大会常务委员会第十五次会议修改	2019-9-28	2019-10-23	2019-9-28	修改
江西省实施《中华人民共和国工会法》办法	2019 年 9 月 28 日江西省第十三届人民代表大会常务委员会第十五次会议修改	2019-9-28	2019-10-23	2019-9-28	修改
江西省厂务公开条例	2019 年 9 月 28 日江西省第十三届人民代表大会常务委员会第十五次会议修改	2019-9-28	2019-10-23	2019-9-28	修改
江西省工会劳动法律监督条例	2019 年 9 月 28 日江西省第十三届人民代表大会常务委员会第十五次会议修改	2019-9-28	2019-10-23	2019-9-28	修改
江西省未成年人保护条例	2019 年 9 月 28 日江西省第十三届人民代表大会常务委员会第十五次会议修改	2019-9-28	2019-10-23	2019-9-28	修改
江西省实施《中华人民共和国妇女权益保障法》办法	2019 年 9 月 28 日江西省第十三届人民代表大会常务委员会第十五次会议修改	2019-9-28	2019-10-23	2019-9-28	修改
江西省家庭教育促进条例	2019 年 9 月 28 日江西省第十三届人民代表大会常务委员会第十五次会议修改	2019-9-28	2019-10-23	2019-9-28	修改
江西省社会科学普及条例	2019 年 9 月 28 日江西省第十三届人民代表大会常务委员会第十五次会议修改	2019-9-28	2019-10-23	2019-9-28	修改
江西省反窃电办法	2019 年 9 月 28 日江西省第十三届人民代表大会常务委员会第十五次会议修改	2019-9-28	2019-10-24	2019-9-28	修改
江西省实施《中华人民共和国煤炭法》办法	2019 年 9 月 28 日江西省第十三届人民代表大会常务委员会第十五次会议修改	2019-9-28	2019-10-24	2019-9-28	修改
江西省实施《中华人民共和国节约能源法》办法	2019 年 9 月 28 日江西省第十三届人民代表大会常务委员会第十五次会议修改	2019-9-28	2019-10-24	2019-9-28	修改
江西省促进发展新型墙体材料条例	2019 年 9 月 28 日江西省第十三届人民代表大会常务委员会第十五次会议修改	2019-9-28	2019-10-24	2019-9-28	修改
江西省企业负担监督管理条例	2019 年 9 月 28 日江西省第十三届人民代表大会常务委员会第十五次会议修改	2019-9-28	2019-10-24	2019-9-28	修改

续表

法规名称	通过或批准时间	公布时间	报备时间	施行时间	立法形式
江西省促进散装水泥和预拌混凝土发展条例	2019年9月28日江西省第十三届人民代表大会常务委员会第十五次会议修改	2019-9-28	2019-10-24	2019-9-28	修改
江西省企业权益保护条例	2019年9月28日江西省第十三届人民代表大会常务委员会第十五次会议修改	2019-9-28	2019-10-24	2019-9-28	修改
江西省财政监督条例	2019年9月28日江西省第十三届人民代表大会常务委员会第十五次会议修改	2019-9-28	2019-10-24	2019-9-28	修改
江西省政府非税收入管理条例	2019年9月28日江西省第十三届人民代表大会常务委员会第十五次会议修改	2019-9-28	2019-10-24	2019-9-28	修改
江西省税收保障条例	2019年9月28日江西省第十三届人民代表大会常务委员会第十五次会议修改	2019-9-28	2019-10-24	2019-9-28	修改
江西省保护性开采的特定矿种管理条例	2019年9月28日江西省第十三届人民代表大会常务委员会第十五次会议修改	2019-9-28	2019-10-24	2019-9-28	修改
江西省采石取土管理办法	2019年9月28日江西省第十三届人民代表大会常务委员会第十五次会议修改	2019-9-28	2019-10-24	2019-9-28	修改
江西省龙虎山和龟峰风景名胜区条例	2019年9月28日江西省第十三届人民代表大会常务委员会第十五次会议修改	2019-9-28	2019-10-24	2019-9-28	修改
江西省实施《中华人民共和国水土保持法》办法	2019年9月28日江西省第十三届人民代表大会常务委员会第十五次会议修改	2019-9-28	2019-10-24	2019-9-28	修改
江西省水利工程条例	2019年9月28日江西省第十三届人民代表大会常务委员会第十五次会议修改	2019-9-28	2019-10-24	2019-9-28	修改
江西省河道采砂管理条例	2019年9月28日江西省第十三届人民代表大会常务委员会第十五次会议修改	2019-9-28	2019-10-24	2019-9-28	修改
江西省水产种苗管理条例	2019年9月28日江西省第十三届人民代表大会常务委员会第十五次会议修改	2019-9-28	2019-10-24	2019-9-28	修改
江西省植物保护条例	2019年9月28日江西省第十三届人民代表大会常务委员会第十五次会议修改	2019-9-28	2019-10-24	2019-9-28	修改
江西省农民负担监督管理条例	2019年9月28日江西省第十三届人民代表大会常务委员会第十五次会议修改	2019-9-28	2019-10-24	2019-9-28	修改
江西省农民专业合作社条例	2019年9月28日江西省第十三届人民代表大会常务委员会第十五次会议修改	2019-9-28	2019-10-24	2019-9-28	修改
江西省渔业条例	2019年9月28日江西省第十三届人民代表大会常务委员会第十五次会议修改	2019-9-28	2019-10-24	2019-9-28	修改
江西省公民义务植树条例	2019年9月28日江西省第十三届人民代表大会常务委员会第十五次会议修改	2019-9-28	2019-10-24	2019-9-28	修改
江西省森林资源转让条例	2019年9月28日江西省第十三届人民代表大会常务委员会第十五次会议修改	2019-9-28	2019-10-24	2019-9-28	修改
江西省古树名木保护条例	2019年9月28日江西省第十三届人民代表大会常务委员会第十五次会议修改	2019-9-28	2019-10-24	2019-9-28	修改
江西省湿地保护条例	2019年9月28日江西省第十三届人民代表大会常务委员会第十五次会议修改	2019-9-28	2019-10-24	2019-9-28	修改
江西省林产品质量安全条例	2019年9月28日江西省第十三届人民代表大会常务委员会第十五次会议修改	2019-9-28	2019-10-24	2019-9-28	修改
江西省林业有害生物防治条例	2019年9月28日江西省第十三届人民代表大会常务委员会第十五次会议修改	2019-9-28	2019-10-24	2019-9-28	修改
江西省食品小作坊小餐饮小食杂店小摊贩管理条例	2019年9月28日江西省第十三届人民代表大会常务委员会第十五次会议修改	2019-9-28	2019-10-24	2019-9-28	修改

续表

法规名称	通过或批准时间	公布时间	报备时间	施行时间	立法形式
江西省产品质量监督管理条例	2019年9月28日江西省第十三届人民代表大会常务委员会第十五次会议修改	2019-9-28	2019-10-24	2019-9-28	修改
江西省特种设备安全条例	2019年9月28日江西省第十三届人民代表大会常务委员会第十五次会议修改	2019-9-28	2019-10-24	2019-9-28	修改
江西省电信条例	2019年9月28日江西省第十三届人民代表大会常务委员会第十五次会议修改	2019-9-28	2019-10-24	2019-9-28	修改
江西省气象灾害防御条例	2019年9月28日江西省第十三届人民代表大会常务委员会第十五次会议修改	2019-9-28	2019-10-24	2019-9-28	修改
江西省实施《中华人民共和国人民防空法》办法	2019年9月28日江西省第十三届人民代表大会常务委员会第十五次会议修改	2019-9-28	2019-10-24	2019-9-28	修改
江西省水上治安管理条例	2019年9月28日江西省第十三届人民代表大会常务委员会第十五次会议修改	2019-9-28	2019-10-24	2019-9-28	修改
江西省实施《中华人民共和国城市居民委员会组织法》办法	2019年9月28日江西省第十三届人民代表大会常务委员会第十五次会议修改	2019-9-28	2019-10-24	2019-9-28	修改
江西省实施《中华人民共和国村民委员会组织法》办法	2019年9月28日江西省第十三届人民代表大会常务委员会第十五次会议修改	2019-9-28	2019-10-24	2019-9-28	修改
江西省村民委员会选举办法	2019年9月28日江西省第十三届人民代表大会常务委员会第十五次会议修改	2019-9-28	2019-10-24	2019-9-28	修改
江西省行政执法监督条例	2019年9月28日江西省第十三届人民代表大会常务委员会第十五次会议修改	2019-9-28	2019-10-24	2019-9-28	修改
江西省旅游条例	2019年9月28日江西省第十三届人民代表大会常务委员会第十五次会议修改	2019-9-28	2019-10-24	2019-9-28	修改
江西省文物保护条例	2019年9月28日江西省第十三届人民代表大会常务委员会第十五次会议修改	2019-9-28	2019-10-24	2019-9-28	修改
江西省血吸虫病防治条例	2019年9月28日江西省第十三届人民代表大会常务委员会第十五次会议修改	2019-9-28	2019-10-24	2019-9-28	修改
江西省实施《中华人民共和国老年人权益保障法》办法	2019年9月28日江西省第十三届人民代表大会常务委员会第十五次会议修改	2019-9-28	2019-10-24	2019-9-28	修改
江西省安全生产条例	2019年9月28日江西省第十三届人民代表大会常务委员会第十五次会议修改	2019-9-28	2019-10-24	2019-9-28	修改
江西省广播电视管理条例	2019年9月28日江西省第十三届人民代表大会常务委员会第十五次会议修改	2019-9-28	2019-10-24	2019-9-28	修改
江西省残疾人保障条例	2019年9月28日江西省第十三届人民代表大会常务委员会第十五次会议修改	2019-9-28	2019-10-24	2019-9-28	修改
抚州市抚河流域水污染防治条例	2019年9月25日抚州市第四届人民代表大会常务委员会第二十一次会议通过，2019年11月27日江西省第十三届人民代表大会常务委员会第十六次会议批准	2019-12-20	2020-1-8	2020-7-1	制定
九江市城市道路通行管理条例	2019年9月27日九江市第十五届人民代表大会常务委员会第二十二次会议通过，2019年11月27日江西省第十三届人民代表大会常务委员会第十六次会议批准	2019-12-18	2019-12-30	2020-5-1	制定
吉安市住宅物业管理条例	2019年10月12日吉安市第四届人民代表大会常务委员会第二十三次会议通过，2019年11月27日江西省第十三届人民代表大会常务委员会第十六次会议批准	2019-12-23	2020-1-8	2020-6-1	制定

续表

法规名称	通过或批准时间	公布时间	报备时间	施行时间	立法形式
鹰潭市户外广告设置管理条例	2019年10月24日鹰潭市第九届人民代表大会常务委员会第三十一次会议通过，2019年11月27日江西省第十三届人民代表大会常务委员会第十六次会议批准	2019-12-24	2019-12-30	2020-6-1	制定
南昌市居家养老服务条例	2019年10月29日南昌市第十五届人民代表大会常务委员会第二十五次会议通过，2019年11月27日江西省第十三届人民代表大会常务委员会第十六次会议批准	2019-12-10	2020-1-6	2020-1-1	制定
南昌市社会医疗机构管理条例	2019年10月29日南昌市第十五届人民代表大会常务委员会第二十五次会议废止，2019年11月27日江西省第十三届人民代表大会常务委员会第十六次会议批准废止	2019-12-16	2020-1-6	2019-12-16	废止
南昌市城市房地产抵押管理条例	2019年10月29日南昌市第十五届人民代表大会常务委员会第二十五次会议废止，2019年11月27日江西省第十三届人民代表大会常务委员会第十六次会议批准废止	2019-12-16	2020-1-6	2019-12-16	废止
南昌市拥军优属条例	2019年10月29日南昌市第十五届人民代表大会常务委员会第二十五次会议修改，2019年11月27日江西省第十三届人民代表大会常务委员会第十六次会议批准修改	2019-12-16	2020-1-6	2019-12-16	修改
南昌市促进发展新型墙体材料条例	2019年10月29日南昌市第十五届人民代表大会常务委员会第二十五次会议修改，2019年11月27日江西省第十三届人民代表大会常务委员会第十六次会议批准修改	2019-12-16	2020-1-6	2019-12-16	修改
南昌市科学技术投入条例	2019年10月29日南昌市第十五届人民代表大会常务委员会第二十五次会议修改，2019年11月27日江西省第十三届人民代表大会常务委员会第十六次会议批准修改	2019-12-16	2020-1-6	2019-12-16	修改
南昌市城市市容和环境卫生管理条例	2019年10月29日南昌市第十五届人民代表大会常务委员会第二十五次会议修改，2019年11月27日江西省第十三届人民代表大会常务委员会第十六次会议批准修改	2019-12-16	2020-1-6	2019-12-16	修改
南昌市工业园区环境保护管理条例	2019年10月29日南昌市第十五届人民代表大会常务委员会第二十五次会议修改，2019年11月27日江西省第十三届人民代表大会常务委员会第十六次会议批准修改	2019-12-16	2020-1-6	2019-12-16	修改
南昌市城市绿化管理规定	2019年10月29日南昌市第十五届人民代表大会常务委员会第二十五次会议修改，2019年11月27日江西省第十三届人民代表大会常务委员会第十六次会议批准修改	2019-12-16	2020-1-6	2019-12-16	修改
南昌市公园条例	2019年10月29日南昌市第十五届人民代表大会常务委员会第二十五次会议修改，2019年11月27日江西省第十三届人民代表大会常务委员会第十六次会议批准修改	2019-12-16	2020-1-6	2019-12-16	修改
南昌市建筑市场管理规定	2019年10月29日南昌市第十五届人民代表大会常务委员会第二十五次会议修改，2019年11月27日江西省第十三届人民代表大会常务委员会第十六次会议批准修改	2019-12-16	2020-1-6	2019-12-16	修改

续表

法规名称	通过或批准时间	公布时间	报备时间	施行时间	立法形式
南昌市梅岭风景名胜区条例	2019年10月29日南昌市第十五届人民代表大会常务委员会第二十五次会议修改，2019年11月27日江西省第十三届人民代表大会常务委员会第十六次会议批准修改	2019-12-16	2020-1-6	2019-12-16	修改
南昌市防雷减灾条例	2019年10月29日南昌市第十五届人民代表大会常务委员会第二十五次会议修改，2019年11月27日江西省第十三届人民代表大会常务委员会第十六次会议批准修改	2019-12-16	2020-1-6	2019-12-16	修改
南昌市军山湖保护条例	2019年10月29日南昌市第十五届人民代表大会常务委员会第二十五次会议修改，2019年11月27日江西省第十三届人民代表大会常务委员会第十六次会议批准修改	2019-12-16	2020-1-6	2019-12-16	修改
南昌市低碳发展促进条例	2019年10月29日南昌市第十五届人民代表大会常务委员会第二十五次会议修改，2019年11月27日江西省第十三届人民代表大会常务委员会第十六次会议批准修改	2019-12-16	2020-1-6	2019-12-16	修改
南昌市城市中小学校用地保护规定	2019年10月29日南昌市第十五届人民代表大会常务委员会第二十五次会议修改，2019年11月27日江西省第十三届人民代表大会常务委员会第十六次会议批准修改	2019-12-16	2020-1-6	2019-12-16	修改
萍乡城市绿化条例	2019年10月29日萍乡市第十五届人民代表大会常务委员会第二十二次会议通过，2019年11月27日江西省第十三届人民代表大会常务委员会第十六次会议批准	2019-12-13	2020-1-8	2020-5-1	制定
上饶市住宅物业管理条例	2019年10月31日上饶市第四届人民代表大会常务委员会第二十六次会议通过，2019年11月27日江西省第十三届人民代表大会常务委员会第十六次会议批准	2019-12-16	2020-1-8	2020-3-1	制定
江西省旅游者权益保护条例	2019年11月27日江西省第十三届人民代表大会常务委员会第十六次会议通过	2019-11-27	2019-12-2	2020-1-1	制定
江西省中医药条例	2019年11月27日江西省第十三届人民代表大会常务委员会第十六次会议通过	2019-11-27	2019-12-2	2020-1-1	制定
江西省发展中医条例	在《江西省中医药条例》中被明文予以废止	2019-11-27	2019-12-2	2020-1-1	文中废止
江西省红十字会条例	2019年11月27日江西省第十三届人民代表大会常务委员会第十六次会议通过	2019-11-27	2019-12-10	2020-1-1	制定
江西省实施《中华人民共和国红十字会法》办法	在《江西省红十字会条例》中被明文予以废止	2019-11-27	2019-12-10	2020-1-1	文中废止
江西省资源综合利用条例	2019年11月27日江西省第十三届人民代表大会常务委员会第十六次会议废止	2019-11-27	2019-12-23	2019-11-27	废止
江西省商品交易市场管理条例	2019年11月27日江西省第十三届人民代表大会常务委员会第十六次会议废止	2019-11-27	2019-12-23	2019-11-27	废止
江西省发展个体私营经济条例	2019年11月27日江西省第十三届人民代表大会常务委员会第十六次会议废止	2019-11-27	2019-12-23	2019-11-27	废止
江西省林木种子条例	2019年11月27日江西省第十三届人民代表大会常务委员会第十六次会议修改	2019-11-27	2019-12-23	2019-11-27	修改
江西省森林公园条例	2019年11月27日江西省第十三届人民代表大会常务委员会第十六次会议修改	2019-11-27	2019-12-23	2019-11-27	修改

续表

法规名称	通过或批准时间	公布时间	报备时间	施行时间	立法形式
江西武夷山国家级自然保护区条例	2019年11月27日江西省第十三届人民代表大会常务委员会第十六次会议修改	2019-11-27	2019-12-23	2019-11-27	修改
鄱阳湖生态经济区环境保护条例	2019年11月27日江西省第十三届人民代表大会常务委员会第十六次会议修改	2019-11-27	2019-12-23	2019-11-27	修改
江西省机动车排气污染防治条例	2019年11月27日江西省第十三届人民代表大会常务委员会第十六次会议修改	2019-11-27	2019-12-23	2019-11-27	修改
江西省大气污染防治条例	2019年11月27日江西省第十三届人民代表大会常务委员会第十六次会议修改	2019-11-27	2019-12-23	2019-11-27	修改
江西省庐山风景名胜区管理条例	2019年11月27日江西省第十三届人民代表大会常务委员会第十六次会议修改	2019-11-27	2019-12-23	2019-11-27	修改
江西省三清山风景名胜区管理条例	2019年11月27日江西省第十三届人民代表大会常务委员会第十六次会议修改	2019-11-27	2019-12-23	2019-11-27	修改
江西省井冈山风景名胜区条例	2019年11月27日江西省第十三届人民代表大会常务委员会第十六次会议修改	2019-11-27	2019-12-23	2019-11-27	修改
江西省传统村落保护条例	2019年11月27日江西省第十三届人民代表大会常务委员会第十六次会议修改	2019-11-27	2019-12-23	2019-11-27	修改
江西省物业管理条例	2019年11月27日江西省第十三届人民代表大会常务委员会第十六次会议修改	2019-11-27	2019-12-23	2019-11-27	修改
江西省建筑管理条例	2019年11月27日江西省第十三届人民代表大会常务委员会第十六次会议修改	2019-11-27	2019-12-23	2019-11-27	修改
江西省军人抚恤优待办法	2019年11月27日江西省第十三届人民代表大会常务委员会第十六次会议修改	2019-11-27	2019-12-23	2019-11-27	修改
江西省农业机械管理条例	2019年11月27日江西省第十三届人民代表大会常务委员会第十六次会议修改	2019-11-27	2019-12-23	2019-11-27	修改
江西省实施《中华人民共和国农村土地承包法》办法	2019年11月27日江西省第十三届人民代表大会常务委员会第十六次会议修改	2019-11-27	2019-12-23	2019-11-27	修改
江西省计量监督管理条例	2019年11月27日江西省第十三届人民代表大会常务委员会第十六次会议修改	2019-11-27	2019-12-23	2019-11-27	修改
江西省邮政条例	2019年11月27日江西省第十三届人民代表大会常务委员会第十六次会议修改	2019-11-27	2019-12-23	2019-11-27	修改
江西省食盐加碘消除碘缺乏危害管理条例	2019年11月27日江西省第十三届人民代表大会常务委员会第十六次会议修改	2019-11-27	2019-12-23	2019-11-27	修改

山东省地方性法规目录

（63件）

法规名称	通过或批准时间	公布时间	报备时间	施行时间	立法形式
济南市文明行为促进条例	2018年12月20日济南市第十六届人民代表大会常务委员会第二十次会议通过，2019年2月12日山东省第十三届人民代表大会常务委员会第十次会议批准	2019-2-12	2019-2-27	2019-3-1	制定
烟台市全民阅读促进条例	2018年12月20日烟台市第十七届人民代表大会常务委员会第十六次会议通过，2019年2月12日山东省第十三届人民代表大会常务委员会第十次会议批准	2019-2-13	2019-2-27	2019-4-1	制定

续表

法规名称	通过或批准时间	公布时间	报备时间	施行时间	立法形式
枣庄市古树名木保护条例	2018 年 12 月 21 日枣庄市第十六届人民代表大会常务委员会第十四次会议通过，2019 年 2 月 12 日山东省第十三届人民代表大会常务委员会第十次会议批准	2019-2-15	2019-2-27	2019-5-1	制定
菏泽市水污染防治条例	2018 年 12 月 26 日菏泽市第十九届人民代表大会常务委员会第十七次会议通过，2019 年 2 月 12 日山东省第十三届人民代表大会常务委员会第十次会议批准	2019-2-28	2019-2-27	2019-4-1	制定
临沂市献血条例	2018 年 12 月 27 日临沂市第十九届人民代表大会常务委员会第十七次会议通过，2019 年 2 月 12 日山东省第十三届人民代表大会常务委员会第十次会议批准	2019-2-12	2019-2-27	2019-5-1	制定
德州市扬尘污染防治条例	2018 年 12 月 27 日德州市第十八届人民代表大会常务委员会第十八次会议通过，2019 年 2 月 12 日山东省第十三届人民代表大会常务委员会第十次会议批准	2019-2-13	2019-2-27	2019-3-1	制定
淄博市电梯安全条例	2019 年 1 月 7 日淄博市第十五届人民代表大会常务委员会第十九次会议通过，2019 年 2 月 12 日山东省第十三届人民代表大会常务委员会第十次会议批准	2019-2-12	2019-2-27	2019-5-1	制定
济南市人民代表大会关于《济南市制定地方性法规条例》适用的决定	2019 年 1 月 31 日济南市第十七届人民代表大会第一次会议通过，2019 年 2 月 12 日山东省第十三届人民代表大会常务委员会第十次会议批准	2019-2-12	2019-2-27	2019-2-12	制定
莱芜市制定地方性法规条例	2019 年 1 月 31 日济南市第十七届人民代表大会第一次会议废止，2019 年 2 月 12 日山东省第十三届人民代表大会常务委员会第十次会议批准废止	2019-2-12	2019-2-27	2019-2-12	废止
莱芜市城市市容管理条例	2019 年 1 月 31 日济南市第十七届人民代表大会常务委员会第一次会议废止，2019 年 2 月 12 日山东省第十三届人民代表大会常务委员会第十次会议批准废止	2019-2-12	2019-2-27	2019-2-12	废止
莱芜市文物保护与利用条例	2019 年 1 月 31 日济南市第十七届人民代表大会常务委员会第一次会议废止，2019 年 2 月 12 日山东省第十三届人民代表大会常务委员会第十次会议批准废止	2019-2-12	2019-2-27	2019-2-12	废止
莱芜市文明行为促进条例	2019 年 1 月 31 日济南市第十七届人民代表大会常务委员会第一次会议废止，2019 年 2 月 12 日山东省第十三届人民代表大会常务委员会第十次会议批准废止	2019-2-12	2019-2-27	2019-2-12	废止
济南市钢结构建筑应用促进条例	2019 年 1 月 31 日济南市第十七届人民代表大会常务委员会第一次会议通过，2019 年 2 月 12 日山东省第十三届人民代表大会常务委员会第十次会议批准	2019-2-12	2019-2-27	2019-2-12	制定
莱芜市钢结构建筑应用促进条例	在《济南市钢结构建筑应用促进条例》中被明文予以废止	2019-2-12	2019-2-27	2019-2-12	文中废止
济南市既有多层住宅增设电梯规定	2019 年 1 月 31 日济南市第十七届人民代表大会常务委员会第一次会议通过，2019 年 2 月 12 日山东省第十三届人民代表大会常务委员会第十次会议批准	2019-2-12	2019-2-27	2019-2-12	制定

续表

法规名称	通过或批准时间	公布时间	报备时间	施行时间	立法形式
莱芜市既有多层住宅增设电梯规定	在《济南市既有多层住宅增设电梯规定》中被明文予以废止	2019-2-12	2019-2-27	2019-2-12	文中废止
济南市禁止燃放烟花爆竹的规定	2019年1月31日济南市第十七届人民代表大会常务委员会第一次会议修改,2019年2月12日山东省第十三届人民代表大会常务委员会第十次会议批准修改	2019-2-12	2019-2-27	2019-2-12	修改
济南市人民代表大会常务委员会关于《济南市人民代表大会常务委员会讨论决定重大事项的规定》等八十件地方性法规适用的决定	2019年1月31日济南市第十七届人民代表大会常务委员会第一次会议通过,2019年2月12日山东省第十三届人民代表大会常务委员会第十次会议批准	2019-2-12	2019-2-27	2019-2-12	制定
山东省人民代表大会常务委员会关于山东省机构改革涉及地方性法规规定的行政机关职责调整问题的决定	2019年2月12日山东省第十三届人民代表大会常务委员会第十次会议通过	2019-2-12	2019-2-27	2019-2-12	制定
山东省人民代表大会议事规则	2019年2月18日山东省第十三届人民代表大会第二次会议修改	2019-2-18	2019-2-27	2019-2-18	修改
山东省精神卫生条例	2019年3月29日山东省第十三届人民代表大会常务委员会第十一次会议通过	2019-3-29	2019-4-4	2019-6-1	制定
山东省种子条例	2019年3月29日山东省第十三届人民代表大会常务委员会第十一次会议通过	2019-3-29	2019-4-4	2019-6-1	制定
山东省农作物种子管理条例	在《山东省种子条例》中被明文予以废止	2019-3-29	2019-4-4	2019-6-1	文中废止
山东省林业种子苗木管理条例	在《山东省种子条例》中被明文予以废止	2019-3-29	2019-4-4	2019-6-1	文中废止
济宁市古树名木保护条例	2018年12月27日济宁市第十七届人民代表大会常务委员会第十九次会议通过,2019年5月31日山东省第十三届人民代表大会常务委员会第十二次会议批准	2019-6-5	2019-6-25	2019-7-1	制定
济宁市养犬管理条例	2018年12月27日济宁市第十七届人民代表大会常务委员会第十九次会议通过,2019年5月31日山东省第十三届人民代表大会常务委员会第十二次会议批准	2019-6-5	2019-6-25	2019-9-1	制定
威海市海上交通安全条例	2019年4月19日威海市第十七届人民代表大会常务委员会第十六次会议通过,2019年5月31日山东省第十三届人民代表大会常务委员会第十二次会议批准	2019-6-5	2019-6-25	2019-7-1	制定
潍坊市会展业促进条例	2019年4月25日潍坊市第十七届人民代表大会常务委员会第二十四次会议通过,2019年5月31日山东省第十三届人民代表大会常务委员会第十二次会议批准	2019-6-3	2019-6-25	2019-9-1	制定
济南市人才市场管理条例	2019年4月28日济南市第十七届人民代表大会常务委员会第三次会议废止,2019年5月31日山东省第十三届人民代表大会常务委员会第十二次会议批准废止	2019-6-3	2019-6-25	2019-6-3	废止
济南市户外广告和牌匾标识管理条例	2019年4月28日济南市第十七届人民代表大会常务委员会第三次会议通过,2019年5月31日山东省第十三届人民代表大会常务委员会第十二次会议批准	2019-6-3	2019-6-25	2019-9-1	制定

续表

法规名称	通过或批准时间	公布时间	报备时间	施行时间	立法形式
济南市户外广告设置管理条例	在《济南市户外广告和牌匾标识管理条例》中被明文予以废止	2019-6-3	2019-6-25	2019-9-1	文中废止
青岛市燃气管理条例	2019 年 5 月 23 日青岛市第十六届人民代表大会常务委员会第十六次会议修改，2019 年 7 月 26 日山东省第十三届人民代表大会常务委员会第十三次会议批准修改	2019-7-26	2019-8-21	2019-9-1	修改
济南市人民代表大会常务委员会讨论决定重大事项的规定	2019 年 6 月 26 日济南市第十七届人民代表大会常务委员会第四次会议修改，2019 年 7 月 26 日山东省第十三届人民代表大会常务委员会第十三次会议批准修改	2019-7-26	2019-8-21	2019-10-1	修改
枣庄市文明行为促进条例	2019 年 6 月 27 日枣庄市第十六届人民代表大会常务委员会第二十次会议通过，2019 年 7 月 26 日山东省第十三届人民代表大会常务委员会第十三次会议批准	2019-8-1	2019-8-21	2019-10-1	制定
滨州市住宅物业管理条例	2019 年 6 月 27 日滨州市第十一届人民代表大会常务委员会第二十二次会议通过，2019 年 7 月 26 日山东省第十三届人民代表大会常务委员会第十三次会议批准	2019-8-2	2019-8-21	2019-10-1	制定
济宁市文明行为促进条例	2019 年 6 月 28 日济宁市第十七届人民代表大会常务委员会第二十四次会议通过，2019 年 7 月 26 日山东省第十三届人民代表大会常务委员会第十三次会议批准	2019-7-29	2019-8-21	2019-9-20	制定
山东省人民代表大会常务委员会关于山东省耕地占用税适用税额的决定	2019 年 7 月 26 日山东省第十三届人民代表大会常务委员会第十三次会议通过	2019-7-26	2019-8-21	2019-9-1	制定
山东省新旧动能转换促进条例	2019 年 7 月 26 日山东省第十三届人民代表大会常务委员会第十三次会议通过	2019-7-26	2019-8-21	2019-10-1	制定
山东省长岛海洋生态保护条例	2019 年 7 月 26 日山东省第十三届人民代表大会常务委员会第十三次会议通过	2019-7-26	2019-8-21	2019-10-1	制定
山东省宗教事务条例	2019 年 7 月 26 日山东省第十三届人民代表大会常务委员会第十三次会议修改	2019-7-26	2019-8-21	2019-10-1	修改
日照市海岸带保护与利用管理条例	2019 年 4 月 29 日日照市第十八届人民代表大会常务委员会第十九次会议通过，2019 年 9 月 27 日山东省第十三届人民代表大会常务委员会第十四次会议批准	2019-9-29	2019-10-25	2020-1-1	制定
青岛市禁止燃放烟花爆竹规定	2019 年 7 月 19 日青岛市第十六届人民代表大会常务委员会第十七次会议通过，2019 年 9 月 27 日山东省第十三届人民代表大会常务委员会第十四次会议批准	2019-9-27	2019-10-25	2020-1-1	制定
青岛市禁止制作和限制销售燃放烟花爆竹的规定	在《青岛市禁止燃放烟花爆竹规定》中被明文予以废止	2019-9-27	2019-10-25	2020-1-1	文中废止
菏泽市烟花爆竹燃放管理条例	2019 年 8 月 16 日菏泽市第十九届人民代表大会常务委员会第二十三次会议通过，2019 年 9 月 27 日山东省第十三届人民代表大会常务委员会第十四次会议批准	2019-10-17	2019-10-25	2020-1-1	制定
临沂市饮用水水源地保护条例	2019 年 8 月 28 日临沂市第十九届人民代表大会常务委员会第二十二次会议通过，2019 年 9 月 27 日山东省第十三届人民代表大会常务委员会第十四次会议批准	2019-9-27	2019-10-25	2020-1-1	制定

续表

法规名称	通过或批准时间	公布时间	报备时间	施行时间	立法形式
淄博市文明行为促进条例	2019年8月28日淄博市第十五届人民代表大会常务委员会第二十六次会议通过，2019年9月27日山东省第十三届人民代表大会常务委员会第十四次会议批准	2019-9-29	2019-10-25	2019-11-1	制定
德州市养老服务条例	2019年9月8日德州市第十八届人民代表大会常务委员会第二十七次会议通过，2019年9月27日山东省第十三届人民代表大会常务委员会第十四次会议批准	2019-10-8	2019-10-25	2020-1-1	制定
山东省人民代表大会常务委员会制定地方性法规听证规定	2019年9月27日山东省第十三届人民代表大会常务委员会第十四次会议修改	2019-9-27	2019-10-25	2019-9-27	修改
山东省人民代表大会常务委员会关于加强新时代检察机关法律监督工作的决议	2019年9月27日山东省第十三届人民代表大会常务委员会第十四次会议通过	2019-9-27	2019-10-25	2019-9-27	制定
山东省人民代表大会常务委员会关于加强人民检察院法律监督工作的决议	在《山东省人民代表大会常务委员会关于加强新时代检察机关法律监督工作的决议》中被明文予以废止	2019-9-27	2019-10-25	2019-9-27	文中废止
山东省学前教育条例	2019年9月27日山东省第十三届人民代表大会常务委员会第十四次会议通过	2019-9-27	2019-10-25	2020-1-1	制定
山东省海上搜寻救助条例	2019年9月27日山东省第十三届人民代表大会常务委员会第十四次会议通过	2019-9-27	2019-10-25	2020-1-1	制定
青岛市海岸带保护与利用管理条例	2019年5月23日青岛市第十六届人民代表大会常务委员会第十六次会议通过，2019年11月29日山东省第十三届人民代表大会常务委员会第十五次会议批准	2019-11-29	2019-12-19	2020-1-1	制定
青岛市海岸带规划管理规定	在《青岛市海岸带保护与利用管理条例》中被明文予以废止	2019-11-29	2019-12-19	2020-1-1	文中废止
青岛市预算审查监督条例	2019年5月23日青岛市第十六届人民代表大会常务委员会第十六次会议通过，2019年11月29日山东省第十三届人民代表大会常务委员会第十五次会议批准	2019-11-29	2019-12-19	2020-1-1	制定
青岛市市级预算审查监督条例	在《青岛市预算审查监督条例》中被明文予以废止	2019-11-29	2019-12-19	2020-1-1	文中废止
东营市大气污染防治条例	2019年10月24日东营市第八届人民代表大会常务委员会第二十二次会议通过，2019年11月29日山东省第十三届人民代表大会常务委员会第十五次会议批准	2019-12-6	2019-12-19	2020-1-1	制定
东营市海岸带保护条例	2019年10月24日东营市第八届人民代表大会常务委员会第二十二次会议通过，2019年11月29日山东省第十三届人民代表大会常务委员会第十五次会议批准	2019-12-6	2019-12-19	2020-3-1	制定
潍坊市海岸带保护条例	2019年10月25日潍坊市第十七届人民代表大会常务委员会第二十七次会议通过，2019年11月29日山东省第十三届人民代表大会常务委员会第十五次会议批准	2019-12-4	2019-12-19	2020-5-1	制定
烟台市山体保护条例	2019年10月29日烟台市第十七届人民代表大会常务委员会第二十二次会议通过，2019年11月29日山东省第十三届人民代表大会常务委员会第十五次会议批准	2019-12-2	2019-12-19	2020-3-1	制定

续表

法规名称	通过或批准时间	公布时间	报备时间	施行时间	立法形式
烟台市海岸带保护条例	2019 年 10 月 29 日烟台市第十七届人民代表大会常务委员会第二十二次会议通过，2019 年 11 月 29 日山东省第十三届人民代表大会常务委员会第十五次会议批准	2019-12-16	2019-12-19	2020-3-1	制定
枣庄市电梯安全条例	2019 年 10 月 30 日枣庄市第十六届人民代表大会常务委员会第二十三次会议通过，2019 年 11 月 29 日山东省第十三届人民代表大会常务委员会第十五次会议批准	2019-12-3	2019-12-19	2020-3-1	制定
菏泽市文明行为促进条例	2019 年 10 月 30 日菏泽市第十九届人民代表大会常务委员会第二十四次会议通过，2019 年 11 月 29 日山东省第十三届人民代表大会常务委员会第十五次会议批准	2019-12-13	2019-12-19	2020-1-1	制定
泰安市户外广告设施和招牌设置管理条例	2019 年 10 月 31 日泰安市第十七届人民代表大会常务委员会第二十一次会议通过，2019 年 11 月 29 日山东省第十三届人民代表大会常务委员会第十五次会议批准	2019-11-29	2019-12-19	2020-1-1	制定
泰安市文明行为促进条例	2019 年 10 月 31 日泰安市第十七届人民代表大会常务委员会第二十一次会议通过，2019 年 11 月 29 日山东省第十三届人民代表大会常务委员会第十五次会议批准	2019-11-29	2019-12-19	2020-3-1	制定
日照市大气污染防治条例	2019 年 10 月 31 日日照市第十八届人民代表大会常务委员会第二十三次会议通过，2019 年 11 月 29 日山东省第十三届人民代表大会常务委员会第十五次会议批准	2019-12-3	2019-12-19	2020-3-1	制定
滨州市扬尘污染防治条例	2019 年 11 月 1 日滨州市第十一届人民代表大会常务委员会第二十五次会议通过，2019 年 11 月 29 日山东省第十三届人民代表大会常务委员会第十五次会议批准	2019-12-5	2019-12-19	2020-1-1	制定
滨州市海岸带生态保护与利用条例	2019 年 11 月 1 日滨州市第十一届人民代表大会常务委员会第二十五次会议通过，2019 年 11 月 29 日山东省第十三届人民代表大会常务委员会第十五次会议批准	2019-12-6	2019-12-19	2020-3-1	制定
聊城市文明行为促进条例	2019 年 11 月 5 日聊城市第十七届人民代表大会常务委员会第二十三次会议通过，2019 年 11 月 29 日山东省第十三届人民代表大会常务委员会第十五次会议批准	2019-12-4	2019-12-19	2020-1-1	制定
山东省土壤污染防治条例	2019 年 11 月 29 日山东省第十三届人民代表大会常务委员会第十五次会议通过	2019-11-29	2019-12-19	2020-1-1	制定
山东省测绘地理信息条例	2019 年 11 月 29 日山东省第十三届人民代表大会常务委员会第十五次会议通过	2019-11-29	2019-12-19	2020-3-1	制定
山东省测绘管理条例	在《山东省测绘地理信息条例》中被明文予以废止	2019-11-29	2019-12-19	2020-3-1	文中废止
山东省历史文化名城名镇名村保护条例	2019 年 11 月 29 日山东省第十三届人民代表大会常务委员会第十五次会议通过	2019-11-29	2019-12-19	2020-3-1	制定
山东省历史文化名城保护条例	在《山东省历史文化名城名镇名村保护条例》中被明文予以废止	2019-11-29	2019-12-19	2020-3-1	文中废止

河南省地方性法规目录

（41 件）

法规名称	通过或批准时间	公布时间	报备时间	施行时间	立法形式
鹤壁市大气污染防治条例	2018年11月26日鹤壁市第十一届人民代表大会常务委员会第二次会议通过，2019年1月9日河南省第十三届人民代表大会常务委员会第八次会议批准	2019-2-1	2019-2-18	2019-7-1	制定
河南省预算审查监督条例	2019年1月20日河南省第十三届人民代表大会第二次会议通过	2019-1-20	2019-2-1	2019-10-1	制定
河南省预算监督条例	在《河南省预算审查监督条例》中被明文予以废止	2019-1-20	2019-2-1	2019-10-1	文中废止
安阳市大气污染防治条例	2019年3月12日安阳市第十四届人民代表大会常务委员会第五次会议通过，2019年3月29日河南省第十三届人民代表大会常务委员会第九次会议批准	2019-4-15	2019-4-19	2019-7-1	制定
河南省人民代表大会常务委员会关于促进全民阅读的决定	2019年3月29日河南省第十三届人民代表大会常务委员会第九次会议通过	2019-4-9	2019-4-12	2019-4-23	制定
驻马店市山体保护条例	2019年4月10日驻马店市第四届人民代表大会常务委员会第十七次会议通过，2019年5月31日河南省第十三届人民代表大会常务委员会第十次会议批准	2019-7-9	2019-7-15	2019-9-1	制定
新乡市大气污染防治条例	2019年4月22日新乡市第十三届人民代表大会常务委员会第六次会议通过，2019年5月31日河南省第十三届人民代表大会常务委员会第十次会议批准	2019-7-1	2019-7-15	2019-9-1	制定
濮阳市大气污染防治条例	2019年4月22日濮阳市第八届人民代表大会常务委员会第七次会议通过，2019年5月31日河南省第十三届人民代表大会常务委员会第十次会议批准	2019-7-1	2019-7-15	2019-9-1	制定
濮阳市农村生活垃圾治理条例	2019年4月22日濮阳市第八届人民代表大会常务委员会第七次会议通过，2019年5月31日河南省第十三届人民代表大会常务委员会第十次会议批准	2019-7-1	2019-7-15	2020-1-1	制定
焦作市中小学校幼儿园规划建设条例	2019年4月29日焦作市第十三届人民代表大会常务委员会第八次会议通过，2019年5月31日河南省第十三届人民代表大会常务委员会第十次会议批准	2019-7-5	2019-7-15	2019-9-1	制定
河南省水污染防治条例	2019年5月31日河南省第十三届人民代表大会常务委员会第十次会议修改	2019-6-5	2019-6-28	2019-10-1	修改
河南省安全生产条例	2019年5月31日河南省第十三届人民代表大会常务委员会第十次会议修改	2019-6-6	2019-6-28	2019-10-1	修改
洛阳市科学技术进步条例	2019年5月9日洛阳市第十五届人民代表大会常务委员会第七次会议修改，2019年7月26日河南省第十三届人民代表大会常务委员会第十一次会议批准修改	2019-8-19	2019-9-10	2019-8-19	修改

续表

法规名称	通过或批准时间	公布时间	报备时间	施行时间	立法形式
漯河市扬尘污染防治条例	2019年6月25日漯河市第七届人民代表大会常务委员会第二十二次会议通过，2019年7月26日河南省第十三届人民代表大会常务委员会第十一次会议批准	2019-8-13	2019-9-10	2019-10-1	制定
三门峡市大气污染防治条例	2019年6月25日三门峡市第七届人民代表大会常务委员会第十五次会议通过，2019年7月26日河南省第十三届人民代表大会常务委员会第十一次会议批准	2019-8-27	2019-9-10	2019-11-1	制定
洛阳市大气污染防治条例	2019年6月26日洛阳市第十五届人民代表大会常务委员会第八次会议修改，2019年7月26日河南省第十三届人民代表大会常务委员会第十一次会议批准修改	2019-8-19	2019-9-10	2019-10-1	修改
焦作市大气污染防治条例	2019年6月26日焦作市第十三届人民代表大会常务委员会第十次会议通过，2019年7月26日河南省第十三届人民代表大会常务委员会第十一次会议批准	2019-8-29	2019-9-10	2019-11-1	制定
郑州市停车场建设管理条例	2019年6月27日郑州市第十五届人民代表大会常务委员会第七次会议通过，2019年7月26日河南省第十三届人民代表大会常务委员会第十一次会议批准	2019-8-27	2019-9-10	2019-10-1	制定
南阳市文物保护条例	2019年7月1日南阳市第六届人民代表大会常务委员会第七次会议通过，2019年7月26日河南省第十三届人民代表大会常务委员会第十一次会议批准	2019-9-9	2019-9-17	2020-1-1	制定
河南省人民代表大会常务委员会关于河南省耕地占用税适用税额的决定	2019年7月26日河南省第十三届人民代表大会常务委员会第十一次会议通过	2019-7-26	2019-8-6	2019-9-1	制定
鹤壁市文明行为促进条例	2019年7月19日鹤壁市第十一届人民代表大会常务委员会第七次会议通过，2019年9月27日河南省第十三届人民代表大会常务委员会第十二次会议批准	2019-10-28	2019-11-22	2019-12-1	制定
开封市中小学校幼儿园规划建设条例	2019年8月16日开封市第十五届人民代表大会常务委员会第六次会议通过，2019年9月27日河南省第十三届人民代表大会常务委员会第十二次会议批准	2019-10-28	2019-11-22	2020-1-1	制定
信阳市河道采砂管理条例	2019年8月28日信阳市第五届人民代表大会常务委员会第十七次会议通过，2019年9月27日河南省第十三届人民代表大会常务委员会第十二次会议批准	2019-11-1	2019-11-22	2020-1-1	制定
周口市城市绿化条例	2019年8月29日周口市第四届人民代表大会常务委员会第十八次会议通过，2019年9月27日河南省第十三届人民代表大会常务委员会第十二次会议批准	2019-11-5	2019-11-22	2020-1-1	制定
郑州市规范城市客运行为若干规定	2019年8月29日郑州市第十五届人民代表大会常务委员会第八次会议通过，2019年9月27日河南省第十三届人民代表大会常务委员会第十二次会议批准	2019-11-7	2019-11-22	2019-12-1	制定
商丘市文明行为促进条例	2019年8月29日商丘市第五届人民代表大会常务委员会第十七次会议通过，2019年9月27日河南省第十三届人民代表大会常务委员会第十二次会议批准	2019-11-13	2019-11-22	2019-12-1	制定

续表

法规名称	通过或批准时间	公布时间	报备时间	施行时间	立法形式
平顶山市城市市容和环境卫生管理条例	2019年8月30日平顶山市第十一届人民代表大会常务委员会第七次会议通过，2019年9月27日河南省第十三届人民代表大会常务委员会第十二次会议批准	2019-11-14	2019-11-22	2020-1-1	制定
河南省人民代表大会常务委员会关于加强检察公益诉讼工作的决定	2019年9月27日河南省第十三届人民代表大会常务委员会第十二次会议通过	2019-9-27	2019-10-15	2019-9-27	制定
河南省促进科技成果转化条例	2019年9月27日河南省第十三届人民代表大会常务委员会第十二次会议修改	2019-9-27	2019-10-15	2020-1-1	修改
南阳市大气污染防治条例	2019年8月30日南阳市第六届人民代表大会常务委员会第八次会议通过，2019年11月29日河南省第十三届人民代表大会常务委员会第十三次会议批准	2020-1-16	2020-1-17	2020-3-1	制定
许昌市城市绿化条例	2019年10月28日许昌市第七届人民代表大会常务委员会第二十三次会议通过，2019年11月29日河南省第十三届人民代表大会常务委员会第十三次会议批准	2019-12-30	2020-1-7	2020-3-1	制定
信阳市大气污染防治条例	2019年10月29日信阳市第五届人民代表大会常务委员会第十八次会议通过，2019年11月29日河南省第十三届人民代表大会常务委员会第十三次会议批准	2019-12-27	2020-1-7	2020-3-1	制定
漯河市散煤污染防治条例	2019年10月30日漯河市第七届人民代表大会常务委员会第二十五次会议通过，2019年11月29日河南省第十三届人民代表大会常务委员会第十三次会议批准	2019-12-20	2020-1-17	2020-1-1	制定
漯河市文明行为促进条例	2019年10月30日漯河市第七届人民代表大会常务委员会第二十五次会议通过，2019年11月29日河南省第十三届人民代表大会常务委员会第十三次会议批准	2019-12-20	2020-1-17	2020-3-1	制定
洛阳市陆浑水库饮用水水源保护条例	2019年10月31日洛阳市第十五届人民代表大会常务委员会第十次会议修改，2019年11月29日河南省第十三届人民代表大会常务委员会第十三次会议批准修改	2019-12-27	2020-1-7	2020-2-1	修改
开封市扬尘污染防治条例	2019年10月31日开封市第十五届人民代表大会常务委员会第七次会议通过，2019年11月29日河南省第十三届人民代表大会常务委员会第十三次会议批准	2019-12-27	2020-1-7	2020-3-1	制定
驻马店市大气污染防治条例	2019年10月31日驻马店市第四届人民代表大会常务委员会第二十次会议通过，2019年11月29日河南省第十三届人民代表大会常务委员会第十三次会议批准	2020-1-6	2020-1-17	2020-3-1	制定
郑州市贾鲁河保护条例	2019年10月31日郑州市第十五届人民代表大会常务委员会第十次会议通过，2019年11月29日河南省第十三届人民代表大会常务委员会第十三次会议批准	2020-1-9	2020-1-17	2020-10-1	制定
平顶山市建设工地扬尘污染防治条例	2019年11月1日平顶山市第十一届人民代表大会常务委员会第八次会议通过，2019年11月29日河南省第十三届人民代表大会常务委员会第十三次会议批准	2020-1-10	2020-1-17	2020-3-1	制定

续表

法规名称	通过或批准时间	公布时间	报备时间	施行时间	立法形式
河南省宗教事务条例	2019 年 11 月 29 日河南省第十三届人民代表大会常务委员会第十三次会议修改	2019-11-29	2019-12-17	2020-3-1	修改
河南省旅游条例	2019 年 11 月 29 日河南省第十三届人民代表大会常务委员会第十三次会议修改	2019-11-29	2019-12-17	2020-4-1	修改
河南省社会信用条例	2019 年 11 月 29 日河南省第十三届人民代表大会常务委员会第十三次会议通过	2019-11-29	2019-12-17	2020-5-1	制定

湖北省地方性法规目录

（76 件）

法规名称	通过或批准时间	公布时间	报备时间	施行时间	立法形式
武汉市区人民代表大会常务委员会街道工作委员会工作条例	2018 年 11 月 23 日武汉市第十四届人民代表大会常务委员会第十七次会议通过，2019 年 1 月 9 日湖北省第十三届人民代表大会常务委员会第七次会议批准	2019-3-19	2019-4-3	2019-4-15	制定
宜昌市非物质文化遗产保护条例	2018 年 12 月 10 日宜昌市第六届人民代表大会常务委员会第十四次会议通过，2019 年 1 月 9 日湖北省第十三届人民代表大会常务委员会第七次会议批准	2019-1-24	2019-2-1	2019-6-1	制定
武汉市禁毒条例	2018 年 11 月 23 日武汉市第十四届人民代表大会常务委员会第十七次会议修改，2019 年 3 月 29 日湖北省第十三届人民代表大会常务委员会第八次会议批准修改	2019-5-23	2019-6-3	2019-6-26	修改
五峰土家族自治县人口与计划生育条例	2019 年 1 月 23 日五峰土家族自治县第九届人民代表大会第五次会议废止，2019 年 3 月 29 日湖北省第十三届人民代表大会常务委员会第八次会议批准废止	2019-5-30	2019-6-14	2019-5-30	废止
长阳土家族自治县清江库区管理条例	2019 年 1 月 24 日长阳土家族自治县第九届人民代表大会第五次会议修改，2019 年 3 月 29 日湖北省第十三届人民代表大会常务委员会第八次会议批准修改	2019-4-23	2019-5-17	2019-4-23	修改
长阳土家族自治县河流保护条例	2019 年 1 月 24 日长阳土家族自治县第九届人民代表大会第五次会议修改，2019 年 3 月 29 日湖北省第十三届人民代表大会常务委员会第八次会议批准修改	2019-4-23	2019-5-17	2019-4-23	修改
长阳土家族自治县实施《中华人民共和国水土保持法》的补充规定	2019 年 1 月 24 日长阳土家族自治县第九届人民代表大会第五次会议修改，2019 年 3 月 29 日湖北省第十三届人民代表大会常务委员会第八次会议批准修改	2019-4-23	2019-5-17	2019-4-23	修改
长阳土家族自治县生态环境保护条例	2019 年 1 月 24 日长阳土家族自治县第九届人民代表大会第五次会议修改，2019 年 3 月 29 日湖北省第十三届人民代表大会常务委员会第八次会议批准修改	2019-4-23	2019-5-17	2019-4-23	修改

续表

法规名称	通过或批准时间	公布时间	报备时间	施行时间	立法形式
湖北省人民代表大会常务委员会关于授权省和设区的市、自治州人民政府为保障第七届世界军人运动会筹备和举办工作规定临时性行政措施的决定	2019年3月29日湖北省第十三届人民代表大会常务委员会第八次会议通过	2019-3-29	2019-4-24	2019-3-29	制定
湖北省反家庭暴力条例	2019年3月29日湖北省第十三届人民代表大会常务委员会第八次会议通过	2019-3-29	2019-4-24	2019-6-1	制定
湖北省人民代表大会常务委员会关于预防和制止家庭暴力的决议	在《湖北省反家庭暴力条例》中被明文予以废止	2019-3-29	2019-4-24	2019-6-1	文中废止
随州市机动车停车条例	2019年3月25日随州市第四届人民代表大会常务委员会第十五次会议通过,2019年5月29日湖北省第十三届人民代表大会常务委员会第九次会议批准	2019-6-26	2019-7-12	2019-9-1	制定
武汉市实施《中华人民共和国环境保护法》办法	2019年4月17日武汉市第十四届人民代表大会常务委员会第二十一次会议通过,2019年5月29日湖北省第十三届人民代表大会常务委员会第九次会议批准	2019-7-25	2019-8-15	2019-9-1	制定
武汉市多元化解纠纷促进条例	2019年4月17日武汉市第十四届人民代表大会常务委员会第二十一次会议通过,2019年5月29日湖北省第十三届人民代表大会常务委员会第九次会议批准	2019-7-25	2019-8-15	2019-9-1	制定
荆州市扬尘污染防治条例	2019年5月10日荆州市第五届人民代表大会常务委员会第二十次会议通过,2019年5月29日湖北省第十三届人民代表大会常务委员会第九次会议批准	2019-7-1	2019-7-12	2019-10-1	制定
武汉市防洪管理规定	2019年6月21日武汉市第十四届人民代表大会常务委员会第二十二次会议修改,2019年7月26日湖北省第十三届人民代表大会常务委员会第十次会议批准修改	2019-8-14	2019-8-30	2019-8-14	修改
武汉市实施《中华人民共和国循环经济促进法》办法	2019年6月21日武汉市第十四届人民代表大会常务委员会第二十二次会议修改,2019年7月26日湖北省第十三届人民代表大会常务委员会第十次会议批准修改	2019-8-14	2019-8-30	2019-8-14	修改
武汉市水土保持条例	2019年6月21日武汉市第十四届人民代表大会常务委员会第二十二次会议修改,2019年7月26日湖北省第十三届人民代表大会常务委员会第十次会议批准修改	2019-8-14	2019-8-30	2019-8-14	修改
武汉市水资源保护条例	2019年6月21日武汉市第十四届人民代表大会常务委员会第二十二次会议修改,2019年7月26日湖北省第十三届人民代表大会常务委员会第十次会议批准修改	2019-8-14	2019-8-30	2019-8-14	修改
武汉市城市综合管理条例	2019年6月21日武汉市第十四届人民代表大会常务委员会第二十二次会议修改,2019年7月26日湖北省第十三届人民代表大会常务委员会第十次会议批准修改	2019-8-14	2019-8-30	2019-8-14	修改

续表

法规名称	通过或批准时间	公布时间	报备时间	施行时间	立法形式
武汉市蔬菜农药残留监督管理条例	2019年6月21日武汉市第十四届人民代表大会常务委员会第二十二次会议修改，2019年7月26日湖北省第十三届人民代表大会常务委员会第十次会议批准修改	2019-8-14	2019-8-30	2019-8-14	修改
武汉市档案管理条例	2019年6月21日武汉市第十四届人民代表大会常务委员会第二十二次会议修改，2019年7月26日湖北省第十三届人民代表大会常务委员会第十次会议批准修改	2019-8-14	2019-8-30	2019-8-14	修改
武汉市献血条例	2019年6月21日武汉市第十四届人民代表大会常务委员会第二十二次会议修改，2019年7月26日湖北省第十三届人民代表大会常务委员会第十次会议批准修改	2019-8-14	2019-8-30	2019-8-14	修改
武汉市专利管理条例	2019年6月21日武汉市第十四届人民代表大会常务委员会第二十二次会议修改，2019年7月26日湖北省第十三届人民代表大会常务委员会第十次会议批准修改	2019-8-14	2019-8-30	2019-8-14	修改
武汉市城市公共客运交通管理条例	2019年6月21日武汉市第十四届人民代表大会常务委员会第二十二次会议修改，2019年7月26日湖北省第十三届人民代表大会常务委员会第十次会议批准修改	2019-8-14	2019-8-30	2019-8-14	修改
武汉市市容环境卫生管理条例	2019年6月21日武汉市第十四届人民代表大会常务委员会第二十二次会议修改，2019年7月26日湖北省第十三届人民代表大会常务委员会第十次会议批准修改	2019-8-14	2019-8-30	2019-8-14	修改
武汉市见义勇为人员奖励和保护条例	2019年6月21日武汉市第十四届人民代表大会常务委员会第二十二次会议修改，2019年7月26日湖北省第十三届人民代表大会常务委员会第十次会议批准修改	2019-8-14	2019-8-30	2019-8-14	修改
武汉市建筑节能与新型墙体材料应用管理条例	2019年6月21日武汉市第十四届人民代表大会常务委员会第二十二次会议修改，2019年7月26日湖北省第十三届人民代表大会常务委员会第十次会议批准修改	2019-8-14	2019-8-30	2019-8-14	修改
武汉市人民防空条例	2019年6月21日武汉市第十四届人民代表大会常务委员会第二十二次会议修改，2019年7月26日湖北省第十三届人民代表大会常务委员会第十次会议批准修改	2019-8-14	2019-8-30	2019-8-14	修改
武汉市城乡规划条例	2019年6月21日武汉市第十四届人民代表大会常务委员会第二十二次会议修改，2019年7月26日湖北省第十三届人民代表大会常务委员会第十次会议批准修改	2019-8-14	2019-8-30	2019-8-14	修改
武汉市蔬菜基地管理办法	2019年6月21日武汉市第十四届人民代表大会常务委员会第二十二次会议废止，2019年7月26日湖北省第十三届人民代表大会常务委员会第十次会议批准修改废止	2019-8-14	2019-8-30	2019-8-14	废止
武汉东湖风景名胜区条例	2019年6月21日武汉市第十四届人民代表大会常务委员会第二十二次会议修改，2019年7月26日湖北省第十三届人民代表大会常务委员会第十次会议批准修改	2019-11-24	2019-12-16	2020-1-1	修改

续表

法规名称	通过或批准时间	公布时间	报备时间	施行时间	立法形式
黄冈市白莲河库区水环境保护条例	2019年6月26日黄冈市第五届人民代表大会常务委员会第二十一次会议通过，2019年7月26日湖北省第十三届人民代表大会常务委员会第十次会议批准	2019-8-20	2019-9-10	2019-10-1	制定
咸宁市农村生活垃圾治理条例	2019年6月27日咸宁市第五届人民代表大会常务委员会第十九次会议通过，2019年7月26日湖北省第十三届人民代表大会常务委员会第十次会议批准	2019-9-12	2019-9-24	2020-1-1	制定
湖北省中医药条例	2019年7月26日湖北省第十三届人民代表大会常务委员会第十次会议通过	2019-7-26	2019-8-6	2019-11-1	制定
湖北省发展中医条例	在《湖北省中医药条例》中被明文予以废止	2019-7-26	2019-8-6	2019-11-1	文中废止
湖北省司法鉴定条例	2019年7月26日湖北省第十三届人民代表大会常务委员会第十次会议通过	2019-7-26	2019-8-6	2019-11-1	制定
湖北省司法鉴定管理条例	在《湖北省司法鉴定条例》中被明文予以废止	2019-7-26	2019-8-6	2019-11-1	文中废止
湖北省人民代表大会常务委员会关于加强检察公益诉讼工作的决定	2019年7月26日湖北省第十三届人民代表大会常务委员会第十次会议通过	2019-7-26	2019-8-15	2019-7-26	制定
湖北省人民代表大会常务委员会关于耕地占用税具体适用税额标准的决定	2019年7月26日湖北省第十三届人民代表大会常务委员会第十次会议通过	2019-7-26	2019-8-15	2019-9-1	制定
湖北省实施《中华人民共和国促进科技成果转化法》办法	2019年7月26日湖北省第十三届人民代表大会常务委员会第十次会议修改	2019-7-26	2019-8-15	2019-11-1	修改
恩施土家族苗族自治州传统村落和民族村寨保护条例	2019年6月5日恩施土家族苗族自治州第八届人民代表大会常务委员会第十六次会议通过，2019年9月26日湖北省第十三届人民代表大会常务委员会第十一次会议批准	2019-12-2	2019-12-26	2020-3-1	制定
武汉市控制吸烟条例	2019年7月30日武汉市第十四届人民代表大会常务委员会第二十三次会议通过，2019年9月26日湖北省第十三届人民代表大会常务委员会第十一次会议批准	2019-11-23	2019-12-16	2020-1-1	制定
孝感市饮用水水源保护条例	2019年8月27日孝感市第六届人民代表大会常务委员会第二十一次会议通过，2019年9月26日湖北省第十三届人民代表大会常务委员会第十一次会议批准	2019-10-15	2019-10-31	2020-1-1	制定
黄石市市容和环境卫生管理条例	2019年8月27日黄石市第十四届人民代表大会常务委员会第二十次会议通过，2019年9月26日湖北省第十三届人民代表大会常务委员会第十一次会议批准	2019-11-8	2019-11-29	2020-3-1	制定
襄阳市城市建筑垃圾治理条例	2019年8月28日襄阳市第十七届人民代表大会常务委员会第十九次会议通过，2019年9月26日湖北省第十三届人民代表大会常务委员会第十一次会议批准	2019-10-31	2019-11-20	2020-1-1	制定
十堰市扬尘污染防治条例	2019年8月30日十堰市第五届人民代表大会常务委员会第十七次会议通过，2019年9月26日湖北省第十三届人民代表大会常务委员会第十一次会议批准	2019-10-25	2019-11-12	2020-1-1	制定

续表

法规名称	通过或批准时间	公布时间	报备时间	施行时间	立法形式
湖北省实施《中华人民共和国会计法》办法	2019年9月26日湖北省第十三届人民代表大会常务委员会第十一次会议修改	2019-9-26	2019-10-18	2019-9-26	修改
湖北省清江流域水生态环境保护条例	2019年9月26日湖北省第十三届人民代表大会常务委员会第十一次会议通过	2019-9-26	2019-10-18	2020-1-1	制定
宜昌市扬尘污染防治条例	2019年10月25日宜昌市第六届人民代表大会常务委员会第二十二次会议通过，2019年11月29日湖北省第十三届人民代表大会常务委员会第十二次会议批准	2019-12-19	2020-1-9	2020-3-1	制定
襄阳古城保护条例	2019年10月30日襄阳市第十七届人民代表大会常务委员会第二十次会议通过，2019年11月29日湖北省第十三届人民代表大会常务委员会第十二次会议批准	2019-12-31	2020-1-16	2020-3-1	制定
鄂州市现代物流业发展促进条例	2019年10月31日鄂州市第八届人民代表大会常务委员会第二十二次会议通过，2019年11月29日湖北省第十三届人民代表大会常务委员会第十二次会议批准	2019-12-18	2020-1-9	2020-3-1	制定
荆门市民用建筑装饰装修管理条例	2019年11月1日荆门市第九届人民代表大会常务委员会第二十四次会议通过，2019年11月29日湖北省第十三届人民代表大会常务委员会第十二次会议批准	2019-12-24	2020-1-16	2020-4-1	制定
湖北省开发区条例	2019年11月29日湖北省第十三届人民代表大会常务委员会第十二次会议通过	2019-11-29	2019-12-20	2020-3-1	制定
湖北省经济技术开发区条例	在《湖北省开发区条例》中被明文予以废止	2019-11-29	2019-12-20	2020-3-1	文中废止
湖北省宗教事务条例	2019年11月29日湖北省第十三届人民代表大会常务委员会第十二次会议修改	2019-11-29	2019-12-20	2020-3-1	修改
湖北省农业自然资源综合管理条例	2019年11月29日湖北省第十三届人民代表大会常务委员会第十二次会议修改	2019-11-29	2019-12-26	2019-11-29	修改
神农架国家公园保护条例	2019年11月29日湖北省第十三届人民代表大会常务委员会第十二次会议修改	2019-11-29	2019-12-26	2019-11-29	修改
湖北省实施《中华人民共和国城市居民委员会组织法》办法	2019年11月29日湖北省第十三届人民代表大会常务委员会第十二次会议修改	2019-11-29	2019-12-26	2019-11-29	修改
湖北省村民委员会选举办法	2019年11月29日湖北省第十三届人民代表大会常务委员会第十二次会议修改	2019-11-29	2019-12-26	2019-11-29	修改
湖北省实施《中华人民共和国村民委员会组织法》办法	2019年11月29日湖北省第十三届人民代表大会常务委员会第十二次会议修改	2019-11-29	2019-12-26	2019-11-29	修改
湖北省农村五保供养条例	2019年11月29日湖北省第十三届人民代表大会常务委员会第十二次会议修改	2019-11-29	2019-12-26	2019-11-29	修改
湖北省就业促进条例	2019年11月29日湖北省第十三届人民代表大会常务委员会第十二次会议修改	2019-11-29	2019-12-26	2019-11-29	修改
湖北省土壤污染防治条例	2019年11月29日湖北省第十三届人民代表大会常务委员会第十二次会议修改	2019-11-29	2019-12-26	2019-11-29	修改
湖北省建筑市场管理条例	2019年11月29日湖北省第十三届人民代表大会常务委员会第十二次会议修改	2019-11-29	2019-12-26	2019-11-29	修改
湖北省物业服务和管理条例	2019年11月29日湖北省第十三届人民代表大会常务委员会第十二次会议修改	2019-11-29	2019-12-26	2019-11-29	修改

续表

法规名称	通过或批准时间	公布时间	报备时间	施行时间	立法形式
湖北省实施《中华人民共和国水法》办法	2019年11月29日湖北省第十三届人民代表大会常务委员会第十二次会议修改	2019-11-29	2019-12-26	2019-11-29	修改
湖北省实施《中华人民共和国防洪法》办法	2019年11月29日湖北省第十三届人民代表大会常务委员会第十二次会议修改	2019-11-29	2019-12-26	2019-11-29	修改
湖北省抗旱条例	2019年11月29日湖北省第十三届人民代表大会常务委员会第十二次会议修改	2019-11-29	2019-12-26	2019-11-29	修改
湖北省农业生态环境保护条例	2019年11月29日湖北省第十三届人民代表大会常务委员会第十二次会议修改	2019-11-29	2019-12-26	2019-11-29	修改
湖北省实施《中华人民共和国老年人权益保障法》办法	2019年11月29日湖北省第十三届人民代表大会常务委员会第十二次会议修改	2019-11-29	2019-12-26	2019-11-29	修改
湖北省实施《中华人民共和国广告法》办法	2019年11月29日湖北省第十三届人民代表大会常务委员会第十二次会议修改	2019-11-29	2019-12-26	2019-11-29	修改
湖北省合同监督条例	2019年11月29日湖北省第十三届人民代表大会常务委员会第十二次会议修改	2019-11-29	2019-12-26	2019-11-29	修改
湖北省水污染防治条例	2019年11月29日湖北省第十三届人民代表大会常务委员会第十二次会议修改	2019-11-29	2019-12-26	2019-11-29	修改
湖北省人口与计划生育条例	2019年11月29日湖北省第十三届人民代表大会常务委员会第十二次会议修改	2019-11-29	2019-12-26	2019-11-29	修改
湖北省盐业管理条例	2019年11月29日湖北省第十三届人民代表大会常务委员会第十二次会议废止	2019-11-29	2019-12-26	2019-11-29	废止
湖北省反不正当竞争条例	2019年11月29日湖北省第十三届人民代表大会常务委员会第十二次会议废止	2019-11-29	2019-12-26	2019-11-29	废止
湖北省预防职务犯罪条例	2019年11月29日湖北省第十三届人民代表大会常务委员会第十二次会议废止	2019-11-29	2019-12-26	2019-11-29	废止
湖北省保护公民举报权利的若干规定	2019年11月29日湖北省第十三届人民代表大会常务委员会第十二次会议废止	2019-11-29	2019-12-26	2019-11-29	废止
湖北省人民代表大会常务委员会关于加强渎职侵权检察工作的决议	2019年11月29日湖北省第十三届人民代表大会常务委员会第十二次会议废止	2019-11-29	2019-12-26	2019-11-29	废止

湖南省地方性法规目录

（40件）

法规名称	通过或批准情况	公布时间	报备时间	施行时间	立法形式
湘西土家族苗族自治州气象灾害防御条例	2018年12月25日湘西土家族苗族自治州第十四届人民代表大会常务委员会第十三次会议通过，2019年1月20日湖南省第十三届人民代表大会常务委员会第九次会议批准	2019-1-21	2019-2-19	2019-3-1	制定
衡阳市森林防火条例	2018年12月28日衡阳市第十五届人民代表大会常务委员会第十八次会议通过，2019年1月20日湖南省第十三届人民代表大会常务委员会第九次会议批准	2019-2-18	2019-3-15	2019-5-1	制定

续表

法规名称	通过或批准时间	公布时间	报备时间	施行时间	立法形式
湖南省高新技术发展条例	2019年1月20日湖南省第十三届人民代表大会常务委员会第九次会议修改	2019-1-20	2019-1-21	2019-4-1	修改
长沙市文明行为促进条例	2019年1月11日长沙市第十五届人民代表大会第四次会议通过,2019年3月28日湖南省第十三届人民代表大会常务委员会第十次会议批准	2019-4-3	2019-4-11	2019-5-1	制定
湘西土家族苗族自治州凤凰历史文化名城保护条例	2019年2月28日湘西土家族苗族自治州第十四届人民代表大会第三次会议修改,2019年3月28日湖南省第十三届人民代表大会常务委员会第十次会议批准修改	2019-4-8	2019-4-19	2019-4-8	修改
湘西土家族苗族自治州传统村落保护条例	2019年2月28日湘西土家族苗族自治州第十四届人民代表大会第三次会议通过,2019年3月28日湖南省第十三届人民代表大会常务委员会第十次会议批准	2019-4-8	2019-4-19	2019-6-1	制定
张家界市爱国卫生条例	2019年2月28日张家界市第七届人民代表大会常务委员会第十九次会议通过,2019年3月28日湖南省第十三届人民代表大会常务委员会第十次会议批准	2019-4-8	2019-5-7	2019-5-1	制定
湖南省长株潭城市群生态绿心地区保护条例	2019年3月28日湖南省第十三届人民代表大会常务委员会第十次会议修改	2019-3-28	2019-4-10	2019-3-28	修改
通道侗族自治县自治条例	2018年12月30日通道侗族自治县第十六届人民代表大会第三次会议修改,2019年5月30日湖南省第十三届人民代表大会常务委员会第十一次会议批准修改	2019-7-3	2019-7-10	2019-8-1	修改
靖州苗族侗族自治县传统村落保护条例	2019年1月1日靖州苗族侗族自治县第八届人民代表大会第三次会议通过,2019年5月30日湖南省第十三届人民代表大会常务委员会第十一次会议批准	2019-6-28	2019-7-1	2019-8-1	制定
江华瑶族自治县生态环境保护条例	2019年2月25日江华瑶族自治县第十七届人民代表大会第四次会议通过,2019年5月30日湖南省第十三届人民代表大会常务委员会第十一次会议批准	2019-6-20	2019-7-1	2019-7-1	制定
湘西土家族苗族自治州高望界国家级自然保护区条例	2019年2月28日湘西土家族苗族自治州第十四届人民代表大会第三次会议修改,2019年5月30日湖南省第十三届人民代表大会常务委员会第十一次会议批准修改	2019-6-5	2019-7-1	2019-6-5	修改
湖南省实施《中华人民共和国反家庭暴力法》办法	2019年5月30日湖南省第十三届人民代表大会常务委员会第十一次会议通过	2019-5-30	2019-6-12	2019-7-1	制定
湖南省人民代表大会常务委员会关于预防和制止家庭暴力的决议	在《湖南省实施〈中华人民共和国反家庭暴力法〉办法》中被明文予以废止	2019-5-30	2019-6-12	2019-7-1	文中废止
湘潭市爱国卫生条例	2019年5月31日湘潭市第十五届人民代表大会常务委员会第十九次会议通过,2019年7月31日湖南省第十三届人民代表大会常务委员会第十二次会议批准	2019-8-5	2019-8-15	2019-9-1	制定
长沙市灰汤地热资源保护条例	2019年6月26日长沙市第十五届人民代表大会常务委员会第二十四次会议修改,2019年7月31日湖南省第十三届人民代表大会常务委员会第十二次会议批准修改	2019-8-9	2019-8-15	2019-8-9	修改

续表

法规名称	通过或批准时间	公布时间	报备时间	施行时间	立法形式
长沙铜官窑遗址保护条例	2019年6月26日长沙市第十五届人民代表大会常务委员会第二十四次会议修改，2019年7月31日湖南省第十三届人民代表大会常务委员会第十二次会议批准修改	2019-8-9	2019-8-15	2019-8-9	修改
长沙市炭河里遗址保护条例	2019年6月26日长沙市第十五届人民代表大会常务委员会第二十四次会议修改，2019年7月31日湖南省第十三届人民代表大会常务委员会第十二次会议批准修改	2019-8-9	2019-8-15	2019-8-9	修改
长沙市城市道路车辆通行若干规定	2019年6月26日长沙市第十五届人民代表大会常务委员会第二十四次会议修改，2019年7月31日湖南省第十三届人民代表大会常务委员会第十二次会议批准修改	2019-8-9	2019-8-15	2019-8-9	修改
长沙市城市地下管线管理条例	2019年6月26日长沙市第十五届人民代表大会常务委员会第二十四次会议修改，2019年7月31日湖南省第十三届人民代表大会常务委员会第十二次会议批准修改	2019-8-9	2019-8-15	2019-8-9	修改
长沙市城市绿化条例	2019年6月26日长沙市第十五届人民代表大会常务委员会第二十四次会议修改，2019年7月31日湖南省第十三届人民代表大会常务委员会第十二次会议批准修改	2019-8-9	2019-8-15	2019-8-9	修改
长沙市劳动监察条例	2019年6月26日长沙市第十五届人民代表大会常务委员会第二十四次会议废止，2019年7月31日湖南省第十三届人民代表大会常务委员会第十二次会议批准废止	2019-8-9	2019-8-15	2019-8-9	废止
湘江长沙段饮用水水源保护条例	2019年6月26日长沙市第十五届人民代表大会常务委员会第二十四次会议废止，2019年7月31日湖南省第十三届人民代表大会常务委员会第十二次会议批准废止	2019-8-9	2019-8-15	2019-8-9	废止
长沙市标准化管理条例	2019年6月26日长沙市第十五届人民代表大会常务委员会第二十四次会议废止，2019年7月31日湖南省第十三届人民代表大会常务委员会第十二次会议批准废止	2019-8-9	2019-8-15	2019-8-9	废止
株洲市畜禽养殖污染防治条例	2019年7月25日株洲市第十五届人民代表大会常务委员会第二十三次会议通过，2019年9月28日湖南省第十三届人民代表大会常务委员会第十三次会议批准	2019-10-28	2019-11-22	2020-7-1	制定
邵阳市邵水保护条例	2019年7月26日邵阳市第十六届人民代表大会常务委员会第二十三次会议通过，2019年9月28日湖南省第十三届人民代表大会常务委员会第十三次会议批准	2019-11-19	2019-12-9	2020-1-1	制定
岳阳市扬尘污染防治条例	2019年7月31日岳阳市第八届人民代表大会常务委员会第二十次会议通过，2019年9月28日湖南省第十三届人民代表大会常务委员会第十三次会议批准	2019-10-16	2019-10-22	2019-12-1	制定
永州市乡村房屋建设管理条例	2019年8月29日永州市第五届人民代表大会常务委员会第二十四次会议通过，2019年9月28日湖南省第十三届人民代表大会常务委员会第十三次会议批准	2019-10-21	2019-10-22	2020-3-1	制定
湖南省环境保护条例	2019年9月28日湖南省第十三届人民代表大会常务委员会第十三次会议修改	2019-9-28	2019-10-10	2020-1-1	修改

续表

法规名称	通过或批准时间	公布时间	报备时间	施行时间	立法形式
湖南省实施《中华人民共和国种子法》办法	2019 年 9 月 28 日湖南省第十三届人民代表大会常务委员会第十三次会议修改	2019-9-28	2019-10-21	2019-12-1	修改
湖南省实施《中华人民共和国促进科技成果转化法》办法	2019 年 9 月 28 日湖南省第十三届人民代表大会常务委员会第十三次会议修改	2019-9-28	2019-10-24	2019-11-1	修改
怀化市传统村落保护条例	2019 年 9 月 27 日怀化市第五届人民代表大会常务委员会第二十六次会议通过，2019 年 11 月 28 日湖南省第十三届人民代表大会常务委员会第十四次会议批准	2019-12-5		2020-3-1	制定
娄底市仙女寨区域生态环境保护条例	2019 年 9 月 29 日娄底市第五届人民代表大会常务委员会第二十三次会议通过，2019 年 11 月 28 日湖南省第十三届人民代表大会常务委员会第十四次会议批准	2019-12-18		2020-3-1	制定
张家界市文明行为促进条例	2019 年 10 月 23 日张家界市第七届人民代表大会常务委员会第二十三次会议通过，2019 年 11 月 28 日湖南省第十三届人民代表大会常务委员会第十四次会议批准	2019-12-3		2020-3-1	制定
长沙市湿地保护条例	2019 年 10 月 23 日长沙市第十五届人民代表大会常务委员会第二十六次会议通过，2019 年 11 月 28 日湖南省第十三届人民代表大会常务委员会第十四次会议批准	2019-12-12	2019-12-17	2020-5-1	制定
常德市西洞庭湖国际重要湿地保护条例	2019 年 10 月 25 日常德市第七届人民代表大会常务委员会第二十五次会议通过，2019 年 11 月 28 日湖南省第十三届人民代表大会常务委员会第十四次会议批准	2019-12-10	2019-12-16	2020-1-1	制定
郴州市城区农贸市场管理条例	2019 年 10 月 31 日郴州市第五届人民代表大会常务委员会第二十次会议通过，2019 年 11 月 28 日湖南省第十三届人民代表大会常务委员会第十四次会议批准	2019-12-4	2019-12-16	2020-3-1	制定
益阳市畜禽水产养殖污染防治条例	2019 年 10 月 31 日益阳市第六届人民代表大会常务委员会第二十二次会议通过，2019 年 11 月 28 日湖南省第十三届人民代表大会常务委员会第十四次会议批准	2019-12-20		2020-7-1	制定
衡阳市爱国卫生条例	2019 年 11 月 1 日衡阳市第十五届人民代表大会常务委员会第二十五次会议通过，2019 年 11 月 28 日湖南省第十三届人民代表大会常务委员会第十四次会议批准	2019-12-6	2019-12-12	2020-1-1	制定
衡阳市三江六岸滨水区域规划条例	2019 年 11 月 1 日衡阳市第十五届人民代表大会常务委员会第二十五次会议通过，2019 年 11 月 28 日湖南省第十三届人民代表大会常务委员会第十四次会议批准	2019-12-6	2019-12-12	2020-1-1	制定
岳阳市农村村民住房建设管理条例	2019 年 11 月 5 日岳阳市第八届人民代表大会常务委员会第二十二次会议通过，2019 年 11 月 28 日湖南省第十三届人民代表大会常务委员会第十四次会议批准	2019-12-5		2020-5-1	制定

广东省地方性法规目录

（129 件）

法规名称	通过或批准情况	公布时间	报备时间	施行时间	立法形式
揭阳市重点流域水环境保护条例	2018 年 9 月 20 日揭阳市第六届人民代表大会常务委员会第十七次会议通过，2019 年 1 月 16 日广东省第十三届人民代表大会常务委员会第九次会议批准	2019-1-24	2019-2-13	2019-3-1	制定
珠海市排水条例	2018 年 9 月 27 日珠海市第九届人民代表大会常务委员会第十六次会议修改，2019 年 1 月 16 日广东省第十三届人民代表大会常务委员会第九次会议批准修改	2019-1-19	2019-3-1	2019-1-19	修改
珠海市服务业环境管理条例	2018 年 9 月 27 日珠海市第九届人民代表大会常务委员会第十六次会议修改，2019 年 1 月 16 日广东省第十三届人民代表大会常务委员会第九次会议批准修改	2019-1-19	2019-3-1	2019-1-19	修改
珠海市防治船舶污染水域条例	2018 年 9 月 27 日珠海市第九届人民代表大会常务委员会第十六次会议修改，2019 年 1 月 16 日广东省第十三届人民代表大会常务委员会第九次会议批准修改	2019-1-19	2019-3-1	2019-1-19	修改
广州市政府投资管理条例	2018 年 9 月 29 日广州市第十五届人民代表大会常务委员会第十七次会议废止，2019 年 1 月 16 日广东省第十三届人民代表大会常务委员会第九次会议批准废止	2019-1-30	2019-2-18	2019-1-30	废止
茂名市畜禽养殖污染防治条例	2018 年 10 月 30 日茂名市第十二届人民代表大会常务委员会第十九次会议通过，2019 年 1 月 16 日广东省第十三届人民代表大会常务委员会第九次会议批准	2019-2-11	2019-3-1	2019-5-1	制定
湛江市公园条例	2018 年 10 月 31 日湛江市第十四届人民代表大会常务委员会第十八次会议通过，2019 年 1 月 16 日广东省第十三届人民代表大会常务委员会第九次会议批准	2019-1-17	2019-2-13	2019-4-10	制定
江门市海上丝绸之路史迹保护条例	2018 年 10 月 31 日江门市第十五届人民代表大会常务委员会第十七次会议通过，2019 年 1 月 16 日广东省第十三届人民代表大会常务委员会第九次会议批准	2019-2-11	2019-2-20	2019-3-1	制定
珠海市旅游条例	2018 年 11 月 30 日珠海市第九届人民代表大会常务委员会第十七次会议废止，2019 年 1 月 16 日广东省第十三届人民代表大会常务委员会第九次会议批准废止	2019-1-19	2019-3-1	2019-3-1	废止
广州市环境保护条例	2019 年 1 月 10 日广州市第十五届人民代表大会常务委员会第二十一次会议废止，2019 年 1 月 16 日广东省第十三届人民代表大会常务委员会第九次会议批准废止	2019-1-30	2019-2-19	2019-1-30	废止
广州市大气污染防治规定	2019 年 1 月 10 日广州市第十五届人民代表大会常务委员会第二十一次会议废止，2019 年 1 月 16 日广东省第十三届人民代表大会常务委员会第九次会议批准废止	2019-1-30	2019-2-19	2019-1-30	废止

续表

法规名称	通过或批准时间	公布时间	报备时间	施行时间	立法形式
广州市环境噪声污染防治规定	2019年1月10日广州市第十五届人民代表大会常务委员会第二十一次会议废止，2019年1月16日广东省第十三届人民代表大会常务委员会第九次会议批准废止	2019-1-30	2019-2-19	2019-1-30	废止
广州市固体废物污染环境防治规定	2019年1月10日广州市第十五届人民代表大会常务委员会第二十一次会议废止，2019年1月16日广东省第十三届人民代表大会常务委员会第九次会议批准废止	2019-1-30	2019-2-19	2019-1-30	废止
广州市野生动物保护管理若干规定	2019年1月10日广州市第十五届人民代表大会常务委员会第二十一次会议废止，2019年1月16日广东省第十三届人民代表大会常务委员会第九次会议批准废止	2019-1-30	2019-2-19	2019-1-30	废止
广东省林地保护管理条例	2019年1月16日广东省第十三届人民代表大会常务委员会第九次会议修改	2019-1-16	2019-1-23	2019-1-16	修改
广东省渔港和渔业船舶管理条例	2019年1月16日广东省第十三届人民代表大会常务委员会第九次会议修改	2019-1-16	2019-1-23	2019-1-16	修改
广东省人民代表大会常务委员会关于省人民政府机构改革涉及省的地方性法规规定的行政机关职责调整问题的决定	2019年1月16日广东省第十三届人民代表大会常务委员会第九次会议通过	2019-1-16	2019-1-23	2019-1-17	制定
中山市水环境保护条例	2018年11月23日中山市第十五届人民代表大会常务委员会第十五次会议修改，2019年3月28日广东省第十三届人民代表大会常务委员会第十一次会议批准修改	2019-4-3	2019-4-9	2019-4-3	修改
佛山市排水管理条例	2018年11月29日佛山市第十五届人民代表大会常务委员会第十六次会议通过，2019年3月28日广东省第十三届人民代表大会常务委员会第十一次会议批准	2019-4-8	2019-4-24	2019-7-1	制定
汕尾市水环境保护条例	2018年12月21日汕尾市第七届人民代表大会常务委员会第十九次会议修改,2019年3月28日广东省第十三届人民代表大会常务委员会第十一次会议批准修改	2019-4-28	2019-5-21	2019-4-28	修改
汕尾市品清湖环境保护条例	2018年12月21日汕尾市第七届人民代表大会常务委员会第十九次会议修改,2019年3月28日广东省第十三届人民代表大会常务委员会第十一次会议批准修改	2019-4-28	2019-5-21	2019-4-28	修改
佛山市机动车和非道路移动机械排气污染防治条例	2018年12月24日佛山市第十五届人民代表大会常务委员会第十七次会议修改，2019年3月28日广东省第十三届人民代表大会常务委员会第十一次会议批准修改	2019-4-8	2019-4-24	2019-4-8	修改
广州市供水用水条例	2018年12月26日广州市第十五届人民代表大会常务委员会第二十次会议通过，2019年3月28日广东省第十三届人民代表大会常务委员会第十一次会议批准	2019-4-18	2019-5-10	2019-10-1	制定
广州市城市供水用水条例	在《广州市供水用水条例》中被明文予以废止	2019-4-18	2019-5-10	2019-10-1	文中废止

续表

法规名称	通过或批准时间	公布时间	报备时间	施行时间	立法形式
湛江市湖光岩景区保护管理条例	2018年12月27日湛江市第十四届人民代表大会常务委员会第二十次会议修改，2019年3月28日广东省第十三届人民代表大会常务委员会第十一次会议批准修改	2019-3-28	2019-4-15	2019-3-28	修改
惠州市西枝江水系水质保护条例	2018年12月27日惠州市第十二届人民代表大会常务委员会第十九次会议修改，2019年3月28日广东省第十三届人民代表大会常务委员会第十一次会议批准修改	2019-4-2	2019-4-9	2019-4-2	修改
肇庆市城区市容和环境卫生管理条例	2018年12月27日肇庆市第十三届人民代表大会常务委员会第十六次会议修改，2019年3月28日广东省第十三届人民代表大会常务委员会第十一次会议批准修改	2019-4-3	2019-4-15	2019-4-3	修改
清远市饮用水源水质保护条例	2018年12月27日清远市第七届人民代表大会常务委员会第二十一次会议修改，2019年3月28日广东省第十三届人民代表大会常务委员会第十一次会议批准修改	2019-4-11	2019-5-14	2019-4-11	修改
清远市城市市容和环境卫生管理条例	2018年12月27日清远市第七届人民代表大会常务委员会第二十一次会议修改，2019年3月28日广东省第十三届人民代表大会常务委员会第十一次会议批准修改	2019-4-11	2019-5-14	2019-4-11	修改
韶关市皇岗山芙蓉山莲花山保护条例	2018年12月27日韶关市第十四届人民代表大会常务委员会第二十一次会议通过，2019年3月28日广东省第十三届人民代表大会常务委员会第十一次会议批准	2019-4-12	2019-4-22	2019-7-1	制定
深圳市生态公益林条例	2018年12月27日深圳市第六届人民代表大会常务委员会第二十九次会议修改，2019年3月28日广东省第十三届人民代表大会常务委员会第十一次会议批准修改	2019-4-12	2019-5-5	2019-4-12	修改
江门市潭江流域水质保护条例	2018年12月27日江门市第十五届人民代表大会常务委员会第十八次会议修改，2019年3月28日广东省第十三届人民代表大会常务委员会第十一次会议批准修改	2019-4-19	2019-5-10	2019-4-19	修改
汕头市生活饮用水源保护条例	2018年12月27日汕头市第十四届人民代表大会常务委员会第十九次会议废止，2019年3月28日广东省第十三届人民代表大会常务委员会第十一次会议批准废止	2019-4-25	2019-5-10	2019-4-25	废止
汕头市防御雷电灾害条例	2018年12月27日汕头市第十四届人民代表大会常务委员会第十九次会议修改，2019年3月28日广东省第十三届人民代表大会常务委员会第十一次会议批准修改	2019-4-25	2019-5-10	2019-4-25	修改
潮州市韩江流域水环境保护条例	2018年12月28日潮州市第十五届人民代表大会常务委员会第十八次会议修改，2019年3月28日广东省第十三届人民代表大会常务委员会第十一次会议批准修改	2019-4-29	2019-5-13	2019-4-29	修改
潮州市黄冈河流域水环境保护条例	2018年12月28日潮州市第十五届人民代表大会常务委员会第十八次会议修改，2019年3月28日广东省第十三届人民代表大会常务委员会第十一次会议批准修改	2019-4-29	2019-5-13	2019-4-29	修改

续表

法规名称	通过或批准时间	公布时间	报备时间	施行时间	立法形式
茂名市高州水库水质保护条例	2018年12月29日茂名市第十二届人民代表大会常务委员会第二十次会议修改，2019年3月28日广东省第十三届人民代表大会常务委员会第十一次会议批准修改	2019-4-17	2019-5-10	2019-4-17	修改
汕头市立法条例	2019年1月22日汕头市第十四届人民代表大会第五次会议修改，2019年3月28日广东省第十三届人民代表大会常务委员会第十一次会议批准修改	2019-4-25	2019-5-10	2019-4-25	修改
乳源瑶族自治县水资源管理条例	2019年1月25日乳源瑶族自治县第十二届人民代表大会第四次会议废止，2019年3月28日广东省第十三届人民代表大会常务委员会第十一次会议批准废止	2019-5-5	2019-5-22	2019-5-5	废止
乳源瑶族自治县水污染防治条例	2019年1月25日乳源瑶族自治县第十二届人民代表大会第四次会议修改，2019年3月28日广东省第十三届人民代表大会常务委员会第十一次会议批准修改	2019-5-5	2019-5-22	2019-6-1	修改
乳源瑶族自治县森林资源保护管理条例	2019年1月25日乳源瑶族自治县第十二届人民代表大会第四次会议修改，2019年3月28日广东省第十三届人民代表大会常务委员会第十一次会议批准修改	2019-5-5	2019-5-22	2019-6-1	修改
广东省无线电管理条例	2019年3月28日广东省第十三届人民代表大会常务委员会第十一次会议修改	2019-3-28	2019-4-8	2019-7-1	修改
广东省防汛防旱防风条例	2019年3月28日广东省第十三届人民代表大会常务委员会第十一次会议通过	2019-3-28	2019-4-9	2019-3-28	制定
广东省全民阅读促进条例	2019年3月28日广东省第十三届人民代表大会常务委员会第十一次会议通过	2019-3-28	2019-4-9	2019-6-1	制定
广东省河道采砂管理条例	2019年3月28日广东省第十三届人民代表大会常务委员会第十一次会议修改	2019-3-28	2019-4-9	2019-7-1	修改
广东省化妆品安全条例	2019年3月28日广东省第十三届人民代表大会常务委员会第十一次会议通过	2019-3-28	2019-4-11	2019-7-1	制定
广东省红十字会条例	2019年3月28日广东省第十三届人民代表大会常务委员会第十一次会议修改	2019-3-28	2019-4-16	2019-5-8	修改
潮州市电力设施建设与保护条例	2019年2月21日潮州市第十五届人民代表大会常务委员会第二十次会议通过，2019年5月21日广东省第十三届人民代表大会常务委员会第十二次会议批准	2019-5-31	2019-7-1	2019-6-30	制定
连南瑶族自治县森林资源保护管理条例	2019年2月28日连南瑶族自治县第十五届人民代表大会第四次会议修改，2019年5月21日广东省第十三届人民代表大会常务委员会第十二次会议批准修改	2019-8-1	2019-8-5	2019-8-1	修改
梅州市城市市容和环境卫生管理条例	2019年3月19日梅州市第七届人民代表大会常务委员会第二十六次会议通过，2019年5月21日广东省第十三届人民代表大会常务委员会第十二次会议批准	2019-6-4	2019-6-17	2019-7-1	制定
揭阳古城保护条例	2019年3月27日揭阳市第六届人民代表大会常务委员会第二十二次会议通过，2019年5月21日广东省第十三届人民代表大会常务委员会第十二次会议批准	2019-5-27	2019-6-3	2019-8-1	制定

续表

法规名称	通过或批准时间	公布时间	报备时间	施行时间	立法形式
广州市实施《中华人民共和国工会法》办法	2019年3月27日广州市第十五届人民代表大会常务委员会第二十三次会议修改，2019年5月21日广东省第十三届人民代表大会常务委员会第十二次会议批准修改	2019-6-4	2019-7-1	2019-9-1	修改
广州市机动车排气污染防治规定	2019年3月27日广州市第十五届人民代表大会常务委员会第二十三次会议第二次修改，2019年5月21日广东省第十三届人民代表大会常务委员会第十二次会议批准修改	2019-6-12	2019-7-1	2019-9-1	修改
珠海市社会养老保险条例	2019年3月29日珠海市第九届人民代表大会常务委员会第二十次会议废止，2019年5月21日广东省第十三届人民代表大会常务委员会第十二次会议批准废止	2019-5-23	2019-6-17	2019-5-23	废止
广东省劳动保障监察条例	2019年5月21日广东省第十三届人民代表大会常务委员会第十二次会议修改	2019-5-21	2019-6-3	2019-5-21	修改
广东省工伤保险条例	2019年5月21日广东省第十三届人民代表大会常务委员会第十二次会议修改	2019-5-21	2019-6-3	2019-7-1	修改
广东省全民健身条例	2019年5月21日广东省第十三届人民代表大会常务委员会第十二次会议通过	2019-5-21	2019-6-3	2019-7-1	制定
广东省农村公路条例	2019年5月21日广东省第十三届人民代表大会常务委员会第十二次会议通过	2019-5-21	2019-6-4	2019-9-1	制定
深圳市人民代表大会常务委员会任免国家机关工作人员条例	2018年12月27日深圳市第六届人民代表大会常务委员会第二十九次会议修改，2019年7月25日广东省第十三届人民代表大会常务委员会第十三次会议批准修改	2019-8-28	2019-9-29	2019-8-28	修改
连山壮族瑶族自治县村容镇貌条例	2019年4月12日连山壮族瑶族自治县第十一届人民代表大会第四次会议通过，2019年7月25日广东省第十三届人民代表大会常务委员会第十三次会议批准	2019-8-26	2019-8-28	2019-12-1	制定
深圳市制定法规条例	2019年4月24日深圳市第六届人民代表大会常务委员会第三十三次会议修改，2019年7月25日广东省第十三届人民代表大会常务委员会第十三次会议批准修改	2019-8-22	2019-9-29	2019-8-22	修改
深圳市人民代表大会审查和批准国民经济和社会发展计划及预算规定	2019年4月24日深圳市第六届人民代表大会常务委员会第三十三次会议修改，2019年7月25日广东省第十三届人民代表大会常务委员会第十三次会议批准修改	2019-8-22	2019-9-29	2019-8-22	修改
深圳市停车场规划建设和机动车停放管理条例	2019年4月24日深圳市第六届人民代表大会常务委员会第三十三次会议修改，2019年7月25日广东省第十三届人民代表大会常务委员会第十三次会议批准修改	2019-8-22	2019-9-29	2019-8-22	修改
深圳市法律援助条例	2019年4月24日深圳市第六届人民代表大会常务委员会第三十三次会议修改，2019年7月25日广东省第十三届人民代表大会常务委员会第十三次会议批准修改	2019-8-22	2019-9-29	2019-8-22	修改
深圳市实施《中华人民共和国人民调解法》办法	2019年4月24日深圳市第六届人民代表大会常务委员会第三十三次会议修改，2019年7月25日广东省第十三届人民代表大会常务委员会第十三次会议批准修改	2019-8-22	2019-9-29	2019-8-22	修改

续表

法规名称	通过或批准时间	公布时间	报备时间	施行时间	立法形式
深圳市学校安全管理条例	2019 年 4 月 24 日深圳市第六届人民代表大会常务委员会第三十三次会议修改，2019 年 7 月 25 日广东省第十三届人民代表大会常务委员会第十三次会议批准修改	2019-8-22	2019-9-29	2019-8-22	修改
深圳市员工工资支付条例	2019 年 4 月 24 日深圳市第六届人民代表大会常务委员会第三十三次会议修改，2019 年 7 月 25 日广东省第十三届人民代表大会常务委员会第十三次会议批准修改	2019-8-22	2019-9-29	2019-8-22	修改
深圳市职业训练条例	2019 年 4 月 24 日深圳市第六届人民代表大会常务委员会第三十三次会议修改，2019 年 7 月 25 日广东省第十三届人民代表大会常务委员会第十三次会议批准修改	2019-8-22	2019-9-29	2019-8-22	修改
深圳市文化产业促进条例	2019 年 4 月 24 日深圳市第六届人民代表大会常务委员会第三十三次会议修改，2019 年 7 月 25 日广东省第十三届人民代表大会常务委员会第十三次会议批准修改	2019-8-22	2019-9-29	2019-8-22	修改
深圳市实施《中华人民共和国工会法》办法	2019 年 4 月 24 日深圳市第六届人民代表大会常务委员会第三十三次会议修改，2019 年 7 月 25 日广东省第十三届人民代表大会常务委员会第十三次会议批准修改	2019-8-22	2019-9-29	2019-8-22	修改
深圳市义工服务条例	2019 年 4 月 24 日深圳市第六届人民代表大会常务委员会第三十三次会议修改，2019 年 7 月 25 日广东省第十三届人民代表大会常务委员会第十三次会议批准修改	2019-8-22	2019-9-29	2019-8-22	修改
深圳市无障碍环境建设条例	2019 年 4 月 24 日深圳市第六届人民代表大会常务委员会第三十三次会议修改，2019 年 7 月 25 日广东省第十三届人民代表大会常务委员会第十三次会议批准修改	2019-8-22	2019-9-29	2019-8-22	修改
深圳市人民代表大会常务委员会听证条例	2019 年 4 月 24 日深圳市第六届人民代表大会常务委员会第三十三次会议修改，2019 年 7 月 25 日广东省第十三届人民代表大会常务委员会第十三次会议批准修改	2019-8-22	2019-9-29	2019-8-22	修改
潮州市城市市容和环境卫生管理条例	2019 年 4 月 28 日潮州市第十五届人民代表大会常务委员会第二十一次会议通过，2019 年 7 月 25 日广东省第十三届人民代表大会常务委员会第十三次会议批准	2019-8-20	2019-8-27	2019-9-15	制定
中山市停车场条例	2019 年 5 月 27 日中山市第十五届人民代表大会常务委员会第二十二次会议通过，2019 年 7 月 25 日广东省第十三届人民代表大会常务委员会第十三次会议批准	2019-8-1	2019-8-26	2020-1-1	制定
广州市巡游出租汽车客运管理条例	2019 年 5 月 29 日广州市第十五届人民代表大会常务委员会第二十四次会议通过，2019 年 7 月 25 日广东省第十三届人民代表大会常务委员会第十三次会议批准	2019-8-17	2019-8-30	2019-11-1	制定
广州市出租汽车客运管理条例	在《广州市巡游出租汽车客运管理条例》中被明文予以废止	2019-8-17	2019-8-30	2019-11-1	文中废止
东莞市城市管理综合执法条例	2019 年 6 月 27 日东莞市第十六届人民代表大会常务委员会第二十四次会议通过，2019 年 7 月 25 日广东省第十三届人民代表大会常务委员会第十三次会议批准	2019-8-13	2019-8-26	2019-10-1	制定

续表

法规名称	通过或批准时间	公布时间	报备时间	施行时间	立法形式
广东省人民代表大会常务委员会关于广东省耕地占用税适用税额的决定	2019年7月25日广东省第十三届人民代表大会常务委员会第十三次会议通过	2019-7-25	2019-8-5	2019-9-1	制定
广州市传染病防治规定	2019年7月31日广州市第十五届人民代表大会常务委员会第二十六次会议废止，2019年9月25日广东省第十三届人民代表大会常务委员会第十四次会议批准废止	2019-10-9	2019-10-31	2019-10-9	废止
广州市人才市场管理条例	2019年7月31日广州市第十五届人民代表大会常务委员会第二十六次会议废止，2019年9月25日广东省第十三届人民代表大会常务委员会第十四次会议批准废止	2019-10-9	2019-10-31	2019-10-9	废止
广州市劳动力市场管理条例	2019年7月31日广州市第十五届人民代表大会常务委员会第二十六次会议废止，2019年9月25日广东省第十三届人民代表大会常务委员会第十四次会议批准废止	2019-10-9	2019-10-31	2019-10-9	废止
惠州西湖风景名胜区保护条例	2019年8月27日惠州市第十二届人民代表大会常务委员会第二十五次会议通过，2019年9月25日广东省第十三届人民代表大会常务委员会第十四次会议批准	2019-10-30	2019-11-11	2020-3-1	制定
深圳市市、区人民代表大会常务委员会执法检查条例	2019年8月29日深圳市第六届人民代表大会常务委员会第三十五次会议修改，2019年9月25日广东省第十三届人民代表大会常务委员会第十四次会议批准修改	2019-10-14	2019-12-24	2019-10-14	修改
深圳市人民代表大会常务委员会联系代表和保障代表执行职务的规定	2019年8月29日深圳市第六届人民代表大会常务委员会第三十五次会议修改，2019年9月25日广东省第十三届人民代表大会常务委员会第十四次会议批准修改	2019-10-14	2019-12-24	2019-10-14	修改
深圳市节约用水条例	2019年8月29日深圳市第六届人民代表大会常务委员会第三十五次会议修改，2019年9月25日广东省第十三届人民代表大会常务委员会第十四次会议批准修改	2019-10-14	2019-12-24	2019-10-14	修改
深圳市排水条例	2019年8月29日深圳市第六届人民代表大会常务委员会第三十五次会议修改，2019年9月25日广东省第十三届人民代表大会常务委员会第十四次会议批准修改	2019-10-14	2019-12-24	2019-10-14	修改
深圳市养犬管理条例	2019年8月29日深圳市第六届人民代表大会常务委员会第三十五次会议修改，2019年9月25日广东省第十三届人民代表大会常务委员会第十四次会议批准修改	2019-10-14	2019-12-24	2019-10-14	修改
深圳市人民代表大会代表建议、批评和意见办理规定	2019年8月29日深圳市第六届人民代表大会常务委员会第三十五次会议修改，2019年9月25日广东省第十三届人民代表大会常务委员会第十四次会议批准修改	2019-10-14	2019-12-24	2019-10-14	修改
广东省食品安全条例	2019年9月25日广东省第十三届人民代表大会常务委员会第十四次会议修改	2019-9-25	2019-10-14	2019-9-25	修改
广东省河口滩涂管理条例	2019年9月25日广东省第十三届人民代表大会常务委员会第十四次会议修改	2019-9-25	2019-10-14	2019-9-25	修改
广东省动物防疫条例	2019年9月25日广东省第十三届人民代表大会常务委员会第十四次会议修改	2019-9-25	2019-10-14	2019-9-25	修改

续表

法规名称	通过或批准时间	公布时间	报备时间	施行时间	立法形式
广东省查处无照经营行为条例	2019年9月25日广东省第十三届人民代表大会常务委员会第十四次会议修改	2019-9-25	2019-10-14	2019-9-25	修改
广东省渔业管理条例	2019年9月25日广东省第十三届人民代表大会常务委员会第十四次会议修改	2019-9-25	2019-10-14	2019-9-25	修改
广东省实施《中华人民共和国农业技术推广法》办法	2019年9月25日广东省第十三届人民代表大会常务委员会第十四次会议修改	2019-9-25	2019-10-14	2019-9-25	修改
广东省高等学校学生实习与毕业生就业见习条例	2019年9月25日广东省第十三届人民代表大会常务委员会第十四次会议修改	2019-9-25	2019-10-14	2019-9-25	修改
广东省荔枝产业保护条例	2019年9月25日广东省第十三届人民代表大会常务委员会第十四次会议修改	2019-9-25	2019-10-14	2019-9-25	修改
广东省水产品质量安全条例	2019年9月25日广东省第十三届人民代表大会常务委员会第十四次会议修改	2019-9-25	2019-10-14	2019-9-25	修改
广东省气瓶安全条例	2019年9月25日广东省第十三届人民代表大会常务委员会第十四次会议修改	2019-9-25	2019-10-14	2019-9-25	修改
广东省自主创新促进条例	2019年9月25日广东省第十三届人民代表大会常务委员会第十四次会议修改	2019-9-25	2019-10-14	2019-12-1	修改
广东省促进中小企业发展条例	2019年9月25日广东省第十三届人民代表大会常务委员会第十四次会议修改	2019-9-26	2019-10-12	2020-1-1	修改
肇庆市文明行为促进条例	2019年9月11日肇庆市第十三届人民代表大会常务委员会第二十三次会议通过，2019年11月29日广东省第十三届人民代表大会常务委员会第十五次会议批准	2019-11-30	2019-12-24	2020-1-1	制定
汕尾市山体保护条例	2019年10月21日汕尾市第七届人民代表大会常务委员会第二十九次会议通过，2019年11月29日广东省第十三届人民代表大会常务委员会第十五次会议批准	2019-12-5	2019-12-24	2020-2-1	制定
广州市母乳喂养促进条例	2019年10月29日广州市第十五届人民代表大会常务委员会第二十八次会议通过，2019年11月29日广东省第十三届人民代表大会常务委员会第十五次会议批准	2019-12-3	2019-12-19	2020-3-1	制定
清远市实施《中华人民共和国大气污染防治法》办法	2019年11月5日清远市第七届人民代表大会常务委员会第三十一次会议通过，2019年11月29日广东省第十三届人民代表大会常务委员会第十五次会议批准	2019-12-9	2020-1-7	2020-1-1	制定
广东省促进革命老区发展条例	2019年11月29日广东省第十三届人民代表大会常务委员会第十五次会议通过	2019-11-29	2019-12-9	2019-11-29	制定
广东省预算审批监督条例	2019年11月29日广东省第十三届人民代表大会常务委员会第十五次会议修改	2019-11-29	2019-12-9	2020-1-1	修改
广东省水利工程管理条例	2019年11月29日广东省第十三届人民代表大会常务委员会第十五次会议修改	2019-11-29	2019-12-11	2019-11-29	修改
广东省人口与计划生育条例	2019年11月29日广东省第十三届人民代表大会常务委员会第十五次会议修改	2019-11-29	2019-12-11	2019-11-29	修改
广东省散居少数民族权益保障条例	2019年11月29日广东省第十三届人民代表大会常务委员会第十五次会议修改	2019-11-29	2019-12-11	2019-11-29	修改
广东省流动人口服务管理条例	2019年11月29日广东省第十三届人民代表大会常务委员会第十五次会议修改	2019-11-29	2019-12-11	2019-11-29	修改

续表

法规名称	通过或批准时间	公布时间	报备时间	施行时间	立法形式
广东省环境保护条例	2019年11月29日广东省第十三届人民代表大会常务委员会第十五次会议修改	2019-11-29	2019-12-11	2019-11-29	修改
广东省文化设施条例	2019年11月29日广东省第十三届人民代表大会常务委员会第十五次会议修改	2019-11-29	2019-12-11	2019-11-29	修改
广东省外商投资企业与来料加工企业直通港澳自货自运厂车行政许可规定	2019年11月29日广东省第十三届人民代表大会常务委员会第十五次会议修改	2019-11-29	2019-12-11	2019-11-29	修改
广东省封山育林条例	2019年11月29日广东省第十三届人民代表大会常务委员会第十五次会议修改	2019-11-29	2019-12-11	2019-11-29	修改
广东省实施《中华人民共和国文物保护法》办法	2019年11月29日广东省第十三届人民代表大会常务委员会第十五次会议修改	2019-11-29	2019-12-11	2019-11-29	修改
广东省实验动物管理条例	2019年11月29日广东省第十三届人民代表大会常务委员会第十五次会议修改	2019-11-29	2019-12-11	2019-11-29	修改
广东省非物质文化遗产条例	2019年11月29日广东省第十三届人民代表大会常务委员会第十五次会议修改	2019-11-29	2019-12-11	2019-11-29	修改
广东省租赁房屋治安管理规定	2019年11月29日广东省第十三届人民代表大会常务委员会第十五次会议修改	2019-11-29	2019-12-11	2019-11-29	修改
广东省社会力量参与救灾促进条例	2019年11月29日广东省第十三届人民代表大会常务委员会第十五次会议修改	2019-11-29	2019-12-11	2019-11-29	修改
广东省商事登记条例	2019年11月29日广东省第十三届人民代表大会常务委员会第十五次会议修改	2019-11-29	2019-12-11	2019-11-29	修改
中国(广东)自由贸易试验区条例	2019年11月29日广东省第十三届人民代表大会常务委员会第十五次会议修改	2019-11-29	2019-12-11	2019-11-29	修改
广东省促进科技成果转化条例	2019年11月29日广东省第十三届人民代表大会常务委员会第十五次会议修改	2019-11-29	2019-12-11	2019-11-29	修改
广东省经纪人管理条例	2019年11月29日广东省第十三届人民代表大会常务委员会第十五次会议废止	2019-11-29	2019-12-11	2019-11-29	废止
广东省风景名胜区条例	2019年11月29日广东省第十三届人民代表大会常务委员会第十五次会议废止	2019-11-29	2019-12-11	2019-11-29	废止
广东省城镇房地产权登记条例	2019年11月29日广东省第十三届人民代表大会常务委员会第十五次会议废止	2019-11-29	2019-12-11	2019-11-29	废止
广东省地质环境管理条例	2019年11月29日广东省第十三届人民代表大会常务委员会第十五次会议废止	2019-11-29	2019-12-11	2019-11-29	废止
广东省沿海砂石出口作业点和港澳籍小型船舶进出砂石出口作业点作业的行政许可规定	2019年11月29日广东省第十三届人民代表大会常务委员会第十五次会议废止	2019-11-29	2019-12-11	2019-11-29	废止
广东省河道管理条例	2019年11月29日广东省第十三届人民代表大会常务委员会第十五次会议通过	2019-11-29	2019-12-11	2020-1-1	制定
广东省河道堤防管理条例	在《广东省河道管理条例》中被明文予以废止	2019-11-29	2019-12-11	2020-1-1	文中废止
广东省种子条例	2019年11月29日广东省第十三届人民代表大会常务委员会第十五次会议通过	2019-11-29	2019-12-11	2020-3-1	制定
广东省农作物种子条例	在《广东省种子条例》中被明文予以废止	2019-11-29	2019-12-11	2020-3-1	文中废止
广东省行政事业性收费管理条例	2019年11月29日广东省第十三届人民代表大会常务委员会第十五次会议修改	2019-11-29	2019-12-11	2020-4-1	修改

广西壮族自治区地方性法规目录

（53 件）

法规名称	通过或批准时间	公布时间	报备时间	施行时间	立法形式
广西壮族自治区食品安全条例	2019 年 1 月 31 日广西壮族自治区第十三届人民代表大会第二次会议通过	2019-1-31	2019-2-1	2019-6-1	制定
南宁市机动车和非道路移动机械排气污染防治条例	2018 年 9 月 27 日南宁市第十四届人民代表大会常务委员会第十五次会议通过，2019 年 3 月 29 日广西壮族自治区第十三届人民代表大会常务委员会第八次会议批准	2019-4-12	2019-5-9	2019-7-1	制定
玉林市传统村落保护条例	2018 年 10 月 29 日玉林市第五届人民代表大会常务委员会第十八次会议通过，2019 年 3 月 29 日广西壮族自治区第十三届人民代表大会常务委员会第八次会议批准	2019-4-16	2019-5-9	2019-11-1	制定
桂林市销售燃放烟花爆竹管理条例	2018 年 11 月 8 日桂林市第五届人民代表大会常务委员会第十七次会议通过，2019 年 3 月 29 日广西壮族自治区第十三届人民代表大会常务委员会第八次会议批准	2019-4-15	2019-5-9	2019-10-1	制定
钦州市城市市容和环境卫生管理条例	2018 年 12 月 27 日钦州市第五届人民代表大会常务委员会第二十二次会议通过，2019 年 3 月 29 日广西壮族自治区第十三届人民代表大会常务委员会第八次会议批准	2019-4-9	2019-5-9	2019-7-1	制定
贵港市烟花爆竹燃放管理条例	2018 年 12 月 28 日贵港市第五届人民代表大会常务委员会第十八次会议通过，2019 年 3 月 29 日广西壮族自治区第十三届人民代表大会常务委员会第八次会议批准	2019-4-15	2019-5-9	2019-11-1	制定
广西壮族自治区电梯安全条例	2019 年 3 月 29 日广西壮族自治区第十三届人民代表大会常务委员会第八次会议通过	2019-3-29	2019-4-3	2019-6-1	制定
南宁市中小学校幼儿园用地保护条例	2018 年 11 月 23 日南宁市第十四届人民代表大会常务委员会第十六次会议通过，2019 年 5 月 29 日广西壮族自治区第十三届人民代表大会常务委员会第九次会议批准	2019-6-7	2019-6-27	2019-7-1	制定
南宁市中小学幼儿园用地保护条例	在《南宁市中小学校幼儿园用地保护条例》中被明文予以废止	2019-6-7	2019-6-27	2019-7-1	文中废止
巴马瑶族自治县包装饮用水水源保护及开发管理条例	2019 年 1 月 19 日巴马瑶族自治县第十五届人民代表大会第四次会议通过，2019 年 5 月 29 日广西壮族自治区第十三届人民代表大会常务委员会第九次会议批准	2019-6-6	2019-6-29	2019-7-1	制定
隆林各族自治县非物质文化遗产保护条例	2019 年 1 月 23 日隆林各族自治县第十五届人民代表大会第四次会议通过，2019 年 7 月 25 日广西壮族自治区第十三届人民代表大会常务委员会第十次会议批准	2019-7-25	2019-8-12	2019-7-25	制定
南宁市出租汽车客运管理条例	2019 年 4 月 26 日南宁市第十四届人民代表大会常务委员会第二十次会议修改，2019 年 7 月 25 日广西壮族自治区第十三届人民代表大会常务委员会第十次会议批准修改	2019-8-5	2019-8-16	2019-10-1	修改

续表

法规名称	通过或批准时间	公布时间	报备时间	施行时间	立法形式
百色市停车场管理条例	2019年4月29日百色市第四届人民代表大会常务委员会第二十四次会议通过，2019年7月25日广西壮族自治区第十三届人民代表大会常务委员会第十次会议批准	2019-8-2	2019-8-16	2019-10-1	制定
广西壮族自治区环境保护条例	2019年7月25日广西壮族自治区第十三届人民代表大会常务委员会第十次会议修改	2019-7-25	2019-7-30	2019-7-25	修改
广西壮族自治区个体工商户条例	2019年7月25日广西壮族自治区第十三届人民代表大会常务委员会第十次会议修改	2019-7-25	2019-7-30	2019-7-25	修改
广西壮族自治区产品质量监督管理条例	2019年7月25日广西壮族自治区第十三届人民代表大会常务委员会第十次会议修改	2019-7-25	2019-7-30	2019-7-25	修改
广西壮族自治区私营企业条例	2019年7月25日广西壮族自治区第十三届人民代表大会常务委员会第十次会议修改	2019-7-25	2019-7-30	2019-7-25	修改
广西壮族自治区土地监察条例	2019年7月25日广西壮族自治区第十三届人民代表大会常务委员会第十次会议修改	2019-7-25	2019-7-30	2019-7-25	修改
广西壮族自治区商品交易市场管理条例	2019年7月25日广西壮族自治区第十三届人民代表大会常务委员会第十次会议修改	2019-7-25	2019-7-30	2019-7-25	修改
广西壮族自治区反不正当竞争条例	2019年7月25日广西壮族自治区第十三届人民代表大会常务委员会第十次会议修改	2019-7-25	2019-7-30	2019-7-25	修改
广西壮族自治区实施《中华人民共和国土地管理法》办法	2019年7月25日广西壮族自治区第十三届人民代表大会常务委员会第十次会议修改	2019-7-25	2019-7-30	2019-7-25	修改
广西壮族自治区航道管理条例	2019年7月25日广西壮族自治区第十三届人民代表大会常务委员会第十次会议修改	2019-7-25	2019-7-30	2019-7-25	修改
广西壮族自治区土地山林水利权属纠纷调解处理条例	2019年7月25日广西壮族自治区第十三届人民代表大会常务委员会第十次会议修改	2019-7-25	2019-7-30	2019-7-25	修改
广西壮族自治区体育市场条例	2019年7月25日广西壮族自治区第十三届人民代表大会常务委员会第十次会议修改	2019-7-25	2019-7-30	2019-7-25	修改
广西壮族自治区实施《中华人民共和国公路法》办法	2019年7月25日广西壮族自治区第十三届人民代表大会常务委员会第十次会议修改	2019-7-25	2019-7-30	2019-7-25	修改
广西壮族自治区地质环境保护条例	2019年7月25日广西壮族自治区第十三届人民代表大会常务委员会第十次会议修改	2019-7-25	2019-7-30	2019-7-25	修改
广西壮族自治区燃气管理条例	2019年7月25日广西壮族自治区第十三届人民代表大会常务委员会第十次会议修改	2019-7-25	2019-7-30	2019-7-25	修改

续表

法规名称	通过或批准时间	公布时间	报备时间	施行时间	立法形式
广西壮族自治区消费者权益保护条例	2019 年 7 月 25 日广西壮族自治区第十三届人民代表大会常务委员会第十次会议修改	2019-7-25	2019-7-30	2019-7-25	修改
广西壮族自治区新型墙体材料促进条例	2019 年 7 月 25 日广西壮族自治区第十三届人民代表大会常务委员会第十次会议修改	2019-7-25	2019-7-30	2019-7-25	修改
广西壮族自治区人口和计划生育条例	2019 年 7 月 25 日广西壮族自治区第十三届人民代表大会常务委员会第十次会议修改	2019-7-25	2019-7-30	2019-7-25	修改
广西壮族自治区艾滋病防治条例	2019 年 7 月 25 日广西壮族自治区第十三届人民代表大会常务委员会第十次会议修改	2019-7-25	2019-7-30	2019-7-25	修改
广西壮族自治区合同格式条款监督管理条例	2019 年 7 月 25 日广西壮族自治区第十三届人民代表大会常务委员会第十次会议修改	2019-7-25	2019-7-30	2019-7-25	修改
广西壮族自治区民用建筑节能条例	2019 年 7 月 25 日广西壮族自治区第十三届人民代表大会常务委员会第十次会议修改	2019-7-25	2019-7-30	2019-7-25	修改
广西壮族自治区实施《中华人民共和国老年人权益保障法》办法	2019 年 7 月 25 日广西壮族自治区第十三届人民代表大会常务委员会第十次会议修改	2019-7-25	2019-7-30	2019-7-25	修改
广西壮族自治区文明行为促进条例	2019 年 7 月 25 日广西壮族自治区第十三届人民代表大会常务委员会第十次会议通过	2019-7-25	2019-7-30	2019-9-1	制定
广西壮族自治区铁路安全管理条例	2019 年 7 月 25 日广西壮族自治区第十三届人民代表大会常务委员会第十次会议通过	2019-7-25	2019-7-30	2019-10-1	制定
广西壮族自治区测绘管理条例	2019 年 7 月 25 日广西壮族自治区第十三届人民代表大会常务委员会第十次会议修改	2019-7-25	2019-7-30	2019-10-1	修改
广西壮族自治区人民代表大会常务委员会关于耕地占用税适用税额的决定	2019 年 7 月 25 日广西壮族自治区第十三届人民代表大会常务委员会第十次会议通过	2019-7-25	2019-8-16	2019-9-1	制定
富川瑶族自治县传统村落保护条例	2019 年 3 月 28 日富川瑶族自治县第九届人民代表大会第四次会议通过，2019 年 9 月 27 日广西壮族自治区第十三届人民代表大会常务委员会第十一次会议批准	2019-10-10	2019-10-17	2019-10-10	制定
南宁市地下综合管廊管理条例	2019 年 6 月 28 日南宁市第十四届人民代表大会常务委员会第二十一次会议通过，2019 年 9 月 27 日广西壮族自治区第十三届人民代表大会常务委员会第十一次会议批准	2019-10-10	2019-11-8	2019-11-1	制定
梧州市烟花爆竹燃放管理条例	2019 年 8 月 27 日梧州市第十四届人民代表大会常务委员会第二十三次会议通过，2019 年 9 月 27 日广西壮族自治区第十三届人民代表大会常务委员会第十一次会议批准	2019-10-10	2019-11-8	2020-1-1	制定

续表

法规名称	通过或批准时间	公布时间	报备时间	施行时间	立法形式
玉林市南流江流域水环境保护条例	2019年8月28日玉林市第五届人民代表大会常务委员会第二十四次会议通过，2019年9月27日广西壮族自治区第十三届人民代表大会常务委员会第十一次会议批准	2019-10-10	2019-11-8	2019-11-1	制定
贺州市农贸市场管理条例	2019年8月29日贺州市第四届人民代表大会常务委员会第二十二次会议通过，2019年9月27日广西壮族自治区第十三届人民代表大会常务委员会第十一次会议批准	2019-10-14	2019-11-8	2020-1-1	制定
钦州市历史文化街区保护条例	2019年8月30日钦州市第五届人民代表大会常务委员会第二十八次会议通过，2019年9月27日广西壮族自治区第十三届人民代表大会常务委员会第十一次会议批准	2019-10-12	2019-11-8	2020-1-1	制定
广西壮族自治区柑橘黄龙病防控规定	2019年9月27日广西壮族自治区第十三届人民代表大会常务委员会第十一次会议通过	2019-9-27	2019-9-30	2019-11-1	制定
贵港市城市道路管理条例	2019年8月26日贵港市第五届人民代表大会常务委员会第二十二次会议通过，2019年11月29日广西壮族自治区第十三届人民代表大会常务委员会第十二次会议批准	2019-12-5	2019-12-26	2020-5-1	制定
河池市民间传世铜鼓保护条例	2019年8月30日河池市第四届人民代表大会常务委员会第二十四次会议通过，2019年11月29日广西壮族自治区第十三届人民代表大会常务委员会第十二次会议批准	2019-12-5	2019-12-26	2020-1-1	制定
来宾市高层建筑消防安全管理条例	2019年9月11日来宾市第四届人民代表大会常务委员会第二十五次会议通过，2019年11月29日广西壮族自治区第十三届人民代表大会常务委员会第十二次会议批准	2019-12-6	2019-12-26	2020-1-1	制定
北海市海上丝绸之路史迹保护条例	2019年9月23日北海市第十五届人民代表大会常务委员会第二十六次会议通过，2019年11月29日广西壮族自治区第十三届人民代表大会常务委员会第十二次会议批准	2019-12-18	2019-12-26	2019-12-30	制定
崇左市城市建筑垃圾管理条例	2019年9月30日崇左市第四届人民代表大会常务委员会第二十三次会议通过，2019年11月29日广西壮族自治区第十三届人民代表大会常务委员会第十二次会议批准	2019-12-10	2019-12-26	2020-1-1	制定
玉林市销售燃放烟花爆竹管理条例	2019年10月25日玉林市第五届人民代表大会常务委员会第二十五次会议通过，2019年11月29日广西壮族自治区第十三届人民代表大会常务委员会第十二次会议批准	2019-12-6	2019-12-26	2020-1-1	制定
柳州市莲花山保护条例	2019年10月30日柳州市第十四届人民代表大会常务委员会第二十三次会议修改，2019年11月29日广西壮族自治区第十三届人民代表大会常务委员会第十二次会议批准修改	2019-12-9	2019-12-26	2019-12-9	修改

续表

法规名称	通过或批准时间	公布时间	报备时间	施行时间	立法形式
防城港市海岸带保护条例	2019 年 11 月 1 日防城港市第六届人民代表大会常务委员会第二十九次会议通过，2019 年 11 月 29 日广西壮族自治区第十三届人民代表大会常务委员会第十二次会议批准	2019-12-5	2019-12-26	2020-3-1	制定
广西壮族自治区水路运输管理条例	2019 年 11 月 29 日广西壮族自治区第十三届人民代表大会常务委员会第十二次会议修改	2019-11-29	2019-12-8	2020-1-1	修改

海南省地方性法规和海南经济特区法规目录

（35 件）

法规名称	通过或批准情况	公布时间	报备时间	施行时间	立法形式
三沙市制定地方性法规条例	2018 年 10 月 31 日三沙市第二届人民代表大会第六次会议通过，2018 年 12 月 26 日海南省第六届人民代表大会常务委员会第八次会议批准	2019-2-23	2019-3-12	2019-2-23	制定
中国（海南）自由贸易试验区重点园区极简审批条例	2019 年 3 月 26 日海南省第六届人民代表大会常务委员会第十次会议通过	2019-3-26	2019-3-26	2019-4-1	制定
海南经济特区无偿献血条例	2019 年 3 月 26 日海南省第六届人民代表大会常务委员会第十次会议通过	2019-3-26	2019-3-26	2019-5-1	制定
海南省公民无偿献血条例	在《海南经济特区无偿献血条例》中被明文予以废止	2019-3-26	2019-3-26	2019-5-1	文中废止
海南经济特区公民无偿献血条例	在《海南经济特区无偿献血条例》中被明文予以废止	2019-3-26	2019-3-26	2019-5-1	文中废止
三沙市西沙群岛海龟保护规定	2018 年 10 月 31 日三沙市第二届人民代表大会常务委员会第二十次会议通过，2019 年 6 月 1 日海南省第六届人民代表大会常务委员会第十一次会议批准	2019-8-20	2019-9-6	2019-8-20	制定
保亭黎族苗族自治县七仙文化广场保护管理规定	2019 年 3 月 27 日保亭黎族苗族自治县第十五届人民代表大会第五次会议通过，2019 年 6 月 1 日海南省第六届人民代表大会常务委员会第十一次会议批准	2019-6-11	2019-6-11	2019-7-1	制定
保亭黎族苗族自治县城乡容貌和环境卫生管理条例	2019 年 3 月 27 日保亭黎族苗族自治县第十五届人民代表大会第五次会议通过，2019 年 6 月 1 日海南省第六届人民代表大会常务委员会第十一次会议批准	2019-6-11	2019-6-11	2019-7-1	制定
海口市志愿服务条例	2019 年 4 月 24 日海口市第十六届人民代表大会常务委员会第二十六次会议通过，2019 年 6 月 1 日海南省六届人民代表大会常务委员会第十一次会议批准	2019-6-6	2019-6-11	2019-7-1	制定
海南经济特区农垦国有农场条例	2019 年 6 月 1 日海南省六届人民代表大会常务委员会第十一次会议废止	2019-6-1	2019-6-1	2019-6-1	废止

续表

法规名称	通过或批准时间	公布时间	报备时间	施行时间	立法形式
海南省人民代表大会常务委员会关于推进海南农垦管理体制改革的决定	2019年6月1日海南省六届人民代表大会常务委员会第十一次会议废止	2019-6-1	2019-6-1	2019-6-1	废止
海南省禁止赌博规定	2019年6月1日海南省六届人民代表大会常务委员会第十一次会议废止	2019-6-1	2019-6-1	2019-6-1	废止
海南省取缔卖淫嫖娼规定	2019年6月1日海南省六届人民代表大会常务委员会第十一次会议废止	2019-6-1	2019-6-1	2019-6-1	废止
海南省人民代表大会常务委员会关于批准《海南省彩票管理办法》设定罚款的决定	2019年6月1日海南省六届人民代表大会常务委员会第十一次会议废止	2019-6-1	2019-6-1	2019-6-1	废止
海南省人民代表大会常务委员会关于批准《海南省行政事业性收费收支管理办法》设定罚款的决定	2019年6月1日海南省六届人民代表大会常务委员会第十一次会议废止	2019-6-1	2019-6-1	2019-6-1	废止
海南省文化市场管理条例	2019年6月1日海南省六届人民代表大会常务委员会第十一次会议废止	2019-6-1	2019-6-1	2019-6-1	废止
海南省人民代表大会常务委员会关于进一步加强旅游市场监督管理的决定	2019年6月1日海南省六届人民代表大会常务委员会第十一次会议废止	2019-6-1	2019-6-1	2019-6-1	废止
海南省人民代表大会常务委员会关于《海南省旅游发展总体规划纲要》的决议	2019年6月1日海南省六届人民代表大会常务委员会第十一次会议废止	2019-6-1	2019-6-1	2019-6-1	废止
海南经济特区股份有限公司监督管理规定	2019年6月1日海南省六届人民代表大会常务委员会第十一次会议废止	2019-6-1	2019-6-1	2019-6-1	废止
海南省实施《中华人民共和国政府采购法》办法	2019年6月1日海南省六届人民代表大会常务委员会第十一次会议废止	2019-6-1	2019-6-1	2019-6-1	废止
海南省人民代表大会常务委员会关于推进海南省审判方式改革的决议	2019年6月1日海南省六届人民代表大会常务委员会第十一次会议废止	2019-6-1	2019-6-1	2019-6-1	废止
海南省人民代表会议常务委员会关于加快民族地区建设问题的决议	2019年6月1日海南省六届人民代表大会常务委员会第十一次会议废止	2019-6-1	2019-6-1	2019-6-1	废止
海南省预防和控制传染性非典型肺炎传播的决定	2019年6月1日海南省六届人民代表大会常务委员会第十一次会议废止	2019-6-1	2019-6-1	2019-6-1	废止
海南省测绘地理信息条例	2019年7月29日海南省第六届人民代表大会常务委员会第十三次会议通过	2019-7-29	2019-7-29	2019-9-1	制定
海南省实施《中华人民共和国测绘法》办法	在《海南省测绘地理信息条例》中被明文予以废止	2019-7-29	2019-7-29	2019-9-1	文中废止
海南省林木种子管理条例	2019年7月29日海南省第六届人民代表大会常务委员会第十三次会议通过	2019-7-29	2019-7-29	2019-9-1	制定
海南省无线电管理条例	2019年7月29日海南省第六届人民代表大会常务委员会第十三次会议修改	2019-7-29	2019-7-29	2019-9-1	修改
海南省人民代表大会常务委员会关于海南省耕地占用税适用税额的决定	2019年7月29日海南省第六届人民代表大会常务委员会第十三次会议通过	2019-7-29	2019-7-29	2019-9-1	制定
海南经济特区注册会计师条例	2019年7月29日海南省第六届人民代表大会常务委员会第十三次会议通过	2019-7-29	2019-7-29	2019-9-1	制定

续表

法规名称	通过或批准时间	公布时间	报备时间	施行时间	立法形式
海南省注册会计师条例	在《海南经济特区注册会计师条例》中被明文予以废止	2019-7-29	2019-7-29	2019-9-1	文中废止
三沙市西沙群岛水资源节约与保护规定	2019 年 8 月 30 日三沙市第二届人民代表大会常务委员会第二十六次会议通过，2019 年 9 月 27 日海南省第六届人民代表大会常务委员会第十四次会议批准	2019-11-30	2019-12-20	2019-11-30	制定
海口市湾长制规定	2019 年 9 月 11 日海口市第十六届人民代表大会常务委员会第二十八次会议通过，2019 年 9 月 27 日海南省第六届人民代表大会常务委员会第十四次会议批准	2019-10-10	2019-10-14	2019-11-1	制定
海南经济特区律师条例	2019 年 9 月 27 日海南省第六届人民代表大会常务委员会第十四次会议通过	2019-9-27	2019-9-27	2019-10-1	制定
海南经济特区律师执业条例	在《海南经济特区律师条例》中被明文予以废止	2019-9-27	2019-9-27	2019-10-1	文中废止
海南省大数据开发应用条例	2019 年 9 月 27 日海南省第六届人民代表大会常务委员会第十四次会议通过	2019-9-27	2019-9-27	2019-11-1	制定
三亚市餐饮业油烟污染防治办法	2019 年 11 月 5 日三亚市第七届人民代表大会常务委员会第三十五次会议通过，2019 年 11 月 29 日海南省第六届人民代表大会常务委员会第十五次会议批准	2019-12-11	2019-12-12	2020-1-1	制定
三亚市扬尘污染防治办法	2019 年 11 月 5 日三亚市第七届人民代表大会常务委员会第三十五次会议通过，2019 年 11 月 29 日海南省第六届人民代表大会常务委员会第十五次会议批准	2019-12-11	2019-12-20	2020-1-1	制定
海南省社会保障卡一卡通服务管理条例	2019 年 11 月 29 日海南省第六届人民代表大会常务委员会第十五次会议通过	2019-11-29	2019-11-29	2020-1-1	制定
海南省生活垃圾管理条例	2019 年 11 月 29 日海南省第六届人民代表大会常务委员会第十五次会议通过	2019-11-29	2019-11-29	2020-10-1	制定
海南经济特区海岸带保护与利用管理规定	2019 年 12 月 31 日海南省第六届人民代表大会常务委员会第十六次会议通过	2019-12-31	2019-12-31	2020-2-1	制定
海南经济特区海岸带保护与开发管理规定	在《海南经济特区海岸带保护与利用管理规定》中被明文予以废止	2019-12-31	2019-12-31	2020-2-1	文中废止

重庆市地方性法规目录

（25 件）

法规名称	通过或批准时间	公布时间	报备时间	施行时间	立法形式
彭水苗族土家族自治县旅游条例	2019 年 2 月 23 日彭水苗族土家族自治县第十七届人民代表大会第四次会议修改，2019 年 3 月 28 日重庆市第五届人民代表大会常委会第九次会议批准修改	2019-4-19	2019-4-23	2019-4-19	修改
彭水苗族土家族自治县饮用水水源保护条例	2019 年 2 月 23 日彭水苗族土家族自治县第十七届人民代表大会第四次会议通过，2019 年 3 月 28 日重庆市第五届人民代表大会常委会第九次会议批准	2019-4-19	2019-4-23	2019-5-1	制定

续表

法规名称	通过或批准时间	公布时间	报备时间	施行时间	立法形式
重庆市长江防护林体系管理条例	2019年5月31日重庆市第五届人民代表大会常务委员会第十次会议修改	2019-5-31	2019-5-31	2019-5-31	修改
重庆市宗教事务条例	2019年5月31日重庆市第五届人民代表大会常务委员会第十次会议修改	2019-5-31	2019-5-31	2020-1-1	修改
重庆市天然气管理条例	2019年5月31日重庆市第五届人民代表大会常务委员会第十次会议修改	2019-5-31	2019-5-31	2020-1-1	修改
重庆市人民代表大会常务委员会关于加强广阳岛片区规划管理的决定	2019年8月2日重庆市第五届人民代表大会常务委员会第十一次会议通过	2019-8-2	2019-8-2	2019-9-1	制定
酉阳土家族苗族自治县农村公路条例	2019年8月29日酉阳土家族苗族自治县第十七届人民代表大会第五次会议通过，2019年9月26日重庆市第五届人民代表大会常务委员会第十二次会议批准	2019-10-9	2019-10-10	2020-1-1	制定
中国（重庆）自由贸易试验区条例	2019年9月26日重庆市第五届人民代表大会常务委员会第十二次会议通过	2019-9-26	2019-9-26	2019-11-1	制定
重庆市野生动物保护规定	2019年9月26日重庆市第五届人民代表大会常务委员会第十二次会议通过	2019-9-26	2019-9-26	2019-12-1	制定
重庆市实施《中华人民共和国野生动物保护法》办法	在《重庆市野生动物保护规定》中被明文予以废止	2019-9-26	2019-9-26	2019-12-1	文中废止
重庆市湿地保护条例	2019年9月26日重庆市第五届人民代表大会常务委员会第十二次会议通过	2019-9-26	2019-9-26	2019-12-1	制定
重庆市水利工程管理条例	2019年9月26日重庆市第五届人民代表大会常务委员会第十二次会议修改	2019-9-26	2019-9-26	2019-12-1	修改
重庆市农村机电提灌管理条例	在《重庆市水利工程管理条例》中被明文予以废止	2019-9-26	2019-9-26	2019-12-1	文中废止
重庆市土地房屋权属登记条例	2019年9月26日重庆市第五届人民代表大会常务委员会第十二次会议修改	2019-9-26	2019-9-29	2019-9-26	修改
重庆市城镇房地产交易管理条例	2019年9月26日重庆市第五届人民代表大会常务委员会第十二次会议修改	2019-9-26	2019-9-29	2019-9-26	修改
重庆市城乡规划条例	2019年9月26日重庆市第五届人民代表大会常务委员会第十二次会议修改	2019-9-26	2019-9-29	2019-9-26	修改
重庆市基层法律服务条例	2019年9月26日重庆市第五届人民代表大会常务委员会第十二次会议修改	2019-9-26	2019-9-29	2019-9-26	修改
重庆市实施《中华人民共和国档案法》办法	2019年9月26日重庆市第五届人民代表大会常务委员会第十二次会议修改	2019-9-26	2019-9-29	2019-9-26	修改
重庆市节约能源条例	2019年9月26日重庆市第五届人民代表大会常务委员会第十二次会议修改	2019-9-26	2019-9-29	2020-1-1	修改
重庆市盐业管理条例	2019年11月29日重庆市第五届人民代表大会常务委员会第十三次会议废止	2019-11-29	2019-11-29	2019-11-29	废止
重庆市酒类商品管理条例	2019年11月29日重庆市第五届人民代表大会常务委员会第十三次会议废止	2019-11-29	2019-11-29	2019-11-29	废止
重庆市司法鉴定条例	2019年11月29日重庆市第五届人民代表大会常务委员会第十三次会议修改	2019-11-29	2019-11-29	2019-11-29	修改
重庆市村民委员会选举办法	2019年11月29日重庆市第五届人民代表大会常务委员会第十三次会议修改	2019-11-29	2019-11-29	2019-11-29	修改
重庆市城市园林绿化条例	2019年11月29日重庆市第五届人民代表大会常务委员会第十三次会议修改	2019-11-29	2019-11-29	2020-3-1	修改

续表

法规名称	通过或批准时间	公布时间	报备时间	施行时间	立法形式
重庆市农业机械化促进条例	2019 年 11 月 29 日重庆市第五届人民代表大会常务委员会第十三次会议通过	2019-11-29	2019-11-29	2020-3-1	制定
重庆市农业机械管理条例	在《重庆市农业机械化促进条例》中被明文予以废止	2019-11-29	2019-11-29	2020-3-1	文中废止
重庆市物业管理条例	2019 年 11 月 29 日重庆市第五届人民代表大会常务委员会第十三次会议修改	2019-11-29	2019-11-29	2020-5-1	修改
重庆市人民代表大会常务委员会关于重庆高新技术产业开发区行政管理事项的决定	2019 年 12 月 24 日重庆市第五届人民代表大会常务委员会第十四次会议通过	2019-12-24	2020-1-6	2019-12-24	制定

四川省地方性法规目录

（59 件）

法规名称	通过或批准时间	公布时间	报备时间	施行时间	立法形式（制定、修改、废止）
四川省预算审查监督条例	2019 年 1 月 10 日四川省第十三届人民代表大会常务委员会第九次会议通过	2019-1-10	2019-1-21	2019-4-1	制定
四川省人民代表大会关于加强省级预算审查监督的决定	在《四川省预算审查监督条例》中被明文予以废止	2019-1-10	2019-1-21	2019-4-1	文中废止
广元市饮用水水源地保护条例	2018 年 12 月 21 日广元市第七届人民代表大会常务委员会第十六次会议通过，2019 年 3 月 28 日四川省第十三届人民代表大会常务委员会第十次会议批准	2019-4-1	2019-4-12	2019-6-1	制定
绵阳市物业管理条例	2018 年 12 月 24 日绵阳市第七届人民代表大会常务委员会第十八次会议通过，2019 年 3 月 28 日四川省第十三届人民代表大会常务委员会第十次会议批准	2019-4-1	2019-4-12	2019-9-1	制定
成都市都江堰灌区保护条例	2018 年 12 月 27 日成都市第十七届人民代表大会常务委员会第六次会议通过，2019 年 3 月 28 日四川省第十三届人民代表大会常务委员会第十次会议批准	2019-4-3	2019-4-12	2019-6-1	制定
成都市龙泉山城市森林公园保护条例	2018 年 12 月 27 日成都市第十七届人民代表大会常务委员会第六次会议通过，2019 年 3 月 28 日四川省第十三届人民代表大会常务委员会第十次会议批准	2019-4-3	2019-4-12	2019-6-1	制定
达州市巴遗址遗迹保护条例	2018 年 12 月 27 日达州市第四届人民代表大会常务委员会第十八次会议通过，2019 年 3 月 28 日四川省第十三届人民代表大会常务委员会第十次会议批准	2019-4-4	2019-4-12	2019-5-1	制定
四川省地方金融监督管理条例	2019 年 3 月 28 日四川省第十三届人民代表大会常务委员会第十次会议通过	2019-3-28	2019-4-12	2019-7-1	制定

续表

法规名称	通过或批准时间	公布时间	报备时间	施行时间	立法形式（制定、修改、废止）
成都市城市景观风貌保护条例	2018年12月27日成都市第十七届人民代表大会常务委员会第六次会议通过，2019年5月23日四川省第十三届人民代表大会常务委员会第十一次会议批准	2019-5-30	2019-6-14	2019-8-1	制定
阿坝藏族羌族自治州实施《四川省人口与计划生育条例》的变通规定	2019年1月8日阿坝藏族羌族自治州第十二届人民代表大会第三次会议修改，2019年5月23日四川省第十三届人民代表大会常务委员会第十一次会议批准修改	2019-5-31	2019-6-14	2019-5-31	修改
阿坝藏族羌族自治州实施《四川省世界遗产保护条例》的补充规定	2019年1月8日阿坝藏族羌族自治州第十二届人民代表大会第三次会议通过，2019年5月23日四川省第十三届人民代表大会常务委员会第十一次会议批准	2019-5-31	2019-6-14	2019-7-1	制定
阿坝藏族羌族自治州实施《四川省世界遗产保护条例》的条例	在《阿坝藏族羌族自治州实施〈四川省世界遗产保护条例〉的补充规定》中被明文予以废止	2019-5-31	2019-6-14	2019-7-1	文中废止
阿坝藏族羌族自治州民族团结进步条例	2019年1月8日阿坝藏族羌族自治州第十二届人民代表大会第三次会议通过，2019年5月23日四川省第十三届人民代表大会常务委员会第十一次会议批准	2019-5-31	2019-6-14	2019-7-1	制定
甘孜藏族自治州防震减灾条例	2019年1月10日甘孜藏族自治州第十二届人民代表大会第三次会议通过，2019年5月23日四川省第十三届人民代表大会常务委员会第十一次会议批准	2019-5-29	2019-6-14	2019-8-1	制定
凉山彝族自治州禁毒条例	2019年1月31日凉山彝族自治州第十一届人民代表大会第四次会议通过，2019年5月23日四川省第十三届人民代表大会常务委员会第十一次会议批准	2019-5-30	2019-6-14	2019-8-1	制定
凉山彝族自治州实施《四川省禁毒条例》补充规定	在《凉山彝族自治州禁毒条例》中被明文予以废止	2019-5-30	2019-6-14	2019-8-1	文中废止
广安市城市公共汽车客运安全规定	2019年3月21日广安市第五届人民代表大会常务委员会第十九次会议通过，2019年5月23日四川省第十三届人民代表大会常务委员会第十一次会议批准	2019-5-28	2019-6-14	2019-7-1	制定
中国（四川）自由贸易试验区条例	2019年5月23日四川省第十三届人民代表大会常务委员会第十一次会议通过	2019-5-23	2019-6-14	2019-7-1	制定
四川省阆中古城保护条例	2019年5月23日四川省第十三届人民代表大会常务委员会第十一次会议修改	2019-5-23	2019-6-14	2019-7-30	修改
四川省沱江流域水环境保护条例	2019年5月23日四川省第十三届人民代表大会常务委员会第十一次会议通过	2019-5-23	2019-6-14	2019-9-1	制定
马边彝族自治县彝族语言文字条例	2019年1月24日马边彝族自治县第九届人民代表大会第四次会议修改，2019年7月25日四川省第十三届人民代表大会常务委员会第十二次会议批准修改	2019-8-15	2019-8-10	2019-10-1	修改
宜宾市白酒历史文化保护条例	2019年4月15日宜宾市第五届人民代表大会常务委员会第二十二次会议通过，2019年7月25日四川省第十三届人民代表大会常务委员会第十二次会议批准	2019-8-21	2019-8-10	2019-10-1	制定

续表

法规名称	通过或批准时间	公布时间	报备时间	施行时间	立法形式（制定、修改、废止）
成都市矿产资源管理条例	2019年4月25日成都市第十七届人民代表大会常务委员会第十次会议废止，2019年7月25日四川省第十三届人民代表大会常务委员会第十二次会议批准废止	2019-8-1	2019-8-10	2019-8-1	废止
眉山市三苏遗址遗迹保护条例	2019年4月29日眉山市第四届人民代表大会常务委员会第二十一次会议通过，2019年7月25日四川省第十三届人民代表大会常务委员会第十二次会议批准	2019-7-26	2019-8-10	2019-9-1	制定
达州市市容和环境卫生管理条例	2019年6月20日达州市第四届人民代表大会常务委员会第二十二次会议通过，2019年7月25日四川省第十三届人民代表大会常务委员会第十二次会议批准	2019-8-6	2019-8-10	2019-9-1	制定
绵阳市城市市容和环境卫生管理条例	2019年6月21日绵阳市第七届人民代表大会常务委员会第二十三次会议修改，2019年7月25日四川省第十三届人民代表大会常务委员会第十二次会议批准修改	2019-7-31	2019-8-10	2019-7-31	修改
巴中市城市道路交通秩序管理条例	2019年6月25日巴中市第四届人民代表大会常务委员会第二十次会议修改，2019年7月25日四川省第十三届人民代表大会常务委员会第十二次会议批准修改	2019-8-1	2019-8-10	2019-8-1	修改
巴中市红军文物保护条例	2019年6月25日巴中市第四届人民代表大会常务委员会第二十次会议修改，2019年7月25日四川省第十三届人民代表大会常务委员会第十二次会议批准修改	2019-8-1	2019-8-10	2019-8-1	修改
巴中市石窟保护条例	2019年6月25日巴中市第四届人民代表大会常务委员会第二十次会议修改，2019年7月25日四川省第十三届人民代表大会常务委员会第十二次会议批准修改	2019-8-1	2019-8-10	2019-8-1	修改
泸州市物业管理条例	2019年6月28日泸州市第八届人民代表大会常务委员会第二十一次会议修改，2019年7月25日四川省第十三届人民代表大会常务委员会第十二次会议批准修改	2019-8-20	2019-8-10	2019-8-20	修改
泸州市市容和环境卫生管理条例	2019年6月28日泸州市第八届人民代表大会常务委员会第二十一次会议修改，2019年7月25日四川省第十三届人民代表大会常务委员会第十二次会议批准修改	2019-8-20	2019-8-10	2019-8-20	修改
四川省商品交易市场管理条例	2019年7月25日四川省第十三届人民代表大会常务委员会第十二次会议废止	2019-7-25	2019-8-10	2019-7-25	废止
四川省人民代表大会常务委员会关于耕地占用税适用税额的决定	2019年7月25日四川省第十三届人民代表大会常务委员会第十二次会议通过	2019-7-25	2019-8-10	2019-9-1	制定
成都市城市供水管理条例	2019年6月26日成都市第十七届人民代表大会常务委员会第十一次会议修改，2019年9月26日四川省第十三届人民代表大会常务委员会第十三次会议批准修改	2019-9-30	2019-10-21	2019-9-30	修改
成都市兴隆湖区域生态保护条例	2019年6月26日成都市第十七届人民代表大会常务委员会第十一次会议修改，2019年9月26日四川省第十三届人民代表大会常务委员会第十三次会议批准修改	2019-9-30	2019-10-21	2019-9-30	修改

续表

法规名称	通过或批准时间	公布时间	报备时间	施行时间	立法形式（制定、修改、废止）
成都市园林绿化条例	2019年6月26日成都市第十七届人民代表大会常务委员会第十一次会议修改，2019年9月26日四川省第十三届人民代表大会常务委员会第十三次会议批准修改	2019-9-30	2019-10-21	2020-1-1	修改
遂宁市观音湖保护条例	2019年8月22日遂宁市第七届人民代表大会常务委员会第二十七次会议通过，2019年9月26日四川省第十三届人民代表大会常务委员会第十三次会议批准	2019-10-8	2019-10-21	2020-1-1	制定
攀枝花市环境噪声污染防治条例	2019年8月27日攀枝花市第十届人民代表大会常务委员会第二十二次会议通过，2019年9月26日四川省第十三届人民代表大会常务委员会第十三次会议批准	2019-10-14	2019-10-21	2020-1-1	制定
雅安市村级河（湖）长制条例	2019年8月28日雅安市第四届人民代表大会常务委员会第二十五次会议通过，2019年9月26日四川省第十三届人民代表大会常务委员会第十三次会议批准	2019-9-29	2019-10-21	2020-1-1	制定
德阳市绵竹年画保护条例	2019年8月28日德阳市第八届人民代表大会常务委员会第二十四次会议通过，2019年9月26日四川省第十三届人民代表大会常务委员会第十三次会议批准	2019-10-15	2019-10-21	2020-1-1	制定
内江市城市市容和环境卫生管理条例	2019年8月29日内江市第七届人民代表大会常务委员会第三十一次会议通过，2019年9月26日四川省第十三届人民代表大会常务委员会第十三次会议批准	2019-9-29	2019-10-21	2020-1-1	制定
泸州市中心城区山体保护条例	2019年8月29日泸州市第八届人民代表大会常务委员会第二十二次会议通过，2019年9月26日四川省第十三届人民代表大会常务委员会第十三次会议批准	2019-10-10	2019-10-21	2019-12-1	制定
自贡市文明行为促进条例	2019年8月29日自贡市第十七届人民代表大会常务委员会第二十五次会议通过，2019年9月26日四川省第十三届人民代表大会常务委员会第十三次会议批准	2019-10-11	2019-10-21	2020-1-1	制定
四川省《中华人民共和国环境影响评价法》实施办法	2019年9月26日四川省第十三届人民代表大会常务委员会第十三次会议修改	2019-9-26	2019-10-21	2019-9-26	修改
四川省饮用水水源保护管理条例	2019年9月26日四川省第十三届人民代表大会常务委员会第十三次会议修改	2019-9-26	2019-10-21	2019-9-26	修改
四川省计量监督管理条例	2019年9月26日四川省第十三届人民代表大会常务委员会第十三次会议修改	2019-9-26	2019-10-21	2019-9-26	修改
广安市城市绿化条例	2019年10月17日广安市第五届人民代表大会常务委员会第二十三次会议通过，2019年11月28日四川省第十三届人民代表大会常务委员会第十四次会议批准	2019-12-3	2019-12-24	2020-1-1	制定
广安市市容环境卫生条例	2019年10月17日广安市第五届人民代表大会常务委员会第二十三次会议通过，2019年11月28日四川省第十三届人民代表大会常务委员会第十四次会议批准	2019-12-3	2019-12-24	2020-1-1	制定

续表

法规名称	通过或批准时间	公布时间	报备时间	施行时间	立法形式（制定、修改、废止）
巴中市城乡污水处理条例	2019 年 10 月 22 日巴中市第四届人民代表大会常务委员会第二十三次会议通过，2019 年 11 月 28 日四川省第十三届人民代表大会常务委员会第十四次会议批准	2019-12-6	2019-12-24	2020-3-1	制定
广元市城市市容和环境卫生管理条例	2019 年 10 月 22 日广元市第七届人民代表大会常务委员会第二十三次会议通过，2019 年 11 月 28 日四川省第十三届人民代表大会常务委员会第十四次会议批准	2019-12-9	2019-12-24	2020-3-1	制定
乐山大佛世界文化和自然遗产保护条例	2019 年 10 月 25 日乐山市第七届人民代表大会常务委员会第二十五次会议通过，2019 年 11 月 28 日四川省第十三届人民代表大会常务委员会第十四次会议批准	2019-11-28	2019-12-24	2020-1-1	制定
峨眉山世界文化和自然遗产保护条例	2019 年 10 月 25 日乐山市第七届人民代表大会常务委员会第二十五次会议通过，2019 年 11 月 28 日四川省第十三届人民代表大会常务委员会第十四次会议批准	2019-11-28	2019-12-24	2020-1-1	制定
南充市物业管理条例	2019 年 10 月 30 日南充市第六届人民代表大会常务委员会第二十六次会议通过，2019 年 11 月 28 日四川省第十三届人民代表大会常务委员会第十四次会议批准	2019-12-10	2019-12-24	2020-3-1	制定
四川省都江堰水利工程管理条例	2019 年 11 月 28 日四川省第十三届人民代表大会常务委员会第十四次会议修改	2019-11-28	2019-12-24	2019-11-28	修改
四川省城乡环境综合治理条例	2019 年 11 月 28 日四川省第十三届人民代表大会常务委员会第十四次会议修改	2019-11-28	2019-12-24	2019-11-28	修改
四川省公民旁听省人民代表大会及其常务委员会会议规定	2019 年 11 月 28 日四川省第十三届人民代表大会常务委员会第十四次会议通过	2019-11-28	2019-12-24	2019-11-28	制定
四川省公民旁听省人民代表大会常务委员会会议规定	在《四川省公民旁听省人民代表大会及其常务委员会会议规定》中被明文予以废止	2019-11-28	2019-12-24	2019-11-28	文中废止
四川省城镇排水与污水处理条例	2019 年 11 月 28 日四川省第十三届人民代表大会常务委员会第十四次会议通过	2019-11-28	2019-12-24	2019-11-28	制定
四川省城市排水管理条例	在《四川省城镇排水与污水处理条例》中被明文予以废止	2019-11-28	2019-12-24	2019-11-28	文中废止
四川省中医药条例	2019 年 11 月 28 日四川省第十三届人民代表大会常务委员会第十四次会议修改	2019-11-28	2019-12-24	2019-12-1	修改
四川省纠纷多元化解条例	2019 年 11 月 28 日四川省第十三届人民代表大会常务委员会第十四次会议通过	2019-11-28	2019-12-24	2020-1-1	制定
四川省反间谍安全防范条例	2019 年 11 月 28 日四川省第十三届人民代表大会常务委员会第十四次会议通过	2019-11-28	2019-12-24	2020-1-1	制定
四川省古树名木保护条例	2019 年 11 月 28 日四川省第十三届人民代表大会常务委员会第十四次会议通过	2019-11-28	2019-12-24	2020-1-1	制定
四川省宗教事务条例	2019 年 11 月 28 日四川省第十三届人民代表大会常务委员会第十四次会议修改	2019-11-28	2019-12-24	2020-2-1	修改

贵州省地方性法规目录

（51 件）

法规名称	通过或批准时间	公布时间	报备时间	施行时间	立法形式
贵州省河道条例	2019 年 1 月 17 日贵州省第十三届人民代表大会常务委员会第八次会议通过	2019-1-17	2019-1-28	2019-5-1	制定
贵州省河道管理条例	在《贵州省河道条例》中被明文予以废止	2019-1-17	2019-1-28	2019-5-1	文中废止
黔东南苗族侗族自治州月亮山梯田保护条例	2018 年 10 月 30 日黔东南苗族侗族自治州第十四届人民代表大会常务委员会第十三次会议通过,2019 年 3 月 29 日贵州省第十三届人民代表大会常务委员会第九次会议批准	2019-4-8	2019-4-30	2019-7-1	制定
毕节市城乡规划条例	2018 年 12 月 21 日毕节市第二届人民代表大会常务委员会第十五次会议通过,2019 年 3 月 29 日贵州省第十三届人民代表大会常务委员会第九次会议批准	2019-5-13	2019-6-12	2019-7-1	制定
道真仡佬族苗族自治县水资源管理条例	2019 年 1 月 10 日道真自治县第八届人民代表大会第三次会议废止, 2019 年 3 月 29 日贵州省第十三届人民代表大会常务委员会第九次会议批准废止	2019-4-4	2019-4-30	2019-4-4	废止
黔南布依族苗族自治州城市水污染防治条例	2019 年 2 月 17 日黔南布依族苗族自治州第十四届人民代表大会第四次会议废止, 2019 年 3 月 29 日贵州省第十三届人民代表大会常务委员会第九次会议批准废止	2019-4-15	2019-4-30	2019-4-15	废止
贵州省组织实施宪法宣誓制度办法	2019 年 3 月 29 日贵州省第十三届人民代表大会常务委员会第九次会议修改	2019-3-29	2019-4-18	2019-3-29	修改
贵州省林地管理条例	2019 年 3 月 29 日贵州省第十三届人民代表大会常务委员会第九次会议修改	2019-3-29	2019-4-18	2019-3-29	修改
贵州省法律援助条例	2019 年 3 月 29 日贵州省第十三届人民代表大会常务委员会第九次会议修改	2019-3-29	2019-4-18	2019-3-29	修改
贵州省义务教育条例	2019 年 3 月 29 日贵州省第十三届人民代表大会常务委员会第九次会议修改	2019-3-29	2019-4-18	2019-3-29	修改
贵州省人力资源市场条例	2019 年 3 月 29 日贵州省第十三届人民代表大会常务委员会第九次会议修改	2019-3-29	2019-4-18	2019-3-29	修改
贵州省无线电管理条例	2019 年 3 月 29 日贵州省第十三届人民代表大会常务委员会第九次会议通过	2019-3-29	2019-4-18	2019-5-1	制定
贵阳市环境噪声污染防治规定	2018 年 12 月 27 日贵阳市第十四届人民代表大会常务委员会第十七次会议废止, 2019 年 5 月 31 日贵州省第十三届人民代表大会常务委员会第十次会议批准废止	2019-6-21	2019-7-17	2019-6-21	废止
贵阳市水污染防治规定	2018 年 12 月 27 日贵阳市第十四届人民代表大会常务委员会第十七次会议废止, 2019 年 5 月 31 日贵州省第十三届人民代表大会常务委员会第十次会议批准废止	2019-6-21	2019-7-17	2019-6-21	废止

续表

法规名称	通过或批准时间	公布时间	报备时间	施行时间	立法形式
贵阳市建设生态文明城市条例	2018 年 12 月 27 日贵阳市第十四届人民代表大会常务委员会第十七次会议修改，2019 年 5 月 31 日贵州省第十三届人民代表大会常务委员会第十次会议批准修改	2019-6-21	2019-7-17	2019-6-21	修改
贵阳市湿地公园保护管理规定	2018 年 12 月 27 日贵阳市第十四届人民代表大会常务委员会第十七次会议修改，2019 年 5 月 31 日贵州省第十三届人民代表大会常务委员会第十次会议批准修改	2019-6-21	2019-7-17	2019-6-21	修改
贵阳市公园和绿化广场管理办法	2018 年 12 月 27 日贵阳市第十四届人民代表大会常务委员会第十七次会议修改，2019 年 5 月 31 日贵州省第十三届人民代表大会常务委员会第十次会议批准修改	2019-6-21	2019-7-17	2019-6-21	修改
贵阳市环城林带建设保护办法	2018 年 12 月 27 日贵阳市第十四届人民代表大会常务委员会第十七次会议修改，2019 年 5 月 31 日贵州省第十三届人民代表大会常务委员会第十次会议批准修改	2019-6-21	2019-7-17	2019-6-21	修改
贵阳市南明河保护管理办法	2018 年 12 月 27 日贵阳市第十四届人民代表大会常务委员会第十七次会议修改，2019 年 5 月 31 日贵州省第十三届人民代表大会常务委员会第十次会议批准修改	2019-6-21	2019-7-17	2019-6-21	修改
贵阳市阿哈水库水资源环境保护条例	2018 年 12 月 27 日贵阳市第十四届人民代表大会常务委员会第十七次会议修改，2019 年 5 月 31 日贵州省第十三届人民代表大会常务委员会第十次会议批准修改	2019-6-21	2019-7-17	2019-6-21	修改
沿河土家族自治县乌江沿岸生态环境保护条例	2019 年 1 月 16 日沿河土家族自治县第八届人民代表大会第三次会议修改，2019 年 5 月 31 日贵州省第十三届人民代表大会常务委员会第十次会议批准修改	2019-5-31	2019-6-12	2019-7-1	修改
威宁彝族回族苗族自治县草海保护条例	2019 年 1 月 17 日威宁彝族回族苗族自治县第十七届人民代表大会第三次会议修改，2019 年 5 月 31 日贵州省第十三届人民代表大会常务委员会第十次会议批准修改	2019-7-1	2019-7-17	2019-7-1	修改
威宁彝族回族苗族自治县水资源保护管理条例	2019 年 1 月 17 日威宁彝族回族苗族自治县第十七届人民代表大会第三次会议修改，2019 年 5 月 31 日贵州省第十三届人民代表大会常务委员会第十次会议批准修改	2019-7-1	2019-7-17	2019-7-1	修改
黔东南苗族侗族自治州㵲阳河风景名胜区管理条例	2019 年 1 月 18 日黔东南苗族侗族自治州第十四届人民代表大会第三次会议修改，2019 年 5 月 31 日贵州省第十三届人民代表大会常务委员会第十次会议批准修改	2019-6-25	2019-7-17	2019-6-25	修改
松桃苗族自治县松江流域保护条例	2019 年 2 月 27 日松桃苗族自治县第十六届人民代表大会第三次会议通过，2019 年 5 月 31 日贵州省第十三届人民代表大会常务委员会第十次会议批准	2019-6-6	2019-6-12	2019-10-1	制定
黔南布依族苗族自治州 500 米口径球面射电望远镜电磁波宁静区环境保护条例	2019 年 4 月 19 日黔南布依族苗族自治州第十四届人民代表大会常务委员会第十五次会议修改，2019 年 5 月 31 日贵州省第十三届人民代表大会常务委员会第十次会议批准修改	2019-6-20	2019-7-17	2019-6-20	修改

续表

法规名称	通过或批准时间	公布时间	报备时间	施行时间	立法形式
毕节市饮用水水源保护条例	2019年4月30日毕节市第二届人民代表大会常务委员会第十九次会议修改,2019年5月31日贵州省第十三届人民代表大会常务委员会第十次会议批准修改	2019-6-18	2019-7-17	2019-6-18	修改
贵州省生态环境保护条例	2019年5月31日贵州省第十三届人民代表大会常务委员会第十次会议通过	2019-5-31	2019-6-12	2019-8-1	制定
贵州省环境保护条例	在《贵州省生态环境保护条例》中被明文予以废止	2019-5-31	2019-6-12	2019-8-1	文中废止
贵州省全民阅读促进条例	2019年5月31日贵州省第十三届人民代表大会常务委员会第十次会议通过	2019-5-31	2019-6-12	2019-8-1	制定
紫云苗族布依族自治县非公有制经济发展保护条例	2019年1月12日紫云苗族布依族自治县第十六届人民代表大会第四次会议废止,2019年8月1日贵州省第十三届人民代表大会常务委员会第十一次会议批准废止	2019-8-2	2019-9-4	2019-8-2	废止
黔西南布依族苗族自治州草地生态畜牧业发展条例	2019年1月12日黔西南布依族苗族自治州第八届人民代表大会第三次会议通过,2019年8月1日贵州省第十三届人民代表大会常务委员会第十一次会议批准	2019-8-19	2019-9-4	2019-10-1	制定
威宁彝族回族苗族自治县城乡规划建设管理条例	2019年1月17日威宁彝族回族苗族自治县第十七届人民代表大会第三次会议通过,2019年8月1日贵州省第十三届人民代表大会常务委员会第十一次会议批准	2019-10-10	2019-10-28	2019-11-1	制定
威宁彝族回族苗族自治县城镇规划建设管理条例	在《威宁彝族回族苗族自治县城乡规划建设管理条例》中被明文予以废止	2019-10-10	2019-10-28	2019-11-1	文中废止
关岭布依族苗族自治县关岭牛保护和发展条例	2019年2月14日关岭布依族苗族自治县第十届人民代表大会第四次会议通过,2019年8月1日贵州省第十三届人民代表大会常务委员会第十一次会议批准	2019-8-12	2019-9-4	2019-10-1	制定
贵阳市青岩古镇保护条例	2019年4月26日贵阳市第十四届人民代表大会常务委员会第二十一次会议通过,2019年8月1日贵州省第十三届人民代表大会常务委员会第十一次会议批准	2019-8-16	2019-9-4	2019-10-1	制定
铜仁市农村饮用水管理条例	2019年6月27日铜仁市第二届人民代表大会常务委员会第十九次会议通过,2019年8月1日贵州省第十三届人民代表大会常务委员会第十一次会议批准	2019-8-12	2019-9-4	2020-1-1	制定
遵义市城市文明建设若干规定	2019年6月28日遵义市第五届人民代表大会常务委员会第二十一次会议通过,2019年8月1日贵州省第十三届人民代表大会常务委员会第十一次会议批准	2019-8-7	2019-9-4	2019-11-1	制定
贵州省人民代表大会常务委员会关于贵州省耕地占用税适用税额的决定	2019年8月1日贵州省第十三届人民代表大会常务委员会第十一次会议通过	2019-8-1	2019-8-28	2019-9-1	制定
贵州省大数据安全保障条例	2019年8月1日贵州省第十三届人民代表大会常务委员会第十一次会议通过	2019-8-1	2019-8-28	2019-10-1	制定

续表

法规名称	通过或批准时间	公布时间	报备时间	施行时间	立法形式
贵州省宗教事务条例	2019 年 8 月 1 日贵州省第十三届人民代表大会常务委员会第十一次会议修改	2019-8-1	2019-8-28	2019-11-1	修改
务川仡佬族苗族自治县洪渡河生态环境保护条例	2019 年 5 月 31 日务川仡佬族苗族自治县第八届人民代表大会第三次会议修改，2019 年 9 月 27 日贵州省第十三届人民代表大会常务委员会第十二次会议批准修改	2019-10-22	2019-10-28	2019-10-22	修改
六盘水市城市地下综合管廊管理条例	2019 年 6 月 27 日六盘水市第八届人民代表大会常务委员会第二十二次会议通过，2019 年 9 月 27 日贵州省第十三届人民代表大会常务委员会第十二次会议批准	2019-10-25	2019-10-28	2020-1-1	制定
安顺市城镇绿化条例	2019 年 8 月 27 日安顺市第四届人民代表大会常务委员会第二十次会议通过，2019 年 9 月 27 日贵州省第十三届人民代表大会常务委员会第十二次会议批准	2019-10-11	2019-10-28	2020-1-1	制定
毕节市织金古城保护条例	2019 年 8 月 29 日毕节市第二届人民代表大会常务委员会第二十一次会议通过，2019 年 9 月 27 日贵州省第十三届人民代表大会常务委员会第十二次会议批准	2019-10-25	2019-10-28	2020-1-1	制定
贵州省城镇燃气管理条例	2019 年 9 月 27 日贵州省第十三届人民代表大会常务委员会第十二次会议通过	2019-9-27	2019-10-11	2020-1-1	制定
贵州省燃气管理条例	在《贵州省城镇燃气管理条例》中被明文予以废止	2019-9-27	2019-10-11	2020-1-1	文中废止
贵州省电梯条例	2019 年 9 月 27 日贵州省第十三届人民代表大会常务委员会第十二次会议通过	2019-9-27	2019-10-11	2020-1-1	制定
贵州省农作物种子条例	2019 年 9 月 27 日贵州省第十三届人民代表大会常务委员会第十二次会议通过	2019-9-27	2019-10-11	2020-1-1	制定
贵州省农作物种子管理条例	在《贵州省农作物种子条例》中被明文予以废止	2019-9-27	2019-10-11	2020-1-1	文中废止
黔东南苗族侗族自治州㵲阳河流域保护条例	2019 年 4 月 26 日黔东南苗族侗族自治州第十四届人民代表大会常务委员会第十八次会议通过，2019 年 12 月 1 日贵州省第十三届人民代表大会常务委员会第十三次会议批准	2019-12-16	2019-12-26	2020-3-1	制定
黔南布衣族苗族自治州涟江流域保护条例	2019 年 6 月 20 日黔南布依族苗族自治州第十四届人民代表大会常务委员会第十六次会议通过，2019 年 12 月 1 日贵州省第十三届人民代表大会常务委员会第十三次会议批准	2020-1-10	2020-2-3	2020-3-1	制定
贵阳市绿化条例	2019 年 6 月 26 日贵阳市第十四届人民代表大会常务委员会第二十二次会议修改，2019 年 12 月 1 日贵州省第十三届人民代表大会常务委员会第十三次会议批准修改	2019-12-10	2019-12-26	2020-3-1	修改
铜仁市中心城区燃放烟花爆竹管理条例	2019 年 10 月 30 日铜仁市第二届人民代表大会常务委员会第二十一次会议通过，2019 年 12 月 1 日贵州省第十三届人民代表大会常务委员会第十三次会议批准	2019-12-4	2019-12-16	2020-1-10	制定
贵州省古树名木大树保护条例	2019 年 12 月 1 日贵州省第十三届人民代表大会常务委员会第十三次会议通过	2019-12-1	2019-12-16	2020-2-1	制定

续表

法规名称	通过或批准时间	公布时间	报备时间	施行时间	立法形式
贵州省反家庭暴力条例	2019年12月1日贵州省第十三届人民代表大会常务委员会第十三次会议通过	2019-12-1	2019-12-16	2020-3-1	制定
贵州省人民代表大会常务委员会关于预防和制止家庭暴力的决议	在《贵州省反家庭暴力条例》中被明文予以废止	2019-12-1	2019-12-16	2020-3-1	文中废止

云南省地方性法规目录

（55件）

法规名称	通过或批准情况	公布时间	报备时间	施行时间	立法形式
云南省民族团结进步示范区建设条例	2019年1月31日云南省第十三届人民代表大会第二次会议通过	2019-1-31	2019-1-31	2019-5-1	制定
曲靖市会泽历史文化名城保护条例	2018年12月26日曲靖市第五届人民代表大会常务委员会第七次会议通过，2019年3月26日云南省第十三届人民代表大会常务委员会第九次会议批准	2019-3-27	2019-4-2	2019-6-1	制定
云南省迪庆藏族自治州白马雪山国家级自然保护区管理条例	2018年12月28日迪庆藏族自治州第十三届人民代表大会第三次会议修改，2019年3月26日云南省第十三届人民代表大会常务委员会第九次会议批准修改	2019-5-21	2019-5-28	2019-7-1	修改
德宏傣族景颇族自治州人民代表大会及其常务委员会立法条例	2019年1月15日德宏傣族景颇族自治州第十五届人民代表大会第二次会议通过，2019年3月26日云南省第十三届人民代表大会常务委员会第九次会议批准	2019-5-1	2019-5-7	2019-5-1	制定
玉溪市人民代表大会及其常务委员会制定地方性法规条例	2019年1月19日玉溪市第五届人民代表大会第二次会议通过，2019年3月26日云南省第十三届人民代表大会常务委员会第九次会议批准	2019-4-1	2019-4-8	2019-4-1	制定
云南省新平彝族傣族自治县城乡规划建设管理条例	2019年1月24日新平彝族傣族自治县第十七届人民代表大会第三次会议通过，2019年3月26日云南省第十三届人民代表大会常务委员会第九次会议批准	2019-5-21	2019-6-12	2019-9-1	制定
昆明市人民代表大会及其常务委员会制定地方性法规条例	2019年2月20日昆明市第十四届人民代表大会第四次会议修改，2019年3月26日云南省第十三届人民代表大会常务委员会第九次会议批准修改	2019-4-9	2019-4-15	2019-4-9	修改
云南省文山壮族苗族自治州文山国家级自然保护区管理条例	2019年2月20日文山壮族苗族自治州第十四届人民代表大会第四次会议修改，2019年3月26日云南省第十三届人民代表大会常务委员会第九次会议批准修改	2019-4-25	2019-5-5	2019-6-1	修改
云南省文山壮族苗族自治州森林和野生动物类型自然保护区管理条例	2019年2月20日文山壮族苗族自治州第十四届人民代表大会第四次会议修改，2019年3月26日云南省第十三届人民代表大会常务委员会第九次会议批准修改	2019-4-25	2019-5-5	2019-6-1	修改
云南省楚雄彝族自治州彝族服饰保护条例	2019年2月21日楚雄彝族自治州第十二届人民代表大会第四次会议通过，2019年3月26日云南省第十三届人民代表大会常务委员会第九次会议批准	2019-4-29	2019-6-17	2019-6-1	制定

续表

法规名称	通过或批准时间	公布时间	报备时间	施行时间	立法形式
丽江市人民代表大会及其常务委员会制定地方性法规条例	2019 年 2 月 22 日丽江市第四届人民代表大会第二次会议通过,2019 年 3 月 26 日云南省第十三届人民代表大会常务委员会第九次会议批准	2019-4-10	2019-4-11	2019-4-10	制定
云南省西双版纳傣族自治州自然保护区管理条例	2019 年 2 月 22 日西双版纳傣族自治州第十三届人民代表大会第四次会议修改,2019 年 3 月 26 日云南省第十三届人民代表大会常务委员会第九次会议批准修改	2019-4-25	2019-5-9	2019-6-1	修改
红河哈尼族彝族自治州人民代表大会及其常务委员会立法条例	2019 年 2 月 23 日红河哈尼族彝族自治州第十二届人民代表大会第二次会议通过,2019 年 3 月 26 日云南省第十三届人民代表大会常务委员会第九次会议批准	2019-4-20	2019-4-28	2019-4-20	制定
大理白族自治州人民代表大会及其常务委员会立法条例	2019 年 2 月 27 日大理白族自治州第十四届人民代表大会第二次会议通过,2019 年 3 月 26 日云南省第十三届人民代表大会常务委员会第九次会议批准	2019-4-25	2019-4-28	2019-4-25	制定
云南省老年人权益保障条例	2019 年 3 月 26 日云南省第十三届人民代表大会常务委员会第九次会议修改	2019-3-26	2019-3-26	2019-10-1	修改
昆明市轿子山国家级自然保护区条例	2018 年 12 月 28 日昆明市第十四届人民代表大会常务委员会第十三次会议通过,2019 年 5 月 16 日云南省第十三届人民代表大会常务委员会第十次会议批准	2019-5-31	2019-6-5	2019-7-1	制定
昆明市轿子雪山保护和管理条例	在《昆明市轿子山国家级自然保护区条例》中被明文予以废止	2019-5-31	2019-6-5	2019-7-1	文中废止
昆明市城镇绿化条例	2018 年 12 月 28 日昆明市第十四届人民代表大会常务委员会第十三次会议修改,2019 年 5 月 16 日云南省第十三届人民代表大会常务委员会第十次会议批准修改	2019-5-31	2019-6-5	2019-8-1	修改
昆明市工资支付条例	2018 年 12 月 28 日昆明市第十四届人民代表大会常务委员会第十三次会议通过,2019 年 5 月 16 日云南省第十三届人民代表大会常务委员会第十次会议批准	2019-5-31	2019-6-21	2019-9-1	制定
昆明市企业工资支付条例	在《昆明市工资支付条例》中被明文予以废止	2019-5-31	2019-6-21	2019-9-1	文中废止
云南省迪庆藏族自治州藏医药条例	2018 年 12 月 28 日迪庆藏族自治州第十三届人民代表大会第三次会议通过,2019 年 5 月 16 日云南省第十三届人民代表大会常务委员会第十次会议批准	2019-7-30	2019-8-13	2019-9-1	制定
云南省楚雄彝族自治州彝族十月太阳历文化保护条例	2019 年 2 月 21 日楚雄彝族自治州第十二届人民代表大会第四次会议通过,2019 年 5 月 16 日云南省第十三届人民代表大会常务委员会第十次会议批准	2019-6-4	2019-6-28	2019-7-1	制定
云南省红河哈尼族彝族自治州异龙湖保护管理条例	2019 年 2 月 23 日红河哈尼族彝族自治州第十二届人民代表大会第二次会议修改,2019 年 5 月 16 日云南省第十三届人民代表大会常务委员会第十次会议批准修改	2019-6-17	2019-6-28	2019-7-1	修改
云南省寻甸回族彝族自治县民族团结进步条例	2019 年 2 月 24 日寻甸回族彝族自治县第十六届人民代表大会第三次会议通过,2019 年 5 月 16 日云南省第十三届人民代表大会常务委员会第十次会议批准	2019-9-2	2019-9-24	2019-10-1	制定

续表

法规名称	通过或批准时间	公布时间	报备时间	施行时间	立法形式
云南省景谷傣族彝族自治县城乡规划建设管理条例	2019年3月18日景谷傣族彝族自治县第十七届人民代表大会第三次会议通过，2019年5月16日云南省第十三届人民代表大会常务委员会第十次会议批准	2019-5-31	2019-6-20	2019-7-10	制定
昆明市行政事业性收费管理条例	2019年4月26日昆明市第十四届人民代表大会常务委员会第十六次会议废止，2019年5月16日云南省第十三届人民代表大会常务委员会第十次会议批准废止	2019-5-31	2019-6-18	2019-5-31	废止
昆明市城市房屋权属登记管理条例	2019年4月26日昆明市第十四届人民代表大会常务委员会第十六次会议废止，2019年5月16日云南省第十三届人民代表大会常务委员会第十次会议批准废止	2019-5-31	2019-6-18	2019-5-31	废止
楚雄彝族自治州城乡特色风貌建设条例	2019年4月29日楚雄彝族自治州第十二届人民代表大会常务委员会第二十一次会议通过，2019年5月16日云南省第十三届人民代表大会常务委员会第十次会议批准	2019-6-4	2019-6-27	2019-7-1	制定
云南省维西傈僳族自治县城市管理条例	2019年1月9日维西傈僳族自治县第十七届人民代表大会第三次会议通过，2019年7月25日云南省第十三届人民代表大会常务委员会第十二次会议批准	2019-9-24	2019-9-30	2020-1-1	制定
保山市城市环境卫生管理条例	2019年4月27日保山市第四届人民代表大会常务委员会第十八次会议通过，2019年7月25日云南省第十三届人民代表大会常务委员会第十二次会议批准	2019-8-19	2019-8-20	2019-10-1	制定
昆明市科学技术进步与创新条例	2019年6月28日昆明市第十四届人民代表大会常务委员会第十九次会议修改，2019年7月25日云南省第十三届人民代表大会常务委员会第十二次会议批准修改	2019-8-7	2019-8-16	2019-8-7	修改
昆明市旅游业监察条例	2019年6月28日昆明市第十四届人民代表大会常务委员会第十九次会议修改，2019年7月25日云南省第十三届人民代表大会常务委员会第十二次会议批准修改	2019-8-7	2019-8-16	2019-8-7	修改
昆明市流动人口计划生育条例	2019年6月28日昆明市第十四届人民代表大会常务委员会第十九次会议修改，2019年7月25日云南省第十三届人民代表大会常务委员会第十二次会议批准修改	2019-8-7	2019-8-16	2019-8-7	修改
昆明市节约能源条例	2019年6月28日昆明市第十四届人民代表大会常务委员会第十九次会议修改，2019年7月25日云南省第十三届人民代表大会常务委员会第十二次会议批准修改	2019-8-7	2019-8-16	2019-8-7	修改
昆明市清水海保护条例	2019年6月28日昆明市第十四届人民代表大会常务委员会第十九次会议修改，2019年7月25日云南省第十三届人民代表大会常务委员会第十二次会议批准修改	2019-8-7	2019-8-16	2019-8-7	修改
昆明市消防条例	2019年6月28日昆明市第十四届人民代表大会常务委员会第十九次会议修改，2019年7月25日云南省第十三届人民代表大会常务委员会第十二次会议批准修改	2019-8-7	2019-8-16	2019-8-7	修改
云南省程海保护条例	2019年7月25日云南省第十三届人民代表大会常务委员会第十二次会议修改	2019-7-25	2019-7-29	2019-10-1	修改

续表

法规名称	通过或批准时间	公布时间	报备时间	施行时间	立法形式
云南省人民代表大会常务委员会关于云南省耕地占用税适用税额的决定	2019年7月25日云南省第十三届人民代表大会常务委员会第十二次会议通过	2019-7-25	2019-8-13	2019-9-1	制定
红河哈尼族彝族自治州蒙自城市管理条例	2019年6月28日红河哈尼族彝族自治州第十二届人民代表大会常务委员会第十二次会议通过,2019年9月28日云南省第十三届人民代表大会常务委员会第十三次会议批准	2019-10-23	2019-10-29	2019-11-1	制定
怒江傈僳族自治州城乡环境卫生管理条例	2019年6月30日怒江傈僳族自治州第十一届人民代表大会常务委员会第十九次会议通过,2019年9月28日云南省第十三届人民代表大会常务委员会第十三次会议批准	2019-10-31	2019-11-5	2020-1-1	制定
普洱市河道采砂管理条例	2019年8月26日普洱市第四届人民代表大会常务委员会第十三次会议通过,2019年9月28日云南省第十三届人民代表大会常务委员会第十三次会议批准	2019-10-9	2019-10-29	2020-1-1	制定
临沧市城市绿化管理条例	2019年8月26日临沧市第四届人民代表大会常务委员会第十三次会议通过,2019年9月28日云南省第十三届人民代表大会常务委员会第十三次会议批准	2019-10-21	2019-10-30	2020-1-1	制定
曲靖市文明行为促进条例	2019年8月30日曲靖市第五届人民代表大会常务委员会第十二次会议通过,2019年9月28日云南省第十三届人民代表大会常务委员会第十三次会议批准	2019-10-1	2019-10-14	2019-11-1	制定
云南省大理白族自治州洱海保护管理条例	2019年9月12日大理白族自治州第十四届人民代表大会第三次会议修改,2019年9月28日云南省第十三届人民代表大会常务委员会第十三次会议批准修改	2019-10-25	2019-12-30	2019-12-1	修改
云南省大理白族自治州苍山保护管理条例	2019年9月12日大理白族自治州第十四届人民代表大会第三次会议修改,2019年9月28日云南省第十三届人民代表大会常务委员会第十三次会议批准修改	2019-10-25	2019-12-30	2019-12-1	修改
云南省气候资源保护和开发利用条例	2019年9月28日云南省第十三届人民代表大会常务委员会第十三次会议通过	2019-9-28	2019-9-30	2020-1-1	制定
云南省星云湖保护条例	2019年9月28日云南省第十三届人民代表大会常务委员会第十三次会议修改	2019-9-28	2019-9-30	2020-1-1	修改
云南省人民代表大会常务委员会关于加强检察机关公益诉讼工作的决定	2019年9月28日云南省第十三届人民代表大会常务委员会第十三次会议通过	2019-9-28	2019-10-11	2019-9-28	制定
云南省社会科学普及条例	2019年9月28日云南省第十三届人民代表大会常务委员会第十三次会议通过	2019-9-28	2019-10-14	2019-12-1	制定
云南省宁蒗彝族自治县泸沽湖风景区保护管理条例	2019年2月27日宁蒗彝族自治县第十七届人民代表大会第三次会议废止,2019年11月28日云南省第十三届人民代表大会常务委员会第十四次会议批准废止	2019-12-24	2019-12-31	2019-12-31	废止
昆明市客运出租汽车管理条例	2019年4月26日昆明市第十四届人民代表大会常务委员会第十六次会议修改,2019年11月28日云南省第十三届人民代表大会常务委员会第十四次会议批准修改	2019-12-9	2019-12-30	2020-1-1	修改

续表

法规名称	通过或批准时间	公布时间	报备时间	施行时间	立法形式
红河哈尼族彝族自治州大屯海长桥海三角海保护管理条例	2019年10月23日红河哈尼族彝族自治州第十二届人民代表大会常务委员会第十四次会议通过，2019年11月28日云南省第十三届人民代表大会常务委员会第十四次会议批准	2019-12-12	2019-12-31	2020-3-1	制定
丽江市泸沽湖保护条例	2019年10月24日丽江市第四届人民代表大会常务委员会第十二次会议通过，2019年11月28日云南省第十三届人民代表大会常务委员会第十四次会议批准	2019-12-5	2019-12-18	2020-1-1	制定
德宏傣族景颇族自治州乡村清洁条例	2019年10月24日德宏傣族景颇族自治州第十五届人民代表大会常务委员会第十六次会议通过，2019年11月28日云南省第十三届人民代表大会常务委员会第十四次会议批准	2019-12-23	2019-12-30	2020-1-1	制定
曲靖市集中式饮用水水源地保护条例	2019年10月25日曲靖市第五届人民代表大会常务委员会第十三次会议通过，2019年11月28日云南省第十三届人民代表大会常务委员会第十四次会议批准	2019-12-2	2019-12-31	2020-3-1	制定
昆明市城市市容和环境卫生管理条例	2019年10月31日昆明市第十四届人民代表大会常务委员会第二十一次会议修改，2019年11月28日云南省第十三届人民代表大会常务委员会第十四次会议批准修改	2019-12-9	2019-12-18	2019-12-9	修改
云南省阳宗海保护条例	2019年11月28日云南省第十三届人民代表大会常务委员会第十四次会议修改	2019-11-28	2019-12-9	2020-1-1	修改

西藏自治区地方性法规目录

（29件）

法规名称	通过或批准时间	公布时间	报备时间	施行时间	立法形式
昌都市市容环境卫生管理条例	2018年4月9日昌都市第一届人民代表大会常务委员会第二十二次会议通过，2019年1月6日西藏自治区第十一届人民代表大会常务委员会第九次会议批准	2019-1-6	2019-1-31	2019-4-1	制定
昌都市人民代表大会常务委员会讨论决定重大事项的规定	2018年8月31日昌都市第一届人民代表大会常务委员会第二十四次会议通过，2019年1月6日西藏自治区第十一届人民代表大会常务委员会第九次会议批准	2019-1-6	2019-1-31	2019-2-1	制定
山南市立法条例	2018年12月31日山南市第一届人民代表大会第四次会议通过，2019年3月27日西藏自治区第十一届人民代表大会常务委员会第十次会议批准	2019-3-27	2019-4-8	2019-5-1	制定
山南市城市建设管理条例	2019年2月28日山南市第一届人民代表大会常务委员会第二十一次会议通过，2019年3月27日西藏自治区第十一届人民代表大会常务委员会第十次会议批准	2019-3-27	2019-4-8	2019-5-1	制定

续表

法规名称	通过或批准时间	公布时间	报备时间	施行时间	立法形式
山南市羊卓雍错保护条例	2019年6月26日山南市第一届人民代表大会常务委员会第二十三次会议通过，2019年7月31日西藏自治区第十一届人民代表大会常务委员会第十二次会议批准	2019-8-1	2019-8-20	2019-9-1	制定
山南市实施河长制湖长制条例	2019年6月26日山南市第一届人民代表大会常务委员会第二十三次会议通过，2019年7月31日西藏自治区第十一届人民代表大会常务委员会第十二次会议批准	2019-8-1	2019-8-20	2019-9-1	制定
西藏自治区实施《中华人民共和国科学技术普及法》办法	2019年7月31日西藏自治区第十一届人民代表大会常务委员会第十二次会议修改	2019-8-6	2019-8-20	2019-8-6	修改
西藏自治区学习、使用和发展藏语文的规定	2019年7月31日西藏自治区第十一届人民代表大会常务委员会第十二次会议修改	2019-8-6	2019-8-20	2019-8-6	修改
西藏自治区流动人口服务管理条例	2019年7月31日西藏自治区第十一届人民代表大会常务委员会第十二次会议修改	2019-8-6	2019-8-20	2019-8-6	修改
西藏自治区邮政条例	2019年7月31日西藏自治区第十一届人民代表大会常务委员会第十二次会议修改	2019-8-6	2019-8-20	2019-8-6	修改
西藏自治区气候资源条例	2019年7月31日西藏自治区第十一届人民代表大会常务委员会第十二次会议修改	2019-8-6	2019-8-20	2019-8-6	修改
西藏自治区布达拉宫文化遗产保护管理条例	2019年7月31日西藏自治区第十一届人民代表大会常务委员会第十二次会议修改	2019-8-6	2019-8-20	2019-8-6	修改
西藏自治区实施《中华人民共和国献血法》办法	2019年7月31日西藏自治区第十一届人民代表大会常务委员会第十二次会议修改	2019-8-6	2019-8-20	2019-8-6	修改
西藏自治区旅游条例	2019年7月31日西藏自治区第十一届人民代表大会常务委员会第十二次会议修改	2019-8-6	2019-8-20	2019-8-6	修改
西藏自治区道路交通安全条例	2019年7月31日西藏自治区第十一届人民代表大会常务委员会第十二次会议修改	2019-8-6	2019-8-20	2019-8-6	修改
西藏自治区人民代表大会常务委员会关于耕地占用税适用税额的决定	2019年9月25日西藏自治区第十一届人民代表大会常务委员会第十四次会议通过	2019-9-25	2019-10-12	2019-9-25	制定
拉萨市暂住人员服务管理条例	2019年8月28日拉萨市第十一届人民代表大会常务委员会第十八次会议废止，2019年11月29日西藏自治区第十一届人民代表大会常务委员会第十五次会议批准废止	2019-11-30	2019-12-24	2019-12-4	废止
拉萨市爱国卫生管理条例	2019年8月28日拉萨市第十一届人民代表大会常务委员会第十八次会议修改，2019年11月29日西藏自治区第十一届人民代表大会常务委员会第十五次会议批准修改	2019-11-30	2019-12-24	2019-12-4	修改
拉萨市城乡规划条例	2019年8月28日拉萨市第十一届人民代表大会常务委员会第十八次会议修改，2019年11月29日西藏自治区第十一届人民代表大会常务委员会第十五次会议批准修改	2019-11-30	2019-12-24	2019-12-4	修改
拉萨市拉鲁湿地国家级自然保护区管理条例	2019年8月28日拉萨市第十一届人民代表大会常务委员会第十八次会议修改，2019年11月29日西藏自治区第十一届人民代表大会常务委员会第十五次会议批准修改	2019-11-30	2019-12-24	2019-12-4	修改

续表

法规名称	通过或批准时间	公布时间	报备时间	施行时间	立法形式
拉萨市民族团结进步条例	2019年8月28日拉萨市第十一届人民代表大会常务委员会第十八次会议修改,2019年11月29日西藏自治区第十一届人民代表大会常务委员会第十五次会议批准修改	2019-11-30	2019-12-24	2019-12-4	修改
拉萨市老城区保护条例	2019年8月28日拉萨市第十一届人民代表大会常务委员会第十八次会议修改,2019年11月29日西藏自治区第十一届人民代表大会常务委员会第十五次会议批准修改	2019-11-30	2019-12-24	2019-12-4	修改
拉萨市古村落保护条例	2019年8月28日拉萨市第十一届人民代表大会常务委员会第十八次会议修改,2019年11月29日西藏自治区第十一届人民代表大会常务委员会第十五次会议批准修改	2019-11-30	2019-12-24	2019-12-4	修改
拉萨市村庄规划建设管理条例	2019年8月28日拉萨市第十一届人民代表大会常务委员会第十八次会议修改,2019年11月29日西藏自治区第十一届人民代表大会常务委员会第十五次会议批准修改	2019-11-30	2019-12-24	2019-12-4	修改
拉萨市地名管理条例	2019年8月28日拉萨市第十一届人民代表大会常务委员会第十八次会议修改,2019年11月29日西藏自治区第十一届人民代表大会常务委员会第十五次会议批准修改	2019-11-30	2019-12-24	2019-12-4	修改
拉萨市实施《中华人民共和国集会游行示威法》办法	2019年8月28日拉萨市第十一届人民代表大会常务委员会第十八次会议修改,2019年11月29日西藏自治区第十一届人民代表大会常务委员会第十五次会议批准修改	2019-11-30	2019-12-24	2019-12-4	修改
日喀则市人民代表大会常务委员会执法检查办法	2019年8月31日日喀则市第一届人民代表大会常务委员会第三十九次会议通过,2019年11月29日西藏自治区第十一届人民代表大会常务委员会第十二次会议批准	2019-11-29	2019-12-24	2019-11-29	制定
日喀则市"门前三包"责任制管理条例	2019年8月31日日喀则市第一届人民代表大会常务委员会第三十九次会议通过,2019年11月29日西藏自治区第十一届人民代表大会常务委员会第十五次会议批准	2019-12-1	2019-12-24	2020-1-1	制定
林芝市生态公益林保护条例	2019年10月22日林芝市第一届人民代表大会常务委员会第二十八次会议审议通过,2019年11月29日西藏自治区第十一届人民代表大会常务委员会第十五次会议批准	2019-12-5	2019-12-24	2020-1-1	制定

陕西省地方性法规目录

（50 件）

法规名称	通过或批准时间	公布时间	报备时间	施行时间	立法形式
西安市经纪人条例	2018 年 10 月 30 日西安市第十六届人民代表大会常务委员会第十五次会议废止，2018 年 11 月 30 日陕西省第十三届人民代表大会常务委员会第八次会议批准废止	2019-1-10	2019-1-16	2019-1-10	废止
西安市急救医疗管理条例	2018 年 10 月 30 日西安市第十六届人民代表大会常务委员会第十五次会议通过，2018 年 11 月 30 日陕西省第十三届人民代表大会常务委员会第八次会议批准	2019-1-10	2019-1-16	2019-3-1	制定
西安市社会急救医疗条例	在《西安市急救医疗管理条例》中被明文予以废止	2019-1-10	2019-1-16	2019-3-1	文中废止
西安市城市轨道交通条例	2018 年 10 月 30 日西安市第十六届人民代表大会常务委员会第十五次会议修改，2018 年 11 月 30 日陕西省第十三届人民代表大会常务委员会第八次会议批准修改	2019-1-10	2019-1-16	2019-3-1	修改
陕西省人民代表大会常务委员会关于进一步加强人民法院民事执行工作的决议	2018 年 11 月 30 日陕西省第十三届人民代表大会常务委员会第八次会议通过	2018-11-30	2018-12-24	2018-11-30	制定
陕西省水文条例	2019 年 1 月 17 日陕西省第十三届人民代表大会常务委员会第九次会议通过	2019-1-17	2019-1-17	2019-3-1	制定
陕西省水文管理条例	在《陕西省水文条例》中被明文予以废止	2019-1-17	2019-1-17	2019-3-1	文中废止
西安市旅游条例	2018 年 12 月 21 日西安市第十六届人民代表大会常务委员会第十七次会议修改，2019 年 3 月 29 日陕西省第十三届人民代表大会常务委员会第十次会议批准修改	2019-5-10	2019-5-27	2019-7-1	修改
榆林市无定河流域水污染防治条例	2018 年 12 月 25 日榆林市第四届人民代表大会常务委员会第二十一次会议通过，2019 年 3 月 29 日陕西省第十三届人民代表大会常委会第十次会议批准	2019-4-29	2019-7-15	2019-10-1	制定
汉中市汉江流域水环境保护条例	2018 年 12 月 27 日汉中市第五届人民代表大会常务委员会第十四次会议通过，2019 年 3 月 29 日陕西省第十三届人民代表大会常委会第十次会议批准	2019-4-1	2019-7-1	2019-6-5	制定
陕西省公共文化服务保障条例	2019 年 3 月 29 日陕西省第十三届人民代表大会常务委员会第十次会议通过	2019-3-29	2019-3-29	2019-7-1	制定
陕西省实施《中华人民共和国慈善法》办法	2019 年 5 月 30 日陕西省第十三届人民代表大会常务委员会第十一次会议通过	2019-5-30	2019-5-30	2019-9-1	制定
汉中市张骞墓保护条例	2019 年 6 月 27 日汉中市第五届人民代表大会常务委员会第十八次会议通过，2019 年 7 月 31 日陕西省第十三届人民代表大会常务委员会第十二次会议批准	2019-8-1	2019-8-27	2019-9-1	制定
西安市社区教育促进条例	2019 年 6 月 28 日西安市第十六届人民代表大会常务委员会第二十五次会议通过，2019 年 7 月 31 日陕西省第十三届人民代表大会常务委员会第十二次会议批准	2019-9-4	2019-9-17	2020-1-1	制定

续表

法规名称	通过或批准时间	公布时间	报备时间	施行时间	立法形式
陕西省产品质量监督管理条例	2019年7月31日陕西省第十三届人民代表大会常务委员会第十二次会议修改	2019-7-31	2019-7-31	2019-7-31	修改
陕西省消费者权益保护条例	2019年7月31日陕西省第十三届人民代表大会常务委员会第十二次会议修改	2019-7-31	2019-7-31	2019-7-31	修改
陕西省质量检验机构管理条例	2019年7月31日陕西省第十三届人民代表大会常务委员会第十二次会议修改	2019-7-31	2019-7-31	2019-7-31	修改
陕西省食品小作坊小餐饮及摊贩管理条例	2019年7月31日陕西省第十三届人民代表大会常务委员会第十二次会议修改	2019-7-31	2019-7-31	2019-7-31	修改
陕西省实施《中华人民共和国城市居民委员会组织法》办法	2019年7月31日陕西省第十三届人民代表大会常务委员会第十二次会议修改	2019-7-31	2019-7-31	2019-7-31	修改
陕西省实施《中华人民共和国村民委员会组织法》办法	2019年7月31日陕西省第十三届人民代表大会常务委员会第十二次会议修改	2019-7-31	2019-7-31	2019-7-31	修改
陕西省实施《中华人民共和国老年人权益保障法》办法	2019年7月31日陕西省第十三届人民代表大会常务委员会第十二次会议修改	2019-7-31	2019-7-31	2019-7-31	修改
陕西省防震减灾条例	2019年7月31日陕西省第十三届人民代表大会常务委员会第十二次会议修改	2019-7-31	2019-7-31	2019-7-31	修改
陕西省实施《中华人民共和国防沙治沙法》办法	2019年7月31日陕西省第十三届人民代表大会常务委员会第十二次会议修改	2019-7-31	2019-7-31	2019-7-31	修改
陕西省会计管理条例	2019年7月31日陕西省第十三届人民代表大会常务委员会第十二次会议修改	2019-7-31	2019-7-31	2019-7-31	修改
陕西省新型墙体材料发展应用条例	2019年7月31日陕西省第十三届人民代表大会常务委员会第十二次会议修改	2019-7-31	2019-7-31	2019-7-31	修改
陕西省建筑市场管理条例	2019年7月31日陕西省第十三届人民代表大会常务委员会第十二次会议修改	2019-7-31	2019-7-31	2019-7-31	修改
陕西省大气污染防治条例	2019年7月31日陕西省第十三届人民代表大会常务委员会第十二次会议修改	2019-7-31	2019-7-31	2019-7-31	修改
陕西省固体废物污染环境防治条例	2019年7月31日陕西省第十三届人民代表大会常务委员会第十二次会议修改	2019-7-31	2019-7-31	2019-7-31	修改
陕西省放射性污染防治条例	2019年7月31日陕西省第十三届人民代表大会常务委员会第十二次会议修改	2019-7-31	2019-7-31	2019-7-31	修改
陕西省实施《中华人民共和国妇女权益保障法》办法	2019年7月31日陕西省第十三届人民代表大会常务委员会第十二次会议修改	2019-7-31	2019-7-31	2019-7-31	修改
陕西省文物保护条例	2019年7月31日陕西省第十三届人民代表大会常务委员会第十二次会议修改	2019-7-31	2019-7-31	2019-7-31	修改
陕西省秦始皇陵保护条例	2019年7月31日陕西省第十三届人民代表大会常务委员会第十二次会议修改	2019-7-31	2019-7-31	2019-7-31	修改
陕西省高新技术产业发展条例	2019年7月31日陕西省第十三届人民代表大会常务委员会第十二次会议修改	2019-7-31	2019-7-31	2019-7-31	修改
陕西省现代农业园区条例	2019年7月31日陕西省第十三届人民代表大会常务委员会第十二次会议修改	2019-7-31	2019-7-31	2019-7-31	修改
陕西省就业促进条例	2019年7月31日陕西省第十三届人民代表大会常务委员会第十二次会议修改	2019-7-31	2019-7-31	2019-7-31	修改
陕西省旅游条例	2019年7月31日陕西省第十三届人民代表大会常务委员会第十二次会议修改	2019-7-31	2019-7-31	2019-7-31	修改
陕西省古树名木保护条例	2019年7月31日陕西省第十三届人民代表大会常务委员会第十二次会议修改	2019-7-31	2019-7-31	2019-7-31	修改

续表

法规名称	通过或批准时间	公布时间	报备时间	施行时间	立法形式
陕西省森林公园条例	2019 年 7 月 31 日陕西省第十三届人民代表大会常务委员会第十二次会议修改	2019-7-31	2019-7-31	2019-7-31	修改
陕西省实施《中华人民共和国残疾人保障法》办法	2019 年 7 月 31 日陕西省第十三届人民代表大会常务委员会第十二次会议修改	2019-7-31	2019-7-31	2019-7-31	修改
陕西省循环经济促进条例	2019 年 7 月 31 日陕西省第十三届人民代表大会常务委员会第十二次会议修改	2019-7-31	2019-7-31	2019-7-31	修改
陕西省地质灾害防治条例	2019 年 7 月 31 日陕西省第十三届人民代表大会常务委员会第十二次会议修改	2019-7-31	2019-7-31	2019-7-31	修改
铜川市河道管理条例	2019 年 8 月 29 日铜川市第十六届人民代表大会常务委员会第二十三次会议通过，2019 年 9 月 27 日陕西省第十三届人民代表大会常委会第十三次会议批准	2019-10-29	2019-12-2	2019-12-1	制定
渭南市仓颉墓与庙保护条例	2019 年 8 月 29 日渭南市第五届人民代表大会常务委员会第二十八次会议通过，2019 年 9 月 27 日陕西省第十三届人民代表大会常委会第十三次会议批准	2019-11-20	2019-12-3	2020-5-1	制定
陕西省秦岭生态环境保护条例	2019 年 9 月 27 日陕西省第十三届人民代表大会常务委员会第十三次会议修改	2019-9-27	2019-9-27	2019-12-1	修改
陕西省煤炭石油天然气开发生态环境保护条例	2019 年 9 月 27 日陕西省第十三届人民代表大会常务委员会第十三次会议通过	2019-9-27	2019-9-27	2019-12-1	制定
陕西省煤炭石油天然气开发环境保护条例	在《陕西省煤炭石油天然气开发生态环境保护条例》中被明文予以废止	2019-9-27	2019-9-27	2019-12-1	文中废止
陕西省测绘条例	2019 年 9 月 27 日陕西省第十三届人民代表大会常务委员会第十三次会议修改	2019-9-27	2019-9-27	2019-12-1	修改
陕西省封山禁牧条例	2019 年 9 月 27 日陕西省第十三届人民代表大会常务委员会第十三次会议修改	2019-9-27	2019-9-27	2019-12-1	修改
陕西省人民代表大会常务委员会关于批准《陕西省落实〈中华人民共和国耕地占用税法〉实施办法有关税额标准方案》的决定	2019 年 9 月 27 日陕西省第十三届人民代表大会常务委员会第十三次会议通过	2019-10-14	2019-10-14	2019-10-14	制定
铜川市大气污染防治条例	2019 年 10 月 23 日铜川市第十六届人民代表大会常务委员会第二十四次会议通过，2019 年 11 月 29 日陕西省第十三届人民代表大会常务委员会第十四次会议批准	2019-12-19	2020-2-10	2020-2-1	制定
咸阳市大气污染防治条例	2019 年 10 月 30 日咸阳市第八届人民代表大会常务委员会第二十四次会议通过，2019 年 11 月 29 日陕西省第十三届人民代表大会常务委员会第十四次会议批准	2019-12-24		2020-3-1	制定
安康市硒资源保护与利用条例	2019 年 10 月 31 日安康市第四届人民代表大会常务委员会第二十一次会议通过，2019 年 11 月 29 日陕西省第十三届人民代表大会常委会第十四次会议批准	2019-12-20	2020-2-10	2020-5-1	制定
陕西省宗教事务条例	2019 年 11 月 29 日陕西省第十三届人民代表大会常务委员会第十四次会议修改	2019-11-29	2019-11-29	2020-4-1	修改

甘肃省地方性法规目录

（36 件）

法规名称	通过或批准时间	公布时间	报备时间	施行时间	立法形式
嘉峪关市市容和环境卫生管理条例	2018 年 12 月 6 日嘉峪关市第十届人民代表大会常务委员会第十五次会议通过，2019 年 3 月 28 日甘肃省第十三届人民代表大会常务委员会第九次会议批准	2019-4-18	2019-5-22	2019-4-18	制定
定西市河道生态环境保护条例	2018 年 12 月 14 日定西市第四届人民代表大会常务委员会第二十次会议通过，2019 年 3 月 28 日甘肃省第十三届人民代表大会常务委员会第九次会议批准	2019-5-20	2019-5-30	2019-7-1	制定
金昌市养犬管理条例	2019 年 1 月 7 日金昌市第八届人民代表大会常务委员会第十六次会议通过，2019 年 3 月 28 日甘肃省第十三届人民代表大会常务委员会第九次会议批准	2019-4-26	2019-5-22	2019-11-1	制定
天水市古树名木保护条例	2019 年 1 月 13 日天水市第七届人民代表大会常务委员会第十八次会议通过，2019 年 3 月 28 日甘肃省第十三届人民代表大会常务委员会第九次会议批准	2019-4-26	2019-5-14	2019-6-1	制定
甘肃省农产品质量安全条例	2019 年 3 月 28 日甘肃省第十三届人民代表大会常务委员会第九次会议修改	2019-3-28	2019-4-4	2019-5-1	修改
甘肃省农作物种子条例	2019 年 3 月 28 日甘肃省第十三届人民代表大会常务委员会第九次会议修改	2019-3-28	2019-4-4	2019-5-1	修改
甘肃省宗教事务条例	2019 年 3 月 28 日甘肃省第十三届人民代表大会常务委员会第九次会议修改	2019-3-28	2019-4-8	2019-7-1	修改
甘肃省甘南藏族自治州地方立法条例	2019 年 1 月 18 日甘南藏族自治州第十六届人民代表大会第三次会议通过，2019 年 5 月 31 日甘肃省第十三届人民代表大会常务委员会第十次会议批准	2019-6-27	2019-7-15	2019-6-27	制定
甘南藏族自治州人民代表大会及其常务委员会立法程序规则	在《甘肃省甘南藏族自治州地方立法条例》中被明文予以废止	2019-6-27	2019-7-15	2019-6-27	文中废止
甘肃省甘南藏族自治州洮河流域生态环境保护条例	2019 年 1 月 18 日甘南藏族自治州第十六届人民代表大会第三次会议通过，2019 年 5 月 31 日甘肃省第十三届人民代表大会常务委员会第十次会议批准	2019-6-27	2019-7-25	2019-6-27	制定
甘肃省临夏回族自治州物业管理条例	2019 年 2 月 21 日临夏回族自治州第十五届人民代表大会第四次会议通过，2019 年 5 月 31 日甘肃省第十三届人民代表大会常务委员会第十次会议批准	2019-6-27	2019-7-15	2019-6-27	制定
张掖市城市道路交通管理条例	2019 年 2 月 26 日张掖市第四届人民代表大会第三次会议通过，2019 年 5 月 31 日甘肃省第十三届人民代表大会常务委员会第十次会议批准	2019-6-28	2019-7-15	2019-7-1	制定
庆阳市物业管理条例	2019 年 3 月 12 日庆阳市第四届人民代表大会常务委员会第二十次会议通过，2019 年 5 月 31 日甘肃省第十三届人民代表大会常务委员会第十次会议批准	2019-6-5	2019-7-15	2019-8-1	制定

续表

法规名称	通过或批准时间	公布时间	报备时间	施行时间	立法形式
甘肃省天祝藏族自治县矿产资源管理条例	2019年3月18日天祝藏族自法县第十八届人民代表大会第三次会议废止，2019年5月31日甘肃省第十三届人民代表大会常务委员会第十次会议批准废止	2019-6-10	2019-7-9	2019-6-10	废止
甘肃省统计条例	2019年5月31日甘肃省第十三届人民代表大会常务委员会第十次会议通过	2019-5-31	2019-6-3	2019-7-1	制定
甘肃省统计管理条例	在《甘肃省统计条例》中被明文予以废止	2019-5-31	2019-6-3	2019-7-1	文中废止
甘肃省长城保护条例	2019年5月31日甘肃省第十三届人民代表大会常务委员会第十次会议通过	2019-5-31	2019-6-3	2019-7-1	制定
甘肃省土地登记条例	2019年5月31日甘肃省第十三届人民代表大会常务委员会第十次会议废止	2019-5-31	2019-6-17	2019-5-31	废止
甘肃省人才市场条例	2019年5月31日甘肃省第十三届人民代表大会常务委员会第十次会议废止	2019-5-31	2019-6-17	2019-5-31	废止
甘肃省资源综合利用条例	2019年5月31日甘肃省第十三届人民代表大会常务委员会第十次会议废止	2019-5-31	2019-6-17	2019-5-31	废止
甘肃省预防职务犯罪工作条例	2019年5月31日甘肃省第十三届人民代表大会常务委员会第十次会议废止	2019-5-31	2019-6-17	2019-5-31	废止
白银市烟花爆竹燃放管理办法	2019年5月24日白银市第九届人民代表大会常务委员会第二十三次会议通过，2019年7月25日甘肃省第十三届人民代表大会常务委员会第十一次会议批准	2019-8-15	2019-9-4	2019-8-15	制定
兰州市燃气管理条例	2019年6月25日兰州市第十六届人民代表大会常务委员会第二十一次会议通过，2019年7月25日甘肃省第十三届人民代表大会常务委员会第十一次会议批准	2019-8-6	2019-9-4	2019-8-6	制定
兰州市城镇燃气管理条例	在《兰州市燃气管理条例》中被明文予以废止	2019-8-6	2019-9-4	2019-8-6	文中废止
甘肃省人民代表大会常务委员会关于甘肃省耕地占用税具体适用税额的决定	2019年7月25日甘肃省第十三届人民代表大会常务委员会第十一次会议通过	2019-7-25	2019-7-31	2019-9-1	制定
甘肃省建设工程勘察设计管理条例	2019年7月25日甘肃省第十三届人民代表大会常务委员会第十一次会议修改	2019-7-25	2019-8-5	2019-10-1	修改
甘肃省实施《中华人民共和国城市居民委员会组织法》办法	2019年7月25日甘肃省第十三届人民代表大会常务委员会第十一次会议修改	2019-7-25	2019-8-14	2019-7-25	修改
甘肃省实施《中华人民共和国村民委员会组织法》办法	2019年7月25日甘肃省第十三届人民代表大会常务委员会第十一次会议修改	2019-7-25	2019-8-14	2019-7-25	修改
甘肃省村民委员会选举办法	2019年7月25日甘肃省第十三届人民代表大会常务委员会第十一次会议修改	2019-7-25	2019-8-14	2019-7-25	修改
甘肃省张家川回族自治县自治条例	2019年1月11日张家川回族自治县第十六届人民代表大会第三次会议修改，2019年9月26日甘肃省第十三届人民代表大会常务委员会第十二次会议批准修改	2019-11-14	2019-11-21	2020-1-1	修改
平凉市物业管理条例	2019年6月26日平凉市第四届人民代表大会常务委员会第十八次会议通过，2019年9月26日甘肃省第十三届人民代表大会常务委员会第十二次会议批准	2019-10-17	2019-11-8	2020-1-1	制定

续表

法规名称	通过或批准时间	公布时间	报备时间	施行时间	立法形式
甘肃省环境保护条例	2019年9月26日甘肃省第十三届人民代表大会常务委员会第十二次会议修改	2019-9-26	2019-10-12	2020-1-1	修改
甘肃省农业生态环境保护条例	在《甘肃省环境保护条例》中被明文予以废止	2019-9-26	2019-10-12	2020-1-1	文中废止
甘肃省肃南裕固族自治县教育条例	2019年1月14日肃南裕固族自治县第十八届人民代表大会第三次会议通过,2019年11月29日甘肃省第十三届人民代表大会常务委员会第十三次会议批准	2019-12-20	2019-12-31	2019-12-20	制定
甘肃省肃北蒙古族自治县农村公路条例	2019年3月12日肃北蒙古族自治县第十八届人民代表大会第三次会议通过,2019年11月29日甘肃省第十三届人民代表大会常务委员会第十三次会议批准	2019-12-20	2019-12-31	2019-12-20	制定
兰州市城乡规划条例	2019年8月28日兰州市第十六届人民代表大会常务委员会第二十二次会议通过,2019年11月29日甘肃省第十三届人民代表大会常务委员会第十三次会议批准	2019-12-11	2019-12-30	2020-4-1	制定
兰州市城市重点区域规划管理暂行办法	在《兰州市城乡规划条例》中被明文予以废止	2019-12-11	2019-12-30	2020-4-1	文中废止
甘肃省甘南藏族自治州大气污染防治条例	2019年8月30日甘南藏族自治州第十六届人民代表大会常务委员会第二十二次会议通过,2019年11月29日甘肃省第十三届人民代表大会常务委员会第十三次会议批准	2019-12-20	2019-12-31	2019-12-20	制定
兰州市大气污染防治条例	2019年10月30日兰州市第十六届人民代表大会常务委员会第二十三次会议通过,2019年11月29日甘肃省第十三届人民代表大会常务委员会第十三次会议批准	2019-12-11	2019-12-20	2020-4-1	制定
兰州市实施大气污染防治法办法	在《兰州市大气污染防治条例》中被明文予以废止	2019-12-11	2019-12-20	2020-4-1	文中废止
武威市城市社会生活噪声污染防治条例	2019年11月6日武威市第四届人民代表大会常务委员会第二十三次会议通过,2019年11月29日甘肃省第十三届人民代表大会常务委员会第十三次会议批准	2019-12-30	2019-12-31	2020-3-1	制定
甘肃省石油勘探开发生态环境保护条例	2019年11月29日甘肃省第十三届人民代表大会常务委员会第十三次会议修改	2019-11-29	2019-12-6	2020-1-1	修改

青海省地方性法规目录

（37件）

法规名称	通过或批准时间	公布时间	报备时间	实施时间	立法形式
青海省人民代表大会常务委员会关于省人民政府机构改革涉及省级地方性法规规定的行政机关职责调整问题的决定	2019年3月22日青海省第十三届人民代表大会常务委员会第九次会议通过	2019-3-22	2019-3-26	2019-3-22	制定

续表

法规名称	通过或批准时间	公布时间	报备时间	施行时间	立法形式
青海省促进民族团结进步条例	2019 年 3 月 22 日青海省第十三届人民代表大会常务委员会第九次会议通过	2019-3-22	2019-3-26	2019-5-1	制定
海西蒙古族藏族自治州野生动物保护条例	2019 年 2 月 28 日海西蒙古族藏族自治州第十四届人民代表大会第五次会议修改，2019 年 5 月 30 日青海省第十三届人民代表大会常务委员会第十次会议批准修改	2019-6-18	2019-6-17	2019-7-1	修改
海西蒙古族藏族自治州水资源管理条例	2019 年 2 月 28 日海西蒙古族藏族自治州第十四届人民代表大会第五次会议修改，2019 年 5 月 30 日青海省第十三届人民代表大会常务委员会第十次会议批准修改	2019-6-18	2019-6-17	2019-7-1	修改
海西蒙古族藏族自治州矿产资源管理条例	2019 年 2 月 28 日海西蒙古族藏族自治州第十四届人民代表大会第五次会议修改，2019 年 5 月 30 日青海省第十三届人民代表大会常务委员会第十次会议批准修改	2019-6-18	2019-6-17	2019-7-1	修改
大通回族土族自治县环境保护条例	2019 年 3 月 4 日大通回族土族自治县第十七届人民代表大会第五次会议修改，2019 年 5 月 30 日青海省第十三届人民代表大会常务委员会第十次会议批准修改	2019-6-17	2019-6-17	2019-6-1	修改
玉树藏族自治州施行《中华人民共和国婚姻法》的变通规定	2019 年 3 月 9 日玉树藏族自治州第十三届人民代表大会第五次会议通过，2019 年 5 月 30 日青海省第十三届人民代表大会常务委员会第十次会议批准	2019-6-19	2019-6-17	2019-6-19	制定
玉树藏族自治州施行《中华人民共和国婚姻法》的补充规定	在《玉树藏族自治州施行〈中华人民共和国婚姻法〉的变通规定》中被明文予以废止	2019-6-19	2019-6-17	2019-6-19	文中废止
玉树藏族自治州公路管护条例	2019 年 3 月 9 日玉树藏族自治州第十三届人民代表大会第五次会议修改，2019 年 5 月 30 日青海省第十三届人民代表大会常务委员会第十次会议批准修改	2019-6-19	2019-6-17	2019-7-1	修改
玉树藏族自治州野生动物资源保护管理条例	2019 年 3 月 9 日玉树藏族自治州第十三届人民代表大会第五次会议修改，2019 年 5 月 30 日青海省第十三届人民代表大会常务委员会第十次会议批准修改	2019-6-19	2019-6-17	2019-7-1	修改
海北藏族自治州草原管理条例	2019 年 3 月 21 日海北藏族自治州第十四届人民代表大会第五次会议废止，2019 年 5 月 30 日青海省第十三届人民代表大会常务委员会第十次会议批准废止	2019-6-13	2019-6-17	2019-6-13	废止
海北藏族自治州义务教育条例	2019 年 3 月 21 日海北藏族自治州第十四届人民代表大会第五次会议修改，2019 年 5 月 30 日青海省第十三届人民代表大会常务委员会第十次会议批准修改	2019-6-13	2019-6-17	2019-7-1	修改
民和回族土族自治县造林绿化管护条例	2019 年 3 月 24 日民和回族土族自治县第十七届人民代表大会第五次会议废止，2019 年 5 月 30 日青海省第十三届人民代表大会常务委员会第十次会议批准废止	2019-6-19	2019-6-17	2019-5-30	废止
果洛藏族自治州生态环境保护条例	2019 年 3 月 29 日果洛藏族自治州第十四届人民代表大会第五次会议废止，2019 年 5 月 30 日青海省第十三届人民代表大会常务委员会第十次会议批准废止	2019-6-10	2019-6-17	2019-5-30	废止

续表

法规名称	通过或批准时间	公布时间	报备时间	施行时间	立法形式
果洛藏族自治州野生动物保护条例	2019年3月29日果洛藏族自治州第十四届人民代表大会第五次会议废止，2019年5月30日青海省第十三届人民代表大会常务委员会第十次会议批准废止	2019-6-10	2019-6-17	2019-5-30	废止
果洛藏族自治州草原管理条例	2019年3月29日果洛藏族自治州第十四届人民代表大会第五次会议修改，2019年5月30日青海省第十三届人民代表大会常务委员会第十次会议批准修改	2019-6-10	2019-6-17	2019-6-10	修改
循化撒拉族自治县草山管护条例	2019年4月4日循化撒拉族自治县第十七届人民代表大会第五次会议修改，2019年5月30日青海省第十三届人民代表大会常务委员会第十次会议批准修改	2019-6-21	2019-6-17	2019-7-1	修改
青海省民用机场管理条例	2019年5月30日青海省第十三届人民代表大会常务委员会第十次会议通过	2019-5-30	2019-6-17	2019-8-1	制定
门源回族自治县饮用水水源保护管理条例	2019年3月28日门源回族自治县第十七届人民代表大会第五次会议通过，2019年7月31日青海省第十三届人民代表大会常务委员会第十一次会议批准	2019-8-26	2019-8-20	2019-9-1	制定
西宁市城市房地产交易管理条例	2019年4月24日西宁市第十六届人民代表大会常务委员会第二十次会议修改，2019年7月31日青海省第十三届人民代表大会常务委员会第十一次会议批准修改	2019-8-30	2019-8-20	2019-8-30	修改
西宁市文明行为促进条例	2019年7月12日西宁市第十六届人民代表大会常务委员会第二十二次会议通过，2019年7月31日青海省第十三届人民代表大会常务委员会第十一次会议批准	2019-8-26	2019-8-20	2019-10-1	制定
青海省实施《中华人民共和国全国人民代表大会和地方各级人民代表大会代表法》办法	2019年7月31日青海省第十三届人民代表大会常务委员会第十一次会议修改	2019-7-31	2019-8-20	2019-7-31	修改
青海省儿童计划免疫条例	2019年7月31日青海省第十三届人民代表大会常务委员会第十一次会议修改	2019-7-31	2019-8-20	2019-7-31	修改
青海省鼠疫交通检疫条例	2019年7月31日青海省第十三届人民代表大会常务委员会第十一次会议修改	2019-7-31	2019-8-20	2019-7-31	修改
青海省人口与计划生育条例	2019年7月31日青海省第十三届人民代表大会常务委员会第十一次会议修改	2019-7-31	2019-8-20	2019-7-31	修改
青海省实施《中华人民共和国母婴保健法》办法	2019年7月31日青海省第十三届人民代表大会常务委员会第十一次会议修改	2019-7-31	2019-8-20	2019-7-31	修改
青海省实施《中华人民共和国招标投标法》办法	2019年7月31日青海省第十三届人民代表大会常务委员会第十一次会议修改	2019-7-31	2019-8-20	2019-7-31	修改
青海省出版物发行管理条例	2019年7月31日青海省第十三届人民代表大会常务委员会第十一次会议修改	2019-7-31	2019-8-20	2019-7-31	修改
青海省道路运输管理条例	2019年7月31日青海省第十三届人民代表大会常务委员会第十一次会议修改	2019-7-31	2019-8-20	2019-7-31	修改
青海省实施《中华人民共和国红十字会法》办法	2019年7月31日青海省第十三届人民代表大会常务委员会第十一次会议修改	2019-7-31	2019-8-20	2019-10-1	修改

续表

法规名称	通过或批准时间	公布时间	报备时间	施行时间	立法形式
海西蒙古族藏族自治州促进枸杞产业发展条例	2019 年 2 月 28 日海西蒙古族藏族自治州第十四届人民代表大会第五次会议通过，2019 年 9 月 26 日青海省第十三届人民代表大会常务委员会第十二次会议批准	2019-10-21	2019-10-22	2019-11-1	制定
玉树藏族自治州石刻文化保护管理条例	2019 年 6 月 24 日玉树藏族自治州第十三届人民代表大会常务委员会第二十一次会议通过，2019 年 9 月 26 日青海省第十三届人民代表大会常务委员会第十二次会议批准	2019-10-28	2019-10-22	2019-11-1	制定
西宁市城市供水用水条例	2019 年 8 月 29 日西宁市第十六届人民代表大会常务委员会第二十三次会议通过，2019 年 9 月 26 日青海省第十三届人民代表大会常务委员会第十二次会议批准	2019-10-28	2019-10-25	2019-12-1	制定
门源回族自治县城镇市容和环境卫生管理条例	2019 年 8 月 28 日门源回族自治县第十七届人民代表大会第六次会议修改，2019 年 11 月 28 日青海省第十三届人民代表大会常务委员会第十三次会议批准修改	2019-12-20	2019-12-17	2020-1-1	修改
西宁市养犬管理条例	2019 年 10 月 18 日西宁市第十六届人民代表大会常务委员会第二十四次会议修改，2019 年 11 月 28 日青海省第十三届人民代表大会常务委员会第十三次会议批准修改	2019-12-20	2019-12-17	2020-3-1	修改
海东市全民义务植树条例	2019 年 10 月 23 日海东市第二届人民代表大会常务委员会第二十三次会议通过，2019 年 11 月 28 日青海省第十三届人民代表大会常务委员会第十三次会议批准	2019-12-11	2019-12-17	2020-1-1	制定
海东市绿色宜居城市建设促进条例	2019 年 10 月 23 日海东市第二届人民代表大会常务委员会第二十三次会议通过，2019 年 11 月 28 日青海省第十三届人民代表大会常务委员会第十三次会议批准	2019-12-11	2019-12-17	2020-1-1	制定
青海省高速公路条例	2019 年 11 月 28 日青海省第十三届人民代表大会常务委员会第十三次会议通过	2019-11-28	2019-12-17	2020-1-1	制定

宁夏回族自治区地方性法规目录

（40 件）

法规名称	通过或批准时间	公布时间	报备时间	施行时间	立法形式
宁夏回族自治区人民代表大会常务委员会关于全面加强生态环境保护依法推动打好污染防治攻坚战建设美丽新宁夏的决议	2019 年 1 月 14 日宁夏回族自治区第十二届人民代表大会常务委员会第八次会议通过	2019-1-14	2019-1-17	2019-1-14	制定
宁夏回族自治区商品交易市场管理条例	2019 年 3 月 26 日宁夏回族自治区第十二届人民代表大会常务委员会第十一次会议修改	2019-3-26	2019-3-28	2019-3-26	修改

续表

法规名称	通过或批准时间	公布时间	报备时间	施行时间	立法形式
宁夏回族自治区食品生产加工小作坊小经营店和食品小摊点管理条例	2019 年 3 月 26 日宁夏回族自治区第十二届人民代表大会常务委员会第十一次会议修改	2019-3-26	2019-3-28	2019-3-26	修改
宁夏回族自治区防沙治沙条例	2019 年 3 月 26 日宁夏回族自治区第十二届人民代表大会常务委员会第十一次会议修改	2019-3-26	2019-3-28	2019-3-26	修改
宁夏回族自治区枸杞产业促进条例	2019 年 3 月 26 日宁夏回族自治区第十二届人民代表大会常务委员会第十一次会议修改	2019-3-26	2019-3-28	2019-3-26	修改
宁夏回族自治区污染物排放管理条例	2019 年 3 月 26 日宁夏回族自治区第十二届人民代表大会常务委员会第十一次会议修改	2019-3-26	2019-3-28	2019-3-26	修改
宁夏回族自治区大气污染防治条例	2019 年 3 月 26 日宁夏回族自治区第十二届人民代表大会常务委员会第十一次会议修改	2019-3-26	2019-3-28	2019-3-26	修改
宁夏回族自治区环境教育条例	2019 年 3 月 26 日宁夏回族自治区第十二届人民代表大会常务委员会第十一次会议修改	2019-3-26	2019-3-28	2019-3-26	修改
宁夏回族自治区财政监督条例	2019 年 3 月 26 日宁夏回族自治区第十二届人民代表大会常务委员会第十一次会议修改	2019-3-26	2019-3-28	2019-3-26	修改
宁夏回族自治区实施《中华人民共和国国防教育法》办法	2019 年 3 月 26 日宁夏回族自治区第十二届人民代表大会常务委员会第十一次会议修改	2019-3-26	2019-3-28	2019-3-26	修改
宁夏回族自治区城市绿化管理条例	2019 年 3 月 26 日宁夏回族自治区第十二届人民代表大会常务委员会第十一次会议修改	2019-3-26	2019-3-28	2019-3-26	修改
宁夏回族自治区城市房地产开发经营管理条例	2019 年 3 月 26 日宁夏回族自治区第十二届人民代表大会常务委员会第十一次会议修改	2019-3-26	2019-3-28	2019-3-26	修改
宁夏回族自治区技术市场管理条例	2019 年 3 月 26 日宁夏回族自治区第十二届人民代表大会常务委员会第十一次会议修改	2019-3-26	2019-3-28	2019-3-26	修改
宁夏回族自治区人才市场条例	2019 年 3 月 26 日宁夏回族自治区第十二届人民代表大会常务委员会第十一次会议修改	2019-3-26	2019-3-28	2019-3-26	修改
宁夏回族自治区环境保护条例	2019 年 3 月 26 日宁夏回族自治区第十二届人民代表大会常务委员会第十一次会议修改	2019-3-26	2019-3-28	2019-3-26	修改
宁夏回族自治区实施《中华人民共和国城市居民委员会组织法》办法	2019 年 3 月 26 日宁夏回族自治区第十二届人民代表大会常务委员会第十一次会议修改	2019-3-26	2019-3-28	2019-3-26	修改
宁夏回族自治区村民委员会选举办法	2019 年 3 月 26 日宁夏回族自治区第十二届人民代表大会常务委员会第十一次会议修改	2019-3-26	2019-3-28	2019-3-26	修改
宁夏回族自治区乡、镇人民政府工作条例	2019 年 3 月 26 日宁夏回族自治区第十二届人民代表大会常务委员会第十一次会议修改	2019-3-26	2019-3-28	2019-3-26	修改

续表

法规名称	通过或批准时间	公布时间	报备时间	施行时间	立法形式
宁夏回族自治区人口与计划生育条例	2019年3月26日宁夏回族自治区第十二届人民代表大会常务委员会第十一次会议修改	2019-3-26	2019-3-28	2019-3-26	修改
银川市全民健身条例	2019年6月27日银川市第十五届人民代表大会常务委员会第二十三次会议通过，2019年7月17日宁夏回族自治区第十二届人民代表大会常务委员会第十三次会议批准	2019-7-19	2019-7-22	2019-9-1	制定
宁夏回族自治区河湖管理保护条例	2019年7月17日宁夏回族自治区第十二届人民代表大会常务委员会第十三次会议通过	2019-7-17	2019-7-22	2019-9-1	制定
宁夏回族自治区志愿服务条例	2019年7月17日宁夏回族自治区第十二届人民代表大会常务委员会第十三次会议修改	2019-7-17	2019-7-22	2019-9-1	修改
宁夏回族自治区人民代表大会常务委员会关于宁夏回族自治区耕地占用税适用税额的决定	2019年8月14日宁夏回族自治区第十二届人民代表大会常务委员会第十四次会议通过	2019-8-14	2019-9-6	2019-9-1	制定
银川市物业管理条例	2019年8月8日银川市第十五届人民代表大会常务委员会第二十四次会议修改，2019年9月27日宁夏回族自治区第十二届人民代表大会常务委员会第十五次会议批准修改	2019-10-9	2019-10-11	2019-11-1	修改
银川市养犬管理条例	2019年8月8日银川市第十五届人民代表大会常务委员会第二十四次会议修改，2019年9月27日宁夏回族自治区第十二届人民代表大会常务委员会第十五次会议批准修改	2019-10-9	2019-10-11	2019-11-1	修改
吴忠市文明行为促进条例	2019年8月29日吴忠市第五届人民代表大会常务委员会第二十次会议通过，2019年9月27日宁夏回族自治区第十二届人民代表大会常务委员会第十五次会议批准	2019-10-9	2019-10-11	2019-11-1	制定
石嘴山市工业企业大气污染防治条例	2019年8月30日石嘴山市第十四届人民代表大会常务委员会第十九次会议通过，2019年9月27日宁夏回族自治区第十二届人民代表大会常务委员会第十五次会议批准	2019-9-29	2019-10-11	2019-11-1	制定
宁夏回族自治区农业机械化促进条例	2019年9月27日宁夏回族自治区第十二届人民代表大会常务委员会第十五次会议修改	2019-9-27	2019-10-11	2019-9-27	修改
宁夏回族自治区道路运输管理条例	2019年9月27日宁夏回族自治区第十二届人民代表大会常务委员会第十五次会议修改	2019-9-27	2019-10-11	2019-9-27	修改
宁夏回族自治区实施《中华人民共和国节约能源法》办法	2019年9月27日宁夏回族自治区第十二届人民代表大会常务委员会第十五次会议修改	2019-9-27	2019-10-11	2019-9-27	修改
宁夏回族自治区供用电条例	2019年9月27日宁夏回族自治区第十二届人民代表大会常务委员会第十五次会议修改	2019-9-27	2019-10-11	2019-9-27	修改

续表

法规名称	通过或批准时间	公布时间	报备时间	施行时间	立法形式
宁夏回族自治区实施《中华人民共和国村民委员会组织法》办法	2019 年 9 月 27 日宁夏回族自治区第十二届人民代表大会常务委员会第十五次会议修改	2019-9-27	2019-10-11	2019-9-27	修改
宁夏回族自治区盐业管理条例	2019 年 9 月 27 日宁夏回族自治区第十二届人民代表大会常务委员会第十五次会议废止	2019-9-27	2019-10-11	2019-9-27	废止
宁夏回族自治区生活饮用水卫生监督管理条例	2019 年 9 月 27 日宁夏回族自治区第十二届人民代表大会常务委员会第十五次会议通过	2019-9-27	2019-10-11	2019-11-1	制定
宁夏回族自治区妇女权益保障条例	2019 年 9 月 27 日宁夏回族自治区第十二届人民代表大会常务委员会第十五次会议通过	2019-9-27	2019-10-11	2019-11-1	制定
宁夏回族自治区实施《中华人民共和国妇女权益保障法》办法	在《宁夏回族自治区妇女权益保障条例》被明文予以废止	2019-9-27	2019-10-11	2019-11-1	文中废止
宁夏回族自治区人民代表大会代表建议、批评和意见办理工作条例	2019 年 9 月 27 日宁夏回族自治区第十二届人民代表大会常务委员会第十五次会议修改	2019-9-27	2019-10-11	2019-11-1	修改
石嘴山市文明行为促进条例	2019 年 10 月 29 日石嘴山市第十四届人民代表大会常务委员会第二十次会议通过，2019 年 11 月 29 日宁夏回族自治区第十二届人民代表大会常务委员会第十六次会议批准	2019-12-2	2019-12-10	2020-1-1	制定
固原市红色文化遗址保护条例	2019 年 10 月 30 日固原市第四届人民代表大会常务委员会第二十四次会议通过，2019 年 11 月 29 日宁夏回族自治区第十二届人民代表大会常务委员会第十六次会议批准	2019-12-2	2019-12-10	2020-1-1	制定
中卫市农作物秸秆处置条例	2019 年 11 月 12 日中卫市第四届人民代表大会常务委员会第二十二次会议通过，2019 年 11 月 29 日宁夏回族自治区第十二届人民代表大会常务委员会第十六次会议批准	2019-12-5	2019-12-10	2020-1-1	制定
宁夏回族自治区人民调解条例	2019 年 11 月 29 日宁夏回族自治区第十二届人民代表大会常务委员会第十六次会议修改	2019-11-29	2019-12-10	2020-1-1	修改

新疆维吾尔自治区地方性法规目录

（33 件）

法规名称	通过或批准时间	公布时间	报备时间	施行时间	立法形式
乌鲁木齐河河道管理条例	2018 年 12 月 11 日乌鲁木齐市第十六届人民代表大会常务委员会第十六次会议废止，2019 年 3 月 28 日新疆维吾尔自治区第十三届人民代表大会常务委员会第九次会议批准废止	2019-4-15	2019-5-6	2019-4-15	废止

续表

法规名称	通过或批准时间	公布时间	报备时间	施行时间	立法形式
开都河流域生态环境保护条例	2018 年 12 月 17 日巴音郭楞蒙古自治州第十四届人民代表大会常务委员会第十四次会议通过,2019 年 3 月 28 日新疆维吾尔自治区第十三届人民代表大会常务委员会第九次会议批准	2019-4-26	2019-5-6	2019-6-1	制定
克孜勒苏柯尔克孜自治州草原管理保护条例	2019 年 1 月 8 日克孜勒苏柯尔克孜自治州第十四届人民代表大会第三次会议废止,2019 年 3 月 28 日新疆维吾尔自治区第十三届人民代表大会常务委员会第九次会议批准废止	2019-4-23	2019-5-6	2019-4-23	废止
克孜勒苏柯尔克孜自治州喀拉库勒湖风景区保护管理条例	2019 年 1 月 8 日克孜勒苏柯尔克孜自治州第十四届人民代表大会第三次会议废止,2019 年 3 月 28 日新疆维吾尔自治区第十三届人民代表大会常务委员会第九次会议批准废止	2019-4-23	2019-5-6	2019-4-23	废止
昌吉回族自治州乡村治理促进条例	2019 年 1 月 10 日昌吉回族自治州第十五届人民代表大会第三次会议通过,2019 年 3 月 28 日新疆维吾尔自治区第十三届人民代表大会常务委员会第九次会议批准	2019-4-1	2019-5-6	2019-5-1	制定
新疆维吾尔自治区公路建设工程质量监督管理条例	2019 年 3 月 28 日新疆维吾尔自治区第十三届人民代表大会常务委员会第九次会议通过	2019-3-28	2019-5-6	2019-7-1	制定
巴里坤哈萨克自治县湿地保护条例	2019 年 1 月 3 日巴里坤哈萨克自治县第十七届人民代表大会第四次会议修改,2019 年 5 月 31 日新疆维吾尔自治区第十三届人民代表大会常务委员会第十次会议批准修改	2019-6-15	2019-8-27	2019-6-15	修改
博尔塔拉蒙古自治州温泉新疆北鲵自然保护区管理条例	2019 年 1 月 6 日博尔塔拉蒙古自治州第十四届人民代表大会第三次会议修改,2019 年 5 月 31 日新疆维吾尔自治区第十三届人民代表大会常务委员会第十次会议批准修改	2019-7-14	2019-9-18	2019-7-14	修改
巴音郭楞蒙古自治州塔里木胡杨国家级自然保护区管理条例	2019 年 1 月 11 日巴音郭楞蒙古自治州第十四届人民代表大会第三次会议修改,2019 年 5 月 31 日新疆维吾尔自治区第十三届人民代表大会常务委员会第十次会议批准修改	2019-7-15	2019-7-29	2019-7-15	修改
巴音布鲁克草原生态保护条例	2019 年 1 月 11 日巴音郭楞蒙古自治州第十四届人民代表大会第三次会议修改,2019 年 5 月 31 日新疆维吾尔自治区第十三届人民代表大会常务委员会第十次会议批准修改	2019-7-15	2019-7-29	2019-7-15	修改
新疆维吾尔自治区人民代表大会常务委员会关于自治区人民政府机构改革涉及自治区地方性法规规定的行政机关职责调整问题的决定	2019 年 5 月 31 日新疆维吾尔自治区第十三届人民代表大会常务委员会第十次会议通过	2019-5-31	2019-7-1	2019-5-31	制定

续表

法规名称	通过或批准时间	公布时间	报备时间	施行时间	立法形式
巴音郭楞蒙古自治州人民代表大会及其常务委员会立法条例	2019年1月11日巴音郭楞蒙古自治州第十四届人民代表大会第三次会议通过,2019年7月25日新疆维吾尔自治区第十三届人民代表大会常务委员会第十一次会议批准	2019-9-3	2019-9-10	2019-10-1	制定
巴音郭楞蒙古自治州人民代表大会制定自治条例和单行条例的程序规定	在《巴音郭楞蒙古自治州人民代表大会及其常务委员会立法条例》被明文予以废止	2019-9-3	2019-9-10	2019-10-1	文中废止
木垒哈萨克自治县传统村落保护条例	2019年1月25日木垒哈萨克自治县第十七届人民代表大会第四次会议通过,2019年7月25日新疆维吾尔自治区第十三届人民代表大会常务委员会第十一次会议批准	2019-8-14	2019-9-18	2019-10-1	制定
乌鲁木齐市节约用水管理条例	2019年4月12日乌鲁木齐市第十六届人民代表大会常务委员会第二十次会议通过,2019年7月25日新疆维吾尔自治区第十三届人民代表大会常务委员会第十一次会议批准	2019-8-26	2019-8-27	2019-9-1	制定
乌鲁木齐市城市节约用水管理条例	在《乌鲁木齐市节约用水管理条例》被明文予以废止	2019-8-26	2019-8-27	2019-9-1	文中废止
巴音郭楞蒙古自治州大气污染防治办法	2019年5月26日巴音郭楞蒙古自治州第十四届人民代表大会常务委员会第十七次会议通过,2019年7月25日新疆维吾尔自治区第十三届人民代表大会常务委员会第十一次会议批准	2019-9-3	2019-9-10	2019-10-1	制定
新疆维吾尔自治区人民代表大会常务委员会关于自治区耕地占用税适用税额的决定	2019年7月25日新疆维吾尔自治区第十三届人民代表大会常务委员会第十一次会议通过	2019-7-25	2019-8-27	2019-9-1	制定
新疆维吾尔自治区艾滋病防治条例	2019年7月25日新疆维吾尔自治区第十三届人民代表大会常务委员会第十一次会议修改	2019-7-26	2019-8-27	2019-10-1	修改
哈密市养犬管理条例	2019年4月26日哈密市第一届人民代表大会常务委员会第十五次会议通过,2019年9月20日新疆维吾尔自治区第十三届人民代表大会常务委员会第十二次会议批准	2019-10-11	2019-11-14	2020-1-1	制定
乌鲁木齐市养犬管理条例	2019年8月9日乌鲁木齐市第十六届人民代表大会常务委员会第二十三次会议通过,2019年9月20日新疆维吾尔自治区第十三届人民代表大会常务委员会第十二次会议批准	2019-10-11	2019-10-20	2019-11-1	制定
乌鲁木齐市养犬管理规定	在《乌鲁木齐市养犬管理条例》被明文予以废止	2019-10-11	2019-10-20	2019-11-1	文中废止
昌吉回族自治州准东经济技术开发区生态环境保护条例	2019年8月27日昌吉回族自治州第十五届人民代表大会常务委员会第二十六次会议通过,2019年9月20日新疆维吾尔自治区第十三届人民代表大会常务委员会第十二次会议批准	2019-10-16	2019-11-14	2019-11-1	制定

续表

法规名称	通过或批准时间	公布时间	报备时间	施行时间	立法形式
克拉玛依市石油工业遗产保护条例	2019年8月29日克拉玛依市第十四届人民代表大会常务委员会第二十五次会议通过,2019年9月20日新疆维吾尔自治区第十三届人民代表大会常务委员会第十二次会议批准	2019-9-27	2019-10-20	2020-6-1	制定
新疆维吾尔自治区实施《中华人民共和国农民专业合作社法》办法	2019年9月20日新疆维吾尔自治区第十三届人民代表大会常务委员会第十二次会议修改	2019-9-20	2019-10-20	2020-1-1	修改
博尔塔拉蒙古自治州赛里木湖保护条例	2019年9月25日博尔塔拉蒙古自治州第十四届人民代表大会常务委员会第二十四次会议通过,2019年11月29日新疆维吾尔自治区第十三届人民代表大会常务委员会第十三次会议批准	2019-11-30	2019-12-29	2019-11-30	制定
哈密市水资源保护条例	2019年9月25日哈密市第一届人民代表大会常务委员会第十八次会议通过,2019年11月29日新疆维吾尔自治区第十三届人民代表大会常务委员会第十三次会议批准	2019-12-20	2019-12-29	2020-1-1	制定
乌鲁木齐市邮政管理条例	2019年10月16日乌鲁木齐市第十六届人民代表大会常务委员会第二十四次会议修改,2019年11月29日新疆维吾尔自治区第十三届人民代表大会常务委员会第十三次会议批准修改	2019-12-24	2019-12-29	2020-1-1	修改
昌吉回族自治州城乡人居环境绿化条例	2019年10月28日昌吉回族自治州第十五届人民代表大会常务委员会第二十七次会议通过,2019年11月29日新疆维吾尔自治区第十三届人民代表大会常务委员会第十三次会议批准	2019-12-20	2019-12-29	2020-1-1	制定
新疆维吾尔自治区扫除文盲条例	2019年11月29日新疆维吾尔自治区第十三届人民代表大会常务委员会第十三次会议废止	2019-11-29	2019-12-29	2019-11-29	废止
新疆维吾尔自治区民营科技企业条例	2019年11月29日新疆维吾尔自治区第十三届人民代表大会常务委员会第十三次会议废止	2019-11-29	2019-12-29	2019-11-29	废止
新疆维吾尔自治区乡镇企业条例	2019年11月29日新疆维吾尔自治区第十三届人民代表大会常务委员会第十三次会议废止	2019-11-29	2019-12-29	2019-11-29	废止
新疆维吾尔自治区盐业管理条例	2019年11月29日新疆维吾尔自治区第十三届人民代表大会常务委员会第十三次会议废止	2019-11-29	2019-12-29	2019-11-29	废止
新疆维吾尔自治区种畜禽管理条例	2019年11月29日新疆维吾尔自治区第十三届人民代表大会常务委员会第十三次会议废止	2019-11-29	2019-12-29	2019-11-29	废止
新疆维吾尔自治区地质灾害防治条例	2019年11月29日新疆维吾尔自治区第十三届人民代表大会常务委员会第十三次会议通过	2019-11-29	2019-12-29	2020-3-1	制定
新疆维吾尔自治区人民代表大会及其常务委员会立法条例	2019年12月19日新疆维吾尔自治区第十三届人民代表大会常务委员会第十四次会议修改	2019-12-19	2020-1-14	2019-12-19	修改

深圳经济特区法规目录

（107 件）

法规名称	通过或批准时间	公布时间	报备时间	施行时间	立法形式
深圳市人民代表大会常务委员会关于市人民政府机构改革涉及深圳地方性法规规定的行政机关职责调整问题的决定	2019 年 1 月 24 日深圳市第六届人民代表大会常务委员会第三十一次会议通过	2019-1-25	2019-2-12	2019-1-25	制定
深圳市人民代表大会常务委员会关于进一步加强审计监督工作的决定	2019 年 4 月 24 日深圳市第六届人民代表大会常务委员会第三十三次会议修改	2019-4-26	2019-5-21	2019-4-26	修改
深圳市人民代表大会常务委员会讨论决定重大事项规定	2019 年 4 月 24 日深圳市第六届人民代表大会常务委员会第三十三次会议修改	2019-4-26	2019-5-21	2019-4-26	修改
深圳经济特区政府投资项目审计监督条例	2019 年 4 月 24 日深圳市第六届人民代表大会常务委员会第三十三次会议修改	2019-4-26	2019-5-21	2019-4-26	修改
深圳经济特区审计监督条例	2019 年 4 月 24 日深圳市第六届人民代表大会常务委员会第三十三次会议修改	2019-4-26	2019-5-21	2019-4-26	修改
深圳经济特区国有企业法定代表人任期经济责任审计条例	2019 年 4 月 24 日深圳市第六届人民代表大会常务委员会第三十三次会议修改	2019-4-26	2019-5-21	2019-4-26	修改
深圳经济特区金融发展促进条例	2019 年 4 月 24 日深圳市第六届人民代表大会常务委员会第三十三次会议修改	2019-4-26	2019-5-21	2019-4-26	修改
深圳经济特区创业投资条例	2019 年 4 月 24 日深圳市第六届人民代表大会常务委员会第三十三次会议修改	2019-4-26	2019-5-21	2019-4-26	修改
深圳经济特区实施《中华人民共和国教师法》若干规定	2019 年 4 月 24 日深圳市第六届人民代表大会常务委员会第三十三次会议修改	2019-4-26	2019-5-21	2019-4-26	修改
深圳经济特区成人教育管理条例	2019 年 4 月 24 日深圳市第六届人民代表大会常务委员会第三十三次会议修改	2019-4-26	2019-5-21	2019-4-26	修改
深圳经济特区性别平等促进条例	2019 年 4 月 24 日深圳市第六届人民代表大会常务委员会第三十三次会议修改	2019-4-26	2019-5-21	2019-4-26	修改
深圳经济特区注册会计师条例	2019 年 4 月 24 日深圳市第六届人民代表大会常务委员会第三十三次会议修改	2019-4-26	2019-5-21	2019-4-26	修改
深圳经济特区政府采购条例	2019 年 4 月 24 日深圳市第六届人民代表大会常务委员会第三十三次会议修改	2019-4-26	2019-5-21	2019-4-26	修改
深圳经济特区实施《中华人民共和国残疾人保障法》办法	2019 年 4 月 24 日深圳市第六届人民代表大会常务委员会第三十三次会议修改	2019-4-26	2019-5-21	2019-4-26	修改
深圳市人民代表大会常务委员会议事规则	2019 年 4 月 24 日深圳市第六届人民代表大会常务委员会第三十三次会议修改	2019-4-26	2019-5-21	2019-4-26	修改
深圳市人民代表大会议事规则	2019 年 4 月 24 日深圳市第六届人民代表大会常务委员会第三十三次会议修改	2019-4-26	2019-5-21	2019-4-26	修改
深圳经济特区职业技能鉴定条例	2019 年 4 月 24 日深圳市第六届人民代表大会常务委员会第三十三次会议修改	2019-4-26	2019-5-21	2019-4-26	修改
深圳经济特区和谐劳动关系促进条例	2019 年 4 月 24 日深圳市第六届人民代表大会常务委员会第三十三次会议修改	2019-4-26	2019-5-21	2019-4-26	修改

续表

法规名称	通过或批准时间	公布时间	报备时间	施行时间	立法形式
深圳经济特区欠薪保障条例	2019年4月24日深圳市第六届人民代表大会常务委员会第三十三次会议修改	2019-4-26	2019-5-21	2019-4-26	修改
深圳经济特区公证条例	2019年4月24日深圳市第六届人民代表大会常务委员会第三十三次会议修改	2019-4-26	2019-5-21	2019-4-26	修改
深圳经济特区实施《印刷业管理条例》若干规定	2019年4月24日深圳市第六届人民代表大会常务委员会第三十三次会议修改	2019-4-26	2019-5-21	2019-4-26	修改
深圳经济特区促进全民健身条例	2019年4月24日深圳市第六届人民代表大会常务委员会第三十三次会议修改	2019-4-26	2019-5-21	2019-4-26	修改
深圳经济特区全民阅读促进条例	2019年4月24日深圳市第六届人民代表大会常务委员会第三十三次会议修改	2019-4-26	2019-5-21	2019-4-26	修改
深圳经济特区无偿献血条例	2019年4月24日深圳市第六届人民代表大会常务委员会第三十三次会议修改	2019-4-26	2019-5-21	2019-4-26	修改
深圳经济特区居住证条例	2019年4月24日深圳市第六届人民代表大会常务委员会第三十三次会议修改	2019-4-26	2019-5-21	2019-4-26	修改
深圳经济特区警务辅助人员条例	2019年4月24日深圳市第六届人民代表大会常务委员会第三十三次会议修改	2019-4-26	2019-5-21	2019-4-26	修改
深圳经济特区医疗急救条例	2019年4月24日深圳市第六届人民代表大会常务委员会第三十三次会议修改	2019-4-26	2019-5-21	2019-4-26	修改
深圳经济特区医疗条例	2019年4月24日深圳市第六届人民代表大会常务委员会第三十三次会议修改	2019-4-26	2019-5-21	2019-4-26	修改
深圳经济特区控制吸烟条例	2019年6月26日深圳市第六届人民代表大会常务委员会第三十四次会议修改	2019-6-28	2019-7-11	2019-10-1	修改
深圳经济特区科学技术普及条例	2019年6月26日深圳市第六届人民代表大会常务委员会第三十四次会议通过	2019-7-1	2019-7-11	2020-1-1	制定
深圳经济特区股份合作公司条例	2019年8月29日深圳市第六届人民代表大会常务委员会第三十五次会议修改	2019-9-4	2019-9-16	2019-9-4	修改
深圳经济特区道路交通安全违法行为处罚条例	2019年8月29日深圳市第六届人民代表大会常务委员会第三十五次会议修改	2019-9-4	2019-9-16	2019-11-1	修改
深圳经济特区物业管理条例	2019年8月29日深圳市第六届人民代表大会常务委员会第三十五次会议修改	2019-9-4	2019-9-16	2020-3-1	修改
深圳市人民代表大会常务委员会听取和审议专项工作报告满意度测评工作规则	2019年8月29日深圳市第六届人民代表大会常务委员会第三十五次会议修改	2019-9-5	2019-9-16	2019-9-5	修改
深圳经济特区教育督导条例	2019年8月29日深圳市第六届人民代表大会常务委员会第三十五次会议修改	2019-9-5	2019-9-16	2019-9-5	修改
深圳经济特区碳排放管理若干规定	2019年8月29日深圳市第六届人民代表大会常务委员会第三十五次会议修改	2019-9-5	2019-9-16	2019-9-5	修改
深圳市人民代表大会常务委员会关于农村城市化历史遗留违法建筑的处理决定	2019年8月29日深圳市第六届人民代表大会常务委员会第三十五次会议修改	2019-9-5	2019-9-16	2019-9-5	修改
深圳经济特区实施《中华人民共和国未成年人保护法》办法	2019年8月29日深圳市第六届人民代表大会常务委员会第三十五次会议修改	2019-9-5	2019-9-16	2019-9-5	修改
深圳市人民代表大会常务委员会关于坚决查处违法建筑的决定	2019年8月29日深圳市第六届人民代表大会常务委员会第三十五次会议修改	2019-9-5	2019-9-16	2019-9-5	修改

续表

法规名称	通过或批准时间	公布时间	报备时间	施行时间	立法形式
深圳经济特区社会建设促进条例	2019 年 8 月 29 日深圳市第六届人民代表大会常务委员会第三十五次会议修改	2019-9-5	2019-9-16	2019-9-5	修改
深圳经济特区质量条例	2019 年 8 月 29 日深圳市第六届人民代表大会常务委员会第三十五次会议修改	2019-9-5	2019-9-16	2019-9-5	修改
深圳经济特区城市管理综合执法条例	2019 年 8 月 29 日深圳市第六届人民代表大会常务委员会第三十五次会议修改	2019-9-5	2019-9-16	2019-9-5	修改
深圳经济特区无线电管理条例	2019 年 8 月 29 日深圳市第六届人民代表大会常务委员会第三十五次会议修改	2019-9-5	2019-9-16	2019-9-5	修改
深圳经济特区禁止食用野生动物若干规定	2019 年 8 月 29 日深圳市第六届人民代表大会常务委员会第三十五次会议修改	2019-9-5	2019-9-16	2019-9-5	修改
深圳经济特区殡葬管理条例	2019 年 8 月 29 日深圳市第六届人民代表大会常务委员会第三十五次会议修改	2019-9-5	2019-9-16	2019-9-5	修改
深圳经济特区信访条例	2019 年 8 月 29 日深圳市第六届人民代表大会常务委员会第三十五次会议修改	2019-9-5	2019-9-16	2019-9-5	修改
深圳经济特区水土保持条例	2019 年 8 月 29 日深圳市第六届人民代表大会常务委员会第三十五次会议修改	2019-9-5	2019-9-16	2019-9-5	修改
深圳经济特区道路交通安全管理条例	2019 年 8 月 29 日深圳市第六届人民代表大会常务委员会第三十五次会议修改	2019-9-5	2019-9-16	2019-9-5	修改
深圳经济特区绿化条例	2019 年 8 月 29 日深圳市第六届人民代表大会常务委员会第三十五次会议修改	2019-9-5	2019-9-16	2019-9-5	修改
深圳经济特区城市园林条例	2019 年 8 月 29 日深圳市第六届人民代表大会常务委员会第三十五次会议修改	2019-9-5	2019-9-16	2019-9-5	修改
深圳经济特区城市供水用水条例	2019 年 8 月 29 日深圳市第六届人民代表大会常务委员会第三十五次会议修改	2019-9-5	2019-9-16	2019-9-5	修改
深圳经济特区政府投资项目管理条例	2019 年 8 月 29 日深圳市第六届人民代表大会常务委员会第三十五次会议修改	2019-9-5	2019-9-16	2019-9-5	修改
深圳经济特区出租小汽车管理条例	2019 年 8 月 29 日深圳市第六届人民代表大会常务委员会第三十五次会议修改	2019-9-5	2019-9-16	2019-9-5	修改
深圳市人民代表大会常务委员会关于加强房屋租赁安全责任的决定	2019 年 8 月 29 日深圳市第六届人民代表大会常务委员会第三十五次会议修改	2019-9-5	2019-9-16	2019-9-5	修改
深圳市人民代表大会常务委员会关于适时调整本市法规设定的行政审批的决定	2019 年 8 月 29 日深圳市第六届人民代表大会常务委员会第三十五次会议修改	2019-9-5	2019-9-16	2019-9-5	修改
深圳市人民代表大会常务委员会关于加强人民法院民事执行工作若干问题的决定	2019 年 8 月 29 日深圳市第六届人民代表大会常务委员会第三十五次会议修改	2019-9-5	2019-9-16	2019-9-5	修改
深圳经济特区统计条例	2019 年 8 月 29 日深圳市第六届人民代表大会常务委员会第三十五次会议修改	2019-9-5	2019-9-16	2019-9-5	修改
深圳经济特区实施《中华人民共和国归侨侨眷权益保护法》规定	2019 年 8 月 29 日深圳市第六届人民代表大会常务委员会第三十五次会议修改	2019-9-5	2019-9-16	2019-9-5	修改
深圳经济特区沙头角边境特别管理区管理条例	2019 年 8 月 29 日深圳市第六届人民代表大会常务委员会第三十五次会议修改	2019-9-5	2019-9-16	2019-9-5	修改
深圳经济特区行业协会条例	2019 年 8 月 29 日深圳市第六届人民代表大会常务委员会第三十五次会议修改	2019-9-5	2019-9-16	2019-9-5	修改

续表

法规名称	通过或批准时间	公布时间	报备时间	施行时间	立法形式
深圳经济特区公共图书馆条例	2019年8月29日深圳市第六届人民代表大会常务委员会第三十五次会议修改	2019-9-5	2019-9-16	2019-9-5	修改
深圳经济特区人才工作条例	2019年8月29日深圳市第六届人民代表大会常务委员会第三十五次会议修改	2019-9-5	2019-9-16	2019-9-5	修改
深圳经济特区人体器官捐献移植条例	2019年10月31日深圳市第六届人民代表大会常务委员会第三十六次会议修改	2019-11-13	2019-12-13	2019-11-13	修改
深圳经济特区产品质量管理条例	2019年10月31日深圳市第六届人民代表大会常务委员会第三十六次会议修改	2019-11-13	2019-12-13	2019-11-13	修改
深圳经济特区港口管理条例	2019年10月31日深圳市第六届人民代表大会常务委员会第三十六次会议修改	2019-11-13	2019-12-13	2019-11-13	修改
深圳经济特区计量条例	2019年10月31日深圳市第六届人民代表大会常务委员会第三十六次会议修改	2019-11-13	2019-12-13	2019-11-13	修改
深圳经济特区建设工程施工招标投标条例	2019年10月31日深圳市第六届人民代表大会常务委员会第三十六次会议修改	2019-11-13	2019-12-13	2019-11-13	修改
深圳经济特区律师条例	2019年10月31日深圳市第六届人民代表大会常务委员会第三十六次会议修改	2019-11-13	2019-12-13	2019-11-13	修改
深圳经济特区市容和环境卫生管理条例	2019年10月31日深圳市第六届人民代表大会常务委员会第三十六次会议修改	2019-11-13	2019-12-13	2019-11-13	修改
深圳经济特区土地使用权出让条例	2019年10月31日深圳市第六届人民代表大会常务委员会第三十六次会议修改	2019-11-13	2019-12-13	2019-11-13	修改
深圳经济特区中医药条例	2019年10月31日深圳市第六届人民代表大会常务委员会第三十六次会议修改	2019-11-13	2019-12-13	2019-11-13	修改
深圳经济特区处理历史遗留生产经营性违法建筑若干规定	2019年10月31日深圳市第六届人民代表大会常务委员会第三十六次会议修改	2019-11-13	2019-12-13	2019-11-13	修改
深圳经济特区处理历史遗留违法私房若干规定	2019年10月31日深圳市第六届人民代表大会常务委员会第三十六次会议修改	2019-11-13	2019-12-13	2019-11-13	修改
深圳经济特区房地产登记条例	2019年10月31日深圳市第六届人民代表大会常务委员会第三十六次会议修改	2019-11-13	2019-12-13	2019-11-13	修改
深圳经济特区规划土地监察条例	2019年10月31日深圳市第六届人民代表大会常务委员会第三十六次会议修改	2019-11-13	2019-12-13	2019-11-13	修改
深圳经济特区循环经济促进条例	2019年10月31日深圳市第六届人民代表大会常务委员会第三十六次会议修改	2019-11-13	2019-12-13	2019-11-13	修改
深圳经济特区严厉打击生产、销售假冒伪劣商品违法行为条例	2019年10月31日深圳市第六届人民代表大会常务委员会第三十六次会议修改	2019-11-13	2019-12-13	2019-11-13	修改
深圳市城市规划条例	2019年10月31日深圳市第六届人民代表大会常务委员会第三十六次会议修改	2019-11-13	2019-12-13	2019-11-13	修改
深圳市土地征用与收回条例	2019年10月31日深圳市第六届人民代表大会常务委员会第三十六次会议修改	2019-11-13	2019-12-13	2019-11-13	修改
深圳经济特区反走私综合治理条例	2019年10月31日深圳市第六届人民代表大会常务委员会第三十六次会议修改	2019-11-13	2019-12-13	2019-11-13	修改
深圳经济特区房地产转让条例	2019年10月31日深圳市第六届人民代表大会常务委员会第三十六次会议修改	2019-11-13	2019-12-13	2019-11-13	修改
深圳经济特区改革创新促进条例	2019年10月31日深圳市第六届人民代表大会常务委员会第三十六次会议修改	2019-11-13	2019-12-13	2019-11-13	修改

续表

法规名称	通过或批准时间	公布时间	报备时间	施行时间	立法形式
深圳经济特区高新技术产业园区条例	2019年10月31日深圳市第六届人民代表大会常务委员会第三十六次会议修改	2019-11-13	2019-12-13	2019-11-13	修改
深圳经济特区合同格式条款条例	2019年10月31日深圳市第六届人民代表大会常务委员会第三十六次会议修改	2019-11-13	2019-12-13	2019-11-13	修改
深圳经济特区技术转移条例	2019年10月31日深圳市第六届人民代表大会常务委员会第三十六次会议修改	2019-11-13	2019-12-13	2019-11-13	修改
深圳经济特区家庭服务业条例	2019年10月31日深圳市第六届人民代表大会常务委员会第三十六次会议修改	2019-11-13	2019-12-13	2019-11-13	修改
深圳经济特区建设工程监理条例	2019年10月31日深圳市第六届人民代表大会常务委员会第三十六次会议修改	2019-11-13	2019-12-13	2019-11-13	修改
深圳经济特区建设工程施工安全条例	2019年10月31日深圳市第六届人民代表大会常务委员会第三十六次会议修改	2019-11-13	2019-12-13	2019-11-13	修改
深圳经济特区奖励和保护见义勇为人员条例	2019年10月31日深圳市第六届人民代表大会常务委员会第三十六次会议修改	2019-11-13	2019-12-13	2019-11-13	修改
深圳经济特区科技创新促进条例	2019年10月31日深圳市第六届人民代表大会常务委员会第三十六次会议修改	2019-11-13	2019-12-13	2019-11-13	修改
深圳经济特区陆路口岸和特区管理线检查站物业管理规定	2019年10月31日深圳市第六届人民代表大会常务委员会第三十六次会议修改	2019-11-13	2019-12-13	2019-11-13	修改
深圳经济特区人才市场条例	2019年10月31日深圳市第六届人民代表大会常务委员会第三十六次会议修改	2019-11-13	2019-12-13	2019-11-13	修改
深圳经济特区商事登记若干规定	2019年10月31日深圳市第六届人民代表大会常务委员会第三十六次会议修改	2019-11-13	2019-12-13	2019-11-13	修改
深圳经济特区社会养老保险条例	2019年10月31日深圳市第六届人民代表大会常务委员会第三十六次会议修改	2019-11-13	2019-12-13	2019-11-13	修改
深圳经济特区失业保险若干规定	2019年10月31日深圳市第六届人民代表大会常务委员会第三十六次会议修改	2019-11-13	2019-12-13	2019-11-13	修改
深圳经济特区实施《中华人民共和国反不正当竞争法》规定	2019年10月31日深圳市第六届人民代表大会常务委员会第三十六次会议修改	2019-11-13	2019-12-13	2019-11-13	修改
深圳经济特区实施《中华人民共和国消费者权益保护法》办法	2019年10月31日深圳市第六届人民代表大会常务委员会第三十六次会议修改	2019-11-13	2019-12-13	2019-11-13	修改
深圳经济特区食品安全监督条例	2019年10月31日深圳市第六届人民代表大会常务委员会第三十六次会议修改	2019-11-13	2019-12-13	2019-11-13	修改
深圳经济特区授予荣誉市民称号规定	2019年10月31日深圳市第六届人民代表大会常务委员会第三十六次会议修改	2019-11-13	2019-12-13	2019-11-13	修改
深圳经济特区特种设备安全条例	2019年10月31日深圳市第六届人民代表大会常务委员会第三十六次会议修改	2019-11-13	2019-12-13	2019-11-13	修改
深圳经济特区信息化建设条例	2019年10月31日深圳市第六届人民代表大会常务委员会第三十六次会议修改	2019-11-13	2019-12-13	2019-11-13	修改
深圳经济特区中小企业发展促进条例	2019年10月31日深圳市第六届人民代表大会常务委员会第三十六次会议修改	2019-11-13	2019-12-13	2019-11-13	修改
深圳经济特区国家自主创新示范区条例	2019年10月31日深圳市第六届人民代表大会常务委员会第三十六次会议修改	2019-11-13	2019-12-13	2019-11-13	修改
深圳经济特区知识产权保护条例	2019年10月31日深圳市第六届人民代表大会常务委员会第三十六次会议修改	2019-11-13	2019-12-13	2019-11-13	修改

续表

法规名称	通过或批准时间	公布时间	报备时间	施行时间	立法形式
深圳市人民代表大会常务委员会关于坚决查处“黄、赌、毒”违法行为的决定	2019 年 10 月 31 日深圳市第六届人民代表大会常务委员会第三十六次会议修改	2019-11-13	2019-12-13	2019-11-13	修改
深圳经济特区企业技术秘密保护条例	2019 年 10 月 31 日深圳市第六届人民代表大会常务委员会第三十六次会议修改	2019-11-13	2019-12-13	2019-11-13	修改
深圳经济特区加快经济发展方式转变促进条例	2019 年 10 月 31 日深圳市第六届人民代表大会常务委员会第三十六次会议修改	2019-11-13	2019-12-13	2019-11-13	修改

珠海经济特区法规目录

（8 件）

法规名称	通过或批准时间	公布时间	报备时间	施行时间	立法形式
珠海经济特区市容和环境卫生管理条例	2019 年 1 月 19 日珠海市第九届人民代表大会常务委员会第十九次会议废止	2019-1-19	2019-1-25	2019-1-19	废止
珠海经济特区前山河流域管理条例	2019 年 1 月 19 日珠海市第九届人民代表大会常务委员会第十九次会议修改	2019-1-19	2019-1-25	2019-1-19	修改
珠海经济特区生态文明建设促进条例	2019 年 1 月 19 日珠海市第九届人民代表大会常务委员会第十九次会议修改	2019-1-19	2019-1-25	2019-1-19	修改
珠海市人民代表大会常务委员会关于市人民政府机构改革涉及珠海地方性法规规定的行政机关职责调整问题的决定	2019 年 3 月 29 日珠海市第九届人民代表大会常务委员会第二十次会议通过	2019-3-29	2019-4-12	2019-3-30	制定
珠海经济特区禁毒条例	2019 年 9 月 27 日珠海市第九届人民代表大会常务委员会第二十三次会议通过	2019-9-27	2019-10-15	2019-12-1	制定
珠海经济特区园林绿化条例	2019 年 9 月 27 日珠海市第九届人民代表大会常务委员会第二十三次会议通过	2019-9-27	2019-10-15	2020-1-1	制定
珠海经济特区横琴新区港澳建筑及相关工程咨询企业资质和专业人士执业资格认可规定	2019 年 9 月 27 日珠海市第九届人民代表大会常务委员会第二十三次会议通过	2019-9-27	2019-10-24	2020-12-1	制定
珠海经济特区防台风条例	2019 年 11 月 29 日珠海市第九届人民代表大会常务委员会第二十五次会议通过	2019-11-29	2019-12-11	2020-2-1	制定

汕头经济特区法规目录

（共 5 件）

法规名称	通过时间	公布时间	报备时间	实施时间	立法形式
汕头市人民代表大会常务委员会关于市人民政府机构改革涉及本市法规规定的行政机关职责调整问题的决定	2019 年 1 月 2 日汕头市第十四届人民代表大会常务委员会第二十次会议通过	2019-1-2	2019-1-4	2019-1-2	制定
汕头市人民代表大会常务委员会关于汕头高新技术产业开发区行政管理有关事项的决定	2019 年 4 月 23 日汕头市第十四届人民代表大会常务委员会第二十三次会议通过	2019-4-23	2019-5-5	2019-4-23	制定
汕头经济特区消费品质量促进条例	2019 年 4 月 23 日汕头市第十四届人民代表大会常务委员会第二十三次会议通过	2019-4-23	2019-5-5	2019-7-1	制定
汕头市人民代表大会常务委员会关于促进和保障农村学前教育普惠健康规范发展的决定	2019 年 12 月 30 日汕头市第十四届人民代表大会常务委员会第二十八次会议通过	2019-12-30	2019-12-31	2019-12-30	制定
汕头经济特区城市公共汽车交通条例	2019 年 12 月 30 日汕头市第十四届人民代表大会常务委员会第二十八次会议修改	2019-12-30	2019-12-31	2020-3-1	修改

厦门经济特区法规目录

（10 件）

法规名称	通过或批准时间	公布时间	报备时间	施行时间	立法形式
厦门市人民代表大会常务委员会关于加强预防职务犯罪工作的决定	2019 年 2 月 26 日厦门市第十五届人民代表大会常务委员会第二十二次会议废止	2019-2-26	2019-2-28	2019-2-26	废止
厦门市人民代表大会常务委员会关于市人民政府机构改革涉及厦门地方性法规规定的行政机关职责调整问题的决定	2019 年 3 月 11 日厦门市第十五届人民代表大会常务委员会第二十三次会议通过	2019-3-11	2019-3-22	2019-3-12	制定
厦门经济特区社会信用条例	2019 年 4 月 26 日厦门市第十五届人民代表大会常务委员会第二十五次会议通过	2019-4-26	2019-5-6	2019-6-1	制定
厦门经济特区生态文明建设条例	2019 年 6 月 28 日厦门市第十五届人民代表大会常务委员会第二十六次会议修改	2019-6-28	2019-7-25	2019-6-28	修改
厦门经济特区鼓浪屿世界文化遗产保护条例	2019 年 6 月 28 日厦门市第十五届人民代表大会常务委员会第二十六次会议通过	2019-6-28	2019-7-25	2019-7-8	制定

续表

法规名称	通过或批准时间	公布时间	报备时间	施行时间	立法形式
厦门经济特区鼓浪屿文化遗产保护条例	在《厦门经济特区鼓浪屿世界文化遗产保护条例》中被明文予以废止	2019-6-28	2019-7-25	2019-7-8	文中废止
厦门经济特区水资源条例	2019 年 8 月 30 日厦门市第十五届人民代表大会常务委员会第二十七次会议修改	2019-8-30	2019-9-27	2019-8-30	修改
厦门经济特区机动车排气污染防治条例	2019 年 10 月 25 日厦门市第十五届人民代表大会常务委员会第二十八次会议修改	2019-10-25	2019-11-25	2019-10-25	修改
厦门经济特区旅游条例	2019 年 10 月 25 日厦门市第十五届人民代表大会常务委员会第二十八次会议通过	2019-10-25	2019-11-25	2020-1-1	制定
厦门经济特区旅游管理条例	在《厦门经济特区旅游条例》中被明文予以废止	2019-10-25	2019-11-25	2020-1-1	文中废止
厦门经济特区电梯安全管理条例	2019 年 11 月 28 日厦门市第十五届人民代表大会常务委员会第二十九次会议通过	2019-12-2	2019-12-23	2020-3-1	制定
厦门经济特区促进土地节约集约利用若干规定	2019 年 12 月 31 日厦门市第十五届人民代表大会常务委员会第三十次会议通过	2019-12-31	2020-1-19	2020-2-1	制定

2019 年司法解释备案目录

（174 件）

发布单位	名称	通过情况	公布时间	施行时间	立法形式
最高人民法院、最高人民检察院	最高人民法院、最高人民检察院关于关于办理非法从事资金支付结算业务、非法买卖外汇刑事案件适用法律若干问题的解释（法释〔2019〕1 号）	2018 年 9 月 17 日最高人民法院审判委员会第 1749 次会议、2018 年 12 月 12 日最高人民检察院第十三届检察委员会第十一次会议通过	2019-1-31	2019-2-1	制定
最高人民法院	最高人民法院关于关于技术调查官参与知识产权案件诉讼活动的若干规定（法释〔2019〕2 号）	2019 年 1 月 28 日最高人民法院审判委员会第 1760 次会议通过	2019-3-18	2019-5-1	制定
最高人民法院	最高人民法院关于适用《中华人民共和国破产法》若干问题的规定（三）（法释〔2019〕3 号）	2019 年 2 月 25 日最高人民法院审判委员会第 1762 次会议通过	2019-3-27	2019-3-28	制定
最高人民法院	最高人民法院关于修改《最高人民法院关于严格规范民商事案件延长审限和延期开庭问题的规定》的决定（法释〔2019〕4 号）	2019 年 2 月 25 日最高人民法院审判委员会第 1762 次会议通过	2019-3-27	2019-3-28	修改
最高人民法院	最高人民法院关于适用《中华人民共和国人民陪审员法》若干问题的规定（法释〔2019〕5 号）	2019 年 2 月 18 日最高人民法院审判委员会第 1761 次会议通过	2019-4-24	2019-5-1	制定
最高人民法院	最高人民法院关于人民陪审员参加审判活动若干问题的规定（法释〔2019〕5 号）	在最高人民法院关于适用《中华人民共和国人民陪审员法》若干问题的规定（法释〔2019〕5 号）中被明文予以废止	2019-4-24	2019-5-1	文中废止

续表

发布单位	名称	通过情况	公布时间	施行时间	立法形式
最高人民法院	最高人民法院关于办理减刑、假释案件具体应用法律的补充规定（法释〔2019〕6号）	2019年3月25日最高人民法院审判委员会第1763次会议通过	2019-4-24	2019-6-1	制定
最高人民法院	最高人民法院关于适用《中华人民共和国公司法》若干问题的规定（法释〔2019〕7号）	2019年4月22日最高人民法院审判委员会第1766次会议通过	2019-4-28	2019-4-29	制定
最高人民法院	最高人民法院关于审理生态环境损害赔偿案件的若干规定（试行）（法释〔2019〕8号）	2019年6月4日最高人民法院审判委员会第1769次会议通过	2019-6-4	2019-6-5	制定
最高人民法院、最高人民检察院	最高人民法院、最高人民检察院关于办理操纵证券、期货市场刑事案件适用法律若干问题的解释（法释〔2019〕9号）	2018年9月3日最高人民法院审判委员会第1747次会议、2018年12月12日最高人民检察院第十三届检察委员会第十一次会议通过	2019-6-27	2019-7-1	制定
最高人民法院、最高人民检察院	最高人民法院、最高人民检察院关于办理利用未公开信息交易刑事案件适用法律若干问题的解释（法释〔2019〕10号）	2018年9月10日最高人民法院审判委员会第1748次会议、2018年11月30日最高人民检察院第十三届检察委员会第十次会议通过	2019-6-27	2019-7-1	制定
最高人民法院	最高人民法院关于判决书的原本正本抄本如何区别问题的批复（法释〔2019〕11号）	2019年5月13日最高人民法院审判委员会第1768次会议通过	2019-7-8	2019-7-20	废止
最高人民法院	最高人民法院信访处接待来访工作细则（法释〔2019〕11号）	2019年5月13日最高人民法院审判委员会第1768次会议通过	2019-7-8	2019-7-20	废止
最高人民法院	最高人民法院关于试行法院诉讼文书样式的通知（法释〔2019〕11号）	2019年5月13日最高人民法院审判委员会第1768次会议通过	2019-7-8	2019-7-20	废止
最高人民法院	最高人民法院关于《法院诉讼文书样式（试行）》若干问题的解答（法释〔2019〕11号）	2019年5月13日最高人民法院审判委员会第1768次会议通过	2019-7-8	2019-7-20	废止
最高人民法院	最高人民法院关于充分发挥审判职能作用，保障和促进全民所有制工业企业转换经营机制的通知（法释〔2019〕11号）	2019年5月13日最高人民法院审判委员会第1768次会议通过	2019-7-8	2019-7-20	废止
最高人民法院	最高人民法院印发《关于人民法院立案工作的暂行规定》的通知（法释〔2019〕11号）	2019年5月13日最高人民法院审判委员会第1768次会议通过	2019-7-8	2019-7-20	废止
最高人民法院	附：最高人民法院关于人民法院立案工作的暂行规定（法释〔2019〕11号）	2019年5月13日最高人民法院审判委员会第1768次会议通过	2019-7-8	2019-7-20	废止
最高人民法院	最高人民法院关于承认和执行外国仲裁裁决收费及审查期限问题的规定（法释〔2019〕11号）	2019年5月13日最高人民法院审判委员会第1768次会议通过	2019-7-8	2019-7-20	废止
最高人民法院	最高人民法院关于人民法院在互联网公布裁判文书的规定（法释〔2019〕11号）	2019年5月13日最高人民法院审判委员会第1768次会议通过	2019-7-8	2019-7-20	废止

续表

发布单位	名称	通过情况	公布时间	施行时间	立法形式
最高人民法院	最高人民法院关于人民法院大力支持税收征管工作的通知（法释〔2019〕11 号）	2019 年 5 月 13 日最高人民法院审判委员会第 1768 次会议通过	2019-7-8	2019-7-20	废止
最高人民法院	最高人民法院关于人民法院审理行政案件对缺乏法律和法规依据的规章的规定应如何参照问题的答复（法释〔2019〕11 号）	2019 年 5 月 13 日最高人民法院审判委员会第 1768 次会议通过	2019-7-8	2019-7-20	废止
最高人民法院	最高人民法院关于行政机关根据法院的协助执行通知书实施的行政行为是否属于人民法院行政诉讼受案范围的批复（法释〔2019〕11 号）	2019 年 5 月 13 日最高人民法院审判委员会第 1768 次会议通过	2019-7-8	2019-7-20	废止
最高人民法院	最高人民法院关于行政案件管辖若干问题的规定（法释〔2019〕11 号）	2019 年 5 月 13 日最高人民法院审判委员会第 1768 次会议通过	2019-7-8	2019-7-20	废止
最高人民法院	最高人民法院关于公路路政管理机构行政主体资格及有关法律适用问题的答复（法释〔2019〕11 号）	2019 年 5 月 13 日最高人民法院审判委员会第 1768 次会议通过	2019-7-8	2019-7-20	废止
最高人民法院	最高人民法院行政审判庭关于对公安机关采取监视居住行为不服提起诉讼法院应否受理问题的电话答复（法释〔2019〕11 号）	2019 年 5 月 13 日最高人民法院审判委员会第 1768 次会议通过	2019-7-8	2019-7-20	废止
最高人民法院	最高人民法院关于在同一事实中对同一当事人，行政机关同时作出限制人身自由和扣押财产两种具体行政行为，当事人依法向其住所地法院起诉，受诉法院是否可以合并审理问题的答复（法释〔2019〕11 号）	2019 年 5 月 13 日最高人民法院审判委员会第 1768 次会议通过	2019-7-8	2019-7-20	废止
最高人民法院	最高人民法院关于当事人达不成拆迁补偿安置协议就补偿安置争议提起民事诉讼人民法院应否受理问题的批复（法释〔2019〕11 号）	2019 年 5 月 13 日最高人民法院审判委员会第 1768 次会议通过	2019-7-8	2019-7-20	废止
最高人民法院	最高人民法院行政审判庭关于税务行政案件起诉期限问题的电话答复（法释〔2019〕11 号）	2019 年 5 月 13 日最高人民法院审判委员会第 1768 次会议通过	2019-7-8	2019-7-20	废止
最高人民法院	最高人民法院办公厅关于转发《国务院办公厅关于征收水资源费有关问题的通知》的通知（法释〔2019〕11 号）	2019 年 5 月 13 日最高人民法院审判委员会第 1768 次会议通过	2019-7-8	2019-7-20	废止
最高人民法院	附：国务院办公厅关于征收水资源费有关问题的通知（1995 年 4 月 25 日）（法释〔2019〕11 号）	2019 年 5 月 13 日最高人民法院审判委员会第 1768 次会议通过	2019-7-8	2019-7-20	废止
最高人民法院	最高人民法院关于对行政侵权赔偿案件执行中有关问题的复函（法释〔2019〕11 号）	2019 年 5 月 13 日最高人民法院审判委员会第 1768 次会议通过	2019-7-8	2019-7-20	废止
最高人民法院	最高人民法院关于对因政府调整划转企业国有资产引起的纠纷是否受理问题的批复（法释〔2019〕11 号）	2019 年 5 月 13 日最高人民法院审判委员会第 1768 次会议通过	2019-7-8	2019-7-20	废止

续表

发布单位	名称	通过情况	公布时间	施行时间	立法形式
最高人民法院	最高人民法院关于公安机关不履行法定行政职责是否承担行政赔偿责任问题的批复(法释〔2019〕11号)	2019年5月13日最高人民法院审判委员会第1768次会议通过	2019-7-8	2019-7-20	废止
最高人民法院	最高人民法院关于印发《最高人民法院审判委员会工作规则》的通知(法释〔2019〕11号)	2019年5月13日最高人民法院审判委员会第1768次会议通过	2019-7-8	2019-7-20	废止
最高人民法院	附:最高人民法院审判委员会工作规则(法释〔2019〕11号)	2019年5月13日最高人民法院审判委员会第1768次会议通过	2019-7-8	2019-7-20	废止
最高人民法院	最高人民法院关于人民法院相互办理委托事项的规定(法释〔2019〕11号)	2019年5月13日最高人民法院审判委员会第1768次会议通过	2019-7-8	2019-7-20	废止
最高人民法院	最高人民法院关于印发《中华人民共和国人民法院法庭规则》的通知附:中华人民共和国人民法院法庭规则(法释〔2019〕11号)	2019年5月13日最高人民法院审判委员会第1768次会议通过	2019-7-8	2019-7-20	废止
最高人民法院	最高人民法院关于人民检察院对行政诉讼进行法律监督具体程序问题请示的答复(法释〔2019〕11号)	2019年5月13日最高人民法院审判委员会第1768次会议通过	2019-7-8	2019-7-20	废止
最高人民法院	最高人民法院关于对医疗事故争议案件人民法院应否受理的复函(法释〔2019〕11号)	2019年5月13日最高人民法院审判委员会第1768次会议通过	2019-7-8	2019-7-20	废止
最高人民法院	最高人民法院关于管制犯在管制期间又犯新罪被判处拘役或有期徒刑应如何执行的问题的批复(法释〔2019〕11号)	2019年5月13日最高人民法院审判委员会第1768次会议通过	2019-7-8	2019-7-20	废止
最高人民法院	最高人民法院研究室关于有期徒刑罪犯减刑后又改判应如何确定执行刑期问题的答复(法释〔2019〕11号)	2019年5月13日最高人民法院审判委员会第1768次会议通过	2019-7-8	2019-7-20	废止
最高人民法院	最高人民法院研究室关于原判有期徒刑的罪犯被裁定减刑后又经再审改判为无期徒刑应如何确定执行刑期问题的答复(法释〔2019〕11号)	2019年5月13日最高人民法院审判委员会第1768次会议通过	2019-7-8	2019-7-20	废止
最高人民法院	最高人民法院研究室关于对拘役犯在缓刑期间发现其隐瞒余罪判处有期徒刑应如何执行问题的电话答复(法释〔2019〕11号)	2019年5月13日最高人民法院审判委员会第1768次会议通过	2019-7-8	2019-7-20	废止
最高人民法院	最高人民法院研究室关于被判处拘役缓刑的罪犯在考验期内又犯新罪应如何执行问题的电话答复(法释〔2019〕11号)	2019年5月13日最高人民法院审判委员会第1768次会议通过	2019-7-8	2019-7-20	废止
最高人民法院	最高人民法院关于对无期徒刑犯减刑后原审法院发现原判决确有错误予以改判,原减刑裁定应否撤销问题的批复(法释〔2019〕11号)	2019年5月13日最高人民法院审判委员会第1768次会议通过	2019-7-8	2019-7-20	废止

续表

发布单位	名称	通过情况	公布时间	施行时间	立法形式
最高人民法院	最高人民法院研究室关于有期徒刑犯减刑后又改判的原减刑裁定撤销后应如何办理减刑手续问题的电话答复(法释〔2019〕11号)	2019年5月13日最高人民法院审判委员会第1768次会议通过	2019-7-8	2019-7-20	废止
最高人民法院	最高人民法院研究室关于原判无期徒刑的罪犯经减刑后又改判应如何处理减刑问题的电话答复(法释〔2019〕11号)	2019年5月13日最高人民法院审判委员会第1768次会议通过	2019-7-8	2019-7-20	废止
最高人民法院	最高人民法院研究室关于死缓犯和无期徒刑犯经几次减刑后又改判原减刑裁定是否均应撤销问题的电话答复(法释〔2019〕11号)	2019年5月13日最高人民法院审判委员会第1768次会议通过	2019-7-8	2019-7-20	废止
最高人民法院	最高人民法院关于办理减刑、假释案件具体应用法律若干问题的规定(法释〔2019〕11号)	2019年5月13日最高人民法院审判委员会第1768次会议通过	2019-7-8	2019-7-20	废止
最高人民法院	最高人民法院关于劳动教养日期可否折抵刑期问题的批复(法释〔2019〕11号)	2019年5月13日最高人民法院审判委员会第1768次会议通过	2019-7-8	2019-7-20	废止
最高人民法院	最高人民法院研究室关于行政拘留日期折抵刑期问题的电话答复(法释〔2019〕11号)	2019年5月13日最高人民法院审判委员会第1768次会议通过	2019-7-8	2019-7-20	废止
最高人民法院	最高人民法院研究室关于对诈骗后抵债的赃款能否判决追缴问题的电话答复(法释〔2019〕11号)	2019年5月13日最高人民法院审判委员会第1768次会议通过	2019-7-8	2019-7-20	废止
最高人民法院	最高人民法院关于农村合作基金会从业人员犯罪如何定性问题的批复(法释〔2019〕11号)	2019年5月13日最高人民法院审判委员会第1768次会议通过	2019-7-8	2019-7-20	废止
最高人民法院	最高人民法院研究室关于军事法院判处的重婚案件其非法婚姻部分由谁判决问题的电话答复(法释〔2019〕11号)	2019年5月13日最高人民法院审判委员会第1768次会议通过	2019-7-8	2019-7-20	废止
最高人民法院	最高人民法院研究室关于利用职务上的便利条件窃取技术资料转让获利是否构成犯罪问题的电话答复(法释〔2019〕11号)	2019年5月13日最高人民法院审判委员会第1768次会议通过	2019-7-8	2019-7-20	废止
最高人民法院	最高人民法院研究室关于对重大责任事故和玩忽职守案件造成经济损失需追究刑事责任的数额标准应否做出规定问题的电话答复(法释〔2019〕11号)	2019年5月13日最高人民法院审判委员会第1768次会议通过	2019-7-8	2019-7-20	废止
最高人民法院	最高人民法院关于未被公安机关正式录用的人员、狱医能否构成失职致使在押人员脱逃罪主体问题的批复(法释〔2019〕11号)	2019年5月13日最高人民法院审判委员会第1768次会议通过	2019-7-8	2019-7-20	废止

续表

发布单位	名称	通过情况	公布时间	施行时间	立法形式
最高人民法院	最高人民法院关于人民法院应否受理当事人不服治安管理处罚而提起的刑事自诉问题的批复（法释〔2019〕11号）	2019年5月13日最高人民法院审判委员会第1768次会议通过	2019-7-8	2019-7-20	废止
最高人民法院	最高人民法院研究室关于铁路运输高级法院撤销以后刑事申诉案件管辖问题的电话答复（法释〔2019〕11号）	2019年5月13日最高人民法院审判委员会第1768次会议通过	2019-7-8	2019-7-20	废止
最高人民法院	最高人民法院关于第二审人民法院审理死刑案件被告人没有委托辩护人的是否应为其指定辩护人问题的批复（法释〔2019〕11号）	2019年5月13日最高人民法院审判委员会第1768次会议通过	2019-7-8	2019-7-20	废止
最高人民法院	最高人民法院研究室关于判处死刑缓期二年执行的附带民事诉讼案件制作法律文书有关问题的答复（法释〔2019〕11号）	2019年5月13日最高人民法院审判委员会第1768次会议通过	2019-7-8	2019-7-20	废止
最高人民法院	最高人民法院研究室关于刑事第二审案件如何确定审判时限问题的电话答复（法释〔2019〕11号）	2019年5月13日最高人民法院审判委员会第1768次会议通过	2019-7-8	2019-7-20	废止
最高人民法院	最高人民法院关于刑事第二审判决改变第一审判决认定的罪名后能否加重附加刑的批复（法释〔2019〕11号）	2019年5月13日最高人民法院审判委员会第1768次会议通过	2019-7-8	2019-7-20	废止
最高人民法院	最高人民法院关于贯彻执行民事政策法律若干问题的意见（法释〔2019〕11号）	2019年5月13日最高人民法院审判委员会第1768次会议通过	2019-7-8	2019-7-20	废止
最高人民法院	最高人民法院关于确认和处理无效经济合同适用何种法律文书问题的批复（法释〔2019〕11号）	2019年5月13日最高人民法院审判委员会第1768次会议通过	2019-7-8	2019-7-20	废止
最高人民法院	最高人民法院关于对注册资金投入未达到法规规定最低限额的企业法人签订的经济合同效力如何确认问题的批复（法释〔2019〕11号）	2019年5月13日最高人民法院审判委员会第1768次会议通过	2019-7-8	2019-7-20	废止
最高人民法院	最高人民法院关于依据何种标准计算电话费滞纳金问题的批复（法释〔2019〕11号）	2019年5月13日最高人民法院审判委员会第1768次会议通过	2019-7-8	2019-7-20	废止
最高人民法院	最高人民法院关于如何确认公民与企业之间借贷行为效力问题的批复（法释〔2019〕11号）	2019年5月13日最高人民法院审判委员会第1768次会议通过	2019-7-8	2019-7-20	废止
最高人民法院	最高人民法院关于国家机关能否作经济合同的保证人及担保条款无效时经济合同是否有效问题的批复（法释〔2019〕11号）	2019年5月13日最高人民法院审判委员会第1768次会议通过	2019-7-8	2019-7-20	废止

续表

发布单位	名称	通过情况	公布时间	施行时间	立法形式
最高人民法院	最高人民法院关于适用婚姻法问题的通知（法释〔2019〕11 号）	2019 年 5 月 13 日最高人民法院审判委员会第 1768 次会议通过	2019-7-8	2019-7-20	废止
最高人民法院	最高人民法院关于对适用婚姻法问题的通知的请示的复函（法释〔2019〕11 号）	2019 年 5 月 13 日最高人民法院审判委员会第 1768 次会议通过	2019-7-8	2019-7-20	废止
最高人民法院	最高人民法院关于债务人有多个债权人而将其全部财产抵押给其中一个债权人是否有效问题的批复（法释〔2019〕11 号）	2019 年 5 月 13 日最高人民法院审判委员会第 1768 次会议通过	2019-7-8	2019-7-20	废止
最高人民法院	最高人民法院关于胡拴毛诉梁宝堂索要信息费一案的复函（法释〔2019〕11 号）	2019 年 5 月 13 日最高人民法院审判委员会第 1768 次会议通过	2019-7-8	2019-7-20	废止
最高人民法院	最高人民法院关于如何确定借款合同履行地问题的批复（法释〔2019〕11 号）	2019 年 5 月 13 日最高人民法院审判委员会第 1768 次会议通过	2019-7-8	2019-7-20	废止
最高人民法院	最高人民法院关于企业相互借贷的合同出借方尚未取得约定利息人民法院应当如何裁决问题的解答（法释〔2019〕11 号）	2019 年 5 月 13 日最高人民法院审判委员会第 1768 次会议通过	2019-7-8	2019-7-20	废止
最高人民法院	最高人民法院关于购销合同履行地的特殊约定问题的批复（法释〔2019〕11 号）	2019 年 5 月 13 日最高人民法院审判委员会第 1768 次会议通过	2019-7-8	2019-7-20	废止
最高人民法院	最高人民法院关于同意指定青岛市中级人民法院为审理专利纠纷案件第一审法院问题的批复（法释〔2019〕11 号）	2019 年 5 月 13 日最高人民法院审判委员会第 1768 次会议通过	2019-7-8	2019-7-20	废止
最高人民法院	最高人民法院关于在经济审判工作中严格执行《中华人民共和国民事诉讼法》的若干规定（法释〔2019〕11 号）	2019 年 5 月 13 日最高人民法院审判委员会第 1768 次会议通过	2019-7-8	2019-7-20	废止
最高人民法院	最高人民法院关于民事经济审判方式改革问题的若干规定（法释〔2019〕11 号）	2019 年 5 月 13 日最高人民法院审判委员会第 1768 次会议通过	2019-7-8	2019-7-20	废止
最高人民法院	最高人民法院关于湖南省供销社等单位与省肉食水产公司房屋纠纷一案应否受理的复函（法释〔2019〕11 号）	2019 年 5 月 13 日最高人民法院审判委员会第 1768 次会议通过	2019-7-8	2019-7-20	废止
最高人民法院	最高人民法院关于民事诉讼当事人因证据不足撤诉后在诉讼时效内再次起诉人民法院应否受理问题的批复（法释〔2019〕11 号）	2019 年 5 月 13 日最高人民法院审判委员会第 1768 次会议通过	2019-7-8	2019-7-20	废止
最高人民法院	最高人民法院关于当事人对医疗事故鉴定结论有异议又不申请重新鉴定而以要求医疗单位赔偿经济损失为由向人民法院起诉的案件应否受理问题的复函（法释〔2019〕11 号）	2019 年 5 月 13 日最高人民法院审判委员会第 1768 次会议通过	2019-7-8	2019-7-20	废止

续表

发布单位	名称	通过情况	公布时间	施行时间	立法形式
最高人民法院	最高人民法院关于企业经营者依企业承包经营合同要求保护其合法权益的起诉人民法院应否受理的批复(法释〔2019〕11号)	2019年5月13日最高人民法院审判委员会第1768次会议通过	2019-7-8	2019-7-20	废止
最高人民法院	最高人民法院关于广东省高要县百货公司南岸批发部和高要县百货公司诉广西壮族自治区凤凰华侨农工商服务公司柳州办事处和湖南省工矿民族贸易公司购销青苎麻合同货款纠纷案与湖南省工矿民族贸易公司诉湖南省工商行政管理局行政处理决定案重复受理应如何处理的复函(法释〔2019〕11号)	2019年5月13日最高人民法院审判委员会第1768次会议通过	2019-7-8	2019-7-20	废止
最高人民法院	最高人民法院关于受理房屋拆迁、补偿、安置等案件问题的批复(法释〔2019〕11号)	2019年5月13日最高人民法院审判委员会第1768次会议通过	2019-7-8	2019-7-20	废止
最高人民法院	最高人民法院关于人民检察院对民事调解书提出抗诉人民法院应否受理问题的批复(法释〔2019〕11号)	2019年5月13日最高人民法院审判委员会第1768次会议通过	2019-7-8	2019-7-20	废止
最高人民法院	最高人民法院关于人民法院是否受理因邮电部门电报稽延纠纷提起诉讼问题的批复(法释〔2019〕11号)	2019年5月13日最高人民法院审判委员会第1768次会议通过	2019-7-8	2019-7-20	废止
最高人民法院	最高人民法院关于合同转让后如何确定合同签订地的批复(法释〔2019〕11号)	2019年5月13日最高人民法院审判委员会第1768次会议通过	2019-7-8	2019-7-20	废止
最高人民法院	最高人民法院关于中国人民解放军和武警部队向地方开放的医疗单位发生的医疗赔偿纠纷由有管辖权的人民法院受理的复函(法释〔2019〕11号)	2019年5月13日最高人民法院审判委员会第1768次会议通过	2019-7-8	2019-7-20	废止
最高人民法院	最高人民法院关于合同双方当事人协议约定发生纠纷各自可向所在地人民法院起诉如何确定管辖问题的复函(法释〔2019〕11号)	2019年5月13日最高人民法院审判委员会第1768次会议通过	2019-7-8	2019-7-20	废止
最高人民法院	最高人民法院关于珠海市东兴房产综合开发公司与珠海经济特区侨辉房产公司、中国农村发展信托投资公司浙江办事处合作经营房地产合同纠纷案管辖问题的通知(法释〔2019〕11号)	2019年5月13日最高人民法院审判委员会第1768次会议通过	2019-7-8	2019-7-20	废止
最高人民法院	最高人民法院关于当事人在合同中协议选择管辖法院问题的复函(法释〔2019〕11号)	2019年5月13日最高人民法院审判委员会第1768次会议通过	2019-7-8	2019-7-20	废止
最高人民法院	最高人民法院关于适用法发〔1996〕28号司法解释问题的批复(法释〔2019〕11号)	2019年5月13日最高人民法院审判委员会第1768次会议通过	2019-7-8	2019-7-20	废止

续表

发布单位	名称	通过情况	公布时间	施行时间	立法形式
最高人民法院	最高人民法院关于对被监禁或被劳动教养的人提起的民事诉讼如何确定案件管辖问题的批复（法释〔2019〕11 号）	2019 年 5 月 13 日最高人民法院审判委员会第 1768 次会议通过	2019-7-8	2019-7-20	废止
最高人民法院	最高人民法院关于人民法院的审判人员可否担任民事案件当事人的委托代理人的批复（法释〔2019〕11 号）	2019 年 5 月 13 日最高人民法院审判委员会第 1768 次会议通过	2019-7-8	2019-7-20	废止
最高人民法院	最高人民法院关于双方不服政府对山林纠纷的处理决定向人民法院起诉应将谁列为被告问题的批复（法释〔2019〕11 号）	2019 年 5 月 13 日最高人民法院审判委员会第 1768 次会议通过	2019-7-8	2019-7-20	废止
最高人民法院	最高人民法院关于经商检局检验出口的商品被退回应否将商检局列为经济合同质量纠纷案件当事人问题的批复（法释〔2019〕11 号）	2019 年 5 月 13 日最高人民法院审判委员会第 1768 次会议通过	2019-7-8	2019-7-20	废止
最高人民法院	最高人民法院关于计算机软件著作权纠纷中外籍当事人应否委托中国律师代理诉讼问题的答复（法释〔2019〕11 号）	2019 年 5 月 13 日最高人民法院审判委员会第 1768 次会议通过	2019-7-8	2019-7-20	废止
最高人民法院	最高人民法院关于未经对方当事人同意私自录制其谈话取得的资料不能作为证据使用的批复（法释〔2019〕11 号）	2019 年 5 月 13 日最高人民法院审判委员会第 1768 次会议通过	2019-7-8	2019-7-20	废止
最高人民法院	最高人民法院关于印发《经济纠纷案件适用简易程序开庭审理的若干规定》的通知附：经济纠纷案件适用简易程序开庭审理的若干规定（法释〔2019〕11 号）	2019 年 5 月 13 日最高人民法院审判委员会第 1768 次会议通过	2019-7-8	2019-7-20	废止
最高人民法院	最高人民法院关于印发《第一审经济纠纷案件适用普通程序开庭审理的若干规定》的通知 附：第一审经济纠纷案件适用普通程序开庭审理的若干规定（法释〔2019〕11 号）	2019 年 5 月 13 日最高人民法院审判委员会第 1768 次会议通过	2019-7-8	2019-7-20	废止
最高人民法院	最高人民法院关于民事调解书确有错误当事人没有申请再审的案件人民法院可否再审问题的批复（法释〔2019〕11 号）	2019 年 5 月 13 日最高人民法院审判委员会第 1768 次会议通过	2019-7-8	2019-7-20	废止
最高人民法院	最高人民法院关于民事损害赔偿案件当事人的再审申请超出原审诉讼请求人民法院是否应当再审问题的批复（法释〔2019〕11 号）	2019 年 5 月 13 日最高人民法院审判委员会第 1768 次会议通过	2019-7-8	2019-7-20	废止
最高人民法院	最高人民法院关于人民法院对民事案件发回重审和指令再审有关问题的规定（法释〔2019〕11 号）	2019 年 5 月 13 日最高人民法院审判委员会第 1768 次会议通过	2019-7-8	2019-7-20	废止

续表

发布单位	名称	通过情况	公布时间	施行时间	立法形式
最高人民法院	最高人民法院关于审理涉及人民调解协议的民事案件的若干规定(法释〔2019〕11号)	2019年5月13日最高人民法院审判委员会第1768次会议通过	2019-7-8	2019-7-20	废止
最高人民法院	最高人民法院关于审判监督程序中,上级人民法院对下级人民法院已经发生法律效力的判决、裁定,何时裁定中止执行和中止执行的裁定由谁署名问题的批复(法释〔2019〕11号)	2019年5月13日最高人民法院审判委员会第1768次会议通过	2019-7-8	2019-7-20	废止
最高人民法院	最高人民法院关于在执行经济纠纷案件中严禁违法拘留人的通知(法释〔2019〕11号)	2019年5月13日最高人民法院审判委员会第1768次会议通过	2019-7-8	2019-7-20	废止
最高人民法院	最高人民法院关于坚决纠正和制止以扣押人质方式解决经济纠纷的通知(法释〔2019〕11号)	2019年5月13日最高人民法院审判委员会第1768次会议通过	2019-7-8	2019-7-20	废止
最高人民法院	最高人民法院关于在审理经济合同纠纷案件中发现一方当事人利用签订经济合同进行诈骗的,人民法院可否直接追缴被骗钱物问题的复函(法释〔2019〕11号)	2019年5月13日最高人民法院审判委员会第1768次会议通过	2019-7-8	2019-7-20	废止
最高人民法院	最高人民法院关于人民法院依法有权查询、冻结和扣划邮政储蓄存款问题的批复(法释〔2019〕11号)	2019年5月13日最高人民法院审判委员会第1768次会议通过	2019-7-8	2019-7-20	废止
最高人民法院	最高人民法院关于必须严格控制对被执行人采取拘捕措施的通知(法释〔2019〕11号)	2019年5月13日最高人民法院审判委员会第1768次会议通过	2019-7-8	2019-7-20	废止
最高人民法院	最高人民法院关于当事人对具有强制执行效力的公证债权文书的内容有争议提起诉讼人民法院是否受理问题的批复(法释〔2019〕11号)	2019年5月13日最高人民法院审判委员会第1768次会议通过	2019-7-8	2019-7-20	废止
最高人民法院	最高人民法院关于中、日两国之间委托送达法律文书使用送达回证问题的通知(法释〔2019〕11号)	2019年5月13日最高人民法院审判委员会第1768次会议通过	2019-7-8	2019-7-20	废止
最高人民法院	最高人民法院关于中国留学生在留学期间如何在人民法院进行离婚诉讼问题的函(法释〔2019〕11号)	2019年5月13日最高人民法院审判委员会第1768次会议通过	2019-7-8	2019-7-20	废止
最高人民法院	最高人民法院关于当事人对按自动撤回上诉处理的裁定不服申请再审人民法院应如何处理问题的批复(法释〔2019〕11号)	2019年5月13日最高人民法院审判委员会第1768次会议通过	2019-7-8	2019-7-20	废止
最高人民法院	最高人民法院关于人民法院裁定撤销仲裁裁决或驳回当事人申请后当事人能否上诉问题的批复(法释〔2019〕11号)	2019年5月13日最高人民法院审判委员会第1768次会议通过	2019-7-8	2019-7-20	废止

续表

发布单位	名称	通过情况	公布时间	施行时间	立法形式
最高人民法院	最高人民法院关于死刑复核及执行程序中保障当事人合法权益的若干规定(法释〔2019〕12号)	2019年4月29日最高人民法院审判委员会第1767次会议通过	2019-8-8	2019-9-1	制定
最高人民法院、最高人民检察院	最高人民法院、最高人民检察院关于办理组织考试作弊等刑事案件适用法律若干问题的解释(法释〔2019〕13号)	2019年4月8日最高人民法院审判委员会第1765次会议、2019年6月28日最高人民检察院第十三届检察委员会第二十次会议通过	2019-9-2	2019-9-4	制定
最高人民法院	最高人民法院关于内地与香港特别行政法院就仲裁程序相互协助保全的安排(法释〔2019〕14号)	2019年3月25日最高人民法院审判委员会第1763次会议通过	2019-9-26	2019-10-1	制定
最高人民法院、最高人民检察院	最高人民法院、最高人民检察院关于办理非法利用信息网络、帮助信息网络犯罪活动等刑事案件适用法律若干问题的解释(法释〔2019〕15号)	2019年6月3日最高人民法院审判委员会第1771次会议、2019年9月4日最高人民检察院第十三届检察委员会第二十三次会议通过	2019-10-21	2019-11-1	制定
最高人民法院	最高人民法院关于审理走私、非法经营、非法使用兴奋剂刑事案件适用法律若干问题的解释(法释〔2019〕16号)	2019年11月12日最高人民法院审判委员会第1781次会议通过	2019-11-18	2020-1-1	制定
最高人民法院	最高人民法院关于审理行政协议案件若干问题的规定(法释〔2019〕17号)	2019年11月12日最高人民法院审判委员会第1781次会议通过	2019-11-27	2020-1-1	制定
最高人民法院、最高人民检察院	最高人民法院、最高人民检察院关于人民检察院提起刑事附带民事公益诉讼应否履行诉前公告程序问题的批复(法释〔2019〕18号)	2019年9月9日最高人民法院审判委员会第1776次会议、2019年9月12日最高人民检察院第十三届检察委员会第二十四次会议通过	2019-11-25	2019-12-6	制定
最高人民法院	最高人民法院关于修改《关于民事诉讼证据的若干规定》的决定(法释〔2019〕19号)	2019年10月14日最高人民法院审判委员会第1777次会议通过	2019-12-25	2020-5-1	修改
最高人民法院	最高人民法院关于适用《中华人民共和国外商投资法》若干问题的解释(法释〔2019〕20号)	2019年12月16日最高人民法院审判委员会第1787次会议通过	2019-12-26	2020-1-1	制定
最高人民检察院	人民检察院检察建议工作规定(高检发释字〔2019〕1号)	2018年12月25日最高人民检察院第十三届检察委员会第十二次会议通过	2019-2-26	2019-2-26	制定
最高人民检察院	最高人民检察院关于《非药用类麻醉品和精神药品管制品种增补目录》能否作为认定毒品依据的批复(高检发释字〔2019〕2号)	2018年12月12日最高人民检察院第十三届检察委员会第十一次会议通过	2019-4-29	2019-4-30	制定
最高人民检察院	最高人民检察院关于对"公捕"问题的意见(高检发释字〔2019〕3号)	2019年5月8日最高人民检察院第十三届检察委员会第十八次会议通过	2019-6-14	2019-6-14	废止

续表

发布单位	名称	通过情况	公布时间	施行时间	立法形式
最高人民检察院	最高人民检察院关于印发《最高人民检察院关于贪污受贿案件免予起诉工作的规定》的通知（高检发释字〔2019〕3号）	2019年5月8日最高人民检察院第十三届检察委员会第十八次会议通过	2019-6-14	2019-6-14	废止
最高人民检察院	最高人民检察院关于对携款潜逃的贪污、贿赂等案犯及时立案、报告的通知（高检发释字〔2019〕3号）	2019年5月8日最高人民检察院第十三届检察委员会第十八次会议通过	2019-6-14	2019-6-14	废止
最高人民检察院	最高人民检察院关于加强查处偷税、抗税、骗取国家出口退税犯罪案件工作的通知（高检发释字〔2019〕3号）	2019年5月8日最高人民检察院第十三届检察委员会第十八次会议通过	2019-6-14	2019-6-14	废止
最高人民检察院	最高人民检察院关于进一步加强大案要案查处工作的通知（高检发释字〔2019〕3号）	2019年5月8日最高人民检察院第十三届检察委员会第十八次会议通过	2019-6-14	2019-6-14	废止
最高人民检察院	最高人民检察院关于印发《关于人民检察院直接受理立案侦查案件范围的规定》的通知（高检发释字〔2019〕3号）	2019年5月8日最高人民检察院第十三届检察委员会第十八次会议通过	2019-6-14	2019-6-14	废止
最高人民检察院	最高人民检察院关于加强预防职务犯罪工作的意见（高检发释字〔2019〕3号）	2019年5月8日最高人民检察院第十三届检察委员会第十八次会议通过	2019-6-14	2019-6-14	废止
最高人民检察院	最高人民检察院关于印发《最高人民检察院关于检察机关反贪污贿赂工作若干问题的决定》的通知（高检发释字〔2019〕3号）	2019年5月8日最高人民检察院第十三届检察委员会第十八次会议通过	2019-6-14	2019-6-14	废止
最高人民检察院	最高人民检察院关于印发《最高人民检察院关于进一步加强预防职务犯罪工作的决定》的通知（高检发释字〔2019〕3号）	2019年5月8日最高人民检察院第十三届检察委员会第十八次会议通过	2019-6-14	2019-6-14	废止
最高人民检察院	最高人民检察院关于进一步加大对严重行贿犯罪打击力度的通知（高检发释字〔2019〕3号）	2019年5月8日最高人民检察院第十三届检察委员会第十八次会议通过	2019-6-14	2019-6-14	废止
最高人民检察院	最高人民检察院关于印发《最高人民检察院关于检察机关有关内设机构预防职务犯罪工作职责分工的规定》的通知（高检发释字〔2019〕3号）	2019年5月8日最高人民检察院第十三届检察委员会第十八次会议通过	2019-6-14	2019-6-14	废止
最高人民检察院	最高人民检察院关于印发《最高人民检察院考评各省、自治区、直辖市检察机关查办职务犯罪案件工作办法（试行）》的通知（高检发释字〔2019〕3号）	2019年5月8日最高人民检察院第十三届检察委员会第十八次会议通过	2019-6-14	2019-6-14	废止

续表

发布单位	名称	通过情况	公布时间	施行时间	立法形式
最高人民检察院	最高人民检察院关于印发《人民检察院〈关于加强行政机关与检察机关在重大责任事故调查处理中的联系和配合的暂行规定〉的实施办法》的通知(高检发释字〔2019〕3号)	2019年5月8日最高人民检察院第十三届检察委员会第十八次会议通过	2019-6-14	2019-6-14	废止
最高人民检察院	最高人民检察院关于印发《关于加强查办危害土地资源渎职犯罪工作的指导意见》的通知(高检发释字〔2019〕3号)	2019年5月8日最高人民检察院第十三届检察委员会第十八次会议通过	2019-6-14	2019-6-14	废止
最高人民检察院	最高人民检察院关于印发《关于省级以下人民检察院立案侦查的案件由上一级人民检察院审查决定逮捕的规定(试行)》的通知(高检发释字〔2019〕3号)	2019年5月8日最高人民检察院第十三届检察委员会第十八次会议通过	2019-6-14	2019-6-14	废止
最高人民检察院	最高人民检察院关于印发省级以下人民检察院立案侦查的案件由上一级人民检察院审查决定逮捕法律文书工作文书的通知(高检发释字〔2019〕3号)	2019年5月8日最高人民检察院第十三届检察委员会第十八次会议通过	2019-6-14	2019-6-14	废止
最高人民检察院	最高人民检察院关于印发《人民检察院文明接待室评比标准》的通知(高检发释字〔2019〕3号)	2019年5月8日最高人民检察院第十三届检察委员会第十八次会议通过	2019-6-14	2019-6-14	废止
最高人民检察院	最高人民检察院关于印发《最高人民检察院关于加强和改进新形势下惩治和预防渎职侵权犯罪工作若干问题的决定》的通知(高检发释字〔2019〕3号)	2019年5月8日最高人民检察院第十三届检察委员会第十八次会议通过	2019-6-14	2019-6-14	废止
最高人民检察院	最高人民检察院关于印发《〈关于省级以下人民检察院立案侦查的案件由上一级人民检察院审查决定逮捕的规定(试行)〉的补充规定》的通知(高检发释字〔2019〕3号)	2019年5月8日最高人民检察院第十三届检察委员会第十八次会议通过	2019-6-14	2019-6-14	废止
最高人民检察院	最高人民检察院关于印发《最高人民检察院关于实行惩治和预防职务犯罪年度报告制度的意见》的通知(高检发释字〔2019〕3号)	2019年5月8日最高人民检察院第十三届检察委员会第十八次会议通过	2019-6-14	2019-6-14	废止
最高人民检察院	最高人民检察院关于印发《最高人民检察院关于行贿犯罪档案查询工作的规定》的通知(高检发释字〔2019〕3号)	2019年5月8日最高人民检察院第十三届检察委员会第十八次会议通过	2019-6-14	2019-6-14	废止
最高人民检察院	最高人民检察院关于印发《最高人民检察院关于加强职务犯罪侦查预防能力建设的意见》的通知(高检发释字〔2019〕3号)	2019年5月8日最高人民检察院第十三届检察委员会第十八次会议通过	2019-6-14	2019-6-14	废止

续表

发布单位	名称	通过情况	公布时间	施行时间	立法形式
最高人民检察院	最高人民检察院、国家工商行政管理总局关于加强联系与配合，在工商行政管理系统共同开展预防职务犯罪工作的通知（高检发释字〔2019〕3号）	2019年5月8日最高人民检察院第十三届检察委员会第十八次会议通过	2019-6-14	2019-6-14	废止
最高人民检察院	最高人民检察院、海关总署关于在海关系统共同开展预防职务犯罪工作中加强联系配合的通知（高检发释字〔2019〕3号）	2019年5月8日最高人民检察院第十三届检察委员会第十八次会议通过	2019-6-14	2019-6-14	废止
最高人民检察院	最高人民检察院、国家税务总局关于在税务系统中共同做好预防职务犯罪工作的通知（高检发释字〔2019〕3号）	2019年5月8日最高人民检察院第十三届检察委员会第十八次会议通过	2019-6-14	2019-6-14	废止
最高人民检察院	最高人民检察院、中共中央企业工作委员会、国家经济贸易委员会关于共同做好国有企业中贪污贿赂犯罪预防工作的通知（高检发释字〔2019〕3号）	2019年5月8日最高人民检察院第十三届检察委员会第十八次会议通过	2019-6-14	2019-6-14	废止
最高人民检察院	最高人民检察院、中央金融工委、中国人民银行、中国证券监督管理委员会、中国保险监督管理委员会关于在金融系统共同开展预防职务犯罪工作的通知（高检发释字〔2019〕3号）	2019年5月8日最高人民检察院第十三届检察委员会第十八次会议通过	2019-6-14	2019-6-14	废止
最高人民检察院	最高人民检察院、卫生部、国家药品监督管理局、国家中医药管理局关于在医药卫生领域职务犯罪系统预防工作中加强联系配合的通知（高检发释字〔2019〕3号）	2019年5月8日最高人民检察院第十三届检察委员会第十八次会议通过	2019-6-14	2019-6-14	废止
最高人民检察院	最高人民检察院、国家发展计划委员会、建设部、交通部、水利部关于在工程建设领域共同开展预防职务犯罪工作中加强联系配合的通知（高检发释字〔2019〕3号）	2019年5月8日最高人民检察院第十三届检察委员会第十八次会议通过	2019-6-14	2019-6-14	废止
最高人民检察院	最高人民检察院、审计署关于进一步加强检察机关与审计机关在反腐败工作中协作配合的通知（高检发释字〔2019〕3号）	2019年5月8日最高人民检察院第十三届检察委员会第十八次会议通过	2019-6-14	2019-6-14	废止
最高人民检察院	最高人民检察院、国家税务总局关于印发《关于加强检察机关税务机关在开展集中查办破坏社会主义市场经济秩序渎职犯罪专项工作中协作配合的联席会议纪要》的通知（高检发释字〔2019〕3号）	2019年5月8日最高人民检察院第十三届检察委员会第十八次会议通过	2019-6-14	2019-6-14	废止
最高人民检察院	最高人民检察院、中国银行业监督管理委员会关于在查处贪污贿赂等职务犯罪案件中加强协调配合的通知（高检发释字〔2019〕3号）	2019年5月8日最高人民检察院第十三届检察委员会第十八次会议通过	2019-6-14	2019-6-14	废止

续表

发布单位	名称	通过情况	公布时间	施行时间	立法形式
最高人民检察院	最高人民检察院、建设部关于在查处贪污贿赂等职务犯罪案件中加强协作配合的通知（高检发释字〔2019〕3 号）	2019 年 5 月 8 日最高人民检察院第十三届检察委员会第十八次会议通过	2019-6-14	2019-6-14	废止
最高人民检察院	最高人民检察院、审计署关于加强铁路检察机关与审计机关工作协作配合、健全案件移送制度的通知（高检发释字〔2019〕3 号）	2019 年 5 月 8 日最高人民检察院第十三届检察委员会第十八次会议通过	2019-6-14	2019-6-14	废止
最高人民检察院	最高人民检察院、国家质量监督检验检疫总局关于印发《最高人民检察院、国家质量监督检验检疫总局关于在查处和预防渎职等职务犯罪工作中加强联系协作的若干意见（暂行）》的通知（高检发释字〔2019〕3 号）	2019 年 5 月 8 日最高人民检察院第十三届检察委员会第十八次会议通过	2019-6-14	2019-6-14	废止
最高人民检察院	最高人民检察院、国土资源部关于印发《关于人民检察院与国土资源行政主管部门在查处和预防渎职等职务犯罪工作中协作配合的若干规定（暂行）》的通知（高检发释字〔2019〕3 号）	2019 年 5 月 8 日最高人民检察院第十三届检察委员会第十八次会议通过	2019-6-14	2019-6-14	废止
最高人民检察院	最高人民检察院、国家林业局关于印发《关于人民检察院与林业主管部门在查处和预防渎职等职务犯罪工作中加强联系和协作的意见》的通知（高检发释字〔2019〕3 号）	2019 年 5 月 8 日最高人民检察院第十三届检察委员会第十八次会议通过	2019-6-14	2019-6-14	废止
最高人民检察院	最高人民检察院、住房和城乡建设部关于建立案件线索移送和加强协作配合制度的通知（高检发释字〔2019〕3 号）	2019 年 5 月 8 日最高人民检察院第十三届检察委员会第十八次会议通过	2019-6-14	2019-6-14	废止
最高人民检察院	最高人民检察院、中央农村工作领导小组办公室、国家发展和改革委员会、教育部、民政部、财政部、人力资源和社会保障部、国土资源部、水利部、农业部、卫生部、审计署、国家林业局、国务院扶贫开发领导小组办公室关于在查办和预防涉农惠民领域职务犯罪工作中加强协作配合的通知（高检发释字〔2019〕3 号）	2019 年 5 月 8 日最高人民检察院第十三届检察委员会第十八次会议通过	2019-6-14	2019-6-14	废止
最高人民检察院	最高人民检察院、民政部关于印发《关于在民政系统预防职务犯罪工作中加强联系配合的意见》的通知（高检发释字〔2019〕3 号）	2019 年 5 月 8 日最高人民检察院第十三届检察委员会第十八次会议通过	2019-6-14	2019-6-14	废止
最高人民检察院	最高人民检察院、国家发展和改革委员会关于在招标投标活动中全面开展行贿犯罪档案查询的通知（高检发释字〔2019〕3 号）	2019 年 5 月 8 日最高人民检察院第十三届检察委员会第十八次会议通过	2019-6-14	2019-6-14	废止

续表

发布单位	名称	通过情况	公布时间	施行时间	立法形式
最高人民检察院	最高人民检察院、住房和城乡建设部、交通运输部、水利部关于在工程建设领域开展行贿犯罪档案查询工作的通知(高检发释字〔2019〕3号)	2019年5月8日最高人民检察院第十三届检察委员会第十八次会议通过	2019-6-14	2019-6-14	废止
最高人民检察院	最高人民检察院、国务院扶贫办关于在扶贫开发领域预防职务犯罪工作中加强联系配合的意见(高检发释字〔2019〕3号)	2019年5月8日最高人民检察院第十三届检察委员会第十八次会议通过	2019-6-14	2019-6-14	废止
最高人民检察院	最高人民检察院、国务院扶贫办关于印发《全国检察机关、扶贫部门集中整治和加强预防扶贫领域职务犯罪专项工作方案》的通知(高检发释字〔2019〕3号)	2019年5月8日最高人民检察院第十三届检察委员会第十八次会议通过	2019-6-14	2019-6-14	废止
最高人民检察院	最高人民检察院、审计署关于进一步加强检察机关和审计机关工作联系的通知(高检发释字〔2019〕3号)	2019年5月8日最高人民检察院第十三届检察委员会第十八次会议通过	2019-6-14	2019-6-14	废止
最高人民检察院	最高人民检察院、审计署关于建立案件移送和加强工作协作配合制度的通知(高检发释字〔2019〕3号)	2019年5月8日最高人民检察院第十三届检察委员会第十八次会议通过	2019-6-14	2019-6-14	废止
最高人民检察院	人民检察院刑事诉讼规则(高检发释字〔2019〕4号)	2019年12月2日最高人民检察院第十三届检察委员会第二十八次会议通过	2019-12-30	2019-12-30	制定

五、特别行政区报送备案的法律目录

香港特别行政区法律目录

（共 11 件）

1.《2019 年选举法例（杂项修订）条例》（2019 年第 1 号条例）

2.《南极海洋生物资源养护条例》（2019 年第 2 号条例）

3.《2019 年财务汇报局（修订）条例》（2019 年第 3 号条例）

4.《2019 年税务（修订）条例》（2019 年第 4 号条例）

5.《2019 年税务（豁免基金缴付利得税）（修订）条例》（2019 年第 5 号条例）

6.《2019 年税务（修订）（第 2 号）条例》（2019 年第 6 号条例）

7.《2019 年税务及强积金计划法例（关于年金保费及强积金自愿性供款的税务扣除）（修订）条例》（2019 年第 7 号条例）

8.《2019 年拨款条例》（2019 年第 8 号条例）

9.《2019 年税务（修订）（税务宽免）条例》（2019 年第 9 号条例）

10.《2019 年司法人员（延展退休年龄）（修订）条例》（2019 年第 10 号条例）

11.《2019 年选举法例（杂项修订）（第 2 号）条例》（2019 年第 11 号条例）

澳门特别行政区法律目录

（共 22 件）

1. 修改第 5/1999 号法律《国旗、国徽及国歌的使用及保护》（第 1/2019 号法律）

2.《重建楼宇税务优惠制度》（第 2/2019 号法律）

3.《轻型出租汽车客运法律制度》（第 3/2019 号法律）

4. 修改第 9/1999 号法律《司法组织纲要法》（第 4/2019 号法律）

5.《社会工作者专业资格制度》（第 5/2019 号法律）

6.《融资租赁公司法律制度》（第 6/2019 号法律）

7.《融资租赁税务优惠制度》（第 7/2019 号法律）

8.《都市更新暂住房及置换房法律制度》（第 8/2019 号法律）

9. 修改第 8/2014 号法律《预防和控制环境噪音》（第 9/2019 号法律）

10. 修改第 17/2009 号法律《禁止不法生产、贩卖和吸食麻醉药品及精神药物》（第 10/2019 号法律）

11. 修改第 7/2015 号法律《物业管理业务的清洁及保安雇员的最低工资》（第 11/2019 号法律）

12.《船舶商业登记法》（第 12/2019 号法律）

13.《网络安全法》（第 13/2019 号法律）

14.《巩固社会保障基金的财政资源》（第 14/2019 号法律）

15. 关于毛坯钻石国际贸易的《金伯利进程证书制度》执行法（第 15/2019 号法律）

16.《限制提供塑胶袋》（第 16/2019 号法律）

17.《社会房屋法律制度》(第17/2019号法律)

18.《轻轨交通系统法》(第18/2019号法律)

19.《仲裁法》(第19/2019号法律)

20.《确定一九八八年至一九九九年公布的若干法律及法令不生效》(第20/2019号法律)

21. 修改《所得补充税规章》(第21/2019号法律)

22.《2020年财政年度预算案》(第22/2019号法律)

第十三届全国人民代表大会常务委员会第八次会议决定任免、批准任免、任免名单

全国人民代表大会常务委员会任命名单

（2019 年 1 月 30 日第十三届全国人民代表大会常务委员会第八次会议通过）

任命李宁为全国人民代表大会常务委员会法制工作委员会副主任。

全国人民代表大会常务委员会任免名单

（2019 年 1 月 30 日第十三届全国人民代表大会常务委员会第八次会议通过）

一、任命高憬宏为最高人民法院副院长、审判委员会委员、审判员。

二、免去周峰的最高人民法院审判委员会委员、刑事审判第四庭庭长、审判员职务。

三、免去张勇健的最高人民法院审判委员会委员、民事审判第四庭庭长职务。

全国人民代表大会常务委员会任命名单

（2019 年 1 月 30 日第十三届全国人民代表大会常务委员会第八次会议通过）

任命聂建华、王守安、胡卫列为最高人民检察院检察委员会委员。

全国人民代表大会常务委员会任命名单

（2019 年 1 月 30 日第十三届全国人民代表大会常务委员会第八次会议通过）

任命蒋洪军为中国人民解放军军事检察院检察长。

全国人民代表大会常务委员会批准免职的名单

（2019 年 1 月 30 日第十三届全国人民代表大会常务委员会第八次会议通过）

一、批准免去游劝荣的湖南省人民检察院检察长职务。

二、批准免去李宁的云南省人民检察院检察长职务。

全国人民代表大会常务委员会决定任免的名单

（2019年1月30日第十三届全国人民代表大会常务委员会第八次会议通过）

免去程永华的中华人民共和国驻日本国特命全权大使职务；

任命孔铉佑为中华人民共和国驻日本国特命全权大使。

（2019年6月12日国家主席习近平根据全国人大常委会的决定召回和派遣）

免去宋爱国的中华人民共和国驻阿拉伯埃及共和国特命全权大使职务；

任命廖力强为中华人民共和国驻阿拉伯埃及共和国特命全权大使。

（2019年7月4日国家主席习近平根据全国人大常委会的决定召回和派遣）

免去王民的中华人民共和国驻挪威王国特命全权大使职务。

（2019年7月4日国家主席习近平根据全国人大常委会的决定召回）

第十三届全国人民代表大会常务委员会第九次会议决定任免、批准任免、任免名单

全国人民代表大会常务委员会任免名单

（2019年2月27日第十三届全国人民代表大会常务委员会第九次会议通过）

一、免去曾广东的最高人民法院刑事审判第四庭副庭长、审判员职务。

二、任命肖芳（女）、寇秉辉、季伟明、王成慧（女）、王岩（女）、关晓海、马鸿达、叶欢（女）、乐敏（女）、欧海燕（女）、胡瑜（女）、刘平（女）、徐飞（女）为最高人民法院审判员。

三、免去马东的最高人民法院审判员职务。

全国人民代表大会常务委员会批准任命的名单

（2019年2月27日第十三届全国人民代表大会常务委员会第九次会议通过）

一、批准任命王光辉为云南省人民检察院检察长。

二、批准任命蒙永山为青海省人民检察院检察长。

全国人民代表大会常务委员会决定任免的名单

（2019年2月27日第十三届全国人民代表大会常务委员会第九次会议通过）

任命徐宏为中华人民共和国驻荷兰王国特命全权大使。

（2019年6月12日国家主席习近平根据全国人大常委会的决定派遣）

免去李瑞宇的中华人民共和国驻意大利共和国特命全权大使兼驻圣马力诺共和国特命全权大

使职务；

任命李军华为中华人民共和国驻意大利共和国特命全权大使兼驻圣马力诺共和国特命全权大使。

（2019 年 6 月 12 日国家主席习近平根据全国人大常委会的决定召回和派遣）

任命祝青桥为中华人民共和国驻墨西哥合众国特命全权大使。

（2019 年 6 月 12 日国家主席习近平根据全国人大常委会的决定派遣）

免去王宪民的中华人民共和国驻安提瓜和巴布达特命全权大使职务；

任命孙昂为中华人民共和国驻安提瓜和巴布达特命全权大使。

（2019 年 6 月 12 日国家主席习近平根据全国人大常委会的决定召回和派遣）

免去洪亮的中华人民共和国驻缅甸联邦共和国特命全权大使职务；

任命陈海为中华人民共和国驻缅甸联邦共和国特命全权大使。

（2019 年 7 月 4 日国家主席习近平根据全国人大常委会的决定召回和派遣）

免去庞森的中华人民共和国驻伊朗伊斯兰共和国特命全权大使职务；

任命常华为中华人民共和国驻伊朗伊斯兰共和国特命全权大使。

（2019 年 7 月 4 日国家主席习近平根据全国人大常委会的决定召回和派遣）

免去胡兆明的中华人民共和国驻克罗地亚共和国特命全权大使职务；

任命许尔文（女）为中华人民共和国驻克罗地亚共和国特命全权大使。

（2019 年 7 月 4 日国家主席习近平根据全国人大常委会的决定召回和派遣）

免去李琛的中华人民共和国驻卡塔尔国特命全权大使职务；

任命周剑为中华人民共和国驻卡塔尔国特命全权大使。

（2019 年 8 月 8 日国家主席习近平根据全国人大常委会的决定召回和派遣）

任命雷克中为中华人民共和国驻莱索托王国特命全权大使。

（2019 年 9 月 12 日国家主席习近平根据全国人大常委会的决定派遣）

免去贾桂德的中华人民共和国驻秘鲁共和国特命全权大使职务。

（2019 年 13 月 3 日国家主席习近平根据全国人大常委会的决定召回）

第十三届全国人民代表大会常务委员会第十次会议决定任免、批准任免、任免名单

全国人民代表大会常务委员会任命名单

（2019 年 4 月 23 日第十三届全国人民代表大会常务委员会第十次会议通过）

任命夏光为全国人民代表大会常务委员会预算工作委员会副主任。

全国人民代表大会常务委员会任免名单

（2019 年 4 月 23 日第十三届全国人民代表大会常务委员会第十次会议通过）

一、任命王淑梅（女）为最高人民法院民事审判第四庭庭长。

二、任命席小鸿为最高人民法院环境资源审判庭副庭长、审判员。

三、免去李广宇、王敬波（女）的最高人民法院行政审判庭副庭长职务。

四、免去姜伟的最高人民法院审判监督庭副庭长、审判员职务。

五、任命才旦卓玛（女）、戴怡婷（女）、张玲玲（女）、周波、江建中为最高人民法院审判员。

六、免去宋建立、王琳（女）、符连香（女）、张元的最高人民法院审判员职务。

全国人民代表大会常务委员会任免名单

（2019 年 4 月 23 日第十三届全国人民代表大会常务委员会第十次会议通过）

一、任命宋建立为最高人民检察院检察员。

二、免去贾小刚的最高人民检察院检察员职务。

全国人民代表大会常务委员会批准免职的名单

（2019 年 4 月 23 日第十三届全国人民代表大会常务委员会第十次会议通过）

批准免去于天敏的辽宁省人民检察院检察长职务。

全国人民代表大会常务委员会决定任免的名单

（2019 年 4 月 23 日第十三届全国人民代表大会常务委员会第十次会议通过）

任命易先良为中华人民共和国驻挪威王国特命全权大使。

（2019 年 7 月 4 日国家主席习近平根据全国人大常委会的决定派遣）

免去俞建华的中华人民共和国常驻联合国日内瓦办事处和瑞士其他国际组织代表、特命全权大使职务；

任命陈旭为中华人民共和国常驻联合国日内瓦办事处和瑞士其他国际组织代表、特命全权大使。

（2019 年 7 月 4 日国家主席习近平根据全国人大常委会的决定召回和派遣）

免去罗照辉的中华人民共和国驻印度共和国特命全权大使职务；

任命孙卫东为中华人民共和国驻印度共和国特命全权大使。

（2019 年 8 月 8 日国家主席习近平根据全国人大常委会的决定召回和派遣）

免去季雁池的中华人民共和国驻格鲁吉亚特命全权大使职务；

任命李岩（女）为中华人民共和国驻格鲁吉亚特命全权大使。

（2019 年 8 月 8 日国家主席习近平根据全国人大常委会的决定召回和派遣）

免去魏敬华的中华人民共和国驻阿塞拜疆共和国特命全权大使职务；

任命郭敏（女）为中华人民共和国驻阿塞拜疆共和国特命全权大使。

（2019 年 8 月 8 日国家主席习近平根据全国人大常委会的决定召回和派遣）

免去翟隽的中华人民共和国驻法兰西共和国特命全权大使兼驻摩纳哥公国特命全权大使职务；

任命卢沙野为中华人民共和国驻法兰西共和国特命全权大使兼驻摩纳哥公国特命全权大使。

（2019 年 8 月 8 日国家主席习近平根据全国人大常委会的决定召回和派遣）

免去卢沙野的中华人民共和国驻加拿大特命全权大使职务。

（2019 年 10 月 12 日国家主席习近平根据全国人大常委会的决定召回）

第十三届全国人民代表大会常务委员会第十一次会议决定任免、批准任免、任免名单

全国人民代表大会常务委员会任免名单

（2019 年 6 月 29 日第十三届全国人民代表大会常务委员会第十一次会议通过）

一、免去江必新的最高人民法院第三巡回法庭庭长职务。

二、任命高憬宏为最高人民法院第三巡回法庭庭长。

三、免去程新文的最高人民法院民事审判第一庭庭长职务。

四、任命郑学林为最高人民法院民事审判第一庭庭长，免去其立案庭庭长职务。

五、任命钱晓晨为最高人民法院立案庭庭长。

六、任命滕伟（女）为最高人民法院刑事审判第四庭庭长。

七、任命李剑为最高人民法院民事审判第三庭副庭长，免去其知识产权法庭副庭长职务。

八、任命梁凤云为最高人民法院行政审判庭副庭长。

九、任命胡夏冰为最高人民法院第一巡回法庭副庭长。

十、任命张树明为最高人民法院第二巡回法庭副庭长。

十一、免去冯小光的最高人民法院民事审判第一庭副庭长、审判员职务。

十二、免去王振宇的最高人民法院行政审判庭副庭长职务。

十三、免去万永海的最高人民法院第二巡回法庭副庭长职务。

十四、任命侯伟、王蓓蓓（女）、马军、李自柱、原晓爽（女）、雷艳珍（女）、孔立明、周平、潘才敏、袁晓贞（女）、于志涛、钱建国、陈瑞子（女）、岳利浩、欧宏伟为最高人民法院审判员。

十五、免去付少军的最高人民法院审判员职务。

全国人民代表大会常务委员会任免名单

（2019 年 6 月 29 日第十三届全国人民代表大会常务委员会第十一次会议通过）

一、任命苗生明、冯小光、孔静（女）、刘辰（女）、刘中琦、刘文峰、刘华英、朱荣力、许栋梁、时磊、李翊（女）、李楠（女）、李豪、李玉花（女）、李聪明（女）、杨冬梅（女）、邱睿、易小斌、罗曦（女）、胡延龙、覃剑峰、韩成军为最高人民检察院检察员。

二、免去刘岳、易志斌、姜郁（女）的最高人民检察院检察员职务。

全国人民代表大会常务委员会决定任免的名单

（2019 年 6 月 29 日第十三届全国人民代表大会常务委员会第十一次会议通过）

免去马朝旭的中华人民共和国常驻联合国代表、特命全权大使职务；

任命张军为中华人民共和国常驻联合国代表、特命全权大使。

（2019 年 8 月 8 日国家主席习近平根据全国人大常委会的决定召回和派遣）

免去李辉的中华人民共和国驻俄罗斯联邦特命全权大使职务；

任命张汉晖为中华人民共和国驻俄罗斯联邦特命全权大使。

（2019 年 9 月 12 日国家主席习近平根据全国人大常委会的决定召回和派遣）

免去张佐的中华人民共和国驻孟加拉人民共和国特命全权大使职务；

任命李极明为中华人民共和国驻孟加拉人民共和国特命全权大使。

（2019 年 9 月 12 日国家主席习近平根据全国人大常委会的决定召回和派遣）

免去殷立贤（女）的中华人民共和国驻北马其顿共和国特命全权大使职务；

任命张佐为中华人民共和国驻北马其顿共和国特命全权大使。

（2019 年 10 月 12 日国家主席习近平根据全国人大常委会的决定召回和派遣）

免去黄勇的中华人民共和国驻拉脱维亚共和国特命全权大使职务；

任命梁建全为中华人民共和国驻拉脱维亚共和国特命全权大使。

（2019 年 10 月 12 日国家主席习近平根据全国人大常委会的决定召回和派遣）

任命丛培武为中华人民共和国驻加拿大特命全权大使。

（2019 年 10 月 12 日国家主席习近平根据全国人大常委会的决定派遣）

免去刘劲松的中华人民共和国驻阿富汗伊斯兰共和国特命全权大使职务。

（2019 年 12 月 3 日国家主席习近平根据全国人大常委会的决定召回）

免去王同庆的中华人民共和国驻刚果民主共和国特命全权大使职务；

任命朱京为中华人民共和国驻刚果民主共和国特命全权大使。

（2019 年 12 月 3 日国家主席习近平根据全国人大常委会的决定召回和派遣）

免去李念平的中华人民共和国驻哥伦比亚共和国特命全权大使职务。

（2020 年 2 月 7 日国家主席习近平根据全国人大常委会的决定召回）

全国人民代表大会常务委员会关于接受冯忠华辞去第十三届全国人民代表大会常务委员会委员等职务的请求的决定

（2019 年 6 月 29 日第十三届全国人民代表大会常务委员会第十一次会议通过）

根据《中华人民共和国全国人民代表大会组织法》第二十三条第三款“常务委员会的组成人员不得担任国家行政机关、审判机关和检察机关的职务；如果担任上述职务，必须向常务委员会辞去常务委员会的职务”的规定，第十三届全国人民代表大会常务委员会第十一次会议决定：接受冯忠华辞去第十三届全国人民代表大会常务委员会委员及全国人民代表大会农业与农村委员会委员职务的请求，报请第十三届全国人民代表大会第三次会议确认。

第十三届全国人民代表大会常务委员会第十二次会议决定任免、批准任免、任免名单

全国人民代表大会常务委员会任免名单

（2019 年 8 月 26 日第十三届全国人民代表大会常务委员会第十二次会议通过）

一、免去韩晓武的第十三届全国人民代表大会常务委员会副秘书长职务。

二、任命汪铁民为第十三届全国人民代表大会常务委员会副秘书长。

全国人民代表大会常务委员会任免名单

（2019 年 8 月 26 日第十三届全国人民代表大会常务委员会第十二次会议通过）

一、任命沈亮、孟祥为最高人民法院审判委员会委员。

二、免去宋晓明的最高人民法院审判委员会委员、民事审判第三庭庭长、审判员职务。

三、免去叶晓颖（女）的最高人民法院刑事审判第五庭庭长、审判员职务。

四、任命王富博为最高人民法院第二巡回法庭副庭长。

五、任命田宏杰（女）为最高人民法院刑事审判第四庭副庭长、审判员。

六、任命盛学军为最高人民法院民事审判第二庭副庭长、审判员。

七、任命秦天宝为最高人民法院环境资源审判庭副庭长、审判员。

八、任命余凌云为最高人民法院行政审判庭副庭长、审判员。

九、免去管应时的最高人民法院刑事审判第一庭副庭长、审判员职务。

十、免去苗有水的最高人民法院刑事审判第二庭副庭长、审判员职务。

十一、免去周素琴（女）的最高人民法院审判员职务。

全国人民代表大会常务委员会免职名单

（2019 年 8 月 26 日第十三届全国人民代表大会常务委员会第十二次会议通过）

免去王军、张碧洁（女）、韩晓黎（女）的最高人民检察院检察员职务。

全国人民代表大会常务委员会批准免职的名单

（2019 年 8 月 26 日第十三届全国人民代表大会常务委员会第十二次会议通过）

批准免去杨克勤的吉林省人民检察院检察长职务。

全国人民代表大会常务委员会决定任免的名单

（2019 年 8 月 26 日第十三届全国人民代表大会常务委员会第十二次会议通过）

任命王愚为中华人民共和国驻阿富汗伊斯兰共和国特命全权大使。

（2019 年 12 月 3 日国家主席习近平根据全国人大常委会的决定派遣）

免去梁宇的中华人民共和国驻多民族玻利维亚国特命全权大使职务；

任命黄亚中为中华人民共和国驻多民族玻利维亚国特命全权大使。

（2019 年 12 月 3 日国家主席习近平根据全国人大常委会的决定召回和派遣）

任命梁宇为中华人民共和国驻秘鲁共和国特命全权大使。

（2019 年 12 月 3 日国家主席习近平根据全国人大常委会的决定派遣）

免去赵鉴华的中华人民共和国驻菲律宾共和国特命全权大使职务；

任命黄溪连为中华人民共和国驻菲律宾共和国特命全权大使。

（2020 年 1 月 3 日国家主席习近平根据全国人大常委会的决定召回和派遣）

免去王保东的中华人民共和国驻汤加王国特命全权大使职务。

（2020 年 1 月 3 日国家主席习近平根据全国人大常委会的决定召回）

免去黄溪连的中华人民共和国驻东盟使团团长、特命全权大使职务。

（2020 年 2 月 7 日国家主席习近平根据全国人大常委会的决定召回）

第十三届全国人民代表大会常务委员会第十四次会议决定任免、批准任免、任免名单

中华人民共和国主席令

第三十六号

根据中华人民共和国第十三届全国人民代表大会常务委员会第十四次会议于 2019 年 10 月 26 日的决定：

免去黄树贤的民政部部长职务；

任命李纪恒为民政部部长。

中华人民共和国主席　习近平

2019 年 10 月 26 日

全国人民代表大会常务委员会决定任免的名单

（2019 年 10 月 26 日第十三届全国人民代表大会常务委员会第十四次会议通过）

免去黄树贤的民政部部长职务；

任命李纪恒为民政部部长。

全国人民代表大会常务委员会免职名单

（2019 年 10 月 26 日第十三届全国人民代表大会常务委员会第十四次会议通过）

一、免去张勇健的最高人民法院第一巡回法庭副庭长、审判员职务。

二、免去胡云腾、曹守晔的最高人民法院审判员职务。

全国人民代表大会常务委员会任免名单

（2019 年 10 月 26 日第十三届全国人民代表大会常务委员会第十四次会议通过）

一、任命竹莹莹（女）为最高人民检察院检察员。

二、免去尹伊君的最高人民检察院检察委员会委员、检察员职务。

三、免去束纯剑的最高人民检察院检察员职务。

全国人民代表大会常务委员会决定任免的名单

（2019年10月26日第十三届全国人民代表大会常务委员会第十四次会议通过）

任命曹小林为中华人民共和国驻汤加王国特命全权大使。

（2020年1月3日国家主席习近平根据全国人大常委会的决定派遣）

免去邢海明的中华人民共和国驻蒙古国特命全权大使职务；

任命柴文睿为中华人民共和国驻蒙古国特命全权大使。

（2020年2月7日国家主席习近平根据全国人大常委会的决定召回和派遣）

免去邱国洪的中华人民共和国驻大韩民国特命全权大使职务；

任命邢海明为中华人民共和国驻大韩民国特命全权大使。

（2020年2月7日国家主席习近平根据全国人大常委会的决定召回和派遣）

任命邓锡军为中华人民共和国驻东盟使团团长、特命全权大使。

（2020年2月7日国家主席习近平根据全国人大常委会的决定派遣）

任命蓝虎为中华人民共和国驻哥伦比亚共和国特命全权大使。

（2020年2月7日国家主席习近平根据全国人大常委会的决定派遣）

免去杜伟的中华人民共和国驻乌克兰特命全权大使职务。

（2020年3月3日国家主席习近平根据全国人大常委会的决定召回）

免去詹永新的中华人民共和国驻以色列国特命全权大使职务；

任命杜伟为中华人民共和国驻以色列国特命全权大使。

（2020年3月3日国家主席习近平根据全国人大常委会的决定召回和派遣）

免去林琳的中华人民共和国驻斯洛伐克共和国特命全权大使职务；

任命孙立杰为中华人民共和国驻斯洛伐克共和国特命全权大使。

（2020年3月3日国家主席习近平根据全国人大常委会的决定召回和派遣）

第十三届全国人民代表大会常务委员会第十五次会议决定任免、批准任免、任免名单

全国人民代表大会常务委员会任命名单

（2019年12月28日第十三届全国人民代表大会常务委员会第十五次会议通过）

任命骆惠宁为第十三届全国人民代表大会财政经济委员会副主任委员。

全国人民代表大会常务委员会任免名单

（2019年12月28日第十三届全国人民代表大会常务委员会第十五次会议通过）

一、任命张明为最高人民法院刑事审判第五庭庭长。

二、任命胡仕浩为最高人民法院民事审判第三庭庭长、第一巡回法庭副庭长。

三、任命安翱为最高人民法院刑事审判第一庭副庭长。

四、任命牛克乾为最高人民法院刑事审判第二庭副庭长。

五、任命叶邵生为最高人民法院刑事审判第四庭副庭长。

六、任命耿宝建为最高人民法院第一巡回法庭副庭长。

七、免去赵晋江的最高人民法院审判员职务。

全国人民代表大会常务委员会免职名单

（2019年12月28日第十三届全国人民代表大会常务委员会第十五次会议通过）

免去杨静的最高人民检察院检察员职务。

全国人民代表大会常务委员会决定任免的名单

（2019年12月28日第十三届全国人民代表大会常务委员会第十五次会议通过）

任命范先荣为中华人民共和国驻乌克兰特命全权大使。

（2020年3月3日国家主席习近平根据全国人大常委会的决定派遣）

第五任全国人民代表大会常务委员会澳门特别行政区基本法委员会组成人员名单

（2019年12月28日第十三届全国人民代表大会常务委员会第十五次会议通过）

主　任

沈春耀

副主任

崔世昌　张　勇

委　员（按姓名笔划为序）

王　禹　邓中华　李焕江　张荣顺　陈端洪　唐晓晴　黄显辉

附：

全国人民代表大会常务委员会决定任免的名单

（2018年6月22日第十三届全国人民代表大会常务委员会第三次会议通过）

免去邓英（女）的中华人民共和国驻丹麦王国特命全权大使职务；

任命冯铁为中华人民共和国驻丹麦王国特命全权大使。

（2019年6月12日国家主席习近平根据全国人大常委会的决定召回和派遣）

免去孙祥华的中华人民共和国驻莱索托王国特命全权大使职务。

（2019年9月12日国家主席习近平根据全国人大常委会的决定召回）

全国人民代表大会常务委员会决定任免的名单

（2018 年 12 月 29 日第十三届全国人民代表大会常务委员会第七次会议通过）

免去陈伟庆的中华人民共和国驻伊拉克共和国特命全权大使职务；

任命张涛为中华人民共和国驻伊拉克共和国特命全权大使。

（2019 年 5 月 8 日国家主席习近平根据全国人大常委会的决定召回和派遣）

免去李华新的中华人民共和国驻沙特阿拉伯王国特命全权大使职务；

任命陈伟庆为中华人民共和国驻沙特阿拉伯王国特命全权大使。

（2019 年 5 月 8 日国家主席习近平根据全国人大常委会的决定召回和派遣）

免去陈国友的中华人民共和国驻赤道几内亚共和国特命全权大使职务；

任命亓玫（女）为中华人民共和国驻赤道几内亚共和国特命全权大使。

（2019 年 5 月 8 日国家主席习近平根据全国人大常委会的决定召回和派遣）

免去王玉林的中华人民共和国驻厄瓜多尔共和国特命全权大使职务；

任命陈国友为中华人民共和国驻厄瓜多尔共和国特命全权大使。

（2019 年 5 月 8 日国家主席习近平根据全国人大常委会的决定召回和派遣）

免去吴鹏的中华人民共和国驻塞拉利昂共和国特命全权大使职务；

任命胡张良为中华人民共和国驻塞拉利昂共和国特命全权大使。

（2019 年 5 月 8 日国家主席习近平根据全国人大常委会的决定召回和派遣）

免去王雪峰的中华人民共和国驻萨摩亚独立国特命全权大使职务；

任命巢小良为中华人民共和国驻萨摩亚独立国特命全权大使。

（2019 年 5 月 8 日国家主席习近平根据全国人大常委会的决定召回和派遣）

免去唐卫斌的中华人民共和国驻科特迪瓦共和国特命全权大使职务；

任命万黎为中华人民共和国驻科特迪瓦共和国特命全权大使。

（2019 年 6 月 12 日国家主席习近平根据全国人大常委会的决定召回和派遣）

免去岳晓勇的中华人民共和国驻爱尔兰特命全权大使职务；

任命何向东为中华人民共和国驻爱尔兰特命全权大使。

（2019 年 6 月 12 日国家主席习近平根据全国人大常委会的决定召回和派遣）

免去吴恳的中华人民共和国驻荷兰王国特命全权大使职务。

（2019 年 6 月 12 日国家主席习近平根据全国人大常委会的决定召回）

免去邱小琪的中华人民共和国驻墨西哥合众国特命全权大使职务。

（2019 年 6 月 12 日国家主席习近平根据全国人大常委会的决定召回）

注：这是 2019 年 5 月 8 日、6 月 12 日、9 月 12 日国家主席习近平根据第十三届全国人大常委会第三次会议、第七次会议通过的决定任免的驻外大使名单。

代表工作

一、代表议案审议

全国人民代表大会监察和司法委员会关于第十三届全国人民代表大会第二次会议主席团交付审议的代表提出的议案审议结果的报告

（2019 年 10 月 26 日第十三届全国人民代表大会常务委员会第十四次会议通过）

全国人民代表大会常务委员会：

第十三届全国人民代表大会第二次会议主席团交付监察和司法委员会审议代表议案 24 件，涉及制定法律 5 项，修改法律 6 项，执法检查 1 项。

代表提出议案，是履行代表职责，参加行使国家权力的重要方式。我委高度尊重代表主体地位，认真办理代表议案，不断改进办理工作，增强办理实效。一是加强与代表联系沟通，以电话、发函、当面交流、邀请代表参加培训班等多种方式进一步听取代表意见，增强办理工作的针对性实效性。二是加强与有关机关协作配合，函请国家监委、最高人民检察院、公安部、司法部等先行研究提出处理意见，深入了解议案相关工作进展情况，提前介入我委负责联系的立法项目，积极推动提高立法质效。三是就代表议案提出的问题深入调研，提出相应建议，推动有关方面改进工作，完善法律制度。2019 年 9 月 18 日，我委召开第 8 次全体会议对代表议案逐件审议。现将审议结果报告如下：

一、1 件议案提出的 1 项立法，已经提请十三届全国人大常委会审议

1. 关于制定社区矫正法的议案 1 件。

《中华人民共和国社区矫正法（草案）》已于 2019 年 6 月提请十三届全国人大常委会第十一次会议审议。

二、17 件议案提出的 7 项立法，已经列入十三届全国人大常委会立法规划或者立法工作计划

2. 关于制定法律援助法的议案 2 件。
3. 关于修改治安管理处罚法的议案 1 件。
4. 关于修改律师法的议案 6 件。
5. 关于修改道路交通安全法的议案 4 件。
6. 关于修改人民警察法的议案 1 件。
7. 关于修改监狱法的议案 1 件。
8. 关于制定监察官法的议案 2 件。

上述 7 项立法已经列入十三届全国人大常委会立法规划或者立法工作计划。其中，法律援助法由我委牵头起草，已于 2018 年启动，拟于 2020 年提请十三届全国人大常委会审议。其他 6 项立法，由我委负责联系。我委将提前介入，及时掌握起草工作进展情况和立法中的重大问题，督促有关部门抓紧工作，在起草中认真研究代表所提建议，适时提请全国人大常委会审议。

三、5 件议案提出的 3 项立法，经商有关部门，建议进一步改进有关工作，适时列入立法规划或者立法工作计划

9. 关于制定司法鉴定法的议案 3 件。
10. 关于制定法律监督法的议案 1 件。
11. 关于修改居民身份证法的议案 1 件。

上述议案提出的建议，有的在相关立法中已经作了规定，有的正在改革改进有关管理制度和工作机制，有的需要进一步研究论证，建议适时列入立法规划或者立法工作计划。

四、1件议案提出的1项执法检查，建议适时列入全国人大常委会监督工作计划

12. 关于开展律师法执法检查的议案1件。

上述24件议案的主要内容及具体审议意见，详见附件。

以上报告，请审议。

附件：全国人民代表大会监察和司法委员会关于第十三届全国人民代表大会第二次会议主席团交付审议的代表提出的议案的审议意见

全国人民代表大会监察和司法委员会

2019年10月21日

附件：

全国人民代表大会监察和司法委员会关于第十三届全国人民代表大会第二次会议主席团交付审议的代表提出的议案的审议意见

第十三届全国人民代表大会第二次会议主席团交付监察和司法委员会审议代表议案24件，涉及制定法律5项，修改法律6项，执法检查1项。2019年9月18日，我委召开第8次全体会议对代表议案逐件审议，意见如下：

一、1件议案提出的1项立法，已经提请十三届全国人大常委会审议

1. 胡荃等30名代表提出制定社区矫正法的议案1件（第50号）。议案提出，全面扎实推进社区矫正工作，对于完善我国刑罚执行制度、促进司法文明，具有重要意义，建议制定社区矫正法。明确社区矫正的法律地位和性质，理顺各参与部门职能，界定执法主体资格，确立未成年人保护机制等。

《中华人民共和国社区矫正法（草案）》已于2019年6月提请十三届全国人大常委会第十一次会议审议。

二、17件议案提出的7项立法，已经列入十三届全国人大常委会立法规划或者立法工作计划

2. 鲜铁可、方燕等60名代表提出制定法律援助法的议案2件（第90、119号）。议案提出，当前法律援助工作存在发展不平衡、不规范、不统一、覆盖面窄等问题，为确保法律援助工作在全国范围内规范有序开展，建议制定法律援助法。明确法律援助的国家责任、范围和对象、经济困难标准和审查程序、经费保障和监管机制，完善援助机构管理体制、人才储备机制、质量评估机制等。

制定法律援助法已经列入十三届全国人大常委会立法规划，并确定由我委牵头起草，已于2018年启动，拟于2020年提请十三届全国人大常委会审议。对代表提出的建议，我委将在起草中认真研究。

3. 王培等33名代表提出修改治安管理处罚法的议案1件（第360号）。议案提出，第三方平台抢票软件不仅增加旅客购票成本，还违反公平交易原则，建议修改治安管理处罚法，对“利用互联网或手机客户端，通过开发、销售、下载，或者捆绑、搭载抢票软件等方式，加价销售或囤积车票”的行为予以处罚。

司法部表示，根据国务院2019年立法工作计划，正全力推进治安管理处罚法修改工作，将认真研究代表提出的建议，进一步修改完善法律修订草案。

4. 崔荣华、车捷、买世蕊、李亚兰、黄超、成新湘等182名代表提出修改律师法的议案6件（第67、204、312、414、459、460号）。议案提出，现行律师法

在保障律师执业权利方面不够完善，一些规定不适应当前形势。建议修改律师法，增加尊重和保障人权、诚实信用、保障辩护权和控辩平等原则；完善律师管理体制、律师权利义务、执业行为规制、执业保障机制、行业税收、政府采购法律服务、律师调查权制度等；修改律师担任人大常委会组成人员期间不得从事诉讼代理或辩护的规定；完善律师事务所组织形式；设立中国律师节等。

司法部表示，已经就修改律师法开展了调研论证。下一步将在全面总结律师法实施情况的基础上，认真研究代表提出的建议，做好律师法修改工作，进一步改革完善律师制度。

5. 崔荣华、吴光辉、李魁雁、魏春等121名代表提出修改道路交通安全法的议案4件（第68、152、400、417号）。议案提出，现行道路交通安全法一些规定滞后于时代发展，不能适应新形势下道路交通管理的需要。建议修改道路交通安全法，在总则中增加安全第一、确保道路安全和畅通的内容；完善道路交通管理体制，强化交通安全责任制，增加有关车辆源头管理的要求，完善道路通行规定，支持道路管理信息化发展；加大对违法占用应急车道行为的处罚力度；完善有关机动车检验和驾驶证累计记分制度的规定；取消机动车驾驶证，实行驾驶资格与身份证绑定制度等。

公安部表示，目前已经形成道路交通安全法（修改建议稿），正在根据各方面意见进一步修改完善，将尽快形成送审稿提请国务院审议。代表提出的许多意见在修改稿中已经有所体现，有的还需进一步研究。

6. 陈林等30名代表提出修改人民警察法的议案1件（第141号）。建议修改人民警察法，完善公安管理体制，明确警衔授予的审核、审批机制，明确中央事权和地方事权，增加维护人民警察执法权威条款等。

公安部表示，目前已经形成人民警察法（修订草案稿），正根据各方面意见进一步修改完善。代表提出的意见，有的已经在草案稿中作出规定，有的还需进一步研究。

7. 李亚兰等31名代表提出修改监狱法的议案1件（第408号）。议案提出，监狱法第十四条第一款第（八）项、第二款的规定过于原则，缺乏可操作性，建议进一步修改完善监狱人民警察违法行为的规定和处分程序。

司法部表示，根据国务院2019年立法工作计划，正在抓紧推进监狱法修改工作，将认真研究代表提出的建议，进一步增强监狱法的可操作性，完善对监狱管理人员的监督管理制度。

8. 罗平、王树江等65名代表提出制定监察官法的议案2件（第137、463号）。议案提出，制定监察官法，明确监察官任职条件、选任机制以及义务权利等，依法保障监察官积极履职，是落实中央深化国家监察体制改革决策部署的重要内容，建议有关部门加快监察官法立法。

国家监察委员会表示，已经成立监察官法起草工作专班，正按计划抓紧推进立法工作。在起草中，将认真研究代表提出的建议，广泛听取各方面意见，争取尽快形成监察官法草案稿，提交全国人大相关部门。

上述修改治安管理处罚法、律师法、道路交通安全法、人民警察法和监狱法以及制定监察官法等6项立法，已经列入十三届全国人大常委会立法规划或者立法工作计划，并确定由我委负责联系。我委将提前介入，及时掌握起草工作进展情况和立法中的重大问题，督促有关部门抓紧工作，在起草中认真研究代表所提建议，适时提请全国人大常委会审议。

三、5件议案提出的3项立法，经商有关部门，建议进一步改进有关工作，适时列入立法规划或者立法工作计划

9. 丛斌、高明芹、阎建国等94名代表提出制定司法鉴定法的议案3件（第48、206、279号）。议案提出，当前司法鉴定管理体制不完善，司法鉴定存在机构过多、多头重复鉴定、鉴定质量不高、收费不规范等问题，建议制定司法鉴定法。统一司法鉴定管理，明确相关部门职权关系；加强司法鉴定管理和监督，加强对行业发展的支持与保障；规定从业资格认定、鉴定机构选定、鉴定人回避，鉴定人过错赔偿和职业保险；规范法院委托鉴定；规定鉴定人行业协会等。

司法部表示，针对司法鉴定中的一些突出问题，中办、国办联合印发了《关于健全统一司法鉴定管理体制的实施意见》等规范性文件，代表提出的不少建议已经体现其中。下一步将继续推进司法鉴定管理体制改革，强化问题导向，及时总结改革实践经验，研究推动完善司法鉴定相关法律。

10. 贾宇等38名代表提出制定法律监督法的

议案1件(第280号)。议案提出,人民检察院是国家的法律监督机关,但是法律监督尚无统一立法,建议制定法律监督法。明确坚持党的领导,遵循有限监督、科学可行等原则,明确检察机关法律监督的对象、职责范围、条件标准和程序,规定开展法律监督的保障措施等。

最高人民检察院表示,有关法律监督的规定散见于人民检察院组织法、检察官法和民事诉讼法、行政诉讼法、刑事诉讼法中,对法律监督的程序、措施、效力等规定不够明确,有必要制定专门的人民检察院法律监督法,将组织人员加强研究,待时机成熟时提出建议草案。

我委认为,检察机关的法律监督职权和监督程序在人民检察院组织法、检察官法和民事诉讼法、行政诉讼法、刑事诉讼法中均有规定。制定法律监督法需要研究清楚调整范围,处理好与相关法律之间的关系。建议最高人民检察院会同有关方面进一步研究论证。

11. 崔荣华等30名代表提出修改居民身份证法的议案1件(第158号)。议案建议修改居民身份证法第三条,将个人亲属关系、机动车驾驶资格等信息,作为居民办理、更新身份证时的必要登记信息。同时,建议加快推进国家人口基础信息库建设,实行驾驶资格制度,个人驾驶资格与身份证号绑定。

公安部表示,个人亲属关系、机动车驾驶资格等信息与身份证属不同行政管理领域,不宜作为居民身份证登记项目。个人驾驶资格与身份证号绑定已有规定,公安部将会同有关部门继续做好相关工作。议案提出的加快推进国家人口基础信息库建设,实现部门间人口基础信息共享交换等建议,很有价值,有关工作正在推进并取得阶段性成果。

四、1件议案提出的1项执法检查,建议适时列入全国人大常委会监督工作计划

12. 车捷等30名代表提出开展律师法执法检查的议案1件(第399号)。议案提出,目前律师执业权利保障仍不如人意,律师会见、调查取证、庭审中的发问、质证、辩论等权利得不到充分保障。建议全国人大常委会对律师法实施情况开展执法检查。

我委认为,有关部门已经启动律师法修改工作,为推动改革完善律师制度,有必要全面深入了解律师法实施情况,建议全国人大常委会适时开展律师法执法检查。

全国人民代表大会财政经济委员会关于第十三届全国人民代表大会第二次会议主席团交付审议的代表提出的议案审议结果的报告

(2019年10月26日第十三届全国人民代表大会常务委员会第十四次会议通过)

全国人民代表大会常务委员会:

第十三届全国人民代表大会第二次会议主席团交付全国人大财经委审议的代表提出的议案78件,其中要求制定法律的议案35件、修改法律的议案42件、开展执法检查的议案1件。将内容相同或相近的归类后,共有48个项目。

根据全国人大常委会关于代表议案办理工作的要求,3月25日,全国人大财经委召开代表议案办理工作会议,邀请国务院有关部委、最高人民法院等28个部门和单位的同志共同研究议案办理工作,就分工提出议案初步处理意见作出安排,明确相关要求。各部门高度重视议案办理工作,认真研究议案内容,通过电话、登门拜访、召开专题座谈会、实地调研等多种方式与代表沟通,充分征求代表的意见,形成议案初步处理意见。在上述工作基础上,全国人大财经委对每件议案分别研究提出了处理意见。9月17日,全国人大财经委召开第二十九次全体会议,对议案进行了审议。现将审议结果报告如下:

一、关于代表提出的建议修改反不正当竞争法(1件)的议案,十三届全国人大常委会第十次会议审议通过了关于修改反不正当竞争法等八部法律的决定,议案所提建议在修改中大部分已被采纳。

二、代表提出的建议修改企业破产法(6件)、海

上交通安全法（1件）、审计法（2件）、电力法（3件）、铁路法（7件）、税收征收管理法（3件）、统计法（1件），建议制定社会信用法（7件）、能源法（1件）、电信法（1件），共32件议案涉及的10个立法项目已列入十三届全国人大常委会立法规划或2019年度立法工作计划，建议起草单位加快工作进程，按时完成立法任务。

三、代表提出的建议修改政府采购法（1件）、旅游法（1件）、城乡规划法（2件）、招标投标法（2件）、信托法（1件）、反洗钱法（5件）、企业所得税法（1件）、票据法（1件）、海关法（1件）、建筑法（1件），建议制定商业秘密法（1件）、快递法（1件）、存款保险法（2件）、金融机构破产法（1件）、金融风险防控处置法（1件）、创业投资促进法（1件）、国债法（1件）、互联网金融法（1件）、业主委员会选举法（1件）、金融消费者权益保护法（1件）、物业管理法（1件）、普惠金融促进法（1件），共29件议案涉及的22个立法项目确有立法必要，建议有关部门加强调研起草工作，待草案成熟时，争取列入全国人大常委会年度立法工作计划安排审议。

四、15件议案提出的14个立法项目，建议通过进一步加大现行法律法规执法力度，或对立法开展调研论证，改进工作，解决议案所提问题。一是对代表提出的建议制定公益广告法（1件）、企业融资保护法（1件），共2件议案涉及的2个立法项目，建议通过进一步加大现行相关法律法规执法力度，解决议案所提问题。二是对代表提出的建议修改中小企业促进法（1件）、商标法（1件），建议制定民用无人机管理法（1件）、自动驾驶汽车法（1件）、工业遗产保护和利用法（2件）、对外援助法（1件）、城市轨道交通法（1件）、航空航天产业促进法（1件）、企业及时付款法（1件）、地方金融监督管理法（1件）、直销法（1件）、公共资源交易法（1件），共13件议案涉及的12个立法项目，建议进一步调研论证，制定完善相关法规政策，解决议案所提问题。

五、关于代表提出的建议开展中小企业促进法执法检查（1件）的议案。根据全国人大常委会2019年度监督工作计划，全国人大常委会组成执法检查组，对中小企业促进法实施情况进行了检查，十三届全国人大常委会第十一次会议听取和审议了执法检查报告，并开展了专题询问。代表所提意见在执法检查工作安排和执法检查报告中已被采纳。

以上报告，请审议。

附件：全国人民代表大会财政经济委员会关于第十三届全国人民代表大会第二次会议主席团交付审议的代表提出的议案的审议意见

全国人民代表大会财政经济委员会
2019年10月21日

附件：

全国人民代表大会财政经济委员会关于第十三届全国人民代表大会第二次会议主席团交付审议的代表提出的议案的审议意见

一、1件议案提出的1个立法项目，其主要内容在常委会会议审议通过的相关修法决定中大部分已被采纳

1. 陈勇彪等30名代表（第160号议案）提出，目前侵犯企业商业秘密的行为多发，商业秘密被窃后如企业无法举证证明该窃取行为所造成的具体损失，法院往往只能在较低金额范围内自由裁量，不利于打击侵害商业秘密的违法行为，建议修改反不正当竞争法第十七条，规定以研发费用或购买受让费用确定商业秘密赔偿数额。市场监管总局提出，2019年4月23日十三届全国人大常委会第十次会议审议通过了关于修改反不正当竞争法等八部法律的决定。本次修改主要针对商业秘密保护内容，包括完善商业秘密的定义，明确侵犯商业秘密的情形，将经营者以外的主体纳入侵犯商业秘密责任主体的范围，强化侵犯商业秘密行为的法律责

任,规定转移相关举证责任。其中,对法律责任条款的修改与议案中所提建议基本一致,即修改第十七条加大民事赔偿责任,以及修改第二十一条加大行政责任。针对"以研发费用或购买受让费用确定商业秘密赔偿数额"的具体建议,涉及到知识产权领域民事赔偿责任的确定、赔偿计算标准等问题,需要通过修改相关法律并协调与侵权责任法等法律的关系,市场监管总局、最高人民法院将继续加强研究及沟通工作,努力实现对权利人全方位的保护。全国人大财经委同意上述意见。

二、32 件议案提出的 10 个立法项目已列入十三届全国人大常委会立法规划或 2019 年立法工作计划,建议起草单位加快工作进程,按时完成立法任务

要求修改法律的议案 23 件

2. 曹立强等 32 名代表、朱列玉等 40 名代表、肖胜方等 34 名代表、陈爱珠等 30 名代表、刘守民等 30 名代表、王树江等 37 名代表(第 6 号、第 130 号、第 131 号、第 281 号、第 390 号、第 466 号议案)提出,企业破产法存在启动程序难、审理效率低、管理人制度不完善、个人破产制度缺失等问题,建议修改企业破产法,完善法律名称,建立个人破产制度,设立简易程序。企业破产法(修改)已列入十三届全国人大常委会立法规划,全国人大财经委会同有关方面积极组织开展法律实施情况评估,结合代表所提建议,对修法中的重点难点问题深入调研论证,广泛征求意见,有序推进立法工作,争取尽早形成修法议案提请全国人大常委会审议。

3. 徐珏慧等 30 名代表(第 28 号议案)提出,经过十余年的发展,中国已成为亚洲最大、全球第二大邮轮客源国市场,但邮轮安全监管无法可依,案件处置困难,建议修改海上交通安全法,增加邮轮安全相关内容。司法部认为,议案所提建议有利于进一步完善海上交通安全监管制度,保障乘客生命财产安全。目前,海上交通安全法修订工作正在抓紧进行,很多建议在修订草案中已经有所体现,如拟专设"海上客货运输安全"一章,规定对包括邮轮在内的客运船舶的安全运输要求,加强运输船舶的监管;拟增加关于国际航行船舶安全保卫的规定,并且要求客船在显著位置向乘客明示安全须知,设置安全标志和警示,向乘客介绍救生用具的使用方式以及在紧急情况下应当采取的行动等规定。海上交通安全法(修改)已列入十三届全国人大常委会立法规划和 2019 年立法工作计划,全国人大财经委建议有关方面认真研究议案所提意见建议,加快工作进度,争取早日将修法议案提请全国人大常委会审议。

4. 汪中山等 30 名代表、买世蕊等 30 名代表(第 47 号、第 313 号议案)建议修改审计法,明确设立乡级审计机关,将国家审计体系由四级拓展至五级;推动审计体制由行政型模式向立法型模式转变,明确审计机关由各级人民代表大会及其常委会领导。审计署认为,1982 年宪法确立了我国的审计体制。党的十九大以来,以习近平同志为核心的党中央作出了改革审计管理体制的重大决策部署,强调构建集中统一、全面覆盖、权威高效的审计监督体系,组建了中央审计委员会,加强党对审计工作的集中统一领导。审计署全面落实党中央、国务院关于审计工作的重大决策部署,积极推进审计法修订工作,已于 2019 年 6 月将审计法修订草案报送国务院。审计法(修改)已列入十三届全国人大常委会立法规划,全国人大财经委建议司法部、审计署等有关部门加大工作力度,积极推进立法进程,争取早日提请全国人大常委会审议。

5. 云南代表团、余梅等 31 名代表、哈明江等 31 名代表(第 54 号、第 116 号、第 362 号议案)提出,随着能源转型协调发展和电力体制改革的深化,电力法已经不适应电力发展需要,建议研究修改,明确电力市场各方主体责任,建立重大电力项目建设开发补偿机制,完善电力交易机制、价格形成机制、普遍服务、设施保护、市场监管等内容,做好与其他法律法规的衔接。国家能源局提出,该局和国家发展改革委共同起草了电力法修订草案送审稿并报送国务院,随后根据《中共中央国务院关于进一步深化电力体制改革的若干意见》对送审稿进行了修改,草案立足于改革和电力行业发展急需,删除与电力行业发展现状严重不符、与电力市场化改革方向明显背离、脱离电力行业实际已不起作用的有关规定,将实践中成熟的、代表改革方向性和原则性的表述写入,代表们提出的意见和建议在草案中已有所体现。下一步,该局将继续配合司法部做好审查修改工作,积极推进立法进度。电力法(修改)已列入十三届全国人大常委会立法规划,全国人大财经委建议有关部门认真研究议案所提意见建议,加大工作力度,加快立法进程,争取早日提请全国人大常委会审议。

6. 张志良等39名代表、徐晓等30名代表、刘生荣等30名代表、杨伟军等30名代表、钱铭等30名代表、王培等33名代表、钱铭等30名代表(第60号、第112号、第162号、第233号、第285号、第365号、第369号议案)提出,近年来我国铁路事业全面发展,城际铁路、高速铁路快速发展,铁路管理体制实现重大变革,运输经营、安全管理等方面发生深刻变化,铁路法部分条款内容已不适应当前铁路发展的需求,建议修改铁路法,制定铁路安全管理法,推进高铁安全立法。国家铁路局按照全国人大常委会立法规划要求,积极开展铁路法修订工作,着力吸收铁路改革实践成熟经验和制度建设成果,探索解决影响和制约铁路行业发展的全局性、基础性问题,2018年2月已形成铁路法修订草案报送交通运输部,目前正会同该部开展调研论证,对议案所提立法建议组织深入研究,进一步修改完善铁路法修订草案。同时,推动出台《铁路安全管理条例》,加快《铁路交通事故应急救援和调查处理条例》的修订和高速铁路安全防护管理办法的制定工作,加强铁路安全和高铁安全管理立法研究。铁路法(修改)已列入十三届全国人大常委会立法规划,全国人大财经委建议有关部门加大工作力度,加强相关立法的研究论证,加快推动立法进程,尽早提请全国人大常委会审议。

7. 崔荣华等30名代表、杨悦等30名代表、高子程等31名代表(第66号、第234号、第271号议案)提出,当前税收征管中存在"税务争议处理前置条件"限制纳税人寻求救济的权利、部分油品产销企业以无票变票等交易方式偷税漏税等问题,建议修改税收征收管理法。司法部认为,税收征收管理法修改涉及到国家利益、征管工作效率和纳税人救济权利的平衡,需要根据实际情况,对相关条款进行修订。该部将会同相关部门,结合议案的建议以及其他方面的意见,按照统筹兼顾、平衡各方利益的原则,进一步深入研究论证,对税收征收管理法的有关规定进行研究修改。税收征收管理法(修改)已列入十三届全国人大常委会立法规划和2019年立法工作计划,全国人大财经委建议有关部门认真研究议案所提意见建议,加快工作进度,争取早日提请全国人大常委会审议。

8. 周洪宇等30名代表(第249号议案)提出,统计法已经不能适应与满足统计活动管理的新需要,建议修改,设立省级以下垂直领导的独立统计体系,实现统计工作与统计咨询、监督工作剥离,增加信息共享、信用建设和统计工作相关守则内容,细化统计监督检查规定,强化统计违法行为责任追究等。国家统计局赞同议案提出的有关意见,目前已启动统计法修改工作,在修改过程中将认真研究并吸收采纳议案所提建议,着力使修改条款符合统计工作实际,适应统计改革发展要求,进一步完善细化统计监督检查、统计管理体制、发挥统计咨询监督作用、实现统计信息共享、建立统计诚信体系、细化统计监督检查、强化违法责任追究等方面内容。统计法(修改)已列入十三届全国人大常委会立法规划,全国人大财经委建议有关部门加大工作力度,积极推进起草工作进程,争取早日提请全国人大常委会审议。

要求制定法律的议案9件

9. 胡茎等30名代表、吴列进等33名代表、陈家东等31名代表、胡季强等30名代表、陈保华等30名代表、龙翔等31名代表、赵萍等31名代表(第42号、第129号、第159号、第202号、第213号、第222号、第243号议案)建议制定社会信用法,明确信用信息范围,规范市场信用信息采集、披露与应用,健全信用信息管理,确立守信激励与失信惩戒的内容与措施,加强信息主体的权益保护,规范和促进信用服务行业发展,完善社会信用体系建设。国家发展改革委、中国人民银行认为,《征信业管理条例》《企业信息公示暂行条例》等法规规章和规范性文件的出台为制定社会信用法提供了重要参考,地方信用立法先行先试为国家层面立法积累了实践经验,社会信用立法时机已经成熟,将积极推动信用立法工作。社会信用立法已列入十三届全国人大常委会立法规划,全国人大财经委建议社会信用体系建设牵头部门积极发挥作用,深入研究论证立法涉及重点难点问题,加大协调力度,加快立法工作进度,尽早提请全国人大常委会审议。

10. 云南代表团(第56号议案)提出,能源问题关系经济发展、社会稳定和国家安全,我国目前尚未制定出台能源领域的基础性法律,有关单行法无法解决能源市场体系不完善、行政干预过多和监管不到位等深层次问题,建议制定能源法,推动能源绿色发展,统筹能源区域配置,协调能源开发与生态环保的关系,发挥市场对能源配置的决定性作用,明确中央与地方事权,建立能源监管制度体系等。国家能源局提出,该局已起草能源法草案送审稿并报送国务院,正在配合司法部根据各方面意见对草案进行修改完善,草案建立了能源战略与规划、能源开发与加工转换、能源供应与使用、能源市场、能源安全、科技进步、国际合作、监督管理、法律责任等制度，着重解决能源发展面临的矛盾和问题，议案提出的有关建议在草案中已有体现。下一步，该局将继续研究论证议案所提意见，配合司法部做好审查修改工作，积极推进立法进度。能源法已列入十三届全国人大常委会立法规划，全国人大财经委建议有关部门认真研究议案所提意见建议，加快工作进度，争取早日提请全国人大常委会审议。

11. 杨震生等 31 名代表（第 363 号议案）提出，我国电信和互联网行业发展迅猛，但电信企业面临无法可依的困境，消费者的信息安全和财产安全、公平交易权等也存在重大隐患，建议加快制定电信法，建立健全电信市场准入、互联互通、资费管理、用户权益保护、设施建设、网络安全等相关管理制度。工业和信息化部认为，议案所提建议紧密结合实际，对于做好电信立法、完善电信法律制度具有重要的参考价值。电信法列入十三届全国人大常委会立法规划后，该部组建领导小组，成立立法工作组、专家组和工作专班，召开多次立法专家会议，充分听取各方面意见，形成了电信法草案（征求意见稿），将进一步认真研究吸收议案所提立法建议。全国人大财经委建议有关部门加快对草案稿的修改完善工作，争取早日提请全国人大常委会审议。

三、29 件议案提出的 22 个立法项目确有立法必要，建议有关部门加强调研起草工作，待草案成熟时，争取列入全国人大常委会年度立法工作计划安排审议

要求修改法律的议案 16 件

12. 阎武等 38 名代表（第 51 号议案）建议修改政府采购法，明确政府采购促进创新发展、绿色发展和中小企业发展的作用，完善政府采购方式和采购程序，建立首购、订购、优先采购、绿色采购等制度，依法保障政府采购促进科技创新有序开展。财政部赞同代表关于修法的建议，已将该法修订列入该部 2019 年立法工作计划研究项目，将结合《深化政府采购制度改革方案》实施情况和我国加入世界贸易组织《政府采购协定》谈判工作需要，加强对政策功能、采购方式变更、加强需求管理等有关条款的统筹研究，加快推进政府采购法修订相关工作。全国人大财经委同意财政部意见，建议认真研究吸收议案所提意见，抓紧研究论证，适时提出修法建议。

13. 白鹤祥等 30 名代表（第 126 号议案）提出，目前我国景区有关文字标识存在国家通用语言文字使用不规范、未对生僻字注音、未对繁体字及生僻字注释等问题，旅游法缺少有关旅游景点文字标识的规定，建议修改旅游法。文化和旅游部认为，我国景区标识确实存在一些繁体字、异体字和生僻字，且没有进行汉语拼音标注，不利于广大游客对相关旅游景区的识别和理解，也不利于国家通用语言文字的规范和健康发展。目前，各级旅游主管部门正在依照旅游法、国家通用语言文字法和《旅游景区质量等级的划分与评定》等规定对标识管理进行监督检查，同时，对法律实施中存在的问题开展研究论证，适时提出修法建议。全国人大财经委同意文化和旅游部意见。

14. 宋宝安等 30 名代表、杨震生等 31 名代表（第 151 号、第 488 号议案）建议修改城乡规划法，增加编制传统村落、历史文化名村、少数民族特色村寨保护发展规划和分期实施建设工程规划条件核实的内容，删除关于建设用地规划许可的规定，修改完善有关行政许可和违法行为具体情形的规定等。自然资源部提出，《中共中央国务院关于建立国土空间规划体系并监督实施的若干意见》明确提出建立国土空间规划体系并监督实施，将主体功能区规划、土地利用规划、城乡规划等空间规划融合为统一的国土空间规划，村庄规划是国土空间规划体系中乡村地区的详细规划，空间规划立法已列入十三届全国人大常委会立法规划，将在国土空间规划相关立法及实施监督工作中认真研究吸纳代表们提出的建议。全国人大财经委同意自然资源部意见。

15. 章联生等 31 名代表、李彦平等 32 名代表（第 163 号、第 432 号议案）提出，招标投标法部分条款已不能适应提高工程类项目审批效能的新要求，法律实施过程中存在串标围标、虚假投标等问题，同时建筑市场面临深度改革，各地都在积极探索非国有投资工程实现直接发包，需要有相关法律法规作为支撑，建议修改招标投标法。国家发展改革委认为，议案提出的问题和建议很有针对性，招标投标领域出现了很多新情况、新问题，招标投标法律制度有待进一步完善。该委会同有关部门于 2018 年启动了修法工作，目前正在对修订草案进行研究完善，将在工作中积极研究吸收议案提出的有关建议。全国人大财经委建议有关部门认真研究代表意见，切实解决目前招标投标中存在的问题，加快立法工作步伐。

16. 赖秀福等30名代表(第207号议案)提出，随着我国经济社会不断发展，基于信托关系和类信托关系的资产管理产品逐渐丰富，高净值人群对于利用信托制度进行财富管理和传承的需求日益增加，建议修改信托法，调整信托定义、规范信托分类、增加营业信托条款、明确信托财产登记具体要求。中国银保监会认为，信托法的修改完善对规范和发展信托活动、维护经济金融稳定具有十分重要的意义。信托法部分条款已不适应当前社会经济发展需要，确需修改完善。议案所提建议是当前信托法需研究修订的内容。全国人大财经委将加强与有关各方的协调配合，认真研究解决议案所提问题，推进信托法的修改工作，适时提出修法建议。

17. 崔瑜等30名代表、王玉玲等30名代表、周振海等31名代表、张智富等31名代表、郭新明等30名代表(第214号、第230号、第253号、第310号、第386号议案)建议修改反洗钱法，扩大洗钱上游犯罪类型，扩展反洗钱义务主体范围，完善反洗钱义务和反洗钱调查相关规定，细化部门职责，加强部门间分工协作，确立风险为本的工作理念，强化反洗钱和反恐怖融资监管，加强反洗钱国际合作，提高行政处罚惩戒力度。中国人民银行赞同代表们关于修订反洗钱法的意见，该行以反洗钱法为基础，出台了一系列金融行业反洗钱规章制度，逐步将银行、证券、保险等各类金融机构和非银行支付机构纳入反洗钱监管范围，稳步推进特定非金融行业和领域反洗钱制度建设，下一步将继续收集社会各界对反洗钱法修订的意见和建议，在完成相关调研、开展座谈、建议收集等工作的基础上推动该法的修订。全国人大财经委同意中国人民银行的意见，建议加强研究论证，做好有关基础准备工作，适时提出修法建议。

18. 周厚健等30名代表(第252号议案)提出，企业所得税法第十八条关于限定亏损弥补期限的规定，违背了分期计税的初衷，割裂了企业经营和税费的延续性，建议修改，将结转年限改为“最长不得超过十年”，促进企业转型升级，为企业创新发展提供宽松环境。财政部提出，近年来为支持高新技术企业和科技型中小企业发展，现行政策已将这两类企业亏损弥补结转年限由5年延长至10年。通过直接修改法律支持实体经济和制造业发展的方式更为规范，也有利于形成积极稳定的预期，税法修改需要开展充分的研究论证、广泛征求意见，并在各方意见达成共识的基础上启动修法程序，下一步将结合代表所提建议，就延长亏损结转年限问题开展调研和进一步的研究论证。全国人大财经委建议有关部门认真研究议案所提意见，抓紧统筹研究、深入论证，条件成熟时提出修法建议。

19. 刘正等31名代表(第349号议案)提出，随着电子票据数字化发展，票据法有关条款已不适应目前市场流通的票据凭证形式，有些规定不符合票据自身的基本特征，制约了票据市场的发展，建议修改票据法有关条款，提升票据市场活力和服务实体经济的能力。中国人民银行提出，为进一步促进票据市场的健康发展，充分发挥票据在现代经济社会中的流通与融资功能，有必要尽快对票据法进行修订完善，该行将进一步做好有关立法研究和准备工作，大力推动票据法的修订，并结合实际及时修改相关配套管理制度。全国人大财经委同意中国人民银行的意见，建议结合议案所提意见建议，抓紧研究论证，适时提出修法建议。

20. 车捷等30名代表(第385号议案)提出，随着海关监管的创新改革不断推进，现行海关法部分内容已经滞后，包括海关企业信用评级、加工贸易监管模式、全国海关通关一体化等在内的大量重要改革都对原有海关制度产生根本性影响，建议全面修改海关法。海关总署提出，中央对海关法治建设作出了新部署、提出了新要求，2018年机构改革赋予了海关新使命、明确了新任务，海关推行的一系列改革成果，都需要通过修改海关法予以明确和固化。该署已于2018年启动修法研究，征集修法总体思路、基本框架结构和相关具体条款的意见建议，并将在前期工作的基础上继续推进工作，引入先进管理理念，对标最高国际标准，重构海关基本制度。全国人大财经委同意海关总署的意见，建议认真研究代表议案所提意见，适时提出修法建议。

21. 陈华元等33名代表(第479号议案)提出，建筑法存在适用范围过窄、前瞻性不够、对建设单位约束性规定少且缺乏强制力等问题，建议修改建筑法，将法律名称调整为建设法，扩大适用范围，消除总承包管理的法律障碍，强化对建设单位的监督管理。住房城乡建设部赞同议案提出的修改建筑法的意见，将认真研究吸收议案提出的意见建议，在系统总结现行法律存在问题、广泛征求各方意见基础上，提出修法建议，积极推动建筑法修订工作。全国人大财经委同意住房城乡建设部的意见，建议积极开展研究论证，着力推动法律修改工作进程，条件成熟时提出修法建议。

要求制定法律的议案13件

22. 马一德等33名代表(第46号议案)提出，

商业秘密是企业最核心、最宝贵、最具竞争力的无形财富，近年来，国内企业间、国际企业间爆发了大量商业秘密纠纷，但国内目前对于知识产权保护多聚焦于专利、著作权和商标领域，现行商业秘密立法和司法保护存在不少弊端，为适应“中国制造”的发展战略，更好应对国际竞争新形势和有效实施新的国家安全战略，建议制定商业秘密法。市场监管总局提出，民法总则、合同法、劳动合同法、反不正当竞争法、刑法对商业秘密保护进行了较为全面的规定，已建立了较为完备的商业秘密保护民事、行政、刑事法律体系。2019 年 4 月 23 日，十三届全国人大常委会第十次会议主要针对商业秘密保护内容对反不正当竞争法进行了修改，包括完善商业秘密的定义，明确侵犯商业秘密的情形，将经营者以外的主体纳入侵犯商业秘密责任主体的范围，强化侵犯商业秘密行为的法律责任，规定转移相关举证责任。在现阶段，是否单独制定商业秘密保护法需统筹考虑。全国人大财经委建议市场监管总局加大执法力度，结合知识产权工作实际，研究参考国际立法实践，加强研究论证，条件成熟时提出立法建议。

23. 史贵禄等 30 名代表（第 76 号议案）提出，近年来我国快递业快速发展，但存在法律法规不健全、赔偿机制不完善、服务规则不合理、人员培训不到位、网点覆盖不均衡、行业自律不足等问题，建议制定快递法。国家邮政局提出，《快递暂行条例》于 2018 年 5 月 1 日施行，并于 2019 年 3 月修正，条例是在我国快递业实现大发展的基础上制定的，从保护用户合法权益、维护快递信息安全、加强从业人员培训、增强快递运输保障、健全监督管理机制等方面作了规定，较好体现了议案所提意见。考虑到《快递暂行条例》颁布不久，实施情况良好，建议待施行一段时间后，再考虑修改为快递条例或者上升为法律。全国人大财经委建议有关部门在推动条例贯彻实施、加强监督管理的基础上，及时跟踪评估条例实施情况，总结经验，条件成熟时提出立法建议。

24. 白鹤祥等 30 名代表、崔瑜等 31 名代表（第 127 号、第 199 号议案）提出，2015 年出台的《存款保险条例》虽赋予了存款保险基金管理机构早期纠正和风险处置职能，但未明确风险处置的触发标准以及存款保险基金管理机构担任金融机构接管和清算组织的职能，制约了存款保险基金管理机构的风险处置能力，建议在修订《存款保险条例》的基础上制定存款保险法。中国人民银行认为，金融机构有序处置涉及基本民事权利，建议在《存款保险条例》基础上及时研究制定存款保险法。考虑到立法周期相对较长，建议按照“两步走”的思路，近期重点在现有法律框架下结合我国具体国情探索开展金融机构处置工作，长期则应在实践的基础上总结经验教训，推动修改完善相关法律法规。对议案提出的明确风险处置中各部门责任划分、建立信息共享机制、强化对风险的早期纠正职能、制定客观可行的风险处置启动标准、丰富金融机构风险处置工具箱、与司法破产程序有效衔接、农村信用社和系统重要性金融机构市场化退出等建议，该行将与金融监管部门、地方政府等继续加强沟通协调，落实各方面责任，进一步发挥存款保险制度的作用，逐步健全市场化风险处置的长效机制。全国人大财经委同意中国人民银行意见。

25. 白鹤祥等 30 名代表（第 128 号议案）提出，企业破产法对金融机构破产作了规定，但对破产界限、破产管理人以及破产清偿顺序等具体规定分散在银行业监督管理法、商业银行法、证券法、保险法以及相关法律法规中，缺乏系统性和可操作性，建议国务院先制定颁布金融机构破产条例，再总结摸索经验加速推动制定金融机构破产法。中国人民银行认为，随着我国金融业进一步开放，金融业重要性不断提高，应当在立足国情的同时，参考国际做法，加快建立金融机构有序处置机制，以实现保护公众利益、维护金融稳定、防范道德风险、促进市场出清及处置成本最小化的目的。考虑到立法周期相对较长，建议按照“两步走”的思路，近期有关部门和机构在现有法律框架下结合我国具体国情探索开展金融机构处置工作，长期则应在实践基础上总结经验教训，推动修改完善相关法律法规。全国人大财经委建议相关部门深入贯彻落实党的十九大关于“守住不发生系统性金融风险的底线”精神要求，研究吸收代表所提意见建议，不断完善问题金融机构接管、重组、撤销、破产处置程序，建立金融机构市场化、法治化退出机制，在总结实践经验基础上，适时提出相关立法建议。

26. 黄立军等 31 名代表（第 205 号议案）建议制定金融风险防控处置法，规范对金融机构的监督管理，建立地方金融风险预警机制，强化政府对金融风险处置责任，建立完善金融市场信用体系，将有关规章和司法解释上升为法律，提高权威性和强制性，从立法层面和顶层设计入手积极防范化解金融风险。中国人民银行赞同代表提出的要以加强金融监管为重点，以防范系统性金融风险为底线，加快相关法律法规建设的意见，从实体到程序、从职权到责任对金融风险防范工作进行规范和明确。该行认真贯彻落实党中央、国务院决策部署，高度重视完善金融风险防控处置法律制度工作，在分析金融领域突出风险的基础上，研究制定打好防范化解重大金融风险攻坚战行动方案，会同中国银保监会、中国证监会推出了一系列措施以防控和处置金融风险。建议现阶段先在现有法律框架下，修改中国人民银行法、商业银行法、证券法，制定期货法和非存款类放贷组织条例，研究制定地方金融监督管理法规，进一步完善金融机构有序处置机制，在适当的时机出台金融风险防控处置法。全国人大财经委同意上述意见。

27. 孔晓艳等32名代表（第210号议案）提出，当前创业投资法规立法层次低，法律规范分散，政策环境不完善，立法建设滞后，建议整合有关鼓励创业投资的法律法规，制定创业投资促进法，明确法律适用范围、促进发展措施、创业投资运作、税收促进政策、营商环境建设、退出机制、法律监管和自律管理等重要问题。国家发展改革委认为加快推进创业投资立法非常必要，立法的基础条件也已成熟，将把制定创业投资法律法规提到重要议事日程。议案提出的立法框架和主要内容的建议比较全面、具体，充分考虑了中国创业投资行业实际情况，对行业发展提出了前瞻性考虑，对推动立法工作具有积极的参考价值和借鉴意义，该委将在推动创业投资立法工作中积极予以采纳吸收。全国人大财经委同意国家发展改革委的意见。

28. 买世蕊等30名代表（第298号议案）提出，我国国债市场法制建设严重滞后，部分法规颁布时间较早，有些规定缺乏可操作性，建议制定国债法，对国债的发行、偿还、利率、交易、规模等作出系统规定，建立国债听证制度，明确发行农村基础教育长期国债和农村基础建设长期国债。财政部原则赞同代表关于加强国债法制建设的意见，认为有必要根据国债市场发展变化及地方政府债务管理需要，适时启动政府债务立法工作，对包括国债发行与监管机构、国债种类、国债发行程序、国债市场、国债资金使用管理与监督、国债偿付程序等所有国债活动及地方政府债务活动进行全面规范。该部已将政府债务立法作为重要研究课题并开展了相关调研工作，拟进一步对有关问题进行深入研究，稳步有序推进立法工作。全国人大财经委同意财政部的意见。

29. 王天宇等30名代表（第309号议案）提出，互联网金融在快速发展的同时面临诸多问题，互联网金融行业风险易发、高发，而有关规定较为分散、约束力不强，建议制定互联网金融法，对业务规则与风险管理、信息披露、监督管理和法律责任等作出规定，并与现行法律法规做好衔接。中国人民银行提出，有必要进一步加强互联网金融立法和监管工作，在有效执行现行法律法规和监管机制的基础上，结合互联网金融的特性，系统总结监管实践经验，研究对现行法律法规作出适当调整，调整优化监管细则和监管机制，切实防范互联网金融风险。自2016年4月以来，中国人民银行会同有关部门开展互联网金融风险专项整治，其中一项重要工作就是完善互联网金融法律法规体系，建立监管长效机制。将在前期监管实践和理论研究的基础上，积极推动互联网金融有关立法工作，不断完善互联网金融监管制度，优化互联网金融发展的法治环境，引导行业规范健康发展。全国人大财经委同意中国人民银行的意见。

30. 买世蕊等30名代表（第348号议案）建议制定业主委员会选举法，规范业主委员会的选举，促进群众在城乡社区治理、基层公共事务中依法自我管理、自我服务、自我教育、自我监督。住房城乡建设部认为，议案对制定业主委员会选举法的必要性分析深入全面，提出的立法建议对做好相关立法工作具有重要参考意义。我国物业服务发展的法治环境不断完善，物权法规定了业主委员会的选举、业主共同决定事项、业主大会或者业主委员会决定的效力；《物业管理条例》确立了业主大会决策、业主委员会执行制度，并对业主委员会的选举和职责做出规定；《业主大会和业主委员会指导规则》进一步明确了业主委员会的产生方式、委员资格和权利义务备案等。由于条例出台时间较早，相关规定较为原则，指导规则效力层级不高，实践中仍存在业主委员会法律性质不清晰、组织规则和权利义务不明确等问题。针对存在问题，民法典物权编草案拟进行相应修改：一是增加居民委员会应当对设立业主大会和选举业主委员会给予指导和协助的有关规定；二是增加紧急情况下需要维修建筑物及其附属设施的，业主大会或者业主委员会可以依法申请使用维修资金的有关规定。下一步，该部将在《物业管理条例》及配套办法实施情况评估分析的基础上，结合代表提出的意见，适时提出完善业主大会和业主委员会制度的建议，积极做好有关立法研究工作。全国人大财经委同意住房城乡建设部的意见。

31. 骞芳莉等 31 名代表(第 364 号议案)建议制定金融消费者权益保护法,明确金融消费者的范围、金融消费者和金融机构的权利与义务、金融管理部门的职责、多元化纠纷解决机制等。中国人民银行认为,确有必要推动金融消费者权益保护专门立法工作,建立健全金融消费者权益保护法律制度,下一步将从我国实际出发,以合理界定金融消费者与投资者范围、强化部门间沟通协作和监管执法合作机制、加强金融纠纷调处机制建设等为重点,推动金融消费者权益保护立法工作。全国人大财经委同意中国人民银行的意见,建议有关部门加大对金融消费者权益保护的工作力度,同时加强研究论证,适时提出立法建议。

32. 潘保春等 30 名代表(第 447 号议案)提出,物业管理行业快速发展,物业服务纠纷数量增多,物业管理方面立法明显滞后,建议制定物业管理法,明确业主资格,加强前期物业管理,强化业主委员会监督,规范共有部分收益归属,明确地下车库所有权,划分超大小区的物业管理区域,推进部门执法进小区等。住房城乡建设部提出,《物业管理条例》自 2003 年施行以来,根据物业管理发展实际情况,先后进行多次修改,该部也制定了《业主大会和业主委员会指导规则》《物业承接查验办法》等配套办法。针对物业管理中存在的问题,全国人大常委会正在审议的民法典物权编草案、合同编草案拟对现行物权法、合同法有关规定作出相应调整。下一步,该部将继续做好有关工作,认真研究议案提出的意见,在调研分析现行法规存在问题、总结实践经验、广泛征求各方意见的基础上,提出立法建议,积极推动物业管理立法工作。全国人大财经委同意上述意见。

33. 徐诺金等 30 名代表(第 487 号议案)提出,为保障弱势群体普惠金融服务权,规范金融机构公平提供金融服务,形成推动普惠金融发展的长效机制,建议制定普惠金融促进法,明确基本金融服务权利、金融机构义务、政府部门激励引导和监督职责等。中国人民银行、中国银保监会提出,推动普惠金融立法、出台专门的普惠金融促进法对当前普惠金融工作的开展具有重要的现实意义,能为普惠金融监管和其他政策措施提供刚性法律依据,明确系统性的机制安排。下一步将继续贯彻落实国务院《推进普惠金融发展规划(2016—2020 年)》各项要求,认真听取社会各界的意见建议,深入研究有关单位和地区推进普惠金融经验做法和国际立法实践,推动普惠金融领域立法。全国人大财经委同意上述意见。

四、15 件议案提出的 14 个立法项目,建议通过进一步加大现行法律法规执法力度,或对立法开展调研论证,改进工作,解决议案所提问题

(一)对 2 件议案提出的 2 个立法项目,建议通过进一步加大现行相关法律法规执法力度,解决议案所提问题

34. 买世蕊等 30 名代表(第 286 号议案)提出,我国公益广告的管理、激励措施不健全,公益广告的选题质量、制作水平不高,建议制定公益广告法,明确规定在收视、收听、阅读率较高的电视、广播节目、报刊栏目中必须增加公益广告,并建立公益广告内容的听证制度,使普通百姓参与到公益广告的内容选择、制作中,提高公益广告的质量。市场监督管理总局认为,议案提出完善公益广告立法的建议,对推动公益广告发展有积极作用。广告法规定,国家鼓励、支持开展公益广告宣传活动,传播社会主义核心价值观,倡导文明风尚,公益广告的管理办法,由国务院市场监督管理部门会同有关部门制定。2016 年颁布的《公益广告促进和管理暂行办法》,对公益广告内容、公益广告标注企业名称和商标标识、媒体单位发布公益广告的具体要求、公益广告与商业广告的划分等作了明确规定,为广告经营主体积极参与公益广告事业、推动公益广告健康可持续发展提供了规范与保障。全国人大财经委同意上述意见,建议有关部门认真落实广告法、《公益广告促进和管理暂行办法》等法律、法规和规章的要求,解决议案所提问题。

35. 徐诺金等 30 名代表(第 485 号议案)提出,对企业融资权利保护不足是企业融资难、融资贵的一个重要原因,企业在融资中处于弱势地位,支持企业融资政策"落地"难,相关配套政策不完善,建议制定企业融资保护法,明确企业融资需求、供给、监管三方的权、责、利,确保企业融资支持有法可依。中国人民银行提出,我国法律层面缺少对企业融资权的规定,目前正在牵头修订中国人民银行法和商业银行法,研究在立法中体现对企业融资权利的保障,推动增加对金融机构落实信贷政策监督检查的有关规定。同时,建议在相关法律法规的制定修改中保障企业融资权利。中国银保监会、中国证监会提出,议案所提建议与中小企业促进法、证券

法等法律以及国务院有关规定相契合，将加大贯彻执行力度，积极配合有关部门对企业融资保护法的必要性和可行性进行研究。全国人大财经委同意上述意见，建议有关部门深入贯彻党中央、国务院决策部署，加大工作力度，抓好现行法律法规的落实落地，着力解决议案所提问题。

（二）对13件议案提出的12个立法项目，建议进一步调研论证，制定完善相关政策法规，解决议案所提问题

36. 丁光宏等30名代表（第30号议案）建议修改中小企业促进法，以市场配置资源模式鼓励创新、建立权责清单与负面清单保护中小企业权益等。全国人大财经委认为，2017年9月，十二届全国人大常委会根据党的十八大以来党中央重大决策部署，对中小企业促进法进行了全面修订。是否再次修改，还需要在总结实施情况的基础上研究论证。根据全国人大常委会2019年监督工作计划，全国人大常委会对中小企业促进法进行了执法检查。议案提出以市场配置资源模式鼓励创新、建立权责清单与负面清单保护中小企业权益、修订各地实施条例等建议，在执法检查报告中得到了很好体现。下一步，全国人大财经委根据监督法的规定，将加强跟踪督查，推动有关方面认真研究吸收议案所提建议和各方面意见，完善配套法规，把法律规定落实落地，不断加强改进工作，切实解决议案所提问题。

37. 章联生等31名代表（第59号议案）建议修改商标法，完善关于地名商标、通用名称获得显著性增加、商标无效事由、侵权行为认定和行政执法等规定。国家知识产权局提出，2019年4月，围绕规制恶意申请、囤积注册等行为和加大对侵犯商标专用权行为惩罚力度两方面对商标法部分条款进行了修改，修改条款将自2019年11月1日起施行。该局正研究制定关于规范商标申请注册行为的若干规定，进一步落实商标法修改规定。国家知识产权局将继续深入研究议案所提建议，对商标法实施情况开展评估和专题研究，做好推进商标法新一轮全面修改的准备工作。全国人大财经委同意国家知识产权局意见，建议加快配套法规规章的制定和修订，加大法律贯彻执行力度，解决议案所提问题。

38. 史贵禄等30名代表（第77号议案）提出，我国无人机产业发展迅速，无人机安全问题带来的监管需求日益迫切，建议制定民用无人机管理法，实行注册登记和分类管理制度，建立民用无人机避让制度，明确相关法律责任和争议处理机制。中国民航局提出，民用无人机管理相关法律制定确有必要。国家空管委正在牵头制定无人驾驶航空器飞行管理暂行条例，草案将民用无人机作为主要管理对象，从生产制造、销售流通、人员资质、任务审批、空域管理、飞行计划和飞行实施等七个环节构建了对无人机的全链条分级分类管理，议案提出的有关意见在草案中已经得到体现。目前，草案已经面向社会公开征求意见，起草工作正在积极推进。下一步，该局将继续积极开展工作，配合相关部门做好配套规章文件的制订工作，进一步加强民用无人机管理的法规制度建设。全国人大财经委同意中国民航局意见。

39. 史贵禄等30名代表（第94号议案）提出，自动驾驶汽车将成为未来汽车行业的发展趋势，但上路试验及随后的大规模推广面临着各种法律法规的障碍，建议制定自动驾驶汽车法。国家发展改革委组织编制了《智能汽车创新发展战略》，明确提出推动相关法律法规立改废释，开展与智能汽车研发使用相关法律问题研究，促进道路交通安全法等法律法规修订完善。工业和信息化部认为，由于自动驾驶涉及道路交通管理、车辆生产、测绘地图管理、车辆保险等法律制度，且自动驾驶技术快速发展变化，各国法律规制均无充分经验，该部正持续推进相关立法研究工作。公安部高度重视、积极支持自动驾驶汽车发展，主动会同有关部门加强相关法律制度、标准、行业发展等政策研究，积极推动完善相关法律法规。交通运输部赞同代表提出的关于尽早考虑自动驾驶立法的建议，但自动驾驶汽车涉及汽车制造、基础设施、交通管控等诸多领域，技术尚未完全成熟，商业化应用还需一定时间，立法的理论和实践基础不充分，相关法律关系尚不明确，专门立法的时机有待进一步研究论证。全国人大财经委同意上述意见。

40. 雷健坤等30名代表、侯华梅等30名代表（第105号、第200号议案）提出，工业遗产是城市历史文化资源，通过科学保护与合理利用深入挖掘工业遗产的文化内涵，可以为城市文化传承与发展带来长久动力，建议制定国家工业遗产保护和利用法，规定工业遗产的普查与认定、保护与利用、法律责任等内容。工业和信息化部认为，我国工业遗产保护利用工作缺少统一有效的法律依据，且工业遗产项目时间跨度大、数量多，保存现状复杂，已通过出台《关于推进工业文化发展的指导意见》《国家工业遗产管理暂行办法》等率先开展有关工作。下一步，将继续以国家工业遗产认定为抓手，会同有关

单位开展工业遗产保护立法研究，加强宣传推广，持续开展国家工业遗产认定工作，推动建立工业遗产保护利用的法规和工业遗产分级保护体系。全国人大财经委同意工业和信息化部意见。

41. 罗平等 30 名代表（第 150 号议案）建议制定对外援助法，明确对外援助机构及其职能、援助基本方式，规范对外援助行为，建立援助资金使用、管理的评价监督机制和信息公开制度。国家国际发展合作署认为，对外援助是大国外交的重要手段，我国已逐渐形成了一套符合国情实际、具有中国特色的援外模式，有必要对其内涵总结、提炼，上升到法律层面固定下来。目前，已开展相关立法调研，积极推动对外援助管理条例列入国务院立法计划，修订《对外援助管理办法》作为条例出台前的过渡性文件，推动构建符合我国发展阶段、具有中国特色、科学务实的对外援助法规体系。全国人大财经委同意国家国际发展合作署意见。

42. 胡季强等 30 名代表（第 201 号议案）提出，近年来我国城市轨道交通快速发展，取得了重大成就，为规范城市轨道交通的建设与管理，保障城市轨道交通顺利建设和正常安全运营，方便乘客出行，维护乘客的合法权益，建议制定城市轨道交通法。国家发展改革委认为，加强城市轨道交通立法，有利于促进行业健康持续发展。2018 年，国务院办公厅先后印发《关于进一步加强城市轨道交通规划建设管理的意见》《关于保障城市轨道交通安全运行的意见》，明确了科学编制规划、有序推进建设、强化城市主体责任、加强安全生产和运营管理等要求，并要求加强立法工作，及时完善城市轨道交通法规规章。交通运输部认为，加快国家层面的城市轨道交通立法工作，对于提升运营服务质量，保障运行安全，促进行业健康发展非常必要，考虑到立法资源紧张，城市轨道交通短时间内难以单独立法，建议先行制定相关法规规章。2018 年，该部出台了《城市轨道交通运营管理规定》，从运营基础要求、运营服务、安全支持保障、应急处置等方面，对安全服务管理制度建设提出了明确要求，并正在推动出台城市公共交通管理条例，议案所提城市轨道交通立法应重点明确和规范的有关内容，在相关法规规章中进行规定和明确。全国人大财经委同意上述意见。

43. 向巧等 104 名代表（第 232 号议案）提出，我国缺乏对航空航天产业方面的专门立法，对产业发展的支撑不足，建议制定航空航天产业促进法，对管理职责与要求、技术开发与转化、生产制造与应用、产业支持与保障等作出规定。国家国防科工局、中国民航局认为，航空、航天领域的物理关联和运行衔接客观存在，有必要加强有关交叉方面的研究与协调，但两者在产业结构、管理体制等方面有较大区别，对于合并立法、统筹相关内容还需要进一步深入研究。目前有关部门正在起草航天法草案、研究制定航空法和修改民用航空法，认真做好各自领域立法工作，加强沟通协调，将促进产业发展的内容更好与有关法律制度相衔接。全国人大财经委同意上述意见。

44. 赖秀福等 31 名代表（第 268 号议案）提出，融资难融资贵、账款被拖欠等问题导致中小企业资金短缺，严重影响正常经营，建议制定企业及时付款法。工业和信息化部认为，议案紧密结合实际，观点务实。近年来，国家机关、事业单位和大企业拖欠中小企业货款或服务费用问题突出，加重了中小企业资金短缺，严重影响了资金的周转和使用，国务院明确要求建立防范拖欠长效机制，修订完善法规制度。该部正在组织起草中小企业促进法配套行政法规，拟通过保护公平交易、建立投诉渠道、明确法律责任等方式，从预防拖欠产生和解决现有拖欠两方面，解决国家机关、事业单位拖欠中小企业的账款问题。下一步，该部将结合全国人大常委会关于中小企业促进法执法检查反映的情况，加快中小企业促进法配套行政法规起草，深化重点问题研究，适时提出立法建议。全国人大财经委建议有关部门进一步加大清欠工作力度，确保完成今年政府工作报告提出的清欠任务，并及时总结清欠工作经验，制定支付条例，完善相关制度，推动解决中小企业账款拖欠问题。

45. 厉莉等 32 名代表（第 269 号议案）提出，目前地方金融监管存在监管职责不清、监管手段措施缺乏、法律法规不完善等问题，建议制定地方金融监督管理法，明确监管范围、监管政策与基本原则、监管职责、风险防范要求、监管措施、法律责任等内容。中国人民银行提出，随着金融创新的发展以及新型金融业态的涌现，地方金融风险呈现出多样化和不断积聚的态势，但地方金融监管面临上位法缺乏、监管职责边界不清、监管手段缺乏和处罚依据不足等问题，有必要对地方金融监督管理立法。目前，中国人民银行正在研究起草地方金融监督管理法规，明确界定监管对象、地方金融监管责任与分工，中央对地方业务指导和有效监督，压实地方监管责任，丰富地方金融监管部门在监管和风险处置方面的手段等。全国人大财经委同意中国人民银行的意见，建议抓紧研究制定地方金融监督管理法规，解决当前地方金融监管面临的突出问题。

46. 杨莉等30名代表（第317号议案）提出，近年来直销行业规模逐渐扩大，从业人员持续增多，市场环境不断变化，直销领域虚假宣传、制假售假、无证经营等违法行为时有发生，扰乱了市场秩序，损害消费者合法权益，影响行业健康发展，建议制定直销法。商务部认为，现行直销管理制度的法律责任规定有待细化、监管措施相对滞后，部分内容已难以适应促进和规范行业发展的需要，迫切需要加强建章立制、建立健全长效监管机制。从解决当前直销行业突出问题的紧迫性看，相较于制定直销法律，推动修订《直销管理条例》等行政法规相对简便，可行性更高。该部已启动《直销管理条例》修订工作，将积极研究吸收议案内容，完善监管规则。全国人大财经委同意上述意见。

47. 霍晓丽等31名代表（第480号议案）提出，招标投标法和政府采购法自颁布以来，在规范当事人采购行为，维护国家利益、社会公共利益和政府采购活动当事人合法权益，提高经济效益、保证项目质量、促进廉政建设等方面发挥了重要作用，但两法既相互关联又独立施行，随着公共资源交易市场趋于统一，由多部法律规范同一事项已经不合时宜，建议将招标投标法、政府采购法合并，制定公共资源交易法。国家发展改革委认为，议案所提问题和建议客观中肯、分析全面深入，具有很强的针对性，已制定发布《公共资源交易平台管理暂行办法》《公共资源交易评标专家专业分类标准》《公共资源交易平台系统数据规范》《公共资源交易平台服务标准（试行）》等，对公共资源交易平台建设、运行、服务、监管、信息资源交互共享等作出统一规定。目前，工程建设项目招标投标、政府采购、土地使用权和矿业权出让、国有产权交易，以及排污权、碳排放权、林权等交易板块均有独立的法律制度体系，在各领域之上制定统一的公共资源交易法，涉及很多政府部门职能和法律法规的调整，有关部门对于统一立法的必要性、基本定位、监管体制，以及与政府采购法、企业国有资产法等法律的衔接还有不同的认识。全国人大财经委建议有关部门围绕当前公共资源交易立法面临的突出问题，深入研究论证，加强统筹协调，凝聚各方面共识，促进公共资源交易市场健康发展。

五、1件议案提出的1项执法检查，已由全国人大常委会组织实施

48. 李江南等30名代表（第314号议案）提出，为提高全社会对中小企业促进法的认识，促进法律的贯彻落实，推动中小企业发展中难点问题的解决，建议对中小企业促进法开展执法检查。全国人大常委会高度重视中小企业促进法实施工作，将中小企业促进法执法检查列入全国人大常委会2019年监督工作计划，由全国人大财经委具体组织实施。栗战书委员长亲自审定执法检查方案，出席执法检查组第一次全体会议并作重要讲话进行动员部署。陈竺、王东明和郝明金三位副委员长分别带队，赴浙江、湖北、河南、广西、吉林、陕西6省（区）进行实地检查，同时委托北京、河北、山西、福建、广东、重庆、云南、甘肃8省（市）人大常委会进行检查。就营商环境、融资促进和权益保护三个重点难点作为专题分赴贵州省贵阳市、福建省泉州市和内蒙古自治区鄂尔多斯市开展专项检查。检查期间，同步委托中国中小企业发展促进中心和中国电子信息产业发展研究院作为第三方对该法实施情况进行全面评估，委托山东省烟台市、广东省东莞市、贵州省贵阳市人大财经委分别进行重点评估，法律评估为全面了解法律实施情况提供了有力支撑。十三届全国人大常委会第十一次会议听取和审议了中小企业促进法执法检查报告，以联组会议的形式开展了专题询问。下一步，全国人大财经委将加强跟踪督查，推动有关方面认真实施法律、切实解决问题、加强改进工作、完善制度措施，把这次执法检查的成果充分运用好落实好，促进中小企业健康发展。

全国人民代表大会外事委员会关于第十三届全国人民代表大会第二次会议主席团交付审议的代表提出的议案审议结果的报告

（2019 年 10 月 26 日第十三届全国人民代表大会常务委员会第十四次会议通过）

全国人民代表大会常务委员会：

第十三届全国人民代表大会第二次会议主席团交付外事委员会审议的代表议案有 1 件，即上海代表团邵志清等 31 名代表提出的“关于加快制定海洋基本法的议案”（第 032 号）。

一、议案情况及相关部门意见

该议案建议，尽快制定一部基础性、纲领性的海洋基本法来统领我国涉海法律法规，提升海洋综合管理和统筹发展能力，维护海洋权益，推动我国从海洋大国迈向海洋强国。

按照全国人民代表大会议案处理办法等规定，外事委员会分别向全国人大常委会法工委等 7 个部门书面征求意见。

各部门表示，海洋基本法已列入《十三届全国人大常委会立法规划》。制定海洋基本法对建立和完善我国海洋事业全面协调可持续发展的长效机制、加强海洋事业的统筹规划和顶层设计具有重要意义。

关于下一步工作，有关牵头立法部门建议应由相关部门密切配合，深入研究论证海洋基本法的立法定位、管理体制等问题。

二、外事委员会审议意见

9 月 17 日，外事委员会第十次全体会议审议上述代表议案。现将审议结果报告如下：

海洋基本法已列入《十三届全国人大常委会立法规划》。

制定海洋基本法应在确立国家重要发展理念、原则和目标的基础上，进一步对海洋管理和海洋发展等方面作出规范，同时应统筹好该法与其他涉海法律、国际公约等之间的关系。

关于第 032 号代表议案提出的意见建议，可在立法过程中酌情考虑。

以上报告，请审议。

全国人民代表大会外事委员会
2019 年 10 月 21 日

全国人民代表大会社会建设委员会关于第十三届全国人民代表大会第二次会议主席团交付审议的代表提出的议案审议结果的报告

（2019 年 10 月 26 日第十三届全国人民代表大会常务委员会第十四次会议通过）

全国人民代表大会常务委员会：

第十三届全国人民代表大会第二次会议主席团交付社会建设委员会（以下简称社会委）审议的 57 件议案，由 21 个代表团 1804 名代表提出，共涉及 25 个立法项目，其中：关于制定法律（15 部）的议案 26 件，关于修改法律（10 部）的议案 31 件。主要围绕未成年人保护、妇女权益保障、老年人权益保障、家庭教育、安全生产、社会管理、劳动和社会保障等 8 个方面内容。

社会委按照栗战书委员长“要以对人民高度负责的精神，审议、办理好代表议案”的重要指示精神，把议案办理与密切联系人大代表、虚心听取意见建议、积极回应社会关切、促进立法监督工作有机结合起来，尊重代表主体地位，努力提高办理质量。一是认真安排部署。改进和规范议案办理工作,完善程序,明确时限,制定具体的工作方案。二是深入细致了解。梳理议案内容,通过电话或当面交流等方式,进一步了解领衔代表或相关代表的主张。三是多方征求意见。向15个有关方面发函征求研究意见,增强议案办理的专业性和针对性。四是深入调查研究。结合立法监督工作,邀请提出议案的领衔代表或相关代表36人次,共同开展调研。五是建立反馈机制。及时向领衔代表或相关代表介绍立法监督开展情况和议案办理工作情况,通过沟通交流,研究完善议案审议意见。

2019年9月25日,社会委召开第4次全体会议,对57件议案的办理意见进行了审议,现将审议结果报告如下。

一、34件议案提出的10个立法项目(含3项一并解决项目),已纳入十三届全国人大常委会立法规划或2019年度立法工作计划,起草单位将在保证立法质量的前提下,加快工作进程,按规划或计划要求提请全国人大常委会审议

1. 关于制定社会救助法的议案1件

制定社会救助法已纳入十三届全国人大常委会立法规划第一类项目,由国务院提请审议,社会委负责联系。国务院有关部门正抓紧工作,争取2019年底或2020年提请全国人大常委会审议。

2. 关于制定家庭教育法的议案7件

制定家庭教育法已纳入十三届全国人大常委会立法规划第三类项目。社会委计划于2020年启动家庭教育立法研究论证和草案起草工作,条件成熟时,提请全国人大常委会审议。

3. 关于修改村民委员会组织法的议案3件

4. 关于修改城市居民委员会组织法的议案3件

5. 关于制定城市居民委员会选举法的议案1件(通过修改城市居民委员会组织法,吸收议案内容,解决所提问题)

修改村民委员会组织法、城市居民委员会组织法已纳入十三届全国人大常委会立法规划第二类项目,由国务院提请审议,社会委负责联系。“两委”组织法第一步的修改已完成,即法定任期由3年改为5年;第二步的系统修订工作,国务院有关部门正抓紧进行,在本届内提请全国人大常委会审议。

6. 关于修改未成年人保护法的议案9件

7. 关于制定未成年人网络保护法的议案4件(通过修改未成年人保护法,吸收议案内容,解决所提问题)

修改未成年人保护法已纳入十三届全国人大常委会立法规划第一类项目和2019年度立法工作计划。由社会委负责牵头起草,修订草案已提请全国人大常委会审议。修订草案特别增加“网络保护”专章,对未成年人网络保护的主要制度作出了规定。

8. 关于修改预防未成年人犯罪法的议案3件

9. 关于制定反校园暴力法的议案1件(通过修改未成年人保护法和预防未成年人犯罪法,吸收议案内容,解决所提问题)

修改预防未成年人犯罪法、未成年人保护法已纳入十三届全国人大常委会立法规划第一类项目和2019年度立法工作计划。由社会委负责牵头起草,修订草案已提请全国人大常委会审议。两部法律修订草案分别从权益保护和预防违法犯罪的角度对校园欺凌问题作出规范,并根据欺凌行为的性质、程度不同,规定了有针对性的教育矫治措施。

10. 关于修改安全生产法的议案2件

修改安全生产法已纳入十三届全国人大常委会立法规划第一类项目和2019年度立法工作计划预备审议项目。由国务院提请审议,社会委负责联系。国务院有关部门已于2019年1月将安全生产法修正案草案送审稿报送国务院,争取尽早提请全国人大常委会审议。

二、8件议案提出的3个立法项目有立法必要,建议加强调研和起草工作,条件成熟时,纳入全国人大常委会年度立法工作计划

11. 关于制定殡葬法的议案1件

制定殡葬法已纳入十三届全国人大常委会立法规划第三类项目。国务院有关部门于2018年启动殡葬管理条例修订工作,修订草案送审稿已报送国务院,并按程序进一步修改完善。社会委将适时

就代表议案提出的重点问题和殡葬制度实施情况开展调研，推动有关部门在行政法规的基础上研究起草法律，条件成熟时，建议纳入全国人大常委会年度立法工作计划。

12. 关于制定应急管理法的议案 1 件

国务院有关部门结合应急管理职责定位，已经研究制定应急管理立法体系框架方案。社会委将积极推动有关方面加强应急管理领域综合性立法的研究论证，条件成熟时，建议纳入全国人大常委会年度立法工作计划。

13. 关于修改妇女权益保障法的议案 6 件（一并考虑关于制定女职工劳动保护法议案）

全国妇联对妇女权益保障法修改的主要内容和重点难点问题已开展前期调研，并形成了修改建议稿。社会委将联合有关方面，适时开展修改妇女权益保障法的研究论证，充分吸纳关于制定女职工劳动保护法议案提出的意见，积极推动修订草案的起草工作。条件成熟时，建议纳入全国人大常委会年度立法工作计划。

三、6 件议案提出的 5 个立法项目，建议在完善相关法律法规的同时，加大现行法律法规政策的贯彻实施力度

14. 关于制定校园安全法的议案 2 件

现行多部法律已经对校园安全问题作出相应规范。社会委牵头起草的未成年人保护法修订草案对此也完善了相关规定。目前，教育部正在推动制定学校安全条例，抓紧制定未成年学生学校保护规定。建议国务院有关部门加快出台步伐，同时加大对相关法律法规政策的贯彻实施力度，切实保障未成年学生在校安全。

15. 关于制定中小学生校外托管机构管理法的议案 1 件

我国对从事服务业的经营机构有比较完善的监管制度，在工商登记、公共卫生、公共场所安全、消防等方面均有相关法律法规。相关主管部门可以依法对校外托管机构经营主体进行管理。建议国务院有关部门加大对相关法律法规政策的贯彻实施力度，推进中小学生校外托管机构规范健康发展。

16. 关于制定女职工劳动保护法的议案 1 件（在修改妇女权益保障法时，一并考虑）

劳动法、劳动合同法、妇女权益保障法、女职工劳动保护特别规定等法律法规，对女职工在劳动领域合法权益和特殊权益的保护均有明确的规定。建议国务院有关部门加大对女职工劳动保护相关法律法规政策的贯彻实施力度。建议人力资源社会保障部联合全国总工会、全国妇联等单位适时开展相关调查研究。待人力资源社会保障部提出相关立法建议后，社会委将适时组织开展立法调研。同时，推动修改妇女权益保障法工作，增加对女职工劳动保护的相关内容，以进一步维护女职工的合法权益。

17. 关于制定养老产业促进法的议案 1 件

18. 关于修改老年人权益保障法的议案 1 件

2019 年颁布的《国务院办公厅关于推进养老服务发展的意见》，对基本养老服务提出了全面系统的部署要求。推进医养结合、发展养老产业等具体领域的指导意见也相继出台，对康养服务快速发展发挥了积极的推动作用。现行老年人权益保障法对长期护理保障、养老服务人才培养等问题已经作出相应规定。社会委积极配合全国人大常委会开展“应对人口老龄化加强养老机构‘放管服’工作”专题调研，调研报告计划于 12 月份提请全国人大常委会审议。建议国务院有关部门加大对相关法律法规政策的贯彻实施力度，进一步保障老年人权益，满足老年人养老服务需求。

四、9 件议案提出的 7 个立法项目，建议有关方面对议案所提建议和问题继续进行分析研究，开展调研论证

19. 关于制定非营利法人法的议案 1 件

20. 关于制定公民文明行为促进条例的议案 1 件

21. 关于制定未成年人司法法的议案 1 件

22. 关于制定医疗保障法的议案 2 件

23. 关于修改社会保险法的议案 2 件

24. 关于修改劳动合同法的议案 1 件

25. 关于修改劳动法的议案 1 件

以上议案提出的制定或修改法律的意见和建议，社会委经征求并综合有关方面的意见，建议加大对上述议案所提问题的研究力度，开展立法前期论证工作，为有关法律的制定或修改提供理论和实践支撑，创造必要条件。

以上报告，请审议。

附件一：57件议案审议结果报告有关数据统计
附件二：全国人民代表大会社会建设委员会关于第十三届全国人民代表大会第二次会议主席团交付审议的代表提出的议案的审议意见

全国人民代表大会社会建设委员会
2019年10月21日

附件一：

57件议案审议结果报告有关数据统计

议案及审议结果分类情况 (57件议案由21个代表团1804名代表提出，涉及25个立法项目，其中：关于制定法律(15部)的议案26件，关于修改法律(10部)的议案31件。主要围绕未成年人保护、妇女权益保障、老年人权益保障、家庭教育、安全生产、社会管理、劳动和社会保障等8个方面内容)		议案数 (代表团名称)	提议案 代表人数
一	**34件议案提出的10个立法项目(含3项一并解决项目)，已纳入十三届全国人大常委会立法规划或2019年度立法工作计划，起草单位将在保证立法质量的前提下，加快工作进程，按规划或计划要求提请全国人大常委会审议**	**34**	**1060**
1	制定《社会救助法》的第251号议案	天津团	31
2	制定《家庭教育法》的第104、255、256、266、368、375、413号议案	安徽团 浙江团 河北团 湖北团 福建团 吉林团 黑龙江团	31 30 30 30 34 31 31
3	修改《村民委员会组织法》的第338、361、394号议案	湖南团 湖北团 辽宁团	30 30 31
4	修改《城市居民委员会组织法》的第12、259、340号议案(一并考虑制定城市居民委员会选举法议案)	山西团 河北团 河南团	30 32 30
5	制定《城市居民委员会选举法》的第339号议案(通过修改城市居民委员会组织法，吸收议案内容，解决所提问题)	河南团	30
6	修改《未成年人保护法》的第122、215、216、263、277、366、367、393、478号议案(一并考虑制定未成年人网络保护法议案)	陕西团 湖北团 湖南团 吉林团 湖南团 重庆团 重庆团 河北团 河北团	30 30 31 31 30 31 31 30 30
7	制定《未成年人网络保护法》的第103、117、156、350号议案(通过修改未成年人保护法，吸收议案内容，解决所提问题)	安徽团 浙江团 江苏团 山西团	45 31 34 32
8	修改《预防未成年人犯罪法》的第218、376、429号议案(一并考虑制定反校园暴力法议案)	广西团 吉林团 黑龙江团	30 31 31

续表

议案及审议结果分类情况 (57 件议案由 21 个代表团 1804 名代表提出,涉及 25 个立法项目,其中:关于制定法律(15 部)的议案 26 件,关于修改法律(10 部)的议案 31 件。主要围绕未成年人保护、妇女权益保障、老年人权益保障、家庭教育、安全生产、社会管理、劳动和社会保障等 8 个方面内容)		议案数 (代表团名称)	提议案代表人数
9	制定《反校园暴力法》的第 490 号议案(通过修改未成年人保护法和预防未成年人犯罪法,吸收议案内容,解决所提问题)	河北团	31
10	修改《安全生产法》的第 132、250 号议案	贵州团 河北团	30 30
二	**8 件议案提出的 3 个立法项目有立法必要,建议加强调研和起草工作,条件成熟时,纳入全国人大常委会年度立法工作计划**	**8**	**263**
11	制定《殡葬法》的第 420 号议案	黑龙江团	32
12	制定《应急管理法》的第 481 号议案	四川团	33
13	修改《妇女权益保障法》的第 13、148、227、228、265、411 号议案(一并考虑制定女职工劳动保护法议案)	河南团 安徽团 浙江团 山东团 四川团 黑龙江团	31 30 30 45 31 31
三	**6 件议案提出的 5 个立法项目,建议在完善相关法律法规的同时,加大现行法律法规政策的贯彻实施力度**	**6**	**188**
14	制定《校园安全法》的第 247、303 号议案	河北团 河南团	31 30
15	制定《中小学生校外托管机构管理法》的第 267 号议案	广西团	31
16	制定《女职工劳动保护法》的第 491 号议案(在修改妇女权益保障法时一并考虑)	河北团	31
17	制定《养老产业促进法》的第 351 号议案	山西团	31
18	修改《老年人权益保障法》的第 157 号议案	北京团	34
四	**9 件议案提出的 7 个立法项目,建议有关方面对议案所提建议和问题继续进行分析研究,开展调研论证**	**9**	**293**
19	制定《非营利法人法》的第 440 号议案	黑龙江团	33
20	制定《公民文明行为促进条例》的第 464 号议案	解放军和武警部队团	33
21	制定《未成年人司法法》的第 219 号议案	广西团	31
22	制定《医疗保障法》的第 395、426 号议案	浙江团 黑龙江团	30 37
23	修改《社会保险法》的第 254、407 号议案	河北团 黑龙江团	31 38
24	修改《劳动合同法》的第 52 号议案	福建团	30
25	修改《劳动法》的第 65 号议案	陕西团	30

附件二：

全国人民代表大会社会建设委员会关于第十三届全国人民代表大会第二次会议主席团交付审议的代表提出的议案的审议意见

第十三届全国人民代表大会第二次会议主席团交付社会建设委员会（以下简称社会委）审议的57件议案，由21个代表团1804名代表提出，共涉及25个立法项目，其中：关于制定法律（15部）的议案26件，关于修改法律（10部）的议案31件。主要围绕未成年人保护、妇女权益保障、老年人权益保障、家庭教育、安全生产、社会管理、劳动和社会保障等8个方面内容。2019年9月25日，社会委召开第4次全体会议对代表议案进行审议，审议意见如下：

一、34件议案提出的10个立法项目（含3项一并解决项目），已纳入十三届全国人大常委会立法规划或2019年度立法工作计划，起草单位将在保证立法质量的前提下，加快工作进程，按规划或计划要求提请全国人大常委会审议

1. 天津代表团杨宝玲等31名代表关于制定社会救助法第251号议案。议案提出，随着社会救助制度体系的发展，现行《社会救助暂行办法》存在着法律位价低、权威性与时效性不足的问题，很难适应形势的发展，建议制定社会救助法，以弥补我国社会保障法律体系的短板。明确界定救助对象、政府责任、财政来源、执法主体和法律责任；完善社会救助程序性规定，加强精确认定和动态管理；做好与相关法律、政策的衔接。

民政部表示，已成立社会救助法起草工作领导小组，制定工作方案，明确立法重点和时间安排。对立法中重点难点问题开展调研，评估社会救助暂行办法实施情况，梳理需要通过法律规范的相关内容，形成了社会救助法草案并深入研究论证，议案所提建议已在立法工作中充分考虑，并在草案中予以体现。下一步，将根据国务院统一部署，对草案作进一步修改完善。司法部表示，将积极配合民政部，在社会救助法草案送审稿起草过程中，认真研究论证议案所提建议。

社会委经研究，同意民政部、司法部意见。制定社会救助法已纳入十三届全国人大常委会立法规划第一类项目。社会委成立了立法联系审议工作领导小组，多次召开会议，与有关部门共同研究立法中的重点难点问题。常委会领导同志亲自带队到民政部和有关省份调研，督促推进立法进程。为配合常委会听取和审议国务院关于加强社会保障体系建设助力打好精准脱贫攻坚战推进社会救助工作情况专项报告，社会委先后到贵州、陕西、河南等省调研，还选择山东、河北、黑龙江的30多个村进行蹲点调研，与100余个困难群众家庭和80余名乡、村干部面对面单个交流，征求他们对立法的意见建议，议案领衔代表应邀参加了部分调研。建议民政部和司法部认真总结近年来社会救助工作经验，在保证立法质量前提下，加快工作进程，争取2019年底或2020年，提请全国人大常委会审议。

2. 安徽代表团耿学梅等31名代表、浙江代表团邓丽等30名代表、河北代表团籍涛等30名代表、湖北代表团周洪宇等30名代表、福建代表团兰臻等34名代表、吉林代表团高桂英等31名代表、黑龙江代表团谭琳等31名代表关于制定家庭教育法7件议案（第104、255、256、266、368、375、413号）。议案提出，家庭教育是国民教育体系中最为基础和最有影响力的教育。为充分发挥家庭教育的功能，推进完善未成年人保护法律体系，建议全国人大尽快推进家庭教育法的立法进程。提升家庭教育地位；强化家长的家庭教育主体责任，规范家庭教育行为；规范家庭教育指导服务；为家庭教育提供必要的支持保障；对父母或其他监护人、家庭指导服务机构不履职和不当履职提出罚则。

教育部、全国妇联认为，家庭教育立法非常必要，议案所提建议对推动家庭教育立法很有参考价值。教育部会同相关部门先后印发《关于加强家庭

教育工作的指导意见》《关于指导推进家庭教育的五年规划(2016—2020 年)》等一系列文件,在全国范围内设立了 10 个家庭教育实验区,指导学校帮助家长开展好家庭教育。全国妇联联合教育部等部门启动并持续开展家庭教育立法调研,形成了一系列专题调研和理论研究报告,2018 年已向全国人大常委会法工委提交了立法立项报告和法律草案。下一步,将按照立法相关要求,进一步深入调研论证,充分吸收代表建议,修改完善草案文本。同时,积极推动地方立法,为国家层面的立法奠定坚实基础。司法部表示,将积极配合相关部门,对议案所提建议作进一步研究论证。

社会委经研究,同意上述有关方面意见。加快家庭教育立法可以从源头保障家庭教育切实发挥教育和价值引领功能。家庭教育立法已纳入十三届全国人大常委会立法规划第三类项目。社会委计划于 2020 年启动家庭教育立法的研究论证和草案起草工作,条件成熟时,提请全国人大常委会审议。

3. 湖南代表团杨尚真等 30 名代表、湖北代表团王能干等 30 名代表、辽宁代表团朱朝治等 31 名代表关于修改村民委员会组织法 3 件议案(第 338、361、394 号)。议案提出,当前村民委员会成员的选用和工作保障机制与农村快速发展的形势不相适应,建议修改法律条款,对村民委员会成员的年龄上线进行限制、设立自荐候选人制度、建立村干部工资报酬保障机制等。

民政部表示,由于我国农村情况各异,很多地方还需要工作能力强、群众认可度高的老同志在村委会中承担重任,在全国层面还难以作出“一刀切”的年龄规定。关于自荐候选人问题,村民委员会组织法第 15 条并未排除村民提名自己为候选人,一些省份已在本地区实施办法中明确了自荐形式。在修法时将对候选人提名等进行完善。关于报酬机制,村委会作为基层群众自治组织,不宜采取国家直接发放工资的方式,根据中央要求,村干部补贴已纳入村级组织运转经费保障范围。将积极推动妥善解决村干部养老保险问题,健全离任村干部生活保障制度。司法部表示,将积极配合民政部等有关方面,在法律修订过程中,认真研究议案所提建议。

社会委经研究,同意民政部、司法部意见。修改村民委员会组织法已纳入十三届全国人大常委会立法规划第二类项目,第一步的修改已完成,即法定任期由 3 年改为 5 年。社会委成立了立法联系审议工作领导小组,并积极开展相关理论研究。今年 7 月,在山东大学举办“基层社会治理与‘两委’组织法修改”研讨会。并将就议案所提关于村委会组织能力建设、待遇保障机制等问题持续开展调研。建议民政部和司法部加快第二步的系统修订工作,推进修法进程,在本届内提请全国人大常委会审议。

4. 山西代表团杨蓉等 30 名代表、河北代表团陈凤珍等 32 名代表、河南代表团买世蕊等 30 名代表关于修改城市居民委员会组织法 3 件议案(第 12、259、340 号)(一并考虑关于制定城市居民委员会选举法第 339 号议案)。议案提出,随着我国经济社会的快速发展,城市面貌发生了翻天覆地的变化,城市居民委员会组织法早已跟不上社会治理和城市发展的步伐,建议尽快修改,建立符合我国国情的居民自治制度。

民政部表示,正积极推动城市居民委员会组织法的修订工作,对议案所提统一社区居委会名称、合理界定居委会规模、明确居民委员会的职责和保障机制等问题,将根据中央有关文件精神和地方工作实践,在法律修改中认真研究、充分吸收。关于居民委员会成员选举问题的建议,将研究设专章完善居民委员会选举程序,全面规范居民委员会选举工作。司法部表示,将积极配合民政部等有关方面,在法律修订过程中,认真研究议案所提建议。

社会委经研究,同意民政部、司法部意见。修改城市居民委员会组织法已纳入十三届全国人大常委会立法规划第二类项目,第一步的修改已完成,即法定任期由 3 年改为 5 年。社会委已成立立法联系审议工作领导小组,积极开展相关理论研究。今年 7 月,在山东大学举办“基层社会治理与‘两委’组织法修改”研讨会。并将就议案所提修法重点难点问题持续开展调研,加强与起草单位联系沟通,做好审议准备工作。建议民政部和司法部加快第二步的系统修订工作,推进修法进程,在本届内提请全国人大常委会审议。

5. 河南代表团买世蕊等 30 名代表关于制定城市居民委员会选举法第 339 号议案(通过修改城市居民委员会组织法,吸收议案内容,解决所提问题)。议案提出,当前我国城市基层社会发生深刻变化,居委会换届选举工作面临着许多新情况、新问题,建议制定城市居民委员会选举法。

民政部表示,在修改城市居民委员会组织法时,将研究设专章完善居民委员会选举程序,从明确居民委员会的产生及职责、制定不同选举方式的具体程序、明确选民资格条件等方面全面规范居民委员会选举制度。

社会委经研究,同意民政部意见。修改城市居民委员会组织法已纳入十三届全国人大常委会立法规划第二类项目,建议民政部在修改城市居民委员会组织法时,认真研究议案所提建议,进一步完善居民委员会选举制度。

6. 陕西代表团方燕等 30 名代表、湖北代表团周洪宇等 30 名代表、湖南代表团丁小兵等 31 名代表、吉林代表团咸顺女等 31 名代表、湖南代表团向伟艺等 30 名代表、重庆代表团骞芳莉等 31 名代表、重庆代表团刘希娅等 31 名代表、河北代表团乞国艳等 30 名代表、河北代表团尤立增等 30 名代表关于修改未成年人保护法 9 件议案(第 122、215、216、263、277、366、367、393、478 号)(一并考虑关于制定未成年人网络保护法第 103、117、156、350 号议案)。近年来侵害未成年人的恶性案件屡发,未成年人吸烟、饮酒、沉迷网络等问题突出,现行未成年人保护法已经无法满足现实需求,建议尽快修改。建立未成年人保护统筹协调机构;建立家庭监护监督和支持体系;完善未成年人国家监护制度;建立未成年人权益侵害案件强制举报制度;对预防和制止校园欺凌作出规定;增加预防未成年人饮酒、吸烟相关内容;增加信息与网络安全内容,加强未成年人网络保护;增加政府保护专章,细化政府及有关部门的职责;明确相关主体的责任,加大对保护不力、实施侵害行为的惩罚力度,引入监督机制等。

社会委经研究,同意议案所提建议。未成年人保护法修订已纳入十三届全国人大常委会立法规划第一类项目和 2019 年度立法工作计划。社会委在深入调查研究、充分吸收议案建议、广泛听取意见基础上,完成了修订草案,已提请全国人大常委会审议。

7. 安徽代表团陈建银等 45 名代表、浙江代表团俞学文等 31 名代表、江苏代表团戴雅萍等 34 名代表、山西代表团郝旭等 32 名代表关于制定未成年人网络保护法 4 件议案(第 103、117、156、350 号)(通过修改未成年人保护法,吸收议案内容,解决所提问题)。议案提出,我国大量未成年人痴迷网络游戏,严重影响其健康成长。关于网络游戏管理的立法层级较低,实际监管效果不理想,不能有效预防和制止未成年人沉迷网络。建议制定未成年人网络保护法,完善未成年人网络保护内容。

中央网信办认为,代表提出的建议具有很强的针对性。开展未成年人网络保护立法,加强未成年人网络保护,是目前网络空间治理工作的当务之急。中央网信办牵头起草的未成年人网络保护条例已纳入 2019 年国务院立法工作计划,目前处在司法部立法审查阶段。

社会委经研究认为,有必要加强未成年人网络保护立法。未成年人保护法修订已纳入十三届全国人大常委会立法规划第一类项目和 2019 年度立法工作计划。由社会委牵头起草的未成年人保护法修订草案已提请全国人大常委会审议。修订草案充分吸收议案建议,特别增加“网络保护”专章,对未成年人网络保护的主要制度作出了规定。

8. 广西代表团莫小峰等 30 名代表、吉林代表团初建美等 31 名代表、黑龙江代表团李亚兰等 31 名代表关于修改预防未成年人犯罪法 3 件议案(第 218 号、第 376 号、第 429 号)(一并考虑关于制定反校园暴力法第 490 号议案)。议案提出,随着我国经济社会发展,预防未成年人犯罪工作面临许多新情况新问题,农村留守儿童、流动未成年人、闲散未成年人中多数处于缺管少爱状态,价值取向的多元和各种新的不良诱因的出现,对未成年人的思想观念和行为方式产生重要影响,未成年人违法犯罪呈现出暴力化、团伙化、低龄化等特点,现行预防未成年人犯罪法规定的预防措施、处置程序等缺乏针对性和可操作性,已不能完全适应当前预防未成年人犯罪的需要。建议尽快修改预防未成年人犯罪法。

教育部、公安部、最高人民法院、最高人民检察院认为,代表提出的明确机构职责、政府购买服务、设置专门学校、临界预防、再犯预防及法律责任等具体建议很有价值。建议在修改预防未成年人犯罪法时,增加和完善以下内容:对未成年人的罪错行为实行分级干预;充分发挥专门学校、收容教养的教育矫治作用;加强对家庭教育的监督、支持;注重对未成年人的法治教育及心理疏导;完善法律实施的保障,增强法律的可操作性。

社会委经研究,同意上述有关方面意见。预防未成年人犯罪法修订已纳入十三届全国人大常委会立法规划,已提请全国人大常委会审议。社会委牵头起草的预防未成年人犯罪法修订草案,充分吸收代表议案所提建议,坚持教育矫治理念,建立未成年人偏常行为分级干预制度,充实完善专门教育等教育矫治措施,增强法律的可操作性。

9. 河北代表团尤立增等 31 名代表关于制定反校园暴力法第 490 号议案(通过修改未成年人保护法和预防未成年人犯罪法,吸收议案内容,解决所提问题)。议案提出,校园欺凌事件对未成年人身心造成严重伤害,带来严重社会影响。现行法律制度缺乏应对校园欺凌的规定，对欺凌行为缺乏有效惩戒，一定程度上助长了校园欺凌的发生。建议针对校园欺凌制定专门法律。

教育部、公安部、司法部、最高人民法院、最高人民检察院提出，对未成年人实施的校园欺凌行为，应当完善教育处分、专门教育、收容教养等措施，矫正未成年人行为或心理偏差，预防发生更严重的犯罪。预防和治理校园欺凌，需要国家、社会、学校和家庭的共同努力。建议在修改未成年人保护法和预防未成年人犯罪法时，对校园欺凌的法律含义、预防机制、受理处置程序等进行明确规定。

社会委经研究，同意上述有关方面意见。未成年人保护法修订和预防未成年人犯罪法修订已纳入十三届全国人大常委会立法规划第一类项目和2019年度立法工作计划，已提请全国人大常委会审议。社会委牵头起草的两部法律修订草案，充分吸收议案所提建议，分别从权益保护和预防违法犯罪的角度对学生欺凌问题作出规范，并明确规定根据学生欺凌行为的性质、程度不同，采取有针对性的教育矫治措施。

10. 贵州代表团陈华等30名代表、河北代表团曹宝华等30名代表关于修改安全生产法2件议案（第132、250号）。议案提出，为贯彻落实党中央对安全生产工作的要求，推动我国安全生产领域改革发展，建议修改安全生产法，增加强制实施安全生产责任保险、行业组织和协会对安全生产工作进行监督、加强城市安全等方面的规定。

应急管理部表示，正积极推动安全生产法修改工作，修正案草案送审稿已于2018年12月提请国务院审议。送审稿已吸收议案建议，增加了强制投保安全生产责任保险、加强城市安全方面的内容。其它方面的建议，将在审查修改过程中，进行更加深入细致的研究，促进法律修改反映时代发展要求，符合当前工作实际。同时，将努力推动相关政策的出台，将不宜由法律规定的内容，通过其他方式予以体现和落实。下一步，将密切配合，抓紧对草案送审稿进行修改完善，争取早日提请全国人大常委会审议。司法部表示，议案所提建议，将在审查修改过程中，予以充分考虑，并会同应急管理部认真研究论证。

社会委经研究，同意应急管理部、司法部意见。修改安全生产法已纳入十三届全国人大常委会立法规划第一类项目和2019年度立法工作计划预备审议项目。社会委成立立法联系审议工作领导小组，结合代表议案中提到的重点问题，进行了专题调研，邀请议案领衔代表参与，广泛听取意见建议。建议应急管理部和司法部抓紧工作，充分研究吸收代表议案和各有关方面的意见建议，争取尽快提请全国人大常委会审议。

二、8件议案提出的3个立法项目有立法必要，建议加强调研和起草工作，条件成熟时，纳入全国人大常委会年度立法工作计划

11. 黑龙江代表团郑功成等32名代表关于制定殡葬法第420号议案。议案提出，殡葬是人生的最后一程，是民生保障不可或缺的重要组成部分。现行的《殡葬管理条例》过于原则、缺乏可操作性，殡葬管理中存在着公共服务欠缺、管理水平不高、有关服务和用品价格混乱等突出问题，且《殡葬管理条例》位阶较低，无法满足新时代殡葬服务需要。为推进殡葬综合改革，建议制定殡葬法。明确政府责任、筹资和责任分担机制、管理体制以及运行机制、监督机制；明确殡葬服务保障权；明确执法主体及其职责；明确规定服务对象在不同殡葬制度中的受益资格条件、待遇和服务标准、权益保护、殡葬活动主体与执法主体的法律责任；做好与相关法律和国家宗教政策的衔接。

民政部表示，现行《殡葬管理条例》已不适应新时代殡葬事业发展要求，2018年4月启动该条例的修订工作，形成了《殡葬管理条例（修订草案送审稿）》并报请国务院审议。议案提出制定殡葬法的建议，对于解决当前制约殡葬事业发展的瓶颈问题、强化殡葬法制保障具有积极意义。对代表提出的立法思路和框架，将认真研究，在推动立法工作中积极借鉴和合理吸收。司法部表示，已按照立法程序征求中央有关单位、地方政府和有关协会、单位、企业对《殡葬管理条例（修订草案送审稿）》的意见，待《殡葬管理条例》修订出台后，将配合民政部等有关方面，对制定殡葬法的建议作进一步研究论证。

社会委经研究，同意民政部、司法部意见。制定殡葬法已纳入十三届全国人大常委会立法规划第三类项目。社会委将适时就代表议案提出的重点问题和殡葬制度实施情况开展调研，推动有关部门在行政法规的基础上研究起草法律，条件成熟时，建议纳入全国人大常委会年度立法工作计划。

12. 四川代表团崔鹏等33名代表关于制定应急管理法第481号议案。议案提出,为确保防灾减灾救灾体制机制改革顺利推进,提高全社会抵御自然灾害风险的能力,保护人民群众生命财产安全和国家安全,建议制定应急管理法。明确应急管理法统领国家防灾减灾救灾和生产安全事故处置的法律地位,与防震减灾法、防洪法、消防法相衔接,形成国家应急管理和防灾减灾救灾法律体系。

应急管理部表示,针对我国应急管理方面存在的法律综合性系统性不强、专项立法分散、法规体系不健全、单行法结构不完整、重事中处置轻事前预防等问题,结合职责定位,提出到2023年左右初步形成"1+4"即"应急管理法+安全生产法、自然灾害防治法、消防法、应急救援组织法"应急管理立法体系框架。下一步,将加强配合,加大立法研究投入,积极推进立法工作。司法部表示,目前已有多部法律、行政法规对应急管理作出规定。其中,突发事件应对法更是对自然灾害等突发事件的预防与应急准备、监测与预警、应急处置与救援、事后恢复与重建等作了全面规定。制定应急管理法,需要处理好与突发事件应对法的关系,且涉及多部门职责,需组织有关部门进行充分研究论证。

社会委经研究,同意应急管理部、司法部意见。目前应急管理方面的法律法规较多,且涉及面广,需要加强综合协调,并与机构改革之后的职能分工相适应。社会委将积极推动有关方面加强应急管理领域综合性立法的研究论证,条件成熟时,建议纳入全国人大常委会年度立法工作计划。

13. 河南代表团郜秀菊等31名代表、安徽代表团高莉等30名代表、浙江代表团邓丽等30名代表、山东代表团张惠等45名代表、四川代表团陶勋花等31名代表、黑龙江代表团谭琳等31名代表关于修改妇女权益保障法6件议案(第13、148、227、228、265、411号)(一并考虑关于制定女职工劳动保护法第491号议案)。议案提出,妇女权益保障法一些条文简单笼统,缺乏科学性和刚性约束,有的规定滞后于社会发展,建议修改妇女权益保障法。在总则中明确歧视妇女的定义;增加开展性别平等教育宣传的规定;进一步明确妇联组织的职责定位;完善体制机制建设,强化妇女权益保障的国家责任;加大对妇女公平就业保障、妇女财产权益保护以及性骚扰防治等方面的力度;提高妇女参政比例。

教育部、民政部、人力资源社会保障部认为,关于性别平等和女性自我保护教育、加大对困难妇女的帮扶和农村妇女财产权益的保护力度、完善妇女参政比例的相关规定、保障妇女公平就业权、预防和惩治各种形式的性骚扰、建立妇女权益保障激励与惩戒机制等建议,有必要通过修改完善妇女权益保障法、加大相关法律法规的实施力度来实现。农业农村部认为,议案所提关于维护农村妇女土地承包权益、有效保障农村妇女的集体收益分配权等建议,与现行农村土地承包法和《中共中央国务院关于稳步推进农村集体产权制度改革的意见》精神相一致,将深入贯彻落实相关法律和意见精神,更好地保障农村妇女权益。最高人民法院、全国妇联认为,在党中央的坚强领导下,在妇女权益保障方面形成了很多理论研究成果,积累了丰富的实践经验,有必要将其上升为法律规定固定下来,为促进国家发展、社会进步和妇女全面发展提供更坚实的法治保障。全国妇联对妇女权益保障法修改的主要内容和重点难点问题已开展前期调研,并形成了修改建议稿、修改对照表及修改依据说明等。司法部表示,将积极配合全国妇联等有关方面,对议案所提建议进行认真研究论证,为适时研究启动妇女权益保障法全面修订做好准备工作。

社会委经研究,同意上述有关方面意见。妇女权益保障领域存在诸多突出问题,需要通过修改法律予以回应。各地在妇女权益保障工作中形成的理论研究成果和实践经验,为丰富和完善妇女权益保障法提供了宝贵素材。社会委将联合有关方面,适时开展修改妇女权益保障法的研究论证,充分吸纳关于制定女职工劳动保护法议案提出的意见,积极推动修订草案的起草工作。条件成熟时,建议纳入全国人大常委会年度立法工作计划。

三、6件议案提出的5个立法项目,建议在完善相关法律法规的同时,加大现行法律法规政策的贯彻实施力度

14. 河北代表团陈凤珍等31名代表、河南代表团高阿莉等30名代表关于制定校园安全法2件议案(第247、303号)。议案提出,近年来校园安全问题尤其是学生人身安全事故频发,影响学生的身心健康发展,扰乱学校的正常教学秩序。建议尽快制定校园安全法,明确、合理划分学校、家长、学生及社会的责任,维护学生、学校的合法权益,促进教育事业科学有序发展。

教育部、公安部、司法部认为,我国在校园安全

管理、保护未成年人权益以及相关法律责任等方面已有相关法律作出规定。教育法、义务教育法、未成年人保护法、企业事业单位内部治安保卫条例等均规定了学校及其他教育机构所负有的校园安全管理职责。侵权责任法对学生在校期间受到人身损害的责任认定分情况予以规定。目前,教育部正在积极推动制定《学校安全条例》和抓紧制定《未成年学生学校保护规定》。

社会委经研究,同意上述有关方面意见。现行多部法律已经对校园安全问题作出相应规范,社会委牵头起草的未成年人保护法修订草案对校园安全也完善了相关规定。建议国务院有关部门加快出台相关规定步伐,同时加大对相关法律法规政策的贯彻实施力度,切实保障未成年学生在校安全。

15. 广西代表团莫小峰等 31 名代表关于制定中小学生校外托管机构管理法第 267 号议案。议案提出,近年来社会对中小学生校外托管服务的需求越来越大,但校外托管机构无证经营、饮食卫生状况堪忧、生活设施和住宿安全得不到保证、教师队伍良莠不齐等问题突出,监管存在一定空白,家长和学生权益得不到保障。建议制定中小学生校外托管机构管理法,明确校外托管机构设立条件、监管体制、各方法律责任,加强校外托管场所规划建设,鼓励支持创办校内托管机构,推进中小学生校外托管步入规范化、法治化轨道。

教育部认为,目前校外托管机构是阶段性产物,类型多样,情况复杂,其性质、定位需进一步研究。且校外托管行业呈现明显的地域不均衡特点。建议鼓励有条件的地方先行先试,探索制定地方性法规,明确相关部门职责。目前进行全国性立法的条件尚不成熟。司法部认为,关于中小学生校外托管机构管理,目前没有专门的法律规范,但是我国对从事服务业的经营机构有比较完善的监管制度,在工商登记、公共卫生、公共场所安全、消防等方面均有相关法律规定。相关主管部门可以依法对校外托管机构等服务行业经营主体进行管理。对校外托管机构是否需要单独立法,还需进一步研究论证,重点需要研究校外托管作为新型服务行业与一般服务业相比有什么特殊之处,是否需要为其经营主体专门建立特殊的监管制度。

社会委经研究,同意教育部、司法部意见。目前中小学生校外托管机构存在无证经营、监管缺失、家长学生权益得不到保障等问题。建议国务院有关部门加大对相关法律法规政策的贯彻实施力度,并针对校外托管机构的特殊性开展研究,改进工作,推进校外托管机构规范健康发展,切实保障未成年人的合法权益。

16. 河北代表团陈凤珍等 31 名代表关于制定女职工劳动保护法第 491 号议案(在修改妇女权益保障法时,一并考虑)。议案提出,女性为我国的经济社会发展作出了应有的贡献,但女性职工因生理原因在工作中受到侵害的现象屡屡发生,给女性的身心和家庭带来极大伤害。目前,我国缺乏保护女性职工的专门法律,仅有《女职工劳动保护特别规定》,远达不到法律的效力,且妇女权益保障法中对职业女性保护的内容较少。建议尽快制定女职工劳动保护法,将女职工劳动保护方面的制度和经验规范化、法制化,以维护女职工的合法权益。

司法部、全国总工会、全国妇联认为,对于女职工在劳动领域的合法权益和特殊利益保护,劳动法、劳动合同法、妇女权益保障法、女职工劳动保护特别规定等法律法规有明确规定,可通过修订相关法律法规,加大宣传、执法和监督力度等措施,进一步维护女职工合法权益,为女性营造公平就业的社会氛围。人力资源社会保障部认为,代表议案中的建议,对于解决女职工劳动保护法制建设中的问题和做好女职工劳动保护相关工作很有启发。将会同全国总工会、全国妇联等有关方面,深入研究论证女职工劳动保护专门立法问题,更多听取用人单位、女职工以及相关专家学者的意见,在此基础上积极向立法机关提出建议并做好相关工作。

社会委经研究,同意上述有关方面意见。建议国务院有关部门加大对女职工劳动保护相关法律法规政策的贯彻实施力度。建议人力资源社会保障部联合全国总工会、全国妇联等单位适时开展相关调查研究。待人力资源社会保障部提出相关立法建议后,社会委将适时组织开展立法调研。同时,推动妇女权益保障法修改工作,增加对女职工劳动保护的相关内容,以进一步维护女职工的合法权益。

17. 山西代表团王文保等 31 名代表关于制定养老产业促进法第 351 号议案。议案提出,当前我国面临养老形势严峻、养老产业市场供给不活跃、新型中高端养老产品供给不足以及养老产业领域相关法律法规不完善等问题。建议制定养老产业促进法,加强制度供给,激发市场活力。

民政部、国家卫生健康委表示,今年颁布的《国务院办公厅关于推进养老服务发展的意见》,对基本养老服务提出明确部署要求,推进医养结合、发展森林康养等具体领域的意见也相继出台,对养老产业快速健康发展发挥积极的推动作用。民政部提出，在再次修改老年人权益保障法时，建议设立“养老服务”专章，使之成为开展养老服务工作的基础性法律。司法部表示，2018 年 12 月修订的老年人权益保障法，取消了养老机构设立许可，对促进养老产业健康发展具有十分重要的意义。是否专门制定养老产业促进法，待老年人权益保障法再次修订时一并研究。

社会委经研究，同意民政部、国家卫生健康委意见。加快发展养老服务业、全面放开养老服务市场、推进养老服务体系建设，是应对我国人口老龄化、提高老年人生活和生命质量的重要举措。社会委把议案所提养老产业发展作为全国人大常委会“应对人口老龄化加强养老机构‘放管服’工作”专题调研的重要内容，调研报告计划于 12 月份提交全国人大常委会审议。建议国务院有关部门加大对相关法律法规政策的贯彻实施力度，持续推动养老产业快速健康发展。

18. 北京代表团齐玫等 34 名代表关于修改老年人权益保障法第 157 号议案。议案提出，随着社会的不断发展变化，养老问题日益凸显，养老经费不足和专业护理人员的缺乏，成为影响养老的主要症结。建议修改老年人权益保障法，总结长期护理保险制度试点工作的成功经验，增加建立长期护理保险制度、政府加大护理专业职业培训建设等内容。

民政部、司法部、国家卫生健康委认为，代表提出的关于逐步建立长期护理保险制度、保障居家养老经费和政府加大护理专业人才队伍建设的建议，在老年人权益保障法第三十条、第四十七条中已有相应规定，将积极配合相关部门，抓好有关工作的落实。各地开展的长期护理保险试点属于社会保险范畴，长期护理保险制度相关内容应通过修改社会保险法予以解决。

社会委经研究，同意上述有关方面意见。现行老年人权益保障法已经对长期护理保障、养老服务人才培养作出规定。建议国务院有关部门加大对老年人权益保障法的贯彻实施力度，加快开展制度试点，积极建立配套制度，进一步保障老年人权益。

四、9 件议案提出的 7 个立法项目，建议有关方面对议案所提建议和问题继续进行分析研究，开展调研论证

19. 黑龙江代表团郑功成等 33 名代表关于制定非营利法人法第 440 号议案。议案提出，非营利法人（组织）是社会成员参与社会治理和服务社会的重要载体。随着政府职能转换和政社分开步伐的加快，非营利法人作为一类独具特质的社会主体，迫切需要有法律予以规范。建议将制定非营利法人法增纳入十三届全国人大常委会立法规划，由相关专门委员会牵头起草，本届内出台。议案提出了非营利法人设立和治理、变更与终止、财产管理与使用、监督管理以及法律责任等立法框架。

民政部认为，根据民法总则的规定，事业单位、宗教活动场所与社会团体、基金会、社会服务机构等社会组织都属于非营利法人，但在登记管理、法人治理、财产的管理与使用、活动管理、法律责任等方面均存在较大差异，立法难度较大。民政部高度重视社会组织立法工作，《社会组织登记管理条例（草案）》已提请国务院审议。下一步，将积极配合有关部门开展社会组织法的立法前期工作，为起草相关法律奠定基础。司法部认为，现行民法总则第三章已设专节规定了非营利法人制度。将配合有关方面对非营利法人法的立法必要性等问题作进一步研究论证。

社会委经研究，同意民政部、司法部意见。建议民政部等有关部门在制定有关行政法规时认真研究吸收议案所提意见建议，开展立法前期论证工作，为法律的制定提供理论和实践支撑，创造必要条件。

20. 解放军和武警部队代表团王玄玉等 33 名代表关于制定公民文明行为促进条例第 464 号议案。议案提出，我国的物质文明建设成效显著，但精神文明建设相对滞后。近些年各种不文明现象和行为屡禁不止，严重影响社会和谐发展。建议制定公民文明行为促进条例，明确适用对象，规范日常行为文明、校园文明、家庭文明、出行文明、旅游文明、社会文明、网络文明等，明确分级表彰文明公民先进典型，惩戒不文明行为。

中央文明办认为，制定公民文明行为促进条例有利于推动精神文明建设工作常态化、法治化、规范化。立法要着眼于提高公民的思想认识，聚焦公共生活领域，明确文明行为规范，强化社会各方责任，并注重与现有法律法规有机衔接。建议由全国人大相关专门委员会牵头制定。

社会委经研究认为，对文明行为促进立法，有助于以法治思维和法治方式规范文明行为，推进依法治国和以德治国的有机协调和统一，有助于在全社会营造崇尚文明理念、自觉践行文明行为的良好

氛围。近年来,国家在无偿献血、志愿服务、网络文明等领域立法时统筹兼顾了文明行为促进的内容,一些地方制定了本地文明行为促进条例,实施过程中收到了较好效果。但是,哪些行为适宜统一立法,哪些行为适宜在专门法律中规定;哪些行为适合由地方人大制定地方性法规,哪些行为适合由全国人大常委会制定统一的法律;如何界定法律和道德之间的界限;与现有法律法规如何有机衔接等等,各方认识尚难以一致,存在着较大争议。社会委将进一步加大调研力度,广泛征求各方意见,为法律的制定提供理论和实践支撑,创造必要条件。

21. 广西代表团邓大玉等 31 名代表关于制定未成年人司法法第 219 号议案。议案提出,未成年人司法针对的是身心处在发展阶段的未成年人,有其特殊规律,应当从成年人司法体系中独立出来。我国涉及未成年人司法的相关条文散见于多部法律法规和司法解释等规范性文件中,缺乏系统性。建议将散见于刑法、刑事诉讼法、治安管理处罚法、社区矫正法、预防未成年人犯罪法等相关法律中的专门条款加以归拢、细化和完善,制定集组织法、实体法和程序法于一体的未成年人司法法。明确未成年人司法的组织体系、管辖范围、涉未成年人相关案件的处理,建设社会支持体系等。

公安部、最高人民法院、最高人民检察院认为,制定未成年人司法法对于完善我国未成年人司法体制,提高未成年人司法保护水平具有重要意义。由于制定未成年人司法法涉及刑法、刑事诉讼法、民法、民事诉讼法、未成年人保护法、预防未成年人犯罪法等多部法律以及相关司法解释,并涉及司法工作的各个环节,需要与现行相关法律规定做好衔接配合,并由相关部门和单位共同研究制定。建议在深入调查研究的基础上,根据我国国情、立法情况和未成年人司法工作实践,适时推动未成年人司法法的制定。

社会委经研究,同意上述有关方面意见。为保护未成年人合法权益,及时有效教育矫治未成年人偏常行为,有必要建立独立的未成年人司法制度。由于未成年人司法制度涉及面广、涉及部门多,需要开展广泛细致的调查研究。社会委将认真研究代表议案所提意见,会同有关方面加强对相关问题的研究,开展立法前期论证工作,为法律的制定提供理论和实践支撑,创造必要条件。

22. 浙江代表团葛明华等 30 名代表、黑龙江代表团郑功成等 37 名代表关于制定医疗保障法 2 件议案(第 395、426 号)。议案提出,我国目前缺乏调整医疗保障法律关系的完整法律法规,建议制定医疗保障法,将其增纳入十三届全国人大常委会立法规划并作为优先立法项目。议案对医疗保障法立法的基本框架,构建涵盖职工基本医疗保险、居民基本医疗保险、大病医疗保险、城乡医疗救助、补充医疗保险、商业健康保险、社会慈善等多层次医疗保障体系,以及做好与社会保险法等相关法律的衔接提出了建议。

司法部认为,社会保险法设专章对基本医疗保险作了规定,是否需要将医疗保险的内容从社会保险中分离出来,涉及与社会保险法的关系处理,建议有关方面深入研究论证。国家医保局认为,随着医疗保障改革不断推进,一些行之有效的改革经验和措施,需要通过法律形式固定下来,许多现实问题需要在法律层面予以明确。目前,制定医疗保障法的条件基本成熟。下一步,将加快完善中国特色医疗保障制度的顶层设计,为医疗保障法制建设提供基础性制度安排,加强课题研究和立法调研,广泛听取各方意见,加快立法步伐,争取将制定医疗保障法尽早纳入国家立法计划。

社会委认为,医疗保障制度是社会保障制度体系的重要组成部分,是实施"健康中国"战略的重要支撑。建议国家医保局广泛听取意见,加大对议案所提问题的研究力度,开展立法前期论证工作,为法律的制定提供理论和实践支撑,创造必要条件。

23. 河北代表团袁红梅等 31 名代表、黑龙江代表团郑功成等 38 名代表关于修改社会保险法 2 件议案(第 254、407 号)。议案提出,随着社会保险改革与发展的重大变化,社会保险法已经严重滞后于社会保险改革与制度建设的实践,实施中存在的问题日益凸显,建议修改社会保险法。议案提出打破分割、统一制度和明确执法主体、规定政府的财政责任、加强规范运行、强化社会保险监督的修法基本思路和提高社会保险基金风险防控水平及规范医疗、就医、经办行为等具体的修改建议。

人力资源社会保障部认为,随着我国经济社会快速发展和社会保险制度建设快速推进,社会保险法在适用中显露出一些不足,有的规定操作性不强,有的规定呈现出一定的滞后性,有的问题在法律实施过程中不够明确等,需要通过研究制定相关配套法规政策、修改完善相关法律条款加以解决。同时,鉴于社会保险制度的复杂性和敏感性,一些建议还需要进一步研究论证、反复测算、谨慎决策。议案所提建议,很有启发性,将在工作中认真吸收、借鉴,并会同有关部门统筹开展社会保险制度改革完善与法律规定修改调整等研究论证工作。国家医保局表示，为了适应当前社会保障领域发生的深刻变化，加快推动《社会保险法》的修订工作是必要和紧迫的。同时认为，对经办层面的具体工作，不宜在法律层面进行详细规定，可用行政法规或部门规章的形式予以规范。现阶段实现经办机构完全独立的法人化，条件尚不成熟，需进一步研究论证。将尽快修订出台《医疗保障基金使用监督管理条例（草案）》，切实维护好医保基金安全。

社会委经研究认为，社会保险法对于规范社会保险关系，维护公民参加社会保险和享受社会保险待遇的合法权益，使公民共享发展成果，促进社会和谐稳定具有重要作用。建议人力资源社会保障部和国家医保局广泛听取社会各方意见建议，加大对议案所提问题的研究力度，开展立法前期论证工作，为法律的修改提供理论和实践支撑，创造必要条件。

24. 福建代表团章联生等30名代表关于尽快修改劳动合同法第52号议案。议案提出，随着经济社会的发展，劳动合同法部分条款已经不能适应新形势需要，建议修改。明确劳动合同形式，修改用人单位试用期解除制度，限制员工在劳动合同期内自由解除劳动合同的权利，修改劳务派遣规定。

人力资源社会保障部表示，劳动合同法实施以来，劳动关系领域出现了新情况，社会评价存在多种看法，如何修改也存在争议。议案所提问题和具体建议，需要在深入调查、论证、分析和广泛征求各方意见建议基础上，审慎研究工作对策，积极稳妥地推动和谐劳动关系建设。

社会委认为，劳动合同法是规范用人单位与劳动者之间订立、履行、变更、解除、终止劳动合同的一部重要法律。该法的修改涉及用人单位和广大职工的切身利益，社会关注度高、影响面大，需做充分研究。建议人力资源社会保障部加大对议案所提问题的研究力度，深入调查、分析评估，广泛征求各方意见建议，开展立法前期论证工作，为法律的修改提供理论和实践支撑，创造必要条件。

25. 陕西代表团崔荣华等30名代表关于修改劳动法第65号议案。议案提出，劳动法第59条、60条规定了禁止女性从事的劳动范围，初衷是保护女性，但在现实中却造成了就业性别歧视，事实上导致了女性就业困难。虽然个体间存在差异，但科技发展让女性就业工种更广泛，建议修改劳动法，删除这两条规定。

国家卫生健康委认为，要在充分研究以及科学评估的基础上，结合当前我国的生产工艺水平、用工制度以及作业方式的情况，逐步缩小女职工一般时期和经期的禁忌劳动范围，在保障女职工劳动安全健康的基础上，促进妇女平等就业。全国总工会认为，废止劳动法这两条规定，虽然有可能在某种程度上促成女性就业范围的扩大，但同时也极有可能造成女职工特殊权益无法得到有效保障等更严重的不利后果。建议慎重考虑。全国妇联认为，建议保留劳动法第59条、60条规定，由政府相关部门适时调整女职工禁忌从事的劳动范围，依法严惩招聘环节中的就业性别歧视，切实保障妇女享有平等就业权。

社会委经研究，同意上述有关方面意见。劳动法、劳动合同法、妇女权益保障法等法律对女职工劳动保护方面做了相应的规定，在此基础上，2012年国务院出台的《女职工劳动保护特别规定》作了全面细化。建议国务院有关部门就调整女职工禁忌劳动范围加强研究论证，广泛听取意见，维护女性合法权益。

全国人民代表大会宪法和法律委员会关于第十三届全国人民代表大会第二次会议主席团交付审议的代表提出的议案审议结果的报告

（2019年12月28日第十三届全国人民代表大会常务委员会第十五次会议通过）

全国人民代表大会常务委员会：

第十三届全国人民代表大会第二次会议主席团交付宪法和法律委员会审议的代表提出的议案共173件，涉及53个立法项目。其中，建议修改法律的议案90件，涉及22个立法项目；建议制定法律的议案72件，涉及25个立法项目；建议作出有关法律问题和重大问题的决定的议案7件，涉及4个立法项目；建议作出法律解释的议案4件，涉及2个立法项目。

宪法和法律委员会、法制工作委员会以习近平新时代中国特色社会主义思想为指导，贯彻落实党的十九大和十九届二中、三中、四中全会精神，按照栗战书委员长加强代表工作的指示要求，结合“不忘初心、牢记使命”主题教育落实整改，进一步加强和改进议案办理工作。一是，落实《关于加强和改进全国人大代表工作的具体措施》，完善办理工作机制。邀请提出议案的代表参与立法调研、起草、论证、审议、评估等工作，认真听取并研究采纳代表意见。据初步统计，已邀请代表 67 人次参加立法相关活动。二是及时列入年度立法工作计划，抓好议案办理落实。102 件议案提出的反有组织犯罪法、个人信息保护法、修改刑法、海南自由贸易港法等 17 个立法项目列入全国人大常委会年度立法工作计划。宪法和法律委员会抓紧相关法律草案审议工作，认真研究采纳议案提出的主要意见，尽早提请常委会审议、通过。三是创新工作方法，增强办理实效。利用代表列席常委会会议、参加培训，加强与代表面对面沟通交流。在代表立法培训班上，向代表报告相关立法工作情况，解答代表提出的问题。

宪法和法律委员会专门召开会议，对 173 件议案的办理意见进行了审议。现将审议结果报告如下：

一、22 件议案涉及的 8 个立法项目已由全国人大常委会审议通过或者作出有关决定

1. 关于制定疫苗管理法的议案 1 件

疫苗管理法已于 2019 年 6 月 29 日由十三届全国人大常委会第十一次会议审议通过。议案中提出的明确疫苗上市许可持有人责任等意见，已在疫苗管理法中作出规定。

2. 3. 关于修改土地管理法的议案 6 件，关于授权国务院在海南省暂时调整实施土地管理法、城市房地产管理法、城乡规划法等有关规定的议案 3 件

关于修改土地管理法、城市房地产管理法的决定，已于 2019 年 8 月 26 日由十三届全国人大常委会第十二次会议审议通过。议案中提出的完善土地征收制度、农村集体经营性建设用地入市、下放宅基地审批权等意见，已在修改后的土地管理法中作出相应规定。土地管理法对国土空间规划作出原则规定，为“多规合一”改革留出空间，有关议案提出的意见建议，也可在土地管理法相关配套法规中作出规定。对于议案提出的其他意见建议，宪法和法律委员会、法制工作委员会将在相关立法工作中认真研究。

4. 关于制定资源税法的议案 1 件

资源税法已于 2019 年 8 月 26 日由十三届全国人大常委会第十二次会议审议通过。议案中提出的更改法名、恢复矿产资源补偿费等意见，在资源税法草案审议修改工作中作了专门研究。

5. 关于修改证券法或制定投资者合法权益保护法的议案 6 件

证券法(修订)已于 2019 年 12 月 28 日由十三届全国人大常委会第十五次会议审议通过。议案中提出的完善证券发行上市制度和公司债券、行政监管措施、法律责任等相关规定，加强中介机构监管，保护投资者合法权益等意见，已在修订后的证券法中作出相应规定。

6. 关于制定基本医疗卫生与健康促进法的议案 3 件

基本医疗卫生与健康促进法已于 2019 年 12 月 28 日由十三届全国人大常委会第十五次会议审议通过。议案中提出的增加爱国卫生运动的内容，明确从事特殊岗位工作的医疗卫生人员的津贴待遇，加大对革命老区、民族地区、边疆地区和贫困地区等的支持力度，强化健康促进的内容等意见，已在基本医疗卫生与健康促进法中作出相应规定。

7. 关于废止关于严禁卖淫嫖娼的决定有关内容的议案 1 件

关于废止有关收容教育法律规定和制度的决定，已于 2019 年 12 月 28 日由十三届全国人大常委会第十五次会议审议通过。议案提出的建议已经在决定中采纳。

8. 关于修改立法法的议案 1 件

关于全国人民代表大会宪法和法律委员会职责问题的决定，已于 2018 年 6 月 22 日由十三届全国人大常委会第三次会议审议通过，明确立法法中规定的“法律委员会”的职责由“宪法和法律委员会”承担。关于国家监察委员会制定监察法规的决定，已于 2019 年 10 月 26 日由十三届全国人大常委会第十四次会议审议通过，明确了国家监察委员会根据宪法和法律，制定监察法规。议案中提出的将立法法条文中“法律委员会”改为“宪法和法律委员会”，赋予国家监察委员会监察法规制定权等主要建议，已由全国人大常委会作出专门决定的形式予

以明确。对于其他涉及修改立法法的意见,将在适时修改立法法时一并考虑。

二、32件议案涉及的1个立法项目,已提请全国人大常委会审议

9. 关于涉及民法典编纂的议案32件

议案提出的意见建议涉及全国人大常委会正在审议的民法典草案各分编。2018年8月十三届全国人大常委会第五次会议对民法典各分编草案进行初次审议。2018年12月、2019年4月和2019年6月常委会会议分别对各分编草案进行第二次审议。2019年8月和10月常委会会议对人格权编草案、侵权责任编草案、婚姻家庭编草案进行第三次审议。2019年12月,将民法总则同经审议完善后的各分编草案合并形成完整的民法典草案,提请十三届全国人大常委会第十五次会议审议,由常委会作出决定,将草案提请十三届全国人大三次会议审议。对于上述议案提出的意见建议,宪法和法律委员会、法制工作委员会已在民法典草案审议修改工作中吸收采纳,并将进一步认真研究。

三、81件议案涉及的23个立法项目,已列入本届全国人大常委会立法规划、年度立法工作计划或者有关法规制定工作计划,督促牵头起草单位抓紧起草、研究论证工作

10. 关于制定反有组织犯罪法的议案1件

中央有关部门积极开展研究论证和起草工作,已列入全国人大常委会2020年度立法工作计划预安排。

11. 关于修改地方各级人民代表大会和地方各级人民政府组织法的议案1件

修改地方各级人民代表大会和地方各级人民政府组织法已列入全国人大常委会2019年度立法工作计划,由委员长会议提请审议,法制工作委员会正在积极研究起草。

12. 关于修改各级人民代表大会常务委员会监督法的议案1件

修改各级人民代表大会常务委员会监督法已列入十三届全国人大常委会立法规划,由委员长会议提请审议,全国人大常委会办公厅正在研究。

13. 关于修改国旗法的议案1件

修改国旗法已列入全国人大常委会2019年度立法工作计划预备审议项目。法制工作委员会根据立法工作计划,对修改国旗法的主要问题进行了研究,正在起草形成国旗法修正草案。对于议案提出的增加为逝世的国家最高科学技术奖获得者降半旗等建议,宪法和法律委员会、法制工作委员会将在国旗法修正草案起草工作中认真研究。

14. 关于修改公司法或制定商事登记法的议案4件

修改公司法已列入十三届全国人大常委会立法规划,由委员长会议提请审议,法制工作委员会正在积极研究起草。

15. 关于修改行政处罚法的议案2件

修改行政处罚法已列入全国人大常委会2019年度立法工作计划。法制工作委员会根据立法工作计划,会同有关方面对修改行政处罚法的主要问题进行了研究,正在起草形成行政处罚法修正草案。议案提出的行政处罚种类、行政处罚主体、双罚制度、行政处罚程序以及授予地方性法规行政处罚的立法权限等意见建议,是行政处罚法研究修改的重要内容,宪法和法律委员会、法制工作委员会将在行政处罚法修正草案起草工作中认真研究。

16. 关于修改行政复议法的议案4件

修改行政复议法已列入十三届全国人大常委会立法规划,由国务院提请审议,司法部对修法涉及的主要问题进行研究,正在积极开展起草工作。

17. 关于修改兵役法的议案2件

修改兵役法已列入全国人大常委会2019年度立法工作计划,由国务院、中央军委提请审议,中央有关部门正抓紧起草工作。

18. 关于修改人民防空法的议案2件

修改人民防空法已列入十三届全国人大常委会立法规划,由国务院、中央军委提请审议,中央有关部门正在积极开展起草工作。

19.20. 关于修改刑法的议案33件,关于对刑法作出法律解释的议案3件

刑法修正案(十一)已列入全国人大常委会2019年度立法工作计划。法制工作委员会根据立法工作计划,对修改刑法的主要问题进行了研究,正在起草形成刑法修正案(十一)草案。对于议案提出的严厉打击生产销售有毒有害食品犯罪等建议,已在刑法修正案(八)中作出相应规定;修改拒不执行判决、裁定罪,修改非法生产、买卖、运输制

毒物品罪，增设藐视法庭罪等建议，已在刑法修正案（九）中作出相应规定。对于议案中提出的其他建议，将在刑法修正案（十一）草案起草工作中认真研究。

21. 关于修改仲裁法的议案4件

修改仲裁法已列入十三届全国人大常委会立法规划，由国务院提请审议，司法部正在积极开展起草工作。

22. 关于制定行政程序法的议案1件

行政程序方面的立法项目已列入十三届全国人大常委会立法规划第三类项目。行政许可法、行政处罚法、行政强制法对一些重要行政行为的实施程序作了规定。对于议案提出的意见建议，宪法和法律委员会、法制工作委员会将在相关立法工作中认真研究。

23. 关于制定信访法的议案4件

信访方面的立法项目已列入十三届全国人大常委会立法规划第三类项目。有关方面正在对相关立法问题研究论证。

24. 关于制定个人信息保护法的议案4件

个人信息保护法已列入全国人大常委会2019年度立法工作计划，由委员长会议提请审议，法制工作委员会已基本完成起草工作。

25. 关于制定数据安全法或工业物联网网络安全和数据保护法的议案2件

数据安全法已列入全国人大常委会2019年度立法工作计划，由委员长会议提请审议，中央有关部门牵头起草，目前已基本完成起草工作。

26. 关于制定海南自由贸易港法的议案1件

海南自由贸易港法已列入全国人大常委会2019年度立法工作计划。常委会领导就海南自由贸易港立法作出重要指示，进行立法调研，提出明确要求。宪法和法律委员会、法制工作委员会对海南自由贸易港法进行深入研究论证，积极推动海南自由贸易港法的起草工作。对于议案提出的意见建议，宪法和法律委员会、法制工作委员会将会同有关方面进行认真研究。

27. 关于制定无人飞行器管理法的议案1件

关于修改劳动法等七部法律的决定，已于2018年12月29日由十三届全国人大常委会第七次会议审议通过，对民用航空法作出修改，明确国务院、中央军事委员会对无人驾驶航空器的管理另有规定的，从其规定。目前，国务院、中央军委有关单位已经起草了无人驾驶航空器飞行管理暂行条例，已向社会公开征求意见。制定航空法、修改民用航空法已列入十三届全国人大常委会立法规划，由国务院、中央军委提请审议，中央有关部门牵头起草。对于议案提出的意见建议，拟先由有关方面在无人驾驶航空器飞行管理条例中作出规定，宪法和法律委员会、法制工作委员会将会同有关方面在相关立法工作中认真研究。

28. 关于制定人工智能应用管理法的议案1件

人工智能方面的立法项目已列入十三届全国人大常委会立法规划第三类项目。宪法和法律委员会、法制工作委员会会同有关方面围绕相关法律问题进行调研论证。

29. 关于制定民事强制执行法的议案6件

民事强制执行法已列入十三届全国人大常委会立法规划，最高人民法院牵头起草、提请审议，起草工作取得重要进展。

30. 31. 32. 关于制定海警法的议案1件，关于修改国防动员法的议案1件，关于制定军事装备试验训练保障法的议案1件

关于中国海警局行使海上维权执法职权的决定，已于2018年6月22日由十三届全国人大常委会第三次会议审议通过，明确了中国海警局的海上维权执法职责任务、相应法定职权等。2018年10月26日十三届全国人大常委会第六次会议审议通过的关于修改刑事诉讼法的决定，明确中国海警局对海上发生的案件行使侦查权，办理刑事案件适用刑事诉讼法。中央有关部门正在组织开展海警方面立法工作。

十三届全国人大常委会立法规划、全国人大常委会2019年度立法工作计划提出，对涉及国防和军队改革需要制定、修改、废止法律的，或者需要由全国人大常委会作出有关决定的，适时安排审议。对于上述议案提出的相关立法项目，建议有关方面按照程序提出相关议案，宪法和法律委员会、法制工作委员会积极配合做好工作。

四、38件议案涉及的21个立法项目，有的可待条件成熟时列入立法规划、年度立法工作计划，有的可在相关法律的制定或者修改等工作中统筹考虑

33. 关于修改国家赔偿法的议案1件

34. 关于修改监察法的议案1件

35. 关于修改消费者权益保护法的议案1件

36. 关于修改行政强制法的议案 1 件
37. 关于修改网络安全法的议案 1 件
38. 关于修改刑事诉讼法的议案 6 件
39. 关于修改民事诉讼法的议案 10 件
40. 关于修改行政诉讼法的议案 1 件
41. 关于制定立法听证规则的议案 1 件
42. 关于制定听证法的议案 1 件
43. 关于制定信息公开法的议案 1 件
44. 关于制定生态文明建设促进法的议案 1 件
45. 关于制定公共数据资源管理法或大数据管理法的议案 2 件
46. 关于制定算法法的议案 1 件
47. 关于制定民营经济发展促进法的议案 1 件
48. 关于制定预防职务犯罪法的议案 1 件
49. 关于制定电子诉讼法的议案 2 件
50. 关于制定家事诉讼法的议案 1 件
51. 关于修改宪法宣誓制度的决定的议案 2 件
52. 关于制定进一步明确城市民族区法律地位的决定的议案 1 件
53. 关于对公益诉讼作出法律解释的议案 1 件

以上报告,请审议。

附件:全国人民代表大会宪法和法律委员会关于第十三届全国人民代表大会第二次会议主席团交付审议的代表提出的议案的审议意见

全国人民代表大会宪法和法律委员会
2019 年 12 月 24 日

附件:

全国人民代表大会宪法和法律委员会关于第十三届全国人民代表大会第二次会议主席团交付审议的代表提出的议案的审议意见

第十三届全国人民代表大会第二次会议主席团交付宪法和法律委员会审议的代表提出的议案共 173 件,涉及 53 个立法项目。其中,建议修改法律的议案 90 件,涉及 22 个立法项目;建议制定法律的议案 72 件,涉及 25 个立法项目;建议作出有关法律问题和重大问题的决定的议案 7 件,涉及 4 个立法项目;建议作出法律解释的议案 4 件,涉及 2 个立法项目。

一、22 件议案涉及的 8 个立法项目已由全国人大常委会审议通过或者作出有关决定

1. 关于制定疫苗管理法的议案 1 件

安康等代表提出的第 352 号议案,建议制定疫苗管理法,明确规定负责疫苗招标采购工作的具体部门、疫苗上市许可持有人责任、开展疫苗临床试验需要审查批准的例外情形、国外疫苗生产企业应当符合中国的药品生产质量管理规范、停止疫苗生产的具体时限、疫苗采购单位的具体范围,增加疫苗带量采购的内容等。

疫苗管理法已于 2019 年 6 月 29 日由十三届全国人大常委会第十一次会议审议通过。议案中提出的明确疫苗上市许可持有人责任等意见,已在疫苗管理法中作出规定。

2. 3. 关于修改土地管理法的议案 6 件,关于授权国务院在海南省暂时调整实施土地管理法、城市房地产管理法、城乡规划法等有关规定的议案 3 件

杲云等代表提出的第 19 号、龙献文等代表提出的第 40 号、李爱青等代表提出的第 87 号、陈春芳等代表提出的第 212 号、买世蕊等代表提出的第 326 号、蔡继明等代表提出的第 373 号议案,建议完善土地征收制度,缩小征地范围、完善征地程序和安置补偿制度;对农村集体经营性建设用地入市作出规定;完善农村宅基地管理制度,扩大宅基地流转范围,下放宅基地审批权等。海南代表团提出的第 22 号、第 23 号、第 31 号议案,建议在海南全省暂时调整实施集体建设用地使用权不得出让、宅基地审批权限、征收集体土地补偿等规定;授权海南省在海南省总体规划(空间类)获批后不再另行单独编制和报批主体功能区等六类空间规划;授权海口市、

三亚市城市总体规划由海南省政府审批等。

关于修改土地管理法、城市房地产管理法的决定,已于 2019 年 8 月 26 日由十三届全国人大常委会第十二次会议审议通过。议案中提出的完善土地征收制度、农村集体经营性建设用地入市、下放宅基地审批权等意见,已在修改后的土地管理法中作出相应规定。土地管理法对国土空间规划作出原则规定,为“多规合一”改革留出空间,有关议案提出的意见建议,也可在土地管理法相关配套法规中作出规定。对于议案提出的其他意见建议,宪法和法律委员会、法制工作委员会将在相关立法工作中认真研究。

4. 关于制定资源税法的议案 1 件

蔡继明等代表提出的第 427 号议案,建议将法名改为矿产资源税法;恢复资源税改革过程中取消征收的矿产资源补偿费,与资源税一并征收;删去试点征收水资源税的相关规定等。

资源税法已于 2019 年 8 月 26 日由十三届全国人大常委会第十二次会议审议通过。在资源税法草案审议修改工作中,宪法和法律委员会、法制工作委员会根据常委会审议意见和各方面的意见,对相关意见建议认真研究。一是,调整本法关于征税范围的表述,由“开采矿产品和生产盐”改为“开发应税资源”,在表述上更加灵活,为今后将其他资源纳入本法征税留出空间。二是,对于矿产资源税费改革问题,国务院印发的矿产资源权益金制度改革方案作出了相关规定。矿业权出让收益和资源税分别体现了国家对资源的所有者和管理者职能。资源税作为在资源开采环节征收的税种,未涉及国家所有者权益方面的内容。三是,对于水资源税试点问题,考虑到水资源税改革正在进行,在资源税法中保留了水资源税的相关内容,在法律上为相关改革留出必要的空间。同时,对水资源税试点作了进一步规范,要求国务院自本法施行后五年内向全国人大常委会报告试点情况,并及时提出修改法律的建议。

5. 关于修改证券法或制定投资者合法权益保护法的议案 6 件

陈靖等代表提出的第 8 号、朱建弟等代表提出的第 15 号、王建军等代表提出的第 57 号、方燕等代表提出的第 120 号、王天宇等代表提出的第 319 号议案,建议修改证券法,修改公司新股公开发行条件,取消暂停上市环节,进一步完善终止上市的情形、程序,建立健全退市机制;加强对中介机构的监管;修改债券相关条款,推动债券市场统一监管等;完善投资者保护制度,有效保护中小投资者利益;完善行政和解制度;建立行政罚款先赔后缴机制;延长冻结、查封的期限等。刘新华等代表提出的第 381 号议案,建议制定投资者合法权益保护法,明确保护投资者合法权益的立法宗旨,整合现有相关规定,创新保护机制等。

证券法(修订)已于 2019 年 12 月 28 日由十三届全国人大常委会第十五次会议审议通过。议案中提出的完善证券发行上市制度和公司债券、行政监管措施、法律责任等相关规定,加强中介机构监管,保护投资者合法权益等意见,已在修订后的证券法中作出相应规定。

6. 关于制定基本医疗卫生与健康促进法的议案 3 件

何琳等代表提出的第 242 号、乞国艳等代表提出的第 374 号、李康等代表提出的第 457 号议案,建议制定基本医疗卫生与健康促进法,明确从事特殊岗位工作的医疗卫生人员的津贴待遇,补充强化疾病预防控制、爱国卫生运动等内容,加大对革命老区、民族地区、边疆地区和贫困地区等支持力度,强化健康促进的内容,加大控烟力度等。

基本医疗卫生与健康促进法已于 2019 年 12 月 28 日由十三届全国人大常委会第十五次会议审议通过。议案中提出的增加爱国卫生运动的内容,明确从事特殊岗位工作的医疗卫生人员的津贴待遇,加大对革命老区、民族地区、边疆地区和贫困地区等的支持力度,强化健康促进的内容等意见,已在基本医疗卫生与健康促进法中作出相应规定。

7. 关于废止关于严禁卖淫嫖娼的决定有关内容的议案 1 件

霍晓丽等代表提出的第 347 号议案,建议废止关于严禁卖淫嫖娼的决定中收容教育制度的有关内容。关于废止有关收容教育法律规定和制度的决定,已于 2019 年 12 月 28 日由十三届全国人大常委会第十五次会议审议通过。议案提出的建议已经在决定中采纳。

8. 关于修改立法法的议案 1 件

陈玮等代表提出的第 372 号议案,建议修改立法法,将立法法条文中“法律委员会”改为“宪法和法律委员会”,赋予国家监察委员会监察法规制定权等。

关于全国人民代表大会宪法和法律委员会职责问题的决定,已于 2018 年 6 月 22 日由十三届全国人大常委会第三次会议审议通过,明确立法法中规定的“法律委员会”的职责由“宪法和法律委员会”承担。关于国家监察委员会制定监察法规的决定,已于2019年10月26日由十三届全国人大常委会第十四次会议审议通过,明确了国家监察委员会根据宪法和法律,制定监察法规。议案中提出的将立法法条文中“法律委员会”改为“宪法和法律委员会”,赋予国家监察委员会监察法规制定权等主要建议,已由全国人大常委会作出专门决定的形式予以明确。对于其他涉及修改立法法的意见,将在适时修改立法法时一并考虑。

二、32件议案涉及的1个立法项目,已提请全国人大常委会审议

9. 关于涉及民法典编纂的议案32件

陈晶莹等代表提出的第16号和第101号、吴永利等代表提出的第149号、张琳等代表提出的第272号、吕薇等代表提出的第332号、蔡继明等代表提出的第335号、陆銮眉等代表提出的第355号、孙宪忠等代表提出的第359号和第370号、杨震等代表提出的第406号议案,建议修改物权法或编纂民法典物权编,确立提单(含国际铁路运单)的物权凭证功能,建立现代动产担保制度,增加海域使用权、内陆水域使用权、营业质权等规定和物尽其用原则,修改所有权、土地经营权、住宅建设用地使用权、宅基地使用权等相关规定,完善相关条文表述等。

聂鹏举等代表提出的第41号、买世蕊等代表提出的第354号、杨震等代表提出的第401号议案,建议修改合同法或编纂民法典合同编,修改合同订立、悬赏、债务转移、代位权、合同解除期限、承揽合同、建设工程合同等相关规定,增加住房租赁保障的相关规定。

肖胜方等代表提出的第146号、赵萍等代表提出的第185号、侯蓉等代表提出的第208号、杨震等代表提出的第404号、李亚兰等代表提出的第416号议案,建议修改侵权责任法或编纂民法典侵权责任编,修改医疗机构紧急情况下可以立即实施相应医疗措施的规定,完善饲养动物侵权等规定,增加侵害公众利益限制行为条款,明确利用网络侵害名誉权的侵权责任、网约车侵权责任等。

章联生等代表提出的第53号、杨震等代表提出的第403号、李亚兰等代表提出的第424号议案,建议修改继承法或编纂民法典继承编,修改遗产范围、公证遗嘱、继承顺序、丧失继承权、代位继承等相关规定,扩大法定继承人范围等。

陈建银等代表提出的第92号、唐纯玉等代表提出的第99号、殷红梅等代表提出的第145号、杨震等代表提出的第402号、李亚兰等代表提出的第412号、庹庆明等代表提出的第469号议案,建议修改婚姻法或编纂民法典婚姻家庭编,完善夫妻债务规则,增加债权人申请分割夫妻共同财产、离婚诉讼调解前置的相关规定,修改亲属、法定婚龄、婚内析产等相关规定。

方燕等代表提出的第124号、殷红梅等代表提出的第144号、马玉红等代表提出的第194号、李孝轩等代表提出的第409号议案,建议修改收养法,增加收养实质审查、预收养、收养评估等相关内容,建立完善收养家庭跟踪指导制度,取消相关收养限制,修改被收养人范围、收养人和被收养人条件、收养人数、隐私保护等相关规定,明确非法收养的法律责任等。

杨震等代表提出的第405号议案,建议编纂民法典人格权编,修改死者、英雄烈士的人格利益保护和器官捐献、个人信息保护等相关规定。

2018年8月十三届全国人大常委会第五次会议对民法典各分编草案进行初次审议。2018年12月、2019年4月和2019年6月常委会会议分别对各分编草案进行第二次审议。2019年8月和10月常委会会议对人格权编草案、侵权责任编草案、婚姻家庭编草案进行第三次审议。2019年12月,将民法总则同经审议完善后的各分编草案合并形成完整的民法典草案,提请十三届全国人大常委会第十五次会议审议,由常委会作出决定,将草案提请十三届全国人大三次会议审议。对于上述议案提出的意见建议,宪法和法律委员会、法制工作委员会已在民法典草案审议修改工作中吸收采纳,并将进一步认真研究。

三、81件议案涉及的23个立法项目,已列入本届全国人大常委会立法规划、年度立法工作计划或者有关法规制定工作计划,督促牵头起草单位抓紧起草、研究论证工作

10. 关于制定反有组织犯罪法的议案1件

黄久生等代表提出的第336号议案,建议制定反有组织犯罪法,在有组织犯罪的定义和形态、反有组织犯罪的机构和职责、诉讼程序和预防措施等方面作出规定。

中央有关部门积极开展研究论证和起草工作，已列入全国人大常委会2020年度立法工作计划预安排。对于议案提出的意见建议，宪法和法律委员会、法制工作委员会将会同有关方面在相关立法工作中认真研究。

11. 关于修改地方各级人民代表大会和地方各级人民政府组织法的议案1件

刘伟等代表提出的第35号议案，建议修改地方各级人民代表大会和地方各级人民政府组织法，进一步明确街道办事处的职能定位，为街道办事处进行地方立法提供法律依据等。

修改地方各级人民代表大会和地方各级人民政府组织法已列入全国人大常委会2019年度立法工作计划，由委员长会议提请审议，法制工作委员会正在积极研究起草。对于议案提出的意见建议，宪法和法律委员会、法制工作委员会将在相关立法工作中认真研究。

12. 关于修改各级人民代表大会常务委员会监督法的议案1件

杜延安等代表提出的第442号议案，建议修改各级人民代表大会常务委员会监督法，增强人大常委会监督工作的刚性，提高监督实效，维护人大及其常委会决议、决定的严肃性等。

修改各级人民代表大会常务委员会监督法已列入十三届全国人大常委会立法规划，由委员长会议提请审议，全国人大常委会办公厅正在研究。对于议案提出的意见建议，宪法和法律委员会、法制工作委员会将会同有关方面在相关立法工作中认真研究。

13. 关于修改国旗法的议案1件

周善红等代表提出的第107号议案，建议修改国旗法，增加为逝世的国家最高科学技术奖获得者降半旗等规定。

修改国旗法已列入全国人大常委会2019年度立法工作计划预备审议项目。法制工作委员会根据立法工作计划，对修改国旗法的主要问题进行了研究，正在起草形成国旗法修正草案。对于议案提出的增加为逝世的国家最高科学技术奖获得者降半旗等建议，宪法和法律委员会、法制工作委员会将在国旗法修正草案起草工作中认真研究。

14. 关于修改公司法或制定商事登记法的议案4件

章伟民等代表提出的第29号、刘新华等代表提出的第100号、张德芹等代表提出的第142号、莫小峰等代表提出的第248号议案，建议修改公司法或制定商事登记法，完善商事登记，公司组织机构及其议事规则，上市公司治理和监管，公司控股股东和董事、监事、高级管理人员的义务，财务会计制度，公司解散清算等相关规定；构建相关市场进入和退出机制；完善信息公示和信用监管机制；建立相关救济机制和责任体系等。

修改公司法已列入十三届全国人大常委会立法规划，由委员长会议提请审议，法制工作委员会正在积极研究起草。对于议案提出的意见建议，宪法和法律委员会、法制工作委员会将会同有关方面在相关立法工作中认真研究。

15. 关于修改行政处罚法的议案2件

张淑芬等代表提出的第186号、刘正等代表提出的第353号议案，建议修改行政处罚法，增加行政处罚的种类，扩大地方性法规立法权限、实施行政处罚的主体范围，完善听证程序，明确适用听证程序的行政处罚类型，对单位违法行为中的违法单位和相关责任人实行“双罚制”等。

修改行政处罚法已列入全国人大常委会2019年度立法工作计划。法制工作委员会根据立法工作计划，会同有关方面对修改行政处罚法的主要问题进行了研究，正在起草形成行政处罚法修正草案。议案提出的行政处罚种类、行政处罚主体、双罚制度、行政处罚程序以及授予地方性法规行政处罚的立法权限等意见建议，是行政处罚法研究修改的重要内容，宪法和法律委员会、法制工作委员会将在行政处罚法修正草案起草工作中认真研究。

16. 关于修改行政复议法的议案4件

海南代表团提出的第18号、章联生等代表提出的第188号、柯建华等代表提出的第334号、李亚兰等代表提出的第410号议案，建议修改行政复议法，重新定位行政复议功能，扩大行政复议受案范围，延长行政复议审理期限，增加提起行政复议的时效、法律责任等相关规定，建立行政复议权集中行使制度，完善行政复议管辖规则、行政复议程序等。

修改行政复议法已列入十三届全国人大常委会立法规划，由国务院提请审议，司法部对修法涉及的主要问题进行研究，正在积极开展起草工作。对于议案提出的意见建议，宪法和法律委员会、法制工作委员会将会同有关方面在相关立法工作中认真研究。

17. 关于修改兵役法的议案2件

周清和等代表提出的第316号、张学锋等代表提出的第450号议案，建议修改兵役法，推行大学生强制服兵役制度、调整兵员平时征集制度和服役期限、提高军人荣誉感和社会地位等。

修改兵役法已列入全国人大常委会2019年度立法工作计划，由国务院、中央军委提请审议，中央有关部门正抓紧起草工作。对于议案提出的意见建议，宪法和法律委员会、法制工作委员会将会同有关方面在相关立法工作中认真研究。

18. 关于修改人民防空法的议案2件

耿学梅等代表提出的第89号、陈紫萱等代表提出的第371号议案，建议修改人民防空法，明确人防工程权属，界定人防部门的职责范围，完善人防信息化建设、法律责任等相关内容。

修改人民防空法已列入十三届全国人大常委会立法规划，由国务院、中央军委提请审议，中央有关部门正在积极开展起草工作。对于议案提出的意见建议，宪法和法律委员会、法制工作委员会将会同有关方面在相关立法工作中认真研究。

19. 20. 关于修改刑法的议案33件，关于对刑法作出法律解释的议案3件

马兰等代表提出的第21号、王建军等代表提出的第58号、徐淙祥等代表提出的第86号、王霞等代表提出的第98号、初建美等代表提出的第113号、李光宇等代表提出的第118号、刘小平等代表提出的第121号、方燕等代表提出的第123号、罗平等代表提出的第138号、闫傲霜等代表提出的第155号、元茂荣等代表提出的第190号、李长青等代表提出的第203号、陈玮等代表提出的第273号、王晋等代表提出的第275号、买世蕊等代表提出的第325号、黄玉梅等代表提出的第337号、李晴等代表提出的第378号、刘守民等代表提出的第380号、尚伦生等代表提出的第397号、李亚兰等代表提出的第423号、翟友财等代表提出的第425号、陈佐东等代表提出的第428号、胡季强等代表提出的第433号、第435号、第436号和第437号、崔贵海等代表提出的第441号、兰燕等代表提出的第454号、王树江等代表提出的第465号、程芳等代表提出的第472号、阎志等代表提出的第473号、姚忠良等代表提出的第475号、尤立增等代表提出的第482号议案，建议修改刑法，提高生产、销售有毒、有害食品罪的量刑幅度；加大对拐卖妇女、儿童，在公共场合打架斗殴的处罚力度；修改非法吸收公众存款罪，集资诈骗罪，欺诈发行股票、债券罪，侵犯商业秘密罪，骗取贷款、票据承兑、金融凭证罪，串通投标罪，诈骗罪，危险驾驶罪，危害公共安全罪，非法占用农用地罪，贪污罪等相关规定；修改有关未成年人犯罪的条款；增加拒不执行判决、裁定罪中情节特别严重的情形和互联网金融犯罪的相关条款；扩大非法生产、买卖、运输制毒物品罪，走私制毒物品罪的适用主体和适用情节；将“校闹”行为入刑；增设藐视法庭罪、袭警罪、暴力危及交通安全罪、儿童监护疏忽罪、骗取入境证件罪；对非公有制经济进行平等保护等。王培等代表提出的第356号、尚伦生等代表提出的第419号、田立坤等代表提出的第422号议案，建议对刑法相关条款中的倒卖车票、正当防卫、特殊减轻处罚适用等进行法律解释。

刑法修正案（十一）已列入全国人大常委会2019年度立法工作计划。法制工作委员会根据立法工作计划，对修改刑法的主要问题进行了研究，正在起草形成刑法修正案（十一）草案。对于议案提出的严厉打击生产销售有毒有害食品犯罪等建议，已在刑法修正案（八）中作出相应规定；修改拒不执行判决、裁定罪，修改非法生产、买卖、运输制毒物品罪，增设藐视法庭罪等建议，已在刑法修正案（九）中作出相应规定。对于议案中提出的其他建议，将在刑法修正案（十一）草案起草工作中认真研究。

21. 关于修改仲裁法的议案4件

张兆安等代表提出的第14号、海南代表团提出的第25号、肖胜方等代表提出的第135号、杨松等代表提出的第396号议案，建议修改仲裁法，增加仲裁案件审理期限的规定和临时仲裁制度、仲裁第三人制度等，允许外国仲裁机构在特定区域设立分支机构，限制仲裁事由范围，加强对商事仲裁机构的管理，明确仲裁委员会的性质定位、仲裁地的含义等，修改仲裁协议、裁定撤销或不予执行仲裁裁决等相关规定。

修改仲裁法已列入十三届全国人大常委会立法规划，由国务院提请审议，司法部正在积极开展起草工作。对于议案提出的意见建议，宪法和法律委员会、法制工作委员会将会同有关方面在相关立法工作中认真研究。

22. 关于制定行政程序法的议案1件

买世蕊等代表提出的第322号议案，建议制定行政程序法，对行政执法机关、行政执法人员、行政执法程序、行政执法监督、法律责任等作出规定。

行政程序方面的立法项目已列入十三届全国人大常委会立法规划第三类项目。行政许可法、行政处罚法、行政强制法对一些重要行政行为的实施程序作了规定。对于议案提出的意见建议，宪法和法律委员会、法制工作委员会将在相关立法工作中认真研究。

23. 关于制定信访法的议案4件

黄东兵等代表提出的第134号、黄茂兴等代表提出的第198号、石聚彬等代表提出的第321号、宋

宏伟等代表提出的第 421 号议案，建议制定信访法，突出信访工作的价值取向，厘清信访与诉讼、仲裁、行政复议的关系，明确信访人的权利和义务、国家机关的信访工作责任，完善信访工作机制和程序，科学设置信访工作机构的职责权限等。

信访方面的立法项目已列入十三届全国人大常委会立法规划第三类项目。有关方面正在对相关立法问题研究论证。对于议案提出的意见建议，宪法和法律委员会、法制工作委员会将会同有关方面在相关立法工作中认真研究。

24. 关于制定个人信息保护法的议案 4 件

魏明等代表提出的第 55 号、崔瑜等代表提出的第 211 号、罗霞等代表提出的第 331 号、胡季强等代表提出的第 434 号议案，建议制定个人信息保护法，进一步明确个人信息的范围，完善个人信息收集、使用、共享等规则，明确相关主体的权利和义务等。

个人信息保护法已列入全国人大常委会 2019 年度立法工作计划，由委员长会议提请审议，法制工作委员会已基本完成起草工作。对于议案提出的意见建议，宪法和法律委员会、法制工作委员会将在相关立法工作中认真研究。

25. 关于制定数据安全法或工业物联网网络安全和数据保护法的议案 2 件

郑杰等代表提出的第 318 号议案，建议制定数据安全法，明确数据、重要数据、数据安全的概念，规定监管部门及其职责、监测预警与应急处置、法律责任等。周云杰等代表提出的第 452 号议案，建议制定工业物联网网络安全和数据保护法，制定切实可行的法律标准，明确相关法律义务和责任等。

数据安全法已列入全国人大常委会 2019 年度立法工作计划，由委员长会议提请审议，中央有关部门牵头起草，目前已基本完成起草工作。对于议案提出的意见建议，宪法和法律委员会、法制工作委员会将会同有关方面在相关立法工作中认真研究。

26. 关于制定海南自由贸易港法的议案 1 件

海南代表团提出的第 2 号议案，建议制定海南自由贸易港法，并将其列入十三届人大常委会立法规划，加强调研，尽快出台。

海南自由贸易港法已列入全国人大常委会 2019 年度立法工作计划。常委会领导就海南自由贸易港立法作出重要指示，进行立法调研，提出明确要求。宪法和法律委员会、法制工作委员会对海南自由贸易港法进行深入研究论证，积极推动海南自由贸易港法的起草工作。对于议案提出的意见建议，宪法和法律委员会、法制工作委员会将会同有关方面进行认真研究。

27. 关于制定无人飞行器管理法的议案 1 件

郭普校等代表提出的第 456 号议案，建议制定无人飞行器管理法，严格规范管理首都地区无人飞行器飞行活动等。

关于修改劳动法等七部法律的决定，已于 2018 年 12 月 29 日由十三届全国人大常委会第七次会议审议通过，对民用航空法作出修改，明确国务院、中央军事委员会对无人驾驶航空器的管理另有规定的，从其规定。目前，国务院、中央军委有关单位已经起草了无人驾驶航空器飞行管理暂行条例，已向社会公开征求意见。制定航空法、修改民用航空法已列入十三届全国人大常委会立法规划，由国务院、中央军委提请审议，中央有关部门牵头起草。对于议案提出的意见建议，拟先由有关方面在无人驾驶航空器飞行管理条例中作出规定，宪法和法律委员会、法制工作委员会将会同有关方面在相关立法工作中认真研究。

28. 关于制定人工智能应用管理法的议案 1 件

邵志清等代表提出的第 34 号议案，建议制定人工智能应用管理法，对有关伦理道德、资源获取、主体认定、行为认定、责任划分等作出规定。

人工智能方面的立法项目已列入十三届全国人大常委会立法规划第三类项目。宪法和法律委员会、法制工作委员会会同有关方面围绕相关法律问题进行调研论证。对于议案提出的意见建议，宪法和法律委员会、法制工作委员会将会同有关方面在相关立法工作中认真研究。

29. 关于制定民事强制执行法的议案 6 件

史贵禄等代表提出的第 75 号、徐晓等代表提出的第 114 号、肖胜方等代表提出的第 139 号、岳喜环等代表提出的第 143 号、郑坚江等代表提出的第 184 号、刘蕾等代表提出的第 398 号议案，建议制定民事强制执行法，有效解决执行难问题。

民事强制执行法已列入十三届全国人大常委会立法规划，最高人民法院牵头起草、提请审议，起草工作取得重要进展。对于议案提出的意见建议，宪法和法律委员会、法制工作委员会将会同有关方面在相关立法工作中认真研究。

30.31.32. 关于制定海警法的议案 1 件，关于修改国防动员法的议案 1 件，关于制定军事装备试验训练保障法的议案 1 件

王宁等代表提出的第 461 号议案，建议制定海警法，明确海警力量的性质和体制、维权执法主体资格和海上维权执法职责权限等。王玄玉等代表提出的第 451 号议案，建议修改国防动员法，对国防

动员组织领导机构及其职权、国防建设项目、预备役人员储备与征召、战略物资储备与调用、军品科研生产与维修保障、战争灾害预防与救助等作出规定。马顺南等代表提出的第453号议案，建议制定军事装备试验训练保障法，解决实践中影响军事装备试验训练的问题。

关于中国海警局行使海上维权执法职权的决定，已于2018年6月22日由十三届全国人大常委会第三次会议审议通过，明确了中国海警局的海上维权执法职责任务、相应法定职权等。2018年10月26日十三届全国人大常委会第六次会议审议通过的关于修改刑事诉讼法的决定，明确中国海警局对海上发生的案件行使侦查权，办理刑事案件适用刑事诉讼法。中央有关部门正在组织开展海警方面立法工作。

十三届全国人大常委会立法规划、全国人大常委会2019年度立法工作计划提出，对涉及国防和军队改革需要制定、修改、废止法律的，或者需要由全国人大常委会作出有关决定的，适时安排审议。对于上述议案提出的相关立法项目，建议有关方面按照程序提出相关议案，宪法和法律委员会、法制工作委员会积极配合做好工作。对于议案提出的意见建议，宪法和法律委员会、法制工作委员会将会同有关方面在相关立法工作中认真研究。

四、38件议案涉及的21个立法项目，有的可待条件成熟时列入立法规划、年度立法工作计划，有的可在相关法律的制定或者修改等工作中统筹考虑

33. 关于修改国家赔偿法的议案1件

刘守民等代表提出的第379号议案，建议修改国家赔偿法，扩大国家刑事赔偿范围，将刑事赔偿程序改为选择性程序，优化人民法院赔偿委员会设置和案件处理程序等。对于议案提出的意见建议，宪法和法律委员会、法制工作委员会将会同有关方面在相关立法工作中认真研究。

34. 关于修改监察法的议案1件

海南代表团提出的第26号议案，建议修改监察法，完善案件管辖相关规定。对于议案提出的意见建议，宪法和法律委员会、法制工作委员会将会同有关方面在相关立法工作中认真研究。

35. 关于修改消费者权益保护法的议案1件

李志强等代表提出的第24号议案，建议修改消费者权益保护法，增加跨国企业召回、共享经济类经营者义务、职业打假人不适用本法、限制商品过度包装等相关规定。对于议案提出的意见建议，宪法和法律委员会、法制工作委员会将会同有关方面在相关立法工作中认真研究。

36. 关于修改行政强制法的议案1件

高子程等代表提出的第274号议案，建议修改行政强制法，规定对正在建设中的违法建筑可以强制拆除等。对于议案提出的意见建议，宪法和法律委员会、法制工作委员会将会同有关方面在相关立法工作中认真研究。

37. 关于修改网络安全法的议案1件

陈鸣波等代表提出的第7号议案，建议修改网络安全法，增加公共数据开放、使用安全等相关内容。对于议案提出的意见建议，宪法和法律委员会、法制工作委员会将在相关立法工作中认真研究。

38. 关于修改刑事诉讼法的议案6件

肖胜方等代表提出的第136号、庹必光等代表提出的第140号、石蓉等代表提出的第193号和第195号、高明芹等代表提出的第209号、王树江等代表提出的第467号议案，建议修改刑事诉讼法，完善羁押必要性审查和证人、鉴定人出庭作证制度，进一步明确检察机关退回监察机关补充调查案件的审查起诉期限计算方式，修改检察机关阅卷期限的相关规定，扩大违法所得没收程序的适用范围，推进刑事庭审实质化工作等。对于议案提出的意见建议，宪法和法律委员会、法制工作委员会将在相关立法工作中认真研究。

39. 关于修改民事诉讼法的议案10件

方燕等代表提出的第125号、肖胜方等代表提出的第147号、郑坚江等代表提出的第183号、张海波等代表提出的第187号、章联生等代表提出的第189号、余维祥等代表提出的第191号和第192号、司富春等代表提出的第320号、李亚兰等代表提出的第415号、李小红等代表提出的第439号议案，建议修改民事诉讼法，增加律师调查令、小额诉讼程序适用范围等相关规定，完善民事诉讼的基本原则，修改司法拘留期限、公告送达期限、诉讼代理、证据、诉前财产保全担保、再次起诉等相关规定。全国人民代表大会常务委员会关于授权最高人民法院在部分地区开展民事诉讼程序繁简分流改革试点工作的决定，已于2019年12月28日由十三届全国人大常委会第十五次会议表决通过，授权在部分法院就完善小额诉讼程序等进行改革试点，试点期间暂时调整适用民事诉讼法相关规定。对于议案提出的意见建议，宪

法和法律委员会、法制工作委员会将会同有关方面在相关立法工作中认真研究。

40. 关于修改行政诉讼法的议案 1 件

郅慧等代表提出的第 315 号议案，建议修改行政诉讼法，将铁路公共安全纳入行政公益诉讼范围等。对于议案提出的意见建议，宪法和法律委员会、法制工作委员会将会同有关方面在相关立法工作中认真研究。

41. 42. 关于制定立法听证规则的议案 1 件，关于制定听证法的议案 1 件

买世蕊等代表提出的第 324 号议案，建议制定立法听证规则，扩大立法听证范围，推动立法听证发展。买世蕊等代表提出的第 323 号议案，建议制定听证法，规定听证的对象、组织者资格、听证程序、听证结果的法律效力等内容。对于上述议案提出的意见建议，宪法和法律委员会、法制工作委员会将落实党的十九届四中全会有关完善听证制度的要求，在相关立法工作中认真研究。

43. 关于制定信息公开法的议案 1 件

刘小兵等代表提出的第 27 号议案，建议制定信息公开法，并将其列入十三届全国人大常委会立法规划。2019 年 4 月，国务院修订了政府信息公开条例。对于议案提出的建议，宪法和法律委员会、法制工作委员会将会同有关方面在相关立法工作中认真研究。

44. 关于制定生态文明建设促进法的议案 1 件

党永富等代表提出的第 85 号议案，建议制定生态文明建设促进法，并将其列入全国人大常委会立法规划。对于议案提出的意见建议，宪法和法律委员会、法制工作委员会将会同有关方面在相关立法工作中认真研究。

45. 关于制定公共数据资源管理法或大数据管理法的议案 2 件

陈力等代表提出的第 106 号议案，建议制定公共数据资源管理法，理顺公共数据资源管理体制，完善公共数据分级分类管理机制，加强公共数据资源使用管理等。史贵禄等代表提出的第 270 号议案，建议制定大数据管理法，打击非法获取、盗用大数据的行为，保障数据安全，促进数字经济健康发展。

网络安全法、电子商务法对鼓励公共数据资源开放、推动建立公共数据共享机制等作了原则性规定，同时网络安全法还明确了包括政府机构在内的网络运营者保护网络数据、个人信息安全的义务与责任。对于议案提出的意见建议，宪法和法律委员会、法制工作委员会将根据公共数据资源共享与开放工作的实际情况认真研究，同时督促有关部门完善相关法律法规，并积极做好配合工作。

46. 关于制定算法法的议案 1 件

闫傲霜等代表提出的第 37 号议案，建议制定算法法，由宪法和法律委员会牵头组织开展算法相关法律体系、法规框架、规制的调研工作，并适时启动制定算法法。

电子商务法对根据算法获得的搜索结果展示作了一定规范，要求电子商务经营者根据消费者的兴趣爱好、消费习惯等特征向其提供商品或者服务的搜索结果的，应当同时向该消费者提供不针对其个人特征的选项，尊重和平等保护消费者合法权益。个人信息保护法、人工智能方面的立法项目已经列入十三届全国人大常委会立法规划；个人信息保护法已列入全国人大常委会 2019 年度立法工作计划，由委员长会议提请审议，法制工作委员会已基本完成起草工作。对于议案提出的意见建议，宪法和法律委员会、法制工作委员会将会同有关方面在相关立法工作中认真研究。

47. 关于制定民营经济发展促进法的议案 1 件

李彦平等代表提出的第 455 号议案，建议制定民营经济发展促进法，在市场准入、财税和金融支持等方面作出规定，激发民营经济的活力和创造力，为民营经济发展提供公平竞争环境。对于议案提出的意见建议，宪法和法律委员会、法制工作委员会将会同有关方面在相关立法工作中认真研究。

48. 关于制定预防职务犯罪法的议案 1 件

王凤巧等代表提出的第 357 号议案，建议制定预防职务犯罪法，对预防职务犯罪工作的方针和基本原则、组织体系和工作机制、有关权利和义务、主要措施、法律责任等方面作出规定。对于议案提出的意见建议，宪法和法律委员会、法制工作委员会将会同有关方面在相关立法工作中认真研究。

49. 关于制定电子诉讼法的议案 2 件

李占国等代表提出的第 197 号、法蒂玛等代表提出的第 468 号议案，建议制定电子诉讼法，对电子诉讼的原则、立案、送达、证据、庭审、裁判、执行，以及电子卷宗和档案管理等作出系统规定。对于议案提出的意见建议，宪法和法律委员会、法制工作委员会将会同有关方面在相关立法工作中认真研究。

50. 关于制定家事诉讼法的议案 1 件

马传先等代表提出的第 196 号议案，建议制定家事诉讼法。深化家事审判制度改革，已列入 2019 年中央有关工作要点，由最高人民法院牵头负责。建议最高人民法院在认真总结改革经验的基础上提出相关立法建议。宪法和法律委员会、法制工作委员会将

会同有关方面在相关立法工作中认真研究。

51. 关于修改宪法宣誓制度的决定的议案2件

刘春香等代表提出的第358号议案，建议全国人大常委会修改关于实行宪法宣誓制度的决定，扩大宣誓人员范围等。刘春香等代表提出的第483号议案，建议授权省级人大常委会开展扩大宪法宣誓范围的试点工作等。对于议案提出的意见建议，宪法和法律委员会、法制工作委员会将在相关立法工作中认真研究。

52. 关于制定进一步明确城市民族区法律地位的决定的议案1件

李玉刚等代表提出的第418号议案，建议全国人大常委会作出关于进一步明确城市民族区法律地位的决定，明确城市民族区作为“民族地区”的法律地位，根据城市民族区的不同特点给予相应扶持和优惠政策等。对于议案提出的意见建议，宪法和法律委员会、法制工作委员会将会同有关方面在相关立法工作中认真研究。

53. 关于对公益诉讼作出法律解释的议案1件

张本才等代表提出的第20号议案，建议全国人大常委会对民事诉讼法、行政诉讼法相关条文作出法律解释，扩大检察公益诉讼受案范围。对于议案提出的意见建议，宪法和法律委员会、法制工作委员会将会同有关方面在相关立法工作中认真研究。

全国人民代表大会教育科学文化卫生委员会关于第十三届全国人民代表大会第二次会议主席团交付审议的代表提出的议案审议结果的报告

（2019年12月28日第十三届全国人民代表大会常务委员会第十五次会议通过）

全国人民代表大会常务委员会：

第十三届全国人民代表大会第二次会议主席团交付全国人大教育科学文化卫生委员会（以下简称教科文卫委）审议的代表提出的议案共69件，其中教育方面27件、科技方面4件、文化方面12件、卫生健康与人口方面26件。69件议案中，建议制定法律的议案33件、修改法律的议案34件，共涉及41个立法项目，建议开展执法检查的议案2件。

按照全国人大常委会代表议案办理工作的有关规定和栗战书委员长关于做好代表议案办理工作的重要指示精神，我委高度重视，认真做好议案办理工作。一是加强研究部署。把代表议案办理摆上重要位置，注重与立法、监督等工作紧密结合，制定具体工作方案，在不同阶段召开4次专门会议，压实工作责任，推动工作落实。二是认真协商办理。及时召开有关部门参加的代表议案办理工作会议，协调分工，明确要求，促请有关部门提出议案处理初步意见。三是深入调查研究。在议案办理过程中，坚持问题导向，加强综合分析，把专题调研和工作调研结合起来，对梳理出的重点议题赴九省一市开展专题调研，与议案领衔代表直接交流，努力提高议案办理的质量和实效。四是做好沟通反馈。通过面对面交谈、电话沟通、邀请参加座谈或共同调研等方式，认真听取全部议案领衔代表和部分附议代表的意见建议，并把议案办理结果及时向代表反馈，做到件件有着落、有回音。2019年11月11日，教科文卫委召开第19次全体会议，对69件代表议案的办理意见进行审议，艾力更·依明巴海、蔡达峰副委员长参加了审议。现将审议结果报告如下：

一、21件议案提出的9个立法项目，已列入十三届全国人大常委会立法规划

（一）8件议案提出的4个立法项目列入立法规划第一类项目

1. 关于制定学前教育法的议案（4件）
2. 关于制定文化产业促进法的议案（1件）
3. 关于修改著作权法的议案（2件）
4. 关于修改文物保护法的议案（1件）

（二）13件议案提出的5个立法项目列入立法规划第二类项目

5. 关于修改职业教育法的议案（2件）
6. 关于修改教师法的议案（6件）
7. 关于修改学位条例的议案（1件）
8. 关于修改科技进步法的议案（2件）

9. 关于修改执业医师法的议案(2 件)

二、24 件议案提出的 12 个立法项目，建议有关部门加强立法研究论证，条件成熟时，争取列入全国人大常委会年度立法工作计划

10. 关于修改教育法的议案(2 件)
11. 关于修改国家通用语言文字法的议案(5 件)
12. 关于修改高等教育法部分条款的议案(1 件)
13. 关于制定终身教育法的议案(1 件)
14. 关于制定长城保护法的议案(1 件)
15. 关于制定全民阅读法的议案(3 件)
16. 关于修改献血法的议案(3 件)
17. 关于修改传染病防治法的议案(1 件)
18. 关于制定药师法的议案(1 件)
19. 关于制定执业护士法的议案(3 件)
20. 关于加快儿童用药立法保障儿童健康的议案(1 件)
21. 关于制定心理师法的议案(2 件)

三、11 件议案提出的 11 个立法项目，建议在已经确定的立法规划项目或条件成熟的立法项目中，充分吸收采纳代表议案所提出的立法建议

22. 关于修改义务教育法，构建德智体美劳全面培养的教育体系的议案(1 件)
23. 关于修改教育法，明确教育惩戒权的议案(1 件)
24. 关于制定知识产权法典的议案(1 件)
25. 关于制定自主创新示范区法的议案(1 件)
26. 关于加快制定优秀历史建筑保护法的议案(1 件)
27. 关于制定革命文物保护法的议案(1 件)
28. 关于加快制定健康法，保障健康中国战略实施的议案(1 件)
29. 关于制定医疗法的议案(1 件)
30. 关于制定民办医疗管理法的议案(1 件)
31. 关于制定爱国卫生法的议案(1 件)
32. 关于进一步建立健全医学伦理法律法规的议案(1 件)

四、11 件议案提出的 9 个立法项目，建议有关部门通过修改或制定相关行政法规，加大现有法律法规的执法监督力度，对立法开展调研论证，改进相关工作，充分吸收代表建议以解决议案所提问题

33. 关于修改义务教育法，延长义务教育年限的议案(2 件)
34. 关于对网络在线教育立法的议案(1 件)
35. 关于尽快制定古籍保护法的议案(1 件)
36. 关于完善文化立法的议案(1 件)
37. 关于修改人口与计划生育法的议案(2 件)
38. 关于制定公共场所禁烟法的议案(1 件)
39. 关于制定转基因食品管理法的议案(1 件)
40. 关于抓紧制定保健食品监督管理法的议案(1 件)
41. 关于启动罕见病诊疗及管理立法的议案(1 件)

五、2 件议案提出的 2 个监督项目，建议适时列入全国人大常委会监督工作计划

1. 关于开展中医药法执法检查的议案(1 件)
2. 关于开展药品管理法执法检查的议案(1 件)

上述 69 件议案的主要内容和具体审议意见，详见附件。

以上报告，请审议。

附件：全国人民代表大会教育科学文化卫生委员会关于第十三届全国人民代表大会第二次会议主席团交付审议的代表提出的议案的审议意见

全国人民代表大会教育科学文化卫生委员会
2019 年 12 月 24 日

附件：

全国人民代表大会教育科学文化卫生委员会关于第十三届全国人民代表大会第二次会议主席团交付审议的代表提出的议案的审议意见

一、21 件议案提出的 9 个立法项目，已列入十三届全国人大常委会立法规划

（一）8 件议案提出的 4 个立法项目列入立法规划第一类项目

1. 安徽代表团杨善竑等 30 名代表、北京代表团庞丽娟等 45 名代表、湖北代表团周洪宇等 30 名代表、天津代表团李建成等 31 名代表提出关于制定学前教育法的议案 4 件（第 88 号、第 102 号、第 172 号、第 240 号）。以上 4 件议案提出，近年来我国学前教育发展取得了显著成绩，但仍然是教育体系中最薄弱的短板，发展不充分不平衡，"入园难""入园贵"等问题依然突出。建议全国人大常委会加快学前教育法立法进程，确保在本届任期内审议通过。议案对立法理念、立法重点等提出了具体建议。

党中央、国务院高度重视学前教育工作，2018 年 11 月印发《中共中央国务院关于学前教育深化改革规范发展的若干意见》，明确了学前教育改革发展的原则与方向，为制定学前教育法提供了政策依据。十三届全国人大常委会高度重视学前教育立法，为推进这项工作，今年听取了国务院关于学前教育事业改革和发展情况的报告。教育部将学前教育立法作为今年重点任务，全面启动立法工作，已形成草案，并初步征求了地方意见。法律草案起草过程中，对近几年代表提出的意见建议进行认真研究梳理，并在草案中予以回应，计划年内形成送审稿报国务院审议。

教科文卫委经研究，同意教育部的意见，继续密切关注和积极推动学前教育立法工作。制定学前教育法列入了十三届全国人大常委会立法规划，我委已促请有关部门认真研究吸纳代表议案所提意见和建议，加快立法工作进程，尽早将法律草案提请全国人大常委会审议。

2. 浙江代表团胡季强等 30 名代表提出关于制定文化产业促进法的议案 1 件（第 168 号）。议案提出，制定文化产业促进法是党的十八届四中全会的明确要求。近年来，我国文化产业发展迅速，成为国民经济支柱性产业的趋势日益明显。但文化产业发展中仍存在一些问题，如整体规模还不够大，地区发展不平衡等，文化产业经济政策也亟需进一步完善。加快推进文化产业领域立法工作，既是全面推进依法治国的必然要求，也是推动文化产业健康发展的客观需要。

原文化部会同有关部门于 2015 年启动了文化产业促进法起草工作，目前文化和旅游部已形成了法律草案稿，并于 2019 年 6 月底向社会公开征求意见。

十三届全国人大常委会第十一次会议听取和审议了国务院关于文化产业发展工作情况的报告，常委会组成人员对文化产业促进法立法工作提出了很好的意见和建议。教科文卫委已促请有关部门认真研究吸纳代表议案和常委会组成人员审议的意见和建议，加快立法进程，尽早将法律草案提请全国人大常委会审议。

3. 上海代表团潘向黎等 30 名代表提出关于修改著作权法的议案 1 件（第 9 号）、山西代表团贾樟柯等 31 名代表提出关于在著作权法中给予视听作品导演及编剧作者权及收益权的议案 1 件（第 341 号）。

第 9 号议案提出，报刊转载法定许可制度在实施中存在一些问题，著作权人获得报酬的权益难以得到保障，建议在著作权法修改中取消报刊转载法定许可。同时建议在修法中参照专利法等法律规定，设置赔偿数额下限，切实保护著作权人权益。

国家版权局认为，报刊转载法定许可制度在实施中存在一些问题，要继续开展深入调研，听取各方意见，完善著作权法修订草案。

第 341 号议案提出，目前视听作品的著作权为制片者享有，导演和编剧等仅享有署名权，可获得劳动报酬，但不能享有著作权的经济收益，建议在著作权法修改中明确给予视听作品的导演和编剧等享有著作权经济收益的权利。

国家版权局认为，要对视听作品的归属问题结合电影产业等行业的发展情况进行深入研究论证，更好地平衡各方利益。

司法部认为，著作权法修订草案已于 2018 年 11 月经司法部部务会讨论通过，要平衡好作品创作、传播、使用的关系，维护好创作者、传播者、使用者三者的合法权益。同时认为议案提出的有关问题，目前还存在一定争议，下一步将在工作中研究考虑，积极推进立法进程。

教科文卫委经研究，同意司法部、国家版权局的意见，已促请有关部门在修改著作权法过程中认真研究吸纳代表议案所提意见和建议，尽早将法律修订草案提请全国人大常委会审议。

4. 山西代表团王文保等 30 名代表提出关于修改文物保护法部分条款的议案 1 件（第 342 号）。议案提出，党的十九大以来，文物工作面临新形势新任务，为落实中央精神，让文物活起来，应加强文物的利用工作。建议：一是将文物保护利用纳入地方城乡建设规划和旅游规划；二是修改文物保护法第 24 条，删除“不得作为企业资产经营”的表述，并增加鼓励企业经营的相关规定；三是增加“利用传承”专章。

国家文物局认为，议案中提出的建议，将在修改文物保护法过程中认真加以研究。一是研究在修订草案中既增加鼓励社会各界参与文物合理利用的条款，也修改现行法律中不利于文物合理利用的条款。二是将文物保护法第 24 条作为深入研究的重点问题之一。三是在文物保护法总则中研究增加加强文物保护利用的相关制度。

教科文卫委经研究，同意国家文物局的意见，已促请有关部门在修改文物保护法过程中认真研究吸纳代表议案所提意见和建议，尽早将法律修订草案提请全国人大常委会审议。

（二）13 件议案提出的 5 个立法项目列入立法规划第二类项目

5. 湖北代表团周洪宇等 30 名代表、安徽代表团谢广祥等 30 名代表提出关于修改职业教育法的议案 2 件（第 170 号、第 445 号）。以上 2 件议案提出，职业教育发展在理念认识、性质定位、教育质量、现代职业教育体系建设等方面存在突出问题，迫切需要通过修订法律从根本上解决，以适应当前面临的新情况和新任务。建议从理顺管理体制、建立中等职业教育免费制度、适当发展本科和研究生层次高等职业教育、明确投入责任和标准、加强师资队伍建设、增加法律责任条款等方面修订完善现行职业教育法。

教育部认为，代表议案所提意见建议具有很强的现实意义，争取在本届全国人大期间完成此项立法任务。目前初步形成了职业教育法修订草案征求意见稿，代表议案中的多数建议在草案中已有回应，拟在年内提请国务院职业教育工作部际联席会议审议。人力资源社会保障部也对职业教育法提出了修改意见。

教科文卫委经研究，同意教育部、人力资源社会保障部的意见，继续密切关注和积极推动职业教育法修改工作。修改职业教育法列入了十三届全国人大常委会立法规划，我委已促请有关部门加强统筹协调，认真研究吸纳代表议案所提意见和建议，加快修法工作步伐，争取早日将法律修订草案提请全国人大常委会审议。

6. 湖北代表团周洪宇等 30 名代表、江苏代表团王江等 30 名代表、河南代表团高阿莉等 30 名代表、四川代表团庹庆明等 34 名代表、辽宁代表团王家娟等 30 名代表、安徽代表团崔建梅等 31 名代表提出关于修改教师法的议案 6 件（第 173 号、第 238 号、第 282 号、第 387 号、第 391 号、第 443 号）。以上 6 件议案提出，教师法自 1994 年实施以来，对提高教师地位、加强教师队伍建设、保障教师合法权益、促进我国教育事业发展起到了重要作用。但随着我国经济社会发展，教育事业也发生了翻天覆地的变化，法律的一些规定已不能适应教育改革发展和教师队伍建设的实际和要求。建议加快修改教师法，确立公办中小学教师作为国家公职人员的法律地位，完善教师的权利义务、资格、待遇和奖励、法律责任等规定，尽快形成修订草案，尽早提交全国人大常委会审议。

教育部认为，修改教师法十分必要。2018 年 1 月，中共中央国务院印发关于全面深化新时代教师队伍建设改革的意见，为教师队伍建设和教师法修改指明了方向。目前，教育部委托有关高校、专家，围绕教师队伍建设保障和奖励制度、资格和任用制度改革、培养培训、权利义务和法律责任、教师职业定位、教师法律制度的国际比较等六个方面展开研究，已经形成初步研究成果，提出修订建议，争取在 2020 年提请国务院审议。

教科文卫委经研究，同意教育部的意见。全国人大常委会一直密切关注教师队伍建设和教师法修改工作，在 2019 年审议国务院关于学前教育专项工作报告和开展高等教育法执法检查中，都将教师队伍建设问题作为重点内容。修改教师法列入了十三届全国人大常委会立法规划，我委已促请有关部门认真研究吸纳代表议案和常委会组成人员审议的意见和建议，加快立法工作进程，争取早日将法律修订草案提请全国人大常委会审议。

7. 湖北代表团周洪宇等30位代表提出关于修改学位条例的议案1件(第258号)。议案提出，学位条例实施三十多年来，我国高等教育事业发生深刻变化，学位条例已不能满足当前学位管理实践的需求。建议加快修改学位条例，总结学位制度改革发展中行之有效的做法，加强顶层设计，着力解决存在问题，构建具有中国特色的学位制度。

教育部认为，修改学位条例，构建具有中国特色的学位制度意义重大。目前已明确6个方面的修订重点，力争尽快将学位条例修订草案提交全国人大常委会审议。

教科文卫委经研究，同意教育部的意见，继续关注和积极推动学位条例修改工作。修改学位条例列入了十三届全国人大常委会立法规划，我委已促请有关部门认真研究吸纳议案所提意见和建议，加大修法工作力度，争取早日将法律修订草案提请全国人大常委会审议。

8. 上海代表团陈力等30名代表、河北代表团曹宝华等30名代表提出关于修改科技进步法的议案2件(第11号、第246号)。以上2件议案提出，对科技进步法进行修订完善。第11号议案提出，应重点关注培育国家战略科技力量、深度参与国际科技合作与竞争、充分保障创新主体权利、强化对科技成果转化的保障、促进科技与金融的深度融合、加大科技创新中的知识产权保护力度、优化科研人员评价和收入分配制度、依法严肃惩戒科研不端行为等内容。第246号议案提出，完善知识产权制度，增加规定激励自主创新、维护知识产权安全、明确各类创新主体职责和法律地位等内容。

科技进步法修改已列入十三届全国人大常委会立法规划，由教科文卫委负责牵头起草。我委积极落实全国人大常委会立法规划，制定修法工作方案，成立修订工作机构，已于2018年11月召开立法领导小组第一次全体会议，启动修订工作。与科技部等国务院有关部委和单位密切配合，加强调查研究，共同推进起草工作进程。先后召开政府部门及相关单位、科技界、产业界、地方科技管理机构、西部地区和基础研究专家学者参加的多场座谈会，王晨、艾力更·依明巴海、蔡达峰副委员长出席相关座谈会，并就科技进步法修改工作提出了明确要求。我委还组织多个调研组，赴地方开展立法调研。起草工作机构多次组织专题研究、专家论证，已经形成法律修改建议稿，代表议案所提出的许多修法建议已采纳。2019年11月，修改科技进步法领导小组召开第二次会议，对修改建议稿进行讨论，征求有关部委和专家意见，部署下一阶段修法工作。下一步，我委将继续深入开展相关调研，综合研究论证各方面的意见，进一步修改完善法律修订草案，争取早日提请全国人大常委会审议。

9. 贵州代表团查艳等30名代表、四川代表团江吉村等31名代表提出关于修改执业医师法的议案2件(第133号、第328号)。以上2件议案提出，执业医师法实施20年来，在推动我国医师管理规范化、法治化方面起到了重要作用。随着时代进步，一些条款已不适应发展需要，如：须试用期满一年才能参加资格考试、关于执业地点限制过多、紧急情况下救治行为缺乏免责规定以及维护医师合法权益的力度不够等，均需要通过修订完善执业医师法予以解决。

执业医师法修改已列入十三届全国人大常委会立法规划，由教科文卫委负责牵头起草。我委积极落实全国人大常委会立法规划，制定修法工作方案，成立修订工作机构，已于2019年1月召开立法领导小组第一次全体会议，启动执业医师法修订工作。与国家卫生健康委及中国医师协会等有关部门和单位密切配合，加强调查研究，共同推进起草工作进程。我委以协助全国人大常委会听取和审议国务院关于医师队伍管理情况和执业医师法实施情况的报告为契机，会同有关方面认真研究吸收代表议案所提意见和建议，凝炼修法要点，提出10个重点问题，形成了执业医师法修订的初步框架草案，经2019年9月23日召开的立法领导小组第二次全体会议研究讨论。下一步，我委将综合各方面意见，深入开展研究论证，加大工作力度，争取早日将法律修订草案提请全国人大常委会审议。

二、24件议案提出的12个立法项目，建议有关部门加强立法研究论证，条件成熟时，争取列入全国人大常委会年度立法工作计划

10. 湖北代表团周洪宇等30名代表、山东代表团张志勇等30名代表提出关于修改教育法的议案2件(第171号、第235号)。以上2件议案提出，教育法是我国教育工作的根本大法，2015年修订以

来，以习近平同志为核心的党中央，对教育工作作出了一系列重大决策部署，对于建设教育强国，推进教育现代化，办好人民满意的教育具有重大意义。建议修改教育法总则相应条款，将党的重大理论创新成果写入法律。议案对部分条款提出具体修改建议。

教育部认为，代表议案所提意见、建议非常重要。教育部去年已着手开展教育法修订工作，深入贯彻落实2018年宪法修正案规定和习近平总书记在全国教育大会上的重要讲话精神，集中对教育法涉及的教育指导思想、地位和方针等重要条款进行了修改，代表议案提出的建议已在修改过程中认真研究吸收。经过反复论证和征求意见，教育部已于近期形成修正案（草案），提请国务院审议。

教科文卫委经研究，同意教育部的意见。我委已开展相关调研，并促请有关部门认真研究吸纳代表议案所提意见和建议，加强调研论证，条件成熟时，建议列入全国人大常委会年度立法工作计划。

11. 安徽代表团杨善竑等30名代表、山东代表团张志勇等30名代表、河南代表团黄艳、马玉霞等60名代表、江苏代表团葛道凯等30名代表提出关于修改国家通用语言文字法的议案5件（第93号、第257号、第283号、第384号、第484号）。以上5件议案提出，国家通用语言文字法自2000年颁布以来，有力促进了国家通用语言文字推广普及和规范应用进程，为推进语言文字事业治理体系、治理能力现代化和实现依法治理创造了良好的条件。但随着经济社会的发展和信息化步伐的加快，语言生活日益纷繁复杂，法律在贯彻实施中遇到一些新问题、新挑战。建议进一步强调国家通用语言文字的地位和使用原则，适当扩大国家通用语言文字法的调整范围，明确各相关行业领域及从业人员使用国家通用语言文字的要求，明确汉语方言、繁体字异体字、少数民族语言文字、外国语言文字、国家通用盲文手语、网络空间语言文字的使用要求，厘清各级政府和部门的职责、细化奖惩措施等。

教育部认为，修订国家通用语言文字法是满足新时代事业发展、人民生活之所需。2013年以来，教育部围绕修法和制定国家通用语言文字法实施办法已经开展调研论证工作。2018年形成法律修订草案，围绕繁体字、方言、外语政策等召开10次专题座谈会，两次书面征求各有关方面的意见建议。法律草案主要从进一步突出国家通用语言文字的主体地位，加强网络空间语言文字监管，妥善处理语言文化多元现象，强化外国语言文字使用管理，促进法律贯彻实施等5个方面进行修订，认真吸收代表议案所提建议。教育部将扎实做好修法工作，争取早日提请全国人大常委会审议。

教科文卫委经研究，同意教育部的意见。我委已促请有关部门充分研究吸纳代表议案所提意见和建议，在已有工作基础上，进一步开展调研论证，条件成熟时，建议列入全国人大常委会年度立法工作计划。

12. 湖南代表团杨尚真等30名代表提出关于修改高等教育法第3条、第32条、第53条促进一流高校招生计划均衡配置的议案1件（第329号）。议案提出，推动一流高校招生计划均衡配置有利于促进区域协调发展，有利于促进良好教育生态重构。建议通过修订高等教育法对生源配置进行规范，将其制度化、透明化、法治化。议案还提出对发展高等教育事业的指导思想进行完善，增加法律责任、明确惩罚规定等建议。

教育部认为，考试招生制度是国家基本教育制度，我国考试招生制度总体上符合国情，权威性、公平性得到社会认可。高考改革涉及城乡区域管理、社会保障、户籍制度改革、区域教育资源配置等诸多方面。代表议案提出的完善高等教育事业指导思想的意见建议十分重要。目前，教育部已启动教育法的修订，拟将有关内容写入教育指导思想。由于教育法在教育法律体系中居于基础地位，修改后可对高等教育法等其他教育法律发挥引领作用。

2019年，全国人大常委会对高等教育法贯彻实施情况进行执法检查，把“深化考试招生制度改革情况”作为检查的重点内容之一。王晨副委员长代表执法检查组所作的报告指出，考试招生制度改革还需加大力度，改革的整体性和协同性有待增强。检查组建议从加快发展高等教育的新形势新要求出发，适时修改高等教育法，将党的重大理论创新成果写入法律，把近年来国家和地方在高等教育改革发展中取得的成功经验和制度创新成果上升为法律。

教科文卫委已促请教育部等有关部门认真研究吸纳代表议案和高等教育法执法检查组的意见、建议，抓紧开展修法调研论证，适时列入全国人大常委会年度立法工作计划。

13. 河南代表团买世蕊等30名代表提出关于制定终身教育法的议案1件（第299号）。议案提出，终身教育对于促进人的全面发展和社会进步具有重要意义。建议制定终身教育法，明确终身教育的组织实施、保障措施、监督管理、法律责任等，从战略发展的高度来规范和指导终身教育的开展，也为地方立法提供上位法依据。

教育部认为，宪法和有关法律对终身教育相关内容作了规定。目前全国有八个省市开展了有关终身教育的地方立法。考虑到终身教育法律制度的健全与完善还需要更多实践经验和理论成果支持，拟先在职业教育法等法律修订过程中，强化终身教育相关内容，推动健全终身教育体系。同时，在进一步深化终身教育立法研究基础上，拟于2020年启动终身教育法草案的起草工作。

教科文卫委经研究，同意教育部的意见。党的十九届四中全会明确提出，构建服务全民终身学习的教育体系，这是推进国家治理体系和治理能力现代化的重要举措。我委已促请有关部门认真贯彻党的十九届四中全会精神，研究吸纳代表议案所提意见和建议，抓紧开展立法调研论证，条件成熟时，建议列入全国人大常委会年度立法工作计划。

14. 河北代表团提出关于制定长城保护法的议案1件（第169号）。议案提出，长城是中华民族的精神象征，是世界上现存体量最大、分布最广的历史文物。目前长城保护面临着多种自然病害和人为损坏的威胁，制约长城保护的诸多困难与问题尚未得到有效解决，建议制定长城保护法。

国家文物局认为，长城保护条例颁布实施十多年来，对于加强长城保护发挥了重要作用，但也需要根据经济社会发展和保护工作实践进行修订。在修订文物保护法时，对长城等大型文化线路遗产保护存在的突出问题予以重点关注。同时，加强长城保护总体规划的实施力度，在推进长城保护条例修订的基础上，开展长城保护法的立法论证。

教科文卫委经研究，同意国家文物局的意见。我委已组织开展专题调研，并促请有关部门加强关于长城保护的立法研究，条件成熟时，建议列入全国人大常委会年度立法工作计划。

15. 河北代表团陈凤珍等32名代表、河南代表团买世蕊等30名代表提出关于制定全民阅读法的议案2件（第486号、第311号），山东代表团张淑琴等30名代表提出关于制定全民阅读促进法的议案1件（第261号）。以上3件议案提出，开展全民阅读对于提高公民科学文化素质、建设学习型社会和提升我国文化软实力等都具有重要意义。近年来，全民阅读活动不断深入，一些地方制定了相关法规，但仍存在资源不均衡、经费保障不到位等问题，需要国家通过立法加以保障。

中央宣传部认为，建立促进全民阅读的长效机制有其必要性。2013年3月，原国家新闻出版广电总局正式启动全民阅读促进条例的起草工作，目前已形成了一定成果，正在研究进一步加强全民阅读法治保障的措施。同时，全国已有8个省、市，通过地方立法促进全民阅读，全民阅读立法具有良好的工作基础，中央宣传部将继续就全民阅读立法的必要性和可行性开展进一步研究。

教科文卫委经研究，赞同中央宣传部的意见，已促请有关部门在已有工作基础上，认真研究代表议案提出的意见和建议，并及时总结地方以立法促进全民阅读的经验和做法，抓紧开展立法调研论证，条件成熟时，建议列入全国人大常委会年度立法工作计划。

16. 河北代表团鲍守坤等30名代表、江苏代表团李叶红等30名代表、湖北代表团王岚等42名代表提出关于修改献血法的议案3件（第167号、第241号、第477号）。以上3件议案提出，献血法部分条款已不适应当前实际需要，建议进一步明确部门责任，建立健全地方政府领导、多部门合作、全社会参与的无偿献血长效工作机制，修改献血年龄、间隔周期、献血量等指标，完善无偿献血激励制度，确立志愿者组织在献血工作中的法律地位等。

国家卫生健康委认为，献血法实施以来，有关方面全面落实无偿献血制度，不断完善法律制度体系，改进血液质量控制系统，健全临床用血管理制度，血液供应水平、依法治理水平、血液安全水平及合理用血水平持续提升。但在取得显著成效的同时，也确实存在代表议案所反映的问题。国家卫生健康委已将献血法修订列入2018年该委立法工作计划，正在组织调研，征求有关方面的意见，初步形成了修订草案。

教科文卫委经研究，同意国家卫生健康委的意见，建议有关部门在修改献血法过程中，认真研究吸纳代表议案所提意见和建议，并加大科学献血的宣传力度，普及有关科学知识，及时总结经验，深入开展修法调研论证，条件成熟时，建议列入全国人大常委会年度立法工作计划。

17. 福建代表团郑奎城等33名代表提出修改传染病防治法的议案1件（第174号）。议案提出，调整法定传染病分类、增加病种，加强学校等重点场所传染病防控，建立传染病防治联席会议制度，形成政府主导、部门联动、社会参与的传染病防控局面，完善传染病疫情事件通报制度，及时回应社会关切。

传染病防治工作事关人民群众的身体健康和

生命安全，事关国民经济发展和社会稳定。全国人大常委会对此高度重视，于 2018 年对传染病防治法进行执法检查，指出传染病防治法的部分条款已不能适应当前防治工作的需要，建议研究修订传染病防治法等相关法律。目前，国家卫生健康委已将修订传染病防治法及其实施办法列入该委立法工作计划，组织专家对相关问题进行研究论证。教育部、海关总署等部门也在组织研究修订学校卫生工作条例、国境卫生检疫法及其实施细则。

教科文卫委经研究，同意国家卫生健康委等部门的意见，已促请有关部门认真研究吸纳代表议案所提意见和建议，深入开展调查研究，加大修法工作力度，条件成熟时，建议列入全国人大常委会年度立法工作计划。

18. 河北代表团王连灵等 31 名代表提出制定药师法的议案 1 件（第 244 号）。议案提出，我国居民不合理用药问题普遍存在，涉药安全事件屡有发生，药师队伍数量不足、素质参差不齐，职称药师与执业药师双轨并行，队伍管理混乱。建议制定药师法，规范药师执业，保障居民用药安全。

国家卫生健康委认为，制定药师法将进一步规范我国药师管理工作，改变目前药师管理无法可依的现状。2019 年，已联合国家药监局成立药师法起草专家组，加强立法研究和起草工作，尽快形成药师法草案。

教科文卫委经研究，同意国家卫生健康委的意见，已促请有关部门认真研究吸纳代表议案所提意见和建议，加大工作力度，加强调研论证，加快立法进程，条件成熟时，建议列入全国人大常委会年度立法工作计划。

19. 湖南代表团胡春莲等 37 名代表、河南代表团黄玉梅等 30 名代表、河南代表团宋静等 31 名代表提出制定执业护士法的议案 3 件（第 264 号、第 306 号、第 476 号）。以上 3 件议案提出，目前存在临床一线护士数量配备不足、职业安全保障不健全、护士待遇偏低和职业尊严感不高等问题，影响到护士队伍健康发展，也影响到为人民群众提供健康服务的供给。建议制定执业护士法，维护护士合法权益，促进护士队伍建设。议案还提供了执业护士法建议草案。

国家卫生健康委认为，2008 年护士条例颁布施行以来，从法规层面进一步维护护士的合法权益，规范护理行为。2019 年，已将护士条例修订列入立法计划，并适时推动执业护士法的立法工作。

教科文卫委经研究，同意国家卫生健康委的意见，已促请有关部门认真研究吸纳代表议案所提意见和建议，加大护士条例等现有规章制度的实施力度，加强立法研究，条件成熟时，建议列入全国人大常委会年度立法工作计划。

20. 江苏代表团李甦雁等 30 名代表提出关于加快儿童用药立法，保障儿童健康的议案 1 件（第 389 号）。议案提出，近年来儿童用药供给不足，剂型、用药信息缺乏，不合理用药现象普遍，药物不良反应率偏高等问题突出。相关部门为解决儿童用药问题出台了不少文件规定，但层级不够高，没有明确的法律依据，不能系统解决儿童用药存在的诸多问题。建议开展专门的儿童用药立法，为儿童用药提供强有力的法治保障。

国家卫生健康委认为，2014 年原国家卫生计生委等 6 部门制定《关于保障儿童用药的若干意见》（国卫药政发〔2014〕29 号），从鼓励研发创制、加快申报审评、确保生产供应、强化质量监管、推动合理用药、完善体系建设、提升综合能力等环节，对保障儿童用药提出了具体要求。相关部门对照职责分工，陆续出台细化配套措施，积极推动各项部署落地生效，保障儿童用药工作取得一定成效。但儿童用药的确还存在代表议案中提到的一些问题，主要原因是相对成人药，儿童用药市场需求量小，研发、生产成本高，儿科人群药物临床试验难度大，企业对研发、生产儿童药普遍缺乏积极性。目前，已启动儿童用药立法研究，并将在全国范围内开展立法可行性调查，广泛征求社会各方面意见，加快推进儿童用药立法工作。

教科文卫委经研究认为，儿童用药关系我国亿万儿童身体健康，多年来受到全国人大代表和社会各界的高度关注。相关部门针对儿童用药出台了多项举措和办法，为儿童用药立法提供了一定基础。我委已促请有关部门认真研究吸纳代表议案提出的问题和建议，加强儿童用药立法研究论证，条件成熟时，建议列入全国人大常委会年度立法工作计划。

21. 河南代表团赵国祥等 30 名代表、浙江代表团蔡继明等 31 名代表提出关于制定心理师法的议案 2 件（第 307 号、第 330 号）。以上 2 件议案提出，近年来，我国国民心理健康问题高发，心理健康服务领域存在不少问题，心理健康服务管理依据不足，亟需进行专门立法，规范和促进心理健康服务行业健康发展。建议制定心理师法，对心理师的概念、从业资格和考试、管理体制、执业范围等方面进行规定。

国家卫生健康委认为,制定心理师法的议案具有较强的针对性和现实意义。在进一步贯彻落实精神卫生法有关规定的同时,对心理健康服务规范管理等问题开展深入调研,研究制定心理健康服务规范管理的相关文件或专门法律。

教科文卫委经研究,同意国家卫生健康委的意见,已促请有关部门认真研究吸纳代表议案所提意见和建议,加强立法研究论证,推动立法进程。

三、11 件议案提出的 11 个立法项目,建议在已经确定的立法规划项目或条件成熟的立法项目中,充分吸收采纳代表议案所提出的立法建议

22. 广东代表团阎武等 43 名代表提出关于修订义务教育法,构建德智体美劳全面培养的教育体系的议案 1 件(第 63 号)。议案提出,习近平总书记在全国教育大会上指出,要遵循教育规律,培养德智体美劳全面发展的社会主义建设者和接班人。建议通过修订义务教育法,从法律层面推动构建德智体美劳全面培养的教育体系,并增加减负提质的内容。

教育部认为,构建德智体美劳全面培养的教育体系是落实全国教育大会精神和习近平总书记重要讲话精神的明确要求。目前,教育部已经启动修改教育法,明确将"德智体美劳"全面发展写入第五条的教育方针当中。由于教育法在教育法律体系中居于基础性地位。教育法的修改,可对教育领域其他法律发挥引领作用。关于在义务教育法中增加减负提质的表述。义务教育法规定,要推进实施素质教育,要求学校把德育放在首位,保证学生的课外活动时间,组织开展文化娱乐等课外活动。教育部出台了《关于规范校外培训机构发展的意见》等文件,规范培训机构,开展专项治理。代表议案提出的建议,现行法律已有原则规定,相关文件中也规定了具体举措。目前,需要总结实践经验,进一步完善规定,加大实施力度。

教科文卫委经研究,同意教育部的意见。修改教育法可对义务教育法等教育领域法律发挥引领作用,我委已开展相关研究,并促请有关部门在修改教育法等法律时认真研究吸纳代表议案所提意见和建议;同时全面深入贯彻落实义务教育法和有关文件规定,大力实施素质教育,以减轻学生过重的课业负担。

23. 河北代表团陈凤珍等 31 名代表提出关于修改教育法明确教育惩戒权的议案 1 件(第 245 号)。议案提出,应当通过立法明确界定、规范和保护教育惩戒权,保障教师全面履行职责,保护学生合法权益,弥补家庭教育不足,更好地促进学生健康成长。建议修改教育法,明确教师的教育惩戒权,并在教师法中对教育惩戒权的实施方式、限度以及相关权利救济途径作出规定。

教育部认为,现有相关法律中虽然没有直接使用"惩戒"的概念,但教育法、未成年人保护法等法律对学校及其他教育机构的惩戒权已有了相关规定。近期中共中央国务院印发的《关于深化教育教学改革全面提高义务教育质量的意见》要求,"制定实施细则,明确教师教育惩戒权",教育部正在落实文件精神,着手起草相关规章。正在修订的未成年人保护法拟进一步明确对有不良行为的学生实施惩戒的规定。同时,在教师法的修订工作中也将对此重点研究吸收。

教科文卫委经研究,同意教育部的意见,已促请有关部门结合相关立法和监督工作,认真研究吸纳代表议案所提意见和建议,在修改教师法等相关法律的过程中对教育惩戒权问题予以重点研究明确。

24. 上海代表团刘晓云等 31 名代表提出的关于制定知识产权法典的议案 1 件(第 17 号)。议案提出,知识产权立法体系化欠缺,法律规定不够完善,制约了知识产权司法保护作用进一步发挥,难以应对创新发展形势下的保护需求。为形成协调统一的知识产权法律体系,加大知识产权保护力度,建议编纂知识产权法典,确定知识产权的基本原理和程序规则,建立统一的侵权赔偿制度和符合知识产权案件特点的诉讼制度。

中央宣传部认为,在新的历史阶段,是否要制定知识产权法典,取决于条件时机、理论积累和制度实践等各种主客观因素,可以就立法的必要性和可行性进行深入调研论证。

最高人民法院认为,我国知识产权法律体系确实存在立法层级不一、体系化不健全等问题,但基本适应我国司法实践的需求。如果完全推翻现有的单行法体系,重新制定一部大而全的知识产权法典,在一定程度上会造成立法资源的浪费。

市场监管总局认为,代表议案提出制定知识产权法典等内容,对加强知识产权保护具有积极意义。目前可以结合我国实际,在充分发挥现有法律

法规基础上统筹考虑，坚持问题导向，进一步修订完善相关法律法规，健全知识产权法律体系。

国家知识产权局认为，制定知识产权法典或知识产权基本法有利于在基本制度层面解决知识产权法律体系化、系统化、共同性以及前瞻性的问题，是全面完善知识产权保护法律体系的重要内容，也是落实《国家知识产权战略纲要》的关键举措。

就代表议案所提问题，全国人大常委会已对反不正当竞争法、行政许可法作了修改，专利法和著作权法修改已列入十三届全国人大常委会立法规划，其中专利法修正案（草案）已经十三届全国人大常委会第七次会议初审。

教科文卫委经研究认为，中办发〔2019〕56 号文件《关于强化知识产权保护的意见》要求，"研究制定知识产权基础性法律的必要性和可行性，加快专利法、商标法、著作权法等修改完善"，是十分重要的。建议有关部门认真贯彻党中央、国务院决策部署，充分吸收代表议案所提意见，对知识产权基础性法律的有关问题进行深入研究，并继续抓紧推动知识产权单行法律的修改完善。

25. 湖南代表团梁庆凯等 30 名代表提出的关于制定自主创新示范区法的议案 1 件（第 438 号）。议案提出，国家应加大对自主创新示范区建设的指导和支持力度，制定自主创新示范区法，为自主创新示范区在创新型国家建设中作出更大贡献提供法律保障。

科技部认为，国家自主创新示范区建设模式、运行机制、管理模式等各自有所不同，各地仍处在探索阶段，从国家层面出台国家自主创新示范区相关法律法规的时机目前暂不成熟。同时表示，积极支持有关地方根据实际情况，研究出台地方性法规、行政规章等规范性文件，推动国家自主创新示范区加快创新驱动发展。

教科文卫委经研究，同意科技部的意见。我委在组织开展科技进步法的修改过程中，将认真研究吸纳代表议案所提意见和建议，同时促请相关部门积极支持有关地方探索制定相应地方性法规。

26. 上海代表团杲云等 30 名代表提出关于制定优秀历史建筑保护法的议案 1 件（第 10 号）。议案提出，优秀历史建筑是城市的重要名片，具有重要的保护价值。由于保护工作综合性较强，涉及产权归集、土地供应、修缮利用和资金安排等众多环节，虽然国家在不同层面出台了若干政策文件，但尚缺乏系统、整体、全面的反映保护要求的法律法规，建议制定优秀历史建筑保护法。

住房城乡建设部认为，历史建筑是中华优秀文化的重要载体，议案所提的建议对理顺优秀历史建筑保护机制，完善优秀历史建筑保护立法工作具有重要意义。2008 年施行的《历史文化名城名镇名村保护条例》对历史建筑的保护提出严格要求，同时《历史文化名城名镇名村保护条例》因制定时间较早，随着经济社会的发展，执行中面临一些问题。当前需要尽快启动《历史文化名城名镇名村保护条例》修订，在此基础上做进一步调研、完善后再上升为法律。

国家文物局认为，优秀历史建筑是我国历史文化遗产的重要组成部分，代表议案针对当前优秀历史建筑保护存在的问题具有较为深刻的认识，将在文物保护法修订中加强对优秀历史建筑保护的立法研究，在不可移动文物保护中予以统筹考虑。

教科文卫委经研究，同意住房城乡建设部和国家文物局的意见，已促请有关部门在修改文物保护法过程中认真研究吸纳代表议案所提意见和建议，同时加快《历史文化名城名镇名村保护条例》的修改完善工作，进一步完善优秀历史建筑保护方面的法律法规。

27. 安徽代表团韩再芬等 30 名代表提出关于制定革命文物保护法的议案 1 件（第 458 号）。议案提出，革命文物蕴含着中华民族和中国共产党人的崇高精神价值与优良革命传统，具有重要纪念意义、教育意义及史料价值。近年来，革命文物相关工作不断强化，但仍存在一些亟需改进的问题，如部分革命遗址未能及时列为相应级别的文物保护单位，一些革命文物保护不力，文物保护与基建存在矛盾，革命文物利用途径单一，管理体系不完善等，建议尽快制定革命文物保护法。

国家文物局认为，党中央高度重视革命文物保护，2018 年 7 月中共中央办公厅、国务院办公厅出台了《关于实施革命文物保护利用工程（2018—2022 年）的意见》，对新时代革命文物保护工作进行了全面部署。目前结合文物保护法修订，进一步明晰革命文物内涵外延，增加革命文物保护利用条款。同时，开展革命文物保护行政法规制定工作，鼓励革命文物资源密集地区加强地方立法。

教科文卫委经研究，同意国家文物局的意见，已促请有关部门在修改文物保护法过程中认真研究吸纳代表议案所提意见和建议，抓紧完善和落实相关法律法规，进一步提升依法保护利用革命文物的水平。

28. 天津代表团张伯礼等 32 名代表提出关于

加快制定健康法，保障健康中国战略实施的议案1件（第236号）。议案提出，我国居民面临老龄化问题突出、慢病负担加重以及亚健康困扰等严峻的健康挑战，部分青少年的健康状况也令人担忧，建议制定健康法，明确政府职责，形成由卫生健康主管部门牵头，各部门配合联动的管理体制和工作机制。议案还提出，建立全民健康档案信息数据库，开展全民健康教育，开设健康频道，制定餐饮业膳食营养限量标准等。

全国人大常委会法工委认为，基本医疗卫生与健康促进法的重要立法目的就是要推动和保障健康中国战略的实施，为实现全方位全周期维护人民健康提供法治基础。草案设“健康促进”专章，规定了政府和社会在构建健康支持性环境中的职责和任务。同时，据代表议案所提建议和各方面意见，对草案进行修改完善，进一步充实了健康促进方面的内容。建议综合考虑基本医疗卫生与健康促进法草案现有规定与议案所提建议的关系，对制定健康法的必要性、可行性等问题进行统筹研究。目前法工委正在根据常委会三次审议和征求社会意见的情况，进一步修改完善基本医疗卫生与健康促进法草案。

教科文卫委经研究，同意法工委的意见。我委将配合法工委进一步研究吸收代表议案所提建议，继续做好基本医疗卫生与健康促进法草案的修改完善工作。

29. 浙江代表团陈爱莲等30名代表提出关于制定医疗法的议案1件（第36号）。议案提出，近年来我国医疗纠纷多发，医患关系引发的矛盾日益增多。构建和谐医患关系，有必要制定一部医疗法，从根本上解决医患关系问题。议案建议在医患双方基本权利义务、医疗主体制度、医疗行为监管、医疗纠纷解决途径、医疗风险化解机制等方面予以规定。

国家卫生健康委认为，2018年国务院颁布《医疗纠纷预防和处理条例》，内容包括从源头上预防医疗纠纷、及时化解医疗纠纷等，对完善多元化解机制，保护医患双方合法权益，构建和谐医患关系，提升医疗纠纷预防和处理工作法治化水平，具有重要作用和意义。代表议案涉及的相关内容在《医疗纠纷预防和处理条例》中已体现，下一步要加大条例的贯彻实施力度。

教科文卫委经研究认为，全国人大常委会正在审议的基本医疗卫生与健康促进法草案的第八章第九十六条，已对建立医疗纠纷预防和处理机制，妥善处理医疗纠纷，维护医疗秩序提出了总体要求。第二章、第四章的多项条款对患者和医务人员的权利义务及相互关系作出了明确规定。建议有关部门在法律草案修改完善过程中，充分研究吸纳代表议案所提意见。同时，已促请有关部门加大《医疗纠纷预防和处理条例》实施力度。

30. 陕西代表团崔荣华等30名代表提出关于制定民办医疗管理法的议案1件（第71号）。议案提出，我国民营医院数量众多，床位数、诊疗人数规模巨大，但目前没有专门的医疗法或医疗机构管理法，民办医疗机构主要依据医疗机构管理条例和部门规章管理，层级较低，约束力有限，市场乱象频发，应该通过立法加强管理。同时，民办医疗机构的地位、权益，也需要通过立法予以保障，建议制定民办医疗管理法。

国家卫生健康委认为，社会办医是我国医疗卫生服务体系的重要组成部分，对增加医疗资源有效供给，满足人民群众多层次、多样化健康服务需求具有重要意义。深化医药卫生体制改革以来，党中央、国务院出台了一系列政策文件，支持、鼓励社会力量举办医疗机构，使社会办医与公立医疗机构享受同等待遇，促进共同发展。下一步，会同有关部门加强调查研究，进一步完善政策措施，为社会办医立法做好前期准备。

教科文卫委经研究认为，全国人大常委会正在审议的基本医疗卫生与健康促进法草案第三章，对社会力量举办的医疗机构的法律地位、优惠举措、享有权利等作了明确规定。我委将在修改完善该项法律草案过程中，认真研究吸纳代表议案所提意见。同时，建议有关部门加强调查研究，加大工作力度，推动解决民办医疗机构发展中遇到的困难和问题。

31. 广东代表团段宇飞等34名代表提出关于制定爱国卫生法的议案1件（第61号）。议案提出，爱国卫生运动是群众路线运用于卫生防病工作的伟大创举和成功实践。新的发展时期影响健康的因素日益复杂，城市卫生管理面临挑战，群众健康素养有待提升，爱国卫生工作面临不少新情况、新问题，需要纳入法治化轨道。议案提出了爱国卫生法草案稿，建议尽快推进立法进程。

国家卫生健康委认为，在经济社会快速发展、人民群众观念及行为方式发生很大变化的背景下，爱国卫生运动需要运用法治思维、按照法治方法、遵循法治路径予以推进。目前全国已有28个省（区、市）颁布了爱国卫生地方性法规，为全国立法奠定了基础。自2015年开始,全国爱卫办启动爱国卫生立法研究工作,在委托研究、深入调研基础上,起草了《爱国卫生条例》(草稿),目前正在征求意见。下一步,全国爱卫办将把此项立法作为重点工作予以积极推进。

教科文卫委经研究,同意全国爱卫办的意见,建议在基本医疗卫生与健康促进法草案修改完善过程中,认真研究吸纳代表议案所提意见。同时,建议有关部门积极推进爱国卫生条例的制定,尽早颁布实施,为将来立法提供实践基础。

32. 江苏代表团王静成等30名代表提出关于进一步建立健全医学伦理法律法规的议案1件(第392号)。议案提出,随着生物医学技术的进步,涉及人的临床试验、科学研究、器械验证项目越来越多。我国医学伦理工作起步较晚,相关伦理规范有待进一步健全,医学伦理水平与科技发展速度严重不匹配,伦理审查缺乏执行力,违背伦理事件时有发生,形势严峻。建议建立健全医学伦理法律,并提出了需要遵循的制度原则。

国家卫生健康委认为,目前对于医学伦理审查的法律监管体系已初步形成,伦理审查相关的制度也基本建立,下一步将继续推动相关工作,健全伦理审查监督管理体系。

教科文卫委经研究,在科技进步法修改、基本医疗卫生与健康促进法草案修改完善过程中,认真研究吸纳代表议案所提意见。同时,促请国家卫生健康委抓紧修订完善《涉及人的生物医学伦理审查办法》,加大有关医学伦理审查规范性文件的实施力度。

四、11件议案提出的9个立法项目,建议有关部门通过修改或制定相关行政法规,加大现有法律法规的执法监督力度,对立法开展调研论证,改进相关工作,充分吸收代表建议以解决议案所提问题

33. 河南代表团李光宇等30名代表提出关于修改义务教育法,将学前教育纳入义务教育范围的议案1件(第115号),河南代表团买世蕊等30名代表提出关于修改义务教育法,逐步将九年义务教育延长为十三年义务教育的议案1件(第284号)。以上2件议案提出,义务教育是教育工作的重中之重,是提升国民素质的奠基性工程,建议修改义务教育法,延长义务教育培养年限。第115号议案提出,将九年义务教育制度扩大到十二年义务教育,把学前教育阶段纳入义务教育范围,推行幼儿园三年的全免费教育,学前教育阶段实行"一免一补"政策。第284号议案提出,将九年义务教育制度修改为十三年义务教育制度,鼓励各地逐步实行十五年义务教育制度,普及学前教育和高中教育。

教育部认为,关于义务教育延长为13年或15年、将学前教育纳入义务教育范围等问题,相关部门进行过多次专门研究,也广泛听取过社会意见。各方面普遍认为,目前修订义务教育法延长义务教育年限的条件尚不成熟。主要考虑:一是从义务教育性质和面临的困难看,义务教育是国家依法统一实施、所有适龄儿童少年必须接受的教育,具有普及、免费、均衡和强制的特点。由于我国全面普及九年义务教育时间较短,义务教育均衡发展的基础依然薄弱,城乡、区域、校际差距还较大,当前和今后一个时期巩固九年义务教育仍然是教育工作的重要任务。二是从发展阶段看,我国仍处于社会主义初级阶段,当前面临经济下行压力大、财政收支矛盾突出等新形势,贫困地区教育发展面临的任务依然十分艰巨,确保贫困地区学生"有学上、上好学"等方面还有不少短板和薄弱环节。财政教育投入需要坚持雪中送炭,既尽力而为,又量力而行。三是从体制机制看,学前教育当前主要应明确政府承担更多责任、加大投入,合理分担教育成本,尽快解决"入园难""入园贵"问题。对于学前教育是否应该具有强制性,各界看法不一,需要进一步研究论证。高中教育尚未全面普及,投入保障机制还不完善、学校发展很不均衡,虽然一些地区探索在高中阶段实行免费教育,但并不是将高中阶段教育纳入义务教育。

教科文卫委经研究,同意教育部的意见,已促请有关部门认真研究代表议案所提意见,通过推进学前教育法立法进程,加快构建公益普惠、有质量的学前教育体系;加强调查研究,完善教育领域现行的法律法规;加大监督工作力度,着力解决代表议案所提问题。

34. 山西代表团牛三平等34名代表提出关于对网络在线教育立法的议案1件(第64号)。议案提出,当前网络在线教育快速发展的同时,存在机构间恶性竞争、无资质办学、学费被挪用等乱象,但有效监管难。建议制定网络在线教育法,明

确在线教育经营者的资质审核与登记许可要求，规范网络在线教育经营者的权利义务，明确监督管理部门及其职责，理顺网络在线教育争议解决途径。

教育部认为，党的十九大报告提出办好网络教育。依法加强网络在线教育管理，具有很强的现实必要性和紧迫性，但目前制定专门法律的时机还不够成熟。市场监管总局认为，进一步论证对网络在线教育单独立法的必要性和可行性，由相关部门根据实践基础和现实需要进行深入研究。工业和信息化部认为，要进一步加强对网络在线教育的监督管理。

教科文卫委经研究，同意教育部、市场监管总局、工业和信息化部的意见，已促请有关部门认真研究代表议案所提意见，制定和完善相应行政法规，为国家层面相关立法积累经验、提供支撑。同时，进一步加大监管力度，严格依法查处违法行为，引导和规范网络在线教育健康发展，着力解决议案所提问题。

35. 贵州代表团曾丽等 30 名代表提出关于尽快制定古籍保护法的议案 1 件（第 262 号）。议案提出，古籍是中华优秀传统文化传承发展的重要载体，妥善保护和利用古籍，对继承和弘扬中华民族优秀传统文化，保障国家文化安全，维护中华民族的团结、和谐与统一，具有十分重大而深远的意义。近年来，尤其是“中华古籍保护计划”启动以来，全国古籍保护工作取得了重要阶段性成果，但是仍存在一些突出矛盾和问题，亟需通过国家立法加以规范。

文化和旅游部认为，代表议案针对古籍保护现状中存在的突出问题和法律法规空白，提出加快推动古籍保护立法，具有重要现实意义。要充分吸收议案的建议，积极推动古籍保护条例制定工作，鼓励和支持地方立法实践。

教科文卫委经研究，同意文化和旅游部的意见，已促请有关部门在制定古籍保护条例过程中认真研究吸纳代表议案所提意见和建议，加大古籍保护力度，并积极开展相关立法前期研究。

36. 江苏代表团刘忠斌等 30 名代表提出关于完善文化立法的议案 1 件（第 388 号）。议案提出，社会主义文化繁荣兴盛离不开法治保障。当前文化法治建设取得了不少成果，但仍存在一些不足，如缺少统筹文化领域部门法的“基本法”、文化领域仍存在部分立法空白、相关法律配套规章和实施细则未及时出台等。建议制定文化领域基本法，完善文化法律体系，推动已出台法律的配套规章、实施细则的制定，加强执法。

文化和旅游部认为，以习近平同志为核心的党中央对文化立法高度重视，从立法理念、指导思想和具体项目方面对文化立法工作提出了新的更高要求。近 5 年来，随着公共文化服务保障法、公共图书馆法、博物馆条例等法律法规和一大批部门规章、地方性法规规章颁布实施，文化领域法律法规数量大幅度增加，有力改变了文化领域立法长期以来较为薄弱的局面。下一步，将加快制定文化产业促进法，加快研究出台衔接、配套的文化法规和政策，积极推动地方文化立法，加强对法律实施情况的检查。

教科文卫委经研究，同意文化和旅游部的意见，已促请有关部门认真研究代表议案所提意见和建议，加快文化产业促进法的立法进程，抓紧制定完善文化领域法律的配套法规规章，不断完善文化法律体系。同时，建议全国人大常委会在已有监督工作基础上，适时安排开展文化领域法律，如公共文化服务保障法等执法检查，更加有效推动相关法律贯彻实施。

37. 陕西代表团史贵禄等 30 名代表、安徽代表团潘保春等 30 名代表提出关于修改人口与计划生育法的议案 2 件（第 72 号、第 444 号）。以上 2 件议案提出，当前我国生育率下降与人口老龄化叠加，对国家经济持续稳健发展构成威胁。2016 年实施的二孩政策已不适应形势发展的需要。建议修改人口与计划生育法，废除对生育权、生育数量限制的内容，废除授权地方政府对计划生育进行规定的内容，废除对社会抚养费的规定，明确鼓励生育的措施，建立国家生育登记准备和引导机制，加大积极生育和优生优育宣传和服务保障力度等。

国家卫生健康委认为，党的十八大以来，以习近平同志为核心的党中央科学把握人口发展规律，从实现中华民族伟大复兴的战略高度出发，先后启动实施单独两孩和全面两孩政策，迈出生育政策调整完善的重要步伐。对现行人口与生育政策的调整，要统筹考虑我国的人口国情、财政状况以及各地经济社会发展水平和承受能力，需要作进一步的深入研究论证，科学评估政策实施效果，加强出生人口监测预测，推动完善政策法规和措施，更加充分地做好立法和政策储备。

教科文卫委经研究，同意国家卫生健康委的意见，已促请有关部门在相关工作中认真研究吸纳代表议案所提意见。我委将进一步加强人口与生育方面政策、法规的调查研究。

38. 河南代表团买世蕊等 30 名代表提出关于制定公共场所禁烟法的议案 1 件(第 308 号)。议案提出,我国吸烟人数已超过 3 亿,每年有 100 多万人死于烟草相关的疾病,特别是青少年人群吸烟的危害更大。为此,我国多地制定了地方性法规,严格控制室内公共场所吸烟。《烟草控制框架公约》规定,缔约方应积极促进采取有效的立法、行政或其他措施,防止在室内工作场所、公共交通工具、室内公共场所接触烟草烟雾。控烟履约是我国政府对国际社会的庄严承诺,迫切需要制定配套的法律法规,建议制定公共场所禁烟法。

国家卫生健康委认为,我国控烟立法进展一直备受国内外关注。《烟草控制框架公约》于 2006 年 1 月 9 日在我国正式生效。作为公约缔约方,我国高度重视履约工作,2007 年国务院成立了“烟草控制框架公约履约工作部际协调领导小组”,经过几次机构改革、职能调整,目前领导小组办公室设在国家卫生健康委,由国家卫生健康委牵头,8 个部门共同承担履约职责。自我国开展控烟工作以来,国家卫生健康委持续推动控烟工作法治化进程,北京、上海、天津、广州、深圳等多地出台了控烟的地方性法规。2014 年 10 月原国家卫生计生委形成了《公共场所控制吸烟条例》(草案),原国务院法制办将此条例草案上网公开征求意见。2016 年,国家卫生健康委在委托相关单位对地方控烟立法实施效果等情况进行了第三方评估。

教科文卫委已促请有关部门在拟制定的《公共场所控制吸烟条例》中,充分吸纳代表议案所提意见和建议。同时,加大监督工作力度,积极推动公共场所控烟工作。

39. 陕西代表团史贵禄等 30 名代表提出关于制定转基因食品管理法的议案 1 件(第 74 号)。议案提出,我国现行转基因食品方面的行政法规、部门规章层级较低,缺少全面系统的规定。建议通过制定专门的转基因食品管理法,明确行政主体职责,规范市场准入,完善转基因食品标签制度,统一转基因食品责任制度等。

农业农村部认为,我国现有转基因相关法律法规体系较为完善,对议案所提出的相关内容均有比较明确的规定,农业转基因生物安全评价严谨科学。2001 年,国务院颁布了《农业转基因生物安全管理条例》,随后相关部门制定出台了一系列配套规章文件。国务院建立了农业转基因生物安全管理部际联席会议制度,负责研究和协调农业转基因生物安全管理工作的重大问题。建立了属地管理为主的监管体系,实施严格管理,对于生产应用的农业转基因生物进行前置审批。

市场监管总局表示,高度重视转基因食品相关工作,严格落实食品安全法相关要求,加强转基因食品标签标示等相关工作监管。2018 年在全国范围内组织开展了为期一个月的食用植物油专项监督检查,查处标签标示不规范等行为。

教科文卫委经研究,同意农业农村部、市场监管总局的意见,已促请有关部门认真研究代表议案所提意见,进一步加大监督管理力度,抓好相关法规制度的落实。

40. 广东代表团陈瑞爱等 38 名代表提出关于抓紧制定保健食品监督管理法的议案 1 件(第 62 号)。议案提出,我国保健食品行业规模大、发展快,同时存在非法经营、虚假或夸大宣传、违法广告、消费欺诈等突出问题。相对行业的快速发展,保健食品监督管理还没有专门立法,标准体系不健全,违法违规行为追究力度不够等,建议制定保健食品监督管理法。

市场监管总局认为,修订后的食品安全法有 13 项条款对保健食品的入市前许可管理、生产管理、市场监管、广告监管、违法处罚等给予了明确规定,最近又修订发布了食品安全法实施条例,基本做到了有法可依。2016 年,颁布实施的《保健食品注册与备案管理办法》,为规范保健食品的注册与备案工作提供了政策依据。市场监管总局表示,要认真贯彻党中央、国务院的统一部署,落实“四个最严”要求,加强保健食品监管工作,在严格生产环节监管的同时,与相关部门密切配合,加强对营销环节乱象的整治。

教科文卫委经研究,同意市场监管总局的意见,已促请有关部门全面落实好食品安全法、食品安全法实施条例、保健食品注册与备案管理办法等相关法规和规章办法,进一步加大监管工作力度,严格生产、营销等各个环节监管,着力解决代表议案所提问题,切实保障人民群众健康。同时,开展相关立法前期研究工作。

41. 山东代表团王威东等 30 名代表提出启动罕见病诊疗及管理立法的议案 1 件(第 260 号)。议案提出,我国现有罕见病患者 2000 多万人,能够得到有效治疗的只有 5%,诊疗水平较低,严重影响广大罕见病患者的身体健康和生命安全。我国对罕见病诊治和管理起步较晚,现有法律法规不健全,罕见病的定义、发现、诊疗、药品研发和供给、医疗保障等各方面都缺乏法律规定和保障,建议启动罕见病诊疗及管理立法。

国家卫生健康委认为,党中央、国务院对罕见病问题高度重视,卫生、财政、民政、药监、医保等多部门加强协调配合,制定公布了我国第一批罕见病目录,建立了我国罕见病诊疗协作网,加快罕见病药物研发科技攻关和药品审评审批,提高罕见病预防和诊治水平。下一步,国家卫生健康委将抓紧做好建立罕见病患者登记制度、研究增加罕见病目录病种、开展医务人员培训、进一步提升诊断治疗水平等工作,继续加强与国务院相关部门协作,完善规章制度,加大工作力度,努力提高救治水平,造福广大罕见病患者。

教科文卫委经研究,同意国家卫生健康委的意见,已促请有关部门认真研究代表所提意见和建议,完善相关法律和规章制度,多方面采取有力措施,着力提高罕见病诊治水平,努力维护罕见病患者身体健康。

五、2 件议案提出 2 项监督项目,建议适时列入全国人大常委会监督工作计划

1. 天津代表团张伯礼等 31 名代表提出关于开展中医药法执法检查的议案 1 件(第 237 号)。议案提出,中医药法实施一年多来,许多部门和地区出台了配套法规和政策措施,较好地促进了中医药事业的传承创新发展,推动了中医药在健康中国建设中发挥更大作用。同时,由于中医药资源配置不合理,城乡和区域发展不平衡,影响了中医药服务的可及性;在中医药法贯彻落实上地区发展不够平衡,个别地区中医医疗机构建设出现倒退现象;在中医专长人员医师资格考核中,有的地方掌握偏宽,有的地方失之过严,产生了负面影响,相关政策规定有待完善。除此之外,仍存在中西医同级医院发展不平衡、中医医疗服务价值体现不够等现象。建议全国人大常委会组织开展中医药法执法检查,及时掌握中医药法实施过程中出现的新问题、新情况,督促中医药法的贯彻实施及配套的制度落实,进一步完善中医药制度体系。

全国人大常委会十分重视中医药法的宣传贯彻实施,在中医药法立法、听取审议专项工作报告、开展相关专题询问时,都对中医药相关问题给予了高度关注。

教科文卫委经研究认为,中医药法是 2016 年颁布实施的,在实施一段时间后,对该法的贯彻落实情况和中医药事业发展情况开展检查很有必要,建议全国人大常委会在研究监督工作计划时统筹考虑,适时对该法开展执法检查。

2. 山东代表团胡桂花等 36 名代表提出关于开展药品管理法执法检查的议案 1 件(第 239 号)。议案提出,自药品管理法颁布实施以来,中国药品监督管理工作从行政管理体制逐步走上了法制化管理轨道。但药品管理法在贯彻和执行过程中还存在许多问题,药品安全风险依然存在,药品监管力度有待加强。建议开展药品管理法执法检查,以推动法律贯彻实施。

全国人大常委会高度重视药品管理法的实施和修改完善工作,栗战书委员长作出重要指示,要求认真落实“四个最严”要求,研究相关立法问题。药品管理法(修订案)经 2019 年 8 月十三届全国人大常委会第十二次会议审议通过,将原修正草案改为修订草案,将药品领域改革成果和行之有效的做法上升为法律,按照药品全过程、全链条管理的要求完善有关规定,对存在的突出问题及时予以规范,修订后的药品管理法于 2019 年 12 月 1 日起施行。2019 年 11 月 20 日,在教科文卫委召开的疫苗管理法和药品管理法(修订)宣传贯彻座谈会上,王晨副委员长对做好法律的贯彻实施工作提出明确要求。我委将认真贯彻落实会议精神,结合代表议案提出的意见和建议,继续推动药品管理法律制度的贯彻实施,适时向全国人大常委会提出监督工作建议。

全国人民代表大会华侨委员会关于第十三届全国人民代表大会第二次会议主席团交付审议的代表提出的议案审议结果的报告

（2019 年 12 月 28 日第十三届全国人民代表大会常务委员会第十五次会议通过）

全国人民代表大会常务委员会：

第十三届全国人民代表大会第二次会议主席团交付全国人民代表大会华侨委员会审议的议案有 1 件，即第 327 号《关于修改归侨侨眷权益保护法的议案》。该议案提出：随着世情、国情、侨情的变化，归侨侨眷权益保护法已经不适应形势发展的需要，建议进行修改。具体包括：将华侨列入该法适用对象，并对“华侨”作出明确界定；扩大人大代表构成，将侨眷纳入考虑范围；增加有关社会保险和救助的内容；完善有关公益捐赠等方面权益保护的规定；进一步明确涉侨部门的权限等。

根据栗战书委员长“要以对人民高度负责的精神，审议、办理好代表议案”的重要指示精神，华侨委员会高度重视议案审议工作。结合议案有关内容，先后赴广东、湖北、内蒙古、青海、北京、辽宁等省、自治区、直辖市和中央统战部（国务院侨办）、国家移民管理局等涉侨部门开展调研，听取有关部门、归侨侨眷的意见和建议；出访和接待来访中，注意倾听侨胞的意愿和呼声。在研究分析调研成果的基础上，华侨委员会于 2019 年 10 月 23 日召开第八次会议对议案进行了审议。现将审议结果报告如下。

1990 年 9 月由七届全国人大常委会第十五次会议通过的《中华人民共和国归侨侨眷权益保护法》是我国第一部专门的涉侨法律，之后于 2000 年 10 月、2009 年 8 月进行过两次不同程度的修改。依据该法，国务院及 30 个省、自治区、直辖市相继制定了实施办法。这些法律法规的有效实施，对凝聚侨心、维护侨益发挥了重要作用，有利于广泛团结归侨侨眷和海外侨胞为我国现代化建设、国家统一大业贡献力量。应该看到，归侨侨眷权益保护法经过近 30 年来的贯彻实施，各地各部门基本落实了党和国家对待归侨侨眷“一视同仁，不得歧视，根据特点，适当照顾”的 16 字方针，归侨侨眷的合法权益得到有效保护。特别是 2006 年全国人大常委会对归侨侨眷权益保护法开展执法检查并连续多年进行跟踪督查以来，华侨农场改革发展及散居贫困归侨侨眷生产生活问题基本解决，归侨侨眷权益保护情况得到较大改善。因此，近年来侨界更多的呼声是希望通过修改归侨侨眷权益保护法将华侨在国内的权益保护问题纳入其中。目前，已有广东省、福建省、上海市、湖北省、浙江省及南京市、大连市等 7 个地方人大常委会制定了综合性的华侨权益保护条例，地方通过立法保护华侨权益的工作走在了前面。在国家层面，研究华侨权益保护有关立法问题已列入十三届全国人大常委会立法规划，华侨委员会正在就华侨权益保护面临的突出问题扎实开展调查研究，为制定华侨权益保护法奠定基础。

为此，华侨委员会建议，针对议案提出的修改归侨侨眷权益保护法的内容，可结合华侨权益保护问题进一步加强调研，根据新时代侨务工作的总体要求作出统筹考虑。在此基础上，向全国人大常委会提出有关修改归侨侨眷权益保护法的建议。

以上报告，请审议。

全国人民代表大会华侨委员会

2019 年 12 月 24 日

全国人民代表大会环境与资源保护委员会关于第十三届全国人民代表大会第二次会议主席团交付审议的代表提出的议案审议结果的报告

（2019 年 12 月 28 日第十三届全国人民代表大会常务委员会第十五次会议通过）

全国人民代表大会常务委员会：

第十三届全国人民代表大会第二次会议主席团交付环境与资源保护委员会（以下简称全国人大环资委）审议的代表议案共 63 件，由云南、河北、青海、山西 4 个代表团和 17 个代表团部分代表 1815 人次提出，其中建议修改法律的议案 15 件，建议制定法律的议案 48 件，涉及 41 个立法项目。

全国人大环资委深入学习贯彻习近平新时代中国特色社会主义思想特别是习近平总书记关于坚持和完善人民代表大会制度的重要思想，贯彻落实栗战书委员长和全国人大常委会党组关于加强和改进全国人大代表工作的部署，按照沈跃跃副委员长提出的议案办理要求，把代表议案作为推动改进工作、提升工作水平的重要依据，把做好议案办理工作作为保障代表依法履职，自觉接受代表和人民监督的重要内容，努力提高办理工作质量：提前部署安排，制定办理工作方案，委员会全体组成人员参与议案办理工作；广泛征求各方意见，请国务院 25 个部委对议案提出协办意见；与“不忘初心、牢记使命”主题教育调研和立法监督工作相结合，邀请议案提出代表参加调研或座谈；开展专题办理，赴地方召开专门议案办理会。通过与议案领衔代表及部分附议代表面对面交流办理情况，加强与代表的互动，进一步听取对议案办理工作和办理结果的意见建议，做到与议案提出代表面对面沟通全覆盖；通过在面对面沟通中提出由领衔代表向所有的附议代表进行反馈的要求，做到与议案提出代表反馈全覆盖；通过立法监督代表工作，推动代表议案提出问题的解决和落实，切实做到 63 件议案件件有回音、有着落。

2019 年 11 月 28 日，全国人大环资委召开第二十二次全体会议对代表议案进行审议，现将审议结果报告如下：

一、5 件代表议案提出的 3 个立法项目已经提请第十三届全国人大常委会审议

1. 关于制定生物安全法的议案 2 件。
2. 关于制定长江保护法的议案 2 件。
3. 关于修改固体废物污染环境防治法的议案 1 件。

二、14 件代表议案提出的 6 个立法项目已经列入第十三届全国人大常委会立法规划

4. 关于制定南极活动与环境保护法的议案 1 件。
5. 关于修改环境噪声污染防治法的议案 1 件。
6. 关于修改矿产资源法的议案 5 件。
7. 关于制定国家公园法的议案 2 件。
8. 关于制定资源综合利用法的议案 3 件。
9. 关于制定湿地保护法的议案 2 件。

三、9 件代表议案提出的 6 个立法项目确有立法必要，建议继续研究论证，条件成熟时列入全国人大常委会年度立法工作计划

10. 关于修改海洋环境保护法的议案 1 件。
11. 关于修改可再生能源法的议案 1 件。
12. 关于制定自然保护地法的议案 1 件。

13. 关于制定无线电频谱资源法等议案 4 件。

14. 关于制定核损害赔偿法的议案 1 件。

15. 关于制定有害化学物质控制法的议案 1 件。

四、35 件代表议案提出的 26 个立法项目，建议完善相关法律和配套法规，加强现行相关法律实施力度，开展立法前期调研论证工作

16. 关于制定生物多样性保护法的议案 1 件。

17. 关于制定人类遗传资源保护法的议案 1 件。

18. 关于制定基因编辑管理法的议案 1 件。

19. 关于制定自然保护区法的议案 1 件。

20. 关于修改循环经济促进法的议案 1 件。

21. 关于制定地下空间利用法的议案 1 件。

22. 关于制定海岸带管理法的议案 1 件。

23. 关于制定渤海环境保护特别措施法的议案 1 件。

24. 关于制定黄河保护法等议案 3 件。

25. 关于制定淮河保护法的议案 1 件。

26. 关于修改防洪法的议案 1 件。

27. 关于制定地下水保护法的议案 1 件。

28. 关于制定饮用水安全法的议案 1 件。

29. 关于制定高原地区绿色发展促进法的议案 1 件。

30. 关于制定山区生态保护法的议案 1 件。

31. 关于制定京津冀上游水源涵养区治理与保护法的议案 1 件。

32. 关于制定迁地保护濒危野生动物管理法的议案 1 件。

33. 关于制定应对气候变化法的议案 1 件。

34. 关于制定耕地质量建设与管理法等议案 4 件。

35. 关于修改水污染防治法的议案 2 件。

36. 关于修改大气污染防治法等议案 3 件。

37. 关于制定放射性废物安全法等议案 2 件。

38. 关于制定生态文明促进法的议案 1 件。

39. 关于制定环境教育法的议案 1 件。

40. 关于制定生态环境保护基金法的议案 1 件。

41. 关于制定生态补偿法的议案 1 件。

以上代表议案所提出的意见和建议，全国人大环资委已认真研究办理，与议案提出代表进行沟通交流并征求了国务院有关部门的意见。综合各方面意见，全国人大环资委认为代表议案中提出的问题，有的需要完善相关法律及配套法规政策，有的需要认真研究论证，有的需要加强现行法律法规的实施力度。建议国务院有关部门结合相关工作，对上述代表议案所提建议深入研究论证，为未来制定或完善相关法律法规奠定坚实基础，创造有利条件。

以上报告，请审议。

附件：全国人民代表大会环境与资源保护委员会关于第十三届全国人民代表大会第二次会议主席团交付审议的代表提出的议案的审议意见

全国人民代表大会环境与资源保护委员会

2019 年 12 月 24 日

附件：

全国人民代表大会环境与资源保护委员会关于第十三届全国人民代表大会第二次会议主席团交付审议的代表提出的议案的审议意见

第十三届全国人民代表大会第二次会议主席团交付环境与资源保护委员会（以下简称全国人大环资委）审议的代表提出的议案共 63 件，由云南省、河北省、青海省、山西省 4 个代表团和 17 个代表团部分代表 1815 人次提出，其中建议修改法律的议案 15 件，建议制定法律的议案 48 件，涉及 41 个立法项目。2019 年 11 月 28 日，全国人大环资委召开第二十二次全体会议对代表议案进行审议，审议意见如下：

一、5件代表议案提出的3个立法项目已经提请第十三届全国人大常委会审议

1. 郭乃硕、安康等63名代表提出关于制定生物安全法的议案2件(第3、292号)。议案提出,我国物种遗传资源缺乏法律保护,外来入侵物种给我国带来巨大危害,转基因生物给生态环境带来潜在风险。而我国生物安全管理立法存在大量空白,重开发利用,轻监督管理,管理制度不够完善。世界各国高度重视生物安全立法,现行国内法已经为生物安全立法提供重要基础,《中国国家生物安全框架》提出了要求,建议制定一部以保护生物多样性和维护生态安全为目标的生物安全综合性立法。

生物安全是人民健康、社会安定、国家利益的重要保障。当前,生物安全已成为我国面临的重大安全问题和重要挑战。党的十八大以来,以习近平同志为核心的党中央高度重视生物安全工作,把生物安全纳入国家安全战略,提出建立健全生物安全法律法规体系。全国人大常委会高度重视生物安全问题,将生物安全法列入第十三届全国人大常委会立法规划和全国人大常委会2019年度立法工作计划,由全国人大环资委负责起草和提请审议。栗战书委员长就加快生物安全立法多次作出批示,提出具体要求,并在北京主持召开生物安全立法座谈会。在沈跃跃副委员长牵头下,全国人大环资委成立了由主任委员任组长,有关部门共同参加的生物安全立法工作领导小组,建立了工作机制,制定了工作方案。多次召开座谈会,认真听取有关部门和专家学者意见和建议。赴吉林、河南召开议案办理座谈会,进一步听取议案提出代表的意见建议。赴北京、天津、上海、广东等省、市调研,了解有关问题和情况,认真研究国际立法经验,梳理国内相关法律法规。在此基础上形成了《中华人民共和国生物安全法(草案)》。目前,草案已经提请第十三届全国人大常委会第十四次会议审议。代表所提建议已在制定生物安全法的过程中认真研究,充分考虑、借鉴和吸收。全国人大环资委将配合宪法法律委和法工委进一步做好生物安全法的审议工作。

2. 秦和、周洪宇等61名代表提出关于加快制定长江保护法的议案2件(第1、178号)。议案提出,应加快制定长江保护法,明确立法定位,使之成为长江大保护的根本之法,为长江流域生态保护提供顶层设计。建议长江保护法应当建立完善流域管理体制,对长江流域水资源环境的规划、开发、利用、保护等做出全面系统的规定,强化水资源的合理配置,加强沿江产业布局统筹管理,建立长江水资源资产管理制度、长江断面水质责任追究制度,对污染和破坏长江的行为强化处罚力度。

习近平总书记高度重视长江保护立法工作,先后在2016年1月和2018年4月推动长江经济带发展两次重要讲话中对长江保护立法工作作出重要指示。全国人大常委会坚决贯彻习近平总书记关于长江保护重要指示精神,坚决贯彻党中央决策部署,2018年将长江保护法列为第十三届全国人大常委会立法规划一类项目,2019年列入年度立法工作计划,由全国人大环资委牵头起草并提请审议。栗战书委员长多次对长江保护法立法工作作出批示,并在苏州主持召开座谈会作重要讲话对长江保护立法提出明确要求。在沈跃跃副委员长与丁仲礼副委员长指导下,建立了由全国人大环资委具体负责、部门共同配合的长江保护立法协调机制,制定了工作方案,成立了长江保护法立法工作领导小组和工作小组,多次召开座谈会,先后赴长江上、中、下游开展专题调研,结合水污染防治法执法检查开展调研,听取了最高法、最高检、国务院有关部门、全部长江流域19个省市区(干流11个、支流8个)地方人大及政府、全国以及地方人大代表、专家及企业家、基层执法人员等关于长江保护法的立法意见和建议,并赴吉林、湖北进一步听取了议案提出代表的意见和建议。在此基础上形成了《中华人民共和国长江保护法(草案)》,已提请第十三届全国人大常委会第十五次会议审议。代表议案中对长江保护立法提出的具体意见和建议,针对性和可行性较强,已经在法律起草过程中认真研究,充分考虑、借鉴和吸收。

3. 寿子琪等30名代表提出关于修改固体废物污染环境防治法的议案1件(第5号)。议案建议完善工业固体废物管理的法律制度。认为现行法律制度和管理体制下,工业固体废物产生量巨大、种类名目繁多,对环境影响程度不一,但分类制度不明确,全过程管理制度不完善,产废者的主体责任不落实,建议明确分类管理制度,突出重点管控工业固体废物,建立全过程管理制度,落实产生单位主体责任。议案还提出了增加或修改的具体条款。

党的十八大以来,习近平总书记多次就固体废物污染防治问题作出重要指示和批示。全国人大

常委会认真贯彻落实,将固体废物污染环境防治法修改列入第十三届全国人大常委会立法规划,由国务院提请审议,全国人大环资委负责联系审议。按照立法规划要求,全国人大环资委成立了联系审议领导小组,制定了工作方案和工作计划,将审议工作同办理代表议案工作任务紧密结合,赴上海进一步听取了议案提出代表的意见和建议。《中华人民共和国固体废物污染环境防治法(修订草案)》于2019 年 6 月 5 日国务院常务会议讨论通过,并已经第十三届全国人大常委会第十一次会议审议。草案从我国固体废物污染环境防治工作实际出发,结合 2017 年全国人大常委会执法检查发现的突出问题,认真研究和吸收有关代表议案和代表建议所提出的法律修改意见,将工业固体废物污染环境的防治设立为专章,修改完善了减量化、资源化等源头减排措施,落实了产废单位主体责任,增补了全过程污染防治责任,加大了违法行为的处罚力度。下一步,全国人大环资委将配合宪法法律委和法工委进一步做好固体废物污染环境防治法的审议工作。

二、14 件代表议案提出的 6 个立法项目已经列入第十三届全国人大常委会立法规划

4. 王江滨等 31 名代表提出关于制定南极活动与环境保护法的议案 1 件(第 96 号)。议案提出,为履行南极条约体系规定的相关义务,维护我国极地权益,保护南极环境,加强对我国南极活动的管理,促进南极的和平利用,迫切需要制定我国关于南极活动的专门法律。建议加快南极立法工作进程,尽早出台我国有关南极事务的相关法律。

制定南极活动与环境保护法已经列为第十三届全国人大常委会立法规划一类项目,由全国人大环资委负责牵头起草和提请审议。全国人大环资委高度重视代表提出的制定南极活动与环境保护法的议案,赴吉林进一步听取了议案提出代表的意见建议,并开展了一系列立法调研和研究论证工作,召开座谈会听取相关部门和专家的意见。目前全国人大环资委正在修改完善法律草案,将加快立法工作进度,争取早日完成起草工作,尽快向全国人大常委会提请审议。

5. 杨松等 31 名代表提出关于修改环境噪声污染防治法的议案 1 件(第 383 号)。议案认为,现行环境噪声污染防治法自 1997 年颁布施行至今已二十余年,已难以满足当前人民群众对良好声环境的更高要求和环境噪声污染防治工作的现实需要,建议尽快对法律进行全面、系统修改,包括在总则中明确赋予公民以“宁静权”,理顺环境噪声污染防治的管理体制,完善环境噪声污染防治的主要法律制度,新增“保障措施”专章,健全环境噪声污染防治的配套法律机制等。

环境噪声污染防治法修改已经列为第十三届全国人大立法规划一类项目,由全国人大环资委负责牵头起草并提请审议。按照立法规划要求,全国人大环资委成立了立法工作领导小组,制定了立法工作计划,委托国务院有关部门开展论证工作。全国人大环资委高度重视代表提出的修改环境噪声污染防治法的议案,将法律修改工作与议案办理工作紧密结合,赴辽宁专门听取议案领衔代表意见,并多次召开座谈会,听取有关部门、专家学者意见和建议。全国人大环资委经研究,同意议案对现行法律相关规定的分析评价,认为议案提出的修改法律的建议具体、明确,对下一步修改法律工作具有重要参考价值。全国人大环资委将加大工作力度,争取早日完成草案起草工作,提请全国人大常委会审议。

6. 云南代表团以及何光亮、吴京耕、焦云、丁士启等 122 名代表提出关于修改矿产资源法的议案 5 件(第 44、182、382、431、449 号)。议案指出,矿产资源法自 1996 年修改到现在已有 22 年之久,随着经济社会的发展,矿产资源法与目前的形势不相协调,如不适应矿产资源市场化改革的实施;带有浓厚行政管理色彩的矿产资源法与作为商品交换规则的物权法难以完全协调;国土资源部门的许多规范性文件已突破矿产资源法的规定。建议修改矿产资源法,加强矿产资源集中统一管理,促进商业性矿产勘查,重点规范探矿权、采矿权的取得和转让,增加矿山地质环境保护条款等。

矿产资源法修改已经列入第十三届全国人大常委会立法规划,由国务院牵头起草并提请审议,按照全国人大常委会立法工作分工,由全国人大环资委负责对矿产资源法修改的联系和提前审议工作,全国人大环资委相应组建了立法领导小组和工作班子,听取了国务院相关部门矿产资源法修改进程的汇报,并且赴地方开展了立法调研,形成了调研报告。全国人大环资委高度重视代表提出的关于修改矿产资源法的议案,赴云南、贵州、辽宁、黑龙江和安徽进一步听取了议案提出代表的意见和建议。国务院相关部门赞同议案中所提意见和建

议,正在按照立法规划的要求,加紧法律草案的修改完善。全国人大环资委将督促国务院相关部门加紧工作,尽快将修改草案向全国人大常委会提请审议。

7. 郭乃硕、霍晓丽等61名代表提出关于制定国家公园法的议案2件(第38、295号)。议案提出,我国独有的自然资源和自然生态系统是人类生存和社会发展的重要物质条件,但是随着人类社会和经济的发展,资源环境却受到了不同程度的破坏,保护自然生态立法工作迫在眉睫。建议制定相关法律,总结国家公园体制试点经验,科学规划我国自然保护地,有效理顺各种关系,统领协调各部门管理工作,确保我国自然生态系统得到切实保护,实现我国生态资源的合理保护、开发与可持续发展。

2017年党的十九大报告提出了"建立以国家公园为主体的自然保护地体系"的要求。2017年9月中共中央办公厅、国务院办公厅印发了《建立国家公园体制总体方案》。建立国家公园体制是党的十八届三中全会提出的重点改革任务,是我国生态文明制度建设的重要内容,对于推进自然资源科学保护和合理利用,促进人与自然和谐共生,推进美丽中国建设,具有重要意义。制定国家公园法是《建立国家公园体制总体方案》中所提出的一项重要工作任务,已列为第十三届全国人大常委会立法规划二类项目,由国务院牵头起草并提请审议,由全国人大环资委负责联系和提前审议工作。按照部门职责分工和国务院有关工作计划,国家林草局已经启动了《中华人民共和国国家公园法(草案)》的研究论证和起草工作。

全国人大环资委高度重视代表提出的关于制定国家公园法的议案,加大议案办理工作力度,赴吉林和河南进一步听取了议案提出代表的意见建议。我委已将代表议案转交国务院有关部门,促请其认真研究参考,并按照中央有关建立国家公园体制的工作部署和全国人大常委会立法规划的要求,深入开展研究论证和广泛征求各方意见,按计划完成相关法律草案的起草工作,按时向全国人大常委会提请审议。

8. 郭乃硕、张天任、李东艳等92名代表提出关于制定资源综合利用法的议案3件(第33、109、470号)。议案提出,党的十八大以来,党中央把重视资源综合利用提到了更高的战略高度上。资源利用效率低下的问题已经严重制约我国经济社会发展质量,导致环境污染、资源流失、生态破坏。工业废渣废弃堆积长期得不到利用,不仅污染环境,而且使自然资源严重浪费。建议加快资源综合利用法的研究论证进程,尽早出台资源综合利用法。

党中央高度重视资源综合利用立法工作,已经将制定资源综合利用法写入中共中央、国务院《关于全面加强生态环境保护坚决打好污染防治攻坚战的意见》。全国人大常委会坚决贯彻落实党中央决定,已于2018年将资源综合利用法列入第十三届全国人大常委会立法规划,由全国人大环资委负责研究论证。

全国人大环资委高度重视代表议案提出的问题和建议,于2018年成立了资源综合利用研究论证领导小组,并积极开展研究论证工作。2019年,全国人大环资委先后赴吉林、浙江、河南开展议案办理调研工作,召开议案办理座谈会,与代表面对面交流;召开立法座谈会听取有关部门和专家、企业、基层代表的意见建议;就议案内容征求了国务院有关部门的意见。全国人大环资委认为,提高资源利用效率是加强生态文明建设,转变发展方式,提高发展质量,实现绿色发展的内在要求;对实施国家资源战略、维护国家资源安全具有重要意义。制定资源综合利用法,规范、引导各行各业提高资源利用效率,有利于从根本上解决我国资源短缺和环境污染问题,促进创新驱动,最终实现国家经济社会的高效益、高质量发展。全国人大环资委将加快资源综合利用立法研究论证进程,积极促进将资源综合利用法纳入年度立法工作计划。

9. 谷凤杰、黄艳等62名代表提出关于制定湿地保护法的议案2件(第95、296号)。议案提出,湿地具有重要的生态价值、经济价值和社会价值,但湿地生态环境十分脆弱,情况日益恶化,建议尽快制定湿地保护法,建立健全完善的湿地保护与管理制度。

近年来,党中央、国务院对湿地保护工作高度重视,习近平总书记多次对湿地问题作出重要指示、批示,强调要建立湿地保护修复制度。党的十八大、十九大报告均提到湿地保护相关内容。全国人大常委会高度重视湿地保护立法工作,将湿地保护立法列为第十三届全国人大常委会立法规划三类项目,由全国人大环资委负责研究论证。

全国人大环资委高度重视代表议案提出的问题和建议,已在吉林、河南两地召开议案办理座谈会,面对面听取了代表的意见建议,并就代表议案内容征求相关部门意见。各相关部门均表示湿地是重要的自然生态系统,具有重要的生态功能,湿地保护是生态文明建设的重要内容,代表议案反映问题准确,赞同代表提出的立法意见和建议,建议制定湿地保护法。全国人大环资委认为,湿地作为全球三大生态系统之一,具有多种重要的生态功能,保护湿地对保护国家生态安全和生态环境至关重要。当前湿地保护尚存在立法空白,为了从湿地生态系统整体性和完整性出发,对湿地生态系统统筹保护,迫切需要制定湿地保护法,明确需要保护的湿地范围,建立健全湿地保护体制机制和管理制度。全国人大环资委已经成立了湿地保护立法研究论证领导小组,多次召开湿地保护立法研究论证座谈会,听取有关部门和专家的意见建议,并赴黑龙江、河南、安徽和北京林业大学调研,听取地方政府、专家和基层代表的意见建议。全国人大环资委将继续积极开展工作,认真研究代表议案建议,在湿地保护立法研究论证工作中统筹考虑,积极促进将湿地保护立法纳入年度立法工作计划。

三、9 件代表议案提出的 6 个立法项目确有立法必要,建议继续研究论证,条件成熟时列入全国人大常委会年度立法工作计划

10. *方敏等 30 名代表提出关于修改海洋环境保护法的议案 1 件(第 164 号)*。议案指出,海洋环境保护法 1982 年出台至今,为防治海洋环境污染、保护海洋生态环境发挥了重要作用。随着生态文明体制改革的逐步深入和国务院机构改革持续推进,海洋环境保护法不能完全满足新时代海洋生态环境保护的形势和要求,建议在法律修改中压实海洋生态环境保护的分级责任,构建完善陆海统筹、区域联动的污染防治制度体系,健全海洋生态保护与监管制度体系,健全海洋生态环境风险防控体系,细化完善海洋生态环境监督管理措施。

2018 年全国人大常委会开展了海洋环境保护法的执法检查。关于检查《中华人民共和国海洋环境保护法》实施情况的报告中提出了修改海洋环境保护法的具体要求,指出要坚持用最严格最严密的法律制度保护海洋生态环境。尽快启动海洋环境保护法修改程序,做好与水污染防治法、固体废物污染环境防治法等有关法律的衔接,细化充实重点海域联防联控等法律制度,强化陆源排放、海水养殖、船舶等污染防治措施,明确地方各级政府、有关部门和相关企业法律责任,加大对违法行为惩处力度。

全国人大环资委高度重视海洋环境保护法议案办理工作,结合"不忘初心、牢记使命"主题教育调研在浙江召开议案办理座谈会,与代表面对面交流。全国人大环资委还就议案内容征求了国务院有关部门的意见。生态环境部表示正在积极开展工作,已经启动海洋环境保护法修改的前期研究论证工作,完全赞同代表议案所提意见和建议,表示将吸收到法律草案中。全国人大环资委将督促国务院相关部门加大工作力度,不断修改完善海洋环境保护法修改草案,为将海洋环境保护法修改尽早纳入全国人大常委会年度立法工作计划奠定坚实基础。

11. *郭乃硕等 31 名代表提出关于修改可再生能源法的议案 1 件(第 39 号)*。议案认为,我国可再生能源发展遇到了诸多新问题,弃风、弃光、弃水问题日益严重,有关政策落实不到位、技术支撑不够强、相关政策不协调等问题比较突出,建议加大研究解决弃风、弃光、弃水问题法律规范,进一步完善可再生能源规划的落实措施,完善有关的经济和行政措施,完善监管体系和监管机制,强化支持可再生能源技术创新的措施和扶持政策,加大公众参与力度,加大政府信息公开,进一步完善可再生能源法的配套政策,加大社会法律救助的力度。

全国人大常委会高度重视可再生能源法的实施,在 2019 年组织开展了可再生能源法执法检查,沈跃跃、白玛赤林、丁仲礼三位副委员长担任组长,分成 3 个小组分别赴新疆、吉林、青海、宁夏、河北和甘肃等 6 个省区开展执法检查,同时委托山西、内蒙古等 12 个省区人大常委会对本行政区域内可再生能源法的实施情况进行检查,并拟在 2019 年 12 月召开的全国人大常委会会议上对执法检查报告进行审议。代表议案提出的各项问题,也是这次执法检查的重点内容。执法检查报告也提出了修改可再生能源法的建议。

全国人大环资委高度重视代表议案提出的问题和建议,已在吉林召开议案办理座谈会,进一步听取了提案代表的意见和建议。同时还就议案内容征求了国务院有关部门的意见,国务院有关部门表示原则同意代表提出的建议。全国人大环资委建议国务院有关部门根据执法检查报告所提出的意见和建议,加快可再生能源法修改的研究论证工作,为将可再生能源法修改尽早纳入全国人大常委会年度立法计划奠定坚实基础。

12. 李秀香等34名代表提出关于加快制定自然保护地法的议案1件(第287号)。议案提出,为了进一步规范生态系统中最重要的自然保护地的保护行为,建立和有效管理自然保护地,构建我国的生态屏障,建立生态严格管理制度,捍卫国家生态安全底线,有必要加快自然保护地立法进程。科学规划我国自然保护地,有效理顺各种关系,统领协调各部门自然保护地管理工作,确保我国自然保护地得到切实保护,我国经济、政治、文化、社会、生态建设五位一体全面发展,实现我国生态资源的合理保护、开发与可持续发展。

全国人大环资委高度重视代表议案提出的问题和建议,在江西召开议案办理座谈会,面对面与代表进行交流,并就议案内容征求了相关部门意见。中央全面深化改革委员会第六次会议审议通过的《关于建立以国家公园为主体的自然保护地体系指导意见》提出,要按照山水林田湖草是一个生命共同体的理念,创新自然保护地管理体制机制,形成以国家公园为主体、自然保护区为基础、各类自然公园为补充的自然保护地管理体系,推动制定出台自然保护地法。国务院有关部门赞成制定自然保护地法,表示将积极推进自然保护地法立法进程。

全国人大环资委同意国务院有关部门意见,建议国务院对多年来自然保护区建设和管理工作取得的经验、存在的问题进行总结和评估,结合国家公园体制改革实践,统筹包括自然保护区在内的各类自然保护地,对我国自然保护地体系的设立、运行、管理、利用等方面的内容提出立法建议或者法律草案。全国人大环资委将继续推动国务院相关部门开展立法的前期论证工作,条件成熟时,建议全国人大常委会将其列入立法规划或计划。

13. 王江滨、徐锦庚、吴健、田立坤等124名代表提出关于制定无线电频谱资源法的议案4件(第4、177、293、430号)。议案指出,无线电频谱资源作为信息传播的重要载体,在经济建设和社会发展各领域广泛使用,核心价值日益凸显,近年来,各行业各部门对无线电频谱资源的整体需求日益增大,供需矛盾日益突出,各类无线电违法行为屡禁不止,建议制定相关法律规范无线电频谱资源管理,提高资源使用效率和效益,维护国家安全和人民生命财产安全。

全国人大环资委高度重视代表议案提出的问题和建议,赴吉林、山东、河南、黑龙江召开议案办理座谈会进一步听取了提案代表的意见和建议。同时还就议案内容征求了国务院有关部门的意见。国务院有关部门表示,国务院高度重视无线电频谱资源管理工作,出台了无线电管理条例和无线电管制规定,但是现有无线电频谱相关法规位阶较低,且未从资源保护和共享使用的角度规范,建议尽早推动法律出台。

全国人大环资委经研究认为,无线电频谱资源在国家安全、公众传媒领域有广泛应用,是一种宝贵的、稀缺的非传统的自然资源。我国物权法明确规定无线电频谱资源属于国家所有,将其列为与矿藏、森林、水流同等重要的国家战略资源。对于这一重要战略资源,我国尚缺乏对其管理利用进行顶层设计、长远规划的专门性法律。随着我国制造强国、网络强国建设深入推进,第五代移动通信系统(5G)、工业互联网、物联网、车联网等新技术新应用加速发展,无线电频谱资源已成为推动创新驱动和产业发展、培育新动能的重要基础资源和关键要素,无线电频谱资源共享、安全保障等问题仍较为突出,急需通过立法系统解决当前存在的问题。全国人大环资委将继续推动国务院相关部门开展无线电频谱资源立法的前期论证工作,建议在条件成熟时,将无线电频谱资源立法列入全国人大常委会年度立法计划。

14. 邢京龙等30名代表提出关于制定核损害赔偿法的议案1件(第294号)。议案认为,为了吸取核巨灾的深刻历史教训,解决核损害赔偿责任体系几近空白问题,保障国家核电事业健康发展,建议借鉴国际核损害赔偿法体系成熟经验,制定专门的核损害赔偿法。

全国人大环资委高度重视代表议案提出的问题和建议,赴河南召开议案办理座谈会进一步听取了提案代表的意见和建议,并就议案内容征求了国务院有关部门意见。国务院有关部门对代表议案提出的意见和建议表示赞同。

全国人大环资委经研究,同意议案对核损害赔偿问题以及现行有关政策规定的分析评价,认为所提出的立法建议具体、明确,对制定有关专门的法律具有重要参考价值。宪法和法律委员会在审议核安全法的说明中也指出:“考虑到核损害赔偿问题较为复杂,本法只对核损害赔偿制度作原则规定,有的问题可在今后通过专门立法做出规定。”全国人大环资委将推动国务院相关部门开展核损害赔偿法的立法研究论证工作,条件成熟时,建议全国人大常委会将制定核损害赔偿法列入年度立法计划。

15. 霍晓丽等 30 名代表提出关于制定有害化学物质控制法的议案 1 件(第 297 号)。议案提出,当前有害化学物质已在环境介质中广泛分布,引起局部地区环境质量恶化,威胁公众健康,影响社会稳定,同时影响化学品相关产业的可持续发展。有害化学物质环境风险防范法规体系缺乏,是导致环境健康风险凸显的直接原因。为防范我国有害化学物质的生态环境和人体健康,保障我国经济可持续发展,建议制定有害化学物质控制法,对有害化学物质的原料和产品研发生产、使用全生命周期进行风险防控。

全国人大环资委高度重视代表议案提出的问题和建议,在河南召开议案办理座谈会,进一步听取议案提出代表的意见建议;并就议案内容征求了相关部门意见。有关部门一致认为,化学物质的大量生产、使用给生态环境和公众健康带来了不可忽视的风险,赞同代表提出的立法建议。应急管理部正在推动制定危险化学品安全法,其内容与代表议案内容密切相关;生态环境部正在组织编制化学物质环境风险评估与管控条例。

全国人大环资委经研究认为,化学品的广泛使用,特别是一些危险化学品的使用,确实会给生态环境、公众健康和财产安全带来风险。目前,我国化学品环境管理法律体系中,缺少针对有毒有害化学品全生命周期的风险评估和风险防范的管理制度;有毒有害化学品缺乏源头控制;对于未列入危险化学品名录的化学品缺乏管理和监视机制。立法的缺失导致有毒有害化学品风险情况不清;化学品污染防治无的放矢;一些国家向我国转移危险化学品产业;参与国际规则制定中较为被动。全国人大环资委对化学品管控立法工作高度关注,并开展了相关研究,建议国务院有关部门认真研究代表议案,充分吸收代表议案建议,加快立法工作进度,建议全国人大常委会在条件成熟时将相关立法列入全国人大常委会年度立法计划。

四、35 件代表议案提出的 26 个立法项目,建议完善相关法律和配套法规,加强现行相关法律实施力度,开展立法前期调研论证工作

16. 张天任等 30 名代表提出关于制定生物多样性保护法的议案 1 件(第 110 号)。议案提出,在生物多样性保护的立法领域,我国已经形成了以环境保护法为核心,其他法律法规和政策规划为补充的立法模式。而现有的立法模式整体性偏弱、系统性不足、法律责任缺失、惩罚力度弱。为了更好的保护生物多样性不受破坏,为生态文明建设提供法治保障,打造“生命共同体”,迫切需要制定一部高位阶、综合性的生物多样性保护法。

全国人大环资委高度重视代表议案提出的问题和建议,在浙江召开议案办理座谈会,面对面与代表进行交流,并就议案内容征求了相关部门意见。国家高度重视生物多样性保护工作,发布并实施了《中国生物多样性保护战略与行动计划(2011—2030 年)》;成立了中国生物多样性保护国家委员会,统筹协调全国生物多样性保护工作;划定了生态保护红线,预计可保护约 95% 珍稀濒危物种及其栖息地;发布四批外来入侵物种名单,加强外来入侵物种管理;积极履行《生物多样性公约》及其议定书。国务院有关部门赞同代表提出的制定生物多样性保护法的建议,并积极推动立法进程。

全国人大环资委认为,生物多样性保护是生物安全的重要内容之一,正在进行审议的生物安全法中已经对生物多样性保护进行了原则性规定,为将来制定生物多样性保护法留出了立法空间。全国人大环资委赞同国务院有关部门的意见,将继续推动国务院有关部门开展立法的前期论证工作。

17. 张天任等 30 名代表提出关于制定人类遗传资源保护法的议案 1 件(第 111 号)。议案提出,“基因编辑婴儿”和“基因流失出境”等问题暴露出我国人类遗传资源在法制化管理方面的短板,我国现有的关于人类遗传资源领域的立法,立法位阶低、衔接协调性差、内容不完善、对人类遗传资源的法律属性定位不清晰。迫切需要制定一部位阶更高、权威性更强的《人类遗传资源保护法》,从国家战略安全的高度,保护我国人类遗传资源的安全。

全国人大环资委高度重视代表议案提出的问题和建议,在浙江召开议案办理座谈会,面对面与代表进行交流,并就议案内容征求了相关部门意见。国务院有关部门认为,《中华人民共和国人类遗传资源管理条例》已由国务院于 2019 年 5 月 28 日公布,并于 7 月 1 日起施行。代表议案所反映的一些问题在条例中已经有所体现并作出相应制度安排。

全国人大环资委同意国务院有关部门的意见,人类遗传资源保护是生物安全的重要内容之一,正在进行审议的生物安全法中已经对人类遗传资源保护进行了原则性规定,条例将与即将出台的生物

安全法一起对有效保护和合理利用我国人类遗传资源、维护公众健康、国家安全和社会公众利益发挥积极作用。

18. 史贵禄等30名代表提出关于制定基因编辑管理法的议案1件(第70号)。议案提出,基因编辑婴儿的诞生震惊世界,违反伦理与法理。由于基因编辑的法律界限不清,婴儿权利无法得到保障。建议制定基因编辑管理法,完善违法使用基因编辑的法律规定,依法管理基因编辑技术,完善基因编辑的审批和审查机制。

全国人大环资委高度重视代表议案提出的问题和建议,在陕西召开议案办理座谈会,面对面与代表进行交流,并就议案内容征求了相关部门意见。国务院有关部门表示赞成代表提出的意见,提出为了解决代表议案中提出的问题,目前正在制定《生物技术研究开发安全管理条例》和《生物医学新技术临床研究转化应用管理条例》。

全国人大环资委同意国务院有关部门的意见,基因编辑管理是生物安全规范的内容之一,正在进行审议的生物安全法中已经设置了专节对包括基因编辑在内的生物技术作出系统性规定。上述两条例将与生物安全法共同建立起覆盖包括基因编辑在内的生物技术基础研究、临床研究、临床应用的全链条管理。我们将督促有关部门在条例制定过程中充分吸收代表意见。

19. 史贵禄等30名代表提出关于制定自然保护区法的议案1件(第69号)。议案提出,自然保护区管理的立法位阶较低,缺乏可操作性,管理体制的权力配置不合理,法律责任制度不健全,违法行为处罚力度不够。建议制定《中华人民共和国自然保护区法》,完善自然资源保护立法体系,界定自然保护区法的调整范围,完善我国自然保护区管理体制,保障管理机制的运行,健全法律责任制度,加大对违法行为的处罚力度。

全国人大环资委高度重视代表议案提出的问题和建议,在陕西召开议案办理座谈会,面对面与代表进行交流,并就议案内容征求了相关部门意见。中央全面深化改革委员会第六次会议审议通过的《关于建立以国家公园为主体的自然保护地体系指导意见》进一步明确了建立以国家公园为主体的自然保护地体系的指导思想、基本原则、总体目标、重点任务、体制机制和保障措施,其中对完善法律法规体系作出了明确要求,提出了“修改完善自然保护区条例”、“推动制定出台自然保护地法”等任务。国务院有关部门建议避免交叉重叠、重复立法,统筹自然保护地、自然保护区、国家公园立法。

全国人大环资委同意国务院有关部门意见,积极推动自然保护地法的制定,同时,建议国务院有关部门对多年来自然保护区建设和管理工作取得的经验、存在的问题进行总结和评估,修改完善自然保护区条例,并在条例制定过程中充分吸收代表所提意见。

20. 杨雪梅等31名代表提出关于修改循环经济促进法的议案1件(第304号)。议案提出,我国餐饮、住宿、快递、网络外卖等行业的一次性用品消耗量很大,大量使用一次性用品,导致严重资源浪费、严重的环境污染、严重的卫生隐患。现行循环经济促进法的相关规定实施效果不理想,建议修改,限制并逐步禁止一次性用品使用,定期更新相关名录,并增设条款明确相关责任主体的责任和义务。

全国人大环资委高度重视代表议案所提问题和建议,赴河南召开议案办理座谈会,面对面听取全国人大代表、有关部门和专家、企业、基层代表的意见建议;并就议案内容征求了国务院有关部门意见。财政部、税务总局提出在循环经济法中不宜直接规定有关税收优惠政策及适用标准、不宜明确奖补标准,建议主要由国家发展改革委、生态环境部推进对一次性消费品名录的修改。生态环境部表示赞同代表提出的更严格限制一次性消费品生产、销售和使用的建议。市场监管总局和科技部表示正在加大力度开展相关标准体系建设和相关科学技术创新工作。

全国人大环资委认为,限制并逐步减少一次性用品使用,明确各责任主体在一次性用品生产、销售、使用、回收等环节的责任与义务,建立健全相关法律法规,对于我国资源可持续利用、保护生态环境十分必要。减少一次性用品使用,鼓励资源再利用、再生利用,提高资源利用效率是资源综合利用立法关注的核心问题之一,资源综合利用立法研究论证已经列入第十三届全国人大常委会立法规划,全国人大环资委已经成立了资源综合利用立法研究论证领导小组,并在积极开展相关工作。全国人大环资委将继续加快资源综合利用立法研究论证进程,将代表议案提出的问题在该法研究论证中一并考虑。

21. 史贵禄等30名代表提出关于制定地下空间利用法的议案1件(第278号)。议案指出,地下空间的利用将对扩大城市空间、实现城市集约化发展具有重要的意义。目前,我国地下空间发展存在立法体系不完善、开发管理不统一、功能单一等问题,建议制定地下空间利用法,构建地下空间开发利用的规划体系、地下空间开发利用的管理体系、地下空间开发利用的优惠政策体系和地下空间的互联互通体系。

全国人大环资委高度重视代表议案提出的问题和建议,赴陕西召开议案办理座谈会,面对面听取全国人大代表的意见建议,并就议案内容征求了国务院有关部门的意见。财政部提出代表所提税收优惠、减免政策的有关建议在现行税收政策上已有一定体现。生态环境部建议加强从总体规划层面统筹考虑地下空间开发可能产生的生态环境影响,强化源头管控。

全国人大环资委认为,地下空间是国土空间的重要组成部分,国土空间开发保护法、空间规划法已经列入第十三届全国人大常委会立法规划,国务院相关部门正在抓紧工作,开展立法调研和研究论证工作。全国人大环资委高度重视国土空间立法工作,按照立法规划要求,成立了相应的立法工作领导小组,制定了工作方案和工作计划,已经将代表议案提出的问题和建议作为立法重点要求国务院相关部门予以采纳。全国人大环资委已经听取了国务院相关部门的立法进展情况报告,开展了立法调研,密切配合国务院相关部门开展立法工作,要求其加紧开展工作,尽早向常委会提交审议。

22. 李灵等 30 名代表提出关于制定海岸带管理法的议案 1 件(第 301 号)。议案指出,海岸带是陆地与海洋两大系统交互作用的过渡地带,集中了生物、矿产、土地、交通、景观、生态等宝贵资源,也是人口最集中、活动最活跃的地区。海岸带地区的发展与保护对我国经济高质量发展及生态文明建设极为关键。但是,我国海岸带自然生态状况正在面临严重退化。海岸线过度利用、近海污染物排放超标、近岸渔业资源过度捕捞、海岸侵蚀加剧、非法围填海问题突出,亟需制定海岸带管理法,明确划分中央和地方在海岸带管理中的职责,明确各相关部门在海岸带管理中的职责及协调机制,制定并严格执行全国性和沿海地方的目标管理定量标准。

全国人大环资委高度重视代表议案提出的问题和建议,赴河南召开议案办理座谈会,面对面听取全国人大代表的意见建议,并就议案内容征求了国务院有关部门的意见。生态环境部表示议案所提意见和建议与目前生态环境保护领域工作思路高度契合,将有效支持海岸带生态环境保护工作,在海洋环境保护法的修改工作中,将充分吸收议案内容,坚持陆海统筹,以改善近岸海域环境质量为核心,继续加大海岸带尤其是近岸海域生态环境保护工作力度,着力构建适应海岸带特点和管理需求的生态环境保护体系。同时,积极做好海岸带管理有关法律的研究论证工作。水利部提出正在会同自然资源部组织编制《海岸带保护修复工程工作方案》。农业农村部提出环境保护法、海洋环境保护法等有关法律法规已对海岸带的管理、保护和利用等作了具体规定,建议重点做好现有法律法规的贯彻落实,对是否制定专门的海岸带管理法作进一步研究论证。交通运输部建议准确界定海岸带概念及范围、管理部门职责,做好与港口、航道相关法律法规及规划体系的衔接。

全国人大环资委经研究,赞同国务院相关部门的意见,将推动在海洋保护法修改中吸收议案的意见建议,同时,开展海岸带管理立法前期的研究论证工作。

23. 王修林等 30 名代表提出关于制定渤海环境保护特别措施法的议案 1 件(第 448 号)。议案指出,渤海面积 7.7 万平方千米,是环渤海山东、河北、辽宁三省和天津、北京两市社会经济发展的关键资源环境支撑。由于渤海水动力输运能力差等原因,特别是随着环渤海三省两市产业和人口高速增长,渤海环境质量逐步恶化,到目前已成为环渤海三省两市由高速增长向高质量发展方式转变的重大瓶颈约束。海洋环境保护法等 30 部现行涉海法律和数百部部门规章难以为渤海环境质量到 2035 年实现根本改善提供整体性、系统性和协同性的法律保障,有诸多关键问题需要特别立法解决,建议尽快制定渤海环境保护特别措施法。

全国人大环资委高度重视代表议案提出的问题和建议,赴山东召开议案办理座谈会,面对面听取全国人大代表的意见建议,并就议案内容征求了国务院有关部门的意见。生态环境部表示议案所提意见和建议对渤海综合治理工作具有重要参考价值,将在修订海洋环境保护法时针对渤海的环境特征和特殊保护需求予以统筹考虑。国家发展改革委表示渤海环境问题主要属于海洋环境保护的共性问题,对其中设计的特殊问题可考虑通过海洋环境保护法等法律法规中增设专门章节或条款推动解决。水利部建议进一步开展渤海环境专门立法必要性的研究论证工作。

全国人大环资委认为,我国已建立了以海洋环境保护法、水污染防治法为核心,包括防治海洋工程建设项目污染损害海洋环境管理条例等行政法规和地方性法规为支撑的海洋环境保护法律法规体系;三省一市均出台了海洋环境保护地方性法规;国务院有关部门还制定了一系列相关部门规章。这些法律法规规章为包括渤海在内的海洋环境保护提供了重要依据。全国人大环资委高度重视包括渤海在内的海洋环境保护工作,2018 年配合常委会开展了海洋环境保护法执法检查,要求国务院加大海洋环境保护力度。目前,国务院相关部门正在组织开展海洋环境保护法的修改工作,全国人大环资委要求开展加强包括渤海在内的相关海域综合治理和保护研究,将代表议案中所提意见和建议吸收到法律修改工作中,为加强渤海生态环境保护和整治提供法律依据。

24. 王新伟、李伟、孙运锋等 101 名代表提出关于推进黄河保护立法,制定黄河法、黄河生态保护法的议案 3 件(第 43、288、471 号)。议案提出,黄河具有重要的战略地位,区位优势明显,亟需通过黄河保护立法妥善解决黄河生态保护与修复任务繁重、水资源紧缺、供需矛盾尖锐、水土流失严重、水沙调控体系不健全、防洪压力巨大等问题。建议设立黄河生态保护管理委员会,全面落实"河长制",完善黄河防洪、河道管理、水资源保护等制度,健全生态补偿和污染赔偿、生态环境侵权责任、公益诉讼等机制。

2019 年 10 月,习近平总书记在黄河流域生态保护和高质量发展座谈会上指出,黄河流域是我国重要的生态屏障和重要的经济地带,在我国经济社会发展和生态安全方面具有十分重要的地位。保护黄河是事关中华民族伟大复兴的千秋大计。他强调,治理黄河,重在保护,要在治理,要加强生态环境保护,保障黄河长治久安,推进水资源节约集约利用,推动黄河流域高质量发展,保护、传承、弘扬黄河文化。

全国人大环资委高度重视代表议案提出的问题和建议,赴河南召开议案办理座谈会,面对面听取全国人大代表的意见建议,并就议案内容征求了国务院有关部门的意见。国家发展改革委建议加强立法研究,试点先行、逐步推进,条件具备后再对实践证明行之有效的成熟方案进行立法,并慎重研究、论证设立占用防洪工程收费制度等收费项目的必要性和可行性。交通运输部建议合理界定相关管理部门职责,考虑水运发展和通航水域安全问题。水利部认为加强黄河保护的法治保障十分重要,可适时开展相关可行性研究论证工作。交通运输部、生态环境部、国家发展改革委建议在立法过程中妥善处理好与现行法律的衔接。

全国人大环资委认为,黄河流域水资源保护关系国家整体利益和长远发展,有必要通过法律促进流域经济社会改革与转型,对黄河治理、开发、保护、管理中的关系进行调整和规范,推进黄河流域生态文明建设,促进黄河水资源可持续利用和流域生态环境持续改善。对黄河进行流域立法具有复杂性和综合性,全国人大环资委建议国务院有关部门组织开展更加全面和深入的黄河保护立法可行性研究论证。条件成熟时,提出立法建议或方案。

25. 宁建华等 30 名代表提出关于制定淮河保护法的议案 1 件(第 474 号)。议案提出,淮河经济带沿江流域的水环境状况十分严峻,难以适应淮河流域生态文明建设的需求。现行有关法律对全流域资源环境保护不能形成有效支撑,且彼此间存在矛盾和冲突,监督机制和配套惩治措施缺失,亟须制定淮河保护法。建议在淮河流域统筹建立"国家主导、地方协同、专家参与"的三方委员会,对淮河流域的水质、水量和水生态设置统一的保护管理标准,设定严格的法律责任等。

全国人大环资委高度重视代表议案提出的问题和建议,赴河南召开议案办理座谈会,面对面听取全国人大代表的意见建议,并就议案内容征求了国务院有关部门的意见。国务院有关部门表示赞同代表议案提出的意见和建议,有必要以法律形式确立淮河流域生态优先、绿色发展的战略定位。国家发展改革委建议加强现有管理体制与多种改革方案的比较论证,试点先行、逐步推进,条件具备后再对实践证明行之有效的成熟方案进行立法。水利部提出淮河保护立法属于流域立法,综合性强,建议对淮河保护立法必要性、立法重点以及立法名称予以进一步研究论证。生态环境部、国家发展改革委建议做好与相关法律法规的衔接。

全国人大环资委认为,制定淮河保护法,对推进淮河生态文明建设、推动淮河经济带绿色有序发展具有重要作用。对淮河进行流域立法亦具有复杂性和综合性,全国人大环资委建议国务院有关部门认真研究代表提出的问题和建议,加强与现有管理制度的比较论证和立法研究,条件成熟后再对实践证明行之有效的成熟方案进行立法。

26. 陈杰等 30 名代表提出关于修改防洪法的议案 1 件(第 153 号)。议案提出,现行防洪法中一些规定已不适应当前国家机构改革和新时期河湖生态治理的要求,规划衔接界定不清,缺乏严厉制裁手段。建议修改完善政府部门防洪工作职责,整合行政审批的规定,增加清淤疏浚弃土处置、专业防汛队伍建设、防洪资金投入及除涝的规定,提高对违法行为的惩戒力度,并对防洪涉及的专业术语进行界定。

全国人大环资委高度重视代表议案提出的问题和建议，赴江苏召开议案办理座谈会，面对面听取全国人大代表的意见建议，并就议案内容征求了国务院有关部门的意见。水利部赞同明确汛前水毁工程资金来源、提高处罚标准，已按照国务院有关规定合并所涉行政审批事项。目前国家防总、应急管理部、水利部、流域防总的职责边界还待厘清，地方在防洪工作中职责划分尚不统一，建议待职责划分清晰后再修改完善有关政府部门防洪工作职责的条款。占用河湖水域作为弃土场堆置淤泥，会侵占河湖水域空间、减少有效调蓄容积、污染河湖水质、影响行洪安全，不建议增加此条规定。应急管理部认为，现行防洪法已经不完全适应防洪工作的需要，亟需通过修法，理顺防洪活动中的各种关系，保障防洪工作更加有效、高效、科学开展。目前应急管理部已选定广东省、贵州省作为自然灾害防治立法试点省份，委托相关研究机构开展自然灾害防治法的研究论证工作，对于代表所提的修改建议，将在修改防洪法时认真考虑。

全国人大环资委认为，我国是世界上洪水灾害最为严重的国家之一，防洪法为防御、减轻洪涝灾害，提高全社会洪水灾害防治能力，保护人民群众生命财产安全和国家安全提供了有力保障。全国人大环资委同意国务院有关部门意见，建议国务院有关部门在相关立法中积极总结并结合试点地方工作经验，以保证防洪除涝为原则，认真研究采纳代表议案提出的关于增加防洪资金投入、提高违法行为惩戒力度的意见建议。

27. 河北代表团提出关于制定地下水保护法的议案 1 件（第 161 号）。议案提出，我国当前地下水污染形势十分严峻，华北平原已成为世界上最大的地下水漏斗区。实行最严格的水资源管理制度，为修复地下水生态、促进地下水可持续利用、加快节水型社会建设提供了可靠保障。目前河北、陕西、辽宁、新疆等省份和一些设区的市已经出台了地下水资源保护领域的地方性法规，积累了先行先试的经验。但在地下水保护和利用、修复和治理等方面缺乏专门法律规范，亟需制定一部地下水专项法律。

全国人大环资委高度重视代表议案提出的问题和建议，结合水污染防治法执法检查赴河北召开议案办理座谈会，面对面听取全国人大代表的意见建议，并就议案内容征求了国务院有关部门的意见。水利部提出，当前我国地下水开发利用总体形势十分严峻，面临地下水超采严重和污染严重两大突出问题，制定专门针对地下水管理与保护的地下水管理条例，十分必要和紧迫。目前，国务院已将制定《地下水管理条例》列入 2019 年立法工作计划，水利部起草的《地下水管理条例（草案）》已报送审查。生态环境部提出，国务院正在制定地下水管理条例，建议在条例发布实施后对是否有必要进行专项立法再做研究论证。农业农村部提出目前地下水污染防治已有土壤污染防治法可依，建议对是否制定专门的地下水保护法作进一步研究论证。

全国人大环资委同意国务院有关部门意见，建议国务院有关主管部门加快工作进度，合理吸收河北等省市关于地下水资源保护领域地方性法规先行先试的经验，认真研究采纳代表议案的意见建议，尽早出台《地下水管理条例》。待条例实施一段时间后，再进一步考虑制定地下水管理专项法律的必要性。

28. 肖利平等 30 名代表提出关于制定饮用水安全法的议案 1 件（第 302 号）。议案提出，饮用水安全管理法律体系不健全，为保障饮用水安全，建议制定专门的饮用水安全法，建立以责任制为基础，分工明确、责任明确、权威高效、决策与执行适度分开、相互协调的饮用水安全监管体制，以饮用水全过程风险评估为基础的科学管理制度，坚持预防为主，强化饮用水生产经营者作为饮用水安全责任人的责任。

全国人大环资委高度重视代表议案提出的问题和建议，赴江西召开议案办理座谈会，面对面听取全国人大代表的意见建议，并就议案内容征求了国务院有关部门的意见。水利部表示已经开展《饮用水水源地管理与保护条例》《农村供水条例》的立法前期研究工作，将在相关立法过程中认真研究和考虑代表议案中提出的有关建议。住房城乡建设部提出将在修订《城市供水条例》时充分考虑代表提出的有关建议。生态环境部认为，现行法律法规主要关注水源保护、水量保障、卫生要求等饮用水安全保障的某个阶段，迫切需要制定饮用水安全保障专项法规。国家卫生健康委表示支持通过立法构建各方责权清晰的饮用水安全监管体系，将积极配合有关工作。

全国人大环资委认为，饮用水安全关乎广大人民群众健康和生命安全，是党中央高度关注的重大民生问题。饮用水保护包括水源地、供水设施安全、农村饮水安全保障等各个环节，涵盖水质保护、水量保障、水源涵养及生态保护、工程运行及监督管理多个方面，涉及多个部门职责。环境保护法、水污染防治法、水法、水土保持法、城市供水条例、太湖流域管理条例、抗旱条例、南水北调工程供用水管理条例等法律法规都对饮用水水源保护和饮用水安全保障作出了规定。2016 年水污染防治法修改时，将强化饮用水安全保障制度作为修改重点之一。建议进一步强化现行法律法规的实施，严格落实法律法规中已经确立的制度措施，并建议国务院有关部门在相关立法中认真研究采纳代表议案所提意见，积极总结工作经验，做好立法的前期研究论证工作。

29. 青海代表团提出关于制定高原地区绿色发展促进法的议案 1 件（第 333 号）。议案建议，综合考虑"四大高原"的自然资源禀赋、经济社会发展特征及区域差异，在绿色生产方式、绿色生活方式等层面形成约束性的法律规则，从法律层面支持和规范高原地区筑牢国家生态安全屏障，推动以生态优先、绿色发展为导向的高质量发展。

全国人大环资委高度重视代表议案提出的问题和建议，赴青海召开议案办理座谈会，面对面听取全国人大代表的意见建议，并就议案内容征求了国务院有关部门的意见。国务院高度重视生态文明建设和高原地区高质量发展工作。国家发展改革委和财政部认为，我国已经基本形成了涵盖生态环境保护、促进绿色发展相关领域的法律法规体系，建议为避免与现有法律法规体系的交叉重复，进一步统筹研究和论证专门高原地区绿色发展法律法规的必要性。国家林草局建议加强立法前期调研工作，充分论证高原地区绿色发展促进法的可行性，特别是"高原地区"的法律概念。生态环境部会同有关部门指导地方将"四大高原"范围内的水源涵养、生物多样性维护和防风固沙等生态功能极重要区域以及生态环境极敏感脆弱区域纳入生态保护红线，实施严格管控，维护区域生态安全，表示将积极支持立法的研究论证工作。住房城乡建设部建议参照"京津冀一体化"、"长江经济带"、"粤港澳大湾区"等国家区域发展战略，在立法之前先行出台高原地区绿色发展规划，引领高原地区的绿色发展和转型。

全国人大环资委认为，"四大高原"地域相连，是我国大江大河的主要发源地，生态环境脆弱且重要，是国家生态安全屏障的重要组成部分。推动高原地区以生态优先、绿色发展为导向的高质量发展确有必要。考虑到国家公园法和国土空间规划法已经列入第十三届全国人大常委会立法规划，对于议案中提出的"建立以国家公园为主体的自然保护地体系"，建议国务院有关部门在国家公园立法中积极吸收代表议案建议，明确国家公园功能定位、保护目标、管理原则，确定国家公园管理主体，合理划定中央与地方职责，并研究出台国家公园特许经营等配套法规；对于议案中提出的编制绿色发展规划等内容，建议在国土空间规划法起草过程中予以认真研究考虑和吸收。全国人大环资委建议加强高原地区绿色发展促进立法的前期调研论证工作，以问题为导向，充分论证立法的必要性、可行性以及与现行自然资源类法律法规的关系。

30. 张利民等 30 名代表提出关于制定山区生态保护法的议案 1 件（第 179 号）。议案提出，我国是一个典型的多山国家，山区是全国的"生态高地"，对于保障国家粮食安全、经济安全、生态安全，实现我国整体的可持续发展具有重要意义；是全国的"自然资源高地"，山区的土地、矿产、水利、动植物等资源丰富。但是山区又是我国经济社会发展的"低谷"，是我国最为落后的地区，老、少、边、穷最为集中的地区；是我国科技和人才的"低谷"，且差距在不断加大。依法振兴山区，鼓励全国协力支持山区，推动山区走环境友好型发展道路，是实现全国协同进步、构建和谐中国和全面建成小康社会的迫切要求。

全国人大环资委高度重视代表议案提出的问题和建议，赴河北召开议案办理座谈会，面对面听取全国人大代表的意见建议，并就议案内容征求了国务院有关部门的意见。国务院有关部门提出我国已出台若干部与山区生态保护有关的法律，建议进一步论证研究制定山区生态保护法的必要性和可行性，做好与有关法律的衔接。生态环境部建议在国家层面进一步加强现有法律法规有关山区生态保护的内容，不单独制定山区生态保护法。地方可结合实际制定有关山区生态保护的地方法规。财政部提出中央财政已初步建立了多方位、多层次的生态补偿机制，出台了一系列的税收优惠政策。国家林草局建议加强立法前期调研工作，以问题为导向，充分论证山区生态保护立法的可行性，特别是"山区"的法律概念。

全国人大环资委认为，山区是绝大多数河流的发源地，是山前平原地区地下水重要的补给源，是广大平原地区重要的生态屏障，在生态平衡中占据支配地位。目前我国对"山区"的概念暂无明确界定，虽无专门的法律，但有不少相关法律都有涉及。对山区进行单独立法，存在涉及面过大、具体概念和范围不易确定、与现有法律法规重复或冲突等问题。全国人大环资委建议国务院有关部门认真研究采纳代表议案提出的意见建议，完善有关山区生态保护的法律法规，加大对相关法律法规的实施力度，切实保护山区生态环境。

31. 山西代表团提出关于制定京津冀上游水源涵养区治理与保护法的议案1件(第345号)。议案提出，京津冀地区水资源水环境承载能力透支，生态环境问题凸显。山西省是京津冀地区上游重要的水源涵养区，加快京津冀上游水源涵养区的治理与保护，既可促进山西省生态建设和可持续发展，更在缓解京津冀地区水资源短缺、维护生态安全、保障生态用水、促进协同发展等方面具有重要意义。建议上下游统一规划、系统治理，建立上下游协调机制、稳定投入机制、横向补偿机制、责任考核机制，依法推进生态修复和治理保护工作。

全国人大环资委高度重视代表议案提出的问题和建议，赴山西召开议案办理座谈会，面对面听取全国人大代表的意见建议，并就议案内容征求了国务院有关部门的意见。国家发展改革委表示将继续统筹支持山西省境内大清河流域生态保护与修复。生态环境部认为，京津冀地区仍是我国水安全保障问题最复杂的地区，污染物入河量远超水环境承载力，建议对京津冀上游水源涵养区治理与保护专门立法组织研究论证。水利部认为，目前对京津冀上游水源涵养区的规划、治理、投入、生态补偿、监督管理与监测等缺乏系统规定，有必要建立健全京津冀上游水源涵养区治理与保护相关基本制度和长效机制，建议开展研究论证。财政部提出山西省建立起横向生态保护补偿机制后，可申请中央财政予以支持，建议结合环境领域相关法律法规对立法必要性等进行研究论证。

全国人大环资委认为，京津冀协同发展是新时期的重大国家战略，加强山西省京津冀上游水源涵养区生态保护与修复，促进京津冀地区协同发展、保障生态用水具有重要意义。全国人大环资委将继续推动国务院相关部门开展京津冀上游水源涵养区治理与保护立法的前期论证工作，建议国务院相关部门在相关工作中认真研究论证吸纳代表建议和意见。

32. 侯蓉等33名代表提出关于制定迁地保护濒危野生动物管理法的议案1件(第175号)。议案提出，为了切实促进濒危野生动物迁地保护，促进全民保护意识提升，提升我国动物园水平尽快与国际接轨，引导动物园行业健康发展，规范动物园管理，迫切需要制定完善濒危野生动物保护法律、法规体系，尽快制定中国迁地保护濒危野生动物管理法。

全国人大环资委高度重视代表议案所提问题和建议，在四川召开议案办理座谈会，进一步听取全国人大代表的意见建议，并就议案内容征求了国务院有关部门的意见。农业农村部认为，野生动物保护法、《陆生野生动物保护实施条例》和《水生野生动物保护实施条例》等对濒危野生动物的迁地保护等内容已经有了一定程度的体现。单独制定迁地保护濒危野生动物管理法，可能导致与其他法律法规重叠或者冲突，建议对是否制定专门的迁地保护濒危野生动物管理法作进一步研究论证。国家林草局表示正在抓紧制定野生动物保护法相关的配套法规规章，将认真研究代表们提出的意见和建议，通过贯彻落实野生动物保护法、完善和制定相关的配套法规规章解决当前野生动物迁地保护所面临的问题。

全国人大环资委认为，近年来，随着我国经济快速增长和公众文化需求不断提高，各种野生动物展示展演行业迅猛发展，出现了盲目建设、无序引进野生动物、疫病风险和安全隐患等一系列问题。2016年修改的野生动物保护法，已经对人工繁育、收容救护、放归重点保护野生动物、出售、购买、利用、运输野生动物等进行了规范，动物园在建设管理中应当遵守有关规定。对代表议案中提出的立法相关规定有待细化的问题，建议国务院有关部门抓紧制定野生动物保护法的相关配套法规规章，对人工繁育利用野生动物的种源、场所、设施、技术和防疫标准等进行详细规定，在相关配套规定制定过程中认真研究采纳代表议案所提意见。

33. 胡季强等30名代表提出关于制定应对气候变化法的议案1件(第166号)。议案提出，为了强化关于气候变化的风险意识，在全世界各国中树立我国负责任大国国际形象，落实巴黎协定、实施绿色低碳转型，建议尽快制定并出台应对气候变化法。

全国人大环资委高度重视代表议案所提问题和建议，在浙江召开议案办理座谈会，进一步听取全国人大代表的意见建议，并就议案内容征求了国务院有关部门的意见。生态环境部表示，应对气候变化法被列为《国务院2016年度立法计划》中的“研究项目”，目前已初步形成了应对气候变化法的法律框架；将充分听取意见，加强部门协调，进一步加强研究和论证，强化针对性和操作性，进一步研究完善法律草案。外交部提出我国在应对气候变化领域已出台相关行政法规，建议综合考虑、研究是否在现阶段制定应对气候变化法。

全国人大环资委认为，应对气候变化是一项长期工作,需要立法支持和法律保障。建议国务院有关部门根据应对气候变化国内实际和发展需求,结合应对气候变化工作和全国碳排放交易市场建设,进一步研究完善法律草案,在起草过程中认真研究采纳代表议案所提意见。

34. 党永富、秦光蔚、高新才、高岭等122名代表提出关于制定耕地质量建设与管理法、耕地质量保护法、农地环境保护法、农田保护法的议案4件(第49、73、84、154号)。议案提出,良好的耕地质量是粮食安全和农产品质量安全的根本保证,是农业高质量发展的基础。当前,我国耕地质量保障与提升工作存在盲点,不能满足系统地保护耕地质量的要求。农田土壤污染和质量下降问题日趋突出,农产品质量安全受到严重威胁。建议制定相关法律规范农地环境保护与环境风险管控,减少和防范农地资源破坏、生态退化等问题,实现农业绿色发展,同时保护生态文明。

全国人大环资委高度重视代表议案所提问题和建议,赴河南、江苏、陕西召开议案办理座谈会,进一步听取全国人大代表的意见建议,并就议案内容征求了国务院有关部门的意见。农业农村部表示正在积极推动制定《农田建设条例》,将农田建设管理和耕地质量保护作为条例的重要内容,建议暂不制定《耕地质量保护法》和《农田保护法》。生态环境部表示环境保护法、土壤污染防治法等法律的相继出台为促进农用地污染防治工作提供了有力保障,将积极配合做好耕地质量立法和农田保护立法必要性和可行性的研究论证工作。生态环境部、农业农村部表示农用地环境保护相关的法律法规已相对完善,建议对是否有必要对农地环境保护进行专项立法进一步研究论证。财政部表示中央财政高度重视农地环境和农田保护工作,建议统筹研究是否有必要进行立法。

全国人大环资委经研究认为,许多现行法律法规对耕地保护工作进行了规范。2014年新修改的环境保护法增加了关于防治土壤污染、科学使用处置农业投入品等耕地保护方面的专门规定。2018年出台的土壤污染防治法填补我国土壤污染防治领域的立法空白,其中第四章对农用地土壤污染的风险管控和修复作了专门规范,明确了分类管理措施。重点就是对耕地质量的保护。今年新修改的土地管理法也将强化耕地保护作为重点内容之一。近年来,国务院有关部门又相继制定了《土壤环境质量　农用地土壤污染风险管控标准(试行)》《农用地土壤环境管理办法(试行)》等一系列耕地质量评定、保护方面的法规规章。此外,农业农村部正在组织起草耕地质量保护条例。全国人大环资委将督促有关部门在相关法律法规的修改中认真研究代表意见,吸收合理建议,进一步做好耕地质量、农地、农田环境保护工作。

35. 温娟、双少敏等62名代表提出关于修改水污染防治法的议案2件(第181、343号)。议案建议修改现行法中关于农村污水治理的相关条款,明确政府及有关部门相关职责,分区分类制定和实施农村污水治理规划,因地制宜制定农村污水排放标准,鼓励通过市场手段进行专业化运营,把有关设施建设、运营资金统一纳入财政预算,强化有关设施的环境监管等,让农村污水处理设施"建得起"、"用得起"、"运行好",切实发挥作用;建议将实验室废水废液纳入现行法有关章节中,有效防止实验室废水废液污染危害。

全国人大环资委高度重视代表议案所提问题和建议,赴天津、山西召开议案办理座谈会,进一步听取全国人大代表的意见建议,并就议案内容征求了国务院有关部门的意见。财政部提出水污染防治法已于2017年6月修订,建议统筹考虑近期是否再次修订。生态环境部表示环境保护法、水污染防治法等法律法规为防治农村水污染提供了重要法律支撑,对实验室排放导致的环境污染不断完善相关管控措施,将参考代表所提意见建议,推进水污染防治相关法律法规的制定和修订工作。住房城乡建设部表示议案对农村水污染防治和实验室废水与废液排放污染存在问题及修法必要性的分析深入全面。农业农村部表示将积极配合做好相关工作。

全国人大环资委经研究,同意议案对农村污水治理情况和实验室废水废液污染治理情况分析评价,认为所提出的各项建议具体、明确,对下一步完善相关法律、法规、行政规章和技术规范,具有重要参考价值。今年8月23日栗战书委员长在第十三届全国人大常委会第十二次会议上所作的"关于检查《中华人民共和国水污染防治法》实施情况的报告"中,十分重视农业和农村污水防治问题,明确指出当前"农业和农村水污染防治滞后,农业农村面源和点源污染防治缺乏科学合理的措施和手段";并在对下一步实施水污染防治法的意见和建议中,明确提出:"因地制宜推进农业和农村水污染防治。强化村镇人居环境综合整治的统筹规划,推动城镇污水处理设施和服务向农村延伸,到2020年农村人居环境明显改善,村庄基本干净整洁有序,东部地区、中西部城市近郊区等有条件的地区农村生活污水处理率明显提高。鼓励分散居住农村因地制宜选择生活污水治理实用技术、设施设备和处理模式。指导各地制定农村生活污水处理排放标准,探索建立农村污染治理设施运行资金保障机制,推进农村污水垃圾处理设施长期稳定运行。”栗战书委员长在执法检查报告中对农业和农村水污染防治所作的指示,对各级政府及有关部门推进农村污水治理设施的规划、建设、运营和监督,具有十分重要的指导意义,也具体回应了代表议案所提问题和建议。我们建议国务院有关部门认真贯彻实施栗战书委员长有关农业和农村水污染防治具体指示,修改完善水污染防治法相关配套行政法规、部门规章和技术规范,同时认真研究代表议案所提出的问题和建议,相应开展有关法律修改的调研论证工作。

36. 武志永、刘怀平、卢克平等 90 名代表提出关于修改大气污染防治法、制定扬尘污染防治法的议案 3 件(第 176 号、180 号、217 号)。议案建议修改完善现行法中有关重污染天气应对、无组织污染物管控、挥发性有机物监管等方面的规定,增补有关第三方治理的相关规定;建议结合大气污染防治法中有关扬尘污染防治的基本条款,在立法条件具备时通过专门立法的形式对扬尘污染防治问题予以全面规范。

全国人大环资委高度重视代表议案所提问题和建议,赴河北、江苏、河南召开议案办理座谈会,进一步听取全国人大代表的意见建议,并就议案内容征求了国务院有关部门的意见。财政部建议在借鉴国际成熟经验和充分论证的基础上,科学确定责任主体、责任内容和处罚条款,由于大气污染防治法刚于 2018 年 10 月修订,建议统筹考虑近期是否再次修订;生态环境部表示总体赞成代表意见,对过程中是否需要第三方代处置以及处置的方式方法将组织开展进一步研究。水利部、生态环境部建议对是否有必要单独制定扬尘污染防治法开展进一步研究论证;交通部建议制定扬尘污染防治法应当做好与环境保护法、大气污染防治法等相关法律的衔接、合理界定部门职责。住房城乡建设部、工业和信息化部、国家能源局、气象局表示赞同代表建议,将积极配合有关工作。

全国人大环资委经研究,同意议案对有关重污染天气应对、无组织污染物管控、挥发性有机物监管、第三方治理和扬尘污染防治等方面情况的分析评价,认为所提出的各项建议具体、明确,对下一步完善相关法律、法规、行政规章和技术规范,具有重要参考价值。全国人大常委会对生态环境保护法律的实施十分重视,2018 年组织开展了大气污染防治法实施情况检查,并在栗战书委员长所作的执法检查报告中对上述问题也提出了一系列意见和建议。国务院有关部门对重污染天气应对、无组织污染物管控、挥发性有机物监管等问题也十分重视,制定和实施了专项行动计划和方案。建议国务院有关部门认真贯彻实施栗战书委员长在执法检查报告中所提出的有关意见和建议,修改完善大气污染防治法相关配套行政法规、部门规章和技术规范,同时认真研究代表议案所提出的问题和建议,相应开展有关法律修改的调研论证工作。关于第三方治理问题,目前国务院及其有关部门先后出台了有关第三方治理的意见和实施方案,但如何结合污染防治攻坚战加快推进第三方治理,仍然面临一系列困难和问题,为此建议国务院有关部门认真研究代表在议案中所提出的问题和建议,进一步落实国务院有关第三方治理的工作部署,并相应开展有关修改大气污染防治法、完善配套规定的调研论证工作。关于扬尘污染防治立法,建议国务院有关部门认真研究代表在议案中所提出的问题和建议,进一步落实大气污染防治法以及配套规定、专项行动计划中有关扬尘污染防治的规定,并相应开展有关修改大气污染防治法、完善配套规定的调研论证工作。

37. 丁照民、李海燕等 64 名代表关于制定放射性废物安全法、放射性废物管理法的议案 2 件(第 108、300 号)。议案建议重视解决放射性废物的短期和长期安全问题,建议专门立法,重点解决高放废物处理处置、军工遗留废物治理、废放射源管理、天然放射性废物管理和放射性废物安全运输等问题,明确最终处置责任,完善管理机构,编制国家规划,建立资金保障制度和公众参与机制。

全国人大环资委高度重视代表议案所提问题和建议,赴吉林、河南召开议案办理座谈会,进一步听取全国人大代表的意见建议,并就议案内容征求了国务院有关部门的意见。生态环境部建议考虑与现行法律有机衔接、着力解决放射性废物处置能力不足问题、重点针对放射性废物长期安全。财政部提出目前已经制定了《放射性废物安全管理条例》,建议统筹考虑是否在法律层面制定放射性废物管理法。国防科工局表示现有核安全法、《放射性废物安全管理条例》等法律法规已对放射性废物的安全管理做出详细明确的规定和要求;将积极配合做好原子能法的制定和颁布工作,总结实践过程中放射性废物安全管理的经验和做法,对有关问题进行深入研究,为后续相关立法工作提供基础。

全国人大环资委经研究，同意议案对放射性废物处理处置情况以及现行法相关规定的分析评价，认为所提出的各项建议具体、明确，对修改完善相关法律、法规、行政规章和技术规范，具有重要参考价值。目前，放射性污染防治法、核安全法和放射性废物安全管理条例等法律法规已经对放射性废物安全管理做出了详细规定，国务院有关部门发布了一系列与放射性废物管理相关的部门规章、安全导则、国家标准和行业标准等，正在起草的原子能法也把放射性废物管理列为草案的重要内容。为此，我们建议国务院有关部门要继续依法认真做好放射性废物管理特别是安全管理工作，进一步完善放射性废物管理体系，并在此基础上认真研究代表议案所提出的问题和建议，修改完善放射性废物管理以及安全管理的有关配套规定，并相应开展相关立法的前期调研论证工作。

38. 陈静等30名代表提出关于制定生态文明促进法的议案1件（第97号）。议案提出，生态文明建设是关系中华民族永续发展的根本大计，通过制定生态文明促进法，使之作为专门法或上位法，对传统部门法进行生态化改造，形成生态文明法治建设的整体合力。

全国人大环资委高度重视代表议案所提问题和建议，赴安徽召开议案办理座谈会，进一步听取全国人大代表的意见建议，并就议案内容征求了国务院有关部门的意见。有关部门高度重视生态文明建设工作，表示将认真研究代表建议，配合做好立法的相关研究论证等工作。国家林草局提出生态文明建设涉及的领域比较宽泛，建议加强立法前期准备工作，进一步明确立法目的、适用范围、具体制度和措施。生态环境部表示生态环保领域改革持续推进，生态环保法律制度日益完善。水利部将继续推进水生态文明建设相关工作。住房城乡建设部积极开展低碳生态城市试点、绿色生态城区示范工作，将继续积极推动城市生态文明建设。

全国人大环资委认为，党中央、国务院高度重视生态文明建设，党的十九大报告提出要像对待生命一样对待生态环境，实行最严格的生态环境保护制度；第十三届全国人大第一次会议表决通过宪法修正案，将生态文明写入宪法。健全生态文明制度，对促进生态文明各项建设，推动人与自然和谐发展，实现五位一体可持续发展，建设美丽中国具有积极意义。由于生态文明制度涉及面广、涉及部门多，需要开展广泛细致的调查研究。全国人大环资委将认真研究采纳代表议案提出的意见建议，会同有关方面加强对相关问题的研究，开展立法前期论证工作，为生态文明立法奠定坚实基础，创造有利条件。

39. 胡季强等30名代表提出关于制定环境教育法的议案1件（第165号）。议案提出，目前，我国公众环保意识和环保科学知识匮乏，反映出环境教育的缺位。环保意识对于环保工作具有不可替代的重要性，环境教育是从根本上解决环境问题的关键。由于至今仍没有相关立法，致使我国环境教育在政府、学校、企事业单位、社会组织等的日常工作中缺乏约束性，处于普及水平低、组织实施体系缺乏、环境教育人员缺乏、资源配置缺乏的境地，建议制定环境教育法。

全国人大环资委高度重视代表议案提出的问题和建议，赴浙江调研并召开议案办理座谈会，听取议案提出代表的意见建议；并就议案内容征求了国务院有关部门意见。生态环境部认为环境教育法制化是规范环境教育进程、传播生态文明理念、提高全民生态环境保护意识的重要保障，对完善环境保护法律体系、推进生态文明建设、建设美丽中国具有重要意义，将继续支持地方环境教育立法实践，积极配合做好国家环境教育立法等研究论证工作。教育部表示已在推进中小学生态文明教育、开展专业环境教育方面开展多项工作。

全国人大环资委经研究认为，公民是环境保护的重要主体，提高全民的生态环境保护意识是加强生态文明建设的要求，也是环境保护工作的重要内容之一，在立法中明确环境教育、公众参与等相关内容是促使相关责任主体加强环境教育及环保知识宣传、提高公民环境保护意识的有力措施之一。全国人大环资委高度重视生态环境保护的宣传教育工作，一是在环境资源领域立法中明确各部门环境保护宣传教育的责任义务，现行环境保护法、节约能源法、固体废物污染环境防治法、野生动物保护法等多部涉及环境与资源保护的法律均有相关条款；二是通过立法调研、环保世纪行、执法检查等活动向地方政府、企业、公民宣传环境保护法律知识。有关部门也在积极开展生态环境保护社会宣传工作，2018年生态环境部、中央文明办、教育部、共青团中央、全国妇联联合发布了《公民生态环境行为规范》。多个省市也相继出台了相关地方性法规、条例和规范性文件，进行了有益探索。建议国务院有关部门加大对上述代表议案所提建议的研究力度，并根据代表议案的要求，对涉及的管理职责划分、各主体责任义务等内容开展深入的研究论证，为未来制定或完善相关法律法规奠定坚实基础，创造有利条件。

40. 高新才等30名代表提出关于制定生态环境保护基金法的议案1件（第305号）。议案指出，生态环境保护是一个世界性难题，已经改善的环境如何持续向好，尚未完成的污染防治攻坚任务如何不会因人而变，在生态环境保护、污染治理方面如何增加人民群众的认同感、获得感、幸福感，需要政府长期、持续、可预期的环境财政政策保障。为此，提出制定生态环境保护基金法。

全国人大环资委高度重视代表议案所提问题和建议，赴河南召开议案办理座谈会，进一步听取全国人大代表的意见建议，并就议案内容征求了国务院有关部门的意见。财政部提出新设生态环境保护基金与预算法相关精神及财政预算管理体制改革的要求不符。生态环境部表示正积极配合财政主管部门推动制定土壤污染防治基金的具体管理办法。生态环境部、水利部、国家林草局建议进一步研究论证制定环境保护基金立法的必要性，特别是与正在推进的生态补偿制度间的关系。

全国人大环资委认为，建立生态环境保护基金对打好污染防治攻坚战、改善环境质量具有重要意义，建议国务院有关部门认真研究代表议案所提出的问题和建议，在相关配套规定制定过程中认真研究采纳代表议案所提意见。

41. 胡荃等30名代表提出关于制定生态补偿法的议案1件（第45号）。议案指出，目前我国生态补偿制度建设还比较薄弱，生态补偿机制还没有根本确立，谁开发谁保护、谁受益谁补偿的利益调节格局还没有真正形成，在促进生态环境保护方面的作用还没有充分发挥。生态补偿机制是构建生态文明制度体系不可缺少的一环。我国还没有针对生态补偿制度的专门立法，有关生态补偿的规定分散在多部法律中，对补偿范围、主体、原则、内容、对象、方式、标准和实施措施缺乏具体规定，缺乏系统性和可操作性。不少地方出台了规范性文件，但权威性和约束性较弱，影响了生态补偿机制作用的发挥。因此，建立全面、完善的生态补偿制度，制定统一的生态补偿法来规范并推动生态补偿工作变得十分必要。

全国人大环资委高度重视代表议案所提问题和建议，赴河南召开议案办理座谈会，进一步听取全国人大代表的意见建议，并就议案内容征求了国务院有关部门的意见。国家发展改革委表示正在开展《生态保护补偿条例》的起草工作，将梳理总结各地有效做法，深入开展立法重大问题研究。农业农村部表示我国对生态补偿机制的探索还有待进一步深入，立法时机尚不成熟，建议对是否制定专门的生态补偿法作进一步研究论证。水利部表示推进生态补偿立法是必要的，将积极配合国家发展改革委等部门研究制定《生态保护补偿条例》。财政部建议结合水法、环境保护法等法律法规统筹研究。林草局建议按照“建立市场化、多元化生态补偿机制”的要求，针对实践中突出的问题，开展生态补偿立法研究。

全国人大环资委认为，国家积极推动生态补偿机制建设，出台了一系列政策措施。生态补偿工作取得了积极进展，纵向生态补偿深入推进、横向生态补偿机制的政策体系不断完善、市场化多元化生态补偿机制初步建立。生态补偿立法基础不断完善。目前，国务院有关部门正在研究起草生态保护补偿条例。全国人大环资委赞同国务院相关部门的意见，建议在制定生态保护补偿条例中认真研究吸收代表意见。

全国人民代表大会农业与农村委员会关于第十三届全国人民代表大会第二次会议主席团交付审议的代表提出的议案审议结果的报告

（2019年12月28日第十三届全国人民代表大会常务委员会第十五次会议通过）

全国人民代表大会常务委员会：

第十三届全国人民代表大会第二次会议主席团交付全国人民代表大会农业与农村委员会审议的代表议案共25件，涉及14个立法项目。

按照代表议案办理的有关法律规定和全国人大常委会代表议案办理工作要求，农业与农村委员会就代表议案办理广泛征求中央和国务院有关部门及有关人大代表的意见，结合委员会的立法和监督工作，认真办理代表议案,及时征求议案领衔代表对议案办理工作及相关立法项目进展情况的意见。2019 年 10 月 21 日,农业与农村委员会第八次全体会议对代表议案进行了审议。现将审议结果报告如下:

一、2 件议案涉及的 1 个立法项目,已提请十三届全国人大常委会审议,建议适时通过

1. 修改森林法的议案 2 件。修改森林法已提请 6 月召开的第十三届全国人大常委会第十一次会议进行初次审议,10 月召开的全国人大常委会第十四次会议再次审议,本次常委会将进行三审,建议审议通过。

二、11 件议案涉及的 5 个立法项目,已列入十三届全国人大常委会立法规划,建议继续抓紧开展相关立法工作,按计划提请审议

2. 制定乡村振兴促进法的议案 1 件。
3. 修改动物防疫法的议案 1 件。
4. 修改农产品质量安全法的议案 5 件。
5. 修改渔业法的议案 2 件。
6. 制定农村集体经济组织法的议案 2 件。

上述立法项目均已列入十三届全国人大常委会立法规划。其中,制定乡村振兴促进法、修改动物防疫法由全国人大农委牵头起草,我委已经反复研究提出法律草案稿,广泛征求各方面意见,将继续加快立法进程,及时将法律草案提请全国人大常委会审议;修改农产品质量安全法、渔业法以及制定农村集体经济组织法,由农业农村部具体负责起草,农业农村部已经研究提出了农产品质量安全法、渔业法的修订草案稿,正在研究起草农村集体经济组织法,我委已提前介入开展调研,将继续推动这三部法律的工作进程。

三、12 件议案提出的 8 个立法项目,建议通过修改、制定相关法律法规或改进相关工作,解决议案提出的问题

7. 制定农村金融法的议案 1 件。
8. 制定兽医法的议案 1 件。
9. 制定供销合作社法的议案 1 件。
10. 制定农村扶贫开发法(减贫法)的议案 2 件。
11. 制定兽药法的议案 1 件。
12. 制定农产品批发市场法的议案 2 件。
13. 制定反虐待动物法(伴侣动物保护和管理法)的议案 3 件。
14. 修改农村土地承包法的议案 1 件。

上述议案所涉及的立法问题,有的可以在修改相关法律时解决,有的可以通过制定或修改相关行政法规予以解决,有的可以加强相关工作加以解决,目前暂不急于单独制定法律,我委将继续加强研究,并关注相关立法问题的解决。

以上报告,请审议。

附件:全国人民代表大会农业与农村委员会关于第十三届全国人民代表大会第二次会议主席团交付审议的代表提出的议案的审议意见

全国人民代表大会农业与农村委员会
2019 年 12 月 24 日

附件:

全国人民代表大会农业与农村委员会关于第十三届全国人民代表大会第二次会议主席团交付审议的代表提出的议案的审议意见

第十三届全国人民代表大会第二次会议主席团交付全国人民代表大会农业与农村委员会审议的代表议案共 25 件,涉及 14 个立法项目。其中制定法律 9 部,修改法律 5 部。2019 年 10 月 21 日,农

业与农村委员会第八次全体会议对代表议案进行了审议,审议意见如下:

一、2 件议案涉及的 1 个立法项目,已提请十三届全国人大常委会审议,建议适时通过

1. 方金华、李宗胜等 61 名代表提出修改森林法的议案 2 件(第 220、346 号)。议案提出,为适应森林保护和林业发展,建议修改森林法,增加林地经营权保护、互换和转让、投资入股的规定,加强林地及林木登记管理,优化林木、林地权属争议解决机制,明确森林火灾预防和扑救责任,强化森林有害生物防治责任,加大对盗伐森林、毁坏林木的处罚力度等。

修改森林法已列入十三届全国人大常委会立法规划,由全国人大农业与农村委员会牵头起草。我委高度重视,坚持以习近平新时代中国特色社会主义思想为指导,认真贯彻落实习近平生态文明思想,践行绿水青山就是金山银山理念,坚持人与自然和谐共生,以立法规范和促进森林资源可持续发展和利用,经过深入调查研究,广泛听取意见,反复修改完善,形成的修订草案已提请 6 月召开的第十三届全国人大常委会第十一次会议进行初次审议,10 月召开的全国人大常委会第十四次会议再次审议,本次常委会将进行三审。我委建议根据常委会审议意见和各方面意见进一步修改完善后,审议通过。

二、11 件议案涉及的 5 个立法项目,已列入十三届全国人大常委会立法规划,建议继续抓紧开展相关立法工作,按计划提请审议

2. 崔荣华等 30 名代表提出制定乡村振兴促进法的议案 1 件(第 078 号)。议案提出,为推进实施乡村振兴战略,促进城乡融合发展,加快实现农业农村现代化,建议制定乡村振兴促进法,规范乡村产业发展政策体系,鼓励社会资本参与乡村振兴实践,保护农民合法权益,明确政府管理责任、服务职能和工作效率等。

制定乡村振兴促进法已列入十三届全国人大常委会立法规划,由全国人大农业与农村委员会牵头起草。2018 年 3 月以来,我委多次组织召开座谈会,听取各方面意见,深入地方开展调研,抓紧开展草案的起草、论证和修改工作。目前已形成草案征求意见稿,对乡村振兴的产业发展、人才支撑、文化传承、生态保护、组织建设、城乡融合、扶持措施、监督检查等内容作出规定。征求意见稿已征求中央和国务院有关部门、各省(自治区、直辖市)人大农委和部分全国人大代表的意见,正根据各方面意见进行修改完善。我委将继续加快立法进程,及时将草案提请全国人大常委会审议。

3. 张莉等 31 名代表提出修改动物防疫法的议案 1 件(第 091 号)。议案提出,我国畜禽养殖方式、消费模式的新变化,以及非洲猪瘟疫情暴露出的问题,迫切需要修改动物防疫法,细化各级政府和职能部门的权责,完善强制免疫制度、畜禽标识和动物疫病可追溯管理制度,加大处罚力度,加强与相关法律法规的衔接。

修改动物防疫法已列入十三届全国人大常委会立法规划,由全国人大农业与农村委员会牵头起草。2018 年 10 月以来,我委组织开展调研,召开座谈会,广泛听取各方面意见,目前已形成修订草案(征求意见稿),并以全国人大常委会办公厅名义征求国务院办公厅意见。下一步,我委将根据征求意见情况对草案作进一步修改完善,尽快提请全国人大常委会审议。

4. 胡荃、于旭波、李丽华、于安玲、马瑞燕等 191 名代表提出修改农产品质量安全法的议案 5 件(第 081、082、226、231、344 号)。议案提出,现行农产品质量安全法难以满足农产品质量安全需要,存在惩处力度弱、责任主体缺失、监管力度不足等问题,迫切需要修改。建议进一步明确质量导向和全程监管要求,加强产地生态环保监控、农业投入品管理,推进农产品标准化生产,强化主体责任与监管责任。

修改农产品质量安全法已列入十三届全国人大常委会立法规划,由农业农村部牵头起草。目前农业农村部已将修订草案征求中央、国务院有关部门意见,草案针对农产品质量监督部门职责规定不明确、处罚力度较轻、违法成本低,以及与食品安全法等相关法律衔接问题作出规定。司法部建议在草案起草过程中,深入研究和吸收采纳代表所提建议,进一步研究完善农产品质量安全监管有关法律制度。我委同意上述意见。

5. 莫照兰、陈勇等 76 名代表提出修改渔业法的议案 2 件(第 229、276 号)。议案提出,现行渔业

法滞后于产业发展，建议修改完善。重点建立并细化水产种质资源保护制度，发展绿色养殖业，规范科学捕捞方式，打击违法违规捕捞，增加渔业资源增殖和保护，加大处罚力度等。

修改渔业法已列入十三届全国人大常委会立法规划，由农业农村部负责起草。农业农村部积极推动渔业法修改工作，目前已初步形成修改草案，并将积极吸纳代表建议。司法部建议农业农村部会同有关部门，根据代表意见，研究完善渔业管理有关法律制度。我委已提前介入渔业法修改工作，参与立法调研和有关问题的研究，按照全国人大常委会监督工作计划的安排，具体组织开展了渔业法实施情况的执法检查，深入查找渔业法执行及法律本身存在的问题。下一步，我委将继续推动渔业法修改工作。

6. 胡桂花、胡季强等 65 名代表提出制定农村集体经济组织法的议案 2 件（第 221、223 号）。议案提出，目前农村集体经济组织法律地位模糊，成员资格认定缺乏法律依据，组织机构不健全、产权不明晰，建议制定农村集体经济组织法，明确农村集体经济组织的性质、地位、财产范围、登记设立、成员资格认定机制、产权制度和治理结构等内容。

制定农村集体经济组织法已列入十三届全国人大常委会立法规划。2019 年中央 1 号文件明确要求研究制定农村集体经济组织法。农业农村部积极开展立法前期准备工作，对重点问题进行梳理和研究，下一步将加大工作力度，继续做好立法工作。我委建议农业农村部会同有关部门，结合代表意见，抓紧推进农村集体经济组织立法有关问题的研究和法律草案起草工作。

三、12 件议案提出的 8 个立法项目，建议通过修改、制定相关法律法规或改进相关工作，解决议案提出的问题

7. 胡季强等 30 名代表提出制定农村金融法的议案 1 件（第 224 号）。议案提出，农村金融发展滞后，供给不足，建议制定农村金融法，明确政府主管部门职责，完善农村金融、财政、税收和货币政策，规范农村金融组织体系，建立和完善农村金融服务产品供给保障制度，完善政策性农业保险，明确农村金融主体及其经营权利等。

中央农办、人民银行、中国银保监会认为，目前金融支持不足仍是农业农村现代化发展中的短板，需要予以关注。中央农办和人民银行认为，农村金融涉及农村信贷、农业担保、农村保险等多个领域，用一部法律作出统一规定，条件还不具备，建议在正在起草的乡村振兴促进法中将行之有效的政策上升到法律层面，形成更加完善的制度规定。我委同意上述意见，将继续加强农村金融立法有关问题的研究论证。

8. 焦新安等 42 名代表提出制定兽医法的议案 1 件（第 225 号）。议案提出，兽医事业快速发展，但立法存在空白，不适应兽医管理体制改革、动物疫病防控和兽医职业健康发展的需要，建议制定兽医法，规范官方兽医、执业兽医等人员的执业准入与管理，规定兽医主管机构、技术支持机构、协会等的组织与职能等内容。

司法部认为，动物防疫法对官方兽医、职业兽医、乡村兽医服务人员的资格准入、兽医的动物疫病防控活动、动物诊疗活动等已有规范。农业农村部认为，现阶段可以通过修改动物防疫法，完善兽医人员管理规定、强化对兽医人员的保护和规范，待修改工作完成后及时制定配套规章，构建更为完善的法律制度体系。我委同意上述意见。

9. 尚金锁等 31 名代表提出制定供销合作社法的议案 1 件（第 377 号）。议案提出，为更好发挥供销合作社独特优势和重要作用，全面深化供销合作社综合改革，建议制定供销合作社法，明确供销合作社的性质、支持和保护措施，规范供销合作社基层社和联合社的组织、运行、管理等。

司法部、供销合作总社提出，党中央、国务院确立了“先条例再立法”两步走的策略，为实现供销合作社立法目标指明了方向。当前供销合作社条例制定工作正在加快推进，已列入 2019 年内应完成的涉法改革任务清单。司法部、供销合作总社建议，先制定供销合作社条例，在条例施行过程中总结实践经验，适时开展供销合作社法的立法工作。我委同意上述意见。

10. 史贵禄、史秉锐等 60 名代表提出制定农村扶贫开发法（减贫法）的议案 2 件（第 079、489 号）。议案提出，为巩固脱贫攻坚成果，保障全国扶贫事业健康发展，建议制定农村扶贫开发法，将党和国家扶贫开发的政策和制度性安排，以及社会各界在脱贫攻坚中形成的有效措施、经验等以法律形式固定下来，明确社会各界的扶贫责任、权利和义务。

中央农办认为，党的十八大以来，脱贫攻坚取得决定性进展，已形成一套完备的体制机制和政策

体系。到 2020 年，我国将全面建成小康社会，现行标准下的农村贫困人口将全部脱贫，不宜再制定农村扶贫开发相关法律。国务院扶贫办认为，可在 2020 年后减贫战略思路明确，总结地方扶贫条例实施效果的基础上，着手起草相关法律。司法部建议扶贫办认真总结工作经验，梳理立法拟解决的问题，组织开展地方扶贫立法评估，深入开展立法前期调研论证，研究推进相关立法工作。我委同意司法部意见。

11. 陈瑞爱等 37 名代表提出制定兽药法的议案 1 件（第 080 号）。议案提出，兽药质量与使用直接关系人类健康、动物安全、环境安全和畜牧业的发展，建议将兽药管理条例上升为兽药法，完善兽药行业市场准入制度，提高兽药质量标准，明确兽药审批的原则和规范，完善兽药产品追溯管理制度，建立覆盖兽药研制、生产、经营、使用等环节的监管体制机制。

司法部建议农业农村部会同有关部门，结合代表所提建议，深入研究论证议案中提到的问题是通过修改完善现行行政法规解决，还是制定兽药法解决。农业农村部认为，目前已启动兽药管理条例的修改工作，代表议案所提相关意见，将在条例修改中予以充分吸纳，是否将兽药条例上升为兽药法，将进一步研究。我委同意农业农村部意见。

12. 乔彬、李士强等 60 名代表提出制定农产品批发市场法的议案 2 件（第 289、291 号）。议案提出，近年来农产品批发市场建设无序，加上市场管理法律法规缺失，农产品流通秩序混乱。建议制定农产品批发市场法，明确批发市场建设规划、市场准入和退出机制及审批制度，明确扶持政策，规范监管措施等。

商务部、农业农村部提出，由于缺少相关法律规范，农产品批发市场存在一些突出矛盾和问题，建议通过立法明确农产品批发市场的法律地位、职责、公益性界定、规划布局等问题。国家发改委认为，立法需要一定的过程，可先由有关部门研究起草农产品批发市场管理条例。司法部认为，相关法律就加强农产品批发市场建设和管理作了规定，议案提出的有关问题，是通过完善现行法律解决，还是制定专门法律或者法规解决，建议有关部门深入研究论证。我委同意司法部意见。

13. 买世蕊、赵皖平、新甲旦真等 90 名代表提出制定反虐待动物法（伴侣动物保护和管理法）的议案 3 件（第 290、446、462 号）。议案提出，为弥补我国动物立法体系的空白，建议制定反虐待动物法（伴侣动物保护和管理法），确立“保护”和“管理”并重的立法理念，建立流浪动物救助体系，明确防疫义务和动物福利，规定虐待动物的法律责任等。

农业农村部、国家林业和草原局认为，目前全面推行动物福利面临较大挑战，立法时机尚不成熟，应当立足国情，完善规范标准，加强舆论宣传，促进社会各界关爱动物和依法保护动物，循序渐进解决动物保护中的问题。司法部认为，动物的保护和利用应当充分考虑国情和民族、宗教信仰习惯等，慎重对待，建议有关部门深入研究立法必要性和立法时机。我委同意上述意见。

14. 胡桂花等 35 名代表提出修改农村土地承包法的议案 1 件（第 221 号）。议案提出，当前农村集体组织成员增减和土地征用引发的农村土地承包经营权方面的问题突出，建议修改农村土地承包法，建立人地平衡的土地承包经营权动态调整机制，明确因婚娶、工作、去世等情形可依法定程序五到十年调整一次土地。

《全国人民代表大会常务委员会关于修改〈农村土地承包法〉的决定》于 2018 年 12 月 29 日经十三届全国人大常委会第七次会议审议通过，自 2019 年 1 月 1 日起实施。修改后的农村土地承包法，强调农村土地承包关系稳定并长久不变，强化了农村妇女土地承包权益的保护，进一步重申了承包地个别调整的有关规定，因自然灾害毁损承包地等特殊情况确需调整承包地的，可以按法律规定办理。代表议案所提问题，我委将在今后的工作中继续予以关注。

二、代表建议办理

推动代表建议办理工作提质增效，努力做到民有所呼、我有所应

——在十三届全国人大二次会议代表建议、批评和意见交办会上的讲话

（2019 年 4 月 11 日）

全国人大常委会秘书长　杨振武

同志们：

今天，我们在这里召开全国人大代表建议交办会，深入学习贯彻习近平新时代中国特色社会主义思想特别是习近平总书记关于坚持和完善人民代表大会制度的重要思想，贯彻落实十三届全国人大二次会议精神，向各承办单位统一交办大会期间代表提出的建议，推动代表建议办理工作提质增效，努力做到民有所呼、我有所应，用法治保障人民权益、增进人民福祉。

党的十八大以来，以习近平同志为核心的党中央高度重视、全面加强党对人大工作的领导，推动人大工作取得历史性成就。习近平总书记就坚持和完善人民代表大会制度、发展社会主义民主政治发表一系列重要论述，形成关于坚持和完善人民代表大会制度的重要思想，为做好新时代人大工作提供了指引和遵循，也为加强和改进代表建议办理工作提供了指引和遵循。全国人大常委会深入学习贯彻习近平总书记关于坚持和完善人民代表大会制度的重要思想，把更好发挥人大代表作用作为做好新时代人大工作的重要基础，坚持把代表议案、建议作为推动改进工作、提升工作水平的重要依据，健全代表建议办理工作机制，不断增强办理工作实效，更好支持和保障代表依法履职。国务院连续 6 年在全国两会前召开国务院常务会议，专题听取代表建议办理工作情况汇报，研究部署代表建议办理工作；今年全国两会期间，组织各部门负责同志和工作人员 3000 余人次到代表团听取意见，及时回应代表们提出的意见和建议。各国家机关、有关组织高度重视代表建议办理工作，把办理代表建议与转变作风、改进工作有机结合起来，充分发挥代表建议在推进科学决策民主决策依法决策中的重要作用。十三届全国人大一次会议期间代表提出的 7139 件建议全部办理完毕并答复代表，有力推动了党中央重大决策部署的贯彻落实，解决了一批人民群众关注的重点难点问题，得到代表们的高度评价和充分肯定。

十三届全国人大二次会议期间，代表们坚持党的领导、人民当家作主、依法治国有机统一，依法履行代表职责，反映人民意愿诉求，提出对各方面工作的建议、批评和意见 8160 件。全国人大常委会办公厅会同有关方面，对代表所提出的建议进行了认真梳理和分析，形成了代表建议交办意见。将这 8160 件代表建议，依法交由 193 家承办单位研究办理。刚才，中央办公厅副主任韩立平同志、国务院副秘书长李宝荣同志分别讲话，对今年代表建议办理工作提出了要求。郭振华同志简要通报了有关情况及交办意见。他们的讲话我都赞成。下面，我再强调几点。

第一，提高政治站位，进一步增强办理好代表建议的思想自觉和行动自觉。

习近平总书记强调，各级国家机关加强同人大代表的联系、加强同人民群众的联系，是实行人民代表大会制度的内在要求，是人民对自己选举和委派代表的基本要求；要把加强同人大代表和人民群众的联系作为对人民负责、受人民监督的重要内容，虚心听取人大代表、人民群众的意见建议。今年大会期间，总书记先后到 5 个代表团参加审议，与人大代表特别是基层代表深入交流，认真听取代表们的意见建议，并要求“有关部门要认真研究吸收”。总书记“我将无

我、不负人民”的人民情怀，充分听取意见、密切联系代表的务实作风，为我们做好代表建议办理工作作出了表率、树立了标杆。今年大会闭幕后，栗战书委员长在第一时间主持召开工作会议和全国人大常委会党组会议，学习贯彻习近平总书记在大会期间的重要讲话精神，对做好今年人大工作，包括代表建议办理工作作出部署、提出要求。委员长多次强调，办理代表建议是保障代表依法履职的重要内容，体现了中国式民主的特点和优势；要进一步提升代表建议办理实效，真正推动解决实际问题，让人民群众的呼声和期盼有着落、有回应。

全国人大代表是全国人民代表大会的组成人员，来自人民、植根人民，是党和国家联系人民群众的重要桥梁纽带。代表对各方面工作提出建议，是依法执行代表职务、反映人民群众意见的重要形式。各国家机关、有关方面认真研究办理代表建议，是尊重人民主体地位、支持代表依法履职的重要体现，也是自觉接受代表和人民监督的重要内容。我们要认真学习领会、全面贯彻落实习近平总书记重要讲话精神，按照栗战书委员长指示要求，切实增强“四个意识”、坚定“四个自信”、做到“两个维护”，从坚持人民主体地位、坚持国家根本政治制度、发展中国特色社会主义民主政治的高度，充分认识做好代表建议办理工作的重要意义和使命责任，通过认真研究办理代表建议，自觉接受监督，积极改进工作，解决实际问题，回应人大代表和人民群众的关切，充分发挥人民代表大会制度优势，保证人民当家作主具体地、现实地落实到国家政治生活和社会生活之中。

第二，紧紧围绕党和国家工作大局办理代表建议，突出重点，办出实效。

2019年是中华人民共和国成立70周年，是全面建成小康社会、实现第一个百年奋斗目标的关键之年。十三届全国人大二次会议贯彻党中央决策部署，审议通过各项报告和议案，对国家今年各方面工作作出部署安排，传递了信心和正能量，汇聚起各族人民在党中央坚强领导下团结奋进的磅礴力量。在这次大会上，全国人大代表紧紧围绕党和国家工作大局，从最广大人民根本利益出发，为发展谋大计，为兴业献良策，提出议案491件、建议8160件。这些议案、建议都是人大代表在深入调研和认真思考的基础上提出来的，凝聚了代表的心血和智慧，反映了人民群众的愿望和呼声。今年，代表建议的一个突出特点是紧扣大局、贴近民生，与改革发展要求同频共振，与人民重大关切息息相关。各承办单位的同志都要深刻认识到，认真研究办理代表建议，既是义不容辞的法定职责，也是做好工作的动力和助力。要把办理代表建议同落实大会批准的各项报告所确定的目标任务和重点工作结合起来，认真研究、积极采纳代表合理意见，切实提高建议办理实效，凝聚共识，集中民智，做好今年各方面工作，推动经济持续健康发展，保持社会大局和谐稳定。

栗战书委员长指出，代表对党和国家各方面工作，包括人大工作提出了许多意见建议，要运用大数据进行认真分析，总结出反映集中的几个问题，有针对性地推动改进工作。全国人大常委会办公厅已经研究加强了这方面工作。希望各承办单位把加强综合分析作为提高建议办理质量的基础性工作来抓。对代表建议反映集中的问题、提出的同类问题、连续多年提出的问题，要在综合分析的基础上有针对性、有重点地研究办理措施，持续用力，努力取得最好的效果。

做好重点督办建议的办理工作，是增强代表建议办理实效的一项重要举措。2005年以来，全国人大常委会办公厅每年都将一批代表反映比较集中、涉及人民群众切身利益的建议，交由有关部门重点研究办理，并由全国人大专门委员会负责督办。新修改的《全国人大代表建议、批评和意见处理办法》，专章对重点督办建议的确定和办理工作进行了规范。今年重点督办的22项代表建议，涉及继续打好三大攻坚战、推动高质量发展、实施乡村振兴战略、保障和改善民生等方面。希望牵头办理单位和相关承办单位高度重视重点督办建议的办理工作，主要负责同志或者分管负责人亲自研究办理，加强组织协调，确保取得实效。各承办单位还可以结合本单位职责和工作重点，选择一些综合性强、涉及面广、问题反映比较集中的代表建议，作为内部办理重点。通过重点办理、以点带面，提高代表建议办理工作的整体成效。

按照新修改的《全国人大代表建议、批评和意见处理办法》，全国人大常委会委员长会议组成人员、常委会委员联系代表过程中提出和转交的建议，委员长与列席常委会会议的代表座谈时代表提出的建议，全国人大常委会办公厅要及时转交有关方面研究办理。有关承办单位要高度重视，认真研究办理并及时反馈。

第三，进一步完善代表建议办理机制，密切协作，形成合力。

近年来，各承办单位、全国人大专门委员会在代表建议办理和督办方面，探索形成了很多行之有效的经验做法和工作机制，《全国人大代表建议、批评和意见处理办法》对此作了研究吸收和规范。希望各承办单位进一步推进代表建议办理工作制度化、规范化，不断提高办理工作的质量和效率。

加强与代表的沟通联系，是做好建议办理工作的必然要求，也是增强代表参与感、提升代表满意度的有效方式。各承办单位要坚持“文来文往”和“人来人往”有机结合，做到每件代表建议都与代表沟通后再答复，与代表见面沟通也应当达到一定比例。承办建议较多的单位，要结合代表建议关注的主要问题或者同类问题，至少召开一次座谈会，邀请提出建议的有关代表参加，当面听取代表的意见建议。今年，代表团提出的建议有157件，比去年增加31件。对代表团提出的建议，承办单位负责人要亲自或委托负责人员，与相关省区市人大常委会加强联系，认真听取意见，共同推动问题解决。对连续多年多次提出的490余件代表建议以及作为工作参阅的代表建议，也要有针对性地加强与代表的联系。

答复代表是检验办理成果、接受代表监督的重要环节。各承办单位要在认真研究办理的基础上，按照实事求是、明确具体的原则，区别不同情况答复代表。代表意见已经解决或采纳的，应当明确答复代表；列入计划或规划的，应当告知代表解决方案、时间表和路线图；难以解决的，也应当如实说明情况和理由，做好解释工作。对供承办单位研究参考的代表建议，也要主动与代表联系沟通，说明有关工作情况。要按照应公开尽公开的原则，利用本单位门户网站等平台，主动公开建议答复内容、办理工作总体情况和吸收采纳代表意见情况。特别是对涉及重大公共利益、社会普遍关切以及需要社会广泛知晓的答复内容，要以多种形式尽量公开，提高代表建议办理的社会效果。要继续实行答复承诺解决事项台账，抓好跟踪落实工作，努力兑现答复承诺，及时向代表通报落实情况。

办理代表建议涉及面广、任务重、时间紧、要求高，各机关、各方面必须通力协作，形成工作合力。今天，中办、国办负责同志参加交办会并讲话，各承办单位接收了代表建议，办理工作正式开始。办理过程中，相关单位和部门要密切配合，及时通报情况，加强沟通协调。近些年，两个以上单位共同承办代表建议的情况较多，这就需要主办单位加强同协办单位的协商，协办单位要积极配合，及时提出协办意见；对重点督办的代表建议，牵头单位要与参加办理单位联合开展调查研究或召开代表座谈会，共同研究解决问题。全国人大常委会办公厅承担着代表建议办理的具体落实、协同督办、服务保障等职责，将加强与中办、国办、各承办单位和人大代表的联系，通过通报办理进展情况、开展办理工作培训、召开办理工作座谈会、组织代表调研了解办理工作等形式，与承办单位共同做好代表建议办理工作。

这里，我强调一下代表工作信息化建设。习近平总书记指出，没有信息化，就没有现代化。栗战书委员长高度重视全国人大机关信息化建设，多次作出重要指示，要求加快推进。大会期间代表们审议常委会工作报告时，对信息化呼声很高、意见集中。我们要深入贯彻落实总书记重要指示精神和委员长要求，把信息化作为今年全国人大机关工作一项重要而紧迫的任务抓紧抓实抓好。一要明确目标，着力推进代表工作信息化建设。要紧扣加强机关建设、服务保障代表依法履职扎实推进信息化工作，争取今年实现代表议案建议办理工作的全流程信息化。二要统筹兼顾。要把中央部署的信息技术国产化工作和机关信息化建设统筹考虑、一体推进。要充分考虑中央国家机关各部门单位的功能需求，也希望各部门单位给予大力支持帮助，多提宝贵意见。三要加快进度。全国人大机关各主责局室、单位要迎难而上，扎实推进功能梳理、方案设计、软件开发、数据汇总、调试测试等具体工作，优质高效地搞好代表工作信息化建设。

同志们，新时代对国家机关加强同人大代表和人民群众的联系、做好代表建议办理工作提出了新的更高的要求。我们要坚持以习近平新时代中国特色社会主义思想为指导，深入学习贯彻习近平总书记关于坚持和完善人民代表大会制度的重要思想，坚持党的领导、人民当家作主、依法治国有机统一，扎实、细致、有效做好今年的代表建议办理工作，更好支持和保障代表依法履职，以建议办理新成效推动机关工作取得新成果，以优异成绩庆祝中华人民共和国成立70周年。

《中国人大》2019年第8期

全国人民代表大会常务委员会办公厅关于第十三届全国人民代表大会第二次会议代表建议、批评和意见办理情况的报告

——2019 年 12 月 24 日在第十三届全国人民代表大会常务委员会第十五次会议上

全国人大常委会副秘书长　信春鹰

全国人民代表大会常务委员会：

现在，我代表常委会办公厅报告十三届全国人大二次会议期间代表提出的建议、批评和意见（以下简称建议）办理情况。

全国人大常委会深入学习贯彻习近平新时代中国特色社会主义思想特别是习近平总书记关于坚持和完善人民代表大会制度的重要思想，积极推动代表建议办理工作，努力做到民有所呼、我有所应。2018 年，修改《全国人大代表建议、批评和意见处理办法》。2019 年，出台《关于加强和改进全国人大代表工作的具体措施》。栗战书委员长强调，提出议案建议是代表依法履职基本的、最主要的方式，反映了人民群众的意愿和呼声。代表议案建议工作应当做到“内容高质量、办理高质量”，“既要重结果、也要重过程”。要督促有关方面认真负责地办理代表议案建议，认真听取、研究、吸纳代表提出的意见建议，实事求是、认真负责地答复代表，实现办理高质量。

一、代表建议的提出、分析、交办和督办情况

十三届全国人大二次会议期间，代表们认真履行宪法和法律赋予的职责，向大会提出建议 8160 件。全国人大常委会办公厅、有关专门委员会尊重代表主体地位，积极推进代表建议工作制度化、规范化，更好发挥代表作用。

（一）加大代表建议分析力度。常委会办公厅对代表提出的建议进行认真梳理和分析，形成综合分析报告。从代表建议的内容看，紧扣贯彻落实党中央重大决策部署，注重反映基层实际情况和人民群众关切，主要涉及继续打好三大攻坚战、保障和改善民生、促进区域协调发展和城乡融合发展、实施乡村振兴战略和深化农村改革等方面。从代表建议提出的方式看，会议期间共有 2130 名代表领衔提出建议，其中代表单独提出建议 6256 件，比去年增加 1445 件，占比首次超过建议总数的四分之三。代表团提出建议 157 件，比去年增加 31 件。从代表建议形成的方式看，代表通过专题调研、视察、座谈、走访等形式形成的建议有 5353 件，占建议总数的 65.6%，占比增加了 4 个百分点。

（二）及时交办代表建议并首次向代表逐一通报。十三届全国人大二次会议闭幕后，常委会办公厅认真拟定交办意见，召开代表建议交办会，杨振武秘书长出席会议并讲话，对办理工作作出部署、提出要求。中共中央办公厅、国务院办公厅负责同志出席交办会。8160 件代表建议统一交由 193 家承办单位研究办理，内容涉及多部门职能、需要多部门共同研究办理的有 5651 件，占建议总数的 69.2%，比去年增加 667 件，增长 13.4%。按照常委会领导同志指示，首次以常委会办公厅名义，向大会期间提出建议的代表及原选举单位逐一通报代表建议的交办情况。

（三）推动重点督办建议办理。在广泛征求各方面意见的基础上，经秘书长办公会议讨论通过，并报全国人大常委会领导同志同意，确定 22 项重点督办建议，涉及 276 件代表建议，交由国家发展改革委等 17 家单位牵头办理，全国人大 7 个专门委员会负责督办。有关专门委员会制定督办工作方案，通过召开督办工作座谈会、开展督办调研等方式，及时了解办理进展情况，加大督办力度，在监督中支持，在支持中监督。监察司法委召开重点督办建议工作座谈会，听取“两高”办理工作安排，提出明确要求。财经委多次参加工业和信息化部等 5 家单位组织的重点督办建议调研，实地考察情况，向 35 名代表汇报办理情况，征求做好重点督办建议工作的意见建议。教科文卫委召开重点督办建议推进会，结合职业教育法修改专题调研、高等教育法执法检

查和常委会听取审议关于学前教育事业改革与发展情况的报告,认真吸收重点督办建议内容。

(四)认真处理反馈意见和总结办理工作。代表建议办理答复后,常委会办公厅采取多种方式征求代表对建议答复的意见,认真做好代表反馈意见的处理工作。截至目前,共收到代表反馈意见3713条,涉及2732件代表建议、1230名代表。其中,表示满意和基本满意的3607件,表示有不同意见的73件,表示不满意的33件。对有不同意见或不满意的,交由有关承办单位继续研究处理。

召开十三届全国人大二次会议代表建议办理工作座谈会,邀请15位全国人大代表和有关承办单位、全国人大专门委员会及各省区市人大常委会代表联络工作机构参加,总结交流代表建议工作,探索创新代表建议提出和办理工作方式方法。

二、承办单位办理代表建议的主要做法

各承办单位把建议办理工作同加强国家机关同人大代表、同人民群众的联系有机结合起来,加强协同配合,改进办理工作,认真研究采纳代表意见。主要做法有以下几个方面。

(一)各级领导高度重视,推动建议办理深入开展。中共中央办公厅把做好习近平总书记参加代表团审议时代表所提建议办理工作作为重中之重,推动有关方面切实把办理代表建议作为践行"两个维护"的实际行动,在党的总书记与人大代表之间、与人民之间架设起"便捷的桥梁"。李克强总理连续6年主持召开国务院常务会议,听取国务院部门办理代表建议情况的汇报,强调办理代表建议是政府必须履行的法定职责,既要坚持已经形成的规范做法,更要进一步改进办理工作,聚众智、汇众力,提高依法行政的能力和水平。各承办单位负责同志越来越多地直接参与建议办理工作。中央组织部、公安部等单位主要负责同志亲自审定办理方案,多次作出批示指示,逐件审定建议答复意见。最高人民法院、最高人民检察院等单位主要负责同志主持召开建议交办会,动员部署办理工作。科技部、交通运输部、国家税务总局等单位主要负责同志邀请代表调研座谈,当面听取代表意见建议,着力推动问题解决。

(二)认真研究建议内容,提高建议办理工作效率。各承办单位加强对代表建议特别是代表关注集中、连续多年提出问题的综合分析,有针对性地提出办理方案和工作措施,为办理答复工作奠定了很好的基础。国家卫生健康委连续14年组织课题组对代表建议进行年度分析和研究,形成分析报告,2019年编发《卫生健康工作交流——代表建议摘编专刊》23期。国家林业和草原局连续10年在办理前进行全面分析,根据建议内容分类提出办理要求、明确办理方案。最高人民检察院加强分析研判,深入了解建议背景、问题指向、意图主张,梳理代表建议的关键点和关注点,结合检察业务,分类分解办理任务。交通运输部组织开展代表建议专项分析研究,从主体、内容、时间、区域、机制等各个要素进行全面分析,深入探索内在规律。

(三)突出建议办理重点,推动代表建议事项落实。各承办单位在认真分析、深入调研基础上,确定办理重点,有针对性地加强办理,将办理建议与推动改进工作结合起来。工业和信息化部对代表建议中的重点热点问题进行认真梳理,确定32件部内重点办理建议,重点件占主办件总数的12.7%,以点带面,有效带动办理水平整体提升。住房和城乡建设部建立代表建议B类答复事项跟踪督办机制,开展2018年代表建议B类答复承诺事项专项督办,推动相关承诺事项落实,其中承诺2019年内完成的事项均已全部落实。国家能源局建立2018年代表建议B类答复承诺事项台账并持续跟踪进度,截至9月底,54项B类答复承诺事项中,已完成20项,其余34项将按计划持续推进。

(四)创新办理机制方法,推动建议办理取得实效。各承办单位在总结过去很多行之有效的经验做法和工作机制的基础上,不断探索,创新方式方法。国家发展改革委制定《高质量办理2019年全国人大代表团建议工作方案》,各牵头司局负责同志带队,分赴12个省区向全国人大代表及省人大相关领导当面汇报建议办理情况,逐条回应建议事项。中国银保监会组织业务骨干对答复稿开展集中审读,集体审核把关,使建议复文表述更加准确、内容更加完整、格式更加规范。水利部由分管部领导带队和业务司局牵头,深入实地认真听取代表意见建议,确保重点督办建议调研率100%。国家林业和草原局在办理"关于加大对保护长江母亲河力度"等参阅件过程中,不仅与代表沟通,还邀请代表参加调研,共同研究对策。教育部邀请代表出席教育部建议交办会,与人大代表就完善办理制度、提升办理质量现场交流。

(五)按照"既要重结果、也要重过程"的要求,加强与代表的沟通联系。很多承办单位明确提出,

在办理代表建议过程中必须与提出建议的代表百分之百沟通，并作为办理答复的必经程序。中央宣传部、中央网信办、外交部、人力资源社会保障部、司法部、全国妇联等单位采取电话短信、邮件传真、登门走访、会议座谈和委托地方厅局等多种形式，在建议办理答复前与领衔代表沟通联系。国家卫生健康委2019年累计电话联系代表1316次、走访43人次、座谈64人次、邀请代表参加调研48人次。国家发展改革委通过多种方式与代表沟通，2019年开展座谈45次，调研40次，面对面沟通128人次，电话联系819人次，信函、邮件等沟通163人次。国家税务总局与代表和其他部委共联络412次，其中当面沟通54次。

一些承办单位把办理代表建议同代表联络工作结合起来。财政部由部领导、司局负责同志带队，邀请736名代表参加集中座谈，汇报有关建议和财政重点工作进展情况，听取代表意见。中国银保监会召开专题座谈会，就降低企业融资成本、防范化解金融风险、加强网络借贷和校园贷监管、防范和处置非法集资等热点问题，集中听取人大代表和专家的意见建议。全国人大常委会法工委不断扩大代表对立法工作的参与，在项目确定、起草研究、立法调研、通过前评估等各个环节共邀请代表67人次参加。

三、代表建议办理工作取得的实效

十三届全国人大二次会议期间代表提出的建议已经全部办理完毕并答复代表。从办理结果看，代表建议所提问题得到解决或计划逐步解决的占建议总数的71.28%。各有关方面充分尊重代表主体地位，支持代表依法履职，充分发挥代表建议在推进科学决策民主决策依法决策中的重要作用，切实推动解决问题，积极回应社会关切，自觉接受人民监督。

一是围绕继续打好三大攻坚战，推动防范化解重大风险，巩固脱贫成果防止返贫，推进污染防治。今年大会期间，代表们就继续打好三大攻坚战提出建议1154件，占建议总数的14.14%。常委会办公厅将防范化解地方政府债务风险，巩固脱贫成果防止返贫，加强重点流域、重点湖泊污染防治和生态修复等6项共85件代表建议列为重点督办建议。财政部吸收代表意见，完善专项债券管理制度，指导地方开展建制县风险化解试点，增加地方政府新增债务额度，2019年新增地方政府债务额度30800亿元，增加9000亿元。全国人大民委、国务院扶贫办结合代表提出的加大产业扶贫、就业扶贫和易地扶贫搬迁后扶力度、强化监测预警动态管理、严格考核退出等33条建议，共同开展座谈调研，协调推动26个中央部门出台49个政策文件，全方位支持贫困地区脱贫攻坚。全国人大农委将督办工作同全国人大机关定点帮扶工作相结合，积极沟通协调，实地开展调研。农业农村部会同有关部门在乌兰察布市建设马铃薯综合试验站，将“镰刀弯”地区马铃薯种薯基地县纳入制种大县奖励范围，每年每县2000万元。生态环境部、全国人大环资委结合办理代表建议办理，健全水生态环境的法律制度，制定跨省级行政区域河流流域水污染物排放标准，启动长江“三磷”专项排查整治行动。2019年重点生态功能区转移支付同比增长12.5%，大气、水、土壤污染防治资金同比分别增长25%、21.8%和42.9%。

二是围绕推动经济高质量发展，培育发展先进制造业集群，推动工业互联网、长三角区域一体化发展，缓解中小企业融资难、融资贵。针对代表提出的增强制造业技术创新能力的建议，工业和信息化部批复建立13家国家制造业创新中心，认定107家省级制造业创新中心。在代表的积极推动下，初步建立北京、上海、广州、重庆、武汉工业互联网标识解析五大国家顶级节点，工业互联网取得积极进展，网络、平台、安全三大体系建设实现突破。针对代表提出的关于破解小微企业融资难融资贵问题的建议，人民银行积极推动相关工作，多次降低存款准备金率，扩大普惠金融定向降准政策考核范围等，将考核标准扩大至单户授信1000万元以下小微企业，企业的信贷综合融资成本下降1.26个百分点。财政部加大减税降费力度，支持实体经济发展。今年前8个月全国减税降费1.5万多亿元，有力促进了企业减负、居民增收和就业增加，预计全年减税降费总额将超过2万亿元。

三是围绕乡村振兴发展，深化农村改革，补齐农村基础设施建设短板，推进农村人居环境整治。针对代表提出的关于进一步推进农村“厕所革命”的建议，农业农村部因地制宜、分类施策推进农村改厕，今年前三季度新开工改造农村户厕1000多万户。在补齐农业农村基础设施建设短板方面，会同有关部门共同推动落实中央财政资金近860亿元，建设高标准农田8000万亩，发展高效节水灌溉2000万亩。自然资源部在《关于加强村庄规划促进乡村振兴的通知》中，充分吸纳代表建议中关于统筹乡村规划编制、推动规划配套政策出台等内容。人民银行结合代表提出的完善农村金融服务等方面的建议,出台《关于金融服务乡村振兴的指导意见》,积极采取措施支持乡村振兴。文化和旅游部会同有关部门出台《关于促进乡村旅游可持续发展的指导意见》,多措并举推动乡村文化和旅游可持续发展,助力乡村振兴。

四是围绕保障改善民生和社会发展,推动教育改革,推进多层次养老服务体系建设,强化食品安全监管。教育部积极吸收扩大学前教育供给的建议,会同相关部门大力开展小区配套园治理工作,推动各地继续实施三期行动计划,新建改扩建公办园,积极扶持普惠性民办园发展,多渠道扩大普惠性资源。全国人大社会委将老年人权益保障法专题调研与督办工作相结合,会同民政部积极推进多层次养老服务体系建设,出台《关于进一步扩大养老服务供给,促进养老服务消费的实施意见》,着力破解养老服务发展中的"堵点"、"难点"问题。商务部在2019年6月"食品安全宣传周"期间,采取多种形式广泛宣传食品等重要产品追溯体系。市场监管总局针对代表们提出的加强行政执法与刑事司法衔接等建议,持续开展落实"四个最严"专项行动。积极推进保健食品注册备案双轨制运行,制定《保健食品原料目录与保健功能目录管理办法》,进一步强化产管并重,社会共治。医疗保障局针对多名代表提出的健全完善国家药品采购政策的建议,已完成集中采购和使用试点中期评估,印发《关于国家组织药品集中采购和使用试点扩大区域范围的实施意见》。

十三届全国人大二次会议闭幕以来,代表们依法提出建议157件,比去年增加57件,增长57%。按照《全国人大代表建议、批评和意见处理办法》的规定,常委会办公厅交由92家承办单位研究办理。十三届全国人大常委会加强与代表的联系,建立常委会会议列席代表座谈会制度,坚持常委会组成人员直接联系代表制度,通过多种方式听取代表的意见。截至目前,常委会会议列席代表座谈会共召开8次,会上代表提出的涉及人大工作的意见建议,由全国人大机关认真研究、积极采纳;涉及经济社会发展方面的意见建议共84条,交由102家承办单位研究办理。常委会组成人员在联系代表过程中提出和转交的代表意见建议共87条,交由105家承办单位研究办理。以上代表意见建议的交办和研究办理情况,均逐一向提出意见建议的代表通报。

今年的代表建议办理工作基本完成。我们将深入学习贯彻习近平总书记关于坚持和完善人民代表大会制度的重要思想,继续完善工作机制和方式方法,加强代表建议分析工作,为代表高质量提出建议和承办单位高质量办理代表建议提供服务保障,推动代表建议办理工作再上新的台阶。

农业农村部关于第十三届全国人民代表大会第二次会议代表建议、批评和意见办理情况的报告

——2019年12月24日在第十三届全国人民代表大会常务委员会第十五次会议上

农业农村部部长　韩长赋

全国人民代表大会常务委员会:

根据会议安排,我就农业农村部办理第十三届全国人民代表大会第二次会议代表建议、批评和意见的有关情况,作简要汇报。

党的十八大以来,以习近平同志为核心的党中央把解决好"三农"问题作为全党工作的重中之重,坚持农业农村优先发展,大力实施乡村振兴战略,出台了一系列强农惠农富农政策,推动农业农村发展取得历史性成就、实现历史性变革,为党和国家事业全面开创新局面提供了基础支撑。

全国人大常委会一直高度重视"三农"工作,近几年,根据农业农村实际需要,接连修订了土地承包法、土地管理法等多部涉农法律,开展了渔业法、农产品质量安全法等法律实施情况执法检查,为农业连年丰收、农民持续增收提供了坚实的法律保障。全国人大代表围绕农产品供给保障、农业绿色发展、深化农村改革、实施乡村振兴战略等重大问题,积极建言献策,很多建议富含真知灼见。第十

三届全国人民代表大会第二次会议交由农业农村部办理的代表建议 973 件，其中主办件 567 件，数量居各承办单位首位。这充分体现了全国人大常委会及各位代表对农业农村工作的关心和支持。在此，我代表农业农村部表示衷心感谢！

下面，就我部办理人大代表建议情况作以下汇报。

一、思想高度重视，强化做好代表建议办理工作的责任感

农业农村部坚持以习近平新时代中国特色社会主义思想为指导，认真落实全国人大常委会和国务院要求，把代表建议办理工作摆上突出位置。

*一是提高政治站位。*深入学习贯彻习近平总书记关于坚持和完善人民代表大会制度的重要思想，把办理代表建议作为一项重要政治任务，充分发挥代表建议对部门工作的监督和促进作用。每年全国“两会”一结束，我部立即召开干部大会，传达落实“两会”精神，对代表建议办理工作作出部署安排，提出办理时限和质量要求。

*二是层层压实责任。*部党组以身作则，发挥带头作用，主要负责同志为第一责任人。分管办公厅的部领导具体负责，加强统筹指导，其他部领导也都主持办理代表建议。办公厅负责综合协调，搞好上下联络，强化督促落实。司局负责具体承办，要求主要领导亲自过问，尽早办结办好，决不允许推诿责任，决不允许没有交待。我部形成了四级齐抓共管的组织体系和工作格局。

*三是加强督查督办。*我部对各承办司局建立了任务台账，一盯到底，按时收账，确保不漏账不欠账，件件有着落、事事有回音。将建议办理纳入绩效考核指标体系，重点考核按期答复率、与代表沟通率、代表满意率。将答复认真、办理效果好的建议复文评为优秀公文，对建议复文中的典型错误予以通报批评。

二、完善方式方法，不断提高代表建议办理质量和实效

我们结合工作实际，充分尊重、认真研究吸收代表意见，努力按时高质办理各项建议。

*一是搞好沟通协商。*在办理建议过程中，我们把加强同代表的沟通协商作为关键一环，不管是主办件还是参阅件，都与代表进行联系，实现全覆盖。开展多种方式协商，坚持“文来文往”与“人来人往”相结合、“请进来”与“走出去”相结合。在办理“关于加大扶持力度，促进养蜂业发展的建议”过程中，我部派员专程赴山东召开座谈会，邀请 2 位全国人大代表与 20 余位养蜂业人士，研究完善政策支持、推进养蜂业健康发展等措施。

*二是突出重点建议。*我部把重点督办建议办理作为谋划工作、推动工作的动力，把重点督办建议与重点工作部署统筹推进。今年我部牵头办理“关于推进农村人居环境整治行动的建议”和“关于补齐农业农村基础设施建设短板的建议”两项重点督办建议。为了把重点建议办好办实，由两位部领导带队，邀请提出建议的全国人大代表，会同全国人大农委等单位的负责同志，分别赴河南、福建两省开展实地调研，召开重点建议办理座谈会，研究解决建议提出的问题，推动重点工作有序开展。

*三是加强跟踪问效。*我们对建议不是一答了之，而是坚持结果导向，开展“回头看”。在答复“关于加快新安江水生资源保护的建议”后，专门派员赴浙江淳安县等新安江流域地区调研，结合所提建议内容，深入了解水生资源状况和存在的问题，跟踪水生资源保护工作措施落实情况，确保建议所提问题得到解决。

三、落实代表建议，推动“三农”事业持续健康发展

农业农村部积极吸纳代表建议，出台相关政策措施，推动乡村振兴战略实施和农业农村现代化发展。

*一是推动农业生产稳定发展。*今年人大代表围绕农业生产方面共提出建议 71 件。结合“关于加大对粮食生产的奖补政策的建议”“关于补齐农业农村基础设施建设短板的建议”等的办理，我们突出抓好粮食生产，强化落实粮食安全省长责任制，建立健全粮食主产区利益补偿机制，落实中央财政资金 860 亿元，将建成 8000 万亩高标准农田，有效防控草地贪夜蛾等自然灾害，推动农业再获丰收。今年全国粮食产量达 13277 亿斤，创历史新高，连续第五年稳定在 1.3 万亿斤以上。针对生猪稳产保供方面的建议，我部报请国务院出台《关于稳定生猪生产促进转型升级的意见》，联合多个部委出台 17 条政策措施扶持生猪生产，进一步压实生猪稳

产保供省负总责和“菜篮子”市长负责制，11 月份全国生猪和能繁母猪两项存栏实现止跌回升，环比分别增长 2% 和 4%。猪肉价格比高峰时期明显回落，12 月份第 3 周猪肉批发价格比 10 月份高点下降 17 个百分点。目前看，可以保障元旦春节期间肉品供应。

*二是推动农业高质量发展。*我国农业正处在由增产导向转向提质导向的关键时期，今年人大代表在这方面共提出建议 63 件。我部积极采纳代表建议，大力唱响质量兴农、绿色兴农、品牌强农主旋律，推动农业供给侧结构性改革往深里走、实里走。针对农业结构调整方面的建议，我部持续调优调精农业结构，口粮面积稳定在 8 亿亩左右，大豆面积增加 1380 万亩，粮改饲面积达到 1500 万亩，畜禽规模养殖比重提高近 3 个百分点。针对推进农业绿色发展方面的建议，我们扎实推进农业投入品减量增效，今年化肥农药利用率分别比 2015 年提高 4 个和 3.2 个百分点；整建制推进 585 个畜牧大县畜禽粪污资源化利用，畜禽粪污综合利用率达到 74%；耕地轮作休耕试点面积扩大到 3000 万亩。针对做好长江流域水生生物保护区退捕渔民转产转业安置工作的建议，我们启动实施长江重点流域禁捕，明确长江干流和重要支流水域要完成渔民退捕，安排中央财政补助资金用于长江退捕补偿和渔民生计保障。同时，将禁渔期制度覆盖到内陆七大重点流域。

*三是推动农村改革全面深化。*新时代深化农村改革，主线仍然是处理好农民和土地的关系。人大代表对此积极建言献策，提出建议 85 件，其中关于承包地、宅基地管理与改革的一些意见建议在相关法律法规修订及政策措施中得到体现。针对加强农村承包地管理的建议，我们深入落实中央关于保持土地承包关系稳定并长久不变的意见，研究开展二轮承包到期后再延长 30 年试点。结合“关于加强农村宅基地管理工作的建议”办理，我部按照中央要求，稳慎推进农村宅基地管理和改革，印发了《关于进一步加强农村宅基地管理的通知》和《关于积极稳妥开展农村闲置宅基地和闲置住宅盘活利用工作的通知》；以探索农村宅基地所有权、资格权、使用权“三权”分置为重点，研究制定深化农村宅基地制度改革试点方案，充实改革内容，引导各地积极稳妥盘活利用闲置宅基地和住宅。

*四是推动乡村振兴各项工作有序开展。*党的十九大提出乡村振兴战略，是新时代做好“三农”工作的总抓手。今年人大代表聚焦实施乡村振兴战略提出建议 96 件。我们认真吸纳代表建议，围绕乡村五大振兴谋划发展思路和政策举措，推动乡村振兴迈出坚实步伐。代表建议高度关注农村人居环境整治，我们结合建议办理，落实中央财政改厕奖补政策，实施农村人居环境整治专项，对 19 个整治成效明显的县予以激励。分类推进农村厕所革命、生活垃圾和污水治理。目前，90% 村庄开展清洁行动，卫生厕所普及率达到 60%，生活垃圾收运处置体系覆盖 84% 的行政村。结合关于乡村产业发展方面建议，我们组织召开全国乡村产业振兴推进会，推动出台《国务院关于促进乡村产业振兴的指导意见》，会同自然资源部印发《关于设施农业用地管理有关问题的通知》，正在研究制定保障农村一二三产业融合发展用地的政策，有效推动了乡村产业发展。乡村治理各位代表高度关注，我们结合这方面建议的办理，组织召开全国加强乡村治理体系建设工作会议，推动出台中办国办《关于加强和改进乡村治理的指导意见》，会同 10 部门联合出台《关于进一步推进移风易俗、建设文明乡风的指导意见》，还推介了一批乡村治理和移风易俗的典型案例。目前，乡村振兴战略已经按照“产业兴旺、生态宜居、乡风文明、治理有效、生活富裕”的总要求梯次有序部署展开。

下一步，农业农村部将深入学习贯彻习近平总书记关于“三农”工作的重要论述，贯彻落实党的十九届四中全会精神，按照全国人大常委会的要求，继续认真做好代表建议办理工作，虚心听取人大代表的意见，自觉接受人大代表的监督，不断提高代表建议办理水平，推动农业生产稳定发展、农民收入稳定增长、农村社会和谐稳定，为全面建成小康社会、实施乡村振兴战略作出新的贡献。

三、代表资格审查

全国人民代表大会常务委员会公告

〔十三届〕第五号

江西省第十三届人大常委会第十一次会议补选易炼红为第十三届全国人民代表大会代表。广东省第十三届人大常委会第九次会议补选傅自应为第十三届全国人民代表大会代表。第十三届全国人民代表大会常务委员会第九次会议根据代表资格审查委员会提出的报告,确认易炼红、傅自应的代表资格有效。

辽宁省人大常委会决定接受张世超辞去第十三届全国人民代表大会代表职务。依照《中华人民共和国全国人民代表大会和地方各级人民代表大会代表法》的有关规定,张世超的代表资格终止。

第十三届全国人民代表大会代表李斌因病去世。全国人民代表大会常务委员会对李斌代表的去世表示哀悼。李斌的代表资格自然终止。

截至目前,第十三届全国人民代表大会实有代表 2975 人。

特此公告。

全国人民代表大会常务委员会

2019 年 2 月 27 日

第十三届全国人民代表大会常务委员会代表资格审查委员会关于个别代表的代表资格的报告

(2019 年 2 月 27 日第十三届全国人民代表大会常务委员会第九次会议通过)

全国人民代表大会常务委员会:

2019 年 1 月 25 日,江西省第十三届人大常委会第十一次会议补选江西省委副书记、省长易炼红为第十三届全国人民代表大会代表。2019 年 1 月 16 日,广东省第十三届人大常委会第九次会议补选中央人民政府驻澳门特别行政区联络办公室主任傅自应为第十三届全国人民代表大会代表。经第十三届全国人民代表大会常务委员会代表资格审查委员会审查,易炼红、傅自应的代表资格有效,提请全国人民代表大会常务委员会确认并予以公告。

由辽宁省选出的第十三届全国人民代表大会代表,辽宁省鞍山市人大常委会原主任张世超,因涉嫌违纪违法,本人提出辞去第十三届全国人民代表大会代表职务。2019 年 1 月 5 日,辽宁省第十三届人大常委会第八次会议决定接受其辞职。依照《中华人民共和国全国人民代表大会和地方各级人民代表大会代表法》的有关规定,张世超的代表资格终止。

由上海市选出的第十三届全国人民代表大会代表,上海市总工会兼职副主席、上海电气液压气动有限公司液压泵厂数控工段长李斌,因病于 2019 年 2 月 21 日去世。代表资格审查委员会对李斌代表的去世表示哀悼。李斌的代表资格自然终止。

以上代表资格变动事宜报请全国人民代表大会常务委员会审议通过并予以公告。

本次全国人民代表大会个别代表的代表资格变动后,第十三届全国人民代表大会实有代表 2975 人。

以上报告,请审议。

第十三届全国人民代表大会
常务委员会代表资格审查委员会

2019 年 2 月 26 日

全国人民代表大会常务委员会公告

〔十三届〕第六号

2019年4月23日,第十三届全国人民代表大会常务委员会第十次会议决定接受贺一诚辞去第十三届全国人民代表大会代表职务的请求。依照《中华人民共和国全国人民代表大会和地方各级人民代表大会代表法》第四十九条规定,贺一诚的代表资格终止。依照《中华人民共和国全国人民代表大会和地方各级人民代表大会选举法》第五十五条第一款规定,贺一诚的第十三届全国人民代表大会常务委员会委员职务相应终止。

特此公告。

全国人民代表大会常务委员会

2019年4月23日

全国人民代表大会常务委员会关于接受贺一诚辞去第十三届全国人民代表大会代表职务的请求的决定

(2019年4月23日第十三届全国人民代表大会常务委员会第十次会议通过)

根据《中华人民共和国澳门特别行政区选举第十三届全国人民代表大会代表的办法》第二十一条规定,第十三届全国人民代表大会常务委员会第十次会议决定:接受贺一诚辞去第十三届全国人民代表大会代表职务的请求。

全国人民代表大会常务委员会公告

〔十三届〕第七号

湖北省人大常委会决定接受舒健、周文霞辞去第十三届全国人民代表大会代表职务。依照《中华人民共和国全国人民代表大会和地方各级人民代表大会代表法》的有关规定,舒健、周文霞的代表资格终止。

第十三届全国人民代表大会代表王军(黑龙江)、王敏刚因病去世。全国人民代表大会常务委员会对王军、王敏刚代表的去世表示哀悼。王军、王敏刚的代表资格自然终止。

香港特别行政区第十三届全国人民代表大会代表出缺1名,根据《中华人民共和国香港特别行政区选举第十三届全国人民代表大会代表的办法》的规定,递补陈晓峰为第十三届全国人民代表大会代表。第十三届全国人民代表大会常务委员会第十次会议根据代表资格审查委员会提出的报告,确认陈晓峰的代表资格有效。

截至目前,第十三届全国人民代表大会实有代表2971人。

特此公告。

全国人民代表大会常务委员会

2019年4月23日

第十三届全国人民代表大会常务委员会代表资格审查委员会关于个别代表的代表资格的报告

（2019 年 4 月 23 日第十三届全国人民代表大会常务委员会第十次会议通过）

全国人民代表大会常务委员会：

由湖北省选出的第十三届全国人民代表大会代表，三环集团有限公司董事长舒健，因涉嫌严重违纪违法，被责令辞去第十三届全国人民代表大会代表职务；由湖北省选出的第十三届全国人民代表大会代表，湖北省文化旅游投资集团有限公司原副总经理、党委原委员周文霞，因个人原因，本人提出辞去第十三届全国人民代表大会代表职务。2019 年 3 月 29 日，湖北省第十三届人大常委会第八次会议决定接受舒健、周文霞辞职。依照《中华人民共和国全国人民代表大会和地方各级人民代表大会代表法》的有关规定，舒健、周文霞的代表资格终止。

由黑龙江省选出的第十三届全国人民代表大会代表，黑龙江省黑河中昌科技投资有限责任公司董事长王军，因病于 2019 年 3 月 16 日去世。由香港特别行政区选出的第十三届全国人民代表大会代表，中国全联旅游业商会执行会长、香港培华基金常务副主席王敏刚，因病于 2019 年 3 月 11 日去世。代表资格审查委员会对王军、王敏刚代表的去世表示哀悼。王军、王敏刚的代表资格自然终止。

香港特别行政区第十三届全国人民代表大会代表 36 名，出缺 1 名。第十二届全国人民代表大会第五次会议通过的《中华人民共和国香港特别行政区选举第十三届全国人民代表大会代表的办法》第二十三条规定：“香港特别行政区第十三届全国人民代表大会代表因故出缺，由选举香港特别行政区第十三届全国人民代表大会代表时未当选的代表候选人，按得票多少顺序依次递补，但是被递补为全国人民代表大会代表的候选人的得票数不得少于选票的三分之一。全国人民代表大会常务委员会根据代表资格审查委员会提出的报告，确认递补的代表资格，公布递补的代表名单。”2017 年 12 月 19 日，香港特别行政区第十三届全国人民代表大会代表选举会议第二次全体会议确定了依次递补顺序，陈晓峰排列递补顺序第 1 位且得票数多于选票的三分之一。陈晓峰，系香港翰宇国际律师事务所合伙人。经代表资格审查委员会审查，陈晓峰的代表资格有效，提请全国人民代表大会常务委员会确认。

以上代表资格变动事宜报请全国人民代表大会常务委员会审议通过并予以公告。

以上报告，请审议。

第十三届全国人民代表大会
常务委员会代表资格审查委员会
2019 年 4 月 20 日

全国人民代表大会常务委员会公告

〔十三届〕第八号

澳门特别行政区第十三届全国人民代表大会代表出缺 1 名，根据《中华人民共和国澳门特别行政区选举第十三届全国人民代表大会代表的办法》的规定，递补何敬麟为第十三届全国人民代表大会代表。第十三届全国人民代表大会常务委员会第十一次会议根据代表资格审查委员会提出的报告，确认何敬麟的代表资格有效。

吉林省人大常委会决定接受赵龙虎辞去第十三届全国人民代表大会代表职务。云南省人大常委会决定接受许雷辞去第十三届全国人民代表大会代表职务。依照《中华人民共和国全国人民代表大会和地方各级人民代表大会代表法》的有关规定，赵龙虎、许雷的代表资格终止。依照《中华人民共和国全国人民代表大会和地方各级人民代表大会选举法》的有关规定，赵龙虎的第十三届全国人民代表大会常务委员会委员职务相应终止。

截至目前，第十三届全国人民代表大会实有代表2970人。

特此公告。

全国人民代表大会常务委员会
2019年6月29日

第十三届全国人民代表大会常务委员会代表资格审查委员会关于个别代表的代表资格的报告

（2019年6月29日第十三届全国人民代表大会常务委员会第十一次会议通过）

全国人民代表大会常务委员会：

澳门特别行政区第十三届全国人民代表大会代表12名，贺一诚的代表资格终止后，出缺1名。第十二届全国人民代表大会第五次会议通过的《中华人民共和国澳门特别行政区选举第十三届全国人民代表大会代表的办法》第二十三条规定："澳门特别行政区第十三届全国人民代表大会代表因故出缺，由选举澳门特别行政区第十三届全国人民代表大会代表时未当选的代表候选人，按得票多少顺序依次递补，但是被递补为全国人民代表大会代表的候选人的得票数不得少于选票的三分之一。全国人民代表大会常务委员会根据代表资格审查委员会提出的报告，确认递补的代表资格，公布递补的代表名单。"2017年12月17日，澳门特别行政区第十三届全国人民代表大会代表选举会议第二次全体会议确定了依次递补顺序，何敬麟排列递补顺序第1位且得票数多于选票的三分之一。何敬麟，系澳门大丰银行董事、KNJ投资有限公司董事、安世集团有限公司董事长。经全国人民代表大会常务委员会代表资格审查委员会审查，何敬麟的代表资格有效，提请全国人民代表大会常务委员会确认。

由吉林省选出的第十三届全国人民代表大会代表，全国人大常委会委员，吉林省延边朝鲜族自治州人大常委会原主任、党组原书记赵龙虎，因涉嫌严重违纪违法，被责令辞去第十三届全国人民代表大会代表职务。2019年6月20日，吉林省第十三届人大常委会第十二次会议决定接受其辞职。由云南省选出的第十三届全国人民代表大会代表，云南省城市建设投资集团有限公司原董事长、党委原书记许雷，因涉嫌严重违纪违法，被责令辞去第十三届全国人民代表大会代表职务。2019年6月11日，云南省第十三届人大常委会第十一次会议决定接受其辞职。依照《中华人民共和国全国人民代表大会和地方各级人民代表大会代表法》的有关规定，赵龙虎、许雷的代表资格终止。

以上代表资格变动事宜报请全国人民代表大会常务委员会审议通过并予以公告。

本次全国人民代表大会个别代表的代表资格变动后，第十三届全国人民代表大会实有代表2970人。

以上报告，请审议。

第十三届全国人民代表大会
常务委员会代表资格审查委员会
2019年6月25日

全国人民代表大会常务委员会公告

〔十三届〕第九号

吉林省人大常委会决定接受杨克勤辞去第十三届全国人民代表大会代表职务。依照《中华人民共和国全国人民代表大会和地方各级人民代表大会代表法》的有关规定，杨克勤的代表资格终止。

截至目前，第十三届全国人民代表大会实有代表2969人。

特此公告。

全国人民代表大会常务委员会
2019年8月26日

第十三届全国人民代表大会常务委员会代表资格审查委员会关于个别代表的代表资格的报告

（2019年8月26日第十三届全国人民代表大会常务委员会第十二次会议通过）

全国人民代表大会常务委员会：

由吉林省选出的第十三届全国人民代表大会代表，吉林省人民检察院原检察长、党组原书记杨克勤，因涉嫌严重违纪违法，被责令辞去第十三届全国人民代表大会代表职务。2019年8月1日，吉林省第十三届人大常委会第十三次会议决定接受其辞职。依照《中华人民共和国全国人民代表大会和地方各级人民代表大会代表法》的有关规定，杨克勤的代表资格终止。

以上代表资格变动事宜报请全国人民代表大会常务委员会审议通过并予以公告。

本次全国人民代表大会个别代表的代表资格变动后，第十三届全国人民代表大会实有代表2969人。

以上报告，请审议。

第十三届全国人民代表大会
常务委员会代表资格审查委员会
2019年8月22日

全国人民代表大会常务委员会公告

〔十三届〕第十号

江西省人大常委会决定接受马叶江辞去第十三届全国人民代表大会代表职务。河南省人大常委会决定接受徐光辞去第十三届全国人民代表大会代表职务。四川省人大常委会决定接受陈吉明辞去第十三届全国人民代表大会代表职务。贵州省人大常委会决定接受雷艳辞去第十三届全国人民代表大会代表职务。战略支援部队选举委员会决定接受饶开勋辞去第十三届全国人民代表大会代表职务。陆军选举委员会决定接受徐向华辞去第十三届全国人民代表大会代表职务。依照《中华人民共和国全国人民代表大会和地方各级人民代表大会代表法》的有关规定，马叶江、徐光、陈吉明、雷艳、饶开勋、徐向华的代表资格终止。

截至目前，第十三届全国人民代表大会实有代表2963人。

特此公告。

全国人民代表大会常务委员会
2019年10月26日

第十三届全国人民代表大会常务委员会代表资格审查委员会关于个别代表的代表资格的报告

（2019年10月26日第十三届全国人民代表大会常务委员会第十四次会议通过）

全国人民代表大会常务委员会：

由江西省选出的第十三届全国人民代表大会代表，中国铁路南昌局集团有限公司党委原副书记、原总经理马叶江，因涉嫌严重违纪违法，被责令辞去第十三届全国人民代表大会代表职务。2019年9月28日，江西省第十三届人大常委会第十五次会议决定接受其辞职。由河南省选出的第十三届全国人民代表大会代表,河南省人民政府原副省长徐光,因涉嫌严重违纪违法,被责令辞去第十三届全国人民代表大会代表职务。2019年9月27日,河南省第十三届人大常委会第十二次会议决定接受其辞职。由四川省选出的第十三届全国人民代表大会代表,四川省资阳市委原书记陈吉明,因涉嫌严重违纪违法,被责令辞去第十三届全国人民代表大会代表职务。2019年9月24日,四川省第十三届人大常委会第十三次会议决定接受其辞职。由贵州省选出的第十三届全国人民代表大会代表,贵州省歌舞剧院有限责任公司艺术生产部副主任雷艳,因涉嫌违纪,被责令辞去第十三届全国人民代表大会代表职务。2019年9月27日,贵州省第十三届人大常委会第十二次会议决定接受其辞职。由解放军选出的第十三届全国人民代表大会代表,中国人民解放军战略支援部队原副司令员兼参谋长饶开勋,因严重违纪,被责令辞去第十三届全国人民代表大会代表职务。2019年7月31日,战略支援部队选举委员会召开会议,决定接受其辞职。由解放军选出的第十三届全国人民代表大会代表,西部战区陆军原副司令员徐向华,因严重违纪,被责令辞去第十三届全国人民代表大会代表职务。2019年8月26日,陆军选举委员会召开会议,决定接受其辞职。依照《中华人民共和国全国人民代表大会和地方各级人民代表大会代表法》的有关规定,马叶江、徐光、陈吉明、雷艳、饶开勋、徐向华的代表资格终止。

以上6名代表资格变动事宜报请全国人民代表大会常务委员会审议通过并予以公告。

本次全国人民代表大会个别代表的代表资格变动后,第十三届全国人民代表大会实有代表2963人。

以上报告,请审议。

第十三届全国人民代表大会
常务委员会代表资格审查委员会
2019年10月21日

全国人民代表大会常务委员会公告

〔十三届〕第十一号

2019年12月28日,第十三届全国人民代表大会常务委员会第十五次会议决定接受张俊勇辞去第十三届全国人民代表大会代表职务的请求。依照《中华人民共和国全国人民代表大会和地方各级人民代表大会代表法》第四十九条的有关规定,张俊勇的代表资格终止。

特此公告。

全国人民代表大会常务委员会
2019年12月28日

全国人民代表大会常务委员会关于接受张俊勇辞去第十三届全国人民代表大会代表职务的请求的决定

(2019年12月28日第十三届全国人民代表大会常务委员会第十五次会议通过)

根据《中华人民共和国香港特别行政区选举第十三届全国人民代表大会代表的办法》第二十一条规定,第十三届全国人民代表大会常务委员会第十五次会议决定:接受张俊勇辞去第十三届全国人民代表大会代表职务的请求。

全国人民代表大会常务委员会公告

〔十三届〕第十二号

河南省第十三届人大常委会第十四次会议补选尹弘为第十三届全国人民代表大会代表。第十三届全国人民代表大会常务委员会第十五次会议根据代表资格审查委员会提出的报告,确认尹弘的代表资格有效。

中央军委国防动员部选举委员会决定接受叶青、孟中康辞去第十三届全国人民代表大会代表职务。依照《中华人民共和国全国人民代表大会和地方各级人民代表大会代表法》的有关规定,叶青、孟中康的代表资格终止。

截至目前,第十三届全国人民代表大会实有代表 2961 人。

特此公告。

全国人民代表大会常务委员会

2019 年 12 月 28 日

第十三届全国人民代表大会常务委员会代表资格审查委员会关于个别代表的代表资格的报告

(2019 年 12 月 28 日第十三届全国人民代表大会常务委员会第十五次会议通过)

全国人民代表大会常务委员会:

2019 年 12 月 6 日,河南省第十三届人大常委会第十四次会议补选河南省委副书记,省政府党组书记、副省长、代省长尹弘为第十三届全国人民代表大会代表。经第十三届全国人民代表大会常务委员会代表资格审查委员会审查,尹弘的代表资格有效,提请全国人民代表大会常务委员会确认并予以公告。

由解放军选出的第十三届全国人民代表大会代表,海南省军区原政治委员叶青,因严重违纪,被责令辞去第十三届全国人民代表大会代表职务;由解放军选出的第十三届全国人民代表大会代表,江苏省军区原政治委员孟中康,因严重违纪,被责令辞去第十三届全国人民代表大会代表职务。2019 年 9 月 3 日,中央军委国防动员部选举委员会召开会议,决定接受叶青、孟中康辞职。依照《中华人民共和国全国人民代表大会和地方各级人民代表大会代表法》的有关规定,叶青、孟中康的代表资格终止。

以上代表资格变动事宜报请全国人民代表大会常务委员会审议通过并予以公告。

以上报告,请审议。

第十三届全国人民代表大会
常务委员会代表资格审查委员会

2019 年 12 月 23 日

对外交往

一、委员长国内外事活动

会见芬兰总统尼尼斯托

人民日报北京1月15日电　全国人大常委会委员长栗战书15日在人民大会堂会见芬兰总统尼尼斯托。

栗战书表示，中芬建交以来，始终坚持相互尊重、平等相待、互利合作，已成为不同文化、幅员、发展水平国家和平共处，友好交往的典范。习近平主席和总统先生的会谈富有成果，描绘了中芬关系发展新蓝图。中方愿同芬方一道，落实好两国元首重要共识，推动中芬各领域交流合作不断提升到新水平。中国全国人大愿加强同芬兰议会各层级友好往来，开展立法、监督和治国理政交流，推动经贸、创新、环保、冬季运动等各领域合作。

尼尼斯托表示，希望通过此次访华，推动芬中面向未来的新型合作伙伴关系取得更多实际成果。芬兰愿助力中国成功举办2022年冬奥会。

陈竺参加会见。

会见柬埔寨首相洪森

人民日报北京1月22日电　全国人大常委会委员长栗战书22日在人民大会堂会见柬埔寨首相洪森。

栗战书在会见时表示，中柬建交60年来，始终相互尊重、相互支持、相互帮助，树立了国家之间友好相处、互利合作的典范。习近平主席提出中柬要建设具有战略意义的命运共同体，赋予了中柬传统友谊新的时代内涵。中方愿同柬方一道，以两国领导人达成的重要共识为引领，拓展务实合作，深化"一带一路"建设，促进共同发展，推动中柬关系迈向新的更高水平。两国立法机构要密切交流合作，为落实两国领导人重要共识提供法律保障，为中柬友好世代传承厚积民意基础。

洪森表示，柬方珍视两国传统友谊，感谢中方长期以来给予的支持与帮助，愿同中方携手深化各领域务实合作，全力推动柬中关系发展。

万鄂湘参加会见。

与智利众议长费尔南德斯会谈

新华社北京1月25日电　全国人大常委会委员长栗战书25日在人民大会堂与智利众议长费尔南德斯举行会谈。

栗战书说，去年11月，习近平主席同皮涅拉总统在巴新会晤，达成许多新的重要共识。中智建交近半个世纪以来，传统友谊一脉相承，友好之路越走越宽。双方老一辈政治家为中智关系发展作出的积极贡献值得永远铭记，中智友好的宝贵经验值得传承发扬。我们高兴地看到，正是由于双方始终真诚相待、互尊互信，优势互补、互利共赢，中智关系提升为全面战略伙伴关系，取得全方位多领域的合作成果。今明两年，中智关系发展还将迎来新的契机。中方愿同智方携手努力，以两国元首交往为主线，以共建"一带一路"为统领，加强各领域友好合作，推动中智全面战略伙伴关系"一以贯之"不断向前发展。

栗战书表示，今年是中华人民共和国成立70周年，也是决胜全面建成小康社会、实现第一个百年奋斗目标的关键之年。中国的发展离不开世界，世界的繁荣也需要中国。中方始终坚持独立自主的和平外交政策，积极推动建设开放型世界经济、构建人类命运共同体。中方愿与智利及世界各国一道，建设以平等互利为基础，以共同发展为目标，不针对不排斥任何第三方的命运共同体。

栗战书指出，长期以来，中国全国人大与智利国会保持良好交流与合作，为推动两国关系发展作出了积极贡献。双方要密切各层级友好往来，继续发挥政治对话委员会这一机制的作用；要扩大立法、监督和治国理政等方面经验交流，加强互学互鉴；要用法治为共建“一带一路”、拓展经贸合作提供保障，进一步优化营商环境；要推动两国人文领域交流合作，使中智友好深入人心。

费尔南德斯说，智中建交以来，两国和两国人民结下了深厚友谊。今明两年，两国交往将迎来许多重要的历史时刻，智方愿与中方以此为契机，推动智中传统友谊不断开花结果。智利国会愿与中国全国人大继续用好对话机制平台，挖掘合作潜力，促进人文交流，不断丰富两国关系内涵。智方将一如既往恪守一个中国政策。

全国人大常委会副委员长王东明参加会谈。

会见卡塔尔埃米尔塔米姆

人民日报北京 1 月 31 日电 全国人大常委会委员长栗战书 31 日在人民大会堂会见卡塔尔埃米尔塔米姆。

栗战书表示，2014 年习近平主席与殿下共同决定将中卡关系提升至战略伙伴关系，今天还要与殿下举行重要会谈，必将推动两国合作进入快速发展新阶段。中国全国人大愿与卡塔尔协商会议一起，认真落实习近平主席与殿下达成的重要共识，加强立法工作经验交流，共同推动共建“一带一路”倡议，为两国在能源、基础设施、投资、人文交流等领域的务实合作营造良好法律环境。

塔米姆表示，卡方重视发展卡中战略伙伴关系，积极开展两国共建“一带一路”合作，期待与中方深化扩大在贸易、体育、旅游等领域合作。

郝明金参加会见。

会见日本参议院代表团

新华社北京 2 月 18 日电 全国人大常委会委员长栗战书 18 日在人民大会堂会见了来华出席中国全国人大与日本国会参议院定期交流机制第八次会议的日本参议院代表团。

栗战书说，中日互为近邻，两国和平友好合作不仅造福两国人民，而且能为本地区乃至世界和平稳定与发展作出重要贡献。过去一年，习近平主席同安倍首相三次会晤、达成重要共识，引领中日关系重回正轨。今年是中日关系进一步改善发展的重要机遇之年。双方要落实好两国领导人共识，增进战略安全互信，拓展经济、文化、青年交流等方面务实合作，推动中日关系向前发展。中国全国人大愿加强与日本国会的交流合作，为促进中日关系发展作出更大贡献。

日本参议院代表团团长二之汤智等表示，日本国会愿加强与中国全国人大的交往，增进双方的相互了解，为日中睦邻友好多做工作。

曹建明参加会见。

与伊朗伊斯兰议会议长拉里贾尼举行会谈

新华社北京 2 月 19 日电 全国人大常委会委员长栗战书 19 日在人民大会堂与伊朗伊斯兰议会议长拉里贾尼举行会谈。

栗战书说，中国和伊朗同为文明古国，长期以来，两国人民一直保持友好交往。2016 年，习近平主席对伊朗进行国事访问期间，两国建立全面战略伙伴关系，开启了中伊友好交往的新篇章。近年来，双方积极落实两国元首重要共识，各领域合作持续深入发展。

栗战书表示，当今国际形势正在发生深刻复杂演变，不稳定不确定因素增多。中方维护伊核问题全面协议的立场没有变，发展中伊关系的决心没有变。中伊双方要坚持从战略高度和长远角度看待和发展中伊关系，不断深化政治互信，加强沟通协调，继续在涉及彼此核心利益的问题上相互支持，深化反恐安全领域合作，加强在"一带一路"框架下的互利合作，推动中伊全面战略伙伴关系稳步发展。

栗战书指出，立法机构交往是中伊全面战略伙伴关系的重要组成部分，对增进两国人民友谊、促进双边关系发展具有不可替代的作用。中国全国人大重视与伊朗伊斯兰议会的友好合作关系，愿与伊方开展不同层次、不同形式的友好往来，加强立法、监督和治国理政经验交流，为两国互利合作提供良好的法律保障。

拉里贾尼说，古老的丝绸之路见证了伊中悠久的交往历史。习近平主席提出的"一带一路"倡议赋予了丝绸之路新的意义。伊方从战略高度看待和发展对华关系，十分重视并积极参与"一带一路"建设。伊朗伊斯兰议会愿加强与中国全国人大的交往，积极支持两国各领域互利合作，为促进伊中关系发展发挥更大作用。

全国人大常委会副委员长张春贤参加会谈。

会见老挝建国阵线中央主席赛颂蓬

新华社北京3月19日电　全国人大常委会委员长栗战书19日在人民大会堂会见老挝建国阵线中央主席赛颂蓬。

栗战书说，中老互为好邻居、好朋友、好同志、好伙伴。中方高度重视发展中老关系，愿同老方一道，以两党两国最高领导人达成的重要共识为指导，牢牢把握中老建设具有战略意义的命运共同体这个大方向，在涉及彼此核心利益的重大问题上相互支持，推进中老加强"一带一路"合作，为两国人民带来更多实惠。中国全国人大愿同老挝立法机构深化交流，加强多边配合，为深化中老友好合作提供法律保障，推动中老关系不断迈上新台阶。

赛颂蓬说，愿与中方共同打造具有战略意义的老中命运共同体，相信"一带一路"合作将给老挝发展注入强劲动力，造福两国和两国人民。

沈跃跃参加会见。

会见美国众议院"美中工作小组"代表团

新华社北京3月22日电　全国人大常委会委员长栗战书22日在人民大会堂会见美国众议院"美中工作小组"代表团。

栗战书说，今年是中美建交40周年。历史已经证明，合作是中美双方最佳的选择。推动中美关系稳定发展是人心所向，深化互利合作是大势所趋。习近平主席与特朗普总统阿根廷会晤达成的重要共识，为中美关系发展指明了方向。中美双方应努力在互利互惠的基础上拓展合作、在相互尊重的基础上管控分歧，积极推进以协调、合作、稳定为基调的中美关系。中国全国人大重视加强同美国国会的往来，积极评价"美中工作小组"为推动中美交流合作所作的努力，希望两国立法机构相向而行，为增进相互理解、促进互利合作作出积极贡献。

拉森等议员积极评价中国新出台的外商投资法，表示愿继续为推动美中关系发展发挥建设性作用。

与布基纳法索国民议会议长萨康德举行会谈

新华社北京3月26日电　全国人大常委会委员长栗战书26日在人民大会堂与布基纳法索国民议会议长萨康德举行会谈。

栗战书对布作出与中国复交的政治决断和坚

持一个中国的原则立场表示赞赏。他说，随着中布复交，布基纳法索重回中非友好合作大家庭，两国友好合作揭开新篇章。去年 9 月，应习近平主席邀请，卡博雷总统来华访问并出席中非合作论坛北京峰会，两国元首举行了富有成果的会谈，共同描绘了中布关系发展蓝图。复交以来，中布各领域合作取得丰硕成果，充分展现了两国友好合作的光明前景，有力证明了与中国复交符合布基纳法索国家和人民的根本利益和长远利益。当前，中布关系面临新的机遇，双方要认真落实好两国元首重要共识，在涉及彼此核心利益问题上坚定相互支持，深化政治互信，加强互利合作，推动中布友好合作关系不断向前发展。

栗战书强调，不论中国如何发展，我们独立自主的和平外交政策不会变，对非洲兄弟的情义不会变。习近平主席指出，在中非合作共赢的道路上，中国始终秉持真实亲诚理念和正确义利观，坚持真诚友好、平等相待，坚持义利相兼、以义为先，坚持发展为民、务实高效，坚持开放包容、兼收并蓄。在中非合作论坛北京峰会上，习近平主席宣布了未来三年对非合作“八大行动”，为打造新时代更加紧密的中非命运共同体注入新动力。中国将同包括布基纳法索在内的非洲各国团结一心、同舟共济，携手开创更加幸福美好的未来。

栗战书表示，议长先生此访是两国关系史上布基纳法索议长首次访华。今天的会谈开启了中国全国人大与布基纳法索国民议会交往的新阶段。今后双方要进一步加强各层级友好往来，开展多渠道、多形式的交流对话，分享治国理政经验，推动各领域务实合作，为促进中布关系发展作出积极贡献。

萨康德说，布基纳法索政府、议会和各政党都坚定支持与中国复交。布方将在恪守一个中国原则基础上积极推动布中友好关系发展，加强对华互利合作，为两国人民带来更多实实在在的利益。布国民议会愿深化与中国全国人大的友好交往，密切在多边议会组织中的协调配合，积极推动两国关系稳定向前发展。

全国人大常委会副委员长蔡达峰参加会谈。

会见萨尔瓦多国民议会第一副议长奥兰特斯

新华社北京 4 月 15 日电　全国人大常委会委员长栗战书 15 日在人民大会堂会见萨尔瓦多国民议会第一副议长奥兰特斯。

栗战书说，去年 8 月，萨尔瓦多政府和人民作出历史性选择，承认并承诺恪守一个中国原则，成为第 178 个同中国建交的国家。历史将证明，中国是萨方可以信赖的真诚朋友，中萨建交是符合萨尔瓦多国家和人民长远利益的正确选择。中国是世界上最大的发展中国家，最大的心愿就是帮助广大发展中国家加快发展。希望萨方牢牢把握合作机遇，同中方一道，本着相互尊重、平等互利原则，加强交流合作，推动中萨关系健康稳定向前发展。中国全国人大期待与萨尔瓦多国民议会加强友好交往，为两国关系发展发挥积极作用。

奥兰特斯说，萨国民议会愿以此访为契机，深化与中国全国人大的交流合作，助力萨中关系发展。

会见德国联邦议院副议长弗里德里希

新华社北京 4 月 16 日电　全国人大常委会委员长栗战书 16 日在人民大会堂会见德国联邦议院副议长弗里德里希。

栗战书说，近年来，在两国领导人战略引领和社会各界广泛支持下，中德关系始终保持高位运行。当前单边主义、保护主义有所抬头。中德作为世界主要经济体和贸易大国，加强互利合作，对推动构建开放型世界经济、维护世界和平稳定具有重要意义。中方愿与德方携手努力，积极落实两国领导人共识，不断拓展中德合作的广度和深度，加强在“一带一路”框架下的务实合作，为两国人民带来更大福祉。中国全国人大重视加强与德国联邦议院的交流合作，希望双方密切各层次友好往来，扩大治国理政和立法监督等方面的经验交流，为两国务实合作提供良好法律保障。

弗里德里希说，德国联邦议院愿为德中友好关系发展多做工作。

同多米尼加众议长卡马乔会谈

新华社北京4月17日电　全国人大常委会委员长栗战书17日在人民大会堂同多米尼加众议长卡马乔举行会谈。

栗战书说,中多建交是习近平主席和梅迪纳总统共同作出的重大历史性决策。中国多了一个相互尊重、平等相待、互利合作的好伙伴,多米尼加融入到了170多个坚持一个中国原则的国家汇成的国际社会主流。建交以来,两国各领域合作迅速展开,取得实质性进展。中方愿与多方一道,按照两国元首的战略引领,深化各领域务实合作,厚植双方友好的民意基础,共同开创中多关系更加美好的未来。

栗战书说,中国共产党的使命是为中国人民谋幸福,为人类进步事业而奋斗,这是我们制定内外政策的根本出发点。我们对内要实现共同富裕,对外要推动构建人类命运共同体。只有各国共享和平、共同发展、普遍安全,这个世界才是一个美好的世界。国家之间要相互尊重、互利合作,相互照顾彼此的利益和关切。面对单边主义、保护主义、民粹主义抬头,习近平主席在多个国际场合表明了中国坚定支持多边主义,维护贸易投资自由化,积极参与全球治理的鲜明立场。第二届"一带一路"国际合作高峰论坛即将在北京举行,这将为推动各国共同发展带来更多机遇,为构建人类命运共同体作出新的贡献,欢迎多方积极参加。

栗战书指出,中国全国人大愿同多米尼加国会加强各层级往来,在涉及彼此核心利益和重大关切问题上相互理解支持,开展立法监督和治国理政等方面的经验交流,为推动务实合作提供法律保障。

卡马乔说,多米尼加政府、国会、各党派和人民一致支持与中国建交,这一历史决策不仅有利于两国和两国人民的福祉,也有利于世界的和平稳定。多方将坚定恪守一个中国原则,致力于发展与中国在各领域的互利合作。多米尼加国会愿加强与中国全国人大的友好交往,积极支持两国务实合作,为推动多中关系发展作出贡献。

全国人大常委会副委员长白玛赤林参加会谈。

分别会见莫桑比克总统纽西、智利总统皮涅拉

人民日报北京4月24日电　全国人大常委会委员长栗战书24日在人民大会堂分别会见莫桑比克总统纽西、智利总统皮涅拉。

在会见纽西时,栗战书表示,欢迎总统先生来华出席第二届"一带一路"国际合作高峰论坛。习近平主席倡议的"一带一路"是和平友好、平等合作、实现共赢的开放平台。近年来,中莫全面战略合作伙伴关系深入发展,双方携手共建"一带一路",各领域务实合作加速推进。中方愿同莫方一道,落实好两国元首达成的共识,深化共建"一带一路"合作,促进农业、能源资源、基础设施等领域互利合作提质升级,推动中莫关系不断迈上新台阶。中国全国人大愿同莫议会一道努力,加强立法机构交流合作,增进两国人民友谊。

纽西表示,莫方愿充分发挥区位和资源优势,与中方共同推进"一带一路"建设,共享合作发展成果。王东明参加会见。

在会见皮涅拉时,栗战书表示,近年来,在两国元首引领下,中智全面战略伙伴关系发展顺利,各领域务实合作提速升级,成果丰硕。即将举行的第二届"一带一路"国际合作高峰论坛将为双方友好互利合作带来新机遇,注入新动力。中国全国人大愿同智利国民议会一道,落实好总统此次访华期间两国元首达成的重要共识和本届高峰论坛成果,加强立法机构高层和各层级往来,开展立法、监督和治国理政交流,共同为中智关系发展提供法律保障和支持。

皮涅拉表示,智利人民仰慕中国发展取得的巨大成就,智方将继续积极参与"一带一路"建设,同中方加强各领域合作,密切立法机构交往,不断丰富两国关系内涵。

武维华参加会见。

会见马来西亚总理马哈蒂尔

人民日报北京 4 月 25 日电　全国人大常委会委员长栗战书 25 日在人民大会堂会见马来西亚总理马哈蒂尔。

栗战书表示，中马是亲密友好邻居和真诚合作伙伴，近年双方以共建"一带一路"为主线，开展广泛深入的务实合作，取得丰硕成果。中方愿同马方一道，落实好两国领导人共识及第二届"一带一路"国际合作高峰论坛成果，进一步拓展和深化双方在农业、渔业、电子商务、科技创新、人文等领域的交流合作。中国全国人大愿继续加强与马来西亚国会友好交往，开展治国理政、立法、监督等领域交流互鉴，推动中马全面战略伙伴关系迈向更高水平。

马哈蒂尔表示，马来西亚钦佩中国发展成就，世界将受益于中国经济发展和科技进步。马方欢迎"一带一路"倡议，愿学习借鉴中国发展经验，加强双方各领域合作。

吉炳轩参加会见。

分别会见乌兹别克斯坦总统米尔济约耶夫、老挝人革党总书记本扬、奥地利总理库尔茨

人民日报北京 4 月 26 日电　中共中央政治局常委、全国人大常委会委员长栗战书 26 日在人民大会堂分别会见乌兹别克斯坦总统米尔济约耶夫，老挝人民革命党中央总书记、国家主席本扬和奥地利总理库尔茨。

会见米尔济约耶夫时，栗战书表示，近年来，中乌关系保持高水平运行，双边务实合作顺利推进。今天，习近平主席在第二届"一带一路"国际合作高峰论坛开幕式上发表重要演讲，提出了一系列重大倡议和深化"一带一路"合作的重大举措，这对中乌加强互利合作具有指导性意义，提供了新的机遇。双方应落实好两国元首共识，深入推进"一带一路"框架下各领域合作，造福两国和两国人民。中国全国人大愿与乌最高会议立法院密切配合，为深化两国友好互利合作营造良好法治环境，推动中乌全面战略伙伴关系不断向前发展。

米尔济约耶夫表示，习近平主席的演讲内涵丰富，意义重大。乌方坚定支持并将继续深度参与"一带一路"建设。

蔡达峰参加会见。

会见本扬时，栗战书说，习近平总书记和本扬总书记作为中老关系的掌舵者和领航人，引领两党两国关系进入历史最好时期。习近平主席在本届"一带一路"国际合作高峰论坛上的演讲，提出了一系列新理念、新主张、新举措。这也是中国进一步扩大高水平对外开放，为"一带一路"沿线国家共建共享、合作发展提供的新机遇。中方愿进一步密切两国高层交往，推动中老关系不断谱写新篇章。中国全国人大愿同老挝国会继续加强立法机构之间的交流合作。

本扬高度评价习近平主席为推动"一带一路"建设提出的新倡议，表示愿与中方密切合作，推动老中命运共同体建设取得新进展。

曹建明参加会见。

会见库尔茨时，栗战书表示，去年习近平主席同贵国总统确立了中奥友好战略伙伴关系的新定位，双方各领域务实合作得到全面拓展。今天习近平主席在论坛开幕式上发表演讲，提出"一带一路"要坚持开放、绿色、廉洁理念，实现高标准、惠民生、可持续目标，这既是推动"一带一路"合作建设高质量发展的中国主张，也是深化中欧合作的重大机遇。中方包括中国全国人大愿同奥方一道，落实好两国元首共识和本届论坛成果，加强经贸、人文及立法机构等领域合作，在"一带一路"框架内打造中奥合作新的增长点。

库尔茨表示，奥中是密切合作伙伴，奥方愿同中方一道，在"一带一路"框架内推动奥中、欧中合作持续发展。

曹建明参加会见。

与韩国国会议长文喜相举行会谈

新华社北京5月7日电　全国人大常委会委员长栗战书7日在人民大会堂与韩国国会议长文喜相举行会谈。

栗战书说，中韩互为近邻和重要合作伙伴。在习近平主席和文在寅总统亲自引领下，中韩关系克服暂时困难实现恢复发展，两国领导人达成的一系列重要共识正得到有效落实。中方愿同韩方保持并加强各层级、各领域沟通，尊重彼此核心利益和重大关切，坚持以诚相待、互利共赢，进一步夯实双边关系发展的互信基础，共同推动中韩战略合作伙伴关系行稳致远。

栗战书强调，不久前，中方成功举办第二届“一带一路”国际合作高峰论坛。习近平主席提出高质量共建“一带一路”的原则、理念和目标，宣布一系列重大改革开放举措，将给各国发展带来更大机遇。中韩都坚定支持开放包容合作。在单边主义、保护主义抬头的背景下，两国应加强“一带一路”对接合作，共同维护多边主义和自由贸易体制、推动国际政治经济秩序朝着更公平合理的方向发展。

栗战书指出，立法机构交流合作是中韩关系的重要组成部分。近年来，中国全国人大和韩国国会保持密切交往，就两国关系、治国理政经验、国际地区形势等广泛交换意见，对彼此加深政策理解和相互信任发挥了重要作用。希望双方继续密切友好往来，加强立法、监督工作经验交流，支持和推动经贸、文化、青少年、地方等方面交流合作，为深化两国关系、增进人民友谊作出积极贡献。

文喜相说，在双方的共同努力下，当前韩中关系回到稳定发展的轨道。韩方高度赞赏中方为推动朝鲜半岛问题政治解决进程发挥的建设性作用，积极评价第二届“一带一路”国际合作高峰论坛的成功举办。韩方愿与中方加强“一带一路”对接合作，扩大各领域务实合作。韩国国会重视发展与中国全国人大的友好关系，愿深化双方交流合作，为韩中关系健康稳定发展作出更大贡献。

全国人大常委会副委员长王东明参加会谈。

会见希腊总统帕夫洛普洛斯

人民日报北京5月14日电　全国人大常委会委员长栗战书13日在人民大会堂会见希腊总统帕夫洛普洛斯。

栗战书表示，中国和希腊都拥有悠久文明和灿烂文化，两国传统友谊历久弥坚。双方相互尊重，平等相待，是政治上的好朋友、经济上的好伙伴，双边关系保持高水平发展。中方愿同希方一道，落实好两国元首重要共识，密切高层交往，加强务实合作，携手打造共建“一带一路”的新亮点，以更多实实在在的合作成果造福两国人民。中国全国人大愿同希腊议会加强友好往来，开展立法、监督和治国理政交流，推动中希全面战略伙伴关系不断向前发展。

帕夫洛普洛斯表示，希腊钦佩中国政治经济社会发展及法治建设取得的巨大成就。希方愿同中方共同推动文明对话，推进希中和欧中各领域合作。

艾力更·依明巴海参加会见。

会见塞尔维亚国民议会副议长阿尔西奇

新华社北京5月27日电　全国人大常委会委员长栗战书27日在人民大会堂会见了塞尔维亚国民议会副议长阿尔西奇。

栗战书说，中塞友谊历久弥新，两国互为真诚的朋友。近年来，在习近平主席与武契奇总统共同引领下，双边全面战略伙伴关系提升到新高度，务实合作站到“一带一路”合作的最前沿。双方要巩固和深化传统友好，继续在涉及彼此核心利益和重大关切问题上相互坚定支持，做政治互信、共同发展、民心相通的典范，打造更紧密的利益和命运共同体。两国立法机构应加强立法、监督、治国理政等方面交流合作，为落实好两国元首重要共识、深化中塞关系提供更有力保障。

阿尔西奇说，塞尔维亚国民议会愿与中国全国人大密切交往，充分发挥双方合作委员会的作用，为推动两国务实合作、促进民众友好感情作出新贡献。

会见哈萨克斯坦议会下院副议长伊希姆巴耶娃

新华社北京 5 月 28 日电 全国人大常委会委员长栗战书 28 日在人民大会堂会见了哈萨克斯坦议会下院副议长伊希姆巴耶娃。

栗战书说，中哈是友好邻邦，都视对方为重要合作伙伴和可信赖的朋友。近年来，在习近平主席和哈领导人的引领下，中哈关系实现了从睦邻友好到互为全面战略伙伴，从打造利益共同体到构建命运共同体"两大跨越"，展现出强劲发展势头。哈方最早响应并积极参与"一带一路"建设，两国务实合作成果丰硕，树立了优势互补、互利共赢的典范。中国全国人大愿与哈萨克斯坦议会一道，以落实两国领导人的重要共识为主线，通过开展立法、监督等交流合作，共同为深化务实合作、促进民心相通、推动两国关系发展提供有力的法律保障。

伊希姆巴耶娃表示，哈中睦邻友好、相互信任，哈议会愿与中国全国人大更密切交往，助力两国友好巩固、扩大。

会见尼日尔总统伊素福

人民日报北京 5 月 29 日电 全国人大常委会委员长栗战书 29 日在人民大会堂会见尼日尔总统伊素福。

栗战书表示，昨天，习近平主席同阁下举行了深入友好的会谈，规划了中尼友好合作的新蓝图。中方愿同尼方一道，落实好两国元首重要共识，推动两国关系提升到更高水平。中非人民都是从反帝、反殖斗争中走来的，都面临摆脱贫困落后、实现繁荣发展的任务。西方一些国家不想帮、不愿干的，中非互帮互助干成了，而且不附加任何政治条件，不夹带任何一己私利，开创了南南合作的新范式。这正是习近平主席提出的真实亲诚理念和正确义利观的生动实践。中国全国人大愿与尼国民议会加强交流，推动深化两国友好合作。

伊素福表示，尼日尔感谢中方长期以来提供的支持和帮助，愿学习借鉴中国发展经验，积极参与共建"一带一路"，加强双方务实合作。

丁仲礼参加会见。

会见奥地利联邦议会议长阿佩

人民日报北京 6 月 10 日电 全国人大常委会委员长栗战书 10 日在京会见以奥地利联邦议会议长英戈·阿佩为团长的奥中友协高级代表团。

栗战书指出，去年 4 月，习近平主席和范德贝伦总统共同确立中奥友好战略伙伴关系新定位，为两国关系发展明确了方向。前不久，习主席系统阐述了加强国际发展合作的倡议，表示要坚持共商共建共享，合力打造开放多元的世界经济，坚持以人为本，努力建设普惠包容的幸福社会，坚持绿色发展，致力构建人与自然和谐共处的美丽家园，宣示了中国进一步扩大高水平对外开放、促进共同发展和人类进步的立场和主张。中方始终致力于加强同奥方的友好合作，造福两国和两国人民。

阿佩表示，奥方愿与中国全国人大加强交流合作，发挥民间友好组织的积极作用，推动两国务实合作和人员往来，携手应对气候变化等全球性挑战。

会见北马其顿议长扎费里

新华社北京6月17日电　全国人大常委会委员长栗战书17日在北京会见北马其顿议长扎费里。

栗战书说，在两国元首引领下，双方互利合作向更广领域拓展。今年是新中国成立70周年，中国人民自力更生、开拓创新，国家面貌发生了天翻地覆的变化，根本在于中国共产党的坚强领导，坚持改革开放，走出了符合国情的中国特色社会主义道路。同时，坚持把实现自身发展与促进各国共同发展结合起来，推动建设开放型世界经济，积极为发展中国家争取发展空间和制度性权利。中国全国人大愿同北马其顿议会加强交流，为务实合作提供法律保障。

扎费里表示，中国发展成就令人钦佩，北马其顿议会积极支持两国全方位交往与合作，共建“一带一路”，推动两国关系迈上新的水平。

沈跃跃参加会见。

同埃及议长阿里举行会谈

新华社北京6月18日电　全国人大常委会委员长栗战书18日在人民大会堂与埃及议长阿里举行会谈，并共同出席中埃议会交流机制第五次会议第一阶段会议。

栗战书说，中埃都是文明古国。过去，古丝绸之路将两国联结在一起；如今，共建“一带一路”谱写着两国友好合作新篇章。在习近平主席和塞西总统的引领下，中埃建立全面战略伙伴关系，各领域合作取得长足发展，成为南南合作的典范。中方始终从战略高度和长远角度看待和推进中埃关系，愿同埃方一道，继续在涉及彼此核心利益和重大关切问题上相互坚定支持，加强发展战略对接，深化“一带一路”务实合作，推动中埃关系不断迈上新台阶。

栗战书强调，中埃都是发展中国家，面临着实现各自民族复兴梦想的现实任务，有着许多共同利益和广阔合作空间。构建相互尊重、公平正义、合作共赢的新型国际关系应成为中埃的共同追求。中方主张进一步巩固开放、包容、透明、非歧视、以规则为基础的多边贸易体制。中埃要加强团结合作，为促进发展中国家共同发展、构建人类命运共同体作出积极贡献。

栗战书指出，作为中埃全面战略伙伴关系的重要组成部分，立法机构合作的重要任务是推动落实两国元首达成的共识，促进各领域合作深入发展。中国全国人大愿加强同埃及议会多层次、多形式、多渠道的交流合作，进一步用好中埃议会交流机制这一对话合作平台，积极开展立法、监督和治国理政经验交流，为两国务实合作走深走实提供法律保障，为中埃关系发展注入新的活力。

阿里表示，埃中友好历史悠久、基础深厚。两国政治、经济、人文等领域的合作成果丰硕。埃方高度赞赏并积极参与“一带一路”建设，相信这将为埃中合作带来巨大机遇。埃方将一如既往在中方重大关切问题上给予坚定支持，愿与中方加强反恐合作、密切在国际事务中的协调配合。埃及议会期待与中国全国人大深化友好交往，从立法层面为两国务实合作提供保障。

全国人大常委会副委员长艾力更·依明巴海参加会谈。

会见巴拿马国民大会主席阿夫雷戈

人民日报北京6月19日电　全国人大常委会委员长栗战书19日在人民大会堂会见巴拿马国民大会主席阿夫雷戈。

栗战书指出，2017年6月，中巴建立外交关系，开启了两国关系的新纪元。两年来，在习近平主席和巴雷拉总统共同引领下，中巴关系发展势头良好,政治互信日益加深,务实合作、人文交流不断拓展。巴拿马是最早支持和参与共建“一带一路”的拉美国家,为区域内国家发挥了重要示范作用。事实证明,中巴友好给两国人民带来了实实在在的好处。中方期待着与巴新政府继续共同努力,推动两国关系不断迈上新台阶。

阿夫雷戈表示,巴方恪守一个中国原则,愿与中国全国人大加强交流,发挥立法机构、政党的积极作用,推动两国关系发展。

郝明金会见时在座。

会见哥伦比亚自由党干部考察团

人民日报北京 6 月 25 日电　中共中央政治局常委、全国人大常委会委员长栗战书 25 日在北京会见由党的总书记桑切斯率领的哥伦比亚自由党干部考察团。

栗战书表示,在两国元首共同引领下,近年来中哥关系取得长足发展。栗战书介绍了中国新型政党制度。他说,中国新型政党制度是中国共产党、中国人民的伟大政治创造,具有巨大的优越性。中国共产党作为执政党,做任何决策都以人民为中心。中国的人民代表大会制度,坚持中国共产党的领导、人民当家作主、依法治国有机统一,能够有效保证执政党通过法定程序对国家进行有效领导和治理。中国全国人大愿同贵国议会一起为两国关系发展发挥积极推动作用。

桑切斯和哥众议长查孔高度评价中国特色社会主义的成功实践,愿继续推动哥中政党、立法机构的友好合作。

武维华参加会见。

会见保加利亚总统拉德夫

人民日报北京 7 月 3 日电　全国人大常委会委员长栗战书 3 日在人民大会堂会见保加利亚总统拉德夫。

栗战书表示,今年是新中国成立 70 周年,也是中保建交 70 周年。新中国成立后,中国全国人大代表团首次出访就访问了保加利亚。这次,习近平主席同总统先生一致同意将两国关系提升为战略伙伴关系。当前,面对世界变局和挑战,中国坚持在扩大对外开放中推动构建开放型世界经济,在拓展共赢合作中促进同包括保加利亚在内的世界各国共同发展。中国全国人大愿同保方一道,落实好两国元首达成的重要共识,密切两国立法机构往来,加强立法、监督合作,开展治国理政经验交流。

拉德夫表示,保方致力于发展保中战略伙伴关系,愿积极参与共建“一带一路”,支持中东欧国家同中国合作。

陈竺参加会见。

会见孟加拉国总理哈西娜

人民日报北京 7 月 5 日电　全国人大常委会委员长栗战书 5 日在人民大会堂会见孟加拉国总理哈西娜。

栗战书表示,2016 年,习近平主席与总理女士共同将两国关系提升为战略合作伙伴关系,开启了中孟友好交往的新篇章。习近平主席在 G20 大阪峰会上发表的重要讲话指出人类从闭塞走向开放是不可阻挡的时代潮流,中方致力于促进世界各国合作共赢,推动构建人类命运共同体。中方愿同孟方一道,落实好两国领导人达成的重要共识,以共建“一带一路”为主线,深化合作,更好造福两国和两国人民。中国全国人大愿加强与孟议会的交往,深化治国理政经验交流,更好服务两国关系发展。

哈西娜表示,中国是孟加拉国紧密可靠的伙伴,两国在国际事务中一贯相互支持。孟方感谢中方长期帮助,愿同中方一道,不断深化各领域务实合作。

白玛赤林参加会见。

同越南国会主席阮氏金银举行会谈

新华社北京 7 月 12 日电　全国人大常委会委员长栗战书 11 日在人民大会堂同越南国会主席阮氏金银举行会谈。

栗战书说,中越同为共产党领导的社会主义国家。两国老一辈领导人共同缔造了中越特殊传统友谊。近年来,习近平总书记同阮富仲总书记两度实现历史性互访,明确了中越两国是具有战略意义的命运共同体,指明了两党两国关系未来发展方向。中方愿同越方一道,全面落实两党两国领导人达成的重要共识,以长期稳定、面向未来、睦邻友好、全面合作的方针为指引,加快推进共建“一带一路”和“两廊一圈”合作,共同维护海上和平稳定局面,不断增进两国人民的友好感情,推动中越传统友谊和互利合作在新时期取得更大发展。

栗战书介绍了中国的人民代表大会制度及全国人大工作情况。栗战书说,中国全国人大和越南国会都是共产党领导下的权力机关、立法机关。中国全国人大愿与越南国会一道,围绕推动落实两党两国领导人达成的重要共识和合作协议这条主线,从法律上为双边合作提供保障。加强工作交流,在坚持党的领导、密切联系群众、做好立法监督等工作方面相互学习借鉴。发挥立法机构优势,促进人文、地方、青年等领域友好交往。加强在多边议会机制中的协调配合,维护两国共同利益。中越团结合作好了,共同发展好了,不仅可以造福两国人民,也将为社会主义事业和人类社会和平发展作出积极贡献。

阮氏金银说,越中传统友谊是两党两国的共同财富,值得不断发扬传承。越方始终高度重视发展对华关系,愿与中方共同落实好两党两国领导人达成的重要共识,加强各领域互利合作和人民间友好往来,推动越中友好更加深入人心。越南国会期待与中国全国人大密切交流合作,为越中关系发展作出更大贡献。

全国人大常委会副委员长王东明参加会谈。

会见利比里亚临时参议长阿尔伯特·切

新华社北京 7 月 17 日电　全国人大常委会委员长栗战书 17 日在北京会见利比里亚临时参议长阿尔伯特·切。

栗战书说,中方赞赏利比里亚以立法形式确认坚持一个中国原则。中国全国人大将以习近平主席与维阿总统达成的重要共识为指引,为落实中非合作论坛北京峰会成果、推进共建“一带一路”、加强各领域的务实合作提供法律支持和保障。两国立法机构应加强交流合作,丰富双边各层次交往,为打造更加紧密的中非命运共同体,共同推动中利关系实现更大发展作出积极贡献。

阿尔伯特·切表示,利方恪守一个中国原则,愿与中方抓住共建“一带一路”和非中合作快速发展的机遇,加强立法机构往来和各领域合作。

吉炳轩参加会见。

会见阿联酋阿布扎比王储穆罕默德

人民日报北京 7 月 22 日电　全国人大常委会委员长栗战书 22 日在人民大会堂会见阿联酋阿布扎比王储穆罕默德。

栗战书表示,2018 年习近平主席访阿期间双方共同宣布建立全面战略伙伴关系,今天习主席同王储殿下举行会谈达成新的重要共识,共同确定了新时期中阿关系的发展方向。中方愿同阿方加强在涉及彼此核心利益和重大关切问题上的相互支持。中国全国人大愿与阿联邦国民议会深化交流合作,围绕落实两国领导人共识,以共建“一带一路”为主线，推动各领域务实合作，加强立法经验交流，促进中阿合作在更高水平上加快发展。

穆罕默德表示，我将中国视为第二故乡，将对华关系置于阿外交优先地位。阿方高度评价“一带一路”倡议，愿全面深化两国各领域合作和立法机构交流。

艾力更·依明巴海参加会见。

同坦桑尼亚国民议会议长恩杜加伊会谈

新华社北京 7 月 26 日电　全国人大常委会委员长栗战书 26 日在人民大会堂同坦桑尼亚国民议会议长恩杜加伊举行会谈。

栗战书说，2013 年，习近平主席访问坦桑尼亚，将中坦关系提升为互利共赢的全面合作伙伴关系，在访问中首次提出了真实亲诚对非政策理念和正确义利观。建交半个多世纪以来，中坦双方始终真诚友好、平等相待，相互帮助、共同进步，在涉及彼此核心利益和重大关切问题上相互理解、相互支持。中方坚定支持坦方独立自主探索适合本国国情的发展道路，愿在力所能及范围内，积极支持和参与坦桑尼亚国家建设和发展事业。

栗战书指出，当前中坦两国都处在发展的关键时期。中国全国人大愿与坦国民议会一道，从中坦关系全局出发，充分发挥各自优势和职能作用，推动做好落实中非合作论坛北京峰会成果、共建“一带一路”同坦方“2025 国家发展愿景”的对接，为加强基础设施建设、人力资源开发、农业、旅游、教育等各领域合作提供支持和法律保障，为中坦全面合作伙伴关系迈上新台阶贡献力量。

栗战书表示，人民代表大会制度是中国的根本政治制度，最大的特点是坚持中国共产党的领导、人民当家作主和依法治国有机统一。中国全国人大高度重视与坦桑尼亚国民议会的交流合作，愿加强双方高层、专门委员会、友好小组等各层次友好交往，加强治国理政经验交流，积极促进两国民间和地方友好往来，增进人民相互了解和友好感情，不断夯实两国关系发展的民意基础。

恩杜加伊说，坦中两国是真诚相待、患难与共的朋友。坦方感谢中方对坦桑尼亚国家和人民的无私帮助，将一如既往坚定支持一个中国政策。坦方愿与中方密切配合，积极推动落实中非合作论坛北京峰会成果，加强在共建“一带一路”框架下的互利合作，为两国人民带来更多福祉。坦桑尼亚国民议会愿进一步加强与中国全国人大的友好合作，为坦中关系发展注入新的活力。

全国人大常委会副委员长张春贤参加会谈。

会见哥伦比亚总统杜克

人民日报北京 7 月 31 日电　全国人大常委会委员长栗战书 31 日在人民大会堂会见哥伦比亚总统杜克。

栗战书表示，建交以来，经过近 40 年发展，中哥关系站在新的历史起点上。两国关系的一个重要特点是，相互尊重彼此选择的发展道路，在涉及彼此核心利益和重大关切的问题上相互支持。此次习近平主席与总统先生的会晤必将引领两国关系迈向更高水平。中国全国人大愿同哥国会一道，推进落实两国元首达成的重要共识，密切两国立法机构之间各层级、各专门委员会和友好小组的友好往来，加强立法工作和治国理政经验交流，为两国关系发展提供法律保障和支持。

杜克表示，我这次访华是为了同习近平主席一道，规划两国关系更美好的未来。哥方愿进一步深化双边各领域务实合作，积极参与共建“一带一路”，希望同中方密切立法机构往来，支持两国友好合作。

曹建明参加会见。

会见拉美议会议长皮萨罗

人民日报北京8月19日电　全国人大常委会委员长栗战书19日在人民大会堂会见了拉美议会议长皮萨罗。

栗战书说，近年来，习近平主席四次到访拉美，在双多边场合同拉美国家领导人频繁会面，共同推动中国和拉美国家关系进入了新时代。中国是世界上最大的发展中国家，拉美是世界上发展中国家最集中的地区之一。中拉合作本质上是南南合作，双方合作既不针对第三方，亦不排斥第三方。拉美议会是拉美和加勒比地区最重要、最具代表性的议会间组织，在推动中拉整体合作中发挥积极作用。中国全国人大愿进一步加强同拉美议会的友好交流合作，为推动中拉高质量共建"一带一路"提供法律保障，为丰富人文合作多做促进工作，更好助力中拉全面合作伙伴关系发展。

皮萨罗表示，拉美议会高度重视与中国全国人大的交流合作，将恪守一个中国原则，推动拉中合作日益深化。

沈跃跃参加会见。

会见美国联邦参议员戴恩斯一行

新华社北京9月2日电　全国人大常委会委员长栗战书2日在人民大会堂会见美国国会参议院"美中工作小组"共同主席、参议员戴恩斯和参议员珀杜一行，对他们长期致力于促进中美关系发展和立法机构往来表示赞赏。

栗战书说，今年是新中国成立70周年，也是中美建交40周年。历史充分证明，中美合则两利、斗则两伤。搞好中美关系符合两国和世界共同利益。中国始终致力于走和平发展道路，奉行互利共赢的开放战略。中国全国人大愿加强与美国会的交流沟通，落实两国元首大阪会晤重要共识，通过对话而非对抗、更具建设性的方式妥善处理分歧和敏感问题。

戴恩斯、珀杜表示，美中关系是当今世界最重要的双边关系之一，"美中工作小组"成员愿为增进两国政府和人民之间的深入了解继续作出努力。

分别会见德国总理默克尔、匈牙利国会常务副主席玛特劳伊

新华社北京9月6日电　全国人大常委会委员长栗战书6日在人民大会堂分别会见德国总理默克尔、匈牙利国会常务副主席玛特劳伊。

在会见默克尔时，栗战书表示，此次是总理女士任内第十二次访华，充分体现了你对发展两国关系的高度重视。德国是中国在欧洲重要的合作伙伴，中德经贸合作给两国企业和民众带来了看得见、摸得着的实惠。中国全国人大高度重视通过立法营造营商环境，今年通过的《外商投资法》，进一步为外国企业在华发展提供了有力法治保障。希望德方在投资审查、市场准入等方面给予中国企业公平待遇。中国全国人大愿同德国联邦议院加强各层级交往，增进相互了解与合作。

默克尔表示，我这次访问对深化德中关系很重要。德国乐见中国发展，希望从中获得更多合作机遇。我支持两国立法机构开展交流合作。

陈竺参加会见。

在会见玛特劳伊时，栗战书说，2017年习近平主席和欧尔班总理共同宣布中匈建立全面战略伙伴关系以来，两国关系进入了历史最好时期，双方成为经贸投资合作、共建"一带一路"、中国—中东欧国家合作的重要伙伴。今年是中匈建交70周年。中国全国人大愿同匈牙利国会开展多层次、多渠道、多形式的交流合作，加强在多边议会组织中的

沟通协调，充分发挥立法机构优势，从法律层面为两国各领域友好合作提供保障和支持，推动双边关系进一步发展。

玛特劳伊表示，新中国成立 70 年来特别是改革开放 40 多年来取得了巨大的发展成就，期待进一步加强两国立法机构各层级往来，推动两国各领域合作深入发展。

会见摩尔多瓦议长格雷恰尼

人民日报北京 9 月 11 日电 全国人大常委会委员长栗战书 11 日在人民大会堂会见摩尔多瓦议长格雷恰尼。

栗战书感谢格雷恰尼议长对中华人民共和国成立 70 周年的祝贺，赞赏摩方在涉及中方核心利益和重大关切问题上的坚定支持。栗战书说，新中国成立 70 年来经济社会发展取得的伟大成就，根本上在于中国共产党的领导。中国全国人大愿同摩尔多瓦议会加强交流合作，在立法、监督、治国理政等方面互学互鉴，为共建"一带一路"、经贸投资合作提供法律保障和支持，推动两国地方、民间友好往来。

格雷恰尼说，摩方高度重视摩中关系，愿积极参与"一带一路"建设，希同中国全国人大密切协调合作，充分发挥立法机构作用，推进两国各领域友好合作。

郝明金参加会见。

会见哈萨克斯坦总统托卡耶夫

人民日报北京 9 月 12 日电 全国人大常委会委员长栗战书 12 日在人民大会堂会见哈萨克斯坦总统托卡耶夫。

栗战书表示，昨天习近平主席同总统先生举行会谈，宣布发展中哈永久全面战略伙伴关系，为中哈关系明确了新的历史定位。中国全国人大愿与哈议会一道，认真落实两国元首重要共识，围绕政治互信、发展战略对接、政策连续性、安全合作、人文交流等积极发挥作用，密切立法机构之间各层次友好往来，为两国合作创造良好的法律环境。

托卡耶夫表示，哈方为 70 年来中国取得巨大建设成就感到由衷高兴。立法合作是哈中永久全面战略伙伴关系的重要组成部分。哈方支持两国深化立法机构合作和各领域交流。

万鄂湘参加会见。

出席庆祝中俄建交暨中俄友协成立 70 周年招待会并致辞

新华社北京 10 月 9 日电 全国对外友协，中俄友好、和平与发展委员会，中俄友协 9 日在人民大会堂举行庆祝中俄建交暨中俄友协成立 70 周年招待会。中共中央政治局常委、全国人大常委会委员长栗战书，俄罗斯驻华大使杰尼索夫出席并致辞。

栗战书指出，回顾过去，中俄关系走过了极不平凡的发展历程，书写了两国人民友谊的佳话。今年 6 月，习近平主席和普京总统共同宣布发展中俄新时代全面战略协作伙伴关系，引领中俄关系成为大国邻国互信协作的典范、维护世界和平与国际秩序的正能量。希望两国各界友好人士携手努力，为新时代中俄关系发展作出新的贡献。

杰尼索夫表示，俄方愿同中方一道，以建交 70 周年为契机，推动两国关系不断取得新的成果。

全国政协副主席兼秘书长，中俄友好、和平与发展委员会中方主席夏宝龙出席。

会见巴基斯坦总理伊姆兰·汗

人民日报北京10月9日电　全国人大常委会委员长栗战书9日在人民大会堂会见巴基斯坦总理伊姆兰·汗。

栗战书说，在习近平主席和巴领导人的共同引领下，中巴全天候战略合作伙伴关系不断巩固发展。中巴关系具有超出双边范畴的重要意义，不仅符合两国根本利益，也有利于维护国际和地区的和平稳定。中方始终将巴基斯坦置于外交优先方向，坚定支持巴方不断推进国家建设事业。中国全国人大愿同巴方议会加强高层和各层级友好往来，开展交流互鉴，为高质量共建"一带一路"营造良好法律环境，为打造新时代更紧密的中巴命运共同体提供有力支持。

伊姆兰·汗热烈祝贺新中国成立70周年，高度赞赏中国经济建设取得的巨大成就。他表示，巴方希望借鉴中方成功经验，加强两国各领域务实合作。巴方愿同中方一道，在"一带一路"框架下推进中巴经济走廊建设。

吉炳轩参加会见。

会见土库曼斯坦国民会议副主席巴巴耶夫

新华社北京10月16日电　全国人大常委会委员长栗战书16日在人民大会堂会见土库曼斯坦国民会议副主席巴巴耶夫。

栗战书说，在习近平主席和别尔德穆哈梅多夫总统共同引领下，中土战略伙伴关系快速发展并展现出巨大发展潜力，成为平等相待、互利共赢的国家间关系典范。中土是共建"一带一路"的天然伙伴，双方要推进"一带一路"倡议同"复兴丝绸之路"发展战略对接，把互利合作的"蛋糕"做大。中国全国人大愿同土库曼斯坦国民会议一道，以落实两国元首共识为主线，积极开展友好往来，加强立法交流和多边议会组织框架内的合作，为各领域合作向更深层次、更高水平迈进提供法律保障。

巴巴耶夫表示，土国民会议期待深化与中国全国人大的友好交往，加强立法领域交流互鉴，助力土中关系发展。

会见巴西总统博索纳罗

人民日报北京10月25日电　全国人大常委会委员长栗战书25日在人民大会堂会见巴西总统博索纳罗。

栗战书表示，中巴都是具有重要影响力的发展中大国和新兴市场国家，两国关系已超越双边范畴，越来越具有战略性、全局性。当前国际形势深刻复杂演变，中巴加强全方位合作，有助于推动构建新型国际关系、构建人类命运共同体。双方要在习近平主席和总统先生的共同引领下，继续在涉及彼此核心利益和重大关切问题上相互支持，推动中巴全面战略伙伴关系不断迈上新台阶。中国全国人大愿进一步加强同巴西国会交流合作，为中巴务实合作顺利推进提供法律保障和支持。

博索纳罗表示，中国是伟大的国家，巴西新政府高度重视对华关系，视中国为重要伙伴，愿加强对华合作，深化两国友谊，推动两国关系向更高水平发展。

蔡达峰参加会见。

会见克罗地亚议长扬德罗科维奇

人民日报北京11月4日电　全国人大常委会委员长栗战书4日在人民大会堂会见克罗地亚议长

扬德罗科维奇。

栗战书欢迎扬德罗科维奇议长来华出席第二届中国国际进口博览会。他说,中国人民在70年的发展历程中深刻认识到、感受到中国特色社会主义制度具有巨大优越性,能够给人民带来巨大的福祉利益,打心眼里真心拥护这一制度。中国视克罗地亚为欧盟内和中东欧地区重要的合作伙伴。双方要在两国元首的共同引领下,保持高层交往势头,拓展务实合作,加强立法机构间交往。

扬德罗科维奇祝贺新中国成立 70 周年。他表示,克罗地亚始终坚持一个中国原则,支持并积极参与"一带一路"建设和"17+1 合作",愿同中方携手努力,为推动欧中关系发展和中东欧国家—中国合作发挥建设性作用。

曹建明参加会见。

同塞浦路斯议长西卢里斯举行会谈

新华社北京 11 月 6 日电 全国人大常委会委员长栗战书 6 日在人民大会堂同塞浦路斯议长西卢里斯举行会谈。

栗战书欢迎西卢里斯正式访华并出席第二届中国国际进口博览会。他说,中塞都拥有悠久历史和文明,都尊重彼此的政治制度、发展道路和文化传统,双方维护主权、安全和发展利益的任务是一致的,维护多边主义和自由贸易的原则是一致的,坚持对话和平解决分歧的立场是一致的。在习近平主席与阿纳斯塔夏季斯总统的共同引领下,两国政治互信牢固,各领域务实合作取得积极进展,中塞友好更加深入人心。

栗战书强调,进博会是中国敞开大门欢迎各国推介优势产品、开拓中国市场的一场盛会。习近平主席在开幕式上作了主旨演讲,再次向世界发出了"开放的大门只会越开越大"的中国声音。中方愿同塞方一道,以共建"一带一路"为主线提升互利合作水平,搭建好人文交流的桥梁,推动中塞友好合作取得新的成果。中国全国人大愿同塞浦路斯议会积极推动落实两国元首重要共识,加强友好往来,开展立法和治国理政经验交流,为两国各领域务实合作提供法律保障和支持。

栗战书表示,中国共产党刚刚召开了十九届四中全会,就国家制度和国家治理体系建设作出全面部署。中国国家制度和国家治理体系具有多方面显著优势,这些优势是我们坚定道路自信、理论自信、制度自信、文化自信的基本依据。中国共产党不断根据人民愿望、时代步伐、世界潮流与时俱进,对国家的各项制度进行自我完善和发展,与世界进行更好的利益融合和发展战略对接,把我国制度优势转化为治理效能,在推动国家发展进步的同时,维护世界和平稳定。

西卢里斯说,习近平主席在进博会上的讲话振奋人心,中方的开放新举措给包括塞浦路斯在内的世界各国带来了更大的发展机遇。塞方视中方为可贵的战略伙伴,愿积极推进双方各领域务实合作。塞浦路斯议会期待深化与中国全国人大的友好交往,为两国关系发展作出新贡献。

全国人大常委会副委员长张春贤参加会谈。

会见捷克众议院主席冯德拉切克

人民日报北京 11 月 7 日电 全国人大常委会委员长栗战书 7 日在人民大会堂会见捷克众议院主席冯德拉切克。

栗战书表示,中捷是传统友好国家。近年来,在两国元首战略引领下,双方各领域务实合作持续推进,共建"一带一路"成果丰硕。习近平主席在第二届中国国际进口博览会开幕式上发表重要演讲,强调中国将进一步扩大开放,这将为中捷合作带来新的更大机遇。双方要坚持互尊互信、互利共赢,把中捷战略伙伴关系不断推向新高度。中国全国人大愿同捷克议会加强交流对话。

冯德拉切克表示,习近平主席在第二届中国国际进口博览会的演讲令人振奋。捷方愿抓住中国发展和扩大开放的重要机遇,加强高层交往,推进务实合作,开拓中国市场。捷方将继续坚持一个中国原则。

白玛赤林参加会见。

会见萨尔瓦多总统布克尔

人民日报北京12月4日电　全国人大常委会委员长栗战书4日在人民大会堂会见萨尔瓦多总统布克尔。

栗战书表示，习近平主席同总统先生举行了富有成果的会谈，引领中萨关系站到新的历史起点上。中萨关系虽然起步较晚，但走在坚持一个中国原则，坚持相互尊重、平等互利、共同发展的正确道路上。中国是重情谊、讲信义的国家，愿做萨尔瓦多可信赖的朋友和伙伴。中国全国人大愿同萨方一道，落实两国元首重要共识，加强立法机构友好往来，交流治国理政经验，为两国各领域合作提供法律保障和支持，推动中萨关系发展，惠及两国人民。

布克尔表示，萨中建交得到萨尔瓦多各界广泛支持，为萨尔瓦多带来更大发展机遇，树立了有益范例。我再次郑重承诺，将不折不扣恪守一个中国原则，支持中国早日实现和平统一。期待两国立法机构加强交流，助力萨中友好合作。

艾力更·依明巴海参加会见。

同圣多美和普林西比国民议会议长内韦斯会谈

新华社北京12月9日电　全国人大常委会委员长栗战书9日在人民大会堂同圣多美和普林西比国民议会议长内韦斯举行会谈。

栗战书指出，中国与圣普复交3年来，习近平主席与圣普领导人发挥强有力的政治引领作用，共同宣布建立平等互信、合作共赢的全面合作伙伴关系，推动双方各领域友好交流和务实合作取得丰硕成果。中方愿同圣普方携手努力，在涉及彼此核心利益和重大关切问题上坚定相互支持，共同维护好一个中国原则这一双边关系的政治基础。要以落实好两国领导人共识和中非合作论坛北京峰会成果为主线，稳步推进各领域务实合作，开展丰富多彩的人文交流，夯实两国友好的民意基础，促进中圣普关系健康稳定向前发展。

栗战书指出，中国是包括圣普在内的非洲国家的天然朋友和伙伴，中非不仅是民族独立解放、实现经济自主可持续发展的同盟军，而且是维护国际公平正义、应对全球性挑战的同路人，在国际事务中具有广泛共同立场、共同利益、共同目标。中国作为世界上最大的发展中国家，主张开放包容而不是封闭保守，合作共赢而不是你输我赢。中国对非奉行真实亲诚理念和正确义利观，愿同包括圣普在内的非洲各国一道，加强在联合国等多边框架内的团结协作，维护多边主义和自由贸易，推动构建人类命运共同体。

栗战书强调，中国全国人大愿同圣普国民议会共同努力，为推动落实两国合作提供法治保障，支持双边重大合作项目顺利实施。扩大各层级友好往来，深化在立法、监督和治国理政等方面的经验交流。密切在国际多边场合的协调配合，维护好双边、中非和发展中国家的共同利益。

内韦斯说，祝贺中华人民共和国成立70周年。中国取得了巨大的经济社会发展成就，已成为世界第二大经济体，这是中国人民战胜许多困难、通过艰苦努力取得的。圣普将坚定坚持一个中国原则，支持中方在重大国际问题上的立场。愿学习借鉴中国的发展经验，加强在能源、基建、渔业、卫生、教育等领域的互利合作；进一步深化两国立法机构间友好交往，为促进两国关系发展和增进人民友谊作出贡献。

全国人大常委会副委员长武维华参加会谈。

同老挝国会主席巴妮举行会谈

新华社北京 12 月 17 日电 全国人大常委会委员长栗战书 17 日在人民大会堂同老挝国会主席巴妮举行会谈。

栗战书表示,在习近平总书记和本扬总书记的共同引领下,中老关系迈入构建中老命运共同体的新时代。两国政治制度相同,理想信念相通,各领域合作潜力巨大。双方要加强团结合作,密切在重大问题上的协调,坚定支持对方维护本国主权、安全和发展利益。中方愿持续推进"一带一路"倡议同老挝"变陆锁国为陆联国"战略对接,在产能、投资、铁路、中老经济走廊、旅游、人文等领域加强务实合作,造福两国和两国人民。

栗战书说,习近平总书记 2017 年访老期间,就两国立法机构合作提出了重要指导意见。中国全国人大愿同老挝国会一道,加强友好往来,从法律层面保障两国领导人重要共识的贯彻落实。双方要保持"走亲戚式"的交往态势,积极开展立法机构各层级友好往来,加强人员培训合作,支持地方立法机构对口交流。

栗战书向巴妮介绍了中共十九届四中全会情况。他说,全会对新时代坚持和完善中国特色社会主义制度、推进国家治理体系和治理能力现代化作出了顶层设计和全面部署。新中国成立 70 年创造了经济快速发展奇迹和社会长期稳定奇迹,最根本的是有中国共产党的领导,有中国特色社会主义制度作为支撑。中国人民对自己选择的道路和制度充满信心。

巴妮说,老挝党、政府和人民衷心祝贺中华人民共和国成立 70 周年,祝贺中国在中国共产党领导下取得了全面、巨大、历史性的伟大成就。双方要进一步丰富和发展两党两国和两国人民之间的友谊与合作,落实好两国领导人共同签署的构建老中命运共同体行动计划。愿深化老挝国会和中国全国人大之间的交流,为促进两国各领域务实合作提供法治保障。祝愿兄弟的中国人民在中国特色社会主义道路上不断取得新的更大成就。

全国人大常委会副委员长蔡达峰参加会谈。

二、委员长出国访问

栗战书对挪威、奥地利和匈牙利进行正式友好访问

栗战书将访问挪威、奥地利和匈牙利

新华社北京5月12日电 应挪威议长特罗恩、奥地利国民议会议长索博特卡和联邦议会议长阿佩、匈牙利国会主席克韦尔的邀请，全国人大常委会委员长栗战书将于5月15日至24日对挪威、奥地利和匈牙利进行正式友好访问。

栗战书对挪威进行正式友好访问

新华社奥斯陆5月18日电 应挪威议长特罗恩邀请，全国人大常委会委员长栗战书15日至18日对挪威进行正式友好访问，在奥斯陆分别会见国王哈拉尔五世、首相索尔贝格，与议长特罗恩举行会谈。

会见哈拉尔五世时，栗战书首先转达了习近平主席的亲切问候，并对挪威国庆日致以热烈祝贺。他说，去年国王陛下成功访华，两国元首为新时期中挪关系发展作出战略规划。今年是中挪建交65周年，希望双方以此为契机，在相互尊重、平等相待的基础上，巩固友谊，扩大合作，推动两国关系实现更好发展。哈拉尔五世表示，感谢习近平主席和中国人民对挪威的友好情谊，钦佩中国取得的巨大发展成就。挪威愿在冬季运动等领域加强对华合作，助力中国成功举办2022年冬奥会。

会见索尔贝格时，栗战书指出，中挪关系虽经过起伏，但友好和合作始终是主旋律。当今世界正处于百年未有之大变局。中挪在维护现有国际体系、建设开放型世界经济上具有共同利益，要共同支持多边主义和自由贸易。中国经济由高速增长转向高质量发展阶段，正在积极践行创新、协调、绿色、开放、共享发展理念，挪威重视科技创新和可持续发展，两国发展理念相近，经济互补性强，合作空间广阔。欢迎挪方积极参与“一带一路”建设，共同促进欧亚大陆互联互通，加强双方在经贸、环保、科技、人文、旅游等领域合作。希望挪方为中国企业投资运营提供公平公正、非歧视的营商环境。索尔贝格表示，挪中关系正常化后，各领域合作保持良好势头。希望双方抓紧商谈自贸协定，深化在海事、航运、渔业、环保等领域的合作。中国在国际事务中发挥着重要作用，挪方愿同中方密切在联合国、应对气候变化、北极事务等方面的沟通协作。

同特罗恩会谈并集体会见挪威议会外交与国防事务委员会成员时，栗战书介绍了中国发展道路、政治制度。他说，中国发展不断取得新成就，是因为我们走出了一条适合本国国情的发展道路，这就是中国特色社会主义道路，中国人民将坚定不移沿着这条道路走下去。他表示，中国全国人大愿同挪威议会一道，以落实两国领导人达成的重要共识为主线，加强各层次友好往来，通过坦诚对话增进了解和信任，为务实合作创造良好环境。特罗恩表示，此访是挪中关系正常化后中国领导人首次访挪，意义十分重大。挪威议会愿同中国全国人大开展全方位交流合作，为国家关系发展作出积极贡献。双方还就共同维护多边贸易体系、可持续发展及其它共同关心问题交换了意见。

栗战书出席庆祝中挪建交65周年经贸座谈会并讲话。他指出，习近平主席提出高质量共建

"一带一路"和中国进一步扩大开放的政策主张，为各国共同发展提供了新机遇。希望两国企业抢抓机遇，深挖潜力，把强烈合作愿望转化为更多实际成果。

栗战书看望了在挪进行集训的中国滑雪运动员，勉励他们刻苦训练，传承中挪友谊。他还会见了罗加兰郡、斯塔万格市地方官员，考察了当地生态农业、油气加工等发展情况。

栗战书对奥地利进行正式友好访问

新华社维也纳 5 月 21 日电 应奥地利国民议会议长索博特卡和联邦议会议长阿佩邀请，全国人大常委会委员长栗战书 18 日至 21 日对奥地利进行正式友好访问，在维也纳会见总统范德贝伦、总理库尔茨，与索博特卡和阿佩分别举行会谈。

会见范德贝伦时，栗战书首先转达了习近平主席的亲切问候。栗战书说，去年 4 月总统先生偕库尔茨总理及多位部长对中国进行国事访问，习近平主席与你共同确立中奥友好战略伙伴关系新定位，将两国关系发展推进到一个新阶段。中方愿同奥方共同努力，落实好两国元首的重要共识，推动各领域合作深入发展。会见中，双方就自由贸易、应对气候变化、伊核等共同关心的问题深入交换了意见。栗战书指出，中方始终坚持相互尊重、平等相待、互利共赢、共同发展的原则来处理国与国之间的关系。维护多边主义和自由贸易是国际社会的共同责任，单边主义、贸易保护主义不符合世界潮流，单边退约、单边制裁不仅损害别国也会损害自身利益。中方主张经贸分歧要通过谈判磋商解决，但谈判是有原则和底线的，必须符合国际贸易规则，坚持平等、互利、非歧视，坚决反对"长臂管辖"。中国愿同包括奥地利在内的各国一道努力，维护多边主义和自由贸易，携手应对全球性挑战，推动构建人类命运共同体。范德贝伦积极评价奥中关系发展现状，高度赞赏中国在全球性事务中发挥的积极作用。他说，奥方同中方在许多问题上有相同或相近的立场，双方应加强在国际和地区事务中的沟通协调，支持贸易投资自由化便利化，共同应对气候变化，推动两国友好合作更富成效。

会见库尔茨时，栗战书指出，共建"一带一路"已成为中奥合作新的增长点。双方应秉持共商共建共享原则，不断挖掘和释放合作潜能，深化在高端制造、节能环保、生态农业、旅游、金融等领域合作，积极探索互联网、大数据、人工智能、5G 技术等创新合作。中国正在筹备 2022 年北京冬奥会，愿借鉴奥方经验，在运动员培训、冬季运动教育及科研、冬运装备产业发展等方面开展合作。栗战书表示，中方始终视欧洲为全面战略伙伴和国际上不可或缺的重要力量，乐见欧洲保持团结、稳定、开放、繁荣，支持欧洲一体化建设。库尔茨说，"一带一路"倡议为各国平等合作搭建了新平台。中国是奥地利在亚洲最大贸易伙伴，两国经济互补性强，深化合作意愿强烈、潜力巨大。欢迎更多中国企业赴奥投资兴业，更多中国游客赴奥游览观光。

与索博特卡、阿佩会谈时，栗战书强调，两国立法机构合作要紧跟国家关系发展步伐，常来常往，增进了解，交流借鉴立法监督等方面经验，为务实合作营造良好法治环境。人文交流一直是中奥关系最活跃的组成部分，两国立法机构要回应人民呼声，促进双方在艺术、音乐、体育、地方等方面合作，促进青少年交流，让世代友好深入人心。索博特卡、阿佩表示，奥方高度重视发展对华关系，愿同中国全国人大加强交流合作，推动两国合作协定落到实处，促进双方人员往来和文化互鉴。

向奥方增补大熊猫是习近平主席从中奥关系大局出发作出的决定，体现了对奥地利人民的友好情谊。访奥期间，栗战书与范德贝伦共同出席增补大熊猫仪式并致辞。栗战书还与库尔茨共同出席中国工商银行维也纳子行开业仪式。在萨尔茨堡集体会见州、市地方官员，探讨推进地方合作并考察企业和农庄等。

栗战书对匈牙利进行正式友好访问

新华社布达佩斯 5 月 24 日电 应匈牙利国会主席克韦尔邀请，全国人大常委会委员长栗战书 21

日至23日对匈牙利进行正式友好访问，在布达佩斯会见总统阿戴尔、总理欧尔班，与克韦尔举行会谈。

会见阿戴尔时，栗战书首先转达了习近平主席的亲切问候。栗战书说，2017年中匈建立全面战略伙伴关系，两国关系进入“换挡提速”历史新阶段。今年是中匈建交70周年，希望双方以此为契机，落实好两国领导人达成的重要共识，深化政治互信，拓展各领域务实合作。会见中，双方就环境和资源保护深入交换了意见。栗战书说，习近平主席提出人与自然和谐共生、绿色低碳可持续发展等生态文明的新理念新思想，指引中国生态文明建设发生历史性、转折性、全局性变化，美丽中国逐步成为现实。保护生态环境、应对气候变化需要各国同舟共济、共同努力，任何国家都无法独善其身。中匈两国要密切沟通协调，加强生态环保、绿色发展领域交流合作，携手共建清洁美丽世界。阿戴尔表示，匈牙利视中国为重要战略合作伙伴，两国关系发展势头良好、前景广阔。匈中都重视环境和资源保护，在水污染防治、水资源开发利用等方面可以深化合作。

会见欧尔班时，栗战书说，中匈传统友好，建交70年来，两国关系始终保持顺利健康发展。匈方提出的“向东开放”政策与共建“一带一路”倡议高度契合，双方要加强战略对接，深挖经贸、投资、科技、农业、互联互通等领域合作潜力，积极推动匈塞铁路等大项目合作，打造更多高质量合作成果。中方愿同匈方一道，不断推进中国—中东欧国家合作和中欧关系发展。栗战书指出，维护多边主义和自由贸易，是世界大多数国家的共识。中方不刻意追求贸易顺差，愿在相互尊重、平等互利的基础上通过谈判解决国家之间存在的贸易分歧，坚持在国际贸易规则前提下，既维护双方利益，又体现非歧视原则，统筹考虑各方平衡。尽管受到一些外部因素冲击，中国经济仍保持健康平稳发展，我们对中国经济充满信心。欧尔班表示，匈方坚定支持并积极参与共建“一带一路”，愿与中方共同维护自由贸易体制，推进欧亚经济发展。双方各领域合作都很成功，要进一步拓展合作空间、提升合作水平。

与克韦尔会谈时，栗战书说，中国全国人大愿同匈国会继续保持友好往来，学习借鉴立法、监督经验，增进相互了解和信任，优化双方合作的法治环境，积极推动文化、教育、旅游、体育等方面的交流与合作。栗战书说，一个国家选择的道路和制度好不好，关键看能否实现国家持续稳定发展，能否增进民生福祉，能否得到人民拥护，能否促进和推动人类文明和社会进步。我们坚定不移走中国特色社会主义道路，同时尊重和支持各国独立自主走符合国情的发展道路。克韦尔表示，匈中关系正处于历史最好时期，仍有很大发展潜力。希望两国立法机构密切各层级往来，扩大对口交流，不断充实合作内涵，更好助力国家关系发展。会谈后，双方共同会见了记者。

栗战书出席中匈建交70周年研讨会开幕式并讲话，强调要坚持肝胆相照、相互尊重、互利共赢、民心相通，共同谱写新时代中匈友谊的新篇章。

栗战书还考察了匈中双语学校、华为公司欧洲供应中心、中欧商贸物流合作园区，并向匈牙利民族英雄纪念碑敬献花圈。

栗战书委员长访问挪威、奥地利、匈牙利情况的书面报告

全国人民代表大会常务委员会：

2019年5月15日至24日，全国人大常委会委员长栗战书应邀对挪威、奥地利、匈牙利进行正式友好访问。全国人大常委会秘书长杨振武，全国人大民族委员会主任委员白春礼、外事委员会主任委员张业遂、社会建设委员会主任委员何毅亭、外交部副部长王超陪同出访。现将主要情况报告如下。

栗战书委员长访问挪威、奥地利、匈牙利三国，是在当前国际形势深刻复杂变化、逆全球化持续发酵、中欧关系发展面临难得机遇的背景下，今年我国对欧洲方向的又一次重大外交行动。此次访问贯彻“增进互信、促进交流、深化合作、服务发展”的方针，取得了圆满成功。一是推动落实习近平主席与往访三国领导人的重要共识。近年来，习近平主席与挪威、奥地利、匈牙利领导人多次会晤，引领双边关系发展方向。习近平主席2019年首访就选择欧洲，李克强总理4月赴欧举行中国—欧盟领导人会晤、中国—中东欧国家领导人会晤并访问克罗地亚。栗战书委员长此访，是今年中国对欧外交的重要组成部分，对于推动落实中国与往访国达成的合

作协议、持续推进双边关系和中欧关系深入发展具有重要作用。二是推动共建“一带一路”合作。习近平主席在第二届“一带一路”国际合作高峰论坛上发表重要讲话，提出高质量共建“一带一路”的原则、理念和目标，宣布中国一系列重大改革开放举措。栗战书委员长此访的一项重要任务，是宣介和推动落实高峰论坛成果，从立法机构层面促进中国与往访国在“一带一路”框架下加强务实合作。三是宣介中国的发展道路、制度优势、伟大成就和对外政策主张。积极主动发声，讲好中国故事，强化与往访国在政策理念上的对话沟通，增进相互了解和信任。四是深化立法机构交流合作。此次欧洲三国之行，是中国全国人大常委会委员长时隔 15 年再次访问挪威、时隔 10 年再次访问奥地利、时隔 12 年再次访问匈牙利。访问期间，栗战书委员长与三国议会领导人深入友好交流，形成许多共识，推动立法机构合作提升到新的水平。

栗战书委员长在 9 天时间里到访奥斯陆、斯塔万格、维也纳、萨尔茨堡、布达佩斯 5 座城市，密集开展 46 场活动，行程紧凑、重点突出、内容丰富。分别会见挪威国王哈拉尔五世、首相索尔贝格，奥地利总统范德贝伦、总理库尔茨，匈牙利总统阿戴尔、总理欧尔班；与挪议会议长特罗恩、奥国民议会议长索博特卡和联邦议会议长阿佩、匈国会主席格维尔分别举行会谈，就双边关系、务实合作、立法机构交往以及共同关心的问题深入交换意见，达成了广泛共识；出席庆祝中挪建交 65 周年经贸座谈会、中匈建交 70 周年研讨会开幕式和中方向奥地利增补大熊猫仪式并发表讲话，广泛接触往访国议会议员、政府官员以及社会各界人士，还亲切接见我驻往访国使馆、驻维也纳代表团工作人员和中资机构、华侨华人、留学生代表。

欧洲三国高度重视、热烈欢迎栗战书委员长此访，给予热情接待、积极报道和高度评价。挪议会议长特罗恩、副议长罗姆特维特，奥联邦议会议长阿佩，匈国会常务副主席玛特劳伊等亲自到机场迎送。三国领导人和当地媒体盛赞，栗战书委员长的到访对于促进双边关系发展具有重要意义，不仅加深了人民间的友好情谊，而且促进了双边互利合作走深走实，是一次务实高效、成果丰硕的成功访问。

一、巩固传统友谊，筑牢国家关系行稳致远的政治基础

往访三国都是欧洲地区重要国家，与中国有着深厚的传统友谊。挪威位于欧洲北部，是最早承认新中国的西方国家之一，2016 年双边关系正常化后发展势头强劲。奥地利被誉为“欧洲的心脏”，是欧盟重要成员国和联合国及其他国际组织所在地，在欧洲和国际事务中发挥着独特作用。匈牙利在中东欧地区具有重要影响，是最早与新中国建交的国家之一，当前双边关系处于历史最好时期。

栗战书委员长访问之际，恰逢中挪建交 65 周年、中匈建交 70 周年，中奥也将迎来建交 48 周年纪念日。每到一国，栗战书委员长都生动讲述中国与往访国传统友好的故事，回顾总结双边关系发展历程和经验，强调应从战略高度和长远角度珍视和发展国家关系。栗战书委员长指出，中挪关系虽经历起伏，但友好和合作始终是主旋律。今年是中挪建交 65 周年，要珍惜来之不易的友好合作局面，共同推动中挪关系持续稳定向前发展。他强调，2018 年习近平主席与范德贝伦总统共同确立中奥友好战略伙伴关系新定位，引领中奥关系进入全面提质增速新阶段。中方愿同奥方共同努力，落实好两国元首的重要共识，推动各领域合作深入发展。他积极评价中匈传统友谊，表示两国关系已进入“提档换速”的历史新阶段，高水平政治互信是中匈关系的最大优势。希望双方以建交 70 周年为契机，把良好政治关系转化为更多务实合作成果。访匈期间，栗战书委员长出席中匈建交 70 周年研讨会开幕式并讲话，指出肝胆相照、相互尊重、互利共赢、民心相通，是中匈关系坚如磐石、历久弥新的重要经验。栗战书委员长强调，实践充分证明，只要坚持相互尊重、平等相待，坚持互惠互利、共同发展，完全可以超越社会制度、历史传统、发展阶段的差异，推动国家关系向更高水平发展。

欧洲是多极化世界的重要一极，也是中国最重要的合作伙伴之一。在谈到中欧关系时，栗战书委员长表示，中方始终视欧洲为全面战略伙伴和国际上不可或缺的重要力量，乐见欧洲保持团结、稳定、开放、繁荣，支持欧洲一体化建设。愿与欧洲各国共同努力，聚焦合作，扩大共识，排除各种干扰，完善全球治理，维护以联合国为核心的国际体系，维护以国际法为基础的国际秩序，以中欧关系健康稳定发展促进世界的和平与稳定。

三国领导人请栗战书委员长转达对习近平主席的良好祝愿。一致表示，中国是可信赖的朋友和重要合作伙伴，积极发展对华关系是本国政府、议会和各党派的共识，高度赞赏中国在全球性事务中发挥的积极作用，表示愿同中方加强沟通协调，支

持贸易投资自由化便利化，共同应对全球性挑战，推动两国友好合作更富成效。

二、强化政策理念沟通，增进相互了解、理解和信任

访问期间，栗战书委员长利用各种场合讲好中国故事，宣介中国的发展道路和成就经验，宣介习近平主席执政理念、思想和风范，针对往访国领导人关心的重大国际和地区问题、涉我核心利益问题等，坦诚交流、增信释疑，阐明中方原则、立场和主张。

栗战书委员长积极宣介新中国成立70年取得的伟大成就和启示经验。他说，中华人民共和国成立70年来，在中国共产党领导下，从一个积贫积弱的国家发展成为世界第二大经济体，创造了人类历史上前所未有的发展奇迹。回望70年发展历程，归根结底靠的是中国共产党的坚强领导，这是办好中国一切事情的根本前提；靠的是开辟并坚持中国特色社会主义道路，始终保持强大前进定力；靠的是全党全国各族人民自力更生的韧劲、开拓创新的拼劲。一个国家选择的道路和制度好不好，关键看能否实现国家持续稳定发展，能否增进民生福祉，能否得到人民的拥护，能否促进和推动人类文明和社会进步。中国人民坚定不移走中国特色社会主义道路，同时尊重和支持各国独立自主走符合本国国情的发展道路。

栗战书委员长积极宣介习近平主席执政理念、思想和风范。在与往访国领导人交谈时，栗战书委员长说，今年3月习近平主席访欧期间，当被问及当选国家主席是什么心情时，他回答说："我将无我，不负人民"。习近平主席用中国传统文化中的"无我"概念，彰显了为民服务的情怀、责任和担当，受到中国人民的爱戴和拥护。栗战书委员长积极宣介习近平外交思想，阐述习主席关于构建人类命运共同体理念，推动构建相互尊重、公平正义、合作共赢的新型国际关系。积极宣介新发展理念，指出中国经济由高速增长阶段转向高质量发展阶段，正在全面贯彻创新、协调、绿色、开放、共享发展理念，这是经济转型升级、实现高质量发展的必由之路。积极宣介习近平生态文明思想，解读"绿水青山就是金山银山""坚持人与自然和谐共生"等金句，指出中国正在全力以赴打好污染防治攻坚战，生态文明建设发生了历史性、转折性、全局性变化，同时为世界可持续发展作出了重要贡献。

栗战书委员长介绍人民代表大会制度的特点和优势。他说，近代中国饱受侵略和战乱之苦。为了救亡图存、发展复兴，中国人民苦苦寻找适合本国国情的道路和制度。君主立宪制、总统制、议会制、多党制等都想过了、试过了，但都没有改变国家一盘散沙、人民苦难深重的局面。是中国共产党团结带领各族人民经过艰苦奋斗和艰辛探索，建立中华人民共和国，实行人民当家作主的人民代表大会制度。这是中国人民在人类政治制度史上的伟大创造。人民代表大会制度作为中国的根本政治制度，能够把坚持中国共产党的领导、人民当家作主、依法治国有机统一起来，具有巨大的政治优势和组织功效。栗战书委员长还视情介绍了全国人民代表大会的组成、职权和运行制度等。

栗战书委员长就自由贸易、气候变化、伊朗核问题等阐明中方原则立场。他指出，维护多边主义和自由贸易是国际社会的共同责任，单边主义、贸易保护主义不符合世界潮流，单边退约、单边制裁、"长臂管辖"不仅损害别国也会损害自身利益。中方不刻意追求贸易顺差，主张在相互尊重、平等互利的基础上通过谈判解决国家之间存在的经贸分歧，但谈判是有原则和底线的，必须符合国际贸易规则，既维护双方利益，又体现非歧视原则，统筹考虑各方平衡。中国正在推进更高水平对外开放，愿同各国一道努力，维护多边主义和自由贸易，推动经济全球化朝着更加开放、包容、普惠、平衡、共赢的方向发展。他说，保护生态环境、应对气候变化需要各国同舟共济、共同努力，任何国家都无法独善其身。中国愿同各国保持密切沟通，积极参与应对气候变化国际合作，推动落实《巴黎协定》，为全球生态文明建设贡献力量。

栗战书委员长还应询就中国人权事业、涉疆涉藏等问题交流沟通、阐明立场。他指出，中国共产党和中国政府高度重视发展人权事业。1954年新中国第一部宪法就规定人民当家作主、保护公民权利和自由，2004年修宪将"尊重和保障人权"载入国家根本法。70年来，中国人权事业取得长足发展，累计减少贫困人口7.4亿，建立起世界最大的社会保障体系，以宪法为统领形成了保障公民权利、维护特殊群体权益的法律制度体系，走出了一条中国特色人权发展道路。人权保障没有最好，只有更好。世界上没有放之四海而皆准的发展道路，也不存在统一的人权保障模式，中方愿与各国通过建设性对话加强人权领域交流与合作。他强调，西藏、新疆自古以来就是中国领土不可分割的

一部分。涉藏、涉疆问题是事关中国主权、安全和领土完整的核心利益问题,涉及近 14 亿中国人民的民族感情。要从两国关系大局出发,妥善处理敏感问题,继续给予中方坚定支持,充分尊重和照顾彼此核心利益和重大关切。

三国领导人高度评价和认同习近平主席关于治国理政的思想、外交思想等,对中国取得的发展成就和经验表示钦佩和赞赏。他们认为,习近平主席作为当今世界一位重要的领导人,在多个国际场合就公平合理的国际关系表明立场,为维护世界政治经济秩序、促进人类共同发展发挥了重要领导和引领作用;习主席的很多理念、思想、战略源自解决中国问题,同时也对世界其他国家有重要借鉴意义,是对世界的贡献。他们表示,愿同中国密切在国际和地区事务中的协调与配合,维护以联合国为核心的国际体系和自由贸易体制,共同应对气候变化、环境污染、水资源开发利用、网络安全等挑战。

三、宣介习近平主席“一带一路”倡议的理念、原则和目标,促进中欧高质量共建“一带一路”

在与往访三国领导人会见会谈时,栗战书委员长多次强调,习主席提出的“一带一路”倡议,是发展的倡议、合作的倡议、开放的倡议、共赢的倡议,为中国和世界各国发展带来了巨大机遇。有 150 多个国家和国际组织同中国签署共建“一带一路”合作协议。中国同“一带一路”国家贸易总额超过 6 万亿美元,对“一带一路”国家直接投资超过 900 亿美元。事实充分证明,共建“一带一路”顺应潮流、广得民心、普惠民生、共利天下,成为共同的机遇之路、繁荣之路。

栗战书委员长积极宣介中国新一轮高水平对外开放的政策举措。他说,中国出台了《外商投资法》,提出了一系列促进投资贸易自由化便利化的措施,增加商品和服务进口,扩大外资市场准入,进一步强化知识产权保护,积极建设自由贸易试验区、自由贸易港等,愿与各国秉持共商共建共享原则,坚持开放、绿色、廉洁理念,努力实现高标准、惠民生、可持续目标,让共建“一带一路”成果更好惠及各国人民。他表示,欢迎往访三国深度参与共建“一带一路”,结合各自国家经济社会发展需要,找准利益契合点和合作突破口,促进亚欧大陆互联互通、实现互利共赢。他强调,今年 11 月中国将举办第二届国际进口博览会,欢迎三国派团参加,推介优质产品和先进技术,利用好这一开放型合作新平台。

栗战书委员长针对三国情况提出“一带一路”合作的具体建议,得到三国领导人的积极回应。挪威是重要的石油、海产品出口国,海运业在全球首屈一指。栗战书委员长向挪方领导人表示,中挪两国发展理念相近,经济互补性强,双方应尽快达成高质量的自贸协定,扩大挪威优质海产品对华出口,深化经贸、能源、环保、科技等领域合作,推动落实“北极走廊”计划与“冰上丝绸之路”战略对接。在奥斯陆,栗战书委员长出席庆祝中挪建交 65 周年经贸座谈会并讲话,强调两国企业要抢抓机遇、深挖潜力,把强烈合作愿望转化为更多实际成果;两国政府要为企业投资兴业提供更加公平、公正、透明、非歧视的营商环境。挪方领导人表示,希望双方抓紧商谈自贸协定,深化在海事、航运、渔业、环保等领域的合作。

奥地利高度重视、积极参与共建“一带一路”,联邦政府将这一倡议写入执政纲领。栗战书委员长向奥方领导人表示,共建“一带一路”已成为中奥合作新的增长点,双方应不断挖掘和释放合作潜能,深化在高端制造、节能环保、生态农业、旅游、金融等领域合作。他强调,中国是数字经济大国,奥地利在电子政务、5G 建设等领域走在欧洲前列。双方要把握新一轮技术革命带来的发展机遇,积极探索互联网、大数据、人工智能、5G 技术等创新合作。访奥期间,栗战书委员长还考察两国企业合作项目、出席中国工商银行维也纳子行开业仪式。奥方领导人表示,中国是奥地利在亚洲最大贸易伙伴,两国经济互补性强,深化合作意愿强烈、潜力巨大。欢迎更多中国企业赴奥投资兴业,更多中国游客赴奥游览观光。

匈牙利是中国在中东欧地区投资最集中的国家之一,中国是匈牙利在欧洲以外的最大贸易伙伴。栗战书委员长对匈方领导人表示,希望双方加强“一带一路”倡议与“向东开放”政策对接,深挖经贸、投资、科技、农业、互联互通等领域合作潜力,发挥匈塞铁路等大项目合作辐射带动作用,打造更多高质量合作成果,促进中国—中东欧国家合作更具实效。在布达佩斯,栗战书委员长视察华为公司欧洲供应中心、中欧商贸物流园,鼓励企业和员工秉持和发扬艰苦奋斗精神,为经济社会发展作出更大贡献。匈方领导人表示,匈牙利视中国为重要战略合作伙伴,坚定支持并积极参与共建“一带一路”,愿进一步拓展合作领域,提升合作水平。

四、紧跟国家关系发展步伐,提升立法机构交流合作水平

在与三国议会领导人会谈时,栗战书委员长多次强调,立法机构合作要紧跟国家关系发展步伐,以落实两国领导人达成的重要共识为主线,保持高层交往良好势头,深入开展专门委员会、工作委员会、双边友好小组等对口交流与合作,相互学习借鉴立法、监督、治国理政等方面的有益经验,做好双边协议的批准和推动落实工作,为双方务实合作创造良好法治环境。

在与挪威议会领导人举行会谈、集体会见挪议会外交与国防事务委员会成员时,栗战书委员长说,挪威议会是最早同中国全国人大开展友好交往的西方国家议会之一。双方应秉持传统友好,坦诚对话沟通,增进了解和共识,推动中挪关系始终沿着正确轨道持续向前发展。在与奥国民议会、联邦议会领导人会谈时,栗战书委员长表示,愿同奥方加强生态文明建设、人工智能发展等方面的立法经验交流,落实好双边刑事司法协助条约,为两国合作打击有组织跨国犯罪创造更加有利的法律制度框架。栗战书委员长与匈国会主席进行友好会谈并共同会见记者,双方一致表示,要密切两国立法机构友好往来,积极促进中匈文化、教育、旅游、体育等方面务实合作。

三国议会领导人表示,真诚希望加强与中国全国人大各层次、各领域友好交往,增进相互了解和信任,互学互鉴治国理政经验,更好服务国家关系发展和本国经济社会需要。

五、拉紧人文交流的纽带,助力地方合作蓬勃发展

访问期间,栗战书委员长广泛接触三国各界人士,立足中国与往访国合作实际,从立法机构角度提出加强人文交流、促进地方合作的具体建议,为国家关系发展充实新内涵、增添新动力。

栗战书委员长在挪威考察霍尔门考伦跳雪台,看望中国滑雪集训队员和挪方教练;与奥地利领导人就冬季运动合作进行深入交流。他说,挪威、奥地利是冬季运动强国,拥有浓厚的冰雪文化,在冬季运动人才培养、赛场建设、赛事组织等方面经验丰富。中国正在筹备2022年北京冬奥会,愿在运动员培训、冬季运动教育及科研、冬运装备产业发展等方面加强交流合作。他还勉励中国运动员刻苦扎实训练,提升运动技能,传承中挪友谊。

人文交流一直是中奥关系最活跃的组成部分。栗战书委员长此次访奥的一项重要任务,就是落实习近平主席对奥地利人民的承诺,把增补的大熊猫“园园”转交奥方。栗战书委员长与范德贝伦总统夫妇共同出席增补大熊猫仪式并致辞。他说,习近平主席从中奥关系大局出发决定向奥增补大熊猫,充分体现了对奥地利人民的友好情谊。大熊猫是传递中奥友好的可爱使者,拉近了两国人民的心灵和感情。中方愿与奥方携手努力,撒播更多友谊与合作的种子,造福于两国和两国人民。在布达佩斯,栗战书委员长向匈牙利民族英雄纪念碑献花圈、考察匈中双语学校,强调要密切两国青少年之间的交流,培养更多中匈友好交往的使者,让两国传统友谊深入人心、薪火相传。

栗战书委员长十分关心和支持地方合作。他赴斯塔万格考察油气产业、智慧城市建设、海产品养殖等情况;在萨尔茨堡了解中奥文化、旅游等领域合作情况,并与地方官员会见交流。他指出,地方合作接地气、惠民生,是国家关系的重要组成部分。地方合作搞得好不好,关系国家层面的合作能否落地生根。双方应从战略和全局的高度发展地方合作,善用现有机制平台,鼓励更多地方结好,深挖互补优势,突出地方特色,化优势为收获,打造更多合作亮点,增进彼此好感和认同感,为推动双边关系发展提供不竭动力。

以上报告,请审议。

全国人民代表大会常务委员会办公厅

2019年5月28日

栗战书访问阿塞拜疆、哈萨克斯坦、俄罗斯在哈出席第四届欧亚国家议长会议、在俄出席中俄议会合作委员会第五次会议

栗战书将访问阿塞拜疆、哈萨克斯坦、俄罗斯在哈出席第四届欧亚国家议长会议、在俄出席中俄议会合作委员会第五次会议

新华社北京 9 月 16 日电 应阿塞拜疆国民会议主席阿萨多夫、哈萨克斯坦上院议长纳扎尔巴耶娃和下院议长尼格马图林、俄罗斯国家杜马主席沃洛金的邀请，全国人大常委会委员长栗战书将于 9 月 19 日至 28 日对阿塞拜疆、哈萨克斯坦、俄罗斯进行正式友好访问，并在哈出席第四届欧亚国家议长会议、在俄出席中俄议会合作委员会第五次会议。

栗战书对阿塞拜疆进行正式友好访问

新华社巴库 9 月 21 日电 应阿塞拜疆国民会议主席阿萨多夫邀请，全国人大常委会委员长栗战书 19 日至 21 日对阿塞拜疆进行正式友好访问，在巴库会见总统阿利耶夫，与阿萨多夫举行会谈，会见总理马梅多夫。

会见阿利耶夫时，栗战书首先转达了习近平主席的亲切问候，介绍了新中国成立 70 年来取得的伟大成就。栗战书说，70 年来，中国共产党带领中国人民艰苦奋斗，走出了一条符合自身国情的中国特色社会主义道路。现在，中国特色社会主义进入新时代，我们正在以习近平同志为核心的党中央坚强领导下，朝着实现“两个一百年”奋斗目标、实现中华民族伟大复兴的中国梦而努力奋斗。中方视阿塞拜疆为欧亚地区的重要合作伙伴，愿与阿方一道认真落实两国元首共同规划的中阿关系发展蓝图，进一步增进政治互信，深化各领域务实合作，共同维护两国安全和发展利益。阿利耶夫请栗战书转达对习近平主席的良好祝愿。他说，我多次访华，亲眼看到中国改革发展带来的巨大变化，对此深感钦佩。阿中关系发展迅速，前景广阔。阿方坚定奉行一个中国原则，愿同中方携手打击“三股势力”，加强在国际和地区事务中的协调与合作。

与阿萨多夫会谈时，栗战书说，我此访的重要目的，是加强中阿立法机构交流合作，推动落实两国元首达成的重要共识。希望双方密切各层级友好往来，加强治国理政经验交流，为务实合作提供法律保障。每个国家和民族的历史不同、国情不同，都有自己的独特文化。各种文明之间应该和谐相处、交流互鉴。中国全国人大愿与阿国民会议共同推动两国人文交流，相互学习借鉴对方的优秀文化，夯实中阿友好的民意基础。阿萨多夫说，中国全国人大常委会委员长时隔 19 年再次访阿，为两国关系发展和立法机构交往注入了新的动力。阿中之间已经签署了多个合作协议，两国立法机构要推动这些协议落实见效。越来越多的阿塞拜疆人对中国文化感兴趣，要促进两国教育、文化、青年等方面的交流，培养更多阿中友好使者。

会见马梅多夫时，栗战书说，阿塞拜疆地处欧亚大陆结合部，是“一带一路”沿线重要国家。中方愿与阿方进一步密切经贸往来，加强共建“一带一路”合作，在能源、农业、交通、物流、旅游、信息化建设等方面取得更多合作成果。欢迎阿方参加第二届中国国际进口博览会。马梅多夫表示，阿方从一开始就积极响应和参与共建“一带一路”，愿与中方在各领域扩大合作，欢迎更多中国企业赴阿投资兴业。希望与中方加强“跨里海国际运输通道”建设合作，让更多中国商品通过阿塞拜疆进入欧亚市场。

访问期间，栗战书还参观了盖达尔·阿利耶夫

中心、地毯博物馆，向盖达尔·阿利耶夫总统墓、“长明火”纪念碑敬献花圈。

栗战书出席欧亚国家议长会议并作主旨发言

新华社努尔苏丹9月24日电　第四届欧亚国家议长会议24日在哈萨克斯坦首都努尔苏丹举行。全国人大常委会委员长栗战书出席会议开幕式并作主旨发言。

栗战书说，当今世界正处于百年未有之大变局。合作还是对抗？开放还是封闭？互利共赢还是零和博弈？关乎各国利益，关乎人类前途命运。习近平主席对此作出了明确回答，提出构建人类命运共同体的主张，推动建设新型国际关系，推动全球治理体系朝着更加公正合理的方向发展；提出共建“一带一路”倡议，打造各国共同发展的机遇之路、繁荣之路。

栗战书指出，欧亚大陆是世界上面积最大、人口最多、发展最迅速、前景最广阔的大陆，欧亚各国利益与共、安危与共。欧亚各国需要携手努力，加强对话、信任、合作，促进和平、稳定、繁荣。栗战书提出四点建议：一是加强沟通协商，尊重各国自主选择的发展道路，弘扬伙伴精神，求同存异，扩大共识，增进政治互信；二是拓展经贸合作，促进贸易和投资自由化便利化，推动世界经济开放、包容、普惠、平衡、共赢发展；三是密切人文交流，推动文化、教育、旅游、体育、媒体、青年等领域合作，促进民心相通；四是深化立法机构交往，落实好国家领导人达成的重要共识，助力国家关系发展，为深化欧亚合作增添亮点、提供保障。

栗战书说，今年是中华人民共和国成立70周年。70年来，中国各族人民在中国共产党的领导下，顽强拼搏、不懈奋斗，书写了人类发展史上的奇迹。中国的发展，是和平的发展，我们珍惜和平、维护和平，与各国平等相待、和睦相处，反对以大压小、以强凌弱、以富欺贫；中国的发展，是合作的发展，我们重信守义、互利共赢，把中国发展同世界各国发展紧密联系在一起，决不做损人利己、以邻为壑的事情；中国的发展，是开放的发展，我们坚持打开国门搞建设，积极参与经济全球化进程，不搞封闭排他的小圈子。

栗战书表示，中国是欧亚大陆的一员，视欧亚国家为重要合作伙伴。我们愿推动共建“一带一路”同各国发展战略及欧亚经济联盟等区域合作倡议对接，秉持共商、共建、共享原则，促进全方位互联互通，实现共建“一带一路”高质量发展，让合作成果更好惠及欧亚各国人民。

本届欧亚国家议长会议的主题是“大欧亚：对话、信任和伙伴关系”，来自65个国家和14个国际组织的代表，包括50多位议长、副议长参加会议。

栗战书对哈萨克斯坦进行正式友好访问

人民日报努尔苏丹9月25日电　应哈萨克斯坦议会上院议长纳扎尔巴耶娃和下院议长尼格马图林邀请，全国人大常委会委员长栗战书21日至25日对哈萨克斯坦进行正式友好访问，在努尔苏丹会见首任总统纳扎尔巴耶夫和总统托卡耶夫，与纳扎尔巴耶娃、尼格马图林分别举行会谈，与总理马明共同出席相关活动。会见中，哈方领导人对新中国成立70周年表示热烈祝贺，栗战书对此表示感谢。

会见纳扎尔巴耶夫时，栗战书首先转达了习近平主席的亲切问候。他说，中哈是搬不走的好邻居、最可信赖的朋友和伙伴。中哈建交27年来，在两国领导人的战略引领和推动下，中哈关系实现了从睦邻友好到互为永久全面战略伙伴、从打造利益共同体到构建命运共同体的历史性跨越，成为国家间关系的典范。双方要增进政治互信，深化全方位互利合作，让中哈合作广泛惠及两国和两国人民。中方对哈未来发展充满信心，将一如既往支持哈方走符合本国国情的发展道路。纳扎尔巴耶夫表示，中国是哈的好朋友，中国的发展对哈至关重要。深化对华合作，符合两国共同利益。继续巩固和发展哈中关系，始终是哈对外政策的优先方向。哈方看好中国发展前景，相信中国一定能够实现伟大复兴的宏伟目标。

会见托卡耶夫时，栗战书转达了习近平主席的良好祝愿。他说，哈萨克斯坦是丝绸之路经济带的首倡之地。双方要按照习近平主席同总统先生共同确立的发展中哈永久全面战略伙伴关系的新定位，不论国际和地区形势如何变化，都要始终相互尊重、信任、支持，成为彼此发展振兴的战略支撑。要深化发展战略对接，全面加强产能、能源、农业、互联互通、金融、跨境电商、高新技术、教育、体育、文化、旅游方面的合作交流，推进务实合作迈上新台阶。托卡耶夫高度评价中国经济社会发展取得的伟大成就。他说，哈萨克斯坦位于欧亚大陆中心，永远是中国的友好邻邦。中国在维护全球安全与稳定方面，发挥着关键作用。“一带一路”倡议对哈意义重大，愿同中方一道深化各领域合作，加快落实双边协议，取得更多务实成果，促进共同发展和地区繁荣稳定。

与纳扎尔巴耶娃和尼格马图林会谈时，栗战书说，中哈政治互信水平高，务实合作领域广，都处于发展关键阶段。两国立法机构要按照双边关系的新定位，落实好两国元首达成的重要共识，为国家关系发展提供法律和政策保障。要推动商签新版中哈投资保护协定，简化过境通关、劳务许可等手续，用法治营造良好投资环境。纳扎尔巴耶娃说，当今世界充满风险和挑战，哈中加强合作的重要意义尤为凸显。要继续建设好哈中友谊大厦，不断提升合作质量。尼格马图林表示，愿同中方互学互鉴立法、监督经验，密切在多边议会组织中的协调配合，为促进哈中关系发挥更大作用。

访问期间，栗战书与马明共同出席了中国建设银行阿斯塔纳分行开业仪式和阿斯塔纳国际金融中心介绍会，积极评价国际金融中心建设取得的成绩，鼓励中心金融机构切实加强合作，积极参与和服务“一带一路”建设。

栗战书还参观了世博园主场馆、国家博物馆等。

栗战书对俄罗斯进行正式友好访问

新华社莫斯科 9 月 28 日电 应俄罗斯国家杜马主席沃洛金邀请，全国人大常委会委员长栗战书 25 日至 28 日对俄罗斯进行正式友好访问，在莫斯科会见总统普京，与联邦委员会主席马特维延科和沃洛金分别举行会谈，并出席中俄议会合作委员会第五次会议。俄方领导人对新中国成立 70 周年表示祝贺，高度评价新中国成立 70 年来取得的伟大成就。栗战书对此表示感谢。双方还就中俄建交 70 周年互致祝贺。

会见普京时，栗战书首先转达了习近平主席的亲切问候。栗战书说，在习近平主席和总统先生的战略引领和推动下，中俄关系达到前所未有的高度，迈入更高水平、更大发展的新时代。在当前国际形势下，中俄应更加坚定相互支持，共筑两国战略依托和安全屏障，推动构建新型国际关系和人类命运共同体。要在两国元首的战略引领下，把政治互信和战略协作推向新高度，把经贸合作推向新水平，推动中俄新时代全面战略协作伙伴关系不断向前发展。普京请栗战书转达对习近平主席的良好祝愿。他说，俄中关系是当今世界大国关系的典范。俄中新时代全面战略协作伙伴关系建立在遵守国际法基础上，符合两国及两国人民利益。当前两国各领域合作都向着既定目标稳步推进。要在现有基础上，深化全面合作，把两国关系发展得更好。

与马特维延科、沃洛金分别会谈时，栗战书说，立法机构合作是中俄新时代全面战略协作伙伴关系的重要组成部分，首要任务是落实好两国元首达成的共识。双方要服务国家关系发展大局，密切沟通协作，加强涉外法治建设经验交流，有效应对单边主义、保护主义思维和做法，捍卫各自国家主权、安全和发展利益。明后年是“中俄科技创新年”。双方要发挥自身优势，推动“一带一路”建设和欧亚经济联盟对接，促进数字经济、人工智能、航空航天等科技创新和高新技术领域合作。要深化地方合作和人文交流，夯实中俄友好的民意基础。马特维延科说，中国的发展向世界证明，一个国家完全可以按照本国国情走符合实际的发展道路。俄中两国人民密切合作，相互尊重彼此国家利益，不论国际形势如何变化，两国长期友好合作都不会变。两国立法机构要为两国关系发展提供法律支持和保障。沃洛金表示，两国立法机构要用好现有合作机制，促进经贸、科技、旅游、地方等领域合作，共同抵御外部干涉，共同维护公平正义的国际秩序。

栗战书与沃洛金共同出席中俄议会合作委员会第五次会议。栗战书在致辞中介绍了新中国成立 70 年来取得的历史性成就，积极评价立法机构合作为两国关系发展作出的贡献。希望双方认真研究新时代立法机构合作的新思路新举措，更好发挥议会合作委员会的平台作用，进一步丰富中俄关系内涵。

在莫斯科期间，栗战书向无名烈士墓敬献花圈，考察了中铁建莫斯科地铁项目。

在喀山期间，栗战书会见鞑靼斯坦共和国总统明尼哈诺夫，就加强地方合作交换意见，并考察了喀山直升机厂和喀山联邦大学。

栗战书委员长访问阿塞拜疆、哈萨克斯坦、俄罗斯并在哈出席第四届欧亚国家议长会议、在俄出席中俄议会合作委员会第五次会议情况的书面报告

——2019 年 10 月 21 日在第十三届全国人民代表大会常务委员会第十四次会议上

全国人民代表大会常务委员会：

2019 年 9 月 19 日至 28 日，全国人大常委会委员长栗战书应邀对阿塞拜疆、哈萨克斯坦、俄罗斯进行正式友好访问，并在哈出席第四届欧亚国家议长会议，在俄出席中俄议会合作委员会第五次会议。全国人大常委会秘书长杨振武，全国人大宪法和法律委员会主任委员李飞、外事委员会主任委员张业遂、华侨委员会主任委员王光亚，外交部副部长乐玉成陪同出访。现将主要情况报告如下：

栗战书委员长此次欧亚三国之行，是在新中国成立 70 周年前夕、国际形势深刻复杂变化、中国与欧亚地区关系面临新机遇的背景下，我国对欧亚地区的一次重大外交行动。访问贯彻“增进互信、开拓创新、深化合作、促进发展”方针，着力推动落实习近平主席与往访三国领导人达成的重要共识，增进政治互信，促进各领域务实合作；积极宣介新中国成立 70 年发展成就和经验，讲好中国故事，加深相互了解和认同；落实第二届“一带一路”国际合作高峰论坛成果，推动与往访三国高质量共建“一带一路”；深化立法机构交流合作，在议会多边舞台唱响中国旋律。访问达到预期目标，取得圆满成功。

栗战书委员长在 10 天时间里到访巴库、努尔苏丹、莫斯科、喀山 4 座城市，开展 40 多场活动，行程紧凑高效，内容充实丰富。先后会见阿塞拜疆总统阿利耶夫、总理马梅多夫，哈萨克斯坦首任总统纳扎尔巴耶夫、总统托卡耶夫，俄罗斯总统普京；与阿国民会议主席阿萨多夫，哈议会上院议长纳扎尔巴耶娃和下院议长尼格马图林，俄联邦委员会主席马特维延科和国家杜马主席沃洛金分别举行会谈，就双边关系、务实合作、立法机构交往以及共同关心的国际和地区问题深入交换意见；与哈总理马明共同出席相关活动，会见俄鞑靼斯坦共和国总统明尼哈诺夫；出席在努尔苏丹举行的第四届欧亚国家议长会议并作主旨发言，出席中俄议会合作委员会第五次会议闭幕式并致辞；还亲切接见我驻往访国使馆工作人员和中资机构、留学生、华侨华人代表等。

欧亚三国高度重视、热烈欢迎栗战书委员长此访，给予热情友好接待、高度评价和积极报道。俄总统普京在栗战书委员长到达当天进行会见，马特维延科和沃洛金陪同会见。阿总统阿利耶夫改变日程在第一时间安排会见。哈总统托卡耶夫为会见栗战书委员长调整了出席联大日程，哈议会下院议长尼格马图林到机场迎送，并陪同参加在哈重要会见活动。阿国民会议第一副主席阿斯克罗夫、哈议会下院副议长伊希姆巴耶娃、俄国家杜马第一副主席梅利尼科夫到机场迎送并全程陪同。三国领导人和当地媒体盛赞，栗战书委员长的到访，对于双边关系发展具有重要意义，保持了立法机构友好交往，为促进互利合作、深化人民友谊注入了新动力，是一次务实高效的成功访问。

一、筑牢政治互信基石，共同防范“颜色革命”

阿塞拜疆、哈萨克斯坦、俄罗斯都是我传统友好国家和重要合作伙伴，中国与三国关系正处于历史最好时期。今年，习近平主席分别与三国总统成功会晤，共同规划双边关系更加美好的未来。栗战书委员长每到一国，都强调国家元首之间的高度信任和深厚友谊，是引领和推动双边关系发展的重要保证。三国领导人对此表示高度赞同，并请栗战书委员长转达对习近平主席的亲切问候和良好祝愿，对中华人民共和国成立 70 周年表示热烈祝贺。

阿塞拜疆地处东欧和西亚的“十字路口”。建交 20 多年来，中阿关系持续健康发展。今年 4 月在第二届“一带一路”国际合作高峰论坛期间，习近平主席同阿利耶夫总统在北京会晤，规划了中阿关系发展新的蓝图。栗战书委员长说，中阿拥有共同的立场、共同的利益，在涉及彼此核心利益问题上相互坚定支持。中方始终从战略高度看待中阿关系，愿与阿方一道增进政治互信，加强反恐和安全领域合作，提升双边关系的全面性、战略性。阿方领导人表示，始终视中国为最重要伙伴和“学习榜样”。两国高水平政治互信为其他领域合作奠定了坚实基础。对阿中关系十分满意，相信合作前景将更加广阔。

中哈是搬不走的好邻居、最可信赖的朋友和伙伴。哈首任总统纳扎尔巴耶夫曾 25 次访华，习近平主席先后 19 次同其会晤。今年 9 月，哈总统托卡耶夫就任后对中国进行首次国事访问。两国元首一致决定，发展中哈永久全面战略伙伴关系，把双边关系定位提升到了新高度。栗战书委员长指出，中哈建交 27 年来，双边关系实现了从睦邻友好到互为永久全面战略伙伴、从打造利益共同体到构建命运共同体的历史性跨越。不论国际和地区形势如何变幻，双方都要始终相互尊重、信任、支持，成为彼此发展振兴的战略支撑。哈方领导人表示，中国是哈萨克斯坦的友好邻邦、亲密朋友。当今世界充满风险和挑战，哈中加强合作的意义尤为凸显。继续巩固和发展哈中关系，始终是哈对外政策的优先方向，愿不断丰富双边关系内涵，共同打击“三股势力”，维护地区稳定和安宁。哈首任总统纳扎尔巴耶夫回顾了同中国领导人的友好交往。他表示，这份深厚友谊值得永远铭记和珍藏。

今年是中俄建交 70 周年。70 年来，两国关系走过了不平凡的发展历程，成为互信程度最高、协作水平最高、战略价值最高的一对大国关系。2013 年以来习近平主席 8 次访俄，同普京总统在多边、双边场合会晤 30 多次。今年 6 月两国元首一致决定，发展中俄新时代全面战略伙伴关系。栗战书委员长强调，在习近平主席和普京总统的战略引领和推动下，中俄关系达到前所未有的高度，迈入更高水平、更大发展的新时代。在当前国际形势深刻复杂变化的背景下，中俄应更加坚定相互支持，共筑两国战略依托和安全屏障，共同反对外部干涉。要依靠两国元首把握大势、掌舵领航，把政治互信和战略协作推向新高度，把经贸合作推向新水平。俄总统普京表示，俄中关系是当今世界大国关系的典范。虽然双方都有自己的国家利益，但我们始终能够共同探索实现互利共赢的解决方案，这对两国关系以及两国各自发展具有非常重要的意义。新时代俄中全面战略协作伙伴关系建立在遵守国际法基础上，要深化两国全面合作，把双边关系发展得更好。

在会见会谈中，栗战书委员长与三国领导人就如何防范“颜色革命”、应对风险挑战等进行交流沟通，达成了广泛共识。

二、宣介新中国成立 70 年来发展成就和经验，交流中共十八大以来治国理政实践

访问期间，栗战书委员长利用各种场合，采取灵活方式，客观生动地介绍中国发展道路和发展成就、制度优势、政策主张等。

在谈到新中国成立 70 年成就和经验时，栗战书委员长说，中国从建国初期的“一穷二白”到今天成为世界第二大经济体，创造了世所罕见的发展奇迹。这是中国共产党领导中国人民励精图治、艰辛探索、团结奋斗的结果。历史和实践证明，中国共产党领导人民成功开辟的中国特色社会主义道路，符合中国国情，反映人民意愿，适合时代发展要求，是实现民族伟大复兴、创造人民美好生活的必由之路。中国人民坚定不移走中国特色社会主义道路，同时尊重和支持各国独立自主走符合本国国情的发展道路。

栗战书委员长积极宣介习近平新时代中国特色社会主义思想。他说，习近平主席提出构建人类命运共同体理念，为推动全球治理体系朝着更加公平合理的方向发展贡献了中国智慧和方案。当今世界格局深刻复杂演变，个别国家主张本国利益优先，大搞单边主义、贸易保护主义和霸凌主义，这不符合历史发展大势。只有合作共赢才是正确选择，只有可持续发展才能解决全球性问题。中方将始终高举多边主义、贸易自由化便利化旗帜，愿同各国深化全方位合作，打造利益共同体和命运共同体。栗战书委员长积极宣介习近平生态文明思想和新发展理念，强调创新、协调、绿色、开放、共享的发展理念具有很强的战略性、纲领性、引领性。近年来，中国推动经济高质量发展，倡导绿色、低碳、可持续发展，集中力量打好污染防治攻坚战，经济结构不断优化，生态环境持续改善。

栗战书委员长还就中国民族政策、涉疆、香港等问题阐明立场。他说，中国实行民族区域自治制度，在维护国家统一的前提下，坚持各民族一律平等，促进各民族共同团结奋斗、共同繁荣发展，让各民族同胞像石榴籽一样紧紧抱在一起。在谈到涉疆问题时，栗战书委员长强调，为维护国家安全和新疆稳定发展，新疆维吾尔自治区借鉴国际社会反恐经验，一方面依法严打暴恐活动，一方面依法设立教培中心，帮助受到暴恐极端思想侵蚀的人员掌握生产和生活本领，重新融入社会。这些举措受到当地各族人民广泛支持，新疆已有近 3 年没有发生暴恐案件。栗战书委员长说，香港围绕修改《逃犯条例》出现的事态已完全变质，激进分子和暴力分子所作所为已突破法治底线，挑战"一国两制"原则和香港基本法。止暴制乱、恢复秩序已成为香港社会各界最广泛的共识、最强烈的呼吁。美国会参众两院外委会执意通过涉港相关法案，公然为香港激进势力和暴力分子撑腰打气，是对中国内政的粗暴干涉，是对国际关系基本准则的破坏，中方予以强烈谴责和坚决反对。香港是中国的香港，香港事务纯属中国内政，不容任何外部势力插手干预。

三国领导人对习近平主席治国理政思想表示高度认同，对新中国 70 年发展成就和经验表示钦佩和赞赏，都表示坚定支持中方在台湾、涉疆、涉藏、香港等问题上的立场。俄总统普京说，与习近平主席的深入沟通交流，对当前形势下强化俄中战略协作具有特别重要的意义。俄国家杜马主席沃洛金说，有普京总统和习近平主席掌舵领航，俄中两国一定能够战胜各种风险挑战，实现各自发展振兴的目标。阿总统阿利耶夫说，习近平主席提出的构建人类命运共同体倡议，是指引当今世界走向和平发展繁荣的"一剂良方"。阿国民会议主席阿萨多夫说，中国有五千年悠久历史，如果有人想当中国的"教师爷"，那是不可能的，我们都应该向中国学习。哈议会下院议长尼格马图林表示，相信在习近平新时代中国特色社会主义思想指引下，中国一定能够实现伟大复兴的宏伟目标。栗战书委员长说，习近平主席是有世界眼光、宽广胸怀的政治家、战略家，有情怀、有担当，不仅为中华民族伟大复兴事业和中国人民倾注了全部心血，也在维护世界和平发展、推动构建人类命运共同体中展现出巨大担当。在以习近平同志为核心的中共中央领导下，中国人民对国家的发展道路、发展前景充满信心。

三、立足落实国家元首重要共识，推动共建"一带一路"走深走实

习近平主席提出共建"一带一路"倡议 6 年来，不仅为世界各国发展提供了新机遇，也为中国开放发展开辟了新天地，成为加强国际合作的重要平台。在会见会谈、出席活动时，栗战书委员长围绕高质量共建"一带一路"，从立法机构层面提出促进经贸合作、人文交流、地方交往的务实建议。

欧亚地区是共建"一带一路"先行示范区，阿塞拜疆、哈萨克斯坦、俄罗斯是沿线重要国家，与中国各领域合作成效显著、潜力巨大。阿塞拜疆石油和天然气资源丰富，近年来中阿贸易额快速增长。栗战书委员长对阿方领导人表示，要把高水平政治互信转化为推动互利合作的强大动力，在能源、农业、交通、物流、旅游、信息化建设等方面取得更多合作成果。欢迎阿方参加第二届中国国际进口博览会，扩大乳制品、红酒、橄榄油、坚果等优质农产品对华出口。哈萨克斯坦是丝绸之路经济带的首倡之地，已成为中国在中亚地区最大贸易伙伴和投资目的地国。栗战书委员长对哈方领导人表示，共建"一带一路"合作已成为两国互利共赢的一面旗帜，要在以往良好合作的基础上，推动"一带一路"建设与"光明之路"新经济政策深度对接，打造农业、金融、跨境电商、科技创新等领域合作新的增长点，实现中哈互利合作提质升级。中国已连续 9 年成为俄罗斯最大贸易伙伴，2018 年双边贸易额首次突破千亿美元大关。栗战书委员长对俄方领导人说，两国元首确立到 2024 年双边贸易额达到 2000 亿美元的目标，我们对实现这一目标充满信心。双方要推动"一带一路"建设和欧亚经济联盟对接，加快战略性大项目落实落地，促进数字经济、人工智能、航空航天等科技创新和高新技术领域合作。栗战书委员长十分关心中国与往访国资金融通、设施联通等情况。访哈期间，他与马明总理共同出席中国建设银行阿斯塔纳分行开业仪式，参观阿斯塔纳国际金融中心并讲话，勉励两国金融机构和企业加强合作，打造服务共建"一带一路"的融资新平台。

促进地方合作发展、拉紧人文交流纽带，是栗战书委员长此访的一项重要任务。栗战书委员长与三国领导人和地方官员一致认为，应从长远角度和战略高度，重视和加强文化、教育、体育、旅游、地方等领域合作，鼓励和引导更多青年人投身两国友好事业，为传承世代友好积蓄更多力量。访俄期

间，在会见鞑靼斯坦共和国总统明尼哈诺夫时，他强调地方合作在中俄关系中扮演着重要角色，希望双方以中俄互办地方合作交流年为新的起点，运用好现有机制和平台，挖掘潜力、积极作为，取得更多合作成果。栗战书委员长还广泛接触往访国社会各界人士。在阿塞拜疆参观盖达尔·阿利耶夫中心，回顾中阿友好交往故事，高度评价老阿利耶夫总统为中阿友谊作出的贡献。在哈萨克斯坦参观世博会主场馆、国家舞蹈学院等，认真观看当地学生练习表演，希望他们成为传递两国人民美好感情的友谊使者。在俄罗斯参观喀山联邦大学，希望同俄方一道，弘扬传统友谊，培养更多知华、友华力量。栗战书委员长在巴库向盖达尔·阿利耶夫总统墓、"长明火"纪念碑献花圈，在莫斯科向无名烈士墓献花圈。他表示，我们对战争带来的苦难有着刻骨铭心的记忆，应当倍加珍惜来之不易的和平。

三国领导人和各界人士均表示，"一带一路"是连接欧亚的友好之路、发展之路、繁荣之路，为沿线国家发展带来了新的机遇。愿同中方共同努力，推动发展战略和政策深度对接，加强基础设施互联互通，开展运输、物流等方面合作，打造务实合作新的增长点，让更多合作成果惠及两国人民和世界人民。欢迎中国企业前来投资创业，欢迎中国游客前来旅游观光。

四、突出国家安全领域的立法交流合作，全面提升立法机构合作水平

栗战书委员长对阿塞拜疆的访问，是中国全国人大常委会委员长时隔 19 年再次到访；对哈萨克斯坦、俄罗斯的访问，都是两国元首确立双边关系新定位后，全国人大常委会委员长首次到访。访问期间，栗战书委员长同三国议会领导人深入交流，围绕双边关系的新定位、新要求，探讨立法机构发挥职能作用、助力国家关系发展的新举措。

栗战书委员长强调，立法机构交往要以落实两国领导人达成的重要共识为主线，从国家关系发展大局出发，相互学习借鉴治国理政经验，做好双边协议的批准和推动落实工作，以法治方式营造良好合作环境。他对阿议会领导人表示，双方应密切各层级友好往来，聚焦经济转型、扶贫开发、现代农业等领域，开展立法、监督等经验交流，在维护国家安全、打击网络犯罪方面开展互学互鉴。在与哈议会领导人会谈时，栗战书委员长指出，中方愿与哈方一道，推动商签新版中哈投资保护协定，修订政府间国际道路运输协定，简化过境通关、劳务许可等手续，为经贸合作、人员往来提供法律保障。中俄立法机构合作基础扎实、成果丰硕。栗战书委员长强调，两国立法机构的交流合作是中俄新时代全面战略协作伙伴关系的重要组成部分。要坚持开展"背靠背"战略协作，相互学习借鉴立法、监督工作经验，共同研究应对外部风险挑战的合作举措，维护国家政权安全和制度安全。

中国全国人大与俄罗斯联邦会议合作委员会，是全国人大对外建立的最高级别交流机制。成立 14 年来特别是重组后 5 年来，在这一机制框架下，中俄立法机构围绕政治、经贸、地方、人文、青年等议题开展持续深入对话，在促进中俄关系发展方面发挥了重要作用。9 月 25 日至 26 日，合作委员会第五次会议在莫斯科成功举行。栗战书委员长出席会议闭幕式并致辞，提出了新时代两国立法机构合作的思路、重点和举措：一是坚持以服务国家关系发展大局为目标方向，以落实两国元首共识为根本遵循，深化立法机构交流合作，丰富两国关系战略内涵。二是加强在国际和地区事务中的战略协作，密切在多边议会组织框架下协调配合，推动上合组织各成员国议会加强合作，共同应对涉及彼此核心利益和重大关切问题。三是为两国务实合作营造良好法律环境，为深化"一带一路"建设同欧亚经济联盟对接提供服务和保障。四是加强地方立法机构合作，探索建立地方议会定期交流机制。五是加强涉外法治建设经验交流，有效应对单边主义、保护主义，捍卫各自国家主权利益。与会中方代表团与俄方进行实质对话和交流，介绍了各自国家在反对外部干涉方面的立法经验，就提高立法机构合作水平达成许多共识。

五、出席第四届欧亚国家议长会议，积极宣介阐释人类命运共同体的中国主张

欧亚国家议长会议是由俄罗斯、韩国倡导建立的区域性多边议会组织。成立 4 年多来，为密切欧亚国家立法机构对话交流、推动欧亚一体化进程发挥了积极作用。9 月 24 日，第四届欧亚国家议长会议在哈萨克斯坦首都努尔苏丹成功举行。本届会议的主题是"大欧亚：对话、信任和伙伴关系"，来自

65 个国家和 14 个国际组织的 1500 多名代表与会，其中包括 50 多位议长、副议长。

栗战书委员长出席会议并在开幕式上作主旨发言，这是中国全国人大常委会委员长首次出席欧亚国家议长会议。

栗战书委员长说，当今世界正处于百年未有之大变局。合作还是对抗？开放还是封闭？互利共赢还是零和博弈？关乎各国利益，关乎人类前途命运。习近平主席对此作出了明确回答，提出构建人类命运共同体的主张，推动建设新型国际关系，推动全球治理体系朝着更加公正合理的方向发展；提出共建"一带一路"倡议，打造各国共同发展的机遇之路、繁荣之路。他指出，欧亚大陆是世界上面积最大、人口最多、发展最迅速、前景最广阔的大陆。欧亚各国利益与共、安危与共，需要携手努力，加强对话、信任、合作，促进和平、稳定、繁荣。为此，他提出 4 点建议：一是加强沟通协商，尊重各国自主选择的发展道路，弘扬伙伴精神，求同存异，扩大共识，增进政治互信；二是拓展经贸合作，促进贸易和投资自由化便利化，推动世界经济开放、包容、普惠、平衡、共赢发展；三是密切人文交流，推动文化、教育、旅游、体育、媒体、青年等领域合作，促进民心相通；四是深化立法机构交往，落实好国家领导人达成的重要共识，为深化欧亚合作增添亮点、提供保障。

栗战书委员长表示，中国是欧亚大陆的一员，视欧亚国家为重要合作伙伴。我们愿推动共建"一带一路"同各国发展战略及欧亚经济联盟等区域合作倡议对接，秉持共商、共建、共享原则，促进全方位互联互通，实现共建"一带一路"高质量发展，让合作成果更好惠及欧亚各国人民。

栗战书委员长鲜明阐释中方立场和主张，唱响"中国机遇论"。他说，今年是中华人民共和国成立 70 周年。70 年来，中国各族人民在中国共产党的领导下，顽强拼搏、不懈奋斗，书写了人类发展史上的奇迹。中国的发展，是和平的发展，我们珍惜和平、维护和平，与各国平等相待、和睦相处，反对以大压小、以强凌弱、以富欺贫；中国的发展，是合作的发展，我们重信守义、互利共赢，把中国发展同世界各国发展紧密联系在一起，决不做损人利己、以邻为壑的事情；中国的发展，是开放的发展，我们坚持打开国门搞建设，积极参与经济全球化进程，不搞封闭排他的小圈子。中国开放的大门永远不会关上，欢迎各国搭乘中国发展的"顺风车"。

会议期间，栗战书委员长分别同俄罗斯、韩国、马来西亚、土耳其、德国、斯洛伐克、阿联酋等国代表团团长寒暄交流。

栗战书委员长的主旨发言赢得与会代表的赞同和支持。他们纷纷表示，要维护欧亚国家合作的良好局面，利用好现有的机制和平台，加强在多边议会组织中的协调配合，为深化欧亚国家交流合作、助力欧亚一体化贡献力量。会议通过了《第四届欧亚国家议长会议声明》，中方积极参与文件的起草和磋商，就主要内容和具体表述提出意见建议。

以上报告，请审议。

全国人大常委会办公厅

2019 年 10 月 17 日

三、对外定期交流机制

（按时间顺序）

中日议会（参院）交流机制第八次会议

2019 年 2 月 17 日至 19 日，日本国会参议院自民党参议员二之汤智应邀率日本参院代表团访华。2 月 18 日，栗战书委员长会见。曹建明副委员长和二之汤智团长共同主持中日议会（参院）交流机制第八次会议。全国人大华侨委员会主任委员、全国人大中日友好小组组长、全国人大中日议会交流机制常务副主席王光亚，宪法和法律委员会副主任委员胡可明、外事委员会委员石香元、教科文卫委员会委员张洪贺、财政经济委员会委员欧阳昌琼、环境与资源保护委员会委员王毅和日方 10 位议员参加。双方就中日关系、议会交往、经贸合作、立法经验、人文交流、各自经济社会发展情况及共同关心的国际和地区问题等交换了意见。

中阿议会对话委员会第四次会议

2019 年 3 月 25 日至 29 日，应全国人大中阿友好小组邀请，阿根廷众议院阿中友好小组主席卡门·波列多率阿根廷议会代表团一行 7 人访华，并出席中阿议会政治对话委员会第四次会议。在京期间，全国人大常委会副委员长郝明金会见，社会建设委员会主任委员何毅亭参加。何毅亭主任委员主持中阿议会对话委员会第四次会议，外事委员会委员石香元、陈福利等参加，阿根廷驻华大使盖铁戈参加上述活动。双方就中阿关系、立法机构交往、经贸合作、人文交流等共同关心的议题广泛、深入交换意见。在京期间，中联部副部长李军会见该团，中国现代国际关系研究院院长特别助理吴洪英及该院拉美所部分专家与代表团交流。代表团参观了清华大学苏世民书院，与阿根廷及部分西语国家留学生共进午餐。代表团还赴江苏、上海参观访问。

中加议会协会第 23 次会议

2019 年 5 月 18 日至 23 日，应全国人大中加议会协会邀请，加拿大议会加中议会协会共同主席戴伊参议员和佩斯基索利多众议员率领的加拿大加中议会协会代表团一行 9 人访问上海、南京，出席在南京举行的中加议会交流机制第 23 次会议。5 月 21 日，全国人大外事委副主任委员、中加议会交流机制常务副主席陈国民主持会议，全国人大教育科学文化卫生委员会委员张洪贺、农业与农村委员会委员张烈英、全国人大常委会预算工作委员会副主任刘修文、江苏省人大常委会副主任魏国强、全国人大外事委员会委员陈福利等出席。双方围绕中加关系、经贸、农业、教育、文化、旅游、地方合作等议题及各自关切广泛深入交换看法。访宁期间，代表团参观了句容茅山新农村建设项目、鼓楼医院、南京工业大学及加在宁企业。访沪期间，上海市人大常委会副主任沙海林会见，考察了洋山深水港、东海大桥等。

中塞议会交流机制第二次会议

2019年5月25日至29日，应全国人大常委会邀请，塞尔维亚议会副议长阿尔西奇率团访华。5月27日上午，曹建明副委员长主持中塞立法机构合作委员会第二次会议。外事委员会副主任委员、中塞立法机构合作委员常务副主席陈凤翔，农业与农村委员会副主任委员王宪魁、财政经济委员会副主任委员刘新华、教育科学文化卫生委员会副主任委员杨志今、环境与资源保护委员会副主任委员袁驷，代表团五位议员及塞驻华大使巴切维奇等参加了会议。双方就中塞关系和立法机构交往、外交政策和国际合作、共建“一带一路”及加强农业、环保、科教、增进文化互学互鉴和人文交流等共同关心的议题深入交流。

中埃议会交流机制第五次会议

2019年6月14日至20日，应全国人大常委会委员长栗战书邀请，埃及议长阿里率团访华。6月18日，全国人大常委会委员长栗战书在人民大会堂与到访的埃及议长阿里举行会谈，并共同出席中埃议会交流机制第五次会议第一阶段会议，全国人大常委会副委员长艾力更·依明巴海参加。6月19日下午，全国人大外事委员会副主任委员、中埃议会交流机制常务副主席林建华主持双方交流机制第五次会议第二阶段会议。全国人大常委会预算工作委员会副主任刘修文、全国人大财政经济委员会委员蔡玲、教育科学文化卫生委员会委员李巍、农业和农村委员会委员魏后凯及埃方穆阿泰兹·赛义德等四名议员参加。会见和会谈中，双方就中埃关系和立法机构交往、共建“一带一路”及加强农业、科技、人文交流等共同关心的议题交换意见。

中法议会（国民议会）交流机制第十次会议

2019年7月5日至11日，应全国人大中法友好小组邀请，法国国民议会法中友好小组主席陈文雄率法国国民议会代表团一行9人访华，并在京出席中法（国民议会）交流机制第十次会议。法国民议会副议长博纳尔参团来访。在京期间，全国人大常委会副委员长吉炳轩会见并宴请；全国人大环境与资源保护委员会主任委员、全国人大中法友好小组组长高虎城主持交流机制会议，财政经济委员会副主任委员尹中卿、环境与资源保护委员会副主任委员张守攻、外事委员会委员刘健、教育科学文化卫生委员会委员李巍及法方七位议员等参加上述活动。双方就中法关系和立法机构交往、经贸合作、保护生物多样性和生态保护合作，科技、文化、旅游合作，南海问题等广泛深入交换意见。中联部部长宋涛、前驻法大使翟隽、候任驻法大使卢沙野分别会见并宴请该团。除北京外，代表团还访问了贵州。

中巴议会（众院）交流机制第四次会议

2019年9月16日至20日，应巴西众议长马亚邀请，全国人大常委会副委员长、中巴议会（众院）交流机制主席蔡达峰率全国人大代表团一行16人访问巴西并出席中巴议会（众院）交流机制第四次会议。代表团主要成员有全国人大宪法和法律委员会副主任委员江必新，外事委员会副主任委员、中巴议会（众院）交流机制常务副主席、中国—巴西友好小组副组长鲁培军，全国人大农业与农村委员会委员、中国—巴西友好小组成员王超英等。访巴期间，巴西众议长马亚会见代表团。17 日，蔡达峰副委员长与巴西众议员、巴中议会(众院)交流机制主席达玛塔共同主持交流机制第四次会议。会见和会谈中，双方就双边关系、立法机构交往、多边协作、务实合作、中拉关系、“一带一路”建设等深入交换意见。代表团还参观了巴西国会和巴西利亚大学。

中俄议会合作委员会第五次会议

2019 年 9 月 24 日至 28 日，全国人大常委会委员长栗战书应邀访问俄罗斯，并在莫斯科出席中俄议会合作委员会第五次会议。全国人大常委会秘书长杨振武、宪法和法律委员会主任委员李飞、外事委员会主任委员张业遂、华侨委员会主任委员王光亚、外交部副部长乐玉成等陪同访问。9 月 25 日至 26 日，中俄议会合作委员会第五次会议和立法圆桌会在莫斯科成功举行，常委会秘书长杨振武、宪法和法律委员会主任委员李飞、外事委员会主任委员张业遂、华侨委员会主任委员王光亚、外事委员会副主任委员张志军、重庆市人大常委会主任张轩、外交部副部长乐玉成、财政经济委员会副主任委员刘新华、教育科学文化卫生委员会副主任委员吴恒、宪法和法律委员会委员闫傲霜、常委会预算工委副主任夏光、黑龙江省人大常委会副主任范宏、宪法和法律委员会委员孙宪忠等出席。双方就中俄关系、“一带一路”建设、文化、教育、体育、旅游等领域合作和地方立法机构交往等交换看法。双方还就各自国家反对外来干涉、防范“颜色革命”方面的立法实践进行了交流。

中墨议会政治对话论坛第四次会议

2019 年 10 月 27 日至 11 月 2 日，应全国人大中墨友好小组邀请，墨西哥参议院农牧渔业与农村发展委员会主席、中墨议会对话论坛墨方主席塞斯佩德斯率墨西哥议会代表团一行 12 人访问北京，并出席中墨议会政治对话论坛第四次会议。在京期间，武维华副委员长会见，全国人大外事委员会副主任委员张志军主持交流机制会议，监察和司法委员会委员张立军、财政经济委员会委员吕薇、教科文卫委员会委员李巍、环境与资源保护委员会委员沈岩、农业与农村委员会委员赵立欣及墨驻华大使贝尔纳尔等参加上述活动。双方就中墨关系和立法机构交往，经贸、农业、能源、环保、气候变化、人文和旅游合作、反腐等共同关心的问题深入交换意见。国家能源局副局长刘宝华、外交部拉美事务特别代表刘玉琴、前驻墨大使邱晓琪、中联部五局副局长符捷分别会见。在京期间，代表团参观了故宫、拜谒了毛主席纪念堂，访问了华为公司北京展示中心等。

中法议会(参院)交流机制第九次会议

2019 年 12 月 1 日至 5 日，全国人大常委会副委员长、全国人大中法议会交流机制主席陈竺应邀率全国人大代表团访问法国，出席中法议会(参院)交流机制第九次会议。环境与资源保护委员会主任委员、中法议会交流机制副主席高虎城，外事委员会副主任委员张志军、常委会副秘书长郭振华、外事委员会委员石香元、宪法与法律委员会委员于志刚、教科文卫委员会委员李巍等参加交流机制会议。

在巴黎期间，分别会见了法国参议长拉尔歇、前总理拉法兰、参议院副议长孔瓦伊－穆雷、国民议会副议长勒富尔、参议院法中友好小组主席雷纳尔、国民议会法中友好小组主席陈文雄等，并出席法方举行的欢迎宴会。机制会上，双方就中法关系、议会交往、经贸合作、反对单边主义和逆全球化、互联网管理及 5G 技术等交换看法。

四、发表的谈话、声明

全国人大外事委员会发言人就美国国会议员涉港错误言论发表谈话

新华社北京8月17日电　8月17日，针对美国众议长佩洛西、参议员麦康奈尔、鲁比欧、众议员约胡等人近日发表的涉港错误言论，全国人大外事委员会发言人尤文泽表示，近期在香港发生的一连串非法活动特别是极端暴力行为，严重违反了《中华人民共和国宪法》《中华人民共和国香港特别行政区基本法》《中华人民共和国国旗法》《中华人民共和国国徽法》和香港特别行政区有关法律条例，公然挑战“一国两制”原则底线，粗暴践踏香港法治和社会秩序，严重威胁香港市民生命财产安全，必须依法惩处。

该发言人说，美一些议员把这些暴力犯罪美化成争取人权和自由，把香港警察严正执法、打击犯罪、维护社会秩序歪曲成暴力镇压，威胁在美国国会推动通过所谓“香港人权与民主法案”。此举严重违反法治精神，是赤裸裸的双重标准，是对中国内政的粗暴干涉。

该发言人表示，违法不被惩处，法律就没有威严。法律没有威严，法治就荡然无存。维护香港的社会秩序和稳定必须依靠法治。香港是中国的香港，香港事务是中国的内政。香港的长期繁荣稳定是包括750万香港市民在内的全体中国人民的坚强意志，绝不是极少数暴力犯罪分子所能撼动的，也绝不是任何外部势力横加干涉所能改变的。

《人民日报》2019年8月18日

全国人大外事委员会就美国国会参众两院外委会审议通过“2019年香港人权与民主法案”发表声明

新华社北京9月26日电　全国人大外事委员会26日就美国国会参众两院外委会审议通过“2019年香港人权与民主法案”发表声明，声明如下：

9月25日，美国国会参众两院外委会不顾中方多次严正交涉，执意审议通过少数议员鼓噪的“2019年香港人权与民主法案”。该法案打着“人权”、“民主”的幌子，公然插手香港事务，粗暴干涉中国内政。中国全国人大外事委员会对此予以强烈谴责、表示坚决反对。

中华人民共和国宪法和香港特别行政区基本法共同构成香港特别行政区的宪制基础。全国人民代表大会授权香港特别行政区依照基本法规定实行高度自治。香港回归祖国以来，“一国两制”、“港人治港”、高度自治得到全面有效实施，香港同胞当家作主，依照宪法、基本法以及特别行政区本地法律享有广泛的自由和民主权利。

当前香港围绕修改《逃犯条例》出现的事态已完全变质。香港一些激进势力和暴力分子肆意破坏公共秩序，毁坏公共设施、暴力袭击警察，到处大搞打砸烧，践踏了道德底线，突破了法治底线，挑战了“一国两制”原则底线。美国国会一些议员无视这些人的恶劣行径，执意推动两院外委会审议通过上述法案，公然为这些激进暴力分子和分裂势力撑腰打气，是对中国内政的粗暴干涉，充分暴露了美国会一些人搞乱香港、牵制中国发展的险恶用心。

香港是中国的香港，香港事务是中国的内政。

香港的繁荣稳定有包括广大香港同胞在内的 14 亿中国人民共同守护，任何人、任何外部势力都不要妄图以施压改变香港的未来，任何危害中国国家主权安全、挑战中央权力和基本法权威的行径，都是对底线的触碰，都注定要失败。

我们奉劝一些长期对华怀有偏见的美国议员正视事实，遵守国际法和国际关系基本准则，立即停止推动审议有关涉港法案，停止以任何形式干预香港事务的做法，多做有利于中美互信合作的事。

《人民日报》2019 年 9 月 27 日

全国人大外事委员会发言人就美国国会众院外委会通过涉港决议案发表谈话

新华社北京 9 月 26 日电 针对美国国会众院外委会通过所谓涉港决议案，全国人大外事委员会发言人尤文泽 26 日表示，该决议案打着“保护香港民众言论、和平集会自由”的旗号，恶意攻击中国中央政府破坏“一国两制”、“干涉”香港事务，诋毁抹黑香港警方捍卫法治的正义之举，再次暴露了美国国会一些人插手香港事务、干涉中国内政的险恶用心。中国全国人大外事委员会对此予以强烈谴责、表示坚决反对。

尤文泽说，根据中华人民共和国宪法和香港特别行政区基本法，中央对香港特别行政区具有全面管治权。全国人民代表大会授权香港特别行政区依照基本法的规定实行高度自治。香港回归以来，“一国两制”、“港人治港”、高度自治方针得到切实贯彻落实，香港居民依法享有前所未有的广泛权利和自由，这是有目共睹的事实。

尤文泽说，香港“反修例”游行示威持续三个多月，已完全超出正常集会游行范畴，演化为极端暴力行为，严重损害香港法治，严重破坏社会秩序，严重挑战“一国两制”原则底线。大量事实证据显示，香港警察依法拘捕的暴力分子涉嫌非法集结、非法禁锢、纵火、伤人等多项罪名。近来，少数激进暴力分子的武力不断升级，使用包括汽油弹等具有高杀伤性武器袭击特区政府和警员，已出现恐怖主义倾向。然而，美国国会一些议员对此不闻不问，反而将香港特区政府依法依规处置暴力行为贴上“滥用暴力”、“损害香港公民言论、和平集会自由”的标签。我们不禁要问，这些美国国会议员在打击暴力犯罪问题上的立场何在？正义和良知何在？道德底线何在？

尤文泽表示，无论遇到什么样的困难和挑战，我们对“一国两制”方针的信心和决心都绝不会动摇，推进“一国两制”实践的信心和决心都绝不会动摇，也绝不会容忍任何危害国家主权安全、挑战中央权力和香港特别行政区基本法权威、利用香港对内地进行渗透破坏的活动。

尤文泽强调，我们强烈敦促美国国会众院摒弃政治偏见和双重标准，停止对中方的无端指责，停止插手香港事务，停止干涉中国内政，停止为中美关系发展和合作设置障碍。

《人民日报》2019 年 9 月 27 日

全国人大外事委员会就美国国会众议院通过“香港人权与民主法案”发表声明

新华社北京 10 月 16 日电 全国人大外事委员会 16 日就美国国会众议院通过“2019 年香港人权与民主法案”发表声明，声明如下：

美国国会众议院于当地时间 10 月 15 日通过由少数议员提出的所谓“2019 年香港人权与民主法案”，公然插手香港事务，粗暴干涉中国内政。中国全国人大对此予以强烈谴责，表示坚决反对。

香港回归以来，“一国两制”、“港人治港”、高度自治得到全面有效实施，取得举世公认的成功。依照中华人民共和国宪法、香港基本法以及香港特别行政区本地法律，香港同胞享有广泛的自由和民主权利。然而美国国会众议院罔顾事实、颠倒黑白、是非不分，无视国际法和国际关系基本准则，无视香港一些激进势力和暴力分子严重破坏香港社会安全稳定、公然挑战“一国两制”原则、带有恐怖主义特征的暴力犯罪事实，无视香港社会各界的民意诉求，以“人权”“民主”之名，行搞乱香港，牵制中国发展之事。

香港是中国的香港，香港事务是中国的内政，香港事务绝不允许任何外国插手。我们强烈敦促美国国会及一些政客立即停止干涉香港事务，恪守国际法和国际关系基本准则，立即停止推动审议有关涉港法案，多做有利于中美两国长远发展和根本利益的事。

《人民日报》2019 年 10 月 17 日

全国人大外事委员会发言人就欧洲议会决定授予伊力哈木“萨哈罗夫”奖发表谈话

新华社北京 10 月 25 日电　针对欧洲议会不顾中方多次严正交涉，决定授予伊力哈木·土赫提所谓“萨哈罗夫”奖，全国人大外事委员会发言人尤文泽 25 日指出，我们对欧洲议会以“人权”为幌子粗暴干涉中国内部事务表示强烈不满和坚决反对。

发言人说，伊力哈木大肆从事分裂国家的犯罪活动，煽动暴恐行径，其犯罪行为证据确凿，对其依法作出判决完全是中国司法主权范围内的事。这样的人被欧洲议会授予奖项，是对极端主义和恐怖主义的纵容，也充分暴露了欧洲议会在人权问题上的虚伪和双重标准。

发言人强调，相互尊重、公平正义、合作共赢是国际社会相处之道。我们积极支持不同社会制度、意识形态和文化传统之间平等对话，但绝不容忍任何以抹黑、施压手段干涉中国内政的政治图谋。我们奉劝欧洲议会一些人正视事实，不做损害中欧关系健康发展的事情。

《人民日报》2019 年 10 月 26 日

全国人大外事委员会就美国国会参议院通过“2019 年香港人权与民主法案”发表声明

新华社北京 11 月 20 日电　全国人大外事委员会 20 日就美国国会参议院通过“2019 年香港人权与民主法案”发表声明，声明如下：

当地时间 11 月 19 日，美国会参议院不顾中方多次严正交涉和坚决反对，通过所谓“2019 年香港人权与民主法案”，粗暴干涉中国内政。中国全国人大对此予以坚决反对和强烈谴责。

五个多月来香港发生的一系列危害公共安全和公共秩序的暴力犯罪，严重践踏法治和社会秩序，严重破坏香港的繁荣稳定，严重挑战“一国两制”原则底线。近来，香港暴力分子的打砸烧破坏活动不断升级，甚至残害普通市民，毫无行为底线、人性道德、法律戒惧，这与美国会插手香港事务、干涉中国内政是密切相关的。

止暴制乱、恢复秩序是香港当前最紧迫的任务，是香港社会的最广泛民意和最大人权。美国会参议院在极少数反华议员的鼓噪下，不但不谴责令人发指的暴力犯罪，反而借“人权”、“民主”之名继续为暴力分子撑腰打气，充分暴露了美国会在人权和民主问题上的极端虚伪、赤裸裸的双重标准以及反中乱港的险恶用心。

维护国家主权、安全、发展利益是全面准确贯彻“一国两制”方针的必然要求。香港事务是中国的内政，香港事务必须在中华人民共和国宪法和香港特别行政区基本法的框架内处理。香港是中国的香港，任何外部势力不得干涉。

《人民日报》2019 年 11 月 21 日

全国人大外事委员会就美国国会众议院通过“2019 年维吾尔人权政策法案”发表声明

新华社北京 12 月 4 日电　全国人大外事委员会 4 日就美国国会众议院通过“2019 年维吾尔人权政策法案”发表声明，声明如下：

当地时间 12 月 3 日，美国国会众议院通过“2019 年维吾尔人权政策法案”，恶毒攻击中国新疆的人权状况，歪曲抹黑中国去极端化和打击恐怖主义的努力，无端指责中国政府治疆政策，粗暴干涉中国内政。我们对此表示强烈愤慨和坚决反对。

在新疆维吾尔自治区设立职业技能教育培训中心，开展职业技能教育培训工作，是根据中华人民共和国国家安全法、刑法、刑事诉讼法、反恐怖主义法和宗教事务条例，以及《新疆维吾尔自治区实施〈中华人民共和国反恐怖主义法〉办法》《新疆维吾尔自治区去极端化条例》等法律法规设立和实施的。新疆教培中心的设立和实施，目的是消除恐怖主义、宗教极端主义滋生和蔓延的土壤和条件，有效遏制恐怖活动多发、频发势头，最大限度地保障各族人民的生命权、健康权、发展权。这是对广大人民人权的最好保护，也是对国际反恐事业的重大贡献。

恐怖主义、极端主义是人类社会的公敌。反恐、去极端化是国际社会的共同责任。事实证明，中方有关举措是有效的，新疆治安状况明显好转，已连续三年未发生暴恐案件。然而令人遗憾的是，美国国会不但对新疆依法依规打击恐怖主义、保护人权的努力视而不见，对新疆当前经济发展、社会稳定、民族团结、宗教和谐的大好局面视而不见，反而捏造事实、诋毁抹黑中国反恐和去极端化的正义之举。这是在反恐问题上典型的双重标准，其在人权问题上的虚伪暴露无遗。

我们坚决反对任何外部势力借人权问题干涉中国内政。我们强烈敦促美国国会摒弃政治偏见，放弃对中方施压的错误做法，停止对中方的无端指责，停止干涉中国内政，停止为中美关系发展和双方在反恐问题上的合作设置障碍。

《人民日报》2019 年 12 月 5 日

全国人大外事委员会发言人就美国 2020 财年国防授权法案涉华消极条款发表谈话

新华社北京 12 月 21 日电　全国人大外事委员会发言人尤文泽 21 日就美方将 2020 财年国防授权法案签署成法表示，美方无视中方多次表明的严正立场，在该法案中塞入涉台、涉港、涉疆等多项涉华消极条款，这些条款罔顾事实、充满偏见，粗暴干涉中国内政。我们对此表示强烈不满和坚决反对。

发言人强调，该法案涉台内容严重违反一个中国原则和中美三个联合公报规定，严重损害中美关系和台海和平稳定。台湾问题是中国的内政，不容任何外来干涉。香港发生的一系列危害公共安全和秩序的暴力犯罪，严重挑战法治和“一国两制”原则底线。暴力就是暴力，任何诉求都不能成为采取极端暴力的借口。美方打着所谓“民主”“人权”的幌子干涉他国内政的图谋决不会得逞。涉疆问题根本不是什么人权、民族、宗教问题，而是反暴恐和去极端化问题。美国也是恐怖主义的受害者，理应对中方采取的反恐措施予以支持，而不是诋毁抹黑中国反恐和去极端化的努力。

发言人说，我们强烈敦促美方摒弃冷战思维和霸权逻辑，停止干涉中国内政，立即采取有效措施消除由此产生的消极影响，以实际行动维护中美关系大局。

《人民日报》2019 年 12 月 22 日

专门委员会工作

第十三届全国人民代表大会民族委员会 2019 年工作总结

（2019 年 12 月 23 日第十三届全国人民代表大会民族委员会第七次会议审议通过）

2019 年是民族工作创新发展的重要一年，习近平总书记在全国民族团结进步表彰大会上发表重要讲话，深刻总结了新中国成立 70 年特别是党的十八大以来我国民族团结进步事业取得的辉煌成就和宝贵经验，全面分析了当前我国民族工作面临的形势，明确提出了新时代推动民族团结进步事业的总体要求和工作重点，为做好新形势下人大民族工作指明了方向。栗战书委员长多次就做好人大民族工作作出重要批示指示，曹建明副委员长悉心给予指导并提出明确要求。一年来，民族委员会深入学习贯彻习近平新时代中国特色社会主义思想，全面贯彻落实党的十九大和十九届二中、三中、四中全会精神，贯彻落实党中央和全国人大常委会党组关于民族工作的重大决策部署，坚持党的集中统一领导，坚持中国特色解决民族问题的正确道路，认真履行宪法和法律赋予的职责，深入开展“不忘初心、牢记使命”主题教育，扎实做好专题调研、联系代表、建议办理、少数民族全国人大代表和人大民族工作干部培训、对外交往等工作，人大民族工作取得新进展。习近平总书记在党的十九届四中全会上的报告中对民族委员会负责组织实施的民族教育、脱贫攻坚专题调研给予肯定，极大地激励和鞭策了民族委员会组成人员再接再厉，取得更大的成绩。

一、深入学习贯彻习近平新时代中国特色社会主义思想，扎实开展“不忘初心、牢记使命”主题教育

民族委员会始终把学习贯彻习近平新时代中国特色社会主义思想作为首要政治任务，作为做好人大民族工作的根本保证。2019 年，先后召开了 3 次民族委员会会议、7 次分党组会议，举办了 14 次专题讲座，集中传达学习习近平新时代中国特色社会主义思想、党的十九大和十九届四中全会精神、习近平总书记关于坚持和完善人民代表大会制度的重要思想和关于民族工作的重要论述，增强“四个意识”，坚定“四个自信”，做到“两个维护”，始终在思想上政治上行动上同以习近平同志为核心的党中央保持高度一致。

民族委员会紧扣学习贯彻习近平新时代中国特色社会主义思想这一主线，贯彻“守初心、担使命，找差距、抓落实”的总要求，扎实开展“不忘初心、牢记使命”主题教育。分党组成员认真参加全国人大常委会党组、机关党组和民族委员会分党组组织的学习，全程参加党组织关系所在单位的学习，共开展了 6 次集体学习、5 次实地调研和 4 次专题辅导讲座。坚持把“学习教育、调查研究、检视问题、整改落实”贯穿始终，紧紧围绕进一步加强人大民族工作、更好担负起新时代赋予人大民族工作部门的使命责任开展调研、召开座谈会，并征求了机关党组成员、民族委员会组成人员及中央统战部、国家民委、全国政协民宗委等有关部门的意见，持续深入开展整改。需要立行立改的，都已整改到位；需要长期推进的，都已制定修改相关制度，列入了下一步工作计划。针对“对民族地区加强立法工作指导不够”的问题，民族委员会组织开展了民族自治地方自治条例、单行条例总结梳理工作；在第二十二期全国人大民族工作干部学习班上，邀请全国人大宪法和法律委员会主任委员李飞同志就进一步加强民族地方立法工作作了讲座。针对“搭建地方人大民族工作部门交流平台”的建议，民族委员会在往年工作基础上，扩大了全国人大民族工作干部学习班的培训范围，召开了十七省（区、市）人大常委会领导和民族工作部门负责同志座谈会、30 个自治州和 11 个自治县（旗）人大常委会负责同志座谈会，有力促进了各级各地人大民族工作部门的联系交流。在全国人大常委会党组坚强领导下，主题教育全程高标杆定位、高标准开展、高质量推进，取得实实在在的成效。

二、认真组织开展专题调研，助力脱贫攻坚和民族地区发展

民族委员会紧紧围绕党和国家工作大局和全国人大常委会中心任务，聚焦打赢三大攻坚战和推进民族团结进步事业，就兴边富民行动“十三五”规划实施、深度贫困地区脱贫攻坚、民族地区草原生态环境保护、民族文化保护传承等工作情况开展调研。全国人大常委会领导高度重视，栗战书委员长、王晨副委员长、曹建明副委员长审定了调研方案，曹建明副委员长任专题调研组组长。召开座谈会，专题听取国家民委、国家林业和草原局等部门的情况介绍。组织 14 个调研组赴 14 个省（区）开展了实地调研，本着厉行节约、提高效率的原则，有 6 个调研组采用一组双题、合并进行的方式，切实减轻基层负担。调研结束后，共形成 16 份调研分报告和 4 份专题调研报告，对于全国人大常委会组成人员了解情况、督促和支持国务院有关部门加大工作力度起到了积极作用。

边境地区既是我国实施对外开放战略的前沿阵地，也是确保国土安全和生态安全的重要屏障。开展兴边富民行动“十三五”规划实施情况专题调研是全国人大常委会贯彻落实党中央关于民族工作重大决策部署的重要举措。调研组充分肯定了兴边富民行动取得的成绩，认为兴边富民行动有力推动了我国边境地区经济持续发展、民生显著改善、民族团结进步、社会和谐稳定、边防巩固安宁；指出了基础设施建设影响和制约边境地区高质量发展、社会公共产品和服务供应不充分不平衡、产业发展的规模和质量与现实需求不匹配、对外开发开放水平有待进一步提高、边境地区生态环境建设任务仍然艰巨等问题；提出了深入学习贯彻习近平总书记“治国必治边”重要战略思想、铸牢中华民族共同体意识、加强边境地区基础设施建设、加快培育壮大沿边优势产业、加快沿边开发开放步伐、推进边境地区生态文明建设等意见建议，对于进一步推进兴边富民行动，加快边境地区经济社会发展步伐，巩固祖国边防，维护国家统一，发挥了积极作用。

2019 年是决战决胜脱贫攻坚的关键之年，在 2017 年、2018 年连续两年开展脱贫攻坚调研的基础上，民族委员会紧紧围绕加强农村基础设施建设、发展区域特色优势产业、推进“两不愁三保障”工作落实等情况和农业与农村委员会共同开展专题调研，提出进一步增强打赢深度贫困地区脱贫攻坚战的政治自觉、进一步改善基础设施和公共服务、进一步完善保障措施、进一步巩固拓展脱贫成果、进一步做好与乡村振兴战略的衔接工作等建议，为贯彻落实党中央关于打赢脱贫攻坚战的重大决策部署，确保深度贫困地区、民族地区如期全面建成小康社会作出了积极努力。

我国近 60 亿亩天然草原主要分布在民族地区，做好草原生态环境保护工作，不仅关乎推进生态文明、建设美丽中国，也是推进民族团结和边疆稳固、坚决打赢脱贫攻坚战的必然要求。民族委员会根据组成人员和部分代表建议，组织开展了民族地区草原生态环境保护专题调研。通过调研了解到，党的十八大以来，我国依法治草护草工作显著加强，草原生态补奖政策和重点工程成效明显，新型牧草产业和畜牧业加快发展，草原生态监测和灾害应急防控不断完善；同时，仍存在草原生态环境保护制度政策体系不健全、产业现代化转型有待加快、依法治理草原能力亟待加强等问题。调研组建议有关部门加强草原生态环境保护顶层设计、健全完善相关法律法规和制度体系、提升草原科技支撑能力和基层管护水平，为统筹推进山水林田湖草系统治理奠定更坚实的基础。

文化是一个民族的魂魄，文化认同是民族团结的根脉。中华民族伟大复兴需要以中华文化发展繁荣为条件。民族委员会认真贯彻落实习近平总书记关于坚定文化自信，铸牢中华民族共同体意识，构筑各民族共有精神家园的重要指示精神，按照全国人大常委会领导要求，组织开展了民族文化保护传承情况专题调研。了解了各地完善民族文化保护传承体制机制、推进民族地区公共文化服务建设、加快民族文化产业发展的一些经验做法；提出了民族文化保护传承工作存在的重视程度有待进一步提高、资金投入力度有待进一步加大、保护传承人才匮乏、民族文化产业发展相对滞后等问题；建议有关部门坚持中国特色社会主义文化发展道路，着力加快民族地区公共文化基础设施建设，依法做好民族文化保护传承工作，全力推动民族文化事业繁荣发展。

三、创新工作机制，支持和保障代表依法履职

建立民族委员会联系代表工作机制。2019 年 3

月 20 日，民族委员会分党组专门召开会议，深入学习贯彻栗战书委员长在 3 月 18 日全国人大常委会党组会议上的重要讲话精神，专题研究加强联系代表等工作，提出创新代表联系工作办法、邀请代表参与民族委员会工作等具体举措。制定了《全国人大民族委员会联系全国人大代表办法（试行）》，确定全国人大民族委员会直接联系 56 个民族各 1 名基层代表，并明确了联系代表的目的、内容、方式、要求等。十三届全国人大二次会议期间，民族委员会组成人员及办事机构同志与 56 名代表都进行了联系沟通。帮助代表反映了“加大发展边境旅游扶持力度”“促进草原保护与修复工程”“大力推进民族团结进步创建活动”等建议，推进了相关工作的开展。全年还邀请了 11 名基层少数民族全国人大代表参加了调研活动。代表们一致表示，民族委员会创新加强联系代表工作，开启了基层代表与全国人大民族委员会的“直通车”，既受到鼓舞，又感到责任重大。栗战书委员长专门作出批示，对民族委员会联系代表工作给予肯定。

举办少数民族全国人大代表学习班。9 月 19 日至 21 日，民族委员会在广东省深圳市成功举办了第五期少数民族全国人大代表学习班。曹建明副委员长出席开班式并讲话，强调少数民族全国人大代表要深入学习贯彻习近平新时代中国特色社会主义思想，坚持正确政治方向，始终在思想上政治上行动上同以习近平同志为核心的党中央保持高度一致；要深入学习贯彻习近平总书记关于坚持和完善人民代表大会制度的重要思想，依法履职尽责，更好担负起宪法法律赋予人大的各项职责；要深入学习贯彻习近平总书记关于民族工作的重要论述，铸牢中华民族共同体意识，坚定不移维护民族团结和国家统一。18 位民族委员会组成人员、71 位全国人大代表参加了学习。学习班邀请十二届全国人大法律委员会主任委员乔晓阳、民族委员会副主任委员丹珠昂奔、国家民委副主任陈改户、农业农村部乡村产业发展司副司长吴晓玲等同志分别作了《学习宪法，加强宪法实施及监督》《习近平总书记关于新时代民族问题的重要论述》《进一步做好新时代民族工作，积极推动民族地区经济社会加快发展》《抓住机遇　开拓创新　高质量促进乡村产业振兴》专题讲座，组织代表参观了“大潮起珠江——广东改革开放 40 周年展览”，到腾讯全球总部基地滨海大厦开展了现场教学。代表一致表示，参加这次学习班的收获很大，进一步坚定了在以习近平同志为核心的党中央坚强领导下走中国特色社会主义道路的信心和决心，增强了认真履行代表职责、助力民族地区加快发展、推进我国民族团结进步事业的责任感和使命感。

认真研究办理代表建议。2019 年，民族委员会督办的重点督办建议共 2 项含 29 件代表建议，即深入实施兴边富民行动、加大对人口较少民族发展的支持建议和巩固脱贫成果防止返贫建议。民族委员会在认真总结以往督办经验的基础上制定了督办工作方案；积极参加国家民委、交通运输部等建议承办单位组织的调研；主动与提建议代表、承办单位和建议涉及地方联系沟通；及时就加强建议办理工作提出意见。各承办单位都结合工作实际，制定了办理方案，出台了办理举措，有序推进落实。国家民委、财政部、海关总署等部门积极支持边境地区深加工产业园投资建设。交通运输部联合国家发展改革委、财政部等 7 部委印发了《关于推动“四好农村路”高质量发展的指导意见》。2019 年，农村公路投资和新改建农村公路里程都超额完成了年度目标任务。重点督办建议办理工作取得实实在在的效果。

民族委员会办理的代表建议 1 件，即澳门代表团刘艺良等 4 名代表提出的关于制定“中华人民共和国民族团结进步促进法”的建议。根据党中央关于民族工作的重大决策部署，结合民族立法工作实际，民族委员会进行了深入研究，认为目前的主要工作是进一步贯彻实施好现有法律法规，并总结正在全国深入开展的民族团结进步创建活动的经验，不断完善相关法律规范，提出制定“中华人民共和国民族团结进步促进法”尚需进一步研究论证的意见，并与代表进行了深入沟通。代表对民族委员会的建议办理工作表示满意。

四、加强民族法治建设，推进依法治理民族事务

认真参加法律案审议。民族委员会组成人员在参加全国人大常委会审议法律案时，紧紧围绕党和国家工作大局，围绕铸牢中华民族共同体意识，促进少数民族和民族地区与全国同步建成全面小康社会，认真提出意见建议，许多审议意见被采纳，促进了相关法律的制定、修改和完善。新修订的森林法根据民族委员会提出的有关意见，规定“国务院和省、自治区、直辖市人民政府可以依照国家对民族自治地方自治权的规定，对民族自治地方的森林保护和林业发展实行更加优惠的政策”，体现了

宪法和民族区域自治法的有关原则精神。

健全民族工作法律法规体系。促进完善实施民族区域自治法配套规章、具体措施和办法,结合民族工作实际,就有关政策文件的修改出台提出意见建议;指导地方修改完善自治条例、单行条例和有关地方性法规,认真研究地方反映的立法方面的问题,深入交流探讨,提出意见,提高立法质量。

推动民族区域自治法贯彻实施。充分利用专题调研、举办学习班、参加会议等时机,广泛宣传民族区域自治法,深入了解贯彻实施中的困难问题,提出改进意见建议,提高运用法治思维和法治方式处理民族事务的能力,依法治理民族事务促进民族团结。

五、加强联系沟通,提升新时代人大民族工作整体水平

建立民族委员会加强与地方人大工作联系机制。切实加强同地方人大的联系,增强人大民族工作整体合力。研究制定了《全国人大民族委员会加强与地方人大工作联系办法》,并于 4 月份印发实施。《联系办法》明确了联系了解的重点内容,即地方人大贯彻党的民族理论、民族政策情况,开展立法、监督情况等,提出邀请地方人大有关负责同志列席全国人大民族委员会会议,及时跟踪了解地方人大提出的意见建议办理情况等举措,推动实现与地方人大工作互联互通、信息共享和资源整合。民族委员会领导在第二十二期全国人大民族工作干部学习班上专门对落实《联系办法》提出了要求。《联系办法》印发以来,全国人大民族委员会、各省(区、市)人大民族工作部门和各自治州、自治县人大常委会全面加强了日常沟通衔接、情况资料共享等方面的工作,推动了党的民族理论、民族政策和民族工作法律法规的贯彻落实。

加强与有关部门联系沟通。民族委员会在开展立法、监督、调研等各项工作中,注重加强与有关部门联系配合,共同推动人大民族工作取得新成效。与中央统战部、国家民委、全国政协民宗委、北京市人民政府等部门共同举办“中华人民共和国成立 70 周年民族工作创新与发展座谈会”“首都各界纪念西藏百万农奴解放 60 周年座谈会”“2019 年首都各民族人士迎春茶话会”,唱响了“中华民族一家亲、同心共筑中国梦”的时代主题。与国家民委、交通运输部、国家林业和草原局等单位多次座谈,就开展专题调研、办理代表建议、加强联系协作等沟通情况,交流意见,共同做好相关工作。

举办第二十二期全国人大民族工作干部学习班。7 月 9 日至 11 日,民族委员会在黑龙江省哈尔滨市成功举办了第二十二期全国人大民族工作干部学习班。31 个省(区、市)、5 个计划单列市人大民族工作部门和办公室负责同志,30 个自治州、11 个自治县(旗)以及黑龙江省各地市人大常委会负责同志共 168 人参加学习。学习班印发了白春礼主任委员的书面讲话,邀请全国人大宪法和法律委员会主任委员李飞,民族委员会副主任委员丹珠昂奔、委员卓新平,国家民委监督检查司副司长李钟协分别作了《进一步加强民族地方立法工作》《民族文化的继承与发展》《民族宗教工作面临的形势和任务》《新时代民族团结进步创建》专题讲座,召开分组会议、全体会议和 30 个自治州、11 个自治县(旗)人大常委会负责同志座谈会,总结交流讨论。到侵华日军第七三一部队罪证陈列馆、哈尔滨飞机工业集团有限责任公司、黑龙江民族职业学院开展现场教学,接受爱国主义教育。学习班首次实现了全国人大民族委员会、省(区、市)人大民族工作部门、计划单列市人大民族工作部门、自治州人大常委会、部分自治县(旗)人大常委会负责同志汇聚一堂,有力地促进了各级人大民族工作部门干部的学习交流,增强了人大民族工作整体实效。

加强与地方人大的联系交流。白春礼主任委员出席 2019 年中西部十七省(区、市)人大民族工作座谈会并讲话,强调要认真学习贯彻习近平总书记在全国民族团结进步表彰大会上的重要讲话精神,深刻领会中国共产党的领导是民族工作成功的根本保证,深刻领会我国是统一的多民族国家这一基本国情,深刻领会新时代民族工作的新部署新要求,切实增强做好新时代人大民族工作的政治责任感和历史使命感,坚定走中国特色解决民族问题的正确道路,铸牢中华民族共同体意识,推进民族团结进步事业。会议筹备期间,民族委员会与贵州省人大常委会多次就会议主题、内容、日程等沟通协商,对会议的成功举办给予了指导。接待青海、广西、北京等 7 个省(区、市)人大常委会及人大民族工作部门负责同志的来访,参加民族自治地方成立庆祝活动和全国部分少数民族自治县(旗)人大工作联席会,编发 4 期《民族法制通讯》,积极宣传党的民族理论和民族政策,加强总结交流,形成工作合力。

六、参与做好外事工作，讲好民族团结故事

根据全国人大常委会统一安排，应邀组团出访瑞典、塞尔维亚、马来西亚、印度尼西亚等国。陪同全国人大常委会领导出访挪威、奥地利、匈牙利、摩洛哥、布隆迪、肯尼亚等国。参加接待芬兰、越南、坦桑尼亚、塞浦路斯等国来访团组，接待国家民委"2019 年'一带一路'沿线国家和发展中国家民族政策与实践研修班""2019 年澜湄合作成员国民族事务官员研修班"学员。在外事工作中，民族委员会组成人员及办事机构同志充分发挥熟悉民族工作的优势，广泛宣传党中央、全国人大常委会党组关于民族工作的重大决策部署，介绍少数民族和民族地区经济社会发展取得的巨大成就，讲好"中华民族一家亲、同心共筑中国梦"的民族团结故事，增进了解互信，加强务实合作，维护祖国统一。

访问瑞典期间，针对瑞方多名议员先后提出的所谓"中国侵犯少数民族人权""破坏西藏传统文化和自然环境""大规模拘禁和虐待新疆穆斯林群众"等荒谬问题，代表团成员结合长期在民族地区工作的亲身经历，用大量翔实的数据和鲜活的事例，澄清了中国大力推进少数民族权利保护和民族地区发展的事实，一一解答了相关问题，围绕中国特色人权观内涵、西藏民族文化保护传承、新疆职业技能教育培训中心等内容，清晰阐明了中国在维护国家主权、领土完整和民族团结方面的严正立场，进行了针锋相对的坚决斗争。

访问印度尼西亚期间，针对印尼是世界上穆斯林人口最多的国家，比较关注新疆问题的实际，代表团从中印尼都面临消除恐怖主义、极端主义，打击分裂势力、维护国家统一任务入手，深入宣传中国保障宗教信仰自由的政策和实践，强调尊重和保护宗教信仰自由是中国共产党和中国政府对待宗教的基本政策，强调新疆问题不是人权问题、民族问题、宗教问题，而是反分裂和反暴恐的问题。新疆借鉴国际反恐经验，依法设立职业技能教育培训中心，实践证明效果是好的。代表团的介绍引起印尼方面强烈共鸣，印尼相关国会议员、内政部官员表示，中国和印尼应共同应对在打击极端主义、维护国家统一方面面临的挑战，努力找到有效解决的办法。

全国人大常委会办公厅、驻外使领馆对民族委员会在对外交往中的积极作用给予充分肯定，希望民族委员会从议会交往层面、从民族工作领域进一步加强对外交流，推动全国人大与有关国家议会友好关系的发展。

七、加强自身建设，不断提升能力和水平

加强委员会建设。民族委员会坚持把党的政治建设摆在首位，持续抓好党的创新理论武装，深入开展"不忘初心、牢记使命"主题教育，深入学习贯彻习近平新时代中国特色社会主义思想、党的十九大和十九届四中全会精神，学习贯彻习近平总书记关于坚持和完善人民代表大会制度的重要思想和关于民族工作的重要论述，增强"四个意识"，坚定"四个自信"，做到"两个维护"，始终在政治立场、政治方向、政治原则、政治道路上同以习近平同志为核心的党中央保持高度一致。民族委员会分党组充分发挥把方向、管大局、保落实的重要作用，坚持党对民族工作的集中统一领导，坚持请示报告，切实把党中央关于民族工作的重大决策部署贯彻落实到人大民族工作的各方面和全过程。认真学习贯彻党章，严守党的纪律规矩，严肃党内政治生活，在专题调研、召开会议、举办学习班等各项工作中严格贯彻中央八项规定及其实施细则精神，力戒形式主义、官僚主义。

加强办事机构建设。办事机构认真学习贯彻习近平总书记在中央和国家机关党的建设工作会议上的重要讲话精神，深入贯彻落实新时代党的建设总要求和全面从严治党各项部署，扎实开展"不忘初心、牢记使命"主题教育，党支部全体党员都作了主旨发言、每名党员都撰写了学习体会，认真检视存在的问题并扎实抓好整改和专项整治工作，切实做到抓思想认识到位、抓检视问题到位、抓整改落实到位、抓组织领导到位。全力配合机关内部巡视工作，对机关党组第一轮巡视第二巡视组巡视反馈意见指出的问题，高度重视、认真研究，立行立改、全面整改。所有问题已全部整改到位，并建立和完善相关制度 3 项。深入开展"作风建设年"活动，坚持开展集体学习，严格落实"三会一课"等制度，组织党员干部参观"伟大历程　辉煌成就——庆祝中华人民共和国成立 70 周年大型成就展"，参加"学习贯彻党的十九届四中全会精神暨人大制度知识竞赛"，与北京市人大民宗侨办党支部联合开展主题党日活动，不断强化思想政治教育、坚定理想信念。认真组织参加机关"不忘初心、牢记使命"党风廉政宣传教育周活动，重新梳理廉政风险点，

不断增强党规党纪意识。制定了《民委办事机构服务委员会审议法律案工作办法》《民委办事机构加强委员会工作宣传报道办法》《民委办事机构监督管理工作办法》《民委机关党支部工作办法》，修订《民委办事机构服务委员会开展调查研究工作办法》，编印《全国人大民族委员会及办事机构工作制度汇编（2019）》，严格制度执行和监督检查，坚持用制度管人管事。干部队伍的精神面貌和工作质量有了明显提高，风清气正、积极向上的良好工作氛围进一步巩固，得到了全国人大常委会和民族委员会领导的充分肯定。民委机关党支部被中共全国人大常委会机关委员会评为“全国人大机关 2018 年度先进基层党组织”，民委办公室秘书处被国务院评为“全国民族团结进步模范集体”。

第十三届全国人民代表大会宪法和法律委员会 2019 年工作总结

（2020 年 1 月 16 日第十三届全国人民代表大会宪法和法律委员会第八十四次会议通过）

一年来，在党中央和全国人大及其常委会领导下，宪法和法律委员会深入学习贯彻习近平新时代中国特色社会主义思想，贯彻落实党的十九大和十九届二中、三中、四中全会精神，贯彻落实习近平总书记重要批示指示精神和党中央重大决策部署，增强“四个意识”，坚定“四个自信”，做到“两个维护”，坚持党的领导、人民当家作主、依法治国有机统一，紧紧围绕党和国家工作大局、全国人大及其常委会中心工作，不忘初心、牢记使命，恪尽职守、扎实工作，在扎实做好统一审议法律案等工作的同时，认真履行推动宪法实施、推进合宪性审查、加强宪法监督、配合宪法宣传等工作职责，较好完成各项任务。

一、加强理论武装和政治建设，不断提高履职能力和水平

立法是国家重要的政治活动，只有旗帜鲜明讲政治，才能保证正确的政治方向。一年来，宪法法律委始终坚持政治属性是立法工作第一属性的定位，把坚持党的领导摆在立法工作首要位置，着力在强化理论武装、破解立法重点难点问题上下功夫；着力在强化政治建设、切实贯彻落实党中央决策部署上下功夫；着力在党的建设和立法业务一体推进，两手抓、两促进上下功夫，取得一定成效。全体组成人员在理论素养、政治意识、担当精神、服务理念、廉洁自律等方面均有显著提升，为履行好宪法法律赋予的各项职责、完成好党中央、全国人大及其常委会交办的各项任务打下了坚实基础。

一是，努力学懂弄通做实习近平新时代中国特色社会主义思想。一年来，委员会组成人员按照统一安排，按时列席、参加常委会党组、委员长会议、机关党组的集中学习研讨、专题辅导报告、党风廉政警示教育等活动 60 余场次；分党组开展 5 次集体学习研讨，及时跟进学习习近平总书记最新重要讲话精神；分党组成员和党员委员按照安排坚持自学指定书目，把学习融入日常工作。通过全面深入持续的学习，组成人员努力学深学透习近平新时代中国特色社会主义思想，特别是习近平总书记全面依法治国新理念新思想新战略、关于坚持和完善人民代表大会制度的重要思想，对立法在坚持和完善中国特色社会主义制度、推进国家治理体系和治理能力现代化中的重要作用的认识不断深化，工作责任感、使命感不断增强。特别是根据中央部署，在庆祝新中国成立 70 周年前夕，有关组成人员在常委会领导的关心指导下，在法工委、办公厅研究室的配合协助下，就“新中国国家制度和法律制度的形成和发展”为中央政治局第十七次集体学习进行讲解，提出意见和建议，受到中央领导同志充分肯定。这是宪法法律委认真学习贯彻习近平新时代中国特色社会主义思想，将理论武装融入各项工作的重要成果。

习近平总书记在主持中央政治局第十七次集体学习时强调，新中国成立 70 年来，我们党领导人民不断探索实践，逐步形成了中国特色社会主义国家制度和法律制度，为当代中国发展进步提供了根本保障，也为新时代推进国家制度和法律制度建设提供了重要经验。党的十九届四中全会提出，要从

党的领导制度体系、人民当家作主制度体系、中国特色社会主义法治体系等十三个方面入手，坚持和完善中国特色社会主义制度。从基本内涵和任务要求来看，每个方面的制度体系，都与立法工作紧密相关。这对加强和改进立法工作提出了新的更高的要求。通过深入学习四中全会精神，全体组成人员深刻认识到，完备的法律规范体系是坚持和完善中国特色社会主义制度、实现国家治理体系和治理能力现代化的坚实支撑。从中国特色社会主义制度的具体内容来看，无论是根本制度、基本制度、重要制度，还是建立在这些制度基础上的治理体系，大多是通过宪法、法律和法规确立的，其形成、完善和发展都同立法工作关系密切。宪法法律委必须按照党中央的要求，不断提高统一审议的能力水平和质量效率，为全国人大及其常委会行使国家立法权认真履行职责、做好服务，务求法律制度设计立得住、行得通、真管用，使制度更加成熟定型，法律体系更加系统协调，法律规范更加有效管用，为坚持和完善中国特色社会主义制度、推进国家治理体系和治理能力现代化提供更加有力的支撑。

二是，始终坚持党对立法工作的领导。宪法法律委承担推进宪法实施和监督、统一审议法律案等重要职能，必须将党的领导贯彻到立法工作全过程和各方面，通过立法坚持和完善党的领导制度体系。坚决贯彻落实党中央决策部署和习近平总书记对立法工作的重要批示指示精神，坚决贯彻落实党中央的各项工作部署，做到“件件有落实、件件有回音”，确保党的主张通过法定程序成为国家意志，体现为法律规定。在宪法实施和监督、法律案统一审议等工作中，自觉同习近平新时代中国特色社会主义思想和党中央决策部署对标对表，自觉同习近平总书记重要批示指示要求对标对表，以良法促发展保善治。严格执行请示报告制度，对重大立法事项，立法涉及的重大体制、重大政策调整，以及需要由党中央研究决定的立法中的重大问题，都及时按程序报常委会党组，并经常委会党组向党中央和习近平总书记请示报告，确保一切立法活动始终在党中央的领导下进行。委员会主要负责同志切实履行中央全面依法治国委员会办公室以及立法协调小组成员的有关职责，协助常委会领导同志协调党中央确定的重大立法事项，推动重要法律出台；有关组成人员根据安排，参加法治政府建设全面督查工作。

全体组成人员一致认为，2019 年常委会审议的外商投资法草案、民法典草案、证券法修订草案、土地管理法和城市房地产管理法修正案草案、疫苗管理法草案、药品管理法修订草案、基本医疗卫生与健康促进法草案、固体废物污染环境防治法修订草案等，都是贯彻落实党中央改革发展稳定决策部署的重要法律案。在进行法律制度设计、破解立法难题时，首先要从习近平新时代中国特色社会主义思想和中央文件中找立场、找观点、找方法、找方案，时时处处事事都想一想、问一问，这个问题、这项工作习近平总书记是如何指示的，党中央是怎么决定的，中央精神是什么，不断增强立法工作的方向性、原则性、时代性和针对性，把理论学习成果真正转化为实际工作成效。在具体立法工作中，首先要组织学习领会习近平总书记在相关领域的重要讲话精神和中央有关文件精神，扎实开展研讨，确保吃透中央精神，在立法过程中切实贯彻落实。

三是，扎实开展“不忘初心、牢记使命”主题教育。将主题教育作为政治建设首要任务，高度重视、精心组织、有序推进，坚持把开展主题教育与推进宪法实施和监督、法律案统一审议等工作相结合，做到两手抓、两促进，切实以主题教育改进工作作风、破解立法难题、推动立法工作、提高立法质量和效率。在栗战书委员长、王晨副委员长的示范带动和关心指导下，委员会分党组全体成员带头参加学习，带头讲党课、带头开展批评和自我批评、带头参加支部活动，推动活动深入开展。紧紧围绕重大立法项目，带领委员会组成人员先后到农业农村委、教科文卫委、财经委、环资委等座谈调研，就立法中的难点重点问题深入交换意见、听取建议，努力凝聚立法共识，推动立法进程。委员会紧紧围绕常委会正在审议的法律案，深入实际、深入基层、深入群众开展调研，努力破解各方面高度关注的重大立法问题。在瑞金学习“人民代表大会制度从这里走来”，在上杭学习古田会议精神，筑牢“初心”和“使命”的思想根基，增强活动实效。召开专题会议，以刀刃向内的自我革命精神，广泛征求相关专门委员会、办公厅相关业务局室的意见建议，查摆分析问题，剖析问题根源。召开民主生活会，按照要求逐一对照、全面查找，逐个制定整改措施，真刀真枪解决问题，确保整改工作不走过场、取得扎实效果。

四是，狠抓党的政治建设和委员会自身建设。全面落实新时代党的建设总要求，按照建设“让党中央放心、让人民满意”的模范机关的目标要求，把党的政治建设摆在首位，狠抓委员会自身建设，第一，充分发挥分党组的重要作用。分党组多次召开会议,及时传达学习党中央精神,对所担负的职责任务统一思想认识。充分发挥分党组把方向管大局保落实的重要作用,不折不扣地完成好党中央交办的立法任务,确保党的主张通过法定程序转化为国家意志。第二,严明政治纪律和政治规矩。把"两个维护"作为立法工作最根本的政治纪律和政治规矩,在政治立场、政治方向、政治原则、政治道路上同以习近平同志为核心的党中央保持高度一致,始终做到"五个必须",坚决防止"七个有之"。委员会组成人员按照要求带头过双重组织生活,严格落实领导干部讲党课制度,聚焦学习贯彻习近平新时代中国特色社会主义思想,经常与党员进行思想交流,讲认识体会、查差距不足、谈思路措施,引导所在党支部的党员同志继承优良传统,保持优良作风。第三,不断加强理论研究。以高度的政治责任感,贯彻落实中央领导同志重要批示精神,就"长臂管辖"、互联网、大数据、人工智能、基因编辑、生物安全等前沿问题、热点问题进行认真深入的研究,完成相关专题报告和研究意见,推动相关工作开展。第四,不断改进工作作风。为保证繁重的立法任务顺利完成,委员会全体组成人员牢记职责使命,发扬奉献精神,经常加班加点,通过加开会议、延长会议时间等方式,确保统一审议工作依法按程序高质量进行,推动重要法律案如期出台。紧密结合法律案统一审议和本职工作,加强和改进调查研究,深入基层、深入群众,确保统一审议工作听民声、接地气。自觉遵守中央八项规定及其实施细则精神,深入整改和坚决防治"四风",力戒形式主义和官僚主义;自觉接受监督,做到清正廉洁、秉公用权。严格会风会纪,认真执行常委会有关要求,确保组成人员协调好工作安排,按时出席统一审议会议。

二、认真履行与宪法有关的工作职责,推进宪法全面实施

宪法是国家的根本法,是治国安邦的总章程,具有最高的法律地位、法律权威、法律效力。党的十八大以来,习近平总书记高度重视发挥宪法在治国理政中的重要作用,多次强调坚持依法治国首先要坚持依宪治国,坚持依法执政首先要坚持依宪执政。党的十九大和十九届二中、三中、四中全会,都对加强宪法实施和监督提出明确要求。特别是党的十九届四中全会明确提出"健全保证宪法全面实施的体制机制""加强宪法实施和监督,落实宪法解释程序机制,推进合宪性审查工作,加强备案审查制度和能力建设"等一系列制度化要求,对全国人大及其常委会和各有关方面的工作提出了更高要求。贯彻落实党中央决策部署和宪法法律的规定,一年来,宪法法律委严格遵照宪法和法律规定,牢牢把握职能定位,认真履行推动宪法实施、推进合宪性审查、加强宪法监督、配合宪法宣传等工作职责。

*一是,为全国人大常委会依法作出有关决定做好相关工作,推动宪法有效实施。*授予国家勋章和荣誉称号、实行特赦,是我国宪法规定的重要制度,全国人大常委会依法作出有关决定,是实施宪法的重要举措。在新中国成立70周年之际,按照党中央部署,根据宪法有关规定,全国人大常委会作出有关决定,国家主席习近平签发主席令,推动宪法制度落实,充分彰显了以习近平同志为核心的党中央依宪执政、依宪治国的执政自信和制度自信,具有重大政治意义和法治意义。第一,作出关于授予国家勋章和国家荣誉称号的决定,向为新中国建设和发展作出杰出贡献的功勋模范人物颁授国家勋章和国家荣誉称号,在全社会进一步形成见贤思齐、崇尚英雄、争做先锋的良好氛围,弘扬社会主义核心价值观、强化国家意识、凝聚时代精神。宪法法律委在决定草案的研究工作中,认真研究宪法、国家勋章和国家荣誉称号法的规定,确保我国现行宪法实施以来的首次集中颁授顺利进行。第二,作出关于对部分服刑罪犯予以特赦的决定,对九类服刑罪犯实行特赦,充分发挥特赦的感召效应,促进社会和谐稳定,展现我国人权司法保障水平。宪法法律委在决定草案的统一审议中,认真研究宪法有关规定,着重就九类特赦对象相关表述的完善、有关表述的具体含义、施行日期等问题进行讨论,提出修改意见,确保新中国成立后第九次特赦工作顺利进行。

*二是,在法律案统一审议中严格按照宪法规定、遵循宪法原意,认真研究、及时回应各方面对宪法问题的关切。*宪法法律委切实担负起推进合宪性审查的职责,对于审议中与宪法有关的不同理解和相关意见,经过认真研究和集体讨论,通过法律案修改情况报告、审议结果报告等方式,就有关条文是否符合宪法规定、原则和精神予以阐释并作出回应,确保全国人大及其常委会通过的法律和作出的决定决议,符合宪法原则、规定和精神。比如,在外商投资法草案的统一审议过程中,对外商投资法中有关投资主体"外国的自然人、企业和其他组织"

的表述，是否符合宪法第十八条“外国的企业和其他经济组织或者个人”的规定进行认真讨论和研究，确认外商投资法的有关规定是对宪法规定进行的创新性、拓展性实践，符合人民期待、发展规律和时代要求，符合宪法规定和精神，体现了宪法的适应性。又如，在关于国家监察委员会制定监察法规的决定草案的统一审议过程中，认真研究我国宪法中“监察委员会的组织和职权由法律规定”的内涵，提出在立法法修改前，由全国人大常委会作出关于国家监察委员会制定监察法规的决定是必要的，符合宪法和监察法的原则和精神的审议意见；同时，建议对立法法的修改抓紧研究，对国家监察委员会制定监察法规及相关问题作出规定。再如，在关于授权澳门特别行政区对横琴口岸澳方口岸区及相关延伸区实施管辖的决定草案的统一审议过程中，认真研究我国现行宪法与澳门基本法的有关规定和精神，着重就横琴口岸预留空间的使用范围和用途、澳门特别行政区租赁的具体对象、施行日期等问题进行了讨论，提出修改意见，进一步夯实授权决定的宪法基础，在宪法和基本法的框架内丰富和发展“一国两制”实践。

三是，根据党中央决策部署，在全国人大常委会的领导下，积极稳妥对建立合宪性审查工作机制进行深入研究。在2018年多次组织集体学习和内部讨论的基础上，宪法法律委继续开展专题研究，召开全体会议讨论合宪性审查工作有关文件稿，提出修改意见，进一步明确合宪性审查的主体、对象、范围、程序等，不断健全中国特色合宪性审查机制。下一步，宪法法律委将加强与有关方面沟通协调，对法律草案和拟出台、已出台的法规规章、其他规范性文件、重要政策、重大举措，涉及宪法有关规定理解与适用的，及时提出审查意见，必要时向常委会提出合宪性制度安排建议，确保与宪法规定和精神相符合，切实树立宪法权威，维护法制统一。

四是，配合做好宪法宣传工作，大力弘扬宪法精神。2019年是新中国成立70周年，也是县级以上地方人大设立常委会40周年，省级人大及其常委会行使地方立法权40周年。全国人大常委会组织一系列重要活动，推动民主法治建设和宪法学习宣传。栗战书委员长、王晨副委员长出席有关会议并发表重要讲话，有力推动了宪法的学习宣传和贯彻实施。宪法法律委积极参加相关活动，汇报学习认识和体会，提出有关的工作思路和建议，积极配合做好宪法宣传工作。委员会有关成员还多次到中央国家机关、有关省（区、市）等进行宪法宣讲。这些工作，对于普及宪法知识、弘扬宪法精神、正确实施宪法、维护宪法权威起到了积极作用。

三、做好法律案统一审议工作，不断提高立法质量和效率

统一审议法律案是法律规定的宪法法律委的一项基本职责。栗战书委员长明确要求，宪法法律委要履行好统一审议法律案等工作职责，认真研究、积极吸收全国人大及其常委会组成人员意见和各方面意见。一年来，宪法法律委认真贯彻落实党中央决策精神和常委会工作部署，坚持立法决策与改革决策相衔接，尽职尽责做好法律案统一审议工作，共召开宪法法律委和法工委两委主任办公会议5次，“三委”（宪法法律委、有关专委会与法工委）座谈会9次；召开宪法法律委全体会议49次，对28件法律案（其中，法律案22件，有关法律问题和重大问题的决定草案6件）进行了统一审议，向全国人大及其常委会提出法律案修改稿112件、建议表决稿21件，各类审议报告96件；还对10件法律案和有关报告列入常委会会议议程提出了审议意见。其中，大会和常委会已审议通过新的法律6件，修改法律16件，通过有关法律问题和重大问题的决定6件。

——加快建设现代化经济体系，审议推进高质量发展的相关法律案。一是审议证券法修订草案，处理好政府宏观调控和市场调节的关系，坚持市场化、法治化改革方向，着重就存托凭证的含义、股票注册制、与注册制相适应的证券民事诉讼制度、公司首次公开发行新股有关财务会计报告的要求、对于投资者违规利用财政资金或银行信贷资金买卖证券的行政规制、信息披露义务等问题提出修改意见。二是统筹审议土地管理法和城市房地产管理法修正案草案，对土地利用和土地管理情况的督查机制、国有农用地使用权的确定、土地承包经营权的登记、编制国土空间规划、农村宅基地的改革和管理、农村土地征收、集体经营性建设用地入市等提出审议意见，推进农村土地制度改革，赋予农民更多财产权利，保障农民合法权益，促进乡村振兴，推动城乡融合发展。三是审议资源税法草案，着重就应税资源的范围、资源税的计征方式、授权国务院免征或者减征资源税的规定、鼓励开采边远海域油气资源等提出审议意见，推进更好地运用税收手段促进资源节约集约利用，加强生态环境保护。四是审议专利法修正案草案，着重就在中国完成的发

明或者实用新型向外国申请专利的保密审查、职务发明创造的激励和转化、专利申请的优先权、延长创新药品的专利权期限、专利的开放许可、专利侵权的行政处理、专利侵权的救济途径等问题提出审议意见。五是审议全国人大常委会关于授权国务院在自由贸易试验区暂时调整适用有关法律规定的决定草案，就有关法律的排序、调整适用的内容、施行日期等问题提出审议意见。

——贯彻互利共赢的开放战略，审议形成对外开放新格局的法律案。一是审议外商投资法草案，坚定贯彻新发展理念，坚持对外开放的基本国策，继续实行积极主动的开放政策，立足于外商投资基础性法律的定位，兼顾中国特色与国际规则，坚持内外资一致的原则，着重就外商投资的定义、关于港澳台投资的法律适用、准入前国民待遇的含义界定、准入前国民待遇加负面清单管理制度、对外国投资者和外商投资企业知识产权的保护等提出审议意见，服务于党中央关于全面开放新格局战略。二是审议修改建筑法等8部法律，着重就建筑法关于申领施工许可证的条件，消防法关于特殊建设工程消防设计的审查，城乡规划法关于建设用地规划许可的主管部门，商标法关于商标注册申请的驳回，行政许可法关于设定和实施行政许可的原则等提出审议意见，更好适应新时代高水平开放需要，营造法治化、国际化、便利化的营商环境。三是审议关于修改台湾同胞投资保护法的决定草案，就台湾同胞投资管理制度相关问题等提出审议意见，加强对台湾同胞投资合法权益保护。

——依法维护国家安全和社会公共利益，审议密码法草案。着重就密码的概念、密码的分类、商用密码的管理和使用、密码宣传教育、商用密码的监测认证、法律责任等提出审议意见，规范密码应用和管理、促进密码事业发展、保障网络与信息安全。

——更好顺应人民群众对美好生活的向往，审议保障改善民生的相关法律案。一是审议疫苗管理法草案，贯彻党中央部署要求，积极回应社会关切，对疫苗实行最严格的管理制度，坚持问题导向，对疫苗管理部门协调机制、疫苗上市许可持有人的能力要求、免疫接种程序的制定和公布、预防接种异常反应补偿制度，着力建立健全疫苗研制、生产、流通和预防接种全过程、全链条监管制度。二是审议药品管理法修订草案，贯彻党中央部署要求，针对群众反映突出的药品问题，着重就药品的定义、鼓励研制新药、完善药品审评审批工作机制、药品生产经营企业对药品质量的责任、药品价格的监测和监督检查、假药劣药的界定、加强网络销售药品监管、保障儿童用药品供应、药品安全信息统一公布制度等提出审议意见，进一步健全覆盖药品研制、生产、经营、使用全过程监管制度。三是审议基本医疗卫生与健康促进法草案，适应我国社会主要矛盾转化和人民美好生活新期待的新形势，立足我国发展阶段实际，着重就基本医疗卫生服务的概念、提升健康保障水平、鼓励医疗卫生与信息技术融合发展、免费提供基本公共卫生服务、公民接受医疗卫生服务的知情同意权、医护人员责任和权利保护、过度诊疗的禁止性规定、加强职业健康保护、鼓励社会医疗卫生机构参与医疗服务合作机制、农村医疗卫生服务网络的构建、各级政府对公立医院建设和运行发展的保障职责等提出审议意见，推动健康中国建设。

——完善民事法律规范，接续推进民法典编纂审议主作。民法调整民事主体之间的人身关系和财产关系，编纂民法典是法治中国建设的重要标志性立法。在民法典各分编草案整体提请全国人大常委会审议后，根据实际情况对草案物权编、合同编、人格权编、婚姻家庭编、继承编、侵权责任编等分为若干单元分别进行若干次审议和修改完善。对不动产登记的效力、物权受到侵害的救济途径、建筑物区分所有权的原则、业主大会或者业主委员会的请求权、债权转让的方式、格式条款说明义务、定期租赁合同、合伙合同终止的情形、借款合同利率的限定、人格权的定义、防止性骚扰、隐私定义、个人信息的保护、近亲属的范围和顺序、结婚年龄、婚姻无效的情形、提出撤销婚姻请求的期间、夫妻约定财产制、夫妻共同债务的承担、子女姓氏的选取、隔代探望权的规定、法定继承与遗嘱继承的顺序、法定继承人的范围、遗产的管理、被继承人债务的清偿和税款的缴纳、自甘风险原则、惩罚性赔偿、高空抛物的责任、建筑物管理人的安全保障责任等提出审议意见。2019年11月，在对民法典各分编草案进行审议的基础上，将2017年已经出台施行的《中华人民共和国民法总则》编入草案，重新编排条文序号，形成一部完整的《中华人民共和国民法典（草案）》。之后，又作了进一步审议和修改完善。2019年12月，全国人大常委会对《中华人民共和国民法典（草案）》进行了审议，依照法定程序提请2020年3月十三届全国人大三次会议审议。

——贯彻落实绿色发展理念，审议生态环境保护相关法律案。一是审议森林法修订草案，着重就森林资源保护发展考核评价制度、国有森林资源所有权的行使主体、林地使用权人应当履行保护培育森林资源的义务、干旱脆弱地区森林资源的保护修复、破坏森林资源的损害赔偿诉讼、国家综合性消防救援队伍的职责、开展林下经济和森林旅游的科学论证、国家统筹城乡造林绿化等问题提出审议意见。二是审议固体废物污染环境防治法修订草案，着重就污染担责的原则、相关主管部门的职责、固体废物污染环境防治信息平台建设、禁止境外的固体废物进境倾倒、固体废物零进口的组织实施、建立健全生活垃圾分类工作协调机制、生活垃圾分类的原则、减少生活垃圾的产生量、生活垃圾分类投放管理人制度、有关企业公开一次性塑料制品的使用和回收情况的义务、易燃易爆类危险废物应当进行安全处置、固体废物集中处置设施建设等提出审议意见。

——巩固和深化司法体制改革成果，审议完善有关法律案。一是审议法官法、检察官法修订草案，就法官检察官的职责义务、法官权益保障委员会的职能、法官遴选委员会的设立、法官的任职回避、国家统一法律职业资格考试的组织、检察官的统一调用、检察官法与法官法共性问题相关条款的衔接等提出审议意见，巩固和深化司法体制改革成果，推进法官、检察官革命化、正规化、专业化、职业化建设。二是审议社区矫正法草案，就立法目的，社区矫正工作原则，社区矫正期限，社区矫正方案的制定和调整，社区矫正对象合法权益的保障，电子定位装置的使用情形、批准机关和使用期限，人民法院撤销缓刑、假释的程序，对社区矫正对象进行先行羁押的决定和执行机关，先行羁押的期限，社区矫正决定机关作出收监决定的期限等提出审议意见，规范和保障社区矫正工作，促进社区矫正对象顺利融入社会，预防和减少犯罪。三是审议国务院关于提请废止收容教育制度的议案、常委会有关决定草案，提出治安管理处罚法等法律法规对于卖淫、嫖娼行为已有相应的处罚和措施，实践中收容教育措施已逐渐较少适用，废止收容教育制度的条件已经具备等审议意见，确保有关工作平稳有序进行。四是审议关于授权最高人民法院在部分地区开展民事诉讼程序繁简分流改革试点工作的决定草案，着重就授权内容、被授权机关、施行日期等提出审议意见。

通过一年来的法律案统一审议工作，宪法法律委全体组成人员深刻认识到，法律是党的意志和人民意志相统一的集中体现，在统一审议中必须坚持人民主体地位，坚持以人民为中心，加强调查研究和沟通协调，将民主精神贯穿到立法工作的全过程，不断提高立法质量和效率。一方面，坚持深入推进科学立法、民主立法、依法立法，加强调查研究，充分听取和吸收各方面意见建议，把握客观事物的内在规律和立法工作自身规律，着力提高立法质量，使法律制度设计真正行得通、立得住、真管用。按照常委会领导指示精神，宪法法律委 2019 年将立法调研作为一项重要工作，为法律案统一审议等各项工作提供坚实支撑。全年先后就 17 部法律案到地方调研 44 次，深入基层、深入群众，改进调研方式，拓宽调研渠道，增强调研实效，掌握第一手资料，努力做到“民有所呼，我有所应”。充分发挥人大代表在立法工作中的主体作用，全年召开立法座谈会 72 次，共邀请 31 名全国人大代表、31 名地方人大代表参加，力求充分掌握各方面的情况和意见建议。比如，森林法修改调研，委员会组成人员深入到最基层、最偏远的林区，深入了解执法队伍、森林经营、年采伐限额、采伐许可证等问题；固体废物污染环境防治法修改调研，委员会组成人员深入一线，实地考察生活垃圾投放场所、生活垃圾焚烧厂和厨余垃圾处理厂等，深入了解垃圾分类流程和进展情况；统一审议民法典婚姻家庭编草案，就社会普遍关注、意见分歧较大的结婚年龄等问题，请国家统计局提供统计数字和情况分析，在大数据的基础上进行研判，提出审议意见。

另一方面，坚持实事求是，加强与各有关方面的沟通交流，敢于迎难而上，勇于担当负责，着力解决影响立法进程的重点难点问题，推动统一审议的法律案适应人民对幸福美好生活、社会公平正义的追求，合理有效地解决现实生活中的实际问题，努力解决好人民日益增长的美好生活需要和不平衡不充分的发展之间的矛盾。一年来，全体组成人员强化担当意识，在立法工作中坚决贯彻落实党中央决策部署和习近平总书记重要批示指示，认真研究解决立法工作和改革发展不同步、慢半拍甚至拖后腿问题，积极主动与有关方面协调解决立法分歧和突出问题，重大问题及时通过常委会党组向党中央请示报告，避免因部门意见不一致而导致立法工作久拖不决，及时准确反映经济社会发展规律，适应改革发展需求。强化斗争精神，在统一审议法律案过程中，坚持原则，守住法制统一的底线和红线，坚决避免立法部门化、行政化、利益化倾向，敢于在矛盾焦点上砍一刀，适时作出法律决断，向常委会提出立法决策建议，不断加快立法步伐，提高立法质量和效率。强化民主作风,在法律案统一审议过程中,尊重人大代表主体地位,积极吸收常委会组成人员和人大代表的意见建议;加强与其他专门委员会对重大立法问题的沟通协商,提高人大立法整体效能。

四、尊重人大代表主体地位,不断增强代表议案办理工作实效

栗战书委员长多次强调,做好新时代立法工作,必须充分发挥人大代表的作用。提出议案是人大代表依法履职的重要内容,是代表主体地位的重要体现。办理代表议案是国家机关的法定职责,更是立法工作密切联系群众、贯彻党的群众路线的重要途径。十三届全国人大二次会议主席团交付宪法法律委审议的代表议案共173件,涉及53个立法项目。其中,建议修改法律的议案90件,涉及22个立法项目;建议制定法律的议案72件,涉及25个立法项目;建议作出有关法律问题和重大问题的决定的议案7件,涉及4个立法项目;建议作出法律解释的议案4件,涉及2个立法项目。宪法法律委认真贯彻落实栗战书委员长的指示精神,十分重视议案办理工作,像对待法律案一样对待代表议案,进一步加强和改进议案办理工作,努力提高办理质量、增强办理实效。

一是,落实《关于加强和改进全国人大代表工作的具体措施》,完善办理工作机制。把办理代表议案与编制立法计划、制定修改法律更紧密地结合起来,提高办理质量和实效。健全代表参与立法工作机制,邀请提出议案的代表参与立法调研、起草、论证、审议、评估等工作,认真听取并研究采纳代表意见。

二是,抓紧相关法律案统一审议工作,抓好议案办理落实。宪法法律委在法律案统一审议的过程中,积极研究采纳代表的意见建议,推动有关法律案尽早提请常委会审议或通过。22件议案涉及的8个立法项目已由全国人大常委会审议通过或者作出有关决定。32件议案涉及的民法典编纂,民法典草案已经全国人大常委会决定提请十三届全国人大三次会议审议。80件议案涉及的22个立法项目,已列入本届全国人大常委会立法规划、2019年度立法工作计划或者有关法规制定工作计划,正在督促牵头起草单位抓紧起草、研究论证工作。39件议案涉及的22个立法项目,有的可待条件成熟时列入立法规划、年度立法工作计划,有的将在相关法律的制定或者修改等工作中统筹考虑。

三是,创新工作方法,增强办理实效。利用代表列席常委会会议、参加培训的时机,加强与代表面对面沟通交流。有关组成人员参加全国人大代表专题培训班,向代表报告相关立法工作情况,回应代表提出的问题。对于代表提出的意见建议,涉及具体立法项目,已列入立法规划计划的,加强沟通协调,下大力气推动有关方面按计划尽快提请审议;尚未列入立法计划的,也加强理论研究、广泛征求意见,必要时进行立法项目论证,推动纳入立法计划或者在其他有关法律的制定修改过程中予以回应。

五、不断推进对外交往工作,讲好宪法故事、立法故事

根据2019年外事工作计划,宪法法律委组团赴希腊、葡萄牙和意大利三国进行友好交流访问;接待蒙古宪法法院代表团访华;开展外事会见会谈12场次。在对外交往中,注意结合相关外事活动主题,积极宣传习近平新时代中国特色社会主义思想、人民代表大会制度,充分介绍新中国成立70年成就特别是法治建设取得的成就和经验,讲好中国故事、人大故事特别是宪法故事、立法故事,取得良好效果。

一是,组团出访欧洲三国,深化议会交流合作。访问期间,代表团共安排17场公务会谈、交流活动,分别与三国议会及相关机构就宪法实施与监督、立法程序、专门委员会职责以及相互关心的问题进行友好交流与探讨。通过深入坦诚的交流,巩固深化同三国议会的友好关系,宣传新中国成立70年来民主法治建设成就,深入考察三国宪法实施与监督制度。

二是,接待蒙古宪法法院代表团,加强宪法法律交流。2019年5月,应宪法法律委邀请,蒙古宪法法院院长奥德巴雅尔率代表团对我国进行友好访问。全国人大常委会、宪法法律委高度重视接待工作。全国人大常委会副委员长曹建明会见代表团,并向蒙方介绍我国人民代表大会制度、全面推进依法治国等情况。宪法法律委主任委员李飞主持工作会谈,向代表团介绍宪法法律委统一审议法律案、推动宪法实施、开展宪法解释、推进合宪性审查、加强宪法监督、配合宪法宣传等工作。奥德巴雅尔院长高度评价我国的合宪性审查制度,并相应地介绍了蒙古宪法实施和监督的有关情况。宪法

法律委副主任委员丛斌全程陪同代表团到上海访问交流，实地考察和感受中国改革开放以来日新月异的变化。

三是，开展外事会见会谈，发挥人大对外交往的特长。2019 年，宪法法律委主任委员、副主任委员和委员共主持或参加外事会见会谈 12 场次，相比去年有明显增加。有关组成人员赴老挝国会，介绍全国人大及其常委会的立法程序和立法工作；赴印度尼西亚、马来西亚，深入介绍我国依法反恐情况。通过会见会谈等，向来访团组积极主动宣传介绍我国人民代表大会制度、宪法制度和立法成就，讲好人大故事、宪法故事、立法故事；开展宪法和法律制度交流，学习借鉴其他国家的有益经验；积极妥善回应外方感兴趣问题，面对面坦诚答疑解惑，收到良好效果。

一年来，宪法法律委工作在持续推进、不断加强的同时，也存在不足。在统一审议法律案中，与有关专门委员会的沟通协调还不够充分；立法调研还需要加强，大数据等定量分析方法作用发挥不充分，情况掌握得还不够全面透彻；基础理论研究有待加强，对有些重大立法问题还研究得不够充分；合宪性审查工作还需要加大力度推进；宪法宣传和立法宣传需要继续推进，讲好中国宪法故事、立法故事的主动性和自觉性还要进一步增强等。

第十三届全国人民代表大会监察和司法委员会 2019 年工作总结

2019 年，监察和司法委员会坚持以习近平新时代中国特色社会主义思想为指导，深入贯彻落实党的十九大和十九届二中、三中、四中全会精神，深入学习贯彻习近平总书记关于坚持和完善人民代表大会制度的重要思想，在全国人大及其常委会领导下，按照十三届全国人大二次会议要求和全国人大常委会 2019 年工作要点，紧紧围绕党和国家工作大局，认真履行宪法和法律赋予的职责，扎实推进各项工作，较好完成了全年各项任务。

一、学习党的十九届四中全会精神，开展“不忘初心、牢记使命”主题教育

组织全体党员干部深入学习习近平总书记在党的十九届四中全会上的重要讲话精神以及全会公报、决定等文件，积极派员参加全国人大机关学习贯彻党的十九届四中全会精神第一期轮训班暨机关党支部书记培训班，多次组织开展学习全会精神的主题学习研讨。按照“守初心、担使命、找差距、抓落实”的总要求，以集体学习、交流研讨、个人自学等多种方式，学习领会习近平总书记关于开展“不忘初心、牢记使命”主题教育的系列重要讲话，学习栗战书委员长有关批示要求，进一步提高做好人大监察和司法工作的能力水平。召开专题民主生活会，交流学习体会，检视剖析问题，明确整改方向，广泛开展谈心谈话，把开展主题教育同做好日常工作紧密结合起来。通过深入学习党的十九届四中全会精神和扎实开展主题教育活动，党员干部“四个意识”更加牢固，“四个自信”更加坚定，做到“两个维护”的政治自觉、思想自觉和行动自觉进一步提升，为圆满完成全年各项任务奠定了坚实基础。

二、推进立法工作

（一）做好公职人员政务处分法立法工作

根据全国人大常委会 2019 年立法工作计划，政务处分法由国家监委牵头起草，我委和常委会法工委参加，并由我委提请审议。6 月底收到国家监委提交的草案初稿后，我委会同中央纪委国家监委机关、常委会法工委组成政务处分法立法工作专班。在不到两个月时间里，工作专班坚持问题导向，充分听取委员会组成人员和有关方面意见建议，对草案反复修改完善，进一步明确适用对象，将法律草案名称修改为“公职人员政务处分法”，对体例结构进行了调整优化，对处分情形进行了整合压缩，使草案更加科学完备。

8 月下旬，常委会第十二次会议初次审议草案。作为提交常委会审议的第一部监察法配套法律，受到常委会组成人员广泛关注。许多委员在审议时表示，草案注重顶层设计，整合规范政务处分法律制度，统一设置处分的法定事由和适用规则，使政务处分匹配党纪处分、衔接刑事处罚，与公务员法

等现行法律法规的规定保持协调,保证法律体系的内在一致性,对于构建全面覆盖、权威高效的监督体系,更好实现纪法贯通、法法衔接,具有十分重要的意义。同时,我委还主动配合有关部门做好立法宣传、法律草案向社会公开征求意见、调研等工作。

(二)有序推进法律援助法立法工作

根据十三届全国人大常委会立法规划,法律援助法由我委牵头起草。按照起草工作实施方案,我委赴云南、重庆等6地开展立法调研,梳理出立法有关重点问题,在召开起草工作领导小组办公室会议听取各成员单位意见基础上,形成对重点问题的处理建议,提交委员会全体会议讨论。我委收到司法部提交的法律援助法草案建议稿后,书面征求有关单位意见,结合各方面意见进行逐条研究,并与司法部有关部门交换意见,对草案建议稿提出修改方案。

(三)参与社区矫正立法工作

我委向常委会提出关于社区矫正法草案的审议意见,并协助宪法法律委、法工委修改完善法律草案。议案经12月常委会第十五次会议审议通过。

(四)开展监察官法立法相关工作

根据十三届全国人大常委会立法规划,监察官法由国家监委牵头起草。我委积极与国家监委有关部门对接沟通,定期跟进了解起草工作情况,广泛收集信息和资料,编纂了“起草监察官法参考法律法规汇编”,还从历史渊源、域外法律制度比较、有关制度设计的学界探讨等多个角度深入研究,形成调研报告,为监察官法草案提请常委会审议做好准备。12月,收到国家监委机关征求意见的草案初稿后,提出意见并复函反馈。

(五)参与民事诉讼程序繁简分流试点授权决定工作

我委对最高人民法院提出的民事诉讼程序繁简分流试点授权议案及试点方案稿研究提出意见,向常委会提出关于议案的审议意见稿。议案经12月常委会第十五次会议审议通过。

(六)积极配合有关单位的立法工作

我委配合法工委起草的全国人大常委会关于国家监察委员会制定监察法规的决定,经10月常委会第十四次会议审议通过。同时,我委主动参与、积极配合负责联系单位的立法工作,协助推动有关部门制定法治宣传教育法、民事强制执行法,修改治安管理处罚法、监狱法、道路交通安全法等立法进程,并对相关法律草案征求意见稿提出意见建议。

三、开展监督工作

(一)认真开展监察体制改革和监察法实施情况专题调研

根据全国人大常委会2019年监督工作计划,常委会对监察体制改革和监察法实施情况开展专题调研,由我委组织实施。我委研究制定专题调研方案,积极开展调研工作。2019年3月,我委组织两个调研小组分别赴江苏、山东开展为期两周的蹲点调研。同时,商请国家监委、最高人民法院、最高人民检察院、公安部提供相关工作情况,多次与“两高”有关部门座谈,跟进了解有关情况。4月至7月,郝明金副委员长和部分委员会组成人员组成4个调研组分赴河北、福建等8个地方开展实地调研,同时委托天津、安徽等8个地方人大常委会开展调研。通过实地调研与书面调研相结合、座谈交流与考察走访相结合、“解剖麻雀”式的调研与邀请全国人大代表、国家监委、最高人民检察院有关同志参加的联合调研相结合,多方式、多渠道了解改革情况,深入发现问题,提出对策建议,形成关于监察体制改革和监察法实施情况的专题调研报告,印发8月常委会第十二次会议。

(二)协助常委会听取和审议最高人民法院关于加强刑事审判工作情况的报告、最高人民检察院关于开展公益诉讼检察工作情况的报告,并对最高人民检察院有关工作开展专题询问

为协助常委会听取和审议“两高”专项工作报告,委员会领导分别带队赴上海、江苏等11个省(区、市)深入开展调研。在调研中,注重听取基层意见建议,全面了解刑事审判和公益诉讼检察工作情况,实地考察生态环境公益诉讼案件的污染整治情况,整理研究部分省级人大常委会2018年就这两项工作开展监督工作的情况。在此基础上,我委分别形成人民法院加强刑事审判工作情况和人民检察院开展公益诉讼检察工作情况调研报告,印发10月常委会第十四次会议。同时,我委加强与“两高”沟通协调,召开全体会议听取“两高”专项报告稿起草情况的说明,并对报告稿提出修改意见,为常委会会议审议报告做好准备。

2019年全国人大常委会对检察机关开展公益诉讼工作开展了专题询问,我委认真梳理人民群众普遍关注的公益诉讼检察工作的热点问题,协助全国人大常委会办公厅做好会议组织、新闻宣传等工作。在10月常委会第十四次会议上,专题询问顺利

进行,引起各大媒体聚焦和社会各界广泛关注,进一步推动有关方面改进工作,得到各方充分肯定。

(三)深入开展国家安全法实施情况专题调研

为协助常委会做好国家安全法实施情况专题调研,我委会同有关单位赴天津、湖北开展前期调研,研究制定了专题调研工作方案。5月,国家安全法实施情况专题调研组召开全体会议,曹建明、郝明金副委员长出席全体会议并对专题调研作出部署。5月至9月,曹建明、郝明金副委员长和委员会部分组成人员分别带队,赴山西、河南等12个省(区、市)进行调研。调研中,我委聚焦防范化解重大风险,突出重点领域和重点工作,坚持底线思维和问题导向,通过召开座谈会、实地考察、向10个部门书面征求意见等方式,全面了解国家安全法实施情况,形成专题调研报告,印发12月常委会第十五次会议,有效提升了各地区各部门依法维护国家安全的意识和能力。

(四)做好跟踪监督工作

2018年10月,全国人大常委会第六次会议听取和审议了最高人民法院关于解决"执行难"和最高人民检察院关于加强民事诉讼和执行活动法律监督的专项工作报告。2019年4月,常委会第十次会议听取和审议了最高人民法院关于研究处理对解决"执行难"工作情况报告审议意见的报告。我委会前与最高人民法院加强沟通,召开全体会议听取最高人民法院关于报告稿起草情况的介绍,并对报告稿提出修改意见。同时,最高人民检察院就落实常委会关于加强民事诉讼和执行活动法律监督工作情况报告的审议意见提交书面报告,我委就该报告向全国人大常委会提交了审议意见。

四、做好代表工作

(一)健全完善联系代表制度

为进一步加强与全国人大代表的联系,提高人大监察和司法工作水平,我委专门制定了《全国人大监察和司法委员会联系全国人大代表办法》,对邀请代表参加会议和调研、议案建议办理、服务代表履职等作出制度性规范。

(二)加强委员会与代表联系

我委积极邀请有关代表参加2019年全国人大监察和司法工作培训班、座谈会以及有关调研,并在会议、调研期间认真听取代表就立法、监督工作所提意见建议。同时,委员会组成人员通过邀请代表来机关座谈、赴代表所在地调研等方式主动加强与所联系代表交流,并在常委会会议和委员会会议上积极反映代表所提意见建议,联系工作取得明显成效。常委会第十次会议期间,栗战书委员长与列席会议的部分全国人大代表座谈,有代表在会上提出加强人大对司法工作监督的建议。我委通过前期电话沟通、正式书面发函、事后听取意见等步骤进行办理,获得代表高度评价。

(三)认真办理议案和建议

十三届全国人民代表大会第二次会议主席团交付我委审议代表议案24件,涉及制定法律5项,修改法律6项,执法检查1项。我委召开全体会议对代表议案逐件研究,形成审议结果报告,提交常委会第十四次会议审议。报告获得常委会组成人员充分肯定。我委还督办了2项重点建议,办理了5件代表建议、1件政协提案。

五、开展对内对外交流

(一)强化与地方人大和有关部门的工作联系

2019年2月,我委请各地人大对口委员会报送其机构改革情况、组成人员、办事机构设置等信息。5月,为了解各地人大常委会听取本级监委专项工作报告情况以及下一步工作安排,我委请31个省(区、市)人大对口委员会报送有关信息。对收集到的数据信息进行汇总分析后,形成"监察法颁布施行以来地方人大依法开展监督监察工作情况"工作简报,报常委会领导同志。我委还会同国家监委就此开展联合调研,形成调研报告并提出工作建议。

我委坚持办好全国人大监察和司法工作培训班、座谈会。7月在宁夏银川举办全国人大监察和司法工作培训班,12月在广东深圳召开全国人大监察和司法工作座谈会。

(二)开展对外交流

按照常委会外事工作统一安排,委员会负责同志率团就警察法律制度访问南非、莫桑比克、肯尼亚三国,为开展相关立法和监督工作提供参考。我委邀请俄国家杜马安全和反腐败委员会、哥伦比亚国会哥中议员友好小组、巴西众议院相关代表团来华访问,就反腐败工作、司法改革、打击跨国犯罪等进行了广泛交流。

六、加强自身建设

坚持以党建为引领,曹建明副委员长和吴玉良主任委员、王胜明副主任委员等委员会领导参加支部有关活动，加强对支部工作的指导。委员会分党组发挥"把方向、管大局、保落实"的重要作用，分党组书记带头讲党课，分党组成员深入基层开展调研，把坚持党中央集中统一领导贯彻落实到监察司法委工作的全过程，不断提高新时代人大监察和司法工作水平。机关党支部按照"三抓一讲"支部工作法（"三抓"，即抓班子、做表率，抓制度、促规范，抓落实、求实效；"一讲"即每季度开展一次"廉政讲评"），督促党员领导干部认真履行从严治党责任，完善管理制度，狠抓制度执行，着力提升党组织的战斗力和凝聚力。全年开展4次廉政讲评，组织干部参观党风廉政宣传教育展，进一步筑牢遵纪守法的思想防线。结合开展主题教育和庆祝新中国成立70周年，组织开展主题党日活动、主题党课。积极参加机关文体活动，营造团结、轻松的良好氛围。2019年，机关党支部先后获得机关先进基层党组织、脱贫攻坚先进集体等荣誉称号。

第十三届全国人民代表大会财政经济委员会2019年工作总结

（2020年2月第十三届全国人民代表大会财政经济委员会第三十五次全体会议书面审议通过）

2019年，全国人大财政经济委员会（以下简称财经委）坚持以习近平新时代中国特色社会主义思想为指导，增强"四个意识"、坚定"四个自信"、做到"两个维护"，认真学习贯彻党的十九大和十九届二中、三中、四中全会精神，在全国人大及其常委会领导下，在陈竺、王东明副委员长的指导下，认真落实全国人大常委会2019年工作要点及立法、监督工作计划，依法履职、务实创新，圆满完成了年度各项工作任务，人大财经工作的质量和水平有了新的提升。

一、以习近平新时代中国特色社会主义思想为统领，确保人大财经工作正确政治方向

财经委全面贯彻新时代党的建设总要求，把深入学习贯彻习近平新时代中国特色社会主义思想贯穿于人大财经工作的各方面和全过程，自觉提高政治站位、把准政治方向、坚定政治立场、明确政治态度、严守政治纪律，切实把增强"四个意识"、坚定"四个自信"、做到"两个维护"体现在履职尽责、做好人大财经工作的实效中。

*一是以更强的政治自觉持续加强分党组自身建设。*认真学习贯彻习近平新时代中国特色社会主义思想，立足做好人大财经工作，着重加强对习近平总书记关于坚持和完善人民代表大会制度的重要思想、习近平新时代中国特色社会主义经济思想的学习，切实用马克思主义中国化最新成果武装头脑、指导实践、推动工作。强化分党组政治责任，带头做到"两个维护"，坚决落实党中央关于加强政治建设、重大事项请示报告等党内法规，在常委会党组的领导下，认真履行把方向、管大局、抓落实的责任。一年来，委员会各位同志认真参加常委会党组和机关党组的集中学习，分党组召开会议19次，对习近平总书记最新重要讲话精神和党中央作出的重大决策部署，对常委会党组和栗战书委员长等常委会领导指示批示精神，第一时间传达学习，第一时间研究贯彻落实的具体措施，努力做到学习、认识、行动同步跟进。

*二是扎实开展"不忘初心、牢记使命"主题教育。*自觉把开展"不忘初心、牢记使命"主题教育作为首要政治任务，认真学习习近平总书记有关重要讲话，努力把党中央关于主题教育的各项要求落实到位。王东明副委员长给予具体指导。我们制定并落实《全国人大财经委分党组"不忘初心、牢记使命"主题教育实施方案》，严肃认真展开6个方面37项工作。组织分党组成员深入学习研读指定书目，先后以习近平总书记在主题教育工作会议上的重要讲话精神和常委会领导同志有关批示指示精神、中共中央关于在全党开展"不忘初心、牢记使命"主题教育的意见、习近平总书记在中央和国家机关党的建设工作会议上的重要讲话精神、"牢记党的宗旨、践行共产党人的初心和使命"、习近平总书记关于坚持和完善人民代表大会制度的重要思想、习近平新时代中国特色社会主义经济思想为主题开展6次集中学习研

讨。认真参加常委会党组、机关党组组织的学习活动，分党组书记徐绍史同志应邀在机关党组理论学习中心组学习会议暨机关主题教育领导小组扩大会议上就经济形势作专题辅导报告，并在财经委分党组会议（扩大）上讲授专题党课。注重把主题教育与业务工作有机结合，深入基层一线进行调研。将检视问题贯穿始终，书面征求国务院有关部门和地方人大财经委意见建议，先后召开3次分党组会议，对分党组检视剖析问题进行研究部署并要求分党组成员逐一检视剖析个人存在的问题，在专题民主生活会上开展批评和自我批评，分党组共检视查摆出4个方面12项具体问题，逐项制定了整改措施。坚持即知即改、立行立改，在主题教育期间相继建立了计划审查和经济工作监督部门联络员制度、立法项目联系机制和台账管理制度等。通过主题教育，进一步增强了守初心、担使命的思想自觉，展现出担当作为的新气象，在思想上政治上组织上作风上为推动新时代人大财经工作不断迈上新台阶打下了坚实基础。

三是始终围绕党和国家工作大局以及常委会中心工作履职尽责。在各项工作中自觉同党的基本理论、基本路线、基本方略对标对表，同党中央重大决策部署对标对表，紧紧围绕常委会中心工作，使人大财经工作主动融入并服务于党和国家工作大局。将落实习近平总书记有关重要批示、栗战书委员长有关重要批示指示的重要任务，以及承担中央有关重大决策部署的任务，分别建立台账，逐项明确落实举措、时间进度，及时报告推进情况。制定财经委年度工作计划及其分解落实方案，明确牵头及参加的委员会组成人员，确保党中央重大决策部署和常委会重要工作任务落地落实。围绕党中央重大举措部署，就防范化解系统性金融风险、推动外贸转型升级和海南自由贸易港建设、进一步健全金融法律体系等组织开展了相关调研。按照栗战书委员长“突出抓几项针对性强、具有基础性和探索意义的工作”批示要求，创新开展3部法律评估工作，探索和丰富了中小企业促进法执法检查的具体形式。

四是以党建引领人大财经干部队伍建设。指导支持财经委机关党支部工作，分党组书记和部分分党组成员多次参加支部组织的集体学习、年度党建述职、局级干部民主生活会、干部考核测评等活动并给予指导，指导支部组织开展好主题教育和接受机关内部巡视，促进基层党组织更好发挥战斗堡垒作用。分党组书记徐绍史同志与办事机构各室分别进行集体谈心座谈，详细了解各室工作开展和干部队伍思想作风建设情况，听取大家对做好人大财经工作的意见和建议，就强化思想政治建设、勇于担当作为、狠抓工作落实、推进党务业务队伍深度融合等提出要求。

二、把握新时代经济改革发展重点，扎实推进财经立法工作

围绕加快完善社会主义市场经济法律制度，加强和改进新时代财经立法工作，加快立法进程，提高立法质量。

一是加强领导，加快推进财经委牵头起草的企业破产法（修改）、期货法（草案）立法工作进程。成立了由徐绍史主任委员任组长、由财经委、常委会法工委、国务院有关部门等16家成员单位组成的企业破产法（修改）起草组并召开了第一次全体会议，明确起草工作安排，会同最高人民法院、中国人民银行、国务院国资委对企业破产法进行了评估，召开专题座谈会并赴上海、四川、云南、辽宁等地调研，就修法有关重点问题听取意见建议，为加快企业破产法修改打好基础。加快推进期货法（草案）立法进程，调整充实期货法（草案）起草组，将期货法（草案）报常委会办公厅送国务院办公厅征求意见，对反馈意见认真梳理研究并就其中若干重点问题赴地方调研，提出进一步修改完善草案的意见和工作方案。

二是密切配合，外商投资法草案、证券法（修改）等5件法律案已经常委会审议通过。会同宪法法律委、常委会法工委召开座谈会，听取有关部门、人民法院、协会、企业和专家对外商投资法草案的意见。外商投资法草案已经十三届全国人大二次会议表决通过。密切配合宪法法律委、常委会法工委开展工作，针对证券法修订草案中有关重大问题组织专题座谈，联合赴地方、证券交易所等进行调研，就适用范围、注册制、证券交易、中小投资者保护、证券违法行为的查处等提出意见建议。证券法修订草案已经常委会第十五次会议审议通过。配合宪法法律委、常委会法工委做好台湾同胞投资保护法修正案草案、资源税法草案、城市房地产管理法修正案草案的各项后续审议工作，上述法律案已经常委会审议通过。

三是提前介入，做好财经委其他联系审议立法项目的相关工作。十三届全国人大常委会立法规划中由财经委负责联系审议的立法项目有32件。

财经委始终坚持提前介入，先后召开多场座谈会听取关于起草进展情况的介绍，动态掌握立法项目情况，积极推进立法进程。财经委召开全体会议审议了出口管制法草案；在常委会预算工委协助下审议了城市维护建设税法草案和契税法草案。参与电信法、产品质量法(修改)、航天法、海上交通安全法(修改)、社会信用法法律草案座谈研讨、专家论证、考察调研等活动，了解并掌握法律草案起草情况和重点难点问题。

*四是创新机制，探索建立联系审议立法项目工作机制，实行台账管理。*为做好联系审议工作，提高审议工作质量，财经委印发了《全国人大财政经济委员会关于对列入立法规划的联系审议立法项目建立联系机制实行台账管理的实施意见》，对列入立法规划的联系审议立法项目建立联系机制、实行台账管理。实施意见提出，立法项目第一牵头单位定期向财经委通报法律草案起草进展情况，财经委对联系审议的立法项目建立台账并及时汇总更新法律草案起草的进展情况、进度安排以及草案的框架内容等，财经委相关组成人员积极参加与起草单位的定期沟通，对法律草案的重点难点问题和起草工作安排等及时进行研究，为财经委高质量审议法律草案做好准备。

*五是聚焦重点，对有关法律的实施情况组织开展评估工作。*贯彻落实栗战书委员长等常委会领导同志在财经委《关于开展法律实施评估工作有关情况的报告》上的重要批示精神，组织对中小企业促进法、企业破产法和产品质量法进行法律评估。财经委研究制定了法律评估工作方案，采取全面评估与重点评估、自评估与委托第三方评估相结合的方式开展评估；召开培训座谈会，邀请有关专家作专题辅导讲座；加强与评估实施单位的联系沟通和协调配合，参加有关评估活动，召开法律评估工作总结座谈会。在总结评估工作的基础上，起草了关于组织开展法律评估工作情况的报告，栗战书委员长等有关常委会领导同志作出了重要批示，常委会党组听取了财经委的汇报。

此外，全年还就有关法律法规立法中的问题研究提出或答复的意见建议 50 余件。其中，落实常委会领导同志批示，研究提出电信法、铁路法等有关法律方面的意见建议 10 余件；研究答复有关单位关于统计法修改草案、契税法草案、城市维护建设税法草案、防范和处置非法集资条例修改稿、预算法实施条例草案、外商投资法实施条例草案等征求意见近 40 件。

三、聚焦推动党和国家有关重大决策部署落实，进一步加强计划预算审查和经济工作监督

认真配合全国人民代表大会对计划、预算进行审查，配合常委会听取和审议计划和预算执行情况报告、中央决算报告、审计工作报告，围绕十三届全国人大二次会议审查批准的主要指标和重点任务开展审议，召开季度经济形势分析会对经济运行情况进行跟踪监督，对经济运行中存在的苗头性、倾向性、潜在性问题开展跟踪监督和深入调研，认真提出意见建议。

*一是完成对 2019 年计划初步审查并配合代表大会做好年度计划审查工作。*为做好初步审查准备工作，财经委召开一系列座谈会听取有关部门、行业协会、企业和专家学者的情况介绍和意见建议，派员参加国务院有关部门年度工作会议，及时了解计划研究编制情况。十三届全国人大二次会议召开前 1 个月，财经委召开全体会议，会同其他专门委员会对 2019 年计划报告和计划草案进行初步审查，形成初步审查意见，报常委会领导同志并送国务院有关部门。代表大会期间，财经委结合各代表团和有关专门委员会的意见，向大会主席团提交《第十三届全国人民代表大会财政经济委员会关于 2018 年国民经济和社会发展计划执行情况与 2019 年国民经济和社会发展计划草案的审查结果报告》，经大会主席团会议审议通过后印发全体代表并向社会公布。配合常委会第十二次会议听取和审议国务院关于今年以来国民经济和社会发展计划执行情况的报告做好相关工作，结合财经委上半年经济形势分析会，对年度计划执行情况进行分析研究和跟踪监督，形成财经委《关于上半年经济形势分析会的情况报告》上报委员长会议并作为参阅材料印发常委会第十二次会议，徐绍史主任委员就上半年经济运行情况向委员长会议作了专题汇报。

*二是完成 2018 年预算执行情况和 2019 年预算草案以及 2018 年中央决算审查工作。*在常委会预算工委的协助下，财经委完成对 2018 年预算执行情况和 2019 年预算草案的初步审查，向十三届全国人大二次会议主席团提交《第十三届全国人民代表大会财政经济委员会关于 2018 年中央和地方预算执行情况与 2019 年中央和地方预算草案的审查结果报告》。配合常委会第十二次会议听取和审议国务院关

于2018年中央决算的报告、2018年度中央预算执行和其他财政收支的审计工作报告,对中央决算进行初步审查。配合常委会第十三次会议听取和审议国务院关于今年以来预算执行情况的报告,配合常委会第十五次会议听取和审议国务院关于审计查出问题整改情况的报告,促进加强预算管理,推动积极财政政策加力提效、服务改革发展重大任务。

三是加强和改进季度经济形势分析工作。按季度召开三次经济形势分析会,听取国务院有关部门关于当前经济运行情况的汇报,分析研究并提出意见建议,形成财经委报告报委员长会议并送有关部门。经济形势分析注重探索创新、发挥实效,加大了前期准备工作力度,广泛听取有关部门、行业协会、企业和专家学者的意见,先后在京召开15场座谈会,赴河南、浙江、安徽、吉林、四川、广西、广东、陕西、湖北等地开展专题调研,召开5场片区座谈会听取各省(区、市)人大财经委和发展改革委关于本地区经济运行情况的介绍和意见建议。围绕中美经贸摩擦、就业形势、三大需求走势、企业减税降费减负、预算内投资资金来源情况等专题进行深入研究,并形成分析报告上报。

四是进一步改进计划审查和经济工作监督。按照栗战书委员长在常委会党组会第三十二次会议上的重要指示,财经委对全国人民代表大会审查批准年度计划、常委会听取审议年度计划执行情况报告、以及财经委开展季度经济形势分析等进行了认真梳理和研究,形成了《关于审议年度计划执行情况报告等相关工作情况报告及改进建议》,栗战书委员长等常委会领导同志作出批示,同意财经委的建议。制定了《全国人大财经委员会关于进一步加强与国务院有关部门合作,做好计划审查和经济工作监督的意见》,就与有关部门建立沟通协调、情况通报和联络员制度等作出一系列具体安排,加强与国务院有关部门及行业协会组织、研究机构等的沟通协作、信息共享和共同开展调查研究,进一步改进提升人大经济工作监督实效。探索开展月度经济运行情况分析,及时跟踪分析经济动态,就有关重点经济问题开展专题研究,刊发《人大财经工作》供财经委组成人员和有关方面参阅。

四、不断丰富内容和方式,精心组织中小企业促进法执法检查

根据常委会2019年度监督工作计划,财经委承担中小企业促进法执法检查的具体组织实施工作。此次执法检查突出政治站位,把贯彻落实以习近平同志为核心的党中央关于支持民营企业、中小企业发展的重大决策部署摆在首位,紧扣法律规定,聚焦政府支持、营商环境、融资促进和权益保护等重要问题,在召开调研座谈会和赴上海等4省(市)开展前期调研的基础上,提出了执法检查方案。常委会领导同志对此次执法检查高度重视,栗战书委员长亲自审定执法检查方案,出席执法检查组第一次全体会议并作重要讲话进行动员部署,王东明副委员长听取阶段汇报并提出具体要求,陈竺、王东明和郝明金三位副委员长分别带队赴地方6省(区)进行实地检查。同时,委托北京等8省(市)人大常委会同步进行了检查,确定营商环境、融资促进和权益保护三个重点难点作为专题分赴贵阳市、泉州市和鄂尔多斯市开展专项检查,还委托了第三方机构对该法实施情况进行全面评估、委托烟台市、东莞市、贵阳市人大财经委分别进行专题评估。

本次执法检查共形成了5份前期调研简报、5份实地检查报告、8份委托检查报告、3份专项检查报告、4份法律评估报告。常委会第十一次会议听取和审议了执法检查组关于检查中小企业促进法实施情况的报告,召开联组会议进行专题询问,栗战书委员长出席会议并作重要讲话,对做好跟踪督查工作提出明确要求。之后,我们会同工业和信息化部等部门研究提出财经委关于中小企业促进法执法检查跟踪督查工作安排,推动有关部门建立工作台账、认真落实整改。及时研究国务院办公厅、最高人民法院报送的关于落实全国人大常委会中小企业促进法执法检查报告及审议意见的报告并提出审议意见,印发常委会第十五次会议。

五、围绕党中央重大决策部署和常委会重点工作,扎实开展专项调研和专题研究

财经委把调查研究作为开展立法监督各项工作的重要支撑,扎实深入开展常委会专项调研和专题调研、委员会专题调研、委员课题调研。常委会领导同志对财经委调研工作高度重视,栗战书委员长、王晨副委员长对有关调研作出重要批示,陈竺、王东明副委员长指导调研工作、出席有关会议并带队到地方实地调研。财经委在调研中更加注重统筹安排、更加注重提高效率、更加注重借助外脑、更加注重报告质量,常采取“一题多地”、“一地多题”

的方式开展调研，调研工作取得新进展新成效。

一是组织开展加快外贸转型升级推进贸易强国建设情况专项调研。为配合常委会第十四次会议听取和审议国务院关于加快外贸转型升级推进贸易强国建设工作情况的报告开展专项调研，财经委由徐绍史主任委员牵头组成调研组，在北京召开了国务院有关部门、企业及专家座谈会，先后赴陕西、广西、广东、北京、上海、江苏等 6 省（区、市）进行实地调研，其中赴江苏调研由王东明副委员长带队；听取政府有关部门、企业、相关专家和全国人大代表的意见建议，并委托山东、河南、福建、云南等 4 省人大财经委开展调研。在此基础上，形成财经委调研报告并提交常委会。调研报告从经济全球化、世界贸易格局、国际经贸规则三个方面分析了当前外贸发展面临的国际形势，指出我国外贸发展存在的问题，并就推动产业发展、出口、进口、营商环境、参与国际规则五个方面提出了政策建议。

二是组织开展防范化解系统性金融风险专项调研。常委会将防范化解系统性金融风险情况专题调研列入监督工作计划。财经委由徐绍史主任委员牵头组成调研组，在北京召开了国务院有关部门座谈会，先后赴陕西、广西、广东、上海、海南、四川、云南等 7 省（区、市）进行实地调研，听取政府有关部门、企业、相关专家和全国人大代表的意见建议，并委托北京、辽宁、湖北等 3 省市人大财经委开展调研。王东明副委员长出席有关座谈会并给予指导。在此基础上，形成财经委调研报告并提交委员长会议组成人员。调研报告充分肯定了国务院及其有关部门开展防范化解系统性金融风险有关工作取得的重大进展，客观分析了目前存在的地方中小金融机构风险、非金融企业债务风险、地方政府隐性债务风险、房地产市场风险、金融领域违法违规风险等风险隐患。研究提出了着力化解突出风险隐患、健全完善金融监管机制、深化金融领域改革开放、健全完善金融法律体系等政策建议。根据栗战书委员长批示要求，调研报告经常委会办公厅报党中央。

三是配合常委会听取和审议国务院有关工作情况的专项报告，会同常委会预算工委开展相关专项调研。配合常委会第十四次会议听取和审议国务院关于加强国有资产管理情况的综合报告和国务院关于行政事业性国有资产管理情况的专项报告，委员会相关组成人员参加专项调研。配合常委会第十五次会议听取和审议国务院关于财政生态环保资金分配和使用情况的报告，参加财政生态环保资金分配和使用情况调研。

四是开展海南自由贸易港建设专题调研。财经委在 2018 年开展自由贸易试验区专题调研的基础上，将海南自由贸易港建设作为专题调研项目，由徐绍史主任委员牵头组成调研组，赴海南实地调研并召开中央有关部门座谈会。王东明副委员长出席有关座谈会并给予指导。财经委形成的调研报告，从深度融入全球化与自身改革开放、吸收借鉴国际经验与体现中国特色、服务保障国家战略与发挥海南优势等方面阐述了海南自由贸易港的定位，分析了前期推进工作中存在的问题和困难，提出了推进海南自由贸易港建设争取取得前期收获的意见建议。

五是开展健全金融法律体系专题调研。财经委把健全完善金融法律体系作为专题调研项目，由徐绍史主任委员牵头组成调研组，在京召开国务院有关部门座谈会，赴上海、海南、四川、云南、广东等地开展实地调研，听取地方金融监管部门、交易所、部分金融机构和企业对健全金融体系的意见和建议。王东明副委员长出席有关座谈会并给予指导。财经委形成的若干调研简报，对现阶段我国金融法律体系、金融立法和修法的整体状况及具体诉求有了较好的了解，为更好完成立法规划中确定的金融领域立法和修法任务打下基础。

为更好开展调查研究工作，加强调查研究的深度和广度，财经委积极开展课题委托研究。财经委针对今年开展的加快外贸转型升级推进贸易强国建设、防范化解系统性金融风险、海南自由贸易港建设 3 个调研题目，选择 9 个重要问题，委托中国社科院、商务部研究院、中国（海南）改革发展研究院等专业研究机构开展深入研究，形成专题研究报告，供常委会审议和财经委起草调研报告时参考。

六、加强与人大代表的沟通联系，认真办理代表议案建议

十三届全国人大二次会议主席团交付财经委审议的代表提出的议案有 78 件。财经委按照常委会关于代表议案办理工作的要求，召开议案办理工作会议，邀请国务院有关部门、最高人民法院等 28 个单位的同志共同研究议案办理工作。对每件议案分别研究提出处理意见，召开全体会议对议案进行了审议，形成了议案审议结果的报告，并提请常委会第十四次会议审议通过。

完成了常委会办公厅转交的 11 件代表建议的

办理工作，开展了5项67件重点督办建议的督办和1项滚动督办工作。对常委会办公厅转交的代表在闭会期间提出的意见建议，认真研究并及时联系回应代表。在代表建议办理工作中，将办理任务落实到专人负责，并明确办理的时限、程序和要求，积极参与重点督办建议承办单位组织的调研、座谈会，当面向代表汇报情况，切实加强与人大代表的联系沟通，不断改进方式方法，提高办理的质量和水平。

注重发挥全国人大代表和地方人大财经委的作用。全年分三次季度经济形势分析会都邀请31个省（区、市）人大财经委负责同志及相应省份的全国人大代表列席，每次赴地方开展调研都邀请部分当地全国人大代表参加，注重听取基层的意见建议。在京先后与青海省、河北省、陕西省、江西省以及烟台市等地方人大负责同志交流座谈，并就做好人大财经工作给予指导。努力把《人大财经工作》（增刊）打造成地方人大财经委反映情况、交流经验的一个重要平台，地方人大在财经立法、监督等方面的一些探索性、创新性工作相继刊发。

七、围绕服务国家外交大局，认真开展对外交往工作

财经委认真学习贯彻习近平外交思想，坚决服从服务国家外交大局，按照全国人大外事工作计划，积极发挥在财经领域的专业优势，开展了形式灵活多样、内容丰富具体的外事活动。

一是全力服务和保障常委会领导同志外事活动。按照常委会外事工作安排，11人次陪同常委会领导同志参加外事会见，其中徐绍史主任委员陪同栗战书委员长会见外宾4次。财经委组成人员2人分别陪同常委会领导同志出访，其中，徐绍史主任委员陪同王东明副委员长赴土耳其出席第三次六国议长会议，并在专题会议上做了题为“深化互联互通、共建‘一带一路’，实现各国经济共同发展与普遍繁荣”的发言；骞芳莉委员陪同白玛赤林副委员长赴柬埔寨出席亚太议会论坛第27届年会并访问老挝，在年会上分别做了题为“电子商务促进亚太互联互通”和“保障性别平等、增进妇女权益”的发言。委员会组成人员刘新华、吕薇、周松和分别全程陪同有关国家议长或副议长访华。

二是认真完成常委会交办的各项外事工作任务。按照全国人大年度外事工作安排，徐绍史主任委员率全国人大与波罗的海三国友好小组代表团出访爱沙尼亚、拉脱维亚、立陶宛，并在京会见爱沙尼亚议会对华友好小组主席一行，进一步加深了互信、深化了友谊。吕薇、欧阳昌琼委员分别率全国人大代表团赴泰国和印度尼西亚出席国际会议，增进了与有关国家和地区议会间的友好交往。徐绍史主任委员、蔡玲委员等委员会组成人员作为全国人大与有关国家双边友好小组组长或成员，与来访有关国家议会代表团、驻华大使等开展友好交流，其中徐绍史主任委员作为全国人大中国—古巴友好小组组长先后与离任和新任古巴驻华大使、古巴与各国人民友好协会主席进行座谈交流、共叙两国友谊，为增进中古友好交往发挥了积极作用。尹中卿、刘新华、蔡玲等委员会组成人员分别赴塞尔维亚、俄罗斯、乌兹别克斯坦和土耳其出席国际会议或参加机制交流会议，圆满完成了各项任务，为增进多双边关系发挥了积极作用。

三是积极开展与对口专业委员会之间的交流。财经委先后与来访的俄罗斯联邦委员会经济政策委员会代表团、东帝汶国民议会基础设施委员会代表团、瑞典议会工业与贸易委员会和财政委员会代表团的会见交流。组成代表团赴匈牙利和欧洲议会开展专业对口交流。在会见中，主动向外方宣介习近平新时代中国特色社会主义思想，介绍新中国成立70年来经济社会发展取得的伟大成就，重申我国维护多边主义和自由贸易的坚定立场，宣传我国深化改革扩大开放的主要举措，在增强国际社会对中国发展的信心的同时，也增进了对中国道路、中国理念、中国之治的理解和认同，为我国发展增加更多国际支持的力量。

四是规范外事工作流程。适应外事工作新形势、新要求，制定《全国人大财经委外事工作规则》，对财经委在日常外事工作中需要遵循的指导思想和相关纪律规定、外事出访和接待来访以及临时性外事会见等工作中需要遵守的相关规定和操作规程等都作了明确规定，为财经委开展外事工作提供制度保障。

八、认真组织开展系列人大财经干部培训班

财经委高度重视委员会组成人员和办事机构工作人员的培训工作。财经委制定实施《2019年人大财经干部培训班专题讲座方案》，会同常委会预算工委成功举办6期全国人大财经干部培训班。培训班围绕党中央重大决策部署和全国人大常委会中心工作，紧密结合人大财经工作实际，邀请了国

内知名研究机构、高等院校的专家学者分别就经济立法、经济运行、预算审查、金融体系、资本市场、外贸转型等内容进行了专题授课。为提高培训质量、扩大培训范围,财经委创新培训方式,培训采取远程视频会议形式,北京设主会场,通过中国联通公司的电视电话会议系统设立地方分会场。一年来,全国人大财经委组成人员及办事机构工作人员、常委会预算工委负责同志及工作人员,各省(区、市)、计划单列市、副省级省会城市人大财经委、预算(工)委负责同志及工作人员,以及会场所在地的部分全国人大代表,共计7500余人次参加了培训(其中全国人大代表500余人次)。各单位积极参加,反响良好,有的省人大财经委还主动将视频培训延伸至市、县两级人大,进一步扩大了参训人员范围。大家一致认为,视频培训不受路途、时间、场地等局限,具有扩大受众范围、减少人员聚集、共享培训资源、节约培训经费等特点和优势,达到了良好的培训效果。

回顾一年来的人大财经工作,我们深刻地体会到,推动新时代人大财经工作不断向前迈进,根本在于努力做到"五个始终坚持"。一是始终坚持以习近平新时代中国特色社会主义思想为指导,不断增强"四个意识"、坚定"四个自信"、做到"两个维护",始终在思想上政治上行动上同以习近平同志为核心的党中央保持高度一致,确保人大财经工作沿着正确的政治方向前进。二是始终坚持党对人大财经工作的领导,按照常委会党组的部署和人大机关党组安排,充分发挥分党组把方向、管大局、保落实的政治保障作用,以党的建设推进业务工作和干部队伍建设,重大事项及时向常委会党组请示报告,确保党的路线方针政策和决策部署在人大财经工作中得到全面贯彻和有效执行。三是始终坚持围绕党和国家工作大局以及常委会中心工作谋划安排和推进落实工作,只有自觉把人大财经工作融入党和国家工作大局,才能找准目标、明晰方向、聚焦发力,为全面建成小康社会、实现"两个一百年"奋斗目标作出应有的贡献。四是始终坚持勇于担当作为的使命意识和积极开拓进取的创新精神,充分调动组成人员依法履职的积极性,努力激发办事机构干部干事创业的主动性,着力打造一支忠诚干净担当的人大财经干部队伍,不断创新工作思路、完善工作机制、改进工作方法、提高工作效率,为做好人大财经工作提供不竭动力。五是始终坚持与全国人大代表和地方人大及其财经委的密切联系,广泛听取人大代表和地方人大的意见和建议,提高人大代表和地方人大参与委员会工作的力度,自觉接受人大代表的监督,共同研究探索做好人大财经工作的经验,形成做好人大财经工作的整体合力。

一年来,人大财经工作取得的成绩,离不开全国人大及其常委会的领导,离不开广大全国大人代表的支持,离不开国务院有关部门和地方各级人大及其常委会的积极配合,也离不开财经委各位组成人员和办事机构工作人员的勤勉尽责。在总结成绩的同时,我们也清楚地看到人大财经工作还有不少需要加强和改进的地方,主要是:财经立法的质量需要进一步提高,以更好落实推进国家治理体系和治理能力现代化的要求;财经监督的力度需要进一步加强,方式方法需要进一步创新,以有效推动经济发展目标的实现和有关问题的解决;调查研究的深度和广度需要进一步拓展,发现问题、解决问题的能力需要进一步提升,以更好发挥调查研究在履职中的基础作用;与人大代表的联系需要进一步加强,邀请全国人大代表对人大财经工作的参与度需要进一步加大,以更好地回应代表和广大群众的关切。我们将按照党中央决策部署和全国人大及其常委会的要求,虚心听取各方面的意见,自觉接受人民监督,依法履职尽责,认真改进工作。

第十三届全国人民代表大会教育科学文化卫生委员会 2019 年工作总结

(2019 年 12 月 26 日第十三届全国人民代表大会
教育科学文化卫生委员会第二十次会议原则通过)

2019 年是中华人民共和国成立 70 周年,是全面建成小康社会的关键之年。一年来,全国人大教科文卫委以习近平新时代中国特色社会主义思想为指导,全面贯彻落实党的十九大和十九届二中、三中、四中全会精神,认真落实十三届全国人大二次会议确定的各项任务和常委会工作要求,坚持党的领导、人民当家作主、依法治国有机统一，认真履行宪法和法律赋予的职责，积极开拓进取，扎实开展工作，加强自身建设，各项工作取得了新进展新成效。

一、以习近平新时代中国特色社会主义思想为指导，牢记职责使命全力推动工作

教科文卫委坚持把加强理论武装、提高政治站位放在首要位置，增强“四个意识”，坚定“四个自信”，做到“两个维护”，在思想上政治上行动上始终同以习近平同志为核心的党中央保持高度一致，确保党中央决策部署得到全面贯彻落实。

深入开展“不忘初心、牢记使命”主题教育，以学习贯彻习近平新时代中国特色社会主义思想为主线，认真学习习近平总书记关于“不忘初心、牢记使命”的重要论述、关于坚持和完善人民代表大会制度的重要思想和关于教育、科技、文化、卫生与健康工作的重要论述，及时跟进学习习近平总书记最新重要讲话精神，学习党史、新中国史，结合教科文卫委工作，用创新理论武装头脑、指导实践、推动工作。

认真学习贯彻落实党的十九届四中全会精神，深刻领会坚持和完善中国特色社会主义制度、推进国家治理体系和治理能力现代化的重大意义和丰富内涵，深刻理解人民代表大会制度这一根本政治制度的显著优势和巨大功效，把牢前进方向，增强制度自信，自觉尊崇制度、维护制度、践行制度，进一步增强责任感使命感，努力为推进新时代教育、科技、文化、卫生与健康领域治理体系和治理能力现代化贡献智慧和力量。

坚决贯彻常委会党组部署和安排，认真落实好栗战书委员长对我委工作作出的重要批示，依法履职尽责，坚持问题导向、目标导向和结果导向，深挖工作潜力，努力提高工作质量和效率，推动立法、监督、议案办理等各项工作取得新的进展和成效。一是立法工作实现重要进展。教科文卫领域立法规划项目有序推进，卫生健康领域立法取得重大突破，疫苗管理法、药品管理法（修订）、基本医疗卫生与健康促进法已由常委会审议通过、相继出台。二是监督工作取得扎实成效。协助常委会开展高等教育法执法检查、听取和审议国务院关于学前教育改革发展、文化产业发展、执业医师队伍管理情况的工作报告，创新工作方式方法，加大跟踪监督力度，监督实效进一步提高。三是议案办理质量有了新的提升。召开议案办理专题会议，开展专题调研10余次，全年共办理18个代表团2200余代表人次提出的69件议案，做到件件有着落、有回音。四是联系代表工作不断深化。增强委员会联系代表的主动性实效性，深化拓展代表参与委员会工作的途径和方式，邀请全国人大代表参加委员会会议、立法、监督、调研等工作26项，参与代表百余人。五是与地方人大对口联系更为密切。与地方人大共同开展专题调研5次，邀请12个省区市人大教科文卫委负责同志列席委员会会议4次，围绕立法监督中的重大专题举行分片座谈4次，结合委员会特点分领域分专题开展集中交流培训。六是委员会工作机制进一步完善。坚持委员重点联系和分工落实工作机制，充分发挥委员专长，提高履职实效。注重发挥委员会落实立法规划领导小组作用，每季度听取立法工作进展情况汇报。认真贯彻民主集中制原则，开好分党组会议、委员会会议、主任委员办公会议，有力保障2019年各项工作任务顺利完成。

二、围绕中心服务大局，推进立法规划落实

坚持和完善中国特色社会主义法治体系，把立法工作摆在委员会工作的重要位置，紧紧围绕党和国家工作大局和人民群众关切，不断提高立法质量和效率。坚持党对立法工作的全面领导。紧扣党中央决策部署，贯彻落实习近平总书记关于立法工作的重要指示精神，加快推进重点领域立法进程。认真贯彻常委会党组工作部署和栗战书委员长对立法工作的要求，充分发挥分党组把方向、管大局、保落实的重要作用，严格执行请示报告制度，对立法工作中的重大问题、重要事项、重要情况，都经分党组研究并及时向常委会党组请示报告。坚持以人民为中心的发展思想。切实把实现好、维护好、发展好最广大人民的根本利益作为立法工作的出发点和落脚点，聚焦老百姓感受更直接、更具体、更真切的问题，积极回应人民群众重大关切，使立法成果更加充分体现人民意愿。注重在发挥立法主导作用中积极作为。统筹谋划教科文卫领域立法，做好牵头起草、组织协调、提前介入、督促指导等工作。建立牵头起草立法工作机制，主动协调有关部门、有关方面积极参加，抓紧起草工作，加快推进立法进程。注重加强立法调查研究。把调查研究贯

穿于立法工作全过程,坚持问题导向,聚焦重点难点,研究分析原因,充分听取各方意见。建立健全调研工作机制,提高调研质量。注重加强协调配合。密切与宪法法律委、常委会法工委等其他委员会的协同配合,加强与国家相关部门的沟通协调,共同协助常委会做好法律草案审议工作。2019 年,教科文卫方面共有 3 部法律草案经常委会审议通过,1 部提请初次审议,其他 10 个立法规划项目正在积极有序推进。

一是围绕实施健康中国战略,积极推动卫生健康领域立法取得重大突破。基本医疗卫生与健康促进法是我国卫生与健康领域的第一部基础性、综合性法律,我委同宪法法律委密切配合、交换意见,围绕全方位、全周期保障人民健康这一立法宗旨深入探讨有关重点难点问题。在对疫苗管理法、药品管理法(修订)提出初审意见的基础上,密切配合宪法法律委和常委会法工委开展调研、座谈、论证,列席宪法法律委会议,提出修改意见,积极推动法律审议通过。认真做好法律实施前的宣传工作,落实常委会领导同志要求,及时召开疫苗管理法、药品管理法(修订)宣传贯彻座谈会,全国人大常委会副委员长王晨、艾力更·依明巴海、蔡达峰出席会议,对法律宣传贯彻实施提出要求。积极推进执业医师法修改工作。建立修法工作机制,召开两次修法领导小组会议,听取有关部门和专家学者的意见建议。常委会领导带队深入基层开展调研,了解实际情况。结合监督和议案办理工作,广泛听取各方面意见建议。重视发挥行业协会作用,委托中国医师协会开展专项课题研究。目前起草工作小组已初步提出法律修订草案。

二是围绕办好人民满意的教育,全面落实教育立法规划项目。深入贯彻落实全国教育大会精神,持续推动教育领域立法进程。委员会领导带队赴教育部开展立法调研,与教育部主要负责同志进行座谈交流,就教育立法规划项目的总体安排、立法进度及重点工作与教育部形成共识。召开教育法修改座谈会,就体现党的理论创新成果、坚持巩固教育战略地位、完善发展教育指导思想和教育方针,专门听取人大代表、有关部门、专家学者的意见和建议。结合监督工作开展学前教育法立法调研,分片召开座谈会集中听取地方人大同志的意见建议,深入了解地方学前教育事业发展情况,向常委会提出综合调研报告。开展职业教育法修改专题调研,听取地方政府、职业教育机构和教师代表的意见建议,促请教育部加快修改进程。目前教育部已将修订草案向社会公开征求意见。召开教师法、学位条例修改工作座谈会,就修改指导思想、重点内容、工作程序、组织保障等进行研究讨论。

三是围绕实施创新驱动发展战略,扎实推进科技进步法修法进程。为提高立法层位、体现主导作用、凝聚各方共识,连续召开三场座谈会,分别听取科技界、国务院相关部门和产业界及专家学者意见和建议,明确修法的指导思想、重大原则和本次修法的重点,王晨、艾力更·依明巴海、蔡达峰副委员长出席会议并讲话,提出明确要求。在面上调研的基础上,梳理出重点问题清单,有针对性地深入开展专题性调研,赴宁夏了解西部地区和民族地区科技发展和科技进步法实施情况,在北京召开基础研究专题座谈会,赴上海听取外商投资企业、民营科技企业和科研机构的意见建议,赴江苏调研区域创新发展有关情况,赴广东了解地方推动落实法律实施情况。召开两次修法领导小组会议,听取立法进展情况,部署下一步工作。目前,科技进步法修改工作取得阶段性进展,已形成法律修订草案框架。认真贯彻落实中办发〔2019〕56 号文件关于强化知识产权保护的精神,提出要求,作出部署。积极配合做好专利法继续审议工作,与宪法法律委、常委会法工委联合召开座谈会,听取各方面意见。

四是围绕建设社会主义文化强国,积极开展文化立法工作。做好档案法修订草案提请常委会初次审议相关工作。听取司法部和国家档案局关于修改档案法工作情况的汇报,审议档案法修订草案,向常委会提出审议意见,提供参阅资料。认真做好著作权法修改工作。按照党中央关于强化知识产权保护的部署要求,专门召开座谈会,听取有关方面对落实引入侵权惩罚性赔偿制度、提高侵权法定赔偿额上限的意见建议。常委会领导带队调研,与部分作者、企业、专家学者等座谈交流。与法律草案起草单位密切联系,听取法律修改工作情况介绍并交换意见。扎实推进文化产业促进法立法进程。认真研究论证重点难点问题,加强同司法部、文化和旅游部等单位的工作联系,共同修改完善法律草案稿。积极开展修改文物保护法调研。与国家文物局主要负责同志座谈,就有关问题进行交流。赴河南、上海等地开展专题调研,与部分文博单位人员、考古队员和专家学者进行座谈交流,认真听取修改文物保护法的意见和建议。

三、聚焦重点领域注重监督实效，认真协助常委会开展监督工作

围绕党和国家中心工作，聚焦人民群众重大关切，严格依法监督，增强监督实效。全年共协助常委会完成4项监督工作，即开展高等教育法执法检查，听取和审议国务院关于学前教育事业改革和发展情况的报告、关于文化产业发展工作情况的报告、关于执业医师队伍管理情况和执业医师法实施情况的报告。

*一是紧扣法律规定，严格执法检查。*按照栗战书委员长关于做好执法检查工作的要求，扎实开展高等教育法执法检查前期调研，拟定检查方案，提出法律实施中的6个方面27项重点问题，作为执法检查的重点内容。召开高校党委书记校长座谈会，对照法律具体条款，逐条研究梳理法律贯彻落实情况。协助常委会4个执法检查小组赴地方开展检查，并委托10个省（区、市）进行自查。执法检查坚持问题导向，以法律规定为准绳，一个条款一个条款对照检查，把法律制度的引领、规范、保障作用充分发挥出来，推动法律各项规定真正落到实处。王晨副委员长代表执法检查组向常委会作报告。报告充分肯定高等教育发展和法律实施取得的成绩，认为高等教育法基本得到有效实施，大多数法律条款得到落实，同时也指出了法律实施中存在的问题，并就改进工作提出建议。

*二是统筹立法监督，强化叠加效应。*统筹考虑立法工作与监督工作，加强与有关部门的沟通协调，做好审议前的调研工作。结合制定学前教育法，分赴江苏、河北开展专题调研，综合历次调研报告形成关于学前教育事业发展情况的参阅文件，在常委会会议上印发。结合制定文化产业促进法，赴陕西和北京人民艺术剧院开展专题调研，听取文化和旅游部关于文化产业发展工作情况的预报告。结合修改执业医师法，在北京、河南、安徽开展专题调研，听取国家卫生健康委等部门工作报告，并与行业协会、医疗机构、专家学者、一线医务人员开展座谈。通过统筹立法与监督工作，在审议前的调研中发现法律实施的问题，在常委会审议中梳理常委会组成人员提出的审议意见，既有效增强监督效果，又推动立法进程，达到相互促进的效果。

*三是创新方式方法，提高监督实效。*总结以往有效做法和成功经验，探索创新组织方式，进一步完善工作方法，在提高调研质量、增强监督实效上下功夫。比如，在开展高等教育法执法检查工作中，注重做到“四个结合”，即问题导向与目标导向相结合、全面检查与随机抽查相结合、执法检查与第三方专业机构评估相结合、法律监督与法律完善相结合。在协助听取文化产业发展工作情况报告时，邀请文化方面人大代表、专家学者和部委同志参加调研，广泛听取意见，增强调研针对性。在协助听取执业医师队伍管理情况工作报告中，重视发挥医院协会和医师协会等专业组织的作用。在协助听取学前教育改革发展情况报告时，分片区召开地方座谈会，听取地方经验介绍和意见建议。通过不断探索创新工作方式方法，扎实做好审议前的调研，为常委会做好监督工作打下坚实基础。

*四是加强跟踪监督，促进整改落实。*按照栗战书委员长“抓好落实问效”的工作要求，在常委会审议有关执法检查报告和专项工作报告后，加强与有关部门沟通联系，召开委员会会议，听取反馈报告，促请有关部门认真研究吸纳常委会组成人员审议意见和执法检查报告提出的意见建议，切实加强和改进工作。就2018年开展的防震减灾法执法检查工作，艾力更·依明巴海副委员长亲自带调研组赴河北开展跟踪调研，对原唐山大地震灾区、雄安新区建设和2022年冬奥会场馆建设的抗震设防情况进行实地考察。河北省委、省人大、省政府高度重视此次跟踪监督，及时落实报告所提意见，并向全国人大常委会提交反馈报告。就2018年推动城乡义务教育一体化发展提高农村义务教育水平专项工作报告，赴四川开展跟踪调研。

此外，还就科学技术普及法、公共文化服务保障法的实施情况开展专题调研，为相关立法和监督工作做好准备。

四、密切联系人大代表，加强议案建议办理工作

全面贯彻落实习近平总书记关于加强人大代表工作的重要指示精神，按照委员长会议提出的关于加强和改进全国人大代表工作的具体措施要求，尊重代表主体地位，发挥代表主体作用，密切联系代表，认真做好代表议案和建议办理工作。

提高议案办理质量和实效。十三届全国人大二次会议主席团交付我委审议的代表议案共69件。其中，教育方面27件，科技方面4件，文化方面12件，卫生健康与人口方面26件；建议制定法律的议案33件、修改法律的议案34件，共涉及41个立法

项目，建议开展执法检查的议案 2 件。我委高度重视、认真开展议案办理工作。一是加强研究部署。注重与立法、监督等工作紧密结合，制定具体工作方案，在不同阶段召开 4 次专门会议，压实工作责任，推动工作落实。二是认真协商办理。及时召开有关部门参加的代表议案办理工作会议，协调分工、明确要求，促请有关部门按时提出初步意见。三是深入调查研究。坚持问题导向，加强综合分析，把专题调研和工作调研结合起来，对梳理出的重点议题赴 9 省 1 市开展专题调研，与议案领衔代表直接交流，努力提高议案办理的针对性、实效性。四是做好沟通反馈。通过面对面交谈、电话沟通、邀请参加座谈和共同调研等方式，认真听取全部议案领衔代表和部分附议代表的意见建议，并及时向代表反馈办理结果。委员会召开全体会议对代表议案办理意见进行审议，将议案分门别类、形成五大类，提出审议结果的报告，按程序提请常委会第十五次会议审议通过。

认真做好建议办理工作。2019 年常委会办公厅转交我委主办代表建议 14 件、重点督办 6 项 72 件、协助办理政协提案 9 件，共计 95 件。对主办建议，邀请提建议代表参加调研，当面听取代表意见，做到每件代表建议都与代表沟通后再答复。对督办建议，密切与有关部门沟通，联合开展调研，跟踪办理进展，督促及时反馈。专门召开重点督办建议推进会，结合职业教育法修改专题调研、高等教育法执法检查和常委会听取审议关于学前教育事业改革与发展情况的报告，认真吸收重点督办建议内容。

五、注重沟通联系交流，加强工作协同提高整体效能

加强与地方人大和有关部门的沟通联系，及时了解交流工作情况，共同研究问题，协调各方意见，加强工作协同，提高整体效能。

密切与地方人大教科文卫委工作联系。充分听取地方人大教科文卫委的工作建议，研究提出并认真落实加强与地方联系的主要措施。一是就地方立法、备案审查、立法规划等专题举办交流培训班，二是邀请部分地方人大教科文卫委负责同志列席委员会会议，三是与部分地方人大教科文卫委就学前教育、科技进步、公共文化服务保障等专题共同开展调研，四是围绕调研专题组织部分地方人大教科文卫委负责同志召开座谈会听取意见建议。同时，与部分来京的地方人大教科文卫委负责同志座谈交流工作情况。

加强与有关部门沟通协调。重视与全国人大有关专门委员会和常委会工作机构的配合协作。按照立法法要求，与宪法法律委和常委会法工委密切配合，共同研究重点立法问题，提出审议意见。落实监督法有关规定，参加财经委和常委会预算工委有关会议，协助做好计划和预算审查等相关专项工作监督；与社会委共同督促落实防震减灾法执法检查报告及审议意见。同时，通过主动走访、联合开会、邀请座谈、共同调研等方式，与教育部、科技部、文化和旅游部、卫生健康委等部门和单位进行工作交流、协调意见，共同推进教科文卫领域法治建设。

六、开展对外交往，做好对口交流

认真贯彻落实习近平外交思想，服从服务国家外交大局，按照常委会统一部署，积极参与人大对外交往工作，发挥专门委员会特点和优势，重点宣介习近平新时代中国特色社会主义思想，宣介人民代表大会制度，宣介我国教育、科技、文化、卫生健康方面的事业发展和立法成就，讲好中国故事和中国人大故事。陪同常委会领导参加有关外事活动，参与常委会接待、出访、定期交流机制、友好小组等活动共计 17 次。

做好委员会对口交流。接待俄罗斯、捷克、哥伦比亚议会相关委员会代表团来访。组团访问阿联酋、突尼斯，交流借鉴立法经验，宣传人民代表大会制度，进一步推动全国人大与两国议会的交往合作。出席亚洲议员人口与发展论坛相关会议，阐述我国防止针对女性暴力和应对人口问题、促进经济社会协调发展方面的政策和行动，并与参会国家议员开展交流，深化友好合作。

七、加强自身建设，提升依法履职能力

全面加强思想、组织、纪律、作风、能力、制度等建设，推动政治建设与业务工作融合促进，着力提升依法履职能力，为做好人大教科文卫工作提供坚实保障。

一是以加强政治建设为统领，切实提高政治站位。充分发挥分党组把方向、管大局、保落实的重要作用，增强“四个意识”，坚定“四个自信”，做到“两个维护”。2019 年共召开分党组会议 16 次，持续深入学习习近平新时代中国特色社会主义思想，及时传达学习习近平总书记重要讲话精神，研究贯彻落实党中央重大决策部署；严肃党内政治生活，

落实各项组织生活制度;结合教科文卫领域工作提出贯彻落实措施,推动完善有关法律制度,把维护党中央权威和集中统一领导体现到教科文卫委工作各方面和全过程。

二是以开展主题教育为动力,坚守践行初心使命。坚决贯彻落实党中央决策部署和常委会党组要求,扎实开展主题教育,把学习贯彻党的创新理论作为思想武装的重中之重,把学习教育、调查研究、检视问题、整改落实贯穿主题教育全过程,把学和做结合起来、查和改贯通起来,提高学习教育的针对性和实效性,在学懂弄通做实上下功夫,把初心使命转变为锐意进取、开拓创新的精气神。

三是以制度建设为抓手,着力完善工作机制。修改完善委员会工作规则,将委员重点联系和分工落实工作机制、落实立法规划领导小组制度、加强与地方人大联系的举措等行之有效的做法纳入工作规则,努力形成统筹推进、分工协作、责任明确、有效运作的组织系统和工作氛围。

四是以转变作风为重点,认真落实全面从严治党要求。在开展主题教育过程中,梳理出4个方面20条具体问题清单,着力加以落实整改,切实转变工作作风。全面贯彻中央八项规定及其实施细则精神,密切联系基层代表和群众,严格出差调研纪律,合理安排行程,节约人力物力,提高调研质量。改进会风会纪,严格请假制度,提高议事效率。

五是以干事创业为导向,加强办事机构干部队伍建设。按照常委会秘书长杨振武同志对机关工作提出的具体要求,着力提升办事机构工作能力和积极性,发挥办事机构集体参谋助手和服务保障作用。规范办文办事程序,严格工作纪律,提高工作质量和办事效率。

回顾过去一年的工作,我们深切体会到,教科文卫委工作取得的成绩和进步,根本在于以习近平同志为核心的党中央的坚强领导,根本在于习近平新时代中国特色社会主义思想的科学指引。常委会各位领导同志对教科文卫委工作都十分重视,给予许多关心、支持和指导。委员会组成人员齐心协力、发挥特长、履职尽责,为推进委员会工作作出了积极贡献。办事机构全体同志兢兢业业、扎实工作,不断提高能力和水平,为委员会开展各项工作提供了有力服务保障。同时,我们深知所取得的成绩和进步与新形势下党中央的要求相比,和人民群众的期待相比,还存在一些差距和不足,需要在今后的工作中持续努力切实加以改进。

第十三届全国人民代表大会外事委员会2019年工作总结

(2019年12月25日第十三届全国人大代表大会外事委员会第十一次全体会议通过)

2019年,外事委在全国人大及其常委会的领导下,坚持以习近平新时代中国特色社会主义思想为科学指引,深入学习贯彻党的十九大精神,深刻学习领会习近平总书记关于坚持和完善人民代表大会制度的重要思想,不断增强“四个意识”,坚定“四个自信”,做到“两个维护”。认真贯彻落实栗战书委员长关于新时代人大对外工作的重要指示,扎实开展“不忘初心、牢记使命”主题教育活动,涉外立法、对外交往、涉外发声、自身建设等各项工作取得新进展。

一、涉外立法工作

自觉坚持党对立法工作的领导,坚定维护党中央集中统一领导和权威,始终将习近平新时代中国特色社会主义思想贯穿立法工作全过程和各方面,及时将党的路线方针政策和重大决策部署贯彻落实到立法中,积极贯彻落实党中央确定的立法工作目标和任务。

(一)积极推进陆地国界立法工作。制定陆地国界法是全国人大常委会立法规划项目。制定该法对维护国家主权、安全、发展利益,依法稳边、防边、管边具有重要意义。党的十八大以来,党和国家机构改革、军队和国防体制机制改革不断深入推进,长期困扰有关立法工作的一些重点难点问题和障碍有了解决依据,陆地国界立法的时机更成熟,条件更充分。

常委会领导高度重视陆地国界立法工作。外

事委就重点难点问题进行深入调研，广泛征求意见，提出解决问题的思路，撰写调研报告报送常委会领导审阅。加强与全国人大常委会法工委、外交部、国家移民管理局等有关部门加强工作联系与沟通；聘请外交部资深边界事务顾问和高校及有关研究机构的专家成立专家组，多次组织专家组和各相关部门会议，逐条研讨修改法律草案稿。草案稿拟在进一步听取有关部门和九个边境省区的意见和建议后，尽早向常委会提交综报。

（二）认真审议国际条约议案。共审议国际条约议案 4 件，分别为《中华人民共和国和阿塞拜疆共和国关于移管被判刑人的条约》、《中华人民共和国和巴巴多斯关于刑事司法协助的条约》、《中华人民共和国和斯里兰卡民主社会主义共和国引渡条约》、《中华人民共和国和越南社会主义共和国引渡条约》。就条约与国内法衔接等问题，加强与外交部、司法部等相关部门的沟通协调，不断探索和改进工作程序，全力做好条约议案的预审工作，为常委会的顺利审议提供服务保障。

（三）高质高效办理代表议案、代表建议和政协提案。十三届全国人民代表大会第二次会议后，办理代表议案 1 件，代表建议 5 件，政协提案 2 件，将上述议案和建议及政协提案与陆地国界法立法等工作相结合，按照法定程序制定工作方案，灵活审慎处理有关敏感问题，确保向常委会提交审议结果报告的质量。

（四）积极研提意见和建议，函复中央和国务院有关部门的条约、法律、法规、规范性文件等征求意见稿。密切跟踪涉外法律工作的热点问题和最新进展，了解有关部门的工作动态和前沿发展，密切了部门间的联系和交流，拓宽了工作思路。

二、对外交往工作

一年来，委员会组成人员陪同常委会领导出访 10 余次，会见外宾 60 余次。组织筹备与俄罗斯、法国等国议会的机制交流会议 10 次，组织 8 个团组出访俄罗斯、法国、比利时、乌拉圭等多个国家，接待美国、德国、柬埔寨、巴基斯坦等 20 国议员、对口委员会和议员助手代表团来访。委员会组成人员 9 次率（参）团出席国际会议，应约会见驻华使节以及外单位邀请来访的外宾 66 场次，人员超过 400 人次。

注重宣介党的十八大以来中国经济社会发展成就，用通俗易懂的语言诠释习近平新时代中国特色社会主义思想和治国理政理念，增进外方对中国道路、理论、制度和文化的理解。

助力“一带一路”建设。通过机制交流平台和对口委员会交流，加大对“一带一路”沿线国家议会和议员的工作力度，推动“一带一路”建设与有关国家发展战略对接。

加强立法信息和经验交流。就网络安全法、电子商务法、境外非政府组织境内活动管理法、外商投资法、个人信息保护和环境保护等立法情况与对方进行深入沟通与交流。

三、涉外发声工作

（一）利用外事委声明方式积极发声，坚定捍卫国家主权、安全和发展利益。先后 4 次就美国国会审议通过“2019 年香港人权与民主法案”、“2019 年维吾尔人权政策法案”发表声明，对美国国会罔顾事实、严重违反国际法和国际关系基本准则，打着“人权”、“民主”的幌子，无端指责我治港、治疆政策，粗暴干涉我内政的行径予以强烈谴责、表示坚决反对；揭批美国在人权、民主、反恐问题上的虚伪和双重标准；强烈敦促美方立即停止干涉我内政、停止严重损害中美关系的错误做法。

（二）设立外事委发言人机制，进一步丰富外事委涉外发声的形式。4 次就美国国会涉港决议案、美议员涉港恶劣言行、《2020 财年国防授权法案》中涉华消极条款及欧洲议会决定授予伊力哈木所谓“萨哈罗夫”奖等发表谈话，澄清事实、阐明立场，对美欧议会的攻击抹黑、在人权和反恐等问题上的双重标准、干涉中国内政的险恶用心进行严正批驳。

四、大会发言人工作

认真做好十三届全国人大二次会议发言人工作。大会新闻发布会聚焦人大工作，发言人不回避热点和尖锐问题，直面中美关系、国防预算、外商投资法以及美国打压华为等重大话题，信息量大，稳健务实。发布会当天，仅央视新闻微直播和人民网微博直播的播放量即超过 300 万次，达到了传递信息、阐述立场、增信释疑、积极宣传的预期效果。

五、与地方人大联系工作

6 月在上海举办“人大涉外立法和监督工作培训班”，围绕进一步做好新形势下人大涉外立法和监督工作、推动地方经济社会发展和参与“一带一路”建设以及加强涉外管理等议题展开深入研讨。注重与地方人大加强协调配合。先后7次与北京、上海、河北和湖北、黑龙江等省市人大进行工作交流,就涉外立法、条约审议、对外交往和培训工作等有关问题进行座谈,增强了工作合力。

六、自身建设工作

外事委分党组切实履行管党治党责任,用严的要求、严的措施、大的力度推进自身建设,不断增强“四个意识”、坚定“四个自信”,坚决做到“两个维护”。传达学习习近平总书记的重要讲话精神和栗战书委员长关于人大对外工作的重要指示。专题学习习近平外交思想、党的十九届四中全会、中央经济工作会议精神,深入学习中央对外方针政策和中国特色社会主义法治体系,切实把思想和行动统一到中央决策部署上来。按照民主集中制原则,依照法定程序,认真履行法定职责,不断提高履职能力。

(一)扎实开展“不忘初心、牢记使命”主题教育。分党组深刻学习领会“不忘初心、牢记使命”主题教育的重大意义,按照“守初心、担使命、找差距、抓落实”的总要求,结合外事委工作实际,制定切实可行的实施方案。实施方案把学习教育、调查研究、检视问题、整改落实贯穿主题教育的全过程,坚决反对和防止形式主义。主题教育期间,分党组成员以理论学习为主线,开展集体学习研讨;深入开展调查研究,抓好重点工作落实;认真准备,讲好专题党课;召开高质量专题民主生活会,明确努力方向和整改措施。通过主题教育,分党组成员进一步强化了思想建党、理论强党的意识,提升了做好外事委各项工作的信心和决心。

(二)严格执行重大事项请示报告制度和中央八项规定精神。坚持外交大权在中央的原则,坚决服从中央对外事工作的统一领导,严格遵守外事纪律和重大事项请示报批程序。严格贯彻中央八项规定及其实施细则精神,立法调研轻车简从。外事工作以事定人,不断改进工作作风,务实事、求实效。

(三)加强干部队伍建设。分党组高度重视办事机构思想建设、组织建设、作风建设和素质能力建设,指导外事委机关党支部深入开展“不忘初心、牢记使命”主题教育活动,结合工作实际,为办事机构讲专题党课,抓紧抓实办事机构干部培养工作。

回顾一年来的工作,我们也认识到自身还存在政治理论、宪法法律的学习不系统、工作前瞻性、系统性谋划不够、开拓创新精神不足等有待加强和改进的问题。

第十三届全国人民代表大会华侨委员会 2019年工作总结

(2019年12月27日第十三届全国人民代表大会华侨委员会第九次会议通过)

2019年是中华人民共和国成立70周年,也是全国人民代表大会成立65周年。在全国人大及其常委会的领导下,全国人大华侨委员会认真学习贯彻党的十九大和十九届二中、三中、四中全会精神以及十三届全国人大二次会议精神,学习贯彻习近平总书记关于坚持和完善人民代表大会制度的重要思想、关于侨务工作的重要论述,进一步增强“四个意识”、坚定“四个自信”、做到“两个维护”,按照栗战书委员长关于华侨委工作的重要批示精神,围绕常委会总体工作部署,积极进取,主动作为,扎实做好各项工作,切实履行宪法法律赋予的职责,努力推动新时代人大侨务工作取得新进展。

一、深入开展主题教育,不断加强政治理论武装

坚持以习近平新时代中国特色社会主义思想武装头脑、指导实践、推动工作,采取多种形式进行理论学习,始终把思想和行动统一到中央精神上来,牢牢把握正确政治方向,持续推进委员会政治建设。

(一)认真开展“不忘初心、牢记使命”主题教育。在全党开展“不忘初心、牢记使命”主题教育是党的十九大作出的重大部署。按照党中央和全国

人大常委会党组的部署要求,华侨委分党组认真开展主题教育,把学习贯彻习近平新时代中国特色社会主义思想作为主题教育的主线,突出侨务工作特色,围绕海外侨胞和归侨侨眷最关心最现实的利益问题,积极回应侨界群众关切,把学习教育、调查研究、检视问题、整改落实贯穿到主题教育全过程,确保取得实效。一是多次召开华侨委分党组会议和扩大会议,集中学习习近平总书记在“不忘初心、牢记使命”主题教育工作会议上的讲话、关于坚持和完善人民代表大会制度的重要思想、关于侨务工作的重要论述,交流调研成果,围绕坚守共产党人初心使命做好新时代人大侨务工作进行研讨。二是按照常委会党组关于主题教育的要求和华侨委分党组主题教育实施方案,由白玛赤林副委员长和华侨委分党组成员分别率调研组,结合华侨委工作实际,先后赴内蒙古、西藏、青海、北京等地和中央统战部(国务院侨办)、国家移民管理局开展调研交流。三是分党组书记王光亚同志以坚守共产党人的初心和使命、做好新时代人大侨务工作为主题,从什么是初心使命、初心使命和自我革命的关系、勇于担当尽责、开好民主生活会等四个方面讲专题党课。同时,党员组成人员积极参加所在单位的主题教育活动。

(二)积极开展集体学习。华侨委第七次会议举办学习讲座,邀请中国侨联副主席隋军系统介绍侨界学习贯彻习近平总书记关于侨务工作的重要论述、广泛团结联系海外侨胞和归侨侨眷的经验做法。在安徽省合肥市召开全国人大侨委工作座谈会,深入学习贯彻习近平新时代中国特色社会主义思想和习近平总书记关于侨务工作的重要论述,结合新时代侨务工作特点,总结交流各地人大侨务工作取得的成绩和经验,研讨如何推动侨务法治建设不断深入、人大侨务工作不断取得新进展的方法路径,促进新时代人大侨务工作水平全面提升。及时召开分党组会议,传达学习十九届四中全会精神和中央经济工作会议精神。

(三)坚持将学习和推进工作相结合。通过开展主题教育、举办学习讲座、召开座谈会等形式,华侨委分党组充分发挥把方向、管大局、保落实的作用,团结带领全体组成人员进一步增强做好新时代人大侨务工作的自觉性和使命感,不断提高依法履职能力。认真查找在履职尽责、自身建设等方面存在的问题和差距,制定改进措施,明确努力方向,推动各项工作再上新水平。办事机构扎实开展主题教育,通过向31个省区市人大侨委发征求意见函,找差距、查短板。对查摆出的问题扎实进行整改。针对在侨务法治宣传工作方面的薄弱环节,组织侨务法治宣传小组,精心撰写讲座题纲和课件,集体多次讨论修改,应中国侨联和有关地方人大侨委的邀请,3次派员进行专题讲座,得到主办单位的充分肯定。进一步重视提高文稿起草工作的效率和质量。强化办事机构制度建设,不断增强干部队伍素质和能力,进一步提高集体参谋助手和服务保障水平,为委员会依法履职提供了坚实保障。年底,受委员会领导委托,办事机构专程赴江西敖山、金坪、秀谷华侨农场,看望慰问贫困归难侨职工家庭。

二、认真分析研究,积极稳妥推进华侨权益保护立法进程

按照党的十九大提出的完善以宪法为核心的中国特色社会主义法律体系的要求,紧紧围绕侨务工作的重点难点问题,不断加强涉侨立法问题的研究论证,积极推进华侨权益保护立法工作。

(一)针对涉侨立法重点难点问题开展研究论证。根据栗战书委员长关于开展涉侨立法工作的指示,华侨委认真贯彻落实十三届全国人大常委会立法规划,紧紧抓住华侨权益保护面临的困难和关键,重点围绕已经梳理出的华侨权益保护立法方面亟需且可能解决、须慎重研究解决、比较敏感且存在争议的三大类9个问题,组织力量认真开展华侨身份证件使用、回国工作生活、投资置业、创新创业以及社会保障等具体问题的研究论证。同时,注意收集有关专家学者及海内外侨胞的研究成果,开展理论研究。华侨委作为中国人大制度理论研究会单位理事,积极参与有关课题研究,董中原副主任委员撰写了《凝聚侨界共识、坚定制度自信》的理论文章,重点阐述了不断健全和完善涉侨法律法规,加强华侨权益保护立法工作,团结凝聚广大归侨侨眷和海外侨胞为实现中华民族伟大复兴的中国梦贡献力量等内容。

(二)归纳梳理党和国家已有侨务政策性文件。认真贯彻“科学立法、民主立法、依法立法”要求,不断加强与侨务部门的沟通联系,切实做到掌握第一手材料,不断提高立法研究的科学性。请有关部门协助提供建国以来政府侨务部门发布的相关政策性文件,收集整理文件341份,根据内容归纳为侨务工作与涉侨法律法规、回国定居、社会保障与人事待遇、身份认证及普通民事、教育、出入境管理、外事宣传和侨资侨智、华侨农场与归难侨安置、侨汇、

侨捐、非法移民、侨房等13个专题并标注关键词，为熟悉掌握侨务政策变迁和侨务工作发展，深入研究华侨权益保护立法相关问题提供参考。

（三）关注和支持地方推进华侨权益保护立法。密切关注和积极支持有条件的地方先行制定华侨权益保护法规规章。通过来访、来函、座谈等形式，与地方人大侨委就立法中的有关问题进行深入研讨交流，为他们提供咨询和帮助。辽宁省和大连市人大民族侨务外事委员会负责同志，专门就大连市华侨权益保护立法的有关问题来我委进行沟通交流，办事机构认真研究并提出意见和建议。认真分析整理已经制定出台的广东、福建、湖北、上海、浙江、南京、大连等省市的地方华侨权益保护条例及相关立法文件，将条文内容分为十几个专题进行比较研究，为开展华侨权益保护立法工作提供借鉴。

三、围绕重点问题，深入开展调查研究

认真把握新时代侨务工作面临的新形势、新任务、新要求，紧紧围绕广大侨胞关注的重点难点问题，精心选择调研地点，科学设计调研内容，坚持问题导向，深入开展调查研究。全年共安排9次调研。

（一）组织安排好常委会领导带队的调研活动。白玛赤林副委员长高度重视华侨委工作，率我委调研组先后赴湖北省、西藏自治区和北京市开展调研。王光亚主任委员，贾廷安、董中原副主任委员及部分委员陪同，白玛赤林副委员长负责联系的全国人大代表参加了相关调研活动。调研组深入基层、深入群众、深入实际，通过听取工作介绍、实地考察、座谈交流、入户慰问等方式，充分了解侨情，听取意见和建议。及时形成调研报告，报白玛赤林副委员长审定，送全国人大常委会领导同志参阅，并反馈国家有关部门、各省区市人大侨委及所调研地区参考借鉴。

（二）围绕涉侨重点难点问题开展调研。围绕“三大攻坚战”，结合新侨创新创业、侨胞反映强烈的重点难点问题，委员会负责同志带队，先后赴广东、内蒙古、青海和辽宁开展相关调研。王光亚主任委员带队赴广东省，重点就涉侨立法、侨胞创新创业、华侨护照使用便利化、涉侨捐赠等问题开展调研。罗保铭副主任委员带队赴内蒙古自治区，重点就归侨侨眷权益保护、侨情和侨务工作机制、边疆民族地区侨务扶贫等问题开展调研。黄龙云副主任委员带队赴辽宁省，重点就侨务工作机制、大连市华侨权益保护条例、朝鲜归侨集中居住的华侨村发展情况等内容开展调研。曹鸿鸣副主任委员带队赴青海省，重点就侨务法治建设、侨务资源利用、涉藏侨务工作等问题开展调研。部分华侨委委员、全国人大归侨代表以及华侨委领导同志负责联系的全国人大代表参加相关调研活动。通过一系列调研，进一步掌握了侨情，并结合地方侨务工作特点及存在问题有针对性地提出相关意见建议，推动涉侨重点难点问题的解决。

（三）主动赴国家有关部委开展调研交流。针对以往调研方式比较单一的情况，在邀请涉侨部门负责同志介绍有关情况的同时，2019年华侨委积极主动“走出去”，两次赴有关部委开展专题调研交流。王光亚主任委员、董中原副主任委员带队赴中央统战部（国务院侨办）开展调研交流，中央统战部副部长、国务院侨办主任许又声围绕新时代侨务工作新使命、侨务机构改革落实情况、对华侨权益保护立法的意见建议等介绍情况，与会人员就新时代侨务政策进行了交流探讨。王光亚主任委员，罗保铭、董中原副主任委员带队赴国家移民管理局开展调研，公安部副部长、国家移民管理局局长许甘露及相关部门负责同志重点围绕华侨证件使用便利化、国籍法实施中遇到的涉侨问题及对策、我国永久居留制度实施成效和立法进展情况等广大侨胞反映强烈的问题介绍情况，并与调研组进行深入交流研讨。赴有关部门开展专题调研交流是华侨委增强调研工作实效的有效方式，对促进有关部门高度重视侨务法治建设，共同做好新时代侨务工作具有重要意义。

四、切实履职尽责，认真做好议案审议和建议办理工作

审议、办理全国人大代表提出的涉侨议案、建议，是宪法和法律赋予的职责，华侨委以高度的责任感和使命感做好相关工作。

（一）认真审议代表议案。十三届全国人大二次会议主席团交付华侨委审议的议案1件，内容为修改归侨侨眷权益保护法。议案提出，现行归侨侨眷权益保护法已经不适应形势发展需要，建议进行修改：将华侨列入该法适用对象并对“华侨”作出明确界定；扩大人大代表构成，将侨眷纳入考虑范围；增加有关社会保险和救助的内容；完善有关公益捐赠等方面权益保护的规定；进一步明确涉侨部门的权限等。华侨委高度重视议案审议工作，根据栗战

书委员长“要以对人民高度负责的精神,审议、办理好代表议案”的重要指示精神,结合议案有关内容,赴有关中央涉侨部门和省区市开展调研,听取部门及归侨侨眷的意见和建议。出访和接待来访中,注意倾听侨胞的意愿和呼声。在综合研究分析的基础上,华侨委第八次会议对议案进行了审议,并向常委会提交了议案审议结果的报告。报告认为,针对议案提出的修改归侨侨眷权益保护法的内容,可结合华侨权益保护问题进一步加强调研,根据新时代侨务工作的总体要求统筹考虑,在此基础上,向全国人大常委会提出有关修改归侨侨眷权益保护法的建议。常委会第十五次会议审议通过了该议案审议结果的报告。

(二)努力办好代表建议。华侨委收到十三届全国人大二次会议代表建议共 3 件,内容分别为加强华侨权益保护立法调研、尽快解决华侨国内身份证件使用不便问题、对华侨国内参加社保存在的问题进行调查研究。华侨委认真办理涉侨代表建议,不断提高办理质量和水平。建议办理前,组织相关工作人员学习新修改的《全国人民代表大会代表建议、批评和意见处理办法》等规定,对代表建议的内容进行深入分析,制定出有针对性的建议办理方案。同时,将建议办理工作与主题教育、调研工作紧密结合,进一步深入研究华侨权益保护立法重点难点问题,推动解决华侨国内身份证件使用不便、参加社保政策不健全等问题。积极拓展与提建议代表的沟通方式,在电话、邮件联系交流的基础上,邀请代表参加相关调研及会议活动,进一步就建议中所提问题进行探讨,代表对办理结果表示满意。其中,《关于尽快解决华侨国内身份证件使用不便问题的建议》得到国家移民管理局的重视并引起主流媒体的关注。国家移民管理局等 16 个部门联合印发了《关于推动出入境证件便利化应用的工作方案》,提出力争 2019 年底前全面实现华侨持护照在交通运输、金融、通讯、教育、医疗、社保、工商、税务、住宿等 9 个领域 35 个民生事项中实现使用便利化。

五、服务国家外交大局,扎实开展侨务外事工作

坚持以习近平外交思想为指引,根据党和国家对外交往的总体部署及常委会外事工作计划,华侨委积极参与常委会的外事活动,同时,认真做好华侨委组成人员出访、派团出席海外侨界会议、接待来访等工作,继续将“侨助冬奥”主题外事活动推向深入。

(一)积极参与常委会外事活动。王光亚主任委员陪同栗战书委员长访问阿塞拜疆、哈萨克斯坦和俄罗斯,陪同白玛赤林副委员长访问老挝和柬埔寨,率全国人大代表团赴莫斯科出席第二届“议会制度发展”国际论坛。王辉忠委员参加“全国人大友好小组代表团”访问爱沙尼亚、拉脱维亚和立陶宛。根据出访安排,认真做好相关工作。

(二)认真做好出访和参会工作。宋琨、陈立、陈紫萱委员和工作人员组成的华侨委代表团访问巴拿马、古巴。郑奎城委员率团赴新西兰奥克兰出席第 20 届国际潮团联谊年会。华侨委代表团赴菲律宾马尼拉出席 2019 年全球华侨华人促进中国和平统一大会。在出访和参会过程中,华侨委代表团注重深入了解侨情、慰问侨胞,密切联系侨团侨社,听取海外侨界对我国侨务法治建设和人大侨务工作的意见建议;相机开展与外国议会之间的交往,宣介中国发展经验和成就,讲好中国故事和中国人大故事,宣介我侨务及涉台、涉藏、涉疆政策,阐述我国政府维护侨胞正当权益的原则和立场,更多了解和关注我国侨胞的生存状况与合理诉求,努力维护侨胞在居住国的合法权益。

(三)扎实做好来访接待工作。根据常委会外事工作的总体安排,结合华侨委的工作实际和特点,制定接待计划。分批邀请巴拿马、古巴、荷兰、塞尔维亚、日本等国的侨领代表团共 23 人回国考察访问。为庆祝中华人民共和国成立 70 周年,国内举行了系列大型庆祝活动,我委推荐重点联系的侨领 55 人回国出席国庆阅兵、国庆招待会、七部门联合欢迎招待会、侨界联合招待会、70 周年成就展、70 周年成就报告会、文艺晚会等重要活动,并派出工作人员全程参与有关组织服务工作,得到侨胞们的充分肯定。此外,还接待了其他涉侨部门和我驻外使领馆推荐的海外侨胞和港澳台同胞代表团组 10 余批 200 余人。在接待工作中,关注侨胞的所需所盼,充分尊重他们的意愿和要求,有针对性地安排日程,使来访侨胞深刻感受新中国成立 70 年来所取得的巨大成就。通过领导同志会见、座谈等方式,宣传习近平新时代中国特色社会主义思想、人民代表大会制度、中国特色社会主义法律体系、归侨侨眷权益保护法等涉侨法律法规和我国的侨务政策,使他们充分了解我国经济社会发展和侨务法治建设情况,得到侨胞们的广泛认同。

(四)继续深化“侨助冬奥”主题外事活动。“侨助冬奥”主题外事活动是 2015 年为落实“三严三实”专题教育要求,由全国人大华侨委、河北省人大

民侨外工委、张家口市人大常委会、崇礼区人大常委会共同开展的“为侨服务、助力冬奥”系列活动，旨在把新形势下的侨务工作落到实处，使海外侨胞有更多机会参与祖国的经济和社会建设。每年选择一到两个团组赴张家口市考察访问，了解经济社会发展情况、“冬奥”场馆建设和筹备工作进展情况。访问团组与张家口市建立联系，陆续开展了对口交流、扶贫捐助等活动。10月，华侨委邀请的欧洲侨领代表团访问张家口，参团的荷兰欧洲侨爱基金会侨领为冬奥学校捐赠20万元用于购置训练装备。为“冬奥学校”建立奖学金、拍摄“冬奥”宣传影片等后续活动也在落实中。“侨助冬奥”主题外事活动开展4年多来，取得一些阶段性成果，为今后持续深入开展奠定了基础。

六、加强沟通联络，密切与有关方面的联系

华侨委重视与全国人大归侨代表、涉侨部门、地方人大侨委等方面的联系，按照构建“大侨务”工作格局的要求，共同推动侨务工作深入开展。

（一）加强与全国人大归侨代表的联系。坚持尊重代表主体地位，把发挥归侨代表作用作为密切联系侨界群众的主渠道和促进委员会改进工作的重要环节。根据华侨委组成人员联系归侨代表办法，主动为归侨代表提供参阅资料，为他们提出涉侨议案、建议提供帮助，邀请归侨代表列席会议、参加调研等活动。先后邀请莫华福、于集华、阎武、安然、张桂平等代表10人次参加赴地方调研和全国人大侨委工作座谈会。

（二）加强与涉侨部门的联系。注重加强与涉侨部门之间的团结协作，及时通报情况、交流信息，共同推进新形势下侨务工作开展。华侨委领导出席“第九届世界华侨华人社团联谊大会和中华海外联谊会五届一次理事大会”“中国侨联青年委员会第四次委员大会”领导人接见等活动。参与中央统战部等七部门联合举办庆祝中华人民共和国成立70周年欢迎招待会。协助接待其他涉侨部门邀请的海外侨胞和港澳台同胞代表团。履行中国和平统一促进会成员单位、海外华文教育联席会议成员单位职责。通过上述活动，与涉侨部门之间保持良好的合作关系。

（三）加强与地方人大侨委的联系。邀请31个省区市、5个重点侨乡市的人大侨委负责同志及安徽省各地市人大有关负责同志参加和列席全国人大侨委工作座谈会，北京、上海、浙江、安徽、福建、湖南、广东、甘肃、大连等9个地方作大会发言，与会人员积极交流经验做法，提出意见建议，为做好新时代人大侨务工作凝聚了共识、明确了任务、提振了信心、鼓舞了干劲。接待北京、河北、青海、湖北、黑龙江、大连等地方人大侨委来访并座谈，共同探讨推进人大侨务工作。

（四）继续办好《人大侨委通讯》。不断丰富形式和内容，反映工作动态、交流工作经验、宣传法律法规。全年编印发送4期约2000册，供归侨代表、涉侨部门、地方人大侨委等参阅。

过去一年，在全国人大常委会的领导和支持下，华侨委全体组成人员及办事机构工作人员履职尽责、扎实工作，与全国人大归侨代表、涉侨部门和地方人大侨委密切合作，圆满完成了各项任务。同时，我们深感与常委会领导的要求和广大海外侨胞、归侨侨眷的期盼相比，华侨委工作中还有一些差距和不足，主要是华侨权益保护立法调研和论证、议案建议办理水平、密切联系归侨代表并充分发挥代表作用、与涉侨部门的协调配合、委员会及办事机构自身建设等方面有待进一步加强和提高。华侨委将虚心听取各方面意见建议，切实加强学习，不断提高政治思想素质，推动各项工作再上新台阶。

第十三届全国人民代表大会环境与资源保护委员会2019年工作总结

（2019年12月28日第十三届全国人民代表大会环境与资源保护委员会第二十三次会议原则通过）

2019年是新中国成立70周年，是决胜全面建成小康社会的关键一年。全国人大环资委在全国人大及其常委会的坚强领导下，高举中国特色社会主义伟大旗帜，以习近平新时代中国特色社会主义

思想为指导，认真学习贯彻习近平总书记关于坚持和完善人民代表大会制度的重要思想和习近平生态文明思想，全面贯彻落实党的十九大和十九届二中、三中、四中全会精神，不忘初心、牢记使命，坚持党的领导、人民当家作主、依法治国有机统一，增强“四个意识”，坚定“四个自信”，坚决做到“两个维护”，深入贯彻落实十三届全国人大二次会议的工作部署和栗战书委员长指示要求，切实履行宪法和法律赋予的职责，以法律的武器治理污染，用法治的力量保护生态环境，促进人与自然和谐共生。

一年来，环资委立法监督任务艰巨繁重，时间紧、节奏快、要求高、压力大。环资委和机关全体同志不忘初心、牢记使命，担当尽责，奋力拼搏，全力完成重要立法项目提请审议任务，积极配合常委会听取和审议有关报告，做好水污染防治法、可再生能源法执法检查和跟踪监督工作，高质量办理代表议案 63 件、代表建议 7 件，督办重点处理代表建议案 2 类 28 件，顺利完成人员出访、组团参加国际会议等外事工作。全年共召开各类会议 210 余次，赴地方和部门开展执法检查和调研 60 余次，形成各类报告、简报、论证材料、参阅资料和重要文稿等 600 余篇，各项工作取得积极进展。

回顾一年工作，有以下 5 个特点。一是保持定力，坚定信心。3 月 5 日，习近平总书记在参加十三届全国人大二次会议内蒙古代表团审议时强调，要保持加强生态文明建设的定力，不动摇，不松劲，不开口子。环资委深刻领会习近平总书记重要指示精神，把咬紧牙关、爬坡过坎的战略定力落实到实际行动上，坚定信心，主动作为，全力以赴贯彻落实党中央生态文明建设的部署和要求，依法推进生态文明建设。二是领导重视，率先垂范。十三届全国人大常委会把生态文明法治建设作为常委会立法监督工作的重中之重。栗战书委员长新年伊始就对环资委立法、监督、代表等各项工作作出重要批示，亲自主持召开长江保护法、生物安全法立法工作座谈会，亲自担任执法检查组组长开展水污染防治法执法检查。王晨、沈跃跃、白玛赤林、丁仲礼副委员长分别率队赴地方开展执法检查，并就长江保护立法等提出明确要求。常委会领导同志的高度重视和亲身参与为环资委工作注入强大动力。三是攻坚克难，务实高效。十三届全国人大常委会立法规划中环资委承担的立法任务共 16 项。其中，长江保护法是保护长江全流域生态系统，推进长江经济带绿色发展、高质量发展的专门法和特别法，准确界定立法定位和解决重难点问题难度很大；生物安全法要将党中央关于生物安全的战略部署转化为法律，专业性强，对法律语言的精准确切性要求高。环资委把这两部法律起草作为重点任务，加强领导，统筹协调，集中力量，突破难点，在较短时间内完成了起草任务，如期提请常委会审议。四是不断探索，创新方法。为探索完善立法工作机制，环资委通过建立立法工作领导小组和工作专班机制，发挥人大主导作用，充分调动各方面积极性，防止部门利益和地方保护法制化法律化，使制定出来的法律真正务实管用，能解决实际问题。监督工作中，突出人大监督性质，严格对照法律条文和法定责任落实开展检查，试行引入第三方对法律实施情况开展评估，聚焦重点领域加强随机抽查和暗访，加强跟踪监督，开展“回头看”，不断增强监督工作实效。五是凝心聚力，团结协作。环资委全体组成人员以高度负责的态度积极参与委员会各项工作，有力推动环资委依法履职。办事机构全体同志勇于担当、努力工作，充分发挥参谋助手和服务保障作用。

一、认真学习贯彻习近平新时代中国特色社会主义思想和党的十九届四中全会精神，扎实开展“不忘初心、牢记使命”主题教育

（一）认真学习贯彻习近平新时代中国特色社会主义思想。把认真学习贯彻习近平新时代中国特色社会主义思想作为根本任务抓好落实，结合环资委职责深入学习贯彻习近平总书记关于坚持和完善人民代表大会制度的重要思想和习近平生态文明思想，全面系统学、深入思考学、及时跟进学、联系实际学，推动理论学习入脑入心，用新思想武装头脑、指导实践、推动工作。分党组召开 9 次会议学习交流并研究部署落实，强化把方向、管大局、保落实的作用。委员会召开 13 次全体会议，及时传达学习习近平总书记加强党对全面依法治国的领导和关于生态文明建设的最新重要讲话精神，不断增强生态环境保护的思想自觉和行动自觉。

（二）深入学习贯彻党的十九届四中全会精神。认真学习传达习近平总书记在党的十九届四中全会上的重要讲话和全会精神，分党组召开学习交流会，深刻领会重大意义，全面准确把握坚持和完善中国特色社会主义制度、推进国家治理体系和治理能力现代化的目标任务要求，深刻认识坚持和完善

生态文明制度体系是坚持和完善中国特色社会主义制度、推进国家治理体系和治理能力现代化的重要内容，是不断满足人民日益增长优美生态环境需要的重要举措，是用最严格制度最严密法治保护生态环境的重要实践。深刻认识做好人大工作和加强生态文明建设的重大意义，按照全国人大常委会的统一部署，扎扎实实做好当前的环境资源立法、监督、代表等各项工作。

（三）扎实开展"不忘初心、牢记使命"主题教育。把开展主题教育作为重大政治任务，牢牢把握"守初心、担使命，找差距、抓落实"的总要求和目标任务，将学习教育、调查研究、检视问题、整改落实贯穿全过程，召开3次专题会议、开展6次集中学习交流研讨，组织开展6个批次的调查研究，召开调研成果总结交流会，把调研成果转化为工作实效。沈跃跃副委员长率队赴浙江安吉余村围绕践行"绿水青山就是金山银山"理念实地调研，详细了解"两山"理念的诞生过程，听取贯彻落实"两山"理念的经验做法和体会，使同志们对习近平总书记在发展道路和发展方式上表现出的非凡政治智慧、深邃战略思考、强烈历史担当和深厚为民情怀有了更为深刻的认识。高虎城主任委员以"理论的光辉、实践的力量——深学笃用习近平生态文明思想"为题讲专题党课，推动环资委党员干部增强学习领会习近平生态文明思想，做好新时代人大环资委工作的使命感责任感。开展谈心活动，查找问题不足。召开专题民主生活会，深刻对照检查，明确整改方向。通过开展主题教育，环资委全体党员干部进一步筑牢了守初心、担使命的思想根基，加深了对习近平新时代中国特色社会主义思想的理解和领悟，坚定了树牢"四个意识"、增强"四个自信"、做到"两个维护"的政治自觉，强化了为民服务的使命宗旨意识，激发了干事创业的担当精神，确保党中央决策部署和全国人大常委会立法监督工作任务落到实处。

二、切实贯彻习近平总书记重要指示要求，充分发挥人大立法主导作用，积极做好环境资源领域立法工作

按照党中央确定的重要立法任务和常委会五年立法规划，完成生物安全法、长江保护法的牵头起草和提请审议工作，固体废物污染环境防治法的联系审议工作，配合常委会完成土地管理法的审议工作；积极推进南极活动与环境保护法、修改环境噪声法等2部法律的牵头起草工作；做好制定国家公园法、国土空间开发保护法、原子能法，修改矿产资源法、环境影响评价法、草原法等6部法律的联系审议工作；抓紧做好湿地保护、资源综合利用、空间规划立法的研究论证工作。完成备案审查地方性法规共262件。

（一）坚决贯彻落实习近平总书记关于长江保护和生物安全的重要讲话重要指示和中央决策部署。将"两个维护"体现在工作中，落实在行动上，在长江保护法起草过程中反复学习领会并认真落实习近平总书记关于长江保护的有关重要讲话、重要指示精神，将其作为长江保护立法工作的根本遵循。在长江保护法起草过程中按照重大问题请示汇报制度及时向中央领导请示报告。按照习近平总书记多次就生物安全问题作出的重要指示要求，加快生物安全立法步伐。及时准确将"党言党语"转化为"法言法语"，将党的主张通过法定程序转化为法律制度规范。

（二）坚持科学立法、民主立法、依法立法要求，注重提高立法质量。在长江保护法起草过程中，深入听取了国务院有关部门及最高人民法院、最高人民检察院、长江流域19个省（区、市）地方人大及政府、全国和地方人大代表、专家及企业、基层执法人员等对制定长江保护法的意见和建议。针对立法重点难点问题，多次召开专家座谈会、立法论证会，深入开展立法调研。广泛征求中央及国务院有关单位、监察司法机关、全国政协和民主党派、长江流域各省（区、市）人大常委会和有关研究机构等单位的意见。召开2次领导小组会议、2次联络员会议、7次专班会议、3次全委会会议进行讨论审议，反复修改完善后形成长江保护法（草案）及说明，努力提高立法质量。

（三）积极发挥人大在立法中的主导作用。根据栗战书委员长的要求，在沈跃跃、丁仲礼副委员长指导下，在长江保护法起草中建立了由环资委牵头、国务院有关部门共同参与的长江保护法立法起草工作协商机制，成立了工作领导小组和工作专班，制定了工作方案。生物安全法组成工作专班集中办公，着手研究起草法律草案，赴有关单位、地方调研，听取有关部门和专家学者意见，认真研究借鉴国内外立法做法，顺利完成了草案初稿起草任务。

（四）充分发挥代表在立法中的作用。将议案办理与立法工作相结合，邀请议案提出代表参加调研或座谈。先后赴吉林、湖北、河南、浙江等省份征

求长江保护法、生物安全法、南极活动与环境保护法等议案提出代表的意见,在法律起草过程中认真研究和充分考虑、借鉴和吸收代表议案提出的意见建议。

(五)加强立法工作领导,明确工作职责。环资委全体组成人员和工作人员按照分工组成强有力的领导班子和工作班子,每部法律都由主任委员或副主任委员牵头负责,组成立法领导小组,每位委员都参与其中;建立工作台账,明确职责任务,列出时间表、路线图,认真、努力开展调研、论证、条文起草和修改等各项工作。

三、积极践行习近平生态文明思想,依法推动打好污染防治攻坚战,扎实做好环境资源领域监督工作

坚决贯彻落实习近平总书记关于打好污染防治攻坚战的指示要求,坚持问题导向,发扬钉钉子精神,配合常委会开展水污染防治法执法检查和专题询问,开展可再生能源法执法检查,听取审议国务院关于2018年度环境状况和环境保护目标完成情况报告、关于研究处理大气污染防治法执法检查报告和审议意见情况以及有关决议落实情况的报告,组织开展了土壤污染防治法实施情况专题调研。通过执法检查、专题询问、听取专项报告和跟踪监督等多种方式持续发力强化监督,保证党中央决策部署贯彻落实,保证法律全面有效贯彻实施,推动解决人民群众关注的突出生态环境问题。

(一)紧紧围绕党中央关于打好污染防治攻坚战的决策部署开展工作。坚决贯彻党中央决策部署,在监督工作选题上聚焦大气、水、土壤污染防治重点领域。为依法助力打好碧水保卫战,配合常委会开展了水污染防治法执法检查和专题询问。栗战书委员长亲自担任执法检查组组长,主持第一次会议与第三方评估专家座谈,听取受委托的省级人大常委会检查情况汇报,带队赴地方开展执法检查,在常委会第十二次会议上作执法检查报告并参加专题询问。王晨、沈跃跃、丁仲礼副委员长分别带队赴地方开展执法检查。执法检查范围实现了31个省(区、市)全覆盖。为依法助力打赢蓝天保卫战,配合常委会听取审议国务院关于研究处理大气污染防治法执法检查报告和审议意见情况以及有关决议落实情况的报告。配合常委会开展了可再生能源法执法检查,沈跃跃、白玛赤林、丁仲礼三位副委员长分别带队赴地方进行检查。同时委托重点省份人大常委会对本行政区内可再生能源法实施情况进行检查,全面深入了解可再生能源法实施情况。围绕打好净土保卫战,沈跃跃副委员长带队,环资委组成调研组赴国务院相关部门和地方开展土壤污染防治法实施情况专题调研,总结实施经验和成效,梳理存在的突出问题,为2020年常委会开展土壤污染防治法执法检查做好准备。配合常委会听取审议年度环境状况和环境保护目标完成情况报告,持续推动打好污染防治攻坚战。

(二)坚持依法开展监督工作。把握好人大工作定位,突出人大监督性质,依照法定职责、限于法定范围、遵守法定程序,紧紧抓住法律贯彻实施开展工作。在水污染防治法和可再生能源法执法检查中,紧紧围绕执法检查重点内容,将法律条文梳理成调查问卷,大力宣传普及法律知识,推动各地区各部门学法用法懂法。执法检查严格对照法律条文和法定责任的落实开展工作,重点检查法律制度规定的实施情况,切实推动地方政府和部门及企业依法治污,把各项法律制度变为实际行动,把各项法律责任落实到位。执法检查报告紧扣法律的各项规定找准问题,突出重点、有针对性地提出意见建议,充分发挥人大执法检查的法律监督作用。

(三)坚持发扬钉钉子精神,扭住关键问题不放松。严格落实栗战书委员长关于"全国人大环资委要加强跟踪监督,把执法检查的成果运用好,以钉钉子精神推动问题解决,依法打好碧水保卫战"的指示精神,通过开展"回头看"、召开座谈会和专题调研等形式,聚焦水污染防治法学习宣传和法律实施、执法检查发现问题的整改落实,赴地方开展执法检查跟踪监督调研,督促推动国务院有关部门和各地方加强和改进工作,推动水污染防治法执法检查报告和审议意见、专题询问意见建议落地见效。执法检查抓住突出问题,聚焦重点领域,加强抽查暗访,以典型案件的发现带动面上问题的解决,推动法律制度落实,实现责任导向、目标导向、问题导向和结果导向相统一。

(四)坚持开拓创新,增强监督工作的科学性、权威性、实效性。为进一步提高执法检查工作的科学性和专业性,创新性引入第三方对法律实施情况开展评估。委托中国工程院开展了水污染防治法和可再生能源法实施情况评估研究,两百多位两院院士和专家经过广泛调研和深入论证,以客观中立的视角和数据化精准化的方式评价法律的实施情

况，为执法检查工作提供了技术支持和专业参考，进一步提高了执法检查的科学性、全面性、客观性和实效性。在执法检查中将监督工作与立法工作相结合，进一步提高监督实效。将水污染防治法执法检查与长江保护法立法调研相结合，在执法检查中召开长江保护立法工作座谈会，常委会直接检查的8个省份，其中6个省份属于长江流域，有力推动了长江生态保护立法进程，增强了监督工作实效。扎实做好执法检查前期准备工作。在水污染防治法和可再生能源法执法检查前，广泛深入开展调研，水污染防治法执法检查前赴国务院有关部门和8个省（区、市）开展调研，充分了解法律实施的基本情况，深入研究确定执法检查的重点内容，确保执法检查有的放矢。

四、充分发挥代表主体作用，深化拓展与代表的联系，高质量办理代表议案和建议

认真贯彻落实栗战书委员长关于加强和改进全国人大代表工作的部署，按照“做到真联系、取得真效果”的要求，研究制定环资委加强和改进全国人大代表工作的具体措施，深化拓展代表参与委员会工作的内容和形式，健全完善代表联系工作机制，更好支持和保障代表依法履职。

（一）不断深化和拓展同代表的联系

环资委组成人员积极参加所在选举单位组织的代表活动，定期联系基层全国人大代表，主动向联系代表介绍全国人大常委会和环资委工作进展和成果，就列入常委会立法、监督工作计划的立法项目、监督议题等，主动征求联系代表意见建议，在审议相关议案、报告时予以反映。环资委办事机构发挥多年积累的议案建议办理工作经验，热情回答有关代表就环境资源领域拟提议案的咨询，主动宣传介绍常委会立法和监督工作重点，就代表拟提议案建议的内容和格式提出意见建议，为提高代表议案建议质量发挥参谋助手作用。

（二）持续扩大代表对全国人大环资委工作的参与

支持代表参加立法和监督工作，是保证人民当家作主具体地、现实地落实到国家政治生活和社会之中的重要体现。环资委积极邀请环境资源领域或具有相关专业背景的代表实质性、全过程参与立法，不断提高立法质量，完善代表参与执法检查、专题调研等活动机制。在今年立法和监督工作中共邀请150多人次全国人大代表参加。在各地还召开五级人大代表座谈会，广泛听取全国人大代表、基层人大代表和群众的意见建议，充分发挥人大代表在了解民情、反映民意、集中民智方面的作用。

（三）高质量做好代表议案建议办理工作

环资委把做好议案建议办理工作作为保障代表依法履职，自觉接受代表和人民监督的重要内容，努力提高办理工作质量。在议案办理工作中，按照“既要重结果、也要重过程”的要求，坚持做到与议案提出代表面对面沟通全覆盖。结合主题教育，分别赴辽宁、吉林、山东、浙江、河南、安徽、天津、新疆、黑龙江等省（区、市）开展议案办理调研并召开座谈会，与代表团负责同志和议案领衔代表面对面反馈办理情况，通报办理意见，进一步听取意见建议，切实做到63件议案件件有回音、有着落。代表们纷纷表示，与代表面对面交流办理议案，是对代表履职的最大鼓舞。

加大对代表建议办理和督办力度，成立代表建议办理工作领导小组，制定代表建议办理及重点建议督办工作方案，召开重点建议督办工作座谈会，赴地方开展实地调研，加强与代表面对面的沟通协商。要求各办理单位加强对建议的分析研究，加强部门间的沟通协调，通过重点办理、以点带面，提高代表建议办理工作的整体实效。同时，在长江保护法立法、水污染防治法执法检查和土壤污染防治法专题调研中也认真吸收代表意见。环资委负责承办的7件代表建议，已按规定按时答复代表，获得代表认可。

（四）加大宣传，讲好人大故事和代表故事

积极配合常委会办公厅开展好中华环保世纪行宣传活动，充分反映人大代表在生态环境保护工作中履职尽责的案例、事迹和成果。讲好“人大故事”、“代表故事”，让人民群众充分了解人大代表、人大机关的工作，为密切联系群众、让人民更广泛参与人大工作创造条件。在外事会谈和国际交流中，积极宣传习近平生态文明思想特别是构建人类命运共同体的重要理念，积极宣传党的十八大以来我国生态文明建设取得的伟大成就和全国人大及其常委会依法推动打好污染防治攻坚战取得的成果，传播好人大声音。

五、积极开展对外交往工作

根据全国人大2019年外事工作计划，高虎城主

任委员率团应邀访问尼泊尔、日本,积极宣传习近平生态文明思想,系统介绍党的十八大以来我国生态文明建设取得的成就和生态环境保护立法情况,得到积极反响。本届首次派团赴韩国出席第十九届亚太议员环境与发展大会。派员赴英国出席首届南极议员大会,赴法国出席中法交流机制第九次会议。派员赴柬埔寨出席亚太议会论坛第 27 届年会并访问老挝,赴泰国出席东盟各国议会间大会第 40 届年会,访问亚美尼亚、白俄罗斯等,共 8 人次随全国人大高访团出访。根据全国人大常委会安排,我委邀请并接待中非国民议会友华小组代表团访华。接待该团打破了两国议会多年没有互访的历史,促成了全国人大——中非国民议会友好小组的成立。派员全程陪同坦桑尼亚议长访华。派员出席中法交流机制第十次会议、与日本国会参议院交流机制第八次会议、第四届中墨议会政治对话论坛、与哥斯达黎加立法大会国际关系与对外贸易委员会工作会谈、与哥伦比亚众议院外事委员会代表团的工作会谈等会议,出席发展中国家议员研讨班会议讨论并主持部分研讨,均顺利完成各项任务。

六、不断加强与地方人大联系

加强全国人大环资委与地方人大及其环资委之间的交流,有利于推动各级人大环资委统一思想认识,积极主动作为,不断提升人大环境资源立法监督工作水平。环资委通过召开全国座谈会、面对面深入交流、深化工作联系等方式,不断加强对地方人大环资委立法、监督等工作的指导和沟通交流,推动形成工作合力。

(一)加强指导培训,召开全国人大环境与资源保护工作座谈会。3 月下旬,环资委召开以“深入学习贯彻习近平生态文明思想,加快生态环境领域立法工作,加强生态环境保护法律监督,做好代表议案建议办理和法规备案审查工作,依法推动打好污染防治攻坚战,更好助力经济社会发展和改革攻坚任务”为主题的全国人大环境与资源保护工作座谈会。沈跃跃副委员长出席会议并讲话,丁仲礼副委员长出席会议。会议重点学习习近平生态文明思想和总书记参加十三届全国人大二次会议内蒙古代表团审议时的重要讲话,传达栗战书委员长对全国人大环资委工作的批示精神,通报全国人大环资委上一年工作总结和 2019 年工作安排,分别就做好代表议案工作、法规备案审查工作和我国生态环境保护形势与任务做了专题讲座并讨论交流。

(二)加强沟通交流,深化各级人大环资委之间的工作联系。环资委主任委员和有关副主任委员、委员与江苏、四川、河北、吉林、新疆、浙江、宁夏等省(区、市)人大常委会和环资委负责同志进行了面对面深入座谈,在湿地保护立法调研、土壤污染防治法实施情况调研、水污染防治法和可再生能源法执法检查等立法和监督调研过程中与 26 个省(区、市)人大及环资委座谈交流,通过加强沟通交流,深化工作联系,推动地方人大环资委结合本地实际做好环境资源相关立法监督工作。

(三)加强上下联动,推动人大工作形成合力。在配合常委会开展执法检查、听取国务院有关工作报告、专题调研中,均委托有关省(区、市)人大共同开展工作。水污染防治法执法检查范围覆盖全国 31 个省(区、市),可再生能源法执法检查覆盖全国 18 个相关省(区、市)。在立法和监督工作中,充分听取地方人大意见建议,加强上下联动,推动形成工作合力。

七、持续加强委员会和办事机构自身建设

持续加强政治建设。始终坚持提高政治站位,深刻认识坚持和完善党的领导制度体系的重大意义和任务要求,把坚定维护党中央权威和集中统一领导作为最高政治原则,自觉在思想上政治上行动上同以习近平同志为核心的党中央保持高度一致。

持续加强制度建设。贯彻落实中共全国人大常委会党组关于加强党的建设的工作部署,研究制定《关于加强和改进中共全国人大环资委分党组建设的实施意见(试行)》、《中共全国人大环资委分党组向中共全国人大常委会党组请示报告事项》等文件,不断完善各项制度机制。

持续加强作风建设。严格执行中央八项规定精神和实施细则要求,严格遵守党的政治纪律和政治规矩,充分调动和发挥委员会组成人员参与工作的积极性,团结带领全体组成人员求真务实、砥砺奋进,为贯彻落实党中央的决策部署履行把方向、管大局、保落实的政治保障职责。

持续加强机关建设。环资委机关党支部切实履行基层党建工作主体责任,紧扣环资委中心工作,进一步深化“党政业务相融合,凝心聚力筑美丽”的支部工作法,将党建、行政和业务工作深度融合,将思想政治建设工作与环境资源立法监督工作统筹规划、一体推进,确保两不误两促进。党支部坚持严格组织生活,以提升组织力为重点,通过支委扩大

会议等形式,团结和带领全体党员干部担当作为,促进参谋助手和服务保障整体能力提升,为委员会开展各项工作提供优质、高效、可靠的服务保障。

回顾过去一年的工作,我们有以下几点体会:

*一是始终坚持以习近平生态文明思想为根本遵循,不折不扣贯彻落实习近平总书记指示要求和党中央决策部署。*做好新时代人大环境与资源保护工作,最根本的是要以习近平新时代中国特色社会主义思想特别是习近平生态文明思想为指导,始终坚持党对人大工作的全面领导,不断增强"四个意识",坚定"四个自信",做到"两个维护"。重要情况、重要事项、重大问题主动及时向党中央和全国人大常委会党组请示报告。始终坚持把委员会工作放在党和国家工作全局工作中去谋划、找准人大环境资源保护工作的着力点和切入点,构建最严格的生态环境保护法律制度,推动法律得到正确有效实施,推动生态文明建设重大决策部署得到全面贯彻、有效执行。

*二是始终坚持以人民为中心,不断满足广大人民日益增长的美好生态环境需要。*环境就是民生,青山就是美丽,蓝天也是幸福。良好生态环境是最公平的公共产品,是最普惠的民生福祉。环资委始终牢记把维护最广大人民根本利益作为人大工作的出发点和落脚点,把满足人民日益增长的优美生态环境需要作为努力的方向,用法治保障人民权益、增进民生福祉,畅通社情民意反映和表达渠道,积极回应社会关切,推动解决影响法律实施、制约工作发展、损害群众利益的突出生态环境问题,推动生态环境质量不断改善,不断提升人民群众的"获得感"。

*三是始终坚持围绕党和国家工作大局履职尽责,不断强化生态文明法治建设的使命担当。*环境与资源保护事业是生态文明法治建设的重要组成部分。环资委紧紧围绕实现党的十九大确定的目标任务,顺应新时代新要求,紧跟党中央新部署,满足人民群众新需要,全面担负起宪法法律赋予的各项职责,坚持科学立法、民主立法、依法立法,坚持正确监督、有效监督,依法加大监督力度,推动法律有效实施与完善法律制度紧密结合,为贯彻新发展理念、促进高质量发展、深化供给侧结构性改革、打好污染防治攻坚战提供法治支撑,更好助力经济社会发展和改革攻坚任务。

*四是始终坚持守正创新,不断完善工作方式方法。*坚持和完善人民代表大会制度,建设中国特色社会主义法治体系是坚持和发展中国特色社会主义的内在要求。环资委坚持党的领导、人民当家作主、依法治国有机统一,紧扣全面建成小康社会目标任务,围绕坚持和完善中国特色社会主义法治体系,坚持立法为民,充分发挥人大立法主导作用,完善立法体制机制,不断提高生态文明立法质量和效率,以良法保障善治。严格按照法定职责、限于法定范围、遵守法定程序开展工作,加大对法律实施的监督力度,完善监督工作组织方式和工作方法,不断增强监督工作的针对性和实效性。

同时我们也清醒地认识到,环资委工作中还存在一些差距和不足。面对生态文明建设的繁重立法和监督任务,我们在系统把握、融会贯通习近平新时代中国特色社会主义思想上还需要进一步加强,把习近平生态文明思想贯彻落实到环境资源立法监督工作实际上还需要进一步努力,在健全联系全国人大代表工作机制、加强与地方人大的密切沟通联系等方面还需要进一步完善,这些都要在今后的工作中不断加以改进。

第十三届全国人民代表大会农业与农村委员会 2019 年工作总结

(2019 年 12 月 22 日第十三届全国人民代表大会农业与农村委员会第九次会议通过)

2019 年,全国人大农业与农村委员会以邓小平理论、"三个代表"重要思想、科学发展观、习近平新时代中国特色社会主义思想为指导,全面贯彻落实党的十九大和十九届二中、三中、四中全会精神,增强"四个意识",坚定"四个自信",做到"两个维护",坚持党的领导、人民当家作主、依法治国有机统一,紧紧围绕统筹推进"五位一体"总体布局和协调推进"四个全面"战略布局,认真落实习近平总书记重要批示指示精神和党中央重大决策部署,在全国人大及其常委会领导下,认真履行宪法和法律赋予的职责,紧扣新时期乡村振兴重点任务,积极开展工作,较好地完成了各项任务。

一、认真开展主题教育,全面加强委员会党的建设

委员会分党组把开展"不忘初心、牢记使命"主题教育作为重大政治任务,紧扣总要求和目标任务,把主题教育贯穿委员会立法、监督、专题调研等工作全过程。通过深入学习领会习近平新时代中国特色社会主义思想,学习领会习近平总书记关于坚持和完善人民代表大会制度的重要思想,学习领会习近平总书记关于"不忘初心、牢记使命"的重要论述,进一步增强做好新时代人大工作、为实现新时代党的历史使命不懈奋斗的使命感责任感。通过召开高质量民主生活会,从委员会立法、监督、代表、外事、自身建设等各方面检视问题、查找不足,研究改进举措,进一步明确了在人大工作中贯彻落实习近平总书记重要指示批示精神和党中央决策部署的努力方向,摸清了在依法履行职责、加强委员会自身建设方面问题症结,形成一批高质量调研成果,有力促进了委员会工作的改进提升。委员会组成人员还按照中央安排赴地方开展督导。通过指导办事机构党支部开展学习和党日活动,为党员干部讲授党课、作辅导报告,发挥了重要的引领推动作用。引导党员干部深入基层、深入实际开展调查研究,带着学习习近平新时代中国特色社会主义思想的体会和思考,紧紧围绕党中央决策部署和常委会工作提高参谋助手能力和服务保障水平。

委员会分党组深入学习贯彻党的十九大和十九届二中、三中、四中全会精神,认真学习贯彻十三届全国人大二次会议精神和栗战书委员长在历次常委会党组会议等重要讲话精神,以及对委员会的重要批示指示精神,不断提高做好委员会工作的政治站位和理论水平,坚决执行全国人大常委会党组的各项决定,坚决落实栗战书委员长对做好专门委员会工作提出的各项要求,发挥好把方向、管大局、保落实的重要作用,通过完善工作规则,制定工作计划,做好统筹协调,认真组织落实,积极推进委员会各项工作,确保党中央决策部署和常委会党组决定得到贯彻落实。分党组成员切实发挥带头作用,进一步提高加强委员会党的建设的思想自觉和行动自觉,团结带领委员会组成人员,把委员会党的建设和各项工作提高到新水平。

二、努力发挥主导作用,积极推进涉农立法

(一)圆满完成森林法修改工作

委员会在以往工作的基础上,继续抓紧森林法修改工作。3 月,收到国务院办公厅反馈的对森林法修订草案的意见后,及时进行整理、分析,多次召开座谈会对法律修改的重点、焦点、难点问题反复研究讨论,尽量吸收采纳各方面意见,对未采纳的重要意见作出有说服力的说明,争取达成共识。5 月,重点就干旱生态脆弱地区森林资源的保护修复问题到宁夏调研,与基层干部、林农、合作社负责人等座谈交流,进一步广泛听取意见和建议。经过反复修改,并与国家林草局、司法部和全国人大常委会法工委沟通后,将森林法修订草案提请全国人大常委会审议。

6 月下旬,全国人大常委会初次审议森林法修订草案后,委员会继续积极配合做好相关工作。7 月初及时召开会议分析研究常委会组成人员初次审议意见,提出完善森林法修订草案的建议,并积极与全国人大常委会法工委沟通协调,讨论、研究完善修订草案。委员会相关负责同志两次参加宪法和法律委员会审议森林法修订草案的会议并提出意见建议。修订草案经全国人大常委会二次审议后,拟于 12 月进行三次审议,争取能够通过。

森林法修改工作坚持以习近平新时代中国特色社会主义思想为指导,认真贯彻落实习近平生态文明思想,践行绿水青山就是金山银山理念,坚持人与自然和谐共生,以立法规范和促进森林资源可持续利用和发展,维护森林生态安全,推动森林生态文明建设和现代林业发展。这次修改森林法,坚持生态优先,生态效益、经济效益和社会效益相统一;坚持保护优先,实现森林资源可持续利用和发展;坚持发挥市场配置资源的决定性作用与政府必要的宏观调控相结合,实行森林分类经营管理;坚持尊重自然规律和经济规律,保护好各类林业经营主体的合法权益。适应林业面临的形势、任务和功能定位发生的根本性变化,这次对森林法作了全面修改,重点突出了森林权属保护、森林分类经营管理、规范林木采伐和监督管理等内容,较好地处理了保护、培育、利用的关系,对于加快推进国土绿化和提高森林质量,维护森林生态安全,着力构建现代林业治理体系,促进林业转型及森林资源可持续

利用和发展,具有十分重要的意义。

(二)顺利推进乡村振兴促进法起草工作

制定乡村振兴促进法已列入十三届全国人大常委会立法规划,由我委牵头起草法律草案。在去年工作基础上,委员会今年初组织召开起草领导小组会议,研究确定乡村振兴促进法的思路框架。会后及时组织有关部门共同研究,提出乡村振兴促进法草稿,并分别征求有关部门和起草工作组成员意见。5月,对照习近平总书记发表在《求是》杂志的重要文章《把乡村振兴战略作为新时代"三农"工作总抓手》、近两年的中央一号文件以及《关于建立健全城乡融合发展的体制机制和政策体系的意见》等文件,对反馈意见认真进行分析研究,并与有关部门沟通协商、共同研究,对草案稿逐条进行修改完善,形成乡村振兴促进法草案初稿。

6月下旬,委员会召开全体会议听取乡村振兴促进法起草工作的汇报,对乡村振兴促进法草案初稿进行了初步审议,会议原则同意草案初稿的指导思想、基本原则、章节结构,并提出了修改意见。会后,为增强法律的可操作性,专门就有关问题有针对性地征求相关单位意见,根据反馈意见修改后,形成乡村振兴促进法征求意见稿。

9月中旬,分别将征求意见稿送中央和国务院有关部门、有关研究机构、各省(自治区、直辖市)人大农委征求意见。在全国人大常委会办公厅与全国人大农委共同举办的全国人大代表第九期、第十期学习班上,还将征求意见稿印送参加学习班的501位代表征求意见。

11月,对各方面反馈意见认真进行梳理,逐条分析研究,对征求意见稿进行修改完善,形成乡村振兴促进法草案稿,再次召开起草领导小组会议研究后,提请委员会全体会议审议。

(三)动物防疫法修改工作取得积极进展

动物防疫法修改已列入十三届全国人大常委会立法规划,由我委牵头起草修订草案。今年3月以后,委员会相关负责同志带队分别赴云南、河南、广东开展调研,广泛征求地方政府及有关部门、检测机构、养殖和屠宰经营主体及农民群众的意见,并参加在郑州举行的动物防疫法修改研讨会。在调研基础上三次召开会议,与农业农村部及相关部门的负责同志研究讨论动物防疫法修改稿。

6月下旬,委员会召开全体会议听取动物防疫法修改情况的汇报,对动物防疫法修改草案稿进行了初步审议,会后进行修改完善,并以全国人大常委会办公厅名义将动物防疫法修订草案(征求意见稿)送国务院办公厅征求意见。根据国务院办公厅的反馈意见再次进行修改,拟再次提请委员会全体会议审议后,提请全国人大常委会审议。

动物防疫法修订草案调整完善了动物疫病防控方针、动物防疫责任制度和动物防疫管理制度,强化了兽医人员管理,强化了支持和保障措施,加大了对违法行为的处罚力度,增加了行业禁入的处罚类型。

(四)积极推动其他涉农立法和研究工作

积极介入粮食安全保障法起草工作。制定粮食安全保障法已列入十三届全国人大常委会立法规划,由国家发展改革委、国家粮食和物资储备局、全国人大农委共同牵头起草,委员会相关负责同志担任起草领导小组副组长,并派人参加工作小组,积极参与起草工作。今年以来,委员会深入学习领会党中央、国务院关于粮食安全保障工作的方针政策、工作部署和重要文件,积极参加起草工作会议,认真研究起草工作中的重要问题,提出有价值的意见建议。委员会负责同志多次专门听取起草工作情况汇报,对立法思路、重点问题等提出意见建议。委员会多次组织开展立法调研,先后赴河南、河北、陕西等地以及中国储备粮总公司,围绕粮食安全保障立法的重要问题深入调研,与有关部门共同研究起草法律草案,目前已形成粮食安全保障法征求意见稿。下一步,我委将继续加大工作力度,推进粮食安全保障法起草工作,争取及早提请全国人大常委会审议。

委员会还关注农产品质量安全法、渔业法修改工作进展情况,提前介入,积极参与立法调研,并结合监督工作深入了解法律修改的重点问题,为修改法律打好基础。

三、紧紧围绕工作大局,扎实做好监督工作

委员会紧紧围绕实施乡村振兴战略和打赢脱贫攻坚战,依法履行监督职责,扎实开展监督工作,切实增强监督工作的针对性和实效性。

(一)聚焦推动实施乡村振兴战略,深入开展乡村产业发展情况专题调研,督促国务院及相关部门完善政策,夯实乡村全面振兴的产业基础

为贯彻落实以习近平同志为核心的党中央关于实施乡村振兴战略的决策部署,推动农业农村优先发展,全国人大常委会第十次会议于今年4月听取和审议了国务院关于乡村产业发展情况的报告。

为配合常委会开展审议工作，委员会在赴河南、河北等7省区深入调研的基础上，向常委会提交了关于乡村产业发展情况的调研报告，报告注重反映各地落实党和国家部署的重点任务情况，推动解决人民群众关心的实际问题，特别是结合基层干部群众普遍反映的乡村产业发展缺乏人才、资金、土地等突出问题，提出督促相关部门优化制度供给，推动乡村产业振兴的具体建议。栗战书委员长对委员会的调研报告给予充分肯定，指出“农业农村委员会关于乡村产业发展情况的调研报告，内容很详实，针对性也比较强，这些调研成果应当充分利用”。

（二）聚焦推动渔业高质量发展，组织开展渔业法执法检查，推动渔业法律制度的有效实施

为了贯彻落实党中央关于推动现代渔业发展的决策部署，促进我国渔业实现高质量发展，更好地满足人民群众对优质水产品和优美水域生态环境的需求，今年9月—12月全国人大常委会开展了渔业法执法检查。这次执法检查由全国人大常委会副委员长曹建明、吉炳轩、万鄂湘、武维华担任组长，执法检查组分别赴天津、辽宁等8省市开展实地检查，同时委托江苏、广西等7省区人大常委会进行自查。为确保执法检查取得实效，检查组在坚持对重要条文逐条对照检查的基础上创新方式方法，执法检查组第一次全体会议特别安排与会同志共同学习渔业法，邀请法律专家对渔业法的立法目的、基本原则、主要制度规范和条款进行解读，进一步增强检查的针对性；执法检查过程中注重深入基层、深入群众、深入实际，在天津、海南开展检查时还进行随机抽查暗访，了解法律实施真实情况，找准突出问题。目前，实地检查和委托检查已经结束，执法检查报告正在修改定稿。12月召开的全国人大常委会第十六次会议将听取和审议全国人大常委会执法检查组关于渔业法实施情况的报告。

（三）聚焦打赢脱贫攻坚战，开展深度贫困地区脱贫攻坚专题调研，促进深度贫困地区如期脱贫

为贯彻落实党中央提出的确保到2020年打赢脱贫攻坚战的决策部署，全国人大常委会连续第三年将监督工作重点聚焦于脱贫攻坚，并结合脱贫工作进度将今年专题调研的重心放在“三区三州”、革命老区等深度贫困地区脱贫攻坚上。4月以来，曹建明、吉炳轩、武维华副委员长带队赴云南、四川等5省的深度贫困地区开展调研，全国人大农委、民委部分组成人员分别赴贵州、西藏、新疆等8省区进行调研，调研地点实现了对西藏、新疆南疆四地州、四省藏区和甘肃临夏州、四川凉山州、云南怒江州等深度贫困地区的全覆盖，调研组广泛深入了解深度贫困地区、革命老区在解决“两不愁三保障”方面存在的突出问题和实际困难，研究提出压实责任、完善政策、确保脱贫等方面的对策建议。专题调研报告拟提交12月份召开的全国人大常委会第十六次会议，目前正在修改定稿。

（四）聚焦农业农村发展重点问题开展调研，积极推动有关工作

围绕不断深化农村改革，加快实现乡村全面振兴，推动农民持续稳定增收，委员会组成人员还就深化农村土地制度改革和农村集体产权制度改革、干盐湖盐碱化和荒漠化治理等深入开展调研，形成了有针对性的调研报告，提出改进工作的意见建议，推动了有关工作。

四、尊重代表主体地位，着力加强代表工作

委员会按照栗战书委员长的要求，着力加强代表工作。继续做好代表议案、建议办理工作，着重抓好重点建议督办工作，注重听取代表意见，更好发挥代表在委员会立法、监督工作中的作用。

（一）做好议案办理工作

十三届全国人大第二次会议主席团交付我委审议的代表议案共25件，涉及14个立法项目。按照代表议案办理的有关法律规定和全国人大常委会代表议案办理工作要求，委员会就代表议案办理广泛征求中央和国务院有关部门及有关人大代表的意见，结合立法和监督工作，认真办理代表议案，及时征求议案领衔代表对议案办理工作及相关立法项目进展情况的意见，认真向代表作出答复。10月下旬召开委员会全体会议，对代表议案逐一进行审议，委员会的议案审议结果报告已提请全国人大常委会审议。

（二）加强建议办理工作

委员会高度重视代表建议办理工作，及时制定建议办理工作方案，明确重点任务、工作措施和进度安排。5月，委员会相关负责同志主持召开代表建议办理会议，主动与建议办理单位加强沟通、协调。委员会负责办理、督办的代表建议都已经办理完毕，并取得了积极成效。

交付我委办理的5件建议分别涉及制定乡村振兴促进法、制定粮食安全保障法和完善粮食收储制度，相关的两个立法项目已列入全国人大常委会立

法规划，由我委牵头或者参与起草。目前，起草工作进展顺利，我委结合立法工作情况，及时向代表作了答复，向代表通报了有关立法工作进程、立法的主要考虑等。对我委协办的“关于干盐湖盐碱荒漠化治理和推动干盐湖地区农牧业生态循环发展”的建议，委员会相关负责同志带队专门赴内蒙古锡林郭勒盟开展专题调研，形成调研报告，并及时向主办单位提出协办意见，推动了有关工作。

委员会着重加强重点建议督办工作。交由我委督办的重点建议共4项（涉及代表建议53件），即国务院扶贫办主办的“关于巩固脱贫成果防止返贫的建议”、国家发展改革委主办的“关于支持革命老区脱贫攻坚和振兴发展的建议”，农业农村部主办的“关于推进农村人居环境整治行动的建议”和“关于补齐农业农村基础设施建设短板的建议”。我委积极进行督办，派员参加有关调研活动，及时跟踪和了解建议办理情况，督促有关单位加强同代表的沟通联系，努力提高建议办理质量。

为督办青海代表团提出的“关于加强对口支援青海工作的建议”和“关于对青海藏区基础设施建设加大支持力度的建议”，8月中旬，委员会相关负责同志带队赴青海藏区进行实地调研并形成专题调研报告，武维华副委员长对报告作出批示：调研报告反映的问题和提出的建议对进一步推进青海藏区经济社会发展、生态文明建设工作有重要借鉴意义和参考价值。我委及时将武维华副委员长的批示和调研报告转国务院有关部门研究办理，有力推动了代表建议提出的有关问题的解决。为督办内蒙古团代表提出的“关于加大马铃薯主粮化扶持力度的建议”，我委结合机关定点扶贫工作，积极组织有关部门进行研究并赴内蒙古实地考察、调研，直接与提出建议的代表沟通交流，听取意见建议，基本解决了代表建议所提出的问题。

（三）注重发挥代表作用

委员会在工作中注重广泛听取代表意见，充分发挥代表作用。开展执法检查、专题调研、督办重点建议的调研等，都主动邀请相关代表参加；组织起草森林法、动物防疫法修订草案等，都认真研究并尽可能地吸收代表议案提出的立法建议，并且主动到提出议案的代表所在地区调研或者请提出议案的代表参加座谈会，直接与代表沟通交流，听取意见建议；委员会组织起草的乡村振兴促进法草案，向参加第九期、第十期全国人大代表学习班的501位代表征求意见，并且认真梳理、吸纳代表的意见，修改完善法律草案。

五、讲好中国“三农”故事，认真开展对外交往

委员会一直重视外事工作，按照全国人大常委会外事工作安排，结合委员会工作实际，积极开展对外交往，加强对外交流，宣传农村改革和农业农村发展的巨大成就。

6月中旬，委员会代表团对爱尔兰、捷克进行友好访问，主要围绕实施乡村振兴战略，加快推进农业农村现代化，修改森林法进行考察，与两国众议院农业委员会开展工作交流。代表团积极宣传习近平新时代中国特色社会主义思想和人民代表大会制度、宣介“一带一路”合作倡议和我国脱贫攻坚取得的成就，传播中国声音，讲好中国故事，积极回应外方提出的问题，赢得外方的理解和认同。

9月中旬，为落实2019年4月栗战书委员长与乌兹别克斯坦总统米尔济约耶夫在“一带一路”高峰论坛上达成的共识，发挥两国立法机构作用，深化两国农业农村方面的合作，委员会负责同志率团访问乌兹别克斯坦，宣传我国农业农村发展成就，介绍我国农村改革、经济特区建设等方面的做法和经验，为乌相应领域的创新发展提供参考，并促进中乌两国农业农村方面的合作。栗战书委员长对此访专门作出批示：我国是怎么搞农业农村改革，怎么发展农村经济，怎么推动脱贫攻坚和现代化等方面的情况，要准备的具体一些。按照委员长批示要求，代表团在行前作了充分、细致的准备。访问期间，代表团与乌有关方面进行座谈交流，出席在乌首都塔什干召开的中国农业改革经验及其在乌的推广应用研讨会，分别就中国农村改革发展基本情况和主要经验、中国农业科技创新与绿色发展、中国自贸区与中乌经贸合作等作主题发言，乌方对研讨会高度重视，最高会议参议院第一副主席萨法耶夫主持会议，农业部等相关部门负责人出席，各大电视台等媒体对研讨会情况进行了报道。乌方高度评价此次研讨会的重要意义，表达了学习中方改革开放经验、深化农业合作、加强自由经济区建设的强烈意愿。通过此次访问，代表团深刻感受到“一带一路”倡议取得了积极成效，中国改革发展正在为其他国家治理贡献有益经验。

11月下旬，南非国民议会农业、土地改革和农村发展委员会代表团应邀来访，这是南非新一届议会成立后首个访华的高级别代表团，团长兹韦利韦利·曼德拉在南非有较大政治影响力，长期对华

友好。代表团在华期间,吉炳轩副委员长会见代表团,陈锡文主任委员主持与代表团进行工作会谈,重点就代表团感兴趣的土地改革、乡村振兴等问题作了详细介绍。农业农村部负责同志会见代表团,就中南农业合作交换意见。代表团还赴河南参观访问,了解河南经济社会发展和“三农”有关情况。代表团回国后,致电我驻开普敦总领馆表示,访问取得圆满成功,对巩固两国及两国议会传统友谊、深化务实合作、拓展双方农业领域合作具有重要意义。

委员会组成人员还按照外事工作安排,陪同常委会领导同志出访、接待来访,会见澳大利亚参议院相关委员会代表团等。

此外,委员会还与全国人大常委会办公厅共同举办了第九期、第十期全国人大代表“脱贫攻坚与乡村振兴”专题学习班,超过 500 位代表参加专题学习,普遍认为学习班时机好、选题好、效果好。结合立法、监督和调研等工作,编发《人大农业与农村工作》30 期、增刊 2 期。委员会还接待部分省(自治区、直辖市)人大及农委负责同志来京开展工作交流。山西、广西、西藏、河北等四省区人大常委会及农委分别就制定地方性法规征求意见或者在京召开座谈会,委员会认真研究,提出有价值的意见建议,协助组织座谈会。委员会注意加强与国务院有关部门的沟通,共同研究、协商做好相关工作。委员会组成人员还出席国务院及有关部门召开的涉农会议。

第十三届全国人民代表大会社会建设委员会 2019 年工作总结

(2019 年 12 月 11 日第十三届全国人民代表大会社会建设委员会第五次全体会议原则通过)

2019 年,是十三届全国人大社会建设委员会依法履职、稳中求进、全面发力、重点突破的一年。社会委以习近平新时代中国特色社会主义思想为指导,以落实栗战书委员长三次批示精神为主线,乘势而上、奋发有为,在新组建的第二年,即以一个成熟专门委员会的状态,整体履行职责,全面展开工作,实现了 10 个首次(见附件),顺利完成《社会委 2019 年工作要点》确定的 26 项任务,推动人大社会建设事业和社会领域法治建设迈上新台阶。

过去一年的主要工作

2019 年,社会委工作呈现出 4 个特点。*一是覆盖全*。专门委员会承担的职能主要包括立法、监督、代表、外事、调研等 5 个方面。社会委已经做到 5 类业务的全覆盖。其中,2019 年单独组织实施 3 项常委会监督工作,涵盖 3 种主要监督方式。认真办理代表议案、建议和重点督办建议。代表议案共 57 件,在 10 个专委会中排名第 3,涉及 25 个立法项目,覆盖社会委职责的主要领域。*二是效率高*。负责研究起草和审议法律草案是专委会的首要工作。十三届全国人大常委会立法规划中社会委承担的立法任务共 9 项。其中,3 部法律已修改通过;2 部牵头起草的法律草案已经一并提请初次审议;2 部联系审议的法律草案相对成熟,拟于 2020 年提请审议通过;还有 2 项正抓紧研究适时提请审议。预计 2020 年完成本届立法任务的 78%。*三是创新多*。把没有先例可循的困难转变为改革创新的优势,不断开拓探索新路径,积累形成新经验。编研社会委第一部《年鉴》,创建伊始就形成完整历史档案和系统资料。制定第一个宣传工作要点、第一套对外交往工作流程,开展第一次“田野调查”,联合“外脑”形成 4 个领域的系列理论研究成果,以内容创新、方法创新和理论创新促进工作、规范履职。*四是状态佳*。首次召开全国人大社会建设工作座谈会,搭建沟通平台,加强工作联系,推动形成各级人大社会委协同联动、积极进取的良好局面。通过“不忘初心、牢记使命”主题教育和立法监督工作实践,各级人大社会委组成人员和工作人员迎难而上、开局破题,充分展现了人大干部队伍时不我待、只争朝夕的干事创业精神。

一、适应新时代新需要,全力推进社会领域立法

依法治国是实现国家治理体系和治理能力现

代化的必然要求。社会委坚持科学立法、民主立法、依法立法原则，积极发挥主导作用，用法治方式解决人民群众最关心关注的社会问题，做到民有所呼、我有所应。

完善未成年人领域法律。未成年人是中华民族的未来。《未成年人保护法》《预防未成年人犯罪法》是维护未成年人合法权益，保护未成年人健康成长的基本依据。按照常委会立法规划要求，社会委从成立开始就一并考虑、同步推进"两未法"修订的牵头起草工作。围绕未成年人网络保护、国家监护、收容教养、分级干预等难点焦点问题召开多次座谈会、研讨会，进行深入调研论证，广泛征求意见。在多轮修改完善的基础上，形成了修订草案，对两部法律从结构到内容都进行了重塑再造，首次以社会委名义提请常委会第14次会议审议。草案公布后，引起各方面高度重视，收到5.2万份反馈，近2万未成年人提出意见建议，社会反响热烈良好，为继续审议、尽快通过打下坚实基础。

推动重点民生领域立法。坚持根据立法任务的轻重缓急，分层次、有步骤推进立法。一是对比较成熟的《社会救助法》《退役军人保障法》等督促加快进程，对草案提出修改意见，提前做好审议准备。二是对比较复杂的《体育法》《安全生产法》等深入调研、找准症结，为立法提供充足材料和多方意见。三是对近期进行过"打包"修改，仍有进一步完善空间的《村民委员会组织法》《城市居民委员会组织法》《老年人权益保障法》等，进行跟踪调研，持续了解实施情况，召开基层社会治理与"两委"组织法研讨会，为进一步修改完善做好充分准备。

积极提出立法意见建议。社会委对口联系和业务联系的部门众多，涉及大量立法任务。2019年，中央依法治国办公室、中宣部、中办法规局，国务院办公厅、公安部、民政部、司法部、人力资源社会保障部、退役军人事务部、妇儿工委、审计署等11个单位，送来关于应对人口老龄化、体育强国、社会保险、殡葬管理、安全生产、残疾人权益保障、未成年人网络保护、社会救助、审计项目等方面的28件法律法规、政策文件，征求社会委意见。全国人大机关内部也对全国人大组织法、全国人大议事规则、委员长会议议事规则、秘书长会议议事规则等征求意见。社会委根据职责范围，认真加以研究，注重法律政策协调，依法依程序提出了科学、专业的意见建议。

二、把握人大监督定位和目的，依法有效开展监督

人民代表大会制度的重要原则和制度设计的基本要求，就是任何国家机关及其工作人员的权力都要受到制约和监督。社会委坚持人大监督的政治定位和法律定位，认真组织实施常委会部署的监督工作，确保让法律制度的牙齿咬合起来。

配合常委会检查《就业促进法》实施情况。就业是最大的民生。社会委坚决贯彻党中央稳就业的决策部署，紧扣法律规定，首次单独组织开展《就业促进法》执法检查。一是坚持问题导向。张春贤、吉炳轩、艾力更·依明巴海副委员长分别赴广东、云南等6个省(区)开展实地检查，与33位五级人大代表深入交流。同时委托10个省(区、市)人大常委会进行自查。通过开展前期调研和补充调研、抽查暗访和问卷调查、广泛检查和样本分析，提出了3个类别、10个方面的突出问题。二是促进法律实施。针对政府和相关方面必须严格履行的法律责任，提出5条明确具体的落实要求。在执法检查过程中，国务院依法成立了就业工作领导小组，研究部署了"使用1000亿元失业保险基金结余"实施技能提升行动、"适应灵活就业健全相关社会保障"等措施，为落实和完善就业促进法律，实施积极就业政策，实现更高质量和更充分就业，奠定了富有针对性和实效性的基础。

配合常委会开展应对人口老龄化专题调研。我国是世界上人口老龄化最严重、增长速度最快的国家之一。社会委全面梳理、认真学习习近平总书记关于应对人口老龄化的重要论述，对照党中央的顶层设计和决策部署开展专题调研。张春贤副委员长带队赴江苏、天津，围绕养老服务需求、居家社区机构养老相协调、康养医养相结合、长期护理保险制度、养老服务产业、老年人权益保障法实施情况等重点进行调研。社会委联合中国社会科学院对我国现阶段老年人养老服务需求进行问卷调查，到北京、安徽、上海进行实地调研，并委托5个省级人大社会委开展调研。形成1个专题调研报告、1个研究报告和10个分报告，并作为会议文件向常委会第15次会议提交，为"积极应对人口老龄化，加快建设居家社区机构相协调、医养康养相结合的养老服务体系"提供了理论和实践支撑。

配合常委会听取和审议社会救助专项报告。社会救助是实现全面建成小康社会、打赢脱贫攻坚

战的重要内容,也是建立解决相对贫困长效机制、巩固脱贫成果的制度保障。社会委及时联系民政部,了解社会救助基本情况、发展形势、工作难点,结合《社会救助法》制定、代表议案办理,开展部门走访、召开协调推进会议、深入地方考察、进行蹲点调研,在系统掌握问题和信息的基础上,依法初步审议国务院报告并提出修改意见,向常委会第 15 次会议提交调研报告,辅助常委会组成人员深入审议。天津困难群众专门寄送“感谢党恩”锦旗,表达对社会委为民服务解难题的高度赞扬。

三、加强和改进代表工作,审议办理好议案建议

人大代表是人民代表大会的主体,支持和保障代表依法履职是保证人民当家作主的重要体现。社会委按照栗战书委员长“内容高质量、办理高质量”的重要指示精神,以工作融合为抓手,以解决问题为目标,认真办理代表议案建议。2019 年 11 月,参加全国人大在上海召开的议案建议办理工作座谈会,介绍了社会委的做法和经验。

办理代表议案。十三届全国人大二次会议主席团交付社会委审议的议案共 57 件,是 2018 年的 2.6 倍。面对成倍增长的任务,社会委采取“以联系代表为主线,抓好前中后三阶段”的工作方法,全面规范议案办理工作。办理前:抓时限、抓程序、抓方案,及时梳理议案内容,有针对性地制定工作方案,深入了解代表主张。办理中:抓专业、抓沟通、抓调研,向 15 个有关方面发函征求研究意见,邀请议案领衔代表或相关代表 50 余人次,参与立法监督调研活动。办理后:抓反馈、抓完善、抓审议,及时联系领衔代表,介绍议案办理和相关工作情况,听取代表意见建议,形成议案审议结果的报告,经社会委全体会议讨论后,报常委会审议通过。议案涉及的 25 个立法项目中 10 个已经启动,15 个正积极论证,切实推进了立法进程。

办理代表建议。十三届全国人大二次会议交付社会委承办的代表建议共 11 件,包括主办建议 4 件,协办建议 6 件,参阅建议 1 件。社会委认真制定办理方案,细致梳理建议,密切联系代表,回应社会关切,促进立法、监督、代表工作有机结合、相互衔接,提前办理完毕。按要求逐一答复代表、函复主办单位、抄送有关部门,得到了代表充分肯定和认可。同时,对 2 件重点督办建议,及时督促承办单位办理完成。对常委会会议期间代表提出的 2 件建议,立即沟通和说明情况,取得一致意见。结合代表议案建议,还办理 8 件政协提案。另外,协助全国人大培训中心,组织“保障和改善民生”代表学习班,为 270 多名全国人大代表作“社会领域立法概况”的专题报告,并介绍代表议案建议工作情况。

四、密切联系地方人大社会委,增强工作整体实效

今年是地方人大设立常委会 40 周年。地方人大及其常委会为地方改革发展稳定作出了重要贡献。年初,地方人大普遍成立社会委。全国人大社会委牢固树立“一盘棋”思想,在沟通联系中互勉互助、凝心聚力,共同推进人大系统社会领域法治建设。

召开全国会议。十三届全国人大二次会议后,社会委立即组织召开第一次全国人大社会建设工作座谈会。张春贤副委员长出席会议并讲话。31 个省区市人大社会委交流机构组建、人员选配和工作起步中遇到的实际问题和现实困难,形成 1 部会议《文集》、2 册材料《汇编》、5 期会议《简报》。各级人大社会委在使命任务、职责定位、业务范围、工作方法等基础性和紧迫性问题上形成广泛共识,增强工作信心,理顺工作思路,促进业务联系,有力推动了各级人大社会委履职尽责。

密切联系地方。切实加强纵向交流,建立以“培训授课、调研座谈、信息沟通”等 3 种方式为主的联系机制,覆盖 31 个省区市,形成全国人大社会委示范带动,各级人大社会委优势互补、协同工作的强大合力。一是培训授课。全国人大社会委组成人员先后为福建、青海等 12 个地方人大社会委培训班授课,协助辽宁、内蒙古人大社会委在北京举办培训班,有效夯实地方新组建专委会的业务基础。二是往来座谈。张春贤副委员长和何毅亭主任委员分别带队到河南、湖南、重庆调研人大工作。社会委以问卷形式全面调研地方人大社会委建设和工作情况、履职中的创新做法和面临困难,并接待 10 余个地方人大社会委来京座谈。三是信息沟通。累计印发社会委文件 21 期,社会委简报 101 期,制作人大社会委系统通讯录。其中,专门针对地方履职情况刊发 1 期综合性报告、7 期交流简报,为各地各级人大社会委建设和工作提供了平台和借鉴。

五、深入开展调查研究，形成实践和理论双成果

调查研究是专委会的法定职责。社会领域问题具有广泛性、复杂性，需要通过深入调研和深刻分析，找准根源、找对举措。社会委坚持从基层情况和基础理论出发，开展多层次、多形式、多领域的调查研究和理论研究。

调查研究。针对部门掌握综合政策、地方了解具体运行、基层反映落实效果的特点，开展3种形式的30次调研。一是部门走访。张春贤副委员长带队到民政部、最高法走访，对社会救助等方面立法工作和未成年人司法工作深入交流、互通信息。二是地方调研。围绕事关人民群众切身利益的社会领域突出问题，开展25次地方调研，社会委组成人员和有关全国人大代表共111人次参加。既有效发挥了委员会组成人员和相关人大代表的作用，又有力促进了立法和监督工作。三是"田野调查"。创新调研方式，深入山东、河北、黑龙江农村，分别进行为期1周的社会救助工作蹲点调查。通过3种形式的调研，掌握了大量一手资料和真实诉求，撰写30多份内容详实的调研报告，为反映民声、推进立法创造了有力条件。

理论研究。充分发挥专委会联系广泛的优势，借助"外脑"共同开展4个领域的理论研究。联合中共中央党校（国家行政学院）围绕"社会建设理论和社会建设法治"，形成了11篇近10万字的系列课题报告；联合中国社会科学院围绕"应对人口老龄化和老年人权益保障"，在四川、陕西等8省市展开抽样调查研究；联合中国社会保障学会，撰写"社会法系列研究文章"；联合中国人民大学开展"劳动法律制度专题研究"，为完善养老、社保、劳动领域法律制度做好基础性、系统性准备。

六、"有出有进"对外交往，探索开展新闻宣传

外事和宣传都是展示形象、促进工作的重要渠道。社会委通过制定规范、细致谋划、主动落实，在外事和宣传工作中实现了"把经验、建议请进来，让思想、成效走出去"的目标、效果。

对外交往。发挥专门委员会对外交往灵活多样、内容丰富的优势，制定清晰详细的《接访和出访工作路线图》，确保外事工作务实有序。一是组织出访。何毅亭主任委员率团对波兰、北马其顿进行了友好访问；社会委组成人员陪同常委会领导同志出访3次；办事机构工作人员随团出境出访3次，重点了解国外社会建设基本情况和经验做法，为我方开展立法监督工作提供借鉴。二是接待来访。社会委组成人员陪同会见外国团组来访9次，积极宣介习近平新时代中国特色社会主义思想和党的十九大精神；参加联合国人权理事会访华座谈，系统介绍我国应对人口老龄化的方针、理念、法治和成就，交流探讨各国养老服务政策和制度。通过"有出有进"，社会委的外事工作更为丰富、更加规范、更具实效。

新闻宣传。坚持把宣传作为整体工作的组成部分摆在重要位置，按照《社会委2019年新闻宣传工作要点》，结合立法监督进程，做好了解民情和引领舆情2个方面工作。在掌握民意动向方面，高度关注与社会委工作相关的媒体报道，全面了解人民评价和社会反响。以人民群众满不满意作为衡量工作的最重要标准，对新闻中的合理建议加以吸收，为立法监督工作增强民意基础。在引领舆论导向方面，围绕未成年人两部法律修订的背景、内容、亮点和人民代表大会制度的重要意义，接受中央广播电视总台央视时政部、社会与法频道以及人民日报海外版等媒体采访。围绕就业促进法执法检查等重点工作开展情况，在人民日报、新华社、光明日报等主流媒体刊发新闻报道近20篇；在全国人大微信公众号、澎湃新闻等新媒体发布报道160多篇，在全国人大机关内网发布各类报道400多篇，社会委内网主页点击查阅量突破2万次，有力扩大了社会委影响，为立法、监督、代表等工作营造了良好舆论氛围。

七、不忘初心牢记使命，通过党建引领自身建设

深入学习贯彻习近平总书记关于中央和国家机关党的建设的重要论述，全面贯彻党的十九大和十九届二中、三中、四中全会精神，坚决落实新时代党的建设总要求和新时代党的组织路线，把栗战书委员长"继续抓好自身建设特别是干部队伍建设"的批示精神贯穿始终，以开展"不忘初心、牢记使命"主题教育为重点，扎扎实实推进自身建设，努力做到"三个表率，一个模范"。

加强政治建设。中央和国家机关是践行"两个维护"的第一方阵。社会委自觉提高政治站位，把

准政治方向，坚定政治立场，明确政治态度，严守政治纪律。坚决落实党中央决策部署，始终在思想上政治上行动上与党中央保持高度一致。在狠抓落实和工作推进中，不断增强“四个意识”，坚定“四个自信”，做到“两个维护”。

深化理论武装。深入学习习近平新时代中国特色社会主义思想，重点学习习近平总书记关于坚持和完善人民代表大会制度的重要思想、关于社会建设的重要论述、关于“不忘初心、牢记使命”的重要论述。张春贤副委员长亲自参加社会委的党组织活动并讲授党课。分党组召开5次集中学习交流会议，讲授2次专题党课。及时修订《习近平总书记关于社会建设重要论述摘编》《全国人大社会建设委员会相关法律汇编》，自觉用党的创新理论和法律法规武装头脑、指导实践、推动工作。

同步检视整改。坚持自我净化、自我完善、自我革新、自我提高，以自我革命精神推进检视反思和整改落实。召开专题民主生活会，对照党章党规和初心使命，开展批评与自我批评，深刻检视剖析，查摆问题和不足。列出重点查摆清单，对发现的问题提出具体改进措施，往实里改、往深里改，用实实在在的成效体现“不忘初心、牢记使命”。

指导支部建设。落实《分党组工作规则》，发挥“把方向、管大局、保落实”的重要作用，指导社会委机关党支部召开5次全体党员大会，讲授4次专题党课，开展2次主题党日活动，刊发43期支部简讯，党的建设全面加强。补充3名工作人员，接收1名地方人大挂职锻炼干部，力量进一步充实。通过加强培训学习和工作历练，办事机构向心力、凝聚力和战斗力明显增强。

回顾过去一年的工作，社会委在逐步成熟的过程中也存在一些问题。相比于任务的快速增长、标准的不断提高，工作流程还不够规范，专业研究还不够扎实，任务质量还不够稳定。对存在的问题，社会委将全面进行总结反思，以党的政治建设为统领，有针对性地加以解决，不断加强和改进各项工作。

2019年履职体会

通过两年履职，社会委对社会建设理论和社会建设法治有了更充分、更深刻的认识，对我国社会建设伟大成就和风险挑战有了更深入、更准确的理解，对如何开展好人大社会建设工作有了更科学、更系统的把握。

（一）坚持全面依法治国，完善社会领域法律和制度，促进国家治理体系和治理能力现代化

全面依法治国是国家治理的一场深刻革命。《深化党和国家机构改革方案》明确提出，组建社会委的目的是“推进社会领域法律制度建设”。党的十九届四中全会审议通过的《关于坚持和完善中国特色社会主义制度、推进国家治理体系和治理能力现代化若干重大问题的决定》作出重大部署，坚持按劳分配为主体、多种分配方式并存，健全有利于更充分更高质量就业的促进机制，完善覆盖全民的社会保障体系，健全公共安全体制机制，构建基层社会治理新格局等重要任务，都与社会委职责直接相关。坚持和完善社会领域法治，既是促进国家治理体系和治理能力现代化的重要内容，也是社会委的基本任务和使命所在。

（二）坚持以人民为中心的发展思想，认清时代要求和社会趋势，不断满足人民群众日益增长的美好生活需要

经过70年艰苦奋斗特别是40多年改革开放，我国发生了历史性变革、取得了历史性成就。但是，相对于经济快速发展的奇迹，社会建设仍然是短板。本届全国人大正处于实现“两个一百年”奋斗目标的历史交汇期，既有全面建成小康社会亟需解决的老问题，也有建设社会主义现代化强国提出的新任务。只有紧扣社会主要矛盾，充分发挥职能作用，统筹兼顾现实性、基础性和前瞻性，通过立法和监督实践，保障和改善民生，才能不断满足人民群众多层次多样化需求，促进社会全面进步。

（三）坚持服务党和国家工作大局，集中力量担当重要和紧迫任务，推进人大社会建设事业稳健发展

社会建设是统筹推进“五位一体”总体布局、协调推进“四个全面”战略布局的重要组成部分。人大社会建设工作是长期事业，也是系统工程。2019年社会委瞄准“一老一少”、社会救助、就业促进等重点领域开展立法监督，取得良好效果。实践证明，只有紧扣工作大局、集中现实力量、每年有所侧重、前后连续衔接、一届形成系统，尊重社会建设客观规律，把重要的、紧迫的、经过努力可以得到解决的问题作为突破口，以点带面、举一反三，才能务实有效地推进社会建设事业。

常委会
重要活动

一、纪念地方人大设立常委会40周年座谈会

习近平对地方人大及其常委会工作作出重要指示强调

结合地方实际创造性做好立法监督等工作　更好助力经济社会发展和改革攻坚任务

栗战书出席纪念地方人大设立常委会40周年座谈会并讲话

人民日报北京7月18日电　近日,中共中央总书记、国家主席、中央军委主席习近平对地方人大及其常委会工作作出重要指示强调,县级以上地方人大设立常委会,是发展和完善人民代表大会制度的一个重要举措。40年来,地方人大及其常委会坚持党的领导、人民当家作主、依法治国有机统一,履职尽责,开拓进取,为地方改革发展稳定工作作出了重要贡献。

习近平指出,新形势新任务对人大工作提出新的更高要求。地方人大及其常委会要按照党中央关于人大工作的要求,围绕地方党委贯彻落实党中央大政方针的决策部署,结合地方实际,创造性地做好立法、监督等工作,更好助力经济社会发展和改革攻坚任务。要自觉接受同级党委领导,密切同人民群众的联系,更好发挥人大代表作用,接地气、察民情、聚民智,用法治保障人民权益、增进民生福祉。要加强自身建设,提高依法履职能力和水平,增强工作整体实效。

纪念地方人大设立常委会40周年座谈会18日在京召开。中共中央政治局常委、全国人大常委会委员长栗战书出席并讲话。他表示,要深入学习贯彻习近平新时代中国特色社会主义思想,按照习近平总书记重要指示精神,在以习近平同志为核心的党中央集中统一领导下,发挥各级人大职能作用,全面提升新时代人大工作水平。

栗战书指出,要坚持党的领导、人民当家作主、依法治国有机统一,认真总结并坚持地方人大工作的经验,不断丰富和拓展人民代表大会制度的实践特色、时代特色。要进一步增强“四个意识”、坚定“四个自信”、做到“两个维护”,自觉同以习近平同志为核心的党中央保持高度一致。要按照党中央对人大工作的要求,全面落实党中央重大决策部署,认真做好立法、监督、代表等工作,担负起宪法法律赋予的各项职责。要坚持以人民为中心,密切同人民群众的联系,努力使人大工作更好体现人民利益、反映人民意愿、增进人民福祉。

中共中央政治局委员、全国人大常委会副委员长王晨传达了习近平总书记重要指示并主持座谈会。

全国人大宪法和法律委员会、7个地方人大常委会负责同志在座谈会上发言。

全国人大常委会副委员长曹建明、万鄂湘出席座谈会。

全国人大各专门委员会、全国人大常委会各工作委员会、中央和国家机关有关部门、各省区市人大常委会负责同志等参加座谈会。

《人民日报》2019年7月19日　第1版

在纪念地方人大设立常委会40周年座谈会上的讲话

（2019年7月18日）

栗战书

同志们：

经党中央批准，今天我们召开纪念地方人大设立常委会40周年座谈会。会议的主题是，深入学习贯彻习近平新时代中国特色社会主义思想，认真学习贯彻习近平总书记关于坚持和完善人民代表大会制度的重要思想，总结40年来地方人大及其常委会工作取得的成就和经验，增强“四个意识”，坚定“四个自信”，做到“两个维护”，强化责任担当，在以习近平同志为核心的党中央集中统一领导下，发挥各级人大职能作用，全面提升新时代人大工作水平。

习近平总书记高度重视，7月17日专门作出重要指示：**“县级以上地方人大设立常委会，是发展和完善人民代表大会制度的一个重要举措。40年来，地方人大及其常委会坚持党的领导、人民当家作主、依法治国有机统一，履职尽责，开拓进取，为地方改革发展稳定工作作出了重要贡献。新形势新任务对人大工作提出新的更高要求。地方人大及其常委会要按照党中央关于人大工作的要求，围绕地方党委贯彻落实党中央大政方针的决策部署，结合地方实际，创造性地做好立法、监督等工作，更好助力经济社会发展和改革攻坚任务。要自觉接受同级党委领导，密切同人民群众的联系，更好发挥人大代表作用，接地气、察民情、聚民智，用法治保障人民权益、增进民生福祉。要加强自身建设，提高依法履职能力和水平，增强工作整体实效。”**习近平总书记在重要指示中，充分肯定地方人大及其常委会40年来的工作成就，对坚持和完善人民代表大会制度，特别是按照党中央关于人大工作的要求，围绕地方党委贯彻落实党中央大政方针的决策部署，结合地方实际，创造性地做好地方人大立法、监督、代表工作和自身建设等提出明确要求，为做好新时代人大工作特别是地方人大工作指明了方向、提供了遵循。这是对各级人大的极大鼓舞，更是有力鞭策。全国人大和地方各级人大要认真学习、深刻领会、全面贯彻习近平总书记重要指示精神，接续奋斗、开拓进取，共同做好新时代人大工作。

刚才，全国人大宪法和法律委、部分地方人大常委会的负责同志作了发言，参会的地方人大常委会提交了交流材料，这些发言和材料比较生动地反映了地方人大常委会40年的工作。这里，我讲三点意见。

第一，县级以上地方人大设立常委会，更好支持和保证了人民当家作主，丰富和发展了人民代表大会制度理论和实践。

习近平总书记指出，人民当家作主是我们党矢志不渝的奋斗目标。发展社会主义民主政治就是要体现人民意志、保障人民权益、激发人民创造活力，用制度体系保证人民当家作主。

我国的人民代表大会制度走过了逐步健全完善、不断创新发展的历程。按照1954年宪法规定，全国人大设立常委会，地方各级人大不设立常委会。1978年12月，党的十一届三中全会召开，实现了我们党历史上具有深远意义的伟大转折，开启了改革开放的历史新时期，发展社会主义民主、健全社会主义法制成为党和国家坚定不移的基本方针。由此，人民代表大会制度步入新的发展时期。在党中央的集中统一领导下，地方人大及其常委会的组织、职权、运行等制度不断完善发展。直接选举的范围扩大到县，实行普遍的差额选举，实现城乡按相同人口比例选举人大代表；地方人大及其常委会组成人员结构持续优化，专门委员会和工作机构设置逐步健全；行使地方立法权的主体不断扩大，立法工作机制不断健全；地方组织法、立法法、监督法、代表法等法律的出台和修改，为地方人大及其常委会依法行使职权提供了制度支撑。

党的十八大以来，以习近平同志为核心的党中央全面加强对人大工作的领导，在推动地方人大工作完善发展方面作出许多重大决策部署，其中不少是开创性的举措。加强县乡人大工作和建设。2015年出台加强县乡人大工作和建设的若干意见，全国人大常委会同步修改地方组织法、选举法、代表法。这是多年来推动地方人大工作和建设力度最大的一次，解决了长期制约基层人大工作发展的一些突出问题，县乡人大工作和建设呈现出新气象新风貌。赋予设区的市地方立法权。贯彻党的十八届三中、四中全会精神，十二届全国人大三次会议修改立法法，赋予所有设区的市地方立法权。目前，我国享有地方立法权的市、州共有322个，大部分都已经开展地方立法工作。对地方人大工作提出新的更高要求。党的十八大、十九大报告，中央全会文件等部署了加强人大工作的任务举措，党中央先后出台有关人大工作的指导性文件20余件，涉及加强党领导立法工作、完善立法体制机制、发挥人大及其常委会在立法工作中的主导作用、人大预算审查监督重点向支出预算和政策拓展、加强人大国有资产监督职能、健全人大讨论决定重大事项制度、完善代表联系群众制度等方面。按照党中央的部署要求，地方人大及其常委会结合实际，出台了贯彻落实的具体举措，进一步提升了地方人大工作水平。

第二，地方人大及其常委会依法履职取得了显著成绩，积累了宝贵经验，充分展现了人民代表大会制度的优越性。

地方人大及其常委会坚持党的领导、人民当家作主、依法治国有机统一，认真行使宪法法律赋予的各项职权，与时代同步伐、与改革同频率、与实践同发展，在改革开放和社会主义现代化建设中，在发展社会主义民主、全面依法治国进程中，在促进地方经济社会发展、保障和改善民生方面，发挥了重要职能作用。

*40年来，地方人大为地方各项事业发展提供了有力法制保障。*地方立法从无到有，全面推进。有立法权的地方人大及其常委会围绕地方发展需要和群众关注问题，发挥地方立法的实施性、补充性、探索性功能，制定、修改了一大批体现时代要求、体现地方特色的地方性法规。据统计，我国现行有效的地方性法规有12000余件。地方立法工作机制也不断健全完善，所有省级人大和许多设区的市级人大均制定了综合性立法条例，建立健全法规草案公开征求意见、立法听证和论证等制度。注重维护法制统一。2018年根据全国人大常委会有关决议，全面清理生态环保方面的规范性文件，修改、废止地方性法规600多件。地方立法工作的全面推进，保证了宪法法律规定落地落实，促进了地方治理方式转变和治理能力提升。

*40年来，地方人大在推动党中央决策部署和法律法规的贯彻实施方面发挥了重要作用。*地方人大及其常委会依法行使监督权，积极开展监督工作，着力增强监督实效。省级人大常委会组织开展执法检查6000多次，听取审议工作报告10000多项，市、县人大常委会也开展了卓有成效的监督工作。这些监督事项，围绕党中央决策部署，紧扣同级党委中心工作，聚焦民生关切，推动解决了一大批实际问题，彰显了人大监督的实效和权威。地方人大在创新完善监督工作方式方法上，也积累了不少好经验。

*40年来，地方人大依法决定了本地区经济社会发展的一批大事要事。*地方人大及其常委会依照宪法和法律，在同级党委领导下认真行使重大事项讨论决定权，有力地保障和促进了地方经济社会发展。认真贯彻执行2017年党中央出台的关于健全人大讨论决定重大事项制度、各级政府重大决策出台前向本级人大报告的实施意见，地方人大制定或修改了行使重大事项决定权的具体办法，明确细化了重大事项的范围、提案主体、工作程序等，人大讨论决定重大事项工作更加规范。

*40年来，地方人大在支持和保障人大代表依法履职上作了大量有益探索。*地方人大及其常委会对代表工作重要性和规律性的认识不断深化，不断健全完善体制机制，充分发挥代表作用，依靠代表做好人大工作。为代表参加大会、审议议案报告做好服务保障，推动会风改进取得明显成效，会议审议质量明显提高。代表议案建议工作更加规范化、制度化，重点建议督办、听取办理情况的报告等实现常态化，有的地方还探索开展代表建议办理满意度测评。代表联系群众的形式更加多样、内容更加丰富，在原有的视察、调研、走访、接待群众等方式基础上，通过互联网、微信等现代信息技术拓宽联系渠道。代表联络站建设全面铺开，许多地方实现了乡镇（街道）全覆盖，场所建设、活动内容、工作机制等日益规范。代表参与常委会工作进一步扩大，常委会组成人员直接联系代表、代表列席会议、参加执法检查和立法调研等成为机制化做法，代表提出的意见建议得到认真研究采纳。代表学习培训、履职监督等方面的制度也更加健全。各级人大代表不负党和人民的重托，发挥党和国家联系人民群众的桥梁纽带作用，依法履职尽责，展现了人大代表的良好风貌。

地方人大及其常委会的工作在探索中前进，在创新中加强，在规范中提高，积累了许多宝贵经验。最重要的是：必须坚持党中央集中统一领导，自觉接受同级党委领导，牢牢把握人大工作正确政治方向；必须坚持以人民为中心，接地气、察民情、聚民智、惠民生,维护人民群众合法权益,推动解决人民群众关心的突出问题;必须坚持围绕中心、服务大局,从地方实际出发,发挥好地方国家权力机关在贯彻党中央决策部署、推动地方发展方面的职能作用;必须坚持全面依法治国,保证宪法法律在本行政区域内的贯彻实施,推动地方各国家机关在法治轨道上开展工作;必须坚持不断完善工作体制机制,在法律范围内积极探索、勇于实践,增强人大工作活力。我们要认真总结这些经验,在今后工作中继续坚持和完善,不断丰富和拓展人民代表大会制度的实践特色、时代特色。

第三,强化使命担当,进一步加强地方人大工作和建设,共同做好新时代人大工作。

新时代对人大工作提出新的更高要求。全国人大和地方各级人大要不忘初心、牢记使命,紧紧围绕实现党的十九大确定的目标任务,全力以赴、扎实高效地做好各项工作,谱写新时代人大工作新篇章。

*一要用习近平新时代中国特色社会主义思想指导和统领新时代人大工作。*习近平新时代中国特色社会主义思想是党和国家的指导思想,是我们做好一切工作的基本遵循和根本保证。各级人大及其常委会要把学习贯彻习近平新时代中国特色社会主义思想,作为首要的政治任务,作为贯穿人大工作的主线,切实在学懂弄通做实上下功夫,提高运用党的创新理论指导实践、破解难题、推动工作的能力。人大谋划和开展各项工作,要全面贯彻习近平总书记的重要讲话、重要指示精神和党中央决策部署,确保各项工作服从服务党和国家工作大局,更好助力经济社会发展和改革攻坚任务。

习近平总书记关于坚持和完善人民代表大会制度的重要思想,是习近平新时代中国特色社会主义思想的重要组成部分,是新时代坚持和完善人民代表大会制度的指引和遵循。各级人大都要把学习、研究、宣传、贯彻习近平总书记关于坚持和完善人民代表大会制度的重要思想作为必修课和基本功,认真学习习近平总书记关于人民代表大会制度的重大意义、政治定位、基本内涵、历史使命,以及立法、监督、代表、自身建设等重要论述和要求。要理论联系实际,把习近平总书记的重要思想阐释清楚、弄懂搞通,结合人大工作实际进行贯彻和运用。今年,全国人大常委会办公厅将再次召开交流会,将学习贯彻习近平总书记关于坚持和完善人民代表大会制度的重要思想不断引向深入。

*二要坚定坚持党的全面领导,坚决维护以习近平同志为核心的党中央集中统一领导。*各级人大是党领导下的政治机关,要坚定坚持党的全面领导,坚决贯彻落实党中央决策部署和同级党委的任务要求。坚持党的全面领导,最根本的是坚持以习近平同志为核心的党中央集中统一领导。习近平同志作为党中央的核心、全党的核心,发挥着思想上的引领作用、方向上的把控作用、战略上的决断作用、政治上的凝聚作用、行动上的表率作用。要把树牢"四个意识"、做到"两个维护"作为最根本的政治纪律和政治规矩,时时处处事事同以习近平同志为核心的党中央保持高度一致。习近平总书记对地方工作作出的重要指示要求,地方人大及其常委会负有贯彻落实的政治责任。要在同级党委领导下,对标对表总书记的指示要求,结合人大工作实际落到实处。严格执行请示报告制度,人大工作中的重大问题、重要事项、重要情况,都及时向同级党委请示报告,做到一切重要工作、重要事项都在党的领导下进行,确保各项工作毫不动摇地体现党的全面领导。

*三要围绕实现党的历史使命,全面担负起宪法法律赋予的各项职责。*人大工作要服从服务于实现"两个一百年"奋斗目标、实现中华民族伟大复兴的中国梦。要紧紧围绕统筹推进"五位一体"总体布局、协调推进"四个全面"战略布局、贯彻新发展理念、打好三大攻坚战等中心任务,结合本地实际,思考、谋划和推进地方人大各项工作。把宪法法律赋予的职责担当起来,党中央作出的决策部署、同级党委提出的工作任务,要不折不扣地确保完成;只要是改革发展需要、人民群众期盼、属于人大职权范围内的事项,都应依法积极参与和推进。发挥人大在全面依法治国中的职能作用,不断提高立法工作质量和效率,督促"一府一委两院"严格履行法定职责,保证法律法规有效实施,维护国家法制统一。

*四要密切同人民群众的联系,推动解决群众最关心最直接最现实的利益问题。*习近平总书记指出:"人民代表大会制度之所以具有强大生命力和显著优越性,关键在于它深深植根于人民之中。"人大一切工作都必须坚持以人民为中心,把实现好、维护好、发展好最广大人民根本利益作为始终不渝的价值追求,把群众观点、群众路线深深植根于思想中、具体落实到行动上,努力使每一项立法、每一个决定决议都体现和维护人民利益、反映人民意愿、增进人民福祉。要把联系代表、发挥

代表作用的工作做得更细、更实，密切常委会同代表、代表同人民群众的联系，使人大的工作生动体现社会实践的发展，更好顺应人民群众对美好生活的向往。增强服务代表的意识，通过支持和保障代表依法履职，保证和实现人民当家作主。要扩大人民群众对人大立法、监督等工作的有序参与，确定立法、监督项目听取群众建议，法律法规草案征求社会各方面意见，把各项工作建立在深入调查研究、号准群众脉搏、汲取群众智慧的基础上。要善于讲好人大故事，展示各级人大及其常委会、人大代表依法履职的生动实践，让国家根本政治制度深入人心。

同志们，我们在中华人民共和国成立70周年之际，纪念地方人大设立常委会40周年，非常有意义。我们要紧密地团结在以习近平同志为核心的党中央周围，不忘初心、牢记使命，以强烈的政治责任感和历史使命感，努力做好新时代人大工作，以优异成绩庆祝中华人民共和国成立70周年！

《中国人大》2019年第16期

在纪念地方人大设立常委会40周年座谈会上的主持词

（2019年7月18日）

王 晨

今年是地方人大设立常委会40周年。习近平总书记专门作出重要指示。经党中央批准，全国人大常委会办公厅召开纪念地方人大设立常委会40周年座谈会。首先，我向大家宣读习近平总书记的重要指示。

习近平总书记强调，**县级以上地方人大设立常委会，是发展和完善人民代表大会制度的一个重要举措。40年来，地方人大及其常委会坚持党的领导、人民当家作主、依法治国有机统一，履职尽责，开拓进取，为地方改革发展稳定工作作出了重要贡献。习近平总书记指出，新形势新任务对人大工作提出新的更高要求。地方人大及其常委会要按照党中央关于人大工作的要求，围绕地方党委贯彻落实党中央大政方针的决策部署，结合地方实际，创造性地做好立法、监督等工作，更好助力经济社会发展和改革攻坚任务。要自觉接受同级党委领导，密切同人民群众的联系，更好发挥人大代表作用，接地气、察民情、聚民智，用法治保障人民权益、增进民生福祉。要加强自身建设，提高依法履职能力和水平，增强工作整体实效。**

习近平总书记的重要指示，深刻揭示了地方人大设立常委会的重大意义，充分肯定了40年来地方人大工作取得的成就，对做好新时代人大工作提出了明确要求。党的十八大以来，习近平总书记就坚持和完善人民代表大会制度、发展社会主义民主政治作出一系列重要论述，科学阐述了国家根本政治制度的历史必然、特点优势和实践要求，为坚持和发展人民代表大会制度、做好新时代人大工作提供了根本遵循和科学指引。我们要深入学习贯彻习近平总书记关于坚持和完善人民代表大会制度的重要思想，深入学习贯彻习近平总书记的重要讲话、重要指示精神，以党的创新理论武装头脑、指导实践、推动工作，不断提高新时代人大工作的质量和水平。

全国人大常委会高度重视这次座谈会，中共中央政治局常委、全国人大常委会委员长栗战书同志出席会议并讲话。出席今天座谈会的还有：全国人大常委会副委员长曹建明、万鄂湘。中共中央办公厅、国务院办公厅、中央军委办公厅、中央纪委国家监委机关、最高人民法院、最高人民检察院、司法部负责同志，全国人大常委会秘书长、副秘书长、机关党组成员，全国人大各专门委员会、常委会各工作委员会主要负责同志，各省（自治区、直辖市）人大常委会负责同志及人大机关负责同志，副省级市人大常委会负责同志，部分市、县人大常委会负责同志，全国人大机关有关部门的同志等。座谈会共安排了8位同志作会议发言，分别是：全国人大宪法和法律委员会主任委员李飞同志、天津市人大常委会主任段春华同志、上海市人大常委会主任殷一璀同志、江苏省人大常委会副主任陈震宁同志、湖北省人大常委会副主任王玲同志、广西壮族自治区人大常委会副主任王跃飞同志、新疆维吾尔自治区人大常委会主任肖开提·依明同志、西安市人大常委会主任胡润泽同志。

栗战书委员长的讲话，紧紧围绕学习贯彻

习近平总书记重要指示精神，回顾了地方人大及其常委会40年光辉历程，总结了地方人大工作取得的成就和积累的经验，对深入学习贯彻习近平新时代中国特色社会主义思想、进一步加强地方人大工作和建设、共同做好新时代人大工作提出了明确要求，具有很高的政治站位、理论站位，具有很强的指导意义、实践意义。会后，要及时传达学习习近平总书记关于地方人大设立常委会40周年的重要指示精神，传达学习栗战书委员长讲话精神。要自觉以习近平新时代中国特色社会主义思想指导和统揽人大工作，增强“四个意识”，坚定“四个自信”，做到“两个维护”，担当尽责、开拓进取，共同做好新时代人大工作，为实现“两个一百年”奋斗目标、实现中华民族伟大复兴的中国梦作出更大贡献。

深刻理解地方人大地位作用

全国人大宪法和法律委员会主任委员　李　飞

今年是新中国成立70周年，也是县级以上地方各级人民代表大会设立常务委员会40周年。在这个重要的历史节点，习近平总书记作出重要指示，对于我们深刻理解地方人大地位作用、共同做好新时代人大工作具有重大指导意义。

县级以上地方人大设立常委会是我国社会主义民主法治建设的一件大事。地方人大设立常委会发轫于改革开放，与社会主义民主法治建设同步启动、同步发展、同频共振，是我国人民代表大会制度的一次重大发展和完善，也是健全地方政权体制、巩固党的执政地位的重要举措，在改革开放的历史起点上有力推动了人大工作、立法工作，具有重大的政治意义和法治意义。

地方立法在改革开放和现代化建设中发挥着重要而独特的作用。赋予地方立法权是我国立法体制发展的里程碑。2015年立法法修改，赋予所有设区的市地方立法权，2018年宪法修改为这一规定提供了根本法依据。至此，我国地方立法主体从无到有、从少到多，增加到353个，包括31个省（区、市），288个设区的市、30个自治州、4个不设区的地级市。赋予和扩大地方立法权，是形成符合我国国情、科学有效的立法体制的重要举措，是宪法关于在中央统一领导下充分发挥地方的主动性、积极性原则的有效实施。

地方立法在加强和完善地方治理、推动地方各项事业发展中发挥着重要作用。全面依法治国是国家治理的一场深刻革命。地方性法规作为地方制度规范的重要载体，是地方人大结合当地实际，在梳理集合中央有关精神、法律有关规定、国家有关政策的基础上制定的，为地方治理提供经济、政治、文化、社会、生态环境等方面的制度依循，将地方治理纳入规范化、法治化轨道。

新时代人大工作、立法工作面临着新的发展机遇，同时也面临新的任务和挑战。全国人大宪法和法律委员会将自觉坚持党对立法工作的领导，贯彻习近平总书记重要指示精神，与地方各级人大保持密切联系，加强工作协调和指导，交流有益经验和做法，更好地发挥人大在立法工作中的主导作用，深入推进科学立法、民主立法、依法立法，不断提升立法质量和精细化水平。

进一步增强责任感和使命感

天津市人大常委会主任　段春华

在地方人大设立常委会40周年之际，习近平总书记作出重要指示，充分肯定了地方人大及其常委会40年来作出的重要贡献，对做好新时代地方人大工作提出了明确要求，使我们受到了极大的鼓舞和激励。我们一定要认真学习领会、坚决贯彻落实，以高度的政治责任感和历史使命感，创造性地做好各项工作，努力交上一份优异的答卷。

天津市人大常委会设立于1980年6月。近40年来，历届市人大及其常委会认真贯彻党中央决策部署和市委工作要求，紧紧围绕全市中心任务和工作大局，切实履行宪法法律赋予的职权，突出地方特色加快立法，加大工作力度强化监督，创新方式方法服务代表，坚持从严要求加强自身建设，在全市改革发展稳定各项工作中发挥了重要作用。市九届人大一次会议以来，累计制定地方性法规和有关法规的决议、决定523件，现行有效200件；听取审议专项工作报告459项，开展执法检查和视察479次，备案审查规范性文件1100多件。

市十七届人大及其常委会履职一年多来，建立常委会集体学习、专委会专题学习、人大代表履职学习、机关工作人员日常学习的机制。认真学习宣传、贯彻实施宪法，举办6期专题培训班，组织四级人大代表联动，开展了8400多场宣讲活动，生动讲好宪法故事。

注重发挥地方立法补充、先行、创制作用。在保证立法质量的前提下，加快节奏，提高效率，努力立良法、立好法、立务实管用之法。到目前，共审议生态环境保护条例、预防和治理校园欺凌若干规定等地方性法规和有关法规的决定26件，表决通过23件。加强京津冀立法协同，建立了三级沟通协调机制。今年三地将围绕机动车和非道路移动机械排气污染防治共同立法，同步提请代表大会审议。

坚持人大监督的政治和法律定位。积极探索区域协同监督，在水污染防治法执法检查中，与北京市人大常委会开展了联合视察调研。我们把更好发挥代表作用作为密切联系群众的主要内容和重要抓手，完善联系代表制度，健全代表建议办理机制，推进“一家一站一网一中心”平台建设，面对面常交流，键对键勤沟通，努力使代表工作活起来、实起来、严起来。

不断开创人大工作新局面

上海市人大常委会主任 殷一璀

中国特色社会主义进入新时代，党中央对人大工作提出新的更高要求。在地方人大常委会设立40周年之际，习近平总书记作出重要指示，体现了党中央对地方人大工作的高度重视，为我们做好新时代地方人大工作指明了前进方向，提供了根本遵循，增加了前进动力。上海市人大常委会坚持不忘初心，牢记使命，努力开创上海人大工作新局面。

一是坚持把党的领导贯穿于人大工作的全过程、各方面，牢牢把握正确政治方向。我们始终把深入学习贯彻习近平新时代中国特色社会主义思想、深入学习贯彻习近平总书记关于坚持和完善人民代表大会制度的重要思想作为首要政治任务和根本工作遵循，健全理论学习制度，持续强化理论武装。发挥党组领导核心作用，不断探索把坚持党的领导、人民当家作主、依法治国真正打通、有机统一的有效形式和途径。

二是坚持把以人民为中心贯穿于人大工作的全过程、各方面，旗帜鲜明站稳人民立场。我们把倾听人民呼声、回应人民期盼、凝聚人民智慧、维护人民权益作为工作的出发点和落脚点。坚持开门立法，建立10个基层立法联系点，让更多市民有序参与到立法过程中来；坚持问题导向、民生导向，积极制定修改养老服务、急救医疗服务、水环境保护等一大批基本民生领域法规。注重加强和改进同人大代表和人民群众的联系工作，每年两次组织代表“带主题”下社区，带问题搞调研，把人大代表为人民履职、对人民负责、受人民监督的要求落到实处。

三是坚持把守正创新贯穿于人大工作的全过程、各方面，推动人大工作提高水平。倡导人大工作“微创新”，迈小步、不停步，一步一个脚印增强工作质量和实效。建立立法滚动推进机制，优化完善法规立项、起草、协调、论证、审议、表决的环节和流程；建立重要法规起草双组长制，推动一批社会发展急需、立法难度较大的法规顺利出台；相继将六项法规提请代表大会审议表决，实现大会立法常态化。建立常委会主任或副主任担任执法检查组组长的机制，建立执法检查审议意见落实情况再次提请常委会审议的制度，形成覆盖监督全程的闭环机制。

与时俱进谱写新时代崭新篇章

江苏省人大常委会副主任　陈震宁

习近平总书记关于坚持和完善人民代表大会制度的重要思想为做好新时代人大工作提供了根本遵循。我们一定要按照总书记的重要思想和最新指示精神,把维护、保障、发展人民根本利益作为人大工作的出发点和落脚点,充分彰显地方国家权力机关保证人民当家作主、维护群众切身利益的鲜明特质。

以优质立法保障善治,切实维护人民权益。一是在项目规划上特别注重呼应人民群众的立法需求。本届省人大常委会五年立法规划和年度计划,紧扣全省人民普遍关注的热点问题、紧扣事关群众切身利益的重大事项精选立法项目,力求维护最广大人民群众合法权益。二是在法规制度设计上特别注重维护人民群众合法权益,严格防范通过地方立法不恰当地固化部门权力,寻求立法"最大公约数"。三是在立法方式上特别注重拓展公民有序参与的渠道和方式。建立立法决策咨询专家库,调整优化地方立法基层联系点布局,公开广泛征求全社会对所有法规草案的意见建议。

以有效监督助推大事,持续增进民生福祉。近年来,我们更加主动地将助推若干民生大事实事作为工作重要着力点。一是着力推动乡村振兴战略全面实施。听取审议全省乡村振兴战略实施情况报告并开展专题询问,开展农村扶贫开发条例等执法检查。二是着力推动社会事业健康发展。持续多年关注应对社会老龄化这个重大议题,推动政府多措并举破解养老难题。三是着力推动打好污染防治攻坚战。新一届人大常委会专门就依法助推打好污染防治攻坚战作出决议,推动全省各级政府编列三年突出环境问题清单并定期报告阶段性整治成效。

以代表机关明确定位,及时呼应人民期待。一是强化"两个联系"充分反映民意。推进代表活动载体平台提档升级并向村居社区拓展延伸,常态化直接了解民众心声。二是务实调研视察紧扣民生热点。围绕人民群众普遍关心的突出问题及常委会审议的重要议题,组织代表先后就现代综合交通运输体系完善等民生热点议题开展调研视察活动,汇集提交有价值的意见建议。三是督办议案建议注重群众认可。通过人代会前先行组织代表与有关部门沟通对接等方式,着力提升代表议案建议质量。

人民代表大会制度的重要里程碑

湖北省人大常委会副主任　王　玲

习近平总书记的重要指示,高屋建瓴、内涵丰富,具有很强的思想性、指导性、时代性和针对性,是习近平总书记关于坚持和完善人民代表大会制度重要思想的最新成果,是做好新时代地方人大工作的根本遵循。

40 年湖北地方人大工作的实践充分证明,地方人大设立常委会,有利于发展社会主义民主政治、保障人民当家作主,有利于健全地方政权体制、发挥地方国家权力机关作用。

40 年来,地方立法蹄疾步稳。1980 年 9 月 25 日,湖北省五届人大常委会第五次会议通过了我省第一件地方性法规《湖北省县级直接选举实施细则》,从此拉开了我省立法工作序幕。湖北地方立法不断适应完善国家法律体系和推动经济社会发展需要,努力发挥立法的引领、推动、规范、保障作用,逐步实现了由注重经济立法向经济社会立法并重转变,由"关门立法"向"开门立法"转变,由数量型立法向质量型立法转变,由"有没有"到"好不好"的转变。

40 年来,依法履职步履铿锵。从 1984 年首次开展执法检查到 2001 年开展工作评议、2010 年开展专题询问,从 2014 年微博网络直播常委会会议审议过程到 2016 年建立全国首家司法监督工作平台、2018 年建成预算内固定资产投资监督工作平台,湖北省人大常委会坚持正确监督有效监督、敢于监督善于监督，积极探索法律监督和工作监督新路子，听取审议专项工作报告633个，开展执法检查113次，有力推动了党中央决策部署和法律法规的贯彻落实，促进了依法行政和公正司法。

40年来，基层民主稳步发展。伴随我国选举制度不断健全完善的步伐，坚持充分发扬民主，严格依法办事，先后进行了11次乡级人大代表直接选举、10次县级人大代表直接选举，先后有近90万人次当选为历届各级人大代表，代表人民当家作主、管理国家事务。代表培训、“代表之家”、代表小组、代表活动等从无到有、从有到优，人大代表活动阵地建设实现全省全覆盖，代表履职能力和水平不断提高。2017年以来，开展“聚力脱贫攻坚、人大代表在行动”活动，组织近10万名五级人大代表共同参与，走村入户近60万户。

依法履职奋力建设壮美广西

广西壮族自治区人大常委会副主任　王跃飞

在地方人大设立常委会40周年之际，习近平总书记专门作出重要指示，我们听了深受鼓舞，倍感振奋。我们一定深入学习领会，认真贯彻落实，进一步增强“四个意识”，坚定“四个自信”，做到“两个维护”，切实把习近平总书记的重要指示精神贯彻落实到广西各级人大工作全过程、各方面。

回顾广西壮族自治区人大设立常委会40年的实践，我们感受最深的有几个方面：

一是地方人大实践充分展现人民代表大会制度巨大优越性。人民代表大会制度是在党领导下建立起来并不断完善的。党通过人民代表大会制度，使党的主张通过法定程序成为国家意志、人民意志，保证党领导人民有效治理国家。同时，人民代表大会制度让广大人民通过人民代表大会行使权力，确保人民当家作主，确保国家一切权力属于人民。地方人大设立常委会，进一步健全了地方政权体制，保证地方国家机关协调高效运转，保证宪法和法律有效实施，人民代表大会制度进一步焕发出新的生机和活力。

二是地方人大实践为人民代表大会制度注入强大活力。在切实巩固民族团结上，先后制定了民族教育促进条例、少数民族语言文字工作条例、民族民间传统文化保护条例等法规，指导帮助区内12个民族自治县人大常委会开展自治条例修改工作。对民族区域自治法等贯彻执行情况和边境民族团结进步教育等情况进行法律监督和工作监督。在着力保障和改善民生上，全力推进脱贫攻坚和生态环境保护。专门制定扶贫开发条例，听取审议农村扶贫开发、脱贫攻坚、易地扶贫搬迁、产业扶贫工作情况等报告，开展专题询问、执法检查、跟踪监督。

三是地方人大工作必须始终坚持与完善人民代表大会制度。坚持党的领导，通过人民代表大会制度，保证党的路线方针政策和决策部署在国家工作中得到全面贯彻和有效执行。坚持以人民为中心，尊重代表主体地位。我们探索建立全方位、多层次、全覆盖的学习培训机制，“混合编组、多级联动”的代表活动机制，多种形式的代表履职考核机制，代表政治理论水平和履职自信显著提升。

推进新疆社会稳定和长治久安

新疆维吾尔自治区人大常委会主任　肖开提·依明

在地方人大设立常委会40周年之际，习近平总书记作出重要指示，充分体现了以习近平同志为核心的党中央对人大工作的高度重视，为做好新时代人大工作提供了重要遵循。我们要坚持以习近平新时代中国特色社会主义思想为指导，把学习贯彻习近平总书记关于坚持和完善人民代表大会制度的重要思想作为看家本领，深入学习贯彻习近平总书记重要指示精神，坚持思想引领，提高政治站位，强化责任担当，提升履职水平，推动人民代表大会制度与时俱进、完善发展。

40年来，自治区人大常委会工作在探索中前进、在实践中发展、在创新中提高，与新疆改革开放和社会主义现代化建设同步向前、蓬勃发展。

以坚持党的领导为根本，保证党领导人民有效治理国家。坚持党的领导，是人民代表大会制度的本质要求和最大优势，是做好人大工作的根本保证和关键所在。我们坚持把党的领导贯穿人大工作各方面和全过程，增强“四个意识”，坚定“四个自信”，做到“两个维护”，自觉在思想上政治上行动上同以习近平同志为核心的党中央保持高度一致。

以实现人民当家作主为己任，保证人民通过人民代表大会行使国家权力。认真贯彻党的群众路线，健全联系人大代表和人民群众的机制，建立代表列席常委会会议并与其座谈的制度，倾听人民群众呼声，集中人民群众智慧。

以全面依法治疆为重任，推进社会主义法治新疆建设。我们坚定不移走中国特色社会主义法治道路，全面推进依法治疆，为新疆各项事业发展提供法治保障。科学制定立法规划，突出立法重点，立改废释并举，在本地特色上下功夫，在有效管用上做文章，不断提高立法质量和效率，使立法体现党的主张、符合宪法法律精神、反映人民意志、得到人民拥护。

以围绕中心、服务大局为使命，推动新疆稳定发展。人大工作是党和国家工作的重要组成部分，应当以党的中心工作为中心，自觉在大局下定位，主动在大局中作为，把人大工作紧紧扣在贯彻落实党的方针政策和决策部署上，紧紧扣在维护最广大人民利益上。我们紧紧围绕贯彻落实新时代党的治疆方略、特别是社会稳定和长治久安总目标，来谋划、来展开、来推进人大工作，把实现总目标作为衡量人大工作成效的首要标准。

坚定制度自信　强化使命担当

西安市人大常委会主任　胡润泽

习近平总书记的重要指示高屋建瓴、思想深邃、内涵丰富，充分肯定了地方人大设立常委会 40 年来取得的巨大成就，为我们坚持和完善人民代表大会制度指明了前进方向，为做好新时代人大工作提供了根本遵循和行动指南，更加坚定了我们对人民代表大会制度的自信。

西安市人大常委会自设立以来，认真行使宪法和法律赋予的职权，为西安经济社会发展和民主法治建设做出了积极贡献。

坚持党的领导，政治站位有了新提高。始终把习近平新时代中国特色社会主义思想作为党组中心组学习的第一项内容，不断增强“四个意识”，坚定“四个自信”，坚决做到“两个维护”。始终坚持党委有部署、人大有行动，党委工作主题明确到哪里、人大力量就汇集到哪里，党委决策部署到哪里、人大工作就跟进到哪里，党委工作重点指向到哪里、人大监督就推进到哪里，把党的领导贯穿于人大工作全过程各方面。

坚持紧扣党中央决策部署，服务大局展现新作为。坚决落实习近平总书记关于秦岭保护的重要指示批示精神，向市委提出建立保护秦岭长效机制 9 条建议，听取审议秦岭保护工作报告并作出决议，组织执法检查和视察，开展“保护秦岭 · 代表在行动”主题活动，聚力打赢秦岭保卫战。听取审议环境保护工作报告，对中央环保督察反馈问题整改情况进行持续跟踪检查，检查视察点位 236 个，梳理出 7 个方面 66 个问题反馈市政府整改，聚力打好蓝天保卫战。

坚持以良法促发展保善治，立法工作迈上新台阶。紧紧抓住提高立法质量这个关键，按照“立得住、行得通、真管用”的原则，推进立法工作。近年来，制定、修订了城乡规划条例、文明行为促进条例、不可移动文物保护条例等，着手修订秦岭生态环境保护条例。

坚持问题导向，依法监督取得新成效。持续打好监督“组合拳”，综合运用听取审议专项报告、执法检查、专题询问、视察等形式，采取明察暗访、问卷调查、设立举报电话、第三方评估、代表和专家参与等方式开展监督。持续开展执法检查，从 2017 年开始，每年对环境保护法、城乡规划法、食品安全法、西安市秦岭生态环境保护条例“三法一条例”开展重点执法检查，让法律制度的牙齿真正“咬合”起来。

二、深入学习贯彻习近平总书记关于坚持和完善人民代表大会制度的重要思想加强和改进人大代表工作交流会

坚持以习近平新时代中国特色社会主义思想为指导推动新时代人大代表工作开创新局面

——在深入学习贯彻习近平总书记关于坚持和完善人民代表大会制度的重要思想加强和改进人大代表工作交流会上的讲话

（2019年12月22日）

王　晨

经党中央批准，今天我们召开深入学习贯彻习近平总书记关于坚持和完善人民代表大会制度的重要思想，加强和改进人大代表工作交流会。这次交流会的主要任务是：深入学习贯彻习近平新时代中国特色社会主义思想特别是习近平总书记关于坚持和完善人民代表大会制度的重要思想，学习贯彻党的十九届四中全会精神，重点围绕习近平总书记关于人大代表工作的重要论述，围绕四中全会提出的"密切人大代表同人民群众的联系，健全代表联络机制，更好发挥人大代表作用"等任务要求，开展深入学习交流。

当前，全党全国上下正在深入学习贯彻党的十九届四中全会精神。全会审议通过《中共中央关于坚持和完善中国特色社会主义制度、推进国家治理体系和治理能力现代化若干重大问题的决定》，系统总结了我国国家制度和国家治理体系建设的巨大成就和显著优势，对新时代坚持和完善中国特色社会主义制度、推进国家治理体系和治理能力现代化作出顶层设计和全面部署，标志着我们党对国家制度和国家治理体系的规律性认识升华到一个新的高度，对于坚定全党全国各族人民的"四个自信"，推动中国特色社会主义制度更加成熟更加定型，把我国制度优势更好转化为国家治理效能，确保党和国家兴旺发达、长治久安，具有重大而深远的意义。

学习贯彻党的十九届四中全会精神与学习贯彻习近平总书记关于坚持和完善人民代表大会制度的重要思想是融会贯通、相辅相成的。习近平总书记关于坚持和完善人民代表大会制度的重要思想，是我们党关于国家制度和国家治理体系理论的重要内容。同时，四中全会的一系列重大理论和制度创新成果，进一步丰富和发展了总书记的重要思想。全会提出的"坚持和完善人民代表大会制度这一根本政治制度"的重大任务部署，是党中央赋予人大的重大使命，为我们深入学习贯彻习近平总书记关于坚持和完善人民代表大会制度的重要思想、推动新时代人大制度和人大工作完善发展增添了新的内涵、提出了新的要求。召开这次交流会，就是要把学习贯彻习近平总书记关于坚持和完善人民代表大会制度的重要思想进一步引向深入，用实际行动贯彻落实党的十九届四中全会精神，推动各级人大统一思想、加深认识，不断提升人大工作、人大代表工作水平，支持和保障人大代表依法履职，支持和保证人民通过人民代表大会行使国家权力，充分发挥人民代表大会制度的特点和优势。

下面，围绕这次交流会的主题，我从三个方面讲一些体会和意见，同大家一道交流。

一、全面、持续、深入地学习贯彻习近平总书记关于坚持和完善人民代表大会制度的重要思想

习近平总书记关于坚持和完善人民代表大会制度的重要思想，是习近平新时代中国特色社会主义思想的重要组成部分，拓展了人民代表大会制度的科学内涵、基本特征、本质要求，明确了做好新时代人大工作的重大原则、思路举措、重点任务，为新时代推动人大制度和人大工作与时俱进、完善发展提供了指引和遵循。深入学习贯彻习近平总书记关于坚持和完善人民代表大会制度的重要思想，是各级人大的重要政治任务，也是做好新时代人大工作的根本保证。

2018 年 9 月，全国人大常委会办公厅在河北石家庄召开了深入学习贯彻习近平总书记关于坚持和完善人民代表大会制度的重要思想交流会。栗战书委员长出席会议并作重要讲话，用“十个坚持”概括了习近平总书记关于坚持和完善人民代表大会制度的重要思想的主要内容，深刻阐明了这一重要思想的时代意义、理论意义、实践意义，对学习好、研究好、宣传好、贯彻好这一重要思想提出明确要求。与会同志围绕学习贯彻习近平总书记关于坚持和完善人民代表大会制度的重要思想，进行深入交流讨论，取得了很好的效果。用地方一些同志的话来讲，是深入学习贯彻习近平新时代中国特色社会主义思想的一次研讨会，是推动各级人大交流学习贯彻习近平总书记重要思想的经验和体会的一场“及时雨”。

交流会后，全国人大和地方各级人大结合实际，开展多种形式的学习研究宣传贯彻活动。全国人大常委会坚持把学习习近平总书记重要讲话、重要指示精神作为常委会党组会议的第一议程，作为常委会专题学习、代表履职培训的首要内容，建立健全常态化的学习制度，推动学习贯彻往深里走、往心里走、往实里走。全国人大机关制定实施了《深入学习贯彻习近平总书记关于坚持和完善人民代表大会制度的重要思想的意见(2018—2022 年)》和《重点任务及分工方案》，明确 19 项重点任务的牵头单位、责任单位、参加单位和完成时限。编印了《深入学习贯彻习近平总书记关于坚持和完善人民代表大会制度的重要思想交流会文集》、《学习贯彻习近平总书记关于坚持和完善人民代表大会制度的重要思想有关资料汇编》、《习近平总书记关于坚持和完善人民代表大会制度的重要论述摘编》等材料，供人大代表和机关的同志学习参考。

地方人大第一时间向同级党委报告了交流会情况，通过召开党组扩大会议、常委会会议、电视电话会议等形式传达会议精神，研究部署贯彻落实措施。各地方人大都建立起定期学习制度，有的地方人大还开展“大学习大调研”活动，举办论坛、讲堂、轮训等，不断充实学习内容，丰富学习形式，增强学习针对性和实效性。有的地方人大召开专题研讨会，确定重点课题，建立以用促研机制，形成一批高质量的研究成果。有的地方人大创办专刊专栏，举办人大制度在本地实践历程的展览，组织到基层宣讲，制作人大工作广播电视宣传片，充分利用微博、微信、客户端等新媒体，营造学习贯彻的浓厚气氛。在学习宣传的基础上，各地方人大紧紧围绕党和国家工作大局、本地区中心任务，依法履职尽责，以实际行动推动总书记指示要求和党中央决策部署落地生根、开花结果。总的来看，交流会召开这一年多来，各级人大都动起来了，学习贯彻习近平总书记关于坚持和完善人民代表大会制度的重要思想富有成效，人民代表大会制度自信进一步增强，运用科学理论把握大局、破解难题、推动工作的能力不断提高，切实把学习成果转化为做好人大工作、推动事业发展的生动实践。

习近平总书记关于坚持和完善人民代表大会制度的重要思想是一个科学开放的理论体系，随着国家制度和国家治理体系理论与实践发展而不断与时俱进。这一年多来，习近平总书记多次对人大制度和人大工作作出新的重要论述、提出新的更高要求。在庆祝中华人民共和国成立 70 周年大会上，强调要坚持中国共产党领导，坚持人民主体地位，坚持中国特色社会主义道路。在庆祝改革开放 40 周年大会上，指出要坚持党的领导、人民当家作主、依法治国有机统一，坚持和完善人民代表大会制度，用制度体系保证人民当家作主。在中央全面依法治国委员会第二次会议、主持中央政治局常委会会议听取全国人大常委会党组工作汇报时，提出提高立法质量和效率、增强监督实效、密切同人大代表和人民群众的联系等指示要求。在第五个国家宪法日到来之际作出重要指示，深刻指出我国宪法的鲜明特点、显著优势和巨大功效，对全面实施宪法、加强宪法宣传教育提出明确要求。在纪念地方人大设立常委会 40 周年之际作出重要指示，充分肯定地方人大及其常委会 40 年来的工作成就，要求地

方人大及其常委会按照党中央关于人大工作的要求,围绕地方党委贯彻落实党中央大政方针的决策部署,结合地方实际,创造性地做好立法、监督等工作,更好助力经济社会发展和改革攻坚任务。在主持中央政治局第十七次集体学习时,强调中国特色社会主义国家制度和法律制度需要坚持好、实施好,也需要不断完善和发展。在党的十九届四中全会上作的工作报告、说明和讲话中,以及全会通过的《决定》,进一步明确了当前和今后一个时期坚持和完善人民代表大会制度的重点方向、主要任务、工作要求和重要举措。这些新论述新要求,都是对习近平总书记关于坚持和完善人民代表大会制度的重要思想的丰富和发展。

在人大工作的同志要坚持把学习贯彻习近平总书记关于坚持和完善人民代表大会制度的重要思想作为重要政治任务,作为基本功和必修课,在学懂弄通做实上下功夫,真正做到学深悟透、融会贯通、真信笃行。时时事事处处都要想一想、问一问,这个问题、这项工作,总书记是如何指示的,党中央是怎么决定的,中央精神是什么,人大如何立足职能定位贯彻落实,确保工作目标和部署符合总书记指示和党中央要求。要通过持续深入的理论学习和思想武装,筑牢维护党中央权威和集中统一领导的思想根基,坚定走中国特色社会主义政治发展道路的信心和决心,增强坚持和完善人民代表大会制度的责任感和使命感,守初心、担使命,推动新时代人大工作开创新局面、取得新成效。

二、深刻领会、准确把握习近平总书记关于人大代表工作的重要论述的科学内涵

习近平总书记高度重视发挥人大代表作用,对各级人大代表寄予殷切期望,多次作出重要论述、重要指示,明确提出了做好新时代人大代表工作的重大原则、思路举措、重点任务和具体要求。总书记关于人大代表工作的重要论述是对人民代表大会制度实践、人大工作特别是代表工作实践的深刻思考和系统总结,凝聚着我们党支持和保证人民当家作主的初心使命,站位高远,思想深邃,内涵丰富,具有鲜明的实践特色、理论特色、时代特色。学习领会总书记关于代表工作的重要论述,要着重把握好以下几点:

一是旗帜鲜明讲政治。习近平总书记指出,“坚持和完善人民代表大会制度,必须毫不动摇坚持中国共产党的领导”,“每一位人大代表都要站稳政治立场,严格遵守政治纪律,做政治上的明白人”。坚持中国共产党领导,是人民代表大会制度的本质特征和政治优势的集中体现。坚持正确政治方向,是代表依法履职的前提和根本,也是做好代表工作的前提和根本。必须增强“四个意识”,坚定“四个自信”,做到“两个维护”,从发挥中国特色社会主义民主政治特点和优势、确保党和国家长治久安的高度来认识代表工作的重要意义,把坚持党的领导、人民当家作主、依法治国有机统一体现在代表履职和代表工作的全过程。

二是尊重代表主体地位。习近平总书记指出,“人大代表肩负人民重托,责任重大,使命光荣”,“各级国家机关及其工作人员,不论做何种工作,说到底都是为人民服务。这一基本定位,什么时候都不能含糊、不能淡化”。人民代表大会制度的设计和运行、人大及其常委会依法行使职权,都是为了保证和发展人民当家作主,彰显“国家一切权力属于人民”的宪法理念。各级人民代表大会由民主选举产生的人大代表组成。尊重代表主体地位就是尊重人民主体地位,服务代表、受代表监督就是服务人民、受人民监督,这是坚持和完善人民代表大会制度的应有之义,是人大工作保持生机和活力的重要基础。

三是密切同人大代表和人民群众的联系。习近平总书记指出,“各级国家机关加强同人大代表的联系、加强同人民群众的联系,是实行人民代表大会制度的内在要求,是人民对自己选举和委派代表的基本要求”,要求各级人大及其常委会“成为同人民群众保持密切联系的代表机关”。人民代表大会制度之所以具有强大生命力和显著优越性,关键在于它深深植根于人民之中。人大代表来自人民,工作和生活在人民群众当中,对基层实际情况最熟悉,对人民群众所思所想所盼最清楚。密切联系代表和人民,虚心听取意见,积极回应关切,可以让各项工作更好地接地气、察民情、聚民智、惠民生,做到民有所呼、我有所应。

四是支持和保证代表依法履职、充分发挥代表作用。习近平总书记指出,“中国260多万各级人大代表,都要忠实代表人民利益和意志,依法参加行使国家权力”,“各级国家机关要支持和保证人大代表依法执行代表职务,保证代表知情知政,畅通社情民意表达和反映渠道,发挥好代表了解民情、反映民意、汇集民智的作用”。宪法和法律对代表的性质、地位、权利、义务等都作出了明确规定,各级国家机关都要支持和保证代表依法履职,这是人民当家作主的重要体现,是各级国家机关的法定职

责。全国 260 多万名五级人大代表充分发挥作用，当好桥梁纽带，忠诚为党和人民履职尽责，就能够凝聚和激发各方面积极性、主动性、创造性，汇集起全社会团结奋进的磅礴力量。

*五是严格把好代表"入口关"。*习近平总书记强调，"无论是党委换届还是人大、政府、政协换届，都要体现工人阶级领导的、以工农联盟为基础的人民民主专政的国体"，"在中国共产党领导的社会主义国家，一切权力属于人民，决不能依据地位、财富、关系分配政治权力！"在以习近平同志为核心的党中央坚强领导下，依纪依法严肃查处了湖南衡阳破坏选举案、四川南充拉票贿选案、辽宁拉票贿选案，决心和力度之大前所未有，坚决维护了人民代表大会制度权威、社会主义民主法治尊严。代表选举工作要坚持党的领导，充分发扬民主，严格依法办事，保障人民选举和被选举权，保证基层群众代表比例，加强对选举工作的监督，对违规违纪违法问题"零容忍"，确保选举工作方向正确、风清气正，选出真正代表人民、人民满意的代表。

*六是加强代表自身建设。*习近平总书记要求各级人大代表"自觉加强政治思想作风建设，提高依法履职素质能力，忠实代表人民利益和意志，发挥好党和国家联系人民群众的作用"。人大代表是国家权力机关组成人员，代表身份既是政治荣誉，也是法定职务，代表的素质能力不仅关系代表个人的形象，还影响到人大工作的质量和人大制度的功效。每一名人大代表都要严格要求自己，模范遵守宪法法律，带头遵守社会公德，自觉接受人民群众监督，在本职岗位上建功立业，在为民服务中担当尽责。要加强代表培训，探索建立代表履职激励约束机制，推动代表提高履职能力，促进代表自觉接受人民群众监督。

习近平总书记关于人大代表工作的重要论述还有很多，不仅有很强的政治性、理论性，也有很强的指导性、实践性。我们要全面深入学习领会，不折不扣贯彻落实，坚定不移走中国特色社会主义政治发展道路，切实尊重代表主体地位，更好发挥代表作用，自觉接受代表监督，紧紧依靠人大代表和人民群众做好人大各项工作。

三、以习近平总书记关于坚持和完善人民代表大会制度的重要思想引领人大代表工作开创新局面

人大代表工作是随着人民代表大会制度的建立、巩固、完善而开创、规范、发展的。早在一届全国人民代表大会成立之初，就把代表工作摆在常委会工作的重要位置。在毛泽东主席的亲自提议下，建立了代表视察制度。毛主席指出，视察可以了解情况，可以联系群众，对立法、行政工作，对法院、检察院各方面的工作，都有很大好处。1955 年下半年到 1957 年上半年，全国人大代表和省级人大代表先后进行了 4 次视察，写出了几百份视察报告，提出数千条意见建议，得到党和国家领导人的高度重视。1957 年 5 月，根据党中央和毛主席指示，全国人大常委会机关党组经过半年多的研究，提出健全人民代表大会制度的具体方案，其中很重要的内容就是加强各级人大代表的工作，建立代表同原选举单位固定联系的制度。邓小平同志指出，我们是人民当家作主的国家，我们的国家政权属于人民，全体人民都有权利选派自己的代表去管理国家的事务。改革开放以来，代表制度逐步建立健全，代表工作走上制度化、规范化的轨道。1992 年七届全国人大五次会议通过代表法，这是我国保障和规范各级人大代表履行职责的第一部重要基础性法律。2005 年，中共中央转发中共全国人大常委会党组关于进一步发挥全国人大代表作用，加强全国人大常委会制度建设的若干意见，为增强代表工作实效、更好发挥代表作用提供了重要遵循。

党的十八大以来，在以习近平同志为核心的党中央坚强领导下，人大代表工作进入全面深化、更加完善、蓬勃发展的新阶段。2012 年党的十八大提出"提高基层人大代表特别是一线工人、农民、知识分子代表比例，降低党政领导干部代表比例。在人大设立代表联络机构，完善代表联系群众制度。"2013 年党的十八届三中全会提出，"加强人大常委会同人大代表的联系，充分发挥代表作用。通过建立健全代表联络机构、网络平台等形式密切代表同人民群众联系。"2014 年党的十八届四中全会提出，"健全法律法规规章起草征求人大代表意见制度，增加人大代表列席人大常委会会议人数，更多发挥人大代表参与起草和修改法律作用。"2015 年中共中央转发中共全国人大常委会党组关于加强县乡人大工作和建设的若干意见，对县乡两级进一步健全代表制度、做好代表工作、发挥代表作用，提出了一系列有力措施。2016 年中央全面深化改革领导小组审议通过《关于完善人大代表联系人民群众制度的实施意见》，对人大代表联系人民群众提出了更高要求。2017 年党的十九大提出，"更好发挥人大代表作用，使各级人大及其常委会成为全面担负

起宪法法律赋予的各项职责的工作机关,成为同人民群众保持密切联系的代表机关。”今年10月,党的十九届四中全会提出,“密切人大代表同人民群众的联系,健全代表联络机制,更好发挥人大代表作用”,“适当增加基层人大代表数量”等任务要求。

十三届全国人大常委会贯彻落实习近平总书记关于坚持和完善人民代表大会制度的重要思想,尊重代表主体地位,增强为代表服务的意识,认真履行支持和保障代表依法履职的法定职责。栗战书委员长先后主持召开有关工作会议、常委会党组会议、加强和改进全国人大代表工作座谈会,认真学习贯彻习近平总书记的重要讲话、重要论述,研究分析全国人大代表提出的意见建议,制定加强和改进全国人大代表工作的11个方面35条具体措施,对代表工作进行统筹谋划、总体部署、全面推进。地方各级人大常委会把代表工作作为一项重要的基础性工作,扎实开展,积极创新,积累了许多行之有效的好做法好经验。各级人大常委会同人大代表、人民群众的联系更加密切,代表在倾听民声、汇集民意、凝聚民力方面的独特作用得到进一步发挥。

实践的发展、理论的创新永无止境,制度的完善、工作的改进也永无止境。我们要深入学习贯彻习近平总书记关于坚持和完善人民代表大会制度的重要思想,深入学习贯彻党的十九届四中全会精神,深刻认识代表的主体地位和重要作用,遵循和把握代表工作规律,健全完善代表工作机制,努力开创新时代人大代表工作新局面。

第一,坚持党对人大代表工作的领导。中国共产党的领导和执政,就是支持和保证人民实现当家作主。只有在中国共产党的领导下,人民当家作主才能充分实现,人民代表大会制度的优势和功效才能充分发挥。党的十九届四中全会突出党的领导制度在中国特色社会主义制度和国家治理体系中的统领地位,提出坚持和完善党的领导制度体系,其中很重要的一条就是健全为人民执政、靠人民执政各项制度,巩固党执政的阶级基础,厚植党执政的群众基础,通过完善制度保证人民在国家治理中的主体地位。做好新时代人大代表工作,必须同党的基本理论、基本路线、基本方略对标对表,同党中央关于人大工作的要求对标对表,同地方党委贯彻落实党中央大政方针的决策部署对标对表。代表工作中的重大问题、重大事项、重要情况都及时向党中央、向地方党委请示报告,提高政治站位,把准政治方向,严守政治纪律,确保代表工作始终在党的领导下进行、紧紧围绕党和国家大局开展。

第二,进一步密切同人大代表的联系。党的十九届四中全会《决定》明确提出“健全代表联络机制”。今年11月习近平总书记在上海调研期间,专门到长宁区虹桥街道古北市民中心的基层立法联系点,考察基层人大代表和群众参与立法工作情况,深刻指出“人民民主是一种全过程的民主”。多年来,各级人大常委会已经形成了一整套比较完备的联系人大代表和人民群众的制度机制。本届以来,全国人大常委会又有一些新的探索。建立委员长与列席常委会会议的代表座谈机制,栗战书委员长先后主持召开8次座谈会,与400多名代表面对面座谈交流。建立健全专门委员会、工作委员会对口联系代表机制,确定专业领域、具有专业知识的代表参加预算审查监督、国有资产监督等工作。加强基层立法联系点建设,目前正准备增加联系点数量,总结推广好做法好经验,更好畅通民意反映渠道。面对新形势新要求,要进一步完善代表联系制度、加强联系代表的工作,同代表形成机制化的双向交流互动,持续扩大代表对常委会和专门委员会、工作委员会工作的参与,发挥代表来自人民、植根人民的优势和专业特长,确保做到真联系、取得真效果。

第三,高质量做好代表议案建议工作。提出议案和建议,是人大代表依法履职基本的、最主要的方式。代表提出的议案和建议,涉及打好三大攻坚战、推动高质量发展、实施乡村振兴战略、保障和改善民生等重点领域,都经过了深入调研和认真思考,质量比较高,针对性也很强,对国家各方面工作具有重要促进作用。要按照栗战书委员长提出的“内容高质量、办理高质量”和“既要重结果,也要重过程”的要求,认真审议代表议案、办理代表建议,把代表意见建议作为加强和改进工作的重要依据,努力提高人大工作质量和水平。加强代表提出议案建议的学习培训,组织履职经验丰富、提出议案建议质量较高的代表交流经验,安排代表与相关部门提前进行沟通,帮助代表在提出议案建议时能够有的放矢、有理有据。督促有关方面认真负责地办理代表议案建议,办理的分工、进度、初步意见和最后结果等,都要及时与代表沟通,认真听取、研究、吸纳代表提出的意见建议,实事求是、认真负责地答复代表。着力解决“文来文往”、书面答复后没有下文等问题,抓好跟踪落实工作,积极兑现答复承诺,不断提升代表满意度。

第四,为代表依法履职做好服务保障。代表联络机构是服务代表而不是管理代表的,要立足这一定位,增强为代表服务的意识,坚持不懈改作风转作风,提高服务代表的工作质量。围绕经济社会发展和关系人民群众切身利益、社会普遍关注的重大问题,精心组织好代表视察、专题调研和考察活动,具体方案要广泛征求代表意见并提前通知代表,便于代表合理安排时间,提高代表参与度。今年首次开展了代表跨区域视察调研,部分地区还开展了联合视察调研,取得了积极成果,今后这项工作还要继续开展和完善。要围绕代表关注和履职需要,创新培训形式,丰富培训内容,组织不同领域的代表进行专题学习培训,帮助代表熟悉党和国家大政方针,了解经济社会发展情况,提高依法履职能力水平。加快代表工作信息化建设,优化网上代表服务专区,开发推广代表工作信息化平台及手机客户端等,加强数据安全管理,做到便捷高效、安全可靠。全方位、多角度、深层次宣传代表工作,生动反映加强和改进代表工作的情况和代表履职尽责的典型事迹,充分展示"人民选我当代表、我当代表为人民"的风采。

人大代表,这是一个光荣的称号,更意味着一份沉甸甸的责任。全国人大代表和地方各级人大代表依法履职,担当作为,在宣传党的路线方针政策和宪法法律、反映人民群众呼声愿望要求、推动经济持续健康发展和维护社会和谐稳定等方面,发挥了重要作用,涌现出许多模范人物。唯一连任十三届的全国人大代表申纪兰同志就是其中的优秀典型。她积极维护新中国妇女劳动权利,倡导并推动"男女同工同酬"写入宪法,一辈子扎根农村、扎根群众,始终初心不改。2018 年 12 月,党中央、国务院授予申纪兰同志"改革先锋"称号;2019 年 9 月,习近平主席签署主席令,授予申纪兰同志共和国勋章,表彰她为社会主义建设和改革开放事业建立的卓越功勋。还有为老区发展积极建言、苦干实干的章联生代表,和群众心连心、帮群众排忧解难的马善祥代表,为群众义务服务 5 万人次以上、被誉为"活雷锋"的何健忠代表,任劳任怨服务社区三十年、今天下午将作交流发言的朱国萍代表,等等。他们是广大立足岗位、扎实工作、无私奉献的优秀人大代表的缩影,是我们学习的榜样。希望各级人大代表深入学习贯彻习近平总书记关于坚持和完善人民代表大会制度的重要思想,深入学习贯彻党的十九届四中全会精神,提高政治站位,珍视代表身份,严格要求自己,依法履职尽责,自觉接受监督,当好党和国家密切联系人民群众的桥梁和纽带,做到忠诚为党分忧、忠实为民代言,不负党和人民的重托。

推动人大代表工作提质增效

北京市人大常委会主任　李　伟

北京市人大常委会认真学习贯彻习近平总书记关于坚持和完善人民代表大会制度的重要思想,在做好新时代人大代表工作方面进行探索。

以精准组织学习培训为抓手,强化代表主体地位。聚焦提升代表政治意识、履职能力,精准设计学习培训的内容和形式。一是突出政治培训,通过思想政治引领确保代表履职正确政治方向;二是做实基础培训,届首之年及时组织全员培训;三是细化专题培训,根据议题组织专委会、专业代表小组成员开展"小班制、专题化"培训。

以贯穿融入各项工作为主线,发挥代表主力作用。把代表工作作为一项基础性、全局性工作来抓,大力拓展代表参与的深度广度,最大限度地凝聚社会共识、推动提升首都精治共治法治水平。一是开门立法下基层。就修订生活垃圾管理条例,1.2 万名各级代表深入基层,听取 24 万多名市民意见建议。二是专班推进提效率。制定促进文明行为条例时,吸收代表参加立法专班调研起草,征求代表意见 17 次,1.1 万名代表参与问卷调查。三是精准监督察实情。在涉及城市交通治理的"两条例一决定"(机动车停车条例、非机动车管理条例、实施道路交通安全法办法)组合式执法检查中,邀请基层代表参加,通过填写执法检查记录单反馈问题,调动代表参与的积极性,增强了人大监督的针对性、约束性。

以建好用活平台机制为依托,落实服务保障主责。以完善四级代表联系机制为主要抓手,打通联系代表和群众的"最后一公里"。一是健全制度机制,建立新一轮常委会组成人员固定联系基层市代表制度,定期走访、听取意见;建立主任会议成员固定联系区人大常委会制度,加强经常性沟通指导。二是激活基层平台,印发加强代表之家、代表联络站建设的指导意见，召开现场会推动落实，通过设议题、交任务、落责任、办活动推动市区人大工作联动，为基层履职平台注入活力、增强动力。三是畅通网络渠道，初步建成由议案建议管理、工作信息展示、文件资料查询等模块组成的履职系统，开发移动客户端方便代表网上联系、远程履职。

切实发挥人大代表主体作用

辽宁省人大常委会副主任　孙国相

辽宁省人大常委会深入学习贯彻习近平总书记关于坚持和完善人民代表大会制度的重要思想，落实习近平总书记的重要指示和党中央重大决策部署，及时有效回应人民群众重大关切。

一是坚决做到"两个维护"，落实党的全面领导。注重落实党的全面领导的各项制度，把做到"两个维护"贯穿人大工作各方面、全过程。出台了《省委关于坚持和完善人民代表大会制度这一根本政治制度的意见（试行）》；制定向省委请示报告重大事项清单，坚持将立法规划、年度立法计划和监督计划报请省委审定，每季度、每月向省委汇报工作，重要议题提请省委常委会研究决定。

二是聚焦重点领域，提高立法质量和效率。坚持立改废并举，制定了《营商环境条例》《行政审批中介服务条例》等15部法规，修改了26部，废止了16部，较好地发挥了立法引领优化营商环境、保障生态文明建设、促进社会民生改善、防范化解重大风险的重要作用。同时，为贯彻党的十九届四中全会精神，省委出台了《关于完善立法和法律实施监督体制机制的意见（试行）》，有效规范全省立法和法律实施工作。

三是围绕重点任务和关键举措，提高监督实效。聚焦省委落实习近平总书记对辽宁工作的重要指示精神和党中央重大决策部署工作安排，开展有效监督检查。围绕大气污染防治法、水污染防治法、营商环境条例，组织动员四级人大、五级代表开展执法检查；开展县乡财政体制改革和乡村振兴战略实施情况调研，覆盖全部县镇；成立特定问题调查委员会，对政府支出预算结构和政府性债务进行剖析检查。

四是突出主体作用，增强代表工作活力。注重完善"双联系"制度，建立专委会联系代表工作机制，健全常委会领导与列席代表座谈制度，建立代表参与立法、监督的制度，健全主任会议成员、专门委员会领衔督办重点议案建议制度，切实发挥代表的主体作用。组织9期人大代表履职培训班；推进省市县三级人大代表履职信息化联动衔接。

打造人大代表履职服务"四站"

安徽省人大常委会副主任　刘明波

安徽省人大常委会把代表工作作为坚持中国特色社会主义政治发展道路的基础工程、作为常委会的基础性工作，高位谋划，持续推进，特别是以打造代表履职服务"四站"为抓手，推动全省人大代表工作蓬勃发展、代表作用充分发挥。

打造学习"辅导站"，强化政治引领。始终把加强代表思想政治建设摆在首位，开展多种形式的培训，办好学习"辅导站"，当好政治"辅导员"。以分层培训提升政治素养，以会前集训统一思想行动，以日常实训增强政治自觉。

打造多层"联络站"，细化双联工作。在线上线下建立多种联络平台，畅通民意表达渠道。主动对接全国人大部署，协助我省选出的全国人大代表固定联系572名省人大代表，明确常委会组成人员直接联系466名基层省人大代表、省人大代表固定联系2868名市人大代表。通过手机App设置双联模块、推动代表座谈常态化、支持"一府一委两院"健全联系代表机制等。

打造履职"活动站"，深化平台建设。发挥代表小组活动主平台作用。强化线上履职平台支撑，专门开发省人大代表履职服务网络平台和"履职通"客户端，为代表知政督政问政、反映社情民意提供信息支撑和便捷服务。组织代表参加调研和执法检查、法规起草论证、旁听案件庭审等专项活动。

打造制度“供给站”,实化服务保障。围绕支持和保障代表履职,着力提供高质量制度供给,先后制定了 20 项相关制度。专门作出加强人大代表工作的决定,建立代表履职档案制度,努力构建科学、合理、全面、量化的履职评价体系。逐步推行省市两级代表向原选举单位述职,全面推开县乡两级代表向选民述职并接受评议。建立省人大代表履职补助制度,健全代表活动经费使用管理等办法。将代表建议办理情况纳入省管领导班子和领导干部综合考核内容。在开好交办、办理和督办“三办”会的基础上,实地督查办理情况。对重点督办的建议在媒体公开办理过程和结果,推动建议“提有分量、办有质效”。

为人大代表搭好履职平台

贵州省人大常委会副主任 孙永春

贵州省人大常委会不断加强和改进代表工作,更好发挥代表主体作用,把人大工作的“根”深深扎在人民群众之中,努力推动代表工作迈上新台阶。

在思想认识上,切实把代表工作放到重要位置。省委十二届六次全会作出关于认真学习宣传贯彻落实党的十九届四中全会精神的决定,充分吸纳省人大常委会提出的意见建议,强调“健全代表联络机制,加强和改进各级人大代表工作”“加强县乡人大规范化建设”。省人大常委会贯彻全国人大关于加强和改进全国人大代表工作“35 条具体措施”,结合实际制定加强和改进省人大代表工作具体措施,健全完善代表工作机制,协同推进全省各级人大代表工作。

保护赤水河流域生态环境是守好长江上游生态屏障的重要任务,各级人大代表多年持续关注。2017 年,首次跨区域邀请全国人大、水利部长江委、云南省人大和四川省人大、全省各级人大代表共同参与,对赤水河流域保护条例开展立法后评估,为修改完善法规提供重要依据,向全国人大提出保护长江立法建议。

在全省开展“脱贫攻坚,代表在行动”主题活动,组织引导各级人大代表积极投身脱贫攻坚主战场,汇聚脱贫攻坚合力。脱贫攻坚战场上,各级人大代表奋力冲锋在前。一批人大代表带领群众苦干实干,走出脱贫致富新路。省人大代表、“全国道德模范”黄大发坚持几十年带领群众绝壁凿成“大发渠”,成功引来“致富水”。

在真诚服务中,切实为代表搭好履职平台。推进人大代表联络站建设,密切人大代表同人民群众的联系。2018 年出台全省人大代表联络站建设的指导意见,建设集人大代表执行职务、学习交流、宣讲法律政策、联系服务群众于一体的履职平台。全省建成人大代表联络站 5731 个,实现了所有乡(镇、街道)全覆盖。依托“云上贵州”,建成全省人大代表网上联络站、议案建议办理平台和履职服务平台,做到人大代表全天候、零距离联系人民群众。建立健全省级领导、省人大常委会组成人员联系人大代表机制,建立与列席常委会会议代表座谈机制,及时听取人大代表意见建议。

在履职尽责中取得新成效

甘肃省人大常委会副主任 陈克恭

近年来,甘肃省人大常委会围绕“代表机关”建设,把坚持人民当家作主、发挥代表主体作用作为工作的出发点和落脚点,全省代表工作取得了新的成效。

加强学习培训,在能力素质上得到提高。突出总体规划,制定代表五年培训规划和年度培训计划,着力推动落实。突出内容设置,有效衔接初任培训、履职培训和专题培训,合理安排课程和班次。突出对象精准,探索开展点名培训与报名培训,加强与各选举单位沟通,增加基层代表培训名额。突出方式创新,开通“网络课堂”,组织代表在线学习。

拓展渠道方式,在密切联系上激发新活力。建立在甘全国人大代表和省人大代表联系制度,开展履职交流和共促活动,提高代表履职的整体实效。

建立邀请基层代表列席常委会会议、在会议期间与列席代表座谈交流机制，完善入户走访、座谈交流等联系基层代表全覆盖的制度办法，在开展执法检查、专题调研时就近就地邀请基层代表参加。完善平台载体，在全省各乡镇（街道）建成代表之家和代表工作室，组织代表依托“家”“站”接待选民，听取群众意见建议。

发挥主体作用，在履职尽责上取得新成效。按照代表构成建立履职专业分类名册，引导代表发挥优势，做到“四个助力”：助力脱贫攻坚，把代表履职和助推脱贫攻坚有机融合，引导全省8.3万名各级代表发挥各自优势，投身脱贫攻坚；助力高质量发展，积极组织开展“大调研”，两年来共有300多名各级代表参加了74项课题的调研，形成了一批高质量的调研报告；助力环境保护，邀请代表参加大气污染防治法等法律法规的执法检查，直面问题提出意见建议，督促整改落实；助力社会治理，针对留守儿童、校园欺凌等社会关注度较高的问题，组织代表开展调研，积极建言献策。

完善制度机制，在服务管理上出台新举措。在保障代表活动经费上用力，在拓宽知政渠道上用力，在提高代表建议办理实效上用力，在代表履职监督管理上用力。

在基层治理中贡献代表力量

武汉市人大常委会常务副主任　刘立勇

近年来，武汉市人大常委会不断深化和拓展代表工作，充分发挥代表在推进城市治理体系和治理能力现代化中的重要作用，有力保障和促进了新时代武汉高质量发展。

注重强基固本，努力提升代表参与城市治理的能力水平。打牢政治基础，严把选举入口关，从源头上优化代表结构、保证代表素质。打牢制度基础，制定代表议案和建议工作条例，制定“两个联系”办法等。打牢服务基础，代表履职档案全记录，每年安排100余名代表回原选举单位述职。

注重守正创新，巩固拓展代表参与城市治理的载体平台。搭建联系平台，常委会组成人员定期走访代表，形成了连接民意、听取意见的直通车。建立代表工作室1173个，代表开展活动有阵地、联系群众有渠道、执行职务有平台。指导各区人大常委会探索代表联系群众的途径和方式。搭建活动平台，连续三年开展代表主题活动，4000余名五级人大代表组成232个小组，助推打赢脱贫攻坚战。组织代表对35个政府部门229个处室进行评议。搭建知情督政平台，每年举办政情通报会，协调有关部门向代表寄送资料，保障代表知情权。创新代表建议督办方式，建议办理由答复型向落实型转变。健全代表建议办理协同联动机制，推进历史风貌街区保护等问题得到妥善解决。

注重履职担当，充分发挥代表参与城市治理的主体作用。在服务大局中体现代表担当，积极服务保障军运会，引导代表就招商引资、先进制造业与现代服务业深度融合等提出议案，促进经济持续健康发展，开展代表视察，督办大会议案，推动出台权力清单、程序清单、责任清单。在行使职权中展现代表作为，发挥代表立法建言作用，修订《燃放烟花爆竹安全管理规定》，邀请代表深度参加专题询问和电视问政，推动解决一批群众反映强烈的问题。在基层治理中贡献代表力量，坚持党建引领、双向发力，实现党建工作与代表工作双融合、双促进，出台《武汉市多元化解纠纷促进条例》，让依法治理深入人心。

为代表履职提供服务保障

全国人大常委会副秘书长　郭振华

全国人大机关坚持尊重代表主体地位，牢固树立服务代表意识，在各选举单位的支持和协助下，为全国人大代表履职提供更高质量的服务保障。

在为常委会联系代表做好服务方面：落实邀请

代表列席常委会会议制度，建立常委会会议列席代表座谈会机制，认真听取和交办代表意见建议。研究制定《关于完善全国人大常委会组成人员联系全国人大代表机制的意见》。积极推动专门委员会、工作委员会联系相关领域、具有相关专业知识代表，民族委员会、监察司法委员会和预算工作委员会等都已建立相关工作机制。

在推动代表议案建议工作方面：对代表在今年大会期间提出的 491 件议案和 8160 件建议深入分析，提出交付审议和交办意见，并首次向代表及原选举单位逐一通报；确定 22 项、276 件重点督办建议，7 个专门委员会负责督办；对代表在闭会期间提出的 157 件建议，也认真受理并交办。推动承办单位落实加强建议内容深度分析、加强与代表沟通联系、建立答复承诺事项台账等机制，更好地回应代表和群众关切。

在加强代表闭会期间活动组织服务方面：坚持全国人大常委会对代表工作的领导，统筹做好部分代表参与国务院大督查实地调研、考察法院和检察院工作等；认真组织代表进行专题调研、集中视察等活动，就近到代表联络站、基层立法联系点等工作平台听取群众意见；积极稳妥推进代表跨原选举单位行政区域进行考察。继续全方位、深层次报道宣传代表履职风采，在全社会树立代表良好形象。

在加强和改进代表学习培训方面：今年共举办 7 期代表学习班，培训全国人大代表 1880 多人次，创年度历史新高。十三届全国人大代表履职近两年来，共有 3100 多人次参加全国人大常委会办公厅组织的集中学习培训。增加代表同媒体打交道等应用型知识和人大基础知识的培训，基本实现本届新任基层代表履职学习全覆盖；组织代表分领域开展专题培训，开展党史、新中国史和人民代表大会制度历史教育，增强代表依法履职责任感使命感。

做密切联系群众的桥梁

全国人大代表　朱国萍

我担任了 3 届全国人大代表，履职这些年，我感受到“人民当家作主”的主人翁意识越来越强，法治理念越来越深入人心，党心民心越来越凝聚团结，这些都让代表越来越有底气。

*一是人民当家作主的底气。*2015 年，全国人大常委会法工委确定了我所在的上海市长宁区虹桥街道作为基层立法联系点。4 年多来，基层群众在参与立法征询的过程中不断发挥当家作主的主人翁精神，1900 余人次直接参与 30 部法律的意见征集，归纳整理各类意见建议 509 条。老百姓在参与立法的过程中，走出家门，敞开心门，以“主人翁”的姿态更积极地参与到社区治理中，居民们更能用法治思维来商量和解决问题。

*二是坚守初心使命的底气。*人民选我当代表，我当代表为人民。在我看来，人大代表是一座桥，一头连着党和国家，一头连着万千群众百姓。“萍聚”既是我的代表联络站和工作室，也是基层立法联络站：平日里我敞开大门倾听接收老百姓的声音，遇到有法律草案征询意见时，召集周边居民和相关企业单位、专家学者等相关人士讨论法条，大家畅所欲言，建言献策，我再梳理汇总，带到征询会上。

通过在基层实践，我深刻体会到，大家法治意识提升了，矛盾纠纷少了，相互理解多了，人心就能凝聚起来，人人有责、人人尽责、人人享有的“社会治理共同体”才会更扎实、更饱满，也更有温度。

*三是民意上传下达的底气。*大家叫我“小巷总理”，一边是基层党支部书记，管的是鸡毛蒜皮的“家事”，一边是全国人大代表，讨论的是大政方针的“国事”。正是人民代表大会制度，把坚持党的领导、人民当家作主和全面依法治国有机统一起来。

民意的上传下达，就要多走到群众中去。除了跟随各级人大考察调研，我也会利用一切机会，走社区、走乡村、走单位、走企业，与各行各业的人交谈、记录和回应他们的关切，并就其中具有代表性、典型性的问题展开调研，撰写议案、建议，把老百姓的声音“带上去”。

三、制度建设

十三届全国人大常委会贯彻落实《中共中央关于建立国务院向全国人大常委会报告国有资产管理情况制度的意见》五年规划(2018—2022)

十三届全国人大常委会任期的五年是贯彻落实《中共中央关于建立国务院向全国人大常委会报告国有资产管理情况制度的意见》(以下简称《意见》)第一个五年,为全面落实《意见》要求,稳步有序推进国有资产管理情况报告和审议监督工作,增强工作的规范性和引导性,制定本规划。

一、总体目标

以习近平新时代中国特色社会主义思想为指导,聚焦对标《意见》提出的各项要求,紧扣“全面规范、公开透明、监督有力”目标,从实际出发,积极稳妥、分类施策、依法有序推进,经过5年努力,全面摸清国有资产家底,理清国有资产管理体制机制,建立健全国有资产管理情况报告和监督制度,为向全国人民交出国有资产“明白账”“放心账”奠定坚实基础。到2022年,基本建立起报告范围全口径、全覆盖,分类、标准明确规范,报告与报表相辅相成的报告体系;基本建立起符合国有资产类别特点、以联网数据库为依托、以评价指标体系为重点、以常委会审议意见处理和整改问责为重要抓手的人大国有资产监督制度;基本建立起横向协作与纵向联动顺畅有序、规范高效的工作机制。

二、听取和审议国有资产管理情况报告年度议题安排

根据《意见》确定的国有资产管理情况年度报告采取综合报告和专项报告相结合的方式,不断完善年度国有资产管理情况综合报告,统筹安排好年度专项报告。综合考虑四类国有资产管理和改革进展等情况,确定年度专项报告议题,明确本届全国人大常委会任期内听取和审议国有资产管理情况报告年度议题安排如下:

(一)2018—2021年,每年在书面报告和审议国务院关于国有资产管理情况综合报告的同时,听取和审议一个专项报告,年度专项报告议题安排依次分别为:

——金融企业国有资产管理情况专项报告(2018年,已完成);

——行政事业性国有资产管理情况专项报告(2019年);

——企业国有资产(不含金融企业)管理情况专项报告(2020年);

——国有自然资源(资产)管理情况专项报告(2021年)。

(二)2022年,听取和审议国务院关于国有资产管理情况综合报告。

三、推动健全报告制度

加强沟通协调,积极推动政府部门不断规范和完善国有资产管理情况报告,提高报告质量。

(一)规范报告基本内容

各类国有资产专项报告要紧扣《意见》要求的报告重点和党中央关于国有资产管理、国有企业改革的决策部署,呼应《意见》确定的人大常委会审议和监督重点,反映国有资产的规模、结构、分布、表现形式,配置、使用、处置、收益等情况;说明国有资产管理情况,包括制度建设、投向布局、改革进展、绩效监管、保值增值、支撑社会事业发展和生态文明建设等情况;查找国有资产管理中存在的突出问

题，进行原因分析；提出具体可行的推进改革、改进工作的安排和建议。

（二）扩大报告范围

加强研究论证，积极稳妥扩大报告范围，逐步将储备土地、公路等基础设施、在建工程、社保基金（2019 年），外汇储备、政府投资基金、政府和社会资本合作（PPP）项目中的政府资本，以及部分金融基础设施等国有资产（2020 年）纳入报告范围，研究探索国防资产的报告方式，逐步增加纳入报告范围的国有自然资源（资产）的种类。结合全国人大常委会审议国有资产管理情况综合报告和各类国有资产管理情况专项报告的意见，到 2022 年，各类国有资产的报告范围、分类和标准基本规范和健全。

（三）完善报表和评价指标体系

1. 研究建立全口径国有资产报表体系。根据年度专项报告议题安排，建立和完善相应类别国有资产报表，作为专项报告的内容。2019 年，完善金融企业国有资产报表，提交行政事业性国有资产报表，行政事业性国有资产报表包括行政性国有资产和教育、医疗、科研、文化等分类别事业性国有资产报表；2020 年，提交企业国有资产（不含金融企业）报表；2021 年，提交国有自然资源（资产）报表。争取 2022 年形成比较健全的全口径国有资产报表体系。

2. 健全完善政府国有资产管理评价指标体系。企业国有资产（包括金融企业和非金融企业）的评价指标主要包括国有资本保值增值、国有资本做强做优做大、国有资本布局结构优化、国有资本服务于国家战略目标等。行政事业性国有资产的评价指标主要包括科学规范配置、推进基本公共服务均等化、支持科技进步、节约高效使用等。国有自然资源（资产）的评价指标主要包括保护生态环境、保障国家安全等。到 2022 年，基本建立起比较完善的全口径评价指标体系。

（四）夯实报告基础

1. 完善相关国有资产会计制度。加快推进政府会计制度改革，完善政府会计准则体系，统一核算口径，准确完整反映政府资产家底和科学评价政府运营绩效。尽快出台公路、保障性住房等国有资产的会计制度，纳入相关部门的报表体系。

2. 制定完善相关统计制度。加快建立统一、规范、高效的各类国有资产统计制度，确保各级政府、各部门各单位的国有资产报告结果完整、真实、可靠、可核查。根据评价评估需要，完善机关办公用房、公务用车、学校校舍、医院床位、设备仪器等相关实物统计制度，做到账实相符。

3. 加强国有资产报告支撑。落实党中央改革部署，积极推进编制以权责发生制为基础的政府综合财务报告、自然资源资产负债表等工作，为不断提高国有资产管理情况综合报告质量提供有效支撑。

4. 建立全口径国有资产信息共享平台。按照实现相关部门单位互联互通，全面完整反映各类国有资产配置、使用、处置和效益等基本情况的要求，积极推进全口径国有资产信息共享平台建设，充分利用大数据等现代信息技术，加强分析研究，提升国有资产管理水平。

四、持续加强人大监督

紧紧围绕贯彻落实党中央重大决策部署，积极回应人民群众重大关切，坚持依法监督、正确监督，创新方式方法，实行全方位监督，不断增强监督实效。

（一）研究建立人大国有资产监督评价指标体系

紧扣《意见》规定的人大常委会审议和监督重点，在国有资产管理评价指标体系的基础上，研究建立体现不同种类国有资产性质、功能和人大监督特点的评价指标体系，突出贯彻落实党中央决策部署情况、依法管理国有资产情况、人民群众获得感及满意情况。兼顾经济效益与社会效益、价值管理与实物管理，全面、客观、科学、准确评估国有资产管理情况。

（二）建立与预算决算审查监督有效衔接机制

1. 适应国有资产管理情况报告和监督工作要求，完善一般公共预算决算、政府性基金预算决算、部门预算决算编制和审查，研究完善决算报告报表，拓展相关预算决算对预算投资、政府投资基金、政府和社会资本合作（PPP）等形成、配置国有资本和资产情况的反映。

2. 改进国有资本经营预算决算，加快扩围提标，逐步将全部国有资本包括金融企业国有资本纳入，落实党的十八届三中全会关于国有资本收益上缴公共财政比例 2020 年提到 30% 的要求。规范国有资本经营预算与一般公共预算收入支出范围的划分，逐步使国有资本经营预算成为加强国有资本治理、战略布局、优化配置的基本平台。

3. 结合预算决算审查监督情况，对相应国有资产情况进行研究分析，提出国有资产管理监督的意见建议；结合国有资产管理报告和监督情况，提出对相关预算决算审查监督的意见建议。

（三）坚持问题导向，督促整改问责

1. 找准突出问题。深入实际开展调查研究，广泛听取各方面意见，全面梳理人大代表议案建议意见、审计查出、巡视发现和纪检监察处理有关案件反映的问题，研究提出和分析国有资产管理方面的突出问题。

2. 强化审议意见的研究处理。对全国人大常委会关于国有资产管理情况报告的审议意见进行梳理，提出分类整改问题清单，制定整改时间表，严格对标对表，督促落实整改和问责要求。

3. 加强跟踪监督和日常监督。对常委会审议意见、国务院报告以及监督调研报告等提出或者反映的重大问题、报告期内无法完成整改的问题，依照法定程序，可以组织常委会工作机构开展跟踪监督、持续监督，推动问题切实解决。逐步建立国务院有关部门定期向全国人大常委会有关工作机构报送国有资产管理情况的机制。全国人大常委会有关工作机构及时将有关情况向全国人大常委会报告、向有关专门委员会通报。

4. 综合运用各种法定监督方式。根据监督工作需要，研究开展询问、质询，组织特定问题调查，及时作出决议决定等，用足用好法定监督方式，增强监督实效。本届内，可以适时安排对国有资产管理情况报告开展专题询问。同时，有效发挥专项审计对人大国有资产监督的支持作用。

（四）加强对地方人大工作指导

1. 推动县级以上地方建立报告制度。2018 年、2019 年、2020 年，分别实现省级、设区的市级、县级地方建立政府向本级人大常委会报告国有资产管理情况的制度全覆盖。

2. 推进各级人大常委会国有资产管理信息联网。有计划、有步骤地将各类国有资产管理信息纳入人大预算联网监督系统。2019 年，争取实现全国人大常委会与各省级人大常委会联网；2020 年，实现省级人大常委会与其所辖设区的市级人大常委会联网；2022 年，实现设区的市级人大常委会与其所辖县级人大常委会联网。

3. 探索人大国有资产监督工作联动机制。根据发现的突出问题，全国人大常委会可以组织各省级人大常委会同步开展专项调研、执法检查，也可以委托部分省级人大常委会开展监督活动。

4. 及时总结有益经验，引导地方探索创新。加强工作信息交流，及时总结推广地方创新性做法和有益经验。通过召开座谈会、研讨会、培训班等方式，共同研究解决工作中普遍存在的困难和问题。

5. 加强人大国有资产监督机构和人才队伍建设。适应加强人大国有资产监督职能需要，落实《意见》“加强队伍能力建设”要求，健全人大国有资产监督工作机构，打造专业化工作队伍。

五、推进国有资产管理与监督立法

坚持全面依法治国，实现国有资产管理与监督的制度化、法治化。

（一）修改完善相关法律。研究修改各级人民代表大会常务委员会监督法，修改全国人民代表大会常务委员会议事规则、地方各级人民代表大会和地方各级人民政府组织法等相关法律，体现《意见》要求，实现政府向同级人大常委会报告国有资产管理情况、加强人大国有资产监督职能的法定化。

（二）制定全国人大常委会关于加强国有资产监督的决定。在总结国有资产管理情况报告制度实施情况，归纳人大国有资产监督工作实践创新做法和有益经验的基础上，到 2020 年，制定全国人大常委会关于加强国有资产监督的决定，实现国有资产监督工作和程序的进一步规范化、制度化。

（三）研究制定行政事业性国有资产管理法。落实十三届全国人大常委会五年立法规划安排，加快行政事业性国有资产管理立法的研究论证工作。

（四）组织开展制定综合性国有资产（资本）管理法的可行性研究。总结梳理各类国有资产（资本）管理、监督中遵循的共同原则和面临的共性问题，从必要性和可行性、理论基础和实践基础等方面开展研究论证，争取 2022 年提出可行性研究报告。

《人民日报》2019 年 5 月 23 日

附件：

加强人大监督　管好国有资产

——访全国人大常委会预算工作委员会主任史耀斌

人民日报记者　彭　波

4 月 12 日，十三届全国人大常委会第二十八次委员长会议通过了《十三届全国人大常委会贯彻落实〈中共中央关于建立国务院向全国人大常委会报告国有资产管理情况制度的意见〉五年规划（2018—2022）》（以下简称《五年规划》），明确提出，经过 5 年努力，全面摸清国有资产家底，理清国有资产管理体制机制，建立健全国有资产管理情况报告和监督制度，为向全国人民交出国有资产“明白账”“放心账”奠定坚实基础。

日前，记者就《五年规划》的有关情况采访了全国人大常委会预算工作委员会主任史耀斌。

实现全口径全覆盖的国有资产监督

记者：过去全国人大常委会只针对立法工作制定五年规划，这次全国人大常委会就人大国有资产监督工作制定五年规划，是基于什么考虑？

史耀斌：建立国务院向全国人大常委会报告国有资产管理情况制度，是以习近平同志为核心的党中央加强人大国有资产监督职能的重要决策部署。2017 年，中共中央印发《关于建立国务院向全国人大常委会报告国有资产管理情况制度的意见》（以下简称《意见》），对政府向人大常委会报告国有资产管理情况制度化、规范化、程序化作出了全面部署，对人大常委会加强审议监督提出了明确要求。这对于增加国有资产管理公开透明度、提升国有资产管理公信力，对于巩固和发展中国特色社会主义基本经济制度、管好人民共同财富、加强人大依法履职等，具有重要意义。

国有资产是全体人民共同的宝贵财富。中华人民共和国成立 70 年来，积累了丰厚家底，为国家经济社会发展稳定和人民生活持续改善提供了坚实的物质基础。由于国有资产规模大、种类多，底数还不完全清楚；国有企业和国有资产管理改革正在深化推进，体制还不完全顺畅；人大监督所需的信息还不够充分。所以，实现《意见》要求的全口径、全覆盖的国有资产管理情况报告和监督不可能一蹴而就，需要长期努力。

十三届全国人大常委会任期的五年是贯彻落实《意见》的第一个五年，也是打基础、立规矩的关键五年。全国人大常委会制定《五年规划》，就是要对《意见》中主要制度设计作出阶段性规划，明确具体时间表和路线图，增强工作的规范性和引导性，确保这项工作稳步有序扎实推进。而且，全国人大常委会听取和审议的年度报告议题不同，呈现五年一个周期的特征，也需要对此作出总体性统筹规划。

基本建立起人大国有资产监督制度

记者：《五年规划》针对国有资产管理提出了怎样的总体目标？全国人大常委会将如何实现这一目标？

史耀斌：《五年规划》提出，到 2022 年，要基本建立起报告范围全口径、全覆盖，分类、标准明确规范，报告与报表相辅相成的报告体系；基本建立起符合国有资产类别特点、以联网数据库为依托、以评价指标体系为重点、以常委会审议意见处理和整改问责为重要抓手的人大国有资产监督制度；基本建立起横向协作与纵向联动顺畅有序、规范高效的工作机制。

全国人大常委会对于国有资产管理情况的监督主要以听取和审议国务院报告的形式开展。《五年规划》提出，要积极推动政府部门不断规范和完善国有资产管理情况报告，规范报告基本内容、扩大报告范围、完善评价指标体系，提高报告质量。

为了突出监督重点、增强监督实效，《五年规划》对人大监督提出了具体要求，包括研究建立人大国有资产监督评价指标体系，建立与预算决算审查监督有效衔接机制，强化审议意见的研究处理，综合运用各种监督方式，加强跟踪监督和日常监督等。同时，还要求推动县级以上地方建立报告制度，推进各级人大常委会国有资产管理信息联网，探索人大国有资产监督工作联动机制。

此外，《五年规划》还提出要推进国有资产管理与监督立法，通过修改完善相关法律、制定全国人大常委会关于加强国有资产管理监督的决定、研究制定行政事业性国有资产管理法、组织开展制定综合性国有资产（资本）管理法的可行性研究等方式，健全国有资产相关法律制度，实现国有资产管理与监督的制度化、法治化。

每年听取一个专项报告，届末听取综合报告

记者：去年，国务院首次向全国人大常委会专项报告了金融企业国有资产。请问，《五年规划》对于本届全国人大常委会听取和审议的年度报告议题是如何安排的？

史耀斌：根据中央《意见》精神，国务院关于国有资产管理情况的年度报告采取综合报告和专项报告相结合、书面报告和口头报告相结合的方式。综合报告全面反映各类国有资产基本情况，专项报告分别反映企业国有资产（不含金融企业）、金融企业国有资产、行政事业性国有资产、国有自然资源等国有资产管理情况。各类国有资产报告要汇总反映全国情况。企业国有资产（不含金融企业）、金融企业国有资产报告以中央本级情况为重点。在每届全国人大常委会任期内，届末年份国务院向全国人大常委会提交书面综合报告并口头报告；其他年份在提交书面综合报告的同时就1个专项情况进行口头报告。

《五年规划》确定了每年专项报告的议题安排，除已经完成的金融企业国有资产管理情况专项报告外，今年全国人大常委会将听取和审议行政事业性国有资产管理情况专项报告，2020年为企业国有资产（不含金融企业）管理情况专项报告，2021年为国有自然资源（资产）管理情况专项报告。2022年，全国人大常委会将听取和审议国务院关于国有资产管理情况的综合报告。

政府报告国有资产的"明白账"是人大有效监督国有资产的前提和基础。《五年规划》明确提出，要保证政府提交的报告可审、可核、可监督。从规范报告体例角度，明确了国务院的报告要包括国有资产的基本情况，国有资产的管理情况，重点强调了问题梳理和原因分析；从提高报告质量角度，提出了逐步扩大报告范围，建立各类国有资产的报表体系，健全完善政府国有资产管理评价指标体系，有利于实现报告数据更丰富详实、管理情况可量化考核；从夯实报告基础角度，提出了完善相关会计制度和统计制度，建立全口径国有资产信息共享平台等。这些要求都是在起草过程中与政府有关部门沟通协商达成共识形成的，需要政府部门配合做好落实工作。

积极回应群众关切，坚持依法监督、正确监督

记者：《五年规划》将如何加强人大国有资产监督工作，确保监督取得实效？

史耀斌：全国人大常委会监督的是国有资产管理情况，而不是直接管理国有资产，所以重要的是在摸清国有资产家底的基础上，了解和掌握各类国有资产是如何管理的、管理的效果如何。《五年规划》提出，要积极回应人民群众重大关切，坚持依法监督、正确监督，创新方式方法，实行全方位监督。

首先要建立人大国有资产监督评价指标体系。紧扣人大常委会审议和监督的重点，体现不同种类国有资产性质、功能和人大监督特点，突出贯彻落实党中央决策部署情况、依法管理国有资产情况、人民群众获得感及满意情况，全面、客观、科学、准确地评估政府对国有资产的管理情况。

其次要建立与预算决算审查监督有效衔接机制。完善一般公共预算决算等的编制和审查，拓展相关预算决算对预算投资、政府投资基金等形成和配置国有资本和资产情况反映。改进国有资本经营预算决算，逐步使国有资本经营预算成为加强国有资本治理、战略布局、优化配置的基本平台。结合国有资产管理报告和监督情况，提出对相关预算决算审查监督的意见建议。

三是要坚持问题导向，督促整改问责。要针对审议、调研中发现的突出问题，提出分类整改问题清单、制定时间表，督促落实整改和问责要求。要加强跟踪监督和日常监督，通过拓展和延伸国有资产管理情况报告的监督链条，保持监督的经常性和持久力。此外，本届全国人大常委会还可以适时安排对国有资产管理情况报告开展专题询问，增强监督实效。

《人民日报》2019年5月23日

关于加强和改进全国人大代表工作的具体措施

（2019 年 6 月 17 日第十三届全国人民代表大会
常务委员会第三十二次委员长会议原则同意）

党的十八大以来，习近平总书记就坚持和完善人民代表大会制度、做好新时代人大工作发表一系列重要讲话，提出许多具有开创意义的新理念新思想新战略，形成了习近平总书记关于坚持和完善人民代表大会制度的重要思想。其中很重要的一个方面，就是要做好人大代表工作，更好发挥人大代表作用，使各级人大及其常委会成为同人民群众保持密切联系的代表机关。习近平总书记关于更好发挥人大代表作用的重要论述，为做好新时代人大工作特别是代表工作提供了指引和遵循。

全国人大常委会高度重视全国人大代表工作。十三届全国人大二次会议闭幕后，栗战书委员长先后主持有关工作会议、全国人大常委会党组会议、加强和改进全国人大代表工作座谈会，认真学习贯彻习近平总书记重要讲话精神，研究分析全国人大代表提出的意见建议，对加强和改进全国人大代表工作作出部署。

经研究，在继续坚持和完善实践证明行之有效的代表工作机制的基础上，提出以下加强和改进全国人大代表工作的具体措施。

一、充分认识做好全国人大代表工作的重要意义

1. 深入学习好、贯彻好、落实好习近平总书记关于坚持和完善人民代表大会制度的重要思想，从发挥中国特色社会主义民主政治特点和优势的高度，深刻认识人民代表大会制度的设计和运行、人大及其常委会依法行使职权，都是为了保证和发展人民当家作主；深刻认识人大代表是人民代表大会的主体，更好发挥代表作用是坚持和完善人民代表大会制度的内在要求，是保证和发展人民当家作主的重要体现，是人大工作保持生机和活力的重要基础，不断提升新时代全国人大代表工作水平。

2. 按照全国人大及其常委会是全面担负宪法法律赋予的各项职责的工作机关，是同人民群众保持密切联系的代表机关的定位，遵循和把握代表工作规律，健全代表工作机制，支持和保障代表依法履职，自觉接受代表监督，依靠全国人大代表做好全国人大及其常委会各项工作。

二、加强全国人大常委会对代表工作的领导

3. 紧紧围绕党和国家工作大局、围绕全国人大常委会重点任务，统筹谋划和推进全国人大代表工作，更好发挥代表密切联系人民群众的桥梁和纽带作用，推动党中央决策部署和宪法法律落实下去，把人民群众的意见建议和愿望要求反映上来，体现到全国人大及其常委会工作中，切实做到民有所呼、我有所应。

4. 健全全国人大常委会党组会议、委员长会议专题研究全国人大代表工作机制。落实党中央关于人大代表工作的重大决策部署、重大改革举措，制定年度全国人大代表工作要点，制定修改有关全国人大代表工作的办法、意见等，由常委会党组会议、委员长会议讨论决定。办理全国人大代表建议情况，常委会组成人员联系代表工作情况和全国人大代表工作中的重要情况等，由全国人大常委会办公厅向常委会党组会议、委员长会议报告。审议全国人大代表议案的结果，督办全国人大代表建议中的重要情况和重大问题等，由全国人大有关专门委员会向常委会党组会议、委员长会议报告。

5. 统筹"一府一委两院"联系全国人大代表工作。"一府一委两院"加强同全国人大代表的联系，是自觉接受人大监督的具体体现，应当主要通过全国人大常委会来组织安排。国家机关选聘全国人大代表担任特约监察员、监督员等，应当与全国人大常委会办公厅协商确定人选；邀请全国人大代表考察本部门、本系统工作或参加有关活动，应当事先报全国人大常委会办公厅，由全国人大常委会办公厅商各选举单位安排代表参加。全国人大常委会办公厅要加强对相关工作和活动的统筹协调，坚决反对和克服形式主义。参加相关活动的全国人

大代表,可以将了解到的情况、问题及意见建议等向全国人大常委会办公厅反映。国家机关联系全国人大代表以及研究处理代表意见建议的情况等,应当报送全国人大常委会办公厅。

三、深化和拓展全国人大常委会同代表的联系

6. 按照"做到真联系、取得真效果"的要求,改进常委会组成人员联系全国人大代表工作,努力形成双向互动交流、共同推进工作的局面。研究制定《关于全国人大常委会组成人员联系全国人大代表的意见》。常委会组成人员开展联系代表工作,要重点围绕党和国家工作大局、全国人大常委会重点任务来进行,就列入全国人大常委会立法、监督工作计划的立法项目、监督议题等,主动征求联系代表的意见建议,并在审议相关议案、报告时予以反映。要积极向联系代表介绍全国人大常委会工作进展和成果,支持和帮助联系代表依法履职;对代表拟提出的议案建议,可事先共同研究,帮助代表完善。根据常委会组成人员和代表意见,届中可适时调整或增加常委会组成人员的联系代表。全国人大常委会办公厅要会同各选举单位,为常委会组成人员联系代表做好沟通协调及代表意见建议办理等服务保障工作,及时报告联系代表工作情况。

7. 加强和改进全国人大专门委员会、常委会工作委员会同全国人大代表的联系。总结经验,积极探索专门委员会、工作委员会联系相关领域、具有相关专业知识的全国人大代表的工作机制,基本实现常委会组成人员、专门委员会、工作委员会联系基层全国人大代表全覆盖。

8. 健全全国人大常委会领导同志与列席常委会会议的代表座谈机制。每次常委会会议期间召开列席代表座谈会,认真听取代表对人大工作、民主法治建设、经济社会发展等方面的意见建议,做好代表意见建议整理、交办和研究处理情况反馈等工作。

9. 改进全国人大代表列席全国人大常委会会议的协调组织工作。结合常委会会议议程,邀请基层代表、相关领域代表以及提出相关议案建议、参加有关执法检查及立法、监督调研活动的代表列席,努力实现每位基层全国人大代表在任期内都能列席一次常委会会议。继续做好常委会会议前向列席代表通报情况工作,组织有关方面向列席代表介绍重大立法项目、重要工作报告的调研起草和审议修改情况,供代表准备审议发言时参考,提高审议发言质量。

四、持续扩大代表对全国人大常委会、专门委员会、工作委员会工作的参与

10. 落实立法项目论证、法律草案征求代表意见工作机制。积极邀请代表参与立法调研、起草、论证、审议、评估等工作。全国人大常委会审议的重要法律草案,通过书面形式征求相关领域或具有相关专业背景的代表的意见建议。提请全国人民代表大会审议的法律案,依照法定时间提前组织代表研读讨论,认真研究代表提出的意见建议。宪法和法律委员会报告法律草案的修改情况或审议结果时,应当对全国人大代表提出意见建议及研究采纳情况予以说明。

11. 完善代表参与全国人大常委会执法检查、专题调研等活动机制。执法检查组赴地方检查法律实施情况,至少邀请2名全国人大代表参加。

12. 落实全国人大预算审查、国有资产监督联系代表工作机制。对熟悉财税和国有资产管理工作的代表,可有组织的编为若干小组,参与有关工作,更好发挥代表在预算审查监督、国有资产监督和财税立法工作中的作用。

13. 全国人大常委会、委员长会议组成人员和专门委员会、常委会办公厅、工作委员会的外事活动包括出访,根据需要邀请全国人大代表参加。做好全国人大青年代表团、妇女代表团、西藏代表团和其他专门代表团等出访工作。

五、高质量做好代表议案建议工作

14. 按照"内容高质量、办理高质量"的要求,改进代表议案建议工作。加强代表提出议案建议的学习培训,有针对性地为代表讲授提出议案建议的法定程序、相关要求,组织履职经验丰富、提出议案建议质量较高的代表交流经验。探索代表提出建议前与部门沟通机制,组织承办单位向代表介绍党和国家重大决策部署,通报代表建议办理及采纳吸收情况、当前工作重点和突出问题等,汇编代表议案建议及办理答复案例,帮助代表在提出议案建议时有的放矢、提高质量。

15. 贯彻落实《全国人大代表建议处理办法》,

着力解决办理代表建议“文来文往”、书面答复后没有下文等问题。承办单位要做到每件代表建议都与代表沟通后再答复，与代表见面沟通也应当达到一定比例。承办建议较多的单位，要结合代表建议关注的主要问题或者同类问题，召开座谈会或开展办理工作调研，当面听取代表的意见建议。推动建立办理代表建议答复承诺解决事项台账，抓好跟踪落实工作，努力兑现答复承诺，及时向代表通报落实情况。适时组织代表视察承办单位建议办理工作情况。

16. 按照代表议案建议办理“既要重结果、也要重过程”的要求，注重加强同提出议案建议的代表沟通。全国人大常委会办公厅要完善代表议案建议交办协调工作机制，提高交办准确性、时效性，逐一向代表反馈代表议案交付审议情况和代表建议交办情况。审议代表议案的专门委员会、承办代表建议的单位要及时向代表通报办理工作进度、初步意见以及审议或办理结果；根据代表提出的具体问题和意见建议，形成有针对性的反馈意见答复代表，不能以“通用稿”笼统地答复代表。

17. 认真听取、研究、吸纳代表的意见建议。对全国人大代表出席全国人民代表大会会议、列席常委会会议审议发言时提出的意见建议，能在会议期间反馈的，要及时向代表作出解释说明；会议期间反馈不了的，会后要认真研究并及时反馈。要利用大数据技术等加强对代表意见建议的深度分析，梳理代表意见最集中、反映最突出的问题，有针对性地推动改进工作。全国人大有关工作部门、代表建议承办单位都要将这项工作作为开展调查研究的一个重要渠道，为完善政策、改进工作提供重要参考。

六、组织好代表视察、专题调研和考察活动

18. 全国人大常委会对代表视察、专题调研和考察活动进行统一安排。各选举单位按照统一安排，组织全国人大代表在每年全国人民代表大会会议前对国家机关和有关单位的工作进行视察，每年年中围绕经济社会发展和关系人民群众切身利益、社会普遍关注的重大问题进行专题调研。全国人大代表进行视察、专题调研，一般在原选举单位的行政区域内进行。香港、澳门、台湾、解放军和武警部队代表的视察和专题调研活动，根据实际情况安排。视察和专题调研方案要广泛征求代表意见并提前通知代表，便于代表合理安排时间，提高代表参与度。代表参加视察、专题调研情况，由选举单位的人大常委会向全国人大常委会作书面报告。

19. 紧扣党中央重大决策部署，根据代表履职需要，全国人大常委会可以组织全国人大代表跨原选举单位的行政区域进行考察、视察，也可以委托省级人大常委会进行，受委托的省级人大常委会应将考察、视察情况报全国人大常委会。

20. 各选举单位如需全国人大代表参与本行政区域内的相关活动，包括参加视察、考察、调研、座谈会等，要报全国人大常委会备案。如组织代表跨本行政区域活动或随团出访，要向全国人大常委会请示。

21. 各选举单位要协助全国人大代表小组精心制定活动计划，为代表小组就近就地开展多种形式活动提供服务保障，积极探索增强代表小组活力的方式方法。组织全国人大代表就近到代表联络站、代表之家等工作平台和基层立法联系点听取人民群众的意见建议，运用法治方式推动解决老百姓最期盼最关心的问题。

22. 全国人大常委会和选举单位每年安排部分在京全国人大代表回原选举单位参加视察、专题调研、代表小组活动等，各选举单位要做好服务保障工作。

23. 对全国人大代表提出的各项建议、意见、反映的情况或者转递的群众信访事项，全国人大常委会要及时交由有关地方、部门研究处理并督促有关单位及时答复、反馈代表。

七、全面宣传展示代表工作

24. 全方位、多角度、深层次报道宣传全国人大代表工作。支持和协调中央主要新闻媒体开办专栏或专题节目、采用多媒体形式，充分反映全国人大常委会加强和改进代表工作的情况，生动反映全国人大代表履职尽责的案例、事迹和成果，支持代表就自己关注和熟悉的领域撰写署名文章或接受媒体采访，展示“人民选我当代表、我当代表为人民”的风采。

25. 建立向全国人大代表通报代表工作机制。每年全国人民代表大会会议召开前，全国人大常委会办公厅向代表通报过去一年全国人大常委会代表工作情况，重点包括常委会联系代表工作，代表议案审议结果，代表建议办理情况，代表闭会期间活动情况，代表学习培训情况等。

八、加快提高代表工作信息化水平

26. 做好全国人大代表工作信息化规划设计，统筹协调好各方面的工作需求、各类信息的汇总利用发布、各渠道各形式的分工衔接，整合现有的信息平台、渠道，开发推广使用全国人大代表工作信息化平台以及手机客户端等，加强数据安全管理，做到便捷高效、安全可靠。

27. 有计划、有重点、分步骤加快推进代表工作信息化建设，尽快实现代表议案建议提出、交办、办理、沟通、答复、反馈、查询全流程信息化，优化升级中国人大网代表服务专区，通过网络征求代表意见建议、开展代表远程学习培训，向代表提供相关数据库、资料库等信息资源。建设人大视频会议系统，经常性地就重大立法、监督事项等征求代表意见建议，增强同代表沟通交流的及时性、便捷性。

九、加强全国人大代表自身建设

28. 加强全国人大代表政治思想建设。深入学习贯彻习近平新时代中国特色社会主义思想特别是习近平总书记关于坚持和完善人民代表大会制度的重要思想，以政治建设为统领，强化理论武装，提高政治站位，树牢"四个意识"，坚定"四个自信"，坚决做到"两个维护"，牢记使命担当，依法履职尽责，忠诚为党分忧，忠实为民代言。引导代表珍视代表身份，自觉履行代表义务，严格要求自己，弘扬和践行社会主义核心价值观，正确处理从事个人职业活动与执行代表职务的关系，自觉接受人民群众和原选举单位监督。

29. 总结全国人大代表学习培训工作经验，改进代表学习培训工作，增强学习培训的针对性、实效性。围绕代表关注和履职需要，增加应用型知识、基础知识培训，组织编写人大代表履职基础知识问答，引导代表依法正确行使民主权利。做好代表初任学习，基本实现新任基层全国人大代表履职学习全覆盖，组织不同领域的代表进行专题学习培训。结合全国人大代表工作信息化平台建设，创新培训形式，丰富培训内容，便于代表及时跟进学习党中央重大决策部署、重要法律，了解掌握相关领域工作重点和进展，善于从大局和全局上思考问题、发表意见、提出建议。

30. 贯彻落实党中央有关改进人大代表工作通知精神，加强代表履职管理监督。统一全国人大代表履职档案的基本内容，推进代表履职档案规范化建设。完善代表退出机制。加强代表资格审查工作。加强代表会风会纪教育，确保大会风清气正。

十、帮助代表解决履职困难

31. 落实《关于全国人大代表活动经费管理使用的意见》，健全代表履职经费保障机制，根据实际需要逐步提高代表活动经费水平。全国人大代表依法参加代表小组活动和集中视察、专题调研等闭会期间活动，由代表活动经费予以保障。代表联系人民群众的通讯、交通等费用的补贴，按照每位代表每月200元的标准包干使用。为无固定工资收入的代表出席全国人民代表大会会议、列席全国人大常委会会议以及参加统一组织的闭会期间活动发放临时补助。将探视、慰问患病等特殊情况的代表的必要费用纳入代表活动经费使用范围。

32. 加强与全国人大代表所在单位的沟通，大力宣传普及代表法，为代表特别是基层代表依法履职创造更好条件。代表所在单位应当尊重代表的权利，依法为代表优先执行代表职务给予时间保障，对代表执行代表职务按正常出勤对待，享受所在单位的工资和其他待遇。

十一、加强代表联络机构建设

33. 全国人大代表联络机构要牢固树立服务代表意识，苦练"内功"，加强自身建设，提高服务代表的能力和水平。要坚持不懈改作风转作风，弘扬马上就办、日清日结的工作作风，克服惰性思维、惯性思维，重点解决与新形势新要求不相适应的问题。要加强对工作人员的教育管理监督，严守廉洁自律各项规定，严禁找代表办私事、谋私利，做违法乱纪的事情。

34. 研究推进全国人大常委会代表联络机构建设，加强工作力量。全国人大各专门委员会、常委会工作机构和办事机构都要尊重代表主体地位，树立服务代表意识，支持和保障全国人大代表依法履职。

35. 加强对各省级人大常委会全国人大代表联络机构的工作指导，完善工作机制，定期开展工作交流和业务培训，形成加强和改进全国人大代表工作的合力。每年12月中旬，各省级人大常委会将本选举单位全国人大代表工作情况，包括邀请全国人大代表参加本省区市的有关活动等，书面报送全国人大常委会办公厅。

常办联字〔2019〕142号

关于完善全国人大常委会组成人员联系全国人大代表机制的意见

（2019 年 12 月 16 日第十三届全国人大常委会第 44 次委员长会议通过）

党的十九大报告强调，更好发挥人大代表作用，使各级人大及其常委会成为同人民群众保持密切联系的代表机关。党的十九届四中全会提出，密切人大代表同人民群众的联系，健全代表联络机制，更好发挥人大代表作用。为深入贯彻落实党的十九大和十九届四中全会精神，按照代表法的有关规定和《关于加强和改进全国人大代表工作的具体措施》的要求，总结实施《关于全国人大常委会委员长会议组成人员联系全国人大代表的意见（试行）》和《关于全国人大常委会委员联系全国人大代表的意见（试行）》的经验，现就完善全国人大常委会组成人员（以下简称常委会组成人员）联系全国人大代表（以下简称代表）机制提出以下意见。

一、完善常委会组成人员联系代表机制的重要意义、指导思想和基本要求

（一）重要意义：人民代表大会制度是中国特色社会主义制度的重要组成部分，也是支撑中国国家治理体系和治理能力的根本政治制度。这一制度之所以具有强大的生命力和显著优越性，关键在于它深深根植于人民之中。各级国家机关加强同人大代表的联系、加强同人民群众的联系，是实行人民代表大会制度的内在要求，是人民对自己选举和委派代表的基本要求。完善常委会组成人员联系代表机制，对于充分发挥代表来自人民、植根人民的特点和优势，支持和保证全国人大及其常委会依法行使职权，支持和保证人民通过人民代表大会行使国家权力，坚持和完善人民代表大会制度这一根本政治制度，推进国家治理体系和治理能力现代化，具有十分重要的意义。

（二）指导思想：坚持以习近平新时代中国特色社会主义思想为指导，全面贯彻党的十九大和十九届二中、三中、四中全会精神，深入学习宣传贯彻落实习近平总书记关于坚持和完善人民代表大会制度的重要思想，增强“四个意识”，坚定“四个自信”，做到“两个维护”，坚持党的领导、人民当家作主、依法治国有机统一，尊重代表主体地位，更好发挥代表作用，紧紧依靠代表做好全国人大及其常委会各项工作，使全国人大及其常委会成为全面担负起宪法法律赋予的各项职责的工作机关，成为同人民群众保持密切联系的代表机关。

（三）基本要求：1. 坚持围绕中心、服务大局。紧紧围绕统筹推进“五位一体”总体布局、协调推进“四个全面”战略布局，紧紧围绕全国人大及其常委会贯彻落实党中央大政方针的决策部署，推动常委会组成人员开展联系代表工作。2. 做到真联系，取得真效果。努力形成常委会组成人员和代表互动交流、共同推进工作的局面，接地气、察民情、聚民智，切实做到民有所呼、我有所应，用法治保障人民权益、增进民生福祉。3. 总结实践经验，健全工作机制。坚持从实际出发，不断总结经验，推进常委会组成人员联系代表工作常态化、机制化，探索建立专门委员会、工作委员会联系代表工作机制。4. 加强上下联动，做好服务保障。全国人大常委会和各省级人大常委会的办事机构、工作机构要加强联系，共同为常委会组成人员开展联系代表工作提供服务保障。

二、完善常委会组成人员联系代表的工作机制

（四）加强全国人大常委会对常委会组成人员联系代表工作的领导。健全常委会党组会议、委员长会议专题讨论常委会组成人员联系代表工作的机制，常委会组成人员联系代表工作情况，由常委会办公厅每半年向常委会党组会议、委员长会议报告，每年向常委会会议书面报告。

（五）常委会组成人员直接联系一定数量的代表特别是基层代表。每位委员长会议组成人员联系 5 名以上代表，包括委员长会议组成人员原选举

单位的代表、所负责和联系工作方面的代表，以及一线工人、农民和专业技术人员等基层代表。每位常委会委员联系原选举单位的2至4名代表。根据常委会组成人员和代表意见，届中可适时调整、增加联系代表。

（六）健全全国人大常委会领导同志与列席常委会会议的代表座谈机制。常委会会议期间召开列席代表座谈会，认真听取代表对人大工作、民主法治建设、经济社会发展等方面的意见建议。做好代表意见建议整理、交办和研究处理情况通报反馈等工作。

（七）扩大代表对全国人大常委会工作的参与。常委会、有关专门委员会和常委会工作机构、办事机构通过邀请代表列席常委会会议、参加立法监督调研和执法检查、参加代表议案建议办理调研和座谈、参加外事出访和接待等活动，扩大代表对全国人大常委会各项工作的参与。

（八）加强和改进全国人大专门委员会、常委会工作委员会同代表的联系。在常委会组成人员联系代表的基础上，探索专门委员会、工作委员会联系相关领域、具有相关专业知识代表的工作机制，基本实现常委会组成人员、专门委员会、工作委员会联系基层代表全覆盖。

（九）建立向代表通报常委会组成人员联系代表工作情况机制，自觉接受代表监督。每年全国人民代表大会会议召开前，常委会办公厅在向代表通报过去一年全国人大常委会代表工作情况时，应当报告常委会组成人员联系代表工作情况。

三、丰富常委会组成人员联系代表的内容和方式

（十）常委会组成人员围绕党和国家工作大局，向代表了解党中央重大决策部署、宪法法律、全国人大及其常委会决议、决定贯彻执行的情况；听取代表、人民群众以及代表所在单位、行业、地区对全国人大常委会、“一府一委两院”工作的意见建议。

（十一）常委会组成人员围绕推动落实全国人大常委会工作要点和立法、监督工作计划，就其中重要的立法项目、监督议题等，主动征求代表的意见建议。

（十二）常委会组成人员通过参加闭会期间代表活动、走访代表以及邀请代表座谈等多种方式，认真听取和了解代表对列席常委会会议、代表议案建议办理、参加常委会和专门委员会、工作委员会活动以及代表专题调研、集中视察、学习培训等有关代表服务保障工作的意见建议。

（十三）常委会组成人员主动向代表介绍全国人大常委会、专门委员会、工作委员会的工作情况，协助代表总结依法履职的做法和经验，帮助解决基层代表履职遇到的困难和问题。对代表拟提出的议案建议，可事先共同研究，帮助代表完善。

（十四）加强常委会组成人员同代表的经常性联系，利用信函、电话、微信、电子邮件等多种方式，实现联系工作常态化，增强联系工作时效性，促进常委会组成人员同代表的双向互动交流。

（十五）代表要严格依法履职尽责，带头宣传贯彻党和国家工作部署，协助宪法和法律的实施，密切联系人民群众，积极参加闭会期间代表活动，通过代表之家、代表联络站、基层立法联系点等联系人民群众工作平台听取意见建议，当好党和国家联系人民群众的桥梁和纽带。

四、健全代表提出意见建议的处理和反馈机制

（十六）代表反映人民群众的意见和要求，在出席全国人民代表大会会议期间，主要结合审议相关议案和报告，以审议意见的形式提出，也可以形成议案和建议，依照法律规定提出；闭会期间，可以形成代表建议向全国人大常委会办公厅提出或由常委会组成人员转交全国人大常委会办公厅，也可以在应邀列席常委会会议或参加常委会、专门委员会、工作委员会的有关活动时提出。

（十七）常委会组成人员在联系代表过程中听取或者收到的代表意见建议，根据实际情况分别作出处理。对列入常委会会议议程的法律草案、监督议题的意见建议，在常委会分组审议相关议案、报告时予以反映，并向代表反馈。对其他各方面工作的意见建议，交由全国人大常委会办公厅研究处理。

（十八）全国人大常委会办公厅要认真梳理代表提出或常委会组成人员转交的意见建议，及时交有关承办单位办理；涉及人大工作的建议，应当认真研究、积极采纳合理意见。代表意见建议的交办和办理情况，要逐一向代表和常委会组成人员通报，做到件件有交办、事事有回音。

（十九）承办单位要认真落实《全国人民代表大会代表建议、批评和意见处理办法》的规定，按照“办理高质量”和“既要重结果、也要重过程”的要求，加强同提出意见建议的代表沟通，及时向代表

通报办理工作进度、初步意见和办理结果,积极回应代表和人民群众关切,推进科学决策、民主决策、依法决策。

五、加强常委会组成人员联系代表工作的服务保障

(二十)全国人大常委会办公厅要牢固树立服务代表意识,坚持不懈改进工作作风,会同各选举单位做好常委会组成人员联系代表服务保障工作。专门委员会、工作委员会办事机构要为本委员会的常委会组成人员联系代表做好协调和服务工作,组织立法监督调研,起草审议法律草案和开展立法评估、执法检查等工作时,要有针对性地邀请相关领域或具有相关专业知识的代表参加。

(二十一)加强常委会组成人员联系代表的宣传报道工作。做好《联络动态(联系代表专刊)》编辑工作,及时反映常委会组成人员联系代表工作情况,总结、复制、推广行之有效的做法。通过中央主要新闻媒体和《中国人大》杂志、中国人大网、"全国人大"微信公众号等,深入宣传常委会组成人员联系代表、代表依法履职尽责的案例和成果。

(二十二)加强常委会组成人员联系代表的经费保障。制定《全国人大常委会组成人员联系代表专项经费管理办法》,加强和规范常委会组成人员开展联系代表活动的经费管理使用。

(二十三)各省级人大常委会要做好本选举单位的全国人大常委会组成人员联系代表的服务保障工作。明确一位省级人大常委会副主任负责协调,代表联络工作机构具体负责各项服务保障工作。建立工作台账,每年 12 月中旬前将本选举单位全国人大常委会组成人员联系代表工作情况书面报送全国人大常委会办公厅。

法规、司法解释备案审查工作办法

(2019 年 12 月 16 日第十三届全国人大常委会第 44 次委员长会议通过)

目　录

第一章　总　　则

第一条　为了规范备案审查工作,加强备案审查制度和能力建设,履行宪法、法律赋予全国人民代表大会及其常务委员会的监督职责,根据宪法和立法法、监督法等有关法律的规定,制定本办法。

第二条　对行政法规、监察法规、地方性法规、自治州和自治县的自治条例和单行条例、经济特区法规(以下统称法规)以及最高人民法院、最高人民检察院作出的属于审判、检察工作中具体应用法律的解释(以下统称司法解释)的备案审查,适用本办法。

第三条　全国人大常委会依照宪法、法律开展备案审查工作,保证党中央令行禁止,保障宪法法律实施,保护公民合法权益,维护国家法制统一,促进制定机关提高法规、司法解释制定水平。

第四条　开展备案审查工作应当依照法定权限和程序,坚持有件必备、有备必审、有错必纠的原则。

第五条　常委会办公厅负责报送备案的法规、司法解释的接收、登记、分送、存档等工作,专门委员会、常委会法制工作委员会负责对报送备案的法规、司法解释的审查研究工作。

第六条　加强备案审查信息化建设,建立健全覆盖全国、互联互通、功能完备、操作便捷的备案审查信息平台,提高备案审查工作信息化水平。

第七条 常委会工作机构通过备案审查衔接联动机制，加强与中央办公厅、司法部、中央军委办公厅等有关方面的联系和协作。

第八条 常委会工作机构应当密切与地方人大常委会的工作联系，根据需要对地方人大常委会备案审查工作进行业务指导。

第二章 备 案

第九条 法规、司法解释应当自公布之日起三十日内报送全国人大常委会备案。

报送备案时，应当一并报送备案文件的纸质文本和电子文本。

第十条 法规、司法解释的纸质文本由下列机关负责报送备案：

（一）行政法规由国务院办公厅报送；

（二）监察法规由国家监察委员会办公厅报送；

（三）地方性法规、自治州和自治县制定的自治条例和单行条例由各省、自治区、直辖市人大常委会办公厅报送；

（四）经济特区法规由制定法规的省、市人大常委会办公厅（室）报送；

（五）司法解释分别由最高人民法院办公厅、最高人民检察院办公厅报送；最高人民法院、最高人民检察院共同制定的司法解释，由主要起草单位办公厅报送。

第十一条 报送备案时，报送机关应当将备案报告、国务院令或者公告、有关修改废止或者批准的决定、法规或者司法解释文本、说明、修改情况汇报及审议结果报告等有关文件（以下统称备案文件）的纸质文本装订成册，一式五份，一并报送常委会办公厅。

自治条例、单行条例、经济特区法规对上位法作出变通规定的，报送备案时应当说明对法律、行政法规、地方性法规作出变通的情况，包括内容、依据、理由等。

第十二条 法规、司法解释的电子文本由制定机关指定的电子报备专责机构负责报送。

报送机关应当通过全国人大常委会备案审查信息平台报送全部备案文件的电子文本，报送的电子文本应当符合全国人大常委会工作机构印发的格式标准和要求。

第十三条 常委会办公厅应当自收到备案文件之日起十五日内进行形式审查，对符合法定范围和程序、备案文件齐全、符合格式标准和要求的，予以接收并通过全国人大常委会备案审查信息平台发送电子回执；对不符合法定范围和程序、备案文件不齐全或者不符合格式标准和要求的，以电子指令形式予以退回并说明理由。

因备案文件不齐全或者不符合格式标准和要求被退回的，报送机关应当自收到电子指令之日起十日内按照要求重新报送备案。

第十四条 常委会办公厅对接收备案的法规、司法解释进行登记、存档，并根据职责分工，分送有关专门委员会和法制工作委员会进行审查研究。

第十五条 常委会办公厅对报送机关的报送工作进行督促检查，并适时将迟报、漏报等情况予以通报。

第十六条 每年一月底前，各报送机关应当将上一年度制定、修改、废止和批准的法规、司法解释目录汇总报送全国人大常委会办公厅。

常委会办公厅通过全国人大常委会公报和中国人大网向社会公布上一年度备案的法规、司法解释目录。

第十七条 专门委员会、常委会工作机构根据审查工作需要，可以要求有关方面提供本办法第五十四条规定的规范性文件。

第三章 审 查

第一节 审查职责

第十八条 对法规、司法解释可以采取依职权审查、依申请审查、移送审查、专项审查等方式进行审查。

第十九条 专门委员会、法制工作委员会对法规、司法解释依职权主动进行审查。

第二十条 对法规、司法解释及其他有关规范性文件中涉及宪法的问题，宪法和法律委员会、法制工作委员会应当主动进行合宪性审查研究，提出书面审查研究意见，并及时反馈制定机关。

第二十一条 国家机关依照法律规定向全国人大常委会书面提出的对法规、司法解释的审查要求，由常委会办公厅接收、登记，报秘书长批转有关专门委员会会同法制工作委员会进行审查。

第二十二条 国家机关、社会团体、企业事业组织以及公民依照法律规定向全国人大常委会书面提出的对法规、司法解释的审查建议，由法制工作委员会接收、登记。

法制工作委员会对依照前款规定接收的审查建议，依法进行审查研究。必要时，送有关专门委员会进行审查、提出意见。

第二十三条 经初步研究，审查建议有下列情形之一的，可以不启动审查程序：

（一）建议审查的法规或者司法解释的相关规定已经修改或者废止的；

（二）此前已就建议审查的法规或者司法解释与制定机关作过沟通，制定机关明确表示同意修改或者废止的；

（三）此前对建议审查的法规或者司法解释的同一规定进行过审查，已有审查结论的；

（四）建议审查的理由不明确或者明显不成立的；

（五）其他不宜启动审查程序的情形。

第二十四条 法制工作委员会对有关机关通过备案审查衔接联动机制移送过来的法规、司法解释进行审查。

第二十五条 法制工作委员会结合贯彻党中央决策部署和落实常委会工作重点，对事关重大改革和政策调整、涉及法律重要修改、关系公众切身利益、引发社会广泛关注等方面的法规、司法解释进行专项审查。

在开展依职权审查、依申请审查、移送审查过程中，发现可能存在共性问题的，可以一并对相关法规、司法解释进行专项审查。

第二十六条 对不属于全国人大常委会备案审查范围的规范性文件提出的审查建议，法制工作委员会可以按照下列情况移送其他有关机关处理：

（一）对党的组织制定的党内法规和规范性文件提出的审查建议，移送中央办公厅法规局；

（二）对国务院各部门制定的规章和其他规范性文件提出的审查建议，移送司法部；对地方政府制定的规章和其他规范性文件提出的审查建议，移送制定机关所在地的省级人大常委会，并可同时移送司法部；

（三）对军事规章和军事规范性文件提出的审查建议，移送中央军委办公厅法制局；

（四）对地方监察委员会制定的规范性文件提出的审查建议，移送制定机关所在地的省级人大常委会，并可同时移送国家监察委员会；

（五）对地方人民法院、人民检察院制定的属于审判、检察工作范围的规范性文件提出的审查建议，移送制定机关所在地的省级人大常委会，并可同时移送最高人民法院、最高人民检察院。

法制工作委员会在移送上述审查建议时，可以向有关机关提出研究处理的意见建议。

第二节 审查程序

第二十七条 根据审查要求、审查建议进行审查研究，发现法规、司法解释的规定可能存在本办法第三章第三节规定情形的，应当函告制定机关，要求制定机关在一个月内作出说明并反馈意见。

对法规、司法解释开展依职权审查、移送审查、专项审查，发现法规、司法解释的规定可能存在本办法第三章第三节规定情形的，可以函告制定机关在一个月内作出说明并反馈意见。

依照本条前两款函告需经批准的法规的制定机关的，同时抄送批准机关。

第二十八条 对法规、司法解释进行审查研究，对涉及国务院职权范围内的事项，可以征求国务院有关方面的意见。

第二十九条 对法规、司法解释进行审查研究，可以根据情况征求有关专门委员会、常委会工作机构的意见。

第三十条 对法规、司法解释进行审查研究，可以通过座谈会、听证会、论证会、委托第三方研究等方式，听取国家机关、社会团体、企业事业组织、人大代表、专家学者以及利益相关方的意见。

第三十一条 根据审查建议对法规、司法解释进行审查研究，可以向审查建议人询问有关情况，要求审查建议人补充有关材料。

第三十二条 对法规、司法解释进行审查研究，根据需要可以进行实地调研，深入了解实际情况。

第三十三条 专门委员会、法制工作委员会在审查研究中认为有必要进行共同审查的，可以召开联合审查会议。

有关专门委员会、法制工作委员会在审查研究中有较大意见分歧的，经报秘书长同意，向委员长会议报告。

第三十四条 专门委员会、法制工作委员会一般应当在审查程序启动后三个月内完成审查研究工作，提出书面审查研究报告。

第三十五条 法制工作委员会加强与专门委员会在备案审查工作中的沟通协调，适时向专门委员会了解开展备案审查工作的情况。

第三节 审查标准

第三十六条 对法规、司法解释进行审查研究，发现法规、司法解释存在违背宪法规定、宪法原则或宪法精神问题的，应当提出意见。

第三十七条　对法规、司法解释进行审查研究，发现法规、司法解释存在与党中央的重大决策部署不相符或者与国家的重大改革方向不一致问题的，应当提出意见。

第三十八条　对法规、司法解释进行审查研究，发现法规、司法解释违背法律规定，有下列情形之一的，应当提出意见：

（一）违反立法法第八条，对只能制定法律的事项作出规定；

（二）超越权限，违法设定公民、法人和其他组织的权利与义务，或者违法设定国家机关的权力与责任；

（三）违法设定行政许可、行政处罚、行政强制，或者对法律设定的行政许可、行政处罚、行政强制违法作出调整和改变；

（四）与法律规定明显不一致，或者与法律的立法目的、原则明显相违背，旨在抵消、改变或者规避法律规定；

（五）违反授权决定，超出授权范围；

（六）对依法不能变通的事项作出变通，或者变通规定违背法律的基本原则；

（七）违背法定程序；

（八）其他违背法律规定的情形。

第三十九条　对法规、司法解释进行审查研究，发现法规、司法解释存在明显不适当问题，有下列情形之一的，应当提出意见：

（一）明显违背社会主义核心价值观和公序良俗；

（二）对公民、法人或者其他组织的权利和义务的规定明显不合理，或者为实现立法目的所规定的手段与立法目的明显不匹配；

（三）因现实情况发生重大变化而不宜继续施行；

（四）变通明显无必要或者不可行，或者不适当地行使制定经济特区法规、自治条例、单行条例的权力；

（五）其他明显不适当的情形。

第四章　处　　理

第四十条　专门委员会、法制工作委员会在审查研究中发现法规、司法解释可能存在本办法第三章第三节规定情形的，可以与制定机关沟通，或者采取书面形式对制定机关进行询问。

第四十一条　经审查研究，认为法规、司法解释存在本办法第三章第三节规定情形，需要予以纠正的，在提出书面审查研究意见前，可以与制定机关沟通，要求制定机关及时修改或者废止。

经沟通，制定机关同意对法规、司法解释予以修改或者废止，并书面提出明确处理计划和时限的，可以不再向其提出书面审查研究意见，审查中止。

经沟通没有结果的，应当依照立法法第一百条规定，向制定机关提出书面审查研究意见，要求制定机关在两个月内提出书面处理意见。

对经省、自治区、直辖市人大常委会批准的法规提出的书面审查研究意见，同时抄送批准机关。

第四十二条　制定机关收到审查研究意见后逾期未报送书面处理意见的，专门委员会、法制工作委员会可以向制定机关发函督促或者约谈制定机关有关负责人，要求制定机关限期报送处理意见。

第四十三条　制定机关按照书面审查研究意见对法规、司法解释进行修改、废止的，审查终止。

第四十四条　制定机关未按照书面审查研究意见对法规及时予以修改、废止的，专门委员会、法制工作委员会可以依法向委员长会议提出予以撤销的议案、建议，由委员长会议决定提请常委会会议审议。

制定机关未按照书面审查研究意见对司法解释及时予以修改、废止的，专门委员会、法制工作委员会可以依法提出要求最高人民法院或者最高人民检察院予以修改、废止的议案、建议，或者提出由全国人大常委会作出法律解释的议案、建议，由委员长会议决定提请常委会会议审议。

第四十五条　经审查研究，认为法规、司法解释不存在本办法第三章第三节规定问题，但存在其他倾向性问题或者可能造成理解歧义、执行不当等问题的，可以函告制定机关予以提醒，或者提出有关意见建议。

第四十六条　专门委员会、法制工作委员会应当及时向制定机关了解有关法规、司法解释修改、废止或者停止施行的情况。

第四十七条　法规、司法解释审查研究工作结束后，有关审查研究资料应当及时归档保存。

第五章　反馈与公开

第四十八条　国家机关对法规、司法解释提出审查要求的，在审查工作结束后，由常委会办公厅向提出审查要求的机关进行反馈。

国家机关、社会团体、企业事业组织以及公民对法规、司法解释提出审查建议的，在审查工作结束后，由法制工作委员会向提出审查建议的公民、组织进行反馈。

第四十九条　反馈采取书面形式，必要时也可以采取口头形式。对通过备案审查信息平台提出的审查建议，可以通过备案审查信息平台进行反馈。

第五十条　对不属于全国人大常委会备案审查范围的规范性文件提出的审查建议，法制工作委员会依照本办法规定移送有关机关研究处理的，可以在移送后向提出审查建议的公民、组织告知移送情况；不予移送的，可以告知提出审查建议的公民、组织直接向有权审查的机关提出审查建议。

第五十一条　专门委员会、常委会工作机构应当将开展备案审查工作的情况以适当方式向社会公开。

第六章　报告工作

第五十二条　法制工作委员会应当每年向全国人大常委会专项报告开展备案审查工作的情况，由常委会会议审议。

备案审查工作情况报告根据常委会组成人员的审议意见修改后，在全国人大常委会公报和中国人大网刊载。

第五十三条　专门委员会、常委会办公厅向法制工作委员会提供备案审查工作有关情况和材料，由法制工作委员会汇总草拟工作报告，经征询专门委员会、常委会办公厅意见后按规定上报。

备案审查工作情况报告的内容一般包括：接收备案的情况，开展依职权审查、依申请审查和专项审查的情况，对法规、司法解释纠正处理的情况，开展备案审查制度和能力建设的情况，根据备案审查衔接联动机制开展工作的情况，对地方人大常委会备案审查工作进行业务指导的情况，下一步工作建议、考虑和安排等。

第七章　附　　则

第五十四条　对国务院的决定、命令和省、自治区、直辖市人大及其常委会的决议、决定以及最高人民法院、最高人民检察院的司法解释以外的其他规范性文件进行的审查，参照适用本办法有关规定。

第五十五条　地方各级人大常委会参照本办法对依法接受本级人大常委会监督的地方政府、监察委员会、人民法院、人民检察院等国家机关制定的有关规范性文件进行备案审查。

第五十六条　对香港特别行政区、澳门特别行政区依法报全国人大常委会备案的法律的备案审查，参照适用本办法。

第五十七条　本办法自通过之日起施行。2005年12月16日十届全国人大常委会第四十次委员长会议修订、通过的《行政法规、地方性法规、自治条例和单行条例、经济特区法规备案审查工作程序》和《司法解释备案审查工作程序》同时废止。

四、副委员长和秘书长讲话及有关文稿

在《告台湾同胞书》发表40周年纪念会上的发言

（2019年1月2日）

王　晨

尊敬的习近平总书记，

同志们、朋友们：

1979年1月1日，全国人大常委会发表《告台湾同胞书》，代表全国各族人民的意志，正式提出争取祖国和平统一的大政方针，推动两岸实现通航、通邮，发展贸易，互通有无，进行经济交流。两岸关系发展由此揭开新的历史篇章。

40年来，我们党创造性地提出“一国两制”伟大构想并成功付诸实践，不断完善对台方针政策，不断推进祖国和平统一进程。特别是党的十八大以来，在以习近平同志为核心的党中央坚强领导下，对台工作取得新的重大进展。习近平总书记发表一系列重要讲话，提出“两岸一家亲”理念，强调“必须继续坚持‘和平统一、一国两制’方针，推动两岸关系和平发展，推进祖国和平统一进程”，同时郑重宣告“我们有坚定的意志、充分的信心、足够的能力挫败任何形式的‘台独’分裂图谋”，“祖国的神圣领土一寸都不能分裂出去”！习近平总书记关于对台工作的重要论述，为解决台湾问题、实现祖国完全统一提供了根本遵循和行动指南。

40年来，全国人大及其常委会贯彻落实党中央对台大政方针，服从服务国家对台工作大局，依法行使职权，为发展两岸关系、促进祖国和平统一作出了积极努力。

加强经贸、人员往来是发展两岸关系的重要基础。1994年3月，全国人大常委会通过台湾同胞投资保护法，明确国家依法保护台湾同胞投资者的合法权益，为台湾同胞到大陆投资提供了有力的法律保障。为推动这部法律的有效实施，全国人大常委会先后两次开展执法检查，听取审议国务院关于相关工作情况的报告，推动国务院和地方政府制定配套法规和政策措施，形成了较为完整的鼓励台商投资的法律法规政策体系。2016年9月，全国人大常委会对台湾同胞投资保护法作出修改，进一步便利台湾同胞在大陆投资。台湾同胞投资保护法颁布实施以来，在促进两岸经贸合作、人员往来方面发挥了重要作用。2017年，两岸人员往来878万人次，贸易额1994亿美元，分别比1987年增长175倍和132倍，大大增进了两岸同胞的亲情和福祉。

一个中国原则是两岸关系的政治基石。针对“台独”分裂势力上台、“台独”活动猖獗，妄图通过“公民投票”、“宪政改造”等方式分裂国家的严峻形势，2005年3月，十届全国人大三次会议高票通过反分裂国家法，将党中央关于解决台湾问题的大政方针法律化，表达了我们以最大诚意、尽最大努力争取和平统一的一贯主张，同时表明了全中国人民坚决反对“台独”、捍卫国家主权和领土完整的共同意志和坚定决心。反分裂国家法的制定和实施，为遏制“台独”分裂、促进两岸关系发展、反对外部势力干涉台湾问题、争取祖国和平统一提供了坚实法治保障。

党和国家一直尊重并支持台湾同胞在管理国家事务上发挥积极作用。五届全国人大决定，在实现祖国完全统一之前，台湾省暂时选举全国人民代表大会代表13名，其余按人口比例应选代表的名额予以保留。长期以来，台籍人大代表和常委会委员积极参与国家事务管理，为推动国家经济社会发展建言献策，提出许多有分量的议案建议。有关方面认真办理代表提出的议案和建议，推动解决了一批台胞在大陆投资、就学、就业等方面的突出问题，进一步密切了两岸人民的感情。

坚持一个中国原则、维护国家主权和领土完整，是国家的核心利益。全国人大及其常委会一直把维护国家核心利益作为对外交往的重要内容，主动宣传关于解决台湾问题的方针政策，调动一切积极因素，为促进两岸关系发展创造良好外部环境。针对有关国家在涉台问题上的错误言行，通过发表声明等方式，阐明我方严正立场，坚决维护国家主权、安全、发展利益。

我国宪法规定："台湾是中华人民共和国的神圣领土的一部分。完成统一祖国的大业是包括台湾同胞在内的全中国人民的神圣职责。"在以习近平同志为核心的党中央坚强领导下，全国人大及其常委会将深入学习贯彻习近平新时代中国特色社会主义思想和习近平总书记关于对台工作的重要论述，全面贯彻党中央对台工作决策部署，坚持"和平统一、一国两制"方针，秉持"两岸一家亲"理念，围绕携手构建两岸命运共同体，进一步完善有关法律制度，保证法律有效实施，依法保护台湾同胞的合法权益，促进两岸经济社会融合发展，推动两岸同胞共同弘扬中华文化，坚决反对"台独"分裂活动，为解决台湾问题、实现祖国完全统一、维护中华民族根本利益作出更大贡献。

密切联系人民群众　更好发挥代表作用

——在山西调研期间与部分全国人大代表和地方基层人大代表座谈时的讲话

（2019 年 2 月 19 日）

王　晨

各位代表，同志们：

这次到山西主要是就人大代表工作进行调研，推进人大代表密切联系人民群众、更好发挥代表作用；听取即将出席十三届全国人大二次会议的全国人大代表的意见建议，为开好大会做准备。

今天上午，在太原市杏花岭街道代表活动室召开部分全国人大代表和地方基层人大代表参加的座谈会。山西省委书记、省人大主任骆惠宁同志一起参加调研并主持座谈会，省人大副主任郭迎光同志介绍了山西省人大常委会贯彻落实党中央决策部署、推进代表密切联系人民群众工作的情况。参加座谈会的部分全国人大代表和地方基层人大代表发了言，发言结合实际，讲出了心里话，很具体、很生动，听了很受启发。大家提出的意见建议，我们将认真研究吸纳。

我国的人民代表大会制度，是支持和保证人民当家作主的根本政治制度。这一制度之所以具有强大生命力和显著优越性，关键在于它深深植根于人民之中。人大代表是人民代表大会的组成人员，来自人民、植根人民，是党和国家联系人民群众的重要桥梁纽带。党的十八大以来，习近平总书记就坚持和完善人民代表大会制度、更好发挥人大代表作用作出一系列重要论述，提出明确要求。习近平总书记强调指出，"各级国家机关加强同人大代表的联系、加强同人民群众的联系，是实行人民代表大会制度的内在要求，是人民对自己选举和委派代表的基本要求"。要求人大代表"发挥来自人民、植根人民的特点，接地气、察民情、聚民智，努力做到民有所呼、我有所应"。党的十八届三中全会提出完善人大代表联系人民群众制度的重大改革举措。党的十九大报告提出，要"更好发挥人大代表作用"，"使各级人大及其常委会成为同人民群众保持密切联系的代表机关"。习近平总书记的重要思想和党中央的重大决策，引领和推动人大工作取得了历史性成就，为做好新时代人大工作提供了遵循、指明了方向。我们要认真学习、深刻领会习近平新时代中国特色社会主义思想特别是习近平总书记关于坚持和完善人民代表大会制度的重要思想，树牢"四个意识"，坚定"四个自信"，坚决做到"两个维护"，在思想上政治上行动上同以习近平同志为核心的党中央保持高度一致。要把密切联系人民群众作为履行代表职责的基本要求和做好人大工作的重要基础，认真履行人大代表的政治责任、法律责任、工作责任，反映人民呼声，集中人民智慧，维护人民权益，增进人民福祉，更好发挥代表作用，更加充分地发挥人民代表大会制度的国家根本政治制度优势和功效。

第一，要自觉担负起坚持和完善人民代表大会制度、支持和保证人民当家作主的政治责任。人民当家作主是社会主义民主政治的本质特征。我们党从成立之日起就以实现人民当家作主为己任，带领人民经过艰苦卓绝的斗争、付出巨大牺牲，建立了人民当家作主的国家政权。昨天下午，我们瞻仰了八路军太行纪念馆，更加深刻地感到，中国革命的胜利是无数先烈用鲜血和生命换来的，必须始终不忘初心、牢记使命、永远奋斗。人民代表大会制度就是体现我国社会主义国家性质、保证中国人民当家作主的政权组织形式。党的十九大报告强调，健全人民当家作主制度体系，用制度体系保证人民当家作主。这当中，首先必须坚持和完善人民代表大会制度的国家根本政治制度，确保继续通过人民代表大会制度牢牢把国家和民族前途命运掌握在人民手中。长期以来，敌对势力对我国的政治道路、政治制度说三道四、肆意诋毁，企图在我国挑起"颜色革命"，对人大代表选举进行渗透破坏。从国内看，在党中央坚强领导下，依纪依法严肃查处了衡阳、辽宁两起破坏选举案件，决不容许触碰我们党执政的底线。十三届全国人大代表选举和新一轮地方各级人大换届工作风清气正、方向正确，维护了人民代表大会制度和社会主义民主政治的尊严。目前，全国五级人大代表共有262万多人，其中全国人大代表2976人，各省、自治区、直辖市人大代表2万人，设区的市、自治州人大代表12.2万人，县、自治县、不设区的市、市辖区人大代表59.7万人，乡、民族乡、镇人大代表188.1万人。262万各级人大代表普遍政治过硬、素质较高，得到群众信赖，是我国社会主义民主法治建设的重要力量。加强各级人大代表政治思想作风建设，充分发挥各级人大代表的作用，对于坚持和完善国家根本政治制度、发展社会主义民主政治、巩固党长期执政基础、实现"两个一百年"奋斗目标和中华民族伟大复兴的中国梦，具有十分重要的影响和深远的意义。

人大代表是人民代表大会的主体。在坚持和完善人民代表大会制度、支持和保证人民当家作主方面，各级人大代表肩负着神圣职责和光荣使命，这也是党和人民交付我们的重大政治责任。我们要提高政治站位，坚定不移走中国特色社会主义政治发展道路，坚定中国特色社会主义政治制度自信，毫不动摇地坚持、与时俱进地完善人民代表大会制度。要坚定不移坚持党对人大工作的全面领导，通过人民代表大会制度把坚持党的领导、人民当家作主、依法治国真正打通、有机统一起来，确保党领导人民有效治理国家。要保持政治定力，增强斗争精神，提升斗争本领，在大是大非面前头脑清醒、立场坚定，敢于挺身而出，自觉同挑战国家根本政治制度的现象作斗争，坚决维护国家政治安全。

第二，要始终保持同人民群众的密切联系，做到民有所呼、我有所应。人大代表具有广泛的代表性，来自各地区、各民族、各方面，工作和生活在人民中间，当选代表后也不脱离各自的生产和工作，始终同人民群众保持密切联系，这是人民代表大会制度的制度设计，是中国特色社会主义民主政治的优势所在。党的十八大以来，习近平总书记、党中央对加强同人大代表和人民群众的联系提出明确要求，强调要紧紧抓住人民代表大会这一主要民主渠道，把加强同人大代表和人民群众的联系作为对人民负责、受人民监督的重要内容，虚心听取人大代表、人民群众意见和建议，积极回应社会关切，自觉接受人民监督。十三届全国人大常委会将密切联系人大代表、充分发挥代表作用作为做好新时代人大工作的重要课题。栗战书委员长到地方执法检查、调研时带头召开各级人大代表座谈会，建立与列席常委会会议的代表座谈机制，委员长会议组成人员、常委会委员都直接联系一定数量的全国人大代表，通过多种方式听取代表的意见建议。这些年来，地方各级人大在这方面积极探索实践，形成了不少行之有效的机制和做法。特别是2016年经中央深改领导小组审议通过、全国人大常委会办公厅印发《关于完善人大代表联系人民群众制度的实施意见》以来，地方各级人大积极推进代表联络站、代表之家等代表联系人民群众的工作平台建设，截至2018年10月总数达到213776个，比2016年9月增加了96269个，增幅达81.93%。全国262万各级人大代表，平均12名代表就能够通过1个这样的平台定期联系人民群众。刚才，我们现场了解了杏花岭街道人大代表活动室开展工作的情况。这个代表活动室开展了许多有实际内容、推动解决群众难题的工作，制度健全，发挥了积极作用，为代表联系群众、依法履职提供了重要平台。一些地方还通过人大门户网站、微信政务平台等畅通代表联系人民群众的渠道，组织代表开展视察和专题调研、代表小组活动、代表履职报告等，密切代表同人民群众的联系。还有一些地方结合脱贫攻坚、污染防治等重点工作，开展人大代表主题活动，发挥人大代表在推动党中央决策部署贯彻落实中的重要作用。

密切联系人民群众，既是人大代表的法定义务，也是人大代表依法履职的基本要求和做好人大工作的重要基础。人大及其常委会代表人民行使国家权力，包括立法权、监督权、决定权、任免权，都必须体现人民意志、得到人民拥护。各级人大代表依法参加行使国家权力，必须始终保持同人民群众的密切联系，认真倾听人民群众的意见，及时把人民群众的意见建议、愿望诉求反映上来，运用法治方式推动解决人民最直接最关心最现实的利益问题；同时又要带头宣传、贯彻党的方针政策和宪法法律，推动党中央决策部署和宪法法律落实下去。我们常讲，人大代表是党和国家联系人民群众的重要桥梁纽带。作为桥梁纽带，这两个方面的作用都要充分发挥好。

我国的人大代表不脱离各自的工作岗位，代表都是单位的骨干、工作非常繁忙，联系群众、调查研究必须挤出时间，这就要求我们协调安排好自己的工作，优先执行代表职务，积极参加人大组织的联系群众和调研视察等活动。同时更应看到，代表不脱离各自的工作岗位，就是联系人民群众的最好方式。正因为工作和生活在人民群众之中，代表对党中央决策部署和法律法规的落实情况最了解，对基层的实际情况、问题难处最熟悉，对人民群众所思所想所盼最清楚。所以说，代表密切联系人民群众，既难也不难，关键是要不忘初心，树立人民情怀，真心实意向人民群众学习，从人民群众关心的事情做起，从让人民群众满意的事情做起，努力做到"人民选我当代表，我当代表为人民"。

*第三，要深刻认识人大代表职务是沉甸甸的政治担当，不断提升履职能力，树立代表良好形象。*人大代表肩负党和人民的重托，是沉甸甸的政治担当。要加强学习，深入学习贯彻习近平新时代中国特色社会主义思想特别是习近平总书记关于坚持和完善人民代表大会制度的重要思想，自觉在政治立场、政治方向、政治原则、政治道路上同以习近平同志为核心的党中央保持高度一致。要贯彻民主集中制，正确行使民主权利，既充分发扬民主又坚持集体行使职权，无论是审议发言、参加投票表决，还是提出议案和建议，都要从国家利益、人民利益出发，不能凭个人好恶来表达意见，更不能掺杂个人的利益。要倍加珍惜代表职务，模范遵守宪法法律，自觉遵守社会公德，以更高标准严格要求自己，自觉接受人民监督，在全社会树立起人大代表的良好形象。昨天，我们到平顺县西沟村看望了申纪兰代表，并同她就发挥代表作用、脱贫攻坚等作了深入交流。申纪兰同志是唯一连任十三届的全国人大代表，既是著名的劳动模范，又是庆祝改革开放40周年表彰的改革先锋，被誉为"初心不改的农村的先进模范代表"，是我们学习的榜样。在她身上，我们深深感受到了一名人大代表特别是基层代表初心不改、矢志不渝的本色。我们要向她学习，始终扎根群众、不脱离群众，做人民的好代表，发扬她的劳模精神和改革先锋精神，在本职岗位上为建成社会主义现代化强国建功立业。今天上午，在太原市政第二道排养护管理所水道三组作业区，我们还看望了正在进行下水道养护作业的全国人大代表王润梅，她从18岁开始从事排水管网养护工作，26年始终如一日，在平凡的岗位上作出了不平凡的业绩。在各级人大，有许许多多这样优秀的基层人大代表，充分彰显了人民代表大会制度的优越性。

各级人大常委会要尊重人大代表的主体地位，坚持为代表服务的思想，把握代表工作规律，完善代表工作机制，支持和保障代表依法履职。同时，要贯彻落实党中央关于加强和改进人大代表有关工作的要求，强化代表学习培训，加强代表作风建设和履职管理监督，激励代表更好发挥代表作用。

再有十多天，十三届全国人大二次会议就要在北京召开，这是我们国家政治生活中的一件大事。2019年是新中国成立70周年，是决胜全面建成小康社会第一个百年奋斗目标的关键之年。当今世界正面临百年未有之大变局。国内改革发展稳定任务艰巨繁重。开好这次大会，对于全面贯彻党的十九大和十九届二中、三中全会精神以及党中央一系列重要部署，为全年工作起好步、开好局，实现党中央确定的各项目标任务，具有十分重要的意义。我们要以高度的政治责任感和历史使命感，深入听取群众意见呼声，认真准备议案建议，依法履行宪法法律赋予的职责，圆满完成大会预定各项任务，把大会开成民主、团结、求实、奋进的大会，进一步动员全国各族人民坚持以习近平新时代中国特色社会主义思想为指导，把思想和行动统一到党中央对形势的科学判断和对工作的决策部署上来，万众一心、团结奋斗，保持经济持续健康发展和社会大局稳定，以优异成绩庆祝新中国成立70周年。

目前，全国人大各代表团和代表都在紧张地为出席大会做准备。这里，我就几项具体工作简要讲点意见。*一是认真做好外商投资法草案审议准备工作。*制定外商投资法，是党中央确定由全国人大承担的一项重大立法任务，也是十三届全国人大二次会议的一项重要议程。希望各位代表认真学习领会习近平总书记关于扩大对外开放的重要论述和党中央相关决策部署，了解熟悉法律草案的基本精神和主要内容，积极参加审议，把法律草案修改完善好，确保顺利通过。二是努力提出高质量的议案和建议。提出议案、建议，是人大代表履行职责的重要途径。希望各位代表紧紧围绕党和国家工作大局，深入听取人民群众意见和呼声，结合自身工作实际和专业特长，积极建言献策，并注重提高议案和建议质量。三是努力营造风清气正的大会会风。习近平总书记高度重视"两会"会风，最近又作出重要指示，强调要持之以恒改进会风，防止不良风气反弹，确保大会风清气正。希望各位代表专心致志开好会，从大局着眼、从全局出发，多提建设性意见建议。要严格遵守会议各项纪律，坚决抵制和纠正一切不正之风，为确保大会圆满成功作出贡献。

新时代坚持和完善人民代表大会制度的根本遵循

——学习贯彻习近平总书记关于坚持和完善人民代表大会制度的重要思想

王　晨

党的十八大以来，以习近平同志为核心的党中央团结带领全国各族人民坚定不移走中国特色社会主义政治发展道路，坚持党的领导、人民当家作主、依法治国有机统一，推动人大工作取得历史性成就，人民代表大会制度理论和实践创新取得丰硕成果。习近平总书记就坚持和完善人民代表大会制度、发展社会主义民主政治发表一系列重要论述，科学阐述了国家根本政治制度的历史必然、特点优势、实践要求，标志着我们党对国家根本政治制度的规律性认识达到了一个新的高度。习近平总书记关于坚持和完善人民代表大会制度的重要思想，是习近平新时代中国特色社会主义思想的重要组成部分，是新时代坚持和完善人民代表大会制度的根本遵循，为我们在新时代做好人大工作提供了取之不尽的精神财富和用之不竭的力量源泉。新时代赋予新任务，新思想指引新征程。我们要深入学习贯彻习近平总书记关于坚持和完善人民代表大会制度的重要思想，自觉用以指引和推进新时代人大制度和人大工作不断取得新进展新成效。

一、坚持党的领导，坚决维护党中央权威和集中统一领导

坚持党的领导，是实行人民代表大会制度的内在要求，是人民代表大会制度的优势所在，是做好人大工作的根本保证。人民代表大会制度是在中国共产党的领导下探索建立、巩固发展的，也必须在中国共产党的领导下继续完善发展，充分发挥国家根本政治制度的功效，保证党领导人民有效治理国家。

习近平总书记指出，中国共产党领导是中国特色社会主义最本质的特征，是中国特色社会主义制度的最大优势，强调必须坚持党总揽全局、协调各方的领导核心作用，通过人民代表大会制度，保证党的路线方针政策和决策部署在国家工作中得到全面贯彻和有效执行。党的十八大以来，以习近平同志为核心的党中央全面加强党对人大工作的领导，通过人民代表大会制度把坚持党的领导、人民当家作主、依法治国三者真正打通、有机统一起来。从2015年开始，习近平总书记连续五年主持召开中央政治局常委会会议，听取全国人大常委会党组工作汇报。党中央高度重视人大工作和建设，召开首都各界纪念现行宪法公布施行30周年大会、庆祝全国人民代表大会成立60周年大会等重要会议；多次研究讨论人大工作中的重大问题和重要事项，听取专题汇报，作出一系列加强人大工作和建设的重要部署；加强全国人大及其常委会党的建设，批准全国人大常委会党组在各专门委员会设立分党组，确保党的领导贯穿于人大工作全过程和各方面。

党的十九大对发展社会主义民主政治作出了一系列新部署。我们必须树牢"四个意识"，坚定"四个自信"，坚决维护习近平总书记的核心地位，坚决维护党中央权威和集中统一领导，始终在思想上政治上行动上同以习近平同志为核心的党中央保持高度一致。要毫不动摇坚持党的领导，严格执行向党中央请示报告制度，紧紧围绕党和国家工作大局谋划和推进人大各项工作。要坚决贯彻党中央决策部署，依法行使国家权力机关职能，善于使党的主张通过法定程序成为国家意志，善于使党组织推荐的人选通过法定程序成为国家政权机关的

领导人员，不折不扣完成党中央交付的各项重大任务。

二、把牢前进方向，坚定不移走中国特色社会主义政治发展道路

习近平总书记深刻总结中国革命、建设、改革经验教训，深刻洞察人类社会治乱兴衰规律，系统阐述了坚定不移走中国特色社会主义政治发展道路、发展社会主义民主政治的一系列重大理论和实践问题，为我国社会主义民主政治建设提供了根本遵循。

坚持正确的政治发展道路，是关系根本、关系全局的重大问题。习近平总书记指出，世界上没有完全相同的政治制度模式，政治制度不能脱离特定社会政治条件和历史文化传统来抽象评判，不能定于一尊，不能生搬硬套外国政治制度模式。回顾中国近现代史，中国人民经历了无数磨难，为建立适合国情的政治制度进行了艰辛探索。照搬西方政治制度模式的各种方案曾在旧中国轮番上演，但都没有改变国家一盘散沙、人民苦难深重的局面。中国共产党把马克思主义国家学说同中国具体实际相结合，带领人民经过浴血奋战，取得了新民主主义革命的胜利，建立了社会主义基本制度，为当代中国一切发展进步奠定了根本政治前提和制度基础。改革开放以来，我们党团结带领人民发展社会主义民主政治，成功开辟和坚持了中国特色社会主义政治发展道路。

实践是检验真理的唯一标准。新中国成立以来特别是改革开放 40 年来，在中国共产党的领导下，我国创造了人类历史上的发展奇迹，中华民族迎来了从站起来、富起来到强起来的伟大飞跃，中国特色社会主义迎来了从创立、发展到完善的伟大飞跃，中国人民迎来了从温饱不足到小康富裕的伟大飞跃。中国的成功向世界说明了一个道理：治理一个国家，推动一个国家实现现代化，并不只有西方模式那条道，各国完全可以走出符合本国实际的道路来。中国共产党人和中国人民完全有信心为人类对更好社会制度的探索提供中国智慧和中国方案。

习近平总书记指出，在中国实行人民代表大会制度，是中国人民在人类政治制度史上的伟大创造，是深刻总结近代以后中国政治生活惨痛教训得出的基本结论，是中国社会 100 多年激越变革、激荡发展的历史结果，是中国人民翻身做主人、掌握自己命运的必然选择。我们坚定中国特色社会主义制度自信，首先要坚定对中国特色社会主义政治制度的自信，坚定对人民代表大会制度的自信。我们需要借鉴人类政治文明的有益成果，但绝不照搬西方政治制度模式，不搞所谓西方“宪政”“三权分立”“多党制”，绝不放弃我国社会主义政治制度的根本。我们既不走封闭僵化的老路，也不走改旗易帜的邪路。在政治制度模式上，我们有充足的底气、充分的自信，咬定青山不放松，毫不动摇走中国特色社会主义政治发展道路。

三、发挥制度优势，推动人民代表大会制度与时俱进、完善发展

人民代表大会制度是坚持党的领导、人民当家作主、依法治国有机统一的根本政治制度安排，集中体现社会主义民主政治的特点和优势。60 多年来，人民代表大会制度不断得到巩固和发展，在中国特色社会主义伟大实践中与时俱进、创新完善。

党的十八大以来，以习近平同志为核心的党中央不断赋予人民代表大会制度新的实践特色、理论特色、时代特色。习近平总书记指出，人民代表大会制度是中国特色社会主义制度的重要组成部分，也是支撑中国国家治理体系和治理能力的根本政治制度，强调要坚持人民代表大会统一行使国家权力，保证国家机关依照法定权限和程序行使职权、履行职责，坚持在党中央统一领导下，充分发挥地方主动性和积极性，保证国家统一高效组织推进各项事业，要求必须长期坚持、全面贯彻、不断发展人民代表大会制度，充分发挥国家根本政治制度作用，通过人民代表大会制度牢牢把国家和民族前途命运掌握在人民手中。习近平总书记的重要论述赋予人民代表大会制度时代新定位，深刻阐释了民主集中制这一国家组织形式和活动方式的基本原则，为我们推动新时代人大制度和人大工作完善发展指明了前进方向。

在党中央坚强领导下，人民代表大会制度持续创新发展，展现出蓬勃生机和活力。十三届全国人大一次会议对现行宪法作出修改，确立习近平新时代中国特色社会主义思想在国家政治和社会生活中的指导地位，体现了党的主张与人民意志的统一；充实坚持和加强中国共产党全面领导的内容，从社会主义制度的本质属性角度对坚持和加强党的全面领导进行规定；修改国家主席任职方面的有关规定，有利于加强和完善国家领导体制；增加有

关监察委员会的各项规定，贯彻了党的十九大关于健全党和国家监督体系的部署，也反映了设立国家监察委员会和地方各级监察委员会后，全国人大及其常委会和地方各级人大及其常委会、国务院和地方各级人民政府职权的新变化以及工作的新要求。这次宪法修改内容重要，意义重大，为新时代坚持和发展中国特色社会主义提供了根本法治保障。制定监察法，构建集中统一、权威高效的国家监察体系。健全立法体制，赋予所有设区的市地方立法权。加强县乡人大工作和建设，夯实国家基层政权根基。贯彻党的十九届三中全会精神，审议通过国务院机构改革方案，完善全国人大专门委员会设置，组建全国人大社会建设委员会，将全国人大内务司法委员会更名为监察和司法委员会、法律委员会更名为宪法和法律委员会。进一步完善人大立法、监督、代表工作机制等。人民代表大会制度的这些创新发展，对于进一步巩固全党全国各族人民团结奋斗的共同思想基础，把党的领导贯彻落实到国家政治和社会生活的各个领域，推进国家治理体系和治理能力现代化具有重要意义。

实践发展永无止境，制度完善永无止境。人民代表大会制度必须在中国特色社会主义伟大实践中，紧跟时代步伐，不断探索新课题，不断回应新挑战，不断实现新发展。我们要在以习近平同志为核心的党中央坚强领导下，以永不懈怠的精神状态和一往无前的奋斗姿态，勇担使命、开拓创新，不断推动人民代表大会制度理论和实践创新，使国家根本政治制度更加成熟、更加完善，更好地发挥中国特色社会主义政治优势和制度优势。

四、坚持以人民为中心，支持和保证人民当家作主

为中国人民谋幸福，为中华民族谋复兴，是中国共产党人的初心和使命，也是人民代表大会制度的初心和使命。人民代表大会制度之所以具有强大生命力和显著优越性，关键在于它深深植根于人民之中。

习近平总书记指出，我国社会主义民主是维护人民根本利益的最广泛、最真实、最管用的民主，发展社会主义民主政治就是要体现人民意志、保障人民权益、激发人民创造活力，用制度体系保证人民当家作主。必须坚持国家一切权力属于人民，支持和保证人民通过人民代表大会行使国家权力，发展更加广泛、更加充分、更加健全的人民民主，不断解决好人民最关心最直接最现实的利益问题。

党的十八大以来，全国人大及其常委会坚持以人民为中心，始终把最广大人民根本利益作为人大工作的出发点和落脚点。坚持立法为民，及时通过立法回应社会各界关切和人民群众期盼。2018 年吉林长春长生公司问题疫苗案件发生后，习近平总书记心系人民群众安危冷暖，多次作出重要指示，要求始终把人民群众的身体健康放在首位。全国人大常委会坚决贯彻落实，积极协调推动制定专门的疫苗管理法，及时安排审议法律草案，抓紧建立对疫苗进行全过程全链条监督的长效机制，创造了立法的“特快”速度。继续扩大立法有序参与，健全完善立法调研、论证、评估、法律草案公开征求意见等制度，建立基层立法联系点制度，广泛凝聚立法共识。贴近民生开展监督工作，推动解决人民群众所需所急所盼，努力增强人民的获得感、幸福感、安全感。充分发挥代表联系人民群众的桥梁纽带作用，不断拓宽联系渠道、丰富联系方式。健全委员长会议组成人员、常委会委员联系全国人大代表制度，建立与列席全国人大常委会会议的人大代表座谈机制，健全代表建议办理和反馈机制，畅通社情民意表达和反映渠道，认真研究对待每一条意见建议，努力做到民有所呼、我有所应。

做好新时代人大工作，我们必须始终把人民对美好生活的向往作为奋斗目标，把人民拥护不拥护、赞成不赞成、高兴不高兴、答应不答应作为衡量工作得失的根本标准，以保障和改善民生为重点，通过立法、监督、代表等工作，把人民当家作主具体地、现实地落实到国家政治生活和社会生活之中，努力使每一项立法、每一个决定决议都体现和维护人民利益、反映人民愿望、增进人民福祉。

五、坚持全面依法治国，为坚持和发展中国特色社会主义提供有力法治保障

全面依法治国是中国特色社会主义的本质要求和重要保障。党的十八大以来，以习近平同志为核心的党中央把全面依法治国纳入“四个全面”战略布局，推动法治中国建设发生历史性、转折性、全局性变化。习近平总书记强调，要坚定不移走中国特色社会主义法治道路，建设中国特色社会主义法治体系，建设社会主义法治国家，要求通过人民代表大会制度，弘扬社会主义法治精神，依照人民代表大会及其常委会制定的法律法规来展开和推进

国家各项事业和各项工作,保证人民平等参与、平等发展权利,维护社会公平正义,尊重和保障人权,实现国家各项工作法治化。

全国人大及其常委会把厉行法治、全面推进依法治国作为履职的基本原则和重要任务。坚持把全面贯彻实施宪法摆在突出位置,依法设立国家宪法日,建立宪法宣誓制度,推动宪法精神深入人心。2014 年以来,习近平总书记 3 次在国家宪法日到来之际作出重要指示,全国人大常委会坚决贯彻落实,认真履行宪法使命,弘扬宪法精神,维护宪法尊严,保证宪法实施。推进合宪性审查工作,加强备案审查制度和能力建设,有力维护宪法权威和国家法制统一。根据宪法精神和有关法律原则,采取创制性办法及时妥善处理辽宁拉票贿选案有关问题,依法确定辽宁省 45 名拉票贿选的全国人大代表当选无效,这在新中国历史上、在全国人大历史上都是第一次,有力维护了人民代表大会制度尊严。随着党领导立法的体制机制日趋完备,统一而又分层次的立法体制不断完善,立法程序和授权制度逐步健全,全国人大及其常委会加快推进重点领域立法,立法工作呈现出数量多、分量重、节奏快、效果好的特点。加强国家安全法治建设,抓紧推进编纂民法典,完善市场经济法律制度,及时作出授权决定或改革决定,确保重大改革于法有据,为改革开放和经济社会发展提供有力法治保障。积极制定外商投资法,推动构建开放型经济新体制,展现我国进一步推进改革开放的坚定决心。健全执法检查工作机制,探索形成执法检查"全链条"工作流程。推动人大预算审查监督重点向支出预算和政策拓展,发挥预算联网监督作用,加强对预算决算的全口径审查和全过程监督。建立并实施国务院向全国人大常委会报告国有资产管理情况制度,首次审议国务院关于加强国有资产管理情况的综合报告和金融类企业国有资产管理情况的专项报告。积极探索人大对司法工作的监督,听取和审议最高人民法院关于解决"执行难"工作情况的报告、最高人民检察院关于加强对民事诉讼和执行活动法律监督工作情况的报告,结合审议这两个报告首次对司法领域专项工作开展专题询问。

全面依法治国是确保党和国家长治久安的重要基石,是国家治理领域一场广泛而深刻的革命。全国人大及其常委会在社会主义法治国家建设中责任重大,要在党中央的坚强领导下,全面担负起宪法和法律赋予的职责,通过制定修改法律、加强改进监督等工作,不断完善以宪法为核心的中国特色社会主义法律体系,保证宪法和法律有效实施,为全面推进依法治国、建设社会主义法治国家作出新的更大贡献。

思想是时代的先声,理论是行动的指南。习近平总书记关于坚持和完善人民代表大会制度的重要思想,回答了新时代坚持好完善好发展好人民代表大会制度的重大课题,是在长期的深刻理论思考和丰富实践经验基础上形成的,必将随着中国特色社会主义伟大实践的发展不断发展完善。我们要更加紧密地团结在以习近平同志为核心的党中央周围,坚持以习近平新时代中国特色社会主义思想为指导,贯彻落实党的十九大和十九届一中、二中、三中全会精神,依法履职尽责,积极担当作为,奋力谱写新时代人大工作新篇章!(本文发表于 2019 年第 5 期《求是》杂志)

以习近平新时代中国特色社会主义思想为指导
奋力谱写法学会事业发展新篇章

——在中国法学会第八次全国会员代表大会闭幕式上的讲话

(2019 年 3 月 20 日)

王　晨

各位代表,同志们:

3 月 19 日,中共中央总书记、国家主席、中央军委主席习近平和李克强、栗战书、王沪宁等党和国家领导同志出席中国法学会第八次全国会员代表大会开幕式,对大会召开表示祝贺,郭声琨同志受党中央委托,发表了题为《在全面依法治国新征程中实现新担当新作为》的致词,充分体现党中央对法学会工作高度重视,对发展法学事业寄予殷切期望，全国广大法学法律工作者备受鼓舞和激励。

在以习近平同志为核心的党中央亲切关怀下，中国法学会第八次全国会员代表大会坚持以习近平新时代中国特色社会主义思想为指导，全面贯彻党的十九大和十九届二中、三中全会精神，审议并通过了中国法学会第七届理事会工作报告和《中国法学会章程（修改草案）》等文件，选举产生了中国法学会新一届理事会。经过全体代表共同努力，大会圆满完成了各项议程。

党的十八大以来，在以习近平同志为核心的党中央坚强领导下，中国法学会认真贯彻落实党中央决策部署，紧紧围绕党和国家工作大局，锐意进取、扎实工作，在加强政治引领、繁荣法学研究、服务法治实践、拓展对外交流、培养法治人才等方面做了大量卓有成效的工作，团结带领广大法学法律工作者自觉把个人理想追求融入党和国家事业发展，坚定不移走中国特色社会主义法治道路，为深化全面依法治国、推进改革开放和社会主义现代化建设事业作出了重要贡献。

中国法学会第八届理事会第一次全体会议选举产生了新一届常务理事会，并选举我担任中国法学会会长。我和中国法学会新一届领导机构全体成员深感责任重大、使命光荣，感谢代表们的高度信任，并借此机会向王乐泉同志和中国法学会第七届理事会的全体同志致以崇高的敬意！向广大法学法律工作者和长期以来关心、支持法学会事业发展的社会各界朋友们表示衷心的感谢！

各位代表，同志们，今年是中华人民共和国成立70周年，是全面建成小康社会、实现第一个百年奋斗目标的关键之年，也是中国法学会第八届理事会履职的启程之年。我们要坚持以习近平新时代中国特色社会主义思想为指导，深入学习贯彻党的十九大和十九届二中、三中全会精神，切实保持和增强法学会的政治性、先进性、群众性，团结带领广大法学法律工作者以永不懈怠的精神状态和一往无前的奋斗姿态，敢于担当、善于作为，事不避难、开拓创新，积极投身全面依法治国伟大实践，奋力谱写新时代中国法学会事业发展新篇章。

一、坚持党的领导，始终坚持正确政治方向。习近平总书记在中央政法工作会议上明确指出，要"坚持党对政法工作的绝对领导"、"旗帜鲜明把政治建设放在首位"。中国法学会是党领导的人民团体，是法学界、法律界的全国性群众团体、学术团体和我国政法战线的重要组成部分，坚持正确政治方向始终是关系中国法学会工作的根本性问题。要毫不动摇坚持党的领导，树牢"四个意识"，坚定"四个自信"，坚决做到"两个维护"，这是法学会领导班子成员、法学会会员必须严格遵循的政治原则和政治规矩。要团结带领广大法学法律工作者深刻认识党的领导是中国特色社会主义法治最根本的保证，模范地贯彻执行我国宪法法律，贯彻执行"中国共产党领导是中国特色社会主义最本质的特征"等宪法规定，将广大法学法律工作者最广泛、最紧密地团结在以习近平同志为核心的党中央周围，切实肩负起引领广大法学法律工作者听党话、跟党走的政治责任。要牢牢掌握法学意识形态工作的领导权主导权，全面落实意识形态工作责任制，保持斗争精神，增强斗争本领，针对错误观点言行敢于和善于发声、亮剑，决不能照搬别国模式和做法，决不能走西方"宪政"、"三权鼎立"、"司法独立"的路子。要筑牢法学法律界团结奋斗的共同思想政治基础，团结带领广大法学法律工作者自觉走中国特色社会主义法治道路，矢志不渝做新时代中国特色社会主义事业的建设者、捍卫者。

二、坚持服务党和国家工作大局，在改革发展伟大实践中建功立业。新时代催人奋进，法学事业大有可为。在统筹推进伟大斗争、伟大工程、伟大事业、伟大梦想，全面建设社会主义现代化国家的新征程上，需要更好地发挥法治固根本、稳预期、利长远的保障作用。中国法学会是加强社会主义民主法治建设、推进全面依法治国、建设社会主义法治国家的重要力量。要充分发挥中国法学会的特点和优势，组织动员广大法学法律工作者围绕统筹推进"五位一体"总体布局、协调推进"四个全面"战略布局，找准工作的结合点、着力点，不断深化对我国法治建设的理论认识，始终跟上党中央要求、跟上时代前进步伐、跟上事业发展需要。要服务法治实践，贯彻新发展理念，将党中央坚持高质量发展、建设现代化经济体系等一系列决策部署落到实处。围绕重大立法事项以及维护国家政治安全、推进国家治理体系和治理能力现代化、推进全面深化改革、扩大开放等重大问题，深入开展调查研究、学术研讨、咨询论证和法治评估等工作。积极参与法治宣传教育，促进社会主义法治文化建设，为科学立法、严格执法、公正司法、全民守法提供理论支持和智力服务。加强对外法学交流与合作，深化对"一带一路"建设、全球治理体系变革等领域重大法律问题的研究，积极参与国际规则制定等工作，提升我国在国际法律事务以及全球治理、国际斗争等方面的法律话语权。

三、坚持开拓创新，为发展中国特色社会主义

法治理论贡献力量。习近平总书记全面依法治国新理念新思想新战略是马克思主义法治思想中国化的最新成果，是全面依法治国的根本遵循，为发展中国特色社会主义法治理论指明了方向。中国法学会要组织引领广大法学法律工作者认真学习研究、宣传贯彻习近平总书记全面依法治国新理念新思想新战略，系统总结归纳中国成功的法治经验和成果，不断发展完善符合中国实际、具有中国特色、体现社会发展规律的社会主义法治理论，努力成为中国法学的创造者、世界法学的贡献者。要善于运用马克思主义的立场观点方法，继承和弘扬中华优秀传统法治文化，科学借鉴国外法学研究中的有益经验，加强法治及其相关领域基础性问题研究，促进法学理论、法律制度和法治文化创新，推动中国特色社会主义法学理论体系、学科体系、课程体系的构建和完善。要充分发挥人才、智力优势，积极参与法学教育改革创新，建设一流法学家队伍，培养一批熟悉国内情况、具有国际视野的法学研究领军人物，不断提升学术水平，提高研究成果质量，引领法学研究事业发展繁荣，为发展中国特色社会主义法治理论作出新贡献。

四、坚持人民主体地位，始终面向基层、服务群众。习近平总书记多次强调，要坚持以人民为中心，把党的群众路线贯彻到治国理政全部活动之中。目前，省市县三级法学会组织已经基本实现全覆盖，这有利于更好地服务人民群众。我们要始终牢记群众性是群团组织的根本特点，充分发挥基础广泛、联系面广、人才荟萃等优势，到人民中去，到群众中去，做全心全意为人民服务宗旨的忠实践行者、党的群众路线的坚定执行者、党的群众工作的行家里手。要有平等待人的真诚态度，有虚怀若谷的宽阔胸襟，充分调动广大法学法律工作者的积极性、主动性、创造性，让大家解放思想、敢讲真话，充分发挥党和政府联系和团结广大法学法律工作者的桥梁纽带作用。要坚持眼睛向下、面向基层，把更多基层一线的法学法律界优秀人才吸收到法学会组织中来。立足发现人才、培养人才、团结人才、服务人才的职责，创新法治人才培养机制，加大对青年法学法律人才培养力度，为更多优秀法治人才脱颖而出搭建平台，推动建设德才兼备的高素质法治工作队伍。要强化服务意识，提升服务能力，挖掘服务资源，健全重心下移、力量下沉的法律服务工作机制，充分发挥各级法学会作用，建好用好基层服务站点，促进覆盖城乡、高效便捷、均等普惠的公共法律服务体系建设，团结带领广大法学法律工作者满腔热情地做好服务群众工作，让人民群众感到法律顾问就在身边，不断增强人民群众获得感、幸福感、安全感。

五、坚持从严要求，建设坚强有力、充满活力的法学会组织。打铁必须自身硬。中国法学会要团结带领广大法学法律工作者把事业推向前进，必须坚持不懈加强自身建设。要以政治建设为统领，完善和落实党建带群建制度机制，将党的建设贯穿法学会事业改革发展全过程，推进党的组织和党的工作有效覆盖，发挥好法学会党组织的战斗堡垒作用，发挥好广大党员的先锋模范作用。要认真贯彻落实党中央关于深化群团组织改革的指示精神，强化问题意识，深化法学会改革，改革机关设置、优化管理模式、创新运行机制。加强各级法学会规范化建设，强化对法学社会团体的监督管理和业务指导，大力健全各级组织特别是基层组织建设。要按照德才兼备、以德为先的要求全面加强干部队伍建设，认真开展“不忘初心、牢记使命”主题教育，自觉践行“三严三实”，深入推进“两学一做”学习教育常态化制度化。巩固拓展落实中央八项规定精神成果，坚决反对“四风”，持之以恒正风肃纪，以好的作风确保好的效果，推动各项工作再上新台阶。

各位代表，同志们，中国法学会的前身是新法学研究会、新政治学研究会和中国政治法律学会。1949 年 6 月，新法学研究会由董必武、林伯渠等 90 余人发起成立，是召开新中国政治协商会议的发起单位之一。1951 年 11 月底，新法学研究会与新政治学研究会合并成立中国政治法律学会。1953 年 4 月，中国政法学会正式成立。1982 年 7 月，恢复并更名为中国法学会，召开了第一次会员代表大会。回顾 70 年的发展历程，我们愈加感到，中国法学会具有十分光荣的传统，积累了宝贵的经验，我们要倍加珍惜、发扬光大这些好传统好经验，在新的历史起点上推动法学会工作不断取得新进展新成效，努力创造无愧于时代、无愧于人民的新业绩。

各位代表，同志们，法治兴则国兴，法治强则国强。让我们更加紧密地团结在以习近平同志为核心的党中央周围，高举中国特色社会主义伟大旗帜，以习近平新时代中国特色社会主义思想为指导，在全面依法治国的历史征程中肩负起自己的职责，为决胜全面建成小康社会、夺取新时代中国特色社会主义伟大胜利作出新的更大贡献，以优异成绩庆祝中华人民共和国成立 70 周年！

在中国法学会八届一次会长会议上的讲话

（2019 年 3 月 21 日）

王　晨

同志们：

党的十八大以来，习近平总书记在领导法治中国建设谋新篇、开新局实践中，系统提出了全面依法治国新理念新思想新战略，创造性地丰富和发展了中国特色社会主义法治理论，是马克思主义法治思想中国化的最新成果，是全面依法治国的根本遵循，为我们做好新时代法学会工作指明了方向。各级法学会要把学习贯彻习近平新时代中国特色社会主义思想特别是习近平总书记全面依法治国新理念新思想新战略作为学习重点，组织引领广大法学法律工作者认真学习研究、加强宣传贯彻，深刻领会贯穿其中的坚定的信仰信念、深厚的人民立场、科学的辩证思维、敏锐的战略眼光、宽广的全球视野。要牢牢把握习近平总书记在中央全面依法治国委员会第一次会议上作出的“十个坚持”重要论述，深入贯彻习近平总书记在中央全面依法治国委员会第二次会议上就完善法治建设规划、提高立法工作质量和效率、保障和服务改革发展、营造和谐稳定社会环境、加强涉外法治建设等作出的重要战略部署，真正把习近平总书记全面依法治国新理念新思想新战略作为引领新时代法学会各项工作的行动指南，作为激励全国广大法学法律工作者投身社会主义法治国家建设的力量源泉。

今年是中国法学会第八届领导机构履职的启程之年。下面，我就法学会领导班子、领导干部牢记使命担当、扎实履行职责，带好头、作表率，讲几点意见。

一、坚定理想信念。信仰、信念、信心，任何时候都至关重要。各级法学会的干部特别是领导干部要坚持用习近平新时代中国特色社会主义思想武装头脑、指导实践、推动工作，按统一部署组织开展“不忘初心、牢记使命”主题教育，推动习近平新时代中国特色社会主义思想大学习大研讨大培训常态化，常学常新、常悟常进，始终坚定对马克思主义的信仰，坚定对中国特色社会主义的信念，坚定对实现中华民族伟大复兴中国梦的信心。要深入观察世界发展大势，深入体察中国特色社会主义伟大实践，引导广大法学法律工作者不断增强中国特色社会主义道路自信、理论自信、制度自信、文化自信，对我国宪法明确的习近平新时代中国特色社会主义思想等国家指导思想充满自信，对我国宪法确立的国家发展道路、奋斗目标充满自信，对我国宪法确认的中国共产党领导和我国社会主义制度充满自信。要知行合一、言行一致，牢固树立正确的世界观、权力观、事业观，用自己的实际行动贯彻落实习近平总书记全面依法治国新理念新思想新战略，为坚持和发展中国特色社会主义、实现共产主义远大理想而不懈奋斗。

二、强化政治责任。习近平总书记强调，法治当中有政治，没有脱离政治的法治。各级法学会履行职责，首先要确保在政治上站得稳、靠得住，找准政治站位，提高政治意识，强化政治担当，坚持正确的政治方向，切实肩负起引领广大法学法律工作者听党话、跟党走的政治责任。要把毫不动摇坚持党的领导，增强“四个意识”，坚定“四个自信”，做到“两个维护”作为各级法学会领导班子成员、全体法学会会员必须严格遵循的政治原则和政治规矩，并贯彻落实到每项工作中。这个要求首先是对法学会各级领导班子提出来的，全体法学会会员也应该严格遵循，这一点不能含糊。法学会作为意识形态重要阵地，在组织各类论坛、年会、研讨会、课题研究、评奖评优中，都要突出政治标准，落实政治责任，进一步完善政治引领工作机制，明确法学会专职、兼职负责同志的责任，充分发挥在政治引领方面的主导作用。要正确区分学术问题和政治问题，不要把一般的学术问题当成政治问题，也不要把政治问题当作一般的学术问题，认真贯彻好党的知识分子政策，将广大法学法律工作者最广泛、最紧密地团结在党中央周围。

三、全面增强能力。法学会工作的政治性、法律性、专业性、群众性都很强，涉及面很宽。做好法学会工作，既要政治过硬，又要本领高强。在座各位同志有的已经在党的高级领导干部岗位上工作多年，有的是法学研究领域或者法律实务部门的专家，经验丰富，但面对新形势新要求，也要有知识不足、本领不足、能力不足的紧迫感，不断提高做好各项工作的能力和水平。各级法学会的干部特别是领导干部要认真贯彻习近平总书记在中央政法工作会议上的重要讲话精神，全面提升法律政策运用、防控风险、群众工作、科技应用、舆论引导等能力，培养斗争精神、增强斗争本领。要按照党中央对群团干部提出的要求对标对表，特别要善于运用新形势下群众工作方式方法，提高做群众工作的本领和经验，更好地发挥法学会作为党和政府联系和团结广大法学法律工作者的桥梁和纽带作用。要坚持问题导向，针对七届理事会工作报告提出的在深化改革、政治引领、服务大局、研究会服务监管、基层基础建设等方面问题，逐项认真研究拿出解决办法，在破解难题中经受考验、增长才干。要始终保持虚怀若谷、如饥似渴的学习状态，既要向书本学又要向实践学，既要向领导和同事学又要向专家、基层和群众学，既要向传统学又要向现代学，既要学习法学法律知识又要广泛学习做好领导工作、履行岗位职责所必备的各种知识，努力成为兼收并蓄、融会贯通的通达之才。

四、加强团结协作。各位同志来自不同的中央部委、法学研究机构、法律院校和有关社会团体，中国法学会的大量工作也会涉及各个部门、单位，需要我们加强团结协作，共同完成好党和人民交给的任务。希望同志们在做好各自所在单位工作的同时，始终牢记自己中国法学会领导成员的身份，珍惜为党和人民工作、为广大法学法律工作者服务的机会，不断增强责任感、使命感，依法按章程履行职责。大家在工作中要相互支持、相互尊重、相互配合，加强与各有关单位的沟通协调，增强工作合力。要认真贯彻习近平总书记在中央党的群团工作会议上作出的“真正发挥兼职成员作用”等重要指示精神，法学会日常的工作由精干的专职干部来抓，需要议事或者有重大工作任务时大家都要来出主意、出力气，充分发挥聪明才智和重要作用。党组要发挥好领导核心作用，多关心各位兼职副会长，给他们交任务，特别是围绕今年的任务分工、结合各位兼职副会长的工作实际和研究特长，多安排他们参加有关工作和活动。

五、扎实改进作风。各级法学会特别是领导班子、领导干部必须牢记自己的职责使命，保持良好的精神状态，勤勤恳恳为民，兢兢业业干事，清清白白做人，形成抓作风促工作、抓工作强作风的良性循环。要深入基层、深入实践，大兴调查研究之风，想问题、作决策、抓工作都要坚持从群众中来、到群众中去，真正把广大法学法律工作者的智慧集中起来，把人民群众的意见反映上来。要坚持求真务实、真抓实干，在贯彻落实党中央决策部署、谋划推进法学会工作中，做到领导工作要实、任务责任要实、督查问效要实，以务实作风创造一流业绩，回报党和人民的信任、回报广大法学法律工作者的重托。要坚持从严要求，认真贯彻中央八项规定及实施细则，巩固拓展整治“四风”成果，力戒形式主义、官僚主义，加强思想道德修养，自觉践行社会主义核心价值观，自觉尊法学法守法用法，慎始慎初、慎微慎独，把好权力关、金钱关、美色关，做到心有所畏、言有所戒、行有所止，作廉洁自律的表率。

六、狠抓工作落实。以习近平同志为核心的党中央对中国法学会工作高度重视、寄予厚望。根据中央全面依法治国委员会的有关工作安排，中国法学会负责承担习近平总书记全面依法治国新理念新思想新战略形成和发展脉络重大课题研究工作。中共中央办公厅《贯彻落实〈中央政治局常委会2019 年工作要点〉重点工作分工方案》中明确中国法学会作为责任单位的任务有两项，一是研究民法典等重大立法事项，二是制定出台关于加快推进社会治理现代化开创平安中国建设新局面的意见。中央政法委贯彻落实习近平总书记在中央政法工作会议上重要讲话精神分工方案中，有 10 项任务将中国法学会列为责任单位，包括深化政法机构改革、深化司法体制综合配套改革、深化政法公共服务体系建设等。党中央正在研究制定的有关文件中，还将在推进法学会改革、加强涉外法治专业人才培养、加强对“长臂管辖”反制法律研究等工作方面对法学会分配任务。我们要集中精力，结合开展法学研究、法学交流、法治实践、法律服务等职能，高质量地按时完成好党中央交办的重大任务，团结带领广大法学法律工作者将习近平总书记全面依法治国新理念新思想新战略和党中央重大决策部署落实到具体工作中。

关于近期的法学会工作，我再强调几点：*一是要把好方向，稳中求进*。今年我们国家的大事要事多，敏感节点也比较多。法学会的工作首先要强调政治性，大家一定要旗帜鲜明讲政治，务必在政治方向上把好、把准，工作推动坚持稳中有进、以进固稳。这是党中央一再强调的，也是法学会工作需要贯彻好、落实好的。*二是巩固与发展并重*。目前会员数量已经发展到 72 万，县级法学会基本实现全覆盖。我们要按照“巩固、发展、改革、提高”的要求，坚持巩固与发展并重，在巩固中发展，在发展中巩固。要继续按照党中央关于群团改革的要求，落实好《中国法学会改革方案》，增强“三性”，去除“四化”，把改革搞好，不断提升我们的能力素质、提高工作水平。三是在法学研究、法治实践、法学教育、法治人才、法律服务、法律斗争等方面发挥更大作用。比如关于法律斗争，七届理事会工作报告提到菲律宾南海仲裁案后，中国法学会发布了关于菲律宾共和国单方面提起的南海仲裁案的声明，在当时起了很好的作用。今后要继续主动地统筹、参与这样的工作。再如，关于孟晚舟案，法学会可以从法律角度进行全方位地深入研究，提供有力的法理支持。刚才讲到企业的法律服务工作，也很迫切。我们要积极推动为企业提供优质法律服务，今年也可考虑组织召开“民营企业法律服务保障”专题研讨会，引导企业重视法律、以法律促进自身持续健康发展。这些都是在改革发展实践中建功立业、为党和国家大局服务的实际举措。今年除常态化的工作安排外，还要结合庆祝中华人民共和国成立70周年、“12·4”国家宪法日等党中央重大工作部署等，开展一些少而精、高质量的活动。四是要重视适度对外发声。要坚持弘扬正能量、掌握主动权，适度发声，主动发声，善于做法学会相关的宣传工作，把握意识形态的话语权。我想今年可否以中国法学会的名义在主流媒体发表一篇关于学习研究习近平总书记全面依法治国新理念新思想新战略的理论文章。日常的活动也要加强宣传报道，精心组织，讲好中国法治故事，为做好党和国家各项工作营造良好的法治环境。

同志们，今年是八届理事会履职的第一年。七届理事会在党中央的坚强领导下取得了很大的成绩。我们要发扬好的传统，学习好的经验，展现新面貌新气象新担当，各项工作也要“风生水起”，作出这一届的成绩。党中央前所未有地重视和推进全面依法治国，我们有条件也有责任团结带领广大法学法律工作者为党和国家作出应有的贡献，谱写法学会事业发展的新篇章，以优异成绩庆祝中华人民共和国成立70周年！

在科技界科技进步法修改工作座谈会上的讲话

（2019年3月26日）

王　晨

同志们：

全国人大教育科学文化卫生委员会今天召开科技界科技进步法修改座谈会，就科技进步法修改工作听取科技领域有关单位和专家的意见建议。这是落实全国人大常委会立法规划，加强科学立法、民主立法、依法立法的重要举措。刚才，与会同志对如何修改好科技进步法、使法律更好地保障和促进科技事业健康发展提出很多真知灼见，听后很受启发。有关部门在起草科技进步法修订草案的时候，要认真研究吸纳这些意见建议。今天的座谈会只是开始，在整个修法过程中还要采取多种形式，广泛听取各方面特别是科技界和专家学者的意见建议。

修改科技进步法是十三届全国人大常委会立法规划的重要项目。全国人大常委会高度重视立法规划的贯彻实施，专门召开了立法工作会议，栗战书委员长对立法规划的落实提出明确要求，强调要深入学习贯彻习近平新时代中国特色社会主义思想特别是习近平总书记全面依法治国新理念新思想新战略，准确把握做好新时代立法工作的基本要求。全国人大教科文卫委和科技部成立了科技进步法修改工作小组，拟订了修改工作方案，及时启动修改科技进步法的各项工作。目前，修改法律的前期调研、专题研究等基础性工作正有序展开。希望再接再厉，贯彻落实党中央决策部署，按照全国人大常委会要求，全面做好科技进步法修改的各项工作，完成好这一重要任务。下面，我就进一步加强科技法治建设、做好科技进步法修改工作讲几点意见。

一、提高政治站位，充分认识修改科技进步法的重要意义

党的十八大以来，习近平总书记对科技创新作出的一系列重要论述，是习近平新时代中国特色社会主义思想的重要组成部分，是新时代科技工作的

根本遵循,为科技进步法修改指明了方向。习近平总书记多次强调,创新是一个民族进步的灵魂,是一个国家兴旺发达的不竭动力;抓创新就是抓发展,谋创新就是谋未来;必须把创新摆在国家发展全局的核心位置;科技领域是最需要不断改革的领域,推进自主创新,最紧迫的是要破除体制机制障碍。在今年省部级主要领导干部专题研讨班开班式上,习近平总书记强调科技领域安全是国家安全的重要组成部分,并就建立自主创新的制度机制优势、加强重大创新领域战略研判和前瞻部署、强化国家战略科技力量建设、加快推进新兴技术领域相关立法等对科技工作提出明确要求。习近平总书记把科技创新的重要性提到了前所未有的高度,这既是对科技创新工作的要求,也是对科技立法工作的要求。

修改科技进步法是贯彻落实党中央实施创新驱动发展战略、实现高质量发展决策部署的重要举措。科技进步法修改工作要以习近平新时代中国特色社会主义思想为指导,把准修法工作方向。要牢牢把握习近平总书记提出的"六个坚持"和"三个面向"的要求,即坚持党对科技事业的领导,坚持建设世界科技强国的奋斗目标,坚持走中国特色自主创新道路,坚持以深化改革激发创新活力,坚持创新驱动实质是人才驱动,坚持融入全球科技创新网络,面向世界科技前沿,面向经济主战场,面向国家重大需求,着眼未来、谋划全局,强化科技创新重大任务部署,系统构建和改革完善促进我国科技创新发展的法律制度和体制机制。要贯彻落实习近平总书记关于科技创新的重要论述精神,进一步明确和完善我国科技发展的指导思想与战略方针,对实施创新驱动发展战略、发挥创新引领发展第一动力作用、加快建设创新型国家和世界科技强国作出明确规定和要求。通过完善和实施法律制度,推动科技体制改革,破除束缚科技发展的障碍,最大限度释放科技创新的潜力和活力,推动我国科技发展取得更大成就与辉煌。

二、明确工作思路,把握科技进步法修改的总体要求

依法治国,必须立法先行,发挥立法的引领和推动作用。科技立法是运用法律武器推动科技重大方针政策贯彻落实的重要保障,是中国特色社会主义法律体系的重要组成部分。面对突飞猛进的科技发展,科技立法工作应当紧跟时代步伐,及时调整法律调控的重点、内容和方式,适应不断变化的经济、科技和社会发展的需要。

科技进步法是科技领域的基本法,自 1993 年制定以来,对于保障和促进科学技术健康发展、促进科技与经济紧密结合发挥了积极作用。2007 年底,全国人大常委会曾对科技进步法进行过修订,至今已有 12 年。这十几年来,我国经济、科技发展的环境发生了很大变化。特别是党的十八大以来,习近平总书记对科技创新、高质量发展提出一系列重要论述,明确了建设创新型国家和世界科技强国的目标,党中央实施创新驱动发展战略,出台一系列科技体制改革的重要举措,我国科技事业密集发力,加速跨越,发生历史性变革,取得历史性成就。随着中国特色社会主义进入新时代,我国社会主要矛盾已经转化为人民日益增长的美好生活需要和不平衡不充分的发展之间的矛盾,实现高质量发展和建设现代化经济体系对科技创新工作提出了新要求。科技进步法的有些规定已经不能适应科技发展和创新的需要,亟需修改完善。2018 年制订十三届全国人大常委会五年立法规划时,全国人大教科文卫委和科技部都建议将科技进步法修改列入立法规划并获得采纳。

我们要认真总结经验,坚持与时俱进,把科技进步法修改完善好,以适应新时代新形势新要求。要贯彻党的十九大精神,全面体现新发展理念和创新引领发展第一动力要求,从全局和战略高度把握科技进步事业发展的目标、原则、任务和布局,深化科技体制改革,促进科技与经济社会融合发展。要进一步健全完善符合科技发展规律和社会主义市场经济规律、有效促进科技创新发展的科技进步与创新法律制度,为新时代科技创新发展奠定法律基础。工作中要注意把握好以下几个方面。

一是贯彻党中央关于科技进步的重大决策部署。党的十八大以来,党中央对实施创新驱动发展战略、深化科技体制改革、增强科技创新能力作出一系列重大决策部署,出台一系列促进科技创新和科技体制改革的政策措施。我们要在科技进步法修改工作中贯彻落实党中央决策部署,把党的主张转化为国家意志。近年来,我国科技体制改革不断向纵深推进,各项改革任务取得重要进展和积极成效。随着创新驱动发展战略深入实施,新产业、新业态、新商业模式不断涌现。科研机构管理、创新人才管理和科技成果转化收入分配机制等改革的成果,也需要通过修订法律、完善制度得以确认和巩固。

二是把握世界发展大势，尊重科技进步规律。当今世界，科学技术已经成为推动经济社会发展的主导力量。创新能力成为国家竞争力的决定性因素。世界主要国家都把科技创新作为国家战略，把超前部署和发展战略技术及新兴产业作为带动经济发展的关键举措。科技进步法修改工作一定要站得更高一点，看得更远一些，准确把握世界科技创新趋势，尊重科技创新规律，借鉴国际先进经验，以全局眼光、国际视野谋划科技创新，从宏观层面改革完善科技创新的法律制度体系。

三是体现中国特色，符合新时代的发展要求。我国是一个发展中大国，在科学技术方面属于后发国家。改革开放以来，我国经济社会发展取得了举世瞩目的成就，科学技术也取得巨大进步，科技整体水平正从量的增长向质的提升转变，从追赶逐步走向“并跑”，在某些领域实现了超越。“跟跑”、“并跑”、“领跑”三跑并存，“并跑”、“领跑”的比例在不断增加。但也要清醒地看到，我国同科技强国相比还有较大的差距，主要表现在很多产业的关键设备和核心技术还主要依靠进口，缺乏自主知识产权的核心技术，特别是一些“卡脖子”技术还没有取得突破。我们要实现全面、协调、可持续发展，就需要不断增强科技创新能力，提高发展的科技含量，从过度依赖资金、资源投入实现增长，转变为更多依靠技术进步、提高劳动者素质来实现增长。修改科技进步法，一定要全面了解我国经济和科技发展的实际，立足国情，在制度设计上体现中国特色，瞄准建成科技强国和实现“两个一百年”奋斗目标，使修订后的科技进步法更加适应新时代的发展要求。

四是借鉴实践中探索创造的成功经验。修改科技进步法要认真总结借鉴国内外推动科技进步与创新的成功做法，注意与国内相关立法衔接，与国际规则、国际惯例接轨。对地方在科技创新工作中探索创造的成功经验，要认真总结并吸收到科技进步法修改中。行政法规、部门规章和一些政策措施，条件成熟的也可以上升为法律规定。

五是坚持问题导向，抓住法律修改的重点。自2007 年科技进步法修订以来，国内外科技创新发展发生了重大变化，有些规定已不能完全适应实施创新驱动发展战略、建设世界科技强国的需要。要坚持问题导向，引导和规范科技活动严格遵守科学精神和伦理道德，调动和保护科技人员的积极性、主动性和创造性，最大限度释放科技创新的潜力和活力。要以当前制约科技创新的突出问题作为重点，认真研究科技进步法需要从哪些方面加以修改完善，法律修改要解决的最突出的问题是什么，立法的难点和重点在哪里等。要认真调查研究、科学论证，从理论和实践上给出充分的依据和理由，有针对性地在法律中作出规定。

六是落实科学立法、民主立法、依法立法要求。科技进步法修改要遵守宪法和立法法的有关规定，具体落实宪法关于科技进步和科技创新的要求，严格按照立法法确定的程序开展立法工作。由于科技进步法修改工作涉及我国科技管理体制的深层次问题，也可能会触碰敏感、热点问题，引发观点不同的讨论。因此，要深入一线开展调查研究，广泛听取科技界、产业界、教育界、管理部门等社会各界的意见建议，把调查研究与办理人大代表议案建议和政协提案结合起来，认真回应社会关切，博采众人智慧，平衡各方利益，凝聚最广泛的社会共识。

三、高质量完成科技进步法修改工作，进一步完善科技法律体系

目前，修改科技进步法的各项工作已经全面展开。全国人大教科文卫委和科技部于 2018 年 11 月牵头成立科技进步法修改工作领导小组并召开第一次会议，对修法工作进行了总体部署，开了个好头。会后，教科文卫委、科技部和领导小组各成员单位有步骤地开展了修法调研、专题研究和资料搜集等工作，取得了一些阶段性成果。下一步要加大工作力度、加快工作进程，在前期工作的基础上，按照“任务、时间、组织、责任”四落实的要求，进一步健全责任机制，加强组织协调，抓紧修改草案的调研、起草工作。领导小组各成员单位也要把修法工作作为本部门的一项重要政治任务，组织精干力量，加强调查研究，结合本部门、本系统的职能和工作，有针对性地提出法律修改的具体意见建议。希望各部门各单位通力合作，力争尽早完成这项重要任务。

在全面做好修改科技进步法各项工作的同时，还应当对科技法律体系进行系统规划和通盘考虑。近年来，我们在进行科技领域的立法、监督和调研时，经常听到科技进步法的有些规定过于原则、可操作性不强的意见。解决这个问题，一方面在科技进步法修改时要尽可能使条文明确具体；另一方面，也要考虑在哪些方面可以制定专门的单行法律，因为科技进步法是科技领域的基本法，有些内容只能作出比较原则的规定，这就给具体的领域留下了立法空间。对于专业领域的立法需求，有关部

门要抓紧进行研究,科技界各个系统和专家学者也可以提出意见和建议。制定法律条件暂不成熟的,可以先制定行政法规、部门规章,有条件的地方也可以先行先试,制定地方性法规。除了通过立法对改革措施予以确认和保障,在某些方面还可以“超前立法”,发挥法律的前瞻性优势,使改革于法有据,更好引导科技活动的健康发展,使科技领域的法治保障更加完善。

同志们,做好科技进步法修改工作十分重要,让我们更加紧密地团结在以习近平同志为核心的党中央周围,增强“四个意识”,坚定“四个自信”,做到“两个维护”,以高度的政治责任感扎实做好科技进步法修改的各项工作,为建设创新型国家提供有力法治保障,为实现“两个一百年”奋斗目标作出新的贡献!

在中国法学会机关领导干部及所属研究会负责人座谈会上的讲话

(2019 年 4 月 4 日)

王 晨

同志们:

今天到中国法学会机关与同志们见面,并同机关领导干部和各研究会负责人举行座谈会,主要是看望大家,进一步了解法学会工作情况,与同志们一起研究贯彻以习近平同志为核心的党中央各项决策部署,落实“八代会”精神,共同做好新一届法学会各项工作。参加今天座谈会的有党组各位同志,专职副会长,机关各部室、各直属事业单位副局级以上干部,还有中国法学会所属 55 个研究会的主要负责同志。

党的十八大以来,在以习近平同志为核心的党中央坚强领导下,中国法学会开展了卓有成效的工作,为深化全面依法治国、推进改革开放和社会主义现代化建设事业作出了重要贡献。这些成绩的取得,离不开以王乐泉同志为会长的七届领导机构的正确领导,也离不开包括在座各位在内的全体法学会同仁的辛勤付出、奋力拼搏。上个月,在党中央亲切关怀下,中国法学会第八次全国会员代表大会胜利召开,圆满完成各项议程。特别是 3 月 19 日,习近平总书记等党和国家领导同志出席开幕式,郭声琨同志代表党中央致词,充分体现了党中央对法学会工作的高度重视,广大法学法律工作者备受鼓舞和激励。

大会结束第二天,我们迅即召开了八届一次会长会议,讨论通过《中国法学会关于坚决维护党中央集中统一领导进一步加强自身建设的若干规定》,对今年重点工作和本届工作思路进行了谋划,新一届法学会各项工作正有条不紊地展开。刚才,陈训秋同志介绍了有关情况,马怀德、叶静漪同志也讲了很好的意见建议,听后很受启发。关于研究会党组织建设问题,学会党组要认真研究,结合研究会实际实事求是地加以解决。可否参照全国人大各专门委员会分党组的做法,研究会党组织主要承担两方面任务,一是政治领导,二是廉洁自律,既发挥党组织作用,又不是什么都包揽,对此可深入研究。下面,我再讲几点意见。

今年是中华人民共和国成立 70 周年,2020 年是全面建成小康社会之年,2021 年是中国共产党成立 100 周年。党的十九大报告提出了到 2035 年基本建成法治国家、法治政府、法治社会的目标任务。从时间节点来看,我们中国法学会第八届理事会履职正处于实现“两个一百年”奋斗目标的历史交汇期,赶上了我国法治建设的好时代,国家厉行法治,人民期盼法治,实践需要法治。宏伟蓝图已经绘就,壮丽前景催人奋进。我们要深入学习贯彻习近平新时代中国特色社会主义思想特别是习近平总书记全面依法治国新理念新思想新战略,锐意进取,扎实工作,团结带领广大法学法律工作者坚定不移走中国特色社会主义法治道路,满腔热忱投身社会主义法治国家建设,积极发展中国特色社会主义法治理论,扎实推进中国特色社会主义法治体系建设,不负伟大时代,不负人民重托,在全面依法治国实践中作出应有的贡献。

一、必须旗帜鲜明讲政治。中国法学会是党领导的人民团体、群众团体、学术团体,也是政法战线的重要组成部分,具有光荣的历史传统和鲜明的政治属性，必须旗帜鲜明讲政治。法学会领导班子成员、法学会机关和所属研究会全体同志都要强化政治担当，提升政治素质，发挥好政治引领作用。要始终坚持党的领导，树牢"四个意识"，坚定"四个自信"，做到"两个维护"，切实肩负起团结引领广大法学法律工作者听党话、跟党走的政治责任。要突出政治标准，加强对学术会议、课题研究、评奖评优等活动的政治引领，在政治立场、政治方向、政治原则、政治道路等重大政治问题上旗帜鲜明、态度坚决，始终坚持法学研究的正确方向。要不断加强法学会系统党建工作，充分发挥法学会党组把方向管大局保落实的重要作用，加强各级法学会和所属研究会党组织建设，发挥好广大党员的先锋模范作用，使法学会各级党组织成为宣传党的政策、贯彻党的决定、推动改革发展的坚强战斗堡垒。要严格落实意识形态工作责任制，西方的法治文明成果可以借鉴，但也有不少不符合我国国情，有的观点是错误的。总的是应该去其糟粕、取其精华。要坚持守土有责，加强各类论坛、年会、研讨会等活动和主办的网站、报刊等意识形态阵地建设和管理，要管得住、守得住阵地，确保始终坚持正确的政治方向和舆论导向，坚决抵制西方"宪政"、"三权鼎立"、"司法独立"等错误思潮，进一步筑牢法学法律界团结奋斗的共同思想基础。

二、积极投身全面依法治国伟大实践。法学会具有基础广泛、联系面广、人才荟萃等独特优势，要团结带领广大法学法律工作者积极投身全面依法治国伟大实践，加强中国特色社会主义法治理论研究，多出成果、出好成果，成为全面依法治国的"智囊团""思想库""人才库"。要突出工作重点，组织引领广大法学法律工作者认真学习研究、宣传贯彻习近平总书记全面依法治国新理念新思想新战略，系统总结归纳新中国成立 70 周年特别是党的十八大以来成功的法治建设成果和经验，努力提炼具有原创性、时代性、标志性的学术概念，不断发展完善符合中国实际、具有中国特色、体现社会发展规律的社会主义法治理论。在这方面，法理学研究会等已有较好的基础，可以继续深化研究。今年适当时候，可考虑以中国法学会名义，对外发布学习贯彻习近平总书记全面依法治国新理念新思想新战略的研究成果。要紧密结合实际，组织引领广大法学法律工作者紧紧围绕党中央重要法治规划、重大立法事项、重点改革举措等，协调相关力量加强调查研究，集中进行攻关，不断提升服务科学决策和法治实践的能力与水平，努力做到党和国家事业发展中面临着什么样的问题，我们都能及时拿出高质量的研究成果和对策建议。比如，如何深入总结新中国成立 70 周年法治建设的成就和经验，如何编纂好民法典，如何推进税收法定，如何加强对企业的法治保障，如何加强对自贸区、海南自贸港、人工智能、生物安全、基因编辑等问题的前瞻性研究，如何从国际法和国内法的多个视角研究孟晚舟案等，都是各方关注的重点热点问题，值得深入研究。

三、充分发挥桥梁纽带作用。根据党中央要求，中国法学会承担着"党和政府联系广大法学工作者、法律工作者的桥梁和纽带"这一重要使命。目前，省市县三级法学会组织已经基本实现全覆盖。中国法学会和地方各级法学会约有 1400 多个研究会、72 万个人会员、21000 多个团体会员，覆盖了法学专业各领域和法治工作各部门，是建设社会主义法治国家的重要力量。将广大法学法律工作者最广泛、最紧密地团结在以习近平同志为核心的党中央周围，坚持和拓展党领导的法治建设事业，是法学会一项重要政治任务，也是贯穿法学会全部工作的一条主线。在基层法学会建设、会员发展等工作中，要考虑法学会自身的特点、优势和条件，坚持巩固与发展并重，坚持实事求是、求真务实，不盲目追求数量，确保真正发挥作用。要善于搭建平台，着力发挥研究会的重要平台和阵地作用，组织动员广大法学法律工作者围绕统筹推进"五位一体"总体布局、协调推进"四个全面"战略布局，为科学立法、严格执法、公正司法、全民守法提供理论支持和智力服务。要改进工作方式，深入基层、深入群众，与广大会员常联系、勤互动、多交心，以平等待人的真诚态度、虚怀若谷的宽阔胸襟，充分调动广大法学法律工作者的积极性、主动性、创造性；既要有识才的慧眼、爱才的诚意，又要有用才的胆识、容才的雅量，努力为法学法律界营造解放思想、服务大局的良好氛围。要加快人才培养，充分发挥论坛（研讨会）、研究会年会、课题研究对人才培养的引领作用，积极参与法学教育改革、高层次法学法律人才培养工作，花大心血、下大力气在法学教育、法学研究和法治实践中发现人才、培养人才、举荐人才、造就人才，建设一流法学家队伍，培养一批熟悉国内情况、具有国际视野的法学研究领军人物，为全面依法治国提供坚实人才保障。

四、切实加强沟通协调。法学会既是党和政府联系广大法学法律工作者的桥梁纽带，也是法学法律界人士互相交流、取长补短的重要平台。加强沟通交流，不断提高协调能力，法学会的工作空间将会更加广阔，发挥作用的舞台将会更加宽广。要加强内部协作，以“一盘棋”的思路统筹谋划各级法学会和所属研究会的工作，善于运用和调动各种资源和力量；无论是课题研究、学术研讨，还是评奖评选、对外合作，都要从全局来谋划，增强工作合力，避免各自为战。要加强工作交流，找准法学会工作与党委、政府中心工作的结合点、切入点，主动加强与立法、执法、司法、普法部门及法学院校科研机构的沟通合作，提高服务法治实践的精准性；比如，围绕推动法治政府建设，法院“执行难”、惩治“老赖”问题，公益诉讼，司法改革、互联网法院等“新型法院”建设，普法工作等，法学会可以做的事情很多，大有可为。要下大力气搭建平台、完善机制，推动法治实务部门和法学高等院校人员双向交流、深度融合，强化协同创新、合作研究，真正打通法治理论和实践，为全面依法治国提供更加丰富和坚实的理论支撑。要重视对外发声，针对一些关于我国法治建设别有用心的曲解抹黑，要敢于亮剑、善于发声，及时阐明立场，以正视听；要密切关注涉法舆情，及时进行研究，为决策机关提供法理依据；必要时派出专家学者，解疑释惑；要积极主动宣传普及宪法法律，弘扬法治精神。

五、提升“执行力”，务求成效。做好法学会的各项工作，法学会机关和所属研究会担负着重要责任。希望大家不负重托、不负众望，做到以上率下、以机关带系统，把不断提高法学会的执行力作为抓手，推进工作落实，增强工作成效。要认真贯彻落实习近平总书记重要指示批示和党中央决策部署，这是检验我们是否树牢“四个意识”、是否坚决做到“两个维护”的试金石。要特别重视以法治思维和法治方式加强对有关问题的研究，及时提出意见建议报送中央决策参考。要认真贯彻落实中央全面依法治国委员会、中央办公厅、中央政法委等部署的任务分工，做到“任务、时间、组织、责任”四落实，加强督促检查，确保高质量按时完成党中央交办的重大任务。要扎实改进作风，坚持求真务实、真抓实干，以务实作风创造一流业绩，回报党和人民的信任；坚持从严要求，认真贯彻中央八项规定及实施细则，力戒形式主义、官僚主义。

最后，还要强调一下，法学会也不是“清水衙门”，要深入开展党风廉政建设和反腐败斗争。要始终绷紧廉政建设、廉洁自律这根弦，慎始慎初、慎微慎独，做到心有所畏、言有所戒、行有所止。党组要认真履行全面从严治党主体责任，加强对干部教育管理监督，加强机关规范化建设，全面执行关于考勤、办文、办会、外事、财务管理等各项规章制度，建设风清气正的政治机关。刚才讲的这五条要求，也是对所属研究会的要求。要加强研究会自身建设，从会长、副会长做起，严格遵守宪法法律，严格执行规章制度，把研究会建设好、发展好，团结大家积极投身社会主义法治国家建设。

同志们，谱写法学会事业发展新篇章，中国法学会机关和所属研究会使命光荣、责任重大。让我们更加紧密地团结在以习近平同志为核心的党中央周围，敢于担当、善于作为，为全面依法治国、建设社会主义法治国家，为决胜全面小康社会、夺取新时代中国特色社会主义伟大胜利作出新的更大贡献，以优异成绩庆祝中华人民共和国成立 70 周年！

加大全民普法力度　满足人民不断增长的法治需求

——在 2019 年青年普法志愿者法治文化基层行活动启动仪式上的讲话

（2019 年 4 月 28 日）

王　晨

各位青年普法志愿者、同志们：

值此五四青年节即将来临之际，2019 年青年普法志愿者法治文化基层行活动今天启动了。刚才，司法部、共青团中央负责同志讲了很好的意见，青年普法志愿者代表作了热情洋溢的发言。全国各地近百万青年普法志愿者参加这一活动，充分体现了广大青年法学法律工作者报效祖国的远大志向、甘于奉献的思想境界，充分展示了广大青年在推进全面依法治国、实现“两个一百年”奋斗目标伟大征程中朝气蓬勃的精神风貌。这也是青年法学法律工作者用自己的实际行动,对五四青年节最好的纪念。

党的十八大以来,以习近平同志为核心的党中央对推进全面依法治国、增强全民法治观念、加强法治社会建设作出一系列重大决策部署。习近平总书记指出,要坚持把全民普法和守法作为依法治国的长期基础性工作,强调"全面推进依法治国需要全社会共同参与,需要全社会法治观念增强,必须在全社会弘扬社会主义法治精神,建设社会主义法治文化"。这些重要指示为我们做好新时代普法工作指明了方向,提供了遵循。

下面,我就青年普法志愿者法治文化基层行活动讲几点意见。

一、加大全民普法力度,扎实开展青年普法志愿者法治文化基层行活动。法律的权威源自人民的内心拥护和真诚信仰。人民权益要靠法律保障,法律权威要靠人民维护。党的十九大报告要求,"加大全民普法力度,建设社会主义法治文化,树立宪法法律至上、法律面前人人平等的法治理念"。"七五"普法规划明确规定人民团体要在法治宣传教育中发挥积极作用,强调要培育一批普法志愿者优秀团队和品牌活动,提高志愿者普法宣传水平。组织开展青年普法志愿者法治文化基层行活动,是贯彻落实党中央全面依法治国重大部署、实施"七五"普法规划的一项重要举措,是增强全社会法治观念、建设社会主义法治国家的一项重要基础性工作。近年来,青年普法志愿者法治文化基层行活动已覆盖全国2000多个县(市、区),2018年参与志愿者达80多万人,直接普法受众8000多万人次,对于加大全民普法力度、推进法治社会建设起到了十分重要的作用。我们要进一步提高政治站位,按照党中央决策部署要求,切实增强责任感使命感,认真做好各项工作,把青年普法志愿者法治文化基层行活动抓紧抓好、抓出实效。

二、在全社会弘扬法治精神,建设社会主义法治文化。广大法学法律工作者特别是青年普法志愿者要坚持以习近平新时代中国特色社会主义思想为指导,深入学习宣传习近平总书记全面依法治国新理念新思想新战略,积极宣传新中国成立70年来、改革开放40多年来特别是党的十八大以来我国法治建设取得的辉煌成就和宝贵经验,使全社会不断增强走中国特色社会主义法治道路的自觉性和坚定性。要突出学习宣传宪法,宣传中国特色社会主义法律体系,大力普及法律面前人人平等、宪法法律至上、权由法定、权依法使等基本法治理念,破除"法不责众"、"人情大于国法"等错误认识,引导人民群众办事依法、遇事找法、解决问题用法、化解矛盾靠法。要坚持以宣传法律知识、弘扬法治精神、推动法治实践为主旨,积极推进社会主义法治文化建设,总结推广"枫桥经验",弘扬社会主义核心价值观,强化规则意识,倡导契约精神,维护公序良俗,通过潜移默化的方式让社会主义法治精神融入社会,更好地发挥法治文化的引领、熏陶作用,进一步在全社会形成良好法治氛围和法治习惯,使全体人民都成为社会主义法治的忠实崇尚者、自觉遵守者、坚定捍卫者。

三、满足人民不断增长的法治需求,在志愿服务中提升法治素质和能力。当前,人民群众对美好生活的向往更多向民主、法治、公平、正义、安全、环境等方面延展。我们要始终坚持以人民为中心,把青年普法志愿者法治文化基层行活动作为服务人民群众的重要抓手,让人民群众成为这一活动最大受益者。要紧紧围绕与群众切身利益密切相关的领域开展法治宣传教育,大力宣传教育、就业、养老、婚姻家庭、收入分配、社会保障、医疗卫生、食品安全等方面法律法规,努力做到民有所呼、我有所应,满足人民群众不断增长的法治需求,增强人民群众的获得感、幸福感、安全感。要认真贯彻落实"法治是最好的营商环境"等要求,加大对企业特别是民营企业的宣传力度,加强对公司、财产、知识产权、环境保护、劳动用工等法律法规的宣传,积极为民营企业合规发展创造良好法治环境。要进一步解放思想、拓展思路,以老百姓易于接受的生动活泼的形式阐释法条、剖析案例、解疑释惑,不断开创法治宣传新方法、新渠道,加大对新媒体普法产品的开发,注重网络和信息化技术的应用,提升普法针对性、时效性、趣味性和精准性。

满足人民群众日益增长的法治需求,需要青年志愿者的无私奉献,广大青年志愿者的成长成才也离不开服务人民群众的伟大实践。目前,全国法学会有70多万个人会员,其中45岁以下会员有近40万人。我们要通过开展这一活动,组织动员更多法学法律工作者特别是青年志愿者走进基层、深入群众、扎根实践,通过志愿服务培养为民情怀,提高普法宣传水平,不断提升自身的法治素质和能力。要建立和培养一支常态化、专业化、规范化的青年普法志愿者队伍,服务在基层,活跃在需要法律帮助的人民群众身边,充分发挥在全面依法治国实践中的生力军作用。

各位青年普法志愿者,同志们,法治是一个国家兴盛的标志，也是一个国家兴盛的保障。广大法学法律工作者要更加紧密地团结在以习近平同志为核心的党中央周围，加大普法工作力度，增强全社会法治观念，为推进全面依法治国、建设社会主义法治国家作出新贡献，以优异成绩庆祝中华人民共和国成立70周年！

加强新时代地方立法工作　以高质量立法推动高质量发展

——在上海调研地方立法工作时的讲话

(2019 年 5 月 18 日)

王　晨

党的十八大以来，习近平总书记对上海提出了争做“改革开放排头兵、创新发展先行者”的重要指示要求。上海认真贯彻落实习近平总书记重要指示精神，重视发挥地方立法在贯彻落实党中央重大决策部署、引领和推动改革开放、提高地方治理能力水平等方面的积极作用，上海人大工作、地方立法工作取得新成绩新进展。

此次到上海围绕法治服务国家重大发展战略、优化营商环境、加强基层立法联系点建设等主题进行调研，时间虽然不长，但收获很大。调研组先后在虹桥商务区和国家会展中心，了解了商务区应急响应中心为长三角区域一体化发展和进博会提供服务保障情况；在陆家嘴长者综合照护家园，考察了上海市老年人权益保障条例等地方立法推动养老服务情况；在中国(上海)自由贸易试验区企业服务中心，了解到加强法治建设、探索先行先试、促进改革开放的新举措；在张江科学城，了解了科技进步法等法律促进科技发展和依法加强知识产权保护的情况；在虹桥街道、古北市民服务中心两个基层立法联系点，了解联系点制度建设进展，并在上海市人大常委会机关召开座谈会，进一步听取有关加强新时代地方立法工作的意见建议。上海市在加强法治建设、依法推动和保障改革开放方面探索的新经验，实现的新发展，十分可贵，给我们以很多启发。大家在座谈中对加强和改进新时代人大工作提出一些很好的意见，对长三角区域一体化发展上升为国家战略之后，如何进一步加强区域立法协同提出了有针对性的建议，我们将进一步认真研究。下面，结合调研主题和调研中了解到的情况，讲几点意见。

一、上海地方立法工作取得显著成效

上海坚持改革与法治相辅相成、相互促进，上海市人大及其常委会针对本地经济社会发展实际，扎实做好地方立法工作，使法律法规更具适应性和可操作性，有力推动宪法法律贯彻实施，有力保障上海经济社会持续健康发展，积极发挥立法“试验田”作用，创造出不少可复制可推广的有益经验。

第一，40 年来上海地方立法成果丰硕。今年是赋予省级人大及其常委会行使地方立法权 40 周年。1979 年 7 月 1 日，五届全国人大二次会议通过地方组织法，规定县级以上地方各级人大设立常委会，省级人大及其常委会根据本行政区域的具体情况和实际需要，在和国家宪法、法律、政策、法令、政令不抵触的前提下，可以制订和颁布地方性法规，并报全国人大常委会和国务院备案。获得地方立法权后，上海市于 1980 年制定了第一部地方性法规，即上海市区、县人民代表大会选举暂行实施细则。40 年来，上海不断完善立法体制机制，深入推进科学立法、民主立法、依法立法，成果丰硕。据了解，截至 2019 年 3 月，上海共制定地方性法规 256 件，修改 334 件次，现行有效法规 183 件。

40 年来，上海市人大及其常委会围绕改革开放和社会主义现代化建设各个时期的要求，充分发挥在立法中的主导作用，坚持立法与改革决策紧密衔接，针对本地经济社会发展的实际，细化国家法律、行政法规；适应地方治理需要，在经济转型和创新驱动、社会建设和管理、保障和改善民生等方面不断探索，填补国家立法空白；在国家专属立法权外、国家尚未立法的领域，根据党和国家有关政策精神，先行制定地方性法规，许多行之有效的制度设计还被其他地方立法所吸收借鉴。调研中所看的两个基层立法联系点，以小见大，非常有说服力。基层立法联系点是社会主义民主政治的生动展示。人大今后在接待外国议会代表团访华时，可以安排他们来亲眼看一看中

国坚持人民当家作主的有力实践。

第二，上海地方立法紧紧围绕中心、服务大局，有力保障和促进了地方经济发展和改革开放。上海是全国经济最发达、最活跃的区域之一，是国家对外开放的前沿。改革开放以来，无论是着眼于建立完善社会主义市场经济体制机制，还是促进经济转型升级，无论是致力于打造国际经济、贸易、金融、航运、科创“五个中心”，还是进行自由贸易试验区先行先试，上海都把经济领域立法作为重中之重，锐意改革、聚力创新，在推动国家重大战略落地、促进经济高质量发展、促进更高水平对外开放方面，继续加强地方立法，打造良好的法治营商环境，提高国际竞争力，促进经济社会健康稳定发展。

2018 年 11 月 5 日，习近平总书记在首届中国国际进口博览会开幕式上发表主旨演讲，提出要在上海探索实施的三项重大改革任务：一是将增设中国上海自由贸易试验区的新片区，二是将在上海证券交易所设立科创板并试点注册制，三是将支持长江三角洲区域一体化发展并上升为国家战略。这三项重大改革任务的落地实施，都与国家立法、地方立法密不可分，可以说既是改革试验田，也是立法试验田，上海要为法律法规制度顶层设计创造更多可复制可推广的好经验。

推动长三角区域一体化发展是党中央确立的重大国家战略，长三角区域一体化发展恰逢其时，具有极大的区域带动和示范作用。今年 5 月 13 日，中央政治局会议通过了《长江三角洲区域一体化发展规划纲要》。在习近平总书记亲自领导、关心和支持下，长三角三省一市围绕推动长江经济带发展，健全完善三省一市主要领导座谈会等协作机制，加强重点领域合作，取得良好成效。其中，三省一市人大就加强立法工作协同积极开展探索实践，建立协作平台，签署协作协议，进一步密切工作协同，切实推动立法在长三角区域一体化发展中发挥独特作用。2018 年 11 月，三省一市人大先后作出《关于支持和保障长三角更高质量一体化发展的决定》。上海市人大常委会办公厅向全国人大常委会办公厅报送了有关情况。今年 1 月 6 日，栗战书委员长作出批示，要求我们摸清、吃准长三角三省一市人大共同推动区域一体化发展国家战略落实情况。全国人大常委会办公厅研究室、法工委已组织开展调研。上海在三省一市立法工作协同上已有成功实践。例如，在制定大气污染防治条例过程中，注重与三省共同商定、专门设置区域联防联控章节，取得很好效果。长三角区域一体化发展已经建立起立法协调机制，这是一个很好的开端。今后，还要加大立法协同研究，特别是对于生态环境保护、水资源保护、交通运输等跨区域的重点事项治理，要切实形成合力，依法确保区域协调发展国家战略的贯彻落实。

法治是最好的营商环境。上海在对外开放立法方面也一直走在全国前列，早在 1991 年就制定了全国第一部外商投资企业清算条例，之后还制定了一系列有关引进外资及其管理的规定，对引进外资工作发挥了重要作用。党的十八大以来，在党中央统一部署下，经过全国人大常委会授权、国务院组织实施，上海自由贸易试验区在探索创新外商投资管理制度、对外商投资企业实行准入前国民待遇加负面清单管理制度方面，取得成功经验，为先后修改“外资三法”、制定外商投资法奠定了实践基础，有利于进一步扩大对外开放，创造良好的法治营商环境。为推进和保障自由贸易试验区建设，上海市人大常委会还制定了《中国（上海）自由贸易试验区条例》，这是第一部关于自贸区的地方性法规，建立了与试点要求相适应的试验区管理制度。上海还借助大数据，率先推进以“一网通办”为重要标志的“放管服”改革，促进政府职能转变，全面优化营商环境，很有借鉴意义。

关于设立科创板并试点注册制，今年 4 月十三届全国人大常委会第十次会议审议了证券法修订草案，其中就涉及到科创板、注册制试点等内容。为改革、完善资本市场相关法律制度，上海在这方面进行试点，承担着为正在审议的证券法修订草案探索积累经验的先行责任，希望继续努力做好。

第三，上海地方立法始终坚持以人民为中心，始终关注人民群众关切的民生问题。上海在立法工作中，坚持以人民为中心，充分发挥地方立法距离群众较近的优势，坚持用改革思路破解民生难题，用创新举措提升社会建设管理水平，抓住老百姓对民生领域立法感受更直接、更具体、更真切的特点，准确把握人民群众关心关切的问题，在保障和改善民生、推进城市精细化管理、促进城市文明、加强环境保护和污染治理等方面，制定和修改了一批地方性法规。例如，制定了老年人权益保障条例、养老机构条例、食品安全条例、社会信用条例、急救医疗服务条例、社会救助条例，修改了住宅物业管理规定、消费者权益保护条例等，取得了良好的社会效果。

生活垃圾分类看似是一件生活中的小事，实际上是一个立法难题。习近平总书记对上海寄予厚望，提出“向国际水平看齐，率先建立生活垃圾强制分类制度，为全国作出表率”的目标要求。上海认真贯彻落实习近平总书记重要指示要求，在今年初召开的市十五届人大二次会议上通过上海市生活垃圾管理条例，是全国第一部由省级人民代表大会审议通过的规范生活垃圾管理的地方性法规，以立法引领了“垃圾分类新时尚”。

在为人民群众提供宜居环境方面，上海地方立法也发挥出重要作用。早在 1994 年，上海就制定了环境保护条例，之后还制定了节约能源条例、绿化条例等多部法规。近年来，上海坚持以最严格的标准，相继制定了大气污染防治条例，修订环境保护条例，为保障人民群众的身体健康、打赢污染防治攻坚战提供了有力的法治武器。

二、加强和改进新时代地方立法工作

中国特色社会主义进入新时代，对做好地方立法工作提出了新的更高要求。加强和改进地方立法工作，要重点把握以下几点。

一是深入学习贯彻习近平总书记全面依法治国新理念新思想新战略，坚持党的领导，坚持立法正确政治方向。2018 年 8 月 24 日，习近平总书记主持召开中央全面依法治国委员会第一次会议并发表重要讲话，将全面依法治国新理念新思想新战略概括为“十个坚持”。习近平总书记全面依法治国新理念新思想新战略，是做好新时代人大立法工作包括地方立法工作的遵循，我们一定要认真学习、深刻领会，并贯彻运用到立法实践中。

今年 2 月 25 日，习近平总书记在主持召开中央全面依法治国委员会第二次会议时强调，要完善法治建设规划，提高立法工作质量和效率，保障和服务改革发展，营造和谐稳定社会环境，加强涉外法治建设，为推进改革发展稳定工作营造良好法治环境。这次中央全面依法治国委员会会议审议通过了全国人大常委会 2019 年立法工作计划、国务院 2019 年立法工作计划等文件，这在立法工作历史上还是第一次，充分体现了习近平总书记和党中央对立法工作的高度重视和寄予的殷切期望。全国人大和地方各级人大必须旗帜鲜明讲政治，坚定坚持党中央对立法工作的集中统一领导，增强“四个意识”，坚定“四个自信”，做到“两个维护”，这是确保立法工作正确政治方向的根本保证。

二是抓住重大改革试点机遇，继续探索，积累经验，发挥好立法“试验田”作用。坚持处理好改革与法治、立法与改革的关系，善于运用法治思维、法治方式推动党中央重大决策部署、国家重大战略的落地实施。既要积极探索创新立法规范，注重积累制度建设经验，又要坚持社会主义法制统一，守住法治底线。立法中对于可能涉及国家专属立法权的问题，要与全国人大常委会法工委加强沟通，全国人大常委会法工委做好支持配合工作。对于自贸区、区域一体化面临的共性问题，可以采用法律询问答复的形式，由全国人大常委会法工委统一回复。下一步，全国人大常委会将进一步加强对改革开放先行先试地区相关立法授权工作的研究，依照法定程序作出安排。该给予支持的，大力支持；该作出授权的，及时授权；该作出解释的，及时解释。

三是以高质量立法推动高质量发展。习近平总书记指出，发展要高质量，立法也要高质量。以高质量立法推动高质量发展，是习近平总书记给从事人大工作、立法工作的同志提出的重大课题。我们要紧紧围绕推进依法治国、依法执政、依法行政和建设法治国家、法治政府、法治社会，扎实推进中国特色社会主义法治体系建设，提供高质量、高效用的制度供给，满足人民不断增长的立法需求，推动新时代改革开放事业的顺利进行。

国家厉行法治，人民期盼法治，实践需要法治。要积极适应新形势新要求，探索实现科学立法、民主立法、依法立法新途径，在保证立法质量的前提下加大工作力度、加快工作进度，不断提高地方立法工作的质量和效率。对于党中央有要求、现实有需求、群众有期待，在深入调研、反复论证、广泛听取意见的基础上，法规草案比较成熟的，可以提请审议或表决通过。在立法决策时，该下决心的，要根据党中央有关精神，适时作出政治决断、法律决断，在矛盾焦点问题上做出决策；对于存在争议和分歧的，要善于遵循和把握立法规律，及时作出科学合理的决策。在这一点上，我们要有使命感、责任感、紧迫感。人大工作绝不是“二线”，而是“一线”，有时还是“火线”。要把人大工作做得更好，立法要跟上来，监督要强起来，要奋发进取、履职尽责、担当作为。

四是要总结省级人大及其常委会行使地方立法权 40 年来的经验，加强社会主义法治理论研究。省级人大及其常委会 40 年来地方立法工作取得的成绩和经验，值得认真总结。邓小平同志曾指出：

"向后看是为了向前看"。习近平总书记要求我们"不忘初心、牢记使命"。回顾走过的路，就是为了总结社会主义法治建设的经验，研究新情况新问题，进一步探索和把握立法工作规律，发展和完善中国特色社会主义法治理论，培养一支既具有国际视野又熟悉国内情况的高素质法治工作队伍，推动在更高层次、更高水平、更高质量上完善以宪法为核心的中国特色社会主义法律体系。今年，全国人大常委会将组织召开省级人大立法交流会，地方人大可以借此机会加强交流，深入研讨，共同推动地方立法工作在新时代不断取得新成效。

积极开展法治宣讲　在全社会营造尊法学法守法用法良好氛围

——在2019年"百名法学家百场报告会"法治宣讲活动组委会上的讲话

（2019年5月22日）

王　晨

这次"双百"活动组委会会议，主要任务是深入学习贯彻习近平新时代中国特色社会主义思想特别是习近平总书记全面依法治国新理念新思想新战略，系统总结法治宣讲工作经验，安排部署2019年"百名法学家百场报告会"相关工作。

刚才李如林同志作了相关说明，上海、河南、吉林四平、福建福鼎四个地方组委会负责同志介绍了相关经验，人民大学王轶教授谈了体会，讲得很真切。"双百"活动组委会组成部门中组部、中宣部、中央政法委、教育部、司法部的负责同志作了很好的发言，都表示这项活动很有意义，今年要取得新进展新成效。大家还对下一步有关工作提出了很好的意见和建议，听了很受启发。

组织开展好法治宣讲，加强法治宣传教育，对于推进法治中国建设具有重要意义。古人讲："法大行，则是为公是，非为公非。"也就是说只有法律普及了，是非对错才会有一个客观标准。"百名法学家百场报告会"法治宣讲活动自2006年7月启动以来，伴随"五五""六五""七五"普法规划的推进一路前行，已经走过了14个年头。14年来，在组委会六部门的共同努力下，一大批理论造诣精深、实践经验丰富、宣讲效果良好的法学法律工作者，以饱满的政治热情、强烈的责任感使命感和扎实的马克思主义学风，努力宣讲好法治中国建设中一些重大理论和实践问题，推动了领导干部带头尊法学法守法用法，弘扬了法治精神，服务了法治实践。据初步统计，迄今为止"双百"活动已经举办报告会33160余场，直接听众超过817万人。"双百"活动日益成为我国法治宣传工作的一个重要平台，成为各级领导干部尊法学法守法用法的有效途径，成为组委会各部门参与法治宣传教育的有力抓手。

"双百"活动实施之初，主要由全国组委会直接组织，每年选择10个省、面向中高级领导干部开展巡回法治宣讲，三年一个周期，覆盖全国各省区市。自2009年起，"双百"活动长效机制逐步形成。特别是党的十八大以来，以习近平同志为核心的党中央重视法治、倡导法治、厉行法治，对法治建设的重视程度前所未有，工作力度前所未有，良好成效前所未有，全社会法治观念明显增强。习近平总书记强调，要坚持把全民普法和守法作为依法治国的基础性工作。党的十九大就加大全民普法力度、建设社会主义法治文化进一步作出安排部署，明确提出各级党组织和全体党员要带头尊法学法守法用法。面对新形势新任务，"双百"活动认真贯彻全面依法治国新要求，提高政治站位、强化责任担当，奋力展现新作为、作出新贡献，组织方式改由全国组委会协调指导、各地方组委会具体落实，各地区各部门因地制宜，推动法治宣讲活动进各级领导机关、领导班子和高校，"双百"活动不断向面上延伸、向基层拓展，覆盖面越来越大，效果越来越明显。

"双百"活动之所以不断实现新发展，主要有以下几点经验：一是坚持党的领导，始终突出宣讲党的创新理论。特别是党的十八大以来，连续七年把习近平总书记关于全面依法治国的重要论述作为重大宣讲主题，取得了非常好的社会效果。二是坚持统筹协调，始终注重发挥组委会各成员单位的独特优势。“双百”活动是一项系统工程，覆盖面宽、战线较长，各成员单位能在组委会的组织协调下，各司其职、密切配合，形成工作合力。三是坚持上下联动，始终着力推动法治宣传重心下移、力量下沉，不断增强人民群众在法治领域的获得感、幸福感、安全感。随着中国特色社会主义进入新时代，我国社会主要矛盾发生历史性变化，人民群众对法治的需求日益增长。与此对应，“双百”活动不断向基层拓展，进入了落地生根、全面开花的新阶段。

今年是中华人民共和国成立 70 周年，是全面建成小康社会、实现第一个百年奋斗目标的关键之年。开展新时代“双百”活动，各项工作都要有新突破新发展。下面，我再强调几点意见。

一、始终坚持正确政治方向和理论导向。法治宣讲，必须坚持以习近平总书记全面依法治国新理念新思想新战略为统领，确保每一场“双百”活动方向正确、立场坚定。

*要讲清讲透习近平总书记全面依法治国新理念新思想新战略。*2019 年“双百”活动，要把学习宣传习近平总书记全面依法治国新理念新思想新战略作为主题。习近平总书记全面依法治国新理念新思想新战略是一个系统完备、逻辑严密、内在统一的科学思想体系，把我们党对社会主义法治建设规律的认识提升到了新的高度，是马克思主义法治思想中国化的最新成果，是全面依法治国的根本遵循。习近平总书记在中央全面依法治国委员会第一次会议上把全面依法治国新理念新思想新战略凝练为“十个坚持”，明确了全面依法治国的指导思想、发展道路、工作布局和重点任务。这些都需要在“双百”活动中加以系统研究、深入阐述、大力宣传，确保这一重大法治理论成果往实里走、往深里走、往心里走。中国法学会正在组织开展习近平总书记全面依法治国新理念新思想新战略形成和发展脉络重大课题研究，并对新中国成立 70 周年法治建设的成就和经验等十多个课题进行深入调研。下一步，我们将发布学习贯彻习近平总书记全面依法治国新理念新思想新战略的研究成果，“双百”活动要对这些研究成果进行深入阐述，开展一系列的宣讲。

*要讲清讲透中国特色社会主义法治道路的理论品质和实践特点。*习近平总书记强调，中国特色社会主义法治道路是社会主义法治建设成就和经验的集中体现，是建设社会主义法治国家的唯一正确道路。中国特色社会主义法治道路，本质上是中国特色社会主义道路在法治领域的具体体现。坚持党的领导、坚持中国特色社会主义制度和贯彻中国特色社会主义法治理论，是中国特色社会主义法治道路的核心要义。我们要发挥“双百”活动的阵地优势和资源优势，组织法学专家加强对中国特色社会主义法治道路、党的领导与法治关系等问题进行深入研究，通过法学专家引领听课对象深刻认识党的领导是中国特色社会主义法治的根本保证和最大优势，是中国特色社会主义法治之魂，增强“四个意识”，坚定“四个自信”，做到“两个维护”，始终做到听党话、跟党走。要在丰富法治实践的基础上，以“双百”课题研究为抓手，组织法学专家提炼具有创新性、时代性、标识性的法学学术概念，打造具有中国特色和国际视野的法学理论体系和法治话语体系。

*要讲清讲透法治的意识形态属性和做好意识形态斗争的必要性。*法学具有鲜明的意识形态属性，“双百”活动是法学领域意识形态的重要阵地，必须体现意识形态工作要求、落实意识形态工作责任。在进行法治宣讲的过程中，要始终对法治领域涉意识形态的原则问题、大是大非问题保持高度警醒和清醒认识，旗帜鲜明反对和抵制错误观点，做到敢于斗争、敢于亮剑，深刻剖析、坚决抵制西方“宪政”“三权鼎立”“司法独立”等错误思潮。一方面，要借助“双百”活动的平台，发挥好法学专家资源相对集中的优势，坚持正确导向，有针对地组织研究、用有说服力的理论和方式去澄清法学领域的模糊认识，从根子上批驳错误的法学意识形态观点。另一方面，每一场“双百”活动都要做到“选好题、找准人、审好稿”。要紧紧围绕习近平总书记全面依法治国新理念新思想新战略确定主题；突出政治性，在坚持政治标准的前提下，综合评估宣讲人的理论水平、演讲能力、对法治实践的熟悉程度等，选准宣讲专家；集体备课、集中审稿，做到政治上方向正、理论上立得住、实践上行得通。

当今世界正面临百年未有之大变局，国际形势错综复杂，世界面临的不稳定性、不确定性突出。越是在这样的时候，我们越是要在以习近平同志为核心的党中央坚强领导下，坚持我们自己的制度和道路不动摇、不松懈。我们的法学专家在法治宣讲的过程中，要讲清讲透中国特色社会主义制度和中国特色社会主义法治道路的独特优势，激发人民群众的爱国热情，不断增强走中国特色社会主义法治道路的自觉性坚定性。

二、切实增强“双百”活动实效。“双百”活动是法治理论与法治实践互相融合的重要平台，是法律服务工作的有效形式，必须在注重实效性上下足功夫。

一是服务党和国家大局。习近平总书记强调，宣传思想工作一定要把围绕中心、服务大局作为基本职责。“双百”活动是在做法治领域的宣传思想工作，要不断提高政治站位，坚持主动把“双百”活动摆进党和国家工作大局，充分发挥活动实效。要组织动员广大法学法律工作者围绕统筹推进“五位一体”总体布局、协调推进“四个全面”战略布局，为科学立法、严格执法、公正司法、全民守法提供理论支持和智力服务。中央全面依法治国委员会第二次会议就完善法治建设规划、提高立法工作质量和效率、保障和服务改革发展、营造和谐稳定社会环境、加强涉外法治建设等作出了重要战略部署，这些都是法治宣传的重点内容。要组织动员广大法学法律工作者以饱满的政治热情、强烈的使命担当，紧紧围绕党中央重要法治规划、重大立法事项、重点改革举措等，加强调查研究，集中进行攻关，不断提升服务科学决策和法治实践的能力与水平，努力做到始终结合大局需要，开展有针对性的法治宣讲。要深入宣讲新中国成立70年来特别是党的十八大以来我国法治建设取得的成就和经验，深入宣讲法治国家、法治政府、法治社会一体建设中的重大理论和实践问题，深入宣讲宪法和法律法规，推动法治精神深入人心。例如，对于如何编纂好民法典，如何推进重点领域立法，如何加强对民营企业的法治保障等，都与党和国家大局密切相关，要专门研究和系统宣讲。

二是贴合社会法治需求。要找准“双百”活动与党委、政府中心工作的结合点、切入点，从社会法治需求切入，提高服务法治实践的精准性。各地各部门可以立足实际需要，综合考虑地域、受众的具体情况，加强分类指导。面对领导干部，要以宪法宣传教育为重点，结合党内法规制度体系建设的持续推进，开展专场报告会和专门列入党委理论学习中心组学习计划，作为推动领导干部法治学习的有效途径和有力抓手；面对高校师生，要把法治宣讲与思想政治教育以及德育课等紧密结合，坚持用习近平新时代中国特色社会主义思想特别是习近平总书记全面依法治国新理念新思想新战略立心铸魂、培育新人；面对人民群众，要强化服务意识，坚持从群众的法治需求出发，善于运用群众喜闻乐见的语言开展宣讲工作，让人民群众感到法律顾问就在身边；针对企业等社会组织，可以围绕为民营企业发展营造法治化制度环境、涉外企业经营管理合规和涉外法律服务等开展专题法治宣讲。

三是坚持以问题为导向。习近平总书记强调，现在，人民群众对美好生活的向往更多向民主、法治、公平、正义、安全、环境等方面延展。人民群众对执法乱作为、不作为以及司法不公的意见比较集中，这要成为我们厉行法治的聚焦点和发力点。要聚焦干部群众普遍关切、社会反响强烈的重点难点问题进行专门宣讲，提升实际效果，推动“双百”活动更加科学、精准、高效。4月和5月，全国人大常委会在湖南、河北开展了水污染防治法的执法检查，我与基层的负责同志、人大代表、一线执法人员和企业代表，一起对照法律条文查找问题，深切感到地方上对于能够解决问题的法治宣讲是非常需要和期待的。我们组织的法治专家应该针对这些法治实践中的具体问题展开专题宣讲。好的法治宣讲活动，不仅是释疑解惑，还要能够排忧解难。“双百”活动发展到今天，一定要超越单纯普法和法治讲座的定位，针对法治实践特别是党委政府法治实践中的“病灶”开展“靶向治疗”，推动好的法学研究成果就地转化，实现法治理论与法治实践的良性互动。

三、始终坚持守正创新。习近平总书记强调，宣传思想工作现在进入了守正创新的重要阶段。作为法治领域宣传思想工作的重要载体，“双百”活动要立足新时代、把握新形势、担负新使命。

在守正方面，“双百”活动要延续以往的好经验、好做法。除了要做到前面讲到的坚持党的领导、统筹协调、上下联动外，还要继续在以下三个方面下功夫。一是切实抓住“关键少数”，领导干部在学法守法上要带头。二是紧紧围绕提高宣讲能力，坚持立德树人、德法兼修，加强“双百”活动讲师队伍建设，加强与立法、执法、司法、普法部门及法学院校科研机构等单位的沟通协作、密切联系，形成合力，推进工作创新。三是要在扩大“双百”活动覆盖面上下功夫，提升活动的影响力，使法治思维、法治方式深入人心、深得人心，为依法执政、科学立法、严格执法、公正司法、全民守法提供理论支持和智力服务。

在创新方面，“双百”活动要坚持与时俱进、改革创新。“双百”活动发展到今天，比任何时候都更需要创新。一是法治宣讲内容的创新。内容创新

是根本。习近平总书记全面依法治国新理念新思想新战略是马克思主义法治思想中国化的最新成果,为"双百"活动宣讲内容的创新提供了丰富的理论资源。要引导法学专家运用马克思主义的立场观点方法,继承和弘扬中华优秀传统法治文化,科学借鉴国外法学研究中的有益经验,加强法治及其相关领域基础性问题研究,促进法学理论、法律制度和法治文化创新,进一步做好法治宣传教育。二是法治宣讲形式的创新。习近平总书记指出,要加强传播手段和话语方式创新,运用个性化制作、可视化呈现、互动化传播的方式开展宣传,让党的创新理论"飞入寻常百姓家"。这对于法治宣讲更为适用、更为紧迫。下一步,"双百"活动要尤其注重对互联网和各种新媒体的运用,努力形成功能互补、覆盖广泛、导向正确、便捷高效的网上法治宣传阵地体系,不断提高法治宣讲的传播力、影响力、引导力、公信力。

同志们,做好今年的法治宣讲工作,意义重大、使命光荣。我们要以习近平新时代中国特色社会主义思想为指导,深入学习宣传贯彻习近平总书记全面依法治国新理念新思想新战略,推动"双百"活动不断取得新成效,努力开创法治宣传教育新局面,为全面依法治国、建设社会主义法治国家作出新贡献,以优异的成绩庆祝中华人民共和国成立 70 周年!

充分发挥人大代表作用　决战决胜脱贫攻坚战

——在贵州调研"脱贫攻坚,人大代表在行动"时的讲话

(2019 年 5 月 25 日)

王　晨

党的十八大以来,以习近平同志为核心的党中央把扶贫开发工作摆在治国理政的突出位置,推动脱贫攻坚取得决定性进展,党的十九大对坚决打赢脱贫攻坚战作出新部署。全国人大和地方各级人大贯彻落实党中央决策部署,依法履行宪法法律赋予的职责,为脱贫攻坚提供坚实法治保障,各级人大代表凝心聚力投身脱贫攻坚,取得显著成绩和进展。此次来贵州围绕"脱贫攻坚,人大代表在行动"进行调研,主要目的是了解贵州各级人大代表在参与脱贫攻坚工作中的做法和经验,研究存在的困难和问题,推动充分发挥人大代表作用、决战决胜脱贫攻坚战。

两天多时间里,调研组先后到黔东南州、铜仁市和贵阳市进行调研。在凯里市上马石易地扶贫搬迁安置点,了解人大代表联络站、社区幼儿园、卫生室、扶贫车间服务搬迁群众情况;在雷山县朗德村朗德上寨,查看发展乡村旅游推动脱贫取得的积极成效;在由各级人大代表创办的多家特色企业,如九黎苗妹工艺品有限公司、松桃县梵净山苗族文化有限公司、福农鑫农牧科技发展有限公司等,考察以开展苗绣技能培训、推广油茶种植等方式带动贫困群众就业、促进增收情况。在云上贵州大数据调度中心,观看了"扶贫云"运行演示。所到之处,看到和感受到人民群众对习近平总书记的衷心爱戴,对党中央脱贫政策的坚决拥护,对打赢脱贫攻坚战的坚定信心,我们深受感动。贵州各级人大和人大代表积极参与脱贫攻坚工作,付出巨大努力,成效显著,我们深受鼓舞。

今天上午,我们在省人大常委会机关召开座谈会,与来自基层的全国、省、市、县、乡镇五级人大代表交流。省委书记、省人大常委会主任孙志刚同志主持会议,省人大常委会副主任孙永春和与会代表作了很好的发言,围绕人大代表助力脱贫攻坚介绍了有关情况,提出了许多很有价值的意见建议。下面,我也讲几点意见。

一、各级人大及人大代表都要深入学习贯彻落实习近平总书记关于扶贫工作重要论述,把思想和行动统一到党中央关于打赢脱贫攻坚战重大决策部署上来

让贫困人口和贫困地区同全国一道进入全面小康社会,是我们党的庄严承诺,充分彰显了中国共产党为中国人民谋幸福、为中华民族谋复兴的初

心和使命。今年3月，习近平总书记在参加十三届全国人大二次会议甘肃代表团审议时强调，现在距离2020年完成脱贫攻坚目标任务只有两年时间，正是最吃劲的时候，必须坚持不懈做好工作。今年4月，习近平总书记到重庆石柱考察脱贫攻坚工作，主持召开解决“两不愁三保障”突出问题座谈会，强调脱贫攻坚战进入决胜的关键阶段，务必一鼓作气、顽强作战，不获全胜决不收兵。习近平总书记的重要讲话和重要指示，为全党全国人民坚决打赢脱贫攻坚战提供了遵循和指南。

各级人大和人大代表要以习近平新时代中国特色社会主义思想为指导，深入贯彻落实习近平总书记关于扶贫工作的重要论述和党中央决策部署，增强“四个意识”，坚定“四个自信”，做到“两个维护”，提高政治站位，坚定必胜信心，自觉把思想和行动统一到党中央关于打赢脱贫攻坚战的重大决策部署上来，充分发挥人民代表大会制度的特点和优势，为打赢脱贫攻坚战作出贡献。

二、充分发挥各级人大及其常委会在立法、监督等方面的职能作用，助力打赢脱贫攻坚战

打赢脱贫攻坚战，各级人大及其常委会责任重大。地方人大要围绕扶贫领域重大问题，履行好人大讨论决定重大事项等法定职责，完善工作制度机制，依法将“精准扶贫、精准脱贫”落到实处，稳定实现贫困人口“两不愁三保障”。2018年，贵州农村贫困人口减少148万人，贫困发生率下降到4.3%，66个贫困县有33个脱贫摘帽。最近，中办、国办通报了2018年脱贫攻坚成效考核情况，贵州是全国综合评价为“好”的10个省区市之一，而且连续三年都处在“好”的方阵。这是党中央坚强领导的结果，是贵州省和各方面共同努力的结果，其中也凝聚着贵州省各级人大及其常委会的努力。

在立法工作方面，人大及其常委会认真履行职责，用法治方式推动打赢脱贫攻坚战。在我国宪法和现行有效法律中，共有39部法律涉及扶贫脱贫工作，其中有50多项关于扶贫脱贫的具体规定。习近平总书记强调要精准扶贫、精准脱贫。人大开展扶贫脱贫方面的立法，要体现“精准”要求，在提高精细化程度上下功夫。贵州省人大常委会在这方面走在全国前列，2016年9月就在全国率先制定了大扶贫条例，并作为参阅文件在全国扶贫开发工作会议上印发。这部八章九十二条的地方性法规，体现地方立法精细化的要求，将“精准扶贫、精准脱贫”的核心机制落实到法规的制度设计和具体规定上，提出“各方参与横向到边、政府责任纵向到底”，对扶贫对象和范围、政府责任、社会参与、项目和资金管理、保障监督、法律责任等，逐一作出明确的规定，具有较强的针对性和可操作性。贵州还注重用好人大讨论决定重大事项权，2018年8月由省人大常委会作出了《关于深入贯彻落实省委十二届三次全会精神依法推动打赢脱贫攻坚战的决议》，成效是好的。

在监督工作方面，人大及其常委会加大监督力度，提高了监督实效。人大依法开展监督工作，紧紧围绕保障党中央重大决策部署的落实，寓支持于监督之中。全国人大常委会多次开展脱贫攻坚专题调研和专题询问。今年2月，十三届全国人大常委会第九次会议听取和审议了关于脱贫攻坚工作情况的专题调研报告。年内还要听取和审议国务院关于加强社会保障体系建设助力打好精准脱贫攻坚战推进社会救助工作情况的报告，并围绕深度贫困地区脱贫攻坚、民族地区兴边富民行动“十三五”规划实施情况进行专题调研。地方各级人大及其常委会也通过多种监督形式助力脱贫攻坚。贵州省人大常委会把脱贫攻坚作为人大监督工作的重点，每年都听取省政府关于全省脱贫攻坚情况的报告，并且在此基础上积极探索专题询问等监督方式，进一步加大监督力度。特别是围绕推动《贵州省大扶贫条例》实施，从2017年起连续三年开展执法检查等监督，持续发力、久久为功，发挥了很大作用。

这些立足人大法定职责和工作定位、助力打赢脱贫攻坚战的重要举措，体现了人大的担当和作为。在决战决胜脱贫攻坚进程中，要进一步加强和改进人大立法和监督等方面工作，以法治力量保障脱贫任务如期完成。

三、充分发挥各级人大代表的支持作用、带头作用、监督作用，在脱贫攻坚中建功立业

打赢脱贫攻坚战，各级人大代表责无旁贷。习近平总书记高度重视发挥人大代表作用，多次提出明确要求，对各级人大代表寄予殷切期望。目前，全国五级人大代表共有262万多人，其中全国人

大代表近3000人,各省、自治区、直辖市人大代表2万人,设区的市、自治州人大代表12.2万人,县、自治县、不设区的市、市辖区人大代表59.7万人,乡、民族乡、镇人大代表188.1万人。贵州有各级人大代表8万多人,其中相当一部分代表就工作和生活在贫困县、贫困镇、贫困村。广大人大代表积极投身脱贫攻坚工作,涌现出许多感人事迹和典型事例。2018年,全国评选和表彰了99名脱贫攻坚奖先进个人,其中十三届全国人大代表就有11人。人大代表作为国家权力机关的组成人员,是打赢脱贫攻坚战的重要力量,要结合人大代表履职特点全力支持脱贫攻坚,充分发挥人大代表作用。

*第一,人大代表积极提出脱贫攻坚方面的议案建议,有关部门和单位认真研究办理,人大加强督办,全力支持、共同推进脱贫攻坚工作。*我国的各级人大代表不脱离各自的工作岗位,特别是工作和生活在贫困地区的人大代表,对党中央扶贫脱贫政策部署和相关法律法规在基层的落实情况十分了解,对扶贫脱贫工作的成绩和问题十分清楚,对贫困人口的难处和愿望感受十分深切。代表们要依法履职,积极提出相关议案、建议、批评和意见,为脱贫攻坚提供有力支持。

以全国人大代表为例,在去年十三届全国人大一次会议期间,代表们就打好三大攻坚战提出建议709件,占建议总数的约10%,这充分体现了人大代表对推进脱贫攻坚工作的支持和发挥的重要作用。全国人大常委会办公厅将加大深度贫困地区精准扶贫力度、高质量完成易地扶贫搬迁建设任务、推动贫困地区交通扶贫等3项共23件代表建议列为重点督办建议,其中贵州的全国人大代表提出的有4件。在今年十三届全国人大二次会议期间,代表们提出的8160件建议中,涉及扶贫方面的有894件,其中与打好脱贫攻坚战直接相关的达479件。全国人大常委会办公厅将巩固脱贫成果防止返贫、支持革命老区脱贫攻坚和振兴发展、深入实施兴边富民行动和加大对人口较少民族发展的支持等3项共44件代表建议列为重点督办建议。

对于人大代表提出的相关议案建议,有关单位和部门要高度重视,认真研究办理;人大要加强重点督办,坚持件件有着落,事事有回音;要坚持不走过场,不流于形式,共同推动脱贫攻坚取得实效。

*第二,人大代表积极开展代表小组、专题调研等活动,推动解决脱贫攻坚中群众反映的突出问题。*贵州省人大常委会党组出台意见,开展"脱贫攻坚,人大代表在行动"主题活动,引导各级人大代表积极投身脱贫攻坚主战场,取得了很好的效果。据了解,仅2018年就组织全省各级人大代表围绕脱贫攻坚开展专题调研和集中视察2800余次,开展《贵州省大扶贫条例》执法检查370余次,开展专题询问90余次,收到代表建议7万余条。这样的代表主题活动,充分展现了各级人大代表在脱贫攻坚中的担当作为,有利于激励和带动贫困地区广大干部群众共同行动,汇聚成脱贫攻坚的强大力量。

人大代表要充分发挥来自人民、植根人民的特点和优势,继续积极参加"脱贫攻坚,人大代表在行动"等活动,依托代表联络站等平台密切联系群众,找准并推动解决贫困群众的痛点难点问题,努力提高贫困群众的获得感幸福感。

*第三,人大代表积极当好脱贫攻坚带头人,充分发挥带头作用和监督作用。*打赢脱贫攻坚战,要充分发挥人大代表带头作用,勇挑重担、各尽所能、各展所长,做推动脱贫攻坚和乡村振兴的表率。要有效发挥人大代表监督作用,紧盯关键环节,杜绝损害群众利益的行为,防止扶贫工作中的形式主义等,助力脱贫攻坚工作高效规范运行。

这次在凯里、铜仁调研的四家扶贫企业,分别是由全国人大代表和省、市、州人大代表创办,人大代表积极带领贫困群众脱贫致富,取得了很好的社会反响,经济效益也很可观。刚才发言的几位代表,也谈到了在这方面作出的努力和取得的成效。贵州各级人大代表在带领贫困群众脱贫攻坚中发挥的积极作用,给人留下了非常深刻的印象。希望贵州省人大常委会认真总结经验,结合贵州实际,推广有效、管用、可复制的机制和做法;深入宣传脱贫攻坚中涌现出来的先进人大代表和他们的感人事迹,带动更多社会力量投入脱贫攻坚战。

今年是新中国成立70周年,也是打赢脱贫攻坚战的关键一年。面对艰巨任务,各级人大和人大代表要尽锐出战、一鼓作气、迎难而上,坚定信心不动摇,落实责任不松劲,为夺取脱贫攻坚战全面胜利奋力贡献力量!

坚持互利共赢　创造数字未来

——在2019中国国际大数据产业博览会开幕式上的讲话

（2019年5月26日）

王　晨

今天，我们相聚在"多彩贵州"，共同出席2019中国国际大数据产业博览会，这是大数据产业共商发展、加强合作的一次盛会。

习近平主席向2019年数博会专门发来贺信，充分体现了中国对发展大数据产业的高度重视，对推动世界各国加强交流合作、实现互利共赢的坚定信念，充分体现了党中央、国务院对贵州发展和贵州人民的亲切关怀，对于推动大数据产业实现新的更大发展具有重要意义。

作为贵州的一张靓丽名片，中国国际大数据产业博览会自2015年在贵阳创办以来，始终秉持"全球视野、国家高度、产业视角、企业立场"理念，围绕构建大数据产业链、价值链和生态系统，开展深入专业交流，推动广泛务实合作，既充分展示了"数字中国"的建设步伐和大数据发展的"贵州速度"，也有力地促进了全球数字经济蓬勃发展。5年来，数博会影响力不断增强，关注度越来越高，已成为全球大数据产业发展的重要风向标。

2019年数博会以"创新发展·数说未来"为主题，集中展示全球大数据发展成果，及时发布行业高新技术，深入探讨大数据未来前景，吸引了众多中外嘉宾与会，参会人数创数博会举办以来的新高。各位嘉宾提出的真知灼见，开展的交流合作，定将为促进大数据产业发展、实现人们对数字生活的美好愿景作出积极贡献。

下面，我就"坚持互利共赢　创造数字未来"谈几点意见，与大家分享交流。

*第一，发展数字经济，推动高质量发展。*大数据是信息化发展的新阶段。大数据时代，数据正在成为一种新的生产资料、一种重要资产，发展数字经济是全球经济可持续发展的重要方向。当前，中国正在推动实施国家大数据战略，努力实现从数据大国向数据强国转变，并为世界经济发展作出中国贡献。发展数字经济，是推动供给侧结构性改革的有效途径，是建设现代化经济体系的重要内容，是实现高质量发展的客观需要。中国将坚持贯彻新发展理念，进一步发挥数据的基础资源作用和创新引擎作用，深化大数据研发应用，加快推动数字产业化，依靠信息技术创新驱动，创造新产业新业态新模式；加快推动产业数字化，利用互联网新技术新应用对传统产业进行全方位、全角度、全链条的改造，提高全要素生产率，释放数字化对经济发展的放大、叠加、倍增作用，加快形成以创新为主要引领和支撑的数字经济。我们欢迎国内外企业抓住机遇，积极参与，提升大数据发展水平，推动经济社会高质量发展，并在产业发展中实现自身发展。

*第二，构建数字治理体系，推动国家治理现代化。*大数据不仅是一场技术革命、一场经济变革，也是一场国家治理的变革。随着经济社会快速发展，民生保障、社会管理、国家治理等各项任务日益繁重，这对我国国家治理体系和治理能力现代化提出了更高要求。发挥好大数据作用，通过"大数据"创造"大智慧"，推动智慧交通、智慧信用等大数据应用，推进"互联网+教育""互联网+医疗""互联网+文化"等建设，完善数据共享平台，实现跨层级、跨地域、跨系统、跨部门、跨业务的协同管理和服务等，将能有效地推动我国国家治理体系和治理能力现代化。在这一进程中，希望政府有关部门建立健全大数据辅助科学决策和社会治理机制，推进政府管理和社会治理模式创新，实现政府决策科学化、社会治理精准化、公共服务高效化，运用大数据更好地服务社会、造福人民。

*第三，加强互利合作，推动全球数字经济发展。*今年4月，习近平主席在第二届"一带一路"国际合作高峰论坛上指出，共建"一带一路"，关键是互联互通。数据的价值在于融合，只有大力加强数字基础设施建设，促进数据互联互通，才能充分发挥数据的巨大作用。中国愿同世界各国一道，以"一带一路"建设为契机，坚持共商共建共享，积极开展合作，共同推动互联网、大数据、人工智能、云计算、智慧城市建设和全球数字经济发展，妥善应对大数据发展在法律、安全、政府治理等方面的挑战，让更多

国家和人民共享大数据发展成果，为推动各国共同发展、构建人类命运共同体作出贡献。

第四，缩小数字鸿沟，以大数据助力减贫。本届数博会期间将专门举办“大数据与全球减贫”高端对话，来自联合国开发计划署以及亚洲、非洲等多个国家的嘉宾将围绕此主题进行交流。当今世界，经济发展不平衡问题十分突出，减少贫困依然是各国普遍面临的重大课题之一。中国正在大力推进精准脱贫攻坚战，确保到2020年所有贫困地区和贫困人口一道迈入全面小康社会。贵州推动脱贫所发生的巨大变化，正是这一伟大事业的精彩篇章。近年来，贵州运用大数据，进行精准扶贫，构建现代农业生产、经营、销售体系，建设一万多个村级电商服务站点，将贵州贫困农户种植的农产品，通过电商平台销售到国内外市场。有国际知名人士评价说，中国贵州的脱贫案例极具启发性。希望大家相互借鉴，集思广益，深入探讨如何充分利用大数据消除“数字鸿沟”，助力不同国家和地区逐步实现减贫目标。

当今世界正面临百年未有之大变局，单边主义、民粹主义、贸易保护主义抬头，世界面临的不稳定性、不确定性突出。在这种背景下，各国嘉宾相聚于此，共商大数据产业发展大计，体现了深化交流、加强合作是人心所向，互利共赢、共同发展是时代大势，也是不可阻挡的历史潮流。在以习近平同志为核心的党中央坚强领导下，中国人民一定能够战胜一切艰难险阻，在实现“两个一百年”奋斗目标、实现中华民族伟大复兴中国梦的征程上不断取得新胜利！

潮涌催人进，风正好扬帆。中国愿同世界各国一道，共享数字经济发展机遇，共同应对各种挑战，共同促进大数据发展，共同创造美好的数字未来！

贯彻习近平总书记重要指示精神
奋发有为做好新时代地方人大工作

——在北京市调研人大工作时的讲话

（2019年7月17日至18日）

王　晨

这次来北京调研人大工作，主要有以下几方面的考虑。一是，今年是县级以上地方人大设立常委会40周年。习近平总书记对地方人大及其常委会工作专门作出重要指示，充分肯定地方人大及其常委会40年来取得的成就和作出的贡献，提出了做好地方人大工作要重点把握的原则、任务和要求，为做好新时代人大工作指明了方向、提供了遵循。40年来，北京市人大及其常委会的工作有很多好的经验和做法，值得认真梳理和总结，同时也希望听取大家的意见和建议。二是，全国人大和北京市人大位于同城，工作沟通比较密切，现在市人大机关办公地点搬到城市副中心，我特意来看望大家，看到城市副中心建设初具规模，你们办公环境这么好，深受鼓舞。我们还要共同努力，增强人大工作整体实效。

北京市委、市人大、市政府对此次调研十分重视、支持。蔡奇书记与我们座谈，介绍了相关工作情况。李伟主任在市人大机关主持座谈会并全程参加调研，市人大常委会副主任刘伟、闫傲霜、李颖津、张清同志和副市长张家明同志等分别参加有关活动。通过调研，了解到北京市人大及其常委会在立法、监督、代表等各方面工作中取得的新进展新成绩，听取了大家对做好新时代人大工作的意见建议，感到很受启发、很感振奋。

下面，我讲几点意见。

一、北京市人大坚持改革创新、与时俱进，工作取得良好成效

党的十八大以来，习近平总书记四次视察北京、五次对北京发表重要讲话，对首都发展改革作出重要指示、提出明确要求、指明前进方向。在党中央的坚强领导下，在北京市委的直接领导下，北京市人大坚持以习近平新时代中国特色社会主义思想为指导，增强“四个意识”，坚定“四个自信”，做到“两个维护”，突出政治属性、始终坚持党对人大

工作的领导,依法履行宪法法律赋予的各项职责,体现首都特色立良法、促善治,聚焦发展和民生强监督、求实效,发挥代表作用定规范、建制度,各项工作取得显著成效,为首都改革发展稳定工作作出了积极贡献,为建设国际一流和谐宜居之都提供了坚强法治保障。

第一,坚持党的领导,始终保持北京市人大工作正确政治方向。“看北京首先从政治上看”,这是习近平总书记对北京提出的鲜明要求。北京是全国政治中心、党中央所在地,首要的就是坚持党的领导,坚持党中央的集中统一领导,旗帜鲜明讲政治,始终在思想上政治上行动上同以习近平同志为核心的党中央保持高度一致。北京市委高度重视人大工作,采取了很多实实在在的举措,支持和保障人大依法行使职权,推动人大工作更好服务全市工作大局。7月9日北京市委专门召开新世纪以来第五次人大工作会议,为人大工作定方位、把方向、明任务、落责任,同时印发了《中共北京市委关于新时代加强和改进人大工作的意见》,对做好新时代北京人大工作作出部署。在市委领导下,北京市人大及其常委会坚决贯彻党的基本理论、基本路线、基本方略,立足政治机关定位,以立法、监督、重大事项决定等多种形式坚决贯彻党中央重大决策部署、落实市委工作安排,坚持人大工作和立法工作重大事项向党委请示报告、重大立法决策由党委讨论决定,不断推进党领导人大工作制度创新,从根本上保证了人大工作的正确政治方向。

*第二,加强地方重点领域立法,为建设和管理好首都发挥引领、推动、规范和保障作用。*党的十八大以来,北京市地方立法围绕加强“四个中心”功能建设、抓好“三件大事”和打好“三大攻坚战”,深入推进科学立法、民主立法、依法立法,紧紧抓住地方特点,突出地方特色,有针对性地解决地方问题。在落实新版城市总体规划方面,修订城乡规划条例,为城市良性有序可持续发展提供了法制保障。在加强城市精细化治理领域,制定机动车停车条例、查处非法客运若干规定和非机动车管理条例,修改实施道路交通安全法办法,形成了对全市动态、静态两大交通体系和机动车、非机动车两类重点交通工具的有效覆盖,使城市交通管理更加精细化。在保障和改善民生领域,制定控制吸烟条例、居家养老服务条例、院前医疗急救服务条例、全民健身条例等,这些都是及时回应人民群众关切,保障公民健康等权益的重要法治举措。在生态环境治理方面,制定气象灾害防御条例、水土保持条例,修改大气污染防治条例,为首都打好污染防治攻坚战提供有力法律武器。

*第三,积极推进备案审查工作,增强人大监督工作实效,保证法律法规有效实施。*在规范性文件备案审查方面,北京市人大常委会党组专题听取备案审查工作报告;注重强化监督纠错刚性要求,以合法性审查为主,兼顾不适当审查,切实做到有错必纠;充分发挥首都专家资源优势,促进备案审查工作民主化、科学化。近年来,按照全国人大常委会部署要求,大力开展备案审查信息化建设,较早建成并开通运行了功能完善、操作便捷的北京市备案审查信息平台,规范有序开展规章及规范性文件电子报备、审查工作,并与全国人大信息平台实现互联互通,走在全国前列。

在监督工作方面,抓住重点和主题深入推进,增强人大监督工作实效。例如,在贯彻落实新版北京城市总体规划、居家养老工作等方面,综合运用执法检查、听取审议专项工作报告、督办代表议案、专题询问等监督形式,加大监督力度,推动法规落地施行。对于社会高度关注的大气污染防治条例等法规,在实施当年就开展执法检查,把执法检查同立法、修法、法规宣传紧密衔接,为法律法规的全面普及和严格执行起到了有力推动作用。明确要求在执法检查报告、专项工作报告、审议意见书中,关于存在问题及其原因分析的内容不少于三分之一,解决问题的举措部分不少于三分之一。这两个“三分之一”的要求实实在在,到人大报告工作既要讲成绩,也要讲问题,并且有针对性地提出改进意见,这样才能更好地推动工作。

*第四,深化和拓展代表工作,密切人大代表同人民群众的联系。*北京市人大实行的常委会组成人员每年固定联系若干基层市人大代表、常委会主任会议成员固定联系区人大常委会的“双联系”制度很有特色,下一步还可认真总结推广。市人大常委会建立了市、区、乡镇三级人大代表联系制度,已建立179个联系组,由市人大常委会统一负责,区人大常委会统筹安排,乡镇、街道人大代表工作机构具体组织,市、区、乡镇三级人大代表组成小组。联系组面对面听取人大代表和基层群众对人大工作、政府及其部门工作的意见建议,充分发挥三级人大的合力,增强了做好代表工作的整体实效。

*第五,在自身建设方面不断完善工作体制机制,为坚持和完善人民代表大会制度探索有益经验。*健全完善市人大常委会党组工作机制,市人大常委会工作中的重要问题、重大事项先由党组集体

研究；落实党组向市委报告工作制度，每半年报告一次全面工作。市人大常委会深入贯彻党中央关于加强县乡人大工作和建设的意见，积极指导各区人大设立专门委员会，增加区人大常委会组成人员和专职委员人数；推动各乡镇人大主席专职化，设立专门工作机构，街道设立人大工委，加强区及以下人大自身建设，取得较好成效。

二、认真贯彻习近平总书记重要指示精神，奋发有为做好新时代地方人大工作

今年是中华人民共和国成立70周年，也是全国人民代表大会成立65周年、县级以上地方各级人大设立常委会40周年，还是赋予省级人大常委会地方立法权40周年。7月18日上午，全国人大常委会召开了纪念地方人大设立常委会40周年座谈会，传达学习了习近平总书记近日对地方人大及其常委会工作作出的重要指示。习近平总书记的重要指示，蕴含深刻的政治内涵、法治内涵、制度内涵，对于做好新时代人大工作具有重要指导意义，我们要认真学习领会、深入贯彻落实。栗战书委员长在会上作了重要讲话。希望市人大按照党中央关于人大工作的要求，围绕市委贯彻落实党中央大政方针的决策部署，紧密结合地方实际，依法履职、奋发有为，以首善标准推动新时代地方人大工作取得新的成效。

*第一，深入学习贯彻习近平总书记关于坚持和完善人民代表大会制度的重要思想，把“两个维护”贯彻到人大工作全过程和各方面。*党的十八大以来，以习近平同志为核心的党中央团结带领全国各族人民坚定不移走中国特色社会主义政治发展道路，坚持党的领导、人民当家作主、依法治国有机统一，推动人大工作取得历史性成就，人民代表大会制度理论和实践创新取得丰硕成果。党的十九大以来，习近平总书记在中央全面依法治国委员会会议等会议上发表重要讲话，在第五个国家宪法日之际作出重要指示，对加强人大立法、监督等工作提出新的要求。习近平总书记就坚持和完善人民代表大会制度、发展社会主义民主政治发表的一系列重要论述，科学阐述了国家根本政治制度的历史必然、特点优势、实践要求，标志着我们党对国家根本政治制度的规律性认识达到了一个新的高度。习近平总书记关于坚持和完善人民代表大会制度的重要思想，是习近平新时代中国特色社会主义思想的重要组成部分，是新时代坚持和完善人民代表大会制度的根本遵循。

我们要坚持以习近平新时代中国特色社会主义思想为指导，把坚决维护习近平总书记党中央的核心、全党的核心地位、坚决维护党中央集中统一领导作为最根本的政治纪律和政治规矩，在政治立场、政治方向、政治原则、政治道路上同以习近平同志为核心的党中央保持高度一致。要深入学习贯彻习近平总书记关于坚持和完善人民代表大会制度的重要思想，自觉用以指引和推进新时代人大制度和人大工作不断取得新进展新成效。

*第二，以改革创新精神加强和改进新时代地方立法工作，以高质量立法推动高质量发展。*习近平总书记指出，改革开放已走过千山万水，但仍需跋山涉水。在新时代，发展要高质量，立法也要高质量；要以立法高质量保障和促进经济持续健康发展。以高质量立法推动高质量发展，这是习近平总书记给立法工作提出的新课题，是新时代对立法工作提出的新要求。例如，社会主义核心价值观入法入规、营造良好法治环境、促进社会文明、生活垃圾分类管理等，都是新时代地方立法工作应当关注的重点。我们要认真总结经验，积极适应新形势新要求，继续以改革创新精神探索科学立法、民主立法、依法立法新途径，在保证立法质量的前提下加大工作力度、加快工作进度，不断提高地方立法的质量和效率，为助力经济社会发展、维护人民权益、增进民生福祉提供有力法治保障。

推动京津冀协同发展，是以习近平同志为核心的党中央在新的历史条件下审时度势、高瞻远瞩作出的重大决策部署，已上升为重大国家战略，具有重大而深远的意义。立法协同是推进京津冀协同发展的重要法治支撑，要用好这一有效抓手。目前京津冀已建立起立法协调机制，有了一定基础。今后应加大立法协同研究，不仅是在大气污染防治这一方面，还要加强生态、水、交通等更多跨区域重点事项治理，在制度设计上做好衔接，依法确保区域协调发展国家战略的落实。

大家在座谈中提到了一些重点领域的立法项目。比如，有同志讲到研究制定街道办事处条例。街道在北京城市管理中具有举足轻重的地位，通过地方立法，把北京城市管理改革创新的成果以法规形式固定下来，有利于进一步提升城市治理能力、加强居民服务，发挥好街道办事处承上启下的作用。再比如，有同志讲到发挥地方性法规在促进科

技创新方面的重要作用。2016 年全国人大常委会开展促进科技成果转化法执法检查,推动了相关配套制度的改革和完善。通过地方立法来促进科技创新,可以更好地形成合力。

第三,探索监督工作的新形式新办法,增强监督工作整体实效。全国人大常委会今年在水污染防治法执法检查中,把检查组直接检查和委托地方检查紧密结合起来,对受委托的 23 个省级人大常委会提出明确要求,专门召开会议听取委托检查情况汇报。这是全国人大和地方人大联动开展监督工作的有益探索,扩大了检查的覆盖面,有益于增强监督实效。地方人大在监督工作方面有很多创新举措和方法,有些地方人大就跨流域、跨区域水污染治理情况,组织开展了联合检查。要继续创新监督工作形式,紧紧围绕事关改革发展稳定、人民群众切身利益的重点难点问题开展监督,发挥监督工作整体实效,推动党中央重大决策部署和法律法规的有效实施。

第四,积极做好代表工作,更好发挥人大代表作用。全国人大常委会委员长会议最近审议并原则通过了《关于加强和改进全国人大代表工作的具体措施》,这个文件可以为各级人大做好新时代代表工作提供参考,其中有些措施还需要省级人大常委会支持配合。我们的各级人大代表来自人民、植根人民、工作和生活在人民中间,要充分发挥人大代表密切联系人民群众的优势和桥梁纽带作用,接地气、察民情、聚民智,通过他们听取最广泛人民群众的意见建议,通过他们了解最基层、最真实的民情民意,通过他们把党和政府大政方针、法律法规、惠民政策等尽快传播到人民群众中去。

要继续采取有效措施扩大人大代表对立法、监督工作的参与,特别是要发挥有专业背景和专业特长代表的作用,吸收他们有见地、有价值、切实可行的意见建议,提高工作的针对性和有效性。要加强人大代表的学习培训,组织人大代表深入学习习近平新时代中国特色社会主义思想、习近平总书记关于坚持和完善人民代表大会制度的重要思想、习近平总书记全面依法治国新理念新思想新战略,学习必要的法律、财政等专业知识,熟悉人大议事规则和程序,为深入参与立法、监督工作夯实基础。

同志们,新形势新任务对地方人大工作提出了新的更高要求。我们要坚持以习近平新时代中国特色社会主义思想为指导,深入贯彻习近平总书记对地方人大及其常委会工作重要指示精神,不忘初心,牢记使命,依法履职尽责,积极担当作为,以优异成绩迎接新中国成立 70 周年。

在中国法学会八届三次会长会议上的讲话

(2019 年 7 月 26 日)

王　晨

同志们:

今天,我们在这里召开本届理事会第三次会长会议,主要任务是进一步学习贯彻习近平新时代中国特色社会主义思想,全面贯彻落实党中央决策部署,总结上半年工作,研究部署下半年工作。

刚才,陈训秋同志首先传达了政法领域全面深化改革推进会上郭声琨同志的讲话精神,这个讲话很重要,对政法系统如何进一步深化改革作了新的部署。其中,也包括关于法学会的具体改革任务,我们要认真贯彻落实。

陈训秋同志还对几个文件起草稿作了说明,各位副会长发表了很好的意见,在修改完善文件时要认真研究吸纳。关于反有组织犯罪的立法是党中央提出的重要立法项目,要加强研究,明确法律的定位、调整对象、相关制度等,力争为立法机关提供有价值的法案参考。探索委托第三方参与起草法律法规草案,是立法体制改革的重要内容。法学会组织专家学者参与这项工作,应该属于较高层级的第三方。这次组织起草《反有组织犯罪法》的专家建议稿,是一次很好的实践。要抓紧工作,进一步做好研究、论证,坚持高标准、高质量,并积极同立法机关进行沟通。

关于今年上半年的工作和下半年的安排,我都赞成。下面,再强调几点意见。

一、关于上半年工作进展

今年以来特别是 3 月换届以来,在以习近平同志为核心的党中央坚强领导下，中国法学会坚持以习近平新时代中国特色社会主义思想为指导，坚决贯彻党中央决策部署，全面落实中国法学会第八次全国会员代表大会精神，各项工作实现良好开局、取得积极成效。主要有以下几个特点。

第一，强化创新理论武装，坚持正确政治方向。法学会坚持把学习贯彻习近平新时代中国特色社会主义思想作为首要政治任务，深刻领会这一重要思想的科学体系、精神实质、实践要求，用以武装头脑、指导实践、推动工作。习近平总书记出席会议和活动时的重要讲话和指示精神，都及时组织开展学习研讨。召开会长会议、党组会议等，专题学习习近平总书记在中央全面依法治国委员会第二次会议上的重要讲话精神。通过强化创新理论武装，进一步增强"四个意识"，坚定"四个自信"，做到"两个维护"。

第二，全力以赴推进各项重大工作任务。在重大专项研究方面，按照党中央交办的工作任务和法学会工作实际，研究确定了 13 项重大和重点课题、12 项调研课题，明确了责任分工、成果形式和时间进度安排。目前，"反有组织犯罪立法研究"、"开展市域社会治理现代化试点研究（理论依据）"、"智能化建设与创新社会治理深度融合研究"、"推动政法单位做好涉法涉诉信访工作研究"4 项重大委托课题已形成较好研究成果，并形成《中华人民共和国反有组织犯罪法（草案）》和《关于加快推进社会治理现代化开创平安中国建设新局面的意见（稿）》。在重点专题活动方面，成功举办了 2019 年青年普法志愿者法治文化基层行活动启动仪式，上万名青年普法志愿者参与活动；召开了"百名法学家百场报告会"组委会会议，举办了中央和国家机关专场报告会，这两项活动影响大，取得了较好的效果。中央国家机关专场报告会由陈训秋同志主持，徐显明同志作报告，会开得很好，报告讲得也很好。同时，在引领繁荣法学研究、加强法治人才培养等方面，开展了一系列内容丰富、形式多样的活动。

第三，持之以恒抓好自身建设。换届后，即出台《中国法学会关于坚决维护党中央集中统一领导进一步加强自身建设的若干规定》，坚定坚持党的领导，加强学会自身建设，不断提高履职能力和工作水平。进一步完善会长会议制度，研究部署法学会重大发展和工作事项，充分发挥兼职副会长的作用。按照党中央要求认真部署开展"不忘初心、牢记使命"主题教育，制定了实施方案，召开了动员部署会，陈训秋同志讲了专题党课。法学会党组围绕全面从严治党、开展内部巡视等出台了一系列规范性文件，下大力气抓制度的贯彻执行。办公场所调换、食堂伙食改善等涉及法学会事业发展和干部职工切身利益的工作，也都取得了积极进展和明显成效。

法学会改革是中央机构改革的重要内容，中央专门出台了文件，提出了明确要求，我们必须认真落实，扎实推进改革。换届以来，坚持改革、规范、管理齐头并进，大家精神状态良好，工作很有成果。总体看，今年以来法学会各项工作有声有色、扎实有效，为确保按时高质量完成全年工作任务打下了坚实基础。

二、关于下半年工作部署

今年下半年，中国法学会的工作任务繁重，时间紧、头绪多、要求高，特别是有些任务在国庆节前就要出成果、见实效、交答卷，时间只剩下两个月多一点。我们要勇于担当、善于作为，始终保持满腔热忱、奋发有为的精神状态，积极投身社会主义法治国家建设，以繁荣法学研究、多出优秀成果、更好服务经济社会发展的实际行动，完成好党中央交办的各项工作任务。在下一阶段工作中，要着重把握好以下几点。

第一，以习近平新时代中国特色社会主义思想为指引，深入学习研究宣传贯彻习近平总书记全面依法治国新理念新思想新战略。要组织引领广大法学法律工作者围绕习近平总书记全面依法治国新理念新思想新战略，认真学习研究、加强宣传贯彻，做到学深悟透、融会贯通，提高运用创新理论推进研究、指导实践、推动工作的能力。要以"习近平总书记全面依法治国新理念新思想新战略"为主题，办好全国法学会干部培训班，开展好"百名法学家百场报告会"活动和青年普法志愿者法治文化基层行活动，完成好"习近平全面依法治国新理念新思想新战略形成和发展脉络"重点研究课题，高水平办好"学习贯彻习近平全面依法治国新理念新思想新战略论坛"。

第二，扎实开展"不忘初心、牢记使命"主题教育。要按照党中央部署要求，将学习习近平新时代中国特色社会主义思想作为根本任务，准确把握"守初心、担使命，找差距、抓落实"的总要求，紧密结合法学会实际扎实开展主题教育。习近平总书记 7 月 9 日在中央和国家机关党的建设工作会议上发表重要讲话，指出带头做到"两个维护"，是加强中央和国家机关党的建设的首要任务。作为在法学会工作的同志，要坚持以习近平新时代中国特色社会主义思想为指导，带头做到"两个维护"，始终在思想上政治上行动上同以习近平同志为核心的党中央保持高度一致。这是最根本的政治纪律和政治规矩。大家要牢记初心使命，强化责任担当，找准问题差距，认真整改落实，以时不我待的主人翁精神推动法学会事业不断取得新进展新成效。

第三，坚决完成好党中央交办的重大工作任务。今年，党中央交办法学会完成的重大工作任务共有30项，必须全力以赴高标准完成好。目前，除4项重大课题已形成最终研究成果外，其他工作仍在推进之中，时间十分紧迫。要集中力量、抓紧攻关，一项一项抓落实，确保不折不扣完成好各项工作任务，有效服务科学决策和法治实践。由各位副会长牵头负责的重大委托课题研究，各位要切实负起责任，亲自抓、带头干、见实效；各项任务的牵头单位和参与单位既要各司其职、各负其责，又要加强协作和配合，形成工作合力。

第四，抓紧推进年度各项工作。对照年度工作安排，下半年要扎实做好2019年度课题招标及成果转化、立法专家咨询会、第九届"全国杰出青年法学家"和第七届"董必武法学青年成果奖"评选、"法学家下基层"专题法治调研、"法治人才库"建设、"民营企业法律服务保障"专题研讨会等工作，办好七大区域法治论坛、中国法治国际论坛（2019）等活动，继续推进"双百"法治宣讲和青年普法志愿者法治文化基层行等项目，确保取得实实在在的成效。在抓紧推进的过程中，要注重总体谋划，突出工作重点，打造亮点工程，以点带面提升工作的整体水平。

三、服务党和国家工作大局，营造良好法治氛围和法治环境

今年是中华人民共和国成立70周年，是决胜全面建成小康社会的关键之年。我们要认真贯彻习近平总书记在中央全面依法治国委员会第二次会议上"为做好党和国家各项工作营造良好法治环境"的重要指示精神，进一步增强责任感使命感，充分发挥法学会的特点和优势，更好服务党和国家工作大局，为营造良好法治氛围和法治环境、维护社会和谐稳定、推进全面依法治国作出积极贡献。

第一，维护法学领域意识形态安全。近年来，西方反华势力通过驻华使领馆和境外非政府组织，与少数违法律师和所谓"公共知识分子"相互勾连、沆瀣一气，插手一些敏感案件和特定利益群体诉求，妄图策划实施"街头政治"、"社会运动"的目的十分明显。近期，香港形势十分复杂敏感，背后也有美西方势力的策划和干预。下半年我们将举办新中国成立70周年庆祝活动、澳门回归祖国20周年庆祝活动等重要活动。要清醒地看到，每逢重大活动，境内外敌对势力往往企图干扰破坏，有的利益群体也可能会借机生事。同时，我国政治安全和社会大局稳定仍面临一些突出风险和隐患，涉及法学领域的不稳定因素也不少。我们务必高度重视这个问题，确保意识形态安全、国家安全、政治安全。

我们要始终坚持党对法学会工作的绝对领导，自觉增强维护法学意识形态安全的政治担当。加强对各类论坛、年会、研讨会等活动和主办网站、报刊等的管理，旗帜鲜明反对和抵制各种错误观点，抵制"低级红"、"高级黑"。要强化忧患意识、风险意识，增强政治敏锐性和政治鉴别力，及时掌握相关形势和动态，对容易诱发政治问题特别是重大突发事件的敏感因素、苗头性倾向性问题，对意识形态领域各种错误思潮、模糊认识、不良现象，要保持高度警惕，做到眼睛明、见事早、行动快。当前，高校仍然是敌对势力输出其政治理念和价值观念的首选之地，是意识形态斗争短兵相接的地方。中国法学会要与教育部、高校、科研院所等共同做好重点人的思想引导等工作，发现违反政治纪律、危害政治安全的言行，要敢于亮剑、善于发声，牢牢掌握马克思主义法学意识形态的领导权、主导权，筑牢法学法律界团结奋斗的共同思想基础。

第二，为推动高质量发展提供良好法治环境。当前，我国经济已由高速增长阶段转向高质量发展阶段。贯彻新发展理念，建设现代化经济体系，实现全面建成小康社会第一个百年奋斗目标，离不开法治的规范、引领、推动和保障。中国法学会要紧紧围绕高质量发展对法治建设的新要求，充分发挥"智囊团""思想库""人才库"的作用，不断提升服务科学决策、服务法治实践的能力和水平。要坚持以人民为中心，把满足人民群众在民主、法治、公平、正义、安全、环境等方面日益增长的需要作为开展法治服务的重点，用法治保障人民权益、增进民生福祉。在开展法学研究、法学交流、法治实践和法律服务过程中，要按照党中央关于供给侧结构性改革、实施创新驱动发展战略、持续优化营商环境、推进区域协调发展、防范化解重大风险等重大决策部署，及时拿出高水平的研究成果和对策建议，为

推动高质量发展营造公正、透明、可预期的法治环境,促进经济社会持续健康发展。

要把健全中国特色社会主义法治体系,繁荣法学研究,多出有益成果,作为我们的重要工作目标。例如,习近平总书记指出,“要把平等保护贯彻到立法、执法、司法、守法等各个环节,依法平等保护各类市场主体产权和合法权益”。对于如何进一步依法完善产权保护机制,落实公有制和非公有制经济一视同仁、平等保护等政策,我们要集中力量从理论上加强研究,从法治角度提出切实管用的对策建议。

还有一些在发展过程中产生的新情况新问题,对法治建设也提出了新的要求。例如,一些互联网平台或 App 出于商业等目的,过度收集用户信息,肆意扩大用户个人信息的获取授权,在用户不知情或未充分知情情况下收集各方面信息,某些组织或个人通过不正当渠道获取用户信息后,寻找目标人员进行推销、传销甚至诈骗。如何在数字经济时代,依法加强个人信息保护,平衡好安全与发展的关系,也是值得我们深入研究的课题。

关于加强涉外法治建设、涉外法治工作等,这也是习近平总书记多次强调的一个问题。目前我国在这些方面相对比较薄弱,法学会下一步要围绕加强涉外法治建设、加快涉外法律人才培养、增强我国在国际法律事务中的话语权和影响力等下更大功夫,尽快拿出成果。比如,现在比较需要的是有关反阻断法、应对长臂管辖的对策建议,昨天,美国又提出对我国几家公司进行制裁,并扬言对涉疆官员和企业进行制裁。如何阻断美方这种长臂管辖?这迫切需要更加充分有力的理论支撑和应对措施。我们在这方面研究不够、积累不够、人才不够,特别是熟悉国际法、熟悉美国法律的人才确实不足,用什么样的法律、什么样的手段应对,过去确实也没有遇到过。这表明,涉外法治建设需要切实加强,这是当务之急。按照党中央的要求,法学会要多做些事情、多作些贡献。还有一些问题,比如,有些民营企业法律意识比较淡薄、法治建设比较薄弱,经营中屡有一些不规范的行为,甚至违法行为,如何加强对民营经济的引导、教育、规范、服务、保障,也是一个重要的课题。大家都要依法办事,要让民营企业掌握法律的武器,用法律维护自己的合法权益,杜绝违法的陷阱。法治是最好的营商环境,法学会在这方面可以提供更优质的服务,发出更大的声音。

第三,为新中国成立 70 周年营造良好法治氛围。要全面总结梳理新中国成立 70 年来、改革开放 40 年来特别是党的十八大以来我国法治建设取得的巨大成就和宝贵经验,进行深入理论概括和宣传阐释,激励广大法学法律工作者坚定不移走中国特色社会主义法治道路。适时召开“法学界庆祝新中国成立 70 周年座谈会”,组织所属报刊杂志发表高水平、有影响力的理论文章、宣传报道等。“关于新中国成立 70 周年法治建设的成就和经验”是今年确定的 12 项重点调研课题之一,要把这个课题抓实抓好,确保取得高质量研究成果。同时,要做好新民主主义革命法治建设经验的研究总结,把庆祝新中国成立 70 周年系列调研活动组织好,在学习调研的基础上,形成《中国共产党从局部执政到全国执政的法治经验总结报告》。

法学会的报刊、网站,要加强对新中国法治建设成就和典型的宣传报道,比如可以借鉴中央电视台推出的《中国第一个油田》《中国第一个电站》等报道形式。前几天,我在黑龙江执法检查期间参观了大庆博物馆。1959 年大庆钻出第一口油井,当时的黑龙江省委书记准备给油田起个名,说“再过几天就是建国十周年,是十周年大庆,我们这个地方就叫大庆吧”,大庆油田由此得名。站在博物馆里,回顾新中国成立以来取得的巨大成就,不由得肃然起敬,热血沸腾。建国 70 年来,我们的法治建设成就同样很大。要把法治方面的一些好典型,包括基层的同志以及乡村、工厂、法院等典型推出来,以多种方法宣传新中国的法治建设成就,这是我们法学会所属媒体的重要任务。要为巩固党的执政地位,为国家如何进一步发展创造良好的舆论环境,这是我们不可推卸的责任。要把这方面的工作谋划好、组织好。

同志们,伟大事业都始于梦想、基于创新、成于实干。让我们更加紧密地团结在以习近平同志为核心的党中央周围,不忘初心、牢记使命,团结带领广大法学法律工作者坚定不移走中国特色社会主义法治道路,在全面依法治国实践中作出无愧于时代、无愧于人民的新贡献,以优异成绩庆祝中华人民共和国成立 70 周年!

在中国法学会学术委员会2019年第一次全体会议上的讲话

（2019年7月26日）

王　晨

各位委员、同志们：

很高兴今天与各位学术委员见面。首先，我代表中国法学会向新一届学术委员会委员表示热烈祝贺！

中国法学会学术委员会是中国法学会学术评议和学术咨询机构，在中国法学会工作格局和组织体系中地位突出、职责重要。学术委员由中国法学会常务理事会聘任，使命光荣、责任重大。下面，我对学术委员会和学术委员提几点希望。

一、坚持党的领导，以习近平总书记全面依法治国新理念新思想新战略统领学术委员会工作

各位学术委员都是法学各学科的领军人物，担任学术委员的首要条件就是要坚持党的领导，坚持正确的政治方向。各位委员要增强“四个意识”，坚定“四个自信”，做到“两个维护”，严格遵守政治原则和政治规矩。要以习近平新时代中国特色社会主义思想特别是习近平总书记全面依法治国新理念新思想新战略为指导，团结带领广大法学法律工作者自觉走中国特色社会主义法治道路，满腔热忱投身社会主义法治国家建设，积极发展中国特色社会主义法治理论，扎实推进中国特色社会主义法治体系建设，矢志不渝做新时代中国特色社会主义法治事业的建设者、捍卫者、引领者。

二、弘扬科学家精神，以良好的作风和学风引领法学研究工作

各位学术委员学术造诣很深、科学视角宽广，是法学界的先锋人物，是推进全面依法治国伟大事业的中坚力量。近期，中办、国办印发了《关于进一步弘扬科学家精神加强作风和学风建设的意见》，各位委员要大力弘扬科学家精神，切实加强作风和学风建设，以引领法学研究、推进全面依法治国为己任，勇攀高峰、敢为人先，追求真理、严谨治学，淡泊名利、潜心研究，集智攻关、团结协作，甘为人梯、奖掖后学，将爱国、创新、求实、奉献、协同、育人的新时代科学家精神镌刻在大地上，努力铸就法治中国建设的新丰碑。

三、积极履行职责，以健全的制度机制和创新的方式方法发挥学术委员会作用

近年来，在中国法学会领导下，在张文显主任带领下，学术委员会实施创新举措，产生实际效果。未来，要将学术委员会进一步做实做强做好，充分发挥学术委员会委员理论研究、建言献策、立德树人的重要作用。要建立健全工作机制制度，实现各项工作规范化、常态化，进一步增强学术委员会的工作活力。要创新工作方式方法，拓展新领域，开辟新局面，进一步提升学术委员会的工作能力。中国法学会将全力支持学术委员会改革方案和创新举措。

各位委员，谱写新时代中国法学事业发展新篇章，学术委员会任重道远。让我们更加紧密地团结在以习近平同志为核心的党中央周围，不忘初心、牢记使命，以强烈的责任感和使命感、坚定的理想信念、昂扬的精神面貌，为不断发展中国特色社会主义法治理论，推进全面依法治国、建设社会主义法治国家作出更大的贡献，以优异成绩庆祝中华人民共和国成立70周年！

最后，祝愿中国法学会学术委员会工作再上新台阶，各位委员身体健康、学术长青！

为人民群众身体健康提供有力法治保障

——写在《中华人民共和国疫苗管理法》通过之际

王 晨

第十三届全国人大常委会第十一次会议今年6月29日审议通过《中华人民共和国疫苗管理法》，自2019年12月1日起施行。制定和实施这部法律，是贯彻落实习近平总书记坚持以人民为中心的发展思想、改革和完善我国疫苗管理体制的重要举措，为促进我国疫苗事业健康发展、切实维护人民群众身体健康提供了坚强有力的法治保障。

我们不会忘记，2018年发生的长春长生公司问题疫苗案件，令人深感痛心和愤怒，造成了十分恶劣的影响。习近平总书记心系人民群众身体健康，站在中华民族永续发展的高度，多次作出重要指示批示，要求一查到底，严肃问责，依法从严处理，加快完善疫苗药品监管长效机制，完善法律法规和制度规则。在中央全面深化改革委员会会议上，习近平总书记对疫苗管理再次作出重要指示，要求全国人大常委会抓紧研究，提出相关立法建议。按照习近平总书记重要指示精神，全国人大常委会党组召开会议专题研究疫苗管理立法问题，一致赞同就疫苗管理进行专门立法，并建议作为一项重点立法任务予以推进。在报经党中央同意后，全国人大常委会充分发挥在立法工作中的主导作用，与各有关部门加强沟通协调，推动成立疫苗管理法起草工作小组，深入调查研究，广泛听取意见，坚持立法质量与效率相统一，抓紧推进立法进程，在半年多的时间里，顺利完成了制定疫苗管理法这一重大任务。

制定疫苗管理法的重要意义

疫苗是人类在医学领域最伟大的发明之一，也是预防控制传染性疾病最有效、最经济的手段。作为一种特殊药品，疫苗关系人民群众生命健康，关系公共卫生安全，是国家战略性、公益性产品。制定疫苗管理法，实行最严格的疫苗管理制度，对于坚决守住疫苗质量安全底线、维护最广大人民群众身体健康，具有非同寻常的重要意义。

第一，这是贯彻党中央决策部署，推动疫苗管理体制改革和完善的需要。党的十八大以来，以习近平同志为核心的党中央高度重视人民群众用药安全，要求用最严谨的标准、最严格的监管、最严厉的处罚、最严肃的问责加快建立科学完善的食品药品安全治理体系。这就是人们常说的“四个最严”。习近平总书记明确指出，要始终把人民群众的身体健康放在首位，以猛药去疴、刮骨疗毒的决心，完善我国疫苗管理体制，坚决守住安全底线，全力保障群众切身利益和社会安全稳定大局。2018年9月，中央全面深化改革委员会第四次会议审议通过《关于改革和完善疫苗管理体制的意见》，要求抓紧完善相关法律法规。贯彻党中央决策部署，制定专门的疫苗管理法，加强和完善疫苗全过程全链条管理，保障和促进公众健康，维护公共卫生安全，不仅非常必要，而且十分急迫、刻不容缓。

第二，这是积极回应人民群众期待，重塑全社会疫苗安全信心的需要。人民健康是民族昌盛和国家富强的重要标志。预防接种作为防控疾病的有效措施，对于保障人民群众身体健康意义重大。我国是疫苗生产大国，是世界上为数不多能够以自身能力提供全部免疫规划疫苗的国家之一。新中国成立以来尤其是改革开放以来，我国免疫规划事业成效显著，为疾病防控作出巨大贡献，创造了良好的社会效益。同时也要清醒地看到，近年来问题疫苗事件时有发生，一段时间相当集中，特别是长春长生公司问题疫苗案件发生以后，引发社会上一些人对我国疫苗管理的质疑，一些群众对我国疫苗质量心存疑虑、担忧甚至恐慌，有的甚至拒绝接种疫苗。制定和实施疫苗管理法，依法加强对疫苗的严格科学管理，正是对社会关切和人民群众期待的积极回应，正是重塑全社会对我国疫苗安全信心的实际行动。

第三，这是为疫苗管理提供全面系统法治支撑的需要。我国以往疫苗管理方面的法律规范，分散在药品管理法、传染病防治法、疫苗流通和预防接种管理条例等法律、行政法规中，缺少一部专门的法律。近几年发生的问题疫苗案件，暴露出主体责任不落实、预防接种不规范、异常反应补偿纠纷频发、创新动力不足、保障力度不够、监管不到位、监管能力薄弱、违法成本低等突出问题，长春长生公司问题疫苗案件就是其中的恶劣典型。疫苗管理法在整合现行有关规定的基础上，针对疫苗管理特点和存在的突出问题，充分发挥立法的引领、推动、规范和保障作用，对疫苗管理作出了针对性、时效性和可操作性都很强的规定，为疫苗管理提供了全面系统的法治支撑。

准确把握疫苗管理法的精神实质和核心内容

确保疫苗质量安全，这是一条不可挑战的底线。新制定的疫苗管理法，坚持以习近平新时代中国特色社会主义思想为指导，明确疫苗管理的目标、定位和原则，构建疫苗管理制度的“四梁八柱”，加大对疫苗行业、免疫规划事业发展的支持力度，坚持问题导向，严惩各种违法行为，全方位筑牢疫苗安全的法治根基，必将有力推动健康中国战略的深入实施。作为我国疫苗领域法治建设的一项标志性成果，我们要准确把握其精神实质和核心内容。

第一，坚持把人民群众的生命安全和身体健康放在首位。疫苗质量安全涉及千家万户，事关生命安全和身体健康，是人民群众最关心最直接最现实的利益。从起草开始，疫苗管理法就始终坚持以人民为中心，坚持安全第一，把疫苗质量安全作为重要民生福祉，重点解决损害群众健康的突出问题。

疫苗管理法第一条开宗明义，将立法目的阐明为“加强疫苗管理，保证疫苗质量和供应，规范预防接种，促进疫苗行业发展，保障公众健康，维护公共卫生安全”。在其他具体条文中，也坚持把人民群众的生命安全和身体健康放在首位，维护群众切身利益。例如，法律规定居住在中国境内的居民，依法享有接种免疫规划疫苗的权利，履行接种免疫规划疫苗的义务，县级以上人民政府及其有关部门应当保障适龄儿童接种免疫规划疫苗，监护人应当依法保证适龄儿童按时接种免疫规划疫苗；国家实行疫苗批签发制度、预防接种异常反应补偿制度、疫苗责任强制保险制度、疫苗安全信息统一公布制度等，这都是为了进一步完善监管机制，更好维护人民群众身体健康。

第二，坚持全过程全链条严格监管。疫苗不同于一般药品，其接种对象是健康人群，主要是儿童，因而在管理上具有特殊性，质量要求也比一般药品更高。疫苗管理法规定，国家对疫苗实行最严格的管理制度。因此，有媒体对该法冠以“史上最严”的称谓。一是严把疫苗研制、上市许可和上市后管理关。明确疫苗研制等过程中应当建立健全生物安全管理制度，严格控制生物安全风险。规范疫苗临床试验，规定疫苗上市许可持有人制度，明确其应当加强疫苗全生命周期质量管理，对疫苗的安全性、有效性和质量可控性负责。疫苗上市后，生产工艺等发生变更应当按照规定备案或者报告，变更可能影响疫苗安全性、有效性和质量可控性的需经批准。二是严格疫苗生产和批签发管理。对疫苗生产实行严于一般药品生产的准入制度。明确疫苗应当按照经核准的生产工艺和质量控制标准进行生产和检验，疫苗上市许可持有人应当持续提升质量控制标准、改进生产工艺。疫苗销售前或者进口时，需取得批签发证明。三是规范疫苗流通和预防接种。疫苗采购方式、供应渠道、配送要求等必须严格遵守相关规定，疾控机构以外的单位和个人不得向接种单位供应疫苗，疫苗储存和运输特别是冷链储存和运输应当符合疫苗储存、运输管理规范等要求。接种单位需符合规定条件并经指定或者备案。预防接种应当遵守预防接种工作规范、免疫程序、疫苗使用指导原则和接种方案等要求。预防接种异常反应应当按照规定监测、报告、调查、诊断、鉴定和处理。

此外，疫苗管理法还规定了实施疫苗全程电子追溯制度，要求建立疫苗信息公开、共享与公众参与、媒体监督、应急处置等制度。这一系列全过程全链条严格监管的制度，进一步规范了对疫苗全生命周期的管理，将为我国的疫苗安全筑起一道严密的防火墙。

第三，坚持建立严格的法律责任制度。在审议和征求意见过程中，一些常委会委员和社会公众建议进一步完善法律责任，加大对疫苗违法行为的惩处力度，提高罚款额度，增加处罚种类，同时补充规定一些违法行为的法律责任。举一反三，重典治乱。在法律责任一章，疫苗管理法首先明确违反本法规定，构成犯罪的，依法从重追究刑事责任。对生产、销售假劣疫苗、数据造假等违法行为，规定了警告、给予巨额罚款、没收财物、责令停产停业整顿以及吊销批签发证明、药品注册证书、药品生产许可证等处罚。落实处罚到人要求，对违法单位的法定代表人、主要负责人、直接负责的主管人员、关键岗位人员和其他责任人员，规定了没收收入、罚款、从业禁止直至终身禁业、暂停执业、治安管理处罚、行政拘留、吊销执业证书等处罚。总体来看，疫苗管理法对那些利欲熏心、无视规则的不法疫苗企业,对涉及疫苗领域危害公共安全的违法犯罪人员,依法严厉处罚,毫不手软,决不姑息。

第四,坚持促进疫苗事业创新发展。我国疫苗事业发展迅速,但整体上大而不强。为进一步促进我国疫苗事业的创新发展,疫苗管理法规定国家制定相关研制规划,安排必要资金,支持多联多价等新型疫苗的研制,鼓励疫苗上市许可持有人加大研制和创新资金投入,对急需的疫苗和创新疫苗优先审评审批。强化规划和政策保障,制定疫苗行业发展规划和产业政策,将疫苗安全工作和预防接种工作及其所需经费纳入国民经济和社会发展规划、政府预算。明确国家实行免疫规划制度,强调接种免疫规划疫苗的义务性和免疫规划疫苗种类动态调整及其免费提供、免费接种,通过预防接种证制度等加强儿童预防接种工作,通过经费补助等保障经济欠发达地区和基层预防接种工作。国家实行预防接种异常反应补偿制度,补偿应当及时、便民、合理,补偿范围实行目录管理并动态调整。明确在疫苗损害赔偿责任领域实行疫苗责任强制保险制度。疫苗管理法的这些规定,加大了对疫苗行业、免疫规划事业的扶持保障力度,有利于营造疫苗创新研发的良好环境,推动我国疫苗事业持续健康发展。

切实抓好疫苗管理法的贯彻实施

法律的生命力在于实施,法律的权威也在于实施。现在距离疫苗管理法正式施行还有不到半年时间,下一步我们要广泛深入地宣传普及这部法律,抓紧完善相关配套法规制度,做好实施疫苗管理法各项工作。

第一,全面贯彻实施疫苗管理法。政府及其有关部门要担负起疫苗安全的监管责任,全面落实县级以上人民政府将疫苗安全工作和预防接种工作纳入本级国民经济和社会发展规划、加强疫苗监督管理能力建设、建立健全疫苗监督管理工作机制等各项法律规定,定期开展疫苗安全形势分析,加强疫苗监督管理。在从事疫苗研制、生产、流通和预防接种活动中,疫苗上市许可持有人、疾控机构、接种单位、医疗机构、疫苗配送单位、托幼机构、学校、受种者及其监护人等都要强化法律意识,增强法治观念,严格遵守疫苗管理法的相关规定。对于违法行为,要严格追究法律责任。

第二,抓紧完善相关配套法规制度。疫苗管理法在规定一些制度的同时,明确要求有关方面作出配套规定,如预防接种异常反应补偿范围、标准、程序和国家免疫规划、预防接种工作规范、疫苗储存和运输管理规范、疫苗追溯标准和规范、疫苗责任强制保险制度的具体实施办法等。要按照立法法要求,抓紧出台配套法规制度,将疫苗管理法中原则性、概括性的规定具体化,形成系统完备、科学规范、运行有效的疫苗管理法律制度规范体系,确保疫苗管理法规定的各项制度落地生根、有效实施。要对疫苗管理领域的相关法规、规章、标准和规范进行梳理,进行必要的立改废释,保证其符合疫苗管理法的精神实质,与疫苗管理法的相关规定相互协调和衔接。

第三,加强疫苗管理法宣传普及。全民普法和守法是依法治国的长期基础性工作。要把疫苗管理法纳入“七五”普法计划予以重点宣传好、普及好。各级政府及其有关部门特别是药品监督管理部门、卫生健康主管部门等要认真组织好学习、宣传和培训工作,强化法治思维和法治观念,自觉将疫苗管理法规定的各项制度运用到工作实践中去,不断提高依法实施疫苗监督管理的能力和水平,并在实际工作中落实好普法责任制。希望新闻媒体精心组织疫苗管理法的宣传报道,开展好预防接种知识等公益宣传,并对疫苗违法行为进行舆论监督。疾控机构、接种单位、疫苗上市许可持有人和疫苗行业协会等要加强对法律的学习、理解,创新手段和方式,依法定期开展疫苗安全法律、法规以及预防接种知识等的宣传普及工作,为营造疫苗管理法贯彻实施的良好社会氛围发挥积极作用。

疫苗管理法的制定,掀开了我国疫苗事业发展的新篇章。我们要紧密团结在以习近平同志为核心的党中央周围,坚持以习近平新时代中国特色社会主义思想为指导,不忘初心,牢记使命,依法履职尽责,积极担当作为,以对人民高度负责的精神,切实抓好疫苗管理法的贯彻实施,不断增强广大人民群众的获得感、幸福感、安全感,为加快推进健康中国建设、实现“两个一百年”奋斗目标和中华民族伟大复兴的中国梦打下坚实的健康基础。(本文发表于 2019 年 7 月 31 日人民日报第 6 版)

在会见第八届两岸和平发展法学论坛台湾嘉宾时的谈话

（2019 年 8 月 21 日　天津）

王　晨

这次第八届两岸和平发展法学论坛在天津举办，有来自台湾地区 18 个法学法律组织 70 多位专家学者出席，大陆有 110 多位专家学者出席。首先，我代表中国法学会对论坛的召开表示热烈祝贺，向各位专家学者表示诚挚欢迎！

解决台湾问题、实现祖国完全统一，是全体中华儿女共同愿望，是中华民族根本利益所在。当前，台海形势复杂严峻，两岸同胞包括法学法律界人士十分关心如何排除干扰，推动两岸关系和平发展、深化两岸经济文化交流合作、促进两岸同胞心灵契合。我愿就此谈几点看法。

一、坚持一个中国原则，携手推进民族复兴

台湾前途在于国家统一，台湾同胞福祉系于民族复兴。今年 1 月 2 日，习近平总书记在《告台湾同胞书》发表 40 周年纪念会上发表重要讲话，指明了当前和今后一个时期对台工作的基本思路、重点任务和前进方向，是指引新时代对台工作的纲领性文件，为新时代对台工作提供了根本遵循。我在纪念大会现场聆听这篇讲话，深感鼓舞，深受感染。习近平总书记始终站在全民族的高度，透过大历史的视野来把握两岸关系，把握台湾前途与中华民族伟大复兴的内在联系。习近平总书记指出，祖国必须统一，也必然统一；这是 70 载两岸关系发展历程的历史定论，也是新时代中华民族伟大复兴的必然要求；台湾问题因民族弱乱而产生，必将随着民族复兴而终结。国家强大、民族复兴、两岸统一的历史大势，是任何人任何势力都无法阻挡的！

当今世界正经历百年未有之大变局。新兴市场国家和发展中国家的崛起速度之快前所未有，新一轮科技革命和产业革命带来的新陈代谢和激烈竞争前所未有，全球治理体系与国际形势变化的不适应、不对称前所未有。变革会催生新的机遇。经过长期努力，中国特色社会主义进入了新时代。中国大陆经济实力、科技实力、国防实力、综合国力进入世界前列，国际地位实现前所未有的提升，党的面貌、国家的面貌、人民的面貌、军队的面貌、中华民族的面貌发生了前所未有的变化，中华民族正以崭新姿态日益走近世界舞台的中央。

在中华民族实现伟大复兴的过程中，广大台湾同胞有必要认真思考台湾在民族复兴中的地位和作用。习近平总书记指出，中国梦是两岸同胞共同的梦。只有民族复兴、国家强盛，两岸中国人才能过上富足美好的生活。在中华民族走向伟大复兴的进程中，两岸同胞要携手同心，共圆中国梦，共担民族复兴的责任，共享民族复兴的荣耀。习近平总书记讲话深刻揭示了台湾与大陆是休戚相关的命运共同体，揭示了台湾同胞福祉与中华民族伟大复兴的内在联系，充分体现了习近平总书记的宽广民族情怀和深厚历史使命感。我们有理由相信，广大台湾同胞在中华民族伟大复兴进程中定然不会缺席，一定会成为这一伟大进程的参与者、奉献者和受益者，两岸同胞携手同心，定能共创中华民族美好未来。

统一是历史大势，是正道。“台独”是历史逆流，是绝路。当前，对两岸关系和平发展的最大威胁是“台独”势力及其分裂活动。“台独”煽动两岸同胞敌意和对立，损害国家主权和完整，破坏台海和平稳定，阻挠两岸关系发展。广大台湾同胞要认清“台独”只会给台湾带来深重祸害，坚决反对“台独”分裂，共同追求和平统一的光明前景。我们愿意为和平统一创造广阔空间，但绝不为各种形式的“台独”分裂活动留下任何空间。

二、秉持“两岸一家亲”理念，完善涉台法律规范体系

两岸同胞是命运与共的骨肉兄弟，是血浓于水的一家人。我们秉持“两岸一家亲”理念，尊重台湾现有的社会制度和台湾同胞生活方式，愿意

率先同台湾同胞分享大陆发展的机遇。1979 年 1 月 1 日，全国人大常委会发表《告台湾同胞书》，揭开两岸关系发展新的历史篇章。1994 年 3 月，全国人大常委会通过《台湾同胞投资保护法》，明确国家依法保护台湾同胞投资者的合法权益，为台湾同胞到大陆投资提供了有力法律保障。这是全国人大常委会第一部涉台专门法律，2016 年又根据新情况新要求进行了修订。几十年来，我们不断推进对台方针政策法制化进程，出台了一系列法律、法规、规章和司法解释。目前，以宪法为依据，以反分裂国家法、台湾同胞投资保护法、中国公民往来台湾地区管理办法等为主干，涵盖法律、行政法规、地方性法规、部门规章和地方政府规章以及其他规范性文件的涉台法律规范体系已经基本形成，成为中国特色社会主义法律体系的重要组成部分。涉台法律规范体系秉持“两岸一家亲”理念，营造鼓励和保障台胞参与大陆改革开放的法律环境，维护两岸关系共同政治基础，促进了两岸关系和平发展。

2017 年，中共十九大提出逐步为台湾同胞在大陆学习、创业、就业、生活提供与大陆同胞同等待遇。2018 年 2 月，国台办和发改委等 29 个部门联合发布促进两岸经济文化交流合作的 31 条措施。随后各个地方因地制宜，纷纷跟进，制订一系列具体措施，为台胞办实事、做好事、解难事。目前，已经有包括 27 个省区市在内的 80 个地方结合当地实际，出台了具体落地措施。为积极回应台湾法学法律界的呼吁，司法部和最高人民法院也先后出台相关文件，进一步向台胞开放大陆法律服务市场，完善司法服务，保障台胞诉讼权益，也为广大台胞投入国家法治建设创造更好条件。这些政策措施的落实进一步增进了台湾同胞福祉，给台湾同胞带来了实实在在的好处。未来我们将继续研究出台相关政策措施和法律法规，为台湾同胞在大陆学习、就业、创业、生活提供更多便利，切实维护台胞合法权益，也欢迎大家提出意见建议。

三、深化两岸法学交流，保障台胞合法权益

本次论坛以“深化两岸融合发展，保障台胞合法权益”为主题，探讨两岸关系和平发展以及两岸经济社会文化交流合作制度化建设，具有重要意义。两岸交流归根到底是人与人的交流，最重要的是心灵沟通。两岸关系形势越复杂越严峻，越需要两岸民间加强交流，深化交往，聚同化异。

过去 30 余年，两岸法学法律界交流合作不断深化，共同传承中华法治文化优良传统，相互学习借鉴，繁荣法学研究，有力促进了两岸交流。两岸法学法律界围绕法治建设和交流合作的民商事交往、投资权益保障、共同打击犯罪、裁判认可与执行等问题，充分发挥专业优势开展深入研讨，建言献策，解疑释惑，增进互信，为服务两岸经贸发展、增进人民福祉、推动两岸关系和平发展作出了积极贡献。

在座的各位法学法律界人士都是积极支持、参与两岸法学交流的中坚力量。各位在交流中积极发挥专长，深化法学交流，为厚植两岸同属一个中国的政治基础，增进两岸同胞理解认同，推动两岸关系克难前行作出了贡献。不管两岸关系遇到怎样的曲折，台海局势如何变化，大家都坚持推动两岸法学交流，支持两岸关系和平发展，坚守中国心、民族情，我对此表示钦佩和赞赏。

中国法学会是中国共产党领导的人民团体，是法学界、法律界的全国性群众团体、学术团体和政法战线的重要组成部分，是党和政府联系和团结广大法学法律工作者的桥梁和纽带，是加强社会主义民主法治建设，推进全面依法治国、建设法治中国的重要力量。我们愿以此次论坛为契机，不断加强与台湾地区法学法律界的联系，广泛团结台湾法学法界人士，积极推动和组织两岸法学交流，为巩固两岸关系和平发展的政治和社会基础作出新的贡献。

做好新时代地方法学会工作　积极投身全面依法治国伟大实践

——在地方法学会工作会议上的讲话

（2019 年 8 月 28 日）

王　晨

同志们：

首先，对大家出席会议表示欢迎，对中共中央政治局委员、上海市委书记李强同志出席会议并讲话，对上海市一以贯之大力支持中国法学会工作，表示衷心的感谢！

这次“地方法学会工作会议”是中国法学会第八届领导机构履职以来召开的一次重要会议，也是本届第一次专门研究地方法学会工作的会议，主要任务是：深入学习贯彻习近平新时代中国特色社会主义思想，总结前期工作，研究部署地方法学会工作，推动地方法学会各项工作全面发展，在全面依法治国新征程中实现新担当新作为。

这次地方法学会工作会议还合并召开中国法学会研究会工作会议、省级法学会干部培训班、全国法学理论骨干培训班、中国法学会机关和事业单位干部培训班，这种做法对法学会来说还是第一次。这是为了贯彻落实党中央关于“提倡合并开会、套开会议”的要求，提高会议实效，切实为基层减负，体现了中国法学会转变会风的创新探索。通过这次会议，把法学会系统的精干力量组织起来，既着重解决理论武装问题，又注重谋划推动实际工作。希望大家珍惜这次难得的学习和交流机会，深入学习、深入思考、深入交流，做到学有所获、学有所用、学用结合。

中国法学会第八届领导机构履职以来，深入学习贯彻习近平新时代中国特色社会主义思想和党中央决策部署，贯彻落实中央全面依法治国委员会第一次、第二次会议精神、中央政法工作会议精神以及中国法学会第八次全国会员代表大会精神，系统谋划、统筹推进、狠抓落实，推动中国法学会各项工作迈出坚实步伐。一是坚持把学习贯彻习近平新时代中国特色社会主义思想特别是习近平总书记全面依法治国新理念新思想新战略作为学习重点，紧密结合“不忘初心、牢记使命”主题教育，在认真学习研究、加强宣传阐释、学懂弄通做实上下功夫，深化理论武装有了明显提升。二是坚持主动适应新形势新任务，自觉站在党和国家工作大局的高度思考问题、推进工作，以提高法学会的执行力为抓手，认真贯彻中央全面依法治国委员会、中央办公厅、中央政法委等部署的任务分工，服务党和国家工作大局能力和成效有了明显提升。三是坚持立足法学会职责使命，着力提高谋划工作的全局性、前瞻性、实效性，着力增强工作的科学性、系统性、整体性，创新工作思路、健全体制机制、优化方法手段，创造性开展工作，繁荣法学研究、服务法治实践、拓展对外交流、培养法治人才的工作效能有了明显提升。四是法学会的政治生态进一步好转，坚持团结协作、拼搏进取，心往一处想、劲往一处使，党员干部干事创业的精气神得到进一步激发，干部队伍精神面貌有了明显提升。五是坚持求真务实、真抓实干，勤勉敬业，清正廉洁，认真转作风、纠“四风”、改进文风会风，切实为基层减负，工作更实了，作风更正了，战斗力更强了，作风建设有了明显提升。这些成绩的取得，是以习近平同志为核心的党中央坚强领导的结果，是法学会全体同志共同努力、竭诚奉献的结果，令人鼓舞、催人奋进，我们要坚定信心、下定决心、保持恒心，按照既定目标，乘势而上、齐心协力、奋发进取，推动法学会各项工作迈上新台阶，谱写新时代法学会事业发展新篇章。

下面，我着重就做好新时代地方法学会工作讲三点意见。

一、全面加强地方法学会政治建设，始终坚持正确政治方向

中国法学会作为中国共产党领导的人民团体，法学界、法律界的全国性群众团体、学术团体和政法战线的重要组成部分，具有毋庸置疑的政治属性，各级地方法学会作为中国法学会的地方组织，要牢牢把握法学会的鲜明政治属性，提高政治站位，坚定政治立场，把准政治方向，强化政治担当，

全面加强地方法学会政治建设。

一是坚持不懈强化创新理论武装。各级地方法学会要把深入学习贯彻习近平新时代中国特色社会主义思想、学习和践行习近平总书记全面依法治国新理念新思想新战略作为首要政治任务，在多思多想、学深悟透上下功夫，在系统全面、融会贯通上下功夫，在知行合一、学以致用上下功夫，通过深入学习，推动科学理论武装在地方法学会系统深入人心、落地生根，切实把学习成效转化为做好本职工作、推动事业发展的生动实践。要结合“不忘初心、牢记使命”主题教育活动，在地方法学会系统进一步深化习近平新时代中国特色社会主义思想特别是习近平总书记全面依法治国新理念新思想新战略的大学习大培训，组织引领广大法学法律工作者认真学习领会、深入研究阐释、大力宣传贯彻，深刻理解其核心要义、精神实质、丰富内涵、实践要求，深刻领会贯穿其中的坚定的信仰信念、深厚的人民立场、科学的辩证思维、敏锐的战略眼光、宽广的全球视野，真正做到把习近平新时代中国特色社会主义思想特别是习近平总书记全面依法治国新理念新思想新战略作为引领新时代地方法学会各项工作的行动指南，作为激励广大法学法律工作者积极建设社会主义法治国家的力量源泉。

二是坚定不移坚持党的领导。各级地方法学会要深刻认识党的领导是中国特色社会主义最本质的特征，是中国特色社会主义法治的根本保证和最大优势，要建立健全坚持和加强党对地方法学会工作全面领导的组织体系、制度体系、工作机制，切实把党的领导贯穿地方法学会工作全过程，落实到地方法学会工作各环节，增强“四个意识”，坚定“四个自信”，做到“两个维护”。要充分发挥省市县三级法学会组织基本全覆盖的组织体系优势，切实肩负起引领广大法学法律工作者坚定不移听党话、矢志不渝跟党走的重大政治责任，切实肩负起“党和政府联系和团结广大法学法律工作者的桥梁和纽带”的重要政治使命，切实肩负起服务和支撑中国特色社会主义法治事业的重大政治任务，将广大法学法律工作者最广泛、最紧密地团结在以习近平同志为核心的党中央周围，组织引领广大法学法律工作者扎实推进中国特色社会主义法治体系建设，创新和发展中国特色社会主义法治理论，做全面依法治国的坚定信仰者、忠实实践者、有力推动者。

三是切实加强地方法学会党的建设。要深入开展“不忘初心，牢记使命”主题教育，切实抓好突出问题的专项整治，做到不松劲、不懈怠，持续抓好整改落实。主题教育结束后，要认真总结推广开展主题教育的成效和经验，巩固主题教育成果，推动地方法学会党建工作制度化、规范化。各级地方法学会党组要严格落实党建主体责任，强化抓党建是本职、不抓党建是失职、抓不好党建是渎职的理念，将党建工作摆在首要位置来抓，认真研究部署、大力推进落实，坚持党组班子带头、以上率下、以机关带系统，形成党建工作强大合力。要强化基层党组织建设，树立大抓基层的鲜明导向，坚持应建尽建，下力气抓好所属研究会的党组织建设，在理顺隶属关系的基础上，积极优化党组织设置，健全基层党组织，推进各级法学会所属研究会党的组织和党的工作全覆盖。要以提升组织力为重点，围绕突出政治功能，突出法学会特点，积极探索发挥党组织政治核心作用的方式方法，切实发挥党组的政治核心和基层党组织战斗堡垒作用，全面激发地方法学会系统党组织的生机活力。

二、坚持服务党和国家工作大局，服务地方经济社会发展，积极投身全面依法治国伟大实践

地方各级法学会要充分发挥法学会基础广泛、联系面广、人才荟萃等独特优势，团结带领广大法学法律工作者积极投身全面依法治国伟大实践，坚持服务党和国家工作大局、服务地方经济社会发展、服务人民群众，在深化服务的广度、深度、效度上持续用力，切实提升服务质效。

一是服务维护法学领域意识形态安全。要严格落实意识形态工作责任，加强政治引领，坚持正确导向，敢于发声亮剑，有针对性地组织研究论证，加强宣传阐释、解疑释惑，坚决巩固和发展以马克思主义为指导、以社会主义核心价值观为主体的社会主义意识形态，坚决反对和抵制西方“宪政”、“三权鼎立”、“司法独立”等错误思潮和负面言论，牢牢掌握法学意识形态工作的领导权主导权。要发挥法学会专家资源相对集中的优势，总结 70 年光辉历程、伟大成就、宝贵经验，展望美好前景，坚持弘扬正能量、唱响主旋律，讲好 70 年奋斗发展故事，讲好新时代法治故事，为新中国成立 70 周年营造良好法治舆论环境。要强化互联网法治意识形态新阵地建设，树立互联网思维，注重对互联网和各种新媒体的运用，牢牢掌握网络意识形态工作主动权。

二是服务社会主义法治国家建设。要坚持围

绕中心、服务大局，完善服务重大发展战略、重大立法事项、重点改革举措的工作机制，推动各地深化法治引领和保障机制建设，更好发挥法治固根本、稳预期、利长远的作用。要组织广大法学法律工作者积极参与地方各级人大、政府立法，参与政府重大决策合法性审查、法治政府建设示范创建等工作，深入推进科学立法、民主立法、依法立法，推动法治政府建设，为推进改革发展稳定工作作出贡献。要推动各地完善落实平等保护各类市场主体产权和合法权益体制机制，健全产权司法保护机制，推动营造法治化、便利化、可预期的营商环境，助力经济社会持续健康发展。

三是服务中国特色社会主义法治理论发展和完善。要组织引领广大法学法律工作者加强法治及其相关领域基础性问题研究，促进法学理论、法律制度和法治文化创新，不断发展完善符合中国实际、具有中国特色、体现社会发展规律的社会主义法治理论。要深入开展法学交流，善于围绕国家对外工作大局、"一带一路"建设等国家重大战略设置议题，善于科学地、有辨别地借鉴国外法学研究中的有益经验，打造具有中国特色和国际视野的法学理论体系和法治话语体系。要立足实际需要，搭建平台、完善机制，紧紧围绕地方改革发展稳定面临的新情况新问题，推动法治实务部门和法学院校需求对接、制度对接，打通法治理论和法治实践对接的通道，为全面依法治国提供丰富的理论支撑和坚实的实践基础。

四是服务人民群众日益增长的法治需求。"法令者，民之命也，为治之本也"。随着我国社会主要矛盾的变化，人民群众的法治需求不断增长，我们要将提供优质法律服务作为地方法学会工作的着力点和努力方向，不断提升人民群众的获得感、幸福感、安全感。要坚持需求导向，准确把握基层一线法律服务需求，多研究符合社会发展规律、立足当地经济发展需要、具有指导性和前瞻性的新思路新政策，多推出地方欢迎、群众期待、务实管用的新办法新举措，在提高法律服务精准性上下功夫。坚持问题导向，将广大人民群众反映强烈的法治领域突出问题，企业关心的改善营商环境、减轻企业负担等迫切需要，作为深入开展工作的聚焦点和发力点，有针对性地开展"靶向治疗"，推动法学研究成果高效转化，不断满足人们群众对于公平、正义、安全、环保、就学、养老等领域的新要求新期待。比如，关于财产继承遗嘱公证的问题，关于小区内新建停车场和街道停车的问题，关于民事案件公正审判的问题等，都反映了人民群众的新要求新期待，迫切需要我们加强法治经济和法治社会研究，为建设现代化经济体系和经济强国，为推进社会治理现代化、建设平安中国，提供学理支撑和智力服务。

五是服务法治人才培养。要积极参与高层次法学人才培养，通过组织开展课题研究、学术研讨、评奖评选、人才举荐等方式，建设一支一流法学家队伍，着力发现、培养、集聚一批德才兼备、熟悉国内情况、具有国际视野的法学研究领军人才。要积极参与青年法学法律人才培养，积极引导支持青年法学法律工作者参与研究会工作、课题研究、论坛征文、法治宣传教育等，培养一批信念坚、政治强、业务精、作风正的青年法学法律骨干人才。

六是服务涉港、涉外法律斗争。近期在香港发生的一连串非法活动特别是极端暴力行为，严重违反宪法、香港特别行政区基本法、国旗法、国徽法和香港特别行政区有关法律条例，公然挑战"一国两制"原则底线，粗暴践踏香港法治和社会秩序，严重威胁香港市民生命财产安全。维护香港的社会秩序和繁荣稳定，必须要恢复法治、依靠法治。在当前形势下，法学会要有紧迫感，高度重视涉港法律斗争，组织法学专家深入研究香港特别行政区基本法和相关法律规定，深入研究香港有关法律制度，努力为止暴制乱、恢复秩序，为夺取斗争胜利提供有价值、高质量的意见和建议。

涉外法律斗争是我们进行具有许多新的历史特点伟大斗争的一个重要组成部分，是一个新课题、新任务、新战场。这场斗争躲不了、绕不过，既是挑战也是机遇，既有紧迫性又具长期性。我们要加强谋划，妥为应对，增强斗争意识，勇于亮剑、敢于斗争，坚决打好涉外法律斗争这场硬仗。要兼顾现实与未来，抓紧准备，提前布局，加快涉外法律体系建设，更好运用法律武器，坚决捍卫我国主权、安全和发展利益，维护我国企业和公民的正当合法权益。

三、不断提升做好新时代地方法学会工作的能力和水平

加强自身能力建设是提高地方法学会履职能力和服务水平的重要举措。各级地方法学会要以深化改革为动力和抓手，以健全体制机制为重点，以打造高素质干部队伍为依托，紧盯法学会事业发展和工作中存在的薄弱环节、瓶颈问题，着力提高工作能力和水平，推动新时代地方法学会工作再上

一个新台阶。

一是坚持开拓创新，深化地方法学会改革。地方法学会要坚持与时俱进、改革创新，勇于探索实践、善于总结经验，着力增强“三性”，去除“四化”，把深化地方法学会改革作为重点任务抓紧、抓实、抓细、抓出成效。加大改革推进力度，尚未出台改革方案的省（区、市）要按照中国法学会指导要求，对照《中国法学会改革方案》，准确把握改革目标任务和原则，结合各省（区、市）法学会工作实际，抓紧研究出台本省（区、市）改革方案。狠抓改革方案落实，已出台改革方案的省（区、市），要加强组织领导，根据工作需要及时召开深化改革研讨会、改革推进会等，明确阶段性工作重点和主攻方向，对健全工作机制、创新活动平台、完善组织体系、加强队伍建设等工作进行研究谋划、统筹推进，确保如期完成改革任务。压实主管单位职责，积极争取地方党委、政府支持，取得专门授权，明确各地法学会对当地法学研究、法学教育、法学交流社团的主管单位责任，理清理顺管理职能，建立健全工作机制，切实履行对所属研究会管理、监督、服务和业务指导职责。

二是健全制度机制，提升工作效率和质量。要深入推进组织体系、工作机制、运行方式改革和创新，优化职能配置，构建系统完备、科学规范、运行高效的地方法学会职能体系。健全重心下移、力量下沉的法律服务工作机制，统筹整合法律服务资源力量，用好基层服务站点，进一步强化服务意识、挖掘服务资源、提升服务能力、优化服务质效，促进覆盖城乡、高效便捷、均等普惠的公共法律服务体系建设。健全法治宣传运行机制，统筹推进宣传理念创新、手段创新、内容创新，善于运用网络新媒体平台，运用大数据、多媒体等信息技术手段，运用群众喜闻乐见、生动活泼、易于接受的方式开展法治宣传；善于围绕主题、设置议题、引领话题，着力增强法治宣传的吸引力、感染力，提升法治宣传的针对性、时效性、精准性。健全会员管理服务长效机制，进一步做强会员队伍，坚持巩固和发展并重，坚持管理与服务并举，抓会员质量提高，抓会员作用发挥，抓会员服务提升，充分调动和激发广大会员的积极性、主动性、创造性，不断增强会员的荣誉感、归属感、获得感。

三是强化作风建设，打造高素质干部队伍。要以打造忠诚、干净、担当的法学会为目标，忠诚就是对党忠诚、对以习近平同志为核心的党中央忠诚，干净就是认识到法学会不是“清水衙门”，也要持之以恒加强党风廉政建设，严格遵守中央八项规定等各项规定，担当就是要有作为，真正把法学会的作用发挥好。要以加强作风建设为抓手，持续深化纠“四风”工作，巩固拓展整治“四风”成果，坚决克服形式主义、官僚主义，大力弘扬密切联系群众的优良作风，锻造一支作风过硬的高素质干部队伍。完善教育培训机制，深化教育培训改革创新，把理想信念教育作为首要任务，坚持不懈强化理论武装，毫不放松加强党性教育，完善素质能力培养体系，优化培训课程体系，切实提升地方法学会系统干部的能力和水平。秉持任人唯贤的鲜明用人导向，在坚持以德为先的基础上，把工作实绩作为选人用人的重要依据，坚持有为才有位，做到以事择人、人岗相适，大力选拔敢于负责、勇于担当、善于作为、实绩突出的干部，让想干事的有机会、能干事的有舞台、干成事的有激励。完善干部考核评价机制，突出干与不干不一样、干多干少不一样、干好干坏不一样，合理设置考核指标，改进考核方式方法，强化考核结果综合运用，做到考准考实、真考真用、奖勤奖优。要加大干部交流力度，创新干部交流机制，扩大和畅通干部交流渠道，推动干部交流常态化，切实增强干部培养质效，不断激发干部队伍活力。

同志们，今年是中华人民共和国成立 70 周年。新中国成立以来，改革开放 40 年来特别是党的十八大以来，我国社会主义法治建设取得历史性成就，中国特色社会主义法治体系日益完善，全社会法治观念明显增强，形成并创造性发展了中国特色社会主义法治理论，为建成社会主义法治强国打下了坚实基础。在这一波澜壮阔的历史进程中，中国法学会始终与时代发展同步伐，与党和国家事业共进步。到 2019 年第八次全国会员代表大会召开时，中国法学会已有 72 万个人会员、21000 多个团体会员，覆盖法学专业各个领域和法治工作各条战线各个部门；有 3096 个地方法学会，基本实现省市县三级法学会组织全覆盖，构建起相对完备的法学会组织体系。70 年风雨兼程，70 年砥砺奋进。回望过去，中国法学会走过了不平凡的发展历程，积累了十分宝贵的经验。展望未来，我们要始终在中国共产党的坚强领导下，团结带领广大法学法律工作者坚定不移走中国特色社会主义法治道路，在新的历史起点上推动新时代法学会各项工作不断取得新进展、实现新突破、开辟新境界。

同志们，身处新时代新方位新征程，就要展示新作风新作为新担当。让我们更加紧密地团结在以习近平同志为核心的党中央周围，坚持以习近平新时代中国特色社会主义思想为指导，增强“四个意识”，坚定“四个自信”，做到“两个维护”，不忘初心、牢记使命，扎实工作、奋发有为，为全面依法治国、建设法治中国，为决胜全面建成小康社会、夺取新时代中国特色社会主义伟大胜利作出新的更大贡献，以优异成绩庆祝中华人民共和国成立70周年！

在上海市法学会调研时的讲话

（2019年8月28日）

王 晨

同志们：

今天，借参加“地方法学会工作会议”的机会到上海市法学会进行调研，与大家一起座谈交流，主要是就学习贯彻习近平新时代中国特色社会主义思想、谋划和推进新时代地方法学会工作听取大家的意见和建议。刚才，实地了解了上海市法学会各项工作开展情况，听了大家的发言，感到很有收获，很受启发。上海市法学会紧紧围绕目标任务，充分发挥地方法学会的特点和优势，在加强政治引领、深化法学研究、创新服务方式、团结凝聚人才等方面，取得了很大成绩，应予充分肯定。

*一是工作思路清晰。*上海市法学会坚持用习近平新时代中国特色社会主义思想武装头脑、指导工作，坚决贯彻党中央决策部署，在上海市委领导下，主动适应新形势，勇于开展新探索，服务上海经济社会发展，服务开放型经济体系，各项工作实现新进展、取得新成效，为推进法治上海建设作出了积极贡献。

*二是工作内容丰富、亮点纷呈。*上海市法学会胸怀国家大局，立足上海实际，探索创造了不少好经验好做法。例如，围绕上海市委关于打造世界人工智能发展高地的战略，积极布局人工智能法治研究，主动承担世界人工智能大会法治论坛的任务，近日还将发布《世界人工智能法治蓝皮书（2019）》。人工智能是一个新领域，通过法治来引领、规范和保障其发展很有必要。刚才，几位来自高校的副会长还讲到在上海市法学会组织协调下，各自学校结合自身特色开展研究的情况。这种相互配合、形成合力的作法，有效推动了上海市法学研究事业的提升和拓展。

*三是紧密团结法学法律工作者，注重法治人才培养和队伍建设。*上海市法学会组建了上海青年法学法律人才库、资深专家库和法学法律专家库等，广泛团结和凝聚法学法律工作者。加大力度培养法治人才特别是涉外法治人才，已经开始准备建设涉外法律人才库，这一点很有先见之明。总体看，上海市法学会注重发挥法学会作为党和政府联系法学法律工作者的桥梁纽带作用，很好地发挥了智囊团、思想库、人才库的作用。

上海在党和国家工作全局中具有十分重要的地位，承担着重要使命。2018年11月，习近平总书记在上海考察时强调，要全面贯彻新发展理念，坚持以供给侧结构性改革为主线，加快建设现代化经济体系，打好三大攻坚战，加快提升城市能级和核心竞争力，更好为全国改革发展大局服务。习近平总书记还交给上海三项新的重大任务，即增设上海自由贸易试验区新片区、在上海证券交易所设立科创板并试点注册制、实施长江三角洲区域一体化发展国家战略。上海市法学会要坚决贯彻习近平总书记重要指示精神，紧紧围绕市委部署要求，积极投身法治实践，更好贡献法治力量，在新时代展现新气象、实现新作为、取得新发展。

*一是始终坚持正确政治方向。*要把深入学习贯彻习近平新时代中国特色社会主义思想特别是习近平总书记全面依法治国新理念新思想新战略作为首要政治任务，坚持不懈加强理论武装，毫不动摇坚持党的领导，增强“四个意识”，坚定“四个自信”，做到“两个维护”，切实履行政治责任，始终保持法学会工作和法学研究正确的政治方向。

*二是坚持改革创新，全面提升发展质量和水平。*要加大改革力度，加强组织领导，深入研究谋划，注重统筹推进，确保如期完成改革任务。要建立健全制度机制，推进党的组织和党的工作全覆盖。要完善组织体系和工作机制，切实加强对基层法学会和所属研究会的服务和指导，着力推进法学会正规化、制度化、规范化建设。

三是围绕上海经济社会发展需要,切实提升法治服务质效。要加强法治保障,为上海改革发展稳定营造良好法治环境。要繁荣法学研究,组织引领法学法律工作者推进法学理论、法律制度和法治文化创新,不断发展完善中国特色社会主义法治理论,完善中国特色社会主义法治体系。要服务人民群众日益增长的法治需求,维护公平正义,不断提升人民群众的幸福感、获得感、安全感。

四是积极参加涉外法律斗争。随着我国综合国力的增强,美西方国家近年来更加频繁地通过各种形式的法律手段对我进行打压、遏制。当前,涉外法律斗争日益呈现出领域广泛、形式多样、后果严重等特点,有时还十分激烈,对我们提出了新课题新任务新要求。我们要增强斗争意识,发扬斗争精神,加强顶层设计,把涉外法治工作放在更加重要的位置,加快推进我国涉外法律体系建设。上海是全国改革开放排头兵、创新发展先行者,处于涉外法律斗争的前沿。上海市法学会要积极作为,迎难而上,敢于亮剑,妥为应对,充分备好法律工具,大力培养涉外法律人才,在涉外法律斗争中发挥更大作用。

在新的历史起点上,希望上海市法学会坚持以习近平新时代中国特色社会主义思想为指导,善于创新、勇于探索,形成更多可复制可推广的经验和范例,以优异成绩庆祝新中国成立 70 周年。

在新中国法治建设成就与经验座谈会上的讲话

(2019 年 9 月 23 日)

王 晨

同志们:

今天,我们在这里举行“新中国法治建设成就与经验座谈会”,畅叙新中国法治建设的伟大成就,总结新中国法治建设的主要经验,以此来表达广大法学法律工作者对新中国 70 华诞的崇高敬意和坚定不移走中国特色社会主义法治道路的决心和信心。刚才,荣获“人民教育家”国家荣誉称号的高铭暄教授以及张晋藩教授、景汉朝、徐显明、许安标、姜伟、陈国庆、邱水平等同志作了很好的发言,令人很受启发。大家一致认为,新中国法治建设成就辉煌,发展经验弥足珍贵,光明前景催人奋进,一定要深入学习贯彻习近平新时代中国特色社会主义思想特别是习近平总书记全面依法治国新理念新思想新战略,在全面依法治国伟大实践中扎实工作、担当作为,奋力迈向全面建设社会主义现代化国家新征程。

借此机会,我讲三个问题,与同志们交流。

一、新中国法治建设的伟大成就

新中国 70 年,在人类历史长河中只是短暂一瞬,在中华民族发展史上也是弹指之间,却深刻地改变了中华民族和中国人民的命运。70 年来,我们党领导人民创造了世所罕见的经济发展奇迹和政治稳定奇迹,创造了人类发展史上的中国奇迹。在这一波澜壮阔的历史进程中,新中国法治建设取得了伟大成就。

(一)开创社会主义法治新纪元

新中国法治建设史上,最具有革命性意义的是社会主义新法制的创立。新中国成立之初,我们党在废除旧法统的同时,积极运用新民主主义革命时期根据地法制建设的成功经验,创立了社会主义新法制,开启了社会主义法治新纪元。1949 年 9 月,中国人民政治协商会议第一届全体会议通过了具有临时宪法性质和作用的《中国人民政治协商会议共同纲领》。1954 年 9 月,第一届全国人民代表大会第一次会议制定了《中华人民共和国宪法》及《全国人民代表大会组织法》《国务院组织法》《人民法院组织法》《人民检察院组织法》《地方各级人民代表大会和地方各级人民委员会组织法》等一批基本法律,以国家根本大法和基本法律的形式,确定了社会主义新中国的基本政治制度、经济制度、立法体制、司法制度以及社会主义法制的基本原则,构建了新中国治理体系的“四梁八柱”。其后,我们又制定了数百部法律、法令、法规,为社会主义革命和建设提供了必要的法律依据和保障。

(二)中国特色社会主义宪法事业健康发展

新中国法治建设成就中,最具有历史性意义的是1982年宪法即现行宪法的公布实施。宪法是国家的根本法，是治国安邦的总章程，是保证国家统一、民族团结、经济发展、社会进步、长治久安的法律基石，也是中国共产党执政兴国、团结带领全国各族人民建设中国特色社会主义的法制保证。1982年，在总结和反思新中国宪法制定、修改、实施的经验与教训的基础上，经过全面修改的《中华人民共和国宪法》公布实施，开启了中国特色社会主义法治建设新时期。现行宪法公布实施以来，进行过五次修改。前四次修改体现了党领导人民进行改革开放和社会主义现代化建设的成功经验，体现了中国特色社会主义道路、理论、制度、文化的发展成果，有力推动和保障了党和国家事业发展，有力推动和加强了我国社会主义法治建设。2018年进行的第五次修改是中国特色社会主义进入新时代的首次修宪，这次修宪以习近平新时代中国特色社会主义思想为指导，根据新时代坚持和发展中国特色社会主义的新形势新实践，在保持宪法连续性、稳定性、权威性的基础上，吸纳新经验、确认新成果、作出新规范、保持生命力，更好地体现了人民意志和党的主张，更好地体现了中国特色社会主义制度的优势，更好地适应了推进国家治理体系和治理能力现代化的要求。

（三）中国特色社会主义法律体系建成

新中国法治建设历程中，最具有标志性的成就是建成了以宪法为统领的中国特色社会主义法律体系。70年来，特别是改革开放以来，我们党高度重视立法工作，努力建成了中国特色社会主义法律体系，并不断提高立法质量，使之更加完善和有效。截至目前，对形成中国特色社会主义法律体系起支架作用的基本法律，以及改革、发展、稳定急需的重要法律，已经制定出来。通过这些法律法规，我国建立起了适应社会主义市场经济、民主政治、文化进步、社会发展、环境保护、人权保障、产权保护、对外开放所需要的法律制度。中国特色社会主义法律体系的建成，是我国法治进程中的重要里程碑，也是世界现代法制史上最具标志性事件，意义重大而深远，影响广泛而深刻。

（四）法治政府建设取得显著成效

新中国成立70年来，特别是党的十五大确定依法治国、建设社会主义法治国家基本方略以来，我们党采取了一系列措施切实推进依法行政、严格执法，建设法治政府。主要成就体现为：第一，建立了行政许可制度，建立了行政征收、征用制度，改革了行政处罚制度，使行政行为得到明确规范，行政权力受到法律制约；第二，推进行政执法体制改革，提高行政执法的效能；第三，实行行政执法责任制，确保法律法规的正确实施；第四，以《行政复议法》《行政诉讼法》《国家赔偿法》为基础，建立起了以行政复议、行政诉讼、行政赔偿为核心内容的行政救济法律制度，为行政相对人提供了多种法律救济渠道，切实保障了行政相对人的合法权益。

（五）公正高效权威的社会主义司法制度基本确立

面对人民群众日益增长的司法需求与司法机关的司法能力相对不足之间的矛盾，我们党及时推进并不断深化司法体制改革，在优化司法职权配置、规范司法权力运行、改革司法管理体制、加强人权司法保障等方面取得了显著成就，主要体现为：第一，以保证公正司法、实现社会公平正义为终极目标，加强对司法权的监督制约，一些影响司法公正的突出问题得到有效解决；第二，修改刑法和刑事诉讼法，完善刑事司法制度，在尊重和保障人权方面取得新进展；第三，修改民事诉讼法，完善民事诉讼制度，改革和完善民事审判与执行机制，当事人告状难、申诉难、执行难的问题得以缓解，司法效率进一步提高；第四，加快行政诉讼法的修改，完善行政审判工作机制，切实解决“民告官”诉讼难和胜诉难、官员不出庭等问题；第五，加大司法救助和法律援助力度，困难群体的诉讼权利得到更好保障；第六，建立统一法律职业资格考试制度，实行法官、检察官员额制和司法责任制，司法队伍综合素质显著提高。

（六）法治社会建设取得重大突破

我们党在提出建设法治国家之后，又提出要构建与法治国家融为一体的法治社会。在法治社会建设中，有一件受到全球关注的重大成就，即连续34年的全民普法和法治宣传教育活动。自1985年起，全国人大常委会先后通过了七个在全民中普及法律知识的决定，并已连续实施了六个“五年普法规划”，目前正在进行第七个“五年规划”。从普及法律常识、掌握法律知识、树立法律意识、增强法治观念、树立法治理念到弘扬法治精神，从要求公民尊法学法守法用法到要求领导干部学会运用法治思维和法治方式处理改革、发展、稳定的问题，我国的法治宣传教育取得了明显成效。在法治宣传教育过程中，法律所包含的权利义务、自由平等、民主法治、公平正义、诚实信用、公序良俗等思想观念逐渐深入人心，正确行使权利、忠实履行义务、平等协商谈判、和平理性解决矛盾纠纷等理念受到广泛认同。

（七）中国特色社会主义法治理论创立并发展

新中国法治建设最具基础性、战略性和科学性意义的成就，是创立了中国特色社会主义法治理论。在推进社会主义法治建设的历史进程中，我们党把马克思主义法治思想与中国法治建设的实践相结合，创立了符合中国实际、具有中国特色、体现社会发展规律的社会主义法治理论。

特别是党的十八大以来，以习近平同志为核心的党中央前所未有地高度重视法治，首次召开中央全会专题研究依法治国问题，把全面依法治国纳入"四个全面"战略布局，党对法治的重视程度、部署力度都是前所未有、开创性的，中国特色社会主义法治体系和社会主义法治国家建设取得重要进展，中国特色社会主义法治道路越走越宽广。在全面依法治国伟大实践中，以习近平同志为核心的党中央创造性地发展了中国特色社会主义法治理论，形成了具有鲜明时代特征、理论风格和实践特色的习近平全面依法治国新理念新思想新战略。习近平全面依法治国新理念新思想新战略，也就是习近平法治思想，集中体现了我们党在法治领域的理论创新，是中国特色社会主义法治理论的最新成果，是 21 世纪的马克思主义法治思想，为全面依法治国、建设法治中国提供了科学的理论指导和根本遵循。

二、新中国法治建设的主要经验

新中国成立 70 年来的法治建设不仅取得了历史性成就，为实现法治现代化、建成社会主义法治强国打下了坚实基础，而且积累了一系列宝贵经验，主要有：

（一）坚持党对全面依法治国的领导

党的领导是中国特色社会主义最本质的特征，是社会主义法治最根本的保证。全面依法治国，建设中国特色社会主义法治体系、建设社会主义法治国家，最根本的是坚持党的领导。纵观新中国法治建设的历程，最根本的一条经验就是始终坚持党在全面依法治国中总揽全局、协调各方的领导核心地位，把党的领导贯彻落实到全面依法治国的全过程和各方面。正是由于以习近平同志为核心的党中央统一领导、统一部署、统筹推进，始终坚持党领导立法、保证执法、支持司法、带头守法、依法执政，切实健全党领导依法治国的体制、机制和制度，强化党中央全面依法治国决策部署的贯彻落实，我们才能取得法治中国建设的跨越式发展和历史性成就。

（二）坚持党的领导、人民当家作主和依法治国有机统一

坚持党的领导、人民当家作主、依法治国三者有机统一，是我国社会主义民主法治建设经验的科学总结，是中国特色社会主义民主法治发展的基本规律和本质特征。党的十八大以来，习近平总书记在一系列重要讲话中，将"三统一"凝炼为我国社会主义民主法治建设的基本经验，强调指出"三统一"的根本是坚持党的领导，人民代表大会制度是坚持党的领导、人民当家作主、依法治国有机统一的根本制度安排。这些科学论述进一步丰富和发展了"三统一"的理论和实践，是对马克思主义国家与法的学说和中国特色社会主义法治理论的重大发展，是对中国共产党治国理政理论体系的独创性贡献，必须长期坚持，不断发展。

（三）坚持依法治国、依法执政、依法行政共同推进，法治国家、法治政府、法治社会一体建设

习近平总书记强调指出，"建设法治中国，必须坚持依法治国、依法执政、依法行政共同推进，坚持法治国家、法治政府、法治社会一体建设"。依法治国、依法执政、依法行政是一个有机整体，关键在于党要坚持依法执政、各级政府要坚持依法行政。法治国家、法治政府、法治社会三者各有侧重、相辅相成，法治国家是法治建设的目标，法治政府是建设法治国家的主体，法治社会是构筑法治国家的基础。在全面依法治国过程中，"三个共同推进、三个一体建设"，归结起来，就是建设"法治中国"。为此，党的十八届三中全会提出"推进法治中国建设"，十八届四中全会进一步号召全党全国人民"向着建设法治中国不断前进""为建设法治中国而奋斗"。

（四）坚持依法治国和以德治国相结合

法治与德治的关系问题，历来是治国理政的基本问题，是法学和政治学的基本论题。党的十五大以来，党中央总结古今中外治国理政的成功经验，明确提出了坚持依法治国和以德治国相结合的思想。党的十六大报告将依法治国和以德治国相结合确定为党领导人民建设中国特色社会主义必须坚持的基本经验之一。党的十八届四中全会《决定》和习近平总书记在十八届四中全会上的讲话进一步精准阐述了依法治国和以德治国相结合的科学内涵和重大意义，强调指出"国家和社会治理需要法律和道德共同发挥作用""必须一手抓法治、一手抓德治，既重视发挥法律的规范作用，又重视发挥道德的教化作用，实现法律和道德相辅相成、法治和德治相得益彰"。"法安天下，德润人心"，正是遵循了依法治国和以德治国相结合的思想路线和基本原则，我国的法治建设和道德建设才能呈现出相得益彰的良好局面。

（五）坚持改革与法治双轮驱动

改革与法治的关系，是当代中国最重要的辩证关系之一。党的十八届三中全会做出全面深化改革的决定，四中全会作出全面推进依法治国的决定，由此社会主义现代化呈现改革和法治“双轮驱动”的局面，同时也经常遇到改革与法治的矛盾问题。针对这种局面和矛盾，我们党从法治与改革乃“鸟之两翼、车之两轮”的内在必然联系出发，坚持在法治下推进改革，在改革中完善法治。一方面运用法治思维和法治方式深化改革，发挥法治对改革的引领和推动作用，确保重大改革于法有据，做到在法治的轨道上推进改革；另一方面，把法治改革纳入全面深化改革的总体部署，立法主动适应改革的要求，加强重点领域立法，修改和废止不适应改革要求的法律，完善中国特色社会主义法治体系，同步推进立法体制、执法体制和司法体制改革。我们党还把科学立法作为处理改革和法治关系的关键环节，坚持立法决策和改革决策相统一，实现立法与改革的有效衔接。

（六）坚持在法治轨道上推进国家治理现代化

国家治理体系和治理能力现代化是党的十八大以来最具统领意义的重大理论创新。党的十八届三中全会把“完善和发展中国特色社会主义制度，推进国家治理体系和治理能力现代化”作为全面深化改革的总目标，党的十八届四中全会把“坚持中国特色社会主义法治道路，建设中国特色社会主义法治体系，建设社会主义法治国家”作为全面推进依法治国的总目标，这就清晰表明建设中国特色社会主义法治体系总目标服务于、服从于推进国家治理体系和治理能力现代化总目标；法治体系是国家治理体系的重要组成部分；在法治轨道上推进国家治理体系和治理能力现代化是国家治理现代化的必由之路。

三、开启建设社会主义现代化法治强国新征程

党的十八大提出了2020年全面建成小康社会的宏伟目标，这一目标很快就要实现，建党一百年的任务必将如期完成。在此基础上，党的十九大指明了从2020年到2035年、从2035年到本世纪中叶的奋斗目标，开启全面建设社会主义现代化国家新征程，向第二个百年奋斗目标进军。法治建设的目标和方向必须与新时代中国特色社会主义发展的战略安排相协调同步走。广大法学法律工作者要继承和发扬新中国法治建设的优良传统，增强“四个意识”，坚定“四个自信”，做到“两个维护”，始终坚持正确政治方向，为建设社会主义现代化法治强国作出新贡献、谱写新篇章。

一是坚定不移走中国特色社会主义法治道路，建设社会主义法治国家。中国特色社会主义法治道路，是建设社会主义现代化法治强国的唯一正确道路。坚持中国特色社会主义法治道路，“核心要义”是坚持党的领导、坚持中国特色社会主义制度、贯彻中国特色社会主义法治理论。其中，党的领导是根本，中国特色社会主义制度是基础，中国特色社会主义法治理论是指导思想和学理支撑。这三个方面显示了中国特色社会主义法治道路的基本内涵和基本内容，确立了中国特色社会主义法治道路的根本性质和根本要求，描绘了中国特色社会主义法治道路的鲜明特征和标识，必须深入把握、全面贯彻、不断发展。

党的十九大把建设社会主义法治国家纳入全面建设社会主义现代化强国的总目标、总任务之中，为建设社会主义法治国家、促进社会主义政治文明提出了新的目标定位和基本遵循。建设社会主义法治国家，基本任务包括科学立法、严格执法、公正司法、全民守法、人才强法，要以科学立法保证良法善治，以严格执法维护法律权威，以公正司法确保公平正义，以全民守法提振社会文明，以人才强法支撑法治中国建设。

二是加快建设中国特色社会主义法治体系，深化全面依法治国伟大实践。“建设中国特色社会主义法治体系”是全面依法治国的总目标和总抓手，是建成社会主义法治国家的必由之路。全面依法治国，涉及立法、执法、司法、守法、法治监督、法治保障、法学教育，涉及依法治国、依法执政、依法行政、依法治军、依法治理社会，建设法治国家、法治政府、法治社会、法治经济、法治文化等，在实际工作中必须有一个总揽全局、牵引各方的总抓手，在思想理论上也需要有一个内涵更丰富更深刻的总概念。这个总抓手、总概念，就是建设中国特色社会主义法治体系。

我们要按照中国特色社会主义法治体系的科学内涵，加快形成完备的法律规范体系、高效的法治实施体系、严密的法治监督体系、有力的法治保障体系，形成完善的党内法规体系。要全面贯彻实施宪法，推进宪法宣传教育，加强宪法实施和监督，推进合宪性审查工作，健全宪法解释机制，维护宪法权威。要坚持立法先行、立改废释并举，抓住提

高立法质量这个关键,推进科学立法、民主立法、依法立法,以良法促进发展、维护稳定,保障善治、引领风尚。要认真落实建设法治政府的规划,健全依法决策机制,深化行政执法体制改革,完善党政主要负责人履行推进法治建设第一责任人职责的约束机制,加快建成人民满意的服务型政府。要牢牢抓住司法责任制这个牛鼻子,深入研究司法体制综合配套改革方案,加快构建权责一致的司法权运行新机制。要不断总结法治社会建设的新经验,推进党和政府依法治理、社会组织依法自治、全体人民自觉守法,加快形成共建共治共享、自治法治德治融合的现代社会治理新格局。要加强法治工作队伍建设和法治人才培养,创新人才培养机制,深入实施卓越法治人才培养计划,培养一大批德才兼备的法治人才,重点打造一支政治立场坚定、通晓国际规则、善于处理涉外法律事务和开展涉外法律斗争的高素质人才队伍。

三是深化法学研究和理论创新,发展中国特色社会主义法治理论。全面依法治国,法治理论是重要引领。没有正确的法治理论引领,就不可能有正确的法治实践。中国特色社会主义法治理论是中国特色社会主义理论体系的重要组成部分,是我国社会主义法治建设实践的理论升华和学术表达。它深刻揭示了法治的本质、法治的普遍规律、现代法治的一般原理,全面阐述了社会主义法治的本质特征、内在要求、价值功能、基本原则、发展方向、遵循道路等重大问题,深刻回答了什么是社会主义法治,如何建设中国特色社会主义法治体系、建设社会主义法治国家,如何推进法治中国建设、实现法治强国愿景等一系列重大问题和前沿问题,是我们党处理法治问题的基本立场、观点和方法,是全面依法治国的行动指引。

与时俱进、创新发展,是中国特色社会主义法治理论的重要品格和鲜明特征。我们要认真学习研究习近平总书记全面依法治国新理念新思想新战略,坚持从我国基本国情出发,同改革开放不断深化相适应,围绕社会主义法治建设重大理论和实践问题推进法治理论创新。要汲取中华传统法律文化精华,借鉴国外法治有益经验,注重系统总结和科学归纳新中国成立 70 年、改革开放 40 年特别是党的十八大以来全面依法治国的新成果和新经验,努力提炼具有原创性、时代性、标志性的学术概念,着力提出能够体现中国立场、中国智慧、中国价值的理念、主张、方案。要坚持用马克思主义法学思想和中国特色社会主义法治理论为指导,加快构建中国特色法学学科体系、学术体系、话语体系。

同志们,七十载岁月峥嵘,九万里风鹏正举。让我们更加紧密地团结在以习近平同志为核心的党中央周围,以习近平新时代中国特色社会主义思想为指导,不忘初心、牢记使命,扎实工作、奋发有为,为全面依法治国、建设法治强国,为决胜全面建成小康社会、夺取新时代中国特色社会主义伟大胜利作出新的更大贡献!

在全面依法治国实践中担当尽责
沿着中国特色社会主义法治道路阔步前进

——在"学习贯彻习近平总书记全面依法治国新理念新思想新战略论坛"上的主旨演讲

(2019 年 10 月 11 日)

王　晨

同志们:

值此举国上下热烈庆祝新中国成立 70 周年之际,中国法学会举办"学习贯彻习近平总书记全面依法治国新理念新思想新战略论坛",具有十分重要的意义。

在庆祝中华人民共和国成立 70 周年大会上,习近平总书记发表重要讲话,回顾新中国成立 70 周年的光辉成就,展望中华民族伟大复兴的美好未来,发出新征程上接续奋斗的伟大号召,是中国人民和中华民族在新时代不断创造新的历史伟业的宣言书和动员令。习近平总书记的重要讲话铿锵有力、气势磅礴,我们广大法学法律工作者倍感振奋、倍受鼓舞,更加坚定了坚持中国共产党领导、坚持人民主体地位、坚持中国特色社会主义道路的信心和决心。中国法学会举办这次“学习贯彻习近平总书记全面依法治国新理念新思想新战略论坛”，就是要推动各级法学会和广大法学法律工作者认真学习研究、深入宣传贯彻习近平新时代中国特色社会主义思想特别是习近平总书记全面依法治国新理念新思想新战略，增强“四个意识”，坚定“四个自信”，做到“两个维护”，在全面依法治国实践中担当尽责，沿着中国特色社会主义法治道路阔步前进，不断创造无愧于时代的业绩。

围绕论坛主题，我讲一些观点和意见，与大家交流。

一、深刻把握习近平总书记全面依法治国新理念新思想新战略的重大意义

在中央全面依法治国委员会第一次会议上，习近平总书记提出了“全面依法治国新理念新思想新战略”的科学命题。深刻把握这一命题的科学地位和重大意义，是学习贯彻习近平总书记全面依法治国新理念新思想新战略的首要问题。

（一）习近平总书记全面依法治国新理念新思想新战略是马克思主义法治思想中国化的最新成果

马克思主义法治思想是马克思主义科学理论体系的有机组成部分，其产生是人类思想史、法学史上的伟大变革。20世纪以来，马克思主义在中国得到广泛传播与深入发展。中国共产党人在领导中国革命、建设、改革的长期实践中，坚持把马克思主义基本原理同中国具体实际相结合，极大地推动了马克思主义法治思想中国化的伟大进程，实现了马克思主义法治思想中国化的历史性飞跃。

在新民主主义革命、社会主义革命和建设的伟大实践中，以毛泽东同志为主要代表的中国共产党人运用马克思主义法学的基本原理来解决中国革命和建设中的法律问题，形成了毛泽东法律思想。毛泽东法律思想不仅揭开了中国法律思想史的崭新篇章，而且为新民主主义法制和社会主义法制建设奠定了理论基础。

在改革开放和社会主义现代化建设的伟大实践中，以邓小平同志、江泽民同志、胡锦涛同志为主要代表的中国共产党人解放思想、实事求是、与时俱进，在改革开放以来的不同时期，推动马克思主义与当代中国的具体实际有机结合，团结带领人民探索中国特色社会主义道路，形成了邓小平理论、“三个代表”重要思想、科学发展观，其中蕴含着丰富的法治思想，开辟了马克思主义法治思想中国化的新境界。

中国特色社会主义进入新时代以来，以习近平同志为主要代表的中国共产党人从坚持和发展中国特色社会主义出发，把全面依法治国、建设社会主义法治国家放在中国特色社会主义事业的“五位一体”总体布局和“四个全面”战略布局中来推进，创造了新的经验和理论，形成了习近平总书记全面依法治国新理念新思想新战略。习近平总书记全面依法治国新理念新思想新战略是中国特色社会主义法治理论最新重大成果，是当代中国马克思主义法治思想、21世纪马克思主义法治思想，充分展现了新时代中国马克思主义法治思想的巨大理论力量和逻辑魅力。

（二）习近平总书记全面依法治国新理念新思想新战略是习近平新时代中国特色社会主义思想的重要组成部分

党的十八大以来，以习近平同志为核心的党中央团结带领全党全国各族人民，全面审视国际国内新的形势，通过总结实践、展望未来，深刻回答了新时代坚持和发展什么样的中国特色社会主义、怎样坚持和发展中国特色社会主义这个重大时代课题，创立了习近平新时代中国特色社会主义思想。在这一博大精深的思想体系中，习近平总书记全面依法治国新理念新思想新战略根据新时代我国社会主要矛盾的变化和全面依法治国的实践需要，深刻阐明了中国特色社会主义法治的理论依据、本质特征、价值功能、内在要求、基本原则、发展方向、中国特色、世界意义等重大问题；系统阐述了什么是法治，什么是中国特色社会主义法治，如何全面推进依法治国、加快建设中国特色社会主义法治体系和社会主义法治国家，如何推进法治中国建设、在法治轨道上推进国家治理体系和治理能力现代化等一系列战略性、基础性、普遍性、前沿性的重大问题，成为习近平新时代中国特色社会主义思想体系中最重要的组成部分之一。

（三）习近平总书记全面依法治国新理念新思想新战略是全面依法治国的指导思想和根本遵循

没有正确的法治理论引领，就不可能有正确的法治实践。习近平总书记全面依法治国新理念新思想新战略是中国特色社会主义法治理论的集中体现，是我们党处理新时代法治问题的基本立场、观点和方法，是全面依法治国的指导思想和根本遵循。

全面依法治国是一项开创性的伟大事业,是国家治理领域广泛而深刻的革命。当前,立法、执法、司法、守法、公共法律服务、法治人才培养、法律外交、对外法律斗争等方面都存在一些薄弱环节,法治改革面临许多难啃的"硬骨头",迫切需要科学有效的理论指导。习近平总书记全面依法治国新理念新思想新战略蕴含了中国特色社会主义法治建设所需要的理论需求,诸如法治本质、法治规律、法治目标、法治道路、法治战略、法治改革、法治体系、法治核心价值、法治辩证关系、法治思维和法治方法、国际法治、全球治理、法治领导核心、法治主体力量等,为全面依法治国、加快建设社会主义法治国家指明了发展方向,也为新时代中国法学科学发展提供了深厚法理根基和研究范式。

二、深刻把握习近平总书记全面依法治国新理念新思想新战略的历史逻辑、实践逻辑和理论逻辑

习近平总书记全面依法治国新理念新思想新战略是习近平总书记基于马克思主义法学的基本原理,紧密结合现阶段中国国情和全面依法治国的丰富实践而创立的,具有鲜明的时代特征、实践导向和理论风格,是历史逻辑、实践逻辑和理论逻辑的有机统一。

(一)习近平总书记全面依法治国新理念新思想新战略是对马克思主义法治思想的继承和发展,是对古今中外法治思想精华的检视和汲取

习近平总书记全面依法治国新理念新思想新战略继承了马克思列宁主义、毛泽东思想的法学原理,坚持了邓小平理论、"三个代表"重要思想和科学发展观中的中国特色社会主义法治理论的精义,凝聚了改革开放以来我国法学界、理论界的优秀研究成果。在继承和凝聚的基础上,习近平总书记从当代中国国情出发,深刻论述了全面依法治国的战略意义,科学指明了全面依法治国的根本遵循,深入阐释了全面依法治国的基本方略和依法执政的基本方式,着力构架了全面依法治国的战略安排,辩证揭示了全面依法治国的动力机制,精心谋划了全球治理体系变革的战略策略,广泛推进了全面依法治国和法治改革各领域的理论创新,把全面依法治国纳入"四个全面"战略布局、提升为新时代坚持和发展中国特色社会主义的基本方略之一,开拓了马克思主义法治思想和中国特色社会主义法治理论新境界。

习近平总书记全面依法治国新理念新思想新战略是对中华传统法律文化精华的创造性转化和创新性发展。习近平总书记指出:"我国古代法制蕴含着十分丰富的智慧和资源,中华法系在世界几大法系中独树一帜。要注意研究我国古代法制传统和成败得失,挖掘和传承中华法律文化精华,汲取营养、择善而用。"在中国的历史传统和民族精神之中,有许多超越时空、普遍有益的思想精华,诸如"奉法强国""礼法互补""德法共治""以法为教""明德慎刑""法、情、理统合""定分止争""惩恶扬善""宽严相济"等。还有许多经典论述,诸如"法,国之权衡也,时之准绳也。权衡,所以定轻重;准绳,所以正曲直""当时而立法,因事而制礼。礼法以时而定,制令各顺其宜""法与时转则治,治与世宜则有功"等。对这些思想精华和经典论述,习近平总书记如数家珍,将它们源源不断地融汇到中国特色社会主义法治理论体系之中,为我们树立了对传统法律文化创造性转化和创新性发展的典范。

习近平总书记全面依法治国新理念新思想新战略还是对世界法治文明成果和法治思想精华的鉴别与汲取。如同中华法治文明一样,世界上其他国家和法系也有许多理念、制度和方法,值得我们认真研究和借鉴,诸如依法治理、权力制约、权利保障、宪法法律至上、法律面前人人平等、契约自由、正当程序、无罪推定、疑罪从无,以及有关法律、法治和法理的许多学说,反映了世界法治文明发展的一般规律。习近平总书记在立足实践、遵循国情、博览经典的基础上,对国外法治思想全面梳理、科学鉴别、合理吸收,使习近平总书记全面依法治国新理念新思想新战略成为法治领域科学理论和先进思想的集大成者,展现出中国特色社会主义法治理论鲜明的时代性、先进性、包容性和融通性。

(二)习近平总书记全面依法治国新理念新思想新战略的形成和发展有其丰富的实践基础

习近平总书记全面依法治国新理念新思想新战略是党和人民在共同法治实践中形成的思想精华,但其产生发展的过程与主要创立者习近平同志丰富的法治实践密切相关。从实践逻辑看,它生成于习近平同志从正定县、宁德地区、福州市、福建省、浙江省、上海市到中央的工作经历,贯穿于习近平同志领导依法治县、依法治市、依法治省、依法治国的全部历程。

1982 年至 1985 年,习近平同志担任正定县委副书记、书记。这期间,他就明确地把法制作为县

域治理的重器，强调指出“农村法制建设特别要对封建宗族势力，黑恶势力加以防范，露头就打”，高度重视包括法律在内的各种制度规范在经济建设、社会治理、农村工作、党建工作、人才工作中的作用。1985 年任厦门市委常委、副市长后，习近平同志明确提出用法制助力改革开放，保障经济特区建设，还提出“依法治税”“依法治湖”等主张。1986 年至 1990 年任宁德地委书记期间，他强调要用法律的、行政的、制度的、纪律的、教育的综合手段，治理经济环境、整顿经济秩序、整治社会治安、推进廉政建设、全面深化改革等。1990 年任福州市委书记后，他明确提出“依法治市”“依法治城”，推动城市管理从传统的运动式、突击型向正常化、规范化、法律化方向发展。他还深刻阐述了民主与法制的关系、社会主义民主法制与资本主义民主法制的区别，强调绝不能照抄照搬西方民主、代议制、三权分立的政治制度。1995 年至 2007 年，习近平同志在福建、浙江、上海三地开展了依法治省（市）的生动实践，法治思想也更加丰富和深化。1995 年任福建省委副书记、1999 年任福建省省长后，他明确提出“依法治省”并进行了积极探索，提出了“建设法治社会”“法治经济”“坚持法治与德治相结合”等理论命题。2002 年主政浙江之后，习近平同志进一步强调“全面推进依法治省各项工作”，建设“法治浙江”、“平安浙江”，2006 年 6 月主持浙江省委全会作出《中共浙江省委关于建设“法治浙江”的决定》，这个《决定》为党的十八届四中全会审议通过的《中共中央关于全面推进依法治国若干重大问题的决定》提供了重要的理论资源、制度资源和实践资源。2007 年习近平同志任上海市委书记后，提出“全面推进依法治市，提高城市法治化水平”。在这些丰富实践中，习近平同志不断深化关于县域治理、市域治理、省域治理的规律和法治建设规律的认识，凝练出一系列新概念新命题新观点，形成了系统的法治思想，为后来领导依法治国伟大事业构建了重要的思想基础和实践基础。

2007 年，在党的十七届一中全会上，习近平同志当选中共中央政治局常委，之后又担任国家副主席、中央军委副主席，领导依法治国、依法治军和法律外交各项重大事务。2012 年，在党的十八届一中全会上，习近平同志当选中共中央总书记、中央军委主席，其后在十二届全国人大一次会议上当选国家主席。作为全党核心、人民领袖和军队统帅，习近平同志以奉法强国的坚定意志和雄才大略，开启了新时代全面依法治国、建设社会主义法治国家的新征程，创立了习近平总书记全面依法治国新理念新思想新战略，创造性地发展了中国特色社会主义法治理论，这充分彰显出“实践是理论之母”的辩证逻辑。

（三）习近平总书记全面依法治国新理念新思想新战略是内容丰富、结构完整、逻辑严谨的理论体系

习近平总书记全面依法治国新理念新思想新战略是一个内容丰富、结构完整、逻辑严谨的理论体系，既包含法治的一般理论，也涵盖了全面依法治国各个领域、各个层面、各个环节的核心观点，具有科学的理论形态、鲜明的理论风格和辩证的理论思维。

在习近平总书记全面依法治国新理念新思想新战略中，新理念、新思想、新战略三者之间有着严谨的逻辑关系。这种逻辑关系不是形式逻辑的演绎，也不是一个抽象的、纯粹理性的认识结构，而是在新时代中国特色社会主义法治实践中生成的现实关系。在法治实践的基础上，新理念、新思想、新战略互相贯通，新理念融入新思想，新理念新思想引领新战略。新理念表达了全面依法治国的坚定信念，新思想阐明了全面依法治国的基本原理，新战略描绘了全面依法治国的目标任务。习近平总书记全面依法治国新理念新思想新战略内涵的逐步展开，也是法理逻辑的层层绽放，是新时代中国法理在法治领域的有序生成。

三、深刻把握习近平总书记全面依法治国新理念新思想新战略的科学内涵

习近平总书记全面依法治国新理念新思想新战略内涵丰富而深邃，习近平总书记将其凝练为“十个坚持”，即坚持加强党对依法治国的领导，坚持人民主体地位，坚持中国特色社会主义法治道路，坚持建设中国特色社会主义法治体系，坚持依法治国、依法执政、依法行政共同推进，法治国家、法治政府、法治社会一体建设，坚持依宪治国、依宪执政，坚持全面推进科学立法、严格执法、公正司法、全民守法，坚持处理好全面依法治国的辩证关系，坚持建设德才兼备的高素质法治工作队伍，坚持抓住领导干部这个“关键少数”。“十个坚持”深刻回答了全面依法治国的指导思想、发展道路、工作布局、重点任务等一系列带有方向性、根本性、全

局性的重大问题，把我们党对社会主义法治建设规律的认识提升到了新的高度。对于法学法律界来讲，一定要全面学习、深刻把握、贯彻落实“十个坚持”，尤其是要深刻把握和切实践行坚持加强党对依法治国的领导、坚持中国特色社会主义法治道路、坚持建设中国特色社会主义法治体系、坚持依法治国、依法执政、依法行政共同推进，法治国家、法治政府、法治社会一体建设，坚持依宪治国依宪执政等。

（一）坚持加强党对依法治国的领导

党的领导是中国特色社会主义法治之魂。“十个坚持”的首条就是“坚持加强党对依法治国的领导”，充分表明党的领导在全面依法治国中的统领性、全局性、决定性地位和作用。加强党对依法治国的领导，是由依法治国的性质所决定的，是中国特色社会主义本质所要求的，是实现党的领导、人民当家作主、依法治国有机统一的题中应有之意。

加强党对依法治国的领导，不仅仅只是一个政治判断或战略原则。要加强党对依法治国的战略谋划和顶层设计，加强党对法治建设的集中统一领导，坚持党领导立法、保证执法、支持司法、带头守法以及对法治改革的统筹推进。要推进党的领导制度化、法治化，创新党领导法治的体制、制度和工作机制。要进一步把依法治国基本方略同依法执政基本方式统一起来，把依法治国和依规治党统一起来，把党总揽全局、协调各方同支持和监督人大、政府、政协、监察机关、审判机关、检察机关依法依章程履行职能、开展工作统一起来，把党领导人民制定和实施宪法法律同党坚持在宪法法律范围内活动统一起来，提高党领导依法治国的能力和水平。

（二）坚持中国特色社会主义法治道路

“鞋子合不合脚，自己穿了才知道”。一个国家的法治建设究竟选择什么样的道路，归根结底是由本国不断探索、不断积累、不断创新的实践决定的。中国特色社会主义法治道路，是社会主义法治建设成就和经验的集中体现，是建设社会主义法治国家的唯一正确道路。

在坚持和拓展中国特色社会主义法治道路这个根本问题上，我们绝不能含糊，必须坚定不移、毫不动摇。要坚持党的领导、坚持中国特色社会主义制度、贯彻中国特色社会主义法治理论，坚持法治建设为了人民、依靠人民、造福人民、保护人民，坚持法律面前人人平等，坚持依法治国和以德治国相结合，坚持依法治国和依规治党有机统一，坚持把社会主义核心价值观全方位深层次融入法治建设，坚持从中国实际出发、从我国基本国情出发。这几个方面显示了中国特色社会主义法治道路的基本内涵和基本内容，确定了中国特色社会主义法治道路的根本性质和根本要求，规定和确保了中国特色社会主义法治体系的制度属性和前进方向。我们要沿着中国特色社会主义法治道路阔步前进，不断推进理论创新、制度创新、实践创新，使中国特色社会主义法治道路越走越宽广。

（三）坚持建设中国特色社会主义法治体系

中国特色社会主义法治体系是中国特色社会主义制度的法律表现形式，二者具有内在一致性，统一于“中国特色社会主义”这一共同的政治规定和伟大实践。从根本上说，中国特色社会主义法治体系是基于中国特色社会主义制度的要求而形成的法治体系，围绕中国特色社会主义事业总体布局，发挥巩固和完善中国特色社会主义制度的能力与功效，为中国特色社会主义制度行稳致远保驾护航。

建设中国特色社会主义法治体系是全面依法治国的总目标，也是全面依法治国的总抓手。建设中国特色社会主义法治体系，必须立足全局统筹谋划，着眼于中华民族伟大复兴、实现党和国家长治久安来长远考虑。要在中国共产党领导下，坚持中国特色社会主义制度，贯彻中国特色社会主义法治理论，形成完备的法律规范体系、高效的法治实施体系、严密的法治监督体系、有力的法治保障体系，推动中国特色社会主义制度更加成熟更加定型，为党和国家事业发展、为人民幸福安康、为社会和谐稳定、为国家长治久安提供一整套更完备、更稳定、更管用的制度体系，加快实现国家治理体系和治理能力现代化。

（四）坚持依法治国、依法执政、依法行政共同推进，法治国家、法治政府、法治社会一体建设

“共同推进、一体建设”是“法治中国”的内涵所在，体现了我们党对法治建设规律认识的深化，是中国特色社会主义法治理论的新发展。“共同推进”必须在“共同”上下功夫。依法治国针对的是国家和社会治理，依法执政针对的是党的建设和执政方式，依法行政针对的是严格执法和建设法治政府。虽然三者的着力点不同，但都属于“法治中国”建设。这就要求在“法治中国”目标引导下，做到三者共同推进、协调发展。“一体建设”必须在“一体”上做文章，就是要在理念上把法治国家、法治政府、法治社会当作一个整体来认识，不能割裂三者之间的关系。在建设内容上，三者必须相互协调、相互

配合、相互衔接、相互支撑。

坚持"共同推进、一体建设",一要科学立法、民主立法、依法立法,从法治供给侧上为"共同推进"和"一体建设"提供宪法法律制度遵循。二要突出法治政府建设这个重点。法治政府建设是全面依法治国的重点任务和主体工程,对法治国家、法治社会建设具有示范带动作用。三要抓住领导干部这个"关键少数"。领导干部要做尊法学法守法用法的模范,把对法治的尊崇、对法律的敬畏转化为法治思维和法治方式,做到在法治之下、而不是法治之外、更不是法治之上想问题、作决策、办事情。四要弘扬社会主义法治精神,建设社会主义法治文化,提升全社会法治意识。要在全社会树立法律权威,使人民认识到法律既是保障自身权利的有力武器,也是必须遵守的行为规范,培育办事依法、遇事找法、解决问题靠法的良好环境,自觉抵制违法行为,维护法治权威。

(五)坚持依宪治国、依宪执政

依法治国首先要坚持依宪治国,依法执政首先要坚持依宪执政。宪法与国家前途、人民命运息息相关。维护宪法权威,就是维护党和人民共同意志的权威。捍卫宪法尊严,就是捍卫党和人民共同意志的尊严。保证宪法实施,就是保证人民根本利益的实现。法治的权威能不能树立起来,首先要看宪法有没有权威。必须把宣传和树立宪法权威作为全面依法治国的重大事项抓紧抓好,切实在宪法实施和监督上下功夫。

全面贯彻实施宪法,最根本的是坚持党的领导;最关键的是坚持依宪治国、依宪执政;最重要的制度安排是坚持党的领导、人民当家作主、依法治国有机统一;最基础的工作是在全社会深入开展尊崇宪法、学习宪法、遵守宪法、维护宪法、运用宪法的宣传教育活动,弘扬宪法精神;最迫切的是加强宪法实施和监督,健全宪法解释机制,推进合宪性审查工作,保证国家法制的统一、尊严和权威。

四、深刻把握学习贯彻习近平总书记全面依法治国新理念新思想新战略、积极投身全面依法治国伟大实践的历史使命

新时代赋予新使命,新思想指引新征程。我们要认真学习研究、深入宣传贯彻习近平总书记全面依法治国新理念新思想新战略,做到学深悟透、融会贯通,使之内化为清醒的理论自觉、坚定的政治信念、科学的思维方法,外化为强劲的前进动力、切实的行为遵循、扎实的工作作风,科学有效地贯彻到全面依法治国的全过程和各方面。

(一)学习贯彻习近平总书记全面依法治国新理念新思想新战略,努力发展中国特色社会主义法治理论

随着中国特色社会主义进入新时代,中国特色社会主义法治理论迎来了新的发展机遇。广大法学法律工作者要以习近平总书记全面依法治国新理念新思想新战略为指导,注重从我国法治建设的丰富实践中提炼规律性认识和创新性理论,推动中国特色社会主义法治理论研究不断深化、拓展和创新,加快构建中国特色法学学科体系、学术体系、话语体系。要全面总结新中国成立70年来、改革开放40年来特别是党的十八大以来党领导人民建设法治中国的宝贵实践和经验,将之作为中国特色社会主义法治理论的源头活水。要深入挖掘和传承中华优秀传统法律文化精华,坚持古为今用、以古鉴今,辩证取舍、推陈出新。要以开放眼光学习和借鉴世界优秀法治文明成果,坚持以我为主、为我所用,认真鉴别、合理吸收。

在法学研究中,要深刻分析我国法学学科设置的经验和短板,积极推动法理学、法律史、宪法学、民法学、刑法学等传统学科转型升级;大力发展法治学、立法学、司法学、国家安全法学、党内法规学、社会治理法学、网络法学、数据法学、计算法学、人工智能法学、空间法学、气候法学等新兴学科;积极开拓法学与其他学科的交叉学科,围绕网络治理、金融治理、社会治理、算法规制、人工智能规制、无人驾驶规制、基因编辑规制等新的科技和经济社会问题,主动与管理学、经济学、统计学、社会学、政治学、网络工程学、数学等学科协同,不断完善中国特色社会主义法学体系。要围绕党和国家工作总目标开展扎实的理论研究,不断形成与共和国辉煌历史和光明未来相匹配、与我国经济社会发展和人民需要相适应的一流研究成果。

(二)学习贯彻习近平总书记全面依法治国新理念新思想新战略,为党和国家工作大局提供优质法治服务

法治是国家治理体系和治理能力的重要依托。我们要紧紧抓住建设中国特色社会主义法治体系这个"牛鼻子",围绕中国特色社会主义事业总体布局和战略布局,不断提升服务法治实践的能力与水平,为科学立法、严格执法、公正司法、全民守法提

供理论支持和智力服务，为加快推进国家治理体系和治理能力现代化提供有力法治保障。

各级法学会要充分发挥“智囊团”、“思想库”、“人才库”的作用，完善服务重大发展战略、重大立法事项、重点改革举措的工作机制，更好发挥法治固根本、稳预期、利长远的作用。要始终坚持以人民为中心，把满足人民群众在民主、法治、公平、正义、安全、环境等方面日益增长的美好生活需要作为工作重点，用法治保障人民权益、增进民生福祉。要积极参与法学教育改革和法治人才培养，主动适应深化改革、扩大开放、建设社会主义现代化强国的需要，培养德法兼修、德才兼备、全面发展的法治人才，为全面依法治国提供坚实人才保障。要积极参与涉外法律斗争，在涉港斗争、中美贸易摩擦等问题上，积极发出我国法学法律界的声音。

（三）学习贯彻习近平总书记全面依法治国新理念新思想新战略，旗帜鲜明反对错误观点、破除虚伪观点、澄清模糊认识

一个时期以来，一些人故意把党的领导和厉行法治对立起来，提出“党大还是法大”的伪命题，其要害是妄图从“法治”问题上打开缺口，达到搞乱人心、颠覆党的领导、破坏社会主义法治的目的。还有一些貌似正确、实则错误的观点和认识。例如，有些人认为，西方那一套“普世价值”经过了几百年，为什么不能认同？西方一些政治法治话语为什么不能借用？有些人提出，人权、自由、民主、法治属于中西方的共同价值，不应过分强调“中国特色”。还有些人认为，不应把依法治国与以德治国相提并论，等等。这些虚伪观点和模糊认识，实质上是用西方资本主义价值体系来剪裁我们的实践，用西方资本主义评价体系来衡量我国的发展。我们要看清这里面暗藏的玄机，识破其制造“政治陷阱”的本质，牢牢掌握意识形态工作主导权和话语权，保持坚定不移走中国特色社会主义法治道路的政治定力和思想定力。要严格落实意识形态工作责任制，敢抓敢管、敢于亮剑、善于发声，坚持在重大政治原则和大是大非问题上净化“噪音”、“杂音”，理直气壮唱响主旋律，壮大正能量。在新的征程上，中国法学会要把广大法学法律工作者紧密团结在以习近平同志为核心的党中央周围，高举团结的旗帜，坚定正确政治方向，把党领导的法治建设事业不断推向前进。

同志们，实践无止境，理论探索和学习永无止境。本次论坛集中研讨之后，各研究会和地方法学会要进一步加强学习研究、宣传贯彻习近平总书记全面依法治国新理念新思想新战略，深入开展交流研讨，提升工作能力，推动法治实践。让我们更加紧密地团结在以习近平同志为核心的党中央周围，不忘初心、牢记使命，以强烈的责任感和使命感，为不断发展中国特色社会主义法治理论，为全面推进依法治国、加快建设法治中国作出新的更大贡献！

携手推进“一带一路”法治合作

——在中国法治国际论坛（2019）开幕式上的主旨演讲

（2019 年 11 月 10 日　广州）

王　晨

尊敬的科伦德拉首席大法官、贾亚苏里亚首席大法官、格罗斯总检察长、萨波卢前首席大法官，

尊敬的李希书记，

女士们、先生们，同志们：

大家上午好！

金秋南粤，丹桂飘香。在这美好时节，来自 40 多个国家和地区的法学法律界朋友齐聚广州，共同出席中国法治国际论坛（2019），为推动共建“一带一路”献计献策，为“一带一路”法治合作描绘蓝图。我谨代表举办方中国法学会，对论坛的召开表示热烈的祝贺，对各位嘉宾的到来表示诚挚的欢迎！

习近平主席专门向中国法治国际论坛（2019）致贺信。习主席指出，推动共建“一带一路”，需要法治进行保障。中国愿同各国一道，营造良好法治环境，构建公正、合理、透明的国际经贸规则体系，推动共建“一带一路”高质量发展，更好造福各国人民。习近平主席的贺信，深刻阐释了法治对共建“一带一路”的基础和保障作用，提出了推动共建“一带一路”沿着高质量发展方向不断前进的目标，充分展现了中国愿同国际社会一道，营造良好法治

环境,更好造福各国人民的真诚愿望,对于加强国际法治合作、推动共建“一带一路”具有重要意义。

去年7月,中国法学会在北京成功举办“一带一路”法治合作国际论坛,与会各方就深化“一带一路”法治交流与合作达成高度共识。本届中国法治国际论坛以“深化中国法治国际合作,服务共建‘一带一路’”为主题,各位嘉宾都是“一带一路”法治合作的见证者、亲历者和建设者,希望大家在论坛上畅所欲言、加强交流,深入研讨、增进共识,共商如何促进相关法律制度的完善与发展,共谋“一带一路”法治合作新进展,开启“一带一路”法治合作新篇章。

女士们、先生们,朋友们!

一个时代有一个时代的主题,一代人有一代人的使命。今年是中华人民共和国成立70周年。70年砥砺奋进,中国从世界上最贫穷落后的国家之一发展成为世界第二大经济体,创造了世所罕见的经济快速发展奇迹和社会长期稳定奇迹,中国人民迎来了从站起来、富起来到强起来的伟大飞跃。习近平主席高度重视中国法治建设,亲自谋划和推进全面依法治国,推动法治中国建设迈出重大步伐,开启法治中国新时代。中国重视法治,厉行法治,维护法治,法治建设的力度前所未有,取得的成就也前所未有。前不久闭幕的中国共产党十九届四中全会审议通过了《中共中央关于坚持和完善中国特色社会主义制度、推进国家治理体系和治理能力现代化若干重大问题的决定》,这是完善和发展中国国家制度和治理体系的纲领性文献,具有重大的里程碑意义。在深入总结中国法治建设成就与经验的基础上,我们将坚定不移走中国特色社会主义法治道路,坚持和完善中国特色社会主义法治体系,建设社会主义法治国家。

当今世界面临百年未有之大变局,不稳定性不确定性更加突出。2013年,习近平主席提出共建“一带一路”重大倡议,坚持对话协商、共建共享、合作共赢、交流互鉴,打造国际合作新平台,增添共同发展新动力,受到越来越多国家的热烈响应。截至目前,已有137个国家和30个国际组织同中方签署共建“一带一路”合作文件,中国与“一带一路”沿线国家货物贸易总额超过6万亿美元。六年的成功实践充分说明,共建“一带一路”顺应全球治理体系变革的内在要求,推动各国加强政治互信、经济互融、人文互通,给沿线国家带来了实实在在的利益和发展机遇,也增强了世界的稳定性和确定性。

习近平主席在第二届“一带一路”国际合作高峰论坛上指出,“规则和信用是国际治理体系有效运转的基石,也是国际经贸关系发展的前提”,这深刻揭示了法治在全球治理体系和经贸合作中的基本保障作用。法治是共建“一带一路”不可或缺的重要基础和保障,法治合作是“一带一路”国际合作中不可或缺的重要内容。六年来,沿线国家法学法律界积极开展“一带一路”法学交流和相关法律实践,法治共识不断加深,法治合作不断加强,给予我们深刻启示。

——*加强法治合作是深化政治互信的重要基础*。“一带一路”建设涉及100多个国家和地区,其顺利推进离不开政治互信。“一带一路”沿线国家有着不同的政治传统和政治制度,加上地域、宗教、文化、民族、语言等方面存在差异,政治互信有一个逐步增强的过程,而和平、发展、公平、正义、民主、法治是各国人民共同的理念和追求。弘扬法治精神,恪守法治原则,加强法治合作,运用法治思维和法治方式化解分歧,有利于不断增进法治共识和法治互信,进而深化政治互信,为互利合作提供坚实基础。

——*加强法治合作是共建“一带一路”的基础工程*。“一带一路”是和平之路、繁荣之路、开放之路、绿色之路、创新之路、文明之路、廉洁之路,无论哪一方面都与法治相伴、以法律为基。建设和平之路需要在网络安全、打击跨国犯罪、打击贩毒、联合执法、争端解决等方面开展法治合作。建设繁荣之路需要一个能促进战略对接、规划对接、平台对接、项目对接的稳定、公平、可预期的法治化营商环境。建设开放之路需要维护基于规则的以世界贸易组织为核心的多边贸易体制和公正、合理、透明的国际经贸规则体系。建设绿色之路需要落实应对气候变化《巴黎协定》,制定落实生态环保合作支持政策。建设创新之路需要依法保护知识产权,构建高水平知识产权保护体系。建设文明之路需要充分发挥法治文明的基础性作用,大力推进文明交流互鉴。建设廉洁之路需要完善反腐败法治体系和机制建设,深化反腐败国际法治合作。只有不断完善合作国家之间的贸易规则、投资规则、交通和基础设施规则、争端解决机制,才能充分发挥法治固根本、稳预期、利长远的保障作用,促进“一带一路”走深走实。

——*共建“一带一路”是推动法治进步的重要机遇*。历史证明,一个国家法治的变革往往与国际化进程和经济社会变革相伴而行。以中国加入WTO为例,中国建立了与WTO规则相符合的对外经济贸易法律体系，建立健全了现代知识产权保护制度。为对接 WTO 规则，中国对有关法律、行政法规、部门规章和地方性法规、政府规章进行了全面修改和完善，推动法治建设实现新发展。随着共建“一带一路”倡议的不断推进，与之相关的法律法规修改和完善再次提速。习近平主席在第二届“一带一路”国际合作高峰论坛上指出，中国人历来讲求“一诺千金”。我们说过的话是算数的，中方高度重视履行同各国达成的多边和双边经贸协议，按照扩大开放的需要修改完善法律法规，不断完善市场化、法治化、便利化的营商环境。今年 3 月，中国全国人大通过了《中华人民共和国外商投资法》，充分彰显了中国进一步扩大对外开放、积极促进外商投资的信心和决心；国务院近日制定了《优化营商环境条例》；最高人民法院、最高人民检察院和国家发改委、商务部、司法部等陆续出台了服务“一带一路”的司法解释和部门规章。与此同时，涉外法律人才的培养力度也得到进一步加强。通过互学互鉴和经贸合作，“一带一路”建设正在给沿线国家和人民带来源源不断的“法治红利”。

——加强“一带一路”法治合作需要各方参与、久久为功。共建“一带一路”是一项宏大而长期的系统工程，深化“一带一路”法治合作不仅是“一带一路”参与方立法、执法、司法部门的责任，也是包括法学学者、律师、仲裁员、调解员、公证员、企业法务等广大法学法律界人士的使命，需要各方积极参与。要加强立法机构的合作，及时修订相关法律，营造更加公平合理便利的投资环境。要进一步提高司法和仲裁公信力，确保不同国家的企业在纠纷解决中得到公平对待。企业作为“一带一路”法治合作的重要需求者和法治建设的直接受益者，应当成为法治合作的重要主体。法学研究机构要进一步推动法治经验、法学理论交流，共同推进涉外法治人才培养和法治信息共享机制建设，为共建“一带一路”提供强有力的法学理论支撑和人才支持。

女士们、先生们，朋友们！

古丝绸之路是先辈们的伟大创造，丝路精神是先辈们留下的文明成果。共建“一带一路”，是促进人类社会可持续发展的睿智选择，是推动构建人类命运共同体的一条康庄大道，也是全球法学法律界人士一个广阔的事业舞台。习近平主席 11 月 5 日在第二届中国国际进口博览会开幕式上强调，中国将秉持共商共建共享原则，坚持开放、绿色、廉洁理念，努力实现高标准、惠民生、可持续目标，推动共建“一带一路”高质量发展。面对新形势新任务，希望各国法学法律界更好开展法治合作，为“一带一路”建设提供有力支撑、营造良好法治环境。为此，提出以下四点倡议：

第一，凝聚更加牢固的“一带一路”法治合作共识。古往今来，人类从闭塞走向开放、从隔绝走向融合是不可阻挡的时代潮流。我们应把握发展大势，加强了解、深化互信，以更大的开放拥抱发展机遇，以更好的合作谋求互利共赢，反对单边主义和保护主义，坚持“拉手”而不是“松手”，坚持“拆墙”而不是“筑墙”，维护自由贸易和多边主义，维护共同利益。加快建立法治共识机制，用法治方式消除因各国法律制度差异而产生的分歧。建议“一带一路”参与方进一步开展多层次、多渠道、全方位的法治合作，为“一带一路”建设筑牢法治之基。

第二，探索更高质量的“一带一路”法治合作内涵。共建“一带一路”，关键是互联互通。在推进各国基础设施“硬联通”的同时，应加强相互间政策、规则、标准和机制的“软联通”，通过立改废释等方式不断完善国家法律制度，打造畅通的“规则之路”，不断完善市场化、法治化、国际化的营商环境。我们应共同致力于建好和扩大相互联通的“一带一路”法治合作朋友圈，实现各国法治建设共同繁荣，实现高质量法治合作。

第三，确立更高定位的“一带一路”法治合作目标。共建“一带一路”不仅是沿线国家共同推动经济发展、文化交流、社会治理、生态文明建设的重要契机，是我们共同的机遇之路、繁荣之路，也是沿线国家参与全球治理的重大实践。以规则为基础加强全球治理是实现稳定发展的必要前提，各国有责任维护国际法治权威，依法行使权利，善意履行义务。当前，国际社会的变化与发展呼唤国际法治的与时俱进，建议“一带一路”参与方进一步加强与国际和地区组织在相关领域的合作。“一带一路”沿线国家法学法律界应积极参与构建和完善国际规则体系，推动各方在国际关系中坚决维护联合国宪章，遵循国际法和国际关系基本准则。

第四，打造更高标准的“一带一路”法治对话平台。高质量的法治合作，需要高质量的对话平台。在内容上，我们要以更加务实的态度，以互联互通为重点领域，建立和完善多边联合工作机制，研究推进“一带一路”法治合作的整体规划和行动方案，努力实现一个项目接着一个项目落地见效。在形式上，法治对话平台需要积极探索新的合作领域，创造新的模式，通过学习互访、研讨培训、智库合作等务实合作方式，不断增添新的活力。今后中国法学会还将举办中国法治国际论坛，聚焦"一带一路"合作过程中出现的法律问题，将论坛打造成为沿线国家开展法治对话的重要平台、增进法治共识和法治互信的重要桥梁、加强法治合作的重要纽带。

女士们、先生们，朋友们！

浩渺行无极，扬帆但信风。站在新的历史起点上，我们愿同各国法学法律界一道，坚定不移推动共建"一带一路"法治合作，深化交流互鉴，分享有益经验，将法治合作共识转化为更多务实合作成果。我相信，只要我们弘扬和平合作、开放包容、互学互鉴、互利共赢的丝路精神，携手前行、开拓创新，"一带一路"法治合作一定能够不断取得新的丰硕成果，为增进沿线各国人民的利益，为打造共商共建共享的全球治理格局，为构建人类命运共同体作出新的贡献！

最后，祝本届中国法治国际论坛取得圆满成功！谢谢。

坚持和完善人民代表大会制度这一根本政治制度

王　晨

党的十九届四中全会通过的《中共中央关于坚持和完善中国特色社会主义制度、推进国家治理体系和治理能力现代化若干重大问题的决定》，明确提出坚持和完善人民代表大会制度这一根本政治制度。人民代表大会制度是坚持党的领导、人民当家作主、依法治国有机统一的根本政治制度安排，是支撑中国国家治理体系和治理能力的根本政治制度。在新的历史条件下，坚持和完善人民代表大会制度，对于坚持和完善人民当家作主制度体系，发展社会主义民主，充分发挥中国特色社会主义制度和国家治理体系优越性，具有十分重要的意义。

一、在中国实行人民代表大会制度是中国人民在人类政治制度史上的伟大创造

中国实行人民代表大会制度，是中国近现代100多年历史波澜壮阔、激荡发展的必然结果。近代以来，由于西方列强的侵略和封建统治的腐败，中国逐渐变成半殖民地半封建国家。为了救亡图存、振兴中华，无数仁人志士一直苦苦探寻、上下求索，提出了种种政治主张，进行过各种尝试。对西方政治制度各种模式几乎都想过、也试过了，但都以失败而告终。历史表明，在中国，对腐朽没落的旧制度，改良修补之路走不通，照搬西方政治制度模式也行不通，必须彻底推翻剥削阶级统治广大人民的政治制度，实行人民当家作主的新型政治制度。

中国共产党从成立之日起就肩负着实现人民解放和人民当家作主的历史重任。以毛泽东同志为主要代表的中国共产党人，把马克思主义基本原理同中国具体实际相结合，顺应历史潮流和人民意愿，在带领人民进行反对帝国主义、封建主义、官僚资本主义的革命斗争中，深刻总结中国近现代政治发展的历史教训，深刻总结建立新型人民民主政权的实践经验，得出了一个十分重要的结论，这就是：新民主主义革命取得胜利后建立的国家政权，必须实行工人阶级领导的、以工农联盟为基础的人民民主专政的国体；同这一国家政权性质相适应的国家政权形式，只能采取实行民主集中制的人民代表大会制度。

1949年中华人民共和国的成立，开辟了中国历史上从未有过的人民当家作主新纪元。1954年9月召开的第一届全国人民代表大会第一次会议，标志着我国人民代表大会制度在全国范围内建立起来。这次会议通过了新中国第一部宪法，明确规定："中华人民共和国的一切权力属于人民。人民行使权力的机关是全国人民代表大会和地方各级人民代表大会。"这就以国家根本法的形式，确立了人民代表大会制度这一根本政治制度的宪制基础。1978年12月召开的党的十一届三中全会，实现了新中国成立以来我们党历史上具有深远意义的伟大转折，开启了我国改革开放和社会主义现代化建设历史新时期。人民代表大会制度在经历严重曲折之后重新焕发生机活力，进入了蓬勃发展的新阶段。党的十八大以来，以习近平同志为核心的党中央高度重视坚持和完善人民代表大会制度，全面加强对人大工作的领导，推动社会主义民主法治开创新局面、实现新发展，人民代表大会制度展现出更

加旺盛的生机活力。

人民代表大会制度作为中国特色社会主义制度的重要组成部分,体现着一系列紧密联系、相互贯通的重要政治思想和理论原则,包含着一整套构建科学、运转协调的重要政治制度和行为规范。按照我国宪法和人民代表大会制度的理论和实践,人民代表大会制度包括以下基本内容:一是我国是工人阶级领导的、以工农联盟为基础的人民民主专政的社会主义国家,国家的一切权力属于人民,人民行使国家权力的机关是全国人民代表大会和地方各级人民代表大会。二是全国人民代表大会和地方各级人民代表大会都由民主选举产生,对人民负责,受人民监督。三是国家行政机关、监察机关、审判机关、检察机关都由人民代表大会产生,对人大负责,受人大监督。四是中央和地方的国家机构职权的划分,遵循在中央的统一领导下、充分发挥地方的主动性积极性的原则。五是坚持各民族一律平等,实行民族区域自治,巩固和发展平等团结互助和谐的社会主义民族关系。六是实行全面依法治国,健全社会主义法治,建设社会主义法治国家。七是国家根本任务是沿着中国特色社会主义道路前进,建设富强民主文明和谐美丽的社会主义现代化强国,实现中华民族伟大复兴。八是坚持中国共产党领导,坚持以马克思列宁主义、毛泽东思想、邓小平理论、“三个代表”重要思想、科学发展观、习近平新时代中国特色社会主义思想为理论指导,保证党领导人民有效治理国家。

人民代表大会制度在国家政治制度中具有根本性质,在国家政权组织体系中具有根本地位。新中国成立70年来特别是改革开放40年来,在中国共产党领导下,人民代表大会制度不断得到巩固、完善和发展,展现出强大的生命力和巨大的优越性,发挥了极为重要的根本政治制度功效。集中表现在:一是充分保障人民当家作主,保证人民依法实行民主选举、民主协商、民主决策、民主管理、民主监督,享有广泛的权利和自由。二是全面动员全体人民以国家主人翁地位投身社会主义建设,把各方面智慧和力量凝聚起来,坚定不移朝着国家发展的宏伟目标前进。三是有效保证国家机关协调高效运转,实行民主集中制,保证国家统一有效组织各项事业、开展各项工作。四是切实维护国家统一、民族团结和社会和谐稳定,充分发挥中央和地方两个积极性,巩固和发展全国各族人民大团结。五是有力支撑国家治理体系和治理能力,推动国家法律法规和制度体系更加成熟、更加定型,推动中国特色社会主义制度不断完善发展。

实践充分证明,人民代表大会制度是符合中国国情和实际、体现社会主义国家性质、保证人民当家作主、保障实现中华民族伟大复兴的好制度。在新时代坚持和发展中国特色社会主义、实现中华民族伟大复兴中国梦的伟大征程中,必须充分发挥人民代表大会制度这一根本政治制度作用,继续通过人民代表大会制度牢牢把国家和民族前途命运掌握在人民手中。这是新时代赋予我们的崇高使命和光荣任务。

二、新形势下坚持和完善人民代表大会制度的总体要求和重要原则

新形势下坚持和完善人民代表大会制度的总体要求是,高举中国特色社会主义伟大旗帜,全面贯彻党的十九大和十九届二中、三中、四中全会精神,深入学习贯彻习近平新时代中国特色社会主义思想特别是习近平总书记关于坚持和完善人民代表大会制度的重要思想,坚持党的领导、人民当家作主、依法治国有机统一,依法行使宪法法律赋予人大及其常委会的各项职权,充分发挥人民代表大会制度在坚持和完善中国特色社会主义制度、推进国家治理体系和治理能力现代化中的根本政治制度作用,不忘初心,牢记使命,团结奋斗,开拓前进,把我们的人民共和国巩固好发展好,为全面建成小康社会、建设社会主义现代化强国、实现中华民族伟大复兴的中国梦提供坚实有力的根本政治制度支撑和保障。

贯彻上述总体要求,总结长期实践经验,新形势下坚持和完善人民代表大会制度,应当着重遵循和把握好以下重要原则。

(一)坚持中国共产党领导。中国共产党的领导地位,是我们党团结带领中国人民在长期革命、建设、改革实践中形成的,是历史的选择、人民的选择。没有中国共产党,就没有新中国,就没有中国特色社会主义。2018年3月,十三届全国人大一次会议通过《宪法修正案》,明确将“中国共产党领导是中国特色社会主义最本质的特征”载入我国宪法第一章总纲第一条。中国共产党的领导和执政,就是支持和保证人民实现当家作主,其主要实现途径和制度载体就是人民代表大会制度。坚持中国共产党领导,是实行人民代表大会制度的内在要求,是人民代表大会制度本质特征和政治优势的集中体现。必须坚定坚持中国共产党的全面领导,切实

贯彻党的基本理论、基本路线、基本方略，增强“四个意识”，坚定“四个自信”，做到“两个维护”，通过人民代表大会制度保证党的路线方针政策和决策部署在国家工作和国家治理中得到全面贯彻、充分体现和有效执行。

（二）坚持人民主体地位。人民当家作主是社会主义民主政治的本质特征。各级国家机关的权力，都来自于人民代表大会；追根溯源，都来自于人民。国家权力必须用来为人民谋利益、谋幸福。人民代表大会制度之所以具有生命力和优越性，关键在于它深深地植根于人民群众之中。人民的信赖、支持和拥护，始终是国家根本政治制度的深厚力量源泉和牢固政治基础。“政之所兴在顺民心，政之所废在逆民心”。人民代表大会是中国人民实现当家作主的根本途径和最高实现形式。新形势下坚持和完善人民代表大会制度，必须支持和保证人民通过人民代表大会行使国家权力，保证和发展人民当家作主，发展更加广泛、更加充分、更加健全的人民民主。只有坚持以人民为中心，坚持为了人民、依靠人民、造福人民、保护人民，我们的根本政治制度才能始终拥有深厚坚实的根基，我们的事业才能不断从胜利走向新的胜利，国家才能实现兴旺发达和长治久安。

（三）坚持全面依法治国。实行法治，是我们党总结治国理政正反两方面历史经验得出的重要结论。民主与法治是紧密联系在一起的。早在 1979 年，邓小平同志就明确指出：“民主要坚持下去，法制要坚持下去。这好像两只手，任何一只手削弱都不行。”人民代表大会制度作为保证人民当家作主的根本政治制度，必须有健全的法治作保障、作依托。1997 年，党的十五大明确提出依法治国。1999 年，九届全国人大二次会议通过《宪法修正案》，将“中华人民共和国实行依法治国，建设社会主义法治国家”载入国家根本法。党的十八大以来，以习近平同志为核心的党中央把全面依法治国作为“四个全面”战略布局的重要组成部分，提升到前所未有的高度。新形势下坚持和完善人民代表大会制度，必须坚持全面依法治国，通过人民代表大会制度推动建设中国特色社会主义法治体系，依照人大及其常委会制定的法律法规来展开和推进国家各项事业、各项工作和各项治理，尊重和保障人权，维护社会公平正义。

（四）坚持走自己的道路。一个国家实行什么样的政治制度，必须与这个国家的国情和性质相适应。习近平总书记指出：“设计和发展国家政治制度，必须注重历史和现实、理论和实践、形式和内容有机统一。”人民代表大会制度这一根本政治制度，之所以行得通、有生命力、有效率，之所以能够取得巨大成功，关键在于它植根于中华民族几千年的历史文化积淀，产生于中国共产党团结带领人民为争取民族独立、国家富强和人民幸福而进行的伟大社会实践。坚定中国特色社会主义制度自信，首先要坚定对中国特色社会主义政治制度的自信。坚持和完善人民代表大会制度，必须从中国国情和实际出发，坚定不移走中国特色社会主义政治发展道路，不断探索和总结新的实践经验，不断开辟和拓展新的前进道路。我们要秉持兼容并蓄的态度，借鉴人类政治文明有益成果，但决不生搬硬套外国政治制度模式，决不搞囫囵吞枣、邯郸学步。

（五）坚持推动人民代表大会制度与时俱进、完善发展。人民代表大会制度同国家其他方面的制度一样，都经历了一个从探索到确立、从不完善到逐步完善、从不健全到逐步健全的发展过程，是一个坚持与完善、加强与改进、巩固与发展的历史结果，体现出面向未来、面向实践、与时俱进的政治品格。中国特色社会主义进入新时代，人大制度和人大工作不断面临新形势新情况，只有不断适应新要求、回答新课题、总结新经验、应对新挑战、解决新问题，才能始终保持人民代表大会制度的生机活力和政治优势，才能与时俱进赋予根本政治制度以新的内涵、意义和使命，实现自我完善和自我发展。新形势下，推动人大制度和人大工作与时俱进、完善发展，必须立足实践，坚持理论与实践相统一，坚持从国情和实际出发，以我们正在做的事情为中心，不断丰富人民代表大会制度的实践特色、时代特色，在坚持和完善中国特色社会主义制度、推进国家治理体系和治理能力现代化新的伟大征程中走向更加光明的未来。

三、新形势下坚持和完善人民代表大会制度的任务要求和重要举措

着眼于坚持和完善中国特色社会主义制度、推进国家治理体系和治理能力现代化，党的十九届四中全会《决定》提出了当前和今后一个时期坚持和完善人民代表大会制度的重点方向、主要任务、工作要求和重要举措。

（一）支持和保证人民通过人民代表大会行使国家权力。各级人大及其常委会、各级国家机关都要以保证和发展人民当家作主为己任，坚持以人民

为中心，切实增强代表人民行使管理国家权力的政治责任感，始终把实现好、维护好、发展好最广大人民根本利益作为人大一切工作的出发点和落脚点。各级国家机关及其工作人员，不论做何种工作，说到底都是为人民服务。这一基本定位，什么时候都不能含糊、不能淡化。要通过人民代表大会制度，从各层次各领域扩大公民有序政治参与，依法保障公民的知情权、参与权、表达权、监督权，依法保证全体社会成员平等参与、平等发展的权利；依靠人民的支持，倾听人民的意见和建议，接受人民的监督，认真改正工作中的缺点和错误；畅通社情民意反映和表达渠道，积极回应社会关切，做到民有所呼、我有所应；善于统筹兼顾不同利益诉求，广泛凝聚社会共识，最大限度地调动积极因素、化解消极因素。

（二）支持和保证人大及其常委会依法行使职权。一是依法行使立法权，完善以宪法为核心的中国特色社会主义法律体系，加强重要领域立法，加快我国法域外适用的法律体系建设，以良法保障善治；坚持科学立法、民主立法、依法立法，完善立法体制机制，立改废释并举，不断提高立法质量和效率。二是依法行使监督权，健全人大对"一府一委两院"监督制度；加强对法律实施的监督，保证行政权、监察权、审判权、检察权得到依法正确行使，保证公民、法人和其他组织合法权益得到切实保障，坚决排除对执法司法活动的干预；坚持有法必依、执法必严、违法必究，改进监督工作方式方法，增强监督工作针对性和实效性。三是依法行使决定权，根据宪法和有关组织法，贯彻落实党中央关于健全人大讨论决定重大事项制度、各级政府重大决策出台前向本级人大报告的部署要求，讨论决定全国和本行政区域内经济建设、政治建设、文化建设、社会建设、生态文明建设各方面的重大事项，更好发挥国家权力机关职能作用。四是依法行使任免权，坚持党管干部原则与人大依法行使选举权任免权相统一，严格依照法定职权和法定程序选举和任免国家机关领导人员、组成人员和有关工作人员，保证党组织推荐的人选成为国家机关领导人员；国家工作人员就职时，应当依照法律规定公开进行宪法宣誓；加强对人大选举和任命人员的监督，增强选举和任命人员的责任意识和公仆意识。

（三）密切人大代表同人民群众的联系。各级人大都由民主选举产生、对人民负责、受人民监督，各级国家机关都由人大产生、对人大负责、受人大监督，人大代表必须加强同人民群众的联系。这是人民代表大会制度实行民主集中制的基本要求，也是人民对自己选举和委派代表的基本要求。各级人大代表要通过调研、视察、走访、代表之家、代表活动室、代表接待日、网络平台等方式和渠道，了解社情民意，反映群众诉求，宣传国家法律法规和方针政策。各级人大常委会要完善代表联系制度，健全代表联络机制；支持和保证代表依法履职，充分发挥代表作用；健全代表述职制度，完善代表履职监督工作。各级国家机关及其工作人员要把加强同人大代表和人民群众的联系作为对人民负责、受人民监督、为人民服务的重要内容，通过各种形式和渠道听取人大代表和人民群众的意见建议，提高代表议案建议办理质量。

（四）健全人大组织制度、选举制度和议事规则。党的十九大提出，完善国家机构组织法。经党中央批准的十三届全国人大常委会立法规划，已经将修改全国人大组织法、地方组织法、全国人大议事规则、全国人大常委会议事规则等修法项目列入立法规划。要根据党中央的部署要求，总结实践经验，适应宪法修改、深化党和国家机构改革、全面依法治国等新形势新任务新要求，完善有关人大组织体系、工作机制、议事规则方面的法律制度，完善论证、评估、评议、听证制度。健全适合国家权力机关特点、更好体现民主集中制原则、充满活力的组织制度和运行机制，使各级人大及其常委会成为全面担负起宪法法律赋予的各项职责的工作机关，成为同人民群众保持密切联系的代表机关。针对基层行政区划撤乡并镇改设街道、基层人大代表数量逐届减少的实际情况，研究修改选举法，适当增加基层人大代表数量，增强代表性和参与度。

（五）加强地方人大及其常委会建设。地方人大及其常委会，是我国地方国家权力机关，也是我国国家政权和国家治理的重要基础。加强地方人大及其常委会建设，对于坚持人民主体地位，充分发挥地方国家权力机关作用，健全基层国家政权体制，夯实推进国家治理体系和治理能力现代化的基础，具有重要意义。2019年7月，习近平总书记在地方人大设立常委会40周年之际对地方人大及其常委会工作作出重要指示，指出县级以上地方人大设立常委会，是发展和完善人民代表大会制度的一个重要举措；强调地方人大及其常委会要按照党中央关于人大工作的要求，围绕地方党委贯彻落实党中央大政方针的决策部署，结合地方实际，创造性地做好立法、监督等工作,更好助力经济社会发展和改革攻坚任务。我们要深入学习、全面贯彻习近平总书记重要指示精神,把加强地方人大及其常委会建设作为新形势下坚持和完善人民代表大会制度的重要任务抓紧抓实抓好,推动地方人大工作迈出新步伐、取得新成效。

在疫苗管理法、药品管理法(修订)宣传贯彻座谈会上的讲话

(2019年11月20日)

王 晨

同志们:

按照以习近平同志为核心的党中央决策部署,全国人大常委会今年6月通过了疫苗管理法,8月修订通过了药品管理法,这两部法律都将于今年12月1日开始实施。我们今天召开座谈会,就是要贯彻党中央部署要求,推动法律全面有效实施,进一步宣传普及好这两部法律,使法律更加深入人心。刚才,全国人大常委会法工委、国家卫生健康委、科技部、工信部、公安部、司法部、国家药监局、国家中医药局等八个单位的负责同志,专家学者,医疗单位和疾控中心一线同志,药品和疫苗研发、生产经营企业的负责同志分别从不同角度就宣传贯彻好这两部法律作了很好的发言,听后很受启发。

前不久,党的十九届四中全会通过了《中共中央关于坚持和完善中国特色社会主义制度、推进国家治理体系和治理能力现代化若干重大问题的决定》,进一步强调了法治在推进国家治理体系和治理能力现代化中的重要作用。决定指出,坚持和完善中国特色社会主义法治体系,加快形成完备的法律规范体系,高效的法律实施体系,严密的法治监督体系,有力的法治保障体系。我们要深入贯彻落实党的十九届四中全会精神,扎实推动两部法律贯彻实施,确保疫苗和药品安全,为维护人民群众身体健康提供有力法治支撑。

下面,我讲几点意见。

一、提高政治站位,充分认识实施好两部法律的重大意义

实施好新修订的药品管理法和新制定的疫苗管理法,是医药卫生领域的一件大事。我们要站在贯彻党中央决策部署和全面依法治国基本方略的高度,坚持以人民为中心,从解决人民群众最关心、最直接、最现实的利益问题出发,把实施好两部法律作为推进医药卫生领域治理体系和治理能力现代化、推进健康中国建设的重要抓手。

第一,实施好这两部法律,是贯彻党中央决策部署的实际行动。党的十八大以来,以习近平同志为核心的党中央坚持以人民为中心的发展思想,高度重视人民群众的身体健康。近年来,针对用药安全等突出问题,习近平总书记要求用最严谨的标准、最严格的监管、最严厉的处罚、最严肃的问责,加快建立科学完善的药品安全治理体系。全国人大常委会认真贯彻党中央决策部署,通过这两部法律的制定、修订与实施,改革完善我国药品和疫苗管理体制,促进我国医药卫生事业健康发展。

药品管理法是我国药品管理的基本法律,新修订的药品管理法进一步健全了覆盖药品研制、生产、经营、使用全过程的法律制度。疫苗管理法是疫苗管理的专门法律,将党中央关于疫苗监管的新举措以法律形式进行了固化。这两部法律的实施,对保证药品和疫苗安全、有效、可及,对重塑人民群众关于药品和疫苗安全的信心,对保护和促进公众健康,对推动产业创新和行业健康发展,都具有重要意义。疫苗关系人民群众健康、关系公共卫生安全和国家安全,是国家战略性、公益性产品。新中国成立以来特别是改革开放以来,我国疫苗产业取得了飞速发展,是世界上为数不多的能够依靠自身能力生产全部计划免疫疫苗的国家之一。以顾方舟为代表的一大批科学家为我国疫苗事业的发展作出了杰出贡献。但近年来,疫苗领域也出现了一些问题。去年吉林长春长生公司问题疫苗案件发生后,习近平总书记多次作出重要指示批示,要求加快完善疫苗药品监管长效机制,完善法律法规和制度规则。疫苗管理法将分散的疫苗管理规范整

合集成,对疫苗研制、生产、流通、预防接种及监督管理作出系统性规定,以立法促改革,以立法强监管,以立法保权益,是贯彻落实以人民为中心的发展思想、改革和完善我国疫苗管理体制的重要举措。

第二,实施好这两部法律,是在医药卫生领域推进国家治理体系和治理能力现代化的重要实践。党的十九届四中全会决定是完善和发展我国国家制度和治理体系的纲领性文件,明确提出了加强和完善国家治理的指导思想、基本原则、总体目标和战略部署,必将对促进党、国家、社会各项事务治理更加成熟更加定型、把我国制度优势更好转化为国家治理效能产生重大而深远的影响。我们要深刻领会推进国家治理体系和治理能力现代化的重大意义和深刻内涵,坚持党对卫生健康工作的坚强领导,确保党中央决策部署落地见效。药品监管体系和监管能力现代化是国家治理体系和治理能力现代化的有机组成部分,药品管理法和疫苗管理法就是这个领域的重要法律制度保障。当前,药品监管相关管理部门和单位要结合学习贯彻党的十九届四中全会精神,增强"四个意识",坚定"四个自信",做到"两个维护",以贯彻实施好两部法律为抓手,履职尽责抓好落实。要着力提升药品和疫苗治理体系和治理能力现代化水平,强化制度保障,依法建立健全系统完善、科学规范、运行有效的制度体系,提升依法治理水平,为推进国家治理体系和治理能力现代化做出贡献。

第三,实施好这两部法律,是建设健康中国的必然要求。党的十九大报告提出实施健康中国战略,强调人民健康是民族昌盛和国家富强的重要标志,要完善国民健康政策,为人民群众提供全方位全周期健康服务。健康中国涉及很多领域和方面,人的健康是最为核心的内容,而人的健康与药品和疫苗的安全有效又最为密切。药品和疫苗是防病、治病、救命的特殊商品,其质量、安全问题直接关系人民群众的身体健康和生命安全,也关系到经济社会的发展和稳定。保障药品和疫苗的质量与安全是建设健康中国、增进人民群众福祉的重要内容,是全面建成小康社会、实现民族振兴的必然要求。药品管理法和疫苗管理法,全方位筑牢药品和疫苗安全的法治根基,必将有力推动健康中国战略的深入实施。

二、加强学习理解,全面准确把握两部法律的精神实质和基本内容

新修订的药品管理法和新制定的疫苗管理法的共同特点是,在制度设计中充分体现了"四个最严"的要求,回应了人民群众期待,用最严格的管理制度来维护广大人民群众的身体健康,对于药品和疫苗监管长效机制的建立完善具有重要意义。在学习理解中,有几点需要重点把握。

第一,关于药品管理法。今年 8 月,十三届全国人大常委会第十二次会议审议通过药品管理法(修订草案),对该法作了较大幅度的修改完善。这次修订,强化了药品管理全过程的法治保障,体现了以法治推动医药领域改革、以法治激励产业创新发展、以法治加强药品监督管理、以法治保证药品质量、以法治保护公众健康的重要理念。特别是药品管理法明确规定,药品管理应当以人民健康为中心,在现有的 13 部卫生领域法律中这是首次提出。我们学习贯彻药品管理法,要突出以人民健康为中心这条主线,全面把握法律中关于坚持风险管理、全程管控、社会共治等这些重要原则。要充分认识药品管理法对现行药品监管制度的改革和创新,结合监管事权和辖区实际,对药品监管新制度、新方式、新内容深入学习、认真研究,提出完善药品监管工作的新方案,确保各项药品监管工作符合法律最新要求,满足公众用药安全新期待。

第二,关于疫苗管理法。疫苗是我国卫生工作方针中以预防为主的一个重要体现。作为国家战略性和公益性产品,疫苗的主要使用对象是儿童,与普通药品有着重要区别。疫苗质量安全,是一条不可挑战的底线。针对疫苗特点,疫苗管理法明确疫苗管理的目标、定位和原则,对疫苗的研制、生产、流通、预防接种全过程作了系统的制度规定,加大对疫苗行业、免疫规划事业的支持力度,坚持问题导向,严惩各种违法行为,全方位筑牢疫苗安全的法治根基。特别是对生产销售假劣疫苗等违法行为,设置了远比一般药品更高的处罚,明确处罚到人,给予违法者严厉的资格罚、财产罚和自由罚等。

第三,关于两部法律之间的关系。新修订的药品管理法和新制定的疫苗管理法将同步实施,它们之间既密切相关,又有区别。药品管理法是一般法,疫苗管理法是特别法。两部法的关系在疫苗管理法中已经作出了明确的规定,疫苗管理法有规定的,首先适用疫苗管理法,疫苗管理法没有规定的,适用药品管理法。药品管理法作为一般法,基本原则都是适用于疫苗的。疫苗作为特殊药品,疫苗管理法里又作出一些特别规定。总的来看,因为疫苗的接种对象是健康人群,而且主要是儿童,因此对

疫苗管理的要求更高、标准更严、处罚更重。

各级政府及相关部门，以及药品和疫苗相关单位，当前的重要任务是认真学习这两部法律的立法宗旨、精神实质、基本原则和重要内容，确保把法律学习好、理解透。特别是对于各级监管部门来说，要紧紧围绕学通法律精神、学懂法律条文进行深入学习，熟练掌握法律中的具体规定，使所有的条款都能得到正确理解、严格执行。要突出学习的针对性和实效性，重点在理清监管职责、明确监管任务等方面下功夫，切实提高药品和疫苗领域依法治理的能力和水平。对于疫苗研发、生产经营企业，要通过对法律的学习理解，增强主体责任意识，提高依法生产经营的自觉性和主动性，同时还要结合学习，查找各种安全隐患和漏洞，守住药品和疫苗安全的第一道防线。要牢固树立药品和疫苗的法治意识、安全防范意识，努力营造法律实施的良好社会氛围。

三、加大执法力度，确保两部法律各项规定得到全面落实

党的十九届四中全会决定指出，各级党和国家领导干部要带头遵法学法守法用法，提高运用法治思维和法治方式深化改革、推动发展、化解矛盾、维护稳定、应对风险的能力。各级政府和相关部门要密切联系实际，在深入学习和全面理解的基础上，严格落实好法律中的各项规定。

第一，牢固树立责任意识。各级政府及相关部门要牢固树立"药品安全责任重于泰山"的意识，全力做好这两部法律的贯彻实施工作，勇于担当、敢于作为，在依法健全监管制度、建设监管体系、履行监管职责、创新监管思路等方面积极采取措施。通过法律的贯彻实施，建立健全统一、权威、高效的药品和疫苗监管体制，落实最严格的安全监管制度，着力发现和解决当前药品和疫苗监管领域存在的突出问题，保障人民群众的身体健康和生命安全。

第二，强化全过程、全链条监管。当前，我国药品和疫苗的质量、监管仍然面临不少困难和问题。一些地区时有发生的药品供应保障问题、药品质量安全问题、制售假劣药问题、基层监管力量薄弱问题、药品相关企业和机构的主体责任淡化问题以及违法药品广告散布等问题，依然是影响人民群众用药安全的隐患。各级政府和相关部门要提升药品监管能力和水平，在药品和疫苗的研制、生产、流通、使用等方面，坚持全过程、全链条严格监管，为药品和疫苗安全筑起一道严密的防火墙。要依法加强风险监测预警，突出预防为主的原则，实行社会共治机制，扎实有效推进体制机制建设。要强化企业主体责任，督促相关企业严格遵守法律，确保药品和疫苗的安全、有效。

第三，依法坚决打击违法行为。党的十九届四中全会决定指出，要加强对法律实施的监督，加大对严重违法行为处罚力度，严格刑事责任追究。要增强风险防控意识，加强监督检查，依法严肃查处药品和疫苗领域的违法犯罪行为。对那些利欲熏心、目无法纪的不法企业，对涉及药品和疫苗领域危害公共安全的违法犯罪行为，要强化打击力度，切实依法予以严厉处罚，毫不手软，决不姑息，充分发挥法律的威慑力。

第四，进一步完善相关制度和规章。药品管理法和疫苗管理法都要求建立科学严格的监督管理制度，对药品监督管理部门配套规章、规范性文件和技术指南的制定和修订提出明确而紧迫的要求。例如，疫苗管理法要求有关方面制定配套规定，如预防接种异常反应补偿范围、标准、程序和国家免疫规划、预防接种工作规范、疫苗储存和运输管理规范、疫苗追溯标准和规范、疫苗责任强制保险制度的具体实施办法等。各级政府及相关部门要按照立法法要求，抓紧出台配套规章制度，将药品管理法和疫苗管理法中原则性、概括性的规定具体化，确保法律规定的各项制度落地生根、有效实施。

四、强化普法宣传，使两部法律各项规定深入人心

法律的生命力在于实施，法律的权威也在于实施。宣传普及法律，是实施法律的基础性工作。各级人大及其常委会肩负着宣传普及法律、监督法律贯彻实施的责任，要积极督促、推动本级政府及相关部门及时学习这两部法律的基本精神和具体规定，为法律有效实施创造条件。各级政府和相关部门要把宣传贯彻这两部法律列入当前重要工作日程，积极开展普法宣传工作，强化企业主体责任意识、群众维权意识和社会监督意识。

第一，注重向基层监管部门宣传普及。对于药品和疫苗监管部门来说，要采取多种形式，组织好本系统自上而下的学习、宣传和培训工作，让相关工作人员全面准确、深刻把握药品管理法和疫苗管

理法的立法宗旨、精神实质和重要内容。特别是让基层监管人员深刻理解法律的各项规定，进一步增强法治观念和法治素养，自觉将法律中的各项制度运用到工作实践中去，不断提高依法监管能力和水平。

第二，注重向相关企业宣传普及。药品和疫苗相关企业是质量安全保障的首要环节，也是贯彻好法律的关键。要围绕企业主体责任，突出针对性和实效性，加大宣传力度。政府及监管部门要指导企业学通、学懂法律条文，使相关企业人员懂法、守法，不敢逾越法律的红线，自觉依法生产经营。

第三，注重向全社会宣传普及。对药品和疫苗的管理实行"社会共治"，是两部法律的基本精神之一，而"社会共治"的前提就是让全社会了解法律。各级政府及相关部门要创新方式，拓展渠道，面向人民群众开展形式多样的学习宣传活动。各类媒体要精心组织这两部法律的宣传报道，开展灵活多样的普法活动，全面准确地进行宣传介绍，有针对性地解疑释惑，为营造良好法治环境发挥积极作用。

同志们，我们要坚持以习近平新时代中国特色社会主义思想为指导，深入学习贯彻党的十九届四中全会精神，坚持以人民为中心，把新修订的药品管理法和新制定的疫苗管理法学习好、宣传好、贯彻好，为全方位全周期保障人民群众健康、推动健康中国建设作出新贡献！

在第六个国家宪法日座谈会上的讲话

（2019 年 12 月 4 日）

王　晨

今天是第六个国家宪法日，经党中央批准，我们以"弘扬宪法精神，推进国家治理体系和治理能力现代化"为主题举行座谈会，目的是深入学习贯彻习近平新时代中国特色社会主义思想，深入学习贯彻党的十九届四中全会精神，弘扬宪法精神，增强制度自信，推动宪法全面实施，为推进国家治理体系和治理能力现代化作贡献。

今年是中华人民共和国成立 70 周年。我们隆重庆祝这一历史盛事，充分展示 70 年来的辉煌成就，有力彰显了国威军威，极大振奋了民族精神。在庆祝中华人民共和国成立 70 周年大会上，人大代表、政协委员、民主党派人士、政法干部和高校师生组成"民主法治"方阵，簇拥着巨幅宪法雕塑彩车，步伐昂扬走过天安门广场，此情此景给人留下深刻印象。在"庆祝中华人民共和国成立 70 周年大型成就展"中，展出了新中国第一部宪法的原本，成为展览的一个亮点。这充分说明，新中国取得的历史性成就，离不开宪法的根本法保障。站在新的历史起点上，党的十九届四中全会从党和国家事业发展的全局和长远出发，作出《中共中央关于坚持和完善中国特色社会主义制度、推进国家治理体系和治理能力现代化若干重大问题的决定》，全面回答了在我国国家制度和国家治理体系上应该坚持和巩固什么、完善和发展什么这个重大政治问题，是一篇马克思主义的纲领性文献和政治宣言书。习近平总书记在全会上发表重要讲话，深刻阐明了中国特色社会主义制度和国家治理体系的历史逻辑、理论逻辑、实践逻辑，强调坚定中国特色社会主义制度自信，长期保持并不断增强我们的制度优势。总书记的重要讲话，是习近平新时代中国特色社会主义思想的新发展，是全党全国学习贯彻党的十九届四中全会精神的科学指南，也为我们全面贯彻实施、深入学习宣传宪法提供了指引和遵循。

下面，我围绕这次座谈会的主题讲三点意见，同大家一道交流。

一、我国宪法是中国特色社会主义制度的最高法律表现形式

习近平总书记深刻指出，新中国成立 70 年来，中华民族之所以能迎来从站起来、富起来到强起来的伟大飞跃，取得经济快速发展和社会长期稳定两大奇迹，最根本的是因为党领导人民建立和完善了中国特色社会主义制度，形成和发展了党的领导和经济、政治、文化、社会、生态文明、军事、外事等各方面制度，不断加强和完善国家治理。我国宪法以国家根本法的形式，确认党领导人民进行革命、建设、改革的伟大斗争和根本成就，确立我国的国体、政体和根本制度、

基本制度和各方面重要制度，成为中国特色社会主义制度在国家法制上的最高体现。

*我国宪法凝结了中国特色社会主义制度的发展成就。*1940年，毛泽东同志深刻指出："在革命成功有了民主事实之后，颁布一个根本大法，去承认它，这就是宪法。"1949年9月，在新中国成立前夕，中国人民政治协商会议第一届全体会议通过了具有临时宪法作用的《共同纲领》，总结了人民民主革命的经验，确定新中国的国体、政体、国家结构形式及经济构成的总框架，实行人民当家作主。1954年9月，第一届全国人民代表大会第一次会议召开，通过了中华人民共和国宪法。这部宪法坚持人民民主和社会主义原则，体现我们党在过渡时期的总路线，构筑了社会主义的基本政治制度体系，为我们党带领人民进行社会主义改造、确立社会主义基本制度提供了坚实保障。1978年12月召开的党的十一届三中全会，开启了改革开放历史新时期，1982年12月4日，第五届全国人民代表大会第五次会议通过我国新宪法即现行宪法，全面贯彻和体现了党的十一届三中全会确定的路线方针政策，进一步巩固、完善和发展了国家的国体、政体、根本政治制度、基本政治制度、基本经济制度和各方面的重要制度。此后，根据时代进步和实践发展需要，在党中央领导下，全国人大分别于1988年、1993年、1999年、2004年和2018年，先后5次对现行宪法进行修改，体现了中国特色社会主义道路、理论、制度、文化的发展成果，有力推动了国家制度和国家治理体系与时俱进、完善发展。可以说，我国宪法的制定和发展历程，就是我们党领导人民建立和完善中国特色社会主义制度的缩影。

*我国宪法体现了中国特色社会主义制度和国家治理体系的历史逻辑、理论逻辑、实践逻辑。*宪法序言开篇就讲："中国是世界上历史最悠久的国家之一，中国各族人民共同创造了光辉灿烂的文化，具有光荣的革命传统。"这就简洁凝练地回顾了中国近代历史、新中国创立史和社会主义建设成就。宪法确立了我们国家的指导思想，就是马克思列宁主义、毛泽东思想、邓小平理论、"三个代表"重要思想、科学发展观、习近平新时代中国特色社会主义思想，这是党和人民团结奋斗的行动指南和共同思想基础，也是坚持和发展中国特色社会主义必须高举的思想旗帜。宪法规定了国家的根本任务、发展道路、奋斗目标，明确了国家和社会各项事业发展的任务，具有鲜明的实践特色和时代特色。中国特色社会主义制度和国家治理体系的历史底蕴、显著优势，都在宪法中得到体现；我国国家治理和各方面事业发展取得的巨大成就，都离不开宪法的保证和推动。习近平总书记深刻指出，我国现行宪法是在深刻总结我国社会主义革命、建设、改革成功经验基础上制定和不断完善的，是我们党领导人民长期奋斗历史逻辑、理论逻辑、实践逻辑的必然结果。

*我国宪法确立了中国特色社会主义制度和国家治理体系的四梁八柱。*宪法之所以是根本法，是因为它规定了国家的根本制度和根本任务。我国宪法总纲第一条明确规定，社会主义制度是中华人民共和国的根本制度。我们党领导人民接力奋斗、艰辛探索建设中国特色社会主义制度，构建起严密完整的制度体系，其中起四梁八柱作用的是根本制度、基本制度、重要制度。党的十九届四中全会作出的《决定》，第一次系统描绘了中国特色社会主义制度的图谱，从13个方面系统阐明了根本制度、基本制度、重要制度的内容和组成。从宪法的角度看，无论是党的领导制度、人民代表大会制度、马克思主义在意识形态领域指导地位的根本制度、党对人民军队的绝对领导制度这些根本制度，还是中国共产党领导的多党合作和政治协商制度、民族区域自治制度、基层群众自治制度等基本政治制度，公有制为主体、多种所有制经济共同发展，按劳分配为主体、多种分配方式并存，社会主义市场经济体制等社会主义基本经济制度，以及经济、政治、文化、社会、生态文明、军事、外事等方面的重要制度，其精神实质和主要原则都已经在宪法、特别是在宪法的序言和总纲中得到体现和确立；《决定》提出的有关制度定位、内涵的重大理论创新，现行宪法都能够提供明确的根本法依据。这些充分证明了我国现行宪法在构建国家制度上的先进性、科学性，体现了宪法的根本性、全局性、长期性、稳定性。

习近平总书记强调，中国特色社会主义制度和国家治理体系是以马克思主义为指导、植根中国大地、具有深厚中华文化根基、深得人民拥护的制度和治理体系，是党和人民长期奋斗、接力探索、历尽千辛万苦、付出巨大代价取得的根本成就，我们必须倍加珍惜，毫不动摇坚持、与时俱进发展。这要求我们站在新的时代起点，以新的视野来认识和把握宪法在坚持和完善中国特色社会主义制度、推进国家治理体系和治理能力现代化中的重要地位和重要作用，不断增强长期坚持、全面贯彻我国宪法制度的自觉性和坚定性，继续充分发挥宪法在治国理政中的重要作用。

二、全面实施宪法对于推进国家治理体系和治理能力现代化具有重大意义

党的十八大以来,以习近平同志为核心的党中央把全面贯彻实施宪法摆在治国理政的重要位置,作为全面依法治国的首要任务,强调坚持依法治国首先要坚持依宪治国,坚持依法执政首先要坚持依宪执政,就加强宪法实施作出一系列重大决策部署。2018 年,党的十九届二中全会通过中共中央关于修改宪法部分内容的建议,十三届全国人大一次会议对我国现行宪法进行实施以来的第五次修改,把党的十九大确定的重大理论观点和重大方针政策载入国家根本法,把党和人民在实践中取得的重大理论创新、实践创新、制度创新成果上升为宪法规定,对于推进国家治理体系和治理能力现代化、保证党长期执政和国家长治久安,具有十分重大的意义。党的十九届四中全会对新时代全面贯彻实施宪法提出了新的更高要求。我们要在党中央集中统一领导下,以宪法为根本活动准则,保证宪法实施,维护宪法尊严,确保党的十九届四中全会精神贯彻落实,把我国制度优势更好转化为国家治理效能。

*一要坚持和落实党的领导制度。*中国共产党领导是中国特色社会主义最本质的特征,是中国特色社会主义制度的最大优势,党是最高政治领导力量。新中国制宪立国的最大政治前提和政治共识,就是历史和人民选择的中国共产党的领导。1949 年,毛泽东同志在《论人民民主专政》中就指出:"总结我们的经验,集中到一点,就是工人阶级(经过共产党)领导的以工农联盟为基础的人民民主专政。"在中国人民政治协商会议第一届全体会议上,宋庆龄同志作为特邀代表致词。她说:"我们达到今天的历史地位,是由于中国共产党的领导。这是唯一拥有人民大众力量的政党。"制定我国现行的 1982 年宪法时,邓小平同志明确提出,必须把四项基本原则写进宪法。历史和实践证明,只有中国共产党才能坚持立党为公、执政为民,充分发扬民主,领导人民制定出体现人民共同意志的宪法,领导人民实施宪法。党的领导是我国宪法的灵魂和要旨,这是一以贯之、毫无疑义的。

2018 年修改宪法的重大成果之一,就是把"中国共产党领导是中国特色社会主义最本质的特征"写入宪法总纲第一条,从社会主义制度的本质属性角度对坚持和加强党的全面领导进行规定,是在序言已有规定基础上的加强、深化和拓展,成为党的领导制度在国家根本法中的集中体现。党的十九届四中全会进一步明确党的领导制度是我国的根本领导制度,在国家制度和国家治理体系中居于统领地位。我们要从宪法的角度深刻认识党的领导制度的根本性、统领性、权威性,毫不动摇坚持宪法确认的党的领导地位,更加自觉地坚持党的全面领导,增强"四个意识",坚定"四个自信",做到"两个维护",确保党的领导落实到国家治理各领域各方面各环节。

*二要坚持和完善人民代表大会制度这一根本政治制度。*习近平总书记指出,始终代表最广大人民根本利益,保证人民当家作主,体现人民共同意志,维护人民合法权益,是我国国家制度和国家治理体系的本质属性,也是我国国家制度和国家治理体系有效运行、充满活力的根本所在。我国宪法规定,国家一切权力属于人民,人民行使国家权力的机关是全国人民代表大会和地方各级人民代表大会。人民代表大会制度是我国宪法确立的、与国体相适应的政体,是坚持党的领导、人民当家作主、依法治国有机统一的根本政治制度安排,也是支撑中国国家治理体系和治理能力的根本政治制度。新中国成立 70 年来特别是改革开放 40 年来,在党的领导下,人民代表大会制度从建立、巩固到完善、发展,展现出强大的生命力和巨大的优越性,发挥了极为重要的根本政治制度功效。实践充分证明,人民代表大会制度是符合中国国情和实际、体现社会主义国家性质、保证人民当家作主、保障实现中华民族伟大复兴的好制度。

《决定》明确提出坚持和完善人民代表大会制度这一根本政治制度。我们坚持人民代表大会制度,就是要贯彻宪法确立的国家政权组织原则和制度,坚持人民主体地位,保证和发展人民当家作主,支持和保证人民通过人民代表大会行使国家权力,保证各级人大都由民主选举产生、对人民负责、受人民监督,保证各级国家机关都由人大产生、对人大负责、受人大监督。各级人大及其常委会要增强为人民用权、为人民履职、为人民服务的意识,认真履行宪法法律赋予的立法、监督、决定、任免职权,加强对"一府一委两院"工作的监督;尊重人大代表主体地位,增强为代表服务意识,密切人大代表同人民群众的联系,健全代表联络机制,更好发挥人大代表作用;健全人大组织制度、选举制度和议事

规则,完善论证、评估、评议、听证制度,完善适合国家权力机关特点、更好体现民主集中制原则、充满活力的组织制度和运行机制;加强地方人大及其常委会建设,推动地方人大工作更好助力经济社会发展和改革攻坚任务,增强人大工作整体实效,使人大及其常委会成为全面担负起宪法法律赋予的各项职责的工作机关,成为同人民群众保持密切联系的代表机关。

*三要完善以宪法为核心的中国特色社会主义法律体系。*法律是治国之重器,良法是善治之前提。立法在坚持和完善中国特色社会主义制度、推进国家治理体系和治理能力现代化中发挥着不可替代的重要作用。新中国成立70年来特别是改革开放以来,在党中央坚强领导下,以宪法为核心的中国特色社会主义法律体系如期形成并不断完善,社会主义法治国家建设取得历史性成就。截至今天,我国共有现行有效法律275件,涵盖经济建设、政治建设、文化建设、社会建设、生态文明建设各个方面,成为中国特色社会主义制度和国家治理体系的重要组成部分,为完善中国特色社会主义制度、提高国家治理体系和治理能力现代化水平提供了稳固的法治支撑和法治保障。

《决定》提出坚持和完善中国特色社会主义法治体系,强调加快形成完备的法律规范体系,要求完善立法体制机制,明确涉外领域、文化建设、国家安全、生态文明建设、反腐败等方面的重点立法任务。我们要坚持党对立法工作的领导,把党中央确定的重大立法项目摆在重要位置,贯彻落实党中央的重大立法决策,确保党的主张通过法定程序成为国家意志。要发挥人大及其常委会在立法工作中的主导作用,完善立法立项、起草、审议等各环节工作机制,不断提高立法质量和效率。要坚持科学立法、民主立法、依法立法,巩固和拓展基层立法联系点工作,发挥全过程民主优势,充分调动人民群众参与立法的积极性,使每一项立法都符合宪法精神、反映人民意愿、得到人民拥护。

*四要加强宪法实施和监督。*习近平总书记强调,宪法的生命在于实施,宪法的权威也在于实施。回顾我国宪法制度的发展历程,我们可以清楚地看到,宪法与国家前途、人民命运息息相关。维护宪法权威,就是维护党和人民共同意志的权威。捍卫宪法尊严,就是捍卫党和人民共同意志的尊严。保证宪法实施,就是保证人民根本利益的实现。这是我们党和国家从长期实践中得出的宝贵启示。全国各族人民、一切国家机关和武装力量、各政党和各社会团体、各企业事业组织,都负有维护宪法尊严、保证宪法实施的职责。一切违反宪法法律的行为都必须予以追究。

监督宪法的实施,解释宪法,是宪法赋予全国人大及其常委会的重要职责。《决定》提出健全保证宪法全面实施的体制机制,对加强宪法实施和监督提出明确的任务要求。按照党中央统一部署,全国人大常委会要行使好解释宪法的职权,落实宪法解释程序机制,积极回应涉及宪法有关问题的关切,努力实现宪法的稳定性和适应性的统一。要深入推进合宪性审查工作,全国人大及其常委会通过的法律和作出的决定决议,都要确保符合宪法规定、宪法精神;有关方面拟出台的法规规章、重要政策和重大举措,凡涉及宪法有关规定如何理解、如何适用的,都应当事先经过全国人大常委会合宪性审查。要继续加强备案审查制度和能力建设,所有的法规、规章、司法解释等各类规范性文件都要依法依规纳入备案审查范围,依法撤销和纠正违宪违法的规范性文件,做到有件必备、有备必审、有错必纠。

地方各级人大及其常委会要依法行使职权、履行职责,保证宪法法律在本行政区域内得到遵守和执行。制定和实施法律法规,是保证宪法实施的内在要求和重要途径。各级人大常委会要加强对法律法规实施情况的监督,坚持以法律为准绳、对照法律条款开展执法检查,坚持问题导向,推动落实法定责任,保证行政权、监察权、审判权、检察权得到依法正确行使,保证公民、法人和其他组织合法权益得到切实保障,确保党和国家各项事业在法治轨道上运行。

三、弘扬宪法精神是增强中国特色社会主义制度自信的内在要求

党的十九届四中全会明确提出,加强制度理论研究和宣传教育,引导全党全社会充分认识中国特色社会主义制度的本质特征和优越性,坚定制度自信。宪法自信是制度自信的必然要求和集中体现。自1986年起,我国连续开展了七个五年普法规划,始终坚持把学习宣传宪法摆在重要位置,在全社会普遍开展宪法教育,不断丰富和拓展宪法宣传教育的理念、经验、机制、方法、渠道。2014年,全国人大常委会以立法形式,将12月4日设立为国家宪法日。2018年,习近平总书记在第五个国家宪法日来临之际作出重要指示,强调弘扬宪法精神,树立宪

法权威,使全体人民都成为社会主义法治的忠实崇尚者、自觉遵守者、坚定捍卫者。

一年来,各有关方面和各地区认真贯彻落实习近平总书记关于宪法的重要讲话和重要指示精神,深入推进“七五”普法。开展第二个“宪法宣传周”,既有主场活动,也有宪法精神进企业、农村、机关、校园、社区、军营、网络等 7 个主题日活动;举办第三届“我与宪法”微视频征集活动,把镜头、笔端对准普通群众,用小切口反映大背景、小故事反映大时代;办好第四届全国学生“学宪法、讲宪法”系列活动,组织知识竞赛、演讲比赛、“宪法晨读”等,推动宪法教育实现全覆盖。杭州西湖畔的“五四宪法”历史资料陈列馆开馆 3 年来,接待观众超过 100 万人次,今年寒暑假就有来自全国 20 余个省市、300 多所学校、3 万多人次青少年观众参观学习。同时,我们应当看到,在新时代,人民群众已经不满足只是对宪法知识、条文的普及宣传,更加迫切地需要宪法精神、宪法文化的滋养,更加自觉地树立宪法信仰,坚定制度自信。我们要把握好、回应好人民对宪法宣传教育的新期盼新要求,在已有成绩的基础上更进一步,讲好厚重、深刻、生动的中国宪法故事。

*一要讲好历史中的宪法。*我国的宪法是在中国共产党领导人民取得新民主主义革命胜利之后制定的社会主义宪法,这在我国宪法发展史乃至世界宪法发展史上都具有开创性意义。毛泽东同志当年在主持起草 1954 年宪法时,不仅深入研究当时的苏联、罗马尼亚、波兰、德国、捷克等国宪法,还研究了我国辛亥革命之后提出的天坛宪草、曹锟宪法、1946 年《中华民国宪法》等文本,以及法国的 1946 年宪法。基于这样的历史视野、世界眼光,毛泽东同志说:“我们的宪法,就是比他们(注:指西方资产阶级)革命时期的宪法也进步得多。我们优越于他们。”我国宪法从一开始就确立人民民主的原则,反映我国各族人民共同意志和根本利益,承载了中国共产党人为中国人民谋幸福、为中华民族谋复兴的初心和使命。历史和实践证明,这是一部推动国家发展进步、保证人们创造幸福生活、保障中华民族实现伟大复兴的好宪法。1954 年宪法全票通过时,曾经与毛泽东同志进行过著名的“窑洞对”的民主人士黄炎培心潮澎湃,写下一篇题为《人民的宪法》的长诗,结尾这样写道:“谁都知道:写成这一部中华人民共和国宪法的笔和墨,是无数人民英雄的白骨和赤血。”我们学习宣传宪法,要结合中国共产党的历史、中华人民共和国的历史乃至人类政治文明发展史,讲清楚宪法蕴含的历史脉络和经验、承担的历史使命和任务,充分展现我国宪法的历史性地位和意义。

*二要讲好实践中的宪法。*党的十八大以来,在以习近平同志为核心的党中央坚强领导下,我国宪法实施取得一系列新的重大进展。确立和实施宪法宣誓制度,特别是 2018 年 3 月,在十三届全国人大一次会议上,习近平主席面对近 3000 名全国人大代表、面对 13 亿多全国人民,庄严进行宪法宣誓,这是我国实行宪法宣誓制度以来第一次在全国人民代表大会上举行宪法宣誓活动,充分体现了尊崇宪法、维护宪法、恪守宪法的高度政治自觉,充分体现了坚持依宪治国、依宪执政的坚定意志和决心,为各级国家工作人员作出了示范和表率。2015 年和 2019 年,为庆祝中国人民抗日战争暨世界反法西斯战争胜利 70 周年、新中国成立 70 周年,全国人大常委会先后两次通过关于特赦部分服刑罪犯的决定,习近平主席签署特赦令,成为实施我国宪法确定的特赦制度的重要实践。今年 9 月 17 日,全国人大常委会作出关于授予国家勋章和国家荣誉称号的决定,习近平主席签署主席令,首次授予为新中国建设和发展作出杰出贡献的功勋模范人物国家勋章和国家荣誉称号,这既是新中国成立 70 周年系列庆祝活动的重要内容,也是全面贯彻实施宪法的重要体现。还有全国人大常委会制定国家勋章和国家荣誉称号法、国歌法、英雄烈士保护法,等等,都是实施宪法取得的新成果。我们学习宣传宪法,就要把这些最新的、鲜活的宪法实践作为重要内容,广泛宣传宪法实施的新进展新成效,展示宪法的强大权威性和巨大生命力。

*三要讲好生活中的宪法。*我国宪法规定了人民享有广泛的权利和自由,规定了国家发展的一系列大政方针,不仅包括公民政治、经济、文化、社会等各方面权利,还明确国家在实现和发展人民就业、收入、教育、医疗、养老等各项权益中的职责。新中国成立 70 年来特别是改革开放以来,我国人民生活实现从温饱不足到迈向全面小康的历史性跨越,就业形势保持长期稳定,就业规模不断扩大,2018 年就业总量达到 7.8 亿人;居民收入实现跨越式增长,收入来源走向多元,城乡、地区间的收入差距明显缩小;教育普及程度大幅提高,总体水平跃居世界中上行列,高等教育毛入学率高于中高收入国家平均水平;织就了世界上最大的社会保障网,基本养老保险覆盖超过 9 亿人,医疗保险覆盖超过 13 亿人,基本实现全民医保。尤为难得的是,我国

取得了举世瞩目的减贫成就，农村贫困率从1978年的97.5%下降到2018年的1.7%，成为首个实现联合国减贫目标的发展中国家，对全球减贫贡献超过70%。这些都是人民群众实实在在感受到的发展成果，背后都离不开宪法的保障。我们学习宣传宪法，就要结合人民的获得感、幸福感、安全感，阐明宪法在保障人民权利和自由方面的制度安排，宣传宪法在维护、实现、发展最广大人民根本利益方面的巨大功效，更好推动宪法走入生活、深入人心。

实施宪法、宣传宪法，需要坚实的理论支撑。广大法学法律工作者特别是从事宪法研究的同志，要坚持以习近平新时代中国特色社会主义思想为指导，深入学习领会习近平总书记全面依法治国新理念新思想新战略，紧紧围绕贯彻落实党的十九届四中全会精神，牢牢把握宪法研究的正确方向，不断发展完善中国特色社会主义宪法理论、宪法话语，更好服务于国家制度和国家治理体系建设。

同志们，坚持和完善中国特色社会主义制度、推进国家治理体系和治理能力现代化既是一项长期战略任务，又是一个重大现实课题。我们即将迎来两大关键历史节点：2020年全面建成小康社会、2021年中国共产党成立100周年。让我们更加紧密地团结在以习近平同志为核心的党中央周围，增强“四个意识”，坚定“四个自信”，做到“两个维护”，坚持党的领导、人民当家作主、依法治国有机统一，以更大的决心和力度推动宪法实施，弘扬宪法精神，使我国的宪法在新时代发挥更加显著的制度优势，展现出更为旺盛的生机活力，为实现“两个一百年”奋斗目标、实现中华民族伟大复兴的中国梦提供有力保证！

贯彻实施外商投资法 推动新一轮高水平对外开放

王 晨

今年3月15日，十三届全国人大二次会议审议通过《中华人民共和国外商投资法》，自2020年1月1日起施行。外商投资法坚持以习近平新时代中国特色社会主义思想为指导，是对我国外商投资法律制度的重要完善和创新，是外商投资领域一部新的基础性法律。该法的制定和实施，彰显了我们党坚持对外开放基本国策、将改革开放进行到底的政治勇气和历史担当，必将对我国构建开放型经济新体制、推动新一轮高水平对外开放产生深远影响。

一、充分认识制定外商投资法的重要意义

制定外商投资法，是贯彻以习近平同志为核心的党中央关于扩大对外开放战略部署的重要立法成果。2018年12月，习近平总书记在庆祝改革开放40周年大会上发表重要讲话，发出了新时代改革开放再出发的宣言书和动员令。习近平总书记把坚持扩大开放、不断推动共建人类命运共同体作为改革开放的一项宝贵经验，要求我们倍加珍惜、长期坚持，在实践中不断丰富和发展。党的十八大以来，党中央对外商投资立法工作作出一系列重要部署。党的十八届三中全会提出，统一内外资法律法规，保持外资政策稳定、透明、可预期；党的十八届四中全会提出，完善涉外法律法规体系，促进构建开放型经济新体制。党的十九大要求实行高水平的贸易和投资自由化便利化政策，全面实行准入前国民待遇加负面清单管理制度，保护外商投资合法权益。外商投资法将促进和保护外商投资与改革外商投资管理制度的大政方针转化为法律，通过立法推动形成全面开放新格局，是外商投资领域法治建设的一项重大成果。

制定外商投资法，充分展现了我国扩大对外开放的决心和信心。40多年来，我国坚定不移实行对外开放，以开放促改革、促发展、促创新，经济社会发展取得巨大成就。我国开放型经济新体制逐步健全，积极参与全球化进程，实现了由封闭半封闭到全方位开放的历史转变，为推动人类共同发展作出了应有贡献。当前，世界经济正经历深刻调整，保护主义、单边主义抬头，逆全球化思潮涌动，我国对外开放的条件和环境发生了很大变化。在新的历史起点上，继续实行更加积极主动的开放政策，是我国立足自身发展的内生需要，是必须长期坚持的指导方针。外商投资法坚持对外开放基本国策，坚持市场化、法治化、便利化的改革方向，创新外商投资管理制度，有利于向国际社会宣示我国将继续扩大对外开放的坚定立场，将为我国营造良好的外商投资环境提供重要法治保障。

制定外商投资法,是促进我国外商投资法律制度与时俱进、实现内外资法制统一的实际举措。改革开放以来,我国长期实行对外商投资单独立法、双轨管理的制度。全国人民代表大会先后制定了“外资三法”,即中外合资经营企业法、外资企业法、中外合作经营企业法。这些法律为“三资企业”的发展创造了良好法治环境,对推动改革开放伟大历史进程发挥了重要作用。进入新世纪,我国根据加入世界贸易组织的需要,修改完善了“外资三法”的部分规定,并对相关法律法规进行了清理。党的十八大以来,全国人大常委会对“外资三法”作出相应修改,将自贸试验区的改革经验复制、推广到全国。同时,随着改革开放深入发展,“外资三法”已逐渐难以适应构建开放型经济新体制、推动新一轮高水平对外开放的新形势新要求。在总结我国外商投资法律制度实践经验的基础上,新的外商投资法对外商投资活动作出统一规范,实现内外一致、并轨管理,确立了新时代外商投资法律制度的基本框架。以此为基础,结合下一步制定、修改相关配套法规,将实现我国外商投资法律制度的升级换代。

二、准确理解外商投资法的主要内容

对实行 40 年的外商投资法律制度进行根本性调整,是一项艰巨的立法任务。在党中央集中统一领导下,中央全面依法治国委员会积极督促协调,全国人大常委会和国务院加快立法进程,有关方面在较短时间内对主要制度设计和规范内容形成共识。在立法过程中,我们按照党中央同意的外商投资立法指导思想和立法思路,坚持科学立法、民主立法、依法立法,主要抓好以下几点。

*一是以基础性法律定位,科学界定法律调整范围和规范内容。*外商投资法从基础性法律定位出发,规定了外商投资领域的“四梁八柱”。在具体制度设计上,不求面面俱到,对一时难以达成共识的问题不作规定或只作原则规定。例如,对外商投资活动和外商投资企业采取宽泛的定义,不对股比、投资时间、投资形式等作硬性限制。对一些重要问题先原则规定下来,为法律制度的发展留有适当空间,具体的、操作性内容由配套法规来解决。例如,对外商投资信息报告制度、投诉工作机制和安全审查制度规定简括的内容,将来可以通过综合或专项的配套规定去保障这些制度的实施。

早期的“外资三法”不仅规定“三资企业”的组织形式、组织机构、订立合同等生产经营活动准则,还规定国家专门适用于“三资企业”的外汇、土地、税收、劳动等特殊政策。随着我国社会主义市场经济制度的完善发展,民法总则、合同法、公司法、合伙企业法、企业所得税法等一批重要民商事和经济法律出台实施,我国法律制度体系不断发展完善。因此,为确保法律顺利实施,外商投资法对相关民商事和经济法律的内容不再作专门规定,但在条文中进行了有效衔接。总体来看,对外商投资法作这样的定位,既符合我国法律体系发展的实际情况,又能适应现阶段我国外商投资领域改革和发展的迫切要求。

*二是按照市场化、法治化、便利化的标准建立外商投资促进和保护制度。*我国经济社会发展和全面深化改革取得的成就,增强了我们的制度自信、立法自信,外商投资法清楚地表明了我国维护经济全球化和多边主义的立场,通过立法形式理性包容地回应了各方面关切。对于国内改革实践,外商投资法积极推动加强法治政府、诚信政府建设,在行政许可、市场监管等方面规范各级政府行为,清理废除妨碍公平竞争、扭曲市场的不合理规定、补贴和做法,公平对待所有企业和经营者,完善市场化、法治化、便利化的营商环境。

对于我国在国际营商环境竞争领域面临的困难和问题,我们认真听取外商投资企业、相关协会商会的意见建议,摸清情况、分析原因、找出对策,致力于通过法律促进外商投资,保护外商投资合法权益。在外商投资法中,促进和保护外商投资是规范最为充实的内容。外商投资法把促进和保护外商投资的总体要求和大政方针以法律形式固定下来,对已经成熟的政策措施通过法律作出规定。主要包括:第一,首次在法律中明确国家坚持对外开放基本国策,提出了国家实行高水平投资自由化便利化政策,营造稳定、透明、可预期和公平竞争的市场环境的目标;第二,突出一视同仁、平等对待原则,保障外商投资企业平等参与市场竞争,平等适用国家支持企业发展的各项政策,平等参与标准制定工作,平等参与政府采购活动,和内资企业一样可以通过公开发行股票、公司债券和其他方式进行融资;第三,加强对鼓励和吸引外商投资政策措施和规范性文件的规制和约束,促使地方政府守约践诺;第四,加强外商投资服务,建立外商投资企业投诉工作机制;第五,加强对外商投资企业产权特别是知识产权的保护,禁止行政机关及其工作人员利用行政手段强制转让技术,泄露或者非法提供在履职过程中知悉的商业秘密。

三是以全面实行准入前国民待遇加负面清单管理制度为基础，重构我国外商投资的管理制度。准入前国民待遇加负面清单管理制度是外商投资管理体制改革的关键。准入前国民待遇要求在投资准入阶段就给予外国投资者国民待遇，有利于扩大对外开放程度。我们对这一制度的认识是随着改革开放的进程而逐步深化的。2013 年以前，我国在国际投资协定谈判中只承诺准入后国民待遇。党的十八届三中全会决定提出，探索对外商投资实行准入前国民待遇加负面清单的管理模式。党的十九大报告提出，全面实行准入前国民待遇加负面清单管理制度。2018 年 11 月，习近平总书记在首届中国国际进口博览会开幕式上的重要讲话中指出，全面深入实施准入前国民待遇加负面清单管理制度。为贯彻党中央改革部署，全国人大常委会两次作出决定，授权在自贸试验区试行准入前国民待遇加负面清单的管理模式，并及时修改相关法律，将这一管理模式复制推广到全国。外商投资法确立的准入前国民待遇加负面清单管理制度，取代了原“外资三法”规定的外商投资企业逐案审批或备案管理制度，体现了推动新一轮高水平对外开放的要求。这项制度的确立和实施，走过了以开放促改革、由局部试验到全面推广、由政策上升为法律的历程，是立法决策与改革开放决策相结合的成功例证。

世界上很多国家普遍面临的难题是大门敞开以后如何平衡经济利益与国家安全、自主发展与外部影响的关系。外商投资法确立了外商投资信息报告制度、外商投资安全审查制度，同时还与反垄断法相衔接，要求外国投资者并购中国境内企业或者以其他方式参与经营者集中的，接受经营者集中审查。这是在学习借鉴外国经验和国际通行规则基础上作出的规定，符合国际惯例，体现了责任担当。

三、深入学习贯彻党的十九届四中全会精神，切实做好外商投资法实施工作

党的十九届四中全会通过了《中共中央关于坚持和完善中国特色社会主义制度、推进国家治理体系和治理能力现代化若干重大问题的决定》，这是完善和发展我国国家制度和治理体系的纲领性文件。习近平总书记在关于《决定》的说明中指出，坚持和完善中国特色社会主义制度、推进国家治理体系和治理能力现代化，是把新时代改革开放推向前进的根本要求。外商投资法作为外商投资领域的基础性法律，是新时代加强外商投资制度建设、完善外商投资治理体系的重要举措，是推动规则、规制、管理、标准等制度型开放的重要体现，是建设更高水平开放型经济新体制的重要制度保障。我们要深入学习贯彻党的十九届四中全会精神，切实做好外商投资法的实施工作。

一是加快制定完善相关配套规定。外商投资法确立的基本制度和规范，有的可以直接执行，有的已经有了现行规定，但还需要更多相关配套规定予以细化，明确可操作、可执行的具体规范。习近平总书记在第二届“一带一路”国际合作高峰论坛开幕式上的主旨演讲中明确指出，加快制定配套法规，确保严格实施外商投资法。目前，国务院及其有关部门正在制定《外商投资法实施条例》，将进一步明确外商投资的界定，细化外商投资促进、保护和管理的具体制度措施，增强法律制度的可操作性。该条例现已公开征求意见，有关部门要抓紧推进，确保条例与外商投资法同步施行，保障外商投资法有效实施。

二是及时清理相关法规、规章及规范性文件。外商投资法对我国外商投资法律制度进行了根本性调整，有关部门和地方要抓紧对涉及外商投资的法规、规章和规范性文件进行全面清理，对于与外商投资法精神不相符合的，要及时予以废止或修改。

三是进一步做好外商投资法的宣传普及。外商投资法具有重要的政治意义和法律意义，要积极主动做好宣传解读工作。各级政府及其有关部门要高度重视，按照谁执法、谁普法的要求，进一步明确责任、抓好落实。相关部门工作人员要努力学习外商投资法律知识，增强服务、促进、保护意识，结合行政审批改革，提高办事效率和工作质量。在法律施行前后，要通过多种形式大力宣传外商投资法和我国对外开放政策，为法律实施营造良好的社会氛围。

四是加强对外商投资法实施情况的检查监督。全国人大常委会和有关专门委员会将采取多种形式督促做好法律实施工作，在外商投资法施行一段时间后将根据监督工作安排开展执法检查，适时听取国务院及其有关部门的专项工作汇报，对法律实施情况进行评估。

新制定的外商投资法展示了中国进一步扩大对外开放的新举措新形象，贯彻实施好这部法律是

一项长期性、经常性的工作。我们要坚持以习近平新时代中国特色社会主义思想为指导，深入学习贯彻党的十九届四中全会精神，扎实做好法律的贯彻实施，为我国积极吸引和利用外商投资、推动形成全面开放新格局提供有力法治支撑。

在第五期少数民族全国人大代表学习班上的讲话

（2019 年 9 月 19 日）

全国人大常委会副委员长　曹建明

各位代表、同志们：

在全国各族人民共同欢庆新中国 70 华诞之际，我们在我国改革开放的重要窗口、中国特色社会主义先行示范区——深圳举办第五期少数民族全国人大代表学习班的目的是，深入学习贯彻习近平新时代中国特色社会主义思想，学习贯彻习近平总书记关于坚持和完善人民代表大会制度的重要思想和关于民族工作的重要论述，学习贯彻栗战书委员长重要讲话和指示精神，强化创新理论武装，铸牢中华民族共同体意识，提高依法正确履职能力，为做好新时代人大工作贡献力量。

全国人大代表是最高国家权力机关的组成人员，代表人民的利益和意志依法参加行使国家权力，使命光荣，责任重大。党的十八大以来，以习近平同志为核心的党中央高度重视人大工作和人大代表工作。习近平总书记鲜明指出，人民代表大会制度之所以具有强大生命力和显著优越性，关键在于它深深植根于人民之中；强调要使各级人大及其常委会成为全面担负起宪法法律赋予的各项职责的工作机关，成为同人民群众保持密切联系的代表机关。党中央还专门出台了加强和改进人大代表有关工作的指导性文件。习近平总书记重要指示和党中央决策部署，为做好新时代人大工作和代表工作指明了前进方向、提供了根本遵循。栗战书委员长多次就加强和改进新时代人大工作和代表工作作出重要指示，亲自指导制定《关于加强和改进全国人大代表工作的具体措施》，率先垂范；每次常委会会议期间，都主持召开列席会议的全国人大代表座谈会；赴地方调研、执法检查时，多次召开各级人大代表座谈会，听取代表意见建议。全国人大常委会也已实现代表列席常委会会议规范化机制化，代表参加立法调研和评估、执法检查等活动常态化，建立健全了法律草案征求代表意见，委员长会议组成人员、常委会委员联系全国人大代表等制度。栗战书委员长十分重视少数民族全国人大代表培训工作并专门作出重要批示，强调一定要注意加强对代表的政治引导，使其正确履行代表职责。全国人大民族委员会制定了《民族委员会联系全国人大代表办法（试行）》，明确全国人大民族委员会直接联系 56 名基层代表，其中包括 55 个少数民族代表各 1 名和汉族代表 1 名。在举办学习培训、开展专题调研时，有计划地邀请这 56 名代表参加，收到较好实效。

下面，我就更好发挥人大代表作用，认真履行宪法法律赋予职责谈一点体会，与同志们交流讨论。

一、深入学习贯彻习近平新时代中国特色社会主义思想，坚持正确政治方向，始终在思想上政治上行动上同以习近平同志为核心的党中央保持高度一致

习近平新时代中国特色社会主义思想是党和国家的指导思想，是我们做好一切工作的行动指南。我们要把学习贯彻习近平新时代中国特色社会主义思想，作为首要的政治任务，作为贯穿履行人大代表职责的主线，并做到时时处处事事同以习近平同志为核心的党中央保持高度一致。全国人大代表依法参加行使国家权力，是庄严神圣的使命。每一位全国人大代表都要增强责任感和使命感，维护宪法确认的中国共产党领导地位，贯彻宪法确定的国家指导思想，保证宪法规定的国家大政方针和各项制度得到全面贯彻落实。

第一，更加自觉把党的领导贯彻人大工作始终，带头做到“两个维护”，确保人民代表大会制度始终沿着正确方向前进。坚持正确政治方向，不仅是关系人大工作的根本性问题，也是人大代表依法

履职的前提和根本,必须增强"四个意识",坚定"四个自信",坚决做到"两个维护",自觉坚持党的领导、人民当家作主、依法治国有机统一。特别是,维护习近平总书记党中央核心、全党核心地位,维护以习近平同志为核心的党中央权威和集中统一领导,是党和国家前途命运所系,是全国各族人民根本利益所在。全国人大及其常委会首先是党中央领导下的重要政治机关,是践行"两个维护"的第一方阵。全国人大代表肩负着党和人民的期待与重托,依法行使国家权力,必须坚持党的领导。要坚决贯彻党的基本理论、基本路线、基本方略,确保一切重要工作、重要事项都在党中央领导下进行,围绕党和国家工作大局开展,把思想和行动统一到以习近平同志为核心的党中央对重大形势的科学判断和对重大工作的决策部署上来,做到党中央提倡的坚决响应、党中央决定的坚决执行、党中央禁止的坚决不做,把"两个维护"贯彻到履行代表职责的全过程和各方面,确保党领导人民有效治理国家。

第二,坚持学懂弄通做实习近平新时代中国特色社会主义思想,坚定不移走中国特色社会主义政治发展道路。理论上清醒,政治上才能坚定,行动上才更有力。对人大代表来说,加强学习,提升运用党的创新理论指导实践、推动工作的能力,是坚决贯彻落实党中央决策部署的重要体现,也是我们必须具备的基本功。要把深入学习贯彻习近平新时代中国特色社会主义思想作为首要政治任务,提高履职尽责、做好工作的能力和水平。就我们各位全国人大代表来讲,还要深入学习贯彻习近平总书记关于坚持和完善人民代表大会制度的重要思想,坚持走中国特色社会主义政治发展道路,把我国社会主义民主政治的优势和特点充分发挥出来;深入学习贯彻习近平总书记关于民族工作的重要论述,坚持走中国特色解决民族问题的正确道路,推动各民族共同团结奋斗、共同繁荣发展。

第三,带头落实好主题教育的各项要求,做"不忘初心、牢记使命"的表率。开展"不忘初心、牢记使命"主题教育是以习近平同志为核心的党中央统揽伟大斗争、伟大工程、伟大事业、伟大梦想作出的重大部署,是全党长期重大政治任务,是做好新时代人大工作的重要保障。栗战书委员长指出,坚持以人民为中心,为了人民、依靠人民,是人大工作始终要坚守的初心和使命。我们各位人大代表是各个地区、各条战线、各行各业的优秀分子,我们少数民族人大代表更是各民族的优秀代表。我们要深入学习贯彻习近平关于"不忘初心、牢记使命"重要论述,学习贯彻栗战书委员长指示要求,坚持把主题教育同庆祝新中国成立70周年结合起来,同落实当前改革发展稳定各项任务结合起来,同做好新时代人大工作结合起来,不忘初心担使命,重整行装再出发,为实现中华民族伟大复兴的中国梦不懈奋斗。

二、深入学习贯彻习近平总书记关于坚持和完善人民代表大会制度的重要思想,依法履职尽责,更好担负起宪法法律赋予人大的各项职责

在中国实行人民代表大会制度,是各族人民在人类政治制度史上的伟大创造,是我们党坚持走中国特色社会主义政治发展道路,领导人民进行制度创新探索的伟大成果,是支持和保证人民当家作主的根本制度。习近平总书记指出,人民代表大会制度是符合中国国情和实际、体现社会主义国家性质、保证人民当家作主、保障实现中华民族伟大复兴的好制度。党的十八大以来,习近平总书记就坚持和完善人民代表大会制度、更好发挥人大代表作用作出一系列重要论述,人大工作取得历史性成就。习近平总书记关于坚持和完善人民代表大会制度的重要思想,不仅为我们长期坚持、全面贯彻、不断发展人民代表大会制度指明了前进方向,也为我们坚持中国特色社会主义政治发展道路,坚持党的领导、人民当家作主、依法治国有机统一,更好担负起宪法法律赋予人大的各项职责提供了根本遵循。

一要全面理解、准确把握习近平总书记关于坚持和完善人民代表大会制度的重要思想。今年又是全国人民代表大会成立65周年。9月16日出版的第18期《求是》杂志发表了习近平总书记的重要文章《在庆祝全国人民代表大会成立六十周年大会上的讲话》。栗战书委员长多次就深化对习近平总书记关于坚持和完善人民代表大会制度重要思想的学习、研究、宣传,推动新时代人大制度和人大工作完善发展作出重要讲话和重要指示。特别是,人大代表是人民代表大会的主体,是坚持和完善人民代表大会制度的主力军。我们要按照战书委员长提出的,准确把握习近平总书记关于坚持和完善人民代表大会制度的重要思想,进一步加强和提高对"十个坚持"的认识,即:坚持中国共产党的领导,坚持走中国特色社会主义政治发展道路,坚持和完善

人民代表大会制度，坚持人民当家作主，坚持全面依法治国，坚持民主集中制，坚持全面贯彻实施宪法，坚持以良法促进发展、保障善治，坚持正确监督、有效监督，坚持民有所呼、我有所应。习近平总书记关于坚持和完善人民代表大会制度的重要思想，回答了新时代坚持好完善好人民代表大会制度的重大课题，是我们党探索和开辟中国特色社会主义政治发展道路宝贵经验的深刻总结和重大发展。要深刻领会总书记关于人民代表大会制度的重大意义、政治定位、基本内涵、历史使命以及立法、监督、代表、自身建设等重要论述和要求，增强坚持和完善人民代表大会制度的自觉性和坚定性，推动新时代人大制度和人大工作不断完善发展。

二要依法履职尽责，忠实代表人民利益和意志行使职权。更好发挥人大代表作用，是坚持和完善人民当家作主的重要体现，是人大工作保持生机和活力的重要基础。人大代表在依法履职中没有特殊权利，只有特殊义务，就是依法履行好宪法法律和人民赋予的职责。要认真贯彻栗战书委员长关于人大代表履职要担当尽责的指示要求，更好通过人民代表大会制度保证和发展人民当家作主。既要代表群众、做群众的“知心人”，又要引导群众，做群众的“带头人”。要积极按时参加人大组织的会议和活动，在参加活动中认真倾听民意呼声；在审议议案报告发表意见时，要把基层的实际情况反映上来，把群众最关心、最迫切的愿望反映上来；在提出议案建议时，要从党和国家的大局和全局出发、从人民群众最根本的利益出发，时刻谨记“人民代表为人民”的承诺，不凭个人好恶，不掺杂个人利益；在投票表时，要行使好宪法法律赋予的职责，代表人民投好神圣的一票。要深刻领会党中央精神，按照党中央关于人大工作的要求，围绕全国人大常委会党组贯彻落实党中央大政方针和决策部署，做好立法、监督等工作，既确保宪法法律有效实施，又确实帮助“一府一委两院”改进工作，更好助力经济社会发展和改革攻坚任务，更好推动我国民族团结进步事业。

三要坚持以人民为中心，密切同人民群众的联系。习近平总书记强调：“各级国家机关加强同人大代表的联系、加强同人民群众的联系，是实行人民代表大会制度的内在要求，是人民对自己选举和委派代表的基本要求。”栗战书委员长指出：“加强常委会与人大代表、人大代表与人民群众的联系，了解人民所思所盼所愿，才能把为人民用权、为人民履职、为人民服务落到实处。”各位全国人大代表来自人民、根植人民，肩负着亿万人民的期待和重托，代表了各族群众的利益和愿望，是党和国家联系各族群众的重要桥梁和纽带，这也是人民代表大会制度的独特优势。要把实现好、维护好、发展好最广大人民根本利益作为自己始终不渝的价值追求，把群众观点、群众路线深深植根于自己的思想中、落实到每一个具体行动上，努力使每一项立法、每一个决定决议都体现和维护人民利益、反映人民意愿、增进人民福祉。要紧扣贯彻落实习近平总书记重要指示和党中央决策部署、紧扣全国人大及其常委会立法监督工作、紧扣国家统一和民族团结的大局、紧扣人民群众以及少数民族群众和民族地区关心关注的问题，深入基层、深入群众，深入开展调查研究，更好察民情、接地气，聚焦人民群众所思所想所虑进行认真思考，努力提出高质量的意见建议，推动人大工作改进提高。

四要扎实开展工作，自觉接受人民监督，树立人大代表良好形象。全国人大代表的作风，直接关系国家权力机关的形象，关系人民群众对人民代表大会制度的信赖。必须以更严格的标准要求自己，自觉接受监督，树立人大代表良好形象。全国人大代表身份既是政治荣誉，也是法定职务，负有义不容辞的政治和法律责任。要坚决防止和纠正代表履职精气神不够、不担当不作为的问题，以求真务实、极端负责的态度履职尽责，扎实开展工作，努力完成好各项任务。要严格依法履职，严格遵守社会公德，严格遵守会议纪律和请假制度，保证参加代表大会会议，作好安排列席常委会会议，积极参加有关学习培训、视察、执法检查、专题调研和考察等活动，遵守相关程序和规则，多从法律角度提意见建议。要严格遵守执行廉洁自律准则、中央八项规定及其实施细则精神，正确处理从事个人职业活动与执行代表职务的关系，知敬畏、存戒惧、守底线，自觉接受人民监督，珍惜政治荣誉，维护代表形象。

三、深入学习贯彻习近平总书记关于民族工作的重要论述，铸牢中华民族共同体意识，坚定不移维护民族团结和国家统一

我国是一个统一的多民族国家，民族工作关乎大局。党的十八大以来，习近平总书记多次深入民族地区考察，牵挂每一个少数民族的发展进步。特别是，习近平总书记反复强调要积极培育中华民族

共同体意识,发表系列重要讲话和论述、作出系列重大决策部署。党的十九大明确把“铸牢中华民族共同体意识”写入新修订的党章,是我们党新时代民族工作的重大理论创新,实现了民族工作指导思想的与时俱进。去年12月,党中央印发《关于全面深入持久开展民族团结进步创建工作铸牢中华民族共同体意识的意见》。铸牢中华民族共同体意识,是以习近平同志为核心的党中央准确把握我国基本国情和历史传统而作出的重大论断,是新时代民族工作的主线,是全国各族人民共同的责任。少数民族全国人大代表多数来自民族地区,不少同志还直接从事民族工作,与少数民族群众联系紧密,在铸牢中华民族共同体意识、维护民族团结和国家统一上不仅有自身的优势,更有一份沉甸甸的、义不容辞的责任。

一是准确把握我国统一的多民族国家的基本国情。习近平总书记指出,“我国是一个统一的多民族国家”“多民族的大一统,各民族多元一体,是老祖宗留给我们的一笔重要财富,也是我们国家的一个重要优势”。在我国数千年的历史演进中,各民族形成了分布上的交错杂居、文化上的兼收并蓄、经济上的相互依存、利益上的休戚与共、情感上的相互亲近,形成了你中有我、我中有你、谁也离不开谁的多元一体格局,共同造就了中华民族的灿烂文明,共同谱写了中华民族发展的辉煌篇章。我们要牢记我国是统一的多民族国家这一基本国情,牢牢把握各民族共同创造中华文明这一历史事实,坚持党对民族工作的集中统一领导,坚持以铸牢中华民族共同体意识为根本方向,坚持全面贯彻党的民族政策,深化民族团结进步教育,大力营造中华民族一家亲的社会氛围,为实现中华民族伟大复兴中国梦凝聚磅礴的精神力量。

二是推动深入持久开展民族团结进步创建工作。民族团结是民族关系的核心,是中华民族的生命所在、力量所在、希望所在。深化新时代民族团结进步创建,是党中央加强和改进民族工作的重大部署和重要抓手,是巩固社会主义新型民族关系的必然要求,是铸牢中华民族共同体意识的重大举措。要推动健全民族团结进步教育常态化机制,把民族团结教育作为长远性、战略性、基础性的工程来抓,引导各族群众牢固树立各民族水乳交融、唇齿相依、休戚相关、荣辱与共的观念,牢固树立正确的国家观、民族观、宗教观、历史观、文化观,牢固树立“三个离不开”的思想,不断增强“五个认同”,唱响民族团结进步主旋律。新中国成立的70年,是我国民族团结进步事业的70年。在新中国成立70周年之际,党中央将隆重表彰一批包括少数民族在内的、为中华人民共和国建设和发展作出杰出贡献的功勋模范人物。特别是,热地同志被授予“民族团结突出贡献者”国家荣誉称号。热地同志不仅是我们全国人大常委会原副委员长,也是第八、九、十届全国人大代表,不仅是我们的骄傲,更是我们的学习楷模。截至目前,我国已召开了六次全国民族团结进步表彰大会,表彰了各民族约8000多个模范集体和模范个人。今年,党和国家将对民族团结进步模范再次表彰。要正确认识和处理好“大家庭”里各民族的关系,汇聚民族团结进步的磅礴力量。深刻认识各民族交往交流交融是历史发展的必然,是中华民族形成、发展和繁荣的内在动力,搭建促进各民族沟通的文化桥梁,积极营造各民族共居共学共事共乐的社会条件,让各民族在中华民族大家庭中手足相亲、守望相助,不断增强中华民族的自豪感、自信心和凝聚力。要深刻认识中华文化既包含了各民族文化在历史发展中逐步交流交融形成的文化共性,也体现了各民族丰富多彩的文化特色,是凝聚中华民族的精神纽带。坚持以社会主义核心价值观为引领,以增强中华文化认同为基础和着力点,更好传承各民族优秀传统文化,促进民族文化创造性转化和创新性发展,建设各民族共有精神家园。

三是推动加快少数民族和民族地区经济社会发展。党和国家始终坚持把加快少数民族和民族地区经济社会发展作为解决民族问题的根本途径。习近平总书记强调,全面建成小康社会,一个民族不能少;实现中华民族伟大复兴,一个民族也不能少。党的十八大以来,民族地区发展实现历史跨越,人民群众生产生活发生翻天覆地的变化。但受自然、历史多种因素的影响,民族地区相对落后的状况短期内还难以根本改变,“三区三州”深度贫困地区全部位于民族地区。民族地区特别是深度贫困地区脱贫攻坚已经到了攻坚拔寨的冲刺阶段。支持民族地区发展、造福各族群众,是党的初心和使命在民族工作上的体现,是人大工作的一项重要任务。全国人大常委会连续三年就脱贫攻坚情况开展了调研,先后对民族乡经济社会发展、民族教育、兴边富民行动“十三五”规划实施、草原生态环境保护等情况进行了专题调研。不少地方积极开展“聚力脱贫攻坚,五级代表在行动”活动。作为全国人大代表包括少数民族代表,都要进一步增强加快少数民族和民族地区经济社会发展的责任感、使命感和紧迫感，按照党中央和全国人大常委会部署要求，更好履职尽责，充分发挥人大代表带头作用、支持作用、监督作用，推动全面贯彻落实党的民族政策，推动落实《“十三五”促进民族地区和人口较少民族发展规划》和《兴边富民行动“十三五”规划》，助力民族地区打赢脱贫攻坚战，确保少数民族和民族地区如期全面建成小康社会，确保各民族人民共享改革发展成果，共同繁荣发展。

*四是坚持和完善民族区域自治制度。*中国共产党把马克思主义民族理论与中国基本国情相结合，创造性实行民族区域自治制度，并将这一制度作为我国的基本政治制度，激发了各族人民无限的生机与活力。最近，习近平总书记视察内蒙古时再次强调，民族区域自治制度是我国的基本政治制度，要认真总结民族区域自治的理论和实践经验，坚持和完善这一制度，促进民族团结融合，促进各民族像石榴籽一样紧紧抱在一起。

主题教育中，总书记和党中央要求我们学习党史、新中国史。如何正确认识和把握民族区域自治制度这一我国基本政治制度？9 月 9 日，常委会党组就“新中国 70 年国家政权建设的光辉历程、伟大成就和经验启示”举行专题学习，并请中央党史和文献研究院院务委员徐永军同志作专题讲座。其中一段专门讲我国民族区域自治制度是如何确立的历史。我听了很受启发，也给大家作一简要介绍。我们党成立早期，曾就解决中国民族问题提出过“民族自决”“建立中华联邦共和国”的口号。抗日战争时期，党明确提出“各民族平等，共同联合建立统一国家”的主张，并在陕甘宁边区建立若干小范围的民族自治地方。1947 年 5 月，在党的领导下内蒙古自治政府成立。党强调内蒙古自治政府为“非独立政府，仍属中国版图，并愿为中国真正民主联合政府之一部分”。这为党领导建立区域性民族自治提供了成功范例。在起草《共同纲领》过程中，毛泽东同志提出，要考虑到底是搞联邦，还是搞统一共和国、少数民族区域自治，并向党内征询意见。根据毛泽东的要求，时任中央统战部部长李维汉对中国和苏联的民族问题作了比较研究，提出：中国与苏联国情不同：一是苏联少数民族人口约占全国总人口的 47%，我国少数民族只占全国总人口的 6%，并且呈现大分散、小聚居的状态，汉族和少数民族之间、几个少数民族之间互相杂居或交错聚居；二是马克思列宁主义的民族理论，根本上主张在统一的单一制的国家内实行地方自治和民族区域自治，只在例外的情况下允许联邦制。俄国经过二月革命和十月革命，许多非俄罗斯民族实际上已经分离为不同国家，因此不得不采取联邦制把按照苏维埃形式组成的各个国家联合起来，作为走向完全统一的过渡形式。我国的情况则不同，国内各民族在中国共产党领导下，由平等联合进行革命，到平等联合建立统一的人民共和国，并没有经过民族分离，始终都是一个统一的国家。因此，中国不宜实行联邦制。1949 年 9 月 7 日，周恩来在向参加第一届全国政协的代表作《关于人民政协的几个问题》的报告时指出：中国是多民族的国家，“我们主张民族自治，但一定要防止帝国主义利用民族问题来挑拨离间中国的统一。”“我们国家的名称，叫中华人民共和国，而不叫联邦。”“我们虽然不是联邦，但却主张民族区域自治，行使民族自治的权力。”经过充分论证，我们党确定新中国在统一的单一制的国家内实行民族区域自治制度，而不是实行联邦制。《共同纲领》规定：“中华人民共和国境内各民族一律平等”，“各少数民族聚居的地区，应实行民族的区域自治”。由此，坚持统一和自治相结合、民族因素和区域因素相结合的民族区域自治制度，成为新中国的又一项基本政治制度，成为中国特色解决民族问题的正确道路的重要内容和制度保障。

新中国成立 70 周年，我国民族工作坚持从中国国情出发，在实践中不断创新发展，民族区域自治制度不断焕发新优势，民族地区各项事业不断实现新跨越，中华民族大团结不断得到新发展，谱写了中华民族历史上最为辉煌灿烂的篇章。要深刻认识团结统一是国家的最高利益，是各族人民的共同利益，是实行民族区域自治的前提和基础，深入开展依法促进民族团结进步工作，加强对依法促进民族团结进步工作的研究，完善相关法规制度规定，切实做到坚持统一和自治相结合、坚持民族因素和区域因素相结合，巩固和发展平等团结互助和谐的社会主义民族关系。要落实好民族区域自治法，加强对坚持和完善民族区域自治相关法规和制度的总结和研究，运用法治思维和法治方式谋划和推进民族工作，依法加强民族事务管理，依法保障各少数民族的合法权利和权益，促进民族地区治理体系和治理能力现代化建设。要加强对民族工作法律法规和政策执行情况的监督检查，坚持各民族一律平等，坚持在法治轨道上依法妥善处理涉及民族因素的矛盾纠纷，依法保障各民族合法权益，促进中华民族一家亲。

五是坚决维护民族团结和国家统一。坚定维护国家统一、领土完整,坚定维护民族团结、社会稳定,是国家最高利益和各民族人民共同利益,也是各级人大及其常委会义不容辞的政治责任。特别是很多少数民族人大代表来自边疆地区和基层岗位,对于维护国家统一、民族团结、社会稳定发挥着不可替代的作用。在这一重大原则问题上,我们各位代表都必须头脑清醒、立场坚定、旗帜鲜明。我国民族边疆地区持续稳定健康发展,但美国等西方国家从来没有放松以民族问题为突破口对我国进行渗透颠覆破坏,实施西化、分化战略。要深刻认识,在历史长河中,各民族作为水乳交融、密不可分的整体,都为捍卫国家主权统一和领土完整,为中华民族的繁荣发展作出了重要贡献。特别是近代以来,中华民族各族儿女同仇敌忾、众志成城,共同谱写了一部中华民族救亡图存史。要深刻认识民族区域自治不是某个民族独享的自治,民族自治地方也不是某个民族独有的地方,都是中国共产党领导下的地方,都是中华人民共和国不可分割的部分。要深刻领会无论少数民族干部还是汉族干部,都是党和国家的干部,都要以党和国家事业为重、以造福各族人民为念,切实做到明辨大是大非的立场特别清醒、维护民族团结的行动特别坚定、热爱各族群众的感情特别真诚,以身作则、矢志不渝维护国家统一和民族团结。要坚决反对一切民族分裂活动,坚决反对以民族、宗教、人权为借口分化遏制中国的图谋,坚决反对一切危害国家统一和民族团结的言行,坚决克服和消除一切不利于中华民族团结统一的消极因素。要利用好人大对外工作平台和对外交往机会,发挥人大民族委员会和少数民族代表在民族政策方面的人才优势,加强我国民族政策和民族地区发展进步的宣传,讲好中国故事、讲好人大故事、讲好中国民主法治故事,增进国际社会对我国道路、制度、理念的理解和支持,服务国家总体外交、服务国内改革发展稳定大局,筑牢祖国统一、民族团结、社会和谐稳定的钢铁长城。

同志们,在中华人民共和国成立70周年之际,各少数民族全国人大代表在这里齐聚一堂,共同学习交流,很有意义。各位代表不负党和人民重托,发挥党和国家联系人民群众的桥梁纽带作用,依法履职尽责,展现了全国人大代表的良好风貌,在此向大家致以崇高的敬意,也向各位代表和家人致以亲切的节日问候!让我们更加紧密地团结在以习近平同志为核心的党中央周围,担当尽责,扎实工作,为铸牢中华民族共同体意识,推进我国民族团结进步事业,为实现“两个一百年”奋斗目标、实现中华民族伟大复兴的中国梦作出新的更大贡献!

肩负人大新任务　聚焦人民新需要
开创新时代人大社会建设工作新局面

——在全国人大社会建设工作座谈会上的讲话

(2019年4月10日)

张春贤

同志们:

在前不久召开的“两会”期间,习近平总书记指出,深化党和国家机构改革,是党的十九大以来我们抓的一件大事。在党中央坚强领导下,机构改革呈现出气势如虹、势如破竹的局面。总书记专门讲到,这次改革优化了人大机构设置,新组建全国人大专门委员会1个、更名2个,为人大更好履职创造了有力条件。正是党的十九届三中全会的重大决策和全国人大常委会党组的关心支持,总书记所讲的新组建的专门委员会即全国人大社会建设委员会,筹建顺利并依法开展工作。在今年陆续召开的地方人代会上,31个省、自治区、直辖市无一例外地组建了“人大社会委”,受到了各级党委和社会各界的重视、关注和期待。由于是新设立的机构,不少省区市希望加强同全国人大的联系。为落实总书记“密切同地方人大的联系,增强人大工作整体实效”的要求,经请示全国人大常委会党组,我们召开了这次“全国人大社会建设工作座谈会”,以交流情况,研究探讨社会委的职责、任务和工作机制,增强人大工作的整体实效。

下面,我结合一年来全国人大社会委在常委会党组领导下开展工作的一些情况,同大家一道交流。

一、加强学习,固本培元,把习近平新时代中国特色社会主义思想作为人大社会建设工作的根本遵循

社会委如何依法履职,学习是关键。去年 4 月,栗战书委员长主持召开常委会组成人员履职学习专题讲座,对为什么学、学什么、怎么学进行了系统阐述,指出"深入学习贯彻习近平新时代中国特色社会主义思想是我们做好人大工作的根本政治要求和思想保证";9 月,在石家庄会议上,栗战书委员长提出:"各级人大都要深入学习贯彻习近平新时代中国特色社会主义思想,特别是把学习研究宣传贯彻习近平总书记关于坚持和完善人民代表大会制度的重要思想摆在突出位置,在学懂弄通做实上下功夫,进一步加强理论武装,提高政治站位,增强工作能力,更好发挥国家权力机关作用。"

习近平新时代中国特色社会主义思想是全党全国人民为实现中华民族伟大复兴的行动指南,是具有宪法地位的指导思想。总书记关于社会建设的重要论述,是习近平新时代中国特色社会主义思想的重要组成部分,明确了新时代社会建设的价值导向、目标任务、重点领域、方式方法,涵盖了社会建设的各方面和全过程,形成了一个科学严谨的思想体系。栗战书委员长在对社会委的批示中强调,做好社会委工作"关键是理解和落实好习总书记关于社会建设的思想"。就社会委工作而言,要重点掌握"一个中心、两个布局、三个关键、五个领域"。

一个中心。即坚持以人民为中心的发展思想。这是马克思主义人民观的根本体现。1944 年,毛泽东同志在纪念张思德的讲话中提出"为人民服务"。1945 年,党的七大正式把"全心全意为人民服务"写进党章。邓小平同志在《马列主义要与中国的实际情况相结合》一文中指出:"中国共产党的含义或任务,如果用概括的语言来说,只有两句话:全心全意为人民服务,一切以人民利益作为每一个党员的最高准绳。"进入新时代,习近平总书记反复强调我们党的初心和使命,旗帜鲜明地提出"人民对美好生活的向往就是我们的奋斗目标;中国梦归根到底是人民的梦,必须紧紧依靠人民来实现,必须不断为人民造福;要更好推动人的全面发展、社会全面进步。"总书记的重要论述深刻揭示了以人民为中心是坚持和发展中国特色社会主义的根本立场,是新时代加强社会建设、保障和改善民生的主旨思想。

两个布局。一是统筹推进"五位一体"总体布局。二是协调推进"四个全面"战略布局。总体布局和战略布局是新时代坚持和发展中国特色社会主义的基本方略。社会建设是"五位一体"总体布局的一部分,也是"四个全面"战略布局的重要内容,这进一步明确了社会建设在党和国家事业发展全局中的重要地位。

三个关键。一是明确社会主要矛盾。党的十九大指出,我国社会主要矛盾已经转化为人民日益增长的美好生活需要和不平衡不充分的发展之间的矛盾。这是以习近平同志为核心的党中央对国情实际进行深刻分析的重大判断,是人民美好生活愿望的真实体现,是新时代的主要标志之一。二是明确新发展理念。坚持包括共享理念的五大新发展理念,推进全民共享、全面共享、共建共享、渐进共享,在发展中补齐民生短板、促进社会公平正义,使全体人民共同富裕,共享改革发展成果,有更多获得感、幸福感、安全感。三是明确新时代总任务。新时代坚持和发展中国特色社会主义,总任务是实现社会主义现代化和中华民族伟大复兴,在全面建成小康社会的基础上,分"两步走"在本世纪中叶建成富强民主文明和谐美丽的社会主义现代化强国。"三个关键"都与社会领域密切相关,是人大社会建设工作的重要指引。

五个领域。一是劳动就业。明确了就业是最大的民生,坚持就业优先战略和积极就业政策,注重解决结构性矛盾,鼓励创业带动就业,构建和谐劳动关系,使人人都有通过辛勤劳动实现自身发展的机会。二是社会保障。明确了全面建成覆盖全民、城乡统筹、权责清晰、保障适度、可持续的多层次社会保障体系,完善社会保险、社会救助、社会福利、慈善事业、优抚安置等制度。三是社会事务。明确了提高社会治理社会化、法治化、智能化、专业化水平,发挥社会组织作用,激发社会活力,实现政府治理和社会调节、居民自治良性互动,提高公共服务供给水平,广泛开展全面健身运动等。四是群团组织。明确了把围绕中心、服务大局作为工作主线,着力扩大工作有效覆盖面,贯彻男女平等基本国策,保障妇女儿童合法权益,完善老龄政策制度,让每个妇女儿童和老人都沐浴在幸福安宁的阳光里。五是公共安全。明确了坚持国家总体安全观,树立安全发展理念,把基层一线作为主战场,拓展

人民群众参与公共安全治理的有效途径，完善安全生产责任制，提升防灾减灾能力，努力建设平安中国。

以上是从社会委的角度概括的几个重点。总书记关于社会建设的重要论述，还有丰富的内容。要联系实际全面学、系统学，要往纵深里学、在实践中学，坚持以学习促进落实，以落实检验学习，真正把总书记的重要思想学懂、弄通、做实。

二、融入时代，立足人大，准确认识和把握人大社会建设工作的基本问题

大家知道，社会建设委员会是根据党中央"五位一体"总体布局中的"社会建设"命名的委员会，是以习近平同志为核心的党中央加强社会建设、创新社会管理、保障改善民生、推进社会领域法治建设的重大举措。作为人大的第一届社会委，大家要不负重托，积极探索规律，科学开展工作。

*首先要找准工作定位。*人大社会建设工作，就是在中国特色社会主义伟大事业的统领下，国家权力机关按照法定权限和法定程序，通过行使立法权、监督权等方式，不断完善社会领域法治，促进社会事业发展。

从1982年起，我国就开始制定国民经济和社会发展计划，统筹经济建设和社会建设。但长期以来，社会建设成就相对于经济建设奇迹而言，还是个短板。党的十七大以后，党和国家更加重视社会建设，并着手系统解决社会领域的短板问题。进入新时代，我国社会主要矛盾发生变化，人民群众对美好生活的新需要，社会领域出现的新问题新情况，对社会建设提出了更高的标准、更严峻的挑战。推动解决"新、老"问题，既是人大社会委的艰巨任务，也是有所作为的重要机遇。各级人大社会委要切实履行法定职责，以推动人的全面发展、社会全面进步为目标，把握社会矛盾、解决社会问题、追求社会效益，勇于担当，积极作为，更好地发挥对改革发展稳定的法治保障作用。

社会建设具有促进社会进步、创新社会治理、保障和改善民生、满足人民群众美好生活需要的重大意义。当前我国仍处于社会主义初级阶段，需要在发展中改善和保障民生，既尽力而为，又量力而行；社会领域法治和社会建设工作还不平衡不充分，很多方面缺乏经验。要从国情实际出发，针对社会问题和社会需求，在社会建设进程中拿出中国方案；同时，积极参考国外社会领域的文明成果，作出理性分析和借鉴。要牢记社会建设的本源在社会主义，始终坚持正确的政治方向，在以习近平同志为核心的党中央集中统一领导下推进社会建设。我们是人民民主的社会主义国家，有中国共产党领导这个最大的政治优势，有人民代表大会制度的根本政治制度优势，社会建设必定能够发挥出更好更强的功效。

*其次是明确工作职责。*社会委的职责是根据党和国家事业发展要求、人大制度和组织结构来确定的。初步统计，宪法中与社会委相关的内容有16处。《党和国家机构改革方案》规定的主要职责是：研究、拟订、审议劳动就业、社会保障、民政事务、群团组织、安全生产等方面的有关议案、法律草案，开展有关调查研究，开展有关执法检查等。栗战书委员长在十三届全国人大专门委员会负责同志会议上，对专委会职责作了详细的阐述，并归纳为五项工作：①*立法工作*，主要是负责研究起草和审议法律草案；②*监督工作*，主要是具体组织和实施全国人大常委会对宪法法律实施情况的监督检查和对"一府一委两院"工作的监督；③*代表工作*，主要是研究审议代表提出的议案，以及办理代表提出的建议；④*对外交往*，主要是加强同外国议会委员会的交流，深化务实合作，增进人民友好；⑤*调查研究*，主要是对有关问题进行调查研究，提出建议。

因此，概括来说，全国人大社会委的职责是五个方面、五项工作。*五个方面是*：劳动就业、社会保障、民政事务（*包括社会治理、体育*）、群团组织（*包括老年人、未成年人、残疾人、妇女工作等*）、安全生产（*包括防灾减灾*）。*五项工作是*：起草和审议法律草案、组织和实施常委会监督工作、审议办理代表议案建议、对外交往和调查研究。

地方人大社会委与全国人大社会委的职责都是依据中央关于机构改革文件确定的，要求是统一的。《地方组织法》对专委会职责的规定，也参照了《全国人大组织法》。因此，各级人大社会委的职责基本是一致的。目前，社会委的职责范围和工作领域在主体上是明确的、清楚的。但在具体事务中，某些工作又会出现与其他专委会交汇、连接的现象。不同时期、不同阶段、不同方面对社会建设都会有不同的看法和要求，而社会建设事业就是在满足需要的过程中发展起来的。因此，各级人大社会委要结合自身实际特别是刚刚组建的实际，抓住几件事先做起来。同时参照本地人大的历史沿革、工

作惯例、力量配置、任务性质，按照同级人大及其常委会的安排部署，不断探索社会委的职责、任务和工作机制，互相配合做好各项工作，在履职尽责中逐步探索边界比较清晰的职责范围。

三、围绕中心，突出重点，协同推进各级人大社会委工作

本届人大正处在“两个一百年”奋斗目标的历史交汇期，责任重大，使命光荣。2019 年，是本届人大履职的第 2 年，如果工作不聚焦目标、集中力量，几年时间会一晃而过，一届任期将稍纵即逝。必须从实际出发，探索创新，围绕人民群众、人大代表关心关注的社会问题，抓住薄弱环节、聚焦民生短板，每年选择几项重点工作，通过依法履行立法、监督职责，不断增强人民群众的获得感、幸福感、安全感。今年，全国人大社会委将抓住“一老一小”、社会救助、就业促进等重要立法和监督项目，有重点有针对性地推进工作。

（一）关于立法工作

立法是全面依法治国的基础和前提。目前，由全国人大制定的现行有效法律 272 部；由国务院制定的行政法规 800 余部；地方性法规 12000 多部，地方立法主体增加到 354 个，包括 31 个省区市、289 个设区的市、30 个自治州和 4 个不设区的地级市。

总书记曾经讲过，人民群众对立法的期盼，已经不是有没有，而是好不好、管用不管用、能不能解决实际问题。在中央全面依法治国委员会第二次会议上，总书记专门强调了提高立法质量和效率问题，指出“发展要高质量，立法也要高质量”，要“提高立法质量和效率，不断完善以宪法为核心的中国特色社会主义法律体系”，强调“要以立法高质量保障和促进经济持续健康发展”。这是对全国人大及其常委会立法工作的最新要求，也是各级人大社会建设委员会必须牢牢把握的方向和重点。提高立法质量和效率，是贯彻中国特色社会主义法治理论，坚持全面依法治国基本方略，深入推进治理体系和治理能力现代化的迫切需要；是坚持以人民为中心的发展思想，适应我国社会主要矛盾变化，不断满足人民群众对美好生活新期待的必然要求；也是深入推进科学立法、民主立法、依法立法，不断完善以宪法为核心的中国特色社会主义法律体系的必由之路；更是适应当前立改废释繁重任务，解决立法领域突出矛盾问题，保障和促进经济持续健康发展的现实要求。如何提高立法质量和效率，要重视以下几点：一是要坚持以习近平新时代中国特色社会主义思想为指导，坚持党的领导。二是要深入调研，广泛听取意见。既要坚持人大在立法工作中的主导作用，又要充分调动各方面的积极性；既要体现专业性，依托专业部门、专业力量、专业协会、学会和专家学者，又要体现群众性，广泛听取直接相关的人士和基层群众意见；既要注重总结国内好经验好做法，又要注重借鉴国外经验教训。三是要尊重代表民主权利，发挥代表密切联系人民群众的桥梁纽带作用，汇聚人民智慧，回应人民期待。四是要敢于担当，保持奋发有为的精神状态。要敢于触及深层次矛盾和焦点问题，善于做协调沟通的工作，不断研究新情况，真正解决突出问题，力争取得好的实际效果。

关于发挥人大在立法工作中的主导作用问题，党的十八届四中全会作出《关于全面推进依法治国若干重大问题的决定》，明确提出“发挥人大及其常委会在立法工作中的主导作用”。主导作用体现在制定立法规划和计划、创制和修改法律、审议和完善草案、表决和通过法案等各环节，贯穿于立法工作的全过程。发挥主导作用有多种形式，由人大牵头起草法律是直接主导，负责联系督促、提前介入、调研指导有关方面的起草工作，也是主导作用的体现。

栗战书委员长指出：“研究起草和审议法律草案是专门委员会的首要工作。”我们要根据党中央关于社会建设和社会发展的决策部署，针对突出社会问题和社会需求，抓住急需的、重要的立法项目加以推进，以法治方式推动解决社会问题，不断提高立法质量和效率，以立法高质量发展保障和促进经济持续健康发展。

按照这个思路，全国人大社会委 2019 年着重抓好《未成年人保护法》《预防未成年人犯罪法》的牵头起草修改和《社会救助法》的联系督促制定。目前，未成年人占我国近 14 亿人口的四分之一。网络保护、校园欺凌、幼儿保护等问题广受关注。据统计，我国 18 岁以下的网民超过 1.7 亿，其中近 15% 患有网瘾。2500 多万网瘾孩子的背后是 2500 多万家庭的痛苦和困扰，已经形成了严重的社会问题。近几年来，各级各地陆续采取了一些行政方式、社会方式、技术方式，取得了一些经验和成效，亟须加以总结提炼，在法律层面进行更有效力的规范。

制定《社会救助法》意义重大。一方面，社会救助是打好和完成精准脱贫攻坚战的重要举措和兜底方式，2020 年后，社会救助还将是巩固脱贫成果、

有效解决社会困难群体生活保障的长期制度性安排。另一方面,《社会救助法》《社会保险法》《慈善法》是社会保障领域中起支架作用的3个重要法律,加快推进这部法律的立法进程,将有利于填补法律空白、完善法律体系。其中,救助对象、救助项目、救助程序、救助标准、财力保证等,是立法中的主要问题,还需深入研究、论证、测算。围绕这些突出问题,全国人大今年专门安排听取和审议国务院关于社会救助工作专项报告。3月26日,我带队到民政部对社会救助等立法工作进行走访调研,目的就是为了交流意见、了解情况、有针对性地推进立法进程。

2019年,通过重点做好这两个方面,同时统筹兼顾其他立法任务,我们就能够在人民群众普遍关注和迫切需要解决的突出问题上迈出重要一步。各级人大社会委要找准当地社会领域突出矛盾,真正解决实际问题,有针对性地开展立法工作,发挥好人大在表达、平衡、调整社会关系中的重要作用。

(二)关于监督工作

习近平总书记指出,要加强和改进监督工作,抓住人民群众普遍关心的突出问题,把宪法法律赋予的监督权用起来,实行正确监督、有效监督。2018年,新一届全国人大履职伊始,就高度重视监督工作,创新监督方式,加大监督力度,强调执法检查的"法律巡视"利剑作用,首次开展对"两高"专题询问,专门安排听取和审议专题调研报告。既做到确保宪法法律有效实施,又确实帮助"一府一委两院"改进工作。依法行使监督职权,切实履行监督职责,更好地发挥了助力支持、完善决策、保障落实、解决问题重要作用。

实施正确监督有效监督,做好人大监督工作,一方面要选择好监督项目,另一方面要设计好监督方式。要围绕党和国家工作大局,选择党中央决策的、人民群众关切的、社会领域突出的问题作为突破口,集中力量,抓住重点,实施监督。要结合监督项目的特点,设计好如何开展执法检查、审议专项报告、进行专题调研等监督方式,使监督更加深入、更有力度。要形成监督与立法相互配合,把法律作为监督的依据和条件,把监督作为实现立法目的、完善立法工作的过程和途径,使监督更加富有效果。

在今年全国人大常委会的监督工作中,社会委主要是负责组织实施《就业促进法》执法检查、养老问题专题调研,并与社会救助立法配合,听取审议社会救助专项工作报告,采取了三种监督形式,抓住了民生领域的突出问题。

就业是最大的民生,是经济发展的重中之重,也是社会建设领域的一项重要工作。党中央把"稳就业"作为"六稳"之首,有其很深刻的判断和很强的针对性,这也是贯彻以人民为中心的发展思想的必然要求。今年的政府工作报告也首次将就业优先政策置于与财政政策、货币政策同等重要的宏观政策层面,体现了党和国家对就业工作的高度重视。当前,有几个方面的情况应引起高度重视。一是就业压力仍然较大。总的看,我国劳动力人口从2012年起在逐年减少。即使这样,据光明网报道,预计到2020年前,我国16—59岁劳动年龄人口将保持在9亿人左右,年均需要在城镇就业的新成长劳动力超过1500万人。可以想见,今年乃至今后一个时期,就业需求仍然会在高位运行,各级党委政府满足就业的压力会很大。二是中美贸易摩擦的影响和外部环境的不确定性所造成的就业岗位减少。三是新旧动能转换、结构性变化而导致的结构性失业加剧,出现了"有人没活干、有活没人干"两难并存的现象。四是经济下行对就业岗位造成的影响。五是我们这些年经常提及的重点人群就业压力仍然存在。高校毕业生连创历史新高,去年达到820万人,据统计今年将达到834万人。还有500万左右的中职毕业生。再加上辍学的城镇初高中毕业生、退役军人、城镇就业困难人员等,就业压力依然较大。

就业政策要落地,法律要起到保障作用。2007年经全国人大批准、2015年修改的《就业促进法》对促进就业的"政府责任、政策支持、公平就业、就业服务和管理、职业教育和培训、就业援助、监督检查"等都给予了明确。今年全国人大常委会特别把检查《就业促进法》落实情况列为2019年监督工作重点,也是希望通过执法检查促进"稳就业"工作的落实,督促有关方面用好就业优先的政策工具。同时广泛深入研究就业形势和深层次问题,为经济平稳健康发展保驾护航。

老龄化是世界性难题。根据联合国标准,一个国家60岁以上人口达到总人口的10%,或65岁以上人口达到总人口的7%,即视为进入老龄化社会。我国老年人的现状不容乐观。1999年我国就已经步入老龄化社会。2018年,我国60岁以上人口占总人口的比例达到17.9%,65岁以上人口占总人口的比例达到11.9%。人口发展具有强大惯性,这一趋势在短期内难以扭转,将是长期影响经济和社会的基础因素。《老年人权益保障法》总则第五条提出,"国家建立和完善以居家为基础、社区为依托、机构为支撑的社会养老服务体系。”目前,在居家养老的护理、社区养老的设施和医养结合、机构养老的质量和普惠性等方面都还存在不少问题。今年,以推进养老工作为重点的专题调研,将依据《老年人权益保障法》,抓住社会需求和重点问题,在全国人大社会委直接组织调研的同时,打算委托一些有意愿的地方人大,选择若干不同类型的养老机构或者养老方式,深入基层社区、深入养老机构,开展实地调研,掌握真实情况,了解群众需求,分析主要问题,研究决策措施,力争通过人大的监督,推动养老这个突出社会问题有步骤的缓解和改善,推进应对人口老龄化的社会事业全面发展。

地方人大社会委要结合本地实际和社会关切,有规划、有侧重、有针对性地研究和选择监督项目和监督方式,把有限的力量汇聚到推动解决突出问题上,增强开展监督工作、推进社会建设的客观效果。

(三)关于代表工作

人大代表组成人民代表大会,依照宪法和法律参加行使国家权力。人大代表既是一个神圣的荣誉,更是一项法定的职务。新一届 5 级人大代表共有 260 多万,全国人大代表 2975 名,省级人大代表约 2 万名,市级人大代表约 12 万名;县乡直接选举的人大代表约 248 万名,占总数的 95%,人大代表越到基层人数越多,覆盖面越广泛。260 多万各级人大代表是党和国家密切联系人民群众的桥梁和纽带,是一支不容忽视的重要力量。

全国人大常委会高度重视发挥人大代表作用,规范实施了常委会组成人员联系人大代表的制度,直接联系 440 名代表;注重创新代表工作,常委会会议期间,已经召开 4 次列席代表座谈会,186 名代表参加,形成了连接民意、听取意见的“直通车”。

专门委员会作为人民代表大会的常设工作机构,密切联系代表、发挥代表作用、支持代表履职,既是工作需要,更是职责所在。一要办理好代表大会交付的议案和建议。各级人大社会委承办的议案和建议,都涉及到职责范围内的社会建设工作,集中反映了社会问题和社会需求。认真办理议案建议既是尊重代表主体地位的要求,同时对社会委开展立法和监督工作,也具有重要的启发和依据意义。二要发挥好人大代表的作用。许多地方反映,刚刚设立的社会委力量薄弱,开展工作存在不少困难。要高度重视代表的力量和作用,结合重点立法和监督任务,密切联系和组织代表参与调研、检查、视察、研究等工作。在履行职责过程中,一些地方围绕社会建设建立了代表专业小组,邀请提出议案建议的相关代表、社会组织、科研院校、专家学者参加工作,发挥专业性强、熟悉情况的优势,既密切了与代表联系、扩大了代表参与,又发挥了代表作用、增强了社会委开展工作的活力。要有效开展和切实做好代表工作,通过人大代表,把中央的决策部署和法律法规传达贯彻下去,把社会问题和群众智慧集中反映上来,由此,检验、推动、改进和加强我们的工作。

(四)关于自身建设

栗战书委员长专门针对专委会指出:“以党的建设为统领,全面加强自身建设,是做好专门委员会工作的重要抓手。”人大是党领导的国家重要政治机关。人大社会委要把政治建设摆在首位,以习近平新时代中国特色社会主义思想为指导,增强“四个意识”,坚定“四个自信”,做到“两个维护”,扎实推进思想建设、组织建设、作风建设、纪律建设、制度建设和能力建设。设立了分党组的地方,社会委分党组要在常委会党组的领导下,发挥好“把方向、管大局、保落实”的政治作用;设立了党的基层组织的,要提升基层党组织的组织力、凝聚力,突出政治功能,发挥战斗堡垒作用,为依法履职夯实基础。

干部队伍是依法履职的重要基础和关键所在。要从实际出发,针对人大社会委在组建之初的共性问题,特别抓好干部队伍建设。既保证编制、数量,更突出能力、素质,努力打造一支高素质专业化的人大社会建设干部队伍。要有针对性地加强作风建设,以干事创业为导向,倡导“雷厉风行、马上就办”,围绕人民群众普遍关心关注的社会问题,以“我将无我,不负人民”的精神,加快推进各项工作。各级人大社会委都是新成立的机构,各方面工作尚处于探索开创阶段。对此,我们更要密切联系、协同配合,形成共同推进人大社会建设的工作合力。

同志们:在人大系统成立社会建设委员会是党中央的重大决策,开创性的履行社会委职责是我们的历史使命。各级人大社会委要以习近平新时代中国特色社会主义思想为指引,认真落实栗战书委员长的批示精神,聚集保障和改善民生,加强和创新社会治理,推进社会领域法治建设,乘势而上、奋发有为,共同开创新时代人大社会建设工作新局面。

天赋人德　地赋人气

——关于保护生态环境的调研与思考(一)

（2019 年 4 月 1 日）

吉炳轩

习近平总书记在全国生态环境保护大会上的重要讲话深刻指出:“生态文明建设是关系中华民族永续发展的根本大计。中华民族向来尊重自然、热爱自然,绵延 5000 多年的中华文明孕育着丰富的生态文化。”“生态兴则文明兴,生态衰则文明衰。”“新时代推进生态文明建设,要坚持人与自然和谐共生,坚持节约优先、保护优先、自然恢复为主的方针,像保护眼睛一样保护生态环境,像对待生命一样对待生态环境,让自然生态美景永驻人间,还自然以宁静、和谐、美丽。”“良好生态环境是最普惠的民生福祉,坚持生态惠民、生态利民、生态为民,重点解决损害群众健康的突出环境问题,不断满足人民日益增长的优美生态环境需要。”习总书记的重要讲话用辩证唯物论的哲学思维,深刻论述了人与自然的密切关系,对我们从根本上、源头上来重视和保护生态环境意义十分重大。

中华文明之所以能长盛不衰,至今仍然焕发着勃勃生机,原因有很多,但最为核心的主要有三条:一条是始终坚持以人为本,按照广大人民的利益和愿望来治理国家;另一条是始终坚持人与自然和谐相处,顺应自然规律生存发展;还有一条是始终坚持人的主观能动性,依靠自强不息,开拓进取去获得幸福安康。民本、唯实、奋斗,人与自然和谐共生,把天道、地道、人道融为一体,这是中华文明的精华。在中国传统文化中这方面的论述汗牛充栋,政治家、思想家、军事家都能深刻地认识到这些,并致力于按照宇宙运动的自然规律和人类运动的社会规律来办事。中国的农业生产,顺天应地,适时而作,就是天道、地道、人道最完美的结合。包括中国的传统医学更是如此,也是天道、地道、人道的统一,诊病治病都要从这“三道”的变化运动和是否协调上来考虑。

中国古代医书《黄帝内经》中的一段话,讲了农作物的生产和人的身体状况同气候变化的关系,就说明了这个观念。

这段话的大意是:如果木运不及,即春天温度起不来,仍然是寒气凛冽,燥气就会旺盛,生气与时令不相适应,草木不能应时生荣。春季肃杀之气亢盛,就会使一些劲硬的树木受象刑一样碎裂如辟,本来已经发出的柔嫩苍翠的枝叶也会因寒气而萎弱干枯。而人在这样的时节就容易患中气虚寒,胁部疼痛,下腹疼痛,大便溏泄之病。在气候方面如果冷雨不时下降,这会导致青色的谷物不能成熟。木运不及,即春寒或倒春寒,在中原东北一带就农业生产来说,看得很明显,春天到了,春风不起,地不返暖,大地解冻晚,草木生长慢,庄稼不能按时播种。春寒时间长,粮食作物积温不够,秋季就少有乃至没有收成。对于人体来说,这样的气候条件也是感冒和肠胃病多发的时期。

如果火运不及,即夏天到了,该热而热不起来,寒气仍很旺盛,夏天生长之气就不能发挥作用,万物就缺乏向上茂盛的力量。阴寒凝滞之气过盛,则阳气就不能生化,繁荣美丽的生机就受到摧折。在这样的气候条件下,人们容易患的疾病是胸中疼痛,胁部胀满,两胁疼痛,上胸部、背部、肩胛之间及两臂内侧都感疼痛;还会有抑郁眩晕,头目不清;甚至心痛,突然失音,胸腹肿大,胁下与腰背互相牵引而痛;以及四肢踡屈不能伸展,髋骨与大腿之间不能活动自如等。这样的气候会造成赤色和黑色的谷类不能成熟。该热不热,火被水抑,一旦热起来,则会火起土复,于是埃尘郁冒,就是连尘土都冒烟沸扬。热极又会生风生雨,且是狂风暴雨。这样的气候条件,人也易患腹中胀满,饮食不下,甚至腹中寒冷鸣响,大便泄泻如注,两足急剧拘挛、萎缩麻木等疾病。

如果土运不及,即农作物生长季节,雨水不能按时来下,该下时不下,不该下时乱下,特别在春夏之交出现阴雨天气,温度不够,热不起来,寒风仍然凛冽,土气失却生化之能力。风气旺盛,阴雨不断,虽草木茂盛繁荣,但由于生化无能,则秀而不实。在这样的气候条件下,人们易患消化不良的泄泻之病,也是上吐下泻的霍乱流行之时。一些人会感到身体重，腹中痛，筋骨动摇，肌肉跳动酸疼，而且还容易发怒。如春夏相交之季寒水之气失制而旺，到了秋冬之际，虫类就会提早伏藏。这也会导致黄色之谷类不能成熟。到了秋季，还会出现一派严肃峻烈之气，一些坚固的树木也不免要枝叶凋谢，一些人的胸胁还会急剧疼痛，波及腹部，呼吸少气而叹息。这样的气候，也是虫害频发的时候，凡味甘色黄之物易被虫蛀，青色之谷也会受到损害。如果时令推迟，进入冬季，流水不能结冰，本来早已冬眠的虫类，就会重新又活动起来。

如果金运不及，就是热的时间过长，夏长秋晚，长夏之气专胜，干燥烁热，万物依然茂盛，这也不是好事。这样的气候条件，人们多易患肩背闷重，鼻塞流涕，打喷嚏，甚至便血等疾病。夏热太盛，秋气不至，影响了农作物的结实成熟，而且还在继续生长，已经结实的养分还会倒流，这就会造成白色的谷类不能及时成熟。在这样的气候条件下，往往会寒流突然来袭，秋凉不足，冬寒早来，甚至突然降落冰雹霜雪，残伤万物。如果出现这样的情况，就会使一些人患头后部疼痛，痛势连及头顶，人体发热等疾病；还会使一些人口腔生疮，甚至心痛。这样的气候，会使一些红色之类的谷物不能成熟。

如果水运不及，即夏秋之季雨水太多，湿土之气大盛，水不制火，火气生旺，天气依然炎热，万物的生化就会很迅速。在这样的气候条件下，人们多易患腹胀，身体困重，大便溏泄，腰股疼痛，烦闷抑郁，阴部易生疮疡，下肢关节活动不利，两脚萎弱厥冷，甚至脚底疼痛，足背浮肿等疾病。这是由于肾气不平衡造成的。这样的气候条件，会造成黑黍之类的谷物不能成熟。如果入秋后再遇上寒气时时侵袭，冬寒又早来，虫类就会提早冬眠，地上的积水也会提前结成厚冰，阳气早早伏藏，不能发挥它温暖的作用，人们就易患下半身的寒性疾病，甚至腹满浮肿。如果再遇大风暴发，草类偃伏，树木凋零，人就易患筋骨拘急疼痛之病，甚至肌肉跳动抽掣，两眼昏花模糊，视觉不明或失常。这样的气候也易诱发风疹之病，若邪气入胸，还会诱发心腹疼痛之病。

古人在《黄帝内经》中所说的"五运不及"，就是气候异常，春夏秋冬四季，不能按时令该热的时候不热，该冷的时候不冷，该风的时候无风，该雨的时候无雨，由此而带来大地上各种植物生长的变化和人体脏气的变化，乃至对疾病发生的影响。天道影响地道，天道影响人道，把天、地、人作为一个整体来考虑，这是很有道理的。天道影响地道，这是司空见惯的，也是习以为常的，是人们都能够看得到，也能认识得到的。春季多风、干燥，草木枯萎，硬木干裂。在这样的气候条件下，青色的谷物不能成熟，这是古人在农业生产中得出的结论，也是实践经验的总结。春寒、春旱，谷物不能及时播种，种的晚了，积温不够，到了秋季就没有收成。玉米、谷子、水稻，如果不能按时播种，都有这个问题。如果春季干旱、风多，而到夏秋之季又多雨，草木有了阳光雨水和高温，就会长得十分繁茂，但由于时令已到，虽然枝叶长得很旺盛，但开花结籽的时间非常短促，所以很快就会凋谢，不但收成很差，而且到了秋冬之季，非常容易发生火灾。在这样的气候条件下，还容易出现一些果树反季节开花结果。这样的气候条件，往往白露来得早，还容易发生虫灾，味甘色黄的东西容易受虫蛀。如果水运不及，在盛夏季节，该热的时候而热不起来，各种植物就不能顺利生长，大地龟裂，尘土弥漫。旱极就容易带来突发性暴雨，就又会在大旱之夏而带来大的洪灾。在这样的年份，赤色的谷类不能成熟，黑色的谷类不能成熟。这样的天气看来不适应红豆、黑豆、红米、黑米的生长，所以收获就差。土运不及，在夏秋之季，雨水偏多，阴雨连绵，积温不够，各类植物风长，但就是无法开花结实，空长一身空壳绿叶，各类虫子也提早伏藏，到了秋收季节，各种植物枝叶凋谢，一派肃杀酷烈之象。在这样的年景，黄色之谷不能成熟，如苞米、谷子之类，也包括水稻等，收成都较差，青色之谷也会受到损害。如果在这样的气候条件下，冬季该寒时又不寒，流水不能结冰，出现了暖冬，冬眠的虫类就会提前出来活动。如果金运不及，夏季热的时间过长，天气该冷的时候而冷不下来，各种植物过于茂盛，白色的谷物和红色的谷物就不能及时成熟。极热的天气容易带来极寒，夏季酷热，往往冬季极寒，特别是在夏季极易发生冰雹等灾害，秋季会出现酷霜，冬季会出现暴雪。如果夏季雨水过多，而气温又高，这样的气候条件，很适应水稻的生长，当是丰收之年，但在谷类，黑黍不能成熟，属土的谷类没有收获，就是一些旱地作物收成要差。这样的气候到冬秋季节，也易多风，而且大风天气也会增多。

以上这些是天道对地道的影响，就是气候变化，主要是气候异常对各类植物，特别是对一些农作物生长所带来的影响。至于文中提到的什么样的天气利于什么样的农作物生长，不利于什么样的农作物生长，这是古人在生产实践中得出的结论。古人没有从农作物自身的生长特性，所需要的土壤、水分、气温、肥料等条件去分析，那时不具备这些条件，特别是农业科技的水平还很低，没有化验、实验的条件和手段。现在我们具备了这些条件，就应该去进行分析研究。气候变化我们管不住，但已有一定的手段可以去预测。对于农作物的特性及所需外部条件的研究我们现在已达到了一定的水平，完全可以在不同的天气条件下，即不同的年景里，种植适宜于生长收获的农作物，以便地道顺应天道，去获取较好的收成。关键的问题是要有人去研究它，不但要研究土壤，研究肥料，研究气象，研究历史，研究古人留下的经验，还要研究种子，进行科学试验，作出科学论证，以更好地服务人民，造福人民。

《黄帝内经》是医学专著，文中关于气候的变化对人体健康的影响讲得较多，主要讲的是气候变化对人体脏气及其情致的影响。气候变化对人体的影响是肯定的，春季风多、干燥，感冒就多发；夏季酷热，就容易中暑；秋季风寒，就容易着凉伤到脾胃；冬季寒冷，人也容易受寒，伤到肺部、咽喉，关节等，一些气管炎、老寒腿就是这样得来的。至于古人总结的以上这些病症，究竟是什么道理，还可以用现代医学的手段来进一步论证。古人是从大量的实例病症中总结出来的带有普遍性的东西，我们今天不要轻易否定，当然也不能简单地对号，而是要进一步去论证，如果从科学上找出了证据，就会在防病上有所新的突破。

天道、地道、人道，我从《黄帝内经》中关于气候异常而带来的万物变化及人体变化，当然不是去全面分析论述所有的变化，而只是文中提到的一些变化，是想说明，天道同地道、人道是一个整体，我们研究人道，不要忽视了地道和天道，我们研究地道，各类经济活动，更不要忘了天道。不论人的生命研究，疾病预防，养生健体，还是人类的社会活动，社会管理，乃至人类的生产生活等，都要同天道运动联系起来，作为一个系统来看待，既要顺天，又要合地，还有适时，更要应人，系统辩证地看待一切事物，这才能把经济工作做好，社会事物管理好，人的生命保护好。

天赋人德，地赋人气，人是自然界的生灵，自然环境对人的生存发展影响极大，珍惜爱护人类生存发展的自然环境，这实际也是在珍惜爱护人类自己。我从中国古代医学中拎出这段话进行一些粗浅的解读，只是要说明一个问题，深入领会习总书记的重要讲话，切实增强保护环境的自觉意识。

存在决定意识　环境影响人生

——关于保护生态环境的调研与思考（二）

（2019年4月2日）

吉炳轩

我在《天赋人德　地赋人气》一文中谈了天道、地道、人道的一些关系，觉得言犹未尽，就这个题目而言，还有很多话要说。我想从唯物主义、自然观念的角度来再谈一谈人的身体健康同生态环境的关系，以更深入地去学习领会习近平总书记关于切实保护好生态环境的重要指示精神。

存在决定意识，环境影响人生，这应该是一条千古不破的真理。人的社会意识不是天生的，也不是凭空而来的，而是存在的客观社会所决定的。古代人不可能有现代人的社会意识，现代人也不会有古代人的社会意识。虽然古今之人有共同的思想观念，伦理道德，但由于其社会存在不同，其理想信念和价值追求、是非标准则是有所区别的。所以，历史唯物主义者认为，不能拿今日的思想理论来要求古人，也不能拿古人的思想理论来要求今人。

环境影响人生，自然环境、生态环境、工作环境、家庭环境、生活环境，对人生的影响是很大的，这也是人所超越不了的。人的思想意识可以超脱环境之外，去寻求精神支撑，但生存不行、生活不行、生命不行。自然的力量是巨大的，人是自然界的产物，必定受制于自然环境。有高山，人就要上下；有大河，人就要涉渡；有暑热，人就要纳凉；有冰雪，人就要御寒。人只有适应环境，顺其自然，才能生存发展。

环境影响人生，不但影响人的生存发展，而且还直接影响人的身体健康。在人与自然环境的相互作用中，除生物性致病因素直接危害人的健康外，自然环境中的各种因素，如气候、土壤、水文等，都对人的健康和疾病有着直接或间接的影响。良好的地理环境有利于健康,而不良的地理环境则可导致某些疾病的发生。最明显、最直接的如气象条件的变化,就对感冒、慢性支气管炎,肺气肿、肺心病等有很大影响。据有关资料介绍,近百余年间,全世界曾发生过56次“流感”的大流行,半数以上发生在太阳活动的峰年,其余出现在峰年前后一两年。太阳活动剧烈的年份,可以引起地球的气候反常、水文紊乱、病源微生物变异,以致造成某些疫病的大流行。

中国人对于自然界的运动对人体健康的影响认识得是很早的,而且积累了丰富的经验。成书于两千多年前春秋战国时期的《黄帝内经》就明确提出了“天人相应”的思想观念。《素问·宝命全形论》就明确提出:“天覆地载,万物悉备,莫贵于人。人以天地之气生,四时之法成”。认为人和自然界是一个统一体,是依赖自然条件而生存的。指出,自古以来人的生命活动与自然界的变化就是息息相通的,这是生命的根本。在天地之间,四方上下之内,无论是地之九州,还是人的九窍、五脏、十二节,都与自然之气相通。自然界的各种变化,都会对人体产生巨大影响。望闻问切是中医看病的四诊之法,其中切脉是最为关键和更为准确的一种。中医脉象学非常深奥而精妙,多数疾病都可以通过脉搏的跳动状况而反映出来,但这需要医术精湛的医生才能把握得到。中医脉象有很多表现,简单说,脉象鼓动指下,紧张而有力,如按弓弦,叫弦脉;稍无力,来时轻虚而浮,叫毛脉;来时有力,去时力衰,叫钩脉;有力而必须重按,轻按不足,叫石脉;是非无力,又不过于有力,一来一去,脉象和缓,叫滑脉。中医根据不同的脉象来判断疾病的部位和轻重,但同时又深刻指出,切脉诊病,必须要同四时天气的变化结合起来。这是因为天地四时变化,人的各种脏器也在随着变化,反映在脉象,就表现出春“弦”、夏“洪”、秋“毛”、冬“石”,一年四季节气不同,寒暑凉热有别,其脉象是不一样的。具体到一个人,早中晚,饭前饭后,睡时醒后其脉象也是不同的。人体的各种生理活动,都受地球自转和公转、自然气候周期性变化等自然节律的影响,呈现着“人气节律”、“阴阳节律”、“卫气节律”、“脉象节律”等。西方时间医学也表明,人体的生命节律与自然界的变化是密切相关的。人体存在着“生物钟”,这个“生物钟”体现着人的多种生理病理过程的节律,人的体温、血压、血糖含量、基础代谢率等,都呈现着周期性的变化。作为医生,不了解自然变化对人体症状的影响,是很难找准病因把病治好的。

四时有变,人体难安,人体的病理现象有不少来自自然界各种变化的影响,这在《黄帝内经》中有十分明确地论述。

《素问·金匮真言论篇第四》指出:“东风生于春,病在肝,俞在颈项。南风生于夏,病在心,俞在胸胁。西风生于秋,病在肺,俞在肩背。北风生于冬,病在肾,俞在腰股。中央为土,病在脾,俞在脊。”“故春善病鼽衄,仲夏善病胸胁,长夏善病洞泄寒中,秋善病风疟,冬善病痹厥。”这是古人在大量的病例中得出的实践结论,虽属经验之谈,但含有一定的科学道理。古人在医疗实践中,得出了“八风发邪,以为经风,触五脏,邪气发病”的结论。即自然界的“八风”会产生致病的邪气,侵犯经脉的风邪,能动人的五脏,因而发病。东风多生于春季,病多发生在肝经,表现于颈项;南风生于夏季,病多发生在心经,而表现于胸胁;西风多生于秋季,病常发生在肺经,而表现于肩背;北风生于冬季,而病常发生在肾经,而表现于腰股;中央属土,病常发生在脾经,而表现于脊背。所以,春气为病,多在头部;夏气为病,多在心上;秋气为变,多在肩背;冬季为病,多在四肢。春季往往多生鼻流清涕和鼻出血的病,仲夏往往多生胸胁疼的病,长夏多生里寒洞泄之病;秋季往往多生风疟之病,到了冬季则往往多生痹病。当然,这不是说,春夏秋冬就得这几种病,而其他病就不会得,而是说在这四季中容易发生的常见病,这些病的发生与自然界的气候变化有很大关系,属气节性疾病。《素问·阴阳应象大论》篇还指出:“冬伤于寒,夏必温病;春伤于风,夏生飧泄;夏伤于暑,秋必痎疟;秋伤于湿,冬生咳嗽。”指出,天有精气,地有形质;天有八节(立春、立夏、立秋、立冬、春分、秋分、夏至、冬至)的气序,地有五方(东、西、南、北、中)的布局。天地是万物生长的根本。天气与人的肺气相通,地气与人的咽喉相通,风气与人的肝脏相通,雷气与人的心脏相通,谷气与人的脾脏相通,雨气与人的肾脏相通。六经好像大河,肠胃好像大海,九窍好像水道。古代医家用天地的阴阳变化来比喻人身的阴阳,指出,人的汗,就好像天地间的和雨;人的气,就好像天地间的疾风。人的暴怒之气,就好像上天发的雷霆;人的逆气,就好像天气久晴不雨。人养生健体如果不取法于天地自然之理,那么疾病灾害就要发生了。这些比喻不一定恰当,更不能说全是科学的,但目的只是在说明一个道理,人与自然是密切相关、息息相通的,人一定要顺乎自然,而不能违逆自然。《素问·金匮真言论》还指出,人在不同的季节会发生相应的疾病，而这些病会随着时空的变化而变化，如精神病人在月圆之时易发作，肺结核病人在月圆前数日易发生大出血。《灵枢·顺气一日分四时》篇还指出："夫百病之所生者，必起于燥湿、寒暑、风雨、阴阳、喜怒、饮食、居所。气合而有形，得脏而有名。""夫百病者，多以思慧昼安，夕加夜甚。""春生夏长，秋收冬藏，是气之常也，人亦应之。以一日分为四时：朝则为春，日则为夏，日入为秋，夜半为冬。朝则人气始生，病气衰，故思慧；日中人气长，长则胜邪，故安；夕则人气始衰，邪气始生，故加；夜半人气入藏，邪气独居于身，故甚也。"这也是我国古人在大量的医疗实践中积累的丰富经验，而且是很有道理的。百病开始发生，同自然界的变化有很大关系，即气候环境是诱发百病的重要原因。《黄帝内经》深刻指出，百病的发生，一定起于燥湿寒暑风雨等外感，或是由于男女喜怒饮食居处等内伤。邪气侵入体内，就会有症状表现出来。邪入内脏，也有不同的病名。很多疾病，多是早晨清爽，白天安静，傍晚加重，夜里更重。这是四时气候造成的。春生、夏长、秋收、冬藏，这是四时气候变化的规律，人体也与此相应。把一天分为四时：早晨是春天，中午是夏天，日落是秋天，半夜是冬天。早晨人体正气生发如春气，病邪衰退，病者会感觉清爽；中午人体正气盛大如夏天，盛就胜邪，所以病者安静；傍晚人体正气如收敛的秋气，邪气开始生发，所以病势加重；夜半人体正气如闭藏的冬气，邪气独居体内，所以病势更加严重。人受制于自然，特别是自然环境的反常更易使人得病。中国的传统哲学著作《易经》就对太阳黑子的活动而造成人的疾病有所记载："月中见斗，往得疑疾。"即当太阳黑子活动剧烈时，人就易患"疑疾"，即"疯痴"或"独痴"，以及莫名其妙的精神类疾病。还记载有："目中见沫，折其右肱。"即太阳中出现像小星星一样的黑点时，人就易患"右肱"之病，即中医所说的"偏枯"之病。国外也有医学家认为，太阳黑子活动剧烈时，人们易患脑卒中、心绞痛和烦燥不安等疾病。

正因为中医理论和实践是建立在人与自然相统一相和谐的基础之上的，所以在疾病的治疗上也十分注重择时而治。《黄帝内经》提出："必先岁气，毋伐寒"的治病法则，即根据四时的气候变化来决定治疗的方法。中医针灸更讲究因时选穴、因时施针、因时刺禁，即根据不同的时节时间来选择穴位，决定用针和用针的禁忌。这是因为随着时间、节气的变化，人体的气血运转也是有变化的，所以用针不能四季相同，四时相同。中医用药也讲究辨时论治和择时服药，所遵时间节律包括了岁、季、月、日、时，制有专门的法则和系统论述，积有丰富的经验和大量典型案例。这不是唯心主义的学说，而是有一定的科学道理在里面，因大量实例已充分证明，适时用药疗效会更好。当代医学也有这方面的案例，尿路结石的排石效果，以夏季最好，春秋次之，而冬季则最差。气候、季节、时间影响疗效，则是肯定的。现代西方医学也认为，上午10:00是癌症病人接受治疗的"黄金时间"。细胞生物学家发现，癌细胞上午10:00生长最快，而治癌药物最擅长攻击正在分裂繁殖中的细胞，在癌细胞生长最迅速时进行治疗，效果最佳。西方现代时间医学研究也发现，人体在清晨时有很多变化，如：肾上腺皮质激素分泌高峰就在清晨，心脏病人清晨对洋地黄的敏感性大于平时的40倍，糖尿病人对胰岛素的敏感性早晨最显著。中医诊病把脉，也视清晨6:00左右最为准确。

地理环境与疾病同样有着十分密切的关系，一些地方病的发生就与地理环境有关。《吕氏春秋·尽数》曾记载："轻水所多秃与瘿人；重水所多尰与躄人；甘水所多好与美人；辛水所多疽与痤人；苦水所多尪与伛人。"就是水土不同，特别是水质水性不同，而所发生的疾病就有所不同。水土的性质、优劣对人体的影响是很大的，甚至影响到人的性情，这也是一个客观存在。上世纪70年代以来，人们发现人体血液中60多种化学元素的丰度曲线和地壳中这些元素的丰度曲线是一致的。如果某种化学元素的含量偏高或偏低，就会在一定程度上影响这个地区人群的健康，引发一些地方性疾病。例如，缺碘性疾病，多发生于四纪冰川后期、冰川融解造成的缺碘地区，碘易流失的地区（山区、沿江地带）等；高碘地方甲状腺肿，多见于水和食物富碘的海滨地区；地方性氟中毒，多发生在富氟的山区和低洼的盐碱地区及温泉地带；克山病和大骨节病则与缺硒的山区和丘陵地带有很大关系。

我在这里讲了一些医学方面的情况，特别是古代中医学说的一些论述，其用意就是一点，要认真地、深入地领会中央关于保护环境的重大决策，高度重视环境保护问题，让天更蓝、地更绿，水更洁、山更美，为人类的生存发展创造一个好环境，以减少疾病的发生。而且以上所谈，还是在正常的、没有污染的自然生态环境下，由于四时气候的变化和异常情况下，人们所易患的一些疾病，而在环境污染，特别是严重污染下，所患的疾病也就会更多。环境性疾病可能会成为一个大问题。环境影响人生，保护好人类赖以生存的美好环境是至为重要的。

天人相应　回归自然

——关于保护生态环境的调研与思考(三)

(2019 年 4 月 3 日)

吉炳轩

再谈自然环境对人的身体健康的影响问题。

“人生于地,悬命于天,天地合气,命之曰人。”“天复地载,万物悉备,莫贵于人。”“人以天地之气生,四时之德成。”这是中国传统医书,也是医之圣典《黄帝内经·素问·宝命全形论》中说的话。中医学认为,人是自然界发展变化的产物,人的形态结构,生理功能是长期适应自然界环境的结果。人的生理、病理和生命活动的规律是受自然规律的制约的,而且表现出同步震荡的现象。现代科学研究也认为,物质世界包括物质、能量和信息,物质与能量可以相互转化,它们是信息的载体。所谓气,就是精微物质及其蕴含的能量。用现代科学的观点来解释中国古代医学天人相应的理论,就是人体在生命过程中,不断与自然界进行物质、能量和信息的交换,交换的过程中,在自然界环境变化因素的干扰下,通过自我调节等组织活动而与大自然保持协调的稳定状态。

近年,国外兴起了一股“自然医学”热,又称“自然疗法”,强调人体自身功能,认为把自然存在的东西与人体自身的能力统一起来,这是保持和恢复健康的基础。自然医学倡导非药物疗法和天然药物疗法,主张“饮食物即是最好的医药”,倡导人们回归自然,与大自然和谐相处,共生共荣。这一医学观点,也是中华传统医学几千年来一贯倡导并推行的。中国文化自古就强调人与自然的和谐统一,要顺应自然,而不要违背自然。“道合自然”、“天人相应”、“天人合一”,都是强调人要顺应自然,适应自然,依据自然界的气候,时间和地理条件来生存发展,而不要违背自然规律去干傻事。中华文化中的“道”有很多解释,但最为根本的就是自然运动之法则。中医治病采用的方药、针灸、气功、推拿、拔罐、刮痧、食疗等,以及防病养生的诸多方法,都体现了“法天则地”,“道合自然”的精神。这种精神是极其宝贵的,是值得发扬光大的。

中医强调治未病,强调防重于治。治病于未发之时。而这个未发之时,就在于“入气调神”,阴阳平衡,人与自然协调和谐,而不致疾病形成生发出来。其核心要义就是:人要法于自然,顺应自然之气的变化,调适好精神、情志、劳作、饮食,做到人的肌能同自然的运动相吻合。现在一些西方国家兴起的自然疗法,就是我国中医“入气调神”养生疗法的另一种体现。西方一些国家提出的自然疗法,主要包括水疗、食疗、沙疗、土疗、日光疗,还有意念疗法,信仰疗法等等。而中医的众多疗法,如针灸、正骨、按摩、刮痧、气功、武术等,都属于自然疗法。世界卫生组织也提倡“异类疗法”、“同类疗法”、“自然疗法”、“传统医学”四种治病学说和方法。异类疗法又叫对抗疗法,其特点是对症治疗,例如“发烧退烧,发炎消炎”;同类疗法,也叫顺势疗法,就是以同治同,以热治热,以寒治寒,以毒攻毒,以疫防疫,例如用引起发烧的药来治发烧,用引起发炎的药来治发炎,用引起疫病的疫苗来预防疫病等;自然疗法,就是重视让人回归自然,同自然融为一体,通过空气、阳光、水、按摩、运动等来调节情绪,恢复元气,增强抗体来治疗体内之病,特别是通过食疗,来治愈疾病;传统疗法,主要是中医的辩证整体施治疗法,把人的各个脏器、关节等做为一个整体来考虑,并把人的疾病同自然界的环境、变化及人的工作、生活环境进行统筹考虑,然后来决定如何进行治疗,而不是针对单一的、具体的表征来治疗。

运用自然的物质、能量、信息来调理人的生命活动,以达到防病、治病、健体、延年的目的,这是中华医学几千年来经过丰富实践而走出的一条道路,这条道路无疑是正确的。从世界医学发展所取得的成果来看,中西医各有所长,也都各有所短,不能简单地说是西医优于中医,或是中医胜于西医,褒一方贬一方都是不对的。西医的贡献是很大的,如传染病的控制,就取得了十分辉煌的成就。由于人工免疫、预防接种、群防群治,改善卫生条件和不良生活习惯,尤其是抗生素的发明和广泛使用,使各种传染病、感染性疾病的发病率、死亡率大幅度下降,许多急性、烈性传染病,如天花、霍乱、鼠疫等得到了控制，结核病也不再成为人类大批死亡的主要原因，加之外科手术的进步，许多形成的病灶、脏器可以通过摘除、移植来保持人的生命和健康。应该说，自19世纪以来，随着化学科学的发展和化学工业的兴起，以磺胺类、抗生素类药物为代表的一大批化学药物问世，开辟了化学治疗的时代。化学药物和化学治疗的特殊疗效确实给人类带来了福音，这是不可否认的，但它的副作用、毒性作用，以及由此而发生的药源性疾病，也的确为人类带来了新的灾害。任何事物都是两面的，有一利就必有一弊，利弊始终是紧密相连的。有人计算过，每隔24—36小时，50%—80%的美国人便要服下一剂医生处方药物。抗生素杀死了细菌，同时也摧毁了许多维护人体至关紧要的有机物，造成体内菌体失调。许多临床病例证明，一些口腔、肠道、呼吸道霉菌感染及维生素缺乏等失调现象，与大量持续使用抗生素有关。大量使用抗生素，还会导致新的耐药菌株产生，这同大量使用农药，使许多害虫抗药一样，久杀不死，而抗生素的滥用，也是人体细菌久杀不死，反而愈加强壮。化学药物的毒副作用在临床病例中也是常见的，许多化学药物损伤肝脏、心脏、肾脏、神经、血管、骨髓；影响视力、听力、感觉，甚至继发癌症、溃疡病、神经炎等。据有关资料显示，美国因药物副作用而住院治疗的病人成为人们住院看病的十大原因之一。病人在医院里治病，每五位病人中就会有一位患上医疗事故或药源性的疾病。

化学药物的作用和贡献是不容置疑的，但化学药物的毒副作用也是不可否认和轻视的，对于这一点工业化的国家都有普遍的认识。自从化学药物兴起后，许多国家基本上废弃了本草疗法。但自化学药物的毒副作用日益显现和被人们所认识后，许多工业国家又重新兴起了本草疗法的新浪潮。而中医药所应用的药物则绝大多数是自然的药物，即地地道道的本草疗法。中药多来自植物、动物和少量的矿物，其中最多的是植物，植物占绝对成分。《中药大辞典》收录中药近6000种，其中常用药有1000余种。《中华本草》收入中医药物达8900余味。可见中医药所用自然之药的丰富和广泛。人类和中药，都是地球生命进化演变的产物，都属于世间生灵，彼此之间有许多是相通互补的，用天地人合一相应的观点来看待人类和万物，来认识中医药，看待中医药，发展中医药，以更好地造福人类，必定就能为人类社会带来更大的福祉。

以上所谈，也属于读书所知，读书所得和读书的感悟。我不懂医学，但我关心医疗事业，关心人们的身体健康，也就留心这方面的一些论述。这是就医来说理，除了要重视我们的中医学、继承发扬好我们的中医术，并能进一步有所创新创造外，更想说的是要保护好我们的生态环境。只有有了好的生态环境才能使人少得疾病；只有有了好的生态环境，人有了病才有可能采用自然疗法，回到天蓝水洁的自然环境中去强壮体魄，战胜疾病；也只有有了好的生态环境，才能种植出、采集到安全、可靠、优质、管用的好的中药材，也才能给人治病。良好的生态环境太重要了，我们要从关乎人的生命健康，关乎子孙万代的繁荣昌盛来切实保护好我们人类赖以生存的生态环境，切不可以一时的发展而破坏生态，贻害子孙。

人敬自然　自然宜人

——关于保护生态环境的调研与思考（四）

（2019年4月6日）

吉炳轩

前几篇调研随记谈了人的生命和身体健康同自然环境的关系，这里再谈谈人的情趣精神，即人的情致变化与自然的关系。

“艺花可以邀蝶，累石可以邀云，栽树可以邀风，贮水可以邀萍，筑台可以邀月，种蕉可以邀雨，植柳可以邀蝉。”（《幽梦影》）

这几句话说得很好，讲了世间一些事物相互依存的关系，对我们认识自然、爱护自然都是有益的。

栽种花草可以邀来蜂蝶共舞，有花香，有蝶舞，何其生动活泼；累石造山可以邀来白云飘浮，犹如移来仙境,何其妙哉;栽下松林可以邀来风声阵阵,林中听涛,其乐快哉;挖筑池塘可以邀来浮萍漂游,也能增添无限生机;筑起高台可以邀来明月清莹,登台观月,心静神清;种下芭蕉可以邀来雨打蕉叶,声声悦耳;栽下柳树可以邀来蝉鸣声声,热闹非凡。

有花亦有蝶,有石亦有云,松中可听涛,水边可观萍,台上宜观月,窗蕉适听雨,物与景、物与情是互依共生的。自然界就是如此,无花引不来蜂蝶,无松听不到涛声,我们要享受自然就要爱护自然,在互依共存中享受自然美景。

人是自然界的生灵,人敬自然,自然宜人;人毁自然,自然毁人,这是千古不破的真理。就拿气候条件来说,天气可以影响人的情绪,这是妇孺皆知的一般道理。人在阴雨连绵、久晦不晴的天气里,肯定心情不好。这些年来,一旦阴霾天气或沙尘暴天气来袭,人就郁闷难受,总感到一股无名之火窝在那里,说不出来心里是一种什么滋味。而在久旱逢甘露,连阴见晴天之时,就如雨后见到彩虹那样,心里不知道有多敞亮,连鼻孔出气都感到匀称得许多。其实这个道理并不复杂,人是自然界的生灵,成于自然,毁于自然,也受制于自然。盛夏酷暑,冰天雪地,春暖花开,秋风霜凝,人的气血运转是不一样的,这就自然而然会引起情绪的变化,只不过我们平常不大关注罢了。古人对这方面有不少论述,这里再摘取一例,看看古人是怎么说的:

“凡人光明博大、浑厚含蓄,是天地之气;温煦和平,是阳春之气;宽纵任物,是长夏之气;严凝敛约、喜刑好杀,是秋之气;沉藏固啬,是冬之气。暴怒,是震雷之气;狂肆,是疾风之气;昏惑,是霾雾之气;隐恨留连,是积阴之气;从容温润,是和风甘雨之气;聪明洞达,是青天朗月之气。有所钟者,必有所似。”

这是一个明代叫吕坤的人所著的《呻吟语》一书中的一段话。在吕坤看来,一个人光明博大、深厚含蓄,这是禀受了天地之气;温厚煦暖、心平气和,这是禀受了阳春之气;宽怒纵容、放任外物,这是禀受了夏天之气;严凝敛约、喜刑好杀,这是禀受了秋天之气;深藏厚敛、顽固悭吝,这是禀受了严冬之气。凶暴横怒,这是禀受了震雷之气;狂妄放肆,这是禀受了疾风之气;昏弱迷惑,这是禀受了霾雾之气;隐恨留连,这是禀受了积阴之气;从容温润,这是禀受了和风甘雨之气;聪明洞达,这是禀受了青天朗月之气。一个人禀受了什么气,就必然表现出相似的气质。

以上这些说法肯定是不科学的,但也不是没有一点道理。一个人的个性脾气是多种因素形成的,有基因遗传,有工作环境,有家庭教育,也有后天习成,同时也包括有一定的气候条件。气候条件能影响人的情绪,诱发一些个性特点表现出来,但决定不了人的个性脾气,这一点也是要说明白的。但也需要说清楚的是,人常年累月在一种工作环境和城市环境里生活,久而久之会引起人的气质的变化,好的环境心情就好,脾气也会好很多;而那些不利的工作环境和恶劣的生态环境,还会对人体健康带来危害。一些僵化、保守、教条、争官夺利、争论是非,听不进意见、自以为一贯正确的思想观念和工作之地之景之状况的特定环境条件多多少少是有一定关系的。一些人整天待在办公室里,抬头天花板、低头是地板,满桌子是条条框框的文件,对外部社会,特别是基层的情况一无所知,再聪明再能干,要去处理解决没有见到过的事情,能不犯教条主义、官僚主义吗？碰到一些急事难事,心情脾气能好吗？

人要使自己心情舒畅,心胸开朗,少犯教条主义、官僚主义的毛病,少发脾气,少生闷气,就要多到大自然中走走,多享受一些晴朗的天气、沐浴些清爽的新风。只要走进自然,气质定会有变。

其实对于这个问题,在中国传统医学里讲得很明白。天地有变,人体难安,《黄帝内经》专门论述了这个问题。《黄帝内经·素问·至真要大论篇第七十四》说:厥阴在泉之年,风气淫盛,则地气不明,原野昏暗,草类提早结实。人们多病洒洒然恶寒发冷,常常伸展肢体打呵欠,而且还易心痛伴有肠胃撑满感,两胁里拘急不好,饮食不下,胸膈咽喉不利,食入则呕吐,腹胀,嗳气,得大便或排气后觉得轻快,全身还觉沉重。这是讲在阴雨连绵和阴霾很重连续阴沉的天气里,由于淫湿之气侵入人体,而造成的人体不适之症。

此外,文中还指出:

少阴在泉之年,热气淫盛,河川泽湖中阳气蒸腾,阴处反觉清明。而在这样的天气里,人们多腹中时时鸣响,逆气上冲胸脘,气喘,不能久立,恶寒发热,皮肤疼痛,眼睛模糊,牙齿痛,目下肿,恶寒发热如疟状,少腹疼痛,腹部胀大。气候温热,虫类迟不伏藏。这是多发生在夏季的湿热天气,无风无雨,空气湿度很大,且又闷热,连续多天热气淫盛而带来的病症。

太阴在泉之年,草类提早开花,湿气淫盛,则岩谷之间昏暗浑浊,黄色见于水位,这是水湿与至阴土气色相交合。人们多病痰饮积聚，心痛、耳聋，头目不清，咽喉肿胀，喉痹，阴病而有出血症状，少腹肿痛，小便不通，气逆上冲头痛，疼得眼如脱出，项部似拔，腰像折断，大腿不能转动，膝弯结滞不灵，小腿肚好像裂开一样。这是因雨水偏大，多雨少晴湿气过重，由淫湿而带来的疾病。

少阳在泉之年，火气淫盛，则郊野光焰明明，时寒时热。人们多病泄泻如注，下痢赤白，少腹疼痛，小便赤色，甚则血便。其余症状与少阴在泉之年相同。这是冷热不定，忽冷忽热，往往在换季之时出现，气温在几天之内忽高忽低，变化无常，让人难以把握。人在这样的气候条件下，也很容易得病。这一现象目前在东北地区还很常见。

阳明在泉之年，燥气淫盛，则雾气清冷，迷蒙昏暗。人们多病呕吐，腹内烧杂，呕吐苦水，还经常叹息，心胁部疼痛，不能转侧，甚至咽喉干燥，面暗如蒙尘，身体干枯而无润泽，足外侧反热。这种天气在秋冬季节常见，久旱不雨，空气干燥，再加上天气昏暗，冷风习习，一切都枯寒清冷，人的皮肤都是干燥的。这样的天气也很容易得病。

太阳在泉之年，寒气淫盛，则天地间有凝肃惨栗之象。人们多病少腹疼痛，牵引睾丸、腰，脊向上冲心而痛，出血，咽喉疼痛，颔部肿。这是极端寒冷天气所带来的疾病，在北方地区也是比较常见的。

对于这些因天气不好而得的疾病怎么治疗，文中也作了回答：诸气在泉，风淫于内，治以辛凉，佐以苦甘，以甘缓之，以辛散之。热淫于内，治以咸寒，佐以甘苦，以酸收之，以苦发之。湿淫于内，治以苦热，佐以酸淡，以苦燥之，以淡泄之。火淫于内，治以咸冷，佐以苦辛，以酸收之，以苦发之。燥淫于内，治以苦温，佐以甘辛，以苦下之。寒淫于内，治以甘热，佐以苦辛，以咸泻之，以辛润之，以苦坚之。用现在的话说，就是：凡是在泉之气，风气太过而侵淫体内的，主治用辛凉药，辅佐用苦甘味药，用甘味来缓和肝木，用辛味来疏散其风邪；热气太过而侵淫体内的，主治用咸寒药，辅佐用甘苦药，以酸味收敛阴气，用苦药来发泄热邪；湿气太过而侵淫体内的，主治用苦热药，辅佐用酸淡药，用苦味药以燥湿，用淡味药来渗泄湿邪；火气太过而侵淫体内的，主治用咸冷药，辅佐用苦辛药，以酸味药收敛阴气，以苦味药发泄火邪；燥气太过而侵淫体内的，主治用苦温药，辅佐用甘辛药，以苦味泄下；寒气太过而侵淫体内的，主治用甘热药，辅佐用苦辛药，用咸味以泻水，用辛味以温润，以苦味来巩固阳气。

文中重点讲的是因天气变化而带来的疾病和用方药及饮食调和之法，即用五味来调节人体机能，以抵御外界气候变化所带来的不适。风太大的季节，可食辛冷、苦甘、辛辣之味的东西；暑热之季可食用咸味、酸味和甘苦之味的东西；雨水太多、湿气太重之季，可食用苦热、酸淡之类的东西；酷暑暴热之季，可食用咸冷、辛苦和酸味的东西；过于干燥的季节，可食用苦温、甘辛之类的东西；极寒天气，可食于甘热、苦辛和咸味的东西。这是古人的生活经验，也已世代相传，在民间相沿成习，许多地方的饮食习惯均与此有关。至于这些做法是否灵验，今日不敢妄下结论，只能靠实践来说明，靠科学的检测手段来论证。

借用《黄帝内经》这本2000多年的古老医书中的这段话，是想说明自然环境、天气条件对人的身体影响包括情致精神是极大的。天道、地道、人道是紧密联系在一起的，天气的变化直接影响着万物的苏盛荣枯，也同时影响着人的五脏六腑。好天气不但人的心情舒畅，志趣高昂，而且各个脏腑器官也运转良好，人的体能也好。反之，恶劣的坏天气，不但人的情致不好，精神不佳，而且各个脏腑器官也受到损伤，不能正常进行工作。人是天地之性灵，生于天地，也受制于天地，养生要知天知地，顺天应地；治病也要知天知地，顺天应地；我们的建设发展，更应知天知地，顺应天地。

习近平总书记深刻指出：人与自然是生命共同体。生态环境没有替代品，用之不觉，失之难存。“天地与我并生，而万物与我为一。”“天不言而四时行，地不语而百物生。”当人类合理利用、友好保护自然时，自然的回报常常是慷慨的；当人类无序开发、粗暴掠夺自然时，自然的惩罚必然是无情的。人类对自然的伤害最终会伤及人类自身，这是无法抗拒的规律。深入学习习近平总书记的重要讲话，弄清楚搞明白人敬自然，自然宜人这一千古不破之真理，下大功夫、硬功夫保护好我们赖以生存的自然环境，这是至为重要的。

人毁自然　自然毁人

——关于保护生态环境的调研与思考(五)

(2019 年 4 月 6 日)

吉炳轩

习近平总书记深刻指出:“生态兴则文明兴,生态衰则文明衰。生态环境是人类生存和发展的根基,生态环境变化直接影响文明兴衰演替。古代埃及、古代巴比伦、古代印度、古代中国四大文明古国均发源于森林茂密、水量丰沛、田野肥沃的地区。奔腾不息的长江、黄河是中华民族的摇篮,哺育了灿烂的中华文明。而生态环境衰退特别是严重的土地荒漠化则导致古代埃及、古代巴比伦衰落。我国古代一些地区也有过惨痛教训。古代一度辉煌的楼兰文明已被埋藏在万顷流沙之下,那里当年曾经是一块水草丰美之地。河西走廊、黄土高原都曾经水丰草茂,由于毁林开荒、乱砍滥伐,致使生态环境遭到严重破坏,加剧了经济衰落。唐代中叶以来,我国经济中心逐步向东、向南转移,很大程度上同西部地区生态环境变迁有关。”

“马克思、恩格斯认为,‘人靠自然界生活’,人类在同自然的互动中生产、生活、发展,人类善待自然,自然也会馈赠人类,但‘如果说人靠科学和创造性天才征服了自然力,那么自然力也对人进行报复’。恩格斯在《自然辩证法》中写道:美索不达米亚、希腊、小亚细亚以及其他各地的居民,为了得到耕地,毁灭了森林,但是他们做梦也想不到,这些地方今天竟因此而成为不毛之地,因为他们使这些地方失去了森林,也就失去了水分的积聚中心和贮藏库。阿尔卑斯山的意大利人,当他们在山南坡把那些在山北坡得到精心保护的枞树林砍光用尽时,没有预料到,这样一来,他们把本地区的高山畜牧业的根基毁掉了;他们更没有预料到,他们这样做,竟使山泉在一年中的大部分时间内枯竭了,同时在雨季又使更加凶猛的洪水倾泻到平原上。”

学习习总书记的重要讲话,可以使我们十分清醒地认识到人与自然的紧密关系,十分清醒地认识到人毁自然、自然毁人的严重后果,以此来增强打好蓝天碧水保护战的压力感、紧迫感和信心决心。一定要深刻认识到,人类社会的发展史,就是一部人与自然的关系史。一定要深刻认识到,近现代以来,由于科学技术水平的飞速发展,人类认识自然、改造自然的能力大大提高,人类实践的范围也不断扩大,人类在征服自然、利用自然取得巨大成果的同时,对自然的破坏也达到了相当严重的程度。

随着近代科学技术的发展,飞机上天,电灯照明,无线电通讯,电子计算机进入家庭,新的发明层出不穷,极大地改变了人类的物质生活和精神面貌,创造出巨大的财富。仅就医学来说,抗生素的临床应用,各种口服的、接种的防疫疫苗的普及,许多传染病几近绝迹,如天花、麻疹、白咳、破伤风,等等;外科手术通过切除病灶、移植器官等,挽救了许多绝症的生命。现在较之过去,人的平均寿命普遍延长,身体状况好于历史人任何一个时期,整体素质有了很大提高,这是科学技术的力量。由此也产生了一个观念,科学技术可以改变一切、发展一切,不但可以认识宇宙,探索宇宙,甚至可以驾驭自然,改变自然。力图通过科学技术来挖掘自然财富,利用自然资源,结果却自觉不自觉地破坏了人与自然的和谐协调关系。仅就医学来说,现在的药物不断更新换代,在治病的同时,也在制造着药源性疾病。抗生素的威力越来越大,而细菌也越来越张狂,各种新的细菌变种为抵御抗生素而应运而生,可谓“道高一尺,魔高一丈”,而最终受害的是发展和运用抗生素的人类。现在,交叉感染和耐药菌株不断增多,因污染、药物而致癌致畸致残的病人也不断增多。现在到医院看病,由于科目越来越细,医生越来越专,所以检查项目也就越来越多,若不进行全面检查,一个小小的疾病就难以明确诊断。随之而来的是,医疗费用越来越贵,人们看病越来越累。北京各大医院,每天人如潮涌,你挤我搡,苦不堪言,没有病的人陪人看病也会累出病来。看病苦,看病累,看病贵是一个普遍的社会问题,这是谁之过呢?西方发达的资本主义国家以高福利而炫耀于世,而现在也为高额的医疗费用而头痛,纷纷进行医疗改革,但步履艰难。美国奥巴马医改就曾掀起政治波浪,虽强行推行,但也未能成功。

据有关资料介绍，现在工业化社会的每个成员为了维护生命所消耗的能量，比100万年以前的人类，要至少高出1000多倍，当然这是拿高级的现代人和低级的猿古人相比，是不能同日而语的，但由此说明一个问题，现代人对自然的索取要比古代人对自然的索取要多的很多很多。古代人生存发展靠的是自然经济，是靠索取自然界的动植物而生产生活的，但用的是笨重的手工和体力，虽然也掠夺破坏自然，但毕竟能力和范围都是有限的；而现代人用的是高速的、快捷的、能量巨大的现代化科技和机械手段，虽然享受的是科学技术化的现代物成果，但仍然是在向自然界索取，煤炭、石油、天燃气、土地、森林、草原、江河、湖泊、大海，哪一个不是被掠夺的自然界的物质物产？只是古人和今人夺取的办法和手段不同罢了。随着科技的飞速进步，生产力的快速发展，人类向自然索取的力量越来越大，速度越来越快，而到了使自然难以自我修复的程度。环境恶化、资源枯竭、生态危机，这是摆在人类面前活生生的、极其严酷的现实。这样的发展进步看似快速高效，但已经为人类的健康顺利发展，乃至后代的生存生产构成了严重威胁。人类无限制地消耗着地球自身的积累和贮备，认为它永世不会耗竭，强力进行开发，唯恐落于他人之后，甚至不分昼夜，不顾时节，生产开发，开发建设，天上快速飞，地上高速奔，轰隆隆的机器声声，黑乎乎的烟尘滚滚，如山的垃圾，刺鼻的废气，妖魔雾霾隔几天就光顾人间一次。这就是现代化所付出的代价，造成的现实，而真正意义的现代化不应该出现这样的现实。据世界卫生组织发布的报告，目前全世界有10亿人口生活在污染严重的城市，而洁净环境中生活的城市人口不到20%。全世界有近三分之一的人口缺少安全用水，每天有数以万计的人的死亡与水污染有关。食品中毒事件经常发生。由于自然资源的过度开发利用，破坏了整体自然生态系统的稳定和平衡，出现了全球性的生态危机。

半个多世纪以来，全球性的人与自然关系问题日益突出，人口问题、资源问题、环境问题、生态问题等矛盾日益恶化，严重威胁着人类的生存发展。目前，生态问题、污染问题已成为全球最为突出的问题，“温室效应”、“酸雨危害”、“臭氧层破坏”，是造成生态危机的三大要害。相继而来的是粮食、人口、自然资源和环境污染的压力。就人们生活而言，现代化的城市人口高度集中，百万人口以上的城市比比皆是，一旦大中城市的生活要素之一发生中断，立即就会出现混乱，乃至瘫痪。一场暴风，一场暴雨，一场暴雪，就会使一个特大城市应顾不暇，四处堵车，交通瘫痪。一点小小的自然灾害，就会造成停水、停电而使城市受损。现代化的城市如此弱不禁风，这是预想不到的。城市的高能输入也引起了重大的生态变化，大城市平均气温要比周围地区高出3℃—4℃。造成城市高温的原因不是太阳，而是热电厂，汽车尾气、空调废气和水泥柏油路面受太阳照射后反射起来的温度，还有无数高楼大厦的玻璃墙壁引起太阳温度反射而形成的高温。大中城市的空气污染也比农村要多好几倍乃至十来倍。据有关资料显示，由于城市对能量的需求而引起的气象变化，冬季里，雾霾天气比周围农村要多10%左右；夏季里，雾霾天气要比周边农村多30%左右。城市里的风量要比农村减少20%—30%。城市里高水平能源消耗和由此产生的垃圾，严重影响了城市居民的健康，除癌症发病率高得出奇外，城市的多发病，如溃疡病、心脏病、高血压等，也比农村要高得多。

这都是谁之祸呢？

人毁自然，自然毁人。这正应了恩格斯说过的一句话：“我们不要过分陶醉于我们人类对自然界的胜利。对于每一次这样的胜利，自然界都对我们进行报复。”

人类是自然之子，为大自然所生，现在却正在亲手毁坏大自然，这是可悲的、可怕的、危险的。无限制的人口增长，掠夺性的资源开发，日益严重的公害污染，昏蒙阴沉的天空，污浊发臭的河水，遍体鳞伤的大地，农药、化肥、射线、化学药品……正在残害着人类自身，这是大自然对人类的惩罚。现在认识到这一危害，并下决心出重手来治理这种危害，还为时不晚。可怕的是认识不到，不去治理，仅做些表面文章而应付社会舆论，那将是对人类的犯罪。

中国是个发展中国家，在改革开放后的快速发展中清醒地认识到了这个问题。以习近平同志为核心的党中央以宽阔的胸怀，果断的魄力，作出了坚决保护生态环境的重大决策，打响下狠手、下重手治理各类污染的攻坚战，这是在对世界文明做贡献，也是为子孙后代做牺牲，是可以永载史册、永发光辉的伟大德政。党的十八大以来，我国把生态文明建设作为统筹推进“五位一体”总体布局和协调推进“四个全面”战略布局的重要内容，开展了一系列根本性、开创性、长远性工作，提出了一系列新理念新思想新战略。在中国，生态文明理念日益深入人心。党的十八大以来，中国污染治理力度之大、制度出台频度之密、监管执法尺度之严、环境质量改善速度之快,前所未有,推动了生态环境保护发生历史性、转折性、全局性变化。这样的措施、决心、手段和在一段时间内快速取得的治理成效,是当今世界任何一个国家都不可比肩的。这是我们党的领导的威力,社会主义制度的威力。

环境保护工作成就很大,但环境保护工作困难也仍然很多,任务仍然十分艰巨。"革命尚未成功,同志仍须努力",要继续深入落实中央的重大决策,习总书记的重要指示:"不管有多么艰难,都不可犹豫、不能退缩,要以壮士断腕的决心、背水一战的勇气、攻城拔寨的拼劲,坚决打好污染防治攻坚战。"

寻神仙之道　行神仙之事

——关于保护生态环境的调研与思考(六)

(2019 年 4 月 8 日)

吉炳轩

中国的道教追求修仙学道,长生不老,当然这是迷信活动,只是一种精神的向往和寄托罢了。

神仙是人创造出来的,谁是神仙?中国人所崇拜敬仰的神仙都是历史上曾为人类作出过杰出贡献的人。黄帝被称为医神,炎帝被称为农神,大禹被称为水神,关公被称为财神,玉皇大帝、王母娘娘都是真有其人,有名有姓。民间所流传的"八仙",也是真有其人,真有其名,连水龙王、灶王爷、土地神、宅门神等,都是人的化身。在中国传统文化里,神就是人,神人就是圣人、贤人,对中华文明作出过卓越贡献的人,但也都是死去的人,根本没有活着而长生不老成为神仙的人。所以,天底下根本没有什么神仙,神仙是人们想象出来的,是人的一个理想和愿望。所谓的神仙,就是上可知天、下可知地,而且能知过去、知未来,特别是知道天气的变化。知天、知地,知人、知世,知道过去和未来的人,就是神仙。人们把诸葛亮比作神仙,就是他知天知地,能借来东风,帮助周瑜火烧了曹操的战船,赢得了赤壁之战。诸葛亮懂气象,预测到了天气变化,所以就行了神仙之事。还有我们的农业生产,后稷也是作为神仙来敬的,他是农神、粮神。他根据气候变化,春夏秋冬四时不同,总结出了农业生产的经验,教人种植粮食,解决了吃饭问题,这是伟大的。他伟大就伟大在知道气候变化和农业种植业的关系,并依据气候变化来安排农业生产。特别是我国古人通过观察了解气候变化总结出来的指导农业生产的二十四节气,这是非常了不起的。时至今日,二十四节气仍是我国大部分地区农业生产的科学指针,照着去做了,农业生产就能丰收,如果违背了,也就是违时了,农业生产就会歉收,甚至绝收。发明、总结二十四节气的人就是古代的气象工作者,就是神仙。

我国古代的农学、哲学、医学,乃至军事学、社会学、政治学,多是把天道、地道、人道放在一起来研究的。天道影响地道,地道影响人道,天道也同时既影响地道,也影响人道。我们常讲,农业生产是靠天吃饭,就是受气候条件的约束。春种、夏耘,秋收、冬藏,适时播种,按时收获,就会有好的收成,而如果违背了天道的运行规律就会减收歉收甚至没有收成。这就是天道同地道的关系、同人道的关系。天道影响了地道,同时也影响了人道。中华文明是从农耕文明发展过来的,农耕文明就是天道、地道、人道结合而统一的文明。天道同地道的关系,或者说是地区气候条件的形成,既是天在发挥作用,同时也是地在发挥作用,当然天的作用是主要的。河南人口众多,现在已近一亿人口,但地域面积并不大,只有十六万平方公里,而且境内还有太行山、大别山、邙山、伏牛山几座大山,有黄河、淮河两条大河,耕地也仅一亿亩多一点,人均一亩来耕地,地域小,耕地少,为什么会有如此多的人口?为什么会成为中华文明的重要发源地?这就是天气条件和地理条件决定的。河南地处中原,春夏秋冬四季分明,气候条件和土地条件非常适应各种农作物的生长和人类的居住,畜牧业生产发展快,也适应人口繁衍。为什么过去东北、西北地区人烟稀少?东北寒冷,不利于农作物生长,也就影响到了人的生存发展。现在经过开发,依靠农业机械和科学技术,东北成了国家的大粮仓,但一年也还是只能种一季庄稼,原因就是无霜期太短。黑龙江全省平均每年无霜期也就一百来天。西北地区主要是荒漠，大沙漠、大戈壁面积很大，而且少雪缺雨，气候和地理条件都不适应承载更多的人口居住和大规模的农业生产。这都属于天道和地道的影响，并进而影响到人道，包括人的生活习俗、生产方式。我国东南沿海台风多，每年都要受到台风灾害的侵扰，这也是气候条件和地理环境相互作用的结果。地理对气候条件的形成影响也是很大的。西北长期干旱，就与喜马拉雅山有关，阻挡住了印度洋的暖湿气流过来。

人是自然界的生灵，是在宇宙物质相互作用和不停运动中产生的。关于生命的起源，有多种说法，有的说生命起源于海洋，是从海洋中来的，是天、地、日、月运动的结果。有的科学研究认为，日月和地球的相互作用产生了潮汐，潮汐造成了海洋运动，海洋运动孕育出了海洋生命。但不管怎么说，人的生命来源于自然，最后又回归自然，这是没有错的。人在自然中生、在自然中长，自然给予了人的生命、生存空间、物质财富、精神享受、思想境界、道德追求。早上起来，拉开窗帘、打开窗子，一看又是一个好天气，天空蔚蓝清亮，心情就非常好。如果早上起来看到的是雾霾笼罩的昏暗天气，心情就非常不好，而且一天心里都不舒服。我们得益于自然，同时也受害于自然。自然给了人们幸福欢乐，同时也给了人们灾难困苦和忧伤。存在决定意识，环境影响人生。环境是什么？就是气候条件、地理条件、社会条件、政治条件、工作条件、家庭条件等等。就气候条件而言，对人的影响是很大的，而且是在自觉不自觉中被影响的。在发生自然灾害的时候，我们想到是天在发威、天在作怪，甚至会骂天，会说“这鬼天气”；当风调雨顺、五谷丰登的时候，人们也会说，是苍天降福于民。久旱不雨我们怨天，尘埃遍地我们骂天。我们生活在天地间，天地养育着我们。中华民族的伟大，就伟大在把人放在整个宇宙中来看待，用广阔的宇宙观来看待和确定人的世界观、人生观、价值观。我们经常讲，人要确立正确的世界观、人生观、价值观，但要真正确定正确的世界观、人生观、价值观，就要先有一个科学而广阔的宇宙观。没有对宇宙的认识和了解，就产生不了正确的世界观，包括正确的人生观、价值观。如果作用于社会管理、经济发展，你不懂天道，不知道自然规律，不懂地道，不知道环境条件，不能做到实事求是，因地制宜，就会凭“想当然”办事，就会犯主观主义、教条主义的错误，就会好心办坏事。

自然界的东西，风啊、雨啊、电啊，都是客观存在，是不以人的意志为转移的。人要趋利避害，就要去了解自然、认识自然、顺应自然，寻神仙之道，行神仙之事，进而才有可能像神仙那样去驾驭自然。人类只有做到与自然和谐相处，按照自然规律来安排生产生活，也才能更好地享受大自然带给我们的恩赐。我们的各级领导干部都需要多了解一些气象知识，知道一些日月星辰、风雨雷电、冰雪霜雾，这对我们保护环境、健康发展都是有益的。

雾霾不断也要从气候变化找找原因

——关于保护生态环境的调研与思考（七）

（2019年4月8日）

吉炳轩

自然界的现象有很多，也很复杂，人们可以看到、感知到的，而且对人的生存发展有直接影响的就有日、有月、有风、有雷、有冰、有雹、有雾、有霾，还有云、还有霜、还有雪、还有气流，也包括海洋洋流运动等等。这些年全球极端天气增多，特别是雾霾经常来袭，许多人说是气候变暖所致。气候为什么变暖？有从工业发展、排放污染来寻找原因的；有从地球运动周期变化来寻找原因的；也有从太阳活动变化来寻找原因的；等等。这些研究都是十分有益的，是在进一步了解自然、认识自然。

气象是观察研究日月风雷的运动变化的，我们可以用更为广阔的宇宙观来研究和探索这个问题。比如，要研究地球和太阳的关系，太阳和银河系的关系。地球和太阳系的关系密不可分，地球是太阳系中为数不多的星球的一分子，而且是最重要的一分子。因为迄今为止，在太阳系中只发现地球有生命存在，而其他星球没有。当然，可能是没有发现，但对人类来说，地球是最重要的。研究地球上发生的重大气象变化，就必须观察和研究地球和太阳的关系。人们的生产生活都是根据地球和太阳的关系来安排的。地球围着太阳转动运行一圈,365 天,分成春夏秋冬四季,由于转到不同位置,离太阳的远近不同,气候就发生了变化。春夏秋冬四季在农业上分成二十四个节气,也是由于地球和太阳不同的位置变化,使大气的温度发生了变化,并给地球上的植物带来了变化。地球是太阳的行星,太阳是地球的恒星,但太阳也是运动的,它本身内部就在运动,包括黑子爆炸等等。对太阳的运动人们研究得很少,因为太阳温度太高,目前人类还接近不了,而只能远距离观察它的变化。地球和月亮的运动产生了大海潮汐,大海潮起潮落,在有规律的、不停的运动中孕育出生命。地球和月亮的运动也是与太阳有关的,太阳甚至起着决定性的作用。没有了太阳的引力,地球和月亮的运行、活动就将会是另一个样子。我们现在都清楚明白,并用于安排我们的生产生活的地球上的四季变化,就是太阳与地球相互作用的结果,而这个作用太阳是起决定性的。地球上出现的事物与太阳有关这是不需置疑的,那么气候变暖、地震、雾霾等天气变化和地壳运动与太阳和地球的相互运动有没有关系呢?就地震来说,现在的科学研究成果,多认为地球上的地震是地球内部的原因,就是地球板块碰撞挤压而造成的。那么,地球板块碰撞又是什么原因呢?地球上还有火山爆发,这是地下岩浆运动的结果。地震、火山爆发,都发生在地球之上,是地球内部的结构性矛盾,这是内因,但有没有外因影响、干扰、诱发呢?春夏秋冬也是发生在地球上,但关键因素是太阳和地球相互作用的结果,两者缺一不可。那么是否可以设想,地震、火山爆发,包括雾霾等极端天气也应该从内外两个方面去找原因。这应该是科学的方法。

可以想象:地球围着太阳转,月亮绕着地球转,在这“手拉手”、“肩并肩”的运转中,产生了春夏秋冬、日月变换和人类社会的万千气象。前边我说了,太阳相对于地球是个恒星,但太阳绝对不是静止不动的,它在银河系也是一个行星。太阳是运动的,这也无须置疑。太阳围着谁来转?是谁在牵引着太阳在一定的轨道上运行?太阳运行一周是多长时间,十年、二十年,一百年、二百年,一千年、两千年,乃至上万年?现在的人类还认识不了。地球围着太阳转一圈是一年,三百六十五个日月轮换,地球转到不同的轨道位置就有了季节变化和风的变化,雨的变化,雷的变化,并给地球造成了冷暖寒热的四时不同。那么太阳如果在一定的轨道上运行,到了不同的位置,在太空中它会遇到什么情况?不同的环境条件会使太阳发生什么样的变化?黑子?耀斑?太阳在运行中的这些变化又会给地球乃至她的其他子孙——整个太阳系的其他行星带来什么变化?这些人类都还不知道。变化是肯定的,太阳的任何变化都会给地球带来影响,这也是肯定的。至于怎样变化,有没有规律,还需要去观测、探索和研究。有轨道就肯定有规律,只看我们何时能够破解了。

地球上的地震、火山爆发、冰川融化、气温升高、极端天气增多,与太阳运行到一定的轨道、空间、环境的变化有没有关系?我个人认为应该是有关系的,但这还需要科学家去研究探索,也希望我们的气象工作者来观察研究。据史书记载,人类在五千年前曾遭遇了一次大洪水,多数国家的史书传说有这样的记载,这说明是整个地球遭受到了特大洪水。中国的传说就有了大禹治水的故事。全球性的特大洪水是什么原因?到多少年还会再来一次?这都值得思考,要从地球、太阳的周期性运动中去寻找答案。气象研究和观测意义重大,文章很多,能突破一点就将会给人类社会带来很大的福分。

气象也是资源　可资开发利用

——关于保护生态环境的调研与思考(八)

(2019 年 4 月 8 日)

吉炳轩

我们在研究环境保护时,要特别重视气象工作。在这里,我想就气象资源的开发利用谈点想法。

气象也是资源,这个命题好像不能成立,但如果细细想去,风、雨、雷、电、日、月,包括冷、暖、暑、寒、干、湿、燥、热等,不都是能量、能源吗？如风能的研究开发,哪个地区有最好的风场,又便于建设管理和电力输送,风力风区有多大,可以建多少风塔等,这些工作的基础和根本就都是气象工作,做好了意义就十分重大,对解决能源的可持续再生问题就是重大贡献。还有太阳能的开发利用。太阳的能力很大,能给我们带来光明和温暖,还能给我们带来动力和能源。我们在太阳能的利用上也仅是刚刚起步,还有许多文章可做。当然把太阳能转化为可供人类使用的电能、热能,还需要科学技术的进一步发展,材料工业、制造工业的不断进步及大量的投资,但最为基础的、本质的工作还是太阳的能量能源探测等气象、物理工作。太阳只有一个,这对谁都是一样的,但由于地理环境不同,经纬度坐标不同,所受到的阳光、得到的温度、能量、热源就是不一样的,这同风能的区域性差别是一样的。开发利用太阳能资源,离不开气象的探测研究和提供的基础资料。没有气象作为基础工作,盲目去开发,就可能得不偿失。除了风能、太阳能外,天空中可开发利用的资源还有很多,诸如雷电、潮汛等等。当然,这些也有待于科技的进步,非现在的气象观测业务能力能够办得到,但气象的探测、勘察仍是基础的、关键的。这些都是直接的气象资源开发利用,此外,还有间接的气象资源开发利用。这方面古人给予我们一些有益的启示。

《黄帝内经》是谈医论病的著作,但也多处涉及到气象,就是气象条件对人的身体的影响及其所带来的疾病。在论述气象条件对人的身体影响的同时,《黄帝内经》还讲到了不同的气象条件对农业生产所带来的不同影响。其中有一篇就谈到"五运不及"对人体和农作物带来的直接影响。在《调研随记·天赋人德　地赋人气》一文中,我已谈了这个问题,这里再重提来说明气象作为一种重要资源的道理。古人讲"五运"是指金、木、水、火、土"五行"的运动。我国古人把天道、地道运行,也就是自然现象概括为金、木、水、火、土五行,也叫"阴阳五行"说,这是当时的人对天道、地道规律的认识。所谓"五运不及",就是气候异常,在一定的季节里,该热的时候不热,该冷的时候不冷,该风的时候无风,该雨的时候无雨,或不该来风来雨时而大量来风来雨,由此而带来的大地上各种植物生长的变化和人体的脏气变化,乃至对疾病发生的影响。天道影响地道,地道影响人道,把天地人作为一个整体来考虑是很有道理的。如文中提到的,木运不及,春季多风干燥,草木枯萎,硬木干裂。在这样的气候条件下,青色的谷物不能成熟。这是古人在长期的农业生产中得出的结论,也是实践经验的总结。今天来看这个观点也是正确的。如果春季长期干旱,且又春寒,用老百姓的话说,叫干冷干冷的。这样的气候条件,由于寒冷干旱,谷物就不能及时播种。庄稼种的晚了,生长时的积温就不够,到了秋季就少有或没有收成。玉米、水稻、谷子等农作物都有这个问题。这在东北地区、特别是黑龙江地区至今仍然是很明显的。对身体的影响也是一样,春季寒冷、干旱、多风,人就容易患感冒、嗓子干、咽喉炎、鼻炎及眼疾。每年春季,这类疾病就增多,这是气候性疾病。又如古人认为,如果金运不及,夏季热的时间过长,天气该冷的时候而冷不下来,各种植物过于茂盛,白色的谷物和红色的谷物就不能成熟。极热的天气还会带来极寒,夏季酷热,往往会出现冬季极寒,特别到了来年夏季,极易发生冰雹灾害,来年秋季还会出现酷霜,冬季还会出现暴雪。在这样的气候条件下,人易得肩背闷重、鼻塞流涕、头后部疼痛、口腔生疮,乃至心痛等疾病。

古人讲这些话不是信口胡言,而是实践经验的积累和总结,虽然没有讲出科学道理,但讲出了普遍现象。这是气象条件对人和农作物所带来的直接影响。如果我们对这些气象条件,也就是气候变化,能进行深入细致的研究,找出规律性的东西,我们就可去积极适应和应对不同的气候变化所带来的不利影响,就能够趋利避害。这也是一种气象资源的开发利用,可叫做软开发,间接开发。天气冷热变化我们管不了,那是个客观实在,但你知道了它,了解了它,就能较好地去利用和应对它。这方面我们可作的文章太多了。

近些年来极端天气增多,由气候变化而带来的地质灾害也在增多,人们都想知道这是为什么？特别是对沙尘暴和雾霾天气,人们始终弄不明白是什么原因,各种说法都有,不知道哪一种意见是正确的,人们也没有办法去预防。用较为通行也是客观辩证的观点来说,环境的破坏和污染是元凶,气候条件的变化是帮凶。大气污染、各种气体排放物遇到了多雾、阴湿而没有风的天气,各种污染气体就滞留在一定的区域空间而无法散去,这就是雾霾形成的原因。由此我想到一个问题,就是我们在建设、发展城市,进行工矿企业的建设时,多能考虑到水利资源、矿产资源、土地资源、交通条件、人才支撑、市场规模等因素,但很少能考虑到天空中的大气环境资源条件,也就是头顶上这块蓝天到底能承载多少排放物、能容纳多少工矿企业和人口的生存发展。在我们的经济社会发展规划中还没有这样一个指标体系。以此说明，我们对气象资源的认识、利用还有许多文章要做。气象资源的认识和利用不是简单的天气预报，而是认识气象、了解气象，应对天气变化，更好防灾减灾，合理开发利用气象资源，以更好地造福人类。

在气象资源的认识和利用上，古人也给我们提供了有益的启示。对于《易经》中"八卦"、"六十四卦"的词语和有关内容，有许多人都是知道的，如"自强不息"，"厚德载物"励志修德的格言等，也都是常讲常听的。清华大学的校训就是"厚德载物"，这四个字就来自《易经》坤卦的卦辞。《易经》是我国一本古老的哲学著作，我们把它称为智慧的源头。《易经》由"八卦"演绎到"六十四卦"，而"八卦"所表明和借用的就是八种自然现象。"八卦"就是用自然之物理，来阐释人类社会生存、发展和交往的道理。乾卦象征的是天，坤卦象征的是地，震卦象征的是雷，巽卦象征的是风，坎卦象征的是水，离卦象征的是火，艮卦象征的是山，兑卦象征的是泽。天、地、雷、风、水、火、山、泽，这八种自然存在，也是自然现象，还是自然资源，与人们的生产生活密切相关，人就是在这些自然环境中生存发展的。

《易经》的创作者很高明，高明就高明在把这些与人类活动密切的八种自然现象同政治治理、生产生活、思想道德、人生追求等紧密联系起来，用自然现象，也可称为自然法则、自然规律，这一宇宙观来引导人的世界观、人生观、价值观，起到宣传教化、规范行为的作用。如在八卦的卦辞、爻辞中说：乾卦为首，象征天，天为大，天道运行，昼夜交替，日月轮换，周而复始，以此来教育人要像天道那样奋发有为，自强不息。坤卦象征地，地势坤，生育万物，就教育人要像大地那样能够容人、爱人，承载一切，无怨无悔，多讲奉献而少讲索取。震卦象征雷，古人认为，轻清之气向外扩散，形成一个庞大的大气层，这个大气层就是天；重浊之气向内凝聚成一个庞大的球，这就是地。天地碰撞而震动就产生了电闪雷鸣。震卦的卦德就是动，以此来教育人要顺时而动，该动时即动，不该动时不要动。应春雷而动，万物复苏；顶夏雷而动，则有伤身之祸。巽卦象征风，天地震动而产生气流，气为风，风则无孔不入。所以巽卦的卦德为入，以此来教育人要知风、辩风、用好风，多顺风、少顶风，该避风时还要避风。坎卦象征水，因气而生水。水向低处流，造成土地下陷，会带来一定危害。水遇坎而止，遇坎而涌。水涌堵起来也有危险，以此来教育人，人生坎坷，处处都有危难，要勇于克服艰险，迈过艰难困苦的坎，就会一马平川、诸事顺利。离卦象征火，火不能独立生存，任何火的灿烂、光的照耀，都必须依附某种物体。干柴烈火，没有干柴，就没有烈火。所以，离卦的卦德为附，以此来教育大家要团结起来，众人拾柴火焰高，互相依附才能成就事业。艮卦象征山，山是高耸的、屹立不动的，见山而仰，见山而止。所以艮卦的卦德是止，以此来教育人要高山仰止，知道进退，知止为足，知止为乐，抑制人生的欲望。兑卦象征泽，沼泽的形成是因地势低洼聚水而成。水能润泽万物，万物生长了就能丰衣足食，就会带来喜悦。所以兑卦的卦德为悦，以此教育人要胸怀宽广，为人处下，下流为大，可恩泽万物。这些基本的哲学观点，都来自对自然物象的观察而引申发挥到对人类社会的管理。

这就给我们有益的启示，把气象资源的认识和开发利用同人民的生活紧密结合起来、联系起来，使人们感知到我们就生产生活在气象环境之中，气象在影响着我们、规范着我们，我们认识到了、适应了、把握得好了，保护自然、顺应自然、科学地开发改造自然，就一定能过上好日子。

厕所是城乡文明的标志

——关于保护生态环境的调研与思考(九)

(2019 年 4 月 9 日)

吉炳轩

习近平总书记在全国生态环境保护大会上的重要讲话指出："要持续开展农村人居环境整治行动，实现全国行政村环境整治全覆盖，基本解决农村的垃圾、污水、厕所问题，打造美丽乡村，为百姓留住鸟语花香田园风光。"把农村垃圾、污水、厕所问题提到如此高度，由总书记发出动员令，可见农村环境整治的迫切和重要。这里，我仅就厕所整治问题谈点想法。不要小看了厕所问题，不下点真功夫还真解决不好。为此，我建议：我们的省长、市长、县长、区长、乡镇长都要重视一下厕所问题，抓一抓厕所的建设和管理，尽快把城乡的厕所问题解决好。

为什么要把厕所提到如此高度，深入想想就会明白。吃喝拉撒，人生大事，有吃有喝是人的基本需求，但有吃有喝就得有拉有撒，吃喝同拉撒是对等的，不能只吃喝不拉撒，那会憋死的。过去我们吃不饱、穿不暖、行不顺、住不安，往往把工作的重点放在衣食住行上，这是对的，而至于拉在什么地方、撒在什么地方就不大关注了。自古以来，我们的一些城市包括一些乡村，房子建设得很好，大马路也修得很好，吃饭、穿衣也很讲究，一直发展到现在，高档宾馆、知名饭店遍布大街小巷，各种各样的商店、超市也是触目皆是，但好的厕所却寥若晨星。现在所有城市、旅游名胜之地都是人山人海、擦肩接踵，吃喝玩乐一应俱全，但就是拉撒之处难以寻觅，结果垃圾遍地，就地解决也是随处可见。老百姓进城上街水都不敢多喝，喝多了不知道把尿撒到哪里，单位不让进，住家进不去，树丛里、花坛里偷偷摸摸解决，被人看见了不文明，搞不好还会被罚款。现在城市商、住房产开发建设都已注意厕所了，而且标准还比较高。一些好的住房更要讲究有几个卫生间，是一卫、二卫还是三卫、四卫，这也是房产价格高低的一个重要标志。在卫生间的装修上，多数也都比较讲究，抽水马桶、浴盆、脸盆等造价都是很高的。前几年去日本旅游的人，还不远千里买日本的马桶盖带回来。这是人的生活需要，也是城市文明、住家文明进步的表现。

厕所是城乡文明、住家文明的表现，也是人类文明发展进步的一个表现，这从马桶的发展变化就可以看出来。

从中国历史文化的发展来看，中国传统上解决拉撒的问题，还是比较好的，室外是茅厕，室内是便盆，室外多是白天使用，室内多是夜间使用，特别是冬季气候寒冷，不便外出，就在室内用便盆解决。南方一些地方则用便桶，而且这个习俗一直沿袭至今，在南方一些城镇乡村还保留着这一习俗。在北方一些农村，特别是东北地区，由于地广人稀，过去多数地方室外连个厕所也没有，仍然是在室外地里解决。至于把便桶称为马桶，据《西京杂记》一书中说，汉朝宫廷用玉制成"虎子"，由皇帝的侍从人员拿着，以备皇上随时方便。"虎子"，就是马桶的前身。还有一种传说，西汉时"飞将军"李广射死卧虎后，让人铸成虎形的铜质溺具，把小便解在里面，以表示对猛虎的蔑视，便器"虎子"之名就来源于此。到了唐代，因皇室李唐家族先人中有个叫"李虎"的，把便器称为"虎子"有点对人不敬，就将"虎子"改称为"兽子"或"马子"，仍以动物之名来称。对于马桶最先做详细文字记载的是北宋时的宰相欧阳修，他在《归田录二》一文中把便桶称为"木马子"，《辞源》中的解释就是"木制的马桶"。中国古代民间使用的马桶是一种带盖的圆形木桶，用桐油或上好的防水朱漆加以涂抹。

国际社会上其他民族大体也是经历了室内便盆、便桶，室外厕所、粪坑的发展阶段。以英国为例：

英国在历史上，也就是工业革命前，城市家庭大小便也是在家里用便桶便盆来解决。早上起来，家家打开窗子，把屎尿往大街上倾倒。为了让行人避开，不至于淋到身上，就边倒边喊：水来了，以提示行人注意，意思是说我要倒尿了，行人小心点，赶快躲开，如果不躲，溅到身上就自认倒霉吧。即使这样还经常有人因躲避不及被屎尿浇头。由于那时城市规模小，人口也比较少，虽然屎尿都倾倒在大街上，但风刮雨淋还能通过自然清洗消除，勉强维持下去。而随着经济的发展、人口的增多，城市的规模越来越大，家家户户都把屎尿倾倒在大街上，结果满街污秽，大街小巷整日臭气熏天、蚊蝇扑面，这样的城市简直就成了垃圾场。正是在这样的环境条件下，伊丽莎白一世时代的约翰·哈林顿教士，发明了家庭厕所用的抽水马桶。约翰·哈林顿教士平时爱好文学，曾因传播一则所谓有伤风化的故事而被判处流放。1584—1591 年间，他在流放地凯尔斯顿盖了住房。在那里，他设计出了世界上第一只抽水马桶。马桶与储水池相连，装置在这所房子里。他对这项发明很自豪，特地以荷马史诗中一位英雄埃杰克斯的名字为它命名。此后，哈林顿还写了《夜壶的蜕变》一书，详细描绘他的抽水马桶的设计。到了 1775 年，伦敦有个叫亚历山大·卡明斯的钟表匠，改进了哈林顿的设计，研制出冲水型抽水马桶，并首次获得了专利权。自此，冲水马桶开始受到人们的欢迎。当时的冲水马桶还很简单，就是方便完了以后，用水把大小便冲出去，马桶下边接上管道，管道通往大街，不从窗户往外倒了，而是顺着管道直接流到大街上。这是一项重大发明，给住家文明带来了革命性变化。为了推广这项发明，

1848 年,英国议会通过了“公共卫生法令”,规定:凡新建房屋、住宅,必须辟有厕所、安装抽水马桶和存放垃圾的地方。并把马桶的设计、建造方法印成小册子,在全国发行、推广。通过法律的推动,这一文明成果很快风靡欧洲,德国、法国的一些城市也都推广开来,马桶生产也实现了工业化,这也是工业革命的成果之一。

家庭有了冲水马桶,而且这个马桶在使用过程中还在不断地改进、完善,越来越干净、文明、舒适、方便。但出路的问题属于社会公益事业,却解决滞后。家家户户屎尿加水都流到大街上,造成了城市严重污染,结果造成了霍乱的暴发和流行,并席卷欧洲、北美洲,英国的伦敦、法国的巴黎、美国的波士顿都有大批人员死亡。这就是城市厕所问题没有解决好的表现和所带来的恶果。霍乱的暴发给人们敲响了警钟,城市建设和管理要高度重视厕所问题、马桶问题。马桶革命、厕所革命也就由此而生。马桶在不断改进,并由此而带来了城市管道革命。先是把污水排到地下,往地下渗透,就是我们说的渗坑,结果严重污染了地下水,使水质变坏,反过来又影响了人的身心健康。后又延伸管道,排到城外,注入河流,顺水而下,结果又严重污染河流,祸及下游两岸人民,这才又发展到建立集中的污水处理厂,进行净化处理,把污水变为中水。目前最先进的也就是集中处理零排放,污水变中水,中水浇花草。但多数地方还是排到河流里,全世界凡是人口集中居住区已很少有没有污染的河流,危害的仍是人类自己。厕所问题,至今还是人类的一个难题,没有彻底解决好。

一个小小的厕所,茅坑阶段经历了上千年,从马桶的出现到冲水马桶又经历了千百年,从排水马桶到下水管道又经历了几百年,这才进入了现代卫生间、集中污水处理的阶段,但仍未全面普及,而且城市里卫生、适宜的现代公厕更少,而农村的厕所有许多还停留在原始粪坑、粪缸、粪池阶段。仅从厕所革命的历程就可以看出,文明城市建设之难、任务之艰,作为一省之长、一市之长、一县之长、一区之长、一乡一镇之长,能把厕所问题研究好、解决好,也是不简单的,不下点功夫、下点本钱还是很难办到的。这仅是从大的方面来说的,此外还有马桶的设计、制造、安装本身,也是一件看似不大、看似简单的小事,实际上则是一个十分复杂的系统工程。马桶的材料、冲水的设置、动力系统、封闭系统、管道系统等,都要协调配套。现在不如人意的地方不少,高低不适宜,蹲坐不方便,冲水不干净,水管不通畅,密封不严实,甚至蛇鼠都能顺着下水管道进入马桶钻出来等等,大小毛病很多。这些问题人们也司空见惯、习以为常,但总感到别扭、不方便,一进卫生间就想,现在科学技术如此发达,各种设备如此先进,怎么连个厕所的冲水马桶就解决不好,粪便的处理就如此艰难,特别是农村的卫生条件改善起来就怎么那么难呢?原因也可以讲出许多条,但最重要的就是一条,没有上心,没有当作一件大事抓,根本就没有提上议事日程。

不要小看了厕所的建设和管理,这也是新的发展理念和新的发展要求的具体表现,更是衡量我们执政能力的一个重要方面。生态环境的保护要从具体的一件一件实事抓起,其中办好厕所之事就是一件。

厕所革命还在革命之中。

同舟共济　共谋发展

——在二十国集团议长会议上的发言

(2019 年 11 月 4 日　日本东京)

全国人大常委会副委员长　万鄂湘

各位同事,

很高兴同大家在东京相聚。感谢日本和各国议会联盟的热情接待和周到安排。

当今世界正处于百年未有之大变局,国际格局深刻演变,全球经济下行压力加大,单边主义、保护主义肆虐蔓延,全球 90% 的经济体增长同步放缓,2030 年可持续发展议程落实进度严重滞后。中长期看,数字经济、人工智能前景广阔,在创造巨大机遇的同时,也可能带来很多未知挑战。

今年二十国集团大阪峰会取得了积极成果,提振了国际社会对多边主义的信心。过去10年里,已举办了6届二十国集团议长会议,就世界经济重大问题发出呼声,为维护世界经济稳定增长作出了积极贡献。面对当前形势,我们更要坚持以人民为中心的理念,弘扬同舟共济、合作共赢的伙伴精神,为完善全球治理建言献策。我愿提出几点建议:

第一,坚持多边主义,合作应对挑战。在各国命运与共的背景下,合作共赢是大势所趋,单边主义只会害人害己。我们要秉持共商共建共享的治理观,维护多边主义和以规则为基础的多边贸易体制,建设开放型世界经济。要加强宏观经济金融政策协调,丰富金融资源和政策工具储备,完善全球金融安全网。主要经济体要采取适当的宏观经济政策措施,保持强劲、可持续、平衡和包容增长。要积极回应广大发展中国家呼声,与时俱进推动全球经济治理体系改革。

第二,坚持改革创新,挖掘增长动力。当前,全球经济新旧动能加速转换,产业结构深刻调整。二十国集团近年来围绕数字经济、人工智能、绿色金融等问题展开热烈讨论,并取得早期收获。这个势头要保持下去,继续为世界经济探寻新增长点。我们要坚持市场经济规则,倡导国际创新合作,为新产业、新业态发展营造公平、公正、非歧视的内外环境。同时,要应对好技术进步对就业、民生的潜在风险,提高数字经济包容性,确保创新成果惠及更多国家和人民。

第三,坚持包容普惠,夯实发展根基。明年将迎来2030年议程实施5周年。我们要坚持包容发展和以人民为中心的理念,把发展问题置于全球宏观政策框架的核心位置,调动金融、贸易、投资、基础设施等领域发展资源,带头落实好2030年议程。要尊重发展中国家的正当权益和发展空间,积极兑现援助承诺,发达国家尤其要在这方面作出表率。同联合国加强协调、形成合力,为深化国际发展合作、拓展全球发展伙伴关系作出贡献。

各位同事,

今年是中华人民共和国成立70周年。70年来,中国综合国力全面提升,人民生活不断改善。中国在过去6年年均减贫超过1300万人,并将于明年消除绝对贫困。站在新的历史起点上,我们将继续深入贯彻创新、协调、绿色、开放、共享的发展理念,加快落实2030年议程,坚持和平发展道路,奉行互利共赢的开放战略,推进共建"一带一路",同世界各国人民一道推动共建人类命运共同体。

中国全国人民代表大会作为中国最高国家权力机关和立法机关,愿同各国立法机构进一步加强二十国集团框架下交流合作,为维护世界经济强劲、可持续、平衡和包容增长作出积极贡献。

谢谢大家!

在全国人大财经委2019年计划和预算初步审查会议上的讲话

（2019年1月24日）

王东明

今年是新中国成立70周年,党中央对开好2019年"两会"高度重视,在听取全国人大常委会党组工作汇报时,习近平总书记作出重要指示。为落实总书记重要指示和党中央决策部署,栗战书委员长对做好"两会"筹备工作提出了明确要求。我们一定要把总书记的重要指示和战书同志的要求贯彻落实好,共同努力,确保各项议程顺利完成,开成一个团结鼓劲、催人奋进、圆满成功的大会。

审查批准年度计划和预算是每年"两会"的重要议程之一,能否顺利通过,直接关系到会议的质量和成效。全国人大财经委根据法律规定,提前召开初审会议,对计划、预算开展初步审查,实际上是在为大会审查做准备、打基础。我感到这次会议开得很好。为了这次会议,各方面都作了大量准备工作。国务院有关部门作了详细汇报并提供了书面材料,全面客观总结2018年计划预算执行情况和有关工作,提出2019年计划预算和工作安排,方向明确,思路清晰,措施具体。财经委会前召开若干座谈会,分别邀请政府部门、行业协会和企业等参加,听取情况介绍和意见建议,还精心准备了参考资料。各位参会的代表和委员,包括来自企业和基层的全国人大代表,都经过认真调研和思考,讲了很好的意见建议。陈竺副委员长作了讲话,对做好经济工作提出五方面意见,请财经委和有关部门认真领会和贯彻落实。

计划报告和预算报告是对政府工作报告的具体化和补充，各方面关注度比较高，能否通过两个报告总结好过去一年工作、谋划好新一年工作，起到统一思想、凝聚共识的作用，对开好“两会”具有重要意义。因此，起草和审议这两个报告，要与政府工作报告一样，坚持高标准、严要求，努力提高质量。希望国务院有关部门，特别是发改委和财政部，高度重视这项工作，根据代表委员们的意见建议，进一步修改完善报告，进一步研究部署好全年财经工作，更好地体现党中央关于经济工作的决策部署，更好地回应人大代表和人民群众的关切。希望财经委会同有关专门委员会，切实履行好初步审查的法定职责，提出符合实际的审议意见，向大会提交一份高质量审查结果报告，并加强与国务院有关部门的沟通和衔接，对财经工作实施正确监督、有效监督，督促有关部门贯彻落实好党中央决策部署，为开好“两会”、做好全年财经工作、推动经济社会持续健康发展作出积极贡献。

关于2018年经济形势，我总的赞成各部门和代表委员们的判断，我国经济保持了总体平稳、稳中有进的态势，同时经济运行稳中有变，变中有忧、有难。去年进入二季度特别是下半年，我国发展面临的内外环境出现重大变化，来自外部的风险挑战明显增多，中美经贸摩擦带来诸多不利影响，国内新老矛盾交织叠加，结构转型和去杠杆阵痛显现。面对这种错综复杂局面，在以习近平同志为核心的党中央坚强领导下，各地区各部门迎难而上、真抓实干，做了大量富有成效的工作，经济社会发展取得可喜成效。主要预期目标完成得较好，三大攻坚战扎实推进，人民群众得到更多实惠，社会大局保持和谐稳定，朝着实现“两个一百年”奋斗目标迈出新的坚实步伐。在国内外环境出现重大变化的情况下，我国经济社会发展取得这样的成绩，确实来之不易。这是以习近平同志为核心的党中央统揽全局、坚强领导、科学决策的结果，是习近平新时代中国特色社会主义思想科学指引的结果，是各地区各部门担当作为、扎实工作、攻坚克难的结果。经过努力取得这样的成绩，也大大增强了我们战胜各类风险挑战、继续做好今年乃至今后一段时期经济工作的信心和决心。会上大家对修改和审议两个报告谈了许多具体意见。下面，我从贯彻习近平新时代中国特色社会主义经济思想、落实党中央决策部署的角度，再讲几条原则意见，有几个问题再进一步突出强调一下，供修改和审议两个报告参考。

第一，进一步突出统一思想、振奋精神，为决胜全面建成小康社会凝聚共识、汇聚力量。站在当前时点展望未来三年，也就是从2019年到2021年，党和国家将相继迎来新中国成立70周年、全面建成小康社会、建党100周年等一系列大事、喜事，同时也不可避免遇到一系列难事、险事。特别是2020年是我国决胜全面建成小康社会的决胜之年，2019年则是打赢“三大攻坚战”、决胜全面建成小康社会的至为关键之年，做好全年经济社会发展工作至关重要。应该说，今年的改革发展稳定的任务异常繁重，各地区各部门都必须做好应对重大挑战、克服重大阻力、化解重大矛盾、解决重大问题的思想准备。攻坚克难、做好工作的关键，一方面要有清晰的思路，要以习近平新时代中国特色社会主义经济思想为统领，把思想和行动统一到中央对经济形势的判断上来，统一到中央对经济工作的决策部署上来；另一方面要践行“三严三实”要求，以奋发有为的精神状态真抓实干、埋头苦干。两个报告要进一步与中央经济工作会议精神和党中央决策部署对标对表，要更好地贯彻落实习近平新时代中国特色社会主义经济思想，更好地体现总书记经济思想的核心要义，即坚持加强党对经济工作集中统一领导、坚持辩证看待经济形势把握工作主动、坚持以人民为中心的发展思想、坚持适应把握引领经济发展新常态、坚持使市场在资源配置中起决定性作用和更好发挥政府作用、坚持适应社会主要矛盾变化完善宏观调控、坚持问题导向部署经济发展新战略、坚持正确工作策略和方法等。两个报告在决战决胜全面小康目标上要有鲜明的态度，要有更为明确的工作部署，发挥好统一思想、凝聚共识、振奋精神、广泛动员的积极作用。

第二，进一步突出增强忧患意识，强化底线思维。在2018年省部级主要领导干部专题研讨班上，习近平总书记专门讲了增强忧患意识、防范化解重大风险要一以贯之的问题，从八个方面列举了16个需要高度重视的风险。今年的专题研讨班，总书记又亲自确定研讨主题为“坚持底线思维，着力防范化解重大风险”，并在1月21日开班式上发表重要讲话，从实现中华民族伟大复兴和党长期执政、国家长治久安、人民幸福安康的战略高度，对外部环境的深刻变化和我国面临的安全形势进行了深入分析，对新形势下党和国家面临的重大风险挑战进行了系统论述，告诫全党特别是领导干部要坚持底线思维、增强忧患意识、保持斗争精神、勇于担当作为。总书记深入阐述了我们面临的来自政治、意识形态、经济、科技、社会等八大领域的风险，其中经济领域风险重点集中在金融风险、政府债务特别是隐性债务风险和房地产市场风险。我们在分析形势时要看到，我国长期积累的深层次矛盾和问题难以在短期内得到完全解决，如果这些矛盾和问题持续发酵，在外部输入性风险诱导下，很可能升级放大，并可能演化成重大风险。当前，国际货币基金组织和世界银行等国际机构普遍调低2019年世界经济增长预期。去年虽然国内主要经济指标都完成了预期目标，但从趋势上看，GDP增速、社会消费品零售总额增速、规模以上工业增加值增速等指标，四个季度逐季放缓，诸多周期性、结构性、体制性问题相互交织作用，经济下行压力持续加大，将使许多长期积累的风险水落石出。对此，我们必须保持高度警觉，要积极贯彻党中央提出的“稳定大局、统筹协调、分类施策、精准拆弹”要求，防范化解重大经济风险，坚决守住不发生系统性风险的底线，同时要平衡好稳增长和防风险的关系，把握好节奏和力度，防止引发新的风险。具体到两个报告，一方面要把经济领域存在的重大风险分析透、讲清楚，另一方面要一以贯之增强忧患意识，坚持底线思维，未雨绸缪，提出应对预案，把化解风险的举措讲明白。要把对风险的分析和应对举措在两个报告中进一步加以突出和强调，使各方面做到心中有数、科学研判、精准施策、妥善应对，保持我国经济社会持续健康发展。

第三，进一步深化对稳中求进工作总基调的认识和把握，切实落实到经济工作中。习近平总书记经济思想的八个核心要义之一，就是要坚持正确的经济工作策略和方法。最初提出稳中求进工作总基调，是作为一种经济工作方法。随着实践不断发展，总书记进一步深刻指出，稳中求进工作总基调是治国理政的重要原则和做好经济工作的方法论，必须正确处理稳和进的关系，提高宏观调控的针对性和精准度。我们要深刻领会稳中求进工作总基调的科学内涵，要把这一重要原则和方法论具体地体现到经济工作当中，关键是处理好稳和进的关系，落实好稳的要求和进的举措。当前看“稳”中央已有明确要求，就是“六稳”，即稳就业、稳金融、稳外贸、稳外资、稳投资、稳预期，对“六稳”要提出具体措施并落实到位。同时要看到“稳”不是目的，“稳”的目的是“进”，是为了给“进”创造良好的环境，要在重点任务上取得新的进展。一要在重点领域和关键环节改革上有新突破，坚持市场化改革方向，进一步深化财税、金融、国企、行政管理体制等改革，为经济社会发展注入动力活力。二要在推进更高水平对外开放上有新进展，积极推动落实总书记向全世界宣示的扩大对外开放重要战略和举措，加快形成对外开放新格局。三要在提升公共服务水平上有新作为，紧扣社会主要矛盾变化，更好发挥政府作用，增加公共服务供给，加快推进基本公共服务均等化。四要在保障和改善民生上有新提高，突出保基本兜底线，千方百计增加就业，提高居民收入水平，不断增强人民群众获得感、幸福感、安全感。五要在打赢三大攻坚战上有新成效，巩固和发展阶段性成果，确保完成今年目标任务，为明年实现全面建成小康社会奠定基础，等等。只有在这些重点任务上不断取得新的进展，才能全面准确贯彻稳中求进工作总基调，才能更好地实现经济持续健康发展和社会大局稳定。这一点两个报告应予进一步突出和明确。

第四，突出稳定市场预期，坚定做好经济工作的信心和决心。当前与前几年有所不同，对我国经济发展面临困难的艰巨性和复杂性，各方面有了越来越多的共识，盲目乐观的情绪明显减少了。但事情总是辩证的，在强调增强忧患意识、强化底线思维的同时，也要注重解决好增强发展信心的问题。信心与预期密切相关，所以“六稳”当中“稳预期”很重要，预期稳定可以使宏观调控更有余地，预期不稳会使经济运行在同样条件下波动更大。经过长期快速发展，我国这么一个大经济体，规模巨大、变量众多，波动是常态。我们不能被经济指标短期变化牵着鼻子走，而要坚持从世界看中国、从全局看局部、从未来看当下，从长期大势认识当前形势，不断把握规律、增强信心。当前我国经济发展中的许多问题，主要是结构调整阵痛的表现，是多年积累的深层次矛盾的反映。从长期看，我国仍然处于发展的重要战略机遇期，经济发展的基本面仍然是好的，经济韧性好、潜力足、回旋余地大的特征没有变，影响持续健康发展的结构性问题正在逐步得到解决，支撑高质量发展的条件不断改善。总书记在中央经济工作会议上深刻指出我国发展重要战略机遇具有新的内涵，主要概括为“五个新机遇”，即加快经济结构优化升级带来新机遇、提升科技创新能力带来新机遇、深化改革开放带来新机遇、加快绿色发展带来新机遇、参与全球经济治理体系变革带来新机遇。这“五个新机遇”蕴藏着推动高质量发展的新机会，也是实现新旧动能转化的突破点。我们要紧扣重要战略机遇期的新内涵，坚定不移抓住机遇、用好机遇，化挑战为机遇，转化为新的竞争优势。在安排经济发展预期指标时,既要有忧患意识、底线思维,也要充分体现重要战略机遇期新内涵带来的巨大增长潜力。例如,计划报告将 GDP 增长目标确定为6%—6.5%,主要说明了实现这一目标的必要性,但对可能性没讲清楚。这一目标是经过中央经济工作会议确定的,我相信是经过科学测算的,是经过努力可以实现的。增强信心不是靠喊口号,关键要用事实说话。要统筹考虑发展阶段、要素条件、资源环境承受能力等因素,从三次产业、三大需求支撑等方面,定量地算一算账,用事实和数据说话,把实现预期增速的可能性和充分条件说清楚,这样两个报告在两会上才能更好地发挥稳定预期、提振信心的作用,更好地调动各方面积极性,形成推动高质量发展的合力。

*第五,进一步深化对供给侧结构性改革的认识和把握,坚定推动转型发展。*党的十八大以来的经济发展实践表明,我国经济发展之所以保持了持续健康态势,关键在于党中央及时调整发展思路,摒弃唯 GDP 论英雄理念,不单纯追求经济增长,不搞大水漫灌和强刺激,而是适应把握引领经济新常态,贯彻新发展理念,把着力点放在了转方式、调结构上。作为一条重要经验,越是经济下行压力大的时候,越要保持定力,处理好稳增长、调结构、转方式之间的关系,把政策着力点更多地放在优化经济结构和转变发展方式上,下决心跨过这道重要关口。2015 年,习近平总书记作出重大判断,经济运行的主要矛盾仍然在供给侧,主要表现是供给体系不能适应需求结构变化,果断推进供给侧结构性改革。经过几年持续推进,取得了阶段性成效。当前即使面临不断加大的经济下行压力,我们也必须坚持以供给侧结构性改革为主线不动摇,有难度也要挺过去,不能半途而废或者走回头路,这样才能使我国经济迎来更加光明的前景。我们要落实好总书记提出的“巩固、增强、提升、畅通”八字方针,一要巩固“三去一降一补”成果,加大处置“僵尸企业”力度,推动产能过剩行业加快出清,有效降低企业负担;二要增强微观主体活力,加快要素市场化,切实改善营商环境,充分发挥企业和企业家主观能动性;三要提升我国产业链水平,加快解决关键核心技术“卡脖子”问题,培育新产业集群,形成竞争新优势;四要畅通生产、流通、分配、消费经济循环,提高金融服务实体经济能力,加快建设统一开放、竞争有序的现代市场体系,促进形成强大国内市场。这八字方针是对深化供给侧结构性改革管总的要求,要在计划报告中体现得更明确、更突出。

*第六,进一步突出对一些重点热点问题的回应,提出具体解决办法。*两个报告在“两会”期间要向全社会公开,面对的是近3000名全国人大代表和亿万人民群众。对代表和群众关心的重点问题,应作出积极回应,在工作安排中拿出过硬的措施。比如,关于支持民营经济发展问题,习近平总书记专门主持召开民营企业座谈会,从党和国家事业全局出发旗帜鲜明支持民营经济发展,各地区各部门都作了表态,也出台了一些政策。但大家对民营企业、中小企业发展遇到的困难仍反映比较强烈,这里面有政策发挥作用需要时间的问题,同时也有部分政策不落实、不协调的问题,有关部门应深入研究,针对融资难融资贵等突出问题,拿出管用的措施,把财税、金融、产权等各项政策更好地统筹协调,抓好落实,让企业感受到政策效果。又比如,关于居民收入问题,人民群众有切身感受,去年居民收入特别是城镇居民收入增长没有实现与经济发展保持同步,制约了居民消费能力和消费升级,也影响经济持续健康发展。尽管这两年消费对经济增长的贡献率在提高,主要是与投资、出口贡献此消彼长,消费增长已出现下行态势,这与居民收入增长放缓密切相关。对此,有关部门要拿出增加居民收入的具体安排,加快改革收入分配体制,调整收入分配格局,积极扩大中等收入群体比重。再比如,关于打赢污染防治攻坚战问题,经过几年努力取得了明显成效,去年出现了六大高耗能产业增速加快的苗头,大家担心一有经济下行的风吹草动就容易走回头路,对此两个报告要有鲜明态度,作出系统安排,给社会吃定心丸、提供明确预期。还有一些其他重点问题,建议两个报告要作出明确回应,正确引导。

把握时代潮流，擘画美好未来

——在第三次六国议长会议全会上的主旨发言

（2019 年 10 月 12 日　伊斯坦布尔）

王东明

尊敬的土耳其大国民议会议长穆斯塔法·申托普阁下，

各位同事：

很高兴应土耳其大国民议会申托普议长的邀请，来到美丽的伊斯坦布尔出席六国议长会第三次会议。我谨代表中国代表团，对土耳其议会为举办此次会议所做的周到安排表示衷心感谢。

当今世界正处于百年未有之大变局，国际格局深刻调整。贸易保护主义、单边主义和霸凌主义抬头，热点问题交替升温，国际形势的不稳定、不确定性愈发突出。此次会议聚焦反恐合作与互联互通，既紧扣和平与发展的时代主题，也反映了各国继续深化反恐合作、促进互联互通的坚定决心，对于实现地区和国际安全与发展具有重要意义。

各位同事，

当前，恐怖主义依然是世界各国人民面临的严峻威胁。全球恐怖主义经历新一轮回潮，恐怖组织剿而不灭，极端思想抬头、网络恐怖主义蔓延，恐怖活动更趋分散化，带来前所未有的新挑战。我们应继续利用好六国议长会议平台，凝聚反恐共识，加强沟通协调，巩固统一战线，推动反恐合作走深走实：

要继续加强政策对接，深化反恐共识。我们要践行共同、综合、合作、可持续的新安全观，坚决摒弃反恐双重标准和地缘私利，反对一切形式的恐怖主义。

要继续加强反恐立法，奠定制度基础。各国议会有责任做到让反恐工作有法可依、有规可循，应共享反恐立法的有益经验，制定符合本国实际和反恐斗争需要的法律法规。

要继续加强国际合作，形成反恐合力。通过深度合作和沟通，加强能力建设，提高情报搜集、研判能力，切断恐怖分子潜入潜出的通道和融资渠道。推进去极端化国际合作，增强对极端思想感染渗透的“免疫力”和“抵抗力”。在合作中，应注意切实维护各国主权、独立和领土完整，遵循国际法和国际关系基本准则，坚定维护联合国宪章的宗旨和原则，坚持综合施策、标本兼治。

各位同事，

长期以来，以“东伊运”为代表的“东突”暴恐分裂势力对中国安全稳定构成最直接、最现实的威胁。“东伊运”是联合国安理会认定的恐怖组织，多次在境内外策划、组织、实施暴恐活动，最终目的是把新疆从中国分裂出去。打击以“东伊运”为代表的“东突”势力是中方反恐核心关切，也是国际反恐斗争重要组成部分。

中国高度重视反恐工作，坚持综合施策，颁布了首部《反恐怖主义法》。我们注重从源头上打击恐怖主义，积极探索实践预防性反恐措施，深入开展反恐和去极端化工作，将预防性反恐与职业技能培训相结合，在新疆依法设立教培中心，教育、挽救那些有轻微犯罪行为的人员，避免他们成为恐怖主义和极端主义受害者，这项工作已取得显著成效。新疆已经连续 30 多个月没有发生暴恐案件，稳定红利不断释放。2018 年地区生产总值增长 6.1%，接待境内外游客超过 1.5 亿人次，同比增长约 40%。各族人民生存权、发展权得到切实保障，获得感、幸福感、安全感切实提高，广泛支持反恐维稳政策措施。

一段时间以来，美西方罔顾事实，恶意攻讦、歪曲、抹黑中国采取的去极端化措施，我们对此坚决反对。去年以来，已有多批外国驻华使节、媒体记者以及国际组织代表团赴新疆参访，考察教培中心，也见证了新疆的繁荣发展。今年 3 月，伊斯兰合作组织部长会通过的决议，专门赞赏中国为关怀穆斯林群体所做努力。7 月，50 国常驻日内瓦代表联合致函联合国人权理事会主席和人权高专，支持中国在涉疆问题上的立场。这反映了国际社会的主流声音。

各位同事，

贫困和动荡是恐怖主义滋生的土壤，要彻底打赢反恐持久战，必须从根源上铲除恐怖主义毒瘤。

越来越多的国家意识到，只有牢牢抓住发展这把总钥匙，才能实现持久安全。

中医讲，“通则不痛，痛则不通”。破解区域互联互通瓶颈，才能让经济血脉更加顺畅。以发展促安全，以互联互通助发展，逐步成为国际社会广泛共识。中国国家主席习近平提出的共建“一带一路”倡议，为地区互联互通建设注入了新动能。六年来，包括俄罗斯、巴基斯坦、伊朗、土耳其和阿富汗在内的160多个国家和国际组织同中方签署共建“一带一路”合作文件，“六廊六路多国多港”的架构基本形成，一大批合作项目落地生根。

“万物得其本者生，百事得其道者存”。共建“一带一路”倡议顺应经济全球化的历史潮流，顺应各国人民过上好日子的强烈愿望。倡议源于中国，但成果属于世界。今年4月第二届“一带一路”国际合作高峰论坛期间，38位国家领导人及联合国秘书长、国际货币基金组织总裁，来自150个国家和90多个国际组织的6000多位嘉宾聚首北京，共襄盛举，达成高质量共建“一带一路“的共识。

同事们，

在各国日益相互依存、命运与共的今天，没有哪个国家能够独自应对人类面临的各种挑战，也没有那个国家能够退回到自我封闭的孤岛，必须同舟共济，共创美好未来。在这一背景下，习近平主席提出构建人类命运共同体理念，这为促进世界和平与发展、解决人类社会共同面临的问题贡献了中国智慧和中国方案，也为各国抓住机遇共同发展，为解决世界向何处去等问题提供了全新选择。

中方愿同各方一道努力，通过六国议长会议等平台进一步凝聚共识，深化合作，向恐怖主义、极端主义亮剑，向单边主义、保护主义说不，坚持推进地区互联互通，共同画就持久和平、普遍安全、共同繁荣、开放包容、清洁美丽的美好图景。

最后，预祝此次会议取得圆满成功！

在2019中国品牌论坛开幕式上的致辞

（2019年12月18日）

王东明

各位来宾，女士们、先生们、朋友们：

上午好！很高兴有机会与大家相聚在人民日报社，共同出席第五届“中国品牌论坛”。这次论坛以“质量立国、品牌强国”为主题，可以说抓住了推动我国经济高质量发展的关键。2014年5月，习近平总书记首次提出“三个转变”的重要论断，要求推动中国制造向中国创造转变、中国速度向中国质量转变、中国产品向中国品牌转变。这“三个转变”，从发展战略和全局高度，深刻阐明了科技创新和质量品牌建设的重要性，为提升我国产业竞争力、推动经济转型升级提供了科学指引，为把我国建设成为质量强国、品牌强国指明了现实路径。这“三个转变”，是贯彻新发展理念、推动经济高质量发展的必然要求，是深化供给侧结构性改革、加快转方式调结构的必然要求，是发挥市场在资源配置中的决定性作用和更好发挥政府作用的必然要求。贯彻落实这“三个转变”要求，经过各方面共同努力，近几年我国质量品牌建设取得了可喜成绩，助推了我国经济持续平稳健康发展。同时也必须承认，与世界质量品牌强国相比，我们仍存在不小差距，质量品牌建设任重而道远。今天的论坛，让关注和推动中国质量品牌建设的有识之士齐集一堂，为开展务实交流合作搭建了一个好平台，是很有意义的。借此机会，我与大家分享和交流几点看法。

第一，提质量、强品牌要放眼全球竞争，坚持“引进来”和“走出去”并重。好品牌是企业竞争力的重要体现，也是企业走向世界的通行证。在全球化世界经济中，好品牌是培育出来的，更是优胜劣汰竞争出来的。中国开放的大门越开越大，对外开放新格局正在加速形成。要坚持世界眼光、国际视野和全球胸怀，依托进博会等贸易投资合作平台，与世界一流品牌同台竞技，在面对面竞争中发现差距，补齐短板，赢得市场。要抓住“一带一路”建设和共建人类命运共同体的历史机遇，积极推动自主品牌开拓海外市场，让中国的优质产品和服务走出国门，在参与国际竞争中不断扩大中国品牌影响力，打造一张张耀眼的“中国名片”。

第二，提质量、强品牌要立足实体经济，大力支持民营企业和中小企业发展。实体经济是一国经济的立身之本、财富之源。对于我国这样一个发展中大国，任何时候都要防止经济脱实向虚，都要避免出现产业空心化问题。要把制造业作为提升质量品牌的重要依托，引导广大制造企业严把质量关口，强化质量管理，加强品牌研究、品牌设计和品牌创建，不断提高产品附加值，努力提升"中国制造"美誉度。要最大限度降低实体经济特别是制造业成本，彻底破除阻碍民营企业和中小企业发展的制度性限制特别是一些隐性障碍，打造公平竞争环境，稳定市场预期，增强市场主体信心，支持企业家长期聚焦主业，深耕实业，从根本上夯实质量品牌建设的基础。

第三，提质量、强品牌要聚焦消费升级，推动解决社会主要矛盾。消费升级是人民美好生活需要日益增长的最直接体现。品质化、个性化消费已经形成趋势并渐成主流，消费者更加关注消费体验，更加追求安全、健康、环保，特别是对品牌的关注度和忠诚度大大提升。"品牌"既是消费升级的结果，同时又进一步助推消费升级。今天的中国不仅是"世界工厂"，更是"世界市场"，而且正在成为全球最大的消费市场。要充分发掘我国蕴藏的巨大消费潜力，聚焦消费升级，积极推动品牌消费、品质消费，构建新型消费品质量标准体系，大力开展高端品质认证，以品牌建设引领发展定制消费、体验消费、线上线下融合消费等新型消费热点，促进养老、家政、旅游、文体等服务消费高质量发展，培育一大批展现中国产品和服务优质形象的品牌，不仅要留住国内的中高端消费，还要吸引海外的中高端消费。之所以讲这个问题，是因为目前我国仍然存在着中高端消费外流倾向，这充分说明国内中高端产品和服务供给仍然不足，还不能完全满足居民消费升级需要，同时也说明消费升级的潜力和空间还是很大的。

第四，提质量、强品牌要强化创新引领，提升企业核心竞争力。创新是企业品牌建设的原动力，通过创新形成的核心技术，是许多知名品牌叫得响、立得住的关键所在。要坚持以创新支撑品牌建设，充分发挥企业的创新主体作用，大力发扬企业家精神，整合创新资源，加快突破"卡脖子"技术，同时利用人工智能、大数据、区块链等新技术，加快培育新业态、新产业和新模式，鼓励"专精特新"企业发展，培养一大批"隐形冠军"，筑牢质量立国、品牌强国的科技基石。这是在新一轮产业和科技革命中赢得主动的关键所在，是占领竞争制高点、占领全球产业链和价值链中高端的关键所在。广大企业家在这方面要有远见、肯投入、下功夫，有所作为。

第五，提质量、强品牌要弘扬工匠精神，树立精益求精价值导向。品牌是企业的灵魂，质量是企业的生命，两者互为依托、相互支撑，而贯穿其中的离不开以精益求精为特征的"工匠精神"。企业要向质量求效益、向品牌求发展，就要大力弘扬工匠精神，厚植工匠文化，将工匠精神融入品牌培育全过程、贯穿生产经营各环节。全社会要共同营造崇尚创造、精益求精的价值取向，让树匠心、育匠人、出精品蔚然成风，不断加强和改进职业教育与技能培训，培养造就一支宏大的知识型、技能型、创新型高素质产业工人大军，为打造过硬质量和品牌提供强大精神动力和人才支撑。

第六，提质量、强品牌要坚持厉行法治，搞好制度顶层设计。成熟的法律和制度是推动质量品牌建设的有力保障。要坚持全面依法治国，充分发挥法治的引领、推动和保障作用，进一步修改完善相关法律法规，建立健全质量品牌监管和惩戒体系，严厉打击仿冒侵权行为，加大保护知识产权力度，通过严格执法、公正司法保护正当竞争，规范市场秩序，防止"劣币驱逐良币"，用法治思维和法治方式为质量品牌建设保驾护航。要落实党的十九届四中全会精神，进一步完善质量品牌发展国家战略框架，加快形成系统有效的政策支持体系和制度体系，把我国制度优势产生的巨大治理效能充分释放出来，不断推动质量品牌建设迈上新台阶。

各位来宾、各位朋友，

质量和品牌不仅关乎企业发展，也关乎人民美好生活的实现，更关乎国家形象和国际竞争力。2020年是我国全面建成小康社会和"十三五"规划收官之年，也是踏上建设社会主义现代化国家新征程的扬帆启航之年。让我们携起手来，凝聚起全社会的共识和力量，共同推动"质量立国，品牌强国"理念不断深入行业、深入企业、深入人心，大力提升质量水平，发展品牌经济，共同努力把我国建设成为质量强国、品牌强国、制造强国和经济强国，让"中国质量"享誉全球，让"中国品牌"闪耀世界！

最后，预祝本次论坛取得圆满成功！谢谢大家！

在首都各界纪念西藏百万农奴解放60周年座谈会上的发言

（2019 年 3 月 28 日）

白玛赤林

同志们、朋友们：

1959 年 3 月 28 日，也就是 60 年前的今天，周恩来总理签署命令，宣布解散西藏地方政府。以这个命令为标志，在西藏高原吹响了迅速平息达赖集团全面武装叛乱、实行民主改革的战斗号角。从此，中国共产党领导西藏百万农奴站立起来了，翻身解放，获得新生，彻底废除了政教合一的封建农奴制度。2009 年 1 月 19 日，西藏自治区九届人大二次会议一致通过决议，确定每年 3 月 28 日为西藏百万农奴解放纪念日，目的就是要铭记历史、珍惜现在、开创未来。这是西藏各族人民的共同心愿，是西藏各族人民的伟大节日。

今天，我们在这里隆重集会，热烈庆祝西藏百万农奴解放 60 周年，就是要使各界充分认识党领导的西藏民主改革的伟大意义，深刻揭露旧西藏封建农奴制的黑暗落后，深切感受社会主义制度的无比优越，不忘初心，牢记使命，继续把建设社会主义新西藏伟大事业推向前进。

彻底废除封建农奴制、完全解放西藏百万农奴，是西藏历史上最为广泛、最为深刻的社会变革，是先进社会制度战胜腐朽没落社会制度的历史必然，是中国新民主主义革命的重要组成部分，是世界废奴运动的重要里程碑，是国际人权事业的重大进展，是中国共产党和中国人民为世界民主、自由、人权事业作出的伟大贡献，在西藏发展史上、中国现代史上、人类社会发展史上都具有划时代的意义。

历史永远不会忘记，1959 年之前的西藏是一个比欧洲中世纪还要黑暗、落后的政教合一的封建农奴制社会。占西藏总人口不足 5% 的农奴主占有着西藏绝大部分生产资料，垄断着西藏的物质精神财富，而占人口 95% 以上的农奴和奴隶没有生产资料和人身自由。长期政教合一的封建农奴制统治窒息了西藏社会的生机和活力，使西藏社会日益走向没落和衰败。党中央顺应时代潮流、把握人民期待，果断作出平息叛乱、实行民主改革、彻底解放百万农奴的重大决策，一场人类历史上空前的民主改革浪潮席卷着这片苦难深重的大地、解放了受苦受难的百万农奴，并向世界宣告封建农奴制旧西藏灭亡、社会主义新西藏诞生，开辟了西藏从黑暗走向光明，从落后走向进步，从贫穷走向富裕，从专制走向民主，从封闭走向开放的新时代。

西藏民主改革 60 年来的伟大历程波澜壮阔，各项事业取得了举世瞩目的伟大成就，创造了六十年跨越上千年的人间奇迹，一个崭新的社会主义西藏屹立在世界屋脊。

党中央历来高度重视西藏工作、十分关心西藏各族人民。特别是党的十八大以来，习近平总书记着眼实现中华民族伟大复兴中国梦，着眼推进国家治理体系和治理能力现代化，着眼西藏发展稳定面临的新形势新挑战，创造性地提出了治边稳藏的重要论述，作出了一系列重大决策部署，为西藏把舵定向、谋篇布局，专门听取西藏工作情况汇报，专题研究川藏铁路规划建设问题，亲自给隆子县玉麦乡群众回信，致信祝贺西藏民族大学建校 60 周年，进一步确定了推动西藏长足发展和长治久安的一系列重大项目，这些都为做好西藏改革发展稳定各项工作指明了方向、提供了根本遵循、注入了强大动力。

西藏民主改革以来的 60 年，是西藏各族人民扬眉吐气，创造幸福美好新生活，谱写繁荣进步新篇章的 60 年；是社会生产力空前解放，社会主义先进文化不断发展，社会财富日益丰富，城乡面貌日新月异，人民生活水平大幅提高的 60 年。60 年的辉煌成就，是党中央坚强领导、亲切关怀的结果，是中央和国家机关各部门、各兄弟省区市大力支持的结果，是全区各级党组织、广大党员、干部和各族群众共同奋斗的结果。现在正处于历史上最好时期之一。2018 年，西藏地区生产总值比 1959 年增长 191 倍，城镇和农村居民人均可支配收入分别是 1965 年的 73 倍和 105 倍，旧西藏适龄儿童入学率不到 2%，现在小学净入学率达到 99.5%，人均预期寿命由 1959 年的 35.5 岁提高到目前的 68.2 岁。

60 年的风雨历程，60 年的沧桑巨变，揭示了一个伟大的真理:只有在中国共产党的领导下,只有在祖国大家庭的怀抱中,只有坚定不移走中国特色社会主义道路,西藏才有繁荣进步的今天和更加美好的未来。

当前,中国特色社会主义进入新时代,西藏也站在新的历史起点上。做好新时代西藏工作,最根本的是把坚决维护习近平总书记的核心地位、维护党中央权威和集中统一领导贯穿始终,最关键的是把习近平新时代中国特色社会主义思想特别是习近平总书记关于治边稳藏的重要论述和关于西藏工作的一系列重要指示精神学习好领会透,最重要的是把党的十九大确定的重大决策部署贯彻好落实好。

*我们一定要坚定不移加强党对西藏工作的领导。*就是要牢固树立“四个意识”,坚定“四个自信”,坚决做到“两个维护”,牢牢把握依法治藏、富民兴藏、长期建藏、凝聚人心、夯实基础的重要原则,不断夯实党在西藏的执政基础。要全面加强党的建设,着力建好各级领导班子、干部人才队伍、基层组织,坚定不移向习近平总书记看齐,坚定忠诚核心、拥戴核心、维护核心、紧跟核心的思想自觉和行动自觉,把听从号令、保持一致印刻在思想深处、体现在一言一行上,自觉在思想上政治上行动上同以习近平同志为核心的党中央保持高度一致。

*我们一定要坚定不移加快西藏发展和改善民生。*就是要坚持以人民为中心的发展思想,牢牢把握改善民生、凝聚人心这个出发点和落脚点,大力实施以“神圣国土守护者 幸福家园建设者”为主题的乡村振兴战略,坚持“屯兵与安民并举、固边与兴边并重”,切实推动兴边富民行动,重点打好脱贫攻坚战,更好地满足各族群众在医疗、卫生、教育等方面日益增长的需要,不断增强群众的获得感、幸福感、安全感,推动西藏在全面建成小康社会进程中迈出新的坚实步伐。

*我们一定要坚定不移维护西藏稳定确保国家安全。*就是要坚决贯彻中央对达赖集团的斗争方针,从捍卫政权、捍卫旗帜、捍卫道路的高度,旗帜鲜明地与十四世达赖集团进行坚决的政治斗争,始终做到旗帜鲜明、立场坚定、认识统一、表里如一、态度坚决、步调一致。要坚持把维护稳定作为硬任务,进一步增强底线思维和防范风险意识,坚决克服麻痹思想和侥幸心理,时刻绷紧维护稳定这根弦,切实增强斗争精神、提高斗争本领,严密防范和严厉打击一切分裂破坏活动,确保西藏社会稳定,确保祖国统一和国家安全。

*我们一定要坚定不移加强民族团结。*就是要全面贯彻党的民族政策和宗教政策,切实铸牢中华民族共同体意识,广泛开展民族团结教育特别是“三个离不开”的思想教育,开展民族团结进步创建活动,促进各民族交往交流交融,进一步发展壮大爱国统一战线,引导各族干部群众像爱护眼睛一样爱护民族团结,像珍视生命一样珍视民族团结,像石榴籽一样紧紧抱在一起,像糌粑团一样紧紧粘在一起,始终把各族人民团结在党的旗帜下,团结在祖国的旗帜下,团结在社会主义的旗帜下,以各民族的大团结促进各项事业的大发展。

*我们一定要坚定不移建设美丽西藏。*就是要牢固树立绿水青山、冰天雪地就是金山银山的理念,自觉把经济社会发展同生态文明建设统筹起来,把边境地区生态文明建设与美丽西藏建设统筹起来,处理好保护生态和富民利民的关系,让各族群众在生态保护与建设中得到更多实惠,确保西藏天蓝地绿水清。

同志们,让我们更加紧密地团结在以习近平同志为核心的党中央周围,不忘初心、牢记使命,乘势而上、奋发进取,为加强民族团结、建设美丽西藏,为决胜全面建成小康社会、实现中华民族伟大复兴的中国梦不懈奋斗!

在全国人大侨委工作座谈会上的讲话

（2019 年 10 月 15 日）

白玛赤林

同志们：

今年是新中国成立 70 周年，全国人民代表大会成立 65 周年、地方人大设立常委会 40 周年。在这重要的时间节点，召开全国人大侨委工作座谈会，交流探讨如何开拓新时代人大侨务工作新局面，具有十分重要的意义。下面，我谈几点意见。

一、准确把握新时代面临的新形势新要求，切实找准侨务工作的切入点着力点

侨务工作作为统战工作的重要组成部分，历来同国际大环境和国内社会发展息息相关，同海外侨情变化紧密相联。进入新时代，侨务工作与国内外大局的关联度进一步增强，准确把握新时代面临的新形势新要求，是做好侨务工作的前提。

一是准确把握国际形势演变对侨务工作提出的新要求。当前世界多极化、经济全球化、文化多样化、社会信息化深入发展，世界各国的命运客观上更加紧密地联系在一起。世界经济仍在深度调整中，复杂性、不稳定性、不确定性进一步凸显。全球治理体系深刻变化，新兴市场国家和发展中国家整体力量继续增强，国际力量对比继续朝着有利于世界和平方向发展。同时地缘政治复杂变化，传统和非传统安全威胁互相交织，局部动荡、热点问题此起彼伏。面对错综复杂的国际形势，习近平总书记高瞻远瞩，创造性地提出了推动构建人类命运共同体的重要思想，成为中国引领时代潮流和人类文明进步方向的鲜明旗帜。海外侨胞遍及世界各地，在一定程度上是中国理念、中国文化、中国形象的代表者和实践者，也是推动构建人类命运共同体不可或缺的重要参与者。鼓励和引导他们讲好中国故事，传递中国发展理念、阐述中国政策主张，展示中国良好形象，加深世界对中国的了解，为新时代党和国家事业营造良好的外部环境，是新时代侨务工作扩展世界视野、发挥民间优势，服务中国特色大国外交的任务和要求。

二是准确把握国内经济社会发展对侨务工作提出的新任务。习近平总书记指出，我国经济发展的基本特征就是由高速增长阶段转向高质量发展阶段。当前，改革处于攻坚期和深水区，利益格局深刻调整，影响社会和谐稳定的因素日益复杂。特别是 2018 年年初以来，美国出于国内政治需要和打压中国的战略图谋，单方面执意挑起并不断升级经贸摩擦，频频挥舞关税大棒进行经济恫吓，妄图通过极限施压逼迫我国屈服，遏制我国发展。这些都需要我们在优化结构、增强动力、化解矛盾、补齐短板上取得突破性进展。海外侨胞是实现中华民族伟大复兴的重要资源和独特机遇，是我国改革开放事业最积极最热情的参与者和贡献者。做好新时代侨务工作，必须牢牢把握国内经济社会发展大局，深入贯彻习近平新时代中国特色社会主义思想，把服务侨胞事业发展与服务国内经济社会发展结合起来，充分发挥侨胞在技术、资金和专业领域的优势和潜力，鼓励支持引导他们回国参与国家经济社会发展，不断拓展侨务工作的领域和内涵。

三是准确把握海内外侨情变化对侨务工作提出的新课题。当前，海内外侨情呈现出新的变化，侨胞数量持续增多，分布更为广泛，结构更加多元。侨胞聚集的地域，从以东南亚、北美为主到遍布五大洲四大洋；侨胞从事的行业，从以经商为主逐渐向学界、政界、高科技领域拓展；侨胞的生活轨迹，从主要生活在住在国向频繁往返于祖（籍）国和住在国之间转换；侨胞的社团有综合性、地缘性、行业性、宗族性之分；侨胞的身份有老侨、新侨、华裔新生代及已入籍、未入籍之别。这些因素决定了侨胞的群体结构、思想观念、利益诉求等日趋多元复杂。这些新变化对我们开展侨务工作提出了新的要求。我们必须从战略和全局的高度，科学分析侨务工作面临的新机遇新挑战，牢牢把握侨务工作的大局，进一步提高对做好新时代侨务工作重要性和紧迫性的认识，大力增强做好人大侨务工作的责任感、使命感。要紧紧围绕世情、国情、侨情的深刻变化，不断推动侨务工作改革创新，做好各项为侨服务工

作，最大限度凝聚侨心侨力，紧密团结广大海外侨胞和归侨侨眷同圆共享中国梦。

二、充分发挥侨务资源优势，不断汇聚起实现中华民族伟大复兴的磅礴力量

海外侨胞和归侨侨眷是实现中华民族伟大复兴的重要力量。习近平总书记在十九大报告中提出，要“广泛联系海外侨胞和归侨侨眷，共同致力于中华民族伟大复兴”。在新的时代条件下，我们要深刻学习领会习近平总书记关于侨务工作的重要指示精神，寻求海内外中华儿女共识的最大公约数，画好海内外中华儿女团结奋斗的同心圆，为实现中华民族伟大复兴汇聚磅礴力量。

一是善用侨务资源助力祖国发展。习近平总书记指出，实现中华民族的伟大复兴是海内外中华儿女共同的梦。遍布世界各地的6000万华侨华人，不仅是改革开放的独特机遇和宝贵资源，更是全面深化改革开放的强大动力和重要优势。随着我国进入高质量发展阶段，广大归侨侨眷和海外侨胞建功立业、报效祖国的舞台更大、机会更多、条件更好。我们要围绕国家发展战略和人民美好生活的需要，鼓励他们把资金、技术、管理、人脉等优势发挥出来，在更高层次、更深程度上参与到推进“一带一路”建设、创新驱动发展战略、京津冀协同发展、长江经济带建设等国家重大战略进程中来。大家知道，中华民族是一个大家庭，一家人都要过上好日子。所以，我们共同在追求个人梦想的同时汇聚实现中国梦的磅礴力量，为全面建设富强民主文明和谐美丽的社会主义现代化强国作出积极贡献。

二是善用侨务资源促进祖国统一、民族团结。习近平总书记指出，团结统一的中华民族是海内外中华儿女共同的根。希望海外侨胞一如既往，为推动两岸关系和平发展、实现祖国和平统一再立新功。我们要深入学习、全面贯彻习近平总书记重要指示精神，注重发挥广大海外侨胞的广泛影响力，引导他们以侨为桥，以血缘、地缘、语缘为基础，以亲情、乡情、友情为纽带，融洽同胞感情、增进民族共识，为推动祖国和平统一进程发声奔走、多作贡献。各族人民的大团结是中华民族的根本利益所在。实践证明，只有中国共产党才能实现中华民族的大团结，只有中国特色社会主义才能凝聚中华民族、发展中华民族、繁荣中华民族。要以铸牢中华民族共同体意识为主线做好各项工作，鼓励和引导广大归侨侨眷和海外侨胞铸牢中华民族共同体意识，旗帜鲜明反对一切分裂国家、分裂民族的言论、行为和活动，促进各民族共同团结奋斗、共同繁荣发展。

三是善用侨务资源推动中外文明交流互鉴。习近平总书记指出，博大精深的中华文化是海内外中华儿女共同的魂。当今，华侨华人遍及世界各地，是促进中外文明交流互鉴不可或缺的参与者，特别是分布在“一带一路”沿线国家和地区的4000多万华侨华人，是当地民众了解中国、理解中国的重要桥梁。我们要推动海外侨胞积极融入和回馈当地社会，与住在国人民和睦相处，用自己的劳动、创造和奉献赢得信任和尊重，展示中华儿女的良好形象。要引导海外侨胞利用自身优势，为促进中外文化、科技、教育、人文等方面的合作交流铺路搭桥，积极推动经济全球化、文化多样化向着有利于各国共同繁荣的方向发展。文化是一个民族的魂魄，文化认同是中华儿女的根脉。我们要把爱我中华的种子埋入每个中华儿女的心灵深处。要鼓励和支持广大归侨侨眷和海外侨胞坚定文化自信，弘扬中华文化，不仅自己从中汲取精神力量，而且要发挥民间往来的优势，积极开展文化交流和文化活动，推动中外文明交流互鉴。

三、牢记职责使命，提高履职能力，推动新时代人大侨务工作不断取得新成效

新时代对人大侨务工作提出新的更高要求，我们要不忘初心、牢记使命，紧紧围绕实现党的十九大确定的目标任务，履行职责使命，勇于担当尽责，全力以赴、扎实高效地做好各项工作，切实推动人大侨务工作不断取得新进展。

一要坚持把党的领导贯穿到人大侨务工作的各方面和全过程。习近平总书记指出，党政军民学，东西南北中，党是领导一切的。在中国特色社会主义的新时代，做好人大侨务工作，必须旗帜鲜明讲政治，深入学习贯彻习近平新时代中国特色社会主义思想和党的十九大精神，牢固树立“四个意识”，坚定“四个自信”，做到“两个维护”，坚持以习近平新时代中国特色社会主义思想统领人大侨委各项工作，始终坚定正确的政治方向。我们要进一步教育和引导广大归侨侨眷和海外侨胞不断增强对伟大祖国、中华民族、中华文化、中国共产党、

中国特色社会主义的认同。同时，要认真学习领会习近平总书记关于人民代表大会制度的重要思想、关于侨务工作的重要论述，自觉用习近平总书记重要论述和重要指示精神武装头脑、指导实践、推动工作，努力做好新时代人大侨务工作。

二要围绕党和国家工作大局和本地区的中心任务履职尽责。习近平总书记指出，地方人大及其常委会要按照党中央关于人大工作的要求，围绕地方党委贯彻落实党中央大政方针的决策部署，结合地方实际，创造性地做好立法、监督工作，更好助力经济社会发展和改革攻坚任务。地方人大侨委的同志一定要按照习近平总书记的指示要求，勇于担当、善于作为，不断推进人大侨务立法、监督等各项工作，为实现党的历史使命作出人大侨委应有的贡献。在涉侨立法方面，要按照全面依法治国的要求，不断完善涉侨法律法规政策体系，健全维护侨益工作机制，保护好海外侨胞和归侨侨眷的合法权益；要针对海外侨胞和归侨侨眷反映诉求强烈的问题，完善有关政策法规，为他们在当地的工作生活、创新创业提供保障。在涉侨监督方面，要坚持监督与支持相统一，抓住发展不平衡不充分的重点问题、影响社会大局和谐稳定的关键问题、侨界群众普遍关注的热点难点问题，继续完善监督方式，创新工作方法，督促有关国家机关改进工作、完善制度、有效实施法律法规，确保党委决策部署有效落实。

三要进一步加强同人大归侨代表和人民群众的联系。习近平总书记指出，各级国家机关加强同人大代表的联系、加强同人民群众的联系，是实行人民代表大会制度的内在要求，是人民对自己选举和委派代表的基本要求。栗战书委员长强调，我们要像重视立法、监督工作一样重视代表工作，确保取得代表满意的效果。我们要坚持人民主体地位，牢固树立为侨服务的宗旨，倾听侨界群众呼声，回应侨界群众期待，凝聚最广大归侨侨眷和海外侨胞的智慧和力量。要把发挥归侨代表作用作为做好人大侨务工作的重要抓手，在密切联系侨界群众上下功夫，在畅通侨情民意反映渠道上作文章，在使人大侨务工作接地气、得侨心上求实效。

同志们，70年砥砺奋进，70年春华秋实，共产党人初心不改、使命不变。让我们更加紧密地团结在以习近平同志为核心的党中央周围，高举中国特色社会主义伟大旗帜，团结一致、锐意进取，认真履行宪法法律赋予的各项职责，全面提升工作质量和水平，为长期坚持、不断完善人民代表大会制度，为开创人大侨务工作新局面，为实现人民对美好生活的向往而不懈奋斗！

在金砖国家议会论坛上的发言

（2019年10月16日　贝尔格莱德）

全国人大常委会副委员长　郝明金

各位同事：

出席金砖国家议会论坛，同各位同事进行交流，我感到十分高兴。感谢巴西参议院为举办此次论坛做出的周到安排。

金砖合作在国际格局大变革时期应运而生，十年来，在经贸财金、政治安全、人文交流等领域积累了丰硕的成果。金砖国家的含金量不断上升，日益成为国际事务中一支积极、稳定、建设性的力量，为推动经济增长、完善全球治理、促进国际关系民主化做出积极贡献、有效提升了新兴市场和发展中国家的影响力和话语权。今年6月，金砖国家领导人在二十国集团领导人大阪峰会期间举行了非正式会晤，就维护多边主义和国际法、维护多边贸易体制、反对保护主义和单边主义发出了强有力的金砖声音，重申金砖国家积极落实2030年可持续发展议程、积极参与国际应对气候变化合作，展现了新兴市场和发展中国家加强合作、共谋发展的昂扬态势，为充满不确定性的国际形势注入了正能量。

当今世界正面临百年未有之大变局。新一轮科技革命方兴未艾，国际格局深刻调整。同时，单边主义、保护主义和霸凌行径严重冲击国际多边秩序和全球治理体系，世界经济面临下行压力和不确定性。在此背景下，金砖国家面对的机遇与挑战都不断上升。我们必须保持战略定力，维护合作势头，把稳合作方向，为新兴市场和发展中国家共同发展不断贡献力量。

第一，要建立更紧密、更广泛的伙伴关系。金砖国家要继续秉持开放、包容、合作、共赢的金砖精神，不断深化战略互信，密切伙伴关系，巩固经济、政治安全、人文交流“三轮驱动”合作架构，确保金砖合作沿着第二个“金色十年”的方向前进。同时，也要广泛团结新兴市场和发展中国家，做牢做实“金砖+”合作，考虑循序渐进、稳妥适时进行“扩员”，不断扩大金砖国家的“朋友圈”，提升金砖国家的影响力、感召力和代表性，将金砖打造成具有全球影响的南南合作平台。

第二，要坚定支持多边主义，推动构建开放型世界经济。金砖国家要倡导公平正义，继续坚定支持多边主义，支持联合国的核心地位，维护《联合国宪章》宗旨和原则，尊重国际法，携手加强国际关系民主化、法治化，推动国际秩序向着更具代表性，更加公平、公正、平等、民主的方向发展，共同构建人类命运共同体。要坚定支持以规则为基础、透明、非歧视、开放和包容的多边贸易体制，反对单边主义、保护主义和霸凌主义，推动建设开放、包容、均衡的经济全球化，为促进世界经济增长提供强劲动力。

第三，要深化务实合作，拉紧利益纽带。强化务实合作，提升人民福祉，是金砖合作的根基和目标。五国要把领导人达成的共识落到实处，让五国民众实实在在地受益，金砖合作才能永葆生机和活力。要加快新工业革命伙伴关系建设，争取尽快取得早期收获，服务金砖国家产业升级，提升国际竞争力，实现跨越式发展。要继续做大做强新开发银行这一金砖合作的旗舰项目，鼓励新开发银行加强内部建设，提高研究能力，发挥好新兴市场国家融资机制作用，促进各国经济融合和可持续发展。要推动五国在经贸、金融、工商、海关、知识产权等各领域合作加快发展，积累更多务实成果，助力五国可持续、高质量发展。

第四，要注重人文交流，促进民心相通。国之交在于民相亲。近年来，金砖人文交流合作深入推进，政党、智库、媒体、青年交往密切，文化节、电影节、运动会好戏连台，还合拍了多部电影和纪录片，成为金砖合作的新亮点。五国体制机制、民族文化丰富多彩，各有所长，应继续加强交流互鉴，举办更多民众喜闻乐见的文化活动，加深相互认识，促进相互理解，夯实金砖合作民意基础。

各位同事，

本届论坛的主题为“促进卫生合作”。金砖国家一向高度重视医药卫生领域务实合作，建立了高级别对话机制。2017 年 7 月 6 日，金砖国家卫生部长会暨传统医药高级别会议发布《天津公报》，五国一致决定深化卫生健康领域交流合作，推进各方传统医药互学互鉴，建立了金砖国家结核病防治研究网络。2018 年 7 月 20 日，金砖国家第八届卫生部长会议在南非德班举行，五国继续致力于加强在疫苗开发、结核病防治等领域合作，并决定建立金砖国家疫苗研发中心。中方支持巴西作为今年金砖国家轮值主席国继续推进卫生领域合作的相关倡议，愿同各方一道，积极落实历届领导人会晤共识，不断提升五国人民健康福祉，促进健康共建共享。

作为立法机构，议会在保障人民健康权方面承担义不容辞的责任。昨天，各国议会联盟第 141 届大会通过决议，重申全球到 2030 年实现健康全覆盖的承诺，敦促发达国家履行官方发展援助义务，强调议会应在相关领域发挥应有作用。我们应该推动各国政府把人民健康放在优先发展的战略地位，建立优质高效的整合型医疗卫生服务体系，为民众提供全生命周期、全流程的健康服务，为推动实现联合国健康领域可持续发展目标作出新的贡献。

中国政府秉持以人为本的发展理念，将增进全民健康福祉作为全面建成小康社会、实现“两个一百年”奋斗目标的重要内容。中国全面实施健康中国战略，完善国民健康政策，深化医药卫生体制改革，全面建立中国特色基本医疗卫生制度、医疗保障制度和优质高效的医疗卫生服务体系。坚持中西医并重，传承发展中医药事业。同时，中国积极参与国际医药卫生合作，在南南合作框架下为其他发展中国家提供力所能及的帮助。

实现人人享有健康是各国共同的美好愿景。金砖国家作为新兴市场和发展中国家的领头羊，理应发挥示范带头作用，加强互学互鉴，深化相关领域交流合作。中方愿同各方一道，推进金砖国家医药卫生合作不断走深走实，携手应对公共卫生领域共同挑战，为保障五国人民健康、推动 2030 年可持续发展议程全球落实作出新的积极贡献。

各位同事，

议会合作是金砖合作的重要内容，在经贸财金、政治安全、人文交流三大合作领域都能发挥独特的重要作用。作为立法机构，我们要围绕各自国家发展目标和战略，加强治国理政经验交流，提高立法质量，提升科学决策、民主决策水平，为合作长远发展创造良好的法治环境。要积极支持和配合本国政府和民众参与金砖合作，为各层次各领域交流合作建言献策，搭建平台。要不断完善立法机构交流合作机制，建设好议会论坛这一重要平台，并积极拓展五国立法机构各专门委员会、友好小组、工作机构之间的对口交流。

今年是新中国成立 70 周年。70 年来，中国始终坚持独立自主的和平外交政策，始终不渝奉行互利共赢的开放战略，始终致力于维护世界和平，促进共同发展。进入新时代，中国继续高举和平、发展、合作、共赢的旗帜，坚定不移在和平共处五项原则基础上发展同各国友好合作，推动建设相互尊重、公平正义、合作共赢的新型国际关系。中国秉持共商共建共享的全球治理观，积极参与全球治理体系改革和建设，推动构建人类命运共同体，建设持久和平、普遍安全、共同繁荣、开放包容、清洁美丽的世界。中国将始终做世界和平的建设者、全球发展的贡献者、国际秩序的维护者，不断贡献中国智慧和力量。

中国全国人民代表大会作为中国最高国家权力机关，愿积极发挥自身优势，进一步加强同金砖国家立法机构的交流合作，为实现金砖国家第二个“金色十年”共同努力！

谢谢大家！

以国际法为武器，坚决维护以联合国为核心的国际体系和以世贸组织为核心的多边贸易体制

——在议联第 141 届大会一般性辩论上的发言

（2019 年 10 月 16 日　贝尔格莱德）

全国人大常委会副委员长　郝明金

尊敬的主席、各位同事：

首先，我代表中国全国人民代表大会祝贺各国议会联盟第 141 届大会成功举行，感谢塞尔维亚政府、议会和人民给予热情友好接待和周到细致安排。很高兴与大家相聚在美丽的贝尔格莱德，围绕维护国际法这个主题，集思广益，贡献我们的智慧和方案。

第二次世界大战结束以来，以联合国为核心、以国际法为基础的国际体系为世界总体保持和平、实现发展提供了制度保障。当今世界正经历百年未有之大变局。单边主义、保护主义和霸凌行径明显抬头，多边主义和经济全球化遭遇逆流，国际法权威和国际秩序受到冲击。世界向何处去，是国际社会都在关注和思考的重大问题。本次大会把“维护国际法：议会的作用和机制，以及地区合作的贡献”确立为主题，恰逢其时，意义重大。

维护国际法，就是要维护以联合国为核心的国际体系。以《联合国宪章》宗旨和原则为核心的国际秩序，符合绝大多数国家利益，促进了世界和平与发展。维护联合国的权威与作用，就是维护国际社会共同利益和各国合法利益。议会作为立法机构，要坚定维护以联合国为核心的国际体系，坚定维护以《联合国宪章》宗旨和原则为基石的国际法和国际关系基本准则，坚决推进国际关系民主化。

维护国际法，就是要坚定支持多边主义，坚决反对单边主义、保护主义。以世界贸易组织为核心的多边贸易体制是国际贸易的基石，为推动全球贸易发展、建设开放型世界经济、增进各国人民福祉发挥了中流砥柱作用。采取单边主义、保护主义的贸易政策，不符合市场规律，不符合国际规则，导致国际贸易萎缩，甚至可能引发全球性经济危机。中国坚定维护以世界贸易组织为核心的多边贸易体制，捍卫世界贸易组织核心地位和基本原则，坚决反对“筑墙”“拆台”“退群”等单边行为。各国议会应携起手来，维护自由、开放、非歧视的多边贸易体制，维护发展中成员合法权益和发展空间，建设开放型世界经济。

维护国际法，就是要维护公平正义。中国坚持独立自主的和平外交政策，尊重各国人民自主选择的发展道路和社会制度。中国绝不把自己的意志强加于人，也绝不允许任何人把他们的意志强加于中国人民。中国主张根据事情本身的是非曲直处理国际事务，世界上的事情由各国人民商量着办，在国际事务中按国际法办。我们坚决反对双重标准和合则用、不合则弃，反对歪曲和滥用国际法，反对借国际法之名行霸权强权之实。中国愿与世界各国一道，坚持以公平正义为要旨，以合作共赢为目标，通过自身发展积极维护世界和平繁荣，促进人类发展进步。

各位同事，

2019 年是中华人民共和国成立 70 周年。

70 年来，在中国共产党坚强领导下，中国从封

闭落后到开放进步，从饥寒交迫到解决温饱，从一穷二白到实现总体小康、正在迈向全面小康。中国用几十年时间，走完了发达国家几百年的发展历程，拓展了发展中国家走向现代化的途径，创造了人类历史上前所未有的发展奇迹。中国奇迹是中国人民白手起家、自力更生、艰苦奋斗干出来的。

70年的成就证明，中国的发展是世界的机遇。长期以来，中国对全球经济增长的贡献率一直高达30%以上，成为世界经济增长的主要稳定器和动力源；实现8亿多农村贫困人口摆脱贫困，对全球减贫贡献率超过70%。

70年成就证明，中国人民选择的中国特色社会主义道路，是一条正确的道路。在中国共产党领导下，我们坚持以人为本，贯彻创新、协调、绿色、开放、共享的新发展理念，全力实现高质量发展，让我们人民生活更殷实。不管前面还有多少艰难险阻，中国人民都将坚定不移地沿着这条道路走下去。任何外部干扰、遏制都不可能动摇我们的信心和勇气，更不可能阻挡中华民族伟大复兴的历史进程。

各位同事，

公平正义是人类社会的永恒追求，是构建人类命运共同体的崇高目标。但是当今世界，公平正义还远远没有实现。权力如果横行霸道，正义就会消磨殆尽。我们作为立法机构，更应该维护国际法的崇高权威，维护国际公平正义。我们呼吁国际社会团结起来，携手努力，推动加强国际法，尊重国际法，坚定维护我们赖以生存、发展和繁荣的国际体系，推动世界走上相互尊重、公平正义、合作共赢的正确道路。

谢谢大家！

在全国人大教育科学文化卫生委员会第14次会议上的讲话

（2019年4月24日）

蔡达峰

档案工作承担着为党管档、为国守史、为民服务的重要职责，具有鲜明的政治性。做好修改档案法修改工作：

一是要提高政治站位，坚持正确的政治方向。要深入学习贯彻习近平新时代中国特色社会主义思想和党的十九大精神，深入贯彻落实习近平总书记关于全面依法治国和档案工作的重要论述和指示批示精神，坚决把党中央关于档案工作的决策部署通过立法转化为国家意志，以法治手段坚确保档案工作始终沿着正确方向前进。要把修法工作放在党和国家事业发展全局中来谋划来推动，充分发挥档案工作在存史、资政、育人等方面的重要作用，使其更好地为党和国家大局服务，为经济社会发展服务，为广大人民群众服务。

二是要紧跟时代发展，抓紧修法工作。为贯彻落实党中央决策部署，适应新时代经济社会发展要求，必须抓紧修法工作，加强档案工作的顶层设计，以适应新时代档案工作的转型变革、创新发展的现实需要。

三是要提高修法质量，坚持问题导向。要立足全局和长远来抓紧推进档案法修改工作，进一步提高档案工作的制度化、规范化、科学化水平，使其更好地服务党和国家各项事业发展，满足新时代人民对美好生活的新期待。要紧紧抓住影响档案事业发展的重要难点问题进行，增强针对性和可操作性，要让修改后的档案法切实成为解决实际工作中问题的有效工具。

在十三届全国人大第六期代表学习班开班式上的专题报告

（2019 年 4 月 15 日）

全国人大常委会秘书长 杨振武

各位代表，同志们：

今天，全国人大常委会办公厅举办十三届全国人大第六期代表学习班。首先，我代表栗战书委员长、王晨副委员长，向大家表示热烈的欢迎和诚挚的问候！

党的十八大以来，以习近平同志为核心的党中央高度重视、全面加强党对人大工作的领导，推动人大工作取得历史性成就。习近平总书记就坚持和完善人民代表大会制度、发展社会主义民主政治发表一系列重要讲话、作出一系列重要指示，提出一系列具有重大理论和实践创新意义的重要思想，为做好新时代人大工作指明了根本方向、提供了重要遵循。在座的各位全国人大代表要把学习贯彻习近平总书记关于坚持和完善人民代表大会制度的重要思想，作为学习贯彻习近平新时代中国特色社会主义思想和党的十九大精神的重要内容，作为依法履职的必修课、基本功。总书记指出："人民代表大会制度是坚持党的领导、人民当家作主、依法治国有机统一的根本政治制度安排"。我们要认真学习、深刻领会，切实把思想和行动统一到这个重大政治判断上来，始终坚持党对人大工作的全面领导，坚决贯彻党中央决策部署，通过依法行使职权，保证在党的领导下依法治国、厉行法治，实现人民对美好生活的向往。

今年是中华人民共和国成立 70 周年、全国人民代表大会成立 65 周年。在这个重要的时间节点上，借今天开班式的机会，我结合学习贯彻习近平总书记关于坚持和完善人民代表大会制度的重要思想，重点围绕人民代表大会制度从哪来、到哪去，人民代表大会制度如何实现和保障人民当家作主作个专题报告，谈些学习体会，与大家一起交流。我们在座的各位代表，说得最多、记得最牢的一句话也许是"人民选我当代表，我当代表为人民。"但未必都能说清楚人民怎么选我当代表，人大代表如何为人民。今年"两会"期间，我在微信上看到去年的一个视频，看完十分感慨。就是国外记者采访一些人大代表，其中有的是来自基层一线的，有的还是省部级领导。记者问"你是怎么当上代表的？""你参加竞选了吗？""你的得票率是多少？"面对这些问题，有的代表答不上来，支支吾吾的；有的说这是组织上定的，去问组织；有的说这个问题你不要问我，去问大会秘书处。西方记者就用一个标题"人民代表全票当选，中国百姓实话实说"来嘲笑我们。人民怎么选我当代表？这个问题很简单，得票率多少大体上也应该知道。"我当代表怎么为人民"，我看未必所有同志能答得圆满。在座的各位是最高国家权力机关的组成人员，我们所做的是职务行为，人大代表不是荣誉，而是职务，这个概念大家要非常清楚。为什么今年要对人大代表进行基本履职培训，就是要让代表清楚我们是做什么的，面对别人提问的时候能说得清楚。有的代表回答的就很好，比如在今年大会开幕的时候，有的人大代表面对西方记者不怀好意的提问，"你们国家的人大代表要向人民述职，那习近平主席怎么向人民述职？"这个代表答说，总书记每天做什么，全国人民都看得见，通过新闻媒体我们都能了解到，他每天都向我们述职。作为人大代表，面对媒体的时候，特别是面对不怀好意的境外媒体提问时，我们要答得上，就要对各种法律和制度都有所了解，要清楚我们的职责。通过培训，我们要提高履职尽责的能力和水平。参加这次培训的，既有院士也有省人大的副主任，我们大家都有个共同提高的过程。我之前做人民日报社长，对人大主要做什么是来了人大之后才真正搞清楚，要做到学一行、爱一行、专一行、精一行。下面，我主要从三个方面和大家一起交流。

一、实现人民当家作主是人民代表大会制度的初心和使命

习近平总书记指出："一个国家实行什么样的

政治制度、走什么样的政治发展道路,是关系根本、关系全局的重大问题。”“在中国实行人民代表大会制度,是中国人民在人类政治制度史上的伟大创造,是深刻总结近代以后中国政治生活惨痛教训得出的基本结论,是中国社会100多年激越变革、激荡发展的历史结果,是中国人民翻身作主、掌握自己命运的必然选择。”这些重要论述,充分反映了近代以来中国选择正确政治发展道路的曲折和艰辛,也深刻揭示了实行人民代表大会制度的历史必然和巨大优势。我们坚定“四个自信”,其中之一就是要坚定制度自信,要对中国特色社会主义制度充满自信,而中国特色社会主义制度里头,人民代表大会制度就是我们国家的根本政治制度,对此我们要非常熟悉,要清楚人民代表大会制度是怎么来的。

(一)建立人民当家作主的新型政治制度,是中国共产党带领中国人民经过浴血奋斗、不懈探索取得的伟大历史成就

1840年鸦片战争后,中国面临空前危机。中国该向何处去,各个阶级、各个阶层、各种势力围绕这个问题提出种种主张,展开激烈斗争。君主立宪制、议会制、多党制、总统制等政治制度和政治模式在中国轮番上演,但都没有成功。西方总有人给中国开出“药方”,说中国应该实行议会制,实行君主立宪,实行三权分立制度,其实这些制度在中国都试验过。孙中山先生领导的辛亥革命推翻了清王朝,建立了中国第一个民主共和国,实行总统制,以美国国会为蓝本建立临时参议院,还移植了西方政党制度。但没有改变旧中国的社会性质和人民的历史命运,最终归于失败。“山穷水尽路皆走不通”,是近代以来这段救国寻路苦涩历程的形象概括。

中国共产党从成立之日起就以实现人民当家作主为己任。我们党推翻旧世界,建立新中国,目标就是人民当家作主,讲的最多的也是人民当家作主。以毛泽东同志为主要代表的中国共产党人深刻认识到,中国的发展道路必须符合中国国情实际;要实现民族独立、人民解放和国家富强、人民幸福,就必须彻底推翻剥削阶级统治广大人民群众的政治制度,建立全新的人民民主的政治制度,真正由人民当家作主。在领导人民进行革命的伟大斗争中,中国共产党创造性地把马克思主义国家学说同中国具体实际结合起来,对建立新型人民民主政权及其组织形式进行了长期探索和实践。

1921年7月中国共产党第一次全国代表大会在上海开幕,会议通过党的第一个纲领,明确提出“本党承认苏维埃管理制度,把工人、农民和士兵组织起来”。在大革命时期,我们党领导工农运动,在城市建立罢工工人代表大会和市民代表会议,在农村组建农民协会,进行政权建设的最初探索。中国共产党从一成立就瞄准人民当家作主,只有喊出这样的口号,提出这样的纲领,广大劳苦大众才能跟着党一起走。最初的这个口号就是用最朴素的语言,把广大人民群众发动起来、组织起来武装起来进行革命。

土地革命战争时期,我们党领导人民建立苏维埃政权,实行工农兵代表大会制度。1927年大革命失败后,澎湃领导广东海陆丰武装起义,召开海丰和陆丰工农兵代表大会,对工农兵代表大会进行探索和实践。当年11月,中共中央临时政治局扩大会议把建立工农兵苏维埃政权制度作为党的一项重要任务正式提了出来,提出把“一切政权归工农兵苏维埃”作为武装暴动口号。1928年6月,中国共产党第六次全国代表大会充分肯定了上述政权建设的主张,明确提出“力争建立工农兵代表会议(苏维埃)政权”。之后,各革命根据地相继召开各级工农兵苏维埃代表大会,成立苏维埃政府。1931年11月,中华苏维埃第一次全国代表大会在江西瑞金召开,通过《中华苏维埃共和国宪法大纲》,选举产生中华苏维埃共和国临时中央政府,选举毛泽东同志为中央执行委员会和人民委员会主席。“毛主席”的称呼由此而来。当时在那样的条件下,制定了宪法大纲,也制定了很多法律。毛泽东同志非常重视苏维埃建设,亲自做了兴国调查和长冈、才溪两乡苏维埃建设的调查,既肯定经验,也指出了存在的一些问题。去年,我们专门邀请江西省人大常委会副主任周萌同志到全国人大机关讲了一课。他回顾了1931年11月和1934年1月在江西瑞金召开的两次全国苏维埃代表大会为人民代表大会制度形成和发展进行的初始探索实践、作出的开创性历史贡献。这对我们很有启发。根据当年的调查,毛主席提出了几点,其中有几点至今仍然值得重视,一是选举不能只是形式,候选人人数应比应选人数多一倍(即差额选举)。在座的各位代表都是差额选举产生出来的,大家都有非常深刻的印象。我们的选举从一开始就是差额选举。二是在苏维埃代表大会上应对工作开展批评,反对官僚主义作风;现在,各级政府和有关方面对人大代表的建议、批评和意见都很重视。三是针对当时许多地方忽视代表大会作用的错误认识,强调指出这是“因为缺乏对于代表会这个新的政治制度的宣传和教育。

封建时代独裁专断的恶习惯深中于群众乃至于一般党员的头脑中,一时扫除不净,遇事贪图便利,不喜欢麻烦的民主制度”。到现在,我们好多人都不了解人民代表大会制度,也和我们的宣传和教育做得不够好有关,我们对人民代表大会制度的解释、研究、宣传还远远不够,这是我到人大工作后非常深刻的体会。工农兵代表大会制度具有人民代表大会制度的基本形态。现在,瑞金以“人民代表大会制度从这里走来”为主题的中华苏维埃代表大会史料陈列馆,就展示了我们党对人民代表大会制度的大量初期探索。我们机关很多同志都去参观过,很受教育。

抗日战争时期,我们党领导建立了抗日民族统一战线性质的政权,陕甘宁边区实行了以“三三制”为原则的参议会制度,即中国共产党人、左翼进步人士和中间派人士各占三分之一。1937 年 5 月《陕甘宁边区选举条例》规定选举可以采取多种投票方法:识字多的选民用票选法,识字不多的选民用画圈法、画杠法,完全不识字的选民用投豆法。由于当时广大基层群众 90% 以上都是文盲半文盲,“豆选”就成为边区革命根据地最重要的选举形式。通过这种“豆选”,我们党在边区革命根据地有效地推广了民主选举制度,广大民众实现了从未有过的民主。我们看当时投豆的照片,就是张三一个碗,李四一个碗,投到谁的碗里的豆子多谁就当选。老百姓不识字,少数民族同志不少不懂汉语,选举很困难。投豆法就是我们从实际出发,保证人民的选举权利的好做法。今天还在继续传唱的《没有共产党就没有新中国》这首歌,是 1943 年著名作曲家曹火星满怀激情在平西抗日根据地创作的,里面有句歌词“实行了民主好处多”,就是当时情况的真实写照,老百姓首先体会到自己能选出自己满意的人来做各方面的领导。1939 年 1 月,陕甘宁边区召开第一届参议会第一次会议,正式成立陕甘宁边区政府。这一时期,在总结政权建设经验的基础上,我们党逐步提出了建立人民代表大会制度的理论构想。从 1940 年开始,毛主席就人民怎么当家作主进行了非常深入地思考,可谓深谋远虑。1940 年 1 月,毛泽东同志在《新民主主义论》中提出:“中国现在可以采取全国人民代表大会、省人民代表大会、县人民代表大会、区人民代表大会直到乡人民代表大会的系统,并由各级代表大会选举政府。”1945 年 4 月,毛泽东同志在《论联合政府》中指出,在政权组织形式上“应该采取民主集中制,由各级人民代表大会决定大政方针,选举政府。”这为新中国成立后我国实行人民代表大会制度奠定了理论基础。大家都知道一个著名的延安窑洞对话,就是毛泽东与黄炎培在延安窑洞中的对话。1945 年 7 月,著名的爱国民主人士黄炎培带着一些民主党派人士到延安考察。7 月 4 日下午,毛主席邀请黄炎培等人到家中做客,整整谈了一个下午,畅谈黄炎培一行到延安考察有什么感想,探讨怎么建立新中国。黄炎培非常坦诚地说:我生 60 多年,耳闻的不说,所亲眼看见的,真所谓“其兴也勃焉,其亡也忽焉”,一人、一家、一团体、一政党、一地方乃至一国,不少都没有能跳出这周期率的支配力。大凡初期之时,都是艰难困苦,聚精会神,没有一事不用心,没有一人不卖力,力求从万死中求得一生。继而环境渐渐好转了,精神也就渐渐放下了。有的因为历时长久,自然地惰性发作,由少数演变为多数,到风气养成,虽有大力也无法扭转,并且无法补救。一部历史,或政怠宦成,或人亡政息,或求荣取辱,总之,没有能够跳出这个周期率。中共诸君从过去到现在,我略略了解的了,就是找出一条新路,来跳出这周期率的支配。毛主席考虑得非常深邃,他说我们共产党已经找到了新路,能够跳出这个历史周期率。这条新路,就是民主,只有让人民监督政府,政府才不敢松懈,只有人人起来负责,才不会人亡政息。毛主席在党的七届二中全会上讲的“两个务必”,也是想跳出这个历史周期率。所以,实行人民代表大会制度就是毛主席探索的一条非常有效的路。解放战争时期,我们党在各解放区相继召开人民代表会议,向正式建立人民代表大会制度过渡。1948 年 8 月,华北临时人民代表大会在石家庄召开,会议通过《华北解放区施政方针》《华北人民政府组织大纲》等,选举产生华北人民政府委员会委员。华北临时人民代表大会是新中国成立前唯一以“人民代表大会”命名的地方权力机构。正如董必武同志在大会开幕词中所讲:“华北临时人民代表大会……是一个临时性的,也是华北一个地区的,但是,它将成为全国人民代表大会的前奏和雏形。”去年之所以在石家庄召开深入学习贯彻习近平总书记关于坚持和完善人民代表大会制度的重要思想交流会,一个重要原因就是第一次真正意义上的人民代表大会是在那里召开的。1948 年 9 月,中共中央政治局在西柏坡召开扩大会议,即九月会议。毛泽东同志在这次会议上第一次用人民民主专政的概念来代替过去提的工农民主专政。他还特别强调:“我们是人民民主专政,各级政府都要加上‘人民’二字,各种政权机关都要加上‘人民’二字,如法院叫人民法院，军队叫人民解放军，以示和蒋介石政权不同。”九月会议通过的决议指出：“建立民主集中制的各级人民代表会议制度”。党中央在建国之前就作了这个决定，我们代表人民，我们的国家叫中华人民共和国，就是要人民当家作主的。资本主义，那是资产主义当政的，美国总统特朗普就是赤裸裸的资本家；我们是社会主义，是人民当家作主的。

1949 年 9 月，中国人民政治协商会议第一届全体会议召开，通过具有临时宪法地位的《中国人民政治协商会议共同纲领》，宣告新中国实行人民代表大会制度。有的代表不明白为什么全国政协成立 70 年了，全国人大只有 65 年。这主要是当时全国没有完全解放，还不能在全国范围选举人大代表，所以就召开了中国人民政治协商会议，并由全体会议执行全国人民代表大会的职权。但是，《共同纲领》庄严宣告了实行人民代表大会制度。1953 年下半年开始，我国举行了历史上第一次规模空前的普选。全国 21 万多个基层选举单位、3.23 亿登记选民，选出 566 万余名地方各级人大代表，乡、县、省逐级召开人民代表大会会议。在此基础上，全国 45 个选举单位产生 1226 位全国人大代表。1954 年 9 月，第一届全国人民代表大会第一次会议在北京召开，通过新中国第一部宪法，标志着人民代表大会制度在全国范围内建立起来，开辟了中国人民当家作主的历史新纪元。我把人民代表大会制度的历史简要勾勒一下，人大代表要对这个历史有所了解。中国人民政治协商会议第一届全体会议是我们全国人民代表大会的前身，后来，政协要不要存在？也是有不同意见。经过反复讨论，最后保留了人民政协作为爱国统一战线组织。

（二）人民代表大会制度为中国人民当家作主提供了有力制度保障

60 多年来，人民代表大会制度作为人民当家作主的新型政治制度，不断得到巩固和发展，展现出蓬勃生机和活力。在中国共产党领导下，中国人民通过人民代表大会制度行使国家权力，依法实行民主选举、民主协商、民主决策、民主管理、民主监督，人民群众的积极性、主动性、创造性得到广泛调动和充分发挥，生活不断改善，福祉不断增强，享有更加广泛的民主、自由和权利。全体人民以国家主人翁的地位投身革命、改革开放和社会主义现代化建设，共同建设、共同享有、共同发展，成为国家、社会和自己命运的主人。

特别是改革开放以来，人民代表大会制度也在实践中不断创新完善。比如：完善选举制度，直接选举人大代表的范围扩大到县，县及县以下是直接选举，县以上实行普遍的差额选举制度，实行城乡按相同人口比例选举人大代表。过去我们人大代表的选举中，城市代表的比例要高于农村，现在是城乡同比例。健全人大职权配置和组织制度、运行制度，完善全国人大常委会职权，规定全国人民代表大会和全国人大常委会共同行使国家立法权，共同监督宪法实施；在县级以上地方人大设立常委会等，实现了国家政权体制不断与时俱进。大家知道，全国人大一直都设立常委会，过去地方人大没有常委会。40 年前县级以上地方人大也设立了常委会作为常设机构，和人民代表大会共同行使权力。

人民代表大会制度发展并非始终一帆风顺，也曾一度遭到严重破坏，党和国家的工作也受到严重影响，人民民主权利更是得不到保障，留下了深刻教训。这个教训就是“文化大革命”造成的。我看过一些资料，有些了解。第三届全国人大只召开了一次会议，是在 1964 年 12 月到 1965 年 1 月举行的，会议选举刘少奇为国家主席，朱德为委员长。相隔了十年之后，1975 年 1 月才召开第四届全国人大第一次会议，四届全国人大也只召开了这一次会议。这是我们人大历史上极其特殊的时期，民主法治遭到严重破坏。我们现在回过头去看，当时毛主席也在探索人民要怎么当家作主，直接选举了很多基层一线的人，比如说陈永贵、吴桂贤、孙健等，让工人、农民当了副总理，姚连蔚当了全国人大常委会副委员长。实践证明，这个“探索”是很不成功的。一个基层的人来当副总理，每天工作都如坐针毡，很多事情他做不了。“文革”结束后，这些人很快又回到了基层。现在人民怎么当家作主，我们是通过人民代表大会制度，通过各级人大代表来实现的。由在一线的、有实践经验的人大代表来监督政府等国家机关，这个方式就非常好。总结正反两方面的经验和教训，我们党深刻体会到，人民代表大会制度同国家和人民的命运息息相关。这个制度健康发展，人民当家作主就有保障，党和国家的事业就顺利发展；这个制度受到破坏，人民当家作主就无法保证，党和国家的事业就会遭受损失。习近平总书记深刻指出：“人民代表大会制度是符合中国国情和实际、体现社会主义国家性质、保证人民当家作主、保障实现中华民族伟大复兴的好制度。”“在新的奋斗征程上，必须充分发挥人民代表大会制度的根本政治制度作用，继续通过人民代表大会制度牢牢把国家和民族前途命运掌握在人民手中。这是时代赋予我们的光荣任务。"西方有的国家老是攻击我们的制度,夸耀说他们的制度是怎么怎么完美的,说得天花乱坠。美国特朗普在墨西哥边境要建座墙,国会反对,政府就停摆 35 天。咱们对岸台湾学西方民主,有执政党和在野党,执政党做什么,在野党就反对什么,都是为了反对而反对。我们再看看英国脱欧,首相要脱欧,议员反对。我们国家人民代表大会一届接一届,上下同心,为实现中华民族伟大复兴而接续奋斗。制度孰优孰劣一目了然,制度的优越性就摆在这里。台湾地区我去过三次,1998 年去台湾觉得确实发展得很好,2005 年去看还是老样子,又过了 7 年,我在上海工作的时候,再去台湾,台湾的情况已大大落后了。当年谁能想到高雄市市长来大陆推销他们的产品,过去是我们招商引资希望他们来大陆投资。这就是制度优越性的体现,体现在各个方面,我们制度的优越性不是虚的,不是空的,是有鲜明例证的,是有伟大成就做支撑的。对我们的制度实现和保障人民当家作主,完全有理由信心满满,作为人大代表更应该讲究为人民当家作主。

(三)健全人民当家作主制度,保证党领导人民有效治理国家

党的十八大以来,我们党对发展社会主义民主政治、对坚持和完善人民代表大会制度的规律性认识达到了一个新高度。习近平总书记指出:"人民当家作主是社会主义民主政治的本质和核心。人民民主是社会主义的生命。没有民主就没有社会主义,就没有社会主义现代化,就没有中华民族伟大复兴。""发展社会主义民主政治就是要体现人民意志、保障人民权益、激发人民创造活力,用制度体系保证人民当家作主。"党的十九大报告将"坚持以人民为中心""坚持人民当家作主",纳入新时代坚持和发展中国特色社会主义的"十四条基本方略"。在以习近平同志为核心的党中央领导下,人民代表大会制度理论、实践创新取得一系列新的重大成果。

一是修改宪法,为人民当家作主提供更有力的国家根本法保障。十三届全国人大一次会议对宪法作出修改,更好反映和体现我国各族人民共同意志和根本利益,确立习近平新时代中国特色社会主义思想在国家政治和社会生活中的指导地位,充实坚持和加强中国共产党全面领导的内容,调整充实了中国特色社会主义事业总体布局和第二个百年奋斗目标的内容等,以国家根本法的形式广泛动员和组织全国各族人民为夺取新时代中国特色社会主义伟大胜利而奋斗。我们党的主张都是通过人民代表大会变为国家的意志,没有哪个国家像中国这样,一个五年计划接一个五年计划的制定。我们不但有五年计划,我们还有长远的规划,到 2020 年实现全面小康,到 2035 年要初步实现现代化,到本世纪的中叶建成现代化强国,我们朝着既定目标一步一步向前推进。这就是我国改革开放以来取得重大发展变化的重要原因,这就是我们制度的优越性。

二是加强人民当家作主制度保障,把坚持党的领导、人民当家作主、依法治国真正打通、有机统一起来。党中央出台一系列加强和改进人大工作的指导性文件(目前已有 23 个)。健全立法体制,赋予所有设区的市地方立法权。加强县乡人大工作和建设,夯实国家基层政权根基。贯彻党的十九届三中全会精神,审议通过国务院机构改革方案,完善全国人大专门委员会设置。进一步完善人大立法、监督、代表工作机制等,根据实践的发展和需要,我们不断加强人大专门委员会的工作,比如当下社会建设很重要,我们就设立了社会建设委员会,通过各种制度来保证、实现了人民代表大会制度和人大工作的创新发展。在党的领导下,人民代表大会制度继续高扬人民当家作主这面光辉旗帜,走向新时代、踏上新征程。怎么把党的领导与人民当家作主和依法治国有机统一起来,简单地说就是在党的领导下实现人民当家作主,通过法治的渠道来管理、治理国家。

回顾历史、把握未来,我们清晰地看到,实现人民当家作主是中国共产党人的初心和使命,也是人民代表大会制度的初心和使命。不忘初心、牢记使命,我们人大的初心和使命是更好实现人民当家作主,我们要时刻铭记这一初心和使命,坚定对人民代表大会制度的自信,把牢前进方向,以使命呼唤担当、引领未来,更好发挥国家根本政治制度的特点和优势,不断续写新时代人民当家作主伟大实践新篇章。

二、人民代表大会制度是人民当家作主的重要途径和最高实现形式

我国人民当家作主的途径和形式多种多样,最根本、最重要的是掌握国家政权、行使国家权力。这就必须建立一系列的组织形式和制度,来实现和保证人民行使国家权力。人民代表大会制度是我国的政体,包括国家权力的来源、民主选举、国家机构的设置和运行,中央和地方的关系、坚持党的全

面领导、全面依法治国等一整套制度体系，通过这套科学制度体系的有效运行，人民当家作主具体地、现实地落实到国家政治生活和社会生活之中。

（一）国家一切权力属于人民，是人民代表大会制度的核心内容和基本准则

我国宪法总纲第一条开宗明义地规定："中华人民共和国是工人阶级领导的、以工农联盟为基础的人民民主专政的社会主义国家。"接着，第二条鲜明指出："中华人民共和国的一切权力属于人民。"国家一切权力属于人民，规定了人民代表大会制度的本质属性。

一是为人民服务是一切国家机关及其国家工作人员的基本定位。人民民主专政是我们国家的国体、我们国家的性质。在我国，人民，只有人民，才是国家和社会的主人。这决定了为人民服务是一切国家机关及其国家工作人员的基本定位。正如习近平总书记指出的："我们国家的名称，我们各级国家机关的名称，都冠以'人民'的称号，这是我们对中国社会主义政权的基本定位。……各级国家机关及其工作人员，不论做何种工作，说到底都是为人民服务。这一基本定位，什么时候都不能含糊、不能淡化。"所有国家机关的设置、国家权力的分配和运行，都围绕这个基本定位展开。本月11日，我们召开代表建议交办会，将今年大会上各位代表提出的建议8000多件转交政府和有关方面办理，中办副主任、国务院副秘书长和部委的许多领导都出席了交办会。我在交办会上说："全国人大代表是最高国家权力机关组成人员，在座的各位都是要受到监督的，都是为全国人民服务的，都是为全国人大代表服务的。你们把这些建议带回去要认真办理，如果代表不满意，还要重新办。"我们国家机关、国家工作人员的基本定位就是为人民服务，我们人大代表要代表人民，要履行好职责。

二是一切权力来源于人民。人民行使国家权力的机关是全国人民代表大会和地方各级人民代表大会。人民通过普遍的民主选举，产生自己的代表，组成各级人民代表大会，各级人民代表大会都对人民负责，受人民监督。人民有权依法罢免自己选出的代表，下级人民代表大会可以依法罢免由它选出的上一级人大代表。各级国家行政机关、监察机关、审判机关、检察机关都由同级人民代表大会产生，对人大负责，受人大监督，它们权力都来自于人民代表大会。所有国家机关的权力，追根溯源，都来自于人民。毛主席说过，我们的权利是谁给的？是广大人民群众给的。权力不是因为坐在那个位置上，自然而然就有了，而是代表大会给的。权力是要受到监督的，不能滥用，滥用会受到追究。

三是人民代表大会统一行使国家权力。人民代表大会是国家权力机关，代表人民的利益和意志，统一行使国家权力。在此前提下，明确划分国家的行政权、监察权、审判权和检察权，实行合理分工。人大根据党的主张和人民的意愿，通过制定法律法规、作出决定决议，决定国家和地方的大政方针。各级国家行政机关、监察机关、审判机关、检察机关根据人大制定的法律法规和通过的决定决议依法行政、依法监察、公正司法，开展和推进国家各项工作。人大要对国家行政机关、监察机关、审判机关、检察机关依法进行监督，这种监督是代表国家和人民进行的有法律效力的监督。这种国家权力的配置，保证了国家决策体现人民意志、各国家机构运行科学合理有效、权力的行使不偏离人民意志。为什么说全国人大是最高国家权力机关，最高的权力是什么？最重要的一项权力是立法权，是制定规则，规则制定后大家都要遵守。还有监督权，一切国家机关都要受到监督，人大监督宪法和法律的实施，监督"一府一委两院"的工作。人大是集体行权，人大代表可以提出议案建议，但是在行使权利的时候是通过大会，人大代表每人一票，是完全平等的。在决定事项的时候，是投赞成、反对或是弃权票，完全是由自己做主。全国人大常委会的组成人员，从委员长到委员也都是平等的，表决时也是一人一票。人大最大的特点就是一人一票，不管什么职务都是平等的。全国人大常委会是由委员长、副委员长、秘书长、委员四部分组成，这在宪法里面写的明明白白。我到人大工作后，有的同志填写我的职务是全国人大常委、秘书长，其实我不是人大常委，但我是人大常委会的组成人员，我的职位是秘书长。全国人大常委会组成人员都是由全国人大选举产生，宪法的规定是非常严格的。全国人大的10个专门委员会是代表大会的专门委员会，不是常委会的。全国人大常委会就是在全国人大闭会期间处理日常事务的。另外，宪法里明确规定，委员长、副委员长和秘书长组成委员长会议，处理全国人大常委会的重要日常工作。副委员长、秘书长协助委员长工作，这都是集体行权。本届全国人大常委会对会议纪律要求很严，常委会会议不能无故缺席、随意请假，174名常委会组成人员每次出席人数都在170人以上。这就是要保证人大常委会充分发扬民主，充分行使权力，集体投票决定重大事项。

(二)民主选举是人民当家作主的直接体现,是人民代表大会制度的重要基础

全国人民代表大会和地方各级人民代表大会都由民主选举产生,对人民负责,受人民监督。没有民主选举,人大代表就无从产生,人民代表大会就无法组成,国家机关就无法产生。人大代表选举是人民代表大会制度的基础和逻辑起点,是人民当家作主最直接的形式。

我国的人大代表选举实行直接选举和间接选举相结合、普遍的差额选举制度。五级人大代表中,县乡两级人大代表由选民直接选举;全国人大代表,省级、设区的市级人大代表,由下一级人民代表大会选举。在座各位代表都是省、自治区、直辖市、解放军等 35 个选举单位选出的。从 1979 年到 2018 年,共依法进行 11 次乡级人大代表直接选举,10 次县级人大代表直接选举,选民参选率一直保持在 90% 左右;8 次设区的市、自治州以上人大代表间接选举,顺利完成各级人大的历次换届,产生各级国家机关,为社会主义现代化建设提供了坚实组织基础。

在我国的人大代表选举中,年满 18 周岁的公民普遍地享有选举权和被选举权,通过代表名额分配,使各民族、各地区、各方面都有适当数量代表,兼顾国家政治生活各个方面,确保各方面利益和意志都能得到公正体现。比如,全国人民代表大会中各少数民族都要有适当名额代表,人口特少的民族至少应有代表一人,这一制度设计十分科学合理。又如,各省(区、市)应选全国人大代表名额,由人口数计算确定的名额数、相同的地区基本名额数和其他应选名额数构成,通过地区基本名额数的安排,保证即使人口少的地区也有适当数量全国人大代表。可以说,代表名额是非常金贵的,这有一个现实的例子。去年,全国人大常委会预工委主任是从财政部副部长提任的,但他不是人大代表,不能进入全国人大财经委任职。从中央组织部 20 个机动名额中拿出一个,由贵州省人大选他为人大代表,之后他才被任命为财经委员会副主任委员。还有,要求人大代表中应当有适当数量基层代表,特别是工人、农民和知识分子代表,应当有适当数量的妇女、归侨代表,等。十三届全国人大代表选举严格把关,结构进一步优化,56 个民族都有本民族的代表,少数民族代表的比例达到 14.7%;妇女代表占代表总数的比例达到 24.9%,继上届实现历史性突破后,再创新高;基层代表比例达到 36.34%;一线工人、农民代表占比 15.7%,专业技术人员占 20.57%,比上一届提高了。另外归侨代表占 1.3%,也提高了,党政代表占 33.93%,降低了 0.95%。开人代会的时候我们一直强调让基层代表多发言,领导干部少发言,就是要大家把基层的意见带上来。

党的十八大以来,以习近平同志为核心的党中央高度重视人大代表选举工作。总书记指出:"选举工作要坚持党的领导、坚持发扬民主、严格依法办事,保障人民选举权和被选举权。""无论是党委换届还是人大、政府、政协换届,都要体现工人阶级领导的、以工农联盟为基础的人民民主专政的国体,要保证基层群众代表比例……在中国共产党领导的社会主义国家,一切权力属于人民,决不能依据地位、财富、关系分配政治权力!"总书记强调要加强对选举工作的监督,严明换届纪律,对违规违纪违法问题"零容忍"。在党中央坚强领导下,依法查处了湖南衡阳破坏选举案、辽宁拉票贿选案等,维护了人民代表大会制度的权威和尊严。

有的人总是喜欢用西方的标准来评判我国的选举,有的人没有底气、没有自信、甚至自我否定。有时候好像西方站在道义制高点上,我们理亏似的,但事实上并非这样。与西方选举相比,我国的选举制度自建立之日起就具有鲜明的先进性。比如,我国 1953 年选举法一步到位地规定了选举的普遍性原则,而西方的选举制度一开始就有财产、宗教、种族、性别等方面的种种限制。经过民众长期抗争,直到上世纪中叶才争取到形式上的"一人一票",这一过程长达一百多年,有的国家时间甚至更长。西方选举形式上是一人一票,但事实是这样的吗?美国还有选举人团制度,不是说你得票多就能当选。我国的选举制度是最符合国情和实际的,最能保证和实现人民当家作主。

又如,我国各级人大选举经费由国库开支,从物质方面保证了选民、代表和候选人能够在实际上享受自由选举权利,而美国等许多西方国家的选举则"被金钱绑架",耗费大量资金。美国参议员和众议员选举中,当选者竞选开支普遍在 100 万美元以上。一个普通的工薪阶层上哪儿去找 100 万美元?能当议员吗?更别说当总统了。近年来美国最高法院还通过案件判决废除了公民和政治献金的上限。

还有,在我国这样一个有 9 亿多选民的人口大国,实行直接选举和间接选举相结合,符合当前的国情和实际。而且,我国 262 万多名人大代表中,直接选举的县乡人大代表占总数的 94%,这都是一人

一票选出来的。而西方国家的选举制度也是立足本国历史文化传承、国情和实际发展出来的复杂体系,不能简单地用全民直选一言以蔽之,美国总统实行的就是较为复杂的选举人团制度。总之,把实行“普遍直选”作为判断民主政治优劣的唯一标准,是片面的、偏颇的。在这一点上,我们要理直气壮,我们的制度符合国情和实际,我们国家经济的保持快速发展、社会保持长期稳定,就充分表明了我们的制度优越性巨大。

(三)人民代表大会是人民当家作主的主要民主渠道,体现了社会主义民主政治制度的独特优势

人民代表大会是各方面代表组成的具有广泛代表性的国家权力机关,是党和国家密切联系人民群众的主渠道,是人民群众表达意愿、实现有序政治参与的重要途径。

一是人大代表代表人民参加行使国家权力。人大代表是国家权力机关的组成人员。代表通过出席本级人大会议,审议各项议案和报告,参加各项选举和表决,开展调研、视察、列席常委会会议等闭会期间活动,提出议案和建议、批评、意见等,代表人民的利益和意志,依法参加行使国家权力。我们认真学习宪法、代表法,就会发现人大代表的权利非常广泛,是全方位的。第一个是审议权,在开大会时,代表要审议政府工作报告、“两高”工作报告。大家对报告提出意见,他们是要修改的,今年的政府工作报告修改了83处之多,就是跟代表的审议意见密不可分。第二个是提议权,对制定什么法律提议案,还可以提议组织特定问题调查委员会。第三个是选举权,选举国家机构领导人。第四,还有询问权和质询权,我们对国务院、两高进行询问。还有我们还有罢免权、建议权、批评权,等。在闭会期间还可以视察、调研、执法检查,全国人大常委会的执法检查每次都会邀请全国人大代表参加;全国人大常委会开会的时候,都会邀请50名左右的全国人大代表列席,大家发言时权利是一样的,只是没有全国人大常委会组成人员的表决权。

习近平总书记指出:“各级国家机关加强同人大代表的联系、加强同人民群众的联系,是实行人民代表大会制度的内在要求”。我国的人大代表不脱离各自的生产和工作,生活在人民群众当中,能够广泛深入地听取群众意见、反映群众呼声,这是我国代表制度的一大优势。这些年来,代表联系人民群众的制度机制不断健全完善,比如,2005年党中央出台了9号文件,对充分发挥全国人大代表作用特别是密切代表同人民群众的联系作出了明确规定。2014年,全国人大常委会办公厅出台了关于通过网络平台密切代表同人民群众联系的实施意见。2016年又印发关于完善人大代表联系人民群众制度的实施意见。各级人大代表发挥来自人民、植根人民的特点和优势,通过调研、走访、座谈、接待群众、现代信息技术等方式,深入了解人民群众所思所想所盼,结合实践认真思考,把人民群众的愿望和智慧集中起来、反映上来,体现在依法履职全过程中。昨天下午,我到厦门市湖里区兴华社区人大代表活动站,这里有全国、省、市、区四级人大代表,他们在这里和群众交流意见,把群众的意见建议充分讨论后形成共识,再通过多种方式传递上来。人大代表的制度设计为何不让大家脱离自己的工作岗位,一个很重要的原因就是大家在一线工作岗位上和人民群众交流更便利,跟人民群众联系更紧密。全国人大常委会在支持和保证代表依法履职同时,不断加强同代表的联系,已实现代表列席常委会会议规范化机制化,代表参加立法调研和评估、执法检查等活动常态化,建立健全了法律草案征求代表意见制度,委员长会议组成人员、常委会委员联系全国人大代表制度等,形成了一套较为完备的机制制度。建立固定联系,像每位委员长会议组成人员联系基层代表5到6名,常委会委员联系基层代表3到4名,便于基层人大代表意见建议的表达,畅通诉求表达渠道。并不是在大会期间代表才能反映意见建议,平时也可以反映,只有认真履职,解决问题,老百姓才会有事找你。大家还要不断探索和创新,全国各地有很多新做法,做的都很实,要让老百姓知道,人民代表大会确实能帮助解决实际问题。有的可以通过立法解决,有些意见建议可以交给有关单位去办理。近些年来,大会闭幕后,都会筛选一些建议意见作为重点督办意见建议,去年选出10项,今年选出20项,直接由全国人大专门委员会督办,到年底国务院有关部门和有关方面要来交账。栗战书委员长高度重视加强和代表联系,身体力行,率先垂范,就健全常委会联系人大代表机制提出许多新的要求和举措。在常委会会议期间,栗战书委员长都主持召开列席会议的全国人大代表座谈会,听取大家履职意见建议,这种做法已经机制化。委员长赴地方调研、检查时,多次召开五级人大代表座谈会,认真听取代表的意见建议。根据委员长的指示,还修改了代表建议、批评和意见处理办法,明确委员长会议组成人员、常委会委员联系代表过程中提出和转交的建议,委员长与列席常委会会议的代表座谈时代表提出的建

议,常委会办公厅要及时转交有关方面研究办理。每次人大代表提出的意见,各方面都很重视。

提出议案、建议,是代表反映民意、集中民智的一个重要渠道。认真办理代表议案、建议,是国家机关的法定职责,也是接受人民监督、加强和改进工作的重要体现。栗战书委员长多次强调,办理代表建议是保障代表依法履职的重要内容,体现了中国式民主的特点和优势;要进一步提升代表建议办理实效,真正推动解决实际问题,让人民群众的呼声和期盼有着落、有回应。十三届全国人大二次会议期间,代表共提出议案 491 件、建议 8160 件。本月 11 日,常委会办公厅召开全国人大代表建议、批评和意见交办会,向在京的承办单位统一交办了大会期间代表提出的建议。我们将继续督促、追踪这些建议的办理情况,通过办理代表建议,推动解决一批实际问题。今后怎么宣传好人民代表大会制度的功效,就是要通过实事来宣传。办公厅要收集一批代表提出好建议解决实际问题、取得很好社会效果的案例,用案例来说明我们代表履职的成效。要通过我们的工作使人民群众愿意向我们反映情况,这样人大代表发挥的作用自然就更大了。

*二是通过人大会议集体行使权力,集中和反映人民意志。*人大工作与其他国家机关的工作相比,方式有很大不同。人大及其常委会主要是通过会议形式,即召开人民代表大会和常委会会议,依照法定程序,按照民主集中制原则,集体行使权力。以全国人民代表大会为例:每次大会议程都包括听取审议常委会工作报告和“一府两院”工作报告,审查和批准计划、预算等内容。每届全国人大第一次会议,要选举和决定任命新一届国家机构领导人员。大会上,有关国家机关派出工作人员到会听取代表意见、回答问题,根据代表意见对报告进行修改完善。最后,代表投票表决通过各项报告和议案,依法确定国家大政方针和重大部署。比如,十三届全国人大二次会议上,根据全国人大代表在审议中提出的意见建议,政府工作报告作了 83 处修改,其中有多处都是关系国家政策取向和增进人民福祉的重要修改,这是人大代表通过大会行使人民赋予的民主权利,实现人民当家作主的直接体现和生动例证。国外有人质疑我们的报告通过率高,他们不理解,认为是中国共产党操纵的,我对有些大使和外国的政要讲,大会期间的很多报告,在提交讨论之前,都已经广泛征求意见,充分吸收了大家提出的意见建议,这是集体的智慧。意见都被吸收了,还有什么理由反对。去年我们制定的英雄烈士保护法、电子商务法,修改的个人所得税法等,都是反复征求各方面意见,最后找到大家的利益交汇点。人大代表具有广泛的代表性,人大常委会组成人员也是各个方面的代表。大家提出的意见只要合理,能吸收的,尽量吸收。修改个人所得税法,公开征求意见有 14 万多条,大家意见不一致,主要体现在要求提高起征点,说 5000 元太低,应该 8000、1 万元。其实,起征点只是一方面,更重要的是增设了扣除项。常委会反复研究并及时向中央报告。这样,修改后的个人所得税法,普遍都受益,社会反响很好。人大及其常委会无论是制定法律、决定重大事项、行使人事任免权,还是开展监督工作,都必须充分发扬民主、严格依法按程序办事。每位代表和常委会组成人员在会议上都可以各抒己见,充分发表意见。代表、委员在人大会议和常委会会议上发言无论讲的对错,都不受法律追究。在认真审议基础上,再依照法定程序进行表决,一人一票,按多数人的意见作出决定。这种民主的程序,保证了人大及其常委会依法行使的职权更好地集中和反映人民的共同意志。其实政府也好,“两院”也好,都特别看重人大代表的意见。这次我们随栗战书委员长去四川进行水污染防治法执法检查,四川省委书记彭清华同志说,人大代表执法检查口气很平缓,态度很平和,问题很尖锐。我们在座的一位人大代表也参加了这个执法检查。人大的执法检查就是法律监督,不同于行政督察或其他监督。现在,我们很多人宪法法律的意识还比较淡薄。我们经常说坚持依法治国首先要坚持依宪治国,坚持依法执政首先要坚持依宪执政,宪法这么重要,我们没有理由不认认真真地把它学习好贯彻好。我们讲监督,首先应该是对宪法实施的监督,不学习宪法,那怎么能实施宪法监督。这次水污染防治法执法检查中,就发现很多人只知道政策不知道法律。委员长指出,这部法涉及到有关部门的也就三条五条,把这三条五条学习好贯彻好就可以了,怎能只知道政策不知道法律呢。我们人大代表是要依法监督的,更要带头学习法律。

*三是在人大工作中密切联系人民群众,倾听人民呼声、汇集人民智慧。*习近平总书记指出:“人民代表大会制度之所以具有强大生命力和显著优越性,关键在于它深深植根于人民之中。”总书记对人大的定位,其中一个就是“同人民群众保持密切联系的代表机关”。人大最大的优势是密切联系人民群众,这个优势体现在人大的各项工作机制和工作方法中。

以立法为例,这是人大工作密切联系人民群众的最鲜明体现。一直以来,全国人大常委会不断扩大公众对立法的有序参与,通过各种方式广泛听取各方面意见尤其是基层群众的意见,逐步形成了一整套行之有效的民主立法机制和程序,包括立法座谈会、论证会、听证会、法律草案向社会公布征求意见制度等。凡是全国人大常委会审议的法律草案一审稿、二审稿,及其起草、修改的说明等原则上都在中国人大网上公布,重要法律草案还要在全国新闻媒体上公布。像民法典各分编草案初次审议后,我们将草案在中国人大网全文公布征求意见,就收到社会公众意见44万多条。我们围绕人民群众反映的热点问题和集中意见,正在对民法典各分编草案作研究完善。民法典还是要在代表大会上审议通过,通过前还会充分征求意见,与大家密切相关的婚姻家庭编中的规定,关注的人非常多,提出的意见也非常多。近些年,全国人大常委会还建立了基层立法联系点制度,它发挥了最高国家立法机关直接听取基层干部群众意见、接地气的"直通车"作用。

(四)实现好、维护好、发展好最广大人民根本利益,是人大工作始终不渝的价值追求

人大作为支持和保证人民当家作主的国家权力机关,必须把最广大人民根本利益作为工作的出发点和落脚点,把人民拥护不拥护、赞成不赞成、高兴不高兴、答应不答应作为衡量工作得失的根本标准,努力使每一项立法、每一个决定决议都体现和维护人民利益、反映人民意愿、增进人民福祉。

一是以良法促进发展、保障善治、维护人民民主权利。坚持以人为本、立法为民。1982年五届全国人大五次会议制定现行宪法时,对结构作出重大调整,把"公民的基本权利和义务"作为第2章,放在"总纲"之后"国家机构"之前,彰显人民至上的价值取向;2004年修改宪法时又明确规定国家尊重和保障人权。一开始西方高举人权大旗,大肆宣扬我国没有人权,说我们宪法中没有写保障人权的内容。实际上,现行宪法规定公民享有广泛的自由和权利,2004年修改宪法时直接引入"人权"概念,写上了"国家尊重和保障人权"。而西方标榜的人权除了"一人一票"还剩什么呢?看看美国,今天这里发生枪杀案,明天那里发生枪杀案,还不禁枪,也无法禁枪!我们的枪杀案每年才有多少?!我国实施枪支管制,我们国家的安全在全世界是最好的。我们对人权方面的保障是非常充分的、全面的。我们制定完善民事、刑事、经济、社会等方面的一系列法律,形成并完善中国特色社会主义法律体系。通过完备的法律制度,确认和保障了公民的人身权、财产权、基本政治权利等各项权利,确认和保障了公民的经济、文化、社会等各方面权利。

二是保证权力始终用来为人民谋幸福、维护人民切身利益。人大贴近民生开展监督工作,通过开展执法检查、听取审议有关国家机关工作报告等形式,督促有关国家机关正确有效行使职权;有关国家机关对人大负责,认真接受人大监督,不断改进工作,共同形成合力,解决人民群众所需所急所盼,增强人民的获得感、幸福感、安全感。这方面,各地有很多创造,很多地方的立法都是与老百姓最关心的事情密切相关的,像厦门就对垃圾分类进行了立法并严格实施,有人来督促垃圾分类,效果很好。有很多问题是国家层面立法不好解决的,比如老旧高楼装电梯问题,我们国家有这方面政策,但是一楼二楼不同意,就装不成。我在报社当社长的时候就申请了几个亿的资金来装电梯,但只有少数几个楼装成了,其他都是一楼、二楼不同意。再如养狗的人和不养狗的人矛盾冲突,也可以通过地方条例去解决。若地方通过立法,制定条例,强制执行,大家就都会遵守了。人大代表可以提议案建议,通过制定法律法规去解决这些问题。改革开放40多年来,全国人大常委会共听取审议"一府两院"专项工作报告300多个,累计检查百余部法律实施情况,推动解决了一大批事关人民切身利益的问题。不要光口头上喊"我当代表为人民",要实实在在为人民。

本届常委会成立以来,把保障改善民生摆在重要位置,大力推进立法、监督等工作。抓紧民法典编纂,修改个人所得税法、社会保险法,审议基本医疗卫生与健康促进法草案。吉林长春长生公司问题疫苗案件发生后,常委会把人民群众的身体健康放在首位,坚决贯彻落实习近平总书记指示要求,积极协调推动制定专门的疫苗管理法,及时安排审议法律草案,抓紧建立对疫苗进行全过程全链条监督的长效机制,创造了立法的"特快"速度。我们的立法很多都是坚持问题导向,发生了问题,没有这方面法律,无法追究法律责任,就马上着手立法。所以我们要发现问题快速应对,同时还要留有预案。在座的人大代表发现了问题要及时提出议案,我们就可以主动的对人民群众关心的问题进行立法。把人民普遍关注的突出问题作为监督重点,听取审议"一府两院"民生领域的多个专项工作报告,首次对"两高"工作开展专题询问,检查大气污染防

治法、农产品质量安全法、传染病防治法、海洋环境保护法等实施情况，特别是专门加开常委会会议，听取审议大气污染法执法检查报告并作出决议，运用法治方式推动解决老百姓最关心、最期盼的问题，受到了社会普遍肯定和支持，做到了民有所呼、我有所应。

三、提高代表人民参加行使国家权力的能力和水平

总书记对人大代表寄予深切厚望，强调“每一位人大代表都要站稳政治立场，严格遵守政治纪律，做政治上的明白人。要增强政治观念、法治观念、群众观念，履行宪法法律赋予的职责，发挥来自人民的特点，接地气、察民情、聚民智，努力做到民有所呼、我有所应。要严格要求自己，自觉弘扬和践行社会主义核心价值观，加强道德修养，清清白白做人、干干净净做事。”学习贯彻总书记指示要求，我们要自觉做到以下几点。

第一，深入学习贯彻习近平新时代中国特色社会主义思想，坚持履职的正确政治方向。要坚持以习近平新时代中国特色社会主义思想为总指引，切实在学懂弄通做实上下功夫，不断提高政治站位和理论水平，进一步增强“四个意识”、坚定“四个自信”、做到“两个维护”，持续深入用党的创新理论武装头脑、指导实践、推动工作。及时学习领会习近平总书记重要讲话和指示批示精神，自觉向党中央看齐，向总书记看齐，向党的基本理论、基本路线、基本方略看齐，坚持从最广大人民根本利益出发，依法履职、行权尽责，保证党的主张和人民意志高度统一，保证党中央决策部署得到全面贯彻落实。今年在审议“两高”报告时，最高人民法院院长就对我说，他们遇到了关于千亿矿产案问题，可能会影响得票率，希望各个代表团能够支持和帮忙解释。党中央非常英明，在大会召开之前，就将案件调查清楚了，但还是有影响，因为我们有些代表可能不相信调查结果。现在我们处于网络时代，网上很多信息常常误导我们，一件小事情就能造成大风暴。人大代表要立场坚定，不能受其他因素影响和左右。西方的媒体有时会有意抹黑，在你没准备的情况下采访你，看你笑话，答的好的采访他们往往不会播放出来。我们不要相信西方媒体，也不要过分相信自媒体，自媒体的信息都是未经核实的东西。西方媒体基本不会说我们的好话，我们国家媒体报导西方是公正的客观的，有好的说好，而且说好的时候比较多，而西方所有的主流媒体对我们都是不友好的，很少说我们的好话，都是说我们负面的事情，在很大程度上误导了他们的民众。所有来过中国的外国人，会发现现实中的中国不是媒体说的那样。所有的外国人晚上出来，没有不安全的，半夜上街吃夜宵都是没问题的，跟西方很多国家形成鲜明的对照。

要持续深入学习贯彻习近平总书记关于坚持和完善人民代表大会制度的重要思想，实现学思践悟的融会贯通，将学习成果转化为推动新时代人大工作的强大动力。“两会”期间，总书记提出对代表要多进行培训，如基本知识的培训、应对媒体的培训，我们这次培训班就安排了这些内容。西方媒体来中国就是挑毛病的，提出很多古怪刁钻的问题。美国用长臂管辖来干涉我们国家的事情，看我们发展了、先进了，就开始动手段，比如去年华为的高管被抓了，就是它千方百计动用流氓手段的体现。其实，我们国内很多事情都有美国的影子，比如深圳的基因编辑事件，就是美国在背后搞的。这也与我们法律存在漏洞有关，现在新事物出现的太多了，我们的立法跟不上，肩上的任务非常重。今年，常委会将继续把这项工作摆在突出位置，巩固成果、完善制度，实现学习总书记重要思想的常态化，精心组织培训、讲座和学用交流活动，适时召开交流会。

第二，强化依法履职意识，增强履职责任感使命感。全国人大代表名额不超过 3000 人，按全国人口平均计算，大约每 46 万人才产生一名全国人大代表，就是说，一个代表所代表的 46 万人，相当于一个小国家的人口总数。每一位代表都肩负着人民的重托，使命光荣，责任重大。人大代表是国家权力机关的组成人员，不是普通的老百姓，代表不是荣誉、不是待遇，而是一种职务，要真正代表人民。希望各位代表进一步强化履职意识，增强履职的责任感使命感。要按要求出席会议，认真审议议案和报告。栗战书委员长多次强调会风会纪问题，指出常委会和专门委员会组成人员按时参加、列席常委会会议，是代表人民的意志和利益依法行使职权，这既是权利，更是义务和责任，不能无故缺席，这已经成为本届常委会的一条纪律要求。全国人大代表也要遵守好这条要求。我们常委会开会不能随意请假，除非是要参加总书记、总理召开的会议，或是生病起不来床，否则不许请假。请假需向委员长提出，经批准后才允许缺席。在表决各项议案和报告时，要以对人民高度负责的态度，投好神圣的一票。

代表在表决时可以投赞成票，可以投反对票或者弃权票，这都是在行使法定民主权利，但不按表决器，就是没有履行代表的法定义务，这一条是委员长多次强调的，我们在培训中也多次讲，未按表决器就相当于没有出席会议，大家可以赞成、反对、弃权，但不能没态度，没态度就不需要你这个代表。

还有关于大会的纪律，今年的大会纪律非常好，今年大会闭幕后总书记对今年大会非常满意，给予了高度评价。大会纪律就管住一条，不许带手机。大会前，我们向中央政治局常委汇报的时候，总书记说：首先把人大自己的人管住，人大代表不能带手机，人大工作人员也不许带。我们有会风会纪监督员，发现一位部队的同志带了手机，马上提出批评，这位同志后来也写了检讨。要依法提出议案和建议，推动有关方面改进工作。积极参加闭会期间活动，为审议议案和报告、提出议案和建议做准备。正确处理从事个人职业活动与执行代表职务的关系，不得利用执行代表职务干涉具体司法案件或者招标投标等经济活动牟取个人利益；在参加会议期间和参加履职活动时，不得拉关系、办私事、变相从事商业活动等。这一条也是对代表的要求。

第三，锲而不舍抓学习，全面增强履职本领。前不久，总书记为第五批全国干部学习培训教材作序，指出“没有全党大学习，没有干部大培训，就没有事业大发展。”他强调必须更加崇尚学习、积极改造学习、持续深化学习，对抓好全党大学习、干部大培训提出明确要求。栗战书委员长高度重视，第一时间就贯彻落实总书记重要指示精神作出批示、提出要求。按照委员长要求，办公厅有关部门认真逐条梳理了大会期间代表提出的关于学习培训的意见建议，及时调整相关工作计划安排。大会期间不少代表提出希望加强计划预算报告怎么审、议案建议怎么提、怎么应对媒体提问、收到信访件怎么办等方面的培训，本次学习班就增加了相关课程。今年，还将进一步加大精准培训的力度，并探索开展代表分领域专题培训。总之，全国人大常委会办公厅将全力做好有关服务保障工作。也希望各位代表紧跟总书记指示要求，树立终身学习的观念，增强主动学习的意识，锲而不舍狠抓学习，不断提升履职本领，使思想、能力、行动跟上党中央要求、跟上时代前进步伐、跟上事业发展需要。全国人大常委会对学习抓的很紧，每次常委会会议后都会进行专题学习。为什么要进行专题学习，目的就是为了不断提高我们的工作能力和水平。现在新事物发展很快，我们的立法、监督要紧紧跟上，这才能和履职尽责相适应。培训学习非常重要，我们做人大代表的培训，要加大培训的频率，要提高培训的质量，这样代表才能充分发挥作用。

第四，密切联系人民群众，深入调查研究。密切联系人民群众是人大代表依法履职的基本功。全国人大代表在联系人民群众方面更应作表率，通过各种途径和形式深入开展调查研究，广泛听取群众意见建议，真正了解老百姓在想什么、盼什么，有哪些担心、有什么困惑，号准群众脉搏，汲取群众智慧。把密切联系、调查研究的成果体现在履职工作中，在全面掌握情况、深入研究问题的基础上，认真撰写调研报告和议案建议，为有关部门决策提供参考。我们也要加强对人大代表的宣传，老百姓不了解人大也跟我们宣传报道不到位有关。去年我了解河南的一个代表一直研究土壤污染防治，做的非常到位。后来我们就请中央媒体去采访报道这位人大代表，他提出很多意见建议，促进很多问题解决。今年他走人大代表通道的时候想带上三瓶土，我们没同意，因为这样会让老百姓误以为我们人大代表在表演，后来他口头讲的效果也非常好。其实我们很多人大代表都做了类似的事情。我们要不断加强对人大代表的宣传，我们给中央媒体提要求，要不断的宣传人大代表是怎么履职的，宣传的多了，我们编成书，拍成电视，对通过人大代表解决实际问题的案例进行梳理，要充分宣传我们人大代表是为人民做实事儿的。密切联系人民群众，深入调查研究，既要把群众所思所想所盼带上来，也要发挥工作和生活在人民群众之中的优势，通过多种方式，大力宣传人大制度和人大工作，增进全社会对国家根本政治制度的自信。如果每位人大代表都结合履职实践向身边的群众介绍人大制度和人大工作，这不就是最广泛、最生动的人大宣传吗？各级人大代表有260多万，如果我们每一个代表都了解人大工作情况、了解人民代表大会制度，在工作、生活中积极宣传，那人大代表就是最好的宣传员。社会对人大制度和人大工作的了解增多了，就会减少错误和模糊认识，不会再以为人大是“橡皮图章”，以为代表是所谓的“举举拳头”，也会更加尊重代表执行职务行为。有一段时间，我们的自媒体攻击老代表申纪兰，她是全国唯一一位从第一届到第十三届的全国人大代表，攻击老人家只会投赞成票。这是对老人家的歪曲和污蔑，我建议做个视频，后来效果很好。申纪兰是我国第一个提出男女同工同酬的人大代表，多大的贡献啊，美国到现在都没做到。在今年“两会”上老人家所作的发言很感人,就是发挥了在人民群众中的作用。这样的代表,我们不能随意让自媒体抹黑,要理直气壮地为这些代表撑腰,要宣传她的历史功绩和贡献。她见证了人民代表大会从第一届走到今天,她是重要的历史见证者。所以我们自己要有底气,要有信心,我们自己要宣传好自己的工作,让大家正视人大代表发挥的重要作用,让大家明白我们的人民代表大会制度是符合我们国情的根本政治制度。

各位代表,同志们! 新时代赋予新使命,呼唤新担当、新作为。让我们紧密团结在以习近平同志为核心的党中央周围,高举中国特色社会主义伟大旗帜,以习近平新时代中国特色社会主义思想为指导,全面贯彻落实党的十九大和十三届全国人大二次会议精神,锐意进取,开拓创新,依法履职尽责,共同努力开创新时代人大工作新局面,以优异成绩庆祝中华人民共和国成立 70 周年。

谢谢大家。

在纪念王光英同志诞辰 100 周年座谈会上的发言

(2019 年 8 月 14 日)

全国人大常委会秘书长、机关党组书记　杨振武

各位领导,同志们:

今天,我们怀着十分崇敬的心情,参加纪念王光英同志诞辰 100 周年座谈会,深切缅怀他的光辉业绩,追思和学习他的优秀品格和崇高精神。

王光英同志是我国现代民族工商业者的优秀代表,著名的社会活动家,中国共产党的亲密朋友,曾任一届、二届、三届全国人大代表,1993 年 3 月、1998 年 3 月,连续当选为八届、九届全国人大常委会副委员长。在全国人大工作期间,王光英同志坚持党的领导、人民当家作主、依法治国有机统一,担当尽责、求真务实,认真负责地做好有关立法、监督、对外交往等工作,为坚持和完善人民代表大会制度、推进社会主义民主法治建设作出了重要贡献。

*王光英同志真诚爱戴、衷心拥护中国共产党,在人大工作中始终坚持党的领导不动摇。*王光英同志对党感情深厚,用一生践行了"听党的话,跟党走,走社会主义道路"的承诺。1954 年,他作为天津市工商界代表当选为第一届全国人大代表。在第一届全国人大第一次会议上,他就坐在面对主席台的第一排,亲身经历了这一伟大历史时刻,亲眼目睹毛泽东、周恩来、刘少奇、朱德等第一代党和国家领导人的风采。多年后,王光英同志深情回忆了当时的情景,"整个会议始终保持着一种非常民主和融洽的气氛。特别是分组讨论时,代表们争着发言,大家都能充分发表意见,包括批评意见。毛泽东、刘少奇、周恩来等领导人也非常重视代表们的意见,充分体现了社会主义民主和人民代表大会的作用。"他说,"我为自己能成为全国人大代表感到无上光荣","毛主席为首的党中央领导全国人民英勇奋斗,枪林弹雨,无数革命先烈流血牺牲才取得了革命成功,迎来了劳动人民当家作主的今天。那时,我就暗下决心,永远听党的话,为广大人民谋利益,做一个合格的人大代表"。有生之年,王光英同志从未忘记自己的初心,无论是作为全国人大代表还是作为全国人大常委会副委员长,都始终不渝追随中国共产党,坚定坚持党的领导,坚决贯彻落实党的路线方针政策和党中央决策部署,为党和国家事业殚精竭虑、无私奉献。在八届、九届全国人大历次大会上,他作为大会主席团成员和主席团常务主席,参与主持会议,认真履职尽责,为保证会议顺利进行,做了大量卓有成效的工作。王光英同志曾深刻总结道,"几十年的风风雨雨,使我深知,只有跟着共产党,我们的国家和民族才有希望,我们国家不能没有党。"

*王光英同志参与制定和修改宪法和一批重要法律,为建立中国特色社会主义法律体系倾注了大量心血。*1954 年 9 月,在一届全国人大一次会议上,王光英同志同与会代表一道,审议并表决通过了新中国第一部宪法。1993 年 3 月、1999 年 3 月,王光英同志作为全国人大常委会副委员长,先后参与审议通过了两个宪法修正案,推动宪法在中国特色社会主义伟大实践中与时俱进、完善发展。八届、九届全国人大及其常委会都把加快经济立法作为重要任务,王光英同志充分发挥懂经济和外贸的特长,积极参与中小企业促进法、对外贸易法、公司法、合伙企业法、商业银行法、票据法、信托法等经

济领域重要法律的制定工作，提出了许多真知灼见。他大力呼吁为民营经济和中小企业营造法治化环境，提出“要进一步完善保护私人财产的法律制度，放宽国内民间资本的市场准入领域，在投融资、税收、土地使用和对外贸易等方面采取措施，为中小企业创造公平竞争的市场环境。”他还建议，“各级政府特别是有关部门应认真履行促进中小企业发展的重要职责，制定与法律相应的规定，增强法律的可操作性。”这些观点和主张，对我们当前促进民营经济和中小企业发展，依然具有现实的指导意义。他对立法工作极为认真负责，查看立法文件总要从头到尾一字不落，字斟句酌，每次审议都认真准备，积极发言，为法律草案的修改完善和顺利通过贡献了智慧和力量。

王光英同志高度重视人大监督工作，为增强人大监督实效作出了积极贡献。他把对法律实施情况的检查监督放在与立法同等重要的位置，花费大量时间精力参与执法检查工作。1997 年全国人大常委会检查产品质量法实施情况，他担任执法检查组组长并向常委会作执法检查报告。检查中，他两次出席检查组全体会议并发表讲话，亲自带队到地方开展检查，深入机关、企业、市场了解实际情况，多次召开人大代表、有关部门、企业家和职工代表参加的座谈会，查找法律实施中存在的问题，提出务实可行的建议，督促“一府两院”改进工作、完善制度、执行法律。他出席中小企业促进法、中外合资经营企业法、药品管理法、代表法等法律实施情况座谈会并发表讲话，积极推动法律有效实施。他聚焦经济社会热点难点问题，积极参加各种视察和调研活动，反映基层实际情况，多次针对乡镇企业发展、食品卫生安全、非公有制经济健康发展等建言献策，受到中共中央高度重视。

王光英同志积极推动全国人大同各国议会和民间组织的友好交往，增进中国人民与世界各国人民的友谊。会见外宾是王光英同志最繁忙的工作之一，他会见的外宾，包括外国议员、议长，还有民间代表团、与中国友好的政治团体等。仅 1995 年 10 月一个月时间，他就参加了 19 次外事活动。其中一天，接连会见 4 批外宾，有些外宾只好安排在晚间会面。他曾率领全国人大代表团访问葡萄牙、马耳他、柬埔寨等国，增进相互了解，推动双边关系进一步发展。1997 年，他带领全国人大代表团出席在韩国首都汉城举行的各国议会联盟第九十七届大会。会议期间，代表团积极开展工作，同大多数友好国家代表团密切合作，阐述我方坚持平等、合作、发展和反对霸权主义、强权政治的立场，受到与会各国的积极响应。在对外交往中，王光英同志坚决贯彻党和国家外交工作总体部署，着重宣传我国改革开放的方针政策和大好形势，宣传人民代表大会制度和民主法治建设成就，宣传我国在国内国际重大问题上的原则和立场，增进了国际社会对中国的了解、信任和支持，发挥了人大对外交往服务国家外交大局的作用。

王光英同志为国家和人民留下了宝贵精神财富，他为国为民、忠贞不渝的爱国情操，勇于开创、敢于担当的实干精神，无私奉献、鞠躬尽瘁的崇高风范，深入实际、密切联系群众的优良作风，永远值得我们学习和怀念，永远激励我们砥砺前行。今天，我们纪念王光英同志诞辰 100 周年，回顾他在全国人大工作时期的光辉业绩，就是要不忘初心、牢记使命，坚持以习近平新时代中国特色社会主义思想为指导，全面贯彻党的十九大精神，在以习近平同志为核心的党中央坚强领导下，坚持党的领导、人民当家作主、依法治国有机统一，做好新时代人大工作，为实现“两个一百年”奋斗目标、实现中华民族伟大复兴的中国梦作出新贡献。

在2019年度人大新闻舆论干部培训班开班式上的讲话

（2019 年 11 月 12 日）

杨振武

同志们：

在全国上下深入学习宣传贯彻党的十九届四中全会精神的重要时间节点，我们举办2019年度人大新闻舆论干部培训班暨第29届中国人大新闻奖评选结果发布会，很有意义，目的是深入学习贯彻十九届四中全会精神，进一步学习习近平新时代中国特色社会主义思想特别是习近平总书记关于坚持和完善人民代表大会制度的重要思想，贯彻落实栗战书委员长关于加强人大新闻舆论工作的批示要求，重点交流加强人大代表履职宣传报道、开展纪念地方人大设立常委会40周年宣传报道、运用新媒体的经验和做法，努力提高人大新闻舆论工作水平。

刚才，我们发布了第29届中国人大新闻奖评选结果，对获奖的编辑、记者进行了表彰。有关作品已汇编成书，印发了今天的会议。这里，我代表栗战书委员长和王晨副委员长，代表全国人大常委会，向获奖同志表示热烈祝贺！向参与人大报道的各媒体表示诚挚感谢！向参与新闻奖评选的评委们表示衷心感谢！

刚才，人民日报、新华社、法制日报、《浙江人大》杂志的有关同志和中国人大新闻奖资深评委分别作了发言，大家讲得都很好，听了很受启发。下面，我就当前人大新闻舆论工作讲几点意见，同大家一起交流。

一、以习近平新时代中国特色社会主义思想为指导，推动人大新闻舆论工作取得新进展新成效

党的十八大以来，以习近平同志为核心的党中央高度重视、全面加强党对人大工作的领导，推动人大工作取得历史性成就。习近平总书记就坚持和完善人民代表大会制度、发展社会主义民主政治发表一系列重要讲话、作出一系列重要指示，提出一系列具有重大理论和实践创新意义的重要思想，为做好新时代人大工作指明了根本方向、提供了重要遵循。

十三届全国人大及其常委会认真学习贯彻习近平新时代中国特色社会主义思想和党的十九大精神，在以习近平同志为核心的党中央坚强领导下，紧紧围绕党和国家工作大局，依法履职，开拓进取，推动人大制度理论和实践创新取得新的丰硕成果，国家权力机关职能作用得到更好发挥。今年中国人大新闻奖的获奖作品，是从去年4月份到今年3月份的中央和地方媒体的报道中评选出来的，充分反映了各级人大特别是全国人大履职第一年各项工作的进展和成果，有思想、有品质、有温度，在宣传人大制度和人大工作、引导社会舆论和凝聚共识方面，发挥了积极而重要的作用。

（一）持续深入学习习近平总书记关于坚持和完善人民代表大会制度的重要思想，通过宣传报道使人大制度深入人心

一是积极展现各级人大学习宣传习近平总书记重要思想情况和实践成效。去年9月石家庄会议上，栗战书委员长将习近平总书记关于坚持和完善人民代表大会制度的重要思想概括为“十个坚持”，非常精炼。这次会议推动人大系统形成了持续学习习近平总书记关于坚持和完善人民代表大会制度重要思想的浓厚氛围。会后，一些地方人大陆续召开专门会议，学习总书记重要思想和栗战书委员长石家庄会议讲话。今年，全国人大常委会继续围绕学习贯彻总书记重要思想、坚持和完善人大制度的主题，分别召开全国省级人大常委会秘书长工作交流会和省级人大立法工作交流会。中央主要媒体和地方主流媒体对这些会议进行了报道，一些媒体还以专版、专栏、评论、综述等形式，集中反映了石家庄会议以来各级人大学习宣传贯彻总书记重要思想的有关情况和实践成效，在人大系统引发热烈反响。其中，人民日报的专版《深入学习贯彻习近平总书记关于坚持和完善人民代表大会制度

的重要思想交流会发言摘编》、评论《人民代表大会制度是个好制度》分别获今年人大新闻奖的特别奖和一等奖。

二是充分报道人大制度创新实践。《中共中央关于建立国务院向全国人大常委会报告国有资产管理情况制度的意见》发布以后，十三届全国人大常委会积极贯彻落实，于今年上半年出台了落实有关意见的五年规划。中央主要媒体以实现全口径全覆盖的国有资产监督为亮点和切入点，刊播了系列报道，包括五年规划全文、预算工委主任答记者问和多篇解读稿件。同时，还通过微信公众号等新媒体积极推送，引起广泛关注。如，人民日报《民主政治周刊》头条刊登《加强人大监督 管好国有资产》，新华社播发《管好人民共同财富 加强人大依法履职》，法制日报刊发《全国人大常委会出台五年规划加强国有资产监督 加强人大监督摸清国有资产家底》。财新网、21世纪经济报道等多家财经类都市媒体予以关注并积极报道。

三是利用重要时间节点宣传人大制度。围绕中华人民共和国成立70周年，支持媒体深入采访报道新中国法治建设成就，乔晓阳等同志接受专访，有多篇深度报道广受好评。积极配合庆祝新中国成立70周年大型成就展布展工作，反映人大工作重要成就。围绕全国人民代表大会成立65周年，组织中央主要媒体采写了多篇重要稿件，深刻揭示我国实行人民代表大会制度的历史必然性和重大历史意义。如，《求是》杂志再次发表习近平总书记在庆祝全国人民代表大会成立六十周年大会上的讲话，配发解读文章；人民日报、新华社分别刊播了重点报道《不负人民重托 无愧伟大时代》《在民主法治的道路上砥砺奋进》。新华社还配发了视频短片《光辉岁月》，收视人次超过5000万。围绕改革开放40周年，专门邀请杨景宇、胡康生、乔晓阳、张春生等老同志为媒体开设讲座并接受集体采访，推出了一批回顾梳理40年立法成绩的报道。如，新华社连续报道作品《改革开放40年立法印记》、经济日报通讯作品《40年，那些难以忘记的立法往事》均获一等奖。

四是解读常委会议程设置，宣传人大制度。去年12月举行的十三届全国人大常委会第七次会议，议程多达37项。为避免社会公众产生“为什么安排这么多议程”和“审议是不是走形式”的质疑，人民日报专门撰写了一篇解读稿件，从紧扣中央重大决策部署、主动配合改革需要、认真履行人大常委会职责等方面，对本次会议的议程设置及特点进行分析，并对人大常委会的议事规则进行知识普及，起到了通俗介绍人大知识、宣传人大制度的作用。有关稿件《从议程看议事规则——解析本年度最后一次人大常委会会议议题》在开幕第二天(12月24日)人民日报二版头条刊发。

(二)深入宣传宪法，弘扬宪法精神，树立宪法权威

一是召开国家宪法日座谈会，做好国家层面的宣传活动。去年12月4日是第五个国家宪法日，习近平总书记专门就学习和宣传宪法作出重要指示。我们认真学习、贯彻落实习总书记指示精神，牵头组织了第五个国家宪法日座谈会，会议规格高、影响大、覆盖范围广，宣传报道形式多、分量重、声势大，人民日报、光明日报、法制日报等媒体共刊发4块专版，新华社播发综述和评论，中央电视台《焦点访谈》栏目播出专题节目《让宪法根植你我心中》。

二是充分报道常委会加强宪法实施和监督的情况。及时报道常委会通过的一系列有关决定，如关于宪法法律委职责问题的决定、特赦的决定、授予国家勋章和国家荣誉称号的决定、国家监察委员会制定监察法规的决定等，反映了常委会推动和保障宪法实施的情况；报道全国人大常委会决定任命的国家工作人员进行宪法宣誓的情况，激励国家公职人员带头忠于宪法、维护宪法、履行法定职责；充分报道推进合宪性审查、加强规范性文件备案审查工作情况，推动地方开展生态环保法规全面清理情况，全国备案审查信息平台建设情况，以及社会关注度高的审查建议的研究处理反馈情况等。

三是支持和组织媒体开展日常宣传。通过提供与宪法有关的理论文章、背景素材，协调有关老同志接受媒体采访等方式，积极组织和支持媒体结合重要年份做好宪法的日常宣传，使宪法的学习宣传常态化。如，法制日报通讯作品《“八二宪法”五次修改为改革开放提供坚实保障》，通过采访“与现行宪法一起成长”的数名专家学者，讲述了40年来现行宪法自身发展历程以及宪法在改革开放伟大事业中的重要作用。该作品获一等奖。

(三)顺利完成十三届全国人大二次会议的宣传报道任务，充分呈现会议盛况，营造良好舆论氛围

一是突出核心、凝聚共识，充分报道习近平总书记参加审议等重要活动。大会期间，中央主要媒体把习近平总书记参加审议等重要活动作为新闻报道的重中之重，充分反映现场情况，深入解读总书记重要讲话精神，及时跟进引发的热烈反响。相关报道具有很强的权威性、可读性、思想性，不断推

动习近平新时代中国特色社会主义思想深入人心。如,新华社获特别奖的作品《上下同心再出发——习近平总书记同出席2019年全国两会人大代表、政协委员共商国是纪实》,一经推出就产生“镇版”“刷屏”的效果,近900家中央和地方媒体采用。中央广播电视总台央视获一等奖的新媒体作品《时政微视频|与人民在一起——习近平的两会时间》被各大主要媒体平台转载,一个多月内播放量超过千万次。

二是以多种形式反映十三届全国人大常委会履职成就和新一届政府工作情况。大会期间,各媒体一方面坚守传统阵地,通过报纸、通讯社、电台电视台等传统渠道反映和解读常委会工作报告、政府工作报告的主要内容,另一方面充分发挥融媒体报道优势,运用VR、H5、5G、4K等新技术,制作推出了一批新颖活泼、互动性强的创意产品,传播广泛,效果非常好。获奖作品中有不少这种类型的新闻产品。如,新华社获特别奖的融媒体产品《划重点!五分钟读透人大报告》,访问量近1000万;中国网获一等奖的新媒体作品《AI唱报告给你听》,访问量达320万。

三是深入报道审议通过外商投资法的过程和重要意义。人民日报、新华社、中央广播电视总台等中央主要媒体和地方主流媒体纷纷以专版、专栏、专题的形式,刊播外商投资法草案的说明,解读制定外商投资法的重要意义,及时反映各代表团审议情况。有关报道在获奖作品中也得到体现,如,新华社获一等奖的动漫短视频《3分钟带你看懂外商投资法草案》,浏览量达1.2亿。人民法院报获一等奖的通讯作品《“加减乘除”让对外开放迎来升级版——全国人大代表热议外商投资法草案》,角度独特,受到广泛关注和好评,被法治类网站广泛转载。

(四)全国人大常委会会议报道充分,社会反响积极

一是重点议题报道充分、特点突出。对社会关注度高的常委会重要议题特别是民生密切相关的议题,如个人所得税法修正案草案、土地承包法修正案草案、民法典草案各分编、药品管理法修订草案、疫苗管理法草案,大气污染防治法执法检查报告、水污染防治法执法检查报告、“两高”专项工作报告并开展专题询问等,中央媒体采用多种形式进行了深入报道,充分回应社会关切,不少报道传播广泛、获得很好的社会反响。一等奖作品中,人民日报通讯作品《蓝天保卫战 法律剑出鞘》、H5+图解系列新媒体作品《新个税法解读》,新华社消息作品《首次!最高国家权力机关专题询问“两高”》,中央广播电视总台央广的系列报道作品《民法典各分编草案系列解读》,农民日报的通讯作品《农村土地承包法修改记》等,都是这类报道中的优秀代表。

二是敏感议题报道把握得当,舆论平稳。对有关重大敏感议题主动研判,及时提出新闻报道和舆论引导意见,与有关部门等密切沟通,主动释放正面信息,实现了对会外媒体报道和网络舆论的有效引导。

(五)代表报道数量、质量同步提升

全国人大代表是国家权力机关的主体。过去一年来,我们高度重视对代表的报道和宣传,媒体对各级人大代表的报道的力度不断加大,优秀作品明显增加。

一是代表履职故事的报道进一步深入。今年年初,中宣部根据中央要求,对各媒体加强代表履职报道提出了明确要求。各媒体高度重视,反映代表履职事迹的报道量明显增加,故事性更强,传播效果更好。今年的获奖作品中,就有不少反映代表履职的优秀作品。如,检察日报获一等奖的作品《最热的他们,领到高温津贴了吗》,广东卫视获一等奖的消息作品《广东:人大代表积极亮明身份 争做基层群众代言人》等。我们正在对有关报道进行选编,汇编成册后送代表和媒体记者参阅。

二是“代表通道”已经成为宣传代表的人气品牌。人代会期间组织的“代表通道”集体采访,旨在推动人大代表走入大众视线,充分展现代表风采,受到社会各界的高度关注,收视率高、传播广泛。如,去年的“代表通道”,仅中央电视台的全程直播,累计观看人数就过亿;今年央视在传统电视直播的基础上,还对“代表通道”进行了移动端的新媒体直播,仅新媒体直播就触达用户近亿人次,央视新闻单条微博最高阅读量超1000万。代表们结合自己的履职情况,讲感受体会、谈意见建议,语言朴实、事迹鲜活、感情真挚,感动了不少观众。

三是代表学习培训的报道逐步制度化、常态化。全国人大常委会高度重视代表学习培训工作,不断改进、丰富培训内容,增加应用型知识、人大工作基础知识的培训,分领域开展专题培训。每一期代表学习班,中央媒体都予以报道,集中反映全国人大常委会代表培训工作情况,采访报道代表通过学习不断提高履职能力和水平。如,法制日报获一等奖的系列报道作品《“站在天安门上想问题,站在田间地头找感觉”》《紧紧依靠人大监督推进审判工作与检察工作》《今年拟组织约一千一百名全国人大代表集中学习》,稿件政治站位高、语言生动、角

度新颖,选取细节紧扣主题,是一组报道人大工作的新闻佳作。

(六)地方人大建设和创新实践的宣传报道力度不断加大

一是多篇反映地方人大建设和创新实践的报道入选今年的新闻奖。在各级人大的积极支持和配合下,中央媒体和地方主流媒体对地方人大工作创新实践的报道力度不断加大,精心制作推出了一批优秀报道,贴近百姓、贴近民生,产生了积极影响。这在新闻奖获奖作品中也得到了充分体现。如,中央广播电视总台央视《焦点访谈》栏目播出的专题节目《浙江:人大代表票决民生项目》,从民生实事的线索怎么来、如何解决问题,到还有什么问题可能纳入计划,层层推进,让观众对这一制度有全面而清晰的理解,该作品获得特别奖。上海市人大推荐的文汇报新闻版面《推动垃圾分类就是新时尚的观念深入人心——上海首次对生活垃圾全流程管理立法》,广东省人大推荐的《人民之声》杂志通讯作品《两份"重磅"文件盘活广东县乡人大"大棋局"》,浙江省人大推荐的嘉兴日报通讯作品《向国资亮剑——全省地市首次特定问题调查嘉兴交答卷》,也都是反映地方人大工作创新的优秀作品,均获一等奖。

二是围绕地方人大常委会设立40周年展开充分报道。充分报道纪念地方人大设立常委会40周年座谈会,及时宣传习近平总书记对地方人大及其常委会工作作出的重要批示,人民日报、光明日报、法制日报以专版形式反映座谈会发言内容。我们正在制作纪念地方人大设立常委会40周年电视专题片,计划年底前播出,目前拍摄工作正在紧张进行中,各地方人大在提供历史资料和支持个别采访等方面做了大量工作。

三是人民日报、法制日报等中央主要媒体主动与地方人大建立联系,做好有关报道。为更好地发挥人民日报民主政治周刊、法制日报人大立法专版的作用,积极宣传地方人大常委会的工作历程和创新实践,我们积极搭建平台,通过培训班、"人大新闻舆论工作交流群""地方人大宣传处长群"等渠道,协助人民日报、法制日报负责人大报道的同志与地方人大常委会宣传部门直接建立联系。有了"直通车",人民日报、法制日报主动出击、持续发力,不断加大对地方人大工作的报道力度。特别是人民日报派出多路记者奔赴河北、贵州、上海等地深入采访,刊发了多篇大稿子。

(七)中华环保世纪行成为日常宣传的新抓手

从1993年开始的中华环保世纪行主题宣传活动,是影响广泛、社会关注的老品牌,为推动我国环境与生态保护事业发展作出了重要贡献。栗战书委员长高度重视中华环保世纪行宣传活动,专门对今年宣传活动的有关方案作出批示、提出要求。从今年开始,活动的牵头单位由全国人大环资委变更为全国人大常委会办公厅,由我来担任组委会的主任。

中华环保世纪行2019年宣传活动以"守护长江清水绿岸"为主题,突出长江保护这条主线,紧密结合制定长江保护法、开展水污染防治法执法检查,以及办理全国人大代表相关建议等工作,深入学习宣传贯彻习近平生态文明思想,坚决贯彻落实党中央关于打好污染防治攻坚战的决策部署,积极回应人大代表和人民群众的关切。从今年6月至10月,由20多家新闻单位组成的采访团,先后奔赴长江沿线的7个省(市),从上游的青海、四川,中游的湖南、湖北,到下游的浙江、江苏、上海,历经青海高原反应、四川地震,湖南湖北的酷暑,同志们深入基层、深入一线,认真采访、积极报道,充分反映各地方各部门用法律武器治理污染、以法治力量推进生态文明建设的新经验新作为,推出了一批兼具新闻性、故事性、专业性的报道,充分展现了新闻媒体记者的优秀职业素养和过硬的专业素质。地方人大高度重视、大力支持,为采访活动的顺利进行提供了坚实的保障,湖北省委、省人大常委会主要领导专门作出批示。全国人大环资委、自然资源部、生态环境部等单位派出干部随行,为宣传报道提供了业务支持和专业指导。

环保世纪行的宣传报道既聚焦生态环保问题,又体现人大立法、监督、代表工作,将老品牌的专业性和人大工作有机结合起来,为进一步宣传人大制度和人大工作开辟了新思路、新渠道,也是拓展日常宣传的一个新抓手。新闻局同志在总结这项工作时说,通过一路实践和探索,守住了初心,收获了信心,坚定了决心。我认为说得比较贴切。下一步,要提前考虑、策划明年宣传活动的主题和具体安排,与相关地方人大做好沟通,争取把中华环保世纪行宣传活动做大做强,打造好人大制度和人大工作宣传的新平台,让这一老品牌更好地发挥出新作用。

二、深入贯彻落实十九届四中全会精神,全面加强新形势下人大新闻舆论工作

党的十九届四中全会对坚持和完善人民代表

大会制度提出了更高要求。全国人大常委会党组11月1日举行会议,学习贯彻习近平总书记在十九届四中全会上的重要讲话和全会精神。党组会议指出,坚持和完善人民代表大会制度这一根本政治制度,是党中央交付给人大的光荣使命。要充分认识党的领导制度体系的重要地位,坚持党中央集中统一领导,通过人民代表大会制度保证党的路线方针政策和决策部署在国家工作中得到全面贯彻和有效执行。要紧紧围绕支持和保证人民当家作主,充分发挥国家根本政治制度的优势和特点,把各级人大及其常委会建设成为密切联系人民群众的代表机关。要紧紧围绕坚持和完善中国特色社会主义法治体系,履行好人大在全面依法治国中的职责,加快形成完备的法律规范体系,保证宪法法律全面实施。

我们要认真学习、深刻领会习近平总书记的重要讲话和全会精神,把思想和行动统一到讲话精神上来,自觉肩负起新形势下人大新闻舆论工作的使命任务,锐意改革创新,勇于担当作为,奋力开创人大新闻舆论工作新局面,为坚持和完善人民代表大会制度提供坚强思想保证和强大精神力量。

(一)坚持正确政治方向,积极推进人大制度宣传、宪法宣传

人大新闻舆论工作是党的新闻舆论工作的重要组成部分,必须牢牢坚持正确政治方向,牢牢把握正确舆论导向,抓紧抓好毫不松懈。

要以习近平新时代中国特色社会主义思想为指导,提高政治站位,持续深入宣传习近平总书记关于坚持和完善人民代表大会制度的重要思想,宣传人民代表大会制度的丰富内涵、发展历程、建设成效。要及时宣传、充分解读党中央出台的与人大有关的重要改革举措。要继续利用重大活动和重要时间节点开展制度宣传。要及时报道地方人大有典型意义、有推广价值的创新实践。今年,我们组织媒体赴山西省采访了《山西省企业投资项目承诺制规定》出台情况,赴山东省采访了推动基层人大代表履职担当的情况,今后还要多组织类似活动,不断为中央媒体报道地方人大工作提供帮助。

要以第六个国家宪法日为抓手,推动宪法宣传社会面全覆盖,地方人大要充分发挥当地主流媒体的作用,上下联动、形成合力,使宪法走入日常生活、走入人民群众。要总结新中国成立70周年和地方人大设立常委会40周年宣传报道的经验做法,进一步宣传宪法的发展与党和人民开辟的前进道路、取得的辉煌成就紧密相连,是我们党领导人民长期奋斗的必然结果。要结合澳门特别行政区成立暨澳门基本法实施20周年,宣传始终依照宪法和澳门基本法办事、全面准确贯彻"一国两制"方针的重大意义和成功经验。

(二)把握工作重点,讲好人大故事

习近平总书记指出,"讲故事是国际传播的最佳方式"。要紧紧围绕人大工作重点,通过讲述好一个个立法故事、监督故事、代表故事,潜移默化地增进公众对人大制度、人大工作的了解和认同。

在立法工作方面,要宣传十三届全国人大常委会认真贯彻习近平总书记全面依法治国新理念新思想新战略和党中央立法决策,深入推进科学立法、民主立法、依法立法,发挥人大及其常委会在立法工作中的主导作用,努力提高立法工作质量和效率,让人民群众在每一项法律制度中都感受到公平正义。要完整报道法律起草或修改、审议、公开征求意见、座谈、论证等各个环节,深入浅出地解释法律规定,通过讲好立法故事,引导社会舆论、形成社会共识。*在监督工作方面*,要宣传十三届全国人大常委会坚持围绕大局、贴近民生、突出重点,遵循"依法"原则,推动国家机关依法行权、尽职尽责。要紧紧抓住不断增强监督实效这个核心内容,支持媒体开展部分监督工作的全过程报道,实现人大监督与舆论监督的有机结合,支持媒体报道监督工作中发现的问题,不搞遮遮掩掩。*在发挥代表作用方面*,要宣传代表通过出席代表大会,审议议案和报告,参加选举和表决,开展调研、视察、列席常委会会议等闭会期间活动,提出议案和建议、批评、意见等,依法参加行使国家权力。要定期向媒体提供代表履职情况的报道线索,包括部分代表议案和建议的办理情况等,进一步报道好代表的履职事迹。

今年,全国人大机关举办了"人大故事汇"活动,通过亲历者讲故事的方式,调动机关内各方面力量,共同宣传人大制度和人大工作,优秀稿件将提供给中国人大"刊网微端"陆续发表,并作为报道线索提供给中央主要新闻媒体。这是宣传人大制度的新形式,要持续做好。今天参会的有机关各专门委员会、工作委员会内设机构负责人,办公厅各局室负责人,大家要切实承担起责任,认真组织好本单位、本部门"人大故事"的搜集、整理工作,为宣传人大制度和人大工作尽一份力量。

(三)充分发挥新媒体传播优势

在受众差异化、分众化的今天,"一招鲜,吃遍天"已经不能适应形势需要。做好人大新闻舆论工作,要多掌握几把刷子,善用"十八般兵器"。在坚

守传统阵地，继续支持各媒体办好人大专版、专栏的同时，要进一步发挥好新媒体传播优势，用足用好新媒体。

中央主要媒体的新媒体部门发展迅速，已经具备了较为成熟的报道模式和传播方式，运用数说、评说、图说等方式，采用音频、视频、VR、H5等手段，注重个性化表达、可视化呈现、智能化推送、互动化传播，优质的内容得到广泛传播，舆论引导的有效性不断提高。我们要充分发挥新闻单位的新媒体平台优势，鼓励新媒体更多地参与人大会议和人大日常工作的宣传报道，并根据新媒体报道的特点和需求，及时提供协助、创造便利条件。前面提到的新华社获特别奖的作品《划重点！五分钟读透人大报告》，就是新华社的新媒体部门在大会文件起草组、新闻报道组的支持下完成的。今后要继续加强人大机关工作部门与新媒体的沟通合作，力争推出更多更好的新媒体产品。

加快人大机关自身媒体建设，充分发挥人大机关新媒体的作用。近年来，全国人大和地方各级人大不断推进自身的新媒体建设，积极通过新媒体开展宣传，取得了很好的成绩。今年，我们将中国人大杂志和中国人大网进行了合并，理顺了全国人大机关自身的媒体结构，形成了两刊（正刊、外刊）、一网（中国人大网）、两微一端（微信公众号、微博和手机客户端）的多元化新格局。其中，微信公众号和手机客户端已统一更名为“全国人大”，微博正在推进中，全国人大的全媒体阵容已经初具规模。今后，要不断加强全国人大新媒体与地方人大新媒体之间的交流研讨、上下联动，充分发挥人大系统新媒体的优势和作用，进一步宣传好人大制度和人大工作、服务好人大系统和人大代表；要在内容上多下功夫，在形式上多搞创新，逐步扩大人大系统新媒体的社会影响力。

（四）构建大宣传格局

习近平总书记在全国宣传思想工作会议上指出，做好宣传思想工作必须全党动手，要树立大宣传的工作理念。做好人大新闻舆论工作，也要在人大系统树立大宣传的理念，相关部门要共同承担责任。

各业务部门在研究部署业务工作时，要一并研究宣传报道工作，主动研判与本职工作相关的舆情，提出报道设想，提供报道素材，积极接受媒体采访。如，民法典草案要提交明年的大会审议，法工委相关部门现在就要把如何宣传报道一并考虑起来，社会最关注什么，民法典编纂过程中有哪些故事，什么人可以接受采访，等等，都要纳入工作计划。宣传部门要充分发挥统筹协调作用，通过定期的联络沟通机制、报道策划机制，做好总协调、总联络，找准业务部门和新闻媒体的契合点，形成共同做好人大新闻舆论工作的合力。

目前，全国人大机关已经采取多种措施，着力构建大宣传格局。如，在原有的三级发言人的基础上，建立了外事委员会发言人、常委会法工委发言人机制，拓展了新闻发布平台；建立了常委会会议前的舆情研判和报道策划机制；建立了机关内部各单位新闻联络员机制；机关各部门对媒体个别采访申请的支持力度不断加大，今年，宪法法律委、监察司法委、财经委、教科文卫委、环资委、农委、社会建设委、法工委、预算工委、代表资格审查委、秘书局、研究室、联络局、机关党委等多个部门积极安排有关负责同志接受采访、提供报道素材，媒体采访申请的落实率比往年有所提高。下一步，要把相关工作做深做细，充分调动各部门积极性，推动全国人大机关的大宣传格局不断健全完善，为地方人大机关提供好的经验和做法，推动整个人大系统形成大宣传格局。

再有一个多月的时间，就要迎来新的一年，从现在到十三届全国人大三次会议召开，各方面任务都很繁重。当前，要着重抓好以下两项工作。一是要认真做好十三届全国人大三次会议新闻报道的组织筹备工作。“凡事预则立，不预则废”，要提前谋划、早作准备，认真总结以往的经验做法，扎实做好会议重要议题的宣传、热点敏感问题回应、集中采访活动的准备工作等等。二是要统筹安排明年的新闻舆论工作。委员长会议原则通过全国人大常委会2020年工作要点和立法、监督工作计划后，及时制定2020年新闻舆论工作要点，对新一年新闻舆论工作作出具体安排，加强与有关方面的沟通协调，做好相关工作准备，确保新一年新闻舆论工作实现良好开局。

同志们，新时代赋予新使命，呼唤新担当、新作为。让我们紧密团结在以习近平同志为核心的党中央周围，高举中国特色社会主义伟大旗帜，以习近平新时代中国特色社会主义思想为指导，全面贯彻落实党的十九大和十九届二中、三中、四中全会精神，锐意进取，开拓创新，共同努力开创新时代人大新闻舆论工作新局面。

深入学习贯彻党的十九届四中全会精神 坚持和完善人民代表大会制度这一根本政治制度

(2019 年 11 月 26 日)

杨振武

当前,全党全国上下都在学习贯彻党的十九届四中全会精神。深入学习贯彻党的十九届四中全会精神,坚持和完善人民代表大会制度这一根本政治制度,具有非常重要的意义。

一、充分认识党的十九届四中全会和《决定》的重大意义

党的十九届四中全会是在新中国成立 70 周年之际、在“两个一百年”奋斗目标历史交汇点召开的一次具有开创性、里程碑意义的重要会议。全会审议通过的《中共中央关于坚持和完善中国特色社会主义制度 推进国家治理体系和治理能力现代化若干重大问题的决定》,全面总结党领导人民在国家制度建设和国家治理方面取得的成就和经验,提出“三步走”的总体目标,对新时代坚持和完善中国特色社会主义制度、推进国家治理体系和治理能力现代化作出顶层设计和全面部署,是一篇马克思主义的纲领性文献和政治宣言书。习近平总书记在全会上的重要讲话,从历史底蕴、显著优势、实践成果三个维度强调坚定中国特色社会主义制度自信,从坚持和巩固、完善和发展、遵守和执行三个方面对学习贯彻四中全会精神提出明确要求,开辟了中国特色社会主义制度理论和实践发展的新境界。四中全会精神内容丰富、博大精深,具有鲜明的政治性、理论性、指导性,需要我们全面系统深入地学习领会和贯彻落实。这里,我讲几点学习中印象最深刻的内容。

第一,首次在中央全会上专门研究部署国家制度和国家治理这个重大问题,并作出重大决定

坚持和完善中国特色社会主义制度、推进国家治理体系和治理能力现代化,是关系党和国家事业兴旺发达、国家长治久安、人民幸福安康的重大问题。我们党一直高度重视制度建设,不断推进制度建设理论和实践创新。新中国成立之初,毛泽东同志亲自主持制定 1954 年宪法,我们在较短的时间内就建立起了社会主义基本制度。其后,我们在制度建设上走过一段弯路,教训十分深刻。以十一届三中全会为标志,党和国家开始了制度建设、法制建设的新时期,建立并不断完善中国特色社会主义制度,形成中国特色社会主义法律体系。党的十八大以来,以习近平同志为核心的党中央把制度建设摆在更加突出的位置,在国家制度和治理体系建设方面提出一系列新理念、新思想、新战略,进行了一系列开创性工作,使中国特色社会主义制度更加完善、国家治理体系和治理能力现代化水平明显提高。

当前,世界正经历百年未有之大变局,国际形势复杂多变,国内改革发展稳定任务艰巨繁重,我们面临的风险挑战之严峻前所未有。正是在这样重要的历史节点上,党的十九届四中全会对制度建设进行专门研究和部署,充分展现了高超的政治智慧、宽广的全局视野、长远的战略眼光。这次全会通过的《决定》,集中体现了党的十八大以来制度建设理论和实践创新成果,全面规划了未来几十年制度建设的宏伟蓝图,必将推动各方面制度更加成熟、更加定型,有力推进国家治理体系和治理能力现代化,发挥制度威力应对各种风险挑战,为实现“两个一百年”奋斗目标、实现中华民族伟大复兴的中国梦提供有力保证。

第二,系统总结了我国国家制度和国家治理体系的 13 个方面的显著优势

新中国成立 70 年特别是改革开放 40 多年来,我们党领导人民创造了世所罕见的经济快速发展奇迹和社会长期稳定奇迹,中华民族迎来从站起来、富起来到强起来的伟大飞跃。之所以能够创造这“两大奇迹”,很重要的原因是我们党领导人民建立和完善了中国特色社会主义制度和国家治理体系,并且在国际竞争中赢得越来越大的比较优势,展现出强大生命力和巨大优越性。《决定》全面总结、系统展示了“中国共产党为什么能”“中国特色社会主义为什么好”的制度秘诀和治理奥秘,从 13

个方面系统总结了我国国家制度和国家治理体系的显著优势。邓小平同志曾用“三个有利于”的著名论断来阐释社会主义的优越性。习近平总书记在庆祝全国人民代表大会成立60周年大会上，用“八个能否”的标准肯定了我国国家政治制度是民主的、有效的。这次四中全会提出的13个方面的显著优势，进一步阐明了中国特色社会主义制度的特点和优势，标志着我们党对国家制度和国家治理体系的认识达到了一个新高度。

过去一段时间，我们对制度成就和优势的研究宣传做得不够。一说到发展成就，就举经济社会发展的例子。一些人缺乏对我国制度的认识和自信，言必称西方，觉得在制度建设上，中国是落后于西方的。这种观点要不得。实际上，许多外国领导人、专家学者都纷纷肯定“中国之治”，希望借鉴中国成功的经验。我们70年取得的成就是方方面面的，其中当然包括制度建设方面的成就。四中全会提出13个方面的显著优势，就是对多年制度建设经验的全面总结，就是要推动全党全国各族人民坚定制度自信，这本身也是我们党高度自信的体现。长期保持并不断增强这些优势，是我们的前进方向和重要任务。

自信是发自内心的自我肯定。有自信才会有勇气和力量，才会执着坚守、自觉践行。我们要始终做政治上的明白人，任何时候都要坚定中国特色社会主义制度自信，既要坚持好、巩固好经过长期实践检验的国家制度和国家治理体系，又要完善好、发展好国家制度和国家治理体系，不断把制度优势转化为国家治理效能。

第三，明确中国特色社会主义制度是一套严密完整的科学制度体系

《决定》系统概括了中国特色社会主义制度和国家治理体系的组成部分，明确支撑中国特色社会主义制度的根本制度、基本制度、重要制度，这些制度发挥着“四梁八柱”的作用，是国家治理一切工作和活动的依据和遵循。

根本制度，是在中国特色社会主义制度中起顶层决定性、全域覆盖性、全局指导性作用的制度，覆盖“五位一体”总体布局、“四个全面”战略布局，覆盖改革发展稳定、内政外交国防、治党治国治军等一切方面和所有领域。主要有：党的领导制度这一根本领导制度；人民代表大会制度这一根本政治制度；坚持马克思主义在意识形态领域指导地位的根本制度。基本制度，是通过贯彻和体现国家政治生活经济生活的基本原则、对国家经济社会发展发挥重大影响的制度。包括中国共产党领导的多党合作和政治协商制度、民族区域自治制度、基层群众自治制度这三大基本政治制度。包括：公有制为主体、多种所有制共同发展，按劳分配为主体、多种分配方式并存，社会主义市场经济体制等三大基本经济制度。重要制度，是由根本制度和基本制度派生而来的、国家治理各领域各方面各环节的具体的主体性制度，包括我国经济、政治、文化、社会、生态文明、军事、外交等领域的主体性制度。这些重要制度上接国家治理之顶层，下连社会生产生活方方面面之基层。《决定》对坚持和完善根本制度、基本制度、重要制度作出全面部署安排，必将推动我国国家制度和治理体系更加系统化、规范化。

第四，特别强调制度意识和制度执行力

《决定》指出，制度的生命力在于执行。坚持和完善中国特色社会主义制度、推进国家治理体系和治理能力现代化，不仅要建立完善的制度体系，还要在不断提高制度执行力上下功夫。制度一经制定，就要严格执行。再好的制度，如果不抓落实，只是写在纸上、贴在墙上、锁在抽屉里，就会形同虚设，甚至取得反面效果。这些认识，也是我国制度建设多年来的经验积累。党的十八大以来，我们党在制度建设方面取得重大进展，在制度执行力方面也有显著提高。同时也要看到，一些地方和领域还或多或少存在着制度执行力不足的问题，这已经成为影响治理效能的“短板”。

我们学习贯彻四中全会精神，很重要的就是强化制度意识，维护制度权威，做制度执行的表率。提高制度执行力，离不开每一位人大代表的身体力行。我们要自觉带头维护制度权威，严格遵守和执行各项制度，坚决同一切违反制度的现象作斗争，带动广大人民群众自觉尊崇制度、严格执行制度、坚决维护制度，让每一项制度不折不扣地落实下去。

二、坚持和完善人民代表大会制度这一根本政治制度

《决定》明确提出要坚持和完善人民代表大会制度这一根本政治制度，并作出部署安排，这是党中央交给各级人大及其常委会的光荣任务，也是人大义不容辞的责任担当。我们要认真学习领会党的十九届四中全会精神，从新时代加强制度建设的战略全局、从发挥国家制度体系的整体功效出发，充分认识坚持和完善人民代表大会制度的新内涵、新部署、新要求，把国家根本政治制度的特点和优

势充分发挥出来，以生动实践彰显我国制度优势。

第一，深刻认识人民代表大会制度在国家制度和国家治理体系中的支撑作用

《决定》的一个重大理论创新，就是提出“支撑中国特色社会主义制度的根本制度、基本制度、重要制度”。讲到制度“支撑”作用，2014 年 9 月，习近平总书记在庆祝全国人民代表大会成立 60 周年大会上指出，“人民代表大会制度是中国特色社会主义制度的重要组成部分，也是支撑中国国家治理体系和治理能力的根本政治制度。”在构成制度体系的各方面制度中，人民代表大会制度的支撑作用尤为重要，这是与其根本政治制度的性质和功效密不可分的。今年是全国人民代表大会成立 65 周年。65 年来，在党中央领导下，人民代表大会制度不断得到巩固、完善和发展，展现出蓬勃生机和活力。实践充分证明，人民代表大会制度是一套有效保证能干事、干好事、干成事的政治制度，具有巨大政治优势和组织功效。制度是要用来办事的，不是用来当摆设的，更不是用来碍事的，因而制度功效是评价一个制度优劣的关键指标。人民代表大会制度发挥的功效，可以归纳为以下几个方面：

一是保证了党领导人民有效治理国家。我们党通过人民代表大会制度，使党的主张通过法定程序成为国家意志，使党组织推荐的人选通过法定程序成为政权机关的领导人员，保证党的路线方针政策和决策部署在国家工作中得到全面贯彻和有效执行。比如，1953 年到现在，在党中央的领导下，通过人民代表大会制度，先后制定和实施 13 个五年发展计划、规划，一届接着一届干，一锤接着一锤敲，集中力量办大事，凝聚各方面智慧和力量为实现国家发展目标不懈奋斗，取得了举世瞩目的发展成就。

二是支持和保证了人民当家作主。人民当家作主是社会主义民主政治的本质特征。各级国家机关的权力都来自于人民代表大会；追根溯源，都来自于人民。我们坚持国家一切权力属于人民，支持和保证人民通过人民代表大会行使国家权力，充分保障人民当家作主，保证人民依法实行民主选举、民主协商、民主决策、民主管理、民主监督，享有广泛的权利和自由，动员全体人民以国家主人翁姿态投身社会主义建设。正是通过人民代表大会制度这一套完整的制度设计和有效的运行实践，人民当家作主具体地、现实地体现到了国家政治生活和社会生活之中。以民主选举为例，改革开放以来，我国进行了 11 次乡级人大代表直接选举、10 次县级人大代表直接选举，充分保障了人民的选举权和被选举权。260 多万名各级人大代表，不脱离生产生活，始终与人民群众保持着密切联系，广泛凝聚民智，充分汇集民意，代表人民意志和利益参加行使国家权力，有效推动解决了群众关心的突出问题。

三是支撑和推动了法治中国建设。人民代表大会制度是推进全面依法治国的重要制度平台。党和人民通过人民代表大会制度，推进科学立法、严格执法、公正司法、全民守法，实现国家各项工作法治化。全国人大和有立法权的地方人大，以及其他立法主体，按照宪法法律的规定行使立法职权，不断加强和改进立法工作，努力立良法、促善治。经过各方面共同努力，以宪法为核心的中国特色社会主义法律体系如期形成并不断完善，截至目前，我国现行有效的法律 275 件、行政法规 750 多件、地方性法规 1.2 万多件，国家和社会生活各方面实现了有法可依。特别是作为国家根本法，宪法确立了我国人民民主专政的社会主义国家的国体和人民代表大会制度的政体，确认了中国共产党的领导地位，确定了国家的根本任务、指导思想、发展道路、奋斗目标，规定了国家基本政治制度、基本经济制度和一系列大政方针等，夯实了中国特色社会主义制度的根基。人大及其常委会加强和改进监督工作，保证宪法和法律全面实施，促进依法行政、依法监察、公正司法。全国人大常委会作出 7 个普法宣传的决议，国家机关和全社会加强法治宣传教育，大力弘扬法治精神。全国人大代表作为国家最高权力机关的组成人员，要认真学习宪法和法律，争做尊法学法、守法用法的表率。

四是保证了国家机关协调高效运转。民主集中制是我国国家组织形式和活动方式的基本原则。人民通过人民代表大会行使国家权力；各级人民代表大会都由民主选举产生，对人民负责、受人民监督；各级国家行政机关、监察机关、审判机关、检察机关都由人民代表大会产生，对人大负责、受人大监督。在党的集中统一领导下，人民代表大会统一行使国家权力，各国家机关实行决策权、执行权、监督权既有合理分工又有相互协调，充分发挥地方主动性和积极性，形成工作合力，保证国家统一高效组织推进各项事业。

实践充分证明，人民代表大会制度是符合中国国情和实际、体现社会主义国家性质、保证人民当家作主、保障实现中华民族伟大复兴的好制度。我们要坚定人民代表大会制度自信，在新时代坚持和发展中国特色社会主义、实现中华民族伟大复兴中国梦的伟大征程中，充分发挥人民代表大会制度这

一根本政治制度作用，继续通过人民代表大会制度牢牢把国家和民族前途命运掌握在人民手中。

第二，必须在党的领导下坚持和完善人民代表大会制度

中国共产党的领导是中国特色社会主义最本质的特征。没有共产党就没有新中国，就没有中国特色社会主义，也没有包括人民代表大会制度在内的国家制度体系。人民代表大会制度是党领导人民经过浴血奋战、艰辛探索建立起来的，也是党领导人民经过不断完善发展才日益成熟定型的。中国共产党的领导和执政，就是支持和保证人民实现当家作主，其主要实现途径和制度载体就是人民代表大会制度。坚持党的领导是人民代表大会制度的内在要求和政治优势，是做好人大工作的根本保证和关键所在。我们必须坚定坚持党对人大工作的领导，坚决贯彻落实党的十九届四中全会精神，贯彻落实党中央关于人大制度和人大工作的决策部署，在新时代坚持好、完善好、发展好人民代表大会制度，巩固党的执政地位，保证党领导人民有效治理国家。

在人大工作中，坚持党的领导不仅仅是政治原则，更有具体的要求。《决定》从6个方面提出了坚持和完善党的领导制度体系的重点任务，每一方面都与人大工作、与人大党的建设密切相关。要把维护党中央权威和集中统一领导作为党的领导的最高原则，自觉在思想上政治上行动上同以习近平同志为核心的党中央保持高度一致，坚决把“两个维护”的要求落到实处，坚决贯彻落实党中央决策部署。严格执行请示报告制度，立法规划、计划和重要立法项目，人大工作中的重大情况、重要问题，要及时向党中央请示报告。人大的各级党组织要贯彻新时代党的建设总要求，以党的政治建设为统领，完善全面从严治党各项制度，发挥党组织的战斗堡垒和党员的先锋模范作用。

第三，必须以习近平总书记关于坚持和完善人民代表大会制度的重要思想统领和推进人大工作

习近平总书记就坚持和完善人民代表大会制度、发展社会主义民主政治发表的一系列重要论述，进一步拓展了人民代表大会制度的科学内涵、基本特征和本质要求，标志着我们党对人民代表大会制度发展的规律性认识达到了一个新的高度。习近平总书记关于坚持和完善人民代表大会制度的重要思想，是习近平新时代中国特色社会主义思想的重要组成部分，也是我们党关于制度建设理论发展和升华的重要体现。《决定》的许多重大判断、重要论述、重要理念，在总书记关于坚持和完善人民代表大会制度的重要思想中都可以找到来源和出处。比如，总书记在庆祝全国人民代表大会成立60周年大会上，系统论述了坚定不移走中国特色社会主义政治发展道路、发展社会主义政治文明的一系列重大问题，这些思想在《决定》中都有体现，是一脉相承的。换一个角度讲，《决定》中的许多新论述、新部署、新要求，也进一步丰富和发展了总书记关于坚持和完善人民代表大会制度的重要思想，并成为这一思想的重要内容。所以说，学习贯彻党的十九届四中全会精神，与学习贯彻总书记关于坚持和完善人民代表大会制度的重要思想是紧密联系、相辅相成的。去年9月，全国人大常委会办公厅在河北石家庄召开了深入学习贯彻习近平总书记关于坚持和完善人民代表大会制度的重要思想交流会。下个月我们将再召开一次交流会，把学习贯彻总书记的重要思想推向深入。

党的十八大以来，在以习近平同志为核心的党中央领导下，人大工作取得历史性成就：完成修改宪法的重大任务，全面贯彻实施宪法，设立国家宪法日、建立宪法宣誓制度；重点领域立法全面推进，立法数量多、分量重、节奏快、效果好；保障和推动全面深化改革，确保重大改革于法有据；加强县乡人大工作和建设，赋予所有设区的市地方立法权，创新人大立法、监督、代表等方面的工作机制。理论是实践的先导，实践是理论的检验。人大工作的这些成就都是在总书记关于坚持和完善人民代表大会制度的重要思想指引下取得的，是科学理论指引实践的生动体现。

面对新时代新任务新要求，我们要深入学习研究宣传贯彻习近平总书记关于坚持和完善人民代表大会制度的重要思想，提高政治站位，强化理论武装，提升工作能力，推进人民代表大会制度理论和实践创新，为贯彻落实党的十九届四中全会精神，为坚持和完善中国特色社会主义制度、推进国家治理体系和治理能力现代化作出人大应有的贡献。

三、认真贯彻落实四中全会《决定》关于人大工作的任务部署要求

《决定》聚焦坚持和完善支撑中国特色社会主义制度的根本制度、基本制度、重要制度，安排了13个部分，明确了各项制度必须坚持和巩固的根本点、完善和发展的方向，并作出工作部署。其中，

“坚持和完善人民当家作主制度体系”“坚持和完善中国特色社会主义法治体系”这两部分的任务与人大工作直接相关，要坚决有效落实到位；其他部分提出的制度建设任务，许多也需要通过人大行使职权予以支持和保障。这里，我就落实与人大直接相关的几方面重点任务，介绍一些情况。

第一，健全保证宪法全面实施的体制机制

党的十八大以来，以习近平同志为核心的党中央把宪法摆在十分突出的位置，采取一系列有力措施，把全面贯彻实施宪法提高到了一个新水平。这些年“宪法”在我们国家生活中是一个高频词，修改宪法、设立国家宪法日、建立并实施宪法宣誓制度，实施宪法规定的特赦制度、授予国家勋章和荣誉制度等，其中很多都是开创性举措。正是在科学总结宪法实施的新探索、新实践基础上，四中全会提出了“健全保证宪法全面实施的体制机制”这一任务要求。这方面需要推进的重点工作有：

一是“落实宪法解释程序机制”。宪法解释是全面贯彻实施宪法的重要制度保障。要按照党中央关于健全宪法解释工作程序的指导性文件要求，深入研究各方面提出的需要解释宪法的问题，按照党中央关于宪法解释的统一部署，适时启动宪法解释程序，积极回应涉及宪法有关问题的关切，努力实现宪法的稳定性和适应性的统一。

二是“推进合宪性审查工作”。长期以来，全国人大及其常委会在履行立法、监督相关职责中，都在开展合宪性审查工作。在审议法律草案时，对可能涉及的合宪性问题都要进行认真研究，确保每一项立法都遵循宪法原则、贯彻宪法要求、体现宪法精神。比如，在制定监察法、修改刑事诉讼法、修订人民法院组织法和人民检察院组织法，作出关于设立上海金融法院、宪法和法律委员会职责问题、国家监察委员会制定监察法规等决定时，都进行了合宪性审查，遵循宪法原则和精神作出适当安排和处理。党的十九大报告提出“推进合宪性审查工作”，四中全会《决定》再次强调“推进合宪性审查工作”，说明了党中央对这项工作的高度重视。要按照党中央要求，把合宪性审查工作摆在更突出、更重要的位置来抓，推动相关工作取得新进展。

三是“加强备案审查制度和能力建设”。备案审查制度是保障宪法法律实施、维护国家法制统一的宪法性制度，有关备案审查的职责、内容、程序、机制，在立法法、监督法中都有明确规定。这些年来，在党中央的领导下，备案审查制度和能力建设取得了很大成绩。全国人大常委会落实备案审查衔接联动机制，制定规范性文件备案审查工作规程；建立并完善了听取和审议备案审查工作情况报告制度，下个月将连续第三年听取和审议备案审查工作情况的报告；备案审查信息平台已经建立并进一步延伸拓展等。下一步，关键是要继续深化实践，在实践中健全和完善相关制度。

《决定》还提出了“健全法律面前人人平等保障机制”的要求，这是一个新提法，也需要加强研究，在人大工作中予以体现。

第二，完善立法体制机制

《决定》提出“完善立法体制机制”，并对加强和改进立法工作提出了明确要求，要重点把握三方面内容。

一是“加强重要领域立法”。全国人大及其常委会作为国家立法机关，是法律制度的直接供给者，要认真研究、统筹谋划贯彻《决定》的相关立法工作，加快涉外领域、文化建设、国家安全、生态文明建设、反腐败、完善对基本法解释制度等方面立法修法进度，对于贯彻《决定》的其他方面制度建设成果及相关改革探索，也要及时通过立法修法的形式予以确认、支持和保障。要把党中央确定的重大立法项目放在立法工作首要位置，抓紧起草、审议工作，加快推进民法典、长江保护法、生物安全法等重点立法工作进程。要落实《决定》提出的“健全人大组织制度、选举制度和议事规则”要求，抓紧修改全国人大组织法和全国人大议事规则、全国人大常委会议事规则。2021 年将开始新的一轮全国县乡两级人大换届选举，要认真研究基层行政区划撤乡并镇改设街道、基层人大代表数量逐届减少的实际情况，加快修改选举法，确保《决定》提出的“适当增加基层人大代表数量”要求落实到位。

这里还要强调一下，民法典是社会生活的百科全书，编纂民法典是党的十八届四中全会提出的重要立法任务，是以习近平同志为核心的党中央作出的重大法治建设部署。下个月的常委会会议审议通过后将作出决定，将民法典草案提交明年大会审议，大会前还会将民法典草案和有关参阅材料送各位代表研读讨论，征求意见建议，希望大家认真做好审议准备工作，确保民法典编纂任务圆满完成。

二是“不断提高立法质量和效率”。习近平总书记指出，“人民群众对立法的期盼，已经不是有没有，而是好不好、管用不管用、能不能解决实际问题；不是什么法都能治国，不是什么法都能治好国；越是强调法治，越是要提高立法质量。”党的十八大以来，提高立法质量、推进“良法善治”成为立法工作的重点。从这一时期的立法实践看,对立法数量的需求也在大幅增长。以本届全国人大及其常委会为例,成立一年多来,通过宪法修正案,制定法律13件,修改法律60件次,通过有关法律问题和重大问题的决定18件,现在常委会正在审议的法律案有12件。据统计,2018年是历届全国人大及其常委会履职第一年审议通过法律案数量最多的一年。这些年地方人大的立法任务也很繁重饱满。可以说,分量更重、节奏更快、要求更高已经成为新时代人大立法工作的常态。这次《决定》提出“不断提高立法质量和效率”,就是党中央准确把握和判断新时代立法工作特点,就加强和改进人大立法工作提出的明确要求。

三是“坚持科学立法、民主立法、依法立法”。全国人大常委会在这方面已经探索形成了不少有效机制。比如,明确发挥人大及其常委会在立法工作中的主导作用,主要是加强对立法项目的统筹规划,认真编制立法规划计划;做好牵头起草和组织协调工作,涉及综合性、基础性、全局性的法律,原则上应由人大专门委员会、常委会工作委员会直接组织起草;政府有关部门、有关方面负责起草的法律草案,人大有关专门委员会或常委会工作委员会要提前介入;发挥审议把关作用,充分听取各方面意见,加强论证和评估,广泛凝聚共识,防止利益偏向。这些年来,常委会建立健全了法律草案向社会公布征求意见制度、法律通过前评估制度、立法后评估制度、基层立法联系点制度等,为提高立法质量提供了可靠机制保证。今后,要不断总结实践经验,继续完善相关制度。

前不久,习近平总书记在上海考察基层立法联系点时明确指出,人民民主是全过程的民主。要贯彻落实总书记重要指示精神,进一步完善和拓展基层立法联系点,畅通社情民意表达和反映渠道,使立法工作更加接地气、察民情、聚民智。

第三,健全人大对“一府一委两院”监督制度,加强对法律实施的监督

《决定》首次提出要“健全人大对‘一府一委两院’监督制度”,新就新在增加了“一委”。国家监察委员会是一个全新的国家机构,涉及的许多工作属于新事物,有很多方面需要细化完善。监察法规定了各级监察委员会应当接受本级人大及其常委会的监督,各级人大常委会听取和审议本级监察委员会的专项工作报告,组织执法检查等内容。但具体如何开展监督,需要研究完善相关机制办法。常委会正在按照《决定》要求,就听取和审议国家监察委员会的专项工作报告,加强与有关方面的沟通协调,研究拟定具体工作方案。

《决定》指出,要“加强对法律实施的监督”。党的十八大以来,全国人大常委会把保证法律严格实施作为全面推进依法治国的重要抓手,在执法检查工作方面有了新思路新举措。比如,强调紧扣法律规定查找问题,找准影响法律实施的症结关键和深层次原因,提出落实法律的明确具体要求,保证法律制度执行到位、落到实处;积极探索创新执法检查的组织方式和工作方法,首次引入第三方评估,专门召开受委托检查的省级人大常委会汇报会,加大暗访暗查力度,开展法律知识问卷调查常态化等。今后,要继续探索、总结、完善监督工作的制度机制和方式方法,更加注重从制度执行、法律实施的角度安排项目、确定重点、查找问题、提出建议,使人大监督更有力度,使法律作为治国理政最大规矩的权威进一步树立起来。

第四,更好发挥人大代表作用

《决定》指出,要“密切人大代表同人民群众的联系,健全代表联络机制,更好发挥人大代表作用”。本届常委会成立以来,栗战书委员长高度重视代表工作,指出尊重代表主体地位、充分发挥代表作用,是人大工作保持生机和活力的重要基础,是各级人大及其常委会成为同人民群众保持密切联系的代表机关的内在要求。按照这个思路,常委会进一步深化拓展代表工作,取得明显成效。我们强调办理议案建议“既要重结果,也要重过程”,注重加强同提出议案建议的代表沟通,督促承办单位加强与代表“面对面”“点对点”沟通,及时通报办理进展,提出有针对性的反馈结果,确保议案建议办理见到实效。提出“做到真联系、取得真效果”的要求,完善代表列席常委会会议和召开列席代表座谈会机制,继续坚持和完善委员长会议组成人员、常委会委员直接联系人大代表制度,积极探索专门委员会、工作委员会联系相关领域人大代表的工作机制。增强代表培训工作实效,基本实现新任基层全国人大代表集中履职学习全覆盖,围绕代表关注和履职需要,增加应用型知识、基础知识培训,有针对性地提高代表在应对媒体提问、审查预算报告、提高审议质量等方面的能力。这些,代表们应该都有切身的感受。

今年,常委会又进一步加强了对代表工作的统筹谋划。十三届全国人大二次会议闭幕后,即汇总分析代表审议常委会工作报告提出的意见建议,并专门召开工作会议,研究提出关于加强和改进全国

人大代表工作的具体措施，由委员长会议审议通过。《具体措施》包括 11 个方面 35 条，已经印发给各位代表，其中多项措施正在稳步推进落实。下一步，将围绕党的十九届四中全会的任务要求，进一步完善代表工作机制和方式方法，也欢迎代表们就这方面集思广益，充分地提出意见建议，帮助我们不断改进工作。

《决定》还明确指出“加强制度理论研究和宣传教育”，这是各级人大及其常委会的一项重要工作任务。作为国家权力机关组成人员，人大代表在这些方面可以发挥重要作用。要结合自己的履职实践，深入开展人民代表大会制度和法律制度的研究和宣传，当好中国制度故事、中国人大故事的宣传员，不断增强我国国家制度和国家治理体系的说服力和感召力。

党的十九届四中全会开启了我国制度建设的新篇章，我们要把思想和行动统一到四中全会精神上来，在以习近平同志为核心的党中央集中统一领导下，推动人大制度和人大工作与时俱进、完善发展，为新时代坚持和完善中国特色社会主义制度、推进国家治理体系和治理能力现代化作出应有的贡献。

（本文作者为全国人大常委会秘书长。本文是作者 2019 年 11 月 26 日在十三届全国人大第 11 期代表学习班开班式上所作的专题报告文稿）

《中国人大》2019 年第 23 期

深入学习贯彻习近平总书记关于坚持和完善人民代表大会制度的重要思想 用制度体系保证人民当家作主

（2019 年 12 月 18 日）

全国人大常委会秘书长、机关党组书记　杨振武

各位学员：

大家好！很高兴应中央党校邀请，有机会同各位老师、各位中青班的学员一起学习领会习近平总书记关于坚持和完善人民代表大会制度的重要思想，探讨用制度体系保证人民当家作主问题。

党的十九大指出，要坚持人民主体地位，健全人民当家作主制度体系，加强人民当家作主制度保障。党的十九届四中全会作出关于坚持和完善中国特色社会主义制度、推进国家治理体系和治理能力现代化若干重大问题的决定，《决定》的第三部分是“坚持和完善人民当家作主制度体系，发展社会主义民主政治”，强调要坚持和完善人民代表大会制度这一根本政治制度。人民代表大会制度是中国特色社会主义制度的重要组成部分，是支撑国家治理体系和治理能力的根本政治制度，是党治国理政的重要制度平台，是保证和实现中国人民当家作主的根本途径和最好形式。这些表述概括了人民代表大会制度的性质定位，相信大家也都各有体会。但人民代表大会制度究竟是什么？很多人未必理解得那么透彻。

我从事新闻宣传工作多年，当记者时曾多次参加全国人大会议的报道，担任报社领导时也组织、策划过不少关于人民代表大会制度和人大工作的报道。但我深深感到，过去多年积累的对人民代表大会制度的认识，都没有这两年到人大工作后的感受深刻。

关于人民代表大会制度，可讲的内容很多。今天，我结合学习习近平总书记关于坚持和完善人民代表大会制度的重要思想，讲五个问题：一是人民代表大会制度是怎么来的；二是人民代表大会制度是什么；三是人民代表大会制度好在哪里；四是人民代表大会制度是怎样保证和实现人民当家作主的；五是怎样坚持和完善人民代表大会制度。

第一个问题，人民代表大会制度是中国共产党带领中国人民在人类政治制度史上的伟大创造，承载着我们党的初心和使命

制度优势是一个国家的最大优势，制度竞争是国家间最根本的竞争。在一个国家的各种制度中，政治制度处于关键环节。实行什么样的政治制度，选择什么样的政治发展道路，是关系国家前途命运

的重大问题。

大家都熟悉中国近代史。1840年鸦片战争后，中国面临空前严重的民族危机。找到适合中国国情的政治制度模式，成为中国人民救亡图存的重要内容。学习西方，向西方国家寻找真理，成为当时许多有志之士的向往。毛泽东同志曾这样讲，“那时，求进步的中国人，只要是西方的新道理，什么书也看。”然而，君主立宪制、议会制、多党制、总统制等各种西方政治制度模式，都学过、试过了，但都是昙花一现、以失败而告终。1923年6月，直系军阀曹锟把当时的总统黎元洪逼出北京，明码标价买总统。他向大多数议员行贿，每人5000大洋，最后以480票“当选”总统。曹锟被称为“贿选总统”，收受贿赂的议员被称为“猪仔议员”，当时通过的《中华民国宪法》也被称之为“贿选宪法”。正因为这样，“西方资产阶级的文明，资产阶级的民主主义，资产阶级共和国的方案，在中国人民的心目中，一齐破了产”。

中国共产党的诞生，是“开天辟地的大事变”。中国共产党人的初心和使命，就是为中国人民谋幸福，为中华民族谋复兴。从1921年到1949年，我们党在领导人民反对内外敌人、争取民族独立、人民解放的伟大征程中，把马克思列宁主义同中国实际相结合，对国家政权应该怎样组织、怎样活动、怎样支持和保证人民当家作主等根本性问题进行了艰辛探索。从大革命时期的农民协会、罢工工人代表大会、市民代表会议，再到土地革命时期的中华苏维埃运动；从抗日战争时期的“三三制”参议会制度，再到解放战争后期和建国初期各地普遍召开的各界人民代表会议，都是我们党对国家政权建设的积极探索。“吃水不忘挖井人”，毛泽东同志是人民代表大会制度的奠基人。1931年11月，在江西瑞金召开的中华苏维埃第一次全国代表大会上，毛泽东同志当选为中华苏维埃共和国临时中央政府主席，自此，他被亲切地称之为“毛主席”。1940年，毛泽东同志在《新民主主义论》中明确提出“没有适当形式的政权机关，就不能代表国家。中国现在可以采取全国人民代表大会、省人民代表大会、县人民代表大会、区人民代表大会直到乡人民代表大会的系统，并由各级代表大会选举政府。”1945年，毛泽东同志又在《论联合政府》中指出，“新民主主义的政权，应该采取民主集中制，由各级人民代表大会决定大政方针，选举政府”。“只有这个制度，才既能表现广泛的民主，使各级人民代表大会有高度的权力；又能集中处理国事，使各级政府能集中地处理被各级人民代表大会所委托的一切事务，并保障人民的一切必要的民主活动。”这些重要理论构想的提出，标志着我们党关于人民政权建设理论已经成熟。

1949年9月，中国人民政治协商会议第一届全体会议召开，通过了具有临时宪法地位的《中国人民政治协商会议共同纲领》，宣告新中国实行人民代表大会制度。1954年9月，第一届全国人民代表大会第一次会议在北京召开，通过新中国第一部宪法，标志着人民代表大会制度在全国范围内建立起来，开辟了中国人民当家作主的历史新纪元。

去年以来，为了使全国人大机关的同志深入学习贯彻习近平总书记关于坚持和完善人民代表大会制度的重要思想，我们先后请江西省人大负责同志讲当年在中央苏区的“一苏大”“二苏大”，请陕西省人大负责同志讲陕甘宁边区“三三制”的参议会制度，请河北省人大负责同志讲1948年在石家庄召开的华北临时人民代表大会，让大家深入了解共和国是怎么走来的、人民代表大会制度是怎么走来的。昨天，我们又请浙江省人大负责同志讲课，讲述新中国第一部宪法是如何诞生的。我曾3次参观过位于杭州西湖畔的“五四宪法”历史资料陈列馆，深受教育。从1953年12月28日到1954年3月14日，毛泽东同志在杭州住了77天，带领宪法起草小组成员，不仅深入研究了当时苏联、罗马尼亚、波兰、德国、捷克等国宪法，还研究了我国辛亥革命之后提出的天坛宪法、曹锟宪法、1946年中华民国宪法等文本，以及法国的1946年宪法。毛泽东同志说：“我们的宪法，就是比他们革命时期的宪法也进步得多。我们优越于他们。”在“五四宪法”制定过程中，全国有1.5亿人参加了宪法草案的学习讨论，提出了118万多条修改、补充意见，这在世界制宪史上是极为罕见的。

通过对人民代表大会制度历史的简单回顾，可以给我们深刻启示：一是，历史是公平的，它曾经给过西方各种政治制度模式尝试的机会，但都没有成功。我们不能犯历史的“健忘症”，更不能开历史倒车。二是，民主的实现形式是多元的，不存在放之四海而皆准的普适标准。一个国家选择什么样的政治制度模式，是由这个国家的历史文化、社会性质、经济发展水平决定的。一种土壤只能长出一种果实，我们现在的政治制度就是这片社会土壤能结出的最好果实。照抄照搬他国的政治制度行不通，只会水土不服。三是，历史是连续的，任何一种政治制度都不是凭空产生的。人民代表大会制度是长期探索、反复比较、渐进改进的结果。今天的人民代表大会制度不同于历史上曾经出现的罢工工人代表大会、农民协会、工农兵代表苏维埃、参议会、各界人民代表会议等任何一种政治制度形式，但这些探索为人民代表大会制度奠定了基础、积累了经验。四是，任何政治制度模式都是独特的，不可能千篇一律、归于一尊。不能看到别的国家有而我们没有就简单认为有欠缺，要搬过来；也不能看到我们有而别的国家没有就简单认为是多余的，要去除掉。这两种观点都是片面的。

只有熟悉了人民代表大会制度是怎么来的这段历史，我们才能更加深刻地领会习近平总书记的话："在中国实行人民代表大会制度，是中国人民在人类政治制度史上的伟大创造，是深刻总结近代以后中国政治生活惨痛教训得出的基本结论，是中国社会 100 多年激越变革、激荡发展的历史结果，是中国人民翻身作主、掌握自己命运的必然选择。"

第二个问题，人民代表大会制度是保证和实现人民当家作主的根本途径和最好形式

这一部分，主要是想和大家探讨人民代表大会制度是什么，或者说人民代表大会制度包含哪些内容。有些人可能认为，人民代表大会制度不就是人大的那些事情吗？实际上，这个认识是很不全面的。人民代表大会制度当然包括人大自身的组织、职权、运行等。但它作为国家的根本政治制度，在于它体现一系列紧密联系、相互贯通的重要政治思想和理论原则，是一整套构建科学、运转协调的制度体系。正如习近平总书记所指出得："人民代表大会制度是坚持党的领导、人民当家作主、依法治国有机统一的根本政治制度安排，必须长期坚持、不断完善。"我们党通过人民代表大会制度实施对国家和社会的领导，我们的人民通过人民代表大会制度实现当家作主，一切国家机关及其工作人员都在人民代表大会制度框架内依法行使职权、开展工作。

一是，国家的一切权力属于人民，人民行使国家权力的机关是全国人民代表大会和地方各级人民代表大会。

我国宪法第 1 条规定，中华人民共和国是工人阶级领导的、以工农联盟为基础的人民民主专政的社会主义国家。第 2 条规定，中华人民共和国的一切权力属于人民。所以，我们国家的名称，各级国家机关的名称，都冠以"人民"的称号，如人民代表大会、人民政府、人民政协、人民法院、人民检察院，等等，就是为了体现我国社会主义国家政权的基本定位。习近平总书记对此多次强调，明确指出："中国 260 多万各级人大代表，都要忠实代表人民利益和意志，依法参加行使国家权力。各级国家机关及其工作人员，不论做何种工作，说到底都是为人民服务。这一基本定位，什么时候都不能含糊、不能淡化。"

人民当家作主的途径和形式多种多样，最根本、最重要的是掌握国家政权、行使国家权力。人民如何掌握国家政权、行使国家权力？这就需要通过一定的组织形式和制度来实现、来保证。宪法第 2 条规定，人民行使国家权力的机关是全国人民代表大会和地方各级人民代表大会。人民代表大会制度就是我们国家的政体，是全国各族人民管理国家的基本组织形式。

二是，各级人大都由民主选举产生，对人民负责、受人民监督。

人大代表选举是人民代表大会制度的法理基础和逻辑起点，也是人民当家作主最直接的形式、最生动的实践。民主选举人大代表，实质上是一种权力委托，即人民把自己的权力委托给自己选出的代表，由这些代表组成人民代表大会去行使国家权力。所以，无论是人民代表大会，还是经人民代表大会产生的其他国家机关，它们的权力追根溯源，都来自于人民。

选举制度被视为衡量政治制度是否民主的重要方面。早在 1941 年 1 月，毛泽东同志在《陕甘宁边区政府为改选和选举各级参议会的指示信》中就说过："民主的第一着，就是由老百姓来选择代表他们出来议事管事的人。"西方国家经常标榜自己实行的普选制度，甚至把"一人一票"当成所谓民主的唯一标准。实际上，选举制度是否民主，并在多大程度上体现民主，需要依赖于选举权、选区划分、投票规则等多种具体制度，不同的选举制度可能产生不同甚至截然相反的选举结果。

首先，要看选举权的普遍性。宪法第 34 条规定，中华人民共和国年满十八周岁的公民，不分民族、种族、性别、职业、家庭出身、宗教信仰、教育程度、财产状况、居住期限，都有选举权和被选举权；但是依照法律被剥夺政治权利的人除外。实践中，超过 99% 的年满 18 周岁的中国公民都享有选举权和被选举权。

为什么宪法要列举出这么一长串不应被歧视的因素？就是因为这些都曾经是人类民主政治发展史上限制选举权的条件。比如，性别、种族因素。美国 1776 年建国，到 1920 年妇女才正式获得选举权，黑人的选举权则到上世纪 60 年代才得到法律的

正式确认，而且从法律的权利变成现实的权利还是个漫长的过程。今年年初有部奥斯卡获奖电影《绿皮书》，故事发生在上世纪60年代，当时在美国南部的一些餐厅、酒店、服装店还拒绝为黑人提供服务，有的地方甚至禁止黑人晚上外出。再看教育程度。1964年前后美国亚拉巴马州的选举有选民测试试卷，如果测试通不过，对不起，那就不能投票。这就是美国式民主的历史写照。而在中国共产党领导人民实行民主的过程中，曾有过"豆选"的创新做法。1946年安东省副主席刘澜波在回答记者"人民文化水平比较低下，进行选举有什么困难"的提问时说："困难是有的，但不是不可以克服的。在选举方式上就得照顾人民的文化水准问题，我们选举采用了三个方式：举手，投票，投豆。""识字有识字的办法，不识字有不识字的办法。正所谓金豆豆，银豆豆，豆豆不能随便投。选好人，办好事，投在好人碗里头。"同样是教育程度这个因素，西方国家利用它作为限制选举权的条件，我们的选举制度则是想方设法帮助选民跨越这个障碍，为他们行使选举权利提供便利。

千万不可小看这个选举权和被选举权，因为它是民主制度的核心所在。新中国第一部《选举法》，就确立了选举权的普遍性，同时强调，妇女有与男子同等的选举权和被选举权。无论在城市还是农村，无论工人还是农民，无论知识分子还是文盲，都有选举权和被选举权，我们通过各个层级的人民代表大会制度实现了人民当家作主。与西方国家用了上百年甚至数百年的时间才实现法律意义上的"普选"相比，我们一步到位地实行名副其实的普遍选举，这是人类政治文明史上的巨大飞跃。

*其次，要看选举结果的代表性。*代表代表，首先得具有代表性。选举搞得再热闹，如果选举结果不能代表广大人民的意愿，那么这个选举制度很难说是民主的。我国人大代表名额分配实行人人平等、地区平等、民族平等的原则，保证各地区、各民族、各方面都有适当数量的代表。以十三届全国人大代表名额的分配为例，主要由3个部分构成。一是根据人口计算确定的名额数，城乡约每67万人分配1名，共2000名，占全部代表名额的2/3。二是相同的地区基本名额数，无论是人口多还是人口较少的省（区、市），都有一个基本名额数，即8名。三是其他应选名额数，这当中包括保证各民族都有适当数量的全国人大代表，人口特少的民族至少应有1名代表。像生活在西藏的珞巴族，只有2900多人，也有一名全国人大代表。鄂伦春族是传统的狩猎民族，有8000多人，主要分布在黑龙江、内蒙古两地，所以产生了两位全国人大代表，其中一位还是我联系的五位代表之一。这样下来，十三届全国人民代表大会共选出2980代表。与十二届相比，一线工人、农民代表468名，占代表总数的15.70%，提高了2.28个百分点，其中有45名农民工代表；妇女代表742名，占代表总数的24.90%，提高了1.5个百分点；专业技术人员代表613名，占代表总数的20.57%，提高了0.15个百分点。可以说，这个代表的构成具有广泛代表性，体现了人民当家作主的本质。

*其三，要看选举经费的来源。*我国选举法第7条规定，全国人民代表大会和地方各级人民代表大会的选举经费，列入财政预算，由国库开支。这就从制度上保证了贫穷不会成为行使选举权的障碍。在美国等西方国家，选举历来是有钱人的游戏。从1960年到2012年的14届美国总统选举，绝大多数情况下是哪个候选人筹钱多就会赢得当届选举，高价的竞选事实上剥夺了绝大多数人的被选举权。我国的各级人大代表实行差额选举。选举法第33条规定，选举委员会根据选民的要求，应当组织代表候选人与选民见面，由代表候选人介绍本人的情况，回答选民的问题。选举法第34条规定，公民参加各级人民代表大会代表的选举，不得直接或者间接接受境外机构、组织、个人提供的与选举有关的任何形式的资助。

此外，选区的划分、投票规则、投票率等，都直接影响选举的民主性。这里我就不一一展开了。在选举制度上，我们要把握的有这么几点：其一，每个国家的选举制度都是立足本国历史文化传承、国情和实际发展出来的复杂体系。在我们这样一个有9亿多选民的人口大国，实行直接选举和间接选举相结合，符合国情和实际。其二，西方的选举制度不能简单地用全民直选一言以蔽之，比如，美国总统选举实行的就是较为复杂的选举人团制度。其三，我国的选举也有直接选举。比如，我国现有五级人大代表262万，其中县乡两级人大代表247万，占代表总数的94%，他们都是一人一票直接选举产生的。其四，我们研究选举制度，衡量一个选举制度是否能体现民主，不能只看到表面上是不是存在竞争性的选举，是不是全民直选，如果是就把它贴上民主的标签，反之就认为是专制的，这是片面的、偏颇的。我国人大代表选举的制度安排，从中国国情和实际出发，保证和实现了人民当家作主，具有鲜明的先进性、真实性。正如习近平总书记所指出的:“在中国共产党领导的社会主义国家,一切权力属于人民,决不能依据地位、财富、关系分配政治权力!”

三是,人大统一行使国家权力,国家行政机关、监察机关、审判机关、检察机关都由人大产生,对人大负责,受人大监督。

这是人民代表大会制度的突出特点和优势。在国家机构设置上,有国家权力机关、国家行政机关、国家监察机关、国家审判机关和法律监督机关。在国家机构产生上,人大通过民主选举产生,其他国家机关都由人大产生、对人大负责、受人大监督。在国家权力配置上,人大统一行使国家权力,行政、监察、审判、检察等职权分别由“一府一委两院”行使。各个国家机关既有合理分工,又是一个有机统一的整体,都在党的领导下,依法履行职责,密切配合,协调高效地做好各项工作。人大要依法监督“一府一委两院”的工作,这种监督从法律上讲是职责,从目标和工作上讲是一种支持。各国家机关为着同一个目标奋斗,有效克服了议而不决、决而不行、行而不实等不良现象,避免了相互扯皮、效率低下的弊端。这也是为什么我们能够集中力量办大事的原因所在。邓小平同志曾经说过:“社会主义国家有个最大的优越性,就是干一件事情,一下决心,一做出决议,就立即执行,不受牵扯。”

在人民代表大会制度下,国家机关之间的关系区别于西方的立法权、行政权和司法权“三权分立”制度。在西方一些国家,由于不同党派代表不同的利益集团和群体,相互斗争、相互扯皮,议会、政府运作效率低下,重大事情无法达成一致的情况十分常见。比如,英国建设一条高铁花 20 年仍在讨论;伦敦希思罗机场想增加一条跑道 30 年仍未成功;英国脱欧,就像一出泡沫四溅的肥皂剧,不知何时收场?再比如,特朗普上任以来,和国会一直就美墨边境修建边境墙一事搞“拉锯战”,双方来回“否决”“叫停”,还一度导致政府关门,造成很大内耗。现在,美国众议院又发起对特朗普的弹劾案,你争我斗,不知是何结局?正如美国学者福山所说,美国的民主制已经成了一种否决制。

我们国家的所有重大决策都充分发扬民主,通过反复酝酿、畅所欲言、集思广益,实现科学决策、依法决策。大家都知道,民主集中制是我们党的根本组织制度和领导制度,同时,它也是一项宪法制度。宪法第 3 条规定,中华人民共和国的国家机构实行民主集中制的原则。每位人大代表和常委会组成人员在会议上都可以充分发表意见,在认真审议的基础上,再依照法定程序进行表决。宪法第 75 条还规定,全国人民代表大会代表在全国人民代表大会各种会议上的发言和表决,不受法律追究。表决时,无论是委员长、副委员长,还是人大代表、常委会委员,都是一人一票,每票同权,最后少数服从多数。形象地讲,人大是“集体有权、个人无权”。常委会会议表决议案,以全体组成人员的过半数通过。审议法律草案,有个“三审制”原则,但究竟需要审几次,还要视具体情况而定。实践中,一部法律案审议次数超过三次的屡见不鲜。物权法历经 5 年 8 次审议,创下立法史上审议次数之最。有的人觉得,人大一行使职权就要开会审议、讨论,往往一件事过几遍、开几次会才能付诸表决,比较麻烦。其实,任何时候都有民主和效率的关系问题。彭真同志多次讲过:“民主就不能怕麻烦。一言堂不行,几个人说了算不行。凡是关系国家和人民的大事,光是党内作出决定也不行,还要同人民商量,要通过国家的形式。”他还专门批评了嫌民主麻烦的观点和做法,说:“依法办事,往往要麻烦一点,但结果会比较好。一言堂好像省事,结果往往费事甚至坏事。”正是由于贯彻了民主集中制原则,才保证了人大制定的法律法规和作出的决议决定符合实际,具有权威性和合法性。

四是,中央和地方的国家机构职权的划分,遵循在中央的统一领导下,充分发挥地方的主动性积极性的原则。

我国是全国各族人民共同缔造的统一的多民族国家,实行单一制。经过 70 年的发展,我们已经形成了一整套从中央到地方保证人民当家作主、保证党和国家各项事业有效开展的制度体系。这个制度体系是集中统一的,不是像西方那样实行联邦制、邦联制,或者其他种种分权的模式。中国共产党是最高政治领导力量,党中央制定大政方针、进行全面领导,各级党组织、各国家机关、人民团体自觉坚持党中央集中统一领导,坚决贯彻党中央决策部署。全国人大及其常委会根据党的主张和人民的意志,制定修改法律、作出决定决议,各级国家机关都要严格遵守和执行。国务院统一领导全国地方各级国家行政机关的工作。我国政权从中央到地方一共有五级,五级政权都要服从党中央的集中统一领导。

在国家结构形式上,我们有两个独具特色的制度,一个是民族区域自治制度,一个是特别行政区制度。我们在各少数民族聚居的地方实行区域自治,设立自治机关,行使自治权。目前我国有 155 个民族自治地方，包括5个自治区、30个自治州和120个自治县，面积达到全国国土总面积的64%。这些地方，都是在党中央集中统一领导下的“自治”，都是全国各族人民共同的家园。

特别行政区制度是我们党在国家结构形式上的另一个重大创造。国家设立香港、澳门特别行政区，实行“一国两制”。在“一国两制”中，“一国”是根，根深才能叶茂；“一国”是本，本固才能枝荣。“一国”是实行“两制”的前提和基础，“两制”从属和派生于“一国”并统一于“一国”。中央与香港、澳门特别行政区的关系，是单一制国家之内中央和地方的关系。香港、澳门的高度自治权既不是完全自治，也不是分权，是中央授予的地方事务管理权。宪法和两个基本法共同构成香港、澳门的宪制基础。我们要坚定不移走“一国两制”成功道路，确保宪法和两个基本法全面准确有效实施。

第三个问题，人民代表大会制度具有显著优势，必须坚定制度自信

看一个制度好不好、优越不优越，要从政治上、大的方面去评判和把握。过去，邓小平同志曾用“三个有利于”的著名论断来阐释社会主义的优越性。习近平总书记在庆祝全国人民代表大会成立60周年大会上，用“八个能否”的标准肯定了我国国家政治制度是民主的、有效的。党的十九届四中全会系统总结了我国国家制度和国家治理体系13个方面的显著优势，揭示了“中国共产党为什么能”“中国特色社会主义为什么好”的制度秘诀和治理奥秘。我看，无论是用“三个有利于”，还是“八个能否”来衡量、评判人民代表大会制度，我们都可以斩钉截铁地回答：是！能！13个方面的显著优势，多数内容也体现在人民代表大会制度之中。

具体到人民代表大会制度的显著优势，可以总结出许多条。但无论从哪些角度总结，我认为最为重要的优势有这么几点：能够保障党领导人民有效治理国家，能够把民主和集中有机统一起来，能够保证国家各项工作的制度化法律化和连续性稳定性，能够保证国家统一高效组织推进各项事业、集中力量办大事，能够维护国家统一和民族团结；能够凝聚各方面力量为实现既定目标不懈奋斗。我们知道，在我们国家，每隔五年就要制定和实施一个国民经济和社会发展规划。五年规划一般是先由党中央提出建议，然后国务院编制规划纲要草案，经全国人民代表大会审查批准，转化为国家意志，成为具有法定效力的国家重要指导性文件。从1953年到现在，我们通过人民代表大会制度，先后制定和实施了13个五年发展计划规划，持续不断地推进社会主义现代化建设，一届接着一届干，一锤接着一锤敲。可以说，除了中国，没有任何一个国家能够做到这一点。这在两党制或多党制国家根本更是不可想像的。像奥巴马的政治遗产，几乎都被特朗普推翻了。在这样的政治体制下，怎么可能谈得上集中力量办大事？怎么可能谈得上政策的连续性稳定性？

衡量、评判政治制度，要看实践成果。新中国成立70年特别是改革开放40多年来，我们党领导人民创造了世所罕见的经济快速发展奇迹和社会长期稳定奇迹。新中国刚成立时，中国是世界上最贫穷落后的国家之一。毛泽东同志曾感慨：“现在我们能造什么？能造桌子椅子，能造茶碗茶壶，能种粮食，还能磨成面粉，还能造纸，但是，一辆汽车、一架飞机、一辆坦克、一辆拖拉机都不能造。”在开国大典的阅兵式上，因为数量太少，几架飞机只好飞了两次。1978年中国GDP总量1473亿美元，人均156美元，仅相当于全球经济的1.1%和美国的4.6%。2018年中国GDP总量约13.5万多亿美元，稳居世界第2位，相当于全球的15.9%、美国的66.4%。还有减贫成就，1981年至2015年，中国累计减少贫困人口7.28亿，这一数字比拉美或欧盟的人口还要多，而同期世界其他地区脱贫人口仅有1.52亿。

社会长期稳定奇迹就更不用说了。我国长期保持社会和谐稳定、人民安居乐业，是国际社会公认的最有安全感的国家之一。

有比较才有鉴别。放眼当今世界，由于政治制度、政治发展道路选择错误而导致社会动荡、国家分裂、发展停滞的例子比比皆是。二战之后，不少发展中国家仿效西方民主，但由于“水土不服”，真正达到目的的国家少之又少。所谓新兴民主国家接二连三地出现“民主崩溃”和“民主恶化”。西方国家四处推销的民主制度不仅没有给世界带来和平和发展，反而成为灾难和祸患的根源。2011年爆发了“阿拉伯之春”运动，但好景不长，不久就演变为“阿拉伯之冬”，埃及全面动荡、叙利亚全面内战、也门全面波及，所谓的西式民主在事实面前撞得头破血流、惨不忍睹。从格鲁吉亚“玫瑰花革命”、乌克兰“橙色革命”到吉尔吉斯斯坦“郁金香革命”，这些输入西方民主模式的国家，都跌入了“民主陷阱”，难民危机频发、社会动荡不安，民主更是无从谈起。西方老牌民主国家普遍遭遇治理危机。很多国家的老百姓感到日子不是在变好而是在变差，

下一代过得还不如上一代。经济增长乏力,贫富差距拉大,政治极化严重,党派纷争不止,民粹主义高涨,种族歧视凸显,暴力事件频发,社会撕裂加剧,西式民主种种乱象环生。“中国之治”与“西方之乱”形成鲜明对比。

一些人缺乏对我国政治制度的认识和自信,总觉得在制度建设上,中国是落后于西方的。这种“外国月亮比中国的圆”的观点是要不得的。实际上,许多外国领导人、专家学者都纷纷肯定“中国之治”,希望借鉴中国成功的经验。在人大外事活动中,我接触过很多外国政要、议会代表团,他们对中国的人民民主高度赞赏,对人民代表大会制度充满兴趣,对人大工作的高效运行非常羡慕。去年,栗战书委员长出访埃塞俄比亚,总理阿比在家里热情设宴款待。阿比告诉委员长,他通读了《习近平谈治国理政》第一卷。那天宴会的 4 道菜的菜名全部来自总书记的这本书,分别叫“筑巢引凤”“双喜临门”“发财树”和“友谊长青”。德国前总理施密特讲过,中国的持续成功发展不仅解决了中国问题,也为西方走出困境提供着启示。

我们过去对中国特色社会主义制度成就和优势的研究宣传做得不够。一说到发展成就,多是举经济社会发展的例子,很少讲我们在制度建设上的成果。在这方面,西方是不肯讲,我们是不善讲,以致于长时间在舆论上“西强我弱”,实在不应该!我们坚定不移走中国特色社会主义政治道路,坚持和完善人民代表大会制度,保证人民当家作主,走出了一条不同于西方国家的成功发展道路,为世界提供了可供选择的民主模式,这是我们在制度建设上的伟大成就。

习近平总书记反复讲过,鞋子合不合脚,只有穿的人才知道。中国特色社会主义政治制度好不好、优越不优越,中国人民最清楚,也最有发言权。实践已经证明,以人民代表大会制度作为国家根本政治制度的中国特色社会主义政治制度,是符合中国国情和实际、体现社会主义国家性质、保证人民当家作主、保障实现中华民族伟大复兴的好制度,是一套有效保证能干事、干好事、干成事的政治制度。我们在政治制度模式这个重大政治问题上一定要有定力、有主见,有坚定而充分的自信。

第四个问题,通过人民代表大会制度,把支持和保证人民当家作主落实到国家政治生活和社会生活之中

习近平总书记强调,保证和支持人民当家作主不是一句口号、不是一句空话,必须落实到国家政治生活和社会生活之中。在我国,坚持人民主体地位,实现好、维护好、发展好最广大人民的根本利益是一切国家机关行使职权的出发点和落脚点。这里,我着重介绍人大是如何通过依法行使职权、开展工作,实现形式民主与实质民主相统一、程序民主与实体民主相结合,选举民主与协商民主相促进,体现我国社会主义民主是全过程的民主,是最广泛、最真实、最管用的民主。

根据宪法和有关法律,全国人大及其常委会的职权主要包括立法权、监督权、决定权、任免权,此外,还有代表、选举、对外交往、新闻舆论、理论研究、自身建设等方面的工作。

(一)通过行使立法权实现人民当家作主。宪法第 58 条规定,全国人民代表大会和全国人民代表大会常务委员会行使国家立法权。人大也因此被称为立法机关。立法权是国家最重要的政治权力之一,立法能够很好地体现中国式民主。

其一,全国人大及其常委会行使国家立法权。可以从三个方面来把握。一是,国家制度和治理体系中最重要的部分,只能由全国人大及其常委会以法律的形式来规范。《中华人民共和国立法法》第 8 条明确了全国人大及其常委会的专属立法权,列举了只能制定法律的 11 个方面的事项。二是,宪法和立法法对全国人大和全国人大常委会的立法职权作出了必要区分。其中,全国人民代表大会修改宪法,制定和修改刑事、民事、国家机构的和其他的基本法律;全国人大常委会解释宪法;制定和修改除应当由全国人大制定的法律以外的其他法律。三是,法律的效力高于行政法规、地方性法规、规章。

其二,人大及其常委会在立法中发挥主导作用。怎么发挥主导作用?主要是:加强对立法项目的统筹规划,认真编制立法规划计划;做好牵头起草和组织协调工作,涉及综合性、基础性、全局性的法律,原则上由人大专门委员会、常委会工作委员会直接组织起草;政府有关部门、有关方面负责起草的法律草案,人大有关专门委员会或常委会工作委员会要提前介入;发挥审议把关作用,充分听取各方面意见,加强论证和评估,广泛凝聚共识,防止利益偏向;由全国人民代表大会审议通过重要法律,可以最大限度地凝聚立法共识。自 2015 年起,全国人大常委会已连续 5 年提请全国人民代表大会审议重要法律案。分别是 2015 年修改立法法,2016 年制定慈善法,2017 年制定民法总则,2018 年修改宪法和制定监察法,2019 年制定外商投资法。

其三,为人民立法,以完备的法制保障人民权

益、增进人民福祉。全国人大及其常委会坚持人民主体地位，把实现好、维护好、发展好最广大人民的根本利益作为立法工作永恒的价值追求，形成并不断完善以宪法为核心的中国特色社会主义法律体系，通过完备的法律制度有力保障公民权利、维护人民利益。截至目前，我国现行有效的法律275件，行政法规600多件，地方性法规1.2万多件。

列宁说，“宪法是一张写着人民权利的纸”。全国人大制定和修改宪法，为人民当家作主提供根本法治保障。1954年宪法第一次采用“公民”这个与民主政治紧密联系的法律概念，第一次专章规定公民的基本权利和义务。1982年宪法的一项创新举措，就是将“公民的基本权利和义务”一章提到“总纲”之后、“国家机构”一章之前。修改过程中，有人主张把“公民的基本权利和义务”一章提前，宪法修改委员会感到难以决断。邓小平同志得知后明确表示，在宪法文本中，应当把“公民的基本权利和义务”一章摆到“国家机构”一章的前面。他说，在国家宪法的篇章结构上，先规定公民的基本权利和义务，再规定国家机构，不但表明了我们国家的一切权力属于人民，国家机构是根据人民的授权建立的；而且也表明了我们党和国家对保障公民享有的宪法权利的高度重视。2004年，“国家尊重和保障人权”庄严载入宪法，成为我国人权原则确立和人权保障制度法治化的重要标志。

全国人大及其常委会制定完善了民事、刑事、经济、社会等方方面面的法律，通过完备的法律制度，确认和保障公民广泛的权利和自由，让人民群众共享改革发展成果。这里，我举两个立法的例子。

民法被称为社会生活的百科全书，是公民民事权利的宣言书和保障书。编纂一部真正属于中国人民的民法典，是新中国几代人的夙愿。党和国家曾于1954年、1962年、1979年和2001年先后4次启动民法制定工作。第一次和第二次，由于各种原因未能取得实际成果。1979年第三次启动，由于刚刚进入改革开放新时期，制定民法典的条件还不具备，因此，按照“成熟一个通过一个”的工作思路，确定先制定民事单行法，也就是改“批发”为“零售”。现行的继承法、民法通则、担保法、合同法就是在这种背景下制定的。2001年九届全国人大常委会组织起草了民法草案，并于2002年进行了一次审议，经讨论，仍确定继续采取分别制定单行法的办法。之后又制定了物权法、侵权责任法、涉外民事关系法律适用法等。这些法律，使公民各方面的民事权利得到全面保护，也为编纂民法典奠定了较好的法律基础。2014年，党的十八届四中全会明确提出编纂民法典这一重大立法任务，第五次起草工作正式开始。2017年，十二届全国人大五次会议通过民法总则，完成民法典开篇之作。2018年8月，民法典各分编草案提请常委会审议，之后又多次进行“拆分”审议，并向社会公开征求意见。在此基础上，目前已拟订形成民法典草案，包括总则编、物权编、合同编、人格权编、婚姻家庭编、继承编、侵权责任编，以及附则，共1260条。特别是人格权独立成编，体现了对公民“人格尊严”的维护，使民法典闪耀“人”的光芒。民法典草案将在今年12月召开的常委会会议上审议，并拟提请2020年3月的全国人民代表大会会议审议。

又如，及时回应人民群众的期待和关切，是立法工作的必然要求。2018年7月，吉林长春长生公司疫苗案件震惊全国，引发了全社会对疫苗乃至整个药品监管体制的忧虑。不到一年，也就是2019年6月29日，全国人大常委会即审议通过了疫苗管理法，创造了立法的“特快”速度。这部法律对疫苗实行最严格的管理制度，健全完善疫苗研制、生产、流通、预防接种等全过程监管体制，全面严格法律责任，重典治乱，去疴除弊，为坚决守住公共安全底线、维护人民身体健康提供了有力法律武器。

其四，坚持开门立法，确保立法体现人民意志。立法权源于人民，对人民负责，受人民监督。人民群众通过各种途径参与立法，既是人民当家作主、参与管理国家和社会事务的体现，也可以提高立法质量，使立法具有坚实的社会基础。

公布法律草案向社会公开征求意见，是最便捷、最广泛的民主立法机制。现在，常委会审议的法律草案，原则上都在中国人大网上公布，重要法律草案还要在中央主要新闻媒体上公布；不仅公布一审稿，二审稿也公布；不仅公布法律草案，起草、修改的说明也公布。公布法律草案征求意见得到了人民群众的积极响应、热情参与。比如，去年以来，民法典各分编草案征求意见，已经有38万余人提出了79万余条意见。征求意见的目的是为了倾听民意、集中民智，确保立法的民意基础。我们认真研究吸收公众意见，建立公众意见采纳情况反馈机制，避免“你说你的，我改我的”，积极回应社会关切。

基层立法联系点是立法机关直接听取基层干部群众意见的“直通车”。11月2日，习近平总书记到设在上海市长宁区虹桥街道古北市民中心的全国人大常委会法工委基层立法联系点考察。他对基层立法联系点的工作给予充分肯定，指出，人民民主是一种全过程的民主，所有的重大立法决策都是依照程序、经过民主酝酿，通过科学决策、民主决策产生的。目前，我们共建立了4个基层立法联系点，先后就65件次法律草案和全国人大常委会立法工作计划征求意见，收到意见3000多条，不少意见在立法中得到采纳和吸收。联系点拉近了人民群众与立法机关的距离。一位基层全国人大代表说："过去觉得立法是很高大上的事，人民大会堂离自己很遥远，现在有了立法联系点，最高立法机关与基层干部群众有了直通车，老百姓的心声和期盼可以更快、更准地体现在法律条款中。"

民主立法的方式还有很多，比如召开座谈会、论证会、听证会等，广泛听取各方面的意见，使立法更接地气、更聚民意、更集民智。

（二）通过开展监督保证权力始终用来为人民谋幸福。人民代表大会制度的重要原则和制度设计的基本要求，就是任何国家机关及其工作人员的权力都要受到制约和监督。人大依法行使监督职权，实质上是代表国家和人民进行的具有法律效力的监督，体现了国家一切权力属于人民的宪法原则。

习近平总书记指出："法律是行使权力的依据，只有把这个依据掌握住了，才能正确开展工作。"人大开展执法检查，检查的就是法律实施的情况，运用的就是法律的武器。比如，针对近年来雾霾天气多发、人民群众反响强烈的问题，本届全国人大常委会把大气污染防治法执法检查作为重中之重。去年，由栗战书委员长和几位副委员长分别带领4个组深入到8个省区实地检查，同时委托其他23个省区市人大常委会进行检查。执法检查坚持问题导向，敢于动真碰硬，最后的报告对检查中涉及22家企业的38个问题点名曝光。这次执法检查的力度之大、规格之高、效果之好是过去少有的，目的就是助力打好污染防治攻坚战，让老百姓呼吸到清洁的空气，还他们蓝天白云、繁星闪烁。今年，全国人大常委会又重点检查水污染防治法的实施情况，一个条款一个条款对照检查，让地方政府和有关方面认识到，法律规定决不能违反，法律责任必须落实，依法治污能起到事半功倍的效果。还有，像今年我们开展的中小企业促进法、就业促进法、高等教育法等执法检查，听取审议生态环境、学前教育、医师队伍等报告，专题调研精准脱贫、兴边富民、养老机构和养老保险等情况，都是事关人民群众切身利益、社会普遍关注的问题。

（三）讨论决定重大事项，保证人民依法管理国家事务。人民有权决定国家的一切重大事项，是人民当家作主、管理国家事务的重要体现。1954年9月，刘少奇同志在《关于中华人民共和国宪法草案的报告》中指出："人民代表大会制既规定为国家的根本政治制度，一切重大问题就都应当经过人民代表大会讨论，并作出决定。……我国的人民代表大会就是这样能够对重大问题作出决定并能够监督其实施的国家权力机关。"人大享有重大事项决定权，是人民代表大会制度的题中应有之义。

以全国人民代表大会为例，每次会议议程都包括听取审议常委会工作报告和"一府两院"工作报告，审查和批准计划、预算等内容，这些都是国家最重要的大事。会议上，有关国家机关派出工作人员到会听取代表意见、回答问题，根据代表意见对报告、议案进行修改完善。最后，代表投票表决通过各项报告和议案，依法确定国家大政方针和重大部署。比如，十三届全国人大二次会议上，根据全国人大代表在审议中提出的意见建议，对政府工作报告作了83处修改，其中多处是关系国家政策取向和增进人民福祉的重要修改，这是实现人民当家作主的直接体现和生动例证。国外有些人总是质疑我们的报告通过率高，这是因为他们不了解我们的政治制度。首先，我们不是两党制、多党制，不存在反对党，全体人大代表所代表的利益都是一致的。其次，我们的民主贯穿于全过程，很多报告在提交大会讨论之前，都已经广泛征求并吸收了各方面的意见，大会审议中大家提出的意见也都作了吸收、修改、反馈，达成了最大共识。

（四）通过代表工作保持与人民群众的血肉联系。习近平总书记指出，人民代表大会制度之所以具有强大生命力和显著优越性，关键在于它深深植根于人民之中。各级国家机关加强同人大代表的联系、加强同人民群众的联系，是实行人民代表大会制度的内在要求，是人民对自己选举和委派代表的基本要求。

我们已经形成了一整套比较完备的密切联系人大代表、人民群众的工作制度。本届全国人大常委会进一步深化拓展代表工作，取得明显成效。一是强调办理议案建议"既要重结果，也要重过程"，督促承办单位加强与代表"面对面"、"点对点"沟通，认真听取意见，及时通报办理进展，切实推动改进工作、解决问题。到目前为止，十三届全国人大二次会议上代表提出议案491件、建议8160件，均已办理完毕。二是提出"做到真联系、取得真效果"，进一步密切常委会与人大代表的联系。每次常委会会议都邀请50多位代表列席，在会议期间，召开代表座谈会，栗战书委员长与代表座交流，这种做法已经机制化。委员长赴地方调研、检查时，多次召开五级人大代表座谈会，认真听取代表的意见建议。16位委员长会议组成人员直接联系93名全国人大代表、常委会委员直接联系347名全国人大代表。还积极探索专门委员会、工作委员会联系相关领域人大代表的工作机制。三是增强代表培训工作实效，在履职学习全覆盖的基础上，注重加强专题学习。针对代表履职需要，如计划预算报告怎么审、议案建议怎么提、怎么应对媒体提问、收到信访件怎么办等，我们有计划地增加应用型知识培训，今年有1880人次参加学习。常委会进一步加强对代表工作的统筹谋划，十三届全国人大二次会议闭幕后，即汇总分析代表审议常委会工作报告提出的意见建议，研究提出关于加强和改进全国人大代表工作的具体措施。《具体措施》包括11个方面35条，每一项要求都很具体、很实，目前正在稳步推进落实。

我国的人大代表不同于西方的议员。人大代表来自人民、植根人民，特别是基层代表不脱离各自的生产和工作，同广大人民群众工作生活在一起，对人民群众的所思、所想、所念、所盼最了解。这是我国代表制度的一大优势。尊重代表的主体地位，重视代表的意见建议，发挥代表的作用，人民代表大会制度就接地气、达民意、有活力。我们都知道“共和国勋章”获得者申纪兰，她是从第一届到第十三届的全国人大代表。曾有人在网上污蔑她从不投反对票，嘲讽她是“举手代表”。其实，申纪兰是很了不起的。上世纪50年代，申纪兰带领山西平顺县西沟妇女从锅台、灶台、碾台走向田间，成为举起“男女同工同酬”大旗的第一人。她的事迹被人民日报记者采访报道，因此名扬全国，并当选为第一届全国人大代表。申纪兰提交给大会的“男女同工同酬”倡议被写入了宪法。这就是宪法第48条规定的，国家保护妇女的权利和利益，实行男女同工同酬，培养和选拔妇女干部。从第一届到第十三届，申纪兰连续53次参加全国人民代表大会会议，一次也没有缺席过。每次开会前，她都要实地调研走访群众，认真准备议案建议。她先后就黄河治理、粮食生产、自力更生艰苦奋斗精神、村民自治、山区公路建设、耕地保护、农村教育、农村合作医疗、农村旅游等许多重大问题提出议案建议，并得到采纳和落实。据统计，1980年五届全国人大三次会议以来，由申纪兰领衔或附议的议案建议有420多件，每件都沉甸甸、有分量。申纪兰是当之无愧的人民代表大会制度的“长青树”，值得我们敬佩和学习！

第五个问题，认真贯彻落实党的十九届四中全会精神，坚持和完善人民代表大会制度

中国特色社会主义进入新时代，人大制度和人大工作面临新形势新情况，只有不断适应新要求、回答新课题、总结新经验、应对新挑战，才能始终保持人民代表大会制度的生机活力和政治优势，才能与时俱进赋予国家根本政治制度新的实践特色、时代特色。党的十九届四中全会《决定》明确了当前和今后一个时期坚持和完善人民代表大会制度的重点方向、主要任务、工作要求和重要举措。这里，我就人大如何贯彻落实四中全会精神，作一些介绍。

一是，全面贯彻落实党的领导制度体系，始终坚持党对人大工作的领导。党的领导制度是我国的根本领导制度，在国家制度体系中居于统领地位。《决定》从6个方面提出了坚持和完善党的领导制度体系的重点任务，每一方面都与人大工作、人大党的建设密切相关。要把维护党中央权威和集中统一领导作为党的领导的最高原则，自觉在思想上政治上行动上同以习近平同志为核心的党中央保持高度一致，坚决把“两个维护”的要求落到实处，坚决贯彻落实党中央决策部署。严格执行请示报告制度，立法规划、计划和重要立法项目，人大工作中的重大情况、重要问题，都及时向党中央请示报告。

二是，支持和保证人民通过人民代表大会行使国家权力，更好发挥国家根本政治制度功效。《决定》强调，人民行使国家权力的机关是全国人民代表大会和地方各级人民代表大会；支持和保证人民通过人民代表大会行使国家权力，保证各级人大都由民主选举产生、对人民负责、受人民监督，保证各级国家机关都由人大产生、对人大负责、受人大监督。为什么要重申宪法这些规定？我理解，这些内容是体现我们国家的性质、体现人民当家作主最关键的制度，是必须坚持和巩固的制度，是无论经过多长时间也不能改的制度。我们党、各级国家机关、社会团体和企事业组织，都要支持和保证人民代表大会制度有效运转，把人民代表大会制度的优势和功效充分发挥出来。

三是，健全保证宪法全面实施的体制机制，坚决维护宪法法律尊严。宪法是国家根本法，是治国安邦总章程。习近平总书记指出：“坚持依法治国首先要坚持依宪治国，坚持依法执政首先要坚持依宪执政。”2012年12月4日，在首都各界纪念现行宪法公布施行30周年大会上，习近平总书记发表重要讲话，之后又多次就学习宣传贯彻实施宪法发表重

要讲话、作出重要指示，引领宪法实施提高到一个新水平。我们修改宪法、设立国家宪法日、建立并实施宪法宣誓制度，实施宪法规定的特赦制度、授予国家勋章和荣誉制度等，其中很多都是开创性举措。特别是2018 年 3 月，在十三届全国人大一次会议上，习近平主席面对近 3000 名全国人大代表、面对全国人民，庄严进行宪法宣誓，为各级国家工作人员作出了示范和表率。四中全会《决定》提出了“健全保证宪法全面实施的体制机制”的任务要求。要按照党中央的部署，落实宪法解释程序机制，开展合宪性审查工作，回应涉及宪法有关问题的关切，确保法规、司法解释与宪法规定、宪法精神相符合。

四是，完善立法体制机制，以良法保障善治。全国人大及其常委会是法律制度的直接供给者。《决定》明确提出了多项立法任务，涵盖涉外领域、文化建设、国家安全、生态文明建设、反腐败立法、完善对基本法的解释制度等多个方面。贯彻《决定》的其他方面制度建设成果，很多也需要通过立法予以确认、支持和保障。要把党中央确定的重大立法项目放在立法工作首要位置，抓紧起草、审议工作，加快推进民法典编纂、长江保护法等重点立法工作进程。2021 年将开始新的一轮全国县乡两级人大换届选举，要针对基层人大代表数量逐届减少的实际情况，研究修改选举法，确保《决定》提出的“适当增加基层人大代表数量”要求落实到位。

五是，健全人大对“一府一委两院”监督制度，推动法律制度有效实施。《决定》提出要健全对“一府一委两院”监督制度，新就新在增加了“一委”。监察法规定了各级监察委员会应当接受本级人大及其常委会的监督，各级人大常委会听取和审议本级监察委员会的专项工作报告，组织执法检查等内容。但具体如何开展监督，还没有这方面的经验。全国人大常委会正在按照《决定》要求，积极推动有关工作。《决定》指出，要“加强对法律实施的监督”。我们将继续探索、总结、完善监督工作的制度机制和方式方法，更加注重从制度执行、法律实施的角度安排项目、确定重点、查找问题、提出建议，使人大监督更有力度，使法律作为治国理政最大规矩的权威进一步树立起来。

六是，密切人大代表同人民群众的联系，健全代表联络机制，更好发挥人大代表作用。这既是《决定》对做好代表工作提出的要求，也是代表工作一直以来的努力方向。现在，我们已经建立起一系列人大代表联系人民群众的工作机制和平台，各级人大代表通过调研、视察、走访、代表之家、代表活动室、代表接待日、网络平台等方式和渠道，了解社情民意，反映群众诉求，宣传国家法律法规和方针政策。我们将持续扩大代表对常委会工作的参与，进一步完善联系制度、拓展联系渠道、丰富联系内容和形式。

《决定》还明确提出，要加强制度理论研究和宣传教育。我们要深入开展人民代表大会制度和法律制度的研究和宣传，讲好中国制度故事、中国人大故事，不但要讲得清、讲得好，还要能传得出、传得广。

制度更加成熟更加定型是一个动态过程，不可能一蹴而就，也不可能一劳永逸。习近平总书记关于坚持和完善人民代表大会制度的重要思想，也必将随着我国社会主义民主政治的伟大实践不断丰富发展。在新的奋斗征程中，我们要进一步坚定制度自信，毫不动摇坚持、与时俱进完善人民代表大会制度，继续通过人民代表大会制度牢牢把国家和前途命运掌握在人民手中，为党和国家兴旺发达、长治久安提供更加完善的制度保障，为推动国家治理体系和治理能力现代化作出更大贡献。

五、李鹏同志讣告、生平

中共中央　全国人大常委会　国务院　全国政协讣告

李鹏同志逝世

新华社北京7月23日电　中国共产党中央委员会、中华人民共和国全国人民代表大会常务委员会、中华人民共和国国务院、中国人民政治协商会议全国委员会沉痛宣告：中国共产党的优秀党员，久经考验的忠诚的共产主义战士，杰出的无产阶级革命家、政治家，党和国家的卓越领导人，中国共产党第十二届中央政治局委员、中央书记处书记，第十三届、十四届、十五届中央政治局常委，国务院原总理，第九届全国人民代表大会常务委员会委员长李鹏同志，因病医治无效，于2019年7月22日23时11分在北京逝世，享年91岁。

李鹏同志1928年10月生，四川成都人。他出身革命家庭，幼年时父亲英勇就义，少年时期受家庭影响，主动接受革命思想，立志投身革命事业。1941年3月，他到延安参加革命工作，接受革命理论和科学文化知识教育，1945年11月加入中国共产党。解放战争时期，他响应党组织号召奔赴前线，历任晋察冀电业公司技术员，哈尔滨油脂厂协理、党支部书记。1948年9月，根据党组织安排到苏联留学。1955年回国后，他主动要求到基层工作，历任丰满发电厂副厂长、总工程师，东北电业管理局副总工程师、调度局局长，阜新发电厂厂长。1966年至1979年，历任北京供电局党委代理书记、革委会主任，北京电业管理局局长、党组书记。“文化大革命”期间，受到冲击，但他坚持党性原则，实事求是，进行斗争。1979年4月起，历任电力工业部副部长、党组成员兼华北电业管理局党组书记，电力工业部部长、党组书记，水利电力部副部长、党组副书记，他创造性地贯彻党中央“电力要先行”战略，提出电力适度超前发展，推动我国在电站建设和电力生产、电网管理等方面取得长足进步，是我国电力工业的杰出领导人、核电事业的重要开创者。1983年6月，李鹏同志任国务院副总理，1985年9月在中共十二届五中全会上增选为中央政治局委员、中央书记处书记。他分管能源、交通、重点建设项目等工作，参与研究“七五”计划能源交通方面的发展方针，推动建立综合统一的交通运输体系和基本建设体制改革，加快重大技术装备研制步伐。1987年11月，李鹏同志在中共十三届一中全会上当选为中央政治局委员、常委，同月在六届全国人大常委会第二十三次会议上被任命为国务院代总理。1988年4月，在七届全国人大一次会议上被任命为国务院总理。他坚决贯彻治理整顿和深化改革的方针，探索对国民经济进行宏观调控的新手段和新方法，推动我国经济摆脱困境、进入新的发展时期。1989年春夏之交的政治风波中，在以邓小平同志为代表的老一辈无产阶级革命家坚决支持下，李鹏同志旗帜鲜明，和中央政治局大多数同志一道，采取果断措施制止动乱，平息反革命暴乱，稳定了国内局势，在这场关系党和国家前途命运的重大斗争中发挥了重要作用。1989年6月中共十三届四中全会后，作为以江泽民同志为核心的中央领导集体的重要成员，李鹏同志高举邓小平理论和“三个代表”重要思想伟大旗帜，深入贯彻党的十一届三中全会以来的路线方针政策，为党和国家事业发展殚精竭虑。1992年10月，李鹏同志在中共十四届一中全会上再次当选为中央政治局委员、常委。1993年3月，在八届全国人大一次会议上，他再次被任命为国务院总理。邓小平同志发表南方谈话后，他积极支持、宣传和贯彻邓小平同志改革开放的思想主张，坚决贯彻党的十四大精神，加快社会主义市场经济体制改革步伐，扩大对外开放，加强和改善宏观调控，在党中央领导下主持制定“九五”计划，布局建设一批国家重大项目，推动国民经济持续快速健康发展。1997 年 9 月,李鹏同志在中共十五届一中全会上又一次当选为中央政治局委员、常委。1998 年 3 月,在九届全国人大一次会议上,他当选为全国人民代表大会常务委员会委员长。

到中央工作后,李鹏同志兼任国家教育委员会主任、国务院环境保护委员会主任、中央专委会主任、国家科技领导小组组长、中央外事工作领导小组组长等,在科技、教育、环保、外交和国防工业等领域倾注了大量心血。他贯彻"科学技术是第一生产力"思想和优先发展教育战略,大力推进科技体制、教育体制改革,认真落实知识分子政策,提高了国家整体科技实力,为改革开放各条战线输送了大批人才。他强化环境管理,在实践中完善环境保护基本国策和"三同步""三统一"战略方针,为初步走出一条具有中国特色的环境保护道路作出重要贡献。他坚决贯彻执行独立自主的和平外交政策,高举和平共处五项原则旗帜,组织、参与大量卓有成效的双边、多边外交活动,为开创全方位外交新格局作出重要贡献。他坚决贯彻中共中央关于统一战线和人民政协的方针政策,贯彻"一国两制"方针,参与领导香港、澳门回归各项工作。他在三峡工程科学民主决策和建设中发挥了重要作用,积极支持推动我国载人航天事业发展。李鹏同志是我国社会主义市场经济体制的重要开创者、忠实践行者、积极推动者。他始终坚持从中国国情出发,正确处理改革发展稳定关系,统筹推进财税体制、金融体制、价格体制、外贸体制、社会保障制度和国有企业改革,稳定农村政策,支持经济特区发展,平稳推进计划经济体制向社会主义市场经济体制转变,为 20 世纪末我国初步建立社会主义市场经济体制发挥了重要作用。李鹏同志是中国特色社会主义民主法治建设的重要领导者。他担任宪法修改小组组长主持起草宪法修正案草案并经全国人大通过,以国家根本大法形式确立了邓小平理论的指导思想地位,明确依法治国的基本方略、社会主义初级阶段的基本经济制度和分配制度以及非公有制经济重要作用等内容,任期内审议通过法律和有关法律决定草案百余件,推动了以宪法为核心的中国特色社会主义法律体系初步形成。李鹏同志对人民群众特别是困难群众饱含深情,高度重视扶贫工作,十分关心国有企业下岗职工的冷暖。

2003 年 3 月,李鹏同志不再担任全国人大常委会委员长职务。从领导岗位上退下来以后,他坚决拥护和支持以胡锦涛同志为总书记的党中央,坚决拥护和支持以习近平同志为核心的党中央,关心中国特色社会主义伟大事业,坚定支持党风廉政建设和反腐败斗争。

李鹏同志的一生,是革命的一生、战斗的一生、光辉的一生,是全心全意为人民服务、为共产主义事业奋斗的一生。他的逝世,是党和国家的重大损失。我们要学习他的革命精神、崇高品德和优良作风,更加紧密地团结在以习近平同志为核心的党中央周围,不忘初心、牢记使命,为决胜全面建成小康社会、夺取新时代中国特色社会主义伟大胜利、实现中华民族伟大复兴的中国梦而努力奋斗。

李鹏同志永垂不朽!

《人民日报》2019 年 7 月 24 日

李鹏同志生平

中国共产党的优秀党员,久经考验的忠诚的共产主义战士,杰出的无产阶级革命家、政治家,党和国家的卓越领导人,中国共产党第十二届中央政治局委员、中央书记处书记,第十三届、十四届、十五届中央政治局常委,国务院原总理,第九届全国人民代表大会常务委员会委员长李鹏同志,因病医治无效,于 2019 年 7 月 22 日 23 时 11 分在北京逝世,享年 91 岁。

李鹏同志,曾用名李远芃,四川成都人,1928 年 10 月 20 日生于上海。他出身革命家庭,幼年时父亲英勇就义,少年时期受家庭影响,主动接受革命思想,立志投身革命事业。1939 年下半年至 1940 年上半年在重庆育才学校社会科学组学习。1941 年 3 月到延安参加革命工作,接受革命理论和科学文化知识教育,先后在自然科学院补习班、延安中学、自然科学院本科班学习。1945 年 11 月加入中国共产党。延安时期,他参加整风运动、大生产运动,接受老一辈无产阶级革命家教诲,确立了马克思主义世界观和为革命胜利而奋斗的人生观。

解放战争时期,李鹏同志响应党组织号召奔赴前线。1946 年 1 月至 9 月在张家口工业专门学校学习,1946 年 9 月起历任晋察冀电业公司技术员,哈尔滨油脂厂协理、党支部书记。1948 年 9 月,根据党组织安排到苏联留学,在莫斯科动力学院水力发电系学习并担任中国留苏学生总会主席。1955年回国后，他主动要求到基层工作，历任丰满发电厂副厂长、总工程师，东北电业管理局副总工程师、调度局局长，阜新发电厂厂长。1966年至1979年，历任北京供电局党委代理书记、革委会主任，北京电业管理局局长、党组书记。“文化大革命”期间，受到冲击，但他坚持党性原则，实事求是，进行斗争。

1979年4月起，李鹏同志历任电力工业部副部长、党组成员兼华北电业管理局党组书记，电力工业部部长、党组书记，水利电力部副部长、党组副书记。他强调要搞好安全生产，编制电力发展规划，加快电力建设步伐，推进电力体制改革，扩大企业自主权。他主张学习引进国外先进技术，多次率团考察外国电力工业情况，推动国内电站建设。他创造性地贯彻党中央“电力要先行”战略，提出电力适度超前发展，明确电力发展基本方针，总结电网运行规律，提倡采用更高等级的输电电压和全国联网，推动多家办电、多渠道办电，参与指导三峡、小浪底等大型水电站和秦山、大亚湾等核电站建设，推动我国在电站建设和电力生产、电网管理等方面取得长足进步。李鹏同志长期在电力系统工作，是我国电力工业的杰出领导人、核电事业的重要开创者。

1983年6月，李鹏同志任国务院副总理，分管能源、交通、重点建设项目等工作。1985年9月在中共十二届五中全会上增选为中央政治局委员、中央书记处书记。他参与研究“七五”计划能源交通方面的发展方针，推动准格尔煤电开发和神府东胜煤田建设，力推煤炭生产、分配、运输一本账，改变了煤炭资源供不应求的局面。他强调发展交通运输的出路在于改革，推动建立综合统一的交通运输体系，抓港口下放、民航管理体制改革、铁路大包干等重要任务。他坚持控制基本建设规模，指导投资方向，推动基本建设体制改革，对我国建筑行业产生重要影响。他强调要加快重大技术装备研制步伐，加速实现重大装备国产化，提出要用先进电子信息技术武装和改造传统产业，提出“以产顶进”利用外资办钢铁5条政策，强调汽车工业要走联合发展道路。

1987年11月，李鹏同志在中共十三届一中全会上当选为中央政治局委员、常委，同月在六届全国人大常委会第二十三次会议上被任命为国务院代总理。1988年4月，在七届全国人大一次会议上被任命为国务院总理。1988年至1990年兼任国家经济体制改革委员会主任。面对国际国内复杂形势，他坚决贯彻治理整顿和深化改革的方针，在党中央领导下主持制定国民经济和社会发展十年规划和“八五”计划，积极推动各方面建设，探索对国民经济进行宏观调控的新手段和新方法，较好完成治理整顿任务，推动我国经济摆脱困境、进入新的发展时期，为20世纪90年代经济持续稳定协调发展创造了条件。

1989年春夏之交的政治风波中，在以邓小平同志为代表的老一辈无产阶级革命家坚决支持下，李鹏同志旗帜鲜明，和中央政治局大多数同志一道，采取果断措施制止动乱，平息反革命暴乱，稳定了国内局势，在这场关系党和国家前途命运的重大斗争中发挥了重要作用。

1989年6月中共十三届四中全会后，作为以江泽民同志为核心的中央领导集体的重要成员，李鹏同志高举邓小平理论和“三个代表”重要思想伟大旗帜，深入贯彻党的十一届三中全会以来的路线方针政策，以经济建设为中心，坚持四项基本原则，坚持改革开放，解放思想、实事求是、与时俱进，为党和国家事业发展殚精竭虑，贡献了自己的智慧和心血。

1992年10月，李鹏同志在中共十四届一中全会上再次当选为中央政治局委员、常委。1993年3月，在八届全国人大一次会议上，他再次被任命为国务院总理。邓小平同志发表南方谈话后，他积极支持、宣传和贯彻邓小平同志改革开放的思想主张，坚决贯彻党的十四大精神，加快社会主义市场经济体制改革步伐，扩大对外开放，加强和改善宏观调控，在党中央领导下主持制定国民经济和社会发展“九五”计划和2010年远景目标，布局建设一批国家重大项目，推动国民经济持续快速健康发展。

1997年9月，李鹏同志在中共十五届一中全会上又一次当选为中央政治局委员、常委。1998年3月，在九届全国人大一次会议上，他当选为全国人民代表大会常务委员会委员长，同月起任第九届全国人大常委会党组书记。他坚定不移坚持和完善人民代表大会制度，为加强社会主义民主法制建设，推进依法治国、建设社会主义法治国家进程，保障和促进中国特色社会主义事业顺利进行，作出了重要贡献。

到中央工作后，李鹏同志按照中央要求，兼任国家教育委员会主任、国务院环境保护委员会主任、中央专委会主任、国家科技领导小组组长等，在科技、教育、环保和国防工业等领域倾注了大量心血，是科教兴国战略和可持续发展战略的重要领导者。他强调实现四个现代化，科技是关键、教育是基础。他坚决贯彻“科学技术是第一生产力”思想，大力推进科技体制改革，认真落实知识分子政策，推动颁布实施《国家中长期科学技术发展纲领》，组织实施“863”计划、“973”计划，建立完善专利制度和技术市场，支持成立中国工程院和开展南极科考工作，充分调动广大科技工作者的积极性和创造性，推动一批基础研究、前沿研究重大科技成果涌现，国家整体科技实力进一步增强。他提出要加强党和政府对教育工作的领导，坚持贯彻优先发展教育战略，积极推进教育体制改革，推动制定和实施义务教育法，改革和发展职业技术教育和成人教育，扩大高校管理权限，推动实施高等教育“211 工程”、“985 工程”，加强高校思想政治工作，改进派遣留学生工作，为改革开放各条战线输送了大批人才。他是载人航天工程的重要决策者，领导开展工程前期调研和技术、经济可行性论证，推动载人航天工程实施。他强调要注意正确处理经济建设和环境保护的关系，强化环境管理，推动出台《中国二十一世纪议程》，领导实施“三河三湖两控区一海一市”工程，在实践中完善环境保护基本国策和“三同步”、“三统一”战略方针，为初步走出一条具有中国特色的环境保护道路作出重要贡献。

李鹏同志长期担任中央外事工作领导小组组长，在党中央领导下做了大量工作。面对 20 世纪 80 年代末、90 年代初西方国家联合“制裁”和苏联解体、东欧剧变的国际形势，他坚决贯彻执行独立自主的和平外交政策，高举和平共处五项原则旗帜，坚定不移维护国家主权、安全和尊严，坚持原则、顶住压力，组织、参与大量卓有成效的双边、多边外交活动。其间，我国逐步突破对华“制裁”，挫败西方反华图谋，同世界各国和地区的务实、友好合作关系不断巩固发展，国际地位和影响力日益提高，开创了全方位外交新格局，为改革开放和现代化建设赢得了良好外部环境。他坚决贯彻中共中央关于统一战线和人民政协的方针政策，贯彻“一国两制”方针，在党中央领导下，参与领导香港、澳门回归各项工作。

李鹏同志长期担任国务院三峡工程筹备领导小组组长、三峡工程建设委员会主任，先后到三峡考察 19 次，在工程科学民主决策和建设中发挥了重要作用。他组织各方面力量，对工程涉及的移民安置、生态环境保护、泥沙淤积等重大问题反复组织论证，为党中央决策提供科学依据。他提出把三峡工程建成世界一流水平的工程，明确要以市场经济法则来组织工程建设。他坚决贯彻开发式移民方针，积极推进重庆直辖市设立，推动三峡库区移民实现搬得出、稳得住、逐步能致富。

李鹏同志是我国社会主义市场经济体制的重要开创者、忠实践行者、积极推动者。他始终坚持从中国国情出发，正确处理改革发展稳定关系，平稳推进计划经济体制向社会主义市场经济体制转变，为 20 世纪末我国初步建立社会主义市场经济体制发挥了重要作用。他积极推进财税体制改革，提出建立以分税制为核心的新财政体制，以增值税为主体的新税制，进一步理顺财政分配关系，增强中央宏观调控能力。他大力推进金融体制改革，推动成立国务院证券委员会和中国证券监督管理委员会，力主政策性金融和商业性金融分开，实现汇率顺利并轨，使我国经济经受住了亚洲金融危机考验。他主张进一步放开价格，深化价格体制改革，充分发挥市场在资源配置中的基础性作用。他积极推进外贸体制改革，降低关税，进一步提高对外开放水平。他坚持深化社会保障制度改革，健全失业保险和工伤保险，提高养老保险和医疗保险社会化程度，推动建立适应我国生产力水平的社会保障体系。他强调增强国有大中型企业活力根本出路在于深化改革，要引导企业成为依法自主经营、自负盈亏、自我发展、自我约束和充满活力的经济实体。他十分注重农业、农村和农民问题，强调把加强农业放在经济工作首位，支持完善以家庭承包经营为基础、统分结合的双层经营体制，推动将家庭联产承包责任制写入宪法，积极推进粮食流通体制改革和农副产品收购制度改革，建立国家专项粮食储备制度和“米袋子”省长负责制、“菜篮子”市长负责制，加强农业基础设施建设，调整农业生产结构，支持乡镇企业发展，有力推动传统农业向现代农业转变。他坚决贯彻对外开放政策，支持经济特区发展，支持上海浦东新区建设，鼓励发展外向型经济，制定产业政策引导外资投向，推动形成全方位、多层次、宽领域的开放格局。

李鹏同志是中国特色社会主义民主法治建设的重要领导者。1998 年 12 月，他担任宪法修改小组组长，主持研究起草宪法修正案草案。经党中央同意，宪法修正案由九届全国人大二次会议通过，以国家根本大法形式确立了邓小平理论的指导思想地位，明确依法治国的基本方略、社会主义初级阶段的基本经济制度和分配制度以及非公有制经济重要作用等内容，对促进我国经济社会发展、推动党和国家沿着中国特色社会主义道路前进具有重大现实意义和深远历史意义。他高度重视立法工作,把加强立法工作、提高立法质量作为全国人大常委会的首要任务,强调立法工作要坚持以宪法为依据,从我国社会主义初级阶段的基本国情出发,服从和服务于国家工作大局。在他的主持下,九届全国人大及其常委会任期内共审议法律、法律解释和有关法律问题的决定草案124件,通过113件,包括立法法、合同法、农村土地承包法、证券法、高等教育法等一系列对我国经济社会发展具有重大影响的法律,推动了以宪法为核心的中国特色社会主义法律体系初步形成。他高度重视人大监督工作,加大监督力度,完善监督方式,增强监督实效。九届全国人大及其常委会任期内先后对22件法律和法律问题决定的实施情况进行了检查,听取并审议了国务院、最高人民法院、最高人民检察院的40个专题工作报告,推动宪法、法律实施。他十分重视加强和改进人大代表工作,努力为代表更好履行职责创造条件,认真办理代表议案,把代表工作提高到新水平。他强调要加强人大及其常委会自身建设,改进常委会工作制度,加强常委会工作机构和办事机构建设,深入开展立法和法律实施情况调研,加强法制宣传教育、人大新闻宣传工作和信访工作,联系和指导地方人大开展工作。他积极推动全国人大同外国议会和国际议会组织的交往与合作,促进了中国与有关国家的关系进一步健康稳定发展。

李鹏同志对人民群众特别是困难群众饱含深情,经常深入革命老区、贫困地区看望慰问贫困群众。他高度重视扶贫工作,强调帮助贫困地区改变落后面貌是党和政府的历史责任,坚持开发式扶贫方针,积极组织实施“国家八七扶贫攻坚计划”,为在20世纪末基本解决农村贫困人口温饱问题这一战略目标的实现做了大量工作。他十分关心国有企业下岗职工的冷暖,要求千方百计保障下岗职工基本生活。

2003年3月,李鹏同志不再担任全国人大常委会委员长职务。从领导岗位上退下来以后,他坚决拥护和支持以胡锦涛同志为总书记的党中央,坚决拥护和支持以习近平同志为核心的党中央,关心中国特色社会主义伟大事业,坚定支持党风廉政建设和反腐败斗争。

李鹏同志是中共第十二届、十三届、十四届、十五届中央委员,十二届五中全会增选为中央政治局委员、中央书记处书记,第十三届、十四届、十五届中央政治局委员、常委。

李鹏同志在70多年的革命生涯中,对共产主义理想坚贞不渝,对党和人民无限忠诚,为中国革命、建设、改革事业贡献了毕生精力。他认真学习马克思列宁主义、毛泽东思想、邓小平理论、“三个代表”重要思想、科学发展观、习近平新时代中国特色社会主义思想,始终在思想上政治上行动上同党中央保持高度一致。党的十八大以来,他牢固树立政治意识、大局意识、核心意识、看齐意识,坚决维护习近平总书记党中央的核心、全党的核心地位,坚决维护党中央权威和集中统一领导。他具有坚强的党性原则,讲政治、顾大局,把党和人民的利益放在首位,切实做到对党忠诚、为党分忧、为党尽职、为民造福,坚决同违背、歪曲、否定党的政治路线和否定党的领导、社会主义制度的言行作斗争。他坚持一切从实际出发,理论联系实际,创造性地运用马克思主义的立场观点方法分析问题、解决问题、指导实践、推动工作。他坚持民主集中制原则,坚持党的集体领导,密切联系群众,善于倾听不同意见,调动和发挥各方面积极性。他光明磊落,勤勤恳恳,任劳任怨。他严于律己,清正廉洁,生活俭朴,对家属和身边工作人员严格要求,始终保持共产党人的政治本色,深受全党和全国各族人民的衷心爱戴。

李鹏同志的一生,是革命的一生、战斗的一生、光辉的一生,是全心全意为人民服务、为共产主义事业奋斗的一生。他的逝世,是党和国家的重大损失。我们要学习他的革命精神、崇高品德和优良作风,更加紧密地团结在以习近平同志为核心的党中央周围,不忘初心、牢记使命,为决胜全面建成小康社会、夺取新时代中国特色社会主义伟大胜利、实现中华民族伟大复兴的中国梦而努力奋斗。

李鹏同志永垂不朽!

《人民日报》2019年7月30日

大事记

2019年大事记

一　月

1月2日　《告台湾同胞书》发表40周年纪念会召开，栗战书委员长出席会议。王晨副委员长出席会议并讲话。

1月7日　中共中央政治局常务委员会召开会议，听取全国人大常委会、国务院、全国政协、最高人民法院、最高人民检察院党组工作汇报，听取中央书记处工作报告。中共中央总书记习近平主持会议并发表重要讲话。

会议认为，过去一年，全国人大常委会、国务院、全国政协、最高人民法院、最高人民检察院党组认真学习贯彻习近平新时代中国特色社会主义思想，贯彻落实党的十九大和十九届二中、三中全会精神，自觉维护习近平总书记党中央的核心、全党的核心地位，自觉维护党中央权威和集中统一领导，坚决贯彻党中央决策部署，围绕党和国家工作大局履职尽责，推动各方面工作取得新进展，为贯彻落实党的十九大精神实现良好开局作出了积极贡献。同时，切实加强党组自身建设，认真贯彻民主集中制，自觉履行管党治党主体责任，在全面从严治党上发挥了表率作用。

会议认为，过去一年，中央书记处贯彻党中央决策部署，在加强理论武装、推进全面从严治党、指导群团工作和群团改革、推动党内法规制定实施、筹办重大活动等方面做了不少工作，充分发挥了职能作用。

会议强调，今年是新中国成立70周年，是全面建成小康社会、实现第一个百年奋斗目标的关键之年。面对当前复杂严峻的国际形势和繁重艰巨的改革发展稳定任务，全国人大常委会、国务院、全国政协、最高人民法院、最高人民检察院党组要带头增强“四个意识”、坚定“四个自信”、做到“两个维护”，自觉在思想上政治上行动上同以习近平同志为核心的党中央保持高度一致。要始终坚持以习近平新时代中国特色社会主义思想为指导，深入领会党中央对重大形势的科学判断和对重大工作的决策部署，切实履职尽责，凝聚和激发各方面积极性、主动性、创造性，精准发力做好各项工作。要按照新时代党的建设总要求，认真履行全面从严治党主体责任，严肃党内政治生活，严格执行民主集中制，带头贯彻中央八项规定及其实施细则精神，坚决防止和克服一切形式主义、官僚主义，为全面建成小康社会收官打下决定性基础，以优异成绩迎接中华人民共和国成立70周年。

会议强调，新的一年里，中央书记处要在加强和维护党中央权威和集中统一领导上作表率，勇于担当作为，提高议事能力，围绕中央政治局、中央政治局常委会工作安排抓好落实，完成好党中央交办的各项任务。

同日　蔡达峰副委员长会见马拉维议会国际关系委员会主席梅杰一行。

1月9日　十三届全国人大二次会议秘书处第一次筹备工作会议召开，王晨副委员长主持会议。

同日　沈跃跃副委员长率全国人大环境与资源保护委员会调研组分别到生态环境部和住房城乡建设部调研大气和水污染防治工作。生态环境部汇报了研究处理大气污染防治法执法检查报告及审议意见和常委会关于全面加强生态环境保护依法推动打好污染防治攻坚战的决议的落实情况，以及水污染防治法实施情况和配合做好执法检查前期准备等工作。住房城乡建设部汇报了施工扬尘专项治理和推进建筑节能等整改落实情况，以及贯彻实施水污染防治法有关工作情况。调研组成员就相关问题进行了深入座谈交流。沈跃跃副委员长发表了讲话。

1月10日　全国人大教科文卫委员会召开第9次全体会议，听取和审议教育部对全国人大常委会关于推动城乡义务教育一体化发展提高农村义务教育水平工作情况审议意见研究处理情况的预汇报；听取和审议国家卫生健康委关于落实全国人大常委会传染病防治法执法检查报告及审议意见有关情况的报告；审议委员会2018年工作总结和2019年工作要点。副委员长艾力更·依明巴海、蔡达峰出席会议并讲话。

1月11日　栗战书委员长出席中国共产党第十九届中央纪律检查委员会第三次全体会议。

1月14日　中共全国人大常委会党组举行会

议，认真学习领会习近平总书记在十九届中央纪委三次全会上的重要讲话和全会精神，结合人大工作实际，研究部署贯彻落实工作。中共中央政治局常委、全国人大常委会委员长、党组书记栗战书主持会议并讲话。

会议指出，习近平总书记的重要讲话，从新时代党和国家事业发展全局的高度，充分肯定党的十九大以来全面从严治党取得新的重大成果，深刻总结改革开放40年来党进行自我革命的宝贵经验，对推动全面从严治党和反腐败斗争作出战略部署，对领导干部特别是高级干部贯彻新形势下党内政治生活若干准则提出明确要求。讲话旗帜鲜明、思想深邃、部署有力，充分展示了新时代共产党人不忘初心、牢记使命、自我革命、砥砺前行的政治品格和斗争精神，为坚定不移推进全面从严治党和反腐败斗争指明了方向、提供了遵循。

会议强调，党的十八大以来，以习近平同志为核心的党中央引领全面从严治党、建设伟大工程，以雷霆万钧之势开展反腐败斗争，党内政治生态持续净化，党风政风不断好转，党的威信和形象显著提升，赢得了全党全国人民的坚决拥护、衷心赞誉。习近平总书记鲜明提出“反腐败斗争取得压倒性胜利”，这是对全面从严治党作出的战略性判断。要把思想和行动统一到习近平总书记重要讲话和中央纪委三次全会精神上来，增强“四个意识”，坚定“四个自信”，做到“两个维护”，牢记必须不断进行自我革命的要求，以永远在路上的坚韧和执着，在以习近平同志为核心的党中央坚强领导下，取得全面从严治党更大战略性成果，巩固发展反腐败斗争压倒性胜利，一体推进不敢腐、不能腐、不想腐，健全党和国家监督体系，确保党的十九大精神和党中央重大决策部署坚决贯彻落实到位。

会议要求，全国人大常委会党组和全国人大各级党组织要进一步增强坚持党的全面领导、坚定全面从严治党的思想自觉和政治自觉，坚决贯彻习近平总书记重要指示要求和党中央决策部署，以钉钉子精神把管党治党要求落实落细，不断推动全面从严治党向纵深发展。要以严和实的精神切实担负起全面从严治党主体责任，坚决反对形式主义、官僚主义，把全国人大党的建设抓具体、抓深入、抓出实效。党员领导干部要经常对表对标，及时校准偏差，从知行合一的角度审视自己、要求自己、检查自己，以坚强党性和高尚品格带好头、作表率。

王晨、曹建明、张春贤、沈跃跃、吉炳轩、艾力更·依明巴海、王东明、杨振武出席会议并发言。

1 月 14 日—20 日 应柬埔寨国会主席韩桑林、老挝国会主席巴妮邀请，白玛赤林副委员长率全国人大代表团出席了在柬埔寨暹粒举行的亚太议会论坛第二十七届年会，并访问老挝。14—16 日，出席亚太议会论坛第二十七届年会。会议主题为“加强议会间合作，实现和平、安全和可持续发展”。白玛赤林作了发言。会议就政治和安全、经济和贸易、地区合作等议题展开讨论并通过相关决议和联合公报。与会期间，白玛赤林分别会见了柬埔寨、俄罗斯和马来西亚等国议会领导人。17—20 日，在访问老挝期间，白玛赤林与老挝人民革命党中央总书记、国家主席本扬，国会主席巴妮，政府副总理宋赛，国会副主席森暖、本邦分别举行会见会谈。

1 月 15 日 栗战书委员长会见芬兰总统尼尼斯托。陈竺副委员长参加会见。

同日 王晨副委员长出席中央政法工作会议第一次全体会议。

同日 王东明副委员长会见捷克和摩拉维亚共产党主席、捷克众议院第一副议长菲利普率领的捷摩共代表团。

1 月 16 日 十三届全国人大常委会委员长会议召开第二十次会议，栗战书委员长主持会议。会议决定，十三届全国人大常委会第八次会议 1 月 29 日至 30 日举行。

1 月 18 日 全国人大常委会办公厅在广东省深圳市为港澳全国人大代表举办情况通报会。杨振武秘书长通报了全国人大常委会一年来主要工作情况和 2019 年工作初步安排。国家发展和改革委员会、财政部负责人向港澳全国人大代表通报了 2018 年国民经济和社会发展计划、中央财政预算执行情况。港澳全国政协委员列席会议。

1 月 19 日 河南省十三届人大二次会议选举王国生为省人大常委会主任。

1 月 21 日 栗战书委员长出席省部级主要领导干部坚持底线思维着力防范化解重大风险专题研讨班开班式。

同日 栗战书委员长主持召开座谈会，就全国人大常委会工作报告稿听取各省（区、市）人大常委会和有关部门负责人，以及部分全国人大代表意见和建议。座谈会上，北京等 12 个省（区、市）人大常委会和有关部门负责同志，厉莉等 7 位全国人大代表先后发言。栗战书认真倾听、记下要点，还不时插话，同大家讨论交流。与会人员高度评价十三届全国人大及其常委会的工作，对常委会工作报告稿总体表示赞成，一致认为，全国人大常委会在以习近平同志为核心的党中央坚强领导下，深入学习贯彻习近平新时代中国特色社会主义思想和党的十九大精神，做到一切重要工作、重要事项都在党的领导下进行、围绕党和国家工作大局开展，立法、监督、代表、对外交往、自身建设等各项工作取得了新进展新成效，实现本届人大工作良好开局。栗战书说，为了起草好常委会工作报告，全国人大常委会在书面征求各省（区、市）人大常委会意见的同时，专门邀请各位同志来京座谈，就是想当面听一听大家的意见和建议，集思广益、凝聚共识。大家作了很好的发言，听了很受启发，我们将认真研究、积极采纳，把常委会工作报告稿修改好完善好，同时认真查找常委会工作中的不足，切实加以改进，尽职尽责做好工作。栗战书表示，本届全国人大及其常委会的任期，正处在“两个一百年”奋斗目标的历史交汇期。党的十九大确立的奋斗目标，人民对美好生活的向往，全面深化改革开放的新任务，全面依法治国的新要求，都赋予了新时代人大工作新的使命责任，需要全国人大和地方各级人大共同努力。要进一步密切联系、密切协同、加强指导，切实担负起新时代赋予人大工作的使命责任，在党中央领导下，依法履职尽责，积极开拓创新，共同推动人民代表大会制度和人大工作与时俱进、完善发展。栗战书强调，今年是中华人民共和国成立70周年，是全面建成小康社会、实现“第一个百年”奋斗目标的关键之年。在当前国内改革发展稳定任务艰巨繁重、外部环境日趋复杂严峻的大背景下，确保十三届全国人大二次会议胜利召开、圆满成功具有十分重大的意义。希望各代表团、全体代表切实把思想和行动统一到党中央对重大形势的科学判断和对重大任务的决策部署上来，坚持“稳”字当头，集中精力审议好大会各项议案和报告。要贯彻民主集中制原则，深入审议，充分发言，提出真知灼见，凝聚正能量，出色地完成党中央交付的重大政治任务。王晨副委员长参加座谈会。

1月21日—22日　艾力更·依明巴海副委员长率全国人大常委会调研组在天津市进行修改著作权法专题调研。调研组召开座谈会，听取了天津市人大常委会、市政府及市高级人民法院、市新闻出版局、市文化和旅旅局等有关部门的情况汇报，与部分文艺界代表、企业代表、专家学者等进行了交流探讨，并实地考察了“津云”中央厨房、神界漫画集团有限公司、天津出版传媒集团有限公司、C92文化创意产业园、“泥人张”彩塑工作室等单位，了解天津市贯彻实施著作权法的基本情况，认真听取各有关方面对修改著作权法的意见和建议。

1月22日　栗战书委员长会见柬埔寨首相洪森，万鄂湘副委员长参加会见。

1月23日—24日　全国人大财政经济委员会召开第20次全体会议，副委员长陈竺、王东明出席会议。

1月24日　中共中央统战部、全国人大民族委员会、国家民族事务委员会、全国政协民族和宗教委员会、北京市人民政府举行首都各民族人士迎春茶话会。曹建明副委员长主持茶话会。副委员长艾力更·依明巴海、白玛赤林等出席会议。

1月24日—25日　全国人大财政经济委员会召开第21次全体会议，陈竺副委员长出席会议。

1月24日—30日　应全国人大常委会委员长栗战书邀请，智利众议长玛雅·费尔南德斯·阿连德率团访华。25日，栗战书委员长与智利众议长费尔南德斯举行会谈，王东明副委员长参加会谈。

1月25日　中共中央政治局召开会议，审议《中央政治局常委会听取和研究全国人大常委会、国务院、全国政协、最高人民法院、最高人民检察院党组工作汇报和中央书记处工作报告的综合情况报告》、《中共中央关于加强党的政治建设的意见》、《中国共产党重大事项请示报告条例》、《党政领导干部选拔任用工作条例》。中共中央总书记习近平主持会议。

会议对全国人大常委会、国务院、全国政协、最高人民法院、最高人民检察院党组和中央书记处2018年的工作给予充分肯定，同意其对2019年的工作安排。会议认为，过去的一年，5家党组认真学习贯彻习近平新时代中国特色社会主义思想，落实党的十九大和十九届二中、三中全会精神，维护党中央权威和集中统一领导，贯彻党中央决策部署，围绕党和国家工作大局履职尽责，加强党组自身建设，贯彻民主集中制，履行管党治党主体责任，推动各方面工作取得新进展。中央书记处在中央政治局和中央政治局常委会领导下，落实党中央决策部署，发挥了职能作用。

会议强调，今年是新中国成立70周年，是全面建成小康社会、实现“第一个百年”奋斗目标的关键之年。全国人大常委会、国务院、全国政协、最高人民法院、最高人民检察院党组要自觉坚持以习近平新时代中国特色社会主义思想为指导，带头增强“四个意识”、坚定“四个自信”、做到“两个维护”，贯彻党中央对重大形势的科学判断和对重大工作的决策部署，坚持稳中求进工作总基调，履职尽责，担当作为，做好各项工作。要按照新时代党的建设总要求，加强党组自身建设，履行全面从严治党主体责任，坚决整治“四风”问题特别是形式主义、官僚主义。中央书记处要自觉在加强和维护党中央权威和集中统一领导上作表率，提高议事能力，更好服务党中央决策、服务全局工作。

会议指出，党的政治建设是党的根本性建设，决定党的建设方向和效果。《中共中央关于加强党的政治建设的意见》贯彻习近平新时代中国特色社会主义思想和党的十九大精神，落实新时代党的建设总要求，对新形势下党的政治建设各方面工作进行了部署。保证全党服从中央，维护党中央权威和集中统一领导，是党的政治建设的首要任务，是最根本的政治纪律和政治规矩。各级党组织和广大党员、干部要始终同以习近平同志为核心的党中央保持高度一致，确保全党统一意志、统一行动、步调一致向前进。要坚定政治信仰，强化政治领导，提高政治能力，净化政治生态，以党的政治建设为统领全面推进党的各项建设，带动党的建设质量全面提高。各级党委（党组）要承担好本地区本部门党的政治建设的主体责任，各级领导机关和领导干部要带头把加强党的政治建设各方面工作抓紧抓实抓好。要深入开展学习宣传，加强对贯彻落实情况的督促检查。

会议指出，制定出台《中国共产党重大事项请示报告条例》，有利于提高重大事项请示报告工作制度化、规范化、科学化水平。要严守政治纪律，不折不扣做好向党中央请示报告工作。要把请示报告和履职尽责统一起来，该请示的必须请示，该报告的必须报告，该负责的必须负责，该担当的必须担当。各地区各部门要深刻领会加强请示报告工作的重要意义，强化思想自觉和行动自觉，把请示报告要求贯彻到各项工作中、体现在实际行动上。

会议认为，这次修订的《党政领导干部选拔任用工作条例》，坚持和加强党的全面领导，坚持把政治标准放在首位，坚持精准科学选人用人，坚持将从严要求贯穿始终，吸收了党的十八大以来我们党选人用人工作中探索形成的实践成果，衔接了近年来出台的相关新政策新法规，回应了干部工作中出现的一些新情况新问题，推进了干部选拔任用工作制度化、规范化、科学化，对提高选人用人质量，建设忠诚干净担当的高素质专业化干部队伍，具有重要意义。各级党委（党组）要严格按原则办事、按制度办事、按程序办事，履行选人用人主体责任，完善相关配套制度，形成系统完备、科学规范、有效管用、简便易行的选人用人制度体系。要加强贯彻执行情况的监督检查，严格责任追究。

会议还研究了其他事项。

同日　全国人大环境与资源保护委员会召开生物安全法立法座谈会，沈跃跃副委员长出席会议。

同日　全国人大常委会办公厅举行在京全国人大代表情况通报会，为代表出席十三届全国人大二次会议作必要的准备。杨振武秘书长主持会议，通报了十三届全国人大一次会议以来常委会的主要工作、2019 年工作的初步安排和十三届全国人大二次会议组织筹备工作情况。国家发展和改革委员会、财政部负责人分别向代表汇报了 2018 年国民经济和社会发展计划执行情况、2018 年中央预算执行和财政工作情况，最高人民法院、最高人民检察院和国务院有关部门提交了书面报告。有关报告将通过中国人大网“代表服务专区”发送全国人大代表，供各位代表出席大会前参阅。

1 月 28 日　栗战书委员长观看了朝鲜友好艺术团艺术家表演的节目。

1 月 29 日　十三届全国人大常委会委员长会议召开第二十一次会议，栗战书委员长主持。会议研究关于新增人事任免事项。决定将新增人事任免事项提请十三届全国人大常委会第八次会议审议。

同日　全国人大环境与资源保护委员会召开第 12 次全体会议。沈跃跃副委员长、丁仲礼副委员长出席会议并讲话。会议传达学习了习近平总书记在省部级主要领导干部“坚持底线思维、着力防范化解重大风险专题研讨班”和中央全面深化改革委员会第六次会议上发表的重要讲话精神，传达学习了栗战书委员长在第十三届全国人大环境与资源保护委员会 2018 年工作总结和 2019 年工作要点上的重要批示，通报了各立法领导小组 2019 年工作安排，听取了全国人大常委会水污染防治法执法检查及专题询问有关准备工作，观看了长江经济带生态环境警示片。

1 月 29 日—30 日　十三届全国人大常委会举行第八次会议。

会议听取全国人大宪法和法律委员会主任委员李飞关于外商投资法草案修改情况的汇报。在审议的基础上，会议印发全国人大宪法和法律委员会关于外商投资法草案二次审议稿审议意见的报告。经过审议，会议决定将外商投资法草案提请第十三届全国人民代表大会第二次会议审议。

会议任命李宁为全国人民代表大会常务委员

会法制工作委员会副主任。

会议任命高憬宏为最高人民法院副院长、审判委员会委员、审判员。任命蒋洪军为中国人民解放军军事检察院检察长。

会议批准免去游劝荣的湖南省人民检察院检察长职务。批准免去李宁的云南省人民检察院检察长职务。

会议还通过其他任免事项。

会议闭幕时，栗战书委员长发表讲话。栗战书说，本次常委会会议审议了外商投资法草案，并决定将这部法律草案提请十三届全国人大二次会议审议。制定外商投资法，是党中央确定的重大立法任务，是推动形成全面开放新格局、促进社会主义市场经济健康发展的重大举措。习近平总书记明确指出，要加快统一内外资法律法规，制定新的外资基础性法律。党的十八届三中、四中全会对统一内外资法律法规、完善涉外法律法规体系提出明确要求。全国人大常委会认真贯彻习近平总书记重要指示精神和党中央决策部署，将制定外商投资法列入2018年立法工作计划，积极推动法律起草工作。在去年12月下旬首次审议外商投资法草案的基础上，专门加开常委会会议，再次审议法律草案并决定提请全国人民代表大会审议。

栗战书表示，常委会组成人员一致认为，抓紧制定外商投资法意义重大，草案的内容基本成熟，彰显了中国坚定不移扩大对外开放的决心。过去40年中国经济发展是在开放条件下取得的，未来中国经济实现高质量发展也必须在更加开放条件下进行。中国开放的大门不会关闭，只会越开越大。通过国家立法促进和保护外商投资，以实际行动向世界宣示了中国始终奉行互利共赢的开放战略、支持贸易投资自由化便利化、积极推动建设开放型世界经济的鲜明态度和坚定立场。相信这部法律的制定和实施，将进一步增强外商来中国投资的信心。

栗战书指出，外商投资法草案在总结“外资三法”实施经验基础上，确立了全面开放新格局下外商投资的基本制度框架，实行准入前国民待遇加负面清单管理制度，明确国家支持企业发展的各项政策同等适用于外商投资企业，强化对外商投资合法权益的法律保护，完善法治化、国际化、便利化营商环境，更好吸引、保护、管理外商投资，为我国积极有效利用外资、推动新一轮高水平对外开放提供更加有力的法治保障。

栗战书强调，制定外商投资法引起了国内外广泛关注。全国人大常委会坚持开门立法，主动回应社会关切，广泛凝聚各方共识。下一步，要根据常委会组成人员的审议意见和社会各界的意见建议，把外商投资法草案进一步修改好完善好。要依照法律规定，提前将法律草案印发全国人大代表，组织好代表研读讨论草案工作，为十三届全国人大二次会议审议做好充分准备。（全文见本书第141页）

会议结束后，十三届全国人大常委会举行第九讲专题讲座，栗战书委员长主持。商务部部长助理李成钢作了题为《改革开放四十年来利用外资法律制度的变迁与展望》的讲座。

1月30日　十三届全国人大常委会委员长会议召开第二十二次会议，栗战书委员长主持。会议听取关于提请审议外商投资法草案的议案代拟稿和关于人事任免审议情况的汇报，决定将关于提请审议外商投资法草案的议案代拟稿等提交常委会分组会议审议。

同日　十三届全国人大常委会委员长会议召开第二十三次会议，栗战书委员长主持。会议研究提请常委会会议表决事项。

同日　十三届全国人大常委会举行宪法宣誓仪式。吉炳轩副委员长主持并监誓。李宁手抚宪法，领诵誓词，因工作原因未进行宪法宣誓的第五任全国人大常委会香港特别行政区基本法委员会个别委员跟诵誓词。全国人大机关有关负责同志参加了宣誓活动。

同日　王晨副委员长出席部署组织全国人大代表研读讨论外商投资法草案工作会议并讲话。

1月31日　栗战书委员长会见卡塔尔埃米尔塔米姆。郝明金副委员长参加会见。

同日　广西壮族自治区十三届人大二次会议选举鹿心社为自治区人大常委会主任。

二　月

2月12日　王晨副委员长主持召开十三届全国人大二次会议秘书处第二次筹备工作会议。大会副秘书长人选，秘书处各大组负责同志，常委会副秘书长、机关党组成员出席会议。

2月15日 十三届全国人大常委会委员长会议召开第二十四次会议，栗战书委员长主持会议。会议决定，十三届全国人大常委会第九次会议2月26日至27日举行。

2月16日—21日 武维华副委员长率全国人大调研组在湖南省和广东省就民营科技企业高质量发展有关问题进行调研。

2月18日 栗战书委员长会见日本参议院参议员二之汤智率领的出席中国全国人大与日本国会参议院定期交流机制第八次会议的日本参议院代表团。曹建明副委员长参加会见。同日，曹建明副委员长与日本国会参议员二之汤智共同主持中国全国人大与日本国会参议院定期交流机制第八次会议。

2月18日—19日 王晨副委员长在山西省就人大代表工作进行调研，听取即将出席十三届全国人大二次会议的部分全国人大代表的意见建议。王晨来到平顺县西沟村，看望唯一连任十三届的全国人大代表申纪兰。在太原市小店区，王晨看望了正在进行下水道养护作业的全国人大代表王润梅；在杏花岭街道，王晨考察了街道人大代表活动室，召开部分全国人大代表和基层人大代表座谈会，听取与会代表的意见建议。王晨还瞻仰了八路军太行纪念馆。

2月18日—20日 应全国人大常委会委员长栗战书邀请，伊朗伊斯兰议会议长阿里·拉里贾尼率团访华。19日，栗战书委员长与伊朗伊斯兰议会议长拉里贾尼举行会谈。张春贤副委员长参加会谈。

20日，国家主席习近平会见伊朗伊斯兰议会议长拉里贾尼。王晨副委员长参加会见。

2月19日—21日 万鄂湘副委员长率全国人大调研组在广西壮族自治区就中医保护传承与发展有关问题进行调研。

2月20日 中共中央总书记、国家主席、中央军委主席习近平会见探月工程嫦娥四号任务参研参试人员代表。栗战书委员长参加会见。

2月20日—21日 沈跃跃副委员长率全国人大调研组在北京市进行专题调研，听取对依法推动打好污染防治攻坚战、打赢蓝天保卫战和打好碧水保卫战的意见和建议。

2月22日 栗战书委员长在“社会建设委员会2018年工作总结”上作出批示：“社会建设委是新机构，大家克服困难，探索前进，通过几项基础性、针对性的具体工作，带动整个工作实现了良好起步。万事开头难。有了好的开始，就要乘势而上，坚持以习近平新时代中国特色社会主义思想为指导，继续探索社会建设委的职责规范和工作规律，继续抓好年度重要立法和监督工作，继续抓好自身建设特别是干部队伍建设，推动社会建设委工作不断迈上新台阶。”

同日 曹建明副委员长会见俄罗斯国家杜马安全和反腐败委员会代表团。

同日 张春贤副委员长会见柬埔寨国会外交、国际合作及媒体新闻委员会主席秦旺率领的代表团。

2月25日 中共中央总书记、国家主席、中央军委主席、中央全面依法治国委员会主任习近平主持召开中央全面依法治国委员会第二次会议并发表重要讲话。习近平强调，改革开放40年的经验告诉我们，做好改革发展稳定各项工作离不开法治，改革开放越深入越要强调法治。要完善法治建设规划，提高立法工作质量和效率，保障和服务改革发展，营造和谐稳定社会环境，加强涉外法治建设，为推进改革发展稳定工作营造良好法治环境。

会议指出，中央全面依法治国委员会成立以来，坚持党对全面依法治国的集中统一领导，积极推进全面依法治国重点工作。各地区各部门和委员会各协调小组、成员单位履行责任，积极作为，推动委员会决策部署落地落实。委员会确定的年度工作任务基本完成，宪法学习宣传教育落点实、效果好，一批涉及高质量发展、保障和改善民生的重要法律法规陆续出台，法治政府建设扎实推进，司法体制改革蹄疾步稳，法治社会建设全面深化，全面依法治国迈出新的步伐。

会议强调，法治建设规划，事关全面依法治国工作全局。党的十八届四中全会专题研究了全面推进依法治国重大问题。党的十九大描绘了2035年基本建成法治国家、法治政府、法治社会的宏伟蓝图。要贯彻中国特色社会主义法治理论，贯彻新发展理念，同我国发展的战略目标相适应，同全面建成小康社会、全面深化改革、全面从严治党相协同，扎扎实实把全面依法治国推向前进，确保制度设计行得通、真管用，发挥法治固根本、稳预期、利长远的保障作用。

会议指出，发展要高质量，立法也要高质量。要积极推进重点领域立法，深入推进科学立法、民主立法、依法立法，提高立法质量和效率，不断完善以宪法为核心的中国特色社会主义法律体系，推动形成比较完善的党内法规制度体系。

会议强调，要以立法高质量发展保障和促进经济持续健康发展。要适应新时代构建开放型经济新体制的需要，制定统一的外资基础性法律。对改革开放先行先试地区相关立法授权工作要及早作出安排。知识产权保护、生物安全、土地制度改革、生态文明建设等方面的立法项目要统筹考虑，立改废释并举。

会议指出，推进全面依法治国，要坚持法治国家、法治政府、法治社会一体建设，法治政府建设是重点任务，对法治国家、法治社会建设具有示范带动作用。要加强法治政府建设，加强对示范创建活动的指导，杜绝形式主义，务求实效。

会议指出，规范重大行政决策程序，是依法治国的迫切需要。要把党的领导贯穿于重大行政决策全过程和各方面，履行决策法定程序，增强公众参与实效，提高专家论证质量，坚持合法性审查，防控决策风险。要坚持以人民为中心，坚持从实际出发，坚持尽力而为、量力而行，以规范的程序、科学的决策维护重大公共利益、维护人民合法权益，促进社会公平正义，不断增强人民群众获得感、幸福感、安全感。

会议强调，法治是最好的营商环境。要把平等保护贯彻到立法、执法、司法、守法等各个环节，依法平等保护各类市场主体产权和合法权益。要用法治来规范政府和市场的边界，尊重市场经济规律，通过市场化手段，在法治框架内调整各类市场主体的利益关系。要把工作重点放在完善制度环境上，健全法规制度、标准体系，加强社会信用体系建设，加强普法工作。对食品、药品等领域的重大安全问题，要拿出治本措施，对违法者用重典，用法治维护好人民群众生命安全和身体健康。要加快推进我国法域外适用的法律体系建设，加强涉外法治专业人才培养，积极发展涉外法律服务，强化企业合规意识，保障和服务高水平对外开放。

会议强调，各地区各部门要结合实际，压实工作责任，贯彻落实党中央关于全面依法治国的决策部署。中央依法治国委协调小组要发挥好作用，推动本领域法治建设任务落地落实。中央依法治国办要认真履行职责，加强工作任务的协调、督促、检查、推动。督促检查要掌握正确方式方法，突出工作实效。

会议还讨论了其他事项。

中共中央政治局常委、中央全面依法治国委员会副主任李克强、栗战书、王沪宁出席会议。

中央全面依法治国委员会委员出席会议，中央和国家机关有关部门负责同志列席会议。

会议审议通过了《中央全面依法治国委员会2018年工作总结报告》、《中央全面依法治国委员会2019年工作要点》、《2019年中央党内法规制定计划》、《全国人大常委会2019年立法工作计划》、《国务院2019年立法工作计划》、《关于开展法治政府建设示范创建活动的意见》、《关于全面推进海南法治建设、支持海南全面深化改革开放的意见》、《重大行政决策程序暂行条例（草案）》等文件稿。

同日　全国人大教育科学文化卫生委员会召开第10次全体会议。艾力更·依明巴海副委员长、蔡达峰副委员长出席会议并传达学习贯彻栗战书委员长重要批示、通报教育科学文化卫生委员会2019年工作要点、讨论研究2019年工作要点任务分解方案。

同日　全国人大教育科学文化卫生委员会召开第11次全体会议。会议听取国家卫生健康委等部门关于医师队伍管理情况和执业医师法实施情况的预汇报，并提出修改完善意见。艾力更·依明巴海副委员长出席会议并讲话，蔡达峰副委员长出席会议。

同日　全国人大教育科学文化卫生委员会召开第12次全体会议。副委员长艾力更·依明巴海、蔡达峰出席会议。会议听取应急管理部副部长、中国地震局局长郑国光关于落实全国人大常委会防震减灾法执法检查报告及审议意见情况的报告。

2月26日—27日　十三届全国人大常委会举行第九次会议。

会议听取并审议生态环境部部长李干杰关于研究处理大气污染防治法执法检查报告和审议意见情况以及有关决议落实情况的报告，武维华副委员长作的全国人大常委会专题调研组关于脱贫攻坚工作情况的调研报告。

会议听取全国人大常委会代表资格审查委员会主任委员吴玉良关于个别代表的代表资格的报告。经过审议，会议通过这个报告。

会议原则通过全国人大常委会工作报告稿，并委托栗战书委员长代表常委会向十三届全国人大二次会议作报告。

会议印发关于十三届全国人大二次会议议程草案、主席团和秘书长名单草案、列席人员名单草案等议案的说明。会议通过十三届全国人大二次会议议程草案、主席团和秘书长名单草案，决定提请十三届全国人大二次会议预备会议审议；通过十三届全国人大二次会议列席人员名单。

会议印发全国人大代表团赴柬埔寨出席亚太议会论坛第27届年会并访问老挝的书面报告。

会议批准任命王光辉为云南省人民检察院检察长。批准任命蒙永山为青海省人民检察院检察长。

会议还通过其他任免事项。

会议闭幕时,栗战书发表讲话。栗战书说,本次常委会会议审议并原则通过常委会工作报告稿等有关文件,为召开十三届全国人大二次会议作准备。全国人大常委会向全国人民代表大会报告工作,是宪法的规定,是常委会对全国人民代表大会负责、受代表和人民监督的重要制度安排。在审议常委会工作报告稿时,常委会组成人员和列席会议的同志对履职第一年的工作给予充分肯定,对工作报告稿表示赞成。审议中大家提出了一些意见建议,要抓紧研究吸纳、修改完善,按程序提请十三届全国人大二次会议审议。

检查大气污染防治法实施情况,是全国人大常委会贯彻落实党中央决策部署、直接参与污染防治攻坚战的具体行动,也是常委会2018年监督工作的重中之重。本次会议听取审议了国务院关于研究处理大气污染防治法执法检查报告和审议意见情况以及有关决议落实情况的报告。常委会组成人员充分肯定国务院和各方面的工作,普遍认为污染防治攻坚战已经取得重大进展,强调加强环境治理大方向不能动摇。要深入贯彻习近平生态文明思想,全面实施生态环保法律制度,加强跟踪监督,督促有关方面坚守阵地、巩固成果,推动生态环境质量持续改善。

精准脱贫是党的十九大部署的三大攻坚战之一。常委会围绕脱贫攻坚工作情况开展专题调研,形成专题调研报告,提请本次会议审议。常委会组成人员充分肯定调研组的工作,普遍赞成调研报告,指出脱贫攻坚战已经取得重大决定性成就,但任务依然艰巨,必须一鼓作气,聚焦深度贫困地区和特殊贫困群体,建立巩固脱贫成果长效机制,确保如期打赢这场攻坚战。全国人大及其常委会今后还将通过执法检查、专题调研等方式,进一步助力脱贫攻坚,用法律手段推动打赢脱贫攻坚战。

即将召开的十三届全国人大二次会议,是我国政治生活中的一件大事,是在全面建成小康社会、实现第一个百年奋斗目标关键之年召开的一次十分重要的会议。开好这次大会,对于贯彻落实习近平新时代中国特色社会主义思想和党的十九大精神,把全国各族人民思想和行动统一到党中央决策部署上来,齐心协力完成今年各项目标任务,以优异成绩庆祝中华人民共和国成立70周年,具有十分重要的意义。我们要在党中央坚强领导下,充分发扬民主,凝聚信心力量,自觉接受监督,积极改进工作,做好服务保障,保持良好会风,同全体代表一道尽职尽责,全力以赴完成会议各项任务,把十三届全国人大二次会议开成民主、团结、求实、奋进的大会。(全文见本书第142页)

会议结束后,十三届全国人大常委会举行第十讲专题讲座,栗战书委员长主持。中央农村工作领导小组办公室主任、农业农村部部长韩长赋作了题为《关于实施乡村振兴战略的几个问题》的讲座。

2月26日 十三届全国人大常委会委员长会议召开第二十五次会议,栗战书委员长主持。会议听取有关草案、报告审议情况的汇报。

同日 全国人大华侨委员会召开第6次全体会议,白马赤林副委员长出席会议。

2月27日 十三届全国人大常委会委员长会议召开第二十六次会议,栗战书委员长主持会议。会议研究提请常委会会议表决事项。

同日 栗战书委员长同列席十三届全国人大常委会第九次会议的全国人大代表座谈。王晨副委员长主持座谈会。座谈会上,代表们踊跃发言,对人大工作和其他方面工作提出了意见和建议。在认真听取大家发言后,栗战书强调,要认真履行宪法法律赋予的职责,当好党和国家联系群众的桥梁纽带,努力做到"人民选我当代表,我当代表为人民",以高度的责任感使命感开好十三届全国人大二次会议。栗战书说,两天来,各位代表认真审议常委会工作报告稿,贡献了真知灼见,座谈会上又提出了不少好的意见建议。我们将认真梳理汇总,涉及全国人大及其常委会工作的,认真研究改进;涉及经济社会发展等方面的,转送有关部门研究处理。栗战书指出,党的十八大以来,以习近平同志为核心的党中央高度重视加强人大制度建设,推动人大工作发展。习近平总书记就坚持和完善人民代表大会制度多次发表重要讲话、作出指示批示,提出了一系列具有开创性意义的新理念新思想新要求,为做好新时代人大工作提供了遵循、指明了方向。我们要全面学习、认真领会习近平新时代中国特色社会主义思想特别是习近平总书记关于坚持和完善人民代表大会制度的重要思想,学深悟透、融会贯通,切实贯彻体现到履行法定职责、做好人大工作的全过程。栗战书表示,常委会的工作,离不开全国人大代表的大力支持和积极参与。在立法工作中,人大代表认真参与各环节工作,积极建言献策,为提高立法质量和效率贡献了智慧。在列席常委会会议、参加执法检查、专题调研等活动中,提出了不少接地气、惠民生、有实效的意见建议,为加强和改进人大工作贡献了力量。常委会将坚持代表主体地位,进一步密切同代表的联系,扩大代表对立法、监督等工作的参与,支持和保障代表依法执行职务,更好发挥代表作用,夯实人大工作基础,提升人大工作水平。栗战书强调,人大代表出席代表大会、参加行使国家权力,是依法履职的重要形式,是沉甸甸的政治责任和法律责任。要增强参加会议、依法履职的责任感使命感,严肃认真执行代表职务,不辜负党和人民的信任和重托;要坚持从国家大局着眼、从人民利益出发,客观中肯评价工作,多提建设性意见建议;要凝聚正能量,弘扬主旋律,向全社会传递信心和力量,把全体人民的思想和行动统一到党中央对形势的科学判断和对工作的部署要求上来;要严格遵守会议纪律,持之以恒改进会风,以良好的形象展现人大代表风采。

同日 全国人大常委会发布公告。公告说,江西省第十三届人大常委会第十一次会议补选易炼红为十三届全国人大代表。广东省第十三届人大常委会第九次会议补选傅自应为十三届全国人大代表。第十三届全国人大常委会第九次会议根据代表资格审查委员会提出的报告,确认易炼红、傅自应的代表资格有效。辽宁省人大常委会决定接受张世超辞去十三届全国人大代表职务。依照《中华人民共和国全国人民代表大会和地方各级人民代表大会代表法》的有关规定,张世超的代表资格终止。十三届全国人大代表李斌因病去世。全国人大常委会对李斌代表的去世表示哀悼。李斌的代表资格自然终止。截至目前,十三届全国人大实有代表 2975 人。

2 月 28 日 长江保护法立法工作领导小组第一次会议召开。沈跃跃、丁仲礼副委员长出席会议并讲话。会议通报了长江保护法立法工作方案并进行了交流讨论。参会的有关负责同志介绍了相关部门加强长江流域环境资源保护的工作情况,并对下一步长江保护立法工作提出了意见和建议。

同日 全国人大财政经济委员会召开专题会议,学习有关批示精神,副委员长陈竺、丁仲礼出席会议。

三 月

3 月 2 日 王晨副委员长主持召开十三届全国人大二次会议代表团召集人会议。

3 月 3 日 十三届全国人大二次会议、政协十三届全国委员会二次会议党员负责人会议召开,习近平总书记作了重要讲话。

3 月 4 日 十三届全国人大常委会委员长会议召开第二十七次会议,栗战书委员长主持会议。会议研究提请大会预备会议选举和表决事项。

同日 十三届全国人大二次会议举行预备会议。栗战书委员长主持会议。出席 2932 人,缺席 43 人,出席人数符合法定人数。栗战书在主持会议时宣布:第十三届全国人民代表大会第二次会议于 2019 年 3 月 5 日召开,大会的各项准备工作已经全部就绪。栗战书指出,十三届全国人大二次会议的指导思想是:以习近平新时代中国特色社会主义思想为指导,深入贯彻落实党的十九大和十九届二中、三中全会精神,牢固树立"四个意识",坚定"四个自信",做到"两个维护",坚持党的领导、人民当家作主、依法治国有机统一,认真履行宪法和法律赋予的职责,圆满完成大会各项任务,将大会开成一个民主、团结、求实、奋进的大会,动员全国各族人民更加紧密地团结在以习近平同志为核心的党中央周围,万众一心、开拓进取、扎实工作,以优异成绩庆祝中华人民共和国成立 70 周年,为实现"两个一百年"奋斗目标、实现中华民族伟大复兴的中国梦作出新贡献。

会议选举产生了由 176 人组成的大会主席团和秘书长。主席团成员有:丁仲礼、丁薛祥、乃依木·亚森、于伟国、万卫星、万鄂湘、习近平、马伟明、马逢国、王东明、王东峰、王光亚、王刚、王志民、王岐山、王沪宁、王国生、王建军、王砚蒙、王宪魁、王勇超、王晨、王银香、支月英、尤权、车俊、巴音朝鲁、邓丽、邓凯、艾力更·依明巴海、左中一、石泰峰、布小林、旦正草、叶诗文、史大刚、史耀斌、白玛赤林、白春礼、丛斌、冯淑玲、吉狄马加、吉炳轩、吕世明、朱国萍、向巧、刘艺良、刘远坤、刘奇、刘海星、刘家义、刘赐贵、齐玉、江天亮、许为钢、许立荣、许宁生、许其亮、孙志刚、苏嘎尔布、杜家毫、杜德印、李飞、李飞跃、李玉妹、李伟、李纪恒、李作成、李希、李学勇、李钺锋、李家俊、李鸿、李鸿忠、李强、李锦斌、李静海、杨洁篪、杨洪波、杨振武、杨蓉、肖开提·依明、肖怀远、吴月、吴玉良、吴英杰、邱勇、何健忠、何毅亭、邹晓东、冷溶、汪其德、汪洋、汪鸿雁、沙沨、沈春耀、沈跃跃、张又侠、张少琴、张升民、张平、张业遂、张庆伟、张志军、张轩、张伯军、张春贤、张毅、陆东福、陈全国、陈求发、陈希、陈武、陈竺、陈敏尔、陈锡文、陈豪、武维华、苗华、林建华、林铎、罗保铭、罗萍、罗毅、郑军里、郑奎城、降巴克珠、赵龙虎、赵乐际、赵宪庚、赵贺、郝明金、胡和平、咸辉、哈尼巴提·沙布开、段春华、信春鹰、娄勤俭、洛桑江村、姚建年、贺一诚、骆惠宁、袁驷、栗战书、夏伟东、徐延豪、徐绍史、徐留平、殷一璀、高红卫、高虎城、郭声琨、黄久生、黄龙云、黄志贤、黄坤明、黄路生、曹建明、曹鸿鸣、雪克来提·扎克尔、康志军、鹿心社、彭清华、董中原、蒋超良、韩立平、傅自应、傅莹、谢经荣、嘉木样·洛桑久美·图丹却吉尼玛、赫捷、蔡达峰、蔡奇、廖晓军、谭耀宗、魏后凯。秘书长为王晨。会议通过十三届全国人大二次会议议程。

同日 十三届全国人大二次会议主席团举行第一次会议。栗战书委员长主持会议。

会议推选栗战书、王晨、曹建明、张春贤、沈跃跃、吉炳轩、艾力更·依明巴海、万鄂湘、陈竺、王东明、白玛赤林、丁仲礼、郝明金、蔡达峰、武维华、杨振武为主席团常务主席。

会议通过十三届全国人大二次会议日程、大会全体会议执行主席。会议决定杨振武、信春鹰、李飞、张业遂、韩立平、李宝荣为大会副秘书长。会议指定，张业遂兼任大会发言人。

会议通过十三届全国人大二次会议表决议案的办法。会议决定，代表提出议案的截止时间为3月11日12时。

同日 代表团、代表按法律规定讨论和提出议案或建议。

同日 十三届全国人大二次会议举行新闻发布会，大会发言人张业遂就大会议程和人大工作相关问题回答中外记者提问。

3月5日 《人民日报》发表题为《激发制度活力，凝聚复兴伟力》的社论，热烈祝贺十三届全国人大二次会议开幕。

3月5日—15日 十三届全国人大二次会议举行。

5日上午，十三届全国人大二次会议开幕。出席2948人，缺席27人，出席人数符合法定人数。会议执行主席是：栗战书、王晨、曹建明、张春贤、沈跃跃、吉炳轩、艾力更·依明巴海、万鄂湘、陈竺、王东明、白玛赤林、丁仲礼、郝明金、蔡达峰、武维华、杨振武，由栗战书主持。会议听取国务院总理李克强代表国务院向大会作政府工作报告。报告共分三部分：一、2018年工作回顾；二、2019年经济社会发展总体要求和政策取向；三、2019年政府工作任务。香港特别行政区行政长官林郑月娥、澳门特别行政区行政长官崔世安列席会议并在主席台就座。出席全国政协十三届二次会议的政协委员列席大会。中央和国家机关有关部门、解放军有关单位、各人民团体有关负责人列席或旁听了大会。各国驻华使节旁听了大会。根据会议议程，大会审查国务院关于2018年国民经济和社会发展计划执行情况与2019年国民经济和社会发展计划草案的报告及2019年计划草案、2018年中央和地方预算执行情况与2019年中央和地方预算草案的报告及2019年全国预算草案。

同日下午，各代表团召开全体会议进行审议。

国家主席习近平参加内蒙古团审议，全国政协主席汪洋参加四川团审议，中共中央政治局常委、中央书记处书记王沪宁参加河北团审议，中共中央政治局常委、中央纪委书记赵乐际参加黑龙江团审议，国务院副总理韩正参加陕西团审议。

栗战书委员长参加江西团审议。刘奇、易炼红、李洪亮等代表围绕审议政府工作报告，结合江西实际发言。栗战书认真听取代表发言，不时同大家交流讨论。栗战书表示，过去一年，以习近平同志为核心的党中央团结带领全党全国各族人民，奋力拼搏，攻坚克难，贯彻党的十九大精神实现良好开局，决胜全面建成小康社会取得新的重大进展。李克强总理所作的政府工作报告，贯穿了加强党对经济工作领导这条主线，是一个高举旗帜、改革创新、团结奋进的报告。完全赞同这个报告。栗战书强调，总结过去一年的工作，最为根本的就是始终坚持习近平新时代中国特色社会主义思想的指导，坚决维护习近平总书记党中央的核心、全党的核心地位，坚决维护党中央权威和集中统一领导。正是因为习近平新时代中国特色社会主义思想的指引，保证了中国这艘巨轮在惊涛骇浪中始终沿着正确方向前进；正是因为全党全国上下做到了“两个维护”，形成了迎接挑战、战胜困难、开创新局面的磅礴力量。栗战书希望江西深入学习贯彻习近平总书记对江西工作的重要指示要求和党中央重大决策部署,牢固树立"四个意识",切实增强"四个自信",坚决做到"两个维护",把这次全国两会精神落实到工作中去,保持经济持续健康发展和社会大局稳定。一要深入学习贯彻习近平新时代中国特色社会主义思想,将其作为江西经济社会发展最强大、最持久的动力源泉,用以统一思想、武装思想,自觉转化为江西改革发展的强大动力。二要大力推动实现高质量发展,深化供给侧结构性改革,发挥生态优势,做好治山理水、显山露水的文章,使绿水青山产生巨大生态效益、经济效益、社会效益。三要坚决打赢脱贫攻坚战,既要坚定必胜信心,又要激励攻坚克难的斗志,确保实现"两不愁三保障"目标,让老区人民同步进入全面小康社会。四要发扬跨越时空的井冈山精神,自觉践行社会主义核心价值观,坚定执着追理想、实事求是闯新路、艰苦奋斗攻难关、依靠群众求胜利,激发干部群众干事创业热情,以优异成绩庆祝新中国成立70周年。五要自觉把党的领导贯穿人大工作始终,围绕党中央和全省工作大局履职尽责,认真做好立法、监督、代表等重点工作,切实加强自身建设,确保人大工作的正确政治方向,更好助力经济社会发展和改革攻坚任务。

王晨副委员长参加浙江团审议。王晨说,2018年,以习近平同志为核心的党中央团结带领全党全国各族人民,坚持稳中求进工作总基调,沉着应对风险挑战,战胜种种艰难险阻,各方面工作取得新的重大成就。李克强总理所作的政府工作报告高举旗帜、求真务实、振奋人心,我完全赞成。做好2019年工作,我们要树牢"四个意识",坚定"四个自信",坚决做到"两个维护",坚定必胜信心,汇聚磅礴力量。我们的信心和力量来自于以习近平同志为核心的党中央坚强领导和习近平新时代中国特色社会主义思想科学指引,来自于中国特色社会主义制度的巨大优越性和强大生命力,来自于勤劳勇敢的中国人民和日益强大的国家实力。

张春贤副委员长参加湖北团审议。张春贤说,完全赞同李克强总理作的政府工作报告。报告客观总结成绩,直面问题挑战,措施针对性强,是一个客观求是、回应关切、增强信心的好报告。过去一年的成绩来之不易,根本在于以习近平同志为核心的党中央的坚强领导,在于习近平新时代中国特色社会主义思想的科学指引。面对复杂形势,要不断树牢"四个意识",坚定"四个自信",坚决做到"两个维护"。就业是最大的民生,是社会建设领域的一项重要工作,也是贯彻以人民为中心的发展思想的必然要求。贯彻落实党中央"稳就业"工作部署,就业政策要落地,法律要起到保障作用。我们要做好相关立法、监督等工作,为经济平稳健康发展保驾护航。

沈跃跃副委员长参加福建团审议。沈跃跃说,完全赞同政府工作报告。去年以来,以习近平同志为核心的党中央团结带领全党全国各族人民,战胜各种挑战和困难,党和国家事业取得新的重大成就。做好今年工作,要坚决维护习近平总书记核心地位和党中央集中统一领导,以习近平新时代中国特色社会主义思想为指导,坚持稳中求进,推动高质量发展。妇联要增强政治性先进性群众性,强化思想政治引领,带领妇女坚定跟党走、建功新时代;要服务大局,服务妇女,引导妇女创新创业创造,在打好三大攻坚战中贡献力量,建设好家庭、涵养好家教、树立好家风,为保持经济持续健康发展和社会大局稳定发挥半边天作用,以优异成绩庆祝新中国成立70周年。

吉炳轩副委员长参加江苏团审议。吉炳轩说,赞同李克强总理所作的政府工作报告。过去的一年里,在以习近平同志为核心的党中央坚强领导下,我国经济社会发展在困难中奋勇前行,成效卓著,亮点纷呈,令世界刮目相看,令国人倍感自豪。在今后的工作中,要根据新的国际形势变化和国内发展需求,进一步深化各个领域改革,通过改革来调动人民的积极性、创造性,激发战胜困难的勇气和力量,进一步增强经济社会发展活力。发展无止境,改革无终期,凡是阻碍生产力发展的,不利于创新创造的一些体制机制,都应该进行改革。对改革开放40周年最好的纪念就是坚定不移地把改革进行下去。人大要旗帜鲜明地支持改革,并为改革提供可靠的法律保障。

艾力更·依明巴海副委员长参加新疆团审议。艾力更·依明巴海说,李克强总理所作的政府工作报告,始终贯穿习近平新时代中国特色社会主义思想,是一个求真务实、言之有物、深得民心的好报告,我完全赞成。过去一年,党领导带领全国人民迎难而上,我国经济运行总体平稳、稳中有进,各项事业发展取得新的成就。经济结构出现重大变革,发展质量和效益不断提高。人民生活持续改善,人民获得感、幸福感、安全感明显增强。生态环境状况明显好转。脱贫攻坚战取得决定性进展。改革开放迈出新步伐。民族团结进步事业取得长足进展。取得这些成绩的根本原因在于以习近平同志为核心的党中央坚强领导，根本在于习近平新时代中国特色社会主义思想科学指引。

万鄂湘副委员长参加河南团审议。万鄂湘说，今年两会是中国特色社会主义进入新时代召开的重要会议。李克强总理所作的政府工作报告引起强烈共鸣，令人鼓舞，催人奋进。这是一份充分体现民主、务实进取的好报告。我对报告积极拥护，完全赞同。过去一年，面对错综复杂的国际形势和国内繁重的发展任务，在以习近平同志为核心的党中央坚强领导下，我国各项事业全面进展，取得了来之不易的好成绩。报告总结回顾工作实事求是，亮点突出，改革攻坚取得新突破，人民群众获得感进一步增强。今年工作目标任务明确，十大方面工作部署扎实稳健。报告强调坚持依法全面履职，强化责任担当，体现了以人民为中心的治国理政新理念，凝聚共识，提振信心。

陈竺副委员长参加宁夏团审议。陈竺说，2018 年以习近平同志为核心的党中央团结带领全国各族人民，战胜各种风险挑战，全年经济社会发展主要目标任务圆满完成。政府工作报告通篇贯穿习近平新时代中国特色社会主义思想，总结过去一年的工作实事求是，对今年经济社会发展总体要求、政策取向和工作任务的部署切实可行，是一个求真务实、直面困难问题、体现责任担当、提振信心、温暖人心的好报告。完全赞成和拥护。要贯彻"巩固、增强、提升、畅通"八字方针，深化供给侧结构性改革，推动经济高质量发展；加强源头防控，坚持科技和制度创新，坚决打赢污染防治攻坚战；优化医保支出结构，加强癌症及其他慢性病的防治，推进健康中国建设。

郝明金副委员长参加湖北团审议。郝明金说，完全赞成李克强总理作的政府工作报告。报告坚持以习近平新时代中国特色社会主义思想为指引，坚持稳中求进的工作总基调，全面部署了今年工作。听了倍感振奋，深受鼓舞、充满信心。报告强调了"促进新旧动能接续转换"对实现高质量发展，建设现代化经济体系的重要意义。建议加强区域统筹，优化产业布局，主体相对集中、区域适当布局，引导各地做强优势产业，实现差异化发展。要处理好传统产业与新兴产业的关系，培育新动能同时注重旧动能升级改造，实施传统产业改造专项行动。要着力提升企业创新升级的动力和能力，强化创新平台建设，解决企业创新能力不足问题。发挥龙头企业带动作用，推动产业集群尽快实现升级改造。

蔡达峰副委员长参加江苏团审议。蔡达峰说，赞同政府工作报告。报告贯彻了中央经济工作会议精神，汇集了各方面智慧，反映了我国发展阶段的实际需要，具有必要性、可行性、指导性和感召力。2019 年经济社会建设任务十分繁重，既要政府狠抓落实，抓紧抓好，又要各方齐心协力，建言献策，密切沟通协商。相信经过本次人大会议，汇集代表智慧力量，政府工作安排将会更加全面，工作要求将会更加精准，工作报告将会更加完善，更好地激励市场信心，形成社会合力。希望各级政府认真落实报告中的要求，密切关注政策实施中的情况，积极探索开展政府协商，及时完善政策，及时改善措施，及时化解矛盾和风险，把稳中求进工作总基调落实在工作过程中。

同日，十三届全国人大二次会议举行首场"代表通道"集中采访活动，邀请部分全国人大代表接受采访。

6 日，各代表团召开代表小组会议或全体会议进行审议。

国务院总理李克强参加广西团审议，国务院副总理韩正分别到香港团、澳门团与代表一起审议。国家副主席王岐山参加湖南团审议。

曹建明副委员长参加四川团审议。曹建明说，总理的报告通篇贯穿习近平新时代中国特色社会主义思想，很好体现了稳中求进工作总基调和新发展理念，是一个高举旗帜、改革创新、砥砺前行的好报告。过去一年，面对多年少有的国内外复杂严峻形势，我国经济社会发展能取得重大进展，关键在于习近平新时代中国特色社会主义思想的科学指引和以习近平同志为核心的党中央的坚强领导。做好今年的工作，要坚决贯彻落实党中央各项决策部署，进一步增强忧患意识，把防范化解重大风险和抵御外部冲击放在更加突出的位置，坚持新发展理念，加快改革攻坚，实施更高水平的对外开放，维护和用好我国发展的重要战略机遇期，推动我国经济向高质量发展前进。

王东明副委员长参加四川团审议。王东明说，完全赞成李克强总理作的政府工作报告。落实报告部署，要深入贯彻习近平新时代中国特色社会主义思想，树牢"四个意识"，增强"四个自信"，坚决做到"两个维护"，崇尚实干、埋头苦干，坚持稳中求进工作总基调，聚焦打赢三大攻坚战、推进供给侧结构性改革、深化改革开放、稳定就业改善民生，为全面建成小康社会收官打下决定性基础。各级工会要切实加强思想政治引领，履行维权服务基本职责,积极防范化解劳动关系领域风险,做好城镇困难职工解困脱困,大力弘扬劳模精神、劳动精神、工匠精神,团结带领广大职工当好主人翁、建功新时代,以优异成绩庆祝新中国成立70周年。

同日,十三届全国人大二次会议举行记者会,邀请国家发展和改革委员会主任何立峰,副主任宁吉喆、连维良就“大力推动经济高质量发展”相关问题回答中外记者的提问。

7日,各代表团召开全体会议和代表小组会议进行审议。

国家主席习近平到甘肃团与代表一起审议,国务院总理李克强分别到广东团、青海团与代表一起审议,全国政协主席汪洋分别到台湾团、云南团与代表一起审议,中共中央政治局常委、中央书记处书记王沪宁到上海团与代表一起审议,中共中央政治局常委、中央纪委书记赵乐际到天津团与代表一起审议,国务院副总理韩正到浙江团与代表一起审议。

栗战书委员长到山东团与代表一起审议。在认真听取刘家义、龚正、郭锐等代表发言后,栗战书说,中国特色社会主义进入新时代,要更加自觉地维护习近平总书记党中央的核心、全党的核心地位,维护党中央权威和集中统一领导,以习近平新时代中国特色社会主义思想领航定向、凝心聚力,指导和推进各项工作。希望山东认真学习贯彻习近平总书记对山东工作的重要指示要求,贯彻新发展理念,探索以生态优先、绿色发展为导向的高质量发展新路子,推动经济发展质量变革、效率变革、动力变革。把打好脱贫攻坚战与实施乡村振兴战略有机衔接起来,打造乡村振兴的齐鲁样板。繁荣发展文化事业,大力弘扬沂蒙精神,为新时代改革发展提供强大精神动力,努力实现习近平总书记提出的“走在前列、全面开创”的殷切期望。

同日,十三届全国人大二次会议举行记者会,邀请财政部部长刘昆,副部长程丽华、刘伟就“财税改革和财政工作”相关问题回答中外记者提问。

同日,十三届全国人大二次会议举行记者会,邀请国务院扶贫开发领导小组办公室主任刘永富就“攻坚克难——坚决打赢脱贫攻坚战”相关问题回答中外记者提问。

8日上午,各代表团召开代表小组会议或全体会议进行审议。

国家主席习近平到河南团与代表一起审议,国务院总理李克强到湖北团与代表一起审议,中共中央政治局常委、中央书记处书记王沪宁到湖南团与代表一起审议,国务院副总理韩正到北京团与代表一起审议。

8日下午,十三届全国人大二次会议举行第二次全体会议。会议执行主席是:吉炳轩、王东峰、王国生、白春礼、刘奇、许其亮、李学勇、李锦斌、吴英杰、张业遂、陈全国、陈求发、陈锡文、陈豪、林铎、段春华、娄勤俭、贺一诚、徐绍史、殷一璀、黄志贤、鹿心社、蒋超良,由吉炳轩主持。会议听取栗战书委员长作全国人大常委会工作报告。常委会工作报告分三部分,关于过去一年的主要工作,主要内容是:一是深入学习贯彻习近平新时代中国特色社会主义思想,确保人大工作正确政治方向。二是全面学习宣传贯彻新修改的宪法,推动宪法实施迈出新步伐。三是加强和改进新时代立法工作,为改革发展稳定提供法治保障。四是依法履行人大监督职责,更好助力经济社会发展和改革攻坚任务。五是拓展联系代表的渠道,支持和保障代表依法履职。六是服务国家外交大局,做好人大对外交往工作。七是全面加强常委会自身建设,不断提升依法履职能力和水平。几点体会,主要内容包括:必须始终坚持党的全面领导。必须始终坚持以人民为中心,保证人民当家作主。必须始终坚持围绕大局谋划推动工作。必须始终坚持履行法定职责,严格依法办事。必须始终坚持民主集中制的组织原则和活动准则。关于今后一年的主要任务,主要内容是:一是坚持不懈推进宪法实施和监督工作。二是努力提高立法工作质量和效率。三是切实增强监督工作的针对性和实效性。四是不断完善代表履职工作机制。五是积极做好人大对外交往工作。六是全面提升常委会自身建设水平。

会议听取王晨副委员长关于外商投资法草案的说明。王晨说,制定外商投资法,是贯彻落实党中央扩大对外开放、促进外商投资决策部署的重要举措,是我国外商投资法律制度与时俱进、完善发展的客观要求,是促进社会主义市场经济健康发展、实现经济高质量发展的客观要求。王晨介绍了外商投资法草案的起草过程和总体要求。他说,根据新时代改革开放新的形势和要求,制定外商投资法的指导思想是:高举中国特色社会主义伟大旗帜,以习近平新时代中国特色社会主义思想为指导,深入贯彻落实党的十九大和十九届二中、三中全会精神,适应推动形成全面开放新格局、构建开放型经济新体制的新形势新要求,坚持对外开放基本国策,坚持市场化、法治化、国际化的改革方向,创新外商投资管理制度,确立新时代外商投资法律制度基本框架,为推动高水平对外开放提供有力法治保障,促进社会主义市场经济健康发展。王晨说,外商投资立法着重遵循和体现以下重要原则:一是突出积极扩大对外开放和促进外商投资的主基调;二是坚持外商投资基础性法律的定位;三是坚持中国特色和国际规则相衔接;四是坚持内外资一致。王晨说,草案分为6章,包括总则、投资促进、投资保护、投资管理、法律责任、附则,共41条,对新的外商投资法律制度作出了基本的、明确的规定。一是关于外商投资的界定;二是关于外商投资促进;三是关于外商投资保护;四是关于外商投资管理。他还就草案中的有关规定作了具体说明。

同日,第十三届全国人大财政经济委员会召开全体会议,在初步审查的基础上,根据各代表团和有关专门委员会的审查意见,对2019年计划报告和计划草案、预算报告和预算草案作进一步审查。在充分讨论的基础上,会议通过了财政经济委员会关于2018年国民经济和社会发展计划执行情况与2019年国民经济和社会发展计划草案的审查结果报告和关于2018年中央和地方预算执行情况与2019年中央和地方预算草案的审查结果报告,并决定将这两份报告提交大会主席团。财政经济委员会建议第十三届全国人民代表大会第二次会议批准国务院提出的关于2018年国民经济和社会发展计划执行情况与2019年国民经济和社会发展计划草案的报告,批准2019年国民经济和社会发展计划草案,建议第十三届全国人民代表大会第二次会议批准国务院提出的关于2018年中央和地方预算执行情况与2019年中央和地方预算草案的报告,批准2019年中央预算草案,同时批准2019年地方政府一般债务余额限额133089.22亿元、专项债务余额限额107685.08亿元。

同日,十三届全国人大二次会议举行记者会,邀请国务委员兼外交部长王毅就中国外交政策和对外关系回答中外记者提问。

同日,十三届全国人大二次会议举行第二场“代表通道”集中采访活动,邀请部分全国人大代表接受采访。

9日,各代表团召开全体会议和代表小组会议进行审议。

国务院总理李克强到吉林团与代表一起审议,中共中央政治局常委、中央纪委书记赵乐际到贵州团与代表一起审议。

栗战书委员长到重庆团与代表一起审议。在听取陈敏尔、唐良智、张轩等代表发言后,栗战书说,做好新时代人大工作,要坚持以习近平新时代中国特色社会主义思想为指导,深入学习贯彻习近平总书记关于坚持和完善人民代表大会制度的重要思想,自觉把党的领导贯穿人大工作始终,保证人民代表大会制度沿着正确方向前进。顺应新时代新要求,满足人民群众新需要,以高质量立法促进高质量发展,更好助力经济社会发展和改革攻坚任务,用法治保障人民权益、增进民生福祉。希望重庆贯彻好习近平总书记对重庆工作的重要指示要求,贯彻新发展理念,打好脱贫攻坚战,坚定不移走生态优先、绿色发展之路,建设内陆开放高地、山清水秀美丽之地,努力推动高质量发展、创造高品质生活。

同日,十三届全国人大二次会议举行记者会,邀请全国人大农业与农村委员会主任委员陈锡文、全国人大财政经济委员会副主任委员乌日图、全国人大常委会法制工作委员会副主任刘俊臣、全国人大常委会法制工作委员会副主任许安标、全国人大环境与资源保护委员会委员程立峰就“人大立法工作”的相关问题回答中外记者的提问。

同日,十三届全国人大二次会议举行记者会,邀请商务部部长钟山、副部长兼国际贸易谈判副代表王受文、副部长钱克明就“促进形成强大国内市场 推动全方位对外开放”相关问题回答中外记者提问。

同日,十三届全国人大二次会议举行记者会,邀请国务院国资委主任肖亚庆,副主任翁杰明,秘书长、新闻发言人彭华岗就“国有企业改革发展”相关问题回答中外记者提问。

10日,各代表团召开全体会议和代表小组会议进行审议。

国家主席习近平到福建团与代表一起审议,全国政协主席汪洋到西藏团与代表一起审议,中共中央政治局常委、中央书记处书记王沪宁到新疆团与代表一起审议,中共中央政治局常委、中央纪委书记赵乐际到海南团与代表一起审议。

栗战书委员长到江苏团与代表一起审议。在认真听取娄勤俭、吴政隆、车捷等代表发言后,栗战书说,制定外商投资法是以习近平同志为核心的党中央确定的重大立法任务,充分彰显了党和人民在新时代将改革开放进行到底的坚定决心,宣示了我国奉行互利共赢开放战略、积极推动建设开放型世界经济的鲜明立场,有利于打造市场化、法治化、国际化的一流营商环境,为推动高水平对外开放提供更加有力的法治保障。希望江苏认真贯彻习近平总书记对江苏工作的重要指示要求，抓住实施长江经济带发展战略的机遇，大力推进高质量发展，实施乡村振兴战略，推动高水平对外开放，努力建设经济强、百姓富、环境美、社会文明程度高的新江苏。

同日，十三届全国人大二次会议举行记者会，邀请中国人民银行行长易纲，副行长陈雨露，副行长、国家外汇管理局局长潘功胜，副行长范一飞就“金融改革与发展”相关问题回答中外记者提问。

同日，十三届全国人大二次会议举行记者会，邀请全国人大监察和司法委员会副主任委员徐显明、全国人大财政经济委员会副主任委员尹中卿、全国人大教育科学文化卫生委员会副主任委员吴恒、全国人大环境与资源保护委员会副主任委员窦树华和全国人大常委会预算工作委员会副主任朱明春就“人大监督工作”相关问题回答中外记者提问。

11 日，第十三届全国人大宪法和法律委员会召开全体会议，根据各代表团的审议意见，对外商投资法草案进行统一审议，提出审议结果报告和法律草案修改稿。按法定程序提请大会主席团常务主席会议、主席团会议审议后，再次提请各代表团全体会议审议。

同日，十三届全国人大二次会议主席团常务主席第一次会议举行。大会主席团常务主席、全国人大常委会委员长栗战书主持会议。

会议听取大会主席团常务主席、大会副秘书长、全国人大常委会秘书长杨振武关于政府工作报告审议和修改情况的汇报，审议了关于政府工作报告的决议草案代拟稿。

会议听取全国人大财政经济委员会主任委员徐绍史关于 2018 年国民经济和社会发展计划执行情况与 2019 年国民经济和社会发展计划草案的审查结果报告有关情况的汇报，审议了审查结果报告。

会议听取全国人大财政经济委员会副主任委员史耀斌关于 2018 年中央和地方预算执行情况与 2019 年中央和地方预算草案的审查结果报告有关情况的汇报，审议了审查结果报告。

会议听取杨振武关于 2018 年国民经济和社会发展计划执行情况与 2019 年国民经济和社会发展计划的决议草案代拟稿、关于 2018 年中央和地方预算执行情况与 2019 年中央和地方预算的决议草案代拟稿的汇报，审议了两个决议草案代拟稿。

会议听取全国人大宪法和法律委员会主任委员李飞关于外商投资法草案审议结果的报告，审议了外商投资法草案修改稿。

会议同意将上述决议草案、报告、外商投资法草案修改稿等提请大会主席团第二次会议审议。

同日，十三届全国人大二次会议举行记者会，邀请科技部部长王志刚、副部长李萌、战略规划司司长许倞、政策法规与创新体系建设司司长贺德方、资源配置与管理司司长张晓原就“加快建设创新型国家”相关问题回答中外记者提问。

同日，十三届全国人大二次会议举行记者会，邀请国家市场监督管理总局局长张茅、国家药品监督管理局局长焦红、国家知识产权局局长申长雨就“加强市场监管 维护市场秩序”相关问题回答中外记者提问。

同日，十三届全国人大二次会议举行记者会，邀请生态环境部部长李干杰就“打好污染防治攻坚战”相关问题回答中外记者提问。

同日，十三届全国人大代表王敏刚因病长期治疗无效，在香港去世。十三届全国人大二次会议秘书处对王敏刚代表的不幸去世表示哀悼。

12 日，十三届全国人大二次会议举行第三次全体会议。会议执行主席是：艾力更·依明巴海、于伟国、马逢国、王光亚、王建军、车俊、巴音朝鲁、石泰峰、刘家义、刘赐贵、孙志刚、杜家毫、李飞、李玉妹、李伟、李纪恒、吴玉良、何毅亭、张庆伟、张轩、胡和平、骆惠宁、高虎城、彭清华，由艾力更·依明巴海主持。会议听取周强院长作最高人民法院工作报告，张军检察长作最高人民检察院工作报告。

同日下午，各代表团召开全体会议或代表小组会议进行审议。

国家主席习近平到解放军和武警部队团与代表一起审议，中共中央政治局常委、中央书记处书记王沪宁到山西团与代表一起审议，中共中央政治局常委、中央纪委书记赵乐际到辽宁团与代表一起审议，国务院副总理韩正到安徽团与代表一起审议。

栗战书委员长到宁夏团与代表一起审议。在认真听取李锐、马玉山、杨玉经等代表发言后，栗战书说，要深入学习贯彻习近平总书记关于全面依法治国新理念新思想新战略，坚持党对全面依法治国的集中统一领导，全面推进科学立法、严格执法、公正司法、全民守法，落实好党中央关于法治中国建设的部署要求，努力使人民群众在每一项法律制度、每一个执法决定、每一宗司法案件中都感受到公平正义。希望宁夏认真贯彻习近平总书记对宁夏工作的重要指示要求，抢抓“一带一路”建设的重大机遇，统筹好经济发展和生态环境保护，推动高质量发展，打好脱贫攻坚战，做好民族宗教工作，努力实现经济繁荣、民族团结、环境优美、人民富裕，确保宁夏与全国同步建成全面小康社会。

白玛赤林副委员长参加西藏团审议。白玛赤林说，完全赞成栗战书委员长所作的全国人大常委会工作报告。习近平总书记关于坚持和完善人民代表大会制度的重要思想，系统科学博大精深，为做好人大工作提供了根本遵循。十三届全国人大常委会认真履行宪法和法律赋予的职责，为贯彻落实党的十九大精神实现良好开局作出了积极贡献。做好新时代人大工作，最根本的是把坚决维护习近平总书记党中央的核心、全党的核心地位，坚决维护党中央权威和集中统一领导贯穿始终，最关键的是把习近平新时代中国特色社会主义思想特别是习近平总书记关于坚持和完善人民代表大会制度的重要思想学习好领会透，最重要的是把党的十九大确定的重大决策部署贯彻好落实好。

武维华副委员长参加河南团审议。武维华说，全国人大常委会工作报告客观全面总结了去年履职成果，交出了一份无愧于党和人民信任的优秀答卷。我完全赞同这个报告。去年常委会工作成绩斐然，特色鲜明。政治站位有高度，坚持以习近平新时代中国特色社会主义思想为指导，坚持党的领导、人民当家做主和依法治国有机统一；谋篇布局有精度，始终围绕大局精心谋划推动工作；履职尽责有速度，在保证质量的前提下及时推动立法，保障改革发展稳定；工作创新有力度，召开五级代表座谈会、执法检查动真碰硬等创新加强了与基层的联系，提升了立法质量和监督实效；立法为民有温度，用法治方式推动解决百姓最关心的问题。相信按照报告的部署，2019年常委会工作一定会取得更大成绩。

同日，十三届全国人大二次会议主席团举行第二次会议。主席团常务主席栗战书主持会议。

关于政府工作报告，主席团常务主席根据各代表团的审议意见和报告修改情况，建议批准政府工作报告，并代拟了关于政府工作报告的决议草案。会议决定将十三届全国人大二次会议关于政府工作报告的决议草案提请各代表团审议。

全国人大财政经济委员会主任委员徐绍史向会议作了财政经济委员会关于2018年国民经济和社会发展计划执行情况与2019年国民经济和社会发展计划草案的审查结果报告。建议批准国务院提出的《关于2018年国民经济和社会发展计划执行情况与2019年国民经济和社会发展计划草案的报告》，批准2019年国民经济和社会发展计划草案。

全国人大财政经济委员会副主任委员史耀斌向会议作了财政经济委员会关于2018年中央和地方预算执行情况与2019年中央和地方预算草案的审查结果报告。建议批准国务院提出的《关于2018年中央和地方预算执行情况与2019年中央和地方预算草案的报告》，批准2019年中央预算草案，同时批准2019年地方政府一般债务余额限额133089.22亿元、专项债务余额限额107685.08亿元。

会议通过了财政经济委员会的两个审查结果报告。

关于计划报告和计划草案，主席团常务主席根据各代表团的审查意见、报告修改情况和财政经济委员会的审查结果报告，建议批准计划报告和计划草案、预算报告和中央预算草案，并代拟了关于计划报告和计划、预算报告和预算的两个决议草案。会议决定将关于2018年国民经济和社会发展计划执行情况与2019年国民经济和社会发展计划的决议草案、关于2018年中央和地方预算执行情况与2019年中央和地方预算的决议草案提请各代表团审议。

关于外商投资法草案，主席团会议听取了宪法和法律委员会主任委员李飞作的宪法和法律委员会关于外商投资法草案审议结果的报告。会议通过了宪法和法律委员会关于外商投资法草案审议结果的报告和外商投资法草案修改稿，并决定将外商投资法草案修改稿提请各代表团审议。

同日，十三届全国人大二次会议举行记者会，邀请最高人民法院审判委员会副部级专职委员刘贵祥，福建省高级人民法院院长吴偕林，江西省高级人民法院院长葛晓燕就“攻坚‘基本解决执行难’”相关问题回答中外记者提问。

13日，各代表团召开代表小组会议进行审议。

14日，各代表团召开代表小组会议和全体会议进行审议。

同日，十三届全国人大二次会议主席团常务主席第二次会议举行。大会主席团常务主席、全国人大常委会委员长栗战书主持会议。

会议听取全国人大宪法和法律委员会主任委员李飞关于外商投资法草案修改稿修改意见的报告，审议了外商投资法草案建议表决稿。

会议听取大会主席团常务主席、大会副秘书长、全国人大常委会秘书长杨振武分别作的关于全国人大常委会工作报告、最高人民法院工作报告、最高人民检察院工作报告审议和修改情况的汇报，审议了关于全国人大常委会工作报告、最高人民法院工作报告、最高人民检察院工作报告的三个决议草案代拟稿。

会议听取大会副秘书长、全国人大常委会副秘书长信春鹰关于代表提出议案处理意见的报告，审议了这个报告。

会议同意将外商投资法草案建议表决稿以及上述决议草案和报告提请大会主席团第三次会议审议。

同日，十三届全国人大二次会议主席团举行第三次会议。主席团常务主席栗战书主持会议。会议听取全国人大宪法和法律委员会主任委员李飞关于外商投资法草案修改稿修改意见的报告，决定将草案建议表决稿提请各代表团审议。

会议决定将十三届全国人大二次会议关于全国人大常委会工作报告的决议草案提请各代表团审议。会后，连同修改后的工作报告和修改情况的说明一并印发全体代表。

会议决定将十三届全国人大二次会议关于最高人民法院工作报告的决议草案提请各代表团审议。会后，连同修改后的工作报告和修改情况的说明一并印发全体代表。

会议决定将十三届全国人大二次会议关于最高人民检察院工作报告的决议草案提请各代表团审议。会后，连同修改后的工作报告和修改情况的说明一并印发全体代表。

会议听取大会副秘书长信春鹰关于十三届全国人大二次会议代表提出议案处理意见的报告。信春鹰说，到3月11日12时，大会秘书处共收到代表提出的议案491件，比去年增长51%。其中，有关立法方面的487件，有关监督方面的4件。代表团提出的14件，代表联名提出的477件。议案内容主要集中在以下几方面：一是全面深化改革，扩大对外开放，推动高质量发展；二是保障和改善民生，增强人民群众获得感、幸福感、安全感；三是推进生态文明建设和绿色发展；四是维护国家安全，创新社会治理；五是发展文化事业和文化产业。大会秘书处对代表提出的议案逐件认真分析研究，认为没有需要列入本次大会审议的议案。大会秘书处建议，将代表提出的议案分别交由全国人大有关专门委员会审议。有关专门委员会对上述议案进行审议后，向全国人大常委会提出审议结果的报告，经全国人大常委会审议通过后印发十三届全国人大三次会议。大会秘书处就代表议案审议和相关工作提出如下建议：完善代表议案审议工作机制，提高代表议案审议质量；积极推进重点领域立法，坚持立改废释并举，不断提高立法工作质量和效率；将审议代表议案与加强同代表和人民群众的联系结合起来，做到民有所呼、我有所应。

会议通过关于十三届全国人大二次会议代表提出议案处理意见的报告。

同日，十三届全国人大二次会议主席团常务主席第三次会议举行。大会主席团常务主席、全国人大常委会委员长栗战书主持会议。

会议听取大会副秘书长、全国人大宪法和法律委员会主任委员李飞关于外商投资法草案建议表决稿审议情况的汇报，审议了外商投资法草案表决稿。

会议听取大会主席团常务主席、大会副秘书长、全国人大常委会秘书长杨振武作的关于政府工作报告、2018年国民经济和社会发展计划执行情况与2019年国民经济和社会发展计划、2018年中央和地方预算执行情况与2019年中央和地方预算、全国人大常委会工作报告、最高人民法院工作报告、最高人民检察院工作报告的六个决议草案审议情况的汇报，审议了这六个决议草案表决稿。

会议听取大会主席团常务主席、大会副秘书长、全国人大常委会秘书长杨振武关于全国人大常委会接受张荣顺辞去十三届全国人大常委会委员职务的请求的决定审议情况的汇报，审议了十三届全国人大二次会议关于确认全国人大常委会接受张荣顺辞去十三届全国人大常委会委员职务的请求的决定草案代拟稿。

会议同意将外商投资法草案表决稿和上述决议草案、决定草案表决稿提请大会主席团第四次会议审议。

同日，十三届全国人大二次会议主席团举行第四次会议。主席团常务主席栗战书主持会议。

会议决定将十三届全国人大二次会议关于政府工作报告、2018年国民经济和社会发展计划执行情况与2019年国民经济和社会发展计划、2018年中央和地方预算执行情况与2019年中央和地方预算、全国人大常委会工作报告、最高人民法院工作报告、最高人民检察院工作报告的六个决议草案，外商投资法草案建议表决稿，全国人大常委会关于接受张荣顺辞去第十三届全国人大常委会委员职务的请求的决定草案，提请大会全体会议表决。

15日，十三届全国人大二次会议举行闭幕会。会议执行主席是：栗战书、王晨、曹建明、张春贤、沈跃跃、吉炳轩、艾力更·依明巴海、万鄂湘、陈竺、王东明、白玛赤林、丁仲礼、郝明金、蔡达峰、武维华、杨振武,由栗战书主持。

会议通过《中华人民共和国外商投资法》。

《中华人民共和国外商投资法》共 6 章,42 条,包括:总则、投资促进、投资保护、投资管理、法律责任、附则。本法自 2020 年 1 月 1 日起施行。

会议通过《第十三届全国人民代表大会第二次会议关于政府工作报告的决议》、《第十三届全国人民代表大会第二次会议关于 2018 年国民经济和社会发展计划执行情况与 2019 年国民经济和社会发展计划的决议》、《第十三届全国人民代表大会第二次会议关于 2018 年中央和地方预算执行情况与 2019 年中央和地方预算的决议》、《第十三届全国人民代表大会第二次会议关于全国人大常委会工作报告的决议》、《第十三届全国人民代表大会第二次会议关于最高人民法院工作报告的决议》、《第十三届全国人民代表大会第二次会议关于最高人民检察院工作报告的决议》、《第十三届全国人民代表大会第二次会议关于确认全国人民代表大会常务委员会接受张荣顺辞去十三届全国人大常委会委员职务的请求的决定》。

大会完成各项议程后,栗战书发表讲话。栗战书说,第十三届全国人民代表大会第二次会议已经圆满完成各项议程。会议认为,过去的一年,以习近平同志为核心的党中央团结带领全国各族人民砥砺奋进、攻坚克难,各方面工作取得新成就,会议对此高度评价。

栗战书说,会议充分发扬民主,严格依法办事,审议批准了政府工作报告和其他报告。各位代表忠实履职,反映人民意志,展示了良好风貌。这是一次民主、团结、求实、奋进的大会。我们要勇于担当、扎实工作,确保完成大会确定的各项目标任务。

栗战书说,会议审议通过的外商投资法,是一部新时代推动高水平对外开放的基础性法律。我们要深入学习、全面贯彻,以高水平对外开放推动经济高质量发展。

栗战书指出,中国特色社会主义进入新时代,对做好人大工作提出了新的更高要求。人大及其常委会要坚持以习近平新时代中国特色社会主义思想为指导,深入学习贯彻习近平总书记关于坚持和完善人民代表大会制度的重要思想,坚持党的领导、人民当家作主、依法治国有机统一,围绕党和国家工作大局认真履行宪法法律赋予的职责,不辜负党和人民的信任与重托。

栗战书最后说,中华民族正处在伟大复兴的关键时期。我们要更加紧密地团结在以习近平同志为核心的党中央周围,高举中国特色社会主义伟大旗帜,增强"四个意识",坚定"四个自信",做到"两个维护",牢记使命,开拓进取,为全面建成小康社会收官打下决定性基础,以优异成绩庆祝中华人民共和国成立 70 周年。(全文见本书第 3 页)

中央和国家机关有关部门、解放军有关单位、各人民团体有关负责人列席或旁听了大会。各国驻华使节旁听了大会。

同日,十三届全国人大二次会议举行记者会,国务院总理李克强应大会发言人张业遂的邀请会见中外记者,并回答记者提问。

3 月 14 日 栗战书委员长看望参加十三届全国人大二次会议新闻报道的中央主要媒体负责人和工作人员,代表大会主席团和全国人大常委会,向参加大会新闻报道的全体新闻工作者表示诚挚问候和衷心感谢。栗战书来到人民大会堂一楼大厅,看望正在这里紧张工作的采编和技术人员,同大家热情握手,表示问候。在新华社两会新闻报道中心,栗战书仔细观看融媒体产品、人工智能产品等,对新闻媒体创新两会报道给予充分肯定。大厅内,人民日报电子阅报栏以音频视频海报等形式立体呈现两会盛况,中央广播电视总台融媒体展示平台正在播出 5G + 4K 超高清视频节目,栗战书驻足观看,详细了解这次大会在媒体融合报道方面进行的探索和实践。随后,栗战书来到人民大会堂湖南厅,同人民日报、新华社、中央广播电视总台、光明日报、经济日报、中国日报、法制日报、中国新闻社等新闻媒体负责人和工作人员亲切会面交谈。栗战书指出,今年大会新闻报道组织有力、守正创新,精彩纷呈、重点突出,主题鲜明、凝心聚力,为大会顺利进行、圆满成功作出重要贡献。栗战书说,今年大会是在新中国成立 70 周年、决胜全面建成小康社会关键之年召开的一次十分重要的会议,意义重大、举世瞩目。在大会新闻报道中,中央主要新闻单位突出核心,充分报道习近平总书记重要活动,推动习近平新时代中国特色社会主义思想深入人心;紧扣主题,全面反映大会民主团结求实奋进的盛况,生动展现人大代表的担当和风采;注重创新,积极推进深度融合报道,不断扩大主流舆论影响力;加强组织筹划,努力增强宣传报道的主动性、针对性、实效性,确保报道全面深入、及时准确、生动鲜活。栗战书希望大家再接再厉,进一步宣传好习近平新时代中国特色社会主义思想,宣传好在以习近平同志为核心的党中央坚强领导下党和国家事业取得的巨大成就，宣传好全国各族人民在新时代的伟大实践和伟大创造，宣传好中国特色社会主义道路、理论、制度、文化，讲好中国故事，讲好中国人大故事，展现国家根本政治制度的优势、特点和功效。王晨副委员长等一同看望。

3月15日　《人民日报》发表题为《同心同向创造新的更大奇迹》社论，热烈祝贺十三届全国人大二次会议胜利闭幕。

3月18日　中共全国人大常委会党组举行会议，认真学习领会习近平总书记在十三届全国人大二次会议期间的重要讲话和大会精神，重点就做好全国人大及其常委会立法、监督等工作开展讨论。中共中央政治局常委，全国人大常委会委员长、党组书记栗战书主持会议并讲话。

会议指出，习近平总书记在大会期间的重要讲话，饱含着非凡的远见卓识、坚定的使命担当和深厚的为民情怀，更加生动地体现了核心的意义和作用，对于做好当前和今后一个时期的工作，具有重要指导意义。党的十八大以来，党和国家事业取得历史性成就、实现历史性变革，根本在于始终坚持以习近平新时代中国特色社会主义思想为指导，根本在于坚决维护习近平总书记党中央的核心、全党的核心地位，坚决维护党中央权威和集中统一领导。全国人大及其常委会、常委会党组要坚持以习近平新时代中国特色社会主义思想为指导，增强“四个意识”，坚定“四个自信”，做到“两个维护”，确保一切重要工作、重要事项都在党中央领导下进行、围绕党和国家工作大局开展。

会议强调，要紧扣贯彻落实习近平总书记重要讲话、重要指示精神和大会部署，扎实有效做好今年全国人大常委会工作。一是深入学习习近平新时代中国特色社会主义思想，进一步加强对习近平总书记关于坚持和完善人民代表大会制度的重要思想学习、研究、宣传、贯彻工作，持之以恒加强理论武装。二是抓紧重要法律案的起草、审议和组织协调工作，确保如期提请审议，顺利完成党中央部署的立法任务。三是围绕污染防治和脱贫攻坚工作深入精准地开展监督，加大人大预算决算审查监督和国有资产管理监督力度，进一步在增强监督工作实效上下功夫。四是抓紧对代表建议汇总分析，尽快统一交有关国家机关和组织办理。

会议要求，按照党中央的统一部署，开展好“不忘初心、牢记使命”主题教育。要落实习近平总书记关于学习培训工作的重要指示精神，加强常委会党组、机关党组、专委会分党组、常委会委员、人大代表、机关党员干部各层级学习培训。要以政治建设为统领，加强制度、作风、能力等建设，把机关内部巡视工作抓实抓好，坚持严格要求，真发现问题、真解决问题。要在联系指导地方人大工作上多下功夫，在具体的立法、监督工作上加强联动，在全国人大代表同地方人大代表联系方面作出探索，增强人大工作整体合力。

王晨、曹建明、张春贤、沈跃跃、吉炳轩、艾力更·依明巴海、王东明、白玛赤林、杨振武出席会议并发言。

3月19日　栗战书委员长会见老挝建国阵线中央主席赛颂蓬。沈跃跃副委员长参加会见。

同日　栗战书委员长出席中国法学会第八次全国会员代表大会开幕式。

3月19日—22日　艾力更·依明巴海副委员长率全国人大调研组在安徽省开展医师队伍管理和执业医师法实施情况专题调研。调研组在合肥市召开汇报座谈会，听取了安徽省政府及卫生健康委、发改委、财政厅、教育厅、人社厅等相关部门的工作汇报，并与部门负责同志、行业协会负责人、医疗机构管理人员代表和一线医务人员代表开展座谈。调研组在芜湖召开座谈会，重点听取临床执业医师等基层一线医疗机构和从业人员的意见和建议。调研组一行还深入合肥市高新区长宁社区卫生服务中心、芜湖市中医院、皖南医学院附属弋矶山医院、芜湖市南陵县许镇镇中心卫生院等机构开展实地调研，听取一线医护人员意见。调研组在安徽期间还对中国科技大学量子通信合肥总控中心、科大讯飞股份有限公司、奇瑞汽车股份有限公司的科技创新工作进行了调研。

3月22日　栗战书委员长会见美国众议院“美中工作小组”代表团。

同日　王晨副委员长会见众议员拉森率领的美国众议院“美中工作小组”代表团。

3月24日—29日　应全国人大常委会委员长栗战书邀请，布基纳法索国民议会议长萨康德率团访华。26日，栗战书委员长与布基纳法索国民议会议长萨康德举行会谈。蔡达峰副委员长参加会谈。

3月25日　全国人大常委会召开水污染防治法执法检查组第一次全体会议，栗战书委员长主持会议并讲话。栗战书强调，要坚持以习近平新时代中国特色社会主义思想特别是习近平生态文明思想为指引，发挥法律制度的刚性约束作用，推动从根本上解决水污染问题，推动生态环境质量持续改善。栗战书说，党的十八大以来，以习近平同志为核心的党中央引领和推动我国生态环境保护和生态文明建设发生历史性、转折性、全局性变化，取得了历史性成就。今年 3 月 5 日，习近平总书记参加十三届全国人大二次会议内蒙古代表团审议时，就生态文明建设再次发表重要讲话，体现了党中央毫不动摇加强生态文明建设的强大决心。要全面学习贯彻习近平生态文明思想和党中央决策部署，推动各国家机关和全社会保持加强生态文明建设的战略定力，探索以生态优先、绿色发展为导向的高质量发展新路子，加大生态系统保护力度，打好污染防治攻坚战。栗战书强调，在污染防治攻坚战中，碧水保卫战是必须啃下的一块硬骨头。开展水污染防治法执法检查，是全国人大常委会贯彻落实党中央决策部署、助力污染防治攻坚战的具体行动，也是常委会 2019 年监督工作的重中之重。要深刻认识、准确把握这次执法检查的重要意义和目标任务，抓住重点，以点带面，重点检查发展理念和发展方式的转变情况，检查政府法定职责落实情况，检查法律制度贯彻实施情况，推动水污染防治法全面有效实施。要切实增强执法检查的针对性和实效性。一要严格依法履行职权，切实担负起法定职责，敢于动真碰硬，真正形成监督的压力。二要坚持问题导向，对照法律查找和分析问题，找准抓住影响法律实施、制约工作发展、损害群众利益的突出环境问题，对症下药，切实推动解决。三要探索有效的工作方式方法，引入第三方力量，增加随机抽查比例，完善重点污染源“清单式”抽查，使执法检查更具力度、更有实效。四要坚持求真务实、不务虚功，深入基层一线了解实际情况，听取基层声音，努力提高工作质量和效率。（全文见本书第 670 页）

副委员长王晨、沈跃跃、丁仲礼出席会议。国务委员王勇代表国务院介绍了贯彻实施水污染防治法情况，全国人大环境与资源保护委员会负责人介绍了前期工作情况和检查工作安排，国务院有关部门负责人作了发言。

此次执法检查栗战书委员长任组长，分成 4 个检查小组赴 8 个省份进行实地检查，同时委托其他省级人大常委会进行自查，实现 31 个省（区、市）“全覆盖”。

同日 全国人大常委会召开水污染防治法实施情况专家评估座谈会。栗战书委员长出席会议，听取水污染防治法实施情况评估项目进展情况介绍和专家意见建议并讲话。栗战书说，全国人大常委会把水污染防治法执法检查作为今年监督工作的重中之重，就是要用实际行动推动各地区各部门和全社会深入学习贯彻习近平生态文明思想，全面落实党中央关于水环境保护和水污染防治的各项决策部署，打好碧水保卫战，进而推动打好整个污染防治攻坚战，补齐生态环境质量这块短板，为全面建成小康社会作贡献。栗战书指出，在执法检查中引入第三方对法律实施情况和效果开展评估，对常委会监督工作来说还是第一次，也是一次探索创新，主要有以下几点考虑：一是增强人大监督工作的科学性、专业性，通过借用“外脑”，更多采用数据化、精准化的监督方式，为执法检查提供技术支撑和专业参考，推动人大监督工作提质增效。二是提高人大监督工作的客观性、权威性，用更加客观、中立的视角，去审视、评价法律实施情况和各地区各部门工作，使人大监督更有力度、更具权威。三是把立法工作和监督工作有效结合起来，评估既是对法律执行情况的评价，也是对立法质量的检测，可以促进法律制度健全完善、有效实施。栗战书表示，全国人大常委会执法检查组高度重视中国工程院和各位专家的评估意见，将认真研究、充分吸纳，把评估结果运用到执法检查中，进一步提高检查的针对性和实效性。人大监督工作中将继续积极探索，更加注重引入第三方力量，广泛听取各方面意见建议，在实践中逐步完善相关工作机制。（全文见本书第 673 页）

按照全国人大常委会水污染防治法执法检查安排，今年年初，全国人大环境与资源保护委员会委托中国工程院开展了水污染防治法实施情况评估研究工作，首次在全国人大常委会执法检查中引入第三方评估。座谈会上，李晓红、钱易、侯立安、曲久辉、任南琪、彭永臻、郝芳华、张晓健等专家，分别从各自专业角度就水污染防治法实施情况评估作了发言。栗战书边听边记，并和执法检查组成员一道同专家讨论交流。王晨副委员长主持座谈会，副委员长沈跃跃、丁仲礼出席会议。

同日 郝明金副委员长会见阿根廷众议院阿中友好小组主席卡门·波列多率领的阿根廷议会代表团一行。

3 月 26 日 张春贤副委员长率全国人大调研组赴民政部走访调研，重点了解社会救助法、未成年人保护法、村民委员会组织法、城市居民委员会组织法、老年人权益保障法等社会领域立法的进展情况，交流研讨立法工作中的主要问题。

3 月 26 日—27 日 全国人大环境与资源保护

工作座谈会召开，副委员长沈跃跃、丁仲礼出席会议并讲话。会议深入学习贯彻习近平生态文明思想，认真落实十三届全国人大二次会议工作部署，总结交流过去一年人大环境资源保护立法监督工作，研究部署今年依法推动打好污染防治攻坚战，更好助力经济社会发展和改革攻坚任务。会议提出，要加快生物安全法、长江保护法等重点立法工作，推动固体废物污染环境防治法等修改进程；开展水污染防治法、可再生能源法执法检查等各项监督工作，体现人大监督特点，增强监督实效；认真做好代表议案建议办理工作，依靠代表、人民群众共同推动生态文明建设；密切同地方人大的联系，增强人大环境与资源保护工作的整体实效。

3月26日—28日　全国人大教育科学文化卫生委员会召开由科技界、国务院有关部委和产业界有关单位和专家学者参加的科技进步法修改座谈会。王晨副委员长出席座谈会并发表讲话。副委员长艾力更·依明巴海、蔡达峰出席座谈会。

3月27日—29日　全国人大财政经济委员会召开2019年一季度经济运行情况座谈会，陈竺副委员长出席会议。

3月31日—4月4日　丁仲礼副委员长率全国人大常委会执法检查组在云南省对水污染防治法贯彻实施情况进行检查。检查组先后同昆明市政府及其有关部门、云南省生态环境厅及其有关业务处室、企业和各级人大代表、玉溪市澄江县政府及其有关部门、云南省政府及其有关部门进行了5次座谈交流，就水污染防治法实施情况以及存在问题、修改法律的意见建议等进行了深入讨论和研究。同时，检查组采取实地检查与随机抽查相结合的方式，先后前往昆明市、玉溪市等地，实地检查湖泊水质保护、河道综合整治、城市生活污水治理和雨污分流、农村生活污水和面源污染治理、工业企业污染防治、磷矿采矿区生态环境治理及饮用水源保护等情况。检查期间，检查组还按照执法检查方案开展了水污染防治法法律知识问卷调查。

四　月

4月1日　副委员长陈竺、郝明金、蔡达峰、武维华出席脱贫攻坚民主监督座谈会。

4月1日—9日　应白俄罗斯国民会议代表院、亚美尼亚国民会议和卡塔尔协商会议主席阿勒马哈茂的邀请，沈跃跃副委员长率全国人大代表团访问了白俄罗斯和亚美尼亚并出席了在卡塔尔举行的各国议会联盟第140届大会。在访问白俄罗斯期间，与国民会议代表院主席安德烈琴科会谈，分别会见总理鲁马斯和国民会议共和国院副主席谢特金娜，并出席白对外友协举办的庆祝中华人民共和国成立70周年活动。代表团还考察了中白工业园。在访问亚美尼亚期间，分别会见总统萨尔基相、总理帕希尼扬和国民会议主席米尔佐扬，与国民会议副主席纳扎良会谈。在参加各国议会联盟第140届大会期间，还分别会见了出席大会的越南、哈萨克斯坦、尼泊尔、俄罗斯、蒙古国、卡塔尔等多国议会领导人。

4月2日　全国人大常委会召开中小企业促进法执法检查组第一次全体会议。栗战书委员长出席会议并讲话。栗战书强调，要坚持以习近平新时代中国特色社会主义思想为指导，贯彻党中央关于支持民营经济和中小企业发展的决策部署，推动各地区各部门切实担负起法定责任，为民营经济和中小企业发展提供良好的法治环境和营商环境。栗战书指出，支持民营企业发展，是党中央的一贯方针。习近平总书记多次就民营经济和中小企业发展发表重要讲话、作出重要指示，提出了明确具体的要求，党中央出台了一系列支持和扶持的政策举措，为新时代民营经济和中小企业健康发展注入了强大动力。开展中小企业促进法执法检查，就是要贯彻习近平总书记指示要求，推动各级国家机关认真实施法律规定，纾解中小企业困难，依法保护中小企业和民营企业家合法权益，引导中小企业合法经营、健康发展，发挥好中小企业在科技创新、高质量发展、改善人民生活、推动区域城乡平衡发展、增加就业等方面的重要作用。栗战书强调，人大执法检查不是一般性的工作检查，而是对法律实施情况进行监督，必须紧扣法律制度、法律规定、法律条文开展检查。要在全面检查法律实施情况的基础上，重点检查党中央决策部署、中小企业促进法修改新增内容、法律制度和法定责任的落实情况，以及相关法律法规和配套法规规章的制定落实情况。执法检查过程中，一要遵循依法原则，坚持以法律为依据，以扎实的工作、翔实的数据、真实的案例说明法律实施的实际情况,提出有针对性、有创新性、能见实效的建议。二要坚持问题导向,着重发现研究分析影响法律实施、制约政策落实、损害企业和群众利益的突出问题,推动解决法律和政策落实不好、效果不彰的问题。三要改进方式方法,对突出问题开展专题解剖,对法律实施情况开展第三方评估,提高人大监督工作的科学性、专业性、客观性和权威性。四要保持良好作风,了解真实情况,听取各方面意见建议,务求取得实效。(全文见本书第 642 页)

陈竺副委员长介绍了执法检查前期准备情况和工作安排,国务委员赵克志代表国务院介绍了中小企业促进法实施总体情况和下一步工作考虑,国务院有关部门、最高人民法院、全国工商联负责同志作了发言。王东明副委员长主持会议,郝明金副委员长出席会议。执法检查组分赴 6 个省(区)进行实地检查,委托 8 个省(市)人大常委会对本行政区域内贯彻实施情况进行检查。

4 月 3 日 中共全国人大常委会党组举行会议,认真学习领会习近平总书记在中央全面依法治国委员会第二次会议上的重要讲话精神,结合人大工作实际,研究部署贯彻落实工作。中共中央政治局常委、全国人大常委会委员长、党组书记栗战书主持会议并讲话。

会议指出,习近平总书记的重要讲话,高屋建瓴、思想深刻、内涵丰富,统筹改革发展稳定的法治需求,谋划法治建设规划,明确重点工作任务,对于全面推进依法治国、做好新时代人大工作,具有十分重要的指导意义。要深入贯彻习近平总书记重要讲话精神,坚持以全面依法治国新理念新思想新战略为指引,紧紧围绕党和国家工作大局行使职权,始终坚持以人民为中心的发展思想,把促进社会公平正义、增进人民福祉作为人大工作的出发点和落脚点,为改革发展稳定营造良好法治环境、提供坚实法治保障。

会议强调,要准确把握人大在全面依法治国中的职责任务。坚持党对全面依法治国的领导,旗帜鲜明、毫不动摇坚持社会主义法治的性质和方向,确保全面依法治国始终沿着正确方向前进。坚持以良法促进发展、保障善治,不断完善中国特色社会主义法律体系,夯实依法治国根基。认真行使法定监督权,努力做到既确保宪法法律有效实施,又确实帮助"一府一委两院"改进工作。

会议认为,提高立法工作质量和效率,实现高质量立法,关键在于提高科学立法、民主立法、依法立法水平。要加强立法调研,找准立法的矛盾焦点,精准把握高质量发展提出的法治需求,注重用法治规范政府和市场的边界、调整各方面利益关系。要充分发挥代表作用,广泛听取各方面意见建议,最大限度凝聚立法共识。要加快立法节奏,积极推进起草工作,已经提请审议的法律草案要抓紧修改完善,已经比较完善的法律草案要及时审议通过,不能久拖不决。

会议要求,要集中精力抓好党中央部署的重大立法任务,重要情况、重大问题及时向党中央和中央全面依法治国委员会请示报告。要突出重点,特别是在涉及民生和改革开放领域的重要立法上下功夫。做好与改革相关的法律的立改废释工作,加快推进民法典编纂工作,抓紧出台基本医疗卫生与健康促进法、疫苗管理法、药品管理法。继续做好外商投资法的宣传解读和实施准备,统筹推进涉外法治工作。

王晨、曹建明、张春贤、吉炳轩、艾力更·依明巴海、王东明、白玛赤林、杨振武出席会议并发言。

4 月 7 日—17 日 应摩洛哥众议院、肯尼亚国民议会和布隆迪国民议会邀请,曹建明副委员长率全国人大代表团访问上述三国。在访问摩洛哥期间,同马勒基众议长举行会谈,分别会见奥斯曼尼首相和苏伊里代参议长。在访问肯尼亚期间,分别会见肯尼亚总统肯雅塔和参议院代议长金迪基,同国民议会代议长切博伊举行会谈。在访问布隆迪期间,分别会见总统恩库伦齐扎和代参议长恩杰巴里卡努耶,同国民议会议长尼亚本达举行会谈。

4 月 8 日 栗战书委员长在北京市通州区永顺镇,同首都群众一起参加义务植树活动。

4 月 8 日—11 日 栗战书委员长率全国人大常委会执法检查组在四川省对水污染防治法实施情况进行检查。栗战书强调,要以习近平新时代中国特色社会主义思想为指导,全面贯彻习近平生态文明思想和党中央决策部署,落实法定领导责任、工作责任、监管责任、执法责任,用法律武器治理水污染、保护水生态,筑牢长江上游生态屏障。这次执法检查严格对照水污染防治法法律条文进行,突出检查各级政府及监管、执法、司法部门和企业等落实法定责任情况。执法检查组一下飞机就来到四川省生态环境厅,了解生态环境监管指挥平台运行和水质监测情况,询问水污染事故防范及应急处置措施。栗战书强调,要用好现代化监测手段,掌握真实情况、及时发现问题,切实督促整改。在成都市青羊区摸底河蜀辉桥段察看黑臭水体整治成效,检查河长制落实情况，到天府新区兴隆湖了解生态水环境综合治理。栗战书主持召开座谈会，听取政府及相关部门负责人、基层执法人员落实法律情况的介绍和意见建议，强调污染防治必须依靠法治、遵循法律，各级政府要增强依法治污意识，全面担负起法定职责，监管部门要坚持依法监管、严字当头，强化全天候、全流程、全覆盖的监督管理，执法、司法部门要把法律赋予的手段用足用好，严肃查处破坏生态环境的违法犯罪行为。工业水污染防治、城镇水污染防治、农业农村水污染防治、船舶水污染防治和饮用水水源地保护是这次执法检查的重点。执法检查组来到成都天府新区第一污水处理厂了解城镇污水处理情况，到泸州港集装箱码头调研船舶污染防治，深入酿酒企业检查污水排放是否达标，到饮用水长江取水口进行实地察看。在同部分企业负责人和有关方面座谈时，栗战书指出，企业是工业水污染防治的主体，既要严格落实法律规定，还要多承担社会责任。要及时公布信息，加强宣传教育，让守护清水绿岸成为全社会的自觉行动。（全文见本书第 674 页）

检查期间，栗战书来到省人大常委会机关看望工作人员，主持会议同地方人大负责同志和部分全国人大代表、地方各级人大代表座谈。他强调，要因地制宜加强地方立法，对污染防治作出更加精准细化、更有针对性和可操作性的规定。要加大监督工作力度，推动法律法规全面有效实施。人大代表要了解和反映人民群众意愿和呼声，积极为污染防治工作献计出力。习近平总书记和党中央十分关心长江生态保护。执法检查组专程前往泸州市张坝桂圆林察看长江岸线修复保护情况。栗战书强调，四川是长江上游重要的生态屏障和水源涵养地，要落实好习近平总书记“共抓大保护，不搞大开发”的指示要求，走以生态优先、绿色发展为导向的高质量发展新路子。

4 月 8 日—11 日 王晨副委员长率全国人大常委会执法检查组在湖南省对水污染防治法贯彻实施情况进行检查。检查组先后到长沙、湘潭、株洲、岳阳等地进行检查，听取湖南省实施水污染防治法情况汇报，与基层相关部门负责同志、人大代表、一线执法人员和企业代表一起对照法律条文查找问题，听取意见建议。在长沙，查看浏阳河污染治理、畜禽养殖废弃物综合利用情况；在湘潭，检查竹埠港老工业区湘江流域重金属污染治理和生态修复进展；在株洲，查看清水塘工业区污染企业整体关停和工业废水处理情况；在岳阳，检查金凤水库饮用水水源保护、王家河黑臭水体治理、巴陵石化污水处理、长江岸线非法砂石码头整治复绿情况。执法检查组还开展了随机抽查和问卷调查。

4 月 9 日—10 日 应俄罗斯政府邀请，艾力更·依明巴海副委员长赴俄罗斯出席第五届“北极—对话区域”国际北极论坛，参加了论坛全体会议并在“北极：对抗或合作的舞台”分论坛上发言，阐述中方在北极事务上的有关立场。论坛期间，艾力更·依明巴海会见了俄政府副总理兼总统驻远东联邦区全权代表特鲁特涅夫。

4 月 10 日 副委员长张春贤、沈跃跃、吉炳轩、白玛赤林、武维华以及全国人大常委会、全国人大专门委员会部分组成人员，在北京市丰台区青龙湖植树场地参加义务植树活动。

4 月 10 日—11 日 全国人大社会建设委员会召开“全国人大社会建设工作座谈会”。全国人大社会建设委员会组成人员，全国 31 个省区市人大常委会分管副主任、社会建设委员会主任委员、工作机构负责人参加。张春贤副委员长出席会议并讲话。

4 月 11 日 十三届全国人大二次会议代表建议、批评和意见交办会召开，十三届全国人大二次会议期间代表们共提出建议 8160 件。杨振武秘书长出席会议并讲话。杨振武表示，全国人大常委会把更好发挥人大代表作用作为做好新时代人大工作的重要基础，坚持把代表议案、建议作为推动改进工作、提升工作水平的重要依据，健全代表建议办理工作机制，不断增强办理工作实效，更好支持和保障代表依法履职。十三届全国人大一次会议期间代表提出的 7139 件建议全部办理完毕并答复代表，有力推动了党中央重大决策部署的贯彻落实，解决了一批人民群众关注的重点难点问题。做好今年代表建议办理工作，要深入学习领会、全面贯彻落实习近平总书记关于坚持和完善人民代表大会制度的重要思想，按照栗战书委员长指示要求，提高政治站位，进一步增强办理好代表建议的思想自觉和行动自觉；要紧紧围绕党和国家工作大局办理代表建议，突出重点，办出实效；要进一步完善代表建议办理机制，密切协作，形成合力。

今年代表建议数量比去年增加 1021 件，增长 14.3%，代表通过专题调研、视察、座谈、走访等形式形成的建议有 5353 件，占建议总数的 65.6%，占比增加了 4 个百分点，体现出代表们经过一年履职实践，履职能力和积极性进一步提升。在继续打好三大攻坚战、促进区域协调发展和城乡融合发展、实施乡村振兴战略和深化农村改革、保障和改善民生等方面,代表们普遍关注,建议比较集中。

今年代表提出的建议将交由193家承办单位研究办理。其中,代表建议需要多个部门共同研究办理的有5651件,占建议总数的69.2%。同时,在广泛征求各方面意见的基础上,全国人大常委会办公厅确定了22项重点督办建议选题,涉及代表建议276件,交由国家发展改革委、财政部、教育部等17家单位牵头办理,全国人大7个专门委员会负责督办。中共中央办公厅、国务院办公厅负责同志就做好代表建议办理工作提出了要求。

4月12日 十三届全国人大常委会委员长会议召开第二十八次会议,栗战书委员长主持会议。会议决定,十三届全国人大常委会第十次会议4月20日至23日举行。会议审议通过了全国人大常委会2019年度工作要点和立法、监督工作计划,十三届全国人大常委会贯彻落实《中共中央关于建立国务院向全国人大常委会报告国有资产管理情况制度的意见》五年规划。

4月13日—18日 张春贤副委员长率调研组在广西壮族自治区对未成年人保护法、预防未成年人犯罪法的修改以及家庭教育法的制定开展立法调研。调研组在南宁、百色、北海、柳州等地听取了民政、教育、公安、司法行政、文化旅游、网信、人民法院、人民检察院、共青团、妇联等有关方面的情况介绍,实地考察了少年法庭、社区矫正中心、青少年法治教育基地、中小学校、儿童福利院、未成年人救助保护中心等基层单位,认真听取了五级人大代表、学生和家长代表以及基层未成年人保护工作人员的意见建议。

4月14日 白玛赤林副委员长与萨尔瓦多国民议会第一副议长奥兰特斯举行会谈。

4月14日—19日 陈竺副委员长率全国人大常委会执法检查组在浙江省和湖北省对中小企业促进法贯彻实施情况进行检查。在浙江期间,检查组在杭州和温州分别召开了省、市、区三级政府及相关部门负责人座谈会,听取对中小企业促进法贯彻实施情况的汇报。检查组还召开了中小企业主参加的座谈会,并实地调研和随机抽查了部分中小企业。在湖北期间,检查组先后在黄石、武汉召开政府及相关部门负责人座谈会,听取对中小企业促进法贯彻实施情况的意见建议;召开部分中小企业和行业协会座谈会,了解企业发展过程中的困难和诉求,并实地调研和随机抽查了部分企业。

4月14日—18日 沈跃跃副委员长率全国人大常委会执法检查组在广东省对水污染防治法贯彻实施情况进行检查。检查组听取了广东省政府及相关部门、广州市政府关于贯彻实施水污染防治法情况的汇报,并就法律实施相关问题进行交流。检查组先后前往广州、东莞、惠州、深圳,以实地检查与随机抽查的方式,查访企业、河涌、码头、污水处理厂,检查饮用水源地保护和饮用水水质净化、城乡黑臭水体治理、工业企业污染治理、农村生活污水处理设施运行、禽畜养殖污染防治、船舶污染防治等情况,并与地方人大常委会负责同志、各级人大代表、企业代表、基层执法人员、基层河长座谈,听取他们对贯彻实施水污染防治法的意见建议。

4月14日—18日 吉炳轩副委员长率全国人大调研组在福建省就革命老区脱贫攻坚工作开展专题调研。调研期间,调研组一行先后到革命老区三明和龙岩两市的明溪、宁化、清流、长汀、上杭等五个县,实地考察产业扶贫、教育扶贫、易地扶贫搬迁、转移就业扶贫等情况,召开脱贫攻坚工作座谈会,听取省政府及有关部门、三明和龙岩两市对做好革命老区脱贫攻坚工作的意见和建议。

4月14日—18日 丁仲礼副委员长率全国人大常委会执法检查组在贵州省对水污染防治法贯彻实施情况进行检查。检查期间,检查组按照栗战书委员长提出的要紧扣法律,执法检查工作要更加深入,要深入基层、深入实际、深入一线、以交流为主的指示,先后同贵州省政府及其有关部门、贵阳市企业和各级人大代表、贵州省生态环境厅及其有关业务处室、黔东南州政府及其有关部门、凯里市政府及其有关部门进行了5次座谈交流,就水污染防治法实施情况以及存在问题、修改法律的意见建议等进行了深入讨论和研究。同时,检查组采取实地检查与随机抽查相结合的方式,前往贵阳市实地检查河道综合整治、城市生活污水治理和雨污分流、垃圾处理设施建设运行情况、城市黑臭水体整治、工业企业污染防治等情况。检查组还开展了水污染防治法法律知识问卷调查。

4月15日 栗战书委员长会见萨尔瓦多国民议会第一副议长奥兰特斯。

4月15日—17日 王东明副委员长率全国人大常委会执法检查组在河南省对中小企业促进法贯彻实施情况进行检查。在豫期间,执法检查组赴许昌、郑州等地开展实地检查。

4月15日—18日 艾力更·依明巴海副委员长率全国人大调研组在陕西省开展文化产业发展工作情况调研。调研组听取了陕西省人大常委会、省政府及有关部门关于文化产业工作情况的汇报,与部分企业事业单位、专家学者、非物质文化遗产传承人进行了座谈交流，实地考察了陕西文化产业投资控股有限公司、碑林文化园区、易俗社、张载文化园区、石鼓山文化园区等文化单位，与文化产业从业人员进行了深入交流，认真听取对文化产业发展及文化产业促进法立法的意见建议。

4月15日—18日　郝明金副委员长率全国人大常委会执法检查组在吉林省对中小企业促进法贯彻实施情况进行检查。检查组听取了吉林省、通化市、梅河口市政府及发改、工信、财政、市场监管、人民银行、银保监、法院、工商联等部门和单位贯彻实施中小企业促进法情况的介绍，先后深入长春、通化、梅河口等市，实地检查了吉林省参威人参产品科技股份有限公司、通化建新科技有限公司、吉林恒金药业股份有限公司、吉林柳俐粮食有限公司、吉林益丰宝生物质新材料有限公司、吉林依华渔具股份有限公司、吉林省信用担保投资集团通化分公司等12家企业，并在梅河口召开了企业座谈会，听取梅河口市冠林土特产品有限公司、柳河华龙酒业有限公司等10余家不同规模、不同行业、不同类型的企业关于促进中小企业发展的意见建议。

4月15日—18日　十三届全国人大代表第六期学习班在福建省厦门市举办。33个选举单位的400余名代表参加了学习，主要是新任的工人、农民、专业技术人员等基层代表。加上2018年举办的3期代表履职学习班，共有1500余人次全国人大代表参加了履职学习，基本实现了本届新任基层全国人大代表履职学习全覆盖。本期学习班安排了5个专题报告，还就代表议案建议工作，代表如何与媒体打交道，代表如何转交群众来信等问题开设了专题讲座。代表们进行了分组讨论和大会交流。杨振武秘书长出席开班式并讲话。

4月15日—19日　应全国人大常委会委员长栗战书邀请，多米尼加众议长卡马乔率团访华。17日，栗战书委员长同多米尼加众议长卡马乔举行会谈，白玛赤林副委员长参加会谈。

4月16日　栗战书委员长会见德国联邦议院副议长弗里德里希。

同日　王晨副委员长同德国联邦议院副议长弗里德里希举行会谈，双方就通过立法机构合作促进两国关系发展、推动“一带一路”建设、加强立法交流等交换意见。

4月18日　全国人大财政经济委员会召开2019年一季度经济形势分析会，王东明副委员长出席会议。

4月18日—25日　全国人大图书馆举办2019年“好书推荐”活动周启动仪式。栗战书委员长寄语活动周：“人大机关的读书活动，既丰富活跃机关文化，又能提升干部的知识素养，开展得很好。要作为‘全党大学习，干部大培训’的一项重要内容，把习近平新时代中国特色社会主义思想作为重点，弘扬马克思主义学风，带动形成善于学习、勇于实践的浓厚氛围，全面提升做好新时代人大工作的知识和能力水平。”杨振武秘书长等有关领导同志出席启动仪式并讲话。

4月20日　部分全国人大代表座谈会召开，栗战书委员长出席，王晨副委员长主持座谈会。座谈会上，代表们踊跃发言，介绍履职情况和经验，对人大工作和其他方面工作提出意见建议。栗战书认真倾听，不时插话，与代表深入交流。栗战书强调，要深入学习贯彻习近平总书记关于坚持和完善人民代表大会制度的重要思想，深刻认识支持和保障代表履职的重要意义，尊重代表、服务代表、接受代表监督，把联系人大代表、发挥代表作用等工作做得更好，充分彰显人民代表大会制度的优势和特点。他说，充分发挥代表作用，很重要的一个方面是在各项工作中认真听取、研究、吸纳代表的意见建议。代表提出的议案、建议和发表的审议意见，是在深入调研和认真思考的基础上提出来的，对于人大工作具有重要促进作用。全国人大常委会将自觉接受代表监督，不断提高代表议案和建议办理实效，把代表意见建议作为加强和改进工作的重要依据，努力提升常委会工作质量和水平。栗战书向代表们介绍了今年全国人大常委会代表工作的一些新的安排和考虑。他强调，要注重运用大数据方式对代表意见建议进行梳理和分析，找出代表反映最集中、多年反复提的意见，有针对性地推动改进工作；要进一步增强代表培训工作实效，围绕代表关注和履职需要，丰富培训形式，拓展培训内容，不断提升代表依法履职能力；要继续扩大代表对常委会工作的参与，邀请代表参与相关法律草案的起草、论证、调研、审议工作和执法检查、专题调研等活动，更加注重运用现代信息技术方式联系代表、听取意见；要继续完善代表工作机制，精心组织代表调研、视察等活动，切实做好代表履职的服务保障工作。栗战书表示，十三届全国人大二次会议闭幕后，代表们通过多种形式积极宣讲大会精神，带头贯彻大会精神，树立了“人民选我当代表、我当代表为人民”的良好形象。人大代表来自各地区、各民族、各方面，工作和生活在人民中间，始终同人民群众保持着密切联系。希望代表们牢记使命担当，忠诚为党分忧，忠实为民代言，依法履职尽责，当好党和国家联系人民群众的桥梁纽带，凝聚和激发各方面积极性、主动性、创造性。（全文见本书第 153 页）

4 月 20 日—23 日 十三届全国人大常委会举行第十次会议。

会议听取全国人大宪法和法律委员会副主任委员刘季幸关于法官法修订草案审议结果的报告。在审议的基础上，会议印发全国人大宪法和法律委员会关于法官法修订草案三次审议稿修改意见的报告。经过审议，会议通过修订后《中华人民共和国法官法》。

修订后《中华人民共和国法官法》共 8 章，89 条，包括：总则，法官的职责、义务和权利，法官的条件和遴选，法官的任免，法官的管理，法官的考核、奖励和惩戒，法官的职业保障，附则。本法自 2019 年 10 月 1 日起施行。

会议听取全国人大宪法和法律委员会副主任委员刘季幸关于检察官法修订草案审议结果的报告。在审议的基础上，会议印发全国人大宪法和法律委员会关于检察官法修订草案三次审议稿修改意见的报告。经过审议，会议通过修订后《中华人民共和国检察官法》。

修订后《中华人民共和国检察官法》共 8 章，89 条，包括：总则，检察官的职责、义务和权利，检察官的条件和遴选，检察官的任免，检察官的管理，检察官的考核、奖励和惩戒，检察官的职业保障，附则。本法自 2019 年 10 月 1 日起施行。

会议听取关于建筑法等 8 部法律的修正案草案的说明。在审议的基础上，会议印发全国人大宪法和法律委员会关于建筑法等 8 部法律的修正案草案审议结果的报告。经过审议，会议通过《全国人民代表大会常务委员会关于修改〈中华人民共和国建筑法〉等八部法律的决定》。《中华人民共和国商标法》的修改条款自 2019 年 11 月 1 日起施行，其他法律的修改条款自本决定公布之日起施行。这八部法律根据本决定作相应修改，重新公布。

会议听取外交部副部长乐玉成关于提请审议批准中华人民共和国和巴巴多斯关于刑事司法协助的条约的议案的说明，关于提请审议批准中华人民共和国和阿塞拜疆共和国关于移管被判刑人的条约的议案的说明。经过审议，会议通过《全国人民代表大会常务委员会关于批准〈中华人民共和国和巴巴多斯关于刑事司法协助的条约〉的决定》、《全国人民代表大会常务委员会关于批准〈中华人民共和国和阿塞拜疆共和国关于移管被判刑人的条约〉的决定》。

会议听取全国人大宪法和法律委员会主任委员李飞关于证券法修订草案修改情况的汇报，全国人大宪法和法律委员会副主任委员沈春耀分别关于民法典物权编草案和人格权编草案修改情况的汇报，全国人大宪法和法律委员会副主任委员丛斌分别关于药品管理法修正草案和关于疫苗管理法草案修改情况的汇报，并对这五部法律草案进行再次审议。

会议听取全国人大常委会代表资格审查委员会主任委员吴玉良关于个别代表的代表资格的报告。经过审议，会议通过这个报告。

会议审议了关于代表辞职请求，通过《全国人民代表大会常务委员会关于接受贺一诚辞去第十三届全国人民代表大会代表职务的请求的决定》，决定接受贺一诚辞去第十三届全国人民代表大会代表职务的请求。

会议听取并审议生态环境部部长李干杰关于 2018 年度环境状况和环境保护目标完成情况的报告、国家卫生健康委员会主任马晓伟关于医师队伍管理情况和执业医师法实施情况的报告、农业农村部部长韩长赋关于乡村产业发展情况的报告、最高人民法院院长周强关于研究处理对解决执行难工作情况报告审议意见的报告。

会议印发全国人大代表团访问白俄罗斯、亚美尼亚并出席各国议会联盟第 140 届大会的书面报告。

会议任命夏光为全国人民代表大会常务委员会预算工作委员会副主任。

会议批准免去于天敏的辽宁省人民检察院检察长职务。

会议还通过其他任免事项。

会议闭幕时，栗战书委员长发表讲话。栗战书说，本次会议共审议 8 件法律草案，通过了其中的 3 件。会议表决通过的法官法修订草案和检察官法修订草案，贯彻了习近平总书记全面依法治国新理念新思想新战略和党中央关于建设高素质法治专门队伍的要求，巩固和深化司法体制改革成果，有利于推进法官、检察官正规化、专业化、职业化建设。会议通过的关于修改建筑法等八部法律的决定，有利于进一步推进"放管服"改革和政府职能转变，营造法治化、国际化、便利化的营商环境。会议对药品管理法修订草案和疫苗管理法草案进行了第二次审议。常委会组成人员指出,要坚持重典治乱,把“四个最严”写进法律,建立覆盖全过程全链条的法律制度,确保人民群众用药安全、有效、可及。

栗战书指出,编纂民法典是党中央确定的重大立法任务。本次会议审议了民法典物权编草案、人格权编草案,要根据常委会组成人员审议意见和各方面意见建议,抓紧修改完善各分编草案,精雕细琢,确保在今年年底前将各分编草案连同民法总则合并为一部完整的民法典草案,由常委会审议后提请全国人民代表大会审议。

栗战书说,本次会议审议了国务院关于2018年度环境状况和环境保护目标完成情况的报告、关于医师队伍管理情况和执业医师法实施情况的报告、关于乡村产业发展情况的报告和最高人民法院关于研究处理对解决执行难工作情况报告审议意见的报告。常委会组成人员强调,要深入学习贯彻习近平生态文明思想,保持加强生态文明建设的战略定力,用好法律武器,促进全社会共同行动、共同治理;要全面落实法律关于医师准入、执业、考核等规定,引导医师力量向基层、乡村下沉,努力为人民群众提供全方位全周期的优质医疗服务;要加快构建现代乡村产业体系,为实现乡村振兴奠定坚实基础;要巩固和深化现有成果,健全长效机制,确保实现党的十八届四中全会提出的“切实解决执行难”目标。

栗战书指出,人大常委会听取审议“一府一委两院”工作报告,是法定的监督形式,充分体现了“一府一委两院”对人大负责、受人大监督的宪法原则。改革开放以来,全国人大常委会已听取审议有关报告400多个,有力促进了依法行政、公正司法,推动解决了一批实际问题,保证了党中央决策部署的贯彻落实。本届全国人大常委会要坚持以往的好经验好做法,继续创新完善,加大工作力度,提高报告审议质量,抓好落实问效,发挥好这一法定监督形式的功效。(全文见本书第143页)

会议结束后,十三届全国人大常委会举行第十一讲专题讲座,栗战书委员长主持。国家自然科学基金委员会主任、中国科学院院士李静海作了题为《抓住机遇推进基础研究高质量发展》的讲座。

20日下午,十三届全国人大常委会第十次会议举行分组会议,审议法官法修订草案、检察官法修订草案和关于建筑法等8部法律的修正案草案等,栗战书委员长参加审议。

4月21日 十三届全国人大常委会委员长会议召开第二十九次会议,栗战书委员长主持。会议听取关于新增人事任免事项的汇报。委员长会议决定,将新增人事任免事项提请十三届全国人大常委会第十次会议审议。

4月22日 十三届全国人大常委会委员长会议召开第三十次会议,栗战书委员长主持。会议听取有关草案审议情况的汇报和任免案审议情况的汇报,决定将相关草案的建议表决稿等提交常委会会议审议。

同日 全国人大华侨委员会召开第7次全体会议,白马赤林副委员长出席会议。

同日 蔡达峰副委员长会见萨尔瓦多议员团。

4月23日 十三届全国人大常委会委员长会议召开第三十一次会议,栗战书委员长主持会议。会议研究提请常委会会议表决事项。

同日 十三届全国人大常委会举行宪法宣誓仪式。艾力更·依明巴海副委员长主持并监誓。十三届全国人大常委会第十次会议任命夏光为全国人大常委会预算工作委员会副主任。根据宪法和全国人大常委会关于实行宪法宣誓制度的决定,上述人员依法进行宪法宣誓。全国人大机关有关负责同志参加了宣誓活动。

同日 全国人大常委会办公厅举行新闻发布会,全国人大常委会法制工作委员会刑法室主任王爱立,最高人民法院政治部巡视员、法官管理部部长陈海光,最高人民检察院政治部干部教育培训部部长周玉庆就新修订的法官法和检察官法回答了记者的提问。

同日 全国人大常委会发布公告。公告说,第十三届全国人大常委会第十次会议决定接受贺一诚辞去十三届全国人大代表职务的请求。依照《中华人民共和国全国人民代表大会和地方各级人民代表大会代表法》第四十九条规定,贺一诚的代表资格终止。依照《中华人民共和国全国人民代表大会和地方各级人民代表大会选举法》第五十五条第一款规定,贺一诚的十三届全国人大常委会委员职务相应终止。

同日 全国人大常委会发布公告。公告说,湖北省人大常委会决定接受舒健、周文霞辞去十三届全国人大代表职务。依照《中华人民共和国全国人民代表大会和地方各级人民代表大会代表法》的有关规定,舒健、周文霞的代表资格终止。十三届全国人大代表王军(黑龙江)、王敏刚因病去世。全国人大常委会对王军、王敏刚代表的去世表示哀悼。王军、王敏刚的代表资格自然终止。

香港特别行政区十三届全国人大代表出缺1

名,根据《中华人民共和国香港特别行政区选举第十三届全国人民代表大会代表的办法》的规定,递补陈晓峰为十三届全国人大代表。第十三届全国人大常委会第十次会议根据代表资格审查委员会提出的报告,确认陈晓峰的代表资格有效。截至目前,第十三届全国人民代表大会实有代表2971人。

4月24日 栗战书委员长会见莫桑比克总统纽西,王东明副委员长参加会见。

同日 栗战书委员长会见智利总统皮涅拉,武维华副委员长参加会见。

同日 全国人大教科文卫委员会召开第13次全体会议,预先听取文化和旅游部关于文化产业发展工作情况的报告。艾力更·依明巴海副委员长出席会议并讲话,蔡达峰副委员长出席会议。

同日 全国人大教科文卫委员会召开第14次全体会议,会议听取了司法部、国家档案局关于修改档案法工作情况的汇报。艾力更·依明巴海副委员长、蔡达峰副委员长出席了会议。

4月25日 栗战书委员长会见马来西亚总理马哈蒂尔,吉炳轩副委员长参加会见。

4月26日 栗战书委员长会见乌兹别克斯坦总统米尔济约耶夫,蔡达峰副委员长参加会见。

同日 栗战书委员长分别会见老挝人民革命党中央总书记、国家主席本扬和奥地利总理库尔茨,曹建明副委员长参加会见。

4月30日 栗战书委员长出席纪念五四运动100周年大会。副委员长王晨、曹建明、张春贤、沈跃跃、吉炳轩、艾力更·依明巴海、万鄂湘、陈竺、王东明、白玛赤林、丁仲礼、郝明金、蔡达峰、武维华出席会议。

五 月

5月5日 全国人大常委会委员长会议组成人员专题学习习近平外交思想,结合学习习近平总书记在第二届“一带一路”国际合作高峰论坛上的重要讲话精神,围绕提升人大对外工作水平进行交流讨论,全国人大常委会委员长栗战书主持并讲话。

委员长会议组成人员认为,党的十八大以来,中国特色社会主义大国外交不断开创新局面,取得历史性成就,根本在于以习近平同志为核心的党中央坚强领导,根本在于习近平新时代中国特色社会主义思想特别是习近平外交思想的科学指引。习近平外交思想是我国外交事业最新理论成果和宝贵精神财富,为新时代我国对外工作提供了根本遵循和行动指南。

委员长会议组成人员认为,习近平总书记谋划、部署、引领新时代对外工作,提出一系列新理念、新主张、新倡议、新举措,进一步巩固、拓展、完善了全方位外交布局,共建“一带一路”成为当今世界最大开放合作平台,构建人类命运共同体成为我国深度参与全球治理、推动国际体系变革的鲜明指引。特别是刚刚闭幕的第二届“一带一路”国际合作高峰论坛,是习近平外交思想的又一次成功实践。习近平总书记提出高质量共建“一带一路”的方向和目标,宣布一系列更高水平开放的新举措,为中国与世界共同发展带来了新的巨大机遇。

委员长会议组成人员一致表示,要深入学习贯彻习近平外交思想,增强“四个意识”,坚定“四个自信”,做到“两个维护”,自觉把思想和行动统一到习近平总书记指示要求和党中央决策部署上来,对照新形势、新任务、新要求,加强和改进人大对外工作,在服务国家战略、维护国家利益方面作出更大贡献。一要坚定坚持党中央集中统一领导,把习近平外交思想贯彻到人大对外工作的各方面和全过程,确保党中央对外方针政策和决策部署落到实处。二要紧密配合党中央总体外交布局,把推动落实习近平总书记与外国领导人达成的重要共识作为人大对外工作的首要任务,发挥立法机构职能作用,为互利合作提供良好的法治环境。三要积极宣介中国特色社会主义民主政治、发展道路、成就经验,加强治国理政经验交流。四要统筹安排人大各层级对外交往,在议会多边交往中发挥应有作用,进一步增强对外工作的针对性、实效性。

副委员长王晨、曹建明、张春贤、沈跃跃、吉炳轩、艾力更·依明巴海、王东明、白玛赤林、丁仲礼、郝明金、蔡达峰、武维华,秘书长杨振武参加学习并发言。全国人大外事委员会主任委员张业遂作了专题讲座。

5月6日 全国人大常委会就业促进法执法检查组举行第一次全体会议,副委员长张春贤、吉炳轩出席会议。在听取了人力资源社会保障部、国家发展改革委等4部门关于就业促进法实施情况汇报后，张春贤副委员长发表讲话。检查组于5月至6月，分赴内蒙古、江西、山东、广东、云南、甘肃6个省（区）进行检查，同时委托天津、辽宁、江苏、浙江、安徽、河南、湖北、广西、重庆、贵州等10个省（区、市）人大常委会分别对本行政区域内就业促进法的实施情况进行检查。检查组在全面了解就业促进法实施情况的基础上，重点检查就业促进法的宣传教育情况，配套法规制定情况；坚持就业优先战略和积极就业政策情况；创业带动就业情况；职业教育和培训开展情况；重点群体就业和就业援助情况；公平就业情况；乡村就业情况；就业服务和管理情况等。

5月6日—9日　郝明金副委员长率全国人大常委会执法检查组在陕西省对中小企业促进法贯彻实施情况进行检查。检查期间，检查组通过召开座谈会、实地检查等方式，听取中小企业对于营商环境的感受，着重发现研究分析影响法律实施、损害企业利益的突出问题。

5月6日—10日　应全国人大常委会委员长栗战书邀请，韩国国会议长文喜相率团访华。7日，栗战书委员长与韩国国会议长文喜相举行会谈。王东明副委员长参加会谈。

5月6日—10日　艾力更·依明巴海副委员长率全国人大调研组在江苏省就学前教育事业发展的总体情况，学前教育在资源供给、投入机制、保教队伍、监管体系等方面的情况，当前存在的突出问题及今后的工作思路、立法建议等开展专题调研活动。调研期间，在南京市召开座谈会，听取江苏省、南京市政府及教育、编制、发改、财政、自然资源、住房城乡建设等相关部门负责同志的汇报并进行座谈。在苏州市组织召开座谈会，与上海、江苏、浙江、安徽省（市）人大教科文卫委和苏州市人大常委会的负责同志进行座谈交流，听取意见建议。调研组还在南京市、苏州市、徐州市实地考察8所公办、民办幼儿园和培养幼儿教师的徐州幼儿师范高等专科学校，深入了解学前教育的发展情况，听取一线园长教师的意见建议。

5月6日—11日　曹建明副委员长率全国人大调研组在湖北省就深度贫困地区脱贫攻坚和民族工作情况进行调研。调研组在武汉召开座谈会，听取湖北省政府及有关部门关于湖北省深度贫困地区脱贫攻坚和民族工作情况的汇报，深入十堰、恩施、神农架等地贫困乡村，详细了解当地农村基础设施建设、特色优势产业发展、“三保障”工作等情况，听取各地对巩固脱贫成果、完善法律法规方面的意见建议。

5月7日—10日　王晨副委员长率全国人大常委会执法检查组在河北省对水污染防治法贯彻实施情况进行检查。检查组先后在唐山、承德、张家口等地进行检查，听取了河北省实施水污染防治法情况汇报，与政府有关部门负责同志、五级人大代表、一线执法人员、专家学者和企业代表进行三次座谈，深入了解加强法律实施的意见建议。在唐山，检查南湖煤矿塌陷区水生态修复、唐钢公司污水处理、开平区散乱污企业退城搬迁治理、迁西县长河河道整治和潘家口水库网箱养鱼清理情况；在承德，查看生活垃圾无害化处置、千松坝林场水源涵养林建设情况；在张家口，了解冬奥会核心区水源地保护、水厂建设及污水处理、永定河水质监测等情况。检查组还进行了随机抽查和问卷调查。

5月7日—11日　沈跃跃副委员长率全国人大常委会执法检查组在安徽省对水污染防治法贯彻实施情况进行检查。检查组召开4个座谈会，听取了安徽省政府及相关部门、合肥市政府和巢湖市政府有关负责同志关于贯彻实施水污染防治法的情况介绍，紧扣法律就相关问题进行了交流；与地方人大常委会负责同志、各级人大代表及专家进行深入交流，听取意见和建议；与企业代表、基层执法人员、基层河长座谈，听取关于落实法律责任有关情况及意见建议，就巢湖蓝藻治理听取专家意见；并专门听取了对长江保护立法的有关意见和建议。检查组先后在合肥、六安、安庆、铜陵、芜湖等地，以实地检查、随机抽查和问卷调查相结合的方式，到企业、河湖、水库、码头、湿地和长江岸线，检查饮用水源地保护和饮用水水质净化、城乡黑臭水体治理、工业企业污染治理、乡镇污水处理设施运行、农业面源污染防治、船舶污染防治等情况。

5月8日—11日　张春贤副委员长率全国人大常委会执法检查组在广东省对就业促进法贯彻实施情况进行检查。检查组听取了广东省和部分市政府及有关部门的情况汇报，并在广州、东莞和深圳等地深入街道、企业、高校等进行实地检查。

5月9日—11日　王东明副委员长率全国人大常委会执法检查组在广西壮族自治区对中小企业促进法贯彻实施情况进行检查。检查组听取了自治区政府及有关部门实施中小企业促进法情况汇报，并在南宁、北海、贵港深入多家企业进行实地检查。

5月9日—12日　吉炳轩副委员长率全国人大常委会执法检查组在江西省对就业促进法贯彻实

施情况进行检查。检查组召开执法检查汇报座谈会，听取省政府及相关厅局、人民团体工作汇报，就有关问题进行交流，并深入南昌、宜春、抚州等地实地考察，听取基层干部群众意见建议，了解重点群体就业情况、职业教育和培训开展情况、就业服务和管理情况等。

5 月 10 日 白马赤林副委员长会见中美洲议会考察团。

5 月 13 日 栗战书委员长主持召开座谈会，研究十三届全国人大二次会议期间代表提出的意见建议，讨论加强和改进全国人大代表工作的具体措施。他强调，要深入学习贯彻习近平总书记关于坚持和完善人民代表大会制度的重要思想，健全完善代表工作机制，充分发挥代表作用，自觉接受代表监督，依靠全国人大代表做好常委会各项工作。栗战书说，以习近平同志为核心的党中央高度重视发挥人大代表作用、做好人大代表工作，作出新的部署，提出新的要求。习近平总书记鲜明指出，人民代表大会制度之所以具有强大生命力和显著优越性，关键在于它深深植根于人民之中，强调要更好发挥人大代表作用，使各级人大及其常委会成为同人民群众保持密切联系的代表机关。这些重要论述和部署要求，为做好新时代人大工作特别是代表工作提供了指引和遵循，我们要认真学习好、贯彻好、落实好，从发挥中国特色社会主义民主政治特点和优势的高度，充分认识做好代表工作的重要意义，不断提升代表工作水平。栗战书指出，人民代表大会制度的设计和运行、人大及其常委会依法行使职权，都是为了保证和发展人民当家作主，彰显“国家一切权力属于人民”的宪法理念。人大代表是人民代表大会的主体，代表人民的利益和意志参加行使国家权力。尊重代表主体地位，支持和保障代表依法履职，是人大工作保持生机和活力的重要基础。要遵循和把握代表工作规律，更好发挥人大代表的作用，使人民的意志更好地通过人民代表大会得以实现。栗战书强调，代表的意见建议是在深入调研和思考的基础上提出的，反映了人民的愿望和呼声。要认真研究、积极回应代表关切，进一步加强和改进代表工作。一要从全国人大常委会层面加强统筹和领导，常委会党组、委员长会议要专题研究代表工作，推动代表工作融入党和国家工作大局；二要深化和拓展常委会同人大代表的联系，强化常委会组成人员同人大代表的双向工作互动与交流，完善专门委员会、工作委员会对口联系代表机制；三要努力实现代表议案建议内容和办理高质量；四要全方位多角度深层次报道代表工作，展示代表履职风采；五要加强代表联络机构建设，提高服务代表的能力和水平；六要加快推进信息化建设，为加强和改进代表工作提供有力支撑。王晨副委员长出席会议。

同日 栗战书委员长会见希腊总统帕夫洛普洛斯，艾力更·依明巴海副委员长参加会见。

同日 沈跃跃副委员长会见中非国民议会友华小组代表团。

5 月 13 日—15 日 蔡达峰副委员长在湖南省进行脱贫攻坚民主监督调研。

5 月 13 日—17 日 白玛赤林副委员长率全国人大调研组在湖北省就华侨权益保护和涉侨法律法规贯彻实施情况开展调研。调研组一行赴武汉、天门、孝感等地，深入社区、学校、企业、工业园区和精准扶贫点考察侨务工作，并召开座谈会，听取湖北省侨情、华侨权益保护以及贯彻实施涉侨法律法规等工作情况的汇报。

5 月 14 日 王晨副委员长会见哥斯达黎加立法大会代表团。

同日 全国人大常委会国家安全法实施情况专题调研组全体会议召开，副委员长曹建明、郝明金出席会议。全国人大监察和司法委员会副主任委员韩晓武通报了国家安全法实施情况专题调研工作方案和前期工作情况。中央国家安全领导机构办公室、国家安全部、公安部、国家宗教事务局、中央政法委、中央网信办、国家保密局、工业和信息化部等 8 家单位先后介绍本部门贯彻实施国家安全法工作情况。在听取情况介绍后，曹建明副委员长发表讲话。

5 月 14 日—17 日 艾力更·依明巴海副委员长率全国人大常委会执法检查组在甘肃省对就业促进法贯彻实施情况进行检查。15 日上午，检查组听取了省政府及相关部门贯彻实施就业促进法的情况汇报。随后，检查组一行在兰州市赴甘肃省人力资源市场、兰州铁路技师学院、兰州交通大学，在定西市赴定西理工中等专业学校、安定区永定路街道东街社区，在白银市赴白银矿业职业技术学院、白银有色集团公司进行了实地检查。17 日上午，检查组听取了白银市贯彻落实就业促进法情况汇报，还邀请 6 位全国人大代表进行座谈，听取了对就业促进法实施情况的意见和建议。

5 月 14 日—17 日 全国人大常委会举办十三届全国人大第 7 期代表预算审查监督专题学习班，全国 32 个选举单位的 226 名全国人大代表参加学习，杨振武秘书长出席开班式并作动员讲话。本次学习班是第一期专题学习班，从本期开始正式转入分领域专题学习阶段。

5月15日—24日　栗战书对挪威、奥地利和匈牙利进行正式友好访问。

15日—18日，在访问挪威期间，栗战书拜会国王哈拉尔五世，会见首相索尔贝格，与议长特罗恩举行会谈。栗战书出席庆祝中挪建交65周年经贸座谈会并讲话，看望了在挪威进行集训的中国滑雪运动员。还会见了罗加兰郡、斯塔万格市地方官员，考察了当地生态农业、油气加工等发展情况。

18日—21日，在访问奥地利期间，栗战书拜会总统范德贝伦，与国民议会议长索博特卡和联邦议会议长阿佩分别举行会谈，会见总理库尔茨。栗战书与范德贝伦共同出席增补大熊猫仪式并致辞。还与库尔茨共同出席中国工商银行维也纳子行开业仪式。在萨尔茨堡集体会见州、市地方官员，探讨推进地方合作并考察企业和农庄等。

21日—24日，在访问匈牙利期间，栗战书拜会总统阿戴尔，与国会主席克韦尔举行会谈，会见总理欧尔班。栗战书出席中匈建交70周年研讨会开幕式并讲话。还考察了匈中双语学校、华为公司欧洲供应中心、中欧商贸物流合作园区，并向匈牙利民族英雄纪念碑敬献花圈。

5月17日—18日　王晨副委员长率全国人大调研组在上海市就加强地方立法工作进行调研。王晨围绕法治服务国家重大发展战略、优化营商环境、加强基层立法联系点建设等主题进行调研，并在上海市人大常委会出席地方立法工作调研座谈会。在虹桥商务区和国家会展中心，了解商务区应急响应中心为长三角一体化发展和进博会提供服务保障情况。在陆家嘴长者综合照护家园，考察上海市老年人权益保障条例等地方立法推动社会养老服务情况。在中国（上海）自由贸易试验区企业服务中心，调研加强法治建设、探索先行先试、促进改革开放的新举措。在张江科学城，了解科技进步法等法律促进科技发展和依法加强知识产权保护情况。在虹桥街道、古北市民服务中心基层立法联系点，调研联系点制度建设进展，并深入听取有关意见建议。

5月19日—23日　吉炳轩副委员长率全国人大常委会执法检查组在山东省对就业促进法贯彻实施情况进行检查。检查组召开两次执法检查汇报座谈会，听取省政府、烟台市政府及相关部门工作汇报，就有关问题进行交流，并深入烟台、威海、潍坊、济南等地实地考察了烟台市人力资源服务产业园、万华集团、山东工商学院、威高集团、威海职业学院、威海创业大学、山东半岛大学生创业孵化基地、奎文区樱园社区人力资源社会保障服务平台、潍柴集团、济南阳光大姐服务有限责任公司、济南市农民工综合服务中心、山东英才学院，听取基层干部群众意见建议，了解创业带动就业情况、职业教育和培训开展情况、重点群体就业和就业援助情况、就业服务和管理情况等。

5月20日　曹建明副委员长会见蒙古国宪法法院院长奥德巴亚尔率领的代表团。

5月20日—23日　张春贤副委员长率全国人大常委会执法检查组在云南省对就业促进法贯彻实施情况进行检查。检查组听取云南省和昆明、玉溪市政府及有关部门贯彻实施就业促进法情况汇报，与参加会议的五级人大代表座谈交流，先后深入昆明市、玉溪市、文山壮族苗族自治州，走进产业园区、人力资源市场、企业、高校，实地考察就业促进法宣传教育、职业技能培训提升、大学生就业创业、失业保险援企稳岗、创业基地孵化促进就业、园区吸纳就业等情况。

5月21日　王晨副委员长主持召开中央全面依法治国委员会立法协调小组第二次会议。

5月22日—23日　沈跃跃副委员长率全国人大调研组在内蒙古自治区乌兰察布市开展“一湖两海”生态综合治理调研。调研组现场听取了岱海生态保护与综合治理情况介绍，实地查看了岱海湿地围封和环湖绿道建设工程项目、岱海电厂机组技改和中水回用工程情况。召开座谈会，听取了内蒙古自治区政府及发改委、生态环境厅、水利厅等部门、乌兰察布市政府负责同志、有关专家关于贯彻落实习近平总书记重要讲话精神和开展“一湖两海”生态保护与综合治理工作汇报，并就相关问题进行了交流。

5月23日—26日　王晨副委员长率全国人大调研组在贵州省就“脱贫攻坚，人大代表在行动”进行调研。王晨先后来到黔东南州、铜仁市和贵阳市，在易地扶贫搬迁安置点，了解人大代表联络站、社区幼儿园、卫生室、扶贫车间服务搬迁群众情况；在基层村寨，查看发展乡村旅游推动脱贫取得的积极成效；在由人大代表创办的多家特色企业，考察以开展苗绣技能培训、推广油茶种植等方式带动贫困群众就业、促进增收情况。在云上贵州大数据调度中心，观看“扶贫云”运行演示。在省人大常委会机关召开座谈会，与来自基层的五级人大代表交流,听取他们参加脱贫攻坚工作情况和意见建议。

5 月 24 日　生物安全法立法领导小组会议召开,沈跃跃副委员长出席会议。

5 月 25 日　王晨副委员长在贵州省贵阳市会见摩洛哥参议院副议长苏伊里。

5 月 26 日　沈跃跃副委员长在广西防城港分别会见了哈萨克斯坦议会下院副议长伊希姆巴耶娃、吉尔吉斯斯坦副议长卡西玛丽耶娃、上海合作组织秘书长诺罗夫,以及印度企业家代表团。

5 月 27 日　栗战书委员长会见塞尔维亚国民议会副议长阿尔西奇,杨振武秘书长参加会见。

同日　曹建明副委员长主持中国—塞尔维亚立法机构合作委员会第二次会议。双方就中塞关系、立法机构交往、共建“一带一路”及经贸、农业、环保、科技、教育、人文等领域合作和国际地区热点问题等深入交流。

同日　吉炳轩副委员长会见哥伦比亚众议院外事委员会代表团和哥伦比亚国会哥中议员友好小组代表团。

同日　全国人大常委会中小企业促进法执法检查组举行第二次全体会议,研究讨论执法检查报告,总结执法检查阶段性工作。副委员长陈竺、王东明出席会议并讲话。会议指出,中小企业是国民经济和社会发展的生力军,是扩大就业、改善民生、促进创业创新的重要力量。这次执法检查突出政治站位,坚持聚焦重点,注重探索创新,取得了阶段性成果。要进一步对标对表党中央决策部署,紧扣法律规定,坚持问题导向,集思广益修改完善报告,继续扎实做好后续工作,圆满完成这次执法检查任务。要进一步加强和改进中小企业促进工作,把国家促进中小企业发展战略落实好、见成效。执法检查组成员和国务院有关部门负责同志对执法检查报告稿提出了意见建议。

5 月 28 日　栗战书委员长会见哈萨克斯坦议会下院副议长伊希姆巴耶娃,杨振武秘书长参加会见。

同日　生物安全法立法领导小组召开第二次会议,沈跃跃副委员长出席会议。

5 月 29 日　栗战书委员长会见尼日尔总统伊素福,丁仲礼副委员长参加会见。

同日　全国人大社会建设委员会召开未成年人网络保护专题座谈会,张春贤副委员长出席会议。

5 月 29 日—30 日　全国人大教科文卫委员会举办交流培训班。艾力更·依明巴海副委员长出席培训班并讲话。交流培训班邀请全国人大宪法和法律委员会主任委员李飞、全国人大常委会法制工作委员会副主任张勇和许安标分别就做好地方人大立法工作、备案审查、立法规划作专题讲座。交流培训班进行了分组讨论。李学勇主任委员作总结,并通报全国人大教科文卫委员会今年主要工作。

5 月 31 日　栗战书委员长出席“不忘初心、牢记使命”主题教育工作会议。

同日　全国人大财政经济委员会召开第 26 次全体会议,陈竺副委员长出席会议。

六　月

6 月 3 日—6 日　栗战书委员长率全国人大常委会执法检查组在江苏省对水污染防治法贯彻实施情况进行检查。江苏河湖众多、水系发达,治水护水任务艰巨。检查组先后对十多处河道和湖面进行了检查或随机抽查。到南京北十里长沟西支查看黑臭水体治理成效,赴扬州廖家沟调研生态大走廊建设情况,在太湖东岸了解围网拆除工作,在苏州护城河现场取水检测。栗战书强调,要深入学习贯彻习近平新时代中国特色社会主义思想,践行习近平生态文明思想,充分发挥法律的规范、引领、推动、保障作用,依法治理水污染保护水环境,绘就新时代美丽中国新画卷。栗战书肯定江苏水环境整治修复取得的成果,指出要持续强化对各类污染风险的分析防控,防止污染积少成多,确保水环境越来越好。他强调,河长既要履行好巡河、护河、督查职责,还要积极宣讲法律,让群众尊法学法守法用法。检查组到长江滨江水源地、南水北调东线源头查看水质状况。栗战书说,要严守安全底线,完善应急预案,保护好水源地,保证“清水北上”。检查组紧扣法律规定,把工业、城镇、农业和农村、船舶水污染防治情况作为重点检查内容。在污水处理厂和钢铁企业,栗战书详细询问治污设备运行情况,指出要加强管网建设,不断提高污水收集率和处理率,严格达标排放。在苏州市吴中区北港村、柳舍村,栗战书了解农村污水处理情况,要求因地制宜建设污水处理设施,减少面源污染,建设美丽乡村。他还走进村民家中,询问用水方便不方便、价格贵不贵、安全不安全,强调水污染防治工作一定要让群众满意、得到群众认可。(全文见本书第678页)

执法检查期间,检查组到省生态环境厅了解污染防治综合监管平台运行状况,同地方人大常委会、政府及有关部门负责同志和部分人大代表座谈交流,了解法律实施情况,听取意见建议。栗战书说,法律是党的主张和人民意志的集中体现,是治国理政最大的规矩,是社会共同遵守的最大公约数,权威和效力都要比一般的号召、工作措施大得多、管用得多。保护生态环境,必须依靠法治、遵循法律,让法律制度的牙齿有力地咬合。各部门各单位各方面都要行动起来,政府引领绿色发展,企业加快生态转型,公众践行低碳生活,在全社会增强法治意识、生态意识、环保意识、节约意识,形成崇尚生态文明、保护生态环境的良好氛围。栗战书希望江苏学习好、贯彻好习近平总书记对江苏工作的指示要求,积极探索符合省情的转型发展之路,加快建设"强富美高"新江苏。

栗战书还看望了省人大机关工作人员,要求地方各级人大及其常委会发挥立法、监督等职能作用,为打好碧水保卫战作出贡献。

6月3日—6日　艾力更·依明巴海副委员长率全国人大常委会执法检查组在内蒙古自治区对就业促进法贯彻实施情况进行检查。检查组一行深入呼和浩特职业学院、内蒙古"四众"创业市场、赛罕区学府花园路社区、呼和浩特市新东方烹饪职业培训学校、内蒙古科技大学、内蒙古西部人才市场、青山区学院社区、内蒙古瑞洁物业有限责任公司、内蒙古第一机械集团有限公司进行了实地检查。

6月3日—12日　应安哥拉国民议会、圣多美和普林西比国民议会、毛里求斯议会邀请,王晨副委员长率全国人大代表团访问上述三国。3—6日,在访问安哥拉期间,王晨分别同总统洛伦索、国民议会代议长迪亚斯会见会谈。王晨还会见了安国民议会各党团代表,并考察了两国经济民生合作项目。6—8日,在访问圣多美和普林西比期间,王晨分别会见总统卡瓦略、总理热苏斯。王晨还与国民议会议长内韦斯举行会谈,就深化立法机构间的友好合作进行了交流。8—12日,在访问毛里求斯期间,王晨分别会见代总统沃亚普里、总理贾格纳特,还与毛国民议会议长哈努曼吉举行会谈,并会见了外长博达。

6月6日　栗战书委员长在江苏省苏州市主持召开长江保护法立法座谈会。栗战书强调,要坚持以习近平生态文明思想为指引,全面贯彻习近平总书记关于长江保护的重要指示要求,加快长江保护立法进程,形成长江生态环境硬约束机制,用法律武器保护长江母亲河。栗战书说,长江是我们的母亲河,是中华民族永续发展的重要支撑。以习近平同志为核心的党中央高度重视长江生态环境保护,提出制定长江保护法的重大立法任务。要深入学习贯彻习近平总书记"共抓大保护,不搞大开发"的重要指示精神,立足全局、着眼长远,充分认识制定长江保护法的重要性、紧迫性,扎实做好立法工作,让长江保护有法可依,为长江经济带发展提供法律支撑。栗战书指出,长江保护法是一部保护长江全流域生态系统,推进长江经济带绿色发展、高质量发展的专门法和特别法。在立法中要找准定位,突出重点。一是明确立法目的和法律适用范围,增强法律的针对性、科学性、有效性。二是系统设计和安排各项制度,把最基本最重要的制度用法律形式规范和确立下来。三是统筹国土空间规划和资源开发利用,避免盲目过度开发和无序建设。四是把修复长江生态环境摆在压倒性位置,采取有效措施加大生态修复和保护力度。五是推动结构调整、促进转型升级、鼓励技术创新,为长江经济带绿色发展提供法律保障。六是加强水源地保护和应急备用水源建设,确保饮用水绝对安全。七是建立统一高效、协调有序的管理体制,形成修复保护发展的工作合力。八是规定更严格更严密的法律责任,依法严惩违反法律规定、破坏生态环境的行为。栗战书强调,要按照全国人大常委会立法工作计划,加快长江保护法起草工作,尽快拿出法律草案。在立法过程中要深入调查研究,广泛听取各方面意见建议,集思广益,凝聚立法共识,制定出一部让党中央放心、让人民群众满意的长江保护法。沈跃跃副委员长出席会议。国务院有关部门、最高人民法院、最高人民检察院、长江流域省市人大常委会负责同志,部分全国人大代表、专家学者参加会议。

6月9日—12日　曹建明副委员长率全国人大常委会调研组,在山西省和河南省,就国家安全法实施情况开展调研。调研组先后听取山西省委国家安全委员会、河南省委国家安全委员会以及山西省晋中市委国家安全委员会相关工作情况的汇报,两省委政法委、公安、国家安全、民族宗教、网信、保密、工业和信息化、退役军人事务等单位作了补充汇报。调研组还赴太原市公安局指挥中心和反诈骗中心、晋中市公安局互联网舆情管控中心、郑州市公安局特警支队、河南中铁盾构技术服务有限公司实地考察。

6 月 10 日 栗战书委员长会见以奥地利联邦议会议长英戈·阿佩为团长的奥中友协高级代表团。

6 月 10 日—15 日 郝明金副委员长率全国人大常委会调研组在湖北省和河北省，就监察体制改革和监察法实施情况开展专题调研。调研组一行先后赴武汉、黄冈、石家庄、正定等地，深入机关、社区、乡村、企业，深入纪委监委工作基地、廉政教育馆、反腐倡廉教育基地和政务服务中心，实地考察监察法实施、纪检监察派驻机构改革和监察工作向基层延伸等情况，并召开座谈会，听取两地开展监察体制改革和贯彻实施监察法等工作情况的汇报。

6 月 11 日 由全国人大常委会办公厅牵头，中宣部、生态环境部等 10 多个部门共同主办，人民日报、新华社、中央广播电视总台等多家新闻媒体参加的中华环保世纪行 2019 年宣传活动启动。活动的主题是“守护长江清水绿岸”，突出长江流域水污染防治和生态环境保护这条主线。沈跃跃副委员长出席会议并讲话，杨振武秘书长出席会议并讲话。

同日 杨振武秘书长主持召开中华环保世纪行 2019 年组委会全体会议。

6 月 12 日 全国人大环境与资源委员会召开第 15 次全体会议。沈跃跃、丁仲礼副委员长出席会议并讲话。会议传达学习习近平总书记向 2019 年世界环境日全球主场活动致的贺信和关于垃圾分类重要指示精神。听取生态环境部副部长黄润秋关于固体废物污染环境防治法修改情况的介绍。审议《国务院关于提请审议〈中华人民共和国固体废物污染环境防治法(修订草案)〉的议案》。通报了全国人大环境与资源委员会近期立法、监督、代表议案办理等工作情况。

6 月 12 日 丁仲礼副委员长出席第四次发展中国家议员研讨班开班式并致辞。开班式前，丁仲礼会见了各国议会联盟秘书长纯贡。

同日 杨振武秘书长会见了各国议会联盟秘书长纯贡。

6 月 14 日—20 日 应全国人大常委会委员长栗战书邀请，埃及议长阿里率团访华。18 日，栗战书委员长与埃及议长阿里举行会谈，并共同出席中埃议会交流机制第五次会议第一阶段会议。艾力更·依明巴海副委员长参加会谈。

6 月 15 日 《人民日报》报道，近日，全国人大常委会党组召开会议，深入学习贯彻习近平总书记在“不忘初心、牢记使命”主题教育工作会议上的重要讲话精神，对开展主题教育作出部署。栗战书主持党组会议。全国人大常委会党组会议认为，党中央决定在全党开展“不忘初心、牢记使命”主题教育，正当其时，意义重大。习近平总书记的重要讲话，阐明了开展主题教育的重大意义、目标任务、重点措施和工作要求，是新时代加强党的建设的纲领性文件，为开展主题教育提供了根本遵循。要认真学习、深刻领会习近平总书记重要讲话精神，以高度的政治责任感和使命感，扎实有效地开展好这次主题教育。会议强调，要深入学习贯彻习近平新时代中国特色社会主义思想特别是习近平总书记关于坚持和完善人民代表大会制度的重要思想，推动学习往深里走、往心里走、往实里走，提高运用党的创新理论指导实践、推动工作的能力。要坚定理想信念，传承红色基因，增强“四个意识”、坚定“四个自信”、做到“两个维护”，把坚持党中央集中统一领导贯彻到人大工作全过程和各方面。要始终牢记党的性质和宗旨，自觉践行党的群众路线，进一步密切同人大代表、人民群众的联系。要把学习成果转化为推进新时代人大工作的强大动力，不断提高人大工作质量和水平，使人大及其常委会成为全面担负起宪法法律赋予的各项职责的工作机关。要贯彻新时代党的建设总要求，提升全国人大党的建设质量，以实际行动确保党中央决策部署在人大工作中得到全面贯彻落实。

6 月 15 日—23 日 应孟加拉国国民议会、新加坡国会和印度尼西亚国会邀请，吉炳轩副委员长率团访问上述三国。在访问孟加拉国期间，分别会见乔杜里议长和法兹勒副议长，并出席“丝路一家亲”行动孟加拉国站系列活动暨“丝路之友俱乐部”成立仪式。在访问新加坡期间，分别会见荣誉国务资政、前总理吴作栋，副议长林谋泉，文化、社区及青年部部长傅海燕，拜访人民协会总部并出席中新文明交流互鉴研讨会。在访问印度尼西亚期间，分别会见人民协商会议主席祖尔基弗利，国会副议长乌杜，日惹特区省长哈孟库十世苏丹，并出席“丝路一家亲”行动印尼站系列活动启动仪式和跨文明对话研讨会。

6 月 17 日 栗战书委员长会见北马其顿议长扎费里。沈跃跃副委员长参加会见。

同日 十三届全国人大常委会委员长会议召开第三十二次会议，栗战书委员长主持会议。会议决定，十三届全国人大常委会第十一次会议 6 月 25

日至29日举行。会议还审议并原则通过了关于加强和改进全国人大代表工作的具体措施。

6月17日—21日　张春贤副委员长在黑龙江省就社会救助法进行立法调研。

6月18日　王晨副委员长会见德国联邦议院外事委员会代表团。

6月19日　栗战书委员长会见巴拿马国民大会主席阿夫雷戈。郝明金副委员长会见时在座。

同日　全国人大常委会高等教育法执法检查组召开第一次全体会议，这是高等教育法实施以来全国人大常委会开展的首次执法检查，旨在对法律实施情况进行一次较为全面的检查。检查组分成4个小组，在6月至8月分别赴山西、辽宁、黑龙江、新疆等4个省、自治区开展检查，同时委托北京、上海、浙江、安徽、广东、广西、重庆、贵州、陕西、甘肃等10个省（区、市）人大常委会对本行政区域内高等教育法的实施情况进行检查，并提供书面报告。王晨副委员长出席会议并讲话。

6月19日—21日　陈竺副委员长出席2019年上半年经济形势分析预备会。

6月20日—22日　郝明金副委员长在贵州省就脱贫攻坚工作进行调研。

6月24日　沈跃跃副委员长率全国人大环境与资源保护委员会调研组在国家能源局—电力规划设计总院，结合“不忘初心、牢记使命”主题教育意见中关于“深入开展调查研究”的要求，开展可再生能源法执法检查前期调研。调研组实地考察全国新能源电力消纳监测预警平台，并召开相关部门和企业座谈会，深入了解可再生能源法贯彻实施情况及对修改法律的意见建议。国家发展改革委、财政部、国家能源局有关负责同志及国家电网有限公司、南方电网公司、国家能源投资集团公司、国家电力投资集团公司、金风科技股份有限公司、协鑫集团有限公司有关负责同志出席会议并汇报情况。调研组同志还与参会单位同志进行了交流讨论。

6月25日　栗战书委员长会见哥伦比亚自由党总书记桑切斯率领的干部考察团。武维华副委员长参加会见。

同日　十三届全国人大常委会委员长会议召开第三十三次会议，栗战书委员长主持会议。会议决定，将新增人事任免事项提请十三届全国人大常委会第十一次会议审议。

6月25日—29日　十三届全国人大常委会举行第十一次会议。

会议听取全国人大宪法和法律委员会副主任委员丛斌关于疫苗管理法草案审议结果的报告。在审议的基础上，会议印发全国人大宪法和法律委员会关于疫苗管理法草案三次审议稿修改意见的报告。经过审议，会议通过《中华人民共和国疫苗管理法》。

《中华人民共和国疫苗管理法》共11章，100条，包括：总则、疫苗研制和注册、疫苗生产和批签发、疫苗流通、预防接种、异常反应监测和处理、疫苗上市后管理、保障措施、监督管理、法律责任、附则。本法自2019年12月1日起施行。

会议听取全国人大常委会法制工作委员会主任沈春耀关于在中华人民共和国成立七十周年之际对部分服刑罪犯予以特赦的决定草案的说明。在审议的基础上，会议印发全国人大宪法和法律委员会关于在中华人民共和国成立七十周年之际对部分服刑罪犯予以特赦的决定草案审议结果的报告。经过审议，会议通过《全国人民代表大会常务委员会关于在中华人民共和国成立七十周年之际对部分服刑罪犯予以特赦的决定》。本决定自2019年6月29日起施行。本决定对依据2019年1月1日前人民法院作出的生效判决正在服刑的九类罪犯予以特赦。对本决定施行之日符合上述条件的服刑罪犯，经人民法院依法作出裁定后，予以释放。

会议听取全国人大宪法和法律委员会副主任委员沈春耀分别关于民法典婚姻家庭编草案、民法典继承编草案修改情况的汇报，全国人大宪法和法律委员会副主任委员胡可明关于土地管理法、城市房地产管理法修正案草案修改情况的汇报，并对上述法律草案进行再次审议。

会议听取全国人大农业与农村委员会副主任委员王宪魁关于森林法修订草案的说明，关于社区矫正法草案的说明，国家密码管理局局长李兆宗关于密码法草案的说明，生态环境部部长李干杰关于固体废物污染环境防治法修订草案的说明，并对这四部法律草案进行初次审议。

会议听取并审议财政部部长刘昆关于2018年中央决算的报告，全国人大财政经济委员会副主任委员史耀斌关于2018年中央决算草案审查结果的报告，经过审议，会议通过《全国人民代表大会常务委员会关于批准2018年中央决算的决议》。

会议听取并审议审计署审计长胡泽君关于2018年度中央预算执行和其他财政收支的审计工作报告，文化和旅游部部长雒树刚关于文化产业发展工作情况的报告，陈竺副委员长作的全国人大常委会执法检查组关于检查中小企业促进法实施情况的报告。

会议听取全国人大常委会代表资格审查委员会主任委员吴玉良关于个别代表的代表资格的报告。经过审议,会议通过这个报告。

会议审议栗战书委员长访问挪威、奥地利、匈牙利情况的书面报告。

会议印发全国人大代表团访问摩洛哥、肯尼亚、布隆迪情况的书面报告。

会议通过全国人民代表大会常务委员会关于接受冯忠华辞去第十三届全国人民代表大会常务委员会委员等职务的请求的决定。

会议还通过其他任免事项。

会议闭幕时,栗战书委员长发表讲话。栗战书说,本次会议共审议 9 件法律草案和有关法律问题的决定草案,通过了其中的 2 件。最为重要的议程,就是审议通过全国人大常委会关于在中华人民共和国成立七十周年之际对部分服刑罪犯予以特赦的决定。习近平主席签署发布特赦令。根据党中央部署,按照宪法有关规定,对部分罪犯实行特赦,具有重大政治意义和法治意义。这一决定,有利于彰显以习近平同志为核心的党中央承续中华文明慎刑恤囚、明刑弼教的优良传统,展示了执政自信和制度自信;有利于弘扬全面依法治国理念,深入推进法治中国建设;有利于贯彻落实宽严相济刑事政策,促进社会和谐稳定;有利于展现我国人权司法保障水平,进一步树立我国开放、民主、法治、文明的国际形象。要认真贯彻习近平主席特赦令,按照全国人大常委会作出的特赦决定,准确把握特赦基本原则和范围,坚持审慎、公平、公正、依法办理,确保每个环节都严格按照宪法和法律规定办,确保此次特赦取得好的政治效果、法律效果、社会效果。

栗战书指出,会议表决通过的疫苗管理法,贯彻习近平总书记重要指示精神和党中央部署要求,回应社会关切,全面严格法律责任,为坚决守住公共安全底线、维护人民身体健康提供了有力法律武器。会议对民法典婚姻家庭编草案、继承编草案进行了第二次审议。两个分编涉及每一个人的权利和利益,关系到家庭和社会的和谐稳定,要认真研究吸纳各方面意见,把草案进一步修改好完善好。

栗战书说,会议听取审议了 2018 年中央决算报告、审计工作报告、文化产业发展工作情况报告,听取审议了中小企业促进法执法检查报告并开展专题询问。常委会组成人员强调,要全面贯彻党中央决策部署,不断提升预算执行能力和绩效水平,提高财政资源配置效率。要高度重视审计查出的问题,一条一条严肃整改。要健全现代文化产业体系和市场体系,不断增强人民群众的文化获得感、幸福感。要严格执行法律规定,着力纾解中小企业困难,依法保护中小企业和企业家合法权益。

栗战书就做好执法检查工作、增强监督实效提出要求。一是准确把握执法检查的定位和目的,依照法定职责、限于法定范围、遵守法定程序开展检查。二是紧扣法律规定开展检查,把法律制度的引领、规范、保障作用充分发挥出来。三是坚持问题导向,创新工作方式方法,真正形成监督压力。四是起草好、审议好执法检查报告,如实反映法律实施情况,共同研究解决问题。五是抓好督促落实工作,持续监督,一抓到底,务求取得实效。(全文见本书第 145 页)

会议结束后,十三届全国人大常委会举行第十二讲专题讲座,中国法学会党组成员、学术委员会主任张文显作了题为《社会主义核心价值观与法治建设》的讲座,栗战书委员长主持讲座。

26 日,十三届全国人大常委会第十一次会议举行分组会议,审议民法典婚姻家庭编草案、民法典继承编草案。栗战书委员长参加审议。

6 月 27 日　栗战书委员长同列席十三届全国人大常委会第十一次会议的全国人大代表座谈,听取对立法工作的意见建议,研究加强人大立法工作。55 位代表大多来自基层一线。大家纷纷发言,结合履职实践介绍参与立法工作的经验体会,围绕扩大代表参与立法工作的覆盖面、健全代表参与立法工作机制、强化代表自身建设、切实提高参与立法工作能力等提出意见建议。栗战书认真倾听,不时插话同大家深入交流。栗战书强调,要认真学习贯彻习近平新时代中国特色社会主义思想,在立法工作中贯彻群众路线,反映人民意愿,充分发挥人大代表作用,努力做到立法为了人民、依靠人民、造福人民、保护人民。他说,立法是法治的前提和基础。做好新时代立法工作,必须坚持人民主体地位,贯彻以人民为中心的发展思想,不断满足人民群众对民主、法治、公平、正义、安全、环境等方面的需要,用法治保障人民权益,增进人民福祉。这是立法的价值取向,也是社会主义法治的力量源泉。栗战书指出,人大代表作为国家权力机关组成人员,代表人民参加行使立法权、参与立法工作,使命光荣,责任重大。尊重代表主体地位,扩大代表对立法工作的参与,这是人民当家作主的重要体现。要认真听取代表反映的情况,发挥代表专业特长,积极研究采纳代表提出的意见建议,共同提高立法工作质量，让立法更好地接地气、察民情、聚民智、惠民生。栗战书指出，经过多年探索实践，代表参与立法工作已经有了一套比较成熟的机制和做法，要坚持下去并在实践中继续创新完善。要把办理代表议案建议与编制立法规划计划、制定修改法律更紧密地结合起来，邀请更多人大代表参与常委会立法工作，利用信息技术为代表参与立法工作搭建便捷高效的平台。要做好代表服务工作，自觉接受代表监督，依靠代表提高常委会工作水平。栗战书强调，人大代表要提升政治站位，强化责任担当，从履行法定职责、不负党和人民重托的高度，认真负责地参加行使立法权、参与立法工作。要自觉学习贯彻党的创新理论和党中央决策部署，学习法律和其他方面的专业知识，提高参与立法工作的能力和水平。要深入调查研究，广泛收集群众意见，结合专业特长进行认真思考，努力提出高质量的意见建议。要结合履职实践，讲好人大故事、立法故事，使立法过程成为宣传法律、弘扬法治精神的过程。(全文见本书第161页)王晨副委员长主持座谈会。

6月28日　十三届全国人大常委会委员长会议召开第三十四次会议，栗战书委员长主持会议。会议决定将有关草案的建议表决稿提交常委会会议审议。

同日　十三届全国人大常委会第十一次会议举行联组会议，围绕审议中小企业促进法执法检查报告开展专题询问。栗战书委员长参加审议和询问。

王东明副委员长主持会议。常委会委员和全国人大专门委员会委员徐如俊、李巍、吕薇、谢经荣、蔡玲、欧阳昌琼，全国人大代表俞学文、蔡仲光围绕如何解决民营企业、中小企业发展中的突出困难，采取哪些具体措施帮助和支持中小企业提升自主创新和专业化能力水平，如何解决“放管服”改革中部分盈利较好的行业市场准入门槛较高或者设置隐性门槛问题，有哪些切实有效的措施破解融资难、融资贵难题，如何确保完成政府工作报告提出的清理政府部门和大型国企拖欠民营企业、中小企业账款工作目标，怎样推动中小企业信用体系建设等提出询问。

国务委员王勇，工业和信息化部、国家发展改革委、财政部、中国人民银行、国务院国资委、市场监管总局、中国银保监会、中国证监会等有关部门负责人到会应询。

栗战书在讲话中指出，检查中小企业促进法实施情况是今年全国人大常委会监督工作的一项重要内容。执法检查报告问题找得准、原因分析得深、建议很有针对性，常委会组成人员在审议和询问时也提出不少好的意见建议。要把这次执法检查的成果运用好落实好，加强跟踪监督，推动有关方面认真实施法律，切实解决问题，加强改进工作，完善制度措施。

栗战书强调，实施好中小企业促进法，要充分发挥中小企业在创造和稳定就业方面的重要作用，把法律要求、就业优先政策与支持中小企业发展有机结合起来；要落实好法律关于创新支持的规定，把中小企业在创新方面的重要作用发挥出来，促进创新发展、高质量发展；要切实保护好中小企业合法权益，让中小企业感受到法律的力度和“温度”，提高企业和企业家的安全感获得感；要抓紧健全完善相关配套法规、具体措施和工作机制，把法定职责落细落实，确保法律全面有效实施。(全文见本书第162页)

王勇表示，国务院及有关部门要以习近平新时代中国特色社会主义思想为指导，坚决贯彻落实党中央决策部署，坚持基本经济制度、坚持“两个毫不动摇”，大力推进中小企业促进法贯彻实施，加快体制机制创新，完善相关政策措施，着力在降低成本负担、缓解融资难融资贵、保护合法权益、营造公平竞争环境、扩大公共服务供给等方面下更大功夫，不断提高中小企业发展质量和效益，为我国经济社会持续健康发展作出新的更大贡献。

6月29日　十三届全国人大常委会委员长会议召开第三十五次会议，栗战书委员长主持会议。会议研究提请常委会会议表决事项。

同日　全国人大常委会法制工作委员会有关负责人就十三届全国人大常委会第十一次会议通过的《全国人大常委会关于在中华人民共和国成立七十周年之际对部分服刑罪犯予以特赦的决定》有关问题答记者问。

同日　全国人大常委会办公厅召开新闻发布会，有关部门负责同志介绍十三届全国人大常委会第十一次会议通过的疫苗管理法的有关情况。

同日　全国人大常委会发布公告。公告说，澳门特别行政区十三届全国人大代表出缺1名，根据《中华人民共和国澳门特别行政区选举第十三届全国人民代表大会代表的办法》的规定，递补何敬麟为十三届全国人大代表。十三届全国人大常委会第十一次会议根据代表资格审查委员会提出的报告，确认何敬麟的代表资格有效。吉林省人大常委会决定接受赵龙虎辞去十三届全国人大代表职务。

云南省人大常委会决定接受许雷辞去十三届全国人大代表职务。依照《中华人民共和国全国人民代表大会和地方各级人民代表大会代表法》的有关规定，赵龙虎、许雷的代表资格终止。依照《中华人民共和国全国人民代表大会和地方各级人民代表大会选举法》的有关规定，赵龙虎的十三届全国人大常委会委员职务相应终止。截至目前，十三届全国人大实有代表2970人。

6月30日 全国人大常委会水污染防治法执法检查组召开会议，听取受委托检查的省级人大常委会汇报情况。栗战书委员长主持并讲话。今年3月底至6月，全国人大常委会水污染防治法执法检查组赴8个省开展检查，同时委托23个省区市人大常委会对本行政区域内的法律实施情况进行检查。汇报会上，受委托检查的省区市人大常委会负责人汇报了检查情况。检查组成员边听边记，了解详情，交流体会。栗战书强调，要深入学习贯彻习近平总书记关于坚持和完善人民代表大会制度的重要思想，围绕打好污染防治攻坚战，形成人大工作整体合力，共同推动党中央决策部署和法律法规落实到位。栗战书说，各省区市高度重视水污染防治法执法检查，在党委领导下，人大常委会紧扣法律规定，坚持问题导向，敢于动真碰硬，探索创新方式方法，深入查找影响法律实施、制约工作发展、损害群众利益的突出问题，推动边查边改、立行立改，取得较好效果。栗战书指出，从委托检查情况看，各地深入学习贯彻习近平生态文明思想，认真贯彻落实党中央决策部署和生态环保法律法规，在打好污染防治攻坚战方面思想更统一、认识更深刻、工作更有力度，依法推进水污染治理、水环境改善、水生态修复取得明显成效。执法检查发现，水污染防治工作开展比较好的地方，往往就是法律落实比较到位的地方；工作中存在突出问题的，很大程度都与法律规定没有得到严格执行有关。要把法律规定一个条款一个条款落到实处，让法律制度的牙齿有力地“咬合”，运用法律武器打好碧水保卫战。栗战书强调，人大及其常委会在水污染防治中担负着重要职责，必须依法行使好立法权和监督权。要进一步加强地方立法工作，充分发挥地方立法切口小、有特色、精准细化、可操作性强的优势，织密织牢水污染防治和生态环保法律制度体系。要加大监督工作力度，增强监督实效，把法律制度的刚性约束作用发挥出来，保证法律法规有效实施。各级人大代表要积极参与，深入了解法律落实情况，积极反映人民群众愿望呼声，助力水污染防治和生态环境保护。全国人大与地方人大要密切工作联系、加强工作协同，对事关改革发展稳定、人民群众切身利益的重点难点问题，同步做好立法、监督等工作，增强人大工作整体实效。（全文见本书第681页）副委员长王晨、沈跃跃、丁仲礼出席会议。

七 月

7月2日 栗战书委员长主持召开会议，同参加全国省级人大常委会秘书长工作交流会的省级人大常委会秘书长交流座谈。座谈会上，省级人大常委会秘书长结合实际，围绕加强和改进人大工作、提升人大工作整体水平谈体会提建议。在认真听取大家发言后，栗战书说，地方人大设立常委会40周年来，依法履职尽责，为改革开放和社会主义现代化建设，为地方各项事业发展作出了重要贡献，对全国人大工作给予了大力支持和配合。这次交流会对于开拓人大工作视野、改进人大工作必将起到很好的推动作用。栗战书强调，要深入学习贯彻习近平新时代中国特色社会主义思想，坚持党的领导、人民当家作主、依法治国有机统一，密切全国人大同全国人大代表和地方人大的联系，提升新时代人大工作整体水平。栗战书说，全国人大密切同全国人大代表的联系、密切同地方人大的联系，增强人大工作整体实效，是习近平总书记和党中央对全国人大工作提出的明确要求。全国人大代表是最高国家权力机关的组成人员，代表人民的利益和意志，参加行使国家权力。人民代表大会制度的设计和运行、人大及其常委会依法行使职权，都是为了保证和发展人民当家作主。人大代表是人民代表大会的主体，更好发挥人大代表作用是坚持和完善人民当家作主的重要体现，是人大工作保持生机和活力的重要基础。全国人大机关要尊重代表主体地位，树立服务代表意识，保障代表依法履职。要遵循和把握代表工作规律，健全代表工作机制，落实好委员长会议组成人员、常委会委员和专门委员会、工作委员会直接联系代表制度，坚持邀请基层代表列席常委会会议和常委会领导同志与列席代表座谈机制，扩大代表对常委会、专门委员会、工作委员会立法、监督、外事等工作的参与，组织好代表视察、专题调研和考察活动，为代表特别是基层代表履职创造更好条件。栗战书说，各级人大及其常委会在同级党委领导下开展工作。全国人大及其常委会与地方人大及其常委会不是上下级领导被领导关系，这是一个重要政治原则。全国人大密切与地方人大的联系，最为重要的是加强思想政治建设和重大工作的互动联动，共同推动深入学习贯彻习近平新时代中国特色社会主义思想特别是习近平总书记关于坚持和完善人民代表大会制度的重要思想，共同推动落实党的基本理论、基本路线、基本方略和重大决策部署，共同维护习近平总书记党中央的核心、全党的核心地位，维护党中央权威和集中统一领导，共同推动宪法和法律的实施落实。全国人大同地方人大可以加强在工作上的沟通、协调、交流、联动和干部学习培训，共同推进人大的立法、监督、代表等工作。

同日　长江保护法立法领导小组第二次会议召开，副委员长沈跃跃、丁仲礼出席会议。

同日　长江保护法立法专家座谈会召开，副委员长沈跃跃、丁仲礼出席会议。

7月2日—3日　全国省级人大常委会秘书长工作交流会召开。各省（区、市）人大常委会秘书长和有关工作机构负责人参加会议。王晨副委员长出席会议并讲话。王晨强调，要深入学习贯彻习近平新时代中国特色社会主义思想特别是习近平总书记关于坚持和完善人民代表大会制度的重要思想，坚持党的领导，更好发挥人大机关参谋助手和服务保障作用，密切全国人大与地方人大的联系，增强新时代人大工作整体实效，推动党中央决策部署贯彻落实。王晨强调，做好新时代人大工作，是全国人大和地方人大的共同任务。要提高政治站位，把坚决维护以习近平同志为核心的党中央权威和集中统一领导贯彻到人大工作全过程和各方面，始终确保人大工作的正确方向。要恪尽职守履职责、坚持不懈改作风，勇于担当、善于作为，把人大机关建设为让党放心、让人民群众满意的模范机关。要在贯彻党中央决策部署上密切联系、形成合力，加强立法、监督等方面工作协同；在推动人民代表大会制度完善发展上密切联系、形成合力，促进人大制度理论和实践创新，更好发挥人民代表大会制度的特点和优势；在推动人大工作和建设上密切联系、形成合力，切实解决工作中存在的困难和问题，更好担负起宪法法律赋予的各项职责。3日，杨振武秘书长出席全国省级人大常委会秘书长工作交流会第二次会议并讲话。

7月2日—5日　万鄂湘副委员长率全国人大调研组在内蒙古自治区、陕西省就司法体制改革和中医药传承进行调研。

7月2日—6日　郝明金副委员长率全国人大调研组在浙江省、广东省就国家安全法实施情况进行专题调研。

7月2日—11日　应冰岛议会、芬兰议会、爱尔兰议会邀请，张春贤副委员长率全国人大代表团访问上述三国。在访问冰岛期间，同冰岛议长西格富松会谈。在访问芬兰期间，同议长万哈宁举行会谈。在访问爱尔兰期间，分别同副众议长加拉格尔、副总理兼外交与贸易部长科文尼举行会谈。

7月3日　栗战书委员长会见保加利亚总统拉德夫，陈竺副委员长参加会见。

同日　栗战书委员长出席中国人大制度理论研究会年会暨换届选举会议。栗战书强调，要坚持以习近平新时代中国特色社会主义思想为指导，紧跟时代步伐，回应时代要求，切实增强人大制度理论研究的时代性、实践性。栗战书指出，人民代表大会制度是中国共产党领导人民经过浴血奋战和不懈探索建立的有中国特色的政权组织形式，具有显著优势和强大生命力。党的十八大以来，以习近平同志为核心的党中央高度重视人大制度和人大工作。习近平总书记立足新时代中国特色社会主义事业发展全局，就坚持和完善人民代表大会制度作出一系列重要论述、重要指示，拓展了人民代表大会制度的科学内涵、基本特征和本质要求，标志着我们党对人民代表大会制度的规律性认识达到了一个新的高度。要深入学习贯彻习近平总书记关于坚持和完善人民代表大会制度的重要思想，围绕习近平总书记提出的新理论、新观点、新指示、新要求，结合人大工作实际，推动研究工作往实里做、向深里钻，形成更多高质量研究成果，更好运用习近平总书记的重要思想引领和推动新时代人大工作。栗战书强调，做好人大制度理论研究，要把习近平新时代中国特色社会主义思想作为根本遵循，不断深化对新时代坚持和完善什么样的人民代表大会制度、怎样坚持和完善人民代表大会制度这一重大理论和实践课题的认识；要坚持正确的政治方向，坚定不移走中国特色社会主义政治发展道路，坚持党的领导、人民当家作主、依法治国有机统一，服务社会主义民主政治伟大实践；要着眼于推进国家治理体系和治理能力现代化，紧跟党中央决策部署，研究解决实际问题，推动人大制度更加成熟、更加定型；要善于讲好人大故事，多出有说服力的研究成果，面向大众、深入浅出，让国家根本政治制度深入人心。栗战书对中国人大制度理论研究会的成功换届表示祝贺。他强调，要加强常委会对理论研究工作的领导，积极调动各方面力量参与理论研究，加强工作机制和平台建设，凝聚人大制度理论研究的合力。要不负重托，开拓创新，以人大制度理论研究工作的新成绩，为坚持和完善人民代表大会制度、推进社会主义民主法治建设作出新贡献。王晨副委员长主持会议。

7 月 4 日 全国人大常委会水污染防治法执法检查组第二次全体会议召开，王晨副委员长主持会议并讲话。副委员长沈跃跃、丁仲礼出席会议。

7 月 5 日 栗战书委员长会见孟加拉国总理哈西娜，白玛赤林副委员长参加会见。

7 月 5 日—8 日 十三届全国人大第八期代表学习班在上海举行。392 名全国人大代表围绕“完善中国特色社会主义法律体系”进行了专题学习。学习期间，全国人大常委会副秘书长，全国人大有关专门委员会、常委会有关工作委员会负责人分别围绕“学习贯彻习近平总书记全面依法治国新理念新思想新战略”“不断完善中国特色社会主义法律体系，推进国家治理体系和治理能力现代化”“深入学习贯彻宪法，加强宪法实施和监督”“全国人大及其常委会的立法权限、立法程序和立法工作”“我国民法典编纂工作的进展情况和重要问题”“做好法律案的审议工作”“立法规划和代表立法议案建议工作”等进行专题讲授。十三届全国人大常委会高度重视全国人大代表学习培训，举办了多期代表履职学习班，基本实现本届新任基层代表履职学习全覆盖。代表学习培训目前已转入专题学习阶段。

7 月 8 日—10 日 全国人大常委会党组召开会议，围绕“新时代党的历史使命”进行专题学习。中共中央政治局常委、全国人大常委会委员长、党组书记栗战书主持会议并讲话。

会议认为，实现中华民族伟大复兴是中国共产党与生俱来的历史使命，贯穿于党的全部奋斗之中。在革命、建设、改革不同时期，一代又一代中国共产党人带领人民接续奋斗的具体目标任务各有不同，但为中国人民谋幸福、为中华民族谋复兴这个初心使命是贯穿始终的鲜明主线。正是因为我们党始终坚守初心使命，义无反顾向着这个目标前进，从而能够在攻坚克难中不断从胜利走向胜利，赢得了人民衷心拥护和坚定支持。在新中国成立 70 周年、我们党在全国执政 70 年之际，回望初心、牢记使命，进一步增强了坚持党的领导、树牢“四个意识”、做到“两个维护”的自觉性坚定性，增强了为实现党的历史使命不懈奋斗的责任感使命感。

会议指出，中国特色社会主义进入新时代，赋予了党的历史使命、目标任务新的时代内涵。我们比历史上任何时期都更接近、更有信心和能力实现中华民族伟大复兴的目标。信心来自于习近平新时代中国特色社会主义思想的科学指导，来自于以习近平同志为核心的党中央集中统一领导，来自于中国特色社会主义制度的巨大优势，来自于新中国建设 70 年特别是改革开放 40 年的雄厚积累，来自于我们党强烈的自我革命精神。要全面贯彻党的基本理论、基本路线、基本方略，始终保持战略定力，增强斗争精神，为实现中华民族伟大复兴付出更为艰巨更为艰苦的努力。

会议强调，全国人大及其常委会在党领导人民治理国家、实现历史使命的伟大实践中肩负着重要责任。要深入学习贯彻习近平新时代中国特色社会主义思想，坚持从自身职能定位出发，依法行使立法权、监督权，扎实做好代表工作、开展对外交往，为实现新时代党的历史使命作出人大应有的贡献。全国人大常委会党组、常委会组成人员要恪尽职守、埋头苦干，努力做忠诚干净担当的模范和表率。要勇于担当作为，不畏难、不避险，尽心尽力完成好党中央交付的重大任务。以极端负责的精神、一流的工作标准履行各项职责，讲认真、讲效率、讲实效，不断提升人大工作的质量和水平。继承和发扬老一辈革命家淡泊名利、敬业奉献的崇高精神，把初心守成恒心，把担当使命落实到具体行动中。

王晨、曹建明、沈跃跃、吉炳轩、艾力更·依明巴海、王东明、白玛赤林、杨振武出席会议并发言。

7 月 8 日—12 日 应全国人大常委会委员长栗战书邀请，越南国会主席阮氏金银率团访华。10 日，栗战书委员长同越南国会主席阮氏金银共同出席“2019 越南文化日”活动。杨振武秘书长参加活动。11 日，栗战书委员长同越南国会主席阮氏金银举行会谈。王东明副委员长参加会谈。

12 日，国家主席习近平会见越南国会主席阮氏金银。王晨副委员长，杨振武秘书长参加会见。

7 月 9 日 吉炳轩副委员长会见法国国民议会法中友好小组主席陈文雄率领的法国国民议会代表团。

7 月 9 日—11 日 全国人大民族委员会在黑龙江省哈尔滨市举办第 22 期全国人大民族工作干部

学习班，全国31个省（自治区、直辖市）、5个计划单列市人大民族工作部门和办公室负责同志，30个自治州、11个自治县（旗）以及黑龙江省各地市人大常委会负责同志共168人参加了学习。学习期间，共安排了4次专题辅导讲座，开展了3场现场教学，组织学员分组深入研讨并进行了大会学习交流。

7月10日　全国人大常委会党组召开会议，学习贯彻习近平总书记在中央和国家机关党的建设工作会议上的重要讲话，研究部署加强全国人大党的建设。中共中央政治局常委、全国人大常委会委员长、党组书记栗战书主持会议并讲话。

会议认为，党中央召开中央和国家机关党的建设工作会议，具有重要里程碑意义。习近平总书记的重要讲话，精辟论述了加强和改进中央和国家机关党的建设的重大意义，深刻阐明了新形势下中央和国家机关党的建设的使命任务、重点工作、关键举措，对加强和改进中央和国家机关党的建设作出全面部署，为推动中央和国家机关党的建设高质量发展指明了努力方向、提供了根本遵循。

会议指出，认真学习领会、坚决贯彻落实习近平总书记的重要讲话，是加强全国人大党的建设的重大政治任务，要结合开展“不忘初心、牢记使命”主题教育，抓紧抓实、务见成效。要准确把握习近平总书记指出的中央和国家机关的政治属性和职责定位，提升做好机关党建工作的责任感使命感，自觉在加强党的建设上走在前、作表率。要牢固树立政治机关的意识，带头做到“两个维护”，把对党忠诚、与党中央保持一致体现在坚决贯彻党中央决策部署的行动上，体现在实际工作和一言一行中。要坚持以政治建设为统领，全面加强党的各方面建设，在深入学习贯彻习近平新时代中国特色社会主义思想上作表率，在始终同党中央保持高度一致上作表率，在坚决贯彻落实党中央各项决策部署上作表率，把全国人大机关建设成让党中央放心、让人民群众满意的模范机关。

会议听取了机关党组关于机关党建和开展主题教育情况的汇报，并提出要求。强调全国人大常委会党组在加强自身建设的同时，要进一步加强对机关党组、专门委员会分党组的领导，坚持并完善听取党建工作汇报、重大事项请示报告等制度，确保党中央关于全面从严治党的部署要求落地生根。要把坚决防止“灯下黑”摆在机关党建的突出位置，健全完善机关党建制度体系，扎实开展内部巡视，持之以恒正风肃纪，坚决克服形式主义、官僚主义，有效推动党建和业务深度融合、相互促进。要践行新时代好干部标准，把干净和担当、勤政和廉政统一起来，激励干部增强干事创业的精气神，敢于担当作为，甘于无私奉献，不断提升人大机关工作质量和效率。

王晨、曹建明、沈跃跃、吉炳轩、艾力更·依明巴海、王东明、白玛赤林、杨振武出席会议并发言。

同日　栗战书委员长主持召开生物安全法立法座谈会，听取立法意见和建议。栗战书强调，要以习近平新时代中国特色社会主义思想为指引，制定一部体现中国特色、反映新时代要求的生物安全法，用法律划定生物技术发展的边界，保障和促进生物技术健康发展。栗战书说，统筹发展和安全，增强忧患意识，做到居安思危，是我们党治国理政的一个重大原则。党的十八大以来，以习近平同志为核心的党中央高度重视生物安全问题，习近平总书记多次作出重要指示，为生物安全立法工作指明了方向，提供了遵循。要深入贯彻习近平总书记重要指示要求，坚持从总体国家安全观的高度充分认识生物安全立法的必要性和紧迫性，通过立法确立生物安全领域的基础性制度原则，突出风险防范，用法律武器保卫国家生物安全，保障人民生命健康。栗战书指出，当前生物技术快速发展，大幅提升了生物医学水平，提高了生命质量，拓展了人类对自身和自然界的认识。要通过立法，引导和规范人类生物技术的研究应用走正确之路，促进生物技术快速健康发展，防止和减少可能出现的危害和损失；通过立法，建立一套行之有效的管理体制和机制，充分调动各方面力量，明确各方面责任，构建严密的国家生物安全体系；以法律制度的形式，将鼓励自主创新的产业政策和科技政策固定下来，保障生物安全基础设施先进完善，提升国家生物安全能力建设。栗战书强调，近年来，全国人大代表提出多项制定生物安全立法的议案建议，反映了人民群众的呼声和期盼。要认真贯彻落实习近平总书记指示要求，认真回应人大代表和人民群众的关切，调动各方面的积极性主动性创造性，加快立法工作进度，制定一部内容全面、结构完整、重点突出，具有基础性、系统性、综合性、统领性的生物安全基本法。要建立完善的法律制度，作出科学合理的制度安排，使各领域活动在健康协调、有序衔接的制度体系下运行。要通过严格的法律责任，明确有关部门的依法履职和责任追究制度，把权力和责任有机统一起来，推动法律可操作、可实施。副委员长王晨、沈跃跃出席会议。

7月11日　全国人大教科文卫委员会召开第

15 次全体会议,预先听取教育部关于学前教育事业改革和发展情况的报告。艾力更·依明巴海、蔡达峰副委员长出席会议并讲话。中央编办、国家发展和改革委员会、民政部、财政部、人力资源社会保障部、自然资源部、住房城乡建设部、国家卫生健康委等相关部门同志参加会议。吉林省人大教科文卫委、重庆市人大教科文卫委、云南省人大教科文卫委负责同志等列席会议。

7 月 11 日—17 日 艾力更·依明巴海副委员长率全国人大常委会执法检查组在新疆维吾尔自治区对高等教育法贯彻实施情况进行检查。检查组在认真学习领会和践行习近平总书记提出的“不忘初心、牢记使命”精神要义基础上,听取了新疆维吾尔自治区、乌鲁木齐市、喀什地区、新疆建设兵团及石河子市贯彻落实高等教育法情况的汇报,并与教育、发改、科技、工信、财政、人社等有关部门负责同志、部分高校党委书记、校长、教师进行座谈交流。检查组深入新疆大学、新疆农业大学、新疆财经大学、新疆轻工职业技术学院、喀什大学、喀什职业技术学院、石河子大学、石河子职业技术学院等高等院校,实地检查了解坚持党的全面领导和党的教育方针、开展思想政治课、落实立德树人、加强学科与专业建设、完善实训基地建设以及教学与科技成果、校园环境等方面的情况。

7 月 12 日—16 日 曹建明副委员长率全国人大调研组在内蒙古自治区,就兴边富民行动“十三五”规划实施情况、草原生态保护情况和“不忘初心、牢记使命”主题教育开展调研。调研组一行深入呼伦贝尔市和兴安盟的 7 个旗市区,访牧户、看口岸,进学校、入医院,并与内蒙古自治区人大、政府及其有关部门举行座谈会,就相关工作进行深入交流。

7 月 15 日—19 日 蔡达峰副委员长率全国人大常委会执法检查组在辽宁省对高等教育法实施情况进行检查。检查组听取了辽宁省政府、大连市政府以及省教育厅、发展改革委、科技厅、财政厅、人社厅等有关部门的工作汇报;在沈阳市、大连市分别召开会议,同 20 所高校负责同志进行了座谈交流;在东北大学、大连理工大学、大连东软信息学院召开座谈会,面对面听取 30 多位高校业务处室负责同志、一线教师、学生代表的意见建议;实地考察了大连理工大学、东北大学、沈阳农业大学、大连海洋大学、中国医科大学、东北财经大学、大连东软信息学院、辽宁省交通高等专科学校等 8 所不同类型高校。

7 月 16 日—18 日 陈竺副委员长率全国人大常委会执法检查组在山西省对高等教育法贯彻实施情况进行检查。检查组在山西省太原市召开情况汇报会,山西省政府以及有关厅局负责同志结合职责分工汇报了具体情况。检查组围绕山西省加强党对高校的领导、提高高校人才培养质量、优化调整专业机构以及人才引进工作等问题进行了现场交流。检查组先后在太原、临汾、运城三地开展检查,听取山西省、临汾市、运城市政府贯彻实施高等教育法情况汇报,对 8 所不同层次和不同类型的高校进行实地检查,并与高校负责人、教师和学生代表进行了交流,听取各方对于贯彻落实高等教育法、促进高等教育改革发展的意见和建议。

7 月 17 日 中共中央总书记、国家主席、中央军委主席习近平对地方人大及其常委会工作作出重要指示强调,县级以上地方人大设立常委会,是发展和完善人民代表大会制度的一个重要举措。40 年来,地方人大及其常委会坚持党的领导、人民当家作主、依法治国有机统一,履职尽责,开拓进取,为地方改革发展稳定工作作出了重要贡献。习近平指出,新形势新任务对人大工作提出新的更高要求。地方人大及其常委会要按照党中央关于人大工作的要求,围绕地方党委贯彻落实党中央大政方针的决策部署,结合地方实际,创造性地做好立法、监督等工作,更好助力经济社会发展和改革攻坚任务。要自觉接受同级党委领导,密切同人民群众的联系,更好发挥人大代表作用,接地气、察民情、聚民智,用法治保障人民权益、增进民生福祉。要加强自身建设,提高依法履职能力和水平,增强工作整体实效。

同日 栗战书委员长会见利比里亚临时参议长阿尔伯特·切。吉炳轩副委员长参加会见。

7 月 17 日—18 日 王晨副委员长在北京市就人大工作进行调研。调研期间,王晨来到位于城市副中心的市人大常委会机关,召开座谈会听取市人大有关负责同志、人大代表关于立法、监督等工作的意见建议。在市人大预算联网监督室,察看预算联网监督系统运行情况。在通州区梨园镇人大代表联络站,调研畅通代表联系选民渠道的创新举措。在朝阳区白领家园小区,考察垃圾分类试点进展,了解群众对生活垃圾管理条例实施情况的意见。在石景山区八角街道养老照料中心、养老服务驿站,了解实施居家养老服务条例等地方立法解决群众实际困难情况。在海淀区中关村国家自主创新示范区,调研高质量发展对立法提出的新要求。

7月18日　纪念地方人大设立常委会40周年座谈会召开。栗战书委员长出席并讲话。栗战书表示,要深入学习贯彻习近平新时代中国特色社会主义思想,按照习近平总书记重要指示精神,在以习近平同志为核心的党中央集中统一领导下,发挥各级人大职能作用,全面提升新时代人大工作水平。栗战书指出,要坚持党的领导、人民当家作主、依法治国有机统一,认真总结并坚持地方人大工作的经验,不断丰富和拓展人民代表大会制度的实践特色、时代特色。要进一步增强"四个意识"、坚定"四个自信"、做到"两个维护",自觉同以习近平同志为核心的党中央保持高度一致。要按照党中央对人大工作的要求,全面落实党中央重大决策部署,认真做好立法、监督、代表等工作,担负起宪法法律赋予的各项职责。要坚持以人民为中心,密切同人民群众的联系,努力使人大工作更好体现人民利益、反映人民意愿、增进人民福祉。(全文见本书第1136页)

王晨副委员长传达了习近平总书记重要指示并主持座谈会。全国人大宪法和法律委员会、7个地方人大常委会负责同志在座谈会上发言。副委员长曹建明、万鄂湘出席座谈会。全国人大各专门委员会、全国人大常委会各工作委员会、中央和国家机关有关部门、各省区市人大常委会负责同志等参加座谈会。

7月20日—25日　张春贤副委员长率全国人大调研组在河南省,就"不忘初心、牢记使命"主题教育、地方人大工作和社会救助立法开展调研。调研组一行深入开封、商丘、郑州等地实地考察,并分别召开地方人大工作座谈会、社会救助工作座谈会,与相关方面负责同志和五级人大代表深入交流。

7月21日—28日　应全国人大常委会委员长栗战书邀请,坦桑尼亚国民议会议长乔布·尤斯蒂诺·恩杜加伊率团访华。26日,栗战书委员长同坦桑尼亚国民议会议长恩杜加伊举行会谈。张春贤副委员长参加会谈。

7月22日　栗战书委员长会见阿联酋阿布扎比王储穆罕默德。艾力更·依明巴海副委员长参加会见。

同日　中国共产党的优秀党员,久经考验的忠诚的共产主义战士,杰出的无产阶级革命家、政治家,党和国家的卓越领导人,中国共产党第十二届中央政治局委员、中央书记处书记,第十三届、十四届、十五届中央政治局常委,国务院原总理,第九届全国人民代表大会常务委员会委员长李鹏同志,因病医治无效,在北京逝世,享年91岁。

7月22日—25日　王晨副委员长率全国人大常委会执法检查组在黑龙江省对高等教育法贯彻实施情况进行检查。检查组先后在哈尔滨、齐齐哈尔、大庆等地进行检查。在哈尔滨工业大学、哈尔滨体育学院,了解高等教育服务航空航天等国家重大战略和培养冰雪运动人才服务冬奥会等重大活动情况。在齐齐哈尔大学、齐齐哈尔医学院、黑龙江交通职业技术学院,调研高校推进产学研融合、服务地方经济社会发展、培养实践型人才取得的进展。在东北石油大学、黑龙江八一农垦大学,考察加强高校思想政治建设、弘扬大庆精神和北大荒精神教书育人、推进重大前沿科技攻关等情况。检查组两次召开座谈会听取黑龙江省实施高等教育法情况汇报,与地方政府有关负责同志、高校负责人、教师和学生代表座谈交流,征求对贯彻实施高等教育法的意见建议,并开展了随机抽查。

7月22日—26日　沈跃跃副委员长率调研组在浙江省,重点围绕学习贯彻习近平总书记关于坚持和完善人民代表大会制度的重要思想,做好新时代人大工作,学习贯彻习近平生态文明思想,依法推进生态文明建设、打好污染防治攻坚战开展调研。调研组先后在杭州、湖州、宁波3个地市,召开3个座谈会,深入社区、深入企业、深入村庄、深入群众,现场调研了21个点位和项目。调研组在杭州参观了"五四宪法"历史资料陈列馆,学习回顾了我国宪法诞生的过程,进一步深化了对"五四宪法"重大历史意义的认识。调研组还在杭州召开座谈会,与地方人大同志共同学习了习近平总书记对地方人大及其常委会工作作出的重要指示精神,认真了解浙江省人大及基层人大深入学习贯彻习近平新时代中国特色社会主义思想,加强和改进人大工作,推进生态文明建设等情况。调研组在杭州、湖州、宁波,围绕做好地方人大工作、充分发挥人大代表作用,邀请五级人大代表座谈交流,现场调研了街道人大代表工作站,就代表履职和代表建议办理等工作进行了深入交流。调研组围绕践行"绿水青山就是金山银山"理念,推进生态文明建设,现场调研了开展"千村示范、万村整治"、实施"五水共治"、推进垃圾分类等情况。

7月23日—25日　栗战书委员长在湖南省调研。栗战书强调,要深入学习贯彻习近平新时代中国特色社会主义思想,按照党中央部署开展好"不忘初心、牢记使命"主题教育,推动学习往深里走、往心里走、往实里走,真发现问题、真解决问题、真推进工作,把主题教育的成效体现到新时代人大工作中。

湖南具有光荣的革命传统,红色资源丰富。栗战书来到湖南省立第一师范学校旧址,重温毛泽东等老一辈革命家在这里学习、工作和从事革命活动的经历。他说,回顾我们党 98 年的光辉历程,一代又一代共产党人在初心和使命上是一以贯之的,那就是矢志不渝地为中国人民谋幸福,为中华民族谋复兴。革命传统资源是我们党的宝贵精神财富,要作为开展爱国主义和党性教育的生动教材,引导广大党员干部学习党的历史、传承革命精神,进一步增强走中国特色社会主义道路、为党和人民事业不懈奋斗的自觉性和坚定性。

为民服务解难题,是开展主题教育的重要目标。栗战书来到株洲市,结合药品管理法的修订进行立法调研。他走进社区卫生服务中心,询问群众看病取药方便不方便、药品价格高不高,深入医药企业了解药品研发和生产情况,主持召开座谈会征求全国人大代表、药品生产企业、医疗卫生一线工作者和市场监管人员对药品管理法修订草案的意见,听取他们对开展主题教育的感受和建议。他强调,做好立法工作,必须把党中央决策部署贯彻落实好,回应群众呼声,维护群众利益,使每一项立法都符合宪法精神、反映人民意志、得到人民拥护。

栗战书到省人大机关了解开展主题教育和地方人大工作情况,勉励机关干部在各自工作岗位上践行初心和使命。他强调,坚持以人民为中心,为了人民、依靠人民,是人大工作始终要坚守的初心和使命。要深入学习贯彻习近平总书记对地方人大及其常委会工作的重要指示精神,把坚持党中央集中统一领导作为做好地方人大工作的根本遵循,按照党中央关于人大工作的要求,围绕地方党委贯彻落实党中央大政方针的决策部署,结合地方实际,创造性地做好立法、监督等工作,更好助力经济社会发展和改革攻坚任务,用法治保障人民权益、增进民生福祉。

栗战书调研了解了湖南省委组织开展“不忘初心、牢记使命”主题教育的情况。他指出,要按照习近平总书记在内蒙古调研时提出的“四个到位”要求,增强“四个意识”,坚定“四个自信”,做到“两个维护”,始终同以习近平同志为核心的党中央保持高度一致。坚持问题导向,狠抓整改落实,确保取得实实在在的效果。贯彻落实好习近平总书记关于湖南工作的指示要求,加快建设富饶美丽幸福新湖南。

7 月 23 日—25 日　王东明副委员长在内蒙古自治区就财政生态环保资金分配和使用情况进行调研。

7 月 26 日　全国人大常委会就业促进法执法检查组举行第二次全体会议,研究讨论执法检查报告稿,部署常委会审议前的各项准备工作。副委员长张春贤、吉炳轩、艾力更·依明巴海出席会议。在听取了执法检查组成员和国务院有关部门意见建议后,张春贤副委员长发表讲话。

7 月 29 日　全国人大常委会水污染防治法执法检查组第三次全体会议召开,王晨副委员长主持会议。沈跃跃副委员长出席会议。

同日　吉炳轩副委员长会见法国国民议会第一副议长博纳尔率领的议会高级别跨政党代表团一行四人。

7 月 31 日　栗战书委员长会见哥伦比亚总统杜克。曹建明副委员长参加会见。

同日　王晨副委员长在全国人大宪法和法律委员会、全国人大常委会法制工作委员会开展“不忘初心、牢记使命”主题教育情况调研,在宪法室、国家法室等与党员干部交流,主持召开专题座谈会,了解开展主题教育进展情况,听取有关意见建议,推动找差距、抓落实。

八　月

8 月 11 日—14 日　郝明金副委员长在海南省就推动海南建设国际旅游消费中心进行调研。

8 月 14 日　纪念王光英同志诞辰 100 周年座谈会举行。栗战书委员长出席座谈会,并在会前会见了王光英同志亲属。王光英同志是中国现代民族工商业者的优秀代表,曾担任第八、九届全国人大常委会副委员长,第六、七届全国政协副主席。王晨副委员长主持座谈会。

8 月 15 日　十三届全国人大常委会委员长会议召开第三十六次会议,栗战书委员长主持会议。会议决定,十三届全国人大常委会第十二次会议 8 月 22 日至 26 日举行。会议还审议了全国人大财政经济委员会关于2019年上半年经济形势分析会的情况报告。

8月15日—20日　武维华副委员长在内藏古自治区就草原生态修复进行调研。

8月17日　针对美国众议长佩洛西、参议员麦康奈尔、鲁比欧、众议员约胡等人近日发表的涉港错误言论，全国人大外事委员会发言人尤文泽表示，近期在香港发生的一连串非法活动特别是极端暴力行为，严重违反了《中华人民共和国宪法》《中华人民共和国香港特别行政区基本法》《中华人民共和国国旗法》《中华人民共和国国徽法》和香港特别行政区有关法律条例，公然挑战"一国两制"原则底线，粗暴践踏香港法治和社会秩序，严重威胁香港市民生命财产安全，必须依法惩处。该发言人说，美一些议员把这些暴力犯罪美化成争取人权和自由，把香港警察严正执法、打击犯罪、维护社会秩序歪曲成暴力镇压，威胁在美国国会推动通过所谓"香港人权与民主法案"。此举严重违反法治精神，是赤裸裸的双重标准，是对中国内政的粗暴干涉。该发言人表示，违法不被惩处，法律就没有威严。法律没有威严，法治就荡然无存。维护香港的社会秩序和稳定必须依靠法治。香港是中国的香港，香港事务是中国的内政。香港的长期繁荣稳定是包括750万香港市民在内的全体中国人民的坚强意志，绝不是极少数暴力犯罪分子所能撼动的，也绝不是任何外部势力横加干涉所能改变的。

8月17日—20日　吉炳轩副委员长率调研组在天津市开展"不忘初心、牢记使命"主题教育调研，重点了解人大工作和深化农村改革情况。调研期间，调研组召开三场座谈会，与全国市区乡镇四级人大代表、联系代表就"不忘初心、牢记使命"主题教育进行学习交流，听取市政府、蓟州区关于深化农村改革情况的汇报，并先后赴蓟州区、滨海新区、静海县、西青区、河西区开展实地调研，深入基层了解基层人大工作和深化农村改革情况。

8月19日　栗战书委员长会见拉美议会议长皮萨罗。沈跃跃副委员长参加会见。

8月20日　王晨副委员长会见美国联邦众议员泰特斯、柯克帕特里克、洛温塔尔一行。

8月21日　全国人大常委会法制工作委员会举行首次发言人记者会。全国人大常委会法制工作委员会发言人臧铁伟在记者会上表示，我们关注到了近期美国一些国会议员重提涉港法案问题，对香港的一些事务包括对特区政府依法施政和香港警队严格执法说三道四，这是对中国内政的粗暴干涉，我们对此强烈不满和坚决反对。根据中华人民共和国宪法和香港基本法，香港是中国的一个特别行政区，香港是中国的香港，香港事务纯属中国内政，任何外国无权干涉。

有香港记者问，我们注意到美国国会众议院议长佩洛西日前在一份公开声明中指责香港特区政府拒绝尊重法治和"一国两制"框架，并呼吁美国国会推动讨论"香港人权与民主法案"。想请问对此有何评论？臧铁伟在答问时作上述表示。

臧铁伟说，香港回归以来，"一国两制"、"港人治港"、高度自治方针得到全面贯彻和落实，香港居民的各项自由和权利得到充分保障，这是任何不带偏见的人士所公认的客观事实。近期以来，香港一些违法犯罪的暴力分子公然攻击打砸立法机构，暴力袭警，肆意殴打无辜市民，这些行为在任何法治国家都是严重的犯罪，都将受到依法惩治。

他还表示，对于香港特区政府和警队依法捍卫法治和秩序的正义之举，美国有些国会议员发表不负责任的言论，一再抹黑和诋毁。请问如果这些暴力行为发生在美国，美国的法律、美国的警察会如何应对？这些议员是否还要支持和纵容这些行为？这是一个简单的逻辑问题，是一个判断是非的标准是不是统一的问题。他们的目的不是真正关心香港人民的福祉，而是破坏"一国两制"和香港的繁荣稳定。我们严正要求美国国会的有关议员停止支持、包庇暴力犯罪分子，停止干涉香港事务和中国内政，停止推动有关涉港议案，多做有利于中美互信和合作的事情，任何妄图破坏"一国两制"、破坏香港繁荣稳定的图谋都不会得逞。

在回答有关香港政治体制改革的提问时，臧铁伟表示，当前，香港局势压倒一切的紧迫任务是止暴制乱、恢复秩序。"8·31"决定是全国人大常委会通过的具有法律效力的决定。香港事务的处理必须在宪法、香港基本法和相关法律规定的框架内，在法治的轨道上予以解决。

8月22日　王晨副委员长与浙江省人大常委会负责同志座谈。

8月22日—26日　十三届全国人大常委会举行第十二次会议。

会议听取全国人大宪法和法律委员会副主任委员丛斌关于药品管理法修订草案审议结果的报告。在审议的基础上，会议印发全国人大宪法和法律委员会关于药品管理法修订草案二次审议稿修改意见的报告。经过审议，会议通过修订后的《中华人民共和国药品管理法》。

修订后的《中华人民共和国药品管理法》共 12 章,155 条,包括:总则、药品研制和注册、药品上市许可持有人、药品生产、药品经营、医疗机构药事管理、药品上市后管理、药品价格和广告、药品储备和供应、监督管理、法律责任、附则。本法自 2019 年 12 月 1 日起施行。

会议听取宪法和法律委员会副主任委员胡可明关于土地管理法、城市房地产管理法修正案草案审议结果的报告。在审议的基础上,会议印发全国人大宪法和法律委员会关于修改土地管理法、城市房地产管理法的决定草案修改意见的报告。经过审议,会议通过《全国人民代表大会常务委员会关于修改〈中华人民共和国土地管理法〉、〈中华人民共和国城市房地产管理法〉的决定》。本法自 2020 年 1 月 1 日起施行。上述两部法律根据本决定作相应修改,重新公布。

会议听取宪法和法律委员会副主任委员周光权关于资源税法草案审议结果的报告。在审议的基础上,会议印发全国人大宪法和法律委员会关于资源税法草案二次审议稿修改意见的报告。经过审议,会议通过《中华人民共和国资源税法》。本法共 17 条,自 2020 年 9 月 1 日起施行。1993 年 12 月 25 日国务院发布的《中华人民共和国资源税暂行条例》同时废止。

会议听取外交部副部长乐玉成关于提请审议批准中华人民共和国和斯里兰卡民主社会主义共和国引渡条约的议案的说明,关于提请审议批准中华人民共和国和越南社会主义共和国引渡条约的议案的说明。经过审议,会议通过《全国人民代表大会常务委员会关于批准〈中华人民共和国和斯里兰卡民主社会主义共和国引渡条约〉的决定》、《全国人民代表大会常务委员会关于批准〈中华人民共和国和越南社会主义共和国引渡条约〉的决定》。

会议听取宪法和法律委员会副主任委员丛斌关于基本医疗卫生与健康促进法草案修改情况的汇报,宪法和法律委员会副主任委员沈春耀分别关于民法典人格权编草案、侵权责任编草案修改情况的汇报,并对这三部法律草案进行再次审议。

会议听取全国人大监察和司法委员会主任委员吴玉良关于公职人员政务处分草案的说明,并对这部法律进行初次审议。

会议听取全国人大常委会代表资格审查委员会主任委员吴玉良关于个别代表的代表资格的报告。经过审议,会议通过这个报告。

会议听取并审议栗战书委员长作的全国人大常委会执法检查组关于检查水污染防治法实施情况的报告,张春贤副委员长作了全国人大常委会执法检查组关于检查就业促进法实施情况的报告。

会议听取并审议国家发展和改革委员会主任何立峰关于今年以来国民经济和社会发展计划执行情况的报告,财政部部长刘昆关于今年以来预算执行情况的报告,教育部部长陈宝生关于学前教育事业改革和发展情况的报告。

会议印发全国人民代表大会常务委员会专题调研组关于监察体制改革和监察法实施情况的调研报告。

会议印发全国人大代表团访问安哥拉、圣多美和普林西比、毛里求斯情况的书面报告,全国人大代表团访问冰岛、芬兰、爱尔兰情况的书面报告。

会议免去韩晓武的第十三届全国人民代表大会常务委员会副秘书长职务。任命汪铁民为第十三届全国人民代表大会常务委员会副秘书长。

会议批准免去杨克勤的吉林省人民检察院检察长职务。

会议还通过其他任免事项。

会议闭幕时,栗战书发表讲话。栗战书说,本次会议共审议 7 件法律草案,通过了其中的 3 件。会议审议通过的药品管理法修订草案,贯彻习近平总书记关于加强药品管理的指示要求,针对群众反映强烈的假药、劣药、药价高、药品短缺等突出问题,把最严谨的标准、最严格的监管、最严厉的处罚、最严肃的问责写进法律,进一步健全了覆盖药品研制、生产、经营、使用全过程的法律制度。有关方面要加强对法律的学习宣传,严格执行法律各项规定,保证人民群众用药安全、有效、可及。会议统筹修改土地管理法、城市房地产管理法,把农村土地征收、集体经营性建设用地入市、宅基地制度改革的试点经验上升为法律制度,对于赋予农民更多财产权利、保障农民合法权益、促进乡村振兴、推动城乡融合发展具有重要意义。会议审议通过资源税法,有利于更好地运用税收手段促进资源集约利用、加强生态环境保护。

栗战书说,本次会议听取审议了关于今年以来计划执行情况、预算执行情况的两个报告。常委会组成人员一致认为,今年以来,面对国内外风险挑战明显增多的复杂局面,在以习近平同志为核心的党中央坚强领导下,我国经济延续了总体平稳、稳中有进的运行态势,保持了经济社会持续健康发展的大局。大家建议,要把思想和行动统一到党中央对经济形势的科学判断和决策部署上来,全面做好

“六稳”工作，确保各项政策尽快落地见效，确保完成年初确定的全年目标和任务。会议听取审议了学前教育事业改革和发展情况的报告，常委会组成人员充分肯定我国学前教育事业取得的积极进展。大家强调，各级政府要把办好学前教育、实现幼有所育作为重大民生实事，发挥主导作用，加大财政投入，坚持公办民办并举，引导和规范社会力量办园，多渠道增加学前教育资源供给，推进学前教育普及、普惠、安全、优质发展。

栗战书指出，检查水污染防治法实施情况是今年常委会监督工作的重点之一。本次会议听取审议了执法检查报告并开展专题询问，常委会组成人员充分肯定执法检查组的工作，赞成执法检查报告。大家强调，要深入学习贯彻习近平生态文明思想，严格按照法律规定开展工作、落实责任，强化重点领域治理，用法律武器、法治力量打好碧水保卫战。会议听取审议了就业促进法执法检查报告，常委会组成人员建议，要坚持就业优先战略和积极就业政策，落实法律规定的促进就业措施，依法建立完善就业服务体系，推动实现更高质量和更充分就业。（全文见本书第147页）

会议结束后，十三届全国人大常委会举行第十三讲专题讲座，栗战书委员长主持。全国人大常委会委员、中国社会科学院副院长蔡昉作了题为《新中国70年奋斗历程和启示》的讲座。

24日，十三届全国人大常委会第十二次会议举行分组会议，审议国务院关于今年以来国民经济和社会发展计划执行情况的报告、今年以来预算执行情况的报告和国务院关于学前教育事业改革和发展情况的报告。栗战书委员长参加审议。

8月24日　十三届全国人大常委会委员长会议召开第三十七次会议，栗战书委员长主持会议。会议决定，将有关草案建议表决稿提交常委会会议审议。

8月25日　十三届全国人大常委会第十二次会议举行联组会议，审议水污染防治法执法检查报告并开展专题询问。栗战书委员长参加审议和询问。王晨副委员长主持会议。王金南、袁驷、程立峰、窦树华、罗保铭、王毅等6位委员，方敏、张玉珍、陈瑞爱等3位代表，围绕压实水污染防治各方责任、保护饮用水安全、加快调整工业结构和布局实现源头减污、加强农村污水处理设施建设、强化船舶污染物排放监管、健全水生态补偿机制、加大治污先进适用技术推广力度、落实河长法律责任、推进污水收集管网建设和管理、落实排污许可制度等问题提出询问。

国务委员王勇，生态环境部、住房和城乡建设部、国家卫生健康委、工业和信息化部、农业农村部、交通运输部、国家发展改革委、财政部、科技部、水利部等国务院有关部门负责人先后回答询问。

栗战书在讲话中指出，要认真贯彻落实习近平生态文明思想和党中央决策部署，增强依法治污意识，自觉用法律武器、法治力量治理水污染、保护水环境。2017年全面修改的水污染防治法，是对实践经验、工作规律的总结肯定，每一条都具有很强的针对性和可操作性。要把这部法律学好用好，紧扣法律规定对照落实、督促检查，把各项法定职责落到实处。要严格执法司法，强化考核问责，形成全天候全流域全覆盖的监管体系，让法律禁令成为不可触碰的“高压线”。

栗战书强调，要把事关人民群众切身利益、法律有明确规定的事项摆在突出位置，切实抓紧抓好。依法做好水源地保护、水质监测和信息公开等工作，确保饮用水安全。进一步加强政策引导和资金投入，不断提升水污染防治的科学化、信息化水平。加大法律学习宣传的力度，保障社会公众的知情权、参与权、监督权，让守护清水绿岸成为全社会的自觉行动。（全文见本书第167页）

王勇表示，国务院及有关部门将深入学习贯彻习近平生态文明思想，全面落实水污染防治法，以此次执法检查为契机，进一步采取有效措施压实各方责任，综合运用法律、经济、技术和必要的行政手段，着力解决水环境突出问题，凝心聚力打好碧水保卫战，还给老百姓清水绿岸，更好满足人民对美好生活的向往。

同日　栗战书委员长与列席十三届全国人大常委会第十二次会议的全国人大代表进行座谈，王晨副委员长主持会议。参加座谈会的51位全国人大代表，大多来自基层一线。大家纷纷发言，畅谈履职经验和体会，对如何在工作实践中依法履职、宣传普及法律及做好新时代人大工作提出意见建议。栗战书边听边记，不时插话同大家交流。栗战书强调，人大代表要深入学习贯彻习近平新时代中国特色社会主义思想，认真履行法定职责，遵守法律、宣传法律、普及法律，在全面依法治国实践中发挥带头作用。栗战书说，坚持正确政治方向是人大代表履职的前提和根本，必须增强“四个意识”，坚定“四个自信”，做到“两个维护”，把坚持党的领导、人民当家作主、依法治国有机统一体现在履职工作中。尊重代表主体地位、更好发挥代表作用是坚持和完善人民代表大会制度的必然要求,是人大工作保持生机和活力的重要基础,必须贯彻体现到人大工作全过程和各方面。支持和保障代表依法履职是国家机关的法定职责,是人民当家作主的重要体现,要增强为代表服务的意识,不断提高服务和保障工作水平。栗战书指出,人大代表肩负着宪法和法律赋予的重要职责,肩负着党和人民的信任和重托。代表的职务是法定的,是义不容辞的政治责任。要认真学习掌握代表法和其他与履职相关的法律规定,依照法定权限,遵循法定程序,全面正确行使代表权利,严格履行代表义务,尽心尽责、服务人民,在推动党和国家各项事业、深化依法治国实践中发挥模范带头作用。栗战书强调,要充分发挥代表来自人民、植根人民的特点和优势,既代表群众、做群众的"知心人",又引导群众、当群众的"带头人",积极倾听和反映群众的意愿呼声,主动宣传阐释、贯彻落实党和国家的决策部署。要自觉做尊法学法守法用法的表率,树牢法治意识,模范遵守宪法和法律,严格遵守社会公德,珍惜政治荣誉,维护好代表形象。当好法治宣传员,讲好法治故事,普及法律知识,善于运用法治方式推动解决百姓关心的突出问题。(全文见本书第 169 页)

8 月 26 日　十三届全国人大常委会委员长会议召开第三十八次会议,栗战书委员长主持会议。会议研究提请常委会会议表决事项。

同日　全国人大常委会发布公告。公告说,吉林省人大常委会决定接受杨克勤辞去十三届全国人大代表职务。依照《中华人民共和国全国人民代表大会和地方各级人民代表大会代表法》的有关规定,杨克勤的代表资格终止。截至目前,十三届全国人大实有代表 2969 人。

同日　十三届全国人大常委会举行宪法宣誓仪式。全国人大常委会副委员长万鄂湘主持并监誓。十三届全国人大常委会第十二次会议任命汪铁民为十三届全国人大常委会副秘书长。根据宪法和全国人大常委会关于实行宪法宣誓制度的决定,上述人员依法进行宪法宣誓。全国人大机关有关负责同志参加了宣誓活动。

同日　沈跃跃副委员长会见团长野田圣子率领的日本执政党女国会议员代表团,双方就中日关系和两国议会、妇女等领域交流交换了意见。

同日　全国人大常委会渔业法执法检查组召开第一次全体会议,副委员长曹建明、吉炳轩、万鄂湘、武维华出席会议。在听取了农业农村部等 5 部门关于渔业法实施情况的汇报后,吉炳轩发表讲话。检查组于 9 月至 10 月,分赴天津、辽宁、上海、浙江、福建、山东、湖北、海南等 8 省市进行检查,同时委托河北、江苏、安徽、江西、湖南、广东、广西等 7 省区人大常委会分别对本行政区域内渔业法的实施情况进行检查。检查在全面了解渔业法实施情况的基础上,重点检查水产养殖业法律规定落实情况;捕捞业法律规定落实情况;渔业资源利用保护法律规定落实情况;渔业监督执法、依法维护渔业生产经营者合法权益、推动渔民持续稳定增收等情况;配套法规规章制定、法律实施中存在的主要问题、修改完善渔业法的意见和建议等。

同日　杨振武秘书长会见斯里兰卡议会秘书长达萨纳亚克率领的斯议会秘书处代表团一行。

8 月 27 日　武维华副委员长会见多米尼加参议员代表团。

8 月 27 日—28 日　王晨副委员长在上海出席全国地方法学会工作会议并调研。在上海市法学会调研时,王晨详细了解上海市法学会服务开放型经济体系、布局人工智能法治研究、组建法学法律人才库等工作,强调要继续加大改革推进力度,善于创新、勇于探索,形成更多可复制可推广的经验和范例。

8 月 28 日　全国人大常委会可再生能源法执法检查组召开第一次全体会议,副委员长沈跃跃、白玛赤林、丁仲礼出席会议。在听取了国家能源局、国家发展改革委等 5 部门关于可再生能源法实施情况的汇报后,沈跃跃副委员长发表讲话。检查组于会后至 10 月,分赴新疆、吉林、甘肃、青海、宁夏、河北等 6 个省(区)进行检查,同时委托山西、内蒙古、黑龙江、浙江、山东、湖北、湖南、广东、广西、四川、云南、西藏等 12 个省(区)人大常委会分别对本行政区域内可再生能源法的实施情况进行检查。检查组在全面了解可再生能源法实施情况的基础上,重点检查各级政府和有关部门宣传贯彻实施可再生能源法的基本情况,配套法规的制定和实施情况;可再生能源资源调查、总量目标、发展规划、科技和产业发展等法律制度落实情况及实施中存在的主要问题;可再生能源全额保障性收购制度和上网电价、电价附加征收、发展基金、税收优惠等经济调控制度落实情况及实施中存在的问题;深入贯彻实施可再生能源法的意见和建议;修改完善可再生能源法的意见和建议等。

同日　王东明副委员长会见韩国国会青年议员代表团。

8 月 29 日　未成年人保护法、预防未成年人犯罪法修订工作会议召开，张春贤副委员长主持会议。

8月29日—9月2日　白玛赤林副委员长率全国人大常委会执法检查组在甘肃省对可再生能源法贯彻实施情况进行检查。检查组召开了3个座谈会，听取了甘肃省政府及相关部门、酒泉市政府有关负责同志和国家电网甘肃电力公司关于贯彻实施可再生能源法的情况介绍，紧扣法律就相关问题进行了交流；与地方人大常委会负责同志、各级人大代表、企业代表及专家进行深入交流，听取意见和建议。检查组先后在兰州、酒泉等地，实地检查了甘肃自然能源研究所、国网甘肃电力公司、北京京城风电（酒泉）装备有限公司、中材科技风电叶片有限公司、中核甘肃矿区5万千瓦风电平价上网项目、甘肃中电酒泉风力发电有限公司、首航节能敦煌10万千瓦光热发电示范项目、敦煌光电产业园和敦煌高比例可再生能源示范城市建设等单位和项目。

九　月

9月1日—4日　吉炳轩副委员长率全国人大常委会执法检查组在辽宁省对渔业法贯彻实施情况进行检查。检查组听取了辽宁省政府及有关部门贯彻实施渔业法情况的汇报，并先后赴大连、营口、盘锦、沈阳等4市，实地检查水产苗种培育和良种种质资源保护、近海养殖、海洋牧场建设、海产品加工、水产品交易、稻虾稻蟹综合种养、渔政执法监督等情况，走访有关科研机构、渔业企业、渔港渔村，与渔政执法人员、行业从业人员、渔民群众进行座谈，广泛听取对进一步贯彻落实渔业法制度规范和法律责任，推动修改完善渔业法的意见和建议。

9月1日—5日　沈跃跃副委员长率全国人大常委会执法检查组在新疆维吾尔自治区对可再生能源法贯彻实施情况进行检查。检查组先后考察了风电、光伏发电、水电、生物天然气等项目运行情况，并与政府相关部门、企业代表和五级人大代表进行了座谈。

9月2日　栗战书委员长会见美国国会参议院“美中工作小组”共同主席、参议员戴恩斯和参议员珀杜一行。杨振武秘书长参加会见。

同日　王晨副委员长会见美国国会参议院“美中工作小组”共同主席戴恩斯参议员一行。

9月2日—5日　艾力更·依明巴海副委员长率全国人大调研组在河北省开展防震减灾法实施情况调研。调研组召开河北省和唐山市关于落实防震减灾法情况的座谈会，并到雄安新区规划展示中心、唐山市规划展览馆、唐山市体育中心项目、国家矿山应急救援开滦队、地震遗址公园、冬奥会规划临时展厅、张家口奥运村、古杨树场馆群及有关企业进行实地调研，深入了解河北省防震减灾法落实情况，特别是雄安新区韧性城市规划建设、城市抗震防灾标准、灾害预防体系建设以及冬奥场馆建设中抗震设防等情况。

9月3日　王晨副委员长会见马来西亚国会下议院副议长、民主行动党副秘书长倪可敏率领的执政联盟议员考察团。

9月3日—5日　王东明副委员长在江苏省就加快外贸转型升级推进贸易强国建设进行调研。

9月4日—5日　省级人大立法工作交流会在天津市举行。栗战书委员长出席会议并讲话。栗战书强调，要以习近平新时代中国特色社会主义思想为指导，坚持党对立法工作的领导，加强和改进新时代地方立法工作，切实提高立法质量，确保立一件成一件，更好助力经济社会发展和改革攻坚任务。栗战书指出，党的十八大以来，以习近平同志为核心的党中央，从全面依法治国的高度，对人大立法工作作出一系列重要指示和部署。要深入学习贯彻习近平总书记全面依法治国新理念新思想新战略特别是对立法工作的重要指示要求，着眼于构建完备的法律规范体系，自觉担负起新时代对地方立法提出的新任务。要健全完善地方立法体制机制，形成立法工作整体合力，共同提高人大立法工作水平。栗战书强调，地方立法要围绕贯彻落实党的十九大精神，贯彻落实新发展理念，抓住重点，突出地方特色。适应经济发展新阶段，通过立法推进供给侧结构性改革，推动经济高质量发展。围绕民生和社会治理，抓好惠民立法，及时回应人民群众的期待，维护人民群众利益。加强生态环保领域立法，建立健全有效约束开发行为和促进绿色发展的法律制度。抓好弘德立法，把社会主义核心价值观融入法律法规的立改废释全过程。抓好协同立法，依法保障和推动区域协调发展战略落实落地。

栗战书强调，做好新时代地方立法工作，必须牢牢把握正确政治方向，把增强“四个意识”、坚定“四个自信”、做到“两个维护”贯彻体现到立法全过程和各方面，善于将地方党委贯彻党中央大政方针的部署举措依法落实到位。发挥人大及其常委会在立法工作中的主导作用，提高科学立法、民主立法、依法立法水平，维护国家法制统一和权威，确保每一项立法经得起实践、人民、历史的检验。坚持立法和改革决策相衔接，为地方深化改革、扩大开放提供法制支撑。

王晨副委员长主持会议并在闭幕会上讲话指出，做好新时代省级人大立法工作，对推动整个地方立法、全面推进依法治国意义重大。要把会议精神贯彻到新的立法工作实践中，努力形成制度化、规范化的成果，为更好开展地方立法工作提供指导和遵循。要以总结 40 年地方立法工作为新起点，振奋精神，担当作为，创造性地开展工作，努力推动新时代地方立法提升新水平、迈上新台阶。

在津期间，栗战书来到市人大机关同工作人员座谈，赴河西区人大代表履职服务中心开展调研，了解地方人大工作情况，研究加强代表服务保障工作的有效举措。

9 月 4 日 郝明金副委员长会见日本自民党众议员、国会对策委员会副委员长松本洋平率领的日本自民党“志帅会”代表团。

9 月 5 日 陈竺副委员长会见匈牙利国会常务副主席玛特劳伊。

9 月 6 日 栗战书委员长分别会见德国总理默克尔、匈牙利国会常务副主席玛特劳伊。在会见德国总理默克尔时，陈竺副委员长、杨振武秘书长参加会见。在会见匈牙利国会常务副主席玛特劳伊时，杨振武秘书长参加会见。

9 月 8 日—11 日 十三届全国人大第 9 期代表学习班在贵州省遵义市举行。256 名全国人大代表围绕“脱贫攻坚与乡村振兴战略”进行了专题学习。学习期间，全国人大农业与农村委员会、农业农村部、国务院扶贫办等部门负责人就“我国农业农村法律制度”“大力实施乡村振兴战略”“坚决打赢脱贫攻坚战”“全国人大代表涉农议案建议工作”等进行专题讲授。此外，学习班还组织代表参观遵义会议会址，到湄潭、桐梓两县实地考察脱贫攻坚和乡村振兴战略实施情况，以及首次以“代表论坛”方式，请工作在脱贫攻坚和乡村振兴第一线的代表介绍经验。

9 月 9 日—12 日 丁仲礼副委员长率全国人大常委会执法检查组在宁夏回族自治区对可再生能源法贯彻实施情况进行检查。检查组召开了两次座谈会，听取了宁夏回族自治区政府及其相关部门和银川市、吴忠市、中卫市政府有关负责同志关于贯彻实施可再生能源法的情况介绍，紧扣法律就相关问题进行了交流；与地方人大常委会负责同志、各级人大代表、企业代表及专家进行深入交流，听取意见和建议。检查组先后在银川、吴忠、中卫等地，实地检查了宁夏大唐国际红寺堡风电场项目、宁夏嘉泽新能源智能微电网项目、中卫市沙漠光伏园区项目、宁夏协鑫光伏电站管理运维中心、宁夏协鑫晶体科技发展有限公司硅材料项目、国电投中卫香山风电场项目、原隆村光伏扶贫项目、闵宁镇铁西小学光伏采暖工程、宁夏光伏扶贫大数据平台、国网宁夏电力有限公司等单位和项目。

9 月 10 日 十三届全国人大常委会委员长会议召开第三十九次会议，栗战书委员长主持会议。会议决定，十三届全国人大常委会第十三次会议 9 月 17 日举行。

9 月 11 日 栗战书委员长会见摩尔多瓦议长格雷恰尼。郝明金副委员长、杨振武秘书长参加会见。

同日 王晨副委员长主持召开中央全面依法治国委员会立法协调小组第 3 次会议。

9 月 12 日 栗战书委员长会见哈萨克斯坦总统托卡耶夫。万鄂湘副委员长、杨振武秘书长参加会见。

9 月 15 日—23 日 应巴西众议院、巴哈马议会邀请，蔡达峰副委员长率全国人大代表团对上述两国进行友好访问，并出席中巴（西）议会（众院）交流机制第四次会议。在巴西会见众议长马亚、同中巴议会（众院）交流机制巴方主席达玛塔举行中巴议会交流机制第四次会议、会见巴西利亚大学校长阿布拉昂，在巴哈马分别会见众议长穆特里、副总理兼财政部长特恩奎斯特及巴哈马大学校长史密斯并考察中资企业项目。

9 月 16 日 全国人大教科文卫委员会召开第 16 次全体会议，听取国家卫生健康委代表国务院作关于研究处理全国人大常委会关于国务院医师队伍管理情况和执业医师法实施情况的报告审议意见的报告。艾力更·依明巴海副委员长出席会议并讲话。国家卫生健康委相关司局负责同志参加会议。上海市人大教科文卫委、河南省人大教科文卫委、四川省人大教科文卫委负责同志和全国人大教科文卫委办事机构干部列席会议。

9月17日　十三届全国人大常委会举行第十三次会议。

会议听取全国人大常委会法制工作委员会主任沈春耀关于授予国家勋章和国家荣誉称号的决定草案的说明。经过审议，会议通过《全国人民代表大会常务委员会关于授予国家勋章和国家荣誉称号的决定》。国家主席习近平签署主席令予以公布。会议闭幕时，栗战书发表讲话。栗战书说，在庆祝中华人民共和国成立70周年之际，根据宪法、国家勋章和国家荣誉称号法，全国人大常委会贯彻落实党中央决策部署，专门加开一次会议，作出授予国家勋章和国家荣誉称号的决定，习近平主席签署主席令，首次授予为新中国建设和发展作出杰出贡献的功勋模范人物国家勋章和国家荣誉称号。这是强化国家意识，形成建设社会主义现代化强国强劲合力的现实需要；是弘扬社会主义核心价值观，凝聚时代精神的现实需要；是全面实施宪法、落实国家勋章荣誉制度的重要举措。栗战书指出，新中国成立70年来，中国共产党领导人民创造了世所罕见的经济发展奇迹和政治稳定奇迹，中华民族迎来了从站起来、富起来到强起来的伟大飞跃。在这一波澜壮阔的历史进程中，无数优秀的中华儿女，为了国家的发展进步，为了人民的幸福安康，舍身忘我，无私奉献，留下感人至深的事迹，建立不可磨灭的功勋，共同书写了中国特色社会主义事业的壮丽篇章。这次授予共和国勋章和国家荣誉称号的36人，他们都是各方面最具代表性、标志性，作出过杰出贡献的优秀人物。70年来，许多国际友好人士，满腔热忱支持中国现代化建设，为促进中外交流合作，维护世界和平，作出了杰出贡献。这次被授予友谊勋章的6名外国政要、国际友人，就是其中的代表。通过全国人大常委会作出决定、国家主席签署主席令的形式，授予他们国家最高荣誉，大力宣扬他们的丰功伟绩，就是要在全社会进一步形成见贤思齐、崇尚英雄、争做先锋的良好氛围，就是要彰显宪法和法治精神，增强中国特色社会主义事业凝聚力和感召力，更好地激励全国各族人民紧密团结在以习近平同志为核心的党中央周围，为决胜全面建成小康社会、夺取新时代中国特色社会主义伟大胜利、实现中华民族伟大复兴的中国梦不懈奋斗。同时也彰显中国共产党、中国政府和中国人民追求和维护世界和平、推动和促进人类文明进步的坚强意志和宽阔胸襟。（全文见本书第148页）

同日　十三届全国人大常委会委员长会议召开第四十次会议，栗战书委员长主持会议。会议研究提请常委会会议表决事项。

9月17日—19日　丁仲礼副委员长率全国人大常委会执法检查组在河北省对可再生能源法贯彻实施情况进行检查。

9月18日—19日　王晨副委员长率全国人大调研组在海南省就海南自由贸易港法进行立法调研。调研组召开座谈会听取海南自由贸易港法治建设情况介绍，研究推进相关立法工作。在海口综合保税区，了解海关监管情况，考察园区跨境电商、冷链物流等外贸新业态的发展。在海口免税店，了解培育旅游消费新热点、打造国际旅游消费中心取得的进展。考察海南省社会管理信息化平台运行情况。在海口江东新区，实地察看新区规划和建设情况。王晨一行还瞻仰了在解放海南岛战役中牺牲的烈士纪念碑并敬献花篮。

9月18日—21日　张春贤副委员长率全国人大调研组在江苏省调研养老服务工作。调研组一行先后赴徐州、南京、无锡等地，考察了基层养老服务机构运营、养老服务产业发展、养老服务质量管理等情况，并在南京市召开养老工作座谈会，听取了省政府、南京市政府及省市有关部门工作汇报。

9月18日—21日　吉炳轩副委员长率全国人大常委会执法检查组在湖北省对渔业法贯彻实施情况进行检查。检查组召开了座谈会，听取了湖北省政府及相关部门关于贯彻实施渔业法的情况介绍，紧扣法律就相关问题进行座谈；与渔业科研人员、渔业企业负责人、渔民、执法人员深入交流，听取意见和建议，并先后赴宜昌、潜江、荆州、鄂州、武汉等地，实地检查水产种质资源保护、淡水养殖、稻渔综合种养、水产品交易、渔业水域生态环境保护、渔民转产转业、渔政执法监督等情况。

9月18日—21日　白玛赤林副委员长率全国人大常委会执法检查组在青海省对可再生能源法贯彻实施情况进行检查。检查组召开座谈会，听取了青海省政府及相关部门，海南州、海西州政府有关负责同志关于贯彻实施可再生能源法的情况介绍，紧扣法律就相关问题进行了交流；与地方人大常委会负责同志、各级人大代表、企业代表及专家进行深入交流，听取意见和建议。检查组先后在西宁、玉树、海南州等地，实地检查了三江源清洁能源替代工程、海南州共和光伏园区水光互补、青海至河南特高压换流站、光伏扶贫、国电投电池组件和多晶硅生产等单位和项目。

9月19日　全国人大环境与资源保护委员会召开第18次全体会议，沈跃跃副委员长出席会议。

9 月 19 日—21 日 第五期少数民族全国人大代表学习班在广东省深圳市举办。曹建明副委员长出席学习班开班式并讲话。18 位全国人大民族委员会组成人员、71 位来自 26 个省(区、市)的全国人大代表参加了学习。学习班邀请十二届全国人大法律委员会主任委员乔晓阳、全国人大民族委员会副主任委员丹珠昂奔、国家民委副主任陈改户、农业农村部乡村产业发展司副司长吴晓玲同志分别作了《学习宪法,加强宪法实施及监督》《习近平关于新时代民族问题的重要论述》《进一步做好新时代民族工作,积极推动民族地区经济社会加快发展》《抓住机遇 开拓创新 高质量促进乡村产业振兴》专题讲座,并开展了分组研讨和大会交流,组织代表参观了"大潮起珠江——广东改革开放 40 周年展览",到腾讯全球总部基地进行了现场教学。

9 月 19 日—28 日 栗战书对阿塞拜疆、哈萨克斯坦、俄罗斯进行正式友好访问,并在哈出席第四届欧亚国家议长会议、在俄出席中俄议会合作委员会第五次会议。

19 日—21 日,在访问阿塞拜疆期间,栗战书拜会总统阿利耶夫,与阿萨多夫举行会谈,会见总理马梅多夫。栗战书还参观盖达尔·阿利耶夫中心、地毯博物馆,向盖达尔·阿利耶夫总统墓、"长明火"纪念碑敬献花圈。

21 日—25 日,在访问哈萨克斯坦期间,栗战书拜会首任总统纳扎尔巴耶夫和总统托卡耶夫,与上院议长纳扎尔巴耶娃和下院议长尼格马图林分别举行会谈,与总理马明共同出席相关活动。栗战书与马明共同出席了中国建设银行阿斯塔纳分行开业仪式和阿斯塔纳国际金融中心介绍会。栗战书还参观了世博园主场馆、国家博物馆等。

24 日,第四届欧亚国家议长会议在哈萨克斯坦首都努尔苏丹举行。全国人大常委会委员长栗战书出席会议开幕式并作主旨发言。栗战书说,当今世界正处于百年未有之大变局。合作还是对抗?开放还是封闭?互利共赢还是零和博弈?关乎各国利益,关乎人类前途命运。习近平主席对此作出了明确回答,提出构建人类命运共同体的主张,推动建设新型国际关系,推动全球治理体系朝着更加公正合理的方向发展;提出共建"一带一路"倡议,打造各国共同发展的机遇之路、繁荣之路。栗战书指出,欧亚大陆是世界上面积最大、人口最多、发展最迅速、前景最广阔的大陆,欧亚各国利益与共、安危与共。欧亚各国需要携手努力,加强对话、信任、合作,促进和平、稳定、繁荣。栗战书提出四点建议:一是加强沟通协商,尊重各国自主选择的发展道路,弘扬伙伴精神,求同存异,扩大共识,增进政治互信;二是拓展经贸合作,促进贸易和投资自由化便利化,推动世界经济开放、包容、普惠、平衡、共赢发展;三是密切人文交流,推动文化、教育、旅游、体育、媒体、青年等领域合作,促进民心相通;四是深化立法机构交往,落实好国家领导人达成的重要共识,助力国家关系发展,为深化欧亚合作增添亮点、提供保障。栗战书说,今年是中华人民共和国成立 70 周年。70 年来,中国各族人民在中国共产党的领导下,顽强拼搏、不懈奋斗,书写了人类发展史上的奇迹。中国的发展,是和平的发展,我们珍惜和平、维护和平,与各国平等相待、和睦相处,反对以大压小、以强凌弱、以富欺贫;中国的发展,是合作的发展,我们重信守义、互利共赢,把中国发展同世界各国发展紧密联系在一起,决不做损人利己、以邻为壑的事情;中国的发展,是开放的发展,我们坚持打开国门搞建设,积极参与经济全球化进程,不搞封闭排他的小圈子。栗战书表示,中国是欧亚大陆的一员,视欧亚国家为重要合作伙伴。我们愿推动共建"一带一路"同各国发展战略及欧亚经济联盟等区域合作倡议对接,秉持共商、共建、共享原则,促进全方位互联互通,实现共建"一带一路"高质量发展,让合作成果更好惠及欧亚各国人民。(全文见本书第 171 页)本届欧亚国家议长会议的主题是"大欧亚:对话、信任和伙伴关系",来自 65 个国家和 14 个国际组织的代表,包括 50 多位议长、副议长参加会议。

25 日—28 日,在访问俄罗斯期间,栗战书拜会总统普京,与联邦委员会主席马特维延科和沃洛金分别举行会谈,并出席中俄议会合作委员会第五次会议。栗战书与沃洛金共同出席中俄议会合作委员会第五次会议。栗战书在致辞中介绍了新中国成立 70 年来取得的历史性成就,积极评价立法机构合作为两国关系发展作出的贡献。希望双方认真研究新时代立法机构合作的新思路新举措,更好发挥议会合作委员会的平台作用,进一步丰富中俄关系内涵。在莫斯科期间,栗战书向无名烈士墓敬献花圈,考察了中铁建莫斯科地铁项目。在喀山期间,栗战书会见鞑靼斯坦共和国总统明尼哈诺夫,就加强地方合作交换意见,并考察了喀山直升机厂和喀山联邦大学。

9 月 23 日 王晨副委员长出席新中国法治建设成就与经验座谈会,同荣获"人民教育家"国家荣誉称号的高铭暄教授等几十位法学法律工作者一道，回顾和总结70年来我国法治建设的成就与经验。

同日　副委员长王晨、曹建明、张春贤、沈跃跃、吉炳轩、艾力更·依明巴海、陈竺、白玛赤林、丁仲礼、郝明金、武维华参观庆祝中华人民共和国成立70周年大型成就展。王东明副委员长出席庆祝中华人民共和国成立70周年大型成就展开幕式。

同日　丁仲礼副委员长会见出席议员研讨班的缅甸议员。

9月23日—25日　万鄂湘副委员长率全国人大常委会执法检查组在天津市对渔业法贯彻实施情况进行检查。检查组在天津市召开情况汇报会，天津市政府以及有关厅局负责同志结合职责分工汇报了具体情况。

9月23日—26日　沈跃跃副委员长率全国人大常委会执法检查组在吉林省对可再生能源法贯彻实施情况进行检查。检查组先后检查了光伏领跑者项目和风电清洁供暖、低碳能源试点、乙醇汽油试点、地热资源利用等项目，并与政府相关部门、五级人大代表和企业代表进行了座谈。

9月24日—27日　曹建明副委员长率全国人大常委会执法检查组在浙江省对渔业法贯彻执行情况进行检查。检查组听取了浙江省政府及有关部门贯彻实施渔业法情况的汇报，先后赴绍兴、宁波、舟山等地，实地检查淡水养殖、养殖尾水治理、智慧渔港管理、远洋渔业基地、海洋渔业资源养护、海洋牧场建设、渔村建设发展、渔政执法监督等情况，广泛听取各方面对进一步贯彻落实渔业法制度规范和法律责任，修改完善渔业法的意见和建议。

9月25日　全国人大常委会高等教育法执法检查组全体会议召开，王晨副委员长出席会议并讲话。副委员长艾力更·依明巴海、陈竺、蔡达峰出席会议。

9月26日　全国人大外事委员会就美国国会参众两院外委会审议通过“2019年香港人权与民主法案”发表声明，声明如下：

9月25日，美国国会参众两院外委会不顾中方多次严正交涉，执意审议通过少数议员鼓噪的“2019年香港人权与民主法案”。该法案打着“人权”、“民主”的幌子，公然插手香港事务，粗暴干涉中国内政。中国全国人大外事委员会对此予以强烈谴责、表示坚决反对。

中华人民共和国宪法和香港特别行政区基本法共同构成香港特别行政区的宪制基础。全国人民代表大会授权香港特别行政区依照基本法规定实行高度自治。香港回归祖国以来，“一国两制”、“港人治港”、高度自治得到全面有效实施，香港同胞当家作主，依照宪法、基本法以及特别行政区本地法律享有广泛的自由和民主权利。

当前香港围绕修改《逃犯条例》出现的事态已完全变质。香港一些激进势力和暴力分子肆意破坏公共秩序，毁坏公共设施、暴力袭击警察，到处大搞打砸烧，践踏了道德底线，突破了法治底线，挑战了“一国两制”原则底线。美国国会一些议员无视这些人的恶劣行径，执意推动两院外委会审议通过上述法案，公然为这些激进暴力分子和分裂势力撑腰打气，是对中国内政的粗暴干涉，充分暴露了美国会一些人搞乱香港、牵制中国发展的险恶用心。

香港是中国的香港，香港事务是中国的内政。香港的繁荣稳定有包括广大香港同胞在内的14亿中国人民共同守护，任何人、任何外部势力都不要妄图以施压改变香港的未来，任何危害中国国家主权安全、挑战中央权力和基本法权威的行径，都是对底线的触碰，都注定要失败。

我们奉劝一些长期对华怀有偏见的美国议员正视事实，遵守国际法和国际关系基本准则，立即停止推动审议有关涉港法案，停止以任何形式干预香港事务的做法，多做有利于中美互信合作的事。

同日　全国人大外事委员会发言人就美国国会众院外委会通过涉港决议案发表谈话。针对美国国会众院外委会通过所谓涉港决议案，全国人大外事委员会发言人尤文泽表示，该决议案打着“保护香港民众言论、和平集会自由”的旗号，恶意攻击中国中央政府，破坏“一国两制”、“干涉”香港事务，诋毁抹黑香港警方捍卫法治的正义之举，再次暴露了美国国会一些人插手香港事务、干涉中国内政的险恶用心。中国全国人大外事委员会对此予以强烈谴责、表示坚决反对。

尤文泽说，根据中华人民共和国宪法和香港特别行政区基本法，中央对香港特别行政区具有全面管治权。全国人民代表大会授权香港特别行政区依照基本法的规定实行高度自治。香港回归以来，“一国两制”、“港人治港”、高度自治方针得到切实贯彻落实，香港居民依法享有前所未有的广泛权利和自由，这是有目共睹的事实。

尤文泽说，香港“反修例”游行示威持续三个多月，已完全超出正常集会游行范畴，演化为极端暴力行为，严重损害香港法治，严重破坏社会秩序，严重挑战“一国两制”原则底线。大量事实证据显示，香港警察依法拘捕的暴力分子涉嫌非法集结、非法禁锢、纵火、伤人等多项罪名。近来,少数激进暴力分子的武力不断升级,使用包括汽油弹等具有高杀伤性武器袭击特区政府和警员,已出现恐怖主义倾向。然而,美国国会一些议员对此不闻不问,反而将香港特区政府依法依规处置暴力行为贴上“滥用暴力”、“损害香港公民言论、和平集会自由”的标签。我们不禁要问,这些美国国会议员在打击暴力犯罪问题上的立场何在?正义和良知何在?道德底线何在?

尤文泽表示,无论遇到什么样的困难和挑战,我们对“一国两制”方针的信心和决心都绝不会动摇,推进“一国两制”实践的信心和决心都绝不会动摇,也绝不会容忍任何危害国家主权安全、挑战中央权力和香港特别行政区基本法权威、利用香港对内地进行渗透破坏的活动。

尤文泽强调,我们强烈敦促美国国会众院摒弃政治偏见和双重标准,停止对中方的无端指责,停止插手香港事务,停止干涉中国内政,停止为中美关系发展和合作设置障碍。

同日 王晨副委员长会见厄瓜多尔国民代表大会主席利塔尔多。

9 月 27 日 全国人大环境与资源保护委员会召开第 19 次全体会议,副委员长沈跃跃、丁仲礼出席会议。

同日 全国人大财政经济委员会召开 2019 年前三季度经济运行情况座谈会,陈竺副委员长出席会议。

9 月 29 日 栗战书委员长出席中华人民共和国国家勋章和国家荣誉称号颁授仪式。

同日 栗战书委员长出席庆祝中华人民共和国成立 70 周年大型文艺晚会《奋斗吧,中华儿女》。

同日 中央统战部、全国人大华侨委员会、外交部、国务院侨办、全国政协港澳台侨委员会、致公党中央和中国侨联联合举行国庆招待会。来自五大洲 130 多个国家和地区的约 2300 位海外侨胞、港澳同胞、台湾同胞和归侨侨眷代表应邀参加招待会。

9 月 30 日 在庆祝中华人民共和国成立 70 周年之际,烈士纪念日向人民英雄敬献花篮仪式隆重举行。栗战书委员长出席向人民英雄敬献花篮仪式。

同日 栗战书委员长出席庆祝中华人民共和国成立 70 周年招待会。

十 月

10 月 1 日 栗战书委员长出席庆祝中华人民共和国成立 70 周年大会。

10 月 8 日 全国人大环境与资源保护委员会召开长江保护法草案讨论会,沈跃跃副委员长出席会议。

10 月 8 日—13 日 武维华副委员长率全国人大常委会执法检查组在福建省、山东省对渔业法贯彻实施情况进行检查。在福建省,检查组分别在福州、宁德开展实地检查,并召开座谈会,听取省政府及有关部门关于贯彻实施渔业法情况汇报。在山东省,检查组先后赴青岛、烟台开展实地检查,并召开座谈会,听取省政府及有关部门、烟台市关于贯彻实施渔业法情况汇报。

10 月 9 日 全国对外友协,中俄友好、和平与发展委员会,中俄友协举行庆祝中俄建交暨中俄友协成立 70 周年招待会。栗战书委员长,俄罗斯驻华大使杰尼索夫出席并致辞。杨振武秘书长出席招待会。

同日 栗战书委员长会见巴基斯坦总理伊姆兰·汗。吉炳轩副委员长,杨振武秘书长参加会见。

10 月 10 日—14 日 第三次六国议长会议在土耳其伊斯坦布尔举行。王东明副委员长率全国人大代表团出席会议。中国、巴基斯坦、阿富汗、俄罗斯、土耳其等国议会的领导人出席会议。会议围绕强化地区经济联通和反恐展开讨论,通过了《伊斯坦布尔宣言》。会议期间,王东明会见了土耳其大国民议会议长申托普。

10 月 11 日 王晨副委员长出席中国法学会举办的学习贯彻习近平总书记全面依法治国新理念新思想新战略论坛并作主旨演讲。

同日 全国人大教科文卫委员会召开第 17 次全体会议,审议《中华人民共和国档案法(修订草案)》。会议听取了司法部、国家档案局关于修改档案法工作情况的汇报。艾力更·依明巴海副委员长出席会议并讲话。

10 月 11 日—12 日 沈跃跃副委员长率全国人大常委会执法检查组在河北省对水污染防治法实施情况进行跟踪检查,对土壤污染防治法实施情况进行调研。在唐山,沈跃跃先后考察了南湖煤矿塌陷区水生态修复及污水治理项目、陡河水库、开平区双桥村污水处理站、唐山花海项目、唐山冶金矿山机械厂原址、唐山市环城水系改造提升综合治理工程。在石家庄,沈跃跃到栾城区污灌土壤治理与修复项目、滹沱河二号溢流坝进行实地检查。每到一地,沈跃跃都认真听取有关工作汇报,详细了解水污染防治法和土壤污染防治法实施情况,对发现问题的整改工作提出明确要求。

10月11日—14日　全国人大常委会办公厅和全国人大农业与农村委员会在江西省赣州市举行十三届全国人大第10期代表学习班,29个选举单位的245名全国人大代表围绕"脱贫攻坚与乡村振兴战略"进行了专题学习。

10月12日　著名的数学家、教育家和社会活动家,中国民主同盟的杰出领导人,第九届、十届全国人民代表大会常务委员会副委员长,中国民主同盟第七届、八届、九届中央委员会主席,第九届中央委员会名誉主席,欧美同学会原会长,北京大学原校长,中国共产党的优秀党员丁石孙同志,因病逝世,享年93岁。

10月14日　十三届全国人大常委会委员长会议召开第四十一次会议,栗战书委员长主持会议。会议决定,十三届全国人大常委会第十四次会议10月21日至26日举行。

10月14日—18日　各国议会联盟第141届大会在塞尔维亚首都贝尔格莱德举行,郝明金副委员长率全国人大代表团参加会议。会议围绕"维护国际法:议会的作用和机制,以及区域合作的贡献"展开一般性辩论。郝明金还出席了以"促进卫生合作"为主题的金砖国家议会论坛,强调金砖国家要建立更紧密、更广泛的伙伴关系,深化各领域务实合作,增进人民健康福祉,推动落实2030年可持续发展议程。会间,郝明金会见了塞尔维亚、泰国等国议会领导人。

10月14日—21日　武维华副委员长率调研组在云南省怒江州和四川省凉山州开展深度贫困地区脱贫攻坚专题调研。在云南省,调研组先后赴怒江州的泸水市、福贡县、贡山县等地,实地调研易地扶贫搬迁、转移就业扶贫、产业扶贫、教育扶贫、健康扶贫等情况,并与当地干部群众、支教大学生等进行深入座谈交流。在四川省,调研组先后赴凉山州的西昌市、普格县、昭觉县、布拖县、冕宁县等地,实地调研教育扶贫、易地扶贫搬迁、健康扶贫、产业扶贫、旅游扶贫、移风易俗等情况,并召开座谈会,听取省政府及有关部门、凉山州、甘孜州、阿坝州关于脱贫攻坚工作情况的汇报。

10月15日　张春贤副委员长出席非洲法语国家议员研讨班开班式并致辞。

同日　陈竺副委员长会见罗马尼亚众议院预算、财政和银行委员会主席索林·拉泽尔一行。

10月15日—16日　全国人大侨委工作座谈会在安徽省合肥市召开,白玛赤林副委员长出席并讲话。座谈会上,北京、上海、浙江、安徽、福建、湖南、广东、甘肃等省市和大连市人大侨委负责人分别介绍了各自人大侨务工作等情况。

10月15日—18日　曹建明副委员长率全国人大常委会执法检查组在上海市对渔业法贯彻实施情况进行检查。执法检查组听取了上海市政府及有关部门贯彻实施渔业法情况的汇报,实地检查大水面生态渔业、池塘循环养殖和尾水综合治理、水产品质量安全控制、水产种质资源保护、水产苗种生产、渔业水域退养限捕、渔业资源增殖、水生野生动物保护、远洋渔业发展、渔港规划建设、渔业监督执法等情况,先后召开3个基层座谈会,并走访了渔民家庭,广泛听取水产合作社、养殖户、渔民、技术人员、渔业企业、渔政执法人员以及法律专家对进一步贯彻落实渔业法的意见和建议。

10月15日—18日　万鄂湘副委员长率全国人大常委会执法检查组在海南省对渔业法贯彻实施情况进行检查。执法检查组在海口市召开座谈会,听取海南省政府及相关部门关于贯彻实施渔业法情况的汇报;先后到琼海市、文昌市、临高县和澄迈县等地,实地检查渔港建设和渔船管理、近海捕捞、热带海水良种繁育、深水网箱养殖、鱼饲料生产和水产品加工等情况,与水产科研人员、渔政执法人员、渔业企业负责人、渔民等进行座谈交流。执法检查组还结合水产品产地检疫,对部分企业的水产品进行监督抽检,检测禁用药物残留情况。

10月16日　栗战书委员长会见土库曼斯坦国民会议副主席巴巴耶夫。杨振武秘书长参加会见。

同日　栗战书委员长出席中华人民共和国成立70周年庆祝活动总结会议。

同日　全国人大外事委员会就美国国会众议院通过"2019年香港人权与民主法案"发表声明,声明如下:

美国国会众议院于当地时间10月15日通过由少数议员提出的所谓"2019年香港人权与民主法案",公然插手香港事务,粗暴干涉中国内政。中国全国人大对此予以强烈谴责,表示坚决反对。

香港回归以来,“一国两制”、“港人治港”、高度自治得到全面有效实施,取得举世公认的成功。依照中华人民共和国宪法、香港基本法以及香港特别行政区本地法律,香港同胞享有广泛的自由和民主权利。然而美国国会众议院罔顾事实、颠倒黑白、是非不分,无视国际法和国际关系基本准则,无视香港一些激进势力和暴力分子严重破坏香港社会安全稳定、公然挑战“一国两制”原则、带有恐怖主义特征的暴力犯罪事实,无视香港社会各界的民意诉求,以“人权”“民主”之名,行搞乱香港,牵制中国发展之事。

香港是中国的香港,香港事务是中国的内政,香港事务绝不允许任何外国插手。我们强烈敦促美国国会及一些政客立即停止干涉香港事务,恪守国际法和国际关系基本准则,立即停止推动审议有关涉港法案,多做有利于中美两国长远发展和根本利益的事。

10 月 17 日 王晨副委员长同土库曼斯坦国民会议副主席巴巴耶夫举行会谈。

同日 张春贤副委员长在最高人民法院进行调研。

10 月 17 日—18 日 全国人大财经委员会召开第 30 次全体会议,听取国家发展和改革委员会等 11 个部门有关负责同志关于今年前三季度经济运行情况的汇报,并进行分析讨论。王东明副委员长出席会议并围绕贯彻落实党中央决策部署、进一步做好经济社会发展工作发表了讲话。全国人大常委会预算工委有关负责同志、9 位全国人大代表和 11 个省(区、市)人大财经委有关负责同志列席会议。

10 月 18 日 全国人大常委会法制工作委员会发言人臧铁伟在记者会上针对美国国会众议院日前通过所谓“2019 年香港人权与民主法案”应询表示,这是美方奉行冷战思维、干涉中国内政在法律领域的突出表现,对此我们表示坚决反对。臧铁伟说,美方此举违背国际法和国际关系基本准则,粗暴干涉中国内政,妄图破坏中国宪法和香港特别行政区基本法在香港的实施,妄图破坏香港的繁荣和稳定。他强调,香港是中国的一个特别行政区,香港事务纯属中国内政,任何国家和组织都无权干涉。香港回归祖国 22 年以来的实践,充分证明香港居民享有充分的人权和民主,香港居民的基本权利和自由得到了充分尊重。我们将继续坚定实施“一国两制”“港人治港”、高度自治方针,坚定维护宪法和香港特别行政区基本法共同构成的香港特别行政区宪制基础和宪制秩序,坚定支持香港特区政府为“止暴制乱、恢复秩序”所做的努力和采取的各项措施。我们也敦促美方恪守国际法和国际关系的基本准则,切实尊重中国主权,停止以任何形式干涉香港事务。

10 月 18 日—19 日 丁仲礼副委员长在河南省就脱贫攻坚民主监督进行调研。

10 月 21 日 杨振武秘书长出席全国人大信访专题研讨班开班式。

10 月 21 日—26 日 十三届全国人大常委会举行第十四次会议。

会议听取全国人大宪法和法律委员会副主任委员刘季幸关于密码法草案审议结果的报告。在审议的基础上,会议印发全国人大宪法和法律委员会关于密码法草案二次审议稿修改意见的报告。经过审议,会议通过《中华人民共和国密码法》。

《中华人民共和国密码法》共 5 章,44 条,包括:总则,核心密码、普通密码,商用密码,法律责任,附则。本法自 2020 年 1 月 1 日起施行。

会议听取全国人大常委会法制工作委员会主任沈春耀关于全国人民代表大会常务委员会关于国家监察委员会制定监察法规的决定草案的说明。在审议的基础上,会议印发全国人大宪法和法律委员会关于全国人民代表大会常务委员会关于国家监察委员会制定监察法规的决定草案审议结果的报告。经过审议,会议通过《全国人民代表大会常务委员会关于国家监察委员会制定监察法规的决定》。本决定自 2019 年 10 月 27 日起施行。

会议听取关于授权国务院在自由贸易试验区暂时调整实施有关法律规定的决定草案的说明。在审议的基础上,会议印发全国人大宪法和法律委员会对关于授权国务院在自由贸易试验区暂时调整实施有关法律规定的决定草案审议结果的报告。经过审议,会议通过《全国人民代表大会常务委员会关于授权国务院在自由贸易试验区暂时调整适用有关法律规定的决定》。本决定自 2019 年 12 月 1 日起施行。

会议听取国务院港澳事务办公室副主任邓中华关于关于授权澳门特别行政区对横琴口岸澳方口岸区及相关延伸区实施管辖的决定草案的说明。在审议的基础上,会议印发全国人大宪法和法律委员会对关于授权澳门特别行政区对横琴口岸澳方口岸区及相关延伸区实施管辖的决定草案审议结果的报告。经过审议,会议通过《全国人民代表大会常务委员会关于授权澳门特别行政区对横琴口岸澳方口岸区及相关延伸区实施管辖的决定》。

会议听取全国人大宪法和法律委员会副主任委员沈春耀关于民法典婚姻家庭编草案修改情况的汇报，全国人大宪法和法律委员会副主任委员胡可明关于森林法修订草案修改情况的汇报，全国人大宪法和法律委员会副主任委员江必新关于社区矫正法草案修改情况的汇报，并对这三部法律草案进行再次审议。

会议听取全国人大环境与资源保护委员会主任委员高虎城关于生物安全法草案的说明，全国人大社会建设委员会主任委员何毅亭关于未成年人保护法修订草案、预防未成年人犯罪法修订草案的说明，国家档案局局长李明华关于档案法修订草案的说明，并对这四部法律草案进行初次审议。

会议听取全国人大常委会代表资格审查委员会主任委员吴玉良关于个别代表的代表资格的报告。经过审议，会议通过这个报告。

会议审议国务院关于2018年度国有资产管理情况的综合报告，听取并审议财政部部长刘昆关于2018年度全国行政事业性国有资产管理情况的专项报告，全国人大财政经济委员会副主任委员、全国人大常委会预算工作委员会主任史耀斌关于行政事业性国有资产管理情况的调研报告，商务部部长钟山关于加快外贸转型升级推进贸易高质量发展工作情况的报告，最高人民法院院长周强关于加强刑事审判工作情况的报告，最高人民检察院检察长张军关于开展公益诉讼检察工作情况的报告，王晨副委员长作的全国人大常委会执法检查组关于检查高等教育法实施情况的报告。

会议听取全国人大监察和司法委员会主任委员吴玉良、全国人大财政经济委员会主任委员徐绍史、全国人大外事委员会主任委员张业遂、全国人大社会建设委员会主任委员何毅亭关于十三届全国人大二次会议主席团交付本专门委员会审议的代表提出的议案审议结果的报告。经过审议，会议通过这四个报告。

会议审议栗战书委员长访问阿塞拜疆、哈萨克斯坦、俄罗斯，并在哈出席第四届欧亚国家议长会议、在俄出席中俄议会合作委员会第五次会议情况的书面报告。

会议印发全国人民代表大会常务委员会专题调研组关于兴边富民行动“十三五”规划实施情况的调研报告。

会议印发全国人大代表团访问巴西、巴哈马并出席中巴（西）议会（众院）交流机制第四次会议情况的书面报告。

会议决定免去黄树贤的民政部部长职务；任命李纪恒为民政部部长。

会议还通过其他任免事项。

会议闭幕时，栗战书发表讲话。栗战书说，会议通过的密码法，是我国密码领域的综合性、基础性法律。要认真贯彻实施，不断提升密码管理科学化、规范化、法治化水平，依法维护国家安全和社会公共利益。会议依法作出3项决定，明确制定监察法规的权限、程序和备案审查等内容，保证各级监察机关更好执行和适用监察法；授权国务院在自由贸易试验区暂时调整实施有关法律规定，为“证照分离”改革试点顺利实施提供法律依据；授权澳门特别行政区对横琴口岸澳方口岸区及相关延伸区实施管辖，推动澳门融入国家发展大局。

栗战书指出，会议听取审议了国务院和“两高”专项工作报告、常委会执法检查报告。要更好发挥外贸在推动国民经济和社会发展、促进与世界经济融合方面的重要作用；继续探索完善国有资产管理情况报告工作，强化跟踪监督和整改落实，确保管好全体人民的共同财富；不断提高刑事审判质量和效率，更好发挥刑事审判惩恶扬善、伸张正义的重要作用；加强公益诉讼检察工作规范化、专业化建设，进一步发挥公益司法保护职能作用；坚持党对高等教育事业的全面领导，建设高素质教师队伍，形成高水平人才培养体系。

栗战书说，提出议案建议，是人大代表依法履职的重要内容，反映了人民群众的意愿和呼声。会议听取审议了4个专门委员会关于代表议案审议结果的报告。要通过组织代表参加学习培训和经验交流，向代表介绍相关工作情况等，帮助代表提出高质量的议案建议；要及时与代表沟通，认真听取、研究、吸纳代表提出的意见建议，实事求是、认真负责地答复代表，高质量办理代表议案建议。

栗战书指出，人民代表大会制度是中国特色社会主义制度的重要组成部分，是我国根本政治制度。我们要以习近平新时代中国特色社会主义思想为指导，认真学习贯彻即将召开的党的十九届四中全会精神，坚持和完善中国特色社会主义制度、推进国家治理体系和治理能力现代化；要在新时代推进国家制度和法律制度建设中担负起人大的职责使命，不断完善中国特色社会主义法律体系，助力经济社会发展和改革攻坚任务，以良法促进发展、保障善治；要加强对法律实施和制度执行情况的监督，推动增强法律制度的执行力，切实把我国制度优势转化为治理效能；要加强对国家制度和法律制度的理论研究和宣传教育，推动国家机关和全社会增强制度意识和法治意识，自觉维护制度和法律权威。（全文见本书第 149 页）

会议结束后，十三届全国人大常委会举行第十四讲专题讲座，栗战书委员长主持。中国科学院院士、中国人民解放军军事科学院副院长梅宏作了题为《大数据：发展现状与未来趋势》的讲座。

26 日，十三届全国人大常委会第十四次会议举行分组会议，审议未成年人保护法修订草案、预防未成年人犯罪法修订草案等。栗战书委员长参加审议。

10 月 22 日 曹建明副委员长会见朝鲜最高人民会议朝中友好议员团委员长崔相健一行。

10 月 23 日 栗战书委员长同列席十三届全国人大常委会第十四次会议的全国人大代表座谈，听取对加强常委会自身建设、做好代表工作的意见建议。他强调，要深入学习贯彻习近平总书记关于坚持和完善人民代表大会制度的重要思想，密切常委会同人大代表、人大代表同人民群众的联系，进一步健全完善代表工作机制，深化和拓展新时代人大代表工作。参加座谈会的 55 位全国人大代表，大多来自基层一线。大家踊跃发言，畅谈履职体会和经验，反映实际情况和群众呼声，对人大工作提出意见建议。栗战书认真倾听，不时插话同大家深入交流。他说，习近平总书记高度重视人大代表工作，多次就代表选举、代表履职、代表管理和监督、联系和服务人大代表等提出明确要求。全国人大及其常委会要深入学习贯彻习近平总书记关于代表工作的重要指示精神，始终坚持以人民为中心，为人民用权、为人民履职、为人民服务，更好发挥人大代表在党和国家联系人民群众中的桥梁纽带作用，用法治保障人民权益、增进民生福祉。栗战书指出，全国人大常委会高度重视代表工作，就加强和改进全国人大代表工作提出具体措施，推动代表法和有关制度的贯彻落实。常委会要加强对代表工作的统筹和领导，进一步健全完善工作机制，不断提升代表工作质量和水平。要尊重代表主体地位，增强为代表服务的意识，持续扩大代表参与常委会工作的深度和广度，依靠代表做好人大各项工作。要加强代表思想政治建设，加强代表学习培训，提升代表依法履职意识和能力水平，维护人大代表良好形象。栗战书希望代表们在密切联系群众、帮助群众排忧解难方面发挥更大作用。他强调，代表联系群众的途径和方式有很多，关键是要真正深入下去、取得实际效果。既要用好视察调研、代表小组、代表工作站等机制和平台，又要注重从所见所闻中掌握社情民意，把准群众脉搏，反映人民关切。要用灵活多样的方式宣传好、解读好党中央大政方针和决策部署、国家的法律政策，把“根”深深扎在人民群众之中，多为老百姓办实事、办好事。王晨副委员长主持座谈会。

10 月 25 日 十三届全国人大常委会第十四次会议举行联组会议，审议最高人民检察院关于开展公益诉讼检察工作情况的报告并开展专题询问。栗战书委员长参加审议和询问。

郝明金副委员长主持会议。常委会委员和全国人大专门委员会委员张苏军、高友东、李钺锋、鲜铁可、李康、郑功成、叶赞平、刘德培，全国人大代表杨松，围绕如何破解公益诉讼检察工作面临的突出问题和困难，如何加强公益诉讼检察队伍人才培养，如何提升检察机关监督效果推动政府部门依法履职，如何与有关部门在环境保护、流域治理方面形成合力，检察机关与有关部门在整治保健食品市场乱象方面将采取哪些举措，如何更好地运用检察公益诉讼进一步加强全民所有自然资源资产保护等提出询问。

最高人民检察院检察长张军和自然资源部、生态环境部、水利部、市场监管总局等有关部门负责人到会应询。

栗战书在讲话中指出，党中央决定建立检察机关提起公益诉讼制度，就是要通过优化司法职权配置、完善诉讼制度，保障法律全面有效实施，维护国家和社会公共利益。经过各方面共同努力，检察公益诉讼制度从顶层设计到实践落地，从局部试点到全面推开，取得了重大进展和成效。这项工作还处于起步阶段，要继续探索完善，健全制度机制，更好发挥公益司法保护职能作用。

栗战书强调，坚持以人民为中心，要紧扣服务大局这条主线，行使好检察公益诉讼法定职权，促进严格执法、依法行政，维护社会公平正义。要抓住办案质量这个关键，严把立案关、证据关、检察建议关、整改落实关、起诉关，维护检察公益诉讼的司法公信力。要加强公益诉讼检察专业化建设，增强一线办案力量，为依法履职创造良好条件。要用好社会共治这把钥匙，发挥人大代表作用，调动社会组织和公众参与的积极性，凝聚公共利益保护合力。发挥好典型案例的宣传示范作用，彰显司法权威，发挥法治威力。（全文见本书第 172 页）

张军表示，法律规定的检察机关提起公益诉讼领域,公益诉讼办案将做到全覆盖。其他类别案件只要有线索,也要自上而下指导督促办理。检察机关将规范办案,杜绝弄虚作假,持续开展“回头看”;规范司法解释、证明标准、鉴定工作,为办案提供有力保障;规范与相关职能部门的协调配合,进一步健全、完善相关规则。把政治建设和业务建设更紧密融合,努力解决能力素质这个最突出的短板弱项,坚定不移推进落实公益诉讼检察工作。

副委员长王晨、曹建明、张春贤、沈跃跃、吉炳轩、艾力更·依明巴海、万鄂湘、陈竺、王东明、白玛赤林、丁仲礼、蔡达峰、武维华,秘书长杨振武出席会议。

同日　栗战书委员长会见巴西总统博索纳罗。蔡达峰副委员长,杨振武秘书长参加会见。

同日　十三届全国人大常委会委员长会议召开第四十二次会议,栗战书委员长主持会议。会议决定,将有关草案建议表决稿和新增人事任免事项提交常委会会议审议。

同日　针对欧洲议会不顾中方多次严正交涉,决定授予伊力哈木·土赫提所谓“萨哈罗夫”奖,全国人大外事委员会发言人尤文泽25日指出,我们对欧洲议会以“人权”为幌子粗暴干涉中国内部事务表示强烈不满和坚决反对。

发言人说,伊力哈木大肆从事分裂国家的犯罪活动,煽动暴恐行径,其犯罪行为证据确凿,对其依法作出判决完全是中国司法主权范围内的事。这样的人被欧洲议会授予奖项,是对极端主义和恐怖主义的纵容,也充分暴露了欧洲议会在人权问题上的虚伪和双重标准。

发言人强调,相互尊重、公平正义、合作共赢是国际社会相处之道。我们积极支持不同社会制度、意识形态和文化传统之间平等对话,但绝不容忍任何以抹黑、施压手段干涉中国内政的政治图谋。我们奉劝欧洲议会一些人正视事实,不做损害中欧关系健康发展的事情。

10月26日　十三届全国人大常委会委员长会议召开第四十三次会议,栗战书委员长主持会议。会议研究提请常委会会议表决事项。

同日　十三届全国人大常委会举行宪法宣誓仪式。陈竺副委员长主持并监誓。十三届全国人大常委会第十四次会议决定任命李纪恒为民政部部长。根据宪法和全国人大常委会关于实行宪法宣誓制度的决定,依法进行宪法宣誓。全国人大机关、民政部有关负责人参加了宣誓活动。

同日　全国人大常委会发布公告。公告说,江西省人大常委会决定接受马叶江辞去十三届全国人大代表职务。河南省人大常委会决定接受徐光辞去十三届全国人大代表职务。四川省人大常委会决定接受陈吉明辞去十三届全国人大代表职务。贵州省人大常委会决定接受雷艳辞去十三届全国人大代表职务。战略支援部队选举委员会决定接受饶开勋辞去十三届全国人大代表职务。陆军选举委员会决定接受徐向华辞去十三届全国人大代表职务。依照《中华人民共和国全国人民代表大会和地方各级人民代表大会代表法》的有关规定,马叶江、徐光、陈吉明、雷艳、饶开勋、徐向华的代表资格终止。截至目前,第十三届全国人民代表大会实有代表2963人。

同日　全国人大环境与资源保护委员会召开第20次全体会议,副委员长沈跃跃、丁仲礼出席会议。

10月28日—31日　中国共产党第十九届中央委员会第四次全体会议举行。会议通过《中共中央关于坚持和完善中国特色社会主义制度推进国家治理体系和治理能力现代化若干重大问题的决定》。

第三部分,坚持和完善人民当家作主制度体系,发展社会主义民主政治。决定指出,我国是工人阶级领导的、以工农联盟为基础的人民民主专政的社会主义国家,国家的一切权力属于人民。必须坚持人民主体地位,坚定不移走中国特色社会主义政治发展道路,健全民主制度,丰富民主形式,拓宽民主渠道,依法实行民主选举、民主协商、民主决策、民主管理、民主监督,使各方面制度和国家治理更好体现人民意志、保障人民权益、激发人民创造,确保人民依法通过各种途径和形式管理国家事务,管理经济文化事业,管理社会事务。

(一)坚持和完善人民代表大会制度这一根本政治制度。人民行使国家权力的机关是全国人民代表大会和地方各级人民代表大会。支持和保证人民通过人民代表大会行使国家权力,保证各级人大都由民主选举产生、对人民负责、受人民监督,保证各级国家机关都由人大产生、对人大负责、受人大监督。支持和保证人大及其常委会依法行使职权,健全人大对“一府一委两院”监督制度。密切人大代表同人民群众的联系,健全代表联络机制,更好发挥人大代表作用。健全人大组织制度、选举制度和议事规则,完善论证、评估、评议、听证制度。适当增加基层人大代表数量。加强地方人大及其常委会建设。

（二）坚持和完善中国共产党领导的多党合作和政治协商制度。贯彻长期共存、互相监督、肝胆相照、荣辱与共的方针，加强中国特色社会主义政党制度建设，健全相互监督特别是中国共产党自觉接受监督、对重大决策部署贯彻落实情况实施专项监督等机制，完善民主党派中央直接向中共中央提出建议制度，完善支持民主党派和无党派人士履行职能方法，展现我国新型政党制度优势。发挥人民政协作为政治组织和民主形式的效能，提高政治协商、民主监督、参政议政水平，更好凝聚共识。完善人民政协专门协商机构制度，丰富协商形式，健全协商规则，优化界别设置，健全发扬民主和增进团结相互贯通、建言资政和凝聚共识双向发力的程序机制。

坚持社会主义协商民主的独特优势，统筹推进政党协商、人大协商、政府协商、政协协商、人民团体协商、基层协商以及社会组织协商，构建程序合理、环节完整的协商民主体系，完善协商于决策之前和决策实施之中的落实机制，丰富有事好商量、众人的事情由众人商量的制度化实践。

（三）巩固和发展最广泛的爱国统一战线。坚持大统战工作格局，坚持一致性和多样性统一，完善照顾同盟者利益政策，做好民族工作和宗教工作，健全党外代表人士队伍建设制度，凝聚港澳同胞、台湾同胞、海外侨胞力量，谋求最大公约数，画出最大同心圆，促进政党关系、民族关系、宗教关系、阶层关系、海内外同胞关系和谐。

（四）坚持和完善民族区域自治制度。坚定不移走中国特色解决民族问题的正确道路，坚持各民族一律平等，坚持各民族共同团结奋斗、共同繁荣发展，保证民族自治地方依法行使自治权，保障少数民族合法权益，巩固和发展平等团结互助和谐的社会主义民族关系。坚持不懈开展马克思主义祖国观、民族观、文化观、历史观宣传教育，打牢中华民族共同体思想基础。全面深入持久开展民族团结进步创建，加强各民族交往交流交融。支持和帮助民族地区加快发展，不断提高各族群众生活水平。

（五）健全充满活力的基层群众自治制度。健全基层党组织领导的基层群众自治机制，在城乡社区治理、基层公共事务和公益事业中广泛实行群众自我管理、自我服务、自我教育、自我监督，拓宽人民群众反映意见和建议的渠道，着力推进基层直接民主制度化、规范化、程序化。全心全意依靠工人阶级，健全以职工代表大会为基本形式的企事业单位民主管理制度，探索企业职工参与管理的有效方式，保障职工群众的知情权、参与权、表达权、监督权，维护职工合法权益。

第四部分，坚持和完善中国特色社会主义法治体系，提高党依法治国、依法执政能力。决定指出，建设中国特色社会主义法治体系、建设社会主义法治国家是坚持和发展中国特色社会主义的内在要求。必须坚定不移走中国特色社会主义法治道路，全面推进依法治国，坚持依法治国、依法执政、依法行政共同推进，坚持法治国家、法治政府、法治社会一体建设，加快形成完备的法律规范体系、高效的法治实施体系、严密的法治监督体系、有力的法治保障体系，加快形成完善的党内法规体系，全面推进科学立法、严格执法、公正司法、全民守法，推进法治中国建设。

（一）健全保证宪法全面实施的体制机制。依法治国首先要坚持依宪治国，依法执政首先要坚持依宪执政。加强宪法实施和监督，落实宪法解释程序机制，推进合宪性审查工作，加强备案审查制度和能力建设，依法撤销和纠正违宪违法的规范性文件。坚持宪法法律至上，健全法律面前人人平等保障机制，维护国家法制统一、尊严、权威，一切违反宪法法律的行为都必须予以追究。

（二）完善立法体制机制。坚持科学立法、民主立法、依法立法，完善党委领导、人大主导、政府依托、各方参与的立法工作格局，立改废释并举，不断提高立法质量和效率。完善以宪法为核心的中国特色社会主义法律体系，加强重要领域立法，加快我国法域外适用的法律体系建设，以良法保障善治。

（三）健全社会公平正义法治保障制度。坚持法治建设为了人民、依靠人民，加强人权法治保障，保证人民依法享有广泛的权利和自由、承担应尽的义务，引导全体人民做社会主义法治的忠实崇尚者、自觉遵守者、坚定捍卫者。坚持有法必依、执法必严、违法必究，严格规范公正文明执法，规范执法自由裁量权，加大关系群众切身利益的重点领域执法力度。深化司法体制综合配套改革，完善审判制度、检察制度，全面落实司法责任制，完善律师制度，加强对司法活动的监督，确保司法公正高效权威，努力让人民群众在每一个司法案件中感受到公平正义。

（四）加强对法律实施的监督。保证行政权、监察权、审判权、检察权得到依法正确行使，保证公民、法人和其他组织合法权益得到切实保障，坚决排除对执法司法活动的干预。拓展公益诉讼案件范围。加大对严重违法行为处罚力度，实行惩罚性赔偿制度,严格刑事责任追究。加大全民普法工作力度,增强全民法治观念,完善公共法律服务体系,夯实依法治国群众基础。各级党和国家机关以及领导干部要带头尊法学法守法用法,提高运用法治思维和法治方式深化改革、推动发展、化解矛盾、维护稳定、应对风险的能力。

10 月 29 日 武维华副委员长会见墨西哥参议院农牧渔业与农村发展委员会主席、墨中议会论坛墨方团长何塞·纳罗·塞斯佩德斯率领的墨西哥议会代表团一行。

十 一 月

11 月 1 日 中共全国人大常委会党组举行会议,传达学习习近平总书记在党的十九届四中全会上的重要讲话和全会精神,统一思想认识,研究贯彻落实工作。中共中央政治局常委、全国人大常委会委员长、党组书记栗战书主持会议并讲话。

会议认为,党的十九届四中全会是在庆祝中华人民共和国成立 70 周年之际、实现"两个一百年"奋斗目标历史交汇点召开的一次极其重要的会议。习近平总书记在全会上的重要讲话高屋建瓴、思想深邃、内涵丰富,回答了"坚持和巩固什么、完善和发展什么"一系列重大政治问题,坚定了制度自信,指明了前进方向,标志着我们党对国家制度和国家治理体系的认识升华到一个新高度、新视野、新水平。全会作出的决定,集中体现了党的十八大以来关于制度建设的重大理论和实践创新成果,突出党的领导这个最本质的特征和最大优势,抓住了国家治理的关键和根本,对于毫不动摇坚持和巩固、与时俱进完善和发展我国国家制度和国家治理体系,把制度优势更好转化为治理效能,巩固党的执政地位,确保党和国家长治久安,具有重大深远的意义。

会议认为,党的十九届三中全会以来,以习近平同志为核心的党中央带领全党全国人民坚定信心、攻坚克难、砥砺前行,推动党和国家各项事业取得新的重大进展。在国内外风险挑战明显增多的复杂局面下,这些成绩来之不易,最根本的是有以习近平同志为核心的党中央的坚强领导,有习近平新时代中国特色社会主义思想的科学指引,充分展现了中国特色社会主义制度的显著优势和强大生命力。

会议强调,要全面深入学习领会习近平总书记重要讲话和四中全会精神,自觉把思想和行动统一到党中央的部署要求上来,增强"四个意识",坚定"四个自信",做到"两个维护",在党中央领导下依法履职、担当进取、开拓创新,为坚持和完善中国特色社会主义制度、推进国家治理体系和治理能力现代化作出新的贡献。

会议指出,坚持和完善人民代表大会制度这一根本政治制度,是党中央交付给人大的光荣使命。要充分认识党的领导制度体系的重要地位,坚持党中央集中统一领导,通过人民代表大会制度保证党的路线方针政策和决策部署在国家工作中得到全面贯彻和有效执行。要紧紧围绕支持和保证人民当家作主,充分发挥国家根本政治制度的优势和特点,把各级人大及其常委会建设成为密切联系人民群众的代表机关。要紧紧围绕坚持和完善中国特色社会主义法治体系,履行好人大在全面依法治国中的职责,加快形成完备的法律规范体系,保证宪法法律全面实施。

王晨、曹建明、张春贤、沈跃跃、吉炳轩、艾力更·依明巴海、王东明、白玛赤林、杨振武出席会议并发言。

11 月 3 日—7 日 万鄂湘副委员长率全国人大代表团赴日本出席二十国集团(G20)议长会议并访问日本。在二十国集团议长会议上,万鄂湘进行主旨发言。访日期间,万鄂湘分别会见日本众议长大岛理森和日中友好议员联盟会长林芳正等。

11 月 4 日 栗战书委员长会见克罗地亚议长扬德罗科维奇。曹建明副委员长,杨振武秘书长参加会见。

同日 王晨副委员长会见巴西众议院宪法、司法和公民委员会代表团。

11 月 5 日 王晨副委员长会见巴基斯坦国民议会外事委员会与农业委员会联合代表团。

11 月 6 日 栗战书委员长同塞浦路斯议长西卢里斯举行会谈。张春贤副委员长,杨振武秘书长参加会谈。

11 月 7 日 栗战书委员长会见捷克众议院主席冯德拉切克。白玛赤林副委员长,杨振武秘书长参加会见。

11 月 9 日—10 日 中国法治国际论坛(2019)

在广东省广州市开幕。王晨副委员长出席开幕式，宣读习近平主席贺信并发表主旨演讲。

11 月 10 日—20 日　应利比里亚众议院、科特迪瓦国民议会和几内亚国民议会邀请，武维华副委员长率全国人大代表团访问上述三国。在访问利比里亚期间，分别会见代总统麦吉尔，同利众议长钱伯斯、临时参议长阿尔伯特·切举行会谈。在访问科特迪瓦期间，会见总统瓦塔拉，同国民议会议长苏马霍罗、参议院副议长波比举行会谈。在访问几内亚期间，会见总统孔戴、总理福法纳，同国民议会议长孔迪亚诺举行会谈。

11 月 11 日　吉炳轩副委员长会见法国中央—卢瓦尔河谷大区主席博诺一行。

同日　全国人大教科文卫委员会召开第 19 次全体会议，副委员长艾力更·依明巴海、蔡达峰出席会议。

11 月 12 日　全国人大财政经济委员会召开专题座谈会，就防范化解系统性金融风险和健全金融法律体系，听取国务院有关部门的意见。会上，国家发展和改革委员会、公安部、司法部、财政部、住房和城乡建设部、中国人民银行、中国银保监会、中国证监会等 8 个部门汇报了防范化解系统性金融风险和健全金融法律体系的有关工作情况、存在问题及意见建议。王东明副委员长出席会议。

同日　白玛赤林副委员长出席第四届中美省州立法机关合作论坛。

同日　全国人大常委会办公厅举办 2019 年度人大新闻舆论干部培训班，全面加强新形势下人大新闻舆论工作。31 个省、自治区、直辖市人大常委会机关的新闻舆论工作负责人参加培训。杨振武秘书长出席培训班开班式并讲话。

同日　全国人大常委会办公厅举行第二十九届中国人大新闻奖评选结果发布会。来自报纸、通讯社、电台、电视台、新闻网站和人大报刊的 265 件作品获奖。其中，特别奖 4 件，一等奖 55 件，二等奖 89 件，三等奖 117 件。

11 月 12 日—14 日　王晨副委员长在云南省进行调研。调研期间，王晨积极宣传党的十九届四中全会精神。他来到昆明市五华区虹山中路片区人大代表工作站，考察代表工作的创新举措，共同研究如何更好发挥代表作用。在盘龙区金江路社区，考察基层立法联系点工作进展，同参与征求意见的相关代表和专家学者进行交流，听取立法意见。在云南白药集团，了解依法加强知识产权保护、壮大实体经济的情况。在玉溪市澄江县，考察立法保护高原湖泊生态环境和依托科技发展特色农业取得的成效。

11 月 12 日—21 日　沈跃跃副委员长率全国人大调研组就学习贯彻党的十九届四中全会精神，依法推动打好污染防治攻坚战、推动土壤污染防治法实施和全国人大常委会 2020 年环境资源保护领域立法和监督工作先后赴相关部委进行调研。调研组还就 2020 年全国人大常委会环境资源领域立法监督工作与相关部门进行了深入交流。

11 月 13 日—14 日　第二十五次全国地方立法工作座谈会在云南省昆明市召开。王晨副委员长出席会议并讲话。

11 月 13 日—15 日　张春贤副委员长率全国人大调研组在天津市就贯彻实施老年人权益保障法、养老服务体系建设等情况进行调研。调研组一行来到河西区、和平区、南开区、红桥区、津南区、北辰区、静海区和天津市老年人大学等，实地考察了基层养老服务机构运营、养老服务产业发展、养老服务质量管理等情况。

11 月 13 日—17 日　应荷兰议会邀请，吉炳轩副委员长率全国人大代表团访问荷兰，分别会见荷兰首相吕特、副首相兼农业大臣斯豪滕、副首相库尔梅斯、议会二院议长阿里卜、一院副议长努伦，同二院外委会主席戴克斯特拉举行会谈。

11 月 18 日　全国人大常委会可再生能源法执法检查组举行第二次全体会议，沈跃跃副委员长出席会议并讲话。

同日　陈竺副委员长会见德国联邦议院副议长弗里德里希。

11 月 19 日　王晨副委员长会见党主席、国家大呼拉尔委员额尔登率领的蒙古民主党代表团。

同日　全国人大常委会法制工作委员会发言人臧铁伟就香港特别行政区高等法院原讼庭有关司法复核案判决发表谈话如下：11 月 18 日，香港特别行政区高等法院原讼庭作出一项判决，其中裁定香港《紧急情况规例条例》部分条款不符合香港基本法，致使有关条款无效。一些全国人大代表对此表示强烈不满，全国人大常委会法工委对此表示严重关切。我们认为，宪法和基本法共同构成特别行政区的宪制基础。香港特别行政区法律是否符合香港基本法，只能由全国人大常委会作出判断和决定，任何其他机关都无权作出判断和决定。根据香港基本法第 8 条的规定，包括《紧急情况规例条例》在内的香港原有法律，除同香港基本法相抵触或经香港特别行政区立法机关作出修改者外，予以保留。1997 年 2 月 23 日，第八届全国人大常委会第 24 次会议作出的《全国人民代表大会常务委员会关于根据〈中华人民共和国香港特别行政区基本法〉第一百六十条处理香港原有法律的决定》，已经将《紧急情况规例条例》采用为香港特别行政区法律。因此，该条例是符合香港基本法的。香港特别行政区高等法院原讼庭有关判决的内容严重削弱香港特区行政长官和政府依法应有的管治权，不符合香港基本法和全国人大常委会有关决定的规定。我们正在研究一些全国人大代表提出的有关意见和建议。

11 月 19 日—20 日　2019 年全国人大代表建议办理工作座谈会在上海举行。会议深入学习贯彻党的十九届四中全会精神，全面总结交流十三届全国人大二次会议代表议案、建议提出和办理工作，探讨进一步提高代表议案、建议提出和办理质量，在办理过程中国家机关加强同人大代表和人民群众的联系，努力做到民有所呼、我有所应。15 位全国人大代表，中组部、中宣部、最高人民法院、最高人民检察院、国务院有关部委等承办单位，全国人大有关专门委员会以及 30 个省、自治区、直辖市人大常委会代表联络工作机构有关负责人参加会议。

11 月 20 日　全国人大外事委员会就美国国会参议院通过"2019 年香港人权与民主法案"发表声明，声明如下：

当地时间 11 月 19 日，美国会参议院不顾中方多次严正交涉和坚决反对，通过所谓"2019 年香港人权与民主法案"，粗暴干涉中国内政。中国全国人大对此予以坚决反对和强烈谴责。

五个多月来香港发生的一系列危害公共安全和公共秩序的暴力犯罪，严重践踏法治和社会秩序，严重破坏香港的繁荣稳定，严重挑战"一国两制"原则底线。近来，香港暴力分子的打砸烧破坏活动不断升级，甚至残害普通市民，毫无行为底线、人性道德、法律戒惧，这与美国会插手香港事务、干涉中国内政是密切相关的。

止暴制乱、恢复秩序是香港当前最紧迫的任务，是香港社会的最广泛民意和最大人权。美国会参议院在极少数反华议员的鼓噪下，不但不谴责令人发指的暴力犯罪，反而借"人权"、"民主"之名继续为暴力分子撑腰打气，充分暴露了美国会在人权和民主问题上的极端虚伪、赤裸裸的双重标准以及反中乱港的险恶用心。

维护国家主权、安全、发展利益是全面准确贯彻"一国两制"方针的必然要求。香港事务是中国的内政，香港事务必须在中华人民共和国宪法和香港特别行政区基本法的框架内处理。香港是中国的香港，任何外部势力不得干涉。

同日　疫苗管理法、修订后的药品管理法宣传贯彻座谈会召开。王晨副委员长出席会议并讲话。副委员长艾力更·依明巴海、蔡达峰出席座谈会。有关部门负责同志，部分专家学者，医疗机构、行业协会和企业代表参加。

同日　王东明副委员长出席全国人大财政经济委员会防范化解系统性金融风险课题成果汇报会。

11 月 22 日　全国人大常委会渔业法执法检查组举行第二次全体会议，研究讨论执法检查报告稿，部署有关工作。副委员长曹建明、吉炳轩、万鄂湘、武维华出席会议。在听取执法检查组成员和国务院有关部门意见建议后，武维华副委员长发表讲话。

11 月 25 日—28 日　张春贤副委员长率全国人大调研组在福建省就社会救助工作和社会救助立法进行调研。调研组在福州、厦门、南平分别召开座谈会，听取省政府及有关部门关于社会救助工作情况汇报，听取基层意见建议，并就重点难点问题进行交流。

11 月 26 日　吉炳轩副委员长会见南非国民议会农业、土地改革和农村发展委员会主席兹韦利韦利利·曼德拉率领的代表团。

11 月 26 日—29 日　十三届全国人大第十一期代表学习班举行。30 个选举单位的 270 名全国人大代表围绕"保障和改善民生"进行专题学习。杨振武秘书长出席开班式并就"深入学习贯彻党的十九届四中全会精神，坚持和完善人民代表大会制度这一根本政治制度"作专题报告。本期代表学习班是 2019 年的最后一期。全国人大常委会办公厅在基本实现本届新任基层代表履职学习全覆盖的基础上，组织代表分领域进行专题学习。今年共举办 7 期全国人大代表学习班，参加学习的代表达 1880 多人次。

11 月 29 日—12 月 1 日　武维华副委员长率调研组在福建省就深化国家公园管理体制机制改革进行调研。

十 二 月

12 月 1 日 由中宣部、司法部、全国普法办举办的全国“宪法宣传周”活动主场活动在北京、上海两地同时启动,标志着今年的“宪法宣传周”正式拉开帷幕。在上海市长宁区虹桥街道古北市民中心举办的主场活动上,活动参与者热情高涨,嘉宾的精彩发言赢得一次又一次的热烈掌声。司法部副部长、全国普法办副主任刘炤出席了在上海举办的主场活动。

今年的 12 月 4 日是第六个国家宪法日。从 12 月 1 日至 7 日,中宣部、司法部、全国普法办在全国部署开展以“弘扬宪法精神,推进国家治理体系和治理能力现代化”为主题的“宪法宣传周”活动,这也是我国第二次开展“宪法宣传周”活动。

同日 在第六个国家宪法日到来之际,全国人大常委会法工委在湖南省长沙市召开备案审查工作研讨会。中央办公厅法规局、司法部、中央军委办公厅军委法制局有关同志、部分省市人大常委会法工委负责同志以及专家学者,围绕坚持和完善中国特色社会主义制度、推进国家治理体系和治理能力现代化,探讨备案审查工作面临的新形势新任务,就学习贯彻十九届四中全会精神、加强宪法实施和监督等重大课题开展研讨。

12 月 1 日—5 日 应法国议会邀请,陈竺副委员长率全国人大代表团访问法国并出席中法议会(参议院)定期交流机制第九次会议。其间,与法国参议长拉尔歇会晤,与参议院副议长孔韦-穆雷、国民议会副议长勒富尔分别会谈,与两院法中友好小组成员进行交流,并访问安德尔-卢瓦尔省。

12 月 3 日 纪念中华人民共和国澳门特别行政区基本法实施 20 周年座谈会举行。栗战书委员长在会上发表讲话强调,要深入学习贯彻习近平总书记关于港澳工作的重要论述精神,坚持和完善“一国两制”制度体系,在宪法和澳门基本法的轨道上推进具有澳门特色的“一国两制”成功实践。中共中央政治局常委、国务院副总理韩正出席座谈会。

栗战书指出,宪法和澳门基本法共同构成澳门特别行政区的宪制基础。根据宪法制定的澳门基本法符合国家根本利益,符合澳门实际情况,是一部经得起实践检验的好法律。20 年来,澳门基本法的成功实践充分证明:只有在全社会形成广泛的国家认同,才能全面准确实施基本法;只有切实维护国家主权、安全、发展利益,才能保持澳门长期繁荣稳定;只有将澳门特别行政区纳入国家治理体系、融入国家发展大局,才能使澳门走向新的美好未来。

栗战书指出,坚持“一国两制”和推进祖国统一是新时代坚持和发展中国特色社会主义的基本方略之一;坚持“一国两制”、保持香港澳门长期繁荣稳定、促进祖国和平统一是我国国家制度和国家治理体系的显著优势之一。他对全面准确有效实施澳门基本法提出四点希望:一是严格依照宪法和澳门基本法实施治理。在特别行政区,不存在一个脱离宪法的“宪制”,也不存在一个脱离宪法的“法治”。二是依法行使中央对澳门特别行政区的全面管治权和澳门特别行政区的高度自治权。中央的全面管治权是授权澳门特别行政区实行高度自治的前提和基础,两者相互联系、内在一致,任何情况下都不能割裂开来、对立起来。三是继续建立健全维护国家安全的制度机制,坚决防范和遏制外部势力干预澳门事务和进行分裂、颠覆、渗透、破坏活动。四是持续加强宪法与澳门基本法的宣传推广,弘扬法治精神,牢固树立起尊崇宪法和澳门基本法的公众意识与行动自觉。(全文见本书第 174 页)

王晨、杨洁篪、郭声琨、尤权、丁仲礼、王毅、赵克志、何厚铧等出席座谈会。

专程来京出席座谈会的澳门特别行政区行政长官崔世安在发言中说,澳门特色“一国两制”成功实践的最宝贵经验就是全面准确实施宪法和基本法,坚持权利与义务相统一的原则,充分发挥基本法赋予的制度优势。李沛霖、张晓明、马兴瑞、刘焯华、陈端洪也在座谈会上发了言。

中央有关部门和广东省负责同志,全国人大常委会澳门基本法委员会成员,原澳门基本法起草委员会部分委员,原澳门特别行政区筹备委员会部分委员,部分澳门特别行政区全国人大代表和全国政协委员,澳门特别行政区部分主要官员和立法机构、司法机构的代表,以及内地和澳门的专家学者约 150 人参加了座谈会。

座谈会由王晨副委员长主持。

12 月 4 日 栗战书委员长会见萨尔瓦多总统布克尔。艾力更·依明巴海副委员长,杨振武秘书长参加会见。

同日 全国人大常委会办公厅会同中宣部、司法部举行“弘扬宪法精神，推进国家治理体系和治理能力现代化”座谈会。王晨副委员长出席会议并讲话。丁仲礼副委员长出席会议，杨振武秘书长主持会议。中宣部、全国人大常委会港澳基本法委、国家发展改革委、教育部、司法部、生态环境部等部门负责同志和有关专家学者作了发言。

同日　全国人大外事委员会就美国国会众议院通过“2019年维吾尔人权政策法案”发表声明，声明如下：

当地时间12月3日，美国国会众议院通过“2019年维吾尔人权政策法案”，恶毒攻击中国新疆的人权状况，歪曲抹黑中国去极端化和打击恐怖主义的努力，无端指责中国政府治疆政策，粗暴干涉中国内政。我们对此表示强烈愤慨和坚决反对。

在新疆维吾尔自治区设立职业技能教育培训中心，开展职业技能教育培训工作，是根据中华人民共和国国家安全法、刑法、刑事诉讼法、反恐怖主义法和宗教事务条例，以及《新疆维吾尔自治区实施〈中华人民共和国反恐怖主义法〉办法》《新疆维吾尔自治区去极端化条例》等法律法规设立和实施的。新疆教培中心的设立和实施，目的是消除恐怖主义、宗教极端主义滋生和蔓延的土壤和条件，有效遏制恐怖活动多发、频发势头，最大限度地保障各族人民的生命权、健康权、发展权。这是对广大人民人权的最好保护，也是对国际反恐事业的重大贡献。

恐怖主义、极端主义是人类社会的公敌。反恐、去极端化是国际社会的共同责任。事实证明，中方有关举措是有效的，新疆治安状况明显好转，已连续三年未发生暴恐案件。然而令人遗憾的是，美国国会不但对新疆依法依规打击恐怖主义、保护人权的努力视而不见，对新疆当前经济发展、社会稳定、民族团结、宗教和谐的大好局面视而不见，反而捏造事实、诋毁抹黑中国反恐和去极端化的正义之举。这是在反恐问题上典型的双重标准，其在人权问题上的虚伪暴露无遗。

我们坚决反对任何外部势力借人权问题干涉中国内政。我们强烈敦促美国国会摒弃政治偏见，放弃对中方施压的错误做法，停止对中方的无端指责，停止干涉中国内政，停止为中美关系发展和双方在反恐问题上的合作设置障碍。

12月8日—13日　应全国人大常委会委员长栗战书邀请，圣多美和普林西比国民议会议长内韦斯率团访华。9日，栗战书委员长同圣多美和普林西比国民议会议长内韦斯举行会谈。武维华副委员长，杨振武秘书长参加会谈。10日，王晨副委员长会见圣多美和普林西比国民议会议长内韦斯。

12月9日　全国人大财政经济委员会召开海南自由贸易港建设座谈会，听取国家发展和改革委员会、工业和信息化部、公安部、财政部、自然资源部、交通运输部、商务部、文化和旅游部、人民银行、海关总署、税务总局、市场监管总局、国研中心等部门和单位的情况介绍。王东明副委员长出席会议。

12月10日—12日　中央经济工作会议召开，栗战书委员长出席会议。

12月11日—19日　应刚果共和国国民议会、葡萄牙议会、坦桑尼亚国民议会邀请，吉炳轩副委员长率全国人大代表团访问上述三国。在访问刚果共和国期间，会见总统萨苏，刚果劳动党总书记、参议长恩戈洛，同国民议会议长姆武巴举行会谈，并出席“丝路一家亲”行动刚果共和国站系列活动启动仪式。在访问葡萄牙期间，会见副议长费利佩、社会党副总书记卡内罗。在访问坦桑尼亚期间，会见国民议会议长恩杜加伊，革命党大陆副总书记姆伯格罗、桑给巴尔副总书记萨达拉，并出席“丝路一家亲”行动坦桑尼亚站系列活动启动仪式。

12月13日　中共中央、国务院在南京隆重举行2019年南京大屠杀死难者国家公祭仪式。曹建明副委员长主持公祭仪式。

12月16日　十三届全国人大常委会委员长会议召开第四十四次会议，栗战书委员长主持会议。会议决定，十三届全国人大常委会第十五次会议12月23日至28日举行。委员长会议原则通过了《法规、司法解释备案审查工作办法》《关于完善全国人大常委会组成人员联系全国人大代表机制的意见》。

12月16日—20日　应全国人大常委会委员长栗战书邀请，老挝国会主席巴妮率团访华。16日，白玛赤林副委员长与老挝国会主席巴妮共同出席中老旅游年闭幕式。17日，栗战书委员长同老挝国会主席巴妮举行会谈。蔡达峰副委员长，杨振武秘书长参加会谈。

12月16日—20日　艾力更·依明巴海副委员长率全国人大教科文卫委员会调研组在广东省进行专题调研。调研组在广州市和深圳市召开座谈会，分别听取广东省政府及有关部门、广州市政府、深圳市政府、有关高校、科研机构和企业实施科技进步法情况介绍，艾力更·依明巴海副委员长在两个座谈会上作了讲话。调研组还先后在广州、东莞和深圳深入企业、科研机构和高等院校实地考察，全面了解广东省贯彻落实创新驱动发展战略，推进科技进步法实施的情况，并就科技进步法修改工作听取意见和建议。

12 月 21 日　全国人大外事委员会发言人尤文泽就美方将 2020 财年国防授权法案签署成法表示，美方无视中方多次表明的严正立场，在该法案中塞入涉台、涉港、涉疆等多项涉华消极条款，这些条款罔顾事实、充满偏见，粗暴干涉中国内政。我们对此表示强烈不满和坚决反对。

发言人强调，该法案涉台内容严重违反一个中国原则和中美三个联合公报规定，严重损害中美关系和台海和平稳定。台湾问题是中国的内政，不容任何外来干涉。香港发生的一系列危害公共安全和秩序的暴力犯罪，严重挑战法治和“一国两制”原则底线。暴力就是暴力，任何诉求都不能成为采取极端暴力的借口。美方打着所谓“民主”“人权”的幌子干涉他国内政的图谋决不会得逞。涉疆问题根本不是什么人权、民族、宗教问题，而是反暴恐和去极端化问题。美国也是恐怖主义的受害者，理应对中方采取的反恐措施予以支持，而不是诋毁抹黑中国反恐和去极端化的努力。

发言人说，我们强烈敦促美方摒弃冷战思维和霸权逻辑，停止干涉中国内政，立即采取有效措施消除由此产生的消极影响，以实际行动维护中美关系大局。

12 月 22 日　“深入学习贯彻习近平总书记关于坚持和完善人民代表大会制度的重要思想、加强和改进人大代表工作交流会”召开。王晨副委员长出席会议并讲话。杨振武秘书长作总结讲话。

12 月 23 日—28 日　十三届全国人大常委会举行第十五次会议。

会议听取全国人大宪法和法律委员会副主任委员沈春耀关于民法典各分编草案修改情况和民法典草案编纂情况的汇报。在审议的基础上，会议印发全国人大宪法和法律委员会关于民法典草案审议意见的报告。经过审议，会议决定将民法典草案提请第十三届全国人民代表大会第三次会议审议，并委托王晨副委员长向十三届全国人大三次会议作说明。

会议听取全国人大宪法和法律委员会主任委员李飞关于证券法修订草案审议结果的报告。在审议的基础上，会议印发全国人大宪法和法律委员会关于证券法修订草案四次审议稿修改意见的报告。经过审议，会议通过修订后《中华人民共和国证券法》。

修订后《中华人民共和国证券法》共 14 章，226 条，包括：总则、证券发行、证券交易、上市公司的收购、信息披露、投资者保护、证券交易场所、证券公司、证券登记结算机构、证券服务机构、证券业协会、证券监督管理机构、法律责任、附则。本法自 2020 年 3 月 1 日起施行。

会议听取全国人大宪法和法律委员会副主任委员丛斌关于基本医疗卫生与健康促进法草案审议结果的报告。在审议的基础上，会议印发全国人大宪法和法律委员会关于基本医疗卫生与健康促进法草案四次审议稿修改意见的报告。经过审议，会议通过《中华人民共和国基本医疗卫生与健康促进法》。

《中华人民共和国基本医疗卫生与健康促进法》共 10 章，110 条，包括：总则、基本医疗卫生服务、医疗卫生机构、医疗卫生人员、药品供应保障、健康促进、资金保障、监督管理、法律责任、附则。本法自 2020 年 6 月 1 日起施行。

会议听取全国人大宪法和法律委员会副主任委员胡可明关于森林法修订草案审议结果的报告。在审议的基础上，会议印发全国人大宪法和法律委员会关于森林法修订草案三次审议稿修改意见的报告。经过审议，会议通过修订后《中华人民共和国森林法》。

修订后《中华人民共和国森林法》共 9 章，84 条，包括：总则、森林权属、发展规划、森林保护、造林绿化、经营管理、监督检查、法律责任、附则。本法自 2020 年 7 月 1 日起施行。

会议听取全国人大宪法和法律委员会副主任委员江必新关于社区矫正法草案审议结果的报告。在审议的基础上，会议印发全国人大宪法和法律委员会关于社区矫正法草案三次审议稿修改意见的报告。经过审议，会议通过《中华人民共和国社区矫正法》。

《中华人民共和国社区矫正法》共 9 章，63 条，包括：总则，机构、人员和职责，决定和接收，监督管理，教育帮扶，解除和终止，未成年人社区矫正特别规定，法律责任，附则。本法自 2020 年 7 月 1 日起施行。

会议听取商务部部长钟山关于台湾同胞投资保护法修正案草案的说明。在审议的基础上，会议印发全国人大宪法和法律委员会关于台湾同胞投资保护法修正案草案审议结果的报告。经过审议，会议通过《全国人民代表大会常务委员会关于修改〈中华人民共和国台湾同胞投资保护法〉的决定》。

本决定自2020年1月1日起施行。

会议听取公安部副部长王小洪关于提请废止收容教育制度的议案的说明。在审议的基础上，会议印发全国人大宪法和法律委员会关于国务院关于提请废止收容教育制度的议案审议结果的报告。经过审议，会议通过《全国人民代表大会常务委员会关于废止有关收容教育法律规定和制度的决定》。本决定自2019年12月29日起施行。

会议听取最高人民法院院长周强关于对关于授权在部分地区开展民事诉讼程序繁简分流改革试点工作的决定草案的说明。在审议的基础上，会议印发全国人大宪法和法律委员会对关于授权在部分地区开展民事诉讼程序繁简分流改革试点工作的决定草案审议结果的报告。经过审议，会议通过《全国人民代表大会常务委员会关于授权最高人民法院在部分地区开展民事诉讼程序繁简分流改革试点工作的决定》。本决定自2019年12月29日起施行。

会议审议关于召开十三届全国人大三次会议的决定草案的议案，会议通过《全国人民代表大会常务委员会关于召开第十三届全国人民代表大会第三次会议的决定》。按照这个决定，十三届全国人大三次会议将于2020年3月5日在北京召开。

会议审议了关于代表辞职请求，会议通过《全国人民代表大会常务委员会关于接受张俊勇辞去第十三届全国人民代表大会代表职务的请求的决定》，决定接受张俊勇辞去第十三届全国人民代表大会代表职务的请求。

会议听取全国人大常委会代表资格审查委员会主任委员吴玉良关于个别代表的代表资格的报告。经过审议，会议通过这个报告。

会议听取全国人大宪法和法律委员会副主任委员徐辉关于固体废物污染环境防治法修订草案修改情况的汇报，并对法律草案进行再次审议。

会议听取全国人大环境与资源保护委员会主任委员高虎城关于长江保护法草案的说明，商务部部长钟山关于出口管制法草案的说明，财政部部长刘昆关于城市维护建设税法草案的说明、关于契税法草案的说明，并对这四部法律草案进行初次审议。

会议听取了全国人大宪法和法律委员会主任委员李飞、教育科学文化卫生委员会主任委员李学勇、华侨委员会主任委员王光亚、环境与资源保护委员会主任委员高虎城、农业与农村委员会副主任委员廖晓军分别作的关于十三届全国人大二次会议主席团交付本专门委员会审议的代表提出的议案审议结果的报告。经过审议，会议通过这五个报告。

会议分别听取全国人大常委会副秘书长信春鹰、农业农村部部长韩长赋关于十三届全国人大二次会议代表建议、批评和意见办理情况的报告。

会议听取并审议审计署审计长胡泽君关于2018年度中央预算执行和其他财政收支审计查出问题整改情况的报告，民政部部长李纪恒关于加强社会保障体系建设助力打好精准脱贫攻坚战推进社会救助工作情况的报告，财政部部长刘昆关于减税降费工作情况的报告和关于财政生态环保资金分配和使用情况的报告，丁仲礼副委员长作的全国人大常委会执法检查组关于检查可再生能源法实施情况的报告，武维华副委员长作的全国人大常委会执法检查组关于检查渔业法实施情况的报告，全国人大常委会法制工作委员会主任沈春耀关于2019年备案审查工作情况的报告。

会议印发全国人民代表大会常务委员会专题调研组关于深度贫困地区脱贫攻坚情况的调研报告，全国人民代表大会常务委员会专题调研组关于应对人口老龄化加强养老机构“放管服”工作情况的调研报告，全国人民代表大会常务委员会专题调研组关于社会基本养老保险基金预算管理与改革情况的调研报告。

会议印发全国人大代表团出席第三次六国议长会议情况的书面报告，全国人大代表团出席各国议会联盟第141届大会和金砖国家议会论坛情况的书面报告，全国人大代表团赴日本出席二十国集团议长会议并访问日本情况的书面报告，全国人大代表团访问利比里亚、科特迪瓦、几内亚情况的书面报告，全国人大代表团访问荷兰情况的书面报告，全国人大代表团访问法国并出席中法议会（参议院）交流机制第九次会议情况的书面报告。

会议任命骆惠宁为第十三届全国人民代表大会财政经济委员会副主任委员。

会议通过第五任全国人民代表大会常务委员会澳门特别行政区基本法委员会组成人员名单。

会议还通过其他任免事项。

会议闭幕时，栗战书委员长发表讲话。栗战书说，本次会议共审议14件法律和决定草案，通过其中的8件。经过各方面持续努力，民法典编纂工作又迈出重大一步，会议审议了完整的民法典草案并决定提请十三届全国人大三次会议审议。下一步要广泛征求各方面意见并修改完善，为明年大会审议做好充分准备。

栗战书指出，会议审议通过基本医疗卫生与健康促进法，这是我国卫生与健康领域的第一部基础性、综合性法律。要认真学习宣传法律，全面落实法律责任，全方位全周期维护人民健康。审议通过新修订的证券法，为推动证券行业和资本市场改革创新、健康发展提供了法律保障。审议通过关于修改台湾同胞投资保护法的决定，确保台湾同胞投资同步享受到制度改革红利。授权最高法院在部分地区开展民事诉讼程序繁简分流改革试点工作，更好满足人民群众高效、便捷、公正解决纠纷的需要。审议通过社区矫正法、关于废止有关收容教育法律规定和制度的决定，体现全面依法治国的要求，有利于推进平安中国、法治中国建设。审议通过新修订的森林法，更好保护、培育和合理利用森林资源。

栗战书说，会议听取审议了国务院 4 个专项工作报告。常委会组成人员普遍认为，今年减税降费措施实、力度大，取得良好效果，要落细落实减税降费政策，进一步减轻企业负担；把生态环保作为优先保障领域，为打好污染防治攻坚战提供稳定、规范、可持续的财力保障；健全审计查出问题整改长效机制，治已病、防未病；提升社会救助工作水平，为全面建成小康社会做好兜底保障。

栗战书指出，会议听取审议了可再生能源法执法检查报告和渔业法执法检查报告，常委会组成人员普遍赞成报告，指出要加快构建清洁低碳、安全高效的能源体系，推动渔业升级、渔村振兴、渔民富裕。听取审议了 2019 年备案审查工作情况报告，指出要进一步提高备案审查工作水平，切实维护国家法制统一、尊严、权威。听取审议了关于代表议案审议结果的报告，听取了关于代表建议办理情况的报告，强调进一步提高审议和办理工作质量。

栗战书强调，在以习近平同志为核心的党中央坚强领导下，全国人大常委会紧紧围绕党和国家大局履职尽责，时刻牢记初心和使命扎实工作。2020 年是全面建成小康社会和“十三五”规划收官之年。要以习近平新时代中国特色社会主义思想为指导，深入学习贯彻党的十九届四中全会和中央经济工作会议精神，紧扣全面建成小康社会目标任务，围绕坚持和完善人民代表大会制度这一根本政治制度，谋划和推进人大立法、监督、代表等各方面工作，推动党中央决策部署落到实处（全文见本书第 151 页）。

会议结束后，十三届全国人大常委会举行第十五讲专题讲座，栗战书委员长主持。王晨副委员长作了题为《深入学习贯彻党的十九届四中全会精神，坚持和完善人民代表大会制度这一根本政治制度》的讲座。

12 月 24 日 栗战书委员长同列席十三届全国人大常委会第十五次会议的全国人大代表座谈，听取对今年以来常委会工作情况和明年工作的意见建议。参加座谈会的 51 位全国人大代表，大多来自基层一线。座谈会现场气氛活跃，代表们积极发言，对常委会工作予以肯定并提出意见建议。栗战书与代表亲切握手，认真倾听大家的发言，不时插话与代表交流。栗战书强调，要坚持以习近平新时代中国特色社会主义思想为指导，深入学习贯彻党的十九届四中全会精神，发挥人大代表来自人民、植根人民的特点和优势，支持和保障代表依法履职，更好发挥人大代表作用。他说，即将过去的一年，在以习近平同志为核心的党中央坚强领导下，全国人大常委会深入学习贯彻习近平新时代中国特色社会主义思想，全面贯彻落实党的十九大和十九届二中、三中、四中全会精神，紧紧围绕党和国家工作大局依法履职尽责，各方面工作都取得了新进展新成效。常委会工作取得的成绩，同全国人大代表的大力支持、积极参与、辛勤工作是分不开的。栗战书指出，全国人大常委会始终支持和保障代表依法履职，在实践中形成了一些新的思路和举措。一是尊重代表主体地位，增强为代表服务的意识，提高代表服务保障工作水平，更好发挥代表作用。二是密切同代表的联系，拓宽联系渠道，丰富联系内容，充分听取代表的意见建议。三是提高代表议案建议工作水平，坚持内容高质量、办理高质量，做到既重结果也重过程，真正推动改进工作、解决实际问题。四是加强对代表工作的统筹协调，健全代表联络机制，保证代表参加调研、视察等活动高效有序进行。栗战书强调，即将到来的 2020 年，是全面建成小康社会和“十三五”规划收官之年。全国人大常委会和全国人大代表要紧扣全面建成小康社会目标任务，依法履职、担当进取，为完成党中央确定的明年经济社会发展目标，为坚持和完善中国特色社会主义制度、推进国家治理体系和治理能力现代化作出贡献。现在正在筹备十三届全国人大三次会议，希望代表认真做好会前准备，把群众的呼声和愿望带上来，共同努力开好大会。王晨副委员长主持座谈会。

同日 王晨副委员长主持召开列席第十三届全国人大常委会第十五次会议的省级人大常委会负责同志情况通报会，杨振武秘书长通报十三届全国人大二次会议以来全国人大常委会的主要工作和 2020 年工作初步安排等情况。

12 月 25 日　十三届全国人大常委会委员长会议召开第四十五次会议，栗战书委员长主持。会议听取有关草案和议案审议情况的汇报，决定将上述草案、议案等提交常委会会议审议。

同日　吉炳轩副委员长会见日本众议院议员、立宪民主党最高顾问海江田万里为团长的日本“日中 21 世纪之会”代表团。

12 月 26 日　十三届全国人大教科文卫委召开第 20 次会议，研究讨论全国人大教科文卫委工作规则，审议教科文卫委 2019 年工作总结和 2020 年工作要点（稿）。艾力更·依明巴海副委员长、蔡达峰副委员长出席并讲话。

12 月 27 日　全国人大华侨委员会召开第 9 次全体会议，白玛赤林副委员长出席会议。

12 月 28 日　十三届全国人大常委会委员长会议召开第四十六次会议，栗战书委员长主持会议。会议研究提请常委会会议表决事项。

同日　栗战书委员长向第五任全国人大常委会澳门特别行政区基本法委员会组成人员颁发任命书。王晨副委员长主持了颁发任命书仪式。十三届全国人大常委会第十五次会议任命了第五任澳门特别行政区基本法委员会组成人员。他们是：主任沈春耀，副主任崔世昌、张勇，委员王禹、邓中华、李焕江、张荣顺、陈端洪、唐晓晴、黄显辉。澳门特别行政区基本法委员会是全国人大常委会下设的工作委员会，组成人员共 10 人，由内地人士和澳门人士各 5 人组成，任期 5 年。第四任澳门特别行政区基本法委员会已经结束任期。

同日　十三届全国人大常委会举行宪法宣誓仪式。王东明副委员长主持并监誓。十三届全国人大常委会第十五次会议任命骆惠宁为全国人大财政经济委员会副主任委员；任命沈春耀为第五任全国人大常委会澳门特别行政区基本法委员会主任，崔世昌、张勇为第五任全国人大常委会澳门特别行政区基本法委员会副主任，还任命了第五任全国人大常委会澳门特别行政区基本法委员会委员。根据宪法和全国人大常委会关于实行宪法宣誓制度的决定，上述人员依法进行宪法宣誓。全国人大机关有关负责同志参加了宣誓活动。

同日　全国人大常委会办公厅召开新闻发布会，就十三届全国人大常委会第十五次会议通过的新修订的证券法、基本医疗卫生与健康促进法、新修订的森林法、社区矫正法、关于修改台湾同胞投资保护法的决定等法律介绍有关情况。

同日　全国人大常委会发布公告。公告说，全国人大常委会第十五次会议决定接受张俊勇辞去十三届全国人大代表职务的请求。依照《中华人民共和国全国人民代表大会和地方各级人民代表大会代表法》第四十九条的有关规定，张俊勇的代表资格终止。

同日　全国人大常委会发布公告。公告说，河南省十三届人大常委会第十四次会议补选尹弘为十三届全国人大代表。十三届全国人大常委会第十五次会议根据代表资格审查委员会提出的报告，确认尹弘的代表资格有效。中央军委国防动员部选举委员会决定接受叶青、孟中康辞去十三届全国人大代表职务。依照《中华人民共和国全国人民代表大会和地方各级人民代表大会代表法》的有关规定，叶青、孟中康的代表资格终止。截至目前，第十三届全国人民代表大会实有代表 2961 人。

12 月 31 日　栗战书委员长出席中国人民政治协商会议全国委员会举行的新年茶话会。

同日　栗战书委员长出席 2020 年新年戏曲晚会。